MW00617686

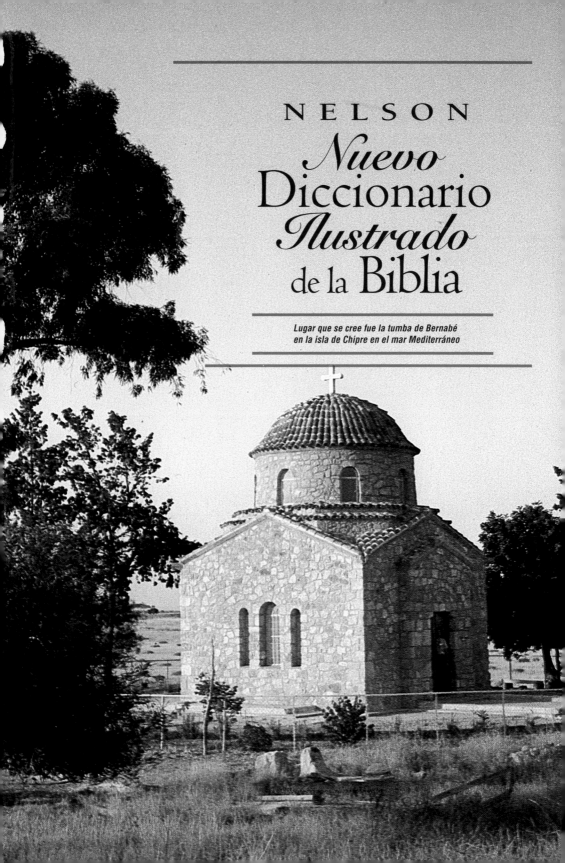

NELSON

Nuevo Diccionario *Ilustrado* de la Biblia

*Lugar que se cree fue la tumba de Bernabé
en la isla de Chipre en el mar Mediterráneo*

NELSON

Nuevo Diccionario *Ilustrado* de la Biblia

EDITOR GENERAL
Wilton M. Nelson

EDITOR DE LA VERSIÓN REVISADA Y AUMENTADA
Juan Rojas Mayo

GRUPO NELSON
Una división de Thomas Nelson Publishers
Desde 1798

NASHVILLE   DALLAS   MÉXICO DF.   RÍO DE JANEIRO

Editor general: *Wilton M. Nelson*
Editor de la versión revisada y aumentada: *Juan Rojas*

Editores asociados:
Antiguo Testamento: *Mervin J. Breneman*
Antiguo Testamento: *Tomás Hanks*
Nuevo Testamento: *Ricardo Foulkes B.*
Teología y Generales: *W. Dayton Roberts*
Editor asociado de la versión revisada y aumentada: *Francisco Mena*

Redactores:
Nancy Pineda
Otto Minera
Ronaldo Ross
Pedro Vega

Diseño y desarrollo: *Jorge R. Arias A.*

ISBN: 978-0-89922-285-1

Impreso en México
Printed in Mexico

21 22 23 24 QG 17 16 15 14

PREFACIO

Es con sumo placer que presentamos al lector una nueva edición revisada y aumentada de una obra que a través de varias décadas ha sido pilar en el estudio serio de las Sagradas Escrituras: el *Diccionario Ilustrado de la Biblia,* obra cumbre de ese gran siervo de Dios que fue el Dr. Wilton M. Nelson.

Varias cosas se han tratado de lograr en esta edición. Hemos tratado de preservar al máximo la integridad de la obra del finado Dr. Wilton M. Nelson. Sin embargo, cada uno de los artículos fue revisado cuidadosamente en busca de asuntos que debían incluirse o quizás corregirse a la luz de los descubrimientos arqueológicos más recientes o el desarrollo del pensamiento teológico. Algunos, como los relativos a cada libro

de la de Biblia, fueron ampliados, reorganizados y uniformados en su presentación para facilitar el estudio de los mismos. Y desde luego, el lector encontrará un sinfín de artículos nuevos que satisfacen las inquietudes de muchos de los que se acercan a la Biblia para estudiarla.

Desde luego, esta obra se ve altamente beneficiada por la nueva presentación gráfica. Hemos incluido más de cuatrocientas fotos en colores que, además de situar al lector en el ambiente mismo que está estudiando, embellecen el libro.

Es nuestro mayor anhelo que esta obra sea de bendición a todos los que aman la Palabra de Dios.

Los editores

PREFACIO

(A la primera edición.)

Este nuevo y magnífico Diccionario ilustrado de la Biblia llega a nuestras manos en una hora perfectamente propicia. Este es el siglo de la Biblia en las Américas y España. Numerosos millares de creyentes necesitamos de este volumen saturado de información bíblica e histórica para conocer a fondo lo que Dios enseña en la Biblia, que es su revelación especial («la Escritura ... fue traída ... por los santos hombres de Dios que hablaron siendo inspirados por el Espíritu Santo». 2 P. 1.20,21).

Sin la Biblia, el cristianismo se torna anémico y está a un paso de la extinción. El honrar a Jesucristo —el Verbo viviente de Dios— y el honrar las Sagradas Escrituras —el Verbo escrito de Dios— marchan paralelamente. Quien en verdad ama a Cristo, ama también con devoción su Palabra inspirada. El Señor Jesús afirmó: «El que tiene mis mandamientos, y los guarda, ése es el que me ama» (Jn 14.21).

Pero tenemos que conocer toda la Escritura, y no exclusivamente algunos trozos favoritos de la misma. Lo que propiamente deber llamarse «la Palabra de Dios», es la *totalidad* de la revelación bíblica. En los Salmos leemos: «la exposición de tus palabras alumbra; mos a los simples ... *La suma* de tus palabras es verdad» (Sal 119; 130, 160). Sin embargo, hay múltiples pasajes bíblicos que no siempre son fáciles de comprender sin un marco de conocimientos lingüísticos, históricos, geográficos y culturales.

Este nuevo Diccionario ilustrado de la Biblia llena ese vacío. Suple en gran parte las necesarias respuestas a miles de preguntas que surgen al analizar las páginas escriturales y al procurar estudiarlas exegéticamente.

Por cuanto creo que los cristianos de las Américas y de España necesitamos, hoy más que nunca, conocer y vivir la Palabra de Dios, es que recomiendo a todo el mundo que tenga a la mano un ejemplar del Diccionario ilustrado de la Biblia. ¡Vale la pena (cualquier sacrificio personal) para adquirirlo!

Es mi mayor deseo que nos transformemos todos en «hombres y mujeres de la Biblia». Solamente así veremos un despertamiento moral y espiritual de consecuencias transformadoras en los países de habla española.

Luis Palau
México, D.F.
Enero de 1974

CONTENIDO

BOSQUEJOS Y ABREVIATURAS DE LOS LIBROS DE LA BIBLIA

Génesis (Gn) 443
Éxodo (Éx) 382-383
Levítico (Lv) 669
Números (Nm) 801-802
Deuteronomio (Dt) 275
Josué (Jos) 619
Jueces (Jue) 640
Rut (Rt) 992
1 Samuel (1 S) 1027
2 Samuel (2 S) 1028
1 Reyes (1 R) 971
2 Reyes (2 R) 972
1 Crónicas (1 Cr) 238-239
2 Crónicas (2 Cr) 239
Esdras (Esd) 349
Nehemías (Neh) 788
Ester (Est) 366
Job (Job) 600
Salmos (Sal) 1009-1012
Proverbios (Pr) 932
Eclesiastés (Ec) 300
Cantares (Cnt) 165
Isaías (Is) 546
Jeremías (Jer) 575
Lamentaciones (Lm) 656
Ezequiel (Ez) 394-395
Daniel (Dn) 261
Oseas (Os) 819
Joel (Jl) 603
Amós (Am) 44
Abdías (Abd) 3
Jonás (Jon) 606
Miqueas (Miq) 749

Nahum (Nah) 776
Habacuc (Hab) 463
Sofonías (Sof) 1094
Hageo (Hag) 466
Zacarías (Zac) 1202
Malaquías (Mal) 699
Mateo (Mt) 723
Marcos (Mc) 713
Lucas (Lc) 685
Juan (Jn) 629
Hechos (Hch) 486-487
Romanos (Ro) 987
1 Corintios (1 Co) 213
2 Corintios (2 Co) 215
Gálatas (Gl) 430
Efesios (Ef) 305
Filipenses (Flp) 414
Colosenses (Col) 199
1 Tesalonicenses (1 Ts) 1127
2 Tesalonicenses (2 Ts) 1127
1 Timoteo (1 Ti) 1142
2 Timoteo (2 Ti) 1143
Tito (Tit) 1148
Filemón (Flm) 412
Hebreos (Heb) 480
Santiago (Stg) 1036
1 Pedro (1 P) 865
2 Pedro (2 P) 865
1 Juan (1 Jn) 625
2 Juan (2 Jn) 626
3 Juan (3 Jn) 626
Judas (Jud) 635
Apocalipsis (Ap) 55

GRÁFICOS, TABLAS Y MAPAS

Cánones judíos y cristianos de las Escrituras . . . 162
Cómo las versiones de la Biblia difieren
  ocasionalmente en la traducción de nombres
  de animales 124
División del año en el relato del diluvio 285
Dones espirituales en tres pasajes clave 294
El éxodo 381
El orden de los libros apócrifos 61
Genealogía de Jesús en Mateo y Lucas 439
Imperio Babilónico 109

La familia macabea 693
La familia herodiana 496
Las parábolas de Jesús 849
Las civilizaciones del mundo antiguo 244-248
Listas de escalas de la peregrinación 880-881
Pesas y medidas 889
Profecías del Mesías en Zacarías 926
Sucesión del sumo sacerdocio 1100
Un vistazo a los libros de la Biblia
  y a su clasificación 133-135

ABREVIATURAS

A menos que se indique lo contrario, las citas bíblicas son tomadas de la versión Reina-Valera (1960). También, hemos seguido la ortografía de los nombres de personas y lugares bíblicos usados en dicha versión.

El nombre sacratísimo del Dios de Israel (el tetragrama cuya verdadera pronunciación es dudosa), lo hemos limitado a dos ortografías: «Jehová», como en RV, y «Yahveh», como en la versión «Biblia de Jerusalén».

ABREVIATURAS BÍBLICAS

cap.	capítulo	TM	texto masorético
caps.	capítulos	v.	versículo
ms	manuscrito	vv.	versículos
mss	manuscritos		

ABREVIATURAS DE VERSIONES DE LA BIBLIA

BC	Bover Cantera	Sc.	Felipe Scío de San Miguel
BJ	Biblia Jerusalén	Str.	Straubinger
HA	Hispanoamericana (NT)	TA	Torres Amat
LA	Latinoamericana (NT)	Taizé	Versión Ecuménica
LXX	Septuaginta (Setenta)	VM	Versión Moderna (Pratt)
NC	Nácar Colunga	VP	Versión Popular
RV	Reina-Valera (revisión de 1960)		(«Dios llega al hombre»)
RV (1909)	Reina-Valera (revisión de 1909)	VUL	Vulgata

ABREVIATURAS DE DICCIONARIOS, ENCICLOPEDIAS BÍBLICAS Y OTRAS OBRAS FRECUENTEMENTE MENCIONADAS

BC	*Biblia Comentada* (7 tomos), de Salamanca	INT	*Introducción al Nuevo Testamento* (Wikenhauser)
CBSJ	*Comentario Bíblico San Jerónimo* (5 tomos)	*IntB*	*Introducción a la Biblia* (De Tuya y Salguero, 2 tomos)
DBH	*Diccionario de la Biblia* (Haag, Born y Ausejo), publicado por Herder	ISBE	*International Standard Bible Dictionary* (5 Tomos)
DTB	*Diccionario de teología bíblica* (Bauer)	LSE	*La Sagrada Escritura* (3 tomos)
EBDM	*Enciclopedia de la Biblia* (Díez Macho, 6 tomos)	NBD	*New Bible Dictionary* (Inter-Varsity)
IB	*Introducción a la Biblia* (Robert y Feuillet, 2 tomos)	SE	*La Sagrada Escritura* (Comentario jesuita, 8 tomos)

ABREVIATURAS DE CARÁCTER GENERAL

a.C.	antes de Cristo	km	kilómetro, kilómetros
ca.	cerca (de tal año)	m	metro, metros
cf.	compárese	p.	página
cm	centímetro, centímetros	pp.	páginas
d.C.	después de Cristo	p. ej.	por ejemplo
et al.	y otras (personas)	s	siguiente
e.d.	es decir	ss	siguientes
ibid.	en el mismo (lugar)	→	véase
idem	el mismo (autor)	//	pasajes paralelos
kg	kilogramo, kilogramos		

LISTA DE COLABORADORES

(Se señalan los estudios y cargos que tenían en el momento de la primera edición.)

José M. Abreu
Lic. Lit., Licenciatura en Teología
(L.T.). Profesor de Nuevo
Testamento, Seminario Bíblico
Latinoamericano, San José

Ismael E. Amaya
Bachiller en Divinidades (B.D.) y
candidato al doctorado en Teología
(D.T.). Profesor de Filosofía y
Religión, Pasadena College,
California

Justo C. Anderson
Licenciatura en Artes (L.A.) y D.T.
Profesor de Historia Eclesiástica
y Homilética, Seminario
Internacional Teológico
Bautista, Buenos Aires

Eduardo Aparicio T.
Bachiller en Teología (B.T.).
Candidato a la L.T. Profesor de
Nuevo Testamento, Seminario
Teológico Nazareno
Centroamericano, San José

Victorio Araya G.
L.T. y licenciatura en Filosofía
(L.F.). Profesor de Filosofía
e Historia del Pensamiento
Cristiano, Seminario Bíblico
Latinoamericano, San José

Gerardo de Ávila
Pastor y Evangelista, Miami

A. Benjamín Bedford
B.D. y D.T. Profesor de trabajo
práctico y Administración Pastoral,
Seminario Internacional Teológico
Bautista, Buenos Aires

Jorge B. Biddulph
M.R.E. Rector y Profesor de
Literatura Bíblica y Teología,
Seminario Bíblico Unido
de Colombia

José M. Blanch
L.T. y doctor en Filosofía (D.F.).
Profesor de Sociología,
Universidad de Costa Rica y
Seminario Bíblico
Latinoamericano, San José

Juan M. Boice
L.A. y B.D. Profesor de Nuevo
Testamento, Seminario Evangélico
de Lima

J. Mervin Breneman
L.A. y D.F. Profesor de Antiguo
Testamento, Buenos Aires

Santiago Canclini
Capellán y Profesor de Evangelismo,
Seminario Internacional Teológico
Bautista, Buenos Aires

Emilio E. Castro
L.T. Director Ejecutivo de la
División de Misión Mundial y
Evangelismo del Consejo Mundial
de Iglesias, Ginebra

A. Clark Scanlon
B.D. y D.T. Director y profesor de
Teología, Ética y Evangelismo,
Instituto Teológico Superior
Bautista, Guatemala

Stanley D. Clark
B.D. y D.T. Profesor de Nuevo
Testamento y Griego, Seminario
Internacional Teológico Bautista,
Buenos Aires

Samuel Cuadra C.
Profesor del Instituto de Lengua
Española, San José

W. Dayton Roberts
B.D. y Litt. D. Ex Secretario
General Comunidad
Latinoamericana de Ministerios
Evangélico (CLAME), San José

Carlos E. Derr
L.T. Profesor de Nuevo
Testamento y Evangelismo, Centro
Bíblico del Caribe, Sincelejo

Jorge E. Díaz
L.T. Profesor de Teología e Historia
Eclesiástica, Instituto Superior
Teológico Bautista, Guatemala

W. Douglas Smith
M.S., L.A. y L.T. Profesor de
Antiguo Testamento, Seminarios
Teológicos Jorge. Allen y Bautista

Héctor Espinoza Treviño
L.A. Director del Instituto
Evangelístico de México, D.F.

Manuel V. Flores
M.R.E. y doctorado en Divinidades
(D.D.). Rector, Seminario
Evangélico Unido, México, D.F.

Ricardo Foulkes B.
L.T. y D.T. Profesor de Nuevo
Testamento, Seminario Bíblico
Latinoamericano, San José

Carlos T. Gattinoni
L.T. Obispo de la Iglesia Evangélica
Metodista de Argentina, Buenos Aires

Jorge Gay C.
L.T. y D.F. Profesor de Nuevo
Testamento, Seminario Bíblico
Latinoamericano, San José

James E. Giles
B.D. y D.T. Profesor de Teología
Práctica, Seminario Internacional
Teológico Bautista, Cali

Andrés J. Glaze
B.D., D.T. Rector y Profesor de
Antiguo Testamento, Seminario
Internacional Teológico Bautista,
Buenos Aires

COLABORADORES DE LA NUEVA EDICIÓN

Marcella Althaus-Reid
Directora del Programa de
Teología y Desarrollo, New College,
Universidad de Edimburgo

A. Guillermo Cook
Doctor en Misionología
Profesor de *Misionología*,
UNAZA y Universidad Nacional

D. Allan Cook
Bachiller en Antiguo Testamento,
Instituto Bíblico, Buenos Aire.
Licenciatura en Sociología.
Dirige proyecto sobre abuso sexual
de niños, Houston

Dr. Pablo Deiros
Pastor bautista.
Profesor de
Historia del cristianismo,
Seminario Bautista Internacional

Eugenio Green
Bachillerato y Licenciatura
en Artes,
Wheaton College.
Doctorado en Filosofía,
Universidad Aberdeen.
Profesor asociado de
Nuevo Testamento,
Wheaton College

Mario Higueros Fuentes
Doctor en sicología pastoral,
Salamanca.
Decano académico,
Seminario Anabautista

Dalila Nayap Pot
Licenciatura en Teología,
Universidad de Edimburgo.
Candidata a doctorado,
Seminario
San Anselmo

Samuel Pagán
Licenciatura en Divinidad,
Seminario Evangélico, Puerto Rico.
Licenciatura en Teología,
Seminario Teológico de Princeton.
Doctorado de Literatura Hebrea,
Seminario Teológico Judío.
Rector del Seminario Unido, Río P.

Juan Sepúlveda
Misionólogo con doctorado,
Universidad de Birmingham,
Reino Unido

Alfredo Tépox
Biblista y traductor indígena.
Consultor Sociedades Bíblicas

Ricardo Waldrop
Doctor en Misionología, Fuller.
Profesor en el Instituto Teológico,
Iglesias de Dios

OTROS COLABORADORES Y CONSULTORES

R. Cáceres
Juan Carlos Cevallos
Elisabeth Cook
William Cook Jr.

Pablo Jiménez
Roy May
Guillermo Ramírez
Miriam Rosal

Stanley Slade
Elsa Támez
F. Villegas

INTRODUCCIÓN

(A la primera edición.)

Desde que los valientes colportores de las Sociedades Bíblicas abrieron brecha en Iberoamérica para el movimiento evangélico, este se ha caracterizado por su decidido énfasis en las Sagradas Escrituras. Por otra parte, muchos católicos romanos están dando ahora una importancia semejante a la Biblia, debido a un avivamiento bíblico impulsado por el Concilio Vaticano II. De ahí la necesidad de ayudas idóneas para el número creciente de estudiantes de las Escrituras.

Hasta fechas recientes contábamos con pocas ayudas literarias en castellano para los estudiantes de la Biblia. Para los evangélicos, las dos más importantes han sido el DICCIONARIO DE LA SANTA BIBLIA (1901, que lo reemplazó la CONCORDANCIA DE LAS SAGRADAS ESCRITURAS, basada en la revisión de 1960 de la versión RV). Estas dos obras las publicaron en castellano la Sociedad Americana de Tratados hasta 1948 y desde esa fecha la Editorial Caribe. Han tenido una circulación enorme y han prestado un servicio de incalculable valor a pastores, maestros de Escuela Dominical y estudiantes de las Escrituras en general.

El DICCIONARIO era la traducción del *Dictionary of the Bible* (1886) editado por el Rvdo. William W. Rand, pastor de la Iglesia Reformada en Estados Unidos de América. Huelga decir, que hace años el DICCIONARIO iba a caducar. Indicio notorio de esto es el hecho de que, según su artículo sobre «Jerusalén», ¡la santa ciudad está en manos de los turcos! Desde 1886 ha transcurrido mucha historia, con grandes adelantos en las ciencias que contribuyen a la mejor comprensión de las Escrituras, especialmente en la filología y la arqueología (por ejemplo, el descubrimiento de los papiros de Oxyrhynchus y Chester Beatty, las tablillas de Tell-el-Amarna, Mati, Ras Samra y Nuzi, y últimamente los famosos «Rollos del Mar Muerto»).

Por el año 1960 empezaba a sentirse la imperiosa necesidad de poner al día el viejo DICCIONARIO. Se inició una revisión de los artículos existentes, pero este plan se rechazó por inadecuado. Se resolvió entonces editar un nuevo diccionario y darle carácter hispanoamericano. La tarea se encomendó a algunos profesores del Seminario Bíblico Latinoamericano. Luego los encargados pedimos la colaboración de distintas personas, especialmente a profesores de seminarios e institutos bíblicos de Iberoamérica y algunos de España y América del Norte.

Así es que han participado en la preparación del DICCIONARIO ILUSTRADO DE LA BIBLIA más de cien colaboradores residentes en tierras que van desde España hasta Texas y desde México hasta Argentina. Representan una gran variedad de confesiones cristianas; pero todos aman la Palabra de Dios y desean ayudar a otros a comprenderla mejor.

Los que auspiciamos la publicación del presente Diccionario creemos que las Escrituras son inspiradas por el Espíritu Santo (2 Ti 3.15-17; 2 P 1.20, 21) y constituyen la revelación especial de Dios que nos conduce a la persona de Jesucristo. Esta postura ha sido norma orientadora para los editores sin coartar la debida libertad académica. En asuntos secundarios los colaboradores no siempre han estado de acuerdo entre sí, y los editores no hemos pretendido armonizar todos los criterios.

Al confeccionar este DICCIONARIO, hemos pensado no solo en los teólogos eruditos, sino también en los predicadores, obreros laicos, maestros de Escuela Dominical y todos los estudiantes de las Escrituras para entregarles una herramienta que les ayude en sus esfuerzos de «exponer bien la palabra de verdad» (2 Ti 2.15 HA). Para los que desean profundizar más en el estudio de la Biblia, ofrecemos al final de este volumen un compendio anotado de «Ayudas bibliográficas para el estudio de la Biblia».

El editor general quiere manifestar por este medio su sincera y sentida gratitud hacia todos los que prestaron su valiosa cooperación, especialmente hacia los colegas editores asociados, los doctores Ricardo Foulkes, Dayton Roberts, Mervin Breneman;, Tomás Hanks y Juan Huffman, a quienes les tocó la labor importante, y a veces tediosa, de revisar el contenido de aproximadamente 2100 artículos que componen el DICCIONARIO.

Además, desea hacer mención especial de ciertos contribuyentes que hicieron aportes extraordinarios. El que hizo la contribución mayor (81 artículos, 30.000 palabras) fue el doctor Foulkes. Después sigue el doctor Justo L. González (hijo) que escribió 61 artículos (23.500 palabras). Los siguientes colaboradores contribuyeron con más de 15.000 palabras cada uno: doctor José Míguez Bonino, doctor Alfonso Lloreda, doctor Tomás Hanks, licenciado José María Abreu, el doctor Werner G. Marx y el Rvdo. Aristómeno Porras.

Durante los años de la preparación del DICCIONARIO, murió uno de los colaboradores, el profesor Ernesto H. Trenchard. Don Ernesto había dedicado casi 50 años a la causa evangélica en España. Fue director de «Cursos de Estudio Bíblico» y autor de varios libros de exposición bíblica. Escribió 46 artículos para el DICCIONARIO ILUSTRADO DE LA BIBLIA.

Una vez pasados por el proceso editorial, los artículos se sometieron a varias redacciones. Agradecemos a los redactores, señores Otto Minera, Rolando Ross, Juan Rojas y Pedro Vega su importantísimo trabajo; también a la mecanógrafa Srta. Marta González, que sacó en limpio los artículos editados y redactados. Agradecemos también la hermosa obra del dibujante cartógrafo, Edwin Morris.

Finalmente, el editor general da gracias a la compañera de su vida, Thelma Agnew de Nelson, quien estuvo a su lado los siete años de la confección del DICCIONARIO, fortaleciéndole y ayudándole en diversas maneras.

Sobre todo da gracias al Dios que inspiró a los profetas y apóstoles para que pusieran en forma escrita su revelación a los hombres. Quiera Él usar este DICCIONARIO para hacer que la Escritura sea más «útil para enseñar y reprender, para corregir y educar en una vida de rectitud, para que el hombre de Dios esté capacitado y bien preparado para hacer toda clase de bien» (2 Ti 3.16,17 VP).

Wilton M. Nelson
Editor General
San José, Costa Rica
Enero de 1974

Introducción al Resumen gráfico de la Biblia

Este resumen gráfico de la Biblia ofrece una idea completa de las Escrituras. Tomando personas, acontecimientos y temas como punto de partida, este práctico estudio va exponiendo el contenido de la Biblia. Las citas son tomadas de la versión Reina-Valera 1960.

Tómese un momento para estudiar la primera tabla, que compara el Antiguo con el Nuevo Testamento. Nótese la cronología que aparece en la parte inferior de la página. Divide el Antiguo Testamento en cinco períodos y el Nuevo Testamento en dos. Esta es la clave para el resto de las tablas.

Notará a través de las siguientes páginas que cada tabla tiene su propia cronología de hechos bíblicos y extrabíblicos. Los mapas reflejan el principal movimiento de cada período; los cuadros representan los temas clave. Las tablas, además, sintetizan los temas poéticos y proféticos de los libros del Antiguo Testamento, y los de las epístolas del Nuevo.

Las diez Aplicaciones a la Vida son una parte importante en este estudio. Basándose en el curso de cada período, cristalizan la verdades centrales de la Biblia. Cada principio lleva al otro, y todos se relacionan con nuestra vida espiritual.

RESUMEN GRÁFICO...

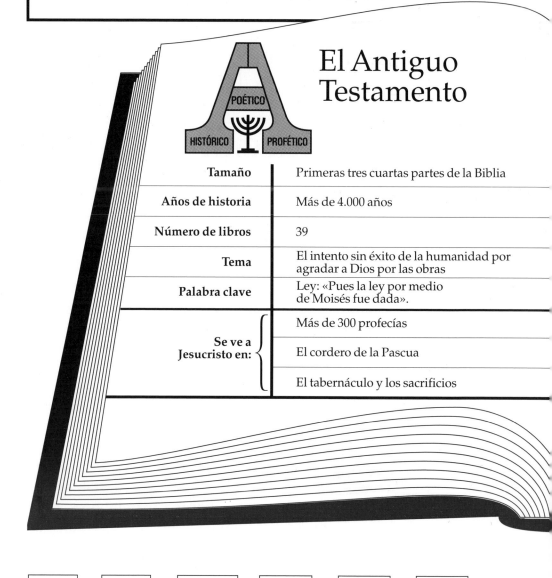

El Antiguo Testamento

POÉTICO

HISTÓRICO · PROFÉTICO

Tamaño	Primeras tres cuartas partes de la Biblia
Años de historia	Más de 4.000 años
Número de libros	39
Tema	El intento sin éxito de la humanidad por agradar a Dios por las obras
Palabra clave	Ley: «Pues la ley por medio de Moisés fue dada».
Se ve a Jesucristo en:	Más de 300 profecías
	El cordero de la Pascua
	El tabernáculo y los sacrificios

Adán	Noé	Abraham	Moisés	David	Esdras
Antes de 4000 a.C.	?	2000 a.C.	1500 a.C.	1000 a.C.	450 a.C.

La historia del mundo antiguo		La historia de Israel			
Antes del diluvio	Después del diluvio	El pueblo	La tierra	El reino	El remanente
11 cap. (Génesis 1–11)		Más de 38 libros (Génesis 12–Malaquías)			

... DE LA BIBLIA

El Nuevo Testamento

Última cuarta parte de la Biblia

Alrededor de 100 años

27

La persona y obra de Jesucristo que nos da salvación

Gracia: «Pero la gracia y la verdad vinieron por medio de Jesucristo».

En carne y sangre (Mateo—Juan)

Las enseñanzas de los apóstoles (Hechos—3 Juan)

La Segunda Venida (Apocalipsis)

Jesús		Pedro	Pablo	Juan
4 a.C. 27-30 d.C				100 d.C.

La historia del Mesías	La historia de la iglesia apostólica		
La vida del Cristo	En Jerusalén	En toda Judea y Samaria	Hasta lo último de la tierra
Mateo–Juan	Hechos–Apocalipsis		

«En mi corazón he guardado tus dichos, para no pecar contra ti» *Salmo 119.* 11

A través de todo el Resumen Gráfico de la Biblia, este símbolo aparecerá donde se exprese un principio clave para la transformación de nuestra vida.

HISTORIA DEL MUNDO PRIMITIVO

Adán

Antes de
4000 a.C.

Antes del diluvio		
CREACIÓN (Origen del hombre)	CAÍDA (Origen del pecado)	PROPAGACIÓN DEL PECADO
Gn 1–2	Gn 3	Gn 4–9

LA OBRA CREADORA DE DIOS		
	Génesis 1	Génesis 2
Relatos de la creación	Dios es Creador Elohim Dios es todopoderoso Creación del universo Culmina con el hombre Seis días de la creación	Dios guarda el pacto Jehová Dios es personal Creación del hombre Culmina con el matrimonio Sexto día de la creación
Génesis 1.2	«estaba desordenada . . .»	«. . . y vacía»
Seis días de la creación	En los primeros tres días, Dios le dio forma a la creación 1er día: luz 2º día: agua, atmósfera 3er día: tierra, vegetación	En los siguientes tres días, Dios pobló la creación 4º día: sol, luna, estrellas 5º día: seres marítimos, aves 6º día: animales

TENTACIÓN: CONTRASTES ENTRE LOS DOS ADANES		
1 Juan 2.16	Génesis 3.6 (Primer Adán)	Lucas 4.1-13 (Segundo Adán: Cristo)
«deseos de la carne»	«el árbol era bueno para comer»	«di a esta piedra que se convierta en pan»
«deseos de los ojos»	«era agradable a los ojos»	«el diablo . . . le mostró . . . todos los reinos»
«vanagloria de la vida»	«codiciable para alcanzar la sabiduría	«échate de aquí abajo»

Noé	Abraham
?	2000 a.C.

	Después del diluvio
DILUVIO (Juicio del pecado)	PROPAGACIÓN DE LAS NACIONES
Gn 6–9	Gn 10–11

ÉPOCAS DE LOS PATRIARCAS
(Antes y después del diluvio)

Los patriarcas de antes del diluvio tuvieron un promedio de vida de unos 900 años (Gn 5). La edad de los patriarcas después del diluvio menguó gradualmente (Gn. 11). Algunos sugieren que se debió a grandes cambios ambientales producidos por el diluvio.

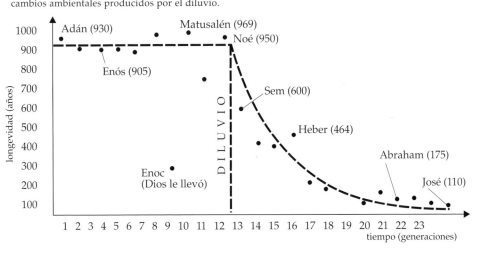

Principio: La justicia es creativa; el pecado es destructivo (Gn 2.17; Ro. 6.23).

Ejercicio: Génesis 1–11, prólogo no solo del Génesis sino de toda la Biblia. Comienza con la actividad vivificante y ordenada del santo Creador. La caída del ser humano y la consecuente diseminación del pecado contrastan marcadamente con el trabajo creador de Dios, e ilustran el desorden y la muerte que siempre acarrea la rebelión contra los propósitos del Señor. Dios no es burlado; en un universo moral y espiritual, el pecado tiene que ser juzgado. ¿Qué debemos hacer, según Romanos 3.21-26, para escapar del juicio del Creador?

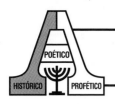

HISTORIA DE ISRAEL:

EL PUEBLO

Abraham		José	
2000 a.C.		1975 a.C.	

		EL PUEBLO	
LOS PATRIARCAS		ESCLAVITUD EN EGIPTO	
2135 Nace Abraham	1991 Comienza el Imperio Medio egipcio	Jacobo va con su familia a Egipto	1790 Código de Hammurabi

EL PACTO ABRAHÁMICO

Génesis 12.1-3	Dios inició su pacto con Abram cuando vivía en Ur de los caldeos, le prometió tierra y grandes bendiciones.
Génesis 12.4,5	Abram fue con su familia a Harán, vivió allí un tiempo y se fue a la edad de 75 años.
Génesis 13.14-17	Después que Lot se separó de Abram, Dios de nuevo le prometió tierra a él y a sus descendientes.
Génesis 15.1-21	El pacto fue ratificado cuando Dios pasó entre los animales que Abram sacrificó ante Dios.
Génesis 17.1-27	Cuando Abram tenía 99 años, Dios renovó el pacto y le cambió el nombre de Abram a Abraham («padre de multitudes»). Señal del pacto: La circuncisión.
Génesis 22.15-18	La confirmación del pacto se debió a la obediencia de Abraham.
Este pacto fue la base de otros.	Tierra: El pacto palestino (Dt 30). Descendencia: El pacto davídico (2 S 7) Bendición: El «antiguo» (Éx 19) y el «nuevo» pactos (Jr 31).

DECADENCIA ESPIRITUAL EN LA ERA PATRIARCAL

1ª generación	2ª generación	3ª generación	4ª generación
Abraham	Ismael e Isaac	Esaú y Jacobo	José y los 11 hermanos
Abraham: hombre de fe creyó a Dios	Ismael: no fue el hijo de la promesa Isaac: clamó a Dios creyó a Dios	Esaú: carnal, poca fe Jacobo: primero transigió, después se convirtió al Señor	José: hombre de Dios mostró fe. Hermanos: traición, inmoralidad, relación constante con los cananeos
Abraham: construyó altares a Dios (Gn 12.7, 8; 13.4; 18; 22.9)	Isaac: construyó un altar a Dios (Gn 26.25)	Jacobo: construyó altares a Dios (Gn 33.20; 35.1, 3, 7)	Ningún altar fue construido a Dios en la cuarta generación.

2000	1500	1000	500	Cristo
El pueblo	La tierra	El reino	El remanente	

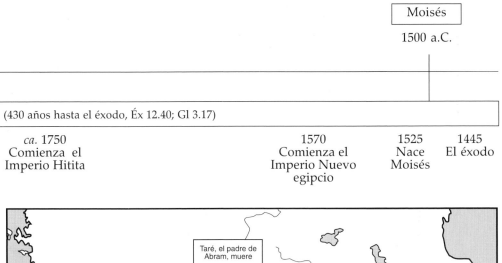

Moisés

1500 a.C.

(430 años hasta el éxodo, Éx 12.40; Gl 3.17)

ca. 1750		1570	1525	1445
Comienza el		Comienza el	Nace	El éxodo
Imperio Hitita		Imperio Nuevo	Moisés	
		egipcio		

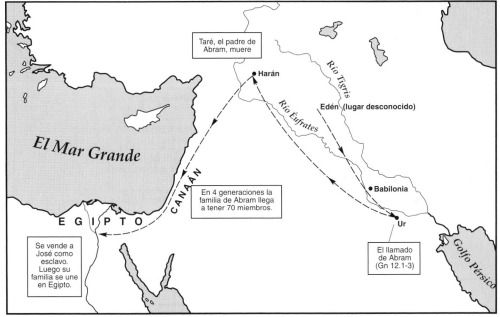

Taré, el padre de Abram, muere

● Harán

Río Tigris

Edén (lugar desconocido)

Río Éufrates

El Mar Grande

CANAÁN

En 4 generaciones la familia de Abram llega a tener 70 miembros.

● Babilonia

E G I P T O

● Ur

Se vende a José como esclavo. Luego su familia se une en Egipto.

El llamado de Abram (Gn 12.1-3)

Golfo Pérsico

Principio: El efecto destructivo del pecado lo detiene una fe que cree en la Palabra de Dios a pesar de las apariencias y circunstancias contradictorias (Gn 15.6; Jn 3.16; Heb 11.8-22).

Ejercicio: Comenzando en Génesis 12, Dios preparó al hombre que sería el padre de la nación en que el Mesías nacería. Abraham se convirtió en amigo de Dios por medio de la fe. A pesar de las apariencias contradictorias, fue a una tierra que no conocía, creyó la promesa de que Dios le daría un hijo y ofreció en sacrificio a ese hijo en la misma zona geográfica en que el Hijo de Dios sería crucificado. Como creyó a Dios, su fe le fue contada por justicia. Usted también puede entrar en relación con Dios depositando su confianza en la persona y obra de su Hijo. ¿Ha tomado esa decisión?

HISTORIA DE ISRAEL: LA TIERRA

POÉTICO
HISTÓRICO PROFÉTICO

Moisés

1500 a.C.

Dinastía Chang *ca.* 1000 →
Civilización Micenia *ca.* 1100 →

LA TIERRA

ÉXODO	CONQUISTA	ÉPOCA DE LOS JUECES

1445   1405   1398
1450 ——— 1423 Reinado de Amenofis II de Egipto

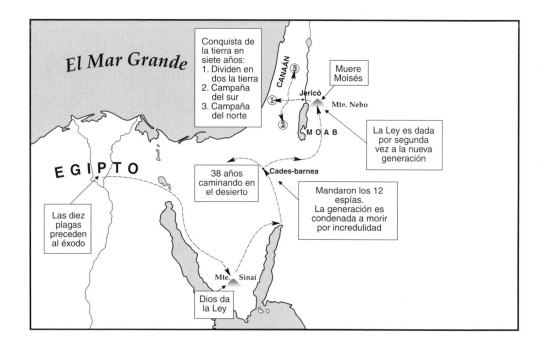

El Mar Grande

CANAÁN

Conquista de
la tierra en
siete años:
1. Dividen en
   dos la tierra
2. Campaña
   del sur
3. Campaña
   del norte

Muere
Moisés

Jericó

Mte. Nebo

M O A B

La Ley es dada
por segunda
vez a la nueva
generación

E G I P T O

38 años
caminando en
el desierto

Cades-barnea

Mandaron los 12
espías.
La generación es
condenada a morir
por incredulidad

Las diez
plagas
preceden
al éxodo

Mte. Sinaí

Dios da
la Ley

Principio: La revelación exige obediencia, y la obediencia trae bendición (Dt 6.1-15; Jos 1.8; Jn 15.12-17).

Ejercicio: Después de redimir a su pueblo de la esclavitud, el Señor les habló con poder y gloria en el monte Sinaí. La revelación de la Ley Mosaica demandaba obediencia. Sus triunfos como pueblo y nación dependen del grado de conformidad a las leyes civiles, morales y ceremoniales de Dios. Del mismo modo, la desobediencia guía al desastre (por ejemplo, la peregrinación en el desierto y la servidumbre en la época de los jueces). Como creyentes en Cristo, nuestras victorias se medirán por el grado de nuestra semejanza a su carácter. ¿Hasta qué punto es Cristo Señor de nuestra vida?

	2000	1500	1000	500	Cristo
		El pueblo	La tierra	El reino	El remanente

Samuel	David
1105-1020	1000 a.C.

Edad oscura griega *ca.* 1100 ⟶

1191
Gedeón derrota a los madianitas

1043
Saúl ungido rey

Después de su liberación de la esclavitud de Egipto, los hijos de Israel necesitaban caminar con Dios. La Ley era para instruir al pueblo sobre la persona y la forma de ser del Redentor con el propósito de que pudiesen mantener una vida santa y obediente. No era para salvar a nadie, sino para revelar a las personas la necesidad de creer en el Señor. Como Pablo escribió a los hermanos de Galacia: «De manera que la ley ha sido nuestro ayo para llevarnos a Cristo, a fin de que fuésemos justificados por la fe» (Gl 3.24).

La Ley es una combinación de poesía, historia de la salvación, legislación y exhortación. Las tres mayores divisiones de la Ley (Dt 4.45) son los testimonios (deberes morales), los estatutos (deberes ceremoniales), y los juicios u ordenanzas (obligaciones civiles y sociales). La porción moral de la Ley se resume en los Diez Mandamientos (Éx 20.1-17; Dt 5.6-21):

LOS DIEZ MANDAMIENTOS (LEY MORAL)

1–4	Deberes hacia Dios	«Amarás al Señor tu Dios» (Mt 22.37)
5–10	Deberes hacia el hombre	«Amarás a tu prójimo» (Mt 22.39)

LOS JUECES: UN ESTUDIO DE LA DESOBEDIENCIA

Cada uno de los siete ciclos que encontramos en Jueces 3.5–16.31 contiene cinco pasos: pecado, esclavitud, clamor, salvación y silencio. Los ciclos se forman como una espiral descendente hacia el pecado (2.19). Israel vacila entre la obediencia y la apostasía.

Ciclo	Opresor	Años de opresión	Jueces libertadores	Años de paz
1. (3.7-11)	Mesopotámicos	8	Otoniel	40
2. (3.12-30)	Moabitas	18	Aod	80
(3.31)	Filisteos		Samgar	
3. (4.1–5.31)	Cananeos	20	Débora/Barac	40
4. (6.1–8.32)	Madianitas	7	Gedeón	40
5. (8.33–10.5)	Abimelec	3	Tola/Jair	45
6. (10.6–12.15)	Amonitas	18	Jefté/Ibzán/Elón/Abdón	6/7/10/8
7. (13.1–16.31)	Filisteos	40	Sansón	20

David	Salomón		Elías	Eliseo		Homero (Ilíada y Odisea)
1000 a.C.			852			*ca.* 800

EL REINO

REINO UNIDO	REINO DIVIDO
1043	931
Samuel unge a Saúl	ISRAEL: 10 tribus (norte: Samaria)
SAÚL · DAVID · SALOMÓN	⟵ Guerra civil divide el reino
	JUDÁ: 2 tribus (sur: Jerusalén)

LA VIDA DE DAVID: Un hombre conforme al corazón de Dios

1041 a.C.				1011				971 a.C.
		LOS 70 AÑOS DE DAVID						
David como súbdito (30 años)				David como rey (40 años)				
Como hijo	Como siervo del rey Saúl			Rey en el sur		Rey de las 12 tribus		
	Ascensión sobre Saúl	Rechazo de Saúl	Se refugio con los filisteos	*Creciente éxito*		*Creciente crisis*		
	17–18	19–26	27–31					
Salmos	1 Samuel			2 Samuel				1 Reyes
23	17	19.1-10	31	7	11	14–18	24	2.10
David el pastor	Mata a Goliat	Protegido por Jonatán	Saúl y Jonatán mueren en Gilboa	Promesa de Cristo	Peca con Betsabé	Rebelión de Absalón	Censo de David	Muerte de David

Principio: La obediencia brota de un corazón dedicado a Dios (Dt 6.5; 1 S 13.14; 1 Cr 28.9; Hch 13.22).

Ejercicio: Saúl y David, un caso de contraste. La clave de la caída de Saúl fue su falta de amor a Dios; la clave de la grandeza de David fue su amor a Dios. La relación de David con Dios se convirtió en la norma por la cual los reyes de Judá se medían. Conocer a Dios es amarlo, y amarlo es obedecerlo. Lea el Salmo 23 para que vea lo que es un hombre que mantiene una relación estrecha con Dios. ¿Qué cosas entorpecen su desarrollo en el conocimiento de Dios?

2000	1500	1000	500	Cristo
El pueblo	La tierra	El reino	El remanente	

Fundación de Roma
753

Nacen Buda, Confucio
563   551

Esdras
450 a.C.

CAUTIVERIO | **REGRESO**

722   586   516

← Asiria conquista Israel

Babilonia conquista Judá →

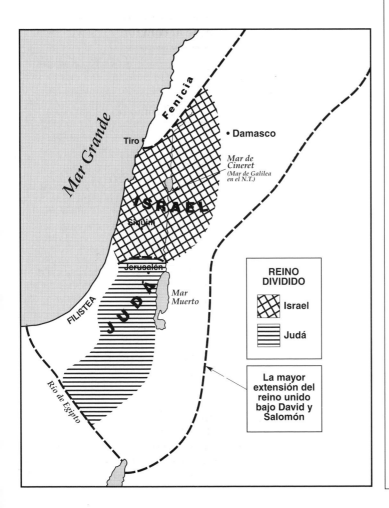

Reyes de Israel

1. Jeroboam I
2. Nadab
3. Baasa
4. Ela
5. Zimri
6. Omri
7. Acab
8. Ocozías
9. Joram
10. Jehú
11. Joacaz
12. Joás
13. Jeroboam II
14. Zacarías
15. Salum
16. Manahem
17. Pekaía
18. Peka
19. Oseas

Reyes de Judá

1. Roboam
2. Abiam
3. Asa
4. Josafat
5. Joram
6. Ocozías
7. Atalía
8. Joás
9. Amasías
10. Azarías
11. Jotam
12. Acaz
13. Ezequías
14. Manasés
15. Amón
16. Josías
17. Joacaz
18. Joacim
19. Joaquín
20. Sedequías

REINO DIVIDIDO

Israel

Judá

La mayor extensión del reino unido bajo David y Salomón

LOS LIBROS POÉTICOS:

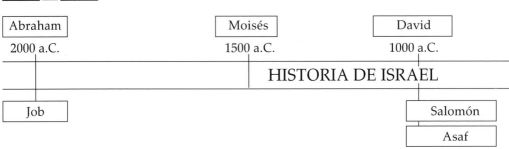

Abraham		Moisés		David	
2000 a.C.		1500 a.C.		1000 a.C.	

HISTORIA DE ISRAEL

Job

Salomón

Asaf

TEMAS DE LOS LIBROS POÉTICOS

Libro	Palabra clave	Tema
Job	Soberanía	Dios se manifiesta a Job en majestad y poder. Es evidente que el verdadero tema no es el sufrimiento de Job (causado por su pecado), sino la soberanía de Dios.
Salmos	Adoración	Los cinco libros de los Salmos van desde Moisés hasta después del cautiverio, abarcando toda la gama de las emociones y experiencias humanas. Compuestos para ser cantados en el templo, tenían música y enfatizaban la adoración.
Proverbios	Sabiduría	Proverbios se diseñó para instruir al lector en sabiduría práctica, discernimiento, disciplina y discreción. Se enfatiza el desarrollo de estas capacidades en todos los detalles de la vida, para que la belleza y la justicia reemplacen la insensatez y los malos pensamientos mediante la dependencia en Dios.
Eclesiastés	Vanidad	El Predicador aplica su inteligencia y recursos a la búsqueda de significado y propósito en la vida. Encuentra que la sabiduría, la riqueza, el trabajo, el placer y el poder conducen a la futilidad del que corre tras el viento. La única fuente de verdadera sabiduría es Dios.
Cantar de los cantares	Amor en el matrimonio	Este hermoso canto describe la íntima relación amorosa entre el amado y la amada. Exalta las virtudes físicas y emocionales del amor en el matrimonio.

Principio: Tener un corazón conforme a Dios es enfrentar la vida desde su perspectiva (Job 42.1-6; Sal 1; 19; 63; 73; 119; Pr 2.1-9; Ro 12.1-3).

Ejercicio: Los libros poéticos recogen las luchas de hombres como Job, David, Salomón, Asaf y otros para darnos una perspectiva divina de sus vidas y circunstancias. A medida que aprendieron a poner la mente en la persona, poder y perfección de Dios, sus voluntades y emociones se confirmaron con su verdad. La verdadera sabiduría es ver la vida desde el ángulo de Dios, y se basa en que pongamos nuestra mente (meditando) en las cosas de arriba (Col 3.1-3). Trate de penetrar en los Salmos y Proverbios cada día, y en actitud de oración analice lo que lea.

EL CORAZÓN DE LOS JUDÍOS

Esdras		Cristo
450 a.C.		4 a.C.

EL CAMINO HACIA EL VERDADERO ÉXITO	
Pregunta	**Principio**
1. ¿Qué es la sabiduría?	La sabiduría es la clave de una vida de belleza, satisfacción y propósito (Pr 3.15-18). La sabiduría es el arte de vivir en todo bajo el dominio de Dios. Es la habilidad de usar los mejores medios en los mejores momentos para obtener los mejores resultados.
2. ¿Cómo seguir la sabiduría?	El tesoro de la sabiduría está en las manos de Dios. Como viene de lo alto (Pr 2.6; cf. Stg 3.17), no podemos conseguirla sino a través de Él.
3. ¿Cuáles son las condiciones para obtener sabiduría?	La verdadera sabiduría se obtiene cultivando el temor a Dios (Job 28.28; Sal 86.11; 111.10; Pr 1.7; 9.10).
4. ¿Qué es el temor al Señor?	Temer a Dios es tener una actitud de respeto y humildad ante Él (Pr 15.33). Es reconocerlo como nuestro Creador y aceptar nuestra total subordinación a Él en todas las actividades de nuestra vida.
5. ¿Por qué son pocos los que desarrollan el temor a Dios?	El sistema temporal de valores de este mundo se basa en lo que se ve, mientras que el valor eterno de la Biblia está basado en lo que no se ve (2 Co 4.16-18; 5.7). El primero ejerce una poderosa influencia en nosotros, y luchamos por dejar lo que se ve por lo que no se ve.
6. ¿Qué nos equipa para escoger el sistema de valores eternos?	Esta decisión se basa en la fe (creer a Dios pese a las apariencias y circunstancias), porque la fe se basa en la confianza.
7. ¿Cómo crecemos en la fe?	Nuestra capacidad para confiar en Dios es directamente proporcional a nuestro conocimiento de Dios. Mientras más lo conocemos, más podemos depositar nuestra confianza en Él.
8. ¿Cómo podemos aumentar nuestro conocimiento de Dios?	Mientras hablamos con Dios por medio de la oración, nuestra intimidad con Él crece. Mientras más conocemos a Dios, más le amamos

LOS LIBROS PROFÉTICOS:

David		Elías	Eliseo		Zorobabel	Esdras	Nehemías
1000 a.C.		852			538		

	EL REINO		
REINO UNIDO	REINO DIVIDIDO	CAUTIVERIO	REGRESO

	ISRAEL	←——722	70 años en Babilonia	Regreso en 3 etapas
REINO UNIDO	←——931			1ª Zorobabel
		586——→		2ª Esdras
	JUDÁ			3ª Nehemías

PROFETAS ANTES DEL CAUTIVERIO		PROFETAS DEL CAUTIVERIO	PROFETAS DESPUÉS DEL CAUTIVERIO
A Israel: Amós (760) Oseas (755) *A Nínive:* Jonás (760) Nahum (620) *A Edom:* Abdías (580)	*A Judá:* Isaías (740) Miqueas (735) Sofonías (630) Jeremías (627) Habacuc (607) Joel (600) Lamentaciones (586)	*A los judíos en Babilonia:* Daniel (605) Ezequiel (592)	*Al remanente después del regreso:* Hageo (520) Zacarías (520) Malaquías (450)

Principio: La disciplina de Dios está creada para restaurar el corazón (Jer 17.5,7; Jn 2.12,13; Heb 12.5-11).

Ejercicio: Dios tuvo que disciplinar a su pueblo por su rebelión moral y espiritual y su rechazo de las advertencias de los profetas. La represión debe llevar al arrepentimiento y el arrepentimiento a la restauración. Los mismos profetas que declararon la condenación de Dios, también anunciaron la consolación de Dios. Del mismo modo, Dios nos corrige como a hijos para que andemos a la luz de su justicia. ¿Cómo responderá usted en estos tiempos? ¿Es disciplinable o indisciplinable?

415

EL REMANENTE

400 AÑOS HASTA CRISTO

TEMAS DE LOS LIBROS PROFÉTICOS

Los profetas mayores

Libro	Palabra clave	Tema
Isaías	La salvación es de Dios	Mensajes de condenación (1–39), y consolación a la vez (40–66). El juicio de Dios sobre el pecado de Judá, las naciones circundantes y el mundo, seguida de salvación y restauración.
Jeremías	La última hora de Judá	Declaración de ciertos juicios de Dios contra Judá. Dios promete establecer un nuevo pacto con su pueblo.
Lamenta-ciones	Lamenta-ciones	Esta hermosa serie estructurada de cinco poemas de lamento es un canto lastimero por la caída de Jerusalén.
Ezequiel	Restauración futura	Ministró a los judíos cautivos en Babilonia antes y después de la caída de Jerusalén. La suerte de los enemigos de Judá y la visión apocalíptica de su futuro.
Daniel	El plan para Israel	Daniel bosqueja el plan de Dios para las naciones gentiles (2–7), y describe a Israel durante la época de la dominación gentil (8–12).

Los profetas menores

Libro	Palabra clave	Tema
Oseas	Amor de Dios por Isreal	La historia de Oseas y su esposa infiel ilustran la fidelidad del amor de Dios y el adulterio espiritual de Israel.
Joel	Día del Señor	Una reciente plaga de langostas ilustra el terrible día del Señor. Dios apela a su pueblo a que se arrepienta para evitar la ira que vendrá.
Amós	Juicio de Israel	En ocho declaraciones de juicio Amós gira alrededor de sus vecinos antes de caerle a Israel. Hace una lista de los pecados de Israel y llama al arrepentimiento.
Abdías	Juicio de Edom	Condena a la nación de Edom (descendientes de Esaú) por no actuar como hermanos con la tribu de Judá (descendientes de Jacob).
Jonás	Gran desper-tar en Nínive	El arrepentimiento del pueblo de Nínive ante el mensaje profético de Jonás hizo que el Dios de misericordia restaurara la ciudad.
Miqueas	Juicio y restau-ración de Judá	A pesar del juicio divino contra la corrupción de Israel y Judá, el pacto de Dios con ellos se cumplirá con el advenimiento del futuro reino del Mesías.
Nahum	Juicio sobre Nínive	Miqueas predijo la destrucción de Nínive por su idolatría y brutalidad, 125 años después del arrepentimiento de la ciudad bajo la predicación de Jonás
Habacuc	Vivir por fe	Inquieto ante el plan de Dios de usar a Babilonia para castigar a Judá, Habacuc alaba al Señor después de obtener una perspectiva mejor del poder y propósito de Dios.
Sofonías	Día del Señor	El día del Señor será un tiempo terrible de juicio seguido de gran bendición. Judá es condenada, pero Dios restaura la fortuna del remanente.
Hageo	Reconstruc-ción del templo	Después del cautiverio en Babilonia, Hageo urge a los judíos a poner a Dios primero, y terminar el templo que habían comenzado para que pudieran gozar las bendiciones de Dios.
Zacarías	Preparación para el Mesías	Como Hageo, Zacarías exhorta los judíos a que terminen la construcción del templo. Lo relaciona con el advenimiento del Mesías en una serie de visiones y profecías mesiánicas.
Malaquías	Apelación a apóstatas	El ambiente espiritual del pueblo se ha enfriado, y Malaquías los reprende por sus compo-nendas sociales y religiosas. Si regresan a Dios con corazones sinceros, serán bendecidos.

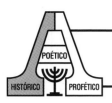

POÉTICO

HISTÓRICO · PROFÉTICO

HISTORIA DE ISRAEL: EL REMANENTE

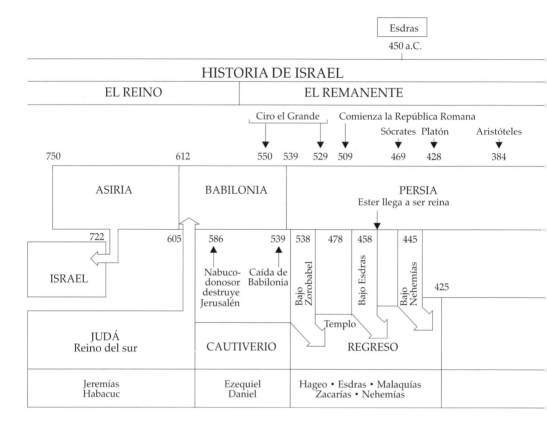

Esdras
450 a.C.

HISTORIA DE ISRAEL

EL REINO	EL REMANENTE

Ciro el Grande — Comienza la República Romana

Sócrates Platón Aristóteles

| 750 | 612 | 550 | 539 | 529 | 509 | 469 | 428 | 384 |

ASIRIA	BABILONIA	PERSIA
		Ester llega a ser reina

| 722 | 605 | 586 | 539 | 538 | 478 | 458 | 445 | |
| ISRAEL | | Nabuco-donosor destruye Jerusalén | Caída de Babilonia | Bajo Zorobabel | Bajo Esdras | Bajo Nehemías | 425 | |

| JUDÁ Reino del sur | CAUTIVERIO | | Templo | REGRESO | |

| Jeremías Habacuc | Ezequiel Daniel | Hageo • Esdras • Malaquías Zacarías • Nehemías | |

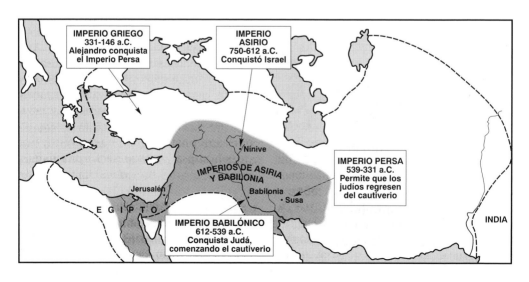

IMPERIO GRIEGO
331-146 a.C.
Alejandro conquista
el Imperio Persa

IMPERIO ASIRIO
750-612 a.C.
Conquistó Israel

IMPERIO PERSA
539-331 a.C.
Permite que los
judíos regresen
del cautiverio

Nínive

IMPERIOS DE ASIRIA
Y BABILONIA

Jerusalén

Babilonia

Susa

EGIPTO

INDIA

IMPERIO BABILÓNICO
612-539 a.C.
Conquista Judá,
comenzando el cautiverio

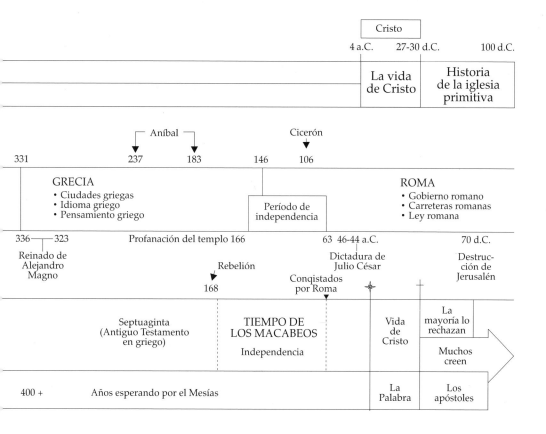

Cristo

4 a.C.　　27-30 d.C.　　100 d.C.

| La vida de Cristo | Historia de la iglesia primitiva |

Aníbal　　Cicerón

331　　237　　183　　146　　106

GRECIA
- Ciudades griegas
- Idioma griego
- Pensamiento griego

Período de independencia

ROMA
- Gobierno romano
- Carreteras romanas
- Ley romana

336 — 323　　Profanación del templo 166　　63　46-44 a.C.　　70 d.C.

Reinado de Alejandro Magno

Rebelión

Dictadura de Julio César

Destrucción de Jerusalén

168　　Conqistados por Roma

Septuaginta (Antiguo Testamento en griego)

TIEMPO DE LOS MACABEOS

Independencia

Vida de Cristo

La mayoría lo rechazan

Muchos creen

400 +　　Años esperando por el Mesías

La Palabra

Los apóstoles

Práctica: La verdadera restauración proviene del ser moldeados por la Palabra interna más bien que por el mundo externo (Esd 7.10; 9.10-15; Is 46.3, 4; Hch 7.51-53).

Ejercicio: Aun después del escarmiento del cautiverio, muchos de los judíos repatriados se enredaron otra vez en los negocios del mundo y olvidaron su relación con Dios. Para algunos, el problema era la religiosidad externa sin una realidad interna; para otros, el problema era que estaban más bajo la influencia de por las costumbres que de las Escrituras. Dios siempre ha trabajado con una minoría fiel que lo ama lo suficiente como para ir contra la marea del sistema mundial. ¿Es su forma de vida diferente a la de quienes aman al mundo más que al Señor?

LA VIDA DE JESUCRISTO

4 a.C.   9 d.C. (Discusión en el templo)

NIÑEZ	AÑOS EN NAZARET (Lc 2.51,52)

Nacimiento   Lucas 2.41-50

COMPARACIÓN Y CONTRASTE DE LOS EVANGELIOS

Tópicos	Los Evangelios Sinópticos			Juan
	Mateo	Marcos	Lucas	
Fechas probables:	58-68 d.C.	55-65 d.C.	60-68 d.C.	80-90 d.C.
Lugar donde fue escrito:	Siria, Antioquía o Palestina	Roma	Roma/Grecia	Éfeso
Destinatarios:	Mentalidad judía (religiosos)	Mentalidad romana (pragmáticos)	Mentalidad griega (idealistas)	Universal
Tema:	Mesías/Rey	Siervo/Redentor	Hombre perfecto	Hijo de Dios
Tipos tradicionales de Cristo (cf. Ez 1.10; Ap 4.6-8)	El león (fuerza, autoridad)	El buey (servicio, poder)	El hombre (sabiduría, carácter)	El águila (deidad, humanidad)
Retrato de Cristo	Dios-**Hombre**			**Dios**-Hombre
Perspectiva	Histórica			Teológica
Singularidad de temas	Menos singulares (Mateo 42%; Marcos 7%; Lucas 59%)			Más singulares (92%)
Cronología	Solo menciona una Pascua			3 ó 4 Pascuas mencionadas
Geografía	Se concentra en el ministerio en Galilea			Se concentra en el ministerio en Judea
Clase de discurso	Más público			Más privado
Método de enseñanza	Parábolas			Alegorías
Énfasis de la enseñanza	Más enseñanzas éticas y prácticas			Más sobre la persona de Cristo
Relación con los otros Evangelios	Complementario			Suplementario

MINISTERIO PÚBLICO DE CRISTO

Sus milagros y enseñanzas atraen a las masas

Popularidad al máximo
Los líderes atribuyen sus

d.C.	27	28
Primeros hechos	Ministerio temprano en Judea	Gran ministerio en Galilea
Años de aceptación curiosa		Año de creciente hostilidad

Bautizado por Juan
Mt 3

Primer milagro
Jn 2

Nicodemo y el nuevo nacimiento
Jn 3

La mujer del pozo
Jn 4

Rechazo en Nazaret
Lc 4

Selección de de los apóstoles
Mc 3

Sermón del Monte
Mt 5–7

La historia de Israel	La vida de Cristo	Historia de la iglesia primitiva
4 a.C.	27-30 d.C.	100 d.C.

27 d.C.   30 d.C.

MINISTERIO PÚBLICO

Principio: Jesús, la Palabra de Vida, vive su vida en nosotros y a través de nosotros cuando caminamos dependiendo de Él (Jn 1.11,12; 10.10; 15.4,5; Gl 2.20).

Ejercicio: En Cristo, Dios se reveló en carne: Verlo a Él es ver a Dios (Jn 12.45; 14.9), conocerlo a Él es conocer a Dios (Jn 8.19), recibirlo a Él es recibir a Dios (Mc 9.37), honrarlo a Él es honrar a Dios (Jn 5.23), y rechazarlo a Él es rechazar a Dios (Lc 10.16). Él es la vid, la fuente de vida; nosotros somos los pámpanos, los canales de vida. Mientras tomemos nuestra vida de Él podremos llevar verdaderos frutos. ¿Hasta qué punto tiene usted a Jesucristo como verdadera fuente de seguridad, sentido y satisfacción?

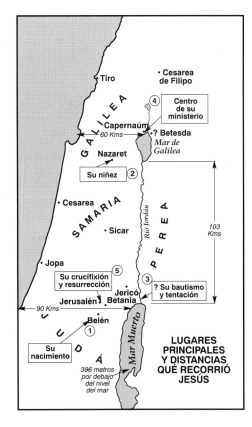

Las masas lo abandonan viendo el rechazo de los líderes

milagros a Satanás (Mt 12.24)

	29				30 d.C.		
					Ministerio postrero en Judea		Ministerio en Perea
Años de preparación de los apóstoles					Período de luchas intensas que guían a la cruz		

| Rechazo de los líderes Mt 12 | Inicia enseñanza en parábolas Mt 13 | Envía los 12 Mt 10 | Alimenta a 5000 Mc 6 | Transfiguración, Lc 9
 Alimenta a 4000, Mc 8 | Envía los 70 Lc 10 | Resucita a Lázaro Jn 11 |

HISTORIA DE LA IGLESIA PRIMITIVA

30 d.C.	35			

HISTORIA DE LA IGLESIA PRIMITIVA

EN JERUSALÉN	EN TODA JUDEA, EN SAMARIA			
Pentecostés Hch 2	Martirio de Esteban Hch 6	Felipe gana samaritanos para Cristo Hch 8	Conversión de Pablo Hch 9	Pedro conduce gentiles a Cristo Hch 10

BOSQUEJO DEL LIBRO DE LOS HECHOS

«Pero recibiréis poder, cuando haya venido sobre vosotros el Espíritu Santo, y me seréis testigos en *Jerusalén*, en toda *Judea*, en *Samaria*, y *hasta lo último de la tierra*»

Capítulos	Hechos 1–7	Hechos 8–12	Hechos 13–28
Crecimiento de la iglesia	La iglesia en Jerusalén	La iglesia en Judea y Samaria	La iglesia en toda la tierra
El evangelio	Testimonio en la ciudad	Testimonio en las provincias	Testimonio en en el mundo
Tema	Poder y progreso	Expansión de la iglesia	Los tres viajes y juicios de Pablo
Destinarios	Judíos	Samaritanos	Gentiles
Persona clave	Pedro	Felipe	Pablo
Tiempo	2 años (33-35 d.C.)	13 años (35-48 d.C.)	14 años (48-62 d.C.)
Suceso	Triunfo	Transición	Viajes y pruebas

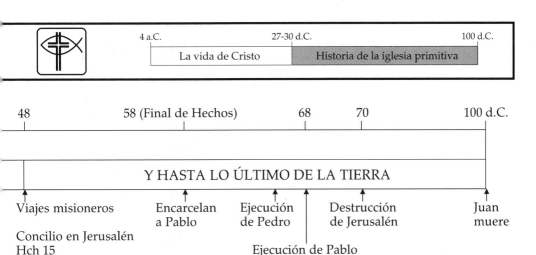

4 a.C.	27-30 d.C.	100 d.C.
La vida de Cristo	Historia de la iglesia primitiva	

| 48 | 58 (Final de Hechos) | 68 | 70 | 100 d.C. |

Y HASTA LO ÚLTIMO DE LA TIERRA

Viajes misioneros

Concilio en Jerusalén
Hch 15

Encarcelan
a Pablo

Ejecución
de Pedro

Ejecución de Pablo

Destrucción
de Jerusalén

Juan
muere

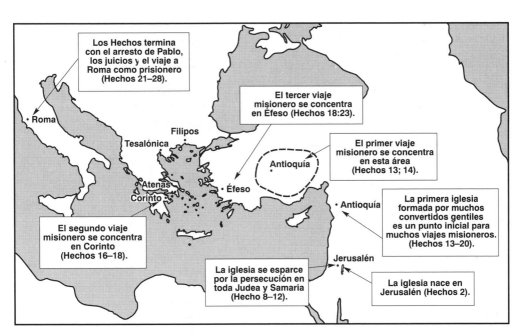

Los Hechos termina con el arresto de Pablo, los juicios y el viaje a Roma como prisionero (Hechos 21–28).

El tercer viaje misionero se concentra en Éfeso (Hechos 18:23).

El primer viaje misionero se concentra en esta área (Hechos 13; 14).

La primera iglesia formada por muchos convertidos gentiles es un punto inicial para muchos viajes misioneros. (Hechos 13–20).

El segundo viaje misionero se concentra en Corinto (Hechos 16–18).

La iglesia se esparce por la persecución en toda Judea y Samaria (Hecho 8–12).

La iglesia nace en Jerusalén (Hechos 2).

Principio: La vida de Cristo se reproduce en otros cuando tomamos la iniciativa de testificar en el poder del Espíritu Santo (Mt 28.18-20; Hch 1.8; Col 4.2-6).

Ejercicio: El libro registra la propagación del evangelio desde la ciudad de Jerusalén a la provincia de Judea y Samaria, y hasta el Imperio Romano. En este primer siglo los cristianos fueron perseguidos por la causa de Cristo y transformaron el mundo mientras sus vidas eran cartas abiertas de la Buena Nueva. Dios nos ha llamado a tener un estilo de vida evangelístico con el cual podamos relacionarnos con los inconversos. Este tipo de amistad se torna en puentes naturales para predicar el evangelio. Aprendamos en Colosenses 4.2-6 a ser más eficaces como instrumentos del Espíritu Santo, reproduciendo así la vida de Cristo en otros.

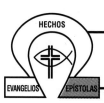

LOS ESCRITOS DE LA IGLESIA PRIMITIVA

Pablo se convierte 34 d.C.	Cornelio se convierte 40	1er viaje misionero 48	Concilio de Jerusalén 50

ENFOQUE SOBRE PEDRO	ENFOQUE SOBRE PABLO

PABLO EL APRENDIZ	PABLO EL MISIONERO		
Pablo pasó tres años en Damasco y diez en el anonimato en Tarso antes de lanzarse al campo misionero.	1er viaje	El concilio de Jerusalén Hch 15 50 d.C.	2º viaje

Gálatas (49)		1 Tesalonicenses (51)
		2 Tesalonicenses (51)

Principio: Dios quiere que crezcamos en nuestro entendimiento de que la vida y el destino de Cristo es nuestra vida y nuestro destino (2 Co 4.16-18; Ef 1.3,17-19; 3.16-19; Flp 1.21; 3.20,21; 1 P 1.3-9).

Ejercicio: Pablo, Pedro y los otros apóstoles aprendieron el secreto de desarrollar una perspectiva eterna en medio de las dificultades. Fueron capaces de vivir más allá de las circunstancias y regocijarse a pesar de ser perseguidos por su firme convicción de quienes eran en Jesucristo y a donde se dirigían. En el presidio, el apóstol Pablo escribió: «Porque para mí el vivir es Cristo, y el morir es ganancia» (Flp 1.21). ¿Nos fijamos más en «las cosas que se ven» o en «las que no se ven»? Las que se ven son temporales, pero las que no se ven son eternas (2 Co 4.18).

CARTAS DE PABLO

Santiago (44,45)
CARTAS DE OTROS AUTORES

EVANGELIOS Y HECHOS

Mateo (58-68 d.C.)

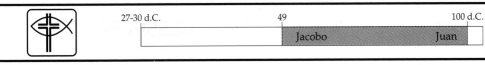

27-30 d.C.	49		100 d.C.
	Jacobo	Juan	

Encarcelamiento de Pablo 58	Ejecución de Pedro 64	Ejecución de Pablo 68	Destrucción de Jerusalén 70	Muere Juan 100 d.C.

				ENFOQUE SOBRE JUAN

PABLO EL PRISIONERO				ESCRITOS DE JUAN
3er viaje	1er encarcelamiento	Libertad	2º encarcelamiento	
1 Corintios (56)	Efesios (60)	1 Timoteo (62)	2 Timoteo (67)	
2 Corintios (56)	Colosenses (61)	Tito (66)		
Romanos (56, 57)	Filemón (61)			
	Filipenses (62)			
		1 Pedro (64)	Hebreos (66-69)	1 Juan (85-90)
		2 Pedro (64)	Judas (75)	2 Juan (85-90)
				3 Juan (85-90)
				Apocalipsis (95-96)
	Hechos (75-85)			
	Lucas (60-68)	Marcos (55-65)		Juan (80-90)

HECHOS

EVANGELIOS EPÍSTOLAS

TEMAS DE LAS CARTAS DEL NUEVO TESTAMENTO

LAS CARTAS DE PABLO A LAS IGLESIAS

LIBRO	CLAVE	TEMA
Romanos	Justicia de Dios	Presenta el evangelio desde la condenación a la justificación, a la glorificación (1–8). Presenta el plan de Dios a judíos y gentiles (9–11), y exhortaciones prácticas para los creyentes (12–16).
1 Corintios	Corrección de la vida carnal	Corrige problemas de facciones, inmoralidad, querellas, abuso de la Cena del Señor (1–6). Responde a preguntas respecto al matrimonio, la carne ofrecida a los ídolos, el culto y la resurrección (7–16).
2 Corintios	Pablo defiende su ministerio	Defiende el carácter apostólico de Pablo, su llamamiento y sus credenciales. La mayoría se había arrepentido de su rebelión contra el apóstol, pero quedaba una minoría incrédula.
Gálatas	Libros de la ley	Refuta los errores del legalismo que había hecho caer en una trampa a las iglesias de Galacia. Demuestra la superioridad de la gracia sobre la ley, y pone la vida de libertad en contraste con el legalismo y la vida licenciosa.
Efesios	Edificar la iglesia	Exalta la posición del creyente en Cristo (1–3), y exhorta a los destinatarios a que mantengan un caminar en el Espíritu basado en la salud espiritual (4–6).
Filipenses	El vivir es Cristo	Pablo explica los últimos acontecimientos de su encarcelamiento y urge a los lectores a que mantengan un estilo de vida de unidad, humildad y dedicación a Dios.
Colosenses	La preeminencia de Cristo	Demuestra la preeminencia de Cristo en la creación, la redención y las relaciones de la vida. El cristiano es completo en Cristo y no necesita otra cosa.
1 Tesalonicenses	Santidad ante el regreso de Cristo	Pablo elogia a los de Tesalónica por su fe y les recuerda sus motivos y preocupaciones a su favor. Los exhorta a caminar en pureza y les habla sobre la venida del Señor.
2 Tesalonicenses	Comprensión del día del Señor	Pablo corrige falsas conclusiones sobre el Día del Señor. Explica qué precederá este evento majestuoso y exhorta a los lectores a seguir siendo diligentes.

CARTAS PERSONALES DE PABLO

1 Timoteo	Manual para los líderes de iglesia	Pablo aconseja a Timoteo en cuanto a los falsos maestros, la oración en público, el papel de la mujer y los requisitos para los ancianos y diáconos.
2 Timoteo	Resistencia en el ministerio	Manual de combate diseñado para fortalecer y animar al joven Timoteo a mantenerse firme ante el rigor de las luchas espirituales.
Tito	Manual de conducta para las iglesias	Enumera los requisitos para ser anciano e instruye a Tito en sus deberes referente a varios grupos en las iglesias.
Filemón	Absolución de la esclavitud	Pablo suplica a Filemón que perdone a Onésimo y lo trate ya no como esclavo sino como hermano en Cristo.

CARTAS DE OTROS AUTORES

Hebreos	Superioridad de Cristo	Demuestra la superioridad de la persona, sacerdocio y poder de Cristo sobre todo lo que le precedió para animar a los creyentes a que maduren y se consoliden en la fe.
Santiago	Fe que obra	Catálogo práctico de las características de la verdadera fe escrito para exhortar a los hebreo-cristianos a que examinen la realidad de su fe.
1 Pedro	Sufrir por Cristo	Consuela a los que han sido maltratados por su fe en Cristo. Los anima y reta a desarrollar una actitud de sumisión en vista de su sufrimiento.
2 Pedro	Cuidado con los falsos profetas	Enfrenta la oposición de falsos maestros que con engaños conducían a los creyentes a errores de creencia y conducta. Exhorta a crecer en el verdadero conocimiento de Cristo.
1 Juan	Compañerismo con Dios	Explora las dimensiones del compañerismo entre los redimidos y Dios. Los creyentes deben caminar en lu luz del Señor, manifestar su amor y sufrir en su nombre.
2 Juan	Evitar la amistad de los falsos maestros	Juan recomienda a sus destinatarios que se mantengan firmes en la verdad apostólica, y les recuerda caminar en amor y evitar a los falsos maestros.
3 Juan	Gozo entre hermanos	Juan da gracias a Gayo por su apoyo a los maestros de la verdad en contraste con Diótrefes, quien los rechazaba y decía a otros que hicieran lo mismo.
Judas	Contender por la fe	Desenmascara a los falsos maestros y revela su conducta y carácter, y predice su castigo. Judas alienta a sus lectores a fortalecerse en la verdad y contender por la fe.
Apocalipsis	Revelación de Cristo en su venida	El Cristo glorificado da siete mensajes a la iglesia (1–3). Visiones de castigos sin paralelos contra la humanidad rebelde antes de la Segunda Venida (4–19). El Apocalipsis concluye con una descripción del nuevo cielo y la nueva tierra, y las maravillas de la nueva Jerusalén (20–22).

AARÓN Hijo de Amram y Jocabed, de la tribu de Leví (Éx 6.20), hermano mayor de Moisés (Éx 7.7) y de María (Nm 26.59; 1 Cr 6.3). Su esposa fue Elisabet y sus cuatro hijos fueron Nadab, Abiú, Eleazar e Itamar.

En las narraciones más antiguas del Pentateuco se presenta a Aarón como «boca» de Moisés (Éx 4.16) ante Faraón. Parece que Aarón tenía fama de orador, mientras que Moisés se sentía «torpe de lengua» (Éx 4.10, 14). Por tanto, Dios lo escogió para ayudar a Moisés en el proceso de liberación de Egipto al pueblo de Israel (Éx 4.27). Al principio siempre acompaña a Moisés (Éx 5.1,4,20; 6.13; 7.6,10,20; 8.5,12,16,25; 9.8,27; 10.13,16; 11.10; 12.1,31; 17.10-12). Pero después del cruce del mar Rojo parece dejar esta responsabilidad y Moisés habla directamente al pueblo (Éx 14.13).

Aarón figuró entre los líderes de Israel (Éx 19.24; 24.9; 34.31) y estuvo con ellos cuando vieron a Dios. Sin embargo, no tuvo cualidades de líder. Cuando sustituyó a su hermano al subir este al monte Sinaí, no supo mantener el orden (Éx 32.25) ni pudo resistir las exigencias del pueblo de Israel. Para complacerlos hizo un becerro de oro. Es posible que tuviera en mente al sagrado buey Apis de Egipto o al toro de los cananeos.

El momento cumbre de la vida de Aarón fue cuando se le nombró sumo sacerdote (Éx 28.1; Lv 8.2). Se confeccionaron vestidos especiales para este servicio (Éx 28.2ss; 39.1ss), como señal de su autoridad religiosa y de su representación de Israel ante Dios. El relato de su consagración es minucioso (Éx 29.1-37; Lv 8). El punto central de su ministerio fue el Día de Expiación, al entrar en el Lugar Santísimo como único representante del pueblo de Israel (Lv 16.13,

---

Figura de Aarón vestido de sumo sacerdote, incluyendo el Efod con sus doce piedras preciosas que representan las doce tribus de Israel. (Nm 17)

Foto: Museo bíblico, Amsterdam

14). Dios sostuvo la autoridad de su sacerdocio frente a una rebelión (Nm 16) y la confirmó con el milagro de la vara que floreció (Nm 17).

El oficio sacerdotal que ejercía no evitó una lucha por el poder contra Moisés. Quiso justificar sus proyectos alegando que Moisés había tomado una mujer cusita (Nm 12.1,2). Sin embargo, Jehová intervino para reafirmar que escogió a Moisés para ser «boca» de Dios.

Por su falta de fe, no se le permitió entrar en la tierra prometida (Nm 20.12). Entregó el sumo sacerdocio a su hijo Eleazar en el monte Hor (Nm 20.26; Dt 10.6), donde murió siendo anciano (Nm 33.38,39). (→ SUMO SACERDOTE.)

ABADÓN (en hebreo, *perdición*). Nombre poético del mundo de abajo. En Job, Salmos y Proverbios denota simplemente la morada de los muertos (→ SEOL). Sin embargo, en la literatura rabínica designa específicamente el lugar de condenación y castigo, o sea, un departamento de las regiones infernales reservado para los inicuos. Este matiz se refleja en su empleo como nombre del ángel del abismo en Ap 9.11; Juan lo traduce *Apolión* (destructor).

ABANA Y FARFAR Ríos de Siria que Naamán menciona en 2 R 5.12. Son ríos claros y Naamán sostenía que eran mejores que «todas las aguas de Israel», y en nada comparables con el → JORDÁN. Tenía razón. Tal vez el Abana es el actual río Barada, que nace en el Antilíbano, unos 30 km al noroeste de Damasco. Pasa por la ciudad hacia el sudeste y desemboca en un lago pantanoso 30 km al este. Riega los llanos y brinda agua a la ciudad de Damasco. Por eso Naamán habló de su grandeza.

El río Farfar probablemente es el moderno Awaj, que nace en el monte Hermón y corre unos 14 km al sur de Damasco; fluye de oeste a este. Es perenne y riega la región entera.

ABARIM (*más allá* o *del otro lado*). Monte situado al este del mar Muerto y del bajo Jordán, frente a Jericó, en el territorio de Moab y en la tribu de Benjamín (Nm 33.48; Dt 32.49). El uso del plural (Nm 33.47,48) sugiere una cadena de montañas. Los montes Nebo, Pisga y Peor formaban parte del Abarim (Nm 27.12; 33.47,48; Dt 32.49; 34.1). Los israelitas acamparon dos veces en Ijeabarim (Nm 21.11; 33.44).

ABBA Forma enfática del arameo *ab* (padre), usada por lo general para expresar una relación filial íntima. Raras veces se usa para referirse a Dios y mucho menos en oración, como lo hace Jesús en Mc 14.36 (donde se añade la traducción griega). Tal vez se dirigió así a Dios, no solo en la ocasión citada, sino también en otras en que los evangelistas tradujeron *abba* como «padre», «padre mío» o «mi padre». *Abba* expresa la relación única de plena comunión y confianza del Hijo con el Padre y, según parece, la iglesia primitiva adoptó el término sobre todo en la oración (Ro 8.15; Gl 4.6), pues «el Espíritu de adopción» incorpora al cristiano en esa nueva relación.

Desde el punto de vista hermenéutico el concepto «padre» ha sufrido, hacia finales del siglo XX, un profundo deterioro. En primer lugar, la mujer parece ser la nueva cabeza del hogar. Esto significa que las nuevas generaciones saben que existe algo denominado «padre», pero no tienen un vínculo real entre el significado de «padre» y la vida cotidiana. El concepto del hombre como proveedor de la familia también ha sufrido. Por ejemplo, en Costa Rica, el 52% de las mujeres son cabeza de hogar y responsables directas de la manutención de los hijos.

Sin embargo, el aspecto más doloroso de este deterioro tiene que ver con las acciones violentas de los hombres contra sus compañeras e hijos. Dentro de esa violencia debemos contar la agresión física, sicológica y sexual. Esto nos obliga a preguntarnos: ¿Qué comunicamos cuando le llamamos Padre a Dios? ¿Somos padres al estilo de Dios?

ABDÍAS (*siervo de Jehová*). Nombre hebreo de por lo menos 12 hombres del Antiguo Testamento. Entre los personajes

A

ABDÍAS:
Un bosquejo para el
estudio y la enseñanza

I. Predicciones de juicio sobre Edom 1–9
II. Razones para el juicio de Edom 10–14
III. Resultados del juicio sobre Edom 5–16
IV. Israel toma posesión de Edom 17–21

veterotestamentarios que llevan este nombre se encuentran:

1. El mayordomo de Acab (1 R 18.3-16) que salvó de la furia de Jezabel a 100 profetas de Jehová.

2. El cuarto de los profetas menores (Abd 1), aunque en este caso quizás no sea un nombre propio.

3. Los restantes se mencionan en 1 Cr 3.21; 7.3; 8.38 (cf. 9.44); 9.16 (cf. Neh 11.17; 12.25); 12.9; 27.19; 2 Cr 17.7; 34.12; Esd 8.9; Neh 10.5.

Bibliografía:

J.D. Douglas, *et al., New Bible Dictionary,* Tyndale House Publishers, Inc., Wheaton, IL, 1988.

ABDÍAS, LIBRO DE Es el libro más breve del AT y uno de los más descuidados por la erudición. Presenta múltiples desafíos en lo que respecta a autoría, fecha, lugar/contexto de composición e interpretación. Se atribuye a Abdías (nombre que significa *siervo de Jehová*), pero no hay información adicional que permita determinar si se trata de un nombre propio o de un término descriptivo (p. ej., «visión de un siervo de Jehová»).

Autor y fecha

No se sabe con certeza la fecha de esta profecía. Se ha sugerido que se escribió durante el reinado de Joram (*ca.* 848–841 a.C.), cuando los filisteos y los árabes saquearon a Jerusalén (2 Cr 21.16,17; Jl 3.3-6; Am 1.6). En aquel tiempo los idumeos eran enemigos acérrimos de Judá (2 R 8.20-22; 2 Cr 21.8-10; cf. Éx 15.15; Nm 20.14ss; Sal 83.6; Is 63.1-6; Jl 3.19), lo que bien pudo deberse, como dicen los vv. 10-14, a la rivalidad de Esaú y Jacob.

Marco histórico

Sin embargo, muchos eruditos ven en Abd 10–14 una descripción de hechos acontecidos en ocasión de la destrucción de Jerusalén, en 586 a.C., y creen que Abdías quizás se escribió después de aquel suceso; sin embargo, la existencia de lagunas en la información disponible dificulta una conclusión definitiva al respecto.

Es importante considerar las relaciones literarias que existen entre Abdías y otros escritos del Antiguo Testamento. La asociación literaria más notable es con Jeremías (cf. v. 1a y Jer 49.7; v. 1b-4 y Jer 49.14-16; 5-6 y Jer 49.9-10a). También existen relaciones literarias con Joel y Ezequiel (cf. 11 y Jl 3.3; v. 15 y Jl 1.15; v. 16 y Jl 3.17; v. 18 y Jl 2.5; Ez 25.12-14). Es probable que cada una de estas colecciones proféticas se sirviera de una fuente común de materiales para sus respectivos fines.

Esta fuente común tal vez se originó en el contexto litúrgico que proclamaba a Jehová como guerrero poderoso que castiga tanto a sus enemigos como a su propio pueblo.

Estructura del libro

El tema principal es el juicio divino que caería sobre Edom, descendientes de Esaú, por su malévola actitud hacia los hijos de Judá. La primera parte del libro (vv. 1-14) describe la soberbia de Edom, su falsa confianza en la posición estratégica que disfrutaba su capital (→ SELA) y su falta de misericordia hacia los habitantes de Judá cuando el enemigo los humilló. Por estas razones, los edomitas sufrirían el juicio de Dios (vv. 4,8,9).

En la segunda sección (vv. 15-21) se anuncia la llegada del día de Jehová, que significará juicio sobre todas las naciones y exaltación para el pueblo de Israel. El v. 21 festeja el reinado de Jehová implícito en el triunfo del monte Sion sobre el monte de Esaú.

Otros puntos importantes

A medida que se desarrolla el argumento de Abdías, queda claro que Edom es una metáfora que trasciende el contexto inmediato y que se refiere a los pueblos que se oponen a Jehová y a los suyos. Edom no entiende de solidaridad, de compasión ni de fidelidad a un pueblo hermano. Edom confía en la condición propia de un pueblo de tradición sapiencial venerada (→ TEMÁN), con poderío militar, estratégica ubicación geográfica y relaciones sociopolíticas importantes con los poderosos de la región. No se le ocurre que el pueblo santo «que ha sido rescatado/liberado» (remanente) en última instancia trasciende y es vindicado. No entiende que triunfe la visión alternativa del monte de Sion sobre la sabiduría establecida de los montes de Esaú.

Abdías, pues, nos recuerda que desde el monte Sion las cosas se ven desde la óptica de un pueblo que, en virtud de haber sido liberado por Dios, vive bajo su dominio.

Bibliografía:

Richard J. Coggins y S. Paul Re'emi, *Nahum, Obadiah, Esther: Israel Among the Nations*, Eerdmans, Grand Rapids, MI, 1985. Andrew Hill y John Walton, *A Survey of the Old Testament*, Zondervan, Grand Rapids, MI, 1991. Washington Padilla, *Amós/Abdías*, Editorial Caribe. Alonso Schökel, 2 Vol., *Los profetas*, Editorial Cristiandad, Madrid, 1982.

ABED-NEGO Nombre babilónico de Azarías, uno de los tres compañeros de Daniel en Babilonia (Dn 1.7). Junto con Sadrac y Mesac, lo nombraron para el servicio real de Nabucodonosor (Dn 2.49). Cuando los tres rehusaron adorar la estatua de oro que este levantó, se les condenó a morir en un horno de fuego (Dn 3.13-22). Dios intervino para salvarlos (Dn 3.24-26), y sus puestos les fueron restituidos (Dn 3.30). Su fe ha sido ejemplo para los judíos (1 Mac 2.59) y para los cristianos (Heb 11.33,34).

ABEJA Insecto himenóptero, muy común en Tierra Santa dada la abundancia de flores. Había tantas flores que era natural que Palestina se llamara «tierra que fluye leche y miel» (Éx 3.8; Dt 6.3), y que se usaran frases como: «Me rodearon como abejas» (Sal 118.12), o se aludiera a las abejas en enigmas, como en el caso de Sansón (Jue 14.8).

El nombre → DÉBORA significa *abeja* (Gn 35.8; Jue 4.5).

ABEL (*hálito* o *lo transitorio*).

1. Segundo hijo de Adán y Eva (Gn 4.2). Era pastor de ganado menor (R. de Vaux) y su trabajo lo vincula con la vida nómada, contrario a su hermano Caín, que era agricultor y apunta a la vida sedentaria. El Nuevo Testamento lo presenta como justo (Mt 23.35).

Con Caín, su hermano mayor, hizo sacrificio a Jehová. Su ofrenda fue bien recibida, pero la de Caín no (Gn 4.3-10). Según Heb 11.4, la fe de Abel valoró su sacrificio.

El biblista alemán Gerhard von Rad dice sobre la aceptación del sacrificio de Abel: «No se nos dice que Dios no miró con agrado ambos sacrificios, sino solo el de Abel. Encarecidamente se ha buscado una explicación a esta preferencia, pero el motivo de la misma no está ni en el ritual, ni en el ánimo de Caín. A nada de eso alude el texto. El único punto de apoyo que podemos colegir del relato es que a Jehová le agradó más el sacrifico cruento. Visiblemente el narrador quiere dejar a la libre voluntad de Dios la aceptación del sacrificio. Renuncia a hacer comprensiblemente lógica la decisión contraria a Caín y favorable a Abel («Yo hago merced a quien hago merced, y muestro compasión a aquel de quien me compadezco», Éx 33.19). El relato es tan conciso y corre tan impetuoso hacia la catástrofe, que no deja margen para explicaciones, necesarias sin embargo. Y así, no sabemos siquiera cómo fue que Caín conoció este juicio de Dios. En todo el Oriente Antiguo aceptar o rechazar un sacrificio dependía del aspecto de lo ofrecido por la víctima; en eso hemos de pensar aquí también. Pero en este pasaje, nada se indica al respecto» (Gerhard von Rad, pp. 125-126)

En Génesis, la narración de la vida de Abel es muy breve. En 4.8 se describe su muerte, la que planificó y ejecutó su hermano.

Se recomienda que este artículo se lea junto con el de → CAÍN.

2. Prefijo de algunos nombres toponímicos. En tales casos Abel significa «prado» o «valle». Por ejemplo, Abel-sitim (Nm 33.49), Abel-mehola (Jue 7.22), Abel-bet-maaca (1 R 15.20), Abel-main (2 Cr 16.4), Abel-mizraim (Gn 50.11). Se usa como voz independiente en 2 S 20.18.

Bibliografía:
Gerhard von Rad, *El libro de Génesis*, Sígueme, Salamanca, 1982.

ABEL-BET-MAACA (*prado de la casa de opresión*). Ciudad en el norte de Palestina, en la latitud de Tiro, que en 2 Cr 16.4 se llama «Abel-maim». Tiene importancia histórica por ser el lugar adonde huyó Seba al rebelarse contra David (2 S 20.13-22). Ochenta años después la tomó Ben-adad, rey de Asiria (1 R 15.20). Tiglat-pileser, rey de Asiria, la incorporó a su imperio 200 años después (2 R 15.29). En la antigüedad se conoció por su fidelidad a las costumbres israelitas (2 S 20.18). Actualmente se identifica con Tel-abil, cerca del pantano Hulé.

ABEL-MEHOLA Ciudad natal de Eliseo (1 R 19.26), situada cerca del lugar donde Gedeón derrotó a los madianitas (Jue 7.22). Es común identificarla con la actual Tel Abu Sifri, al lado oeste del Jordán, a media distancia entre el mar Muerto y el mar de Galilea.

ABEL-MIZRAIM (prado o lamento de los egipcios). Nombre que se dio a la era de Atad, donde José y sus acompañantes lloraron a Jacob durante siete días en camino a Mamre y donde tuvieron que sepultarlo. Hoy es un lugar desconocido. Génesis 50.10s lo sitúa «al otro lado del Jordán», pero algunos

Foto de Willem A. VanGemeren

Promontorio de Abel-bet-maaca en la parte norte de Neftalí.

exégetas opinan que una mejor traducción de esta pasaje sería «en la región del Jordán».

ABEL-SITIM (Nm 33.49). → SITIM.

ABI → ABÍAS No. 8.

ABIAM → ABÍAS No. 6.

ABÍAS (el Señor es mi padre).
1. Séptimo hijo de Bequer, hijo a su vez de Benjamín (1 Cr 7.8).
2. Esposa de Hezrón, nieto de Judá (1 Cr 2.24).
3. Segundo hijo de Samuel, nombrado juez con su hermano Joel. Su corrupción dio pretexto para que el pueblo pidiera rey (1 S 8.1-5; 1 Cr 6.28).
4. Padre de una familia sacerdotal que formó la octava clase cuando David dividió a los sacerdotes en 24 clases para desempeñar el servicio del templo (1 Cr 24.10). Zacarías, padre de Juan el Bautista, fue de esta clase (Lc 1.5).
5. Hijo de Jeroboam, primer rey de Israel. Murió joven y muy llorado conforme a la

profecía que el profeta Ahías le dio a su madre (1 R 14.1-18).

6. Hijo y sucesor de Roboam, primer rey de Judá. Reinó durante tres años. Ganó una victoria notable sobre Jeroboam, rey de Israel (2 Cr 13). Se llama «Abiam» en 1 R 14.31; 15.1,7,8.

7. Sacerdote de la época de Nehemías; firmó el pacto (Neh 10.7; 12.4,17).

8. Madre de Ezequías, rey de Judá (2 Cr 29.1). Llamada «Abi» en 2 R 18.2.

ABIATAR Hijo de Ahimelec, sacerdote de Nob. Escapó cuando Saúl asesinó a su padre y se unió a David (1 S 22.20-22). Llevó consigo el efod que le ayudó a conocer la voluntad de Dios (1 S 23.6-12). Después que David subió al trono, sirvió como uno de sus oficiales (1 Cr 27.34). Ayudó a llevar el arca a Jerusalén (1 Cr 15.11,12). Él y su hijo Jonatán sirvieron de espías para David en Jerusalén durante la sublevación de Absalón (2 S 15.35ss). Ayudados por Husai, comunicaron a David los planes de Absalón (2 S 17.15-17). Al final del reinado de David, Abiatar cooperó en el intento fallido de coronar a Adonías (1 R 1), por lo cual Salomón lo destituyó (1 R 2.26,27). Con este acto se cumplió lo que Dios dijo respecto a la casa de Elí (1 S 2.27-36).

Durante el reinado de David hubo dos sumos sacerdotes, Sadoc y Abiatar (1 Cr 15.11), aunque parece que Abiatar tenía un rango mayor que Sadoc (1 R 2.35). Después de la destitución de Abiatar, quedó solamente el linaje de Sadoc.

ABIB (*espigas maduras*). Primer mes del año litúrgico hebreo y séptimo del año civil. Su nombre se deriva del palestino local, y se llama así porque en ese tiempo se maduraba el grano. Especialmente la cebada se espigaba en este mes. La Fiesta de las Primicias se ofrecía el 16 del mes. El día 10 de Abib se iniciaba la preparación de la Pascua. Se mataba la víctima el día 14, hacia la puesta del sol, y se comía esa misma noche al comenzar el día 15. Los días 15 al 21 eran

el tiempo de la Fiesta de los Panes sin Levadura que terminaba con una convocación solemne (Éx 12.1,2; 13.4,6; 23.15; 34.18; Dt 16.1). Su nombre después del cautiverio es Nisán. Corresponde a marzo-abril. (→ MES.)

ABIEZER (*mi padre es ayuda*).

1. Hijo de Galaad, nieto de Maquir y bisnieto de Manasés (1 Cr 7.14-18), llamado también Jezer (Nm 26.30). Sus descendientes, los abiezeritas, fueron los que primero se reunieron con Gedeón, cuando este buscaba hombres para luchar en Jezreel contra los madianitas y amalecitas (Jue 6.33,34).

2. Uno de los valientes de David (1 Cr 11.28). Era benjamita (1 Cr 27.12), natural de Anatot (2 S 23.27).

ABIGAIL (*mi padre es gozo*).

1. Hermosa y prudente esposa de Nabal, el de Carmel, la cual intervino con su sabio razonamiento y regalos cuando David iba a vengarse de Nabal por su torpe mezquindad. David acató el consejo de Abigail y a los diez días Nabal murió sin que David derramara sangre. Abigail pasó a ser esposa de David, y fue madre de Quileab o Daniel (1 S 25; 2 S 3.3; 1 Cr 3.1).

2. Hermana de David y madre de Amasa (2 S 17.25; 1 Cr 2.16,17).

ABILINIA Tetrarquía gobernada por → LISANIAS en el año 15 de Tiberio (Lc 3.1), y situada en el Antilíbano. Las ruinas de su capital, Abila, se hallan 30 km al noroeste de Damasco, sobre la línea del ferrocarril de Beirut, en un lugar llamado Es-suk. Se le llama Abilina de Lisanias para distinguirla de otras.

ABIMELEC (*mi padre es rey*).

1. Rey de los filisteos en Gerar. Llevó a Sara a su harén porque Abraham había dicho que era su hermana. Reprendido por Dios en sueños, se la devolvió a Abraham después de reconvenirlo por el engaño (Gn 20.1-18). Más tarde Abimelec y Abraham hicieron un pacto (Gn 21.22-34).

2. Otro rey de Gerar, tal vez hijo del anterior, a quien Isaac le dijo la misma mentira con respecto a su esposa, Rebeca. Aunque los filisteos no la tomaron, cuando Abimelec descubrió el embuste, reprendió a Isaac (Gn 26.1-13). Sin embargo, siguieron en buenas relaciones (Gn 26.26-33).

3. Hijo de Gedeón y su concubina (Jue 8.31). Se hizo rey de Siquem después de la muerte de su padre y mató a 70 hijos de este. Solo se salvó Jotam, el hijo menor, que se escapó. Abimelec murió ignominiosamente cuando una mujer le dejó caer una piedra de molino sobre la cabeza (Jue 9.50ss).

4. El título del Salmo 34 menciona a un Abimelec. Evidentemente se refiere a Aquis, rey de Gat (1 S 21.10-15). Es probable que Abimelec se use aquí como título real y no como nombre propio.

ABINADAB (*mi padre es generoso*).

1. Hombre (quizás levita) de Quiriat-jearim en cuya casa permaneció el arca de Jehová desde que los filisteos la devolvieron hasta el reinado de David (1 S 7.1; 2 S 6.3ss; 1 Cr 13.7).

2. Segundo hijo de Isaí y uno de los tres que fueron con Saúl a la guerra contra los filisteos (1 S 16.8; 17.13; 1 Cr 2.13).

3. Uno de los cuatro hijos de Saúl. Murió con dos hermanos y su padre en la batalla de Gilboa (1 S 31.2; 1 Cr 8.33; 9.39; 10.2).

4. Padre de un yerno de Salomón, gobernador de la región de Dor (1 R 4.11).

ABIRAM (*mi padre es el excelso*).

1. Bisnieto de Rubén que se levantó con Datán, Coré y otros contra Moisés y Aarón. Perecieron juntamente con sus familiares cuando la tierra se los tragó por castigo de Dios (Nm 16.1-32; 26.9; Dt 11.6; Sal 106.17).

2. Primogénito de Hiel. Murió en cumplimiento parcial de la maldición de Josué (Jos 6.26) cuando Hiel reedificó Jericó, *ca.* 870 a.C. (1 R 16.34).

ABISAG (*mi padre es errante*). Hermosa virgen de Sunem escogida para cuidar a David en su vejez (1 R 1.1-4). Cuando → Adonías la solicitó como esposa, el nuevo rey Salomón mandó matarlo por haber pretendido el trono, pues las concubinas del muerto debían pasar a su heredero (1 R 2.13-25).

ABISAI (*mi padre es Isaí*). Primer hijo de Sarvia, hermana de David; hermano de Joab y de Asael (1 Cr 2.16), y uno de los más valientes soldados de David (2 S 23.18,19). Solo él entró con David en el campamento de Saúl en Zif (1 S 26.5-12). Con Joab siguió tras Abner, general del ejército de Isboset (2 S 2.18,24). Derrotó a los edomitas (1 Cr 18.12); dirigió parte del ejército de Joab contra los amonitas (2 S 10.10,14); libró a David y mató al gigante filisteo Isbi-benob (2 S 21.16,17). Era guerrero cruel (2 S 16.9; 19.21), pero se destacaba siempre por su valor, su intrepidez y su lealtad a David, aun durante las rebeliones de Absalón y Seba (2 S 16.9-11; 20.6,7).

ABISMO (del griego *abyssos, sin fondo*). Término con que la LXX traduce la palabra hebrea que denota océano inicial (Gn 1.2), aguas abismales (Sal 42.8) y mundo de los muertos (Sal 71.20).

En el Antiguo Testamento expresa el concepto antiguo del océano, una vasta masa de agua sobre la que flotaba el mundo (Gn 1.2; 7.11) y alude a un elemento del caos primitivo (Job 28.14).

En el Nuevo Testamento se presenta como morada o calabozo de los demonios (Lc 8.31; Ap 9.1ss; 11.7; 17.8; 20.1-3) y lugar de los muertos (Ro 10.7; → Seol).

ABIÚ Segundo hijo de Aarón y Elisabet (Éx 6.23). Por ser miembro de esta familia lo consagraron al sacerdocio (Éx 28.1). Acompañó a su padre, los ancianos de Israel y Moisés cuando subieron al monte Sinaí y vieron la gloria de Dios (Éx 24.1,9,10). Se le recuerda como desobediente, porque ofreció «fuego extraño delante de Jehová» y recibió un drástico castigo (Lv 10).

ABNER Hijo de Ner, primo de Saúl y general de los ejércitos de este y de Is-boset (1 S 14.50; 26.5; 2 S 2.8).

Estaba junto a Saúl cuando David salió al encuentro de Goliat (1 S 17.55,56) y fue el que más tarde presentó a David ante el rey (1 S 17.57). Estaba sentado a la mesa cerca de Saúl cuando este intentó matar a Jonatán en un arranque de furia (1 S 20.25,33). Acompañó a Saúl mientras perseguía a David (1 S 26.5ss). Sin embargo, David lo reprendió severamente por no cuidar bien al rey (1 S 26.15). Muerto Saúl, Abner se encargó del cuidado del hijo que aquel dejó, Is-boset, y lo proclamó rey (2 S 2.8,9). Reprendido por Is-boset debido a su conducta con Rizpa, concubina de Saúl, hizo un pacto con David para que este reinase sobre todo Israel (2 S 3.6-21). Joab lo asesinó a traición, en venganza de la muerte de su hermano Asael. David lamentó su muerte y compuso una elegía a su memoria (2 S 3.33,34).

ABOGADO Hoy entendemos por abogado al profesional que en un tribunal defiende la causa de otro. En la época de Cristo, dentro del sistema político religioso judío, no se ejercía la profesión en el sentido clásico, salvo en casos como el de → TÉRTULO, quien acusó a Pablo delante de Félix (Hch 24.1). Pero sí había «doctores» e «intérpretes de la ley» que compartían con los → ESCRIBAS las funciones de abogado (cf. Lc 7.30; 11.45s,52). No se sabe si → ZENAS (Tit 3.13) era experto en la ley judía o en la romana.

Con la palabra abogado se traduce el vocablo griego *parákletos*, que denota «uno llamado al lado de otro para ayudar y consolar». En tal sentido se aplica al Espíritu Santo en el Evangelio de Juan (14.16,26; 15.26; 16.17) y a Cristo en las Epístolas (1 Jn 2.1; cf. Ro 8.34; Heb 7.25). (→ PARACLETO; INTERCESIÓN; ORACIÓN.)

ABOMINACIÓN Término que traduce cuatro vocablos hebreos en el Antiguo Testamento, y en resumen señala la repugnancia que produce un objeto, una persona o una práctica que violenta los postulados religiosos del sistema dominante.

Podía aplicarse a varias cosas

A la violación de un tabú

«Los egipcios no pueden comer pan con los hebreos, lo cual es abominación a los egipcios» (Gn 43.32; cf. 46.34; Éx 8.26).

A los ídolos

Los ídolos de los gentiles eran abominación por excelencia frente a Jehová, Dios único y verdadero. Astoret era la abominación de los sidonios; Quemos, abominación de Moab, etc. (2 R 23.13).

A las prácticas idolátricas

Eran abominación por sus implicaciones religiosas y éticas (pues combinaban la deslealtad a Jehová con prácticas que reñían con la santidad, 2 R 21.2-7) y porque incluían adivinación, magia, etc. (Dt 18.9-14).

A los pecados y actitudes ajenos al pacto de Dios con Israel

Véanse cómo en Proverbios se mencionan cosas que son abominación, como los «labios mentirosos» (12.22).

A los actos rituales y sacrificios ofrecidos sin humildad ni espíritu de adoración (Is 1.11-14)

Los mismos conceptos pasan al Nuevo Testamento bajo el término griego *bdelygma*. Según Lucas, Jesús declaró que a veces aun «lo que los seres humanos tienen por sublime, delante de Dios es abominación» (Lc 16.15).

La abominación desoladora

Según dos evangelistas, Jesucristo hace referencia a una funesta señal futura, ya predicha por el libro de Daniel (el profeta), y la llaman *to bdelygma tes eremóseos* (Mt 24.15; Mc 13.14), o sea, la abominación desoladora o que causa devastación, que se colocaría en el «lugar santo». En Daniel la frase (con variantes) se halla en 9.27; 11.31 y 12.11. Daniel 11.31

se refiere a la profanación del altar de los holocaustos por orden de Antíoco Epífanes (167 a.C., período de los macabeos).

En su Evangelio, Lucas omite referencias a la abominación, pero dice: «Cuando vean a Jerusalén rodeada de ejércitos, sepan que pronto será destruida» (Lc 21.20), referencia clara a la destrucción de Jerusalén en el año 70. Otros autores del Nuevo Testamento tienden a ver en los últimos tiempos antes de la venida gloriosa de Jesús una época dominada por el → Anticristo (1 Jn 2.18; 4.3; Ap 11.1-2 y cap. 13). La versión paulina (2 Ts 2.3ss) habla del «hombre malvado» que «llega incluso a instalar su trono en el templo de Dios, haciéndose pasar por Dios».

Bibliografía:

V. Taylor, *El Evangelio según San Marcos*, Cristiandad, Madrid, 1980, p. 511.

ABORRECIMIENTO Emoción caracterizada por una gran aversión o disgusto profundo. Es un sentimiento complejo que puede incluir ira, temor, disgusto, enemistad, odio, rencor, desprecio y mala voluntad, junto con el deseo de perjudicar el objeto o la persona.

Como tal, la palabra no es muy común en la Biblia, pero entre sus más de 16 sinónimos, los más importantes son odio, desprecio y rencor. El aborrecimiento o rencor al hermano o al prójimo causa distanciamiento y enemistad (Gn 27.41; 37.4ss; Lv 19.17; 2 S 13.22). Por lo mismo, la Biblia distingue entre el asesinato accidental y el malicioso o intencional (Dt 4.42; 19.4,6,11; Jos 20.5). El rencor es uno de los cuatro pecados de Edom que colman la paciencia de Dios y por lo que Él no revoca su castigo (Am 1.11).

Al que aborrecía a su mujer, alegando falsas causas, debía recibir castigo y no podía abandonarla (Dt 22.13-19; 24.3). El amor basado en cualquier tipo de obsesión puede convertirse en aborrecimiento (2 S 13.15).

A menudo en las Escrituras el aborrecimiento es lo contrario del amor, o un grado menor de amor (Sal 109.5; Pr 10.12;). El aborrecimiento u odio es tan fuerte que se utiliza como analogía para expresar la actitud de Dios respecto a los pensamientos, los caminos pecaminosos y el carácter de los pecadores (Sal 5.5,6; Jer 44.4).

ABRAM (*mi padre es exaltado*). Según Génesis, nombre con que primero se conoce a Abraham (padre de multitudes, Gn 17.5). Descendiente de Sem e hijo de Taré, se le atribuye la fundación de la nación judía, de los ismaelitas y de otras tribus árabes. La historia de su vida se relata en Gn 11.16–25.10, y hay una sinopsis de ella en Hch 7.2-8. Tres grupos religiosos lo reconocen como patriarca: judíos, cristianos y mahometanos.

Nació en Ur, ciudad caldea, donde vivió con su padre y sus hermanos, Nacor y Harán, y donde se casó son Sarai. Al llamado de Dios, abandonó a su parentela (Jos 24.2) y se trasladó a Harán, en Mesopotamia, donde murió su padre (Gn 11.26-32). A la edad de 75 años se fue a Canaán con su esposa y Lot, pasando por Siquem y Bet-el (Gn 12.1-9). Obligado por el hambre, fue a Egipto donde hizo pasar a Sarai por hermana suya. Volvió enriquecido a Canaán y con espíritu generoso dio a Lot el fértil valle del bajo Jordán. Luego se estableció en Mamre (Gn 13.1-18). Entonces Dios renovó su promesa a Abram (Gn 13.15-18). Al volver de rescatar a Lot de manos del rey elamita (Gn 14.1-16), Melquisedec, sacerdote-rey, le salió al encuentro y le dio su bendición (Gn 14.17-24).

A pesar de que Dios le había prometido un hijo (Gn 15.4), cuando tenía 86 años, Abram tomó a la esclava Agar y de ella nació Ismael (Gn 16). Trece años después Dios reconfirmó su pacto con él; estableció la circuncisión como señal y a Abram le puso por nombre «Abraham» (Gn 17). Abraham intercedió por Sodoma (Gn 19), viajó por el Neguev y se estableció en Cades y Gerar (Gn 20). Allí nació Isaac, cuando Abraham tenía 100 años de edad. Luego Agar e Ismael fueron echados de la casa. Por ese mismo tiempo Abraham hizo un pacto con Abimelec en que se aseguraban los derechos de este en Beerseba (Gn 21).

Pozo tradicional de Abraham en las llanuras de Mamre (Gn 21.22-32).

Después de veinticinco años, Dios probó la fe de Abraham ordenándole que sacrificara a Isaac, su hijo y heredero de la promesa (Gn 22). Doce años después Sara murió y fue enterrada en Hebrón. Rebeca, nieta de Nacor, el hermano de Abraham, fue escogida como esposa de Isaac. Abraham tomó también otra esposa, Cetura, de quien tuvo seis hijos. Regaló «todo lo que tenía» a Isaac, dio dones a los hijos de sus concubinas y murió a los 175 años.

La fe de Abraham estaba depositada en un solo Dios (en contraste con el politeísmo de sus antepasados, Jos 24.2) que es el creador de los cielos y la tierra (Gn 14.22), juez justo y soberano de las naciones y toda la tierra (Gn 15.14; 18.25), eterno (Gn 21.33) y exaltado (Gn 14.22). Atribuía a Jehová justicia y misericordia (Gn 19.19). Aceptó el juicio de Jehová (Gn 18.17; 20.11) y sin embargo intercedió por Ismael (Gn 17.20) y Lot (Gn 18.33; 24.40) y se distinguió por ser «amigo de Dios» (Stg 2.23). Su fe se demuestra por la obediencia al mandato divino al: (1) salir de Ur (Gn 11.31; 15.7; Hch 7.2-4); (2) trasladarse de Harán a la tierra de promisión (Gn 12.1-4); (3) sacrificar a su único hijo, confiado en que Dios podía incluso levantarlo de los muertos (Gn 22.12,18; Heb 11.19). Su amor a los demás se ve en su generosidad (Gn 13.9; 14.23), su fidelidad y su hospitalidad (Gn 18.2-8; 21.8). Mostró valor ante sus enemigos (Gn 14.15), pero cobardía al anteponer su seguridad personal al honor de su esposa (Gn 12.11-13; 20.2-11).

El lugar que Abraham ocupa en la historia bíblica es único. Jehová se reveló a Moisés como «El Dios de Abraham» y esta expresión se usa en las Escrituras desde Isaac en adelante. En el Nuevo Testamento es antecesor reverenciado de Israel (Hch 13.26), del sacerdocio levítico (Hch 7.5) y del mismo Mesías (Mt 1.1). Todo lo que recibió por elección divina lo hereda su simiente: la promesa (Ro 4.13), la bendición (Gl 3.14), la misericordia (Lc 1.54), el juramento (Lc 1.73) y el pacto (Hch 3.25). La unidad de los hebreos como hijos de Abraham se presenta como analogía de la unidad de los creyentes en Cristo (Gl 3.16,29), pero Juan el Bautista (Mt 3.9) y Pablo (Ro 9.7) refutan la idea de que la descendencia racial garantiza la bendición espiritual.

Gracias a los descubrimientos arqueológicos, la mayoría de los expertos aceptan la historicidad de lo que narra el libro de Génesis referente a la vida y época de Abraham. Los acontecimientos concuerdan con los tiempos del segundo milenio a.C. y Albright y de Vaux opinan que Abraham vivió entre 1900 y 1700 a.C., y Rowley 1800–1600 a.C. (→ Pacto; Fe; Justificación; Seno de Abraham.)

ABROJOS → Cardos.

ABSALÓN (*padre de la paz*). Tercer hijo de David y el único que tuvo con la extranjera Maaca, hija de Talmai (2 S 3.3). Se destacó por su hermosura y por su cabello (14.25,26). Ammón, otro hijo de David, violó a Tamar, hermana de Absalón, y este, para vengarse, lo mató (13.1-29). Luego huyó a Gesur, donde su abuelo era rey (13.37-39).

Después de tres años de destierro, regresó a Jerusalén por la intervención de Joab, pero no vio a su padre David sino hasta dos años después (14.28). Una vez reconciliado con su padre, Absalón, heredero evidente del trono, comenzó a conspirar para usurpar el trono (15.1-6). Lo proclamaron rey en Hebrón (15.7-13), donde David comenzó su reinado. David huyó de Jerusalén y Absalón tomó posesión de la ciudad.

Con la ayuda de Husai y Joab, David reorganizó sus fuerzas y se preparó para reconquistar Jerusalén. Derrotó a Absalón en el bosque de Efraín (al este del Jordán). Cuando Absalón huía en un mulo, se le enredó el cabello en una encina, y Joab y sus escuderos lo alcanzaron y lo mataron (18.8-18). David, aunque la victoria le restituyó el reino, lamentó amargamente la muerte de este hijo amado (18.32–19.8).

Absalón tuvo tres hijos y una hija llamada Tamar (14.27), la cual fue madre de Maaca, esposa de Roboam (2 Cr 11.20,21).

Foto de E. B. Trovillion

A esta tumba en el valle de Cedrón se le designa erróneamente como la tumba de Absalón. Probablemente se construyó varios siglos después del tiempo de Absalón

ABUBILLA Ave migratoria, del tamaño de un tordo grande, que llega durante la primavera a Palestina. Tiene plumas largas en la cabeza que forman una cresta semicircular eréctil típica. Anida en huecos de árboles y paredes. Por la suciedad de su nido y por alimentarse de gusanos, insectos y larvas, se consideraba inmunda (Lv 11.19; Dt 14.18). Entre los egipcios era emblema de piedad filial y figura en relatos populares del Talmud.

ACAB (*padre es hermano*). Nombre de dos hombres en el Antiguo Testamento.

1. Séptimo rey de Israel, hijo y sucesor de Omri. Reinó en Samaria durante veintidós años (*ca.* 870–850 a.C.). Fue contemporáneo de Asa y Josafat, reyes de Judá, e hizo lo malo «más que todos los que reinaron antes de él», según juzga el libro de Reyes su gobierno (1 R 16.29-33).

Se alió con los fenicios al tomar por esposa a la hija de Et-baal (rey de los sidonios), la impía → Jezabel, quien lo indujo a la idolatría (1 R 16.29-33). Acab edificó en Samaria un altar a → Baal (1 R 16.32).

La esposa de Acab, Jezabel, es símbolo de idolatría, aunque muchos con cierta razón pretendan justificarla. El biblista alemán, Herrmann, dice: «Acab construyó en Samaria un templo de Baal como santuario oficial, no solo para la familia real, sino para una parte de su verdadera liga de estados. Esto fue el reconocimiento oficial de la religión de Baal en Israel. No podía dejar de producirse el contramovimiento de los círculos fieles a Jehová» (*Historia de Israel*, Ediciones Sígueme, Salamanca, 1979, p. 272). Y Siegfried Herrmann señala que la estabilización de la monarquía dependía de la tolerancia religiosa. «No la erradicación, sino la tolerancia de la religión de Baal en el territorio israelítico era lo que prometía a la larga el éxito de la política exterior» (*Ibid.*, p. 270).

Se debe destacar la capacidad de liderazgo de la esposa de Acab. Jezabel parece vencer a Acab en cuanto al modelo político religioso dominante que rigió a los israelitas en su época. Esto es lo que encontramos en el episodio de la viña de Nabot (1 R 21). El rey renuncia a su tradición que, fundamentada en la Ley de Jehová, facilita cierto tipo de democracia, garantiza el derecho y la justicia para los pobres y condiciona el poder del rey.

Las Escrituras mencionan también la alianza de Acab con Ben-adad rey de Siria (1 R 20.1-21), la cual tampoco agradó a Jehová (1 R 20.22-34). La inscripción monolítica de Salmanasar III, rey de Asiria, revela que Acab se unió a Ben-adad contra los asirios en la batalla de Karkar, al norte de Hamat, en 853 a.C.

Acab hizo además una alianza familiar y militar con Josafat. Joram, hijo de Josafat, tomó por esposa a Atalía, hija de Acab (2 R 8.18, 26; 2 Cr 18.1; 21.6; 22.2). A pesar de que Micaías había profetizado la derrota de Israel y Judá (1 R 22.13-28), Acab y Josafat persistieron en su plan de pelear contra los sirios para recuperar a Ramot de Galaad. Acab se disfrazó antes de entrar en la batalla, pero una flecha lo hirió mortalmente (1 R 22.29-40).

Como gobernante, gozó de buen éxito económico y político. A través de sus alianzas logró que Israel fuese en aquel tiempo una nación próspera y respetable. Pero la experiencia del reinado de Acab debe llevarnos a reflexionar sobre el significado amplio y profundo de la idolatría. Además de rendir culto a otros dioses, la idolatría se ensaña muchas veces contra la única imagen de Dios en el mundo: el hombre (Gn 1.26; Stg 3.9). Y no solo esto, sino que se ensaña sobre todo contra los más débiles, pues son los pobres, los que no tienen acceso al poder, quienes padecen de especial manera.

2. Falso profeta en el tiempo de Jeremías (Jer 29.21).

ACACIA Árbol de la familia de las mimosáceas, de cuya madera se construyeron el tabernáculo y su mobiliario (Éx 25–27; 30; 35–38; Dt 10.3). Hay varias especies de acacia. Tal vez Moisés usó la acacia *addiana*, variedad muy común en la península sinaítica. Esta alcanza unos 5 m de altura, es de tronco grueso y follaje copioso. Sus hojas, pinadas pequeñas, presentan estípulas en forma de espinas largas y agudas. Las florecillas amarillas se agrupan en racimos. El fruto es una vaina torcida en espiral, de muchas semillas. De su nombre hebreo, *sitim*, se derivan los nombres de varias localidades mencionadas en el Antiguo Testamento. De algunas variedades de acacia se extrae la goma arábiga.

ACAD Ciudad fundada por Nimrod (Gn 10.10), cuya ubicación exacta se ignora. Fue capital de Babilonia durante el reinado de Sargón I, conquistador semítico que fundó la dinastía acádica en el siglo XXIV a.C. en la baja Mesopotamia.

Situada cerca de Ur, su civilización se unía con la de Sumer, que ocupaba la ribera opuesta del río Éufrates. Su alto nivel cultural destaca el medio social que heredó Abram y que después decidió abandonar.

El idioma acádico persistió como lengua franca varios siglos después del fin político de Acad. Se han encontrado escritos acádicos en Meguido y Jericó.

ACAICO (*de Acaya*). Miembro de la iglesia en Corinto que acompañó a → ESTÉFANAS y → FORTUNATO en una comisión que alegró al apóstol Pablo en Éfeso (1 Co 16.17). Tal vez llevaron la carta mencionada en 1 Co 7.1 y volvieron a Corinto llevando 1 Corintios. El nombre Acaico sugiere que era oriundo de Acaya, ex esclavo o esclavo quizás al servicio de la familia que fundó esta provincia.

ACÁN (*perturbador*). Hijo de Carmi, de la tribu de Judá. Violó el mandamiento divino al tomar para sí de los despojos de Jericó (Jos 6.18,19; 7.1-26). Este pecado tuvo consecuencias inmediatas para maldición de todo el pueblo. Dios ordenó que se castigara con severidad al culpable. Acán y toda su familia fueron apedreados y sus cadáveres quemados (Jos 22.20; 1 Cr 2.7).

ACAYA Región que abarca la porción de Grecia al sur de Macedonia. En 146 a.C., los romanos la conquistaron y gobernaron desde Macedonia, hasta su establecimiento como provincia aparte bajo Augusto en 27 a.C. Después la gobernó un procónsul, desde la capital → CORINTO, con la cual se asocia íntimamente en el Nuevo Testamento (2 Co 1.1; cf. 1 Co 16.15).

Cuando Pablo llegó a Corinto, el procónsul romano era Galión (Hch 18.12), pero en 67 Nerón retiró al procónsul y otorgó autonomía a Acaya. Las primeras iglesias acaicas se encontraban en Atenas (Hch 17.34) y Cencrea (Ro 16.1).

ACAZ Duodécimo rey de Judá, hijo y sucesor de Jotam. Reinó de *ca.* 735 a 715 a.C. (→ CRONOLOGÍA DEL ANTIGUO TESTAMENTO). Se le recuerda por su idolatría y por haber hecho pasar por fuego a sus hijos (2 Cr 28.1-4; 2 R 16.1-4). Como castigo de su rebelión contra Dios, recibió el ataque de Rezín, rey de Siria, y Peka, rey de Israel, quienes mataron a muchos judíos y llevaron cautivos a otros. Debido a la intervención del profeta Obed recibieron liberación (2 Cr 28.5-15). Sufrió otros reveses a manos de los edomitas y los filisteos (2 Cr 28.16-20).

El profeta Isaías lo exhortó a volver a Jehová (Is 7.1-12), pero Acaz no le hizo caso; más bien solicitó ayuda de Tiglat-pileser, rey de Asiria. Con esto se convirtió en tributario suyo y quedó reducido a gran estrechez. Se sumergió más bien en la idolatría y construyó un gran altar al estilo asirio. Profanó el altar de Salomón y cerró el templo (2 R 16.10-16; 2 Cr 28.22-25). Su nombre aparece en una inscripción de Tiglat-pileser como uno de sus vasallos.

ACCIÓN DE GRACIAS Gratitud del pueblo de Dios, expresada en el culto público (1 Cr 23.30; Neh 12.46; Sal 100.4) o particular (Dn 6.10). En Israel se ofrecían → SACRIFICIOS en acción de gracias (Lv 7.12ss; 22.29).

En el Nuevo Testamento la gratitud es parte de la fe (Lc 17.15-19; Ro 1.21) y de la alabanza (Ap 4.9; 7.12). La motivan los actos de Dios a través de Jesucristo (1 Co 15.55-57; 2 Co 2.14), principalmente por la salvación (Ro 6.17; Col 1.12; etc.), pero también por la respuesta a la oración (Jn 11.41), la evidencia de la gracia en otros creyentes (Ro 1.8), el amor de los hermanos (Hch 28.15; 2 Co 8.16), la comida (Mt 15.36), el ministerio (1 Ti 1.12), los → DONES DEL ESPÍRITU (1 Co 14.18) y la dirección de Dios (1 Co 1.14). Debe practicarse en la oración (Flp 4.6). El cristiano debe dar gracias en todo (Ef 5.4, 20) porque glorifica a Dios (2 Co 4.15; 9.11-13) y porque es la voluntad divina (1 Ts 5.18).

ACEITE Grasa líquida, comúnmente vegetal. El aceite más común en tiempos bíblicos era el de oliva. El más puro se obtenía del fruto aún verde en noviembre, que se echaba en receptáculos y se machacaba ligeramente (Éx 27.20). El fruto maduro, de diciembre a febrero, producía aceite más abundante pero menos estimable. Las olivas se exprimían en cilindros de piedra, o se sometían a presión en un molino. Getsemaní (de las palabras hebreas *gat-semen*, que significan *prensa de aceite*) debe su nombre al hecho de que había algunas prensas de aceite en sus cercanías.

En los ritos de Israel se usaba el aceite de varias maneras: en la consagración de los sacerdotes (Éx 29.1-7; Lv 8.12), en ciertas ofrendas y sacrificios (Lv 2.1ss; Nm 7.19), en la consagración del tabernáculo (Éx 30.22-29; 40.9,10), en la purificación de leprosos (Lv 14.10-18), en las lámparas del tabernáculo (Éx 25.6; Lv 24.2) y en la consagración del rey (1 S 10.1; 1 R 1.39). En la época del Nuevo Testamento se ungía a los enfermos con aceite (Stg 5.14).

El aceite dulce y fresco se prefería a la manteca animal como sazón para el alimento. Servía como combustible para las lámparas (Mt 25.1-13; Lc 12.35). Se utilizaba como medicina tanto externa como interna (Is 1.6; Mc 6.13; Lc 10.34). Como cosmético se empleaba después del baño (Rt 3.3; 2 S 12.20; Est 2.12; Lc 7.46).

Se usaba también como medio de cambio y se vendía como mercancía (1 R 5.11; Ez 27.17; Os 12.1; Lc 16.6; Ap 18.13).

El aceite simboliza alegría (Sal 45.7; Is 61.3; Heb 1.9), prosperidad y abundancia (Dt 32.13; 33.24; 2 R 18.32; Job 29.6; Jl 2.19,24). La falta de aceite denotaba pobreza (Jl 1.10; Hag 1.11). Se ungía a los sacerdotes y reyes con aceite (véase arriba) para simbolizar la unción del Espíritu Santo a fin de poder desempeñar el oficio con el poder de Dios.

ACEITUNA → OLIVA.

ACÉLDAMA (*campo de sangre*). Terreno pequeño, que antes se llamaba «campo del alfarero» (Jer 19). Los sacerdotes lo compraron con las treinta piezas de plata que Judas recibió como precio de la sangre de Jesucristo, y lo reservaron para la sepultura de extranjeros (Mt 27.7,8). Hechos 1.18,19 atribuye la compra a Judas porque el terreno se

adquirió con su dinero. La tradición lo sitúa en un lugar plano en el lado sur del valle de Hinom. Tuvo importancia en la Edad Media porque en tiempo de las Cruzadas se usó como cementerio de los peregrinos y porque de allí llevaron tierra para los camposantos de Roma y Pisa. Allí se han encontrado tumbas, trincheras y una casa de entierros con una acumulación de varios metros de huesos.

ACEPCIÓN DE PERSONAS La raíz griega de este término tiene como base las palabras «rostro» y «recibir», con el sentido literal de recibir a alguien según el rostro, es decir, por lo que aparenta y con parcialidad.

La Biblia es clara en cuanto a este tema. Dios es un juez imparcial que aplica un solo y verdadero criterio sin distinción de raza, religión (Hch 10.34; Ro 2.6-11) o posición social (Pr 28.21; Stg 2.1-9, Jud 16). Para dar testimonio de la justicia divina, el pueblo de Dios debe vivir de acuerdo con ella, no concediendo privilegios a los pudientes ni aprovechándose de los indefensos.

En la Ley Mosaica y entre los profetas de Israel se previene contra el soborno de jueces por gente influyente (Lv 19.15; Dt 16.19; Am 2.6; Pr 24.23). Jesús mantiene esta norma en su juicio sobre los hombres (Mt 6.2-4; Mc 10.42-44; Jn 2.24s).

ACMETA (nombre arameo equivalente a «Ecbátana», en la BJ, de uso griego y romano). Fue la capital de Media desde *ca.* 700 a.C. En 550 a.C. cayó ante los persas bajo Ciro II, para luego servir de residencia de verano a los nuevos monarcas. Es la moderna Hamadán al sudoeste de Teherán, Irán. Se menciona únicamente en Esd 6.2, pero aparece varias veces en los libros apócrifos.

ACO → TOLEMAIDA.

ACOR (*aflicción en extremo*). Valle seco donde los israelitas apedrearon a Acán y a su familia (Jos 7.24-26). Estaba al sudeste de Jericó, entre Debir y Bet-arabá, y al norte de

Wadi Qumram (Jos 15.6,7). Es el primer nombre en el Rollo de Cobre de → QUMRÁN.

En sentido figurado (Is 65.10 y Os 2.15), Acor simboliza el «portón de esperanza», la abundante gracia de Dios que puede hasta reverdecer un valle como Acor.

ACRABIM (*escorpiones*). Pendiente en el Neguev en la misma latitud que el extremo sur del mar Muerto, por donde el camino del Arabá subía a los montes de Judá (Nm 34.4; Jos 15.3; Jue 1.36). En tiempo de los macabeos se llamaba *Akrabattine* y fue escenario de una furiosa batalla (1 Mac 5.3).

ACSAF Ciudad real de los cananeos, conquistada por los israelitas. Se repartió entre la tribu de → ASER (Jos 11.1; 12.20; 19.25). Quedaba cerca de → ACZIB y Aco, quizás donde hoy se encuentra Tell Kesan.

ACZIB (*mentira o engaño*).
1. Pueblo en la costa del territorio repartido entre la tribu de → ASER, de donde no se echaron a los cananeos en los días de la conquista (Jos 19.29; Jue 1.31). Quedaba 17 km al norte de Aco (Acre); hoy es Ez-zib.
2. Pueblo de Judá (Jos 15.44; Miq 1.14), probablemente el Quezib de Gn 38.5. Estaba en la Sefela cerca de Laquis y Gat. Tal vez se pueda identificar con Cozeba de 1 Cr 4.22. Hoy es Tell el-Beda.

ADAM Ciudad al este del Jordán, cerca de → SARETÁN, donde las aguas del Jordán se detuvieron para dar paso a los israelitas que iban rumbo a la tierra prometida (Jos 3.16; cf. BJ).

Actualmente se identifica con Tel-ed-Damiyeh, situada cerca de la desembocadura del río → JABOC en el Jordán.

ADÁN La palabra hebrea *adam* aparece más de 560 veces en el Antiguo Testamento y casi siempre significa «hombre» o «ser humano» (Gn 7.23; 9.5,6). Aunque la etimología de la palabra *adam* (forma masculina) no está del todo clara (véase el análisis

que hace el *DTMAT*), la narración de la creación (Gn 2.4ss) la asocia con *'ádama*, tierra (forma femenina). De esta manera, establece un vínculo fundamental entre el ser humano y su medio. Más tarde, cuando se crea a la mujer, se usarán otros dos términos con la misma relación (Gn 2.22) *'is*, hombre (forma masculina), *'issa*, mujer (forma femenina).

La importancia del término Adán está en que se usa como designación de los seres humanos en los relatos de la creación. Lo relevante de esos relatos no es que se puedan verificar en la historia, sino su contenido teológico y antropológico. En Gn 1–3 tanto los judíos como los cristianos encontramos la primera piedra de nuestra identidad humana y, al mismo tiempo, el punto de partida que posibilita la reflexión teológica: somos sus criaturas.

Tomar el término *adam* y traducirlo *el hombre* no es adecuado en todos los pasajes donde aparece. Mucho mejor es traducirlo *ser humano, humanidad*. La *Nueva Biblia de Jerusalén* traduce así Gn 1.27: «Creó, pues, Dios al *ser humano*, a imagen suya le creó, macho y hembra los creó». La mujer es también creación de Dios y por lo tanto sujeto, persona. Aun cuando Adán se use en sentido personal refiriéndose al hombre compañero de Eva, tanto Adán como Eva son también nombres genéricos e indican a toda la humanidad.

Con estas aclaraciones podemos plantear algunas cuestiones de fondo que se derivan de Gn 1–3 y le dan contenido al término Adán.

El «adam» es tierra y aliento

Génesis 2.7 podría decir así: «Entonces Jehová Dios formó al [ser humano] con polvo del suelo, e insufló en sus narices aliento de vida, y resultó el [ser humano] un ser viviente». Según este pasaje, el ser humano comparte la misma sustancia de la tierra, pero no se convierte en ser vivo hasta que recibe el divino aliento en la cara: *nesama* (aliento), que corresponde a nuestro aliento, hálito, resuello.

El «adam» es imagen de Dios

«Y creó Dios el hombre a su imagen, a imagen de Dios le creó; varón y hembra los creó», dice Gn 1.27. Esto bien pudiera entenderse como una afirmación global de majestad y perfección. El ser humano, al igual que Dios y al contrario de los animales (a los que el hebreo llama *behemah,* mudo), posee un lenguaje y una conciencia para meditar sobre sí mismo y sobre sus relaciones con el mundo que lo rodea. El ser humano puede actuar y responsabilizarse ante Dios, entrar en un contrato con el Altísimo y hacer alianza con Él.

El biblista francés Pierre Grelot, en su libro *Hombre, ¿quién eres?,* aporta otro aspecto sobre el tema: «El universo es, en cierto modo, un templo gigantesco que Dios eleva para su gloria. Cuando el templo está preparado, coloca allí al ser humano como "una imagen, según su semejanza" ... La única imagen de Dios permitida es el rostro humano. Pero si Dios se representa por la imagen de una persona viva, de un ser humano que habla, para hacer existir las cosas ("Dios dice..."), no por ello queda divinizado el ser humano: "la imagen de Dios" tiene que volverse hacia aquel cuyos rasgos refleja» (p. 30).

El «adam» es comunidad

Durante siglos la tradición cristiana ha visto en Adán una persona concreta de sexo masculino, un hombre. Sin embargo, Adán es un sustantivo masculino pero no necesariamente equivale a hombre. Para comprender mejor el significado de Adán debemos entender que Adán supone ambos sexos y más importante aun, supone una relación entre personas. Adán es comunidad; esto es lo fundamental. Claus Westermann dice: «En Gn 2.4b-24 esta comunidad (hombre-mujer) constituye la finalidad de la narración: el ser humano formado por Dios de la tierra (2.7) no es todavía la criatura que Dios quería ("no está bien..."); solo tras la creación de la mujer se ha conseguido de verdad la creación del ser humano» (*DTMAT*, p. 97).

Podemos dar un paso más y decir que el ser humano alcanza su condición de tal en el proceso de las relaciones comunitarias. Es en la dinámica de la relacionalidad de los individuos donde cada uno desarrolla su identidad particular y aprende a amar. El amor es el vínculo fundante que posibilita lo humano. En otras palabras, la capacidad de los seres humanos de amarse es una manifestación, quizás la más importante, de la presencia del Espíritu de Dios en el mundo.

Así que Adán es unidad, no parcialidad. No se puede deducir desde este pasaje una norma mayor para el hombre y una menor para la mujer. Nuestra responsabilidad es estudiar el texto con un espíritu de respeto, aceptar las diferencias y luchar contra las desigualdades.

El «adam» como señor de la creación

Según la Biblia, el Señor le dijo a la primera pareja: «Sed fecundos y multiplicaos, y llenad la tierra y sometedla; dominad en los peces del mar» (Gn 1.28, BJ). De este pasaje se ha elaborado una perspectiva teológica que podemos caracterizar como «el señorío del ser humano sobre la creación». Es evidente que el pasaje apoya la visión del ser humano como corona de la creación, como señor. Así lo indican los verbos usados: sometedla, dominad. Pero jamás hemos de olvidar que la responsabilidad del señorío del ser humano sobre la creación le obliga, entre otras cosas, a protegerla de la destrucción.

Dios acoge al «adam»

Génesis 3 es una narración profundamente dramática. El ser humano decide actuar por su cuenta al desobedecer a Dios y rompe con una forma de vida ideal. Como consecuencia, Adán tiene que aprender a vivir con la limitación propia de cualquier criatura: el dolor y la muerte. El ser humano está solo frente a su destino y debe escoger la calidad de su vida. Es en este punto en que descubre a Dios. Él le llama, lo invita y lo acoge. Dios se le muestra como gracia. Adán puede comprender estas nuevas formas de ser de Dios porque ahora está enfrentado al dolor y a la conciencia de su fragilidad.

El «adam» fuera del Antiguo Testamento

Después del cautiverio, en medio de la opresión de sus enemigos, los judíos empezaron a teologizar sobre lo que significaba la caída de Adán. Se echaba a él y a su pecado la culpa de la muerte, y de la existencia de los males en toda la creación terrestre (2 Baruc 17.3; Jubileo 3.28,29). Incluso algunos rabinos le culparon más tarde de varios desórdenes cósmicos.

El Nuevo Testamento nos da el verdadero significado teológico de Adán. Frente a las varias posturas modernas que ponen en tela de duda su historicidad, en el Nuevo Testamento se le considera un ser histórico. Lucas 3.38 lo menciona como antepasado de Jesús. Pablo afirma que Adán fue el primer hombre (1 Co 15.45-47; 1 Ti 2.13,14), y por todas partes el paralelismo entre Adán y Cristo implica que aquel era en verdad un ser real (Ro 5.12-21).

Pablo nos enseña que el → PECADO y la MUERTE entraron por medio de Adán y que en él todos morimos, ya que hay tal tipo de solidaridad entre Adán y la humanidad que nos involucra a cada uno en su pecado y castigo. En varias de sus cartas, Pablo presenta a Cristo como «el postrer Adán» o «el segundo hombre» (1 Co 15.45-47) en quien todos los hombres pueden disfrutar de abundante gracia, justificación y vida eterna, de la misma manera que, aparte de Cristo, comparten el juicio, la condenación y la muerte en el primer Adán.

La referencia a «Enoc séptimo desde Adán», que se encuentra en Jud 14, puede ser una referencia histórica a Gn 5, pero quizás es una forma técnica de referirse al libro de 1 Enoc del cual viene la cita de Jud 14,15. (→ MUJER; PECADO; PACTO; EDÉN; IMAGEN DE DIOS.)

Bibliografía:

Gerhard von Rad, *El libro de Génesis*, Sígueme, Salamanca, 1982. E. Jenni y C. Westermann, *Diccionario Teológico Manual del AT*, 2 Vol., Cristiandad, Madrid, 1978. José Croato, *Crear y amar en libertad*, Editorial Aurora, Buenos Aires, 1986. Pierre Grelot, *Hombre, ¿quién eres?*, Verbo Divino, Navarra, 1983. Josef Schreiner, *Palabra y mensaje del Antiguo Testamento*, Herder, Barcelona, 1972.

ADAR (*nublado*). Nombre de un mes, un hombre y un pueblo.

1. Último mes del año litúrgico hebreo y sexto del año civil. Corresponde a febrero-marzo de nuestro año. La cosecha de frutas cítricas comenzaba en adar. La Fiesta de Purim se celebraba el 14 y 15 del mes (Est 3.7,13; 8.12; 9.1,15,17,19,21). (→ MES; AÑO.)

2. Hijo de Bela y nieto de Benjamín (1 Cr 8.3).

3. Pueblo de Judá, en la frontera (Jos 15.3).

ADIVINACIÓN Práctica supersticiosa, común en todas las sociedades, de buscar y discernir señales y revelaciones, sobre todo acerca del futuro, por medio de ídolos o hechiceros que se suponen que estén dotados de poderes sobrenaturales.

En la Biblia se mencionan varios medios de adivinación: la copa o el agua (Gn 44.5); los sueños (Dt 13.2,3; Jue 7.13; Jer 23.32); la consulta de ídolos, las varas y los oráculos (1 S 15.23; Zac 10.2; Os 4.12; Is 41.21-24; 44.7); las flechas (Ez 21.21); el fuego (Dt 18.10); y la inspección del hígado (Ez 21.21).

La adivinación se condena como reliquia engañosa del paganismo y la prohíben estrictamente la ley y los profetas por ser abominación (Éx 22.18; Lv 19.26,31; 20.27; Is 47.12,15). Los profetas condenan a los adivinos, hechiceros, encantadores y a la gente que los busca (Is 8.19-22; Jer 27.9,10; Ez 13.17-23; Miq 5.12). La razón se ve claramente en Dt 18.9-22.

La revelación no es augurio ni la profecía es prognosis. El adivino practica su profesión por lucro y siempre ajusta su mensaje a fines personales o políticos (2 Cr 18.4-26); Ez 13.15; Jer 6.13ss; Hch 8.9; 16.16). En cambio el profeta de Jehová profetiza bajo el impulso divino, nunca por remuneración, sino más bien a veces a riesgo de su vida (1 R 22.1-35; Is 7ss; Jer 2.36ss). No se puede engañar ni forzar a Jehová por medios ocultos. Cuando Él se revela, lo hace en términos claros, directos y comprensibles.

Esto no significa que no hubiera en Israel algún vestigio de superstición o práctica de adivinación. Al parecer, Dios se ajustó a la mentalidad popular y aprovechó en varias ocasiones estos medios para lograr su propósito, como en los casos de la adivinación por suerte (Lv 16.8; Hch 1.26), por vellón de lana (Jue 6.36-40) y por → Urim y Tumim (Esd 2.63; Neh 7.65). Pero el conocimiento de Jehová y su revelación destruyen la base de la superstición esotérica y mágica. Es la fe, y no la superstición, lo que exige Dios. (→ Magia.)

ADMA Ciudad del valle de Sidim, cubierta ahora por la parte meridional del mar Muerto. Según Dt 29.23 (cf. Gn 10.19; 19.24-29; Os 11.8), fue destruida por fuego del cielo junto con las ciudades de Zeboim, Sodoma y Gomorra.

ADOBE → Teja.

ADONÍAS (*mi señor es Jehová*). Cuarto hijo de David y Haguit (2 S 3.4; 1 Cr 3.2). Muerto Absalón, Adonías se consideraba heredero del trono (1 R 1.5ss). En esto le apoyaban el general Joab, el sacerdote Abiatar y muchos del pueblo. Mientras Adonías y sus partidarios hacían una fiesta, el profeta Natán y Betsabé, madre de Salomón, recibieron noticias de la rebelión. Avisaron al anciano rey David y le recordaron su promesa de dar el reino a Salomón (1 R 1.17,30). David inmediatamente mandó coronar a este. Al enterarse, los partidarios de Adonías se dispersaron. Adonías se refugió asiéndose de los cuernos del altar en el templo. Salomón lo perdonó a condición de su lealtad. Después de la muerte de David, Adonías pidió por esposa a Abisag, la concubina de David. Esta

petición, de acuerdo con las costumbres orientales, equivalía a un acto de traición. Por tanto, lo condenaron a muerte (1 R 2.13-25).

Otros dos hombres llevaron el nombre de Adonías (2 Cr 17.8; Neh 10.16).

ADONIRAM Alto funcionario bajo David, Salomón y Roboam (2 S 20.24; 1 R 4.6). Era cobrador de tributos y encargado de la leva de 30.000 hombres enviados a cortar maderas en el Líbano (1 R 5.14). Cuando Roboam lo envió a las diez tribus rebeldes, lo lapidaron y se inició la rebelión de Jeroboam, *ca*. 931 a.C. (1 R 12.18). Se le llama Adoram en 2 S 20.24; 1 R 12.18; 2 Cr 10.18.

ADORAM → Adoniram.

ADOPCIÓN Acto por el que una persona recibe como hijo a uno que no lo es, y le confiere todos los derechos y obligaciones de esa posición.

Aunque la adopción se conocía en tiempos antiguos (por ejemplo, en los archivos de → Nuzi), los judíos no la practicaban directamente. Por lo general, los casos en el Antiguo Testamento que se asemejan a la adopción formal sucedieron en países extranjeros y los adoptados de un israelita solían ser parientes cercanos (Gn 48.5; Éx 2.10; 1 R 11.20; Est 2.7).

En el Nuevo Testamento solo Pablo usa la palabra y da en cada una de las cinco referencias un sentido teológico. En el derecho romano, el término *adoptio* se usaba cuando un hombre tomaba como suyo al hijo de otro, en un acto que incluía una venta simbólica delante de testigos. Quizás Pablo se refiera a esta costumbre en Gl 4.5,6.

La doctrina neotestamentaria de la adopción se presenta especialmente en Ro 8.15; Gl 4.5 y Ef 1.5. La posición de hijo se pone en contraste con la del esclavo (Ro 8.15; Gl 4.7) o la de un menor bajo tutela (Gl 3.25,26). La adopción es un acto soberano y gratuito de Dios (Ef 1.5), por el que, sin mérito humano y en base a la redención consumada en la cruz (Gl 4.5), Él da al creyente en Cristo la posición de hijo suyo (Gl 3.26).

Usando *adopción* en un sentido algo distinto, Ro 9.4 habla de la relación especial que Dios estableció con la nación de Israel (cf. Éx 4.22). Romanos 8.23 se refiere a la futura realización completa o «promulgación pública» de nuestra posición como hijos (cf. 1 Jn 3.1-3).

Como adoptado, el creyente tiene confianza en Dios en vez de temor (Ro 8.15). La obra del Espíritu Santo es concientizarlo en su posición y encaminarlo en ella (Ro 8.14, 16) hacia una herencia juntamente con Cristo (Ro 8.17). Aunque la palabra *adopción* no aparece en otros pasajes, el concepto se encuentra a través del Nuevo Testamento, sobre todo en los escritos de Juan (p. ej., Jn 1.12). (→ Hijo; Hijo de Dios.)

ADORACIÓN Culto o reverencia que se rinde a Dios por sus obras (Sal 92.1-5) y por ser quien es (Sal 100.1-4). Se expresa mediante → oración (Gn 12.8; Neh 9), → sacrificio (Gn 8.20), → ofrenda (Gn 4.3,4; 1 S 1.3; Dt 26.10; 1 Cr 16.29); → alabanza (2 Cr 7.3; Sal 29.1,2; 86.9; 138.1,2), → canto (Sal 66.4), ritos (Éx 12.26,27), meditación (Sal 63.5,6), → temor (Sal 96.9), → ayuno (Neh 9.1-3; Lc 2.37), → fiesta y → acción de gracias (2 Cr 30.21,22), y sobre todo inclinación (Sal 95.6; 1 Cr 29.20) y servicio (Dt 11.13; Jos 22.27). Estos dos últimos conceptos se expresan en hebreo y en griego con palabras que también significan «adoración» (Dt 6.13; 10.12,13; 2 R 5.18; cf. Mt 4.10; Ro 12.1), de modo que no se distingue entre «servir» y «adorar» ni entre «inclinarse» y «adorar».

La adoración externa y cultual debe nacer de una actitud interna (Is 29.13), que a su vez se expresa en obediencia y una vida dedicada por entero al servicio de Dios (1 S 15.22,23; Miq 6.6-8; cf. Stg 1.27). El adorador debe ser bueno y justo (Sal 15; Am 5.21-26) para que su adoración sea aceptada (Sal 50.7-23; Is 1.11-20; cf. Mt 5.23,24 y Jn 4.23), además de sincero (Sal 51.16-19).

En la adoración, los patriarcas invocaban el nombre de Jehová (Gn 13.4), celebraban el pacto (Gn 15.7-21) y la sustitución (Gn 22; cf. Lv 17.11), y practicaban los lavamientos y las purificaciones (Gn 35.2; cf. Éx 19.10), todo lo cual precede al culto más formal y complejo que se verá después en el → TABERNÁCULO y el → templo (1 R 6–8; 2 Cr 20–31). A pesar de este desarrollo posterior, no se pierde el aspecto personal de la adoración (2 S 17.18-29; Sal 23; Is 55.6-9).

En el Nuevo Testamento, el culto de la → sinagoga (Lc 4.16-21) se adapta a las necesidades de la → iglesia. Incluye alabanzas, salmos, cánticos (Ef 5.19,20), lectura bíblica, enseñanza, exhortación (Col 3.16; 4.16; 1 Ti 4.13), oración, ayuno, santa cena (Hch 2.46; 13.1-3; 1 Co 11.18-34), profecía (1 Co 14), doctrina, mensajes en lenguas e interpretación (1 Co 14.26).

En ambos testamentos el pueblo de Dios lo adora públicamente (Hch 20.7), en privado (Gn 24.26,27; Dn 6.10; Mt 6.5,6) y en familia (Gn 35.1-3; Hch 16.30-34).

Se prohíbe terminantemente la adoración de seres humanos (Hch 10.25,26; 14.11-15; cf. Est 3.2,5), ángeles (Col 2.18; Ap 19.10; 22.8,9) u otra criatura (Mt 4.10; cf. Dt 6.13; Ap 14.9-11). La adoración de dioses falsos es una ofensa que trae las más terribles consecuencias en todo el Antiguo Testamento (Éx 20.3-6; 32.1-11,30,35; Dt 4.15-18; 8.19; etc.; cf. Ro 1.25). En el Nuevo Testamento la adoración se dirige a Jesucristo (Mt 14.33; Jn 5.22,23; Heb 1.6; Ap 5.8-14), y se destaca que el culto ofrecido a Jehová en el Antiguo Testamento explícitamente pertenece a Jesús (Flp 2.10,11 // Is 45.23). La adoración a Dios y al Cordero es la esencia misma de la vida celestial (Ap 4.6-11; 15.3,4; 19.1-8).

ADRAMELEC (*Adar es rey*). Nombre de un dios pagano y un hombre en el Antiguo Testamento.

1. Deidad venerada por los habitantes de Sefarvaim, quienes, llevados por los asirios, poblaron Samaria después de 722 a.C. Nos informa 2 R 17.31 que quemaban a sus hijos en ofrenda a esta y otra deidad llamada Anamelec.

2. Hijo de → SENAQUERIB, rey de Asiria. Según 2 R 19.37 e Is 37.38, junto con su hermano → SAREZER, asesinó a su padre, mientras este adoraba en el templo a Nisroc. Esto sucedió cuando Senaquerib regresó a Nínive, después de su fallida campaña contra Ezequías, rey de Judá.

ADRAMITENA Perteneciente a Adramitio, antiguo puerto de Misia en la provincia romana de Asia, situado frente a la isla Lesbos (Hch 27.2).

ADRIÁTICO Mar entre Italia al oeste y Dalmacia y Acaya al este. En la época del Nuevo Testamento este nombre abarcaba también el mar Jónico, y las aguas entre Creta y Malta. Era un paso peligroso para la navegación durante los meses de noviembre a marzo; Pablo naufragó en este mar y pasó catorce días en la tormenta (Hch 27.27).

ADULAM (*refugio*). Nombre de una ciudad y de un conjunto de cuevas.

1. Probablemente Tel-es-seikh-Madhkur, a medio camino entre Laquis y Jerusalén. Josué la conquistó y cedió a Judá (Jos 12.15; 15.20,35). Roboam la fortificó (2 Cr 11.7) y Nehemías la reedificó (11.30).

2. En las cuevas de Adulam se escondieron los 400 guerreros de David y toda su parentela (1 S 22.1; 2 S 23.13s). Es-seih-Madhkur no se presta a esto, pero sí las muchas cuevas de Khirbet'Id el-Ma.

ADULTERIO Relación sexual entre una persona casada y otra que no sea su cónyuge legal. Sin embargo, en una cultura donde la poligamia se aceptaba, la unión sexual entre un hombre casado y sus concubinas no se consideraba adulterio.

Bajo la Ley de Moisés este pecado se castigaba con la muerte, ya fuese por apedreamiento o fuego (Lv 20.10; 21.9; Dt 22.22-24; Jn 8.5,6). Debido a que la pena de muerte solo se podía aplicar en el caso de que se sorprendiera a la persona en el acto mismo (Jn 8.4), el cónyuge acusado tenía que someterse a ciertos procedimientos acordados para establecer su culpabilidad o inocencia (Nm 5.11-31). No obstante la Ley Mosaica, cuando el rey David se arrepintió de su pecado de adulterio, Dios lo perdonó (2 S 11.2-5; Sal 51.1,2).

Cristo también perdonó a la mujer sorprendida en adulterio, pero sin obviar la gravedad del cargo (Jn 8.11). En el Nuevo Testamento el Señor señala que al adulterio no se comete únicamente por el acto en sí, sino también por mirar a una mujer para codiciarla, dando a entender que la sed de este, como de todo pecado, está en el → CORAZÓN (Mt 5.27,28).

Nuestro Señor señala el adulterio como el único motivo de → DIVORCIO (Mt 5.32; 19.3-12). El término → FORNICACIÓN debe entenderse en estos pasajes como sinónimo de adulterio. Pablo parece dar otra causa en 1 Co 7.10-15.

El adulterio es un pecado contra la santidad del hogar al que todo hombre está expuesto. Por esta razón, siempre se debe tener muy presente la advertencia de Cristo (Mt 5.27,28) y elevar diariamente la oración de David (Sal 51.2,10-12). (→ SEXUALIDAD.)

ADUMÍN (*rojura*). Pasillo en el camino que sube de Jericó a Jerusalén, donde hoy está la «Posada del buen samaritano». Quedaba en la frontera entre Benjamín y Judá (Jos 15.7; 18.17).

ADVENEDIZO → EXTRANJERO.

AFEC (*fortaleza*). Nombre de antiquísimos lugares y ciudades en el Antiguo Testamento.

1. Lugar entre el territorio de los cananeos y el de los amorreos, que los israelitas no pudieron subyugar (Jos 13.4). Es probable que sea el moderno Afca en la falda noroeste del monte Líbano.

2. Ciudad real de los cananeos que Josué conquistó (Jos 12.18) y campamento militar de los filisteos (1 S 4.1; 29.1). Es el moderno Tell el-Muhmar junto a Ras el-Ain al nordeste de Tel Aviv.

3. Ciudad de Aser (Jos 19.30) que Israel no subyugó (Jue 1.31). Es el moderno Tell Kurdane en la llanura de Aco al nordeste de Haifa.

4. Lugar de Basán donde Israel, bajo Acab, derrotó a los sirios, dirigidos por Ben-adad II (1 R 20.26,30) y donde Israel, bajo Joás, heriría a los sirios, según la profecía de Eliseo (2 R 13.17). Es el moderno Fik al este del mar de Galilea.

5. Lugar de Judá (Jos 15.53, BJ [RV, «Afeca»]) que se cree localizado al sudoeste de Hebrón.

AGABO Profeta cristiano de Jerusalén, activo también en Antioquía y Cesarea. Predijo el encarcelamiento de Pablo y también una gran hambre que hizo necesario enviar socorro a Judea (Hch 11.27-30). Para profetizar la prisión del Apóstol se valió de un gesto simbólico (Hch 21.10,11). Existen pruebas de una tremenda escasez de alimentos (46–47 d.C.) en Grecia, Roma y especialmente Judea en tiempos del emperador Claudio.

AGAG (significado desconocido). Nombre de reyes del Antiguo Testamento.

1. Según parece, era el título del rey entre los → AMALECITAS, como lo era «Faraón» entre los egipcios y «César» entre los romanos (Nm 24.7).

2. Rey en el Neguev en el tiempo de Samuel y Saúl. Era enemigo de Israel y se caracterizaba por su extrema crueldad (1 S 15.2,32; Éx 17.8-14; Dt 25.17-19). A través de Samuel, Dios ordenó a Saúl aniquilarlo junto con su pueblo y ganado (1 S 15.3,18). Saúl desobedeció: le perdonó la vida al rey Agag y dejó vivo lo mejor del ganado (1 S 15.7-9). Cuando Samuel llegó, juzgó a Saúl por su hipocresía y descuartizó a Agag (1 S 15.13-23,32,33).

ÁGAPE Una de las tres palabras griegas que se traducen → AMOR. Designaba el amor que los creyentes sentían los unos por los otros, y de ahí que también se denominara así la cena fraternal que los primeros cristianos celebraban juntos. Es posible que Pablo mismo la haya instituido en Corinto (1 Co 11.17-34).

Es lamentable, pero con el tiempo surgieron excesos graves en estas fiestas: glotonería, embriaguez e inmoralidad. Primera de Corintios 11.20-22,27-34 y Judas 12 se refieren a estos problemas y el texto más probable de 2 P 2.13, VM, reza «engaños» en vez de «ágapes». Sin embargo, el contexto habla siempre de comilonas. Precisamente debido a estos excesos ha ido desapareciendo esta fiesta, al menos como celebración al lado de la Santa Cena. No obstante, se sigue celebrando hasta el día de hoy entre algunos grupos cristianos.

AGAR Esclava egipcia de Sara. Esta, siendo estéril, se la dio a Abraham como concubina. Según las costumbres de la época, los hijos así engendrados serían descendencia legal de Sara. Cuando Agar se enorgulleció de estar encinta, Sara, afrentada, apeló a Abraham, puesto que la esclava ya era responsabilidad de él. Abraham terminó el concubinato y entregó a Agar de nuevo a Sara, quien la afligió de tal manera que la esclava huyó. Un ángel se le apareció a Agar en el desierto y le ordenó someterse a Sara y le anunció que el hijo que nacería, Ismael, sería hombre fuerte y padre de multitudes (Gn 16). La rivalidad prosiguió después del nacimiento de Isaac. Abraham, obedeciendo la voz de Dios, accedió a la petición de Sara y expulsó a Agar e Ismael. Con la ayuda de Dios sobrevivieron en el desierto e Ismael se crió allí (Gn 21).

Esta historia presenta una serie de detalles importantes. En primer lugar, observemos que Agar salió dos veces del lado de Abraham y Sara, la primera en Gn 16.6 y la segunda en 21.14. En ambos casos la falta de misericordia hacia ella y su hijo es clara. Sin embargo, esta falta de misericordia de Abraham y Sara ha tenido una contraparte: la abundancia de la

Sembrados cerca de Jabes de Galaad, en los que se ven los métodos progresivos de agricultura usados en la actualidad en la Tierra Santa.

promesa de Dios. Dios no desechó a esta mujer y su hijo, sino que les expresó su gracia salvadora. Por esta razón, el ángel le habla de su descendencia en 16.10 y en 21.18.

La falta de misericordia de Abraham que se relata en el cap. 21 prácticamente la condena a la muerte. Agar, sin agua y con poca comida, deambula en el desierto sin un lugar a donde ir, y acepta su muerte y la de su hijo con la única condición de «no ver cuando el muchacho muera». Es en este contexto en que Dios manifiesta su forma de ser con total transparencia. El niño llora «y oyó Dios la voz del muchacho y el ángel de Dios llamó a Agar ... No temas; porque Dios ha oído la voz del muchacho en donde está». Dios no los condenó a muerte como sí lo hizo Abraham. Dios los rescata, atento al dolor injusto del pequeño Ismael, y constituye a Agar en matriarca de una nueva nación que nacerá de ella.

Pablo menciona a Agar en Gl 5.21ss. Para mostrar la novedad de la promesa realizada en Jesús, Pablo relee alegóricamente la tradición sobre Sara y Agar (Gl 5.24).

AGARENOS Descendientes de Agar, y según algunos escritores judíos, parte de la tribu de los ismaelitas (Sal 83.6). Según 1 Cr 5.10,18-22, las tribus de Rubén, Gad y Manasés los derrotaron definitivamente. Un agareno fue administrador de David (1 Cr 27.31).

ÁGATA (traducción del vocablo hebreo *shebo*). Piedra preciosa que se hallaba en la mitad de la tercera línea sobre el pectoral del sumo sacerdote (Éx 28.19; 39.12). Presenta bandas diversas y vivamente coloreadas, a veces concéntricas.

De acuerdo con la RV, el tercer cimiento de la muralla de la nueva Jerusalén es de ágata (Ap 21.19), pero la voz griega aquí es *calquedón*, palabra que puede referirse a varios tipos de cuarzo.

AGORERO → Hechicero; magia.

AGRICULTURA A través de la historia bíblica la ocupación principal del pueblo de Israel fue la agricultura. Isaías dice que el Señor la estableció (28.23-29). Cuando Abraham y su familia llegaron a Palestina, imitaron los métodos del agricultor cananeo. Los campesinos vivían en aldeas cerca de sus campos y caminaban todos los días al trabajo. Respetaban las piedras limítrofes entre los terrenos.

Los territorios más fértiles en Israel eran las llanuras marítimas de Esdraelón y del Jordán. A Samaria se le conocía por sus plantaciones de olivos y las áreas más elevadas del valle del Jordán por su trigo.

La agricultura influyó grandemente en la religión de Canaán y también en la formación de las leyes de Israel. La industria y el comercio nunca dieron grandes ingresos a los habitantes de Israel. Más bien la agricultura era la fuente principal de sus ganancias. Por eso figura mucho en la literatura.

La agricultura nunca fue fácil en Palestina. La tierra era rocosa y montañosa. Había pocos valles fértiles, apenas los suficientes para producir alimentos para los habitantes. Pero los que había eran muy fértiles. Amós dice que podían producir dos cosechas de trigo al año (7.1).

Árboles de limón en Tel Aviv, Israel, en un moderno cultivo de cítricos.

Foto de Gustav Jeeninga

El clima era otro serio problema para el agricultor hebreo. Había cinco meses de verano, desde mayo a octubre, en que no llovía. A veces, aun durante la época de lluvia no caía suficiente para producir la cosecha. Entonces había hambre en la tierra. El pueblo tomaba medidas para evitar esto. Se han descubierto muchas cisternas en Palestina (2 Cr 26.10; Neh 9.25) y algunas evidencias de riego artificial. (→ Estanque.)

Además del clima, el agricultor hebreo tenía que enfrentar plagas de insectos y enfermedades de plantas. La amenaza más grave era la invasión de langostas que en pocos días consumían campos enteros de grano (Dt 28.42; 1 R 8.37; Jl 1.4). El pasto también sufría de una especie de tizoncillo que atacaba las hojas de las plantas.

Había tres cultivos principales: la viña, el olivo y el grano. De las muchas clases de uvas la mayor era el *shorek*, una uva roja, grande y deliciosa. La mayor parte de la cosecha se convertía en vino.

La oliva se usaba para extraerle aceite, elemento importante en la comida hebrea. El grano principal era el trigo, aunque también se cultivaba la cebada.

Toda la familia colaboraba en la agricultura y durante el día las aldeas se quedaban solas cuando todos se dirigían a sus respectivos terrenos.

La agricultura estaba íntimamente relacionada con la fe hebrea. Desde el comienzo Dios la estableció como un oficio digno (Gn 2.5): la tierra era regalo de Dios (Dt 11.9ss). Por eso las fiestas principales del Antiguo Testamento se relacionaban con las cosechas. El futuro glorioso de Israel se expresaba como un tiempo de viñas y huertos florecientes. El Antiguo Testamento contiene muchas figuras tomadas de la agricultura (Sal 65.9-13; 80.8-13; 128; Pr 10.5; 20.26; 24.30-34; Is 5.1-7). Jesús las empleaba muchas veces en sus parábolas (Mt 20.1-16; Mc 4.1-20; Lc 6.43,44) por ser lenguaje que los judíos entendían.

AGRIPA → Herodes.

La fuente de agua abundante era crucial para la supervivencia de una ciudad antigua.
Esta gran cisterna en Gabaón se labró a través de más de nueve metros de roca sólida.

AGUA La posición geográfica de Palestina (entre las regiones climatológicas mediterráneas y las semidesérticas de los países que la limitan al este y al sur) determina la cantidad de agua disponible (→ LLUVIA). Las rocas calíferas no retienen el agua con facilidad y los → ARROYOS, caudalosos en el invierno, se convierten en cauces secos en verano (→ WADI).

El Jordán es el único río de suministro permanente y por ello a menudo era necesario abrir → POZOS o conservar el agua en → CISTERNAS. La calidad del agua variaba de salobre a dulce (Éx 15.23-27; 2 R 2.19-22).

Con razón al agua se le llama «don de Dios» en las regiones donde hay escasez de ella (Jn 4.10). Su falta es algo grave (1 R 17.1ss; Jl 1.20), así como su contaminación (Éx 7.17ss; cf. 15.23). En tiempos de guerra era común cortar las fuentes que abastecían una ciudad (2 R 3.19,25; 2 Cr 32.30) para obligarla a racionar el agua (Lm 5.4; Ez 4.11,16).

Tanto ayer como hoy, la vida de las personas, los animales y las plantas depende en gran parte del agua. Proporciona vida, refrigerio, crecimiento y fruto (Sal 1.3; 23.2; 65.9). Su escasez aniquila con ardiente sed (Éx 17.3; Jue 15.18; Is 5.13; Jn 19.28). Por esto, se usa también en sentido figurado para representar las bendiciones que Dios derrama y que el creyente anhela. Dios, revelado en el Antiguo Testamento y manifestado en Cristo, es fuente del agua espiritual (Sal 63.1; Is 32.2; Jer 2.13; Jn 4.13s; 7.37-39), agua que se derramará en abundancia sobre su pueblo en el futuro (Is 35.6,7).

Aun en el presente, el Espíritu Santo que se derramó cuando Cristo fue glorificado (Jn 7.39) nos bautiza en un cuerpo (1 Co 12.13; cf. Jn 3.5). A veces el simbolismo del agua incluye la Palabra de Dios (Is 55.10s; Am 8.11s) o de Cristo (Jn 15.3). Todo el sistema ceremonial da importancia a los lavamientos. No solo sacerdotes y levitas (Éx 29.4; Nm 8.7), sino las personas en general, practicaban diferentes abluciones (Lv 11.40; 15.5ss). Con este trasfondo apareció Juan el Bautista predicando un → BAUTISMO de arrepentimiento. En el Nuevo Testamento, este aspecto del perdón de pecados ocupa un lugar prominente en varias referencias al agua (p. ej., Ef 5.26; Heb 10.22).

Las aguas del caos primitivo (Gn 1.2), aunque Dios las colocó en su lugar (sobre los cielos, Gn 1.7; Sal 148.4; o debajo de la tierra, Éx 20.4; Sal 136.6), siguen como posible instrumento de muerte en sus manos

(Gn 7.10s; Éx 14.26s). Los judíos que rechazaron «las aguas del Siloé, que corren mansamente» (las bendiciones de la Palabra de Dios en Jerusalén), serían asolados por «aguas de ríos, impetuosas y muchas», figura de la invasión asiria (Is 8.6s). Pero aun en medio de esta tribulación o juicio divino, el rescate del creyente no está lejos debido a la misericordia de Dios (Is 43.2; 59.19; Mt 7.26s; 1 P 3.20s).

La inestabilidad de carácter se simboliza a veces como aguas turbulentas y volubles (Gn 49.4; Stg 1.6).

AGUAS DE CELO Aguas tomadas quizás de la fuente de bronce y usadas en el rito cuando el marido sospechaba de su mujer sin poder comprobar la infidelidad (Nm 5.11-31). El sacerdote escribía en un rollo la maldición de Dios sobre el adulterio y luego borraba las letras con aguas en que había echado polvo del suelo del tabernáculo. El polvo representaba la santidad de Jehová que moraba en el tabernáculo y la tinta su ira contra el adulterio. Se mecía la ofrenda de un efa de harina de cebada y se quemaba un puñado de ella sobre el altar. Luego, las aguas de celo preparadas, que simbolizaban la afrenta de la mujer, se les daban a beber ante el Santo Israel, quien la juzgaría.

AGUIJÓN Término para indicar todo objeto punzante (1 Co 15.55ss), como por ejemplo el aguijón de los escorpiones (Ap 9.10). En Jue 3.31 y 1 S 13.21 es una punta de hierro que servía para castigar a los bueyes, de donde, en lenguaje figurado, se originó el proverbio «dar coces contra el aguijón», que indica resistencia inútil a una fuerza superior. Pablo escuchó este proverbio de labios del Señor (Hch 26.14).

ÁGUILA Ave rapaz de 80 a 90 cm de altura, que en algunas especies puede alcanzar 1 m de longitud y 2,5 m de envergadura. Posee pico recto en la base y curvo en la punta, fuerte musculatura y vuelo rapidísimo. En la Tierra Santa viven unas ocho variedades de águilas y cuatro de buitres. A estos últimos parece referirse la Biblia cuando menciona la calvicie del águila (Miq 1.16) y su alimentación a base de carroñas (Pr 30.17; Mt 24.28; Lc 17.37). Por esto último figura entre los animales prohibidos (Lv 11.13; Dt 14.12).

Terrazas en las colinas, una técnica para prevenir la erosión del suelo, en las fincas que rodean a Belén.

Foto de Gustav Jeeninga

Las costumbres del águila sirven en la Biblia para diversas comparaciones. El hábito de hacer su nido en las alturas (Job 39.27) simboliza la soberbia de Edom (Jer 49.16; Abd 4). La rapidez de su vuelo (Job 9.26; 2 S 1.23; Lm 4.19) representa la ligereza de un ejército para invadir pueblos extraños como Moab (Jer 48.40) y Edom (Jer 49.22), o al propio pueblo de Israel (Dt 28.49; Jer 4.13; Os 8.1; Hab 1.8). Ilustra también la prontitud con que se disipan las riquezas (Pr 23.5).

Para proteger sus crías y enseñarles a volar, el águila las obliga a salir del nido y vuela por debajo y al lado de ellas vigilando el primer vuelo. Esta figura ilustra en Éx 19.4,5 y Dt 32.11 el cuidado amoroso de Dios con su pueblo. Es probable que sirva de base también a Ap 12.14.

En la visión de Ezequiel de la gloria divina hay una semejanza de águila, de significado discutido (Ez 1.10; 10.14), que vuelve a mencionarse en Ap 4.7. En la parábola de Ez 17, Babilonia y Egipto están simbolizadas por un águila.

AGUJA → Camello.

AGUR Persona que compiló las máximas de Proverbios 30. No se sabe quién era, pero algunos creen que era natural del norte de Arabia, porque *massa*, traducida «profecía» en Pr 30.1 y 31.1, podría referirse al sitio denominado Massa (cf. Gn 25.14; 1 Cr 1.30).

AHAVA Población de Babilonia en la que Esdras reunió a quienes le acompañarían en su viaje a Jerusalén (Esd 8.15). Había también un río del mismo nombre (Esd 8.21,31).

AHÍAS (*mi hermano es el Señor*). Nombre de nueve personas en el Antiguo Testamento.

1. Sacerdote (quizás sumo sacerdote), bisnieto de Elí (1 S 14.3,18). Posiblemente debe identificársele con Abimelec (21.1; 22.9).

2. Profeta que protestó contra la idolatría de Salomón y profetizó, simbólicamente, la división consecuente del reino de Israel.

Rasgó su capa en doce pedazos y entregó diez a Jeroboam (1 R 11.30-39), quien para evadir la ira de Salomón se refugió con Sisac, rey de Egipto (11.40). Cuando Jeroboam también se volvió idólatra, Ahías profetizó el exterminio de la casa de este y el cautiverio de Israel (1 R 14.6-16).

3. Otros siete personajes llevaron este nombre: 1 R 4.3; 15.27; 1 Cr 2.25; 8.7; 11.36; 26.20; Neh 10.26.

AHICAM (*mi hermano se ha levantado*). Funcionario de Josías (2 R 22.12,14; 2 Cr 34.20). Protegió a Jeremías cuando los sacerdotes y profetas demandaban su muerte (Jer 26.24). Fue padre de Gedalías, a quien Nabucodonosor nombró gobernador de Judá (2 R 25.22).

AHIMAAS (*hermano poderoso*).

1. Padre de Ahinoam, esposa de Saúl (1 S 14.50).

2. Hijo de Sadoc. Corredor veloz (2 S 18.27) que, junto con su padre, sirvió a David como espía en Jerusalén durante la sublevación de Absalón (2 S 15.27,36). Ahimaas y Jonatán, hijo de Abiatar, llevaron a David la noticia de la victoria sobre Absalón. No le informaron, sin embargo, que Absalón había muerto (2 S 18.19-23).

3. Funcionario de Salomón (1 R 4.15).

AHIMELEC (*mi hermano es rey*). Nombre de tres hombres en el Antiguo Testamento.

1. Sumo sacerdote, hijo de Ahitob, y bisnieto de Elí. Fue el sacerdote de Nob que dio a David el pan de la proposición y la espada de Goliat cuando David huía de Saúl. (Cristo aprovechó este incidente para reprimir el legalismo de los fariseos [Mc 2.26]). Por haber ayudado al enemigo del rey, este mandó matar a Ahimelec y a 85 sacerdotes de Nob (1 S 21; 22).

2. Hijo de Abiatar, tal vez nieto del Ahimelec hijo de Ahitob. En algunos pasajes de Crónicas se llama «Abimelec» (1 Cr 18.16). Fue sumo sacerdote durante el reinado de David (2 S 8.17).

3. Heteo que fue compañero de David durante el tiempo en que Saúl lo perseguía (1 S 26.6).

AHINOAM (*mi hermano es gozo*). Nombre de dos mujeres en el Antiguo Testamento.
1. Esposa de Saúl e hija de Ahimaas (1 S 14.50).
2. Mujer de Jezreel, esposa de David y madre de Amnón, primogénito de David (1 S 25.43; 2 S 3.2).

AHITOB (*hermano del bien*). Nombre de tres hombres en el Antiguo Testamento.
1. Hijo de Finees, nieto de Elí y padre de Ahías (1 S 14.3). Ejerció el sacerdocio en tiempo de Saúl.
2. Padre de Ahimelec. Tal vez se identifique con el anterior (1 S 22.9).
3. Padre de Sadoc (2 S 8.17; 1 Cr 6.7,8). Hijo de Amarías, del linaje de Leví (1 Cr 18.16; Esd 7.2).

AHITOFEL (*hermano de la locura*). Natural de Gilo en Judá (2 S 15.12). Al principio fue uno de los más íntimos consejeros de David (2 S 16.23). No obstante, cuando se rebeló Absalón, abrazó la causa de este y se convirtió en enemigo del rey. Aconsejó a Absalón que atacara a David inmediatamente, pero Husai, amigo de David, desbarató su plan. Previendo la inminente derrota que iba a sufrir Absalón, Ahitofel volvió a su casa y se ahorcó (2 S 15–17).

AHOGADO Levítico 17.13 prohíbe comer la carne de un animal sin que antes se derrame su → SANGRE, ya que esta es el vehículo y símbolo de la vida del animal (v. 14) y por lo tanto desempeña un papel muy importante en el ritual de los judíos. Solo Dios, dador de la vida, puede disponer de la sangre.

Para quienes observaban la Ley, entonces, beber o comer sangre era repugnante. Los animales sacrificados en un matadero que solo ahogaban las víctimas, en vez de degollarlas y vaciarlas de su sangre, se consideraban inmundos. Era natural, por tanto, que el partido

judaizante dentro de la iglesia primitiva sugiriera en el → CONCILIO DE JERUSALÉN que los recién convertidos del paganismo se abstuvieran de ahogado (Hch 15.20, 29; 21.25, pasajes no muy seguros textualmente). Tal concesión a los escrúpulos judíos facilitaría el compañerismo de mesa entre los cristianos.

AHOLA, AHOLIBA Nombres de las dos mujeres simbólicas de Ez 23. Ahola (*la que posee un tabernáculo*) representa a Samaria, el reino del norte, y Aholiba (*mi tabernáculo en ella*), a Jerusalén, el reino del sur. Aunque Samaria tenía un lugar de adoración, el verdadero santuario de Jehová (*mi tabernáculo*) estaba en Jerusalén.

AHOLIBAMA (*tienda del lugar alto*). Nombre de un hombre y una mujer en el Antiguo Testamento.
1. Hevea, una de las esposas de Esaú, y madre de tres jefes de tribu en Edom (Gn 36.2,18).
2. Uno de los jefes de la tribu edomita (Gn 36.41; 1 Cr 1.52).

AHORCADURA Acción de ahorcar o ahorcarse. Probablemente, los israelitas no aplicaban la horca como pena de muerte, pero a veces colgaban de un árbol o poste los cadáveres de los condenados (Dt 21.22; 2 S 4.12) para mostrar que habían sido ejecutados. Al privarles de sepultura, y dejarles a merced de los animales de rapiña, se agravaba el castigo de los culpables. Más tarde, la ley deuteronómica prohibió que el delincuente colgara del madero después de la puesta del sol (Dt 21.23; Jos 10.27; Gl 3.13).

AÍN (*ojo, fuente*). Nombre de dos ciudades en el Antiguo Testamento.
1. Ciudad asignada primeramente a Judá (Jos 15.32) y después a Simeón (Jos 19.7; 1 Cr 4.32). Era ciudad de los sacerdotes (Jos 21.16). Se llamaba Asán en 1 Cr 6.59. Quedaba 15 km al nordeste de Beerseba.
2. Lugar en el límite norte de Canaán, al oeste de Ribla (Nm 34.11).

AINÓN → ENÓN.

AIRE Término que en la Biblia se usa de varias maneras:

1. Para referirse al vacío que media entre tierra y firmamento. Es la región de las aves (Dt 4.17; Dn 4.12,21), muy susceptible a plagas que afectan el ambiente humano (Ap 9.1-3; 16.17,18). El hebreo no tenía otra expresión que «bajo el cielo» para designar lo que nosotros llamamos atmósfera. La expresión «lanzar al aire» (Hch 22.23) equivale a «lanzar hacia arriba».

2. Para referirse a la habitación de los espíritus malos, según la creencia popular griega, que influyó en el judaísmo tardío. El príncipe de tal «potestad» (Ef 2.2) es Satanás, quien opera en las personas desobedientes. Es en esta misma esfera donde aparecerá Jesucristo en su gloriosa venida (1 Ts 4.17).

3. En el sentido de viento. El aire puede ser la brisa fresca de la tarde (Gn 3.8) o el bochorno destructor (Is 27.8).

4. En el sentido de «nada». «Golpear el aire» (1 Co 9.26) significa «lidiar en vano». «Hablar al aire» (1 Co 14.9) es hablar en lenguas que los oyentes no comprenden.

AJALÓN (*lugar de ciervo*). Nombre de dos ciudades en Isarael.

1. Aldea situada unos 20 km al noroeste de Jerusalén (Jos 10.12; 2 Cr 28.18) que se repartió entre la tribu de Dan (Jue 1.34,35). Luego se designó ciudad levítica para los coatitas (Jos 21.20,24; 1 Cr 6.69). Después de la separación entre Israel y Judá, quedó como parte de Benjamín. Roboam la fortificó para proteger a Jerusalén, pero los filisteos la ocuparon en días de Acaz (2 Cr 11.10; 28.18). Hoy se llama Yalo.

2. Lugar en Zabulón donde enterraron al juez → ELÓN (Jue 12.12).

AJELET-SAHAR (en hebreo, *cierva del amanecer*). Nombre de una melodía de caza con la que se cantaba el Salmo 22. Quizás aludía a la victoria después de la noche de aflicción.

AJO Vegetal bulboso de olor y sabor intensos. Es muy estimado en el Oriente. En la Biblia aparece solamente en Nm 11.5.

ALABANZA Aspecto de la → ADORACIÓN en que se le rinde honor a Dios (2 Cr 7.3). Producto de la alegría santa (Sal 9.1,2; 63.5; 100). La alabanza se expresa a veces con cánticos, música y danzas (2 Cr 7.6; Sal 28.7; 40.3; 95.1,2; 149.1-3; 150).

Dios exige la alabanza (Sal 50.14; Ap 19.5) y es digno de ella (2 S 22.4; Sal 48.1; 145.3) porque es único (2 Cr 6.14,15; Sal 113), bueno (Sal 106.1; Jer 33.11), grande (1 Cr 16.25,26; Sal 150.2), poderoso (1 Cr 29.11-13; Sal 21.13), misericordioso (2 Cr 20.21; Sal 57.9,10; 107.1; 138.2) y justo (Dn 4.37; Sal 7.17). Merece alabanza por sus obras (1 Cr 16.8,9; Sal 78.4; 106.2; Is 25.1; Lc 19.37) y por su Palabra (Sal 56.4,10). La alabanza surge espontáneamente frente a los milagros de Dios (Lc 18.43; Hch 3.8), sus dones (Dn 2.23; Hch 11.17,18) y su ayuda (Sal 30.11, 12; 109.30,31; 118.21).

Los que alaban a Dios son generalmente sus siervos (Sal 113.1) celestiales (Lc 2.13, 14; Sal 148.2) y terrenales (Sal 148.14; 149.1,2; Hch 2.47; Ro 15.8-11) de toda condición (Ap 19.5) y edad (Sal 148.12; Mt 21.16). Pero también le glorifican los pueblos y las naciones (Sal 67.3-5; 117.1), los reyes (Sal 138.4; 148.11), la creación (Sal 69.34; 145.10; 148.3-10) y todo lo que respira (Sal 150.6). La alabanza ocupará eternamente al pueblo de Dios (Sal 30.12; 79.13; 84.4).

ALABASTRO Piedra blanda de color crema claro con venas visibles. Aunque en el Antilíbano se ha hallado un yacimiento de alabastro, el material no se menciona en el Antiguo Testamento. Todos los objetos de alabastro hallados en Palestina se importaban de Egipto (la mayoría) o se producían localmente según modelos egipcios. En otras partes el alabastro se empleaba en columnas y diversos adornos en los templos.

En Mc 14.3, «alabastro» se refiere, según se entendía en griego, a un vaso de ungüento

Vista aérea de la localización costera de Alejandría, Egipto. Se muestra la localización de la antigua ciudad dentro de las líneas blancas.

sin asas y de cualquier material. Eran comunes en ese período pequeños frascos de vidrio, cuyo largo cuello tenía que romperse para que el dueño tuviera acceso al contenido.

ÁLAMO (en hebreo *libne, blanco*). Es el estoraque, arbusto de 3 m de alto, de hojas blanquecinas por el envés y flores blancas (Gn 30.37; Os 4.13). Es muy común en el Mediterráneo oriental. (→ ESTACTE.)

ALAMOT (en hebreo, *vírgenes*). Término musical de significado incierto, que tal vez se refería a música para voces femeninas, instrumentos de tonos agudos o instrumentos ejecutados por vírgenes (1 Cr 15.20; Sal 46, título).

ALDEA Denota una agrupación de casas que no constituye un municipio y está agregada a un pueblo mayor. A veces se refiere a los barrios que se encontraban fuera de las murallas de una ciudad principal (Nm 21.25,32; 32.42; 2 Cr 28.18; Neh 11.25-31).

ALEGORÍA Metáfora extendida o continuada, que puede prolongarse desde dos ideas hasta todo un volumen completo, como en el caso de *La Divina Comedia* de Dante Alighieri. En la Biblia encontramos alegorías tanto en el Antiguo Testamento como en el Nuevo Testamento. Por ejemplo: Sal 80.8-16; Mt 13.1-10,31,32; Mc 4.21, etc; Jn 10.1-16; Ef 6.13-17. Aunque por siglos el → CANTAR DE LOS CANTARES se consideró una alegoría, hoy en día se aprecia más su aplicación histórica. La expresión paulina «lo cual es una alegoría» (Gl 4.24) significa que los sucesos de la vida de estos personajes del Antiguo Testamento se han aplicado alegóricamente.

En la apologética cristiana de los primeros siglos hubo una fuerte tendencia a la «alegorización» de muchos pasajes bíblicos, y esto ocultaba su mensaje directo a los no iniciados. Las alegorías pueden ser útiles para ilustrar conceptos difíciles, pero su uso indiscriminado suele impedir que la Palabra de Dios llegue a nuestros corazones con toda su claridad.

ALEGRÍA → GOZO.

ALEJANDRÍA Ciudad fundada en 331 a.C. por → ALEJANDRO MAGNO, en una estrecha franja de terreno al oeste de la desembocadura del Nilo, entre el lago Mareotis y el mar Mediterráneo. Al desmembrarse el Imperio de Alejandro, Alejandría pasó a ser la capital de Egipto bajo los → TOLOMEOS. En 30 a.C., Egipto, y Alejandría con él, quedaron anexados al Imperio Romano.

Puesto que Alejandría surgió después del período veterotestamentario y que los viajes de Pablo nunca le llevaron a Egipto, las referencias bíblicas a la ciudad son escasas. En el Nuevo Testamento se hace referencia a los judíos alejandrinos que poseían una sinagoga propia en Jerusalén (Hch 6.9); según parece emigraron a Palestina debido a las persecuciones a los judíos en Alejandría. Por sus disputas con → ESTEBAN, concluimos que eran muy apegados a la Ley y al templo. Hay referencias también al origen alejandrino de → APOLOS (Hch 18.24) y a las dos ocasiones en que Pablo tomó barcos de la flotilla alejandrina (Hch 27.6; 28.11).

Alejandría fue una ciudad de gran importancia durante el período intertestamentario y los primeros siglos del cristianismo. Económicamente, su envidiable situación geográfica hacía de ella el eje del comercio entre el Oriente y el Occidente. En lo cultural y religioso, esa misma posición geográfica daba lugar a que en Alejandría se diesen cita diversas corrientes de pensamiento, así como diferentes religiones, y a que todo esto se mezclase y confundiese en sistemas filosóficos eclécticos y doctrinas religiosas de carácter sincretista.

Allí estaba el famoso museo, o templo de las musas, centro de estudios superiores en el que se reunían las más preclaras mentes de la época para dedicarse a estudios, no solo de filosofía, sino también de matemáticas, astronomía, zoología y otras ciencias. El aspecto más importante de este museo era su enorme biblioteca que junto con la otra que se encontraba en el templo de Serapis, constituía la mayor colección de libros de la antigüedad. Alejandría, pues, fue el principal centro del pensamiento filosófico y teológico original, tanto entre creyentes de otras religiones como entre judíos y cristianos.

Desde muy temprano, hubo aquí una colonia judía que poseía su barrio propio y que alcanzó el número de un millón, según Filón. Muchos de estos judíos olvidaron la lengua hebrea y por ello fue necesario producir la traducción del Antiguo Testamento al griego llamada → SEPTUAGINTA (LXX). Entre estos judíos se destacó Filón de Alejandría, quien hizo todo lo posible por armonizar la religión hebrea con el pensamiento filosófico griego, valiéndose de la interpretación alegórica de las Escrituras.

No sabemos cómo llegó el cristianismo a Alejandría, aunque Eusebio, afirma en su *Historia Eclesiástica* (ii, 16) que fue San Marcos el que lo llevó. En todo caso, la influencia del ambiente alejandrino se hizo sentir desde muy temprano en ciertos círculos cristianos, como ejemplifican la Epístola a los → HEBREOS y la seudónima Epístola de Bernabé (compuesta en Alejandría por algún cristiano del siglo II).

ALEJANDRO (*defensor de hombres*). Nombre helénico común, adoptado por muchos judíos.

1. Hijo de Simón de Cirene el que llevó la cruz de Cristo (Mc 15.21). Probablemente él y su hermano Rufo eran cristianos prominentes cuando se escribió Marcos (Ro 16.13).

2. Miembro saduceo del consejo que condenó a Pedro y a Juan (Hch 4.6).

3. Judío que trató en vano de apaciguar el alboroto en Éfeso (Hch 19.33s). La conmoción se inició como una protesta contra Pablo, pero se volvió una manifestación antisemita.

4. Maestro pernicioso que con → HIMENEO trastornó la fe de algunos (2 Ti 1.20; cf. 2 Ti 2.17s). Pablo lo «entregó a Satanás» como castigo por sus blasfemias.

5. Calderero de Éfeso que se oponía a Pablo (2 Ti 4.14s). Es posible que este Alejandro y el No. 4 sean idénticos. Algunos también identifican al No. 3 con este.

Foto de Howard Vos

Busto de Alejandro Magno, conquistador militar griego.

ALEJANDRO MAGNO Nombre por el que se conoce a Alejandro III de Macedonia (356–323 a.C.), hijo de Felipe II. Durante su juventud fue discípulo de Aristóteles, por quien siempre sintió gran estima. En 336 a.C. heredó el trono de Macedonia y dos años después se lanzó a la gran empresa de conquistar el Oriente. Tras derrotar a los ejércitos de Darío en las batallas de Gránico e Iso, atravesó el Asia Menor, Siria y Palestina, y en 331 conquistó a Egipto. La batalla de Gaugamela vio la derrota final de Darío y con ella Alejandro quedó como dueño del Imperio Persa. Su avance hacia el Oriente le llevó allende las fronteras de la India, pero cuando iba de vuelta hacia su patria murió en Babilonia debido a una fiebre. En seguida, sus generales se disputaron y dividieron el enorme imperio que se forjó en el transcurso de once años.

Los historiadores concuerdan en que Alejandro trató bien a los judíos. Era parte de su política de conquista ganarse la simpatía de los pueblos conquistados, a fin de defender su retaguardia y la integridad de su imperio. Aparte de las referencias de 1 Mac 1.1-8 y 6.2, todas las referencias del Antiguo Testamento a su persona se hacen de manera velada. Entre estas se cuentan: Dn 2.32,39 (piernas de hierro de la estatua); 7.6,17 (la tercera bestia); 8.5,8,21s (el macho cabrío); 11.3s (el rey valiente). También es posible que Zac 9.1-18 se refiera a la conquista de Palestina por parte de Alejandro.

Sus conquistas, que unificaron buena parte del mundo conocido y extendieron el uso de la lengua griega, abrieron el camino al helenismo y, más tarde, a la expansión del cristianismo.

ALELUYA (termino hebreo *load a Jah*, forma abreviada de → JEHOVÁ). Antigua exclamación litúrgica de regocijo y alabanza, con la que 24 salmos comienzan, terminan o ambas cosas (p. ej., 106; 111–113; 115–117; 146–150). Originalmente la pronunciaba el cantor, el sacerdote y los levitas, y luego la repetía el pueblo. Se cree que llegó a ser un llamado habitual a la adoración en el culto del templo.

En el Nuevo Testamento solo aparece en Ap 19.1-6, como grito de júbilo. Los salmos aleluyáticos ocuparon un importante lugar en la sinagoga, y entre ellos especialmente el Gran Hallel (Sal 113–118) que se piensa que Jesús y los apóstoles lo entonaron después de la última cena (Mc 14.26//).

ALFA Y OMEGA Término que presenta a Dios como causa y fin de todas las cosas. Se deriva de las letras primera y última del alfabeto griego y, en última instancia, de especulaciones místicas sobre el nombre de Dios. Destaca la acción divina no solo en la creación y en la consumación, sino en un presente continuo (los tres elementos: «que es y que era y que ha de venir», Ap 1.8; cf. Éx 3.14; Is 44.6). En Apocalipsis esta frase se aplica no solo al Padre (1.8), sino también al Hijo (21.6; 22.13; los mejores manuscritos la omiten en 1.11); cf. Ap 2.8; Ro 11.36; Ef 1.10.

ALFABETO Nombre que se da al conjunto de letras que se emplean en la escritura. El término mismo se deriva del nombre de las dos primeras letras del alfabeto griego, *alfa* y *beta*, de igual modo que en español se dice también «abecedario» porque las tres primeras letras se llaman «a», «be» y «ce».

No todas las formas de escritura emplean un alfabeto pues hay sistemas de escritura silábica e ideográfica (→ ESCRITURA). Lo que caracteriza a la escritura alfabética es que cada sonido se representa con un símbolo distinto, llamado «letra», y que combinando tales símbolos se forman sílabas, palabras y oraciones.

Los primeros indicios de un alfabeto se encuentran entre 1800 y 1500 a.C. en Siria Palestina. Hay semejanzas entre ese alfabeto semítico y ciertos jeroglíficos egipcios, pero el alfabeto representa un gran adelanto sobre los complicados sistemas de escritura usados desde *ca.* 3000 a.C. en Egipto y Mesopotamia. Ninguno de los pueblos de los alrededores concibió la idea de dividir las palabras en sus sonidos básicos y representar cada sonido con un símbolo. Luego, los semitas han aportado al desarrollo de la humanidad no solo su religión, sino también el alfabeto, pues todos los alfabetos modernos se derivan del semítico, bien por adaptación o bien por imitación.

Posiblemente el orden de las letras fue desde el principio muy parecido al que conocemos hoy, pues se han encontrado textos escritos *ca.* 1500 a.C. en los que ese orden es básicamente el mismo. Los fenicios y los hebreos ordenaban las letras de un mismo modo, como puede verse por ejemplo en el Sal 119. Es más, los nombres griegos de las letras *alfa* y *beta* se derivan de los nombres semíticos de esas mismas letras *alef* («buey») y *beth* («casa»), que eran también las dos primeras del alfabeto semítico.

De los fenicios, el alfabeto pasó a los griegos, quienes lo mejoraron al cambiar el sentido de algunos símbolos para representar las vocales. Los semitas solo tenían letras consonantes.

Con ciertos cambios en la forma de las letras, la inclusión de algunas y la eliminación de otras, nuestro alfabeto es el mismo de los griegos.

ALFARERO Artesano que con el barro humedecido elabora toda suerte de vasijas. El oficio se conoció desde los más remotos tiempos. Algunas antiguas pinturas egipcias representan al alfarero amasando, torneando y dando forma al barro (Is 41.25).

Entre los israelitas la alfarería se popularizó rápidamente (1 R 17.12; Sal 60.8). Algunas vasijas se usaban para actos rituales (Lv 14.50).

El arte del alfarero dio al lenguaje bíblico muchas de sus imágenes, símiles y metáforas; p. ej. la fragilidad del barro para recordar las debilidades humanas (Sal 2.9; Is 30.14; 41.25), el dominio del alfarero sobre el barro como símil de la soberanía de Dios (Is 29.16; Jer 18.1-6; 64.8; Ro 9.20), etc.

ALFEO (del arameo *Jalfai*, de significado dudoso).

1. Padre de → LEVÍ, el cobrador de tributos en Capernaum (Mc 2.14).

Un alfarero mueve con el pie una plataforma giratoria al moldear una jarra de barro.

Foto: Colección fotográfica Matson

2. Padre del apóstol Jacobo «el menor» (Mt 10.3; Mc 3.18; Lc 6.15; Hch 1.13). La mención de «hijo de Alfeo», distingue a este segundo Jacobo de su compañero en el apostolado, Jacobo hijo de Zebedeo. Una antigua tradición pretende identificar a Alfeo con el → CLEOFAS, esposo de María, de Jn 19.25, ya que en Mt 27.56, al referirse al grupo de mujeres cerca de la cruz, se menciona una «María madre de Jacobo y José». Tal tradición supone un nombre doble, Alfeo (arameo) y Cleofas (griego). Pero María era un nombre tan común, que no puede asegurarse que se tratara de la esposa de Cleofas (en griego, *Klope*) y a la vez la madre de Jacobo, aun suponiendo que este Jacobo sea «el menor» del colegio apostólico. (Para el *Kleopas* [*Kleópatros*] de Lc 24.18, → CLEOFAS.) Su identificación con Alfeo es igualmente precaria.

ALFOLÍ → GRANERO.

ALGA Planta acuática de diversidad de especies. En la Biblia, el nombre es una de las varias traducciones del hebreo *suf*, pero solamente se usa en Jon 2.5.

En la experiencia del profeta se destaca que se trata de una especie particularmente submarina.

ALGARROBAS Fruto del algarrobo (*ceratonia siliquia*), árbol leguminoso, siempre verde, de 8 a 10 m de altura, abundante en los países mediterráneos, y de hojas lustrosas y flores purpúreas agrupadas en racimos. Las algarrobas son en forma de vainas, de unos 15 a 30 cm de largo y 2 ó 3 de ancho. A la vaina, por su forma curva, se le llamaba *keration* (en griego, *pequeño cuerno*). Contiene varias semillas aplastadas, envueltas en una pulpa dulce y se usa como forraje para el ganado porcino (Lc 15.16) y vacuno. A base de su pulpa se prepara un jarabe que algunos investigadores indentifican con la «miel» bíblica.

ALGUACIL Término usado en dos sentidos en RV:

1. En el sentido de «policía» (en griego, *rabdújos*; en latín, *lictor*). La mayoría de las versiones castellanas usan en este caso el tecnicismo *lictor* (BJ, NC, BC). En Hechos 16.35-38 se narra que los magistrados romanos de Filipos enviaron sus dos *lictores* (oficiales subalternos) para liberar a Pablo y a Silas de la cárcel.

2. En el sentido de «criado» o «guardia» (en griego, *hyperetes*, *práktor*, Mt 5.25; Mc 14.65; Lc 12.58; Jn 7.32). Se trata de gente asalariada que estaba al servicio de personas que ejercían alguna clase de autoridad.

ALHEÑA Arbusto aromático que aún hoy crece en En-gadi (Cnt 4.14). Sus flores, blancas y amarillas, de olor fragante, crecen en racimos. Las hojas de la alheña se trituran y se mezclan con agua para producir un tinte rojo usado como cosmético por los árabes de hoy y los antiguos egipcios. Tal vez Cnt 7.5 se refiere a la práctica de teñir los cabellos con alheña.

ALIANZA En la RV se traduce dieciséis veces la voz hebrea *berit* por «alianza» en vez de → PACTO. Esto ocurre generalmente cuando se habla de un pacto puramente humano, pero nunca tratándose de un pacto con Dios. En 1 S. 11.2; 22.8; Dn 2.43; 11.6, «alianza» es traducción de otras expresiones hebreas y arameas.

ALIMENTOS Desde los tiempos más remotos el hombre recibió leyes exactas en relación con los alimentos que habría de consumir. En las referencias bíblicas más antiguas se prescribe una alimentación a base de verduras y frutas (Gn 1.29s); luego se incluyen carnes (Gn 9.3). Pero siempre Dios como creador se reservó el derecho de establecer tabúes. Prohibió ora una fruta particular (Gn 2.16s), ora la → SANGRE (Gn 9.4, → AHOGADO). La lista de prohibiciones (de carnes contaminadas, de frutas de árboles jóvenes, de víctimas ofrecidas a Dios, etc.) fue aumentando a tal punto que casi se necesitaba un curso especial para conocer los alimentos que debían consumirse o no.

En el Antiguo Testamento los alimentos se dividen en → PUROS e → INMUNDOS. La Ley contiene fuertes sanciones para quien consuma alimentos prohibidos (Lv 17.10,14). Los judíos que se mantenían celosamente fieles a estas leyes evitaban incluir alimentos que no estuvieran catalogados en las leyes alimentarias (Lv 11; Dt 14). El caso mejor conocido es el de → DANIEL, contenido en el libro del mismo nombre.

El Nuevo Testamento se desarrolla en un contexto en donde esas regulaciones alimentarias están vigentes. Jesús mismo y gran parte de sus discípulos respetaban esta legislación. Al extenderse el cristianismo, las iglesias gentiles o mixtas tuvieron fuertes tensiones alrededor de esta problemática (como lo indica Gl 2.11ss; véanse también Hch 10–11; 1 Co 10; 11.17ss). Esto llevó a la celebración de un → CONCILIO en Jerusalén en el que se declaró que el nuevo pueblo era libre de tales costumbres (Hch 15.24-29). San Pablo se constituyó en abanderado de la nueva doctrina, basada en la conciencia educada por el amor. Sin embargo, las tensiones entre los líderes al respecto no acabaron ahí.

Entre los alimentos puros más utilizados por los judíos en los tiempos bíblicos se destacan los vegetales: frijoles, lentejas, cebollas, uvas, higos y dátiles (Gn 25.29-34; 2 R 4.38-44). También se utilizaban pepinos, melones, puerros y pescado (Nm 11.5). Desde los días de los patriarcas, los judíos preparaban banquetes para sus amigos (→ HOSPITALIDAD) utilizando especialmente carne de cabritos y carneros (Gn 18.7; 1 S 16.20; 1 R 4.22s; Lc 15.23,27). Este tipo de alimentación era muy diferente de la de los romanos, quienes usaban además el cerdo, preparaban varios tipos de embutidos y comían mariscos.

Junto con las leyes sobre la alimentación física, los judíos recibieron instrucciones sobre el valor de los manjares del espíritu. El estudio de las Sagradas Escrituras (Dt 8.3; Sal 119; Mt 4.4) y su puesta en práctica es un nuevo → MANÁ que nutre al creyente (Pr 9.4,5; Jn 4.34; 1 Co 3.2; 1 Ti 4.6). Esta búsqueda de los bienes espirituales deja en manos de Dios la provisión de los bienes materiales (Mt 6.25-34; Lc 11.3, // → PAN). El → HAMBRE nos recuerda nuestra dependencia absoluta del Creador y Sustentador.

ALJABA Receptáculo donde los arqueros, soldados o cazadores llevaban sus → FLECHAS. Los que andaban a pie la llevaban pendiente de una correa colgada al hombro. La palabra se usa en sentido literal (Gn 27.3; Is 22.6) y metafórico: como el círculo de la familia (Sal 127.5), lugar de protección (Is 49.2) y sepulcro (Jer 5.16).

ALMA Término que en el Antiguo Testamento es traducción común del sustantivo hebreo *nefesh*, que a su vez se deriva del verbo *nafash* (*respirar, rehacerse*). Aparece

En los tiempos bíblicos, muchas veces el alimento se almacenaba bajo el suelo. Los arqueólogos descubrieron restos de grano, frijoles y uvas en estos silos de almacenaje subterráneo que datan más o menos del 4000 a.C.

Foto: Oficina de prensa gubernamental, Israel

Foto de Willem A. VanGemeren

Trigo, una importante fuente de alimento en Palestina, creciendo en terraplenes en una colina de Judea.

unas 755 veces en el Antiguo Testamento con significados muy variados.

Tal vez el sentido original de *nefesh* haya sido «garganta» (canal de la respiración) o «cuello», como el acadio *napishtu*, pues este sentido se conserva en el Antiguo Testamento en textos como Sal 69.1 y Jon 2.7. De allí viene el sentido de «soplo» de vida (→ Espíritu), como en Job 41.21 («aliento», RV). Así, en hebreo, morir se expresa muchas veces por «exhalar la *nefesh*» (Jer 15.9, BJ). Puesto que la respiración es señal de vida, el alma («soplo») se considera como el principio de la vida (Gn 35.18). Además, «hacer volver la *nefesh*» significa hacer revivir (1 R 17.21s); salvar la *nefesh* de una persona es salvar su vida (Sal 72.13s).

La *nefesh* («vida») de la carne está en la → SANGRE (Lv 17.11). En un sentido más amplio, *nefesh* puede definir a un ser vivo en la totalidad de su existencia, sea animal (Gn 1.20,21,24; «seres») o ser humano (Éx 1.5; «personas»). En este sentido *nefesh* se utiliza también para denotar la acción de amarse a sí mismo: amar como a su *nefesh* significa «como a sí mismo» (1 S 18.1). A veces *nefesh* también designa a un cadáver, quizás por eufemismo (Lv 21.1; «muerto»).

En contraste con el pensamiento filosófico griego (p. ej., Platón), es notable que el Antiguo Testamento jamás habla de la inmortalidad del alma. Al contrario, se dice que la *nefesh* muere (Nm 23.10; Jue 16.30, donde *nefesh* se traduce «yo»). La *nefesh* no es algo distinto del cuerpo que baja al → SEOL, sino el ser humano total (Sal 16.10; 30.3). A los habitantes del Seol no se les llama «almas» ni espíritus, sino «muertos» (*refaim* en Sal 88.10; *metim* en Is 26.14, 19). Hoy día es común reconocer muchas pruebas en el Antiguo Testamento para una doctrina de la supervivencia del ser humano después de la muerte, pero estas pruebas llevan más bien a una enseñanza acerca de la persona total y no del alma en el sentido platónico.

Es notable que además de la vida física, se atribuyen a la *nefesh* todas las funciones síquicas. Por ejemplo, los pensamientos se atribuyen a la *nefesh* (Est 4.13, VM), como también al → CORAZÓN y al → ESPÍRITU. En 2 R 9.15 se traduce por «voluntad». La *nefesh* es la sede del amor (Gn 34.3) y el odio (Sal 11.5), de la tristeza (Sal 42.6) y la alegría (Sal 86.4). Siente hambre (Sal 107.9) y sed (Pr 25.25), pero también busca a Dios y suspira por Él (Sal 42.1,2; 103.1s).

Así, en la sicología del Antiguo Testamento la *nefesh* tiene una función muy semejante a la del → ESPÍRITU. Sin embargo, *nefesh* significa sobre todo, la vida, mientras que «espíritu» indica fuerza o poder.

En el Nuevo Testamento «alma» es la traducción común del griego *psyjé* que a su vez deriva del verbo *psyjo* («soplar»), y aparece más o menos cien veces.

Psyjé (como *nefesh*) significa a veces «ser viviente», y puede referirse a un animal (Ap 16.3, «ser vivo») o a una persona (Ro 13.1, «persona»; cf. la forma plural en Hch 7.14; 27.37). Con el pronombre posesivo, *psyjé* puede significar también «yo mismo» (Mt 12.18; Jn 12.27, «mi alma»).

Psyjé muchas veces denota la vida física (Mt 6.25), y es virtualmente sinónimo de «cuerpo vivo» (p. ej. en Mc 8.35-37 donde «alma» tiene el sentido de «vida»). Quizás sea la connotación «físico-animal» del sustantivo *psyjé* lo que determina en ocasiones el uso del adjetivo *psyjikós* (1 Co 15.44, «animal»; cf. v. 46 con 2.24, «natural»).

También *psyjé* puede indicar el principio de la vida, el cual, vinculado con el cuerpo, es un aspecto del ser humano total (Mt 10.28; Hch 20.10, BJ: «su alma está en él»). Como principio de vida, la *psyjé* es el asiento de los pensamientos (Hch 4.32; Flp 1.27), las emociones (Mc 14.34; Jn 12.27) y los actos de la voluntad (Ef 6.6, BC y Taizé; cf. Col 3.23).

Finalmente, como principio de vida, *psyjé* indica en algunos textos el asiento de una vida que trasciende la vida terrenal. Este uso, muy parecido al de algunos filósofos griegos (p. ej., Platón), tiene cierta base en algunos dichos de Jesús (Mt 10.28,39; Mc 8.35-37), pero se desarrolla en los escritos posteriores (Heb 6.19; 10.39; 13.17; 1 P 1.9,22; 2.11,25). «Alma» llega incluso a significar algo inmortal, distinto del cuerpo (Ap 6.9; 20.4). Sin embargo, no se niega la necesidad de la → RESURRECCIÓN corporal (Ap 20.4s).

Sería muy aventurado interpretar 1 Ts 5.23 como una enseñanza de la tricotomía griega (cf. Heb 4.12); es más bien una manera de subrayar la totalidad de la persona («todo vuestro ser») como objeto de la santificación (cf. Dt 6.4; Mc 12.30).

Bibliografía:
P. Van Imschoot, *Teología del Antiguo Testamento*, Ediciones Fax, Madrid, 1969, pp. 351-378,386ss.

ALMENDRO Tradúcese así *shaqedh* (en hebreo, *velar, amanecer*, Jer 1.11), nombre simbólico del almendro, tal vez porque es el primero en florecer (en enero). Antes de que aparezcan las hojas, el almendro se cubre de flores blanco-rosadas que le dan un hermoso aspecto que Ec 12.5 compara con la cabeza cana. También debía traducirse así *luz* (Gn 30.37, RV, «avellano»), que en lenguas afines significa almendro. Quizás el antiguo nombre de Bet-el, «Luz» (Gn 28.19), se deba a la presencia de almendros en el lugar.

El almendro (*amygdalus communis*) es un árbol de unos 7 m de alto, con hojas oblongas que caen en invierno. Tienen drupa cuya semilla, la almendra, era fruto dilecto en el Oriente (Gn 43.11).

Recientemente se ha descubierto almendro silvestre en el Neguev. Todo hace suponer su existencia en la región sinaítica en la antigüedad y que ahí tenga su origen el uso del almendro como ornamento en el tabernáculo y en el candelero (Éx 25.33,34; 37.19,20).

ALMUD Medida cuyo nombre en RV se traduce de la voz griega *modios* (BJ, NC y BC la traducen «celemín»), que se usa en Mt 5.15.

El *modius* romano era una medida de capacidad, usada especialmente para granos, en la que cabían *ca.* 8,7 litros. (→ MEDIDA.)

ÁLOE (en griego, *alóe*).
1. *Aquilaria agallocha*. Árbol oriundo del sudeste de Asia. Incienso y perfumes hechos

de su madera aromática se importaban a Palestina, así como la madera misma (Sal 45.8; Pr 7.17; Cnt 4.14). La traducción de Nm 24.6 es dudosa, pues es improbable que el áloe creciera en Palestina.

2. *Áloe succotina.* Planta perenne de la familia de las liliáceas. De su hoja carnosa se extrae un jugo espeso y amargo que se usa en medicina. Según Herodoto, los egipcios usaban el áloe mezclado con mirra para embalsamar cadáveres (Jn 19.39).

ALTAR Lugar de sacrificio construido de roca, tierra o bronce. La superficie natural de una roca (Jue 13.19,20), o un montón de piedras (Gn 8.20), podían servir de altar en la antigüedad. Algunas excavaciones han revelado que los altares tenían hoyos para recoger la sangre y encender el fuego. Según Éx 20.24-26, debían construirse de tierra amontonada o en forma de ladrillo, o de piedras no labradas. Los altares del campo no debían tener gradas para que el sacerdote no descubriera su desnudez al subirlas (Éx 20.26). Parece que estas instrucciones se les dieron a los israelitas como individuos para que realizaran sacrificios en ciertas ocasiones. Por ejemplo, Josué, Jos 8.30,31; Gedeón, Jue 6.24-26; David, 2 S 24.18-25, Elías 1 R 18.30-35.

Mientras que en el mundo pagano el altar era principalmente la «mesa» donde se ponía el banquete para el dios, por lo general este sentido está ausente en el Antiguo Testamento (Is 65.11). El altar era, primero, señal de la presencia de Dios donde Él se había manifestado en forma especial (Gn 12.7; 26.24,25). También era un lugar de misericordia. Un prófugo, al asirse de los cuernos del altar, encontraba asilo (1 R 2.28). Sin embargo, el propósito principal del altar era establecer y mantener la relación del pacto entre el pueblo de Israel y Dios (Éx 20.24; Lv 1.5,16). Fue un instrumento de mediación.

El altar del holocausto estaba en el vestíbulo del tabernáculo. Era cuadrangular, de madera de acacia, cubierto de bronce, con cuatro cuernos en los ángulos (Éx 27.1-8). Tenía cuatro anillos por los que pasaban las varas con que se portaba en el desierto. Parece que el altar del holocausto en el templo de Salomón no los tenía. En el centro tenía una rejilla sobre la que se colocaba el sacrificio. Para el servicio del sacrificio, el altar tenía calderos de bronce para recoger la ceniza, tazones para recoger la sangre y otros instrumentos para arreglar el sacrificio, como paletas, garfios, y sus braseros, todo de bronce. Sobre el altar se ofrecía el holocausto y otros sacrificios por la mañana y por la tarde; nunca se apagaba el fuego (Lv 6.13).

El altar del incienso era pequeño (Éx 30.1-5; 37.25-28), de madera de acacia cubierta de oro, con cuatro cuernos y cuatro anillos para transportarlo. Se hallaba delante del velo que separaba el Lugar Santo del Santísimo; sobre este altar se ofrecía cada día el incienso aromático, por la mañana y por la noche, con la excepción del Día de Expiación (Lv 16.18,19). Sobre los cuernos del altar se rociaba la sangre de un animal (Éx 30.10).

El altar, en sentido figurado, es el lugar de consagración (Ro 12.1) donde el creyente demuestra en forma pública su absoluta dedicación a Dios (cf. Flp 4.18; Heb 13.15,16; 1 P 2.5).

AMALEC, AMALECITAS Amalec fue hijo de Elifaz y nieto de Esaú (Gn 36.12,16). Al parecer, sus descendientes habitaban como un pueblo nómada en la región del Neguev y Sinaí. Génesis 14.7 puede significar que el país allí mencionado llegó a pertenecer después a los amalecitas.

En Refidim, Israel ganó su primera victoria militar al derrotar a Amalec (Éx 17.8-16). Dios le reveló a Moisés que en el futuro los amalecitas sufrirían el exterminio por causa de su pecado (Éx 17.14-16; Dt 25.17-19; cf. 1 S 15.2,3). En → HORMA, Amalec derrotó a los israelitas (Nm 14.39-45; Dt 1.41-46). Balaam pronunció palabras de juicio contra Amalec (Nm 24.20).

Excavaciones del antiguo Meguido que dejan ver el antiguo altar redondo usado para sacrificios paganos.

En tiempo de los jueces, los amalecitas se unieron primero a los moabitas (Jue 3.13), y luego Madián y «los hijos del oriente» para atacar a Israel. Gedeón los derrotó (Jue 6.3-5,33; 7.12; 10.12). Jueces 12.15 sugiere que hubo un tiempo cuando los amalecitas lograron establecerse en el territorio de Efraín.

Saúl derrotó a los amalecitas, pero desobedeció el mandamiento de Samuel al no dar muerte a su rey Agar (1 S 15). Parece que David debilitó en gran manera a los amalecitas (1 S 27.6-9; 30.1-20). Primero de Crónicas 4.42,43 menciona un remanente de ellos que destruyeron los hijos de Simeón en los días de → Ezequías rey de Judá.

AMÁN (*magnífico, ilustre*). Primer ministro de Asuero, rey del Imperio Medo-Persa. Uno de los personajes centrales del libro de Ester en donde (3.1) se le presenta como *agagueo*: procedente de un país desconocido pero identificado por Josefo como Amalec, tradicional enemigo de los judíos.

En las adiciones deuterocanónicas al libro de Ester, que aparecen en ediciones católicas de la Biblia (Est 16.10), se dice que Amán era macedonio. Todo hace creer que se trata de un extranjero afortunado, muy estimado por Asuero.

Amán se caracterizaba por su terrible odio a los judíos (Est 3.8,9). Logró que el rey firmara un decreto de exterminio contra ellos (Est 3.5-15). Tan seguro estaba Amán del éxito de sus planes, que hizo levantar una horca en la que haría morir a Mardoqueo, líder del pueblo de Dios. Ester, esposa del rey, consiguió que este ordenara la pena de muerte para Amán, la cual se realizó un poco después. Amán murió en la misma horca que levantó para su enemigo (Est 7.9,10).

AMARNA → El Amarna.

AMASÍAS (*Jehová es poderoso*).
1. Noveno rey de Judá, hijo de Joás (2 R 14.1-20; 2 Cr 25). Reinó veinticinco años. Se

condujo bien ante los ojos del Señor, pero no con corazón perfecto. Una vez afirmado en el reino mató a los asesinos de su padre. Movilizó un ejército de 300.000 hombres de Judá y contrató a 100.000 de Israel para reconquistar a Edom. A los de Israel los despidió en respuesta a una advertencia profética. Derrotó decisivamente a Edom y llevó los ídolos a Judá. Poco después le hizo guerra temerariamente a Joás, rey de Israel, el cual lo humilló y lo llevó cautivo luego de saquear a Jerusalén y el templo. Unos quince años después murió en Laquis a manos de unos conspiradores y lo sepultaron en Jerusalén.

2. Sacerdote de Jeroboam II en Bet-el; trató de silenciar al profeta Amós (Am 7.10-17).

3. Descendiente del patriarca Simeón (1 Cr 4.34).

4. Levita, descendiente de Merari (1 Cr 6.45).

5. General del ejército del rey Josafat (2 Cr 17.16).

AMATISTA Piedra preciosa, una de la variedades del cuarzo cristalizado, transparente y teñida de color violeta azulado, probablemente por el óxido de manganeso. Se hallaba en la tercera hilera del pectoral del sumo sacerdote (Éx 28.19). De amatista es el duodécimo cimiento del muro de la nueva Jerusalén (Ap 21.20).

ÁMBAR Material brillante mencionado en Ez 1.4,27; 8.2 (RV-1909). Es traducción de la palabra hebrea *jasmal*, cuyo sentido no puede precisarse, aunque algunas versiones optan por «bronce». Su traducción en la LXX y la Vulgata, *electrum*, sugiere o una mezcla de oro y plata, o bien el mismo ámbar. El ámbar propiamente dicho es una resina fósil cuyo color varía entre amarillento y café, y cuando está pulido brilla mucho.

AMÉN Palabra hebrea que pasó sin modificación al griego y al latín, y que significa «así sea» (Jer 11.5) o «efectivamente» (Jer 28.6).

En el Antiguo Testamento se emplea como fórmula responsoria, afirmando la validez de un juramento o maldición cuyas consecuencias se aceptan (Nm 5.22; Dt 27.15); como aceptación de un anuncio o profecía favorable (1 R 1.36); y al término de una doxología o bendición, como respuesta congregacional a las alabanzas rendidas a Dios (1 Cr 16.36; Sal 41.13). En Isaías a Dios se le llama «Dios amén»: el que garantiza lo que promete, con la verdad de sus palabras (Is 65.10).

En el Nuevo Testamento los evangelistas atribuyen a Jesús la expresión «amén os digo». La repetición del «amén» refuerza la afirmación expresada (Jn 1.51) y se aproxima a un juramento. El uso que Jesús hace del «amén» se desconoce en la literatura rabínica y parece implicar su autoridad mesiánica. Recalca la veracidad de sus palabras. En Él se cumplen las promesas de Dios (2 Co 1.20) y se le llama «el Amén» (Ap 3.14).

AMIGO La amistad es una relación de afecto que se establece entre dos personas y que muchas veces sobrepasa la fuerza de una relación familiar (Pr 18.24). La Biblia contiene bellísimos ejemplos de amistad humana: David y Jonatán (1 S 18.1; 2 S 1.25-27), Rut y Noemí (Rt 1.16-18), Husai y David (2 S 15.37; 16.16), Pablo y Timoteo (2 Ti 1.2), y otros.

Pero hay una dimensión más maravillosa en la relación de amigo: Abraham es llamado «amigo de Dios» (Is 41.8) por la intimidad de sus relaciones con Él; el Señor Jesús llama a sus discípulos *amigos* en virtud de esa misma relación íntima (Jn 15.14,15).

La palabra *amigo* que usó el Señor para dirigirse a Judas (Mt 26.50) es simplemente una expresión de cortesía, como se ve por el uso en otros pasajes (Lc 14.10; Mt 22.12; 20.13; etc.).

AMINADAB (*el compañero de la tribu* [e.d., Dios] *se ha mostrado generoso*). Personaje que aparece, en el Antiguo Testamento, en las genealogías de Judá (1 Cr 2.10) y de David (Rt 4.20) y en el Nuevo Testamento en la de Jesús (Lc 3.33).

Otro personaje de igual nombre (Éx 6.23) fue el padre de Elisabet («Isabel»: BJ y TA; *Elisheba* en hebreo), mujer de Aarón.

AMNÓN → TAMAR; ABSALÓN.

AMÓN (*pariente* o *persona*).

1. Decimoquinto rey de Judá, hijo de Manasés y padre de Josías (2 R 21.19-26; 2 Cr 33.20-25). Comenzó a reinar a los 22 años de edad y reinó dos años en Jerusalén. Hizo lo malo ante Jehová y sirvió a los ídolos de su padre. Lo asesinaron por razones desconocidas y el pueblo mató a los conspiradores.

2. Gobernador de Samaria a quien el rey Acab encomendó el encarcelamiento del profeta Micaías (1 R 22.26; 2 Cr 18.25-27).

3. Descendiente de los siervos de Salomón (Neh 7.59), llamado Ami en Esd 2.57.

4. Dios de Tebas (Jer 46.25).

AMONITAS Tribu de pastores descendientes de Lot (Gn 19.36-38) que se estableció entre los ríos Jaboc y Arnón y que finalmente ocupó solo el territorio encerrado en la gran curva del Jaboc.

Debido a la estrecha relación de los amonitas con Israel, Dios no permitió a Moisés atacarlos (Dt 2.19), pero ellos no recibieron con bien a sus hermanos israelitas por lo cual fueron excluidos de Templo de Jerusalén (Dt 23.3s).

La historia subsiguiente demuestra una enemistad crónica entre Amón e Israel. Los profetas denuncian la crueldad y falta de compasión de los amonitas (Am 1.13-15; Sof 2.10). Ezequiel profetiza la destrucción completa de Amón (21.28-32; 25.1-7).

Al establecerse alrededor de → RABA-AMÓN, que llegó a ser su capital, los amonitas tuvieron que desplegar a los zomzomeos, una raza de gigantes (Dt 2.19-21). Ocuparon entonces hasta el río Jordán, pero una invasión

de los amorreos que venían del norte los obligó a retirarse más al este, en el desierto. Israel aniquiló más tarde a los amorreos, bajo los reyes Og y Sehón (Jue 11.18-23), pero mientras aún se consolidaba, sucumbió ante la fuerza unida de los amonitas y moabitas. Jefté da un resumen contemporáneo de las relaciones a través de 300 años entre Amón e Israel (Jue 11.12-28). Jefté triunfó sobre los amonitas, pero estos no sufrieron la derrota más completa sino cuando Joab y David conquistaron a Rabá (2 S 10–12). Desgraciadamente, Salomón hizo un templo para Milcom (→ MOLOC), el dios amonita, en Jerusalén (1 R 11.1,5,7,33). Naama, la madre de Roboam, el nuevo rey, era una princesa amonita (1 R 14.21,31).

Siempre luchando por independizarse, los amonitas causaron dificultades a Israel y Judá en los tiempos de Josafat (2 Cr 20.1-30), Joás (2 Cr 24.26), Uzías (2 Cr 26.7s) y Jotam (2 Cr 27.5). El rey amonita, Baalis, provocó el asesinato de Gedalías (Jer 40.14) y Tobías, el amonita, estorbó mucho la reconstrucción de Jerusalén (Neh 2.10,19; 4.3,7; 13.7,8,23-27). Por último, Judas Macabeo venció a los amonitas (1 Mac 5.1-8).

Ammán, la capital moderna de Jordania, la vieja Rabá, a pesar de su nombre, ya no cuenta con ciudadanos amonitas (Ez 25.10).

AMOR El verbo *'ahab* designa el amor sexual (Os 3.1), paternal (Gn 25.28), de amistad (1 S 16.21) y del prójimo (Lv 19.18), que incluye al compatriota y al extranjero que habita en Israel (Lv 19.34). Se exhorta a ayudar y perdonar al enemigo personal (Éx 23.4s; Pr 25.21), pero no se habla de amarle. Los profetas utilizan el término *khsed* («misericordia» en RV, amor compasivo) para describir la relación que Dios demanda entre su pueblo, particularmente con los pobres y desamparados (Os 6.6; cf. Is 1.17; Ez 18.12ss; Am 2.6).

El Antiguo Testamento declara que el hombre debe amar a Dios en respuesta al amor de este: debe ser un amor total y pleno (Dt 6.5), rendido solo a Él y expresado en servicio, obediencia y reverencia (Dt 10.12s; 11.13; Is 56.6). La profesión de ese amor a menudo inicia la alabanza en los Salmos (18.1; 73.25; 116.1; cf. Lm 3.24).

El amor de Dios por el hombre raramente se expresa en el Antiguo Testamento con los términos amar (*'ahab*) o amor (*'ahaba*); más bien se habla de la *khesed* («misericordia», «fidelidad activa»), *khen* («favor», «gracia») o *rikham* («misericordia», «compasión»). Este amor se expresa sobre todo en los actos históricos por los que Dios eligió, creó, libertó y guió a su pueblo. Nace de la pura misericordia divina (Dt 4.37; 7.7; 10.15; Jer 12.7-9; Is 54.5-8; 2 Cr 20.7). Es misericordioso: salva, socorre, corrige (Dt 23.5; Is 43.25; Sal 86.5; Is 63.9). Oseas, Jeremías y Ezequiel utilizan los símiles del esposo y del padre para destacar la fidelidad de Dios y la infidelidad y desobediencia del pueblo.

Rara vez menciona el Antiguo Testamento el amor de Dios por los israelitas, y cuando lo hace es en el contexto de las promesas futuras, como en Is 2.2-4; Miq 4.1-4; Jer 12.15; Jon 4.11. Igualmente escasas son las referencias al amor por todas las criaturas (véase, sin embargo, Sal 145.9). Aunque el amor de Dios está dirigido primordialmente al pueblo, no falta en la relación de Dios con el individuo, como se ve en varias oraciones personales de los salmos (40; 42; 51; 130), con respecto a personas en particular (2 S 12.24s; 1 R 10.9; Sal 127.2) o a categorías de personas (Pr 15.19; Dt 10.18; Pr 22.11, LXX).

Todas las relaciones que el Antiguo Testamento menciona se profundizan y llevan a cabo en el Nuevo Testamento.

Jesús resume la Ley en el mandamiento del amor a Dios y al prójimo (Mt 7.12; 22.34-40), pues ambos están estrechamente vinculados (1 Jn 3.14-22; Mt 5.45). El amor a Dios y al prójimo debe ser activo y concreto (Mt 5.38-47; 7.21; 25.34-36). La noción del prójimo se ensancha para incluir a todo el que tiene necesidad (Lc 10.29-37) y específicamente al enemigo (Mt 5.44; 18.22-25). La línea de los profetas señala que este amor al prójimo tiene prioridad sobre los deberes religiosos y la observancia del sábado (Mt 5.23s; 9.13; Mc 3.1-6). De ese amor total, desinteresado y abnegado, Jesús ha dado el ejemplo perfecto (Jn 10.11; 15.13; 1 Jn 3.16).

El amor de Dios también forma parte de la enseñanza de Jesús (Mt 6.24; 22.37). Debe ser total y sin reservas (Mt 6.24ss; Lc 17.7ss; 14.26ss). Pablo destaca que es la respuesta al amor de Dios hacia el hombre y la consecuencia de este (Gl 2.20; 1 Jn 3.1; 4.10,11,17,19).

Este amor de Dios ha hallado su perfecta manifestación y realización en Jesucristo. En su enseñanza señala la universalidad (Mt 5.45; 6.25-32) e infinitud (Mt 18.12s) del amor de Dios. Pero es sobre todo en la muerte y resurrección de Cristo donde Dios ha puesto en acción su amor para nuestra redención (Ro 5.8; 8.32; Tit 3.4). La muerte voluntaria de Jesús es obra del amor del Padre y del Hijo (Ro 5.6; Flp 2.8). Por eso Pablo no distingue el amor de Dios del de Cristo (Ro 5.15; 2 Co 8.9; Gl 1.6). El amor de Dios escoge a las personas (Ro 1.17; Col 3.12) y los llama. Derrama su Espíritu en los corazones de los creyentes (Ro 5.5), realiza en los amados la purificación, la santificación, la justificación (1 Co 6.11; 2 Ts 2.13), la renovación interior (Tit 3.5; Ro 6.4; 8.2; 13.8; Gl 5.13). El amor es el don supremo del Espíritu (1 Co 13) y el resumen de toda la Ley (Ro 13.8; Gl 5.13).

Cuando interpretamos la expresión cumbre de Juan: «Dios es amor», debemos recordar que las características del amor manifestadas en la Escritura son: personal, voluntario, selectivo (es el fundamento de la elección), espontáneo, fiel a su pacto, justo (y exige justicia), exclusivo (demanda una respuesta total) y redentor.

AMORREOS Descendientes de Canaán, hijo de Cam (Gn 10.15,16). La arqueología revela que eran nómadas antes de la época de Abraham. Habitaban la región al noroeste de Mesopotamia, por lo que se les dio el nombre de *amurru* («occidentales»). Desde aquí invadieron a las ciudades de Mesopotamia y constituyeron parte importante de la presión internacional que rompió por fin el dominio de la tercera dinastía de Ur (*ca.* 2060–1950 a.C.) sobre estas ciudades.

En medio de esta turbulencia salió Abraham de su tierra natal. El poder de los amorreos crecía en Mesopotamia y, como consecuencia, Babilonia inició su carrera internacional bajo el rey amorreo Hammurabi (*ca.* 1728–1686 a.C.), quien conquistó Asur (→ ASIRIA) y Mari.

Otros grupos de amorreos habían emigrado hacia el sur y ocupaban una gran parte de la tierra prometida, a ambos lados del Jordán. En Gn 14.7, se les encuentra en Hazezon-tamar (Engadi), al oeste del mar Muerto; y Gn 14.13 menciona a los amorreos de Mamre, con quienes Abraham se alió.

Los amorreos se nombran entre las diez naciones cuya tierra Dios otorgó a la descendencia de Abraham (Gn 15.21), pero su cultura dominaba tanto la de las otras nueve que se menciona en Gn 15.16 como representante de la vida cananea: «aún no ha llegado a su colmo la maldad del amorreo hasta aquí». Este dominio general parece que ya había menguado en el tiempo de Moisés, quizás por la influencia de los → HETEOS; se ve a los amorreos representados por varios reinos claramente delineados. Sin embargo, eran todavía (de acuerdo a Gn 15.16) el símbolo de la oposición a Israel, a juzgar por la importancia dada a la victoria sobre Sehón y Og, reyes amorreos al este del Jordán (Nm 36) y a la derrota en Hai (Jos 7.7). Dios mostró su poder al detener el sol durante la batalla contra la alianza amorrea de los reyes de Jerusalén, Hebrón, Jarmut, Laquis y Eglón (Jos 10).

Los rasgos más abominables de la idolatría israelita se debían a los amorreos (1 R

Ruinas de un templo pagano de los amorreos, en Siquem.

Foto de Howard Vos

21.26; 2 R 21.11) que no fueron eliminados, sino que quedaron como remanente en un estado servil (1 R 9.20,21). Por fin, «la maldad del amorreo» fue lo que llevó a Israel al cautiverio.

AMÓS (*carga* o *cargador*).

El primero de los grandes profetas de Israel cuyo mensaje se conserva en un libro que lleva su nombre. Aunque desarrolló su ministerio en Israel, era natural de Judá. (→ Tecoa, su ciudad natal, era una aldea 16 km al sur de Jerusalén en la que había una fortaleza con guarnición.)

Según 7.14, Amós no era un profeta «profesional». Además de ser pastor (1.1), recogía la fruta de los sicómoros silvestres que crecían en las partes bajas de esa región desértica. Pero su origen campesino le proporcionó acceso a la cultura popular, a la sabiduría de la tribu a la que pertenecía y a las tradiciones pastoriles. Además, ya que su tierra natal lindaba con el desierto y al mismo tiempo estaba próxima a la ruta comercial de las montañas, adquirió algún conocimiento de la actividad comercial.

El mensaje de este profeta fue sumamente relevante en su país y época. Si comenzó su ministerio allá por el 760 a.C., ya habrían pasado cuarenta años desde el triunfo asirio sobre Damasco, capital de Siria. Libre de la intervención política y económica, Jeroboam II pudo dedicarse a extender las fronteras de Israel (2 R 14.25). Aprovechando las rutas de caravanas estimuló el comercio y, como resultado, se fue creando una clase rica que menospreciaba y aun explotaba a los pobres (2.6,7; 3.10; 4.1; 5.11). Los comerciantes especulaban con el trigo y el pan y sumían en la miseria a los necesitados (8.4-6). La justicia se compraba (2–6); las autoridades aceptaban sobornos (5.12). Los que disfrutaban la abundancia económica padecían de miseria moral. La religión de Jehová estaba en decadencia.

Amós predicó en las ciudades de Samaria y Bet-el y después de algún tiempo el sacerdote Amasías lo desterró, alarmado por la severidad de su mensaje contra el rey y la nación. Regresó a Judá (7.10ss) y nada se sabe de su fin.

Bibliografía:

Milton Schwantes, *Amós: meditaciones y estudios*, Aportes, Costa Rica, 1988. Alonso Schökel, *Profetas*, Cristiandad, Madrid, 1980. Lothar Coenen, Eric Beyreuther y otros, *Diccionario Teológico del Nuevo Testamento*, 4 Vol., Sígueme, Salamanca, 1983. E. Jenni y C. Westermann, *Diccionario Teológico Manual del Antiguo Testamento*, 2 Vol., Cristiandad, España, 1985.

AMÓS, LIBRO DE Libro profético del Antiguo Testamento que se caracteriza por su ardiente denuncia del reino norteño de Israel durante un tiempo de idolatría generalizada y desviación de costumbres.

Autor y fecha

No hay duda en cuanto a quién fue el autor, pues se identifica en 1.1. Quizás → Amós predicó entre 760–750 a.C., durante el reinado de Jeroboam II. Este aprovechó la coyuntura político militar para ampliar su reino hacia el norte y hacia el sur, y fomentar así el comercio e incrementar la recaudación de tributos. Además, de esta forma se garantizaba y se ampliaba el control de las rutas comerciales entre las tierras del Nilo y las del Éufrates y el Tigris, de tanta importancia para Israel. Los comerciantes egipcios y mesopotámicos necesariamente debían pasar por la planicie de Jezreel.

Por esta visión política, el reinado de Jeroboam II generó un enorme crecimiento de la riqueza. Israel alcanzó una prosperidad que ningún israelita de la época podía recordar. Los edificios espléndidos que se perciben en las ruinas, y el fino marfil incrustado de origen fenicio o damasceno desenterrado en Samaria, demuestran que no exagera Amós al referirse al lujo de que gozaban las clases altas de Israel. Sin embargo, el próspero desarrollo económico de esta época no fue igualitario, y la opresión y la pobreza

AMÓS:
Un bosquejo para el estudio y la enseñanza

I. Introducción a Amos 1.1-2
II. Los ocho juicios . . . . 1.3—2.16
  A. Enjuiciamiento de Damasco 1.3-5
  B. Enjuiciamiento de Gaza 1.6-8
  C. Enjuiciamiento de Tiro 1.9-10
  D. Enjuiciamiento de Edom 1.11-12
  E. Enjuiciamiento de Amón 1.13-15
  F. Enjuiciamiento de Moab 2.1-3
  G. Enjuiciamiento de Judá 2.4-5
  H. Enjuiciamiento de Israel 2.6-16
III. Los tres sermones de juicio . . . . 3.1—6.14
  A. El primer sermón: Presente de Israel 3.1-15
    1. El juicio sobre Israel es merecido 3.1-10
    2. Se describe el juicio sobre Israel 3.11-15
  B. El segundo sermón: Pasado de Israel 4.1-13
    1. El juicio sobre Israel es merecido 4.1-5
    2. Se demuestra el juicio sobre Israel 4.6-11
    3. Se describe el juicio sobre Israel 4.12-13
  C. El tercer sermón: Futuro de Israel . . . . . 5.1—6.14
    1. El juicio sobre Israel es merecido 5.1-15
    2. Se describe el juicio sobre Israel . . . 5.16—6.14
      a. El primer lamento de juicio 5.16-27
      b. El segundo lamento de juicio 6.1-14
IV. Las cinco visiones de juicio . . . . 7.1—9.10
  A. Visión de las langostas 7.1-3
  B. Visión de fuego 7.4-6
  C. Visión de la plomada 7.7-9
  D. Oposición de Amasías
    (paréntesis histórico) 7.10-17
  E. Visión de la fruta veraniega 8.1-14
  F. Visión de los portales 9.1-10
V. Las cinco promesas de la restauración
  de Israel 9.11-15

contrastaban con la riqueza y el esplendor de los grupos gobernantes.

Esta descomposición social iba unida a la corrupción religiosa. Aunque los grandes santuarios estaban en plena actividad, repletos de adoradores y magníficamente provistos, la religión no se conservaba en su pureza. Muchos santuarios eran abiertamente de otras formas religiosas, y se fomentaban los cultos de la fertilidad y la prostitución sagrada. Otros, la mayoría, aunque se presentasen como santuarios de Jehová, cumplían una función totalmente negativa: apaciguar a la divinidad con ritos y sacrificios que garantizaban la tranquilidad de conciencia y el bienestar del país.

Estructura del libro

Introducción (1.1-2)

Se informa quién fue Amós, cuándo predicó y cuál fue el origen de su autoridad.

Juicio contra ocho naciones (1.3–2.16)

Amós inicia su mensaje señalando los pecados de las naciones vecinas de Israel (reino del norte) en un esquema envolvente que a uno le causa el efecto de sentirse inmerso en un mar de injusticia, crueldad y opresión. Esta sección se inicia con el oráculo contra Damasco (1.3-5); y continúa uno a uno con Gaza (1.6-8); Tiro (1.9,10); Edom (1.11,12); Amón (1.13-15), Moab (2.1-3) y Judá (2.4,5), hasta llegar a Israel (2.6-16), quien, por haber sido receptora de los favores de Dios, merece mayor castigo.

Cinco mensajes (3.1–6.14)

Los tres primeros versículos se presentan con la frase: «Escuchad esta palabra». En el primero (3.1-15), Amós declara a todo Israel que su mensaje proviene de haber escuchado la palabra de Jehová, y proclama la destrucción de Samaria (3.9-15). En el segundo (4.1-13), advierte a los ricos que serán castigados por oprimir a los pobres. Aunque este castigo ya había comenzado en pequeña escala, ellos no se habían vuelto a Jehová.

El tercero (5.1-17) es un llamamiento a buscar al Señor antes que Él pase en medio de ellos. En el cuarto (5.18-27), Amos pronuncia un «¡ay!» sobre los religiosos cuyas ceremonias llegaron a ser abominación al Señor. En el quinto (6.1-14) pronuncia otro «¡ay!» Esta vez sobre los ricos que en su afluencia olvidan la aflicción de los oprimidos.

Cinco visiones (7.1–9.10)

En las dos primeras visiones, la plaga de langostas (7.1-3) y el fuego consumidor (7.4-6), Amós ve dos calamidades que sirven de juicio, pero que se detienen debido a su intercesión. En la tercera (7.7-9), ve una plomada de albañil que indica que la condición de Israel es irreparable. Lo ilustra con una sección intercalada: el incidente entre Amós y Amasías (7.10-17). En la cuarta visión (8.1-3) ve un canastillo de fruta de verano, señal de que ya ha madurado el pecado de Israel y se aproxima el juicio. Otra sección intercalada contra los defraudadores y explotadores ilustra esta madurez, que es

también causa del castigo de Dios (8.4-14). En la quinta visión (9.1-10) Amós ve al Señor sobre un altar diciéndole que destruya el santuario, señal de que el juicio es inminente e ineludible.

Conclusión (9.11-15)

Amós concluye prometiendo la futura restauración de Israel donde el reino de David se restablecerá, las ciudades se reedificaran y habrá abundancia.

Bibliografía:

K.M. Yates, *Estudios sobre el libro de Amós*, Casa Bautista de Publicaciones, El Paso, 1966. E. Jenni y C. Westermann (eds.), *Diccionario Teológico Manual del Antiguo Testamento*, Vol. I y II, Cristiandad, Madrid, 1978. John Bright, *La historia de Israel*, 7ª edición, Desclée de Brouwer, Bilbao, 1970. Norman Gottwald, *The Hebrew Bible: A Socio-Literay Introduction*, Fortress Press, Filadelfia, 1985. Werner Schmidt, *Introducción al Antiguo Testamento*, Sígueme, Salamanca, 1983. Roland de Vaux, *Instituciones del Antiguo Testamento*, Herder, Barcelona, 1976. H. Walter Wolff, La hora de Amós, Sígueme, Salamanca, 1984.

AMPLIAS (diminutivo griego del latín *Ampliatus*, que significa: agrandado). Nombre común dado a los esclavos en los días del Imperio Romano. En Ro 16.8 Pablo saluda a un Amplias como «amado mío en el Señor».

AMRAFEL Rey de Sinar, contemporáneo de Abraham, que junto con otros reyes participó en la batalla de Sidim contra Sodoma, Gomorra y otras ciudades (Gn 14.1ss). Algunos eruditos han pretendido identificarlo con Hammurabi, pero no hay pruebas suficientes para sostener esa hipótesis.

ANA (gracia, graciosa).

1. Esposa de Elcana y madre del juez y profeta Samuel. Pidió a Jehová un hijo. Jehová se lo concedió, y cuando el niño tenía muy pocos años, lo dedicó al servicio del

Señor, en Silo (1 S 1.1–2.21). El cántico de Ana (1 S 2.1-10) se compara con el *Magnificat* de María (Lc 1.46-55). En este cántico aparece por primera vez en el Antiguo Testamento el nombre *Mesías* (el Ungido).

2. Anciana profetisa, viuda, de la tribu de Aser, que servía en el templo de Jerusalén en la época en que nació Jesús. Después de ver a Jesús en el templo, habló del niño a todos los que esperaban al Mesías en la ciudad (Lc 2.36-38).

ANÁ Nombre de dos personas del Antiguo Testamento.

1. Padre de una de las esposas de Esaú e hijo de Zibeón de la tribu de los → HEVEOS (Gn 36.2,14,18,24). Existe cierta confusión respecto a este personaje: En Gn 36.2 el texto masorético reza «Aná hija de Zibeón», mientras la LXX y la Samaritana dicen «hijo». Muchos traductores modernos (incluso la RV), por razones del contexto, optan por seguir la traducción de estas versiones antiguas y no el texto masorético.

2. Hijo de Seir, duque de los → HOREOS (Gn 36.20,29; 1 Cr 1.38).

ANAC (*de cuello largo*). Descendiente de → ARBA (Jos 15.13) y progenitor de los anaceos (Nm 13.22,28,33).

ANACEOS Los espías que se enviaron a explorar Palestina, antes de la invasión israelita, se aterrorizaron al ver un pueblo de gran estatura que vivía en las montañas del sur alrededor de Hebrón. El anaceo Arba, que fundó Hebrón, era descendiente de los *nefilim* (que se traduce por → GIGANTES en Nm 13.33).

Los egipcios, para provocar la derrota de sus enemigos, inscribían los nombres de ellos sobre urnas y luego las quebraban. En el museo de Berlín se exhiben pedazos de cerámica egipcia con execraciones a «Erum, soberano de Iy-anac y a todo su séquito», los cuales muestran que ya por el año 2000 a.C. los anaceos les inspiraban miedo a sus vecinos.

Josué en su conquista del sur, o los destruyó o expulsó, pero algunos permanecieron en Hebrón, Gat, Gaza y Asdod (Jos 11.21,22). Caleb venció a los de Hebrón (Jos 14.6-14; 15.13-19; 21.11s). Según Jer 47.5 (LXX) aún quedaban algunos al final de la monarquía.

ANANÍAS → HANANÍAS.

1. Compañero de Daniel en el cautiverio, quien después se llamó Sadrac (Dn 1.1-19; 2.17).

2. Población en la tierra de Benjamín (Neh 11.32).

3. Ascendiente de un Azarías (Neh 3.23).

4. Padre de un Sedequías (Jer 36.12).

ANANÍAS (forma griega del hebreo *Jananyá*, Jehová le ha favorecido).

1. Marido de Safira y miembro de la comunidad primitiva de Jerusalén, cuya contribución al fondo común fue fraudulenta (Hch 5.1-11). Probablemente quería aparentar que seguía el ejemplo de Bernabé (Hch 4.36s) y recibir igual elogio. El pecado fue la mentira y la hipocresía, y no la retención de una parte del precio de la venta, porque en estos casos la contribución era voluntaria (Hch 5.4). La severidad del castigo se debió a que Dios quiso hacer de esta pareja, al principio de la nueva era, un ejemplo público para mostrar la seriedad de tratar con un Dios santo.

2. Cristiano de Damasco, «piadoso según la ley», que devolvió la vista a Pablo, lo bautizó y le comunicó su comisión de parte del Señor (Hch 9.10-19; 22.12-16).

3. Sumo sacerdote, 47–58 d.C., conocido como codicioso, orgulloso y sin escrúpulos. Presidía el concilio en el proceso de Pablo (Hch 23.1-5) y acusó a este ante Félix (24.1-9). En 66 d.C. los zelotes lo mataron por ser amigo de los romanos.

ANÁS (forma abreviada de Ananías). Personaje nombrado sumo sacerdote por → CIRENIO, en 6 d.C., y depuesto por los romanos en 15 d.C. Su deposición no tuvo valor para los judíos, pues entre ellos el cargo de sumo sacerdote era vitalicio. Por su gran influencia, Anás consiguió que tras él obtuvieran el sumo sacerdocio sus cinco hijos y su yerno Caifás. Por esta razón, aunque Caifás era el sumo sacerdote oficial al principio del ministerio de Juan el Bautista (Lc 3.2), Anás se reconocía juntamente con él.

Anás intervino en el proceso de Jesucristo, realizando un interrogatorio previo en su casa (Jn 18.13-24), y aquí de nuevo se le considera como sumo sacerdote (v. 19) a pesar de la identificación de Caifás (vv. 13,24) como tal. Aparece por tercera vez interrogando a Pedro y a Juan (Hch 4.6ss).

ANATEMA (en griego, *anathema*)

1. Transcripción de un vocablo griego que significa «algo erigido» (en un templo). Es decir, ofrenda votiva, como en Lc 21.5.

2. Vocablo parecido al del N.º 1, que en la LXX traduce el hebreo *jerem* (lo consagrado, devoto a Dios). Es decir, lo sustraído de todo empleo humano y, por lo tanto, maldito. En particular, el botín de guerra, como propiedad de Jehová, debía destruirse (Dt 13.17; Jos 6.17s) y toda infracción de esta ley era abominable (Jos 7.1ss; 1 S 15.21).

En el Nuevo Testamento, «anatema» encierra la idea de entregar algo a la ira divina, de echarle una maldición. No había peor blasfemia que pronunciar «anatema sea Jesús», dando por sentado que era bajo inspiración (1 Co 12.3), ya que tal influjo no viene del Espíritu Santo. En cambio, Pablo está dispuesto a colocarse bajo maldición si esto contribuyera a la salvación de otros judíos (Ro 9.3). Él mismo echa un anatema sobre los predicadores de un «evangelio» legalista (Gl 1.8s) y sobre todo el que no ama al Señor (1 Co 16.22).

Verbos afines aparecen en Mc 14.71; Hch 23.12,14,21.

ANATOT Ciudad ubicada a unos 5 km al norte de Jerusalén. Tal vez el antiguo santuario de la deidad cananea «Anat». Se menciona en el Antiguo Testamento con referencia a varios personajes (Jos 21.18; 2 S 23.27; 1 Cr 11.28; 12.3; 1 R 2.26) y la invasión asiria (Is 10.30). Fue el lugar del nacimiento y las primeras profecías de Jeremías (Jer 1.1; 11.21-23; 32.7-9), devastado por los babilonios y luego reconstruido (Esd 2.23; Neh 7.27).

ANCIANO En la mayoría de las civilizaciones antiguas se ha creído que las personas de edad son las más capaces para gobernar el pueblo. De ahí que a menudo los gobernantes o líderes se llamen «ancianos». En la Biblia, «anciano» es traducción de la palabra hebrea *zaquén* y de la griega *presbyteros*.

Había ancianos en los pueblos de Egipto (Gn 50.7), de Moab y de Madián (Nm 22.7).

Aun cuando eran esclavos en Egipto, los israelitas tenían ancianos (Éx 3.16). Durante la peregrinación en el desierto se formalizó la institución debido al consejo de Jetro (Éx 18.21). En el período siguiente, cada ciudad tenía su cuerpo de ancianos que actuaban como jueces (Dt 19.12; 21.2; 22.15; 25.7; Jos 20.4). El número de 70 quedó como norma (Éx 24.1; Nm 11.16-25; cf. Jue 8.14).

El cuerpo nacional, «los ancianos de Israel», ejercía bastante influencia durante la monarquía (1 S 8.4s; 2 S 5.3; 1 R 8.1,3; 20.7, etc.), durante la cautividad (Ez 8.1; 14.1; 20.1) y en la época de Esdras. Al principio los ancianos solo ejercían poder civil, pero al llegar la época del Nuevo Testamento ejercieron autoridad juntamente con los principales sacerdotes y formaban parte del → SANEDRÍN.

Como en las → SINAGOGAS había un consejo de ancianos gobernantes, era normal que las iglesias cristianas imitaran esta estructura. Cada congregación tenía su → PRESBITERIO, pero el oficio de anciano cambió. Mientras entre los judíos los ancianos se encargaban sobre todo de los asuntos administrativos y civiles, y no se encargaban de los cultos en las sinagogas, los ancianos cristianos visitaban a los enfermos en una labor pastoral (Stg 5.14) y predicaban la Palabra (1 Ti 5.17).

Había ancianos en la primera iglesia de Jerusalén (Hch 11.30), aunque no se nos explica cómo se nombraron, y participaban en el → CONCILIO con los apóstoles (Hch 15.4,6,23; 16.4). Pablo y Bernabé «constituyeron ancianos en cada iglesia» de Asia Menor, con oración y ayuno (Hch 14.23), y se instó a Tito a que hiciera lo mismo en Creta (Tit 1.5). Pablo pronunció un discurso a los ancianos de la iglesia de Éfeso (Hch 20.17), y más tarde recomienda que «los ancianos que gobiernan bien sean tenidos por dignos de doble honor» (1 Ti 5.17). Pedro se identifica como anciano (1 P 5.1) y también Juan (2 Jn 1; 3 Jn 1).

Puesto que el verbo «supervisar» se usa en 1 P 5.2 para describir la función de los ancianos, y Pablo llama «obispos» a los ancianos de Éfeso (Hch 20.28; cf. Tit 1.5-7), parece que los términos anciano y → OBISPO eran intercambiables.

ANDAR Las características del andar literal se aplican en sentido figurado a la conducta perfecta, pues el movimiento debe ser progresivo, hacia una meta. En el Antiguo Testamento el buen andar comúnmente se refiere a la sumisión a la voluntad de Dios, lo cual contrasta con el andar de los idólatras (cf. 1 R 8.61 con 16.31). En el Nuevo Testamento algunos hermanos «andan conforme a la carne» o «como hombres» (1 Co 3.3; Ro 8.4), porque su conducta no se diferencia tajantemente a la de los «gentiles» (Ef 4.17). Pierden así su testimonio y la capacidad de trabajar para el Señor.

Los hijos de Dios deben andar «por fe» (2 Co 5.7), «en el Espíritu» (Gl 5.16), «en buenas obras», como es «digno de su vocación», «en amor», «como hijos de luz», «aprovechando bien el tiempo» (Ef 2.10; 4.1; 5.2,8,15,16). Juan contrasta el andar «en tinieblas», con el andar «en luz» (1 Jn 1.6,7; 2.11). El modelo es Cristo: «El que dice que permanece en Él, debe andar como Él anduvo» (1 Jn 2.6).

ANDRÉS (*varonil*). Uno de los doce apóstoles. Casi todo lo que se sabe de él se encuentra en el cuarto Evangelio. Era natural de Betsaida (Jn 1.44), hermano de Simón Pedro, al que condujo ante Jesús, e hijo de Juan (cf. Jn 21.16, HA; «Jonás», RV). Antes de su apostolado era discípulo de Juan el Bautista (Jn 1.35-40). Después de su vocación pasó a vivir con Pedro en Capernaum, donde eran socios en la pesca (Mt 4.18; Mc 1.29).

Andrés no formaba parte del trío íntimo de Jesús (Pedro, Jacobo y Juan), pero a la larga se le encuentra con las mismas inquietudes de estos tres apóstoles (Mc 13.3). Con Felipe, que con él eran los únicos apóstoles de nombre griego, fue intermediario entre unos griegos y Jesús (Jn 12.22). Movido por su fe práctica, planteó la imposibilidad de sustentar a los cinco mil (Jn 6.8s). Estuvo presente en el aposento alto después de la ascensión (Hch 1.13) y entonces desaparece de la historia bíblica. Según una tradición verosímil, lo crucificaron en Acaya tras una actividad misionera muy fructífera allí.

ANDRÓNICO (*conquistador de los hombres*). Designado «pariente» de Pablo (Ro 16.7), quizás fue pariente carnal o solo de raza (cf. Ro 9.3). Fue cristiano antes que Pablo y su «compañero de prisiones», aunque no se sabe cuándo (cf. 2 Co 11.23). (→ APÓSTOL; JUNIAS.)

ANFÍPOLIS Antigua capital de Macedonia, situada cerca de la desembocadura del río Estrimón, sobre la famosa «Vía Ignatia» y a unos 53 km de Filipos. Pablo y Silas no se detuvieron en ella (Hch 17.1), posiblemente porque allí no había sinagoga, la acostumbrada base de operaciones para ellos.

ÁNGEL Traducción de un término hebreo (*mal'ak*) y un término griego (*ángelos*) que significan «mensajero». Se aplica a seres humanos (Job 1.14; 1 R 19.2; Hag 1.13; Lc 7.24; 9.52, etc.), pero de manera muy especial a un orden de seres sobrenaturales y celestiales cuyo ministerio es actuar como mensajeros y agentes de Dios en la realización de la voluntad divina.

Los ángeles se mencionan muchas veces en ambos testamentos y Cristo mismo afirmó que hay un orden de seres angélicos en el universo (Mt 18.10; 24.31,36; Lc 15.10).

Los ángeles fueron creados (Col 1.16) en estado de santidad (Jud 6) antes de la creación del mundo (Job 38.6,7). Son seres espirituales (Heb 1.14) que pueden tomar forma corpórea, aunque no tienen cualidades físicas como los humanos. Su apariencia es masculina (Gn 18.2,16; Mc 16.5, etc.). No pueden reproducirse ni tampoco morir (Mt 22.30; Lc 20.36). Existen en gran número (Heb 12.22; Ap 19.1). Poseen inteligencia (1 P 1.12), sensibilidad (Lc 15.10) y voluntad (Jud 6). Se les llama «santos» (Mt 25.31), «escogidos» (1 Ti 5.21) e «hijos de Dios» (Job 1.6), y se dice que están en el cielo» (Mt 18.10).

Las Escrituras hablan de ángeles que pecaron (Jud 6; 2 P 2.4). (→ DEMONIOS; SATANÁS.) Aquí se trata solamente de los que no han caído de su estado original. Pablo menciona «principados y potestades en los lugares celestiales» (Ef 3.10). Dos ángeles se mencionan por nombre: Gabriel (Lc 1.26) y Miguel (el arcángel, «uno de los principales príncipes», Dn 10.13, Jud 9). Se habla también de serafines (Is 6.1-3) y querubines (Gn 3.22-24).

Los ángeles alaban a Dios (Ap 4–5), cuyo rostro contemplan siempre en el → CIELO (Mt 18.10), y ejecutan su palabra (Sal 103.20). En cuanto a Cristo, se dice que fue «visto de los ángeles» (1 Ti 3.16). Predicen (Lc 1.26-33) y anuncian su nacimiento (Lc 2.13), le protegen en su infancia (Mt 2.13), le asisten en la tentación (Mt 4.11), están listos para defenderle (Mt 26.53), le confortan en Getsemaní (Lc 22.43), remueven la piedra del sepulcro (Mt 28.2), anuncian la resurrección (Mt 28.6) y la Segunda Venida (Hch 1.10, 11). Hay varios ministerios que los ángeles cumplen en relación con la experiencia del creyente (Lc 15.10; l6.22; Hch 8.26; 12.7; 27.23,24; 1 Ts 4.16; 1 Ti 5.21; Heb 1.14). Intervienen también en la vida de las naciones (Dn 10.21; 12.1; Ap 8; 9; 16) y de los individuos no salvos (Gn 19.13; Mt 13.39; Hch 12.23; Ap 14.6,7).

El hombre ha sido hecho «poco menor que los ángeles» (Sal 8.5), pero al unirse con Cristo por medio de la fe es exaltado sobre ellos (Heb 1–2). Los ángeles le sirven (Heb 1.14), pero Él les excede en conocimiento espiritual respecto a la manifestación de la gracia de Dios en Cristo (1 P 1.10-12), y un día los juzgará (1 Co 6.3). La Biblia prohíbe que se rinda adoración a los ángeles (Col 2,18; Ap 19.10; 22.8,9)

Bibliografía:

Xabier Pikaza, «Los ángeles. Doctrina del Nuevo Testamento», en Revista *Biblia y Fe*, Vol. XIX, Escuela Bíblica «Fermín Caballero», España, septiembre-diciembre, 1993.

ÁNGEL DEL SEÑOR De las 213 veces que aparece *mal'ak* en el Antiguo Testamento, 58 componen la expresión *mal'ak Yhwh*, ángel de Jehová, y otras 11 *mal'ak ha-elohim*, ángel de Dios.

La identificación de este ángel es difícil. En algunos textos parece tratarse de un ser angélico que actúa como mensajero o representante de Jehová, con quien tiene una relación como la que existe entre un soberano y su embajador (Gn 24.7; Zac 1.12,13). Pero hay casos en que el Ángel del Señor se identifica con Dios mismo (Gn 16.7-13; 22.11-18; Jue 13.2ss), lo que conduce a pensar que era una teofanía, o sea una manifestación de Dios en forma visible y corpórea. Como tiene que ser una de las personas de la Trinidad, si no es la primera persona, tiene que ser el Espíritu Santo o el Hijo. Como el Espíritu no asume forma corpórea, puede concluirse que el ángel del Señor es el Hijo de Dios, quien revela corporalmente a la divinidad (Jn 1.18).

ANILLO Joya muy popular en los tiempos bíblicos (Éx 35.22; Stg 2.2), considerada como el toque final del atuendo de una persona; recibirlo era signo de aceptación (Lc 15.22). Cuando Dios restauró la prosperidad de Job, sus familiares le obsequiaron un anillo (Job 42.11). Por lo general, era símbolo de cierta comodidad (Stg 2.2).

El anillo se grababa con el sello particular de su dueño, de modo que se pudiese estampar ese sello en tablillas de barro húmedo, bien para tratos comerciales o para asuntos de Estado (Est 8.8). Los reyes o miembros de la corte usaban anillos como sello real distintivo. El faraón de Egipto dio a José su propio anillo real (Gn 41.42); lo mismo hizo el rey Asuero con Amán y Mardoqueo (Est 3.10). Judá entregó su anillo (sello) a Tamar (Gn 38.18).

En la vestidura de los sacerdotes el pectoral debía llevar dos anillos de oro para sujetar a este con el efod (Éx 28.28).

ANTICRISTO Adversario demoníaco o humano-demoníaco de Jesucristo, que aparecerá antes de la Segunda Venida como el último perseguidor de los cristianos. Cristo lo vencerá en su regreso a la tierra. A veces adquiere el aspecto de un seudocristo que engañará a muchos con sus pretensiones, sus milagros y sus falsas enseñanzas. El anticristo, una especie de encarnación de Satanás, figura en la literatura apocalíptica cristiana bajo varios nombres, todos con antecedentes en el judaísmo (→ Gog; Magog; Belial; Antíoco; Nerón; cf. «el hombre de iniquidad» [HA] de 2 Ts 2.3ss).

Apocalipsis sintetiza en forma misteriosa muchos de estos conceptos. Se bifurca en dos bestias (Ap 13; 16.12-16; 17; 19.19ss; cf. 11.7ss), que con Satanás forman una trinidad malvada. La primera («la bestia» por excelencia) es una encarnación de Satanás que demanda adoración; y la segunda, subordinada a la primera, es un falso profeta.

Las epístolas juaninas, sin negar que habrá un anticristo final y único, afirman que existe ya una actitud o tendencia característica de este, y hablan aun de «muchos anticristos» (1 Jn 2.18,22; 4.3; 2 Jn 7). Para Juan, la negación de que Jesucristo haya venido en carne (y por tanto que el Padre haya actuado para nuestra salvación) constituye la revelación del anticristo.

ANTÍOCO (en griego, *el firme*). Nombre muy común entre los reyes seléucidas de Siria. Hubo trece reyes que llevaron este nombre. Los más importantes son los siguientes:

1. Antíoco I (280–262 a.C.). Hijo de Seleuco, uno de los generales de Alejandro. Sostuvo contra Tolomeo Filadelfo de Egipto la llamada Primera Guerra de Siria, en la que estaba en juego, entre otras cosas, la posesión de Palestina.

2. Antíoco II (262–246 a.C.). Hijo de Antíoco I. Sostuvo contra Tolomeo Filadelfo la Segunda Guerra Siria. Derrotado, hizo la paz con Tolomeo contrayendo matrimonio con la hija de este y repudiando a su esposa anterior, Laodicea. Sin embargo, el hijo de Laodicea sucedió a Antíoco II. A esto se refiere Dn 11.6.

3. Antíoco III, el Grande (233–187 a.C.). Uno de los más hábiles administradores y generales de los reyes seléucidas. Aunque la mayoría de sus campañas militares le llevaron hacia el Oriente y hasta la India, Antíoco el Grande sostuvo varias campañas contra Egipto. La primera se suspendió cuando se vio obligado a dirigirse con su ejército hacia Media a fin de sofocar una rebelión. La segunda terminó cuando Tolomeo Filópator lo derrotó en la batalla de Rafia (1 Mac 8.1-7). Durante la tercera campaña, logró conquistar la Palestina y la península de Sinaí con la ayuda de los judíos que sentían simpatía por él. A partir de entonces, los destinos de Palestina estarían más estrechamente unidos a los del reino de Siria que a los de Egipto.

4. Antíoco IV, conocido como Epífanes (176–164 a.C.). Hijo segundo de Antíoco el Grande. Su política helenizante, que pretendía unir a todos sus súbditos bajo un solo idioma, una sola ley y una sola religión, le costó la enemistad con los judíos. En todos los escritos judíos en que se habla de él se le trata con desprecio y se le tacha de inmoral. Su campaña helenizante le hizo intervenir en Jerusalén, donde los dos hermanos Jasón y Onías se disputaban el sumo sacerdocio. Puesto que Jasón se inclinaba más hacia las costumbres de los gentiles, Antíoco le prefirió por encima de Onías. El rey llegó al punto de decretar la pena de muerte para quien se negase a seguir las costumbres griegas (1 Mac 1.52).

Además, Antíoco invadió a Judá, tomó a Jerusalén, profanó el templo e hizo una gran matanza de judíos (→ ABOMINACIÓN). Ante esta situación, Matatías se rebeló y se retiró a los montes con gran número de seguidores. El hijo de Matatías, el famoso Judas Macabeo, derrotó repetidamente a las fuerzas de Antíoco (1 Mac 3; → DEDICACIÓN, FIESTA DE). Todas estas victorias de los judíos fueron posibles porque bajo Antíoco IV el reino sirio se encontraba en franca decadencia. Antíoco murió en Babilonia en medio de una campaña militar (1 Mac 6.8-16). A él se refiere Dn 11.21-39.

Tique, divinidad de la fortuna, relacionada con la adoración pagana de los residentes de Antioquía de Siria.

Foto de Howard Vos

5. Antíoco V (164–162 a.C.). Hijo de Antíoco Epífanes, a quien sucedió. Tuvo éxito al pelear contra Judas Macabeo (1 Mac 6; Josefo, *Antigüedades* xii 9.4).

6. Antíoco VII (138–129 a.C.). Derrotó a Juan Hircano, hijo de Judas Macabeo, en 135 a.C.

7. Antíoco VIII y IX (125–95 a.C.). Hermanos que se disputaron el trono de Siria y con ello prestaron ocasión a Juan Hircano para fortalecer la independencia de Judea.

ANTIOQUÍA Nombre de ciudades de Siria y Pisidia.

1. Ciudad cosmopolita de Siria, situada sobre el río Orontes a 26 km del Mediterráneo y unos 480 km al norte de Jerusalén. La fundó Seleuco Nicator en 301 a.C. (en honor a su padre Antíoco) en una situación geográfica ideal. Por hallarse entre montañas y casi rodeada de agua, gozaba de un clima muy favorable en contraste con la mayor parte de Siria. Llegó a ser una ciudad próspera y populosa (500.000 habitantes). Su vitalidad comercial se debía en parte al río y en parte a su posición en la encrucijada de importantes rutas de caravanas. Fue sometida a Roma en 64 a.C. y llegó a ser la tercera ciudad de todo el imperio; Roma era la primera y Alejandría la segunda. Casas lujosas adornaban su calle principal (6 km) y los emperadores acostumbraban contribuir a su belleza general. Antioquía se conocía, además, por su devoción sensual a Dafne y su culto orgiástico. (A veces, para distinguir entre Antioquía y las muchas otras ciudades del mismo nombre, se especificaba «Antioquía cerca de Dafne».)

Pero si Antioquía tuvo fama de ciudad pagana, ocupa también un lugar prominente en la historia del cristianismo. Habitada por numerosos judíos inmigrados (a menudo ricos y celosos en su proselitismo, cf. Hch 6.5), Antioquía recibió el impacto del mensaje evangélico poco después de la persecución de Esteban (Hch 11.19s) y fue allí donde por primera vez se predicó el evangelio a los gentiles y a los creyentes se les llamó → CRISTIANOS (Hch 11.20-26). Aunque algunos opinan que «cristianos» era un apodo que los satíricos antioqueños inventaron, es más aceptable la teoría de que los propios miembros de la joven y entusiasta iglesia, en su afán de identificarse con Cristo, se hayan autodenominado así.

Antioquía también fue la base de las operaciones misioneras de Pablo (Hch 13.1-3; 14.26ss; 15.35s; 18.22s). La iglesia de Antioquía, formada de judíos y gentiles, fue generosa con los hermanos en Judea (Hch 11.27ss; → AGABO) pero a la vez fue objeto de controversia a los ojos de estos (cf. Gl 2.11ss; → CONCILIO DE JERUSALÉN). En tiempos postapostólicos, Crisóstomo y una escuela de interpretación bíblica dieron más fama a la ciudad, la cual se denominó «la reina del Oriente». Excavaciones arqueológicas dan testimonio de la existencia en ella de más de veinte iglesias en distintas épocas.

2. Ciudad de Pisidia (en el corazón de Asia Menor, a unos 240 km al este de Filadelfia), también fundada por Seleuco Nicator. Dominaba las rutas comerciales entre Éfeso y el Oriente. Como sede del procónsul romano, gozaba de muchos privilegios y era una ciudad de mucha importancia en la época de las visitas de Pablo y Bernabé (Hch 13.14; 14.19,21). El éxito inicial de la predicación de Pablo en la sinagoga (Hch 13.15-41) suscitó mucha oposición (13.50s), de manera que la iglesia se componía sobre todo de gentiles (14.21).

ANTIPAS «Testigo fiel» de la iglesia en → PÉRGAMO, que sufrió el martirio según Ap 2.13. La tradición afirma que era obispo de aquella iglesia y que durante la persecución de Domiciano lo asaron vivo en una olla de bronce.

ANTÍPATRIS Ciudad de Palestina situada a unos 60 km al sur de Cesarea, en el camino romano a Jerusalén, y a unos 13 km del Mediterráneo.

Moneda acuñada por Antíoco IV Epífanes, gobernante sirio cuya profanación del templo judío inició la revuelta de los macabeos.

Pablo pasó por allí cuando los militares romanos lo llevaban a Cesarea (Hch 23.31). Herodes el Grande reconstruyó a Antípatris, anteriormente llamada Cafarsaba, en honor de su padre Antípatro. Ocupó el sitio de la antigua ciudad cananea, Afec (Jos 12.18).

ANTONIA → FORTALEZA alta en la esquina noroeste del área del templo de Jerusalén, mencionada en Neh 2.8; 7.2. Hircano la reconstruyó y más tarde Herodes el Grande la fortificó y le dio el nombre actual. Era cuadrada, tenía cuatro torres y servía de palacio y castillo.

Gabata, donde Jesús compareció ante Pilato, puede haber sido el patio central de la Antonia (Jn 19.13; → PRETORIO). De ella salieron los soldados romanos para rescatar a Pablo, y desde sus gradas este habló a la multitud (Hch 21.31-40; cf. 22.24; 23.10,16). La destruyeron en 70 d.C.

ANTORCHA Manojo de maderas fuertemente atadas entre sí e impregnadas de aceite y sustancias resinosas, que encendido sirve como medio de iluminación (Gn 15.17; Jn 18.3). Se utilizaba también como elemento de guerra (Zac 12.6).

A veces la Biblia emplea la palabra «tea» como sinónimo (Jue 6.16,20; 15.4). La antorcha simboliza la rectitud del carácter (Jn 5.35), la luz que brota de las Sagradas Escrituras (2 P 1.19) y la esperanza (Is 62.1).

ANZUELO Herramienta del pescador, utilizada desde épocas remotas (Job 41.1; Is 19.8; Hab 1.15). Los asirios, según vemos en algunas esculturas, conducían a sus prisioneros enganchados por la nariz con un anzuelo (Am 4.2). Pedro utilizó el anzuelo para pescar el pez que le dio el dinero para pagar un tributo (Mt 17.27).

AÑO Los hebreos se regían por dos años. El año sagrado empezaba en el mes de Abib o Nisán (marzo o abril). Lo instituyó Moisés durante el éxodo y lo usaban los profetas y sacerdotes (Éx 12.2; 13.4; Esd 7.9; Neh 2.1; Est 3.7). El año civil parece haber empezado en el mes de Tishri o Etanim (septiembre u octubre), y lo empleaban los comerciantes y agricultores (1 R 8.2).

Al principio, el año hebreo era solar, de doce meses, con 30 días cada uno, excepto el duodécimo mes que tenía 35 días. Pero también contaban el tiempo con el año lunar de doce meses (1 R 4.7; Jer 52.31; Dn 7.25; 12.7). Antes del cautiverio los años eran lunares, distribuidos en doce meses de 30 y 29 días alternativamente, cuya duración se indicaba por el curso de la luna. Posteriormente (Mishnah) se dispuso que en el año no hubiera menos de cuatro ni más de ocho meses de 30 días, llamados meses completos. Los egipcios y los babilonios idearon la intercalación de un mes para conciliar el año lunar con el solar (que comprende 365 días, 5 horas, 48 minutos y 48,7 segundos que dura el movimiento de la tierra alrededor del sol). Esto fue común entre los judíos después del cautiverio.

Antiguamente, los hebreos referían sus fechas a los acontecimientos más memorables de su historia: el éxodo de Egipto (Éx 19.1; Nm 33.38; 1 R 6.1), la erección del templo de Salomón (1 R 8.1,2; 9.10), el advenimiento de los reyes (Reyes, Crónicas y Jeremías) y la cautividad babilónica (Ez 33.21; 40.1). Año en el Nuevo Testamento indica la época de acuerdo con el lugar donde ocurren los hechos (Lc 3.1; Gl 1.18; 2.1; 3.17), marca un tiempo determinado (Mt 9.20; Lc 12.19; 13.11; Jn 2.20; Hch 7.6; Heb 3.17; Ap 20.2,7); la fecha de nacimiento (Mc 5.42; Lc 2.42; 3.23; Jn 8.57; Hch 4.22; 1 Ti 5.9); repetición de los sucesos (Lc 2.41; 13.7) y un tiempo ilimitado (Heb 1.12).

AÑO SABÁTICO Institución íntimamente ligada con la del sábado. Se ordenaba que, al cabo de seis años de trabajo, se diera libertad a los esclavos israelitas. Además, cada siete años había que dejar la tierra en → BARBECHO y abandonar los frutos en el olivar o el viñedo (Éx 23.10,11). Deuteronomio señala que ese año debía ser también de liberación financiera. Pero no podemos precisar en qué sentido debía serlo: si los acreedores habían de abandonar totalmente su derecho a cobrar deudas, o si solo se trataba de renunciar al interés producido por estas (15.1). Es posible que esta remisión haya sido consecuencia de la ordenanza anterior: si el agricultor abandonaba aquel año los productos de la tierra, le era imposible pagar el interés por sus deudas.

Sin embargo, solo después de la adopción del código sacerdotal se celebró realmente el año sabático (Lv 26.34,43). La tierra, en todas partes, debía poder celebrar en un año un sábado en honor al Señor (Lv 25.1-7). Durante esos doce meses no había que cultivar nada. La Ley prometía magníficas cosechas el sexto año para que pudiesen vivir al año siguiente (Lv 25.20,21). En tiempo de Nehemías, los israelitas se comprometieron a guardar el año sabático (Neh 10.31). Este compromiso se respetó en más de una ocasión (1 Mac 6.49,53). Los historiadores Josefo y Tácito hacen alusión a ello; el primero, para informarnos que el emperador eximió a los judíos, cierto año sabático, de pagar impuesto, y el segundo, para ofrecer un ejemplo de lo que él consideraba la pereza de los judíos. Sin embargo, no es seguro que esta ley se observara habitualmente. El Talmud atestigua su cumplimiento, porque da numerosas prescripciones para resolver las dificultades suscitadas por su aplicación. (→ JUBILEO.)

AOD Benjamita, juez zurdo (Jue 3.15). Liberó a Israel de la opresión de Moab, matando a su rey → Eglón (3.16-26). Reunió más tarde a los israelitas, y estos acabaron con el ejército moabita (3.27-29). Como resultado, la tierra reposó 80 años (3.30).

APARICIÓN DE JESÚS → Segunda Venida.

APEDREAMIENTO La verdadera pena de muerte entre los israelitas. Había que ejecutarla fuera de la ciudad, ante el juez y en presencia del pueblo (Lv 24.14; Nm 15.36; 1 R 21.10,13). El testigo de cargo (tenía que haber por lo menos dos) debía arrojar la primera piedra (Dt 13.9s; 17.7; cf. Jn 8.7), la más pesada posible. Si esta no bastaba para dar muerte a la víctima, los espectadores terminaban de ejecutar la sentencia, arrojando piedras más pequeñas. En ciertos casos al apedreamiento se agregaba la práctica de quemar el cadáver (Jos 7.15,25s), empalarlo o colgarlo (Dt 21.22) como signo de afrenta.

El apedreamiento se imponía sobre todo en casos de delitos religiosos: contra adivinos (Lv 20.27), blasfemos (Lv 24.16), idólatras (Dt 17.2-5) y violadores del sábado (Nm 15.35); pero también en otros casos (Dt 21.21; 1 R 21.13).

APELES Cristiano que Pablo saludó en Ro 16.10, añadiendo que era «aprobado en Cristo».

APIA Miembro de la iglesia en la casa de Filemón (v. 2) en Colosas, tal vez esposa de este y madre de Arquipo.

APIO → Foro de Apio.

APOCALIPSIS, LIBRO DE Último libro del Nuevo Testamento. Su nombre viene del griego *apokalyptein*, que significa «quitar el velo». Literalmente puede traducirse «revelación».

Autor y fecha

Después de la muerte y resurrección de Jesús, el evangelio se expandió rápidamente.

Restos del altar para adorar al dios pagano Zeus en Pérgamo. El escritor de Apocalipsis pudo tener en cuenta este altar idólatra al referirse al «trono de Satanás» en Pérgamo (Ap 2.12-13).

Foto de Howard Vos

Apocalipsis:
Un bosquejo para el estudio y la enseñanza

Primera parte: «Las cosas que has visto» (1.1-20)

I. Introducción	1.1-8
II. Revelación de Cristo	1.9-20

Segunda parte: «Las cosas que son» (2.1—3.22)

I. Mensaje a Éfeso	2.1-7
II. Mensaje a Esmirna	2.8-11
III. Mensaje a Pérgamo	2.12-17
IV. Mensaje a Tiatira	2.18-29
V. Mensaje a Sardis	3.1-6
VI. Mensaje a Filadelfia	3.7-13
VII. Mensaje a Laodicea	3.14-22

Tercera parte: «Las cosas que han de venir» (4.1—22.21)

I. Persona del juez	4.1—5.14
A. El trono de Dios	4.1-11
B. El libro sellado	5.1-14
II. Profecías sobre la tribulación	6.1—19.6
A. Siete sellos del juicio	6.1—8.5
B. Siete trompetas del juicio	8.6—11.19
C. Profecías explicativas	12.1—14.20
D. Siete vasos del juicio	15.1—19.6
III. Profecías sobre la Segunda Venida	19.7-21
A. Cena matrimonial del Cordero	19.7-10
B. Segunda Venida de Cristo	19.11-21
IV. Profecías sobre el milenio	20.1-15
A. Satanás es atado por mil años	20.1-3
B. Los santos reinan mil años	20.4-6
C. Satanás es liberado y lleva a la rebelión	20.7-9
D. Satanás es atormentado para siempre	20.10
E. El juicio del gran trono blanco	20.11-15
V. Profecías sobre el estado eterno	21.1—22.5
A. Se crean un nuevo cielo y una nueva tierra	21.1
B. Desciende la Nueva Jerusalén	21.2-8
C. Se describe a la Nueva Jerusalén	21.9—22.5
VI. Conclusión	22.6-21

En todas partes surgían pequeñas comunidades. En poco tiempo la buena nueva de Jesús atravesó las fronteras de Palestina y entró en los límites del Imperio Romano: Asia Menor, Grecia, Italia. Unos treinta años después de la muerte de Jesús, en el mes de julio de 64, el emperador Nerón decretó la primera gran persecución.

Después de Nerón hubo un período de tregua para los cristianos. Pero cuando el emperador Domiciano (81-96) llegó al trono, decretó una nueva persecución.

Esta vez fue mayor y mejor organizada. Domiciano torturaba a los cristianos para que abandonaran su fe. Y es al final del siglo I, entre los años 95 y 96, en época de persecución, cuando probablemente se escribió Apocalipsis.

Marco histórico

El autor se identifica como Juan (1.1,4,9; 22.8) y se presenta como «siervo de Dios» (1.1), uno de los profetas (22.9) y «hermano» y «copartícipe en la tribulación» de los destinatarios (1.9). Desterrado de sus amadas iglesias en la provincia de → ASIA, se halla preso en la isla de → PATMOS. Desde la época de Justino Mártir (como por 140 d.C.), este Juan se ha identificado en Occidente como el apóstol y además como autor del cuarto Evangelio y las tres epístolas juaninas. Algunos, sin embargo, como ciertas iglesias orientales, objetan que el estilo de Apocalipsis es notablemente diferente al de otros escritos juaninos; los solecismos en que incurre aquí (por lo visto, intencionales) muestran poco respeto por la gramática. Además, el punto de vista en cuanto a la escatología parece muy distinto (esta es más completa en el Evangelio y las Epístolas, pero futuristas en Apocalipsis). Por tanto, Apocalipsis faltó en el canon de ciertas iglesias entre 250 y 950 d.C.

Si bien muchos exégetas modernos le niegan la posibilidad de paternidad apóstolica a Apocalipsis, las ideas denuncian un fuerte parentesco con el cuarto Evangelio y las cartas juaninas, de manera que la teoría tradicional puede ser verdadera. Con un fin eminentemente pastoral, Juan traza una teología de la historia y coloca la apremiante necesidad de una iglesia a punto de ser exterminada en dos contextos: 1) la necesidad del mundo; y 2) el propósito redentor de Dios.

Otros puntos importantes

Género literario del libro

El libro pertenece al género literario apocalíptico. A partir del siglo II a.C., hasta el siglo IV d.C., hubo una gran producción literaria en este género en el ambiente judío y luego en el cristiano (→ APOCALÍPTICA, LITERATURA).

El simbolismo en Apocalipsis

Una de las mayores dificultades para el lector actual de Apocalipsis es el lenguaje simbólico que utiliza el autor.

Juan utiliza un número impresionante de registros simbólicos: las cifras, los colores, las figuras animales, los astros y los elementos cósmicos, así como también símbolos sacados directamente del lenguaje religioso y cultual del Antiguo Testamento.

Sin embargo, el mundo simbólico de Apocalipsis no es incomprensible, ya que el mismo Juan se preocupa de revelarnos el significado de muchos de ellos.

A. Las cifras

1. Primero (uno): exclusividad, primacía, excelencia («Yo soy ... el primero y el último»: 1.11; 2.8; 22.13).

2. Tres y medio: tiempo limitado, período restringido.

Expresión simbólica de algo terreno y humano. Aparece formulado de varias maneras (11.2,3,9; 12.6,14; 13.5).

3. Cuatro: universalidad (conjunto del mundo habitado): cuatro vientos, cuatro ángulos de la tierra (7.1; 20.8).

4. Seis: algo esencialmente imperfecto (666: 13.18).

5. Doce: representatividad de las tribus del pueblo elegido; continuidad entre el nuevo pueblo y el antiguo (12.1; 21.12,14,20,21); doce veces mil (7.4-8); dos veces doce (4.4, 10; 5.8; 11.16; 19.4).

6. Mil: gran número, multitud (5.11; 7.4-8); los mil años (20.2-7): período extenso, larga duración. El mil combina con el doce y se obtiene el número 12.000, cifra de los elegidos de cada una de las tribus de Israel. Se trata de la plenitud dentro del pueblo de Dios (7.5-8).

7. Ciento cuarenta y cuatro mil: $12^2 = 144$ X 1000 = 144.000. Esta cifra indica una muchedumbre infinita, incalculable. Es la muchedumbre de los elegidos. Por lo tanto, es absurdo tomar este número al pie de la letra para designar el número de los elegidos (7.4; 14.1).

B. Partes del cuerpo
1. Ojos: conocimiento (4.6; 5.6)
2. Mano: poder (1.16; 2.1; 5.1; 10.2).
3. Pies, piernas: estabilidad (1.15; 2.18)
4. Alas: movilidad (4.8; 14.6).
5. Cuernos: fuerza (5.6; 12.3).

C. Colores
1. Blanco: mundo divino, alegría, pureza, victoria, dignidad (1.14; 2.17; 3.4,5,18; 6.11; 7.9,13; 14.14; 19.14).
2. Negro: muerte, hambre, impiedad, desgracia, miseria (6.5,12).
3. Rojo: guerra, asesinatos, violencia, sangre (6.4; 9.17; 12.3).
4. Amarillo: muerte, descomposición (6.8).
5. Púrpura: desenfreno (17.4; 18.12; 18.16).
6. Escarlata: desenfreno (17.3-4; 18.12,16).

D. Imágenes
1. La mujer (12.1-3): la comunidad de creyentes, el «verdadero Israel» que abraza a judíos y gentiles; está encinta, se trata del nacimiento del «Nuevo Israel» que se realizará a través de la obra del Mesías.
2. La bestia (17): el poder político del Imperio Romano que, como agente de Satanás, se levanta contra Dios y su Iglesia. Es el anticristo.
3. La prostituta (17.4-5): la pompa y el esplendor de la Roma imperial.
4. El dragón (12.3-4,7,9,13,16,17; 13.2,4; 16.13): imagen de Satanás, típica de Apocalipsis. Al dragón también se le llama diablo. Viene del griego *diábolos*: el que rechaza el orden de Dios, el que subvierte todos los valores.
5. El falso profeta (13.11-18): el que promueve el culto imperial. Persuade a los hombres a erigir una inmensa imagen del emperador como objeto de adoración (13.14ss). Utiliza básicamente cuatro métodos: a) poderosa retórica de su «voz de dragón» (13.11; b) prodigios que realiza (13.13-15); c) severas sanciones económicas contra los que no reciben la marca de la bestia (13.16-18); d) pena de muerte contra los disidentes que no lo adoran (13.15).

Interpretación
Hay varias maneras de interpretar Apocalipsis. Los exégetas *preteristas* entienden Apocalipsis como una descripción de acontecimientos pasados, del mal inherente al Imperio Romano del siglo I. Los *historicistas* ven en Apocalipsis un enorme panorama de la historia desde el siglo I hasta la Segunda Venida. Entre ellos mismos, sin embargo, no hay unanimidad respecto a la identificación de los episodios históricos. Los *futuristas* sostienen que desde el capítulo 4, Apocalipsis describe acontecimientos relacionados con la Segunda Venida, que tiene lugar en 19.11ss. En cambio los *idealistas* consideran primordial el propósito de inspirar a los cristianos perseguidos a permanecer fieles hasta el fin, y entienden el lenguaje simbólico no cronológicamente, sino como una serie de descripciones imaginativas del triunfo de Dios. Estas cuatro escuelas no se excluyen mutuamente. Es probable que una combinación de todas estas interpretaciones responda a la intención de Juan.

Bibliografía:
S. Croato, «Apocalíptica y esperanza de los oprimidos», en *RIBLA* No. 7, DEI, San José, 1990, pp. 9-24. Pablo Richard, *Apocalipsis: Reconstrucción de la esperanza*, Editorial DEI, San José, 1994. José M. González, *Apocalipsis de Juan*, Ediciones Cristiandad, Madrid, 1987. Alfred Wikenhause y Josef Schmid, *Introducción al Nuevo Testamento*, Editorial Herder, Barcelona, 1978.

APOCALÍPTICA, LITERATURA Cierto tipo de literatura judía y cristiana escrita en Egipto y Palestina entre 200 a.C. y 200 d.C. Se deriva de la palabra «apocalipsis», que significa «revelación». Por lo tanto, la apocalíptica es un tipo particular de literatura que surgió entre los judíos y los cristianos para revelar ciertos misterios en cuanto al cielo y a la tierra, la humanidad y Dios, los ángeles y los demonios, la vida del mundo presente y el mundo venidero.

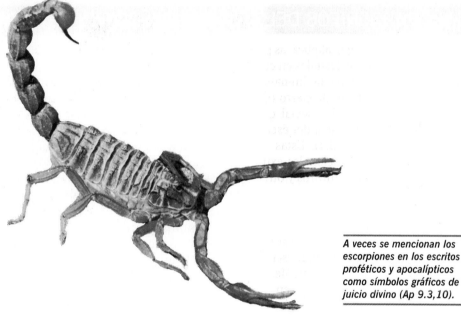

A veces se mencionan los escorpiones en los escritos proféticos y apocalípticos como símbolos gráficos de juicio divino (Ap 9.3,10).

Foto de Amikam Shoob

La literatura apocalíptica quizás surgió en la tradición de los profetas de Israel, pero varios siglos después. El último de los profetas de Israel, Malaquías, escribió allá por el 460 a.C. Dos libros de la Biblia (Daniel en el Antiguo Testamento y Apocalipsis en el Nuevo Testamento) son buenos ejemplos de este tipo de literatura.

Los siguientes libros judíos y cristianos se consideran apocalípticos: *Apocalipsis de Abraham, Apocalipsis de Baruc, Ascensión de Isaías, Ascensión de Moisés, 2 Baruc, Libro de Jubileos, 1 y 2 Enoc, Vida de Adán y Eva, Oráculos Sibilinos, Testamento de Abraham y Testamento de los doce patriarcas.* Casi todos son → APÓCRIFOS DEL ANTIGUO TESTAMENTO.

En 1974 aparecieron varios libros y fragmentos apocalípticos entre los rollos del mar Muerto. En el segundo y el tercer siglo después de Cristo se escribieron varios libros apocalípticos cristianos, entre ellos *Apocalipsis de Pedro, Apocalipsis de Pablo y Apocalipsis de Tomás.* Se incluyeron en una colección que se conoce como *Apócrifa del Nuevo Testamento.*

La mayoría de los libros apocalípticos son de escritores judíos que reaccionaban a la opresión extranjera de su pueblo.

Muchas veces escribían para explicar por qué el malo parecía prosperar mientras que los justos sufrían. Los escritos apocalípticos cristianos están bajo la influencia de esas primeras obras judías. El libro de → APOCALIPSIS en el Nuevo Testamento emplea símbolos e imágenes que aparecen en el *Libro de Enoc,* y en el libro conocido como *4 Esdras,* escrito allá por el año 100 d.C., parece ser paralelo de Apocalipsis en varias cosas. Esta gran similaridad entre la apocalíptica judía y la cristiana explica por qué los eruditos los agrupan en una sola categoría y los estudian juntos.

Características

La literatura apocalíptica tiene ciertas característica que la distinguen de las demás obras.

Visión.

Aunque otros tipos de literatura utilizan visiones para expresar su mensaje (véase

Isaías 6), la literatura apocalíptica las presenta para revelar secretos celestiales en cuanto al presente y al futuro de la humanidad. A menudo son el producto de cierto trauma o acontecimiento personal o social que creó una crisis en la experiencia del escritor (cf. Ap 1.10 con 4 Esdras 3.1). Estas visiones conducen a su vez a adicionales explicaciones de acontecimientos futuros y otras visiones y sueños.

Ética.

De estas visiones, el escritor saca conclusiones éticas. En Ap 2–3, Juan escribe siete cartas a siete iglesias del Asia Menor occidental. Cada carta se enfoca en asuntos específicos que confronta esa iglesia. Estas cartas las escribió Juan después de tener una visión en que Dios le encomendara escribirlas (Ap 1.19). Son un llamado a las iglesias a determinadas decisiones éticas o morales.

Seudónimos.

El libro de Apocalipsis en el Nuevo Testamento es el único libro de la apocalíptica que ofrece el nombre del autor. Los demás se atribuyen a personajes famosos del pasado, como Esdras, Enoc, Baruc, Jeremías, Abraham, Moisés y Adán. Tal vez se usaba el seudónimo para añadir credibilidad a la obra.

Grandes simbolismos.

Los libros de la apocalíptica son ricos en simbolismos. La imaginación del autor se ejercita. Quienes leyeron esos libros cuando se escribieron conocían el significado de los simbolismos que empleaba el autor. Los acontecimientos de la época, los malos gobernantes y las naciones paganas se simbolizan con animales y bestias, horribles señales en el cielo o caóticas corrientes de agua. Pero al pueblo fiel a Dios se le presenta como animales majestuosos, como un león o como un árbol bien cuidado. El propósito de estos simbolismos era presentar a los lectores un contraste notable entre lo bueno y lo malo.

Mensajes.

A través de los libros apocalípticos, los autores comunicaron varios mensajes importantes. Los siguientes temas aparecen en toda la apocalíptica: El fin está cerca, el fin del mundo comprende al universo entero, la historia se divide en segmentos fijos, los ángeles y los demonios participan activamente en los acontecimientos, habrá cielos nuevos y tierra nueva, el reino de Dios, el Mesías, el pueblo de Dios disfrutará la gloria.

APÓCRIFOS DEL ANTIGUO TESTAMENTO, LIBROS

El término «apócrifos» significa «escondidos», y con él se designaron los libros no destinados al uso general, porque se consideraba que contenían verdades demasiado profundas para la mayoría, o porque se pensaba que contenían errores o herejías. El empleo evangélico (protestante) de este término, sin embargo, solo denota que estos libros no son canónicos, significado que se remonta a Jerónimo.

Origen

De acuerdo con la tradición atestiguada por Jerónimo, existen 14 ó 15 libros apócrifos. Todos se originaron en el período intertestamentario, que va del siglo II a.C. al siglo I d.C. Todos se escribieron originalmente en hebreo o en arameo, excepto *Sabiduría*, *Oración de Manasés* y *2 Macabeos*, y gozaron de gran popularidad entre la numerosa colonia judía de Alejandría. Casi todos se incluyeron en la traducción griega del Antiguo Testamento llamada → Septuaginta (LXX), que se hizo en esa ciudad. Ello implica que estos judíos, en cierta forma, los consideraron revestidos de la misma autoridad que los demás libros del Antiguo Testamento.

Canonicidad

Sin embargo, los rabinos que se reunieron en el llamado Concilio de Jamnia en 90 d.C. asumieron la tarea de fijar el → canon de los libros sagrados hebreos. Los criterios empleados por los rabinos fueron los siguientes: (1) composición del libro en hebreo o arameo; (2) antigüedad (por creerse que la profecía cesó con Esdras); (3) ortodoxia; y (4) calidad literaria. De acuerdo con estos criterios y otros factores, respecto a los cuales solo podemos conjeturar, los libros apócrifos quedaron excluidos del canon hebreo.

Sin embargo, la decisión de Jamnia no afectó a los cristianos de los primeros siglos de nuestra era, puesto que su Biblia era el Antiguo Testamento griego (LXX). Es cierto que ningún libro apócrifo se cita directamente en el Nuevo Testamento; no obstante, los apócrifos parecen haber influido directa o indirectamente en algunos escritos neotestamentarios: cf. Mt 11.28-30 con Ecl 24.25-31; Mt 9.17 con Ecl 9.15; Lc 12.6-20 con Ecl 11.14-20; Ro 1.19-20 con Sb 13.1-9; Ro 9.21 con Sb 15.7; Heb 1.3 con Sb 7.26; Heb 11.35 con 2 Mac 6.18–9.28.

Muchos padres de la iglesia antigua citaron estos libros sin reconocerlos como parte de la Biblia cristiana. Cirilo de Jerusalén (m. 381) y Jerónimo (m. 420) fueron más explícitos en distinguir los apócrifos de los libros canónicos del Antiguo Testamento. En su prólogo a los libros de Salomón, Jerónimo apunta que los apócrifos del Antiguo Testamento podían leerse para la edificación, pero «no para confirmar la autoridad de los dogmas de la iglesia». Los incluyó en el Antiguo Testamento de su versión latina de la Biblia (la Vulgata), pero señaló en los prólogos los libros que no se hallaban en el canon hebreo.

Evaluación protestante

En el siglo XVI, Lutero y otros reformadores emplearon el Antiguo Testamento hebreo, que no contenía los apócrifos. Conocían los puntos de vista de Jerónimo y se alejaron de ciertas doctrinas que la iglesia de Roma basó en los apócrifos. En su versión alemana del Antiguo Testamento (1534), Lutero juntó los apócrifos, dispersos a través de la Vulgata, en una sola sección. Los colocó después del Antiguo Testamento y los encabezó con las siguientes palabras: «Apócrifos. Libros que no son tenidos por iguales a la Sagrada Escritura, pero cuya lectura es útil y buena». Otras traducciones protestantes de la Biblia a las lenguas vernáculas siguieron el ejemplo de Lutero, incluyendo la Biblia del Oso, de Casiodoro de Reina (1569).

Frente a esta actitud, la iglesia de Roma decretó, en el Concilio de Trento (1546), que quienes no reconocieran como sagrados y canónicos todos los libros contenidos en la Vulgata estaban «anatematizados». Libros como 1 y 2 Esdras y la Oración de Manasés, no incluidos en la lista de doce escritos declarados como canónicos en Trento, se publicaron más tarde en letra pequeña, a modo de apéndice, en la edición clementina de la Vulgata (1592). Debe observarse que los católicos romanos se refieren a los apócrifos como libros «deuterocanónicos», sin que ello implique menoscabo de su inspiración y autoridad.

En el artículo sexto de los «Treinta y nueve artículos de la religión», la iglesia anglicana recomienda la lectura de los apócrifos «por motivo del ejemplo de vida y la instrucción en las costumbres, pero no los emplea para establecer doctrina alguna». La Confesión de Westminster (1647), que ha sido autoritativa para las iglesias presbiterianas (calvinistas) de habla inglesa, rechaza categóricamente los apócrifos y los despoja de cualquier viso de autoridad. En 1827, la Sociedad Bíblica Británica, seguida por la Sociedad Bíblica Norteamericana, decidió excluir los apócrifos en los ejemplares de la Biblia publicados por ella.

Ningún evangélico, por cierto, equipara los apócrifos con los libros canónicos. Sin embargo, los apócrifos constituyen un eslabón entre los dos testamentos, sin el cual se dificulta notablemente la comprensión del Nuevo Testamento, y puesto que formaban parte de la Biblia cristiana más antigua, los apócrifos deben estudiarse.

Descripción

A continuación damos un resumen del carácter, el contenido y la fecha de composición

El orden de los libros apócrifos

A

Los libros individuales apócrifos del Antiguo Testamento se organizan en orden alfabético en el subsiguiente artículo. Pero aquí está el orden en el cual generalmente se organizan estos 15 libros en las Biblias que contienen los apócrifos.

1. Primer libro de Esdras
2. Segundo libro de Esdras
3. Tobías
4. Judit
5. Adiciones a Ester
6. El libro de la Sabiduría
7. Eclesiástico o Sabiduría de Jesús, el hijo de Sirac
8. Baruc
9. La carta de Jeremías
10. La oración de Azarías y el cántico de los tres jóvenes
11. Susana
12. Bel y el dragón
13. La oración de Manasés
14. Primer libro de los macabeos
15. Segundo libro de los macabeos

de los apócrifos (de los cuales los números 1, 2 Esdras y La oración de Manasés no se imprimen en las Biblias catolicorromanas).

Primer libro de Esdras
(3 Esdras en la Vulgata)
Es una traducción y compilación de 2 Cr 35.1–36.21, aumentada por la adición de un pasaje largo (3.1–5.3). Relata cómo Zorobabel obtuvo de Darío la autoridad y los fondos para reanudar la reconstrucción de los muros de Jerusalén y del templo. Se supone que fue escrito después del 150 a.C.

Segundo libro de Esdras
(4 Esdras en la Vulgata)
Es un libro apocalíptico que contiene en los caps. 3–14 siete visiones al parecer otorgadas a Esdras en Babilonia durante el siglo VI a.C. El autor está obsesionado por la razón del mal y del sufrimiento humano y procura justificar ante los hombres los caminos de Dios. El autor de estos caps. fue un judío desconocido que quizás escribió en arameo hacia fines del siglo I d.C. Los caps. 1, 2 y 15, 16 son adiciones posteriores de dos autores cristianos.

Tobías
Es un relato popular y edificante. El ángel Rafael soluciona los problemas de Tobit y de Sara, dos judíos piadosos, por mediación de Tobías, hijo de Tobit. El libro destaca los deberes con los muertos y el consejo de dar limosna. Apareció en el siglo II a.C.

Judit
Relata cómo una bella viuda judía, Judit, le cortó la cabeza a Holofernes, comandante asirio que sitiaba la ciudad de Betulia, y así salvó a los israelitas. La historia está repleta de errores y dislates históricos y geográficos que tal vez introdujo adrede el autor para centrar la atención en el drama religioso que constituye el fondo del relato. Es probable que el libro se escribiera en hebreo, alrededor del 100 a.C.

Adiciones a Ester
En el siglo I o II a.C. un tal Lisímaco (11.1) tradujo el texto hebreo de Ester al griego. En seis lugares distintos de la narración griega, él, u otro autor, introdujo pasajes que no se hallan en el texto hebreo y que suman 107 versículos. Todas estas adiciones, menos una, mencionan el nombre de Dios (recuérdese que el texto masorético no se refiere ni una sola vez a Dios). En la Vulgata estas adiciones se agregan al final del texto canónico, pero en la Biblia de Jerusalén están intercaladas en letra cursiva en los lugares correspondientes al texto canónico.

El libro de la Sabiduría
Aunque insinúa que su autor fue Salomón, en realidad lo escribió en griego un

Grupo de tumbas en Bene Hezir (centro) cerca de Jerusalén, sepulcro de una familia sacerdotal del período macabeo.

judío helenizado, quizás de Alejandría, entre 100 y 50 a.C. El autor parece tomar en cuenta diferentes clases de lectores: judíos tibios y apóstatas (caps. 1–5) y judíos fieles pero desanimados por las persecuciones (caps. 10–12 y 16–19). A posibles lectores gentiles les ofrece una apología a favor de la verdad del judaísmo y señala la insensatez de la idolatría (caps. 6–9 y 13–15). Recalca la creencia en la inmortalidad del alma (rasgo típicamente helenista) y ensalza el papel de la sabiduría, que se identifica con Dios en el gobierno del mundo (7.22–8.1).

Eclesiástico

Se escribió en hebreo en 190 ó 180 a.C. por un judío de Palestina llamado Jesús (en hebreo, Josué), hijo de Sirac (50.29). Unos cincuenta años después el nieto del autor llevó un ejemplar a Egipto, donde lo tradujo al griego (véase el Prólogo). Este libro recalca que la sabiduría es la ley que Moisés proclamó (24.33,34). Una recopilación muy variada de máximas la encontramos en 1.1–42.4. Aquí se ensalzan sobre todo la prudencia y la autodisciplina. Es muy conocido el «elogio de los hombres ilustres» (44.1–50.21), que empieza con Enoc y termina con el sacerdote Simón II (220–195 a.C.).

Baruc

Se atribuye al escribano de Jeremías. El libro contiene una oración de confesión y de esperanza (1.15–3.8), un poema que alaba la sabiduría (3.9–4.4) y una pieza profética (4.5–5.9) donde el autor anima a los cautivos con la esperanza de su regreso del cautiverio. Es posible que en realidad el libro haya tenido dos o más autores; el más reciente de ellos tal vez vivió poco antes o después de la era cristiana.

La carta de Jeremías

Aparece en la Vulgata y demás traducciones catolicorromanas como el cap. 6 de Baruc. Pero la LXX conserva aparte esta carta. Se trata de una diatriba que ridiculiza la idolatría crasa de Babilonia. Se desconocen la identidad y la fecha del autor.

La oración de Azarías y el cántico de los tres jóvenes

Es una adición hallada en la versión griega y latina de Daniel, colocada entre 3.23 y 3.24 del texto canónico (donde se halla también en las traducciones catolicorromanas). Posiblemente se escribió en hebreo entre los siglos II y I a.C. El cántico de los tres jóvenes sigue usándose en varias liturgias modernas (p. ej., en la anglicana y en la luterana) con el título de *Benedicite*.

Susana

Es una historia de tipo «detectivesco» en que Daniel pone al descubierto las falsas acusaciones que dos ancianos lascivos lanzaron contra Susana, mujer judía muy virtuosa y bella. En la Vulgata se agrega al último capítulo de Daniel (en las demás traducciones catolicorromanas figura como el cap. 13 de Daniel). El autor es desconocido y el relato se compuso durante los dos siglos anteriores a la era cristiana.

Bel y el Dragón

Es otra historia de tipo «detectivesco» dirigida contra la idolatría. Daniel descubre los ardides de los sacerdotes del ídolo Bel y después mata a la serpiente adorada por los babilonios. Por segunda vez lo echan al foso de los leones y lo salvan. El autor, la fecha y el lugar de composición se desconocen. La Vulgata también anexa esta adición al libro canónico de Daniel y en las otras traducciones catolicorromanas figura como el cap. 14 de Daniel.

La oración de Manasés

Es una plegaria en que Manasés confiesa con humildad sus muchas transgresiones y pide perdón a Dios. Probablemente se compuso para insertarse en 2 Cr 33.12,13,18. Se escribió en griego, tal vez ya comenzada la era cristiana. Aunque no forma parte del censo de los libros canónicos adoptados en Trento, se incluye casi siempre en un apéndice de la Vulgata. Que se sepa, no existe traducción castellana.

Ruinas de Antioquía de Siria, capital de la dinastía que gobernó a Palestina durante la era de los macabeos y la escritura de gran parte de los apócrifos veterotestamentarios.

Primer libro de los macabeos.

Es de alto valor histórico. Destaca la resistencia a los esfuerzos de Antíoco Epífanes IV de Siria por erradicar la religión judía y por helenizar a los judíos, y relata las hazañas de los hermanos Judas Macabeo, Jonatán y Simón, durante las invasiones de los sirios y las peripecias históricas ocurridas entre 175 y 134 a.C. El autor fue un judío de Palestina que escribió en hebreo alrededor de 100 a.C., pero el texto hebreo se ha perdido.

Segundo libro de los macabeos.

Es un resumen de una obra de 5 tomos escrita por Jasón de Cirene (2.19-32). El libro trata de la historia de los judíos entre 175 y 160 a.C. El estilo es exhortatorio y el fin es agradar y edificar (2.25; 15.39). El autor escribió para los judíos de Alejandría, con el fin de despertar en ellos un interés por el templo de Jerusalén. El libro da por sentado la fe en la resurrección de los justos y recomienda la oración y el sacrificio de expiación por los difuntos (12.41-46). Tiene mucho menos valor histórico que 1 Macabeos. Se escribió en griego entre 124 a.C. y 70 d.C.

Bibliografía:

A. Robert y A. Feuillet, *IB* Tomo I, pp. 666-710. Alfonso Lloreda, «Sobre los libros apócrifos», primera, segunda y tercera partes, *La Biblia en América Latina*, No. 93-95, México, D.F., 1970.

APÓCRIFOS DEL NUEVO TESTAMENTO, LIBROS Obras que, aunque pretenden dar información acerca de Cristo y los apóstoles, o incluso estar escritas por estos, se excluyen del → CANON del Nuevo Testamento. Se consideran distintas de la literatura patrística (también extracanónica), de la cual algunos escritos gozaron de gran popularidad en ciertas iglesias durante los primeros dos siglos; p. ej., el *Pastor* de Hermas, la *Didajé* y *Las epístolas* de «Bernabé», Clemente de Roma, Ignacio y Policarpo. Más bien, los libros apócrifos nacieron principalmente de la curiosidad y piedad populares, y su orientación teológica delata su procedencia gnóstica (→ GNOSTICISMO). En su mayoría, se escribieron en griego. Solo de algunos se conserva el texto completo; para otros dependemos de citas en escritos posteriores.

Evangelios apócrifos

Preocupados por las lagunas en las narraciones canónicas, algunos autores de los siglos II a IV, a veces evidentemente heréticos, las rellenaron con episodios pintorescos. Estos escritos casi nunca merecen el nombre de → EVANGELIOS, porque su género literario es muy diferente. El *Evangelio de los hebreos* procede de Siria, de judeocristianos que conocían nuestro Mateo canónico. Más heterodoxo todavía es el *Evangelio de los egipcios*, que incluye un diálogo entre Cristo y Salomé sobre el repudio de toda relación sexual.

Entre los papiros se han hallado varios fragmentos, como el *Evangelio de Tomás* (véase abajo) y el *Evangelio desconocido* (Papiro Egerton 2), que data del año 100. Se han descubierto documentos que subrayan la pasión (*Evangelio de Pedro* y el *de Nicodemo*) y exageran lo milagroso. Otros describen la infancia de Jesús (*Protoevangelio de Santiago*, *Evangelio* [árabe] *de la infancia del Salvador*, etc.) y multiplican puerilmente los prodigios hechos por Jesús. Además, hay evangelios menos importantes que se llaman *de los doce apóstoles*, *de Matías*, *de Judas*, *de Bartolomé*, etc.

En Jenoboskion (Egipto) se descubrió en 1945 una biblioteca de literatura gnóstica (Nag Hammadi) escrita en copto, la cual brindó tres documentos de gran valor: el *Evangelio de la verdad*, escrito en Roma *ca.* 140 d.C., que medita enigmáticamente sobre la redención; el *Evangelio de Tomás*, procedente de Siria, que da 114 dichos de Jesús gnostizados; y el *Evangelio de Felipe*, en el que se rechaza enfáticamente todo lo sexual. El cotejo de estos libros con los canónicos es un estudio útil que llevará muchos años todavía.

Hechos apócrifos

Para satisfacer la curiosidad popular respecto a la suerte de los apóstoles (sus milagros, viajes y martirio) algunos cristianos de siglos posteriores rellenaron las lagunas del libro de Hechos. El resultado incluye ciertos datos de innegable valor, pero los hay también netamente fantásticos, de tendencia apologética y herética. Dignos de mención son: *Hechos de Pedro, de Pablo, de Andrés, de Juan, de Tomás,* etc., *Predicación de Pedro y Romance (Pseudo-Clementino).*

Epístolas apócrifas

Aun durante la vida de Pablo hubo falsificadores de su firma (cf. 2 Ts 3.17), pero en los siglos II y III esta literatura seudoepigráfica llegó a su apogeo, sobre todo en Siria y Egipto. A veces sus autores procuran acreditar aparentes privilegios de determinadas iglesias; otras veces pretenden suplir epístolas apostólicas, ahora perdidas. Títulos de interés son: *Correspondencia entre Cristo y Agbar rey de Edesa, Epístola de los apóstoles, Tercera de corintios, Epístola a los laodiceos y Correspondencia entre Pablo y Séneca.*

Apocalipsis apócrifos

Todo el aparato apocalíptico (→ APOCALIPSIS) de visiones, arrebatos y apariciones angélicas está presente en estas obras. En ciertos sectores el *Apocalipsis de Pedro* gozó de reputación canónica en el siglo II; en menos valor se tuvieron los *Apocalipsis de Pablo, de Juan* (no canónico), *de Tomás y Esteban y de María.*

El análisis de estos libros es una tarea delicada; el cristiano que busca en ellos datos genuinos de la → TRADICIÓN, tropieza con mucho material ficticio y espurio.

Bibliografía:

A. de Santos O., *Los Evangelios apócrifos*, B.A.C., Madrid, 1956. Johannes Baptist Baver, *Los apócrifos neotestamentarios*, Ediciones Fax, Madrid, 1968.

APOLIÓN → ABADÓN.

APOLONIA Ciudad de Macedonia situada a 44 km al oeste de → ANFÍPOLIS en la Vía Ignatia, camino romano a Tesalónica. Recibió su nombre en honor de Apolo, dios grecorromano del sol. Pablo pasó por Apolonia en su segundo viaje misionero (Hch 17.1).

APOLOS Judío alejandrino que abrazó el cristianismo. Llegó a Éfeso después de la corta visita que Pablo hizo a esta ciudad en su segundo viaje misionero (Hch 18.24-28). Era «varón elocuente, poderoso en las Escrituras ... de espíritu fervoroso», pero su experiencia en el cristianismo era parcial, ya que «solamente conocía el bautismo de Juan».

Los hermanos Priscila y Aquila, quienes habían acompañado a Pablo desde Corinto (Hch 18.18), instruyeron a Apolos y posiblemente lo bautizaron. Los hermanos efesios lo animaron a visitar a Corinto, donde sobresalió como elocuente apologista en las controversias con los judíos (Hch 18.27s), granjeándose así involuntariamente un partido propio. Tanto Pablo como Apolos deploraban estas divisiones en la congregación (1 Co 3.4-8).

A juzgar por 1 Co 16.12, Apolos buscó a Pablo en Éfeso (cf. Tit 3.13), estaba con él cuando este escribió 1 Corintios y se negó a regresar a Corinto.

Lutero y otros han sugerido que Apolos fue el autor de la Epístola a los → HEBREOS.

APOSENTO ALTO Pieza construida en el piso alto de una casa y destinada al descanso (Jue 3.20-24), a la oración (Mc 6.6) y al hospedaje de personas distinguidas (2 R 4.10,11).

En un aposento alto se instituyó la Santa Cena (Mc 14.14s), se reunió la primera iglesia cristiana (Hch 1.13), se realizaron, según una interpretación de Hch 2.1s, los hechos del día de Pentecostés y Pablo predicó el evangelio (Hch 20.8).

APOSTASÍA Transcripción exacta de la palabra griega *apostasía* (defección, revuelta), que en el griego clásico era un término técnico de la política; p. ej., la rebelión contra el poder gubernamental, sea el rey o la patria. Este significado secular se conserva en la LXX (Gn 14.4; 2 Cr 13.6; Ez 17.15; Neh 2.19; 6.6), traducción de la raíz hebrea *mrd*, «rebelarse».

El sentido religioso de apostasía es de origen bíblico. Señala en sentido amplio rebelión contra Dios. Es decir, no obedecerlo ya sea por seguir falsos dioses (la idolatría) o desviación moral de la Ley. En la LXX ya aparece con este significado (Dt 32.15; Jos 22.18-23; Jer 2.19; 3.14; Dn 9.9). Ejemplos de la apostasía en el Antiguo Testamento son los reyes Acaz (2 Cr 29.19), Manasés (2 Cr 33.19) y el pueblo de Israel (Is 1.2-4; Jer 2.1-9). En el judaísmo tardío la adopción de prácticas religiosas paganas de los judíos se consideraba la apostasía «del pacto santo» (1 Mac 1.15), «de la religión de sus antepasados» (1 Mac 2.15,19) y de «las leyes» (2 Mac 5.8).

En el Nuevo Testamento el término griego *apostasía* solo aparece en dos pasajes (Hch 21.21 y 2 Ts 2.3). Sin embargo, la realidad que describe se encuentra con frecuencia. En Hch 21.21 acusan a Pablo de enseñar «a los judíos [de la dispersión] ... a apostatar de Moisés». Es decir, a abandonar la Ley, la circuncisión y las costumbres tradicionales judías. En 2 Ts 2.3 se usa de nuevo en un contexto escatológico. Antes de la venida del día del Señor habrá una rebelión contra Dios, el abandono o la apostasía de la fe. La apostasía en el contexto escatológico se describe con otra terminología en 1 Ti 4.1 y Mt 24.1-12.

La apostasía era uno de los problemas más graves que la iglesia primitiva tenía que enfrentar. Se describía como volver atrás y no seguir a Jesús (Jn 6.66), abandonar la fe (1 Ti 4.1), ser arrastrado por el error (2 P 3.17) y apartarse del Dios vivo (Heb 3.12). Las causas de la apostasía pueden incluir la enseñanza de falsos maestros (Mt 24.11; Gl

1.6,7; 2 Ti 2.17,18; 2 P 2.1,2; Jud 3,4), la adopción de una vida de pecado que los herejes promueven (2 P 2.18-20), la persecución (Mt 24.9,10; Lc 8.13) y la tentación satánica (1 P 5.8). Las consecuencias graves de la apostasía se describen en Heb 6.4-8 y 10.26-29. Frente al peligro de la apostasía los autores apostólicos presentaban un antídoto: la exhortación de perseverar hasta el fin (Mt 24.13; Lc 8.15), estar firmes y retener la doctrina apostólica (2 Ts 2.15), retener la confianza en Dios (Heb 3.14), y resistir al diablo (1 P 5.9) en la confianza de que Dios fortalece a su pueblo frente a las adversidades que pueden llevarlo a la apostasía (1 P 5.10; 2 Ts 2.16,17). Los miembros de la comunidad de fe se exhortan los unos a los otros a permanecer en la fe (Hch 14.22; Heb 13).

Mientras algunos teólogos opinan que el verdadero creyente no puede abandonar la fe con base en los textos que hablan de la seguridad del creyente (Jn 10.27-30; Flp 1.6; Heb 7.25; 2 Ti 1.12), otros observan que varios textos neotestamentarios describen la apostasía y la perdición de quienes recibieron la salvación (2 Ti 4.10; Heb 6.4-6; 10.26,27; 1 P 5.8; 2 P 2.1; 2.18-22).

Bibliografía:

Juan Calvino, *Institución de la religión cristiana*, Nueva Creación, Buenos Aires y Grand Rapids, 1988, 3.3.2 1ss. *DTNT*, 1.202-207. Judith M. Gundr y Volf, *Paul & Perse verance*, John Knox Press, Westminster, Louisville, 1990. I. Howard Marshall, *Kept by the Power of God*, Bethany, Minneapolis, 1975. Robert Shank, *La vida en el Hijo*, Beacon Hill, Kansas City, 1961, pp. 29ss.

APÓSTOL Transcripción de la voz griega *apóstolos*, derivada del verbo griego *apostello* (enviar o despachar). Este verbo se distingue del verbo *pempo* (otro verbo que significa «enviar») en que involucra la idea de ser enviado con un propósito especial o con autorización oficial. El sustantivo se emplea en el Nuevo Testamento de tres distintas maneras:

1. Designa un «enviado», «delegado» o «mensajero». En Jn 13.16 la palabra no se transcribe sino se traduce «enviado». En este sentido Cristo es un apóstol de Dios (Heb 3.1; cf. Lc 11.49). Epafrodito es un apóstol de los filipenses (Flp 2.25, donde *apóstolos* se traduce «mensajero», igual que en 2 Co 8.23).

2. Designa a un miembro del grupo de los doce que Jesucristo seleccionó para ser de manera especial sus compañeros constantes y los pregoneros iniciales del mensaje del reino de Dios (Mt 10.1-8; Mc 3.14s; 6.13-19,30; Lc 6.12-16; Hch 1.26; Ap 21.14).

Parece que prevalecía en la mente del colegio apostólico la idea de que el número de doce debía guardarse intacto. Prueba de esto es el hecho de que, después de la muerte de Judas Iscariote, nombraron a otro que ocupara su lugar (Hch 1.15-26). En esta ocasión Pedro especificó los requisitos que había que cumplir para ser apóstol: haber sido (1) compañero de Jesús durante su ministerio terrenal y (2) testigo de su resurrección (Hch 1.21,22).

Pablo cumplía el segundo requisito, pero no el primero. Sin embargo, dijo ser apóstol (1 Co 9.1s; 2 Co 12.12; Gl 1.1; 1 Ti 2.7; 2 Ti 1.11).

Es interesante notar que la palabra *apóstolos* aparece 79 veces en el Nuevo Testamento y que de ellas 68 se hallan en los escritos de Pablo y Lucas, mientras que en los de Juan no se encuentra ni una. Sin embargo, es en el Evangelio de Juan donde se especifica más claramente el papel particular de los apóstoles después de la muerte de Cristo (17.18; 20.21). Según Juan, el Espíritu Santo les recordará las palabras de Jesús, les «enseñará todas las cosas», les «guiará a toda la verdad», y les «hará saber las cosas que habrán de venir» (14.26; 16.13).

Por tanto, las enseñanzas de los apóstoles son la norma para la doctrina y la vida de la iglesia (Hch 2.42, → TRADICIÓN). Pablo da el primer lugar a los apóstoles entre los líderes instituidos en la iglesia (Ef 4.11) y dice que ella está edificada «sobre el fundamento de los apóstoles y los profetas» (Ef 2.20; cf. Gl 2.9). Jesús anunció que los apóstoles serán jueces en el juicio mesiánico (Mt 19.28) y Apocalipsis declara que sus nombres estarán

Los estériles y ardientes desiertos del Arabá al sur de Israel.

grabados en los cimientos del muro de la nueva Jerusalén (21.14).

3. Designa en sentido general a maestros y misioneros destacados. Por ejemplo, → Jaco-bo el hermano del Señor (Gl 1.19), → Ber-nabé (Hch 14.14), → Timoteo y Silvano (1 Ts 1.1; 2.6), → Andrónico y Junias (Ro 16.7). En 1 Co 15.5,7 Pablo evidentemente distingue entre «los doce» (categoría 2, arriba) y «todos los apóstoles» (categoría 3).

Juan y Pablo nos advierten que hay quienes pretenden ser apóstoles, pero realmente están «disfrazados» (Ap 2.2; 2 Co 11.5,13).

AQUILA Y PRISCILA Aquila, natural del Ponto, fabricante de tiendas (Hch 18.3), y Priscila su esposa, eran colaboradores con Pablo en Corinto y Éfeso. A veces el nombre de Priscila precede al de su marido, lo cual hace sospechar que ella ocupó un lugar más prominente que el de su esposo en la dirección de la iglesia. «Priscila» es el diminutivo de «Prisca» (1 Co 16.19, BJ; 2 Ti 4.19).

La primera mención de Aquila y Priscila se hace cuando Pablo llega a Corinto en su primer viaje misionero y se aloja en la casa de ellos (Hch 18.1-3). Tal vez fue en esta época cuando arriesgaron la vida por él (Ro 16.4), por lo que merecieron el agradecimiento de las iglesias gentiles. Junto a otros judíos, los expulsaron de Roma bajo edicto del emperador Claudio en 49 d.C. No se sabe si eran cristianos antes de la visita de Pablo, pero pronto llegaron a ser líderes en la nueva iglesia de Corinto.

Aquila y Priscila acompañaron a Pablo cuando salió de Corinto para Éfeso (Hch 18.18). La iglesia de Éfeso se reunía en la casa de ellos (1 Co 16.19) y quizás se encargaron de la misma durante la ausencia de Pablo. Cuando → Apolos llegó a Éfeso, lo instruyeron más en las cosas del Señor (Hch 18.24-26), tal vez lo bautizaron y le ayudaron en su viaje a Corinto dándole una carta de recomendación (Hch 18.27).

Aparecen después en Roma (Ro 16.3) y luego 2 Ti 4.19 indica que de nuevo se encuentran en Éfeso.

AQUIS Rey filisteo de la ciudad de Gat, que brindó asilo a David cuando este huía de la persecución de Saúl. Por temor a Aquis y a los siervos de este, David se fingió loco y escapó para ir a refugiarse a la cueva de Adulam (1 S 21.10–22.1).

Más adelante, Aquis volvió a permitir a David asilarse en Gat y le dio la ciudad de Siclag (1 S 27.5,6). En el título del Sal 34, Abimelec es otro nombre para Aquis.

AR Una de las ciudades principales de → Moab (Is 15.1). Se hallaba en el límite septentrional

Habitantes del desierto con sus rebaños cerca de un oasis en el Arabá.

de Moab, al sur del río → Arnón (Nm 21.15, 28). Se prohibió a los israelitas tomar esta ciudad porque Jehová la dio por heredad a Moab, uno de «los hijos de Lot» (Dt 2.9,18, 29).

ARABÁ (*tierra seca* o *estepa desértica*). Nombre de la depresión que se extiende desde el mar de Galilea hasta el golfo de Aqaba en el sur. Designaba diferentes partes de la depresión, tales como el valle del → Jordán (Dt 4.49; Jos 11.16; 2 S 4.7), el → mar Muerto (Dt 4.49; Jos 3.16; 12.3) o la parte sur del mar Muerto (Dt 2.8).

Hoy en día se denomina Arabá a la parte entre el mar Muerto y el golfo de Aqaba, región importante por su control de rutas comerciales de las caravanas. La misma palabra en plural ('*arbot*) indica estepas desérticas dentro del Arabá, como «los llanos de Jericó» (Jos 5.10) o «los campos de Moab» (Nm 22.1; 26.3). Las palabras «Arabia» y «árabe» se derivan de esta misma raíz.

ARABIA, ÁRABES Es la península más grande del mundo, tiene forma de rectángulo, su extensión abarca casi 3.000.000 km^2 y está situada al sudeste de Palestina. Limita al oeste con el mar Rojo, al sur con el golfo de Edén, el océano Índico y el mar de Omán, y al este con el golfo Pérsico. No tiene frontera definida en el norte porque se une con el desierto de Siria.

Dos inmensas depresiones cubiertas de dunas de macizo volcánico atraviesan Arabia y en ellas se cultivan trigo y dátiles gracias a la poca lluvia. La región del sur es montañosa y alcanza hasta 3.000 m de altura en algunas partes. Las costas son angostas llanuras desérticas.

Arabia se considera la cuna de los pueblos semitas. Desde el cuarto milenio a.C. los semitas de Arabia (sobre todo del norte de Arabia) han mantenido relación con las civilizaciones sedentarias que pueblan desde Mesopotamia hasta Palestina y Transjordania. Por lo general, los árabes se infiltraron poco a poco en estas civilizaciones, pero a

veces hubo grandes migraciones. Las más importantes fueron: (1) *ca.* 3500 a.C., cuando algunos semitas formaron la cultura acádica en Mesopotamia y posiblemente algunos se amalgamaron con los habitantes del valle del Nilo; (2) *ca.* 2500 a.C., cuando los amorreos entraron en Mesopotamia y los cananeos y fenicios emigraron a Siria y Palestina; (3) entre 1500 y 1200 a.C., cuando los hebreos entraron en Palestina y los amorreos en Siria; (4) *ca.* 400 a.C., cuando los nabateos dominaron a Edom, al sur de Siria y Palestina; y (5) en el siglo VII d.C., cuando ocurrieron las migraciones del islam.

Arabia casi siempre se presenta en la Biblia como lugar solitario y apto para recibir allí la revelación de Dios. Por eso la parte más famosa es la pequeña península de Sinaí/Horeb al noroeste de la península principal. En este lugar sagrado para los hebreos, Dios se reveló a Moisés y le dio las tablas de la → Ley. Años más tarde Elías oyó aquí la voz de Dios (1 R 19.8ss).

Los árabes siempre se han identificado con la vida nómada, las caravanas de camellos y el comercio (cf. Gn 37.25; 1 R 10.10). Sin embargo, en varias épocas levantaron renombrados reinos y civilizaciones. Dos ejemplos son el poderoso reino de Sabá en el sur de Arabia (*ca.* 1000 a.C.), del cual los arqueólogos han encontrado grandes construcciones, y el reino de los nabateos en el norte de Arabia (400 a.C.–100 d.C.) con su capital en → Petra. En los siglos IX a VII a.C. los árabes se mencionan a menudo en escritos asirios. Tanto los asirios como los caldeos dominaron a las tribus que habitaban la parte norte de Arabia.

En Gn 10 algunos de los hijos de Cus (v. 7) y de Joctán (vv. 26-29) pueden identificarse con tribus del sur de Arabia. Los hijos de Aram (Gn 10.23) son árabes. Más tarde, los descendientes de Abraham por Cetura: Medán, Madián, Súa y Dedán (Gn 25.1-4), habitaron el norte de Arabia. Muchos descendientes de Ismael (Gn 25.13-16) se relacionaron con el noroeste de Arabia. Asimismo algunos hijos de Esaú (Gn 36) se identifican como árabes. En la historia de José, los ismaelitas y madianitas son mercaderes (Gn 37.27,28). Moisés pasó largo tiempo en Arabia, en tierra de → MADIÁN.

Los israelitas se relacionaron con varias tribus árabes, especialmente beduinos nómadas del norte de Arabia: los amalecitas (Éx 17.8-16; 1 S 15; 30) los madianitas y los hijos del Oriente (Jue 7.12) y algunas bandas armadas (2 Cr 21.16; 22.1). Estas tribus fueron enemigas, pero las hubo también amigables. El encargado de los camellos de David era ismaelita (1 Cr 27.30). Salomón se enriqueció por comerciar con los árabes (1 R 10.15) y recibió la visita de la reina de Sabá (1 R 10.1ss). El rey Josafat recibió tributo de los árabes (2 Cr 17.11). Los profetas mencionan con frecuencia a los árabes (Is 13.20; 21.13; 60.6; Jer 6.20; Ez 27.20-22). En el tiempo de Nehemías un árabe, Gesem, intentó impedir la reconstrucción de los muros de Jerusalén (Neh 2.19; 4.7; 6.1-6).

En el día de Pentecostés algunos árabes oyeron el evangelio (Hch 2.11). Aretas el gobernador de Damasco, quien trató de prender a Pablo, era árabe (Hch 9.23-25; 2 Co 11.32s). Cuando Pablo se retiró a Arabia, tal vez se fue al territorio de los nabateos al este o sudeste de Palestina.

ARADO Instrumento usado desde los tiempos más antiguos para labrar y preparar la tierra para la siembra. Seguramente Caín araba la tierra (Gn 4.2). Los primeros arados se hacían de madera y no de metal. Más tarde la reja se guarnecía con una punta de hierro (Is 2.4; Jl 3.10, VM). En el tiempo de David había abundancia de hierro para fabricar rejas para los arados.

La mancera se formaba de una sola pieza y esto permitía manejar el arado con una sola mano. Con la otra mano se dirigía a los bueyes o animales con una garrocha, que también servía para limpiar la reja cuando el suelo quedaba pegado a ella (Jue 3.31; 1 S 13.21, VM). Era importante que el arado no fuera pesado, ya que era necesario levantarlo y pasarlo por encima de las piedras en ciertos campos.

ARAM, ARAMEOS Aram fue quinto hijo de Sem, uno de los hijos de Noé (Gn 10.22s), y el territorio habitado por sus descendientes. De ellos derivaron los distintos pueblos semíticos y, por tanto, el nombre «arameo» designa tanto un pueblo, como un idioma. Se menciona a otro Aram, nieto de Nacor, el hermano de Abraham (Gn 22.21), lo cual pareciera indicar una relación estrecha entre los arameos y los patriarcas hebreos. Con el término «arameo» la Biblia suele designar un pueblo semítico que vivía esparcido por las regiones de Mesopotamia y Siria en distintas tribus y localidades.

El territorio de los arameos nunca estuvo bien definido. Comúnmente, Aram se refería a la tierra que estaba al nordeste de Palestina hasta donde nacen los ríos Tigris y Éufrates. En tiempos de Abraham y sus hijos, Aram significaba Mesopotamia, pero durante el período de la monarquía hebrea designaba a Damasco y la región de → SIRIA. Por lo general, la LXX traduce el hebreo *Aram* por *Syria*.

Abraham reconocía su parentesco con los arameos, pues buscó entre ellos una esposa para Isaac (Gn 24). Después, Jacob consiguió sus dos esposas de entre sus parientes arameos. Un viejo credo de los hebreos afirma que estos descendieron de los arameos (Dt 26.5). Según 2 S 8.3-10, David logró dominar Hamat y Damasco, los dos centros arameos importantes. Pero al mismo tiempo los amonitas contrataron a los arameos para pelear contra David (2 S 10.8).

Como mercenarios, los arameos constituían un peligro para Israel hasta que al fin Asiria los conquistó completamente en la misma época en que cayó Samaria (722 a.C.). La importancia histórica de los arameos reside en su facilidad para adoptar la cultura de sus vecinos y diseminarla por el Cercano Oriente. Al adoptar el alfabeto fenicio, su idioma sencillo y práctico llegó a desplazar la complicada escritura cuneiforme de los asirios, babilonios y persas. (→ ARAMEO, IDIOMA.)

ARAMEO, IDIOMA Dialecto semítico muy semejante al hebreo y hablado por los → ARAMEOS.

Probablemente los patriarcas lo conocían aun antes de llegar a Palestina. El alfabeto arameo se tomó de los fenicios. Existen textos en arameo desde los siglos X y IX a.C.

Durante el período del Imperio → Asirio muchos pueblos agregados a este usaban el arameo como idioma común. Se adoptó la práctica de añadir una traducción aramea a muchas inscripciones cuneiformes asirias. Era la lengua comercial del Imperio, y los escribas copiaban en arameo los documentos de compra y venta y de valor legal. Abundan las inscripciones arameas en los sellos y en la cerámica de aquella época, e incluso habló en arameo el general asirio que demandó la rendición de Jerusalén en 701 a.C. (2 R 18.13-37).

El arameo continuó usándose durante el período babilónico y llegó a su «edad de oro» en la época del Imperio Persa (538–330 a.C.). Desde Egipto hasta Grecia, y hasta Afganistán en el Oriente, abundan las inscripciones arameas en las piedras y la cerámica del período. Todavía existen papiros con cartas escritas en arameo. Es posible que el libro de → Daniel se escribiera originalmente en arameo y que ciertas porciones se tradujeran al hebreo después, puesto que el original de Dn 2.4–7.28 todavía se conserva en arameo. También Esd 4.8–6.18 y 7.12-26 están en arameo y algunas palabras y expresiones en Génesis, Job, Salmos, Ester y Cantares. Después del cautiverio la mayoría de los judíos de Palestina hablaban arameo como lengua común. Un traductor realizaba la lectura pública de las Escrituras y lo hacía en arameo (Neh 8.8). Según la tradición rabínica esta práctica se hizo común (→ Tárgum).

Para varios críticos del Antiguo Testamento la presencia de arameísmos indica que ciertos pasajes se escribieron posteriormente. Sin embargo, ahora se sabe que algunos de los llamados «arameísmos» son simplemente diferencias dialectales del norte de Israel. Además, desde el tiempo de David hubo estrecha relación entre hebreos y arameos (sirios). Asimismo, el estilo del arameo de Esdras y Daniel no justifica que se les atribuya una fecha posterior como se suponía, ya que el arameo imperial fue igual en el Oriente y el Occidente durante varios siglos. El arameo de Esdras y Daniel bien puede ser del siglo VI a.C.

Durante la época del dominio griego, los judíos acentuaron el uso del arameo para resistir la penetración de la cultura griega. El famoso historiador Josefo escribió la primera versión de su obra en arameo. Alrededor del período de Jesús se escribieron los → tárgumes, traducciones arameas de las Escrituras con alguna interpretación y aclaración hecha por los fariseos.

Recientemente se descubrió que el manuscrito Neofiti I de la Vaticana es un tárgum palestiniano completo del Pentateuco. También en los manuscritos de Qumrán se encontró un tárgum del siglo I. Estos documentos nos permiten conocer el arameo que hablaban Jesús y sus discípulos.

El uso de los antecedentes arameos para explicar los Evangelios es de mucho valor si no se exagera. Es difícil sostener la tesis de que todos los Evangelios se tradujeron del arameo, como han dicho algunos, pero es cierto que muchos dichos de Jesús revelan el ritmo y el genio del arameo que Él hablaba. En el tiempo de Jesús el idioma común era el arameo. Sin embargo, muchos también hablaban griego y algunos hebreo mísnico. El Talmud se escribió mayormente en arameo.

Bibliografía:
EBDM I, pp. 665-672. IV, pp. 518-526. V, pp. 811-818.

ARAÑA Animal de la clase de los arácnidos. A pesar de que en Palestina hay más de setecientas especies de arañas, se le nombra pocas veces en la Biblia, p. ej., Job 8.14; Is 59.5. En estos casos se compara la fragilidad de la telaraña con la naturaleza de los vanidosos y la prosperidad de los malos.

ARARAT Región (y no solo los montes) donde se posó el → arca de Noé, según Gn

8.4. Está entre los lagos Van y Urmía, por donde fluye el río Araxes hacia el mar Caspio. Hoy es Armenia, pero en tiempos veterotestamentarios se llamaba Urartu. Tenía una extensión de *ca.* 200 km. Al Ararat huyeron los asesinos de Senaquerib (2 R 19.37; cf. Is 37.38). Jeremías incitó a los habitantes de esta región a sublevarse contra Babilonia (Jer 51.27).

El macizo montañoso que hoy se llama Ararat tiene dos picos volcánicos situados en el ángulo donde se unen Rusia, Irán y Turquía, lo cual ha impedido la exploración moderna. La cima más alta tiene unos 5.230 m de altura, y permanece cubierta de una capa de hielo y nieve.

Allí se ha descubierto una antiquísima viga labrada, posible reliquia del arca, según algunos. Muchas expediciones se han organizado para buscar más vestigios.

Los habitantes de la región han creído desde hace siglos que el arca reposó más bien en otra montaña, llamada Jebel Judi, al sur del lago Van. El «Noé» de la historia babilónica del diluvio salió ileso sobre el monte Nisir, que se encuentra en la misma región.

ARAUNA (Ornán, según 1 Cr 21). Jebuseo que poseía una era en el monte Moriah, en la cual el ángel de Jehová detuvo su mano cuando extendía la peste sobre Israel. David le compró a Arauna esta era para construir allí un altar (2 S 24.16-25; 1 Cr 21.15-27). Dios escogió este terreno para la construcción del templo de Salomón (1 Cr 22.1; 2 Cr 3.1).

ÁRBOL Los árboles frutales viejos se talan para que retoñen nuevos vástagos (→ RENUEVO; VID) de sus raíces (Job 14.7; Is 11.1) o se les injerta una rama nueva (Ro 11.17; → OLIVO). La Ley protegía los árboles frutales (Dt 20.19). (→ FRUTA; HIGUERA.)

El uso de «árbol» en sentido figurado tiene raíces en la mitología del Cercano Oriente. A menudo esta mitología hace referencia a un árbol cósmico, símbolo del universo. De ahí parece derivarse el uso del árbol como símbolo de los imperios universales: Egipto (Ez 31) y Babilonia (Dn 4.10-17). En parte, de ahí viene también la imagen del árbol como símbolo del Reino de Dios (Mt 13.31ss), aunque también el Antiguo Testamento habla de árboles plantados por Jehová (Nm 24.6; Sal 104.16).

Dada esta asociación mística, los árboles se consideraban a veces sagrados. Bajo su sombra se celebraban reuniones del pueblo y juicios (Jue 4.5; 1 S 14.2; 22.6; → ENCINO; TAMARISCO) y en su cercanía se sepultaba a personas destacadas (Gn 35.8). La veneración de árboles sagrados en los cultos paganos amenazaba con desviar a los israelitas del culto de Jehová. (→ ASERA; LUGARES ALTOS.)

También en la mitología mesopotámica se utiliza el símbolo del «árbol de la vida» (véase Guilgamés, XI, pp. 266-289), del todo inaccesible al hombre como en Gn 3.24 (pero cf.

Una interpretación artística del arca de Noé basada en información de un explorador que afirma haberla visto en el monte Ararat en 1908.

Ap 22.2). Pero en estas mitologías tal árbol ofrece rejuvenecimiento, mientras que el de la Biblia comunica inmortalidad (Gn 2.9; 3.22).

El «árbol de la ciencia del bien y del mal» está íntimamente relacionado con el «árbol de la vida» (Gn 2.9). Se discute si «ciencia del bien y del mal» es un concepto ético; o sea, «comprensión de lo que es bueno y lo que es malo», o más bien un semitismo que significa «saberlo todo».

ARCA DE NOÉ «Arca», en el relato de Gn 6.13–8.19, traduce la voz hebrea *teba*, palabra que se repite solo en la historia del nacimiento de Moisés (Éx 2.1-10). No fue exactamente un barco, sino una «casa (o caja) flotante», construida para conservar la vida de algunas personas y muchos animales durante el diluvio. Muchas de las preguntas que se hacen respecto al arca no tienen respuesta, pero la Biblia revela lo siguiente:

1. Se construyó por mandato de Dios para que, cuando llegara el inminente juicio del diluvio, se salvara la vida de Noé y su familia y se perpetuase por medio de ellos la raza (Gn 6.12ss).

2. El tiempo de su construcción, 120 años, fue también período de advertencia para el mundo antediluviano (Gn 6.3; 1 P 3.20; 2 P 2.5).

3. Sus dimensiones eran ideales para una «casa flotante» que no tenía que navegar: 300 codos de largo, 50 de ancho y 30 de alto (aproximadamente 132 m por 22 m por 13 m), suficiente espacio para los aposentos (literalmente, *nidos*) de Gn 6.14. Sería muy natural que tuviera «tres pisos» (Gn 6.16), aunque caben otras traducciones.

4. Estaba hecha de madera de gofer, madera poco conocida. Es probable que se trate del ciprés. Estaba calafateada con brea como las embarcaciones del sur de Mesopotamia.

5. Sin dogmatizar, las parejas de animales deben de representar la fauna de las tierras bíblicas, ya que estas constituyen el escenario para el desarrollo del plan de la redención. A menudo el adjetivo «todo» o «todos» debe entenderse en relación con el contexto.

Los animales limpios (Gn 7.2) se usaban para el sacrificio o la comida, de modo que las disposiciones de Lv 11 reflejan suficiente para recoger los animales.

6. La ventana (Gn 6.16) quizás fue una abertura que rodeara toda el arca debajo del techo para luz y ventilación. Había una sola puerta (Gn 6.16) y Jehová la cerró al terminarse el tiempo de espera. Se ha considerado como símbolo de la única puerta de salvación que un día también se cerrará (Mt 25.10).

El simbolismo del arca se desarrolla en 1 P 3.20,21: fue medio de salvación para ocho personas que pasaron por agua de una tierra de muerte a otra limpia de «resurrección». De ahí su correspondencia con el bautismo, que no limpia la carne, pero simboliza la salvación y viene a ser la respuesta de una buena conciencia hacia Dios. Para quienes admiten la acción de Dios en el mundo, no hay nada increíble en la historia del arca, la cual tiene relación con las leyendas de un diluvio de enormes proporciones en la tradición de muchos pueblos. (→ DILUVIO.)

ARCA DEL PACTO (*arca del Señor, arca de Dios* o *arca del testimonio*). Caja rectangular, de madera de acacia, que medía 112,5 cm de largo por 67,5 de ancho y alto. Estaba cubierta de oro por dentro y por fuera, y tenía cuatro anillos colocados en los ángulos, por los cuales pasaban dos varas de madera de acacia (también cubiertas de oro) con que se transportaba. Sobre el arca había una tapa de oro que se llamaba el «propiciatorio», encima del cual dos querubines de oro se miraban frente a frente, de pie, con sus alas extendidas cubriendo el propiciatorio (Éx 25.10-22).

Dentro del arca se hallaban las dos tablas de la Ley (Éx 40.20; Dt 10.1-5), la vara de Aarón y una porción de maná (Heb 9.4,5). El arca se colocó dentro del Lugar Santísimo tanto del tabernáculo como del templo de Salomón, tras el velo; era el único mueble allí.

Para el pueblo de Israel, el arca del pacto tenía un doble significado. En primer lugar

Foto: Servicio fográfico Levant

Un tallado en piedra que pudiera representar el arca del pacto, descubierta en la excavación
de una sinagoga en Capernaum.

se conceptuaba como trono de Dios (1 S 4.4; Is 6.1). De una manera especial Dios moraba entre los querubines y desde allí en varias ocasiones se reveló a Moisés (Éx 25.21,22; 30.36) y a Aarón (Lv 16.2; Jos 7.6). Sirvió como símbolo de la presencia divina entre el pueblo de Israel (Lv 16.2). Por eso en la peregrinación el arca iba delante guiando a los israelitas; por ejemplo, cuando cruzaron el Jordán (Jos 3.11-17). Cuando rodearon los muros de Jericó se llevó en medio del pueblo (Jos 6.4-13).

El segundo significado residía en la relación entre la Ley que estaba dentro del arca y la sangre rociada sobre el propiciatorio que la cubría en el Día de Expiación (Lv 16). El punto culminante en este día era la entrada del sumo sacerdote en el Lugar Santísimo con la sangre del macho cabrío para rociar el propiciatorio. Era entonces cuando, en forma representativa, el pueblo entraba en la presencia de un Dios misericordioso y dispuesto a perdonar los pecados. El pueblo quedaba purificado para otro año (Lv 16.30) y el pacto seguía en vigencia.

Después de una larga trayectoria en el desierto, el arca descansó en Bet-el (Jue 20.27), durante la época de los jueces. Aparece en Silo en el tiempo del sumo sacerdote Elí (1 S 1.3; 3.3). Los israelitas creían que el arca tenía poderes mágicos. Por eso durante la guerra con los filisteos, la llevaron a la batalla, pensando que así se aseguraban la victoria (1 S 4.3-9). Sin embargo, perdieron la batalla y los filisteos llevaron el arca a Asdod. Como consecuencia de haberla puesto en sus templos, los filisteos padecieron siete meses de plagas (1 S 5), por lo cual colocaron el arca en un carro y la llevaron a Quiriat-jearim (1 S 6.1–7.2). Durante el reinado de David, este la guardó en una tienda en Jerusalén (2 S 6). Su hijo Salomón la puso en el nuevo templo (1 R 8).

Después de la reforma de Josías, ya no se sabe más del arca (2 Cr 35.3). Probablemente la destruyeron o perdieron durante la devastación de Jerusalén (587 a.C.).

ARCÁNGEL (*ángel principal*). Término que aparece dos veces en la Biblia: 1 Ts 4.16; Jud 9. Según Dn 10.13,20, hay ángeles que velan sobre ciertas naciones, a los cuales se les llama «príncipes» y se les asignan misiones especiales. Miguel, el arcángel protector de Israel (Dn 12.1; Ap 12.7-9), es «uno de los principales príncipes» (Dn 10.13).

ARCO Y SAETA Armas muy usadas en tiempos antiguos tanto para la caza como para la guerra (Gn 27.3; 2 R 6.22). El arco se hacía de madera flexible, reforzada a veces con cuero o metal (2 S 22.35). Los arcos usados en guerra eran largos, hasta 1,5 m. La cuerda se hacía de cuero o del intestino de un animal, por lo general de buey.

La saeta o flecha constaba de un asta de caña o de madera fuerte y liviana y de una punta afilada de bronce o (más tarde) de hierro. A veces la punta llevaba veneno (Job

6.4) o fuego (Ef 6.16). Las flechas se llevaban en una → ALJABA.

El término saeta se usaba simbólicamente para representar a los niños (Sal 127.4,5), calamidades o peligros (Sal 38.2; 91.5; Ez 5.16), palabras engañosas y amargas (Sal 64.3); violencia (Sal 11.2) y juicio divino (Sal 7.13; → ARMADURA).

ARCO IRIS El mismo término que se emplea para → ARCO de guerra. El arco de Jehová es símbolo de su ira, pero lo guarda inutilizado en el cielo, como muestra de benevolencia y señal del pacto con Noé de no volver a destruir la tierra por inundación (Gn 9.12-27).

Ezequiel vio en el arco iris una comparación adecuada a la magnificencia de la gloria de Jehová (Ez 1.28). Juan, en una visión similar, vio el arco iris de gracia y fidelidad alrededor del trono de Dios (Ap 4.3) y de la cabeza de un ángel (Ap 10.1).

AREÓPAGO (*colina de Ares*, deidad griega de la guerra, que corresponde al Marte romano). Nombre de un lugar alto (115 m) y rocoso,

---

El Areópago (Colina de Ares) es una pequeña colina cerca de la acrópolis en Atenas donde llevaron a Pablo ante los filósofos de esta ciudad (Hch 17.16-34).

Foto de Gustav Jeeninga

situado en Atenas, al norte de la Acrópolis y separado de ella por un pequeño arroyo.

Areópago era además el nombre de la corte suprema que en tiempos antiguos se reunía allí. Esa corte se componía de los patriarcas de la ciudad («areopagitas»), quienes en tiempos antiguos ejercían autoridad suprema en asuntos políticos y religiosos. (Hubo épocas en que también tenía jurisdicción en asuntos criminales.) En tiempos novotestamentarios el Areópago todavía tenía mucha influencia en asuntos de educación y religión. Era natural, pues, que semejante cuerpo tuviera interés en Pablo y su nueva enseñanza (Hch 17.18s). (Quinientos años antes el Areópago fue el escenario del juicio y la condenación del famoso filósofo, Sócrates.) Debido al discurso del apóstol, sobre el verdadero conocimiento de Dios, un miembro de la corte se convirtió, aunque a la mayoría de los areopagitas el mensaje de Pablo les pareció de escaso interés. (Hch 17.34, → Dionisio; Atenas.)

ARETAS Forma griega del nombre que llevaron varios soberanos de los nabateos entre 200 a.C. y 40 d.C. Este pueblo ocupaba la parte noroeste de Arabia, o sea, el territorio a lo largo del este y sur de Palestina; su capital era Petra. Aretas IV reinó de 9 a.C. a 40 d.C. y parece que dominó al menos por un tiempo a Damasco, capital de Siria. Este Aretas dio su hija en matrimonio a Herodes Antipas. Más tarde Antipas se divorció de ella y se casó con Herodías (Mc 6.17), pero Aretas se vengó derrotándolo en una disputa de fronteras. En la Biblia se le menciona una vez, cuando Pablo relata que en Damasco fue perseguido por «el gobernador de la provincia del rey Aretas» (2 Co 11.32; cf. Hch 9.24).

ARFAD Ciudad de Siria que por lo general se menciona junto con Hamat y Damasco (2 R 18.34; 19.13; Is 36.19; Jer 49.23). Debido a su importancia, los asirios la atacaron varias veces y la tomó Tiglat-pileser (742–740 a.C.). Su caída fue indicio de lo poderosa que había llegado a ser Asiria (Is 10.9). Se hallaba a unos 30 km al noroeste de Alepo; hoy Tell Rifa'ad.

ARFAXAD Descendiente de Noé y antecesor directo de los hebreos (Gn 10.22-24; 11.10-13; cf. 1 Cr 1.17,24). Aparece también en la genealogía de Cristo en Lc 3.36. Aquí Lucas interpone el nombre de Cainán entre Arfaxad y Sala, siguiendo en esto a algunos manuscritos de la LXX.

ARGOB (*argob*, probablemente de *regeb*, que significa *terrón*).

1. Región al este del Jordán que formaba parte del reino de Og, rey de Basán. Incluía 60 ciudades amuralladas y bien fortificadas (Dt 3.4-14; 1 R 4.13). Actualmente es incierta la ubicación precisa de esta región.

2. Cómplice de Peka en el asesinato de Pekaía, rey de Israel. Algunos opinan que Argob y Arie, juntamente con Pekaía, fueron víctimas de Peka más bien que cómplices suyos (2 R 15.25). El texto hebreo es dudoso: cf. Biblia de Jerusalén.

ARIEL (*león de Dios, altar de Dios* u *hogar de Dios*).

1. Palabra hebrea usada simbólicamente para referirse a la «ciudad donde habitó David» (Is 29.1,2,7); es decir, Jerusalén.

2. Nombre de uno de los enviados por Esdras en busca de sacerdotes para la restauración del culto después del cautiverio (Esd 8.16-18).

Hay diferentes traducciones sugeridas para esta palabra (véase arriba). A veces es difícil saber si se debe traducir o dejarla como nombre propio (p. ej., las traducciones de 2 S 23.20 y Ez 43.15,16 en las diferentes versiones).

ARIETE Máquina de guerra usada al sitiar una ciudad para abrir una brecha en sus muros (2 S 20.15; Ez 4.2; 21.22; 26.9). La parte principal de la máquina era una viga larga, grande y fuerte con cabeza de metal (a veces en forma de cabeza de carnero), con que se arremetía contra el muro.

A

ARIMATEA «Ciudad de Judea» o, más exactamente, «ciudad de los judíos» (Lc 23.50). Aparte de su asociación con José, el noble consejero, discípulo secreto de Jesús, quien pidió el cuerpo del Señor a Pilato para darle honrosa sepultura en su propia tumba (Mt 27.57; Mc 15.43; Lc 23.50; Jn 19.38), la Biblia no menciona a Arimatea y su identificación es difícil. Su mención por todos los evangelistas puede indicar que José era ciudadano destacado del lugar.

ARISTARCO (*gobernante destacado*). Macedonio de Tesalónica y fiel compañero de Pablo. Recibió maltratos en el alboroto de Éfeso (Hch 19.29). Regresó a Jerusalén con Pablo (Hch 20.4) y más tarde embarcó con él en Cesarea para viajar a Roma (Hch 27.2). Allí le sirvió de «colaborador» (Flm 24) y «compañero de prisiones» (Col 4.10).

ARISTÓBULO (*destacado en el consejo*). Nombre de varios descendientes de los macabeos durante el siglo I a.C. (Josefo, *Antigüedades* XIII, XIV, XVI; → HERODES, el Grande.)

Nombre de un personaje mencionado en Ro 16.10. Pablo envía saludos a los de la «casa» de este, quienes probablemente eran sus esclavos convertidos al cristianismo.

ARMADURA Traducción de la palabra griega *panoplia* (Ef 6.11, 13), que significa todo el equipo de guerra que usaba el soldado común de la infantería en los tiempos bíblicos.

Las armas defensivas eran: el → ESCUDO (1 Cr 12.24; Ef 6.16), el → YELMO o casco (1 S 17.5, 38; Ef 6.17), la → CORAZA o cota de malla (1 S 17.5,38; Ef 6.14; Ap 9.9), grebas y calzado (1 S 17.6), y → CINTURÓN o faja (Ef 6.14).

Las armas ofensivas eran: → ESPADA (Neh 4.17; Ef 7.17; Heb 4.12), → ARCO y flecha (1 Cr 12.2), → HONDA (1 S 17.40; 1 Cr 12.2); → LANZA (1 S 17.7; 26.7; Hch 23.23).

Pablo compara al cristiano con un soldado y le insta a estar completamente armado para la lucha, que tiene carácter tanto ofensivo

Foto de Howard Vos

Un soldado romano armado, demostrando algunas de las piezas de la «armadura espiritual» que el apóstol Pablo menciona (Ef 6.10-18).

como defensivo (Ef 6.10-17; 1 Ts 5.8; cf. Is 59.17). Pero aclara que nuestra lucha no es «contra sangre y carne» sino de carácter espiritual (Ef 6.12). El reino por el que luchamos «no es según este mundo» (Jn 18.36). Por lo tanto, «las armas de nuestra milicia no son carnales» (2 Co 10.4). Están compuestas por la experiencia de la gracia de Dios y su misericordia. Este es el espíritu que impulsa al creyente a vivir según Dios, con amor y solidaridad. En este sentido, no se indica en el texto que el creyente deba desentenderse de sus responsabilidades históricas y civiles, pensando que está rodeado de poderes malignos invisibles que lo atormentan. Al contrario, la armadura del creyente está compuesta por la nueva forma de vida que se deriva de la experiencia de la gracia y que lo hace sentirse responsable de la vida de los demás y de la creación misma. (→ PRINCIPADOS.)

ARMAGEDÓN (*Harmagedón* en NC y BC; *Harmaguedón* en BJ). Lugar donde Dios reunirá a los reyes de todo el mundo «a la batalla de aquel gran día del Dios Todopoderoso» (Ap 16.1,14). (→ Meguido.)

En la Biblia no hay más referencia al lugar, pero la batalla se describe en Ap 19.11-21. Para los intérpretes que dan un valor simplemente simbólico a esta batalla no hay necesidad de ubicarla; para quienes creen que la batalla es literal y futura, es de interés saber que Armagedón puede señalar «la montaña de Meguido», o sea, la región montañosa que separa la llanura de Jezreel de la costa de Palestina, no lejos del Carmelo. Esta llanura es de gran importancia estratégica, y fue escenario de muchas batallas (Jue 4.2-16; 1 R 14.25; 22.29; y otras antes y después de los tiempos bíblicos).

Otros comentaristas conjeturan que Armagedón representa a *Har-mo'ed* (monte de la asamblea), donde según Is 14.13 los dioses se congregan y el blasfemo rey de Babilonia intenta escalar. Sería Armagedón, pues, la contraparte demoníaca de tal monte (cf. Ap 16.13,14, donde espíritus malignos convidan a los reyes).

ARNÓN Río de aguas perennes, claras y turbulentas que desciende de los montes del este del mar Muerto, hacia el cual corre por una profunda hondonada. Durante el verano se le encuentra casi seco, pero en tiempo de lluvias se vuelve impetuoso (Nm 21.13). Era frontera entre Moab al sur y la tribu de Rubén al norte (Dt 3.8,12,16). En los tiempos de la peregrinación israelita ambas riberas del Arnón estaban fuertemente fortificadas.

AROER (*enebro* o *desnudo*).

1. Pueblo fronterizo situado sobre la margen norte del Arnón, a 23 km al este del mar Muerto. Moisés se lo quitó a los amorreos (Jos 12.2) y se lo entregó a Rubén (Jos 13.16). Más tarde, Gad lo reedificó (Nm 32.34). Fue el punto de partida del censo que ordenó David (2 S 24.5). Luego, bajo el reinado de Acab, Moab se rebeló y lo conquistó por un tiempo (según la piedra moabita). Durante el reinado de Jehú, Hazael de Siria conquistó Israel hasta Aroer (2 R 10.33).

2. Pueblo «enfrente de Rabá» (Jos 13.25; cf. Jue 11.33), sitio que aún no se ha localizado. Algunos creen que se hallaba al sur de Rabá, pero posiblemente sea el mismo Aroer del Nº 1.

3. Lugar en el Neguev adonde David envió el botín en vísperas de tomar posesión en Hebrón (1 S 30.28).

AROMAS Traducción de *nekhoth*, que se identifica posiblemente con el tragacanto, la goma extraída del *astragalus tragacantha*. Esta goma era muy estimada como incienso, así como por sus propiedades medicinales. Los mercaderes ismaelitas que llevaron a José a Egipto traficaban con ella (Gn 37.25). Jacob la consideró como «de lo mejor de la tierra» y la envió a José (Gn 43.11).

En dos ocasiones RV traduce también así *bosem* (Cnt 4.16; 8.14). (→ Especias.)

Lira reconstruida de Mesopotamia. Este era un instrumento musical popular de más o menos 2500 a.C., varios siglos antes del tiempo de Abraham.

Foto de Howard Vos

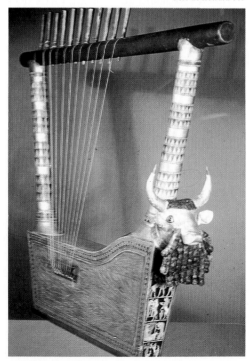

ARPA Primer instrumento musical mencionado en la Biblia (Gn 4.21) y el único de cuerdas nombrado en el Pentateuco. Fue uno de los instrumentos con que Labán hubiera deseado despedir a Jacob (Gn 31.27). A pesar de la referencia en 1 S 16.23, no es claro si se ejecutaba con un plectro o pequeña varilla de hierro, o se pulsaba directamente con los dedos.

Según el historiador Josefo, el arpa era de madera y tenía diez cuerdas. Tal vez la de David era de madera de haya (2 S 6.5) y de madera de → SÁNDALO las que Salomón hizo para el templo (1 R 10.12). Las arpas eran de variadas formas y tamaños, algunas lo bastante pequeñas como para poder tocarse mientras se caminaba (1 S 10.5).

De timbre dulce y melodioso, el arpa era símbolo de felicidad, muy popular en las demostraciones de júbilo. Los cautivos en Babilonia, sin ánimo para cantar, colgaron sus arpas sobre los sauces (Sal 137.1-4).

ARQUELAO → HERODES III.

ARQUEOLOGÍA Ciencia que estudia los restos del pasado humano, aunque limitada en cuanto a que los «restos» solo ofrecen una vista parcial de la antigüedad. Descubre evidencias materiales que han sobrevivido al paso del tiempo, pero no así las ideas, la organización social y la vida de los antiguos. Estas las infiere, sin ofrecer seguridad absoluta. No obstante, la arqueología ha brindado un valioso aporte al estudio de las Escrituras.

El método arqueológico

La arqueología científica data de la excavación de Tell-el-Hesi por Sir Flinders Petrie en 1890. Los años transcurridos han servido para perfeccionar el método arqueológico.

Anteriormente se excavaba en busca de piezas para museo y hallazgos espectaculares. Petrie por primera vez prestó atención al método, al detalle y a la conservación de la evidencia obtenida. Hoy se excava con precisión y meticuloso cuidado porque el hallazgo arqueológico solo tiene valor si se estudia en su contexto. Como la excavación destruye ese contexto, es imprescindible mantener registros exactos, junto con planos y fotografías que permitan reconstruir la situación original de cada hallazgo.

Las condiciones naturales hacen que ciertos lugares sean más apropiados para la ocupación humana. En estos sitios la ocupación repetida ha formado a lo largo de los siglos una colina en forma de cono truncado, que en ocasiones alcanza 25 e incluso más metros de altura sobre el nivel original del terreno. Al excavar esta colina o → TELL se presta especial atención a cada estrato o nivel de ocupación. La identificación del estrato a que corresponde cada piso, cada objeto, cada muro o pared es de vital importancia. Solo así se puede determinar la relación que existe entre los distintos hallazgos de un *tell*.

A cada estrato corresponden ciertos tipos de cerámica. La evolución en el estilo, decorado y método de fabricación permite distinguir distintos *tipos*. Debido a la fragilidad, ubicuidad y durabilidad de la cerámica, el estudio de sus tipos constituye hoy uno de los aspectos más importantes en la arqueología. Aunque son importantes la evolución tipológica del arte, la arquitectura, etc., nada es tan valioso como los cascos de cerámica que se encuentran por todas partes. Para los períodos precerámicos de la Edad de Piedra se estudia la industria pedernal. Las hachas, cuchillos y otros implementos de piedra presentan características de forma y estilo que permiten estudiar su evolución y la identificación de sus *tipos*.

Más que afortunado es el arqueólogo que encuentra alguna inscripción. Ya sea un ostracon (así se llama el casco de alfarería en que se ha escrito algo), una inscripción monumental, algunos trazos labrados en piedra, o un pedazo de papiro o pergamino tal como los rollos del mar Muerto. Epigrafía es la ciencia que descifra la inscripción y estudia la evolución de la escritura.

Resultados de la arqueología
Cronología.

La primera edición del *Diccionario de la Santa Biblia* (1890) decía: «En esta obra se ha adoptado la cronología de Ussher, generalmente aceptada. Si bien es cierto que hay incertidumbre no pequeña en cuanto a algunas épocas antiguas, también lo es que las especulaciones científicas que pretenden aumentar en muchos miles de años las edades primitivas de la humanidad sobre la tierra no han sido de ningún modo confirmadas por las investigaciones ulteriores». La situación ha cambiado radicalmente desde entonces.

El análisis tipológico de los hallazgos arqueológicos, especialmente de la alfarería y de la industria pedernal, ha permitido la elaboración de una «cronología secuencial». Es decir, se ha podido establecer la posición relativa que corresponde a cada *tipo*. Esta → CRONOLOGÍA secuencial se convierte en «cronología absoluta» cuando, gracias a un descubrimiento epigráfico, por ejemplo, se logran identificar los tipos con períodos determinados.

Para la cronología absoluta de la Palestina en tiempos históricos se depende de los sincronismos entre Palestina, Egipto y Mesopotamia, ya que las cronologías de estos lugares se han fijado con bastante exactitud sobre las bases de cálculos astronómicos. Para los tiempos prehistóricos se depende de otros métodos, por ejemplo, el análisis del contenido de carbono 14 en la materia orgánica.

Como resultado de estas investigaciones, hoy sabemos de la presencia humana en la Tierra Santa desde fines del período Paleolítico. El *Homo galilaeensis* de Capernaum y Nazaret vivió durante la tercera época interglacial (Riss-Würm), *ca.* 180.000–120.000 a.C. Desde entonces la Palestina ha sido escenario de la actividad humana.

Trasfondo cultural de la Biblia.

Hubo tiempo en que la Biblia era nuestra principal fuente de conocimiento sobre la historia antigua, y por tanto no se relacionaba con su marco histórico. Ha sido en este campo donde la arqueología ha hecho su

Foto de Gustav Jeeninga

Un arqueólogo saca cuidadosamente un esqueleto en una excavación cerca de la Cesarea marítima.

mayor contribución, iluminando los antecedentes históricos y culturales de la Biblia. Basten algunos ejemplos. Las tabletas de → RAS SARMA, halladas en el sitio de la antigua ciudad de Ugarit, al norte de Canaán, dan a conocer de primera mano la religión y cultura de los cananeos de la época preisraelita. Las tablas de → NUZI, al norte de Mesopotamia, nos ayudan a entender las costumbres características del período de Bronce Medio, la era de los patriarcas, tales como el interés de → RAQUEL en los ídolos de Labán (estos transmitían el derecho de heredad) y la preocupación de Abram por el esclavo → ELIEZER: Lo había adoptado para que le cuidase en el ocaso de su vida.

Las cartas de → TELL EL-AMARNA reflejan las condiciones políticas de Palestina, con las rivalidades entre los monarcas vasallos del faraón que derrumbaron el Imperio Egipcio y permitieron la conquista de Canaán por los israelitas.

La verdad de la Biblia y la arqueología.

A pesar de que la arqueología ilumina el marco bíblico de manera maravillosa, no puede decirse, como con frecuencia se hace, que «la arqueología prueba la verdad de la Biblia».

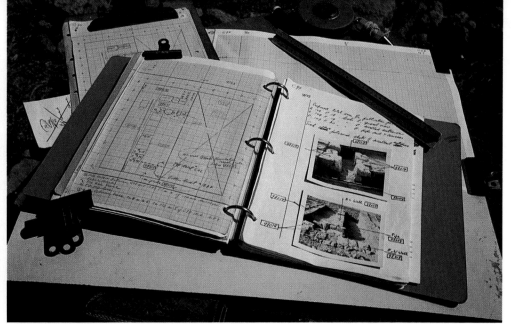

La libreta de un arqueólogo con anotaciones detalladas de todo lo descubierto en una excavación.

Tal afirmación pasa por alto no solo la naturaleza de la arqueología, sino el carácter de la Biblia misma.

Usar la arqueología para «probar» la verdad de la Biblia es negarle a la arqueología su valor de ciencia independiente. La investigación arqueológica no puede hacerse con ideas preconcebidas, sino objetivamente, de modo que su contribución al estudio de las Escrituras sea válida. Por otra parte, si fuese posible, por ejemplo, probar arqueológicamente la migración de Abraham desde Ur hasta Canaán, todavía no se habría probado que «la Biblia tenía razón». La Biblia no se interesa por explicar la migración de Abraham como parte de los movimientos de pueblos ocurridos durante el Bronce Medio, sino que nos dice que Abraham dejó Mesopotamia y se fue a Canaán *porque Dios lo había llamado.* Tal afirmación no se puede probar ni refutar sobre bases arqueológicas; pero es precisamente esta declaración de fe, y no el simple hecho de que Abraham cambió su domicilio, lo que constituye la verdad bíblica.

Dicho todo lo anterior, hay que añadir que en multitud de casos las investigaciones arqueológicas, precisamente porque son hechas de manera objetiva, han comprobado la exactitud de muchas referencias geográficas, históricas y de otro tipo que los detractores de la Biblia habían tildado de erróneas.

La arqueología y las lenguas bíblicas.

La arqueología ha hecho accesible un número extraordinario de documentos e inscripciones en las lenguas del Oriente antiguo. Aparte del valor de estos escritos para esclarecer el marco histórico y cultural de la Biblia, el estudio de estas lenguas nos ha permitido comprender los idiomas bíblicos mucho mejor. Palabras y hasta frases cuyo significado había que adivinar más bien que traducir, hoy son inteligibles gracias al estudio comparativo de estas lenguas. De ahí que las nuevas versiones bíblicas se aproximen más al sentido real de los originales hebreo y griego.

La arqueología y la Biblia
Período preisraelita.

Hacia fines del período Paleolítico apareció en la zona del Carmelo el *Homo carmelitanus,* identificado como tipo intermedio entre

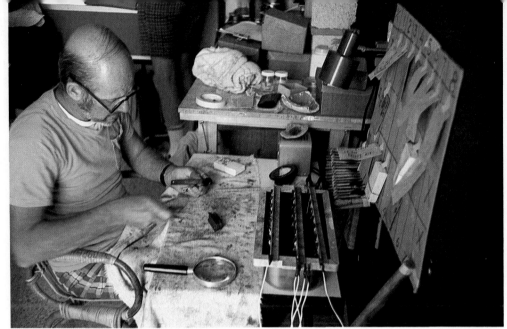

Un especialista en monedas limpia y clasifica antiguos artefactos de una excavación arqueológica.

el hombre de Neanderthal y el Homo sapiens. Desde entonces, debido a su situación geográfica, la Palestina se hizo puente de transición. El hombre natufiano del Mesolítico (8000–6000 a.C.), tipo fundamental de la raza semítica, manifestó los comienzos de la agricultura y de la cultura sedentaria. En el Neolítico (6000–4000 a.C.) apareció la primera ciudad, Jericó, y se introdujo la *alfarería (ca.* 5000 a.C.). El Calcolítico (4000–3000 a.C.) se caracterizó por el uso corriente del cobre. De este período viene la Estrella de Gassul, figura geométrica de fino gusto artístico y expresión de una cultura avanzada.

La Edad de Bronce se divide en Bronce Antiguo (3000–2100 a.C.), Bronce Medio (2100–1550 a.C.) y Bronce Reciente (1550–1200 a.C.). Durante el Bronce Antiguo la población de la Palestina aumentó considerablemente. Se establecieron numerosas ciudades amuralladas con calles bien trazadas y alcantarilladas. Se inventó el torno y el horno cerámico que mejoraron muchísimo la alfarería. En el Bronce Medio, la época de los patriarcas, la invasión de los amorreos destruyó la civilización del Bronce Antiguo.

Los estratos dan muestra de repetidas destrucciones, evidencia de la inseguridad reinante. Egipto ejerció cierta influencia cultural y política de manera esporádica, hasta que con el advenimiento de las dinastías XVIII y XIX, durante el Bronce Reciente, estableció una vez más su autoridad en el área.

Período israelita

Una nueva destrucción marca el comienzo de la Edad de Hierro. Los invasores llegaron en dos grupos. Desde el desierto los israelitas se apoderaron de la región montañosa y dejaron huellas de su destrucción en Bet-el, Laquis, Debir, Hazor y otras plazas fuertes. Desde el Mediterráneo los «Pueblos del Mar», entre ellos los filisteos, traían consigo el secreto de la siderurgia, aprendido de los heteos de la Anatolia.

Los períodos Hierro I (1200–900 a.C.) y Hierro II (900–600 a.C.) abarcan la conquista, la época de los jueces y la monarquía. Al principio los filisteos retuvieron el monopolio del hierro, obstaculizando así el desarrollo de Israel, pero en tiempos de David los israelitas aprendieron a trabajar ese metal.

De la época monárquica tenemos relativamente poca evidencia. Las excavaciones en Meguido y Samaria nos suministraron muestras del arte arquitectónico fenicio. La reciente expedición a Arad descubrió un templo israelita. Materiales de este tipo nos permiten inferir cómo debe haber sido la Jerusalén de Salomón.

El Hierro III (600–300 a.C.) se conoce también como Período Persa. De ahí en adelante los períodos reciben designación histórica: Helenista (300–63 a.C.), Romano (63 a.C.–323 d.C.), Bizantino (323–636 d.C.) e Islámico (636 d.C. hasta hoy).

Cada nueva excavación y cada nuevo descubrimiento arroja valiosísima luz sobre la Tierra Santa y las naciones vecinas, y nos permite así una mejor comprensión del mensaje eterno de Dios en el contexto histórico.

Bibliografía:

«Arqueología», «Excavaciones en Palestina», *EBDM.* W.F. Albright, *Arqueología de la Palestina,* Barcelona, 1962. W.F. Albright, *De la edad de piedra al cristianismo,* Santander, 1959. K.M. Kenyon, *Arqueología en Tierra Santa,* Barcelona, 1963.

ARQUIPO Cristiano de Colosas, que en ausencia de Epafras pastoreaba las iglesias en Colosas y Laodicea (Col 4.16s). Es uno de los tres destinatarios de la carta a Filemón (v. 2), tal vez hijo de Filemón y Apia. Es un joven como Timoteo, misionero activo, «compañero de milicia» y a veces poco cumplidor.

ARRAS Lo que se daba como prenda o en señal de algún contrato, o el primer abono dado como seguridad del pago de toda la deuda. Difería de una «prenda», propiamente dicha, en que era de la misma especie que la cosa prometida, mientras que la prenda podía ser algo de distinta naturaleza. Aparece tres veces en el Nuevo Testamento (2 Co 1.22; 5.5; Ef 1.14), siempre refiriéndose al Espíritu Santo dado por Dios al creyente como una garantía y anticipación de las bendiciones superiores del futuro.

ARRAYÁN Traducción del hebreo *hadas* (Neh 8.15; Is 41.19; 55.13). Pero en Zac 1.8,10,11 se traduce por «mirto». Son dos nombres para una misma planta. El arrayán es el *myrtus communis,* un arbusto de un

---

Aun las partículas diminutas, como estos huesos y micropedernales, deben ser cuidadosamente clasificadas y analizadas después que los arqueólogos las descubren.

Foto de Gustav Jeeninga

metro de alto, de hojas perennes y de muchas ramas. Las hojas son de un verde lustroso, las flores blancas y el fruto una baya de color negro azulado. Para los hebreos, el arrayán era símbolo de paz y acción de gracias, y como tal es parte del simbolismo escatológico de Is 41.19; 55.13. El arrayán era una de las cuatro plantas con cuyas ramas se preparaban las enramadas de la Fiesta de los Tabernáculos (Neh 8.15).

ARREBATAMIENTO → Segunda Venida.

ARREPENTIMIENTO Traducción de una familia de palabras que indican un regreso, un cambio de parecer, o un repudio del pecado para volver a Dios.

En el Antiguo Testamento

Puesto que Israel debe a Dios obediencia absoluta y cae bajo juicio cuando se desvía, solo por el arrepentimiento puede restablecer su relación favorable con Él. La nación puede apartar para este reconocimiento un día entero (Neh 9; cf. las liturgias del arrepentimiento conservadas en Is 63.7–64.12; Dn 9.4-19; Os 9 y 14). Como símbolo de su renuncia al pecado, el arrepentido rasga sus vestidos, ayuna, se viste de cilicio, o se sienta en cenizas. Los profetas recalcan el aspecto personal del arrepentimiento (p. ej., Acab, 1 R 21), al exigir una reorientación de todo el individuo que conduzca a la obediencia, confianza en Dios y rechazo total a ídolo y dependencia de lo humano. El arrepentimiento demanda una renovación del espíritu y del corazón (Ez 18.31); esto es posible solo como consecuencia de la redención divina (Is 44.22; Jer 31.33; Ez 11.19; 36.26).

En lenguaje antropomórfico, se afirma que Dios también se arrepiente, con lo cual se señala simplemente un cambio en su relación con el ser humano (p. ej., Gn 6.6s).

En el Nuevo Testamento

Juan el Bautista continúa la demanda de arrepentimiento (Mt 3.8,10) y asimismo Jesús (Mc 1.15; Lc 13.1ss), pero con mayor énfasis en la limpieza interior y la totalidad de la demanda divina (Lc 14.33; Mt 18.3; Lc 5.32). En un sentido nuevo Jesús hace posible el arrepentimiento, porque este se completa con la fe, con el discipulado cristiano.

En la predicación de la iglesia apostólica el arrepentimiento es básico (Hch 3.19; 2 Co 7.9; Heb 6.1; Ap 2.21; etc.; cf. *Concordancia*); se relaciona con el bautismo (Hch 2.38), la fe (Hch 20.21) y el perdón (Lc 24.47). Este regreso a Dios (1 P 2.25) se basa en la obra de Cristo (Hch 17.30); es a la vez una responsabilidad humana (Hch 8.22) y un don de Dios (Ro 2.4; 2 Ti 2.25) mediante el Espíritu (Hch 10.45).

En el Nuevo Testamento arrepentimiento, por lo general, es traducción de la voz griega *metánoia*, que significa «cambio de actitud o de propósito en la vida» y no solo «penitencia» como solía traducirse en las versiones catolicorromanas antiguas (TA, Sc.).

ARROYO Pequeña corriente de agua y su cauce. Este cauce se llama en árabe un → WADI. El arroyo es permanente cuando se alimenta de una fuente viva. Se seca al faltar las lluvias, pero cuando estas son abundantes suele convertirse en furioso torrente. La palabra hebrea najal puede traducirse por «arroyo», «río», «torrente» o simplemente «valle», según el agua que lleve: Dt 8.7; Lv 11.9,10; Jer 47.2; Dt 21.4.

ARTAJERJES Nombre de varios reyes → PERSAS, entre los cuales se destaca Artajerjes I (Longímano), hijo de → JERJES. Reinó durante 464–424 a.C. Tal vez sea este el rey persa que gobernaba cuando → ESDRAS (4.7ss; 6.14; 7.1ss; 8.1) y → NEHEMÍAS (2.1; 5.14; 13.6) llegaron a Jerusalén.

En la historia general, Artajerjes se conoce sobre todo por su carácter magnánimo pero débil. Sometido a la influencia perjudicial de su madre (Amestris) y de su esposa (Amistis) dejó en manos de sus generales las campañas principales contra Egipto y Grecia. La LXX pone a Artajerjes en lugar de Asuero en

Foto de Willem A. VanGemeren

Un rebaño de cabras bebiendo del arroyo de Cedrón, que comienza al nordeste de Jerusalén y desemboca en el mar Muerto.

el libro de → ESTER, lo cual ha hecho pensar a algunos que se trata del rey Artajerjes II (Mnemón, 404–358; → PERSIA).

ARVAD Ciudad fenicia construida sobre una pequeña isla rocallosa, a 200 km al norte de Tiro y fundada en 761 a.C. por personas procedentes de Sidón. Como toda ciudad fenicia, Arvad se distinguió por sus marinos, que a menudo sirvieron en las fuerzas de otras ciudades (Ez 27.8,11). Se menciona a los arvadeos en la genealogía de Gn 10.18 y 1 Cr 1.16.

ASA Tercer rey de Judá e hijo de Abiam. Reinó 41 años (1 R 15.9-24; 2 Cr 14–16). Los primeros diez años fueron de paz y prosperidad. Quitó a los sodomitas y también a los ídolos que habían puesto sus padres. Privó a Maaca de ser reina madre por haber erigido un ídolo a → ASERA. Zera el etíope salió contra él con un gran ejército, pero Dios lo deshizo.

En el año 36 del reinado de Asa, subió Baasa, rey de Israel, y fortificó Ramá. Asa solicitó la ayuda de Ben-adad, rey de Siria, el cual atacó a Baasa y lo obligó a retirarse.

El profeta Hanani reprochó a Asa el no haber confiado en Jehová, por lo cual Asa lo encarceló. Después Asa enfermó gravemente de los pies, pero no buscó a Jehová, sino a los médicos. Esta enfermedad causó su muerte.

ASAEL Hijo de Sarvia (hermana de David) y hermano de Joab y Abisai (1 Cr 2.16). Fue soldado valiente en el ejército de David y tenía fama de corredor velocísimo (1 Cr 27.7; 2 S 2.18; 23.24). Abner lo mató porque Asael no quería dejar de perseguirlo, por lo cual se produjo una contienda entre Abner y los hermanos de Asael (2 S 2.23).

Otras tres personas en el Antiguo Testamento llevan este nombre (2 Cr 17.8; 31.13; Esd 10.15).

ASAF Nombre de varias personas del Antiguo Testamento.

1. Descendiente de Gersón, hijo de Leví (1 Cr 6.39,43). Padre de una familia escogida para el ministerio de la música y uno de los directores durante el reinado de David. Los levitas le designaron cantante y ejecutante de címbalos cuando se llevó el arca a Jerusalén (1 Cr 15.16-19). El mismo rey lo confirmó poniéndolo al frente de la alabanza coral e instrumental (1 Cr 16.5-7). No es seguro que estuviera presente en la consagración del templo de Salomón, pues 2 Cr 5.12 podría referirse a sus familiares. Sus descendientes pertenecieron al grupo que regresó del destierro con Zorobabel (Esd 2.41). Fue reconocido como vidente y autor de los salmos cantados cuando Ezequías restauró el culto del templo (2 Cr 29.30). Su nombre aparece en los títulos añadidos posteriormente a los Sal 50; 73–83.

2. Padre del canciller del rey Ezequías (2 R 18.18,37; Is 36.3,22).

3. Guardabosques del rey Artajerjes (Neh 2.8).

ASALARIADO → JORNALERO.

ASCALÓN Una de las principales ciudades filisteas, situada a unos 20 km al nordeste de Gaza, en la costa mediterránea. En un principio estaba bajo el poder de Egipto, pero hacia 1200 a.C. la ocuparon los → FILISTEOS. Fue un centro de los más diversos cultos paganos, sobre todo egipcios y babilónicos.

Durante la época de la conquista israelita se vio de lleno en una serie de batallas fronterizas y, según Jue 1.18, Judá la tomó (aunque el texto de la LXX dice que no la tomaron). Durante el tiempo de los jueces, de Saúl y de David, Ascalón era una ciudad totalmente filistea (Jue 14.19; 1 S 6.17; 2 S 1.20). Después de la época persa, el helenismo la conquistó culturalmente. Jeremías (47.5-7), Amós (1.8) y Sofonías (2.4) profetizaron su ruina.

ASCENSIÓN El ascenso visible de Cristo al cielo, que puso fin a su ministerio terrenal. Varias frases en el Nuevo Testamento se refieren a este suceso: «fue alzado» (Hch 1.9), «ha sido tomado» (1.11), «subió a los cielos» (2.34). El relato más detallado de la ascensión se encuentra en Hch 1.9-11. Jesús guió a sus discípulos al monte de los Olivos y los bendijo, y luego subió en una nube que lo ocultó de la vista. Desde los cielos comenzó a reinar, sentado a la diestra del Padre (Ef 1.20; Heb 1.3). El significado teológico de esto es que el cuerpo de Cristo había sido resucitado y glorificado para pasar a una existencia espiritual como la que describe

---

La tumba de Artajerjes, cavada en los desfiladeros sobre las ruinas de Persépolis, la antigua capital persa.

Foto de Howard Vos

Pablo en 1 Co 15.44. La ascensión y exaltación son el fin natural de la presencia de Jesús en la tierra como el Mesías, que sufrió, murió y resucitó. La ascensión visible es, además, la primicia de la Segunda Venida (Hch 1.11).

La importancia de la ascensión se manifiesta en Jn 14–16; Ef y Heb. Llevó a su fin la presencia visible de Cristo entre los discípulos, lo cual fue el preludio de una relación nueva con ellos y de una actividad diferente en cuanto a todo el mundo. Así también se inicia un nuevo aspecto del ministerio del Espíritu Santo (Jn 16.7). El Cristo ascendido es Rey: todas las cosas están bajo su autoridad (Ef 1.20,21; Flp 2.9-11). Es también Sumo Sacerdote: intercede por todos nosotros como uno que entiende, por experiencia propia, lo que es la tentación, el sufrimiento y la muerte (Heb 4.14-16; 7.23-25).

ASDOD Ciudad filistea, situada a unos 32 km al noroeste de Gaza y a unos 5 de la costa mediterránea. Los → ANACEOS (Jos 11.22) la habitaron antes de que la ocuparan tribus filisteas en el siglo XII a.C. Los filisteos la consagraron al dios → DAGÓN, a cuyo templo condujeron el arca del pacto (1 S 5.1-8; 6.17).

Durante la conquista de Palestina, se le adjudicó a la tribu de Judá (Jos 15.46,47), pero continuó siempre en manos de los filisteos (Jos 13.3). Los judíos la conquistaron (2 Cr 26.6) en tiempos del rey Uzías (ca. 783–742 a.C.). Logró independizarse al producirse una rebelión contra Sargón II en 711 a.C. (Is 20.1), pero poco después el faraón Semético I la destruyó casi por completo.

Durante el cautiverio de los judíos en Babilonia, la habitaron los amonitas y moabitas (Neh 13.24). Quedó parcialmente destruida (1 Mac 4.15; 5.68; 10.77-85; 11.4; 16.10) como consecuencia de la revolución de los macabeos (167–37 a.C.).

Los romanos la reconstruyeron ca. 55 a.C., después de lo cual se llamó «Azoto». Durante la predicación de Felipe, el diácono (Hch 8.40), Asdod recibió el evangelio y se convirtió poco a poco en un centro cristiano hasta el siglo V d.C. Hoy es puerto marítimo de la república de Israel.

ASENAT Voz egipcia que significa «perteneciente a Neit» (una diosa). Hija de Potifera, sacerdote de On, que Faraón dio por esposa a José (Gn 41.45). Madre de Manasés y Efraín (Gn 46.20).

ASER (*feliz, bendito*).

1. Hijo de Jacob y Zilpa la sierva de Lea (Gn 30.12,13). Entró en Egipto con sus cinco hijos y la familia de Jacob (Gn 46.17), y allí este último le predijo prosperidad a él y su descendencia (Gn 49.20).

2. Tribu formada por la descendencia de Aser (Gn 49.28), con cinco familias principales (Nm 26.44-47). Experimentó con las demás tribus los sucesos del desierto (Nm 1.13; 2.27,28; 7.72; 13.13, etc.) y recibió la bendición de Moisés (Dt 33.24). No eliminó a los cananeos de su tierra (Jue 1.31, 32). Aunque no formó parte del ejército de → DÉBORA (Jue 5.17), sí ayudó a → GEDEÓN contra los madianitas (Jue 6.35; 7.23).

Algunos hombres de esta tribu asistieron a la Pascua que celebró Ezequías (2 Cr 30.11). La profetisa Ana, quien reconoció al niño Jesús en el templo, era de la tribu de Aser (Lc 2.36).

3. Territorio fértil, junto al Mediterráneo, que Josué concedió a la tribu de Aser (Jos 19.24-31). Comprendía desde el monte Carmelo hasta Sidón en el norte.

ASERA Diosa o imagen cananea. En algunas versiones antiguas este vocablo se traduce indebidamente por «bosque». Estudios recientes indican que Asera era la diosa de la fertilidad entre los fenicios y cananeos y que su culto se introdujo en Israel en los inicios de la historia israelita. Según Jue 3.7; 6.25,28, había relación entre el culto de Asera y el de Baal. La imagen de Asera se hacía de madera: tronco, palo o vara.

Foto de Howard Vos

Los montes Tauro al norte de Tarso en Cilicia, en la provincia romana de Asia.

El culto a Asera estaba prohibido a los israelitas (Éx 34.13; Dt 16.21; Is 17.8). No obstante, incurrían en este pecado durante épocas de decadencia espiritual (1 R 18.19; 2 R 23.4). En tiempos de avivamiento o reforma las imágenes de Asera se derribaban y destruían (1 R 15.13; 2 R 23.6). (→ Asto-RET.)

ASFALTO Sustancia bituminosa que se hallaba en pozos en Mesopotamia y en el bajo valle del Jordán (Gn 14.10). Servía para calafatear barcos (Éx 2.3) y para unir ladrillos en las construcciones (Gn 11.3). Químicamente se relaciona con la brea, que se obtiene por la destilación del alquitrán que, a su vez, procede del carbón o de ciertos tipos de madera.

ASIA Término geográfico de origen incierto. En la literatura apócrifa designa el Imperio Seléucida (1 Mac 8.6; 11.13; 12.39; 13.32; 2 Mac 3.3) y en el Nuevo Testamento, casi exclusivamente, la provincia proconsular romana de Asia (Hch *passim*; 1 Co 16.19; 2 Co 1.8; 2 Ti 1.15; 1 P 1.1; Ap 1.4,11).

Los romanos conquistaron esta porción de Asia Menor arrebatándosela a Antíoco el Grande (189 a.C.) y la dieron a sus aliados los atalidas. Al morir Atalo III (133 a.C.) legó su reino a Roma. La nueva provincia abarcaba la parte oeste de Asia Menor, incluyendo a Misia, Lidia, Caria, partes de Frigia, las regiones costaneras y muchas de las islas del mar Egeo. Fue una de las primeras en pedir permiso para adorar al emperador romano reinante. El autor de Apocalipsis dirige sus siete cartas a congregaciones ubicadas en Asia. El libro refleja la persecución que asediaba a los cristianos a fines del siglo I d.C. al negarse estos a adorar al emperador.

ASIENTO → Silla.

ASIRIA Imperio relacionado íntimamente con la historia de los pueblos de Israel y Judá. Ocupó la parte norte del actual Irak (entre los ríos Tigris y Éufrates) durante la mayor parte del período que abarca el Antiguo Testamento. Su nombre es la traducción de la voz hebrea *Assur*, palabra con la cual se señalaba tanto la divinidad pagana, la ciudad y el país, como el imperio, sobre todo en la literatura profética. Sin embargo, «Asiria» generalmente designa el país y el imperio; y «Asur», la ciudad y la divinidad.

Asur era el dios nacional de Asiria, y se pensaba que dominaba (junto al resto del panteón) todas las cosas. Cada ciudad tenía su propio templo para adorar al dios local, y en los días especiales los adoradores participaban en ceremonias y procesiones donde se exhibían las estatuas de la divinidad. Solían usar amuletos para ahuyentar los espíritus malignos que, de acuerdo a sus creencias, causaban daño y provocaban enfermedades. Además, consultaban adivinos y astrólogos para conocer el futuro, y ofrecían ofrendas a los muertos.

En sus comienzos, Asur era apenas la capital de un pequeño distrito codiciado por sus vecinos. Situada en la parte superior de Mesopotamia, sus linderos fueron variando con su importancia. En términos generales, iba desde el norte de Bagdad hasta los lagos Van y Urmia; y de este a oeste se extendía desde los montes Zagros hasta el valle de Habur. Debido a esta situación geográfica, Asiria estuvo siempre expuesta a infiltraciones tanto de los nómadas como de los montañeses. Asur data del tercer milenio a.C. y se encontraba en la margen derecha del Tigris. Cuando esta perdió importancia, la capital se trasladó a Nínive, frente a Mosul.

Los reyes asirios construyeron grandes palacios y templos en las ciudades más importantes del imperio (p. ej., Nínive, Asur y Cala). Las paredes estaban decoradas con planchas de piedra que mostraban al rey mientras cazaba o presentaba alguna victoria real.

Los esfuerzos arqueológicos para poner al descubierto este famoso imperio datan de hace más de un siglo. Botta descubrió el palacio de Sargón en Korsabad en 1843. Luego Layard trabajó en Nimrud (1845–47) y en Nínive (1849–51). No menos de seis enormes palacios y gran cantidad de esculturas, inscripciones y tablillas con escritura cuneiforme se encontraron en estas tres ciudades. Este tipo de escritura, hecha con signos y en forma de cuña, se imprimía en tabletas de barro con una especie de punzón. Gracias a Rawlinson, las escrituras cuneiformes quedaron descifradas durante la primera mitad de este siglo. Desde entonces las excavaciones y hallazgos han

El rey Asurbanipal de Asiria es ungido por criaturas divinas en este relieve de la época.

Foto de Gustav Jeeninga

Foto de Howard Vos

El rey Asurbanipal de Asiria practica el deporte real de la caza de leones, en este relieve de su palacio en Nimrod.

continuado en forma casi ininterrumpida hasta nuestros días. Hoy contamos con un gran cúmulo de literatura de todo género: crónicas militares, correspondencia diplomática y administrativa, listas cronológicas y diversos datos curiosos. Esto ha hecho posible reconstruir minuciosamente la historia y conocer detalladamente las costumbres, el arte, la religión y sobre todo las hazañas guerreras de este pueblo formidable.

Antiguo Imperio (ca. 1950–1400 a.C.)

Este período va desde la caída de Ur III hasta el fin de su dominación por los hurritas. Aunque las listas mencionan a Irisum I como primer rey, ya el padre de este, Ilusuma, había conquistado Asur. Los asirios, aunque étnicamente eran el producto de diferentes razas, lingüísticamente eran semitas.

Durante el siglo XIX, Asiria se distingue sobre todo por su importancia comercial. Archivos encontrados en Capadocia demuestran que en ese siglo Asiria superaba a Babilonia en el aspecto socioeconómico. Sigue un período de decadencia que termina con el ascenso al trono de Samsi-Ada I, amorreo, quien conquista Asur y forma un poderoso imperio. Todo esto se conoce ampliamente gracias a los archivos de Mari. Este rey coloca a sus dos hijos en partes clave del imperio y mantiene así el equilibrio y grandeza del mismo. A su muerte le sucede Isme-Dagan, uno de sus hijos que, aunque sofoca varias rebeliones, al fin cae en manos del poderoso → HAMMURABI juntamente con su imperio. De esta manera, Asiria desaparece por un tiempo de la historia, y permanece bajo los hurritas hasta su resurgimiento en 1400 a.C.

Imperio Intermedio (ca. 1400–970 a.C.)

La caída del Imperio Hurrita (*ca.* 1450) propicia el resurgimiento de Asiria. Assur-Uballit toma una buena parte de Mitani y es aclamado como «Rey de la Totalidad». No

Guerreros asirios en batalla con una potencia enemiga sobre un bote de papiro, en esta talla del palacio de Senaquerib en Nínive.

---

obstante, Supiluliuma, rey heteo, que se ha anexado todo el Imperio Hurrita, impide la expansión de los asirios hacia el norte, obligándolos a virar hacia Babilonia. Adad-Nirari I (*ca.* 1297–1266) emprende con buen éxito una campaña contra los mitani y se adueña de toda la Mesopotamia superior hasta Carquemis. Pero fue Tukulti-Ninurta I (*ca.* 1235–1198) quien llenó de gloria a Asiria conquistando Babilonia. Llega luego al trono, en 1116, el gran Tiglat-pileser I, guerrero incansable que se abre paso hasta el Mediterráneo, en donde las ciudades de Sidón, Biblos y Arvad le rinden tributo (cf. Ez 27.8,9). Este período, que es de gran apogeo arquitectónico, legislativo y cultural, se viene abajo *ca.* 970, cuando termina el reinado de Assur-Rabi II.

Nuevo Imperio (932–612 a.C.)

Después de estos años difíciles, Asiria resurge con Assur-Dan II (932–910), y consolida su situación imperial con Adad-Nirari II (909–889). En adelante, cada nuevo rey no hará sino aumentar las conquistas y bañar de gloria el imperio. Los ejércitos asirios son ahora dueños y señores de todo el Cercano Oriente.

Con Salmanasar III (858–824) comienza lo que se podría llamar el intenso período bíblico de Asiria. Con este rey empiezan los dolores de cabeza para los reinos de Israel y Judá. En 853, Acab, rey de Israel, organiza una coalición contra Asiria, la cual tiene buen éxito y termina con la derrota de Salmanasar III en Karkar (1 R 20). Sin embargo, las siguientes intervenciones asirias iban a ser funestas para ambos reinos hebreos. Pero debido a que Asiria tenía que atender problemas internos, los reinados de Uzías en Judá y de Jeroboam II en Israel pudieron ser largos, pacíficos y prósperos (2 R 14.21ss).

Ya con Tiglat-pileser III (745–727), las cosas vuelven a cambiar en perjuicio de Israel y de Judá (2 R 15.14–23.37; Is 7.6).

Foto de Howard Vos

Un gigantesco toro alado, símbolo del Imperio Asirio.

Salmanasar V y Sargón II sitian y destruyen a Samaria y provocan la ruina total de Israel en 722 a.C. Unos 27.000 habitantes de Samaria son llevados cautivos a las regiones montañosas del norte. Después de este triunfo, Sargón arremete contra Acaz y hace de Judá su tributario (2 R 17.3-6; 18.9). De ahí en adelante, hasta la caída definitiva de Nínive en 612 a.C., en todo el Cercano Oriente se impone lo que podría llamarse la «Paz Asiria». Abundante material bíblico encontramos sobre todo esto en 2 R 18–19; 2 Cr 32–33; Is 36–39 y la profecía de Nahum.

ASKENAZ Descendiente cercano de Noé (Gn 10.3; 1 Cr 1.6) y poblador del territorio al sur del mar Negro. Es conocido en la literatura cuneiforme por sus ataques contra Asiria, en alianza con los de Ararat y Mini (Jer 51.27). A los descendientes de Askenaz se les ha identificado con los temidos escitas de los tiempos grecorromanos (Col 3.11).

ASMONEOS → Macabeos.

ASNAPAR Asurbanipal de la historia secular. Esdras 4.10 lo relaciona con un «grande y glorioso» gobernante que transportó pueblos del norte y del nordeste a las tierras de Samaria. Algunos creen que se trata de Salmanasar y no de Asurbanipal, ya que Josefo (*Antigüedades*, XI.ii.1) menciona a aquel en este contexto y también la recensión griega luciana reza aquí Salmanasar en vez de Asnapar. Sin embargo, dado que varios reyes asirios hicieron tales transportaciones, este texto quizás se refiere a Asurbanipal.

ASNO Mamífero ungulado perisodáctilo muy usado entre los semitas seminómadas. En la Biblia se menciona por primera vez cuando Abraham estuvo en Egipto (Gn 12.16). Era el más común de los animales de montura (Éx 4.20; Nm 22.22; Jue 10.4; 12.14). En asno se podía viajar unos 30 km diarios y era insustituible en terreno montañoso. La riqueza de una persona podía medirse mediante el número de asnos que tuviera (Gn 12.16; 24.35; Job 1.3), por lo que constituían un regalo preciado (Gn 32.13-15).

Aunque pequeño en tamaño, los burros eran lo suficientemente fuertes como para cargar viajeros y transportar cargas pesadas en tiempos bíblicos.

Era, además, animal de carga (Gn 42.26; 1 S 16.20; 2 S 16.1). Se usaban en las faenas agrícolas, pero se prohibía uncirlo con el buey (Dt 22.10). La carne de asno era impura para alimentación (Lv 11.1-8), de modo que la referencia al precio de una cabeza de asno, en Samaria, durante una época de hambre, revela la gravedad de la situación (2 R 6.25).

El asno blanco se consideraba como animal digno de personas importantes (Jue 5.10). Un escrito del siglo XVII a.C. indica que no era propio de gente real andar a caballo en vez de en asno. El caballo se introdujo más tarde, principalmente como animal de guerra. El hecho de que Jesús haya usado un asno para la entrada triunfal es, a la vez, símbolo de realeza mesiánica y de su misión pacífica (Zac 9.9; Mt 21.5).

ASÓN Puerto de Misia en la ribera norte del golfo de Adramicio, a unos 48 km de Troas por mar. Después de llegar a Troas a pie (la mitad de la distancia por mar), Pablo se embarcó en Asón para Mitilene (Hch 20.13s).

ÁSPID Término que se refiere a varias clases de culebras muy venenosas. Aparece seis veces en el Antiguo Testamento como traducción de la palabra hebrea *peten*, y una vez en el Nuevo Testamento como traducción de la palabra griega *aspis*. Se menciona en relación con encantadores (Sal 58.4) y se dice que vive en cuevas (Is 11.8). Muchos suponen que se refiere a la serpiente egipcia *naja haje* (de color verde amarillento con manchas pardas y cuello dilatable) que es similar a la cobra de la India, aunque más pequeña. Se usa figuradamente para representar la crueldad (Dt 32.33), la comida que se convierte en «hiel de áspides» (Job 20.14b) y la lengua venenosa de los malvados (Ro 3.13). En la visión apocalíptica, los niños juegan sin peligro sobre la cueva del áspid (Is 11.8).

ASTORET (en plural, Astarot). Diosa de la fertilidad y del amor sexual, deidad principal de los cananeos. A menudo se la presenta como el complemento femenino de Baal (Jue 2.13; 10.6; 1 S 7.3,4; 12.10). Se conoce también con el nombre de Asera (Jue 6.25; 1 R 18.19). Parte esencial de su culto era la prostitución. Por eso se cree que el nombre Astoret es una forma hebrea del nombre Astarté, pronunciado por los judíos con las vocales de la palabra *bosheth*, es decir, «vergüenza».

El culto a Astoret, muy común entre los vecinos de Israel, pronto llegó a popularizarse también, según parece, entre los israelitas (Jue 2.13; 3.7; 1 S 7.3,4; 1 R 11.5). Se luchó continuamente contra esta forma de idolatría. Se le quitó el reino a Salomón por haber transigido con este culto (1 R 11.33). En la reforma de Josías, todo lo relacionado con Astoret se arrancó y se quemó como primer paso hacia la purificación del templo (2 R 23.4-7). (→ Baal; Asera; Canaán.)

ASTRÓLOGO Entre los paganos muy pronto en la historia surgió la idea de que los movimientos de los astros afectaban el destino del ser humano. Los astrólogos eran, pues, personas que pretendían predecir los acontecimientos futuros mediante la observación de las estrellas. Los profesionales ocupaban altos puestos y ejercían mucha influencia entre los → CALDEOS, asirios, egipcios, fenicios, árabes y en especial los babilonios (Dn 2.2,27; 4.7).

Parece extraño que la astrología no se halle entre las cosas condenadas en Dt 18.10s, ni en las otras listas de prácticas esotéricas que se prohíben en el Pentateuco. Esto puede atribuirse al hecho de que quizás la astrología era entonces un equivalente de la astronomía moderna. Los antiguos utilizaron la astrología para determinar no solo lo referente a cultivos y crianza de animales, sino también su calendario y con él las fiestas y otras actividades cúlticas y culturales. Sin embargo, a finales de la historia del reino de Judá se ve que era una práctica que se condenaba (2 R 23.5,12; Is 47.13; Jer 10.2; 19.13; Ez 8.16; Sof 1.5).

Debemos distinguir entre el papel de la astrología de la antigüedad y las prácticas actuales (→ Hechicería; Mago).

ASUERO (→ Esdras).

1. Rey → persa, mencionado en Esd 4.6, que en la historia profana se llama Jerjes (del griego). En el texto masorético un rey persa del mismo nombre es una figura principal en → Ester. Aunque la LXX lo traduce Artajerjes, los exégetas generalmente están de acuerdo en identificarlo con el Asuero de Esdras que reinó 485–465 a.C. Algunos, no obstante, identifican al Asuero de Esdras con Cambises, hijo de Ciro que sucedió a su padre y reinó 529–527 a.C. Asuero (Jerjes I) es conocido en la historia general por su expedición contra Egipto (485), la destrucción de Babilonia y su malograda campaña contra los griegos (480).

2. Padre de → Darío de Media (Dn 9.1).

ATALÍA (*Jehová es exaltado*). Hija de Acab, rey de Israel, y esposa de Joram rey de Judá. La intrusión del reino del norte en el del sur marcó el apogeo del culto a Baal en esta última región. Ejerció su perniciosa influencia durante el breve reinado de su hijo Ocozías. Cuando este murió, Atalía destruyó a todos los herederos (a excepción del pequeño Joás, a quien su tía Josabet escondió) y reinó por espacio de seis años (*ca.* 842–837 a.C.). El sumo sacerdote Joiada, cuya esposa fue esta misma Josabet, organizó una sublevación armada contra Atalía y coronó a Joás. Mientras Atalía trataba de recuperar el poder, fue muerta cerca del templo (2 R 8.16-27; 11.1-20; 2 Cr 22–23).

ATALIA Puerto de Panfilia, situado en la desembocadura del río Catarractes, por la costa sudoeste del Asia Menor. Fue fundado por el rey Atalo Filadelfo de Pérgamo (159–138 a.C.) y Pablo lo visitó en su primer viaje (Hch 14.24-26). Hoy día las ruinas de los tiempos romanos atestiguan ampliamente su antigua grandeza.

ATAR Y DESATAR Pedro (Mt 16.19) y la asamblea de los discípulos (Mt 18.18) recibieron de Jesús el poder de «sujetar» y «libertar»

Signos egipcios del zodíaco, de la tumba del faraón Seti I en Tebas.

Foto de Howard Vos

en la tierra, porque Dios ata y desata en los cielos. Es difícil, sin embargo, interpretar con exactitud el sentido de lo anterior. En Israel, la expresión figurada se refería a la autoridad de los maestros en cuestiones de doctrina y disciplina de la Ley (Mt 23.13; Lc 11.52), pero Jesús cambió el significado de la comparación. En Jn 20.23 autoriza a los discípulos para remitir y retener los pecados por el poder del Espíritu Santo.

La proclamación del evangelio de la salvación, que liberta a los oprimidos, ata los poderes demoníacos y desata el poder del Reino de Dios (Mt 12.28,29). Desata de la enfermedad a una hija de Abraham después de dieciocho años de estar atada por Satanás (Lc 13.16). Ahora la expresión se refiere a la acción libertadora de Jesús y el testimonio de su Iglesia.

ATAROT (literalmente, *coronas*).

1. Una de las ciudades pedidas por las tribus de Rubén y Gad, situada al este del mar Muerto (Nm 32.3,34); hoy es Khirbet-Attarus. No se sabe si Atarot-sofán de Nm 32.35 es la misma.

2. Aldea en el límite este de Efraín (Jos 16.7) que Glueck identifica con Tell el-Mazar.

3. Atarot-adar (Jos 16.2,6; 18.13). Ciudad situada en el límite entre Efraín y Benjamín. Posiblemente la actual Tell en-Nasbeh, 11 km al norte de Jerusalén.

4. Atrot-bet-joab (1 Cr 2.54). Puede traducirse por «coronas de la casa de Joab» y así referirse a Belén y a los «netofatitas».

ATENAS Ciudad capital de Ática, en Grecia, situada en el golfo Sarónico, a 74 km de Corinto y a unos 8 km de la costa. La unía con su puerto principal, El Pireo, una calle ancha y amurallada. Fue construida en una pequeña llanura alrededor de la Acrópolis, colina de unos 156 m de alto, donde en tiempos antiguos se edificaban los templos a los dioses. Había en la Acrópolis una estatua de bronce de Atenea (Minerva), de 21,3 m de alto, y allí estaba el Partenón, considerado el más noble triunfo de la arquitectura griega.

Atenas era famosa por su devoción a los dioses (Hch 17.16,22) y allí había abundancia

---

El hermoso Partenón en Atenas, dedicado a la diosa griega Atenea.

Foto de Howard Vos

Foto de Gustav Jeeninga

El pórtico de las cariátides, relacionado al templo conocido como Erecteón en Atenas.

de templos, estatuas y altares. Todavía no hay confirmación arqueológica de una estatua «al dios no conocido» (Hch 17.23); sin embargo, un devoto no muy seguro de cuál de los muchos dioses le había ayudado, bien pudo haber edificado semejante altar.

En tiempos de San Pablo se conocía el deseo que tenían los atenienses de oír novedades (Hch 17.21), pero los pensadores se dividían en dos escuelas de filosofía muy importantes: → ESTOICOS y → EPICÚREOS. Epicuro fue materialista y casi ateo. Su dios estaba muy retirado de los asuntos humanos y no era el gobernador moral del universo. Para los epicúreos el placer era el sumo bien de la vida. Zenón, fundador de la filosofía estoica (denominada así por haberse

originado en los pórticos [en griego, *stoa*] de Atenas), enseñaba que la virtud y no el placer debía ser el sumo bien. Por su énfasis en la razón como la ley suprema de la vida y su enseñanza del panteísmo, el estoicismo no tenía mucho en común con la doctrina de Pablo.

Cuando Pablo, entonces, presentó su mensaje en medio del → AREÓPAGO, tuvo muy poco éxito (Hch 17.18-34; cf. 1 Ts 3.1), a pesar de haber preparado el camino con polémicas en la sinagoga y en la plaza. Tanto habló de la resurrección que los burladores le acusaron de haberles traído una nueva pareja de dioses: Jesús y Anástasis (*resurrección*).

ATRIO Patio que rodeaba el tabernáculo (Éx 27.9-19) y el templo (1 R 6.36; 7.12), dentro del cual se hallaban el altar del holocausto (Éx 29.42), el lavatorio (Éx 30.18) o «mar» de bronce (1 R 7.23-29; 2 Cr 4.6) y el altar del incienso (Éx 30.1-10). En el templo de Salomón había dos atrios: el interior (1 R 6.36), donde estaba el altar y el «mar», y el gran atrio (1 R 7.12), donde se encontraban el templo y el palacio de Salomón.

En el atrio se hacían los sacrificios cotidianos y allí se daba asilo a los prófugos (1 R 1.50-53; 2.28-30).

El templo de Herodes tenía varios atrios: el de los sacerdotes, el de los hombres israelitas, el de las mujeres israelitas y el de los gentiles.

AUGUSTO (*digno de reverencia*). Título latino que el Senado Romano otorgó a Gayo Octavio César, el primer emperador romano (27 a.C.–14 d.C.), y que llevaron varios de sus sucesores así como sus esposas, hermanas, madres e hijos (→ CÉSAR).

Puesto que algunos emperadores ostentaron el título con la pretensión de merecer honores divinos (Ap 13.1; 17.3) habla del «nombre blasfemo» de la bestia.

En Hch 25.21,25 «Augusto» se refiere a Nerón.

Octavio (n. 63 a.C.), para quien este título se usa también como sobrenombre, era sobrino y más adelante hijo adoptivo de Julio César. Se destacó como militar, consolidando el imperio, y como administrador, estableciendo el sistema de gobierno que el imperio siguió por 300 años. Era emperador cuando nació Jesús (Lc 2.1).

AUTORIDAD «Toda autoridad viene de Dios» (Ro 13.1) y su ejercicio en la tierra debe someterse a las exigencias de la voluntad divina (Sal 62.11; Jn 19.10s). Tanto la autoridad del hombre sobre la naturaleza (Gn 1.28) como la del marido sobre la mujer (Gn 3.16), o la de los padres sobre los hijos (Lv 19.3), proceden del Juez que demanda → JUSTICIA de todos. Confiere poderes gubernamentales a paganos (1 R 19.15; Jer 27.6) y a su pueblo (→ MOISÉS; REY), no sin limitarlos por las obligaciones morales.

En el Nuevo Testamento Jesucristo es depositario de la autoridad (en griego, *exusía*). La manifiesta en su predicación (Mc 1.22;//), su poder para perdonar pecados (Mc 2.10//) y al disponer del sábado (Mc 2.28//). Jesús no responde directamente a la pregunta que le plantean los líderes judíos sobre su autoridad (Mt 21.23//), pero sus hechos son una elocuente respuesta: tiene autoridad sobre la enfermedad (Mt 8.8s//), sobre los elementos naturales (Mc 4.41//) y sobre los demonios (Mt 12.28//). La potestad que rehusó aceptar de Satanás (Lc 4.6) la recibirá de su Padre. Debido a su abnegación en el servicio (Mc 10.42ss), Jesús murió en la cruz y luego, resucitado, se le otorgó «toda potestad [*exusía*] en el cielo y en la tierra» (Mt 28.18). En su → SEGUNDA VENIDA será evidente la autoridad de Cristo.

Los apóstoles continúan el ejercicio del poder de su Señor (Mc 3.14s; Lc 10.16s; Hch 3.6; 2 Co 10.8), a veces en forma disciplinaria (1 Co 5.4s), pero siempre en aras del servicio a Cristo y a los seres humanos (1 Ts 2.6-10).

En el plural, *exusíai* puede referirse a poderes sobrenaturales (Ef 3.10; Col 1.15s) que a veces se representan como seductores, o como ayudadores, de los seres humanos (→ RUDIMENTOS).

AVARICIA Traducción de un término griego cuya raíz significa «desear más». La malicia de la avaricia radica en el hecho de que el deseo de más bienes conduce a la violación de los derechos ajenos (Jer 22.17; Ez 22.27). El avaro busca ganancias ilícitas y para ello se aprovecha de los otros (Pr 1.19; Jer 6.13; 8.10; Ez 7.11; 22.12).

En la comunidad cristiana primitiva, la lucha contra los pecados de posesión fue importante (cf. Hch 5.1-11). Junto con el deseo sensual, el ansia de adquisición constituye una amenaza especial para la vida nueva del cristiano (Ro 1.29; 1 Co 5.10s; Ef 5.3,5; Col 3.5).

AVE (pájaro). En la Biblia se usa el término ave para designar a las de rapiña en Gn 15.11; Job 28.7; Is 18.6; a las de corral en Neh 5.18; 1 R 4.23; y a los pájaros en general en Gn 1.20; Lc 12.24.

Moisés dividió las aves en limpias e inmundas, usando como criterio el tipo de alimentación de cada una: a las aves rapaces

Busto de Augusto César, primer emperador del Imperio Romano.

que se alimentan de carroña o de presas vivas las declaró inmundas; no se podían comer ni presentar en los sacrificios. Por eso figuran en la visión de Pedro en Jope (Hch 10.11-14).

La lista de aves inmundas se encuentra en Lv 11.13-19 y Dt 14.11- 20. Las tórtolas, los palominos y quizás alguna otra especie fueron prescritos en la Ley de Moisés como aptos para el holocausto (Lv 5.7-10; 14.4-7; Lc 2.24), provisión que permitía a los pobres cumplir con el ritual.

Algunas características propias de las aves se mencionan en la Biblia: sus migraciones (Pr 27.8; Jer 8.7); su aguda visión (Job 28.7, 21), su canto (Ec 12.4; Cnt 2.12), etc. La caza de las aves se presta para ilustrar verdades abstractas (Sal 124.7; Pr 6.5; 7.23; Ec 9.12).

Con las costumbres de las aves se ilustran las más variadas circunstancias de la vida humana y de la fe: la felicidad de estar en la casa de Dios, Sal 84.3; la seguridad del creyente, Sal 11.1; la providencia de Dios, Mt 6.26; Lc 12.6,7; la obra de Satanás, Mt 13.4,19; //.

Foto de Bernice Jhonson

El dios pagano Horus de los antiguos egipcios lo representaban como un halcón, un pájaro común del Cercano Oriente antiguo.

AVÉN (*vacío, nada*).

1. Nombre que Ezequiel dio a la ciudad egipcia de → ON (30.17).

2. Nombre con que Oseas se refirió a → BET-EL, para dar a entender que ya no era «casa de Dios», sino casa de idolatría (Os 10.8).

3. Pueblo en un valle entre el Líbano y el Antilíbano en la región de Damasco (Am 1.5).

AVENA → CENTENO.

AVENTADOR Especie de bieldo largo y de madera, en forma de pala dentada, que se usaba para arrojar el grano al viento después de trillarlo, para asegurar el tamo (Is 30.24; Jer 15.7).

Al levantarse la brisa en el mes de junio, los campesinos llevaban su grano a la era y lo aventaban. Por extensión el verbo «aventar» adquirió un sentido escatológico y figurado para indicar el juicio de Dios (Ez 5.10-12). Juan el Bautista usó esta figura para ilustrar la obra de Cristo que vendría para separar a los buenos de los malos (Mt 3.12; Lc 3.17). (→ TRILLAR.)

AVEOS Descendientes de Canaán, en el sudeste de Palestina. Los filisteos los expulsaron (Dt 2.23); pero estaban allí en tiempos de Josué (Jos 13.3).

AVESTRUZ La mayor de las aves corredoras conocidas en la actualidad: llega a 2,5 m de altura. El plumaje de la hembra es gris; el del macho es negro. Ambos sexos carecen casi por completo de plumas en el cuello y la cabeza. Sus alas no son aptas para el vuelo, pero sí útiles como auxiliares en la veloz carrera típica del animal (Job 39.18).

Las referencias al avestruz en Job 39.14,15 y Lm 4.3 aluden a la manera en que incuba sus huevos. El avestruz es polígamo. Tres o cuatro hembras ponen sus huevos en un nido común apenas excavado en la arena. Durante el día, el calor del sol incuba estos huevos. Al llegar la noche el avestruz los incuba con su calor. Deja sin incubar algunos huevos al borde del nido, para que sirvan de alimento a los recién nacidos.

Miqueas 1.8 y Job 30.29 se refieren a su grito plañidero. Los árabes tienen una expresión: «Estúpido como un avestruz» con la que concuerda Job 39.17. Para los hebreos era un animal inmundo (Lv 11.16; Dt 14.15).

AVISPA Insecto himenóptero que vive en grandes enjambres. Es peligroso por su aguijón, con el que inyecta una sustancia irritante. Abundaban tanto en Palestina que llegaron a ser una plaga. «Zora» significa lugar de avispas (Jos 15.33). Su miel se usa como la de las abejas. Hay en Palestina cuatro especies: dos que hacen nidos entre las piedras y dos bajo tierra. Atacan al ser humano como al ganado y a los caballos. En Éx 23.28 y Dt 7.20, se ve que Dios las usó para castigar a los pueblos cananeos, a no ser que estas citas se entiendan en sentido metafórico.

En Dt 1.44 la voz hebrea que se traduce por avispas debe traducirse por «abeja», y la que en Jos 24.12 se traduce por «tábano» debe traducirse por avispa.

AY Exclamación muy común que expresa lástima, pena, o conmiseración. A juzgar por Lc 6.20-26, «ay de...» es lo opuesto a una → BIENAVENTURANZA; colocarlos juntos es una aleccionadora paradoja.

Aunque Jesús parece amenazar con sus ayes, no se trata tanto de un juicio final como de una descripción de un infortunio (Mt 11.21). El vidente de Patmos llama ay a las tres últimas de las siete trompetas (Ap 8.13; 9.12; 11.14).

AYO Traducción de la voz griega *paidagogós*, que significa «el que guía a los niños», pero que no alude a la figura del maestro (*didáskalos*).

En el mundo grecorromano, los primeros años del niño transcurrían en el «gineceo», bajo la vigilancia de la madre y de la «nutricia». Pero a los 7 años el niño abandonaba el control femenino para pasar a manos del ayo, cuya función era acompañar a su joven amo en las salidas diarias, cuando iba a la escuela, a la palestra o a cualquier ceremonia pública. Le llevaba su equipo escolar y por la calle cuidaba de que el niño observara una conducta decente, caminara con los ojos bajos y cediera el paso a las personas mayores.

En los dos pasajes en que Pablo utiliza esta palabra (1 Co 4.15; Gl 3.24), le da un sentido peyorativo. En el primero, establece un contraste entre su propio papel como padre espiritual y el de los muchos «ayos». En el segundo no quiere decirnos que la Ley educa a las personas para Cristo (esto sería labor del *didáskalos*), sino que la Ley ocasiona las transgresiones y conduce a las personas a la situación en la que la gracia de Dios quiere salirles al encuentro. Una vez confiados a tal gracia, sería ilógico volver atrás a la etapa inmadura del ayo.

AYUNO, AYUNAR Ejercicio espiritual en el que un individuo o una comunidad se abstienen de comida. Aunque la práctica bíblica era que durara generalmente un día (hasta el anochecer), la Biblia cita ayunos de tres días, siete días, tres semanas y cuarenta días.

Las personas ayunaban por diversas razones. Lo hacían, por ejemplo, para prepararse antes de recibir un mensaje de Dios y antes de ir a cumplir una misión especial de Dios. Pero lo hacían también con motivo de la muerte de un ser querido o para conmemorar catástrofes nacionales; y para implorar la ayuda de Dios, discernimiento o perdón.

El ayuno en el Antiguo Testamento

La revisión detallada de textos en el Antiguo Testamento nos ofrece el siguiente cuadro:

1. La mayoría de los pasajes del precautiverio presentan el ayuno en un contexto de luto, tristeza y humillación (Jue 20.26; 1 S 31.13; 2 S 1.12; 12.16-23).

2. Hay algunos pasajes que presentan el estado de tristeza y humillación en el contexto de la penitencia por el pecado (1 S 7.6; 1 R 21.9-27).

3. En los textos del cautiverio y especialmente en los del poscautiverio (donde se encuentran la mayoría de textos), el ayuno por lo general se presenta en el contexto de la penitencia y la humillación y como señal de conversión (Jer 14.12; Jon 3.5; Esd 8.23; Neh 9.1; 2 Cr 20.3; Jl 1.14; 2.12; 2.15; Dn 9.3; Sal 35.13; 69.10; 109.24)

4. En Est 4.3 la reina pide a sus paisanos que ayunen como un acto de solidaridad. Así el pueblo haría simbólicamente lo que Ester estaba haciendo literalmente: exponiendo su vida en favor de su pueblo.

5. Llama la atención la reinterpretación profética de Is 58 y Zac 7. En ambos pasajes, lo que Dios quiere es la justicia social. Mientras que el pueblo practica el ayuno como obediencia a una exigencia ritual, el profeta coloca el ayuno en el contexto total de la vida y donde Dios quiere que tenga su contexto más feliz. En el caso de Zac 7 la pregunta que hizo el pueblo está mal hecha; el asunto no es si se celebra o no el ayuno, sino a qué acción o actitud del pueblo responde esa práctica.

Isaías presenta al ayuno como una acción de solidaridad. Con este tipo de ayuno surge la posibilidad de que las personas acomodadas y solventes experimenten lo que día a día viven los pobres y hambrientos.

En el ayuno, sugiere Is 58, el que tiene se hace vulnerable y débil y puede mirar a Dios como fuente de vida y de sustento. En el ayuno, el rico aprende a ser pobre en espíritu; y el pobre imparte al rico la actitud de humilde espera delante de Dios. Podríamos decir que toda acción litúrgica o cultual apunta al bien del ser humano y a la gloria de Dios (véase Mc 12.28-34).

6. Hay dos casos, semejantes al de Jesús, en los que Moisés (Éx 34.28) y Elías (1 R 19.8) ayunan durante cuarenta días, en el desierto.

El ayuno en el judaísmo

La ley de Moisés específicamente mandó ayunar en el → DÍA DE EXPIACIÓN. Esto llevó a que el día se conociera también como «día del ayuno» (Jer 36.6) o «el ayuno» Hechos 27.9. Después del cautiverio se establecieron intervalos regulares para la celebración del ayuno. Según Zac 8.19, en el cuarto, en el quinto, en el séptimo y en el décimo mes habría de observarse otros cuatro ayunos que recordaban desastres en la historia de los judíos. Y está también el ayuno antes de la celebración del Purim, que se instituyó en los días de Ester (Est 9.31).

El ayuno en el Nuevo Testamento

El ayuno se menciona también en el Nuevo Testamento. Los judíos devotos ayunaban (Hch 27.9). Algunos ayunaban los lunes y los jueves (Lc 18.12). Otros, como Ana, que servía a Dios en el templo con «ayunos y oraciones» (Lc 2.37), lo hacían más a menudo. Los discípulos de Juan el Bautista ayunaban (Mc 2.18). Jesucristo ayunó cuarenta días y cuarenta noches antes de la tentación (Mt 3.2). Asimismo, se menciona el ayuno de Cornelio (Hch 10.30), de los cristianos de Antioquía (Hch 13.2-3), de Pablo y Bernabé (Hch 14.23), y se registra la recomendación de Pablo a los matrimonios (1 Co 7.5).

Algunos opinan que pasajes como Mt 17.21, Mc 9.29, Hch 10.30 y 1 Co 7.5 no deben tomarse en cuenta porque no se encuentran en los manuscritos más antiguos, pero la existencia de estos versículos en muchos manuscritos demuestra por lo menos que la iglesia primitiva creía en el valor del ayuno.

Jesús no canceló la práctica, pero pidió que sus seguidores lo hicieran con la mirada fija en Dios, no en los hombres (Mt 6.16-18).

AZAFRÁN Planta mencionada en Cnt 4.14. Tal vez el *crocus sativus*, planta pequeña de la familia de las iridáceas. Los estilos y estigmas de sus flores se secan y se usan como condimento y también en medicina y perfumería.

AZARÍAS (*el Señor ha ayudado*). Nombre de 24 personajes en la Biblia, entre los que se cuentan sacerdotes, capitanes, siervos y un profeta. (Cf. *Concordancia*.)

Llevaba este nombre el décimo rey de Judá, que también se llamaba Uzías (2 R 15.1-7; 2 Cr 26). Escogido por el pueblo a la edad de 16 años para suceder a su padre asesinado, reinó cincuenta y dos años e hizo lo recto ante Jehová. Durante su reinado hubo un gran terremoto (Am 1.1; Zac 14.5). Dirigió victoriosas campañas militares contra los filisteos, los árabes y los amonitas, y reedificó la ciudad de Jerusalén y edificó torres en los muros. También promovió la agricultura. Durante los días de Zacarías, un profeta piadoso, Azarías persistió en los caminos de Dios.

Sin embargo, «cuando ya era fuerte, su corazón se enalteció para su ruina». Entró en el templo para ofrecer incienso en el altar, lo cual era exclusividad sacerdotal. Pero el sumo sacerdote y ochenta sacerdotes se le opusieron.

El rey, pese a la oposición, intentó realizar su propósito, por lo que Dios le hirió con lepra y el rey tuvo que retirarse apresuradamente. Quedó leproso hasta su muerte y su hijo Jotam se encargó del gobierno (2 Cr 26.16-22).

AZAZEL El ritual levítico establecía que el sumo sacerdote debía presentar delante de Jehová, en el Día de Expiación, dos machos cabríos, sobre los cuales echaría suertes: una suerte por Jehová y otra por Azazel. Después que el sacerdote ponía las manos en la cabeza del macho cabrío por Azazel y confesaba sobre este todos los pecados del pueblo, el animal era llevado al desierto. La única mención que la Biblia hace de Azazel está en Lv 16.8,10,26. (En la época de Cristo, se dejaba caer a este macho cabrío, desde una

roca alta, a un precipicio distante 19 km de Jerusalén.)

No ha sido posible identificar exactamente a Azazel. Según la etimología del nombre, el significado principal es «quitar», «conducir hacia un lugar desierto» o el mismo sitio desierto (Lv 16.21,22). Hay algunos, sin embargo, para quienes Azazel significa el macho cabrío y otros que lo interpretan como un demonio o Satanás mismo. En todo caso, la enseñanza de purificar el pueblo, alejando simbólicamente sus rebeliones para facilitar de ese modo la reconciliación con Dios (Lv 16.10), se cumple satisfactoriamente en Cristo, de quien Juan el Bautista dijo: «He aquí el Cordero de Dios, que quita el pecado del mundo» (Jn 1.29). (→ Día de Expiación.)

AZECA Ciudad cananea de la Sefela, a 24 km al noroeste de Hebrón, hasta donde Josué persiguió a los cananeos (Jos 10.10, 11). En la partición correspondió a Judá (Jos 15.35). Como fortificación se menciona en relación con Saúl (1 S 17.1) y Roboam (2 Cr 11.9). Nabucodonosor la asedió y destruyó (Jer 34.7). Nehemías la rehabilitó (11.30).

AZOTE Pena prevista en Dt 25.1-3, pero limitada «a cuarenta azotes, no más» para que «tu hermano no quede envilecido delante de tus ojos».

Este castigo no parecía muy deshonroso en sí mismo, pero llegaba a serlo cuando ponía al castigado en estado lamentable. La legislación posterior, para estar segura de no sobrepasar el número de cuarenta, más bien que por sentimientos de piedad, ordenó que se dieran treinta y nueve azotes. Se administraba esta pena con un flagelo de tres correas. Y, así, cada golpe equivalía a tres. Se daba, por tanto, trece golpes (3 x 13 = 39). La ley asiria administraba este castigo con mayor prodigalidad.

Por el Talmud y por el Nuevo Testamento se sabe que este castigo se ejecutaba a menudo en la sinagoga (Mt 10.17; 23.34; Mc 13.9; Hch 5.40; 22.19). La flagelación judía debió de irse sustituyendo poco a poco por la flagelación romana. Así se deduce probablemente de 2 Co 11.24,25, donde Pablo distingue entre los treinta y nueve golpes recibidos cinco veces de los judíos y las tres veces que lo azotaron.

La *Lex Porcia* prohibía azotar a un ciudadano romano (Hch 16.37). Sin duda, a Jesús se le aplicó la flagelación romana, mucho más cruel que la judía y quizás dentro del pretorio (Mc 15.15 y //).

AZOTO → ASDOD.

AZUFRE Metaloide amarillo, inflamable. Se encuentra puro y en combinación con otros metales con los que forma sulfuros. Como al inflamarse se derrite, los antiguos se aterrorizaban ante estos ríos de fuego. Abunda en la región del mar Muerto, y la destrucción de Sodoma y Gomorra se atribuye a una lluvia de azufre (Gn 19.24,25). Por las características del azufre, se usa en sentido metafórico para referirse a los juicios de Dios sobre los rebeldes. A menudo se relata la desolación resultante (Dt 29.23; Sal 11.6; Ez 38.22; Ap 9.17).

BAAL (*poseedor* o *señor*). Nombre usado en el Antiguo Testamento principalmente para referirse al dios de la fertilidad de los → CANANEOS, cuyo culto se introdujo entre los hebreos (Nm 22.41; Jue 2.13; 6.28-32). Durante el reinado de Acab y Jezabel, 450 profetas de Baal y 400 sacerdotes de Astoret vivieron en el palacio; se puso gran empeño en erradicar el culto a Jehová (1 R 18). Cuando Elías mató a todos los profetas de Baal, no destruyó este culto (2 R 10.18-28). Siguió la lucha contra la tendencia de los israelitas hacia el culto a Baal y la promoción de la idolatría (2 Cr 21.5,6,11; 22.3). Joiada se opuso firmemente al culto a Baal. Destruyó los ídolos y altares, y dio muerte a los sacerdotes (2 R 11.17,18). Sin embargo, una vez tras otra las imágenes y la adoración de Baal reaparecieron en Israel, sobre todo bajo el patrocinio de los reyes (2 Cr 28.2; 2 R 21.3). Con la reforma del rey Josías se eliminaron todos los vestigios de la idolatría (2 R 23.4,5).

Los templos y altares de Baal se construían por lo general sobre lugares altos (Nm 22.41; Jer 19.5), rodeados a veces de numerosas imágenes de este dios, su esposa, Anat, y de otros dioses que componían el panteón cananeo. G.E. Wright ayuda a entender mejor en qué consistía la experiencia religiosa: «fundamentalmente, la religiosidad práctica era una combinación de fe, magia y superstición. La vida era un asunto desesperadamente serio, y era absolutamente necesario disponer de los medios adecuados para dominar las fuerzas que la rodeaban». «La religión», continúa diciendo Wright, «se centraba en torno a una variedad de actos regulados por largas listas de preceptos, cuyo objeto era llamar la atención de los dioses y lograr que hicieran prósperos los caminos del hombre. En tal religiosidad apenas había algo cuyo objeto fuera mejorar al individuo. La sociedad estableció sus leyes, que recibían una sanción religiosa, pero la atención se dirigía sobre todo hacia las acciones rituales, externas, capaces de lograr que los dioses se mostraran más favorables».

Ya que la religión de Canaán estaba marcada fuertemente por la fecundidad y el sexo, el culto consistía en lograr la fecundidad de los campos, animales y personas. Por eso, la prostitución de hombres y mujeres era común y se practicaba en varios centros de culto. El culto a Baal frecuentemente acompañaba al culto de Astoret (Jue 2.12,13), y había cerca una «Asera» (Jue 6.28-30; 1 R 16.32,33). (→ ASTORET; ASERA; LUGARES ALTOS; MOLOC.) Cada pueblo podía tener su propio Baal. Se les designaba con el nombre común de Baal combinado con el del lugar (p. ej., Baal-Gad, Baal-Hazor, etc.).

Baal también era nombre de un dios particular, p. ej., Bel-Merodac (Jer 50.2), ídolo de los babilonios y de los asirios; Baal-peor (*señor de Peor*) un ídolo de los moabitas (Nm 25.3,5; Os 9.10) y Baal-zebub (*señor de las moscas*), dios de los filisteos (2 R 1.2).

Baal era nombre de varias personas en días primitivos de Israel (1 Cr 8.30,33,34; 9.39). Más tarde, cuando todo lo asociado con Baal llegó a ser blanco del ataque de los profetas, se prohibió usar el nombre como referencia a Dios y, podemos suponer, también a seres humanos (Os 2.16). En el Nuevo Testamento el nombre Beelzebú (*el príncipe de los demonios*, Mt 10.25; etc.), obviamente se deriva de Baal-zebub. (→ BAAL-ZEBUB.)

Bibliografía:
G.E. Wright, *Arqueología bíblica*, Cristiandad, Madrid, 1975, p. 400.

BAAL-BERIT (*señor del pacto*). Dios cananeo por el que los israelitas «se prostituyeron» (→ PROSTITUCIÓN; IDOLATRÍA) después de la muerte de Gedeón. Su santuario se hallaba en Siquem (Jue 8.33; 9.4,46). «Berit» quizás se refiera al pacto hecho entre los devotos y su dios.

BAAL-MEÓN Ciudad que edificaron los rubenitas al este del Jordán (Nm 32.38), y el pueblo natal de Eliseo de acuerdo con la tradición. Tal vez se llamó antes Beón (Nm 32.3), y después Bet-baal-meón (Jos 13.17) y Bet-meón (Jer 48.23). Jeremías (49.23) y Ezequiel (25.9) la conocían como ciudad moabita, pero se ignora cuándo pasó a Moab.

BAAL-PEOR Dios del monte. Peor en Moab. Israel tomó parte en el culto a la fertilidad que se le daba a este dios. Su participación provocó a Jehová y ocasionó la muerte de 24.000 israelitas (Nm 25; Dt 4.3; Sal 106.28; Os 9.10; 1 Co 10.8).

BAAL-ZEBUB (*señor de las moscas*). Dios filisteo cuyo santuario se hallaba en Ecrón. Ocozías, rey israelita, quiso consultarlo pero Eliseo se lo impidió (2 R 1.1-6,16).

Baal-zebub quizás se refiera al dios que producía o prevenía la peste de las moscas. Es posible que su verdadero nombre fuera Baal-Zebul (*señor elevado* o *señor príncipe*), un dios bien conocido en los textos de → UGARIT, y que los judíos, para burlarse de él, lo llamaran «señor de las moscas».

BAAL-ZEFÓN (*señor del norte*). Lugar cerca del cual acamparon los israelitas (Pi-ha-hirot) antes de cruzar el mar Rojo (Éx 14.2; Nm 33.7). El nombre es idéntico al de un dios cananeo adorado en Egipto y señala, sin duda, el centro de su culto, establecido para reforzar la defensa de la región.

BAANA (*hijo de aflicción*).
1. Benjamita de Beerot, hijo de Rimón. Baana y su hermano Recab asesinaron en secreto a su amo, Is-boset hijo de Saúl, y llevaron su cabeza a David (2 S 4.1-12).
2. Padre de Heleb, uno de los treinta valientes de David (2 S 23.29; 1 Cr 11.30).
3. Hijo de Ahilud, uno de los doce gobernantes bajo Salomón (1 R 4.12).

Otros tres o cuatro de este nombre se encuentran en 1 R 4.16; Esd 2.2; Neh 3.4; 7.7; 10.27.

BAASA Hijo de Jeroboam I. Tercer rey de Israel (*ca.* 909–886 a.C.). Antes fue general del ejército de Nadab. Mató a Nadab durante el sitio al pueblo filisteo de Gibetón y luego exterminó toda la casa de Jeroboam de acuerdo con la profecía de Ahías (1 R 14.7-11). Guerreó continuamente contra Asa, rey de Judá, y ocupó Ramá, 7 km al norte de Jerusalén, pero Asa, en alianza con Benadad de Damasco, recobró el territorio. Jehú profetizó contra Baasa por su pecado (1 R 16.1-7). Le sucedió su hijo → ELA.

BABEL (*puerta de Dios*).
1. Una de las ciudades que fundó Nimrod (Gn 10.8-10) en la tierra de Sinar (Sumer); → BABILONIA.

2. Torre construida en una llanura de la tierra de Sinar (Gn 11.1-9). Se ha identificado con las ruinas de una torre escalonada (*zigurat*) de *es-sahn*, excavadas en 1913. Es la torre de un templo de siete pisos, con una altura de 90 m y una sólida base subterránea de unos 90 m por cada lado. En el piso más alto se hallaba un templo, o casa de bodas, de la divinidad, Marduc. La forma del *zigurat* se desarrolló en Babilonia *ca.* 3000 a.C, pero Gn 11 tal vez hable de un prototipo de fecha anterior.

Algunos comentaristas creen que la confusión de lenguas (v. 7) es universal y literal, explicando así el origen de la diversidad de idiomas; otros creen que el texto habla de un juicio local (→ DILUVIO). La confusión se puede interpretar también como un milagro del oído, como algunos lo hacen en el caso de Pentecostés. No hay indicios de un idioma escrito antes del de Sumer, *ca.* 3000 a.C. (el cual no tiene relación evidente con otros idiomas conocidos). Por eso es imposible ser dogmático en cuanto al origen y desarrollo de la variedad de idiomas. Pero, sí hay pruebas de la dispersión de los hombres (Gn 11.8s) mucho antes de la cultura sumeria.

Sin embargo, la enseñanza básica del pasaje no es del origen de los idiomas, sino del desarrollo del pecado humano. El desorden en el mundo internacional no figuraba en el plan original de Dios, sino que fue el castigo resultante por la rebelión del hombre. Los esfuerzos unificadores de este (sus obras) son siempre incompletos e insuficientes, y contrastan con la obra salvadora de Cristo y con la ciudad de Dios que desciende del cielo (Ap 21.2). La variedad de idiomas y culturas ahora obstaculiza la comunicación y representa un juicio de Dios, pero seguirá en la eternidad (Ap 22.2) como bendición y oportunidad para expresión creativa de la gracia de Dios.

Bibliografía:

A. Pacios, «Babel, La torre de», *EBDM* I, pp. 995-999. A. Parrot, *La torre de Babel*, Ediciones Garriga, S.A., Barcelona, 1962. J. Prado, «La ciudad y la torre de Babel» (Gn 11.1-9), *Estudios Bíblicos* II, 1950, pp. 273-294.

BABILONIA (ciudad). Antiquísima ciudad a orillas del Éufrates cuyo nombre hebreo es → BABEL, y a la que se refiere la narración

---

Un relieve vidriado de un toro, descubierto en la excavación de la antigua Babilonia.

Foto de Ben Chapman

de Gn 11.1-9. Se han hecho varias expediciones arqueológicas a Babilonia, pero todas han tenido que limitarse a excavar los niveles más superficiales y por tanto más recientes de la ciudad. En todo caso, debido a las referencias en varias inscripciones cuneiformes, se sabe que Babilonia existía ya en el tercer milenio a.C.

Babilonia era una ciudad de cierta importancia (*ca.* 2000 a.C.), pues servía de capital a una de las provincias del reino de → Ur. Poco después se independizó y sirvió de capital a un reino cuyo soberano más famoso fue → Hammurabi. Hacia el año 1595 a.C., los → heteos la atacaron y tomaron, pero esto no destruyó su hegemonía en el sur de Mesopotamia. A principios del primer milenio a.C., al surgir el gran Imperio → Asirio, este conquistó y se anexó a Babilonia. Sin embargo, su resistencia fue tal, que en 689 los asirios la destruyeron completamente. A pesar de ello, volvió a surgir de sus ruinas y continuó oponiéndose al poderío asirio.

En 608, desaparecido el poder de los asirios, Babilonia llegó a ser la capital del reino → caldeo. Fue esta la época más gloriosa de su historia, que terminó cuando en 539 a.C., → Ciro dirigió a los persas en la conquista del reino caldeo y Babilonia se rindió. Cuando → Alejandro conquistó el Imperio Persa, Babilonia cayó en sus manos y allí fue donde el gran conquistador macedonio regresaría más tarde para morir. Su sucesor, Seleuco I, fundó sobre el Tigris, a poca distancia de Babilonia, la ciudad de Seleucia, que sería capital de su reino. A partir de entonces, la importancia de Babilonia comenzó a declinar. En tiempos neotestamentarios era solo una pequeña población. Poco después desapareció del todo y no quedaron más que sus ruinas, que aún testifican de la grandeza que una vez tuvo.

Como es natural, la configuración de Babilonia, que existió por casi 3000 años, varió mucho con el correr de los siglos. Su importancia, desde el punto de vista del estudio bíblico, es mayor durante los tiempos de Nabucodonosor. El esplendor de la ciudad en esa época era extraordinario y por ello los escritores bíblicos la llaman «la admiración de toda la tierra» (Jer 51.41), «la belleza de la excelencia de los caldeos» (Is 13.19), «la señora de los reinos» (Is 47.5) y «la grande» (Dn 4.30). Debido a las excavaciones arqueológicas, así como por el testimonio bíblico (Jer 51.58), sabemos que Babilonia era una ciudad fuertemente amurallada. Estaba construida en forma de rectángulo dividido de norte a sur en partes iguales por el Éufrates. La porción que se encontraba al este del río se conocía como la «antigua» ciudad, y a la parte occidental se le llamaba la «nueva», lo cual hace suponer que Babilonia originalmente se encontraba solo al este del Éufrates. Todo este rectángulo lo rodeaban dos murallas paralelas y un foso exterior también paralelo a las murallas. En época de Nabucodonosor II, se construyó otra muralla al este de la ciudad antigua para brindar mayor protección contra los ataques del enemigo. Las principales puertas de entrada, a través de las dos murallas paralelas, estaban ricamente adornadas con relieves hechos de centenares de lozas cuadradas. Los temas principales de estos relieves eran leones, toros y dragones.

Dentro de la ciudad el edificio más imponente era el templo de Marduc, al que quizás se refiere Génesis en la historia de la torre de → Babel. Este templo se encontraba casi en el centro de la ciudad, en la ribera oriental del Éufrates. El antiguo historiador Herodoto ha conservado para la posteridad una valiosa descripción del lugar.

Como toda gran ciudad, Babilonia no solo se distinguió por su prosperidad, sino también por su pompa y la laxitud de sus costumbres. Su idolatría resultaba repugnante a los escritores bíblicos. Además, fue la capital del gran imperio que durante largo tiempo rivalizó con Egipto la supremacía sobre Palestina y las regiones circundantes. Como esto culminó con la caída de Jerusalén y el cautiverio, y puesto que Babilonia era una ciudad dada a la idolatría, en el Antiguo

Testamento son frecuentes las profecías en su contra (p. ej., Is 13.1-22; 14.22; 47; Jer 25; 50; 51; etc.).

Por consiguiente, en los primeros años de nuestra era judíos y cristianos tenían a Babilonia como encarnación de toda suerte de abominaciones. También se utilizaba para referirse a Roma, queriendo significar con ello no solo el inmenso poderío de dicha ciudad, sino también la corrupción e idolatría. En ese sentido se utiliza en 1 P 5.13, que parece referirse no a la Babilonia histórica, sino a → ROMA. También a Roma se refiere Ap 17–18, aunque no solo se trata de la gran ciudad y su imperio, sino de como encarnación de los poderes malignos que se oponen al Señor hasta el día postrero. Como en el Antiguo Testamento, una vez más se oponen Babilonia y Jerusalén, aunque ahora se trata de la confrontación final.

Este dibujo de Babilonia muestra la arteria principal de la ciudad, que pasa a través de la puerta de Istar en el muro de la ciudad.

BABILONIA (región e imperio). El nombre de Babilonia se le da también a la región de límites imprecisos situada en el curso inferior de los ríos Tigris y Éufrates. Su centro es una llanura a la que algunos textos nombran como Sinar (Gn 10.10; 11.2; 14.1; Zac 5.11). Al este de Babilonia se encuentra la región montañosa de Elam. Sin embargo, puesto que la transición de la llanura a las montañas ocurre de manera paulatina, los límites entre Babilonia y Elam siempre dependieron del poderío militar de una u otra región. Al oeste, Babilonia se extiende hasta el desierto de Arabia. Debido a que los babilonios rara vez se inclinaron a atravesar ese desierto, ya que había innumerables grupos nómadas que se dirigían a Babilonia a través de él, la influencia de estos pueblos nómadas sobre Babilonia fue grande a través de toda su historia. Sus límites hacia el sur y el norte no eran tan precisos. Durante la hegemonía de Babilonia se le daba ese nombre a todo el sur de Mesopotamia, que se extendía hacia el norte hasta las fronteras mismas de Asiria. Sin embargo, en otros tiempos, se distinguían de Babilonia propiamente dicha las regiones de Sumeria y Caldea al sur, y las de Asiria y Mesopotamia al norte. (En la antigüedad, el término «Mesopotamia» por lo general no se aplicaba a toda la región entre el Tigris y el Éufrates, sino a una zona mucho más pequeña que se encontraba entre el Tigris y el Zab.)

La civilización babilónica es una de las más antiguas en el Cercano Oriente; los sumerios ya habitaban Babilonia mil años antes de Abraham. Allí se encontró la escritura más antigua conocida; ese fue el inicio de la escritura cuneiforme en la que más de 500 figuras simples representaban, en un inicio, objetos e ideas y, más tarde, sílabas. Antes del año 2000 a.C. sus artesanos ya hacían joyería en oro y plata, armas de bronce y cobre y estatuas.

Las condiciones geográficas de Babilonia determinaron en gran medida el modo de vida de sus habitantes. Los ríos Tigris y Éufrates, con sus inundaciones periódicas (aunque no tan precisas y abundantes como las del Nilo), permitían la irrigación de una vasta región mediante toda una red de canales y compuertas. De este modo Babilonia llegó a ser una de las regiones más fértiles

Esta reconstrucción de Babilonia del tiempo del rey Nabucodonosor II muestra el enorme zigurat a la izquierda y el templo del dios pagano Marduk a la derecha.

han quedado reducidas a ruinas. La topografía de la región también la dejaba abierta a múltiples situaciones, de modo que en Babilonia vivieron, a través de los siglos, diversos pueblos y se hablaron varios idiomas, como el sumerio, el arameo y otros.

En tiempos de su mayor extensión, las ciudades más importantes de la región babilónica eran, además de Babilonia: → UR, de donde partió Abraham en su peregrinación (Gn 11.27-31); → EREC (Gn 10.10); Nipur, que data de la época de la hegemonía sumeria, y en la que se han hecho importantísimas excavaciones; y → CUTA, de donde se dice que procedían algunas de las personas que Sargón II utilizó para repoblar Samaria después de tomarla (2 R 17.24).

Cuando aparecen los primeros registros históricos, Babilonia se encontraba dividida en una serie de ciudades, cada una con su rey, que a menudo chocaban y se disputaban la hegemonía. Esta situación desapareció cuando Sargón de Acad o Agadé logró unificar por primera vez toda la Mesopotamia del sur bajo un solo rey (al menos, las antiguas leyendas le atribuyen este gran logro). En todo caso, el poderío de Agadé no duró mucho, pues cuando los pueblos

del mundo. Como la piedra era escasa, los babilonios construían sus edificios con ladrillos que a menudo solo amontonaban unos sobre otros, aunque otras veces los unían con barro o algún material semejante. Por esta razón la mayoría de sus enormes construcciones, que una vez asombraron al mundo,

Las ruinas de Babilonia, que una vez fuera la orgullosa capital del poderoso Imperio Babilónico.

Foto: Colección fotográfica Matson

de las montañas invadieron la llanura, lo destruyeron. Poco después Ur logró establecer su poderío sobre toda la región, aunque solo para perderlo a causa de una invasión elamita. Surgieron entonces tres dinastías simultáneas en Isín, Larsa y Babilonia, hasta que → Hammurabi, rey de Babilonia, logró imponer su poderío y organizar la región en un vasto imperio en el que las demás ciudades quedaron relegadas al rango de capitales provinciales. Sus sucesores no pudieron retener el imperio que este formó, sino que vieron limitado su poder cada vez más hasta que los → heteos tomaron a la misma Babilonia.

La segunda y tercera dinastías de Babilonia ocupan un período de alrededor de 600 años. Durante ellas Babilonia no logró reafirmar su poderío y de ellas se sabe muy poco. La tercera dinastía la destruyó una invasión elamita. Fue durante la cuarta dinastía, bajo → Nabucodonosor I, cuando Babilonia comenzó a restablecerse de su decadencia, aunque muy lentamente. Este proceso se interrumpió en el siglo VIII a.C. cuando → Asiria logró establecer su poderío sobre toda Mesopotamia. El Imperio Asirio duró poco más de un siglo. Su capital, Nínive, la tomaron los medos en 606 a.C. Aprovechando esta coyuntura, Babilonia se independizó bajo una dinastía procedente del sur de la región, de → Caldea. De ahí que a menudo se da el nombre de «Caldea» al reino neobabilónico que sucedió a Asiria en el dominio de Mesopotamia. El más importante de los reyes caldeos fue Nabucodonosor II. El último de ellos fue Nabonido, cuyo hijo → Belsasar gobernaba representativamente la ciudad de Babilonia cuando la tomó → Darío.

Con la caída de Nabonido termina la historia independiente de Babilonia. Desde entonces pasó a formar parte del Imperio Medo-Persa. Cuando Alejandro derrotó a los persas, quedó unida a su imperio y luego pasó a manos de su sucesor Seleuco I. Al resurgir el Imperio Persa, Babilonia quedó supeditada a él, para que luego la conquistaran los musulmanes. El

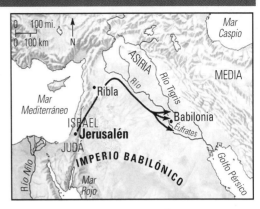

IMPERIO BABILÓNICO
586 a.C.

Babilonia conquistó Asiria llegando a ser una potencia mundial. Sus ejércitos marcharon sobre Jerusalén, quemaron el templo, demolieron las grandes murallas de la ciudad y llevaron al pueblo al cautiverio.

período de la civilización babilónica que más interesa al estudioso de la Biblia se discutirá aparte bajo el título de «Caldea» (véase 2 R 23–24).

La religión de los babilonios era politeísta hasta el punto de que son más de 2.500 los nombres de sus dioses. A los dioses se les representaba mediante imágenes, por lo general de forma humana, en las que se creía que residía el dios representado. Los hombres se creían dirigidos por un destino prefijado y no había esperanza de una vida después de la muerte (→ Ur).

BAHURIM Pueblecito o suburbio de Jerusalén al nordeste del Monte de los Olivos. Simei, enemigo de David, vivía en Bahurim (2 S 16.5-13; 19.16-23; 1 R 2.8). Pero también había amigos de David en Bahurim (2 S 17.16-21; cf. 3.12-16).

BAILE Movimientos cadenciosos del cuerpo, casi siempre acompañados con música. Entre los griegos el baile o danza formaba parte de la educación nacional. En algunas tumbas egipcias se conservan escenas de banquetes con intervención de bailarinas. Entre los hebreos se utilizaba el baile para celebrar efemérides nacionales (Éx 15.20, 21), para recibir a los héroes (Jue 11.34; 1 S 18.6) y para manifestar regocijo por alguna bendición especial (2 S 6.14; Jer 31.4,13; Lc 15.25). También figuraba en los servicios religiosos y actividades relacionadas con expresiones de la fe (Sal 149.3; 150.4).

BALAAM (*devorador* o *glotón*). Vidente famoso, hijo de Beor, que vivía en Petor de Mesopotamia. Según Jud 11, es ejemplo de un hombre religioso que sucumbe ante la tentación de la avaricia (Nm 22.1-20).

Cuando Balac, rey de Moab, le pidió maldecir a los israelitas, Balaam consultó inmediatamente a Jehová, quien le prohibió hacerlo (Nm 22.8-13). Al llegar otros emisarios de Balac con la misma petición, Balaam les reiteró la negación de Dios (Nm 22.18). No obstante, volvió a consultar a Jehová. Esta vez Dios le dijo: «Vete con ellos; pero harás lo que yo te diga».

Camino a Moab un ángel intentó obstruirle el paso. Balaam no lo vio, pero su asna sí, y Dios la hizo hablar para reprender al profeta. Su avaricia lo llevaba por un camino peligroso. Balaam confesó que había pecado, pero siguió adelante según le indicó el ángel (Nm 22.34ss).

Balaam es también ejemplo de cómo un pecador puede ser, en contra de su voluntad, un instrumento de Dios para declarar un mensaje. Balaam y Balac subieron a cuatro colinas (Nm 22.39,41; 23.14,28) desde las que se dominaba el campamento israelita, procurando, en sentido figurado, franquear los muros de salvación (Is 60.18) que Jehová puso alrededor de su pueblo. En cada una de las colinas Balaam ofreció sacrificios y, bajo la inspiración de Dios, profetizó con respecto a Moab, Israel y el propio Mesías (Nm 24.17; Ap 22.16).

Balaam volvió a su casa (Nm 24.25) y, privado ya de la presencia de Dios, dio malos consejos a Balac (Ap 2.14), con lo que ocasionó la muerte de 24.000 israelitas (Nm 25.9). Hubo después una guerra de represalia entre Israel y Madián en la que Balaam murió (Nm 31.8; Jos 13.22).

BALAC (*devastador*). Rey de → Moab en el tiempo del éxodo. Iba a atacar a Israel (Jos 24.9), pero luego optó por otra estratagema. Para salvaguardarse contra una invasión aplastante contrató al vidente → Balaam para que maldijera a Israel (Nm 22–24; Jos 24.10).

Cuando mediante encantos no logró su propósito, siguió el mal consejo de Balaam y, a través del culto inmoral de su religión, pudo debilitar a Israel (Nm 25; Miq 6.5; Ap 2.14).

BALANZA Aparato para pesar dinero, granos y otros valores (Gn 23.16; 43.21; Job 31.6). Había varios tipos de balanzas. Las más primitivas consistían en una barra horizontal y

---

Este relieve de un templo de la reina Hatsepsut en Karnak, Egipto, muestran bailarines y músicos egipcios practicando sus habilidades.

cuerdas en los extremos con platillos para sostener el objeto a pesar.

Al principio, las → PESAS eran piedras de distintos tamaños. Más tarde se hicieron de cobre o hierro. Era posible pesar con bastante precisión, pero también era fácil engañar. El uso de balanzas falsas era un mal que los profetas condenaban, lo cual indica que era problema común (Lv 19.36; Pr 11.1; 16.11; 20.23; Am 8.5; Miq 6.11; Os 12.7). Según los legisladores, profetas y maestros, el uso de balanzas justas era prueba de rectitud. La balanza aparece en lenguaje figurado en Sal 62.9; Job 6.2; 31.6; Is 40.12,15; Dn 5.27.

BALSAMERA Reina-Valera traduce así *bakha* en 2 S 5.23,24; 1 Cr 14.14,15. En Sal 84.6 lo traduce «lágrimas». La identificación de *bakha* con balsamera es imposible pues estas solo crecen en el sur de Arabia. Sobre la base del contexto otros la identifican con el *álamo temblón*, cuyas hojas se mueven con facilidad al impulso del viento.

BÁLSAMO En cinco ocasiones Reina-Valera traduce el hebreo *tsoriy* por bálsamo. En Ez 27.17 lo traduce resina. No se ha podido identificar con certidumbre, pero se supone que sea algún tipo de resina aromática. Era un producto de comercio internacional (Gn 37.25; 43.11; Ez 27.17). Galaad era centro de este comercio (Jer 8.22). Sin embargo, en Galaad no hay planta que produzca resina que tenga las propiedades medicinales atribuidas al bálsamo (Jer 46.11; 51.8). Quizás el bálsamo se producía en otra parte y lo llevaban a Galaad las caravanas de especias o tal vez se trataba de otra planta. En una ocasión (Sal 141.5), Reina-Valera traduce el hebreo *shemen* por bálsamo (→ ACEITE).

BAMA, BAMOT (→ LUGAR ALTO; *Bamot* es el plural de *Bama*). Nombre de centros de culto idólatra (→ IDOLATRÍA; ÍDOLO).

1. Lugar no identificado, mencionado en Ez 20.29.

2. Lugar cerca de Moab, por donde pasaron en su peregrinación los israelitas (Nm 21.19,20). Quizás sea el mismo Bamot-baal adonde Balaam subió para maldecir a Israel (Nm 22.41; cf. Jos 13.17).

BANCO El concepto de banco no se halla en el Antiguo Testamento en el sentido de institución para custodiar el → DINERO de individuos o dar crédito comercial. El palacio y el templo eran los depositarios de la riqueza nacional (1 R 14.26). Aunque existía el sistema bancario en Babilonia desde 2000 a.C., los judíos no lo adoptaron sino hasta el período del destierro (Ez 18.8,17; 22.12). Su aversión sin duda se debía a la estricta prohibición de la usura en el Antiguo Testamento.

La palabra traducida por banco en Lc 19.23 literalmente quiere decir «mesa». Tal nombre se debe seguramente a que sobre tal mueble acostumbraban trabajar los banqueros (cf. Mt 25.27). Algunos banqueros trabajaban como → CAMBISTAS.

El «banco de los tributos públicos» (Mt 9.9) era la oficina aduanera del → PUBLICANO, en este caso de → MATEO.

BANDERA Emblema militar nacional. Al igual que hoy, en tiempos antiguos se usaba para funciones militares y litúrgicas. Después que los israelitas salieron de Egipto, las tribus se identificaban por su respectiva bandera y se agrupaban alrededor de ella (Nm 1.52; 2.2,3,10,17, etc.). Jeremías 4.21 usa la bandera como símbolo de la guerra que desea ver terminada.

La palabra bandera se usa en sentido figurado. La amada puede morar bajo la bandera del amor de su amado (Cnt 2.4). Los fieles alzarán bandera en el nombre de Dios (Sal 20.5). La bandera es punto de reunión y llama a los hijos de Dios para ampararse en su sombra y salir a luchar bajo su insignia (Éx 17.15; Is 11.12; Sal 60.4). En Is 11.10 al Mesías se le llama «pendón».

BARAC (*relámpago*). Hijo de Abinoham de Cedes de la tribu de Neftalí (Jue 4.6,12).

Dios le ordenó por medio de la profetisa → Débora que liberase a Israel del yugo de → Jabín, rey de Canaán. Asegurándose primero la ayuda de Débora, reunió diez mil personas y acampó en el monte → Tabor. Quebrantó a → Sísara y al ejército de este (Jue 4.15). Esta victoria se detalla en el célebre cántico de Débora y Barac (Jue 5.1-31). Barac se cuenta entre las personas de fe (Heb 11.32).

BARBA Para los israelitas y sus vecinos la barba era un adorno. Destacaba la virilidad y la dignidad masculinas (Sal 133.2), por lo que se esmeraban en cuidarla. La dejaban crecer larga y poblada. Los hombres se saludaban tomando con la mano derecha la barba del amigo íntimo y besándola (2 S 20.9). Afeitarse la barba o cubrirla era señal de humillación, pesar o luto (Is 15.2; Jer 41.5; 48.37). Raparle la barba a otro era deshonrarlo (2 S 10.4-14; Is 7.20). Para prevenir a los israelitas contra las prácticas idólatras, Dios les ordenó que no se cortasen la punta de la barba (Lv 19.27b). Los leprosos debían cubrirse la barba (Lv 13.45, BJ).

Cabeza de yeso descubierta en la excavación de Mari en Mesopotamia, mostrando la barba completa que usaban los antiguos amorreos y hebreos.

A diferencia de los hebreos, según Herodoto, los egipcios mantenían la barba solo como señal de duelo, de ahí que cuando liberaron a José de la cárcel, tuvo que cortársela antes de comparecer ante Faraón (Gn 41.14). (→ Pelo.)

BÁRBARO (*balbuceante, tartamudo*). Transcripción griega de una voz sánscrita usada para referirse a una persona que emitía sonidos sin sentido, o que hablaba ininteligiblemente. Al principio, los griegos llamaban bárbaros a los que no hablaban griego, sin darle sentido despectivo (Ro 1.14; Hch 28.2ss, griego). Más tarde «bárbaro» se aplicó a todo lo no helénico (Col 3.11) o al que se expresaba incomprensiblemente (1 Co 14.11).

De un modo u otro, bárbaro se ha usado para designar a quienes una cultura dominante considera inferiores. Esto significa que el uso del término en sí está cargado de un sentido negativo.

BARBECHO Tierra revuelta con arado y rastrillo, pero dejada sin sembrar para que recupere su fertilidad. La Ley (Éx 23.11) mandaba que el hebreo dejara su tierra en barbecho un año de cada siete, enseñando así que la tierra en verdad pertenecía a Dios (Os 10.12). Sin embargo, no hay pruebas de que esta práctica fuera común en Israel (véase Lv 26.33s). (→ Jubileo.)

BARCA → Nave.

BARJESÚS → Elimas.

BARRABÁS (en arameo, *hijo del padre* o *maestro*). Contemporáneo de Jesucristo, al que algunos manuscritos de Mt 27.16 identifican, con cierta probabilidad, como «Jesús Barrabás». Todos los Evangelios lo mencionan al narrar el proceso de Jesús ante Pilato, pero con terminología algo diferente (Mt 27.20s; Mc 15.15; Lc 23.18; cf. Hch 3.14; Jn 18.40). Para Juan es un bandido o terrorista, pero Marcos y Lucas asocian su crimen de homicidio con cierta insurrección realizada en la ciudad. Mateo destaca la notoriedad del preso.

Para comprender la liberación de Barrabás como el indultado escogido a causa de la Pascua, es preciso recordar que Pilato, conocedor de la anterior popularidad de Jesús entre el pueblo, quiso salir de su dilema apelando a la turba con el fin de anular la sentencia del sanedrín. No comprendió que Jesús había perdido su prestigio ante la multitud. Los consejeros judíos ya podían apoyarse en la turba y de ahí el grito popular: «¡Fuera con este, y suéltanos a Barrabás!» (Lc 23.18).

Si la «insurrección» tenía visos de resistencia contra los romanos, la trágica elección de la turba cobra cierto tono patriótico. Barrabás llega a ser ejemplo de la liberación por expiación vicaria.

BARRO Lodo o mezcla usada en la construcción de edificios y casas habitables, en alfarería y trabajos de arte. Se hacía con elementos de varias clases: tierra, arena, ceniza y cal. Para amasarlo bien se majaba con los pies (Is 41.25). Con un molde rectangular, se hacían ladrillos de barro o arcilla reforzada con paja (Éx 5.6-19) y se ponían a secar al sol (Gn 11.3; Éx 1.14; Nah 3.14). Con estos construían casas (Job 4.19; 33.6).

Para la elaboración de diversos utensilios, luego de hacer la mezcla, se amoldaba sobre una rueda y después se cocía en un horno (Jer 18.3; 43.9). En vez de lacre, se usaba el barro para sellar (Job 38.14).

En sentido figurado la Biblia lo aplica al hombre por comparación con Dios, y a las cosas de poco valor o despreciables. En Is 64.8 y Ro 9.21 se alude al arte del → ALFARE-RO para denotar la dependencia que el hombre tiene de Dios. Todo lo que es se lo debe al Creador, por eso debe acatar sumiso las disposiciones divinas.

BARSABÁS (en arameo, *hijo de Sabás*). Apellido de dos personas del Nuevo Testamento:

1. José Barsabás, uno de los primeros discípulos, quizás de los setenta (Lc 10.1), y uno de los dos candidatos propuestos para llenar la vacante que dejó Judas (Hch 1.23-26).

2. Judas Barsabás, profeta y cristiano distinguido, comisionado con Silas, Pablo y Bernabé para llevar a Antioquía la decisión del → CONCILIO en Jerusalén (Hch 15.22-23). Probablemente José y Judas eran hermanos.

BARTIMEO (en arameo, *hijo de Timeo*). Mendigo ciego al que Jesús le devolvió la vista (Mt 10.46-52). A pesar de ciertas variantes en los detalles del milagro, Mt 20.29-34; Mc 10.46-52 y Lc 18.35-43 tratan del mismo incidente. Según Lucas, Jesús pasó la noche en la casa de Zaqueo (quizás en las afueras de Jericó), lo que significa más que solamente atravesar la ciudad, y podría explicar que el milagro se haya realizado «al entrar», según Marcos y Lucas, y «al salir», según Mateo. Otros han pensado que las referencias al trayecto de Jesús han de entenderse o en relación con la antigua ciudad o con la nueva.

Vasija de Samaria con inscripciones del siglo VIII a.C. Dos líneas de la inscripción comienzan con el nombre Baruc.

A diferencia de Lucas, que solo menciona «un ciego ... junto al camino», y de Mateo, que alude a dos ciegos, Marcos conserva el nombre de Bartimeo. Sin duda este último evangelista lo nombró porque Bartimeo era conocido entre los círculos para los que escribió y por las circunstancias especiales que rodearon el milagro.

BARTOLOMÉ (en arameo, *hijo de Talmai*). Uno de los doce apóstoles según Mt 10.3. Juan, al referirse al colegio apostólico, nombra a → NATANAEL y no a Bartolomé (1.45-51; 21.2). Esto hace suponer que se trata de una misma persona. Se menciona en el aposento alto entre los otros discípulos (Hch 1.13).

BARUC (*bendito*).
1. Secretario y discípulo de Jeremías que consignó por escrito parte de las profecías de este (Jer 36), y mereció su confianza, gratitud y bendición (Jer 32.12-16; 45.5). Emparentado con funcionarios de prominencia en la corte de Sedequías (Jer 51.59), tal vez abogó a favor del profeta. Acusado de favorecer a los caldeos, lo obligaron a emigrar a Egipto con Jeremías. Algunas tradiciones (Jerónimo) hablan de un posterior traslado a Babilonia. El judaísmo tardío le adjudicó varios libros deuterocanónicos y seudoepígrafos: *El libro de Baruc, El apocalipsis siríaco de Baruc y El apocalipsis griego de Baruc*, provenientes, sin embargo, de los siglos I y II d.C.
2. Hijo de Colhoze, uno de los que reconstruyeron Jerusalén y firmaron el pacto de guardar la Ley (Neh 10.6; 11.2,5).
3. Hijo de Zabai, otro de los que reconstruyeron la ciudad luego del cautiverio (Neh 3.20).

BARZILAI (*hombre de hierro*).
1. Padre de Adriel, yerno de Saúl (1 S 18.19; 2 S 21.8).
2. Galaadita que envió provisiones a David cuando este huía de Absalón (2 S 17.27ss). Cuando David regresó, Barzilai le acompañó

hasta el Jordán; por su avanzada edad no continuó hasta Jerusalén. En sus últimas palabras a Salomón, David le mandó que tratase con bondad a la familia de Barzilai (1 R 2.7).
3. Sacerdote que se casó con una descendiente del anterior (Esd 2.61; Neh 7.63).

BASÁN Región de la Jordania septentrional, al este del río Jordán. Surcada por el río Yarmuk y sus numerosos afluentes, es una de las regiones más ricas de las tierras bíblicas. Era célebre por la hermosura de sus campos (Sal 68.15), sus magníficas encinas (Is 2.13), su saludable ganado y ricos cultivos (Dt 32.14; Ez 39.19; Am 4.1).

En los días de la conquista de Canaán, a Basán la gobernaba el rey Og (Nm 21.33; Dt 1.4; 3.3,4,10,11; etc.). La tierra de Basán pasó a ser posesión de los rubenitas, gaditas y la media tribu de Manasés (Jos 12.4-6). En total, la región se componía de 60 ciudades (Jos 13.30). La región sufrió posteriores dominaciones (1 R 4.13; 2 R 10.32,33; 13.25). En la actualidad forma parte del reino del Jordán.

BASEMAT (quizás de la raíz semítica *bsm, fragante*).
1. Hija de Ismael y esposa de Esaú (Gn 36.3). Tal vez sea la misma Basemat «hija de Elón heteo» de Gn 26.34, aunque según Gn 36.2, Elón era padre de Ada, otra esposa de Esaú. En Gn 28.9 la hija de Ismael con que se casó Esaú se identifica como Mahalat.
2. Hija de Salomón (1 R 4.15).

BATO La más grande de las → MEDIDAS hebreas para líquidos. En tamaño equivalía a la efa (medida para áridos, 1 R 7.26; Ez 45.11). Las autoridades difieren mucho en cuanto a su equivalencia en medidas modernas: desde 46,5 a 21 litros (NBD). Josefo la estimó en 9 galones.

La palabra española viene del vocablo griego *batos*, que se traduce por «barriles» en Lc 16.6.

BAUTISMO La acción del bautismo se expresa en el Nuevo Testamento con el verbo griego *baptídzo* (intensivo de *bápto*), y sus derivados, que significa introducir en el agua, sumergir o lavar con agua.

Origen

Los baños y → LAVAMIENTOS sagrados eran comunes en las religiones vecinas a Israel a.C., pero el bautismo del Nuevo Testamento tiene sus antecedentes inmediatos en el Antiguo Testamento y el judaísmo intertestamentario. La Ley prescribía varios lavamientos con agua (Éx 29.4; 30.20; 40.12; Lv 15; 16.26,28; 17.15; 22.4,6; Nm 19.8; etc.), y también los profetas hablaron de lavamientos presentes (Is 1.16; cf. Sal 51.2,7) y futuros (Is 52.15, RV-1909; Ez 36.25,26; Jl 2.23, 28; Zac 13.1; etc.; cf. 1 Co 10.2).El bautismo se prescribió a los prosélitos (quizás a.C.) para incorporar a los gentiles en la comunidad judaica. También lo practicaron los → ESENIOS

Significado

El bautismo en el Nuevo Testamento es la puerta de entrada al comunidad del nuevo → PACTO, que permite a los que pasan por ella experimentar los beneficios de dicho pacto.

Juan el Bautista insistió en que se bautizaran los judíos. Cristo se sometió al bautismo con el que inició su identificación pública con los pecadores, identificación que culminó en la cruz (Mt 3; Mc 1.9-11; Lc 3.1-22; Jn 1.19-34; cf. Mc 10.38,39).

Como señal inicial para el miembro agregado al → PUEBLO del nuevo pacto, el bautismo reemplazó a la → CIRCUNCISIÓN (Col 2.11, 12) y llegó a implicar tanto los requisitos como los beneficios del pacto.

Juan el Bautista insistía en el → ARREPENTIMIENTO (que incluía una confesión pública de pecado) y les prometía a los bautizados el → PERDÓN de sus pecados. El bautismo cristiano vino a señalar un segundo beneficio básico: el don del → ESPÍRITU SANTO y su poder regenerador (Mc 1.8; Hch 1.5;

Bautisterio, o baño, usado para las ceremonias de purificación en la comunidad esenia de Qumrán.

Foto de Gustav Jeeninga

2.38; 10.47; cf. Jn 3.5; Tit 3.5). Al igual que la circuncisión (Ro 4.11), al bautismo le precedía (al menos en el caso de los adultos) la fe (Hch 8.12,13; 16.31-34; 18; etc.). Cristo lo instituyó en obligatorio para todos sus discípulos (Mt 28.19).

Pablo utilizó los requisitos y beneficios del bautismo para combatir varios problemas de las nuevas iglesias. En Gálatas combatió el legalismo afirmando que el entendimiento del bautismo era señal de la → JUSTIFICACIÓN por la fe (3.24-27). En Romanos, al condenar el → LIBERTINAJE, insistió en que una recta comprensión del bautismo excluía el abuso de la abundante gracia de Dios y exigía la más dura lucha contra los deseos pecaminosos (6.1-14; cf. Mc 1.12,13). En Romanos 6 también se destaca que mediante el bautismo se identifica el creyente con Cristo, tanto en su muerte como también en su resurrección.

A las divisiones carnales de los corintios el apóstol opone el bautismo como señal de la unidad cristiana (1 Co 1.13-17; 12.13; cf. Ef 4.5 y Gl 3.27,28). Cuando a los colosenses los atrajo un tipo de → GNOSTICISMO que les prometía salvación por un conocimiento secreto, Pablo les recordó el bautismo que les unió a Cristo, fuente de la plenitud de la sabiduría de Dios. También se refirió al bautismo en su consejo matrimonial (Ef 5.26) y para promover el celo en hacer buenas obras (Tit 3.5).

Pedro menciona el bautismo con respecto al problema de las conciencias intranquilas a causa de la persecución (1 P 3.21) y el autor de Hebreos para estimular a la oración (10.22).

Problemas

La mayoría de los estudiosos están de acuerdo en que el bautismo común en la iglesia primitiva era por inmersión, aunque reconocen también que la palabra empleada en el mandamiento tiene a veces un sentido más amplio y general (p. ej., Lc 11.38).

El problema práctico más agudo relacionado con este tema es el del bautismo de los párvulos hijos de creyentes. Algunos enseñan que se deben esperar hasta que los hijos hagan su propia confesión de fe, porque no consta en el Nuevo Testamento que se bautizaran a los niños. Otros opinan que la unidad del pacto y la analogía de la circuncisión justifican el bautismo de los niños de creyentes, como expresión de la fe de los padres, sujeta, desde luego, a la posterior confirmación de los hijos mismos.

Relacionado con lo anterior, está el problema del significado preciso del bautismo. Por ejemplo, ¿es el bautismo un acto humano de confesión, puramente simbólico? ¿Es un acto divino, sacramental, por el cual Dios comunica su gracia y presencia personal mediante la fe como en el caso de un sermón? ¿Puede ser un instrumento por el que Dios crea la fe y salva al individuo? Los textos bíblicos citados en esta discusión se han interpretado de varias maneras (Mc 1.8;

Bautisterio en forma de cruz en la iglesia de San Juan en Éfeso.

Foto de Howard Vos

Foto de Howard Vos

Los eruditos señalan los parecidos entre el becerro de oro que adoraron los israelitas (Éx 32.1-24) y una costumbre religiosa egipcia. Su dios Hapi era representado por la figura de un toro.

Jn 3.5; Hch 2.38; 10.47; 1 Co 1.17; Ef 5.26; Tit 3.5,6; 1 P 3.21).

Aunque el interés natural del lector moderno casi inevitablemente gira en torno a los problemas de interpretación en los diversos sectores del cristianismo, es importante notar que el Nuevo Testamento, como se ha señalado, subraya otros aspectos del bautismo.

BECERRO Torito o hijuelo de vaca. Animal limpio cuya carne se usaba para ocasiones especiales (Gn 18.7,8; Lc 15.23,27,30; cf. «ternero» en 1 S 28.24 y «novillo» en Am 6.4). Se empleaba mucho en los → SACRIFICIOS (Lv 9.2,3,8; Miq 6.6; Heb 9.12,19). Los pies de los seres vivientes que vio Ezequiel eran como los del becerro (1.7). En Ap 4.7 el segundo ser viviente es semejante a un becerro.

En dos ocasiones los israelitas rindieron culto al becerro. La primera fue al pie del Sinaí mientras Moisés recibía la Ley de Jehová. La fiesta que acompañó el culto fue orgiástica y provocó la ira santa de Moisés (Éx 32; cf. Dt 9.16,21; Neh 9.18; Sal 106.19, 20; Hch 7.41). Entre los pueblos de todo el Oriente, el toro simbolizaba divinidad debido a su

fuerza y fecundidad. Uno de los dioses principales de Egipto era Apis, el toro sagrado. Es probable, pues, que los israelitas hayan aprendido este culto mientras vivían en Egipto.

La segunda vez que esta idolatría se practicó fue en el siglo X a.C. (después de la división del reino de Israel), en el reino del norte. El primer rey de Israel, → JEROBOAM I, estableció en Bet-el y en Dan dos becerros de oro como centros de culto para evitar que el pueblo fuera a Jerusalén a adorar (1 R 12.28-32; 2 R 17.16; 2 Cr 11.14,15; 13.8). Los dioses → BAAL y → HADAD se representaban parados sobre toros. Algunos opinan que Jeroboam quería que los becerros sirviesen como pedestales sobre los que el invisible Jehová estaría entronado. Oseas condenó el uso de estas imágenes en la adoración (8.5,6; 13.2).

BEDELIO (del hebreo *bedola*). La mayoría de los estudiosos aceptan que se trata de una resina aromática, amarillenta, transparente, cerosa y plástica. Otros sostienen que es una piedra preciosa o una perla (así lo interpreta la LXX).

Se menciona dos veces en el Antiguo Testamento: Gn 2.12, en la descripción del Edén, y Nm 11.7 en la descripción del color del maná.

BEEL-ZEBÚ → BAAL-ZEBUB.

BEER (*pozo* o *cisterna*).
1. Lugar desierto al norte del río Arnón, donde Dios proveyó de agua a los israelitas en un pozo que cavaron los príncipes del pueblo, acontecimiento que se celebró poéticamente (Nm 21.16-18). El sitio exacto se desconoce. Quizás sea el Beer-elim de Is 15.8.
2. Lugar a donde huyó Jotam «por miedo de Abimelec su hermano» (Jue 9.21). Sitio desconocido.

BEEROT (*pozos*).
1. Estación en la peregrinación de los israelitas, a unos 40 km al norte de Cadesbarnea (Dt 10.6; Nm 33.31).

2. Una de cuatro ciudades que hicieron la paz con Josué mediante una estratagema engañosa (Jos 9.3-17). Más tarde, los habitantes de Beerot emigraron a Gitaim por motivos desconocidos (2 S 4.3), después de lo cual, según parece, la habitaron los benjamitas. Era el pueblo de Recab (2 S 4.1-12) y de Naharai, escudero de Joab (2 S 23.37; 1 Cr 11.39; cf. Esd 2.25; Neh 7.29). Beerot se hallaba casi a 6 km al sudoeste de Bet-el.

BEERSEBA Nombre dado a un pozo importante y a un poblado y distrito (Gn 21.14; 26.33; Jos 19.2). La ciudad actual de Beerseba se encuentra a unos 78 km al sur de Jerusalén y a medio camino entre el Mediterráneo y el mar Muerto, a unos 3 km al oeste del sitio original. Allí se hallan varios pozos, el mayor de ellos tiene 4 m de diámetro y 13 de profundidad. Para cavarlo hubo que cortar más de 5 m de roca sólida. El significado del nombre se da en Gn 21.31: «pozo de siete» o «pozo del juramento».

Los patriarcas estuvieron muy asociados con este lugar: allí vivió Abraham por algún tiempo (Gn 22.19); de allí salió para ir a sacrificar a Isaac. Este último vivía allí cuando Jacob salió para ir a Mesopotamia (Gn 28.10). Jacob se detuvo allí en su viaje a Egipto cuando iba en busca de José. En la partición, Beerseba le correspondió a Simeón y pasó después a ser posesión de Judá (Jos 19.2). En Am 5.5 y 8.14 se indica que el lugar se convirtió en centro de indeseables actividades religiosas. En tiempos de Nehemías se rehabilitó (11.27).

BEHEMOT Forma plural de una palabra hebrea. Aparece nueve veces en el Antiguo Testamento, transcrita en Job 40.15 y traducida las otras veces de diferentes maneras (Dt 32.24; Job 12.7; Sal 49.12,20; 50.10; 73.22; Jer 12.4). Generalmente significa «bestias», «animales» o «ganado».

Sin embargo, en Job 40 behemot parece referirse al hipopótamo del Nilo, animal enorme que alcanza hasta 4 m de longitud, de piel desnuda muy gruesa y de cabeza gigantesca. En el discurso de Jehová en Job 40, es símbolo del poder creador de Dios.

Excavaciones en la antigua Beerseba cerca de Jerusalén al sur de Israel.

Foto: Servicio fotográfico Levant

Imagen de bronce de Baal, dios pagano de la guerra y la fertilidad entre los antiguos cananeos y fenicios.

BEL Dios supremo de Babilonia al que los hebreos llamaban «Merodac». Era el dios del sol y su hijo era Nebo (Is 46.1). Para los profetas, la caída de Babilonia aseguraba también el fin de Bel (Jer 50.2; 51.44). En la obra apócrifa, *Bel y el dragón*, el profeta

Daniel expone la falsedad de los dos dioses principales de los babilonios. (→ MERODAC; APÓCRIFOS.)

B

BELÉN (en hebreo, *casa de pan*).

1. Ciudad de Judá, situada a unos 8 km al sudoeste de Jerusalén, cerca a la vía que une esta ciudad con Hebrón. En un principio a Belén se le conoció como Efrata, cerca del lugar donde sepultaron a Raquel (Gn 35.19; 48.7). Los levitas de los incidentes relatados en Jue 17 y 19 fueron de Belén. La mayoría de los hechos en el libro de Rut tienen a Belén como escenario (Rt 1.1,2,19-22; 2.4; 4.11).

En el Antiguo Testamento a Belén se le conoce más como la ciudad de David. Allí tuvo su hogar David (1 S 17.12,15; 20.6,28) y lo ungió Samuel (1 S 16.1,4ss). También llegó a ser el lugar de sepultura de Asael (2 S 2.32) y luego sede de una guarnición filistea sorprendida por tres vigilantes de David (2 S 23.14-16; 1 Cr 11.16-18). Fue el pueblo natal de Elhanán hijo de Dodo (2 S 23.24; 1 Cr 11.26). Roboam fortificó varias ciudades de Judá, entre ellas Bel (2 Cr 11.6).

Después del reinado de David la importancia de Belén menguó. No obstante, se seleccionó como cuna del Mesías y esto haría imperecedera su fama (Miq 5.2). Ya para el

Belén, en el área de las colinas de Judá, hogar de David y donde nació Jesús (1 S 16.1,4; Lc 2.11).

Foto de Gustav Jeeninga

regreso del remanente de la cautividad, 123 hijos de Belén repoblaron el lugar (Esd 2.21; Neh 7.26).

En tiempos del Nuevo Testamento se menciona como lugar de nacimiento del Señor y de la matanza de los inocentes (Mt 2.1,5, 6,8,16; Lc 2.4,15; Jn 7.42).

2. Ciudad en el territorio de Zabulón (Jos 19.15), posiblemente el hogar y lugar de sepultura de Ibzán, uno de los jueces de Israel (Jue 12.8,10). Este pueblo se halla situado a unos 11 km al noroeste de Nazaret.

BELIAL (*tragadero*). Término que en el Antiguo Testamento se usa generalmente en sentido abstracto y no como nombre propio. Se refiere a lo malo y perverso (Jue 19.22; 2 S 16.7, RV-1909). En los rollos del mar Muerto se refiere a los enemigos satánicos de la comunidad. En 2 Co 6.15 es sinónimo de Satanás.

BELSASAR Príncipe de los caldeos, que gobernaba en → BABILONIA junto con su padre Nabonido. Este es el único caso en Caldea en que se sabe que un príncipe gobernaba juntamente con su padre antes de que este muriera. Por eso, Daniel 5.29 dice que Belsasar hizo a Daniel «el tercer señor del reino».

Según Daniel 5, Belsasar celebraba un banquete en Babilonia, con los vasos que trajo del templo de Jerusalén → NABUCODONOSOR II, su abuelo, cuando apareció una mano que escribía en la pared. Tras apelar a toda suerte de magos y adivinos, Belsasar mandó a buscar a Daniel, quien le interpretó la escritura (el reino tocaba a su fin) y esa misma noche Belsasar murió al tiempo (539 a.C.) que → DARÍO tomaba a Babilonia (Dn 5.30,31). Aparte del episodio de la escritura misteriosa, los antiguos textos de Mesopotamia confirman la historia bíblica y nos informan que mientras Belsasar se enfrentaba a las tropas persas en Babilonia, su padre Nabonido se encontraba sitiado en Borsipa, cerca de Babilonia.

BELTSASAR (Quizás *[Bel] proteja su vida*). Nombre babilónico dado a Daniel (1.7; 2.26), tomado del nombre del dios principal de Nabucodonosor (4.8). La experiencia de Daniel (caps. 1; 6) refutó el mensaje contenido en su nombre. (→ DANIEL; BEL.)

BEN-ADAD Nombre de varios reyes de Damasco o Siria.

1. Ben-adad I (*ca.* 900 a.C.) se alió con Baasa, rey de Israel, contra Asa, rey de Judá. Pero Asa le ofreció los tesoros del templo con tal que rompiera el pacto e invadiera a Israel. Ben-adad aceptó y conquistó todo el norte del territorio israelita (1 R 15.16-22; 2 Cr 16.4).

Más tarde, cuando el rey Salmanasar III de Asiria amenazaba a Damasco, Ben-adad sitió Samaria a fin de obligar al rey Acab a aliarse con él contra el avance asirio (1 R 20.1-22). Acab derrotó a Damasco dos veces y capturó a Ben-adad. Le perdonó la vida a cambio de privilegios comerciales en Damasco y la devolución de ciudades israelitas tomadas por Siria en agresiones anteriores. El tratado resultante dio a Israel tres años de paz (1 R 20.26-34; 22.1).

En 853 a.C., Ben-adad se alió con varios estados pequeños, uno de ellos fue Israel, para resistir a Asiria. Se produjo luego la batalla de Qarqar tras la cual Asiria se adjudicó la victoria. Pero el hecho es que pasaron cinco años sin que estuviera en condiciones de realizar otra invasión. En el mismo año Acab quebrantó el pacto y atacó a Ramot de Galaad, ciudad que pertenecía a Damasco, empresa para cuya realización necesitó de la ayuda de Josafat, rey de Judá. Ben-adad los derrotó y Acab murió en la batalla (1 R 22.1-40).

Es posible que Ben-adad sea el mismo rey sirio a cuyo general, Naamán, Eliseo sanó de la lepra (2 R 5.1). Después, hallándose enfermo el rey mismo, envió su siervo Hazael a consultar con Eliseo respecto a su enfermedad. Cuando anunció el profeta que el mismo Hazael sería el próximo rey de Siria, este volvió a Damasco, asesinó alevosamente a su señor y ocupó el trono en su lugar (2 R 8.7-10; 14.15).

2. Ben-adad II (III según otros estudiosos que creen que hubo un Ben-adad II en la época de Omri de Israel) era hijo de Hazael. Empezó a reinar durante el reinado de Joás de Israel. Su país estaba tan debilitado por las constantes incursiones asirias que no pudo conservar el territorio que le dejó su padre. En tres batallas con Joás perdió las ciudades israelitas que su padre tomó (2 R 13.14-19,25). Jeroboam II de Israel ganó aun más victorias sobre Siria y extendió su territorio hasta los límites del antiguo reino de David (2 R 14.25-28). Nada se sabe de su fin, pero se cree que murió cuando Salmanasar IV sitió a Damasco en 773 a.C. Le sucedió Tabeel (Is 7.6).

BENAÍA (*Jehová ha edificado*).

1. Hijo de Joiada, levita del pueblo de Cabseel (2 S 23.20), y capitán de la guardia extranjera durante el reinado de David (2 S 8.18; cf. 1 Cr 27.5). Fue contado entre los treinta soldados más valientes de David (1 Cr 27.6; 2 S 23.20-23). No solo sirvió a David, sino también a Salomón, a quien ayudó a establecer su reino (1 R 1; 2.25,29ss).

2. Soldado de Piratón de Efraín, nombrado entre los treinta hombres valerosos (2 S 23.30). Fue jefe de una división del ejército de David (1 Cr 27.14).

Otros del mismo nombre se mencionan en 1 Cr 15.18,20,24; 16.6; 2 Cr 20.14; 31.13; Esd 10.25,30,35,43; Ez 11.1,13.

BENDICIÓN Invocación del apoyo activo de Dios para el bienestar y la prosperidad, o el recibimiento mismo de estos bienes (Dt 28.8).

En general, el pueblo que vive existencialmente en la presencia de Dios, amándole y obedeciéndole, goza de la bendición o provisión divina (Dt 28.3-6; Sal 72.13ss). En tiempos bíblicos el patriarca invocaba proféticamente la bendición divina y la transmitía a sus hijos (Gn 27.4ss; 48.9ss). Sin embargo, cuando el hombre bendecía a Dios, era una

expresión de gratitud y adoración (Sal 67; 100; 103).

Con el tiempo, la bendición llegó a constituir parte del → CULTO. Se usaba como saludo (2 S 6.18; Sal 118.26), en la → SANTA CENA (Mt 26.26; Mc 14.22; 1 Co 10.16) y en la despedida (Gn 49.28; Dt 33; Lc 24.50s). Se transmitía por la imposición de manos (Gn 48.14) y por el beso (Gn 27.26s). En el culto cristiano la bendición ha tomado formas rituales (Nm 6.24-26; Ro 15.13; 2 Co 13.14; Heb 13.20s; Jud 24s).

En la teología bíblica, bendición es la palabra que une los dos testamentos. El pacto de bendición hecho con Abraham (Gn 12.1-3) se cumple en Cristo en el Nuevo Testamento (Hch 3.25; Gl 3.14; Ef 1.3; 1 P 3.9). La vida toda del nuevo pueblo de Dios es una herencia de bendición y un esfuerzo continuo por bendecir (Mt 5.44; Ro 12.14; 1 P 3.9).

BENJAMÍN Nombre de varios personajes de la Biblia, una tribu israelita y un territorio.

El más conocido es el hijo de Jacob y Raquel, nacido cerca de Belén durante un viaje (Gn 30.1,22-24; 35.16). Al nacer el niño, murió la madre. Jacob le dio el nombre de «Benjamín» (hijo de la mano derecha) en vez de «Benoni» (hijo de mi tristeza) que le puso Raquel. Mucho se ha discutido sobre el significado de la frase «hijo de la mano derecha»: quizás fuera, lo mismo que hoy, una expresión que utilizan los padres al referirse a un hijo servicial, hogareño y predilecto.

Después de la muerte de Raquel y de la separación de José, Jacob sintió especial cariño por Benjamín. A duras penas permitió que viajara con sus hermanos a Egipto (Gn 43.1-14). Al parecer, durante su juventud fue humilde, obediente a su padre y resignado ante las circunstancias difíciles (Gn 44.1-34).

La tribu de Benjamín se distinguió en hechos notables dentro de la nación hebrea. El primer rey de Israel (Saúl) vino de dicha tribu (1 S 10.21). El apóstol Pablo fue también de la tribu de Benjamín (Flp 3.5). Esta tribu ocupó el territorio limítrofe con Judá, tribu a la que vivió unida durante la división del reino (Jos 18.11-18).

Otros tres que llevan el nombre de Benjamín se mencionan en 1 Cr 7.10,11; Esd 10.32 y Neh 3.23.

BERACA (*bendición*).

1. Hermoso valle cerca del desierto de → Tecoa, donde → Josafat, rey de Judá, y su pueblo levantaron altares a Jehová para bendecirlo por el triunfo logrado sobre las tribus de Moab y Amón (2 Cr 20.26).

2. Uno de los guerreros que se juntó con David cuando este huía de Saúl (1 Cr 12.3).

BEREA Ciudad en la parte sudoeste de Macedonia (a unos 80 km de Tesalónica), en el distrito de Ematia y al pie del monte Bermio. Las ruinas alrededor de la ciudad moderna (Veroia) indican algo de su importancia (alrededor de 20.000 habitantes en tiempos del Nuevo Testamento). Pablo predicó allí durante su primera visita a Europa y un considerable número de judíos residentes recibió su encomio por estudiar con cuidado las Escrituras. De Berea era Sópater, un compañero de Pablo (Hch 17.10-15; 20.4).

BERENICE (en griego, *la que trae la victoria*). Hija de → Herodes Agripa I, nacida en 28 d.C. Se casó primero con su tío Herodes de Calcis. Al morir este (48 d.C.), Berenice vivió con su hermano Agripa, según parece en unión incestuosa. Después de un matrimonio pasajero con Polemón, rey de Cilicia, volvió al lado de su hermano. Visitaron juntos al nuevo procurador → Festo en Cesarea y asistieron al interrogatorio de Pablo (Hch 25.13–26.32). Más tarde, fue amante de Vespasiano y luego de Tito, quien la hizo venir a Roma pero no se atrevió a casarse con ella por la hostilidad del pueblo.

BERILO Piedra preciosa por lo general verde o azul verdoso, pero también amarilla, rosada, con variedades en aguamarina y esmeralda, casi siempre opaca o simplemente translúcida. En el Antiguo Testamento se menciona en Éx 28.20; Ez 28.13; Dn 10.6. En el Nuevo Testamento solo en Ap 21.20.

BERNABÉ (en arameo, *hijo de la exhortación*). Nombre que los apóstoles dieron a José, levita de Chipre. Su generosidad era notoria en la iglesia primitiva de Jerusalén (Hch 4.36s) en contraste con el egoísmo de → Ananías y Safira (Hch 5.1ss). Primo hermano de Juan Marcos (Col 4.10) y, según Clemente de Alejandría, uno de los setenta discípulos de Jesucristo. Era «varón bueno, y lleno del Espíritu Santo y de fe» (Hch 11.24). Lucas y Pablo lo llamaron → Apóstol (Hch 14.4,14; 1 Co 9.6), y en varias ocasiones demostró poseer un espíritu de comprensión y discernimiento.

Fue Bernabé el que convenció a los apóstoles de la conversión y sinceridad de Pablo (Hch 9.27). Más tarde lo enviaron a investigar la nueva obra entre los gentiles de Antioquía, donde otros chipriotas eran prominentes (11.19ss). Al reconocer que esta era obra de Dios y que allí había mucha oportunidad para el ministerio de Pablo, fue a Tarso y lo trajo consigo a Antioquía, donde predicaron juntos (11.25s). Con Pablo, Bernabé llevó la ayuda para los hermanos necesitados de Judea (11.29,30).

De nuevo en Antioquía, a Bernabé y Pablo, contados entre los profetas y maestros de la congregación, los separaron para la misión gentil (Hch 13.1ss; cf. Gl 2.9). Su primer viaje misionero, que comenzó con una visita a Chipre, produjo una cadena de iglesias que se extendió hasta el Asia Menor (Hch 13.14). El orden de los nombres, que quizás indica prioridad en el liderazgo, había sido «Bernabé y Saulo», pero desde la salida de Chipre Lucas habla de «Pablo y Bernabé».

Al regresar del viaje, Bernabé tuvo otra misión importante cuando lo nombraron junto con Pablo para presentar la cuestión de la circuncisión ante el → Concilio de

JERUSALÉN (Hch 15). Su ministerio se reafirmó y parece que Bernabé se destacó más que su compañero en el concilio (vv. 12,25), tal vez por ser el representante original de Antioquía. Sin embargo, para no oponerse a Pedro, en una ocasión Bernabé contemporizó con las convicciones de este sobre la aceptación de los gentiles, dejando de comer con ellos en Antioquía (Gl 2.13).

Según Hch 15.36-40, Bernabé y Pablo se separaron y aquel navegó acompañado de Juan Marcos, rumbo a Chipre. Sin embargo, el testimonio posterior de Pablo referente a Marcos (2 Ti 4.11) parece indicar que este aprovechó mucho el trabajo con su primo.

Algunos atribuyen a Bernabé la Epístola a los → HEBREOS. La llamada *Epístola de Bernabé*, de tinte alejandrino, es seudónimo y data de *ca.* 125 d.C.

BESER (*fuerte*). Nombre de una ciudad y un hombre en el Antiguo Testamento.

1. Ciudad de refugio situada en los llanos al este del Jordán, asignada a la tribu de Rubén (Dt 4.43; Jos 20.8). Se designó como lugar de residencia para los hijos de Merari de la tribu de Leví (Jos 21.36; 1 Cr 6.63-78).

2. Hijo de Zofa de la casa de Aser (1 Cr 7.37).

BESO como saludo y muestra de afecto, amistad o reverencia. Los judíos lo practicaban como prueba de afecto entre prometidos (Gn 29.11ss), cónyuges (Cnt 8.1), parientes (Gn 33.4; Rt 1.14; 1 R 19.20; Lc 15.20) y amigos (1 S 20.41) y como rito ceremonial (1 S 10.1; cf. Est 5.2, TA). Este último, en reconocimiento del «ungido de Dios» (cf. Sal 2.12, RV-1909), puede ser una práctica cultual parecida a las que se hallan entre los paganos. Besar la mano (Job 31.27) o una imagen (1 R 19.18; Os 13.2) es un acto de adoración. Además, el beso puede ser una simple provocación sexual (Pr 7.13).

El beso más famoso de la Biblia fue el que Judas dio a Jesús, no como expresión de amor, sino de traición (Mt 26.48s; Mc 14.44s; Lc 22.47s).

Entre los cristianos el beso expresa afecto comunitario (Hch 20.37) y se menciona en el saludo epistolar como «ósculo santo» (Ro 16.16; cf. 1 Co 16.20), «ósculo de amor» (1 P 5.14). Luego la práctica entró en la liturgia de la iglesia.

BESOR Arroyo que nace cerca de Aroer, sigue al oeste pasando por Beerseba y desemboca en el Mediterráneo, a 8 km al sudoeste de Gaza. Se relaciona con la derrota que David infligió a los amalecitas (1 S 30.9,10,21).

BESTIA Término usado en Reina-Valera para referirse a diferentes animales.

1. Animales vertebrados y mamíferos en contraste con las aves y los reptiles (Gn 1.30), excluyendo, desde luego, al hombre.

2. Cualquiera de los animales inferiores, incluyendo a los reptiles y las aves (Sal 147.9; Ec 3.19).

3. Animales salvajes (Gn 37.20; Éx 23.11; cf. Tit 1.12).

4. Animales domésticos en general (Gn 1.24; Jue 20.48; Pr 12.10; Ap 18.13), aunque son frecuentes las alusiones a los asnos (Gn 45.17), bueyes (Gn 34.23; cf. Nm 35.3) y caballos (2 R 3.9). Estos últimos eran las bestias de carga en las campañas militares.

La palabra bestia se usa en sentido figurado en la literatura apocalíptica. Las cuatro bestias de la visión de Daniel (Dn 7.3ss) representan el poder destructivo personificado por cuatro imperios, comenzando con el Imperio Babilónico. En Apocalipsis se habla de dos bestias. Una sube del abismo (Ap 11.7; 17.8) o del mar (Ap 13.1); es escarlata (Ap 17.3) y tiene siete cabezas y diez cuernos (Ap 17.7). Simboliza al Imperio Romano que persiguió a los cristianos, y a veces al emperador que se presenta como la reencarnación de Nerón. En sentido más amplio simboliza a todo poder político que se opone a Dios. La segunda bestia sube de la tierra, habla como dragón (Ap 13.11) y se identifica con el falso profeta (Ap 16.13; 19.20; 20.10).

Cómo las versiones de la Biblia difieren ocasionalmente en la traducción de nombres de animales

Esta tabla muestra claramente que seis traducciones populares de la Biblia —Nacar-Colunga, Reina Valera (1960), Dios habla hoy, La Biblia Latinoamérica, Biblia del Peregrino, La Biblia de Jerusalén— algunas veces difieren en sus traducciones de los nombres de los animales en la Biblia. Estas diferencias existen porque los eruditos no concuerdan en el significado preciso de las palabras hebreas subyacentes.

Referencia: Nacar-Colunga, Reina Valera (60), Dios habla hoy, La Biblia Latinoamérica, Biblia del Peregrino, Biblia de Jerusalén

REFERENCIA	NC	RV (60)	DHH	LBL	BDP	BDJ
Éx 8.17	tábanos.	piojos	mosquitos	tábanos	moscas	tábanos
Éx 36.19	piel de tejón	piel de tejón	pieles finas	cueros finos	pieles de marsopa	cueros finos
Lv 11.18	pelícano	pelícano	cisne	somormujo	corneja	pelícano
Nm 23.22	unicornio	búfalo	búfalo	búfalo	búfalo	búfalo
2 S 6.13	carnero cebado	carnero engordado	carnero gordo	ternero cebado	ternero cebado	carnero cebado
1 R 10.22	monos	pavos reales	monos	monos	monos	monos
Sal 104.18	madriguera del damán	conejos	tejones	conejos	tejones	damanes
Is 11.8	áspid	víbora	cobra	víbora	serpiente	monos
Is 14.23	erizos	erizos	lechuzas	erizos	erizos	erizos
Is 34.11	lechuza	pelícano	búho	pelícanos	corneja	pelícano
Jer 8.7	cigüeña	cigüeña	cigüeña	cigüeña	cigüeña	cigüeña
Lm 5.18	raposas	zorras	zorras	las fieras	zorros	las raposas
Am 4.9	langosta	oruga	langostas	langostas	langosta	langostas
Sof 2.14	pelícano	pelícano	búho	pelícano	pelícano	pelícano

Representa el culto que se tributaba al emperador como dios y a los que promovían este culto. (→ ANTICRISTO; APOCALIPSIS.)

BET (*casa, templo* o, simplemente, *ubicación*). Es la segunda letra del alfabeto hebreo (Sal 119.9ss). Por lo general, figura como prefijo en palabras como: Bet-esda («casa de misericordia»); Bet-avén (*casa de vanidad*); Bet-el (*casa de Dios*); Bet-lehem (Belén) (*casa de pan*), etc.

BETÁBARA (*la casa del vado*). Pueblo que, según Jn 1.28, se hallaba «al otro lado del Jordán, donde estaba bautizando». En los mejores manuscritos antiguos este pasaje reza → «BETANIA, más allá del Jordán», pero el nombre Betábara prevaleció en ciertas ediciones (→ CRÍTICA TEXTUAL) por el apoyo decidido de Orígenes.

Por el contexto de Jn 1.28, parece que el lugar era accesible a los sacerdotes, levitas y fariseos de Jerusalén. Sin embargo, y aunque tradicionalmente se ubica frente a Jericó en la ribera oriental del Jordán, el sitio exacto es un problema que todavía se discute.

BETANIA Nombre de dos aldeas del Nuevo Testamento.

1. Pueblecito al sudeste del Monte de los Olivos, a 3 km de Jerusalén, en el camino a Jericó (Mc 11.1). Es importante en los Evangelios por los acontecimientos del ministerio de Jesús que ocurrieron allí.

En Betania residía → LÁZARO, el amigo que Jesús resucitó (Jn 11), con sus hermanas Marta y María. En casa de estos hermanos Jesús encontraba un ambiente familiar (Lc 10.38-42), y allí permaneció durante la semana de

Arqueólogos excavan el antiguo centro de sacrificios cananeo en Bet-el.

la Pasión. En este mismo pueblo ungieron a Jesús mientras se celebraba un banquete «en casa de Simón el leproso» (Mt 26.6-13; Mc 14.3-9; cf. Jn 12.1-8) y aquí también ocurrió la ascensión (Lc 24.50ss).

La actual Betania lleva el nombre árabe *El-Azariye* (derivado de Lázaro).

2. Lugar «más allá del Jordán» (Jn 1.28, NC, HA y casi todas las versiones recientes, → BETÁBARA), cuya ubicación ha permanecido incierta desde tiempos de Orígenes (*ca.* 250 d.C.).

BET-ARÁN Ciudad que fortificó la tribu de Gad para albergar a sus mujeres y niños mientras los hombres participaban en la conquista al otro lado del Jordán (Nm 32.36; Jos 13.27). Estaba ubicada en un lugar alto en el valle del Jordán, a 10 km al este del río y a 13 de la desembocadura.

Herodes Antipas la reconstruyó y es muy probable que allí se celebrara la fiesta de cumpleaños cuyas consecuencias fueron la decapitación de Juan el Bautista (Mt 14.6-12).

BET-AVÉN (*casa de iniquidad*).

1. Pueblo de Hai al este de Bet-el (Jos 7.2; 18.12). De acuerdo con 1 S 13.5; 14.23, estaba al oeste de Micmas. Fue escenario de una batalla entre Saúl y los filisteos.

2. Oseas 10.5 (cf. 4.15; 5.8) emplea el nombre Bet-avén en tono despectivo para describir la condición de → BET-EL (*casa de Dios*) después de colocar allí el becerro de oro.

BET-EL (*casa de Dios*). La ciudad que con más frecuencia se menciona en el Antiguo Testamento después de Jerusalén. Estaba situada a 35 km al norte de Jerusalén y a 29 al sur de Silo. No tenía defensas naturales, pero la abundancia de agua estimuló su crecimiento. Parece que los cananeos tenían allí un santuario al dios El, pero el nombre hebreo de la ciudad procede de la visión que Jacob tuvo en este lugar (Gn 28.10-22).

En la Biblia aparece primero como sitio donde Abraham levantó un altar (Gn 12.8; 13.3,4). Por la experiencia de Jacob el nombre adquirió el sentido especial de lugar de revelación (Gn 28.19; 35.1-7). Dios se refiere a sí mismo como «Dios de Bet-el» (Gn 31.13) y le manda a Jacob volver allí. La segunda vez que Jacob fue a Bet-el, Jehová le dijo que a partir de ese momento no se llamaría Jacob sino Israel, y se renovó el pacto con Abraham (Gn 35.10-15).

Los arqueólogos han comprobado que la ciudad se quemó durante la época de Josué y muchos suponen que la conquistaron al mismo tiempo que → HAI, que estaba un poco al este de Bet-el (Jos 7.2; 8).

Durante la época de los jueces el arca estaba en Bet-el (Jue 20.18-28) aunque después la llevaron a Silo. El territorio que Débora gobernaba se hallaba entre Bet-el y Ramá (Jue 4.5). Después de la caída de Silo, Samuel visitaba Bet-el todos los años para resolver los problemas espirituales de sus habitantes (1 S 7.16).

Bet-el adquirió mala fama cuando Jeroboam I, al establecer el reino del norte, la convirtió en santuario del culto a un becerro de oro para evitar que los israelitas volvieran al templo de Jerusalén. Es probable que el becerro de oro no haya sido una representación de Jehová, sino el guardián del trono de Dios (1 R 12.26-33; 2 Cr 13.8,9). Sin embargo, la ira de Dios cayó sobre el rey por su desobediencia. Durante los días de Elías y Eliseo había una escuela de profetas en la ciudad (2 R 2). En el siglo VIII, Amós denunció las iniquidades de Bet-el, por lo que el sacerdote del santuario lo mandó salir de la ciudad (Am 7.12,13).

Cuando Asiria conquistó a Samaria (722 a.C.), no devastó a Bet-el. Como parte de sus reformas, Josías de Judá destruyó el santuario pagano y procuró eliminar su sacerdocio, pero dejó intacta la ciudad (2 R 23.15-20). Los babilonios o los persas sí la destruyeron en la época del cautiverio. La ciudad volvió a levantarse puesto que Esdras y Nehemías mencionan una pequeña población de este nombre (Esd 2.28; Neh 7.32).

En el Nuevo Testamento no se nombra a Bet-el aunque llegó a ser más grande que antes. Josefo dice que el emperador Vespasiano estableció allí una guarnición romana (*Guerras* IV, ix, 9). el pueblo llegó a su apogeo en la época bizantina y desapareció al comenzar el período árabe en la Tierra Santa.

BETESDA (transcripción griega de la voz aramea *bet-jasdá*, *casa de misericordia*; las variantes textuales rezan Betzatá o Betsaida). Estanque de cinco pórticos en Jerusalén, donde los enfermos aguardaban la sanidad mediante las aguas. Aquí sanó Jesús a un hombre enfermo desde hacía 38 años (Jn 5.2-9).

No solo el nombre Betesda está en duda, por problemas textuales (el v. 4 falta en los manuscritos más antiguos), sino su ubicación. En el v. 2 el original reza: «cerca del ... de las ovejas»; algunas versiones suplen «puerta» (de acuerdo con Neh 3.1, donde se menciona una entrada en el muro septentrional de Jerusalén); otras, «abrevadero».

Si las primeras tienen razón, como es probable, el sitio tradicional es el correcto: contiguo a la actual iglesia de Santa Ana, un poco al norte del área del templo. Se halla en el barrio Betzatá (o Bezeta), y aquí los arqueólogos han excavado un estanque trapezoide con sus cinco columnatas. A la par, en la pared de una antigua iglesia en ruinas, se nota un fresco de un ángel que agita las aguas.

BETFAGÉ (en arameo, *casa de higos*). Aldea cerca de Jerusalén, ubicada en la vertiente este del Monte de los Olivos. Se menciona solo en relación con la entrada triunfal de Jesús a Jerusalén (Mt 21.1; Mc 11.1; Lc 19.29). En los relatos, Betfagé se menciona antes de → Betania, lo que hace suponer que se hallaba al este de ella. Muchos identifican a Betfagé con la actual ciudad musulmana de Sbu Dís.

BET-HORÓN (*casa de Horón*, un dios de Canaán).

Nombre de las ciudades gemelas: «Bet-horón la de arriba» y «Bet-horón la de abajo». La primera queda 16 km al noroeste de Jerusalén y la segunda 2 km más al noroeste y 270 m más baja que la primera (Jos 16.3-5). Las dos las construyó Seera de Efraín (1 Cr 7.24). Salomón las reconstruyó y las convirtió en fortalezas (2 Cr 8.5). Una de ellas se incluía entre las ciudades levíticas (Jos 21.22). Según los libros apócrifos (Jdt 4.4,5; 1 Mac 9.50), después del cautiverio se fortificaron de nuevo. Muchos ejércitos pasaron por las dos Bet-horón: el de los amorreos (Jos 10.10), el de los filisteos (1 S 13.18) y el de los sirios (1 Mac 3.16,24). Sanbalat, gobernador de Samaria, era de allí (Neh 2.10).

BET-JESIMOT Pueblo situado cerca de la desembocadura del río Jordán en el valle de Moab (Nm 33.49). Moisés se lo dio a Rubén (Jos 12.3; 13.20), pero Moab lo reconquistó, tras lo cual creció en importancia (Ez 25.9).

BET-NIMRA (*casa de agua pura* o *casa de leopardo*). Pueblo amurallado en las llanuras de Moab. Moisés lo conquistó y lo cedió a Gad (Nm 32.36; Jos 13.27). Se le identifica con Nimra (Nm 32.3) y Nimrim (Is 15.6; Jer 48.34). Hoy existe un lugar llamado Tel Nimrim, 24 km al este de Jericó.

BET-PEOR (*casa de Peor*). Valle al este del Jordán, frente a Jericó, donde Israel acampó y Moisés les enseñó por última vez (Dt 3.29; 4.1ss; 4.46; 5.1ss). A Moisés lo sepultaron allí sobre el cercano monte Pisga (Dt 34.6). Según Jos 13.20, Bet-peor se le cedió a Rubén.

BETSABÉ Esposa de → URÍAS, soldado heteo del ejército del rey David. Este, atraído por su hermosura, la sedujo; luego hizo que Urías muriera en batalla y la tomó por esposa. El profeta → NATÁN reprendió al rey y, como castigo de Jehová, el primer hijo de esta unión murió (2 S 11; 12; cf. Sal 51). En la vejez de David, Betsabé se alió con Natán para conseguir que su hijo → SALOMÓN ascendiera al trono y así llegar a ser la reina madre (1 R 1.5-40). Presentó a Salomón la petición de → ADONÍAS para que se le diera Abisag, concubina de David, solicitud que se interpretó como traición y redundó en la muerte de Adonías (1 R 2.13-25).

BETSAIDA (en arameo, *lugar de pesca*). Ciudad ubicada a la orilla norte del lago de Galilea, cerca de la desembocadura del Jordán.

Según Juan 1.44 y 12.21, Betsaida era la ciudad natal de Felipe, Andrés y Pedro. Sin duda, Jesús la visitaba a menudo (Mc 6.45; 8.22), pero los Evangelios solo mencionan un milagro hecho allí, la curación gradual de un ciego (Mc 8.22-26). En un lugar desierto en sus inmediaciones ocurrió la alimentación de los 5.000 (Mc 6.31-45 //; Jn 6.1-15).

A pesar del ministerio de Jesús, Betsaida no se arrepintió y por lo tanto fue objeto de una advertencia severa (Mt 11.21; Lc 10.13).

Teatro del período romano, con el monte del antiguo Bet-sán (1 S 31.8-10) al fondo.

Foto de William A. VanGemeren

La reconstrucción de Betsaida la realizó → Felipe, el tetrarca, elevándola al rango de ciudad (Jn 1.44), y le puso el nombre de Julia en honor de la hija del emperador Augusto.

Betsaida se ha identificado con dos sitios actuales al este del Jordán, cercanos entre sí: et-Tell y Musadiya. Marcos 6.45 (cf. Jn 6.17). Parece indicar que había otra Betsaida al oeste del Jordán. Se supone que en la ribera oeste del río había un barrio de Betsaida, Julia.

BET-SÁN Lugar cuyo nombre aparece en la historia con variantes desde el siglo XV a.C. en adelante. En Jue 1.27 es una de las ciudades entregadas a Manasés. Según Jos 17.16, se hallaba en el valle de Jezreel. Según 1 S 31.10 era una ciudad filistea cerca del monte de Gilboa. Lo anterior hace pensar que se hallaba al sudeste del valle de Jezreel.

La historia de Bet-sán comienza cuando Tutmosis III la tomó después de la batalla de Meguido, *ca.* 1467 a.C. Siguieron tres siglos de dominio egipcio, durante los cuales se usó la ciudad como defensa contra los enemigos del norte.

Al conquistar a Canaán los israelitas no expulsaron completamente a los habitantes de Bet-sán (Jue 1.27), quizás por los carros de hierro que aquellos poseían (Jos 17.11, 16). Los filisteos colgaron el cadáver de Saúl en los muros de Bet-sán (1 S 31.10,12; 2 S 21.12). En el siglo X a.C., la ciudad formaba parte del reino de Salomón (1 R 4.12). Sisac I la saqueó *ca.* 926 a.C. (1 R 14.25).

Durante el período griego se llamaba Escitópolis, situada en el camino de Jerusalén a Damasco. En 107 a.C. Juan Hircano capturó la ciudad. Luego Pompeyo la tomó y la incorporó al Imperio Romano. En tiempos de Cristo figuraba entre las ciudades de la → Decápolis.

BET-SEMES (*casa* o *templo del sol*). Ciudad en la frontera septentrional de Judá, 25 km al norte de Laquis y 35 al oeste de Jerusalén, sobre la carretera entre esta y las ciudades de Asdod y Ascalón. Aunque por mucho tiempo fue importante para la defensa de Israel contra los filisteos, se menciona poco en el Antiguo Testamento. Cuando los filisteos devolvieron el arca, la mandaron a Bet-semes (1 S 6.9ss), donde murieron algunos hombres de la ciudad por mirar su contenido.

Los arqueólogos han descubierto seis estratos, de la Edad Media del Bronce en adelante. El más antiguo es de 2200–1700 a.C. El siguiente data de la época de los hicsos (1700–1500), quienes al dominarla construyeron en el sitio de Bet-semes una ciudad fortificada. Entre 1500–1200 floreció allí una ciudad cananea. Las casas estaban bien construidas y parece que fue una ciudad próspera. La destruyeron (quizás los israelitas) y durante el tiempo de los jueces (1200–1000) surgió otra ciudad de construcción inferior. Esta también la asolaron, quizás durante una batalla entre israelitas y filisteos.

David la incorporó a su reino y todavía se puede ver la casa del gobernador. La vida de Bet-semes terminó de repente a fines del siglo X a.C., tal vez como resultado de la invasión del faraón Sisac (1 R 14.25). Aunque más tarde otra ciudad ocupó el lugar, era solo una pobre imitación de las anteriores. Cerca de esta ciudad peleó Joás, rey de Israel, contra Amasías, rey de Judá (2 R 14.11ss) y fue esta la que los filisteos quitaron a Acaz (2 Cr 28.18).

BET-SUR (*casa de roca*). Ciudad edificada sobre las rocas típicas de Judea. Se encontraba entre Hebrón y Belén. Roboam la fortificó junto con otras ciudades para la defensa de Judá (2 Cr 11.7; cf. Neh 3.16). Fue estratégica en las guerras de los Macabeos (1 y 2 Mac) que levantaron allí una de sus mejores fortalezas. Judas Macabeo derrotó allí a los griegos que comandaba Lisias en 165 a.C.

BETUEL Hijo de Nacor y Milca (Gn 24.24), parientes ambos de Abraham (Gn 11.27-

29; 24.15). Poco se sabe de Betuel. Se menciona junto con Labán cuando se hace el compromiso de Rebeca con Isaac (Gn 24.50).

BEZALEEL (*a la sombra de Dios*).
1. Hijo de Uri, de la tribu de Judá, Dios lo dotó de sabiduría y de una extraordinaria habilidad para labrar oro y otros metales preciosos y madera (Éx 31.2-5; 36.2). Sus trabajos como principal constructor del tabernáculo se describen en Éx 37.1–38.23.
2. Hijo de Pahat-moab al que Esdras convenció para que dejara su mujer extranjera (Esd 10.30).

BEZEC En el Antiguo Testamento, nombre de una ciudad y un lugar.
1. Ciudad cananea en el territorio de Judá que conquistaron Judá y Simeón (Jue 1.1-7). No se ha determinado con certeza dónde se hallaba. Se cree que estaba cerca de Gezer.
2. El lugar donde Saúl organizó su ejército antes de ir al rescate del pueblo en Jabes de Galaad (1 S 11.8). Tal vez estaba a unos 21 km al nordeste de Siquem.

BIBLIA (plural griego de *biblión, libro breve*, o sea, *colección de libros breves*). Nombre dado a la colección de escritos que la iglesia cristiana considera divinamente inspirados. Comenzó a utilizarse a fines del siglo IV d.C. En griego *ta biblía* era un neutro plural, pero al pasar al latín se le atribuyó el género femenino, debido a su terminación en «a». De allí nuestra costumbre en castellano de referirnos a «la Biblia».
El número de libros incluidos en la Biblia varía según el canon que cada denominación acepta (→ CANON DEL ANTIGUO TESTAMENTO; CANON DEL NUEVO TESTAMENTO; TEXTOS DEL ANTIGUO TESTAMENTO; TEXTOS DEL NUEVO TESTAMENTO; VERSIONES). En general, todas las iglesias concuerdan en los veintisiete libros del Nuevo Testamento, pero el número de libros del Antiguo Testamento varía según

una iglesia siga el canon griego (como la iglesia católica romana y la ortodoxa griega), o el canon hebreo (como las protestantes).
La Biblia se divide en dos partes: el Antiguo Testamento, escrito antes de Jesucristo, y el Nuevo Testamento, que se refiere a la vida de nuestro Señor y al trabajo de la Iglesia en las primeras décadas después de la resurrección. Casi todo el Antiguo Testamento se escribió originalmente en → HEBREO, aunque algunas porciones están en → ARAMEO, el idioma que se hizo común entre los judíos unos pocos siglos a.C. También hay algunos libros del Antiguo Testamento catolicorromano que al parecer se escribieron originalmente en griego y que forman parte de los libros → APÓCRIFOS. En general, estos libros forman parte de la Biblia griega y latina, pero no de la hebrea. Todo el Nuevo Testamento se escribió originalmente en → GRIEGO, que era la lengua común del comercio y la comunicación de la época de Jesucristo. Hace algún tiempo se creía que

---

Fragmentos de papiro con porciones de Juan 18 que datan más o menos del 125—150 d.C.

Foto de Howard Vos

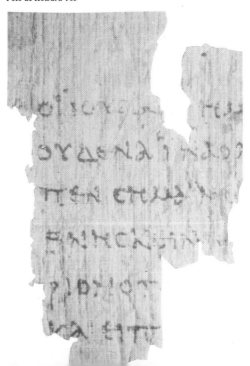

Porciones de un comentario del libro de Habacuc, uno de los antiguos documentos incluidos entre los rollos del mar Muerto.

parte del Nuevo Testamento (como el Evangelio de → Mateo) se escribió originalmente en arameo. Pero hoy casi todos los eruditos rechazan esta teoría.

De todos los libros que la humanidad ha conocido, ninguno ha ejercido tanta influencia como la Biblia. Sobre ella se han escrito millares de estudios; autores famosos han tomado de ella temas para sus obras; pensadores y científicos se han inspirado en ella; y aun movimientos antagónicos al cristianismo, como el islam y el marxismo, han tomado de ella buena parte de sus doctrinas. Completa o en parte se ha traducido a más de mil idiomas, y brinda la base doctrinal a centenares de iglesias en culturas y situaciones muy diversas.

Los primeros cristianos creían firmemente que Dios inspiró el Antiguo Testamento (→ Inspiración) y cuando usaban el término → Escrituras se referían solo a esta parte, pues el Nuevo Testamento aún no se había escrito ni compilado. Sin embargo, esto creaba varios problemas. Para los cristianos, la interpretación tradicional del Antiguo Testamento estaba equivocada, pues los judíos no admitían a Jesucristo como culminación de las promesas dadas a Israel. En Jn 5.39, Jesús mismo advierte a los judíos que es en Él, y no sencillamente en las Escrituras, donde hay vida eterna. Luego, los cristianos tenían que demostrar que Jesucristo era la culminación de las Escrituras y ellos eran el nuevo Israel.

El modo más sencillo de mostrar esto era apelando a las → profecías del Antiguo Testamento, y mostrar su cumplimiento en Jesucristo. De ahí que en los Evangelios, al narrar los acontecimientos de la vida de Jesús, aparezca a menudo la frase «para que se cumpliese lo que fue dicho» (Mt 1.22; 4.14; 8.17; Jn 17.12; 19.24; etc.), o la frase «conforme a las Escrituras» (1 Co 15.3s; → Citas). Este método de interpretación bíblica no lo crearon los cristianos, sino que ya existía desde mucho antes (→ Qumrán; Interpretación). A decir verdad, en la misma época de Jesús hubo varias personas que pretendieron ser el cumplimiento de las profecías (→ Mesías). El argumento poderoso que utilizaban los cristianos, para entender los episodios de la vida de Jesús, era la relación con las profecías antiguas. Por consiguiente, el método más común para interpretar el Antiguo Testamento fue el de buscar en él profecías de los hechos mencionados en el Nuevo Testamento.

Sin embargo, esto no bastaba para interpretar todo el Antiguo Testamento, ya que buena parte de él no consistía en profecías que se pudiesen relacionar directamente con el Nuevo Testamento. Por esta razón, algunos cristianos recurrieron a un método de interpretar el Antiguo Testamento, también conocido entre judíos y griegos: el alegórico. Según esta interpretación hay pasajes en el Antiguo Testamento que no deben entenderse literalmente, sino como una → ALEGORÍA en la que se expresa una verdad en lenguaje simbólico. El apóstol Pablo utiliza este método en 1 Co 9.8ss, donde interpreta la antigua ley judía «no pondrás bozal al buey que trilla», no en el sentido literal, «como si Dios se ocupase de los bueyes», sino en un sentido simbólico.

El método alegórico, sin embargo, no es común en el Nuevo Testamento, pues encierra

dos peligros serios: en primer lugar, tiende a dejar a un lado el carácter histórico de las narraciones del Antiguo Testamento, y por tanto puede olvidar que el Dios allí descrito se revela en la historia, en medio de las acciones de los hombres. En segundo lugar, el método alegórico puede llevar fácilmente a las más absurdas interpretaciones del texto.

Para evitar los riesgos anteriores, la mayoría de los autores del Nuevo Testamento interpretan el Antiguo Testamento mediante una clase de alegoría modificada llamada → TIPOLOGÍA. Según esta interpretación, los hechos relatados en el Antiguo Testamento son reales y en ellos Dios dio una señal de los acontecimientos que ocurrirían en el Nuevo Testamento. Para entenderlo mejor, tómese p. ej. Gl 4.21-31; donde Pablo se refiere «al hijo de la sierva y al de la libre» como una alegoría. Aquí, sin embargo, Pablo no niega el hecho histórico que está discutiendo. Al contrario, da por sentado que lo narrado en el texto del Génesis sucedió de verdad; pero entonces le añade al acontecimiento histórico un sentido simbólico: nosotros no somos hijos de la esclava, sino de la libre. Otro ejemplo de este

B

Colinas cerca de la ciudad de Anatot, hogar del profeta Jeremías (Jer 1.1).

Foto: Servicio fotográfico Levant

Un rollo hebreo del libro de Ester, leído en las sinagogas durante la Fiesta de Purim.

método puede verse en 1 Co 10.1-11, donde Pablo interpreta la situación histórica de Israel en Éxodo como un hecho real que prefigura la vida de la Iglesia.

En resumen, los escritores del Nuevo Testamento, y la mayoría de los más antiguos autores cristianos, veían en la Biblia de su tiempo, es decir en el Antiguo Testamento, la → PALABRA DE DIOS, pero la interpretaban desde un punto de vista cristocéntrico. Los pasajes proféticos referentes a Jesucristo, debían entenderse como tales. La alegoría era lícita y hasta necesaria. Pero tanto la profecía como la alegoría tenían que entenderse a la luz del Señor de la Iglesia, quien era para los primeros cristianos el centro de la Biblia.

Bibliografía:

IB II, pp. 177-189. X. León-Dufour, *Los Evangelios y la historia de Jesús*, Estela, Barcelona, 1966, pp. 228-235; 365-369. L. Alfonso Schökel, *La palabra inspirada*, Herder, Barcelona, 1966. Justo L. González, *Jesucristo es el Señor*, Editorial Caribe, San José, 1972, pp. 15-25.

BIBLIA, DIVISIONES PRINCIPALES DE LA
La Biblia posee dos grandes divisiones conocidas como Antiguo Testamento y Nuevo Testamento. Los libros del Antiguo Testamento se escribieron en un período de 1.000 años aproximadamente. El Antiguo Testamento nos narra la preparación realizada para el advenimiento de Cristo.

El Nuevo Testamento se escribió en un período de más o menos 60 años. Esta parte de la Biblia nos narra la venida, vida y ministerio de Cristo, así como el crecimiento de la iglesia primitiva.

BIBLIA, VERSIONES Y TRADUCCIONES DE LA La Biblia se comenzó a traducir a otros idiomas en Egipto en el siglo III a.C. Fue en esta época que se tradujo el Antiguo Testamento del hebreo al griego. Según la tradición, 70 eruditos judíos (algunos dicen 72) acometieron la empresa. De ahí surge el nombre de la versión *Septuaginta*.

En los días de Jesús, el griego era el idioma universal. A este solo lo superaba el latín debido a la extensión de la hegemonía romana. A mediados del siglo III d.C., partes del

Un vistazo a los libros de la Biblia y su clasificación

ANTIGUO TESTAMENTO

Pentateuco o Ley

Libro	Resumen
Génesis	Creación y establecimiento de la relación de pacto
Éxodo	Liberación del pueblo de Israel de la esclavitud en Egipto
Levítico	Ley ceremonial
Números	El pueblo de Dios vaga por el desierto
Deuteronomio	Moisés entrega la Ley de nuevo antes de que el pueblo entre a la tierra prometida

Historia de Israel

Libro	Resumen
Josué	Conquista y división de la tierra prometida
Jueces	Varios jueces o líderes militares rescatan a la nación de Israel
Rut	Hermoso relato sobre el amor y el cuidado de Dios
1 y 2 Samuel	La historia primitiva de Israel que incluye los reinados de Saúl y David
1 y 2 Reyes	Historia política de Israel concentrada en los reinados de ciertos reyes desde el tiempo de Salomón hasta el cautiverio babilónico del pueblo judío
1 y 2 Crónicas	Historia religiosa de Israel que abarca el mismo período de 2 Samuel y 1 y 2 Reyes
Esdras	Regreso del pueblo judío del cautiverio en Babilonia
Nehemías	Reedificación de las murallas de Jerusalén después que los cautivos regresaron de Babilonia
Ester	Cuidado de Dios hacia su pueblo bajo el dominio gentil

Sapienciales

Libro	Resumen
Job	Evaluación de los problemas del mal y el sufrimiento humano
Salmos	Libro de cantos o himnario del antiguo Israel
Proverbios	Dichos sabios y observaciones creadas para fomentar conducta y actitudes apropiadas
Eclesiastés	Descripción filosófica de lo vacía que es la vida sin Dios
Cantar de los cantares	Canto de amor que representa la belleza de una relación humana como símbolo del amor divino

Profetas mayores

Libro	Resumen
Isaías	La principal profecía de condena y consolación mesiánica
Jeremías	Mensaje de juicio contra la moral de Judá y el deterioramiento espiritual
Lamentaciones	Cinco poemas de lamento por la caída de Jerusalén
Ezequiel	Profecía de juicio durante el cautiverio babilónico
Daniel	Libro de profecía sobre los postreros tiempos

Profetas menores

Libro	Resumen
Oseas	Mensaje de condenación a Israel seguido por el perdón de Dios
Joel	Predicción de la invasión extranjera como juicio de Dios
Amós	Edictos de juicio contra las naciones, sobre todo a Israel
Abdías	Libro que profetiza la destrucción total de Edom
Jonás	Relato sobre un profeta desobediente que llevó a Nínive al arrepentimiento
Miqueas	Predicción de juicio y promesa de restauración mesiánica
Nahum	Profecía sobre la destrucción de Nínive
Habacuc	Un profeta que discutió con Dios y alabó su inminente juicio contra Judá
Sofonías	Predicción de juicio destructivo seguida de tremenda bendición
Hageo	Llamado a reedificar el templo después que regresan de Babilonia.
Zacarías	Profecía mesiánica que llama a terminar la construcción del templo
Malaquías	Profecía de destrucción seguida de la bendición mesiánica

NUEVO TESTAMENTO

Evangelios	
Libro	**Resumen**
Mateo	Se presenta a Cristo como el cumplimiento de la profecía mesiánica del Antiguo Testamento
Marcos	Quizás el primero de los Evangelios, se centra en el ministerio de Cristo
Lucas	La biografía más completa sobre Cristo, enfocándose en su perfección y ministerio de salvación
Juan	El Evangelio más simbólico que presenta a Cristo como el Hijo de Dios

Historia de la iglesia primitiva

Libro	Resumen
Hechos	Historia de la expansión de la iglesia primitiva

Epístolas del apóstol Pablo

Libro	Resumen
Romanos	Explicación de la fe cristiana para judíos y gentiles, dirigida a la iglesia en Roma
1 Corintios	Instrucciones a la iglesia en Corinto que lidia con problemas entre cristianos
2 Corintios	Defensa de Pablo y explicación de su apostolado
Gálatas	Importancia de la necesidad de justificación por fe antes que por obras
Efesios	Carta a la iglesia en Éfeso explicando la posición del creyente en Cristo
Filipenses	Carta gozosa a la iglesia en Filipos, relata la fe triunfante de Pablo durante su encarcelamiento
Colosenses	Consideración de la supremacía de Cristo, escrita a la iglesia en Colosas
1 y 2 Tesalonicenses	Instrucciones a la iglesia en Tesalónica sobre la venida del Señor
1 y 2 Timoteo	Manuales de liderazgo para el joven pastor en Éfeso
Tito	Manual de conducta cristiana para líderes de la iglesia, escrita a un joven pastor de Creta
Filemón	Petición por la unidad cristiana y el perdón del esclavo fugado

Epístolas generales

Libro	Resumen
Hebreos	Presentación de Jesucristo como Sumo Sacerdote, dirigida a los creyentes judíos
Santiago	Instrucciones prácticas para el cristianismo aplicado
1 Pedro	Pedro consuela y anima a cristianos que sufren
2 Pedro	Advertencia de Pedro contra los falsos maestros
1 Juan	Recordatorio de Juan sobre la plenitud de la humanidad de Cristo
2 Juan	Carta de aliento y aprobación de Juan
3 Juan	Nota personal de aprecio de Juan para Gayo
Judas	Fuerte advertencia contra los falsos maestros
Apocalipsis	Profecía de aliento sobre los días finales y el triunfo definitivo de Dios

Nuevo Testamento aparecieron en este idioma, además del copto y siriaco. Después de una compilación de varias porciones en latín, Jerónimo, obispo de Milán, produjo una versión conocida como la *Vulgata* (*ca.* 382 d.C.). Esta fue la versión que la Iglesia usó durante la Edad Media.

Debido a que en España el latín cayó en desuso entre la gente común, Alfonso X, rey de Castilla y León, ordenó la traducción de la *Vulgata* al castellano. La obra se concluyó en 1280 y fue quizás la primera versión en idioma moderno.

Sin embargo, posteriormente surgieron numerosas versiones. Algunas solo del Antiguo Testamento, como la Biblia del duque de Alba, traducida por el judío Moisés Arragel para la comunidad judía española.

También para los judíos se publicó en 1533 la Biblia de Ferrara. No obstante, en la época de los Reyes Católicos se prohibió la divulgación de la Biblia, pues temían que surgieran doctrinas contrarias a la iglesia de Roma.

Versiones católicas

Con el tiempo, las cosas cambiaron y los católicos han publicado varias versiones. Las primeras se hicieron a partir de la *Vulgata* (p. ej., Felipe Scío de San Miguel, 1793; Félix Torres Amat, 1823; Rivera, primera que se publicó en América en 1833). No obstante, posteriormente los católicos publicaron varias versiones traducidas directamente de los idiomas originales. Estas son algunas de las versiones católicas:

Torres Amat, publicada en Madrid en 1825. Traducida a partir de la *Vulgata*.

Nácar-Colunga, publicada en Madrid en 1944.

Bover-Cantera, publicada en Madrid en 1944.

Versión de Straunbinger, publicada en Buenos Aires en 1944.

Edición Popular de las Sagradas Escrituras, de la Editorial Herder y publicada en Madrid en 1964.

Biblia de Jerusalén, traducida por un equipo de lingüistas dirigido por José Ángel Ubieta y publicada en 1966.

La Biblia para Latinoamérica, traducida por un equipo de lingüistas dirigido por Ramón Ricciardi y publicada en Madrid en 1972.

Versiones protestantes

Algunos evangélicos españoles huyeron de su patria, a fin de escapar de la Inquisición que tomó auge después de la Reforma, y se dedicaron con fervor a la traducción de la Biblia. De ahí que surgieran las «Biblias del exilio», que en su mayoría no eran Biblias completas. Mencionaremos tres de dichas traducciones.

Juan de Valdés. Tradujo en 1534 los Salmos, los Evangelios y las Epístolas a los Romanos y a los Corintios.

Una excavación arqueológica en la antigua Saretán (Jos 3.16) al sur de Israel.

Foto de Gustav Jeeninga

Ruinas romanas en Hierápolis, una ciudad en la provincia de Asia mencionada por el apóstol Pablo (Col 4.13).

Francisco de Enzinas. En 1543 tradujo el Nuevo Testamento.

Casiodoro de Reina. De todas las traducciones que se produjeron durante el Siglo de Oro de la literatura castellana, nada supera a esta. Casiodoro de Reina fue el primer evangélico en traducir la Biblia directamente de los idiomas originales. Cipriano de Valera la revisó y publicó en 1602. Posteriormente, varias veces se ha revisado y cotejado con los idiomas originales. La última que se publicó fue la de 1960. De esta se han hecho numerosas ediciones para el estudio de la Biblia:

Biblia anotada de Scofield. Publicada por W.H. Walker, con la colaboración de Emilio A. Núñez, en 1966.

Biblia de Estudio, publicada en 1977 por Editorial Mundo Hispano.

Biblia de Estudio Harper/Caribe, publicada en 1980 por Editorial Caribe.

Biblia Thompson, publicada en 1987 por Editorial Vida.

Biblia Plenitud, edición castellana de la *Spirit Filled Life Bible.* Fue publicada en 1994 por Editorial Caribe.

Biblia del diario vivir, edición castellana de la *Life Application Bible.* Fue publicada en 1997 por Editorial Caribe.

Revisiones posteriores de la Reina-Valera

Revisión 1977. Publicada por la Editorial CLIE de Barcelona.

Reina-Valera Actualizada. Publicada por la Casa Bautista de Publicaciones en 1989.

Revisión 1995. Publicada por las Sociedades Bíblicas en América Latina.

Otras versiones

Versión Moderna. Publicada en 1893 por la Sociedad Bíblica Americana, de una traducción a partir de los idiomas originales.

Dios habla hoy o *Versión Popular.* Difundida por las Sociedades Bíblicas Unidas. Se ha publicado una versión para España y otra para América Latina. De ambas se han impreso ediciones interconfesionales que incluyen los libros apócrifos.

La Biblia al día. Paráfrasis de las Sagradas Escrituras que se preparó siguiendo el estilo de la famosa *Living Bible* estadounidense.

BIENAVENTURANZA → Sermón del Monte.

BILDAD Uno de los tres amigos de → Job que fueron a consolarlo (2.11) y que entablaron con él un largo diálogo en busca de las razones de su desgracia. Bildad interviene en 8.1; 18.1 y 25.1. Su identificación como «suhita» lo relaciona con una tribu aramea que merodeaba al sudeste de la Tierra Santa.

BILHA (*tranquila*). En el Antiguo Testamento, el nombre de una ciudad y una mujer.

1. Sirvienta de Raquel que, por causa de su propia esterilidad, se la dio por concubina a Jacob. Fue madre de → DAN y de → NEFTALÍ (Gn 30.1-8; cf. Gn 35.22; 49.4).

2. Ciudad de los descendientes de Simeón (1 Cr 4.29).

BITINIA Territorio en la parte noroeste de Asia Menor. Colinda al oeste con el mar de Mármara y Misia, al norte con el mar Negro, al sur con Galacia y Frigia, y al este con la antigua región de Paflagonia. Su nombre primitivo fue Bebricia, pero el actual parece derivarse de los tinios, tribu tracia que dominó la región.

Formó parte del reino de Lidia y del Imperio Persa, y llegó a ser independiente con la victoria de Alejandro Magno. Cayó más tarde en poder de los romanos y Pompeyo la constituyó, junto con el Ponto, en provincia proconsular (65–63 a.C.).

Pablo intentó ir a Bitinia entrando por Misia, pero el Espíritu no se lo permitió (Hch 16.7).

La mención de Bitinia en 1 P 1.1 y en las cartas de Plinio el Menor, comisionado especial de Bitinia y el Ponto (111–113 d.C.), indica la existencia de congregaciones cristianas allí.

BLANCA (en griego, *lepton, pequeño*). Única moneda judía mencionada en el Nuevo Testamento. Era de cobre y equivalía a la mitad del → CUADRANTE romano (Mc 12.42//). Representaba la moneda de menor valor (Lc 12.59). La viuda echó dos blancas al → ARCA porque la tradición rabínica las establecía como la ofrenda mínima.

BLANCO → COLORES.

BLASFEMIA El Antiguo Testamento designa como blasfemia toda expresión o acción injuriosa e irreverente contra Dios o sus representantes. A veces era simplemente un pensamiento no expresado (Job 1.5).

Tanto se temía incurrir inconscientemente en la blasfemia que prohibía el tercer mandamiento (Éx 20.7; Dt 5.11), que los judíos, prefiriendo una forma alterada, dejaron de pronunciar el nombre de Dios, por lo que hoy se ignora la verdadera pronunciación de «Jehová» (Is 52.6; Ez 36.20). En el libro de Ester hasta se suprimió el nombre divino, para que los paganos no lo blasfemaran al leerlo. Los pecados de Israel y los castigos que sufrió podían también motivar la blasfemia de los enemigos (2 S 12.14; Sal 74.10,18; Is 37 *passim*; 52.5).

La blasfemia se castigaba con la muerte (Lv 24.10-16; 1 R 21.10,13; cf. la lapidación de → ESTEBAN en Hch 6.13). Profanar el sábado también se consideraba blasfemia (Nm 15.32ss).

En el Nuevo Testamento se concibe la blasfemia con la misma seriedad que en el Antiguo Testamento. La más grave acusación contra Jesús fue la de blasfemia (Mt 9.3; Mc 2.7; 14.64; Lc 5.21), aunque al denunciarle ante las autoridades romanas, tenían que acusarle de ofensas civiles (Lc 23.2). En cambio, para los primeros creyentes, era blasfemia despreciar a Cristo (Mt 27.39; Mc 15.29; Lc 22.65 [injuriaban o blasfemaban, en griego]; Hch 13.45; 18.6).

El mayor pecado que la Biblia registra es la blasfemia contra el Espíritu Santo (Mt 12.31s; Mc 3.28s). Para la debida interpretación de este tipo de blasfemia, deben compararse Heb 6.4-6 y 1 Jn 5.16s. Estos versículos constituyen una solemne advertencia contra el deliberado y persistente rechazo de la salvación en Cristo que ofrece a los pecadores el Espíritu Santo. Tal actitud es blasfemia contra el Espíritu que al final «no le será perdonada». Vivir de manera que se menosprecie la fe también es blasfemia muy grave (1 Ti 1.20; 2 P 2.2).

Los campos de Booz, cerca de la ciudad de Belén (Rt 2.1-4).

En la cultura helénica la blasfemia no implicaba consecuencias tan funestas. Significaba más bien varios grados de difamación como burla o calumnia (Col 3.8; 1 Ti 6.4; Ap 2.9).

BOANERGES (en hebreo o arameo, *hijos del trueno*). Apodo que Jesús dio a los hijos de Zebedeo según Mc 3.17. Marcos no explica por qué, pero la conducta de los dos relatada en Lc 9.49,51-56 es indicativa. Se supone que el carácter «tronador» de Jacobo motivó su martirio (Hch 12.2). Pero es notable que Juan llegara a ser el «apóstol del amor».

BOAZ → Jaquín.

BOCA Órgano para emitir la voz con la colaboración de los dientes y la → lengua. La primera parte del sistema digestivo.

En los dos testamentos se habla de la boca del hombre, de los animales y, como un antropomorfismo, de la boca de Dios. Metafóricamente, también las cosas inanimadas tienen boca: el pozo (Sal 69.15), el costal (Gn 42.27), la tierra (Gn 4.11; Ap 12.16). El que habla por otro se constituye en boca de aquel (Éx 4.16), de ahí que la boca se relacione también con la palabra del otro (Dt 17.6).

Según las enseñanzas de Cristo, la boca revela las intenciones del corazón (Lc 6.45).

BOCINA Instrumento musical de viento, cuyo nombre, la mayoría de las veces en el Antiguo Testamento, constituye una traducción de los términos hebreos *shofar* o *qeren*, que significan → cuerno. Era más un instrumento de señal o alarma que de música, y aparece en las campañas militares de Josué (Jos 6.20) y de Gedeón (Jue 7.16-22, RV-1909); tal vez la → trompeta que Pablo menciona (p. ej., 1 Co 14.8) sea una bocina.

La bocina también se menciona entre los instrumentos de la orquesta de Nabucodonosor (Dn 3.5). Sin duda, las primeras se hicieron de cuernos de animales y para ello servía cualquier tipo de cuerno, excepto los de vaca. Para anunciar el año nuevo se hacía sonar en el templo un cuerno de macho cabrío; era recto y con la boquilla enchapada de oro. El cuerno usado en los días de ayuno era de carnero, curvado y con la boquilla enchapada de plata. Aún se usa en la sinagoga.

BODAS → Matrimonio.

BOLSA Pequeño saco hecho de piel o seda tejida, que por lo general se sujetaba al cinturón y servía para guardar monedas (Pr 1.14; 7.20; Lc 22.35s). Los comerciantes la usaban también para guardar las pesas (Dt 25.13; Is 46.6; Miq 6.11). Colgada del cuello, la «bolsita de mirra» (Cnt 1.13, BJ) perfumaba los pechos de la amada.

En el Oriente el cinturón mismo se usaba como bolsa; a esta práctica alude Jesús en Mt 10.9.

La palabra traducida bolsa en Jn 12.6 y 13.29 se refiere en realidad a una cajita como la que los músicos de oboe usaban para llevar sus lengüetas; allí Judas guardaba los fondos comunes de los doce.

La expresión «saco roto» (Hag 1.6) es alusión simbólica a una economía y un bienestar ficticios. Igualmente metafóricas son las bolsas de Lc 12.33, ya que las que contenían grandes cantidades se sellaban (Job 14.17). También se habla de la «bolsa de la vida» (1 S 25.29, BJ).

BOOZ Hombre acomodado de Belén (Rt 2.3-4), descendiente de Judá y pariente de → Elimelec, el marido de → Noemí (Rt 2.1). Hacendado benevolente según su tradición patriarcal. Fue hombre de buen espíritu y estricta integridad. Aprobó que → Rut, la moabita, viuda del hijo de Elimelec, recogiera espigas en sus campos. Luego, por la ley del → levirato, la redimió tomándola por esposa. Fue padre de → Obed y abuelo de → David. Así vino a formar parte del linaje real de Judá al que pertenecía el Mesías (Rt 1–4; Mt 1.5).

Posiblemente, una de las columnas del templo de Salomón llevaba su nombre (1 R 7.21; 2 Cr 3.17).

BORDE → Flecos.

BORRACHERA → Embriaguez.

BOSRA (*pastor*). Nombre de dos ciudades en el Antiguo Testamento.

1. Capital de Edom, ciudad muy antigua (Gn 36.33; 1 Cr 1.44; Is 34.6; 63.1; Jer 49.13, etc.). Se identifica con la moderna ciudad de Buseira, 32 km al sudeste del mar Muerto y 50 km al norte de Petra. Fue ciudad inexpugnable en tiempo de los edomitas y sede de las principales guarniciones de estos en el norte de Edom. Protegía los caminos a las minas de cobre en el Arabá. Para los profetas era símbolo de oposición; destruir esta ciudad equivalía a destruir todo Edom. Por tanto, profetizaban su destrucción por mano de Dios (Am 1.11,12).

2. Ciudad de Moab (Jer 48.24), cuya identificación es incierta. Puede ser la ciudad de Buzrah, 95 km al sur de Damasco, pero otros la identifican con → Bezer, ciudad de refugio (Dt 4.43).

BOTÍN → Despojo.

BOXEO → Juegos deportivos.

BRAZA Medida marina de profundidad, de origen griego, cuya dimensión es la distancia entre las dos extremidades de los brazos extendidos horizontalmente. Representaba aproximadamente 1,85 m (Hch 27.28).

BRAZALETE Adorno en forma de aro o argolla que usaban hombres y mujeres en uno o en ambos brazos (Gn 24.22; Ez 16.11).

En 2 S 1.10 se menciona una argolla, signo de realeza, en el brazo de Saúl. Los brazaletes se consideraban valiosa ofrenda de sacrificio (Nm 31.50).

BRAZO Símbolo de fuerza en hebreo y otros idiomas del Cercano Oriente antiguo. A menudo se emplea la frase el «brazo extendido de Jehová» para señalar un acto poderoso de

Foto de Howard Vos

Cabeza de bronce del dios griego Zeus. El bronce es una aleación de cobre y estaño.

Dios: p. ej. la liberación del pueblo de Israel de Egipto (Éx 6.6; Dt 4.34; 5.15; 9.29, etc.). La redención lograda por el → SIERVO SUFRIENTE es una manifestación del «brazo de Jehová» (Is 53.1). El poderoso «brazo de Jehová» contrasta con el «brazo de carne» (2 Cr 32.8). Los «brazos eternos» son el refugio seguro del pueblo de Dios (Dt 33.27).

BREA → ASFALTO.

BRONCE Traducción del término hebreo *nehoset* y el griego *jalkós* que designan tanto al cobre como a su aleación con el estaño u otro metal. La primera referencia bíblica se halla en Gn 4.22.

El bronce se usó en la construcción y ornamentación del tabernáculo, bajo la dirección de Bezaleel y Aholiab (Éx 31.2ss). La industria del bronce se desarrolló mucho durante el tiempo de Salomón (1 R 7.13-46). Además, se empleaba para adornos, armas y cerrojos (1 R 4.13).

En el lenguaje figurado es un símbolo de fuerza, resistencia y poder (Job 6.12; Sal 107.16; Jer 1.18); de riqueza (Is 60.17); de falta de amor (1 Co 13.1); de pueblos irreligiosos e inmorales (Jer 6.28).

BUENOS PUERTOS Bahía en el litoral meridional de la isla de Creta, cerca de la ciudad de Lasea, donde permaneció algún tiempo la nave en la que Pablo iba prisionero a Roma (Hch 27.8-12). El apóstol aconsejó invernar allí, ya que el puerto, a unos 8 km al este del cabo Líthinon, la punta más al sur de la isla, estaba protegido del temible viento del noroeste. No oyeron su consejo y más tarde naufragaron.

Hoy una aldea con solo treinta casas conserva el antiguo nombre, Kalí Limniones.

BUEY Macho del ganado bovino que castran cuando alcanza su desarrollo. En la Biblia la distinción entre buey y toro muchas veces depende del contexto, porque la terminología bíblica no indica claramente la diferencia. Tanto en condiciones nómadas como sedentarias, entre los judíos la posesión de muchos bueyes era signo de riqueza (Job 1.3). Se apreciaban como animales de trabajo para halar carros (2 S 6.6) y el arado (Dt 22.10; 1 R 19.19; Job 1.14; Am 6.12), para trillar (Dt 25.4; 1 Co 9.9) y llevar carga (1 Cr 12.40). El estiércol del buey servía de combustible para cocinar (Ez 4.15). El cuidado y la responsabilidad del dueño del buey estaban debidamente reglamentados (Éx 21.28–22.15).

El buey era animal limpio y se podía comer (Dt 14.4). Su carne se servía sobre todo en ocasiones especiales (1 R 4.23; Neh 5.18; cf. «novillos» en Am 6.4). También se usaba como animal de sacrificio (Lv 9.4; 22.23; Nm 7 *passim*).

El buey y el toro se asociaban con la adoración de los dioses en el Oriente; el buey por su fuerza y el toro por su fecundidad (→ BECERRO). El mar fundido del templo de Salomón descansaba sobre doce bueyes

(1 R 7.25) y las diez basas de bronce tenían en sus tableros figuras de leones, bueyes y querubines (1 R 7.29). En la visión de Ezequiel, una de las caras de los seres vivientes es de buey (Ez 1.5-10; cf. Ap 4.7).

BÚFALO Casi con certeza es el *bos taurus primigenius*, especie extinguida pero ampliamente difundida en todo el mundo antiguo. (*Unicornio* en la RV-1909 que sigue la traducción errónea de LXX, *monóqueros* de la palabra hebrea *reem*.) El búfalo, de acuerdo con la Biblia, era de gran tamaño y fuerza (Nm 23.22; 24.8), indomable y feroz (Job 39.9,10), muy peligroso para cazarlo por sus cuernos (Dt 33.17; Sal 92.10). Simboliza el poder del pueblo de Dios (Nm 23.22; 24.8), un enemigo poderoso (Sal 22.21), la fuerza que Dios da (Sal 92.10), y quizás simbolice en Is 34.7 a los gobernantes o príncipes de Edom.

BUL (*lluvia*). Mes hebreo de origen fenicio-cananeo. El segundo mes del calendario civil y el octavo del litúrgico. Corresponde a octubre-noviembre. En bul comenzaban las lluvias. Era el tiempo para arar y cosechar los higos de invierno (1 R 6.38). (→ MES.)

BUZ Segundo hijo de Nacor y Milca, hermano de → BETUEL (Gn 22.20,21) y antecesor de los buzitas. El nombre se encuentra en Jer 25.23 al lado de Dedán (Gn 10.7) y Tema (Gn 25.15) y tal vez se refiere a un pueblo vecino de Edom.

CABALLO Bestia de carga, llamada *sus* en hebreo e *hippos* en griego, tal vez originaria de los llanos centrales de Asia y Europa. Por ser más noble y valiente que el → ASNO, en tiempos bíblicos se usaba el caballo para la guerra (Pr 21.31; Jer 8.16), para montar y para tirar de los carros de guerra (Éx 14.9; Jos 11.4; 2 S 15.1; etc.). Los caballos eran propiedad de los reyes y no de la gente común. De ahí que tienen un fuerte sentido simbólico de poder militar y arrogancia política (Is 2).

En la Biblia, la confianza en los caballos suele oponerse a la confianza en Dios (Is 30.16; Sal 20.7; 33.17), y por lo tanto se les prohibía a los reyes «aumentar para sí caballos» (Dt 17.16). No obstante, Salomón tenía 40.000 (1 R 4.26), a no ser que esta cifra sea error de algún copista (cf. 2 Cr 9.25).

«Un carro de fuego con caballos de fuego» llevó a Elías al cielo (2 R 2.11). La palabra caballo se usa metafóricamente en los Salmos, Zacarías y en Apocalipsis para simbolizar lo siguiente: el poder de Dios (Sal 20.7; 33.17; 76.6,7); y según su color, el hambre (Ap 6.5; Zac 6.2,6), la guerra (Ap 6.4; Zac 1.8; 6.2), la muerte (Ap 6.8), la victoria (Ap 6.2; 19.14; Zac 1.8; 6.3,6).

CABELLO → PELO.

CABEZA Parte del cuerpo humano que se consideraba como la fuente de vida, pero no necesariamente el asiento del intelecto, función que los antiguos atribuían al corazón. A menudo, cabeza se usa con sentido metafórico. *Perder la cabeza* es perder la vida misma (Gn 40.19; cf. Jn 19.30). *Levantar la cabeza* expresa la idea de tener éxito en cualquier empresa de la vida (Sal 27.6; Gn 40.13). Cubrirse la cabeza con las manos, o con polvo o ceniza, es señal de humillación y lamento (2 S 13.19; Lm 2.10). La piedra angular se considera como cabeza del edificio (Sal 118.22).

En hebreo, el término cabeza, *ro's*, indica además el comienzo u origen de alguna cosa: la fuente donde nace un río (Gn 2.10), el punto donde comienza una calle (Ez 40.1), el primer momento de un período (Éx 12.2; Jue 7.19). En el Antiguo Testamento se usa también para designar al jefe de una familia o tribu (Éx 6.14; Dt 33.5), es decir, el progenitor del linaje.

Para los grecoparlantes la palabra *kefalê* (cabeza) no expresaba el sentido de mando. En los escritos griegos de los siglos inmediatamente antes y después de Cristo, la palabra *kefalê* se usa como metáfora que señala el «origen» o «comienzo» de algo. Puede significar también la persona en sí. Pero no se encuentra ninguna evidencia en toda esa literatura griega donde *kefalê* signifique «jefe» o «autoridad». Donde el Antiguo Testamento dice cabeza con el sentido metafórico de «autoridad» o «jefe» de familia o tribu, los traductores que tradujeron el Antiguo Testamento al griego no usaron la palabra *kefalē*. Emplearon unas catorce palabras griegas distintas para traducir esa acepción de *ro's*.

Estos datos lingüísticos exigen que *cabeza* en diferentes pasajes se entienda en sentido de «origen» o «fuente». Al decir que Dios es la cabeza de Cristo y Cristo la cabeza del varón, 1 Co 11.3 expresa el concepto de que Dios es la fuente de todas las cosas y que Cristo es su agente directo en la creación (1 Co 8.6). Primera de Corintios 11.8-9 revela que *cabeza* en este capítulo tiene el sentido que le da el relato de la creación en Gn 2.21-22: el hombre sirvió de origen para la mujer, pues esta procede de su costilla. En cambio, no se ajusta a la nueva creación «en el Señor», debido a que Cristo es origen de la nueva vida tanto de la mujer como del hombre (1 Co 11.11).

En Ef 4.15-16, la imagen de Cristo como cabeza de su cuerpo, la Iglesia, define la función de la cabeza como fuente de la vida y el crecimiento del cuerpo: «Crezcamos en todo en aquel que es la cabeza, esto es, Cristo, de quien todo el cuerpo ... recibe el crecimiento para ir edificándose en amor».

Colosenses 1.18 conserva el sentido de cabeza como «origen» o «comienzo», al indicar que Cristo es la cabeza de la Iglesia al ser «el principio, el primogénito de entre los muertos». En su resurrección Cristo se constituyó en «primicias» de todo un linaje de nuevas criaturas que resucitarán en su venida (1 Co 15.20-22). Según Ef 1.22 y Col 2.10, el Cristo resucitado y exaltado goza de nuevo de la primacía en relación con «todas las cosas» (cf. 1 Co 8.6 arriba). Como cuerpo que pertenece a esta cabeza, la Iglesia participa en su gran plenitud.

El significado de cabeza que vemos en todos estos pasajes del Nuevo Testamento ilumina su uso en Ef 5.23: «El marido es cabeza de la mujer, así como Cristo es cabeza de la iglesia». El autor dedica los vv. 25-28 a instruir a los maridos sobre lo que esto significa. El marido debe imitar la conducta de Cristo con la Iglesia, es decir, debe amar a su esposa hasta el punto de entregarse por ella. Efesios 5.21, «sujetaos los unos a los otros», ofrece el marco para esta discusión y aclara la palabra dirigida a las esposas. La sujeción de ellas (vv. 22,24) representa la contraparte del amor totalmente consagrado que se exige del esposo.

Bibliografía:

G.D. Fee, *Primera de Corintios*, Eerdmans/Nueva Creación, Grand Rapids/Buenos Aires, 1995. I. Foulkes, *Problemas pastorales en Corinto. Comentario exegético-pastoral a 1 Corintios*, SEBILA/DEI, San José, 1996. B. y A. Mickelsen, «What does *kefalē* Mean in the New Testament?», en A. Mickelsen, ed., *Women, Authority and the Bible*, InterVarsity, Downers Grove, IL, 1986.

CABRA, CABRÍO, CABRITO Animal muy importante en los tiempos bíblicos que tiene seis nombres en hebreo y dos en griego.

En muchos sacrificios las cabras y los cabritos eran tan aceptables como las ovejas y los corderos. El animal que se enviaba al desierto el Día de Expiación, cargado simbólicamente con los pecados del pueblo, era *sa'ir* (macho cabrío, Lv 16.7-22). La misma palabra se traduce «demonios» en Lv 17.7; 2 Cr 11.15. En Proverbios 30.29-31 el «macho cabrío» (*tayish*) se halla entre las tres cosas de «hermoso andar» y en Gn 30.35; 32.14 es una de las posesiones de Jacob y Labán.

Las cabras formaban parte importante de la riqueza pastoril en el Oriente (Gn 15.9; 27.9; 30.31ss; 32.14; 37.31). Las criaban los israelitas en Canaán y en Egipto (Éx 12.5; 1 S 25.2), y en las tribus nómadas vecinas (2 Cr 17.11; Ez 27.21). Su leche y su carne se usaban mucho como alimento (Dt 14.4; Jue 6.19; Pr 27.27; Lc 15.29). Del cuero se hacían odres y vestiduras rústicas que usaban los pobres, ascetas, llorones y profetas (Gn 21.14; Jos 9.4; Mt 9.17; Heb 11.37). Su pelo se tejía para hacer vestidos exteriores, tela para tiendas (Éx 26.7; 35.6; Cnt 1.8) y telas finas como la que cubría el tabernáculo (Éx 25.4; 35.26).

El íbice (Dt 14.5).

El macho cabrío, guía del rebaño (Pr 30.31; Jer 50.8), simboliza a un «guía en la maldad» (Is 3.12; Zac 10.3; cf. Ez 34.17; Mt 25.32,33). Un macho cabrío con un cuerno era símbolo reconocido del Imperio de Macedonia (Dn 8.5).

CABRAHÍGOS → Sicómoros.

CABSEEL Pueblo fronterizo entre Edom y Judá (Jos 15.21). En Neh 11.25 se lee Jecabseel. Benaía ben Joiada, uno de los más valientes de David, era oriundo de Cabseel (2 S 23.20; 1 Cr 11.22).

CABUL (*estéril, improductivo*). Nombre de ciudades.

1. Ciudad en el territorio de Aser, 15 km al este de Acre (Jos 19.27).

2. Nombre que Hiram, rey de Tiro, puso a las veinte ciudades que Salomón le dio por su cooperación en la construcción del templo (1 R 9.13). Cabul es un nombre irónico que significa «como nada» y expresaba el desagrado de Hiram por aquel obsequio.

CADEMOT Ciudad del rey amorreo → Sehón, próxima al desierto conocido por el mismo nombre de la ciudad. Los israelitas derrotaron a Sehón y conquistaron su tierra cuando este les negó el paso (Dt 2.26-36). Cademot se le asignó a Rubén (Jos 13.18) y se convirtió en ciudad levítica (21.37). Quedaba al este del Jordán, tal vez al lado del brazo superior del río Arnón.

CADES-BARNEA Sitio en la península sinaítica, conocido de antiguo por la importancia de sus aguas en una región desierta. Se ha identificado con la fuente de Ain Qudeis en el desierto de Sin, en la parte nordeste de la península, a once jornadas del monte Sinaí, camino de Edom (Dt 1.2) o unos 80 km al sudoeste de Beerseba. Sin embargo, las aguas de esta fuente no habrían bastado para la multitud de israelitas bajo Moisés, por lo que algunos eruditos lo identifican con Ain el-Quedeirat, otra fuente, unos 6 km al noroeste. Sin embargo, lo más probable es que Ain Qudeis sea el sitio original y que los israelitas hayan usado también el agua de Ain el-Qudeirat y Ain Qoseime (otra fuente de la misma región). Estas últimas se necesitaban cuando se congregaba allí una multitud muy numerosa.

En Cades, los israelitas aceptaron el informe pesimista de la mayoría de los espías enviados a Canaán, y por ello se les condenó a caminar 38 años en el desierto (Nm 13s). Allí fue donde se rebeló Coré (Nm 16). En Cades se sepultó a María (Nm 20.1), y Moisés, por su incredulidad al golpear la peña, perdió el derecho de entrar en Canaán (Nm 20.2-13). Debido a que Israel contendió con Dios, a las aguas de Cades se les llamó «aguas de la rencilla» (Nm 20.13), idea que se perpetuó en el nuevo nombre del lugar, Meribat-Cades o Meriba (rencilla) de Cades (Dt 32.51; Ez 47.19; 48.28).

CADMONEOS Pueblo mencionado en Gn 15.19 cuya tierra poseería la descendencia de Abraham. El nombre cadmoneo es idéntico en su forma al adjetivo «oriental» (Ez 47.18), de modo que podría significar simplemente «los orientales». Tal vez vivían en la tierra prometida, al este del Jordán.

CAFARNAÚN → Capernaum.

CAFTOR, CAFTORIM Isla de → Creta, lugar de procedencia de uno de los pueblos que, junto con los casluhím, originaron a los → filisteos (Gn 10.14; 1 Cr 1.12). Deuteronomio 2.23 habla de los caftoreos como procedentes de Caftor, pero según Jer 47.4 y Am 9.7 esta fue la tierra de donde salieron los filisteos.

En Creta la civilización minoica estuvo en su apogeo de 1800–1575 a.C. y su hegemonía abarcó, durante varios siglos, gran parte de la costa oriental de la cuenca del Mediterráneo. Aunque se cree que muchos de sus habitantes eran originarios de Asia Menor, hay pruebas de que semitas del delta de Egipto influyeron mucho en su cultura. Creta mantenía estrechos lazos culturales y comerciales con Egipto, Siria y Mesopotamia en esta época.

CAIFÁS Sobrenombre de significado desconocido, perteneciente a José, a quien el procurador Valerio Grato nombró sumo sacerdote *ca.* 18 d.C. y Vitelio, legado de Siria, depuso en 36 d.C. Su suegro → Anás (Jn 18.13,24), le consiguió el sumo sacerdocio e influyó tanto durante el ejercicio del mismo, que llegó a ocupar el lugar de su yerno (Hch 4.6).

Juan el Bautista inició su ministerio en la época de Caifás (Lc 3.2). Después de la resurrección de Lázaro, Caifás recomendó al sanedrín la muerte de Jesucristo, en beneficio de la nación, sin darse cuenta de lo profético de sus palabras (Jn 11.49ss). Fue en el patio de Caifás (Mt 26.3) donde los líderes judíos acordaron prender a Jesús.

Un viajero exhausto a la sombra de un enebro en el desierto de Cades (Nm 20.16).

Fue allí también, después de la interrogación de Anás (Mt 26.57-68; Jn 18.19-24), donde enjuiciaron y condenaron a Jesús (Mt 27.1).

La última vez que se menciona a Caifás es durante el juicio de Pedro, y Juan, cuando ya no ostentaba el oficio sumosacerdotal (Hch 4.6).

CAÍN Primogénito de Adán y Eva. Nació fuera del Edén y se dedicó a la agricultura (Gn 2.15; 4.1-3). Estuvo sujeto a la influencia del maligno (1 Jn 3.10-12). Le faltó amor para su hermano → ABEL (Gn 4.9) y fe (Heb 11.4). Permitió que creciera en su corazón el pecado que entró en el mundo por sus padres (Jud 11). Ofrendó del fruto de la tierra, pero su ofrenda no agradó a Dios como la de su hermano, aunque no se explica por qué (Gn 4.3-5). Rechazada su ofrenda, Caín se enfureció y cometió el primer asesinato al matar a Abel (Gn 4.5-9).

Dios le condenó a vivir errante (Gn 4.11-14) y, para que nadie lo matara, le puso una señal (Gn 4.13-15). Se radicó en la tierra de → NOD, donde se casó y fundó la primera ciudad del mundo, Enoc. Tras perder la comunión con Dios, se consolidó con la humanidad perdida en su arte y en su militarismo (Gn 4.16-24)

Bibliografía:
Gerhard von Rad, *El libro de Génesis*, Sígueme, Salamanca, 1982.

CAINÁN (significado desconocido). Nombre de dos hombres en la Biblia.
1. Hijo de Enós, nieto de Set y padre de Mahalaleel (Gn 5.9-14; 1 Cr 1.2; Lc 3.37,38).
2. En la genealogía de Jesús, Lucas menciona a otro Cainán, padre de Sala e hijo de Arfaxad (Lc 3.36). En esto coincide con la LXX (Gn 10.24; 11.12). Según el texto masorético, que no menciona a Cainán, Sala fue hijo y no nieto de Arfaxad. De esto se deduce que Lucas usaba el texto de la LXX y que ciertas genealogías a veces omiten el nombre de alguna familia.

CAL Materia preparada al quemar o cocer piedra caliza, conchas y otras sustancias calizas (Is 33.12), muy conocida en los tiempos bíblicos (Lc 14.42,45) y fácilmente obtenida en la Tierra Santa. Se usaba para hacer mezcla y yeso, y para blanquear paredes (Dt 27.2; Mt 23.27; Hch 23.3). La mezcla de cal, arena y agua servía para edificar toda clase de casas (Ez 13.10).

CALA Primera capital de Asiria. Quedaba a 38 km al sur de Nínive, en el ángulo nordeste de la confluencia del Gran Zab con el Tigris. Según Gn 10.11,12, la fundó Nimrod (su nombre hoy es Tel-Nimrud), pero de acuerdo con la historia asiria la fundó Asur, descendiente de Nimrod (Gn 10.22). Allí se puede ver una enorme cabeza de Nimrod esculpida en una peña.

En Cala los arqueólogos han descubierto los palacios de Asurnasirpal, Salmanasar I y III, Tiglat-pileser y Asaradón. También encontraron el famoso obelisco negro de Salmanasar III, que muestra al rey Jehú pagando tributo al rey de Asiria. En la plaza principal se hallaban las estelas que hablan de Acab y de los despojos que Sargón II se llevó de Asiria (2 R 17.5s). A Cala se llevaron a los cautivos de Israel Cala (2 R 17.1-7).

CALABACERA Planta que se menciona solamente en Jon 4.6-10. La identificación de esta planta con la calabacera la debemos a la LXX. Realmente es el *ricinus communis*, más conocido como *palmacristi* (palma de Cristo). El ricino se caracteriza por la rapidez con que crece y se seca; de ahí su importancia en la experiencia de → JONÁS. Es una planta perenne, de unos 3 m de alto, hojas grandes, aserradas por el margen, divididas en varios lóbulos, de donde ha venido su nombre popular de palmacristi. El fruto es una cápsula que contiene tres semillas grandes de las cuales se extrae un aceite purgante y lubricante. Oriundo de África, el ricino crece silvestre, cerca del agua. Abunda en la Tierra Santa.

CALABAZA (en hebreo, *paqquot*). Coloquíntida, planta de varios tallos rastreros de unos 3 m de largo. Su fruto tiene la corteza lisa y se parece, por su forma, color y tamaño, a la naranja. La pulpa del fruto es blanca, amarga y venenosa (2 R 4.39). Es probable que la «vid de Sodoma» de Dt 32.32 sea esta misma planta.

La calabaza de 1 R 6.18; 7.24 es traducción de otra palabra hebrea relacionada con *paqquot*.

CÁLAMO AROMÁTICO → CAÑA AROMÁTICA.

CALCEDONIA → ÁGATA.

CALDEOS, CALDEA Pueblo de origen cusita que se estableció al sur de la llanura de Babilonia. Por largo tiempo no se sometieron a la vida urbana, sino que continuaron su organización tribal. Esto fue un foco de resistencia a la dominación asiria. Por tanto, al declinar el Imperio Asirio, los caldeos llenaron el resultante vacío político en la región de Babilonia. Primero se adueñaron de la ciudad y la región de Babilonia, luego de Mesopotamia y por último de un vasto imperio que se extendía hasta las fronteras de Egipto. Los caldeos gobernaron a Babilonia durante la época de su máximo esplendor.

Este Imperio Caldeo, neobabilónico, solo duró unos cien años. Su fundador, Nabopolasar, se alió con los medos y de ese modo logró independizarse de Asiria y aun tomar a Nínive. Bajo su hijo, Nabucodonosor II, esta dinastía alcanzó su máxima gloria. Fue en esta época cuando los caldeos invadieron a la Tierra Santa con el propósito de ampliar su radio de acción frente a su gran rival, Egipto. Es a él y a sus tropas a los que se refiere la mayoría de las profecías del Antiguo Testamento acerca de Babilonia. En Habacuc 1.5-11 se encuentra una magnífica descripción de las fuerzas de los caldeos. La toma y destrucción de Jerusalén, así como la cautividad de Judá, se debieron a la campaña de Nabucodonosor (2 R 24.10–25.21; 2 Cr 36.17-21; Jer 39.1-10; 52.4-30).

Cuando Nabucodonosor muere, le sucede su hijo Evil-merodac, quien trató a los cautivos judíos con más benignidad que su padre (2 R 25.27-30). Los días del reino caldeo estaban, sin embargo, contados. Antes de los cien años de fundado, siendo Nabonido rey de Babilonia junto a Belsasar su hijo, el reino sucumbió ante la invasión de los medos y los persas.

Los caldeos eran politeístas. Adoraban diversas imágenes en las que creían que los dioses residían. Se pensaba que las vidas humanas seguían un curso que podía descubrirse mediante el estudio de los astros y otras señales, y por tanto los caldeos se dedicaron a la astrología. Aun mucho después de desaparecido su reino, el término «caldeo» se utilizaba para referirse a un mago o astrólogo. Así lo emplea a menudo el libro de Daniel (2.10; 4.7; 5.7,11).

CALEB Hijo de Jefone, príncipe de la tribu de Judá (Nm 13.6–14.6) y uno de los doce exploradores que envió Moisés a reconocer la tierra de Canaán. Mientras diez volvieron pesimistas trayendo malos informes, Caleb y → JOSUÉ fueron los únicos que aconsejaron a Moisés y a toda la congregación de los hijos de Israel que invadieran la tierra prometida (Nm 13.1–14.10).

Fue uno de los designados para dividir el territorio conquistado (Nm 34.16ss), y él mismo recibió como recompensa, a los 85 años, el monte Hebrón (Jos 14.6-15), según la promesa de Dios (Nm 14.14,24; Dt 1.36). Para tomar posesión de Hebrón «echó a los tres hijos de Anac» y ofreció dar su hija Acsa al que tomara Debir. Otoniel, su sobrino, recibió la recompensa (Jos 15.14-19). Tal parece que al territorio que ocuparon Caleb y sus descendientes se le llamó el Neguev de Caleb (1 S 30.14) o simplemente Caleb de Efrata (1 Cr 2.24).

Otros hombres que llevan el nombre de Caleb se mencionan en 1 Cr 2.18,42,46.

CALENDARIO → AÑO.

CALNE Ciudad que Nimrod edificó (Gn 10.10) y que los arqueólogos no han podido identificar. Debe de haber estado en la baja Mesopotamia puesto que se fundó juntamente con Babilonia, Acad y Erec.

CALUMNIA Acusación falsa, hecha maliciosamente para causar daño. Tanto el Antiguo Testamento (Éx 20.16) como el Nuevo Testamento (1 Ti 3.11) condenan la calumnia, y Lv 6.4 especifica una multa para indemnizar al calumniado. Isaías (59.13) censura este pecado y Juan el Bautista advierte a los soldados que iban para ser bautizados que no debían calumniar a nadie (Lc 3.4).

Jesús, que es la verdad (Jn 14.6), exige que sus discípulos sean veraces, y les instruye para orar por quienes los calumnian (Lc 6.28).

CALVARIO → Gólgota.

CALVICIE → Pelo.

CALZADO → Zapato.

CALLE Vía pública dentro de la ciudad (Mt 6.5; Lc 14.21; Hch 12.10). Algunas calles eran tan angostas que con dificultad podían pasar dos camellos a la vez cuando se daba el caso; otras, bastante anchas para el tránsito de vehículos (Jer 17.25; Nah 2.4). No siempre eran rectas, antes bien sinuosas.

Algunas veces las calles tenían nombres (Hch 9.11). Había calles con tiendas de una misma clase de negocios que las identificaban. Por ejemplo, «calle de los panaderos» (Jer 37.21). Saulo de Tarso recobró su vista y conoció el evangelio en la casa de → Ananías, en la «calle Derecha» de Damasco (Hch 9.11).

CAM (*caliente*). Nombre de una persona y dos lugares del Antiguo Testamento.

1. Segundo hijo de Noé (Gn 6.10) y uno de los cuatro hombres salvados del diluvio. Tuvo cuatro hijos: Cus, Mizraim, Fut y Canaán (Gn 10.6), quienes fueron padres de diferentes razas como los etíopes, los fenicios y los acadios. Las diferencias lingüísticas tan notables entre dichas razas parecen ser consecuencia de las invasiones, conquistas y reconquistas, como en el caso de los judíos modernos.

Algún tiempo después del diluvio, Noé se embriagó (Gn 9.20-25) y se durmió desnudo en su tienda. Parece que Canaán, su nieto e hijo de Cam, juntamente con Cam, de alguna manera abusaron de Noé lascivamente (cf. Lv 20.17), y por lo tanto Canaán fue objeto de la maldición de su abuelo. Proféticamente Noé previó la degradación de la nación que descendería de su nieto y que habría de ser piedra de tropiezo para Israel (Jos 23.13).

2. Lugar de Transjordania y pueblo de los gigantes zuzitas. No se ha precisado el lugar exacto (Gn 14.5).

3. Otro nombre para Egipto, usado en poesía (Sal 78.51; 105.23; 106.22).

CAMA Mueble para dormir o descansar, del cual se mencionan muchos tipos en la Biblia. El profeta Amós nos dice que en su tiempo existían camas de marfil (6.4), mientras el libro de Proverbios nos dice que las había adornadas con elegantes colchas y perfumadas con mirra, áloes y canela (7.16s, BJ). También las había con finas almohadas (1 S 19.13,16). Las camas de los pobres consistían en simples esteras y frazadas (Éx 22.26, 27; Dt 24.13), que se podían llevar con facilidad de un lado a otro (Lc 5.25; Jn 5.8).

En Gn 49.4 y Heb 13.4 se alude al lecho conyugal y se condenan las relaciones sexuales fuera del matrimonio.

CAMALEÓN Saurio que se incluye entre los animales inmundos (Lv 11.30). Su cuerpo mide unos 15 cm. Cada pata tiene cinco dedos, dos de ellos son pulgares al frente de los otros tres. Sus ojos se mueven hacia atrás o hacia adelante, independientes el uno del otro. Se alimenta de insectos que atrapa lanzando sobre ellos como dardo su lengua larga y viscosa. Tiene la facultad de inflarse de aire cuando quiere, y cambia así su color natural, gris, a verde, púrpura y aun negro cuando se encoleriza.

CAMARERO → Eunuco.

CAMBISTAS En las tres narraciones referentes a las dos limpiezas del templo que el Señor hizo (Mt 21.12; Mc 11.15; Jn 2.15), los banqueros o los «hombres de la mesa» de Mt 25.27 (→ Banco) se llamaban *kollybistai* con relación directa al cambio de dinero. Los cambistas trabajaban en mesas sencillas y fueron estas las que el Señor trastornó. Puesto que la tarifa del santuario (Éx 30.11-16) era un tercio de siclo (Neh 10.32) o el semisiclo, los peregrinos que traían monedas griegas o romanas se veían obligados a cambiarlas.

CAMELLO Mamífero rumiante muy apreciado como animal de silla y de carga en las regiones desérticas del Oriente. Se le llama «el buque del desierto». Mide casi 2 m de altura. Es extraordinariamente vigoroso y resistente para el trabajo. En la planta de las patas posee una almohadilla ligeramente convexa, que envuelve y mantiene unidos los dedos, cubierta por una suela flexible que impiden que se hunda en la arena y le permiten pisar con firmeza en toda clase de terreno.

Hay dos clases de camellos: 1) el dromedario, de Arabia, al que más comúnmente se hace referencia en las Escrituras y que no tiene más que una giba en la espalda; 2) el bactriano o común, que se halla en el Asia central, tiene dos gibas y tal vez los escritores bíblicos no lo conocieron. Cuando los camellos están bien alimentados, las gibas crecen por la grasa que se acumula allí, pero esta se va absorbiendo poco a poco cuando comen mal y trabajan mucho. De ese modo suplen la falta de alimento. El dromedario (Is 60.6; Jer 2.23) es de una familia más veloz y liviana que lo distingue del camello común. El camello cargado camina de 13 a 15 km por hora y puede mantener ese paso 18 horas al día.

El camello se arrodilla para recibir la carga que puede variar entre 240 y 500 kilos. Su alimento son hojas ásperas, retoños de árboles y cardos silvestres. Es un rumiante como la oveja o la vaca. Su estómago posee tres compartimentos. Los primeros dos poseen bolsas membranosas para contener una provisión suplementaria de líquido, por lo que puede pasar mucho tiempo sin beber. Ningún otro animal puede soportar los severos y continuos trabajos del camello, el mal trato que se le da y el alimento tan escaso y ordinario. Desde los comienzos de la historia, grandes caravanas de camellos han atravesado año tras año los largos desiertos ardientes (Gn 37.25).

La leche de camella siempre fue un alimento importante para los árabes y en la actualidad muy apreciada como bebida fresca y saludable. Ningún animal es más útil a los árabes, no solo vivo, sino aun después de muerto. Su carne es comestible, aunque no buena. De su pelo se fabrican alfombras, telas para tiendas, sacos para el grano y paño para vestimentas sencillas. Su estiércol, secado al sol, sirve de combustible.

Además de servir como bestia de carga, el camello proporcionaba leche y cuero para el antiguo pueblo hebreo.

Foto de Gustav Jeeninga

Foto de Ben Chapman

Una sección del camino romano en Siria entre Alepo y Antioquía. Este camino está pavimentado con bloques de piedra de cal cuidadosamente cortados.

La riqueza material del hombre se medía por el número de camellos que poseía. Job tenía 3.000. Los de los madianitas eran como la arena del mar (Jue 7.12; 1 Cr 5.21; Job 1.3). Rebeca viajó a la casa de Isaac en camello (Gn 24.61); la reina de Sabá trajo a Salomón camellos cargados de regalos espléndidos (1 R 10.2), como lo hizo Hazael a Eliseo (2 R 8.9). Los cusitas etíopes tenían camellos en abundancia (2 Cr 14.15) y los utilizaban incluso en la guerra (1 S 30.17). Los israelitas usaron muy poco los camellos después del tiempo de los patriarcas.

Hay tres referencias al camello en el Nuevo Testamento: (1) el vestido de Juan el Bautista (Mt 3.4; Mc 1.6); (2) las palabras de Jesús: «Es más fácil pasar un camello por el ojo de una aguja, que entrar un rico en el reino de Dios» (Mt 19.24; Mc 10.25; Lc 18.25); (3) el proverbio aplicado a los fariseos: «¡Guías ciegos, que coláis el mosquito, y tragáis el camello!» (Mt 23.24).

CAMINO Tierra hollada o arreglada de tal manera que es posible andar por ella hasta un destino. Debido a esto último, «camino» encierra la idea de movimiento progresivo, como se ve en el sentido figurado que a menudo se le da en la Biblia.

Dios tiene sus propios caminos (Hch 13.10; Ro 11.33; Ap 15.3), todos los caminos de la humanidad están en sus manos (Job 31.4; Jer 10.23; Dn 5.23) y conoce los caminos del hombre (Job 23.10; Pr 5.21; Jer 16.17; 17.10). Asimismo, Dios ordena los caminos de los hombres según su voluntad para ellos (Éx 33.13; Sal 37.5; 107.7; Is 26.7; Jer 32.39).

El hombre, por su parte, es propenso a apartarse de los caminos que Dios les señala (Job 21.14; Sal 18.21s; Pr 2.13s; Mal 2.9). Dios castiga a los que se apartan (Jer 5.4s; Ez 7.8), y exhorta al hombre a volver a los caminos que Él trazó (Is 55.7ss; Jon 3.8; Zac 1.4).

En la Biblia a menudo se contrasta el camino bueno con el malo, como en Sal 1.6; Pr 4.18s; Mt 7.13s; etc. (cf. Dt 11.26ss). Jesús dijo de sí mismo: «Yo soy el camino, y la verdad y la vida» (Jn 14.6). Estos tres elementos constituyen el andar cristiano totalmente inspirado y guiado por Cristo (Ro 6.4; 3 Jn 3,4; Heb 10.19-22).

«Camino» fue el primer nombre que la comunidad cristiana usó para identificar su movimiento (Hch 9.2; 19.9,23; cf. Is 40.3).

CAMINO DE UN DÍA DE REPOSO Dios ordenó a los judíos que en → SÁBADO nadie saliera de su lugar (Éx 16.29). Sin embargo, la exégesis rabínica estableció que en el día de reposo se podía caminar 2.000 codos, quizás basándose en Nm 35.5. Esta frase se menciona únicamente en Hechos 1.12 (cf. Mt 24.20) y se refiere a una distancia limitada, poco más de un kilómetro.

CAMPAMENTO Término militar (nótese el uso de «acampar» en 1 S 13.16; 2 Cr 32.1). La raíz del vocablo hebreo significa «curvar», porque los campamentos antiguos solían organizarse en forma circular, para la defensa de animales, mujeres, etc. En Sal 34.7 se encuentra este concepto en relación con el ángel de Jehová, que «acampa alrededor de los que le temen».

Según Números 2, el campamento de Israel en el desierto se organizaba alrededor del tabernáculo. Las tribus se ordenaban junto a una de cuatro banderas y las familias de Leví formaban el círculo interior. Aunque esta forma de acampar parezca destinada a defender el tabernáculo, el Antiguo Testamento aclara que, en realidad, era la presencia de Jehová en el tabernáculo lo que defendía al campamento (Dt 23.14; Éx 33.2).

En Heb 13.13 y Ap 20.9 el término «campamento» se emplea en sentido figurado. El primer texto alude a Jerusalén que en la época de Jesucristo era para los judíos lo que el campamento fue en el desierto. A Jesús lo crucificaron fuera de este campamento. En Ap 20.9 define místicamente al conjunto de los santos cristianos, el nuevo Israel.

CAMPANILLAS Adornos que se hallaban, alternados con granadas, en la orla de la toga del sumo sacerdote (Éx 28.33,34; 39.25,26).

Sonaban cuando este entraba al santuario del tabernáculo y servían para llamar la atención tanto del sumo sacerdote como del pueblo que debía poner todo su corazón y alma en el culto rendido a Dios. Además, protegían al sacerdote de la muerte (Éx 28.35). Solo en Zac 14.20 se halla otra mención de las campanillas. Aquí se dice que formaban parte de las monturas de los caballos.

CAMPO, CAMPESINO El libro de Rut ilustra la sociedad campesina veterotestamentaria. El relato se presenta durante la cosecha de cebada y trigo, y gira alrededor de los campos de cultivo. Rut, como campesina pobre, ejerce su derecho de espigar detrás de los cosechadores. El papel de la familia como base social es evidente. Cuando Booz y Rut se casan, se confirma ante los ancianos y una asamblea popular frente a la puerta de la aldea. Familia, aldea y campo son las presuposiciones sociales de la narración.

A menudo, los protagonistas sociales de la Biblia son campesinos. Los profetas Miqueas, Amós e Isaías eran campesinos. El movimiento de Jesús surgió entre campesinos, y muchas de las enseñanzas y ejemplos de Jesús reflejan este medio rural. Jesús mismo provenía de Galilea, una región dominada por el campesinado.

CANÁ (*casa de cañas*). Nombre de ciudad y arroyo.

1. Arroyo que formaba parte de la frontera entre Efraín y Manasés (Jos 16.8; 17.9). Quizás sea el moderno *Wadi-Qana*.

2. Ciudad en la parte nordeste de Aser (Jos 19.24,28). Tal vez sea la moderna *Qana*, 10 km al sudeste de Tiro. Existen ruinas antiguas 1,5 km al norte. No se debe confundir con Caná del Nuevo Testamento.

CANÁ DE GALILEA (en hebreo, *caña, cañaveral*). Aldea mencionada solo en el Evangelio de Juan. Fue la aldea natal de → NATANAEL (21.2). Jesús realizó allí su primer milagro al convertir el agua en vino (2.1-11) y sanó al hijo de un dignatario (4.46-54).

Foto de Gustav Jeeninga

Caná de Galilea, la aldea donde Jesús realizó su primer milagro.

Al norte de Nazaret hay dos lugares que se disputan ser el sitio de Caná: 1) Khirbet Kana, 14 km al norte, que los árabes todavía llaman Caná de Galilea; 2) Kafr-Kanna, 6 km al nordeste de Nazaret, en el camino a Tiberias, que tiene el apoyo de la antigua tradición eclesiástica.

CANAÁN, CANANEOS Canaán fue hijo de Cam y nieto de Noé. De acuerdo al testimonio bíblico, Noé maldijo a Canaán, quizás porque junto a su padre vio la desnudez de su abuelo (Gn 9.18,22-27; → Cam). Más tarde Canaán se identifica en la lista de la naciones (Gn 10.15-19) y sus descendientes (cananeos) se relacionan con once grupos o pueblos que históricamente habitaban en Fenicia y Siria Palestina.

Nombre

Los términos Canaán y cananeo parecen abarcar una designación egipcia que identificaba tanto a los habitantes como al país ubicado en la región oeste de Palestina a partir de *ca.* 2000 a.C. Tal designación quizás se fundamentaba en cómo dichos habitantes se autoidentificaban. Se piensa que *kina'nu* significa «mercaderes» o «comerciantes» (Os 12.7; Sof 1.11; cf. Is 23.11), aunque tradicionalmente el vocablo se ha relacionado con «tinte color púrpura», en clara alusión al principal producto comercial de la comunidad. Se ha sugerido también que el nombre Canaán puede significar «bajo» o «plano», en relación a la costa mediterránea al norte del territorio filisteo. De acuerdo a fuentes griegas y fenicias, los habitantes de Fenicia se identificaban como cananeos.

En la Biblia se indica que Canaán es el país al que emigraron los patriarcas y los israelitas. Y en la actualidad la región incluye parte del territorio de Israel y Líbano.

Geografía

En la Biblia, como también en fuentes extrabíblicas, se identifican al menos dos extensiones geográficas relacionadas con el término. En primer lugar se alude al territorio y a la franja costera que va desde Siria a Palestina, y sobre todo a Fenicia. Los cananeos, según algunos textos de la Escritura (Gn 10.15-19; Nm 19.29; Jos 5.1; 11.3; Jue 1.27-37), ocupaban la región costera, los valles y las llanuras del oeste palestino y el valle del Jordán (los amorreos habitaban en las alturas).

La misma designación puede abarcar, por relación o extensión, la región interior de Palestina y Siria. De ahí que en Gn 10.15-19 se incluye en la lista también al heteo, al jebuseo, al amorreo, al heveo y al gergeseo, y se indica que las familias de los cananeos se dispersaron (v. 18). Esta región, que abarca la costa mediterránea desde Sidón hasta Gaza, en el interior incluye ciudades a la orilla del mar Muerto (p. ej., → SODOMA Y GOMORRA), y llega al norte hasta Lasa, de ubicación precisa incierta.

Los puertos más importantes de Canaán eran Tiro, Sidón, Beritus (actual Beirut) y Gebal (conocida en griego como *Biblos*). Estos centros de comercio internacional estaban ubicados en el actual Líbano. Los barcos de estas regiones transportaban madera de cedro, aceite, vino y tinte púrpura. Llegaban a Canaán barcos con lino de Egipto y artesanía griega, y Biblos era un importante centro de exportación de papiro. En la época de Salomón, la artesanía cananea y fenicia tenía tanta fama que del Líbano se envió madera para la construcción del templo de Jerusalén, y desde Tiro colaboraron en las obras de construcción (1 R 5; 7.13-47).

Cananeos y amorreos

Aunque en la Escritura los → AMORREOS habitan en las montañas (Nm 13.29; Jos 5.1; 11.3), en su uso más amplio se confunden con los cananeos. Los amorreos se incluyen en la designación de cananeos (Gn 10.15-16); cuando se indica que Israel conquistó Canaán, posteriormente se alude a la tierra de los amorreos (Jos 24.15,18); Abraham, al llegar a Canaán, no ocupa la tierra prometida porque la maldad de los «amorreos» no había llegado al colmo (Gn 15.16); y Siquem, que es una ciudad de Canaán (Gn 12.5-6; 34.2,30), también se conoce como amorrea (Gn 48.22).

Esa confusión semántica quizás se deba a que ambos términos provienen de la identificación que hacen de ellos los grupos externos (p. ej., egipcios e israelitas). Pero aunque son vecinos, sin duda son nacionalidades independientes.

Historia

La presencia en Palestina de un pueblo de habla semítica en el tercer milenio a.C. la han corroborado varios descubrimientos arqueológicos. Se ha comprobado que los cananeos estaban ya establecidos en Palestina a lo menos por el año 2000 a.C. También los amorreos estaban bien arraigados en Siria Palestina; y en Ebla, al norte de Siria, ya se manifestaba un elemento semita para el 2300 a.C. En aquellos tiempos, Canaán estaba dividida en una serie de ciudades estatales y formaba parte del Imperio Babilónico bajo la dinastía de Ur. La teología y los dioses procedían de Babilonia. Como en todo imperio, el famoso Código → HAMMURABI estaba en vigencia en Canaán.

Cuando el dominio de los babilonios, aunque no su influencia, llegó a su fin en Palestina, los heteos dominaron en el norte y en el sur los egipcios. Los reyes hicsos de → EGIPTO unieron Canaán con el Delta. No cabe duda que fue un rey hicso el que favoreció a José

Estatua de Baal, un prominente dios pagano de los antiguos cananeos.

Foto de Gustav Jeeninga

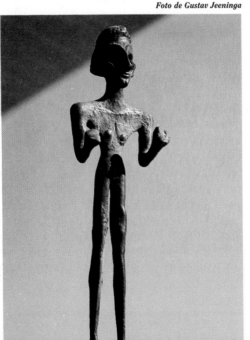

Excavación de un templo cananeo del siglo catorce a.C. en Bet-sán.

y a su familia. Luego los egipcios derrotaron a los hicsos, quienes eran extranjeros en la tierra de los faraones, y recuperaron el dominio de Canaán: «Se levantó sobre Egipto un nuevo rey que no conocía a José» (Éx 1.8).

En el tiempo de la invasión israelita bajo Josué (*ca.* 1230–1220 a.C.), el poderío egipcio casi había desaparecido en Canaán. Existían muchos conflictos entre los pequeños reinos y principados de las ciudades estatales, pero los faraones permanecían indiferentes; al parecer solo se interesaban en los tributos que recibían de Canaán. Los cananeos se hallaban debilitados por sus disensiones, los impuestos y por el sistema feudal que Egipto había propiciado.

Los primeros doce capítulos del libro de Josué narran la conquista de Canaán por Israel, y en los capítulos 13–22 se describe la distribución de la tierra entre las doce tribus.

Cerca del año 1200 a.C., quizás después que los hebreos conquistaron a Canaán, varios grupos conocidos como «los pueblos del mar» invadieron y arrasaron la costa del Mediterráneo, infundiendo terror hasta las mismas fronteras de Egipto. Uno de esos grupos, los filisteos, se asentaron en la región costera al sur de Canaán.

Cultura

Organización social

Los cananeos se organizaban en ciudades estatales que tenían el carácter de pequeñas monarquías. Cuando los israelitas invadieron Canaán, la tierra estaba dividida de esta manera (Jos 10.1-5; 11.1-3). El rey tenía el privilegio de establecer impuestos, reclutar el ejército y supervisar el comercio y la religión (cf. 1 S 8); la reina cumplía responsabilidades de importancia; y en los estados más desarrollados la corte se organizaba de forma fastuosa. La unidad básica de la sociedad cananea era la familia, como lo indica la literatura de la época, sobre todo la proveniente de Ugarit. Además, tenían gremios o corporaciones para agricultores, ganaderos, artesanos, comerciantes y artistas. Los sacerdotes y el personal ocupado de los quehaceres del culto también estaban organizados. Y los guerreros pertenecían a varios tipos de grupos militares. Parece, además, que existía una profunda división de clases, incluyendo los patricios o clase alta, la clase baja y los siervos, quienes disfrutaban de relativa libertad.

Idioma

La lengua de los cananeos pertenece a la familia de idiomas semíticos. La expresión «la lengua de Canaán» (Is 19.18) se refiere especialmente al hebreo, pero incluye las lenguas semíticas occidentales. Entre los eruditos se usa a veces el término «cananeo» para designar el grupo de lenguas semíticas formado por el cananeo antiguo (representado en las tablillas del Tell el-Amarna), el hebreo, el fenicio, el púnico y el moabítico (*EBDM* II, pp. 87-88). «La definición de lo que es o no es "cananeo" se presta a mucha controversia. Dentro del grupo general de los idiomas semíticos del nordeste, el hebreo bíblico (cf. Is 19.18) y las glosas y términos semíticos occidentales de las tablillas de el-Amarna, pueden catalogarse como "sudcananeos" juntamente con el moabítico y el fenicio» (*NBD*, p. 184).

Literatura

El estudio de la literatura de Canaán se fundamenta básicamente en los descubrimientos de Ugarit. Este material incluye, entre otros documentos, la epopeya de Baal (escrita *ca.* 2000 a.C.), la leyenda de Aqhat (*ca.* 1800 a.C.) y el relato del rey Keret (del siglo XVI a.C.). La poesía que manifiestan estas obras puede relacionarse con la literatura bíblica en lo que respecta al vocabulario y los giros del lenguaje.

Es posible que en los tiempos de Hammurabi se introdujese en Canaán el sistema de escritura cuneiforme, juntamente con el idioma y la literatura de los babilonios.

Arte

Los hallazgos arqueológicos muestran que los cananeos avanzaron en el cultivo de las artes, sobre todo en la escultura y la orfebrería. Trabajaban también con esmero la madera y fabricaban telas preciosas.

Comercio

La situación geográfica de Canaán fue siempre sumamente estratégica. Allí coincidían las rutas más importantes del comercio mundial de la época. La flota mercante de los fenicios se hallaba muy activa en el negocio de la púrpura. Las ciudades del interior tenían como patrimonio no solo la agricultura y la ganadería sino también el comercio. Concurrían allí las caravanas de Asia Menor, Babilonia y Egipto para el intercambio de una gran variedad de productos industriales y agrícolas. A los israelitas recién salidos del desierto la vida de los cananeos debe haberles parecido en extremo lujosa.

Religión

La obra de Filón de Biblos, erudito fenicio que vivió a finales del primer siglo d.C. y la literatura épico-religiosa descubierta en Ras Samra (antigua ciudad de Ugarit) durante los años 1929–1937, arrojan mucha luz sobre la religión de los cananeos, quienes eran decididamente politeístas. Entre sus dioses sobresalen los siguientes:

El (*el Poderoso*) era la deidad suprema. Era un dios tirano, cruel, sanguinario y lujurioso, que echó del trono a su padre y asesinó a su hijo favorito y a su hija. Tenía tres de sus hermanas como esposas. Para los cananeos *El* era el «Padre de los hombres» y lo representaban como «el Padre Toro». Es decir, el progenitor de los dioses. El hijo y sucesor de *El* era → BAAL (señor), el dios de la lluvia, la tempestad y la fertilidad. *Anat*, hermana y esposa de *Baal*, forma junto a → ASTORET y → ASERA la trilogía de diosas cananeas que ilustran la gran depravación del culto cananeo. Eran las diosas de la guerra y la actividad sexual. *Anat*, a quien se le llamaba «Virgen» y «Santa», era en realidad una prostituta del panteón cananeo. *Astoret*, la diosa de la estrella vespertina, no siempre se distingue de *Anat*. Era tanto una diosa madre como una prostituta. *Asera*, esposa de *El*, según la mitología de Ugarit, era la diosa principal de Tiro en el siglo XV a.C., bajo el nombre de «Santidad». Se le nombra al lado de Baal en el Antiguo Testamento, donde el término «Asera» significa principalmente la imagen de esta diosa (1 R 15.13; 18.19; 2 R 21.7; 23.4).

En los cultos cananeos se sacrificaban animales a los dioses (carneros, corderos y palomas). Aunque hay indicios de sacrificios humanos en el culto cananeo del segundo milenio a.C., esta práctica no se ha podido corroborar arqueológicamente. De acuerdo a los textos ugaríticos y a la literatura egipcia de origen o inspiración semítica, la religión cananea apelaba a lo bestial y material de la naturaleza humana. Esos cultos incluían actividades sexuales, en las cuales participaba personal femenino del templo especialmente separado para tal oficio.

El politeísmo cananeo, que era de lo más degradado, corrompió moralmente al pueblo. En el culto de sus dioses, hombres y mujeres se prostituían a su antojo. Se ha dicho que en aquellos tiempos no había en el Medio Oriente una religión tan degenerada como la de Canaán. Según Lv 18.25, la tierra estaba contaminada por las abominaciones practicadas por los cananeos, a quienes la tierra tuvo que vomitar (Lv 20.22).

Exterminio

Jehová ordenó a Israel que exterminase a los cananeos (Éx 23.31-33; 34.11-17; Dt 7.2-4; 9.3). Hay algunos que califican de injusto este mandato y afirman que no se halla en armonía con el carácter de Dios, quien es «lento para la ira y grande en misericordia». Una buena respuesta a esta objeción se halla en la justicia de Dios y en la naturaleza de la religión cananea. El propósito divino en la destrucción de los cananeos era en primer lugar punitivo (Gn 15.16; Lv 18.25). Dios es también justo y sabe dar su paga a los que hacen mal. Castigó a los antediluvianos (Gn 6) y a los habitantes de Sodoma y Gomorra (Gn 19) mediante fuerzas naturales. ¿Por qué no habría de destruir a los cananeos a través del pueblo de Israel? No es tampoco la única vez que Él se vale de una nación para castigar a otra. Lo hace también cuando trae a los asirios para maldición del reino del norte en Palestina y a los babilonios para ejecutar juicio sobre Judá. Además, el propósito de Dios al destruir a los cananeos era preventivo (Éx 23.31-33; 34.12-16; Dt 7.2-4). No quiere que su pueblo se contamine con las maldades de Canaán. Los cananeos estaban tan corrompidos, que aun su existencia era incompatible con la conservación de Israel en pureza y verdad, necesarias para el cumplimiento de su misión universal de bendición (Gn 12.1-3).

Los israelitas no cumplieron cabalmente la orden divina y su desobediencia les trajo muchos males. El libro de Jueces menciona los continuos fracasos de Israel. Judá no pudo arrojar a los que habitaban en los llanos (1.19). «Mas el jebuseo que habita en Jerusalén no lo arrojaron los hijos de Benjamín» (1.21). Tampoco Manasés (1.27), Efraín (1.29), Zabulón (1.30), Aser (1.31), Neftalí (1.33) ni Dan (1.34) tuvieron completo éxito en la empresa de desarraigar a sus enemigos. El cananeo «persistía en habitar aquella tierra» (Jue 1.27) y fue azote y tropezadero para los hijos de Israel (Jue 2.1-3).

CANCILLER Uno de los altos oficiales en la corte de David (1 Cr 18.15) y Salomón (1 R 4.3), y más tarde de los reyes de Judá (2 R 18.18,37; cf. 2 Cr 34.8; Is 36.3,22). Aunque según parece canciller era sinónimo de «cronista» (2 S 8.16), pero el canciller no era un simple cronista; era ejecutivo y consejero del rey. Tal vez arreglaba las ceremonias y audiencias del palacio, le presentaba al rey los asuntos del día y proclamaba las decisiones al pueblo.

CANDACE (transcripción del vocablo meroíta *Ka(n)take*). Título o nombre dinástico que llevaban las reinas de Meroe, un reino en el sur de Nubia (en aquel entonces Etiopía, hoy Sudán). Hechos 8.27 indica que el eunuco bautizado por → FELIPE era el principal tesorero de una de estas reinas.

CANDELA → LÁMPARA.

CANDELERO Portalámparas o soporte sobre el cual se colocaba la → LÁMPARA para una mejor iluminación (Mt 5.15 y //; cf. 2 R 4.10).

En lenguaje simbólico, la visión de Zac 4.1-12 describe un candelero (en RV, candelabro) que incluye un depósito central para aceite. De esta copa salen siete tubos para alimentar siete lamparillas, colocadas al parecer en el borde de la copa.

Sin embargo, el candelero clásico (candelabro en Heb 9.2, RV) es el de siete brazos (en hebreo, *menorá*) que aparece en el santuario del tabernáculo (Éx 25.31-40; 27.20s; 37.17-24; Lv 24.3s). Se hacía de oro, tenía base y tallo, y de este salían simétricos tres brazos a cada lado, que con el del centro formaban los siete. Cada brazo constaba de tres cálices a modo de flor de almendro, con sus globos y lirios. Remataban los siete brazos en siete lámparas que debían arder día y noche.

De manera similar, había en el santuario del templo de Salomón diez candeleros a lo largo de ambas paredes (1 R 7.49; 2 Cr 4.7). En 586 a.C. los robaron y llevaron a Babilonia (Jer 52.4).

El candelero del templo de Zorobabel también lo robó y mutiló → ANTÍOCO Epífanes (175–164 a.C.), aunque Judas Macabeo pronto mandó a fabricar uno nuevo (1 Mac 4.49), que en el templo de Herodes se sustituyó por otro mayor. Es este el que los romanos llevaron a Roma como parte del botín de Jerusalén (70 d.C.) y lo reprodujeron en el arco de Tito.

Las siete iglesias y los dos testigos de Apocalipsis se simbolizan con candeleros (1.12s,20; 2.1,5; 11.4).

CANELA Parte interior de la corteza de un árbol de rico aroma. Originario de Ceilán y Malasia, se utilizaba en la preparación del aceite de la unción (Éx 30.22-25) y para perfumar los lechos (Pr 7.17). En Cnt 4.14 se compara a la esposa con la canela. En Ap 18.13 la canela figura entre las valiosas mercancías que exportaba Babilonia.

CANON El término griego *kanon* es de origen semítico y su sentido inicial fue el de «caña». Más tarde la palabra tomó el significado de «vara larga» o listón para tomar medidas utilizado por albañiles y carpinteros. El hebreo *kaneh* tiene ese significado (Ez 40.3,5). El latín y el castellano transcribieron el vocablo griego en «canon». La expresión, además, adquirió un significado metafórico: se utilizó para identificar las normas o patrones que sirven para regular y medir.

En la tradición judeocristiana el canon tiene un propósito triple. En primer lugar identifica y conserva la revelación, a fin de evitar que se confunda con las reflexiones posteriores en torno a ella. Tiene el objetivo, además, de impedir que la revelación escrita sufra cambios o alteraciones. Por último, brinda a los creyentes la oportunidad de estudiar la revelación y vivir de acuerdo a sus principios y estipulaciones.

En el siglo IV la palabra «canon» se utilizó para referirse propiamente a las Escrituras. El «canon» de la Biblia es el catálogo de libros que se consideran normativos para los creyentes y que, por lo tanto, pertenecen con todo derecho a las colecciones incluidas en el Antiguo y el Nuevo Testamento. Con ese significado específico la palabra fue utilizada posiblemente por primera vez por Atanasio, el obispo de Alejandría, en el año 367. A finales del siglo IV esa acepción de la palabra era común tanto en las iglesias del Oriente como en las del Occidente, como puede constatarse en la lectura de las obras de Gregorio, Priciliano, Rufino, San Agustín y San Jerónimo.

CANON DEL ANTIGUO TESTAMENTO

De acuerdo a los diversos relatos evangélicos, Jesús utilizó las Escrituras hebreas para validar su misión, sus palabras y sus obras (véanse Mc 1.14; Lc 12.32). Los primeros creyentes continuaron esa tradición hermenéutica y utilizaron los textos hebreos, y sobre todo sus traducciones al griego, en sus discusiones teológicas y en el desarrollo de sus doctrinas y enseñanzas. De esa forma la iglesia contó, desde su nacimiento, con una serie de escritos de alto valor religioso.

Los libros de la Biblia hebrea son 24, divididos en tres grandes secciones.

La primera sección, conocida como *Torá* (vocablo hebreo que por lo general se traduce «ley», pero cuyo significado es más bien «instrucción» o «enseñanza») contiene los llamados «cinco libros de Moisés»: Génesis, Éxodo, Levítico, Números y Deuteronomio.

La segunda división, conocida como *Nebiim* (profetas), se subdivide, a su vez, en dos grupos: *Los profetas anteriores*, en los que figuran Josué, Jueces, Reyes y Samuel; y *Los profetas posteriores*: Isaías, Jeremías, Ezequiel y el Libro de los Doce.

La tercera sección de la Biblia hebrea se conoce como *Ketubim* (escritos) e incluye once libros: Salmos, Proverbios y Job; un grupo de cinco libros llamados Megilot (rollos), Cantar de los cantares, Rut, Lamentaciones,

Eclesiastés y Ester; y finalmente Daniel, Esdras-Nehemías y Crónicas.

Con las iniciales de *Torá*, *Nebiim* y *Ketubim* se ha formado la palabra hebrea *Tanak*, que significa «la Biblia».

Los 24 libros de la Biblia hebrea son idénticos a los 39 que se incluyen en el Antiguo Testamento de las Biblias protestantes. Es decir, no contienen los libros deuterocanónicos. La diferencia en número se basa en contar cada uno de los doce profetas menores y en la separación, en dos libros cada uno, de Samuel, Reyes, Crónicas y Esdras-Nehemías. Al unir el libro de Rut al de Jueces y el de Lamentaciones al de Jeremías, se identifican 22 libros; el 22 corresponde, además, al número de caracteres del alfabeto hebreo.

La Septuaginta: el canon griego

Uno de los resultados del cautiverio de Israel en Babilonia fue el desarrollo de comunidades judías en diversas regiones del mundo conocido. En Alejandría, capital del reino de los Tolomeos, el elemento judío en la población de habla griega era considerable; y como Judea formaba parte del reino hasta el año 198 a.C., esa presencia judía aumentó con el paso del tiempo.

Luego de varias generaciones, los judíos de Alejandría adoptaron el griego como su idioma diario, y dejaron el hebreo para cuestiones cúlticas. Para responder adecuadamente a las necesidades religiosas de la comunidad, pronto se vio la necesidad de traducir las Escrituras hebreas al griego. Al comienzo, posiblemente la lectura de la *Torá* (que era fundamental en el culto de la sinagoga) se hacía en hebreo, con una posterior traducción oral al griego. Luego los textos se tradujeron de forma escrita. Ese proceso de traducción oral y escrita se llevó a cabo durante los años 250–150 a.C. La *Torá* (o Pentateuco, como se conoció en griego) fue la primera parte de la Escrituras en traducirse. Más tarde se tradujeron los profetas y el resto de los escritos.

Una leyenda judía, de la cual existen varias versiones, indica que desde Jerusalén se llevaron a setenta o setenta y dos ancianos hasta Alejandría para traducir el texto hebreo al griego. Esa leyenda dio origen al nombre *Septuaginta* (LXX), con el que casi siempre se identifica y conoce la traducción al griego del Antiguo Testamento.

El orden de los libros en los manuscritos de la Septuaginta difiere del que se presenta en las Escrituras hebreas. Posiblemente ese orden revela la reflexión cristiana en torno al canon.

En primer lugar, como en el canon hebreo, la Septuaginta incluye los cinco libros de Moisés o el Pentateuco: Génesis, Éxodo, Levítico, Números y Deuteronomio.

La segunda sección presenta los libros históricos: Josué, Jueces, Rut, los cuatro libros de la monarquía (Samuel y Reyes), Paralipómenos (Crónicas), 1 Esdras (una edición griega alterna de 2 Cr 35.1–Neh 8.13), 2 Esdras (Esdras-Nehemías), Ester, Judit y Tobit. Los libros de Judit y Tobit, y las adiciones griegas al libro de Ester, no aparecen en los manuscritos hebreos.

En la tercera división se encuentran los libros poéticos y sapienciales: Salmos, Proverbios, Eclesiastés, Cantar de los cantares, Job, Sabiduría y Eclesiástico (*Sabiduría de Jesús ben Sira*). De este grupo, Sabiduría (escrito originalmente en griego) y Eclesiástico (escrito en hebreo) no se encuentran en el canon hebreo. El libro de los Salmos contiene uno adicional que no aparece en el canon hebreo: el 151, del cual existen copias tanto en griego como en hebreo.

La sección final de la Septuaginta incluye los libros proféticos: Isaías, Jeremías y Lamentaciones, junto a Baruc y la Carta de Jeremías, que no aparecen en el orden del canon hebreo; Ezequiel; y el libro de Daniel, con varias adiciones griegas: la historia de *Susana*, el relato de *Bel y el Dragón* y una oración de confesión y alabanza de 68 versículos entre los vv. 23-24 del tercer capítulo.

Los libros de los Macabeos (que pueden llegar hasta a cuatro en diversos manuscritos y versiones) se incluyen, como una especie de apéndice, al final de la Septuaginta.

En torno a los libros y adiciones que se encuentran en la Septuaginta, y no aparecen en las Escrituras hebreas, la nomenclatura y el uso lingüístico en diversos círculos cristianos no es uniforme. La mayoría de los protestantes identifican esa sección de la Septuaginta como «apócrifos». La iglesia católica los conoce como «deuterocanónicos». «Apócrifos», para la comunidad católica, son los libros que no se incluyeron ni en el canon hebreo ni en el griego. Los protestantes identifican los libros que no se incorporaron en ninguno de los cánones como *seudoepígrafos*.

Los libros deuterocanónicos o apócrifos son los siguientes: Tobías, Judit, Sabiduría, Eclesiástico (*Sabiduría de Jesús ben Sira*), Baruc, 1 y 2 Macabeos, Daniel 3.24-90; 13; 14 y Ester 10.4-16,24. La mayoría de estos textos se conservan solo en manuscritos griegos.

Como ya dijimos, la Septuaginta hizo posible que los judíos grecoparlantes (en la diáspora y también en Palestina) tuvieran acceso a los textos sagrados de sus antepasados en el idioma que podían entender. Además, el texto griego dio la oportunidad a grupos gentiles de estudiar las Escrituras hebreas (Hch 8.26-40).

La iglesia cristiana se benefició sustancialmente de la traducción de la Septuaginta: la utilizó como su libro santo y le llamó «Antiguo Testamento». El texto en griego dio la oportunidad a los cristianos de relacionar el mensaje de Jesús con pasajes de importancia mesiánica (Hch 7; 8); les brindó recursos literarios para citar textos del canon hebreo en las discusiones con los judíos (Hch 13.17-37; 17.2-3); y jugó un papel fundamental en la predicación del evangelio a los gentiles (Hch 14.8-18; 17.16-32).

La Iglesia y el canon

Una vez finalizado el período del Nuevo Testamento, la iglesia continuó utilizando la Septuaginta en sus homilías, debates y reflexiones teológicas. Una gran parte de los escritores cristianos de la época utilizaban libremente la Septuaginta, y citaban los libros que no se encontraban en el canon hebreo.

La iglesia Occidental, a finales del siglo IV, aceptó un número fijo de libros del Antiguo Testamento, entre los cuales se encuentran algunos deuterocanónicos que aparecen en la Septuaginta. Los teólogos orientales, por su parte, seguían el canon hebreo de las Escrituras. Tanto Orígenes como Atanasio insisten en que se deben aceptar en el canon únicamente los 22 libros del canon judío; y San Jerónimo, con su traducción conocida como «Vulgata Latina», propagó el canon hebreo en la iglesia Occidental.

A través de la historia, la iglesia ha hecho una serie de declaraciones en torno al canon de las Escrituras. Al principio, estas declaraciones se hacían generalmente en forma de decretos disciplinares; posteriormente, en el Concilio de Trento, el tema del canon se abordó de forma directa y dogmática.

El Concilio de Trento se convocó en el año 1545 en el entorno de una serie de controversias con grupos reformados en Europa. Entre los asuntos a considerar se encontraba la relación entre la Escritura y la tradición, y su importancia en la transmisión de la fe cristiana. Se discutió abiertamente la cuestión del canon, y se promulgó un decreto con el catálogo de libros que estaban en el cuerpo de las Escrituras y tenían autoridad dogmática y moral para los fieles. Se declaró el carácter oficial de la Vulgata Latina, y se promulgó la obligación de interpretar las Escrituras de acuerdo a la tradición de la iglesia, no según el juicio de cada persona. Además, el Concilio aceptó con igual autoridad religiosa y moral los libros protocanónicos y deuterocanónicos, según se encontraban en la Vulgata.

Entre los reformadores siempre hubo serias dudas y reservas en torno a los libros deuterocanónicos. Finalmente los rechazaron por las polémicas y encuentros con los católicos.

Lutero, en su traducción del 1534, agrupo los libros deuterocanónicos en una sección entre los dos Testamentos, con una nota que indica que son libros «apócrifos». Aunque su lectura es útil y buena, afirmó, no se igualan a las Sagradas Escrituras. La Biblia de Zurich (1527–29), en la cual participó Zuinglio, relegó los libros deuterocanónicos al último volumen, pues no los consideraba canónicos. La Biblia Olivetana (1534–35), que contiene un prólogo de Juan Calvino, incluyó los deuterocanónicos aparte del resto del canon. La iglesia reformada, en sus confesiones *Galicana* y *Bélgica* no incluyó los deuterocanónicos. En las declaraciones luteranas se prestó cada vez menos atención a los libros deuterocanónicos.

En Inglaterra la situación fue similar al resto de la Europa Reformada. La Biblia de Wyclif (1382) incluyó únicamente el canon hebreo. Y aunque la Biblia de Coverdale (1535) incorpora los deuterocanónicos, en *Los treinta y nueve artículos* de la iglesia de Inglaterra se dice que esa literatura no debe emplearse para fundamentar ninguna doctrina. La versión *King James* (1611) imprimió los deuterocanónicos entre los Testamentos.

La traducción al castellano de Casiodoro de Reina (publicada en Basilea en 1569) incluía los libros deuterocanónicos, de acuerdo al orden de la Septuaginta. La posterior revisión de Cipriano de Valera (publicada en Amsterdam en 1602) agrupó los libros deuterocanónicos entre los Testamentos.

La Confesión de Westminster (1647) reaccionó al Concilio de Trento y a las controversias entre católicos y protestantes: afirmó el canon de las Escrituras hebreas. En su declaración en torno al canon, la Confesión indica que los deuterocanónicos (identificados como apócrifos) no son inspirados por Dios, y por lo tanto no forman parte del canon de la Escritura y carecen de autoridad en la Iglesia; indica, además, que pueden leerse únicamente como escritos puramente humanos. De esa forma se definió claramente el canon entre las comunidades cristianas que aceptaban la Confesión de Westminster.

El problema de la aceptación de los apócrifos o deuterocanónicos entre las comunidades cristianas, luego de la Reforma, se atendió básicamente de tres maneras: 1) Los deuterocanónicos se mantenían en la Biblia, pero separados (alguna nota indicaba que estos libros no tenían la misma autoridad que el resto de las Escrituras). 2) De acuerdo al Concilio de Trento, tanto los deuterocanónicos como los protocanónicos se aceptaban en la Biblia con la misma autoridad. 3) Basados en la Confesión de Westminster, se aceptaba la autoridad y se incluía en las ediciones de la Biblia únicamente el canon hebreo.

Luego de muchas discusiones teológicas y administrativas, la *British and Foreign Bible Society* decidió, en 1826, publicar Biblias únicamente con el canon hebreo del Antiguo Testamento. La Biblia Reina-Valera se publicó por primera vez sin los deuterocanónicos en 1850.

En torno a los apócrifos o deuterocanónicos, las iglesias cristianas han superado muchas de las dificultades que les separaban por siglos. Ya la polémica y la hostilidad han cedido el paso al diálogo y la cooperación interconfesional. En la actualidad grupos católicos y protestantes trabajan juntos para traducir y publicar Biblias. Esta literatura, lejos de ser un obstáculo para el diálogo y la cooperación entre creyentes, es un recurso importante para estudiar la historia, las costumbres y las ideas religiosas del período que precedió el ministerio de Jesús de Nazaret y la actividad apostólica de los primeros cristianos.

CANON DEL NUEVO TESTAMENTO

Para el exégeta bíblico, no solo es importante establecer cuál es el texto más original de la Escritura y analizar la historia interna de los diversos libros, sino también trazar los límites de la Palabra escrita, reconociendo por qué hay diferencia entre la → INSPIRACIÓN de los libros canónicos y la de los demás (→ CANON). Aunque para hacer tal estudio es necesario valerse de inferencias en ciertas épocas, cuando el conocimiento de los datos es escaso, los

Cánones judíos y cristianos de las Escrituras

Biblia hebrea (BH)	Septuaginta (LXX)	Vulgata (Vlg)

Torá:
    Génesis
    Éxodo
    Levítico
    Números
    Deuteronomio
	Pentateuco:
	    Génesis
	    Éxodo
	    Levítico
	    Números
	    Deuronomio
		Pentateuco:
		    Génesis
		    Éxodo
		    Levítico
		    Números
		    Deuteronomio

Nebiim: Profetas
  Anteriores:
    Josué
    Jueces
    Samuel (2)
    Reyes (2)
  Posteriores:
    Isaías
    Jeremías
    Ezequiel
    Los doce:
      (Oseas, Joel,
      Amós, Abdías,
      Jonás, Miqueas
      Nahúm, Habacuc,
      Sofonías, Hageo
      Zacarías, Malaquías)
	Libros históricos:
	    Josué
	    Jueces
	    Rut
	    Monarquía:
	      Samuel (2)
	      Reyes (2)
	    Paralipómenos (2)
	      Crónicas (2)
	    Esdras (4)
	      **I,IV Esdras
	      II Esdras (=Esdras)
	      III Esdras (=Nehemías)
	    *Ester (con adiciones griegas)
	    *Judit
	    *Tobías
	    Macabeos (4)
	      *Macabeos (2)
	      III, IV Macabeos
		Libros históricos:
		    Josué
		    Jueces
		    Rut
		    Samuel (2)
		    Reyes (2)
		    Crónicas (2)
		    Esdras
		    Nehemías
		    Tobías
		    Judit
		    Ester
		    Macabeos (2)

Quetubim:
  Escritos:
    Salmos
    Job
    Proverbios
    Rut
    Cantar de los cantares
    Qohelet (Eclesiastés)
    Lamentaciones
    Ester
    Daniel 1—12
    Esdras-Nehemías
    Crónicas (2)
	Libros poéticos:
	    Salmos
	    **Odas
	    Proverbios
	    Eclesiastés
	      (=Qohelet)
	    Cantar de los cantares
	    Job
	    *Sabiduría de Salomón
	    *Sabiduría de Jesús
	      ben Sira (=Siracida)
	    **Salmos de Salomón
		Libros poéticos:
		    Job
		    Salmos
		    Proverbios
		    Eclesiastés (=Qohelet)
		    Cantar de los cantares
		    Sabiduría
		    Eclesiástico (=Siracida)

*Deuterocanónicos
  o Apócrifos
**Seudoepigráficos
	Libros proféticos:
	  Los doce:
	    (=Oseas, Amós,
	    Miqueas...)
	  Isaías
	  Jeremías
	  *Baruc 1—5
	  Lamentaciones
	  Carta de Jeremías (=Baruc 6)
	  Ezequiel
	  *Susana (=Daniel 13)
	  Daniel 1—12
	  *Bel y el Dragón (=Daniel 14)
		Libros proféticos:
		    Isaías
		    Jeremías
		    Lamentaciones
		    Baruc 1—6
		    Ezequiel
		    Daniel 1—14
		    Los doce:
		      (Oseas, Joel,
		      Amós, etc.)

rasgos generales del establecimiento del canon son claramente discernibles.

El período apostólico

Jesús y los primeros cristianos no carecían de Escrituras; contaban con el Antiguo Testamento (Mc 12.24) y citaron de las tres divisiones reconocidas por el judaísmo (p. ej., Lc 24.44).

Convencida de la autoridad absoluta de Jesucristo y del Espíritu que Él envió, la Iglesia vio «cristianamente» las antiguas Escrituras; pues al lado del Antiguo Testamento apareció una norma superior. Para Pablo (1 Co 9.9,13s; 11.23ss; 1 Ts 4.15), un dicho del Señor Jesús decidía tan categóricamente como una cita escritural toda cuestión de doctrina o ética. Desde luego, estas palabras del Señor no eran citas de ningún documento, puesto que los Evangelios aún no se habían escrito.

Al mismo tiempo, se desarrolló una nueva manifestación de autoridad. Pablo, al verse obligado a decidir sobre algún asunto, apeló a su calidad de comisionado por Jesucristo, poseedor del Espíritu divino (1 Co 7.25,40; Gl 1.1,7ss), y en esto no difirió de otros doctores apostólicos (Heb 13.18s; 3 Jn 5-10,12; Ap 1.1-3). Esta autoridad fue viviente, actualizada en el mensaje, y no una garantía de status canónico para sus escritos. Pablo esperaba que sus cartas se leyeran en voz alta en las iglesias (p. ej., 1 Ts 5.26s), lo cual no implicaba que estos escritos (cf. Heb 11.32; 1 P 5.14) se colocaran al mismo nivel del Antiguo Testamento (aun Ap 22.18s no contradice esta regla).

Aunque la interpretación de 2 P 3.16 es discutida, el texto no parece enseñar que a las epístolas paulinas se les atribuye igual valor que a las Escrituras veterotestamentarias. En cuanto a la colección del *corpus* paulino, es probable que se llevara a cabo *ca.* 80–85 d.C. en Asia Menor, y que de una vez gozara de gran prestigio. (Misteriosamente este prestigio menguó en el siglo II.) No obstante, a fines del siglo I no existía el concepto de «canon escritural», como si la lista de los libros sagrados estuviera completa. La existencia de 1) una tradición oral y 2) apóstoles, profetas y sus discípulos hacía innecesario tal canon.

Los padres apostólicos

A finales del siglo I los primeros autores postapostólicos equiparaban la autoridad de «las Escrituras» (o Antiguo Testamento) y «los dichos del Señor Jesús», o «las palabras de los santos profetas» y «el mandamiento del Señor transmitido por los apóstoles» (1 *Clemente* 13.1s; 46.2-3,7-8.). De igual manera, Ignacio de Antioquía nombró «los profetas [del Antiguo Testamento]» como antídoto contra la herejía, pero sobre todo «el evangelio» (*Esmirna* 7.2). Con todo, no hicieron referencia a ninguna forma escrita de los dichos de Cristo, y aunque en diferentes partes conocían algún Evangelio, no existía ninguna colección completa de → Evangelios.

Hacia 150 d.C., sin embargo, Papías, el autor de 2 Clemente y otros escritores patentizan conocer varios Evangelios, los cuales figuraban, según parece, entre los cuatro incluidos en nuestro canon. Hacia 170, Taciano compuso una narración continua de la vida de Jesús (*Diatessaron*) en la que utilizó estos cuatro, sin excluir materia apócrifa. Conscientes de la distancia que los separaba de los tiempos apostólicos, los cristianos se dieron cuenta de la necesidad de definir un segundo canon. Al principio (Justino Mártir, *ca.* 155, propuso leer los «recuerdos de los apóstoles» en los cultos) este canon constaba solo de Evangelios, pero no tardó en formarse un segundo núcleo (escritos apostólicos).

La influencia de Marción

El semignóstico Marción rompió con la iglesia en Roma (*ca.* 150); repudiaba el Antiguo Testamento con su «Dios vengador de la justicia» y quería sustituirlo por «el Dios de Jesucristo» y un nuevo canon en dos partes: un Evangelio (Lucas, mutilado) y diez cartas paulinas (se excluyeron las pastorales). Esta acción de un hereje aceleró la formación del canon eclesiástico, ya en marcha. Hacia 160–180 las iglesias corrigieron la lista, añadiéndole los otros tres Evangelios de uso popular, y Hechos y Apocalipsis; así llegaron a trece las cartas paulinas.

De Ireneo a Eusebio

En su *Contra las herejías* (*ca.* 185), Ireneo citó como canónicos veintidós escritos del nuestro Nuevo Testamento, más el *Pastor de Hermas*, pero tenía reservas respecto a Hebreos, 3 Juan, 2 Pedro, Santiago y Judas. Impugna las aparentes revelaciones esotéricas de sus opositores, subrayando la derivación apostólica de las tradiciones eclesiásticas. En África, Tertuliano confirmó casi la misma lista y se empeñó en que se consagrara el canon de los Evangelios aunque no el de las Epístolas; otro tanto hizo al respecto Hipólito de Roma, discípulo de Ireneo.

De Roma procedió también el canon del *Fragmento Muratoriano* (*ca.* 195), el cual no se limitaba a una simple enumeración de los libros; traía datos sobre el autor y los destinatarios de los libros incluidos y explicaba por qué se rechazaron otros libros (p. ej., las *Epístolas* de «Pablo» *a los laodiceos* y *a los alejandrinos*). Incluyó, cosa curiosa, la *Sabiduría de Salomón* y el *Apocalipsis de Pedro*; este y el *Pastor*, no obstante, se recomendaban más para la lectura particular que para el culto. De nuestro canon actual solo faltaban Hebreos, 1 y 2 Pedro, Santiago y 3 Juan. El Nuevo Testamento no era todavía una unidad cerrada: en la época de Eusebio (*ca.* 320) los Padres citaban a veces como Escritura dichos de Jesús no consignados en nuestros Evangelios, Evangelios no canónicos (p. ej., *De los hebreos*), la *Epístola de Bernabé*, *1 Clemente*, la *Didajé*, los *Hechos de Pablo*, el *Pastor* y el *Apocalipsis de Pedro*.

La fijación del canon

Con la creciente divulgación de los diferentes escritos, y con más tiempo para conocer a fondo su valor relativo, tanto el ala oriental como la occidental de la cristiandad fijaron el canon que conocemos hoy. En el Oriente, el documento decisivo fue la trigésimo novena Carta pascual de Atanasio (367), con una lista idéntica. Excepcionalmente, las iglesias de habla siríaca siguieron un proceso más lento para llegar al canon actual.

Conclusión

La inclusión en el canon de ciertos documentos solo representó el reconocimiento eclesiástico de una autoridad ya inherente a ellos. En este sentido, la Iglesia no «formó» el canon; lo descubrió. Existieron tres criterios de canonicidad: 1) Atribución a un apóstol. Hubo excepciones. Por ejemplo, Marcos y Lucas se aceptaron como autores íntimamente asociados con los apóstoles. 2) Uso eclesiástico, o sea, reconocido por una iglesia prominente o por una mayoría de iglesias. 3) Conformidad con las normas de la sana doctrina. Sobre esta base había incertidumbre al principio respecto al cuarto Evangelio, pero luego se aceptó; en cambio, el *Evangelio de Pedro*, a pesar de su atribución apostólica, Serapión de Antioquía lo rechazó como docético.

En el siglo XVI, tanto la iglesia romana como el protestantismo reafirmaron, tras largo debate, su adherencia a la norma tradicional. Hoy ciertos teólogos liberales de ambas comuniones proponen que se establezca un «canon dentro del canon» y que se vuelva a excluir 2 Pedro, Apocalipsis, etc. El evangélico, sin embargo, al mismo tiempo que da más importancia a los criterios 2) y 3) que al 1), abraza el canon antiguo como la expresión escrita del plan de Dios, autoritativa, suficiente y plenamente inspirada.

Bibliografía:

INT, pp. 37-63. *IB* I, pp. 69-72,77ss. Int. B. I, pp. 319-381s. W. Joest, et al, *La interpretación de la Biblia*, Herder, Barcelona, 1970, pp. 143-174.

CANTAR DE LOS CANTARES (o sea, *la mejor de las canciones*). En Israel, como en otras culturas, el amor erótico inspiró mucha de la mejor poesía. Desde la antigüedad,

Cantares:
Un bosquejo para el estudio y la enseñanza

I. El comienzo del amor . . . . 1.1—5.1
   A. El enamoramiento . . . . 1.1—3.5
      1. La novia anhela afecto 1.1-8
      2. Expresiones de amor mutuo . . . . 1.9—2.7
      3. Visita del rey a la casa de la novia 2.8-17
      4. La novia sueña con la separación 3.1-5
   B. Unidos en amor . . . . 3.6—5.1
      1. Procesión nupcial 3.6-11
      2. Se alaba la belleza de la novia 4.1-15
      3. Se consuma el matrimonio . . . . 4.16—5.1
II. El amor se extiende . . . . 5.2—8.14
   A. La lucha en el amor . . . . 5.2—7.9
      1. El segundo sueño de separación
         de la novia 5.2-8
      2. Se alaba la belleza del novio . . . . 5.9—6.3
      3. Se alaba la belleza de la novia . . . . . 6.4—7.9
   B. El crecimiento en el amor . . . . 7.10—8.14
      1. El deseo de la novia de visitar
         su casa . . . . 7.10—8.4
      2. Viaje y regreso a casa 8.5-14

los judíos han leído Cantares en la Fiesta de la → Pascua.

Autor y fecha

Cantares es «de» Salomón según el título (1.1), y el nombre de este rey también aparece en 1.5; 3.7,9,11; 8.11,12; cf. 1 R 4.32. Pero la palabra hebrea traducida «de» también puede significar «para», «a», «en cuanto a», «según la tradición de», «dedicado a», etc. Pocas autoridades modernas sostienen que Salomón sea el autor. La mayoría fecha el libro después del cautiverio, o sea, en el siglo V o IV a.C. Recientemente se ha sugerido una redacción ulterior de material salomónico *ca.* 600 a.C. Es difícil reconciliar la unidad de estilo que el mismo libro manifiesta con las diversas fechas que podría sugerir un examen lingüístico. Sin embargo, como ni el tema ni el mensaje se relacionan con ninguna época determinada, la interpretación del libro no exige una ubicación cronológica precisa.

Otros puntos importantes

Cantares se ha interpretado de las más diversas maneras.

Interpretación alegórica

Los rabíes y casi todos los Padres de la iglesia veían en Cantares una alegoría. Para los rabíes, se trataba del amor entre Jehová e Israel; para los Padres representaba el amor entre Cristo y la Iglesia. Y es innegable que las Escrituras emplean la figura del matrimonio para simbolizar la relación entre Jehová y su pueblo. Sin embargo, este libro carece de carácter alegórico. Además, esta interpretación resulta problemática cuando se examinan los detalles de muchos versículos, pues deja a la imaginación del lector el significado de los pormenores. Los comentarios escritos desde este punto de vista valen poco como interpretación, pero a veces son riquísimos en sugerencias para la aplicación de los textos.

Varios evangélicos del siglo pasado y muchos autores católicos sostienen esta interpretación. Las interpretaciones parabólicas y tipológicas de ciertos evangélicos contemporáneos pueden considerarse como variantes de la interpretación alegórica, puesto que según ellas el mensaje básico del libro es espiritual.

Interpretación literal

Teodoro de Mopsuestia (m. 428 d.C.) interpretó Cantares literalmente como una colección de canciones de amor. Rechazada por herética durante siglos, esta interpretación ha llegado a prevalecer entre los estudios contemporáneos del libro. Antes la interpretación literal asustaba a muchos, porque no entendían bien la enseñanza bíblica en cuanto a la santidad y la hermosura del amor físico en el matrimonio. Esta incomprensión explica que algunos autores católicos se hayan esforzado por encontrar en Cantares un sentido mariológico.

El lenguaje de Cantares bien puede aludir a ceremonias litúrgicas y a bodas a la manera antigua. Pero tales alusiones no bastan para interpretar todo el libro en función de una liturgia pagana o de costumbres folklóricas sirias en las cuales se festejaba a los nuevos esposos como reyes durante una semana, como alegan algunos eruditos.

Entre los que interpretan Cantares literalmente hay más de una manera de bosquejar el libro. Algunos ven tres personajes importantes: 1) la amada, 2) el amado, un pastor, y 3) Salomón. Según esta interpretación, Salomón lleva a la sulamita a su palacio y trata de ganar su amor (1.9-11; 3.6—4.7; 6.4-10; 7.1-9), pero ella solo puede pensar en su verdadero amado (1.2-8) y en su regreso (2.8—3.5; 4.8—5.1); durante la separación sueña con él (5.2-16). La sulamita se mantiene fiel, la liberan del palacio de Salomón y vuelve al lado de su amado (8.5-14).

La interpretación más aceptada ve solamente dos personajes importantes: Salomón, quien es el amado, y la sulamita, quien es la amada. Esta se encuentra en el jardín de Salomón y expresa el anhelo y la satisfacción de su amor (1.2—2.7). En el siguiente pasaje (2.8—3.5) se relata una visita del amado y un sueño de la amada. Sigue una procesión de Salomón llena de esplendor y cantos de amor (3.6—5.1). La amada describe un sueño, según el cual perdía a su amado pero lo encontraba de nuevo (5.2—6.9). Luego la novia amada es admirada por sus compañeras y su amado (6.10—8.4). Al fin, la amada y el amado conversan sobre su amor (8.5-14).

Aporte a la teología

A través de los siglos, Cantares ha testificado de la gloria del amor conyugal, puro y fiel. Mil años de deificación del sexo en los cultos obscenos paganos del Cercano Oriente antiguo no pudieron ahogar este testimonio. Dos mil años de represión del instinto sexual en el cristianismo helenizado tampoco pudieron apagarlo, «porque fuerte es como la muerte el amor» (8.6,7).

Cantares es la celebración del amor por la vida expresado en la relación matrimonial. Hombre y mujer alternan libremente sus cantos para afirmar el ser de la amada o del amado según sea el caso. Cada uno da al otro con generosidad, sin avaricia ni codicia. La estética es el vehículo que el autor, mediante los cónyuges, usa para hacernos participar de la intimidad y trasparencia de la entrega mutua de dos personas.

La experiencia de darse implica una serie de tensiones muy profundas, como la tensión entre cercanía y distancia. Cantares presenta esa tensión al acentuar durante toda la narración la alternancia entre el gozo de compartir momentos juntos (3.4) y la ansiedad y expectativa de la espera y del encuentro (5.8). Cuando se produce el reencuentro, la cercanía se transforma en fiesta y en afirmación de la integridad de cada uno de los cónyuges. Por eso en Cantares los esposos se buscan, se encuentran, se vuelven a perder y esa dinámica va creando una emoción por el encuentro que abre la puerta para que se vean cada vez como personas nuevas, frescas.

¿Puede hacerse teología con estos elementos? Sí, y en un sentido todo lo anterior es ya teología. Pero podemos preguntar aun más: a la luz de este encuentro con el amor de una pareja tal y como lo presenta Cantares, ¿qué podemos aprender de Dios? Aprendemos que no podemos amar a Dios de una manera diferente de cómo nos amamos unos a otros. La madurez de nuestro amor hacia

Dios reside en cómo amamos a las demás personas (1 Jn 4.19-21). No hay dos amores: uno hacia Dios y otro hacia los demás. Amor solo hay uno y así como lo vivimos diariamente es cómo se lo damos a Dios.

Cantares es también, por su contenido tan profundamente humano, una metáfora de Dios y de Dios como gracia. La relación entre Dios y el ser humano es un proceso de cercanía y distancia en el cual nos vamos encontrando frescos y renovados cada vez, listos a compartir la vida que vamos haciendo. Dios nos ama e interactúa con nosotros para que podamos darnos a él y a los demás con libertad, como un don, de la misma manera en que Dios mismo se donó en Jesucristo.

Bibliografía:

A. Robert y A. Feuillet, *Introducción a la Biblia* I, Herder, Barcelona, 1965. A. Colunga, «Los géneros sapienciales», *Los géneros literarios de la Sagrada Escritura*, Juan Flores, Barcelona, 1957, pp. 212-214. P. Trogan, en *EBDM* II, cols. 107-116.

CÁNTARO Muchas palabras hebreas y griegas que representan gran variedad de vasijas, recipientes o cubos, se traducen por «cántaro». Destinado a contener líquidos o alimentos, el cántaro es casi siempre una vasija de barro, muy variada en su forma y capacidad. En Gn 24.14-18,20 es adorno en hombros de Rebeca y útil herramienta de trabajo en sus manos; en 1 R 18.34 se utiliza en la realización de un milagro. En Mc 14.13 y Lc 22.10 es guía hacia el aposento alto, ya que solo las mujeres acostumbraban cargarlos. En Jueces 7.16,19,20 es instrumento de guerra en manos del ejército de Gedeón. Abandonado junto al pozo de Sicar, es testimonio del espíritu abierto de Jesucristo que, a diferencia de otros judíos, sí usaba «vasijas en común con los samaritanos» (traducción reciente de Jn 4.9c; cf. v. 28).

A veces se emplea «tinaja» como sinónimo de cántaro (1 R 17.12,14,16; Jn 2.6ss). Véanse 1 R 7.50; 18.34; Ec 12.6 y Hag 2.16.

CÁNTICO GRADUAL Expresión que aparece en el título de cada uno de los Salmos 120–134, los cuales constituyen una colección utilizada en el templo de Jerusalén. Es difícil explicar el término «gradual» (o de las ascensiones, NC). La tradición consagrada en la Mishnah (que estos Salmos se entonaban sobre las quince gradas que separaban dos atrios del segundo templo) es inverosímil, como lo es también la hipótesis de un paralelismo «gradual» en la estructura de cada uno de estos Salmos. Quizás se refiera a la «subida a Jerusalén» de los peregrinos que tres veces al año visitaban el templo en el período posterior al cautiverio.

CANTO Los israelitas cantaban en muchas y diferentes ocasiones. Por ejemplo, fiestas de despedida (Gn 31.27), victorias militares (Éx 15.1s; Jue 5.12), el descubrimiento de un pozo (Nm 21.17), y en las fiestas de vendimia (Is 16.10). El canto expresaba también tristeza (2 S 1.17-27; Lm *passim*) y tenía incluso poderes curativos (1 S 18.10s; junto con la → MÚSICA INSTRUMENTAL). Pero sobre todo, la dinámica del canto se experimenta en la adoración de Dios.

Ya fuera para una instrucción fácil de memorizar (Dt 32.1-43, el cántico de Moisés), o durante una oración particular (p. ej., muchos salmos), la música cantada se consideraba el mejor vehículo para el culto. Aunque el cronista sabe de la gloriosa música instrumental de la era salomónica, insiste más en la coral (1 Cr 15.16–16.6; 25.1-8; 2 Cr 5.12ss). En efecto, dentro de pocos siglos los judíos llegarían a considerar la voz humana como el único instrumento digno de expresar los sentimientos en el culto (cf. Neh 12.27,46).

Los → SALMOS son cánticos cuya ejecución se ha adaptado a estilos musicales muy variados. Aun la lectura pública de las Escrituras (Neh 8.1-18) pronto asumió en el templo y en la sinagoga la forma de una «cantinela».

La piedad cristiana continuó las prácticas judías (→ HIMNO) y muchos creyentes en Corinto, por ejemplo, traían a su asamblea un salmo (1 Co 14.26). Las instrucciones paulinas sobre el canto (Ef 5.19; Col 3.16) aparecen en un contexto de instrucción bautismal sobre la nueva conducta del cristiano, y asocian el canto con la plenitud del Espíritu y la palabra de Cristo.

Bibliografía:
   EBDM V, col. 373-378.

CAÑA Planta de difícil identificación específica. La flora palestina incluye por lo menos cinco especies de plantas a las que se les puede dar este nombre. Se caracterizan por sus tallos largos y delgados y por encontrarse a la orilla de ríos y lugares pantanosos. La variedad más común es *pharagmites communis.* Se trata de una planta que alcanza hasta 3 m de alto y de 2 a 3 cm de grueso. Se encuentra a la orilla de los ríos de la Tierra Santa. Con frecuencia se da junto con la *typha angustata* (→ ALGA). En la mayor parte de los textos, caña se usa como nombre genérico, sin designar una variedad específica. (→ JUNCO.)

En Ez y Ap un mismo vocablo hebreo, *qane,* se refiere a una medida lineal de unos 3 m (→ MEDIDAS). En Éx 25.31; 37.17, se trata de la barra o columnilla del candelero (→ CANDELERO).

En Is 9.14, RV dice «caña» donde debía decir «junco», pues así traduce el hebreo *agmown* en todos los otros casos.

CAPADOCIA Extensa provincia del este de Asia Menor. En general, su territorio lindaba al norte con Ponto, al oeste con Galacia y Licaonia, al sur con el Tauro de Cilicia y al este con Armenia. Capadocia se convirtió en provincia romana en 17 a.C. y la gobernaba un procurador enviado por el emperador.

A mediados del siglo II a.C. ya existía una colonia judía en Capadocia. El senado romano dirigió una carta al rey Ariarates intercediendo por ellos (1 Mac 15.22, *ca.* 139 a.C.). Judíos de Capadocia estuvieron presentes el día de Pentecostés (Hch 2.9) y, según 1 P 1.1, décadas después allí residían cristianos.

CAPERNAUM (en hebreo, *pueblo de Nahum*). Ciudad importante en el ministerio de Jesús, ubicada en la costa noroeste del mar de Galilea.

El Antiguo Testamento no menciona a Capernaum y cuanto podemos saber de esta ciudad depende de los Evangelios. Tal parece que en tiempo de Jesús, Capernaum fue un centro de gran importancia; luego decayó y desapareció de la historia. Jesús, rechazado en Nazaret, hizo de Capernaum la sede de sus actividades (Mt 4.13; Jn 2.12). La ciudad fue famosa por su sinagoga (Mc 1.21; Lc 7.5), y es el único lugar del que se afirma que Jesús tenía allí su casa (Mc 2.1; 9.33) o que era «su ciudad» (Mt 9.1). Se acepta que el hogar de Pedro y Andrés estaba allí (Mt 8.14; Mc 1.29; Lc 4.38).

Capernaum fue escenario de muchos incidentes en la vida de Jesús. En su sinagoga sanó a una persona que tenía un espíritu inmundo (Mc 1.21ss; Lc 4.31ss) y en sus cercanías sucedieron los hechos que llevaron a Jesús a pronunciar el sermón sobre el pan de vida (Jn 6.16-59).

En la ciudad había una aduana y un centro para el cobro de impuestos (Mt 9.9; 17.24ss). Es muy probable que en esta ciudad hubo un destacamento de soldados romanos, cuyo centurión edificó una sinagoga del pueblo (Lc 7.5). Aquí Jesús sanó a un siervo de este (Mt 8.5-13), y más tarde al hijo de un oficial del rey (Jn 4.46ss). A pesar de este ministerio en su seno, Jesús incluye a Capernaum entre las ciudades impenitentes por su dureza y culpabilidad ante Dios (Mt 11.23; Lc 10.15).

Luego del ministerio de Jesús, Capernaum perdió su importancia y sus ruinas se encuentran en un lugar conocido por los árabes como Tell-Hum, que se halla a unos 4 km al sudoeste de la desembocadura del Jordán en el mar de Galilea. Aunque el nombre significa, según parece, «colina color café», posiblemente *hum* es reminiscencia de Nahum. Las ruinas de una sinagoga de principios de la era cristiana se encuentran en esta localidad.

Luego de estar olvida y abandonada por siglos, Capernaum surgió de nuevo en 1894, cuando los ruinas del lugar se entregaron para su custodia a un grupo franciscano. Durante los años 1905 y 1921 se llevaron a efecto varias excavaciones arqueológicas; y en 1968, bajo la dirección de V. Corbo y S. Loffreda, se descubrieron varios sectores importantes de la ciudad y la casa de Pedro. También, bajo las ruinas de una sinagoga del siglo IV o V d.C., se descubrió la sinagoga del centurión romano (Mc 1.21; Lc 7.5).

La casa de Simón Pedro, mencionada con cierta regularidad en los Evangelios (Mt 17.25; Mc 2.1; 9.33), estaba ubicada al sudeste de la sección que se extiende desde el lago de Galilea; el norte apuntaba hacia el balcón de la sinagoga y el este hacia un campo abierto (Mc 1.33; 2.2).

Durante la primera revuelta judía llevaron a Josefo a Capernaum para recibir tratamiento médico, luego de recibir heridas en combate.

CAPITÁN (traducción de una docena de vocablos hebreos y griegos). Jefe militar o civil cuyo rango surgió ante la necesidad del pueblo seminómada del Antiguo Testamento de organizarse militarmente, para defenderse de los capitanes vecinos y enemigos (Gn 26.26; cf. 2 S 8.16ss).

La palabra *sar*, de uso frecuente, puede indicar indistintamente un jefe de millares, centenares o cincuentenares (1 S 8.12). En Ap 6.15; 19.18, los capitanes son típicos de los poderosos humanamente hablando. (→ CENTURIÓN; TRIBUNO.)

CARA → ROSTRO.

CARBÓN Brasa o ascua después de apagada. Ardiente o encendido se asocia con el fuego purificador. Por tanto, aunque el carbón tiene su uso culinario (Pr 26.21, → ASCUAS; BRASAS) y cultural (Is 6.6), por lo general el concepto se emplea poéticamente en pasajes de teofanía o apocalipsis para inspirar respeto (Job 41.21; Ez 1.13).

CARBUNCLO Traducción empleada en las versiones antiguas, de dos palabras hebreas: una, en Éx 28.17; 39.10 y Ez 28.13, puede referirse a una piedra verde (en la LXX, esmeralda), posiblemente → BERILO; y la otra, en Is 54.12, que designa una piedra roja. El carbunclo moderno es una piedra preciosa parecida al granate rojo, grande y brillante. Casi siempre se identifica con el llamado → RUBÍ oriental.

CÁRCEL El Antiguo Testamento alude solo en ocasiones a las cárceles de los egipcios, filisteos y asirios (Gn 39.20; 40.3; Jue 16.21; 2 R 17.4; 25.27; Jer 52.11). Pero la legislación hebraica no conocía las penas privativas de libertad. El encarcelamiento se ordenaba únicamente a título preventivo, para tener al culpable a buen recaudo (Lv 24.12; Nm 15.34). Sin embargo, algunos textos prueban que los reyes israelitas no dejaban de encarcelar a los profetas (1 R 22.27; 2 Cr 16.10; 18.26; cf. Sal 107.10). En la época posterior al cautiverio, el encarcelamiento se convirtió en castigo represivo también en Palestina (Esd 7.26; Neh 3.25). El Nuevo Testamento lo menciona a menudo (Mt 5.25; 14.3; 18.30; 25.36; Mc 6.17; Lc 12.58; 22.33; 23.19). Y sabemos que los primeros cristianos y más de un apóstol conocieron los rigores de la cárcel (Hch 4.3; 5.18; 8.3; 16.23; etc.).

En caso de fuga de presos, se ejecutaban a los carceleros (Hch 12.19; 16.17).

CARDOS Y ESPINAS En Palestina existen más de cien variedades de plantas que caben bajo esta categoría general. Sin embargo, tenemos solamente 22 términos bíblicos para identificarlas. Por otra parte, se hace difícil encontrar el equivalente castellano. De ahí que RV use los términos «abrojos», «cardos», «espinas», «espinos», «ortiga» y «zarza» sin que haya constancia en la traducción del vocablo hebreo o griego.

De entre las muchas variedades, merecen especial atención la *centaurea iberica*, y la *centaurea hyalolepsis* (cardo en 3.18; Os 10.8; del hebreo *dardar*). Estas plantas anuales y bienales producen hojas grandes que los beduinos comen como ensalada. El cardo que se menciona en 2 R 14.9 y 2 Cr 25.18 es el hebreo *khoakh*. En este caso se refiere al *prunus ursina*, arbusto espinoso de la familia de las rosas, que crece en el Líbano y norte de Palestina. En las otras ocasiones en que aparece *khoakh*, RV la traduce «espinos» (Job 31.40; Cnt 2.2), «espinas» (Pr 26.9) y «espino» (Os 9.6). En estos casos parece referirse al *scolymus maculatus*, una hierba de algo más de un metro de alto que es sumamente nociva a las gramíneas.

Reina-Valera también dice «espino» para referirse al hebreo *sirim*, el *poterium spinosum*, arbusto espinoso de algo menos de un metro de alto y de copiosas y delgadas ramas. Este es el arbusto más común en Palestina y los árabes lo utilizan como vallado y combustible. Es este el espino mencionado en Ec 7.6; Is 34.13; Os 2.6; Nah 1.10.

Es muy probable que las espinas de la corona de Cristo (Mt 27.29; Jn 19.2) fueron de uno de los arbustos corrientes cerca del Gólgota, tal vez el *poterium spinosum* ya mencionado.

La zarza de la tradición mosaica (Éx 3.2-4; Dt 33.16) no se ha se ha podido identificar.

CARGA Término referido a un peso grande o trabajo oneroso (Éx 1.11; 23.5; 1 R 5.15; Mt 20.12), a la responsabilidad de gobernar (Nm 11.11,17), alguna aflicción o preocupación (Sal 55.22), la conciencia del pecado (Sal 38.4), la flaqueza humana (Gl 6.2), alguna molestia para otros (2 Co 11.9; 12.13), o las exigencias legalistas (Mt 23.4; Hch 15.28; Ap 2.24; cf. Mt 11.30).

En Is 15.1; Nah 1.1; Hab 1.1; la RV-1909 traduce por «carga» la voz hebrea *massa*. En estos pasajes designa una profecía de juicio amenazador. Reina Valera traduce por «carga» dos distintas voces griegas en Gl 6 (*baros* en v. 2 y *fortion* en v. 5). La primera designa una carga pesada con la que debemos ayudarnos unos a otros; la segunda se refiere a la carga que cada cual debe llevar solo, sin echarla sobre otro.

CARMELO (*parque* o *campo fructífero*).

1. Célebre cordillera que corre del noroeste al sudeste por un costado de la llanura de → ESDRAELÓN, desde el Mediterráneo (la costa sur de la bahía de Acre), hasta la llanura de Dotán. La cima principal es el monte Carmelo, cuya mayor altura es de 700 m, y se extiende 18 km hacia el interior formando la frontera de Aser (Jos 19.24-26). En su falda nordeste corre el arroyo Cisón.

El monte Carmelo es el único promontorio grande que se halla en la costa de Palestina. Su exuberante vida vegetal y animal durante la estación de las lluvias manifiesta por qué los escritores antiguos hicieron tantas alusiones a su extremada belleza (Is 35.2), a su manto verde, a la gracia de su configuración (Cnt 7.5) y a sus ricos pastos (Is 33.9; Jer 50.19; Am 1.2). Las cuevas naturales abundan en el monte Carmelo (Am 9.3), y en muchas ocasiones han servido de morada a la gente. Todo el monte ha sido en varias épocas residencia favorita de los devotos. Fue allí donde → ELÍAS derrotó a los falsos profetas de → BAAL y Asera (1 R 18; cf. 2 R 1.9-15; 2.25; 4.25). Hay todavía un pozo en un costado del monte, en un sitio que ahora se llama El Maharraka (el incendio); y el antiguo Cisón actualmente se conoce con el nombre de Nahrel Mukatta (río de matanza).

Una moderna autopista en un paso a través del monte Carmelo, cerca de Meguido.

Foto de Willem A. VanGemeren

2. Ciudad de Judá, situada en una región pastoril, a 12 km al sudeste de Hebrón (Jos 15.55), llamada hoy Khirbet el-Karmil. También se conoce como Carmel y de allí era Nabal, marido de Abigail, quien se negó a ayudar a David (1 S 25). Saúl, de vuelta de su expedición contra Amalec, erigió allí un monumento (1 S 15.12), y Hezrai, uno de los guerreros de David, probablemente venía de este lugar (2 S 23.35; 1 Cr 11.37). Sus ruinas indican que era un lugar de importancia.

CARNE, CARNAL
En el Antiguo Testamento
Traducción de las voces hebreas *basar* (269 veces) y *sh'er* (16 veces: *carne sangrienta*). Literalmente *basar* designa la parte carnosa del cuerpo, sea este humano (Gn 40.19) o animal (Lv 6.27). Cuando se refiere a un animal, encierra la idea de carne como alimento o como sacrificio. Referido a un ser humano, significa todo el cuerpo (Pr 14.30) o, por extensión, la persona entera (Sal 16.9; 63.1). Sugiere también la unión entre dos personas (Gn 2.24, esposos; Jue 9.2, parientes). La expresión «toda carne» engloba la existencia humana (incluso a veces el reino animal, Sal 145.21). El concepto de la debilidad y la flaqueza de la carne (Sal 56.4) aparece en contraste con el poder de Dios o los ángeles. Más bien es una debilidad física que moral (cf. Sal 78.39).

En el Nuevo Testamento
La voz griega *kreas* significa carne como alimento. *Sarx* reproduce muchos matices de *basar*: la parte carnosa del cuerpo (Ap 19.18); el cuerpo entero (Gl 4.13s); la persona íntegra (2 Co 7.5; Ro 7.18). Como en el Antiguo Testamento, los cónyuges son «una sola carne» (Mt 19.5s) y hay pasajes referentes a «toda carne» (Jn 17.2); cf. las expresiones «carne y sangre» (Mt 16.17) y «carne y huesos» (Lc 24.39). La debilidad de la carne se relaciona con la inconstancia de los discípulos en Getsemaní (Mc 14.38).

Pero hay en el Nuevo Testamento nuevos usos metafóricos de *sarx* (cf. también los adjetivos *sarkikós* y *sárkinos*). Puede referirse a la descendencia o linaje (Ro 1.3; 9.3; 1 Co 10.18), y a la existencia física de las personas en general (cf. «en la carne», Col 2.1, HA). No hay inculpación por ser carne: Cristo y Pablo lo fueron (Ef 2.15; 1 P 3.18; 1 Jn 4.2s; Gl 2.20); además, es compatible con «estar/ser en el Señor» (Flm 16). La carne puede mancillarse (Jud 8), o bien, purificarse (Heb 9.13).

Pablo es excepcional en el uso peyorativo de *sarx*. Quizás el sentido metafórico más relevante es el de carne como el ser humano en su fragilidad y, por lo tanto, en su afán de encerrarse en sí mismo para tratar de salvaguardar su vida (→ Pecado). Debido a esta experiencia de encerrarse en sí mismo y distanciarse de los demás y de Dios, el hombre orienta su vida hacia la destrucción de la intimidad y la interioridad suyas y las de otras personas. De ahí que carne es, en sentido paulino, símbolo de egoísmo y maldad (→ Concupiscencia). El resultado de esta forma de vida es, lógicamente, la muerte física, cuando el hombre utiliza carnalmente el poder (opresión, represión, asesinatos, guerra, etc.) y la muerte espiritual, cuando niega la dignidad a los otros hombres humillándolos y reduciéndolos a personas de segunda categoría (la violación, el maltrato verbal y sicológico a los niños y al cónyuge, el racismo, el sexismo, etc.).

Pablo opone carne y espíritu en Gl 5.16–6.10. Sin embargo, no debemos interpretar aquí que el ser humano tiene una parte buena (el espíritu) y un lado malo (el cuerpo). La carnalidad es una forma de vida en que prevalece una actitud en esencia destructiva. En oposición, espíritu es, como reflejo de la gracia de Dios, una fuerza que da vida y la protege. Podemos contrastar la obra de la carne con el fruto del espíritu en el texto de Gálatas. (→ Cuerpo.)

CARNERO Macho de la oveja, de carne comestible (Gn 31.38). Se usaba tanto para el

Relieve en piedra de Egipto mostrando carpinteros trabajando, probablemente más o menos del 2500 a.C.

holocausto (Gn 22.13; Lv 1.10; 8.18) como para los sacrificios de paz (Lv 9.4) o por el pecado (Lv 5.15; 6.6; 8.2). Fue sacrificado para la consagración de Aarón y sus hijos (Éx 29; Lv 8). De su lana se hacían vestidos (Pr 31.13); de su piel, la cubierta para el tabernáculo (Éx 26.14); y de sus cuernos, bocinas (Jos 6.4,5).

Daniel tomó el carnero de dos cuernos como símbolo del poder (Dn 8). El cuerno pequeño representaba a Media y el mayor a Persia.

CARPINTERO Fabricante de artefactos de madera, mencionado con frecuencia en la Biblia. Está íntimamente relacionado con las construcciones y artesanías religiosas, tales como el arca, el tabernáculo y aun el tallado de los ídolos (Gn 6; Éx 27; Is 44.13; 1 Co 3.9-11).

Las herramientas del carpintero se mencionan en Is 44.13; muchas se hicieron de piedra, bronce y hierro. Los judíos no eran tan hábiles en la carpintería debido a la vida nómada que llevaban. David y Salomón importaron carpinteros (2 S 5.11; 1 R 5–7).

Nuestro Señor fue carpintero (Mt 13.55; Mc 6.3) y esto ha sublimado el oficio.

CARPO Amigo cristiano de Pablo en Troas, con quien el apóstol dejó su capote (Hch 16.8; 20.5). Al escribir a Timoteo desde la cárcel, Pablo le pide que traiga en su próxima visita el capote, los libros y los pergaminos (2 Ti 4.13).

CARQUEMIS Ciudad importante del reino heteo, situada en uno de los pasos principales del Éufrates. Desde tiempos antiquísimos, fue un importante centro comercial. La atacaron los egipcios en el siglo XVII a.C., y los asirios unos 400 años después. A principios del primer milenio a.C., Carquemis pagaba tributos a Asiria, y finalmente la conquistó Sargón II en 717 a.C. Es posible que a esto se refiera Is 10.9. Fue en Carquemis donde Josías se opuso a Faraón Necao y perdió la vida en su aventura (2 Cr 35.20-24). Tres años después, Nabucodonosor derrotó a Necao también en Carquemis (Jer 46.1-12). Hoy el sitio se llama Jerablus, 100 km al nordeste de Alepo.

CARRERA → Juegos deportivos.

CARRIZAL → Alga.

CARRO, CARROZA Vehículos de construcción sólida, diversas formas y dos ruedas, que servían como medio de transporte y movilidad.

Generalmente «carro» significa vehículo usado para transportar productos agrícolas, utensilios religiosos y militares, etc. (Nm 7.3,6; Is 28.27), mientras que la «carroza» servía como medio de movilidad (Cnt 3.9). Aquellos eran de construcción rústica y fuerte; estas, finas y casi siempre lujosas. Ambos se construían de madera, incluso las ruedas. Algunos carros tenían ruedas de metal (1 R 7.33); otros tenían ruedas herradas, a modo de refuerzo (Jue 4.13).

Había carros para usos del Estado (Gn 41.43; 2 S 15.1; 1 R 1.5), privados (Gn 46.29; 2 R 5.9; Hch 8.28) y militares (Éx 14.9; Jos 11.4; 1 S 13.5). Algunos eran halados por bueyes (2 S 6.6), otros por caballos (Jos 11.4; 2 R 5.9) y en caso especial se dice que a un carro lo halaron vacas (1 S 6.7).

Los egipcios conocieron y usaron carros desde la antigüedad (Gn 41.43; 46.29; 50.9; Éx 14.17,18,23,25; 15.4,19). Los cananeos en su tiempo, y los israelitas después, los usaron en poca escala en territorio de Palestina, posiblemente por lo accidentado del territorio. Bastante tarde adoptaron los israelitas el uso de carros con propósitos militares (2 S 8.4; 1 R 1.5). Isaías 2.7 cuestiona esta práctica por considerarla típica de una actitud de soberbia: poner la confianza en el poder militar es colocar al gobernante por encima de Dios. Los asirios, caldeos, persas y griegos también los conocieron y los usaron (2 R 19.23; Jer 47.3).

En el Antiguo Testamento se describe un «carro de fuego con caballos de fuego» (2 R 2.11), que apartó a Elías de Eliseo en un torbellino.

En el Nuevo Testamento se mencionan los carros solo tres veces: en Ap 9.9; 18.13, y en Hch 8.28-30 cuando el eunuco etíope regresaba a su tierra y Felipe se le acercó para hablarle de Jesús.

CARSENA Alto funcionario persa de Susa. Era uno de los siete → eunucos que tenían acceso a la presencia del rey (Est 1.14).

CARTA → Epístola.

CASA Término que puede referirse a una construcción relativamente sencilla, como una vivienda, o a un edificio de mayores proporciones, como un palacio (residencia del rey y sede de su gobierno, 2 S 11.9) o un templo (morada de Dios y lugar de su culto, 1 Cr 22.1; 2 Cr 24.4).

En Palestina, las casas más antiguas que se han descubierto estaban hechas de barro. Es curioso notar que el ladrillo secado al sol que se usaba en aquel entonces era de mejor calidad que el que se usa en la actualidad en la construcción de casas humildes en Jordania y Líbano. Más tarde se llegaron a emplear ladrillos cocidos al horno, especialmente en los cimientos de las casas.

Durante la época bíblica, la mayoría de las casas se hallaban en las ciudades o pueblos. Los agricultores salían cada mañana de la

Varios pasajeros en un carro cruzan el río en Filipos cerca del lugar de la antigua ciudad neotestamentaria.

Foto de Gustav Jeeninga

aldea para atender sus campos y regresaban en la tarde. En las ciudades las casas eran más pequeñas que en los pueblos. En algunas ciudades las casas formaban parte de los muros de protección, como en Jericó (Jos 2.15).

Una casa típica de Jericó era cuadrangular con un vestíbulo al frente, bodegas a cada lado en donde guardar comida y granos, y una pieza principal que servía de sala y dormitorio. Detrás había un patio cerrado donde se guardaban a los animales. A veces, debajo de las casas había un establo donde se encerraba a los animales cuando había mal tiempo.

El ama de casa cocinaba sobre un brasero o un fuego abierto. No había chimenea y el humo salía por las ventanas o pequeñas aberturas cerca del techo. El techo se fabricaba de vigas de madera cubiertas de cañas de bambú con una capa de greda para resistir la lluvia. El piso de las casas humildes era de barro o de piedra natural. Muchas veces había una escalera exterior que conducía a la azotea o el terrado. Si la casa tenía una pieza para huéspedes, se encontraba en la azotea (2 R 4.10). A veces, para las fiestas especiales, se construían → CABAÑAS en los terrados. La ley exigía un pretil o baranda alrededor del terrado (Dt. 22.8) en donde se celebraban muchas actividades familiares: oración, conversación, trabajo, descanso, etc. Las noticias se proclamaban desde la azotea (Mt 10.27; Lc 12.3).

En las regiones montañosas se construían casas de piedra; en las llanuras generalmente eran de ladrillo. Los muro gruesos resistía tanto el frío como el calor. Las ventanas eran pequeñas y protegidas con barras de madera o hierro. La puerta se hacía de madera gruesa y más tarde de hierro; y se cerraba en la noche con una barra de hierro o madera (Lc 11.7).

En las ciudades griegas del primer siglo, las casas de familias acomodadas tenían un atrio central, sin techo, con varias habitaciones distribuidas alrededor de este. Atrás estaban los espacios dedicados a la producción de alfarería, textiles u otros artefactos fabricados por la casa-empresa.

Una reconstrucción tamaño natural que muestra la probable apariencia de una casa común y corriente en Palestina más o menos en el 750 a.C. Note los agujeros en las paredes que permitían que entrara aire y luz y saliera el humo.

Foto de Gustav Jeeninga

Uso en sentido figurado

El término «casa» se usa también en sentido figurado para referirse a una familia o un linaje familiar, como «la casa de David» (2 Cr 10.19; Is 7.13; Jer 21.12), o bien a toda la nación: «la casa de Israel» (1 S 1.12).

En las sociedades antiguas, la «casa» constituía la unidad básica de producción económica y organización social. Abarcaba a personas de varias generaciones y grados de parentesco, e incluía a esclavos y otros dependientes que laboraban en la empresa doméstica, al estilo de las haciendas coloniales en América Latina. Fuera de estos establecimientos, los pequeños comerciantes y artesanos pobres ocupaban estrechos locales de trabajo que les servían también de vivienda.

En el mundo grecorromano, la administración correcta del complejo doméstico se consideraba de vital importancia para el funcionamiento eficaz del estado. El tema «Sobre el manejo de la casa» aparece repetidamente en los tratados sobre el gobierno de las ciudades griegas. El mantenimiento del orden social se hacía depender de la estructura patriarcal de las «casas», que constituían la base económica de la sociedad. La estratificación doméstica destacaba tres pares de relaciones desiguales: amos/esclavos, esposos/esposas, padres/hijos. Cualquier alteración de este modelo patriarcal (digamos, una tendencia hacia relaciones más igualitarias) bordeaba en la subversión. Cuando el cristianismo llegó al mundo grecorromano con una nueva valoración de las personas, la clase dominante no tardó en percibir el potencial subversivo de esta nueva religión. Algunos opinan que los códigos domésticos de las epístolas responden a la necesidad de desviar este tipo de acusación (cf. Col 3.18–4.1; Ef 5.21–6.9 y 1 P 2.17–3.7).

Los romanos incorporaron el modelo de la «casa» a la política del imperio y desarrollaron una ideología en que el César se atribuyó el rol de un *paterfamilias* absoluto que detentaba todo poder. El término «la casa del César» abarcaba toda la burocracia imperial. Algunas personas que servían en esta

---

Interior reconstruido de una típica casa palestina de tiempos veterotestamentarios. Note la cocina, u horno de barro, en el centro a la izquierda; el telar horizontal (izquierda); y el área para comer, con estera y tazones, en el fondo.

Foto: Museo, Haaretz

«casa» eran ya cristianos en tiempos de Pablo (Flp 4.22).

Las primeras comunidades cristianas se reunían en las casas de sus miembros, probablemente como células en las viviendas humildes. Cuando se reunía toda la iglesia «en un solo lugar» (1 Co 14.23), este local sería la casa de una de las pocas familias más acomodadas. Según los restos arqueológicos del primer siglo, una casa amplia daría cabida a unas 60 a 70 personas paradas en el atrio central. El trato desigual típico de una casa patriarcal se prolongaba en la iglesia, y Pablo lo denunció (1 Co 11.21-22).

CASIA Corteza aromática de un árbol no identificado que se importaba del Oriente. Reina Valera traduce así dos voces hebreas: *qidda* en Éx 30.24 (mirra destilada en Ez 27.19) y *qetsiot* en Sal 45.8.

CASTIGO Tratamos aquí el concepto castigo en su aspecto legal como mediación de las relaciones interhumanas. En el caso de Israel o Judá, como en los pueblos vecinos, el castigo estaba determinado por su visión teológica. No olvidemos que Dios entregó la Ley directamente a Moisés.

Los castigos de la Ley del Antiguo Testamento establecían una especie de equilibrio social. Se prescribía una compensación fija en casos de robo o daño, por ejemplo, pero la compensación alcanzaba hasta cuatro o cinco veces el valor del objeto robado o dañado, con el fin de frenar así el delito contra la propiedad ajena. («Propiedad» se entendía en un sentido más amplio que el moderno. Se incluía, por ejemplo, la esposa, los hijos y los esclavos del ofendido.)

Se castigaba el mal, más bien que al culpable. Castigaban a un hijo de rey que violara una ley que desconocía por completo (1 S 14.24-26). Por eso se repite en más de una ocasión: «Quitarás el mal de en medio del pueblo» (Dt 17.12; 19.19; 21.21). La santidad del Dios de Israel obligaba al pueblo a tener igual santidad (Lv 18.24-30). Cuando se descubría un delito y no se conocía a su autor,

había que ofrecer un sacrificio (Dt 21.1-9). En este contexto debemos incluir la → BLASFEMIA (Lv 24.14-16,23) y la → IDOLATRÍA (Lv 20.2), que se penaban con la muerte. Estos delitos contaminaban a todo el pueblo y podían acarrear la cólera de Dios y por lo tanto la destrucción no solo del culpable, sino de toda la nación.

Algunos delitos brindaban a los parientes la posibilidad de vengarse ojo por ojo. Entre estos estaban el asesinato, el deshonor al padre (Éx 21.15,17); el adulterio (Lv 20.10); el rapto (Éx 21.16).

En el contexto del Nuevo Testamento, el concepto de castigo por infracción de la Ley varía a causa de las influencias griega y romana. En tiempos de Jesús, toda Palestina estaba ocupada por los romanos y estos tenían una fuerte presencia militar, cultural, política y jurídica. El Nuevo Testamento muestra un ambiente legal propio de las ciudades grecolatinas de Asia Menor, Grecia y Roma que contrastaba con el ambiente del Antiguo Testamento. Vemos en Hechos que protegen a Pablo gracias a la legislación romana en una corte presidida por una autoridad romana y en donde las decisiones parecen más reguladas (Hch 23–25). En muchos pueblos pequeños de la Palestina judía, el rabino o el escriba ocuparon paulatinamente el papel de árbitros que ayudaban a solucionar los conflictos legales. Sin embargo, también ese papel, con menos misericordia, podía ser asumido por la autoridad militar romana que ocupaba Palestina. (Sobre castigos específicos, → APEDREAR; CEPO; AZOTES; AHORCADURA, etc.)

CÁSTOR Y PÓLUX Emblema del barco en que condujeron prisionero a Pablo a Roma (Hch 28.11). Traducción (RV) del vocablo griego *Dioscourois* (hijos de Zeus). Según la mitología griega, eran dioses gemelos, protectores particulares de los marineros. Sus imágenes se grababan en la proa de los barcos.

CATACUMBAS Túneles subterráneos entrecruzados en que se enterraban a los muertos.

Los cristianos utilizaban las famosas catacumbas de Roma, que se extendían por cientos de kilómetros, como refugio para escapar de la persecución del Imperio Romano. Allí también celebraban cultos. Estaban situadas fuera de la ciudad, de ocho a veinte metros debajo de la tierra. La Biblia no las menciona.

CÁTEDRA → Silla.

CAUTIVERIO Con la palabra cautiverio se han integrado una serie de hechos históricos que, por su significado cultural y religioso, desbordan su contenido semántico. Cautiverio designa dos procesos históricos diferentes que tienen como hechos culminantes los siguientes: uno, la destrucción de Samaria, capital del reino del norte (Israel) en 722 a.C. a manos de los asirios; dos, el sitio y la destrucción de Jerusalén capital del reino del sur (Judá) en 586–7 a manos de los babilonios. La destrucción de estas dos ciudades significó la destrucción de una forma de vida y obligó a los teólogos de la época a plantearse el porqué de lo sucedido. Una vez que lo que se considera centro del universo desaparece, es urgente resolver el profundo sentimiento de caos que inunda por igual a los que quedaron en el país destruido y a los que salieron cautivos. El libro de Lamentaciones aporta una muestra del dolor y la desolación que sintieron quienes vivieron esta época: «¡Cómo ha quedado sola la ciudad populosa! La grande entre las naciones se ha vuelto como viuda, la señora de provincias ha sido hecha tributaria» (Lm 1.1). Estas personas vieron el «fin de su mundo».

Lamentaciones expresa también la orientación que iría tomando la reflexión teológica en su búsqueda de comprender lo sucedido y construir otro mundo. Los teólogos miran hacia atrás para evaluar el pasado y llegan a una conclusión: «Jehová es justo; yo contra su palabra me rebelé. Oíd ahora, pueblos todos, y ved mi dolor; mis vírgenes y mis jóvenes fueron llevados en cautiverio» (Lm 1.18). Entienden que lo que les está pasando es el resultado de una persistente práctica de opresión contra los pobres y de idolatría. En estos últimos dos conceptos se puede resumir el mensaje de los profetas desde Elías hasta Jeremías: el pueblo que el mismo Dios había creado y arrancado de la muerte de entre las garras de Egipto había olvidado la mano liberadora de su Dios y actuaba igual que los antiguos capataces egipcios.

Lamentaciones concluye con una súplica: «Vuélvenos, oh Jehová, a ti, y nos volveremos; renueva nuestros días como al principio» (Lm 5.21). Esa súplica es programática. Los cautivos del reino del sur inician un proceso de reconstrucción de la tradición yavista que continuará fortaleciéndose con la reconstrucción del templo y de Jerusalén alrededor del 520 a.C. y la recopilación de lo que hoy conocemos como el Pentateuco.

Cautiverio de Israel

Mientras Israel estaba en su apogeo político y económico (2 R 14.23-29), Asiria iniciaba su conquista de Occidente. Dios usaría a esta nación para castigar la injusticia y la idolatría del reino de Israel, de acuerdo con las profecías de → Amós y → Oseas.

El cautiverio empezó cuando → Tiglat-pileser invadió a Israel, siendo rey → Peka, y llevó cautivos a muchos habitantes de la parte norte del reino (2 R 15.29). La nación se vio obligada a pagar tributo por varios años, aunque al fin se rebeló (2 R 17.4) en un esfuerzo por recuperar su independencia. Salmanasar, emperador de Asiria, sitió a Samaria, capital del reino del norte, en 722 a.C. Su sucesor acabó de conquistarla unos meses más tarde. Así terminó el reino de las diez tribus del norte (2 R 17.18). A muchos israelitas (27.290 según inscripciones de Sargón) los llevaron a Asiria y colocaron en varias ciudades (2 R 17.6; 18.11). Al mismo tiempo, llevaron gente de las ciudades del Imperio Asirio para poblar las ciudades de Israel (2 R 17.24; Esd 4.10).

Aunque esto puso fin a la historia política del reino del norte, la suerte de sus habitantes fue variada. Sin duda, a muchos de los

Escena de una tumba que representa la construcción de ladrillos en el antiguo Egipto. Durante sus años de esclavitud en Egipto, el pueblo hebreo realizó este tipo de tareas.

cautivos los asimilaron los pueblos a donde los llevaron. Algunos de los que quedaron en Israel se mezclaron con la gente traída del este, y de ellos surgió el grupo étnico conocido como → SAMARITANOS. Además, hay indicios de que algunos de los israelitas del norte inmigraron a Judá (sobre todo levitas) o por lo menos participaron en su religión, pues las reformas de Ezequías y Josías alcanzaron a los que quedaron en el norte (2 R 23.15-20; 2 Cr 30.1-5,11,18; 35.18). También es posible que algunos de los cautivos en Asiria regresaran a Judá con los que volvieron de Babilonia después del edicto de → CIRO.

Cautiverio de Judá

Los profetas Amós y Oseas anunciaron que el cautiverio de Israel se debió a su rebelión contra Dios, y los profetas Isaías, Miqueas, Sofonías, Jeremías, Habacuc y Ezequiel proclamaron que a Juda le esperaba la misma suerte. Judá se aprovechó de la caída de Asiria y gozó de un breve avivamiento nacional, pero después de la muerte del rey Josías cayó bajo el dominio de Egipto. En la lucha por la supremacía en el Medio Oriente, los babilonios enviaron sus ejércitos para conquistar a Egipto. En camino hacia el sur conquistaron a casi toda Palestina y sitiaron a Jerusalén donde reinaba Joacim, ya vasallo

de Egipto. Joacim murió durante el sitio, y tres meses más tarde (597 a.C.) su hijo Joaquín entregó la ciudad a los babilonios. Entonces tuvo lugar la primera de las tres deportaciones de habitantes de Judea a Babilonia. En 2 Reyes 24.12-17 se describe cómo llevaron a Babilonia al joven rey, su madre, los tesoros del palacio y del templo, y 10.000 cautivos. Entre ellos quizás se encontraban → DANIEL, muchos de la nobleza y la mayoría de los artesanos de la capital; «no quedó nadie excepto los pobres», dice el relato.

Los babilonios pusieron a Sedequías, otro hijo de Josías, en el trono de Judá y este reinó once años. Los que habían quedado ocuparon las casas y las posiciones de los primeros cautivos y la vida nacional continuó. En 587, engañado por la promesa de ayuda de Egipto y confiando en su propia capacidad para luchar, el rey se rebeló contra Babilonia. La venganza de Nabucodonosor fue inmediata y terrible; después de un sitio mucho más severo, la capital cayó aniquilada por el hambre. Quemaron el templo, el palacio y muchas casas, y derribaron los muros de la ciudad. Los escasos tesoros y la poca gente influyente que quedaron se llevaron a Babilonia. En 2 Reyes 25.8-21 y Jer 39.8-10; 40.7; 52.12-34 se describen esta segunda deportación.

El general babilonio puso a Gedalías, el administrador del palacio, como gobernador de Judá. Este gobernó desde el pueblo de Mizpa puesto que Jerusalén estaba en ruinas. Unos meses más tarde lo asesinó un grupo de nacionalistas y muchos judíos huyeron a Egipto para evitar una suerte semejante; al profeta Jeremías lo obligaron a acompañarlos. Los babilonios llevaron un tercer grupo de cautivos como represalia por la muerte del gobernador.

La situación de los cautivos en Babilonia variaba mucho según las circunstancias. Algunos sufrían y añoraban sus casas y su tierra (Sal 137.1-6; Is 14.3; 42.22; 47.6; 51.7, 21-23). Al rey Joaquín lo sacaron de la cárcel, pero vivía como un rey cautivo (2 R 25.27-30). Muchos judíos vivían en colonias cerca de la ciudad de Nipur (Ez 1.1; 3.15); construyeron sus casas (Jer 29.5; Ez 8.1); se casaron (Jer 29.6; Ez 24.18) y prosperaron en el comercio (Is 55.1,2; Zac 6.9-11). Ciertos documentos de Babilonia indican que por lo menos un banco tenía muchos clientes judíos. Como consecuencia, algunos judíos abandonaron la fe de sus padres para adorar a los dioses benefactores de Babilonia (Is 46.1-12; 50.11; Jer 44).

El cautiverio terminó con el edicto de → Ciro de Persia que liberó a los judíos y les permitió regresar a Palestina para reconstruir el templo. Algunos regresaron bajo la dirección del príncipe Zorobabel de la línea de David y Josué el sumo sacerdote. Con la culminación del templo bajo el estímulo de la predicación de Hageo y Zacarías, en 516 a.C., finaliza el período del cautiverio.

Por encima de la crisis que el cautiverio representó para Israel, las consecuencias positivas fueron notables. El pueblo examinó su fe y comprendió mejor la providencia divina. Aceptó la prueba como un juicio de Dios en el que no faltaron el amor y la fidelidad del pacto divino (Is 54.9-13; Jer 31.2-3). Surgió un nuevo pacto y una nueva responsabilidad del pueblo de Dios: anunciar al mundo el amor y la soberanía de Dios (Is 43.10-12; Jer 31.31-34; Ez 36.26).

Fue una época de mucha actividad literaria. Los libros proféticos se copiaron y estudiaron; la historia de los reinos de Israel recibió su forma final. El pueblo aprendió a adorar a Dios sin los sacrificios del templo, y posiblemente en esta época se inició la costumbre de reunirse en → SINAGOGAS. El cautiverio afectó mucho el concepto bíblico del juicio divino y de la revelación.

CAZA La primera mención que la Biblia hace acerca de la caza aparece en Gn 9.2-4. La caza no se menciona antes del diluvio.

En el Antiguo Testamento no se menciona la caza como un pasatiempo. Se respetaba la vida de los animales y solo se cazaban para obtener comida o por defensa propia si estos atacaban (Éx 23.28,29; 1 R 13.23,24). Las leyes dadas a los israelitas aun especificaban los animales que se podían cazar y comer (Dt 12.15,22; 14.3-21). En Gn 27.3 se mencionan algunas armas de caza y otras en Job 19.6; 41.28; Sal 91.3 y Ez 19.8.

El acto de cazar lo emplearon los escritores de la Biblia para simbolizar hechos de guerra (Jer 16.16; Pr 6.5; 12.27; Ez 13.18,20; Sal 140.11). Fueron vigorosos cazadores → Nimrod (Gn 10.9) y → Esaú (Gn 25.27; 27.3).

CEBADA Planta gramínea muy parecida al trigo. Se sembraba generalmente a fines del otoño y se cosechaba desde el tiempo de Pascua en adelante. En Dt 8.8 dice que Palestina era «tierra de trigo y de cebada». La cebada se utilizaba como alimento para bestias de carga (1 R 4.28) y para hacer pan (2 R 4.42; Ez 4.9,12), aunque inferior al de trigo. Los granos tostados eran de apetecible consumo (2 S 17.28). También se usaba como ofrenda (Nm 5.15). Los vendedores ambulantes de comestibles ofrecían panes de cebada en sitios concurridos (Jn 6.9).

CEDAR Segundo hijo de Ismael (Gn 25.13; 1 Cr 1.29) y padre de una tribu grande y poderosa. Los cedaritas habitaban en tiendas hermosas y codiciables (Sal 120.5; Cnt 1.5; Is 21.13-17) y en aldeas sin muros (Is

42.11). Eran pastores de ganado y camellos (Is 60.7; Jer 49.28,29,32) y comerciaban con Tiro (Ez 27.21). Por lo general, se localizaron al este de Transjordania, pero en ciertas épocas se extendieron al sur de Palestina hasta la frontera de Egipto.

Por ser una tribu fuerte, a veces se usa Cedar como un término general para los beduinos o árabes. Se menciona frecuentemente en los profetas. En los anales de Asurbanipal (668–631 a.C.) se menciona (casi sinónimo con árabes) en batallas contra Asiria. Primero la derrotó Asiria y luego Babilonia (Jer 49.28).

CEDES Nombre dado a diferentes ciudades.

1. Ciudad situada en el extremo sur de Judá o Simeón (Jos 15.23; 19.9,37). Posiblemente sea Cades-barnea.

2. Pueblo en el territorio de Isacar (1 Cr 6.72), entregado a los gersonitas. Quizás sea Tel Abu Kades, cerca de Meguido.

3. Ciudad de refugio en la tierra de Neftalí (Jos 12.22; 19.37; 21.32; 1 Cr 6.76). De este lugar era Barac y allí este reunió a su ejército para guerrear con Sísara (Jue 4.6,10). Los asirios, bajo Tiglat-pileser, tomaron la ciudad y llevaron cautivos a los habitantes (2 R 15.29). Cedes fue el escenario de la batalla entre Jonatán macabeo y Demetrio (1 Mac 11.63). Quedaba a unos 7 km al norte del lago de Merom.

CEDRO Árbol majestuoso y alto (Is 2.13; Am 2.9) que abundaba sobre todo en el monte Líbano (1 R 5.6-10; Sal 29.5) donde todavía existen. Eran de tipo *abies cedrus* o *cedrus libani*.

Su madera era muy apreciada en la construcción de palacios y templos (2 S 5.11; 1 R 6.9-20), mástiles para barcos (Ez 27.5), carrozas (Cnt 3.9) e ídolos (Is 44.14). El cedro simbolizaba fuerza (Sal 29.5; Is 9.10), esplendor (Cnt 1.17; Jer 22.14) y gloria (Sal 80.10; Zac 11.1).

Según parece, había en el desierto de Sinaí una madera llamada cedro que se usaba

Foto de Howard Vos

Los cedros del Líbano, que antiguamente abundaran en las montañas de Palestina, han sufrido por la tala indiscriminada durante siglos. En la actualidad solo quedan unas arboledas aisladas.

en una purificación levítica (Lv 14.4-6,49-52; Nm 19.6). Este no puede ser el mismo cedro del Líbano; tal vez sea el *juniperus oxycedrus*.

CEDRÓN (en hebreo, *torrente turbio* o *negro*). Arroyo y valle que separa a Jerusalén del Monte de los Olivos. Comienza 2 km al noroeste de Jerusalén y luego gira al sur formando una cañada al este de la ciudad. La primera parte se llama actualmente Wadi el-juaz y la que está frente a Jerusalén, Wadi Sitti-Miriam. Al sudeste se une con el valle de Hinom, formando el Wadi en-Nar, y sigue serpenteando hasta desembocar en el mar Muerto.

Entre la Puerta de Esteban y el huerto de Getsemaní, donde el Cedrón tiene 30 m de profundidad y 120 de ancho, un puente atraviesa el valle. Quizás David lo cruzó en este punto cuando huía de Absalón (2 S 15.23,30), y Jesús cuando caminaba hacia Getsemaní y el Monte de los Olivos (Jn 18.1). Más al sur se halla la Fuente de la Virgen, o sea, el antiguo Gihón, cuyas aguas Ezequías desvió mediante un acueducto (2 Cr 32.4, 30).

Las laderas de Cedrón, sobre todo al sur de Gihón, se han usado para sepulcros desde la antigüedad (2 R 23.6; cf. Jer 31.40). Puesto que se consideraba que los sepulcros contaminaba a todo aquel que los tocaba, varios reyes piadosos destruyeron allí los ídolos y las abominaciones que contaminaban a Jerusalén, despreciando así la idolatría (1 R 15.13; 2 R 23.4,6,12; 2 Cr 29.16; 30.14; 34.4).

Al sur de la ciudad el valle se ensancha y, al unirse con el valle de Hinom, forma un terreno fértil que antiguamente se llamaba el «huerto del rey» (Neh 3.15). Al extremo sur se halla la fuente de Rogel donde Adonías celebraba su ascensión al trono, mientras en la fuente de Gihón, 800 m al norte, se ungía a Salomón como rey (1 R 1.9,38s).

Desde el siglo IV d.C. se ha conocido como el «Valle de Josafat». La tradición judía y mahometana lo señala como el escenario del juicio final, debido a la profecía de Joel 3.2,12,14. Pero es probable que Joel se refiera a otro valle al norte de Jerusalén.

El Cedrón permanecía seco la mayor parte del año, pero después de una lluvia fuerte corrían por su cauce torrentes impetuosos. Ahora su lecho está cubierto con hasta 12 m de suelo. Pero antiguamente las aguas de Gihón y las del templo corrían por aquí. Quizás Ezequiel hacía alusión a esto cuando profetizaba acerca del río de divina gracia que renovará al mundo (47.1-12).

CEFAS → PEDRO.

CEGUERA Como afección corporal se pueden distinguir dos tipos de ceguera: por enfermedad y por accidente. La ceguera es una enfermedad frecuente en Oriente debido a factores climáticos y procesos infecciosos como el tracoma. Por este hecho las citas bíblicas son numerosas y se mencionan al menos dos tipos de esta afección: la ceguera de nacimiento (Jn 9.1); y la ceguera debido a la vejez (producida tal vez por cataratas), como en los casos de Isaac (Gn 27.1), Jacob (Gn 48.10) y el profeta Ahías (1 R 14.4). Dada la frecuencia de la ceguera en el antiguo Israel, esta constituyó un problema social; la Ley Mosaica contenía disposiciones (Lv 19.14) y

penalidades (Dt 27.18) para los que maltrataran a los ciegos. La ceguera se tenía por imperfección: los ciegos no podían ejercer funciones sacerdotales (Lv 21.18), y estaba prohibido ofrecer en sacrificio un animal ciego (Dt 15.21). Los padecimientos del ciego están objetivamente descritos en Dt 28.28, 29 e Is 59.10. Jesús en su ministerio terrenal curó muchos ciegos (Mt 12.22; 15.30s; 20.29-34; Mc 8.22ss; 10.46ss; Lc 4.18s; Jn 9.1-15), lo cual constituye un milagro insigne (Jn 10.21; 11.37).

Algunos pueblos enemigos de Israel acostumbraban a sacarles los ojos a los prisioneros de guerra como castigo: a Sansón lo cegaron los filisteos (Jue 16.21) y al rey Sedequías los caldeos (2 R 25.7). En ocasiones, Dios mismo envía la ceguera (Gn 19.11; Éx 4.11; Dt 28.28s; Hch 13.11).

En sentido metafórico la ceguera se usa a menudo como ilustración de ignorancia (Sal 115.5-7; 2 Co 4.4) o rebeldía (Is 6.10; Mt 23.16-26; Jn 9.39ss).

CELO La palabra «celo» en griego se dice que proviene de una raíz que nos remite a los significados de caliente, ferviente, entrar en ebullición. Celos traduce bien la palabra hebrea *qin'ah* cuya raíz «designa el rojo que sale al rostro de un hombre apasionado». Según su motivo, el celo puede ser bueno (Sal 69.9; 2 Co 7.7), o malo (Nm 5.14; Hch 5.17).

En el Antiguo Testamento Jehová dice de sí mismo que es un Dios celoso (Éx 20.5; 34.14; Dt 5.9; Nah 1.2). En su celo por Israel, su pueblo, se autocompara a un esposo celoso por la conducta de su compañera. Esta perspectiva acerca de Dios nos indica que Él no actúa fríamente ante las situaciones. Su amor lo lleva al celo.

Jehová «se enciende» por el amor a los seres humanos y a su creación. Sus acciones, aun las más violentas, tienden a no mostrar su propio interés, sino su amor espontáneo.

Pero el eje del celo de Dios es su decidida oposición a la → IDOLATRÍA. No se encela por proteger su honor, como lo haría una persona engañada que trata de defender su dignidad lastimada tomando algún tipo de venganza. Dios exige la obediencia a la Ley no por el contrato en sí que denominamos → PACTO, sino porque cuando el pueblo rompe con la Ley y adora a otros dioses, esto produce innumerables víctimas.

El Nuevo Testamento no menciona que Dios es celoso, sino que el Hijo de Dios lo es (Jn 2.17). Sus hijos espirituales demuestran «celo santo» hacia la santidad de Dios y su reino (2 Co 7.11; 9.2; 11.2). Más frecuente en el Nuevo Testamento, sin embargo, es la mención del celo pecaminoso, que estorba las relaciones entre un cristiano y Dios (1 Co 3.3; Gl 5.20; Stg 3.14,16).

El peligro en cuanto al celo humano por las cosas de Dios está en que podemos reproducir con mucha facilidad, bajo el manto de la defensa de la santidad de Dios, las prácticas que llevaron a Jesús a la cruz. Esto nos debe llevar a valorar las intenciones más profundas que nos mueven a actuar con celo. El celo santo por Dios y su obra debe mostrarse en una actitud flexible, autocrítica, de discernimiento de nuestros corazones. Y sobre todo, debe alimentarse con un profundo amor a Dios, a nosotros y al prójimo.

CENA DEL SEÑOR Sencilla fiesta ritual ordenada en la Iglesia por Cristo («haced esto en memoria de mí», Lc 22.19), y denominada hoy a veces eucaristía (en griego, *acción de gracias*) o santa → COMUNIÓN. Conmemora la muerte expiatoria de Jesucristo y a la vez simboliza la unidad de los cristianos y su reiterada fe en la pronta venida de su Señor.

La última cena que Jesús comió con sus discípulos, durante la Fiesta de la → PASCUA en la víspera de su crucifixión, sirve de base para la actual Cena del Señor. Evidentemente fue para Él un momento de extraordinaria importancia (Lc 22.15). Dio instrucciones precisas en cuanto a los preparativos (Mt 26.17ss y //), y tomó precauciones para que Judas, y por ende los líderes judíos, no supieran de antemano dónde comerían (→ APOSENTO ALTO).

El → LAVAMIENTO de los pies que Jesús hizo a sus discípulos (Jn 13.4-17) dio inicio a la celebración de la cena pascual muy cargada en sí de simbolismo religioso. Luego Jesús tomó el pan, y lo partió y distribuyó entre sus discípulos diciendo: «Esto es mi cuerpo que por vosotros es partido; haced esto en memoria de mí» (1 Co 11.24). Después los invitó a tomar de la copa de vino, y dijo: «Esta copa es el nuevo → PACTO en mi sangre; haced esto todas las veces que la bebiéreis, en memoria de mí» (v. 25). Esta versión paulina de las palabras de institución, parecida a la de Lucas (22.15-20), ha de compararse con la de Marcos (14.22ss), la cual Mateo ha seguido de cerca (26.26-30).

Frente a la dificultad de fijar la fecha precisa de la institución de la Cena del Señor (→ JESUCRISTO), algunos eruditos han tratado de separar por completo esta fiesta cristiana de la tradición pascual. Afirman que Jesús murió precisamente a la hora en que solía sacrificarse el → CORDERO pascual (Jn 19.14, 31) y que, por tanto, no pudo haber celebrado la comida de la Pascua la noche anterior. Datos descubiertos recientemente en → QUMRÁN, sin embargo, parecen indicar que hubo discrepancias en los calendarios judíos de aquel entonces que quizá permitieran armonizar los relatos sinópticos con el juanino.

Sea la fecha el 14 ó 15 de → NISÁN, indudablemente los pensamientos de Jesucristo, al sentarse a la mesa, giraban alrededor de la Pascua. Por sus palabras, y mediante un simbolismo profético, el Señor comunica a los suyos que el significado original de la Pascua adquiere una nueva dimensión y cumple la → TIPOLOGÍA del Antiguo Testamento. Hace del pan y del vino nuevas parábolas de su sacrificio inminente y emblemas de su muerte que se verificaría por la → EXPIACIÓN del pecado humano y la → PROPICIACIÓN de la justicia de Dios. Por analogía, Cristo hace así que los suyos se identifiquen con una nueva liberación del «Egipto» del pecado en cada celebración de la Cena del Señor.

Algunos cristianos, y en particular los catolicorromanos, han interpretado literalmente las palabras de la institución: «este pan es mi cuerpo ... esta copa es mi sangre». Otros aseveran que el verbo «ser» tiene aquí el valor exegético de «significa», como en Gn 41.26; Dn 7.17; Lc 8.11; Gl 4.24; y Ap 1.20, además de que en el arameo hablado por Jesús el «es» faltaría del todo. De ahí se cree que el Señor hablaba metafóricamente.

En la iglesia primitiva, se acostumbraba antes de la Cena del Señor una comida común que conmemoraba las ocasiones alegres en que Jesucristo partía el pan con sus discípulos (por ejemplo, Lc 24.30; Jn 21.9ss; cf. Jn 6.11 y el «partimiento del pan» de Hch 2.42,46; 20.7; etc.). Parece que en Corinto estas fiestas o → ÁGAPES se convirtieron en ocasiones egoístas para embriaguez y glotonería que merecieron una severa reprensión de Pablo (1 Co 11.20ss). El apóstol advirtió del juicio que espera a los que participan de los elementos «indignamente ... sin discernir el cuerpo» (vv. 27-34).

CENCREA Uno de los puertos de → CORINTO (a 11 km de la ciudad), situado en el golfo Sarónico al lado oriental del istmo. Al otro lado se hallaba el puerto de Lecheum. En Cencrea Pablo se cortó el pelo como señal de su voto y de allí emprendió viaje para Éfeso (Hch 18.18). Romanos 16.1 indica que existía una iglesia en Cencrea, de la que → FEBE era diaconisa.

Pablo conoció el puerto de Cencrea, ya que de ahí zarpó cuando abandonó Corinto para viajar a Éfeso y luego a Siria (Hch 18.18). Cuando escribió su carta a los romanos (tal vez desde Corinto), Pablo recomendó a la iglesia de Roma que recibiera dignamente a Febe, diaconisa de la iglesia de Cencrea (Ro 16.1-2), quien iba a viajar a Roma en ese momento.

CENEOS (en hebreo, *herrero* o *artífices en cobre*). Tribu madianita (Nm 10.29; Jue 1.16; 4.11) que habitaba la tierra prometida (Gn 15.19). Su relación con los madianitas y luego con los amalecitas puede indicar que eran nómadas artesanos en hierro y cobre. Moisés llegó a ser yerno de un ceneo (Éx 2.18; Nm 10.29; Jue 1.16; 4.11) e invitó a Hobab (¿su cuñado?) a acompañar a los israelitas. Así que los ceneos acompañaron a Judá en la posesión de su heredad (Jue 1.16; 1 S 27.10), pero permanecieron en el sur del país (quizás para seguir explotando los metales del Neguev y el Arabá). Saúl los perdonó cuando guerreaba contra los amalecitas (1 S 15.6). David cultivó amistad con ellos (1 S 30.26-29). Se ha sugerido que los israelitas aprendieron su «yahveísmo» de los ceneos. Pero la teoría no tiene apoyo bíblico. Más bien Moisés instruyó a Jetro en la religión de Jehová (Éx 18.10-12). Primero de Crónicas 2.55 puede indicar que los → RECABITAS eran de ascendencia cenea.

CENEZEOS Antiguo pueblo de Canaán, cuya tierra Dios prometió a Abraham (Gn 15.19), y cuya ascendencia es posible trazar hasta Esaú (Gn 36.9-11,15,42; 1 Cr 1.36,53). Hay autores que identifican a Cenez, descendiente de Esaú, con el Cenaz mencionado en 1 Cr 4.13-15, aun cuando tal identificación no sea del todo necesaria, y afirman que algunos cenezeos se unieron a Judá. En este caso Caleb, el cenezeo (Nm 32.12; Jos 14.6, 14), sería descendiente de esta familia edomita.

CENIZAS Término simbólico que representa la vanidad (Is 44.20), la inmundicia (Job 30.19), la desgracia (Sal 102.9), la vergüenza (2 S 13.19), la humillación ante Dios (Gn 18.27; Job 42.6) y el arrepentimiento (Dn 9.3; Mt 11.21).

Las cenizas se usaban en la purificación ritual de los inmundos (Nm 19.9,10,17; Heb 9.13). En cuanto a los sacrificios, había instrucciones específicas sobre la disposición de las cenizas restantes y la limpieza del altar después del holocausto (Lv 6.9-11). Jeremías llamó al valle donde se quemaban los cadáveres, el «valle de la ceniza» (Jer 31.40).

CENSO Enumeración y registro de los ciudadanos de un pueblo. En la antigüedad lo practicaban los romanos y las civilizaciones del Antiguo Oriente. El Antiguo Testamento menciona cinco cómputos formales hechos de la población hebrea. El primero (Éx 30.11-16; 38.26), para la ofrenda del tabernáculo, y el segundo (Nm 1–3), para el servicio militar (quizás basado en el primero), se realizaron en el monte Sinaí y dieron como resultado un número de 603.550 hombres mayores de 20 años.

El tercer censo (Nm 26), realizado cuando iban a entrar en Canaán, sirvió tanto de base para la división de la tierra como para propósitos militares, y su resultado fue de 601.630. Así, todo el pueblo que atravesó el desierto llegaría a unos 2.500.000, número sorprendentemente alto. El cuarto censo lo hizo David, según parece por orgullo militar (2 S 24). Ya que el país no pertenecía al rey sino a Jehová, solo Él tenía derecho de conocer el número de sus súbditos. Por tanto, la conciencia popular condenó el censo, y Dios, aunque provocó la ocasión de levantarlo (castigando el pecado de rebelión contra David), respondió con ira a esta arrogancia. La suma de 1.300.000 hombres de guerra (2 S 24.9; cf. 1 Cr 21.5) implicaría una población total de 5.000.000, que sería densa aun para el día de hoy.

El quinto censo se hizo con los que volvieron de Babilonia (Esd 2; cf. Neh 7.6-69) para fijar las herencias en la Tierra Santa, y dio como resultado 42.360. El Nuevo Testamento menciona dos censos romanos: Lc 2.1ss y Hch 5.37. (→ CIRENIO.) Recordemos, sin embargo, que no es fácil determinar con certeza si estos números son exactos, ya que en la antigüedad no se usaban números sino letras con equivalencia numérica.

CENTINELA Uno que guardaba, de día o de noche, una ciudad, un ejército o una viña contra ladrones y el ataque de enemigos. A veces se situaba en una torre o en una colina para poder observar toda la ciudad.

Por las frecuentes guerras en Israel, la figura del centinela era bien conocida. Gedeón atacó a los madianitas cuando estos acababan de relevar a los centinela (Jue 7.19). Jerusalén tenía centinelas que vigilaban la ciudad de día y de noche (Sal 127.1).

Isaías compara al profeta con el centinela que está sobre la atalaya para dar aviso (Is 21.6,8). Ezequías, en el pasaje clásico (Ez 33.1-9), describe el trabajo y la responsabilidad del atalaya.

CENTURIÓN Oficial romano que mandaba 100 soldados. Casi todos los centuriones eran romanos y soldados profesionales. Constituían la columna vertebral del ejército romano. En el Nuevo Testamento se mencionan a menudo. Por ejemplo, el comandante de los soldados que crucificaron a Jesús fue el primero en atribuir a este el título de «Hijo de Dios» (Mc 15.39,44) y → CORNELIO, prosélito judío, fue la primicia del cristianismo entre los gentiles (Hch 10).

Un centurión se compadeció de su siervo enfermo a tal grado que buscó a Jesús para que lo curara (Lc 7.1-10). El centurión Julio cumplió con su deber y salvó la vida de Pablo (Hch 27.1).

CEPO Instrumento de castigo, al que solo se alude en pasajes tardíos del Antiguo Testamento. Constaba de dos grandes piezas de madera, entre las cuales quedaban apresados los pies y, algunas veces, las manos y el cuello del prisionero. Los profetas Jeremías (Jer 20.2-3) y Hanani (2 Cr 16.10) sufrieron el cepo. Y Job alude a él metafóricamente para expresar su aflicción (Job 13.27; 33.11).

En Hch 16.24 se emplea la palabra griega *xylon* (*objeto hecho de madera*) en relación con el incidente de Filipos, cuando encarcelaron y pusieron en el cepo a Pablo y Silas.

CERDO → PUERCO.

CERETEOS Pueblo que probablemente tuvo su origen en Creta y vivía al lado de los filisteos, en el sudoeste de Canaán (1 S 30.14; Ez 25.16; Sof 2.5). Con los peleteos formaban el cuerpo de guardia de David bajo la dirección de Benaía, uno de «los valientes»

(2 S 8.18; 20.23; 1 Cr 18.17). Permanecieron fieles a David durante las rebeliones de Absalón (2 S 15.18) y de Seba (2 S 20.7), y presenciaron el ungimiento de Salomón (1 R 1.38,44).

CERVIZ Parte posterior del cuello. En sentido figurado, representa el acto de huir del enemigo, volviéndole la espalda (Éx 23.27). La cerviz endurecida simboliza obstinación o rebeldía delante de Dios (Éx 33.3; etc.) y la actitud del pecador (Dt 31.27; 2 R 17.14; Pr 29.1; Hch 7.51).

En la antigüedad, los conquistadores solían poner el pie sobre el cuello de los príncipes postrados, en prueba de subyugación (Jos 10.24), figura que se aplicaba también en otras circunstancias (por ejemplo, Gn 27.40; Hch 15.10).

CÉSAR Sobrenombre original de la familia juliana en Roma. Después de haber sido dignificado en Julio César, se hizo nombre usual de los miembros de su familia que subían al trono. El último de estos fue Nerón, pero dicha denominación la conservaron sus sucesores, como una especie de título perteneciente al emperador.

A pesar de la tradición republicana de Roma, el César era en realidad un monarca (Jn 19.12,15), como se ve en el juramento universal de obediencia. El culto al César que surgió más tarde llegó a ser para los cristianos el problema terrible que forma el antecedente histórico de → APOCALIPSIS. Los Evangelios se refieren a → AUGUSTO César (30 a.C.–14 d.C.) en Lc 2.1, y a → TIBERIO (14–37 d.C.) en Mc 12.14//; Lc 3.1; 23.2; Jn 19.12,15. Calígula (37–41 d.C.) no aparece en el Nuevo Testamento. Hechos menciona a → CLAUDIO (41–54 d.C.) en 11.28; 17.7 y 18.2. El César a que se refieren Hch 25–28 y Flp 4.22 es → NERÓN (54–68 d.C.). A veces César es símbolo de cualquier príncipe terrenal o del estado en general (Mc 12.17//).

CESAREA Ciudad situada a unos 104 km al noroeste de Jerusalén, en la costa del Mediterráneo. Fue construida (29–20 a.C.) por Herodes el Grande en el sitio de la Torre de Estratón, en honor de Augusto César. Llegó a ser el asiento del gobierno oficial de Roma en la Tierra Santa, bajo los procuradores y los reyes herodianos.

En el Nuevo Testamento, Cesarea aparece primeramente como la ciudad donde predicó

Estos rompeolas construidos por los romanos convirtieron a Cesarea en una importante ciudad portuaria mediterránea.

y residió Felipe (Hch 8.40; 21.8); después como refugio de Pablo mientras huía camino a Tarso (Hch 9.30), y donde Pedro convirtió al centurión Cornelio (Hch 10). Agripa I gobernó y murió aquí (Hch 12.19-23). Después de sus viajes misioneros, camino de Jerusalén, Pablo pasó por Cesarea (Hch 18.22; 21.8,16), y aquí, luego de su arresto en Jerusalén, fue llevado a la prisión. Compareció ante Félix y Festo (Hch 23.23,33; 24.27; 25.1ss) y de Cesarea zarpó para Roma (Hch 25.13ss).

Después de la época novotestamentaria Cesarea llegó a ser un centro importante para la iglesia antigua. Fue sede episcopal y de una escuela teológica donde fueron maestros Orígenes (185–254) y Eusebio (275–340).

CESAREA DE FILIPO Ciudad conocida por ser el escenario de la confesión cristológica de Pedro (Mt 16.13ss), situada al extremo sur del monte Hermón, donde nace la fuente principal del río Jordán. En la antigüedad fue lugar de culto al dios Pan; de allí el nombre de Paneas para la ciudad y toda la región vecina. Paneas llegó a formar parte de la tetrarquía de Felipe luego de la muerte de su padre Herodes el Grande (4 d.C.). Aquel remodeló y embelleció la ciudad, y la llamó Cesarea de Filipo, en honor de Tiberio César y de sí mismo.

En tiempos del Nuevo Testamento, Cesarea de Filipo era un importante centro de civilización grecorromana. Su influencia fue amplia según se desprende de las frases «la región de Cesarea de Filipo» (Mt 16.13) y «las aldeas de Cesarea de Filipo» (Mc 8.27).

Hoy se conoce con el nombre árabe de Banias, corrupción del nombre griego.

CETRO Vara que simboliza la autoridad de un legislador, usada especialmente por los reyes (cf. báculos, Nm 21.18). Los cetros del mundo antiguo eran de dos clases:

1. Largos: Surgen de la evolución del significado del bastón del anciano, y llegan a tenerse como símbolo de la sabiduría y soberanía del rey («los gobernadores» en Am 1.5,8 son, literalmente, «los que tienen el cetro»). Según Gn 49.10 el cetro era lo bastante largo como para que reposara entre los pies del rey.

2. Cortos: Surgen de la evolución de un arma primitiva; eran símbolo del poder conquistador del rey (cf. Nm 24.17).

El cetro del Mesías simboliza su soberanía y poder (Sal 45.6; 110.2). Los judíos pretendieron ridiculizarlo poniendo una caña en la mano de Jesús (Mt 27.29).

CETURA (*perfumada*). Esposa (o concubina) de Abraham después de la muerte de Sara. Sus hijos, que no tendrían parte en la herencia con Isaac, fueron enviados hacia el Oriente. Llegaron a ser progenitores de varias tribus árabes, de las cuales sobresale Madián (Gn 25.1-6; 1 Cr 1.32).

CHACAL Mamífero carnívoro de la familia de los cánidos de un tamaño intermedio entre el lobo y el zorro. Era común en todo Palestina. Por sus lastimeros aullidos nocturnos (Miq 1.8) y sus madrigueras en las ruinas, es considerado símbolo de desolación (Is 13.22; 34.13; Jer 9.11; 49.33, etc.). Se alimenta de carroña (Sal 63.10) que olfatea a la distancia (Jer 14.6), pero con todo, es ejemplo para el hombre en el cuidado de su cría (Lm 4.3). Se reúne en manadas, por lo que se cree que las → zorras de Jue 15.4 sean en realidad chacales.

CHIPRE Isla grande (de unos 236 km de largo y de una anchura que varía entre 8 y 80 km) en el Mediterráneo, cerca de la costa de Siria (al este) y de Asia Menor (al norte). Su terreno es montañoso (alcanza alturas de 2.300 m), y posee yacimientos minerales y considerable variedad de piedras preciosas. A esto se debe en parte el interés que tenían en la isla los fenicios en tiempos antiguos. En tiempos del Nuevo Testamento era una provincia imperial de Roma. Hechos 4.36 (la primera referencia novotestamentaria) afirma que → Bernabé era «natural de Chipre».

Es más, Chipre estuvo íntimamente ligada con el desarrollo del cristianismo primitivo (Hch 11.19,20). Fue allí donde Pablo inició su ministerio como misionero (Hch 13.4-12).

CHISMOSO → Calumnia.

CIELO Término que puede referirse a las regiones atmosféricas y siderales o a la morada de Dios. Con ambos sentidos suele usarse indistintamente en plural y singular tanto en el castellano como en los idiomas originales.

«Los cielos y la tierra»

Expresión que aparece en el primer versículo de la Biblia (Gn 1.1) y en otros muchos pasajes para designar todo el universo. Los escritores bíblicos aluden metafóricamente a las puertas o ventanas del cielo, las cuales se abren o se cierran para dar paso al agua o detenerla (Dt 11.17; Sal 78.23). Se habla del sol, la luna y los astros como si estuvieran colocados en el cielo (Gn 1.14-17). Sería un error interpretar al pie de la letra tales metáforas escritas en una época precientífica.

Los tres cielos

En 2 Co 12.2 se menciona «el tercer cielo» de donde se deduce la existencia del primero y segundo cielo. Sin embargo, en la Biblia no se habla de ello. Puede ser que el primero sea la atmósfera que rodea nuestro planeta; el segundo, el espacio físico más allá de la atmósfera; y el tercero, la morada de Dios. Pablo fue arrebatado hasta el tercer cielo, pero se le prohibió divulgar lo que allí vio y oyó (2 Co 12.1-9). Según parece, Juan tuvo una experiencia similar (Ap 4.1) en la cual basó la mayor parte de Apocalipsis.

Lo fundamental en estas experiencias de Pablo y Juan no es lo que nos permiten descifrar en cuanto a la estructura del cielo, sino lo que aportan al conocimiento de Dios.

La morada de Dios

En varios pasajes aparece el cielo como morada de Dios y los seres que con Él habitan. Por ejemplo: «Padre nuestro que estás en los cielos» (Lc 11.2). Con Dios viven «los ejércitos de los cielos» (Neh 9.6) y los ángeles (Mc 13.32). Después de su resurrección, Cristo ascendió al cielo (Hch 1.11) y de allí volverá otra vez (1 Ts 4.16).

A veces cielo es sinónimo de Dios. El hijo pródigo dice: «He pecado contra el cielo y contra ti» (Lc 15.18). Ejemplo conocido es el término «reino de los cielos» en Mateo, evidentemente sinónimo de «reino de Dios».

La Biblia le promete al hombre regenerado una morada en el cielo (Jn 14.1-3). Hebreos 2.10 lo llama «la gloria». Hay una herencia incorruptible reservada en el cielo para los creyentes (1 P 1.4). El cielo es un lugar de bendición, mientras que el infierno promete tormento y miseria.

La referencia en Ap 21.1 a «un cielo nuevo y una tierra nueva» sugiere que el universo físico actual será completamente renovado.

CIENCIA → Conocimiento.

CIERVO/VA Mamífero rumiante de tamaño mediano, entre el venado y el corzo. Extinto en la Tierra Santa, en las otras regiones bíblicas se hallan dos tipos: el ciervo berberisco y el persa, que sin duda los judíos conocían.

Es elogiado por su agilidad (2 S 22.34; Sal 18.33; Cnt 2.9,17; Is 35.6); se cuenta entre los animales limpios (Dt 14.5); tiene carne sabrosa (Dt 12.15,22; 15.22), que se servía en la mesa de Salomón (1 R 4.23). Es tímido y cariñoso (Pr 5.18,19; Jer 14.5).

CIGÜEÑA Ave zancuda cuyo nombre hebreo significa «piadosa», quizás por referencia al cuidado de su cría. En la Tierra Santa se conocen dos especies. La blanca (excepto la punta de las alas) pasa el invierno en África, de donde emigra en verano en grandes bandadas (Jer 8.7).

La otra especie, de lomo y cuello negros, es muy común en el valle del mar Muerto. Los hebreos consideraban inmunda a la cigüeña, quizás por su régimen alimentario

(Lv 11.19; Dt 14.18). A su costumbre de anidar en árboles altos se refiere el Salmo 104.17.

CILICIA Provincia del sudeste del Asia Menor, llamada antes Traqueya en su parte occidental y Cilicia Pedias en su parte oriental. Antes de 72 d.C., cuando Vespasiano dio más autoridad al gobierno provincial, Cilicia Pedias tenía una administración siria (cf. «en Siria y en Cilicia», en Hch 15.23,41; Gl 1.21). Sus ciudades principales eran Adana, Seleucia y la capital → Tarso, donde nació → Pablo. Una vital ruta comercial pasaba por las célebres «Puertas de Cilicia», desfiladero de los montes Tauro, al noroeste de Tarso.

Entre la población hitita originaria se radicaron muchos judíos que a menudo viajaban a Jerusalén manteniendo relaciones con los otros judíos y reuniéndose en una sinagoga particular (→ Libertos). Esta, a la que Saulo de Tarso quizás asistió, tomó parte en el debate con → Esteban (Hch 6.9).

Luego de su conversión, Pablo estuvo activo en Cilicia, donde estableció iglesias a las que, entre otras, se dirigió la carta que envió el concilio celebrado en Jerusalén (Hch 15.23,41). El cristianismo floreció en Cilicia hasta que esta la dominaron los árabes en el siglo VIII.

CILICIO Ropa toscamente tejida y de tela oscura, generalmente de pelo de cabra o → Camello (Ap 6.12). Era una vestidura áspera que llevaban los que estaban de duelo o en actitud de penitencia por causa del pecado (Gn 37.34; 2 S 3.31; 1 R 21.27; Mt 11.21).

Usado a veces a flor de piel, el cilicio servía de signo de protesta como en el caso de Mardoqueo (Est 4.1) y los profetas (Is 20.2; Zac 13.4).

Ceñírselo era símbolo de los lamentos de Judá por los castigos que el Señor enviaba al pueblo (Jer 4.8; 48.37). Sentarse sobre cenizas era un acto casi siempre asociado con el uso del cilicio. Todo eso serviría para expresar arrepentimiento.

CÍMBALO Instrumento musical de percusión usado en las ceremonias religiosas de Israel (1 Cr 15.16,19,28; 2 Cr 5.13; 29.25; Esd 3.10; Neh 12.27; cf. 1 Co 13.1).

Consistía en dos platillos metálicos que sonaban al golpearlos uno contra el otro, y los había de dos tamaños. Los más grandes se sostenían con ambas manos, y los pequeños se colocaban uno en el dedo pulgar y el otro en el dedo cordial de una mano. Se cree que el Salmo 150.5 menciona ambas clases.

CINERET (*arpa, lira*).

1. Ciudad fortificada en la tierra de Neftalí, ubicada en la costa noroeste del lago de Galilea (Jos 19.35).

2. Pequeña llanura que rodeaba la ciudad de este nombre (1 R 15.20), designada como «tierra de → Genesaret» en Mc 6.53.

3. En el Antiguo Testamento nombre del mar que en el Nuevo Testamento se llama → Mar de Galilea o lago de Genesaret (Nm 34.11; Dt 3.17; Jos 11.2; 12.3; 13.27). Algunos creen que el lago se llamó así por tener forma de arpa.

CINTURÓN El cinturón o cinto fue, en las tierras y el tiempo bíblicos, parte esencial del vestido tanto del hombre como de la mujer. En su forma y contextura variaba desde el simple cordel hasta una elaborada pretina, como la que usaban los sacerdotes y el sumo sacerdote. Por lo general, los cinturones se hacían de cuero (Mt 3.4) o de simple tela a manera de faja. Los cinturones de lino eran muy delicados (Jer 13.1).

Algunos cinturones de cuero se confeccionaban de tal manera que sirviesen de bolsa para llevar monedas, navajas, tinteros y hasta alimentos. Tanto en horas de trabajo manual como de viaje, las personas levantaban las puntas de sus túnicas y las encajaban en el cinturón para así poder moverse con mayor libertad. De aquí la expresión «ceñidos vuestros lomos» (Éx 12.11; Lc 12.35), que da a entender que el hombre está dispuesto a la actividad y al servicio.

En la minuciosa lista que Dios da a Moisés (Éx 28.4), se menciona el cinturón como objeto importante en las vestiduras de los primeros sacerdotes.

CIPRÉS Reina Valera traduce el hebreo *berosh* indistintamente «haya» (Ez 27.5; 2 S 6.5) o «ciprés» (1 R 6.15,34; 9.11; Cnt 1.17). Tal vez es el *juniperus excelsa*, variedad de junípero que se da en el Líbano. Es un árbol fragante, parecido al → CEDRO, cuya madera es estimada para construir buques, instrumentos de música y casas.

CIRCUNCISIÓN Rito religioso en el que se corta el prepucio que cubre el glande del miembro viril.

La circuncisión se conocía entre los egipcios antes del tiempo de Abraham (DBH, p. 331). La practicaban también los edomitas y moabitas (Jer 9.25s). Entre estas naciones paganas la circuncisión era un rito de pubertad o consagración al matrimonio, que se efectuaba al llegar a la edad necesaria (Gn 17.25). Los filisteos, asirios, elamitas, sidonios y los habitantes preisraelitas de Canaán, no la conocían (1 S 14.6; Ez 32.17-30).

En el Antiguo Testamento

Dios escogió la circuncisión como señal de su → PACTO con → ABRAHAM y su descendencia (Gn 17.10,11). Algunas de las implicaciones derivadas de este pacto son:

1. La justificación por la fe sola (Gn 15.6, 18). Pablo habló de la circuncisión sobre todo como señal y sello de la justicia por la fe (Ro 4.11).

2. La regeneración o el nuevo nacimiento, es decir, una vida nueva (Gn 17.7; Mc 12.26, 27; Ro 4.19). Moisés y Jeremías hablaron de la circuncisión del corazón (Lv 26.41; Dt 10.16; 30.6; Jer 4.4; 9.25,26).

3. La capacidad de engendrar una descendencia santa. La circuncisión se relaciona en su contexto bíblico original con el proceso de propagación (Gn 17.7; cf. 15.2-5). En el Antiguo Testamento el acto sexual no se considera pecaminoso (Gn 1.28; 2.4), pero su fruto, la naturaleza humana, sí (Salmo 51.5). Mediante la gracia representada por la circuncisión se renueva la capacidad de engendrar una descendencia santa (Gn 1.28; 17.2,4-6; 1 Co 7.14).

La circuncisión en el Antiguo Testamento no era un rito de pubertad, como en las naciones paganas. Se circuncidaban a los bebés de ocho días (Gn 17.12), por su necesidad de los beneficios del pacto y su participación en ellos (Lv 12.3; Sal 51.5; Ro 5.12,18; 1 Jn 2.12).

4. La circuncisión implicaba obediencia a Dios (Ro 2.25-29; 1 Co 7.17-19), no solo para los creyentes adultos (Gn 17.1), sino también para los hijos (Gn 17.9; 18.19; Sal 103.17,18; Ef 6.4; Col 3.20; Tit 1.16). Era señal de una relación especial, íntima y santa con Dios (Gn 17.1) y de plena comunión con el pueblo (Gn 17.14). Confería derechos y obligaciones de la misma manera que lo hacía la identificación de cada familia con su patriarca (Gn 17.7,8,12,13,23; cf. Ro 5.12-20 y el bautismo en Hch 2.39; 16.15,31,33; 18.8). Como señal del pacto era el requisito para participar dignamente de la Pascua (Éx 12.48) y de los sacrificios (Ez 44.7).

La práctica común en Israel era muy contraria a la alta enseñanza divina sobre la circuncisión. Casi desde el principio (Gn 34; cf. 21.4), Israel convirtió lo espiritual en algo carnal e hipócrita. En vez de tener la circuncisión por señal de bendición universal, la cambió en una distinción nacionalista que redundó en maldición (Gn 12.2; 17.6,12; cf. cap. 34).

A través del Antiguo Testamento, Dios hace hincapié en la gran importancia de recordar la señal de su pacto (Gn 17.14) y en el peligro de despreciarla y postergarla (Éx 4.24-26; Jos 5.2-9). Sin embargo, advierte que la señal exterior sin la realidad de la fe y la regeneración interior es vacía y nos condena (Jer 9.25,26; Ro 2.25-29; 4.9-12).

En el Nuevo Testamento

La circuncisión se practicó, como correspondía a la cultura judía de la época, en los casos de Juan el Bautista y Jesús (Lc 1.59; 2.21). La imposición del nombre acompañaba a la circuncisión.

Sin embargo, para mediados del siglo I la circuncisión perdió mucho de su sentido confesional de la época del regreso. Pablo polemizó fuertemente con los que querían circuncidar a los gentiles convertidos a Cristo (Gl 5.2-12; 6.12-16; Flp 3.2,3). Su opinión la adoptó el concilio apostólico (Hch 15.1-21). La circuncisión nunca llegó a ser ordenanza de la Iglesia (1 Co 7.18,19; Hch 16.3; Ro 4.9-12; cf. Gl 2.3).

La señal del pacto llegó a ser el → BAUTISMO. Este cumplía el verdadero sentido de la circuncisión: el despojamiento de la vieja naturaleza y la experiencia de la regeneración (Col 2.11,12). Así que los cristianos forman la verdadera circuncisión (Flp 3.3).

En sentido figurado

La Biblia se refiere con frecuencia a la «circuncisión del corazón» (Dt 10.16; Jer 4.4; Ro 2.29). El Antiguo Testamento menciona árboles frutales incircuncisos (Lv 19.23), y labios (Éx 6.12,30) y oídos (Jer 6.10) incircuncisos. Pablo habla de la «incircuncisión de vuestra carne» (Col 2.13).

CIRENE Ciudad de Libia en el norte de África, situada al oeste de Egipto. Formaba parte de la Pentápolis (cinco ciudades, las otras eran Apolonia, Arsinoe, Berenice y Tolemaida). Los griegos la colonizaron en 631 a.C. Después de la muerte de Alejandro Magno, cayó en manos de los egipcios (tolomeos). Cedida a los romanos (75 a.C.), estos la convirtieron en una provincia.

Los judíos cireneos llegaron a ser una de las principales comunidades de la → DIÁSPORA (1 Mac 15.23; Hch 2.10). A un cireneo, → SIMÓN, lo obligaron a cargar la cruz de Jesucristo (Mc 15.21 //). Había cireneos entre los que evangelizaron en Antioquía por primera vez a los gentiles (Hch 11.20), y más tarde → LUCIO enseñaba en la iglesia allí (Hch 13.1). Los judíos de Cirene tenían o compartían en Jerusalén una sinagoga (Hch 6.9).

Un relieve egipcio en piedra que data más o menos del 2200 a.C., mostrando dos niños siendo circuncidados con cuchillos de pedernal.

Foto: Museo nacional, Egipcio

CIRENIO Gobernador de Siria cuando nació Jesús, según Lc 2.2. Empezó su carrera política como cónsul en Roma en 12 a.C. Desempeñó varios puestos y murió en 21 d.C. (→ JESUCRISTO).

Lo dicho en Lc 2.2 presenta uno de los problemas más interesantes y más difíciles de la Biblia, en cuanto a la fecha del nacimiento de Jesús. Dice: «Este primer censo se hizo siendo Cirenio gobernador de Siria». Datos históricos prueban que Cirenio fue gobernador de Siria entre 6 y 9 d.C. y que Judea pertenecía a esta provincia. Josefo (*Antigüedades* XVIII, i,1) registra un censo en esta época, y Hch 5.37 menciona este censo en relación con la rebelión de Judas el Galileo. Pero Lc 2.2 se refiere a otro censo previo (Herodes murió en 4 a.C.) e implica que Cirenio fue gobernador de Siria dos veces. Una inscripción antigua parece confirmarlo, aunque no aparece el nombre de Cirenio. Quizás Cirenio haya sido legado especial en Siria entre 10 y 4 a.C. encargado de las relaciones exteriores, especialmente de la guerra contra los homanadenses (revoltosos de Asia Menor Central), mientras otro llevaba el gobierno civil de la provincia. De ser así, es posible también que se hiciera un censo en esta época, ya que Herodes era súbdito del emperador Augusto y se hicieron censos en otras partes del imperio en este período.

CIRO Fundador del Imperio Persa (559–529 a.C.) que en 559 a.C., después de encabezar una revuelta militar, se coronó rey de los medos y los persas. Con sus guerras de conquista extendió su dominio sobre toda el Asia Menor. Sus ejércitos llegaron hasta Egipto y la India. En 539 se apoderó de la ciudad de Babilonia, donde los judíos se encontraban desterrados.

En la historia general se destaca como gobernante magnánimo y por haber dado un trato diferente a los pueblos conquistados: respeto a la vida, consideración a los reyes vencidos y respeto a los dioses de cada uno de los pueblos.

Los israelitas sin duda se beneficiaron de esta política tolerante. En Is 44.28–45.1-6 Ciro aparece como el ungido de Jehová, distinción reservada primitivamente para el rey de Israel y convertida luego en título mesiánico (→ UNCIÓN). Por ello los judíos pusieron sobre él sus esperanzas de liberación. Y en efecto, Ciro fue el «agente político» de Dios; un instrumento de los designios divinos. Así, en el primer año de su gobierno en Babilonia (538 a.C.), devolvió la libertad a los judíos mediante el famoso edicto de restauración, con el cual también autorizó la restauración del culto judío y la construcción del templo (Esd 1.1-4; 6.3-5).

CISÓN Nombre de arroyo y ciudad.

1. Importante arroyo en el norte de Palestina. Tiene sus fuentes al pie de los montes Tabor y Gilboa y corre paralelo al nordeste de las montañas del → CARMELO, pasando por el valle de Jezreel hasta desembocar en el Mediterráneo, al sur de la bahía de Acre. Durante una buena parte del año está seco; en tiempo de lluvias se vuelve impetuoso torrente a causa de la conjunción de aguas que bajan del Carmelo. Desde el punto en que recibe las aguas del Carmelo hasta su desembocadura, el río Cisón ofrece una corriente perenne; ese tramo es de aproximadamente 4 km de longitud.

Fue escenario de la derrota de → SÍSARA (Jue 4.7,13; 5.21), y fue allí también donde perecieron los profetas de Baal tras la contienda habida con → ELÍAS (1 R 18.40). En sus riberas se encuentra la famosa montaña de → MEGUIDO (→ ARMAGEDÓN), sitio de terribles matanzas.

2. Ciudad de los levitas (Jos 21.28).

CISTERNA Debido a cierto intercambio de términos en el hebreo, es preciso distinguir la cisterna propiamente dicha, de pozos, fuentes y estanques. Todos tenían gran importancia en la Tierra Santa. Como allí deja de llover durante el verano, tenían que usar todos los métodos a su alcance para abastecerse de → AGUA y conservarla. En contraste

Un pastor saca agua para su rebaño de una cisterna en el Neguev, la región desértica sureña de Israel.

con el pozo, que acumula el agua de una fuente subterránea (o agua infiltrada), la cisterna es un depósito hecho en el suelo, en forma de pera, para recoger y conservar agua de lluvia. La boca de la cisterna solía taparse con una piedra.

Se han encontrado restos de miles de cisternas, pues toda casa considerable tenía una, y se hacían cisternas de gran tamaño para el uso público. Debajo del templo se construyó un depósito inmenso para las necesidades del culto.

Como es natural, el agua disminuía durante el verano, y había muchas cisternas secas que a veces se usaban como mazmorras improvisadas. Por ejemplo, los casos de José (Gn 37.22) y Jeremías (Jer 38.6). En sentido figurado, Jer 2.13 contrasta a Dios, fuente eterna de agua viva, con los recursos de los hombres (o de falsos dioses) que son «cisternas rotas que no retienen agua». (→ Pozo; Fuente; Estanque.)

CITAS A menudo un escritor bíblico repite lo que otro escribió sin mencionar que se trata de una cita. Por ejemplo, Nm 26.5ss citado de Gn 46.8ss; Dt 5.6ss de Éx 20.2ss; 1 Cr 17 de 2 S 7; Neh 7 de Esd 2; Sal 18 de 2

S 22; Miq 4.1-3 de Is 2.1-4; Is 36—39 de 2 R 18—20; Jer 52 de 2 R 24—25; Abd 1.8 de Jer 4.9; Jon 2.3 de Sal 42.7; Hab 2.14 de Is 11.9.

Citas del Antiguo Testamento

En el Antiguo Testamento se cita expresamente unas doscientas cincuenta veces con indicaciones como «escrito está» (Mt 4.4), «lo dicho por el Señor» (Mt 1.22), «leído en el libro de Moisés» (Mc 12.26), «escrito en el profeta» (Mc 1.2), etc.

Mateo, por ejemplo, cita su propia traducción del texto hebreo (Mt 21.5 de Zac 9.9) y de la → Septuaginta (Mt 15.9 de Is 29.1,3), y su propia versión de la recensión de → Qumrán (Mt 1.23 de Is 7.14). No se sabe por qué un mismo evangelista usa tres textos diferentes.

Para Hab 2.4, Pablo (Ro 1.17) prefiere la LXX, mientras el autor de Hebreos (10.38) el texto hebreo.

A veces no se cita textualmente, sino que se cambian algunos vocablos del pasaje reproducido (Mt 19.18s). Otras veces, al citar en el Nuevo Testamento un pasaje del Antiguo Testamento, no se toma en cuenta el contexto inmediato original, sino que la cita se adapta a las circunstancias de un nuevo contexto que solo en general corresponde a la antigua situación (→ TIPOLOGÍA). Por ejemplo, en Oseas 11.1, «Israel» designa al pueblo, pero en Mt 2.15 se refiere a Jesús. En Habacuc 2.4 se trata de tener fe en una profecía que aún no se ha cumplido; Ro 1.17 alude a la fe en el sacrificio cumplido ya por Jesús. En cada caso, la cita procura interpretar la nueva acción de Dios más que hacer la exégesis literal del antiguo pasaje. Es importante, pues, interpretar estas citas siempre a la luz de los dos contextos en que se encuentran. Demuestran que, años antes del acontecimiento, la voluntad revelada de Dios había insinuado que así sería, porque su plan salvífico no cambia esencialmente de una época a la otra. Esto lo vemos en Mt 1.23; 2.15,17,23; 3.3; 4.14, etc.; una serie de testimonios de que «todo esto aconteció para que se cumpliese [completase] lo dicho por el Señor por medio del profeta». Es posible que la iglesia hiciera colecciones de tales textos que hallaron su cumplimiento en Jesucristo (→ MATEO, EVANGELIO DE). Asimismo, Lucas 4.21 señala que «hoy se ha cumplido esta Escritura [Is 61.1s] delante de vosotros».

Si tomáramos en cuenta las citas parciales y alusiones a textos veterotestamentarios, el total pasaría de mil.

Citas de libros apócrifos

Judas 14 cita a *Enoc* 1, indicando la fuente. Pero generalmente este tipo de cita se hace sin tal indicación (Ro 13.1 de *Sabiduría de Salomón* 6.4; 1 P 3.20 de *Enoc* 6 y 10; Jud 9 de *Asunción de Moisés*).

Citas de textos profanos griegos

Hechos 17.28 cita de Aratos y 1 Co 15.33 de Menandro, poetas; Tit 1.12 de Epiménides y Gl 5.23 de Aristóteles, filósofos. Las formas rítmicas en Hch 14.17 y Stg 1.17 hacen pensar en alusiones a poesías.

Citas de himnos

En Ef 5.14; 1 Ti 3.16; Ap 4.11; 5.9-13; y 15.3s, se hallan fragmentos de «salmos, himnos y cánticos espirituales» (Col 3.16), como si los autores aludieran a cantos comunes en las congregaciones. Mateo 26.30 se refiere al himno pascual que comprende los Salmos 113–118.

CIUDAD Conjunto de casas rodeado por una muralla y defendido por un alcázar. Contrastaba con la → ALDEA en que esta era un simple conjunto de casas físicamente indefensas. En caso de guerra, los aldeanos se refugiaban en la ciudad, a cambio del pago de algún tributo por el asilo. La ciudad se consideraba en sentido figurado como la «madre» (2 S 20.19), y las aldeas como «hijas» según reza literalmente en hebreo en pasajes como Nm 21.25,32; Jos 15.44; Jue 11.26.

Debe entenderse que las ciudades bíblicas, de acuerdo con las excavaciones arqueológicas, tenían poca extensión. La antigua Debir, por ejemplo, una ciudad importante, en los tiempos de su mayor prosperidad albergaba apenas de dos mil a tres mil habitantes.

El nombre de algunas localidades hace alusión a su origen, su situación o su reputación: → BETSAIDA (*casa de la pesca*) era una ciudad situada a orillas del lago de Genesaret; → BELÉN (*casa del pan*), una ciudad rodeada de campos de trigo; y → BET-EL (*casa de Dios*) se llamaba así por la fama de su templo. El nombre de → JERUSALÉN, de discutida etimología, evoca para los israelitas la idea de «ciudad santa» (Is 52.1; Ap 21.2,27).

En las ciudades las casas generalmente eran pequeñas y estaban amontonadas; las calles eran estrechas y tortuosas, y muchas veces eran callejones sin salida. Por lo general, no tenían pavimentación y eran muy sucias; la basura se amontonaba y abundaban los perros callejeros (1 R 22.38; Lc 16.21). Los profetas aluden a lo sucio de las calles (Is 5.25; 10.6; Miq 7.10). En las viejas ciudades los comerciantes se agrupaban en lugares cercanos. Cada gremio tenía su sección; por ejemplo, «la calle de los panaderos» en Jerusalén (Jer 37.21). No había plazas, pero las → PUERTAS de la ciudad servían como tales. En ellas se hacían las transacciones comerciales (2 R 7.1; 2 Cr 32.6). Allí se proclamaban también los anuncios de las autoridades (Dt 21.19; Jer 17.19) y se hacían los procesos (Am 5.12, RV-1909).

Al atardecer se cerraban las puertas de las ciudades (Jos 2.5) y los centinelas vigilaban durante toda la noche (Sal 127.1). Las ciudades israelitas, como todas las demás, tristemente fueron focos de vicios; contra tal situación se pronunciaron los profetas (Ez 9.9; 24.6).

Bibliografía:

R. de Vaux, *Instituciones del Antiguo Testamento*, Herder, Barcelona, 1964, pp. 106-108.

CIUDAD DE DAVID La fortaleza de Sion, parte sudeste de Jerusalén, llamada también Ofel. David la tomó de los jebuseos y construyó en ella su palacio (2 R 5.6-9; 1 Cr 11.5-7). Llevó allá el arca y la colocó en una tienda, donde permaneció hasta que Salomón construyó el templo más al norte (2 S 6.12,16; 1 R 8.1). Allí se sepultaron a David, Salomón y otros reyes (1 R 2.10; 11.43). (→ SION; JERUSALÉN; OFEL.) Lucas 2.11 se refiere a Belén, ciudad natal de David, que no debe confundirse con la que es propiamente la ciudad de David.

CIUDADES DE REFUGIO En Israel todo homicidio, incluso el involuntario, provocaba la acción del «vengador de sangre» (*goel*): el pariente más cercano de la víctima, que estaba obligado a dar muerte al homicida. Sin embargo, la Ley protegía al homicida accidental, en el sentido de que este podía hallar seguridad en cualquier santuario y, más concretamente, en torno a cualquier altar, si se apresuraba a asirse de los cuernos de este Lugar Santo (1 R 1.50; 2.28). Después que el culto quedó centralizado en Jerusalén, seis ciudades santas: Cades de Neftalí, Siquem, Hebrón, Golán, Ramot de Galaad y Beser (Jos 20.7,8), fácilmente accesibles (Dt 19.3), fueron designadas como lugares de refugio contra el «vengador de sangre».

Esta maqueta de Jerusalén muestra la posible apariencia de una típica ciudad amurallada del mundo antiguo durante los días del ministerio de Jesús.

Foto de Ben Chapman

De los diversos textos (de distintas épocas) acerca del «derecho de asilo» (Éx 21.12s; Nm 35.9-34; Dt 4.41-43; 19.1-13; Jos 20.4-9), se desprende que solo el homicida involuntario podía acogerse a la protección de esta ley.

En caso de duda, o quizás habitualmente, el refugiado se ponía a disposición de los ancianos de la ciudad, los cuales se pronunciaban: si se le reconocía como culpable de homicidio, se le entregaba al «vengador de sangre». Si el homicidio se había efectuado realmente por descuido o por accidente, se devolvía al homicida a la ciudad de refugio, la que ya nunca debería abandonar, bajo pena de volver a caer en manos del *goel*. Ningún rescate podía liberarlo. No obstante, después del cautiverio, se pronunciaba amnistía general, al morir el sumo sacerdote, para todos los homicidas involuntarios, los cuales podían regresar a sus hogares sin temor.

CIUDADANÍA Derecho de los romanos nativos, y de otros que la adquirían por servicio militar o de otro género, por compra (Hch 22.28), por manumisión, etc. Aseguraba al que la poseía y a sus hijos ventajas sociales y todos los derechos legales que se otorgaban bajo el Imperio Romano: entre otros, el de no ser azotados o apresados sin previo juicio (Hch 16.37ss; 22.24-29), y el de apelar al emperador y ser juzgado en Roma (Hch 25.10-12). La ciudadanía simboliza la nueva relación comunitaria que viven los creyentes al ser acogidos por Dios, el Padre, como hijos (→ Casa; Ef 2.12; Flp 3.20).

CIZAÑA (*lolium temulentum*). Planta anual de más de un metro de alto, con hojas similares a las del trigo, pero de espigas comprimidas. El grano es de tamaño y aspecto similar al trigo y de ahí que con frecuencia se siembren juntos accidentalmente (Mt 13.24-30). Debido a un hongo que crece dentro de la semilla de la cizaña, la harina de trigo que contiene cizaña es amarga y venenosa. La cizaña es uno de los hierbajos más perjudiciales.

CLAUDA Pequeña isla a unos 37 km al oeste del Cabo Matala de la isla de Creta, o sea, a 26 km al sur del puerto Fenice. Debido a su tamaño nunca tuvo una población muy grande ni llegó a tener gran importancia. Cuando Pablo viajaba a Roma, un viento fuerte del nordeste sopló sobre la embarcación que venía de Creta y, habiendo corrido a sotavento de Clauda, se pudieron tomar las precauciones mencionadas en Hch 27.16s.

CLAUDIA Mujer cristiana de Roma, cuyos saludos Pablo comunica a Timoteo (2 Ti 4.21). Una antigua tradición la identifica como madre (o esposa) de Lino, y otra la llama mujer de Pudente.

CLAUDIO CÉSAR Cuarto emperador de Roma (41–54 d.C.), sobrino de Tiberio, el segundo emperador, y tío de Calígula, el tercero (→ César). Asumió el poder después del asesinato de Calígula, y a su vez murió asesinado por su esposa (y sobrina) Agripina, quien pretendía asegurarle el trono a su hijo Nerón y evitar la coronación eventual de Británico, hijo de Claudio César con otra mujer.

Hechos 11.28 se refiere a una carestía que afligió el imperio de Claudio César y se hizo

Busto de Claudio, emperador romano que expulsó a todos los judíos de la ciudad de Roma (Hch 18.2).

sentir cruelmente en Palestina en los años 44–48. Es el mismo César mencionado en Hch 17.7 y, según Hch 18.2, el que expulsó a los judíos de Roma.

CLAUDIO LISIAS Militar que rescató a Pablo del furor de los judíos en Jerusalén (Hch 21.31ss; 22.24ss) y lo condujo a Cesarea (23.10-35). Se menciona por nombre en 23.26; 24.7,22 y muchas veces por el título de → TRIBUNO (*quilarcos*, jefe de mil soldados). De ahí se entiende que Claudio Lisias comandaba la guarnición romana en Jerusalén, resguardo en la fortaleza Antonia junto al templo. Según 22.28, Claudio Lisias compró la → CIUDADANÍA romana.

CLEMENTE (*benévolo*). Nombre (común entre los romanos) de un líder cristiano de Filipos (Flp 4.3). Se destacó por su valentía en los primeros días de la evangelización, junto con Evodia, Síntique y otros colaboradores de Pablo. Clemente de Roma es otra persona.

CLEOFAS (en griego, *Kleopás*, abreviatura de Cleópatros).
1. Discípulo muy allegado al círculo de los doce que, con un compañero, se dirigía a Emaús el día de la resurrección. El Señor resucitado sostuvo con los dos viajeros una conversación reveladora (Lc 24.13-33). No hay base para identificarlo con el que se señala a continuación.
2. Nombre (en griego, *Kleopás*, probablemente semítico) del marido de una de las Marías que estuvieron al pie de la cruz (Jn 19.25).

CLOÉ (en griego, *la que reverdece*). Mujer por cuya «casa» Pablo se enteró, estando en Éfeso, de las disensiones que hubo en la iglesia de Corinto. No se sabe si «casa» alude a empleados, esclavos o parientes, ni si Cloé era creyente o no, ni si vivía en Corinto o en Éfeso.

COAT Segundo hijo de Leví (Gn 46.11) y padre de una de las tres familias de levitas (Éx 6.16,18), la cual se subdividió en las descendencias de Amram, Izhar, Hebrón y Uziel. Fue abuelo de Aarón y Moisés (Éx 6.20).

De acuerdo con el primer censo de Israel, había ocho mil seiscientos varones coatitas que acampaban al sur del tabernáculo (Nm 3.27-29). Tenían a su cargo la transportación de los utensilios y los muebles sagrados una vez cubiertos por los sacerdotes (Nm 3.31). En la conquista de Canaán, los coatitas hijos de Aarón recibieron trece ciudades, mientras los demás coatitas recibieron diez (Jos 21.4, 5). En el reino de David desempeñaron varios oficios: cantores en la casa de Jehová (1 Cr 6.31-38), encargados de preparar los panes de la proposición (9.31,32), jefes de los tesoros de David (26.23-28), jueces y gobernantes (26.29).

CÓDICE → MANUSCRITO.

CODICIA Codiciar es desear lo que no nos pertenece. En el Antiguo Testamento, la codicia es una ofensa a Dios. El decálogo prohíbe el robo, el deseo de los bienes ajenos y el codiciar a la mujer ajena. Es pecado no saber renunciar, por obediencia a Dios, a lo que en sí mismo podría ser un deseo natural y legítimo (Nm 11.4ss), y pecado es el deseo de satisfacción sexual fuera del matrimonio (Gn 39.7ss). El justo debe dominarse en la esfera sexual (2 S 11.2; Job 31.1).

La palabra griega que algunas veces se traduce «codicia» aparece cincuenta y tres veces en el Nuevo Testamento, tanto en forma verbal (*epithymeo*), como sustantiva (*epithymia*). Su raíz griega es *thymós*, «aquello que pulsa, hierve y bulle, en primera instancia la sangre y el corazón como sitios en los que están ubicadas las emociones» (clave lingüística del Nuevo Testamento. Elaborada por ISEDET). Aparece más en las Epístolas que en los Evangelios. Se emplea a veces para referirse al deseo que el hambre provoca (Lc 15.16; 16.21) o a un anhelo legítimo (Lc 22,15; 1 Ts 2.17; Ap 9.6). Pero la mayoría de las veces denota un deseo malo de algo que no es bueno. Pablo utiliza el

Foto de Howard Vos

término en 1 Co 10.6 en el sentido de deseo pecaminoso (cf. Ro 13.9; Gl 5.24).

La codicia es una manifestación del pecado que hay en el hombre y que lo domina. Para Pablo este deseo es consecuencia de la prohibición del pecado (Ro 7.7s). El Nuevo Testamento predica arrepentimiento, el cual conduce a la resolución de negarse a sí mismo (Mt 15.24; Ro 6.11ss). Incluso después de haber recibido el Espíritu Santo, la codicia sigue siendo un peligro y hay que combatirla (Gl 5.17).

CODO Medida de longitud muy usada por los hebreos (Éx 25.10; 1 R 7.24; Ez 40.5) y otras naciones antiguas. Es aproximadamente el largo del brazo, desde el codo hasta la punta del dedo corazón. Tanto los egipcios como los babilonios, y después los hebreos, tuvieron un codo real u oficial y otro común. El oficial tenía 20,8 plg. (53 cm) y el común 17,7 plg. (45 cm). Antes del cautiverio de los judíos, parece que se usaba el codo común. Después del cautiverio, cuando había necesidad de especificar una medida exacta, aclaraban a cuál codo se referían (Ez 40.5; 43.13).

CODORNIZ Ave del orden de las gallináceas, menor que la → PERDIZ y de parecida coloración. La especie más conocida es emigratoria. Abandona Europa en grandes bandadas durante el otoño, atraviesa la Tierra Santa y la península del Sinaí, y se establece en África, de donde vuelve en el mes de marzo.

En dos ocasiones abastecieron de carne a los israelitas (Éx 16.13; Nm 11.31,32), hecho que constituyó un milagro. Si bien es cierto que las codornices, en su vuelo emigratorio, suelen caer al suelo por el cansancio o por el cambio de dirección del viento que la viene empujando, las circunstancias y la oportunidad del suceso muestran claramente la intervención de Dios. Así se narra en los pasajes citados y así se recuerda en Sal 78.25-29; 105.40.

COLONIA Establecimiento de ciudadanos romanos, autorizado por el senado, en territorio conquistado por Roma, con los privilegios, la libertad y los derechos de romanos peninsulares. Muchas veces el propósito de la colonia era la rehabilitación de los veteranos de guerra o los desocupados. Se consideraba como una extensión de Roma y el modo de hablar, vestirse y gobernar de los colonos era romano. En Hch 16.12,20,21, se puede ver cómo estimaban los colonos sus privilegios y derechos.

COLORES Por lo general, los nombres de los colores se derivan del nombre de la sustancia de su origen o de sus usos. En la Biblia, los colores fundamentales son blanco, rojo, verde y púrpura.

Hasta el día de hoy, los habitantes del Oriente Medio no definen los colores con precisión, aunque gustan de decorados en amarillo, azul y verde brillantes, en contraste vivo. En el caso de los hebreos, se añadían a los motivos sicológicos y lingüísticos otros de orden religioso. La «imagen» prohibida por el segundo mandamiento solía estar pintada de colores vivos en las religiones de Egipto, Palestina y Mesopotamia; no se distinguía claramente entre la «escultura» y la «pintura» en este contexto (Éx 23.12-16).

Púrpura

Había dos matices principales. Se obtenía en pequeñas cantidades de cierto molusco, y su fabricación fue, durante siglos, monopolio de los fenicios. El color en sí no importa tanto, sino su uso en las vestiduras reales como símbolo de nobleza y riqueza (Jue 8.26; Est 1.6). Tiene interés especial por haberse usado en el → TABERNÁCULO (Éx 25–39) y en el manto real, con el que los soldados se mofaron del Salvador (Jn 19.2).

Gris

Traducción del vocablo hebreo *sebha* (*vejez*). Se aplica a las canas del anciano o a la impresión que produce la escarcha (1 R 2.9; Job 38.29; Pr 16.31).

Rojo o carmesí

Se emplea en gran variedad de contextos. Es el color de ciertos tejidos, la tez humana, un guiso y hasta del pecado (Gn 25.30; Éx 25.4; 1 S 16.12; Is 1.18).

En la esfera del simbolismo, es natural que se empleen más los colores de significado evidente, como el blanco, la escarlata y el negro, pero aun en Apocalipsis se recurre mucho más a los materiales que a los colores.

COLOSAS Ciudad de Frigia situada sobre un cerro, cerca de la confluencia de los ríos Lico y Meandro, a 16 km río arriba de Laodicea y Hierápolis (Col 2.1; 4.13,15). Las tres ciudades formaban una federación. Florecían aquí la vinicultura y una famosa

La colina de la antigua Colosas, una ciudad en Asia Menor en donde se estableció una iglesia durante los días del apóstol Pablo.

Foto: Servicio fotográfico Levant

COLOSENSES:
Un bosquejo para el estudio y la enseñanza

Primera parte: Supremacía de Cristo en la Iglesia (1.1—2.23)

Segunda parte: Sumisión a Cristo en la Iglesia (3.1—4.18)

I. **Introducción** **1.1-14**
   A. Saludo paulino a los colosenses 1.1-2
   B. Agradecimiento paulino por los colosenses . . 1.3-8
   C. Oración de Pablo por los colosenses 1.9-14
II. **La preeminencia de Cristo** . . . . **1.15—2.3**
   A. Cristo es preeminente en la creación 1.15-18
   B. Cristo es preeminente en la redención 1.19-23
   C. Cristo es preeminente en la Iglesia . . . . 1.24—2.3
III. **La libertad en Cristo** **2.4-23**
   A. Libertad de las palabras seductoras 2.4-7
   B. Libertad de la vana filosofía 2.8-10
   C. Libertad del juicio humano 2.11-17
   D. Libertad de la adoración impropia 2.18-19
   E. Libertad de la doctrina humana 2.20-23

I. **La posición del creyente** **3.1-4**
II. **La práctica del creyente** . . . . **3.5—4.6**
   A. Quitaos la vieja naturaleza 3.5-11
   B. Vestíos de la nueva naturaleza 3.12-17
   C. Mandamientos personales para
      la santidad . . . . 3.18—4.6
      1. Santidad en la vida familiar 3.18-21
      2. Santidad en el trabajo . . . . 3.22—4.1
      3. Santidad en la vida pública 4.2-6

III. **Conclusión** **4.7-18**
   A. Recomendación de Tíquico 4.7-9
   B. Saludos de las amistades de Pablo 4.10-14
   C. Varios asuntos relacionados
      con la epístola 4.15-18

C

industria lanera, y se fabricaba un color púrpura llamado «colosense». Colosas era la ciudad menos importante de las tres, y en tiempos de Pablo era solo un villorrio. Epafras, alumno de Pablo y fundador de la iglesia (Col 1.2), y → ARQUIPO diácono (Col 4.17; Flm 2), residían allí. Onésimo (Col 4.9; Flm 10) y Filemón (Flm 1) tenían relaciones con Colosas. Un terremoto la destruyó alrededor del 65 d.C. Las ruinas están a 4 km de la actual aldea de Jonás.

COLOSENSES, EPÍSTOLA A LOS Una de las cuatro epístolas breves que Pablo escribió desde la prisión. Las otras tres son Filipenses, Efesios y Filemón. La Epístola a los Colosenses se concentra en la persona y obra de Jesucristo. Alcanza niveles de expresión sin paralelos en cuanto a lo que se dice de

Cristo en la Biblia. Tiene temas y portadores comunes con Efesios, y se envía junto con la de Filemón (Col 4.9,17) y otra carta para Laodicea (4.16). Pablo no indica desde cuál prisión escribe. Sus compañeros Marcos (4.10) y Lucas (4.14) estarían con él en Roma entre 61 y 63 d.C.

Contenido

Al igual que la mayoría de las cartas de Pablo, Colosenses pudiera dividirse en una sección doctrinal (capítulos 1—2) y otra práctica (capítulos 3—4). Después del saludo inicial (1.1-2), el apóstol da gracias por la fe, amor, esperanza y testimonio de los colosenses (1.3-8). Luego desarrolla un majestuoso himno a Cristo en el que enfatiza su papel en la creación y en la redención (1.15-23). Ante el superior valor de Jesucristo y su obra, Pablo acepta gustoso la obligación de proclamarlo y sufrir por Él (1.24–2.5). Exhorta a los colosenses a afirmarse en Cristo y no en confusas especulaciones (2.6-23).

En la segunda sección, manda a los cristianos de Colosas a ajustar su conducta a sus creencias. Como los cristianos han muerto y resucitado con Cristo (3.1-4), les pide que vivan para agradar a Dios. Los urge a «hacer morir» lo que desagrada a Dios y a «vestirse» del carácter de Cristo (3.5-17). El verdadero cristianismo se manifiesta también en las relaciones de esposo y esposa (3.18-19), hijos y padres (3.20-21) y esclavos y amos (3.22–4.1). Concluye hablando de cómo debemos actuar ante los incrédulos (4.2-6) y con la habitual despedida (4.7-18).

COLUMNA Pilar generalmente cilíndrico que sostiene un edificio (Jue 16.25-30; 1 R 7.2; Ez 42.6); apoyo o sostén en sentido figurado (Job 9.6; 26.11), o un monumento conmemorativo (Gn 35.20; 2 S 18.18).

En la Biblia se considera como columna del plan de Dios a los profetas (Jer 1.18), los apóstoles (Gl 2.9), los creyentes en general (Ap 3.12) y la Iglesia misma (1 Ti 3.15).

Además, de columnas de madera (1 R 7.2), de mármol (Est 1.6) y de hierro (Jer 1.18), la Biblia también menciona columnas extraordinarias de fuego (Ap 10.1) y de nube (Éx 13.21,22).

COMER Desde los tiempos primitivos los hebreos comían sentados (Gn 43.33; 1 S 9.22), pero no en mesa alta, como se acostumbra en nuestros días. Sin embargo, el hecho de que algunos personajes distinguidos solían comer sentados en sillas (1 S 20.24,25), indica que la mesa alta no era del todo desconocida. En muchas ocasiones comían fuera de las tiendas, bajo la sombra de un árbol (Gn 18.1-8).

Posteriormente siguieron la costumbre de persas, caldeos y romanos y comían en torno a una mesa común, sentados en canapés, pieles y posiblemente otros enseres menos lujosos como las esteras y petates (Am 6.4;

Jn 13.23). Tal vez esta costumbre se introdujo debido a los frecuentes contactos que los hebreos tuvieron con los pueblos antes mencionados (Est 1.6-8). Los comensales se reclinaban con la cabeza en dirección a la mesa y se apoyaban en el codo izquierdo; usaban la mano derecha para tomar la comida. Los pies de las personas así reclinadas quedaban fácilmente al alcance de alguno que pasara (Lc 7.36-50; Jn 12.3). Por tanto, a nuestro Salvador no le fue difícil lavarles los pies a sus discípulos en la última → CENA, y enjugárselos con la toalla que para tal efecto llevaba ceñida (Jn 13.5-12). Esto explica también la postura de → JUAN en la misma cena; porque reclinándose al lado y enfrente de Jesús, tenía que estar, por así decirlo, en su seno (Jn 13.23-25) y podía fácilmente recostar la cabeza en el pecho del Señor. Era una postura expresiva para indicar intimidad, amistad y amor (Lc 16.22; Jn 1.18).

Casi siempre se comía dos veces al día (Éx 16.8; 1 R 17.6; Lc 14.12). Los textos anteriores hablan de comer en la mañana y al atardecer, pero también hay referencia a comidas abundantes al mediodía (Gn 43.25; 1 R 20.16). Debido a que en aquellos días no se utilizaban tenedores, cuchillos, ni cucharas, se fue desarrollando un riguroso hábito de lavarse muy bien las manos antes de comer. Tan al extremo llegó esta costumbre que los fariseos la consideraban una prueba de piedad (Mc 7.2,3; Lc 11.38). Por lo general, tomaban los alimentos con las manos (Pr 19.24; Jn 13.26). Al tratarse de una persona distinguida o muy apreciada, se le daba una mayor porción de los alimentos (Gn 43.34; 1 S 1.5; 9.22-24). El hecho de que Cristo diese a Judas el pan mojado (Jn 13.26), así como la selección de manjares y puestos de honor para determinadas personas (Gn 43.34; Rt 2.4), indica que los hebreos daban un significado especial, profundo y emotivo a determinadas acciones que se realizaban durante la comida.

Por lo general, las comidas de los hebreos consistían en carnes, mantequilla, leche, panes, frutas, etc. En muchas ocasiones, antes

C

Foto de Howard Vos

El puerto de Sidón, centro de las actividades comerciales marítimas de los fenicios durante los tiempos veterotestamentarios.

de comer se proporcionaba agua para lavarse los pies (Gn 18.4; Jn 13.5). La generosidad de los hebreos los obligaba a realizar actos de suma cortesía y alta demostración de aprecio durante la comida (Jn 12.1-8).

La costumbre de dar gracias a Dios por los alimentos tuvo su origen en el seno del pueblo hebreo (Is 9.13). Sin dudas el Señor Jesús practicó la bendición de los alimentos cada vez que tomó el pan en sus manos (Mt 15.36; 26.26; Lc 9.16; Jn 6.11). En la cena de Emaús, Cristo, después de una larga explicación de la historia bíblica, «estando sentado con ellos a la mesa, tomó el pan y lo bendijo, lo partió y les dio» (Lc 24.30). El apóstol Pablo observa esta costumbre y afirma que los fieles, al participar de los alimentos diarios, deben tener momentos de acción de gracias (1 Ti 4.3).

COMERCIO Compra, venta e intercambio de bienes, especialmente a gran escala (como entre naciones) que incluye el transporte de la mercancía de un lugar a otro.

El comercio comenzó mucho antes de que comenzara a escribirse la historia de la humanidad. En tiempos de Abraham (cerca del año 2000 a.C.), el comercio ya estaba altamente desarrollado en lugares como la antigua Babilonia y otras culturas entre los ríos Tigris y Éufrates. Canaán era el cruce de importantes rutas comerciales que conectaban a Mesopotamia y Egipto; a veces los ejércitos de ambos países recorrían esas rutas para pelear entre sí.

Israel no tenía buenos puertos, por lo que la mayoría del tráfico se realizaba a través de puertos que estaban más al norte como Tiro y Ugarit. Israel, sin embargo, exportaba productos agrícolas como trigo y aceite de oliva (1 R 5.11). Salomón fue el rey que mejor pudo desarrollar el comercio internacional de su país (1 R 5.10; 9.26-28), aunque al parecer más tarde Acab y Josafat comerciaron bastante (1 R 20.34; 22.48). Ezequiel 27 (Tiro) y Apocalipsis 18 (Babilonia) presentan el cuadro más completo de actividades comerciales que se halla en la Biblia. (→ Salomón.)

COMIDA → Alimentos.

COMINO Hierba anual de medio metro de alto, parecida al hinojo. Sus semillas, de olor aromático y sabor acre, se usan en medicina y como condimento (Is 28.25ss; Mt 23.23).

COMPAÑÍA Asamblea de personas que se reúnen con fines militares (Jn 18.3; Hch 10.1; 27.1), civiles (1 R 10.28) o religiosos (1 S 10.5). Según el contexto, compañía puede ser un grupo informal de compañeros (Lc 2.44) o miríadas de ángeles en festiva convocación (Heb 12.22).

COMPASIÓN Sentimiento íntimamente ligado con la demostración del amor, que en la Biblia se expresa con el término hebreo *rakhamin* y el griego *splagjna*. El primero designa en el Antiguo Testamento el sentimiento paternal de Dios (Dt 13.17; Sal 103.13; Is 49.15; Os 11.8), y el segundo denota la disposición y actitud de Jesús frente a las personas (Mt 9.36; 14.14; 15.32; Mc 6.34; Lc 7.13). Ambos, sin embargo, hablan del más profundo sentimiento. Literalmente, «sentir con las entrañas».

Dios siente compasión por la necesidad extrema de las personas (2 S 12.22; Is 54.7, 8). Cristo encarna esa compasión divina y la enseña con actos y palabras (Mt 18.27ss; Lc 10.30ss; 15.20). Es la compasión de Cristo la que se espera del cristiano (1 P 3.8). (→ MISERICORDIA.)

COMÚN Traducción de varios términos hebreos y del griego *koinós*, que se usa tanto en sentido positivo como negativo. Por un lado significa «profano» (1 S 21.5) o «inmundo». De acuerdo con la Ley Mosaica había actos inmundos que estaban prohibidos (Lv 18.21; 19.8,12; 20.3); personas inmundas a las que no se debían tocar (Lv 12—15) y animales inmundos cuya carne era ilícito comer (Lv 11; Dt 14.3-21; cf. Hch 10.14; Ro 14.14).

Por otro lado, común se usa para referirse a algo que es de posesión general: la fe (Tit 1.4), la salvación (Jud 3) y cosas (Hch 2.44). También se habla neutralmente de la gente común (2 R 25.11).

COMÚN, TENER EN Práctica voluntaria en la que algunos cristianos del Nuevo Testamento generosamente ponían sus bienes a la disposición de todos los creyentes (Hch 2.44-47; 4.32–5.11).

El libro de los Hechos informa que «todos los que poseían heredades o casas las vendían y traían el precio de lo vendido» a los apóstoles para distribuirlo (Hch 4.34-35). Esto no necesariamente quiere decir que todos los cristianos vendieron absolutamente todo lo que tenían. La información parece referirse a casas y terrenos aparte de la casa donde vivía la familia.

La trágica historia de → ANANÍAS y SAFIRA demuestra que la venta y distribución de propiedades y otros bienes era parcial y voluntaria entre los cristianos (Hch 5.1-4). Sin embargo, hay una profunda verdad que no debemos pasar por alto: «Ninguno *decía* ser suyo propio nada de lo que poseía, sino que tenían todas las cosas en común» (Hch 4.32). Lo importante de todo no es que vendieran o no todas sus posesiones, sino la actitud desprendida de los creyentes (Hch 2.45; 4.34). Aquello sí que era unidad de espíritu en Cristo Jesús.

COMUNIÓN Término que aparece dos veces en el Antiguo Testamento (RV: Sal 25.14; Pr 3.32), traducción del vocablo hebreo *sod* (*amistad* o *conocimiento íntimo*). En el primer texto se refiere a la relación con Dios y en el segundo a «los justos». En el Nuevo Testamento, RV, aparece doce veces y es siempre traducción de la voz griega *koinonía* (tener en común, participación, compañerismo).

El cristiano tiene comunión con el Padre (1 Jn 1.3), con el Hijo (1 Co 1.9) y con el Espíritu Santo (2 Co 13.14); con el cuerpo y la sangre de Cristo mediante la Santa Cena (1 Co 10.16), y con sus hermanos en la fe (Hch 2.42; 1 Jn 1.7). Por tanto, es llamado a participar en los sufrimientos de Cristo (Flp 3.10), en los de sus hermanos perseguidos (Heb 10.33) y en la necesidad de los creyentes pobres (Ro 12.13;

Heb 13.16). Pero se le prohíbe tener comunión con las «tinieblas» (2 Co 6.14; 1 Jn 1.6). (→ Excomunión.)

CONCIENCIA Facultad común a todos los hombres (Ro 2.13-15) que nos permite discernir entre el bien y el mal y nos impulsa a escoger entre los dos. Tanto la naturaleza como la Biblia enseñan que la conciencia opera en todo nuestro ser en relación con los problemas de carácter moral. La conciencia es uno de los aspectos de nuestra semejanza a Dios y prueba que somos responsables ante el tribunal del Creador. En cierto sentido la voz de la conciencia pura refleja la voluntad de Dios y nuestro deber es obedecerla.

No obstante, el pecado influye adversamente en la conciencia y cuando esta se corrompe va perdiendo su sensibilidad moral. Como todos sufrimos las consecuencias del pecado original, ya no se puede identificar la voz de la conciencia con la de Dios. Al hombre depravado, los malos deseos le tergiversan y pervierten el juicio. La conciencia de Saulo, por ejemplo, le impulsaba a perseguir a los cristianos (Hch 26.9). Su pecado consistía en no aprovechar los medios a su alcance para enmendar e iluminar su conciencia.

Una conciencia «buena y limpia» (1 Ti 1.5; 3.9), rociada con la sangre de Cristo e iluminada por el Espíritu Santo (Ro 9.1), discierne claramente la voluntad de Dios. El hombre, así, debe procurar «tener siempre una conciencia sin ofensa ante Dios y ante los hombres» (Hch 24.16). Si la gracia de Dios no purifica una conciencia «contaminada o débil» (1 Co 8.7), «corrompida» (Tit 1.15), «mala» (Heb 10.22) o «cauterizada» (1 Ti 4.2), será una conciencia vengadora e instrumento de espantoso y eterno remordimiento, como lo demuestra el caso de Judas.

CONCILIO → Sanedrín.
Término que aparece veinticuatro veces en la RV, casi siempre como traducción del vocablo griego *synedrion* (un conjunto sentado), del cual viene la palabra «sanedrín».

Definición

Sanedrín fue el nombre dado al concilio o consejo judío establecido en los últimos dos siglos a.C., y activo hasta el año 70 d.C. Era un cuerpo de la aristocracia sacerdotal y de la nobleza compuesto de setenta y un miembros con sede en Jerusalén. Trabajaba bajo la dirección del sumo sacerdote y tenía funciones legislativas, ejecutivas y judiciales. Su autoridad variaba según el régimen político, además de que había otros concilios o consejos (Mt 10.17; Mc 13.9).

Historia

Los rabinos atribuían la formación del concilio a Moisés (Nm 11.16), y afirmaban que había ejercido funciones judiciales desde Moisés hasta los tiempos talmúdicos. Sin embargo, 2 Cr 19.8 afirma que Josafat estableció una corte suprema en Jerusalén. Esta corte era exclusivamente judicial, mientras que el concilio posterior también ejercía poderes legislativos y ejecutivos. Los ancianos del libro de Esdras (5.5,9; 6.7,14; 10.8), y los nobles y oficiales del libro de Nehemías (2.16; 4.14,19; 5.7;7.5) podrían considerarse antecesores del concilio, pero no puede probarse una relación directa.

La existencia del concilio se atestigua desde comienzos del siglo II a.C. Antíoco el Grande (223–187 a.C.) dirige una carta a la *gerousía*, el senado de Jerusalén, cerca de 200 a.C. (Josefo, *Antigüedades* XII.iii.3). La palabra *gerousía* tiene la connotación de aristocracia gobernante y es común en los apócrifos y otros libros como sinónimo de «concilio» (Jdt 4.8; 1 Mac 12.6; 2 Mac 1.10; etc.; Filón, *Embajada a Gayo*, p. 229; Josefo, *Antigüedades* IV.viii.14); aunque puede referirse también a concilio fuera de Jerusalén (Filón, *Contra Flaco*, pp. 74,76). En el Nuevo Testamento *gerousía* aparece una sola vez (Hch 5.21), al parecer como una explicación del vocablo «sanedrín» que le antecede.

En la LXX *synedrion* aparece algunas veces y equivale a «asamblea deliberativa» o «tribunal de justicia» (Pr 22.10). Josefo usa el término por primera vez al señalar que el legado romano en Siria, Gabino (57–55 a.C.), dividió a Palestina en cinco distritos (*synedria*), cada uno bajo un sanedrín (*Antigüedades* XIV.v.4); o sínodo (*Guerra judía* I.viii.5). El arreglo duró poco y el sanedrín de Jerusalén volvió a tener preeminencia. Josefo es el primero que utiliza el término sanedrín para referirse al concilio supremo de Jerusalén, al relatar que el joven Herodes tuvo que presentarse ante el sanedrín de la capital judía para informar de sus actividades en Galilea (*Antigüedades* XIV.ix.3-5). Luego el término aparece veintidós veces en el Nuevo Testamento: ocho en los Evangelios y catorce en Hechos. A veces se refiere a cualquier judicatura, especialmente en el plural (Mt 5.22; 10.17; Mc 13.9), pero suele designar al concilio supremo ante el cual Jesús (Mc 14.55), Pedro y Juan (Hch 4.15), Esteban (Hch 6.12) y Pablo (Hch 22.30) tuvieron que comparecer. El término *presbyterion* también es sinónimo de «sanedrín» (Hch 22.5), traducido «los ancianos» en RV.

A cada miembro del sanedrín se le llama *bouleutes* (*consejero*), por ejemplo, José de Arimatea (Mc 15.43; Lc 23.50). El sanedrín, como cuerpo autoritativo, desapareció después de la destrucción de Jerusalén (70 d.C.). Lo sucedió el *Beth Din* (*corte de justicia*) de los rabinos, que era un organismo compuesto de eruditos sin poder político.

Composición

El sumo sacerdote era el presidente del concilio. Sus miembros provenían de la aristocracia sacerdotal o eran laicos nobles; más tarde también participaron → ESCRIBAS, pertenecientes en su mayoría a los → FARISEOS, pero hubo algunos de los → SADUCEOS. Bajo los primeros → ASMONEOS, los saduceos constituían la mayoría y aprobaron leyes y ordenanzas favorables a sus interpretaciones. La reina Alejandra (78–69 a.C.) se identificó con los fariseos abrogando aquellas leyes y estableciendo otras que estos últimos respaldaban. Más tarde Herodes (37–4 a.C.), al comenzar su reinado y para aminorar el poder de la antigua aristocracia, mató a

cuarenta y cinco miembros del concilio y le dio más participación a los fariseos que representaban menos amenaza para él. Durante el período de los procuradores (6–70 d.C.) el concilio se componía de la aristocracia sacerdotal, la nobleza que contaba con la simpatía de los saduceos y los eruditos de los fariseos.

Competencia

Durante la época romana (63 a.C.–70 d.C.), en especial bajo los procuradores, este cuerpo era la última autoridad en Judea. Tenía ingerencia no solo en cuestiones religiosas sino también en asuntos legales y gubernamentales, siempre y cuando no se violara la autoridad del procurador romano. Este último tenía que confirmar las sentencias de muerte aprobadas por el concilio (Jn 18.31). La muerte de Esteban, por tanto, parece ser un caso de violencia de parte de la multitud, instigada por el concilio (Hch 7.54-60).

Lugar de reunión

Según las fuentes rabínicas, el concilio se reunía por lo general en el lugar del templo llamado «pórtico de los sillares de Piedras». La reunión en el palacio del sumo sacerdote (Mt 26.57ss; Mc 14.53ss) fue una excepción a la regla, debida quizás a que el templo estaba cerrado de noche. Los miembros se sentaban en un semicírculo; frente a ellos estaban los secretarios de la corte y, detrás de estos, tres filas de los discípulos de «los hombres sabios». El acusado se presentaba vestido de luto. Una decisión favorable, por simple mayoría, podía anunciarse el mismo día; una desfavorable, que necesitaba dos terceras partes, al día siguiente o más tarde.

CONCILIO DE JERUSALÉN Nombre dado a la reunión de los líderes de las iglesias en Jerusalén y Antioquía, la cual se relata en Hch 15.2-29. Ocurrió *ca.* 49–50 d.C., como consecuencia de acaloradas discusiones acerca del carácter que el cristianismo debía mantener entre los gentiles. La Iglesia, que se consideraba como el verdadero Israel, esperaba que el cristianismo continuara según las normas del Antiguo Testamento. Sin embargo, la conversión de multitudes de gentiles hizo surgir al menos dos inquietudes. Por un lado, quedaban por aclarar las implicaciones que tenía para la iglesia el pacto que Dios había hecho con Abraham, un pacto que había de permanecer para siempre e incluía la → CIRCUNCISIÓN (Gn 17.9-14). Por el otro, había una serie de factores anexados a las relaciones permisibles entre gentiles y judíos.

Las inquietudes mencionadas cristalizaron en dos preguntas básicas: 1) ¿Era legítimo el directo acercamiento de Pablo y Bernabé a los paganos si estos no cumplían los requisitos del judaísmo? 2) ¿Cuál debía ser el reglamento en el futuro? ¿Debía procederse en base a una norma conveniente o en base a la Ley de Dios?

La práctica de comer juntos judíos y gentiles en las iglesias de Antioquía y Galacia escandalizaba a los hermanos en Jerusalén, y hacía cada vez más difícil la evangelización de los judíos de esta ciudad. Sin embargo, basándose en la aprobación evidente de Dios con respecto a los gentiles, el concilio (Hch 15.10) determinó no exigir que estos pasaran por el judaísmo como medio para obtener la salvación de Dios. Este nuevo acceso de gentiles a la comunidad mesiánica se vio como el cumplimiento de una profecía (Am 9.11s).

En vista a las inquietudes de los judíos y de las demandas de la Ley, solo se pidió la abstención de las prácticas generalmente consideradas por los judíos como herencia de la corrupción gentil (Hch 15.20,29).

Son impresionantes en el relato del concilio la madurez de los creyentes de Jerusalén y su amor hacia los de afuera. Dieron libertad a los gentiles de acercarse sin condiciones, sabiendo que con cada nuevo creyente gentil se complicaba más su propia tarea en Jerusalén.

Muchos identifican el relato de Gl 2.1-10 con el de Hch 15, y afirman que hay una serie de discrepancias entre los dos. Pero es más probable que Gl 2.1-10 se refiera a la visita descrita en Hch 11.27-30, y que el silencio de Gl 2 con respecto al decreto del concilio se deba a que Gálatas se escribió antes del concilio.

Es interesante notar que unos siete años después Pablo mismo hizo caso omiso del decreto del concilio respecto a la carne (Ro 14.1ss). Esto quizás indica que por aquel tiempo la proporción de gentiles y judíos había cambiado tanto que los decretos ya no tenían vigencia.

Bibliografía:

A. Wikenhauser, *Los hechos de los apóstoles,* Herder, Barcelona, 1967, pp. 232-237; 250-265.

CONCUBINA Mujer considerada como esposa de segunda categoría bajo el sistema de la poligamia. Comúnmente se tomaba de entre las esclavas o cautivas, por ejemplo, Agar, la concubina de Abraham (Gn 16.2,3), y Bilha la de Jacob (Gn 30.3,4). Se podían repudiar con más facilidad que a una → ESPOSA (Gn 21.10-14). Sin embargo, en la Ley de Moisés se reconocieron y definieron sus derechos (Éx 21.7-11; Dt 21.10-14). En el caso de Abraham, el Antiguo Testamento señala una sola causa para el concubinato: esterilidad de la esposa y deseo urgente de tener hijos. La esposa prohijaba los hijos nacidos de la concubina (Gn 16.1-3; 30.1-3).

CONCUPISCENCIA → CODICIA.

CONDENACIÓN → JUICIO.

CONDUCTA Término que aparece once veces en RV, usado para explicar un estilo de vida y el modo de comportarse o de tratar a los semejantes. Es más, la misma palabra griega se traduce también por «manera de vivir». (Véanse Ef 4.22; 1 P 1.15,18; 2.12; 2 P 3.11. Nótese que la palabra «conversación» de RV-1909, se ha sustituido en RV-1960 por conducta o «manera de vivir» excepto en 1 Co 15.33.)

En el Nuevo Testamento conducta se deriva de un verbo que denota propiamente «ir y volver». De aquí que en sentido figurado se refiera a la manera de actuar o conducirse, en la acepción de practicar ciertos principios. Esto encierra una identificación esencial entre principios y conducta. Solo nos asimos a la verdad cristiana en la medida en que permitimos que ella rija nuestra vida y nuestras relaciones con los demás.

CONEJO Traducción ocasional de dos palabras hebraicas: *arnebet* y *shapan*.

1. *Arnebet (lepus syriacus).* Liebre que se clasifica como animal inmundo en Lv 11.6 y Dt 14.7.

2. *Shapan (hyrax syriacus).* Se traduce por «conejo» en Lv 11.5 y Dt 14.7 (en este último, *arnebet* se traduce «liebre»; cf. Sal 104.18 y Pr 30.26). Son quietos y asustadizos, y se juntan en manadas. Deuteronomio 14.7 los incluye entre los animales inmundos porque aunque rumian, no tienen pezuñas hendidas.

En realidad ni el conejo ni la liebre rumian, aunque parecen hacerlo por el movimiento del hocico. Por eso Dt 14.7 se aducía como prueba contra la veracidad o inerrancia de la Biblia. Sin embargo, hay que recordar que el lenguaje bíblico aquí es popular (y no científico ni técnico) y describe las cosas según las apariencias (como en el caso de «puesta de sol»). (→ INTERPRETACIÓN.)

CONFESIÓN Término usado en la Biblia principalmente en dos sentidos: (1) reconocimiento de Dios como el Ser Supremo, digno de gratitud y alabanza, y contra quien al faltar el hombre peca; y (2) reconocimiento delante de Dios de la culpa por una infracción cometida con miras a obtener el perdón.

A los israelitas se les insta a la confesión de su iniquidad y la de sus padres (Lv 26.40), a fin de que Dios se acuerde de su pacto con los antepasados de ellos (v. 42). El individuo que cometía un pecado debía confesarlo (Nm 5.7). El rey David, al arrepentirse, confesó su falta a Dios (Sal 32.5; 38.18; 51.1-5). En tiempos de Esdras los israelitas «confesaron sus pecados, y las iniquidades de sus padres» (Neh 9.2).

En Proverbios 28.13, al que confiesa sus pecados y se aparta de ellos, se le promete que «alcanzará misericordia». El reconocimiento de Jehová Dios en tiempos de calamidad y peligro, era una confesión que contribuía a preparar el camino para el → PERDÓN (1 R 8.33,34; 2 Cr 6.24-27).

En el Nuevo Testamento la confesión guarda una relación muy estrecha con la actitud pública hacia Cristo y viene a ser el → TESTIMONIO espontáneo, gozoso y valiente respecto a la fe del cristiano. Es un acto de lealtad y amor al nombre y causa de Cristo. Él espera de sus seguidores esta confesión pública, la cual será recompensada (Mt 10.32). Confesar es declarar con la boca el señorío de Cristo y su resurrección (Ro 10.9). Uno de los triunfos de la muerte del Salvador es que toda lengua le confesará como el Señor (Flp 2.11). La confesión de los pecados está ligada al → ARREPENTIMIENTO y al → BAUTISMO (Mt 3.2,6). Confesar nuestros pecados, como cristianos, es una práctica necesaria y obligatoria (Stg 5.16; 1 Jn 1.9), que debe hacerse únicamente a la persona o las personas ofendidas.

CONFIRMACIÓN Término que en el Nuevo Testamento quiere decir «esforzar», es decir, «animar» e «infundir vigor» (Lc 22.32; Hch 14.22; 15.32,41; 16.5), «establecer» o «hacer firme y cierto» (Ro 15.8; 1 Co 1.6; Col 2.7).

Es dudable que se pueda relacionar la imposición de manos con la confirmación. En Hechos 14.22 y 15.32,41, se nos dice que Pablo confirmaba a los creyentes, pero nada indica que dicha confirmación tuviera carácter ritual ni sacramental.

En Hechos 8.17; 19.6 la imposición de manos se asocia con la recepción del Espíritu Santo. Hebreos 6.2 indica que la iglesia primitiva la consideraba como acto o símbolo importante en la vida cristiana. Pero en el Nuevo Testamento no constituye parte del bautismo cristiano, ni de la admisión en la iglesia.

CONGREGACIÓN «Asamblea», «reunión» y «congregación» son traducciones de seis palabras hebreas que tienen varios sentidos.

1. Sinónimo de «cita», hora designada para reunirse en un lugar (por ejemplo, Éx 27.21).

2. Grupo de personas reunidas para la guerra (2 S 20.14ss), la sublevación (Nm 16.3) o un servicio religioso (Nm 10.7).

3. Término genérico usado para referirse a Israel (Neh 5.13; Is 1.13). Sin embargo, tenía también un sentido específico referido a las asambleas rituales (Neh 8.18). Había instrucciones para convocar a tales reuniones y el llamado se hacía con trompetas (Nm 10.2-8). Si todo el pueblo pecaba, había una asamblea especial para realizar la expiación (Lv 4.13-21).

La LXX a menudo traduce con *ecclesía* la voz hebrea *cajal* (por ejemplo, 1 R 8.14; 1 Cr 28.8) que a su vez se traduce por «congregación» en la RV. (→ SINAGOGA.)

CONOCIMIENTO En la filosofía griega, el conocimiento se consideraba como el sumo bien del hombre. Para Sócrates, equivalía a la virtud, de ahí su máxima clásica: «Conócete a ti mismo». Pero en el Antiguo Testamento todo conocimiento se contrasta con el conocimiento de Dios. El conocimiento de Dios es infinito (Sal 147.5) e íntimo. Jehová conoce los nombres (Éx 33.12; Sal 91.14), los pensamientos (Job 21.27; Sal 44.21; 94.11), los caminos (Job 23.10) y las actividades del hombre (Sal 139.2; Is 66.18). Mientras el hombre persigue el conocimiento (Pr 2.3-5; 3.13; 4.5; 23.23), debe reconocer que todo su conocimiento es incompleto (Ec 8.7; 9.12; 11.5; Is 59.8; Miq 4.12) y puede ser vano (Is 44.25).

En el Antiguo Testamento incluso la relación sexual se describe como «conocer», dando a entender que tal acto no solo tiene carácter fisiológico, sino también sicológico (Gn 4.1,17,25; 24.16; 1 S 1.19, RV-1909). Sobre todo conocimiento, el hombre debe anhelar el conocimiento de Dios (Sal 46.10; Jer 9.24) y su poder (Is 33.13). Esto no es saber algo acerca de Dios, sino conocer profundamente quién es. El tiempo vendrá, declararon los profetas, cuando todo el mundo conocerá a Jehová (Is 19.21; 49.26; Jer 31.34).

En el Nuevo Testamento se halla el mismo concepto del conocimiento. Toda persona posee un conocimiento parcial e insuficiente de Dios (Hch 14.17; Ro 1.19,20); el conocimiento completo se halla solamente en Cristo (Mt 11.25-27; Col 2.2,3), en quien «habita corporalmente toda la plenitud de la Deidad» (Col 2.9). Entonces, el conocimiento de Dios, recibido a través de Cristo, pone al hombre en una relación nueva con Dios (Jn 7.17; 17.3). Este conocimiento es la única fuente de libertad (Jn 8.32), es para todo el mundo (Col 1.28) y es meta del cristiano (Flp 3.10).

Es notable que tanto en el Antiguo Testamento como en el Nuevo Testamento el conocimiento espiritual no lo alcanza el hombre por sí solo, sino que es don de Dios (Jer 24.7; 1 Co 1.30; 12.8). (→ GNOSTICISMO.)

CONSAGRACIÓN Traducción de tres palabras hebreas. La primera significa «separar» o → «SANTIFICAR». Viene de la raíz de «santo» y se traduce preferentemente por «santificar» por tratarse de aquello que está apartado exclusivamente para Dios (Éx 13.2; Is 13.3; Jer 1.5). El equivalente en el Nuevo Testamento también se traduce por «santificar» (Jn 10.36; 17.19; 1 Co 7.14).

La segunda viene de la raíz de → «NAZAREO» (Nm 6) y significa también «apartar», «dedicar» (Lv 21.12; Nm 6.9,18,19).

La tercera significa «llenar la mano». Es esta la frase más usada en el Antiguo Testamento para expresar consagración, casi siempre en relación con el sacerdocio. Se traduce literalmente en Éx 29.33. Las manos del → SACERDOTE se llenaban con la ofrenda que había de ofrecer a Jehová.

CONSOLADOR → PARÁCLETO; ESPÍRITU SANTO.

CONTAMINACIÓN → INMUNDO.

CONVERSIÓN La conversión es un concepto muy importante en el Antiguo Testamento. Debe entenderse en sus tres tipos básicos: conversión individual, conversión comunitaria y conversión como parte de un proceso permanente en la vida del creyente. En el Antiguo Testamento, la palabra hebrea que se traduce «conversión» es *shub*, que significa «regresar, volverse» y es un llamado de atención para dejar de lado prácticas idolátricas y volver a Dios. Todo lo que ocupe en el corazón del creyente el lugar destinado a Dios es idolátrico, y el llamado a la conversión implica echar a un lado todo lo que aparte al creyente de Dios. Tal es el mensaje, por ejemplo, de los profetas en su llamado a dejar los ídolos (Is 46), las injusticias (Is 5.8) y toda forma de inmoralidad.

El aspecto comunitario de la conversión en el Antiguo Testamento se manifiesta de dos modos: primero, en que Dios insta personalmente o a través de los profetas a que todo el pueblo se convierta (Os 14.12); y segundo, que esto parece ser un requisito para una conversión que produzca frutos de arrepentimiento manifiestos en obras de solidaridad y justicia hechas evidentes en el seno de la misma comunidad. Por ejemplo, Amós 2.6-8 relaciona la idolatría de Israel con las inmoralidades y la injusticia social de las que hay que arrepentirse cambiando la conducta. El llamado individual a la conversión está íntimamente relacionado con la responsabilidad del creyentes ante el pueblo de Dios, y los profetas llaman a que el creyente cambie su existencia en términos de solidaridad y de justicia con el prójimo (por ejemplo, que sea honesto en términos comerciales, usando balanzas y pesas justas como en Miq 6.11), así como también con la íntima relación entre Dios y cada individuo (Zac 1.3).

En el Nuevo Testamento las palabras que expresan conversión son *metanoia* (en los Sinópticos y Apocalipsis) y *epistrefo* (en Hch, y 1 P). El concepto *shub* del Antiguo Testamento se complementa con la noción de proceso de conversión (*metanoia*), por ejemplo en Mateo 3.8, y se continúa con la idea de conversión como manifiesta en actos externos (*epistrefo*) en Hch 26.20 (también en Mt 3.8). La conversión es una vuelta de algo hacia algo. En su lado negativo es el arrepentimiento (Hch 26.20) y en su fase positiva es la fe (Hch 11.21). La verdadera conversión se levanta sobre el arrepentimiento y la fe, que llevan al creyente no solamente a observar una nueva forma de vida, sino a una transformación espiritual completa (2 Co 3.18).

El Nuevo Testamento enseña que la conversión no es pasiva (algo que se tiene o se siente), sino dinámica (algo que se hace). Es la respuesta que una persona da al evangelio en forma incondicional y que le afecta en su totalidad. Significa comprometerse con Cristo y vivir para Dios en novedad de vida, mediante el poder que da el Espíritu Santo (Ro 6.1-4; Col 2.10-16; 3.1ss). Entonces la conversión en el Nuevo Testamento es un activo compromiso con Cristo mediante el poder del Espíritu Santo, que continúa durante toda la vida del creyente y que conduce al hombre a la liberación de estructuras de injusticia, violencia, mentira y esclavitud. La verdadera conversión libera al individuo de toda forma de idolatría y restaura su relación con Dios.

Bibliografía:

J. Komonchak, *The New Dictionary of Theology*, Gill and Macmillan, Dublín, 1987. Varios, *Enciclopedia judaica*, Keter Pub. House, Jerusalén, 1971. Varios, *The Interpreters Dictionary of the Bible*, Abingdon, NY, 1962. F. Gesenius, *Hebrew and English Lexicon*, Bagster, Londres, 1957. Moulton y Gedden, *Concordance to the Greek Testament*, T&T Clark, Londres, 1970.

CONVICCIÓN Proceso en el que la persona se convence de que ha pecado y le duele profundamente. El concepto de la convicción es un tema importante en la Biblia, aunque la palabra en sí no aparezca en este sentido. El que convence de pecado es el Espíritu Santo (Jn 16.7-11); y los medios de convicción son o la Palabra de Dios (Hch

2.37) o la revelación que Dios hace de sus demandas a través de la naturaleza y la percepción innata de lo que está mal y lo que está bien (Ro 1.18-20; 2.15). El propósito de la convicción es llevar a la persona a arrepentirse de sus pecados (Hch 2.37-38; Ro 2.1-4) y volverse a Dios para alcanzar salvación y vida eterna.

CONVOCACIÓN Acto de llamar o convocar a una reunión sagrada del pueblo de Israel para descanso y adoración (Lv 23.2,4,37). En la Biblia esta palabrea siempre está precedida del adjetivo «santa». En los días de las grandes → FIESTAS se convocaba al pueblo con dos trompetas de plata (Nm 10.2).

COPA Taza de distintas formas (casi siempre redondas) y materiales, desde el humilde barro hasta la plata y el oro (1 R 10.21). Las copas usadas en las libaciones religiosas tenían que ser de materiales preciosos (Éx 25.29; 37.16,17). Era práctica común en el Oriente el uso de copas especiales para la adivinación (Gn 44.2,5).

En el lenguaje figurado fue el símbolo de una clase de experiencia con Dios. Para los creyentes era la copa de bendiciones (Sal 23.5; 116.13); para los malvados era la copa de ira (Sal 11.6; Is 51.17,22; Hab 2.15,16). Babilonia era la copa de cuyo vino beberían todas la naciones (Jer 51.7). Jerusalén es figurada como copa de vértigo para sus enemigos (Zac 12.2).

La copa de Jesús fue de sufrimiento (Mt 20.22,23). La copa de la → CENA DEL SEÑOR puede referirse a la «copa de la salvación» (Sal 116.13) o al rito de la libación de la copa de vino en el templo, que simboliza la ayuda salvadora de Dios.

COPERO Empleado especial en el Oriente Antiguo, que atendía las mesas de la corte. No solo servía el vino; también lo preparaba y lo probaba (Gn 40.11,13) para cerciorarse de la calidad y de que no se mezclara con veneno alguno. Cada rey tenía su copero particular. Este fue el cargo de Nehemías (Neh 1.11; 2.1), un judío que servía al rey Artajerjes. Faraón, en Egipto, tenía

Este relieve en piedra de Asiria muestra al rey Asurbanipal (centro) en su trono entre su copero (izquierda) y otro siervo (derecha).

Foto de Howard Vos

su copero personal (Gn 40.21). Este empleado era en muchos casos el confidente o el favorito del rey, de ahí su importancia.

CORAZA Parte de la armadura que llevaban los soldados sobre el pecho para protegerse desde el cuello hasta la cintura. Se hacía de cuero endurecido o de metal, y a veces de metal sobre cuero. Algunas tenían tal contextura que su peso era enorme, como en el caso de la coraza de Saúl (1 S 17.38).

En el Israel primitivo, llevar coraza era signo de nobleza (1 R 22.34), pero más tarde todo guerrero la usaba (2 Cr 26.14; Neh 4.16). En tiempos de Cristo algunos soldados romanos usaban una doble coraza, una delante para proteger los órganos vitales y otra detrás para proteger las espaldas.

En sentido figurado, «coraza» alude a cómo Jehová se ciñe de justicia (Is 59.17). Pablo, recordando este versículo, habla de «la coraza de fe y amor» (1 Ts 5.8) y de «la coraza de justicia» (Ef 6.14), como de una armadura espiritual que protege al cristiano.

CORAZÍN Ciudad del mar de Galilea en donde Jesús predicó e hizo muchos milagros. Fue reprendida duramente junto con las ciudades vecinas de → BETSAIDA y → CAPERNAUM (todas ubicadas al norte del mar) porque no se arrepintió (Mt 11.20-24; Lc 10.13s).

Corazín se ha identificado con las ruinas de Khirbet Kerase a tres kilómetros al norte de Capernaum. En estas ruinas se hallan los vestigios de una sinagoga hecha de basalto negro, con un asiento especial; seguramente esta era la «cátedra de Moisés» (Mt 23.2) que formaba parte del mobiliario de las sinagogas.

CORAZÓN Término que se usa figuradamente en las Escrituras para designar el centro, la totalidad o la esencia de todas las cosas o actividades. En particular se refiere al centro de la personalidad del hombre.

El pensamiento hebreo tendía hacia lo subjetivo más que a la observación científica,

Foto de Amikam Shoob

Toda mujer que había dado a luz debía presentar una ofrenda que incluía un palomino, según le instruía el libro de Levítico (Lv 12.6).

y por tanto a menudo se ve una falta de precisión en la terminología veterotestamentaria. «Carácter», «personalidad», «voluntad» y «mente» son términos modernos, que ahora representan lo que corazón significaba para los hebreos.

Especialmente en el Antiguo Testamento, a veces corazón significa «el centro», «lo oculto» o «la fuente» (por ejemplo, Sal 46.2b, donde se habla del «corazón del mar», es decir, el centro o el medio del mar). De ahí que, en el aspecto sicológico, el término signifique el centro o el foco de la vida. El corazón es la fuente de los motivos, de las pasiones y de los procesos mentales, por eso Jeremías afirma que «engañoso es el corazón» (17.9). Es asimismo fuente de sabiduría y emociones, según Pr 2.10, y fuente de la voluntad, de acuerdo con Dt 6.5 («Amarás a Jehová tu Dios con todo tu corazón»).

En el Nuevo Testamento, la palabra corazón tiene un uso sicológico y espiritual más amplio que en el Antiguo Testamento. Cristo y Pablo usan el término para referirse a la fuente o asiento de los sentimientos, deseos, esperanzas, motivos, voluntad y percepciones intelectuales. El hombre se comporta según su corazón; Dios conoce este centro vital y no se deja engañar por las apariencias externas (1 S 16.7). Dios puede limpiarlo (Sal 51.10) y recrearlo (Ez 18.31). Tratándose de la fuente de todos los deseos, el corazón debe guardarse con todo cuidado (Pr 4.23), y encaminarse en los senderos de justicia (23.26).

Cristo subraya la importancia del estado del corazón cuando dice: «los de limpio corazón ... verán a Dios» (Mt 5.8). Y para Pablo el hombre puede comprender y experimentar el amor de Dios, solo cuando Cristo habita en el corazón por la fe (Ef 3.17). Es la paz de Dios lo que guardará el corazón del hombre, principio importante de salud mental.

CORBÁN (en hebreo, *lo que es acercado*). Término que designaba cualquier ofrenda presentada en el santuario.

En tiempos de Jesús, la declaración de un objeto como Corbán u ofrenda para el templo, significaba renunciar a dicho objeto. No era posible aprovecharlo ni siquiera en beneficio de un familiar cercano que lo necesitara. La → TRADICIÓN FARISAICA contradijo así el quinto mandamiento y brindó excusa de la irresponsabilidad para con los padres (Mc 7.11; cf. Éx 20.12; 21.17; Dt 5.16; Lv 20.9, etc.).

Debido a este quebrantamiento de la Ley, y a que los → VOTOS no podían revocarse, si un hijo en un momento de enemistad con sus padres declaraba como voto: «Todo servicio o ayuda que vosotros pudierais requerir de mí será para vosotros Corbán», ellos quedaban en la miseria. Puesto que los votos no podían revocarse, este voto de «renuncia» tampoco obligaba al hijo a entregar de por vida bienes o ganancias al templo; en más de una ocasión todo era en realidad un simulacro (Is 29.13; cf. Mc 7.6s).

CORDERO → CARNERO; OVEJA.

CORDERO DE DIOS Título que se aplica exclusivamente a nuestro Señor. Aparece en el Nuevo Testamento dos veces; Jn 1.29 y 36. Fue la proclamación que Juan el Bautista hizo de Cristo al identificarlo como el Redentor enviado de Dios. En los tiempos del Antiguo Testamento el cordero era el animal siempre sin mancha que los israelitas solían usar para el → SACRIFICIO debido a su inocencia y a su carácter humilde y sumiso. Se le sacrificaba todos los días en las ofrendas de la mañana y la tarde, y en ocasiones especiales, por ejemplo, la Pascua (Éx 12.3-13; 29.38-46; Lv 4.32; Nm 6.14).

El cordero simboliza a Cristo, quien en el Calvario se ofreció a sí mismo, en sacrificio vivo, para llevar nuestros pecados sobre su cuerpo (1 P 2.24). Las palabras de Juan el Bautista (Jn 1.29,36) son así una interpretación de Is 53.7, en donde el Siervo Sufriente aparece representado como un cordero que es llevado al matadero. También Felipe, el evangelista, explica este pasaje profético como cumplido en Cristo (Hch 8.30-35). Pablo se refiere a Cristo como nuestro cordero pascual (1 Co 5.7b). La misma idea, la del cordero sacrificado por nosotros, aparece en los escritos de Pedro (1 P 1.18,19).

En el libro de Apocalipsis la imagen de Cristo como el cordero es prominente. Con tal epíteto se le menciona veintiocho veces. Juan lo ve como «un cordero inmolado, que tenía siete cuernos, y siete ojos, los cuales son los siete espíritus de Dios enviados por toda la tierra» (Ap 5.6b). Este cordero, que posee los atributos de Dios, es vencedor y redentor por su muerte, y es digno, por tanto, de recibir todo poder, honra y gloria (Ap 5.8,12,13); los redimidos por su sangre están delante de Él limpios y llenos de gozo y victoria (Ap 7.9); y de su trono emana el río del agua de la vida (Ap 22.1).

CORDÓN, CUERDA, CORDELES Términos usados para referirse a una medida (2 S 8.2; 1 R 7.15,23; Sal 78.55; Is 34.17; etc.). Es muy probable que los hebreos aprendieran

Ruinas del tribunal civil conocido como la basílica Juliana en la antigua Corinto. Algunas de las acusaciones entre los cristianos corintios (1 Co 6.1-11) quizás se ventilaron en este mismo sitio.

el arte de medir durante su estancia en Egipto (→ Nilo), donde dicho arte se practicaba desde tiempos muy antiguos.

En particular, «cuerdas» se usaba también figuradamente, como en Sal 16.6, para referirse a una porción determinada; «cordón» era la cinta o lazo que ataba el pectoral del sumo sacerdote al efod (Éx 28.28,37; 39.21, 31); a una «cuerda de estopa» se comparan los mimbres que ataban a Sansón (Jue 19.6), y como un «cordel de lino» se describe la medida que tenía en su mano el varón con aspecto de bronce que vio Ezequiel (Ez 40.3).

CORÉ (en hebreo, *qorah*).

1. Hijo de Esaú y Aholibama, una mujer cananea. Nació en Canaán antes que Esaú se separara de su hermano Jacob, y llegó a ser uno de los jefes de la nación de Edom (Gn 36.5,14,18; 1 Cr 1.35).

2. Quinto hijo de Elifaz y de Ada y nieto de Esaú (Gn 36.15s). Hay quienes opinan que se trata de una adición, ya que en otras listas de los hijos de Elifaz (Gn 36.11,12; 1 Cr 1.36) el nombre de Coré no aparece.

3. Hijo de Hebrón, posiblemente bisnieto de Caleb (1 Cr 2.42,43).

4. Hijo de Izhar y nieto de Coat de la tribu de Leví (Éx 6.18,21). Estaba al servicio del tabernáculo como levita. Con la ayuda de Datán, Abiram, On y 250 varones, más un buen número de príncipes de Israel, encabezó una sublevación contra Moisés y Aarón. Dios desaprobó la rebelión y todos los rebeldes fueron destruidos (Nm 16.1-35; 26.9; Dt 11.6; Sal 106.17), lo cual sirvió de lección a Israel (Nm 16.40).

Sin embargo, los hijos de Coré no murieron (Nm 26.11,58). Durante el reino de David se incluían entre los músicos (1 Cr 6.22).

Figuran como cantores en el título de varios Salmos: 42; 44–49; 84–85; 87–88. (→ Música.)

CORINTIOS, EPÍSTOLAS A LOS Cartas escritas por el apóstol Pablo a la iglesia de Corinto. Además de las dos cartas que se han conservado en el Nuevo Testamento, hubo una carta anterior a nuestra 1 Corintios, según 1 Co 5.9. En 2 Co 2.4 Pablo se refiere a otra carta suya, escrita «con muchas lágrimas», conservada como los capítulos 10–13 de la misma epístola de 2 Corintios.

PRIMERA DE CORINTIOS:
Un bosquejo para el estudio y la enseñanza

Primera parte:
Respuesta al reporte de Cloé sobre las divisiones (1.1—4.21)

Segunda parte:
En respuesta a los reportes sobre la inmoralidad (5.1—6.20)

Tercera parte:
En respuesta a la Carta de preguntas (7.1—16.24)

I. Introducción 1.1-9
II. Reporte sobre las divisiones 1.10-17
III. Razones para las divisiones........... 1.18—4.21
  A. Malinterpretación del mensaje del evangelio .... 1.18—3.4
  B. Malinterpretación del mensajero del evangelio .... 3.5—4.5
  C. Malinterpretación del ministerio de Pablo. 4.6-21

I. Sobre el incesto 5.1-13
  A. Entregar los fornicadores a la disciplina..... 5.1-8
  B. Sepárense de los creyentes inmorales 5.9-13
II. Sobre el litigio entre los creyentes 6.1-11
III. Advertencia contra la inmoralidad sexual .. 6.12-20

I. Consejo sobre el matrimonio 7.1-40
  A. Principios para la vida matrimonial........ 7.1-9
  B. Principios para el creyente casado 7.10-16
  C. Principio de morar en el llamado de Dios.................... 7.17-24
  D. Principios para los solteros 7.25-38
  E. Principios relacionados con segundas nupcias....................... 7.39-40
II. Consejo sobre la libertad espiritual...... 8.1—11.1
  A. Principios sobre la libertad y el creyente débil............................ 8.1-13
  B. Ilustración de Pablo y su libertad 9.1-27
  C. Advertencia contra la pérdida de libertad..................... 10.1-13
  D. Exhortación a usar la libertad para glorificar a Dios............ 10.14—11.1
III. Consejo sobre la adoración pública ... 11.2—14.40
  A. Principios de la oración pública 11.2-16
  B. Se reprenden los desórdenes en la Cena del Señor............... 11.17-34
  C. Principios sobre el ejercicio de los dones espirituales .... 12.1—14.40
IV. Consejo sobre la resurrección 15.1-58
  A. El hecho de la resurrección de Cristo 15.1-11
  B. Importancia de la resurrección de Cristo 15.12-19
  C. Orden de las resurrecciones.......... 15.20-28
  D. Implicaciones morales de la resurrección de Cristo 15.29-34
  E. Cuerpos de los muertos resucitados 15.35-50
  F. Cuerpos de los vivos trasladados 15.51-58
V. Consejo sobre la recolección para Jerusalén 16.1-4
VI. Conclusión........................ 16.5-24

C

Primera Epístola a los Corintios

A través de esta epístola, Pablo alude al período que pasó en Corinto, cuando primero anunció allí el mensaje cristiano y fundó la congregación. Por su propio testimonio se sabe que vivió entre los corintios como un artesano más, rechazando todo sostén económico de la iglesia (1 Co 4.11-12; 9.1-15). En esta nueva comunidad cristiana, la mayoría de las personas eran de nivel humilde (1.26-28) y experimentaban cierta marginación e incluso explotación de los pocos hermanos de clase social más acomodada (cf. 1 Co 6.7-8; 8.7-12; 11.21-22).

Según Hch 18.1-3, Pablo se presentó en la ciudad de Corinto como miembro de la comunidad judía, donde conoció a Aquila y Priscila, pareja que ejercía su mismo oficio de hacer tiendas. Pablo consiguió con ellos techo y trabajo. Hechos 18.3-18 relata que un sector de la sinagoga se opuso violentamente al mensaje de Pablo, lo expulsó de su comunidad e intentó que las autoridades romanas lo condenaran. En cambio, otro grupo, compuesto de judíos y gentiles convertidos al judaísmo, se inclinó por el evangelio y con estos se formó la iglesia.

Varios datos en Hechos 18 permiten calcular la fecha de la estancia de Pablo en Corinto. Hechos 18.2 menciona que Aquila y Priscila salieron de Roma debido a un edicto del emperador Claudio que expulsó a los judíos de Roma, el cual puede fecharse aproximadamente en 49. Pablo pasó año y medio en Corinto antes de que se presentara un enfrentamiento con los judíos que llegó hasta el tribunal del procónsul Galión (Hch 18.12). De fuentes históricas se sabe que Galión ocupó su puesto en Corinto por doce meses a partir de la primavera del año 51.

La cronología de los movimientos de Pablo se construye con referencia a estos datos. Tomando en cuenta el hecho de que no se hacían viajes durante los meses de invierno, Pablo puede haber viajado desde Macedonia (Hch 16.11–17.14) hasta Corinto a mediados del año 50. Menos de dos años más tarde salió de Corinto para Éfeso y Antioquía, y en

---

Las ruinas de Corinto, una de las ciudades más adineradas e inmorales de la antigüedad (1 Co 5.1; 6.9-11).

Foto de Gustav Jeeninga

SEGUNDA DE CORINTIOS:
Un bosquejo para el estudio y la enseñanza

Primera parte:
Justificación paulina
de su ministerio
(1.1—7.16)

I. Introducción 1.1-11
II. Justificación paulina de su cambio
   de planes . . . . 1.12—2.13
   A. Plan original de Pablo. 1.12-22
   B. Cambio de planes de Pablo . . . . 1.23—2.4
   C. Pablo ruega que se perdone. 2.5-13
III. Filosofía paulina del ministerio. . . . . 2.14—6.10
   A. Cristo hace que triunfemos 2.14-17
   B. Las vidas cambiadas prueban el ministerio . . 3.1-5
   C. El Nuevo Pacto es la base del ministerio. . . 3.6-18
   D. Cristo es el tema del ministerio 4.1-7
   E. En el ministerio abundan las pruebas 4.8-15
   F. Motivación en el ministerio . . . . 4.16—5.21
   G. En el ministerio no se ofende. 6.1-10
IV. Exhortaciones paulinas a los corintios. . . 6.11—7.16
   A. Pablo ruega por la reconciliación 6.11-13
   B. Pablo ruega por la separación de
      los incrédulos . . . . 6.14—7.1
   C. Pablo se reúne con Tito. 7.2-7
   D. La respuesta de los corintios a la carta
      de Pablo 7.8-16

Segunda parte:
Recolección paulina
para los santos
(8.1—9.15)

I. Ejemplo a los macedonios 8.1-6
II. Exhortación a los corintios. . . . . 8.7—9.15
   A. Ejemplo de Cristo. 8.7-9
   B. Propósito de las ofrendas 8.10-15
   C. Explicación de la delegación . . . . 8.16—9.5
   D. Exhortación a ofrendar 9.6-15

Tercera parte:
Vindicación paulina
de su apostolado
(10.1—13.14)

I. Pablo responde a sus acusadores. 10.1-18
   A. Se responde a la acusación de cobardía. 10.1-2
   B. Se responde a la acusación de
      mundanalidad 10.3-9
   C. Se responde a la acusación de
      debilidad personal 10.10-18
II. Pablo defiende su apostolado . . . . 11.1—12.13
   A. Declaración paulina sobre su apostolado . . . 11.1-15
   B. Los sufrimientos de Pablo apoyan
      su apostolado 11.16-33
   C. Revelaciones paulinas apoyan
      su apostolado 12.1-10
   D. Las señales de Pablo apoyan
      su apostolado 12.11-13
III. Pablo anuncia su visita venidera . . . . 12.14—13.10
   A. Pablo no desea ser una carga financiera. . . . 12.14-18
   B. Pablo no quiere que sean carnales 12.19-21
   C. Advertencia paulina para que se examinen
      a sí mismos. 13.1-10
IV. Conclusión. 13.11-14

seguida regresó a Éfeso (Hch 18.18-24), donde quedó por un tiempo. Según varios indicios del capítulo 16 de 1 Corintios, se estima que Pablo redactó esta carta durante su estadía en Éfeso, entre el año 52 y el año 56.

Motivo de 1 Corintios

En 1 Corintios, Pablo responde preocupado a noticias que ha recibido acerca de la iglesia en Corinto. Estas noticias provienen de dos fuentes y reflejan dos perspectivas distintas. Algunas personas se han comunicado con él verbalmente (1.11; 5.1; 11.18), y el cuadro que le presentan es de mucha tensión en el interior de la iglesia: grupos rivales, conductas escandalosas y discriminación contra los más pobres. Por el carácter de los asuntos que denuncian, parece que estas personas pertenecen al estrato social de menos prestigio en la iglesia, el cual era el sector más grande (1.26-28). Por otro lado, Pablo responde también a una carta que otro grupo le ha escrito (7.1). Tal vez son personas de nivel más acomodado y de más liderazgo en la iglesia. Este grupo ha levantado preguntas sobre diversos temas: el matrimonio y el ascetismo, el consumo de carne sacrificada en templos paganos, los dones espirituales y su uso en el culto y otros. Para iniciar su comentario sobre cada uno de estos asuntos, Pablo cita algo de la opinión que este grupo le ha transmitido en su carta (7.1; 8.1; 12.1).

En esta carta pastoral dos ejes fundamentales atraviesan las respuestas de Pablo a estas situaciones: el del futuro escatológico que agudiza la conciencia e inspira la constancia; y el del amor solidario que impulsa y orienta a los cristianos a entregarse a sí mismos en bien de los demás. El conjunto se resume en la persona de Cristo Jesús (1.30) porque Él demostró en su vida y muerte esa solidaridad, y fue reivindicado por la resurrección. Este gran marco de la crucifixión-resurrección está anclado a ambos extremos de la carta (1.18–2.16 y 15.1-58), y engloba los asuntos tan heterogéneos que se encuentran entre esos dos punto.

Segunda Epístola a los Corintios

En 1 Corintios se revelan varias tensiones entre Pablo y la congregación que fundó, sobre todo el cuestionamiento de su apostolado (1 Co 9.1-6). Esta situación se deterioró y la visita a Corinto que Pablo propuso en 1 Co 16.5-8 resultó toda una desilusión (2 Co 2.1). En su angustia Pablo se defendió por medio de una fuerte carta, escrita «con muchas lágrimas» (2 Co 2.4). La mayoría de los estudiosos concuerdan en que los capítulos 10–13 de 2 Corintios, de gran tono polémico, constituyen esa carta. En ella Pablo responde vehementemente a los nuevos maestros que se han adueñado de la iglesia. Frente a estos «superapóstoles» (2 Co 12.11), Pablo se vio obligado a reivindicar su propio apostolado, con el fin de recuperar un espacio de ministerio entre los corintios. En este proceso desenmascara a sus adversarios como «obreros fraudulentos» y «falsos apóstoles» (2 Co 11.13).

La carta, junto con el envío de Tito a Corinto, parece haber logrado un cambio en la actitud de la iglesia. Pablo da testimonio de su gran alivio al encontrarse con Tito en Macedonia y recibir la buena noticia de una reconciliación (2 Co 7.6-7). Aunque aparece al principio de 2 Corintios, la sección 1.1-2.13 refleja este desenlace final, junto con la sección 7.5-16.

Incluidas en 2 Corintios se encuentran dos cartas sobre el importante proyecto de la colecta para los pobres de Judea. Tanto el capítulo 8 como el 9 versan sobre la administración de este significativo esfuerzo de Pablo por demostrar la solidaridad de las iglesias gentiles con la iglesia originaria en Palestina.

Bibliografía:

Gordon D. Fee, *Primera epístola a los corintios*, Nueva Creación, Buenos Aires/ Grand Rapids, 1994, pp. 880. Irene Foulkes, *Problemas pastorales en Corinto. Comentario exegético-pastoral a 1 Corintios*, San José, SEBILA/DEI, 1996, p. 432. Varios, «Pablo de Tarso, Militante de la fe», *Revista de Interpretación Bíblica Latinoamericana* (RIBLA), #20, 1995.

CORINTO A la mitad de la península griega la tierra se reduce a una angosta cintura de menos de 6 km de ancho, conocida como el Istmo de Corinto. La ciudad de Corinto está ubicada sobre la parte alta del Istmo, que era un importante puente de tierra entre la parte norte y la parte sur de Grecia. Por otro lado, esta franja de tierra constituía una barrera para la navegación entre el mar Egeo al este y el mar Adriático al oeste. En las inmediaciones de Corinto el terreno es árido, apto principalmente para viñedos y olivares, con la ayuda de sistemas de riego. Más abajo en la llanura de la costa del Adriático, la tierra era fértil y productiva.

La ciudad de Corinto no era puerto en sentido estricto, ya que no estaba ubicada en ninguno de los dos litorales del istmo. El puerto sobre el mar Adriático, al oeste de Corinto, era Lequeo, y el del mar Egeo, al este, era Cencrea. El transbordo de carga y aun de barcos pequeños sobre el istmo se efectuaba en su punto más angosto, donde un camino de mármol (existente todavía) permitía deslizar bultos y barcos de un lado a otro.

En las inmediaciones de la ciudad de Corinto el terreno es árido, apto principalmente para viñedos y olivares, con la ayuda de sistemas de riego. Más abajo en las llanuras de las costas, la tierra era fértil y productiva.

Con la expansión del Imperio Romano durante el siglo I, mucho tráfico comercial, político y militar pasaba por el Istmo de Corinto, punto de conexión entre Italia y la parte oriental del imperio. La ciudad de Corinto cobró gran importancia como un centro de comercio y transporte internacional, con negocios de transbordo o venta de mercancías, así como de recolección de tarifas e impuestos. Eventos deportivos de la envergadura de los Juegos ístmicos bienales atraían a Corinto gran cantidad de aficionados, y este turismo deportista generaba importantes ingresos para los comerciantes y artesanos de la región.

Gran número de comerciantes y hombres de negocios (más unas cuantas mujeres de negocios) viajaban a menudo entre Corinto y las otras ciudades principales del imperio. Varios miembros de la iglesia de Corinto

---

El templo de Apolos en Corinto y la acrópolis de la ciudad al fondo.

Foto de Howard Vos

participaban en esta actividad comercial, sea como líderes de una casa-empresa (Estéfanas, 1 Co 16.15-18), sea como representantes más humildes, quizás esclavos o libertos, como «los de Cloé» (1 Co 1.11).

Algunas de las descripciones y los estereotipos que suelen citarse para caracterizar la ciudad de Corinto no pertenecen al siglo I, sino que reflejan un período anterior de su historia, antes de ser destruida por los romanos en 146 a.C. Fue en la época anterior a esa fecha que Corinto se granjeó la reputación de ciudad notoriamente inmoral; sin embargo, los términos despectivos aplicados a los corintios por los atenienses pueden atribuirse en parte a la rivalidad que había entre las dos ciudades. Fue también en esa época temprana que se decía que en el templo de Afrodita en Corinto había un millar de prostitutas dedicadas al aspecto erótico del culto a esta diosa de la fertilidad.

Refundada como colonia romana por el emperador Julio César en el año 44 d.C., Corinto resurgió como un centro de arte y cultura, renombrada por sus imponentes edificios públicos, estatuas y templos de mármol. Floreció de nuevo en la ciudad la fabricación de artículos de bronce de alta calidad. Pablo debió haber escuchado a menudo el «metal que resuena, o el címbalo que retiñe» (1 Co 13.1).

Igual que en el caso de otras ciudades conquistadas e incorporadas al Imperio Romano, a Corinto se le permitió tener gobierno propio, pero este funcionaba bajo la vigilancia de un gobernador (el «procónsul» de Hch 18.12) enviado desde Roma. Había dos gobernantes locales, responsables de promover los intereses de Roma y mantener el flujo de tributos e impuestos hacia las arcas imperiales. Satisfechas estas demandas de hegemonía política y económica, el imperio imponía la paz y la estabilidad en la región. Bajo estas condiciones una pequeña capa de empresarios de Corinto desarrolló una notoria prosperidad, mientras la gran mayoría de la población vivía en la pobreza. Esta estratificación socioeconómica se refleja en la conformación de la iglesia de Corinto (1 Co 1.26-28).

En una colonia romana como Corinto el idioma oficial fue el latín, y la gran mayoría de las inscripciones públicas encontradas por los arqueólogos emplean el idioma del imperio. Sin embargo, el griego perduró como el idioma del pueblo, y fue en el dialecto popular (no literario) de este idioma que Pablo escribió sus cartas a la iglesia de Corinto.

No se ha podido establecer con exactitud el número de habitantes de Corinto en el siglo I; las cifras estimadas van desde cien mil hasta medio millón. La mitad o más de la población eran esclavos.

La vida de la ciudad giraba alrededor de las plazas y los edificios dedicados a las funciones del gobierno y la práctica de la religión. Las excavaciones arqueológicas han puesto al descubierto numerosos bloques de locales comerciales y talleres artesanales alrededor de la plaza central, el Ágora. Con la excepción de la pequeña elite, que tenía casas amplias, los corintios habitaban locales estrechos que les servían a la vez como vivienda, taller y tienda. Según Hch 18.2-3 Pablo se estableció en Corinto como trabajador artesanal y practicaba su oficio de hacer carpas o tiendas compartiendo el local de Aquila y Priscila.

En el costado sur del Agora se encuentra un imponente tribunal que podría ser el que se menciona en Hch 18.12, ante el cual Pablo tuvo que comparecer. Además de los templos ubicados en el corazón de la ciudad, el templo de Afrodita dominaba toda la región de Corinto desde la cima del Acrocorinto, una escarpada montaña que se eleva unos 500 m sobre el nivel de la ciudad.

Bibliografía:
Jerome Murphy-O'Connor, *St. Paul's Corinth: Texts and Archaeology*, Glazier, Wilmington, DE, 1983, p. 192.

CORNELIO (→ CENTURIÓN). Romano de Cesarea, «temeroso de Dios», cuya importante conversión al evangelio (Hch 10) se destaca con repetidas menciones (11.1-8; 15.7,14). Las visiones simultáneas de Cornelio y Pedro que precedieron a esta conversión, y los fenómenos pentecostales que la acompañaron (11.15-17), hicieron manifiesto que Dios había quitado la pared divisoria entre judíos y gentiles (Ef 2.14-16). Estos últimos entraron en la Iglesia con igual derecho que los judíos (Hch 2) y los samaritanos (Hch 8).

La conversión de Cornelio sentó precedente para resolver la cuestión de la relación entre judíos y gentiles. Se aclaró que la Iglesia era una entidad aparte del judaísmo y que los gentiles no tenían que pasar por la puerta judaica. Aunque lo dicho de Cornelio en Hch 10.2 no asegura que era → PROSÉLITO del judaísmo, su carácter noble y piadoso amortiguó el choque de esta innovación que parecía peligrosa a los creyentes judíos

CORO Medida igual al → HOMER (Ez 45.14), usada para harina (1 R 4.22), cereales (2 Cr 2.10; Lc 17.6; cf. texto griego) y aceite (Ez 45.14). Equivalía aproximadamente a doscientos veinte litros. (→ MEDIDAS.)

CORONA Símbolo distintivo de nobleza, realeza o autoridad que se lleva sobre la cabeza. Desde los tiempos bíblicos su forma ha variado desde un sencillo círculo de oro hasta un tocado complicado de distintos diseños e incrustado de joyas (2 S 12.30). En ocasiones, como en el caso de la coronación de Joás (rey de la dinastía davídica), la imposición de la corona se asociaba con la entrega del «testimonio» (una copia de la Ley) y la unción (2 R 11.12). Muchos salmos (por ejemplo, Sal 2) celebran este tipo de coronación.

En la época del Antiguo Testamento la corona tenía sentido simbólico. La de David y sus descendientes representaba el reino asegurado por un pacto con Jehová, reino que podía perderse por la apostasía (Sal 89.38,39; cf. 21.3). Como pura figura, representaba la consumación y → GLORIA del varón, el valor de la mujer virtuosa para su marido, las canas para el anciano, los nietos para el abuelo, etc. (Pr 12.4; 16.31, BJ; 17.6).

En el Nuevo Testamento no se emplea el término «corona» con respecto a reyes terrenales. No obstante, Mateo, Marcos y Juan describen la coronación escarnecedora de Jesucristo por los soldados romanos. Estos, al entretejer una corona de espinas, inconscientemente hicieron un símbolo de la realeza del Señor y de la maldición del pecado que asumió por nosotros.

Hebreos 2.7, citando el Salmo 8.5, recuerda que Dios coronó al hombre de honra y gloria. Luego señala a Jesús como el único digno de llevar tal corona ahora, y eso «a causa del padecimiento de la muerte» (Heb 2.9).

En el Nuevo Testamento «corona» traduce dos palabras griegas: → DIADEMA, que aparece tres veces (Ap 12.3; 13.1; 19.12) y *stéfanos*, dieciocho veces. *Stéfanos* era el premio que ganaban los atletas vencedores en los juegos olímpicos. Era una guirnalda sencilla, hecha de hojas de laurel, perejil, olivo o pino que, aunque hermosa, pronto se marchitaba. Pablo, escribiendo a los corintios, compara esta corona con la corona «incorruptible» que espera al creyente que termina fielmente su carrera (1 Co 9.24-27; 2 Ti 2.5; cf. Heb 12.1,2). También se habla de la corona de «justicia», de «vida» o de «gloria» (2 Ti 4.8; Stg 1.12; 1 P 5.4) y se nos amonesta acerca del peligro de perderla (Ap 3.11). Pablo tenía por corona a sus hijos en la fe (Flp 4.1; 1 Ts 2.19).

Las coronas no son para gloria propia. Los ancianos de Ap 4.4,10 las echan delante del trono del Señor como tributo por haberlos capacitado para ganarlas.

CORREO El despacho regular de correo mediante jinetes y postas solo se organizó en tiempo de los persas (Est 3.13,15; 8.10). Pero tanto en Israel como en Babilonia se utilizaban en ocaiones veloces jinetes para llevar mensajes (2 Cr 30.6,10; Jer 51.31). Era proverbial la rapidez de tales mensajeros (Job 9.25).

Comúnmente, los reyes y los particulares utilizaban sus propios amigos y siervos para enviar misivas (2 S 11.14; Neh 6.5; Hch 23.23, etc.). Los autores de las cartas del Nuevo Testamento, para hacerlas llegar a las iglesias, no tenían más recurso que confiárselas a sus discípulos (Hch 15.23).

CORZO (traducción del vocablo hebreo *tsébi*, que a menudo también se traduce por *gacela*). Cuadrúpedo rumiante que se identifica con la gacela y el antílope, dorcas o gacela arábiga, que abunda en Siria, Arabia, Persia y Egipto. Es muy elogiado en la poesía oriental por su gracia y hermosura. Mide unos 56 cm de alto y es de un color rojizo oscuro con manchas pardas oscuras o negras y blancas; tiene cuernos negros, que vistos de frente presentan la forma de una lira, y grandes ojos brillantes; anda en manadas y se domestica con facilidad, aunque es muy tímido. Su carne es sumamente apetecible (1 R 4.23). «Tabita» y «Dorcas» (Hch 9.36), palabras aramea y griega, respectivamente, corresponden al hebreo *tsébi* del Antiguo Testamento.

El corzo es animal limpio (Dt 12.22; 14.5), objeto de caza (Pr 6.5; Is 13.14), ligero (2 S 2.18; 1 Cr 12.8) y bello (Cnt 2.7,9,17; 3.5; 8.14). (→ Ciervo.)

COS (*ágil, ligero*).
1. Descendiente de Judá (1 Cr 4.8).
2. Jefe de la séptima división de sacerdotes (1 Cr 24.10; Esd 2.61; Neh 7.63).
3. Ascendiente de Meremot (Neh 3.4,21).
4. Isla y ciudad en el mar Egeo, frente a la costa sudoeste de Asia Menor (Hch 21.1; 1 Mac 15.23), donde Pablo hizo escala rumbo a Jerusalén.

COSECHA Término de uso frecuente en las Sagradas Escrituras que significa recolección de los frutos de la tierra (Éx 22.29; 23.10,16; 34.22; Dt 16.13; Is 16.9; 17.11; 32.10; Mt 3.12; Jn 4.36-38; 1 Co 9.11; 2 Co 9.6; Gl 6.7; Ap 14.15; etc.). (→ Agricultura.) Según la ordenanza divina, la cosecha debía

efectuarse anualmente durante períodos de seis años y en el séptimo debía darse descanso a la tierra (Éx 23.10,11). Las primicias de las cosechas debían pagarse lo más pronto posible (Éx 22.29).

La gran Fiesta de los Tabernáculos (Dt 16.13) se celebraba en ocasión de la recolección de los frutos, por eso también se llamaba de las Cosechas o Cabañas (Éx 23.16; 34.22; Dt 16.13-15). En los días de Nehemías esta fiesta se celebró con gran pompa y supremo regocijo (Neh 8.14-18).

La Biblia establece que el hombre cosecha los resultados de sus acciones (Job 4.8; Pr 22.8; Gl 6.7). Cristo hizo referencia en varias ocasiones a la cosecha para enseñar verdades espirituales (Mt 3.12; Mc 4.29; etc.).

CREACIÓN Acto del libre albedrío de Dios por el cual hizo todo el universo para su propia gloria, sin valerse de materiales ya existentes. El relato de la creación en Gn 1-2 no debe considerarse como texto científico de geología, sino más bien como una exposición teológica de la soberana intervención de Dios, que dio origen a «todas las cosas, las que hay en el cielo y las que hay en la tierra, visibles e invisibles» (Col 1.16). Por cuanto todo lo que sabemos mediante la revelación tiene elementos de «sabiduría de Dios en misterio» (1 Co 2.7), la verdad bíblica de la creación es evidente solamente por medio de la fe. Como se afirma en Hebreos 11.3, «por la fe entendemos haber sido constituido el universo por la palabra de Dios, de modo que lo que no se ve fue hecho de lo que no se veía».

La Biblia descarta tanto el dualismo de la filosofía clásica de los griegos como el materialismo absoluto. El primero enseña que las fuerzas del bien y del mal son eternas y que el espíritu refleja el bien mientras la materia refleja el mal. El materialismo absoluto, en cambio, enseña que la materia es eterna y que la historia es determinada por las leyes del desarrollo material. El primer versículo de la Biblia contradice ambas filosofías al decir: «En el principio creó Dios los cielos y la tierra» (Gn 1.1). De igual manera, la doctrina bíblica de la creación descarta el panteísmo. El universo no es una manifestación externa de Dios mismo, sino la obra de sus manos, y como tal, completamente distinta de la esencia divina.

La creación la realizó el Dios trino. Se le atribuye al Padre (Gn 1.1; Sal 33.6), al hijo (Jn 1.3,10; Col 1.16) y al Espíritu Santo (Gn 1.2; Job 26.13), sin hacer distinción entre lo creado por cada persona de la Trinidad.

Creación del universo

La Biblia enseña que Dios hizo el universo de la nada. Antes del «principio» no existía ninguna cosa material, ni existía el tiempo mismo. Solamente existía Dios. Génesis 1.1 se refiere a la creación *ex nihilo* de toda la materia y energía de que se compone el universo. Desde entonces, han variado de forma, pero no ha sido necesaria otra creación. Dios no creó el universo impulsado por necesidad, porque Dios no necesita de nada (Hch 17.25). Lo hizo espontáneamente, movido por su voluntad y para su propia gloria.

El lenguaje de Gn 1–2 no es científico; se escribió en una época precientífica por un hombre precientífico. El Espíritu Santo no se propuso revelar en aquel entonces los descubrimientos posteriores de Copérnico, Galileo, Newton y Einstein, hallazgos que le correspondían al hombre bajo el mandamiento divino de sojuzgar la tierra y señorear en la creación (Gn 1.28). Por tanto, el lenguaje bíblico es fenomenológico; describe solamente lo perceptible. Sin telescopio ni microscopio, sin haber descubierto siquiera que el mundo no fuese plano, el hombre tenía por delante mucho que estudiar e investigar. Desde ese punto de vista, es evidente que no hay ninguna contradicción entre la historia bíblica de la creación y la ciencia moderna, ni la habrá cuando la ciencia de un siglo futuro haga anticuada nuestra ciencia de hoy.

Con el desarrollo de la geología, por ejemplo, ya se sabe que los «días» de Génesis 1 pudieran no ser días literales de veinticuatro horas. Más bien, son etapas de duración

Dios el Creador, de una pintura de Miguel Ángel en la Capilla Sixtina en Roma.

Foto de Howard Vos

indefinida, expuestas en lenguaje fenomenológico. Es innecesario postular un cataclismo en Gn 1.2, donde dice que «la tierra estaba desordenada y vacía», para reconciliar la geología con la Biblia. Asimismo, es artificial e innecesaria la teoría de que Dios pudiera haber creado todas las rocas y fósiles en una semana en la forma en que existen actualmente, dándoles solamente una apariencia de antigüedad. También en otras partes la Biblia dice → DÍAS para referirse a períodos que no son de veinticuatro horas (Is 13.6; 2 Co 6.2; 2 P 3.8).

Creación de la vida

La creación de la vida levanta ciertos interrogantes en cuanto a la teoría de la evolución; pero, nuevamente, si se entiende la Biblia en el sentido correcto, no hay conflicto. Evidentemente Dios creó la vida por lo menos en siete etapas, con un «género» en cada etapa, durante los «días» tres, cinco y seis. En el sexto día creó al hombre.

No se sabe con exactitud a qué corresponde un «genero» en la taxonomía moderna. Un factor importante es que la creación de todos los géneros no fue *ex nihilo*, sino por medio de algún material ya creado y existente: «Produzca la tierra hierba verde» (Gn 1.11), «produzcan las aguas seres vivientes» (Gn 1.20), «produzca la tierra seres vivientes» (Gn 1.24), etc. Posiblemente Dios creó al progenitor de cada género, y luego permitió que las leyes naturales (que también Dios estableció) operasen para el desarrollo de miles de especies distintas en forma paulatina. En ese sentido pudiera haber ocurrido un cierto proceso de evolución, y las pruebas científicas parecen ser abundantes para sostenerlo como hecho evidente de la naturaleza. Tal proceso no contradice la enseñanza bíblica que sostiene que la mano del Dios soberano desempeñó un papel sublime en el origen de toda la vida.

Creación del hombre

El hombre fue la culminación de toda la creación. Nuevamente, Dios usó elementos materiales ya existentes («del polvo de la tierra», Gn 2.7), pero la diferencia de toda otra creación radica en la declaración de que Dios creó al hombre a su imagen (Gn 1.27). Ningún animal asumió la → IMAGEN de Dios, y por eso no había entre ellos una «ayuda idónea» (Gn 2.20). El concepto de la imagen de Dios decididamente no se presta a la teoría de que el hombre es producto de la evolución, sea en el sentido de evolución materialista o en el sentido de evolución teísta. El soplo de «aliento de vida» (Gn 2.7) alude a un acto instantáneo y no a un proceso largo. La «imagen de Dios» como tal no pudo evolucionar. El concepto de una imagen de Dios parcialmente desarrollada es un tanto absurdo.

La imagen de Dios, por supuesto, no tiene significado material, puesto que Dios es espíritu (Jn 4.24). La semejanza del hombre con Dios no está en su cuerpo, sino en su espíritu. Por consiguiente, algunos teólogos opinan que el asunto del cuerpo físico del hombre se puede tratar en renglón aparte. Fisiológicamente, es evidente que el hombre tiene mucho en común con los animales superiores, y de ahí que, según algunos, Dios intencionalmente creó un nuevo cuerpo muy parecido físicamente a los antropoides ya existentes. Algunos teólogos modernos creen, sin embargo, que Dios tomó un antropoide ya desarrollado y sopló en él «aliento de vida», dándole así un espíritu según la imagen de Dios. En este caso, el primer ser que «recibió» la imagen de Dios pasó a ser → ADÁN. Además de otras dificultades que podría tener, esta última teoría no toma suficientemente en cuenta la íntima relación que existe entre el cuerpo y el espíritu humanos. Olvida algunos detalles específicos del relato de la creación, como por ejemplo el hecho de que Dios formó al hombre del polvo.

La Biblia enseña la unidad de la raza humana como un punto teológico muy importante. De la primera pareja, Adán y Eva, desdendió todo ser humano (Hch 17.26). La caída de Adán, que implicó la caída de todo el género humano (1 Co 15.22), hace resaltar esta unidad.

CREER → Fe.

CRESCENTE (en latín, *creciente*). Compañero de Pablo posiblemente en Roma, que según 2 Ti 4.10 y algunos más, después se dirigió a Galacia o a Galia. Quizás Crescente inició el avance occidental del evangelio aun antes de la muerte de Pablo.

CRETA (en hebreo, *kaftor*; en griego *krete*). Isla grande (240 km de largo por entre 10 a 56 km de ancho) situada en el Mediterráneo, al sudeste de la península de Grecia y a media distancia entre Siria y Malta. Es escabrosa y montañosa, pero tiene muchas llanuras y valles fértiles. Sus habitantes, posibles ascendientes de los filisteos, eran excelentes marineros que visitaban todas las costas, y también hábiles en el manejo del arco y la flecha. Toda la civilización minoica era una de las más elevadas entre 3000 y 1100 a.C., y descollaba especialmente en las artes plásticas.

Creta era una de las «Kaes» contra cuya infidelidad amonestaba el proverbio griego, a saber: *Kappadokia, Kilikia* y *Krete*. Esto concuerda con las características que el apóstol atribuye a los cretenses, al llamarlos «siempre mentirosos», brutos y glotones, citando al poeta cretense Epiménides (Tit 1.12s).

Algunos cretenses se hallaban entre la muchedumbre pentecostal (Hch 2.11), pero Creta es más conocida por el viaje de Pablo a Roma (Hch 27). La nave se dirigió primero a Salmón, promontorio oriental de la isla, y permeneció en → Buenos Puertos. Después zarparon y el viento los llevó hacia Malta. Se supone que Pablo visitó a Creta anteriormente y estableció iglesias allí confirmando a Tito como su superintendente (Tit 1.5).

CRISÓLITO (en hebreo, *tarsis*; en griego, *jrysólithos*). Piedra preciosa de color oro claro, que quizás se pueda identificar con el topacio de los tiempos romanos. Figura en

El valle central de la isla de Creta, con las ruinas del palacio real de Cnosos al frente.

el pectoral del sumo sacerdote (Éx 28.20, NC), en la descripción del rey de Tiro (Ez 28.13), en visiones proféticas (Ez 1.16, RV; Dn 10.6, NC) y en la descripción de la Jerusalén celestial (Ap 21.20).

CRISOPRASO Piedra preciosa que aparece en Ap 21.20, en el décimo cimiento de la Jerusalén celestial. Su clasificación es incierta, pero si aquí es la misma que conocemos hoy, será calcedonia verde o crisopracio, que es una variedad del cuarzo compuesta de sílice y níquel.

CRISPO Principal líder de la sinagoga de Corinto, convertido al evangelio con toda su familia durante la visita de Pablo (Hch 18.8). Se cuenta entre los pocos que el mismo Pablo bautizó (1 Co 1.14).

CRISTAL Sustancia transparente e incolora, mencionada en imágenes poéticas (→ VIDRIO). Según el contexto, los términos hebreos *gabis* y *qerah* pueden traducirse «cristal» (Job 28.18, BJ; Ez 1.22, RV), «nieve» (Job 6.16 RV) o «helada» (Gn 31.40, RV). Los términos griegos *krystallos* y *krystallizo* igualmente equivalen al cuarzo o al hielo (Ap 4.6; 21.11; 22.1).

CRISTIANISMO Fe centrada en Jesucristo, el único Salvador y Mediador entre Dios el Padre y la humanidad pecadora.

El cristianismo es singular entre las religiones del mundo. La mayoría de aquellas enfatizan la vida del fundador, pero el cristianismo enfatiza la muerte de Jesucristo. La muerte de Jesucristo es singular también porque estuvo profetizada desde las primeras páginas de la Biblia (Gn 3.15) y se cumplió en los días del Nuevo Testamento miles de años después.

La Resurrección también es esencial en el cristianismo. Su muerte y resurrección son tan importantes que los cuatro Evangelios le dedican por lo menos una quinta parte de sus enseñanzas. Marcos 10.45 sintetiza esta extraordinaria misión de Cristo diciendo: «El Hijo del Hombre no vino para ser servido, sino para servir, y para dar su vida en rescate por muchos».

El mundo tenía ya muchísimas religiones cuando Cristo nació. Los romanos habían combinado sus dioses con los dioses de los griegos y adoraban a miles de deidades. Ninguno de esos dioses había vivido jamás; la mayoría se basaban en imaginaciones o historias heroicas. Sin embargo, Jesucristo vivió en Palestina, fue crucificado bajo Poncio Pilato (gobernador de Judea) y se levantó de entre los muertos por el poder de Dios el Padre.

La gente que adoraba a los dioses de la mitología en la práctica cerraba los ojos a las señales visibles de la verdad que apuntaban hacia Dios y la salvación por gracia (Ro 1.20-21). Este plan llegó a plena madurez en la cruz.

En tiempos del apóstol Pablo se corrió el grave peligro de que los judíos convertidos convirtieran la nueva religión en una simple extensión del judaísmo. Pablo contendía que la salvación solo por la fe era la esencia del cristianismo (Ef 2.8-9).

Las luchas de Pablo fueron con un grupo de judíos convertidos llamados → JUDAIZANTES (Hch 15; Gl 2) que pensaban que el gentil convertido tenía que circuncidarse para hacerse cristiano. Pablo, Bernabé y otros viajaron a Jerusalén, centro del judaísmo, a arreglar la disputa con líderes de la iglesia. En efecto, se concluyó que el cristianismo era una religión en sí, no una simple extensión del judaísmo.

Hoy día, el grito de batalla de Pablo resuena entre los cristianos: «Uno no se justifica por las obras de la ley sino por fe en Jesucristo» (Gl 2.16). La salvación se obtiene solo por fe en la muerte, sepultura y resurrección de Cristo. El cristianismo es más que un credo, que una religión. Es una manera de vivir para los que aceptan a Jesucristo como Salvador y Señor.

CRISTIANO Término híbrido que combina el título griego *jristos* con la terminación

Foto de Gustav Jeeninga

Lugar apartado del monasterio de Koziba en un antiguo camino de Jerusalén a Jericó al sur de Israel.

probable es que los antioqueños, célebres por sus bromas e ironías, inventasen el apodo para señalar despectivamente a los miembros de la iglesia: «¡secuaces del partido de Cristo!» Más tarde cuando Pedro anima a los creyentes frente a la inminente persecución neroniana, parece que los cristianos ya eran una secta proscrita: «Si alguno padece como cristiano, no se avergüence» (1 P 4.16). Tácito, historiador romano, confirma que Nerón inventó cargos contra la secta «que la gente común llamaba cristiana». (→ JESUCRISTO.)

CRISTO → MESÍAS; JESUCRISTO.

CRÍTICA BÍBLICA Tarea sistemática aplicada al estudio del texto bíblico, de sus contextos históricos y literarios, con la intención de llegar al mensaje original que sus autores tenían en mente y que sus primeros receptores comprendieron. El propósito es intentar que aquel mensaje del texto bíblico llegue hasta las comunidades de hoy, en sus respectivos contextos.

Esta tarea está definida por dos elementos bien concretos. En primer lugar, es *crítica*, y en segundo lugar, es *bíblica*. La palabra «crítica» viene de la voz griega *krinein*, que significa «juzgar», «discernir». No debe entenderse, por lo tanto, en sentido negativo, sino más bien neutro. Este término califica la labor de los biblistas o exégetas, quienes utilizan principios y técnicas claramente definidas y desarrolladas de manera científica a través de los años. Y es *bíblica* porque trabaja dentro de los límites establecidos por el canon de las Sagradas Escrituras. La Biblia es un texto muy diferente a cualquier otro tipo de escrito antiguo o moderno, pues se le reconoce no solo como literatura, sino sobre todo como Palabra de Dios.

Esta disciplina tiene como meta final comunicar el mensaje de salvación y confrontar a hombres y mujeres con la voluntad soberana del único Dios y Señor del universo.

El campo de la crítica bíblica es amplio y complejo. Las técnicas y métodos utilizados en la misma se han venido acumulando a

latina *ianus*, y significa «partidario» o «seguidor de Cristo» (cf. «herodiano», partidario de Herodes).

Aparece tres veces en el Nuevo Testamento (Hch 11.26; 26.28; 1 P 4.16). Fue un distintivo inventado por personas extrañas al evangelio, y no por los discípulos mismos. Los adherentes a la fe de Cristo preferían llamarse «hermanos», «discípulos», «santos», «creyentes» o «elegidos», mientras que, para los judíos, eran «galileos» o → NAZARENOS». Los judíos no admitirían que los nazarenos fuesen cristianos, o sea, «las personas de → CRISTO (Mesías)», ya que para ellos Jesús no era el Mesías.

Una fidedigna tradición que afirma que Lucas era natural de Antioquía, apoya la idea de que allí fue donde se inventó el apodo de «cristiano» (Hch 11.26). Además, el contexto revela que el empleo del nuevo nombre corresponde a la fecha de la formación de la primera iglesia local, predominantemente gentil. Ya no se trataba de una secta más o menos adherida a una sinagoga, sino de una compañía de ciudadanos locales que hablaban insistentemente de Cristo. Lo más

Foto de Howard Vos

Ruinas de un almacén romano en Ostia, Italia, una ciudad situada en la boca del río Tíber.

través de muchos siglos. Durante los dos últimos siglos, y sobre todo en el siglo XX, la crítica bíblica se ha desarrollado tremendamente. La lista de métodos y ciencias auxiliares ha aumentado considerablemente. En este ensayo intentamos presentar el perfil de las ciencias y métodos que se han hecho clásicos y que han venido a enriquecer la tarea de la exégesis bíblica.

Crítica textual (→ CRÍTICA TEXTUAL DEL ANTIGUO TESTAMENTO)

Esta disciplina busca averiguar las palabras exactas que el autor empleó, si estas se han alterado en el transcurso de los siglos después de haberse copiado el texto. No es de extrañarse que los escribas, que no contaban con los métodos modernos de composición e imprenta, se hayan equivocado a veces en la reproducción manuscrita de los textos. En escritos tan extensos y que por espacio de 1500–2500 años se produjeron así innumerables veces, era inevitable que el texto sufriera numerosas variaciones. Cambios no intencionales (contaminación de textos paralelos, errores cometidos al copiarse un texto, etc.) y cambios deliberados (aclaraciones, la eliminación de durezas gramaticales, «correcciones» doctrinales, etc.) oscurecieron muchas veces el texto del autógrafo.

Puesto que no nos ha quedado ningún autógrafo bíblico, y los manuscritos antiguos varían entre sí, la crítica textual desempeña un papel vital en el estudio de las Escrituras. Providencialmente, sus resultados han sido tan positivos que se ha logrado reconstruir, en el 99,9% de los casos, el texto original. Esto se ha conseguido no solo con el estudio minucioso de manuscritos copiados en el idioma original (→ TEXTO), sino también con el cotejo de traducciones antiguas en otros idiomas (→ VERSIONES) y con el examen de las citas bíblicas tomadas de autores casi contemporáneos. Las siguientes versiones españolas se basan en textos científicamente establecidos: BC, BJ, HA, LA, NC, VM.

El desierto de Sin, una región inhabitada a través de la cual los israelitas pasaron entre Elim y el monte Sinaí (Éx 16.1).

Crítica literaria

Se ha definido de dos maneras. La primera, es una metodología desarrollada el siglo pasado y tiene como meta descubrir si el pasaje estudiado es una unidad integral y original o ha sufrido alteraciones, extensiones o recortes. En relación con lo anterior, el crítico literario investiga cuál es el contenido original de un texto y cuáles son los añadidos. Se preocupa también por preguntar cuáles son los diferentes estratos que componen un escrito o libro. Vista desde esta perspectiva, a la crítica literaria le interesa descubrir cuál es la génesis, es decir, los orígenes de un texto.

Para distinguir esta crítica de la textual, solía llamársela la «alta crítica», porque constituye el aspecto posterior (o «superior») del proceso crítico, que depende del previo trabajo textual.

Aunque los rabinos y los padres eclesiásticos la practicaban hasta cierto punto (→ CANON), la crítica literaria como ciencia data de la *Introducción al Antiguo Testamento*, de J.C. Eichhorn (1787). Este examinó la estructura interna de cada libro, las fuentes utilizadas y el modo de combinarlas o elaborarlas. La «crítica de las fuentes» se realiza con mayor acierto cuando se cuenta con una fuente documentaria utilizada por el propio autor bíblico. Por ejemplo, los libros de Samuel y Reyes, a los que recurrió con frecuencia el autor de los dos libros de Crónicas, nos permiten sacar conclusiones bien definidas respecto al estilo literario del cronista.

En cuanto al Nuevo Testamento, se cree comúnmente que Marcos sea una de las fuentes principales de los otros dos → EVANGELIOS SINÓPTICOS; esto permite analizar la forma en que Lucas y Mateo se valieron de su fuente. Dado el caso de la desaparición de la fuente, este tipo de crítica es más conjetural y arriesgado. Así, en la crítica del → PENTATEUCO, hoy se puede apreciar mejor que en 1900, lo difícil que es determinar con exactitud el número de fuentes utilizadas, su fecha y su interrelación.

Para fijar la fecha de un escrito hay criterios internos y externos. Si una obra la cita una autoridad de fecha conocida, se sigue que aquella es más antigua. Si se refiere a acontecimientos cuya fecha se ha determinado mediante otros documentos (por ejemplo, ciertos pasajes del Antiguo Testamento referentes a incidentes de la historia egipcia o mesopotámica), es posterior a ellos y nos da indicios de la fecha (por ejemplo, libros proféticos que indican cierto año del reinado de tal o cual rey).

Mientras más avanza la reconstrucción de la historia del Cercano Oriente, más factible es situar un escrito antiguo en el marco histórico que le corresponde. Sin embargo, hay que dejar lugar para el elemento predictivo de la profecía; el interpretar todas las predicciones cumplidas como vaticinios después del suceso es poco científico. Cuando se trata de determinar la fecha de una profecía realmente predictiva, se la considera anterior a los acontecimientos predichos, pero posterior a los referidos como fondo histórico. Así se infiere que el libro de Nahum es anterior a la caída de Nínive (612 a.C.) por cuanto la predice, pero posterior a la caída de Tebas (663 a.C.) a la que se refiere (Nah 3.8s) como dato histórico. Su fecha exacta dentro de ese medio siglo tiene que determinarse mediante un examen de la fraseología y un cálculo de las probabilidades.

Durante los primeros siglos de Posreforma hubo, tanto entre católicos como entre protestantes, un endurecimiento de las líneas dogmáticas. El examen del aspecto humano de la composición bíblica cedió ante la constante reafirmación de la infalibilidad escritural (cuando en realidad esta hubiera cobrado más realce con la ayuda de aquel). A fines del siglo XVIII se aplicaron a la Biblia varios métodos de investigación literaria, y en el siglo XIX se produjo mucha literatura en relación con ello. Sobre todo en el campo neotestamentario, los racionalistas y antisupernaturalistas estuvieron en la vanguardia del movimiento, y la filosofía idealista de Hegel o el cientificismo optimista de Darwin (cf. la teoría Wellhausen, → PENTATEUCO) influyeron en ellos sobremanera. Como contrapeso, los eruditos conservadores (por ejemplo, Delitzsh y Hengstenberg en Antiguo Testamento y Westcott y Lighfoot en

Nuevo Testamento) adelantaron mucho nuestro conocimiento de las circunstancias humanas de los escritores, sin perder de vista la → INSPIRACIÓN única de la Biblia. La exploración arqueológica, los descubrimientos filológicos, y los estudios del rabinismo prepararon el terreno para un nuevo viraje en el siglo XX hacia una investigación histórica más atinada que la de los liberales del siglo XIX.

Esta última metodología se ha desarrollado en las últimas décadas del presente siglo. Pertenece más bien a los estudios literarios modernos, pues reconoce el texto bíblico como literatura universal. Las técnicas y métodos aplicados han sido tomados, en su mayor parte, de la crítica literaria secular. El estudio se dirige a descubrir la estructura y el carácter literario del texto, las técnicas y las licencias literarias que usó el autor, el empleo de metáforas y símbolos, los efectos dramáticos y estéticos logrados en el escrito.

Crítica de las formas

Para el estudio de la forma literaria de un pasaje, el exégeta pregunta cuál es: 1) la estructura de la unidad; 2) el género literario al que pertenece; 3) el contexto de vida al que pertenece (por ejemplo, un funeral, una boda, la coronación de un rey); 4) la intención del pasaje.

En las primeras décadas de nuestro siglo ciertos especialistas alemanes hicieron hincapié en tres métodos críticos: 1) el estudio de la tradición oral tras los documentos; 2) la comparación de los temas en las religiones egipcias y mesopotámicas con otros similares en la religión hebrea, para ver cómo Israel se sentía atraído por las culturas circunvecinas y simultáneamente reaccionaban en su contra; y 3) la crítica de las formas literarias que revisten los relatos, las leyes y los poemas del Antiguo Testamento.

En su comentario sobre Salmos (1933), H. Gunkel aplicó con éxito estos principios, valiéndose de la «situación vital» de cada salmo para entender mejor los géneros literarios y viceversa. Con resultados menos

Foto de Howard Vos

Tacos de salida de corredores en un estadio en la ciudad griega de Delfos. El apóstol Pablo usó imágenes de estas carreras en sus escritos (2 Ti 4.7).

convincentes, M. Dibelius y R. Bultman aplicaron el mismo método al Nuevo Testamento. Estos formistas nos han legado una excelente metodología, pero muchos de ellos, motivados por sus presuposiciones filosóficas, la usan para llegar a conclusiones muy escépticas respecto a la historicidad de los relatos de la Biblia (por ejemplo, la desmitización de Bultmann, quien niega la posibilidad del milagro), y la relación del Jesús histórico con el Cristo de la proclamación eclesiástica. Para el evangélico, el método formista revela cuán exactas eran las tradiciones orales, que fueron la base de nuestros libros canónicos, y la creatividad inspirada de los autores bíblicos.

En las últimas décadas ha resurgido una teología bíblica que adopta la terminología y la estructura conceptual de la Biblia misma. Hoy hay menos interés en sistematizar, helenizar o modernizar la verdad bíblica que en formular preguntas que las Escrituras estén dispuestas a contestar, y luego describir la respuesta. Esto facilita la «traducción» de estos conceptos en la vida actual de la comunidad creyente. El descubrimiento de

los rollos de → QUMRÁN, los escritos → GNÓSTICOS de Nag Hammadi, los papiros en el griego *koiné* (→ GRIEGO [idioma]), y → TÁRGUMES en → ARAMEO han hecho posibles muchos comentarios técnicos y obras como los ocho tomos de G. Kittel (*Diccionario Teológico del Nuevo Testamento*, 1933 en adelante, en alemán e inglés). Sigue la reacción erudita contra el liberalismo de hace cincuenta años y, aunque hay siempre nuevos ataques contra la veracidad de las Escrituras, se nota en la vasta literatura al respecto que más estudiosos que nunca reconocen en ellas un origen divino.

Crítica o historia de las tradiciones

Método cuyo interés es reconstruir la historia de una unidad literaria a partir de su supuesto punto de partida, su desarrollo en la tradición oral, hasta su aparición en forma escrita y su redacción final. Es un método más bien diacrónico. Supone que una gran cantidad de trozos y tradiciones literarias acompañaron al pueblo de Dios en sus diversos momentos históricos. Esas tradiciones fueron recontadas de generación en generación y enriquecidas con las nuevas experiencias históricas. Un hecho o un relato se remodelaba y evolucionaba hasta llegar a su redacción final o canónica. Esto se nota con más claridad en el estudio de pasajes paralelos (el Decálogo y las Bienaventuranzas) y de conceptos teológicos importantes (el éxodo).

Crítica o historia de la redacción

Método exegético que se preocupa por descubrir las perspectivas teológicas, las inclinaciones literarias y los motivos por los cuales un autor bíblico escribió lo que hoy reconocemos como su libro (Deuteronomio, Lucas). Es un método más bien sincrónico. Se ha mostrado muy efectivo y creativo en el estudio de las perícopas en los Evangelios Sinópticos. Las diferencias que encontramos en pasajes paralelos no son casuales ni fortuitas, sino que responden a la intención del autor y las necesidades de su audiencia.

Foto: Servicios fotográficos Levant

La colina, o tell, de Mizpa, una antigua ciudad fortificada en el reino de Judá durante el tiempo del rey Asa (1 R 15.22).

Crítica retórica o nueva crítica literaria

Diversas formas de lectura y análisis que usa el exégeta para hacer una atenta y cuidadosa discriminación del uso artístico del lenguaje, del cambiante juego de ideas, licencias, tonos, sonidos, imágenes, sintaxis, perspectivas narrativas, unidades composicionales y mucho más.

Nos introduce además a una gran gama de niveles en la asimilación y apropiación del mensaje, no solo a través de las dimensiones racionales y cognoscitivas, sino también en las dimensiones emotivas e imaginativas. Es decir, nos ayuda a descubrir los niveles de apelación de una obra literaria de manera más integral y completa.

El retórico-crítico se preocupa por demostrar que una unidad literaria no solo apela al intelecto, sino a todas las dimensiones de la personalidad humana capaces de percibir mensajes. Se preocupa por decodificar no solo aquello que apela a lo lógico y racional, sino también a las emociones, a lo lúdico y religioso del hombre. No solo le interesa descubrir qué piensa el autor, sino también la textura y la solidez del pensamiento del autor.

Método estructuralista o semiótico

En términos generales, es la descripción formal de las estructuras fundamentales de un texto, relacionadas con el sentido o significado. La pregunta no es qué significa el texto, sino qué hace posible el significado, cómo puede decir el texto lo que realmente dice.

En esta metodología la búsqueda de opuestos y oposiciones es crucial. Por ejemplo, en los capítulos 2–3 y 6–9 de Génesis, el significado se deduce del modelo proporcionado por la oposición mojado/seco: demasiado agua significa muerte; demasiada sequedad significa muerte; pero un balance entre agua y tierra significa vida.

En esta metodología se considera que los relatos tienen al menos dos niveles: el superficial y el profundo. El primer nivel tiene dos componentes, el narrativo y el discursivo. El componente *narrativo* mira el relato como una serie de estados y transformaciones: presencia de actores y receptores y cambio de papeles por la presencia de otros actores. Por lo general hay un sujeto poseedor/desposeído, un sujeto/villano y un sujeto/héroe. El componente *discursivo* se preocupa por las unidades de contenido que arropan los programas narrativos. Estas unidades de contenido se llaman figuras, y a su vez se definen a partir de tres ejes: la actorialización, la espacialización y la temporalización.

El nivel profundo se preocupa por la lógica de las relaciones, generalmente de los opuestos.

Método social en el estudio de la Biblia

Método globalizante que busca «poner juntas las disciplinas que le abren [al exégeta] el pasado y las disciplinas que le explican el presente».

El método sociológico incluye las herramientas propias de las ciencias sociales (antropología, sociología, ciencias políticas, economía, sicología). En la aplicación de este método algunos dependen de los trabajos de Max Weber y Carlos Marx. Su intención es completar la perspectiva para lograr una «lectura» más completa de la Biblia. Un ejemplo: El método histórico-crítico estudia la conquista de Israel, y parece que se preocupa solo por el hecho histórico en sí, sin detenerse a preguntar por las características sociales del pueblo que logró ocupar la tierra conquistada. Con la perspectiva sociológica se descubren otras posibles maneras de entender la conquista. Con la aplicación del método sociológico se empiezan a revisar y redefinir conceptos como «tribu», «alianza», «nación».

Crítica canónica

La crítica canónica realiza su tarea asumiendo que la «lectura» de la Biblia es una empresa comunitaria y que el exégeta está al servicio de la comunidad. Como una más de las disciplinas que estudian e interpretan la Biblia, la crítica canónica presupone la existencia y necesidad de las herramientas del método histórico-crítico, pero pretende ir un paso más allá.

La exégesis tradicional solo ha querido penetrar en el mundo del «ayer» del texto bíblico, señalando que su tarea no abarca la preocupación por señalar su impacto en las comunidades de «hoy». Se preocupan por lo que *significó* y no por lo que *significa* el mensaje del texto. En efecto, la crítica bíblica tradicional, por lo general, ha mantenido encerrada a la Biblia en el pasado.

La crítica canónica reconoce que la Biblia pertenece no a un autor y una audiencia originales, ambos hipotéticos, sino a las comunidades creyentes. Es un método sincrónico orientado al lector/escucha del texto. Por ello sabe de antemano que la «lectura» varía de acuerdo a las características y perspectivas de la comunidad lectora (evangélico, católico, judío). Libera al texto de su cautiverio del pasado y se preocupa por colocarlo en un contexto más amplio: el del canon.

Las ciencias auxiliares

En la definición de los distintos métodos ya se han presentado algunas de las ciencias auxiliares que acompañan al exégeta al realizar su tarea interpretativa. Aquí se van a presentar las que no se han analizado:

Lingüística

El exégeta recurre a esta ciencia como herramienta para la traducción y el análisis semántico del pasaje en estudio.

En la traducción se habla sobre todo de la teoría y principios seguidos en ella. ¿Qué principios han regido en la traducción de esta u otra versión? De las versiones que se conocen en español podemos hablar de dos tipos de traducción: la *traducción literal* o por *equivalencia formal*, y la *idiomática* o por *equivalencia dinámica* o *funcional*. Entre estos dos métodos se da una amplia gama de posibilidades: desde las traducciones exageradamente literales, hasta las adaptaciones demasiado libres.

Ambos métodos tienen sus ventajas y debilidades, y el exégeta serio deberá utilizar versiones bíblicas que reflejen los dos. La traducción formal ayuda, especialmente al estudiante que no conoce el hebreo a captar la forma y el sabor del hebreo/arameo/griego. La traducción dinámica es de gran ayuda para captar de manera más fácil el significado del mensaje original.

Arqueología

La arqueología ofrece información en cuanto a pueblos y culturas anteriores a nosotros, y arroja luz sobre el escenario histórico y cultural donde ocurrieron los hechos. Su tarea consiste en descubrir, registrar y estudiar sistemáticamente los testimonios que han prevalecido a lo largo del tiempo (documentos escritos, objetos de la vida cotidiana, edificaciones y monumentos) no con el propósito de demostrar, probar o defender la Biblia y sus enseñanzas, sino de *entenderla mejor*.

Entre los logros más importante de esta ciencia auxiliar están:

1. La fechación más exacta de los períodos y hechos más importantes de la historia bíblica.

2. El estudio comparativo de idiomas emparentados con el hebreo, como el ugarítico, el eblano, etc.

3. La historia del desarrollo del idioma hebreo. El descubrimiento de escritos de diferentes épocas históricas ha ayudado a estudiar la historia del hebreo.

4. La comprensión del mundo sociorreligioso donde vivió el pueblo de Dios en sus diferentes momentos históricos. La familiarización con el entorno religioso de Israel arroja luz para comprender mejor el mensaje de varios libros de la Biblia: 1 y 2 Reyes, Oseas, Jeremías, 1 Corintios, Apocalipsis.

Geografía

Muchas afirmaciones teológicas que encontramos en la Biblia permanecerían oscuras si no se recurriera al estudio de la geografía: la localización del Edén; la afirmación de los sirios en 1 R 20.23: «Sus dioses son dioses de los montes, por eso nos han vencido; mas si peleáremos con ellos en la llanura, se verá si no los vencemos». Toda la cuestión de los fenómenos naturales que acompañan la historia de Elías y el enfrentamiento entre Jehová y Baal se entienden mejor si se toma en consideración la estrecha relación entre la realidad geográfica y la fe cananea.

Arco sobre un camino romano cerca de la ciudad neotestamentaria de Tesalónica. Ahora la ciudad moderna se llama Salónica.

Foto: Servicios fotográficos Levant

Historia comparada de las religiones

En su libro *Mitos y leyendas de Canaán*, G. del Olmo Lete dice: «Un suficiente conocimiento de la mitología cananea es hoy día indispensable para una recta inteligencia de la Biblia hebrea». Esta afirmación es también aplicable a la relación de la fe bíblica con las religiones de Egipto, Mesopotamia, Grecia y Roma. Muchos de los ritos y prácticas registradas en la Biblia tienen paralelos en las religiones de otros pueblos.

El conocimiento de las religiones del entorno bíblico nos ayudarán a descubrir en qué consiste realmente lo distintivo y singular de la fe bíblica. Nos permitirán encontrar respuestas más realistas y claras a preguntas sobre Dios, revelación, cielo-infierno, etc.

Bibliografía:

IB, pp. 93–176. *INT*, pp. 67-126. A. Deissler, *El Antiguo Testamento y la moderna exégesis católica*, Herder, Barcelona, 1966. S. Neill, *La interpretación del Nuevo Testamento 1861–1961*, Ediciones 62, Barcelona, 1967.

CRÍTICA TEXTUAL   El texto hebreo del Antiguo Testamento tomó forma a través de los años. Su historia comienza en la etapa de transmisión oral de los poemas, oráculos y narraciones, y continúa hasta la época de la producción y distribución de Biblias impresas en la Edad Media. En el largo proceso de transmisión textual del Antiguo Testamento se pueden identificar complejidades y problemas difíciles de resolver; sin embargo, el estudio de ese largo proceso de redacción y transmisión es fundamental para la comprensión adecuada de las dificultades que presentan las variantes y las diferencias entre los diversos manuscritos hebreos disponibles el día de hoy.

Gracias a importantes descubrimientos de manuscritos antiguos en el desierto de Judá, y a la continua y dedicada evaluación de esos documentos, poseemos el día de hoy una mejor comprensión de los problemas relacionados con la llamada «2 de octubre de 1997». Esta disciplina, aplicada a los manuscritos del Antiguo Testamento, estudia los diversos textos hebreos, analiza la relación entre ellos, evalúa las formas que se utilizaron para copiar los documentos y, además, intenta describir el proceso de transmisión de los manuscritos. La crítica textual moderna pondera principalmente la información que se obtiene de la transmisión de los diversos manuscritos; su finalidad no es explicar el crecimiento literario de los diferentes libros de la Biblia, sino evaluar científicamente los problemas relacionados con la transmisión de los documentos bíblicos. Los resultados de esta disciplina contribuyen considerablemente a la exégesis y a la comprensión de textos difíciles.

El texto del Antiguo Testamento ha llegado a la época actual en diversos idiomas y en diferentes versiones. Quienes estudian los manuscritos de los textos antiguos poseen el día de hoy documentos de más de dos mil años. Y, anuque muchos de estos «testigos» del texto bíblico son fragmentos breves, contribuyen de forma sustancial a la evaluación adecuada del texto bíblico.

La comparación y el análisis de estos diversos testigos es una preocupación fundamental de la «crítica textual». La necesidad de ese tipo de estudio textual de la Escritura se desprende de lo siguiente: diferencias entre los diversos «testigos» del texto bíblico; errores, correcciones y cambios en los documentos; y diferencias entre textos paralelos en los documentos estudiados.

La historia de la transmisión del texto hebreo del Antiguo Testamento es importante por varias razones: revela el cuidado con que los copistas trabajaron con los documentos a través de las generaciones; pone de manifiesto las posibilidades y las limitaciones de los primeros traductores e intérpretes de esta literatura; y sirve de base para comprender los problemas relacionados con la transmisión de textos sometidos a un proceso largo de traducción y reproducción. Ningún manuscrito original ha llegado hasta el día de hoy. Los «autógrafos», es decir, los originales de los

El valle del río Jordán al sur de Jericó cerca del mar Muerto.

libros de la Biblia, no están disponibles para estudio. Únicamente poseemos copias de copias de manuscritos.

Manuscritos hebreos

Para el estudio del texto del Antiguo Testamento, se dispone de manuscritos en hebreo y en otros idiomas. Esos «testigos» son la base fundamental de la crítica textual. El análisis de los documentos requiere, en primer lugar, que se evalúen los textos hebreos; posteriormente las traducciones antiguas se retraducen al hebreo y se comparan con los manuscritos hebreos disponibles.

El texto masorético

El texto hebreo que se ha preservado en los manuscritos que han servido de base para las ediciones contemporáneas de la Biblia Hebrea quedó prácticamente fijo luego del llamado «Concilio» de Jamnia, a finales del siglo I d.C. Se conoce como «masorético» porque su forma actual procede de la labor de los eruditos judíos llamados «los masoretas».

El pentateuco samaritano

El pentateuco samaritano es un texto hebreo antiguo; su importancia reside en que es independiente a la tradición de los masoretas. El ejemplar conocido más antiguo es el texto de Abisha, y se conserva en la comunidad de Nabulus. Aunque los samaritanos sostienen que lo preparó Josué, «trece años después de la conquista de Canaán», la copia disponible se ha fechado en el siglo XI d.C.

Los manuscritos de Qumrán

Los manuscritos descubiertos en → Qumram representan diferentes tradiciones textuales, incluyendo las del texto masorético y la del pentateuco samaritano. Esos descubrimientos proveen información valiosa en torno a la situación de los textos bíblicos en Palestina en un período de transmisión textual importante: *ca.* 250 a.C–68 d.C.

En Qumrán se han encontrado copias de todos los libros del Antiguo Testamento, con la posible excepción de Ester. Además, se han descubierto manuscritos de libros apócrifos y seudoepígrafos.

Traducciones antiguas

El objetivo de la «crítica textual» del Antiguo Testamento es identificar y evaluar las variantes en los textos hebreos disponibles. Para lograr ese objetivo es necesario estudiar, junto a los manuscritos hebreos, las versiones antiguas. Esas versiones están basadas en manuscritos hebreos antiguos que pueden ayudar en la comprensión de los problemas de transmisión textual. Entre las versiones antiguas más importantes se encuentran textos en griego, arameo, sirio, latín y árabe.

Aunque el estudio de las versiones en la «crítica textual» del Antiguo Testamento se mantendrá por los próximos años, su importancia ha disminuido. Los nuevos manuscritos descubiertos en el desierto de Judá anteceden por siglos las copias de los manuscritos de las versiones antiguas.

La Septuaginta

La Septuaginta (LXX) o versión de los Setenta es la traducción al griego del Antiguo Testamento hebreo. Además de su contribución a los estudios del texto bíblico hebreo, esta versión es muy importante porque sirvió de base para la predicación evangélica primitiva: fue el vehículo literario de los evangelistas de la iglesia (Hch 8.26-40). Representa la forma en que se utilizó el Antiguo Testamento durante la época apostólica.

El origen de la Septuaginta se relaciona con los judíos de Alejandría, por el año 250 a.C. Primeramente se tradujo al griego el Pentateuco, luego el resto del Antiguo Testamento. En el documento conocido como «La carta de Aristeas» se presenta el origen legendario de la versión.

Otras versiones griegas

Otros textos griegos de importancia para el estudio del texto del Antiguo Testamento son: la versión de Aquila, la revisión de Teodocio y la versión de Symmachus.

La versión de Aquila (que fue un prosélito de Sinope, en Ponto, discípulo del rabino Akiba) es extremadamente literal. Aunque el traductor manifiesta buen conocimiento del griego, su objetivo era producir una traducción que reprodujera las particularidades del hebreo. Esa misma característica la hace útil para el estudio del texto hebreo.

Teodocio fue un prosélito, según la tradición de la iglesia, que en el siglo II d.C. revisó

C

Típica escena del desierto en la tierra de los antiguos edomitas en la región sureña del mar Muerto.

Foto: Servicios fotográficos Levant

El gran teatro en Éfeso, donde los adoradores de la diosa pagana Diana casi atropellan a Pablo (Hch 19.21-41).

una traducción griega, basada en el texto hebreo.

Los estudiosos no están de acuerdo en la identificación del texto griego básico: para algunos era la Septuaginta; según otros, revisó un texto anterior.

Symmachus preparó una nueva traducción griega del Antiguo Testamento por el año 170 d.C. El objetivo era producir una versión fiel a la base textual hebrea y, al mismo tiempo, utilizar adecuadamente el griego. De acuerdo a Eusebio y San Jerónimo, Symmachus era un cristiano de origen ebionita; según Epifanio, un samaritano convertido al judaísmo.

Estas tres versiones griegas de la Biblia están incluidas en la gran obra de Orígenes. El objetivo de «La Hexapla» era ayudar a los cristianos en sus discusiones exegéticas con los judíos. El volumen se organizó en seis columnas: 1) el texto hebreo; 2) el texto hebreo transliterado al griego; 3) Aquila; 4) Symmachus; 5) la Septuaginta; y 6) Teodocio. El orden de las versiones en la presentación corresponde a su relación con el original hebreo.

Versiones en otros idiomas

La *Peshita* es la traducción de la Biblia al sirio. La calidad de su traducción varía de libro en libro; en algunas secciones es literal, y en otras es libre. La base textual es similar al Texto masorético.

Los tárgumes son traducciones expandidas del texto hebreo al arameo. Su utilidad en los estudios textuales del Antiguo Testamento varía entre tárgumes y entre libros. Por lo general, la base textual son manuscritos en la traducción masorética.

A partir del 389 d.C., San Jerónimo se dio a la tarea de traducir el Antiguo Testamento al latín, utilizando como base el texto hebreo, no la Septuaginta como era la costumbre cristiana. Aunque el traductor tenía un buen dominio del hebreo, la traducción revela un interés particular por destacar las implicaciones mesiánicas del Antiguo Testamento. El texto básico de la traducción es del texto masorético.

Problemas textuales

Uno de los objetivos de la crítica textual es, en primer lugar, identificar las dificultades en el texto hebreo para, posteriormente, remover los errores que se han incorporado en los manuscritos. Esa finalidad requiere una comprensión clara de la naturaleza y la forma que manifiestan esos posibles errores textuales. Muchos factores pueden propiciar la incorporación involuntaria de errores en un manuscrito; por ejemplo, la lectura y la comprensión adecuada se dificulta cuando el texto que sirve de base para la traducción o el copiado esta en mal estado físico, o simplemente por la fatiga del escriba.

Los problemas textuales en los manuscritos del Antiguo Testamento se pueden catalogar de dos formas: los errores involuntarios relacionados con la lectura y escritura de los textos; y los cambios textuales debidos a las alteraciones voluntarias introducidas por los copistas.

Los errores involuntarios incluyen los cambios textuales introducidos en los manuscritos cuando los escribas escuchaban, leían o copiaban erróneamente alguna letra, palabra o frase. Entre esos errores se pueden identificar los siguientes: 1) confusión de letras similares (Is 28.20); 2) transposición de letras (Is 9.18); 3) haplografía: omisión de letras o palabras similares (Is 5.8; Is 38.11); 4) ditografía: repetición de alguna letra, palabra o frase (Is 30.30); 5) omisión de palabras similares o que tienen terminaciones idénticas (Is 4.5-6); 6) errores en la unión o división de palabras (Am 6.12; Is 2.20); 7) vocalización equivocada (Is 1.17); y 8) incapacidad de distinguir abreviaturas.

Las alteraciones voluntarias de los copistas tienen el objetivo de superar dificultades textuales o teológicas. En ese período de transmisión textual, los manuscritos aún no se consideraban inalterables, y los escribas deseaban hacer bien su trabajo de transmitir y restaurar el verdadero texto. En sus labores podían evitar incomprensiones del mensaje y dificultades en la lectura de los textos. En algunas ocasiones, las añadiduras son letras o palabras que confirman una posible interpretación del texto. Como los manuscritos se utilizaban para la lectura pública en la liturgia, otras alteraciones intentaban evitar palabras raras, que podían malinterpretarse o pronunciarse mal (Is 39.1), o sustituir expresiones que podían ser religiosamente ofensivas (Job 1.5,11; 2.5,9). Las glosas y adiciones textuales pueden incluirse entre las alteraciones voluntarias de los copistas (1 R 18.19; cf. vv. 22-40).

Página de un códice, libro primitivo, que contiene Ro 16.4-13 escrito en el idioma griego.

Foto: Universidad de Michigan

CRÓNICAS, LIBROS DE En el canon hebreo, las Crónicas eran un solo libro llamado *Dibré Jayyamín* (*hechos de los días*). En la LXX se dividió en dos que se llamaron *Paraleipomena* (*cosas omitidas*) porque se creía que contenían historia que «omitieron» los otros libros históricos, lo cual explica que en algunas versiones catolicorromanas estos libros se llamen Paralipómenos.

Contenido

En la primera parte se resume la historia sagrada desde Adán hasta Saúl. De ahí en adelante la narración va paralela con la de 2 Samuel y 2 Reyes, añadiendo algunos datos, pero omitiendo otros muchos sobre todo los relacionados con el reino del norte.

PRIMERO DE CRÓNICAS:
Un bosquejo para el estudio y la enseñanza

Primera parte:
Desde Adán hasta Saúl
(1.1—9.44)

I. La familia de Adán **1.1-27**
  A. Desde Adán hasta Noé 1.1-4
  B. Desde Noé hasta Abraham. 1.5-27
II. La familia de Abraham **1.28-54**
  A. Desde Abraham hasta Isaac 1.28-34
  B. Desde Isaac hasta Israel 1.35-54
III. La familia de Israel **2.1-55**
  A. Los hijos de Israel 2.1-2
  B. Los hijos de Judá 2.3-55
IV. La familia de David **3.1-24**
  A. Los hijos de David. 3.1-9
  B. Los hijos de Salomón 3.10-24
V. Los descendientes de las tribus israelitas . . . **4.1—8.40**
  A. La familia de Judá 4.1-23
  B. La familia de Simeón. 4.24-43
  C. La familia de Rubén 5.1-10
  D. La familia de Gad 5.11-22
  E. La familia de Manasés. 5.23-26
  F. La familia de Leví 6.1-81
  G. La familia de Isacar. 7.1-5
  H. La familia de Benjamín 7.6-12
  I. La familia de Neftalí 7.13
  J. La familia de Manasés. 7.14-19
  K. La familia de Efraín. 7.20-29
  L. La familia de Aser. 7.30-40
  M. La familia del Rey Saúl 8.1-40
VI. Los descendientes del remanente **9.1-34**
  A. La familia de las tribus que retornaron. 9.1-9
  B. La familia de los sacerdotes que retornaron . . . 9.10-13
  C. La familia de los levitas que retornaron . . . 9.14-34
VII. La familia de Saúl **9.35-44**

Segunda parte:
El reinado de David
(10.1—29.30)

I. David llega a ser rey . . . . **10.1—12.40**
  A. Muerte de Saúl. 10.1-14
  B. Unción real de David. 11.1-3
  C. Conquista de Jerusalén 11.4-9
  D. Relato sobre los hombres fuertes
    de David . . . . 11.10—12.40
II. La extracción del arca del pacto . . . . . **13.1—17.27**
  A. Transportación impropia del arca 13.1-14
  B. Prosperidad del reinado de David 14.1-17
  C. Transportación adecuada del arca. 15.1-29
  D. Celebración del arca en Jerusalén 16.1-43
  E. Institución del pacto davídico 17.1-27
III. Las victorias militares del rey David . . . **18.1—20.8**
  A. Resumen de las primeras victorias de David . . 18.1-17
  B. Resumen de las posteriores victorias
    de David . . . . 19.1—20.8
IV. La preparación y la organización de Israel
  para el templo . . . . **21.1—27.34**
  A. Censo pecaminoso de David. 21.1-30
  B. Provisiones materiales para la construcción
    del templo 22.1-5

PRIMERO DE CRÓNICAS
continuación . . .

  C. Encargo a los líderes para la construcción
del templo 22.6-19
  D. Organización de los líderes
del templo . . . . 23.1—26.32
  E. Organización de los líderes de Israel 27.1-34
V. Los últimos días de David . . . . 28.1—29.30
  A. Exhortaciones finales de David 28.1-10
  B. Provisiones finales para el templo . . . 28.11—29.9
  C. Última oración de agradecimiento
de David 29.10-19
  D. Coronación de Salomón 29.20-25
  E. Muerte del rey David 29.26-30

Propósito y posición en el canon

El autor pone en relieve la dinastía davídica, el → PACTO eterno que Yahveh había hecho con David, el templo con su culto establecido por David, el papel de los → LEVITAS y la Ley. Los libros de Samuel y Reyes se escribieron desde el punto de vista profético, pero los de Crónicas desde el sacerdotal o levítico. Por tanto, estos tratan de asuntos eclesiásticos relativos a la construcción y la dedicación del templo, y a las ordenanzas del culto público. Hacen resaltar las épocas

SEGUNDO DE CRÓNICAS:
Un bosquejo para el estudio y la enseñanza

Primera parte: El reinado de Salomón (1.1—9.31)

  I. La sucesión de Salomón como rey 1.17
  II. Se termina el templo . . . . 2.1—7.22
  III. La gloria del reinado de Salomón . . . . 8.1—9.28
  IV. La muerte de Salomón 9.29-31

**Segunda parte:
Los reinados de reyes selectos de Judá
(10.1—36.23)**

  I. El reinado de Roboam . . . . 10.1—12.16
  II. El reinado de Abías 13.1-22
  III. El reinado de Asa 14.1–16.14
  IV. El reinado de Josafat . . . . 17.1—20.37
  V. El reinado de Joram 21.1-20
  VI. El reinado de Ocozías 22.1-9
  VII. El reinado de Atalía . . . . 22.10—23.15
  VIII. El reinado de Joás . . . . 23.16—24.27
  IX. El reinado de Amazías 25.1-28
  X. El reinado de Uzías 26.1-23
  XI. El reinado de Jotam 27.1-9
  XII. El reinado de Acaz 28.1-27
  XIII. El reinado de Ezequías . . . . 29.1—32.33
  XIV. El reinado de Manasés 33.1-20
  XV. El reinado de Amón 33.21-25
  XVI. El reinado de Josías . . . . 34.1—35.27
  XVII. El reinado de Joacaz 36.1-3
  XVIII. El reinado de Joacim 36.4-8
  XIX. El reinado de Joaquín 36.9-10
  XX. El reinado de Sedequías 36.11-21
  XXI. La proclamación de Ciro
sobre el retorno a Jerusalén 36.22-23

cuando la fe había sido la fuerza dominante entre el pueblo y sus líderes (por ejemplo, los reinos de Asa, Josafat, Ezequías y Josías) y había traído la prosperidad, y subrayan que el abandono de la fe verdadera redundaba en ruina y maldición. La insistencia en lo anterior era necesaria para la comunidad posterior al cautiverio a la que escribía el autor.

Son los últimos libros en el canon hebreo (2 Cr 24; cf. Mt 23.35). Dada la afinidad de estilo, vocabulario, procedimiento y teología entre Crónicas y → ESDRAS-NEHEMÍAS, algunos han creído que anteriormente formaban parte de una misma obra. Aunque no fuera así, es probable que los haya escrito un mismo autor o al menos cronistas de un mismo círculo. Interpretada así, la obra del cronista (y su círculo) presenta una visión panorámica de la historia de Israel (desde Adán hasta Nehemías) con su centro en la época normativa de David. La obra expresaba el anhelo de la comunidad del poscautiverio sobre el restablecimiento de la dinastía davídica en el reino del → MESÍAS. (→ CANON.)

Foto de Howard Vos

Éfeso era una ciudad importante de la era neo-testamentaria. Aun puede verse esta hermosa calle de mármol que lleva a un puerto cercano.

Autor y fecha

La obra es anónima pero la tradición judía la atribuye a Esdras. Hay diversidad de opiniones respecto a la identidad del autor. La tradición judía, el ambiente de la época, la posición de Esdras como escriba, la biblioteca que según Josefo poseía Nehemías y la ausencia de pruebas de que se haya escrito en fecha posterior, ha hecho creer a algunos que el autor fue Esdras (458–398 a.C.). También se ha afirmado que no fue Esdras, sino otro que después se habrá valido de los escritos de él. Y hay quienes se inclinan por una fecha *ca.* 300 a.C., basándose en la oposición del cronista a la comunidad samaritana que empezó *ca.* 350 a.C.

Resumiendo, las Crónicas son un libro del poscautiverio cuyo autor quizás fue Esdras o, menos probable, un levita que en una época posterior se aprovechó de los escritos de Esdras.

El autor dice haber usado documentos como base de su obra. Mucho del material

es paralelo al de Samuel y Reyes, pero no se sabe si el cronista cita estos libros o si ha usado las mismas fuentes. Menciona seis fuentes históricas (1 Cr 9.1; 27.24; 2 Cr 16.11; 24.7; 27.7; 33.18) que bien podrían ser diferentes nombres de una misma obra. También usa ocho fuentes proféticas (1 Cr 29.29; 2 Cr 9.29; 12.15; 13.22; 20.34; 26.22; 32.32; 33.19; 35.25).

Marco histórico

Muchos críticos han dudado de la historicidad de Crónicas, arguyendo que contienen datos idealizados, exagerados e incluso inventados con fines apologéticos. Pero estudios recientes y nuevos descubrimientos arqueológicos tienden a confirmar los relatos de Crónicas. Aún quedan problemas difíciles de resolver, como ciertas discrepancias (especialmente numéricas) entre las narraciones de Crónicas y las de Samuel y Reyes, pero otros que parecían irresolubles hoy pueden explicarse como errores de transmisión o con la costumbre de usar ciertos números hiperbólicamente (por ejemplo, 2 Cr 14.9). (→ Esdras; Nehemías.)

CRONOLOGÍA DEL ANTIGUO TESTAMENTO
Desde la creación hasta los patriarcas

En su famosa cronología, el obispo Usher estimó como fecha de la creación del mundo el año 4000 a.C., basándose para ello en los patriarcas (Gn 5.3-32; 7.11; 9.28,29; 11.10-26) según el texto masorético. Pero si se usa el texto samaritano o el de la LXX, se llega a resultados distintos. Sin embargo, no debe descartarse la teoría de las lagunas; es decir, si se afirma en el texto que «A» engendró a «B» esto no significa exclusivamente que «B» sea el hijo inmediato de «A». Puede tratarse del nieto o del bisnieto o de descendientes aun más remotos.

Una tercera teoría interpreta la lista de los patriarcas no como individuos sino como representantes de dinastías. Al comparar las listas de los patriarcas resulta preferible el uso del texto masorético porque el texto samaritano y la LXX aplican su propio criterio y redondean las cifras. Con todo, sin embargo, debe llegarse a la conclusión de que es imposible calcular la edad del mundo a base de datos exclusivamente bíblicos. Cabe mencionar que la cronología judía actual toma el año 3761 a.C. como año de la creación, resultado que obtiene de distintos datos de la Biblia y del Talmud.

Además, debe tenerse en cuenta que, a veces, para determinar ciertos acontecimientos se hace referencia a otros sucesos; por ejemplo, la visión de Amós en el segundo año después del terremoto, y hoy día no es posible aprovechar con sentido absoluto tales datos históricos. Y para expresar tiempos más amplios, como la duración de una generación, de un reinado o de otro oficio, redondeaban la cifra y decían «40 años» (Jue 3.11; 5.31; 8.28; 13.1; 15.20).

Desde Abraham hasta la monarquía

Sería de gran provecho para poder fechar con exactitud la prehistoria de Israel, o sea el tiempo entre Abraham y el éxodo de Egipto, si pudiéramos señalar como punto de partida acontecimientos paralelos en la historia profana. Muchos han creído que en

---

Ruinas del gran teatro al aire libre en Éfeso (parte inferior derecha de la foto), en donde Pablo casi lo atropellan los adoradores paganos por proclamar lealtad al único y verdadero Dios (Hch 19.21-41).

Foto de Howard Vos

Gn 14 se ofrece tal punto de comparación. El capítulo describe la lucha de Abraham contra cuatro reyes que invadieron a Israel. Se ha intentado identificar a estos reyes con algunos conocidos de la historia antigua: → AMRAFEL con Hammurabi, rey y legislador de Babilonia (1728–1686); Arioc con Arriwuku el de las cartas de Mari (*ca.* 1750); y Tidal con Tudhalia, nombre de varios reyes hititas. Pero en ningún caso es segura la identificación.

El antecedente cultural reflejado en la historia de los patriarcas sugiere la primera mitad del segundo milenio a.C. Asimismo la historia de José cuadra con el período en que los → HICSOS dominaron a Egipto (*ca.* 1710–1570).

Sobre la permanencia de los israelitas en Egipto existen varias opiniones. Por un lado, los 430 años de Éx 12.40 parece ser demasiado tiempo si desde Jacob a Moisés hay solamente cuatro generaciones (Éx 6.16-20). Además, según la LXX, los 430 años abarcan también la estadía de los patriarcas en Canaán. Sin embargo, la genealogía de Éx 6.16-20 probablemente es esquemática, ya que Bezaleel, contemporáneo de Moisés, es la séptima generación de Jacob (1 Cr 2.18-20), y de Jacob a Josué hay doce generaciones (1 Cr 7.23-27). A la luz de estos datos y los cuatro siglos de Gn 15.13, es preferible aceptar los 430 años como la duración real de la permanencia en Egipto.

Algunos fechan el → ÉXODO en el siglo XV a.C. basándose en la cifra de 1 R 6.1 que lo coloca 480 años antes de la construcción del templo de Salomón. Además, Garstang, quien excavó parte de Jericó, afirmó que esta ciudad la destruyeron poco antes de 1400 a.C.

Por otro lado algunos ven la cifra de 480 como número esquemático que implica doce generaciones o quizás un error de copista, pues una serie de pruebas indican que el éxodo cabe mejor en el siglo XIII. Los esclavos israelitas edificaron las ciudades del delta, Pitón y Ramesés, pertenecientes a los reinados de Seto I (1302–1290) y Ramsés II (1290–1224). (No hay base para la teoría de que Ramsés II solo renombró construcciones anteriores.) Las pruebas disponibles indican que la existencia de poblaciones sedentarias en Edom y Moab (contra las cuales lucharon los israelitas) cabe mejor en el siglo XIII que en el siglo XV. La arqueóloga K.M. Kenyon afirma que la destrucción de Jericó, que Garstang fechó *ca.* 1400, fue más bien una etapa de la civilización ocurrida mucho antes. Además, la arqueología muestra que varias ciudades de Canaán (Laquis, Bet-el, Hazor, etc.) fueron destruidas a finales del siglo XIII, lo cual pareciera tratarse de la conquista de Josué.

La estela de Merenptah (rey egipcio), fechada 1220 a.C., indica que Israel ya estaba establecido en Canaán por aquel entonces. Este rey afirma que derrotó a Israel y destruyó sus cosechas, de modo que el éxodo debe fecharse por lo menos 40 años antes. Considerando todos los datos, la mejor fecha para el éxodo sería *ca.* 1280 a.C. Aunque las cifras de Jueces parecen contradecir esto, debemos recordar las costumbres y modos de calcular el tiempo en el mundo antiguo. A cada juez correspondía el gobierno de una sola tribu, pero en ocasiones varios de ellos deben haber gobernado simultáneamente una tribu.

La monarquía

Para la cronología de este tiempo se cuenta con muchas más fuentes y documentos que para la del período anterior: los datos paralelos de la antigua historia oriental y especialmente los datos cuneiformes de los asirios y babilonios son de gran valor, pues estos pueblos conocían ya el calendario del sol. Con estos datos, astrónomos modernos sugieren que la mención de un eclipse de sol en el año de Ber-segale corresponde al 15 de junio de 763; también permitió confirmar la lista de los reyes asirios. Por otra parte, como los reyes asirios y babilonios se relacionaron con los reyes de Israel y Judá, de sus historias pueden obtenerse datos que aporten a una recopilación de la historia de Israel y Judá.

Pueden considerarse como seguras las siguientes fechas: Batalla de Qarqar, durante el reinado de Acab en Israel, 853; conquista de Samaria por Sargón en el año de su ascensión al trono, 722; sitio de Jerusalén por Senaquerib (705–681) en su cuarto año, 701; batalla de Carquemis en el año 21 de Nabopolasar, 605; conquista de Jerusalén por Nabucodonosor II (605–592), 597; destrucción de Jerusalén por Nabucodonosor, 587–86.

Para fechar el período de la monarquía, los dos sistemas más aceptables son los de Albright y de Thiele, que difieren poco entre sí. En el sistema de Albright se supone que existen algunos errores (quizás de copista) en los datos bíblicos, los cuales hacen necesarios ciertos ajustes. Thiele se ocupa en armonizar los datos por medio de un análisis de los cómputos usados por los autores.

En primer lugar hay que suponer varias corregencias simultáneas en un mismo reinado, cuando el sucesor iniciaba su gobierno mientras el titular aún vivía (cf. 2 R 15.5).

Además, existe el problema de determinar cuándo comienza el nuevo año. En Judá, este se contaba desde el 1° de tisri (septiembre-octubre), pero en Israel festejaban el comienzo del año en el mes de nisán; había años de nisán para Israel y años de tisri para Judá. También hubo dos sistemas para fechar el inicio de un reinado: tomando en cuenta el año de la entronización del rey (en tal caso un mismo año fue contado como el último del antiguo rey y el primero del nuevo rey), o anotando el año que seguía a la entronización. Se cree que Israel y Judá usaron diferentes sistemas, por lo menos en algunas épocas.

Aunque todavía algunas fechas son discutibles, el cuadro siguiente (del reino dividido), con pocos ajustes, utiliza las conclusiones de Thiele, ya que este armoniza mejor los datos bíblicos y toma en cuenta los datos y la metodología del Cercano Oriente Antiguo.

Foto de Howard Vos

Estatua de Amenofis II de Egipto. Muchos eruditos creen que era el faraón reinante cuando el pueblo hebreo recibió la libertad de la esclavitud bajo el liderazgo de Moisés.

Después del cautiverio

Las fechas de los reyes babilonios y persas mencionadas en esta época se pueden fijar con certeza, aunque el Antiguo Testamento da pocos datos cronológicos después del cautiverio. Se ha discutido la fecha de Esdras en relación con la de Nehemías. Existe cierta prueba (pero no conclusiva) de que Esdras no precedió a Nehemías en Jerusalén. Por tanto, algunos creen que Esdras llegó en el séptimo año de Artajerjes II (397) o en el año 37 de Artajerjes I (428) en vez de la fecha tradicional de 458 que es el séptimo año de Artajerjes I (Esdras 7.7).

Bibliografía:
Bright, *Historia de Israel. BJ. NBD.*

CRONOLOGÍA DEL PERÍODO INTERTESTAMENTARIO Desde el punto de vista de la historia bíblica, son pocos los acontecimientos importantes después de las conquistas de Alejandro. Los escritores judíos no conservaron documentos referentes

LAS CIVILIZACIONES DEL MUNDO ANTIGUO

Compilado por J. Mervin Brenemen

EGIPTO	SIRO-PALESTINA [Y ANATOLIA]	MESOPOTAMIA
Prehistoria anterior a 3000 a.C.	Ocupación sedentaria en Jericó desde 6000 a.C.	
Período histórico Egito unido bajo las dinastías I y II	*La Edad de Bronce Antiguo*, 3100–2300 .	Cultura sumeria, 2800–2400 Primera literatura en Asia Tumbas de los reyes
Imperio Antiguo, 2565–2180 Dinastías IV–VI Grandes pirámides Textos religiosos		Extensión del poderío hasta el Mediterráneo
Decadencia y recuperación, 2180–2000 Dinastías XIII–X Dinastía XI Poder centralizado en Tebas	*Período intermedio: Bronce Antiguo Bronce Medio*, 2200–1950	Supremacía de los acadios, 2360–2180 Sargón I el gran rey (de Acad) Invasión de los guti, 2180–2080
Imperio Medio, 2000–1786 Dinastía XII Poderoso gobierno central Capital en Menfis Prosperidad Literatura clásica (dinastías X–XII) (Memorias de Sinuhé)	*La Edad del Bronce Medio*, 1950–1550 Patriarcas en Canaán (Comerciantes asirios en Asia Menor, 1900–1750)	Tercera dinastía de Ur, 2060–1950 (sumerios) Presión de los semitas en el norte Primera dinastía de Babilonia, 1830–1531 Epopeya de Gilgames escrita
Segundo período intermedio, siglos XVIII-XVI Dinastías XIII–XIV, Incertidumbre Ocupación de los hicsos, 1720–1560 Dinastías XV y XVI Dinastías XVII, 1600–1570 Reyes de Tebas expulsan a los hicsos	Israelitas en Egipto (Antiguo Imperio Hitita, 1740–1500)	(Amorreos, Zimri-Lin rey de Mari Samsí-Adad I de Nínive, siglo XVIII) (Los archivos de Mari) Hammurabi, 1728–1686 Conquista Mari Código de lcyes Dinastía casita, 1600–1150 En Babilonia desde 1531
Imperio Nuevo Dinastía XIII, 1570–1304 Amosis, 1570–1545 Amenofis I, 1545–1525 Tutmosis I, 1525–1508 Tutmosis III, 1490–1436 Amenofis II, 1436–1410 Tutmosis IV, 1410–1402 Amenofis III, 1402–1364, Cartas de El Amarna Amenofis IV, 1364–1347 Horembeb, 1333–1304 Dinastía XIX, 1304–1200 Seti I, 1303–1290 Ramsés II, 1290–1224	*La Edad del Bronce Reciente*, 1550–1200 Egipto contra Palestina (Nuevo Imperio Hitita, 1375–1200) Textos de Ugarit, siglos XIV–XIII Batalla de Cades, 1286 (hititas y egipcios) Pacto de no agresión egipcio-hitita (1280) Estelas de Seti I y Ramsés II en Beisán Éxodo (1280 ?)	Imperio Mitani, 1500–1370 Tablillas de Nuzi, 1500–1400 Asiria gana poder, 1350–1200

C

HISTORIA DE ISRAEL

EGIPTO	PALESTINA	OTRAS NACIONES
Meneftá, 1224–1211	Conquista de Palestina por los israelitas, 1250–1200 Victoria de Meneftá sobre los israelitas, 1220 (según su estela) Imperio Cananita–Hazor, 1221	Cultura de los micenios (Grecia) ca. 1500–1200 Caída de Troya, ca. 1200 Griegos colonizan la costa agea de Asia Menor, 1200
Dinastía XX , 1200–1065 Ramés III, 1175–1144 Derrota a los pueblos del Mar Decadencia	*La Edad de Hierro* I, 1200–970 Período de los jueces hasta 1026 Invasión de los filisteos Confusión política Débora y Barac derrotan a los cananeos, ca. 1125 Gedeón Muerte de Elí, ca. 1050 Samuel, ca. 1045 Saúl, ca. 1030–1010 David, 1010–970 Hiram I en Tiro	Decadencia de Asiria Invasión de los arameos en Siria Wen-Amón (Egipto), ca. 1100 Breve resurgimiento de Asiria Tiglat-pileser I, 1116–1078 Asiria débil de nuevo Reinos arameos (Damasco, Soba, Jamat) (Influencia fenicia en Israel, en tiempo de David y Salomón)
Sisac I, 945–924	*La Edad de Hierro* II, 970–580 Salomón, 970–931 Calendario de Gezer, siglo X	Asur-Dan II, 935–913 (Asiria)

ISRAEL	PROFETAS		JUDÁ	OTRAS NACIONES	
Dinastía de Jeroboam I			*Dinastía de David* Roboam, 931/30–913	Siria	Asiria Decadencia Campaña de Sisac en Palestina, 925
Jeroboam I, 931/30–910/09*	Ahías 1 Reyes 11.30	Semaías 1 Reyes 12.22	Abiam, 913–911/10		
Nadab, 910/09–909/08			Asa, 911/10–870/69	Ben-Adad I (?) 890–860	Adad-Nirari II, 912–892
Dinastía de Baasa Baasa, 909/08–886/85 Ela, 886/85–885/84 Zimri, 885/84	Jehú 1 Reyes 16.1	Azarías 2 Crónicas 15.1 Hanani 2 Crónicas 16.7	(Guerra contra Baasa, 895)		
Dinastía de Omri Omri, 885/84–874/73 (con Tibni, 885/84–880) Funda Samaria: Controla Moab					Asur-nasir-Pal II, 884–859 Asiria despierta de nuevo
Acab, 874/73–853	Elías Micaías		Josafat, 870/69–848 (corregente desde 873/72)	Ben-Adad II (?) 860–842 Guerra contra Acab	Salmanasar III, 859–824 (Batalla de Qarqar, 853)
Ocozías, 853–852 Joram, 852–841 Campaña contra Noab	Eliseo	Eliezer 2 Crónicas 20.38	(Reforma, 867) (Controla Edom) Joram , 848–841 (corregente desde 853)	Hazael, 842–805	Jehú paga tributo, 841

ISRAEL	PROFETAS	JUDÁ	OTRAS NACIONES	
Dinastía de Jehú Jehú, 841–814/13		Edom se libera Ocozías, 841 Atalía, 841–835	(Piedra moabita *ca.* 830)	
				Samsi-Adad V, 824–811 Adad-Nirari III, 811–783
Joacaz, 814/13–798	Joel 825? (o *ca.* 400)	Joás, 835–796 (Reforma)	Ben-Adad III (?) 796–770	
Joás, 798/782/81 Jeroboam II, 782/81–753 (corregente, 793–782/81) (Ostraca de Samaria) Zacarías, 753/752	Jonás Amós, 760 Oseas, 750–720	Amasías, 796–767 Reconquista a Edom Azarías, 767–740 (corregente desde 791) Reconquista del sur hasta Elat	Israel domina a Siria *ca.* 770–750 Rezín, 760	Decadencia asiria Fenicios fundan Cartago, 814 Tiglat-pileser III, 745–727 (Recibe tri- buto de Manahem 741.) Empieza la política de trasladar los pueblos conquistados
Últimos reyes Salum, 752 Manahem, 752–742/41 Pekaía, 742/41–740/39 Peka, 740/39–732/31 (corregente, 752–740/39) Oseas, 732/31–723/22 (alianza con Egipto) Toma de Samaria, 722	Isaías 742–700 Miqueas 742–687	Jotam, 740/39–732/31 (corregente 750–740/39) Acaz, 732/31–716/15 (corregente, 735–732/31 o desde 744/43)	Alianza siro-israelita invade Judá, 735 Siria cae ante Asiria, 732	Salmanasar V, 727–722 Sargón II, 722–706

* La forma doble de las fechas (por ejemplo: 931/30–910/09), se usa porque el año hebreo no corresponde con nuestro año de enero a diciembre.

JUDÁ		BABILONIA	ASIRIA
Profetas	*Reyes*		
	Ezequías, 716/15–687/86 (corregente desde 729) (Inscripción de Siloé) Manasés, 687–642 (corregente, 697–687)		Senaquerib, 705–681 Esaradón, 681–669 Asiria (derrota a Tirhaca de Egipto, 671) Asurbanipal, 669–633 Gran biblioteca en Nínive Nínive destruida por los medos y babilonios, 612
Nahum, *ca.* 628 Jeremías, 627 Hulda Sofonías, 625 Habacuc, 609	Amón 642–640 Josías, 640–609 Reforma (se extiende a Samaria)	El Imperio Neobabilónico 626–539 Nabopolasar 626–605	
			OTRAS NACIONES
	Josías muerto al oponerse a Necao, 609 Joacaz, 609 Joacim, 609–598 (Puesto en el trono por Necao; desde 605 vasallo de Babilonia) Joaquín, 598–597 Sedequías, 597–587 (cartas de Laquis) Jerusalén cae, 587	Nabucodonosor, 605–562 Batalla de Carquemis, 605 (Nabucodonosor derrota a Necao) Daniel y amigos al cautiverio, 605 Muchos judíos, Ezequiel al cautiverio, 597 Amel-Marduk, 562–559 Amel-Marduk indulta a Joaquín, 561 Nabonido, 559–539 (Belsasar actúa en Babilonia) Babilonia capturada por Ciro, 539	Necao II (Egipto), 609–593 Ciajares (Media), 625–585 (Leyes de Solón: Atenas, 594) Astiages (Media), 585–550 Ciro (Persia) derrota a Astiages, 550 Toma a Sardis, 546
Ezequiel (593–573) Daniel			

C

JUDÁ		BABILONIA	ASIRIA
Profetas	Reyes	IMPERIO PERSA (ARQUEMENIDA)	
	Edicto de Ciro, 538	Ciro, 550–530	Cambises conquista Egipto, 525
	Zorobabel en Jerusalén, 538	Cambises, 530–522	(Establecimiento de la república de Roma, 509)
	Se inicia la construcción del templo, 537	Darío I 552–486	Batalla de Maratón, 490 (persas y griegos)
Hageo, 520	Resumen construcción, 520	Gran palacio en Persépolis	Papiros en la colonia judía en Elefantina
Zacarías, 520 (?)	Templo terminado, 515	Jerjes I, 486–465	(Egipto), 498–399
Malaquías, 460 (?)		Artajerjes I, 464–423	Persas toman a Atenas pero son
Abdías (?)	Esdras a Jerusalén, 458	Darío II Notas, 423–404	derrotados en Salamina, 408
	(ó 428? ó 398?)	Los judíos en Babilonia prosperan	Edad de Oro: Pericles (Atenas), 461–429
	Nehemías en Jerusalén, 445	(archivos de la familia Marusu)	Platón, 429–347
Joel, ca. 400 (?)	Bagoas, gobernador	Artajerjes II, Mnemón, 404–359	Guerra del Peloponeso (Grecia), 431–304
(o ca. 825)?		Artajerjes III, Ojus, 359–338	Egipto se libera de Persia, 401
		Arsas, 338–336	Rebelión de Ciro el Joven (expedición descrita en la Anábasis de Jenofonte), 401
		Darío III, Codomano, 336–331	Aristóteles, 384–322
		Persia cae ante Alejandro Magno, 331	Persas reconquistan a Egipto, 342

CRONOLOGÍA DEL PERÍODO INTERTESTAMENTARIO

JUDEA	EGIPTO	SIRIA	NOTAS
	Alejandro Magno, 332–323		
	Tolomeo I, Soter, 323–285		
Tolomeo I* entra a Jerusalén, 320		Seleuco I, Nicator, 312–281	
	Tolomeo II, Filadelfo, 285–246	Antíoco I, Soter, 281–261	
		Antíoco II, Theos, 261–246	
	Tolomeo III, Evergetes, 246–222	Seleuco II, Calinicios, 246–226	
		Seleuco III, Soter, 226–223	
Antíoco III conquista a Palestina, 198	Tolomeo IV, Filopator, 222–205	Antíoco III, El Grande, 223–187	
	Tolomeo V, Epífanes, 205–180	Seleuco IV, Filopator, 189–174	
Helenización de Jerusalén bajo el sumo sacerdote Jasón, 175	Tolomeo VI, Filometor, 180–145	Antíoco IV, Epífanes, 175–163	Cumplimiento de Daniel 11?
Melenao, sumo sacerdote, 172			
Antíoco IV saquea el templo, 169			
Profanación del templo, 167			¿Establecimiento de Qumrán?
Rebelión de Matatías, 167–6			Fiesta de Hanukkah
Judas Macabeo toma el mando, 166–60			Templo judío en Leontópolis
Reedificación del templo, 164		Antíoco V, Eupator, 163–162	¿Los rollos del mar Muerto?
Jonatán, 160–143		Demetrio I, Soter, 162–150	
Jonatán llega a ser sumo sacerdote, 152	Tolomeo VII, 145	Alejandro Balas, 150–145	
Simón, 142-134	Tolomeo VIII, 145–116	Demetrio II, 145–138	
Declaración de independencia, 142		con Antíoco VI, 145,142	
Juan Hircano I, 134–104		Antíoco VII, Sideletes, 138–129	Destrucción del templo
		Demetrio II, Nicator, 128–125	samaritano, 129
		Alejandro Zabinas, 125–123	
		Antíoco VIII, 122-113	
	Tolomeo IX, 116–109	Seleuco V, 122	
Aristóbulo I, 104	Tolomeo X, 108–89	Antíoco IX, Cicico, 113–95	

CRONOLOGÍA DEL PERÍODO INTERTESTAMENTARIO (*continuación...*)

JUDEA	EGIPTO	SIRIA	NOTAS
— Alejandro Magno, 332–323 —			
Alejandro Janeo, 103–76 Alejandro Salomé, 76–67 Aristóbulo II, 67–63 Juan Hircano II, sumo sacerdote, 63–40 Herodes, rey de Judea, 37–4	Tolomeo XI, 88-80 Tolomeo XIII y Cleopatra, 51–48 Cleopatra y Tolomeo XIV y XV, 47–42 Antonio y Cleopatra, 42–31 Conquista de Egipto por Roma (Octavio), 31	Guerras de sucesión, 95–84 Tigrames el armenio, 83–69 Antíoco VII (de nuevo), 68–64 Pompeyo conquista a Siria, 63	Conquista de Jerusalén por los romanos, 63

*Tolomeo o Ptolomeo

TABLA CRONOLÓGICA DEL NUEVO TESTAMENTO

IMPERIO ROMANO	PALESTINA	MINISTERIO DE JESÚS Y ACTIVIDAD APOSTÓLICA	PRODUCCIÓN LITERARIA
César Augusto, 27a.C.—14 d.C	Herodes el Grande, rey de Judea, 37—4a.C. Arquelao, etnarca de Judea, 4 a.C.—6 d.C.	Nacimiento de Jesús, 7–4 a.C	
Tiberio, 14–37 d.C.	Herodes Antipas, tetrarca de Galilea, 4 a.C.—39 d.C. Herodes Felipe, tetrarca de Iturea, 4 a.C.—34 d.C. Poncio Pilato, procurador romano, 26–36 d.C.	Bautismo de Jesús, fin 27 d.C. Crucifixión y resurrección, 30 (Pascua)	
Calígula, 37–41	Herodes Agripa, 41–44*	Conversión de Pablo, 33–34 Primera visita de Pablo a Jerusalén, 36 Martirio de Jacobo, 41 Pablo viaja a Jerusalén, 46*	
Claudio, 41–54 Edicto de expulsión de los judíos, 49		Primer viaje misionero, 47–48 Concilio apostólico, 49 Segundo viaje misionero, 49–52	¿Gálatas?, 48/49
	Herodes Agripa II, 50—*ca.* 100 (tetrarca del territorio septentrional) Félix, procurador romano, 52–59	Llegada de Pablo a Corinto, 50 Llegada de Galión a Corinto, 51* Estancia de Pablo en Éfeso, 53 Regreso de Pablo a Jerusalén, 57	1 y 2 Tesalonicenses, 51 1 Corintios, 55 2 Corintios, Filipenses, 56
Nerón, 54–68	Festo, procurador romano, 59–61	Prisión en Cesarea, 57–59 Llegada de Festo a Cesarea, 59* Salida de Pablo hacia Roma Llegada de Pablo a Roma, 60 Martirio de Jacobo hermano del Señor Martirio de Pedro, 64 Martirio de Pablo, 67	Romanos, 57 Santiago, Colosenses, Filemón, 60 61–62, Efesios, 61
Galba, 68–69 Otto, Vitelio, 69 Vespasiano, 69–70 Tito, 79–81 Domiciano, 81–96 Nerva, 96,98 Trajano, 98–117	Guerra judía, 66–70 Destrucción de Jerusalén por Tito, 70	Persecuciones bajo Domiciano, 81–96 Muerte de Juan, 100	1 Timoteo, Tito, 66 2 Timoteo, 2 Pedro, 67 Marcos, 68/69 Hebreos, 69 Mateo, Lucas, Hechos, 72/74 Juan, 1, 2, y 3 Juan, Apocalipsis, 90–100

* Cinco fechas guías, relativamente seguras, de las que se parte para elaborar la cronología.

a esta época comparables con las narraciones del Antiguo Testamento, sino hasta principios del siglo II a.C., cuando comienza la gesta de los macabeos. Los libros → APÓCRIFOS que pertenecen a este período son de fecha incierta. Por esta razón nuestra cronología será más detallada a partir del año 167 a.C., cuando comienza el período de los macabeos. Sin embargo, es imposible dar fechas exactas para muchos acontecimientos, y quizás otras cronologías muestren una variación de uno o dos años.

En cuanto al cómputo del tiempo, los judíos (y todos los territorios circundantes) lo contaban a partir de la era seléucida, que corresponde al año 312 a.C. Durante el período de los macabeos, contaban los años a partir del comienzo de cada gobernante nacional.

Puesto que durante este período, como en siglos anteriores, la historia de Palestina se desenvolvió entre Egipto y un gran poder asiático, en la correspondiente cronología colocamos los acontecimientos de Palestina entre los de Egipto y Siria, hasta que Roma aparece en el ámbito de las tierras veterotestamentarias.

CRONOLOGÍA DEL NUEVO TESTAMENTO

Tarea difícil es la de fechar los acontecimientos narrados en el Nuevo Testamento debido a la escasez de datos y a la complejidad del calendario del siglo I. Los historiadores seculares prestaron poca atención al movimiento cristiano, y puesto que los escritores cristianos tuvieron otros fines además de los historiográficos, solo podemos inferir una cronología aproximada, lo cual trae como resultado toda una gama de opiniones. En la tabla adjunta se sobreentiende para casi todos los casos una fecha aproximada. (Para la cronología de la vida de Jesús → JESUCRISTO; HERODES; CIRENIO; CENA DEL SEÑOR.)

Para la época apostólica, los pocos datos cronológicos provenientes de las epístolas ubican ciertos hechos únicamente en relación con otros también difíciles de fechar. Para una cronología absoluta hay que recurrir

a Hechos. De los acontecimientos allí mencionados, solo a cinco se les puede asignar fechas más o menos fijas, gracias a las fuentes judías o romanas (indicados en la tabla con un *): la muerte de Herodes → AGRIPA I, el hambre en Judea durante la procuraduría de Tiberio Alejandro y el gobierno de Claudio (Hch 11.28), el edicto de → CLAUDIO que ordenaba salir de Roma a los judíos, el proconsulado de → GALIÓN y la procuraduría de → FESTO.

Las demás fechas tenemos que inferirlas de estas. Para el período 30–50, los puntos de referencia de la cronología son las visitas de Pablo a Jerusalén, de las cuales Hechos menciona cinco (9.26-30; 11.30 con 12.25; cap. 15 → CONCILIO DE JERUSALÉN; 18.22; 21.17ss) y → GÁLATAS menciona dos (1.18-24; 2.1-10). De la correlación que se haga de estas dos listas dependerá nuestra teoría. La tabla adjunta identifica la visita de Hch 11.30 y 12.25 con la de Gl 2.1-10. Para el período 50–70, nos servimos de las fechas de Galión y Festo, y acomodamos los datos de Hechos convencionalmente. Es curioso, pero así sabemos el mes exacto cuando ocurrieron ciertos acontecimientos sin poder precisar el año (→ PABLO).

Consúltense los artículos sobre cada libro del Nuevo Testamento para ver los problemas que presenta la determinación de las fechas.

Bibliografía:
DBH, pp. 967s, 1384-1397. VD III, pp. 320-327.

CRUZ, CRUCIFIXIÓN Instrumento de muerte en que murió Jesucristo, inspirado quizás en la antigua costumbre de empalamiento, ya que la palabra griega *stauros* (cruz), significa palo o estaca vertical. Inventada posiblemente por los persas o fenicios, la usaron los griegos y cartagineses, y sobre todo los romanos.

Además de la *crux simplex* o palo vertical, se empleaban otras formas. La *crux commissa* (o de San Antonio) que tenía la forma de una T mayúscula, y la *crux immisa*, en que el palo vertical sobresalía sobre el horizontal. Según la tradición, esta última fue la cruz en que murió Jesús. La referencia en los Evangelios al título sobre la cabeza de Jesús (por ejemplo, Mt 27.37) respalda esta idea. El uso de la *crux decussata* (de San Andrés), en forma de X, no se ha podido comprobar definitivamente.

La cruz consistía en un palo vertical de unos 2,5 m de largo (que muchas veces se dejaba permanentemente en el lugar de ejecución), el palo transversal o *patibulum*, y una saliente de madera o *sedile*, que servía de asiento para sostener el cuerpo del crucificado y prolongar así su martirio.

Para los escritores romanos, la crucifixión era «el suplicio más cruel y horroroso de todos». Se aplicaba generalmente a esclavos y a libres no romanos, por crímenes de robo, homicidio, traición o sedición. Después de condenado, el reo sufría los → AZOTES prescritos, lo que a veces producía la muerte. Luego se le imponía el *patibulum* y se le llevaba por las calles principales hacia un lugar fuera de la ciudad. Iba custodiado por cuatro soldados, y llevaba un «título» o tablilla blanca con su nombre y delito escrito.

Cuando los evangelistas escuetamente dicen de Cristo que «le crucificaron», se refieren a un proceso bien conocido. En el lugar de ejecución, los soldados desnudaban al reo y tomaban sus vestidos como botín. Luego de atarle o clavarle las manos al *patibulum*, levantaban este con la víctima y lo colocaban en su lugar, de manera que los pies quedaban a poca distancia de la tierra. Los pies y las manos podían atarse o, como en el caso de Cristo, clavarse a la cruz (Lc 24.39). Los restos recién descubiertos de un crucificado en Palestina indican que un solo clavo atravesó lateralmente ambos tobillos. Por último se aseguraba el título, dejando a la víctima en agonía.

Lo horrible de la muerte por crucifixión se debía en parte al intenso dolor causado por la flagelación, los clavos y la incómoda posición del cuerpo que dificultaba la respiración. Además, la deshidratación por la pérdida de sangre y la calentura producían una sed intolerable. A esto hay que agregar la vergüenza que sufría el condenado al verse desnudo ante los curiosos que pasaban insultándole. Los judíos acostumbraban ofrecer al crucificado una bebida narcótica para

---

Ruinas de una iglesia en Laodicea, mostrando grabados de dos cruces latinas y el peculiar diseño de una cruz griega al frente.

Foto de Gustav Jeeninga

aliviar el sufrimiento, bebida que Jesucristo rechazó (Mt 27.34).

El crucificado moría lentamente, casi siempre el segundo día, pero a veces hasta el octavo. El exceso de sangre en el corazón, debido a la obstrucción de la circulación, combinado con la fiebre traumática, el tétano y el agotamiento, mataba a la víctima. Para acelerar la muerte de un crucificado, se le quebraban las piernas con un martillo (costumbre llamada *crurifragium*, cf. Jn 19.32s), antes de traspasarle con espada o lanza, o bien se le ahogaba con humo.

Cuando los escritores del Nuevo Testamento hablan de la crucifixión no se refieren al sufrimiento que causaba, sino a su significado. La crucifixión en varios pasajes representa todo el mensaje de salvación por la muerte de Cristo (por ejemplo, 1 Co 1.18). A los griegos les parecía locura que el Mesías hubiera muerto en la forma más ignominiosa (1 Co 1.23), y para los judíos esta afirmación era un tropiezo (Gl 5.11). Para estos, un crucificado caía bajo la maldición aplicada a cadáveres colgados en un lugar público (Dt 21.22,23; cf. 2 S 4.12). Rechazaban hasta violentamente la idea de salvación mediante una cruz (Gl 6.12; Flp 3.18).

Los cristianos, sin embargo, veían en la cruz su salvación (1 Co 2.2). Cristo, al llevar nuestros pecados en la cruz (1 P 2.24), sufrió la maldición que a nosotros nos tocaba (Gl 3.13). Su muerte en la cruz efectuó la reconciliación con Dios (Col 1.20), como también la reconciliación entre judíos y gentiles (Ef 2.16).

La cruz también simboliza separación de la vieja vida. Por su unión con Cristo, el creyente participó en la muerte sobre la cruz (Ro 6.6). Como resultado, está libre del dominio del pecado (Ro 6.11), del yo egoísta (Gl 2.20; 5.24) y del mundo (Gl 6.14).

Al decir que el discípulo debe «tomar su cruz» (Mc 8.34; Lc 9.23; 14.27), Jesús recordaba la

---

Restos de un crucificado descubiertos por arqueólogos, con una púa atravesada a través de los huesos de los pies de la víctima.

Foto de Gaalyah Cornfeld

Foto de Gaalyah Cornfeld

Este dibujo de una crucifixión está basado en los restos de un hombre crucificado en el primer siglo d.C. descubiertos en una cueva de Jerusalén. Ambos pies los traspasaron con una púa debajo del talón.

escena de un condenado llevando su *patibulum* por las calles. De igual manera, el seguidor de Jesús tiene que aceptar el desprecio y renunciar a sus derechos propios.

CUADRANTE Moneda de cobre más barata del sistema romano, aunque equivalía a dos *lepta* o «blancas» en el sistema judío del siglo I (Mc 12.42). Su poco valor (*ca.* ¼ centavo de dólar) se presta para ilustrar la cancelación completa de una deuda «hasta el último cuadrante» (Mt 5.26//).

CUARTO (nombre latino transcrito al griego). Amigo y posible colaborador de Pablo en la iglesia de Corinto, que envía saludos a los cristianos de Roma (Ro 16.23). Según la tradición, después de ser uno de los setenta discípulos de Jesús (Lc 10.1,17), lo nombraron obispo en Berea.

CUARTO Moneda de cobre llamada «as» en el sistema romano. Equivalía a la cuarta

parte del sestercio de cobre, o sea la decimasexta parte de un → DENARIO (aunque en un principio el denario valía 10 cuartos). Mateo 10.29 la identifica como el precio de dos pajarillos (cf. Lc 12.6), aproximadamente un centavo de dólar.

CUCHILLO Instrumento cortante fabricado de piedra, acero, hierro o bronce (Éx 4.25; Jos 5.2,3). Este instrumento casero, según lo revelan excavaciones modernas, era relativamente escaso en comparación con otros utensilios antiguos. No obstante, las Sagradas Escrituras revelan que el cuchillo se utilizó en ocasiones dramáticas, como la circuncisión de los hijos de Moisés (Éx 4.25) y el sacrificio frustrado de Isaac (Gn 22.10).

En forma figurada la palabra «cuchillo» se emplea para aconsejar moderación (Pr 23.2).

CUELLO → CERVIZ.

CUERNO En sentido simple y literal, rara vez se mencionan los cuernos en la Biblia (Gn 22.13; Sal 22.21; 69.31), pero a menudo se alude a ellos en sentido figurado o en leyes relacionadas con animales que poseen cuernos. La legislación hebrea fijaba la responsabilidad que tenía el dueño de un buey acorneador (Éx 21.28-36). Pulidos y decorados, los cuernos se usaban como recipientes para líquidos valiosos (1 S 16.1,13; 1 R 1.39) como lo prueba, además, el nombre de una de las hijas de Job, Keren-hapuc (*cuerno de tinte para los ojos*; Job 42.14).

Los cuernos del → ALTAR (Éx 27.2; 30.2) eran prominencias en sus cuatro ángulos; se ungían con la sangre de los sacrificios (Éx 29.12; Lv 4.7,18,30,34) y a ellos se podían aferrar los reos en demanda de clemencia (1 R 2.28).

En la versión RV se ha conservado la mención de cuernos para referirse a reyes y reinas (Dn 7.20-24; 8.3-9; Zac 1.18-21; Ap 17.7-12). La idea de poder y triunfo simbolizada por los cuernos se ve en la acción simbólica de Sedequías (1 R 22.11).

CUERPO En el Antiguo Testamento no hay una palabra específica para cuerpo, aunque la idea está incluida en la palabra hebrea *basar*, que equivale más bien a → CARNE. El concepto bíblico del → HOMBRE es monista (se le considera como una unidad) y no dualista como el griego; en el cual el hombre tiene dos elementos: cuerpo y alma.

La ausencia de un término preciso para cuerpo como algo separado del alma, hace necesario considerar brevemente la palabra hebrea *nefes*, a menudo traducida como → ALMA. Sin embargo, en numerosos pasajes nefes se refiere concretamente al cuerpo y a sus sensaciones físicas: hambre, sed, sueño (Nm 11.6; Is 29.8; 55.2; Jer 50.19). Es evidente que se refiere a la persona, sin precisar sus diferentes elementos, e involucra al ser visible e invisible que es a un tiempo cuerpo, intelecto, voluntad, afecto, etc.

La esperanza del hebreo no reside entonces en la inmortalidad de un alma incorpórea, sino en la → RESURRECCIÓN del hombre (Dn 12.2).

En el Nuevo Testamento también encontramos este mismo concepto unitario del hombre, pero aparece la palabra griega *soma*, que significa precisamente cuerpo, y para carne se reserva *sarx*. En Mateo 10.28 se habla del cuerpo y del alma en una clara referencia a lo corruptible y a lo eterno del ser humano (cf. 1 Ts 5.23), sin que necesariamente tenga relación con el concepto griego de que el cuerpo es el recinto malo que alberga el alma pura.

Por el contrario, en la teología paulina hay una notable valoración del cuerpo, que aunque corruptible, es bueno porque Dios lo hizo (1 Co 12.12-24). Y para Pablo cuerpo y personalidad llegan a ser sinónimos, pues dice: «vosotros sois templos de Dios» (1 Co 3.17) o «vuestro cuerpo es templo del Espíritu Santo» (1 Co 6.19). Y en Romanos 12.1 exhorta a presentar nuestros cuerpos a Dios como ofrenda agradable.

Pablo no establece una tensión entre el cuerpo malo y el espíritu bueno. El malo es el hombre, en quien cuerpo y alma son indivisibles. El hombre redimido (Pablo lo llama nuevo hombre) está habilitado para hacer lo bueno porque tiene el Espíritu y la vida de Dios; el apóstol reserva la palabra «carne» para designar la inclinación pecadora del hombre natural. Pero Dios espera que el creyente íntegro le sirva a plenitud por el Espíritu Santo (Ro 6.12s,19; 2 Co 5.10).

En toda la Biblia el cuerpo está incluido en la redención (por ejemplo, Ro 8.18-23), simplemente porque el cuerpo es el hombre así como el alma lo es también. Y la esperanza del creyente es la resurrección del cuerpo (1 Co 15; Flp 3.20s) que es sinónimo de la resurrección del hombre (1 Ts 4.13-17).

CUERPO DE CRISTO En la Biblia se usa esta expresión en tres sentidos:

El cuerpo físico

El «tabernáculo» de su encarnación, como reza en Heb 10.5: «Por lo cual, entrando en el mundo dice: ... me preparaste cuerpo». Este cuerpo era humano: sentía sed, hambre y cansancio. Así que Cristo no solo tuvo solamente forma o apariencia de la humanidad, sino que era completa y perfectamente hombre (Flp 2.6-8; Col 2.9), pero sin pecado (Heb 4.15). En este cuerpo Cristo padeció, lo crucificaron y sepultaron (Mt 27.58). (→ JESUCRISTO; ENCARNACIÓN.)

Resucitado, el mismo cuerpo (Lc 24.3) sufrió, según parece, cierta modificación. No dejó de ser físico, humano, pues Cristo comió y bebió para comprobarlo, y mostró sus heridas a sus discípulos (Lc 24.39,43). Sin embargo, parece que ya no necesitaba de la comida física para sostenerse ni estaba sujeto a las leyes naturales del espacio: se apareció en cuartos cerrados (Jn 20.19), a la orilla del mar de Galilea (21.1ss), etc.

Tal parece que este cuerpo resucitado y glorificado fue la forma que tomó Cristo en su transfiguración (Mt 17.2). Por cuanto Pablo se refiere a la resurrección de Cristo como «las primicias» de la resurrección de los fieles (1 Co 15.20), se supone que el cuerpo de Cristo resucitado revela la naturaleza del «cuerpo celestial» (1 Co 15.40; Flp 3.21) que ha de tener el cristiano. (→ Resurrección.)

El cuerpo simbólico

Al instituir la Santa Cena, Jesucristo ofreció pan a sus discípulos, diciendo: «Esto es mi cuerpo, que por vosotros es dado» (Lc 22.19). Desde entonces, el pan de la eucaristía o comunión ha simbolizado el cuerpo y la vida que Jesucristo ofreció en el Calvario para justificar y liberar a los que por la fe se identifican con su sacrificio (→ Cena del Señor).

El cuerpo místico

Se refiere a la Iglesia, o sea, el conjunto de cristianos que representan la «encarnación» actual de Cristo en el mundo. Él prometió estar con ellos mediante su Espíritu Santo, «todos los días, hasta el fin» (Mt 28.20). Pablo emplea esta figura a menudo para ilustrar la naturaleza vital y dinámica de la Iglesia (Ef 1.23), su expansión y crecimiento (3.6), y sobre todo su unidad en medio de una profusión y diversidad de dones (Ro 12.5; 1 Co 12; Ef 4.3-16). Apela a la figura del cuerpo para que cada cristiano comprenda la relación *de facto* y funcional que goza con los demás cristianos, sujetos todos a la cabeza directriz que es el Señor Jesucristo. (→ Iglesia.)

CUERVO Pájaro omnívoro, más grande que la paloma, de plumaje negro (Cnt 5.11) y pico cónico. En Palestina se enumeran hasta seis especies. En los monumentos asirios se representan en bandadas, en los campos de batalla, devorando cadáveres. Esto lo hacen comenzando por los ojos (Pr 30.17). Por el hábito de comer carroña, se consideran inmundos en Lv 11.15 y Dt 14.14.

El cuervo habita en lugares desiertos, en ruinas (Is 34.11) y en cañadas (Pr 30.17). Se suponía que abandonaba tempranamente su cría, cuya alimentación debía ser objeto de la providencia divina (Job 38.41; Sal 147.9; Lc 12.24). Noé envió un cuervo desde el arca (Gn 8.7) y en 1 R 17.4-6 se menciona como instrumento de la providencia divina para alimentar al profeta → Elías (→ Judea, ilustración).

En tiempos prehistóricos, las familias vivían en algunas de estas cuevas en las proximidades del monte Carmelo.

Foto de E. B. Trovillion

Foto de Howard Vos

Copas de oro que los arqueólogos descubrieron en tumbas de la antigua ciudad de Micenas, en la isla de Creta.

CUEVA Cavidad subterránea formada natural o artificialmente. Se hallan en gran cantidad en el área central montañosa de Palestina, debido a la abundancia de rocas calíferas que con facilidad se disuelven en las corrientes de aguas subterráneas. Algunas de estas cuevas son de gran extensión.

Los aborígenes de la actual Tierra Santa fueron trogloditas, y Lot y sus hijas se establecieron en una cueva después de la destrucción de Sodoma (Gn 19.30). Sobre todo, servían de refugio en tiempos de guerra o de opresión (Jue 6.2). David hizo de la cueva de → ADULAM su primer cuartel general al huir de Saúl, y luego también utilizó otras. Se utilizaban también como tumbas y es notable la de → MACPELA (Gn 23). (→ QUMRÁN; SEPULCRO.)

CULANTRO Es el *coriandrum sativum*, hierba anual de las umbelíferas, de medio metro de alto y de olor penetrante y desagradable. Se usa como condimento y como medicina estomacal. Los árabes la siembran, pero en Siria y Palestina se considera un hierbajo. Éxodo 16.31 y Números 11.7 comparan el maná con la pequeña semilla, gris y elipsoidal del culantro.

CURTIDOR Artesano que convierte las pieles de animales como ovejas, cerdos, camellos, toros, etc., en resistentes cueros para diferentes usos. Los curtidores eran comunes en las tierras bíblicas. Confeccionaban bolsas y odres para transportar agua, leche, aceite. En el Nuevo Testamento se habla de un Simón, el curtidor (Hch 9.43; 10.6,32).

CUS (*negro*). Transcripción de *cush*, nombre hebreo y asirio, derivado del egipcio, que en la RV suele traducirse por «Etiopía».

1. Hijo mayor de Cam y padre de Seba, Havila, Sabta, Raama, Sabteca y del poderoso Nimrod (Gn 10.6-8; 1 Cr 1.8-10).

2. Región circundada por el río Gihón, el segundo de los cuatro brazos del río del Edén (Gn 2.13), tal vez situada al oeste de Asia que comprendía mayormente a Persia.

3. Hijo de Benjamín, al que David dedica un *sigaión* suplicando vindicación (Sal 7, título).

4. Región situada al sur de Egipto, quizás Nubia o el norte del Sudán. Tradicionalmente se identifica con Etiopía, pero para algunos es la moderna Abisinia.

Al principio solo designaba un reducido territorio vinculado con las cataratas del Nilo, cerca de Syene (actualmente Aswan). Rápidamente, entre los propios egipcios y después entre los hebreos y asirios, la denominación se hizo más extensiva. Comprendía por el este hasta el mar Rojo. De allí, precisamente, se dice que salió Nimrod para establecerse en Mesopotamia después de iniciar su reino con Babel (Gn 10.8). Puede reforzarse esta opinión con el relato bíblico que coloca a los árabes «junto» a los etíopes cuando el Señor los levantó contra Joram (2 Cr 21.16).

En las profecías contra Egipto, se pone como límite para la desolación a → SEVENE (Syene) en la frontera con Etiopía (Ez 29.10; 30.6).

CUTA Antigua ciudad babilónica y centro del culto al dios → NERGAL. Después de llevar al cautiverio a los israelitas, Sargón II, rey de Asiria, trasladó a Samaria habitantes de Cuta (2 R 17.24,30). Los cutitas se mezclaron con los israelitas que quedaron en la tierra, con lo que se produjo la raza mestiza de los → SAMARITANOS. Los cutitas siguieron adorando a Nergal, por lo que también se formó una religión híbrida (2 R 17.29-33,41).

DABERAT (*prado*). Pueblo antiguo en la frontera de Zabulón (Jos 19.12) y de Isacar, asignado a los levitas (Jos 21.28; 1 Cr 6.72). Hoy probablemente es Daburiya, pueblo al noroeste del monte Tabor. Era lugar estratégico y quizás fue aquí donde Barac derrotó a Sísara (Jue 4.14-22).

DABESET Población en la frontera occidental de Zabulón (Jos 19.11)

DAGÓN Deidad principal de los → FILISTEOS, venerada en Palestina, según parece, aun antes de que ellos la invadieran. En los textos → RAS SAMRA, al dios Baal se le llama «hijo de Dagón».

Cuando los filisteos capturaron el arca, la metieron en el templo de Dagón, junto al ídolo, el cual cayó dos veces «delante del arca de Jehová» (1 S 5.1-4). Había dos templos grandes dedicados a Dagón: uno en Gaza y otro en Asdod (Jue 16.23; 1 S 5.2). Sansón destruyó el de Gaza (Jue 16.23-30) y durante el período intertestamentario se asoló el otro (1 Mac 10.83,84). Una tradición, sin base histórica, dice que Dagón tenía cuerpo de pescado. Nada se sabe con certeza de la naturaleza del culto ni de la apariencia del ídolo.

DALAÍAS Descendiente de David (1 Cr 3.24).

DALFÓN Hijo de Amán, el que quiso destruir a los judíos en tiempo de Ester (Est 9.7).

DALMACIA Región situada en la costa oriental del mar Adriático, a donde Tito se dirigió, según 2 Ti 4.10, posiblemente para evangelizar a los feroces habitantes. Más tarde Augusto César y Tiberio subyugaron el territorio y lo convirtieron en provincia romana a la que se llamó Ilírico (Ro 15.19). Hoy forma parte de la Federación Yugoslava.

DALMANUTA Región al lado occidental del mar de Galilea hacia donde se dirigieron Jesús y sus discípulos después de la alimentación de los cuatro mil, según los mejores manuscritos de Mc 8.10. En el pasaje paralelo de Mt 15.39 se la llama Magadán (BJ y HA, → MAGDALA en RV), quizás otro nombre para el mismo lugar. Se desconoce su situación exacta.

DÁMARIS Hija espiritual de Pablo en Atenas (Hch 17.34).

DAMASCENO Natural de Damasco (Gn 15.2).

DAMASCO (*lugar bien regado*). Capital de la actual Siria. Es una ciudad antiquísima. Durante los siglos X al VIII a.C., fue también la capital de Aram, un reino rival de Israel (aunque en momentos fueron aliados), hasta que se incorporó al Imperio Asirio en 732 a.C.

Está enclavada en medio de una fértil llanura rodeada por los montes del Antilíbano por todos lados, menos por el este hacia donde se abre el vasto desierto de Arabia. Se alza a orillas del río Abana. Algo más al sur fluye el Farfar (2 R 5.12). Ambos ríos corren hacia las zonas áridas del este, donde desaparecen.

Damasco siempre ha sido centro comercial y religioso por su posición estratégica en el cruce de tres rutas de caravanas. El vino de la región de Damasco era muy famoso en el Medio Oriente, sobre todo el de la ciudad de Helbón (Ez 27.10).

La divinidad principal de Damasco era Hadad, dios de las tormentas y la fertilidad; el templo a su nombre, el principal de la ciudad (2 R 5.18), posiblemente yace bajo la sinagoga Umayyad, en la sección antigua de la actual ciudad.

Damasco aparece por primera vez en una inscripción egipcia de Tutmés III (siglo XVI a.C.). A partir de entonces se menciona con frecuencia en textos asirios y egipcios. Durante la era de → AMARNA fue la capital de un reino → AMORREO que participó activamente en los esfuerzos de los asiáticos por sacudir el yugo egipcio. En 1200 a.C., los → ARAMEOS conquistaron la ciudad y establecieron allí la capital de un reino que pugnó con los israelitas por la hegemonía de la región.

David conquistó este reino damasceno y lo hizo tributario de Israel (2 S 8.5,6; 1 Cr 18.5ss) hasta que, en tiempos de Salomón, Rezón de Soba estableció la independencia (1 R 11.23ss). Durante cerca de dos siglos, Damasco hizo la paz en algunas ocasiones con Israel y Judá, pero lo más frecuente era verla luchando contra los israelitas.

Al tiempo que luchaba contra Israel, Damasco pugnaba por contener a Asiria. En 854 a.C., encabezó una coalición de pequeños reinos que se enfrentó a Asiria, en la batalla de Qarqar, y logró relativo éxito. Más de un siglo después (734 a.C.), Rezín de Damasco y Peka de Israel pretendieron repetir la hazaña. Acaz de Judá no quiso participar en la alianza, y esto precipitó la invasión de Judá por los ejércitos de la coalición siro-israelita (2 R 16).

Puerta romana y entrada a la «calle llamada Derecha» en la antigua ciudad de Damasco, Siria (Hch 9.10-11).

Foto de Howard Vos

Como consecuencia, según lo anunció Isaías, Tiglat-pileser, rey de Asiria, conquistó a Damasco y mató a Rezín. Así llegó el fin de la gloria de Damasco. En lo sucesivo no fue más que capital de provincia bajo asirios, babilonios, persas y seléucidas. Los romanos la pusieron bajo la autoridad de un gobernador → NABATEO que cuando Pablo visita a Damasco era → ARETAS IV (2 Co 11.32).

Pablo visitó Damasco luego de su encuentro con el Cristo resucitado, y fue en esta ciudad que realmente se convirtió al cristianismo (Hch 9.22; 26.12-23). En Damasco había una comunidad judía considerable que puede haber estado relacionada con la comunidad esenia de Qumrán, cerca del mar Muerto. De acuerdo a los relatos de Josefo, la gente de Damasco asesinó a diez mil quinientos judíos durante la primera revuelta judía (66 d.C.).

DAN (*juez*). Nombre de un hombre, una tribu y una ciudad nombrada en honor del primero.

1. Quinto hijo de Jacob y Bilha, sierva de Raquel (Gn 30.1-6). Se le considera el fundador de la tribu de Dan y, por consiguiente, uno de los patriarcas de Israel.

2. Una de las doce tribus de Israel, cuyas cualidades agresivas se ponen de manifiesto y se elogian en Gn 49.16ss; Dt 33.22. En el reparto de la tierra prometida, a los descendientes de Dan correspondió una pequeña faja de terreno fértil que limitaba al sur con Judá y al oeste con el Mediterráneo; Jope era su puerto principal (Jos 19.40-46). Los filisteos atacaban sin cesar esta región (Jue 13—16) y danitas como → SANSÓN la defendían.

Sin duda, debido a la estrechez del territorio y a los frecuentes ataques de los filisteos, la mayoría de los danitas se dieron a la búsqueda de mejores tierras donde hallar tranquilidad. Sin embargo, parece que un remanente de la tribu se quedó en el área original (Jue 5.17).

Los danitas no se mencionan en la lista de las tribus de Israel en Ap 7.5-8.

Un altar para la adoración pagana en la ciudad de Dan. Acab, rey de Israel, construyó partes del altar.

Foto de Howard Vos

3. Ciudad. Viajando hacia el norte, los danitas llegaron a las vertientes del Jordán, en las faldas del monte Hermón, donde hallaron a Lesem, ciudad pacífica, habitada por gentes sumamente confiadas y poco dadas al comercio exterior. La ciudad estaba enclavada junto a las principales vías de comunicación entre el Mediterráneo, al oeste, y la ciudad de Damasco, al este.

Los danitas conquistaron la ciudad de Lesem y le dieron el nombre de Dan (Jos 19.47; Jue 18.29). No obstante, la idolatría que se practicaba en Lesem dominó a sus conquistadores. Dan se convirtió en un centro idolátrico con una historia posterior muy triste (1 R 12.28,29; Am 8.14). Finalmente, llevaron a los danitas al → CAUTIVERIO en 722 a.C.

La expresión «desde Dan hasta Beerseba» quiere decir que Dan marcaba el límite norte de Israel.

DANA Aldea de Judá. Probablemente estaba situada cerca de Hebrón (Jos 15.49). Algunos la identifican con la moderna Deir esh-Shemesh o Simya.

DANIEL (*Dios es mi juez, juez de Dios*). Nombre de cuatro personas en el Antiguo Testamento.

1. El «Daniel» mencionado en Ez 14.14,20; 28.3, que quizás sea el Dan'el de los textos de → UGARIT, donde la leyenda de Aqht habla de Dan'el, un rey justo. Que el Dan'el de Ezequiel es distinto al profeta se indica por: (1) la grafía diferente que, en hebreo, tiene este nombre en Ezequiel (falta la *yod* o i); (2) al Dan'el de Ezequiel se menciona en relación con Noé y Job, figuras de la remota antigüedad, mientras que el profeta Daniel era un joven contemporáneo de Ezequiel; (3) Ezequiel habla de una tierra no israelita, y escoge a tres personas no israelitas como ejemplos de justicia proverbial. Esto explica por qué Daniel es el nombre del suegro de Enoc en Jubileos 4.20.

2. Hijo de David (1 Cr 3.1).

3. Sacerdote en tiempos de Nehemías (Esd 8.2; Neh 10.6).

4. El cuarto de los profetas mayores. Pertenecía a una familia noble de Judá (Dn 1.6), tal vez incluso de sangre real (Josefo, *Antigüedades*, X.x.1). En 605 a.C. fue llevado a → BABILONIA en la primera deportación. Fue educado en la corte de Nabucodonosor, instruido en la escritura y el idioma de los babilonios y se le dio el nombre de → BELTSASAR. Después de unos tres años de educación y de resistir el impacto de la cultura y la religión babilónica, según el libro de Daniel, este y sus compañeros aventajaban a todos los demás, por lo que recibieron buenos puestos al servicio del rey (cf. → JOSÉ).

Se hizo famoso como intérprete de visiones (Dn 2–5). Su fama creció cuando, mediante sus propias visiones, profetizó el triunfo del reino mesiánico (Dn 7–12). Se distinguió por su valor y su tenaz observancia de la Ley. Gozó de la protección especial de Jehová, tanto en la corte (Dn 1) como en el foso de leones (Dn 6). Con gran sabiduría sirvió en el gobierno bajo → NABUCODONOSOR, → BELSASAR y → DARÍO el medo. Tuvo su última visión en el tercer año de → CIRO (536 a.C.) cuando ya tenía 80 años. Según una tradición rabínica, Daniel volvió a Jerusalén con los cautivos liberados por el decreto de Ciro.

Fuera del libro de Daniel (→ DANIEL, LIBRO DE), la única mención bíblica de Daniel como profeta la hace Cristo (Mc 13.14 // Mt 24.15).

DANIEL, LIBRO DE Libro profético del Antiguo Testamento que recalca la verdad de que Dios es el Señor de la historia. Lleva el nombre de Daniel, su autor y personaje central, a quien Dios rescató milagrosamente de un foso de leones a donde lo habían arrojado por no querer orar a un Dios pagano.

Estructura del libro

Los doce capítulos de Daniel pueden dividirse en tres secciones importantes: (1) Información acerca de Daniel (capítulo 1); (2) relatos sobre Daniel y tres amigos durante

DANIEL:
Un bosquejo para el estudio y la enseñanza

Segunda parte: El plan profético para los gentiles (2.1—7.28)

Primera parte: La historia personal de Daniel (1.1-21)

I. Daniel es llevado a Babilonia **1.1-7**
II. La lealtad de Daniel en Babilonia **1.8-16**
III. Reputación de Daniel en Babilonia **1.17-21**

I. El sueño de Nabucodonosor **2.1-49**
  A. Nabucodonosor encubre su sueño 2.1-13
  B. Dios revela el sueño 2.14-23
  C. Daniel interpreta el sueño 2.24-45
  D. Nabucodonosor asciende a Daniel 2.46-49
II. La imagen dorada de Nabucodonosor **3.1-30**
  A. Se prepara la imagen de Nabucodonosor 3.1-7
  B. Los amigos de Daniel rehúsan adorarla 3.8-12
  C. Los amigos de Daniel confían en Dios 3.13-18
  D. Se protege a los amigos de Daniel
    en el horno 3.19-25
  E. Ascensión de los amigos de Daniel 3.26-30
III. La visión del gran árbol de Nabucodonosor **4.1-37**
  A. La proclamación de Nabucodonosor 4.1-3
  B. La visión de Nabucodonosor 4.4-18
  C. Daniel interpreta la visión 4.19-27
  D. La humillación de Nabucodonosor 4.28-33
  E. La restauración de Nabucodonosor 4.34-37
IV. Belsasar y la escritura en la pared **5.1-31**
  A. Belsasar contamina los vasos del templo 5.1-4
  B. Belsasar ve la escritura 5.5-9
  C. Daniel interpreta la escritura 5.10-29
  D. Belsasar muere 5.30-31
V. Decretos de Darío **6.1-28**
  A. Ascenso de Daniel 6.1-3
  B. Darío firma un decreto tonto 6.4-9
  C. Daniel ora fielmente 6.10-15
  D. Daniel en el foso de los leones 6.16-17
  E. Daniel es salvado de los leones 6.18-24
  F. El decreto sabio de Darío 6.25-28
VI. Daniel y su visión de las cuatro bestias **7.1-28**
  A. La revelación de la visión 7.1-14
  B. La interpretación de la visión 7.15-28

Tercera parte: El plan profético para Israel (8.1—12.13)

I. Daniel y su visión del carnero
  y el macho cabrío **8.1-27**
  A. La revelación de la visión 8.1-12
  B. La extensión de la visión 8.13-14
  C. La interpretación de la visión 8.15-27
II. Daniel y su visión de las 70 semanas **9.1-27**
  A. El entendimiento de Daniel 9.1-2
  B. La intercesión de Daniel 9.3-19
  C. La intervención de Gabriel 9.20-23
  D. La revelación de las 70 semanas 9.24-27
III. Daniel y su visión del futuro de Israel . . . **10.1—12.13**
  A. La preparación de Daniel 10.1-21
  B. Los reyes del norte y del sur 11.1-35
  C. El rey que se magnífica a sí mismo . . . 11.36—12.3
  D. La conclusión de las visiones de Daniel 12.4-13

D

los días de cautividad entre los babilonios y los persas (capítulos 2–7); y (3) los sueños y visiones de Daniel referentes al futuro de Israel y los postreros días (capítulos 8–12).

El primer capítulo prepara el escenario para el resto del libro al presentar a Daniel y sus tres amigos, Ananías, Misael y Azarías. Los babilonios habían tomado cautivos a estos cuatro jóvenes en sus ataques contra Judá en 605 a.C. Como eran inteligentes y prometedores, los prepararon bien para servir en la corte del rey Nabucodonosor. Les cambiaron el nombre y la dieta para ajustarlos culturalmente en un intento por arrancarles su identidad judía. Pero Daniel y sus amigos se enfrentaron al reto, y demostraron que la alimentación de los judíos era superior a la de los babilonios. Los jóvenes crecieron en conocimiento y sabiduría y se ganaron el favor de la corte imperial.

En la segunda sección (capítulos 2–7), Daniel y sus amigos se vieron sometidos a diversas pruebas, pero a través de ellas demostraron que aunque estaban cautivos de un pueblo pagano, el Dios que adoraban todavía era el Rey de reyes. Los amigos de Daniel (que recibieron los nombres de Sadrac, Mesac y Abed-nego) no quisieron adorar a los dioses babilónicos. Los arrojaron entonces en un horno encendido. Para asombro de sus verdugos, el fuego no los quemó porque Dios les dio su protección. A Daniel, que no quiso adorar a Darío, el rey de Persia, lo echaron en una guarida de leones. Pero Dios intervino directamente y lo protegió. En todas estas pruebas se demostró que el Dios al que servían era superior al dios de sus captores.

La capacidad de Daniel como intérprete de sueños queda bien establecida en esta segunda sección del libro. Le interpretó varias visiones y sueños al rey Nabucodonosor de Babilonia. Mientras le revelaba lo que apareció escrito en la pared al sucesor de Nabucodonosor, Belsasar, dejó bien claro que el Imperio Babilónico sucumbiría ante los medos y los persas. Esto sucedió exactamente como dijo Daniel (5.13-31), quien continuó sirviendo en la corte del recién establecido rey persa.

La sección final del libro de Daniel (capítulos 8–12) consiste en una serie de visiones sobre una sucesión de reinados y los postreros tiempos. Estas visiones las tuvo el profeta durante sus años de cautiverio. Estando junto al río Tigris, vio en visión que un macho cabrío atacaba a un carnero. El macho cabrío simbolizaba a los griegos, quienes habrían de derrotar a los medos y a los persas (Dn 8.20-21). Este macho cabrío tenía cuatro cuernos, que representaban la futura división del Imperio Griego entre los cuatro generales de → ALEJANDRO MAGNO.

En otra extraordinaria mirada al futuro, Daniel presenta la → PROFECÍA de las setenta semanas. En esta visión, el ángel Gabriel reveló a Daniel que Israel un día volvería a su territorio después de su período de cautividad. Esto se vería años después con la llegada del Mesías. Pasado todo esto llegaría el juicio final y el fin de las edades.

El espectacular libro de Daniel concluye con una visión del juicio final, en el que los justos recibirán vida eterna y los malos recibirán el castigo que les impondrá Dios (12.8-9).

Autor y fecha

La mayoría de los eruditos conservadores creen que el libro de Daniel lo escribió el profeta y estadista de ese nombre que vivió cautivo de Babilonia y Medo-Persia casi setenta años después que comenzara su cautividad en 605 a.C. Pero esta teoría la rechazan algunos eruditos, quienes objetan los detalles específicos de las visiones proféticas de Daniel.

Daniel hizo varias predicciones sorprendentes. Predijo que después del Imperio Babilónico y el Imperio Medo-Persa llegarían los griegos bajo Alejandro el Grande. El Imperio Griego se dividiría más tarde entre los cuatro generales de Alejandro al morir este. Daniel dijo también que el pueblo judío sufriría una gran persecución bajo alguien que ascendería al poder tras la muerte de Alejandro.

La mayoría de los intérpretes identifican a este gobernante como Antíoco Epífanes, gobernador de Siria. Antíoco persiguió sin compasión a los judíos de 176–164 a.C. porque estos no querían adoptar prácticas religiosas paganas. Esto ha llevado a muchos a pensar que el escritor no fue el profeta Daniel, sino un autor desconocido cuatrocientos años después de la época de Daniel. Tal escritor, afirman, debe haber escrito el libro durante la persecución que desató Antíoco Epífanes para llevar esperanza y celo religioso al pueblo que sufría. Para los que apoyan dicha teoría, estas no son profecías sino la historia que se escribió después de los hechos y que alguien quiso atribuir a Daniel.

La realidad es que los que atacan la autenticidad del libro de Daniel no tienen suficientes evidencias. No hay ninguna razón verdaderamente convincente para abandonar la opinión tradicional de que este libro lo escribió el profeta Daniel. Según lo que el mismo libro dice, la cautividad de Daniel se prolongó desde el reinado de Nabucodonosor de Babilonia (1.1-6) hasta el reinado de Ciro de Medo-Persia (10.1), que concluyó allá por el 536 a.C. Daniel tiene que haber escrito el libro durante ese período o poco después. Su propósito fue enseñar que Dios es Señor de la historia y que no ha abandonado a su pueblo.

Aportes a la teología

La mayor contribución teológica de Daniel surge de su naturaleza como profecía apocalíptica. Altamente simbólica en sus expresiones, la profecía de Daniel estuvo dirigida a lo que era el futuro cercano del profeta, pero aun hoy día contiene un mensaje para el futuro.

En la profecía apocalíptica, el futuro inmediato y el muy posterior a menudo parecen fundirse en uno. Un ejemplo de esto es la figura de Antíoco Epífanes, prominente en los capítulos 8 y 11 del libro. En estos pasajes vemos al personaje que profana el templo en el 168 a.C. actuando como el anticristo de los postreros días (8.23-26;

11.36-45; Ap 13.1-10). Estos saltos del futuro cercano al distante han confundido a muchos, pues hacen difícil interpretar correctamente el libro.

La narración de Daniel llega a su clímax en la visión de 10.1–12.4. Ahí se ve claramente que Daniel trata uno de los problemas más agudos de la experiencia humana: qué significa vivir la fe bajo la opresión de un gobierno tiránico. Y el camino que Daniel parece recomendar está bien resumido en las palabras: «el pueblo que conoce a su Dios se esforzará y actuará» (11.32).

La base de todo en el libro es el conocimiento de Dios (su carácter y su voluntad), verdadero, profundo y creciente. Se puede ver esto en toda la experiencia personal de Daniel. La idea determinante es que Dios es soberano sobre toda la historia. Las visiones de los reinos del mundo (caps. 2; 7; 8; 10–12) revelan que Dios sí tiene un plan y que su voluntad se cumplirá. El creyente puede confiar en Dios, a pesar de las circunstancias.

Daniel muestra una actitud consecuente en cuanto al compromiso con Dios. No importa cuán excepcional sea el poder humano que impere, el creyente orienta su vida hacia el camino de Dios (1.8-21; 3.1-30; 6.1-28).

En Daniel se encuentra la figura del → «HIJO DEL HOMBRE» (7.13,18), término que llegó a ser el título propio de Jesús. También en Daniel se nos presenta la explicación más detallada de la esperanza de resurrección en el Antiguo Testamento (12.2).

Uno de los asuntos más llamativos del libro es la respuesta de Dios a las oraciones del siervo fiel. En ocasiones Dios manifiesta su poder mediante la aparición de seres celestiales (9.20-23).

El libro de Daniel proporciona el marco estructural para el libro de Apocalipsis, y es en Apocalipsis donde el contenido de la última semana profética (9.27) se desarrolla.

DANJAÁN Población, probablemente de Dan, que Joab incluyó en el censo que realizó por órdenes de David (2 S 24.6).

DANZA → BAILE.

DARA → DARDA.

DARCÓN Siervo de Salomón. Algunos de sus descendientes regresaron del cautiverio con Zorobabel (Esd 2.56).

DARDA Sabio con el que se comparó a Salomón (1 R 4.31). Probablemente se trata del → DARA de 1 Cr 2.6, a quien se identifica como hijo de Zera, de la tribu de Judá. Como uno de los hijos de Mahol, debe haber pertenecido al gremio de la música.

DARDO Arma que se arroja, semejante a una lanza corta. En el Antiguo Testamento «dardo» es traducción de varios vocablos hebreos (2 S 18.14; Job 41.26; Ez 39.9; Hab 3.14; Zac 9.14). En ocasiones los soldados ataban estopa encendida a la punta de sus dardos para incendiar el campamento enemigo (cf. Ef 6.16).

DARÍO Nombre de varios reyes persas.

1. Darío I (521–486 a.C.). Se destaca en la historia general por su interés en organizar el Imperio Persa siguiendo la labor que iniciaron → CIRO y Cambises. Dividió el imperio en veinte satrapías y continuó, respecto a los pueblos conquistados, la política tolerante de Ciro. Se destacó por su política expansionista. En el este consiguió extender su dominio hasta la India, aunque no tuvo tanto éxito en el oeste; fracasó en su campaña contra Grecia. Su ejército fue derrotado en 490 a.C. en la célebre batalla de Maratón. En la historia bíblica se destaca por haber permitido a los judíos proseguir la construcción del templo de Jerusalén (Esd 4.24–6.12; Hag 1.1, 15; 2.10; Zac 1.1-7).

2. Darío II (423–408 a.C.). Nehemías 12.22 se refiere a «Darío el persa», el cual es Notos o el emperador de Persia, Darío II.

3. Darío el medo. Según el libro de → DANIEL, había un Darío, hijo de → ASUERO (Jerjes), de la estirpe de los medos (9.1; 11.1) y tenía 62 años cuando empezó a gobernar. Esto fue después de la muerte de → BELSASAR

Tumbas de Darío I y Artajerjes I en la ciudad real de Persépolis, en la antigua Persia.

Foto de Howard Vos

y la caída del Imperio de → BABILONIA en 539 a.C. (5.30,31).

Mucha confusión y misterio ha oscurecido la identidad de Darío de Media. Algunos eruditos han negado la existencia de tal legislador, concluyendo que el escritor del libro de Daniel incurre en un disparate histórico al decir que «Darío de Media tomó el reino, siendo de sesenta y dos años» (Dn 5.31) cuando Belsasar, rey de Babilonia, murió. Sin embargo, inscripciones cuneiformes persas muestran que Ciro II («el Grande») fue el sucesor de Belsasar.

Una posible respuesta a este problema es que «Darío de Media» fue el general del ejército que Ciro envió a conquistar Babilonia. También es posible que «Darío de Media» fuera otro nombre o título usado por el escritor del libro de Daniel para el mismo Ciro, rey de Persia. A la verdad, en Daniel 11.1, la Septuaginta (traducción griega del Antiguo Testamento) tiene a Ciro en lugar de Darío. Así que, una traducción bastante legítima de Daniel 6.28 podría ser: «Y este Daniel prosperó durante el reinado de Darío, *es decir* durante el reinado de Ciro el persa» (según nota en Biblia de estudio *Harper-Caribe*). Esta es una lógica y razonable interpretación al silencio y al escepticismo en cuanto a este pasaje del libro de Daniel.

DATÁN → CORÉ.

DAVID Segundo rey de Israel (1000–962 a.C.). Se menciona unas ochocientas veces en el Antiguo Testamento y sesenta en el Nuevo Testamento. No se sabe con certeza el significado de su nombre. Fue el menor de ocho hermanos (1 S 17.12ss) y su padre, Isaí, era nieto de Rut y Booz. Desde muy joven demostró tener valor y ternura como pastor de ovejas.

Se alude a David por primera vez después de la desobediencia de Saúl, durante la campaña contra los amalecitas, cuando Samuel informó a este que Dios le había quitado el reino (1 S 15.28). Es notable que, habiendo fracasado el primer reino, no se haya pensado

en la posibilidad de volver al sistema de jueces. Antes bien, Samuel es enviado a Belén con el mandato divino de escoger al sucesor de Saúl.

La elección de David en vez de uno de sus hermanos mayores llama la atención a una curiosa serie de casos en que se ha dado preferencia al hermano menor (por ejemplo, Isaac, Jacob y José), casos estos que constituyen una violación del derecho de → PRIMOGENITURA y que ilustran, por tanto, la soberanía de Dios en el desarrollo de los sucesos que culminan en nuestra redención.

Más adelante ungen a David y a Saúl se le priva del poder carismático.

A David, un músico excelente, se le pidió presentarse en la corte para tocar el arpa y así calmar la turbada mente de Saúl. Posteriormente se enfrentó a → GOLIAT y lo venció, hazaña que señala el comienzo de la amistad con Jonatán (hijo de Saúl) y de su desarrollo como guerrillero y héroe del pueblo. Saúl, celoso de la creciente popularidad de David, procuró atraerle la enemistad de los filisteos ofreciéndole sus hijas Merab y Mical (1 S 18.17-29). Al fin David aceptó casarse con esta.

La ciudadela o «Torre de David» en la sección de la antigua ciudad de Jerusalén.

Foto de Willem A. VanGemeren

Oasis en En-gadi en donde David se escondió del rey Saúl durante sus años de fugitivo (1 S 23.29; 24.1).

Dos veces intentó Saúl matar a David, pero este logró escapar. Jonatán procuró restaurar la amistad entre su padre y David, pero su intervención fue infructuosa y David adoptó una vida de fugitivo y guerrillero. Se refugió entre los filisteos que le brindaron asilo. Tras una breve y tal vez peligrosa permanencia en la tierra del rey filisteo Aquis, huyó a la cueva de → Adulam donde «se juntaron con él todos los afligidos, y todo el que estaba endeudado, y todos los que se hallaban en amargura de espíritu» (1 S 22.2). Reunió a cuatrocientos hombres y los preparó como guerrilleros profesionales.

Después que David rechazó a los filisteos en Keila (ciudad judaica), Saúl supo dónde encontrarlo. Por tanto, David se vio obligado a trasladarse al desierto de Zif y posteriormente a Maón. En → En-gadi le perdonó la vida a su perseguidor (1 S 24.1s).

Poco después David contaba ya con seiscientos soldados. Saúl persistió en perseguirlo y una vez más cayó entre sus manos (1 S 26.7ss). Como le era ya imposible estar a salvo en su propia tierra, David decidió buscar nuevamente la protección de los filisteos. Estos le permitieron establecerse en Siclag, ciudad que llegaría a ser tierra de los reyes de Judá (1 S 27.6). Una vez que los filisteos derrotaron a Israel, el mismo soldado que acababa de matar a Saúl fue a comunicárselo a David (2 S 1.10). Muerto Saúl, se inició una nueva etapa en la vida de David.

Posteriormente, David se dirige hacia el norte y en Hebrón lo proclaman rey de Judá. Allí reinó siete años y medio (5.5). Mientras tanto, Abner, el general de Saúl, coronó a → Is-boset. Era inevitable un conflicto entre las fuerzas leales a Saúl y las de David. Tras una serie de encuentros entre David y Abner, asesinaron a este, lo cual dejó libre el camino para que David asumiera el gobierno de todo Israel.

Apenas coronado rey de Israel, David conquistó la fortaleza de Jerusalén que aún se hallaba en manos de los jebuseos y trasladó su corte allí. Los filisteos reaccionaron lentamente ante la expansión de la hegemonía de David, aunque sí guerrearon con él dos veces. Sistemáticamente David fue subyugando a los demás enemigos que lo rodeaban hasta extender su reino desde la frontera egipcia y el golfo de Aqaba en el sur, hasta el Éufrates en el norte.

Realizó estas conquistas durante la primera parte de su reinado. Sus múltiples triunfos no se debieron tan solo a la escasez general de grandes líderes militares en esa época, sino también a su propio genio militar. Después de sus conquistas, se produjo el consiguiente enriquecimiento de Israel.

Como una mancha en la vida de David fue la relación que tuvo con Betsabé, esposa de Urías (2 S 11). Este pecado, junto con los problemas implícitos en la poligamia, marcó el principio de su descenso.

Los conflictos familiares comenzaron cuando Amnón, uno de los hijos de David, deshonró a Tamar, su hermana. Absalón, otro hijo de David, lo hizo matar para vengarla, después de lo cual tuvo que ir al destierro (2 S 13). Pasados tres años, Absalón se reconcilió con David, aunque después, aprovechando el descontento de cierto sector del pueblo, se sublevó contra su padre y se proclamó rey en Hebrón. Se produjo el inevitable choque militar entre David y su amado hijo, durante el cual mataron a este a pesar de las órdenes que David dio de que no lo hicieran.

Aplastada la sublevación de Absalón, sobrevino la de Seba, que también se frustró. Pero estas rebeliones hicieron que David se organizara mejor. Por ejemplo, decidió hacer un censo (2 S 24; 1 Cr 21). No obstante, en sus últimos días lo acosaron las intrigas de sucesión. Adonías intentó usurpar el trono, a pesar de que David lo había destinado para Salomón. Después de asegurarle el reino a este, «murió en buena vejez, lleno de días, de riqueza y de gloria» (1 Cr 29.28).

Rara vez se encuentran en una sola persona la habilidad, la virtud y la fuerza de voluntad que vemos en David, aunque haya pasado por momentos de debilidad. Cierto que hubo ocasiones en que a su corazón lo endureció la pasión o el orgullo, pero jamás quiso vengarse de la crueldad de Saúl, y la genuina sinceridad de su lamento por la muerte de este, de Jonatán y de Absalón, patentiza nuevamente la gran ternura que le era característica. Repetidas veces se manifiesta su grandeza como poeta, músico y compositor.

La colina de Gabaa en donde David permitió la ejecución y humillación de varios descendientes de Saúl debido a la matanza que este hizo de gabaonitas (2 S 21.1-9).

Foto de Howard Vos

Bibliografía:
Juan Bosch, *David: Biografía de un rey*, Santo Domingo, 1963.

DEBIR Ciudad conocida primero por → Qui-RIAT-SEFER (Jue 1.11).

En los días en que Josué entabló sus luchas de conquista, Debir era la fortaleza de uno de los cinco reyes de los vastos dominios de los amorreos. Se encontraba casi a igual distancia entre Hebrón y Laquis, a la orilla de la ruta principal hacia Egipto. Josué la conquistó (Jos 10.38), pero más tarde la reconquistaron sus antiguos moradores, los cananeos. Otoniel volvió a subyugarla (Jos 15.15,16) y posteriormente esta ciudad se entregó a los hijos del sacerdote Aarón. Debir se ha identificado como Tel Beit Mirsim, unos 20 km al sudoeste de Hebrón.

Otros dos sitios llevan el nombre Debir (Jos 13.26; 15.7) y también un rey amorreo (Jos 10.3).

DÉBORA (*una abeja*).
1. Ama y compañera de Rebeca (Gn 24.59; 35.8).
2. Profetisa que aparece en la serie de jueces que gobernaron en Israel antes de la monarquía (*ca.* 1125 a.C.). Era esposa de Lapidot (Jue 4.4). A su sede en el centro del país llegaban a consultar sobre casos demasiado difíciles para los jueces locales, y disputas entre las tribus. Así Débora fomentó entre las tribus dispersas un sentido de unidad y lealtad a Jehová que les hacía falta para la lucha contra los cananeos.

Aunque no era líder militar, Débora organizó el ataque contra → Sísara, capitán del ejército del opresor cananeo Jabín, valiéndose de → Barac para dirigir las fuerzas israelitas. A instancias de este, Débora los acompañó a la batalla, la cual terminó en victoria para Israel (Jue 4). El cántico de victoria de Débora y Barac (Jue 5), en que se ha conservado el lenguaje del Antiguo Testamento, constituye una de las principales fuentes de información para el estudioso de la poesía hebrea, y de la historia de este período cuando las tribus vivían aisladas en las montañas y apenas comenzaban a disputar a los cananeos el dominio de los valles y los caminos.

DECÁLOGO → Diez Mandamientos.

DECÁPOLIS (en griego, *diez ciudades*). Grupo de ciudades griegas de considerable importancia, situadas principalmente al este y al sur del mar de Galilea (lago Tiberíades), y al lado oriental del Jordán, en la que Jesús llevó a cabo una parte destacada de su ministerio (Mt 4.25; Mc 5.1-20; 7.31-37). El nombre se relaciona a una liga de ciudades, de las que siete se encontraban dentro del área propiamente denominada. Decápolis: Escitópolis (→ Bet-san), → Gadara, Hipo, Pela, Abilá, Gerasa y Filadelfia. Al nordeste de esta región se hallaban cuatro más: Dión, Canatá, Rafaná (Rafón) y → Damasco. El número de ciudades que se identificaban con el nombre no estaba claramente definido, aunque se alude específicamente a diez.

La liga de ciudades surgió después de la conquista de Alejandro Magno, cuando numerosos grupos de griegos invadieron a Palestina y levantaron ciudades que más tarde se constituyeron en centros de cultura helénica, cultura que competía con la judía (lo cual explica la presencia allí de un hato de cerdos, Mc 5.11). Se organizaron en una liga por razones de comercio y defensa. Luego de la conquista romana, fueron declaradas ciudades libres, aunque sujetas al gobernador romano de Siria. Con la anexión nabatea y la creación de la provincia de Arabia por el emperador Trajano (106 d.C.), la Decápolis llegó a su fin; las ciudades que la constituían formaron más tarde parte de las provincias vecinas.

DECRETO Traducción en el Antiguo Testamento (entre otras, por ejemplo, «edicto», «estatuto», «ley», «mandamiento», «ordenanza», «sentencia») de varios términos hebreos y arameos que significan «orden real» o «proclamación oficial». Por ejemplo, los decretos de Nabucodonosor, Darío y Asuero (Dn 3.29; Esd 6.12; Est 1.20; etc.).

El Antiguo Testamento describe a Dios como el gran rey de la tierra que promulga sus decretos (Sal 2.7), y tanto la creación (la lluvia, Job 28.26; los cielos, Sal 148.6; el mar, Pr 8.29; Jer 5.22), como la historia (Sof 2.2, «el día de la ira») los dominan estos «estatutos» o «leyes». En el Nuevo Testamento la palabra griega traducida por «decreto», «edicto» y «ordenanza» se refiere a los decretos de César (Lc 2.1; Hch 17.7) o del faraón de antaño (Heb 11.23), a la resolución del concilio de Jerusalén (Hch 16.4), y en Col 2.14 (cf. 2.20, «preceptos») y Ef 2.15 («ordenanza») a las demandas detalladas de la Ley Mosaica.

DEDÁN Nombre de dos hombres y una región en la Biblia.

1. Camita, hijo de Raama y nieto de Cus (Gn 10.7). No se ha identificado el pueblo del cual fuera progenitor.

2. Nieto de Abraham y Cetura (Gn 25.3). La tribu dedánica se estableció al sur de Edom. Los israelitas los consideraban como parientes suyos (Jer 49.8). Eran comerciantes y sus grandes caravanas viajaban por Palestina (Is 21.13-17).

3. Una región cerca de Edom y el mar Muerto. Dedán se menciona en la literatura cuneiforme de Asiria y Babilonia, y hoy todavía es un notable centro comercial llamado Alula, a 112 km al sudoeste de Tema (Ez 25.13; 27.15,20; 38.13).

DEDICACIÓN, FIESTA DE LA Fiesta mencionada solo una vez en la Biblia (Jn 10.22). Se instituyó para conmemorar la gesta de Judas Macabeo, quien en 164 a.C. purificó ceremonialmente y rededicó el templo y el altar de los holocaustos, que Antíoco Epífanes profanó (1 Mac 4.52-59; 2 Mac 2.20; 10.6ss). Se iluminaba profusamente el templo y también las casas.

Los judíos modernos celebran esta «Fiesta de las luces» (*Hanukkah*) y en varios aspectos es semejante a la Navidad de los cristianos.

Incluso, la fecha de esta celebración a veces coincide con el 25 de diciembre.

DEHESA Tierra acotada y dedicada a pastos (Is 30.23).

DELAÍA Nombre de cuatro personajes de la Biblia.

1. Cabeza del vigesimotercer grupo de sacerdotes (1 Cr 24.18).

2. Príncipe que trató de evitar la destrucción del rollo de Jeremías (Jer 36.12,25).

3. Antepasado de unos que regresaron con Zorobabel (Esd 2.60; Neh 7.62)

4. Padre de Semaías (Neh 6.10).

DEMAS (en griego, *hombre del pueblo*). Cristiano de Roma y compañero de Pablo en su primer encarcelamiento allí (Col 4.14; Flm 24). Es lamentable, pero durante el segundo encarcelamiento de Pablo, Demas lo abandonó «por amor de este mundo», y se fue a Tesalónica (2 Ti 4.10).

DEMETRIO Nombre común entre los griegos.

1. Jefe del gremio de plateros de Éfeso, fabricantes de diminutos nichos que contenían imágenes de la diosa Artemisa (→ DIANA). Demetrio, alarmado por la amenaza económica que representaba la evangelización, instó a sus colegas a organizar una protesta masiva contra Pablo y sus compañeros. Su discurso (Hch 19.24-28) incluyó también el motivo religioso. El secretario de Éfeso logró evitar el motín y reprendió a Demetrio (v. 38).

2. Cristiano de Asia Menor cuya conducta loable era conocida de muchos: Juan lo recomendó con entusiasmo (3 Jn 11s) a Gayo y su iglesia.

DEMONIOS (del griego *daímon* o *daimónion*). Seres espirituales hostiles a Dios y a los hombres. En el pensamiento griego popular se designaba así a los espíritus malos, y en particular a los de los muertos que ejercían su maleficio como fantasmas.

La mención de los espíritus de los muertos, llamados *elohim* en 1 S 28.13 e Is 8.19, a los cuales se consultaba por los médiums (→ HE-CHICERÍA), revela que muchas de los conceptos que encontramos en Grecia acerca de los demonios, aparecieron esporádicamente en Israel. La prohibición del espiritismo (Nm 23.23; Dt 18.10; 1 S 15.23) explica que la demonología haya ocupado un lugar tan marginal en el Antiguo Testamento. Más bien muchas actividades destructoras, que las naciones vecinas imputaban a los demonios, se atribuyen a Jehová (1 S 16.14b; 2 S 24.16).

En el Antiguo Testamento la nomenclatura para los demonios es variada y extraña: se llaman *shedim* (señores) en Dt 32.17, y es probable que *sh'rim* en Is 13.21, *lilit* en Is 34.14 (ambas palabras se traducen → CABRAS en RV) y → AZAEL (Lv 16.10-22) se refieran a demonio.

En el judaísmo tardío y en el rabinismo aparecen los demonios más explícitamente como seductores de las personas y enemigos de Dios. Se trata de → ÁNGELES caídos (cf. Jud 6), a veces relacionados con los «hijos de Dios» de Gn 6.1-4. Los demonios están sujetos a → SATANÁS o → BELIAL. En la Mishnah se consignaban instrucciones para los exorcistas (cf. Lc 11.24; Ap 18.2), como los cementerios (Mc 5.2) y por ello se les llama «espíritus inmundos».

La mención de la actividad demoníaca en el Nuevo Testamento se concentra en los Evangelios, como si la irrupción especial del ministerio terrenal de Jesús provocara mayor oposición satánica. Frente a la evidencia de los milagros del Señor, sus enemigos lo acusaron de «tener un demonio» (Jn 7.20; 10.20), pero al contrario, Jesús actuaba con autoridad propia «desatando» a los dominados por Satanás (Lc 13.10-17). Su poder sobre los demonios confirmó que Él es el «más fuerte», que entró en la casa del «fuerte» [Satanás], lo ató, y ahora «saquea sus bienes [los demonios]» (Mc 3.27). El poder de Jesús sobre los demonios señalaba la llegada del Reino de Dios (Lc 11.20). Jesús compartió esta victoria con sus discípulos (Lc 9.1; 10.17) e incluso con los que no se contaban entre sus seguidores íntimos (Mc 9.38s).

Muchos eran los efectos de la posesión demoníaca: la mudez (Mt 9.32s), la epilepsia (Mc 9.17s), hábitos antisociales (Mc 5.1-5) e intentos suicidas (Mt 17.15). Sin embargo, no toda enfermedad se atribuía a la posesión. Mateo 4.24 distingue bien entre las causas naturales y sobrenaturales al afirmar que Jesús sanó a «los que tenían dolencias, los afligidos por diversas enfermedades y tormentos, los endemoniados, lunáticos y paralíticos».

Como habitantes del mundo espiritual, los demonios sabían quién era Jesús aunque Él callaba este tipo de testimonio (Mc 3.11s). Reconocían también que su fin en el → ABISMO será para destrucción eterna (Mt 8.29; Lc 8.31; cf. Stg 2.19).

Después de los Evangelios canónicos, disminuye la preocupación por los demonios.

Pazuzu, un demonio asirio del desierto que tenía patas y alas de águila, cuerpo humano con garras y una cabeza deforme.

Foto de Gustav Jeeninga

Foto de Gustav Jeeninga

Estas columnas rodeaban completamente un teatro al aire libre en Gadara (la moderna Gerasa) durante el período neotestamentario. Al parecer esta no es la misma Gadara (llamada también Gergesa) en la región donde Jesús sanó a dos endemoniados (Mt 8.28-34).

Hechos 19.13-16 (→ Esceva) es una anécdota singular acerca del judaísmo contemporáneo. Escribiendo a mediados del siglo II, el autor desconocido de la conclusión del Evangelio de Marcos (16.9-20) se refiere al exorcismo, puesto que este pasaje se basa en una tradición confiable, es probable que Jesús haya hecho una promesa tal. Según 1 Ti 4.1 los demonios atentan contra la sana doctrina. En 1 Co 10.20s, Pablo equipara el culto a los ídolos con el tributo a los mismos demonios en su esencia (cf. Ap 9.20).

Bibliografía:

M. García-Cordero, *Teología de la Biblia* I, B.A.C., Madrid, 1970, pp. 451-468. *VTB*, pp. 185-187.

DENARIO (del griego *deni*, diez a la vez). Moneda romana, de plata, usada en la época novotestamentaria (Mt 18.28; Mc 6.37; 12.15; Jn 6.7; 12.5; Ap 6.6). Su nombre se deriva de los diez ases (pequeña moneda romana; → Cuarto) que valía al principio, cantidad que aumentaron después a dieciséis. Desde el siglo II a.C. el denario era la principal moneda del imperio y llevaba, como todas

Un elaborado sarcófago, o ataúd, en la ciudad de Tiro, que data del período romano.

las de plata u oro, la imagen del emperador (Mt 22.19s). De la parábola de los jornaleros en la viña se desprende que un denario era lo que se solía ganar por un día de trabajo (Mt 20.1-16). El buen samaritano dio dos denarios al mesonero (Lc 10.35).

DEPORTES → Juegos deportivos.

DERBE Pequeña población de Licaonia, en el Asia Menor, a donde Pablo y Bernabé se dirigieron después de visitar a Listra (Hch 14.20s). Quedaba unos 90 km al este de Listra y a corta distancia del muy conocido paso llamado «Las puertas cilicianas». Los misioneros hicieron «muchos discípulos» aquí, y entre estos → Gayo que trabajó después con Pablo (Hch 14.21; 20.4). Pablo volvió a visitar a Derbe durante el segundo viaje y quizás en el tercero (16.1-4; 18.23; 19.1).

DESCENSO AL INFIERNO Doctrina según la cual Jesucristo, después de su muerte y antes de su resurrección, descendió a la morada de los muertos: → Hades (griego) o → Seol (hebreo). Esta doctrina, si bien no se enseña explícitamente en el Nuevo Testamento, ya en el siglo II se hallaba en los escritos patrísticos y en el siglo IV se encuentra en todos los credos de la iglesia.

Esta doctrina parece hallarse en forma implícita en Hch 2.27; Ro 10.7, y quizás en Ef 4.9ss; pero sobre todo en 1 P 3.18–4.6. Según este último pasaje, Cristo «fue y predicó» a los espíritus de los muertos («espíritus encarcelados») en el *Hades*.

Algunos, para obviar la enseñanza del «descenso», interpretan el pasaje como una referencia a la predicación de Cristo por medio de Noé en los días de este, tesis que resulta difícil de sostener por el contexto sintáctico en que se encuentra «espíritu» en 1 P 3.18, del original griego.

Si se rechaza esta interpretación, siempre queda el problema de quiénes eran los espíritus encarcelados. ¿Ángeles caídos (Gn 6) u hombres? ¿Y qué clase de mensaje habrá predicado? ¿De condenación o de esperanza? El problema tiene que resolverse de acuerdo con el concepto que uno tenga de la enseñanza general de las Escrituras sobre este tema. O bien se puede dejar, por ahora, sin resolver.

DESEADO DE TODAS LAS NACIONES
Frase con que en algunas versiones se traduce lo que algunos interpretan como un título mesiánico (Hag 2.7; cf Mal 3.1). El profeta Hageo habla de un día en que lo más preciado de los tesoros de los gentiles será

La colina sin excavar de Derbe, una ciudad que el apóstol Pablo visitó (Hch 14.20; 16.1).

Foto de Howard Vos

dedicado al Dios de Israel. Algunos creen que se refiere al primer advenimiento de Cristo.

DESIERTO Traducción de varias voces hebreas. *Midbar*, la más común, se relacionaba con el nomadismo y designaba un lugar de pastos libres, no muy colonizado, a donde se podía llevar el ganado. En estos desiertos había aldeas (Jos 15.61,62; Is 42.11) dedicadas, por lo general, al abastecimiento de las caravanas. Eran puntos de descanso.

En ciertos sectores del → NEGUEV se desarrollaron cultivos, pero para los israelitas, que vivían en regiones más fértiles, el desierto representaba lugares solos (Dt 32.10), secos (Os 13.5), oscuros (Jer 2.6,31) e inseguros (Lm 5.9).

El término hebreo *horba* (*desolación*), que también se traduce desierto, se refiere a lugares habitados (Lv 26.31,32; cf. Is 48.21; Ez 13.4). El término → ARABÁ (seco, estéril) denomina el valle del Jordán y su extensión hasta el golfo de Aqaba. Pero se refiere también, en sentido más general, al desierto (por ejemplo, Job 24.5; Is 33.9). En el Nuevo Testamento, el desierto simboliza una separación de la vida social; Juan el Bautista vive en el desierto de Judá (Mc 1.4) y Jesús va al desierto para luchar con Satanás (Mc 1.12s) y para orar (Mc 1.35).

DESNUDEZ, DESNUDO Palabras que pueden significar diferentes cosas:
1. Sin ropas (Gn 2.25).
2. Pobremente vestido (Job 22.6)
3. Partes del cuerpo que no deben exhibirse (Lv 18.1-19).
4. Acto vergonzoso (Gn 9.22).

DESPOJOS Botín de guerra, sea de bienes materiales o prisioneros humanos, tomado después de una batalla victoriosa. Desde tiempos de Abram se dedicaba la décima parte de este botín a Jehová (Gn 14.20; cf. Heb 7.2ss), la cual se destinaba al uso de los sacerdotes.

David dividió los despojos por igual entre los que pelearon y los que guardaron el equipaje (1 S 30.26-31).

«Despojar» a veces significa saquear (Gn 34.27,29; 1 S 14.36).

«Despojar» se usa también en sentido figurado (por ejemplo, Col 2.5). La idea de «despojarse» (deshacerse voluntariamente de una cosa) aparece en dos ocasiones en el Nuevo Testamento (Ef 4.22; Flp 2.7).

DESPOSAR Contraer un compromiso nupcial que, en la sociedad hebrea, establecía una relación permanente y exigía fidelidad absoluta, aunque la unión no se consumaba antes del matrimonio (Gn 29.21). Violar esta relación se consideraba como adulterio (Dt 22.23s), lo cual explica que José haya resuelto divorciarse de María (Mt 1.18s). (→ MATRIMONIO.)

Generalmente, los padres del joven iniciaban las gestiones para el desposorio (Gn 24.4; 38.6), aunque a veces el joven mismo escogía primero la novia (Gn 34.4,8; Jue 14.2). En algunas ocasiones se pedía el consentimiento de la novia, como en el caso de Rebeca (Gn 24.58). El pacto con la familia de la novia se sellaba con el pago de la → DOTE.

Dios habla de desposarse con su pueblo, empleando una preciosa metáfora para ilustrar su amor y fidelidad hacia el hombre (Os 2.19s; Jer 2.2; cf. 2 Co 11.2).

DEUDOR Aunque la ley israelita admitía que un deudor se vendiera a sí mismo como esclavo para saldar una deuda (Lv 25.39,47) y que el → LADRÓN (→ ROBO) incapaz de restituir se vendiera como esclavo (Éx 22.3), sin embargo, no autorizaba al acreedor a poner sus manos sobre el deudor (Dt 24.7). Por otra parte, parece que la ley israelita apoyaba la costumbre antigua de que un padre vendiera los suyos para pagar una deuda (Éx 21.7). En todo caso, en 2 Reyes se habla de una viuda que recurrió a Eliseo para no verse obligada a vender sus dos hijos (4.1-7). Nehemías habla de padres que se ven en el trance de vender sus hijos para hacer frente a sus deudas (5.5; cf. Gn 47.18,19; Is 50.1). Amós censura a los acreedores que vendían sus hermanos israelitas porque estos no les pagaban un par de sandalias (2.6).

En el Nuevo Testamento se cuenta una parábola que narra acerca de un señor que mandó a vender un siervo que le debía una fuerte suma: él, su mujer y sus hijos (Mt 18.25). Este mismo relato nos hace ver, además, que en tiempos de Cristo se conocía la prisión por deudas.

Las relaciones entre acreedores y deudores solían ser muy tensas en Israel. Jeremías alude al odio que las animaba (15.10). Más de un deudor prefería salir del paso, dándose a la fuga. No obstante, la legislación procuró siempre proteger al deudor, refrenando los abusos de los acreedores con medidas en favor de quienes, por su insolvencia, tuvieron que venderse como esclavos (→ Año sabático).

Jesús no permaneció insensible ante las preocupaciones del pueblo en este aspecto. Además de la parábola que acabamos de mencionar, refirió la parábola del mayordomo infiel (Lc 16.5ss) y la de los dos deudores desiguales (Lc 7.41ss). En el modelo de oración, que el Señor propuso a los suyos, dice literalmente: «Perdónanos nuestras deudas como también nosotros perdonamos a nuestros deudores» (Mt 6.12). Son conocidas, además, aquellas palabras de Pablo: «Con nadie tengáis otra deuda que la del mutuo amor» (Ro 13.8, BJ).

DEUTERONOMIO, LIBRO DE Libro del Antiguo Testamento que comúnmente se identifica como el discurso de despedida de Moisés antes de morir. El título del libro viene de *deuteronomion* (que quiere decir «segunda ley» o «repetición de la ley»), palabra griega con la que la Septuaginta tradujo Deuteronomio 17.8. El texto hebreo no dice «repetición», sino copia, como se traduce en Reina-Valera (revisión de 1960). En hebreo el título se compone de las primeras palabras del libro: *Ele Jadvarim* («estas son las palabras»).

Estructura del libro

Según el libro mismo, Deuteronomio tuvo su origen en la enseñanza de → Moisés. Después de una breve presentación de Moisés como el que habla, el libro presenta una serie de cálidos discursos y alocuciones de Moisés ante el pueblo. Con breves interrupciones, estos discursos continúan hasta el capítulo 31. El capítulo 32 registra el Cántico de Moisés y el capítulo 33 es la Bendición de Moisés. El último capítulo habla de la muerte de Moisés y el nombramiento de Josué como nuevo jefe del pueblo.

Dios sacó al pueblo de Egipto (les recuerda Moisés en sus discursos) y los condujo por el desierto hasta la frontera misma de la tierra prometida. Los Diez Mandamientos estaban en vigencia, y sus principios debían gobernar la vida del pueblo de Dios. Como pueblo escogido, debían mostrar al mundo una vida santa y actuar siempre con justicia. Estarían rodeados de un mundo de idólatras, pero Israel debía adorar solo al único Dios. «Oye, Israel: Jehová nuestro Dios, Jehová uno es. Y amarás a Jehová tu Dios de todo tu corazón, y de toda tu alma, y con todas tus fuerzas» (6.4-5).

Al hablar, Moisés repite muchas de las leyes y regulaciones sobre el día de reposo, las formas de adorar, el cuidado de los pobre, las festividades religiosas, las herencias, la moralidad sexual, el derecho de propiedad, el trato de los esclavos y la administración de justicia.

Autor y fecha

Se hace difícil cree que Moisés haya escrito la narración de su propia muerte (34.1-12). Pero no hay razón para dudar que tanto la estructura como las enseñanzas básicas del libro tuvieran su origen en Moisés. Es más, los eruditos bíblicos conservadores están unidos en la convicción de que Moisés escribió este libro. Pero muchos eruditos liberales teorizan que el libro se debe a la pluma de algún reformador religioso de Judá poco antes o durante el reinado de Josías, entre el 640 y el 609 a.C. (Véase 2 R 22–23).

DEUTERONOMIO:
Un bosquejo para el estudio y la enseñanza

Primera parte: El primer discurso de Moisés
Lo que Dios ha hecho por Israel (1.1—4.43)

I. **Preámbulo del Pacto** **1.1-5**
II. **Repaso histórico de los hechos divinos por Israel**...................... **1.6—4.43**
   A. Desde el Monte Sinaí hasta Cades Barnea . . . 1.6-18
   B. En Cades Barnea 1.19-46
   C. Desde Cades Barnea hasta Moab 2.1-23
   D. Conquista de Transjordania .... 2.24—3.20
   E. Cambio de liderazgo 3.21-29
   F. Resumen del Pacto 4.1-43

Segunda parte: El segundo discurso de Moisés
Lo que Dios espera de Israel (4.44—26.19)

I. **Introducción a la Ley de Dios** **4.44-49**
II. **Explicación de las estipulaciones del pacto**.................... **5.1—11.32**
   A. El pacto del Gran Rey 5.1-33
   B. El mandamiento a enseñar la Ley........ 6.1-25
   C. El mandamiento de conquistar a Canaán.... 7.1-26
   D. El mandamiento de recordar al Señor 8.1-20
   E. Mandamientos sobre la justicia propia...................... 9.1—10.11
   F. Mandamientos sobre las bendiciones y las maldiciones .... 10.12—11.32
III. **Explicación de las leyes adicionales** .... **12.1—26.19**
   A. Explicación de las leyes ceremoniales .... 12.1—16.17
   B. Explicación de las leyes civiles.... 16.18—20.20
   C. Explicación de las leyes sociales.... 21.1—26.19

Tercera parte: El tercer discurso de Moisés
Lo que Dios hará (27.1—34.12)

I. **La confirmación del pacto** .... **27.1—28.68**
II. **Establecimiento del pacto** .... **29.1—30.20**
III. **Cambio del mediador del pacto** ...... **31.1—34.12**
   A. Moisés encarga a Josué y a Israel....... 31.1-13
   B. Dios encarga a Israel 31.14-21
   C. Se deposita el Libro de la Ley 31.22-29
   D. El canto de Moisés .... 31.30—32.47
   E. La muerte de Moisés .... 32.48—34.12
      1. Se le ordena a Moisés que vaya al Monte Nebo 32.48-52
      2. Moisés bendice a las tribus......... 33.1-29
      3. Moisés ve la Tierra Prometida 34.1-4
      4. Moisés muere y es lamentado........ 34.5-8
      5. Josué reemplaza a Moisés 34.9
      6. Moisés es alabado en Israel 34.10-12

Esta teoría pasa por alto la declaración del libro mismo de que Moisés escribió la mayor parte del mismo, si no todo, y pidió que el pueblo lo leyera con regularidad (31.9-13). Los pronombres personales «yo» y «nosotros» que aparecen en el libro parecen referirse a las experiencias de Moisés y su pueblo. La conclusión lógica es que Moisés escribió los primeros treinta y tres capítulos, y que su sucesor añadió el capítulo 34 como tributo al líder caído. El libro debe haberse escrito allá por el 1400 a.C.

Foto de Howard Vos

Esta pintura de una tumba en Tebas muestra a dos mujeres de la nobleza egipcia con un juego de tablero. Los israelitas eran esclavos de los gobernantes de Egipto (Dt 16.12).

Conservación e influencia

El pueblo recibió el encargo de escribir las leyes después de la muerte de Moisés (27.1-8). Los ancianos (27.1) y los levitas (27.9,11,14) participaban con Moisés en la producción oral del material.

Moisés encargó a sus hermanos levitas la fiel conservación del libro (4.2; 17.18; 31.9, 24-26). Hay estudios relativamente recientes que demuestran que Deuteronomio fue cuidadosamente conservado y utilizado, particularmente en las tribus del norte (compárese por ejemplo 33.13-17 con 33.7), por los profetas (13.1-5);18.15-22; 34.10) y los levitas (33.8-11; cf. 10.8,9;12.12,18,19; 14.27s; 16.11,14; 18.1-8, etc.).

Deuteronomio se leía cada siete años (31.10,11); cf. 15.1-6) en la fiesta de los tabernáculos (16.13-15) para celebrar la renovación del pacto entre el siervo Israel y su rey Jehová (33.2-5). Puede ser que esta fiesta se celebrara durante muchos años, especialmente en → Siquem (Jos 24.1,25s).

Después de la caída de Samaria (722 a.C.), los profetas y levitas del norte llevarían el libro a Jerusalén, donde inspiró la reforma en el tiempo de Josías (2 R 22; 23 //).

Durante los muchos años que se conservó y utilizó el libro, se le habrán hecho enmiendas y alguna edición menor. Se le adaptó a las diversas situaciones locales, pero siempre bajo la inspiración del mismo Espíritu que había dirigido a Moisés. Compárese las leyes de Éxodo 21—23 con las de Deuteronomio y cf. Josué 24.25s.

Aporte a la teología

Como un libro «litúrgico» que promueve la renovación del pacto, Deuteronomio representa un esfuerzo por salvar la brecha entre las generaciones (4.9; 5.2,3, etc.) Y relaciona la fe mosaica con la nueva vida en Canaán (4.14; 6.1, etc.). Se dirige al hombre integral, y explica la ley al intelecto (por ejemplo 4.12,15,16), apela al corazón (4.29,39; 6.4-6, etc.) y estimula la voluntad (30,19,20).

Como libro «ecuménico», Deuteronomio recalca la unidad del pueblo de Dios («todo Israel»; 1.1; 5.1, etc.). Y la centralización del culto que Jehová escogió (12.5,11,14,18,21, 26, etc.).

Como libro «de protesta», Deuteronomio subraya la suprema autoridad de la Palabra de Dios, una revelación clara (30.11-14) y sencilla (29.29) que los padres de familia pueden enseñar a sus niños (6.6-9; 20.25, etc.).

Como libro «evangelístico», Deuteronomio insiste en la necesidad de la regeneración (10.16; 30.6) y la conversión individual (4.29; 30.19,20). Se instruye al pueblo de Dios para una guerra santa, enérgica y victoriosa (20.1-20). Pero Deuteronomio también recalca la importancia de las leyes justas (4.8) para gobernar a la sociedad (16.18–19.21, etc.).

Deuteronomio define por primera vez en el Antiguo Testamento la doctrina de la elección de Israel (4.20,34; 7.6ss; 8.17s; 9.4s; 10.15, etc.), basada en la gracia de Jehová.

Como libro «existencialista», Deuteronomio insiste en la importancia del presente y la necesidad de una decisión «hoy» (30.2,8,11, 16, etc.).

Por primera vez en el Antiguo Testamento, encontramos en Deuteronomio un monoteísmo explícito (4.35,39; 32.39, etc.). En esto se basa lo que Jesús llamó «el primer mandamiento» (6.4,5; cf. Mc 12.29,30).

Como sabía bien que las provisiones del viejo pacto no bastaban (31.1,22,26-29), Moisés habló de un profeta venidero (18.15-19) cuya enseñanza produciría obediencia. En su propia muerte Moisés simbolizó la del nuevo Siervo que sufriría en lugar del pueblo la ira penal de Jehová (1.37; 3.26; 4.21; 34.4; cf. Is 53; Gl 3.10-14).

Deuteronomio en el Nuevo Testamento

Deuteronomio se cita unas ciento noventa y cinco veces en el Nuevo Testamento. De aquí tomó Cristo toda su defensa contra el tentador y la primera parte de su resumen de la ley y los profetas.

Según Pablo, Deuteronomio, bien entendido, implica la justificación por la fe (Ro 10.6-8; cf. Dt 30.12-14; 1.32). Mas no se trata de una fe meramente intelectual, sino de un entregarse absolutamente a Jehová, de una confianza cabal en Él para toda bendición presente y futura, que redunde en una obediencia completa (cf. 1.32 y 1.26).

DÍA Unidad de tiempo equivalente a veinticuatro horas, que a través de la historia se ha medido de diferentes maneras: de mañana a mañana por los caldeos, de puesta a puesta de sol por los hebreos y griegos, o asignándole cierta cantidad de partes. Actualmente es común medirlo de medianoche a medianoche.

En ocasiones, sin embargo, solamente se denomina «día» al tiempo de luz (Gn 1.5,16, 18). Jesús lo mencionó en este sentido (Jn 11.9). Así establece, además, el contraste con la noche (Is 27.3; Mc 5.5; Lc 18.7; 1 Ti 5.5).

La Ley judía establecía seis días laborales y el séptimo como día de reposo. Esta disposición recordaba que Dios terminó su obra el séptimo día y lo bendijo (Gn 2.2,3; cf. Éx 12.14,16; 20.8-11).

Son múltiples los usos figurados de «día». Denota un acontecimiento único o implica las características de determinado tiempo. Se usa tanto en singular como en plural, por ejemplo, «el día de Jesucristo» (Flp 1.6,10; 2.16), «el día de Jehová» (Mal 4.5), «el día de salvación» (Is 49.8), «los días de Noé» (Mt 24.37), «los días del Hijo del Hombre» (Lc 17.26), «todos los días», como expresión de siempre (Mt 28.20), etc.

Los creyentes en Cristo son llamados «hijos del día», porque su naturaleza es opuesta a la de los hijos de las tinieblas (1 Ts 5.5-8). Jesús llamó día al tiempo en que podría trabajar (Jn 9.4). Según Pablo, la → NOCHE es el tiempo actual mientras vivimos en espera del día cuando Cristo se manifestará (Ro 13.11-13). Nuestro deber como cristianos, exhorta el apóstol, es andar como de día (Ro 13.13).

En el Antiguo Testamento, «día» se asocia a acontecimientos que constituyen una visitación especial de Dios. El día de Jehová (o del Señor) es de juicio nacional o individual, sobre su pueblo o sobre los pueblos paganos (Is 2.12; 13.9; Sof 1.14-18). Es el día de la ira de Dios (Jl 2.31; Mal 4.5; cf. Is 13.13; 66.15; Sof 2.2).

En el Nuevo Testamento, el día final especialmente alude a la Segunda Venida de

Cristo (Mt 10.15; Jn 6.3,9; 1 Ts 5.4). Este día será, como en el Antiguo Testamento, de juicio, salvación y exaltación divinos.

La expresión «en los últimos días» parece abarcar todo el tiempo desde el sacrificio de la cruz hasta la Segunda Venida de Cristo. Pedro reconoce el Pentecostés como manifestación de estos días (Hch 2.17), y el autor de Hebreos afirma que en ellos Dios se ha revelado por medio del Hijo (Heb 1.2). Sin embargo, «en los postreros días vendrán tiempos peligrosos» y el juicio estará cercano (2 Ti 3.1; 2 P 3.3). Cristo se refirió a estos días como el tiempo de la → GRAN TRIBULACIÓN que se relaciona con su segundo advenimiento (Mt 24.19-22; cf. Mc 13.5-23), cuya fecha es el gran secreto del Padre (Mt 24.36; Mc 13.32).

DÍA DE EXPIACIÓN El día santo más solemne de los judíos, que se celebraba el décimo día del séptimo mes. La Biblia especifica claramente lo que debía hacerse en este día (Lv 16; 23), como también su significación cristiana (Heb 9; 10). Esta era la única ocasión del año en que al → SUMO SACERDOTE se le permitía entrar al → LUGAR SANTÍSIMO. Se quitaba sus vestimentas oficiales y se vestía humildemente de blanco; luego entraba llevando un incensario de oro y una vasija con incienso. Al poner incienso en los carbones encendidos, tomados previamente del altar, una nube de humo cubría el → PROPICIATORIO del → ARCA DEL PACTO. De la sangre del becerro sacrificado para expiación, el sacerdote tomaba con su dedo y rociaba siete veces el propiciatorio, para purificar el santuario y expiar los pecados del sacerdocio.

Luego, se echaban suertes sobre dos machos cabríos: uno era sacrificado, y con parte de la sangre entraba el sumo sacerdote nuevamente en el Lugar Santísimo; repetía la ceremonia del rociamiento y purificaba esta vez al pueblo. Después ponía sus manos sobre la cabeza del otro macho cabrío, el de → AZAZEL, y el animal era llevado lejos, a un lugar desierto, donde se le perdía. Con esto se simbolizaba la expulsión de los pecados del pueblo. Todo el ceremonial de este día era un tipo de Cristo y de su obra vicaria, según la interpretación de la Epístola a los Hebreos. Cristo, nuestro Sumo Sacerdote, ofreció el sacrificio de sí mismo, no por pecados suyos, sino por los nuestros; no entró en el Lugar Santísimo del templo, sino en el cielo mismo; y su ofrenda propiciatoria no necesita repetirse cada año, sino que fue perfecta, única y completa.

DÍA DE REPOSO → SÁBADO.

DÍA DE JEHOVÁ Expresión cuya idea común en el Antiguo Testamento denota la consumación del → REINO DE DIOS y la destrucción de sus enemigos (Is 2.12; 13.6,9; Ez 13.5ss; 30.3; cf. Dn 2.44). Es el día de la visitación y de la ira de Jehová (Is 13.9,10; Sof 1.14).

Con el sentido de un día de juicio o de manifestación de la cólera divina, aparece por primera vez en Amós. El profeta ve este día como de tinieblas y no de luz (Am 5.18,20); como el día de la separación definitiva entre los buenos y los malos, y de juicio y castigo sobre el pecado también de Israel. Así lo consideran también Sofonías, Nahum, Habacuc y Joel.

Posiblemente para los israelitas, la significación de este día estuvo asociada inicialmente con un festival anual en el que celebraban el reinado de Dios sobre la creación. Festejaban los dones divinos de la fertilidad y las cosechas, la majestad de Jehová en la liberación de Israel y su dominio sobre todas las naciones (cf. Sal 93; 95–100). Toda esa majestad y soberanía serían plenas en el día de Jehová (Sal 9.8; 96.13; 98.9). Israel conoció a Jehová, pero cuando venga ese día «toda la tierra será llena del conocimiento de Jehová» (Is 11.9; cf. Hab 2.14; Zac 14.9).

En la literatura apocalíptica, es el día de la aniquilación de los pueblos enemigos de Israel. Sin embargo, hay textos del precautiverio en los que se declara alguna posibilidad de salvación para aquellos.

En el Nuevo Testamento, la realización del día de Jehová se traslada al fin del mundo. Su sentido escatológico es más específico en cuanto a la → Segunda Venida del Hijo del Hombre, pero esto no significa olvidar las implicaciones en el presente (cf. Jn 8.56). Segunda de Pedro 3.10 alude a la conmoción cósmica que precede al juicio de Dios. Se incluyen elementos de gozo, esperanza y victoria. Es el día de Cristo (2 Co 1.14; Flp 1.6; cf. Mt 24.27,30). Sin embargo, permanecen la ira, el juicio y el castigo para los incrédulos que serán juzgados en este día (Mt 10.15; Ro 2.5,6; 1 Co 3.13; 2 P 3.7). Pero para quienes creen en Cristo, que también serán juzgados (1 Co 1.8), es día de resurrección y recompensa (Mt 16.27; Jn 6.39).

Pablo afirma que este día vendrá como «ladrón» (1 Ts 5.2). Determinará la culminación de la historia y el establecimiento definitivo del reino eterno del → Mesías.

DÍA DEL SEÑOR Frase que en su forma griega (*Kyriaké gemera*) aparece únicamente en Ap 1.10, donde no se refiere a un período apocalíptico, sino a un día de veinticuatro horas. «Día del Señor» con sentido escatológico es traducción en el Nuevo Testamento de la frase *gemera kyríou* (1 Ts 5.2; 2 Ts 2.2; 2 P 3.10). La expresión inicial, en que la primera palabra no es sustantivo sino adjetivo, se podría traducir literalmente «día señorial» o «día dominical» (entendiendo que «dominical» viene del latín *dominus* que significa «Señor»).

La Vulgata traduce la frase correctamente *dominica die*. La VM la traduce «día de domingo», que conserva el sentido ya que «domingo» se deriva de *dominus*. La traducción de RV no es incorrecta, pero no distingue entre el día de Ap 1.10 y el día escatológico.

Para aclarar a qué día se refiere Juan es necesario ver los escritos de los padres apostólicos. La *Didajé* (*ca.* 100 d.C.) 14.1 exhorta: «Reunidos todo día del Señor [*kyriakén*] romped pan». Muy semejante es Hch 20.7, donde leemos que los discípulos se reunieron

«el primer día de la semana ... para partir el pan». En la *Epístola de Ignacio a los magnesios* 9.1 (*ca.* 110 d.C.), se dice: «no guardando ya el sábado sino viviendo según el domingo [*kyriakén*], día en que amaneció nuestra vida» (Ruiz Bueno, *Padres apostólicos*, pp. 91,464).

Así, pues, antes del fin de la época apostólica, se daba importancia al primer día de la semana (cf. también 1 Co 16.2), día cuando, según el testimonio unánime de los cuatro Evangelios, resucitó nuestro Señor e hizo sus primeras apariciones a los creyentes. (→ Sábado.)

DIABLO Transcripción del vocablo griego *diabolos* (*calumniador, acusador*), usado en la LXX para traducir la palabra hebrea *satán* (→ Satanás). El Nuevo Testamento usa el nombre diablo como sinónimo absoluto de Satanás, pero esta última denominación es más típica de Palestina (→ Belial; Baal-zebú; Demonios). En las Epístolas pastorales (1 Ti 3.11; 2 Ti 3.3; Tit 2.3) el plural de este vocablo se traduce «calumniadores».

DIACONISA Una sola mujer lleva el título griego de *diákonos* (→ Diácono) en la Biblia: «la hermana Febe» de la iglesia de Cencrea (Ro 16.1). De esta referencia se deduce la existencia del oficio y la presencia de mujeres en el diaconado de la iglesia primitiva. Quizás la frase «mujeres» en 1 Ti 3.11 se refiere a diaconisas, aunque algunos exégetas sostienen que estas son las esposas de los diáconos. En el primer caso, Pablo indicaría los requisitos para el diaconado total en los vv. 8-13, subrayando que las diaconisas deben ser «honestas, no calumniadoras, sino sobrias, fieles en todo». Las mujeres que servían a Jesús (Lc 8.2,3) podrían conceptuarse como precursoras de estas.

DIÁCONO (en griego, *siervo* o *ministro*). *Diákonos* y sus derivados aparecen más de cien veces en el texto griego del Nuevo Testamento, pero la palabra «diácono» solo tres en la RV. Este término semitécnico designa al que desempeña determinado oficio en la iglesia local. En Filipenses 1.1 Pablo menciona a los diáconos en íntima relación con los → OBISPOS; igualmente según 1 Timoteo 3.8,12 los requisitos para el diaconado (cf. los vv. 8-13) no difieren mucho de los correspondientes al obispado. Las responsabilidades de los diáconos son sobre todo administrativas y caritativas, y sus virtudes (sobriedad, honradez y transparencia [de carácter]), las más apropiadas para oficiales encargados de las finanzas y el servicio social. Aunque toda la iglesia ha de ejercer la *diakonía*, es también un don especial (Ro 12.7; 1 P 4.11; cf. «los que ayudan» en 1 Co 12.28), el cual pueden recibirlo tanto hombres como mujeres (→ DIACONISA). Los diáconos se destacaban sobre todo en la → SANTA CENA, o en el ágape de esta, en el cual la iglesia expresaba su preocupación social.

El relato en Hechos 6 de la selección de siete personas aprobadas para supervisar el fondo para las → VIUDAS, se ha interpretado como la institución formal del diaconado (→ IMPOSICIÓN DE MANOS); pero su importancia estriba ante todo en la autorización apostólica de obras de beneficencia y en la delegación de tales tareas a los que Dios ha señalado mediante dones particulares. Nótese, sin embargo, que la *diakonía* material no entra en discrepancia con la *diakonía* de la Palabra y los prodigios (Hch 6.8–8.40).

Durante el período postapostólico, el concepto neotestamentario del diaconado sufrió una constricción e institucionalización y llegó a ser una orden en la jerarquía ministerial.

En los otros usos de esta familia de palabras (→ SIERVO; MINISTRO) nunca se pierde de vista la acepción original: el diácono es el que sirve en un banquete (Mc 1.31; Lc 10.40; Jn 2.5,9; cf. Mc 10.45; Lc 22.26s), aunque se habla también de servir o ministrar en un sentido más general.

DIADEMA Tocado de metal precioso; por ejemplo, una chapa de oro que llevaban sobre la frente los de categoría social o religiosa, en ciertos actos importantes. Por diadema se traducen cuatro vocablos hebreos y uno griego que tienen diferentes matices. Era insignia del rey o del sumo sacerdote. Tenía forma de banda, adornada con piedras preciosas o con una inscripción (Ap 19.12) y se sujetaba con una cinta (Éx 29.6; 2 S 1.10; etc.). Era una → CORONA DE HONOR que usaban los recién casados, los comensales, los reyes, los sumos sacerdotes y los funcionarios del gobierno persa (Cnt 3.11; Is 28.5; 62.3); y era una lámina de oro puro que llevaba el sumo sacerdote en el turbante durante las ceremonias (Lv 8.9; etc.).

DIAMANTE Piedra preciosa de sin igual dureza y lustre; es transparente, pero puede presentarse opaca. Es un carbón mineral cristalizado que se usa para diversos adornos. En la Biblia «diamante» es la traducción de dos palabras hebreas: *shamir*, piedra dura usada para grabar (Jer 17.1); y *yahalon*, término que usaron los profetas para ilustrar la dureza de la frente (Ez 3.9) y del corazón (Zac 7.12).

Por su rareza y costo, se supone que el diamante fue poco conocido por los judíos, aunque había una piedra semejante en el pectoral del sumo sacerdote (Éx 28.18).

DIANA Nombre latino de la diosa más célebre de Asia Menor, llamada Artemisa por los griegos. En la mitología clásica griega Artemisa era una hermosa cazadora virgen, una deidad lunar a la que se consideraba protectora de las jóvenes casaderas y ayudadora de las mujeres en tiempo de parto. En sus orígenes asiáticos había sido diosa de la naturaleza silvestre y de la fecundidad, con rasgos a veces feroces. Gracias al sincretismo de la época, la Diana de los romanos era una fusión de varias diosas primitivas.

Diana de Éfeso (Hch 19.23-41) se parecía a → ASTAROT o a → ASTORET; era la diosa madre, símbolo de fertilidad y dadora de los alimentos. Probablemente los efesios la veneraban con ritos impuros y prácticas misteriosas y mágicas. Se creía que la imagen original cayó del cielo (Hch 19.35), lo que tal vez indica que el ídolo se formó con material de un meteorito. Por lo general, a Diana la representaban de la cintura a los pies por un trozo cónico de madera, con busto de mujer cubierto con muchos pechos, la cabeza coronada con torrecillas y cada una de sus manos apoyada en un báculo.

El templo de Diana tenía ciento treinta y tres metros de largo y setenta y cuatro de ancho. Lo sostenían ciento veintisiete columnas jónicas hechas de mármol blanco, cada una con dieciocho metros y medio de altura. Se reconstruyó en tiempo de Alejandro Magno con la ayuda de todas las ciudades griegas del Asia. Era una de las siete maravillas del mundo y orgullo de los efesios (Hch 19.27-34). Si Pablo estuvo en Éfeso cuando escribió 1 Corintios, posiblemente pensó en este templo cuando escribió las palabras de 3.9-17 (cf. Ef 2.19-22).

Los templecillos de Diana hechos por → DEME-TRIO y otros plateros se vendían como fetiches o recuerdos, y representaban un negocio de grandes ganancias (Hch 19.24). Algunas copias hechas de terracota o mármol se conservan hasta hoy. En el mes de Artemisión (abril-mayo), peregrinos de toda Asia Menor acudían a las fiestas de Diana.

DIÁSPORA → DISPERSIÓN.

DIBLAIM Suegro del profeta Oseas (Os 1.3).

DIBLAT Lugar de ubicación desconocida que el profeta Ezequiel menciona (Ez 6.14). Quizás se trate de la → RIBLA donde el faraón Necao depuso a Joacaz de Judá (2 R 23.33).

DIBÓN Ciudad moabita ubicada a seis kilómetros al norte del río Arnón.

Cuando Moisés llegó al Arnón, los amorreos les habían quitado el territorio al norte de este río a los moabitas. Moisés atacó a Sehón, rey amorreo, y acampó en Dibón (Nm 21.21-31; 33.46) que después se asignó a Gad (Nm 32.34; cf. Jos 13.7-9).

Moab volvió a ocupar Dibón hasta que David la reconquistó (2 S 8.2). Cuando la guerra civil y la división de Israel, Moab la volvió a tomar. Omri se la quitó a Moab pero → MESA, rey moabita, se levantó contra Acab, hijo de Omri, y logró recuperarla.

Una muralla de una ciudad en la excavación de Dibón, una de las principales ciudades de Moab (Is 15.2).

Foto de Gustav Jeeninga

DIENTES Término usado a menudo en sentido figurado. Por ejemplo: «crujir de dientes», para expresar la rabia y angustia de los condenados en el infierno (Mt 8.12; 24.51; Lc 13.28); «a diente limpio», para indicar la falta de alimentos (Am 4.6); «diente por diente», para explicar una acción recíproca contra un ofensor (Lv 24.20).

A veces se emplea el refrán «Los padres comieron las uvas agrias, y los dientes de los hijos tienen la dentera» para ilustrar la herencia de pecados paternales (Ez 18.2).

DIEZ MANDAMIENTOS (o Decálogo). Resumen de los preceptos básicos del → PACTO MOSAICO (Éx 20.1-17; Dt 5.6-21). Moisés tres veces los llama los Diez Mandamientos, o literalmente, Diez Palabras (Éx 34.28; Dt 4.13; 10.4). Tanto el hecho de estar enmarcados en un contexto del pacto como los términos de su prólogo (Éx 20.2; Dt 5.6) hacen resaltar que nunca habían de ser un camino de salvación. Más bien constituyeron una instrucción básica para el pueblo de Dios ya redimido (→ ÉXODO).

La validez permanente de estas diez palabras como principios básicos que siguen guiando al → PUEBLO DE DIOS, aun bajo el nuevo pacto, se hace evidente por:

1. La unidad del pacto, que prometió un cambio de *lugar* (en el corazón), y no la unidad de la ley misma (Jer 31.33; Heb 10.16).

2. La majestuosa promulgación original (Éx 19; Dt 5.1-5).

3. Su forma física tan perdurable (Éx 31.18).

4. Su colocación bajo el trono de Dios en el → ARCA DEL PACTO como expresión eterna de su carácter santo (Éx 25.16; 40.20; cf. Ap 11.19).

5. La naturaleza divina y comprensiva de su contenido, que abarca todo el campo de la vida religiosa y moral.

6. La actitud del Nuevo Testamento hacia ellas (por ejemplo, Mt 19.17-19; y cartas paulinas Gl y Ro).

La división de las diez palabras que mantienen los protestantes es la que Josefo dice que prevalecía entre los judíos de su tiempo. La iglesia Católica Romana hace una división diferente: une la primera y la segunda (Éx 20.4-6), para formar una primera, y divide en dos la décima (20.17a y 20.17b), para formar la novena y la décima de su orden. La división tradicional de las diez palabras en «dos tablas» (preceptos religiosos) [Éx 20.3-11] y preceptos morales [Éx 20.12-17] no es legítima.

La arqueología ha sugerido que las «dos tablas» (Éx 31.18; 32.15s; etc.) eran iguales y contenían unas mismas estipulaciones en vez de ser dos partes de una lista. Esto hace resaltar la unidad esencial de las dos dimensiones de la responsabilidad del hombre (hacia Dios y hacia el prójimo) que Cristo recalcó en su propio resumen de los preceptos del pacto (Mt 22.34ss; cf. Ro 13.8-10; 1 Jn 4.20).

Los elementos discrepantes entre la versión de Éx 20 y la de Dt 5 y entre el Antiguo Testamento y el Nuevo Testamento (→ SÁBADO) son de esperarse, a la luz de las prácticas establecidas en la antigüedad para las renovaciones de los pactos. Esto no afecta la permanencia esencial de los principios básicos del pacto (cf. Gn 17.7; Heb 13.20).

A la luz de su contexto (el pacto), podemos apreciar la forma negativa de ocho de los Diez Mandamientos, que pone de relieve la gloriosa libertad de los hijos de Dios. Pues el primero libera del temor de muchos poderes divinos: solo hay un Dios, el que les salvó. El segundo evita que el hombre adore una proyección o creación de sí mismo. El tercero mantiene reverencia ante el nombre (y persona) de Dios. El cuarto proclama un día de reposo, comunión con Dios, y la dignidad del trabajo. El quinto santifica la institución de la familia y añade una promesa. El sexto proclama la santidad de la vida y la libertad del vivir. El séptimo mantiene la unidad del esposo y la esposa. El octavo indica derechos personales. El noveno destaca el valor de la verdad. Y el décimo prohíbe la codicia, que puede trastornar la vida en la comunidad del pacto. Así, los Diez Mandamientos son una especie de carta de libertad, que Jehová presentó a su pueblo salvado de Egipto. Y aun en la presente dispensación, el tenerlos en el corazón nos libera del mundo, del pecado y del diablo (Ro 6.17).

Bibliografía:
Juan Calvino, *Institución de la religión cristiana*, Fundación Editorial de Literatura Reformada, Países Bajos, 1,16-307, 1967. W.H. Ford, *Sencillos sermones sobre los Diez Mandamientos*, Casa Bautista, El Paso, 1963. Ernest F. Kevan, *La Ley y el evangelio*, Ediciones Evangélicas Europeas, Barcelona, 1967. D. Elton Trueblood, *Bases para la reconstrucción*, La Aurora, Buenos Aires, 1947.

DIEZMOS La décima parte de las entradas o ganancias netas, dedicada a Dios para fines religiosos y como expresión de adoración a Él. La práctica de diezmar es muy antigua y se conoció aun entre los pueblos no hebreos. En la historia bíblica la primera mención que se hace de los diezmos es cuando → ABRAHAM, después de haber logrado una victoria militar sobre cuatro reyes, dio los diezmos del botín a → MELQUISEDEC, sacerdote del Dios Altísimo (Gn 14.17-20). No se nos dice quién instruyó a Abraham a hacerlo así, pero fácilmente podemos inferir que por el ejemplo de sus antepasados (cf. la ofrenda de → ABEL, Gn 4.4) entendió que esta era una manera apropiada de reconocer la soberanía de Dios sobre todas las cosas. El sacerdote, en este caso, representaba a Dios y a la religión.

Este mismo principio, que sirve de base a la costumbre religiosa de dar los diezmos, aparece también en el Nuevo Testamento, no necesariamente en cuanto a la proporción de la décima parte, pero sí en cuanto a la motivación de adoración, gratitud y responsabilidad cristianas (2 Co 9.7; Heb 7.1-10; cf. Lc 21.1-4).

Es en el sistema mosaico, sin embargo, donde sin duda Dios demanda de su pueblo los diezmos de todo. Aunque no se anuncian castigos por no darlos, hay promesas de bendiciones por darlos (Dt 28.1-13; Mal 3.10). Los diezmos son de Jehová y abarcaban la tierra y su producto y los animales del campo. Cuando por una razón especial alguien quería rescatar algo del diezmo, debía agregar la quinta parte del precio (Lv 27.30-32). Los escribas y los fariseos fueron sumamente escrupulosos en diezmar aun hierbas diminutas como la menta, el eneldo y el comino, y merecieron la represión de nuestro Señor por el legalismo extremo, vacío de la debida motivación espiritual (Mt 23.23).

Los israelitas debían dar los diezmos a los → LEVITAS, quienes eran la tribu sacerdotal del pueblo. Esto era la compensación a ellos por su ministerio. Pero los levitas, a su vez, debían dedicar en ofrenda a Dios el diezmo de los diezmos, presentándolo delante de → AARÓN (Nm 18.21-28). El principio detrás de esta práctica rige para el sostén económico de la obra del evangelio, pues Pablo dice que «ordenó el Señor a los que anuncian el evangelio, que vivan del evangelio» (1 Co 9.11-14).

DILEÁN Aldea al extremo sur de Judá, cerca de Laquis (Jos 15.38). Es posible que sea el lugar que hoy se llama Tell en-Najileh.

DILUVIO

Historia bíblica
Una vez que el pecado entró en la humanidad, la maldad se multiplicó a medida que los hombres se multiplicaron. Con dolor, Dios decidió aniquilar gran parte de la creación, pero no sin antes señalar un plan de salvación. Noé, quien fue la excepción en medio de la generación corrupta, llegó a ser el personaje redentor en este juicio divino (Gn 6.1-8; Lc 17.27).

Dios le da instrucciones a Noé para construir una enorme embarcación de ciento treinta y siete metros de largo, veintitrés de ancho y catorce de alto aproximadamente (→ CODO), que para acabarla necesitó cien años. A la vez que trabajaba como constructor, Noé predicaba un mensaje urgente de arrepentimiento (1 P 3.20), que lamentablemente nadie creyó en aquella ocasión.

Concluido su trabajo, y según la orden divina, Noé metió en el arca ejemplares de todo animal de la tierra: siete parejas de cada uno de los animales limpios y una de los inmundos. Entraron también Noé, su esposa, sus tres hijos y las esposas de estos, y luego «fueron rotas todas las fuentes del grande abismo, y las cataratas de los cielos fueron abiertas» (Gn 7.11).

Al cabo de ciento cincuenta días la lluvia cesó (Gn 8.2) y Dios se acordó de Noé. El patriarca se salvó por gracia y en muestra de gratitud ofreció a Dios un sacrificio sobre un altar (Gn 8.20). Dios prometió, entonces, que nunca más destruiría la tierra con agua y como señal de esta promesa puso su arco en el cielo (Gn 8.20-22; 9.12-17; → ARCO IRIS).

Aunque la historia bíblica no es un relato propiamente científico según nuestro moderno entendimiento, de sus detalles algunos creen entender que el diluvio fue algo más que una magna inundación. Las edades de los hombres cambiaron una vez pasado el diluvio, tal vez por un cambio en la órbita del mundo; Génesis 7.11 parece implicar un fenómeno cósmico, y la afirmación de que «las aguas crecieron» y luego permanecieron sobre la tierra (Gn 7.24; 8.11) parece recordar el mundo primitivo completamente líquido (Gn 1.2,9).

La arqueología y el diluvio

Wooley descubrió en Ur un depósito de arena de tres metros de profundidad en el nivel que corresponde al 4000 a.C., y se han encontrado depósitos semejantes en Kis, Fara y Nínive, pero debido a que las edades

---

Inscripción en tablilla babilónica de piedra que describe un gran diluvio. A diferencia de las historias babilónicas, el relato bíblico del diluvio enfatiza el pecado del pueblo y el poder y el juicio moral de Dios.

Foto de Howard Vos

de estos hallazgos no concuerdan entre sí, no pueden considerarse como pruebas del diluvio de Noé.

En Mesopotamia se han encontrado versiones del diluvio tales como las epopeyas del Gilgamés, Atrahasis y Ziusudra, pero las diferencias entre estas y la historia bíblica son mayores que las semejanzas. El diluvio mismo, por ejemplo, es resultado del capricho de los dioses, los cuales son numerosos «como las moscas». De esta manera, en vez de pensar que el autor bíblico copió de la tradición mesopotámica, sería mejor postular un origen común que se refleja más correctamente en la Biblia.

La antropología y el diluvio

Además de las historias antiguas de los sumerios y los babilonios, existen en muchas partes del mundo leyendas acerca de un diluvio: 13 en Asia, 4 en Europa, 9 en Australia y Polinesia, y 37 en las Américas. Las cuentan entre los esquimales, en Tierra del Fuego, en el Perú, Brasil y América Central; en Grecia, India, Tíbet y China. Se cree que debido a las proporciones de esta catástrofe no se ha podido borrar de la memoria de la humanidad y que a medida que la humanidad ha aumentado, esta historia se ha difundido.

Dificultades en el relato del diluvio

No es de extrañar que haya dificultades textuales. Cuando se compara la historia bíblica con la babilónica, o con las otras, no se puede menos que admirar el alto tono moral y espiritual de aquella y la claridad de los detalles del relato acerca de Noé.

Muchos conjeturan un texto compuesto de dos tradiciones (J y P), pues hay muchas repeticiones y algunas discrepancias. Sin embargo, esta explicación enfrenta muchas dificultades (→ PENTATEUCO). La aparente discrepancia en los datos cronológicos del diluvio desaparecen si entendemos que el final del cap. 7 de Génesis resume los resultados de los cuarenta días de lluvia mencionando los ciento cincuenta días, y el cap. 8 empieza inmediatamente después de los cuarenta días, mencionando de nuevo los ciento cincuenta días. Así, el año (meses de treinta días) y diez días se divide según se indica en la tabla al pie de esta página.

Diferentes opiniones se contraponen en cuanto al alcance del diluvio y muchos factores científicos hacen difícil pensar en un diluvio universal. La superficie de la tierra no aguantaría tanta agua, hay falta de evidencia geológica, muchos fósiles humanos antiguos se han hallado muy esparcidos, y algunas especies de animales solo se han

DIVISIÓN DEL AÑO EN EL RELATO DEL DILUVIO	
	Días
Llueve 40 días (7.12)	40
Aguas crecen y prevalecen (24)	110
Bajan hasta encallarse el arca (8.4-5)	74
Noé espera 40 días, suelta el cuervo (6)	40
Espera una semana, suelta la paloma (10)	7
Suelta la paloma por segunda vez (10)	7
Esta vez la paloma no vuelve (12)	7
Noé quita la cubierta del arca (13)	29
Desembarcan (14)	57
Total de días en el arca	371

Moneda ateniense del siglo V a.C., mostrando el búho sagrado en su reverso.

encontrado en áreas remotas como Australia. Además, el lenguaje bíblico bien puede interpretarse en sentido relativo indicando un diluvio local o limitado.

Por otro lado, algunos creen que la existencia de mastodontes congelados en los hielos de Siberia y Alaska comprueba que hubo una inundación repentina con un trastorno catastrófico del clima. Ven la posibilidad de un diluvio universal en la edad posglacial cuaternaria o aun en las edades glaciales. Además, las universales tradiciones del diluvio tienen en común la destrucción total de la humanidad y el reinicio de la cultura. Esta idea se puede asociar con un diluvio local si la humanidad no se había extendido, o si la edad del hielo reconcentró a la población en un área. Sin embargo, no existen suficientes datos para asumir una actitud dogmática sobre el alcance geográfico del diluvio.

Conclusión

Las lecciones espirituales no dependen de pruebas científicas. La historia del diluvio sirve como prototipo del juicio final del mundo y la aparición de un nuevo mundo (2 P 3.5-7). Lo ineludible y repentino del juicio, lo duradero de la fe, la solidaridad familiar, la obediencia, la paciencia de Dios y la acción de gracias se ven gráficamente ilustrados en la historia del diluvio.

La única mención del término diluvio en el Antiguo Testamento, aparte de Gn 6–11, se encuentra en Sal 29.10 (cf. Is 54.9). Sin embargo, las referencias al diluvio son numerosas en el Nuevo Testamento: Mt 24.37s; Lc 17.26s; Heb 11.7; 1 P 3.20; 2 P 2.5.

DIMNA Ciudad de Zabulón asignada a los levitas de la familia de Merari (Jos 21.35). Quizás sea el mismo lugar que en 1 Cr 6.77 se llama Rimón.

DINA Única hija de Jacob y Lea mencionada en el Antiguo Testamento. En Canaán, → Siquem, hijo del príncipe de Siquem, la violó. Más tarde la pidió en matrimonio. Los hijos de Jacob pusieron como condición la circuncisión de todos los varones de la ciudad, y después se vengaron del ultraje matando a todos los varones mientras sanaban de la circuncisión. Jacob desaprobó la conducta de sus hijos (Gn 34; 49.5-7).

DINERO En el Antiguo Testamento, se refiere a los metales preciosos (oro, plata, cobre, etc.) usados libremente como medio de cambio. Es por tanto distinto a la moneda cuyo peso y aleación legítimos garantizaban la autoridad pública al acuñarla. En la antigüedad, el dinero se pesaba en forma de barras, anillos o lingotes (Jos 7.21). Por eso, en el Antiguo Testamento el verbo «pagar» significa en realidad «pesar» para su entrega (Gn 23.15,16; Is 46.6; Jer 32.9). Al pago se le llamaba *kesita* (Gn 33.19; Jos 24.32; Job 42.11), pero más tarde se designa simplemente como «pieza» o «moneda».

En la historia económica de la Palestina anterior al cautiverio, no existía ninguna moneda acuñada. Esto no se conoció en la región sino hasta la época persa, y en el Asia Menor tal vez en el siglo VII a.C.

Monedas persas

Entre las primeras monedas se cuentan las que acuñaba en Lidia el rey Creso (561-546 a.C.). Ciro el Grande conquistó el país, y seguramente llevó consigo la idea de acuñar monedas en su país.

El rey Darío el Grande (522-486 a.C.) acuño monedas de oro conocidas como daricos (dracmas de oro en algunas versiones castellanas de la Biblia) en la que aparecía la efigie del rey persa. Esta era común entre los israelitas durante la cautividad. Era similar a la moneda de oro de cinco dólares norteamericana.

Los arqueólogos han hallado monedas de diseño griego que dicen «YGD» (Judá), probablemente acuñadas por los persas para el uso de los judíos. Sin embargo, estas monedas no se mencionan en la Biblia.

Monedas griegas

Los griegos pronto adoptaron la práctica de acuñar monedas, en las que grababan figuras de animales, objetos y dioses griegos, y las llamaron → DRACMAS. El tetradracma o siclo de Tiro tenía el tamaño de una moneda norteamericana de cincuenta centavos. Probablemente circulaba entre los israelitas.

Alejandro el Grande de Grecia conquistó el Imperio Persa. En el período entre el Antiguo Testamento y el Nuevo Testamento, las monedas griegas (especialmente el tetradracma) comenzaron a circular por toda Palestina. Después de Alejandro, los tolomeos establecieron casas para acuñar monedas en Gaza, Jaffa y Tiro.

D

Foto de Gleason Archer

Moneda romana de tiempos neotestamentarios. Conocida como blanca, enojó al pueblo judío porque representaba el báculo, o vara, de un sacerdote pagano.

En el Nuevo Testamento, los judíos utilizaban el didracma (pieza de dos dracmas) para pagar el impuesto del templo (Mt 17.24). Se menciona también el estatero (Mt 17.27), moneda equivalente a cuatro dracmas

Monedas judías

Cuando los seléucidas se apoderaron de Palestina, allá por el año 200 a.C., impusieron la cultura griega a los judíos. Cerca del

El denario se consideraba como el sueldo de un día de un obrero en tiempos de Jesús (Mt 20.1-16). Este denario en particular muestra la imagen del emperador romano Tiberio.

Foto de Gleason Archer

año 167 a.C., los judíos se rebelaron bajo el mando de Simón Macabeo, y el derecho a acuñar moneda era uno de los motivos. La rebelión fracasó. La dominación seléucida se prolongó hasta que la familia sacerdotal judía de los asmoneos, a la que pertenecían los macabeos, se rebeló, tomó el poder y comenzó a emitir monedas de cobre (medio → SICLO, un tercio de siclo y un cuarto de siclo de peso). Pero esta breve fase de libertad duró solo hasta que los romanos se anexaron a Palestina en el 64 a.C.

La única moneda judía que menciona el Nuevo Testamento son las dos blancas o cuadrante que mencionó Jesús en Mateo 5.26 y que valía una cuarta parte de una moneda de plata. Vuelve a mencionarse en Marcos 12.

Monedas romanas

Las monedas romanas que se mencionan en el Nuevo Testamento tenían una marcada influencia griega, aun las de Herodes el Grande y sus hijos. La unidad básica era el → DENARIO DE PLATA, que probablemente equivalían al salario diario de un obrero, como en la parábola de los obreros de la viña (Mt 20.9–10,13). A Jesús le mostraron un denario cuando trataron de comprometerlo en cuanto a si se debía pagar impuestos a Roma (Mt 22.15-22).

El denario de oro valía como veinticinco denarios. La «moneda de plata» apenas valía la decimosexta parte de un denario de plata.

DINTEL Pieza superior que corona y une las dos partes laterales del marco de la puerta. Era de piedra o madera (Éx 12.7,22, 23; 1 R 6.31). Los israelitas pusieron en los dinteles la sangre del cordero sacrificado la noche de la → PASCUA (Éx 12.7-22).

DIONISIO Miembro del tribunal aristocrático del → AREÓPAGO en Atenas, convertido por la predicación de Pablo (Hch 17.34). El Nuevo Testamento no lo menciona más, pero la tradición afirma que llegó a ser un eminente instructor, que lo nombraron primer obispo de la iglesia en Atenas y que sufrió el martirio bajo Domiciano. Las obras místicas que se le atribuyen son espurias, pues son producciones de algún escritor desconocido del siglo V o VI.

Este siclo de plata lo acuñó el pueblo judío durante su primera revuelta contra el dominio romano (66—70 d.C.). Representa el florecimiento de un almendro a un lado y un cáliz de plata en el otro.

Foto de Gleason Archer

DIOS La Biblia no intenta probar la existencia de Dios ni especular sobre su naturaleza. Da por sentado que «Jehová es el Dios verdadero; Él es Dios vivo y Rey eterno» (Jer 10.10). El insensato que niega a Dios (Sal 14.1; 53.2) no es un ateo; su negación es de orden ético: vive como si Dios no existiese y juzgase a las personas. Los milagros y actos poderosos de Dios no se aducen para demostrar su existencia, sino para afirmar la confianza o estimular la alabanza (Sal 8; 19.1-7; 104; Is 40.25-31). Dios se da a conocer en la creación y en la historia: es por ello el Dios vivo (Jos 3.10; Sal 19.1ss; Os 1.10; Ro 1.19ss; 1 Ti 3.15; Heb 9.14; 10.31). En consecuencia, el hombre se allega a Dios prestando oído a su Palabra y obedeciendo su voluntad, y no mediante la especulación (Jer 22.15s; Jn 7.17).

Los nombres de Dios

En el Antiguo Testamento

Diferentes nombres subrayan el carácter personal de Dios. Ello no significa, sin embargo, que se considere al Dios verdadero simplemente como una persona poderosa, como los dioses del medio (1 S 15.29; Is 40.28). Se subraya la diferencia entre Dios y el hombre (Nm 23.19; Ez 28.2; Os 11.9), aunque la Biblia no se niega a hablar de Dios con términos antropomórficos. Dios creó al hombre a su imagen y es lógico que los términos tomados de la experiencia humana sean los más aptos para hablar de Él.

El nombre *El*, *Elohim* (traducido en nuestras versiones a veces por «Dios» y otras por «Señor») viene de una raíz que significa «poder» y se refiere a todo lo divino. A veces se combina con otras palabras (Gn 28.19; 33.20). Se usa el plural (*Elohim*) para referirse al Dios de Israel, no por resabios politeístas, como pretenden algunos, ni en directa referencia a la → TRINIDAD, como dicen otros, sino para intensificar o reforzar la idea expresada: la plenitud de Dios.

Jehová (*Yahveh*) representa el nombre propio de Dios tal como se ha revelado a Israel en los actos poderosos de liberación (→ JEHOVÁ). Adonai (traducido por lo general en nuestras versiones por → «SEÑOR») es también un plural, que da la idea de soberanía, poder pleno, y se combina a veces en expresiones como «Señor se señores» o «Señor de toda la tierra». Otros términos («Jehová de los ejércitos», usado 279 veces en el Antiguo Testamento; «Jehová Dios eterno», Gn 21.33; «el Altísimo» y «el Omnipotente», Nm 24.16; o combinaciones con Jehová: Gn 22.8,14; Jue 6.24; Jer 23.6) representan combinaciones de las designaciones mencionadas, que conmemoran manifestaciones o señales particulares del Dios de Israel.

En el Nuevo Testamento

Al eliminarse en el judaísmo el uso ordinario de Jehová, aparecen muchas designaciones abstractas o indirectas: «el Nombre», «el Eterno», «el Inmortal», «el Todopoderoso», «el Altísimo». El Nuevo Testamento toma las traducciones griegas de estos nombres, que frecuentemente son referidos también al Señor Jesucristo. Dios y Señor (*Kyrios*) son, sin embargo, los más utilizados y hemos de ver en ellos la traducción de «Jehová Dios» y de «el Señor Dios» del Antiguo Testamento. La paternidad de Dios se enseña en el Antiguo Testamento con respecto al pueblo de Israel y a algunos de sus líderes. En el Nuevo Testamento se caracteriza a Dios como Padre de nuestro Señor Jesucristo y a los creyentes, que han recibido el Espíritu de adopción, como hijos de Dios.

Las características de Dios

Dios es poderoso y ejerce su dominio como Señor (*Adonai*) y dueño o amo (*Baal*) de su pueblo y del universo entero (Éx 15.3; Sal 24.8; Jer 32.18), a diferencia de los dioses falsos (Jer 10.11s). Su poder se ha manifestado eminentemente en la resurrección de Jesucristo (1 Co 6.14; Ef 1.20). Dios es santo (Is 6.3; 40.25; Hab 3.3; 1 P 1.16; Ap 4.8), lo que significa que está separado y por encima de todo lo que es ordinario, creado y débil, tanto física como

El templo dedicado a la adoración del emperador romano Adriano en Éfeso. Esta forma de idolatría la condenó Jehová Dios, quien declaró: «No tendrás dioses ajenos delante de mí» (Éx 20.3).

moralmente (Gn 18.27; Job 42.6; Sal 8.5); su santidad se muestra en su justicia (Is 5.6; Ez 28.22), pero también en la fidelidad de su amor (Os 11.9) y en la liberación de su pueblo (Is 41.14; 43.3).

El → AMOR de Dios está presente en el Antiguo Testamento referido principalmente a Israel (Is 43.4; 54.5-8; Jer 31.3; Os 3.1; 11.1), pero en el Nuevo Testamento es elevado a una afirmación universal (Jn 3.16) y centrado en la obra de Jesucristo (Ro 5.8; 8.32; 1 Jn 4.9). A tal punto se revela el amor de Dios por todos los hombres (Tit 3.4), que es posible describir a Dios mismo en función del amor (1 Jn 4.8); un amor, sin embargo, que debe entenderse a la luz de la revelación divina y no como la divinidad de cualquier forma de amor.

No han faltado quienes hayan creído ver en la Biblia una variedad de concepciones de Dios: desde un politeísmo primitivo hasta una concepción espiritual y ética. Aunque la comprensión de Dios gana en claridad de una sección a otra, hay una notable unidad a través de toda la Escritura en la afirmación de un Dios único, espiritual, todopoderoso, santo, personal y ético en sus relaciones con el hombre; un Dios juez y redentor. La doctrina de la → TRINIDAD no se afirma explícitamente en la Biblia, pero desde el comienzo esta afirma la plenitud y riqueza del ser de Dios, y el Nuevo Testamento amplía las declaraciones sobre la eternidad del → VERBO, la preexistencia del → HIJO y la divinidad y eternidad del → ESPÍRITU.

DIÓTREFES (en griego, *alimentado por Zeus*). Arrogante y ambicioso líder (quizás obispo o pastor) de la iglesia (sin duda cerca de Éfeso) de la cual era miembro → GAYO. Era opositor del «anciano» que escribió 3 Juan (vv. 9,10) y tal vez partidario del → GNOSTICISMO naciente.

DISCERNIMIENTO DE ESPÍRITU Don del Espíritu Santo que capacita al creyente para determinar si la persona que habla en lenguas lo hace en el Espíritu Santo o guiado por espíritus falsos (1 Co 12.10). El apóstol Pablo sugiere que la persona guiada por el Espíritu Santo se interesa en las cosas que fortalecen la iglesia (1 Co 14.12,26).

DISCÍPULO (*alumno* o *aprendiz*). Término usado para designar a los seguidores de Juan el Bautista (Mt 22.16), y sobre todo a los de Jesucristo (por ejemplo, Mt 10.24). El discípulo es más que un alumno que se sienta a escuchar; es un aprendiz que sigue a su → MAESTRO y aprende a su lado. A veces «discípulo» se refiere en especial a los → APÓSTOLES (Mt 10.1; 11.1), pero en otras ocasiones a los creyentes en general (Mt 10.42; Hch 6.1,2,7).

DISPERSIÓN La dispersión o diáspora (del griego) es el nombre que se da al grupo de judíos que por diversas razones, y sobre todo a partir del cautiverio, vivían fuera de Palestina. Algunos de estos judíos habían sido llevados como prisioneros a tierras lejanas, como Babilonia. Pero muchos otros se habían dispersado por razones del comercio, de modo que no puede decirse que la dispersión fuese un fenómeno completamente involuntario. En todo caso, al comenzar la era cristiana había más judíos fuera de Palestina que en ella. Como es natural, con la destrucción de la ciudad en 70 d.C., esta situación se hizo aun más marcada.

Uno de los principales centros de la dispersión era la región de Babilonia. Allí había aproximadamente un millón de judíos. Entre ellos se produjeron varias traducciones del Antiguo Testamento al arameo, que reciben el nombre de → TÁRGUMES. Además, allí se creó el → TALMUD babilónico, uno de los documentos más importantes en la historia del judaísmo.

El otro lugar en que se concentraban los judíos de la dispersión era Egipto, especialmente la ciudad de → ALEJANDRÍA. Se dice que allí también el número de judíos alcanzaba al millón. La presencia de judíos en Egipto es antiquísima, pues el profeta Jeremías se refiere a ellos (Jer 44.1). Tras la fundación de Alejandría, ciudad en que el comercio era muy activo y próspero, el número de judíos en Egipto aumentó grandemente. Los judíos de la dispersión alejandrina contribuyeron a la historia del judaísmo (y aun a la del cristianismo) mediante su versión del Antiguo Testamento al griego, comúnmente conocida como → SEPTUAGINTA (LXX). También en Alejandría floreció el filósofo judío Filón, quien trató de armonizar el pensamiento de Platón con la doctrina del Antiguo Testamento, sobre todo mediante la interpretación alegórica de este. Además, entre los judíos de Alejandría se produjeron varios libros que por largo tiempo estuvieron rondando el canon del Antiguo Testamento.

Además de Babilonia y Egipto, los judíos se encontraban dispersos por todo el Imperio Romano, con un fuerte contingente en Siria y Asia Menor y otros núcleos importantes, aunque menores, en el norte de África y Roma. La importancia de los judíos dispersos en Siria, Asia Menor y Roma fue inmensa para la historia del cristianismo. El libro de Hechos es claro al mostrar cómo los judíos de la → SINAGOGA eran el primer punto de contacto que Pablo tenía al llegar a cada nueva ciudad. Mediante la lectura y el estudio del Antiguo Testamento, estos judíos estaban preparados para recibir el evangelio. Aun cuando Pablo era el apóstol a los gentiles, siempre encontró en medio de la tierra de los gentiles un grupo de personas que al menos compartían con él una tradición religiosa común.

La dispersión fue importante para el desarrollo del judaísmo porque propició el auge de las sinagogas. Distantes del templo, y no pudiendo participar por tanto en la adoración que allí se celebraba, los judíos de la dispersión se reunían en sinagogas para orar y estudiar las Escrituras. Esto no significa en modo alguno que perdieran el contacto con el templo y el judaísmo palestinense. Al contrario, la mayoría de los judíos enviaba una suma anual para sostener el templo. En ocasión de las grandes fiestas religiosas, muchos judíos de la dispersión visitaban a Jerusalén, tal como puede verse en Hch 2.9-11.

Tanto Stg 1.1 como 1 P 1.1 aplican el concepto de la dispersión a los cristianos, ya que estos también son advenedizos en

Un grabado en piedra del palacio de Tiglat-pileser de Babilonia, mostrando la deportación de los ciudadanos judíos conquistados que vivían en la ciudad de Astarot.

donde residen, gozan de una solidaridad desconocida entre las culturas en que habitan y deben lealtad a la Jerusalén celestial.

DIVORCIO La disolución legal del → MATRIMONIO (→ ADULTERIO).

En el Antiguo Testamento, Moisés permitió el divorcio por «la dureza de vuestro corazón», según dijo Jesucristo a los judíos (Mt 19.7,8). No significa que Moisés inventara el divorcio, sino que hizo leyes para reglamentar una práctica que ya existía desenfrenadamente. Fue un paso que protegió el matrimonio más que antes, aunque hoy nos parece demasiado liberal en la Ley Mosaica. El pasaje clásico es Dt 24.1-4 que dice que si al hombre no le gusta su esposa «por haber hallado en ella alguna cosa indecente», puede darle carta de divorcio y despedirla. Se da por sentado que el divorcio termina el matrimonio, y que los divorciados pueden casarse de nuevo como si fuesen solteros. El nuevo matrimonio no constituye adulterio por cuanto el antiguo ya ha dejado de existir. La mujer repudiada «podrá ir y casarse con otro hombre» (Dt 24.2).

Jesús dijo: «lo que Dios juntó, no lo separe el hombre» (Mc 10.9), dando a entender que es pecado disolver el matrimonio, aunque la Biblia no enseña que sea del todo imposible disolverlo. La enseñanza de Cristo es mucho más estricta en cuanto a los motivos, pues solamente reconoce el divorcio por causa de la infidelidad sexual (Mt 19.9). (Aquí la palabra → FORNICACIÓN debe entenderse como pecado sexual en general, y no en su significado más limitado de relaciones entre solteros.) En cambio, cuando el divorcio es por cualquier otro motivo, el divorciado no debe casarse de nuevo porque ante los ojos de Dios sigue siendo casado. Solamente por causa de → ADULTERIO el divorciado tiene libertad de volverse a casar (Mt 19.9).

Sin embargo, el divorcio nunca es obligatorio. Si ha habido arrepentimiento, se debe perdonar al transgresor. El profeta → OSEAS se destaca por su capacidad de perdonar. Su paciencia en el matrimonio simbolizaba el amor perdonador y redentor de Dios.

Hay variedad de criterios sobre el llamado «privilegio paulino» como base del divorcio. Primera de Corintios 7.10-16 trata del problema de un creyente casado con una incrédula y viceversa. Si el incrédulo abandona la casa, el creyente «no está sujeto a servidumbre» (1 Co 7.15). Varios comentaristas piensan que este abandono es motivo justo para un divorcio, y que la persona abandonada es libre para divorciarse y casarse de nuevo. Cualesquiera que sean las circunstancias, el divorcio es un asunto grave. Pero la Biblia no indica que sea pecado imperdonable.

DOCTOR → Maestro.

DOCTRINA En el Antiguo Testamento, doctrina significa «lo que es recibido» (Dt 32.2; Job 11.4; Pr 4.2). Dios, como fuente de conocimiento, es llamado «maestro» (Sal 94.10) y su enseñanza se manifiesta en juicios (Dt 4.1), palabras (Dt 4.10) y en su voluntad, fundamentalmente contenida en la Ley. «Enseñar» significa conducir al hombre a la experiencia más íntima con la voluntad divina, puesto que la doctrina afecta tanto al intelecto como a la voluntad humana.

En el Nuevo Testamento se emplean varios términos relacionados con el acto y el contenido de la enseñanza tanto de Jesús (Mt 7.28) como de los apóstoles (Hch 2.42; Ro 6.17). Jesús es el objeto inmediato de la doctrina y la conducta del creyente el resultado (Flp 2.1ss). De aquí las relaciones de la enseñanza con otras actividades tales como «amonestar», «advertir», «exhortar».

En el Nuevo Testamento, la doctrina se califica con las expresiones: «según la piedad» (1 Ti 6.3; Tit 1.1), «buena» (1 Ti 4.6) y «sana» (Tit 2.8), en contraste con los efectos perniciosos de las falsas doctrinas. En las Epístolas pastorales la doctrina aparece formada con más rigidez, restringida al ejercicio de ciertas personas y como señal de ortodoxia ante las → HEREJÍAS.

DODANIM Pueblo descendiente de Javán, hijo de Jafet (Gn 10.4; 1 Cr 1.7). La LXX traduce el nombre hebreo por *Rodioi*, dando a entender que se refiere a los habitantes de la isla de Rodas.

DOEG Edomita que administraba los rebaños del rey Saúl. Presenció el auxilio que Ahimelec, sacerdote de Nob, le prestó a David cuando este huía de Saúl (1 S 21). Tergiversando los hechos, lo denunció a Saúl, quien se encolerizó a tal extremo que ordenó la muerte de Ahimelec y demás sacerdotes de Nob (Sal 52.1). Como sus siervos no osaron cometer semejante atrocidad, Doeg estuvo presto a ejecutar las órdenes del rey. Mató a ochenta y cinco sacerdotes e hirió, a filo de espada, a todos los moradores de la ciudad de Nob, sin respetar sexo ni edad (1 S 22.18,19).

DOMINGO → Día del Señor.

DOMINIO PROPIO Capacidad que tiene un individuo de controlarse o de equilibrar sus acciones y emociones. Se puede decir que el dominio propio es el resultado arduo y difícil de un ejercicio de la personalidad. El dominio propio se contrastaba con la conducta destructora y desordenada (cf. Ro 13.13s; 1 Ts 5.6-8; 1 P 1.13).

Varios concepto están estrechamente implicados para designar la moderación con que el líder cristiano debe controlar su vida, utilizar los bienes materiales y de manera especial la comida, la bebida (Ef 5.18; 1 Ti 3.2s) y los apetitos sexuales (1 Co 7.9; 1 Ti 5.14). La templanza es el término que más se aproxima a esta significación. La palabra griega *sofrosyne* señalaba la discreción y moderación que debía tener un rey en la administración de su imperio. Solo la mansedumbre y el dominio propio por su naturaleza no necesitan arbitrio alguno (Gl 5.23). La cobardía es antitética al dominio propio (2 Ti 1.7). Este es parte de un proceso de esfuerzo humano que se añade a la fe. Dios ha dado al creyente un espíritu de dominio propio para que este regule su conducta moral.

La palabra *enkrateia* se usa en la LXX para referirse al control de José sobre sus emociones e impulsos frente sus hermanos (Gn 43.31). En el Nuevo Testamento, el dominio propio es esencialmente un fruto del Espíritu (Gl 5.22s).

DONES ESPIRITUALES (en griego *jarísmata*, derivado de *járis* que significa *gracia*; así «dones de gracia»; cf. el término técnico *carismas*). En el Nuevo Testamento, aparte de 1 Pedro 4.10, el uso de la palabra se encuentra principalmente en las epístolas paulinas. La aplicación de esta palabra a las diversas funciones que contribuyen a la edificación de la comunidad cristiana y al cumplimiento de su misión es una contribución original del apóstol Pablo. Al considerar una función específica dentro de la vida de la comunidad («el cuerpo») como un «don» o un «carisma», Pablo nos enseña en primer lugar que tal función se desempeña por gracia de Dios y no por derecho ni por mérito propio. Tanto la autoridad como las capacidades para el ejercicio de la función proceden del Espíritu. En segundo lugar, nos enseña que cada función se justifica en la medida en que presta un servicio a la edificación del cuerpo (1 Co 12.7; 14.3-12; Ef 4.12). La función, en cuanto a don del → Espíritu, se recibe con el fin de compartirla y así contribuir al desarrollo de la comunidad.

En tres lugares (1 Co 12.4-11, 28-30; Ef 4.7-12 y Ro 12.3-8) Pablo aporta listados de «dones» o «carismas» que por entonces deben haber sido comunes en la experiencia de las primeras comunidades cristianas. De estos

DONES ESPIRITUALES EN TRES PASAJES CLAVE			
DON	Ro 12.3-8	1 Co 12.4-11, 28-30	Ef 4.7-12
Palabra de sabiduría		*	
Palabra de ciencia		*	
Fe		*	
Sanidades (cf. Hch 4.30)		*	
Milagros		*	
Profecía (cf. 1 Co 14.3,24)	*	*	*
Discernimiento de espíritus (cf. 1 Co 14.29)		*	
Géneros de lenguas (1 Co 14.6ss)		*	
Interpretación de lenguas (1 Co 14.5,16,19)		*	
Apostolado		*	
Enseñanza	*	*	*
Ayuda		*	
Administración		*	*
Servicio	*		
Exhortación	*		
Repartimiento	*		
Presidencia	*		
Misericordia	*		
Evangelización			*
Pastorado			*

pasajes pueden destacarse los siguientes aspectos centrales:

a) Para el buen desarrollo de la comunidad (cuerpo) es necesario que exista una diversidad de dones (1 Co 12.4-6; Ro 12.4). El símil del cuerpo es una poderosa ilustración de que el desarrollo unilateral de una o más funciones (dones en desmedro de otros) destruye la comunidad.

b) Dado que todos los dones, por más diversos entre sí que sean, proceden del «mismo Espíritu» (1 Co 12.4; Ef 4.4-6), la diversidad no destruye la unidad, sino que la hace posible. La unidad se ve amenazada solo cuando una función, en tal caso entendida como derecho y mérito propio, se trata de imponer sobre las demás.

c) Todo miembro de la comunidad recibe un don (o dones) del Espíritu (1 Co 12.7; Ro 12.3). No existen miembros que carezcan de dones. Por lo tanto, la distinción entre miembros carismáticos y no carismáticos dentro de la comunidad cristiana es superflua.

No hay ningún indicio en los textos de que el apóstol Pablo haya considerado estas listas como exhaustivas, y por lo tanto normativas para las comunidades cristianas en todo tiempo. La misma diferencia entre las listas confirma la impresión de que Pablo tomó algunos ejemplos relevantes para las comunidades de su tiempo, con el fin de explicar su enseñanza y mensaje. Por lo tanto, las listas deben entenderse como abiertas: cada comunidad cristiana ha de estar dispuesta a recibir del Espíritu nuevos dones necesarios para responder a los desafíos de su tiempo (Ro 12.2).

Aunque es posible clasificar los dones mencionados en distintas categorías (digamos, relativos al ministerio de la Palabra; relativos al servicio o asistencia a la comunidad; relativos a la administración u organización de la comunidad, etc.), no se puede derivar de los listados del apóstol una especie de jerarquía de dones, de acuerdo a la cual ciertos dones serían calificados como más necesarios o dignos que otros.

Tampoco se puede extraer de estas listas una distinción entre dones considerados «ordinarios» (naturales) y dones considerados «extraordinarios» (sobrenaturales), con el resultado de calificar los últimos más relevantes que los primeros o viceversa. La distinción entre lo ordinario y lo extraordinario varía de una cultura a otra, y por cierto nuestra manera moderna de hacer tal distinción era desconocida en tiempos bíblicos. Al caer tal distinción, se hace también irrelevante el viejo debate acerca de si los carismas son un don permanente para la comunidad cristiana, o si se agotaron al fin de la era apostólica. Un talento tan «ordinario» como la música o la enseñanza puede ser un carisma, en tanto se acepte gozosamente como un don del Espíritu y se ponga al servicio de la vida y misión de la iglesia. Una experiencia como hablar en lenguas o danzar, tan extraordinaria para alguno, puede ser un carisma ordinario para comunicar el gozo indecible de la presencia del Espíritu a una comunidad para cuya cultura las formulaciones intelectuales de la fe carecen de poder comunicativo. Lo que es claro es que para Pablo una iglesia sin diversidad de dones-carismas carece de las condiciones necesarias para existir.

De todas maneras, para el apóstol Pablo, como también para Juan (1 Jn 4.1), todavía queda abierta la pregunta por el discernimiento de espíritus: no basta con pretender que lo que uno hace lo hace en nombre del Espíritu Santo para que realmente sea así. A la pregunta por el criterio o la norma de discernimiento, Pablo responde con su hermoso himno a la preeminencia del amor (1 Co 13), aunque también en este contexto podría citarse su listado de los frutos del Espíritu (Gl 5.22s). Al final, que un determinado talento o una función permanente o temporal sea genuinamente un don o un carisma del Espíritu Santo se muestra al ejercitarlo como un servicio de amor incondicional a la edificación de la iglesia, su unidad, y el cumplimiento de su misión en el mundo.

DOR Ciudad cananea en la costa de Palestina al sur del monte Carmel, unos ocho kilómetros al norte de Cesarea. El rey de Dor se unió con el de Jabín para pelear contra Josué (Jos 11.2; 12.23). Aunque lo derrotaron, los israelitas no pudieron ocupar la ciudad (Jos 17.11; Jue 1.27). Era una ciudad importante y por tanto muy disputada. Salomón pudo tomarla y uno de los oficiales de la ciudad, Abinadab, se casó con Tafat, hija de aquel (1 R 4.11).

DORMIR → Sueño.

DORCAS (*gacela*; en arameo, *Tabita*). Cristiana caritativa de → Jope, resucitada por Pedro (Hch 9.36-43). Siguiendo el ejemplo de Jesús en la casa de Jairo (Mt 9; Mc 5; Lc 8), Pedro sacó a los que lloraban (unas viudas que quizás se vestían gracias a la caridad de Dorcas) y pronunció una frase casi idéntica a la de Jesús.

Muchas conversiones resultaron de este primer milagro apostólico de resurrección. Dorcas es la única mujer llamada «discípula» en el Nuevo Testamento.

DOTÁN (*dos pozos* o *doble fiesta*). Ciudad situada al norte de Siquem, en el camino entre Galaad y Egipto. Aquí los ismaelitas compraron a → José de sus hermanos y lo llevaron a Egipto. Actualmente se llama Tell Dota y cerca del lugar hay cisternas semejantes a aquella donde pusieron a José (Gn 37.17ss).

Dotán es también el lugar donde «Jehová abrió los ojos del criado» de Eliseo para que viera la protección con que Dios guardaba a su amo de los sirios que sitiaban la ciudad (2 R 6.13ss).

DOTE Regalo que el padre hacía a su hija cuando esta se casaba. Consistía en bienes (Jos 15.17-19; 1 R 9.16) o sirvientas (Gn 29.24). Puesto que la mujer casada era dueña de alguna propiedad, es evidente que el esposo no la compraba como a una esclava. El regalo que el novio le daba al suegro también se llama dote en algunas versiones (por ejemplo, BJ: Gn 34.12; 1 S 18.25). En estos casos la dote compensaba a la familia de la novia y sellaba el pacto entre las dos familias.

DRACMA Unidad básica de las monedas griegas, representada por una moneda de plata (Lc 15.8s), aproximadamente equivalente al → DENARIO (dieciséis centavos de dólar) aunque su poder adquisitivo era mucho mayor: era el precio de una oveja, y un buey valía cinco dracmas. Circulaban, además, las didracmas (monedas de dos dracmas, Mt 17.24) con que los judíos pagaban el impuesto anual de medio → SICLO y, más comúnmente, las tetradracmas (monedas de cuatro dracmas, Mt 17.27), que se llamaban también estateros.

DRAGÓN Término más empleado en la RV-1909 que en la RV-60. Esta se limita en el Antiguo Testamento a traducir así la voz hebrea *tannin*, que significa un ser marítimo muy grande y temible (Is 27.1; 51.9; Jer 51.34). El dragón de Ez 29.3; 32.3; 32.2 (que representa a Egipto) se asemeja al cocodrilo. La misma palabra se traduce por «monstruo marino» en Gn 1.21; Job 7.12; Sal 74.13; 148.7, y «culebra» o «serpiente» en Éx 7.9,10, 12; Dt 32.33. En Sal 91.13 debe ser «serpiente» en vez de «dragón».

En la literatura judía intertestamentaria el dragón ya es una realidad apocalíptica y el de Ap 12; 13; 16; 20 es un animal simbólico que parece tener forma de un gran cocodrilo con alas. Simboliza a Satanás y a su representante el anticristo, como la encarnación de la enemistad contra Dios, y hace recordar la lucha entre Tiamat y Marduk de la mitología babilónica.

La voz hebrea *tan*, que en RV-1909 y en algunas versiones católicas se traducía por «dragón», se traduce más correctamente por «chacal» en la RV-1960 (Is 13.22; 34.13; 35.7; Mal 1.3).

DRUSILA Hija menor de Herodes Agripa I y hermana de Agripa II y de Berenice (→ HERODES). Era poseedora de una gran belleza y debido a esto sufrió la tiranía de Berenice, quien era menos atractiva. Su hermano la dio en matrimonio a Azizos, rey de Emesa, pero el procurador romano Félix, ayudado por el mago judío Atomos de Chipre (relacionado tal vez con el Elimas de Hch 13.8), la convenció de que abandonara a Azizos y se casara con él. Esto era una transgresión de la Ley judía y posiblemente Pablo los exhortó al respecto cuando compareció ante Félix (Hch 24.24ss).

Drusila y Félix tuvieron un hijo, Agripa, que pereció en la erupción del Vesubio, en 79 d.C.

DUELO Los israelitas, al estilo oriental, manifestaban llamativamente su dolor. En medio de llantos y lamentaciones, el que estaba de duelo, sobre todo por la muerte de un ser querido, desgarraba sus vestidos (Gn 37.29; 2 S 1.11; 13.31; etc.).

Después el afligido se vestía de luto (Gn 37.34; 2 S 14.2; Sal 35.14), o se ceñía los lomos con saco, es decir, con tela basta, oscura, hecha de pelos de cabra o de camello. Iba con la cabeza cubierta y los pies descalzos (2 S 15.30; Is 20.2; Ez 24.17), se cortaba el pelo total o parcialmente (Job 1.20; Is 22.12; Jer 16.6; 48.37; Am 8.10), se afeitaba la barba o, en todo caso, se cubría el mentón (Is 15.2; Jer 41.5). Descuidaba a propósito su aseo personal (Éx 33.4; 2 S 14.2), manchaba con ceniza o con polvo la cabeza y el rostro, y lanzaba al cielo sus lamentaciones (endechas, elegías), revolcándose a veces por tierra (2 S 13.19; Job 2.12; Is 61.3; Jer 6.26; Ez 27.30). La más hermosa de estas lamentaciones es quizás la que cantó David por la muerte de Saúl y Jonatán (2 S 1.19-27), pero a veces el lamento consistía de un simple grito agudo y repetido («¡Ay, hermano mío!», 1 R 13.30).

En algunos casos, la gente se hacía incisiones sangrientas, que la Ley prohibía, o se golpeaban el pecho o los muslos (Is 32.12; Jer 31.19). El → AYUNO acompañaba a toda expresión de tristeza (1 S 31.13; 2 S 1.12; 3.35; etc.).

Jesús era contrario a toda manifestación ostentosa de duelo (Mt 6.16,18).

DUMA (*silencio*). Nombre de un hombre y dos lugares en el Antiguo Testamento.

1. Descendiente de Ismael (Gn 25.14; 1 Cr 1.30). Varios lugares de Arabia llevan este nombre.

2. Ciudad en las montañas de Judá (Jos 15.52), la moderna ed-Dome que queda a 17 km al sudoeste de Hebrón.

El montículo de Dotán (centro), la ciudad veterotestamentaria donde los hermanos de José lo echaron en una cisterna para luego venderlo a unos vendedores de esclavos (Gn 37.17-28).

Foto de Howard Vos

3. Lugar mencionado en Is 21.11. Podría ser una referencia simbólica a Edom, puesto que la profecía tiene que ver con Seir.

DURA Llanura en Babilonia donde Nabucodonosor levantó su imagen de oro (Dn 3.1). Ha sido imposible determinar el lugar exacto, pero algunos estudiosos se inclinan a identificarla con una llanura que se encuentra ubicada al sudeste de Babilonia en la que se ha descubierto el pedestal de una gran estatua.

EBAL → Gerizim.

EBED-MELEC (*siervo del rey*). Categoría de oficiales (mercenarios) de palacio, que llegó a ser nombre propio. Es probable que David la instituyera en Israel.

Una persona de ese nombre, eunuco etíope, al servicio del rey Sedequías, rescató a → Jeremías del calabozo al que lo arrojaron (Jer 38.7-13), y por ello se le prometió protección para el momento de la caída de Jerusalén (Jer 39.15-18).

EBEN-EZER Nombre del sitio donde se libró una gran batalla entre Israel y los filisteos, fatal para Israel, pues no solo lo derrotaron, sino también lo despojaron del arca de Dios (1 S 4.1; 5.1). Más tarde, reconquistada el arca, se libró una batalla contra los filisteos donde se vencieron a estos. Samuel tomó una piedra y le dio, en memoria de la victoria, el nombre de Eben-ezer, que significa «piedra de auxilio» (1 S 7.12). Aunque no se sabe el lugar exacto de Eben-ezer, generalmente se afirma que se encontraba frente a → Afec, en la ladera de una montaña. Afec estaba situada en el extremo norte de los territorios que dominaban los filisteos.

ECBATANA → Acmeta.

ECLESIASTÉS, LIBRO DE (nombre de origen griego; el nombre hebreo es *Cohelet*; ambos significan «predicador»). Libro del Antiguo Testamento que en el canon hebreo era el cuarto de los cinco rollos. Se usaba en la liturgia de la Fiesta de los Tabernáculos, y forma parte de la literatura hebrea de «Sabiduría».

Autor y fecha

Aunque la descripción del «predicador» parece indicar que fue Salomón (1.1; cf. 1 R 3.12 y Ec 1.16), el nombre de este rey no aparece en la obra. En Eclesiastés se ha encontrado cierta influencia fenicia, lo que podría indicar que se escribió en tiempos de Salomón. No obstante, ciertos rasgos lingüísticos

Restos de casas israelitas excavados en Ebenezer, donde los filisteos capturaron el arca del pacto de Israel (1 S 4.1-22).

Foto de Howard Vos

ECLESIASTÉS:
Un bosquejo para el estudio y la enseñanza

Primera parte:
«Todo es vanidad» (1.1-11)

Segunda parte:
La prueba de que
«Todo es vanidad»
(1.12—6.12)

I. Introducción: Todo es vanidad **1.1-3**
II. Ilustraciones de la vanidad **1.4-11**

I. Prueba experiencial de que
  «Todo es vanidad» . . . . **1.12—2.26**
  A. Vanidad de la sabiduría 1.12-18
  B. Vanidad del placer 2.1-3
  C. Vanidad de los grandes logros 2.4-17
  D. Vanidad de la ardua labor 2.18-26
II. Prueba de que «Todo es vanidad»
  basada en la observación . . . . **3.1—6.12**
  A. Naturaleza inalterable del programa
    de Dios 3.1-22
    1. Dios predetermina los sucesos de la vida . . 3.1-8
    2. Dios predetermina las condiciones
      de la vida 3.9-15
    3. Dios lo juzga todo. 3.16-22
  B. Desigualdades de la vida 4.1-16
    1. Opresión malvada 4.1-3
    2. La idiotez de la ardua labor 4.4-12
    3. Naturaleza pasajera de la popularidad . . 4.13-16
  C. Insuficiencias de la religión humana 5.1-7
  D. Insuficiencias de la riqueza 5.8-20
    1. La riqueza no satisface 5.8-12
    2. La riqueza ocasiona dificultades. 5.13-17
    3. La riqueza definitivamente viene
      de Dios 5.18-20
  E. La vanidad inescapable de la vida. 6.1-12
    1. No hay satisfacción en la riqueza 6.1-2
    2. No hay satisfacción en los niños 6.3-6
    3. No hay satisfacción en el trabajo 6.7-8
    4. No hay satisfacción en el futuro 6.9-12

Tercera parte:
El consejo para vivir
con la vanidad
(7.1—12.14)

I. Cómo lidiar en un mundo malvado . . . . . **7.1—9.18**
  A. Se contrasta la sabiduría y la necedad. . . . 7.1-14
  B. Sabiduría de la moderación 7.15-18
  C. Fortaleza de la sabiduría 7.19-29
  D. Sumisión a la autoridad. 8.1-9
  E. Incapacidad para entender lo que Dios
    está haciendo. 8.10-17
  F. El juicio le llega a todos. 9.1-6
  G. Disfruta la vida mientras la tengas 9.7-12
  H. Valor de la sabiduría 9.13-18
II. Consejo para las incertidumbres
  de la vida . . . . **10.1—12.8**
  A. Características de la sabiduría 10.1-15
  B. Sabiduría relacionada con el rey 10.16-20
  C. Sabiduría relacionada con los negocios . . . 11.1-6
  D. Sabiduría relacionada con la juventud. . . 11.7—12.8
    1. Regocijaos en la juventud 11.7-10
    2. Recuerda a Dios en la juventud 12.1-8
III. Conclusión: Teme a Dios y guarda
  Sus mandamientos **12.9-14**

hacen creer que lo escribió alguien del poscautiverio basado en la experiencia de Salomón.

Bajo la influencia de cierta diversidad de estilo y vocabulario, algunos opinan que el libro se debe a varios autores, pero es más probable que sea de uno solo. El tema no es muy evidente. El autor busca el significado de su existencia y examina la vida «debajo del sol», desde todo punto de vista, para ver dónde se encuentra la felicidad.

El libro quizá se escribió en un período de 40 años, del 970 al 931 a.C.

Tema del libro

Pese al estado imperfecto de la revelación en aquel tiempo y la consiguiente incapacidad del autor para comprender a plenitud el concepto de la vida de ultratumba, reconoce que el significado de su existencia va más allá de la vida terrenal. No es del todo negativo (2.24; 3.12,13; 9.7). La clave que busca se halla en 12.13,14: «Teme a Dios y guarda sus mandamientos». Hay tanta vanidad porque «Dios hizo al hombre recto, pero ellos buscaron muchas perversiones» (7.29).

Aporte a la teología

Eclesiastés puede considerarse una apología dirigida a las personas cuya visión no va más allá de lo que está «debajo del sol». El autor les demuestra la vanidad de la filosofía que abrazan, y subraya la futilidad del materialismo y de una vida sin Dios. Visto así, Eclesiastés resulta ser una viva crítica del secularismo y pretende combatir la tendencia a relegar la religión a la categoría de simple instrumento del secularismo. Si el hombre concibe el mundo como un fin en sí, la vida se vuelve vanidad; pero si lo considera como un medio por el que Dios se nos revela y nos muestra su sabiduría y justicia, la vida tiene significado (2.24; 5.18-20).

Una importante verdad que hallamos en Eclesiastés es que la vida hay que disfrutarla. El Predicador repite esta verdad varias veces como para que se escape de nuestra atención: «Yo he conocido que no hay para ellos cosa mejor que alegrarse, y hacer bien en su vida; y también que es don de Dios que todo hombre coma y beba, y goce el bien de toda su labor» (3.12-13; véase también 2.24-25; 5.18; 8.15; 9.7-10). La aceptación con agradecimiento de las bendiciones cotidianas puede traer gozo y sentido de realización a la vida.

Otros puntos importantes

Uno de los más conmovedores pasajes de la Biblia es el el poema de Eclesiastés sobre el momento adecuado para cada actividad (3.1-8). Este pasaje, si se toma con seriedad, puede devolver equilibrio a nuestra vida. Otro pasaje contundente en la descripción en sentido figurado del envejecimiento (12.1-7). El Predicador comprende que la vejez con todas sus aflicciones aguarda a toda persona. Por lo tanto aconseja: «Acuérdate de tu creador en los días de tu juventud, antes que vengan los días malos» (12.1).

ECLESIÁSTICO → Apócrifos del Antiguo Testamento.

ECRÓN Ciudad filistea (Jos 13.3) situada a unos 15 km al este de la costa mediterránea de Palestina del Sur. Es la más norteña de las cinco ciudades principales de los filisteos. Se le asignó a la tribu de Judá (Jos 15.11, 45,46) o a la de Dan (Jos 19.43). Cuando los filisteos capturaron el arca del pacto, la llevaron luego a Ecrón donde causó grande consternación (1 S 5.8-10).

Entre otros, el reinado de Roboam (*ca.* 910 a.C.) fue un período de extensa práctica en Judá de la religión de Baal, dios de Ecrón (1 R 14.25).

EDÉN Región o territorio dentro del cual Yahveh plantó un «huerto» de árboles (Gn 2.8) para morada de → Adán y → Eva.

No se sabe el significado de la palabra hebrea, pero su pronunciación sugiere otra parecida que significa «delicia», «abundancia», «gozo». Esto explica la traducción → Paraíso en Gn 2.8ss de la LXX (donde el hebreo *gan* significa «huerto»), y en Is 51.3 de la RV (donde el original reza «Edén»). Sin embargo, hoy muchos comentaristas niegan que Edén sea nombre propio; lo derivan más bien del sumerio «estepa» y afirman que el huerto estaba ubicado en medio de un llano. La historia posterior del vocablo, no obstante, indica una identificación geográfica precisa. Por su situación en Edén, al huerto real que Dios plantó se le dio el nombre de «huerto de Edén» (Gn 2.15; 3.23s; Ez 36.35; Jl 2.3). También se le ha llamado «huerto de Dios» (Ez 28.13; 31.8s) y «huerto de Jehová» (Is 51.3).

Aunque parece que Gn 2.10-14 procede de una tradición diferente de la de su contexto, la descripción de cuatro ríos que se originan en una sola fuente que brota del Edén no discrepa de los demás detalles del capítulo. Resulta difícil identificar con precisión dos de los ríos (→ Pisón; Gihón), aunque es evidente que el autor considera el huerto de Edén como un lugar real, determinado (además de un estado o condición de vida), que se encuentra sobre esta tierra. No hay duda que el tercer río, → Hidekel, designa al Tigris; el cuarto, → Éufrates, es bien conocido. Los territorios (→ Havila; Cus; Asiria) regados por estos ríos sugieren que Edén estaba ubicado o en el sur de Mesopotamia (Calvino, Delitzch) o en la región de Armenia. Otras teorías presuponen que el autor tenía nociones vagas e incorrectas de la geografía. Pero, en realidad, es muy difícil interpretar con exactitud lo que dice el autor. Por ejemplo, ¿qué quiere decir «al oriente» (Gn 2.8)? Algunos entienden que el huerto se plantó en la parte oriental de Edén; otros le atribuyen a la expresión un sentido temporal (por ejemplo, Jerónimo: «al principio»); pero la mayoría sostiene que Edén se hallaba al oriente con respecto al escritor. Sin embargo, Gn 3.24 parece indicar que Edén estaba al occidente (Dios pone la guardia al lado oriental). En fin, lo esencial no es el sitio preciso; el huerto fue una región que abundaba en luz y agua, la mejor parte del mundo y su centro ideal eternamente atractivo al hombre.

En el huerto, lleno de árboles hermosos y fructíferos (Gn 2.9), el hombre debía trabajar (2.15, contrástese 3.17ss). También había ganado, aves y animales domésticos (2.19s; 3.1). Había en medio del huerto dos árboles misteriosos: el de la «vida» y el de «ciencia del bien y del mal». Al hombre se le prohibió el segundo. Cuando este desacató la prohibición, perdió también el derecho al primero, así como al resto del huerto (3.22ss). Edén simboliza el compañerismo entre Dios y el hombre, interrumpido por la desobediencia cuyo castigo es la mortalidad.

El río Tigris (visto aquí desde las cercanías de Bagdad, Irak) es el Hidekel que se menciona en el relato del huerto del Edén (Gn 2.14).

Foto de Howard Vos

EDOM (*tierra roja*). Tierra habitada por los descendientes de → Esaú. Se extendía, en forma rectangular, desde el mar Muerto y el arroyo de → Zered en el norte, hasta Elat y Ezión-geber por el golfo de Aqaba en el sur, incluyendo ambos lados del → Arabá (Dt 2.8-12). Era tierra montañosa y quebrada. Parte del Arabá está bajo el nivel del mar y a sus lados hay montañas que tienen una altura de mil quinientos metros sobre el nivel del mar. Las ciudades de Edom que más se mencionan en la Biblia son → Bosra, → Sela (Petra) y → Temán.

El pueblo

Los edomitas eran parientes de los israelitas (Gn 25.19-26). Descendían de Esaú, a quien según el relato bíblico se le llamó Edom cuando decidió cambiar su primogenitura por un guiso rojo. Habitaban la tierra del mismo nombre de su predecesor.

Antes de llegar los edomitas, esta tierra la habitaban los → horeos. Según parece, las dos razas se fundieron porque en Gn 36.2 se dice que Esaú se casó con → Aholibama, mujer horea.

Los edomitas eran agricultores y comerciantes. A su tierra la atravesaban numerosas caravanas, a las que cobraban peaje y alojamiento. También les vendían el cobre y hierro que extraían de sus minas. Quizás hablaban hebreo. Practicaban el politeísmo. El gobierno era monárquico, aunque parece que los reyes los elegía el pueblo (Gn 36.31-39).

Su historia

Los faraones egipcios, Mer-ne-Pta (1225–1215 a.C.) y Ramsés (1198–1167 a.C.), afirmaban que Edom y Seir estaban sujetos a ellos. Más tarde, algunos israelitas se casaron con edomitas y surgió una pequeña raza mestiza.

Después del éxodo, Edom prohibió a los israelitas pasar por su tierra para entrar en la tierra prometida (Nm 20.14-21; 21.4; Dt 23.7,8; Jue 11.17,18).

Durante el reinado de Saúl hubo guerra entre Israel y Edom (1 S 14.47). David mató

Petra, situada en la antigua Edom, es el lugar de numerosos edificios que los nabateos labraron en los desfiladeros de piedra caliza roja más o menos en el 300 a.C.

a dieciocho mil edomitas en el Valle de la Sal (2 S 8.13; cf. 1 R 11.15). En días de Salomón surgió de nuevo el conflicto con los edomitas e Israel los subyugó. No obstante, a veces se rebelaban y recobraban temporalmente su independencia. Asiria los conquistó en 732 y los dominó durante varios años.

Cuando Nabucodonosor sitió a Jerusalén, los edomitas colaboraron con él y se regocijaron en la destrucción de la ciudad, lo cual indignó grandemente a los judíos (Sal 137.7; Lm 4.21; Ez 25.12; 35.3ss; Abd 10ss).

Idumea

Después del cautiverio los edomitas invadieron la parte sur de Judá y se establecieron allí, por lo que la parte sur de Judea llegó a llamarse Idumea después del cautiverio.

En el siglo III a.C. los nabateos (→ Naboteos) invadieron la tierra de Edom y levantaron un reino con → Sela como capital.

En 165 a.C. Judas Macabeo capturó a Hebrón (1 Mac 4.29,61; 5.65) y en 126 Juan Hircano, el sumo sacerdote macabeo, obligó a los edomitas a convertirse en judíos, imponiéndoles la circuncisión.

Cuando llegaron los romanos a dominar a Palestina, Idumea y los edomitas desaparecieron de la historia.

EDREI Nombre de dos ciudades.

1. Ciudad de Og, rey amorreo de Basán (Dt 1.4), situada en el límite sur de Basán. Moisés y los israelitas invadieron Basán y derrotaron a Og en Edrei (Nm 21.33-35; Dt 3.1-3; Jos 12.4). Más tarde la ciudad se le asignó a la tribu de Manasés.

2. Ciudad de Neftalí (Jos 19.37) cerca de Cedes.

EFA Medida de capacidad de origen egipcio pero de uso común entre los hebreos. Según Josefo (*Antigüedades* VIII, ii, 9), contenía unos veintidós litros y equivalía al bato, medida de capacidad líquida. En Éxodo 16.36 se nota que el efa contenía diez gomeres. Así que un gomer representa la décima parte de un efa. El efa fue una norma para la medida de granos y cosas semejantes, puesto que se clasifica con balanza y pesas en Dt 25.14,15. De acuerdo con Zac 5.6-10, en un efa cabía una persona.

EFA Nombre de tres personas y una tribu mencionadas en el Antiguo Testamento:

1. Hijo de Madián y nieto de Abraham y su concubina Cetura (Gn 25.4).

2. Concubina de Caleb (1 Cr 2.46).

3. Hijo de Jahdai (1 Cr. 2.47).

EFAI Residente de Netofa en Judá cuyos hijos estuvieron entre los que se unieron a → GEDALÍAS en Mizpa (Jer 40.8-13). A Efa y a sus hijos se les ofreció protección, pero Ismael los mató después (Jer 41.3).

EFATA Palabra aramea que quiere decir «ábrete» (Mc 7.34).

EFER (*gacela*). Nombre de tres hombres en el Antiguo Testamento.

1. Segundo hijo de Madián y nieto de Abraham y Cetura (Gn 25.4).

2. Desciende de Judá a través de Esdras (1 Cr 5.23,24).

3. Jefe de una familia de la media tribu de Manasés que se estableció al este del Jordán (1 Cr 5.23,24).

EFES-DAMIN Lugar entre Soco y Azeca, en Judá, donde David mató al gigante → GOLIAT (1 S 17.1). En 1 Crónicas 11.13 se le llama Pas-damim.

EFESIOS, EPÍSTOLA A LOS Más que una epístola simplemente, este escrito es un tratado epistolar, quizás dirigido a los creyentes de toda el Asia Menor, especialmente a los gentiles (2.11,19; 5.7s). Se escribió si no juntamente, al menos muy cerca de la Epístola a los → COLOSENSES, y es muy probable que la llevara un mismo correo, Tíquico (6.21,22; cf. Col 4.7-9). A diferencia de las demás cartas paulinas, no contiene exhortaciones de carácter personal ni soluciones para problemas concretos, indicio de su carácter encíclico.

Autor y fecha

Desde los primeros años del siglo II, la tradición concuerda en que esta carta la escribió Pablo quizás entre 50–60 d.C. Sin embargo, durante los últimos años, la alta → CRÍTICA ha puesto en tela de duda tal tradición. Los argumentos en contra de la paternidad paulina tienen carácter subjetivo y se relacionan con el estilo, el vocabulario, la doctrina y los paralelos íntimos con otras cartas de Pablo. Según Barth, Efesios contiene 80 palabras que no se encuentran en otras cartas paulinas, además del aumento en el uso de verbos en proporción con los sustantivos; además, contiene 231 verbos y 158 sustantivos, mientras que → GÁLATAS 139 verbos y 202 sustantivos. También ciertas palabras típicamente paulinas (misterio, servicio, herencia, plenitud, por ejemplo) parecen tener un sentido diferente en Efesios. En ningún momento estos han sido argumentos decisivos. Las diferencias internas, comparadas con las otras cartas, pudieron deberse a que fueron distintas las circunstancias que dieron motivo a la epístola.

Marco histórico

Tradicionalmente la iglesia ha aceptado que la carta se escribió en un inicio para la iglesia de → Éfeso. De los escritores de los primeros siglos solo Marción, Orígenes y Basileo daban cabida a otra tradición; a saber, que la carta era la mencionada en Col 4.16, «la de Laodicea», o bien que no tenía destinatarios fijos. Y es cierto que las palabras «en Éfeso» no se hallan en los tres manuscritos griegos más importantes (aunque en su lugar se deja un espacio en blanco), y que en el contexto de Efesios 1.1 causan problemas gramaticales. Además, la evidencia interna (la falta total de saludos personales, por ejemplo) pareciera negar que se escribiera a una iglesia con la que Pablo convivió casi tres años (Ef 1.15; 3.2; 4.21; cf. Hch 19; 20.31).

La mayoría de los eruditos concluyen que debiera encontrarse otra explicación. Se han sugerido las siguientes:

1. La epístola se envió a Laodicea, una iglesia que Pablo no conocía personalmente.

2. Se envió como carta circular a varias iglesias a través de Tíquico (Ef 6.21; Col 4.7s). Esta teoría presupone que el nombre de las iglesias destinatarias no aparecía en el manuscrito original, sino que se añadía en cada caso cuando la epístola llegaba a ellas.

3. Tenía como propósito ser el mensaje póstumo del anciano apóstol a la iglesia universal. Así se explican las diferentes referencias a personas y la amplitud de la

---

EFESIOS:
Un bosquejo para el estudio y la enseñanza

Primera parte:
La posición del cristiano
(1.1—3.21)

Segunda parte:
La práctica del cristiano
(4.1—6.24)

I. Alabanza por la redención **1.1-14**
  A. Saludo de Pablo 1.1-2
  B. Elegido por el Padre 1.3-6
  C. Redimidos por el Hijo 1.7-12
  D. Sellados por el Espíritu 1.13-14
II. Oración por revelación **1.15-23**
III. Posición del cristiano . . . . **2.1—3.13**
  A. La posición individual del cristiano 2.1-10
    1. Condición antigua: Muertos a Dios 2.1-3
    2. Condición moderna: Vivos para con Dios 2.4-10
  B. La posición corporativa del cristiano . . . 2.11—3.13
    1. Reconciliación de judíos y gentiles 2.11-22
    2. Revelación del misterio de la Iglesia 3.1-13
IV. Oración por la realización **3.14-21**

I. Unidad en la iglesia **4.1-16**
  A. Exhortación a la unidad 4.1-3
  B. Explicación de la unidad 4.4-6
  C. Medios para la unidad: Los dones 4.7-11
  D. Propósito de los dones 4.12-16
II. Santidad en la vida . . . . **4.17—5.21**
  A. Quitaos la vieja naturaleza 4.17-22
  B. Vestíos de la nueva naturaleza 4.23-29
  C. No contristéis al Espíritu Santo . . . . . 4.30—5.12
  D. Caminen como hijos de la luz 5.13-17
  E. Llenaos del Espíritu Santo 5.18-21
III. Responsabilidades en el hogar
  y en el trabajo . . . . **5.22—6.9**
  A. Esposas: Someteos a sus maridos 5.22-24
  B. Esposos: Amad a vuestras esposas 5.25-33
  C. Hijos: Obedezcan a sus padres 6.1-4
  D. Siervos: Someteos a vuestros amos 6.5-9
IV. Conducta en el conflicto **6.10-24**
  A. Vestíos de la armadura de Dios 6.10-17
  B. Oren por valor 6.18-20
  C. Conclusión 6.21-24

visión cósmica (1.10,14,20-23; 2.14-16; 3.14-21; etc.).

4. Se envió para impedir que se extendiese la herejía combatida en la Epístola a los Colosenses.

No se puede, pues, precisar con seguridad ni los destinatarios ni el propósito original de la carta, pero es posible sugerir que se escribió inmediatamente después de Colosenses. Constituye una meditación sobre la grandeza del misterio de Cristo (1.9; 3.4s) y la responsabilidad de la Iglesia en Él (2.10; 4.17ss), temas ya analizados en Colosenses, y se envió a varias iglesias, quizás al mismo tiempo que Colosenses (61–62 d.C., durante la cautividad del apóstol en Roma).

Estructura del libro

La Epístola desarrolla muchas de las doctrinas contenidas en Colosenses y las recapitula. Se puede decir que la forma es más bien homilética que epistolar. Matiza con tonos especiales las más fundamentales doctrinas cristianas:

A. La predestinación divina de los santos antes de la fundación del mundo (1.3-6,11s).

B. La redención en Cristo (1.7; 2.1-10; 5.2).

C. La recapitulación de todas las cosas en Cristo (1.10).

D. El Espíritu Santo (1.13s; 2.18,22; 3.16; 4.30; 5.18; 6.17).

E. El poder de Dios operante en la resurrección de Cristo (1.19s; 3.20s).

F. Cristo la cabeza de la Iglesia (1.22s; 5.23).

1. Unida en un solo cuerpo (2.11-22; 3.1-9; 4.3-6).

2. Fundamentada sobre los apóstoles y profetas (2.20).

3. Edificada como templo del Señor (2.21s).

4. Dotada con todos los recursos necesarios para su crecimiento y perfeccionamiento (4.7-16).

5. La Esposa de Cristo (5.25-33).

G. El modelo de la nueva vida en Cristo (4.17–6.9).

H. Los requisitos para estar firmes en el Señor (6.10-20)

Aporte a la teología

La naturaleza de Efesios hace difícil determinar las circunstancias específicas que

---

Una calle de mármol con columnas en la antigua Éfeso.

Foto de Gustav Jeeninga

llevaron a escribir la epístola. Está claro, sin embargo, que los destinatarios eran principalmente gentiles (3.1) que antes estaban alejados de la ciudadanía de Israel (2.11). Ahora, gracias al don de Dios, disfrutaban de las bendiciones espirituales que proporciona Cristo.

El tema de Efesios es la relación entre el Jesucristo celestial y su cuerpo aquí en la tierra, la Iglesia. Cristo ahora reina «sobre todo principado y autoridad y poder y señorío» (1.21), «y sometió todas las cosas bajo sus pies» (1.22). En su estado de exaltación, no se ha olvidado de su pueblo. Al contrario, se indentifica plenamente con la Iglesia que considera su Cuerpo y la llena de su presencia (1.23; 3.19; 4.10).

La relación de esposo a esposa es una bella analogía que expresa el amor, el sacrificio y el señorío de Cristo por la Iglesia (5.22-32). El Cristo entronizado habita por la fe en el corazón de los creyentes (3.17) para que puedan disfrutar de su amor. No hay absolutamente nada que esté fuera de su alcance redentor (1.10; 3.18; 4.9).

La unión de Cristo con su Iglesia se expresa también en la unidad de los creyentes. Los que antes andaban lejos, «apartados» y separados de Dios han sido «hechos cercanos por la sangre de Cristo» (2.13). Es más, los creyentes ahora son llevados por Cristo a sentarse con Él en los lugares celestiales (2.5-6). Como los creyenbtes están con Él, procuran ser como Él y están «solícitos en guardar la unidad del Espíritu en el vínculo de la paz» (4.3). Él mismo «es nuestra paz» (2.14), dice Pablo, y derriba las paredes y barreras que antes separaban a los judíos de los gentiles, y los une en un Espíritu ante el Padre (2.14-22).

Después de expresar estas maravillosas bendiciones espirituales, Pablo exhorta a los creyentes a que anden como es digno de los que han sido llamados (4.1). Este llamamiento es una útil demostración de ética cristiana. En vez de presentar leyes y regulaciones, Pablo dice, en efecto, que nuestra manera de vivir debe honrar al que nos llamó. Cristo libera al cristiano, pero este tiene que dar cuenta a Cristo. Pablo hace varias declaraciones sobre cómo los creyentes pueden honrar a Cristo (4.17–5.9), pero la meta no es ganar mérito por medio de la moralidad. En vez de buscar personas buenas, Pablo quiere personas nuevas, el «varón perfecto», reedificado según «la estatura de la plenitud de Cristo» (4.13). Esta madurez puede referirse a la deseada y todavía no alcanzada unidad de la iglesia.

ÉFESO Ciudad del occidente de Asia Menor, y centro importante en la historia de la iglesia primitiva. Estaba situada entre Mileto y Esmirna, en el valle del río Caistro, a 5 km del mar Egeo y entre las montañas de Koresos. Su excelente acceso al mar la convirtió en el principal puerto de Asia durante el Imperio Romano. Compartió con Alejandría y Antioquía la supremacía en el Mediterráneo oriental, y llegó a ser la más importante gracias a su posición geográfica y actividad industrial.

Historia general

Como ciudad, probablemente Éfeso se fundó en el siglo XII a.C., cuando los colonizadores griegos se mezclaron con los indígenas de la región, descendientes de habitantes de Anatolia en el centro de Asia Menor. En 560, Creso, rey de Lidia, conquistó a Éfeso. Este restauró el famoso templo de Artemisa y benefició de gran manera a la ciudad. Tres años después la capturaron los persas. Lisímaco, uno de los sucesores de Alejandro Magno, la reconstruyó más tarde (322) y además de embellecerla la inundó con la influencia helenista.

En 133 a.C., Atalo III, rey de Pérgamo, entregó la ciudad a Roma y así se mantuvo hasta el 262 d.C., cuando los godos destruyeron tanto al templo como a la ciudad. En la era apostólica, Éfeso era el centro administrativo y religioso de la provincia romana de Asia; algunos de sus oficiales se llamaban asiarcas (Hch 19.31).

El templo de → DIANA, considerado una de las siete maravillas del mundo, estaba situado al nordeste de la ciudad. Se terminó al principio del siglo III a.C. Daba renombre a Éfeso y esta se jactaba de ser «guardiana del templo de la gran diosa Diana» (Hch 19.35). Fueron impresionantes la superstición y el ocultismo que florecieron a la sombra del culto a esta diosa, cuyas características eran semejantes a las de la diosa oriental de la fertilidad.

Historia sagrada

Según Hechos, Pablo visitó a Éfeso dos veces: a finales de su segundo viaje misionero, cuando iba de prisa hacia Jerusalén (18.19-21), y durante el tercero (19.1-41). Había en Éfeso una numerosa colonia judía donde Pablo y sus compañeros, → AQUILA Y PRISCILA, fueron bien acogidos al llegar por primera vez. El apóstol deseaba estar en Jerusalén para cierta fiesta y esto acortó su visita, pero sus compañeros permanecieron allí. Sin duda, fundaron la iglesia ayudados por → APOLOS (Hch 18.24-26).

La segunda visita de Pablo duró tres años (19.8,10; 20.31), pero esta vez la situación fue diferente. Al principio, los judíos lo reci-

bieron bien, pero después de predicar tres meses en la sinagoga surgió la oposición (quizás por desacuerdo en cuanto a lo que es el «reino de Dios», 19.8,9). Por tanto, trasladó su centro de actividades a la «escuela de uno llamado → TIRANNO».

Con este punto como cuartel, Pablo llevó a cabo una obra extensa, ayudado por sus compañeros y convertidos como → TÍQUICO, → EPAFRAS y → FILEMÓN (Hch 19.10). Seguramente durante esta época nacieron «las siete iglesias ... en Asia» (Ap 1.11) y otras como → COLOSAS y → HIERÁPOLIS (Col 4.13). Su ministerio lo acompañaron «milagros extraordinarios» (Hch 19.11). Tantos se convirtieron, que los fabricantes de ídolos vieron en peligro su negocio y provocaron el tremendo alboroto relatado en Hch 19.23-41.

Éfeso llegó a ser un centro importante de la iglesia primitiva. Timoteo permaneció allí para cuidar de la iglesia después de la ida de Pablo (1 Ti 1.3). La tradición (escritos postapostólicos) afirma que el apóstol Juan se trasladó a Éfeso a finales del siglo I para supervisar y ayudar a las iglesias de Asia. Esto explica por qué les dirigió los mensajes

---

El gran teatro de la ciudad de Éfeso, mostrando la avenida de mármol que llevaba al puerto cercano ahora relleno debido a la erosión.

Foto de Ben Chapman

escritos en Ap 2 y 3 durante su destierro en la isla de → PATMOS.

Desde la época postapostólica hasta la invasión musulmana, Éfeso fue un centro eclesiástico importante. Aquí se celebró, en 431, el tercer concilio ecuménico donde se condenó la cristología nestoriana.

EFOD Parte decorativa de la vestidura sagrada, usada tanto por los sacerdotes hebreos como por sacerdotes de otras religiones de la época. En su forma más antigua probablemente se trataba de una simple faja de lino. Los sacerdotes de Nob se conocían como «varones que vestían efod de lino» (1 S 22.18).

Samuel (1 S 2.18) y David (2 S 6.14) usaban un sencillo efod de lino. Pero conviene distinguir este efod sencillo del que formaba parte del vestido del sumo sacerdote y que estaba ricamente bordado con hilos de «oro, azul, púrpura y carmesí». Tenía broches de oro y anillos para sujetar el racional que tenía las piedras preciosas en las que estaban grabados los nombres de los hijos de Israel. Consistía en dos piezas sin mangas, una delantera y otra posterior que llegaban hasta la mitad del muslo. Se aseguraba con un cinturón entretejido y tirantes (Éx 28.6,12; 29.5). Se menciona también un efod que se colgaba en el templo y se usaba para los oráculos (1 S 21.9).

Los judíos veían con singular reverencia el efod y lo empleaban en cultos idolátricos. El efod de Gedeón, hecho de mil setecientos siclos de oro (alrededor de 20 kg), «fue tropezadero» para él (Jue 8.27). Micaía hizo uno para que se reverenciara a su ídolo como era debido (Jue 17.5).

EFRAÍN (*doblemente fructífero*). Hijo de José y Asenat, hermano de Manasés y patriarca de una de las tribus de Israel. Nació en Egipto cuando su padre ocupaba el cargo de primer ministro de la nación (Gn 41.50). Por la línea materna los hijos de José pertenecían a una familia distinguida. Asenat era hija de Potifera, sacerdote de On. El matrimonio de José y Asenat se realizó con el beneplácito del rey (Gn 41.45), lo cual dio a José fama y gloria en tierra extranjera.

José dio a su hijo el nombre de Efraín «porque Dios me ha hecho fructificar en la tierra de mi aflicción» (Gn 41.52). En efecto, José conoció la esclavitud y el encarcelamiento en Egipto. De ahí subió para ser el segundo en el país. Esto, junto con su feliz matrimonio, fueron triunfos que José supo apreciar. Por eso dijo que Dios lo había hecho «fructífero» en tierra de dolor, experiencia que perpetuó en el nombre de uno de sus hijos.

Jacob, ya en su vejez, se gozó al ver a sus nietos, los hijos de José, a quienes adoptó como hijos suyos (Gn 48.5,11). En esta ocasión memorable Jacob bendijo a Efraín dándole cierta preferencia sobre Manasés su hermano (Gn 48.17-19). José vivió hasta ver la tercera generación (Gn 50.23). En 1 Cr 7.22 se dice que algunos hijos de Efraín murieron en combate, por lo cual Efraín lloró amargamente. Nada más se sabe de la vida de este distinguido patriarca.

Los descendientes de Efraín llegaron a formar una de las tribus del pueblo de Israel. En la división de la tierra prometida, después de la conquista, correspondió a la tribu de Efraín una rica y extensa región al centro del país. Tenía a Dan y a Benjamín al sur, Gad al este y Manasés al norte (Jos 16.1-10). Entre los varones famosos, descendientes de Efraín, se cuentan → JOSUÉ (Nm 13.8,16) y Jeroboam, rey de Israel (1 R 12.20,25). En el territorio de Efraín estuvo la ciudad de Ramataim, cuna del profeta Samuel (1 S 1.1).

Al parecer, fue una tribu dominante y en su regionalismo llegó a poseer su propio dialecto (Jue 12.5,6). Fue tanto el predominio de esta tribu, que en muchos pasajes bíblicos se cita el reino del norte como reino de Efraín (Os 4.17). El profeta Oseas habla de la caída de Efraín (Os 11.1-12), dejando ver la ingratitud de esta gente ante el permanente y cuidadoso amor de Dios.

El nombre de Efraín también designaba la región habitada por los descendientes de este y una puerta en el muro de Jerusalén

E

(2 Cr 25.23). En tiempos novotestamentarios Jesús visitó una ciudad del mismo nombre (Jn 11.54).

EFRATA (*fructífera*). Nombre empleado indistintamente con Belén para referirse a un mismo lugar (Gn 35.16,19; 48.7). Algunos suponen que fue la segunda esposa de Caleb (la madre de Ur) la que dio su propio nombre a ese lugar (1 Cr 2.50,51; 4.4). El rey → DAVID y su padre Isaí eran efrateos (1 S 17.12).

El profeta Miqueas exalta a la «pequeña» Efrata o Belén por el histórico destino que se le dio como lugar del nacimiento del Salvador (Miq 5.2-4).

EFRÓN Nombre de una persona y tres lugares en el Antiguo Testamento

1. Heteo de quien Abraham compró una parcela en donde se encontraba la cueva de → MACPELA (Gn 23.8,9). Esta pasó a ser la tumba de los patriarcas Abraham, Isaac y Jacob, así como de sus respectivas esposas: Sara, Rebeca y Lea (Gn 23.8-17; 25.9; 49.29-30; 50.13).

2. Zona montañosa que servía de límite a Juda, entre Neftoa y Quiriat-jearim, diez kilómetros al noroeste de Jerusalén (Jos 15.9; → EFRAÍN).

3. Ciudad que Abías arrebató a Jeroboam I (2 Cr 13.19).

4. Fortaleza del sudeste de Galilea que Judas Macabeo capturó. Estaba situada entre Astoret Karnaim y Bet-sán (1 Mac 5.46-52; 2 Mac 12.27-29). Algunos identifican este lugar con et-Taiyibeh.

EGIPTO Región al nordeste de África. Por la variación de sus límites en diferentes épocas, en ocasiones se ha denominado Egipto solo a la cuenca del Nilo, y a veces a las regiones áridas que se encuentran al este y al oeste de dicha cuenca, hacia el este hasta el mar Rojo, y hacia el oeste a una distancia indeterminada cuyas fronteras con la región de Libia son imprecisas. Como es natural, el límite norte de Egipto es el Mediterráneo. Al sur, el límite se ha fijado en distintos lugares, pero por lo general en una de las varias cataratas que forma el Nilo en su descenso hacia el mar.

Ramsés II de Egipto le ordenó a sus artesanos que tallaran estas enormes estatuas en la roca sólida en el siglo XIII a.C.

Foto de Willem A. VanGemeren

Foto de Howard Vos

Estas dos columnas heráldicas de Tutmosis III entre las ruinas de un antiguo edificio egipcio representaban al Bajo Egipto (izquierda) y al Alto Egipto (derecha).

El nombre castellano «Egipto» se deriva del griego, pero se ignora su significado original. Los egipcios llamaban al país «Kimet», lo cual probablemente quería decir «negro», refiriéndose al contraste entre la arena roja de la región circundante y la fértil tierra negra del valle del Nilo. También lo llamaban «las dos tierras», aludiendo a la unión del Alto y el Bajo Egipto. En el Antiguo Testamento, al sur del país se le llama → MIZRAIM y → PATROS. En el Nuevo Testamento se le da el nombre griego de *Aigyptos*.

Geografía

Desde tiempos antiguos un autor llamó a Egipto «don del → NILO». En efecto, toda la geografía, la economía y la historia del país las han dominado siempre el Nilo. Este río, que nace en las regiones tropicales de África, corre hacia el norte y cae en una serie de seis cataratas, hasta llegar al Mediterráneo, a varios miles de kilómetros de su nacimiento.

Los egipcios no conocían las regiones ecuatoriales del Nilo ni sabían que sus inundaciones periódicas se debían al carácter periódico y torrencial de las lluvias en la región. Solo sabían que una vez al año, a principios del verano, el río se desbordaba y que unos tres meses después sus aguas descendían al nivel acostumbrado. Puesto que a tales inundaciones se debía la fertilidad del valle, buena parte de la religión del país giraba en torno al Nilo, según veremos más adelante.

En sentido estricto, Egipto se extendía desde la desembocadura del río hasta la primera catarata (tradicionalmente, las cataratas se han contado de norte a sur, en sentido inverso a la corriente del río). Desde allí hasta la tercera catarata se hallaba la región de → NUBIA, en la cual los egipcios tenían intereses económicos y por tanto la invadieron repetidamente. Más arriba, en las regiones de la cuarta y quinta cataratas, se encontraba → ETIOPÍA. Más allá, desde el punto de vista egipcio, el Nilo se perdía en las penumbras de la leyenda.

Debido a las inundaciones del río, Egipto era una franja fértil en medio de una región desértica. El ancho de esta franja variaba de región en región, según el alcance normal de las inundaciones del río. Allí donde las colinas a ambos lados del Nilo se acercaban a este, la zona fértil era estrecha. Donde se alejaban, había varios kilómetros de tierra cultivable. Cerca de la desembocadura, en la región del delta, la tierra depositada por el río alcanzaba unos 200 km de ancho.

A todo lo largo del país la agricultura fue siempre la principal ocupación de los egipcios, que se dedicaban en especial al cultivo de cereales. En algunos oasis que se encontraban más apartados del río se cultivaban uvas. En las regiones pantanosas se cosechaba el papiro, de enorme importancia como medio de escritura. El Nilo y sus inundaciones determinaban también el modo y lugar de vida de los egipcios. A fin de no desperdiciar la tierra cultivable, la población se congregaba en pequeñas aldeas densamente pobladas y de allí salían a trabajar en los campos. Por la misma razón las tumbas se construían fuera de la tierra cultivable, en las regiones del desierto, y esta es una de las causas por las que han perdurado hasta el día de hoy.

Puesto que las inundaciones periódicas obligaban a remarcar los linderos, se desarrolló la ciencia de la geometría. Además, a fin de retener las aguas de la inundación por mayor tiempo y poderlas emplear de nuevo según fuese necesario, se construyó toda una serie de canales que obligaron a los egipcios a practicar la ingeniería.

La flora del país no era muy rica. Aparte del cultivo de cereales, viñedos y papiro, el resto de la flora tenía muy poca importancia económica. El país era particularmente pobre en árboles, de modo que tenían que importar maderas de otras regiones, sobre todo de Fenicia y Nubia. También se importaba el aceite de oliva.

La fauna del país era abundante. En el río había cocodrilos, hipopótamos y peces, y estos últimos contribuían a la alimentación de la población, la hiena, los lobos y los antílopes, además de varias clases de aves, muchas de las cuales eran domesticables. El principal animal doméstico era el ganado vacuno; el lanar parece haber sido escaso y despreciado (Gn 46.34). El asno se empleaba como bestia de carga desde los tiempos más remotos y mucho más tarde se introdujo el camello. Los caballos se desconocían en los primeros años del desarrollo histórico de la nación, y fue después de la invasión de los hicsos cuando su uso se propagó aunque no para montarlo, sino para tirar de los carros de guerra.

Historia

Puesto que la historia de Egipto abarca unos cinco mil años, solo podemos dar aquí una breve idea de su desarrollo, destacando los períodos importantes para la historia bíblica. Tradicionalmente, la historia de Egipto se ha dividido en treinta dinastías. La primera, fundada por el legendario Menes, data de alrededor del año 3000 a.C. y marca la unificación del país. El período que va de la tercera a la sexta

La Esfinge y la gran Pirámide, símbolos eternos de la tierra de Egipto y su pueblo.

Foto de Howard Vos

dinastías recibe comúnmente el nombre de «Imperio Antiguo». Dentro de este fue la cuarta dinastía, el período de mayor gloria. En esta se construyeron las famosas tres grandes pirámides.

Ya durante la quinta y sexta dinastías comenzó a descentralizarse el poder y los nobles fueron adquiriendo cada vez más independencia. Esto trajo un «período intermedio», o de confusión y fragmentación, que duró hasta la duodécima dinastía. Esta se centraba en la ciudad de Tebas, que anteriormente había tenido poca importancia en el país. A este período se le llama «Imperio Medio». Sin embargo, este nuevo resurgimiento no pudo sostenerse, pues pronto el caos reinó de nuevo en el país y se produjo la invasión de los hicsos.

Lo que se sabe a ciencia cierta sobre los hicsos es poco. Baste decir que eran de origen semita, que se establecieron principalmente al norte de Egipto y que no trataron de conquistar a Tebas, sino que se contentaron con imponerle tributo. Los hicsos fueron los que introdujeron los caballos y los carros de guerra en Egipto, además de otros implementos y tácticas militares. Se ha sugerido que fue durante este período cuando José y los israelitas se trasladaron a Egipto, pues es posible que los gobernantes semitas estuvieran más dispuestos a dar a José el alto cargo que llegó a ocupar. Sin embargo, esta hipótesis no está del todo exenta de dificultades.

Tras el período de los hicsos, la decimoctava dinastía trajo un despertar que se conoce como «Imperio Nuevo». Fue entonces, quizás en reacción a la conquista por parte de fuerzas exteriores, cuando Egipto comenzó a desarrollar una política imperialista. Esta nueva época de expansión terminó cuando diversas facciones en Egipto, sobre todo los sacerdotes por una parte y el faraón por otra, entraron en conflictos de poder. El conflicto llegó a una ruptura total entre el faraón y los sacerdotes de Tebas, cuya consecuencia fue la desaparición de la dinastía y del Imperio Asiático que creó. Ese imperio quedó en parte supeditado al Imperio Nuevo, de origen tebano, que florecía al norte.

Los documentos egipcios no mencionan el → ÉXODO, y por ello es difícil precisar su fecha con relación a los gobernantes del país. Pero una inscripción del sucesor de Ramsés II

E

La pirámide escalonada (derecha) del faraón Zoser en Saqqara cerca de El Cairo, la pirámide egipcia más antigua que se conoce (2700 a.C.), con su correspondiente templo.

Foto de Howard Vos

menciona a Israel e insinúa que se trataba de un pueblo nómada al este de Egipto. Durante la vigésima dinastía, Egipto volvió a perder sus posesiones en Palestina. Fue entonces cuando cayó en el período de decadencia que les permitió a los israelitas las glorias que la Biblia narra entre la época de Samuel y la caída de Samaria. Durante ese período el faraón más importante, desde nuestro punto de vista, es → SISAC, fundador de la vigesimosegunda dinastía. Después, una dinastía etíope logró establecerse en el país, a la que pertenece el faraón → TIRHACA. Fue durante el gobierno de esta dinastía, la vigesimoquinta, que Asiria tomó a Israel e hizo sentir su poderío sobre Judá, para después invadir el propio Egipto y llegar hasta tomar la ciudad de Menfis.

Aprovechando un momento de debilidad asiria, Samético, que pertenecía a una familia poderosa de origen saíta, estableció la vigesimosexta dinastía. Se produjo entonces un renacimiento durante el cual Egipto volvió a extender su poderío hasta la segunda catarata, y trató de restaurar su hegemonía sobre la región de Siria Palestina. También a esa dinastía pertenecieron → NECAO y Hofra, faraones que trataron de restablecer su poderío en Palestina. El resultado neto de las gestiones de Hofra, tratando de erigirse en campeón del reino de Judá frente a Babilonia, fue la destrucción de ese reino, la caída de Jerusalén y el cautiverio en Babilonia.

Sin embargo, el propio Egipto era ya una nación débil, y a fines del siglo VI a.C. cayó en poder de los persas que gobernaron, aunque con breves interrupciones cuando algunos gobernantes nacionales lograban independizarse, hasta que → ALEJANDRO MAGNO conquistó el país en 332. Este fundó la primera ciudad egipcia junto a la costa del Mediterráneo: → ALEJANDRÍA. Tras su muerte, Egipto quedó en manos de → TOLOMEO, quien fundó una nueva dinastía que logró mantenerse en el poder, con altas y bajas, hasta que su última reina, Cleopatra, sucumbió ante el avance del Imperio Romano.

Bajo los tolomeos, Alejandría llegó a ser uno de los principales centros económicos y culturales de la cuenca del Mediterráneo, y siguió siéndolo aun después de incorporarse al Imperio Romano en 30 a.C. Allí vivió Filón y floreció más tarde una gran escuela de enseñanza cristiana, cuyos principales maestros fueron Clemente y Orígenes. En el siglo VII d.C., los musulmanes conquistaron a Egipto. Estos destruyeron lo que quedaba de la pasada gloria de Alejandría.

Religión

Para el egipcio, todo cuanto sucedía era intervención de poderes divinos. Había, por tanto, dioses de ciudades o lugares específicos, de astros y fenómenos astronómicos, tales como el sol y la esfera celeste, de animales y plantas, y también de diversos aspectos de la vida, tales como el amor y la guerra. Estos dioses no estaban siempre bien definidos, y a menudo se fundían los unos con los otros. Pero lo importante para los egipcios, especialmente en los primeros períodos de su historia, era el hecho de que toda la realidad la gobernaban los dioses. El faraón reinante era el dios Horus, alrededor del cual giraba toda la vida del país. Después de su muerte, se convertía en el dios Osiris y gozaba de vida eterna. En algunos períodos, se acostumbraba enterrar junto al faraón a los sirvientes de este para que le acompañaran y sirvieran en la vida futura. Con el correr de los años, la religión egipcia fue evolucionando de tal modo que la inmortalidad estaba al alcance, no solo del faraón, sino de los poderosos de la tierra.

El desarrollo de la clase sacerdotal pronto comenzó a limitar el poder absoluto del faraón. En el siglo XIV a.C., el faraón Amenhotep IV trató de remediar esta situación enfrentando a los sacerdotes, al tiempo que promulgaba la religión monoteísta del dios Aton, el disco solar. Amenhotep se cambió el nombre y tomó el de Ak-en-aton, y además abandonó la capital de Tebas, donde existía una poderosa casta sacerdotal. Sin embargo, su reforma fracasó y su yerno Tutankamen se rindió ante el poder de los sacerdotes. A partir de entonces, el poder de esta clase fue cada vez mayor.

Los últimos siglos de la independencia de Egipto trajeron períodos desastrosos, en los que el pueblo perdió mucha de su fe en el dios faraón al mismo tiempo que los antiguos dioses le resultaron demasiado lejanos para creer en ellos y adorarlos. De esta manera la religión tomó un giro cada vez más personal y profundo, que subrayaba la necesidad de una vida justa a fin de lograr la inmortalidad futura.

El triunfo del cristianismo en Egipto fue sorprendente. No sabemos cómo llegó allí la nueva religión, pero el hecho es que ya a mediados del siglo II había en Alejandría una iglesia lo bastante fuerte como para tener una famosa escuela catequística. Poco después, los cristianos se contaban en gran número, y en el siglo V eran casi la totalidad de la población. Tras las conquistas musulmanas, sin embargo, el número de cristianos disminuyó hasta quedar reducido a una pequeña minoría.

Egipto en el Antiguo Testamento

Debido a la enorme importancia que tuvo Egipto en todo el desarrollo histórico del Cercano Oriente, era de esperarse que se mencionara repetidamente en la Biblia. En la «tabla de las naciones» de Gn 10 se menciona a Mizraim como hijo de Cam (Gn 10.6). En época de escasez, Abraham recurrió a Egipto en busca de alimentos (Gn 12.10). Agar, la esclava de Sara, era egipcia (Gn 21.9) y también lo fue la mujer de Ismael (Gn 21.21). Una narración paralela sobre Isaac afirma que él también acudió a Egipto en tiempos de escasez (Gn 26.2). La historia de José narra cómo él, su padre Jacob y toda su familia llegaron a vivir en Egipto, y también le atribuye a la administración de José la estructura social de Egipto, según la cual todas las tierras y las personas pertenecían al faraón (Gn 47.13-26).

El gran acto redentor de Dios en pro de su pueblo en el Antiguo Testamento es el → ÉXODO o salida de Egipto. A partir de entonces, Egipto aparece a menudo en el Antiguo Testamento como símbolo de opresión y se alaba frecuentemente al Dios de Israel como «el que te sacó de la tierra de Egipto».

Salomón se casó con una princesa egipcia (1 R 3.1). Sin embargo, ya en tiempos de su hijo Roboam, el faraón Sisac invadió a Judá y el reino quedó sometido a Egipto (2 Cr 12.1-9). Desde esa fecha, Egipto fue una potencia preponderante en Palestina y los hebreos unas veces fueron subyugados o aliados y otras combatieron contra él. Esta situación perduró hasta que el auge del Imperio Asirio puso fin a la hegemonía de Egipto sobre Palestina, que desde entonces estaría casi continuamente sujeta a influencias procedentes de Mesopotamia y Persia.

Egipto en el Nuevo Testamento

Tanto en el Nuevo Testamento, como en el Antiguo Testamento, Egipto es símbolo de esclavitud, y la salida de allí es señal de la acción redentora de Dios. Así hacen referencia a él en sus discursos Esteban (Hch 7) y Pablo (Hch 13.17). Lo mismo se hace en Judas 5. En Ap 11.8 se coloca a Egipto junto a Sodoma como señal de perdición.

Puesto que la salida de Egipto es el gran acto redentor de Dios en el Antiguo Testamento, no es extraño que en el Nuevo Testamento nuestro Señor Jesucristo se presente en cierto modo como la culminación de Egipto (1 Co 10.1-4; Heb 8). Esta es quizás la importancia teológica de la huida a Egipto narrada en Mateo 2, pues así el Señor que antaño sacó a Israel de Egipto, viene ahora del propio Egipto para obrar la redención final del nuevo Israel (Mt 2.14,15).

EGLÓN (*novillo*). En la Biblia, nombre de un rey y una ciudad.

1. Rey moabita, en el período de los jueces, que conquistó la ciudad de Jericó y oprimió a los hebreos. Fue asesinado en su propio palacio por Aod, hijo de Gera (Jue 3.12-30).

2. Ciudad cananea en el desierto de Judá. Su rey, Debir, formó una alianza con otros gobernantes cananeos para pelear contra Josué (Jos 10.1-35). En Jos 15.39 se menciona como perteneciente a Judá, junto a Laquis y Boscat en la llanura (cf. 15.1-12).

EJÉRCITO Término que aparece con mucha frecuencia en las Escrituras y se usa en por lo menos cuatro sentidos diferentes.

Designa a la multitud de los israelitas organizados en tribus para marchar a través del desierto (Éx 7.4; Nm 1.52).

Algunas veces se usa para referirse a la hueste de los cuerpos celestes (Gn 2.1; Sal 33.6). El culto al «ejército de los cielos» era común entre los paganos y lo practicaron los israelitas en tiempos de decadencia espiritual (Dt 17.3; 2 R 17.16; 21.3; Jer 19.13).

El conjunto de los seres celestiales, los ángeles, se llama «ejército». Dios se llama «Jehová de los ejércitos», frase que aparece casi trescientas veces en el Antiguo Testamento (Sal 24.10; 46.7). El Señor es jefe de las huestes angelicales, y estas son ministros a su disposición para pelear sus batallas y servir a su pueblo en la tierra (1 S 17.45; Is 31.4; Heb 1.13).

El uso más común de la palabra, sin embargo, es militar. Hasta los días de Saúl no hubo un ejército profesional entre los israelitas (1 S 13.2; 14.52). Antes de la monarquía los ejército se levantaban improvisadamente (Jue 6.32-35). David aumentó el ejército y lo organizó en doce divisiones de infantería (1 Cr 27). Salomón desarrolló aun más la milicia. Su ejército tenía caballería y → CARROZAS (1 R 9.19; 10.26).

En la época del Nuevo Testamento se hallaban contingentes del ejército romano en todas las partes del imperio. Por eso hay tanta mención de soldados y se emplean tan a menudo figuras de la milicia desde Mateo hasta Apocalipsis (Mt 8.5-10; Mc 5.9; 2 Co 10.4; Ef 6.11-17; 1 Ti 1.18; 2 Ti 2.4; Ap 12.7). Las divisiones principales del ejército romano eran: legión, cohorte y centuria. Una → LEGIÓN (Mt 26.53; Mc 5.9) solía contar de seis mil soldados, aunque el número variaba. Se dividía en diez cohortes («compañías» en la RV Hch 10.1; 21.31; 27.1). Una se hallaba acantonada en Jerusalén para mantener el orden. La cohorte se dividía en grupos de cien, que por tanto se llamaban «centurias». El jefe de

El rey Senaquerib de Asiria bajo escolta de su guardia real, en un relieve del palacio de Senaquerib en Nínive.

Foto de Howard Vos

El valle de Ela, lugar de la batalla entre David y Goliat (1 S 17; 21.9).

una legión se llamaba *legatus,* el de una cohorte, *quiliarcos,* que en griego significa «jefe de mil», pero en la RV se traduce → TRIBUNO (Hch 21.31; 24.7), y el de una centuria → CENTURIÓN (Mt 8.5; Hch 10.1; 27.1).

ELA (*roble*). Nombre veterotestamentario.

1. Príncipe de Edom (Gn 36.41; 1 Cr 1.52).

2. Hijo de Baasa y rey de Israel durante dos años (*ca.* 886–885). Mientras estaba embriagado en casa de su mayordomo Arsa, vino uno de sus oficiales, Zimri, y lo mató (1 R 16.6-10).

3. Padre de Oseas, último rey de Israel (2 R 15.30; 17.1; 18.1,9).

4. Hijo de Caleb, quien con Josué sobrevivió al peregrinaje en el desierto (1 Cr 4.15).

5. Benjamita que vivió en Jerusalén después del cautiverio (1 Cr 9.8).

6. Valle que los filisteos utilizaban para penetrar hasta la parte central de Palestina. Fue aquí donde David dio muerte a Goliat (1 S 17.2ss; 21.9). Quizás fue el mismo lugar donde hoy se encuentra Wadi es-Sant, unos 24 km al sudoeste de Belén.

ELAM (*alto*). En el Antiguo Testamento, nombre de siete u ocho hombres y una región.

1. Nombre de uno de los hijos de Set (Gn 10.22), y de varios otros personajes y familias del Antiguo Testamento (1 Cr 8.24; 26.3; Esd 2.7,31; 8.7; 10.2,26; Neh 7.12,34; 10.14).

2. Región montañosa al este de → MESOPOTAMIA, habitada por un pueblo cuyo idioma parece no tener relación con otras lenguas. Su principal ciudad era Susa (Dn 8.2).

Puesto que Elam era una zona montañosa cerca de las fértiles llanuras del sur de Mesopotamia, los elamitas cruzaron el Tigris repetidamente a través de su historia y libraron campañas contra los diversos reinos de Mesopotamia. Por tanto, la historia de Elam se relaciona estrechamente con la de Mesopotamia.

En el siglo XII a.C., a → BABILONIA, que en esa época pasaba por un período de crisis, la conquistaron los elamitas. Por otra parte, en el siglo VII a.C., en época de la hegemonía asiria, los asirios invadieron a Elam, tomaron a Susa y la destruyeron completamente. Sin embargo, pocos años después el profeta Jeremías se refirió a «los reyes de Elam» (25.25), y más adelante profetizó contra la región (49.35-39).

Hechos 2.9 da a entender que todavía en el siglo I de nuestra era existía un grupo de personas a las que se daba el nombre distintivo de «elamitas». Otros escritores posteriores se refieren a la existencia en la región de Elam de un pueblo que hablaba una lengua distinta de las demás y cuya existencia parece haber continuado a lo menos hasta el siglo X d.C.

EL AMARNA Antiguas ruinas de Ahetatón, capital egipcia construida por Amenhotep IV (*ca.* 1365 a.C.), situadas en la orilla del Nilo a unos 300 km al sur del Cairo.

La dinastía XVIII de Egipto (1570–1308) conquistó gran parte del Asia Occidental, incluyendo toda Siria Palestina. En los últimos días de Amenhotep III, sin embargo, el rey hitita Suppiluliumas (1375–1340) cambió el equilibrio de poder anexando partes de Siria, con lo cual el poderío egipcio disminuyó. Amenhotep IV heredó esta situación cuando a los once años de edad llegó al trono de Egipto. No tenía interés en las posesiones exteriores, le importaba más la teología. Repudió el culto a Amón y demandó que todos adoraran a Atón. Para honrar a este dios, limbo del sol, cambió su propio nombre por el de Akenatón y construyó su nueva capital Aketatón. Esta política religiosa chocó con el poderoso sistema sacerdotal de → AMÓN. Después de la muerte de Amenhotep (1340) se suscitó una reacción contra la religión de Atón y sus monumentos fueron desfigurados.

La importancia de El Amarna para el estudio de la Biblia reside en las tablillas de arcilla encontradas allí. Son textos de la oficina de relaciones exteriores en acádico, la lengua franca de la época. Ocho son textos escolares con que los escribas aprendían a leer y a escribir el cuneiforme. Otras son cartas diplomáticas de países lejanos: Babilonia (13), Asiria (2), Mitanni (13), Chipre (8), los hititas (1). La mayoría (de las casi cuatrocientas cartas) fueron enviadas por reyes de las pequeñas ciudades de Canaán.

Los textos de El Amarna indican las condiciones en Canaán durante el siglo XIV a.C. Había mucha rivalidad entre los reyes de las ciudades-estado, situación que observó bastante avanzada y había excelente comunicación con todo el Cercano Oriente.

Las cartas de El Amarna señalan la importancia de la escritura en aquella época. Reyes de muchos pueblos escribían a Egipto en el idioma diplomático originario de Mesopotamia. Los escribas egipcios practicaban el acádico con escritos de cuentos mesopotámicos. Saber leer y escribir en aquellos tiempos era mucho más importante que lo que corrientemente se ha pensado, como demuestra también Jue 8.14, donde un joven escribe para Gedeón los nombres de setenta y siete ancianos de Sucot.

Los datos de El Amarna arrojan luz sobre el antecedente bíblico. El nombre del rey de Jerusalén sugiere el culto a una diosa adorada por los hititas, indicación de que en épocas remotas había hititas al sur de Palestina (cf. Gn 23). En Egipto, con el nombre de Yarhamu se designaba al encargado de la distribución de granos, un puesto semejante al de José (Gn 42.1-7) y con nombre semítico.

ELAT → EZIÓN-GEBER.

ELCANA En el Antiguo Testamento, nombre de varios hombres.

1. Hijo de Coré, familia levita (Éx 6.24). El nombre es frecuente en las listas de levitas (1 Cr 6; 9; 15).

2. Padre de → SAMUEL, esposo de → ANA y Penina, hombre consagrado a Dios y comprensivo en el hogar (1 S 1). Aunque la genealogía de 1 Cr 6.27,34 le atribuye ascendencia levita, la fuente primaria, 1 S 1, lo identifica como efrateo.

3. Guerrero del ejército de Saúl que se pasó al bando de David (1 Cr 12.6).

4. Oficial del rey Acaz (2 Cr 28.7).

ELEALE Ciudad de los amorreos y de los moabitas que fue conquistada por la tribu de Rubén. Siempre se menciona junto con Hesbón, que se hallaba al norte de Moab, directamente al este de Jerusalén (Nm 32.3,37). La amenazaron los profetas como ciudad de Moab (Is 15.4; 16.9; Jer 48.34).

ELEAZAR (*Dios es auxilio*).

1. Hijo de Aarón y Elisabet (Éx 6.23; Nm 3.2). Casado con una hija de Futiel y padre de Finees (Éx 6.25). Consagrado al sacerdocio con tres hermanos y su padre (Éx 28.1; Lv 9), más tarde sucedió a este último como sumo sacerdote (Nm 20.25-28; Dt 10.6). Encargado de los levitas, del cuidado del santuario y de otros deberes sacerdotales (Nm 3.32; 4.16; 16.37,39; 19.3ss). Tomó parte en el censo de Moab (Nm 26.1,3,63). Tuvo lugar prominente en la historia y distribución del territorio de Canaán (Nm 32.2ss; 34.17; Jos 14.1; 17.4; 19.51; 21.1). Participó en la ceremonia en la que Josué fue nombrado sucesor de Moisés y sirvió como su consejero (Nm 27.15-23). Estuvo presente en la repartición del botín después de la guerra contra los madianitas (Nm 31.21ss). Lo enterraron en territorio de su hijo (Jos 24.33).

2. Hijo de Abinadab encargado del arca del pacto mientras esta permaneció en su casa (1 S 7.1).

3. Uno de los valientes de David. Venció a los filisteos (2 S 23.9; 1 Cr 11.10-19).

4. Levita que no tuvo hijos, sino hijas casadas entre primos (1 Cr 23.21,22; 24.28).

5. Sacerdote que sirvió en el templo después del cautiverio. Acompañó a Esdras desde Babilonia (Esd 8.33).

6. Descendiente de Paros, casado con extranjera en tiempo de Esdras (Esd 10.25).

7. Sacerdote, cantor en tiempo de Nehemías; participó en la dedicación del muro de Jerusalén (Neh 12.42).

8. Ascendiente de José, el esposo de María (Mt 1.15).

ELECCIÓN Acto eterno de Dios por el cual, según su gracia y su soberana voluntad y no a base de ningún mérito en el escogido o elegido, escoge a su → PUEBLO para tener una relación especial con Él y un ministerio específico dentro de su → PACTO. Dicha elección puede ser de carácter nacional (Dt 7.6-8; cf. Ro 11.28s), personal en función de la vocación y el ministerio de determinados individuos (1 S 10.24; Hch 1.24), o personal con referencia al destino final del individuo (Ro 8.28s; Ef 1.4-14).

El concepto afín «predestinación» expresa la soberanía de Dios en la historia y en la vida de cada hombre. Dios reina soberanamente sobre los acontecimientos (Lc 22.22; Hch 2.23; 4.27), los tiempos y lugares (Hch 17.26,31; Heb 4.7), las cosas (Mt 17.25; 21.2,3; 26.18) y las personas, tanto creyentes como incrédulos (Is 41.25; 42.1-13; 44.28–45.7; Hch 4.27; Ro 9.10-13), para cumplir sus designios en la naturaleza y la humanidad (Sal 115.3; Dn 4.34s), lograr la → REDENCIÓN y la liberación de los hombres (Is 42.1-7; 61.1-4), y dar gloria y honra a su santo nombre (42.8-13).

Del estudio de las diversas palabras que tanto en hebreo como en griego significan «elegir» o «predestinar» se desprenden varias implicaciones significativas:

1. El concepto y los términos de la elección tienen mucha más importancia en la Biblia que los de la predestinación, especialmente en el Antiguo Testamento.

2. Mientras la predestinación se refiere solo muy contadas veces a la salvación personal como tal, la elección se refiere típicamente a la redención del pueblo de Dios y (en el Nuevo Testamento) de los individuos.

3. Ambos conceptos son mucho más amplios de lo que tradicionalmente, partiendo de San Agustín y Calvino, se ha creído; su horizonte de referencia es siempre el plan redentor de Dios en toda su envergadura; su contexto vital es siempre el pueblo de Dios (dentro del cual se ubica al individuo); y su centro y corazón es Jesucristo, electo y predestinado para ser el Salvador conforme al pacto eterno de Dios.

4. En ambos casos, el énfasis cae casi exclusivamente sobre la acción de Dios mismo al predisponer el plan redentor y al escoger a su pueblo; prueba de esto es el muy frecuente empleo de las formas verbales en diversos tiempos y el poco uso (nada en el Antiguo Testamento) de participios pasivos o de sustantivos derivados (por ejemplo, «los electos», «la predestinación», etc.).

E

5. En sentido teológico la doctrina de la elección es una expresión concreta de la → GRACIA soberana de Dios, y la predestinación representa una de las expresiones de su soberanía en toda la historia conforme a los designios de su misericordia.

En en el Antiguo Testamento

Es significativo que la terminología de la elección (*bakhir*) aparezca por primera vez en el libro de → DEUTERONOMIO, en una interpretación teológica de un decisivo acontecimiento histórico: el éxodo. El autor no pudo entender la liberación de su pueblo débil y esclavizado, superando obstáculos imposibles y conquistando la tierra de Canaán, excepto en términos de la gracia electiva de Jehová y de su pacto con su pueblo. Es constante la relación entre el éxodo y la elección en el pensamiento deuteronómico (Dt 4.37; 7.6-8; 10.15-22).

Además de la elección del pueblo (cinco veces), Deuteronomio habla mucho más a menudo de «el lugar elegido por vuestro Dios» (12.5; veintiuna veces en total, aunque Dt nunca menciona el nombre de Jerusalén), y de la elección del rey (17.15) y de los levitas (18.5; 21.5). Todos estos son elementos de la teología particular del deuteronomista, en torno al acontecimiento central del éxodo.

En el Pentateuco

Sin usar el término «elegir», los escritos anteriores a Deuteronomio, y especialmente los relatos patriarcales de Génesis, señalan el hecho mismo de la elección con otros términos: llamar, apartar, conocer, prometer, etc. Es más, parece interpretar la historia premosaica a la luz del éxodo y del concepto más claro de la elección que provocó este.

La vocación de Abraham, Isaac y Jacob, y las promesas que Dios les extendió, incluyen en cada paso una separación (Abraham de Ur y su parentela, Isaac de Ismael, Jacob de Esaú), pero afirman a la vez que Dios los usará para bendición a todas las naciones, en una forma única y especial que implica una elección divina (Gn 12.1-3; 15.1-21; 17.1-22; 18.17-19; 22.15-18; 26.2-5,24; 28.13-15). Si todos los pueblos podrán usar el nombre de ellos para bendecirse, la elección de Abraham reviste un significado redentor para todos.

Los relatos patriarcales revelan que Dios juró un → PACTO con Abraham, el cual constituyó en esencia una elección y la base de toda exposición subsecuente de la elección (Gn 15.18; 17.2-21). Por cierto, tanto el relato de éxodo (Éx 2.24; 6.4) como muchos pasajes deuteronómicos sobre la elección (Dt 4.31-37; 7.6-9, etc.) hacen una referencia retrospectiva a este pacto. Como Dios del pacto, Jehová es «celoso» (Éx 20.5; 34.14; cf. Dt 4.24; 5.9; 6.5) del pueblo que le pertenece como «posesión particular» (Éx 19.5; 23.22, LXX; cf. Dt 4.20; 7.6; 14.2; 26.18). Su amor es exigente y exclusivo, tanto como selectivo.

Aunque Génesis solo habla de «un pueblo» que Dios le concedería a Abraham, ya en Éxodo se introduce el término «mi pueblo», el pueblo de Dios (Éx 3.7,10; 5.1; 6.6-8; etc.). El muy antiguo canto triunfal de Moisés celebra el «pueblo ... que rescataste» y «redimiste» (15.13,16). Este pueblo se describe en Éx 19.5s como «nación santa», «mi propiedad personal entre los pueblos», y «reino de sacerdotes» (BJ). Dios «conoció» a Abraham (Gn 18.19, BJ: «Me he fijado en él», «lo he escogido» [RSV]) y a Moisés (Éx 33.12,17; cf. 31.2, «yo he llamado por nombre a → BEZALEEL»; 35.30). Esto es de hecho lenguaje de elección (cf. Am 3.2; Ro 8.29) y significa que Jehová los había escogido para su tarea especial dentro de sus planes salvíficos.

Teológicamente, dos notas caracterizan desde el principio al concepto de la elección en el Pentateuco: la gracia y el propósito universal de Dios al elegir a su pueblo. Desde el principio, la elección se atribuyó exclusivamente a la pura gracia de Dios. En contraste con documentos de pueblos contemporáneos, que atribuyen su «elección» a su superioridad nacional, el deuteronomista se halla perplejo frente al misterio: ¿por qué Jehová escogió a Israel para redimirlo de Egipto y entregarle la tierra de Canaán? No fue porque eran más numerosos, poderosos ni importantes (Dt 7.7; cf. 7.1), ni más justos y piadosos (Dt 9.4-7), sino a pesar de ser «pueblo duro de cerviz» (9.6-8,13; cf. 4.21). Fue por el puro amor y el favor inexplicable de Jehová (Dt 4.37s; 7.6-8; cf. Éx 33.19), confirmado por su juramento y pacto (Dt 7.8; 9.4s). Vista así, la elección de Israel implica la exigencia de compasión hacia el extranjero y el oprimido (Dt 10.15,22; 15.13-15) y una misión a los demás pueblos.

En los libros históricos

Los libros de → Josué hasta → Nehemías no suelen hablar de la elección del pueblo (pero cf. 1 R 3.8; 1 Cr 16.13) ni de los patriarcas (en Neh 9.7 solo se menciona a Abraham). En cambio, cita muy a menudo la elección divina del rey (1 S 10.24; 16.8-12; un total de nueve veces), y aun más la de la ciudad de Jerusalén (Jos 9.27; 1 R 8.44,48, un total de dieciséis veces). Esta última, según Deuteronomio y Josué en «el lugar que Jehová había de elegir» (Jos 9.27), pero no se estableció hasta los días de → David (1 R 8.16); se define realmente con la dinastía davídica (1 R 8.44,48). Crónicas menciona también la elección de los levitas (1 Cr 15.2; cf. 1 S 2.28).

En los profetas

Estrictamente, nunca se habla de la elección de los profetas a la manera que se hace con los reyes y sacerdotes; pero muchos otros términos expresan en efecto el mismo concepto («siervo», «llamado desde el vientre», «Dios le puso nombre», etc.; por ejemplo, Is 49.1-6). La elección se fundamenta en la acción de Jehová. Mientras los profetas del precautiverio la refieren al éxodo, sin mencionar a los patriarcas (Os 11.1; cf. 9.10; 13.4; Am 3.1,2; cf. 2.10; 9.7-10, etc.), los profetas del cautiverio y del poscautiverio remontan la teología de la elección hasta el período patriarcal (Is 41.8s; 51.2; Miq 7.20; cf. Sal 105.6,9,26,42,43).

Los profetas también enfatizan en que la elección y el pacto nacen del amor y de la gracia de Dios (Jer 31.1-3; Ez 16.2ss; Os 1.2; 3.1; 11.5). Sin embargo, la decadencia de la monarquía y la amenaza de destrucción y cautiverio dificultaron para el pueblo la comprensión de la fidelidad de Dios y la elección. Frente a esa crisis, los falsos profetas se apoyaban en el concepto tradicional del «pueblo escogido» y la doctrina acrítica de la elección para tranquilizar la conciencia del pueblo ante el inminente juicio divino (Is 48.1s; Jer 7.4-15; 14.13s; Am 5.14; Miq 3.11). Los profetas fieles en cambio, contra toda opinión oficial y popular pero guiados por el Espíritu de Dios, entendieron desde el principio que la elección del pueblo era tanto responsabilidad como privilegio, juicio como amor (Am 3.2) y también vocación. La elección implicaba responsabilidades que, de no cumplirse, acarreaban el juicio y la ira de Dios (Jer 9.2; 11.22s; Ez 9.4-10; 16.27-43; 20.36-38; Os 2.13; 8.1-14; 9.7-10). Además, los profetas del cautiverio y del poscautiverio elaboraron una profunda teología de la historia como horizonte del concepto de la elección (véase especialmente Is 40–66). Jehová conoce desde la eternidad todos los acontecimientos y los anuncia de antemano (Is 41.21-26; 44.7,26; cf. Dt 18.21s; Jer 28.8s); es el Señor del pasado (Is 43.9; 45.21) y del futuro (Is 48.3-8; Am 3.7). En su soberanía, Él escoge y llama a pueblos que tienen otras religiones (→ Asiria; Babilonia; Persia) y a personas que no creyeron en Jehová (→ Senaquerib; Nabucodonosor; Ciro) para juzgar a su pueblo y realizar sus propósitos en la historia.

Si Dios usa a naciones que no participan de la fe de Israel para juzgar a su propio pueblo, *a fortiori* Dios también juzgará a aquellos pueblos. Dios es, histórica y políticamente, el Señor y Juez redentor de todas las naciones. En la catástrofe nacional los profetas descubren «una universalización totalmente decisiva del obrar de Dios ... Al morir políticamente, Israel toma de la mano a esos pueblos y los introduce en el futuro de Dios» (Moltmann, *Esperanza*, pp. 167s). El único individuo llamado «electo» entre

Salomón y Jesús es → ZOROBABEL, en cuanto es presunto restaurador de la dinastía davídica (Hag 2.23); sin embargo, a ciertos líderes y pueblos vecinos de Israel se aplica, igual que a los profetas, casi toda la terminología eleccionista. Por ejemplo, Jehová envía a los babilonios y pone las tierras en manos de «Nabucodonosor, mi siervo» (Jer 25.9; 27.6; 43.10; cf. Is 7.18ss; 10.5ss); despierta a Ciro, «mi pastor, mi ungido» (Is 41.1-5; 44.29–45.7) y los ejércitos liberadores de Ciro son «mis consagrados, mis valientes» y «los instrumentos de mi ira» (Is 13.1-5). En el pensamiento profético, la acción «interina» de Dios entre el cautiverio y la venida del Mesías se concentra en los profetas (dentro de Israel) y los paganos (fuera de Israel).

En algunos pasajes, esto llega al punto de cuestionar la distinción absoluta y cualitativa entre Israel y las naciones. Amós, el mismo profeta que declara «a vosotros solamente he conocido de todas las familias de la tierra» (3.2), termina diciendo: «¿No me sois vosotros como hijos de etíopes?», y sugiere que Jehová dio un «éxodo» también a los filisteos y a los arameos (9.7-10). Jeremías anuncia la ira de Dios sobre todos los circuncidados (israelitas, egipcios, árabes, todos juntos), y sobre todo incircunciso, «porque todas las naciones son incircuncisas, y toda la casa de Israel es incircuncisa de corazón» (Jer 9.25; cf. 7.12-15; 13.23). Sin embargo, también esta «acción secular» de Dios es «por amor de mi siervo Jacob, y de Israel mi escogido» (Is 45.4), para el juicio y la salvación de Israel, y de las naciones todas (Sal 47.9s).

Esta profundización del concepto de la elección recalcó su carácter intensamente misionero (cf. Is 2.2-4; Miq 4.1-4; etc.). Especialmente en Isaías 40–66, la elección («mi escogido») aparece en constante paralelismo con vocación («mi llamado») y misión («mi siervo»), aplicada a todas las etapas del pacto Abraham, Isaac y Jacob, el pueblo, el → REMANENTE y el → SIERVO sufriente, escogido de Dios. Los falsos profetas, y después mucho del judaísmo tardío, tergiversó la elección en odio a los gentiles, en privilegio egoísta y elitista: «el mundo existe a favor del pueblo de Dios» (Asunción de Moisés 1.12; 1 Esdras 6.55). Según los profetas, el pueblo de Dios existe a favor del mundo (Is 49.6; 60.3,21; 61.3). (Cf. Newbigen, Familia de Dios, pp. 100ss.)

Ya que la infidelidad y el egocentrismo de Israel le han privado de los privilegios de su elección, los profetas introducen otra novedad radical: el verbo «elegir» aparece en tiempo futuro, y se promete que Jehová volverá a escoger a su pueblo (Is 14.1; Zac 1.17; 2.12; 3.2; cf. Jer 31.1). En el contexto de la esperanza profética y escatológica, esto condujo también a pensar por primera vez en una elección para salvación eterna y personal (Sal 139.15s; Dn 12.3; cf. «el libro de la vida», Éx 32.32; Dn 12.1; Lc 10.20; Ap 3.5).

En el Nuevo Testamento

La doctrina de la elección en el Nuevo Testamento se basa enfáticamente en la del Antiguo Testamento, pero se transforma a base del cumplimiento escatológico en Cristo y la consecuente apertura misionera en la época apostólica. Los electos como el verdadero Israel y el prometido «remanente», son la comunidad de fe unida con el Mesías (1 P 2.4-9). Y mientras el Antiguo Testamento identifica la elección con el acontecimiento histórico del éxodo, el Nuevo Testamento la proyecta hasta «antes de la fundación del mundo» (Ef 1.4), a su fundamentación eterna en la soberana voluntad de Dios. El Nuevo Testamento habla de la elección de Cristo, de los apóstoles, de Israel, de la Iglesia, o de una congregación específica (2 Jn 1,13), y de los ángeles (1 Ti 5.21).

En los Evangelios Sinópticos

El término «electos» aparece principalmente en el discurso profético de Jesús y con un sentido netamente escatológico: son los miembros de la comunidad mesiánica del fin de los tiempos (Mt 24.22,24,31; cf. 22.14; Mc 13.20,22,27; Lc 18.7). Dios dirige todo su programa histórico en torno a la salvación de ellos (Mc 13.20,27; cf. Ap) y los defiende contra la tentación (cf. Mt 6.13; 26.41), la tribulación (Mc 13.20) y el engaño de falsos mesías (Mc 13.22). Al completarse su número llegará el fin (cf. Lc 21.24) y su reunión de los cuatro vientos (como nuevo «regreso» del remanente; cf. Sal 107.3, etc.) será el acontecimiento cumbre de la historia (Mc 13.27).

Los elegidos son los «benditos de mi Padre» que entrarán en «el reino preparado para vosotros desde la fundación del mundo» (Mt 25.34; cf. 20.23 con 25.41). Así que, aun en los Sinópticos, el lenguaje de la elección se vincula con el de la predestinación (cf. «la voluntad de mi Padre», «este vaso», «nombres escritos») y la perspectiva abarca majestuosamente todo el panorama histórico, desde el misterio inicial de la creación hasta el misterio final de la consumación (cf. Ef 1.3-14).

Sin embargo, esa predestinación no es un fatalismo ni un exclusivismo cerrado. Los elegidos son los llamados y los fieles, discípulos del Mesías mediante una fe obediente. Los falsos «hijos del reino» se quedarán afuera si no siguen a Cristo (Mt 8.10-12; cf. 7.14; 21.28-43; Lc 13.24). «Pocos son los escogidos», porque no basta solo con sentirse atraído hacia el evangelio (Mt 22.14). La elección se realiza en el discipulado que «hace la voluntad del Padre» (21.31) y «produce frutos» (21.43).

San Lucas desarrolla aun más el concepto de la elección y lo aplica a Jesús y a los doce apóstoles. Según Lucas 9.35, la voz celestial de la Transfiguración proclama: «Este es mi Hijo amado; a Él oíd» (cf. Is 42.1; Mt 17.5); al pie de la cruz los gobernantes se burlan de «el Cristo, el escogido de Dios» (Lc 23.35). De igual manera, es Lucas el que aplica el verbo «escoger» a la elección de los apóstoles; Mateo y Marcos la describen con los verbos «llamar», «autorizar» y «establecer». Cristo los escoge, en su libre gracia y no por méritos ni cualidades en ellos. Los escoge para una misión: echar fuera demonios,

sanar enfermos, proclamar buenas nuevas. En la teología de Lucas, pues, el Electo con sus elegidos prefigura la comunidad del Siervo sufriente y del reino escatológico que se proyecta a través de los años hasta el juicio final.

En el Evangelio de Juan

El cuarto Evangelio usa el verbo «elegir» y lo aplica solo a la elección de los doce (6.70; 13.18; 15.16,19). Igual que los Sinópticos, Juan insiste en que Cristo escogió voluntariamente a → JUDAS, pero aclara además que Jesús sabía desde el principio que le traicionaría (6.64,70s; 13.11,18; cf. 18.4). La presencia de Judas dentro del núcleo prototipo de los «elegidos» reviste un significado profundo. La elección subraya que nuestra salvación es enteramente de gracia, por la soberana voluntad del Señor (13.11,18s,21, 27; cf. Mt 18.7; 26.24; Lc 22.22; 24.26,44; Hch 2.24; 4.32). Pero dicha elección es en sí misma una exigencia, un llamado a la fe y a la obediencia. Dista muchísimo de un fatalismo determinista o de una predestinación automática y garantizada. La elección no elimina la respuesta humana, sino precisamente la exige.

En el libro de los Hechos

En Hechos 13 Pablo inicia un largo repaso de la historia salvífica (13.16-41) con la elección de los patriarcas. Todas las demás referencias al tema tienen que ver con el apostolado: la elección de los doce (1.2; 10.41), de Matías como sucesor de Judas (1.24, postulado por los hermanos y escogido al echar suertes), de Pedro para predicar a Cornelio (15.7) y de Pablo para la misión gentil (9.15; 22.14). Es Dios (13.17; 15.7; 22.14) o Cristo (1.2,24; 9.15) el que elige, siempre en una experiencia personal de conocer a Cristo, dar testimonio de Él y de su resurrección, y sufrir como «testigo» por Él (9.15s; cf. 2.23; 5.41; Flp 1.21).

También en Hechos la elección va asociada con la predestinación divina. El mismo Dios, quien en su soberanía geopolítica ordena toda la historia humana (17.26), predestinó la conspiración de Herodes y Pilato (4.27s) y la entrega y muerte de Cristo (2.23; 3.18). Asimismo ha ordenado que el Señor crucificado y resucitado juzgue a todos en el día señalado (10.42; 17.31), y traiga «tiempos de refrigerio» (3.19) y venga a «restaurar todas las cosas» (3.21). Con otro verbo (*tasso*), Hechos habla de los que están «ordenados» o «dispuestos» (¿por Dios?) a la vida eterna (13.48), que son los que oyen la palabra y creen.

En las Epístolas de Pablo

San Pablo es el autor novotestamentario que más atención dedica a la elección y la predestinación. En su pensamiento, el tema gira en torno a dos puntos fundamentales: la → JUSTIFICACIÓN por la gracia, y la misión a los gentiles con el correspondiente problema del aparente rechazo de Israel. El apóstol aplica la terminología de la elección casi exclusivamente a la salvación de los creyentes (excepciones: Jacob, Ro 9.13; Israel, Ro 11.27ss; el remanente, Ro 11.5,7; y los ángeles escogidos, 1 Ti 5.21). De igual manera, refiere la predestinación a la salvación del creyente (Ro 8.29s; Ef 1.5), pero también a todo el plan redentor (1 Co 2.7).

Pablo se distingue por fundamentar la elección explícitamente en el eterno decreto de Dios, antes de la creación (Ef 1.4; 2 Ti 1.9; cf. Mt 25.34; 1 Co 2.7; 2 Ts 2.13), como también por referirla más frecuente y explícitamente a la salvación personal (dentro del grupo o aparte). La elección de gracia crea el nuevo pueblo de Dios (1 Co 1.26-29; cf. Dt 7.7; 9.6) de lo que no era pueblo sino «nada» (Ro 9.25ss; 1 Co 1.28; cf. Os 1.9s; 2.1,23; Ef 2.11-22; 1 P 2.10). Este pueblo, bajo Cristo su señor y cabeza, ocupa el pleno centro de lo que Dios va realizando en toda la historia desde antes de la creación y hasta la consumación final (Ro 8.18-25; 1 Co 2.7; 15.25).

La elección es para salvación (1 Co 1.18ss; 2 Ts 2.13; 2 Ti 1.9; 2.10), justificación (Ro 8.29,33) y gloria eterna (Ro 8.29; 2 Ts 2.13s; 2 Ti 2.10).

En Ef 1.3-14 Pablo resume su concepto de la elección en forma de teología de la historia. El primer anhelo de Dios para sus hijos era unirlos a todos en Cristo, su Hijo (1.4s; cf. Ro 8.29), y su suprema meta en la historia es que «todas las cosas han de reunirse bajo una sola cabeza, Cristo» (Ef 1.10, LA). Dios nos escogió en Cristo para ser santos y sin mancha (1.4); nos predestinó para ser adoptados hijos suyos en el Amado (1.5,6; cf. Ro 8.29); y para recibir herencia en Él (1.11; cf. Ro 8.17). Es evidente que para Pablo la elección es un elemento integral de su teología de la gracia (Ef 1.6,7; 2.5,7,8). Asimismo, Ro 9—11 debe verse como una exposición de la fidelidad de Dios a su elección de gracia (11.5). Antes del pasaje (Ro 8.28-39), y en el centro del pasaje (9.30—10.21), el apóstol expone la justificación para la fe mediante la gracia. Según 1 Co 1.25-29, Dios escoge lo necio del mundo, lo débil, lo vil y despreciado, para formar de ello su pueblo (Dt 7.7; 9.6; Os 1.10; 2.23; Ro 9.25,29; 1 P 2.10; Tit 2.14; cf. Éx 19.5; 23.32). Precisamente por eso, la elección es un constante motivo de alabanza y acción de gracias (Ef 1.3; 1 Ts 1.2; 2 Ts 2.12; 2 Ti 1.9).

Como toda la Biblia, Pablo en sus escritos contempla la elección en función de un propósito y finalidad: somos elegidos «para algo». Pablo lo describe característicamente en términos de la gloria divina (cf. Is): «para alabanza de la gloria de su gracia» (Ef 1.6), «para alabanza de su gloria» (1.12,14; 3.10), para que nadie se gloríe sino en Dios (1 Co 1.29,31). Esto está en marcado contraste, tal vez consciente, con el temor de orgullo y exclusivismo de la doctrina rabínica y farisaica de la elección, la cual es, a saber, que Israel fue escogido debido a los excelsos méritos de los patriarcas.

Toda la historia se interpreta en Romanos 8 como el proceso de alcanzar «la gloriosa libertad de los hijos de Dios» (Ro 8.21), lograda por la obra justificadora de Cristo (8.1-4,31-35; cf. Col 1.19-22), anhelada por toda la creación (8.19-23) y anticipada en esperanza y gemidos por la primicia del

Espíritu (8.9-16,23,26s). Los predestinados se describen como «los que aman a Dios» (respuesta humana, 8.28), que son «los que conforme a su propósito son llamados» (iniciativa divina). Estos «escogidos de Dios» (8.33) son los que son justificados por la fe (8.1-4,31-35). A estos, Dios «antes conoció»; o sea, los eligió. Esta «presciencia» no consiste en la omnisciencia de Dios, sino en el conocimiento personal de su elección (Ro 11.2; 1 Co 8.3; Gl 4.8s; 2 Ti 2.19; 1 P 1.2; cf. Am 3.2; Os 13.4s; Mt 7.23). Según 8.29, el fin de la predestinación es que mediante el Espíritu de la adopción seamos hijos de Dios en la plena libertad de la salvación (8.2,14-23), andando conforme al Espíritu (8.4).

Después de la exaltada doxología en Ro 8.35-39, Pablo procede a tratar el problema de la elección de Israel. Muestra que el rechazo de Israel no contradice la fidelidad de Dios (9.6-13) ni su justicia (9.14-29), sino que confirma precisamente la verdad de la justificación por la fe (9.30–10.10) y la unidad de judíos y gentiles en el Cuerpo de Cristo (11.11-24). Termina afirmando que al fin Israel será salvo (11.25-32) y alaba al Señor con una ferviente doxología (11.33-36). En los tres capítulos el apóstol habla de la nación de Israel y su papel histórico en la economía de la salvación.

En el cap. 9 Pablo emplea cuatro analogías para aclarar su argumento: Israel e Ismael (9.6-10), → JACOB y → ESAÚ (9.11-13), Faraón (9.14-18), y el → ALFARERO y los vasos (9.19-24). Además, afirma que «A Jacob amé, mas a Esaú aborrecí» (9.13), «de quien quiere tiene misericordia, y al que quiere endurecer, endurece» (9.18s; cf. 9.15s). En su contexto original, tanto las palabras de 9.12 (Gn 25.23) como las de 9.13 (Mal 1.2s) no se refieren a los individuos Israel y Esaú, sino explícitamente a los dos pueblos, Israel y Edom. El «odio» de 9.13 consiste en la destrucción de Edom por juicio divino. De igual manera, el endurecimiento de Faraón (9.17) concierne a su papel histórico en el relato del éxodo, «para que mi nombre sea anunciado en toda la tierra» (9.17; cf. Is 45.1; Jer 25.9; 27.6). Su endurecimiento, como el de Israel (11.7-10; cf. Dt 29.4; Is 6.10; 29.10), fue deliberado y voluntario por su parte, tolerado por Dios en su voluntad permisiva (Éx 7.22; 8.15; etc.; 2 Co 4.3s; Ro 10.21; cf. Is 65.2), o acelerado por su juicio sobre tal rebeldía y perversión (Ro 1.24-32).

Es igualmente precario pretender derivar de la analogía de los vasos (9.19-24) conceptos de «doble predestinación» (para la muerte tanto como para la vida) o «predestinación física irresistible», etc. El alfarero hace sus vasijas con diversos propósitos, unos para honra, otros para deshonra (9.21), pero los hace todos porque así lo quiere. Además, «vasos de ira» (9.22), citado de Jer 50.25 (cf. Is 54.16), en su contexto se refiere a Babilonia como el «instrumento del furor» que Jehová emplea para su juicio en la historia (véase arriba).

Romanos 9.22,23, al contrario de su primera impresión de una doble predestinación, marca tres diferencias muy significativas entre los «vasos de ira» y «los vasos de misericordia»:

(a) El participio «preparados» en 9.22 (de *katartizo*) no se traduce «preparar» en ningún pasaje, sino significa más bien «vasos de ira aptos (idóneos, listos) para destrucción».

(b) Mientras 9.22 no dice quién acondicionó estos para ira, 9.23 sí afirma claramente que fue Dios el que antes preparó (*etoimazein*) los vasos de misericordia para gloria (cf. Mt 25.34,41).

(c) Según 9.22, Dios más bien soportó con mucha paciencia los vasos de ira (cf. Jer 31.3). El paralelo es obvio con los pueblos antiguos (Asiria, Babilonia, Persia), a los cuales Dios usó como «instrumentos de su ira» y luego también los castigó por su maldad. Ellos, sin saberlo ni quererlo, participaron en el plan de redención que Dios llevaba a cabo. Así pues, el argumento de Ro 9–11, y específicamente de 9.11-24, gira en torno a la gracia de Dios (también hacia los gentiles) y su eterna fidelidad (igualmente hacia Israel).

E

En Hebreos y las Epístolas Generales

Aunque Hebreos no habla directamente de la elección, su pensamiento concuerda con muchos de los temas afines: el pacto, el pueblo de Dios, el éxodo, el peregrinaje y el «descanso», y es notable el paralelo de Moisés y Jesús. Santiago, por su parte, dirige su epístola a «las doce tribus que están en la dispersión» (1.1) refiriéndose quizás a los cristianos de origen judío. En un pasaje similar a 1 Co 1.26-28, da una aplicación social a la doctrina de la elección por gracia. En una polémica contra la discriminación socioeconómica (2.1-13), arguye que la elección divina de «los pobres de este mundo, para que sean ricos en fe y herederos del reino» hace imposible todo prejuicio o desprecio contra el pobre. La elección constituye un tema central de 1 Pedro, que se dirige, a «los expatriados de la dispersión ... elegidos según la presciencia de Dios» (1.1s). Dicha elección fructifica en obediencia y santificación (1.12).

Finalmente, 2 P 1.10 recomienda poner toda confianza en las firmes promesas de Dios y su fidelidad, con toda alabanza por las riquezas de su gracia, y «poner el mayor empeño en afianzar vuestra vocación y vuestra elección. Obrando así, nunca caeréis».

Bibliografía:

P. Van Imschoot, *Teología del Antiguo Testamento*, 1969, pp. 319-330. M. García-Cordero, *Teología de la Biblia*, 1970, pp. 117-176. *EBDM* II, «Elección», pp. 1191-1196. V, «Predestinación», pp. 1175-1181. *DTB*, «Predestinación», pp. 838-847. M. Meinertz, *Teología del Nuevo Testamento*, 1963, pp. 52-54,186,333-336. J.M. Bover, *Teología de San Pablo*, 1961, pp. 197-222. J.M. González Ruiz, «Justicia y misericordia en la elección y reprobación de los hombres», *Estudios Bíblicos* VIII, 1949, pp. 365-377.

ELHANÁN (*Dios ha mostrado su gracia*).
1. Uno de los héroes de David que mató al hermano de → Goliat (1 Cr 20.5). A pesar de su discrepancia con el pasaje anterior, 2 S 21.19 se refiere al mismo suceso. Parece que uno de los textos sufrió un cambio en la transmisión.

2. Uno de los treinta valientes de David, hijo de Dodo de Belén (2 S 23.24; 1 Cr 11.26).

ELÍ Padre de Ofni y Finees (1 S 1.3; 2.34) y patrón del joven → Samuel (2.11). Se supone que fue del linaje de Aarón, de la familia de Itamar (1 R 2.27; 1 Cr 28.3). Ejerció el cargo de sumo sacerdote y juez en la ciudad de Silo en la «casa de Jehová» (1 S 1.3,7,9). Esta «casa» sería el tabernáculo (Jos 18.1; Jue 18.31) donde se guardaba el arca (1 S 4.3).

Sus dos hijos eran sacerdotes perversos que no tenían conocimiento de Dios (1 S 2.12). Tenían en poco los sacrificios (vv. 13-17,28,29) y fornicaban con las feligresas (v. 22). Como resultado de esta conducta, Dios reveló a Samuel que interrumpiría el linaje sacerdotal de Elí (2.27-36) y levantaría otro que lo reemplazara (3.11-14). Esta profecía se cumplió con la muerte de Ofni y Finees (4.11), la muerte de Elí (4.18), la matanza de los sacerdotes de Nob (1 S 22) y la despedida de Abiatar por Salomón (1 R 2.27).

ELIAB (*Dios es padre*).
1. Hijo de Helón y príncipe de la tribu de Zabulón en el desierto (Nm 1.9; 2.7; 7.24,29; 10.16).

2. Rubenita, padre de Datán y Abiram (Nm 16.1,12; 26.9).

3. Levita, antepasado de Samuel (1 Cr 6.27,28), llamado «Eliel» en 1 Cr 6.34; y «Eliú» en 1 S 1.1.

4. Hermano mayor de David (1 S 16.6,7; 17.13). Menospreció a David cuando este llegó a la batalla contra los filisteos, 1 S 17.28,29 («Eliú» en 1 Cr 27.18).

5. Guerrero gadita que se juntó con David en Siclag (1 Cr 12.9).

6. Músico levita en el tiempo de David (1 Cr 15.20).

ELIAQUIM (*Dios levanta*).

1. Hijo de Hilcías, nombrado mayordomo en sustitución de Sebna, bajo Ezequías (2 R 18.18; Is 22.15-25). Este puesto existía desde el tiempo de Salomón (cf. 1 R 4.6) y llegó a ser el más alto después del de rey. A Eliaquim lo enviaron a tratar con el Rabsaces asirio que sitiaba Jerusalén (2 R 18.18,26) y después a buscar un mensaje de Dios por medio de Isaías (2 R 19.2; Is 37.2). El lenguaje que emplea Isaías al referirse al papel que habría de desempeñar Eliaquim ha hecho que algunos vean en este un tipo mesiánico (Is 22.20-22; cf. Mt 16.19; Ap 3.7).

2. El hijo de Josías que Faraón Necao puso por rey en Jerusalén (2 R 23.34).

3. Uno de los sacerdotes que oficiaron en la dedicación del muro (Neh 12.41, VM).

4. 5. Dos varones de la genealogía de Jesús (Mt 1.13; Lc 3.30).

ELÍAS (*Jehová es Dios*). Profeta famoso del siglo IX a.C. en Israel. Por su sobrenombre, → TISBITA, se cree que nació en Tisbe, en las montañas de Galaad, identificado tradicionalmente con un lugar situado al norte del río Jaboc, hoy llamado Zerka. Se desconoce su origen y antecedentes. Su ministerio profético se narra en 1 R 17–19; 21; 2 R 1–2.

Su actividad pública comienza cuando enfrenta a → ACAB, rey de Israel, para anunciarle tres años de sequía. Por indicación divina, debió esconderse junto al arroyo de Querit, al este del Jordán, y luego en la casa de una viuda en Sarepta, Fenicia. En ambos lugares fue alimentado milagrosamente: en el primero por cuervos, y en el segundo mediante una milagrosa provisión de harina y aceite durante la sequía. Dios se sirvió de él para resucitar al hijo de la viuda (1 R 17.2-24).

En su segundo encuentro con Acab, concertado por medio de Abdías su mayordomo, Elías propuso la gran concentración de los cuatrocientos cincuenta profetas de → BAAL y cuatrocientos cincuenta de → ASERA, para demostrar delante de todo el pueblo quién era el verdadero Dios. Los falsos profetas fracasaron al invocar a sus dioses, pero Dios honró a su profeta y contestó su oración enviando fuego del cielo que consumió el holocausto y el altar de Jehová que Elías construyó. Aclaman a Jehová y Elías degüella a los profetas de Baal junto al arroyo de Cisón (1 R 18.1-46) y anuncia a Acab la llegada de la lluvia.

No obstante las manifestaciones divinas, ni el pueblo ni sus gobernantes se arrepienten. La reina → JEZABEL trama la muerte de Elías, quien huye al desierto donde, desalentado, desea la muerte. Un ángel alimenta al profeta y le fortalece para caminar durante cuarenta días hasta Horeb, el monte de Dios. Allí contempla la majestad de Dios en un silbo apacible y recibe una triple orden divina: la unción de → HAZAEL y → JEHÚ por reyes de Siria e Israel, respectivamente, y la de → ELISEO por sucesor suyo (1 R 19.1-17).

Pasadas las guerras con Siria, e indignado por la traición conjurada por Jezabel contra → NABOT para adueñarse de su viña, Elías vuelve a enfrentarse con Acab y le anuncia la sentencia que Dios decretó (1 R 21.17-24). Esta se cumple para Jezabel en 2 R 9.30-37, pero es detenida por Acab, por haberse

El valle fértil que rodea al monte Carmelo, lugar de la victoria de Elías sobre los profetas de Baal (1 R 18; 19.1-2).

Foto: *Servicio fotográfico Levant*

Estatua del profeta Elías en el Muhraqah en el monte Carmelo, conmemorando su victoria sobre los adoradores paganos de Baal.

arrepentido, hasta el reinado de → Ocozías su hijo (1 R 21.27-29; 2 R 10.10-17). Ocozías, que recibe el anuncio de su muerte enviado por Elías, intenta arrestar al profeta por medio de tres sucesivos grupos de personas armadas. Fuego que desciende del cielo aniquila a los dos primeros y el capitán del tercer grupo pide clemencia. Elías perdona al tercer grupo y es conducido ante Ocozías, delante de quien confirma su mensaje de juicio (2 R 1).

Eliseo, ya ungido como sucesor de Elías, no se aparta de este. A la vista de cincuenta de los hijos de los profetas, Elías divide las aguas del Jordán con su manto y ambos cruzan el río. Eliseo le pide «una doble porción» de su espíritu. Mientras hablan, un carro de fuego los separa; Elías sube al cielo en un torbellino y Eliseo recoge su manto (2 R 2.1-12).

Años después, → Joram, rey de Judá y yerno de Acab, recibe una carta de Elías, escrita antes de su arrebatamiento, prediciéndole su próxima enfermedad y muerte (2 Cr 21.12-15).

El profeta → Malaquías (4.4,6) afirmó que Elías volvería a aparecer «antes que venga el día de Jehová, grande y terrible». La expectativa por este regreso en el Nuevo Testamento en relación con → Juan el Bautista (Mt 11.14; 17.10-13; Lc 1.17; Jn 1.21-25) y con Jesús.

Elías aparece en el monte de la → Transfiguración con Moisés, junto a Jesús (Lc 9.30-33). Jacobo y Juan lo mencionan en Lc 9.54. Algunos testigos de la crucifixión pensaron que el Señor llamaba a Elías desde la cruz (Mt 27.47-49). Pablo recuerda la escena del monte Carmelo en Romanos 11.2-4, y Santiago (5.17,18) destaca a Elías como hombre poderoso en oración.

En el Antiguo Testamento se mencionan otros tres Elías. Uno era descendiente de Benjamín (1 Cr 8.27) y los otros dos pertenecían al grupo de los hijos de los sacerdotes que se unieron con mujeres extranjeras (Esd 10.21,26).

ELIASIB (*a quien Dios restituye*).
1. Descendiente de David (1 Cr 3.24).
2. Sacerdote durante el reinado de David (1 Cr 24.12).
3. Tres israelitas que se casaron con mujeres extranjeras (Esd 10.24,27,36).
4. El sumo sacerdote en tiempo de Nehemías (Neh 3.1,20,21). Según Josefo (*Antigüedades* XI.v.5), el padre de Eliasib fue sumo sacerdote en tiempos de Esdras, y el hijo de este en tiempos de Nehemías. Eliasib ayudó en la construcción de las murallas, pero después se emparentó con Tobías y profanó el templo haciendo para aquel una cámara en los atrios (Neh 13.4-7).

ELIEZER (*mi Dios es ayuda*). Nombre de once personas en el Antiguo Testamento:
1. Mayordomo y siervo de la casa de Abraham, a quien el patriarca pensaba que tendría que nombrar heredero antes del nacimiento de Ismael e Isaac (Gn 15.1-3; cf. 24.2).

Más tarde fue comisionado para ir a Mesopotamia a buscarle esposa a Isaac (Gn 24).

2. Segundo hijo de Moisés, nacido durante el destierro en → MADIÁN, cuyo nombre fue recuerdo de la emancipación de Faraón (Éx 18.1-4). Eiezer tuvo un hijo, Rehabías, y una numerosa posteridad (1 Cr 23.17; 26.25).

3. Hijo de Béquer, nieto de Benjamín y jefe de una familia de personas valientes (1 Cr 7.8s).

4. Uno de los sacerdotes a los que correspondía tocar la trompeta al llevar el arca de la casa de → OBED-EDOM a Jerusalén, durante el reinado de David (1 Cr 15.24).

5. Jefe de la tribu de Rubén durante el reinado de David (1 Cr 27.16).

6. Profeta que profetizó contra → JOSAFAT por la alianza de este con Ocozías (2 Cr 20.37).

7. Jefe judío al que → ESDRAS mandó a Iddo para persuadir a los otros judíos y netineos a regresar a Jerusalén (Esd 8.16ss).

8. 9. 10. Sacerdote, levita y judío, respectivamente, que se divorciaron de sus esposas gentiles después del cautiverio (Esd 10.18, 23,31).

11. Hijo de Josim, antepasado de Jesucristo, según la genealogía de Lucas (3.29).

ELIFAZ (*Dios es victorioso*).

1. Primogénito de Esaú y de Ada, su primera esposa. Los descendientes de Elifaz, incluyendo a Temán, se mencionan en 1 Cr 1.35.

2. «El temanita», amigo de → JOB que vino con otros dos a consolarlo. Procedía de Edom, fue el más sabio e inició el diálogo. Tal vez fue descendiente del primero (Job 2.11; 4.1; 15.1; 22.1).

ELIM (*árboles grandes*). Nombre del segundo campamento de los israelitas después de haber atravesado el mar Rojo (Éx 15.27; Nm 33.9), y el primer lugar donde encontraron agua dulce. De las doce fuentes de este oasis, a la sombra de setenta palmeras, los israelitas tomaron agua con gratitud; pero murmuraron contra Moisés (Éx 16.2) cuando este los volvió a llevar al desierto. El sitio se identifica comúnmente con el Wadi Ghurundel, al lado occidental de la península de Sinaí, unos 65 km al sudeste de Suez.

ELIMAS Falso profeta y mago judío, que también se llamaba «Barjesús», miembro de la comitiva del procónsul Sergio Paulo en Salamina, Chipre (Hch 13.6-12). Elimas trató de evitar que Sergio Paulo oyera el evangelio, quizás previendo perder su influencia, y como castigo Pablo le reprendió y Elimas quedó ciego «por algún tiempo».

ELISABET (en hebreo, *Dios es plenitud, perfección*). Esposa del sacerdote Zacarías (Lc 1.5), madre de Juan el Bautista (1.57-66) y parienta de María, madre de Jesús (1.36). Elisabet y su marido descendían de Aarón. Elisabet llevaba el mismo nombre de la esposa de su ilustre antepasado (Éx 6.23). Sus palabras inspiradas (Lc 1.42-45) alentaron a María, madre de Jesús.

ELISEO (*Dios es mi salvación*). Profeta del siglo IX a.C. en Israel, ungido por → ELÍAS. Hijo de Safat y natural de Abel-mehola, en el valle del Jordán; posiblemente pertenecía a una familia pudiente (1 R 19.19). Sirvió a Elías como criado durante ocho años.

Su ministerio, si se considera desde su llamado, abarca el final del reinado de → ACAB y los reinados de → JORAM, → JEHÚ, → JOACAZ y → JOÁS, reyes de Israel. Su ministerio profético comienza después del arrebatamiento de Elías, a quien previamente pidió «una doble porción» de su espíritu (2 R 2.9), frase que recuerda el lenguaje y pensamiento de Dt 21.17.

La vida de Eliseo se relata en 1 R 19.19-21; 2 R 2.1–8.15; 9.1-13; 13.14-21, aunque no es posible establecer con exactitud el orden cronológico de los sucesos. Su influencia es notoria en la vida política de Israel, pues predice la victoria milagrosa sobre Moab (2 R 3.4-25), descubre el lugar secreto del campamento de Siria (2 R 6.8-12), predice el final del sitio y hambre de Samaria (2 R 7.1), los

Restos de una casa excavados en la cuidad de Dotán, en donde Eliseo oró que el ejército sirio quedara ciego (2 R 6.8-23).

siete años de hambre en la tierra de Canaán (2 R 8.1), la muerte de → Ben-adad rey de Siria y el reinado, en su lugar, de → Hazael (2 R 8.7-15). Encarga la unción de → Jehú como rey de Israel a uno de los hijos de los profetas, sobre quienes parece ejercer cierta autoridad (2 R 9.1-6), y predice también la victoria de Israel sobre Siria (2 R 13.14-19).

Sus → milagros superan en número a los que Elías realizó: separa las aguas del Jordán (2 R 2.14), purifica las aguas de Jericó (2 R 2.19-22), hace llenar de aceite las vasijas vacías en la casa de una viuda (2 R 4.1-7), resucita al hijo de la sunamita (2 R 4.18-37), neutraliza el veneno de un potaje (2 R 4.38-41), multiplica el pan para alimentar a cien varones (2 R 4.42-44), cura la lepra de Naamán, general del ejército sirio (2 R 5.20-27), hace flotar un hacha perdida en las aguas del Jordán (2 R 6.1-7), ora y consigue que su siervo vea los ejércitos celestiales dispuestos a su favor (2 R 6.15-17), hiere con ceguera temporal al ejército de Siria (2 R 6.18-20) y,

por último, se coloca un muerto en la misma tumba de Eliseo y resucita al solo contacto con los huesos del profeta (2 R 13.21).

Eliseo completa la obra de Elías destruyendo en esa época el culto a Baal. Muere durante el reinado de Joás, lamentado por el pueblo y el rey (2 R 13.14-20). En el Nuevo Testamento solo se menciona una vez (Lc 4.27).

ELIÚ Nombre de varios personajes bíblicos: un antepasado de Samuel (1 S 1.1); un jefe manaseíta (1 Cr 12.20); un portero coraíta (1 Cr 26.7); un hermano de David (1 Cr 27.18); y el famoso amigo de → Job que intervino en el diálogo cuando los otros se callaron (Job 32—37).

El hecho de que este último fuera buzita (Gn 22.21; Jer 25.23), de la familia de Ram (Rt 4.19; 1 Cr 2.9,10), lo coloca en la misma región de Job y sus tres amigos. Eliú combatió a Job sobre bases más teológicas, aludiendo a los designios divinos, pero sin añadir nada nuevo a lo que los otros ya habían dicho.

ELUL Mes hebreo, el duodécimo del año civil y el sexto del año litúrgico. En este mes se terminó la reconstrucción del muro de Jerusalén durante el tiempo de Nehemías (Neh 6.15). Corresponde a los meses de agosto y septiembre. Durante esta época del año se cosechaban los dátiles y los higos de verano. (→ MES; AÑO.)

EMANUEL (*Dios con nosotros*). Nombre propio de simbolismo mesiánico, aplicado a Jesús en su nacimiento (Mt 1.23).

Según Isaías 7, Acaz, rey de Judá (*ca.* 735 a.C.), se hallaba en serios aprietos con motivo de la amenaza de guerra con Rezín, rey de Siria, y Remalías, rey de Israel, quienes se habían aliado para tomar a Jerusalén. Acaz se mostraba sumamente temeroso, por lo que Dios envió a Isaías para confortarlo. El profeta dijo al rey que pidiera una señal, pero este no lo hizo. Fue entonces cuando el profeta le anunció que Dios mismo le daría señal: «He aquí que la virgen concebirá, y dará a luz un hijo, y llamará su nombre Emanuel» (Is 7.14; cf. 8.8,10). Dios prometió liberar a Acaz dentro de un tiempo breve, el que necesitaría ese niño para alcanzar la edad de discernimiento entre lo malo y lo bueno. El rey, sin embargo, debía confiar en la palabra de Jehová.

El término hebreo *alma*, de Isaías 7.14, traducido al castellano por → VIRGEN, se ha interpretado de diversas maneras. Significa, propiamente, «mujer no casada». La señal consistía, pues, en que ese niño nacería de una virgen y su nacimiento significaría la presencia de Dios para dar libertad. Es evidente que la promesa involucrada en la señal no tuvo cumplimiento inmediato y literal, pues, por haber el rey Acaz buscado la ayuda del rey de Asiria, Judá cayó (2 Cr 28.16,19-21). La promesa quedó para el remanente de Emanuel, en quien hallarían su esperanza y salvación. Ningún otro sino nuestro Señor Jesucristo habría de ser Emanuel.

EMAÚS (*fuentes tibias*). Aldea donde Jesús se reveló a dos de sus discípulos la tarde del día de su resurrección. Lucas afirma que estaba situada a sesenta → ESTADIOS (algunos manuscritos rezan ciento sesenta) de Jerusalén (Lc 24.13), pero no especifica en qué dirección. Se desconoce el sitio exacto, pero el más probable es el-Qubeiba unos once o doce km al noroeste de Jerusalén, aunque ya no existen las fuentes tibias sugeridas por el nombre Emaús.

EMBAJADOR Persona enviada a una nación extranjera como emisario especial de su tierra para solicitar favores (Nm 20.14-17; 21.21s; 2 R 16.7), hacer alianzas (Jos 9.3-6), felicitar (2 S 5.11; 1 R 5.1), protestar (Jue 11.12), o amenazar (2 R 19.9ss). Aunque no era representante permanente, casi siempre era un hombre distinguido y muy respetado. Ultrajarlo era provocar una guerra (2 S 10.1-7). Pablo aplica este título a los ministros de Cristo, representantes del Rey de reyes encargados de anunciar el evangelio (2 Co 5.20; Ef 6.20).

EMBALSAMAMIENTO Uso de especias aromáticas para conservar los cadáveres y postergar su descomposición.

Entre los egipcios la técnica del embalsamamiento era la momificación, muy costosa y por tanto reservada para líderes y personas ricas y de especial relevancia. Se extraían el cerebro y las partes blandas de la cavidad abdominal, y se desecaba el resto del cuerpo mediante empaques de sal. Después se vendaba el cuerpo con lienzos impregnados de natrón, y finalmente con lienzos secos. Incluyendo el período de duelo, el proceso duraba comúnmente setenta días; el día setenta y uno tenía lugar el entierro. Los cuarenta días mencionados en el caso de Jacob (Gn 50.3) describen, pues, el embalsamamiento propiamente dicho. La mención en el caso de José de un ataúd (Gn 50.25s) recuerda los sarcófagos que la arqueología moderna ha descubierto. La costumbre de momificar

E

atestigua una vaga fe en la resurrección al estilo de Osiris (legendario dios-rey de Egipto), pero para los autores bíblicos la fe en el Dios vivo se expresa mejor en el entierro de Jacob y José en la tierra de promisión (Gn 50.4-26; Éx 13.19; Jos 24.32).

En los días de Jesús el embalsamamiento era mucho más sencillo, sobre todo para los pobres. El cadáver se lavaba (Hch 9.37), se ungía (Mc 16.1) y se vestía de lino, intercalando las especias → MIRRA y → ÁLOES en los pliegues (Jn 19.40). Finalmente, se vendaban los miembros del cuerpo y se cubría el rostro con un sudario (Jn 11.44; 20.5-7). De Hechos 5.6 se infiere que en la primera iglesia hubo un gremio de jóvenes que se dedicaban a embalsamar.

EMBRIAGUEZ Turbación de las facultades mentales como resultado de ingerir alcohol en exceso.

Mientras el vino en sí es apreciado en el Antiguo Testamento (Dt 14.26; Jue 9.13; Sal 104.15), el abuso al tomarlo se condena como pecado grave (Jer 13.12-14; Hab 2.15). Las historias de Noé (Gn 9.20-27), Lot (Gn 19.31-36) y David (2 S 11.13) ilustran los resultados abominables de la embriaguez. En Proverbios se nos exhorta a rehuir la embriaguez (20.1; 21.17; 23.20,21). Isaías la reprueba severamente (5.11,12), lo mismo que otros autores inspirados.

El Nuevo Testamento tampoco prohíbe tomar vino, pero condena la embriaguez como obra de la carne (Ro 13.13; Gl 5.21) y característica de la vida de los incrédulos (1 P 4.3). Especialmente los oficiales de la iglesia deben evitar la embriaguez (1 Ti 3.3,8,11; Tit 1.7; 2.3).

EMITAS Nombre moabita para los refaítas, primitivos habitantes de Moab (Dt 2.9-11; cf. Gn 14.5). Son desconocidos fuera de la Biblia, en donde se describen como pueblo de → GIGANTES y se comparan a los hijos de Anac.

EMPADRONAMIENTO → CENSO; CIRENIO.

Momia de un faraón egipcio que demuestra la sorprendente manera en que se preservaban los cuerpos embalsamados.

Foto de Howard Vos

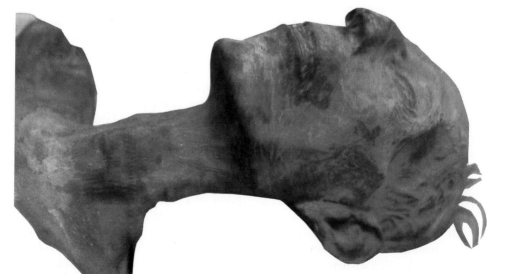

ENCANTADOR Término que traduce varias palabras hebreas y a veces se refiere a los que domesticaban → SERPIENTES (Sal 58.4,5; Ec 10.11), como en el caso de los sabios de Egipto (Éx 7.11,12; → JANES Y JAMBRES), o a aquel que practica la nigromancia, o sea, la comunicación con los espíritus de los muertos. (→ ADIVINACIÓN.)

Las Escrituras prohíben expresamente toda práctica de magia (Lv 19.31; Dt 18.11). Isaías exhorta a los judíos a no consultar a los muertos por los vivos. Es abominación a Dios preguntar a los encantadores en lugar de venir delante de Él, quien dio profetas para este propósito (Is 8.18,19; cf. Dt 18.10-14). (→ MAGOS.)

ENCARNACIÓN (del latín *in carne*). Acto de humillación por el cual Jesucristo siendo Dios se hizo hombre de → CARNE y hueso (Jn 1.14).

La mitología pagana está repleta de apariciones explicadas como la encarnación de una u otra deidad. Sin embargo, el cristianismo es único en cuanto a su anuncio de cómo Dios se revistió de carne humana (mediante la concepción virginal, el nacimiento y el desarrollo del niño Jesús). Cristo se identifica plenamente con el género humano (Ro 8.3; Heb 4.15) y conserva su perfecta divinidad durante su permanencia en el mundo (Col 2.9; cf. 1.19).

La palabra encarnación no aparece en la Biblia, pero el equivalente griego *en sarki* (en carne) se encuentra en algunos pasajes importantes relativos a la persona y obra de Jesucristo (1 Ti 3.16; 1 Jn 4.2; 2 Jn 7; cf. Ro 8.3; Ef 2.15; Col 1.22; 1 P 3.18; 4.1). En el pensamiento hebreo «carne» tiene un significado básicamente fisiológico, pero se identifica igualmente con la *psyjé* (alma) humana (Sal 63.1) y denota el carácter derivado y dependiente de la vida humana. Tal es «la condición de hombre» (Flp 2.8) que asumió Jesús en su encarnación. Por lo general, la Biblia se refiere a los días de su encarnación en tiempo pasado, pero el Señor resucitado y ascendido sigue siendo eternamente el Dios-Hombre (Heb 7.24; cf. 2.14,17).

Los escritores apostólicos recalcan la realidad de la encarnación. Especialmente el evangelista Juan combate los inicios de una cristología docética (Jesucristo solo aparentaba ser humano) destacando las experiencias humanas del Redentor encarnado: cansancio (Jn 4.6), sed (4.7; 19.28) y lágrimas (11.33ss). Compárense también las referencias de Juan a la sangre y por ende a la muerte física de Cristo (1 Jn 5.6; cf. 4.1-3).

Es evidente que Jesucristo nunca dejó de ser Dios. Desde su bautismo, cuando el padre declaró: «Tú eres mi Hijo amado» (Mc 1.11), en ningún momento el Señor perdió conciencia de su dignidad como el Enviado del Padre. Lo afirmaba a amigos (Jn 14.6-11) y a enemigos (Mc 14.62). Sin embargo, la maravilla de la encarnación es que Dios, el Hijo, también fue plenamente hombre. Su encarnación fue total. Se despojó de su gloria y de la forma de Dios (Flp 2.6-8). El Omnipresente se limitó al cuerpo del carpintero de Nazaret. El Omnisciente tuvo que aprender la Ley en la escuela de la sinagoga e ignoraba lo que el Padre no le había revelado (Mc 13.32). El Omnipotente sufrió fatiga, hambre y sed, y finalmente flagelación y crucifixión. El Santo de Israel «fue tentado en todo según nuestra semejanza, pero sin pecado» (Heb 4.15).

La *kenosis* (despojamiento o humillación) de Cristo Jesús fue posible porque estuvo acompañada de una *plérosis* (plenitud, llenamiento) del → ESPÍRITU SANTO. Todo lo que a Él le faltó durante su encarnación lo suplió la presencia constante y fortalecedora de la tercera persona de la Deidad. Lucas relata que después de su → BAUTISMO y → TENTACIÓN «Jesús volvió en el poder del Espíritu a Galilea, y se difundió su fama por toda la tierra alrededor» (4.14). En la sinagoga de Nazaret Jesús aplicó las palabras de Isaías: «El Espíritu del Señor está sobre mí, por cuanto me ha ungido para dar buenas nuevas ... sanar ... pregonar libertad» (Lc 4.17-21). Por el poder del Espíritu Santo, Cristo realizó los milagros y las buenas obras (Hch 10.38; cf. 2.22) de su ministerio.

Cuatro puntos resumen la importancia de la encarnación de Jesucristo:

1. La encarnación es el medio supremo de revelación divina. Cristo es el → Verbo, la Palabra viva del Padre (Jn 1.1-14). Quien le ha visto a Él ha visto al Padre (Jn 14.9). La manifestación de Dios por medio de la flaqueza humana encierra el mismo procedimiento que entrevemos en la → inspiración de los autores de las Sagradas Escrituras, y en la evangelización del mundo por medio de la → Iglesia, el → Cuerpo de Cristo.

2. La encarnación es esencial al cumplimiento del → pacto de Dios con los hombres. Jesucristo encarnado asumió el papel del «segundo → Adán» representante del género humano (Ro 5.15-19; 1 Co 15.21-22,47ss). Solo en calidad de Dios-Hombre pudo mediar entre Dios y los hombres (1 Ti 2.5), y únicamente mediante su encarnación podía morir por los pecados del mundo.

3. Por su encarnación el Salvador experimentó y comprendió nuestra humanidad, y así estuvo apto para ser nuestro Abogado y Sumo Sacerdote a la diestra de Dios (Heb 4.14-16).

4. Solamente por la encarnación el Señor experimentó la muerte física como el castigo que merecían nuestros pecados, y también resucitó de entre los muertos por el poder del Espíritu Santo (Ro 8.11). El apóstol Pablo presenta la → resurrección corporal de Cristo como la primicia de nuestra resurrección, dándonos una esperanza segura (1 Co 15.12ss, especialmente v. 20; cf. Job 19.26). El cristiano en el que mora el Espíritu Santo, participa del poder moral y de la autoridad que caracterizaban a Cristo en su encarnación (Jn 14.12). (→ Jesucristo, Hijo de Dios.)

ENCINA Palabra usada para traducir varios términos hebreos que generalmente se refieren a árboles grandes y frondosos, sin determinación de especie. Dos de estos términos, sin embargo, con frecuencia se pueden identificar con árboles determinados: *Allon* (Gn 35.8; Is 2.13; 6.13; 44.14; Éx 27.6; Os 4.13; Am 2.9; Zac 11.2) es la encina propiamente dicha: el *quercus calliprinos*, siempre verde, de más de quince metros de altura, corriente en la zona mediterránea de Palestina.

El otro término, *ela* (Gn 35.4; Jue 6.11,19; 2 S 18.9,10,14; 1 R 13.14; 1 Cr 10.12; Is 1.30; Ez 6.13; Os 4.13) se refiere al terebinto: la *pistacia palaestina* o *pistacia atlántica*, árbol de más de diez metros de alto que crece en zonas semidesérticas. En Isaías 6.13, RV traduce el hebreo *ela* como «roble» y en Os 4.13 como «olmo», pues en estos versículos ya ha vertido encina para el hebreo *allon*.

Las largas raíces del enebro le permiten alcanzar el agua subterránea en los meses más secos (1 R 19.4).

Foto de Gustav Jeeninga

La traducción «desgaja las encinas» en Sal 29.9 (RV) es resultado de una enmienda textual. Según el texto masorético (→ Texto del antiguo testamento) debiera rezar «hace parir las ciervas» y así es en la RV-1909. Es lamentable, pero la RV en Jue 4.11 traduce *ela* como «valle» y en Jue 9.6, como «llanura», aunque dice «encina» en otros pasajes similares (Gn 13.18; 14.13; Jue 9.37; 1 S 10.3).

ENDECHA → Duelo.

ENDOR (*manantial de la casa*). Ciudad asignada a Manasés, pero nunca conquistada por los israelitas (Jos 17.11,12). Quedaba a 7 km al sur del monte Tabor, cerca de Naín. Aquí el rey Saúl, antes de su última batalla, consultó a la pitonisa (1 S 28.7). Es probable que esta era mujer cananea porque entre los hebreos se había tratado de eliminar tales costumbres. En el mismo lugar existe hoy un pueblo llamado Ein Dor, construido sobre muchas ruinas. (→ Adivinación.)

ENEBRO Arbusto de muchas ramas (la *retama raetam* o *genista monosperma*, de uno o dos metros de alto, muy parecida a la retama de escobas). Abunda en el desierto del sur de Palestina y Sinaí (1 R 19.4,5; Job 30.4; Sal 120.4). Sus raíces y follaje se usan como combustible.

ENFERMEDADES Desde el punto de vista estrictamente médico, no son muy numerosas las citas sobre enfermedades en la Biblia. Para encontrar datos sobre las mismas tenemos que buscarlos, además de los casos concretos, en las prescripciones religiosas de su codificación sanitaria y algunas veces descubrirlas en la poesía y en la metáfora.

Entre los antiguos israelitas, la enfermedad se consideraba como un problema teológico y religioso más que un proceso natural.

Ruinas del hospital que usó Hipócrates, médico griego del siglo V a.C., en Cos.

Foto de Howard Vos

Las enfermedades se debían, casi en su totalidad, a transgresiones legales y al castigo divino por la desobediencia y el pecado. Podían causarlas Dios directamente (Lv 20.16; Dt 28.22-35), su ángel (2 S 24.15,16; 2 R 19.35) o Satanás (Job 2.7; Lc 13.10-16). Son también un medio que Dios utilizó para probar a las personas, como en el caso de Job.

Si las enfermedades dependían de Dios, igualmente la curación dependía de su voluntad y poder, tal se desprende de la admonición de Moisés contenida en su canto antes de morir, contemplando la tierra prometida: «Ved ahora que yo, yo soy, y no hay dioses conmigo; yo hago morir, y yo hago vivir; yo hiero, y yo sano; y no hay quien pueda librar de mi mano» (Dt 32.39).

Entre otras, se citan enfermedades obstétricas (Gn 35.16-18), ginecológicas (Lv 15.19-33), infecciosas (1 S 6.2-5), parasitarias (Job 2.7,8), neurológicas (Mt 8.6), mentales (1 S 16.14; Dn 4.33), etc. En el Nuevo Testamento, Jesucristo, durante su ministerio, le asignó un papel preponderante a la curación de enfermedades: su mano sanó a ciegos, sordos, mudos, paralíticos y endemoniados.

La prevención de enfermedades mediante la legislación sanitaria revistió gran importancia para el pueblo judío. Se destacan las indicaciones sobre la lepra (Lv 13.2-59), el contagio sexual (Lv 15.1-16,19-24), y la ingestión de determinados alimentos, tales como la sangre (Lv 17.10-14) o grasas (Lv 7.22-24), cuya prohibición, si bien tiene un origen religioso, es posible que esté relacionada con observaciones médico-dietéticas. El descanso sabático, como problema de higiene laboral, tiene idéntico significado (Éx 20.9,10; 23.12; 34.21).

EN-GADI (*fuente del cabrito*). Manantial y oasis ubicado en el desierto de Judá (Jos 15.62), por la ribera occidental del mar Muerto, 55 km al sudeste de Jerusalén. Como su clima es caluroso, florece una vegetación tropical.

Foto de Gustav Jeeninga

Manantial en En-gadi, donde David se escondió del rey Saúl (1 S 24.1).

En tiempos bíblicos, En-gadi se conocía por sus excelentes dátiles, uvas y bálsamo (Cnt 1.14). Los montes que se elevan detrás del oasis son muy áridos y están llenos de cuevas. El manantial está situado a ciento veinticinco metros sobre el nivel del oasis en un rincón hermoso. Fue el terreno escabroso cerca de En-gadi donde David buscó refugio cuando huía de Saúl (1 S 23.29). En-gadi prosperó durante el tiempo de Nehemías y de nuevo durante el tiempo de los romanos.

ENOC (*dedicado, consagrado*). En la Biblia, nombre de dos hombres y una ciudad.

1. Primera ciudad del mundo, fundada por Caín (Gn 4.17).

2. Primer nieto del mundo, hijo de Caín y padre de Irad (Gn 4.17s).

3. Padre de → MATUSALÉN e hijo de Jared, sexto en la genealogía de Lucas desde Adán (Gn 5.18,21; Lc 3.37). Tenía sesenta y siete años cuando nació Matusalén y después habitó en la tierra trescientos años más, andando con Dios y viviendo santamente. «Tuvo testimonio de haber agradado a Dios», por lo que Dios lo llevó a su presencia sin que gustase la muerte (Heb 11.5).

Por ser Enoc ejemplo tan claro de una vida santa, los judíos identificaron su nombre con uno de los mejores libros de la literatura intertestamentaria: el → LIBRO DE ENOC. (→ APÓCRIFOS.)

ENOC, LIBROS DE Escritos apócrifos de carácter apocalíptico. En 1 Enoc (libro etíope de Enoc) hay cinco divisiones principales: la primera trata de los ángeles caídos; la segunda (Parábolas de Enoc) es importante para el estudio del tema → HIJO DEL HOMBRE; la tercera es un tratado de astronomía; la cuarta relata dos visiones, y la quinta es una miscelánea de exhortaciones que incluye el Apocalipsis de las semanas.

Probablemente la obra básica se escribió en hebreo o arameo (siglo II a.C.). Fragmentos del texto hebreo se han encontrado en las cuevas de → QUMRÁN. Se conoce principalmente en las traducciones etiópica y griega. Judas 14-15 cita dos pasajes del libro.

En 2 Enoc (libro eslavo de Enoc o de los secretos de Enoc) se narran las visiones que Enoc tuvo en su viaje a los siete cielos. En conjunto el contenido es igual al de 1 Enoc, pero habrá sufrido retoques cristianos.

El 3 Enoc (libro hebreo de Enoc) narra el viaje celestial de un rabino que reconoce en Enoc a un intermediario ante Dios. Data del siglo II d.C. y es independiente de los libros anteriores.

ENOJO → IRA.

ENÓN (en hebreo, *manantiales*). Sitio donde Juan el Bautista acostumbraba bautizar «porque había allí muchas aguas» (Jn 3.23, 26). Su ubicación es difícil de establecer, pero Juan afirma que se hallaba «junto a → SALIM». Este último lugar también es difícil de ubicar, pero tal vez se hallaba entre Galilea y Samaria.

EN-SEMES (*fuente de sol*). Nombre del manantial que se encontraba en la línea fronteriza entre los territorios de Judá y Benjamín, y apenas al En-semes de Betania (Jos 15.7; 18.17).

ENSEÑANZA → DOCTRINA.

ENTRAÑAS En sentido literal, vísceras u órganos internos. Así se halla en algunas citas en el Antiguo Testamento (2 S 7.12; 20.10; Job 20.14) y una vez en el Nuevo Testamento (Hch 1.18).

En sentido figurado, en el pensamiento hebreo tanto del Antiguo como del Nuevo Testamento, las entrañas representan el centro de la afectividad y los sentimientos. En un sentido semejante se utiliza a veces «riñones». Expresiones como «amor entrañable» y «entrañable misericordia» han pasado a nuestro idioma actual (Lc 1.78; Col 3.12).

En RV se reemplaza frecuentemente la palabra que en el original es entrañas por «corazón», que en nuestro lenguaje moderno representa el centro de la afectividad (Flm 7,20; 1 Jn 3.17). Pero el → CORAZÓN en la Biblia no es solo eso, sino de toda la personalidad: intelecto, voluntad, conciencia sicológica.

EPAFRAS (abreviatura de → EPAFRODITO). Discípulo de Pablo, evangelista en Colosas, Laodicea y Hierápolis (Col 1.7; 4.12s). Dirigía las iglesias establecidas y participó en los viajes y la prisión de Pablo (Flm 23s). Mediante una carta Pablo robusteció la autoridad de Epafras en su lucha contra los filósofos de Colosas.

EPAFRODITO (en griego, *apetecible*; derivado de la diosa Afrodita). Cristiano macedonio, enviado especial de la iglesia en Filipos para ayudar a Pablo en su proceso en Roma (Flp 2.25) y para llevarle las donaciones filipenses (4.18). Enfermó durante esta misión (2.26s) y regresó con recomendaciones de Pablo y la carta de agradecimiento a los filipenses. Pablo le elogia con expresiones poco comunes (2.25-30).

Una epístola, o carta, en el idioma griego del tercer siglo d.C., escrita a una persona llamada Afrodita.

Aunque → EPAFRAS es la forma familiar de Epafrodito, no deben confundirse a estos personajes bíblicos, puesto que se trata de un nombre común.

EPICÚREOS Nombre de los adeptos del filósofo Epicuro (341–271 a.C.), quien fundó una de las escuelas más importantes de la filosofía griega. El principal interés de los epicúreos era la ética. Defendían la tesis hedonista: la búsqueda del placer como fin supremo de la vida. Su ideal era la paz del alma (*ataraxia*) en la que radicaba la felicidad, mediante la sabia ponderación del goce y el prudente dominio de sí mismo. Esta doctrina les condujo a un radical individualismo, pues el sabio debía mantenerse lejos de las luchas políticas y sociales, preferentemente sin formar familia. También les preocupaba liberar al hombre de todo temor, sobre todo al temor a los dioses y a la muerte.

Los epicúreos eran materialistas y negaban la supervivencia del alma más allá de la muerte. El alma humana (material), afirmaban, está constituida por átomos que se separan al cesar la vida y así el alma se desintegra. Por otra parte, sin ser ateos, rechazaban toda relación de Dios con el mundo (providencia). En los lugares celestes ciertamente existen los dioses, pero estos no se interesan por el hombre, ni participan en el gobierno del mundo. Por eso no hay que temerles.

La escuela epicúrea contó con numerosos discípulos sobre todo en el mundo helenístico, pero fue menos popular en Roma donde el → ESTOICISMO tuvo más amplia acogida. En la época del Nuevo Testamento los epicúreos eran bastante conocidos (Hch 17.18-34). Por supuesto, sus doctrinas metafísicas y sus ideales éticos estaban muy lejos del espíritu del evangelio y les chocaba el mensaje de Pablo que destacaba la resurrección y el juicio.

EPÍSTOLA Al principio «epístola» y «carta» eran sinónimos, pero con la publicación (siglo IV a.C.) de colecciones de las cartas de Isócrates y Platón, comenzaron a surgir un

El reverso de la carta a Afrodita, mostrando cómo dos piezas de papiro se juntaban de forma cruzada para crear material para la escritura.

estilo y una forma epistolares. La epístola llegó a ser el escrito extenso destinado a muchas personas, con valor didáctico y duradero. Como en tiempos antiguos no se conocía el papel, solían usarse tablas de arcilla y otros materiales (→ Escritura).

Casi todas las cartas mencionadas en el Antiguo Testamento son portadoras de malas noticias como la de David a Joab (2 S 11.14s), la de Jezabel acerca de Nabot (1 R 21.8-10) y la de Senaquerib a Ezequías (Is 37.10-14). La única carta semejante a una epístola es la del profeta Elías (2 Cr 21.12ss). La mayoría de las cartas se encuentran en Esdras, Nehemías y Ester.

Desde el descubrimiento de las cartas de la biblioteca de Mari, esta clase de literatura extrabíblica ha apoyado e iluminado los datos bíblicos. Las trescientas veinte tabletas de → El Amarna en Egipto reflejan las condiciones de Palestina en tiempos de la conquista. Los ostracones de → Laquis revelan el asombro y la angustia que causaron las invasiones asirias. Y desde Elefantina (400 a.C.), los papiros han permitido comprender mejor los tiempos pérsicos, griegos y romanos.

En el Nuevo Testamento la epístola llega a su apogeo como vehículo de revelación e incluso viene a ser un nuevo género literario. Veintiuno de los libros del Nuevo Testamento son Epístolas Generales o Católicas, atribuidas a distintos apóstoles.

Las epístolas ocupan un lugar en el canon porque han comprobado su poder inspirador en las iglesias. Cada una responde a necesidades concretas. Se leían en los cultos y casi desde su composición se aceptaron como Palabra de Dios (1 Ts 2.13; 1 P 1.12; 2 P 3.15ss).

Muchas epístolas se escribieron con la colaboración de secretarios o amanuenses, cuya intervención en la elaboración era a menudo considerable. En la providencia de Dios, algunas epístolas se han perdido, por ejemplo, dos de las cuatro que Pablo escribió a los → corintios (1 Co 5.9; 2 Co 7.8) y la enviada a los laodiceos (Col 4.16).

EPÍSTOLAS PASTORALES Último grupo de los escritos de Pablo, formado por 1 y 2 Timoteo y Tito. Su nombre obedece a que gran parte de su contenido trata del trabajo pastoral en la iglesia y de los deberes del ministerio cristiano.

Autor y fechas

Durante los últimos cien años, la paternidad paulina de las Epístolas Pastorales ha sido gran motivo de discusión. Algunos críticos las han atribuido a un autor desconocido del siglo II, pero esta opinión ya se desechó. Los críticos más prominentes en el Nuevo Testamento, aunque reconocen dificultades, afirman la paternidad paulina.

Cuando escribió 1 Timoteo y Tito, → PABLO no estaba preso; pero al escribir 2 Timoteo, no solo lo estaba, sino que presentía el final de su vida. De 1 Timoteo 1.3 se deduce que Pablo había estado cerca de Éfeso. Tito 1.5 indica que visitó Creta. Segunda de Timoteo 1.16s parece indicar una defensa preliminar y por 4.13 se sabe que estuvo en Troas (4.20). Todos estos hechos no caben en la narración dada en Hechos y, por tanto, no hay otra alternativa que presumir que a Pablo lo liberaron de su prisión en Roma y que desarrolló un corto período de actividad en el Oriente. Entre 63–67 d.C. sí es posible colocar los acontecimientos narrados en las Epístolas Pastorales. La crítica basada en las epístolas mismas recomienda una fecha de composición entre estos cinco años.

Los argumentos más importantes a favor de la autenticidad de las Epístolas Pastorales son:

1. Hay citas de las Epístolas Pastorales en Clemente de Roma, Ignacio, Policarpo, Pastor de Hermas, todos del siglo II.

2. El libro de Hechos, la tradición que fecha la muerte de Pablo en el 67 y la alusión de Clemente a un viaje de Pablo a España dan pie para suponer que Pablo sobrevivió a su primera prisión.

3. Primera de Timoteo 3.1-7 (cf. 5.17) y Tito 1.5-9 demuestran decididamente que las Epístolas Pastorales se escribieron cuando los obispos, ancianos y diáconos no formaban una jerarquía. La separación de estos cargos ocurrió en el siglo II, según Ignacio (*ca.* 110 d.C.).

4. La diferencia de tono entre el cristianismo de las Epístolas Pastorales y el del resto de las epístolas paulinas se explica porque aquellas se dirigen contra movimientos heréticos intracristianos y por su énfasis eminentemente práctico.

Características

La homogeneidad del grupo es mucho más marcada que en las otras epístolas paulinas; los críticos concuerdan en considerarlas como un todo. Su interés es precisar la organización de las iglesias y no tanto el mensaje cristiano.

Orientaciones teológicas

La verdadera doctrina se reconoce por su origen apostólico y por la piedad que la acompaña; no hay mucho interés en las manifestaciones pentecostales. Se mantiene la expectación escatológica, pero la tensión por la Segunda Venida de Cristo no es tan aguda. Surgen en el ambiente doctrinas heréticas (aunque estas no forman un movimiento como en Gálatas) cuyo carácter es difícil determinar. Subsisten las tesis fundamentales de la teología paulina, pero no hay exposiciones propiamente teológicas.

Estilo y vocabulario

El lenguaje es menos original; las fórmulas propiamente cristianas se reemplazan por términos literarios. Faltan la deducción y la demostración; las afirmaciones sustituyen a la argumentación dialéctica.

Análisis y contenido

De 1 Timoteo

Pablo escribió a Timoteo para animarle en la fe (1.18,19) y para que supiera cómo debía comportarse en la iglesia (3.15). Le da instrucciones sobre la oración pública, la elección de los líderes, el cuidado de las viudas, etc.; recalca la necesidad de una doctrina unida a una vida santa y lo alerta en contra de los falsos maestros.

1. Encabezamiento y saludo: 1.1,2
2. Lucha contra los falsos maestros: 1.3-20
3. Gobierno de la iglesia: 2.1–3.16
4. Polémica contra los herejes: 4.1-11; 6.3-10
5. Timoteo y el ministerio: 4.12–5.25
6. Conclusión: 6.20,21

De Tito

Por lo que podemos deducir, la visita de Pablo a Creta fue corta y por eso dejó a Tito para consolidar y extender la obra (1.5). El propósito de esta carta, escrita poco tiempo después de la partida de Pablo, fue autorizar e instruir a Tito para la reorganización de la iglesia en Creta. Aunque la mayor parte de la carta se dedica a los asuntos prácticos del ministerio, hay tres pasajes doctrinales importantes: 1.1-13; 2.11-14; 3.3-7.

1. Encabezamiento: 1.1-4
2. Circunstancias de la carta: 1.5-16
3. Exhortaciones y consejos: 2.1–3.14
4. Saludos: 3.15

De 2 Timoteo

Pablo se hallaba otra vez preso en Roma, esperando el final, cuando escribió esta epístola (4.6-8). Ruega a Timoteo que venga a verle trayéndole ciertos libros y su capa, pues se aproximaba el invierno (4.9-13). Toda la epístola es un llamado ferviente a la fidelidad a Cristo y a su evangelio, con nuevas advertencias sobre el peligro de índole moral y doctrinal. Por el tono emocional que embarga toda la carta, puede considerarse como el testamento de Pablo.

1. Encabezamiento y saludo: 1.1,2
2. Acción de gracias y entrada en el tema: 1.3-5
3. Exhortaciones a Timoteo: 1.6–2.13
4. Polémica contra los herejes: 2.14–3.17
5. Despedida de Pablo: 4.1-8
6. Conclusión: 4.9-22

Bibliografía:

J. Collantes, *La Sagrada Escritura*, B.A.C., Madrid, 1965. *NT* II, pp. 954-1096. G.T. Manley, (ed.), *Nuevo auxiliar bíblico*, Editorial Caribe, San José, 1958. *IB* II, pp. 471-484. *BC* VI, pp. 676-715. *INT.*

ERASTO (en griego, *amado*). Compañero de Pablo al que este, estando en Éfeso, envió con Timoteo a Macedonia (Hch 19.22). Tal vez sea el mismo Erasto del que se dice que «se quedó en Corinto» (2 Ti 4.20).

En Romanos 16.23 Pablo envía saludos a un Erasto que es «tesorero de la ciudad» (sin duda Corinto). Quizás sea el mismo que el antedicho, pero no hay pruebas finales. Erasto era un nombre muy común.

EREC Ciudad fundada por Nimrod, 65 km al nordeste de Ur, al norte del Éufrates (Gn 10.10). Es uno de los lugares al que llegaron los colonos que llenaron el vacío en Samaria cuando en 722 deportaron a los principales israelitas (Esd 4.9).

La primera civilización erecita, la ubaidana, se remonta al año 4000 a.C. De Erec provienen una escritura más antigua que la cuneiforme y los primeros sellos cilíndricos que conocemos. Fue capital de varias dinastías sumerias y hogar del famoso rey Gilgamis.

ERIZO Mamífero roedor que habita en lugares desolados. Se menciona en relación con la destrucción de Babilonia (Is 14.23),

---

El puerco espín es el roedor más grande en Israel.

Foto de Amikam Shoob

Edom (Is 34.11) y Nínive (Sof 2.14). El nombre es traducción del hebreo *qippod* y parece ser lo más indicado en Is 34.11, pero en Is 14.23 y Sof 2.14 algunos lo traducen por «alcaraván», porque el contexto sugiere una especie de ave. En Lv 11.30 el hebreo *anaqa* no es erizo, sino un mamífero pequeño como el hurón o la salamanquesa.

ESAR-HADÓN Rey de Asiria y Babilonia (681–669 a.C.); hijo de Senaquerib y padre de Asurbanipal.

Cuando sus dos hermanos, Adramelec y Sarezer, asesinaron a su padre mientras

Un monumento honrando al rey Esar-hadón de Asiria, que muestra a los súbditos arrodillados ante él y símbolos de sus dioses paganos en la esquina superior.

rendía culto en el templo de Nisroc (Is 37.38) y en abierta pugna se disputaban el reino, Esar-hadón salió de su escondite para poner fin a la contienda y ocupar el trono. En vida, su padre lo había designado príncipe heredero y lo había hecho reconocer como tal por sus hermanos y por los altos funcionarios del reino. Esar-hadón no tuvo mayores dificultades en tomar Arbela, Asur y Nínive, con lo cual terminó la guerra civil, ya que Babilonia lo acató sin reparos.

Una vez en el trono, emprendió sus campañas hacia el oeste con el fin de pacificar Sidón, Kundi y a los árabes. En el prisma de barro cocido en que se describen sus hazañas, hay una lista de sus vasallos en que se encuentra el nombre de Manasés, rey de Judá.

ESAÚ (*velludo*, porque «era todo velludo como una pelliza», Gn 25.25). Hijo mayor de → ISAAC y → REBECA, gemelo de → JACOB. También se llamaba Edom, que significa «rojo», por haber comprado el guiso rojo de Jacob (25.30). Era una persona del campo, adiestrado en la caza y el hijo predilecto de su padre (25.27,28). Pero la supremacía de su hermano menor la predijo Dios antes de su nacimiento (25.23).

En la historia sagrada se le conoce por dos actos que revelan la debilidad de su carácter: 1) por haber vendido su primogenitura y 2) por haber perdido la bendición de su padre.

Cuando Esaú volvió cansado del campo, vendió su primogenitura a Jacob por un potaje. De esta manera sacrificó los privilegios y derechos que le correspondían como hijo mayor (25.27-34). Luego, Jacob, engañando sutilmente a su anciano padre, le arrebató a Esaú la bendición paternal. Airado, Esaú resolvió matar a Jacob, quien se vio obligado a huir (27.1-46). Veinte años después, Esaú se reconcilió con su hermano cuando este regresó de Padan-aram con su familia.

ESCARLATA Sustancia colorante animal. Los vocablos hebreos traducidos por escarlata también se traducen a veces por «carmesí» y «grana». Antes de conocerse los tintes artificiales, para los colores se dependía de fuentes naturales. La escarlata se obtenía mediante la pulverización de la cochinilla, insecto rojo que los orientales denominaban «gusano escarlata».

El color es notable por su atractivo y brillantez, y se usaba en tiempos bíblicos para engrandecer a los nobles y reyes (Dn 5.29; Mt 27.28); insinuar los misterios del culto levítico (Éx 25.4); poner de relieve el encanto de los labios de la amada (Cnt 4.3); destacar el horror del pecado (Is 1.18); señalar el desafío violento de la bestia apocalíptica (Ap 17.3) o las escandalosas ofensas de «la mujer escarlata» (Ap 17.4). (→ COLORES.)

ESCEVA Judío, «jefe de los sacerdotes» y padre de los siete → EXORCISTAS ambulantes mencionados en Hch 19.13-19. Posiblemente pertenecía a una familia de la que solían escogerse sumos sacerdotes, o quizás su título era una autodenominación para promover el negocio fraudulento de la familia. Los milagros de Pablo (vv. 11,12) impresionaron a los hijos de Esceva y la derrota de dos de ellos llenó de temor a la gente (vv. 17-19). Los manuscritos griegos presentan numerosas variantes en su relación con este episodio.

En Israel hay varias especies de escorpión. Su picada es venenosa, pero generalmente no es fatal para los seres humanos (Dt 8.14-15).

Foto de Gustav Jeeninga

ESCITAS Pueblo que habitaba las regiones al norte del Cáucaso y que en el siglo VIII a.C. invadió las tierras bíblicas, aliándose con los asirios frente a los medos y caldeos. Al menos una vez, en el siglo VII a.C., invadieron a Siria Palestina y llegaron a Egipto, donde el faraón detuvo su avance mediante el pago de un tributo.

Al consolidarse el Imperio Persa en el siglo VI a.C., los escitas fueron derrotados y regresaron al norte del Cáucaso. Durante los primeros años de nuestra era, se daba el nombre de «Escitia» a una vasta región al sudeste de Europa y Asia central. A los escitas se les consideraba como el prototipo de la barbarie, y así emplea Pablo el término en Col 3.11. En el Antiguo Testamento se les alude bajo el nombre de → «ASKENAZ» (Gn 10.3; 1 Cr 1.6; Jer 51.27).

ESCLAVO/A → SIERVO/A.

ESCOL (*racimo [de uvas]*).

1. Hermano de Mamre y Aner. Eran los tres aliados amorreos de Abraham durante la batalla en la que se liberó a Lot (Gn 14.13,24).

2. Valle de Canaán, a donde los espías israelitas llegaron de Hebrón (Nm 13.23,24; Dt 1.24). Lo llamaron Escol por el racimo de uvas que trajeron de allí. Era tan grande que tuvieron que colgarlo en un palo y transportarlo entre dos. Prueba de la abundancia que esperaba a Israel en la tierra prometida. Las viñas de la región de Hebrón todavía son famosas. El arroyo de Escol (Nm 13.23) se volvía torrente (Nm 32.9) en tiempos de lluvia.

ESCORPIÓN Insecto de la clase de los arácnidos, muy numerosa en Palestina. Es parecido al langostín acuático por su larga cola, la cual dobla bruscamente y termina en un garfio como estilete con el que inyecta una sustancia muy venenosa (Ap 9.3-5). Vive en las grietas, entre las rocas, en la tierra reseca y debajo de las hojas. Hay ocho especies distintas, de diferentes colores.

En las Escrituras el escorpión se menciona muchas veces y en diferentes sentidos. Ilustra literalmente los peligros del desierto (Dt 8.15), pero también es figura de la actitud de los enemigos (Ez 2.6; Lc 10.19).

ESCRIBA Persona cuya profesión era estudiar detalladamente las → ESCRITURAS. Originalmente el escriba era una persona que llevaba registros escritos. Algunas veces el Antiguo Testamento emplea el término con este sentido (por ejemplo, Jer 36.26; Ez 9.2). Pero durante el cautiverio cambió radicalmente el carácter de la religión de Israel y los escribas llegaron a tener mayor importancia. Antes del cautiverio el centro de la religión de Israel era el templo, con su ritual y sus sacrificios. Durante el cautiverio, puesto que no era posible acudir al templo (que en todo caso lo habían destruido), el pueblo tendió a estudiar asiduamente el texto de la → LEY y los antiguos relatos del éxodo y la conquista.

Estos escritos, a falta del templo, le dieron coherencia al pueblo cautivo, pero necesitaron estudio, interpretación y diseminación, tarea que los escribas cumplieron cabalmente. Recopilaron los materiales dispersos que a la larga vinieron a formar el Antiguo Testamento; los copiaron repetidas veces para asegurarse de que los textos sagrados llegaran a las nuevas generaciones con la mayor pureza posible (→ TEXTO DEL ANTIGUO TESTAMENTO). Tal fue la importancia de los escribas durante el cautiverio, que cuando Israel regresó a Palestina, la figura preponderante de la nueva época era el escriba → ESDRAS.

Si bien los escribas en un principio descendían de sacerdotes, pronto llegaron a formar una clase aparte y comenzaron a chocar con aquellos. Este conflicto se agudizó durante la época de los → MACABEOS, cuando los escribas se oponían a la tendencia de los sacerdotes de colaborar con las presiones helenizantes del exterior. Por tanto, los escribas eran vistos como paladines de la obediencia a la Ley y de la integridad de la cultura hebrea. Elaboraron el culto de la → SINAGOGA y algunos servían en el sanedrín (→ CONCILIO).

Por otra parte, en sus intentos por hacer la Ley claramente aplicable a problemas cotidianos (de allí su nombre «legistas» o «doctores de la ley») los escribas cayeron a menudo en un legalismo extremo. Entonces se dedicaban a discutir si era lícito comerse un huevo que una gallina pusiera un sábado y otras cuestiones del mismo tenor. En esta tendencia coincidían con los → FARISEOS, a cuyo partido parece haber pertenecido la mayoría de los escribas. Hay, sin embargo, algunos indicios de que no todos eran fariseos (por ejemplo, Mc 2.16); se discute si había escribas saduceos también.

En el Nuevo Testamento, los escribas aparecen a veces como villanos cuyo interés es probar a Jesús planteándole preguntas comprometedoras. Pero algunos escribas eran dignos de admiración y al menos uno quiso seguir a Jesús (Mt 8.19).

ESCRITURA Método de comunicación entre personas que no pueden hablarse directamente porque las separan el espacio o el

Mesas y bancos restaurados que los escribas utilizaban para escribir en el monasterio judío de Qumrán. Quizás muchos de los rollos del mar Muerto descubiertos en Qumrán se escribieron en escritorios como estos.

tiempo. Consiste en una serie de símbolos concertados de antemano, mediante los cuales se representan ideas o palabras.

En su forma primitiva, la escritura era ideográfica: requería un símbolo para cada idea. Dichos símbolos debían tener una conexión clara con la idea que representaban, por ejemplo, un sol para expresar «luz». Después la escritura se hizo fonética y representaba más bien sonidos que ideas. Y por fin la escritura se perfeccionó con la creación del → ALFABETO.

Desde 3000 a.C. la escritura caracteriza a las civilizaciones del Cercano Oriente. La escritura cuneiforme de Mesopotamia fue la más divulgada, y la usaron idiomas como el sumerio, el acádico, el hurrita, el hitita, el persa y el ugarítico. La escritura jeroglífica egipcia tiene casi tan larga historia como la cuneiforme aunque su divulgación fue más restringida. Nuestra escritura y nuestro → ALFABETO descienden directamente de los fenicios.

Una hoja de papiro del siglo III d.C., mostrando partes de Efesios y Gálatas escritos en el idioma griego.

Foto: *Universidad de Michigan*

Los materiales que se han usado para escribir han variado con el correr de los siglos. En cierta medida la naturaleza de estos materiales ha determinado muchos aspectos de la escritura. Quizás el material más antiguo sea la piedra, que desde tiempos remotos y en lugares tales como el antiguo Egipto, se utilizó para hacer inscripciones en tumbas, templos y otros monumentos. En la Biblia se menciona la escritura en piedra, por ejemplo, en Éx 24.12.

En Mesopotamia, donde la piedra era escasa, se escribía sobre barro. Este barro se preparaba en tabletas, y sobre ellas se iban haciendo signos hundiendo la punta de un cálamo (caña cortada oblicuamente a su base), de modo que dibujaba una complicada serie de signos de forma de cuña. De ahí que a esta escritura se le denomine «cuneiforme».

El material que a la larga resultó más útil, y sobre el cual se desarrolló el método de escritura que perdura hasta hoy, fue el papiro, palabra de la que se deriva «papel». La planta del papiro era común en Egipto, y con ella se elaboraba un material parecido a nuestro papel, sobre el cual era posible escribir con tinta y podía enrollarse en grandes → LIBROS. Otro material sobre el que se escribía también con tinta era el cuero. A veces, en lugar de curtirlo, se raspaba hasta que quedaba liso y seco. El cuero preparado de este modo también se llamaba «pergamino».

Además de estos materiales, en el mundo bíblico se usaron pedazos de cerámica, metales, madera, etc. De todos estos, el más común fue la cerámica, por su bajo costo.

En el Cercano Oriente antiguo la gente escribía lo que consideraba importante recordar y conservar. En la Biblia la escritura ha sido el medio adecuado para conservar la revelación divina desde el Pentateuco hasta el Apocalipsis.

ESCRITURAS Término empleado en distintas religiones para referirse a sus propios libros sagrados. Así, por ejemplo, las Escrituras del Islam son el Corán. En el Nuevo

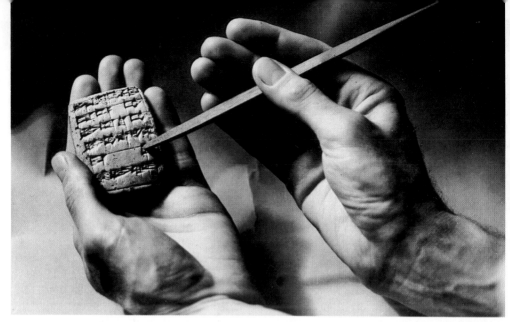

Caracteres cuneiformes antiguos se imprimían en tabletas de barro fresco por medio de un cálamo. Después se horneaban las tabletas para formar una pieza de escritura prácticamente indestructible.

Testamento este término designa los libros sagrados del judaísmo, es decir, el Antiguo Testamento, aunque ya en 2 P 3.16 las Escrituras incluyen las epístolas paulinas. En el siglo II d.C. los cristianos empleaban el mismo término para referirse tanto al Antiguo Testamento como a varios de los libros que después formaron el Nuevo Testamento (→ CANON DEL NUEVO TESTAMENTO). A veces se emplea también para referirse a una de las tres divisiones principales del Antiguo Testamento, que serían entonces: Ley, Profetas y Escrituras. (→ CANON DEL ANTIGUO TESTAMENTO.)

Lucas, al destacar la unanimidad del testimonio de las Escrituras respecto a Jesucristo (18.31; 21.22; 24.44; etc.) emplea la expresión «todo lo que está escrito». Pablo prefiere «la Escritura», frase a la que incluso llega a personificar (Gl 3.8,22; cf. Ro 11.2). Muy pocas veces «la Escritura» se refiere a un texto particular del Antiguo Testamento (por ejemplo, Mc 12.10; Jn 19.37). De esto se infiere que la iglesia se interesaba menos en demostrar la correspondencia existente entre un detalle del libro sagrado y otro de la vida de Jesús, que en subrayar la correspondencia

fundamental entre la → PALABRA DE DIOS de antaño y la nueva palabra pronunciada en el Hijo. (→ BIBLIA.)

ESCUDO Arma defensiva del → SOLDADO antiguo, de forma ovalada, redonda o rectangular que se hacía de metal, madera o cuero. Se sujetaba al brazo mediante correas.

El escudo protegía al soldado de las flechas, dardos y piedras del enemigo (Is 37.33). Los infantes de la vanguardia llevaban escudos grandes para cubrirse casi todo el cuerpo, pero los flecheros en la retaguardia solo tenían escudos pequeños. En el tiempo del rey Roboam ya se hacían escudos de metal (1 R 14.27) y a veces de metal precioso para adorno (2 Cr 9.16).

En sentido figurado Dios se llama el escudo o protector de su pueblo (Gn 15.1; Sal 84.9). Pablo usa el escudo del soldado romano como símbolo de la fe del cristiano que es capaz de apagar los dardos del diablo (Ef 6.16). (→ ARMADURA.)

ESCUELA Poco sabemos sobre la instrucción que se daba a los niños en la época antigua de Israel, pero seguramente se les enseñaba a leer y a escribir. Los padres hacían parte de esta tarea (Gn 18.19; Dt 6.7) y quizás había en los santuarios una especie de escuela cuyos maestros eran los sacerdotes o profetas (Jer 18.18). Sin duda había analfabetos en Palestina. Se calcula que solo el dos por ciento de la población sabía leer y escribir.

Después del destierro, la sinagoga realizó las funciones de verdadera escuela. Al menos durante el sábado el *hazzan* (sacristán) se encargaba de enseñar a los niños (varones) a escribir. Sin embargo, no fue sino hasta el siglo I d.C. cuando se fundaron escuelas para niños. El Talmud se refiere a ellas y dice, por ejemplo: «A partir de los siete años hay que recibir al niño como alumno y alimentarlo con la Ley como se alimenta al ganado». Y en otro lugar: «Los padres se limitan a dar al hijo la vida de este mundo, mientras que el maestro lo guía hacia la vida del mundo futuro». En estas clases, la instrucción no dejó de ser rudimentaria. Consistía en ejercicios de lectura, escritura y memorización de los principales pasajes de la Ley.

Los escribas dirigían escuelas superiores en las que con mucho celo interpretaban la Escritura y la → TRADICIÓN. Sus exposiciones de casuística suscitaban a veces discusiones apasionadas que degeneraban en disputas. Los → MAESTROS más célebres reunían en torno suyo a discípulos procedentes de todo el país (Hch 23.2; → RABÍ). Su enseñanza solía ser gratuita porque se ganaban la vida ejerciendo un oficio secular. Daban mucha importancia a la memoria, a la repetición exacta de sus aplicaciones y comparaban a sus alumnos más destacados con «cisternas bien revestidas de cemento, que no pierden ni una sola gota de agua». (→ TIRANNO.)

ESCUPIR Desde tiempos antiguos, en Oriente el acto de escupir en la cara era signo de profunda enemistad (Nm 12.14). Los soldados que torturaron a Jesucristo antes de la crucifixión, lo sometieron a esta clase de infamia.

Jesús escupió en los ojos de un ciego para devolverle la vista (Mt 8.23), y en otra ocasión escupió en tierra e hizo lodo con el que curó a otro ciego (Jn 9.6).

ESDRAELÓN → JEZREEL.

ESDRAS, APÓCRIFOS DE → APÓCRIFOS DEL ANTIGUO TESTAMENTO

ESDRAS (*[Jehová] ayuda*).

1. Descendiente de Judá (1 Cr 4.17).

2. Uno de los sacerdotes que regresaron de la cautividad con Zorobabel (Neh 12.1). En Nehemías 10.2 lo llaman Azarías.

3. Escriba y sacerdote que encabezó al grupo de cautivos judíos que regresó a Jerusalén a comprometerse a obedecer la ley de Dios. Junto con → EZEQUIEL, a Esdras se le considera el «padre» del judaísmo del poscautiverio. De todos los calificativos que se le han dado (escriba [Esd. 7.12], sacerdote [7.1-5], erudito y estadista) quizás el que mejor lo define sea el de «reformador religioso». Pasó la mayor parte de su vida en → BABILONIA, donde sin duda sirvió en el gobierno persa como ministro encargado de los asuntos judíos. Así alcanzó el título de «erudito en la ley del Dios del cielo» (Esd 7.12).

En 458 a.C., el séptimo año del entonces rey de Persia, → ARTAJERJES I, Esdras consiguió permiso, dinero y otras ayudas del rey, y se encaminó a Jerusalén al frente de un grupo formado en su mayoría por repatriados, sacerdotes y levitas (Esd 7.7), a fin de continuar la reconstrucción del país que → ZOROBABEL inició en 537–515 a.C. Al llegar a Jerusalén ofreció sacrificios al Señor (Esd 8.35) y presentó en seguida, a las autoridades persas, las cartas credenciales que lo autorizaban para iniciar labores en bien de su país (Esd 8.36). Cumplidas estas formalidades, espirituales y de orden político, Esdras investigó la situación de los judíos que vivían en la Tierra Santa. Al descubrir la baja condición moral del pueblo, elevó a Dios una ferviente oración de gratitud por el «remanente» y pidió perdón por los pecados cometidos

(Esd 9.5-15). Fue tan intensa esta oración que el pueblo en masa se conmovió y ofreció colaborar con el caudillo en todas las reformas que introdujera, siendo la mayor de ellas el → DIVORCIO de las mujeres no judías (Esd 10.1-44).

Según parece en una segunda misión a la Tierra Santa, en 444 a.C., Esdras sintió la urgente necesidad de proclamar el mensaje de las Escrituras en medio del pueblo. Un día «juntó a todo el pueblo como un solo hombre» en una de las plazas de la ciudad leyó ante hombres, mujeres y niños el «libro de la ley», «desde el alba hasta el mediodía», y «los oídos del pueblo estaban atentos al libro de la ley». Como dentro del inmenso auditorio había gente que no entendía el → HEBREO en que la Ley se escribió, se consiguió a un selecto grupo de intérpretes para decir al pueblo, en lengua conocida (→ ARAMEO), todo cuanto el sacerdote leía (Neh 8.1-18). Movido por el mensaje de las Escrituras, todo el pueblo confesó sus pecados (Neh 9.1-37). Una vez hecha su reforma, Esdras desaparece de la historia.

Uno de los libros de las Sagradas Escrituras lleva el nombre de Esdras. Se le atribuye otra lista de libros que no forman parte del canon bíblico, incluyendo el conocido como 1 Esdras entre los libros intertestamentarios apócrifos (→ NEHEMÍAS).

ESDRAS, LIBRO DE Libro histórico del Antiguo Testamento que describe el regreso de los judíos a su patria tras un largo cautiverio en Babilonia. Toma el nombre de su autor y protagonista, el escriba y sacerdote Esdras, quien guió a los cautivos a regresar a su patria a reconsagrarse a la obediencia de la ley de Dios.

Estructura del libro

Los diez capítulos de este libro se dividen perfectamente en dos partes principales. La primera abarca los capítulos del 1 al 6, que registran la llegada a Jerusalén del primer grupo de cautivos, con Zorobabel a la cabeza, allá por el 538 a.C. Una de las rarezas del libro de Esdras es que hay un abismo de ochenta años entre sus dos partes principales.

El libro comienza con una breve introducción que explica cómo se produjo el primer regreso de cautivos. Ciro, rey de Persia hizo una proclamación en la que se permitía a los judíos regresar a Jerusalén a emprender la reconstrucción del templo y a volverse a establecer en su tierra natal. Como cincuenta mil personas regresaron con Zorobabel, ciudadano romano a quien Ciro nombró gobernador de Jerusalén (2.64-67). Llegaron allá por el 548 a.C. y se pusieron a trabajar en el proyecto de reconstrucción. A pesar de varias astutas maniobras políticas de sus adversarios, el trabajo siguió adelante a toda marcha hasta que se terminó de restablecer completamente el templo allá por el año 515 a.C. (6.13-15).

La segunda parte importante del libro (capítulos 7—10) relata la llegada de Esdras a Jerusalén al frente de otro grupo de cautivos, como sesenta años después de la terminación de la reconstrucción del templo. Así como Zorobabel había conducido al pueblo a reconstruir la casa de Dios, la misión de Esdras era guiar al pueblo a un reencuentro con Dios y su ley. Esdras luchó junto con otro líder judío, → NEHEMÍAS, por implantar reformas religiosas en el pueblo durante ese período. Por el libro de Nehemías (→ NEHEMÍAS, LIBRO DE; Neh 8.1-8) nos enteramos de que Esdras le leyó al pueblo el libro de la Ley (Génesis, Éxodo, Levítico, Número y Deuteronomio). Esta fue la chispa que prendió en Jerusalén el gran avivamiento religioso cuando el pueblo prometió otra vez obedecer la Ley de Dios, confesó sus pecados (Neh 9.1-3) y renovó el pacto con su Redentor (Neh 10).

Nos cuentan los dos últimos capítulos de ese libro que Esdras se molestó con los judíos que se habían casado con mujeres que no eran judías. Llevó a esos hombres a arrepentirse y divorciarse de sus esposas paganas (10.6-44).

ESDRAS:
Un bosquejo para el estudio y la enseñanza

Primera parte:
La restauración del templo de Dios
(1.1—6.22)

I. El primer retorno a Jerusalén
   bajo Zorobabel . . . . **1.1—2.70**
   A. Decreto de Ciro 1.1-4
   B. Regalos de Israel y Ciro. 1.5-11
   C. Censo del pueblo que retornó. 2.1-63
      1. El pueblo que podía probar
         su descendencia 2.1-58
      2. El pueblo que no podía probar
         su descendencia 2.59-63
   D. Se completa el retorno 2.64-70
      1. El pueblo que regresó. 2.64-67
      2. Los dones que dio el pueblo 2.68-70
II. La construcción del templo . . . . **3.1—6.22**
   A. Construcción del fundamento del templo. . . 3.1-13
      1. Preparación espiritual del pueblo. 3.1-6
      2. Se completa el fundamento del templo. . . 3.7-13
   B. Interrupción de la construcción del templo. . . 4.1-24
      1. Oposición bajo Darío 4.1-5
      2. Oposición tardía bajo Asuero. 4.6
      3. Oposición tardía bajo Artajerjes 4.7-23
      4. Interrupción de la construcción bajo Darío . . . 4.24
   C. Se termina el templo . . . . 5.1—6.18
      1. Se empieza nuevamente a construir
         el templo 5.1-2
      2. Oposición a la construcción del templo. . . 5.3-17
      3. Confirmación de la construcción
         del templo 6.1-12
      4. Se termina el templo 6.13-15
      5. Dedicación del templo 6.16-18
   D. Celebración de la Pascua 6.19-22

Segunda parte:
La reforma del pueblo de Dios
(7.1—10.44)

I. El segundo retorno a Jerusalén
   bajo Esdras . . . . **7.1—8.36**
   A. El decreto de Artajerjes 7.1-28
      1. Calificaciones de Esdras 7.1-10
      2. Carta de Artajerjes 7.11-26
      3. Respuesta de Esdras 7.27-28
   B. Censo de los israelitas que retornaron 8.1-14
   C. Preparación espiritual para el retorno 8.15-23
      1. Adquisición del liderazgo del templo . . 8.15-20
      2. Proclamación de un ayuno 8.21-23
   D. Se completa el retorno 8.24-36
II. La restauración del pueblo . . . . **9.1—10.44**
   A. Matrimonios mixtos en Israel 9.1-2
   B. Esdras intercede con Dios 9.3-15
      1. Lamento de Esdras 9.3-4
      2. Confesión de Esdras. 9.5-15
   C. Reforma de Israel 10.1-44
      1. Israel se lamenta 10.1-2
      2. Se instituye el Pacto 10.3-5
      3. Solución para los matrimonios mixtos . . . 10.6-44

E

Autor y fecha

Tradicionalmente se ha aceptado a Esdras como el autor de este libro, así como del otro que le sigue, Nehemías. En el Antiguo Testamento hebreo, Esdras y Nehemías aparecen como un solo libro. Se cree que se escribió a finales del siglo V a.C. (→ ESDRAS-NEHEMÍAS, LIBROS DE.)

Marco histórico

El libro de Esdras pertenece al poscautiverio. Estos fueron los años después que un remanente de la nacionalidad regresó a Jerusalén tras varias décadas de cautiverio en Babilonia. El regreso se produce después de que el Imperio Persa tomó a Babilonia. A diferencia de los babilonios, los persas permitían a los países vasallos que vivieran en sus territorios bajo un gobernador. Los persas también practicaban la tolerancia religiosa, y permitían que cada nación adorara a su dios. Esto explica la proclamación de Ciro de Persia, que permitió al pueblo judío regresar a Jerusalén y reconstruir el templo. Ciro hasta devolvió los tesos del templo que los babilonios se habían llevado cuando destruyeron a Jerusalén (1.7-11).

Aporte a la teología

El tema del libro de Esdras en la restauración del remanente del pueblo del pacto en Jerusalén en obediencia a la Ley de Dios. Muestra claramente que Dios había intervenido para preservar a Su pueblo, aun cuando estaban cautivos en un país pagano. Pero en su ausencia, el pueblo no había podido adorar como cuando adoraba en el templo. Solo en el templo de Jerusalén, pensaban, se podía ofrecer la verdadera adoración y el verdadero sacrificio al Dios Redentor. De ahí que la reconstrucción del templo fuera tan importante. En él podrían restaurar la adoración de Dios y reencontrar su verdadera identidad como pueblo de Dios en el mundo.

El libro de Esdras también enseña una gran lección sobre la providencia de Dios. Varios diferentes reyes persas se mencionan en este libro. Cada rey jugó un papel importante en cuanto al regreso a Jerusalén del pueblo del pacto y la reconstrucción del templo como centro de la vida religiosa judía. Esto demuestra que Dios puede valerse de los paganos para cumplir su voluntad en cuanto a la vida de su pueblo.

Otros puntos importantes

Muchos eruditos creen que el pueblo judío en Babilonia era muchas veces los más o menos cincuenta mil que regresaron a Jerusalén con el primer grupo dirigido por Zorobabel (2.64-67). Esto indica que la mayoría de ellos probablemente se habían acomodado a la vida en aquellas regiones. O quizás la seguridad de su posición allí les atraía más que la incertidumbre que implicaba vivir en Jerusalén, ciudad que la mayoría de ellos nunca había visto.

A muchas personas les molesta la forma en que Esdras trató a las mujeres paganas con quienes muchos judíos se habían casado (10.10-19). ¿Cómo pudo ser tan cruel en insistir en que las abandonaran a su suerte? Esto hay que entenderlo a la luz de la situación extremadamente precaria que enfrentaba la comunidad judía de Jerusalén después del cautiverio. Solo un pequeño remanente del pueblo del pacto había regresado, y era importante que a cualquier costo se mantuvieran alejados de la idolatría y las influencias culturales de otros pueblos. Esdras debe haber pensado, también, que eso precisamente era lo que había conducido a la anterior destrucción de la nación judía. Sin embargo, los horrores de la derrota y el cautiverio parecían no haberle enseñado al pueblo la lección. Esdras estaba determinado a poner el parche antes de que saliera la llaga.

ESDRAS-NEHEMÍAS, LIBROS DE

Originalmente los libros de Esdras y Nehemías formaban parte de una sola obra. Los manuscritos hebreos más antiguos que poseemos no dividen estos libros. Esa realidad es reconocida por varios documentos antiguos, tanto judíos como cristianos. El Talmud Babilónico representa esta tradición y afirma que Esdras es el autor de la obra. Josefo (escritor judío del primer siglo de la era cristiana) y Eusebio (autor cristiano del siglo IV) comparten la misma opinión. Las más antiguas listas de los libros canónicos se refieren a los libros de Esdras y Nehemías como el «libro de Esdras». El texto hebreo, conocido como «texto masorético», tiene solo una suma de versículos para los dos libros, al final del libro de Nehemías (685 en total), e identifica a Neh 3.22 como el versículo que está al centro de toda esta obra. Tanto la traducción griega, conocida como la Septuaginta (LXX), como la traducción latina, conocida como la Vulgata (V), reconocen la unidad que forman los libros de Esdras y Nehemías.

Posiblemente fue Orígenes el primero en dividir los libros de Esdras y Nehemías en dos libros. San Jerónimo reconoció esa división y la incorporó en su traducción al latín como el primer y segundo Libro de Esdras. Basados en esa división del texto bíblico, Martín Lutero y Casiodoro de Reina identificaron el segundo Libro de Esdras como el Libro de Nehemías.

Autor y fecha
Autoría

Hay varias teorías en torno a quién es el autor de esta obra, teorías que tratan de explicar las dificultades textuales, cronológicas y lógica que presenta la narración.

El Talmud Babilónico indica que Esdras fue el autor de los libros de Esdras y Nehemías y también de los libros de las Crónicas. Tal vez esa afirmación está relacionada con la gran estimación y el respeto que tenía la figura de Esdras en el desarrollo del judaísmo rabínico. Varios eruditos modernos aceptan esta teoría, pero reconocen que no ha sido posible explicar adecuadamente las dificultades internas de los libros. Todavía, afirman, hay que explicar el problema textual de Esdras 7.7-8; el papel que desempeñó Esdras en la dedicación del muro (véase Neh 12.36); el problema de quién llegó primero a Jerusalén, Esdras o Nehemías.

Una segunda teoría en cuanto al autor de estos libros indica que Esdras y Nehemías supervisaron la redacción de los libros que llevan sus nombres. Aunque un estudio crítico revela algunas diferencias en el lenguaje, estilo e intereses entre ambos libros, también manifiestan continuidad en el proceso de redacción. Esta teoría afirma la integridad literaria de cada libro, pero no explica la continuidad temática, teológica y estructural que presentan.

Una tercera teoría indica que los libros de Crónicas, Esdras y Nehemías son obras del mismo autor, que se identifica como «el cronista». Esta teoría, ampliamente aceptada en diversos círculos teológicos contemporáneos, se fundamenta en varios puntos importantes: la totalidad de la crónica (1 y 2 Crónicas y Esdras-Nehemías) presenta la historia de Israel de una forma casi siempre continua; el libro de Esdras no solo comienza su narración donde termina 2 Crónicas, sino que incluso repite su último párrafo (cf. 2 Cr 36.22-23 y Esd 1.1-3a); el estilo literario de toda esta obra cronista es similar, con la excepción de las memorias de Nehemías que presentan un estilo propio y singular; el estudio lingüístico de toda la obra cronista ha identificado una lista de palabras y frases que se usan con un mismo significado; algunos de los temas importantes que aparecen en los libros de las Crónicas se incluyen nuevamente en Esdras y Nehemías; además, la forma similar en que los libros de Crónicas, Esdras y Nehemías hacen uso de las listas y las fuentes históricas ha sido entendida como una prueba adicional para identificar la paternidad literaria de toda esta obra.

Es importante comprender que muchas veces el título de un libro hace referencia a los protagonistas, no a los autores.

Fecha

La identificación de la fecha de composición de esta obra está relacionada con las teorías que se hayan aceptado en cuanto al autor y, sobre todo, en torno al cambio textual en Esdras 7.7-8.

Para la identificación de una fecha de composición de estos libros, los siguientes aspectos deben tomarse en consideración: la lista de la descendencia de David, según 1 Crónicas 3.24, finaliza con los hijos de Elioenai, cuyo hijo menor nació alrededor del año 405 a.C.; las listas que aparecen en Esdras 10.6 y Nehemías 12.10-11, 22, identifican a Johanán como el último sumo sacerdote. Los documentos descubiertos en Elefantina indican que en el año 14 del rey Darío II, o sea el año 411 a.C., él era el sumo sacerdote; el último rey persa que se menciona (Neh 12.22) es Darío II (424–405 a.C.); además, no hay referencia a Bigvai, quien era gobernador de Judá en el año 408 a.C. en los libros de Esdras y Nehemías. A esta lista debemos añadir que el hebreo usado en estos libros revela la influencia de la cultura persa; además, adolece de la influencia griega, la cual comenzó con la conquista de Alejandro el Grande en el año 333 a.C.

Aunque no podemos identificar una fecha exacta en cuanto a la composición de esta obra literaria, el cronista debe haber agrupado la mayor parte de los libros de Esdras y Nehemías alrededor del año 400 a.C. No descartamos la posibilidad de que algunas porciones se hayan añadido a esta obra durante la primera parte del siglo IV a.C.

Otros puntos importantes

Un problema serio, que aún no tiene solución final, está relacionado con la cronología que se presenta en los libros de Esdras y Nehemías. La dificultad no consiste en identificar la fecha de la llegada de Nehemías. Según el testimonio de la Biblia, Nehemías llegó a Jerusalén el vigésimo año del rey Artajerjes I, o sea, el año 445 a.C., y regresó a la ciudad de Susa algún tiempo después del año 32 de ese mismo rey, o sea, el año 433 a.C. (véanse Neh 2.1; 13.6). Además de las referencias bíblicas, los descubrimientos arqueológicos en la isla de Elefantina, en Egipto, parecen corroborar estas fechas.

La dificultad real surge al tratar de identificar la fecha de llegada de Esdras a Jerusalén.

Este problema contiene una serie de dificultades técnicas, textuales, teológicas y lógicas que hace imposible determinar con certeza absoluta una solución. Para responder a este problema se han propuesto tres posibles fechas para identificar la llegada del famoso reformador.

Primera teoría

Esdras llegó antes que Nehemías, en el año 458 a.C. Este punto de vista refleja la teoría tradicional, que se fundamenta en la identificación del rey que se menciona en Esdras 7.7-8 como Artajerjes I. Este reinó sobre el Imperio Persa durante los años 465-424 a.C. El séptimo año del rey sería entonces el año 458 a.C. Según esta teoría Esdras comenzó su reforma religiosa aproximadamente trece años antes de la llegada de Nehemías a Jerusalén.

Esta teoría cobra fuerza si se toman en consideración los siguientes puntos: el orden que presentan los libros de Esdras y Nehemías parece indicar que las reformas religiosas de Esdras precedieron a las administrativas y políticas de Nehemías; en tiempos de Nehemías existía algún material relacionado con el culto, posiblemente como producto de la labor de Esdras (véase Esd 7.14-22); la sorpresa de Esdras al encontrar en Jerusalén el problema de los matrimonios mixtos, no puede explicarse si Nehemías le hubiese precedido (véanse Esd 9-10; Neh 10.31).

Para algunos estudiosos esta teoría es muy difícil de aceptar por dos razones fundamentales: en las memorias de Nehemías no se hace mención alguna de las reformas religiosas que se llevaron a cabo por Esdras; este orden cronológico puede indicar que Esdras fracasó totalmente en su misión, y que fue, por lo menos, parcialmente responsable por la situación en que se encontraba Jerusalén cuando llegó Nehemías, cosa que evidentemente no es cierta.

Segunda teoría

Esdras llegó a Jerusalén luego de la obra de Nehemías, en el año 398 a.C. Esta teoría se fundamenta en la posibilidad de que el rey Artajerjes que se menciona en Esdras 7.7-8 no sea Artajerjes I, conocido también como Longímano, sino Artajerjes II, conocido como Mnemón. Este último reinó sobre el Imperio Persa durante los años 405–358 a.C. En tal caso el año séptimo del rey sería el 398 a.C.

En favor de esta cronología están los siguientes puntos: la alusión que hace Esdras a la obra de Nehemías (véase Neh 3.1; 13.4); la actitud del gobernante hacia los matrimonios mixtos es poco probable si las reformas de Esdras se hubiesen llevado a cabo antes que la obra de Nehemías (cf. Esd 9–10 con Neh 6.18; 10.31; 13.23-27); la situación de Jerusalén a la llegada de Esdras (véanse Esd 8.29; 10.5) presupone la reorganización y la obra de Nehemías (véase Neh 11.1-2); la poca importancia que se da a Esdras bajo el liderazgo de Nehemías (cf. Neh 8.2,4,9; 12.36) no hace justicia a la contribución del escriba al desarrollo religioso de la comunidad.

Sin embargo, ubicar la llegada de Esdras en una fecha tan tardía en la historia parece no estar de acuerdo con los descubrimientos arqueológicos en Elefantina, ni con la tradición bíblica que presenta a Esdras y a Nehemías juntos en la tarea de reorganización de la comunidad y en la implantación de las reformas religiosas (véanse Neh 8.9; 12.26, 36).

Tercera teoría

Esdras llegó durante la segunda misión de Nehemías, en el año 428 a.C. Esta teoría se basa en un intento de afirmar la tradición bíblica que ubica a Esdras y a Nehemías como contemporáneos (Neh 8.9; 12.26,36). La narración parece presuponer que ambos líderes están juntos en la tarea de reconstrucción física y espiritual de la comunidad. Las pocas referencias que encontramos en las memorias de Esdras y Nehemías a la labor de su compañero pueden ser entendidas a la luz de los intereses y objetivos de cada documento. Las prioridades en las memorias de Esdras son de carácter religioso; las prioridades en las memorias de Nehemías

son de carácter personal, generalmente apologías por lo que se había logrado. Además, no podemos descartar la personalidad férrea de ambos líderes, que pudo haber causado algunas diferencias entre ambos.

Esta teoría, además, se fundamenta en un importante cambio textual. Los eruditos que afirman esta cronología indican que el texto de Esdras 7.7-8 debe ser corregido. Según esta teoría en el texto bíblico no se hace referencia al año séptimo del rey Artajerjes I, sino al año 37 del rey, o sea, el año 428 a.C. Esta dificultad textual, común en la transmisión de textos antiguos, se conoce como haplografía.

Los que afirman esta teoría indican que de esta forma se superan las dificultades relacionadas con las teorías de una llegada temprana (458 a.C.) o tardía (398 a.C.) de Esdras a Jerusalén. Sin embargo, es importante notar que esta teoría esta basada en un cambio en el texto bíblico que no posee ninguna evidencia textual que lo respalde.

Bibliografía:

F.L. Moriarty, *Esdras y Nehemías*, Sal Terrae, Bilbao, 1969. R. North, «El Cronista: 1–2 Crónicas, Esdras y Nehemías», *Comentario Bíblico «San Jerónimo»*, Cristiandad, Madrid, 1971. Samuel Pagán, *Comentario Bíblico Hispanoamericano: Esdras, Nehemías y Ester*, Editorial Caribe, Miami, 1992.

ESEC Descendiente de Jonatán (1 Cr 8.38-40).

ESEK Pozo que los sirvienes de Isaac cabaron en el valle de Gerar (Gn 26.20)

ESEM → EZEM.

ESLI Antepasado de Jesucristo (Lc 3.25).

ESENIOS Grupos de judíos sectarios que se apartaron de la corriente principal de la vida judía; florecieron *ca.* 150 a.C. hasta 70 d.C. Josefo los nombra, con los fariseos y los saduceos, como la tercera «filosofía» en el judaísmo del siglo I. Con él, Filón y Plinio el

Mayor son los únicos historiadores contemporáneos que nos han dejado descripciones de las prácticas y creencias de las comunidades de los esenios, bastante diversas entre sí. Pero el descubrimiento de rollos que guardó una secta, que casi todos identificaban como esenia, en las cuevas de → QUMRÁN, ha permitido verificar los datos aportados por los historiadores.

Después de la guerra de los → MACABEOS, triunfó el separatismo (observancia estricta de la Ley Mosaica) entre los tres partidos: saduceos, fariseos y esenios. Estos últimos, antes del 76 a.C., rompieron con los demás y criticaron su laxitud. Luego, protegidos por Herodes el Grande, realizaron campañas de misión y fundaron comunidades en casi todos los poblados de Judea. Sus seguidores ascendieron a unos cuatro mil, pero los grupos individuales, que vivían por lo general en guetos o en las afueras de los pueblos, no pasaban de doscientos miembros. La guerra con Roma (66–70 d.C.) acabó con estas comunidades. Los sobrevivientes se habrán integrado en las distintas agrupaciones judeocristianas y judías.

Los esenios se consideraban como el pueblo escatológico de Dios, el de un nuevo pacto. Extremadamente escrupulosos, creían que su cumplimiento de la Ley traería la intervención divina, en forma de guerra, que pondría fin al mundo. Por tanto, para la admisión a la secta se requería un noviciado de dos o tres años, la renuncia a la propiedad privada, en muchos casos al matrimonio y un juramento de obediencia incondicional a los superiores. Una vez aceptado, el nuevo miembro trabajaba en agricultura, artes manuales, etc., pero sobre todo se dedicaba al estudio de las Escrituras y participaba en las discusiones comunitarias. Abluciones diarias y exámenes de conciencia garantizaban su pureza levítica.

ESMERALDA Piedra preciosa, la más dura después del diamante, de color verde transparente. Antiguamente abundaba en Edom (Ez 27.16; *VM*; 28.13). Había una de ellas en el pectoral del sumo sacerdote (Éx 28.18; 39.11). Apocalipsis 4.3 y 21.19 se refieren a la esmeralda verde.

Una sección del «Manual de Disciplina», un rollo que contenía reglamentos estrictos de la vida de la comunidad esenia en Qumrán.

Foto de John Trever

Foto de Howard Vos

La moderna ciudad de Izmir, Turquía, ocupa el lugar de la bíblica Esmirna. El cuadrado excavado en el centro es la plaza romana de tiempos neotestamentarios.

ESMIRNA Ciudad grande en la costa occidental de Asia Menor (hoy Izmir). Destruida *ca.* 600 a.C., quedó casi desierta hasta *ca.* 280 a.C. (cf. Ap 2.8 «estuvo muerto y vivió»); su alianza con Roma era conocida por siglos, de manera que la convirtieron en la sede del culto al emperador (cf. Ap 2.10, la breve persecución por venir). Bella y famosa, ostentaba un semicírculo de edificios públicos llamado «la Corona de Esmirna» (cf. Ap 2.10). Prosperó notablemente en su comercio (contrástese la pobreza material de la iglesia allí, Ap 2.9). Contó con una colonia grande y agresiva de judíos, cuya hostilidad contra los cristianos les ganó el apodo «sinagoga de Satanás».

El evangelio llegó pronto a Esmirna, presuntamente de Éfeso (Hch 19.10). «El ángel» de su iglesia recibió la segunda de las siete cartas de Ap 2 y 3; una de las dos que elogian sin reservas a sus destinatarios. En efecto, la fidelidad (Ap 2.10) y el valor abundaron en esta iglesia. Cuando Ignacio de Antioquía iba preso a Roma para el martirio *ca.* 115 d.C., escribió en Esmirna cuatro de sus siete cartas. Dos se dirigieron a esta congregación y a su obispo Policarpo. A los 86 años de edad, *ca.* 156, quemaron vivo a Policarpo porque se negó a blasfemar de Cristo.

ESPADA Hoja de metal, por lo general de hierro (cf. Is 2.4), pero a veces de bronce, con una empuñadura (Jue 3.22). Era la principal arma ofensiva del soldado antiguo. Con ella cortaba o atravesaba al enemigo (Ez 16.40). Se llevaba en una vaina colgada del cinto (1 S 17.51; 2 S 20.8). Era recta o curva, con uno o dos filos, y de diversos tamaños (Sal 149.6).

Simbólicamente, la espada representa el juicio de Dios (Dt 32.41; Sal 17.13; Ro 13.4; Ap 2.12). También se usa como figura de la Palabra de Dios (Ef 6.17; Heb 4.12).

ESPAÑA Territorio de Europa meridional, citado expresamente en la Biblia solo en Ro 15.24,28, al que Pablo tuvo gran deseo de visitar. Se menciona en el libro apócrifo de 1 Macabeos (8.3,4) como tierra de minas de plata y oro, y se destaca la resistencia de sus habitantes frente a la dominación romana.

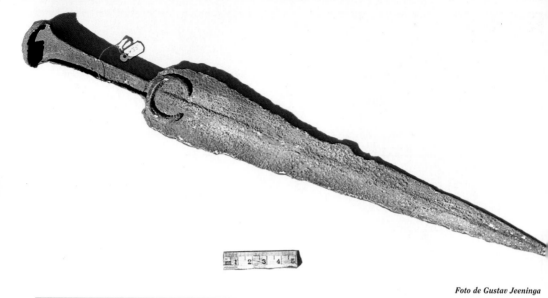

Foto de Gustav Jeeninga

Una daga de bronce. Las dagas y las espadas eran armas comunes en tiempos bíblicos.

Teóricamente, España cayó bajo la hegemonía romana en 197 a.C., pero no cedió del todo sino hasta el 19 a.C. Luego se desarrolló económica y culturalmente con más rapidez que ninguna otra parte del imperio. De modo que el plan de Pablo de visitarla, ayudado por los cristianos de Roma, era sabio y representaba una nueva fase de su misión. No se sabe si el apóstol realizó el viaje o no. De España nada dicen las → Epístolas Pastorales, pero Clemente de Roma, escribiendo en 95 d.C., afirma que Pablo llegó «al límite del oeste», expresión que es más aplicable a Gibraltar que a Roma.

Los judíos medievales identificaban a España con Sefarad, nombre que aparece en la Biblia (Abd 20). Sin embargo, todo parece indicar que esta última era más bien una región (tal vez en las cercanías del mar Negro) a donde fueron a parar algunos judíos deportados. Las evidencias, en cambio, favorecen a la antigua → Tarsis de la que se habla en el Antiguo Testamento. A esta se identifica con Tartesos, ciudad que se hallaba junto a la desembocadura del río Guadalquivir, famosa por su actividad comercial. La expresión «naves de Tarsis» significaba grandes navíos equipados para largas travesías (1 R 10.22), lo cual bien pudo ser actividad de España.

ESPECIAS Nombre genérico de las sustancias fragantes de origen vegetal. Muy preciadas en la antigüedad por su uso en cosméticos, → Aceite sagrado, → incienso, → perfumes y → ungüento sepulcral (→ Embalsamamiento). Las principales eran → mirra, → áloe, → canela, → caña aromática y → casia, importadas muchas veces de Mesopotamia, India y Arabia del Sur. Las especias comunes (canela, menta, eneldo y comino) usadas como condimento en la elaboración de vinos (cf. Cnt 8.2), se producían en Palestina.

En varias ocasiones RV traduce → «aromas» (Cnt 4.16; 5.1; 8.14) o «perfumes» (2 Cr 9.24; 32.27; Est 2.12; Is 3.24) donde el hebreo dice «especias».

ESPECTÁCULO → Teatro.

ESPEJO Utensilio de uso común que en la antigüedad se contaba entre los artículos de lujo (Is 3.23). Consiste en una superficie lisa y pulida, capaz de reflejar los objetos.

Antiguamente los espejos se fabricaban de diversos metales. Por ejemplo, de bronce (Éx 38.8; cf. Job 37.18), pero desde la época romana se emplearon lunas de cristal azogado. Tal vez el «mar de vidrio semejante al

Foto de Gustav Jeeninga

Espejo típico de los tiempos bíblicos, hecho de metal muy pulido.

cristal» delante del trono divino fuera un enorme espejo (Ap 4.6).

En 1 Corintios 13.12 y otros textos se alude a la imperfección de los espejos antiguos, o quizás a los de metal.

Santiago 1.23 compara la Palabra de Dios con un espejo y destaca la revelación que del hombre mismo encontramos en ella. El apóstol Pablo afirma en 2 Corintios 3.18 que nosotros contemplamos la gloria del Señor como en un espejo. El texto puede implicar también que reflejamos la gloria del Señor a manera de espejo (cf. 2 Co 3.18, BJ).

ESPERANZA Virtud teologal que en la Biblia a veces expresa la simple expectación de un bien o de un mal futuro, pero más característicamente se identifica con la → FE y la obediencia enmarcadas en una escatología netamente cristiana.

Para los escritores del Antiguo Testamento, Dios es la esperanza de Israel (Jer 14.8). Confían en Él (Jer 17.7), descansan pasivamente en Él (Sal 42.5) o anticipan activamente la bendición divina (Sal 62.5ss). La religión del Antiguo Testamento es la de la esperanza, cuya garantía es el → PACTO de Yahveh (Neh 1.5), confirmado por sus gloriosos actos a favor de su pueblo. La esperanza anima la posesión de Canaán (Gn 15.7; Éx 3.8,17) y una vez lograda esta se espera siempre la protección de Yahveh (Esd 9.9). Hasta en medio de la transgresión del pueblo o del juicio divino, hay esperanza para el → REMANENTE fiel.

En el pensamiento del Antiguo Testamento, la esperanza no aparece solo en la necesidad. Está siempre presente por su afirmación en el pacto. Abarca las situaciones más desesperantes y los proyectos nacionales más audaces (Is 2.2,4; Miq 4.1-4). Es símbolo de vida. Por tanto, solo los vivos tienen esperanza, pues contemplan a Dios y le reconocen. No así los muertos (Job 6.11; 7.6; Ec 9.4; Lm 3.4-9). El justo tiene plena esperanza y esta se convertirá en alegría (Pr 10.28).

En el Nuevo Testamento, Cristo es la esperanza del cristiano (1 Ti 1.1). Aunque en los Sinópticos no aparece una doctrina expresa de la esperanza, hay constante exhortación a ella. El mensaje de Jesús es uno de esperanza (Mt 4.17; Mc 1.15; Lc 4.43). En Romanos (8.24s, por ejemplo), Pablo presenta la esperanza como una expectación confiada y paciente de lo que no se ve (cf. Heb 11.1). La esperanza del cristiano tiene por objeto poseer los bienes del reino de Dios que, al igual que este, son presentes y futuros (Ro 8.17,24; 2 Co 4.17; Ef 2.12; 1 Ts 4.13). Juan también afirma que la vida eterna es una posesión presente, pero se perfecciona en el futuro (Jn 5.28).

Si por una parte es pecado desear ser como Dios, por otra también lo es la falta de esperanza y la resignación. La epístola a los Hebreos exhorta contra la apostasía de la esperanza en medio de la tribulación. Los enunciados de la esperanza de los últimos días se basan en las posibilidades de Dios. La esperanza cristiana, por tanto, provoca un pensamiento crítico sobre el pasado y el presente. Conoce la crisis y se aferra a la promesa divina. En el Nuevo Testamento, la esperanza de los hijos de Dios también es la esperanza de toda la creación (Ro 8.19ss).

ESPIGAR El acto de recoger las espigas que dejan los segadores de granos. Los pobres, huérfanos, viudas y extranjeros salían a espigar durante las cosechas (Lv 19.9,10; 23.22; Dt 24.19). El ejemplo clásico de esta costumbre es → RUT, que espigaba en el campo de Booz (Rt 2.3,23).

Lo mismo se hacía también en las cosechas de uvas y olivas, pero en estos casos la palabra hebrea se traduce al español por «rebuscar» (Lv 19.10; Dt 24.20,21; Jue 8.2; Jer 8.9; 49.9,10).

ESPINOS → CARDOS.

ESPÍRITU Traducción de la voz hebrea *ruakh* y la griega *pneuma*, que significan «aire en movimiento», «viento» o «aliento».

La *ruakh* es la señal y el hálito de vida. Se considera el principio vital tanto del hombre como del animal (Gn 6.17; 7.15,22; Ez 37.10-14), y es sensible de debilitamiento por causas como la sed y el cansancio (Jue 15.19). Los ídolos no tienen *ruakh* (Jer 10.14; 51.17).

Tres palabras definen el espíritu como aliento vital: *nefes, ruakh* y *neshamah*, y según todas este aliento lo pone Dios para el inicio de la vida. Al primer hombre, Dios le «sopló en su nariz aliento de vida, y fue el hombre un ser viviente» (Gn 2.7). Jehová es el Señor del aliento que el hombre posee (Job 27.3; 33.4). Como tal, cuando Jehová retira el aliento de la persona, regresa a Él que lo dio y el cuerpo vuelve al polvo de la tierra (Job 34.14,15; Sal 104.29s; 143.7; Ec 12.7).

Los israelitas primitivos no especulaban sobre la naturaleza del espíritu. Solo les interesaba su acción (Ez 37.9). Aun el judaísmo posterior no concebía el espíritu filosóficamente. La única mención del espíritu como inmaterial, inteligente, eterno y que todo lo penetra se encuentra en el libro griego de *Sabiduría* (7.22s). La influencia helenista determinó que el judaísmo llegara a distinguir entre principios materiales e inmateriales, hasta el grado de definir una siquis, alma o espíritu capaz de subsistir fuera del cuerpo. Más tarde aun llegó a considerarse el cuerpo como una cárcel del espíritu pensador.

El término espíritu (*pneuma*) en el Nuevo Testamento todavía conserva el sentido original de la palabra *ruakh* (aliento o viento). Sin embargo, ya se concibe más filosóficamente (2 Ts 2.8; cf. Is 11.4; Jn 3.8; 20.22; Heb 1.14). Con frecuencia el término espíritu se refiere a todo el hombre (Gl 6.18; 2 Ti 4.22). Solo hay dos citas (1 Ts 5.23 y Heb 4.12) en que además del cuerpo se mencionan los términos «alma» (*psyjé*) y espíritu. Basándose en ella algunos afirman que el hombre es un ser tripartito, compuesto de tres elementos: cuerpo, alma y espíritu. Sin embargo, la Biblia subraya la unidad del hombre.

En las Escrituras encontramos que el espíritu es el centro de la personalidad. Como asiento de las emociones, se impresiona, entristece, apacigua o aíra (Lc 1.47; Jn 11.33; 1 Co 4.21; Gl 6.1; Ef 4.23; 1 P 3.4). Es el centro del pensamiento, la imaginación, la astucia y la reflexión (Lc 1.80; Hch 18.25; Ro 7.6; 1 Co 2.11; 2 Co 2.13). También se refiere a las determinaciones de la voluntad, las disposiciones, las intenciones, los actos, la comunión (Mt 26.41; Hch 20.22; Lc 1.17; Mt 5.3; Jn 4.23; Ro 12.11; 2 Co 4.13). No podemos dividir rígidamente las manifestaciones del espíritu, pues por lo general se dan simultáneamente. Las sensaciones espirituales afectan otras capacidades del hombre (Jos 2.11; 1 S 30.12; Sal 51.12; Is 19.3).

El apóstol Juan habla del espíritu de error y de verdad (1 Jn 4.6), y el apóstol Pablo afirma que hay lucha entre la → CARNE y el espíritu (Ro 7). Para Pablo el espíritu de la persona se relaciona con el de Dios (Ro 8.15,16; 1 Co 6.17), es decir, Dios da al hombre «espíritu de adopción». Por eso puede clamar a Dios en términos familiares. (→ ESPÍRITU SANTO.)

ESPÍRITU INMUNDO → Demonio.

ESPÍRITUS ENCARCELADOS Según algunos intérpretes, el Espíritu de Cristo estaba en Noé cuando este anunció la inminencia del diluvio. Estos espíritus rechazaron su mensaje (1 P 3.18-20). Otros opinan que Cristo fue al hades a proclamar su victoria y la definitiva condenación de los demonios que lo habitan y los que han ido a parar a allá desde los días de Noé.

ESPÍRITU SANTO Nombre que la doctrina cristiana asigna a la tercera persona de la Trinidad. La expresión Espíritu Santo es propia del Nuevo Testamento. En el Antiguo Testamento solo aparece en tres ocasiones: Is 63.10,11; Sal 51.11. La traducción griega del Antiguo Testamento, conocida como la Septuaginta, la usó para traducir las referencias al «Espíritu de Jehová», evitando así el uso del nombre de Dios (del mismo modo en que el Evangelio de Mateo usó la expresión «reino de los cielos» en lugar de «reino de Dios»). Dado que los autores del Nuevo Testamento usaron la Septuaginta para citar el Antiguo Testamento, la expresión Espíritu Santo se transformó en la denominación neotestamentaria estándar para referirse al Espíritu de Dios. Es poco frecuente que el Antiguo Testamento hable del Espíritu de Dios en forma personificada; más bien se refiere a algo que Dios otorga a los hombres, o el poder y la fuerza con que Dios actúa. En cambio, en el Nuevo Testamento se observa un claro proceso de personificación, como por ejemplo en Jn 16.7ss.

El Espíritu como vida y nueva vida

Las palabras hebrea (*ruakh*) y griega (*pneuma*) que se emplean para hablar del espíritu significan literalmente «viento» o «aire en movimiento». Sin embargo, en la opinión de los especialistas su sentido original es aliento, o sea, el aire puesto en movimiento por la respiración. Una adecuada traducción sería entonces «hálito de vida». En Génesis 2.7, el ser hecho de barro se transforma en un ser viviente cuando el creador insufla sobre su nariz el «aliento de vida». Es cierto que en este caso la palabra usada no es *ruakh*, sino *neshamah*, pero debemos entender ambos términos como equivalentes. Entre las muchas referencias bíblicas que confirman esta significación, el Salmo 104.29b dice: «Les quitas el hálito [esta vez *ruakh*], dejan de ser, y vuelven al polvo» (cf. Job 27.3; 33.4; 34.14ss). Pero tal vez sea la visión del valle de los huesos secos, narrada por el profeta Ezequiel (37.1-14), la que más gráficamente ilustra esta significación primordial del Espíritu: es una fuerza vital, es la energía de la vida. El espíritu que anima a todos los seres vivientes procede del Espíritu (aliento) de Dios.

Por consiguiente, la acción primordial del Espíritu Santo tiene que ver con la animación y el sostenimiento de la vida, no solo humana, sino de toda la creación. Pero en la medida que las citas bíblicas refieren el Espíritu de Dios mayormente como otorgado a los hombres, la humanidad aparece como el lugar privilegiado de la acción vivificante del Espíritu. El Evangelio de Juan, al describir el don del Espíritu que tras la resurrección marca el inicio de la nueva era, es decir, el nacimiento de la nueva humanidad (20.22ss), recurre a un evidente paralelismo con Gn 2.7. Así como al comienzo el soplo (aliento, Espíritu) del Creador transformó el ser de barro en un ser viviente, ahora el Jesús resucitado sopla sobre sus discípulos el Espíritu Santo, transformándolos en nuevas criaturas, nacidas del Espíritu (cf. Jn 3). El paralelismo entre Gn 2.7 y Jn 20.22ss cierra este primer eje de significación: el Espíritu Santo es la fuerza de la vida verdadera, la vida en plenitud.

Espíritu Santo y nuevo pacto

De lo anterior se desprende un segundo eje de significación: el Espíritu Santo es el que inaugura el nuevo pacto. En el Antiguo Testamento, la especial relación que Dios establece con el pueblo que sacó «de casa de servidumbre» (Éx 20.1), se expresa mediante un pacto o alianza (Éx 19.5). El guardar (cumplir, obedecer) las cláusulas o mandamientos que se derivan del → PACTO (cláusulas que para los profetas se resumen en las demandas de justicia, verdad, solidaridad, paz y reconocimiento de Dios: Os 2.18ss; 4.1-3; Is 16.5; Miq 6.8; Zac 7.9, etc) es la forma en que el pueblo responde a la gracia de Dios, y es como se asegura la vigencia misma del pacto. Sin embargo, como lo revela la difícil tarea de los profetas, el pueblo de Israel nunca fue capaz de mantener su fidelidad. Al parecer, la existencia de leyes puramente exteriores no bastaba para asegurar la vigencia del pacto. Ante la precariedad del antiguo pacto, profetas como Ezequiel y Jeremías anunciaron que Dios establecería un «nuevo pacto», cuya ley estaría «escrita en el corazón» (Jer 31.33) del pueblo.

Ezequiel, quien propiamente puede llamarse «profeta del Espíritu» (3.24), anuncia el papel que al Espíritu de Dios correspondería en el nuevo pacto (36.26-28). Con el nuevo pacto nacería también una nueva humanidad, un hombre con un corazón nuevo (de carne y no de piedra), que tendría la Ley escrita en su corazón y actuaría conforme a su conciencia, un hombre responsable (Ez 18; 33.10-20). Esta nueva humanidad es obra del Espíritu (cf. Jl 2.28).

Para Lucas (Lucas-Hechos), el derramamiento del Espíritu ocurrido con ocasión del día de Pentecostés (Hch 2) marca el comienzo de la era del Espíritu anunciada por los profetas. La Fiesta de las Semanas o → PENTECOSTÉS (Lv 23.16) se fue convirtiendo en tradición judía en la fiesta conmemorativa de la legislación de Sinaí, el antiguo pacto. Al cumplirse la promesa del derramamiento del Espíritu (Hch 1.5) con ocasión de esa fiesta, se inaugura el nuevo pacto. Este derramamiento del Espíritu fue posible solo después de la glorificación de Jesús (Hch 2.33). Jesús, transformado por su muerte y resurrección en Señor del Espíritu, lo dona a su pueblo para transformarlo en el pueblo del nuevo pacto. Antes, el propio Jesús debió iniciarse en la era del Espíritu, el cual interviene en su concepción (Lc 1.35,41s), en su bautismo (Lc 3.22) y en el desarrollo de su conciencia mesiánica (Lc 4.1ss).

Espíritu Santo y nueva comunidad

El inicio de la era del Espíritu marca también el nacimiento de la → IGLESIA. El libro de los Hechos de los Apóstoles es en realidad el testimonio del nacimiento de la comunidad que llamamos Iglesia, a partir del don del Espíritu (Hch 2.42-47; 4.32-35; 5.12-16). No se trata fundamentalmente de la fundación de una institución, sino del nacimiento de una comunidad que, animada y dotada por el Espíritu Santo (cf. 1 Co 12, dones del Espíritu), comienza a vivir y proclamar el nuevo tiempo. Que el inicio de la era del Espíritu sea también el inicio de la era de la Iglesia no significa, sin embargo, que la Iglesia sea propietaria del Espíritu. No es que la Iglesia tenga o posea el Espíritu. Es el Espíritu el que tiene a la Iglesia como un instrumento para la renovación de la humanidad y de toda la creación.

Espíritu Santo y misión

Que el Espíritu Santo sea la fuerza que convoca y anima a la Iglesia nos lleva a un cuarto eje de significación: el de la vocación o el llamado a la misión. En efecto, en el Antiguo Testamento la donación del Espíritu de Dios aparece con frecuencia asociada a vocaciones (llamados), sean estas noticias políticas, sacerdotales o proféticas. Así ocurre, por ejemplo, cuando ungen a David como rey (1 S 16.13); con la vocación sacerdotal y profética de Ezequiel (2.1ss; 3.24); con el siervo sufriente (Is 42.1-2; cf. Mt 12.18-21); con el anuncio del Mesías (Is 61.1-3; cf. Lc 4.16-18). En todos los casos, es el Espíritu el que proveerá la fuerza y la autoridad para cumplir con la misión. En este sentido, ocurre algo similar con la promesa que recibe Moisés en Horeb, aun cuando en esa ocasión no se mencione el Espíritu: «Yo estaré contigo» (Éx 3.12).

El Espíritu es la presencia activa de Dios en la vida y acción del enviado. En el Nuevo Testamento el envío misionero de los discípulos tras la resurrección de Jesús se formula de acuerdo al modelo de las vocaciones del Antiguo Testamento (Jn 20.19-23; Mc 16.14-18; Mt 28.16-20; Lc 24.36-49; Hch 1.6-9). De acuerdo a este modelo, el Espíritu Santo es el poder para la misión: «Pero recibiréis poder ... y me seréis testigos ... hasta lo último de la tierra» (Hch 1–8).

Resumen

Aunque en la Biblia no encontramos una personificación del Espíritu Santo con la misma claridad que en los casos de Dios Padre y de su hijo Jesús, el Cristo, sí encontramos con toda claridad desde el Antiguo Testamento hasta el Nuevo Testamento lo que podemos llamar la misión del Espíritu Santo. En el Antiguo Testamento, la acción del Espíritu aparece ligada fundamentalmente a la animación y sostenimiento de la vida (humana y de toda la creación), y como la fuerza que anima a los enviados de Dios. En el Nuevo Testamento comienza un proceso de personificación del Espíritu Santo, sobre todo a partir de las promesas de Jesús (Jn 14.15ss; Hch 1.6ss) y de la fórmula bautismal de Mt 28.19. Entroncando con los anuncios de Ezequiel y Joel, la promesa de Jesús anuncia la inauguración de la era del Espíritu, cuya misión fundamental será el don de una nueva vida para todos (Jn 3.1-15), la edificación de la comunidad del nuevo pacto (la Iglesia), y el lanzamiento de la Gran Comisión «hasta lo último de la tierra». De este modo, la Biblia fundamenta nuestra fe trinitaria.

ESPOSO/ESPOSA La relación entre esposos constituye la unidad básica de la familia y de la sociedad. Su origen lo presenta la Biblia como un acto expreso de Dios, por el cual primero forma a la mujer y luego declara: «Por tanto, dejará el hombre a su padre y a su madre, y se unirá a su mujer, y serán una sola carne» (Gn 2.24). A inicios de los tiempos del Antiguo Testamento el término «señor» designaba al esposo (*Ba'al*, dueño de la mujer). Más tarde, Oseas usa la expresión *Ishi*, «marido mío» (2.16).

Además de ofrecer orientación divina para los mutuos deberes conyugales, la Biblia enaltece la relación entre esposos al usarla simbólicamente para referirse a la relación espiritual entre Dios y su pueblo. «Empezó a fornicar» (Nm 25.1-3; cf. Ez 6.9), se usa como descripción del quebrantamiento de esa relación por un acto carnal de idolatría.

Si tomamos el libro de → CANTARES como un poema alegórico, este nos presenta las relaciones ideales entre los esposos, vale decir, entre Dios y su pueblo o entre Cristo y su Iglesia. Los profetas usan la comparación directa, y aun dramática, como → OSEAS (Jer 2.2; Ez 16.8; Os 2.16).

Algunas veces en el Nuevo Testamento se hace referencia a los desposados como si fueran esposos. La imagen del novio se transfiere de Jehová a Cristo (Mt 9.15; 25.1-3; Jn 3.29) y la de la novia a la Iglesia (2 Co 11.2; Ap 19.7; 21.2; 22.17). El apóstol Pablo convierte la comparación así establecida en una ilustración de la posición y deberes mutuos del esposo y la esposa (Ef 5.22,23). En la escena final de Apocalipsis (22.17) el Espíritu y la Esposa dicen al Esposo: «Ven».

ESTACTE Uno de los cuatro ingredientes aromáticos del incienso sagrado que se quemaba «delante del testimonio en el tabernáculo de reunión» (Éx 30.34-38). Es la goma resinosa y fragante que se obtiene del estoraque. (→ ÁLAMO.)

ESTADIO Medida lineal y pista para celebrar carreras.

1. Medida lineal de origen griego utilizada en Palestina en el siglo I. Equivale a seiscientos pies, pero ya que el patrón de pie variaba, el estadio podía medir ciento setenta y ocho metros (ático), ciento sesenta y cinco metros (pítico), etc. En Palestina es probable que midiera ciento ochenta y cinco metros (alejandrino).

2. Pista alargada donde los griegos celebraban sus carreras. El nombre se deriva del famoso Estadio de Olimpia que tenía un estadio de longitud (cf. 1 Co 9.24).

ESTANQUE Depósito de agua distinto a una → CISTERNA por estar al descubierto. Durante el estío las lluvias cesaban en Palestina y los estanques naturales se secaban, por lo que era imprescindible recoger agua en depósitos artificiales y permanentes (Ec 2.6).

La arqueología moderna ha puesto de relieve la necesidad de depósitos de agua en ciudades expuestas a ataques del enemigo. Así, Ezequías cavó un túnel de más de quinientos metros de largo para traer el agua de la fuente de Gihón al estanque de Siloé, dentro de las murallas de Jerusalén (2 R 20.20; cf. Neh 3.15; Jn 9.7,11). (→ BETESDA; SILOÉ.)

No es fácil ubicar ahora con precisión arqueológica los famosos estanques de Jerusalén. El lugar de Siloé se conoce y se cree que Betesda (Jn. 5.2) se hallaba en el sector nordeste de la ciudad. Importantes eran los estanques «de debajo» y «el viejo» entre los muros (Is 22.9-11).

ESTAÑO Metal utilizado antes del éxodo (Nm 31.22). No se encontraba en Egipto ni en Palestina, así que se necesitaba importarlo. Parece que lo trajeron los tirios, de Tarsis (Ez 27.12), Madián, Persia, España o aun de Inglaterra en buques fenicios.

En Ezequiel 22.18-20 el estaño se consideraba como escoria de la fundición de la plata. Se usaba para fabricar joyas y como componente de la materia prima del vidrio.

ESTAOL Población situada en el extremo noroeste de Judá. Se concedió primeramente a la tribu de Judá, como parte de su heredad (Jos 15.33) en las llanuras de esa zona. Más tarde, junto con Ir-semes y Zora, se entregó a la tribu de Dan (Jos 19.41). Fue en Estaol y Zora donde Sansón demostró por primera vez su extraordinaria fuerza (Jue 13.25) y allí mismo lo sepultaron (Jue 16.31).

ESTEBAN (en griego, *corona*). Uno de los siete que la iglesia de Jerusalén designó para ayudar a los apóstoles en el servicio a los pobres (Hch 6.1-7). Desde el principio, el cristianismo atraía tanto a judíos de habla griega de fuera de Palestina, como a los de habla aramea nacidos en el país. Algunos opinaban que en la distribución de la ayuda se favorecía al segundo grupo mencionado y, por tanto, se necesitó escoger → DIÁCONOS (ministros o servidores) que supervisaran este ministerio, sin sobrecargar a los apóstoles. Esteban se distinguía entre aquellos por estar «lleno de fe y del Espíritu Santo». Los nombres griegos indican que, con la excepción de Nicolás, «prosélito de Antioquía», los diáconos eran judíos → HELENISTAS.

Hechos 6.8,10 indica que Esteban se destacaba por la gracia, poder y sabiduría que manifestaba en su ministerio que fue mucho más amplio que el de diácono. Su ministerio

---

El estanque de Siloé (Jn 9.7-11), un depósito dentro del muro de Jerusalén que tenía la fuente de agua de la ciudad.

Foto de Ben Chapman

provocó la hostilidad de los judíos y su irrefutable argumentación los irritó aun más (6.11-15). La acusación contra Esteban fue casi la misma que se lanzó contra el Señor (Mc 14.58) y que más tarde blandirían contra Pablo (Hch 21.28). Su autodefensa, no calculada para obtener su libertad, fue una reinterpretación de las tradiciones judaicas a la luz de la nueva perspectiva cristiana y en ese sentido pudieron ser verdaderamente amenazantes para los grupos judíos presentes en el juicio.

Esteban afirmó que quienes hacía poco habían dado muerte a Cristo y ahora resistían su evangelio eran los legítimos hijos de los que siempre se opusieron a los profetas. Luego, cuando Esteban declaró que veía a Cristo a la diestra de Dios, la multitud furibunda lo sacó de la ciudad y lo apedreó. En su muerte, Esteban manifestó un espíritu semejante al de Cristo al pedir que se perdonara a sus enemigos. Fue el primero de los mártires (en griego, *testigos*). Fuera legal o no la ejecución, parece que Pilato, que por lo general vivía en Cesarea, no mostró interés en el asunto.

El discurso de Esteban es el más largo del libro de Hechos (7.2-53), lo cual indica la importancia que tuvo para el autor, Lucas. El sumario de la historia judía contradice los cargos de los falsos testigos (6.11,13), puesto que revela la reverencia de Esteban hacia Dios y su respeto por Moisés, el gran legislador de Israel. El propósito del discurso era probar que la presencia y la gracia de Dios no se limitaba a un país ni a un santuario en particular.

La persecución que trajo como resultado redundó en la extensión del evangelio fuera de Jerusalén (Hch 8.14; 11.19). Tal vez el martirio de Esteban influyó en la conversión de Pablo, quien colaboró en la ejecución (7.58; 8.1,2; 22.20). Es claro que Esteban comprendió a cabalidad el rompimiento completo y necesario del cristianismo con las ceremonias judaicas. En esto preparó el camino para la exposición de Pablo y del autor de Hebreos sobre este asunto.

ESTÉFANAS (en griego, *coronado*). Líder de la iglesia de Corinto. Su servicial familia fue la primera convertida en Corinto (o Atenas) mediante Pablo (1 Co 16.15s). Se contaba entre los pocos que Pablo bautizó (1 Co 1.16). Con → ACAICO y → FORTUNATO visitó a Pablo en Éfeso (1 Co 16.17).

ESTER Mujer judía, del linaje de Benjamín (Est 2.7), que llegó a ser reina del Imperio Persa. Por su gestión liberadora es heroína de su pueblo en una hora de crisis nacional (4.14ss). Era huérfana de padre y madre, pero su primo → MARDOQUEO (2.7), varón inteligente (2.20), caritativo (2.7), precavido (2.11), fiel al rey (2.22) y firme en sus convicciones religiosas (3.2), la adoptó como hija. Su nombre hebreo era *Hadasa* (2.7).

A Ester la eligieron por esposa del rey → ASUERO, y en este cargo le fue necesario, por algún tiempo, ocultar su origen judío (2.10,20). Sin embargo, esto le permitió gobernar en favor de los suyos. Su primer gran enemigo dentro de la corte fue → AMÁN, primer ministro nombrado por Asuero y cruel enemigo de los judíos (3.1). Amán hizo que el rey firmara un edicto de destrucción contra los israelitas (3.9-15), pero Mardoqueo supo del peligro que se cernía sobre su pueblo y acudió a la reina Ester para ordenarle inmediata intervención (4.12-14). Ester ayunó (4.16), lo cual indica su sincera piedad, y uniendo su diplomacia de reina con la inteligencia de su primo Mardoqueo, a quien obedeció en todo (4.17), obtuvo que el rey dictase otro decreto en favor de los judíos perseguidos (7.1-8.12). A Amán lo condenaron a morir en la horca que él mismo ordenó levantar para Mardoqueo (7.10). Desde entonces los judíos conmemoran esta victoria con la fiesta nacional llamada → PURIM (9.17-32). Después de la muerte de Amán, Mardoqueo ocupó el puesto de primer ministro del gran Imperio Persa (10.3) que, según narra la Biblia, «se extendía desde la India hasta Etiopía, sobre ciento veintisiete provincias» (1.1).

Foto de Howard Vos

Los títulos reales del rey Jerjes (el bíblico Asuero de Ester 1.1) hallado en su palacio en Persépolis, Persia.

Ester se distingue sobre todo por su obediencia (2.20) y humildad; su admirable discreción (2.10,20) y simpatía (2.7,15); su preocupación por el bienestar de sus semejantes (4.5); su valor (4.11,16; 5.1) y diplomacia (5.4,12); su dureza con los perversos (7.6) y su fe (4.16); y su firme compromiso con los necesitados y perseguidos.

Ester ha sido fuente de inspiración para numerosas obras inmortales. Entre ellas figuran la tragedia *Ester* de Jean Racine, y la tragicomedia *La hermosa Ester* que, según Menéndez y Pelayo, «es la mejor comedia bíblica de Lope de Vega».

ESTER, LIBRO DE Libro histórico del Antiguo Testamento que relata cómo Dios salvó a su pueblo escogido. Lleva el nombre de su personaje principal, la reina → ESTER de Persia, cuya gran valentía y astucia salvó al pueblo judío de un desastre.

Estructura del libro

La narración que se incluye en el libro de Ester se sitúa en Susa (Neh 1.1), una de las capitales del Imperio Persa, durante el reinado de Asuero, también conocido como Jerjes I (Esd 4.6). La obra presenta el origen de la Fiesta de Purim (Est 9.16-32), que celebra la salvación de una comunidad judía en un momento de crisis y persecución.

La historia comienza con la descripción de una gran fiesta en el palacio del rey Asuero. En la fiesta, cuando ya el vino había producido su efecto, el rey ordenó a la reina Vasti que apareciera ante todos los invitados para demostrar así su belleza. La reina desobedeció la orden y la depusieron del trono (Est 1).

Para sustituir a Vasti, el rey organizó un concurso a través del imperio. De un grupo de «muchas doncellas» (2.8), seleccionaron como reina a una bella joven judía de nombre Ester. Esta era prima de un tal Mardoqueo, benjamita que, según el relato bíblico, llegó a Babilonia desde Jerusalén en la deportación que organizó Nabucodonosor (2.6).

La narración continúa con dos acciones importantes de Mardoqueo: denunció una conspiración contra el rey (2.19-23); y, además, rechazó la autoridad y poder de Amán al no arrodillarse ni humillarse ante él (3.5). La actitud de Mardoqueo provocó una reacción violenta de Amán, quien convenció a Asuero para que promulgara un edicto contra los enemigos del rey y del imperio. Esos enemigos eran los judíos (3.6-15).

Mardoqueo, al escuchar del edicto real, le ordenó a Ester que intercediera por los judíos (4.1-17). Al principio la reina se sintió inhibida, pero después accedió a la petición de su primo, e intercedió ante el rey (5.1-14). Al cabo de varios días, Ester habló con el rey

Asuero, quien le recibió con deferencia y cordialidad. Para agradar a la reina, el rey le indicó que pidiera lo que quisiera, que él se lo concedería. Ester solo pidió que se prepara una fiesta y se invitara a Amán.

Al conocer de la invitación de la reina, Amán se alegró mucho. De camino a su casa, Amán se encontró de nuevo con Mardoqueo, quien no se arrodilló, ni humilló ante él. Amán dominó de momento su indignación; sin embargo, cuando llegó a su casa le contó a su esposa Zeres lo sucedido con Mardoqueo. Su esposa le aconsejó que matara al judío irreverente (5.10-14).

Esa noche el rey no podía dormir y ordenó que le leyeran el libro de las memorias y crónicas del imperio (6.1-14). De esa forma se enteró de lo que Mardoqueo hizo para detener el complot en su contra. Además, se percató que a Mardoqueo no se le había recompensado adecuadamente por dicha valiente acción. El rey entonces ordenó a Amán que reconociera los méritos y el heroísmo de Mardoqueo.

Durante la fiesta que la reina ofreció, el rey le indicó de nuevo a Ester que pidiera un deseo que él se lo concedería. Ese fue el marco de referencia para que Ester denunciara ante Asuero el complot para exterminar a los judíos e identificara a Amán como el organizador de tal acto criminal.

El rey abandonó la fiesta disgustado y sorprendido. Más tarde, sentenciaron a Amán a muerte, y sus posesiones se entregaron a Ester, quien a su vez las entregó a Mardoqueo. Además, Mardoqueo fue nombrado sucesor de Amán.

Como el edicto real para la matanza y destrucción de los judíos no podía revocarse, el rey autorizó a Mardoqueo a preparar otro documento legal en el que se autorizaba a los judíos a defenderse de los ataques enemigos. Donde, además, se incentivaba a los oficiales persas a que les ayudaran (8.1-17). La carta de Mardoqueo contribuyó a que los judíos mataran a 500 hombres en Susa y a 75.000 en otros lugares. La victoria sobre los enemigos se celebró el 15 del mes de

Adar en Susa, y el 14 del mismo mes en el resto del imperio (9.1-15).

Luego del triunfo, Mardoqueo le escribió otra vez a los judíos para ordenar la celebración de la Fiesta de Purim los días 14 y 15 del mes de Adar. El nombre de la fiesta se relaciona con las suertes que echó Amán para conocer el día propicio para la destrucción de los judíos (3.7). Esa fiesta celebra la salvación y la liberación de los judíos con alegría, banquete y regocijo (9.18).

La narración finaliza destacando la prosperidad del Imperio Persa durante la función de Mardoqueo como segundo en el reino (10.3). Además, se pone de manifiesto el aprecio de la comunidad judía a Mardoqueo.

Autor y fecha

La determinación de la fecha de composición del libro de Ester se fundamenta básicamente en el análisis interno del libro. Desde la perspectiva lingüística, el libro de Ester se ha ubicado en la época persa o en la helenística temprana, por tres razones fundamentales: el hebreo que se emplea en el libro de Ester tiene muy poco en común con el descubierto en Qumrán; el texto de Ester no presenta la influencia griega característica del período helenístico; y los libros con los que Ester tiene cierta afinidad literaria y lingüística se relacionan con el período persa.

A ese argumento lingüístico debemos añadir que el libro de Ester trata con deferencia y simpatía al monarca persa. Además, añade que un judío llegó a una posición de prestigio y poder dentro del imperio. Esa relación de afinidad es probable que se haya desarrollado durante la hegemonía de Persia. Se ha sugerido el año 475 a.C. como una fecha aproximada de la composición de la mayor parte del libro de Ester.

El autor del libro, que se mantiene anónimo a través de la narración, debe haber sido un judío que conocía bien las costumbres, tradiciones e idioma persas. Al mismo tiempo, estaba consciente de las tradiciones antiguas de Israel. Específicamente debió haber conocido las historias de José y de la liberación de Israel de la esclavitud de Egipto. Su objetivo era contar a la comunidad judía el origen histórico de la Fiesta de Purim en un marco literario interesante y entretenido.

La narración que se presenta en el libro de Ester reclama ser un recuento de hechos históricos corroborables (véanse 2.23; 9.32; 10.2). El objetivo del autor, según se presenta en el relato, es contar a la comunidad judía los orígenes históricos de un festival de la

ESTER:
Un bosquejo para el estudio y la enseñanza

**Primera parte:
La amenaza contra
los judíos
(1.1—4.17)**

I. La selección de Ester como reina ...... 1.1—2.20
A. El divorcio de Vasti 1.1-22
  1. Los festejos de Asuero 1.1-8
  2. La reina Vasti se rehúsa 1.9-12
  3. Vasti es despedida 1.13-22
B. El matrimonio de Ester 2.1-20
  1. Decreto para buscar el reemplazo de Vasti .. 2.1-4
  2. Preparación de Ester............ 2.5-14
  3. Selección de la reina Ester......... 2.15-20
II. La formulación de la trama de Amán... 2.21—4.17
A. Mardoqueo revela la trama
para asesinar al rey.............. 2.21-23
B. Amán trama asesinar a los judíos ..... 3.1—4.17
  1. Se promueve a Amán 3.1
  2. La razón para la trama de Amán 3.2-6
  3. El decreto de Asuero para destruir
a los judíos .... 3.7—4.17

**Segunda parte:
El triunfo de los judíos
(5.1—10.3)**

I. El triunfo de Mardoqueo sobre Amán .... 5.1—8.3
A. La preparación para el triunfo......... 5.1—6.3
  1. El primer festejo de Ester 5.1-8
  2. Amán trama asesinar a Mardoqueo ... 5.9-14
  3. El rey Asuero planea honrar a Mardoqueo... 6.1-3
B. Mardoqueo es honrado 6.4-14
  1. El plan de Amán para honrarse
a sí mismo 6.4-9
  2. Amán se ve forzado a honrar
a Mardoqueo................ 6.10-14
C. Amán muere en la horca preparada
para Mardoqueo 7.1-10
  1. Segundo festejo de Mardoqueo 7.1-4
  2. Se enjuicia a Amán 7.5-8
  3. Amán es colgado 7.9-10
D. A Mardoqueo le dan la casa de Amán 8.1-3
II. El triunfo de Israel sobre sus enemigos .... 8.4—10.3
A. Preparación para la victoria de Israel..... 8.4-17
  1. La petición de Ester ante el rey Asuero ... 8.4-6
  2. El nuevo decreto del rey Asuero 8.7-14
  3. Se convierten muchos gentiles...... 8.15-17
B. La victoria de Israel sobre sus enemigos 9.1-16
  1. Victorias en el primer día 9.1-11
  2. Victorias en el segundo día ... 19.12-16
C. Celebración de Israel......... 9.17—10.3
  1. La fiesta de Purim 9.17-32
  2. La fama de Mardoqueo.......... 10.1-3

comunidad. El relato es sumamente importante pues identifica la base histórica de una fiesta judía que no se encuentra en el Pentateuco.

Marco histórico

El libro de Ester tiene gran valor histórico porque nos brinda un panorama del pueblo judío que estaba disperso por el mundo alrededor de 475 a.C. Los hechos en el libro ocurren aproximadamente cien años después que la nación judía fue llevada al cautiverio babilónico en 587 a.C. Poco después que los persas derrotaron a los babilonios, permitieron que los judíos regresaran a su tierra natal. Muchos regresaron a Jerusalén, pero miles de ciudadanos judíos decidieron permanecer en Persia, tal vez porque se convirtió en patria adoptiva durante la larga separación de su tierra natal. De modo que este libro nos muestra claramente cómo Dios protege a su pueblo escogido, incluso cuando estaban dispersos entre tantas naciones del mundo.

Aporte a la teología

Un aspecto muy importante e interesante en el libro de Ester es que no menciona el nombre de Dios en la narración. Esa peculiaridad se repite en la Biblia solo en el libro de Cantar de los cantares. Ante esa aparente anomalía, los creyentes tradicionalmente han reaccionado de dos formas. Los traductores griegos del libro, al percatarse de esa situación, añadieron una serie de relatos y oraciones para responder a esa realidad literaria y teológica. Otros creyentes, como Lutero, han rechazado la canonicidad del libro y lo han relegado a un segundo plano, en términos de su contribución a la vida de la comunidad religiosa. Ambas posiciones pueden superarse mediante un análisis de la contribución teológica del libro al desarrollo de la fe de la Iglesia. Específicamente a través del estudio de las implicaciones contemporáneas de la narración.

En la evaluación teológica del libro de Ester se han descubierto valores importantes. La narración destaca la providencia divina. Dios interviene en la historia y cambia radicalmente el futuro y la suerte de los judíos. Ese acto salvador y libertador puede relacionarse con las grandes intervenciones de Dios en la historia de Israel (Éx 3; 12–15; Jos 6; Jue 14–15). En la narración, el nombre de Dios no se menciona explícitamente, pero su acción libertadora se pone de manifiesto. En medio de una situación de crisis y un peligro mortal, la acción de Dios transformó el ambiente de muerte y lo convirtió en una celebración de vida.

Una de las frases más famosas del libro la dice Mardoqueo, ante la ambivalencia de Ester: «Si callas absolutamente en este tiempo, respiro y liberación vendrá de alguna otra parte para los judíos» (4.14). En esa afirmación, se enfatiza que la salvación del pueblo es segura. La misma no depende de la decisión de Ester. Según Mardoqueo, era responsabilidad de la reina intervenir e interceder por su pueblo. Sin embargo, la salvación del pueblo no se ponía en duda ante la pasividad de Ester. De algún lugar llegaría la salvación al pueblo.

Es muy importante indicar que la Fiesta de Purim celebra un acto de liberación y salvación. Los judíos se regocijan al recordar que Amán, representante de las fuerzas hostiles y despiadadas que atentan contra el pueblo de Dios, fue finalmente derrotado. Esa celebración es fuente de esperanza. Ante la persecución y el holocausto hay esperanza de liberación. Amán, en la narración, se ve como una persona caprichosa que se escuda en su posición y autoridad para tratar de lograr sus objetivos. Cree que tiene el poder para disponer de la vida a su antojo. Amán representa un estilo de vida orientado por el egoísmo. Para Amán, el protocolo y la diplomacia valían más que la vida. Que no se reconociera y aceptara su autoridad le producía una actitud de venganza y hostilidad.

Un punto importante en la obra se puede descubrir en el análisis del capítulo 8. En el mismo se presenta el edicto del rey Asuero a favor de los judíos. Esa narración enfatiza la victoria de la sabiduría sobre la fuerza, el triunfo de la prudencia sobre la burocracia. En el relato se pone de manifiesto el poder de un sector minoritario sobre las fuerzas de un imperio. La solidaridad triunfó sobre la injusticia.

Otros puntos importantes
Canonicidad
La canonicidad del libro de Ester se ha cuestionado entre judíos y cristianos. Entre las razones que se presentan la más citada es la falta de una referencia al nombre de Dios.

Durante el primer siglo de la era cristiana, el libro de Ester fue adquiriendo reconocimiento entre la comunidad judía. Tanto en el Talmud, como en las obras de Josefo, se hace referencia al libro de Ester como parte del canon judío. En el concilio de Jamnia, celebrado en 90 d.C., el libro de Ester debió haber sido reconocido con valor religioso por varias razones: se presenta como una obra histórica en un momento de persecución; brinda la razón de ser de una fiesta judía popular; y, además, luego de la destrucción del templo de Jerusalén en 70 d.C., los judíos debían ver las vidas de Ester y Mardoqueo como un ejemplo a seguir en situaciones de crisis.

Entre los cristianos, las dudas en cuanto a la canonicidad del libro de Ester han sido varias: presenta un relato con un valor religioso vago y superficial; el nombre de Dios está ausente en la narración (el texto griego incluye una serie importante de adiciones que no solo añaden el nombre de Dios, sino que desarrollan el valor religioso del libro); y la relación y asociación entre los libros de Ester y Judit (deuterocanónico). Debemos indicar, además, que el libro de Ester no se cita en el Nuevo Testamento, y está ausente en varias listas antiguas de libros canónicos. En última instancia, el objetivo del libro de Ester es presentar «la base histórica» de la Fiesta de Purim, la cual no se incluye ni se celebra en el calendario cristiano. Todos esos factores contribuyeron a la lenta aceptación de Ester en el canon de las iglesias del este. Desde el siglo IV, las iglesias del oeste aceptaron la canonicidad del libro.

Fiesta de Purim
En los escritos de Josefo se menciona la fiesta que se celebraba los días 14 y 15 del mes de Adar (febrero, marzo) para conmemorar la salvación de los judíos en tiempos de Mardoqueo en el Imperio Persa. En 2 Macabeos (véase 15.37) se hace referencia a la fiesta de Nicanor que se celebraba el día 13 de Adar, «la víspera del día de Mardoqueo». Además, en el Talmud se presentan los detalles ceremoniales de la Fiesta de Purim. Esta celebración incluía manifestaciones de entusiasmo, gozo y fiestas carnavalescas; banquetes, bebidas, intercambios de regalos entre familiares y amigos; y, además, se leía el libro de Ester. Purim era una fiesta con un doble carácter: profano y religioso.

Los intentos por descubrir el origen judío de la Fiesta de Purim han sido infructuosos. El mismo nombre de la fiesta delata su origen no judío. La palabra Purim, que proviene del singular *pur*, significa suertes y, posiblemente, se relaciona con la palabra babilónica *puru*, que como acepción principal tiene el mismo significado.

Se han propuesto varias teorías en cuanto al origen histórico de la Fiesta de Purim. Algunos estudiosos han relacionado la historia de Ester con varios mitos y festivales babilónicos. Mardoqueo y Ester se relacionan con las divinidades *Marduk* e *Istar*; y Amán y Vasti con los dioses elamitas *Humman* y *Mashti*. Sin embargo, una teoría más probable identifica el origen de esta fiesta con las celebraciones de año nuevo en el Imperio Persa. La narración del libro de Ester presenta varios ritos y tradiciones que son comunes en las celebraciones de año nuevo en Persia y otras culturas antiguas.

Adiciones griegas al libro
Una característica importante del libro de Ester es que cuenta con una serie de adiciones

al texto griego que no tienen paralelo en el texto masorético. Estas adiciones griegas al texto de Ester añaden 107 versículos, a los 167 del texto masorético y pueden catalogarse en seis secciones.

El sueño de Mardoqueo: 11.2–12.6

Este pasaje incluye dos incidentes importantes: un sueño apocalíptico de Mardoqueo; y el descubrimiento del complot para matar al rey.

El decreto de Asuero: 13.1-7

Esta sección incluye el texto del decreto que envió Asuero, contra los enemigos del imperio, por la instigación de Amán.

Las oraciones de Mardoqueo y Ester: 13.8–14.19

Estas oraciones destacan el aspecto religioso del libro. Son en favor de la liberación de los judíos.

Ester se presenta ante el rey: 15.1-16

Esta narración describe cómo Ester se presentó ante el rey y añade una afirmación teológica importante: «Dios hizo que el rey se volviera amable» (VP).

El decreto de Asuero a favor de los judíos: 16.1-24

Este texto incluye el contenido del decreto real emitido a favor de los judíos.

La interpretación del sueño de Mardoqueo: 10.4–11.1

Esta porción relaciona el sueño de Mardoqueo con la narración del libro de Ester. Además, esta adición incluye un colofón con detalles en torno al origen del libro y la fecha de composición de la versión griega.

De las adiciones griegas al libro, la que se ha identificado con la letra C, tiene un valor religioso particular. Posiblemente, un lector judío de habla griega añadió estas oraciones para incluir de forma explícita el elemento religioso en la obra. Esas oraciones afirman la bondad de Dios con Israel e incluyen referencias a Abraham y a la liberación de Egipto (4.17f-g,17y). Las otras adiciones son narraciones para satisfacer la curiosidad del lector y añadir algún misterio al relato. Destacan el poder de Dios manifestado en la historia.

Bibliografía:

Samuel Pagán, *Comentario Bíblico Hispanoamericano: Esdras, Nehemías y Ester*, Editorial Caribe, Miami, 1992. Robert T. Siebeneck, *Judit y Ester*, Ediciones Mensajero y Editorial «Sal Terrae», Bilbao y Santander, 1972.

ESTERILIDAD En las sociedades orientales se tenía por maldición divina el que una esposa fuese incapaz de concebir (Gn 30.2; 1 S 1.5), un reproche que podía conducir al divorcio u otra alteración en el hogar (Gn 16.2). La bendición de Dios se manifestaba al desaparecer la esterilidad, ya fuera de todo el pueblo (Dt 7.14) o de un individuo (Gn 25.21).

Lo horroroso del juicio que se cernía sobre Jerusalén resalta en el dicho «bendita las estériles» (Lc 23.29).

ESTIÉRCOL Excremento animal usado para abono (Sal 83.10; Lc 13.8) y combustible (2 R 6.25; Is 25.10; Ez 4.12-15).

En regiones desiertas, donde escaseaban los árboles, se acostumbraba, y se acostumbra aún, mezclar el estiércol de camellos, asnos y bueyes con paja o hierba seca para formar ladrillos que, una vez secos, se usaban en vez de leña. El «muladar» era donde echaban el estiércol. Una de las puertas de la ciudad de Jerusalén se llamaba «puerta del Muladar» (Neh 3.14).

Estiércol se usaba en sentido figurado. Estar «postrado sobre el muladar» era señal de pobreza y humillación (1 S 2.8; Lm 4.5; cf. Mal 2.3). Para castigar a una persona a veces convertían su casa en «muladar» (Dn 2.5; 3.29). Comparar una cosa con el estiércol implicaba desdén, por ejemplo, el cadáver de Jezabel (2 R 9.37; cf. Job 20.7; Sof 1.17) y las glorias de este mundo (Flp 3.8).

ESTOICOS Nombre que recibían los seguidores del filósofo Zenón de Citio (335–263 a.C.), fundador del → ESTOICISMO, quien se reunía con sus discípulos en el «pórtico (en griego, *stoa*) pintado» de Atenas. La historia del grupo se extiende desde el 300 a.C. hasta el 200 d.C. En el tiempo de Pablo los estoicos junto con la escuela opuesta de los → EPICÚREOS, se consideraban como la principal corriente filosófica de entonces (Hch 17.16-34). En el siglo III d.C. la escuela desapareció, pero su influencia se matuvo, por ejemplo, entre muchos padres de la Iglesia.

Los estoicos reunían doctrinas de los antiguos filósofos griegos (Heráclito, Platón, Aristóteles), pero su enseñanza se centraba en la ética. No constituían en sí una escuela sistemática, sino una disciplina hondamente arraigada en la vida, la cual como sustituto de la religión, pretendía proporcionar al hombre educación y un asidero para el alma. En general, enseñaban un panteísmo materialista (Dios y el mundo son una misma realidad). Se veía a Dios como una especie de alma del mundo que lleva en sí los gérmenes o fuerzas seminales (en griego, *lógoi spermatikoi*) de toda la evolución cósmica. La totalidad del acontecer estaba sometida a un plan divino (doctrina del destino-providencia) que da al cosmos su unidad, sentido y belleza. No obstante, la libertad desaparece en el fatalismo.

El ideal mayor de los estoicos era «el hombre sabio», el que vive conforme a la naturaleza (o sea, racionalmente), domina las pasiones y soporta sereno el sufrimiento. El fin supremo (sumo bien) de su ética era la felicidad que consiste en vivir conforme a la virtud que es el bien. Muy características de los estoicos fueron también las doctrinas de la igualdad de todas las personas y el cosmopolitismo.

El estoicismo, aunque austero, podía adaptarse a muchas de las verdades cristianas. Mucho del lenguaje que Pablo usa en el → AREÓPAGO está tomado del estoicismo. Con todo, los estoicos de su época no le prestaron mucha atención.

ESTRADO Apoyo para los pies del rey. Se colocaba frente al trono que por lo general era bastante alto para destacar la majestad del soberano (2 Cr 9.18).

La palabra se usa en sentido figurado. Al templo, centro de la teocracia en Israel, se le llamaba estrado de Jehová el Rey (Sal 99.5; 132.7; Ez 43.7). Su soberanía sobre toda la tierra (Is 66.1) se manifestará cuando todos sus enemigos sean puestos bajo su estrado, o sea, sujetos a Cristo, el Mesías (Sal 110.1, versículo citado cinco veces en el Nuevo Testamento).

ESTRELLA Traducción del término con que los hebreos denominaban a todas las luminarias celestes como planetas, meteoros y cometas, excepto el sol y la luna.

Dios creó las estrellas. Fijó sus órbitas (Jue 5.20) y su número, y las llama por nombre. Por eso pregonan la gloria de Dios (Gn 1.16; Sal 8.3; 19.1-6; 147.4; Is 40.26). La innumerable multitud de estrellas es símbolo de la generosidad de Dios (Gn 15.5; 22.17; 26.4; Dt 1.10; 10.22; 28.62; Neh 9.23; Nah 3.16; Heb 11.12). Incidentalmente se mencionan constelaciones en el Antiguo Testamento, pero raras veces es posible interpretar con seguridad las palabras hebreas. Se han sugerido las siguientes identificaciones: Arturo u Osa Mayor (Job 9.9; 38.32); los (doce) signos del zodíaco (2 R 23.5; Job 38.32); Orión «el cazador» y las Pléyades (Job 9.9; 38.31; Am 5.8).

Desde la antigüedad, en el Oriente se ha creído que las estrellas influyen en el destino de las personas y por eso se les atribuye inteligencia y poder que pueden beneficiar al hombre (Jue 5.20; cf. Hch 27.20). Así, muchas religiones consistían en el culto que en mayor o menor grado se tributaba a las estrellas.

Los egipcios, fenicios y caldeos aventajaban a los hebreos en conocimientos astronómicos, pero la ciencia de esas naciones estaba mezclada con supersticiones e idolatría (Is 14.12-15). A Israel se le amonestó contra semejante infidelidad, pero a menudo desobedeció esta prohibición (Dt 4.19; 17.3; 2 R 17.16; 21.3,5; 23.4,5; Jer 8.2; 10.2; 19.13; Am 5.26; Sof 1.5; Hch 7.42,43; cf. Ro 1.18-21,25).

Con los términos estrellas y → LUCEROS se designan a ciertos gobernantes y personas ilustres de la tierra (Is 14.4,12s; Dn 8.10), o habitantes de los cielos (→ ÁNGELES). A David y su antitipo el Mesías se ven así (Nm 24.17). Como signos celestiales las estrellas indican tiempos de calamidad pública que involucran a los gobiernos de las naciones (Ez 32.7; Jl 2.10; Mc 13.25//; Ap 6.13). A Cristo se le llama la estrella resplandeciente y el lucero de la mañana (2 P 1.19; Ap 22.16). Los ángeles de las iglesias de Asia Menor reciben el nombre de estrellas (Ap 1.16,20; 2.1; 3.1). Los ángeles caídos y los creyentes apóstatas se presentan como estrellas caídas (Ap 8.10; 9.1; 12.4).

ESTRELLA DE BELÉN Estrella que anunció el nacimiento de Jesús, es muy probable la aludida en Nm 24.17 (Mt 2.1-12; cf. Is 60.3). Fue un fenómeno celestial que atrajo el interés de los → MAGOS que vivían al este de Palestina, en Arabia, Babilonia o Persia. Según el relato bíblico, guió a algunos de estos magos a Jerusalén y luego de la visita a Herodes, los condujo a Belén y se detuvo en el lugar donde yacía el niño.

En un intento por identificar este fenómeno se han formulado las siguientes teorías:

1. Kepler observó una conjunción de Júpiter, Saturno y Marte en 1604, que desapareció en 1605 d.C. Se calcula que hubo una conjunción semejante de estos tres planetas en el signo zodiacal de Piscis (¿signo de los judíos?) el 29 de mayo, 1º de octubre y 5 de diciembre del año 7 a.C., pero de poca duración cada vez.

2. Quizás se trató de la presencia de Júpiter («regente» de Judea) en el signo de Aries (constelación de Siria Palestina), especialmente el 14 de abril del 6 a.C. conjuntamente con otros planetas.

3. El cometa Halley apareció en 11 a.C. y otro cometa en 4 a.C., pero su duración fue breve.

4. Tal vez fue una supernova (estrella que adquiere temporalmente un brillo superior al normal) de ocurrencia muy rara (no la ha habido desde el invento del telescopio), pero duradera. Sin embargo, no se conoce ninguna mención extrabíblica de tal fenómeno.

5. Marte, el planeta de Siria Palestina, quizás se combinó con otros fenómenos astronómicos, de marzo del año 7 a.C. a marzo del año 5 a.C.

Todas estas conjeturas sobre la naturaleza de la estrella de Belén tropiezan con problemas cronológicos (→ JESUCRISTO) o históricos. Algunos intérpretes sugieren una aparición sobrenatural, un signo creado especialmente para los magos. Pero es más consonante con los milagros de la Biblia suponer una señal celestial, tal vez de breve duración (la frase en Mt 2.9 se debe traducir «vimos su estrella en su salida»), que los astrólogos reconocieron, gracias a la ubicación en la bóveda celeste, como referente a Judea. Entonces, al salir de Jerusalén, la misma señal volvería a aparecer (cf. la teoría #1 arriba), confirmando que su comprensión de la señal fue cierta y que les conduciría a su destino.

Esta explicación, sin negar lo milagroso del caso, reconoce lo humano, la curiosidad insaciable del hombre de ciencia, y la creencia general de la época en el pronto nacimiento de un rey en Judea que exigiría el homenaje universal.

ETAM (*fortaleza*).

1. Campamento de los israelitas donde se detuvieron después de salir de Sucot, guiados por la columna de nube y de fuego (Éx 13.20; Nm 33.6). Estaba «a la entrada [al confín] del desierto», y esta parte del desierto de Sur se llamaba «el desierto de Etam» (Nm 33.8). Se desconoce el sitio.

2. Peña adonde Sansón huyó de los filisteos (Jue 15.8). Aquí lo prendieron tres mil hombres de Judá y lo entregaron a sus enemigos (v. 11ss).

3. Aldea de Simeón (1 Cr 4.32). Sitio desconocido que quizás se encuentra a 13 km al nordeste de Rimón.

4. Ciudad de Judá, edificada por Roboam (2 Cr 11.6), a 3 km al sudoeste de Belén.

ETÁN (en hebreo, *duradero, antiguo*).

1. Hijo de Zera de la tribu de Judá (1 Cr 2.6; cf. 1 R 4.31). Si «ezraíta» se deriva de Zera, este Etán, sabio de la época de Salomón, es el autor del Salmo 89.

2. Levita, antepasado de Asaf (1 Cr 6.42).

3. Uno de los tres maestros de música en el templo (1 Cr 6.44; 15.17,19), tal vez el mismo Jedutún de 1 Cr 16.41; 25.1; 2 Cr 35.15.

ETANIM (*lluvias incesantes*). Mes hebreo. Nombre, antes del cautiverio, del séptimo mes del año religioso y el principio del año civil. Corresponde a septiembre y octubre. En etanim comenzaban las lluvias y se celebraban las Fiestas de las Trompetas, Expiación, Tabernáculos y la Asamblea Solemne (1 R 8.2). (→ Mes;, Año.)

ET-BAAL Rey de Sidón cuyo nombre significa «el protegido de Baal». Según el historiador Josefo, Et-baal era un sacerdote de Astarté que llegó al trono de Sidón mediante el crimen. Su hija Jezabel se casó con el rey Acab y lo llevó a la idolatría (1 R 16.31).

ETERNIDAD → Tiempo.

ETIOPÍA (*rostros quemados*). Uno de los grandes reinos de África en la época del Antiguo Testamento, situado al sur de Egipto, sobre el Nilo, en las cataratas de Syené. Lo limitaban por el este el mar Rojo y tal vez el océano Índico, al sur las regiones del Nilo Azul y Blanco y al oeste Libia y los desiertos.

En la Biblia se le llama también → Cus. Durante el período pérsico la capital se estableció en Moroë, la ciudad principal, ubicada entre el Nilo y el Astaboras (hoy Tacazzé). La parte septentrional, llamada anteriormente Seba, también recibió el nombre de Etiopía.

En parte, el país era montañoso, pero su mayor extensión era arenosa, bien regada y fértil. Entre sus productos comerciales contaba con el ébano, el marfil, el oro y las piedras preciosas. Junto a Egipto, se le nombra con frecuencia en las Escrituras que reconocen sus recursos naturales, su pujanza política y sus perversidades (Is 20.3-6; 43.3; 45.14; Ez 30; Dn 11.43). Su relación con Israel reviste carácter político y religioso. Algunos suponen que en 2 Cr 14.9-15 al señalar a Zera, el etíope, invasor de Judá durante el reinado de Asa, 944 a.C., se trataba de un rey egipcio, una dinastía etíope o un rey de la Etiopía afroárabe.

El etíope, tesorero de la reina Candace, mencionado en Hch 8.27-39 (cf. Sal 68.31), nos hace suponer que en aquel país había judíos de nacimiento o por religión, quienes lo persuadieron a aceptar su fe. El evangelio tomó auge allí desde el siglo IV, al traducirse toda la Biblia del griego al antiguo idioma de Etiopía.

ÉUFRATES (*copioso*). Río importante del Asia occidental, cuyas dos fuentes se hallan una cerca al Ararat y la otra cerca de Erzerum. Su recorrido hasta el golfo Pérsico, donde desemboca unido al Tigris con el nombre de Shatt-el-Arab, lo hace a través de Armenia, Siria e Irak, este último que lo aprovecha para fines económicos, entre otros, para la navegación desde el golfo hasta la importante ciudad de Basora.

Su largo total es de unos dos mil setecientos kilómetros. Atraviesa regiones montañosas, pero mayormente llanuras. Esto influye para que su corriente y su anchura sean muy variables.

En la historia se menciona junto al Tigris, pues ambos limitaban la fértil Mesopotamia. El Éufrates bañaba toda la región occidental de esta zona.

Cuando la Escritura describe la hidrografía del Edén, señala al Éufrates como uno de los «cuatro brazos» en los que se repartía el río que regaba el huerto (Gn 2.10,14). Más adelante, cuando el Señor habla a Moisés respecto a la tierra prometida, se designa al Éufrates como el límite oriental (Éx 23.31).

Aun cuando nos parezca raro que la extensión ofrecida llegara hasta tan lejos por el lado oriental, debemos recordar que el llamado de Abram fue desde esta región, que desde el principio fue asiento de pujantes reinos.

Se supone que los egipcios, bajo el faraón Necao, llegaron a conquistar hasta las márgenes occidentales del Éufrates (2 Cr 35.20). Poco después los persas someterían esta dinastía. En la actualidad, en sus márgenes se conservan algunas poblaciones importantes y sus aguas las surcan modernas embarcaciones que contrastan con las extrañas balsas construidas con pieles de chivos en épocas remotas.

EUNICE Judía, madre de → TIMOTEO. Aunque su esposo era gentil, supo instruir a Timoteo en las Sagradas Escrituras. Tal vez Eunice se convirtió cuando Pablo visitó por primera vez a Derbe y Listra, porque ya era creyente cuando Pablo llegó allí en su segundo viaje (Hch 16.1). La fe de Eunice y Loida, madre y abuela respectivamente, serviría de estímulo al joven Timoteo (2 Ti 1.5).

EUNUCO (en griego, *cuidador de lechos*). Encargado de los departamentos interiores de los palacios orientales. Cuando se trataba del cuidado del harén, convenía que este oficial fuera impotente (por ejemplo, Est 2.3), pero el vocablo hebreo *saris* lleva también las acepciones «militar comisionado» (2 R 25.19) y «allegado del rey» (por ejemplo, Potifar, Gn 39.1). En muchos contextos (por ejemplo, Est 1.10 y Dn 1.3) es difícil precisar si el término implica o no castración. Puesto que la castración se prohibía en Israel, los eunucos en el sentido corporal eran de origen pagano (cf. Gl 5.12) y por tanto excluidos de la congregación (Dt 23.1). Sin embargo, Isaías menciona a los eunucos para ilustrar el amor sin límites de Jehová (Is 56.3-5). El oficial de Candace (Hch 8.27-39), al abrazar el evangelio, se apropia de esta promesa, aunque se ignora su condición física.

En Mateo 19.12 el Señor habla de tres categorías de eunucos: los que lo son de nacimiento, los que otras personas los hacen eunucos (es decir, castrados) y los que son eunucos por razones o causas espirituales, o sea, que están dispuestos a sacrificar sus deseos y pasiones naturales por el Reino de Dios (cf. 1 Co 7.7,32-35).

EUROCLIDÓN Viento huracanado acompañado de lluvias borrascosas, muy común hasta hoy en el centro sur del Mediterráneo en la estación fresca. Sopló de repente sobre el barco en que navegaba Pablo rumbo a Roma, alejándolo de las costas cretenses y haciéndolo naufragar frente a la isla de Malta (Hch 27.13ss).

El término griego es *Euroaquilón* que significa la unión de los vientos «Euros» (vientos del sudeste o del este) y «Aquilo» (viento del nordeste), y describe su curso como este-norte-este.

EUTICO (*afortunado*). Joven de Troas que, vencido por el sueño durante un discurso de Pablo, cayó de un tercer piso y murió, pero que Pablo milagrosamente lo resucitó (Hch 20.7-12).

Hay quienes alegan, basándose en el v. 10, que Eutico no había muerto. Pero el testimonio de Lucas, médico y testigo ocular (v. 6), es que «fue levantado muerto» (v. 9).

EVA Primera mujer, esposa de → ADÁN, quien la llamó «madre de todos los vivientes» (Gn 3.20). La etimología exacta de «Eva» es difícil de establecer. En el relato de la creación, Dios, al ver que Adán estaba solo y sin ayuda para cultivar el huerto, hizo a la mujer de la misma sustancia del hombre (Gn 2.21). Cuando Adán recibió a esta criatura idónea y particular, la llamó «varona» para expresar el común origen de los sexos. Así, Génesis 2 explica que la poderosa atracción entre el hombre y la mujer se debe a que en la creación fueron literalmente «una carne».

Tentada por la serpiente, Eva reparó en el atractivo sensual, estético e intelectual de la fruta prohibida. Comió e indujo a Adán a la desobediencia también. El triple castigo que Dios impuso a la mujer creó una tensión irresoluble: dolores en sus preñeces, deseo de su marido, dominación por él (Gn 3). A pesar de la amenaza de la muerte, Eva pudo regocijarse del milagro de la continuación de la vida humana en la voluntad de Jehová (Gn 4.1).

Pablo se apoya precisamente en la susceptibilidad de Eva ante la tentación, para recomendar la sujeción de la mujer en la iglesia (1 Ti 2.11-15; cf. 2 Co 11.3).

EVANGELIO (transcripción del sustantivo griego *euangelion, buenas nuevas*). Gozosa proclamación de la actividad redentora de Dios en Cristo Jesús para salvar al hombre de la esclavitud del pecado. En el Nuevo Testamento (griego) no solo se expresa en forma de sustantivo, sino también en forma verbal *euanggelizo* (proclamar o anunciar el evangelio).

En la LXX solo aparece el verbo y su sentido es secular: «traer buenas noticias» (2 S 4.10; 1 R 1.42; Jer 20.15). Más tarde su significado incluyó el sentido religioso de proclamar la victoria de Dios sobre sus enemigos (Sal 40.10; 68.11), y el reino eterno de Dios (Is 40.9; 41.27; 51.16; 52.7). Las buenas nuevas anuncian al pueblo la presencia de Dios (cf. Is 40.9) para juicio y restauración. Son tanto para judíos como para gentiles (Is 40.5; 45.23-25; 49.6; 51.4). Los mensajeros del evangelio son personas (Is 52.7; 61.1) y Dios actúa en la proclamación (55.11).

Juan el Bautista comienza su ministerio proclamando las buenas nuevas (Lc 3.18; verbo) y, más tarde, Jesús predica el evangelio (Mc 1.14; sustantivo). En ambos, el evangelio es la señal por excelencia de la llegada del Mesías (Mt 11.5 y Lc 4.18 que citan a Is 61.1). El Reino de Dios se hace presente en la tierra y Cristo predica y anuncia el evangelio (Lc 8.1).

La iglesia primitiva hizo de la predicación del evangelio a toda persona su deber principal (Hch 5.42; 8.12; 11.20; 14.7; 1 Co 1.17; Gl 1.16).

En el Antiguo Testamento, junto con la proclamación del evangelio deben darse la justicia o justificación (Sal 40.9), la salvación y la paz (Is 52.7). En el Nuevo Testamento Cristo Jesús es el evangelio mismo, y su obra hace real la salvación, la justificación y la paz para el mundo (Hch 10.36; Ro 1.16ss; Ef 2.17; 1 P 1.23ss). El contenido del evangelio permanece inalterable y absoluto, pero se sella con la muerte propiciatoria de Cristo (1 Co 15.1-4). Es el mensaje de reconciliación con Dios y nosotros somos colaboradores en su proclamación (2 Co 5.20s). En el juicio final, los hombres se juzgarán según su respuesta al evangelio (2 Ts 1.8; 1 P 4.17).

En la tradición posterior de la Iglesia, la palabra escrita acerca de Jesucristo también llegó a constituir el evangelio. (→ EVANGELIOS.)

EVANGELIOS Primeros libros del Nuevo Testamento, en su orden canónico, que llevan los nombres de Mateo, Marcos, Lucas y Juan, y contienen narraciones sobre la vida,

Busto del emperador romano Tiberio, mencionado por Lucas en su relato evangélico del inicio del ministerio de Jesús (Lc 3.1).

Foto de Howard Vos

muerte y resurrección de Jesucristo (→ Evangelio).

Hablar de «los cuatro Evangelios» no ha sido siempre común como lo es hoy. Antes del siglo IV se denominaban en conjunto «el evangelio» (el único e inimitable evangelio de Cristo) y las partes se distinguían por la adición de las palabras «según Mateo», «según Marcos», etc. Sin embargo, Ireneo, al escribir *ca.* 180 d.C., insistió en la cifra cuatro y la consideró un axioma universal. No puede haber más Evangelios, ni menos. Este dogmatismo, respaldado por dos documentos contemporáneos, el *Canon de Muratori* y el *Diatessaron* (→ Canon del Nuevo Testamento), revela un acuerdo general entre las iglesias de la época, forjado durante varias décadas. Es probable que la colección tetramorfa se remonte hasta poco después de 150 d.C.

El Evangelio oral

Para reconstruir la historia de estos cuatro escritos en el siglo I, hay que volver a los sucesos clave del año 30: la pasión, resurrección y ascensión de → Jesucristo, y el día de → Pentecostés. Es más, Jesús y sus seguidores ya habían pregonado «las buenas nuevas del Reino de Dios», pero el impacto pleno de tales nuevas no se hizo sentir sino después de los mencionados acontecimientos. Los testigos de lo que Dios hizo a través de Jesucristo se impusieron la tarea de proclamar esta «buena nueva» de la magna redención. En dos partes del Nuevo Testamento podemos captar la esencia de esa proclamación (en griego, *kérygma*): en las cartas, paulinas y otras, y en las prédicas primitivas narradas en Hechos.

Las cartas paulinas

Dirigidas a personas conocedoras del *kérygma*, las epístolas no tienen el propósito de referirse ampliamente al mismo. Casi sin querer Pablo alude a las → tradiciones que recibió al convertirse a Cristo: el *kérygma* básico (1 Co 15.3ss, carta fechada *ca.* 54), y a la institución de la Santa Cena (1 Co

11.23ss). Es evidente que la proclamación no solo incluyó la narración de hechos (por ejemplo: «Cristo murió»), sino también la interpretación teológica (por ejemplo: «murió por nosotros»). La enseñanza de Jesús (por ejemplo, 1 Co 7.10) y los datos de su vida humana (por ejemplo, Gl 4.4; 1 Ti 6.13) aparecen junto con aspectos futuros de la esperanza cristiana (por ejemplo, 1 Co 15.52s; 2 Co 5.10; 1 Ts 1.9s; 4.16).

Pablo afirma (1 Co 15.1,11) que «su evangelio» es el mismo que predicaban los otros apóstoles. Por consiguiente, hallamos en 1 Pedro y Hebreos, para mencionar solamente dos autores más, alusiones similares y la misma presuposición de que todos los cristianos conocían los datos básicos.

La predicación primitiva en Hechos

Un mismo mensaje es el que encontramos en las cartas paulinas, en los discursos que en Hechos se atribuyen a Pedro, Pablo y otros (sobre todo 2.14-36; 10.34-43; 13.16-41), y en pasajes como Hch 3.13-26; 4.10-12; 5.30-32; 8.32-35. Nótese además un dicho de Jesús en 20.35 no referido en los Evangelios.

Según esta prédica, la «buena nueva» es el cumplimiento de una profecía del Antiguo Testamento y se relaciona con Jesús de Nazaret. Este Jesús, nacido de la línea de David, precedido por → Juan el Bautista, llevó a cabo una misión de misericordia que Dios aprobó con señales y prodigios. Misión de la que fueron testigos oculares los predicadores apostólicos. Sus enemigos lo traicionaron y los líderes judíos lo entregaron en manos de los romanos. Aunque → Pilato quería libertarlo, el → sanedrín se empeñó en que lo ejecutaran y prefirió que liberaran a un asesino. Así pues, crucificaron a Jesús. Luego lo bajaron de la cruz y lo sepultaron. Pero al tercer día Dios lo resucitó de entre los muertos, hecho que los apóstoles también atestiguaron. En esta forma, afirmaron ellos, Dios lo declaró Señor y Mesías. Después, Jesús ascendió al cielo y se sentó a la diestra de Dios, desde donde derramó

E

sobre sus seguidores su Espíritu. Y de allí volverá como juez de los vivos y los muertos. Entretanto, a quienes oyen el evangelio se les llama a creer y arrepentirse. Actos cuyas señales son el don del Espíritu Santo y el bautismo. Tal es el *kérygma* primitivo.

La transmisión de los datos

En el Evangelio según San Marcos se observa un bosquejo similar al del *kérygma* arriba esbozado. Los contornos son similares. En ambos se dedica un espacio desproporcionadamente grande (desde el ángulo biográfico) a la semana final de Jesús. En ambos se muestra más interés en lo que Jesús hizo que en sus dichos. En la predicación misma, quizás el bosquejo necesitó ampliarse mediante materia ilustrativa, sobre todo cuando se proclamaba el evangelio (por ejemplo, fuera de Palestina) a quienes no sabían nada de Jesús. Simples resúmenes como Hch 2.22 y 10.38 cobrarían vida en la práctica al ampliarlos con relatos de sanidades, etc.

Las secciones autosuficientes, llamadas perícopas, que componen el grueso de Marcos, arrojan luz sobre el tipo de ilustración que los predicadores apostólicos usaban. Estas pequeñas unidades, o párrafos, son las respuestas dadas a las exigencias prácticas de las iglesias en su triple tarea: evangelización, culto y catequesis. Por ejemplo, a la pregunta: ¿cuál fue la actitud de Jesús frente a la Ley? (cuestión candente en los años de evangelización entre los gentiles), un testigo ocular mencionaría una narración como Mc 10.1-12 (sobre el divorcio) o Mc 11.15-19 (sobre la purificación del templo).

En décadas recientes, la crítica de las formas (→ CRÍTICA BÍBLICA) ha intentado reconstruir el ambiente vital en que cada perícopa mantuvo su existencia oral más o menos independiente. Sin aceptar las conclusiones escépticas de algunos formistas como Dibelius y Bultmann, podemos admitir la utilidad del método en la dilucidación de la etapa preliteraria de la tradición. Dentro de las dos categorías generales, «enseñanza de Jesús» y «narración histórica», podemos distinguir: dichos proféticos (por ejemplo, Mt 8.11s//), dichos sapienciales (Mc 6.4//), dichos legislativos (Mc 10.10ss), comparaciones (Lc 10.30-37), paradigmas (Mc 2.23-28), diálogos-disputa (Mc 11.27-33), historias de

Estas flores silvestres en Palestina recuerdan las palabras de Jesús a sus seguidores: «Considerad los lirios del campo, como crecen: no trabajan ni hilan» (Mt 6.28).

Foto de Gustav Jeeninga

milagros (Mc 10.46ss), y narraciones históricas de alguna fuente no cristiana (Mc 6.17-
29). Para facilitar la narración, es evidente
que los predicadores apostólicos agruparon
ciertas perícopas (por ejemplo, la historia de
la pasión, historias de milagros como Mt
8.1-17 o de controversias como Mc 2.1–3.6)
durante las primeras etapas orales de la
transmisión.

El afán de la Iglesia era presentar al
Cristo viviente que los miembros conocían.
Por tanto, sus narraciones actualizaban los
hechos ocurridos en el ministerio de Jesús,
sin tergiversar lo histórico ni perder de
vista la identidad entre Jesús de Nazaret y
el Señor exaltado. Esta actualización llevada a cabo en la predicación, conservaba
la intención del Señor Jesucristo (cf. Jn
14.26). A la vez, los testigos oculares que
aún vivían (1 Co 15.6) velaban por la veracidad del mensaje, y hermanos bilingües
(presentes en Jerusalén desde la época
primitiva, Hch 6.1; → HELENISTAS) garantizaban la fidelidad de la traducción al
griego.

Los Evangelios escritos
Los Sinópticos
En los años 60–70 d.C. una serie de crisis,
especialmente el martirio de varios apóstoles, alertó a la Iglesia. Con la desaparición
de muchos testigos, fue necesario escribir
las tradiciones a pesar de que los judíos
preferían la transmisión oral. Era evidente
que con la autorización de la iglesia en
Jerusalén, Juan Marcos escribió en Roma las
tradiciones sagradas, y así nació un nuevo
género literario: el Evangelio. No es posible
considerarlo como biografía pura ni como
tratado ético (aunque incluye ambos elementos), pero su propósito es convencer al lector
de que Jesús es el Mesías e Hijo de Dios,
digno de nuestra fe.

Al divulgarse el primer Evangelio, aproximadamente en 69 (→ MARCOS, EVANGELIO
DE), otras comunidades, poseedoras de tradiciones complementarias, quisieron escribir sus propios Evangelios. En los años

siguientes, ca. 71–75, surgieron los Evangelios de → MATEO y de → LUCAS que
incorporaron tanto el bosquejo como mucho
material tomado de Marcos. Además, estos
complementaron, con múltiples ejemplos
de la enseñanza de Jesús, la intensa actividad escasamente descrita en Marcos. Hay
más de doscientos versículos comunes a
Mateo y Lucas que faltan en Marcos. Este
fenómeno ha dado origen a la hipótesis de
que estos dos evangelistas tuvieron a su
disposición un documento «Q» (inicial del
vocablo alemán *Quelle*, que significa *fuente*). Pronto los primeros tres Evangelios
recibieron el epíteto de «Sinópticos», porque su semejanza facilita colocarlos en tres
columnas paralelas (sinopsis) para estu-
diarlos comparativamente.

Si bien el *kérygma* contenido en Marcos
y la enseñanza presentada en el supuesto
«Q» son las fuentes principales de la tradición sinóptica, ciertamente hay otras. La
fuente peculiar de Mateo, de corte judío,
se ha denominado «M» y varios bloques
narrativos (por ejemplo, La Natividad) que
Mateo ha consagrado y que se desconocen
en los otros Evangelios quizás provienen
de ella. Lucas también se valió de fuentes
de gran valor. A estas en conjunto se les
ha llamado «L». De manera que, según
muchos estudiosos, es posible reconstruir
las relaciones entre los Evangelios Sinópticos de la manera siguiente:

E

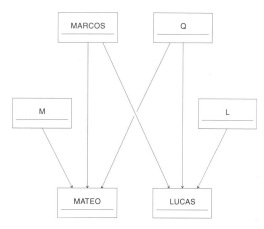

Sin embargo, este esquema no expresa toda la complejidad del proceso que ha preocupado a muchos eruditos por más de un siglo. Por ejemplo, no toma en cuenta la tradición oral que influyó en la composición de todos los Evangelios. En esta línea, algunos estudiosos llegan al extremo de negar toda dependencia literaria, y atribuyen cualquier semejanza entre un Evangelio y otro a la espléndida memoria de los predicadores testigos. Así, atribuyen las diferencias a variaciones en la traducción del arameo que hablaron los testigos originales. Otros eruditos insisten en la prioridad de Mateo o de un Mateo primitivo en arameo. Muchos de ellos desaprueban el hipotético «Q».

La debilidad más importante del esquema, sin embargo, es que da la impresión de una actividad literaria simplemente mecánica. Y lo cierto es que cada evangelista es un teólogo y escritor con derechos propios. Cada Evangelio tiene su genio particular, con énfasis cristológicos que aportan algo indispensable al cuadro total de Jesucristo. Cabe corregir ciertos énfasis unilaterales de los formistas, que a veces parecían describir a evangelistas de tijeras y goma que «componían» obras por plagio.

El Evangelio de Juan

Hasta una lectura superficial del cuarto Evangelio revela sus profundas diferencias en relación con los Sinópticos. Desde el prólogo (1.1-18) es evidente que los moldes conceptuales de → JUAN, que se escribió entre 90 y 100 d.C., no son los de sus predecesores. Como tampoco lo son su estilo, su esquema geográfico, ni el grueso de su materia prima. Tal vez el cuarto evangelista, sin haberse valido de ninguno de los Sinópticos, haya conocido el tipo de tradición kerygmática que se esconde detrás de ellos (cf. el estilo «juanino» de Mt 11.27), además de otros patrones de tradición, como sería de esperar de un testigo ocular. Entonces, tras sesenta años de predicar estas verdades y darles su estampa juanina, las puso por escrito.

El propósito de este Evangelio (Jn 20.30s) es aplicable igualmente a los otros tres. Cabe subrayar la selección (v. 30) que realizó cada

evangelista, la cual era parte esencial de la inspiración prometida a los discípulos (Jn 16.13). Por tanto, pese a que los Evangelios nos presentan solo en forma fragmentaria la biografía de Jesús, recibimos la impresión de conocer íntimamente en ellos al Salvador. ¿Surgieron otros Evangelios al lado de estos? Puesto que Lc 1.1 solo habla de esfuerzos preliminares, es probable que no. Muy posteriormente se compusieron los → EVANGELIOS APÓCRIFOS, pero no añaden nada de peso a nuestro conocimiento de Jesucristo. La iglesia apostólica nos legó solamente cuatro Evangelios.

Bibliografía:

P. Lengsfeld, *Tradición, Escritura, e Iglesia en el diálogo ecuménico*, Fax, Madrid, 1967. X. Leon Dufour, *Los Evangelios y la historia de Jesús*, Estela, Barcelona, 1966. *IB*, pp. 150-315, 556-612. J. Schmid, *El Evangelio según San Mateo*, Herder, Barcelona, 1967, pp. 11-33. E. Trenchard, *Introducción al estudio de los cuatro Evangelios*, Literatura Bíblica, Seaton, 1961. *INT*, pp. 129-238. H. Zimmermann, *Los métodos histórico-críticos en el Nuevo Testamento*, BAC, Madrid, 1969, pp. 80-87; 131-169; 233-253.

EVANGELISTA El que pregona las buenas nuevas de salvación (→ EVANGELIO), guía a los incrédulos al conocimiento del Señor y establece nuevas congregaciones. Todos los cristianos deben ser testigos de su fe (Hch 8.4), pero Cristo otorga el don de evangelista particularmente a algunos miembros de su Cuerpo.

Ser evangelista es un don bien distinto de los dones de apóstol, profeta, pastor y maestro, que puede ejercerse ante una multitud o individualmente (Ef 4.11). Pablo exhorta a Timoteo a «hacer obra de evangelista» (2 Ti 4.5).

A → FELIPE se le llama «el evangelista» (Hch 21.8) y se dan muestras de su trabajo en Hch 8.5,12,26-40. Después del siglo I, el término evangelista se aplicaba a los autores de los cuatro → EVANGELIOS.

EVIL-MERODAC Rey de Babilonia (562–560 a.C.), hijo de Nabucodonosor. Neriglisar, su cuñado, lo sucedió en el trono como resultado de una revuelta que tiene todas las características de una lucha palaciega. La Biblia, sin embargo, nos dice que este rey fue el que puso en libertad a → JOAQUÍN, rey de Judá (2 R 25.27-30; Jer 52.31).

EVODIA → SÍNTIQUE.

EXCOMUNIÓN Separación de un hermano de la congregación por una ofensa moral o doctrinal. Si bien el término no es bíblico, el concepto sí lo es. Los judíos expulsaban a sus miembros de la sinagoga (Jn 9.22; 12.42) por creer en Cristo. Desde tiempos antiguos, los que desobedecían a Dios eran «cortados de Israel» (Éx 12.15).

En la iglesia cristiana la excomunión debe aplicársele al hermano que incurra en el pecado y, después que se ha amonestado debidamente, no quiera arrepentirse (Mt 18.15-17). Refiriéndose a la excomunión, los autores bíblicos usan expresiones como «tenerlo por gentil y publicano» (Mt 18.17), «entregarlo a Satanás» (1 Co 5.5) y «desecharlo» (Tit 3.10). En 1 Corintios 5 la excomunión se debe a la inmoralidad (un hombre vivía con su madrastra), en Tito 3 es cuestión de doctrina («el que cause divisiones» evidentemente se refiere al hereje) y en Romanos 16.17 el motivo es el divisionismo.

La excomunión debe continuar mientras el transgresor no se arrepienta. Luego se le debe reincorporar a la iglesia (2 Co 2.5-11). Los dos objetivos de la excomunión son disciplinar al hermano (1 Co 5.5; Gl 6.1) y proteger el testimonio de la iglesia (1 Co 5.6-8).

En el Nuevo Testamento encontramos una tensión entre la necesidad de castigar el pecado con rigor y la preocupación pastoral por restaurar al pecador y proteger a los afectados por su pecado (Jn 8.1-11; cf. 1 Co 5.5 y 2 Co 2.6-8). Por un lado hay libertad de conciencia de cada cristiano y por el otro la no ofensa de la conciencia del hermano débil (1 Co 10.23-33). La misma tensión perdura hasta hoy, en diversos contextos culturales, comenzando con las definiciones del pecado o pecados que merecen la excomunión.

El dictamen del concilio de Jerusalén, de que los gentiles debían «abstenerse de lo sacrificado a ídolos, de sangre, de ahogado y de fornicación» (Hch 15.29) surgió en el contexto del primer contacto judeocristiano con la cultura helenista. Poco después, Pablo reinterpreta la prohibición alimenticia como una exhortación a no olvidar a los pobres (Gl 2.9,10), quienes consumían la comida menos costosa que ofrecían los puestos de los templos. Durante los primeros dos siglos de su historia, la iglesia oriental practicó la excomunión por la infracción de los aspectos alimenticios del dictamen del primer concilio. La iglesia occidental, a partir del mismo hecho, precisó los tres pecados cardinales que merecían la excomunión: idolatría, fornicación y homicidio («sangre»).

Pero, muy temprano, surgieron controversias y cismas en torno a la aplicación de la excomunión, su duración y los alcances de una eventual reconciliación. Las preguntas de antaño resuenan hoy. ¿Es idolatría o patriotismo jurar lealtad al emperador e incluso verter sangre en tiempos de guerra? ¿Cómo definir fornicación o adulterio en un ámbito como el romano cuya jurisprudencia reconocía varios niveles de compromiso matrimonial, desconocía la validez permanente de uniones entre personas de diversas clases sociales y pasaba por alto los matrimonios de esclavos? Al extenderse la fe cristiana entre culturas con costumbres muy diferentes, los mensajeros se enfrentaron a decisiones muy difíciles (por ejemplo, derechos de propiedad, prácticas cultuales y poligamia). La tendencia fue reglamentar en forma cada vez más inflexible, sobre todo en cuestión de prácticas sexuales y asuntos relacionados (vestimenta, recreación, etc.). En la cultura occidental, la inmoralidad amerita más la excomunión que matar, hurtar, dar falso testimonio o idolatrar bienes, ideologías y doctrinas (Stg 1.26,27; 2.8-11; 3.7;

El accidentado desierto del Sinaí, a través del cual pasaron los israelitas durante su éxodo de Egipto.

4.1-6). Paralelamente, la culpabilidad se ha concentrado en individuos, a menudo sin recursos de defensa, dejando de lado la complicidad de la sociedad y de la misma iglesia.

ÉXODO, EL Acontecimiento final en una serie de milagros mediante los cuales Dios se rebeló a su pueblo esclavo en Egipto, humilló al faraón que los oprimía, y permitió que los descendientes de Jacob vivieran en libertad una vez más. Los judíos celebran la Pascua para conmemorar aquella gran liberación. (→ ÉXODO, LIBRO DE; PEREGRINACIÓN POR EL DESIERTO.)

ÉXODO, LIBRO DE Libro que los judíos llaman *we elle shemot* (y estos son los nombres) según sus primeras palabras, y que la Septuaginta llama *Exodos* (salida), de acuerdo con el tema principal. Relata la historia del pueblo de Israel desde su salida de Egipto, donde habían sido esclavos, hasta la construcción del tabernáculo al principio del segundo año. La palabra inicial «y» (en el original) lo hacer ver como continuación del Génesis.

Estructura del libro

Éxodo se divide simétricamente en dos partes principales: la salida de Egipto (1–19) y la revelación de Dios (20–40). Comienza donde termina Génesis. Empieza hablando de cómo los descendientes de Jacob se habían establecido en Egipto para escapar del hambre y las dificultades en su tierra. Durante muchos años los hebreos prosperaron y se multiplicaron con la bendición del soberano egipcio. Pero entonces, según un versículo que marca la transición (1.8), un faraón que no había sabido de José puso fin a la buena situación de los hebreos. Rebajaron a los hebreos a la condición de esclavos y los pusieron a trabajar en las obras de construcción del faraón (1.8–2.22).

El libro se divide en dos partes principales: la salida de Egipto (1–18) y la revelación de Dios en el Sinaí (19–40).

La primera parte, pues, relata la opresión bajo el faraón Amenofis II (1.1–2.22). Dios ve el sufrimiento del pueblo y prepara a Moisés para que sea el caudillo libertador (2.23–4.31).

En 6.3 se previene a Moisés de que Israel será testigo de las hazañas de Dios que demostrarán lo que significan las palabras «yo soy Jehová», de una manera y con un alcance como no se les había revelado antes.

Cuando en nombre de Dios Moisés le presentó al faraón la petición de que dejara ir al pueblo, el gobernante egipcio se endureció. Se hizo necesaria la intervención divina por medio de las diez plagas. Estas plagas (el primer gran período de milagros bíblicos) obligan al faraón a permitir la salida del pueblo de Israel (7.8–13.16).

El relato de la salida, la renovada persecución del faraón, el paso del → MAR ROJO y la salvación ocurrida allá, uno de los grandes temas del Antiguo Testamento, se describe no como un fenómeno natural, sino como un acto especial del Señor en favor de su pueblo. El pueblo cruza el mar Rojo y comienza su peregrinación hasta el monte Sinaí (13.17–19.25).

En Sinaí se produce la formulación del pacto de Dios con el pueblo (20.1–24.18). Estos pasajes centrales contienen el Decálogo (20.1-17) y el Libro del Pacto (21–23). Este «libro» se atribuye expresamente a Moisés, con lo cual se presupone como ya existente todo lo que está en cierta relación con esta conclusión del pacto, la división de las semanas y la observancia del sábado, la primogenitura, la Fiesta de los Panes Ázimos (sin levadura), etc.

En los capítulos restantes encontramos prescripciones respecto al tabernáculo, la institución del sacerdocio, que se confiere a Aarón y su familia (24.18b–31.18) y la renovación del pacto después de la apostasía (32.1–35.3). Termina el libro con las instrucciones precisas para la construcción del tabernáculo (35.4–40.34).

Autor y fecha

Éxodo es uno de los primeros cinco libros del Antiguo Testamento: libros que tradicionalmente se dice que escribió Moisés. (→ PENTATEUCO.) Sin embargo, algunos eruditos afirman que Éxodo fue compilado por un escritor o editor desconocido que extrajo los datos de muchos y diversos documentos

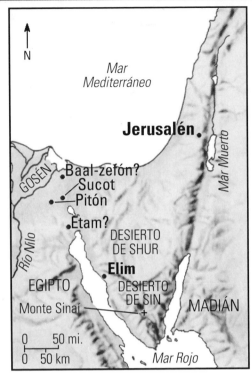

EL ÉXODO

históricos. Hay dos buenas razones por las que Moisés puede aceptarse, sin cuestionar, como el autor divinamente inspirado del libro.

En primer lugar, Éxodo mismo nos habla del trabajo de Moisés como escritor. En Éx 34.27, Dios le manda: «Escribe tú estas palabras». Otro pasaje nos dice que «Moisés escribió todas las palabras de Jehová» en obediencia a su mandato (24.4). Así que es razonable suponer que esos pasajes se refieran a los escritos de Moisés que aparecen en el libro de Éxodo. Moisés estaba bien capacitado para escribir, pues lo educaron en la casa del faraón durante los primeros años de su vida.

Puesto que Moisés escribió Éxodo, este podría fecharse algún tiempo antes de su muerte, alrededor de 1400 a.C. Israel pasó los cuarenta años anteriores a esta fecha vagando por el desierto debido a su infidelidad. Este podría ser el mejor tiempo para escribir el libro.

ÉXODO:
Un bosquejo para el estudio y la enseñanza

Primera parte:
Redención de Egipto
(1.1—18.27)

I. **La necesidad de redención de Egipto** **1.1-22**
  A. La acelerada multiplicación de Israel 1.1-7
  B. La aguda aflicción de Israel 1.8-14
  C. La destrucción planificada de Israel..... 1.15-22

II. **La preparación de los líderes**
  de la redención .... **2.1—4.31**
  A. Moisés es salvado 2.1-10
  B. Moisés vindica un desvarío.......... 2.11-22
  C. Israel le pide a Dios.............. 2.23-25
  D. Dios llama a Moisés .... 3.1—4.17
  E. Moisés acepta el llamado........... 4.18-26
  F. Israel acepta el llamado de Moisés
    como liberador 4.27-31

III. **Dios redime a Israel de Egipto** .... **5.1—15.21**
  A. Moisés confronta a faraón
    mediante la Palabra .... 5.1—6.9
  B. Moisés confronta a faraón
    mediante milagros.............. 6.10—7.13
  C. Moisés confronta a faraón
    mediante las plagas .... 7.14—11.10
    1. Primera plaga: sangre........ 7.14-25
    2. Segunda plaga: ranas 8.1-15
    3. Tercera plaga: piojos 8.16-19
    4. Cuarta plaga: moscas 8.20-32
    5. Quinta plaga: enfermedades
      en el ganado 9.1-7
    6. Sexta plaga: úlceras 9.8-12
    7. Séptima plaga: granizo 9.13-35
    8. Octava plaga: langostas 10.1-20
    9. Novena plaga: tinieblas....... 10.21-29
    10. Décima plaga: anuncio de muerte ... 11.1-10
  D. En la Pascua Israel es redimido
    mediante la sangre .... 12.1—13.16
  E. Israel es redimido de Egipto
    mediante el poder de Dios .... 13.17—15.21

IV. **La preservación de Israel**
  en el desierto .... **15.22—18.27**
  A. Preservados de la sed 15.22-27
  B. Preservados del hambre............ 16.1-36
  C. Preservados nuevamente de la sed 17.1-7
  D. Preservados de la derrota........... 17.8-16
  E. Preservados del caos............. 18.1-27

Marco histórico

Éxodo abarca un período trascendental en los albores de la historia de Israel como nación. La mayoría de los eruditos conservadores sitúan los acontecimientos del Éxodo allá por el año 1445 a.C. Se basan para ello en 1 Reyes 6.1. Según este pasaje, entre el éxodo y el cuarto año (*ca.* 966 a.C.) del reinado de → SALOMÓN mediaron 480 años. Interpretado literalmente, la fecha del éxodo sería *ca.* 1445. Esto pareciera confirmarse en Jueces 11.26 y Hechos 13.19,20, y sugiere que a Moisés lo adoptó Hatsepsut, hija de Tutmosis I. Esto implica que, muerta Hatsepsut y siendo perseguidos sus amigos por Tutmosis III, Moisés huyó a Madián. Tutmosis

Segunda parte:
Revelación de Dios
(19.1—40.38)

I. La revelación del Antiguo Pacto . . . . . . **19.1—31.18**
  A. La preparación del pueblo 19.1-25
  B. La revelación del Pacto 20.1-26
    1. Los Diez Mandamientos 20.1-17
    2. La respuesta de Israel 20.18-21
    3. Provisión para acercarse a Dios 20.22-26
  C. Los juicios . . . . 21.1—23.33
    1. Reglamentos sociales . . . . 21.1—22.15
    2. Reglamentos morales . . . . 22.16—23.9
    3. Reglamentos religiosos 23.10-19
    4. Reglamentos para la conquista 23.20-33
  D. La renovación formal del Pacto 24.1-11
    1. El Pacto se renueva mediante
      la sangre 24.1-8
    2. Se revela el Dios del Pacto 24.9-11
  E. El tabernáculo . . . . 24.12—27.21
    1. En el Monte Sinaí se da la revelación . . . 24.12-18
    2. La ofrenda para el tabernáculo 25.1-7
    3. La revelación sobre
      el tabernáculo . . . . 25.8—27.21
  F. Los sacerdotes . . . . 28.1—29.46
    1. La vestimenta de los sacerdotes 28.1-43
    2. La consagración de los sacerdotes 29.1-37
    3. Las ofrendas continuas
      de los sacerdotes 29.38-46
  G. Institución del Pacto . . . . 30.1—31.18
    1. Instrucciones para usar el tabernáculo . . . 30.1-38
    2. Instrucciones para construir
      el tabernáculo 31.1-11
    3. Señal del Pacto: El sábado 31.12-17
    4. Se presentan las dos tablas 31.18
II. La respuesta de Israel al Pacto . . . . . . **32.1—40.38**
  A. Israel viola el Pacto voluntariamente 32.1-6
  B. Moisés intercede por la salvación
    de Israel 32.7-33
  C. Moisés convence a Dios para que
    no abandone a Israel . . . . 32.34—33.23
  D. Dios renueva el Pacto con Israel 34.1-35
  E. Israel obedece el pacto
    voluntariamente . . . . 35.1—40.33
  F. Dios llena el tabernáculo
    con Su gloria 40.34-38

III sería el faraón que persiguió a los israelitas y su hijo Amenhotep II el faraón durante el éxodo.

Por otro lado, mucho eruditos creen haber descubierto una razón muy fidedigna para no aceptar el significado literal de la cifra 480 años de 1 Reyes 6.1, y ahora la interpretan como representación de 12 generaciones de 40 años cada una. Favorecen 1290 a. C. como la fecha del éxodo, por las siguientes razones entre otras:

1. La arqueología enseña que la destrucción de Laquis, Bet-el y Hazor ocurrió a mediados del siglo XIII a.C.

2. El cuadro de Edom y Moab, entre el éxodo y la conquista, no parece concordar con lo que la arqueología ha descubierto respecto a la historia anterior a 1300 a.C.

3. La mención de la ciudad de Ramesés en Éxodo 1.11, construida por Ramesés II (1300–1233).

En síntesis, ninguna de las dos fechas carece de fundamento, pero las dos presentan problemas. Sin embargo, mientras no se descubran datos adicionales, parece más razonable interpretar literalmente lo que la Biblia afirma, por más insostenible que les parezca a algunos.

La ruta del éxodo de los israelitas, aceptada tradicionalmente, sigue la costa oriental del golfo de Suez hasta entrar al desierto de Sin, y de allí al monte → Sinaí que se identifica con Musa o Serbal en el sur de la península. Hay quienes opinan que los israelitas no habrían llegado hasta el sur de la península por temor a los egipcios que guardaban las minas de Serabit, y se ha sugerido el monte Hellal como el monte de la Ley. No se ha podido identificar con certeza los sitios mencionados en la historia del éxodo, pero la ruta tradicional parece más aceptable a la luz de la historia bíblica.

Aporte a la teología

El libro de Éxodo ha ejercido una gran influencia en la fe de Israel y en la teología cristiana. El mensaje fundamental bíblico de la salvación surge en muchos sentidos del pacto entre Dios y su pueblo que se describe por primera vez en este libro.

Vemos varios principios entrelazados en la narración de Éxodo. Uno de ellos es el endurecimiento de Faraón. Faraón se negó obstinadamente a obedecer la voz de Jehová. Esta maldad, que el Señor no causó, debía servir para demostrar el poder de Dios en Faraón y para glorificar su nombre. El endurecimiento es el último paso que lleva directamente a la condenación. No debemos olvidar que Faraón mismo endureció su corazón (8.15,32) antes de que el texto afirmara que «Dios endureció a Faraón» (9.12; cf. 4.21; 7.13). Dios quería que Faraón permitiese la salida de Israel. Por eso demostró a través

de milagros la realidad de su palabra. Envió las plagas para impresionar al rey e inducirlo a que diese el honor a Dios, y cesó estas plagas para conmover el corazón del rey. En todo esto se pone de manifiesto la verdad de que Dios no se complace en la muerte del injusto (Ez 18.32). El Faraón se opuso, resistiendo continuamente la bondad divina y desbaratando a propósito toda influencia bienhechora producida por las plagas. Dios endurece a los que se endurecen. Deja de ocuparse de ellos, con lo cual quedan a merced de Satanás.

Varios temas de este libros los vemos claramente desarrollado en la vida y ministerio de Jesucristo. Por ejemplo, Moisés recibió la Ley en el monte Sinaí; Cristo predicó el Sermón del Monte. Moisés levantó una serpiente en el desierto para salvación del pueblo; Cristo fue levantado en una cruz para dar vida eterna a los que confían en Él (Juan 3.14).

La → Pascua (Éx 12), que Dios instituyó al libertar a los hebreos de la esclavitud, pasó a ser fundamental en la fe de Isrel. Sirvió también como la base sobre la que Jesús instituyó la Santa Cena como recordatorio a sus seguidores. Si se entiende bien el Éxodo, el mensaje de la Biblia y el significado de la vida de Jesús se percibe con mayor claridad entre los cristianos.

En resumen, el propósito del libro no solo es conservar el recuerdo de la partida de los israelitas de Egipto, sino presentar a la consideración humana las aflicciones y triunfos del pueblo de Dios; hacer notar el cuidado providencial que Dios ha tenido y los juicios infligidos sobre los enemigos. Claramente pone de manifiesto el cumplimiento de las divinas promesas y profecías dadas a → Abraham afirmándole que su posteridad sería numerosa y que serían afligidos en una tierra extraña, de la cual saldrían en la cuarta generación con grandes riquezas. El Éxodo es un buen símil del principio, progreso y fin de la salvación del creyente y de la historia de la Iglesia de Cristo en el desierto de este mundo hasta su llegada a la Canaán celestial.

Otros puntos importantes

Supuestos «mosaicos»

De «posmosaicos» se tildan a menudo los pasajes del texto que al parecer se escribieron en tiempos posteriores a Moisés. Como tal se cita la nota (11.3) de que «Moisés era tenido por gran varón en la tierra de Egipto». Esta frase, que se justifica por el contexto, no debe entenderse como jactancia. Que Moisés no escribe el libro para gloriarse, se ve por muchos otros pasajes. Por ejemplo: 4.10-15,24; 6.12; cf. Deuteronomio 1.37; 3.26.

Otro pasaje que, según se afirma, da prueba de su origen posmosaico es Éxodo 16.35: «Así comieron los hijos de Israel maná cuarenta años, hasta que llegaron a tierra habitada; maná comieron hasta que llegaron a los límites de la tierra de Canaán». Pero de estas palabras no hay que deducir que las escribió otro autor. Indican, más bien, que el libro tuvo su redacción final poco antes de la muerte de Moisés.

Está además 20.24: «En todo lugar donde yo hiciere que esté la memoria de mi nombre, vendré a ti y te bendeciré». Este pasaje se interpreta preferentemente en sentido de que podía haber, de manera simultánea y con aprobación divina, varios lugares de culto, lo que sería una clara contradicción a la exigencia de Deuteronomio 12.14 de que los sacrificios solo se presentaran en el lugar que «escogiera Jehová». Se trataría de una contradicción incomprensible, si realmente en Éxodo 20.24 se permitieran sacrificios en todo lugar, mientras que según Dt 12.14 solo se debían presentar en el santuario principal, siendo ambos pasajes de un mismo autor. Pero tal dificultad se disuelve si se toma en cuenta el cambio de situación determinado por la inminente entrada a la tierra prometida que se prevé en la legislación del Deuteronomio. En el tiempo de la peregrinación, a que se refiere sobre todo el Libro del Pacto, como también la mayor parte del Levítico, el santuario central cambiaba constantemente de posición. Puede agregarse también la explicación de que Éxodo 20.24 significa «en la región de todo el santuario», con lo que tendríamos aquí una referencia directa al único santuario posterior, el de Jerusalén.

Las dificultades con respecto a las diferencias de posición del tabernáculo (según Éx 33.7, siempre fuera del campamento; según Nm 2.2ss, siempre en medio del campamento) se resuelven al comprender que el tabernáculo de Éx 33.7 no es el mismo que el de Nm 2.2ss, sino una tienda provisional que sirvió de tabernáculo hasta que se pudo construir el definitivo, según las prescripciones señaladas en Éxodo 25–27. (→ Pentateuco.)

ÉXODO, TEOLOGÍA DEL Es el éxodo lo que establece la diferencia cuando se habla de la revelación de Jehová en la historia como Dios de la justicia y como Dios del pobre. En primer lugar, Jehová, Dios del que da testimonio el Antiguo Testamento, hace de la historia el ámbito más propicio para su revelación. Los otros dioses, aunque utilizaron el medio de la historia para revelarse, el medio más querido fue el mito. Este se le consideró como el canal principal para relacionarse e interactuar con sus pueblos. Mientras que los vecinos de Israel rastrearon su origen y razón de ser en el mundo atemporal y etéreo del mito, Israel pudo hablar de su nacimiento en un hecho marcado por la concreticidad de la historia, el éxodo. Para los vecinos de Israel el mito les dictó cómo vivir. En el caso de Israel fue el éxodo lo que le dio significado y propósito a su vida.

En segundo lugar, lo que hace al éxodo singular no es solamente su cualidad de hecho histórico, sino lo que pasó concretamente en él. Jehová decidió liberar de la opresión egipcia a un grupo de esclavos en algún momento del siglo XIII a.C., hacerlos su pueblo y llevarlos a la tierra de Canaán para convertirlos allí en una nación. La singularidad de Jehová y de su pueblo parte de ese encuentro engendrador. Israel al nacer lleva la marca de ser pueblo oprimido como motivación para convertirse en nación de Jehová. El Dios de Israel es Jehová porque sacó de la opresión a ese pueblo constituido por esclavos. Es el éxodo como experiencia de justicia lo que establece la distinción radical. La vida de Israel, como objeto y sujeto de acción, está marcada por la justicia.

En los otros pueblos la práctica de la injusticia podía privar a las personas de las bendiciones divinas. En Israel, al contrario, la injusticia se convertía en amenaza contra la existencia total del pueblo de Dios. El asunto aquí no es presencia ni ausencia de justicia como demanda divina. Sabemos que en los otros pueblos los dioses la exigieron. La diferencia radica en la intensidad con la que la justicia permea la vida de este pueblo en particular. Israel nace de un acto de justicia y sus principios constitutivos la introducen en la historia como nación estructurada sobre la base de una sociedad igualitaria. La justicia en las otras naciones era un remedio temporal en una sociedad estructurada, desde tiempos primigenios y por destino divino, para tener a los «de arriba» y a los «de abajo», a amos y a esclavos.

Lo anterior se conecta directamente con el espíritu del Salmo 82. Allí se hace una afirmación contundente de la diferencia entre Jehová y los otros dioses. A menos que la justicia no empiece en el mundo de los dioses, esta no puede ser una realidad permanente en la esfera de lo humano. Para dislocar las estructuras de injusticia en la sociedad, es necesario, de acuerdo a este salmo, que se sentencien a muerte a los dioses que las apoyan.

> Dios se levanta en la asamblea divina,
> en medio de los dioses juzga:
> «¿Hasta cuándo juzgaréis inicuamente,
> y haréis acepción de los impíos?
> Juzgad en favor del débil y del huérfano,
> al humilde, al indigente haced justicia;
> al débil y al pobre liberad,
> ¡de la mano de los impíos arrancadle!»
> No saben ni comprenden;
> caminan en tinieblas,
> todos los cimientos de la tierra vacilan.

> Yo había dicho: «¡Vosotros, dioses sois,
> todos vosotros, hijos del Altísimo!»
> Mas ahora, como el hombre moriréis,
> como uno solo caeréis, príncipes.
> ¡Álzate, oh Dios, juzga a la tierra,
> pues tú eres el señor de las naciones!

Este salmo, en el espíritu del éxodo, aclara que para la fe del Antiguo Testamento la justicia, como estilo de vida, no puede estar presente si Jehová está ausente. Y es por ella misma que el éxodo se convierte en la base de la prohibición de tener otros dioses.

En realidad, la Biblia no está en contra de la idolatría y la adoración a otros dioses por ser algo que destroza el corazón de un Dios que no quiere rivales; que solo quiere que se le sirva a Él y nada más. No, Jehová no quiere ser un fin en sí mismo. Esta realidad la afirma de manera excelente en un resumen teológico el profeta Oseas: «Yo soy Jehová, tu Dios, desde la tierra de Egipto» (13.4). Jehová es Dios de Israel a partir de un hecho: el éxodo. Es allí donde Jehová e Israel se encuentran. Sin el éxodo ninguno de los dos se pertenecen.

Comprensión teológica

Una comprensión teológica del éxodo ayudará a explicar y corroborar la validez de esta tesis. Los primeros quince capítulos de Éxodo ponen de manifiesto que Jehová vino a liberar a un grupo de esclavos sometidos a dura servidumbre. Esta aseveración se reafirma por la manera en la que el «kerygma del éxodo» se desarrolló y estructuró en las diferentes tradiciones teológico-literarias del Pentateuco (Éx 3.6-15; 6.2-8; Dt 6.5-10). Dos ejemplos son suficientes para apoyar lo dicho:

1. Éxodo 3.9-15 parece continuar el diálogo iniciado entre Jehová y Moisés que culmina con la revelación del glorioso nombre Jehová (v. 15).

v. 11: Moisés es sujeto: «¿Quién soy yo?» (mi anoki).

v. 12: Jehová es sujeto: «Yo estaré contigo ... Yo te he enviado» (ehyeh immak anoki selahtika).

v. 14: Jehová es sujeto: «Yo soy el que soy» (*ehyeh aser ehyeh*). «"Yo soy' me ha enviado» (*ehyeh selahani*).

v. 15: Jehová es sujeto: «YHVH, el Dios de tus padres».

El v. 9, con el que parte la unidad, coloca el contexto, la motivación que arranca la revelación del nombre divino: la opresión del pueblo. Es esta opresión y el deseo divino de liberar al pueblo (v. 10) lo que provoca el éxodo. El significado del nombre de Dios, para la vida del pueblo liberado, queda ligado de una vez por todas a este hecho histórico concreto. Es en relación a esto que se hace elocuente la afirmación profética: «Yo soy Jehová, tu Dios, desde el país de Egipto» (Os 13.4).

2. Éxodo 6.2-8 (P) presenta el «kérygma del éxodo» en una estructura concéntrica. La fórmula «Yo soy Jehová» (*ani YHVH*), repetida cuatro veces, rodea el centro: la liberación del éxodo definida como «grandes actos de justicia» (Éx 6.6).

a) Yo soy Jehová (v. 2).

b) Abraham, Isaac y Jacob (v. 3).

c) [Voy a] darles la tierra de Canaán (v. 4).

d) Yo soy Jehová. Yo los libertaré (v. 6).

e) Os libraré de vuestra esclavitud (v. 6).

f) Os salvaré ... con grandes actos de justicia.

e) Yo os haré mi pueblo, y seré vuestro Dios (v. 7).

d) Yo soy Jehová ... os libertaré (v. 7).

c) Yo os introduciré en la tierra (v. 8).

b) Abraham, Isaac y Jacob (v. 8).

a) Yo soy Jehová.

Ambos pasajes, en su unidad de forma y contenido, afirman la relación intrínseca entre proclamación/revelación del nombre de Dios, Jehová, y las acciones divinas de justicia para liberar al pueblo oprimido en Egipto. La afirmación teológica encontrada en el corazón del «kérygma del éxodo», coloca juntos a Jehová, Dios justo y misericordioso, y su pueblo, un grupo de esclavos oprimidos en Egipto. El encuentro de ambos es lo que hace del éxodo un hecho tan singular. A través de su historia, ese pueblo liberado tenía que aprender a mantener unidos a Jehová, su único Dios, y las acciones de justicia, matriz generadora del pueblo, simplemente para poder existir. La negación de cualquiera de los elementos anularía al otro y traería como consecuencia la destrucción del pueblo.

En realidad la constante vigencia que el éxodo tiene en la historia de Israel, tal como lo narra el Antiguo Testamento, debe encontrarse sobre todo en la conjugación de Jehová como único Dios de Israel y la presencia de la justicia.

Esto se muestra de manera excelente en otro pasaje muy importante, Dt 32.1-43. Este pasaje coincide con Dt 10.12-22 al señalar que la incomparabilidad de Jehová se manifiesta en sus acciones de justicia. Coincide también en esta misma línea con Os 13.4; en realidad se podría considerar a Dt 32 como una afirmación ampliada de la declaración del profeta Oseas: «Pero yo soy Jehová, tu Dios, desde el país de Egipto. No conoces otro Dios fuera de mí, ni hay más salvador que yo». Coincide, por supuesto, con Sal 82 y II Isaías. En este cántico, como en aquellos otros pasajes, Jehová es incomparable por su justicia demostrada en forma concreta sobre un pueblo concreto, en un momento histórico concreto.

La roca de Israel es Jehová, su único punto de referencia para vida y para muerte (Dt 32.39). Jehová rechaza todo otro dios porque nadie más que Él guió a Israel en su peregrinar fuera de la esclavitud. Y he aquí lo importante en cuanto a lo incomparable de Jehová. Su singularidad es concomitante con su ser como Dios de justicia:

Él es la Roca, su obra está completa (perfecta),
porque todos sus caminos son justicia.
Dios de lealtad y libre de injusticia,
justo y recto es Él.   (Dt 32.4)

La salvación de Israel se considera aquí, de igual manera que en II Isaías, como un acto de justicia. El contexto histórico no podía permitir definir la salvación de otra manera.

A quien Jehová libró, guió por el desierto y entregó la tierra abundante (vv. 10-14) fue a un grupo de esclavos. Un pueblo sin poder ni riqueza como para despertar la autosuficiencia y orgullo o el interés de otros pueblos y dioses.

Y es aquí donde se integra el asunto sobre la infidelidad y el abandono a Jehová. Porque Israel no valoró su existencia e importancia, ni los otros dioses lo consideraron como valioso e importante, sino solo a partir de lo que poseyó, producto de la dádiva divina:

> Comió Jacob hasta saciarse,
> engordó mi cariño, y tiró coces
> —estabas gordo y cebado y corpulento—
> y rechazó a Dios, su creador;
> [despreció] a su Roca salvadora.
> Le dieron celos con dioses extraños,
> lo irritaron con sus abominaciones,
> ofrecieron víctimas a demonios
>   que no son dios,
> a dioses desconocidos,
> nuevos, importados de cerca
> que no veneraban vuestros padres.
>   (Dt 32.15-16)

Nótese cómo lo poseído y el resultado de ello desplazan a Jehová y dejan el lugar para la autoconfianza y/o la dependencia

---

El desierto de Zin, una región inhóspita por la que pasaron los israelitas durante su viaje a la tierra prometida (Nm 13.21).

Foto de Willem A. VanGemeren

en otro dios. He allí el problema de la injusticia. Mientras que a Jehová lo mueve la desposesión y la pobreza, a Israel y a los otros dioses los mueve la posesión y la abundancia. Jehová hace objeto de su amor al que no tiene; Israel y los otros dioses, a los que tienen. A la hora del desamparo de Israel (en el cautiverio) los otros dioses lo abandonan:

> ¿Dónde están sus dioses,
> roca en que buscaban su refugio,
> los que comían la grasa de sus sacrificios
> y bebían el vino de sus libaciones?
> ¡Levántense y os salven,
> sean ellos vuestro amparo!
>   (Dt 32.37-38)

Es por el éxodo, y por el lugar de privilegio dado a los indigentes y marginados, que Jehová puede llamarse con pleno derecho el Dios de los pobres. Jehová halla en la situación de pobreza y opresión la razón más poderosa para actuar en la historia. Él y solo Él quiere liberar y hacer su pueblo a quienes dioses y poderosos buscan mantener al margen de la vida, en la periferia de una historia que ofrece beneficios solo a unos cuantos.

Lo que hemos visto indica que el éxodo no se detiene en la experiencia del ayer como hecho empírico, con su límite y condicionamiento histórico. Es hecho con *superávit* de significado y con capacidad generadora de nuevos hechos liberadores. Por ello el Antiguo y el Nuevo Testamentos hablan de nuevos éxodos. Y ese dinamismo inagotable se debe a que Jehová decidió hacer del éxodo la experiencia y concepto más querido desde el cual se definiera su ser Dios al pueblo de su elección.

La continuidad, es cierto, se muestra de maneras diferentes: en el culto (cf. Dt 16.1-5; 26.5-10), en la rememorización del hecho en la proclamación profética (cf. Os 13.4), en la insistencia de llamar éxodo a nuevos hecho salvíficos experimentados (cf. 1 R 12.28) y anunciados para el futuro (cf. Jer 23.7-8). Sin embargo, considero que es en el pacto que el éxodo encuentra su continuidad y permanencia como estilo de vida para el pueblo de Dios. Es allí que halla coherencia y arraigo en la fe bíblica, un hecho que pasó en un momento concreto de la historia humana. Por ello el pacto es, al igual que el éxodo, algo singular como fenómeno en la historia de las religiones. Con él y por él Jehová e Israel, comparados con las otras religiones, son, a semejanza del éxodo, únicos, singulares.

Por cierto que un éxodo sin pacto corre el peligro de esfumarse en un esfuerzo que al final se convierte en una nueva opresión. Este es el caso que se narra en 2 R 12.25-33. Aquí se narra del éxodo como una experiencia al margen del pacto.

Jeroboam I (*ca.* 922–901 a.C.), un nuevo «Moisés», libera a su pueblo de la opresión «salomónica» (1 R 12.1-24). El hecho se completa con una acción que le dio a esa experiencia liberadora su fundamento teológico. Así, Israel (tribus del norte) no solo fue físicamente liberado, sino también experimentó una liberación religiosa. Jeroboam I estableció un lugar para la adoración y un símbolo de la presencia de Jehová, el becerro de oro. A todo ello el rey añadió la justificación teológica: «"Basta ya de subir a Jerusalén. Este es tu dios, Israel, el que hizo subir de la tierra de Egipto"» (12.28). Los vv. 25-28 no tienen matices negativos, no hay rastros de idolatría en ellos, pero tampoco hay señal de la presencia del pacto. Esto es lo que quizás explique que, años más tarde, Oseas (13.1-3) y el deuteronomista (1 R 12.30-33; et. al.) hayan encontrado a un pueblo que experimentó un éxodo, pero sin el marco protector del pacto. Al final, de acuerdo a la evaluación profética, Jeroboam I en lugar de ser un nuevo Moisés se convirtió en un nuevo Aarón. Ya no fue un líder del éxodo, sino un quebrantador del pacto. Y fue exactamente este ejemplo el que siguió Israel hasta su caída en 722 a.C. La repetición del estribillo «por los pecados que Jeroboam cometió e hizo cometer a Israel y con los que

provocó la irritación de Jehová, Dios de Israel» (1 R 15.30; 16.19; et al) en la historia deuteronomística de los reyes, señal a que para el Israel del norte el paradigma de vida (que llevó a muerte) fue el éxodo sin pacto de Jeroboam I y no el éxodo con pacto de Egipto a la tierra buena, pasando por Horeb.

El pacto: el éxodo ad-perpetuam

E

El propósito del pacto es asegurar la perpetuación del éxodo y con él afianzar la vida bajo la dirección de Jehová, único Dios del éxodo, y plantarla en la justicia. Ya que Israel nace del éxodo y es en el éxodo y a partir de él que Jehová es Dios de Israel (Os 13.4), es lógico concluir que se haría todo intento por mantener esta experiencia como paradigma para el estilo de vida del pueblo.

Como tal, el pacto convierte el hecho liberador de Jehová en promesa divina y en compromiso del pueblo. Por el pacto, a los beneficiarios del éxodo ahora se les desafía a convertirse en agentes de justicia y misericordia. Y deberá ser a través de ellos que otros, en circunstancias de esclavitud y pobreza, encuentren la concretización de las promesas divinas de liberación.

El pacto, con miras a perpetuar el modelo de vida logrado a través de la experiencia del éxodo, toma muy en serio los dos elementos primordiales para la liberación completa: un solo Dios y la práctica de la justicia. Por ello, en primer lugar, el pacto procura liberar al pueblo de su propensión de seguir a otros dioses y poderes idolátricos. Busca, en segundo lugar, liberar al pueblo de toda tentación de autosuficiencia y caprichos egoístas. Así, el pacto se convierte en un poder subversivo. Su origen y dependencia en el poder de Jehová, Señor berítico, lo convierte en generador de cambios necesarios para destruir toda estructura injusta que intente perpetuar una sociedad desigual, con opresores y oprimidos.

Con el establecimiento del pacto se hace efectiva la condena divina contra los otros dioses (Sal 82). Jehová no hace causa común con los otros dioses. Su compromiso será por siempre con hombres, con su pueblo. Y ya que Jehová no pacta con los dioses, este Dios insiste en que su pueblo no tenga nada que ver con aquellos. Con el pacto el compromiso de justicia está en las manos de los hombres. Se le ha arrebatado a los dioses. Con el pacto se ofrece un arma para destruir los modelos de vida «irrompibles» asegurados por los mitos y se le da a los hombres el derecho y el privilegio de crear estructuras que garanticen una vida humana auténtica. El pacto viene a asegurar una vida abundante y plena para todos. Huir de él es caer en los brazos de la muerte. Sin pacto, enseña el libro de Oseas, se acaba el éxodo. Se arrastra al pueblo al cautiverio, regresa a Egipto.

EXORCISTA El que por medio de ciertos conjuros o ritos mágicos pretende expulsar → DEMONIOS. Ni Cristo ni los apóstoles echaron fuera a los demonios con fórmulas mágicas ni ritos misteriosos, sino por la autoridad de Dios (Mt 8.16; 10.1; Mc 5.13; Lc 4.35). La única vez que se usa la palabra «exorcista» en el Nuevo Testamento es para condenar la práctica y a los exorcistas profesionales que eran muy comunes en aquel tiempo (Hch 19.13; cf. Mt 12.27; Mc 9.38; Lc 9.49,50). El fracaso de los exorcistas en Hch 19 no se debió a la ineficacia del conjuro, sino a que no conocían a Cristo, cuya autoridad reconocían los demonios (19.15).

EXPANSIÓN Traducción de la voz hebrea *raquiya* (*martillado* o *estirado*) en Gn 1.6,7, 8,14,15,17,20, etc. A los orientales antiguos les parecía que el cielo que les cubría era una inmensa bóveda azul hecha de metal martillado. Por tanto, lo llamaron *raquiya*. Jerónimo (en la Vulgata) la tradujo *firmamentum*, de donde viene la palabra «firmamento» empleada en muchas versiones modernas.

La RV la traduce por «expansión», lo que hace pensar más en el espacio que en una bóveda. Esto concuerda mejor tanto con el uso de la palabra en Gn 1 como con la ciencia moderna. Dios hizo la expansión el segundo día (1.6-8). En ella se colocaron las lumbreras que creó (1.15) y en ella volaban las aves (1.20).

El salmista, como todo ser observador, se maravilla al contemplar la expansión. Su «magnificencia» provoca alabanza a Dios (Sal 150.1) y «anuncia la obra de sus manos» (Sal 19.1). En los salmos (RV), *raquiya* se traduce por «firmamento».

EXPIACIÓN Acto por el que se quita el pecado o la contaminación mediante un sacrificio o pago establecido por Dios. En la RV, la palabra aparece casi doscientas veces. En setenta casos es traducción del verbo hebreo *kipper*, que indica expiación propiamente dicha. En casi todas las demás ocasiones se refiere a sacrificios expiatorios. En el Nuevo Testamento o bien significa sacrificio expiatorio (Heb 10.6,8; en griego, *peri hamartías*), o es la traducción del verbo *hiláskomai* (Heb 2.17; → PROPICIACIÓN). La etimología de *kipper* es incierta. Algunos sugieren la palabra aramea que equivale a «borrar», pero es más probable que venga de una raíz que significa «cubrir». El concepto básico parece ser el de eliminar el obstáculo que impide la bendición de Dios.

Las impurezas ceremoniales o morales hacen necesaria la expiación en el Antiguo Testamento. Los motivos de expiación ceremonial incluyen el flujo de sangre (Lv 12.6,7), contaminación por un muerto (Nm 19.9-17) y la lepra (Lv 14.18,53). También objetos materiales, como el altar y el tabernáculo (Lv 16.33), podían contaminarse, y era necesario hacer expiación por ellos. Sin embargo, básicamente la expiación se hace por el → PECADO que contamina tanto al hombre como a las cosas, y del cual la impureza ceremonial es solo una ilustración.

El medio de expiación variaba. Podía muy bien ser una ofrenda en efectivo (Nm 31.50) o incienso, como cuando Aarón expió la murmuración del pueblo (Nm 16.47). Pero principalmente la expiación se hacía mediante la muerte de una víctima, y por la sangre como símbolo de su vida derramada (Lv 17.11). A veces el culpable mismo debía morir (Nm 35.33), pero en la mayoría de los casos se ofrecía un animal como sustituto.

La expiación presenta el pecado como algo que contamina al hombre y que interrumpe su relación con Dios. Indica que es Dios mismo el que brinda el medio para restablecer la relación rota por el pecado ya que el hombre no puede hacerlo. Demuestra la justicia de Dios, porque Él demanda un castigo por el pecado. También su amor, porque Él provee un sustituto para el pecador. Por último, demuestra los beneficios para aquel que acepta la provisión expiatoria de Dios. Hay limpieza de la contaminación, perdón de la culpa y liberación del castigo merecido.

Las ofrendas expiatorias del Antiguo Testamento no podían en sí quitar el pecado (Heb 10.4), sino que prefiguraban a Jesucristo, el sacrificio perfecto provisto por Dios mismo (Jn 1.29). Por su muerte expiatoria (*asham*, Is 53.10), Él quitó los pecados del mundo y ofreció la base para → el PERDÓN y → la JUSTIFICACIÓN del pecador. (→ DÍA DE EXPIACIÓN; SACRIFICIO; SALVACIÓN.)

ÉXTASIS (en griego, *salida de sí*). Estado síquico excepcional que, en sentido religioso, se atribuye a causas sobrenaturales. Sin embargo, en Israel (1 S 10.5ss; 19.18ss; 2 R 3.15) y entre los helenistas era común producir el éxtasis mediante la música, la danza, la embriaguez o el autocastigo (→ PROFETA).

En el Nuevo Testamento (griego) se usa siete veces y denota espanto y asombro (Mc 5.42; 16.8; Lc 5.26; Hch 3.10) o el éxtasis propiamente dicho (Hch 10.10; 11.5; 22.17).

Los principales ejemplos de arrobamiento de los sentidos son las visiones de los profetas del Antiguo Testamento (Is 6; Jer 4.23-26; Ez 2.2; 3.14; cf. «estar en el Espíritu», Ap 1.10) y de Pedro (Hch 10.10) y de Pablo (Hch 22.17).

EXTRANJERO Término con que la RV traduce varias palabras hebreas y griegas que, a su vez, denotan conceptos diferentes de lo que era un extranjero. Advenedizo y forastero son sinónimos del término y se intercambian en el paralelismo hebreo. (→ GENTILES; PROSÉLITO.)

El *guer* o *tosab* (hebreo) y *pároikos* o *parepídemos* (griego) era el gentil deseoso de relacionarse con el pueblo de Dios. Estaba dispuesto a acatar las leyes judías. Merecía misericordia y justicia, porque también el padre Abraham fue extranjero en Canaán (Gn 12.1-9) y los israelitas, como pueblo, vivieron como extranjeros en Egipto (Éx 22.21; Dt 23.7).

Una vez establecidos en Palestina, los israelitas estaban rodeados de otras razas y adeptos de otras religiones. Para estos *guerim* Moisés dictó leyes especiales que les protegían y trataban con equidad (Éx 12.19; 20.10; Lv 25.47ss). Sin embargo, declararon enemistad para siempre con siete pueblos de Canaán (Dt 7.1-4; véase *nokri* abajo) y debían mantenerse separados de los moabitas y amonitas hasta la décima generación (Dt 23.3). Pero los nietos de los egipcios y los edomitas, como los demás *guerim*, podían recibirse en la comunidad israelita (Dt 23.7s).

Algunos profetas, notablemente Jonás e Isaías (Is 2.2-4; 19.23; 49.6; etc.), vislumbraron testificar de su fe algún día con las grandes naciones. Sin embargo, imperó la tendencia de aislarse por completo de las corrientes paganas. Aun así muchísimos judíos asimilaron esas corrientes.

Los términos *nokri* o *zar* (hebreos) y *xénos*, *allótrios* o *alloguenes* (griegos) designaban a los extranjeros viajantes o comerciantes. Disfrutaban del derecho de ser bien recibidos, pero no podían entrar en el templo (Ez 44.7-9), ni ofrecer sacrificios (Lv 22.25). No participaban en la comida pascual (Éx 12.43). Políticamente seguían fieles a otros soberanos y en lo religioso celebraban cultos diferentes. Estos eran los incircuncisos, los gentiles, los bárbaros. También se designaba con estos nombres al judío pérfido (Sal 54.3). En sentido figurado el israelita seguía siendo extranjero sobre la tierra (Lv 25.23; 1 Cr 29.15; Sal 39.12; 119.19).

En el Nuevo Testamento el creyente es ciudadano de un reino espiritual y vive como peregrino en la tierra (Heb 11.13; 1 P 1.1,17; 2.11). Pero las puertas del reino están abiertas para todos y el cristiano se preocupa por los otros extranjeros (Mt 25.35; → HOSPITALIDAD).

EZEM Aldea cerca de Dom otorgada a Simeón (Jos 19.3; 1 Cr 4.29)

EZEQUÍAS (*Jehová es fortaleza*). Duodécimo rey de Judá (*ca.* 715–687 a.C.), hijo de Acaz (2 R 18-20; 2 Cr 29-32; Is 36–39).

Lo primero que hizo Ezequías como rey fue limpiar el templo y restaurar la verdadera adoración a Jehová. Quitó los lugares altos, rompió las imágenes y abrió las puertas del templo. Destruyó la serpiente de bronce de Moisés porque la gente la adoraba. Celebró la Pascua en gran escala.

Ezequías atacó a los filisteos y reconquistó las ciudades que su padre perdió. Enfrentó invasiones de los asirios. En 722 a.C. los asirios se apoderaron de Samaria, capital de Israel, y llevaron cautivas a las diez tribus. En 701 a.C., Senaquerib, rey de Asiria, tomó las ciudades fortificadas de Judá y sitió a Jerusalén, a la cual ordenó que se rindiera. Ezequías entró en el templo y extendió las cartas de los asirios ante Jehová y oró. Dios contestó, y esa misma noche el ángel de Jehová destruyó al ejército asirio y Senaquerib regresó derrotado a Nínive.

Para la defensa y el mejoramiento del país, Ezequías realizó importantes construcciones. Hizo depósitos, establos y apriscos. Fortificó varias ciudades con muros y torres, e hizo escudos y espadas. Para que Jerusalén tuviera agua fresca, cubrió los manantiales de Gihón y construyó la cañería y el estanque de → SILOÉ, una obra de gran ingenio.

En el apogeo de su poder, Ezequías recibió mensajeros de Merodac-baladán, rey de Babilonia, a quienes mostró todas las riquezas de su dominio. Como consecuencia de su orgullo, Isaías le profetizó que todo se llevaría como botín a Babilonia. Ezequías también supervisó la compilación de los proverbios de Salomón (Pr 25.1). Ezequías enfermó de gravedad y, hallándose al borde de la muerte, se arrepintió y pidió misericordia. Dios le concedió quince años más de vida, después de los cuales murió en paz.

EZEQUIEL (en hebreo, *yehezquel*, o sea, *Dios fortalece*). Uno de los profetas mayores. Por ser hijo de un sacerdote, Buzi (1.3), quizás lo criaron en los alrededores del templo con miras a continuar el oficio de su padre. Sin embargo, debido a la toma militar de su nación en 597 a.C., lo llevaron cautivo a Babilonia, junto con el rey → JOAQUÍN y otros nobles (2 R 24.14-17). Tal vez permaneció en el cautiverio toda su vida. Se estableció primero con los demás cautivos en → TEL-ABIB (Ez 3.15) junto al río → QUEBAR. Pero, como cualquier desterrado, sus pensamientos siempre volvían a su ciudad natal y se interesaba profundamente en todo lo que en ella pasaba.

En 593 a.C., cuando ya tenía 30 años (Ez 1.1), la edad cuando por lo general se iniciaba el ministerio sacerdotal, Ezequiel tuvo visiones por las que recibió su vocación profética (Ez 1–3). La esposa de Ezequiel murió de repente el mismo día que Nabucodonosor tomó a Jerusalén (586 a.C.), pero Dios le prohibió el luto al profeta (24.1,2,15-18). No se sabe si el profeta tuvo hijos.

El libro de Ezequiel refleja el conflicto emocional entre el hombre que se preparó para ser sacerdote (exactitud litúrgica) y aquel que Dios llamó a ser mensajero (pasión profética). El joven que siempre quiso oficiar en el culto del templo de Jerusalén tuvo que aprender a adorar a Dios sin templo y sin sacrificios, en tierra extranjera, y enseñó a su pueblo a hacer lo mismo (cf. Jn 4.23). Sin embargo, siempre mantuvo una vívida esperanza en la restauración completa del pueblo, la ciudad y el templo (Ez 33–48).

El ministerio de Ezequiel duró unos veintidós años hasta 571 a.C. (Ez 29.17), y quizás aun más. Junto con → ESDRAS se considera como el padre del → JUDAÍSMO del poscautiverio.

EZEQUIEL, LIBRO DE Libro profético del Antiguo Testamento con un vívido lenguaje simbólico muy parecido al de Apocalipsis. Su autor, el profeta Ezequiel, dirige este mensaje a los judíos cautivos en Babilonia, donde también el profeta vivía.

Estructura del libro

El estudio de los manuscritos de → QUMRÁN (→ ISAÍAS) sugiere una división del libro en dos tomos, lo cual ratifica la afirmación de Josefo de que Ezequiel escribió dos libros. Entendidos así, el primer tomo termina con una profecía de la destrucción de Jerusalén (cap. 24), y el segundo termina con la profecía de la restauración de Jerusalén y del templo (caps. 40–48). Ambos tomos contienen una descripción de la vocación del profeta (3.16-21; 33.1-9). Para nuestro estudio, sin embargo, lo dividiremos en cuatro partes.

La primera parte es una introducción en que se nos habla del llamamiento del profeta (1.1–3.27). Ezequiel contempla la gloria de Dios y recibe un llamado a convertirse en mensajero de Dios.

La segunda parte habla del castigo de Judá y Jerusalén (1—24). La tercera son profecías contra las naciones vecinas que se han constituido en opresoras de Israel (25—32). Pero la cuarta habla de la regeneración política y espiritual de Israel (33—39), así como del nuevo templo y la nueva Jerusalén (40—48).

Algunos mantienen que Ezequiel mismo ordenó el libro, pero en la actualidad es más común pensar que algunos discípulos del profeta pusieron los oráculos en el orden conocido. Tal vez añadiendo algunos oráculos propios. No obstante, es evidente que gran parte del libro es obra del profeta mismo.

Autor y fecha

Aunque algunos eruditos han puesto en duda su autoría, el autor de este libro lo fue el profeta → EZEQUIEL. El libro mismo dice bien claro que Ezequiel escribió estas profecías. El hecho de que el profeta habla en primera persona y la uniformidad de estilo y lenguaje son pruebas convincentes de que Ezequiel mismo lo escribió.

Ezequiel dice que comenzó su ministerio «en el quinto año de la deportación del rey → JOAQUÍN» (1.2), último rey de Judá, que ocurrió en el 597 a.C. Esto dice que Ezequiel comenzó a profetizar allá por el 593 a.C. Basándonos en la afirmación del mismo libro (29.17), podemos calcular que predicó unos veintidós años, hasta el 571 a.C. Probablemente escribió el libro poco después del 570 a.C.

Marco histórico

Ezequiel pertenece a los primeros años de la cautividad en Babilonia. Ezequiel debe haber sido llevado cautivo en la segunda deportación en 597 a.C., unos once años antes de la destrucción de Jerusalén.

En las primeras profecía, Ezequiel habla como un cautivo en Babilonia que espera que Jerusalén ha de ser destruida. El capítulo 24 describe el comienzo del sitio final de la ciudad. Esta fecha era tan importante que el Señor quiso que el profeta la escribiera para que se recordara el horrible acontecimiento (24.2). A esto siguió el mensaje de la olla que hierve y borbotea con piezas de carne, en alusión al castigo de Judá. También en aquel día la amada esposa de Ezequiel murió. A Ezequiel se le prohibió expresar su dolor en señal de la ira de Dios que se abate contra la indócil nación (24.15-24).

Unas partes del libro se escribieron durante el largo sitio de Jerusalén. En Babilonia, el profeta debe haberse enterado del sufrimiento de sus compatriotas en la patria lejana. Un día les llegó la noticia de la caída de Jerusalén, y Ezequiel aprovechó para predicar un inolvidable mensaje (33.21-29).

Aporte a la teología

Las tensiones sicológicas y emocionales que experimentaba Ezequiel se reflejan en

EZEQUIEL:
Un bosquejo para el estudio y la enseñanza

Primera parte:
La comisión de Ezequiel
(1.1—3.27)

I. Ezequiel ve la gloria de Dios 1.1-28
II. Se señala a Ezequiel para que proclame
   la Palabra de Dios . . . . 2.1—3.27

Segunda parte:
Juicio sobre Judá
(4.1—24.27)

I. Cuatro señales del juicio venidero . . . . . . 4.1—5.17
   A. Señal de la tableta de barro 4.1-3
   B. Señal de Ezequiel recostado
      sobre su costado 4.4-8
   C. Señal del pan contaminado 4.9-17
   D. Señal del pelo y la navaja 5.1-4
   E. Explicación de las señales 5.5-17
II. Dos mensajes sobre el juicio venidero . . . 6.1—7.27
   A. La idolatría causa destrucción 6.1-14
   B. Descripción de la conquista babilónica . . . 7.1-27
III. Visión, en cuatro partes,
   del juicio venidero . . . . 8.1—11.25
   A. Visión de la gloria de Dios 8.1-4
   B. Visión de las abominaciones en el templo . . . 8.5-18
   C. Visión de las matanzas en Jerusalén 9.1-11
   D. Salida de la gloria de Dios hacia el umbral . . . 10.1-8
   E. Visión de las ruedas y los querubines . . . 10.9-22
   F. Visión de los 25 gobernantes malvados . . . 11.1-12
   G. Promesa de la restauración
      del remanente 11.13-21
   H. Salida de la gloria de Dios
      al Monte de los Olivos 11.22-25
IV. Señales, parábolas, y mensajes
   de juicio . . . . 12.1—24.27
   A. Señal del cautiverio de Judá 12.1-16
   B. Señal de temblores 12.17-28
   C. Mensaje contra los profetas falsos 13.1-23
   D. Mensaje contra los ancianos 14.1-23
   E. Parábola de la vid 15.1-8
   F. Parábola del matrimonio de Israel 16.1-63
   G. Parábola de las dos águilas 17.1-24
   H. Mensaje de juicio personal
      por el pecado personal 18.1-32
   I. Lamento por los príncipes de Israel 19.1-9
   J. Parábola de la vid seca 19.10-14
   K. Mensajes de juicio sobre Jerusalén . . . 20.1—24.27

la profunda bipolaridad de su teología. Siempre se muestra sensible y fiel en cuanto a ambos lados de la verdad y expresa esta en las grandes paradojas de la revelación divina.

En su visión inaugural (cap. 1), Ezequiel hace énfasis en la trascendencia, movilidad y omnipresencia de Dios. Sin embargo, termina el libro con la afirmación de que la nueva Jerusalén se llamará «Jehová allí», recalcando otra vez la presencia local de Dios en el templo reconstruido (48.35). Insiste en que Dios es infinito, misterioso e

Tercera parte:
Juicio sobre las naciones
(25.1—32.32)

I. Juicio sobre Amón 25.1-7
II. Juicio sobre Moab 25.8-11
III. Juicio sobre Edom 25.12-14
IV. Juicio sobre Filistea 25.15-17
V. Juicio sobre Tiro................. 26.1—28.19
VI. Juicio sobre Sidón 28.20-26
VII. Juicio sobre Egipto .... 29.1—32.32

Cuarta parte:
Restauración de Israel
(33.1—48.35)

I. **El retorno de Israel a la tierra** .... 33.1—39.29
   A. El señalamiento de Ezequiel
     como guardián.................... 33.1-33
   B. El mensaje a los pastores 34.1-31
   C. El juicio sobre Edom............... 35.1-15
   D. Profecías sobre Israel .... 36.1—37.28
   E. Profecías sobre Gog y Magog...... 38.1—39.29
II. **La restauración de Israel en el reino...** **40.1—48.35**
   A. El templo nuevo................. 40.1—43.27
   B. La nueva adoración .... 44.1—46.24
   C. La tierra nueva................ 47.1—48.35

E

incomprensible (1.28). Pero, como ningún otro autor bíblico, proclama determinantemente que el hombre sí puede conocer verdaderamente a Dios. Ochenta y seis veces aparecen en el libro frases como «sabréis que yo soy Jehová» (por ejemplo, 6.7,10,13,14; cf. Jn 17.3).

Todo el libro muestra que Dios es el omnipotente soberano, que actúa en toda la historia humana (5; 7; etc.). Pero, más que los demás autores bíblicos, Ezequiel pone de relieve la realidad del pecado que domina aun al pueblo escogido en muchos momentos de su historia (16; 20; 23). A la vez que

El camino hacia Petra, en la antigua Edom, en las inmediaciones de Ezión-geber, una región al sur del mar Muerto.

reconoce la soberanía divina, recalca que el hombre tiene la responsabilidad de su pecado y tiene el llamado al arrepentimiento (18.31,32). Los tonos oscuros y repulsivos con que Ezequiel pinta el pecado destacan su concepto de la gracia divina (por ejemplo, 36.25-27).

Como ningún otro profeta, Ezequiel acentúa la realidad del juicio y la ira de Dios (caps. 5; 7; 20; etc.). Pero también habla con pasión del tierno amor de Jehová, quien busca a sus ovejas perdidas (cap. 34), no quiere «la muerte del que muere» y ruega: «convertíos, pues, y viviréis» (18.32).

Ezequiel fue el primero que instó a la responsabilidad individual (cf Dt 24.16), pero en el famoso capítulo 18 tenemos un desarrollo sin paralelo de esta doctrina. Sin embargo, el libro termina con la visión de una sociedad (40–48) que no deja campo para el individualismo egoísta, tan común en épocas posteriores.

Con aun más precisión que Jeremías (31.31-34), Ezequiel presentó la solución de la problemática de la persona en la regeneración interna, la obra del Espíritu de Dios y el sello del → PACTO renovado (11.19; 18.31; 36.25-27). Pero como sacerdote (1.3), siempre buscaba la renovación (jamás el rechazo) del templo, culto, sacrificios y otras expresiones externas de la religión (40–48).

Como ningún otro profeta, Ezequiel se puso de parte de Dios y aun expresó deleite en los juicios divinos (2.8–3.3). Pero, con su profunda conciencia del valor del individuo, asignó al cuidado pastoral un papel profético. Su hondo sentido de responsabilidad como «atalaya» (3.16-21; 33.1-9), que debía velar por la salvación del prójimo, no tuvo paralelo humano en la historia bíblica hasta San Pablo (cf. Ro 9.1-3; 10.1).

El Dios de Ezequiel es ejecutor de juicio y muerte, pero también autor de resurrección y nueva vida (cap. 37; 47.1-12). Aunque Ezequiel no alcanza a discernir el sufrimiento con la claridad de Isaías 53, es notable que las aguas de vida brotan desde debajo del altar, el lugar del → SACRIFICIO, en su nuevo templo (47.1).

Aunque muchos de los elementos individuales de su teología tienen abundantes antecedentes, Ezequiel mostró una capacidad única en el Antiguo Testamento para mantener verdades doctrinales en tensión paradójica. Por eso es considerado por muchos como el teólogo más grande del Antiguo Testamento.

Otros asuntos importante

El efecto del poder literario de Ezequiel se ve en el Nuevo Testamento, sobre todo en los escritos de Juan (agua viva: Jn 7.38,39; vid: 15.1-6; visiones: Ap 1; 4; Gog y Magog y una nueva Jerusalén: Ap 21–22).

Pablo desarrolla las paradojas teológicas de Ezequiel (→ ROMANOS, EPÍSTOLA A LOS).

EZIÓN-GEBER Lugar donde los israelitas acamparon antes de entrar en el desierto de Zin (Nm 33.35,36; Dt 2.8). Después, era el puerto donde atracaban las naves que traían oro de Ofir a la corte de Salomón (1 R 9.26-28).

Aquí existían, desde el tiempo de Salomón hasta el siglo V a.C., enormes fundiciones donde se fundía el cobre y el hierro de las minas del Arabá. Las ruinas de edificios y hornos, la hez de los metales, etc., han dejado testimonio de su importancia industrial. Se cambió el nombre en → ELAT entre los reinados de Josafat y Amasías. Hoy es el importante puerto de Israel llamado Eilat.

FÁBULA Relato ficticio en el que figuran como elementos principales animales o cosas inanimadas personificadas, cuyo fin es comunicar alguna moraleja. En la Biblia tenemos dos ejemplos:

1. La de los árboles que escogen rey, propuesta por → JOTAM a los hombres de → SIQUEM (Jue 9.8-15).

2. La del cedro del → LÍBANO y el cardo, que → JOÁS envió como respuesta al desafío de → AMASÍAS (2 R 14.9).

Las fábulas aludidas por los autores del Nuevo Testamento (1 Ti 1.4; 4.7; Tit 1.14; 2 P 1.16), que falsos maestros querían introducir como verdades cristianas, no parecen tener el carácter de fábula propiamente dicho, sino de conceptos doctrinales inventados o ficticios.

FALSO PROFETA Persona que afirma falsamente poseer total revelación de Dios, que puede predecir hechos futuros o que tiene el poder de Dios para hacer milagros, señales y maravillas.

En Apocalipsis encontramos un falso profeta que engañará a la gente con falsos milagros y matará a los que se nieguen a adorar a la bestia, pero que al final será arrojado al lago de fuego (Ap 19.20). En la Biblia, los falsos profetas caen en tres categorías generales:

1. Los que adoran falsos dioses y sirven a ídolos.

2. Los que falsamente afirman que han recibido mensajes de Dios.

3. Los que se desvían de la verdad y dejan de ser verdaderos profetas.

FALÚ (*distinguido*). Hijo de Rubén (Gn 46.9) y padre de Eliab (Nm 26.8) y fundador de la familia de los faluitas (Nm 26.5).

FAMILIA En el Antiguo Testamento, el vocablo hebreo que con más frecuencia se traduce familia es (*mispajah*), que en realidad quiere decir «clan», un grupo de familia. En el Nuevo Testamento el concepto «familia» se expresa mayormente en términos de mayordomía (*oikos/oikía*; Hch 16.15; 1 Co 1.16; Flp 4.22; 2 Ti 4.19; → CASA) y de responsabilidad (*therapeia*; Mt 24.45; Lc 12.42). Más allá de los términos explícitos, familia en la Biblia se manifiesta por medio de una amplia gama de relaciones.

La unión de hombre y mujer fue instituida por el Creador (Gn 3.20-24) y ratificada por Jesucristo (Mc 10.7,8). Desde la creación, también, existe el deber de procrear y de integrar familia (Gn 1.26,27). La Biblia presenta la relación indisoluble de la pareja como paradigma de la relación Dios-Israel (Is 62.1-5; 25.3.14,20) y Cristo-Iglesia (Ef 5.22-33). Por otro lado, las Escrituras no idealizan a la familia. La aceptan como es. Encontramos muy pocos ejemplos de familias funcionales. Conocemos muy poco acerca de las familias de los principales actores bíblicos, sin duda porque pertenecían a sociedades patriarcales en que las mujeres solo existían en función de los hombres. Procreaban hijos para mantener viva su estirpe. Las mujeres y sus hijos eran una parte indispensable de la fuerza laboral (cf. → SARAH; AGAR; LEA; REBECA). Aun las mujeres que se destacan por su iniciativa personal, como → DÉBORA, → RUT y → ESTER, estuvieron a merced de los hombres.

La Biblia nos pinta un panorama ambiguo a respecto de la familia. Proverbios 31.10-31 destaca las grandes virtudes de la esposa y madre (aunque no sabemos si se trata de una persona real o una idealización), pero con frecuencia encontramos un desface entre el ideal de la legislación y la realidad de la familia, como es el caso con las familias de los patriarcas, y de paladines como → MOISÉS y → DAVID. En el Nuevo Testamento hay escasos ejemplos de «familia modelo», a pesar del exaltado lenguaje de San Pablo acerca de la familia (Ef 5.22-33). Pero sí encontramos víctimas de familias quebrantadas por el pecado social y personal. Con el fin de comunicar un mensaje dramático a un pueblo que le ha sido infiel, Jehová ordena que → OSEAS se case con una prostituta, a la que debe perdonar y amar a pesar de sus desvaríos.

Jesús valoriza a la familia, pero no la absolutiza. Su actitud hacia ella es más bien ambigua. Llama a sus discípulos a dejar sus familias para seguirle y llevar su cruz. Afirma haber venido a dividir las familias de sus seguidores (Mt 4.18-22; 10.34-38; Lc 9.59-62), pero al mismo tiempo anuncia un nuevo orden de familia (Mc 3.31-35; 10.28-31). Restaura hijos a sus padres (Mt 15.21-28; Lc 7.11; 9.37-45). Reintegra a endemoniados a su pueblo y familias (cf. Mc 5.1.20) y da prioridad a una mujer socialmente marginada sobre una prominente familia postrada por la muerte (Mc 5.21-43).

En una sociedad que poco valoriza a los niños, Jesús los presenta como modelo y requisito para entrar a su Reino (Mc 9.33-38; 10.13-16). Su concepto de la familia es concreto y realista, nunca teórico. Por eso rechaza el planteamiento de los saduceos sobre la ley del → LEVIRATO (Lc 20.27-38). Su actitud hacia el → DIVORCIO es mesurada (Mt 19.1-12; cf. Mc 10.1-12) y hacia el → ADULTERIO, misericordioso (Lc 7.36-50; Jn 8.1-11), inculpando más al hombre que a la mujer. Encarnado en un pueblo anonadado por crisis sociales y familiares, Jesús se solidariza con las víctimas, creando una nueva familia de la cual Él es cabeza y miembro integrador (Mc 10.28-31; cf. 3.31-35).

La familia cristiana tiene más que ver con calidad de vida en común que con estructuras determinadas y funciones definidas. Compárese la relación de → PRISCILA con → AQUILA (Hch 16.3 y 2 Ti 4.19) y de → TIMOTEO con su madre y abuela (Hch 16.1 y 2 Ti 1.5). Por otro lado, la familia nuclear, tan idealizada en los países desarrollados, no se conoce en los tiempos bíblicos. Prevalece la familia extendida, a la que pertenecían también los abuelos, parientes menos afortunados (viudas y huérfanos) y algunos sirvientes y esclavos. La familia nuclear responde más a las exigencias y limitaciones de una sociedad materialista e individualista que a ideales cristianos. Es también extraña a muchas culturas tradicionales hoy. Con todo, el ideal que encontramos en el Nuevo Testamento es aún más inclusivo. Es una nueva clase de familia abierta a quienes la sociedad rechaza. A la familia de Jesús pertenecen personas de varias clases sociales, de diversas ideologías políticas, personas marginadas y aun mujeres de dudosa reputación, sin importarle lo que dijeran los demás.

El desarrollo de la → IGLESIA (familia de Dios) requiere normas de conducta en familias, que ejemplifiquen su íntima relación con Cristo, la cabeza (cf. Ef 5.22-33; 1 Co 5.1-5; 6.12-20; 7.1-17; 2 Co 6.14-16). Se requiere acciones ejemplares de los líderes en particular (1 Ti 3.4,5; 5.1-8). Las epístolas de Pedro exhortan a la consideración mutua de marido y mujer (1 P 3-7) y extienden el concepto de familia y hogar (*oikía*) a la iglesia universal y local (1 P 2.5,9-11; 4.17).

Sigue vigente la preocupación especial por las familias de los pobres (2 Co 8.13,14); y el rechazo de cualquier abuso de ellos por parte de los ricos (Stg 2.5-7; 5.1-6).

Bibliografía:

Margareth Brephol, «La misión de la iglesia y la unidad de la familia», en *La misión de la iglesia: una visión panorámica*, Waldir L. Steuernagel, ed. Visión Mundial, Costa Rica, 1992, pp. 433-444. Guillermo Cook, Ricardo Foulkes y Francisco Mena, *Comentario Bíblico Hispanoamericano: Evangelio de Marcos*, Editorial Caribe, Miami, FL, 1993.

FANUEL (*cara de Dios*). Aserita que fue padre de Ana la profetisa (Lc 2.36). Ana dio gracias a Dios en el templo por haberle permitido vivir lo suficiente para ver al Mesías.

FARAÓN Título de los monarcas de → EGIPTO. Aunque este título comenzó a usarse solo a partir del Nuevo Imperio, es común aplicárselo a todos los reyes egipcios a partir de la primera dinastía. Su significado original,

«la gran casa», se aplicaba primero al palacio real, pero paulatinamente llegó a aplicarse a sus ocupantes. Para los egipcios, el faraón era un dios. Es más, el culto al faraón era uno de los principales factores de la cohesión dentro del país en el que subsistían grandes diferencias regionales, tanto culturales como religiosas. En los tiempos más antiguos, la inmortalidad se reservaba solo para el faraón, pero con el correr de los años se fue extendiendo al resto de la población. Puesto que el faraón era un dios, a su muerte era necesario darle una tumba adecuada. Por esta razón, las tumbas de los faraones rivalizaban con los templos en magnitud y esplendor. Aunque casi todas fueron saqueadas en tiempos remotos, todavía quedan los grandes monumentos de piedra que dan testimonio de su antigua gloria. Entre ellas las más famosas son las tres grandes pirámides. Como parte del rito fúnebre, se momificaba el cuerpo del faraón (→ EMBALSAMAMIENTO) y se incluían en la tumba embarcaciones y provisiones para el viaje al más allá. Los faraones se agrupan tradicionalmente en treinta dinastías, después de las cuales sigue la trigesimoprimera de los → TOLOMEOS.

F

En tiempos bíblicos la familia era un grupo sumamente unido, los abuelos muchas veces vivían con sus hijos y nietos en el mismo hogar.

Foto de Gustav Jeeninga

Cuando Egipto quedó supeditado al Imperio Romano, terminó el régimen de los faraones. En la Biblia se menciona a varios faraones. Puesto que a menudo se hace referencia a ellos, dándoles el título de faraón más bien que su propio nombre, es difícil, y aun imposible, establecer una relación segura entre los personajes que se mencionan en la Biblia y los que conocemos por la historia de Egipto. Así, por ejemplo, los faraones del tiempo de Abraham (Gn 12.15-20) y el tiempo de José (Gn 39–50), no pueden identificarse con certeza. Es muy posible que el episodio de José deba enmarcarse dentro del período de los hicsos, cuando las condiciones sociales y políticas correspondían aproximadamente a las que se relatan en Génesis. Tampoco es posible determinar con certeza quiénes fueron los faraones de la opresión y del → ÉXODO, aunque hay indicios de que se trata de Ramsés II y alguno de sus sucesores (→ RAMSÉS y RAMESÉS). Otros faraones que es imposible identificar con certeza son los que se mencionan en 1 R 3.1; 9.16; 11.14-22; 2 R 18.21; 1 Cr 4.18.

Además, hay varios faraones de importancia para la historia bíblica cuyos nombres son conocidos como → NECAO, → SISAC y → TIRHACA.

FARES (*rotura*). Hijo de Judá y su nuera Tamar. Gemelo de Zara (Gn 38.29; 46.12). Progenitor de los faresitas (Nm 26.20; Neh 11.4,6). Su descendiente, Jasobeam, fue caudillo de los valientes de David (1 Cr 11.11; 27.2,3). Figura en la genealogía del Mesías (Rt 4.12,18; Mt 1.3; Lc 3.33).

FARFAR → ABANA.

FARISEOS Secta de los judíos.

El nombre *farisaíoi* aparece por primera vez en el contexto de los reyes → MACABEOS (*ca.* 150 a.C., Josefo, *Antigüedades* XIII.x.5-9). El equivalente hebreo *perusim* generalmente se entiende en el sentido de «separados» (por ejemplo, Esd 6.21; Neh 10.28s). Probablemente era un apodo impuesto por sus enemigos ya que los fariseos vivían apartados de lo impuro, es decir, del «pueblo de la tierra» (Jn 7.49). Ellos mismos preferían llamarse *jeberim* (*compañeros*), que revela algo de su organización. Como grupo particular, los fariseos lograron destacarse durante

---

Al frente, entrada a la tumba del faraón Tutankamen de Egipto con la tumba de Ramsés VI detrás de la misma.

Foto de Howard Vos

el reinado de Juan Hircano (135–104 a.C.), al oponerse al deseo de este de extender su poder político y militar. En el reinado de Alejandro Janneo (103–76 a.C.) la oposición alcanzó tal magnitud que este la suprimió brutalmente, crucificando a ochocientos de los líderes fariseos (*Antigüedades*, XIII. xiv.2). Cobraron nueva importancia bajo Alejandra Salomé (76–67 a.C.), pero pronto perdieron su influencia directa en la vida política del país. Quien intentó ganar su apoyo fue → HERODES EL GRANDE, ya que solo se dedicaban a la vida religiosa, pero desistió ante las sospechas que aún mantenía, basadas en las rebeliones anteriores. Durante la vida de Jesucristo la mayoría de los fariseos practicaban la devoción religiosa y no participaban en la oposición creciente de los → ZELOTES contra la ocupación romana. Por tanto, después de la destrucción de Jerusalén (70 d.C.), Vespasiano permitió que el rabino, Yohanán ben *Zakkai*, fundara una escuela en Jamnia; y, aun más, después del levantamiento de *Bar Kokeba* (135 d.C.), los fariseos llegaron a representar el judaísmo oficial. De esta fecha en adelante brotó la literatura rabínica (→ TALMUD; MISNÁ; TARGUM; MIDRÁS).

Relación con otras sectas

Se acepta generalmente que los fariseos descendieron de los jasideos (*devotos*) que lucharon al lado de los → MACABEOS por la libertad religiosa (166–42 a.C.). Quizás derivaron del grupo de escribas empleados por los jasideos (1 Mac 7.12ss). Probablemente *ca.* 100 a.C. los → ESENIOS se separaron de los fariseos por considerar que se acomodaban demasiado al ambiente político. Por su parte, los fariseos rechazaron la postura apocalíptica que habían adoptado algunos de los esenios en aquel entonces (→ QUMRÁN). Los fariseos se distinguían de los → SADUCEOS por su interpretación de la → LEY y por su actitud frente al Antiguo Testamento. En cuanto a lo primero, los fariseos, cuyos representantes más importantes eran Hillel y Sammai (*ca.* 25 a.C.–10 d.C.), se oponían como laicos a la aristocracia de sacerdotes profesionales. Lograron una posición poderosa en el → SANEDRÍN durante el siglo II a.C. Los fariseos interpretaban las tres divisiones del Antiguo Testamento (Ley, Profetas y Escritos), adaptándolas, por medio de una serie de tradiciones (→ TRADICIÓN) orales, a las necesidades cotidianas del pueblo. Los saduceos, por su parte, se concentraban en la interpretación de las leyes rituales, aplicándolas solamente al culto del templo. Con la destrucción de este, desapareció su razón de ser y los fariseos surgieron con un poder único. La inmensa mayoría de los → ESCRIBAS eran fariseos y los términos son casi sinónimos. Es probable que la frase juanina «los judíos» se refiera principalmente a los fariseos.

Enseñanza

Los fariseos organizados en pequeñas comunidades, se dedicaban a la docencia y promovían el desarrollo de la religión de la → SINAGOGA. Esto muestra su compromiso con la formación del pueblo sencillo en el conocimiento y práctica de la Ley de Moisés, que incluye la Torah oral. Además, emprendieron una labor proselitista entre los gentiles (Mt 23.15). Diferían de los saduceos principalmente en su aceptación del concepto de la inmortalidad. Creían en la inmortalidad del alma, lo cual implicaba la resurrección del cuerpo (Hch 26.8), y en la existencia de ángeles y espíritus. Recalcaban el uso de la razón en la comprensión del deber religioso. Esto los llevaba a una concepción de la soberanía de Dios que incluía la fatalidad.

Los fariseos se proponían alcanzar una perfecta obediencia a la Ley de Moisés tal como la interpretaba la tradición oral (Mc 7.13). Su enseñanza era primordialmente ética y práctica, no teológica (→ DIEZMO; SÁBADO).

Relación con Jesús y los apóstoles

A diferencia de los esenios y los zelotes, los fariseos aparecen a menudo en los libros del Nuevo Testamento. Generalmente los encontramos opuestos a Jesús (Mc 2.6;

3.6; 7.1ss; Jn 5.10; 6.41; 7.45ss; 9.13ss, etc.) quien, igual que Juan el Bautista, denunció su hipocresía (Mt 3.7ss; 5.20; 6.5; 9.13; 12.7; 16.6; 23.1-36, → HIPÓCRITA). Jesús rechazó la autoridad excesiva que ellos otorgaban a la Ley oral. Sin aceptar incondicionalmente el juicio favorable de Josefo sobre la secta, sería falso concluir de los Evangelios y Hechos que todos los fariseos se oponían al mensaje y ministerio de Jesús. Es probable que fueran fariseos los que esperaban la consolación de Israel (Lc 2.25,38; 23.51; 24.21). Varias veces Jesús tuvo encuentros amigables con ellos (Mc 12.28ss; Lc 7.36; 13.31; 14.1; 18.18ss). Varios fariseos creyeron en Él y fueron bautizados (Jn 3.1ss; 7.50s; 8.31; Hch 6.7; 26.5), entre ellos el más famoso fue Saulo de Tarso (Hch 9.1-18; Flp 3.5). El maestro de Saulo, → GAMALIEL, que defendió a los apóstoles (Hch 5.34-39) fue nieto del rabino Hillel.

Bibliografía:
EBDM III, 451-455. *DBH, Col.*, 684s. *IB* II, pp. 85-89. *VTB*, pp. 284ss.

FE Aprobación que se da a alguna verdad, o confianza que una persona deposita en otra. Fe salvífica, por ejemplo, es la total confianza del hombre en Cristo. En la teología bíblica no hay palabra más importante. Es tema predilecto de los autores del Nuevo Testamento, especialmente Pablo y Juan, pero encuentra sus antecedentes también en el Antiguo Testamento. Las tres palabras (fe, fiel y creer) se hallan en el Antiguo Testamento aproximadamente setenta y cinco veces, y en el Nuevo Testamento más de seiscientas veces. En el Antiguo Testamento la palabra fe suele usarse con referencia a Dios: su fidelidad (Dt 7.9; Is 49.7), sobre todo en guardar el pacto. La fe de los hombres tiene el sentido de una llana y entera confianza en Dios, como lo demostró Job (16.19s; 19.25-27; cf. Sal 37.3ss). El ejemplo predilecto de la fe es → ABRAHAM (Gn 15.6). Salió de → UR sin saber adónde Dios lo llevaba (Heb 11.8); creyó que iba a tener un hijo pese a su avanzada edad (Gn 15.4-6); y cuando Dios le pidió sacrificar a ese hijo, no se opuso (Ro 4.16-18; Heb 11.17-19).

Los fieles del Antiguo Testamento, enumerados en Heb 11, anhelaban lo prometido, pero murieron sin conocerlo de cerca (vv. 13,14,39s). Esta esperanza y confianza se aclara y concreta en el Nuevo Testamento, cuando se declara que la única fe verdadera está siempre, aunque en distintas maneras, vinculada con Cristo (Hch 4.13s; 1 Co 3.11). El supuesto conflicto entre Santiago y Pablo con referencia a la fe versus las buenas obras es un concepto popular errado. Pablo no rechaza las buenas obras, ni Santiago la fe paulina. Ambos hablan de la fe de Abraham (Gl 3.6-12; Stg 2.21-24). Compárese Stg 2.14ss con Tit 1.16; 3.7s; 2 Co 9.8; Ef 2.8-10; etc. La fe encierra toda la vida nueva de los creyentes (Ro 3.27; 11.20; Col 1.23; Tit 2.2; 1 P 1.7). Significa también la virtud específica de mantener contacto con Cristo (1 Co 13.13; 2 Ti 1.13). Es la fe (acerca) de Cristo (Ro 3.22; Ef 3.12). Es la fe en Cristo (Gl 3.26; Col 1.4). Se usa con la preposición griega *eis* con sentido de compenetración (Jn 14.12; Ef 1.15). La fe se basa sobre Jesús (Lc 24.25; Hch 9.42) y se relaciona directamente con la persona de Cristo (Jn 14.3; 2 Ti 1.12). En los → SINÓPTICOS la fe se dirige generalmente hacia la persona de Jesucristo, allí presente en la carne, y particularmente se refiere a la fe para salud (Mt 9.22). Al pasar la Iglesia a la edad postapostólica, cada vez más la fe significa el cuerpo oficial de doctrina (Jud 3,20). Entre estos extremos hallamos la enseñanza apostólica que puede apreciarse en los siguientes temas:

1. La fe se basa en el significado de un hecho histórico (Hch 17.3).

2. Es más que el acto de creer. (Los demonios también creen y tiemblan, según Stg 2.19). Es la participación en la vida de Jesús (1 Jn 2.6).

3. Es el resultado del impacto de la gracia de Dios en nuestras vidas. «Dios nos amó» este es el punto de partida para el desarrollo de una nueva experiencia de vida (Jn 3.16).

4. Pero más que una decisión momentánea, la fe es un clima espiritual, un modo nuevo de vivir (2 Co 7.7; Ro 11.20).

5. La fe es indispensable para la → JUSTIFICACIÓN. Cristo inmolado en la cruz efectuó la salvación de la humanidad. Sin embargo, el hombre debe ser receptivo al significado de aquel acontecimiento. El acto fundamental del amor de Dios espera una respuesta de los hombres. La fe es esa respuesta. Por nuestra fe somos justificados (Ro 1.17; 5.1ss; Gl 2.16).

6. La fe se vincula siempre con la → GRACIA. El mensaje de la cruz (la capacidad de responder a él) no tiene requisitos de santidad, conocimiento, buenas obras, etc. No son los poderosos ni los sabios los que se salvan (Mt 11.25; 1 Co 1.18-31; 2.14). Puesto que el espíritu del incrédulo está muerto, no puede responder si no es por la gracia (Ro 4.16; Ef 2.8s).

7. Cristo es el autor y consumador de la fe (Heb 12.2) y obra fe en nosotros por su Espíritu Santo. El Espíritu vivifica a la persona que es justificada por la fe. Ya no anda conforme a la carne sino conforme al Espíritu, en novedad de vida (Jn 6.63; Ro 7.6).

FEBE Cristiana, aparentemente gentil, de la que Pablo dice en Romanos 16.1-3: «Les encomiendo a Febe nuestra hermana, quien es diácono de la iglesia de Cencrea, para que la reciban en el Señor de una manera adecuada a los santos y para que la ayuden en cualquier cosa que de vosotros necesite, pues también ella protectora de muchos ha sido y de mí mismo». Estas breves líneas señalan a Febe como una líder importante en la iglesia primitiva. Tenía el título de diácono y no era una simple colaboradora como algunas versiones de la Biblia quieren indicar con la palabra diaconisa. La palabra griega que habla de su cargo está en masculino y no en femenino, lo que significa que tenía el mismo nivel que hombres con el mismo cargo.

El concepto de «protectora» o benefactora es también muy indicativo de quién era. Al parecer tenía una buena posición económica y usaba su riqueza para apoyar la comunidad cristiana local.

Pablo hace resaltar la ayuda que Febe le brindó. Todo esto indica que Febe era una importante líder de la iglesia primitiva, lo que abre una serie de interrogantes acerca del trabajo de las mujeres en el desarrollo del cristianismo.

Evidentemente Febe fue la portadora de la Epístola a los romanos, pues Pablo la recomienda a la hospitalidad de los hermanos en Roma (Ro 16.1,2).

F

FELIPE (*que ama a los caballos*).

1. Felipe el apóstol. Uno de los primeros discípulos que Jesús llamó personalmente según narra el Evangelio de Juan (Jn 1.43). Era oriundo de → BETSAIDA (Jn 1.44; 12.21), ciudad nativa también de Pedro y Andrés, llamados el día anterior. Se supone que Felipe participó en el ministerio del Señor en Judea (Jn 3.22–4.3) y en la ordenación posterior narrada en Mc 3.13-19 //.

Felipe figura como el quinto en las listas de los apóstoles (Mt 10.3; Mc 3.14; Lc 6.14; Hch 1.13). Aparte de estas listas, Felipe se menciona solo en Juan, donde aparece asociado con su conciudadano Andrés. Su convicción inmediata de que Jesús fuese el prometido de las Escrituras, según su testimonio a Natanael (Jn 1.45; cf. Mt 16.16), lo reveló como sensible estudioso de las profecías.

A las objeciones de Natanael, Felipe contestó como sabio testigo: «Ven y ve» (Jn 1.46). Antes del milagro de los panes, Jesús quiso probar la comprensión y fe de Felipe (Jn 6.5-9), e hizo que este calculara cuánto pan hacía falta.

Parece que Felipe inspiraba confianza, ya que los → GRIEGOS que habían subido a adorar en la Pascua se dirigieron a él (nótese su nombre griego) cuando querían ver a Jesús. Felipe buscó el apoyo de su amigo → ANDRÉS (el único otro apóstol de nombre griego) y los dos llevaron los griegos al Señor (Jn 12.20ss).

2. Felipe el evangelista. Se menciona por primera vez al nombrarse siete administradores para la iglesia en Jerusalén (Hch 6.1-9; → DIÁCONO). Los candidatos debían ser de buen testimonio, sabios y llenos del Espíritu Santo para realizar la labor caritativa. Pero Felipe no se limitó a «servir las mesas» (Hch 6.2). Al ser esparcida la iglesia madre a raíz del martirio de Esteban y la persecución encabezada por Saulo de Tarso, Felipe fue a → SAMARIA. Allí predicó el evangelio con gran éxito y realizó milagros que acreditaron el mensaje, aun siendo judío en un ambiente hostil (Hch 8.1-13; → SIMÓN EL MAGO; PEDRO).

Guiado primeramente por un ángel, y luego por la voz del Espíritu Santo, Felipe dejó la floreciente obra de Samaria para encontrarse con un tesorero (→ EUNUCO) de → ETIOPÍA, quien regresaba a su tierra después de visitar a Jerusalén. Felipe le anunció al potentado el evangelio de Jesús, basando su mensaje en el rollo de Isaías que el etíope estudiaba. Este se convirtió al Señor, y Felipe lo bautizó en un estanque junto al camino. Después, el evangelista fue arrebatado por el Espíritu para que continuara su labor en las ciudades del litoral del sudoeste (Hch 8.26-40) hasta establecer una sede en Cesarea donde Lucas lo halló años después (Hch 21.8s). Nótese que Lucas identifica a Felipe como → EVANGELISTA y no como diácono. La tradición posterior amplifica la mención de las cuatro hijas de Felipe que profetizaban, y sugiere Hierápolis como el lugar de la tumba de dos de ellas y de Felipe. Sin embargo, esto no se ha podido comprobar.

Bibliografía:

E. Trenchard, *Los hechos de los apóstoles*, Literatura Bíblica, Madrid, 1964.

FÉLIX (en latín, *el feliz*). Procurador romano de Palestina desde 52 d.C., cuyo nombre completo era Marco Antonio Félix. Esclavo libertado de la casa de → CLAUDIO y hermano de Pallas, favorito del emperador. Se casó tres veces y se emparentó con los → HERODES por su unión ilícita con la hermosa → DRUSILA, hermana de Agripa II. El historiador Tácito lo enjuicia con gran severidad: «Con toda clase de crueldad y de disolución, ejerció el poder de un rey con alma de esclavo». El relato de Hechos 24 confirma ese retrato y destaca su codicia (v. 26) y su desprecio por la justicia (vv. 22,27; cf. 23.26ss). El gobierno autoritario de Félix fomentó el odio de los judíos contra Roma. Emprendió una lucha encarnizada contra el partido antirromano de los → ZELOTES, que sembraban el terror en todo el país. En una oportunidad, exterminó a los seguidores de un pretendiente mesiánico de origen egipcio, congregados en el desierto (cf. Hch 21.38). La fecha de su destitución y de la llegada de su sucesor Festo es importante para establecer la cronología de la vida de Pablo (Hch 24.27). Algunos autores la fijan temprano, en 55 d.C., pero parece más acertada una fecha *ca.* 60 d.C. De todas maneras, la cautividad de Pablo en Cesarea se sitúa en los últimos años de la administración de Félix.

FENICE (en griego, *la fenicia*). Ciudad y puerto en la costa sur de la isla de Creta. El nombre es el mismo que se da a la palmera de dátiles, árbol indígena de esa isla. Era puerto abrigado adonde en vano procuró llegar el buque en que viajaba Pablo después de su partida de Buenos Puertos (Hch 27.8-15). El puerto de Lutro con el que se ha identificado Fenice está 56 km al nordeste del cabo Matala. Es profundo y está resguardado de los vientos del invierno.

FENICIA Larga y estrecha región situada en el extremo este del Mediterráneo, y que se extiende desde ese mar al oeste, hasta las estribaciones de los montes del Líbano al este. Sus límites norte y sur son, respectivamente, el río Orontes y el monte Carmelo. Regada por varios ríos, entre ellos el Eleuteros, el Adonis y el Licos, Fenicia era una región fértil que producía cereales y frutas en gran abundancia. Su principal riqueza, sin embargo, eran las maderas que se encontraban en las estribaciones del Líbano, y

Modelo de un navío mercante de largo alcance llamado «Hippos».

F

especialmente los → CEDROS. Tres mil años a.C., los fenicios ya exportaban grandes cantidades de maderas a Egipto. Siglos más tarde, → HIRAM, rey de Tiro, suministró a David y a Salomón las maderas necesarias para sus grandes construcciones; por ejemplo, el famoso templo de Salomón. También cuando el templo se reconstruyó en tiempos de Esdras, se emplearon para ello maderas del Líbano, traídas por los habitantes de Fenicia (Esd 3.7). La riqueza en maderas, y el hecho de que su territorio estuviera limitado por montañas y por vecinos poderosos, llevaron a los fenicios a dedicarse a la navegación y el comercio. Desde sus inicios establecieron colonias comerciales en las islas de Chipre, Creta, Malta, Sicilia, Cerdeña y Córcega. Fundaron en el norte de África la ciudad de Cartago y en el sur de España la de Gades (hoy Cádiz). Sus empresas comerciales los llevaron hasta el norte del Atlántico, a lo que hoy es Inglaterra. De todas sus colonias, la más importante fue Cartago, que creció y llegó a dominar el Mediterráneo occidental y a rivalizar con Roma hasta que esta la destruyó totalmente. Fenicia nunca fue un reino unido. Era más bien una serie de ciudades fuertes, cada una con su propio rey. Estas ciudades rivalizaban entre sí. A veces se hacían la guerra y en otras alguna de ellas lograba la hegemonía sobre las demás. La región nunca fue un poder político unido y organizado como tal. Sus principales ciudades eran, de norte a sur, Arvad, Biblos (→ GEBAL), Biruta (hoy Beirut), Sidón y Tiro. Más tarde, cuando tres de estas ciudades se unieron en una confederación, surgió como capital de ella la ciudad de Trípolis. Puesto que Fenicia se encontraba en un lugar estratégico para las comunicaciones entre Egipto y el Asia Occidental, repetidamente fue objeto de la codicia de grandes imperios, y por ello permanecía sujeta al poderío, o al menos a la influencia, de la potencia más importante en cada período de su historia. Los fenicios se encontraban entre los opresores de Israel en el período de los jueces (Jue 3.3; 10.12). Sin embargo, en tiempos de Salomón las relaciones entre este y los habitantes de Fenicia parecen haber sido excelentes, pues Palestina les vendía productos agrícolas y ellos en cambio servían de agentes comerciales para los israelitas (2 S 5.11; 1 R 5; Ez 27). También se unieron a Salomón para establecer un puerto en el mar Rojo, y para tripular y navegar los buques mercantes (1 R 9.26-28; 10.11,12). Después de la división del reino, hicieron alianza con Israel y se apartaron de Judá, a cuyos habitantes llegaron a vender como esclavos a los idumeos (Is 23; Ez 28; Jl 3.4-8; Am 1.9,10). En cuanto al culto a → Baal, que en Fenicia florecía, se trataba de un culto de fertilidad. El dios adoptaba diversos nombres en distintas localidades y junto a él había algunas otras deidades, de las cuales las más importantes para la historia del Antiguo Testamento son → Astoret (2 R 23.13) y → Dagón (1 S 5.1-7). El culto a Astoret resultaba especialmente repugnante por razón de la prostitución que era parte de él. Además, en diversos cultos de Fenicia se practicaba el sacrificio humano. También se erigían altares en los montes y demás lugares elevados. Aunque al principio de nuestra era Fenicia no tenía gran importancia política, hay varias referencias a ella en el Nuevo Testamento. En Marcos 7.24-30 se habla de una mujer sirofenicia, y en Mateo 15.21-28 se dice que era cananea (el título que se le daba antiguamente a los habitantes de Fenicia). En Hechos 11.19 se nos dice que el cristianismo llegó rápidamente a Fenicia, y según Hechos 15.3 y 21.2 Pablo la visitó varias veces.

Aparte de la historia bíblica, Fenicia es importante para la historia general de la cultura, porque se dice que fue allí donde se inventó el alfabeto. El → alfabeto fenicio contaba con veintidós letras, todas consonantes, y parece que de ellos los griegos y otros pueblos tomaron el alfabeto.

FEREZEOS Uno de los pueblos que habitaban Canaán en los albores de la historia (Gn 15.20; Dt 7.1; 20.17; Jos 3.10; 9.1; Jue 3.5). Ferezeos puede significar «aldeanos». Parece que preferían vivir en las regiones montañosas (Jos 11.3; Jue 1.4). Aparecen al lado de los → refaítas, quienes moraban en la región selvática del este del Jordán.

Según algunos autores es probable que fuesen de origen heteo (*DBH*, col 1516). No se les incluye en la lista de los descendientes de Canaán en Gn 10.15-19. Los israelitas no lograron desalojarlos del todo (Jue 3.5,6). Estaban en la tierra prometida en los días de Salomón (1 R 9.20) y aun después del cautiverio babilónico (Esd 9.1).

FESTO (en latín, *festivo*). Porcio Festo, procurador de Palestina, sucesor de → Félix (Hch 24.27). Su nombre se menciona solo en Josefo y en Hechos. Probablemente pertenecía a la «*gens* Porcia». La fecha más acertada para la toma de su cargo, a juzgar por los datos de Eusebio y la evidencia de las monedas acuñadas en Palestina, es el año 59/60 d.C. Su administración fue muy breve, ya que murió en el 62 (en Judea). Según Josefo (*Antigüedades*, XX.vii.9s) fue un funcionario justo y sabio, totalmente diferente de su predecesor Félix y de su sucesor Albino, pero tuvo que enfrentar una circunstancia política sin remedio. Sin embargo, en Hechos 24.27–26.32, aparece en una situación menos loable. Interrogó varias veces a Pablo, dejado preso por Félix en Cesarea, y trató de congraciarse con los judíos que lo acusaban. Habiendo apelado Pablo a César, Festo no pudo dictar sentencia, solo ordenó el traslado del prisionero a Roma.

FIADOR Uno que garantiza la devolución del dinero prestado por otro a un amigo o a un extraño. La sabiduría práctica de Proverbios recomienda evitar tales compromisos, aun tratándose de amigos (Pr 6.1ss; 11.15; 17.18). En un plano más elevado, el fiador puede garantizar la seguridad de alguien o responsabilizarse por la conducta de otro. Por ejemplo, el caso en que Judá prometió a Jacob el regreso de Benjamín (Gn 43.8-11; 44.18-34). Un pacto o contrato entre dos personas o entidades podía garantizarse mediante un fiador. Bíblicamente, los pactos de gracia suelen confirmarse con la víctima del pacto, concepto que se emplea por lo general en relación con la «sangre del Cordero». Sin embargo, según Heb 7.22, «Jesús es hecho fiador de un mejor pacto»: concepto que se enlaza con la «víctima del pacto» de Heb 9.14-22 y con la presencia garantizadora del Sumo Sacerdote en el cielo ante Dios (Heb 9.24).

FICOL (significado desconocido). Capitán del ejército de Abimelec, rey filisteo de Gerar, quien hizo pacto con Abraham (Gn 21.22,32) e Isaac (Gn 26.26).

FIEBRE Término que en la Biblia siempre designa una enfermedad y no simplemente un síntoma. En el Antiguo Testamento se menciona en tres oportunidades (Lv 26.16, «calentura»; Dt 28.22; 32.24), siempre como un castigo con el que Dios amenaza a su pueblo. En el Nuevo Testamento se habla de la curación de varios enfermos de fiebre: la suegra de Pedro (Mc 1.29ss; Lc 4.38, «una gran fiebre»), el hijo de un noble de Galilea (Jn 4.52) y el padre de Publio (Hch 28.8), donde Lucas usa el plural.

FIEL, FIDELIDAD El tema de la fidelidad pertenece al círculo semántico del pacto. Dios es fiel porque mantiene las promesas del pacto. El hombre es fiel porque vive de acuerdo a las estipulaciones del pacto.

Antiguo Testamento

Varias palabras se usan en el Antiguo Testamento para indicar lo que es fidelidad. Algunas de ellas tienen significados que parecen no relacionarse claramente. Por ejemplo, la palabra hebrea *emet* en varios textos significa «verdad», y en otros «fidelidad». La palabra hebrea *hesed* en algunos textos se traduce como «misericordia», pero en otros como «lealtad».

Emet está relacionado al verbo *aman* que tiene como significado básico «ser o estar firme». Se le traduce como «verdad», «veracidad», «certeza», «fidelidad», «sinceridad», «firmeza». Aparece unas 126 veces; 37 veces en el libro de los Salmos.

Otra palabra, dentro de este círculo semántico es *emunah*; también es un cognado de *aman*. En cuanto a significado, está muy relacionada con *emet*. Se le traduce sobre todo como «fidelidad»; pero también tiene el sentido de «genuinidad», «confiabilidad», «constancia», «honestidad», «a conciencia». Aparece unas 50 veces.

Hesed es otra de las palabras importantes dentro del concepto de «fidelidad»; aparece unas 245 veces (127 veces en el libro de los Salmos. Hasta ahora los biblistas no pueden encontrar una sola palabra o frase para comunicar todo el contenido semántico de esta palabra hebrea. Es más, todavía no se ha podido llegar a un acuerdo común sobre su significado básico. Las versiones más antiguas la traducen sobre todo con la palabra «misericordia». Las de las décadas de los sesenta y setenta como «lealtad». Las más nuevas tienden a ser más eclécticas. De la gama de significados adjudicados a esta palabra hebrea, tenemos: fidelidad, lealtad, favor, amabilidad, bondad, gracia, misericordia, obligación a la comunidad, amor de alianza, solidaridad.

Sobre todo en los salmos, *le'olam*, «para siempre», «por la eternidad», acompaña a las palabras que tiene que ver con la fidelidad de Dios (Sal 136 es un buen ejemplo de ello).

Por la vía negativa, hay unas cuantas palabras que expresan el aspecto contrario a la idea de «fidelidad»: *swg*, «ser desleal» (Sal 78.57; Pr 14.14); *bgd*, «infiel» (Sal 78.57; Jer 12.1); *beliya'al,* «infiel», «malvado» (Sal 101.3); *meshubah*, «infiel» (Jer 3.12). La palabra *sheqer*, «falsedad», aparece varias veces en contraste con *emunah* (Sal 119.29-30; Jer 5.1-2).

Nuevo Testamento

En el griego, las palabras relacionadas al tema pertenecen a la familia del verbo *pisteuo*, «creer», «ser fiel». La palabra principal es *pistós* (Mt 25.21; 1 Co 1.9); se traduce como «fiel», «confiable», «confianza». Otras palabras, no tan comunes son: *bébaios* (Heb 3.14), «firme», «seguro»; *jedráios* (1 Co 7.37), «firme»; *stereós* (1 P 5.9), «firme», «sólido»; *stereóma* (Col 2.5), «firmeza»; *sterigmós*

(2 P 3.17), «firmeza». La palabra con sentido contrario es: *ápistos* (Mt 17.17), «infiel», «indigno de confianza».

Sentido no teológico

Fidelidad significa mantenerse dentro del principio establecido, de acuerdo al contexto. Por eso en Ezequiel 43.11 se dice que los constructores del templo deberán «ceñirse» a los planos provistos. En Josué 2.12, Rahab pide una prueba «confiable» de que sería tratada bien en el futuro. En Proverbios 11.18 se promete premio «seguro» al que practica la justicia. En Génesis 24.49 se habla de la bondad en la cual «se puede confiar». En Mateo 24.45 la «fidelidad» se da en sentido de «obediencia» a las órdenes del amo (cf. Lucas 12.42). En 1 Timoteo 5.9 se habla de la fidelidad matrimonial.

Sentido teológico

Dios

Así como se dice del amor y de la justicia, la «fidelidad» y la «lealtad» de Dios forman parte de su ser; son inherentes a su divinidad. Por eso la poesía hebrea las personifica: «La lealtad y la fidelidad se encuentran, la justicia y la paz se besan; la fidelidad brota de la tierra y la justicia mira desde el cielo.» (Sal 85.10-11, *NBE*). Por lo anterior se puede afirmar que la «fidelidad» forma parte del mundo conceptual del pacto. Si Dios es el soberano del → PACTO, no hay que dudar de su compromiso y solidaridad permanentes hacia el pueblo del pacto. La seguridad de la inquebrantabilidad de la alianza descansa sobre la certeza de que Dios es fiel. En muchos pasajes se afirma la fidelidad de Dios, porque Él cumple sus promesas (véanse Dt 7.9; Sal 145.13; 146.6). En 1 Corintios 1.9 se habla de la fidelidad de Dios como fundamento y certeza de la firmeza de los cristianos de la iglesia de Corinto. Dios se compromete a mantener firme a su pueblo en el camino de las vicisitudes. Por ello, Dios es descrito como protector, escudo y fortaleza (Dt 32.4; Sal 91.4; 2 Ts 3.3). Y es en este sentido que se entiende la fidelidad de Dios

al protegernos en medio de las tentaciones: el Señor no nos permite ser tentados más allá de nuestras propias capacidades (1 Co 10.13). La certeza de la fidelidad de Dios al prometer su protección y presencia se muestra también en el saludo cotidiano (2 S 15.20).

Hombre

Lo afirmado anteriormente, respecto de Dios, incide directamente en este punto: solo unido y comprometido con Dios es que el hombre puede ser fiel, fidedigno, confiable y estar firme. Por ello, un elemento indiscutible de la espiritualidad es la fidelidad y la posibilidad de ser digno de confianza. El hombre es fiel porque obedece la voluntad de Dios (1 S 2.35; Sal 78.8). En el contexto del pacto, la afirmación anterior se vuelve más radical: estar comprometido en un pacto con Dios significa ya no solo un actuar, sino un ser. La Biblia habla de una clase de personas a quienes califica como «los fieles» (Sal 12.1; 18.25; Ef 1.1; Col 1.2; a Jerusalén se le colocará el título de «Ciudad fiel» Is 1.26). Ellos están claramente diferenciados de los «malvados» (Sal 37.28; 97.10). Cuando en el Antiguo Testamento se pinta la infidelidad y apostasía del pueblo, se usa el título denigrante de «prostituta». Ya no se es «fiel», se es «prostituta» (Is 1.21). En la Biblia se habla de la fidelidad en el contexto del cumplimiento de las exigencias vocacionales. A Moisés, David y los zadoquitas, se les llama «siervos fieles», porque cumplieron a cabalidad lo que se les llamó a hacer.

También se pide fidelidad en la práctica de las diversas responsabilidades cristianas; por ejemplo en la oración: «constantes en la oración» (Ro 12.12).

Reflexión teológica pastoral

Para recobrar el sentido de fidelidad y confiabilidad, es necesario rescatar el sentido de pertenencia mutua, de solidaridad, de alianza. La velocidad con la que el mundo contemporáneo cambia exige un sentido de firmeza y estabilidad que solo se puede obtener de nuestra relación berítica (de la palabra hebrea *berit*, que significa pacto) con Dios. Nuestras lealtades y compromisos políticos, culturales, financieros, ideológicos, morales y religiosos, deben subordinarse y, dado el caso, perderse frente la fidelidad exigida por el Señor. Por ello la Biblia coloca el tema de la idolatría en el centro de la discusión de la lealtad. Dios exige lealtad absoluta; no se permiten fidelidades divididas (Dt 6.4-5). Solo «amarrados» en los brazos seguros de Dios es que podemos mantenernos libres de caer en la desesperanza y el cinismo. No hay otra fuerza que pueda sostenernos; si nos soltamos de las manos de Dios, caemos a la muerte. La oración titulada «Las Pisadas» define de manera feliz la fidelidad divina. En esa oración el piadoso dialoga con el Señor y habla del camino de la vida que han recorrido juntos. Al volver la vista descubre los dos pares de huellas que dejaron en el suelo al caminar juntos. Pero con sorpresa, la persona descubre que en los momentos más difíciles de su vida solo hay un par de huellas; y se queja con el Señor: «¿Por qué me dejaste caminar solo cuando más te necesitaba?» Y el Señor le responde: «Ese par de huellas que ves no son tuyas; son las mías cuando te cargué en esos momentos difíciles».

FIESTAS Fechas especiales durante el año relacionadas con acontecimientos históricos, estaciones, siembra y cosecha de frutos. Las fiestas rompen el desarrollo del quehacer cotidiano con el propósito de celebrar la vida y reconocer la íntima relación entre la creación, el hombre y Dios. Por esta especial condición las fiestas son espacios de recreación de valores y tradiciones fundamentales para la supervivencia de los pueblos y las culturas (→ ÉXODO; JUBILEO; PASCUA; TABERNÁCULOS, PENTECOSTÉS). En Israel la relación de estas fiestas con el número siete es evidente y significativa. El día de reposo, o séptimo día, servía como una medida para todas las otras celebraciones festivas (Lv 23.1-3; Nm 28.9,10; Is 58.13). Una fiesta marcaba cada séptimo día, cada séptimo mes,

cada séptimo año y el año que seguía al lapso de cada 49 años, o sea siete veces siete. Originalmente, las fiestas anuales instituidas en Israel por Moisés fueron cinco, aparte del séptimo día que era el día de reposo semanal. Son estas: 1) la → PASCUA (Éx 12.1-14; Lv 23.4,5); 2) los Panes sin → LEVADURA (Éx 12.17-20; Lv 23.6-8); 3) → PENTECOSTÉS o de las semanas (Éx 34.22; Lv 23.15; Nm 28.26; Dt 16.10); 4) el → DÍA DE EXPIACIÓN (Éx 30.10-30; Lv 16; Nm 29.7-11); 5) → TABERNÁCULOS o Cabañas (Lv 23.34-42; Nm 29.12; Neh 8.18; Jn 7.2,37).

Después del cautiverio en Babilonia, los judíos establecieron otras dos fiestas anuales, las cuales se celebran aún. Una es → PURIM, establecida en tiempos de la reina → ESTER (Est 9.24-32), para conmemorar la liberación de los judíos que estaban condenados a morir según los planes del perverso Amán. La otra es → DEDICACIÓN, que se estableció en la época de los macabeos, para celebrar la restauración del templo y del altar que habían sido profanados por Antíoco Epífanes (1 Mac 4.52ss).

Estas fiestas aludían a acontecimientos importantes en la vida del pueblo, e inculcaban nobles sentimientos patrióticos, sociales y religiosos. La Pascua, por ejemplo, les recordaba la liberación de la esclavitud en Egipto. Todos los hombres, a partir de los doce años, tenían la obligación de asistir al templo de Jerusalén durante la celebración de las tres grandes fiestas: Pascua, Pentecostés y Tabernáculos (Éx 23.14-17; Dt 16.16,17). Nuestro Señor tuvo por costumbre asistir a estas fiestas. Además de estas fiestas anuales había otras como la Fiesta de las Trompetas (Nm 29.1), la de los Novilunios (Nm 10.10; 28.11), el → AÑO SABÁTICO (Éx 23.10,11; Lv 25.2-7) y el año del → JUBILEO (Lv 25.8-16; 27.16-25).

Reflexión pastoral

Los cristianos estamos llamados a recordar y celebrar con entusiasmo el esfuerzo de Dios por darnos la vida. Sin embargo, estamos conscientes de que a nuestro alrededor hay grandes señales de muerte y destrucción de la vida. La enfermedad, los vicios, la destrucción de la naturaleza, el hambre, la agresión contra la mujer y los niños, el desempleo, la injusticia que nos rodean y nos empujan hacia actitudes de desesperanza y frustración. Las fiestas son el otro lado de la moneda: momentos para tomar conciencia del amor de Dios y de su presencia activa entre nosotros aquí y ahora. En ese sentido, las fiestas, son un valiosísimos instrumento de la pastoral, pues son momentos para acoger a quienes necesitan la energía vivificante del amor de Dios, para encontrarnos y respaldarnos como comunidad de fe, y para tomar conciencia de que somos parte de la creación de Dios.

Una sana actitud cristiana hacia las fiestas debe integrar tres elementos: hacer presente el recuerdo de los actos de amor de Dios, celebrar la realidad de la comunidad de fe, y acercarnos a la creación de Dios de la cual nosotros somos una parte.

Aunque los cristianos no celebramos ninguna de las fiestas señaladas en el Antiguo Testamento, también tenemos momentos particularmente importantes en nuestra tradición. Entre estos momentos dos principales desde el punto de vista de la cultura: la navidad y la semana santa. Pero las comunidades celebramos una gran cantidad de otros momentos especiales: bautismos, aniversarios de la iglesia, matrimonios, cumpleaños, etc. Dentro de la celebración festiva de las comunidades debemos incorporar los cultos y la → Santa Cena o Eucaristía, porque también son celebraciones. Celebrar no es olvidar el dolor que nos afecta o nos rodea; al contrario es recobrar las fuerzas para enfrentarlo. Estas fuerzas provienen, sin duda, de la acción vital del Espíritu Santo, quien está con nosotros. Todos los momentos mencionados antes representan una excelente ocasión para la educación de la comunidad de fe y para su fortalecimiento: debemos aprender a vivir alimentándonos con una esperanza sana. Esta esperanza lejos de esconderse ante el dolor, revive el camino de Jesús en la vida cotidiana de los creyentes.

FIGELO (*fugitivo*). Cristiano de la provincia de Asia que abandonó a Pablo en la hora de necesidad (2 Ti 1.15). Quizás temía que las autoridades romanas lo condenaran.

FILACTERIAS Cajitas cuadradas, hechas de piel de animales puros dentro de las que se guardaban cuatro pasajes de la Ley (Éx 13.1-16; Dt 6.4-9; 11.13-21) escritos en → PERGAMINOS. Los judíos religiosos se las ataban al brazo y a la cabeza con tiras de cuero. Se las ponían en la sinagoga o en la casa, antes de la oración matinal, excepto los sábados y ciertos días de fiesta especiales. Las filacterias y las tiras para sujetarlas eran de color negro y variaban de tamaño entre dos centímetros y medio y diez por cada lado. La palabra filacterias (Mt 23.5) se deriva de la palabra griega *filakterion* (medio de protección), aunque dicha idea no se halla en la palabra hebrea (*tefilla*) que, traducida literalmente, quiere decir, «oración». La costumbre de llevar filacterias tuvo su origen en una interpretación literal de Éx 13.9,16; Dt 6.8; 11.18, y llegó a convertirse en una especie de talismán para algunos judíos. Tal parece que el uso de las filacterias empezó con los hasideos, en la época intertestamentaria, con

Una enramada provisional, o refugio, cerca de Jerusalén, construida para celebrar la Fiesta de las Cabañas, conocida también como la Fiesta de los Tabernáculos (Éx 34.22).

el fin de contrarrestar la fuerte influencia helenista de sus tiempos.

FILADELFIA Ciudad de Asia Menor fundada (siglo II a.C.) por Eumenes, rey de Pérgamo, quien le dio el nombre de Filadelfia (*amor fraternal*), sobrenombre de su hermano Átalo. Estaba situada en un extremo del ancho valle del río Cogamis (tributario del Hermo), que desemboca en el mar cerca de Esmirna, en el umbral de una meseta muy fértil, fuente de mucha prosperidad. Los emperadores romanos querían que los filadelfos civilizaran a los autóctonos del interior de Lidia (cf. Ap 3.8; «puerta abierta»). La región era sacudida por frecuentes terremotos; el más violento (17 d.C.) destruyó a Filadelfia y, como las convulsiones sísmicas no cesaban, los habitantes se trasladaron a las afueras de Filadelfia a vivir en tiendas de campaña (cf. Ap 3.12, «nunca más saldrá»). Después de recibir una contribución imperial para la reconstrucción, la ciudad recibió el nombre de Neocesarea; y luego, bajo el emperador Vespasiano, tomó el de Flavia (cf.

Ap 3.8,12; «el nombre»). Tan numerosos eran sus festivales religiosos que la ciudad se apodó «Atenitas». Existía una comunidad de judíos que según Apocalipsis se opuso a los cristianos (cf. Ap 3.9, «sinagoga de Satanás»). Para el origen de la iglesia en Filadelfia, véase Hch 19.10. Filadelfia recibió la sexta de las siete cartas de Apocalipsis 2 y 3, una de las dos que elogian sin reservas a sus destinatarios. Mantuvo heroicamente su testimonio en medio de varios asedios musulmanes, pero al fin cayó en 1391.

FILEMÓN (en griego, *afectuoso*). Discípulo de → PABLO residente en Colosas (Flm 10; cf. Col 4.9) o en Laodicea (Col 4.16s; Flm 2). Era industrial textil y tenía obreros esclavos. Convertido por Pablo (Flm 19), Filemón era un cristiano activo que celebraba reuniones en su casa; un obrero bien conocido por cinco colaboradores de Pablo. Junto con Apia y → ARQUIPO, Filemón recibió una breve carta personal de Pablo y Timoteo, en la que el apóstol expresa gratitud por su comunión en amor y fe con ellos (vv. 1-7). Pablo

---

La moderna ciudad turca de Alaseir, la bíblica Filadelfia, en el río Hermus. Juan felicitó a los cristianos en Filadelfia por su lealtad (Ap 1.11; 3.7-13).

Foto de Gustav Jeeninga

FILEMÓN:
Un bosquejo para el estudio y la enseñanza

I. La oración de agradecimiento por Filemón 1-7
II. La petición de Pablo por Onésimo 8-16
III. La promesa de Pablo a Filemón 17-25

intercede por → Onésimo, un esclavo escapado de Filemón, y pide a este que vuelva a recibirlo ahora como hermano en Cristo (vv. 8-16); ruega que se cargue a su cuenta cualquier daño causado por el esclavo (vv. 17-20), avisa de una próxima visita (v. 21s) y envía saludos (vv. 23-25). La carta aplica conceptos expuestos a los colosenses (Col 3.11; cf. Flm 16; Col 4.6; cf. Flm 7). Tíquico y Onésimo llevaron la carta a Laodicea (Col 4.16) y a Colosas para que Filemón la pasara a Arquipo al que también Pablo aconsejó (Col 4.17). Si Pablo (Flm 9) estaba preso en Roma, la fecha de la carta a Filemón sería 61/62.

El mensaje central de la carta a Filemón se halla en los versículos 16,20 (cf. Col 1.28; 2.10; 3.11): cualquier hombre puede participar en la comunidad de fe sea esclavo o amo. La esclavitud fue el medio fundamental de producción en la época de Pablo. Pero a la par de esto es importante entender que: (a) algunos esclavos podían tener altas posiciones y dinero, particularmente los que trabajaban como administradores de la riqueza del propietario; (b) el concepto de la libertad en aquella época era muy diferente al nuestro hoy; (c) la mayoría, si no todos lo libertos, quedaban vinculados de algún modo a la casa del antiguo propietario.

Pablo promueve una renovación de las condiciones económicas y sociales mediante la renovación de las relaciones amo-esclavo dentro de la comunidad de fe. Sin duda hubo romanos como Plinio que perdonaron a sus esclavos por motivos humanos, pero Pablo pide perdón por amor a Cristo. Elogia los servicios que el esclavo → Onésimo le prestó para la evangelización desde la prisión (v. 13) y lo devuelve para reparar el daño causado a su amo. Con toda discreción ayuda a Filemón a descubrir espontáneamente (v. 14s)

que su experiencia con el esclavo ha sido obra del Señor, que los esclavos son hermanos en Cristo y que la fuente de todo bien es el gozo en el Señor.

Bibliografía:

INT, pp. 304ss. *EBDM* II, pp. 358-543. LSE, *Nuevo Testamento* II, pp. 1098-1127. *BC*, IV, pp. 716-721. J.M. González Ruiz, *San Pablo: cartas de la cautividad*, Madrid, 1956. H.C.G. Moule, *Estudios en Colosenses*, La Reforma, Buenos Aires, 1928.

FILETO → Himeneo.

FILIPENSES, EPÍSTOLA A LOS Una de las cuatro epístolas cortas escrita por el apóstol Pablo desde la prisión. Las otras tres son Efesios, Colosenses y Filemón. Pablo fundó la iglesia en Filipos (Hch 16.12-40). Durante toda su vida, los filipenses ocuparon un lugar especial en el corazón de Pablo. Su carta la escribe con amor, y en toda ella se respira un aire de gozo. Cuando Pablo vino por primera vez a Filipos, lo echaron en la cárcel. Bien avanzada la noche, azotado y encerrado, cantaba a Dios (Hch 16.25). Diez años después fue de nuevo a prisión y allí sentía el gozo del cristiano en medio del sufrimiento: «Regocijaos en el Señor siempre. Otra vez digo: ¡Regocijaos!» (Flp 4.4).

Estructura de la epístola

La epístola se dirige a «todos los santos en Cristo Jesús» (1.1; 4.21), pero menciona expresamente a los obispos y diáconos (inspectores y ayudantes), y se compone de tres partes casi separadas: informaciones, exhortaciones y saludos (1.1-2.30; 4.4-7,21-23), un grito de alarma con lágrimas (3.1b-21), y un acuse de recibo de las donaciones (4.10-20).

Pablo comienza hablando de su intercesión por todos, agradece la participación activa de los filipenses en la evangelización y pide que el amor siga inspirando los pensamientos y la accción (1.3-11). Informa sobre su proceso y su esperanza de ser liberado, como respuesta a la oración de los filipenses. Pero está dispuesto también a morir por Cristo en beneficio de la obra misionera (1.12-26). Exhorta a una conducta digna del evangelio predicado, aun en medio de sufrimientos (1.27-30), y a la unidad en humildad de acuerdo con el ejemplo de Cristo, quien fue exaltado por su humillación hasta la muerte de cruz (2.1-11). Es su anhelo que los filipenses sean «luminares en el mundo» (2.12-18).

Acto seguido, el apóstol informa sobre sus ayudantes: Epafrodito y Timoteo. Habla de ambos con ardiente afecto y fina delicadeza (2.19-30).

En 4.2s Pablo pide a varias personas que sean de un mismo sentir en el Señor. La unidad y la paz entre los filipenses (1.27; 4.7,9) peligraban por el deseo que algunos tenían de ser perfectos para «conocer así el poder de la resurrección». La reacción del apóstol es tan fuerte como en el caso de los gálatas (3.1-11). Advierte del riesgo de poner la confianza en esfuerzos religiosos, a la manera del fariseísmo, y presenta el ejemplo de su propia conversión, la cual produjo el deseo de «ser hallado en Cristo». Esto se logra, no por llevar una vida legalista, sino al ser aceptado por Dios mediante la fe en Cristo. Señala el alcance futuro del cristiano (3.12-21) y concluye pidiendo unidad entre todos los que son maduros en la fe. Advierte que la fe en la resurrección no debe excluir la cruz, y señala que los privilegios actuales de los creyentes garantizan el porvenir (4.1-9). La pretensión de la perfección divide la iglesia en imperfectos y perfectos, orgullosos y tímidos; Pablo en cambio, piensa siempre en «todos» (3.15; 1.1).

Refiriéndose finalmente a las donaciones de los filipenses, Pablo disimula su extrañeza por no haber recibido ayuda durante algún tiempo. Alude a su propia disciplina en Cristo, agradece la ayuda y es su oración que los filipenses sean recompensados por Dios (4.10-20).

En 2.5-11 se halla un pasaje especialmente notable: un cántico al Siervo que es a la vez el Señor. Este salmo, que exalta al crucificado, quizás lo cantaron los filipenses.

Autor y fecha

Existe un poco de duda sobre si Pablo escribió la Epístola a los Filipenses. Sin embargo, toda la epístola lleva el sello de su lenguaje y estilo; el escenario es la prisión de Pablo; y los destinatarios están en correspondencia con lo que sabemos de la iglesia en Filipos.

Durante su segundo viaje misionero, en 49 d.C., Pablo sintió el llamado de Dios a visitar Macedonia (Hch 16.6-10). En Filipos fundó la primera congregación cristiana en tierra europea (Hch 16.11-40). A partir de ese momento se desarrollaría una relación de ayuda mutua entre los filipenses y Pablo que duraría para siempre (Flp 1.5; 4.15). Durante su tercer viaje misionero, Pablo volvió a visitar la iglesia (Hch 20.1,6).

Cuando escribió Filipenses, Pablo estaba en una prisión (1.7,13s,30) mientras esperaba la decisión de su juicio (Flp 1.5). La fecha de la carta depende de identificar la prisión en que se encontraba Pablo en ese momento. Los lugares más probables son: Roma (61–63) y Éfeso (55–56), pero cada hipótesis tropieza con dificultades.

Los filipenses habían demostrado un interés permanente en la obra y persona de Pablo. Lo sostenían en sus viajes con donaciones y le habían provisto de un ayudante, → Epafrodito. Pablo, por su parte, deseaba informarles de sus experiencias. Para ello, aprovechó un viaje de Timoteo y Epafrodito. Este último había enfermado y la iglesia sentía gran pesar por él (2.25-30). Para calmar esta inquietud, Pablo lo envió con esta epístola, en la cual también prometió una próxima visita personal (2.24).

FILIPENSES:
Un bosquejo para el estudio y la enseñanza

I. Pablo relata sus circunstancias actuales 1.1-30
  A. Oración de agradecimiento de Pablo 1.1-11
  B. Aflicciones de Pablo promueven
     el evangelio 1.12-18
  C. Las aflicciones de Pablo exaltan
     al Señor. 1.19-26
  D. Exhortación de Pablo a los afligidos. 1.27-30
II. Pablo ruega que tengan el sentir de Cristo. . . 2.1-30
  A. Pablo exhorta a la humildad. 2.1-4
  B. Cristo ejemplifica la humildad 2.5-16
  C. Pablo ejemplifica la humildad. 2.17-18
  D. Timoteo ejemplifica la humildad 2.19-24
  E. Epafrodito ejemplifica la humildad 2.25-30
**III. Pablo ruega para que tengan
   el conocimiento de Cristo. 3.1-21**
  A. Advertencia contra la confianza
     en la carne. 3.1-9
  B. Exhortación a conocer a Cristo 3.10-16
  C. Advertencia en contra de vivir
     para la carne 3.17-21
IV. Pablo ruega que tengan la paz de Cristo 4.1-23
  A. Paz con los hermanos 4.1-3
  B. Paz con el Señor. 4.4-9
  C. Paz en todas las circunstancias 4.10-19
  D. Conclusión. 4.20-23

Marco histórico

El lugar de la prisión de Pablo se ha debatido durante mucho tiempo. Muchos creen que fue en Éfeso o Cesarea, pero la mayoría opina que fue en Roma. Pablo hace referencia a «todo el pretorio» (1.13) e incluso envía saludos de «los de la casa de César» (4.22). Estas referencias sugieren a Roma, así como la descripción de sus prisiones en 1.12-18. Esta descripción es similar a la de Clemente sobre el encarcelamiento de Pablo en Roma escrito a finales del primer siglo. Además, Pablo considera la posibilidad de su muerte (1.23). Esta probabilidad fue más hacia el final de su vida en Roma que a principio. La epístola, por tanto, podría fecharse con más probabilidad alrededor del 60 d.C.

Aporte a la teología

En esta epístola el apóstol describe el «progreso del evangelio» (1.12), exhorta a la iglesia (1.27) y narra la situación de su vida de fe (3.12,14). Pablo siente «gozo en el Señor» (1.14,18; 2.2; 3.1; 4.4; etc.) porque «el que comenzó entre [los filipenses] la buena obra [de la comunión en la evangelización], la perfeccionará hasta el día de Jesucristo» (1.6). Exhorta a acabar con las «murmuraciones y contiendas» en la iglesia (2.3,14) y exalta la unidad gozosa en Cristo (1.7,8,27, etc.), ya sea que él esté presente o ausente (1.27).

El enfoque de Pablo en Filipenses es la vida centrada en Cristo, adornada por el gozo de pertenecer a la familia de Dios. Pablo lo ha entregado todo a Cristo, y puede decir con la frente en alto que es siervo (esclavo) de Cristo (1.1), que para él el vivir es Cristo (1.21) y que lo ha perdido todo, y lo tiene por basura, para ganar a Cristo (3.7-8). Su única pasión es glorificar al Señor (3.8-9). Su anhelo es que lo que siente lo sientan también los cristianos filipenses. Ora que abunden en el amor de Cristo (1.9), que tengan el mismo sentir de Cristo (2.5-11) y

Ruinas de la ágora de Filipos, con las ruinas de un templo pagano al frente.

que conozcan bien lo que pasó Cristo: sufrimiento, muerte y resurrección (3.10-11). El cristiano, como es la experiencia de Pablo, puede siempre declarar por la fe: «Todo lo puedo en Cristo que me fortalece (4.13).

La relación con Cristo, sin embargo, no debe ser teórica. Debe ser real y debe manifestarse en hechos concretos en nuestra vida. Ante la oposición al cristianismo, el cristiano debe mantenerse firme, en un mismo espíritu (1.27). Las diferencias entre los cristianos se eliminan cuando estos son de un mismo sentir en el Señor (4.2). Pablo exhorta a los creyentes a seguir adelante hasta alcanzar aquello para lo cual nos tomó el Señor (3.14-15), a pensar solo en las cosas que agradan a Dios (4.8). Uno es como Cristo cuando ve la vida desde la perspectiva de Cristo y actúa con los demás como Jesucristo hubiera actuado.

Otros puntos importantes

En ninguna otra parte se presenta el sentir de Jesucristo como en Filipenses 2.1-11. Los cristianos debemos imitarlo en todo, sobre todo en su amor (2.2). Debemos imitarlo en su humildad, demostrada al no tener a menos dejar su gloria para venir a este mundo (2.6-7). En la mayor demostración de amor de la historia del universo el Señor se humilló y marchó a la muerte por salvarnos (2.8). Por eso Dios «lo exaltó hasta lo sumo, y le dio un nombre que es sobre todo nombre, para que en el nombre de Jesús se doble toda rodilla de los que están en los cielos, y en la tierra, y debajo de la tierra» (2.9-10).

Bibliografía:

INT, pp. 313-317. *IB* II, pp. 438-447. LSE, *Nuevo Testamento* II, pp. 734-797. *BC* IV, pp. 594-617. J.M. González Ruiz, *San Pablo, cartas de la cautividad*, Madrid, 1956.

FILIPOS Ciudad principal de → MACEDONIA Oriental, situada cerca de la frontera con Tracia, en una llanura fértil del río Gangites (Hch 16.12). Desde su acrópolis se dominaban dos imponentes cordilleras de montañas, llenas de minas de oro y plata, aunque algunas ya estaban exhaustas en la época apostólica. Se hallaba a 14 km del puerto de Neápolis y junto a la Vía Egnatia, lo cual contribuyó a su importancia económica.

F

El nombre primitivo de la ciudad era Krenides (*fuentes*), pero después se llamó Filipos en honor de Filipo, padre de → ALEJANDRO MAGNO, quien vivió en ella desde 358 a.C. Filipos perteneció al primero de los cuatro distritos en que se había dividido Macedonia al ser declarada provincia romana en 146 (Hch 16.12, BJ).

En la llanura de Filipos se libró la batalla en que Octavio y Antonio derrocaron a los republicanos (42 a.C.). Cuando Octavio llegó a ser emperador (con el nombre de Augusto), elevó a Filipos a la categoría de colonia romana (Hch 16.12) y le concedió el derecho de gobernarse por sus propios magistrados. Los habitantes de Filipos poseían los derechos de la ciudadanía romana. Además, muchos veteranos de las legiones romanas residían allí. Casi la mitad de la población era de origen latino (cf. Hch 16.21). Había pobladores levantinos como → LIDIA (Hch 16.14) y una comunidad judía, aunque tan pequeña que no tenía sinagoga (Hch 16.13).

El establecimiento de la iglesia en Filipos se describe en Hechos 16.9-40 y 1 Tesalonicenses 2.2. Gracias a una visión, Pablo y Silas iniciaron aquí (51 d.C.) la evangelización de Europa. Predicaron junto al río donde se convirtió Lidia. Liberaron de la servidumbre a una adivina cuyos antiguos amos consiguieron después que se les echase en la cárcel. Por medio de un terremoto fueron libertados milagrosamente a consecuencia de lo cual se convirtió el carcelero, quien después se bautizó junto con su familia. Pronto continuaron el viaje misionero, pero Pablo sin duda volvió a Filipos en el otoño del 57 y la primavera del 58 (Hch 20.1,6).

Los cristianos de Filipos, casi todos paganos conversos, enviaron varias veces donaciones para el sostenimiento de Pablo (Flp 2.25; 4.15ss; 2 Co 8.1ss) y este les escribió (→ FILIPENSES, EPÍSTOLA A LOS) de una visita futura (Flp 2.23s). Esta congregación afectuosa y fiel era la predilecta de Pablo (2 Co 8.5).

FILISTEA, FILISTEOS Filistea fue una franja de tierra en la costa de Palestina entre Jope y el riachuelo de Gase, unos 10 km al sur de Gaza (Sal 60.8; 87.4; Is 14.29,31; Jer 25.20; Jl 3.4). Esta llanura litoral se conoce también con el nombre de la → SEFELA.

Los filisteos fueron un pueblo no semítico, de origen indoeuropeo, que ocupó la parte sur de la costa de Palestina. Junto con los egeos, los micenios y otros, formaban parte de los llamados «pueblos del Mar» que habitaban las islas y las costas septentrionales del mar Egeo. Fueron expulsados de sus territorios al producirse los grandes movimientos migratorios en el este del Mediterráneo y el sudeste de Europa, durante la última parte del segundo milenio a.C., después del colapso de su gran civilización, que la *Ilíada* y la *Odisea* de Homero describen.

Los descubrimientos arqueológicos más recientes indican que los filisteos se desarrollaron por varios siglos como parte de la gran cultura egeomicénica. Al abandonar sus territorios invadieron, junto con otros pueblos, a Egipto, por vía de Chipre. De Egipto fueron expulsados por Ramsés II y III y Merneptah, aproximadamente entre el año 1285 y el año 1175 a.C. La confederación de pueblos, bajo el mando de los filisteos, arribó a las costas de Palestina en donde se estableció definitivamente.

Según la tradición bíblica, los filisteos llegaron de → CAFTOR, una isla comúnmente identificada con Creta, aunque algunos han sugerido la identificación con Chipre (Jer 47.4; Am 9.7). Las referencias a Filistea y a la «tierra de los filisteos» o al «mar de los filisteos» en Génesis 21.32,34 y Éxodo 13.17; 15.14; 23.31 parecen estar fuera de lugar, aunque podrían referirse a una colonia de egeos o cretenses que Egipto mantenía en Palestina, hecho que no sería nada fuera de lo común.

Los → CERETEOS, peleteos, geteos y → CARIOS (2 S 15.18; cf. 1 S 30.14; 1 R 1.38,44; 2 R 11.4-8), que integraron la guardia real de la casa de David, los conocemos, por sus nombres de origen egeomiscénico, como parte de la confederación filistea.

Hasta recientemente, se sabía muy poco de la cultura de los filisteos, aparte de que eran despreciados por los israelitas por ser incircuncisos (Jue 14.3; 15.18; 1 S 17.26; 18.25). Se conservan escasos documentos en la lengua egea de los filisteos, aunque sí sabemos que su idioma influyó en el idioma hebreo. Parece que los filisteos fueron perdiendo paulatinamente su lengua y asimilaron un dialecto cananeo que gradualmente formó el llamado «idioma de Asdod» (Neh 13.24), que bien puede ser el arameo.

Solo conocemos el nombre semítico de algunos de los dioses de los filisteos. Según la *Ilíada*, los micenios adoraban a Apolo Esminteo, el «dios ratón», que controlaba la plaga bubónica y hacían en su honor pequeñas imágenes de ratones para aplacarlo (cf. 1 S 5-6). En Gaza y Asdod había templos a → Dagón (Jue 16.23; 1 S 5.1-7), en Ascalón había uno a Astarte y en Ecrón uno a → Baal-zebub (2 R 1.1-16). Los filisteos tenían fama de agoreros (Is 2.6).

Socialmente, se agruparon en cinco ciudades-estado, a la usanza egeomicénica: Gaza, Asdod, Ascalón, Gat y Ecrón. Los nombres de estas ciudades aparecen en antiguos documentos cananeos, lo que indica que los filisteos las arrebataron a sus primitivos moradores cananeos. Estas ciudades-estado eran gobernadas por «príncipes» o «señores» (1 S 29.1-7), títulos de origen egeo.

La civilización filistea ha sido conocida un poco por las excavaciones realizadas en la llanura de Sefela. Estas excavaciones han arrojado considerable cantidad de cerámica de dos tipos de gran parecido a la cerámica procedente de la cultura egeomicénica. Esto ha permitido confirmar la tesis de que los filisteos derivan de pueblos prehelénicos del mar Egeo y fijar con bastante precisión las diferentes etapas de la colonización de la costa de → Canaán.

La historia de los filisteos puede dividirse en tres períodos: a) de su llegada a Palestina hasta ser derrotados por David (*ca.* 1188-965); b) de Salomón hasta el reinado de Acaz (*ca.* 960-735); y c) de la dominación asirio-

Foto de Gustav Jeeninga

Un sarcófago o ataúd filisteo. Después que el cuerpo se colocaba en su interior, se sellaba la abertura con su correspondiente tapa (izquierda) en la que se tallaban estilizados rostros humanos.

babilónica hasta la incorporación por los helenos (*ca.* 735-586). Los filisteos ocuparon la costa de Palestina hacia el siglo XII e inmediatamente iniciaron su expansión territorial. De este primer período es muy poco lo que se sabe.

Las fuentes arqueológicas y literarias conservan, sin embargo, abundantes detalles de la etapa a partir del contacto con los israelitas, en los inicios de la conquista de Canaán.

Los filisteos tenían un ejército bien organizado y armado (1 S 13.5; 29.2; 31.3), con elementos mercenarios y fuerzas de choque (1 S 13.17,18; 2 S 21.18-22). Conocían el hierro y no permitían que los israelitas lo utilizaran libremente (1 S 13.19-22). Debido a esta superioridad militar, fueron el principal enemigo de Israel durante el período de los jueces (1 S 4.1-10).

Samuel y Saúl (*ca.* 1050 y 1020 a.C.) lograron detener el avance filisteo, pero después de la muerte de Saúl volvieron a dominar gran parte del territorio. Solo fueron expulsados del sur de Palestina durante el reinado de David (990 a.C.). Desde ese momento, los filisteos pasaron a desempeñar un papel muy secundario e iniciaron su decadencia, lo cual permitió que los fenicios principiaran su gran expansión marítima (cf. 1 S 17; 27; 2 S 5.17-25). Años después, al debilitarse la dominación israelita, los filisteos incursionaron frecuentemente sobre el territorio y se alternaban en el dominio de las ciudades.

Durante el reinado de Acaz, los filisteos ocuparon algunas ciudades de la Sefela y el Neguev (2 Cr 28.18; Is 9.12; 14.28-32). Esta ocupación duró poco tiempo porque Tiglat-pileser III invadió Palestina y capturó Ascalón y Gaza en el año 734 a.C.

Durante los reinados de Esar-hadón y Asurbanipal de Asiria, los filisteos pagaron tributo a los gobernantes asirios y, sobre todo, proporcionaron soldados al ejército asirio. A la caída del poderío de los asirios, reemplazados por el nuevo poder de Babilonia, los filisteos se aliaron con Egipto. Nabucodonosor atacó esta coalición y deportó a Babilonia a los habitantes de las principales ciudades filisteas (Jer 25.20; 47.2-7; Sof 2.4-7; Zac 9.5,6).

La historia posterior de los filisteos muestra cómo poco a poco fueron asimilados por los fenicios y por los pueblos helénicos. Estos pueblos ocuparon paulatinamente los territorios y los filisteos desaparecieron como entidad racial. Sin embargo, la huella dejada por los filisteos fue profunda en la mente de los israelitas, especialmente los profetas, que vieron en ellos la imagen misma del enemigo por excelencia del pueblo de Dios.

En la geografía, los filisteos dieron nombre a toda la región, la cual fue llamada Palestina hasta el establecimiento de la república de Israel. Un país denominado Palestina surgió otra vez en 1994 en el escenario de la historia.

Bibliografía:

Bierling Neal, *Giving Goliath His Due*, Baker Book House, 1992. Trude Dothan, *Biblical Archeology Today*, abril de 1984. *Biblical Archeology Review*, 8.4, 1982 y 16.1, 1990. Edward H. Hindson, *The Philistines and the Old Testament*, Baker Book House, 1971.

FILÓLOGO (en griego, *amigo de la palabra*). Cristiano gentil de Roma, saludado por Pablo (Ro 16.15). Probablemente era esposo de Julia y padre de Nereo y de la hermana de este. Los escritos de Seudo-Hipólito afirman que Filólogo fue uno de los setenta discípulos de Jesús (cf. Lc 10.1,17) y que después llegó a ser obispo del Ponto.

FILOSOFÍA (*amor a la sabiduría*). Saber sistemático caracterizado por su sentido racional que no supone la fe. Históricamente el primer pueblo que filosofa es el griego. Ante la realidad, buscó por primera vez una explicación no extralógica o sobrenatural, sino racional. Es así como, a partir de los griegos, se extiende por todo el mundo antiguo este espíritu racionalista (→ GRECIA).

Por ello, al tiempo de la encarnación de Cristo, el mundo estaba dominado culturalmente por los ideales intelectuales del genio griego. No obstante, en el ambiente judío en general, y en el palestinense en particular (marco donde nace el cristianismo), el helenismo siempre fue rechazado y nunca penetró a fondo en los elementos judíos. La comunidad cristiana, al contrario, debido a la vocación universal de su mensaje, pronto estuvo en contacto con el espíritu griego y su dimensión filosófica, especialmente cuando la iglesia rebasó las fronteras de la → TIERRA SANTA y cuando entre sus conversos hubo elementos provenientes del helenismo.

Sin embargo, en el Nuevo Testamento los contactos con la filosofía de la época son circunstanciales. Jesús no hizo comentario alguno sobre los filósofos griegos. El episodio más específico lo encontramos en Hechos 17, cuando Pablo en Atenas discutía con algunos → EPICÚREOS y → ESTOICOS, representantes de las dos principales escuelas de filosofía de entonces. Por otra parte, en toda la Escritura solo aparece una vez la palabra filosofía y en un contexto peyorativo: Col 2.8. Se establece un contraste Cristo-filosofía, en el contexto de «una» filosofía independiente, autónoma y autosuficiente. Frente a Cristo toda filosofía es vana. Frente a la → REVELACIÓN, el razonamiento humano es falaz (1 Co 1.17-31). Hay pues un desafío a la razón: Dios ha logrado por la cruz de Cristo la → SALVACIÓN que el hombre no puede alcanzar intelectualmente (1 Co 2.14), y ante esta cruz toda la sabiduría humana es necedad.

Esto no implica que Dios destruya la razón. La salvación abarca al hombre total, sin excluir su razón. Significa que la fe no está ligada a las dotes intelectuales, como sí lo está la filosofía, de ahí lo poco que sirve el intelecto para llegar a Dios. Es Dios el que pone la fe en lo más profundo del hombre (Ef 2.9).

Conviene asimismo destacar la notable diferencia entre el pensamiento filosófico griego y el pensamiento bíblico (hebreo). Este último se abstiene de toda especulación y no se liga a un sistema. No se presenta con el carácter de una filosofía, sino como una revelación. No hay nada que se parezca a una filosofía e Israel ni siquiera tuvo idea de ello.

La palabra de Cristo, revelación por excelencia del Padre (Jn 1.18), es la «Palabra de verdad» que trasciende toda filosofía humana. En ninguna parte el hombre encuentra tanta verdad como en Jesucristo (Jn 14.6; Col 3.3). El centro de nuestra fe no es pues una ley, ni una doctrina ni una filosofía, sino Cristo. El evangelio no es algo que el hombre imaginó, sino algo que Dios ha hecho para el hombre. Por ello el llamado fundamental del Nuevo Testamento es a la fe y al servicio en amor.

FINEES Nombre de origen egipcio, de tres personas en el Nuevo Testamento:

1. Sumo sacerdote, hijo de → ELEAZAR y nieto de → AARÓN (Éx 6.25; 1 Cr 6.4; Esd 7.5). Mató a un israelita y una mujer moabita como escarmiento para todos los israelitas cuando fornicaron con las hijas de Moab (Nm 21.1-15; Sal 106.30). Participó en la venganza de los israelitas contra los madianitas (Nm 31.6). Bajo Josué, ayudó a resolver

Altar con inscripciones a los dioses desconocidos, quizás semejante al que Pablo vio en Atenas (Hch 17.22-24).

Foto de Howard Vos

la disputa que, por el altar construido junto al Jordán, había surgido entre los rubenitas, gaditas y Manasés (Jos 22.10ss). Al morir su padre (Jos 24.33), ocupó su lugar y sirvió como sumo sacerdote durante el gobierno de los primeros jueces (Jue 20.28).

2. Hijo menor del sumo sacerdote → ELÍ y hombre de mala fama (1 S 1.3; 2.12-17,34). Murió en la batalla contra los filisteos cuando estos se llevaron el arca (1 S 4.11). Su nieto fue sacerdote en el tiempo del rey Saúl (1 S 14.3).

3. Padre de Eleazar, sacerdote en el tiempo de Esdras (Esd 8.33).

FIRMAMENTO → EXPANSIÓN.

FLAUTA Instrumento de viento empleado especialmente por los hebreos. Consistía en un tubo hecho de caña, cobre o bronce, perforado por varios agujeros. Se usaba en todas las ocasiones: cultos religiosos, procesiones, fiestas y funerales (1 S 10.5; 1 R 1.40; Is 5.12; 30.29; Jer 48.36; Mt 9.23; Lc 7.32). Había dos clases de flautas: la simple de un tubo, y la noble de tubos paralelos que se podían soplar individual o juntamente.

FLECOS Cordoncillos (o borlas) colgados en los bordes de los vestidos de los israelitas,

Un flautista jordano en Saretán. Los judíos y los árabes del Medio Oriente son conocidos como un pueblo amante de la música.

Foto de Gustav Jeeninga

de acuerdo con la Ley (Nm 15.38,39; Dt 22.12), que servían para recordarles «todos los mandamientos de Jehová» y la necesidad de obedecerlos. En el tiempo de Cristo todavía se usaban los vestidos con flecos. Los fariseos alargaban los flecos de sus mantos para ostentar su celo especial por honrar la Ley (Mt 23.5).

FLECHA → ARCO.

FLEGONTE (*celoso*). Un cristiano de Roma a quien Pablo envió saludos (Ro 16.14).

FLOR DE LIS → LIRIO.

FLUJO DE SANGRE En sentido normal, equivale a la menstruación, a la cual se la llama «la costumbre de las mujeres» (Gn 18.11; 31.35) o «purificación» (Lv 12.4-6). En muchos pueblos de la antigüedad se consideraba impura a la mujer durante los días que duraba su menstruación y hasta siete días después (Lv 15.19).

En sentido patológico, se distinguen dos enfermedades distintas: 1) la metrorragia o hemorragia de la matriz fuera del período menstrual (Lv 15.25a); y 2) la menorragia o hemorragia excesiva durante el período menstrual (Lv 15.25b). El Señor Jesús curó a una mujer que sufría de la primera enfermedad (Mc 5.25-34).

FORASTERO → EXTRANJERO.

FORNICACIÓN Relación sexual voluntaria entre personas no casadas. Difiere del → ADULTERIO en que este último se comete cuando al menos una de las personas es casada, pero a veces el término se usa indistintamente. Por ejemplo, cuando Cristo señala la fornicación como una de las causas para el divorcio (Mt 5.32; 19.9).

Debido a que el → CUERPO es templo del Espíritu Santo, Pablo exhorta a los creyentes a que huyan de la fornicación (1 Co 6.18; cf. v. 13). Aquí el término se refiere a toda inmoralidad del cuerpo, y Cristo dijo al respecto que toda inmoralidad sexual tiene su origen en el corazón del hombre (Mt 5.28; Mc 7.21); por tanto debemos cuidar del corazón (Pr 4.23; Jer 17.9).

En sentido figurado, la fornicación se refiere a toda forma de apostasía y a la relación inmoral de un creyente con otros dioses (→ PROSTITUCIÓN; RAMERA).

FORO DE APIO Mercado y estación de viaje situado a 64 km al sudeste de Roma y fundado por *Appius Claudius* en el año 312 a.C. Con el tiempo llegó a ser un gran centro comercial.

Los cristianos de Roma ya sabían del apóstol Pablo por medio de la carta que hacía tres años les había escrito. Al enterarse de que llegaba a Puteoli y que era llevado prisionero a Roma, algunos cristianos de esta urbe salieron a saludarlo hasta Tres Tabernas, y otros lo esperaron en el Foro de Apio (Hch 28.15).

FORRAJE Paja, heno o hierba para alimentación del ganado (Gn 24.25).

FORTALEZA Edificio construido para la defensa del pueblo: → TORRE, castillo o ciudad amurallada. Puesto que las ciudades siempre eran sólidamente fortificadas, «ciudad» y «fortaleza» llegaron a ser palabras casi sinónimas. Nehemías consideraba que reconstruir las murallas significaba la reconstrucción de la ciudad de Jerusalén.

Estas murallas eran de unos tres metros de grueso, y hasta diez metros de alto. Las murallas de Babilonia, según algunos historiadores, alcanzaron una altura de cien metros. Por lo general, se usaban piedras para construir la parte inferior de la muralla y adobe para la parte superior.

«Fortaleza» se usaba a menudo en sentido figurado, especialmente para representar el poder y la protección de Dios. En su cántico, Moisés y María llaman a Jehová «mi fortaleza y mi cántico» (Éx 15.2). El salmista frecuentemente dice que Dios es su fortaleza (Sal 18.1; 22.19; 27.1). De esta figura se desprenden dos ideas para el salmista: Dios es el que protege a los suyos como una fortaleza bien situada en una roca, duradera y con abundante depósito de agua. Dios también los abriga como una ciudad de murallas bien fuertes. Dios, así, les da la fuerza necesaria para hacer frente a la vida. El profeta invita

F

Una maqueta de Jerusalén como pudo verse en tiempos de Jesús. La ciudad estaba protegida por macizas murallas, puertas fortificadas y torres de defensa construidas dentro del sistema de las murallas.

Foto de E. B. Trovillion

a todos a confiar en Dios porque en Él «está la fortaleza de los siglos» (Is 26.4), o sea, el poder eterno.

FORTUNATO (en latín, *afortunado*). Miembro de la iglesia de Corinto. Posiblemente un ex esclavo a juzgar por la acepción latina de su nombre. Viajó, junto con → Estéfanas y → Acaico, desde Corinto a Éfeso para visitar a Pablo, fundador de su iglesia, y pedirle consejo (1 Co 16.17s). Como consecuencia el apóstol escribió 1 Corintios.

FRENTE Parte superior de la cara que en el Antiguo Testamento menciona como el lugar donde el sumo sacerdote llevaba una diadema de oro con la inscripción «santidad a Jehová». Por otra parte, figura dureza, obstinación, pertinacia, desfachatez (Jer 3.3; Ez 3.7-9). La primera cita puede referirse a las rameras que llevaban la frente descubierta, sin velo.

En el Nuevo Testamento solamente se cita la frente en Apocalipsis, en donde se menciona en ocho pasajes. Es allí donde los creyentes llevan el nombre del Señor (7.3; 9.4; 14.1; 20.4; 22.4) y los incrédulos la marca de la bestia (13.16; 14.9). La gran ramera llevará escrito su nombre en la frente (17.5).

FRIGIA Región meridional de Asia Menor, denominada así por razón de los frigios, indoeuropeos que entraron en la península con la migración egea (*ca.* 1100 a.C.). Por varios siglos los frigios ocuparon la mayor parte del territorio de Asia Menor al oeste del Halis; más tarde, solamente la parte central oeste. Los romanos incluyeron partes de Frigia en la provincia de Asia (133 a.C.) y otras en la de → Galacia (25 a.C.). La parte de Frigia que está en Galacia incluye a → Antioquía (que da a Pisidia) y a → Iconio; se le conoce como Frigia galática.

Judíos de Frigia estuvieron presentes el día de Pentecostés (Hch 2.10). Pablo visitó a Frigia galática en su primer viaje misionero (Hch 13.14–14.5), y la volvió a recorrer en el segundo y tercero (Hch 16.6; 18.23). La relación de los viajes de Pablo con esta Frigia determina los destinatarios de la carta a los → Gálatas.

Los frigios se distinguían por su culto orgiástico; adoración a Sabazios, el Zeus o Dionisio frigio.

De la población indígena parecen haber recibido el culto a Cibeles.

FRUTO En términos generales, esta palabra indica todo producto que se obtiene de la tierra, pero especialmente designa a las plantas y al fruto de estas. En la Biblia se mencionan varias clases de árboles frutales como la higuera (Nm 20.5), el granado (Dt 8.8), la vid (Jn 15.1), la palmera (Cnt 7.8), el almendro (Jer 1.11), etc. Los espías que Moisés envió trajeron «el fruto de la tierra» para mostrar la fertilidad de Canaán (Nm 13.27).

Frecuentemente se usa la palabra en sentido figurado. Cristo espera que sus seguidores lleven fruto (Jn 15.2). San Pablo nos habla del fruto del Espíritu que es: amor, paz, gozo, paciencia, benignidad, bondad, fe, mansedumbre y templanza (Gl 5.22,23; cf. 5.19-21). Otros ejemplos del uso metafórico de fruto se hallan en Pr 1.31; 11.30; Is 10.12; 57.19 (cf. Sal 132.11, RV 1909).

FÚA Nombre de dos hombres y una mujer en el Antiguo Testamento.

1. El segundo hijo de Isacar (1 Cr 7.1).

2. Una de las parteras a las que el faraón ordenó que mataran a los niños varones cuando asistieran a las hebreas (Éx 1.15). Las parteras valerosamente desobedecieron la orden del faraón.

3. El padre de Tola, de la tribu de Isacar (Jue 10.1).

FUEGO Desde tiempos antiguos se usó para cocinar (Éx 12.8; 2 Cr 35.13; Jn 21.9); dar calefacción (Jer 36.22; Mc 14.54); fundir, forjar y refinar metales (Éx 32.24; Is 44.12; 1 P 1.7); quemar ídolos (Éx 32.20; Dt 7.5; 2 R 19.18), ropas infectadas (Lv 13.52,57) y escritos (Jer 36.25); castigar ciertas ofensas (Lv 20.14; Jos 7.15); y, en la guerra, para destruir ciudades (Jue 18.27), carros (Jos 11.6-9), etc.

El sacrificio por fuego fue la manera primitiva de adorar a Dios (Gn 8.20; 22.6). Bajo la Ley Mosaica cobró gran importancia en los servicios litúrgicos. Para ellos, se conservaba el fuego siempre ardiendo sobre el altar de los holocaustos (Lv 6.12s) y simbolizaba la continua presencia de Dios, su juicio sobre el pecado y la purificación del pecador. Según Lv 9.24 y 2 Cr 7.1-3 el fuego tuvo origen milagroso en la dedicación del tabernáculo y del templo. Las ofrendas hechas con «fuego extraño» no eran aceptadas (Lv 10.1ss). En varias ocasiones, para manifestar su aceptación, Dios contestó con fuego al ofrecimiento de ciertos sacrificios.

Los pueblos vecinos de Israel usaban el fuego para sus sacrificios, especialmente de niños (Dt 12.31; 2 R 17.31), lo que tal vez equivale a la expresión «pasarlos por fuego» (2 R 16.3). A veces, algunos reyes de Israel y Judá adoptaron esta práctica (2 R 21.6; 23.10) y fue condenada duramente por los profetas (Dt 18.10; Jer. 7.31; Ez 23.37).

El fuego es un elemento importante en la descripción de las teofanías; es decir, aparece en numerosas ocasiones acompañando la presencia de Dios con el fin de hacerla resaltar. Lo vemos en el pacto con Abraham (Gn 15.17), en el llamamiento de Moisés (Éx 3.2), en la peregrinación israelita (Éx 13.21) y en el monte Sinaí (Éx 19.18). El Nuevo Testamento presenta fenómenos parecidos: a la venida del Espíritu Santo la acompaña lenguas de fuego (Hch 2.3); Jesucristo aparece en Apocalipsis con ojos de fuego (1.14; 2.18; cf. Dn 7.8-10).

La mayoría de las veces que se usa «fuego» en sentido figurado es para describir ciertos aspectos de Dios y de su acción sobre la tierra. Así, representa su gloria (Ez 1.4,13; Dn 7.9s), su presencia protectora (2 R 6.17; Zac 2.5), su santidad y poder (Dt 4.24; 5.24; Heb 12.29), etc. Otras veces, y en forma aislada, se usa para referirse a los sentimientos religiosos (Sal 39.3), al pecado (Is 9.18) y particularmente a la sensualidad (Os 7.4-6), al mal uso de la lengua (Pr 16.27; Stg 3.6) y a la aflicción (Sal 66.12).

Como metáfora de la santidad de Dios, el fuego puede purificar o destruir. Purificó a Israel por medio de ciertas experiencias duras como el cautiverio babilónico (Zac 13.9; Is 48.10). Este motivo encuentra también su fuerte expresión en el Nuevo Testamento (1 Co 3.13-15; 1 P 1.7). Las referencias al bautismo por fuego parecen contener esta misma verdad (Mt 13.11; Lc 12.49s).

El fuego tiene un lugar importante en el juicio escatológico. La Segunda Venida de Cristo es descrita como «en llama de fuego» (2 Ts 1.8). También es elemento de juicio y castigo finales (Mt 3.10; 13.40,42; 25.41; Mc 9.43,48; Lc 17.28-30; Ap 20.10,14,15).

FUENTE Vasija o manantial de agua.

1. Utensilio (vasija grande y redonda) de bronce (llamado «mar» en 1 R 7.23ss; 2 Cr 4.2), colocado en el tabernáculo y en el templo para las abluciones sagradas (Éx 30.17-21). La fuente del tabernáculo fue fundida de los espejos de bronce de las mujeres israelitas (Éx 38.8) y estaba situada entre la puerta del Lugar Santo y el altar de los holocaustos. En el templo, Salomón mandó a colocar diez fuentes para lavar los holocaustos y un «mar de fundición» para los sacerdotes (2 Cr 4.2,6).

2. Vertiente natural de agua que brota de la tierra. En Palestina son famosas por su número y muchas por su volumen (Dt 8.7). La estructura de piedra caliza del suelo de la Tierra Santa permite que las aguas caídas durante el invierno sean absorbidas y mantenidas en el subsuelo como reservas. A menudo una fuente determinaba el asentamiento de un poblado, cuyo nombre, en algunas ocasiones, conservaba el prefijo «En» que quiere decir «fuente». Por ejemplo: Endor, En-gadi, En-ganin, etc.

En sentido figurado, «fuente» se usa para hacer referencia a Dios mismo (Sal 36.9; Jer

23; 17.13). Él es fuente de agua viva y manantial de vida. La salvación que da Jesucristo se compara en los escritos de Juan con una fuente de agua que salta para vida eterna (Jn 4.14; cf. Ap 21.6).

FUNDACIÓN La frase «la fundación del mundo» aparece varias veces en el Nuevo Testamento y se refiere generalmente a la creación. Pero una vez que la expresión llegó a ser idiomática, empezó a significar sencillamente «desde el principio» (Mt 13.35; 25.34; Ap 13.8; 17.8). No parece indicar ningún tema especial aunque en tres casos se trata del sacrificio de Jesús en la cruz; por ende, ese hecho trascendental estaba dentro del plan general de Dios desde la eternidad. (→ Fundamento.)

FUNDAMENTO Vocablo que en sentido literal se refiere a los cimientos del templo de Salomón (1 R 5.17) o el de Zorobabel (Esd 3.6ss), y que metafóricamente designa los cimientos de los cielos (2 S 22.8) y sobre todo de la tierra (Sal 104.5; Is 51.16; → Fundación). Cuando Dios se indigna frente a sus enemigos (2 S 22.8,16), o en el juicio (Is 24.18), hasta los fundamentos (cimientos) de los cielos y la tierra se estremecen.

En sentido figurado el fundamento del trono de Dios (su reino) es la justicia y el juicio (Sal 89.14; 97.2); por eso la persona justa que tiene una vida fundamentada en Dios permanece para siempre, mientras que el malo pasará (Pr 10.25; cf. Job 22.16). Isaías declara que Dios ya ha puesto «en Sion por fundamento una piedra, piedra probada, angular, preciosa, de cimiento estable» (Is 28.16), palabras que el Nuevo Testamento refiere a Jesús (Ro 9.33; 1 P 2.6).

En el Nuevo Testamento «fundamento» se usa poco en sentido literal (Lc 6.48s; 14.29; Ap 21.14,19); el uso notable es más bien el figurado. Se refiere a: (1) el comienzo rudimentario de un trabajo de evangelización (Ro 15.20), o el establecimiento de una congregación (1 Co 3.10); (2) la enseñanza básica de las doctrinas principales (Heb 6.1ss); (3) el verdadero tesoro que los ricos deben anhelar y que no consiste en los bienes materiales (1 Ti 6.19); y (4) a Jesús como fundamento de la Iglesia y base verdadera de la salvación (1 Co 3.11; cf. Ef 2.20). Este último punto está respaldado por la perícopa de los dos cimientos (Mt 7.24-27; Lc 6.47-49), donde las palabras de Jesús, oídas y obedecidas, forman el fundamento firme de la vida cristiana. Las palabras de 2 Ti 2.19 resumen la esencia del significado de «fundamento».

FUNITAS Los descendientes de Fúa, de la tribu de Isacar (Nm 26.23).

FURA (*belleza*). Uno de los siervos de Gedeón, probablemente su escudero, quien junto a Gedeón entró a explorar el campamento enemigo de los madianitas (Jue 7.10,11).

FUT Tercer hijo de → Cam (Gn 10.6; 1 Cr 1.8), y el nombre dado a sus descendientes y al territorio que habitaban. En Jer 46.9; Ez 30.5; y Nah 3.9, los habitantes de Fut figuran como aliados de → Egipto. Otras referencias indican que eran aliados de → Tiro (Ez 27.10) y de → Gog (Ez 38.5) en otras ocasiones. Anteriormente se identificaba Fut con Punt, la moderna Nubia, región entre Egipto y Etiopía. Los eruditos modernos se inclinan más a identificarla con Libia o una parte de ella.

FUTIEL (*a quien Dios le ha dado*). El suegro de Eleazar, hijo de Aarón (Éx 6.25).

FUTITAS Una familia de Quiriat-jearim en la tribu de Judá (1 Cr 2.53).

GAAL (*rechazo*). Un hijo de Ebed que dirigió a los de Siquem en una fallida rebelión contra Abimelec. Este derrotó y destruyó a los de Siquem, y asoló la ciudad y la sembró de sal haciéndola inhabitable (Jue 9.26-45).

GAAS Monte cercano al monte de Efraín. Al norte se encontraba la aldea de Timnat-sera (Jos 24.30), lugar donde sepultaron a Josué.

GABAA (*cerro*).

1. Ciudad situada en la tierra de Benjamín, 5 km al norte de Jerusalén, al lado del camino principal que conducía a Samaria y a una elevación de 847,4 m sobre el nivel del mar. Solía llamarse «Gabaa de Saúl», pues se tenía por cuna de este primer rey de Israel (1 S 11.4). En ella se consolidó el primer centro político de Israel, y fue el escenario de las guerras de venganza ocasionadas por el ultraje hecho a la esposa de un joven levita (Jue 19—20).

Por varios siglos Gabaa fue un inexpugnable bastión militar. Fue la base de operaciones de Saúl al enfrentar a los filisteos (1 S 13.14-16). Saúl reinó en ella (siglo XI a.C.) mientras los jebuseos dominaban a Jerusalén. Cuando David tomó a Jerusalén, Gabaa continuó siendo un baluarte para el rey. Allí ahorcaron a siete hijos de Saúl (2 S 21.6).

Posiblemente una de las cuatro fortalezas de Gabaa fue el «castillo» particular de → SAÚL, edificado entre árboles de granada (cf. 1 S

14.2). Sus fuertes murallas indican que la edificación se hizo antes del año 1000 a.C. y solo se deterioraron cuando trasladaron la capital a Jerusalén. Allí se cree que se encontraba el auditorio donde David pulsaba su arpa para calmar el ánimo alterado de Saúl (1 S 16.23). Posteriormente Gabaa fue ocupada por Senaquerib y sus ejércitos asirios cuando estos marcharon sobre Jerusalén (Is 10.29).

2. Ciudad de Judá (Jos 15.57; 18.28).

GABAI Un jefe de la tribu de Benjamín que vivió en Jerusalén después de la cautividad (Neh 11.8).

GABAÓN (*colina*). Ciudad importante de los → HEVEOS, famosa por el gran estanque que había en ella. Se hallaba 8 km al noroeste de Jerusalén y en el camino hacia Jope. Sus primeros moradores se reconocen como «el remanente de los amorreos» (2 S 21.2), y fueron notables por la astucia con que subsistieron en los días en que → JOSUÉ peleaba contra las tribus que ocupaban el este del Jordán. Valiéndose de una estratagema, los gabaonitas pactaron con Josué y los ancianos de Israel que no serían exterminados, sino empleados como leñadores y aguadores (Jos 9).

En Gabaón Josué derrotó a los ejércitos de cinco reyes aliados contra Israel. En esa ocasión «el sol se detuvo» (Jos 10.10-13)

El gran estanque en Gabaón (Jer 41.12), de más o menos once metros de diámetro, se extiende aproximadamente diez metros de profundidad a través de roca sólida.

como respuesta de Dios a la súplica de Josué en los momentos más difíciles de la batalla.

Gabaón se distinguió en la historia por otros muchos acontecimientos ocurridos allí, tales como: la batalla entre Isboset y David (2 S 2.8-17,24; 3.30); la venganza de los gabaonitas al ahorcar a siete de los hijos de Saúl (2 S 21.1-9, → GABAA), la victoria de David sobre los filisteos (1 Cr 14.16). En Gabaón se levantó el tabernáculo «en el lugar alto» (1 Cr 16.39), el mismo que Moisés colocó en el desierto (1 Cr 21.29; 2 Cr 1.3). En tiempos de Salomón, Gabaón se tuvo por el lugar alto favorito para efectuar los grandes e importantes sacrificios (1 R 3.3,4). Allí fue también donde Salomón, tras un acto de adoración, tuvo una → TEOFANÍA con respecto a su reinado (1 R 3.5-15).

GABATA Transcripción al griego de un término desconocido en arameo (tal vez *gabbetá*, que significa *espada, elevación*) que Jn 19.13 consigna como equivalente de *lithóstroton* (o sea, *área pavimentada, el Enlosado*). Plaza abierta frente al palacio de Herodes en Jerusalén, la residencia habitual de los procuradores (→ PRETORIO), donde el gobernante oía los procesos. Juan da el nombre en dos idiomas para subrayar la importancia del lugar donde se dictaban las sentencias. Aunque mediante un juego de palabras (traducción variante: «Pilato llevó fuera a Jesús y lo sentó en su tribunal») el evangelista deja ambigua la identidad del juez.

El sitio más probable para Gabata es contiguo a la Torre → ANTONIA, donde hoy, en el sótano de un convento, se ve un patio de 200 m^2. Algunas de sus gruesas losas de piedra caliza muestran las marcas de los juegos de los soldados, y otras los surcos para el drenaje. En la época de Jesús este pavimento se hallaba fuera de la muralla septentrional de Jerusalén.

GABRIEL (en hebreo, *hombre de Dios* o *Dios se ha mostrado fuerte*). Ángel que aparece en el Antiguo Testamento solo en el libro de Daniel. En 8.16-26 interpretó para Daniel la visión del carnero y el macho cabrío. En 9.21-27 le enseñó la visión de las setenta semanas.

En el Nuevo Testamento se le aparece a Zacarías (Lc 1.11-20) y le anuncia el nacimiento de Juan. Más tarde comunica a María el nacimiento de Jesús (Lc 1.26-38).

Aunque es prominente en Enoc (→ LIBROS APÓCRIFOS), los Tárgumes y en el Corán, solo la literatura apócrifa lo llama «arcángel».

GACELA → CORZO.

GAD (*buena fortuna*). Nombre de una tribu, un profeta y un dios en el Antiguo Testamento.

1. Hijo de → JACOB y nombre de la tribu que formó su posteridad. Su madre fue Zilpa, la joven siriaca que Labán dio a su hija → LEA en calidad de sierva (Gn 29.24). Lea misma, al ver que ya no engendraba hijos, tomó a Zilpa y la dio a Jacob por esposa, la cual concibió y dio a luz a Gad. El día del nacimiento de este niño, Lea lo adoptó como hijo suyo y le dio el nombre Gad que quiere decir «fortuna» (Gn 30.11; cf. Is 65.11). Es de notarse que Lea y Zilpa escogieron como nombres para los hijos de esta última Gad y → ASER, nombres de divinidades paganas de su tiempo.

Los descendientes de Gad contaban, a su salida de Egipto, con 45.650 soldados aptos para la guerra (Nm 1.24,25), gente belicosa en extremo, definida por Jacob como vencedora de ejércitos (Gn 49.19) y por Moisés como un león que reposa; pero que al atacar arrebata al enemigo brazo y cabeza (Dt 33.20).

Una vez que los israelitas entraron en → TIERRA SANTA, los hijos de Gad, acompañados por los de Rubén, pidieron a Moisés que se les permitiese vivir en las regiones al oeste del Jordán, lo cual se les concedió con el solemne compromiso de ayudar en la guerra hasta que se conquistase toda la tierra (Nm 32.1-28).

Años después los amonitas atacaron a los gaditas, pero consiguieron la libertad bajo la dirección de → JEFTÉ (Jue 11.4-11). En los días de David algunos valientes formaron parte del ejército de este nuevo caudillo y se escaparon de los dominios de Saúl (1 S 13.7; 1 Cr 12.9,14). El territorio asignado a Gad en la división de la tierra estaba al centro de Galaad, entre Rubén y Manasés. En la actualidad este territorio pertenece al reino del Jordán.

G

Restos de una iglesia en la antigua Gadara que inmortalizara Jesús al sanar al endemoniado (Mt 8.28-34). Esta región al este del mar de Galilea también se conocía como Gergesa.

Foto de Howard Vos

2. Profeta y biógrafo en tiempo de David (1 S 22.5; 2 S 24.11-19).

3. Dios cananeo de la fortuna.

GADARA (GADARENOS) Principal ciudad fortificada de la → DECÁPOLIS, llamada ahora Umm Qays. Era de considerable importancia en la época de Cristo, y tenía muchos habitantes griegos. Estaba situada al sur del afluente Yarmuk, 10 km al sudeste del mar de Galilea, sobre la cumbre plana de un escarpado cerro de piedras calizas. En las faldas del cerro se encuentran algunas ruinas y muchas tumbas excavadas, ocupadas en parte como viviendas. En la base hay fuentes termales.

El «país de los gadarenos» (texto probable de Mt 8.28) se extendía hasta el Jordán y el lago de Galilea, y precisamente en la parte que colindaba con el lago se verificó el milagro de los endemoniados y los cerdos. La presencia de un gran hato de estos animales, tenidos por inmundos en el judaísmo, es una muestra de la helenización de esta región.

Algunos manuscritos de Mt 8.28 (y Lc 8.26) y los mejores de Mc 5.1 rezan: «El país de los gerasenos». Gerasa era otra ciudad de la Decápolis, situada a 10 km al norte del afluente Jaboc y 30 al este del Jordán. Hay una tercera variante del nombre en los manuscritos de los Sinópticos: «El país de los → GERGESEOS», preferida en Lc 8.26, pero la identificación de la ciudad de Gergesa es problemática. Es probable que la región donde se produjo el milagro no tuviera un nombre fijo.

GADI (*mi fortuna*).

1. Uno de los doce espías que envió Moisés a explorar la tierra de Canaán (Nm 13.11).

2. Padre de Manahem, rey de Israel (2 R 15.14,17).

GADIEL (*Dios es mi fortuna*). Uno de los doce espías que envió Moisés a explorar la tierra de Canaán (Nm 13.10).

GADITAS Miembros de la tribu de Gad (Dt 3.12; Jos 1.12).

GAHAM (*resplandeciente*). El segundo hijo de Nacor y su concubina Reúma (Gn 22.24).

GAHAR (*encubrimiento*). Padre de una familia sirvientes del templo que regresó del cautiverio con Zorobabel (Esd 2.47).

GALAL Nombre de dos levitas que regresaron del cautiverio babilónico:

1. Sacerdote que sirvió en Jerusalén (1 Cr 9.15).

2. El padre de Semaías (1 Cr 9.16) o Samúa (Neh 11.17).

GALAAD (*montículo de piedras*).

1. Un hijo de Maquir y nieto de Manasés (Jos 17.1). Registrado como varón apto para la guerra en el censo que se tomó en Moab (Nm 26.29). Fundador de la familia de los galaaditas.

2. Región montañosa al este del → JORDÁN. En tiempos antiguos se extendía desde el río Jordán al este, hasta el desierto árabe; y desde Basán, al norte, hasta Moab, al sur. Era famosa por sus bosques (Jer 22.6,7), sus muchas maderas finas, perfumes y plantas medicinales (Gn 37.25; Jer 8.22; 46.11) y sus abundantes pastos (Nm 32.1; Miq 7.14; Cnt 4.1; 6.5). Estuvo habitada desde tiempos muy antiguos (Gn 31.21).

Cuando los israelitas conquistaron a Galaad, su territorio se dividió entre las tribus de Gad, Rubén y Manasés (Nm 32), quienes seguramente disfrutaron allí de completa paz pues rehusaron tomar parte en la guerra de Débora contra Sísara (Jue 5.16,17). Cuando los madianitas y los amalecitas los amenazaron, Gedeón los defendió (Jue 6). Jair, Jefté y Saúl los defendieron de otras invasiones (Jue 10.3–12.7; 1 S 11.1-11). Quizás en gratitud por estos servicios la gente de Galaad recogió el cadáver de Saúl (1 S 31.8-13). También ofrecieron protección a David cuando Absalón lo perseguía (2 S 17.22-29).

En los tiempos de Cristo los territorios de Galaad se denominaban Perea y Decápolis. En nuestros días, forman parte del reino de Jordania.

3. Monumento edificado por Jacob en testimonio de su amistad con Labán (Gn 31.46-48).

4. Padre de Jefté, un juez de Israel (Jue 11.1–12.7).

5. Descendiente de Gad que habitó en Basán y Galaad (1 Cr 5.14).

GALACIA Territorio de Asia Menor denominado así por razón de los gálatas, tribus celtas que Nicomedes I de Bitinia invitó a cruzar el Bósforo (278 a.C.) para combatir a su hermano Zabeas. Vencido este, se asignó a los gálatas una parte del territorio limitado por el río Sangario, al sur del reino del propio Nicomedes. El seléucida Antíoco los derrotó (275 a.C.) y les asignó el territorio entre los ríos Sangario y Halys, propiamente la región de Galacia.

En la batalla de Magnesia (190 a.C.), Antíoco III y diez mil gálatas pelearon contra los romanos y los aliados de estos, Pérgamo y Rodas. Como represalia, el cónsul romano Manilio Vulso saqueó a Galacia y derrotó rotundamente a los gálatas (189 a.C.). No obstante, en 166 Roma les concedió la independencia. Los gálatas tuvieron mejores relaciones con los reyes del Ponto, pero cuando el rey Mitrídates VI (111-63 a.C.) mató a varios de los caudillos gálatas, los restantes, especialmente Deyótaro, se unieron a los romanos. Derrotado Mitrídates, Deyótaro fue nombrado rey de Galacia y gobernó más territorio que sus antecesores. Bajo su sucesor Amintas, Galacia se extendió hacia Pisidia, partes de Panfilia y Licaonia, la parte oriental de Frigia e Isauria y una parte de Cilicia. Al morir, Amintas legó su reino a los romanos (25 a.C.), los cuales con todo el territorio organizaron la provincia de Galacia bajo un pretor con capital y residencia en Ancira.

En su primer viaje misionero Pablo visitó la parte sur de la provincia de Galacia y estableció iglesias en Antioquía, entre el límite de Frigia Galática y Pisidia (Hch 13.14-50), Iconio (última ciudad de Frigia, Hch 13.51–14.5), y Listra y Derbe, ciudades de Licaonia (Hch 14.6-23). Visitó estas iglesias en su segundo y tercer viajes (Hch 16.1-6; 18.22s).

No es posible determinar con certeza si las iglesias mencionadas en 1 Co 16.1 y Gl 1.2 estaban en la región de Galacia propiamente dicha o en la provincia agrandada de Galacia (→ GÁLATAS, EPÍSTOLA A LOS). Dos teorías existen al respecto.

1. La hipótesis de Galacia del sur (o de Galacia como provincia). Arguye con base en la terminología usual de Pablo (quien favorecía los nombres provinciales romanos), la falta de judíos en el territorio de Galacia, el silencio en Hechos 16 sobre el establecimiento de iglesias en el norte, y la falta de carreteras en el norte por las que los judaizantes de Jerusalén pudieran comunicarse con los gálatas.

2. Hipótesis de Galacia del norte (o de Galacia como territorio). Arguye que si las iglesias destinatarias se fundaron en el primer viaje misionero, Gl 1.21 rezaría algo como «Fui a Siria, Cilicia, y vosotros», y que la expresión «Oh gálatas» (Gl 3.1) sería insultante para los habitantes de Listra y Derbe en Licaonia y para los de Antioquía e Iconio en Frigia, que no eran étnicamente gálatas. En tal caso, Pablo estableció las iglesias en el norte de Galacia (en ciudades cuyos nombres se desconocen) durante su segundo viaje misionero, después de visitar las iglesias de la parte sur de la provincia. Así pues, «la región de Galacia» (Hch 16.6; cf. 18.23) tal vez se refiere a Galacia propiamente (BJ) y no a la provincia (RV).

GALARDÓN → RECOMPENSA.

GÁLATAS, EPÍSTOLA A LOS Una de las más enérgicas cartas de Pablo. Estuvo dirigida a los cristianos de → GALACIA. Es pequeña, pero su importancia es grande. Ofrece información valiosa sobre la vida de Pablo entre

GÁLATAS:
Un bosquejo para el estudio y la enseñanza

I. **Se defiende el evangelio de la gracia.... 1.1—2.21**
   A. Introducción..................... 1.1-9
   B. El evangelio de la gracia
      es dado mediante revelación divina..... 1.10-24
   C. El evangelio de la gracia es aprobado
      por el liderazgo de Jerusalén 2.1-10
   D. El evangelio de la gracia es vindicado
      al reprender a Pedro 2.11-21
II. **Se explica el evangelio de la gracia..... 3.1—4.31**
   A. El Espíritu Santo se da por la fe,
      no por las obras 3.1-5
   B. Abraham fue justificado por la fe,
      no por las obras 3.6-9
   C. La justificación es por la fe,
      no por la Ley .... 3.10—4.11
      1. Cristo nos redime de la maldición
         de la Ley................... 3.10-14
      2. El pacto abrahámico
         no ha sido eliminado por la Ley 3.15-18
      3. La Ley nos es dada
         para llevarnos a la fe 3.19-22
      4. Los creyentes están libres
         de la Ley................... 3.23—4.11
   D. Gálatas reciben bendiciones por la fe,
      no por la Ley 4.12-20
   E. La Ley y la gracia no pueden coexistir ... 4.21-31
III. **Se aplica el evangelio de la gracia ..... 5.1—6.18**
   A. Posición de libertad: Quedaos firmes..... 5.1-12
   B. Práctica de la libertad:
      Amaos los unos a los otros.......... 5.13-15
   C. Poder para la libertad:
      Andad en el Espíritu 5.16-26
      1. Conflicto entre el Espíritu y la carne ... 5.16-18
      2. Obras de la carne............... 5.19-21
      3. Fruto del Espíritu 5.22-26
   D. Ejecución en la libertad:
      Haced bien a todos................ 6.1-10
      1. Llevad las cargas los unos de los otros ... 6.1-5
      2. No os canséis de hacer el bien....... 6.6-10
   E. Conclusión..................... 6.11-18
      1. Motivaciones de los circuncidados ... 6.11-13
      2. Motivaciones del apóstol Pablo 6.14-18

su conversión y sus viajes misioneros (1.11–2.14). Además de esto, es una de las grandes epístolas del apóstol a los gentiles, quizás sobre todo porque en ella proclama la doctrina de la justificación por la fe.

Estructura de la epístola

Gálatas se divide en tres partes, cada una de ellas consta de dos capítulos. La primera sección es una defensa del apostolado del autor y del evangelio (capítulos 1–2). En la segunda se aplica a discutir el tema de la salvación (capítulos 3–4). Para demostrar que la salvación no se obtiene por obedecer la Ley, sino por apropiarse uno de la gracia de Dios a través de la fe, Pablo emplea diversos medios: citas del Antiguo Testamento (3.7-14), lógica (3.15-20), metáforas (4.1-6) y alegorías (4.21-31). La última sección se ocupa de la consecuencia de la fe salvífica (capítulos 5–6). Concluye con un resumen de los principales puntos de la carta (6.11-16), una admonición en que afirma que lleva en su cuerpo las marcas de Jesús (6.17) y una bendición (6.18).

Autor y fecha

Nadie duda hoy que Pablo sea el autor, pero aún se debate quiénes sean los destinatarios. (Para las dos hipótesis al respecto, → GALACIA.) También se discute con cuáles viajes de Pablo a Jerusalén mencionados en Hechos se identifican las visitas aludidas en Gálatas (→ CRONOLOGÍA DEL NUEVO TESTAMENTO).

La mayoría de los partidarios de la primera hipótesis (en el artículo → GALACIA), basándose en el supuesto silencio respecto al → CONCILIO DE JERUSALÉN, fechan a Gálatas antes de 49 d.C., convirtiéndola en el primer escrito del Nuevo Testamento. Antioquía de Siria sería el lugar de origen en este caso. Los partidarios de la segunda hipótesis, en cambio, suponen que Pablo estableció en la región de Galacia las iglesias en cuestión (Gl 1.2) al comienzo de su segundo viaje misionero (Hch 16.6) y que volvió a visitarlas al iniciar su tercer viaje (Hch 18.23). Según esta tesis, quizás más tarde desde Éfeso (Hch 19) o Macedonia (Hch 20.1s), en alguna ocasión entre 53 y 55 d.C., al enterarse de que estaban a punto de abandonar el evangelio, escribió esta carta con gran pasión y afecto. Las congregaciones estaban compuestas de gentiles (4.8s).

Marco histórico

Habían aparecido algunas personas de afuera que querían «pervertir el evangelio» (1.7) y perturbar a las congregaciones (1.7; 5.7,10,12). Pablo arremete contra estos intrusos: los maldice por predicar otro evangelio, aunque no puede haber uno diferente (1.6ss); los acusa de tener motivaciones ilegítimas (4.17; 6.13) y de no guardar la Ley (6.13); sarcásticamente les invita que vayan más allá de la circuncisión (que se castren; 5.12). Se trata de judeocristianos (judaizantes) que predicaban la circuncisión y el cumplimiento de la Ley y las instituciones mosaicas (4.10, → CALENDARIO; RUDIMENTOS) como requisitos para la salvación.

Aporte a la teología

Al enterarse de que algunos perturbadores querían pervertir el evangelio de Cristo (1.7), Pablo se preocupó y decidió salirles al frente. Los judaizantes, que eran los perturbadores, habían sugerido que Pablo era un apóstol inferior, si es que se le podía llamar apóstol, y que sus enseñanzas carecían de autoridad. Pablo contraatacó presentando una apasionada defensa de su apostolado. El evangelio no lo había recibido ni aprendido de nadie, sino que lo había recibido por revelación de Jesucristo mismo (1.11-12). Los que estaban tratando de cambiarlo estaban interfiriendo con el plan de Dios (1.7-8).

La salvación no se recibe por medio de las obras. Solo a través de la fe la persona alcanza la justificación ante Dios. Ese era el plan de Dios. Abraham mismo no se salvó por la fe, sino que «creyó a Dios, y le fue contado por justicia» (3.6; véase también Gn 15.6). La Ley apareció cuatrocientos treinta años después de Abraham (3.17), y jamás tuvo la intención de tomar el lugar de la justificación por la fe. La intención de la Ley era mostrarnos que necesitábamos a Cristo (3.24-25) en quien se cumplió plenamente la promesa que Dios le hizo a Abraham.

Cuando una persona acepta lo que Jesucristo hizo a su favor, alcanza libertad espiritual. Los cristianos, por tanto, debemos mantenernos «firmes en la libertad con que Cristo nos hizo libres» y no someternos otra vez a la esclavitud de la Ley de Moisés (5.1). Claro, el creyente no debe aprovecharse de esa libertad para satisfacer apetitos carnales desordenados, sino para practicar el amor filial (5.13; 6.7-10). La carne, la baja naturaleza, ha sido crucificada juntamente con Cristo (2.20) y ahora podemos experimentar el gozo indecible de tener el fruto del

G

Espíritu Santo con sus incomparables gracias (5.22-23).

Otros puntos importantes

Para Pablo lo más importante no era que una persona fuera circuncidada o no, sino que se hubiera convertido en una nueva creación (6.15). Gracias a Dios porque lo guió a poner por escrito sus pensamientos. Si no, probablemente el cristianismo hubiera seguido siendo una secta del judaísmo, en vez de convertirse en el medio universal de salvación. Por eso, Gálatas es la epístola de todo cristiano que está agradecido a Dios por el don de la gracia.

Bibliografía:

J.A. Allan, *La Epístola a los Gálatas*, Methopress, Buenos Aires, 1963. *BC*, VI, pp. 503-559. *IB*, II, pp. 378-388. *INT*, pp. 274-279. LSE, *Nuevo Testamento* II, pp. 590-659. Richard Longenecker, *Galatians. Word Biblical Commentary*, Word Books, Texas, 1990, p. 323. M. Tenney, *Gálatas, la carta de la libertad cristiana*, Tell, Barcelona.

GÁLBANO Uno de los cuatro ingredientes aromáticos del incienso sagrado (Éx 30.34-38). Es la gomorresina de color y aspecto de ámbar que se obtiene del tallo y raíces de la planta del mismo nombre. El gálbano es oriundo de Persia, pero crece silvestre en Siria. (→ PLANTAS DE LA BIBLIA.)

GALILEA Nombre dado a la parte más septentrional de la cordillera al oeste del Jordán, probablemente derivado del hebreo *galil* (que significa, círculo, región). Aparece ocasionalmente en el Antiguo Testamento (Jos 20.7; 1 R 9.11 y, posiblemente, Is 9.1). La última cita mencionada que primitivamente formaba parte de las tierras adjudicadas a las doce tribus. Pero, debido a la presión ejercida por los pueblos del norte, la población judía se sometió a un rey no judío proveniente del norte. Durante el período de los macabeos habitaban allí pocos judíos y la influencia gentil llegó a ser tan fuerte que más

tarde Galilea se separó del resto de Palestina durante medio siglo. Tal vez perteneció en esta época a la zona gobernada por Fenicia. Más tarde fue de nuevo colonizada por judíos, y esto, junto con la diversidad de población, contribuyó al menosprecio que los judíos del sur tenían por los galileos (Jn 7.52).

Muchos cultos populares originados en las culturas alrededor del Mediterráneo se propagaba en esta región gentilizada de Israel. Ciertos restos arqueológicos demuestran la presencia de estos cultos en Samaria, Fenicia, Siria y las grandes ciudades de Galilea, especialmente en Tiberias.

En tiempos de Cristo, Galilea era un territorio rectangular de unos cien kilómetros de norte a sur y de unos cincuenta kilómetros de este a oeste. Al este lo bordeaba el Jordán y el lago de Galila y estaba separado del Mediterráneo por la llanura sirofenisa. Tras la conquista de Palestina por Pompeyo

Una vista desde el monte Arbel, mirando hacia las montañas de la Baja Galilea.

Foto de Willem A. VanGemeren

(63 a.C.), Galilea se convirtió en un distrito del reino → MACABEO DE HIRCANO II, cuya capital era Séforis. Luego llegó a formar parte del reino de → HERODES EL GRANDE (37–4 a.C.) y después de la tetrarquía de Herodes Antipas (4 a.C.–37 d.C.). Más tarde aun, se agregó al reino de Herodes Agripa II (39–44 d.C.) y, por último, se incorporó a la provincia romana de Judea.

Cortada del resto del país, Galilea nunca fue parte integral de la «tierra prometida». Sin embargo, este fue el pueblo que proporcionó un hogar para Jesús y sus primeros discípulos y constituyó su primer campo misionero. Antes de la Pasión, la mayoría de las narraciones evangélicas se sitúan en los alrededores del mar de Galilea.

Bibliografía:
EBDM III, cols. 692-702. H.J. Schults (ed.), *Jesús y su tiempo*, Sígueme, Salamanca, 1968, pp. 59-71.

GALILEA, MAR DE → MAR DE GALILEA.

GALIM Aldea de Benjamín cerca de Gabaa de Saúl (Is 10.30; 1 S 25.44).

GALIÓN Procónsul de Acaya, residente en → CORINTO desde julio del 51 hasta junio del 52 (o de mayo del 52 hasta abril del 53), cuyo nombre completo era Lucio Junio Galión. Nació en España en 3 a.C. y era hijo adoptivo del rico Lucio Junio Galión, quien a su vez era tío del poeta Luciano y hermano de Lucio Séneca (filósofo y preceptor de Nerón). Séneca lo describe como una persona de carácter noble y recto.

Galión rechazó la queja de los judíos de Corinto contra Pablo, alegando que no le competían los asuntos de la religión judía (Hch 18.12-17). Su actitud se explica tal vez por un sentimiento antisemita, como parece indicarlo su indiferencia subsecuente frente a las agresiones cometidas contra → SÓSTENES, jefe de la sinagoga. Después de la muerte de su hermano Séneca, Galión se vio obligado a sucidarse por órdenes de Nerón

(65 ó 66 d.C.). Una inscripción de Delfos menciona su nombre y permite determinar la fecha de su proconsulado (→ CRONOLOGÍA DEL NUEVO TESTAMENTO).

GALLINA, GALLO Aves domésticas, oriundas de la India, quizás introducidas a Palestina en tiempos de Salomón (cf. 1 R 10.22) o a través de Persia y Babilonia. La arqueología ha demostrado la existencia del gallo en la época del Antiguo Testamento, y el término traducido «ceñido de lomos» (Pr 30.31) puede referirse al gallo (cf. BJ).

El gallo aparece claramente en el Nuevo Testamento como el que anuncia el tiempo, y la tercera de las cuatro vigilias nocturnas se llamaba «el canto del gallo» (Mt 26.34; Mc 13.35; 14.30,68,72, etc.). La gallina es figura de la solicitud y el amor maternal (Mt 23.37; Lc 13.34).

GALLINAZO (sinónimo de buitre). Ave grande de rapiña, perteneciente al género de los halcones, que incluye muchas especies. El Antiguo Testamento lo considera entre las aves inmundas debido a que se alimenta de carroña (Lv 11.14; Dt 14.13; Is 34.15).

La identificación zoológica de las aves inmundas mencionadas en la Biblia es muy difícil. Las diferentes versiones no distinguen claramente entre las aves rapaces tales como el milano, el halcón, etc., y aun las confunden con el águila (Miq 1.16; Mt 24.28). El gallo tiene la cabeza y el cuello desnudos (cf. Miq 1.16), y el pico largo y encorvado en la punta, y las alas largas. Tiene una vista extraordinaria. Siempre está a la expectativa de cualquier cadáver y es capaz de detectarlo a gran distancia (Job 28.7; Mt 24.28).

GAMAD Una ciudad mencionada en el libro de Ezequiel. La referencia es a «los gamadeos», intrépidos guerreros parapetados en las torres de Tiro (Ez 27.11).

GAMALIEL (en hebreo, *recompensa de Dios*).
1. Hijo de Pedasur, de la tribu de Manasés, escogido para ayudar a Moisés a levantar el

Foto de Howard Vos

El erudito Gamaliel, maestro de Pablo, enseñó en estos escalones en el templo en tiempos de Pablo (Hch 5.33-40; 22.3). Los escalones se descubrieron en recientes excavaciones en Jerusalén.

censo de Israel (Nm 1.10; 2.20; 7.54,59; 10.23).

2. Hijo de Simón y nieto de Hillel. Célebre fariseo, doctor de la Ley y miembro del sanedrín. Representante de los liberales en el fariseísmo (la escuela de Hillel era opuesta a la de Shammai), Gamaliel intervino con un razonable consejo en el concilio convocado contra los apóstoles y salvó a estos de la muerte (Hch 5.33-42). Por su sabiduría y tolerancia notables, fue considerado uno de los → FARISEOS más nobles. Fue el primero en llevar el título «Rabbán» (que significa, nuestro maestro) en vez de «Rabí» (que significa, *mi maestro*). El apóstol Pablo consideró un gran honor el haber sido uno de sus discípulos (Hch 22.3). El Talmud dice que con la muerte de Gamaliel «cesó la gloria de la Ley y la pureza y la abstinencia murieron juntamente con él». Una tradición cristiana consigna la conversión de Gamaliel, pero esta es irreconciliable con la estima y el respeto que los rabinos profesaron a este maestro aun en tiempos posteriores.

GAMUL Un descendiente de Aarón y un jefe de los levitas (1 Cr 24.17).

GANADO Hato de animales domésticos. En la Biblia (Gn 18.7; 2 S 12.4; 1 R 4.23; Sal 8.7, etc.), como en nuestro medio, se distingue entre «ganado mayor» (vacas, bueyes, mulas, etc.) y «ganado menor» (ovejas, cabras, etc.).

El pastoreo era uno de los oficios principales de los personajes bíblicos (Gn 13.2; 26.14; 46.6; Am 1.1; etc.). No así entre los egipcios (Gn 46.34). No obstante, los hebreos ejercieron este oficio durante la esclavitud (Gn 47.1). Además de servir como alimento diario, los ganados proveían las víctimas para el sacrificio (Sal 69.31; etc.). La Biblia pide bondad y misericordia hacia los ganados (Éx 22.30; 23.5; Dt 5.14; 22.10; 25.4).

GAREB El nombre de un hombre y un collado:

1. Uno de los valientes de David (2 S 23.38).

2. Collado cerca de Jerusalén (Jer 31.39).

GARMITA (*huesudo*). Adjetivo gentilicio aplicado a Keila del linaje de Judá (1 Cr 4.19).

GASMU → GESEM.

GAT Ciudad filistea más próxima al territorio de Judá, situada al sur de → ECRÓN. En ella habitaron los anaceos (Jos 11.22), lo cual era indicio de su antigüedad, y ahora esta se ha confirmado arqueológicamente.

Al parecer, Josué no pudo tomar a Gat, y quedó en manos de los filisteos (Jos 11.22; 13.3; 1 S 5.6-10; 6.17). Sin embargo, más tarde Israel la recobró (1 S 7.14). Gat fue famosa por ser tierra de gigantes; Goliat era oriundo de ella (1 S 17.4; 2 S 21.19-22).

Cuando David huía de Saúl, intentó refugiarse en Gat, pero no fue bien recibido (1 S 21.10-15; cf. Sal 56.1); sin embargo, después permaneció allí un tiempo (1 S 27.1–28.2). Durante el reinado de Salomón parece que había relaciones amistosas y políticas con Gat.

Amós 6.2 menciona la destrucción de Gat por Tiglat-pileser III, como una advertencia a Jerusalén y a Samaria.

GATAM Nieto de Esaú e hijo de Elifaz (Gn 36.11; 1 Cr 1.36). Gatam fue un jefe edomita.

GAT-HEFER Ciudad perteneciente a la tribu de Zabulón, situada en la frontera oriental de Zabulón y Neftalí (Jos 19.13). Fue el lugar donde nació el profeta → JONÁS (2 R 14.25). La tradición la ha identificado con la ciudad de El-Mesed, unos cinco kilómetros al nordeste de Nazaret.

GAT-RIMÓN Nombre de dos ciudades en la Biblia.

1. Ciudad de la tribu de Dan asignada a los levitas, en la llanura filistea.

2. Ciudad de la media tribu de Manasés asignada a los levitas, al oeste del Jordán (Jos 21.25).

GAVILÁN Ave rapaz de la familia de las falcónidas, de la cual en Palestina hay varias especies migratorias. Para los hebreos era ave inmunda (Lv 11.16), pero sagrada para los griegos y egipcios. Para Job las emigraciones del gavilán eran muestra de la providencia del Creador (Job 39.26).

GAYO Nombre latino muy común y llevado por cuatro personajes del Nuevo Testamento.

1. Macedonio que acompañó a Pablo en sus viajes y cuya vida estuvo en peligro en Éfeso (Hch 19.29).

2. Cristiano de Derbe, uno de los que acompañaron a Pablo desde Corinto en su último viaje a Jerusalén (Hch 20.4).

3. Corintio bautizado por Pablo y conocido por su hospitalidad. Los cristianos acostumbraban reunirse en su casa (1 Co 1.14; Ro 16.23).

4. Destinatario de la tercera Epístola de Juan, reconocido por su rectitud y hospitalidad (3 Jn 5s). Probablemente fue un convertido de Juan, laico pudiente y de buena reputación que vivía en alguna ciudad cerca de Éfeso después de 90 d.C.

GAZA Antiquísima ciudad cananea de larga y agitada historia por ocupar una importantísima posición en la ruta comercial entre Egipto y Mesopotamia. Estaba situada en la costa meridional de Palestina, a unos cuatro kilómetros de la costa mediterránea y ciento diez al sudoeste de Jerusalén. Sus primeros habitantes fueron los anaceos (Jos 11.21,22), y desde el segundo milenio a.C., se menciona como posesión de Egipto, en tiempos de Tutmosis III.

En el siglo XII a.C., los → FILISTEOS convirtieron a Gaza en una de sus más importantes capitales (Jos 13.3). Durante la conquista israelita se le asignó a la tribu de Judá, quien la tomó después de varios intentos (Jos 13.3; cf. Jue 1.18). Fue uno de los principales escenarios de las hazañas de Sansón (Jue 16). Durante este período posiblemente volvió a manos de los filisteos (1 S 6.17,18).

Durante el reinado de Salomón, Israel logró dominar a Gaza permanentemente (1 R 4.24),

Restos de la ciudad fenicia de Gebal en el mar Mediterráneo (Ez 27.9), que los griegos llamaban Biblos.

pero en 734 Tiglat-pileser III la conquistó, aunque se independizó poco después.

En 333, Alejandro Magno la tomó y casi la destruye, pero luego se reconstruyó y llegó a ser un centro helenista. Durante la revolución de los macabeos fue destruida tal como lo habían indicado los profetas (Am 1.6,7; Sof 2.4; Zac 9.5).

En tiempos del Imperio Romano, Gaza se convirtió en un floreciente centro cultural. Los romanos reconstruyeron la ciudad en 61 a.C. En tiempos de Jesús estaba en poder de Herodes el Grande, aunque luego se incorporó a la provincia de Siria. El Nuevo Testamento solo la menciona en Hch 8.26.

GAZAM Fundador de la familia de Nefisesim (sirvientes del templo) que regresaron del cautiverio con Zorobabel (Esd 2.48; Neh 7.51).

GAZEZ El nombre de dos hombres en la Biblia.

1. Un hijo de Caleb (1 Cr 2.46).

2. Un nieto de Caleb (1 Cr 2.46).

GEBA Ciudad levítica de Benjamín (Jos 18.24; 1 Cr 8.6) ubicada aproximadamente

diez kilómetros al norte de Jerusalén, y separada de Micmas por un ancho valle. Era ciudad gemela con Ramá, y ambas se mencionan juntas (Neh 7.30; 1 R 15.22; Is 10.29).

Entre Geba y Gezer se libró una batalla en la que David derrotó a los filisteos (2 S 5.25). Se consideraba como el extremo norte de Judá (2 R 23.8; Zac 14.10). (→ GABAA.)

GEBAL (*montaña*). Nombre de una ciudad y una región.

1. Antigua ciudad de Fenicia, hoy villa de Jebeil, situada en la costa del Mediterráneo, cuarenta kilómetros al norte de Beirut. Los griegos la llamaron «Biblos» (que significa, *papiro* o *libro*) por la cantidad de rollos hechos de papiro de Egipto que allí admiraban. A sus habitantes se les llamó «giblitas». Junto con el Líbano, Gebal estaba en la lista de tierras que aún faltaba conquistar después de Josué (Jos 13.5).

Los giblitas tenían fama de buenos carpinteros y picapedreros, y fueron llamados a cooperar en la construcción del templo de Jerusalén (1 R 5.18). Según el testimonio de los arqueólogos, esa destreza la demuestran los trabajos de albañilería que aún perduran.

También fueron notables en la construcción de barcos (Ez 27.9).

2. Nombre dado a las montañas de un distrito al nordeste de la Idumea (Sal 83.7).

GEBER Nombre de dos gobernadores en Israel.

1. Padre del gobernador de Ramot de Galaad en tiempos de Salomón (1 R 4.13).

2. Un hijo de Uri (1 R 4.19). Geber fue uno de los doce gobernadores de Salomón. Su distrito de gobierno se encontraba en Galaad, al este del río Jordán.

GEBIM Una ciudad de Benjamín al norte de Jerusalén, cerca de Micmas y entre Anatot y Nob (Is 10.31).

GEDALÍAS Nombre de cinco personajes distintos del Antiguo Testamento, acerca de cuatro de ellos no se sabe más que lo poco que narra el Antiguo Testamento (1 Cr 25.3,9; Esd 10.18; Jer 38.1-6; Sof 1.1). El quinto Gedalías fue gobernador de Judá en tiempos de Nabucodonosor (2 R 25.22-26; Jer 40.6–41.18). Su padre, Ahicam, defendió a Jeremías (Jer 26.24). Recientemente los arqueólogos encontraron su sello oficial. Murió en una fiesta, asesinado por algunos judíos que se oponían a que colaborara con Nabucodonosor (Jer 41.1-3).

GEDEÓN Quinto juez de Israel, miembro de la tribu de Manasés e hijo de → JOÁS (Jue 6.11,15). Cuando Israel gemía bajo el yugo de → MADIÁN, el ángel de Jehová se le apareció a Gedeón y lo llamó a liberar a su pueblo (Jue 6.11-24). Le dio una señal de fuego que consumió la comida que Gedeón había preparado. Gedeón edificó un altar y lo llamó Jehová-salom (Jehová es paz). Luego derribó el altar de → BAAL y la imagen de → ASERA que su padre había hecho y levantó en su lugar un altar a Dios. Ante la consecuente ira de los habitantes del pueblo, el padre de Gedón defendió a este diciendo: «¿Contenderéis vosotros por Baal? Si es un dios, contienda por sí mismo con el que derribó su altar». Así Gedeón recibió el nombre «Jerobaal» (6.31,32).

Dios volvió a confirmar el llamamiento de Gedeón por la señal del vellón de lana (Jue 6.36-40). Gedeón reunió a un ejército de treinta y dos mil soldados pero Dios le instó a reducirlo a trescientos. Les dio trompetas, cántaros y antorchas. Gedeón se sintió fortalecido al oír decir a un madianita que había soñado con la derrota de Madián. El ataque de los trescientos sorprendió a los madianitas, y Gedeón obtuvo una victoria aplastante.

Israel quiso luego ascender a Gedeón al puesto de soberano. Gedeón rehusó el honor e insistió en que se mantuviese la teocracia (Jue 8.23). Sin embargo, cometió un grave error al pedir una parte del botín para hacer un → EFOD de oro tras del cual se prostituyó Israel (8.26,27). Gedeón tuvo muchas mujeres y setenta y un hijos, incluyendo a → ABIMELEC, quien causó grandes males después. Murió en «buena vejez» (8.32), y por sus cualidades de liderazgo y humildad mereció mención entre los héroes de la fe (Heb 11.32).

GEDEONI Padre de Abidán (Nm 1.11). Príncipe de la tribu de Benjamín (Nm 7.60) cuyo hijo capitaneaba el cuerpo ejército de la tribu (Nm 10.24).

GEDER Caiudad cananea que Josué conquistó, junto con Laquis y otras ciudades (Jos 12.13).

GEDERA Nombre de dos ciudades en el Antiguo Testamento.

1. Ciudad en la Sefela de Judá (Jos 15.36), 30 kilómetros aproximadamente al oeste de Jerusalén.

2. Lugar de nacimiento de Jozabad, uno de los valientes de David que se juntó a este en Siclag (1 Cr 12.4).

GEDEROT Ciudad en la Sefela de Judá, no identificada aún (Jos 15.41).

GEDEROTAIM Población de Judá (Jos 15.36).

GEDOLIM Padre de Zabdiel, jefe de un grupo de sacerdotes (Neh 11.14).

GEDOR Nombre de personas y ciudades.

1. Ciudad en la región montañosa de Judá (Jos 15.58).

2. Una persona de la tribu de Benjamín (1 Cr 8.31; 9.37).

3. Dos descendientes de Judá (1 Cr 4.4,18).

4. Una ciudad en el territorio habitado por simeonitas (1 Cr 4.39).

5. Ciudad de Joela y Zebadías, dos valientes de David (1 Cr 12.7). Su ubicación exacta se desconoce.

GELILOT Lugar en la frontera entre Benjamín y Judá (Jos 18.17). Al parecer, este fue el mismo lugar llamado → GILGAL en el camino de Jerusalén a Jericó (Jos 15.7).

GEMALI Padre de uno de los doce espías que Moisés envió a explorar la tierra de Canaán (Nm 13.12).

GEMARÍAS (*Jehová lo ha consumado*). Nombre de dos hombres en el Antiguo Testamento.

1. Hijo de Hilcías, ciudadano de Judá, a quien Sedequías envió como embajador ante Nabucodonosor y a través de él Jeremías envió una carta a los de la cautividad (Jer 29.3).

2. Príncipe de Judá en tiempo de Sedequías. Hijo de Safán el escriba y amigo de Jeremías. Junto a Elnatán y Delaía trató de detener a Joacim, rey de Judá, para que no quemase el rollo de Jeremías (Jer 36.10-12,25).

GENEALOGÍA Lista que destaca el linaje de algunos individuos o las relaciones de parentesco entre grupos tales como familias, clanes, tribus o naciones. Se traza a través de los hombres, y las mujeres se mencionan solo excepcionalmente (por ejemplo, Gn 11.29; Nm 27.1-11).

Los exégetas distinguen dos géneros de genealogía: las históricas etnográficas (Gn 4.17ss; 5.1s; 6.9ss; 1.5ss; 10.1ss; etc.), y las tribales o patriarcales (Nm 1.5ss y *passim*; 1 Cr 2.12ss; 5.24ss y *passim*). La Biblia misma, sin embargo, no hace tal distinción entre el modo de crecimiento de un pueblo y el de una casa patriarcal, sino que afirma que todo el género humano tiene un padre común: → ADÁN. La → ELECCIÓN de Israel no es más que la selección de una familia (los descendientes de Jacob) de entre todos los seres humanos.

Entre los móviles que inspiraron la conservación de tradiciones genealógicas figuran: (1) identificar a un individuo para propósitos legales tales como la herencia; (2) establecer derechos para ocupar ciertos puestos, tales como el reinado y el sacerdocio (cf. Esd 2.59ss); (3) probar la pureza racial (cf. Esd 10.9ss; Jer 22.30; Ez 13.9); (4) demostrar con orgullo el parentesco con alguna eminencia del pasado; (5) fortalecer la autoridad de un oficio, trazando su origen al antepasado ilustre que lo recibió.

La genealogía es un género literario de difícil interpretación. En su composición intervienen móviles teológicos y artísticos que complican la recta comprensión. Por ejemplo:

1. El número de generaciones sigue a menudo una pauta esquemática; hay diez generaciones de patriarcas desde Adán hasta Noé y diez desde Sem hasta Abraham (Gn 5; 11.10ss); y en la → GENEALOGÍA DE JESÚS según Mateo aparecen tres series de catorce nombres cada una. En la mayoría de las genealogías, se calculaba convencionalmente que cada generación duraba cuarenta años (cf. Sal 95.10).

2. Para lograr tales esquemas, o para mencionar solo los personajes clave, hubo que dejar ciertas lagunas en las genealogías, se eliminó el nombre del padre de un individuo para relacionar a este más bien con su abuelo u otro antepasado (cf. Zac 1.1 con Esd 5.1). Por tanto, la expresión «hijo de» ha de entenderse a veces como «descendiente de». Además, las genealogías no ayudan mucho en la elaboración de cronologías exactas.

3. Los términos de parentesco pueden connotar otras relaciones además de las de sangre. «Hijo» puede significar «aprendiz» o «socio», y «hermanos» puede denotar a los firmantes de un pacto (Am 1.9).

4. La repetición de nombres en una lista puede reflejar la realidad histórica, porque en ciertas épocas los nombres personales se conferían como patrimonio familiar (por ejemplo, Lc 1.59, padre e hijo llevarían el nombre Zacarías). Además, un mismo individuo puede llevar varios nombres (por ejemplo, Eliú/Eliab/Eliel; 1 S 1.1; 1 Cr 6.27,34).

A la luz de estas dificultades se hace evidente por qué las cartas pastorales advierten contra las contenciones que surgen en torno a la interpretación de genealogías, ya que algunos cristianos prestaban demasiada atención a las «fábulas y genealogías» (1 Ti 1.4; Tit 3.9).

Ciertos intérpretes del Antiguo Testamento entendían muy literalmente aun los silencios de las Escrituras. Porque Gn 14.18ss no menciona la familia de → Melquisedec, el autor a los Hebreos saca la conclusión teológica de que este rey no tenía padre, ni madre, ni genealogía (Heb 7.3,6).

Bibliografía:
EBDM III, col 749-753.

GENEALOGÍA DE JESÚS Dos veces en el Nuevo Testamento se nos presenta en detalle la genealogía de Jesús (Mt 1.1-17; Lc 3.23-38). Puesto que las dos listas proceden de tradiciones independientes que dos evangelistas han utilizado para propósitos particulares, conviene esbozarlas en cuatro secciones (A, B, C, D). Las particularidades de cada lista son tan instructivas como las semejanzas.

Según Mateo

Los nombres sobresalientes son Abraham (cf. Gl 3.16) y David (cf. Salmos de Salomón 17.23; Mc 10.47s; Ro 1.3; Heb 7.14). Se lleva,

MATEO

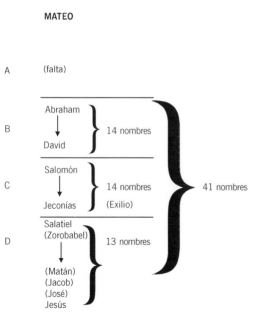

LUCAS

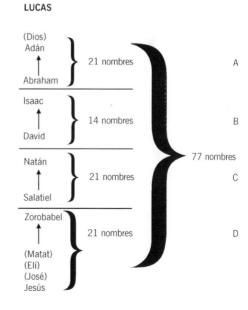

pues, la sucesión al trono davídico. Las letras hebreas tienen también valor numérico y es posible que el valor numérico del nombre «David» (las tres letras suman 14) haya influido en el número de generaciones contadas en las tres secciones (B, C, D), pues es evidente que Mateo ha omitido algunos nombres que aparecen en sus propias fuentes veterotestamentarias (para B, cf. Rt 4.18-22 LXX, y 1 Cr 2.5-15; para C, cf. 1 Cr 3.10-15; en D, 10 nombres, muchos desconocidos, abarcan un período de medio siglo). Entonces, como sucede a menudo en hebreo o arameo, «engendró» se ha de entender como «fue antepasado de». La mención de cuatro mujeres, dos de ellas gentiles y tres de moral dudosa, demuestra que Jesús fue de descendencia realmente humana.

Según Lucas

Comenzando con Jesucristo, Lucas ofrece la genealogía en línea descendente, pero en vez de terminar con Abraham, añade la sección A que se remonta hasta Adán, quien a su vez fue «[hijo] de Dios». Con una excepción, A concuerda con Gn 5; 11.10-27 y 1 Cr 1.1-4,24-26. Aunque añade dos nombres, esta B es igual a la B de Mateo. En las secciones C y D, treinta y siete de los nombres nos son desconocidos, porque mientras Mateo lleva el linaje a través de Salomón, Lucas lo lleva a través de Natán, otro hijo de Betsabé (¿linaje sacerdotal?, ¿descendencia física?). Sin embargo, tal vez la discrepancia sea solo aparente: si Matán, abuelo de José (Mt 1.15), es el Matat de Lc 3.24, solo hay que suponer que Jacob (padre de José según Mt) muriera sin hijos, para que su sobrino, el hijo de su hermano Elí (padre de José según Lc), llegara a ser heredero suyo (→ MATRIMONIO); así desembocarían ambas genealogías en José.

Aunque algunos comentaristas sostienen que la genealogía ofrecida por Lucas es la de María, la mayoría reconoce que ambos evangelistas quieren llevarla a través de → JOSÉ. No obstante, los dos recalcan que José es el padre legal de Jesús y no su padre biológico (Mt 1.16,18-25; Lc 1.34s; 3.23; → MARÍA); pero de acuerdo con las costumbres de la época, el hijo nacido en el hogar de José, aun sin su intervención, le nace «a él». Ambas listas aseguran que Jesús era el hijo de David, y demuestran su solidaridad con los demás hombres y con el antiguo pacto (cf. la delimitación de las generaciones en múltiplos de siete).

Bibliografía:

X. Leon-Defour, *Estudios de evangelio*, Estela, Barcelona, 1969, pp. 43-57.

GENERACIÓN Una palabra con significados distintos en la Biblia.

1. A menudo en el Antiguo Testamento, generación se refiere a un «círculo» o «ciclo» de vida; es decir, el período desde el nacimiento de una persona hasta el nacimiento de los hijos de esta. En sentido colectivo, incluye a todos los que viven durante tal período (que significa asamblea, por ejemplo, Sal 14.5; 49.11; Jer 2.31). En el Nuevo Testamento, *gueneá* corresponde en general a esta acepción (Hch 13.36; Ef 3.5). Compárese con el punto 5 abajo.

2. En plural, una lista de nacimientos sucesivos en la historia de una familia (Gn 5.1; 10.1; etc.). La palabra también se traduce «orígenes», «linajes», «descendencia», → «GENEALOGÍA». En Lc 1.48,50 «generación» significa «todas las personas por venir».

3. Descendencia, incluso en el sentido espiritual, como en la interpretación aceptable de Hch 8.33.

4. Cría de seres no humanos («raza de víboras» Mt 3.7 HA, BJ, etc.).

5. La expresión «esta generación», a veces precisada con «perversa» o «maligna», adquiere matices éticos. Se discute si la generación que no pasará hasta que se cumplan las predicciones de Jesús (Mc 13.30 y //) es (a) el género humano, (b) el pueblo judío, (c) los coetáneos de Jesús, o (d) (más probable) los de la última etapa en la historia de la redención.

GENESARET (nombre quizás emparentado con el hebreo, *gan* que significa, *jardín*).

1. Llanura situada a la orilla noroeste del mar de Galilea, lugar en el que Jesús hizo muchos milagros (Mt 14.34; Mc 6.53). En el Antiguo Testamento se llama → CINERET (1 R 15.20). La llanura tiene 2 km de ancho y corre paralela al mar unos 5 km. Era muy fértil, y poseía abundante agua. Josefo la elogia por su belleza (*Guerras*, III.x.8).

2. Uno de los nombres del → MAR DE GALILEA (Lc 5.1).

GÉNESIS, LIBRO DE Primer libro de la Biblia, llamado por los judíos *be-re-shith* (en el principio) palabra hebrea con que se inicia el libro. Se llamó Génesis en la LXX, título adoptado después por la Vulgata y que alude al contenido del libro.

El autor del libro quiere demostrar cómo Israel fue elegido entre las naciones del mundo y cómo llegó a ser el pueblo de Dios. Esta elección, sin embargo, no se basó en los méritos de los antepasados de Israel, sino en la gracia inmerecida de Dios. Enfocados desde ese ángulo se relatan la creación del mundo y del hombre, el pacto de Dios con el hombre, la caída en el pecado, la vida de los patriarcas y el pacto de gracia con ellos.

Estructura del libro

El libro se divide en dos partes principales: la historia de la humanidad (caps. 1–11) y la historia de los patriarcas, o sea, el origen del pueblo del pacto (caps. 12–50). Después del relato monumental de la creación, que subraya que Dios es el único Creador, el libro mismo sugiere la siguiente división mediante la palabra *toledoth* (usada once veces en Génesis y traducida casi siempre por «generaciones» en RV) en el sentido de «historia del desarrollo»:

Historia del cielo y de la tierra (2.4–4.26)
No como segundo informe de la creación, sino como fondo o escenario de la historia de la caída del hombre.

Historia de Adán (5.1–6.8)
Se avecina el diluvio por causa de la creciente depravación de las personas.

Historia de Noé (6.9-29)
Se contrasta con la de la humanidad pecadora. Noé se salva de la destrucción general producida por el diluvio.

Historia de los hijos de Noé (10.1–11.9)
Un informe breve de la dispersión de la humanidad sobre la tierra.

Historia de Sem (11.10-26)
Continuación de la genealogía del capítulo 5.

Historia de Taré (11.27–25.11)
Especialmente de su hijo Abraham. El elocuente testimonio del Nuevo Testamento a favor de la historicidad de estos pasajes es abrumador.

Historia de Ismael (25.12-18)
Explica por qué se excluyó a este de la historia de la salvación.

Historia de Isaac y de su hijo Jacob (25.19–35.29)
Señala la idea fundamental de la elección divina.

Historia de Esaú (36.1–37.1)
Su exclusión definitiva de la unión del pacto.

Historia de Jacob (37.2–50.26)
Principalmente la de su hijo José.

Autor y fecha

El cuadro de la historia de José es totalmente auténtico. Todo el ambiente tiene notable color egipcio: la corte del Faraón, las costumbres descritas, la frivolidad de la mujer de Potifar, la interpretación de los sueños, el recibimiento de la familia de Jacob en Egipto y el propio lenguaje. Todo coincide con tanta perfección con las condiciones reinantes en el Egipto antiguo, que se comprende que la tradición judía haya atribuido el libro a Moisés, un perfecto conocedor de su tiempo.

Lo mismo se observa en el relato de la época patriarcal, de Abraham y sus descendientes. Los descubrimientos arqueológicos han comprobado la exactitud histórica de toda la descripción. En aquel tiempo había una muy activa relación comercial y cultural entre Palestina y Egipto, como lo demuestran las cartas de → TEL EL AMARNA. La historia de Moisés presupone una prehistoria y solo así se comprende que no se haya considerado a Moisés como fundador de la

Esta lista de reyes tallada en piedra se descubrió en la antigua Mesopotamia. Contiene los nombres de varios reyes que gobernaron antes del gran diluvio descrito en el libro de Génesis.

Foto: Museo Ashmolean

religión de Israel, sino a los patriarcas; solo así se explica que Israel haya aceptado como divino el mensaje que Moisés proclamó. Moisés quizás escribió el libro durante los años de la peregrinación.

Aporte a la teología

La importancia teológica del Génesis es enorme. En este libro se aclaran cuestiones como el origen del mundo, el pecado original del hombre, la imagen de Dios, la progresiva depravación del género humano y la promesa de la victoria final de la simiente de la mujer. Describe no solamente la necesidad de la salvación de la humanidad, sino también su realización en los comienzos. Funde la historia general de la humanidad con la de los patriarcas: «Benditas en ti todas las familias» (12.3). Pablo más tarde habría de explicar que estas promesas fueron dadas antes que la Ley (Gl 3). La historia de Abraham subraya especialmente la fe en la promesa; la de Jacob y Esaú, la elección divina; la de José, la providencia divina. (→ CREACIÓN; PECADO; PACTO; ELECCIÓN.)

Otros puntos importantes

Fuentes

Si Moisés en efecto escribió el relato de los orígenes del mundo que, como el resto del libro de Génesis, se relaciona estrechamente con los libros siguientes, no se ha podido averiguar con certeza cuál haya sido la fuente de su información. Quizás fuera por revelación directa, o por documentos más antiguos.

La tradición oral o escrita, apoyada por la longevidad y buena memoria de los patriarcas, también puede haber influido. Desde luego, es imposible reconstruir tales fuentes, pero valerse de ellas en modo alguno contradice la doctrina de la completa inspiración de las Sagradas Escrituras ni debe confundirse con la «teoría documentaria». Esta teoría sugiere que el → PENTATEUCO es una compilación, efectuada progresivamente durante mil años, de cuatro documentos: el yavista, el elohista, el código sacerdotal y el deuteronomista.

GÉNESIS:
Un bosquejo para el
estudio y la enseñanza

Primera parte:
Historia primitiva
(1.1—11.9)

Segunda parte:
Historia patriarcal
(11.10—50.26)

I. La creación . . . . 1.1—2.25
  A. Creación del mundo . . . . 1.1—2.3
  B. Creación del ser humano. 2.4-25
II. La caída . . . . 3.1—5.32
  A. Caída humana 3.1-24
  B. Luego de la caída:
    Fronteras familiares conflictivas . . . . . . 4.1—5.32
III. El juicio del diluvio. . . . . 6.1—9.29
  A. Causas del diluvio 6.1-5
  B. Juicio del diluvio 6.6-22
  C. El diluvio. . . . . 7.1—8.19
  D. Resultados del diluvio. . . . . 8.20—9.17
  E. Luego del diluvio:
    El pecado de la línea consagrada 9.18-29
IV. El juicio sobre la Torre de Babel . . . . . . 10.1—11.9
  A. Líneas familiares tras el diluvio 10.1-32
  B. Juicio sobre todas las líneas familiares 11.1-9

I. La vida de Abraham . . . . 11.10—25.18
  A. Introducción de Abram 11.10-32
  B. El pacto de Dios con Abram . . . . . . 12.1—25.18
    1. Iniciación del pacto 12.1-20
    2. Separación del pacto 13.1–14.24
    3. Ratificación del pacto. . . . . 15.1—16.16
    4. Señal del pacto: circuncisión. 17.1-27
    5. Se prueba el pacto. . . . . 18.1—20.18
    6. Consumación del pacto . . . . . . 21.1—25.18
II. La vida de Isaac. . . . . 25.19—26.35
  A. La familia de Isaac. 25.19-34
  B. El fracaso de Isaac 26.1-33
  C. El fracaso de Esaú 26.34-35
III. La vida de Jacob . . . . 27.1—36.43
  A. Jacob obtiene la bendición de Esaú . . 27.1—28.9
  B. La vida de Jacob en Harán . . . . . . 28.10—31.55
  C. El retorno de Jacob. . . . . 32.1—33.20
  D. La vida de Jacob en Canaán . . . . . . 34.1—35.29
  E. La línea familiar de Esaú. 36.1-43
IV. La vida de José . . . . 37.1—50.26
  A. La corrupción de la familia de José. . . 37.1—38.30
  B. La exaltación de José . . . . 39.1—41.57
  C. La salvación de la familia de Jacob. . 42.1—50.26

G

GENTILES (en griego *ta ethne*: *naciones* o *pueblos*). Término con que se designa a los pueblos no judíos (por ejemplo, Ro 3.9). Siendo los judíos el pueblo escogido de Dios, fueron separados de los demás pueblos de la tierra a través de Abraham y sus descendientes. Dios les impuso leyes rigurosas para que su religión no se corrompiese con las prácticas religiosas de los gentiles. Al parecer, estos últimos quedaron al margen de las promesas, desempeñando, por tanto, un papel secundario en el programa redentor de Dios en la historia. Interpretando mal los propósitos de Dios, los → JUDÍOS llegaron a despreciar a los gentiles, en vez de serles fuente de bendición de acuerdo al plan divino (Gn 12.3; Is 49.6). Asimismo, le fue difícil a la iglesia primitiva comprender que las

El pueblo hebreo consideraba a todas las naciones que rodeaban a Israel, incluyendo a Egipto, como paganas y gentiles.

buenas nuevas de Cristo habrían de ser patrimonio también de los gentiles (Hch 10.28; cf. vv. 34-36 y 11.3).

Principalmente a través de San Pablo, a quien por su fructífero ministerio en Asia y Europa se le llamó «el apóstol de los gentiles», la iglesia llegó a comprender que, lejos de ser excluidos de las promesas, los gentiles también eran beneficiarios de ellas. Fue para salvar y bendecir a estos que Dios escogió y formó al pueblo de Israel (Ef 3.3-9). A través de la historia, Dios se ha valido de las naciones gentiles para castigar y corregir a Israel a la vez que por medio de Israel se ha revelado a los gentiles.

El Nuevo Testamento da carácter universal al evangelio. Pablo anuncia que Jesucristo ha derribado «la pared intermedia de separación» (Ef 2.14) entre judíos y gentiles y, por tanto, ya no hay «circuncisión ni incircuncisión, bárbaro ni escita, siervo ni libre, sino que Cristo es el todo, y en todos» (Col 3.11).

GENUBAT Hijo de Hadad (un príncipe edomita fugitivo) y de la hermana de la reina Tahpenes de Egipto (1 R 11.20).

GERA (*grano*). La más pequeña medida de peso y ficha en el sistema hebraico. Era la 1/20 parte de un → SICLO (Éx 30.13; Lv 27.25; Nm 3.47).

GERA Nombre de cuatro hombres de la tribu de Benjamín.

1. Hijo de Benjamín (Gn 46.21).

2. Padre del juez Aod (Jue 3.15).

3. Padre de Simei, quien maldijo a David cuando este huía de Absalón (1 R 2.8).

4. Un hijo o descendiente de Bela y nieto de Benjamín (1 Cr 8.3,5,7).

GERAR Ciudad «en tierra de los filisteos» que en los tiempos de Abraham se hallaba situada al sur de Gaza y en la frontera con Egipto (Gn 26.1-12). Allí Abraham e Isaac tuvieron experiencias semejantes respecto a sus esposas y el rey Abimelec (Gn 20 y 26). También allí el rey Asa destruyó a los ejércitos etíopes (1 Cr 14.13,14).

GERASA → GADARA.

GERGESEOS Descendientes de Canaán (Gn 10.15,16) y uno de los pueblos que poblaban la tierra prometida a Abraham y a su descendencia (Gn 15.21; Neh 9.8). Israel los derrotó (Dt 7.1; Jos 3.10; 24.11), pero no se sabe con exactitud en cuál parte de Palestina habitaban. No deben confundirse con los gergesenos (→ GADARENOS), habitantes de Gergesa («Gadara», Lc 8.26), ni con los gezritas (1 S 27.8). Hay tradiciones judías que los relacionan con las colonias fenicias norteafricanas.

A los gergeseos se les menciona en textos ugaríticos (siglos XIV–XIII a.C.), pero es probable que los gergeseos de los textos bíblicos y ugaríticos sean diferentes de un grupo del Asia Menor llamado Karkisa en los anales hititas y egipcios (*NBD*, p. 471), aunque algunos los identifican. Según algunos eruditos, probablemente los gergeseos fuesen hititas (*DBH*, p. 794).

GERIZIM, EBAL Gerizim es una montaña de ochocientos setenta metros de altura, situada tres kilómetros al sur de Siquem, y desde la cual se pronunció la bendición sobre Israel (Dt 11.29; 27.12). En la actualidad los árabes la denominan *yebel et-tor*. Es el monte santo de los samaritanos, aunque el templo que erigieron allí lo destruyó Juan Hircano en el año 129 a.C. Ellos siguieron considerándolo el lugar de adoración, en competencia con el templo de Jerusalén, erigido en el monte Sion (Jn 4.20). La actual comunidad samaritana de Nabulus (la antigua Siquem) sigue celebrando allí la fiesta de la Pascua según el antiguo rito (con inmolación de corderos).

La grafía del nombre de este monte, en las versiones castellanas, no es uniforme: Gerizim (RV), Garizim (NC y BJ), Guerizim (BC).

El Ebal es una montaña situada al norte de Siquem, frente al monte Gerizim, y tiene novecientos treinta y ocho metros de altura. Los árabes la llaman hoy día *yebel eslamiye*. En ella se erigieron piedras conmemorativas en las que estaban esculpidas las palabras de la Ley (Dt 11.29; 27.4; Jos 8.30ss). Al Ebal se le menciona en una serie de maldiciones (Dt 27.11-26).

El relato de Jos 8.30-35 cuenta que cuando Josué iba a bendecir al pueblo de Israel, la mitad se situó en el monte Ebal y la otra mitad en el Gerizim.

GERSÓN (*un extranjero allí*).
1. Hijo mayor de Leví (Nm 3.17; 1 Cr 6.1; 23.6), que nació en Canaán antes de la migración de Jacob a Egipto (Gn 46.11). Tuvo dos hijos, Libni y Simei (Éx 6.17; Nm 3.18; 1 Cr 6.17,20).

En el desierto, los hijos de Gersón sumaban siete mil quinientos (Nm 3.21,22) y acamparon «a espaldas del tabernáculo»

El monte Gerizim en el distrito de Samaria, lugar del templo samaritano en tiempos de Jesús (Jn 4.20-21).

Foto de Howard Vos

(3.23). Su deber como levitas era cargar el tabernáculo (3.25,26).

Bajo Josué recibieron trece ciudades en el noroeste de Palestina (Jos 21.6). Durante el reinado de David estuvieron a cargo del coro y de la tesorería (1 Cr 23.1-11; 26.21,22). Se hace mención especial de ellos por su cooperación en la reforma llevada a cabo durante el reinado de Ezequías (2 Cr 29.12) y en la de Josías (2 Cr 35.15). Tuvieron una parte especial en la colocación de los cimientos del templo en tiempo de Zorobabel (Esd 3.10) y en la dirección del culto público (Neh 11.17).

2. Hijo mayor de Moisés, nacido en Madián (Éx 2.22; 18.3), llamado así por Moisés para conmemorar su tiempo de forastero en Madián. Los hijos de Gersón se contaron como levitas (1 Cr 23.14,15).

3. Descendiente del sacerdote Finees (Esd 8.2).

GESAM Hijo de Jahdai, descendiente de Caleb (1 Cr 2.47).

GESEM Personaje árabe célebre en la época en que → Nehemías reconstruía los muros de Jerusalén, *ca.* 445 a.C. Posiblemente Gesem gobernaba alguna región cercana a Jerusalén y pretendía extender su dominio sobre esta ciudad porque, junto con Tobías y Sanbalat, se opuso abiertamente a Nehemías (Neh 2.19,20; 6.1-6). Se conoce también con el nombre de Gasmu (Neh 6.6).

GESUR Ciudad estado de Siria, situada al lado este del Jordán y el nordeste de Basán. Estaba dentro de los límites del territorio hebreo, pero no se reconquistó totalmente. A los habitantes se les permitió tener sus propios reyes, aunque siempre se les exigió tributo (Dt 3.14; Jos 12.5; 13.13).

Después de asesinar a su hermano Amnón (2 S 13.37), Absalón huyó a esta ciudad, pues Maaca, su madre, era hija de Talmai, rey de Gesur (2 S 3.3). Permaneció allí tres años, hasta que David mandó a Joab que lo llevara a Jerusalén. Regresó, solo para maquinar la rebelión contra su padre (2 Cr 14.32; 15.8).

GETER Nombre de dos hombres en el Antiguo Testamento.

1. Tercer hijo de Aram (Gn 10.23).

2. Un hijo o descendiente de Sem (1 Cr 1.17).

GETSEMANÍ (en arameo, *lagar de aceite*). Huerto o bosque de olivos ubicado al pie del monte de los Olivos, frente a Jerusalén y al este del torrente de Cedrón. Aquí se reunieron Jesús y sus discípulos después de la última cena (Mt 26.36-46; Mc 14.32-42; cf. Lc 22.39-46). Según Lc 21.37 y Jn 18.2, Jesús frecuentó el lugar muchas veces con sus discípulos. Probablemente era propiedad privada y se ha conjeturado que pertenecía a María, madre de Juan Marcos.

Durante su última visita a Getsemaní, Jesús dejó a ocho de sus discípulos en algún lugar del huerto, y se separó para orar llevando

El huerto de Getsemaní, en donde Jesús agonizó en oración la noche de su crucifixión (Mt 26.36-46). Las raíces de estos gigantescos olivos podrían ser del tiempo de Jesús o antes.

consigo a Pedro, Jacobo y Juan. Jesús anhelaba la compañía consoladora de sus amigos, pero estos se durmieron en Getsemaní. Este fue el escenario de la lucha final de Cristo con Satanás, lucha que habría de concluir en la cruz.

El Getsemaní recuerda la lucha del primer Adán con Satanás, que también se llevó a cabo en un huerto, pero la diferencia es grande: Adán salió derrotado, Jesús salió triunfante. El sufrimiento de Cristo, previo a la hora de morir por los pecados del mundo, se describe gráficamente en los Evangelios Sinópticos. A Getsemaní llegó la turba dirigida por → JUDAS, y allí mismo Jesús fue hecho prisionero.

Según la tradición Getsemaní se hallaba a unos cincuenta metros al este del puente sobre el Cedrón.

GEUEL Uno de los doce espías que Moisés envió a explorar la tierra de Canaán (Nm 13.15).

GEZER Originalmente era ciudad real de los cananeos, a cuyo rey Horam lo derrotó Josué (Jos 10.33; 12.12). Se asignó a Efraín, pero los israelitas no la ocuparon (Jos 16.10; Jue 1.29); más bien parece que los egipcios la tomaron más tarde. No llegó a formar parte de Israel sino hasta cuando Faraón la dio a su hija, al casarse esta con Salomón, quien pronto reconstruyó la ciudad (1 R 9.16,17). Fue un sitio importante en las guerras macabeas (1 Mac 4.15; 7.45). Se hallaba en el camino entre Jope y Jerusalén.

Hoy se llama Tell Gezer, y en ella se han llevado a cabo importantes excavaciones.

GEZRITAS Un pueblo que vivió entre Filistea y Egipto, al sur del territorio ocupado por los filisteos. A los gerzitas se les menciona junto a los amalecitas y los gesuritas (1 S 27.8).

GÍA Lugar cerca de Hebrón, en el territorio de Benjamín, y de ubicación desconocida (2 S 2.24).

GIBAR Un hombre cuyos descendientes regresaron de la cautividad con Zorobabel (Esd 2.20).

GIBEA Nieto de Caleb, de la tribu de Judá (1 Cr 2.49).

GIBETÓN Ciudad dada a los hijos de Dan (Jos 19.40-44) y después a los levitas (Jos 21.23). Por algún tiempo estuvo en manos de los filisteos (1 R 16.15). Allí → BAASA mató a Nadab y se proclamó rey de Israel (1 R 15.27). Veintiséis años más tarde en Gibetón, Omri fue proclamado rey (1 R 16.17). Se hallaba a poca distancia y al nordeste de Ecrón y al oeste de Gezer.

GIDALTI Hijo de Hemán y uno de los que estaban a cargo de la música en los servicios en el templo en tiempo de David (1 Cr 25.4,29).

GIDEL Nombre de dos hombres que regresaron de la cautividad a Jerusalén.
1. Cabeza de familia (sirvientes del templo) que regrason con Zorobabel (Esd 2.47).
2. Cabeza de una familia de los siervos de de Salomón (Neh 7.58).

GIDGAD Campamento de Israel en el desierto (Nm 33.32,33). En Dt 10.7 se le llama *Gudgoda*.

GIDOM Lugar remoto al este de Bet-el. Hasta allí persiguieron a los de Benjamín los hombres de Israel (Jue 20.45).

GIEZI Sirviente del profeta Eliseo, que comunicó a este la necesidad de la mujer → SUNAMITA. Cuando Eliseo quiso recompensar la hospitalidad de la mujer, Giezi sugirió pedir a Dios un hijo para ella. Más tarde, el niño murió repentinamente pero el mismo Eliseo lo resucitó (2 R 4).

Después que Eliseo sanó a → NAAMÁN el leproso, Giezi obtuvo fraudulentamente una porción del presente que su amo había rechazado. Como resultado, sufrió de una lepra permanente (2 R 5). Algún tiempo después,

Giezi compareció ante el rey Joram para contarle las maravillas hechas por Eliseo y la sunamita confirmó, ante el rey, el relato de aquel (2 R 8.1-6).

GIGANTES Personas de gran fuerza y estatura. Por su papel en la historia bíblica son importantes: Og, rey de Basán (Dt 3.11,13; Jos 12.14; 13.12); Goliat, a quien David mató (1 S 17); Isbi-benob, quien estuvo a punto de matar a David (2 S 21.15-17); y Saf, Goliat (otro), Sipai y Lahmi, quienes murieron en varias batallas de los valientes de David contra los filisteos (2 S 21.18ss; 1 Cr 20.4ss).

Hubo tres regiones destacadas como tierras de gigantes: Transjordania (Dt 2–3), Hebrón (Jos 11.21s) y Filistea (1 Cr 20.8). Muestra del tamaño extraordinario de estas personas son las medidas de la cama de Og, 4 x 1,8 m (Dt 3.11) y la longitud y grueso de la lanza de Isbi-benob, «como un rodillo de telar» (2 S 21.16). Aunque a Goliat I no se le llama gigante en la Biblia, las medidas de su uniforme detalladas en 1 S 17.4ss son enormes. Tal era lo descomunal de estos habitantes, que según el texto de 2 Samuel, el otro gigante de la ciudad de Gat tenía veinticuatro dedos en total (2 S 21.20).

GIHÓN (*río, manantial*).
1. Uno de los cuatro ríos del Edén. Ha sido indistintamente identificado con varios ríos, entre ellos el Nilo. Si «la tierra de Cus» es Etiopía (Gn 2.13), Gihón es el Nilo; pero es más probable que Cus se refiera a una región al este de Mesopotamia, en la que después habitaron los kasitas.

2. Manantial en Jerusalén, en el valle de Cedrón, donde Salomón fue proclamado y coronado rey de Israel (1 R 1.33,38,45). Era muy apreciado por ser el único que en Jerusalén tenía agua todo el año. A esto se debían todos los esfuerzos de los reyes de Judá por asegurarse un acceso directo al manantial. En 2 Cr 32.30 (cf. Is 7.3) y 2 R 18.17 se narra la construcción de un túnel que hizo Ezequías, el cual todavía lleva agua al estanque de → SILOÉ.

GILALAI Levita músico que participó en la dedicación de las murallas de Jerusalén después de la cautividad (Neh 12.36).

GILBOA (*manantial hirviente*). Cadena de montañas en el territorio de Isacar, al sudeste de la llanura de → ESDRAELÓN, a cuyos lados se extienden los valles que unen esa gran llanura con el valle del Jordán. El valle al nordeste de Gilboa, que se halla entre esta y el collado de More (Jue 7.1), es Jezreel; el del sudeste separa a Gilboa de los cerros de Samaria. En la parte este de Gilboa estaba la ciudad a la cual también se le llamó Gilboa; actualmente se llama Jelbón. Fue el escenario del encuentro final entre Saúl y los filisteos, en el cual fue derrotado y perdió la vida juntamente con su hijo Jonatán (1 S 28.4,5; 31). Más tarde llegó a ser una montaña árida y desnuda (2 S 1.6,21).

Vista del valle de Jezreel con el monte de Gilboa al fondo.

GILGAL (*rueda* o *círculo*). Célebre lugar entre el Jordán y Jericó, cuya posesión dio inicio a la nueva historia de Israel en la Tierra Prometida, pues allí acampó el pueblo después de cruzar el río Jordán. En Gilgal se celebró la primera Pascua en tierra de Canaán (Jos 4.19; 5.2-12; Miq 6.5), acontecimiento que se selló con la colocación de las doce piedras simbólicas de las doce tribus de Israel (Jos 4.1-9,20). Josué asentó allí su primer campamento en la región oeste de Palestina (Jos 4.19; 5.10).

Numerosos incidentes y hechos militares tuvieron lugar en Gilgal. Los espías enviados a Jericó partieron de allí. Algunos creen que el profeta Samuel había establecido un circuito con las poblaciones de Mizpa, Bet-el y Gilgal, para efectuar anualmente una visita de carácter administrativo y religioso (1 S 7.16,17). Fue en Gilgal donde el pueblo israelita invistió a Saúl como rey (1 S 11.14, 15), después que Samuel lo ungiera como tal (1 S 10.1). Allí murió Agag (1 S 15.33) y a David se le dio la bienvenida después de la muerte de Absalón (2 S 19.15-40). En el siglo VIII a.C. se edificó en Gilgal un santuario de prácticas y ritos degradantes (Os 4.15; Am 4.4).

Otros lugares mencionados en el Antiguo Testamento con el nombre de Gilgal son difíciles de identificar. Por ejemplo, Dt 11.30; Jos 15.7 (→ Gelilot); Neh 12.29; 2 R 2.1; 4.38. Algunos de estos lugares, sin embargo, se identifican con el Gilgal bien conocido.

GILO Pueblo en la zona montañosa de Judá (Jos 15.51). Tierra natal de Ahitofel, consejero de David (2 S 15.12).

GIMZO Ciudad al norte de Judá y cerca del camino de Jerusalén, cinco kilómetros al sudoeste de Lida. Capturada por los filisteos durante el reinado de Acaz de Judá (2 Cr 28.18).

GINAT Padre de Tibni, el derrotado rival de Omri. Tibni y Omri se disputaron el trono de Israel después de la muerte de Zimri (1 R 16.21-22).

GINETO, GINETÓN Jefe de una familia sacerdoctal que regresó de la cautividad y firmó el pacto con Nehemías (Neh 10.6; 12.4).

GISPA Sirviente del templo con autoridad en tiempos de Nehemías (Neh 11.21). Este nombre quizás sea una variante de Hasufa (Esd 2.43).

GITAIM Aldea de Benjamín hacia la que huyeron los beerotitas (Neh 11.21). Se desconoce su ubicación.

GITTIT Esta palabra, que aparece en los títulos de los Salmos 8, 81 y 84, tiene al menos tres posibles significados:

1. Un instrumento musical usado, o quizás fabricado, en Gat, y que se usaba como acompañamiento al cantar estos salmos.

2. Una «canción de la cosecha» cuya tonada se seguía en la música del templo.

3. La tonada de una marcha militar usada por los guerreros geteos.

GIZONITA Natural de Gimzo (1 Cr 11.34).

GLORIA Expresión de la excelencia del carácter y la perfección de los atributos de Dios, hechos manifiestos en toda la creación (Sal 19.1; Hab 3.3). Esta gloria se revela principalmente en Cristo (Heb 1.3), quien la muestra a los hombres (Jn 1.14): es apreciada en su nacimiento (Lc 2.9,14), su transfiguración (Mt 17.1-8), su muerte (Jn 7.39; 12.23-28; cf. Heb 2.9), su resurrección (Lc 24.26) y ascensión (Hch 3.13; 7.55; 1 P 1.20).

En sentido absoluto solo Dios es glorioso; solo en Él existe la hermosura de la santidad. Sin embargo, se habla, con sentido relativo, de la gloria de los seres humanos (Job 19.9; 1 Co 11.7), que es equivalente a su honor. Por haber sido hecho a imagen y semejanza de Dios, el hombre tiene gloria pero esta es efímera (1 P 1.24).

Gloria es también la → alabanza que se le rinde a Dios, en reconocimiento de su grandeza, bondad y poder. En muchísimas partes

G

Foto de Howard Vos

El edificio restaurado del senado en Roma, en donde los oficiales civiles se reunían para administrar los asuntos del poderoso Imperio Romano.

de la Biblia se exhorta al pueblo de Dios a dar gloria a su nombre (Sal 29.2; 115.1; Flp 4.20; Ap 7.12). Nuestra vida misma, como cristianos, debe ser para la gloria de Dios (1 Co 10.31; 6.20). El estado final de los redimidos se describe como participación en la gloria de Dios, como algo infinitamente superior a lo que experimentamos ahora (Ro 8.18; 1 P 4.13).

La gloria de Dios se vio en el Antiguo Testamento principalmente en el tabernáculo (Éx 40.34,35), en forma de una nube resplandeciente; y en el templo (1 R 8.11; 2 Cr 7.1-3).

En el Nuevo Testamento la fe es una condición indispensable para ver la gloria de Dios (Jn 11.40), la cual debe reflejarse incluso en los miembros y vida humanos (1 Co 6.20).

GNIDO Ciudad en el extremo de la península que lleva el mismo nombre. Está ubicada en el sudoeste de Asia Menor y se adentra 150 km en el mar entre las islas Rodas y Cos. En el viaje a Roma el barco de Pablo pasó «frente a Gnido» (Hch 27.7).

GOA Lugar cercano a Jerusalén, uno de los límites profetizado para la reconstrucción de la ciudad (Jer 31.39). Se desconoce su ubicación exacta.

GOB (*cisterna*). Lugar desconocido donde los israelitas lucharon contra los filisteos (2 S 21.18-19).

GOBERNADOR Traducción en el Antiguo Testamento de una docena de voces hebreas y arameas que se refieren a varias clases de príncipes, oficiales y tenientes. Entre ellas hay términos técnicos, especialmente títulos oficiales persas en Esdras y Nehemías. Se denomina gobernador a José, puesto por Faraón sobre Egipto (Gn 45.8), así como a Nehemías, que gobernaba Judá bajo el rey persa (Neh 12.26). En el Nuevo Testamento gobernador casi siempre es traducción de algún derivado del verbo que significa «dirigir», y por lo general se refiere a los administradores romanos: procuradores (→ Pilato; Félix; Festo) de Judea, que se consideraba una provincia menor no pacificada, cuyo gobernador lo nombraba el emperador;

legados (→ Cirenio) de Siria y procónsules (→ Sergio Paulo de Chipre; Galión de Acaya y los de Asia, Hch 19.38). Para una apreciación general de los gobernadores, véase Mc 10.42.

GNOSTICISMO Doctrina filosófica y religiosa que floreció en el siglo II d.C. Era marcadamente sincretista, o sea, se alimentaba de cualquier pensamiento que le interesara. Por esta razón, cuando entró en contacto con el cristianismo naciente, adoptó en sus diversos sistemas muchas enseñanzas cristianas. Los cristianos se vieron obligados a demostrar que el uso que los gnósticos hacían de algunas enseñanzas cristianas en realidad eran opuestas al evangelio.

Se ha discutido mucho acerca de los orígenes del gnosticismo. Lo más probable parece ser que, debido precisamente a su carácter sincretista, surgió de una combinación de apocalipticismo judío, astrología babilónica, dualismo persa, filosofía platónica y misterios orientales.

El gnosticismo era ante todo una doctrina de la salvación. Según él, la salvación era la liberación del espíritu que está esclavizado debido a su unión con las cosas materiales. El espíritu es una sustancia divina que por alguna razón ha caído y quedado aprisionada en este mundo material. A fin de liberarlo de sus ataduras presentes, y permitirle regresar al lugar que le corresponde, el espíritu debe poseer un conocimiento especial o *gnosis*, palabra griega que quiere decir «conocimiento» y de la cual el gnosticismo deriva su nombre. Puesto que el mundo material, según los gnósticos, incluso el cuerpo humano, es por naturaleza contrario a lo espiritual, no puede pensarse que el mundo sea creación del Dios supremo. Por esta razón los gnósticos desarrollaron diversos sistemas mitológicos con los que trataron de explicar el origen del mundo y la caída de los espíritus.

El primer maestro gnóstico, según los escritores cristianos, parece haber sido → Simón el mago (Hch 8.9-24). Otros gnósticos

dignos de mención son Menandro, Cerinto, Saturnino, Basílides, Valentín y Marción. El gnosticismo floreció en → Alejandría.

Cuando el gnosticismo pretendió ser la correcta interpretación del cristianismo, esto amenazó con desvirtuar la fe cristiana sobre todo en tres puntos básicos: la doctrina de la → creación y el gobierno del mundo por parte de Dios, la doctrina de la → salvación y la cristología (→ Cristo).

En cuanto a lo primero, la oposición radical que el gnosticismo establecía entre lo material y lo espiritual le llevaba a atribuir el origen de este mundo, no al Dios supremo, sino a algún ser inferior. Luego, el mundo resultaba fruto del error o ignorancia de un ser espiritual, más bien que de la voluntad creadora de Dios. Frente a esto, la fe bíblica afirma que este mundo es obra de Dios, quien «vio que era bueno» (Gn 1.4; etc.), y quien gobierna, no solo la vida de los espíritus, sino también todo el curso de la historia humana.

En segundo término, la doctrina gnóstica de la salvación se oponía a la doctrina cristiana. Según el gnosticismo la salvación era la liberación del espíritu divino e inmortal que se halla aprisionado en el cuerpo humano. Este último no desempeña más que un papel negativo en el plan de salvación. Frente a esto, el Nuevo Testamento afirma que la salvación incluye el cuerpo humano y que la consumación del plan de Dios para la salvación de los hombres será la → resurrección del cuerpo.

Por último, el dualismo gnóstico tiene consecuencias devastadoras en lo que a la cristología se refiere. Si la materia, y muy especialmente el cuerpo humano, no surge de la voluntad de Dios sino de algún principio que se opone a esa voluntad, se sigue que este cuerpo no puede ser vehículo de la revelación del Dios supremo. Por tanto, Cristo, quien vino para darnos a conocer a ese Dios, no puede haber venido en un verdadero cuerpo físico, sino solo en una apariencia corporal. Sus sufrimientos y su muerte no pueden haber sido reales, pues es imposible que el Dios supremo se nos dé a conocer entregándose de ese modo al poder maléfico y destructor de la materia. Esta doctrina cristológica recibe el nombre de docetismo, del griego *dokéo* (*parecer*). Frente a esta teoría el Nuevo Testamento afirma que en Jesús de Nazaret (en su vida en un cuerpo físico y material) tenemos la revelación salvadora de Dios.

Por todas estas razones, la mayoría de los cristianos veían en el gnosticismo no una versión distinta de su fe, sino una tergiversación que en realidad negaba esa fe.

Hay varios pasajes en el Nuevo Testamento que parecen haber sido escritos contra el gnosticismo al menos en la forma incipiente que asumió en la era apostólica. Así, por ejemplo, 1 Jn 4.1-3 señala que la distinción entre los espíritus procedentes de Dios y los falsos profetas está en que los primeros confiesan que Jesucristo ha venido en carne. En 1 Jn 2.22, cuando se dice que el mentiroso es el que niega que Jesús es el Cristo, es posible que esto se refiera al gnóstico Cerinto, quien establecía una distinción entre Jesús y Cristo (→ JUAN, EPÍSTOLAS DE). También puede verse una oposición al gnosticismo en → COLOSENSES y el Evangelio de → JUAN.

Bibliografía:

Justo L. González, *Historia del pensamiento cristiano*, Methopress, Buenos Aires, 1965, pp. 148-165. *DBH*, col. 762-767. *EBDM III*, col. 914-923.

GOFER Madera de la que se construyó el arca de Noé (Gn 6.14). No se sabe qué planta sea y toda identificación sugerida es pura conjetura.

GOG (*ornamento de oro*). El nombre de dos hombres en la Biblia.

1. Descendiente de Rubén (1 Cr 5.4).

2. Rey de Magog, «príncipe soberano de Mesec y Tubal» lugares situados al norte de Palestina. Según Ezequiel 38 y 39, Gog celebrará en el futuro una alianza militar para invadir a Palestina. Gracias a la intervención de Jehová, Gog y sus muchos aliados serán totalmente destruidos por fuego en la tierra de Israel. La identificación de Gog y Magog, sin embargo, se complica por dos factores: la dificultad de traducir Ez 38.2 y el lenguaje apocalíptico de Ezequiel. El hebreo reza: «Gog, país de Magog» (¿identificándolos?), y la siguiente frase podría traducirse «príncipe de Ros, de Mesec y Tubal». Algunos intérpretes, tomando en cuenta que Mesec y Tubal se sitúan entre los mares Negro y Caspio (cf. Ez 27.13), identifican a Ros con la tribu de Rus, de Rusia del sur, y a Magog (lugar desconocido, aparentemente identificado como persona en Gn 10.2), con la región nordeste de Asia Menor. Por otra parte, Ezequiel puede haber combinado rasgos de diferentes personajes contemporáneos (por ejemplo, Giges, rey de Lidia) para hacer de Gog el tipo de conquistador bárbaro (cf. Ez 38.5s) que en el futuro habría de atribular a Israel. En tal caso, Magog sería el pueblo que le acompañará y no un país.

El tiempo del cumplimiento de la profecía acerca de Gog y Magog es la segunda parte del problema. La hermenéutica más consecuente señala a un acontecimiento real en el futuro. Algunas interpretaciones: antes del «arrebatamiento» (→ SEGUNDA VENIDA), en la primera mitad de la → TRIBULACIÓN, en la segunda mitad de la tribulación, al principio del → MILENIO, o al final del milenio.

3. Como en la literatura rabínica, en Ap 20.7-9 aparece otra vez el binomio Gog y Magog. Según este pasaje, al fin del milenio Satanás se soltará y saldrá para engañar a las naciones paganas, o sea, a Gog y Magog. Se librará una batalla, mucho más amplia que la de Ezequiel 38 y 39, y las fuerzas divinas consumirán a los enemigos con fuego del cielo. La relación que veamos entre Ezequiel y Apocalipsis dependerá de nuestra comprensión de la profecía de Ezequiel.

Bibliografía:

DBH, cols. 928ss. *LSE, Nuevo Testamento* II, pp. 820-822.

GOLÁN Ciudad de la tribu de Manasés asignada a los hijos de Gersón levita (Jos 21.27), ubicada en Basán al este del mar de Galilea, aunque el sitio exacto es ahora incierto. Era una de las tres ciudades de refugio al este del Jordán (Dt 4.43). La región que posiblemente la circundaba se ha identificado con un altiplano fértil abundante en pasto para rebaños.

GÓLGOTA, CALVARIO (en arameo y hebreo, *cráneo*). Término que aparece dos veces en el Antiguo Testamento con sentido literal, referido al cráneo de Abimelec (Jue 9.53) y a la calavera de Jezabel (2 R 9.35). En el Nuevo Testamento aparece solamente en el relato de la crucifixión (Mt 27.33; Mc 15.22; Jn 19.17). En todos estos pasajes el término griego es *kraníon* (del cual *calvarium* es traducción latina, derivado de *calvan* que significa cráneo) que Lc 23.33 da sin referencia a la forma semítica «Gólgota».

No se sabe el porqué del nombre. La simple conjetura es que el cráneo simbolizaba la muerte en este lugar de ejecuciones. Jerónimo (Comentario sobre Mt 27.33) sugiere que allí había cráneos de personas insepultas, pero esto riñe con la costumbre judía. Además, hay una primitiva leyenda cristiana según la cual el cráneo de Adán se enterró allí (Comentario de Orígenes a Mt 27.33). Todo esto es clara prueba de un esfuerzo teológico por explicar el término.

El sitio del Gólgota también es incierto. Todo lo que se sabe es que estaba fuera de la ciudad, más allá de la segunda muralla (Jn 19.20; cf. Heb 13.12). Debió ser una colina, pues podía verse desde cierta distancia (Mc 15.40) y estaba cerca de un camino (Mc 15.29). Juan añade que una tumba nueva estaba cerca, en un huerto (19.41). Eusebio coloca el Gólgota al norte del monte Sion. Antes del siglo IV los cristianos no mostraron mucho interés en identificar el lugar. Según Eusebio, *ca.* 325, Constantino comisionó al obispo de Jerusalén, Macario, para determinar con certeza el lugar. Después de remover del supuesto lugar un templo de Afrodita, Constantino erigió el templo del Santo Sepulcro. Pero en vista de las operaciones militares de Tito en el siglo I y de Adriano en el II, la identificación del Gólgota es en realidad bastante precaria.

Aunque el llamado «Jardín de la tumba» o «Calvario de Gordon», formación rocosa muy parecida a un cráneo, concuerda con la descripción bíblica, no cuenta con el respaldo de la tradición.

GOLIAT Probablemente un mercenario que servía a los filisteos. Era de extraordinaria estatura a pesar de que su talla era bastante común en la tierra de los filisteos. Las osamentas humanas provenientes del mismo período y halladas en la zona filistea revelan poblaciones de gigantes semejantes a Goliat (→ GIGANTE).

El relato de 1 S 17.5-58 y 21.9 está impregnado de un profundo sentimiento religioso reflejado en la ofrenda que David hace de la espada de Goliat. La mención de Goliat en 2 S 21.19 más bien debe rezar «hermano de Goliat» de acuerdo con 1 Cr 20.5 (→ ELHANÁN).

GOLONDRINA Pájaro pequeño de alas largas y rápido vuelo. La mención en la Biblia incluye varias especies de → PÁJAROS que también vuelan velozmente. Sobre todo se destacan su afán por hacer nido para sus polluelos (Sal 84.3), su chillido agudo (Is 38.14) y el instinto asombroso que posee para distinguir las estaciones (Pr 26.2; Jer 8.7).

GOMER (*completo*). Nombre de un hombre, un pueblo y una mujer.

1. Hijo mayor de Jafet (Gn 10.2,3).

2. Pueblo descendiente de Gomer, hijo de Jafet. Al parecer habitaron al extremo norte, más allá del mar Muerto (Ez 38.6). Probablemente fueron los temidos cimerianos, pueblo que por muchos siglos amenazó la frontera septentrional de Asiria, Babilonia y Lidia (cf. Ez 38.6).

3. Hija de Diblaim y esposa del profeta → OSEAS (caps. 1–3), cuya infidelidad matrimonial sirve de base para el mensaje del profeta.

GOMER (probablemente, *olla pequeña*). Medida para áridos en el Antiguo Testamento. Representaba la décima parte de un efa (aproximadamente 2,2 litros), y se menciona solamente en el relato de la colección del maná (Éx 16.16-36).

GOMORRA → SODOMA.

GORRIÓN Traducción común del término hebreo *tsippor*, el cual remeda en su sonido el chirrido de muchos pajarillos. Designa a más de una especie de pájaros, y aparece más de cuarenta veces en el Antiguo Testamento (Job 41.5; Sal 102.7; etc.). Una mejor traducción sería «pajarillo», porque la principal aplicación de *tsippor* era a las avecillas insectívoras y frugívoras reputadas como limpias, permitidas como alimento (Dt 14.11) y exigidas en la ceremonia de la purificación de los leprosos (Lv 14.4). Además de los gorriones, se incluían también otras avecillas como los tordos, las calandrias y muchos otros.

Las aves abundaban en Palestina y se usaban como alimento ordinario (Neh 5.18); eran baratas. Jesús las usó como ejemplo del cuidado que Dios tiene de su pueblo (Mt 10.29ss; aquí se trata de la voz griega *strouthíon* (*pajarillo*, RV).

GOSÉN (*montículo de tierra*). El nombre de dos territorios y una aldea en el Antiguo Testamento.

1. Distrito en el delta oriental del Nilo en Egipto, donde los hijos de Israel se establecieron en el tiempo de José. Se hallaba al nordeste de On, cerca de Heliópolis, Ramesés y la capital de Egipto (Menfis o Avaris) donde José servía al faraón (probablemente un rey hicso, Gn 45.10; 47.11; Éx 8—10). El Salmo 78.12,43 parece identificarlo con el campo de Zoán. Con sus ricos pastos, Gosén era una región ideal para el ganado y la agricultura (Gn 46.34; 47.1,4, 6,27).

Los israelitas se multiplicaron y prosperaron en gran manera en Gosén (Gn 47.27; Éx 1.17), pero allí también sufrieron serias penalidades antes del éxodo. Dios libró la tierra de Gosén del azote de las → PLAGAS por causa de su pueblo (Éx 8.22; 9.26).

Restos de la Pnyx, en donde se reunía la asamblea democrática de Atenas. Note al frente de la estructura la plataforma del orador en las reuniones públicas.

Foto de Howard Vos

Durante su estadía en Gosén y por el contacto con los egipcios, los israelitas aprendieron algunas artes de la civilización egipcia (Éx 11.2,3; 12.35,36; 31.1-11; 35.10,31-35; Hch 7.22).

2. Distrito en el sur de Palestina (Jos 10.41).

3. Aldea en el sur de Palestina (Jos 15.51).

GOZÁN Ciudad asiria situada en la región superior de Mesopotamia, a orillas del río del mismo nombre (o Habur, según NBD). Las excavaciones han demostrado la existencia allí de una antiquísima y próspera civilización durante el quinto milenio a.C. Los textos bíblicos refieren que en el año noveno de Oseas, rey de Israel, los habitantes del reino del norte fueron deportados a esa región. Esto se ha confirmado por las tablillas descubiertas allí (2 R 17.6; 18.11; 19.12; 1 Cr 5.26; Is 37.12).

GOZO Alegría permanente que tanto el individuo que cree en Cristo, como toda la Iglesia están llamados a experimentar. No es simplemente una emoción, sino una calidad de vida basada en la eterna y segura relación del hijo de Dios con su Padre Celestial.

El culto del Antiguo Testamento rebosaba de gozo y este se expresaba en fiestas y tumultuosas celebraciones (Dt 16.8ss; 1 S 18.6; 1 R 1.39s). El salterio hebreo es una clara muestra del gozo centrado con frecuencia en el templo (cf. Sal 16.8s; 42.4; 43.4; 81.1).

En el Nuevo Testamento el evangelio se proclama con gozo. Ocasiones como el nacimiento de Jesús, su entrada triunfal a Jerusalén, y su resurrección, se destacan en un marco de gozo (Lc 2.10; Mc 11.9s; Lc 19.37; Mt 28.8).

El gozo cristiano es tan inclusivo y permanente que puede sentirse al descubrir la voluntad de Dios (Mt 2.10), al sacrificarse por causa de Cristo (Mt 13.44), al testificar por Cristo (Lc 10.17) o al tener con Él un encuentro personal (Lc 24.52). En realidad, Jesucristo mismo en su último discurso a sus discípulos reiteró la promesa del cumplimiento de su gozo en ellos (Jn 16.24).

Cementerios, como este en el valle de Cedrón fuera de Jerusalén, siempre estuvieron localizados fuera de la muralla de la ciudad.

GRACIA Aunque en la Biblia la gracia es fundamentalmente un atributo de Dios (1 P 5.10) y la mención más usual es la «gracia de Dios» (Hch 14.26; 20.24; 2 Co 8.1; Col 1.6; 2 Ts 1.12; Tit 2.11), en algunos pasajes es también una virtud humana (Pr 1.9; 3.22; 31.30; Nah 3.4). En ocasiones, gracia tiene la significación particular de una ofrenda (2 Co 8.19, RV-1909) y en plural expresa una acción de gratitud (1 Ti 4.4; Heb 12.28, VP).

Como el atributo inseparable de Dios, la gracia no existe independientemente, como si fuese una entidad por sí sola. Debe eliminarse toda imagen que se la figure como una especie de sustancia, pues es la actitud de Dios hacia el hombre. Es la generosidad o la magnanimidad de Dios hacia nosotros, seres rebeldes y pecadores. En el Antiguo Testamento es la traducción de una palabra que también se entiende como «favor» (Os 14.4), pero, aun sin emplear el término, el concepto impregna toda la Biblia, y entrelaza ambos Testamentos en completa unidad más que ninguna otra idea (Dt 7.7; 8.14-18; 9.4-6; Sal 103.4,10; Jon 4.2).

En el Nuevo Testamento la gracia está centrada en la persona de Jesucristo (Jn 1.14-17; Ro 5.15; 1 Co 1.4; 1 Co 8.9; Ef 4.7; 1 Ti 1.14; Heb 2.9; 1 P 1.13). Él es la gracia de Dios, manifestada por acción de la voluntad divina, y las Escrituras afirman resueltamente que el hombre no puede hacer nada para merecerla (Ro 3.27, 11.6; Gl 2.21; 3.11; Ef 2.4-10), sin que esto, por supuesto, signifique abolición de la Ley. Estos mismos pasajes también insisten en la importancia de las buenas obras (Ef 2.4-10; Tit 2.11-14; 3.4-8). Estas no son causa sino consecuencia de la gracia de Dios, a pesar de lo ilógico que resulte esta doctrina para el orgullo del hombre natural.

La gracia posibilita la fe, que es la respuesta agradecida a la iniciativa de Dios. La fe es la aceptación de la gracia de Dios, pero a esta no la provoca aquella, pues es don de Dios para salvación (Hch 15.11; Ro 4.13-16; Ef 1.7; 2.8; 1 P 1.10). Toda la idea neotestamentaria de la redención y salvación gira en torno a la gracia de Dios manifestada en la vida, obra, muerte y resurrección de Cristo. Es la base de nuestra justificación (Ro 3.24; Tit 3.7), la verdadera buena nueva y la esencia misma del evangelio (Hch 20.24). Por esa gracia, Dios nos reconcilia consigo mismo en la cruz (2 Co 5.14-21).

La vida cristiana en su totalidad está contenida en la gracia de Dios. La santificación crecimiento y maduración del creyente no se efectúa como una etapa posterior e independiente de la recepción de la gracia, sino dentro de ella (Hch 13.43; 2 Ti 2.1; 2 P 3.18). La vida cristiana está orientada por la gracia (2 Co 1.12), así como ha sido emancipada por ella de la sujeción penosa de la Ley (Ro 6.14). Esta gracia es para el hombre de fe la fuente de consuelo en sus tribulaciones (2 Ts 2.16s) y de esperanza y aliento en toda su acción; conforma con características especiales toda la vida (Mt 10.8b; 2 Co 8.1,2) y en las horas de crisis es socorro oportuno (Heb 4.16). Tanto la vocación a la vida cristiana como al servicio dentro de ella, es obra de la gracia (Gl 1.6,15; 2 Ti 1.9).

Caracteriza a la gracia su abundancia suficiente para toda emergencia y para toda necesidad y situación (Hch 4.33; 6.8; 11.23; Ro 5.17,20; 2 Co 4.15; 9.8,14; Ef 1.6; 2.7). Proviene del amor sin límites del Padre celestial.

Ser objeto de la gracia es un privilegio, y por consiguiente una responsabilidad. No podemos apoderarnos de la gracia como si fuera nuestro derecho, pero es posible oponer resistencia y perder así los beneficios que nos ofrece (2 Co 6.1; Gl 5.4; Heb 10.29; 12.15; Jud 4). Tenemos la obligación de administrar la gracia (Ef 3.2; 1 P 4.10).

Nuestra vocación cristiana en general, y la vocación a un ministerio particular son obra de la gracia (Hch 14.26b; Ro 1.5; 1 Co 3.10; Ef 3.8). Para cumplir ese ministerio la gracia nos brinda los dones (gracias o carismas) particulares que necesitamos (Ro 12.6; Ef 4.7). Fue por toda la importancia de la gracia por lo que siempre se incluyó en los saludos y bendiciones cristianas (Ro 1.7; 16.24; 1 Co 1.3; 2 Co 1.2; 13,14; Gl 1.3; Ef 6.24; 2 Ts 1.2; etc.).

GRAMA → Hierba.

GRANA Color rojo subido (Gn 38.28; Lv 14.4; Jos 2.18). Es el vocablo que se usa corrientemente en RV (excepto en Ap) en lugar de los sinónimos escarlata o carmesí (cf. Is 1.18). La Biblia llama grana a las telas teñidas con este color (Jer 4.30; Nah 2.3). (→ Colores; Escarlata.)

GRANADA Fruta abundante en Canaán y muy apreciada por los israelitas (Nm 13.23; Dt 8.8; Jl 1.12). Es redonda y su interior está lleno de granitos rojos y dulces. La figura de la granada sirvió como adorno en las vestiduras sacerdotales (Éx 28.33,34; 39.24,25) y en las columnas del templo de Salomón (1 R 7.18; 2 Cr 4.13).

GRANERO Lugar empleado para guardar los cereales en grandes cantidades. Para este fin también se usaban cántaros grandes (1 R 17.12) y cuartos en los altos de las casas. Había casas dedicadas solamente al almacenaje de granos (Dt 28.8; Jl 1.17; Hag 2.19; Mt 3.12; Lc 12.18).

Los «tesoros del rey» eran enormes graneros (1 Cr 27.25) que abastecían a sus muchos empleados (2 Cr 16.4); constituían «ciudades de aprovisionamiento» como en el caso de Salomón (2 Cr 8.4). En Meguido se han descubierto cisternas de veinticinco pies de diámetro con doce pies de profundidad que servían como granero. Tenían gradas a ambos lados para facilitar a los cargueros subir y bajar consecutivamente. En tiempos turbulentos se usaban «depósitos» y pozos para esconder los comestibles (2 S 17.18; 2 Cr 32.28).

GRANIZO Elemento natural que en el contexto bíblico siempre aparece como un instrumento de juicio y castigo divinos. Las tormentas de granizo siempre van acompañadas de otros fenómenos naturales tales como relámpagos y truenos (Éx 9.23; Ap 11.19), tempestades (Ez 13.11; Is 28.17), nieve (Job 38.22) y fuego (Éx 9.23;

Sal 105.32) que son también manifestaciones del poder y la ira de Dios (Is 30.30; Hag 2.17).

El granizo se escogió como la séptima plaga de Egipto (Éx 9.13ss) y para derrotar a un ejército amorreo (Jos 10.11). Además, se usa la figura del granizo para profetizar juicios terribles (Is 28.2; Ap 8.7; 16.21).

GREBA Pieza de la armadura antigua, que cubría la pierna desde la rodilla hasta la garganta del pie.

G

GREMIOS Sociedades de artífices. Se organizaban principalmente con el propósito de intercambio social (Hch 19); por tanto, sus funciones no eran como las de los gremios actuales.

GRECIA Península de Europa oriental, limitada por los mares Jónico al oeste, Mediterráneo al sur y Egeo al este.

En el Antiguo Testamento

Las pocas referencias a Grecia en el Antiguo Testamento son indirectas y revelan la brecha existente entre la civilización semítica y la indoeuropea. La mayor parte de los comentaristas consideran a → Javán, hijo de Jafet (Gn 10.2), como progenitor de los pueblos que poblaron la península helénica. Las referencias a Javán en Is 66.19 y Ez 27.13,19 pueden entenderse así (cf. nuestra designación «los jonios»), y parecen incluir no solamente a Grecia sino también al Asia Menor Occidental y a las islas intermedias. Otros han visto referencias a Grecia en → Gog y Magog, los → filisteos, las islas y el reino del norte.

Daniel predijo la dominación del Imperio Grecomacedonio (Dn 7.6; 8.5,21; 10.20; 11.2), Zacarías (9.13) predijo el triunfo de los macabeos sobre sus opresores grecosirios e Isaías (66.19) habló de los futuros misioneros judíos que irían a Grecia (Javán). Los griegos aparecen en Joel 3.6 como compradores de esclavos y viven muy lejos de Judá.

En el Nuevo Testamento

Cuando Lucas y Pablo contraponen «griegos» a «judíos», el contexto anterior se refiere a gentiles en general (Hch 18.17; Ro 1.16; 1 Co 1.22ss), pero cuando el contraste es con «bárbaros», «griegos» designa a los que hablan griego y gozan de la cultura helénica (Ro 1.14; Col 3.9ss). En ambos casos, «griegos» son ante todo los nacidos en Grecia y después los civilizados a la griega. No obstante, cuando Marcos habla de una mujer «griega y sirofenicia» (7.26) usa el término «griega» en un sentido cultural, no etnográfico, y designa simplemente a una que hablaba el idioma (cf. Mt 15.22; donde se le llama «mujer cananea»).

En Juan 7.35 «los griegos» son gentiles paganos del Imperio Romano que tienen una cultura helénica. Un grupo particular de estos, que se han hecho → PROSÉLITOS, aparece en Jn 12.20 (cf. Hch 17.4 y otros pasajes de Hch). En cambio, comúnmente «griegos» se refiere también al judío helenizado, o sea, al que aunque era racialmente judío había adoptado la cultura griega o helénica en vez de la hebrea.

Geográficamente, el Nuevo Testamento distingue entre Grecia y Macedonia (Hch 20.1-3). El territorio de Grecia abarca la provincia romana de → ACAYA, que estaba al sur de Macedonia e incluía las conocidas ciudades de Atenas y Corinto. Aquella era el centro filosófico religioso, mientras esta sobresalía como centro comercial y era la sede del procónsul romano (Hch 18.12).

Historia de Grecia

A partir de *ca.* 3000 a.C. la península la habitaban los egeos, pero desde 2000 en adelante la poblaron cuatro tribus llamadas «griegas» (los acayos, los dorios, los jonios y los etolos). Cada tribu luchaba por su propio territorio y nunca llegaron a la unidad política, lo cual estableció una desafortunada tradición griega de desunión y rivalidad que siglos después impidió la formación de un Imperio Griego similar a los de Egipto, Persia y Roma. La única unidad la impuso en

Restos del Erecteón, un templo dedicado a la adoración de la diosa pagana Atenea, en Atenas.

Grecia el conquistador Felipe el macedonio, en 338 a.C., y la mantuvo su hijo, → ALEJANDRO MAGNO. Sin embargo, después de la muerte de este último (323 a.C.), el gran imperio conquistado por Alejandro se dividió entre sus cuatro generales. Los romanos conquistaron Macedonia en el 198 a.C. y a Grecia en 146 a.C. Luego se establecieron las dos grandes provincias romanas, Macedonia y Acaya, territorios que aún existían en la época neotestamentaria.

Sin embargo, la conquista política no constituyó para Grecia una conquista cultural. La cultura griega, comúnmente conocida como «helenismo», más bien conquistó a los conquistadores. El idioma, la literatura, la filosofía y la terminología religiosa de los griegos penetraron en todo el Oriente, especialmente en Egipto, Siria y Asia Menor. Como resultado, el mundo se preparó para la venida de Cristo y la predicación del evangelio. El griego, como idioma casi absoluto en la cuenca mediterránea, llegó a ser el idioma usado en la escritura del Nuevo Testamento.

Pablo y sus colaboradores llevaron el evangelio a Grecia, según Hch 17–18. En Macedonia fundaron iglesias en → FILIPOS, → TESALÓNICA y → BEREA, y luego en Acaya en las ciudades de → ATENAS, → CORINTO y → CENCREAS.

Bibliografía:
EBDM IV, cols. 963-969,971ss.

GRIEGO Idioma en que se escribió el Nuevo Testamento. El rey de Macedonia, → ALEJANDRO MAGNO, abrió un área enorme a la influencia de la cultura griega cuando, entre 334 y 320 a.C., marchó hasta la frontera de la India e introdujo como medio de comunicación el idioma de Aristóteles y Plutarco en muchos pueblos que solo conocían sus lenguas particulares. Militares, comerciantes y obreros se servían de la nueva lengua, modificándola con expresiones vernáculas. Tal vehículo de relaciones humanas recibió el nombre de *koiné* o lenguaje cotidiano y por ende común.

Un grupo de judíos helenizados tradujo al griego *koiné* el Antiguo Testamento *ca.* 250 a.C. en Alejandría, capital de Egipto (→ VERSIONES). Esta versión de los «setenta intérpretes» (la LXX) expresó, entonces, en lengua vulgar, los términos religiosos y éticos de los hebreos, cuya civilización era tan distinta (→ GRECIA). Para tal efecto, crearon locuciones con sabor hebreo, por ejemplo, «toda carne» y «fruto de las entrañas», y en vocabulario y sintaxis enriquecieron la lengua franca.

El mismo proceso continuó en el Nuevo Testamento. Jesús supo hablar arameo y griego porque Galilea era bilingüe, necesitó del griego en Tiro, Sidón y Decápolis y frente a Pilato. A su vez, los apóstoles, galileos todos, tradujeron su mensaje al *koiné* cuando salieron de Judea; desde un principio la iglesia de Jerusalén era bilingüe (Hch 6.1) y esto facilitaba esta traducción. El estilo de los libros del Nuevo Testamento es variadísimo, y oscila entre lo literario pulido de Santiago, Lucas, Hechos, Hebreos y 1 Pedro; lo vernáculo de Pablo, lo sencillo y solemne de Juan y lo dificultoso de Apocalipsis. Es muy posible que de todos los autores solo los de la primera categoría (o sus amanuenses) usaran el griego como lengua materna; los demás «piensan en semítico» aun cuando escriben en griego.

El Imperio Romano, aunque heredó militarmente las regiones conquistadas por Alejandro, fue conquistado culturalmente por el helenismo. Por tanto, cuando *ca.* 57 d.C. Pablo quiso enviar una carta a los creyentes de Roma, la capital del mundo, la escribió en griego y no en latín. El *koiné*, cuya historia se extiende hasta 500 d.C., es el idioma de toda la literatura cristiana, aun en el Occidente, hasta 225. Es un factor más en la preparación del mundo para la venida de Jesucristo (Gl 4.4), y un instrumento sutil para la expresión adecuada de la Palabra de Dios.

Bibliografía:
DBH, cols. 779-783; I. Errandonea, *Epítome de gramática griego-bíblica*, Barcelona, 1950; E.

Eseverri, *El griego de San Lucas*, Pamplona. Pampilonensia, 1963.

GROSURA Capa de sebo alrededor de los riñones y otras vísceras de animales sacrificados. La Ley Mosaica prohibía el uso de la grosura como alimento, habiéndose de quemar en sacrificio a Dios (Lv 3.17; 4.31). En sentido figurado, la grosura puede significar algo más que lo esencial; de ahí la abundancia de la provisión divina (por ejemplo: «Dios, pues, te dé ... grosura de la tierra», Gn 27.28), como también el símbolo de la buena vida egocéntrica (Ez 39.19).

GRULLA Traducción de la voz hebrea *agur*, a veces mal traducida «golondrina». Posiblemente Is 38.14 y Jer 8.7 se refieren específicamente a la grulla númide, ave migratoria de alas largas, hasta de un metro de envergadura, y de un color gris azulado. Al acercarse el invierno, la grulla emprende su vuelo migratorio hacia climas más benignos.

GUARDA, GUARDIA Individuo o grupo de individuos que brindaban protección especial al rey o lo defendían cuando era necesario. Comúnmente era un cuerpo de soldados. Potifar era el capitán de la guardia de Faraón (Gn 37.36; 40.3), David de la de Saúl (1 S 22.14, BJ), Benaía de la de David (2 S 23.22s), y Nabuzaradán de la de Nabucodonosor (2 R 25.8). Estos términos también se refieren a vigilantes de ciudades (Neh 7.3; Cnt 3.3), de puertas (Neh 11.19), de concubinas (Est 2.14), de casas (Ec 12.3) y de cárceles (Hch 12.6,19).

En la época novotestamentaria el orden del templo lo mantenía una policía especial, llamada «la guardia del templo» (Lc 22.4,52; Hch 4.1; 5.24,26). Marcos llama *speculator* (palabra tomada del latín, *vigilante, verdugo*) al guarda que decapitó a Juan el Bautista (6.27, griego).

GUARNICIÓN Puesto militar o cuerpo de soldados estacionado generalmente en una frontera, o en un punto estratégico, por razones de defensa. En el siglo X a.C. los filisteos tenían guarnición en el propio territorio judío: en → «Gabaa de Dios» (1 S 10.5 VM), → Geba (1 S 13.3, VM) y Belén (2 S 23.14). Cuando David se hizo fuerte puso guarnición en Siria de Damasco (2 S. 8.6) y en Edom (2 S 8.14).

GUERRA A lo largo de toda su historia antigua Israel se vio envuelto constantemente en guerras provocadas por su estratégica posición geográfica en el camino entre

Mosaico de un arquero, descubierto en la antigua Susa. Quizás se trata de un soldado profesional en el ejército persa.

Foto de Howard Vos

Foto de Gustav Jeeninga

Herodes el Grande, temiendo una revuelta judía, construyó varias fortalezas militares en Palestina, como esta, Maqueronte, localizada en la Transjordania.

África, Asia y Europa, por su misión como pueblo de Dios que le apartaba de los demás pueblos y por su reducido tamaño que le hacía vulnerable a los ataques de los grandes imperios. La guerra figura entre los malos frutos de la caída y es una de las manifestaciones más sorprendentes del pecado (Gn 6.1-11; Is 9.5), pero a veces es inevitable debido a los ataques enemigos.

Las guerras de Israel

La historia de Israel como pueblo se inicia con su guerra de conquista de la tierra prometida. El pueblo recién liberado de Egipto encuentra ciudades fortificadas y un enemigo con armas militares superiores. Esta conquista se relata en Josué.

Una vez establecidos en la tierra de promisión, los israelitas tuvieron que luchar para que sus vecinos no los liquidaran. El libro de los jueces presenta esta época. No había ejército permanente. Según la necesidad, Dios llamaba a un juez o jefe militar para guiar a su pueblo.

Fue el rey Saúl el que empezó a tener un pequeño ejército permanente, pero dependía de milicianos que servían únicamente en tiempos de peligro nacional. Más tarde David y Salomón, con un ejército profesional permanente, siguieron una política expansionista; ambos dependían de generales y sus ejércitos. Salomón inició el uso de la caballería, pero a pesar de esto, la fuerza militar israelita no era preponderante.

Durante el período intertestamentario surgió el dominio de los griegos y, como consecuencia, se produjo la guerra (o guerrilla) de los → MACABEOS, familia judía que lideró al pueblo y obtuvo temporalmente la independencia para su patria, hasta que los romanos extendieron su imperio a la Tierra Santa. La historia de Israel es una crónica de guerra; por cierto que una obra clásica del historiador Josefo lleva por título *Las guerras de los judíos*.

Actitud bíblica hacia la guerra

Al principio la guerra en las Escrituras parecía tener significado religioso; se creía que al guerrear, los israelitas obedecían la voluntad de Jehová (Dt 20.1-4). Dios se conocía como un «varón de guerra» (Éx 15.3; Is 42.13) y se consideraba como «capitán» del ejército (2 Cr 13.12; 20.17). Se invocaba su nombre en el grito de guerra (Jue 7.18,20). Prácticamente ningún pueblo de la antigüedad, incluyendo a los judíos, salía a la guerra sin alguna señal de aprobación divina. Durante el tiempo de los profetas, la guerra muchas veces constituía un castigo divino, mientras que la paz se interpretaba como manifestación del favor divino (Jer 16.5).

Si bien el Nuevo Testamento no condena la guerra explícitamente, sí instituye principios tendientes a eliminarla (Lc 10.27; Stg 4.1-3) y exalta la → PAZ como estado deseable (Mt 5.9; 1 Ti 2.2) y fruto del Espíritu de Cristo (Jn 14.27; Gl 5.22), el Príncipe de paz (Is 9.6).

Tácticas e instrumentos bélicos

Entre los pueblos de la Biblia se realizan ataques fronterizos para castigar, vengarse, robar o capturar esclavos. Se utilizaban estrategias como la emboscada, las batallas campales y la guerrilla; los vencedores se repartían los → DESPOJOS (1 S 17.53ss). Los soldados iban armados de → ARCOS y flechas, lanzas, espadas, hondas, escudos, cotas, yelmos, protectores de los muslos y otra armadura. Desde el tiempo de Salomón se empleaban carros y caballos.

Uso figurado

«Jehová de los ejércitos» es un título que se usa para expresar el poder de Dios. Pablo emplea figuras de la guerra para hablar de nuestra batalla contra las huestes del diablo (1 Co 16.13; Ef 6.11-18; 2 Ti 2.3,4). La verdadera lucha es espiritual (2 Co 10.4) y su campo de batalla está en los cielos (Ap 12.7). El cristiano debe ser buen soldado y pelear una buena batalla (1 Ti 1.18; 2 Ti 2.3, etc.).

GUNI Nombre de dos hombres en el Antiguo Testamento.

1. Hijo de Neftalí y fundador de los gunitas (Nm 26.48; 1 Cr 7.13).

2. Padre de Abdiel (1 Cr 5.15).

GUR Collado cercano a Ibleam, donde los arqueros de Jehú mataron a Ocozías, rey de Judá (2 R 9.27).

GUR-BAAL Lugar desierto, quizás una aldea, habitada por los árabes. Uzías, rey de Judá, los nombró como parte de sus conquistas.

GUSANO Científicamente es un invertebrado del orden de los anélidos, pero por la forma de su cuerpo, compuesto por anillos, el nombre se generaliza a las larvas de ciertos insectos, por ejemplo, la → ORUGA de la langosta, la larva de la mosca, → POLILLA, etc. En la Biblia predomina este uso popular. Tres palabras hebreas traducen gusano y de estas una se refiere a la larva de una pequeña mariposa (Is 51.8), y las otras a larvas de insectos (Éx 16.20-24; Dt 28.39; Job 7.5; 21.26; 24.20; 25.6; Is 14.11; cf. Hch 12.23; Jon 4.7).

El gusano simboliza lo despreciable y ruin (Job 25.6; Sal 22.6; Is 41.14). Por su relación con cadáveres es figura del tormento eterno (Is 66.24; Mc 9.44,48).

HABACUC Autor del libro de Habacuc. Algunas tradiciones carentes de base histórica lo relacionan con el hijo de la mujer sunamita (2 R 4.16), con el centinela de Isaías 21.6 o con el profeta que llevó alimentos a Daniel en el foso de los leones (Dn 14.33-39, apócrifo).

HABACUC, LIBRO DE Pequeño libro del Antiguo Testamento, catalogado entre los profetas menores, que aborda el problema del mal y el sufrimiento humano.

Estructura del libro

Habacuc consiste de tres discursos.

Primer discurso (1.1-11)

En el primer discurso el profeta presenta una queja contra la injusticia que impera en su pueblo y Dios responde con la promesa de juicio inminente. El profeta queda sorprendido, sin embargo, cuando entiende que será Babilonia, capital del impío Imperio Caldeo, el instrumento de juicio. Esta confusión establece el marco para el diálogo subsiguiente.

Segundo discurso (1.12–2.20)

El segundo discurso contiene la oración de Habacuc con sus preguntas respecto a la justicia de Dios (1.12-17), instrucciones de Dios para el profeta (2.1-3), y una doble respuesta de Dios en cuanto a la responsabilidad del justo (2.4-5) y el juicio que padecerá Babilonia (2.6-20). Esta última sección presenta «la canción de los cinco ayes» contra la antigua potencia (2.16-19).

Tercer discurso (cap. 3)

El último discurso de la obra, que se presenta en forma de salmo, incluye una oración de Habacuc pidiendo misericordia (3.1-2), una reflexión sobre el poder de Dios para librar del mal (3.1-15), y una afirmación de la confianza que Habacuc deposita en su Dios a pesar de las circunstancias (3.16-19).

HABACUC:
Un bosquejo para el estudio y la enseñanza

I. **Las preguntas de Habacuc** . . . . **1.1—2.20**
   A. La primera pregunta 1.1-4
   B. La primera respuesta de Dios 1.5-11
   C. La segunda pregunta de Habacuc. . . . . 1.12—2.1
   D. La segunda respuesta de Dios 2.2-20
II. **La alabanza de Habacuc** **3.1-19**
   A. Habacuc ora por la misericordia de Dios 3.1-2
   B. Habacuc recuerda la misericordia de Dios . . . 3.3-15
   C. Habacuc confía en la salvación de Dios. . . 3.16-19

Varios autores consideran que este himno se compuso después que el resto del libro, pero desde el punto de vista narrativo es parte integral de Habacuc.

Autor y fecha

No sabemos mucho de → HABACUC aparte de que en 1.1 y 3.1 se le llama «el profeta». Se pudiera deducir de 3.19 que era músico y quizás miembro del coro del templo, aunque no se puede afirmar con certeza.

Ha habido discusión en torno a la fecha de la profecía de Habacuc, pero si la palabra «caldeos» en 1.6 es correcta, debemos fechar la profecía alrededor de 600 a.C., tiempo cuando los caldeos derrotaron a Egipto y marcharon contra → JOAQUÍN de Judá.

Marco histórico

El libro de Habacuc pertenece a esa era turbulenta en la historia antigua en la que el balance de poder estaba pasando de Asiria a Babilonia. La dominación asiria terminó cuando el ejército invasor babilonio destruyó Nínive en 612 a.C. Menos de veinte años después que Habacuc escribiera este libro, los babilonios destruyeron también a Jerusalén y se llevaron cautivos a los principales ciudadanos de Judá. Dios utilizó a esta nación pagana para castigar la infidelidad y la idolatría del pueblo del pacto.

Aporte a la teología

Se ha dicho (y con razón) que el mensaje de Habacuc se encuentra en la respuesta de Dios. Quizás sería más correcto decir que el mensaje de Habacuc se encuentra en el diálogo a veces agónico de un hombre con la divinidad. Es decir, el mensaje surge del camino que recorre el profeta hasta llegar a la paz de la fe (3.17-19). Habacuc sienta un precedente para la discusión sobre lo incongruente de un Dios justo y soberano que, sin embargo, permite la injusticia que se observa en la historia humana. Es difícil para quienes intentan ser fieles al Dios del éxodo entender cómo se logra la justicia con la participación de los injustos.

Habacuc afirma que a la larga esta injusticia no está desprovista de graves consecuencias. La canción de los cinco ayes deja en claro que quienes amontonan riquezas que no les pertenecen, que lo hacen de manera injusta y hasta derramando sangre inocente, que lucran usando mano de obra barata sin considerar la calidad de vida de los trabajadores, que destruyen el medio (tierra, flora y fauna) en su afán por obtener riquezas, tarde o temprano serán víctimas de su apetito desmesurado.

En esencia, Habacuc se enfrenta al problema de cómo actúa Dios en la historia humana. No propone respuestas claras, pero sí una actitud amplia, paciente, dispuesta a esperar activamente a que se establezca el reinado de Dios. Entre los manuscritos descubiertos hace varias décadas en las cuevas del mar Muerto se halla uno de Habacuc (con un comentario interpretándolo a la manera de la secta judía de → QUMRÁN). Aunque no aporta ningún dato de importancia a nuestro conocimiento del texto, ilustra cómo los fieles de otro tiempo actualizaron el mensaje de Habacuc en su contexto.

Otros puntos importantes

La Reforma de Martín Lutero recibió la influencia del libro de Habacuc. En sus estudios de Romanos y Gálatas, Lutero redescubrió la doctrina bíblica de que el justo vivirá por la fe. Pero la famosa declaración paulina de que «el justo por la fe vivirá (Ro 1.17) es una cita directa de Habacuc 2.4. Podemos entonces afirmar que en este pequeño libro profético del Antiguo Testamento encontramos la semilla del glorioso evangelio de nuestro Señor y Salvador Jesucristo.

Bibliografía:

A.G. Nute, *International Bible Commentary*, F.F. Bruce (editor), Marshall Morgan & Scott Publications Ltd., Hants, England, 1986. John Drane, *Old Testament Faith: An Illustrated Documentary*, Harper and Row Publishers, New York, 1986. R. DeVaux, *Ancient Israel*, 1965. María

Eszenyei Szeles, «Habakkuk and Zephaniah», *International Theological Commentary*, Holmgren y Fredrick, G.A.F. Knight, editores, Eerdmans, Grand Rapids, MI, 1985. Andrew Hill y John H. Walton, *A Survey of the Old Testament*, Zondervan Publishing House, Grand Rapids, MI. Alonso Schokel, *Los Profetas*, Ediciones Sígueme, Salamanca, 1991.

HABA Leguminosa comestible común que figura entre los alimentos enviados al fugitivo rey David (2 S 17.28). También forma parte de la lista de elementos necesarios para hacer el pan ordenado por Ezequiel cuando predijo el sitio de Jerusalén (Ez 4.9).

HABAÍA Padre de una familia judía que no se encontró en el registro de genealogías (Esd 2.61-62; Neh 7.63).

HABASINÍAS Abuelo de Jaazanías, líder de los recabitas, que vivió en tiempos de Jeremías (Jer 35.3).

HABOR Río de Mesopotamia cuyo nombre actual es Habur. Después de bañar la provincia de Gozán, desemboca en el Éufrates. Se menciona en relación a la deportación de los israelitas por los asirios, ocurrida en 722 a.C. (2 R 17.6; 18.11; 1 Cr 5.26).

HACALÍAS Padre de Nehemías, gobernador de Israel después de la cautividad (Neh 1.1; 10.1).

HACATÁN Padre de Johanán, quien volvió de la cautividad con Esdras (Esd 8.12).

HACMONI Padre de Jehiel y Jasobeam (1 Cr 27.32).

HACUFA Antepasado de una familia de Nefusim (sirvientes del templo) que volvió de Babilonia con Zorobabel (Esd 2.51).

HADAD Deidad de Siria, cuyo nombre significa «atronador». Era el equivalente de Baal, el dios amorreo de las tormentas. Se conoce un templo de Hadad en Alepo. En el Antiguo Testamento, Hadad es el nombre de tres gobernantes edomitas:

1. Rey de Edom, en Avit, quien derrotó a los madianitas «en el campo de Moab» (Gn 36.35).

2. Rey oriundo de Pai, que sucedió a Baal-hanán (1 Cr 1.50).

3. Adversario de Salomón, que siendo príncipe edomita, huyó a Egipto durante el reinado de David (1 R 11.14-22). También Hadad era el nombre del octavo hijo de Ismael y, por tanto, nieto de Abraham (Gn 25.15, RV-1909; 1 Cr 1.30; Hadar, en RV-1960).

HADAD-EZER (*Hadad es ayuda*). Rey de Seba de los → SIRIOS, derrotado por David (2 S 10.16,19; 1 Cr 18.3-5,7-10; 19.16-19). Era el rey más poderoso de su época y extendió su dominio hasta la región superior del Éufrates.

El Antiguo Testamento menciona tres batallas entre David y Hadad-ezer (2 S 8.3-8; 10.6-14; 10.15-18). David logró ocupar a Damasco e impuso tributos a Hadad-ezer. Así obtuvo el control sobre la región de Transjordania y el comercio de allí. Al final, los aliados de Hadad-ezer «hicieron paz con Israel y le sirvieron» (2 S 10.19).

HADAD-RIMÓN Hadad y Rimón eran dos dioses sirios. En Zac 12.11 se mencionan combinados como el nombre de un lugar del valle de Meguido adonde se iba a orar. Fue aquí donde Faraón Necao de Egipto derrotó y mató al rey Josías de Judá (2 Cr 35.24). Muchos eruditos creen que el nombre se refiere al dios cananeo de la vegetación, pues Hadad y Rimón eran dioses paganos de los sirios.

HADASA Nombre de una aldea y una reina en el Antiguo Testamento.

1. Aldea de Judá (Jos 15.37).

2. Nombre hebreo de Ester (Est 2.7). Algunos eruditos, sin embargo, lo consideran un título (*novia*) que se le dio (un título que también se le daba a Istar o Astoret, diosa

H

de la fertilidad de los babilonios) cuando se convirtió en reina. Ester podría entonces ser la forma hebrea de Istar.

HADES Transcripción de una palabra griega empleada en la LXX para traducir el vocablo hebreo → Seol, morada de los muertos, buenos y malos sin distinción.

Al Hades se le conceptúa como debajo de la tierra (Mt 11.23; Lc 10.15); se entra a él a través de puertas que simbolizan el poder de la muerte (Mt 16.18). Se menciona en relación con la muerte de Jesucristo (Hch 2.27, 31; cf. Sal 16.10). Como consecuencia del desarrollo doctrinal en los últimos libros del Antiguo Testamento, el concepto del Seol se bifurcó, y el Hades llegó a referirse al lugar de oscuridad y sufrimiento reservado para los impíos (→ Hinom, infierno, Lc 16.23), mientras → seno de Abraham y → paraíso indicaban el destino de los piadosos. Relacionado íntimamente con la → muerte, el Hades casi se personifica en Ap 1.18; 6.8; 20.13s (cf. 1 Co 15.55).

HADID Aldea de Benjamín nombrada junto a Lod y Ono como un lugar habitado por los benjamitas después de la cautividad. Se encuentra a cinco kilómetros aproximadamente de Lida (Esd 2.33).

HADLAI Padre de Amasa el príncipe de la tribu de Efraín (2 Cr 28.12).

HADRAC Ciudad estado en la región norte de Siria (Líbano) mencionada con Damasco y Hamat (Zac 9.1).

HAFRAIM Ciudad en la frontera de Isacar (Jos 19.19).

HAGAB Padre de una familia de Nefusim (sirvientes del templo) que volvió a Jerusalén después de la cautividad (Esd 2.46).

HAGABA Padre de una familia de Nefusim (sirvientes del templo) que volvió a Jerusalén después de la cautividad (Esd 2.45).

HAGEO (*festival* o *mi fiesta*). El décimo de los Profetas Menores.

Estructura del libro

El libro consta básicamente de cuatro mensajes:

Primer mensaje (1.1-11)

Represión por haber olvidado y descuidado la reconstrucción de la casa de Dios, mientras cada cual buscaba su propia comodidad (1.12-15 relata la respuesta positiva a este mensaje).

HAGEO:
Un bosquejo para el estudio y la enseñanza

I. Se termina el templo tardío 1.1-15
  A. El templo no está completo 1.1-6
  B. Se debe completar el templo 1.7-15
II. La gloria del templo tardío 2.1-9
  A. El templo tardío no es tan glorioso
    como el primero 2.1-3
  B. El templo tardío será más glorioso
    que el primero 2.4-9
III. Las bendiciones de la obediencia 2.10-19
  A. El problema:
    La desobediencia del remanente 2.10-14
  B. La solución:
    La obediencia del remanente 2.15-19
IV. Las futuras bendiciones mediante
  la promesa 2.20-23
  A. La futura destrucción de las naciones . . . 2.20-22
  B. El futuro reconocimiento de Zorobabel 2.23

Segundo mensaje (2.1-9)
Promesas relacionadas con la grandeza futura de la casa de Jehová.

Tercer mensaje (2.10-19)
Llamamiento a la meditación para recordar el día en que se puso el nuevo cimiento.

Cuarto mensaje (2.20-23)
Promesa de protección y bendición especial a Zorobabel.

Estos mensajes son tan breves que bien podrían ser los bosquejos de los discursos pronunciados. Cada mensaje tiene fecha exacta y todos se pronunciaron en un período de tres meses y veinticuatro días.

El primer mensaje de → Zacarías cabe entre el segundo y tercero de Hageo (cf. Zac 1.1 con Hag 2.1,10).

La enseñanza principal puede resumirse en las palabras de Cristo: «Mas buscad primeramente el reino de Dios y su justicia, y todas estas cosas os serán añadidas» (Mt 6.33).

También es notable en este libro la enseñanza en cuanto al poder del mal (2.10-14) y la elección de Zorobabel.

Autor y fecha

Hageo 1.1 identifica al profeta y da el tiempo de su ministerio. El libro lo escribió un profeta del mismo nombre. Como las personas que quería alentar, probablemente pasó muchos años cautivo en Babilonia antes de regresar a su tierra natal. Fue contemporáneo del profeta Zacarías. Su voz profética resonó en Jerusalén con mensajes de aliento «en el año segundo del rey Darío» (1.1), un monarca persa. Esto sitúa su libro en el año 520 a.C.

Marco histórico

El segundo año de Darío fue el 520 a.C., o sea, unos dieciséis años después del regreso de los primeros que volvían del cautiverio con → Zorobabel.

El fondo histórico se encuentra en Esdras 1–6. En el primer año de Ciro, rey de Persia, 539 a.C., comienza el regreso de los cautivos a Jerusalén bajo orden y protección del rey. Todo iba bien, incluso la reconstrucción del templo, hasta que los adversarios lograron detener la obra (Esd 4.4). Durante unos quince años prevaleció el desánimo (Esd 4.24). Hageo y → Zacarías (profeta contemporáneo) alentaron a los líderes, Zorobabel y Jesúa (Josué), y a todo el pueblo, y en cuestión de cuatro años, el sexto año de Darío (516 a.C.), se terminó de construir la casa de Dios (Esd 6.15).

Aporte a la teología

Hageo apremió al pueblo a considerar la reconstrucción del templo como asunto de suma importancia. Con eso estaba enseñando que la adoración verdadera es una cuestión de primer orden. El templo de Jerusalén, una vez reconstruido, volvería ser de cimera importancia como lugar de adoración y sacrificios. Siglos más tarde, al morir Jesús, el velo del templo se rasgó en dos (Lc 23.45), lo que marcaba el hecho de que Cristo se había entregado como sacrificio eterno a nuestro favor.

Otros puntos importantes

El libro de Hageo concluye con la hermosa promesa de la venida del Mesías. Mientras tanto, → Zorobabel, el gran siervo de Dios, haría las veces de «anillo de sellar» (2.23), sello o promesa de un glorioso día que habría de llegar. Como gobernador de Jerusalén por mandato de los persas, Zorobabel mostró que había esperanza de que un día se produciría la plena restauración de Israel en su tierra natal. (→ Hageo.)

HAGIÓGRAFA (*escrituras santas*). La tercera división de la Biblia hebrea. Las otras dos son la Ley y los Profetas. También conocida como las Escrituras, la Hagiógrafa contiene los siguientes libros (según el orden de la Biblia hebrea): Salmos, Proverbios, Job, Cantares, Rut, Lamentaciones, Eclesiastés, Ester, Daniel, Esdras-Nehemías y 1 y 2 de Crónicas.

HAGRAI Padre de Mibhar, uno de los valientes de David (1 Cr 11.38).

HAGUI (*nacido en día de fiesta*). Un hijo de Gad y fundador de la familia de los haguitas (Gn 46.16).

HAGUÍA Descendiente de Merari, hijo de Leví (1 Cr 6.30).

HAGUIT La quinta esposa de David y madre de Adonías, quien más tarde reclamó el trono (1 Cr 3.2).

HAI (*ruinas*). Nombre de dos ciudades.

1. Ciudad ubicada en la parte central de Palestina, al este de Bet-el (Gn 12.8), junto a Bet-avén (Jos 7.2), y al norte de Micmas si Hai es Ajat de Is 10.28, como seguramente lo es.

Después de conquistar a → JERICÓ, los israelitas sufrieron una derrota en Hai por causa del pecado de → ACÁN (Jos 7). Cuando Josué castigó el pecado de Acán, Israel consiguió la victoria que Dios prometió y Hai quedó convertida en ruinas (Jos 8). Esta victoria permitió a los israelitas entrar al corazón de Canaán. Hai llegó a ser ciudad efratea (1 Cr 7.28). Después del destierro la ocuparon los benjamitas (Neh 11.31).

La moderna Et-tell, tres kilómetros al este de Bet-el (Beitin Moderna), ha sido identificada con la Hai antigua, aunque la identificación todavía no es segura.

2. Ciudad de Moab (Jer 49.3).

HALAC Montaña que marcó el límite sur de las conquistas de Josué (Jos 11.17).

HALAH Lugar en → ASIRIA adonde fueron deportados los israelitas en 722 a.C. En la Biblia se menciona siempre en relación con → GOZÁN y → HABOR. No se sabe exactamente si se trata de una ciudad o de una región. Se cree que el lugar quedaba en las vecindades de Harán (2 R 17.6; 18.11; 1 Cr 5.26).

HALHUL Aldea en la zona montañosa de Judá (Jos 15.58), aproximadamente cinco kilómetros al norte de Hebrón.

HALÍ Aldea de ubicación desconocida de la tribu de Aser, entre Helcat y Betén (Jos 19.25).

HALOHES El nombre de uno o dos hombres en Nehemías.

1. Padre de Salum, quien ayudó a reconstruir los muros de Jerusalén (Neh 3.12).

2. Un hombre que firmó el pacto con Nehemías después de la cautividad (Neh 10.24). Quizás se trate de la misma persona del No. 1.

HAM Ciudad al este del Jordán durante el tiempo de Abraham. Fue atacada por Quedorlaomer y otros reyes aliados (Gn 14.5).

HAMAT Importante ciudad de → SIRIA, situada junto al río Orontes. «Hasta entrar en Hamat» es expresión común en el Antiguo Testamento, que indica que esta era el límite septentrional de Israel (Nm 13.21; Jos 13.5; Jue 3.3).

Durante el reinado de → DAVID había amistad entre este y Toi, rey de Hamat (2 S 8.9ss). Salomón edificó alfolíes en la tierra de Hamat (2 Cr 8.4). En días de Acab, Hamat hizo alianza con Ben-adad y Acab en contra de Salmanasar II. En 854 a.C., después de la batalla de Qarqar, quedó bajo Asiria. Aparece frecuentemente en la historia posterior de Israel y Judá durante el reinado de Jeroboam II (2 R 14.28; 17.24; 18.34; 19.13; Is 11.11; Am 6.2).

En la época intertestamentaria, durante el reinado de Antíoco IV, el nombre de Hamat fue cambiado en Epifanía. En 1 Mac 12.24, 25 se menciona como un campo de batalla de los macabeos. Durante el dominio mahometano, Hamat era centro de influencia cristiana.

La Hamat moderna queda unos 180 km al norte de Damasco. Está edificada sobre ambas orillas del río Orontes. El área circunvecina es fértil, pero el clima es caluroso y húmedo.

Vista aérea del monte de la antigua Hamat, una ciudad controlada por Salomón y luego conquistada por Jeroboam II de Israel (2 R 14.28).

HAMBRE La escasez de alimentos en los tiempos bíblicos obedecía a causas muy variadas, sequía general o falta de lluvia en la estación señalada (1 R 18.1,2; Am 4.6,7), plagas (Éx 9.13–10.20; Am 4.9), saqueos (Is 1.7), sitios (2 R 6.25), etc. Hubo casos extremos en que se llegó a practicar el canibalismo en las ciudades sitiadas (2 R 6.28; Lm 4.10).

Los patriarcas Abraham, Isaac y Jacob sufrieron períodos de hambre generalizada (Gn 12.10; 26.1; 41.54) y tuvieron que recurrir a las naciones vecinas, especialmente a Egipto (→ JOSÉ), cuya renombrada fertilidad (Dt 11.10) se debía más bien a las inundaciones del → NILO que a las lluvias. La Biblia registra también hambre en el tiempo de → RUT (1.1), de David (2 S 21.1), de → ELÍAS (1 R 18.2), de → ELISEO (2 R 4.38) y de Claudio (Hch 11.28).

El hambre muchas veces fue un castigo que envió Dios para mostrar su desagrado y llamar a su pueblo al arrepentimiento (Dt 11.16,17; Is 51.19; Am 4.6,7). La Biblia establece que hay una estrecha relación entre la obediencia y la escasez (Dt 11.15-17; 28; Jer 14), y que el hambre y la abundancia, al igual que todas las cosas, están en las manos de Dios (Am 4.6,7; Hag 1.6,9-11; Ap 6.8).

Jesús incluye el concepto hambre en las → BIENAVENTURANZAS tanto en la versión de Lucas como en la de Mateo. Este último habla de «los que tienen hambre y sed de justicia» (Mt 5.6), mientras Lucas de «quienes tengáis hambre ahora» (Lc 6.21). Mateo acentúa la línea ética. Lucas apoya una línea escatológica de la cual podemos derivar, también, una ética, pero especialmente una perspectiva soteriológica (Lc 15.11-24; 16.19-31). En la perspectiva escatológica el hambre desaparecerá en el momento en que Dios actúe para salvar a su pueblo: «No tendrán hambre ni sed, ni el calor ni el sol los afligirá; porque el que tiene piedad de ellos los guiará, y los conducirá a manantiales de aguas» (Is 49.10; Ez 34.23-31).

HAMEA Torre de Jerusalén (Neh 3.1).

Hammurabi recibe del dios-sol, señor de justicia, Samas, su famoso código, en este bajorrelieve en un bloque de diorita de la antigua Babilonia.

HAMEDATA (*dado por la luna*). Padre de Amán el agagueo (Est 3.1).

HAMELEC Padre de Jerameel y de Malquías (Jer 36.26; 38.6). La palabra hebrea quizás no se refiera a un nombre propio, sino a un título general que significa «el rey». De ahí que en la *Biblia de Jerusalén* aparezca la frase «hijo del rey».

HAMMURABI Sexto rey de la primera dinastía de → BABILONIA, que reinó sobre esa ciudad *ca.* 1792–1750 a.C. Fue el verdadero fundador de la grandeza de Babilonia, que hasta entonces había sido solo una más entre tantas ciudades al sur de Mesopotamia, sometida con frecuencia a la hegemonía de Larsa o de Isin.

En la capital babilónica, Hammurabi hizo grandes construcciones que sus contemporáneos llegaron a admirar. Se rodeó de eruditos, artistas y literatos que dieron comienzo a la edad de oro de la antigua civilización babilónica. Sin embargo, quizás el principal logro de Hammurabi, y ciertamente el más

famoso, fue la magna empresa de organizar todas las leyes vigentes en lo que recibió el nombre de «Código de Hammurabi». Este código no era una legislación original, sino más bien la organización de las leyes y costumbres que a través de los años habían ido estableciéndose, y algunas de las cuales eran de origen sumerio. Hammurabi y sus jurisconsultos, sin embargo, lograron dar cierta medida de uniformidad a esta abigarrada colección de jurisprudencia. El Código de Hammurabi es una de las principales fuentes que tenemos para reconocer la vida y costumbres de los babilonios en el primer período de florecimiento de la gran ciudad. Es notable la semejanza de este código con el «Libro del Pacto» (Éx 20–24) y con el → PENTATEUCO, pero también son de notar las diferencias muy marcadas.

Antiguamente se identificaba a Hammurabi con → AMRAFEL de Gn 14.1, pero los eruditos rechazan ahora esta identificación.

HAMOLEQUET Hija de Maquir y hermana de Galaad, el nieto de Manasés (1 Cr 7.18).

HAMÓN Nombre de dos asentamientos en Israel.

1. Aldea de la tribu de Aser de ubicación desconocida (Jos 19.28).

2. Ciudad de la tribu de Neftalí asignada a los levitas (1 Cr 6.76). Esta probablemente sea la misma *Hamat* (1 Cr 6.76) y *Hamot-dor* (Jos 21.32).

HAMONA Nombre simbólico de una ciudad en el Valle de Hamón-gog donde las fuerzas del mal de Gog se derrotarán (Ez 39.16).

HAMÓN-GOG (*multitud de Gog*). Nombre de un valle donde las fuerzas del mal de Gog y sus aliados caerán derrotados en el conflicto final con Israel (Ez 39.11,15).

HAMOR Príncipe heveo y habitante de → SIQUEM, a cuyos hijos Jacob compró un terreno por cien monedas (Gn 33.19) en el cual más tarde sepultaron a José (Jos 24.32; Hch 7.16).

Siquem, el hijo de Hamor, violó a → DINA, la hija de Jacob, y al vengarse los hermanos de esta, dieron muerte a Hamor y a todos los hombres de la ciudad (Gn 34).

HAMOT-DOR Ciudad fortificada de Neftalí asignada a los gersonitas (Jos 21.32). Esta quizás sea la misma ciudad de → HAMÓN (1 Cr 6.76) y → HAMAT (Jos 19.35).

HAMUEL Hijo de Misma, descendiente de Simeón (1 Cr 4.26).

HAMUL Hijo de Fares, quien fue hijo de Judá y Tamar (Gn 46.12).

HAMUTAL Hija de Jeremías de Libna, una de las esposas del rey Josías y madre de Joacaz y Sedequías (2 R 23.31; 24.18).

HANAMEEL Hijo de Salum y primo de Jeremías el profeta. Le vendió a Jeremías una heredad durante el sitio de Jerusalén por los babilonios (Jer 32.7-12).

HANÁN Nombre de varios hombres del Antiguo Testamento.
1. Hijo de Sasac y jefe de familia de la tribu de Benjamín (1 Cr 8.23).
2. Hijo de Azel y descendiente de Saúl y Jonatán (1 Cr 8.38).
3. Hijo de Maaca y uno de los valientes de David (1 Cr 11.43).
4. Fundador de la familia de los Nefusim (sirvientes del templo) que volvió de la cautividad con Zorobabel (Esd 2.46).
5. Uno de los levitas que ayudó a interpretar la Ley que Esdras les leyó (Neh 8.7).
6. Uno de los levitas que firmó el pacto junto con Nehemías (Neh 10.10; 13.13). Quizás se trate de la misma persona del No. 5.
7, 8. Dos principales del pueblo que firmaron el pacto con Nehemías (Neh 10.22,26).
9. Hijo de Igdalías y profeta cuyos hijos tenían aposentos en el templo (Jer 35.4).

HANANEEL (*Dios es misericordioso*). Torre en el muro nordeste de Jerusalén, entre la puerta del Pescado y la puerta de las Ovejas (Neh 3.1; 12.39; Jer 31.38; Zac 14.10). Por su posición, siempre requería mucha fortificación. Puede ser el mismo sitio de la torre → ANTONIA en la época romana.

HANANI (abreviatura de → HANANÍAS).
1. Músico levita, hijo de Hemán, en tiempos de David (1 Cr 25.4,25).
2. Vidente encarcelado por hablar la palabra de Dios a Asa (2 Cr 16.7-10). Era padre del vidente Jehú (1 R 16.1,7; 2 Cr 19.2; 20.34).
3. Sacerdote, hijo de Imer, casado con una extranjera en tiempo de Esdras (Esd 10.20).
4. Hermano de Nehemías que llevó a este las noticias de la situación en Jerusalén. Luego fue encargado de cuidar las puertas de Jerusalén (Neh 1.1-3; 7.2,3).
5. Sacerdote y músico (Neh 12.36).

HANANÍAS Nombre común en el Antiguo Testamento que quiere decir «Jehová se ha compadecido». La forma griega es *Ananías*.
Fue el nombre del falso profeta de Gabaón que, contradiciendo la profecía de → JEREMÍAS y durante el reinado de → SEDEQUÍAS, profetizó que el yugo de Babilonia sería quebrado en dos años. Como resultado surgió una disputa sobre cuál de los dos profetas era el verdadero portavoz de Dios (Jer 28.1-17).
Los demás que en el Antiguo Testamento llevan este nombre se mencionan en 1 Cr 3.19; Esd 10.28; Neh 7.2; 3.8,30; 10.23; 12.41; Jer 37.13-15; Dn 1.6,7.
Compárense los → ANANÍAS del Nuevo Testamento: Hch 5.1; 9.10-18; 23.2.

HANATÓN Aldea al norte de la tribu de Zabulón (Jos 19.14).

HANIEL Hijo de Hula y cabeza de familia paterna y valiente guerrero de la tribu de Aser (1 Cr 7.39).

HANOC (*dedicado*). Nombre de dos hombres del Antiguo Testamento.

H

1. Hijo de Madián. Hanoc fue un descendiente de Abraham y Cetura (Gn 25.4; 1 Cr 1.33).

2. Hijo mayor de Rubén (Gn 46.9; 1 Cr 5.3). En Nm 26.5 se le llama Enoc y fundador de los enoquitas.

HANÚN Nombre de dos hombres del Antiguo Testamento.

1. Rey de los amonitas que provocó una guerra entre Amón e Israel, al insultar a los embajadores de David. Después de deponerlo, David colocó en su lugar a Sobi, hermano de Hanún (2 S 10; 17.27ss).

2. Habitante de → ZANOA que ayudó en la restauración del muro de Jerusalén, en tiempos de Nehemías (Neh 3.13,30).

HAQUILA Nombre de un collado o colina rocosa en las regiones desérticas de → ZIF. Fue allí donde David y sus seiscientos soldados se ocultaron al perseguirlos Saúl. Allí David perdonó la vida a Saúl (1 S 23.19; 26.1,3-12).

HARA Región de Asiria adonde Tiglat-pileser llevó cautivos a muchos israelitas (1 Cr 5.26).

HARADA Uno de los lugares donde los israelitas acamparon en el desierto (Nm 33.24-25). Se desconoce su ubicación exacta.

HARÁN Nombre de tres hombres y una ciudad en el Antiguo Testamento.

1. Tercer hijo de Taré y padre de Lot; hermano de Abraham y de Nacor. Nació en Ur (Gn 11.26-31).

2. Ciudad al norte de Mesopotamia, ubicada 32 km al sudeste de Urfa en la Turquía Oriental de hoy. Allí vivió Abraham con su padre, cuando ambos emigraron de Ur; y de allí salió, después de la muerte de su padre, hacia Canaán (Gn 11.31,32; cf. Hch 7.2,4). Esto confirma el origen arameo de los patriarcas (Dt 26.5). Rebeca, la esposa de Isaac, fue traída de Harán. Más tarde Jacob huyó

hacia allá y se casó con dos hijas de su tío Labán, Lea y Raquel (Gn 27.43; 28.10; 29.4). Todos sus hijos, excepto Benjamín, nacieron en Harán (Gn 29.32–30.24). Posiblemente la ciudad se fundó durante la tercera dinastía de Ur (*ca.* 2000 a.C.), siendo siempre un centro de adoración a la luna.

Recientes descubrimientos concuerdan con Ez 27.23, que cataloga a Harán como una famosa ciudad comercial. Según Is 37.12 y 2 R 19.12 fue devastada antes de Senaquerib. No obstante, las excavaciones demuestran que Harán sobrevivió hasta la época cristiana a lo largo de los períodos asirio, babilónico e islamita.

3. Un hijo de Caleb y Efa, su concubina. Harán fue el padre de Gazez (1 Cr 2.46).

4. Un levita de la familia de Gersón e hijo de Simei. Harán vivió durante el reinado de David (1 Cr 23.9).

HARBONA Uno de los eunucos responsables del harem del rey Asuero (Jerjes) de Persia (Est 1.10; 7.9).

HAREF Hijo de Caleb y fundador de Bet-gader, una aldea en Judá (1 Cr 2.51).

HARET Bosque en la zona montañosa de Judá donde David se ocultó de Saúl (1 S 22.5).

HARHAS (*esplendor*). Abuelo de Salum, el esposo de Hulda la profetisa.

HARIF Nombre de dos hombres en el tiempo de Esdras y Nehemías.

1. Fundador de una familia cuyos descendientes regresaron de la cautividad (Neh 7.24).

2. Líder que firmó el pacto de cumplir la Ley, probablemente como representante de su familia (Neh 10.19).

HARIM (*dedicado a Dios*). Nombre de cuatro hombres del Antiguo Testamento.

1. Sacerdote encargado del tercer turno en el servicio de la casa de Dios (1 Cr 24.8).

2. Antepasado de muchos israelitas que regresaron de la cautividad (Esd 2.32). Descendientes de Harim se divorciaron de sus esposas paganas (Esd 10.31).

3. Cabeza de una familia sacerdotal que firmó el pacto con Nehemías (Neh 10.5).

4. Otro israelita que firmó el pacto con Nehemías (Neh 10.27).

HAROD Manantial cerca del monte Gilboa y donde Gedeón y sus soldados acamparon antes de derrotar a los madianitas (Jue 7.1).

HAROSET-GOIM Pueblo cananeo, residencia de Sísara, asolado por Barac y Débora (Jue 4.2,13,16). Se desconoce el sitio del pueblo, pero se conjetura que es *Tell Amar o Tell el-Harbaj*, ambos situados al lado norte del río → Cisón. Otros opinan que se debe ubicar en los llanos de Sarón, porque Haroset quizás sea el Muh-rashti de las cartas de Amarna. Se llamaba «Haroset de las gentes» quizá debido a su población mixta.

HASABÍAS Nombre de catorce hombres en el Antiguo Testamento.

1, 2. Dos levitas de la familia de Merari (1 Cr 6.45; 9.14).

3. Hijo de Jedutún y cantor del templo (1 Cr 25.3,19).

4. Levita de la familia de Coat y descendiente de Hebrón (1 Cr 26.30).

5. Hijo de Kemuel y jefe de la tribu de Leví durante el reinado de David (1 Cr 27.17).

6. Uno de los jefes de los levitas durante el reinado de Josías de Judá (2 Cr 35.9).

7. Un levita que volvió de la cautividad con Esdras (Esd 8.19).

8. Uno de los doce principales sacerdotes que apartó Esdras para guardar el oro, la plata y los utensilios del templo después de la cautividad (Esd 8.24).

9. Un israelita que ayudó a reparar los muros de Jerusalén (Neh 3.17).

10. Un levita que firmó el pacto con Nehemías (Neh 10.11).

11. Levita, hijo de Buni, que vivía en Jerusalén en tiempos de Nehemías (Neh 11.15).

12. Levita descendiente de Asaf (Neh 11.22).

13. Descendiente de Hilcías y sacerdote jefe de familia durante el sumo sacerdocio de Joiacim (Neh 12.21).

14. Un levita después de la cautividad (Neh 12.24).

HASADÍAS Hijo de Zorobabel (1 Cr 3.20).

HASAR-ADAR Ciudad fortificada al sudoeste de Judá entre Cades-barnea y Carca (Nm 34.4; Adar en Jos 15.3).

HATÍN, CUERNO DE Colina cerca de Hatín, en el camino de Magdala, en la costa oriental del mar de Galilea, a Caná y Nazaret. Según la tradición, en esta colina Jesús pronunció el Sermón del Monte (Mt 5.1). Una de las grandes batallas de la historia ocurrió en un lugar cercano a esta colina. El 4 de julio de 1187, en la batalla de Hatín, los cruzados sufrieron una decisiva derrota a manos de Saladino (1138–1193), un guerrero musulmán y el sultán de Egipto y Siria. La victoria de Saladino en Hatín le permitió capturar más tarde a Jerusalén en el mismo año, 1187.

HAURÁN Altiplanicie al este del Jordán y al sur de Damasco (Ez 47.16,18). Anteriormente se llamaba Basán. Posteriormente los romanos la llamaron Auránitas.

HAVILA (*región*). Nombre de dos hombres y dos territorios o regiones.

1. Región por la que corría el río → Pisón (Gn 2.10-14).

2. Zona habitada por los ismaelitas (Gn 25.17,18) y los amalecitas (1 S 15.7), aunque el último caso presenta problemas textuales. La localización exacta de la región es incierta y se discute si estos pasajes se refieren a distintas regiones o a una sola. En todo caso, Havila debió estar situada en la península arábiga.

3. Hijo de Cus (Gn 10.7; 1 Cr 1.9).

4. Hijo de Joctán (Gn 10.29; 1 Cr 1.23).

HAVOT-JAIR Grupo de aldeas, al este del Jordán en Galaad y Basán, capturadas por Jair, hijo de Manasés (Dt 3.14). Según Dt 3.4 había sesenta aldeas, pero según Jue 10.4 había solo treinta.

HAYA → Ciprés.

HAZAEL Oficial de Ben-adad, rey de Siria (*ca.* 841–798 a.C.), a quien mató tomando después su lugar como rey (2 R 8.7-15; cf. 1 R 19.15). Inmediatamente después de llegar a ser rey, Hazael comenzó a atacar a Ramot de Galaad y a pelear contra Joram, hijo de Acab (2 R 8.28,29). Continuó su guerra contra Israel, tomó el territorio al este del Jordán (2 R 10.32,33; Am 1.4) y redujo el ejército israelita a un puñado insignificante (2 R 13.1-3,7,22). Hazael conquistó además la ciudad de Gat (2 R 12.17) y amenazó la ciudad de Jerusalén. Entonces Joás, rey de Judá, tomó todas las ofrendas y el oro de los tesoros, y lo dio todo a Hazael, quien por esto se retiró (2 R 12.17,18; 2 Cr 24.23,24). Solo el rey de Asiria pudo detener al poderoso Hazael. Su hijo, Ben-adad II, le sucedió en *ca.* 798 a.C. (2 R 13.24).

Posiblemente Hazael haya sido el rey más poderoso de Damasco. Edificó y adornó su capital. Según Josefo, en sus días (37–100 d.C.) Hazael y Ben-adad eran adorados en Siria por su grandeza (*Antigüedades* IX. iv.6).

HAZAÍAS Un hombre de Judá, de la familia de Sela (Neh 11.5).

HAZEROT Sitio donde acamparon los israelitas después de → Kibrot-hataava (Nm 11.35; 12.16; 33.17,18; Dt 1.1). Quizás fuera el actual oasis de Ain Khadra ubicado al nordeste del Sinaí, camino hacia el golfo de Aqaba. Aquí María y Aarón hablaron contra Moisés, celosos de la posición que ocupaba como portavoz de Jehová.

HAZOR (*población* o *colonia*). Seis distintos lugares llevan este nombre:

1. El Hazor más importante estaba en el norte de Israel y de Neftalí, en las alturas, y a siete kilómetros al oeste de la punta meridional de las aguas de Merón (Jos 19.36). Garstang lo identificó en 1926 con Tel Waggas. Los arqueólogos, especialmente Yigael Yadin, han descubierto veintiuna ciudades o niveles en este → Tell, y han demostrado que Hazor fue destruida completamente *ca.* 1300 a.C. Luego, los restos arqueológicos correspondientes a los años 1000 a 732 a.C. son distintamente israelitas. Que Hazor era

---

El monte de Hazor (centro), una ciudad cananea que Josué destruyó durante su conquista de la tierra prometida (Jos 11.1-13).

Foto de Howard Vos

un pueblo de mayor importancia se deduce de que su nombre aparece en la literatura extrabíblica: los textos execrativos de Egipto, las tablillas de → Mari, de Babilonia, de → Ugarit y en las cartas de → Amarna. Hazor era una ciudad principal de Canaán en el tiempo de Josué. Su rey, Jabín, encabezó una coalición contra la invasión de los hebreos. Ganó Josué y destruyó a Hazor (Jos 11.1-13). Más tarde, otro rey con el mismo nombre se levantó contra Israel, pero Barac y Débora lograron vencer al capitán del ejército, Sísara, a pesar de sus novecientos carros herrados (Jue 4.1-24). Salomón fortificó a Hazor y la convirtió en baluarte de Israel en el norte. Permaneció así por tres siglos, hasta que Tiglat-pileser III la destruyó en 732 a.C. (2 R 15.29) y nunca más volvió a figurar en la historia hebrea.

2. Ciudad en el Neguev al sur de Judá, desconocida hasta hoy (Jos 15.23).

3. Hazor-hadata (nueva). Aldea cerca de Hazor No. 2 (Jos 15.25).

4. Otro nombre de la ciudad de Hezrón (Jos 15.25).

5. Pueblo de Benjamín (Neh 11.33) que posiblemente sea el Baal-hazor de 2 S 13.23. Hoy es Khirbet Hazzur.

6. Contorno en la parte de Arabia al este de Palestina, donde había pobladores seminómadas (Jer 49.28,30,33).

HEBER Nombre de varios personajes del Antiguo Testamento.

1. Hijo de Sala, descendiente de Sem y padre de Peleg, de quien derivan los hebreos (Gn 11.14; 1 Cr 1.25; Lc 3.35), y de Joctán (Gn 10.24-30). En Nm 24.24 Heber designa probablemente a Mesopotamia, país de origen de los hebreos.

2. Hijo de Bería y nieto del patriarca Aser (Gn 46.17; 1 Cr 7.31,32), fundador de la tribu aserita de los heberitas (Nm 26.45).

3. Ceneo, esposo de Jael, la mujer que mató a Sísara y pariente de Hobab, suegro de Moisés (Jue 4.11,17,21).

4. Varón o familia de la tribu de Judá (1 Cr 4.18).

5. Varón o familia de la tribu de Gad (1 Cr 5.13).

6. Varón o familia de la tribu de Benjamín (1 Cr 8.12,17).

HEBREO, HEBREOS Adjetivo gentilicio que designa el linaje del pueblo judío, la nación de Israel. (→ Hebreo, pueblo.)

HEBREO, IDIOMA Idioma empleado para escribir todos los libros del Antiguo Testamento, con excepción de breves porciones de Esdras, Daniel y un versículo de Jeremías. Sin embargo, los judíos no llamaban hebreo a su idioma, sino «lengua de Canaán» (Is 19.18) o «lengua de Judá» (Neh 13.24; Is 36.11). En el Nuevo Testamento el término hebreo se emplea para designar tanto el arameo como el hebreo. Más tarde los rabinos al referirse al hebreo prefirieron llamarlo la «lengua sagrada».

El hebreo es un idioma que pertenece a la rama cananea de los idiomas semíticos y es semejante al ugarítico, fenicio, moabita y edomita. Posiblemente los hebreos adoptaron el dialecto de los cananeos al entrar en Palestina, y lo modificaron con algunas características de su idioma arameo. El idioma resultante se convirtió en el hebreo del Antiguo Testamento.

El hebreo se distingue por consistir en palabras con solo tres consonantes. Se escribe de derecha a izquierda y la estructura de sus frases es sencilla. El alfabeto consta de veintidós consonantes. Antiguamente se escribía sin indicar los sonidos vocales, los cuales se sobreentendían. El sistema para indicar estos sonidos se desarrolló andando el tiempo, y el que se halla en el texto masorético se confeccionó por los masoretas de la Escuela de Tiberio *ca.* 800 d.C.

Los sustantivos en hebreo se derivan mayormente de los verbos e indican, como en español, la persona o cosa que actúa o existe descrita por el verbo. El hebreo es concreto y práctico; es un idioma de acción. Su base es el verbo, muy sencillo en su expresión. Aunque el tiempo se puede expresar como

H

presente, pasado o futuro, la distinción entre ellos es flexible. El verbo aparece en dos estados: el perfecto y el imperfecto. Se puede indicar que la acción del verbo está determinada, o considerada como tal, con el perfecto. Por otra parte se indica que la acción está incompleta, o considerada como tal, por medio del imperfecto. El imperfecto se modifica para indicar el imperativo y el modo voluntativo. Además de los dos estados, la raíz del verbo se puede modificar para indicar siete clases distintas de acción. Se emplean ciertos cambios de vocales y consonantes para mostrar estos cambios. Dos de ellos se emplean para indicar el activo y pasivo de una acción sencilla. Otros dos cambios se usan para indicar una acción intensiva o de esfuerzo especial. Un cambio indica acción reflexiva sobre el sujeto del verbo. Dos cambios finales se emplean para indicar acción causativa en su forma activa y pasiva, por ejemplo: «él reinó» se cambia a forma causativa para decir «él hizo rey» (a alguien) o en pasivo «él fue hecho rey».

Naturalmente, el hecho de que los verbos no expresen claramente el tiempo da lugar a diversas interpretaciones, y por eso la traducción del Antiguo Testamento es más fluida que la del Nuevo Testamento. Muchas veces el hebreo emplea una serie de infinitivos para hacer gráfico un cuadro verbal. Aunque es un idioma concreto, el hebreo es pintoresco en sus descripciones; expresiones breves y fuertes dan la idea de energía y fuerza. Al lado del castellano el hebreo parece brusco y muy directo, pero en él se puede decir mucho con pocas palabras. Sin embargo, utiliza a la vez mucha repetición, como se ve especialmente en el paralelismo de la poesía hebrea.

Un problema con el hebreo es la ausencia de casos para los sustantivos. Por regla general se emplean las preposiciones y pronombres para indicarlos. El genitivo se indica por una combinación de sustantivos que a veces es ambigua. Por ejemplo, la expresión «un salmo de David» puede indicar un salmo dedicado a David, un salmo escrito por David o un salmo de la colección de David.

El hebreo más depurado se produjo durante la época de la monarquía y se encuentra en los libros de Reyes, Samuel, Jueces, etc. El hebreo de Amós, Isaías y Miqueas es también clásico en su pureza. Antes de la época cristiana el hebreo se sustituyó por el arameo como idioma popular, pero continuó como idioma de las Escrituras y hoy en día goza de nueva aceptación porque es el idioma oficial del actual estado de Israel.

Ciertas palabras en hebreo son tan significativas que es casi imposible traducirlas. Ejemplos son las palabras que expresan pecado, amor leal de Dios (*khesed*), «arrepentimiento», «ofrenda por el pecado», «justicia», «rectitud», «ley», «instrucción» (*torá*), etc.

HEBREO, PUEBLO En la Biblia, la historia de la formación, desarrollo y consolidación del pueblo hebreo abarca un período que va desde Abraham hasta Salomón. Comienza en Gn 12 y sigue por todo el resto del Pentateuco, los libros de Josué, Jueces y Samuel, hasta 1 R 11.43, o su paralelo en 2 Cr 9.31. A groso modo se distinguen cuatro períodos en la historia de este pueblo: el de los patriarcas, el de la confederación de tribus o anfictonía, el de la conquista de la tierra de Canaán y el de la monarquía unida.

Los patriarcas

Abraham, o Abram, fue la primera persona en la Biblia que se le llamó hebreo (Gn 14.13). Después de eso, sus descendientes a través de Isaac y Jacob se les conoció como hebreos (Gn 40.15; 43.32). El término se usa cinco veces en la historia de José (Gn 39.14-43.32), incluyendo una referencia que hace de él la esposa de Potifar: «El siervo hebreo» (Gn 39.17). También José le dice al copero del faraón: «Porque fui hurtado de la tierra de los hebreos» (Gn 40.15).

El pueblo de Israel siempre relacionó sus orígenes con quince nombres: Abraham, Isaac, Jacob y los doce hijos de este. El período de los patriarcas abarca los caps. 12–50 de Génesis. Empieza con el relato de 12.1–25.26, que gira alrededor de Abraham, de quien se dice que procedía de Ur, una de las tres ciudades principales del período acádico. Después que Abraham abandona Ur juntamente con toda su familia y se traslada al occidente para poseer Canaán, la tierra que Dios le prometió, la historia del pueblo hebreo gira en torno a la posesión, pérdida y reconquista de esta tierra. De → ABRAHAM saldrían varios pueblos además del hebreo. De su hijo Ismael saldrían los árabes; de uno de sus hijos con Cetura, los madianitas; de su sobrino Lot, los amonitas y los moabitas; y de su nieto Esaú los edomitas. Todos estos pueblos jugarían un papel muy importante como vecinos de los hebreos. Los hebreos propiamente dichos descienden, según el relato bíblico, directamente de → ISAAC y de → JACOB, cuyas peregrinaciones y experiencias se relatan en Gn 26.1–35.29.

El origen del término *hebreo* es un misterio para los eruditos. Varias teorías y conjeturas, dignas de estudio por separado, se han dado en cuanto al origen etimológico de la palabra «hebreo». No obstante, vale la pena observar la insistencia bíblica en el carácter semita de los hebreos y el papel importante que jugó Heber, bisnieto de Sem, en todo el Oriente (Gn 10.21ss). Algunos creen que la palabra surge de este prominente hombre del antiguo Medio Oriente conocido como Heber. De ahí que lo consideren como epónimo de los hebreos. Heber fue un descendiente de Noé a través de Sem y un antepasado de Abraham. Heber, significa literalmente: «del otro lado», lo que quizás se refiera a la partida de Abraham desde Ur, una región al este del río Éufrates. Esta posibilidad armoniza con la declaración de Dios a los hebreos en tiempos de Josué: «Y yo tomé a vuestro padre Abraham del otro lado del río, y lo traje por toda la tierra de Canaán, y aumenté su descendencia, y le di a Isaac. A Isaac di Jacob y Esaú. Y a Esaú di el monte de Seir, para que lo poseyese; pero Jacob y sus hijos descendieron a Egipto» (Jos 24.3-4). De los descendientes de Heber, se destacan Abraham, Nacor y Lot.

Algunos creen que el pueblo llamado *habiru* (o *gabiru*) que se menciona en textos de Mesopotamia y Siria Palestina del segundo milenio a.C. son los hebreos. Sin embargo, *habiru* se refiere más a cierto estrato social que a una raza. Es posible que los hebreos se incluyeran algunas veces entre los *habiru* (aunque de esto no hay certeza), pero los dos términos son sinónimos. Se cree que los hebreos fueron seminómadas que no llegaron a convertirse en un pueblo sedentario sino hasta mucho después de su entrada a Canaán (posiblemente Abraham fuera un caravanero comerciante). Hasta entonces eran más un clan (*cam*) que un pueblo o nación (*goy*).

El período de los patriarcas se diversifica con la presencia de los doce hijos de Jacob, nacidos de cuatro mujeres diferentes, vestigio quizás de diversos orígenes, seis de Lea, dos de Zilpa, dos de Raquel y dos de Bilha. Se relatan las experiencias de algunos de estos doce personajes, como por ejemplo, la guerra que Simeón y Leví declararon a los siquemitas (Gn 34), el incidente de Judá con Tamar (Gn 38) y, muy especialmente, todo lo concerniente a José (Gn 37–50). De especial interés para un estudio de los orígenes del pueblo hebreo es Gn 49, donde algo se dice en relación con lo que sucedería a cada uno de estos doce patriarcas.

En los orígenes del pueblo hebreo, como en los de todo el pueblo, hay huellas de la existencia de diferentes mezclas: «También subió con ellos grande multitud de toda clase de gentes» (Éx 12.38). En el Antiguo Testamento, hay una considerable evidencia de que los mismos hebreos se consideraron una raza mixta. En el tiempo que vagaron por el desierto y durante sus primeros años en Canaán, los hebreos experimentaron una mezcla de sangres debido a los matrimonios con las naciones vecinas. Cuando Abraham deseaba una esposa conveniente para Isaac, envió a buscar a Padan-aram, cerca de Harán, a Rebeca, hija del arameo Betuel (Gn

24.10). Jacob encontró a Raquel en el mismo lugar (Gn 28–29).

La sangre egipcia también apareció en la familia de José a través de los dos hijos de Asenat, Efraín y Manasés (Gn 41.50-52). Moisés tuvo una esposa madianita, Séfora (Éx 18.1-7), y una esposa etíope (cusita; Nm 12.1). Un buen núcleo de madianitas (Nm 11.4) parece haberse sumado a los hebreos. Los ceneos y recabitas llegaron a ser hasta más fieles a Jehová que los mismos judaítas (Jer 35.6-14). Y, naturalmente, cuando de buscar los orígenes hebreos se trata, no debe pasarse por alto Dt 26.5-9. Todo el período se cierra, finalmente, con el descenso de todo o parte del pueblo hebreo a Egipto; abarca los años de *ca.* 2000 a *ca.* 1700 a.C.

La confederación de tribus

Los hicsos, *ca.* 1720 a.C., un pueblo de origen semita que ya dominaba toda Palestina, lograron dominar a Egipto y permanecieron allí ciento cincuenta años, constituyendo las dinastías XV, XVI y XVII. No es raro, por tanto, que José, siendo semita, alcanzara una posición de gran distinción bajo un faraón también semita. Tampoco es raro que una vez expulsados los hicsos en 1570 a.C., por la famosa dinastía XVIII, los semitas que quedaron en Egipto fueran sometidos a dura esclavitud hasta *ca.* 1280 a.C., cuando Moisés logró reunir espiritual y materialmente a los elementos descontentos del pueblo de Israel para conseguir que se produjera el éxodo.

En el relato bíblico es notoria la independencia con que cada tribu actuaba al tomar sus decisiones y cómo estas se respetaban. Por otro lado, es también notoria la fuente de cohesión que las mantenía unidas alrededor de una sola deidad, Jehová, y de la experiencia del éxodo. Durante la peregrinación por el desierto, que duró toda una generación, se produjeron otras experiencias aglutinantes como la del Sinaí y, sin duda,

Esta pintura de una tumba real muestra a labriegos que se presentan ante un noble egipcio. En su historia primitiva, los egipcios esclavizaron al pueblo hebreo.

otra gente de común origen se añadieron a la anfictionía. Al llegar en plan de conquista a Palestina, ya había un pueblo definido, aunque todavía por mucho tiempo cada tribu iba a mantener su identidad y, en muchos sentidos, su independencia en acción.

Conquista de la tierra

La obra de Moisés había delineado en gran forma la anfictionía. A Josué tocaba la tarea de conducirlos en la conquista, dirigir el establecimiento ordenado de cada tribu, y guiarlos finalmente a lo que podría llamarse la consolidación de la anfictionía bajo un pacto eterno. Este pacto se relata dramáticamente en Jos 23.1–24.28.

La conquista no fue fácil ni rápida, pues había ya establecidos en la tierra otros pueblos y anfictionías con los cuales fue necesario pelear. A veces los hebreos quedaban como señores y amos, y otras como esclavos. No fue sino hasta el establecimiento de la monarquía absoluta que habría de cambiar la antigua anfictionía. De un sistema cuyo énfasis era la autonomía tribal, cambiaron a otro centrado en la nueva fisonomía monárquica.

Establecimiento de la monarquía

Los «ancianos» o jefes de tribus se dieron cuenta de que únicamente uniéndose bajo una autoridad central podrían someter a sus enemigos y establecer en el país un clima de paz que les permitiera organizarse y trabajar.

Después de algunos fallidos intentos escogieron a Saúl, más que todo por su evidente carisma, como jefe único de todas las tribus. Con él se establece la monarquía. Pero debido a que el momento era de transición, su tarea como «rey» no fue muy ilustre ni feliz. Tocó a David consolidar el reino sobre el trabajo iniciado por Saúl, para lo cual primero sometió a todos sus enemigos. Luego emprendió la conquista de otros pueblos y estableció un verdadero imperio. Los límites del reino davídico circundaban prácticamente toda la Palestina.

Salomón, con quien se afirma la dinastía davídica, sería el encargado de someter por la fuerza todo residuo de resistencia tribal interna y de enriquecer y llenar de gloria al pueblo hebreo durante su reinado. Es lamentable, pero también en el período salomónico se inició la desintegración del gran imperio davídico y la división del pueblo hebreo en dos naciones que jamás volverían a unirse: Judá e Israel.

Conclusión

Aunque aun quedan muchos asuntos sin resolver acerca del origen de los hebreos, ninguna cultura les iguala en contribución a la humanidad. En un mundo pagano con muchos dioses, los hebreos adoraron a un supremo y santo Dios que demanda rectitud de su pueblo. De los hebreos también nació Jesucristo, nuestro gran Sumo Sacerdote, quien dio su vida para librarnos de la maldición del pecado.

Bibliografía:

BA I, pp. 73-234; VD I, pp. 20-223.

HEBREOS, EPÍSTOLA A LOS Libro del Nuevo Testamento que explica cómo Jesucristo ha sustituido al judaísmo como la perfecta revelación de sí mismo. Comienza con un bello tributo a la persona de Cristo (1.1-3), y a través de sus páginas exhorta a los lectores a aferrarse a Cristo, nuestro Sumo Sacerdote. Al hacerlo utiliza ampliamente numerosas citas del Antiguo Testamento e imágenes para demostrar que Jesucristo es el todosuficiente mediador entre Dios y el hombre.

Estructura del libro

A lo largo de la historia cristiana se le ha llamado epístola. Sin embargo, no tiene todas las características de una → EPÍSTOLA, pues carece de algunos de los rasgos formales de tal género. Aunque tiene una conclusión epistolar (13.22-25), no menciona su autor y no contiene saludos ni acción de gracias por sus destinatarios. Hebreos es más bien un sermón extenso o varios sermones

HEBREOS:
Un bosquejo para el estudio y la enseñanza

Primera parte:
La superioridad de la persona de Cristo
(1.1—4.13)

Segunda parte:
La superioridad de la obra de Cristo
(4.14—10.18)

Tercera parte:
La superioridad del sendero de la fe del cristiano
(10.19—13.25)

I. La superioridad de Cristo sobre los profetas . . . 1.1-3
II. La superioridad de Cristo sobre los ángeles. . . . . 1.4—2.18
 A. Cristo es superior por su divinidad. 1.4-14
 B. Primera advertencia: Peligro del descuido. . . . 2.1-4
 C. Cristo es superior por su humanidad 2.5-18
III. La superioridad de Cristo sobre Moisés . . . . 3.1—4.13
 A. Cristo es superior a Moisés en Su obra 3.1-4
 B. Cristo es superior a Moisés en Su persona . . . 3.5-6
 C. Segunda advertencia: Peligro de la incredulidad. . . . . 3.7—4.13

I. La superioridad del sacerdocio de Cristo . . . 4.14—7.28
 A. Cristo es superior en su posición. 4.14-16
 B. Cristo es superior en sus calificaciones . . . 5.1-10
 C. Tercera advertencia: Peligro de no madurar . . . . 5.11—6.20
 D. Cristo es superior en Su orden sacerdotal . . . 7.1-28
II. La superioridad del pacto de Cristo 8.1-13
 A. Un mejor pacto. 8.1-6
 B. Un pacto nuevo 8.7-13
III. La superioridad del santuario y el sacrificio de Cristo. . . . . 9.1—10.18
 A. Santuario y sacrificio del antiguo pacto 9.1-10
 B. Santuario y sacrificio del nuevo pacto . . . . 9.11—10.18

I. Un llamado a la plena certeza de la fe . . . 10.19—11.40
 A. Sostengan la confesión de la fe. 10.19-25
 B. Cuarta advertencia: Peligro de volver atrás 10.26-39
 C. Definición de la fe. 11.1-3
 D. Ejemplos de la fe 11.4-40
  1. Abel 11.4
  2. Enoc. 11.5-6
  3. Noé 11.7
  4. Abraham y Sara 11.8-19
  5. Isaac 11.20
  6. Jacob 11.21
  7. José 11.22
  8. Los padres de Moisés 11.23
  9. Moisés 11.24-29
  10. Josué y Rahab. 11.30-31
  11. Muchos otros héroes de la fe 11.32-40
II. Resistencia de la fe. 12.1-29
 A. Ejemplo de la resistencia de Cristo 12.1-4
 B. Un llamado a soportar el castigo de Dios. . . 12.5-24
 C. Quinta advertencia: Peligro de rehusar a Dios. 12.25-29
III. Un llamado al amor. 13.1-17
 A. Amor en el dominio social 13.1-6
 B. Amor en el dominio religioso 13.7-17
IV. Conclusión 13.18-25

unidos. El autor mismo le da el calificativo de «palabra de exhortación» (13.22).

En la primera parte de la obra (3.7–4.13), el autor demuestra que Jesucristo es el Hijo de Dios y, por ende, superior a los ángeles (1.1–2.18) y a Moisés (3.1-6). Esta parte contiene una advertencia de que no se deben perder las bendiciones («reposo») de Dios por incredulidad, como lo hicieron en el desierto los israelitas.

La segunda parte se extiende hasta 10.18, y se demuestra que Cristo es el perfecto Sumo Sacerdote debido a que tiene la capacidad de compadecerse de nosotros y fue completamente obediente a Dios (4.14–5.10). Advierte entonces el peligro que representa abandonar la fe (5.11–6.20), tras lo cual presenta a Jesucristo como Sumo Sacerdote del orden de → MELQUISEDEC (7.1-28). Este sacerdote, que se menciona en Génesis 14.18-20 y después en Salmo 110.4, es semejante a Cristo en el sentido de que, a diferencia de Aarón, surge en la historia sin predecesores ni sucesores. Era, pues, sacerdote para siempre, como Jesucristo (7.1-3). En esa calidad, Cristo inauguró un pacto nuevo y mejor (8.1-13), pues se presentó a sí mismo ante Dios como ofrenda y ofrendante, en lugar de ofrecer animales como se hacía anteriormente (9.1–10.18).

En la última sección se exhorta al lector a no renunciar a los beneficios de la obra de Cristo como Sumo Sacerdote (10.19–13.17). En un intento por detener la apostasía de algunos (10.19-39), el autor recuerda a los héroes de la fe (11.1-40), y pide que se corra con paciencia la carrera que tenemos por delante (12.1).

Termina con varias recomendaciones prácticas en cuanto a la vida cristiana (13.1-19), una bendición (13.20-21) y saludos (13.22-25).

Autor y fecha

Hay varias conjeturas respecto a la paternidad literaria de esta epístola: Pablo (porque algunos manuscritos posteriores incluyen su nombre), Bernabé, Apolos, Priscila y Aquila, etc., pero todas son eminentemente inciertas. Es improbable que → PABLO sea el autor de Hebreos. Tanto su lenguaje como su teología difieren considerablemente del estilo literario y el pensamiento del Apóstol. Lingüística y conceptualmente, Hebreos es similar a Lucas-Hechos en el Nuevo Testamento. De todos modos, el autor era un judeocristiano helenista conocedor del idioma griego que estaba empapado extraordinariamente en la Septuaginta, de donde proceden sus citas del Antiguo Testamento. Así que podemos concluir que Hebreos es un documento anónimo.

Se han propuesto también varios lugares de origen: Roma, Éfeso, Antioquía, pero ninguno se ha adoptado como definitivo. En cuanto a fecha, la relación lingüística con Lucas-Hechos señala al período pospaulino, pero antes de 1 Clemente. Esta carta, escrita en el 96, parece conocer a Hebreos pero no menciona título ni autor (17.1; 36.2-5). Timoteo, el joven compañero de Pablo, vivía todavía cuando Hebreos se escribió (Heb 13.23). Tanto el autor como sus lectores pertenecen a la segunda generación de cristianos (2.3). La referencia a sufrimientos (10.32-34) podría señalar a la época de Domiciano (81–96), solo que no ha habido martirios en la comunidad (12.4). Probablemente Hebreos se escribió entre 80 y 90, aunque no faltan partidarios de una fecha (67–69) antes de la destrucción de Jerusalén.

Marco histórico

Tradicionalmente se ha dicho que esta obra está dirigida a judeocristianos. Indudablemente esto produjo el sobrescrito «a los hebreos» a fines del siglo II. Pero hay quienes piensan que pudo estar dirigida a algunos esenios ex miembros de la comunidad de → QUMRÁN.

La carta no va dirigida a Jerusalén. La iglesia allí era pobre y necesitaba el apoyo de otras congregaciones, mientras que los lectores de Hebreos repetidamente habían apoyado a otros (6.10). No es posible aplicar los versículos 2.3s y 13.7 a los miembros de la comunidad primitiva, y la persecución a que se hace referencia no coincide con los períodos de sufrimiento de los cristianos en Jerusalén.

Lo más probable es que los destinatarios fueran predominantemente cristianos en general. Y esto no se contradice con los complicados argumentos bíblicos de la epístola, ya que en Gálatas, por ejemplo, se usan argumentos igualmente complicados con congregaciones gentiles. Además, desde muy temprano la iglesia gentil conocía el Antiguo Testamento, pues la evangelización había tenido este cuidado. El autor escribe partiendo de esta certeza (6.1ss), y no se preocupa por una aclaración más específica.

La epístola no ataca una herejía específica. La trayectoria cristiana de los destinatarios es digna de elogio (6.10; 10.32ss), pero atraviesan por un período de lasitud en la fe, temor al sufrimiento y falta de fidelidad hacia la congregación (5.11s; 10.25,35; 12.3s,12s; 13.17). Se trata de cristianos de segunda generación que han perdido el empuje inicial. Al describir magistralmente para ellos la salvación tan grande que poseen, el autor les advierte del peligro de apostasía en que están si no perseveran y mantienen la esperanza. El pecado mayor en Hebreos es precisamente perder la esperanza, presente y futura, en la eficacia y realidad de la salvación a través de Jesucristo. Debido al carácter escatológico de las promesas de Dios, la fe y la esperanza son casi idénticas en significado (6.18-20; 10.23; 11.1,10,13-16,39,40; 12.1-3,22-29).

Aporte a la teología

La mejor manera de entender la teología de Hebreos es compararla con la de Pablo. Tiene algunos aspectos que recuerdan a Pablo: Cristo el Hijo, el agente preexistente de la creación; la muerte de Cristo por el pecado como punto central en la salvación; el concepto del nuevo orden de Dios (nuevo → PACTO, 8.8ss; 9.15s; 12.24; cf. 1 Co 11.25; 2 Co 3.6,14; Gl 4.24). Pero el autor de Hebreos tiene su propio pensamiento y aun cuando usa conceptos que aparecen en Pablo, lo hace a su manera. Pablo habla constantemente de la resurrección de Cristo; Hebreos subraya la exaltación al cielo. Pablo resume la obra salvífica de Cristo como reconciliación; Hebreos la llama preferentemente purificación, santificación y perfección. El concepto medular de Hebreos, el sumo sacerdocio de Jesucristo, no aparece en Pablo. Hebreos dice muy poco de la justificación que viene por la fe y no por las obras de la Ley, o de la dicotomía carne/espíritu. No emplea la frase paulina «con Cristo» y no dice nada referente al lugar de los judíos y los gentiles en el plan de la salvación.

A diferencia de Pablo, quien concibe la Ley desde el punto de vista de la demanda moral y como un poder autónomo, Hebreos presenta la Ley básicamente en su aspecto cultual, como una institución para la expiación, acorde con la revelación de la salvación en el Nuevo Testamento. Es una preparación imperfecta. Pablo en ningún sitio sostiene la imposibilidad de un segundo arrepentimiento, Hebreos sí (6.4ss; 10.26ss; 12.17).

Este contraste con Pablo revela al autor de esta exhortación como un cristiano de extracción judía, sumamente brillante y original en su perspectiva teológica.

Otros puntos importantes

Hebreos 6.4-6 y 10.26 han consternado a muchos cristianos. En ellos se advierte que si una persona se aparta de Cristo voluntariamente, ya no puede recibir perdón.

Algunos comentaristas presentan estos versículos como prueba de que uno puede perder la salvación. Pero otros afirman que el énfasis es diferente, que más bien quieren decir que si uno cayera de la gracia no podría ser perdonado otra vez. Por lo tanto, es imposible caer de la gracia.

En realidad, la intención de estos versículos es hacer que los cristianos recuerden siempre el gran costo de la gracia de Dios, y que tomen bien en serio su profesión de fe.

La intención no es que los cristianos duden de su salvación. No hay ninguna prueba bíblica de que alguien que haya deseado el perdón de Cristo no lo haya recibido.

Bibliografía:

INT, pp. 328-339. *IB* II, pp. 485-504. J. Calvino, *Epístola a los hebreos*, De la Fuente, México, 1960. LSE, *Nuevo Testamento* III, pp. 3-193. *BC* VI, pp. 722-790.

HEBRÓN Antigua ciudad de Palestina cuyo nombre original fue → Quiriat-arba (Gn 23.2; Nm 13.22; Jos 20.7). Se hallaba a unos treinta y dos kilómetros al sudoeste de Jerusalén y casi mil metros sobre el nivel del mar.

Estaba rodeada de viñedos notables por su verdor y sus uvas blancas, y de frondosos olivares. El agua también abundaba.

Hebrón fue el sitio predilecto de los patriarcas Abraham, Isaac y Jacob. Todos ellos fueron sepultados allí en «la cueva de la heredad de Macpela», una especie de sepulcro perpetuo. También los familiares de los patriarcas fueron sepultados en dicha cueva (Gn 23.19,20; 49.30,31; 50.13).

Cuando Moisés envió a un grupo de espías desde el desierto de Parán, para reconocer la tierra de Canaán, estos llegaron hasta Hebrón la cual estaba poblada por gigantes. Se mencionan Ahimán, Sasai y Falmai, hijos de Anac (Nm 13.22,33), a los cuales Josué capturó posteriormente al iniciar sus guerras de conquista (Jos 10.39; 11.21-23).

Hebrón fue asignada a Caleb (Jos 14.12; Jue 1.20) y llegó a constituirse más tarde en una ciudad levítica (Jos 21.11-13) y una de las tres ciudades al occidente del Jordán llamadas «ciudades de refugio». De estas las otras dos fueron Cedes y Siquem (Jos 20.1-7).

David fue ungido rey en Hebrón (2 S 2.11) y allí mismo nacieron seis de sus siete hijos (2 S 3.2-5). Durante los siete años y seis meses que reinó sobre Judá, hizo de Hebrón el asiento de su trono, pero después lo estableció en Jerusalén (2 S 5.5). Desde Hebrón Abasalón organizó y dirigió una sublevación contra su propio padre, David (2 S 15.10).

Se supone que durante el cautiverio Hebrón quedó prácticamente desierta. Fue

La moderna Hebrón, sucesora de la antigua ciudad del mismo nombre donde Abraham compró una cueva para sepultar a Sara y sus descendientes (Gn 23).

Foto de Howard Vos

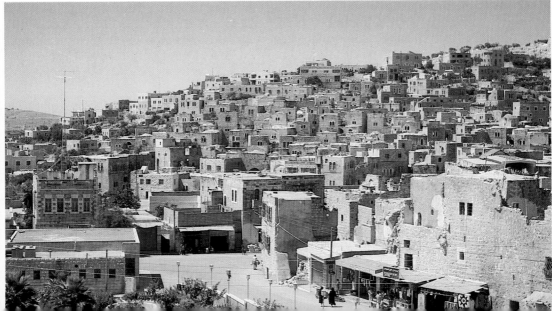

entonces ocupada por los edomitas, pero los «hijos de Judá» la repoblaron cuando volvieron de la cautividad (Neh 11.25). Posteriormente fue conquistada por los idumeos. Judas Macabeo la recobró, pero los romanos la quemaron en el año 69 a.C.

HECHICERÍA Práctica que trata de influir en las personas y los hechos por medios «sobrenaturales» u ocultos. El Antiguo Testamento la condena por ser una forma velada de → IDOLATRÍA. En efecto, quien recurre a la hechicería muestra que no confía en el Dios de Israel, sino en otros poderes misteriosos. El Antiguo Testamento, sin embargo, no da a entender que tales poderes no existan, y que por tanto la hechicería sea un engaño. Más bien, en 1 S 28.3-20, por ejemplo, Saúl logra hablar con el difunto Samuel, y el texto no dice explícitamente que esto haya sido un engaño de la bruja (→ PITÓN). Pero Dios condenó la acción de Saúl, pues toda hechicería se opone a la Ley. En Dt 18.10ss se expresa la prohibición general: «No sea hallado en ti quien haga pasar a su hijo o a su hija por el fuego, ni quien practique → ADIVINACIÓN, ni agorero, ni sortílego, ni hechicero, ni → ENCANTADOR, ni adivino, ni → MAGO, ni quien consulte a los muertos».

En el Nuevo Testamento la hechicería también se considera una abominación. Pablo la coloca entre las «obras de la carne» (Gl 5.20), y los primeros cristianos, así como sus contemporáneos judíos, la veían no como un engaño sin fundamento, sino como un acto de sujeción a poderes ajenos al único Dios. Creían que la hechicería era real, pero solo gracias al respaldo que los demonios le daban. Por tanto, los hechiceros serán enjuiciados severamente (Ap 9.21; 18.23; 21.8; 22.15).

Como puede verse en Dt 18.9-14, la hechicería toma muchas formas. Sus objetivos son principalmente dos: predecir el futuro e intervenir en él mediante algún poder oculto. Para el primero se practicaba comúnmente la → ASTROLOGÍA, especialmente en Mesopotamia, donde la ciencia astronómica había alcanzado cierto desarrollo, a la vez que se confundía con todo un sistema religioso centrado en los movimientos de los astros. Otro medio de predecir el futuro era examinando las entrañas de animales sacrificados (Ez 21.21), u observando el vuelo de ciertas aves. También se acostumbraba invocar a los espíritus de los muertos (Is 8.19), con miras a averiguar algo del futuro o recibir consejos al respecto. Mucho menos perniciosa era la seudociencia de la interpretación de → SUEÑOS.

Pero la hechicería no se limitaba a predecir el futuro, sino que también intentaba influir en él mediante sortilegios y otras → MAGIAS. Estas prácticas se basaban en una concepción del mundo y de los dioses según la cual estos (que eran muchos y peleaban entre sí) no pueden, o no quieren, cumplir ciertas funciones, y resulta entonces necesario que los hombres los estimulen o los fortalezcan. Un gesto, pues, de magia, un sacrificio, o una fórmula pronunciada ayuda u obliga a los dioses a hacer un favor, o bien debilita a sus enemigos. Otras veces, se teme que algún ser maligno pueda hacerle daño a la persona, y entonces el devoto de la hechicería usa amuletos u otros medios para ahuyentar a tales seres (→ EXORCISTA).

Aunque las leyes más antiguas (Éx 22.18) hablan solo de hechiceras, los hechiceros hombres se incluyen en las menciones posteriores (Is 47.12; Dn 2.2; Miq 5.12). Las campañas de Saúl (1 S 28.3) y Josías (2 R 23.24) no lograron su completo exterminio en Israel (2 R 17.17; 21.6; Is 3.2; 8.19; Jer 27.9; 28.9; Os 4.12).

HECHOS DE LOS APÓSTOLES Quinto libro canónico del Nuevo Testamento y segundo tomo de la obra extraordinaria de Lucas (→ LUCAS, EVANGELIO DE) que presenta la vida de Jesús, prolongada luego en la vida de la Iglesia hasta el año 61.

Estructura del libro

Hechos de los Apóstoles es como un drama con dos personajes principales: Pedro y Pablo. Este drama representa el esparcimiento del evangelio de Jerusalén, la ciudad donde crucificaron a Cristo, hasta Roma, capital del Imperio Romano.

Lucas comienza su narración donde la había dejado en el Evangelio, el que identifica como «el primer tratado» (1.1), y describe los acontecimientos que precedieron la ascensión del Señor (1.9-11). Tal como les pidió el Señor, los discípulos esperaron hasta la llegada del Espíritu Santo, hecho que marcó el establecimiento de la Iglesia (1.12–2.47).

La iglesia comenzó a progresar y a multiplicarse en Jerusalén (3.1–8.3). Los discípulos predicaban con valentía, y el Señor los respaldaba con grandes milagros (3.1–5.16). Esto trajo problemas que culminaron con la muerte del primer mártir (6.8–7.60) y la primera persecución, que obligó a los creyentes a dispersarse (6.8–8.3).

Fiel a su promesa, Dios hizo que todo redundara en bien de su Iglesia. No solo la Iglesia se vio obligada a ir por todo el mundo, sino que uno de sus más encarnizados perseguidores, Saulo de Tarso, abrazó la fe que perseguía (9.1-31). Con el tiempo se convertiría en el gran apóstol Pablo.

Pedro siguió muy activo con un ministerio de gran alcance (9.32–11.18). Comenzaron a surgir grupos de creyentes que formaron iglesias. Una de estas, la de Antioquía, habría de tener una gran influencia en el desarrollo de la obra misionera (9.32–12.24). Fue precisamente esta iglesia la que impulsó el primer viaje de Pablo por Asia Menor y Grecia (12.25–14.28). Pablo se convirtió en el personaje principal del libro.

El primer viaje de Pablo fue un éxito, pero la conversión de los gentiles amenazó con crear problemas. Se celebró entonces el primer concilio de la iglesia en Jerusalén, en el que Pablo relató lo que el Señor estaba haciendo entre los gentiles. La iglesia, dirigida por el Espíritu Santo, tomó decisiones sabias (15.1-35).

El resto del libro es el relato de la obra que Dios fue realizando a través del apóstol Pablo. Este realiza dos viajes más (15.36–18.22 y 18.23–21.14). Por todas partes van quedando iglesias. Pero en un viaje a Jerusalén, Pablo cae preso y lo llevan prisionero a Roma, viaje que aprovecha para testificar del amor de Dios (21.15–28.31).

Autor y fecha

La fecha de Hechos tiene que caer después de Lucas, o sea, entre 75 y 85 d.C.; pero muchos lo fechan en 62 d.C. Aunque los dos tomos son anónimos, los padres de la iglesia los atribuyen a Lucas, compañero de Pablo (cf. Flm 24; Col 4.14; 2 Ti 4.11). A veces se discute el significado de los pasajes en que el autor cambia repentinamente de tercera persona a primera persona y dice «nosotros» (Hch 16.10-17; 20.5-15; 21.8-18; 27.1–28.16), sugiriendo así que era testigo ocular. En realidad, no hay impedimento insuperable para que Lucas fuera el compañero de viaje de Pablo.

Lo que el texto sí revela de Lucas es su control de diferentes estilos literarios, su preparación → HELENISTA, su conocimiento vasto del Antiguo Testamento, su talento como narrador y su imaginación como tejedor de un relato conexo y complejo.

En sus descripciones breves y magistrales Lucas conjuga todo un mundo. Por ejemplo, con dos trazos Pedro sale de la prisión y tipifica así la salvación de todo creyente (cf. el himno bautismal citado en Ef 5.14, que alude a este rescate); de igual manera, el naufragio de Pablo (27.1-44) ejemplifica la protección divina otorgada a los portavoces del evangelio. Tales narraciones (1.1) contadas «en secuencia» (1.3) convencen al lector. Los discursos de defensa de Pablo (22.3-21; 24.10-21; 26.4-23) nos persuaden de la veracidad del orador. Para leer Hechos con entendimiento, entonces, tenemos que captar sus temas mediante el argumento narrativo, su trama. Por tanto, la secuencia de los acontecimientos es de vital importancia.

Marco histórico

Aunque históricamente las buenas nuevas se difundieron por muchos caminos a partir de Jerusalén, Hechos se concentra en el

H

camino que conduce a través de Antioquía a Roma. Sabiendo perfectamente que han transcurrido los martirios de Pedro y de Pablo, Lucas celebra la victoria del mensaje en la capital del mundo conocido. Quiere dar a entender que el fin «abrupto» de Hechos obedece al plan teológico de la obra.

Aporte a la teología

Además de ser hábil historiador y literato, Lucas ha producido una obra eminentemente teológica. A diferencia de Pablo y Marcos, cuya expectativa frente a la pronta venida de Jesucristo deja huellas profundas en el Nuevo Testamento, Lucas prevé un período nada

HECHOS:
Un bosquejo para el estudio y la enseñanza

**Primera parte:
El testimonio en Jerusalén
(1.1—8.3)**

I. El poder de la iglesia . . . . **1.1—2.47**
  A. Introducción a los Hechos . . . . 1.1—3
  B. Apariciones del Cristo resucitado. 1.4-8
  C. Ascensión de Cristo. 1.9-11
  D. Anticipación del Espíritu Santo 1.12-14
  E. Cita con Matías 1.15-26
  F. Derramamiento del Espíritu Santo. 2.1-4
  G. Hablan en otras lenguas 2.5-13
  H. Pedro explica el Pentecostés 2.14-39
  I. Prácticas de la iglesia primitiva. 2.40-47

II. El progreso de la iglesia . . . . **3.1—8.3**
  A. Pedro sana al hombre lisiado 3.1-10
  B. Segundo sermón de Pedro 3.11-26
  C. Pedro y Juan son arrestados. 4.1-4
  D. Pedro le predica al sanedrín judío 4.5-12
  E. El sanedrín le ordena a Pedro
    que no predique 4.13-22
  F. Los apóstoles oran por valor. 4.23-31
  G. La iglesia primitiva comparte
    voluntariamente 4.32-37
  H. Ananías y Safira mienten 5.1-11
  I. Los poderosos milagros
    de los apóstoles 5.12-16
  J. La persecución de los apóstoles 5.17-42
  K. Señalamiento de los diáconos. 6.1-7
  L. Martirio de Esteban. . . . . 6.8—7.60
  M. Saulo persigue a la Iglesia 8.1-3

**Segunda parte:
El testimonio
en Judea y Samaria
(8.4—12.24)**

I. El testimonio de Felipe **8.4-40**
  A. Testimonio de Felipe a los samaritanos . . . 8.4-25
  B. Testimonio de Felipe al etíope 8.26-40

II. La conversión de Saulo **9.1-31**
  A. Conversión y ceguera de Saulo 9.1-9
  B. Saulo es lleno del Espíritu Santo 9.10-19
  C. Saulo predica en Damasco. 9.20-22
  D. Saulo testifica en Jerusalén 9.23-31

III. El testimonio de Pedro. . . . . **9.32—11.18**
  A. Pedro sana a Eneas en Lidia 9.32-35
  B. Pedro levanta a Dorcas en Jope 9.36-43
  C. Pedro testifica a Cornelio
    en Cesarea. . . . . 10.1—11.18

IV. El testimonio de la iglesia primitiva . . . . **11.19—12.24**
  A. El testimonio de la iglesia de Antioquía . . 11.19-30
  B. Herodes y su persecución 12.1-24

corto de misión universal de la iglesia antes de la parusía. El acontecimiento salvífico, pues, abarca no solo la carrera terrestre de Jesús, sino la historia de la iglesia guiada por el mismo → Espíritu.

La expansión de la iglesia está siempre bajo el signo de este Espíritu de la profecía, que toma la iniciativa en encrucijadas importantes (por ejemplo, 8.29; 10.44; 11.16; 13.2), sea para inhibir un plan de acción (16.6), sea para fomentar otro.

Hechos presenta a la primerísima iglesia (1–7) como un → Israel restaurado. Tanto es así que la venida del → Espíritu tiene que

Tercera parte: El testimonio por toda la tierra (12.25—28.31)

I. **El primer viaje misionero** . . . . **12.25—14.28**
   A. Bernabé y Saulo son enviados desde Antioquía . . . . 12.25—13.3
   B. Ministerio en Chipre 13.4-12
   C. Ministerio en Antioquía 13.13-50
   D. Ministerio en Iconio . . . . 13.51—14.5
   E. Ministerio en Listra 14.6-20
   F. Ministerio en el viaje de regreso 14.21-25
   G. Reporte sobre el primer viaje misionero . . . 14.26-28

II. **El Concilio de Jerusalén** **15-1-35**
   A. Debate sobre la observancia gentil de la Ley 15.1-5
   B. Pedro predica la salvación mediante la gracia 15.6-11
   C. Pablo y Bernabé testifican 15.12
   D. Santiago prueba que los gentiles están exentos de la Ley 15.13-21
   E. El Concilio envía una carta oficial 15.22-29
   F. Reporte a Antioquía 15.30-35

III. **El segundo viaje misionero** . . . . **15.36—18.22**
   A. Desacuerdo en cuanto a Juan Marcos 15.36-41
   B. Derbe y Listra: Timoteo es circuncidado 16.1-5
   C. Troas: Llamado macedónico 16.6-10
   D. Filipos: Extenso ministerio 16.11-40
   E. Tesalónica: «Trastornaron al mundo» 17.1-9
   F. Berea: Muchos reciben la Palabra 17.10-15
   G. Atenas: Sermón de Pablo en el Areópago . . . 17.16-34
   H. Corinto: Año y medio de ministerio 18.1-17
   I. Viaje de regreso a Antioquía 18.18-22

IV. **El tercer viaje misionero** . . . . **18.23—21.14**
   A. Galacia y Frigia: Fortaleza para los discípulos 18.23
   B. Éfeso: Tres años de ministerio . . . . 18.24—19.41
   C. Macedonia: Tres meses de ministerio 20.1-6
   D. Troas: Eutico se cae de la ventana 20.7-12
   E. Mileto: Pablo se despide de los ancianos efesios 20.13-38
   F. Tiro: Se le advierte a Pablo en cuanto a Jerusalén 21.1-6
   G. Cesarea: Predicción de Ágabo 21.7-14

V. **El viaje a Roma** . . . . **21.15—28.31**
   A. Pablo testifica en Jerusalén . . . . . . 21.15—23.33
   B. Pablo testifica en Cesarea . . . . 23.34—26.32
   C. Pablo testifica en Roma . . . . 27.1—28.31

H

aguardar la elección de un nuevo → APÓSTOL, para que haya doce líderes exactamente (1.12-26). Las promesas hechas a Abraham tienen que cumplirse, pero esto sucede precisamente en Jesús (al decir de Pedro, 2.14-36). Más tarde, en su misión que por definición se dirige a los gentiles, Pablo también buscó comenzar su predicación en la → SINAGOGA de cada ciudad de la diáspora (Lucas repite esta pauta siete veces), a pesar del rechazo que sufre a manos de la vasta mayoría de los judíos (por ejemplo, 13.45s).

La iglesia producto de esta misión procura mantener el contacto con la iglesia madre en Jerusalén, más apegada a las demandas de la Ley; pero la relación se hace tensa. La → OFRENDA, por ejemplo, ideada por Pablo como pieza central en su plan de misión entre los que no son judíos, es destinada a esta iglesia madre y no al → TEMPLO.

Los últimos versículos del libro (28.28-31) sugieren que el futuro de la fe cristiana no se halla en el conservadurismo de Jerusalén, sino en el evangelio de la salvación gratuita abrazado por los gentiles.

En el libro nos encontramos con no menos de veinticuatro discursos (que constituyen un tercio del texto), usados como apología en pro de los temas predilectos de Lucas: la afirmación del mundo, la «visitación» por Dios que invierte los papeles de pobres/ricos, dignos/indignos, enfermos/sanos, la salvación de los «insalvables», el progreso del evangelio como Palabra de Dios, la importancia de la conversión y la respuesta de la fe.

Otros puntos importantes

Casi una quinta parte de Hechos consiste en discursos, principalmente de Pedro, Esteban y Pablo, que constituyen una proclamación básica que se puede bosquejar así:

1. Las promesas de Dios en el Antiguo Testamento ya están cumplidas.

2. Jesús de Nazaret es el Mesías prometido.

a. Jesucristo realizó obras buenas y poderosas con poder divino.

b. A Cristo lo crucificaron conforme al propósito de Dios.

c. Dios levantó a Cristo de entre los muertos.

d. Ahora Cristo reina por el poder de Dios.

e. Cristo volverá a juzgar y a restaurar las cosas conforme al propósito de Dios.

3. Todo el que oye debe arrepentirse y bautizarse.

Este bosquejo es el más antiguo ejemplo del evangelio que proclamaba la iglesia primitiva. Es «el fundamento de los apóstoles y profetas, siendo la principal piedra del ángulo Jesucristo mismo» (Ef 2.20). Sobre esto se asienta la Iglesia. En este sentido, el libro de los Hechos todavía está inconcluso, porque cada generación recibe del Espíritu Santo la capacidad de añadir a sus capítulos al proclamar las buenas nuevas de Jesucristo.

Bibliografía:

C.K. Barrett, *Acts*, T & T Clark, Edinburgo, 1994, 2 tomos. F. Bovon, «Evangelio de Lucas y Hechos de los Apóstoles» en *Evangelios Sinópticos y Hechos de los Apóstoles*, Cristiandad, Madrid, 1982, pp. 213-274. F.F. Bruce, *Los Hechos de los Apóstoles*, Nueva Creación, Buenos Aires, 1987. Richard J. Cassidy, *Society and Politics in the Acts of the Apostles*, Orbis, Maryknoll, 1988. Justo L. González, *Hechos*, Editorial Caribe, Miami, 1992. Josef Kürzinger, *Los Hechos de los Apóstoles*, Herder, Barcelona, 1974, 2 tomos. *El camino de Pablo a la misión de los paganos: Comentario lingüístico y exegético a Hechos 13—28*, Cristiandad, Madrid, 1984. Jürgen Roloff, *Hechos de los Apóstoles*, Cristiandad, Madrid, 1984. Alfred Wikenhauser, *Los Hechos de los Apóstoles*, Herder, Barcelona, 1967.

HEFER Nombre de tres hombres y una aldea.

1. El hijo menor de Galaad y fundador de los heferitas (Nm 26.32; 27.1).

2. Una ciudad al oeste del río Jordán que Josué conquistó (Jos 12.17).

3. Un descendiente de Judá e hijo de Asur y Naara (1 Cr 4.6).

4. Uno de los valientes de David (1 Cr 11.36).

HEFZI-BÁ (*mi delicia está en ella*). Nombre simbólico además del de una reina de Judá.
1. La esposa de Ezequías y madre de Manasés (2 R 21.1).
2. Un nombre simbólico que usó el profeta Isaías para referirse a la Jerusalén restaurada al favor de Dios (Is 62.4).

HEGAI Eunuco al servicio del rey Asuero (Jerjes) de Persia, quien tenía la responsabilidad del harem real (Est 2.3).

HELBÓN Pueblo productor de vino que abastecía a Tiro (Ez 27.18). Posiblemente pueda identificarse hoy con Halbum, una aldea situada veinte kilómetros al noroeste de Damasco, todavía famosa por sus uvas. Puesto que ahora la población es predominantemente mahometana, se usan las uvas para la elaboración de pasas en vez de vino.

HELCAT Ciudad en la frontera sur de la tribu de Aser (Jos 19.25; 21.31) asignada a los levitas. Su sitio posiblemente pueda identificarse con la moderna Tel es-Harbaj, situada a unos diez kilómetros al sudeste de Haifa. Una variación del nombre de Helcat es Hucoc (1 Cr 6.75).

HELDAI Nombre de dos hombres en el Antiguo Testamento.
1. Funcionario del rey David (1 Cr 27.15).
2. Un israelita que trajo oro y plata de Babilonia para ayudar a los cautivos que regresaron a Jerusalén con Zorobabel (Zac 6.10). A Heldai también se le llama *Helem* (Zac 6.14).

HELEM Nombre de dos hombres del Antiguo Testamento.
1. Descendiente de Aser (1 Cr 7.35). Helem quizás sea el mismo que se menciona con el nombre de *Hotam* en el versículo 32.
2. Un hombre que menciona el profeta Zacarías (Zac 6.14). Quizás sea el mismo → HELDAI.

HELENISTA → GRECIA.

HELES (*Dios ha salvado*). Nombre de dos hombres en el Antiguo Testamento.
1. Uno de los valientes del rey David (2 S 23.26).
2. Un hijo de Azarías de la tribu de Judá (1 Cr 2.39).

HELIÓPOLIS → ON.

HELÓN Uno de la tribu de Zabulón y padre de Eliab (Nm 1.9).

HEMAM Hijo de Lotán y nieto de Seir (Gn 36.22). También se le llama *Homan* (1 Cr 1.39).

HEMÁN (*fiel*). Nombre de tres hombres en el Antiguo Testamento.
1. Uno de los sabios de Israel, de los «hijos de Mahol» según 1 R 4.31. Según 1 Cr 2.6 su padre era Zera, descendiente de Judá.
2. Hijo de Joel y descendiente de Coat (1 Cr 6.33). Fue uno de los principales cantores y a la vez el director del coro del rey David (1 Cr 15.17,19; 16.41,42; 25.1,4-6; 2 Cr 5.12; 35.15). Se llama «vidente» en cuanto a «las cosas de Dios» (1 Cr 25.5).
3. Músico citado en el título del Salmo 88, que posiblemente sea el mismo «hijo de Mahol». Albright opina que la expresión «hijos de Mahol» quiere decir miembros del «coro musical».

HENA Ciudad del Antiguo Testamento cuyo sitio exacto se desconoce (2 R 18.34; 19.13; Is 37.13).

HENO → HIERBA.

HERALDO → JUEGOS DEPORTIVOS; → PREDICACIÓN.

HEREJÍA (en griego *haíresis*, que significa *selección, partido*; → SECTA). Término que en el contexto particular de la iglesia adquirió un significado técnico, y señalaba cualquier desviación de la ortodoxia. De ahí las separaciones y divisiones en el orden doctrinal y eclesiástico. Este sentido de herejía empezó a usarse tan pronto como la iglesia se estableció y, por tanto, se consideraron ambas (la Iglesia y la herejía) como realidades excluyentes entre sí. En 1 Co 11.19 ya se usa herejía con este sentido negativo.

En Gálatas 5.20 la herejía se enumera entre las «obras de la carne». En Tito 3.10 se alude en forma generalizada a la persona hereje, a quien hay que evitar después de una o dos amonestaciones. En 2 Pedro 2.1 la herejía perniciosa de los falsos maestros mueve a los creyentes hacia la negación de su Señor. No obstante, no se alude a una herejía determinada. Apocalipsis sí condena la desviación de los → Nicolaítas. Aunque el elemento constitutivo de esta herejía no esté del todo claro, sabemos que trató de infiltrarse entre los fieles en Éfeso (2.6) y halló acogida en Pérgamo (2.15).

Desde el punto de vista teológico y ético, el problema de la herejía hoy más bien es determinar quién o quiénes establecen lo que es ortodoxia y sobre cuáles fundamentos esta se define. Debemos recordar que en lo que llamamos Nuevo Testamento coexisten diversos puntos de vista teológicos, cristológicos, neumatológicos o eclesiológicos y que no necesariamente son complementarios. Entre otros ejemplos de estas diferencias podemos citar cómo Marcos y Juan entienden lo escatológico, o preguntarnos por qué el Evangelio de Juan suprime las palabras eucarísticas que tanto Marcos, Lucas, Mateo, así como Pablo en sus escritos, preservan.

En segundo lugar, hay que destacar el desarrollo de la investigación bíblica y cómo esta ayuda a comprender el mundo de los primeros cristianos. Las investigaciones hechas resaltan el papel de la mujer en la vida de la iglesia primitiva, en el ministerio de Pablo y el de Jesús, papel que durante siglos las iglesias no han tomado en cuenta. Las ciencias bíblicas, al permitir una mejor comprensión de los textos, ponen en cuestión «verdades» que han prevalecido por el uso de la costumbre. Entonces, ¿hasta dónde las iglesias tienen o no la responsabilidad de incorporar los resultados de las investigaciones en la comprensión de la Biblia con el propósito de modificar la ortodoxia?

No podemos dejar de señalar que el esfuerzo por descubrir nuevos caminos que Dios abre a las iglesias para desarrollar sus ministerios requiere una profunda comprensión de los tiempos y la libertad para percibir la acción del Espíritu en ese momento particular. Esto significa que la ortodoxia debe ser lo suficientemente flexible para no terminar oponiéndose a Dios en nombre de Dios.

El punto de partida para una sana ortodoxia es sin duda el reconocimiento de que no podemos comprender totalmente a Dios. Reconocer que, aunque Jesús sea el punto culminante de la revelación y aunque tengamos la asistencia del Espíritu Santo, los hombres somos seres limitados y por ende no tenemos las condiciones físicas ni espirituales que nos permitan captar plenamente la realidad de Dios. Por esta razón, nuestra actitud debe ser de búsqueda, de permanente discernimiento, de apertura a los nuevos tiempos, de paciente espera y sobre todo de sed de conocimiento de Dios.

HERENCIA Bien o bienes cedidos a familiar o familiares cercanos después de la muerte del poseedor, gracias al derecho establecido por la ley o la costumbre. La noción bíblica de herencia se desarrolla principalmente en Números y Deuteronomio, en anticipación de la distribución de terrenos en la tierra prometida, y procura conservar lo necesario para cada familia, a fin de que esta se mantenga con independencia y dignidad. La tierra pertenece a la familia más bien que al individuo, y puede ser hipotecada pero no enajenada (Nm 36.6-9, → Jubileo). Según la ley de la herencia el hijo mayor recibe una doble porción (Dt 21.15-17, → Primogenitura), pero los derechos de otros hijos, hijas y demás parientes también se toman en cuenta (Nm 27.1-11).

El sentido espiritual que adquiere la noción de herencia en la Biblia se liga a la del

→ PACTO. Este sentido se desarrolla en un triple momento: Israel es la herencia de Jehová, la tierra prometida es la herencia de Israel (Dt 9.5; 1 R 8.36; Sal 105.9-11), y esta tierra llega a ser herencia de Jehová. Aunque toda la tierra es herencia del Señor, esta en particular se designa como su herencia. El derecho de posesión y herencia parte del hecho de que toda la tierra es propiedad de Jehová (Lv 25.23; cf. Is 14.2), quien la ha regalado a su pueblo (Sal 44.1-3). La Ley Mosaica hizo innecesarios los → TESTAMENTOS, aunque estos se introdujeron posteriormente (Gl 3.15; Heb 9.17). A veces el padre distribuye sus bienes estando aún vivo, como en «La parábola del hijo pródigo» (Lc 15.12).

El patrimonio religioso de Israel, en su totalidad y más elaborado, ha pasado a los cristianos, el nuevo → ISRAEL de Cristo. En el Nuevo Testamento vale fundamentalmente destacar los siguientes hechos: Jesús ha sido constituido por Dios en heredero de todas las cosas (Heb 1.2), luego los creyentes, como hijos de Dios, son herederos de Dios mediante Jesucristo (Ro 8.14-17). Su herencia incluye el Reino de Dios (Mt 25.35; 1 Co 6.9,10; 15.50; Gl 5.21; Ef 5.5; Stg 2.5), «la tierra» (Mt 5.5; cf. Sal 37.29), la salvación (Heb 1.4), la bendición (1 P 3.9), la gloria (Ro 8.17,18), y la incorrupción (1 Co 15.50).

HERMANO DÉBIL → VINO; → ÍDOLOS, CARNE OFRECIDA A.

HERMANOS Término que en sentido estricto señala a las personas nacidas de un mismo padre (Gn 24.29) y de una misma o distinta madre (Gn 20.5). En sentido más amplio, se aplica por extensión a los miembros de una misma familia (Gn 13.8; Lv 10.4), de una misma tribu (2 S 19.13) o de un mismo pueblo (Dt 25.3). También puede designar a un amigo (2 S 1.26), un colega (Esd 3.8; 6.20), un compañero de espíritu y destino (Gn 49.5) o cualquier otro con quien haya lazos filiales en general (Jer 9.3; Sal 49.7). Hermano era también el tratamiento entre príncipes y un título honorífico para las

personas que merecían premios u honor. Entre los hebreos era un modismo frecuente para expresar una semejanza muy notable. En el Nuevo Testamento hermano se usa unas ciento sesenta veces referido a los cristianos, en cuanto participan de una misma fe y esperanza. Los creyentes se dan entre sí ese nombre, como hijos de Dios (Hch 9.30; 11.29) y como discípulos de Cristo (Mt 25.40). Jesús llamó hermanos a los suyos, y Él mismo es el primogénito entre todos ellos (Ro 8.29). (→ HERMANOS DE JESÚS.)

HERMANOS DE JESÚS Mateo 13.55 y Marcos 6.3 nombran a cuatro hermanos de Jesús: Jacobo, José, Judas y Simón, además de unas hermanas. La oposición de estos hermanos al ministerio de Jesús es evidente en Mt 12.46-50 y Mc 3.21-35, explícita en Jn 7.5, y sugerida en Mt 13.57 y Mc 6.4. Sin embargo, después de la resurrección, los hermanos de Jesús aparecen dentro de la comunidad creyente (Hch 1.14) y → JACOBO se destaca como líder de la iglesia en Jerusalén (Hch 12.17; 15.13; 21.18; Gl 1.19). A este Jacobo se le apareció el Señor resucitado (1 Co 15.7).

A partir del siglo III tomó auge la idea de que los hermanos de Jesús eran hijos de José de un matrimonio anterior. Esta teoría la mantiene la Iglesia Ortodoxa Griega, igual que otras iglesias orientales, y aducen en su apoyo tres argumentos:

1. El comportamiento de los hermanos hacia Jesús indica que son mayores que Él.

2. Jesús no habría encomendado a Juan la protección de su madre (19.26ss) si ella hubiese tenido otros hijos.

3. María permaneció siempre virgen.

Sin embargo, existen razones contrarias de mayor peso. No es imposible que hermanos un poco menores actuasen en esa forma si estaban convencidos de que Jesús estaba equivocado. Tampoco es de sorprenderse que Jesús pase por alto los lazos familiares (sobre todo en vista de la incredulidad de los hermanos) para encomendar su madre al discípulo amado. La perpetua virginidad de

María que parece ser la razón fundamental para objetar que los hermanos sean hijos de ella, no tiene ningún fundamento en las Escrituras. (→ MARÍA.)

En el siglo IV Jerónimo propuso que los hermanos eran en realidad primos hermanos de Jesús, hijos de la hermana de María, y que por lo menos Jacobo era discípulo de Jesús aunque probablemente los otros tres también. La iglesia catolicorromana mantiene esta interpretación, citando las siguientes razones:

1. Según Gl 1.19 Jacobo era apóstol.

2. Jacobo debió haber sido apóstol en vista de su autoridad en la iglesia primitiva.

3. Jacobo, herencia de Jesús, es Jacobo el menor (Mc 15.40) y ese calificativo indica que hubo solo dos Jacobos y el otro era el hijo de Zebedeo.

4. Puesto que Jacobo, Simón y Judas aparecen juntos en las listas de discípulos (Mt 10.2-4), deben haber sido hermanos y se pueden identificar con los hermanos de Jesús de los mismos nombres.

5. El discípulo Jacobo hijo de Alfeo es el mismo Jacobo el menor, que es hermano de Jesús.

6. María, la madre de Jacobo el menor (Mc 15.40), es la misma María mujer de Cleofas, hermana de la virgen (Jn 19.25), ya que Cleofas es Alfeo, padre de Jacobo el discípulo, pues los dos nombres son transcripciones de un mismo nombre en arameo.

Este ingenioso razonamiento contiene varios puntos débiles:

1. Aunque se interpreta Gl 1.19 en el sentido citado (lo que el griego no exige) hay que reconocer que Pablo llama apóstoles a otros que no eran de los doce (Hch 14.4,14; Ro 16.7).

2. El nombre de Jacobo «el menor» no se refiere a una comparación de dos y no que significa literalmente «el pequeño».

3. La identificación de los hermanos con los apóstoles niega las pruebas de que los hermanos se oponían a Jesús (Jn 7.15).

4. Los Evangelios presentan a los hermanos como miembros de la familia de la madre

de Jesús, y con esto no cuadra la idea de que eran hijos de Cleofas y otra María.

5. La identificación Cleofas-Alfeo es lingüísticamente muy dudosa.

6. Es muy improbable que dos hermanas tuviesen el nombre María; Jn 19.25 puede referirse a cuatro personas en dos pares, como se hace en las listas de los discípulos.

Todo el argumento descansa en un empleo inusitado del vocablo «hermano», cuando solía usarse otro término específico para «primo». En el fondo se percibe el afán de Jerónimo, campeón del celibato, por establecer la virginidad tanto de María como de José.

HERMAS Miembro de un grupo de cristianos a quienes Pablo saluda, algunos por nombre, en su carta a los romanos (16.14). Orígenes sugirió la identificación de este Hermas con el autor del opúsculo patrístico *El pastor*, identificación que no se ha comprobado.

HERMENÉUTICA → INTERPRETACIÓN DE LA BIBLIA O HERMENÉUTICA.

HERMES Nombre de un cristiano romano y un dios pagano.

1. Nombre del dios griego mencionado en Hch 14.12 y traducido «Mercurio» (nombre latino) en RV. Como patrón de los caminantes y acompañantes de Zeus, Hermes adquirió la reputación de ser el hijo de este, mensajero veloz del cielo y patrón de la elocuencia y la literatura (→ HERMENÉUTICA). Los nativos de Listra ven en Pablo a Hermes, por ser el portador de la palabra.

2. Cristiano en Roma a quien Pablo envía saludos (Ro 16.14). Es distinto de Hermas.

HERMÓGENES → FIGELO.

HERMÓN El monte más alto de Siria y la cima más meridional de la cordillera del Antilíbano, ubicada 60 km al nordeste del mar de Galilea y 45 km al sudeste de Damasco. Alcanza hasta 2.814 m sobre el nivel del Mediterráneo. Influye decisivamente en el clima y las aguas que riegan toda la región alrededor. Su pico está cubierto de nieve que en el invierno desciende por sus laderas hasta una elevación de 1.500 m. Aun durante el verano puede hallarse hielo en las hendiduras de la cima. Por eso, los árabes lo llaman el «monte canoso». El agua se filtra por las peñas porosas en las elevaciones más altas y sale en forma de fuertes manantiales de agua fría por todos los lados del monte. Algunos de estos manantiales son las fuentes principales del Jordán.

El Hermón fue el límite septentrional de Israel al este del Jordán (Jos 12.1). Desde tiempo inmemorial se ha tenido por monte sagrado. Así se le llama en un pacto firmado entre amorreos y heteos *ca.* 1350 a.C. Su nombre hebreo viene de la palabra que significa «consagrar». Hermón, entonces, quiere decir «lugar sagrado» o «santuario». En Sal 133.3 se hace referencia a su copioso rocío como símbolo espiritual de bendición que proviene de Dios. En Dt 4.48 se le llama «Sion». Algunos han creído que aquí tuvo lugar la → TRANSFIGURACIÓN de Cristo.

HERODES (en griego, *descendiente de héroe*). Nombre de varios príncipes de una

Una hermosa vista del monte Hermón al nordeste de Palestina: un lugar muy conocido en la frontera entre las naciones de Israel y Siria en tiempos bíblicos.

Foto de Willem A. VanGemeren

dinastía que ejerció el poder en Palestina durante la época del Nuevo Testamento. Los herodianos eran oriundos de Idumea y practicaban la religión judía, pero siempre permanecieron en estrecha dependencia de los romanos. Mandaban a educar sus hijos a Roma. Construyeron ciudades nuevas al estilo romano-helenista y les pusieron nombres en honor de sus protectores, los emperadores romanos (Cesarea, Sebaste, Tiberias, etc.).

Herodes el Grande

Fundador de la última dinastía judía y rey de Judea del 37 al 4 a.C., era descendiente de una rica familia idumea. En 47 a.C., a los veinticinco años de edad, fue nombrado gobernador de Galilea por su padre Antípatro, quien, con el favor de Julio César, había sido nombrado procurador de Judea. En el año 40 a.C., Herodes consiguió, por medio de Antonio y Octaviano, que el senado romano lo nombrara rey de Judea, pero tuvo que conquistar su reino peleando tres años contra el último rey de la dinastía asmonea, Antígono (→ MACABEOS). Ayudado por el ejército romano, tomó a Jerusalén e hizo ejecutar a su rival vencido (37 a.C.).

Herodes se esforzó por afianzar su autoridad en el interior (Lc 1.5) y por extender su dominio a nuevos territorios por medio de su alianza con Roma. Después de la derrota de su protector Antonio en Accio (30 a.C.), se puso al lado del vencedor, Octavio Augusto. Este no solo lo confirmó en el reino, sino que paulatinamente le otorgó nuevas posesiones. Finalmente, el reino de Herodes llegó a abarcar casi toda Palestina (Idumea, Judea, Samaria, Galilea, Perea y grandes territorios al nordeste del Jordán). En el Imperio Romano, tenía el rango de «monarca aliado». No dependía del gobernador de la provincia de Siria, sino directamente del emperador. Tenía la obligación de defender las fronteras del imperio contra las incursiones de los árabes. En la administración interna era independiente.

Tradicionalmente, Herodes ha venido a ser el prototipo del tirano sanguinario. La

H

Restos excavados de una estructura en Jerusalén que Herodes el Grande construyó. A este Herodes se le conocía como constructor de muchos edificios magníficos, incluyendo un templo para los adoradores judíos.

matanza de los niños de Belén (Mt 2.13-18), no mencionada en los documentos históricos, contribuyó a forjar esa imagen. Pero hoy en día los historiadores tienden a hacer un juicio más positivo sobre la persona y obra de Herodes. Este sin duda tuvo una gran capacidad política.

Después de un largo período de luchas internas, Herodes permitió que su pueblo disfrutara, por más de treinta años, de la paz que Augusto difundió por todo el mundo romano. Bajo su gobierno, el estado judío llegó a ocupar una posición fuerte, reconocida por los romanos y respetada por sus vecinos. Además de incrementar el desarrollo de la agricultura y el comercio, se lanzó a una política extensa de construcciones que cambió el aspecto del país.

En Jerusalén Herodes edificó la fortaleza → ANTONIA, un palacio real, un hipódromo, un teatro y un anfiteatro. En el 20 a.C. emprendió la reconstrucción del templo, en el que trató de conservar la estructura salomónica. Fundó y transformó varias ciudades, siguiendo su inclinación por la civilización helenística-romana. Sebaste (en griego, *Augustus*, la antigua Samaria) y Cesarea, un nuevo puerto en el Mediterráneo, fueron dos de sus creaciones urbanísticas en honor de Augusto. Además, edificó y fortificó varias plazas fuertes, particularmente en la región del mar Muerto. A la manera de los poderosos reyes helenos, llenó de regalos y de construcciones ciudades fuera de su reino.

Para realizar tantas obras, Herodes el Grande tuvo que disponer de una enorme cantidad de dinero y mano de obra en un país pequeño y agotado por las guerras internas. De ahí los pesados tributos y el yugo implacable que impuso a su reino. Exterminó con una crueldad inaudita a todos sus enemigos, reales o supuestos, empezando con los de su propia familia. Hizo dar muerte sucesivamente a los descendientes de la dinastía asmonea que hubieran podido reivindicar el trono, entre ellos Mariamne II, su segunda esposa, Alejandra, su suegra, y Alejandro y Aristóbulo, sus hijos. Poco antes de su propia muerte, su primogénito Antípatro, que parecía destinado a sucederle, cayó en desgracia y Herodes mandó matarle.

Los judíos, tanto fariseos como saduceos, lo odiaban a pesar de su preocupación ostentosa por el templo de Jerusalén. Aunque pertenecía formalmente a la religión judía, Herodes era en esencia un rey pagano, más interesado en la pompa que en seguir los preceptos de la Ley; al menos no tuvo interés alguno, como Antíoco Epífanes, en helenizar a la fuerza a los judíos. Herodes era una persona dotada de grandes capacidades físicas e intelectuales: intrépido, decidido, orador brillante, inteligente y astuto. A esas cualidades se contraponían una sed insaciable de poder y un carácter extremadamente desconfiado. A pesar de sus esfuerzos por ganarse la simpatía de sus súbditos, siempre fue para ellos un tirano impío y un usurpador impuesto por los romanos.

Era de esperar que el reino de este Herodes no durara mucho tiempo después de su muerte (4 a.C.). El emperador Augusto, acatando el testamento, lo dividió entre sus hijos Arquelao, Herodes Antipas y Herodes Felipe II. Herodes fue padre de otros cinco hijos y dos hijas, pero estos no cobraron importancia en la historia bíblica.

Herodes Felipe I

Hijo de Herodes el Grande y de Mariamne II, llamado «Felipe» en Mc 6.17 (cf. Mt 14.3) y Herodes en Josefo. Fue por un tiempo el sucesor designado de su padre, pero luego lo desheredó (a veces «Herodes sin tierra»). Se casó con Herodías, hija de su medio hermano Aristóbulo, pero luego ella lo dejó para vivir con Herodes Antipas. Se retiró a la vida privada y murió en Roma.

Arquelao

Hijo de Herodes el Grande y de la samaritana Maltace. Lo criaron en Roma junto con su hermano y su medio hermano. Después de la muerte de su padre, Augusto lo nombró etnarca (título inferior al de rey, pero superior a → TETRARCA). Fue semejante a su padre en sus actos de crueldad (Mt 2.22) y en su afán de construcción; suscitó el odio de todos. En el año 6 d.C. una delegación de la aristocracia judía y samaritana lo acusó ante el emperador. Arquelao fue citado a Roma, destituido, despojado de sus bienes y desterrado a Viena, en las Galias, donde murió.

Así, gran parte del reino de Herodes el Grande perdió su autonomía, fue anexado a la provincia romana de Siria y administrado por un procurador nombrado por el emperador (6 d.C.). Una parábola de Jesús parece eludir a las circunstancias en que Arquelao llegó al poder (Lc 19.12,14,27). Antes de salir para Roma a obtener la ratificación imperial del testamento de su padre, Arquelao tuvo que aplastar una rebelión; dio muerte a tres mil personas en el templo, durante la Pascua, y los judíos mandaron una delegación a Roma para pedir al emperador que no le otorgara la corona.

Herodes Antipas

Era otro hijo de Herodes el Grande y Maltace, hermano menor de Arquelao, medio idumeo y medio samaritano. Educado en Roma, obtuvo de Augusto el gobierno de Galilea y de Perea con el título de tetrarca (Lc 3.1,19). Marcos 6.14 lo llama rey, siguiendo una denominación popular, pero en los Evangelios y en sus propias monedas se llama solamente Herodes. Para distinguirlo de su padre, es conocido tradicionalmente como Herodes Antipas (en griego, *retrato del padre*) o Herodes el tetrarca. Se casó primero con una hija de Aretas IV, rey de los nabateos, pero después la repudió para convivir con su sobrina Herodías, esposa de su hermanastro Herodes Felipe I. Esto provocó una guerra con Aretas, en la que Herodes fue derrotado (36 d.C.).

Herodes Antipas, lo mismo que su padre, fue un gran constructor. Fortificó Séforis, su primera residencia, y fundó una nueva capital, que llamó Tiberias en honor del emperador Tiberio. En el año 39 d.C. la ambición de Herodías lo hizo ir a Roma a solicitar de Calígula el título de rey. Eso provocó su caída: su sobrino Herodes Agripa I, a quien el emperador acababa de conferir este mismo título, se valió de su posición de favorito y lo acusó de tramar una alianza secreta con los partos. Herodes fue destituido y desterrado a Lyón, en las Galias, adonde lo siguió Herodías.

El nombre de Herodes aparece en varios pasajes de los Evangelios, ya que casi la totalidad de su reinado coincidió con la vida de Jesús. Era una persona astuta (Lc 13.32: «aquella zorra»), ambicioso (por influjo de Herodías) y amigo de la pompa. A pesar de su indiferencia religiosa, sabía dar muestras de su ortodoxia judía: peregrinaba a Jerusalén en la Pascua (Lc 23.7), intercedía a veces

LA FAMILIA HERODIANA

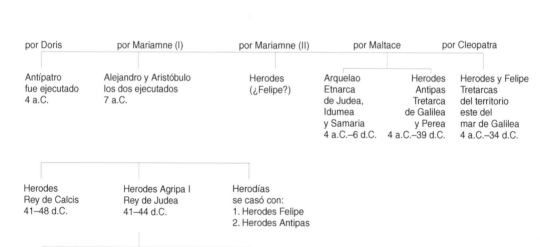

ante Pilato en favor de los judíos (de ahí la enemistad inicial, Lc 23.12), no hacía figurar ninguna imagen en sus monedas. Hizo encarcelar y ejecutar a Juan el Bautista por reprocharle su unión ilícita con Herodías. Según los Evangelios, esta fue la principal instigadora de la muerte de Juan (Mc 6.14-29 //). Josefo dice que Herodes lo hizo matar porque temía que el éxito popular de Juan pudiera provocar una insurrección.

Al enterarse Herodes de la fama de Jesús, su conciencia le hizo temer que Juan hubiera resucitado (Lc 9.7-9). En Lc 13.31ss, unos fariseos advierten a Jesús que Herodes lo quiere matar, pero tal hostilidad no concuerda con el interés de aquel por ver a Jesús (Lc 9.9; 23.8). Al fin pudo verlo, cuando Pilato, enterado de que Jesús era galileo y por tanto estaba bajo la jurisdicción de Herodes, se lo entregó. Porque no satisfizo toda la curiosidad de Herodes, este juntamente con sus soldados se burló de Jesús (Lc 23.6-12).

Herodes Felipe II

Hijo de Herodes el Grande y de la quinta mujer de este, la judía Cleopatra. Desde 4 a.C. hasta 34 d.C. fue tetrarca de los territorios situados al este del curso superior del Jordán y del lago de Genesaret (Gaulanitis, Traconitis, Auranitis, Batanea, Paneas e Iturea; Lc 3.1). Josefo lo elogia como un monarca justo y moderado. Reconstruyó Paneas, a la cual llamó Cesarea en honor del emperador (→ Cesarea de Filipo) y trató de convertir a Betsaida en ciudad con el nombre de Julias (en honor de una hija de Augusto). Al final de su vida se casó con Salomé, hija de Herodías, pero murió sin hijos (34 d.C.). Su tetrarquía quedó incorporada en la provincia de Siria y luego fue entregada por Calígula a Herodes Agripa I (37 d.C.).

Herodes Agripa I o el Mayor

En el Nuevo Testamento se le llama «Herodes», pero Josefo lo conoce como «Agripa». Fue hijo de → Aristóbulo, y creció en Roma en estrecha relación con la familia imperial. Su amigo Calígula le confirió las tetrarquías

de Herodes Felipe II y de Lisanias, junto con el título de rey (37 d.C.). Por sus intrigas, obtuvo la deposición de Herodes Antipas y se quedó con la tetrarquía de Galilea y Perea (39 d.C.). Finalmente, el nuevo emperador Claudio puso también bajo el dominio de este Herodes los territorios de Judea y Samaria (administrados desde 6 d.C. por procuradores romanos). Así, Agripa reconstituyó en solo tres años un reino casi igual al de su abuelo Herodes el Grande.

Aunque era un helenista convencido, Agripa se hizo pasar por una persona singularmente fiel a la Ley judía y logró ganarse la simpatía de los judíos. Hizo importantes donativos para el templo. En el 40 d.C. trató de disuadir a Calígula de que hiciera erigir su estatua en el templo. Su persecución contra los primeros cristianos (Hch 12.1-19) probablemente fuera una tentativa más de congraciarse con los fariseos y el pueblo. En un esfuerzo por debilitar su dependencia de Roma, empezó la construcción de una nueva muralla al norte de Jerusalén, la cual no pudo concluir por prohibición del emperador. Su muerte, repentina y horrorosa, en Cesarea, a los 54 años, la relata Lucas (Hch 12.20ss) y Josefo en forma esencialmente idéntica. Ambos escritores la interpretan como un castigo divino por haber aceptado que la gente lo aclamara como un dios (44 d.C.). Dejó cuatro hijos, de los cuales tres aparecen en el Nuevo Testamento: Agripa, Berenice y Drusila.

Herodes Agripa II o el Menor

Hijo de Herodes Agripa I, nació en Roma ca. 27 d.C. y lo educaron bajo el cuidado del emperador Claudio. Era aún muy joven cuando murió su padre y, por tanto, Claudio no permitió que asumiera el mando del reino (el cual volvió a ser una provincia romana). Al morir su tío Herodes de Calcis en el 48 d.C., recibió la tetrarquía de este en el Líbano, y la cambió después por las tetrarquías de Felipe y de Lisanias con el título de rey. Claudio lo nombró también inspector del templo de Jerusalén con derecho de nombrar al sumo sacerdote. Hacia el 61 Nerón le otorgó nuevos territorios en Galilea y en Perea (Tiberias, Tariquea, Julias, etc.).

Acompañado por su hermana Berenice, con quien vivía escandalosamente, Agripa II escuchó la defensa de Pablo, ante Festo, en Cesarea (Hch 25.13–26.32). Bajo su reinado se terminó el templo de Herodes el Grande (62–64). Su simpatía por los romanos, atestiguada en monedas e inscripciones, se manifestó especialmente durante la guerra judía (66–70 d.C.). Primero, se esforzó por disuadir a los judíos de llevar a cabo una resistencia armada. Luego, al desatarse la guerra combatió al lado de los romanos. Lo hirieron en el sitio de Gamala y esto le valió que Vespasiano lo recompensara. Murió *ca.* 93 ó 100 d.C., y su territorio se incorporó a la provincia romana de Siria. Con él se extinguió la rama judía de la dinastía herodiana.

Bibliografía:

G. Ricciotti, *Historia de Israel II*, Miracles, Barcelona, 1947. *EBDM* III, cols. 1192-1212.

HERODIANOS Grupo que en varias ocasiones se alió con los fariseos en oposición a Jesús (Mt 22.16; Mc 3.6; 12.13). Acerca de su carácter y doctrinas, nada se sabe con certeza. Se supone que se trataba de un movimiento político judío que simpatizaba especialmente con la casa de → HERODES (en este caso, Antipas) por encima de los procuradores romanos, quizás con la esperanza del establecimiento del reino davídico. Si esto era así, resulta sorprendente verles confabulados con los fariseos, cuyas opiniones políticas eran totalmente distintas. Esto muestra hasta qué punto tanto fariseos como herodianos llegaron a ver en Jesús a su enemigo común.

HERODÍAS Hija de Aristóbulo, nieta de Herodes el Grande y de Mariamne I, y hermana de Herodes Agripa I. Se casó primero con su tío Herodes Felipe I, de quien tuvo una hija, Salomé, y luego lo abandonó para convivir en unión ilícita con Herodes Antipas. Juan el Bautista fue víctima de su deseo de venganza y ejecutado por instigación suya (Mc 6.17-29 //). Debido a su ambición, Antipas fue condenado al destierro y ella desdeñó la clemencia de Calígula, dispuesto a perdonar a la hermana de su amigo Agripa, y acompañó voluntariamente a su consorte en el cautiverio (→ HERODES IV).

HERODIÓN (*heroico*). Un cristiano al que Pablo llamó «mi pariente» (Ro 16.11) y al que le envió saludos.

HERODIUM (también llamado Khirbet el Fureidis). Ciudad y fortaleza construida por Herodes el Grande alrededor del año 23 a.C. Está localizada en la frontera este de Judea casi cinco kilómetros al sudeste de Belén. Esta fortaleza, que Herodes usó como palacio, se construyó en forma cónica en un cerro. Su forma final se logró construyendo paredes macizas de retenimiento y limpiando la pendiente de rocas y otras protuberancias. La fortaleza en sí consistió en una pared doble circular con cuatro torres, tres de ellas en forma de media luna y la cuarta de forma circular. Cada una de las torres está orientada hacia un punto cardinal; la de forma circular apunta hacia el este. En el centro se encuentra el palacio, que consiste en diversos cuartos, un baño al estilo romano y muchas columnas de tipo corintio.

Hay entradas en la pared circular que conducen a las torres y por medio de túneles a cuartos subterráneos y reservas de agua. Diversas excavaciones han logrado descubrir tres distintos períodos de ocupación después del tiempo de Herodes: la primera revolución judía 66–70 d.C; la segunda revolución judía (135 d. C.); y la de ermitaños cristianos. Durante el período de la segunda revolución, los judíos ampliaron los túneles y construyeron numerosas salidas escondidas en la pendiente de la montaña.

La ocupación del sitio por ermitaños cristianos es clara por sus numerosas inscripciones, monedas y los restos de la dinámica cotidiana que se han encontrado.

Foto de Ben Chapman

Hesbón, una ciudad de los amorreos que los israelitas conquistaron y asignaron a la tribu de Rubén (Nm 21.25-34).

HERRERO Artesano que labora el → HIE-RRO, cuya pericia se conocía desde los más remotos tiempos (Gn 4.22). Se le llamaba acicalador o platero, y a veces trabajaba la plata, el cobre y el oro además del hierro.

Los ejércitos dependían casi totalmente de los herreros, pues las principales armas las forjaban ellos (→ ARMADURA). Así, cuando los filisteos raptaron a los herreros israelitas, consiguieron superioridad militar (1 S 13.19-22).

Por el siglo VI a.C. eran artífices muy apreciados. El rey Nabucodonosor los seleccionó con prioridad de entre los muchos cautivos que llevó a Babilonia (2 R 24.14; Jer 24.1). Se ocupaban con frecuencia en fabricar estatuas para otros cultos no judíos (Jue 17.4; Is 40.19; 41.7; 44.12).

Los herreros israelitas parecían meros principiantes al lado de los fenicios. Por ello Salomón contrató a → HIRAM para hacer los principales trabajos de herrería del templo (1 R 7.13-51).

HESBÓN Importante ciudad del norte de Moab. Sirvió de capital al territorio de Sehón, rey amorreo, quien la arrebató a los moabitas antes de la llegada de los hebreos (Nm 21.24-26,34; Dt 1.4). Fue poblada por la tribu de Rubén y más tarde por los gaditas (Nm 21.32; Jos 13.17,26). Después constituyó una ciudad de refugio de los levitas (Jos 21.39). Cuando se dividió el reino, perteneció a Samaria y posiblemente sufrió la deportación hecha por Tiglat-pileser (2 R 15.29). Posteriormente la recapturó Mesa, de Moab, quien trató cruelmente a los judíos, y contra quien Isaías y Jeremías dirigieron fuertes profecías (Is 15.4; Jer 48.2).

HETEOS → HITITAS.

HEVEOS Descendientes de Canaán (Gn 10.17; 1 Cr 1.15) que habitaban en Siquem en días de Jacob (Gn 33.18-34.31), y poseían → GABAÓN en la época de Josué (Jos 9.7). Israel los derrotó junto a las aguas de Merom (Jos 11.3-8,17,19), pero no los exterminaron. Israel se mezcló con ellos ilícitamente, formando alianzas matrimoniales y tomando parte en su idolatría (Jue 3.5-7). Se les menciona al lado de los araceos, quienes moraban en el Líbano. Se dice que allí vivían los heveos (Jue 3.3), y también «al pie de Hermón» (Jos 11.3), donde todavía se encontraban en tiempos de David (2 S 24.7). En este último texto los heveos se nombran después de Tiro y Sidón.

Salomón impuso tributo a los heveos «que los hijos de Israel no pudieron acabar» (1 R 9.20,21; 2 Cr 8.7,8). Algunos identifican a los heveos con los horeos. A Zibeón se le llama «heveo» en Gn 36.2, y «horeo» en los vv. 20-30 del mismo capítulo. En Gn 34.2 y Jos 9.7 la LXX traduce «horeo» en lugar de «heveo», y hay quienes leen «hititas» y no «heveos» en Jos 11.3 y Jue 3.3. Según Gn 34.14-31 los heveos no practicaban la circuncisión; de donde se ha concluido que no eran semíticos.

HEXATEUCO El término de los primeros seis libros del Antiguo Testamento (Génesis, Éxodo, Levítico, Números, Deuteronomio y Josué) vistos como una unidad. A los primeros cinco libros del Antiguo Testamento, conocidos como → Pentateuco, se les considera la primera división judía del Antiguo Testamento. Sin embargo, desde el principio del siglo XIX, muchos eruditos especializados en crítica literaria del Antiguo Testamento prefieren considerar un Hexateuco, o un libro de seis volúmenes, que establezca la primera división. Esos eruditos consideran el libro de Josué íntimamente ligado a los cinco libros que le preceden, argumentando que en esencia proceden de las mismas fuentes.

Aunque Josué es similar en muchos aspectos a los cinco libros anteriores, muchos eruditos están en desacuerdo con el concepto de Hexateuco. Argumentan que Josué está más en correspondencia con los antiguos profetas, en los que se incluyen Jueces, Samuel y Reyes, antes que a la Ley.

HIDEKEL (*rápido*). Nombre hebreo del río Tigris (nombre griego), uno de los «cuatro brazos» que regaban el Edén (Gn 2.24; cf. Dn 10.4).

Los dos principales afluentes del Hidekel, el Zab-al-Kabir y el Zab-al-Asfal, nacen en las montañas de Armenia y Qurdistán. Aproximadamente después de mil ochocientos kilómetros de recorrido se une al Éufrates, y con el nombre de Schattal-Arab desemboca en el golfo Pérsico. En la actualidad facilita el comercio entre las ciudades de Bagdad, Basora y Mosul.

HIEL Traducción de dos vocablos hebreos: *merera* (*amargura*), que con el tiempo se aplicó a la vejiga de la hiel y a la bilis (Job 16.13; 20.14,25), y *ros*, la cicuta (Dt 29.18; Sal 69.21; Jer 8.14, → Ajenjo). En Mt 27.34 hiel traduce el griego *jolé*, que algunos suponen que designa a la adormidera, *papaver somniferum,* flor de la que se extrae el opio. Se cree también que el estupefaciente ofrecido a Jesús era «vino y mirra» (Mc 15.23), pero es por influencia de Sal 69.21 que el texto de Mateo reza «vinagre y hiel».

HIERÁPOLIS (en griego, *ciudad sagrada*). Ciudad situada en Frigia, cerca de Laodicea y Colosas, en la confluencia de los ríos Lico y Meandro. Fue cuna del filósofo estoico Epicteto y se hizo famosa por sus termas, sus templos de Cibeles, diosa madre, y sus fiestas. Fue fundada en 190 a.C., por Eumenes II, rey de → Pérgamo, y pasó al poder romano en 133 a.C.

En tiempo de Pablo existía en Hierapolis una iglesia cristiana, atendida por → Epafras (Col 4.12s).

HIERBA Traducción de varios términos hebreos que significan «plantas verdes». Alude especialmente a las plantas que sirven de alimento para personas, y con más frecuencia para animales (Gn 1.30; 3.18; 9.3), pero ninguno de los términos usados se refiere a una variedad específica de hierba. El salmista canta de los «delicados pastos» (Sal 23.2), que son, a saber, la hierba tierna. Tanto en el Antiguo Testamento como en el Nuevo Testamento, la hierba simboliza lo transitorio de la vida humana (Sal 90.5; Stg 1.10,11) y la providencia divina (Sal 104.14; Mt 6.30). (→ Hierbas amargas.)

HIERBAS AMARGAS Eran parte de la cena pascual (Éx 12.8; Nm 9.11) y símbolo de la amargura de la servidumbre en Egipto. Se ha tratado de identificarlas con la lechuga, menta, berro y achicoria, pero sin resultados positivos. Para celebrar la → Pascua hoy los judíos usan el rábano rústico como hierba amarga (→ Hierba).

HIERRO Metal cuyo descubrimiento, técnica y usos se atribuyen a los hititas (1500 a.C.), porque tanto en hebreo como en otros idiomas semíticos, la palabra hierro (*barzel*) parece derivar de la voz hitita *barzillu*.

Se conoció y trabajó desde tiempos muy antiguos (Job 28.2). Tubal-caín lo trabajaba con el bronce (Gn 4.22), y los israelitas lo conocieron y aprendieron a labrarlo durante el éxodo. Posiblemente también sabían cómo obtenerlo (Lv 26.19; Nm 35.16). Moisés en una de sus referencias a Canaán dice que allí abundaba ese metal (Dt 8.9).

Su uso era múltiple (Dt 3.11; 27.5; 1 S 17.7), pero especialmente se empleaba en los carros de guerra (Jos 17.16).

La expresión «de hierro», en sentido metafórico, se emplea para referirse a la dureza del pueblo, a la sequía (Lv 26.19), a la esclavitud (Dt 4.20; 28.48), a la fuerza (Job 40.18; Ap 2.27), a la obstinación (Is 48.4) y a la fortaleza (Jer 1.18). Por la forma de laborarlo y fundirlo, el hierro simboliza violencia y dolor (Ez 22.18,20). (→ Herrero.)

HÍGADO En sentido corporal, la Biblia solo menciona el hígado de los animales sacrificados (Éx 29.13; Lv 3.4,10,15). Sin embargo, los israelitas lo consideraban el asiento de la vida, muy semejante al corazón (Lm 2.11). La cortesana que seduce a un adolescente se le compara con una flecha que le atraviesa (indistintamente, según las versiones) el hígado o el corazón (Pr 7.23).

Era común entre las civilizaciones primitivas reconocer la importancia vital del hígado.

Foto de Gustav Jeeninga

Una higuera cargada con su pequeña fruta verde. Jesús maldijo una higuera por no tener frutos (Mc 11.12-14).

Los babilonios creían poder pronosticar enfermedades y hasta sucesos personales o nacionales mediante la observación del hígado de los animales sacrificados (hepatoscopía). El profeta Ezequiel condena esta práctica de adivinación (Ez 21.21).

HIGAION Término musical que se menciona en Sal 9.16 junto con → Selah, para referirse probablemente al sonido solemne de la música ejecutada por el arpa en ese momento. En Sal 92.3 se traduce «tono suave».

HIGO, HIGUERA Árbol, *ficus carica*, de hojas poco durables, de cuatro a siete metros de alto y ramas irregulares, a menudo curvadas. Desde la antigüedad se aprecia por su fruto y su frondosa sombra, y porque, aunque crece lentamente, produce dos cosechas de higos al año. Sin embargo, los higos de invierno y principio de primavera, llamados *pagga* en hebreo, son pequeños, verdes, duros y no comestibles. Aparecen antes que salgan las hojas nuevas y crecen en las ramas que se desarrollaron el verano anterior (Mt 24.32 //). Los *bikkura*, en cambio, son grandes, comestibles y maduran desde mediados hasta fines del verano. Los higos se comen tanto frescos como secos, estos últimos con frecuencia en forma de torta (1 S 25.18; 1 Cr 12.40). Se prescriben también como medicina (2 R 20.7; Is 38.21).

Junto con la vid, la higuera a menudo es símbolo de libertad, paz y prosperidad (1 R 4.25; 2 R 18.31; Is 36.16; Jl 2.22; Miq 4.4; Hag 2.19; Zac 3.10). En ocasiones aparece a manera de ilustración en cuentos y parábolas, por ejemplo, en la fábula de Jotam sobre los árboles del bosque (Jue 9.8-15), o la parábola de Jeremías sobre los cautivos (Jer 24). Con frecuencia la higuera o el higo aparecen en las profecías de desastres inminentes para Israel (Jer 5.17; 8.13; Os 2.12; Jl 1.7,12; Am 4.9). La interpretación de la acción dramática de maldecir la higuera (Mt 21.18-21; Mc 11.12ss; cf. la parábola en Lc 13.6-9) se hace difícil pues el contexto y mucho del significado de la historia se han perdido.

HIJA Término que expresa en sentido estricto una relación de parentesco o dependencia, pero que también se usa en un sentido mucho más amplio. Por la idea de descendencia que implica, hija puede aplicarse a cualquier mujer en sentido genealógico (Gn 20.12; Sal 45.10,13; etc.), o puede referirse a una hija adoptiva (Est 2.7) o a una alumna (Mal 2.11). También ocurre en relación con el nombre de ciudades o países, para designar a las mujeres naturales de ellos; por ejemplo, «hija de Sion» (Is 3.6), «hija de Jerusalén» (Lc 23.28), y para referirse a aldeas dependientes de una ciudad grande (Nm 21.25). Al igual que → HIJO, puede entrar en la composición de algunos nombres propios (por ejemplo, *Bat-Seba*).

HIJO Término que en sentido estricto expresa relaciones de parentesco directo con un padre, pero que también se usa en sentido más amplio. Puede designar a un pariente cercano o lejano (Gn 29.5; Mt 1.20), la cría de un animal (Sal 147.9), el retoño de un árbol (Gn 49.22), o al muchacho y la muchacha jóvenes (Pr 7.7; Cnt 2.7). También expresa con frecuencia pertenencia a un grupo determinado, por ejemplo, «hijo de Israel», «hijo de Babilonia» (Esd 2.3-17), «hijo de Sion» (Sal 149.2), «hijo de los profetas» (1 R 20.35), «hijo de la provincia» (Esd 2.1; Dn 8.17). Hijo también destaca la pertenencia a un linaje o especie determinados (Gn 11.5; Is 19.11) o bien la posesión de una cualidad determinada: «hijo de Belial» (Jue 19.22 RV 1909), «hijo de paz» (Lc 10.6), «hijo de luz» (Lc 16.8; Jn 12.36), «hijo de desobediencia» (Ef 2.2), «hijo de este siglo» (Lc 16.8). Por otra parte, los sabios solían llamar hijo a sus discípulos (Pr 2.1; 3.1,21, etc.).

Frecuentemente también el término hijo (hebreo *ben*) forma parte de muchos nombres de personas, tribus y lugares, por ejemplo, → BENJAMÍN (Gn 35.18), Bene-berac: «hijo del relámpago» (Jos 19.45). En sentido religioso, el vocabulario bíblico expresa muchas veces la relación entre Dios y los hombres con la categoría de relaciones entre padre e hijo (Gl 3.26; 1 Jn 3.2).

HIJO DE DIOS Título mesiánico más importante que Jesús usaba en la revelación de sí mismo. Aparece a veces en forma sencilla («el Hijo») y a veces con otras palabras descriptivas.

Antecedentes

Israel fue llamado hijo primogénito de Dios, objeto especial de su amor y cuidado (Éx 4.22). Dios mismo prometió establecer el trono de su reino eterno, sobre el cual tanto Salomón como sus descendientes se sentarían (2 S 7.13s). La promesa divina a Salomón fue: «Yo seré su Padre, y Él será mi hijo», pero en la distancia se podía vislumbrar al → MESÍAS, de quien se podría decir lo mismo. Dios designa a su Ungido como su hijo (Sal 2.7). Ninguno de estos versículos usa la frase completa, pero es claro que siempre se habla de los que son hijos de Dios en una forma especial, sea Israel, Salomón o el Mesías. Los dos últimos pasajes se citan con frecuencia en el Nuevo Testamento con referencia a Jesús (cf. Heb 1.5, donde los dos se encuentran juntos). En Job 1.6 y 2.1 la frase «hijo de Dios» designa los seres celestiales que están en la presencia de Dios.

El título indica la creación inmediata de Dios. Adán era el hijo de Dios, porque lo creó (Lc 3.38); y el mismo Jesús era resultado directo de la actividad creadora de Dios en la virgen María (Lc 1.35).

El título tiene también un sentido de creación espiritual: todos los que creen en el Hijo de Dios llegan a ser hijos de Dios (Jn 1.12). Este es el significado del nuevo nacimiento de que habla Jesús (Jn 3.3,5,7); la frase «nacer de nuevo» puede traducirse «nacer de arriba». La enseñanza de que Dios es nuestro Padre y que somos sus hijos tiene apoyo especial en los Evangelios según Mateo y Juan (cf. Ro 8.14,15,19; Gl 3.26; 4.5,6).

Designación especial de Jesús

Algunos usos de este título indican la deidad de Jesús: el Hijo de Dios es realmente Dios, el Hijo. Se ve esto en el primer capítulo de Juan, en donde se habla del Hijo unigénito de Dios, o sea, el único de su clase (Jn 1.14,18); es la misma persona a la que se le llama el → VERBO en 1.1, que era con Dios y era Dios. Los judíos comprendieron que Jesús se igualaba con Dios al decir que el Padre y Él eran uno mismo (Jn 10.30,33), o cuando dijo ser el Hijo de Dios (Jn 10.36).

En un pasaje considerado como juanino en el Evangelio según Mateo (11.27), la relación entre el Padre y el Hijo solo se explica por igualdad de esencia:

1. El Padre ha entregado en las manos del Hijo todas las cosas.

2. Hay un mutuo conocimiento entre el Padre y el Hijo solo explicable entre iguales.

3. El Hijo tiene la autoridad de revelar el Padre a quien quisiera.

En segundo lugar, el título Hijo de Dios se usa para explicar la subordinación de Jesús al Padre en la → ENCARNACIÓN. El Padre es mayor que Él (Jn 14.28) y por eso Jesús se somete a su autoridad en todo, pero la armonía de ambos en propósito y acción es perfecta (Jn 5.19-38).

En tercer lugar, señala a Jesús como el Mesías. La voz del Padre en el bautismo (Mt 3.17) anuncia que Jesús es el Hijo que Dios ha escogido para llevar a cabo el ministerio mesiánico del siervo sufriente de Isaías (los textos del Antiguo Testamento que corresponden a las palabras del Padre son Sal 2.7 e Is 42.1). Aquí se ve la combinación de los primeros puntos arriba mencionados: Jesús es Dios, el Hijo, quien en su encarnación siendo sumiso a la voluntad del Padre, llega a ser el Mesías y a sufrir los tormentos de la cruz.

Nótese que los títulos «Hijo de Dios» y «Cristo» (que significa Mesías) se encuentran juntos en pasajes muy importantes: en la gran confesión de Pedro (Mt 16.16); en el juicio ante el sumo sacerdote (Mt 26.63); y también en la declaración del propósito del cuarto Evangelio (Jn 20.31).

HIJO DEL HOMBRE Término que aparece ochenta y dos veces en los Evangelios con referencia a Jesús, y solo tres veces en el resto del Nuevo Testamento (Hch 7.56; Ap 1.13; 14.14). En los Evangelios solo Jesús lo usa, a excepción de Jn 12.34. Era la manera en que prefería denominarse a sí mismo y a su ministerio mesiánico.

Hay tres posibles fuentes en el Antiguo Testamento:

1. Es sinónimo de «varón» en la frase «el hombre ... o el hijo del hombre» (Sal 8.4).

2. Es el nombre especial con que se designaba a Ezequiel (2.1; 3.1; 4.1) y a Daniel (8.17).

3. Es un personaje celestial y apocalíptico que desciende del cielo para tomar el poder de los reinos del mundo al final de la historia (Dn 7.13s).

También se encuentra en dos escritos judíos (→ APÓCRIFA) del período intertestamentario, Enoc y IV Esdras. Muchos eruditos aceptan la referencia en Daniel como fuente del uso del término por el Señor, y creen que al usarlo, decía ser el → MESÍAS. Pero quienes oían a Jesús se sentían perplejos al escuchar el término, ya que el Mesías tenía que venir de la línea de David (2 S 7.12ss).

Uso del nombre

Al principio de su ministerio el Señor usaba la frase para indicar ciertos aspectos de su ministerio mesiánico. Como el Hijo del Hombre, tenía la autoridad de perdonar pecados (Mc 2.27s); pero no tenía dónde recostar la cabeza (Mt 8.20) y las personas hasta podían blasfemar contra Él (Mt 12.32). Sin embargo, serían bienaventurados todos los que fueran perseguidos y aborrecidos por causa del Hijo del Hombre (Lc 6.22).

Después de la confesión de Pedro, estando los discípulos convencidos ya de que Jesús era el Mesías (Mt 16.16), el Señor empleó el término con dos significados nuevos:

1. Como título que implicaba sus sufrimientos, muerte y resurrección (Mc 9.12,31; 10.33s,45, etc.).

2. Como título que denunciaba su Segunda Venida en gloria y poder (Mt 16.27; 25.31-46; Mc 13.26ss; 14.62; Lc 17.24).

El segundo correspondía casi exactamente al cuadro de Dn 7.13s, pero el primero, el de sus sufrimientos y muerte, complicaba más la identidad de Jesús para sus contemporáneos.

En el cuarto Evangelio Juan agrega a este cuadro la enseñanza de que el Hijo del Hombre es juez (5.27) y el dador de la vida eterna (6.27) que será glorificado por sufrir la cruz (12.23,34; 13.31).

Su significado

Todo esto parece enigmático; los mismos eruditos luchan por encontrar el verdadero significado del término. Es posible, sin embargo, que Jesús usara esta frase poco comprensible para indicar su mesianidad, y a la vez evitar el término «Mesías» que solía interpretarse en sentido militar. Jesús no quería que lo confundieran con un Mesías militar que libertaría a Israel del dominio de Roma. Por eso, escogió un título que manifestaba su mesianidad sin el peligro de ser entendido mal.

HIJOS DE LOS PROFETAS Miembros de las escuelas de profetas. La primera de estas escuelas la fundó Samuel en Ramá. El propósito de las mismas era forjar maestros y predicadores que enseñaran e interpretaran la Ley y denunciaran el pecado del pueblo (1 S 19.19-20; 1 R 20.35-42). Para ello, estos se reunían alrededor de los grandes profetas como Samuel o Elías para adorar y orar juntos, así como para mantener la comunión religiosa e instruir al pueblo (1 S 10.5,10; 2 R 4.38,40). En la época de Elías y Eliseo vivían en Bet-el, Jericó y Gilgal (2 R 2.3,5; 4.38).

HILAR Arte muy practicado por hombres y mujeres aun antes de los tiempos bíblicos. Se utilizó en la construcción del → TABERNÁCULO, para la fabricación de cortinas y tiendas (Éx 26.1-14; 35.35). Era una ocupación práctica y digna para las mujeres hebreas (Éx 35.25,26; Pr 31.19; cf. Mt 6.28). El hilo se elaboraba con lana, cáñamo y pelo de cabra o de camello. Las fibras se estiraban y trenzaban mediante una rueca o huso. Los hilanderos hebreos eran tan diestros en este arte que aun lo practicaban andando por los caminos o montados en sus burros.

HILCÍAS Nombre de por lo menos ocho personas.

1. Padre de Eliaquim, mayordomo de Ezequiel (2 R 18.18,26,37; Is 22.20; 36.3,22).

2. Sumo sacerdote en el reinado de Josías (2 R 22 y 23; 2 Cr 34; 35.8), quien halló el libro de la Ley durante la reparación del templo (2 R 22.8). Cooperó en la consecuente reforma (2 R 23.4ss).

3 y 4. Levitas de la familia de Merari (1 Cr 6.44,45; 26.10,11).

5. Uno de los que estuvieron con Esdras cuando se leyó la Ley de Dios al pueblo (Neh 8.4).

6. Uno de los sacerdotes que subió con Zorobabel a Judea (Neh 12.7,21). Podría ser el mismo No. 5.

7. Padre de Jeremías, profeta y miembro de la familia sacerdotal de Anatot (Jer 1.1).

8. Padre de Gemarías, embajador de Sedequías ante Nabucodonosor (Jer 29.3).

HIMENEO (*Perteneciente al dios del matrimonio*). Maestro pernicioso de Éfeso que, con Alejandro y Fileto, se desvió de la verdad tanto en la fe como en la práctica. Enseñó que la resurrección ya se había efectuado (2 Ti 2.16ss). Posiblemente Himeneo se había unido a los → GNÓSTICOS, que negaban la resurrección corporal y pervertía la doctrina paulina al respecto (Ro 6.1-11; Col 2.12) enseñando que la única resurrección era la espiritual, la cual se realiza en la conversión.

Como consecuencia de este error, Pablo lo entregó a Satanás para que aprendiera a no blasfemar (1 Ti 1.20; cf. 1 Co 5.5). Hay diferencias de opinión acerca del significado preciso de este acto, pero parece que fue una especie de excomunión junto con la imposición de alguna enfermedad corporal para el provecho espiritual del individuo (cf. 1 Co 11.30). Cuando Pablo escribió 2 Timoteo, la disciplina no había provocado todavía el arrepentimiento de Himeneo (2.17).

HIMNO (en griego, *hymnos*). Término empleado por algunos escritores clásicos para referirse a una oda o cántico que exalta a un héroe o una divinidad. Los traductores de la LXX lo aplican a la exaltación de la gloria de Jehová, en la naturaleza y en la historia (Sal 40.3; Is 42.10-12; 44.23).

La estructura del himno generalmente incluye (por ejemplo, Sal 148 y 150): un preludio, invitación a la alabanza; un cuerpo principal, enumeración de los atributos o hazañas de Dios, y a veces la repetición del preludio entre estrofas o al final (Sal 98.4-8; 103.22).

En el Nuevo Testamento la palabra aparece en unos pocos pasajes como Mt 26.30; Ef 5.19; Col 3.16. Pero en cambio encontramos numerosos himnos de sabor veterotestamentario (Lc 1 y 2); algunos antiguos himnos litúrgicos en torno a Jesucristo (Ef 5.14; Flp 2.6-11; 1 Ti 3.16) y numerosas doxologías (por ejemplo, Ap 4.8,11), que probablemente tuvieron un uso evangelístico, didáctico y litúrgico (→ MÚSICA).

HIN Medida de líquidos, posiblemente originaria de Egipto, usada en el Antiguo Testamento para medir el aceite y el vino de las ofrendas (Éx 29.40; 30.24; Nm 15.4,7,9). Equivalía a la sexta parte del → BATO, o sea 3,66 litros. (→ MEDIDAS.)

HINOM Valle profundo al sur de Jerusalén, conocido también como el valle del hijo de Hinom (Jos 15.8a; etc.), que demarcaba el límite entre las tribus de Benjamín y de Judá (Jos 15.8b; 18.16). La mayoría de los expertos lo identifican con Wadi al-Rababi que actualmente circunda la ciudad de Jerusalén hacia el sudeste y el oeste. Cerca a la parte más ancha que da al Cedrón se le llama → TOFET (2 R 23.10; Jer 7.31s; 19.2-6).

Fue en Hinom donde Salomón erigió lugares altos a Moloc (1 R 11.7), y Acaz y Manasés hicieron «pasar a sus hijos por fuego» (2 R 16.3; 2 Cr 28.3; 33.6; Jer 32.35). Para poner fin a estas abominaciones, Josías profanó el sitio con huesos humanos y otras contaminaciones (2 R 23.10,13s; 2 Cr 34.4s), y lo convirtió en crematorio donde echaban las inmundicias de la ciudad. Así, este lugar llegó a simbolizar para todo Jerusalén el horror y el deshonor, y su fuego permanente que destruía las basuras tipificó la ira divina (cf. Is 30.33; 66.24). Posteriormente los judíos aplicaron el nombre de este valle, que en la LXX es Gueena (con base en el arameo *gue-hinnam*), al lugar de eterno sufrimiento destinado a los ángeles rebeldes y a las personas condenadas. En este sentido se usa en el Nuevo Testamento (Mt 5.22,29s; 10.28; Mc 9.43,45,47; Lc 12.5; Stg 3.6; → HADES; INFIERNO).

HIPÓCRITA El que pretende o finge ser lo que no es. Es una transcripción del vocablo griego *hypokriteis*, que significaba actor o protagonista en el teatro griego. Los actores solían ponerse diferentes máscaras conforme al papel que desempeñaban. De ahí que hipócrita llegara a designar a la persona que oculta la realidad tras una «máscara» de apariencias.

Jesús censuraba severamente la hipocresía. En el Evangelio de Mateo, empleó la palabra quince veces (6.2,5,16; 15.7; 16.3; 22.18; 23.13-29; 24.51), aplicándola especialmente a los escribas y fariseos que eran notables por su fingimiento religioso.

El cristiano debe guardarse de caer en la hipocresía. Pablo reprendió a Pedro por esta falta (Gl 2.11-14), y más tarde el propio Pedro exhorta a los cristianos a evitar el mismo error (1 P 2.1).

HIRAM (*el hermano es exaltado*). Nombre de dos hombres en el Antiguo Testamento.

1. Rey de → Tiro, contemporáneo de David y Salomón. Cuando David conquistó a Jerusalén, Hiram le envió una embajada amistosa, así como madera de cedro, carpinteros y canteros que contribuyeron a la edificación del palacio de David (2 S 5.11; 1 Cr 14.1). Más tarde, también ayudó a Salomón en la construcción del templo (1 R 5; 2 Cr 2.1-18). A cambio de esta ayuda, Salomón pagaba a Hiram una cantidad anual, y más tarde le entregó veinte ciudades que este recibió con desagrado y a las que dio el nombre de → Cabul. Ambos gobernantes establecieron convenios para sus empresas mercantiles y navieras (1 R 9.26-28; 10.11,22; 2 Cr 8.17,18; 9.10,21). En su propio reino, Hiram se dedicó a fortalecer y embellecer la ciudad de Tiro. Construyó en ella dos grandes templos, y enriqueció varios otros. Dirigió además una campaña contra Chipre, que se había negado a pagar su tributo anual.

2. Artífice a quien el rey de Tiro, del mismo nombre, envió a Salomón para que hiciese las decoraciones en bronce del templo (1 R 7.13-47; 2 Cr 2.13,14; 4.11-18). Era hijo de un artífice de Tiro y de una mujer israelita, quizás de la tribu de Neftalí (1 R 7.14) o de la de Dan (2 Cr 2.14). Su principal obra en el templo fueron las dos grandes columnas que recibieron los nombres de → Jaquín y Boaz.

HISOPO Mucho se ha discutido en el pasado la identificación del hisopo. Hoy están de acuerdo en que se trata de la mejorana siria, el *origanum maru*, planta pequeña y olorosa. Manojos de ramitas de hisopo se usaron para la aspersión de los dinteles israelitas en

El valle de Hinom al sur de Jerusalén. En tiempos de Jeremías este valle se asociaba con la adoración al dios pagano Moloc en ritos que requerían sacrificios infantiles (Jer 19.1-9).

Foto de Howard Vos

Egipto (Éx 12.22), para la purificación de leprosos y de casas (Lv 14.4-52), y para el sacrificio de la vaca alazana (Nm 19.6,18; cf. Sal 51.7). Los samaritanos todavía lo usan como aspersorio de la sangre del sacrificio pascual.

El hisopo que se usó para dar vinagre a Jesús (Jn 19.29) puede ser el *sorghum vulgare*, que produce un tallo alto, pero compárese la nota en Biblia de Jerusalén. El hisopo es símbolo de la humildad (1 R 4.33).

HITITAS Descendientes de Het, segundo hijo de Canaán (Gn 10.15; 23.3), de los cuales hace unos setenta años se sabía muy poco. Se han conocido gracias a la nueva luz de la arqueología. Por el año 1906 se descubrieron, a unos 150 km al este de Ankara, las ruinas de la capital del antiguo Imperio Hitita. En 1915 se logró descifrar la escritura cuneiforme hitita y se estableció su origen indoeuropeo.

El Imperio Hitita

Lo fundó, *ca.* 1800 a.C., una nación indoeuropea establecida unos dos siglos antes en el Asia Menor, en ciudades-estado. Posiblemente llegó al apogeo de su poder en los siglos XIV y XIII a.C. y se extendió al norte de Mesopotamia, por toda Siria, y muy al sur hasta el Líbano. Según el Antiguo Testamento, la tierra de los hititas abarcaba todo el territorio de Siria, «desde el desierto y el Líbano hasta el gran río Éufrates, toda la tierra de los heteos hasta el gran mar donde se pone el sol» (Jos 1.4). Se habla también de los hititas como de un grupo étnico que vivía en Canaán desde los tiempos patriarcales hasta después del establecimiento de los israelitas en la tierra prometida (Gn 15.20; Dt 7.1; Jue 3.5). Se les llama «los hijos de Het» (Gn 23.3). Probablemente eran emigrantes de alguna parte del Imperio Heteo, o a lo mejor hubo «protohititas», pueblos del mismo nombre que ocuparon Asia Menor antes de la llegada de los indoeuropeos, y de los cuales los hititas tomaron su nombre.

Abraham compró a los hijos de Het una heredad (Gn 25.7-11), y Esaú tomó mujer de las hijas de Het (Gn 27.46). Según Ez 16.3,45 el origen de Jerusalén es amorreo e hita. Urías el hitita era uno de los valientes de

H

Restos de la Puerta del León en la muralla defensiva de Hattusa, ciudad capital del antiguo Imperio Heteo.

Foto de Gustav Jeeninga

David (2 S 23.39). Uno de los compañeros de David cuando este huía de Saúl era Ahimelec hitita (1 S 26.6). La última referencia a los hititas de Canaán la encontramos en los días de Salomón (2 Cr 8.7). Los hititas estaban muy adelantados en el uso del hierro y lo trabajaron desde el siglo XIV, hecho que les ayudó a conquistar a muchos pueblos vecinos. La expansión hacia el sur provocó un conflicto con el Imperio Egipcio (→ CRONOLOGÍA DEL ANTIGUO TESTAMENTO, batalla de Cades, 1286), pero poco después (1280) los dos imperios hicieron un pacto de no agresión.

No se conocen con certeza las causas que produjeron por el año 1200 a.C. el eclipse del poderío hitita. Probablemente fue el resultado del avance de los Pueblos del Mar (→ FILISTEOS). Al caer el Imperio Hitita las ciudades situadas al norte del Tauro en Asia Menor llegaron a ser posesión de Tubal. En Siria, siete ciudades que pertenecieron al imperio perpetuaron el nombre por varios siglos. «Los reyes de los hititas» (1 R 10.29) fueron los gobernantes de varias ciudades-estado, entre las que Hamat y Carquemis eran las principales. Hamat se alió con David (2 S 8.9,10). Salomón tuvo relaciones diplomáticas familiares y comerciales con los hititas (1 R 10.26-11.3). Todavía en el siglo IX sus soldados eran temidos (2 R 7.6). Hamat (720 a.C.) y Carquemis (717 a.C.) cayeron bajo el poder asirio (2 R 18.34; 19.13; Is 10.9).

Su cultura

La cultura hitita no era tan avanzada como la de los egipcios y babilonios. Sin embargo, los hititas ejercieron gran influencia en el Medio Oriente por casi setecientos años. Usaban la escritura cuneiforme acádica y su propia escritura pictográfica. Tanto las artes como la religión de los hititas eran bastante primitivas. Tenían muchos dioses, a quienes ofrecían alimentos, bebidas, animales y hombres en sacrificio, y eran muy dados a la magia y la adivinación.

Los textos hititas arrojan luz sobre varios pasajes bíblicos. La compra de la cueva de → MACPELA se hizo según las reglas hititas. Ciertos ritos cúlticos de los hebreos escribieron mejores historias antiguas (→ SAMUEL,

Tallado en piedra de un centro religioso de los antiguos heteos que muestra un dios pagano vigilando al rey Tudhaliyas.

Foto de Gustav Jeeninga

LIBROS 1 Y 2; REYES, LIBROS 1 Y 2), los hititas tenían un mejor sentido histórico. La forma literaria del → PACTO entre Dios e Israel en Deuteronomio y en todo el → PENTATEUCO muestra sorprendentes paralelos con la forma literaria de las alianzas entre los hititas y sus vasallos.

Bibliografía:
  EBDM III, 1294ss. *DBH*, p. 863.

HOBA Lugar al norte de Damasco, hasta donde Abraham persiguió al ejército derrotado de Quedorlaomer y sus aliados (Gn 14.15). Se desconoce el sitio. Quizás fue el nombre de la región alrededor de Damasco o de un pueblo importante antes que esta se fundara.

HOBAB (*favorecido, amado*). Príncipe madianita hijo de Ragüel o Reuel (Nm 10.29). Según este versículo, no es posible establecer sin ambigüedad si el suegro de Moisés era Hobab o Ragüel. Jueces 4.11 afirma que Hobab era el suegro de Moisés, pero en Éx 2.18 Reuel figura como el padre de Séfora, la esposa de Moisés. Entre los musulmanes hay una tradición que identifica a Hobab con Jetro, pero hay otros que sugieren la identificación entre Reuel y Jetro. En este caso Hobab sería cuñado de Moisés.

HODAVÍAS (*Dad honor a Jehová*). Nombre de cuatro hombres en el Antiguo Testamento.
  1. Hijo de Elioenai y descendiente de Zorobabel y David (1 Cr 3.24).
  2. Jefe de la casa paterna de la media tribu de Manasés que se asentó al este del Jordán (1 Cr 5.24).
  3. Hijo de Asenúa, de la tribu de Benjamín (1 Cr 9.7).
  4. Fundador de la familia de «los hijos de Hodavías».

HOGLA Hija de Zelofehad de la tribu de Manasés (Nm 26.33).

HOJARASCA → TAMO.

HOLOCAUSTO (*enteramente quemada*). El → SACRIFICIO más antiguo de la Biblia (Gn 4; 8.20; 22.2; Éx 10.25) y uno de los más importantes en la religión israelita. Después de degollar al animal, se rociaba su sangre sobre el altar. Antes de prender el fuego, se lavaban los intestinos de la víctima y se acomodaba las partes sobre el altar. En el caso de las aves, se les quitaban las plumas y el buche y ambas cosas se desechaban, pero lo demás se quemaba por entero.

Se ofrecía holocausto cada mañana y cada tarde, y en ocasiones especiales como después del parto para la purificación de la mujer (Lv 12.6-8), o para la limpieza de un leproso (Lv 14.10-31), de un hombre o mujer con flujo (15.15ss) o de un nazareno (Nm 6.10ss).

HOMBRE (→ ADÁN). No siendo la Biblia un texto de ciencia, vano sería intentar descubrir en sus páginas una antropología, una biología o una sicología. La Biblia no da, pues, una definición del hombre, sino que lo caracteriza existencialmente a la luz de su relación con Dios.

La relación del hombre con Dios se hace evidente desde la creación misma del hombre, Gn 1 y 2 afirma que Dios creó al hombre del polvo de la tierra. Por consiguiente, como criatura, es parte de la → CREACIÓN. Sin embargo, el hombre no es dios, como han pretendido los diversos humanismos. Está limitado en su poder (Mt 19.26; Jn 3.27; Ro 6.19), en su sabiduría (1 Co 1.25; 2.13; 3.18-20) y en su libertad (Ro 7.14-24) y es un ser mortal (Gn 3.19; Ro 5-12; 1 Co 15.21). Pertenece a la tierra (1 Co 15.47a) y está sujeto a las contingencias de los demás elementos de la creación. Es innegable su semejanza física con los animales e incluso Gn afirma que el hombre fue creado en un mismo día con ellos (1.25-27). Es íntima su dependencia de la tierra, y su mortalidad apunta a un destino común con las especies inferiores.

No obstante su íntima relación con la naturaleza y los seres inferiores, el hombre no es una bestia. La Biblia destaca su noble dignidad (Sal 8.5: «Le has hecho poco menor que los ángeles». El original dice: *Elohim*, es decir: los dioses o la divinidad). Dios lo creó a su → IMAGEN (Gn 1.27).

Asimismo, al hombre se le dio autoridad sobre la naturaleza (Gn 1.28; Sal 8.58) para dominarla según la voluntad del Creador (Stg 3.7). Ningún hombre, por tanto, es despreciable (Hch 10.28), pues es «linaje de Dios» (Hch 17.28), y Él ha hecho de una sola sangre todo el linaje de los hombres. Toda discriminación racial, social, sexual, cultural, atenta contra el propósito creador divino (Gl 3.28). En beneficio del hombre, criatura suprema de la creación, Dios ha legislado contra el crimen y el ultraje entre humanos (Éx 20.13), y ha establecido el amor como el vínculo de relación entre los hombres (Mt 7.12; 22.36-40; Ro 13.10).

En el nombre del primer hombre, → ADÁN, además de una distinción personal, hay una connotación corporativa (Ro 5.12-21; 1 Co 15.21,22). Los límites precisos entre el hombre y su comunidad no aparecen nítidamente delineados. De acuerdo con Gn 1.27, Dios creó a la pareja humana a su imagen. La expresión «no es bueno que el hombre esté solo» (2.18) indica que la plenitud de la humanidad no se alcanza en el aislamiento individual, sino en la relación social. Este carácter corporativo del concepto «hombre» corrobora la unidad del género humano.

Génesis 3 pone de manifiesto una tragedia. Se ha producido una ruptura inicial con Dios; la criatura se rebela contra su creador y la rebelión tiene consecuencias ineluctables. La realidad del pecado mancha la totalidad de la vida del hombre y nadie escapa de esta lamentable condición (Ro 3.23). A despecho de su egocentrismo, el hombre no puede liberarse del todo de la ley de solidaridad que hay en su naturaleza (cf. Jn 3.19). Al hombre atrapado en semejante situación la Biblia lo llama «hombre natural» (1 Co 2.14), «carnal» (1 Co 3.3), «hijo de ira» (Ef

2.3), «hijos de desobediencia» (Col 3.6), «hombre viejo» (Ro 6.6), etc. Los términos con que denuncia el pecado humano se ajusta estrictamente a la realidad y no vacila en hacerlo aun en forma cruda (→ PECADO).

A pesar de todo el pecado del hombre, es el mundo de los hombres el que es objeto del amor de Dios. La quebrada relación con el Creador se restablece en Cristo mediante la Cruz (Jn 3.16; Ro 5.1-21; 2 Co 5.14-21; Col 2.9-15, → JUSTIFICACIÓN). Esta renovada relación con Dios constituye al hombre en «hijo de Dios» (Jn 1.12,13), «una nueva criatura» o «creación» (2 Co 5.17), «hombre espiritual» (2 Co 2.15) y en «hombre nuevo» (Ef 4.24; Col 3.10). Este nuevo hombre también es corporativo y no meramente individual (Ef 2.14-16; Col 2.10); (→ IGLESIA; REINO DE DIOS).

La real transformación del hombre se efectúa por Jesucristo. Él es la acción soberana de Dios a nuestro favor, el Hijo de Dios, el Verbo hecho hombre, «la imagen misma de [la] sustancia» de Dios (Heb 1.1-4), que revela la naturaleza profunda del amor divino (Ro 5.8; Ef 2.4-10; 1 Jn 3.16). A la vez, Él es el hombre perfecto (Jn 1.14; 19.5; Ef 4.13), en quien se revela el propósito redentor de Dios a favor del hombre (2 Co 3.18; 1 Jn 3.2). Dentro de esta perspectiva ha de entenderse la invitación a imitarle (Jn 13.15; 1 P 2.21) y a crecer en santidad (Col 2.8–3.17; 1 Ts 5.12-24; 4.1-3; 1 P 1.13-25).

El pecado del hombre había introducido el desorden, pero su redención acarrea redención para toda la creación (Ro 8.21-23; → REDENCIÓN; JESUCRISTO). Cristo es el auténtico hombre, el segundo Adán (1 Co 15.45-47), y por medio de Él Dios se propone «presentar a todo hombre perfecto» (Col 1.28) y «reconciliar consigo todas las cosas» (Col 1.15-23).

Tanto en el Antiguo Testamento como en el Nuevo Testamento se mencionan elementos constitutivos del hombre → ALMA, → CUERPO, → ESPÍRITU, → CARNE, → SANGRE; y también órganos: → CORAZÓN, → RIÑONES, → ENTRAÑAS, etc. Sin embargo, es forzar estos términos si se tratan de entender como conceptos que conforman una teoría antropológica o sicológica determinada, o entenderlos a la luz de conceptos de la filosofía griega, por ejemplo, la Biblia no emplea estos términos con rigor científico y un mismo vocablo puede denotar diversos sentidos, o dos vocablos diferentes pueden denotar una misma realidad humana. La Biblia habla siempre del hombre como una realidad total.

La Biblia jamás desdeña el cuerpo físico ni sus funciones, como ha solido hacer cierto misticismo. Habla con naturalidad y libertad de la vida sexual, cosa que no hizo ni el puritanismo, católico ni el protestante. El pensamiento bíblico culmina con esta declaración de Pablo: «Vuestro cuerpo es templo del Espíritu Santo» y le pertenece a Dios (1 Co 6.19). Por consiguiente, el cuerpo no debe degradarse (Ro 1.24), pues será objeto de redención (Ro 8.23; Flp 3.21), debe dedicarse a la glorificación de Dios (1 Co 6.12-20). La Biblia desconoce la existencia incorpórea. Por eso, más que hablar de la → INMORTALIDAD del alma, habla de la → RESURRECCION del cuerpo; con lo cual afirma la vida en la eternidad como existencia concreta y personal. Pablo declara en 1 Co 15.44,54 que «resucitará cuerpo espiritual». El vocablo «cuerpo» se emplea para denotar la totalidad de la persona (Ro 12.1). Especial significación adquiere, de esta manera, el → CUERPO DE CRISTO y su sacrificio, en virtud del cual los creyentes son hechos su cuerpo que es la Iglesia (Ef 1.23; 3.6).

Tampoco cabe distinguir en el Nuevo Testamento entre alma y espíritu como si se tratase de dos partes distintas de la personalidad. Se trata de una misma realidad vista desde distintos ángulos. Por alma en general se traducen los términos griegos *psyjé* y *nous* y por espíritu, *pneuma*; pero este último término denota especialmente el concepto de la persona en cuya vida actúa el Espíritu de Dios. Lo espiritual, pues, es la obra del Espíritu Santo y el hombre «espiritual» puede ser contrapuesto al hombre natural. En todo esto, como también en otros

sentidos, el hombre es a la vez la imagen de Dios, la víctima de sus propios pecados y el participante de la gracia de Cristo (→ CONCIENCIA).

HOMBRE DE PECADO → ANTICRISTO.

HOMER Máxima medida de capacidad para áridos que usaban los hebreos, probablemente tomada del concepto de la carga de un burro. Contenía diez → BATOS O → EFAS, o sea, doscientos veinte litros (Lv 27.16; Is 5.10; Ez 45.11). (→ MEDIDAS.)

HOMICIDIO Muerte causada a una persona por otra. Dios condena severamente este pecado por cuanto el hombre es criatura suya hecha a su imagen y semejanza (Gn 9.5,6).

El Antiguo Testamento establece la distinción entre el asesinato (voluntario y premeditado) y el homicidio por imprudencia. Al asesino se le castigaba con la pena de muerte, mientras que el homicida involuntario podía acogerse al derecho de asilo (→ CIUDADES DE REFUGIO). Pero ni uno ni otro podían evadir las consecuencias mediante un rescate.

En caso del asesinato de una persona libre, el *goel* o → VENGADOR DE SANGRE ejecutaba la pena de muerte. Este vengador era el pariente más cercano de la víctima. Sin embargo, debía haber sentencia previa y la venganza alcanzaría únicamente al culpable y no a sus parientes (Dt 24.16). De lo contrario, esa muerte volvería a ser homicidio.

Parece que muy poco se tenía en cuenta el derecho de legítima defensa (2 S 2.22; 14.6). No obstante, el código de la alianza declaraba: «Si el ladrón fuere hallado forzando una casa, y fuere herido [de noche] y muriere, el que lo hirió no será culpado de su muerte. Pero si fuere de día, el autor de la muerte será reo de homicidio» (Éx 22.2,3).

Cuando se desconocía el autor de un homicidio, los ancianos de la ciudad más próxima al lugar donde había sido hallado el cadáver, debían ofrecer un sacrificio especial de expiación (Dt 21.1ss).

La ley de la sangre desempeñaba también un papel en los casos que nosotros llamaríamos de responsabilidad civil: accidente provocado por falta de pretil en la terraza de una casa (Dt 22.8); muerte de una persona corneada por un buey del que se sabía que era «corneador». Pero, en este último caso, el dueño del animal podía rescatar (excepcionalmente) su vida, pagando el rescate (Éx 21.29-31).

La muerte de un esclavo no tenía las mismas consecuencias que la de alguien libre. Al homicida no se le castigaba, sino en el caso de que el esclavo muriera inmediatamente y, en esta circunstancia, la pena no era capital (Éx 21.20,21).

El rapto de una persona libre para venderla como esclava era un delito que se consideraba homicidio y se castigaba con la muerte (Éx 21.16; Dt 24.7).

El Nuevo Testamento interioriza el crimen del homicidio. En contraste con la Ley del Antiguo Testamento («No matarás»), Jesucristo enseña que «cualquiera que se enoje contra su hermano será culpable de juicio» (Mt 5.21s). Por otra parte, aplica la misericordia: «Oísteis que fue dicho: ojo por ojo y diente por diente. Pero yo os digo ... Amad a vuestros enemigos ... Porque si amáis a los que os aman, ¿qué recompensa tendréis?» (Mt 5.38-46; Lc 6.27-36). «Y Jesús decía: Padre, perdónalos, porque no saben lo que hacen» (Lc 23.34).

HONDA Tira generalmente de cuero, ensanchada en su parte central, usada para lanzar piedras con violencia. A veces se ataban a sus extremos dos correas, también de cuero, y esto hacía mayor su alcance.

Era arma favorita de los pastores orientales, pero también la usaron en la guerra los israelitas, sirios, persas y egipcios (Jue 20.16; 2 R 3.25; 2 Cr 26.14). El hondero hacía girar la honda por sobre su cabeza y luego soltaba uno de los extremos o correas para liberar la piedra. Esta era capaz de matar a una persona a cuatrocientos pasos.

David, con la habilidad que caracterizaba a los pastores de Palestina, mató con su honda a → Goliat, campeón de los filisteos.

Los benjamitas, quienes eran zurdos y por tanto ambidextros, eran famosos en el uso de la honda (Jue 20.16).

HOR (*montaña*). Nombre de dos montes en el Antiguo Testamento.

1. Monte situado «en la extremidad del país de Edom» donde murió Aarón (Nm 20.22-29;

La estéril montaña tradicionalmente identificada como el monte Hor, en la frontera de la antigua Edom. En este lugar enterraron a Aarón (Nm 20.22-29).

Foto: Servicio fotográfico Levant

33.37-39). Tradicionalmente se ha identifica-do con Jebel Harum, montaña situada al oeste de Edom, pero esta identificación no es muy probable. Esta segunda montaña es alta y se encuentra demasiado alejada de la ruta de los israelitas quienes, de acuerdo con Nm 20.22-29, presenciaron en Hor la trans-ferencia de los poderes sumo sacerdotales de Aarón a su hijo Eleazar. Es más probable que Hor sea Jebel Madeira, ubicado 24 km al nordeste de → CADES.

2. Monte mencionado en Nm 34.7 como el límite septentrional de Canaán. Probable-mente sea un monte prominente en la cordi-llera del Líbano, quizás el monte Hermón o Jebel Akkar.

HORA Aunque para nosotros hora significa la vigesimocuarta parte del día entero, para los hebreos representa más bien un momen-to en el curso del día o, más tarde, la duodé-cima parte del período comprendido entre el amanecer y el atardecer. La noche solía medirse por vigilias (cf. Lc 12.38) de tres o cuatro horas. Originalmente la hora señala-ba un punto de → TIEMPO aproximado; el pueblo se guiaba por divisiones generales del día (mañana, mediodía y tarde) sin guiar-se por hora de duración precisa. La paloma volvió al arca de Noé «a la hora de la tarde» (Gn 8.11), e Isaac había salido «a la hora de la tarde» (Gn 24.36). Más tarde la hora ad-quirió un sentido más preciso y señalaba algún momento específico, tal como la hora del sacrificio (Esd 9.5). En la época de Isaías hubo relojes de sol (2 R 20.9ss), y debido a sus relaciones con los babilonios los israeli-tas comenzaron a usar el concepto de la hora en su forma moderna. Daniel, por ejemplo, quedó atónito casi una hora (Dn 4.19), Jesús reprendió a sus discípulos porque no pudie-ron velar con Él ni una hora (Mc 14.37), y en la visión apocalíptica hubo silencio en el cielo «como por media hora» (Ap 8.1). Así que la hora llegó a ser una unidad de tiempo de duración definida.

Las horas más mencionadas en la Biblia son la tercera, sexta, novena y undécima; por ejemplo, en la parábola de los labradores de la viña (Mt 20.3,5). La hora undécima ha llegado a ser expresión proverbial que signi-fica una última oportunidad (Mt 20.6,9). La aparente contradicción de hora en los rela-tos de la crucifixión de Cristo puede expli-carse, según algunos exégetas, al entenderse que la «hora sexta» en que Pilato sentenció a Jesús (Jn 19.14) se contaba desde la media-noche cuando empezaba el día civil romano, mientras la «hora tercera» de Mc 15.25 se calculaba desde el amanecer, al estilo judío.

En un sentido más personalizado y estra-tégico, el Señor Jesucristo con frecuencia se refería al momento histórico de su pasión como «mi hora» (Mt 26.45; Jn 2.4; 12.23; cf. Jn 7.30; 8.20). En cambio, calificó de «vues-tra hora» a aquella en que se les permitió a sus enemigos ejercer autoridad transitoria sobre su persona (Lc 22.53). La hora, pues, también significa un punto crítico en la historia de la salvación.

HOREB, MONTE DE El «monte de Dios» (Éx 18.5) en la península del Sinaí donde Moisés oyó hablar a Dios a través de la zarza ardien do (Éx 3.1) y donde se le dio la Ley a Israel. Este nombre se le da también al → SINAÍ (Éx 3.1).

HOREOS Habitantes del monte Seir antes de que este lo ocuparan los → EDOMITAS (Gn 14.6; Dt 2.12,22). El origen de esta raza es incierto. Tradicionalmente se creía que ha-bían sido trogloditas que vivieron en las cuevas del monte Seir y sus alrededores. Pero recientes descubrimientos arqueológi-cos acerca de la civilización hurrita, por el río Éufrates, han hecho a muchos peritos relacionar a los horeos de la Biblia con esta civilización.

HORMA (*destrucción*, o sea, *ofrecido en destrucción a Jehová*). Nombre dado a la región de varias ciudades cananeas en el Neguev, destruidas bajo un voto especial de los israelitas (Nm 21.1-3). Es posible que este fuera también el sitio de la ciudad cananea de Sefat, que fue llamada Horma después que la conquistaran Judá y Simeón (Jue 1.17). Su rey había sido derrotado antes por Josué (Jos 12.14) y la ciudad cedida primero a Judá (Jos 15.30) y luego a Simeón (Jos 19.4; 1 Cr 4.30).

Con motivo de la murmuración de Israel, incitada por diez de los espías enviados por Moisés a reconocer a Canaán, los israelitas rebeldes fueron perseguidos hasta Horma por el amalecita y el cananeo (Nm 14.45) en la región de Seir (Dt 1.44). Por la amistad de los habitantes de Horma, durante la persecución de Saúl, David les dio parte del botín recobrado de los amalecitas que habían saqueado a Siclag (1 S 30.30). El sitio a veces identificado con Horma es el paso de Sufa, entre Petra y Arad.

HORMIGA Insecto himenóptero de diferentes especies, que generalmente vive en colonias instaladas en galerías subterráneas. Los machos tienen alas y son de vida más corta; las hembras también tienen alas pero las pierden después del vuelo nupcial. En su admirable organismo social hay, además, obreras. Estas no tienen alas y están encargadas de buscar alimento, preparar los nidos, hacer la limpieza y cuidar de las hembras, los machos y las larvas.

En la Biblia, Salomón menciona las hormigas como ejemplo de laboriosidad y previsora sabiduría. Se gobiernan a la perfección sin tener gobernador, capitán ni señor (Pr 6.6-8; 30.25). Su organización rivaliza con la de las abejas.

HORNO Utensilio en que se cuece el pan (Lv 26.26; Is 44.15). Se construía de arcilla cocida, en forma cilíndrica y de sesenta a noventa centímetros de diámetro. Se calentaba con paja (Mt 6.30), leña o estiércol (Ez 4.12). Una vez calentado, se quitaban las cenizas y se colocaban dentro los panes para cocer.

Los alfareros usaban el horno para cocer las vasijas de barro. Los caldeos lo usaban literalmente como castigo (Jer 29.22; Dn 3.19-26). El horno era figura de castigo o de crisol de purificación (Dt 4.20; Sal 21.9; Is 48.10; Ez 22.18; Dn 3.6; Mal 4.1).

HORONAIM Pueblo moabita situado en la frontera sudoeste entre Palestina y Moab, unos 14 km al este del extremo sur del mar Muerto. Se menciona, junto con Hesbón y otras ciudades moabitas, en profecías contra Moab (Is 15.4,5; Jer 48.3), a causa de su idolatría y abusos contra la población judía.

HOSANNA Forma griega de un término hebreo que significa «¡Salva ahora!» o «¡Salva, te rogamos!» Era la expresión (Sal 118.25 hebrea) pronunciada en alta voz por las congregaciones en el templo durante las Fiestas de la Pascua y los Tabernáculos, como respuesta al cántico del «Gran aleluya» (Sal 113–118) entonado por uno de los sacerdotes.

Las multitudes que dieron la bienvenida a Jesucristo cuando entró en Jerusalén exclamaron «¡Hosanna!» (Mt 21.9,15; Mc 11.9s; Jn 12.13). Se presume que aquella actitud fue una reacción entusiasta, sin referencia a ninguna fiesta religiosa y sin el significado de la frase original en Sal 118.25. La iglesia cristiana primitiva adoptó esta palabra en sus cultos.

HOSPITALIDAD Virtud de albergar al viajero y forastero o de convidar al conocido.

En la época del Antiguo Testamento

En el Antiguo Testamento hay poca exhortación a practicar la hospitalidad (por ejemplo, Is. 58.7), ya que se da por sentado que en el desierto era algo imprescindible. Pero abundan los ejemplos de la bienvenida otorgada al advenedizo (por ejemplo, Gn 18.1s). Se le trata cortésmente (Gn 24.29-33; Éx 2.20) como a huésped de honor: se debe salir a su encuentro, saludarle, lavarle los pies, atender a sus cabalgaduras y prepararle un banquete. Cuando reemprende el camino hay que acompañarlo un trecho (Gn 18.16; cf. las costumbres enumeradas en Lc 7.36-46).

Negar o traicionar la hospitalidad era verdadera ignominia (Dt 23.4; Jue 19.15; cf. los vv. 20s), y la protección del huésped un deber más sagrado que el de padre (Gn 19.1-8; cf. Jue 19.23ss). Desde luego, el convidado debía corresponder con gratitud; el amargo grito de Sal 41.9 alude a la ingratitud del invitado. El rechazo de la hospitalidad se tenía igualmente por ofensa (Gn 19.2s).

Los siervos de Dios merecen una hospitalidad extraordinaria. La provisión que la viuda de Sarepta hizo para Elías (1 R 17.10ss) y que la sunamita hizo para Eliseo (2 R 4.8ss) fueron un reconocimiento del poder de Jehová.

Aunque un sabio posterior previene contra la aceptación de huéspedes vagabundos y malhechores (Eclesiástico 11.29-34), el Antiguo Testamento recomienda la hospitalidad porque Dios mismo es hospitalario (Sal 15.1; 21.3-6; 39.12) y su pueblo aprendió en Egipto las angustias del → EXTRANJERO (Éx 23.9).

Más allá de la mención explícita de hospitalidad, el código de santidad en el Antiguo Testamento exige una atención justa y hospitalaria para las viudas, los huérfanos, los pobres y los extranjeros de Israel (por ejemplo, Dt 14.29; 15.7-11; 16.11; 24.19-22; 26.12) como Jehová ha sido justo y hospitalario con su pueblo al instalarles en la tierra prometida (Sal 146.9; Pr 15.25).

En la época del Nuevo Testamento

En los escritos rabínicos la hospitalidad se limita con frecuencia a los → JUDÍOS solamente, aunque en el judaísmo posterior se consideraba un deber de alcance general. Paralelamente, el Nuevo Testamento recomienda la hospitalidad para con todos los menesterosos, pero sobre todo si son cristianos (cf. Gl 6.10). La presencia de esta virtud será factor determinante en el → JUICIO final (Mt 25.34-45), y los → HERMANOS que aquí disfrutan de la hospitalidad son todos los necesitados.

Como en el Antiguo Testamento, los siervos de Dios merecen especial atención. Jesús es a menudo huésped (Lc 7.36ss; 10.38ss; Jn 2.2; 12.2). Pablo también lo es (Hch 16.15; Flp 22). El envío de los doce apóstoles y de los setenta presupone un recibimiento hospitalario sin precedentes (Mt 10.9; Lc 10.4). Fallar en la hospitalidad sería rechazar el mensaje traído por el viajero (Mc 6.11; Lc 9.53); a la inversa, al obrero hereje se le niega hasta la hospitalidad (2 Jn 10).

Las parábolas de Jesús ilustran ricamente la hospitalidad y la encomian (por ejemplo, Lc 10.34s; 11.5s; 14.12). Los apóstoles también la recomiendan (Ro 12.13; Col 4.10; 1 Ti 3.2; Tit 1.8; 1 P 4.9ss; 3 Jn 5-8). ¡Quién sabe si el huésped que recibimos en casa no es un ángel o mensajero de Dios! (Heb 13.2). Santiago reclama la parcialidad hacia los ricos, a despecho de los pobres, en las iglesias a las que escribe (Stg 2.1-7). Debido a las persecuciones que esparcían a los cristianos (Hch 8.1) y a la vasta actividad misionera del primer siglo, la hospitalidad motivada por el amor desinteresado era una necesidad. Sin embargo, había personas que rehusaban ofrecer hospitalidad (por ejemplo, 3 Jn 9,10) o que abusaban de la hospitalidad, por lo que algunos escritores postapostólicos sintieron la necesidad de prevenir a sus lectores acerca de tales personas (por ejemplo, *Didajé* XI:9,10; XII:1-5). Sin embargo, en la ética cristiana siempre se destaca el ejemplo del Señor Jesús (Mc 6.41ss; 8.6ss; 10.45; Lc 12.37; 22.27; Jn 13.1ss), quien sigue siendo anfitrión (Mc 14.22ss; Jn 6.50-58).

Los cristianos tenemos el llamado hoy a abrir nuestros corazones, hogares y templos para brindar generosa hospitalidad a los desprotegidos y marginados por nuestras sociedades. La hospitalidad de los cristianos debe abarcar también a quienes sufren prisión por causa del Reino de justicia (Jer 37.15–38.13; Hch 12.1-17; Flp 4.10-19).

Bibliografía:

R. De Vaux, *Instituciones del Antiguo Testamento*, Herder, Barcelona, 1964, pp. 33s, 117ss.

HUERTO Dios puso al primer hombre, inmediatamente después de haberlo creado, en un huerto «para que lo labrara y lo guardara» (Gn 2.8,15). Gustó tanto al hombre esta primera morada, de la cual fue arrojado a causa del pecado (Gn 3.23,24), que en lo sucesivo se dio al cultivo de numerosos huertos. Gustaba especialmente de los plantados junto a los ríos (Nm 24.6). Salomón fue muy amigo de los huertos y los cultivó con ardiente pasión (2 R 25.4; Neh 3.15; Jer 39.4).

La costumbre de plantar y cuidar huertos era también favorita de la gente sencilla (Dt 11.10; Jer 29.5; Is 1.29,30; Lc 13.19, etc.). En el libro de Cantares la palabra huerto se repite con frecuencia. En 4.12 se dice que la esposa es un huerto cerrado, seguramente refiriéndose a su fidelidad (cf. 4.15s; 6.2).

Cristo frecuentó los huertos cercanos a Jerusalén (Jn 18.1) para dedicarse a la oración. En uno de estos huertos lo apresaron (Jn 18.2ss, → GETSEMANÍ), y en otro lo sepultaron (Jn 19.41,42).

HULDA Profetisa de Jerusalén a quien consultaron después del hallazgo del libro de la Ley en el templo, durante el reinado de Josías. Profetizó el juicio de Dios según el libro, pero advirtió que el rey Josías de Judá, debido a su arrepentimiento al oír las palabras de la Ley, no lo vería (2 R 22.14-20; 2 Cr 34.22-28).

HUMILDAD Traducción de varios términos hebreos: *anava* (*aflicción, mansedumbre*), *daka* (*ser rebajado, herido*), *shaja* (*inclinarse*), *kana* (*ser* o *llegar a ser humilde*) y del griego *tapeinos*.

En el Antiguo Testamento el término se refiere originalmente al → POBRE, oprimido o afligido (1 S 2.7; 2 S 22.28), y luego se extiende a la actitud del hombre que recibe

con sumisión y confianza tales pruebas (Éx 10.3; Dt 8.12,13). Miqueas la considera requisito esencial de la misma (6.8). En 2 Cr la humildad es criterio fundamental para juzgar a los reyes. Y el humilde es en los salmos el prototipo del varón piadoso o justo (22.26; 25.9; 123; 131; 147.6).

El Nuevo Testamento recoge la idea de humildad del Antiguo Testamento (Mt 5.5; 23.12; Lc 1.52; Hch 20.19; Flp 4.12). Jesús es el humilde por excelencia (Mt 11.29; 21.4,5), a quien el Padre ha exaltado (Flp 2.8s). Esta misma humildad se requiere del creyente (1 Co 4.21; 2 Co 10.1; Ef 4.2; 2 Ti 2.25). A veces se contrasta con la violencia (1 Co 4.21). Permite desentenderse del propio prestigio (Mt 18.4; Ro 12.16; 2 Co 11.7; cf. Jn 13.3-17) y dar preferencia a los demás (Flp 2.3). Pero puede haber una humildad simulada (Col 2.18-23; cf. 3.12). El orgullo que confía en el poder o el ejército se contrasta con la humildad que confía solamente en Dios (Sal 118.8s; 146.3s).

HUR (*Jur* en NC, BC y BJ). Nombre de significado incierto. Fue un israelita que, juntamente con Aarón, sostuvo los brazos de Moisés mientras este oraba durante la batalla contra los → AMALECITAS (Éx 17.10, 12). Más tarde ayudó a Aarón en la dirección del pueblo en ausencia de Moisés (Éx 24.14).

Nombre de otras seis personas mencionadas en Éx 31.2; Nm 31.8; 1 R 4.8; 1 Cr 2.50; 4.1; Neh 3.9.

HURTO → ROBO.

HUSAI Un amigo y sabio consejero del rey David (2 S 15.32,37). Durante la sublevación de Absalón, Husai permaneció fiel a David y se convirtió en su espía en Jerusalén. Este probablemente fue el padre de Baana, uno de los oficiales del rey Salomón (1 R 4.16).

IBDAS (*corpulento*). Uno de los hijos del padre de Etam, descendiente de Judá (1 Cr 4.3).

IBHAR (*Dios escoge*). Uno de los hijos de David nacido en Jerusalén (2 S 5.15).

IBIS Ave de pico largo, de plumaje blanco en el cuerpo y negro en la cabeza y cola, del orden de las zancudas y de parentesco con la familia de la garza. Se alimenta de pececillos y moluscos. Era sagrada para los egipcios que la veneraban como la encarnación del dios Thot. Quizás debido a lo anterior, era ave inmunda para los hebreos (Lv 11.17; Dt 14.16).

IBLEAM Ciudad cananea en territorio de Isacar y Aser que se entregó a los hijos de Manasés, quienes no pudieron echar a sus habitantes (Jos 17.11,12; Jue 1.27). En ella Jehú de Israel hirió a Ocozías de Judá en 842 a.C. (2 R 9.27).

Probablemente Ibleam corresponde a la ciudad levítica de Bileam (1 Cr 6.70), la cual se ha identificado con Khirbet Belameh, cerca de Jenin, ciudad moderna situada a unos 27 km al sudeste de Meguido.

IBNEÍAS (*Jehová edifica*). Un hijo de Jeroham y cabeza de familia benjamita que regresó de la cautividad (1 Cr 9.8).

IBRI Levita durante el reinado de David (1 Cr 24.27).

IBZÁN Natural de Belén de Zabulón que juzgó a Israel siete años, y hombre de numerosa descendencia (Jue 12.8-10; cf. Jos 19.15).

ICONIO Ciudad grande y opulenta de Asia Menor, situada unos 32 km al norte de Listra. Se hallaba al pie de la cordillera del Tauro, rodeada por montañas, excepto por el lado este en donde había una llanura grande y fértil. Estos factores, más la abundancia de agua (inclusive un lago cercano), hicieron de Iconio una ciudad populosa. Todavía hoy existe en el área una población que atestigua de la grandeza de antaño; se llama Konya y es la capital de la provincia de Konya; tiene una población de más de ciento veinte mil habitantes.

En tiempos apostólicos Iconio era la capital de Licaonia y una de las ciudades principales de la parte sur de la provincia romana de → GALACIA. Se hallaba en el camino real que unía a Éfeso con Tarso y, debido a otros caminos que también se unían allí, Iconio fue una sede favorable para la difusión del evangelio. Pablo la visitó en los dos primeros viajes misioneros (Hch 13.51–14.5; 15.36; 16.4-6) y tal vez en el tercero (Hch 18.23). En 2 Ti 3.11 el apóstol se refiere a la persecución que allí sufrió. Iconio está incluida implícitamente en 1 P 1.1.

IDALA Ciudad en el territorio de Zabulón (Jos 19.15), cerca de Nazaret.

IDDO Nombre de siete u ocho personas en el Antiguo Testamento.

1. Padre de Ahinadab, uno de los doce gobernadores nombrados por Salomón (1 R 4.14).

2. Levita gersonita (1 Cr 6.21), también llamado Adaía (1 Cr 6.41).

3. Jefe de la media tribu de Manasés en Galaad e hijo de Zacarías (1 Cr 27.21).

4. Vidente o profeta de Judá que profetizó contra Jeroboam. Sus escritos fueron una de las fuentes de información para el autor de las Crónicas durante los reinados de Salomón (2 Cr 9.29), Roboam (2 Cr 12.15) y Abías (2 Cr 13.22).

5. Jefe de un grupo de levitas radicados en Casifía que probablemente quedaba cerca de Babilonia (Esd 8.17).

6. Personaje, también llamado Jadau, que fue uno de los que se casaron con extranjeras (Esd 10.43).

7. Familia sacerdotal que regresó de Babilonia con Zorobabel (Neh 12.4,16).

8. Abuelo (*padre*, según Esdras) del profeta Zacarías (Zac 1.1,7; Esd 5.1–6.14).

IDIOMAS DE LA BIBLIA Son aquellos en que la Biblia se escribió originalmente. Los más famosos fueron el hebreo (→ Hebreo, Idioma), la lengua original del Antiguo Testamento, y el → Griego, usado en la mayoría de los escritos del Nuevo Testamento. Sin embargo, otras lenguas antiguas también fueron importantes en la manera de escribir o transmitir los textos originales de la Biblia.

Arameo

Lengua semítica hablada por los arameos aproximadamente en el 2000 a.C. Finalmente se impuso a muchas otras idiomas del mundo antiguo como fenicio, acadio y hebreo. Partes del libro de Daniel se escribieron en arameo. El arameo era la lengua común que se hablaba en Palestina en los tiempos de Jesús. Aunque el Nuevo Testamento se escribió en griego, quizás Jesús hablaba en arameo. «Talita cumi» (Mc 5.41) y «efata» (Mc 7.34) son dos frases arameas

que Jesús usó y que se conservan en las versiones en castellano del Nuevo Testamento. El siríaco pertenece al grupo arameo de las lenguas semíticas usado en la iglesia primitiva a través del Asia Menor.

Latín

El Nuevo Testamento también se refiere al latín: lenguaje que surgió de la antigua Roma (Lc 23.38; Jn 19.20). La mayor parte del Imperio Romano hablaba también el griego en los días de Jesús. Sin embargo, como el poder romano se propagó a través del mundo antiguo, también se expandió el uso del latín. La influencia del latín en toda la zona del Mediterráneo en los tiempos de Jesús se pone de manifiesto en las palabras latinas como denario (Mt 18.28) y pretorio (Flp 1.13) que aparecen en el Nuevo Testamento.

Persa

Esta lengua la hablaba la gente asentada en la región este del Tigris en la que ahora es el oeste de Irán. Cuando llevaron cautivo al pueblo judío a Babilonia (587 a.C.), quizás se vieron expuestos a esta forma característica de lenguaje, la cual usaba una combinación de representaciones gráficas y fonéticas en su alfabeto. Los eruditos no saben con certeza si el persa se usó para escribir alguna parte del Antiguo Testamento.

IDOLATRÍA Adoración tributada a dioses distintos de Jehová, o a Jehová mismo, pero por medio de imágenes y prácticas tomadas de cultos extraños y prohibidos. En el Nuevo Testamento se aplica también a la excesiva valoración de cualquier criatura, de modo que esta toma el lugar del Creador.

La idolatría no consiste únicamente en postrarse ante una imagen, sino también en adorar con imágenes o sin ellas a dioses que no son el Señor de Israel. El mal no está tanto en que el dios sea material como en el hecho de que es parcial. El Dios de Israel es Creador de todo cuanto existe y Rey supremo, mientras los ídolos son dioses (si es que

Ídolo de bronce de Baal, dios pagano de la guerra y la fertilidad. Ídolos como este muchas veces se cubrían con oro (Is 40.19).

merecen el nombre, → DIOS) solo de algún aspecto o porción de la realidad. Naturalmente, todo dios material que resida en una → IMAGEN es también parcial, y por tanto distinto del Dios de Israel. Pero es posible tener también dioses inmateriales e invisibles que no dejan por ello de ser tan ídolos como cualquier imagen.

Todos los pueblos con los que el antiguo Israel se relacionó practicaban la idolatría en los sentidos mencionados. En el antiguo Egipto se acostumbraba representar a los dioses en forma de animales (toro, halcón, etc.) o con forma humana y algunas características animales (hombre con cabeza de chacal o de toro). Se acostumbraba también adorar al faraón, quien se suponía que al morir se reunía con los dioses. Por último, algunos animales, tales como los cocodrilos del Nilo, también recibían culto en Egipto. Contra estas idolatrías impotentes se dirigieron las → PLAGAS que Jehová envió antes del éxodo. En Mesopotamia, los ídolos con forma de animales eran más escasos; preferían imágenes con forma humana, hechas de madera y cubiertas de oro (cf. Dn 2.31-45). En Persia había una multitud de dioses, cada uno con su propia imagen. Pero con el tiempo la religión persa se fue concentrando en el dios Ahura-mazda, al que se presentaba como un hombre con alas de ave.

Cuando los israelitas conquistaron Canaán, encontraron pueblos idólatras, a los que no exterminaron completamente (Jue 1.19s,27-33; 2.11-17). Como la religión de Canaán giraba alrededor de → BAAL, durante el resto de su historia tuvo que enfrentarse repetidamente al baalismo y otros cultos semejantes (→ ASTEROT; BEL; DAGÓN; MOLOC; NISROC; NEBO; QUEMOS; TERAFÍN, etc.). Por tanto, todo el libro de Jueces (por ejemplo, 2.12; 3.7) trata de cómo, cada vez que los israelitas se apartaban de su Dios para seguir tras los baales, Él los entregaba en manos de sus enemigos. Asimismo otros libros históricos (por ejemplo, Nm 25.3; 1 R 14.22ss; 2 R 21.2ss) y proféticos (por ejemplo, Jer 2.23ss; Os 2.8-13) destacan esta lucha. Como es un Dios celoso, Jehová prohíbe la idolatría con todo rigor (Éx 20.3-6; Dt 5.7-10), como una especie de → ADULTERIO (Jer 2.33; Os 2.4ss). Aun así, algunas prácticas religiosas de los pueblos vecinos lograron introducirse en el culto de Israel (por ejemplo, la → PROSTITUCIÓN SAGRADA, Am 2.7s), y los profetas se vieron obligados a ridiculizar a los «dioses de → MENTIRA» «cortados en el bosque» (Is 2.8,20s; Jer 10.3; Ez 6.3-7; Hab 2.18, etc.).

Al surgir el cristianismo, sus seguidores tomaron de Israel este fervor contra la idolatría (Hch 7.41; 15.20; Ro 2.22). Los ídolos no son en realidad dioses (Gl 4.8), sino inventos humanos (Ro 1.23), de manera que el culto a ellos se dirige en efecto a los → DEMONIOS (1 Co 8.4s; 10.19ss). Pero esto, a su vez, planteó otros problemas para los cristianos que vivían en un mundo en el que la idolatría era parte fundamental de la vida pública y social. Por ejemplo, fue necesario decidir si los cristianos debían o no participar de actos sociales que tenían a la vez cierto cariz idolátrico (→ ÍDOLOS, CARNE OFRECIDA A). Otro problema fue el culto al emperador, que era un modo que tenían sus súbditos para expresarle lealtad. Cuando alguien quería expresar su rebeldía contra el emperador, dejaba de adorarle y quemaba incienso en honor de algún otro pretendiente al trono. Los cristianos se negaban a llamar «señor» al emperador, y por ello los gobernantes los tenían como gente sediciosa y digna de muerte (→ ROMA, IMPERIO). Este antecedente de la persecución explica ciertos detalles de las siete cartas a las iglesias de Asia (Ap 2.1–3.22).

ÍDOLOS, CARNE OFRECIDA A (en griego, *eidolothyta*). El evangelio, al trascender los límites del judaísmo, no solo afrontó la → IDOLATRÍA como religión, sino también las ramificaciones de ella en la vida social del pueblo gentil. Solo una parte de las víctimas sacrificadas a los dioses se ofrecía en el templo. Lo demás se comía en un banquete cúltico en los atrios de cada templo o en la casa del oferente. Había invitados. A veces la invitación era extensiva o general y en algunos casos lo que sobraba de la carne consagrada se vendía en el mercado público.

Este fenómeno social creó problemas a los cristianos primitivos. Los de Corinto pidieron consejo a Pablo al respecto (1 Co 8.1). Fue necesario decidir si un cristiano debía aceptar una invitación a una comida en que se servía tal carne, pues había distintas opiniones entre los hermanos. Algunos se basaban en la libertad cristiana (1 Co 6.12; 10.23) y en un llamado conocimiento mayor (que un → ÍDOLO no es sino la ficción de la mente humana, 1 Co 8.4-6) para alegar que los creyentes podían asistir a estos banquetes sin incurrir en mal alguno. Otros mantenían que al asistir a semejantes fiestas participaban en la misma idolatría, la cual se le prohibía terminantemente a los cristianos (Ro 14.2; 15.1; 1 Co 8.9).

Pablo prohibió en forma indirecta, pero siempre tajante, la asistencia a un banquete que se celebrara en el templo de los ídolos (1 Co 10.14,19s). Si bien estaba de acuerdo con los que afirmaban tener «conocimiento» de que el ídolo no es nada, insistió en que detrás de la idolatría hay poderes con los que no es aconsejable jugar (→ DEMONIOS).

Pero en cuanto a carnes ofrecidas a los ídolos y posteriormente vendidas en el

---

Restos del templo de Artemisa en Sardis, un pródigo altar pagano que sirve como ejemplo de la idolatría y la práctica de falsa adoración del mundo antiguo.

Foto de Gustav Jeeninga

mercado común, Pablo afirma que no hay que sentir escrúpulos de conciencia, puesto que en la carnicería tales carnes ya no tienen significado religioso, sino que forman parte de las cosas creadas por Dios para bien nuestro (1 Co 10.25s).

Lo mismo rige en cuanto a carne servida en una comida social en casa de amigos aunque se haya ofrecido con anterioridad en el templo. Pero hay una excepción a la regla: si el anfitrión abiertamente anuncia que la que se sirve es carne ofrecida a ídolos, el huésped cristiano debe rehusar, pero no por el daño que pueda ocasionarse él mismo, sino para evitar escándalo o falsa impresión (1 Co 10.27-30).

Sobre todo, el cristiano debe pensar más en el bien del prójimo que en el suyo y estar dispuesto a echar a un lado su libertad si el usarla puede dañar u ofender al hermano débil (8.12s; 10.24,31ss).

IDUMEA → Edom.

IFDAÍAS (*Jehová redime*). Hijo de Sasac, descendientes de Benjamín (1 Cr 8.25).

IGAL (*Jehová salva*). Nombre de tres hombres en el Antiguo Testamento.

1. Uno de los doce espías que Moisés envió a la tierra de Canaán (Nm 13.7).

2. Uno de los valientes de David (2 S 23.36).

3. Un hijo de Semaías y descendiente de David por la línea del rey Jeconías (1 Cr 3.22).

IGDALÍAS (*Jehová es grande*). Padre de Hanán, judío de gran influencia en Jerusalén (Jer 35.4).

IGLESIA

Etimología

Jesús se refirió solo en dos ocasiones a la iglesia (Mt 16.18; 18.17). En contraste, la expresión → Reino de Dios aparece un centenar de veces en los Sinópticos. La palabra

iglesia se deriva del sustantivo griego *ekklesía* (de *ek-kaleo* que significa *llamar fuera*), una asamblea pública, generalmente de orden político (de *polis* que significa *ciudad*), convocada por un heraldo oficial. Así se traduce en la LXX la palabra hebrea *qajal* que designa la congregación de Israel, una nueva comunidad teocrática convocada desde el cautiverio para adorar y servir a Jehová y demostrar su señorío en medio de los pueblos (Nm 10.7; Dt 31.30; 1 R 8.14; 1 Cr 13.2,4; Sal 22.22; cf. Hch 7.38).

Esencia y forma

La identidad de la iglesia en el Nuevo Testamento es paradójica. La iglesia es al mismo tiempo un movimiento histórico (realidad particular) y un testimonio a la humanidad (realidad universal). A la vez santa y pecadora, se mantiene en tensión dinámica entre su realidad histórica y la anticipación escatológica, entre experiencia y fe, esperanza y experiencia, forma y esencia, presencia y señal del Reino. Sin embargo, estas tensiones no se pueden divorciar del ámbito más amplio de la misión de Dios en el mundo, ni de los diversos contextos históricos culturales en que la iglesia se desenvuelve en el Nuevo Testamento y a lo largo de su historia. En el Nuevo Testamento, en singular, iglesia se refiere a alguna congregación local y específica (Hch 11.22; 13.1), pero a veces también a varias congregaciones (Gl 1.13; Hch 9.31), aunque hay poca distinción entre el singular y el plural (cf. 1 Co 10.32; 11.16; Gl 1.13,22), como tampoco se debe separar las varias dimensiones de la iglesia. En situaciones de hostilidad, las iglesias van perdiendo su identidad como asambleas del pueblo en su sentido más amplio. El término iglesia puede referirse a la comunidad o comunidades que se reúnen en un hogar (Ro 16.5; Flm 2), una ciudad (Hch 8.1; 1 Co 1.2) o en una provincia (1 Co 16.19; 1 Ts 2.14). A menudo en las Epístolas de Pablo iglesia designa el cuerpo de Cristo, la totalidad del discipulado, la comunidad universal de los creyentes, a lo largo de la historia. Este es el tema de

En la historia primitiva de la iglesia, los creyentes usaban estas catacumbas subterráneas como lugares de reunión así como de sepulcros.

Efesios, donde Pablo señala el eterno propósito redentor de Dios realizado en la iglesia en la que participan tanto gentiles como judíos. En muchos pasajes hay una nota de finalidad; la iglesia comprende el pueblo escatológico de Dios convocado para participar en la nueva edad que en Cristo inauguró.

Como instrumento de la gloria divina, la iglesia hereda todas las promesas, participa en la guerra contra Satanás y es arras de la vida eterna (Col 1.21-27; Heb 12.22-24; Ap 1.20). A la naturaleza de esta comunidad la condicionan los atributos de Jesucristo que la convoca.

Vocación

Diversidad en unidad (Ef 4.1-6)

Esta se deriva de su vida común en Cristo, donde media el mismo Espíritu Santo. Se expresa en la coordinación de los diversos → DONES y servicios de la iglesia cuyo fin es «perfeccionar a los santos para la obra del ministerio» y la edificación del → CUERPO DE CRISTO (Ef 4.12). Porque está basada en Cristo mismo y en la voluntad soberana de Dios, esta relación es un hecho que ningún miembro del cuerpo por sí solo puede establecer o bien disolver (cf. 1 Co 12.15,16,21).

Santidad (Ef 4.17ss; 5.25-27)

Pablo con frecuencia llama → SANTOS a los cristianos (Ef 1.1; Flp 1.1, etc.), porque han sido redimidos por Cristo y caminan hacia la plenitud e imagen de Cristo (Ef 4.13).

Autoridad (Mt 16.18,19)

Al estar sujeta a Cristo y al Espíritu Santo, la iglesia recibe la autoridad para proclamar el evangelio (Mt 28.18-20; Hch 2.14), celebrar los sacramentos u ordenanzas (Hch 2.41s; 1 Co 11.17-34), exponer la verdad (Hch 15.28), denunciar el pecado (Hch 5.1-11), confrontar los poderes malignos, → DOLENCIAS, → DEMONIOS, → PRINCIPADOS, → POTESTADES, opresión (Hch 3.1-11; 16.16-18; Gl 4.8-11; Col 2.15-23), levantar a los caídos (Col 3.12; 1 P 3.8) y disciplinar a los errados (Mt 18.15-18; 1 Co 6.16).

Fe

En respuesta a la confesión de fe del apóstol Pedro, Cristo prometió establecer su Iglesia (Mt 16.18), la cual es, ante todo, la congregación de los creyentes o fieles. «Los que creyeron» o «los creyentes» son expresiones sinónimas que se refieren a la comunidad (Hch 2.44; 4.32; 5.14; 1 Ti 4.12). Esta fe se expresa en el bautismo (Hch 2.41; 8.12,36; Ro 6.4; 1 Co 12.13).

Compañerismo

Si cada creyente está unido vitalmente con Cristo, se sigue que los creyentes se relacionan en forma vital unos con otros (Ro 12.5; 1 Co 12.12). La *koinonía* y comunidad de bienes de Hechos (2.44; 4.32) se fue reduciendo al compañerismo del ministerio (2 Co 8.4). La máxima expresión de la *koinonía* (compañerismo) era la → CENA DEL SEÑOR.

Por lo visto no le plugo ni a Cristo, su fundador, ni al Espíritu Santo, su paracleto, proporcionar a la iglesia alguna forma explícita o rígida de gobierno u organización universal que fuera aplicable a todo caso. En Hechos se distingue entre el ministerio de la palabra y el ministerio de las mesas (2.44; 4.32). Pablo reconoció y explicó esta distinción como la posesión de diversos → DONES y la ejecución de varios ministerios (profecía, evangelización, enseñanza, servicio, administración, etc.) que aparecen en respuesta a desafíos históricos particulares (Hch 6.2,4; Ro 12.6-8; 1 Co 12.28; Ef 4.11-13). Sin embargo, ni Pablo ni los demás apóstoles dejaron una pauta clara o rígida para la estructura gubernamental de la iglesia. Se prefirió más bien destacar su carácter dinámico y sobrenatural.

A lo largo de la historia la iglesia ha asumido una gran variedad de formas y prácticas en respuesta a los desafíos de la → MISIÓN dentro de diversas culturas y contextos sociales. Cuando la iglesia se acomoda a su forma de ser y se cierra dentro de un determinado patrón social o molde cultural, surgen movimientos de renovación eclesial que cuestionan el *statu quo* y convocan al pueblo de Dios a sumarse otra vez a la misión del Reino.

Misión

La iglesia está en el mundo, por decirlo así, para hacer las veces de Cristo, extendiendo su → ENCARNACIÓN y su ministerio en este mundo hasta que Él venga a arrebatarla en su Segunda Venida. La simple presencia de la iglesia, en la cual mora el Espíritu Santo (2 Co 6.16), refrena el mal en el mundo, a la vez que da testimonio de la justicia y el amor de Dios. Su misión es predicar el evangelio de Cristo en toda su plenitud y con todas sus implicaciones personales y sociales (Mt 28.18-20; Hch 1.8), reflejando así la vida de Cristo y el Reino de Dios.

Realidad histórica

Más que una doctrina precisa, el concepto de iglesia es una galería de casi cien figuras retóricas, cada cual con su aporte a la totalidad (por ejemplo, → PUEBLO de Dios, Reino de Dios, cuerpo de Cristo, nueva humanidad, siervos, sacerdotes, familia, hijos de Dios, hermanos, esposa, casa, templo, Jerusalén, éxodo, viña, primicias, rebaño, Adán, etc.). En diferentes contextos históricos, la iglesia ha enfatizado una o más de estas figuras respondiendo creativamente a los desafíos y a las amenazas del peligro de reducir su esencia a formas muy limitadas.

Bibliografía:

Hans Küng, *La iglesia*. Jürgen Moltmann, *La iglesia en el poder del Espíritu*. Juan Luis Segundo, *La comunidad llamada iglesia*.

I

IIM Nombre de un lugar donde acampó el pueblo de Israel y de una ciudad en el Antiguo Testamento.

1. Lugar donde acampó Israel durante su peregrinaje por el desierto, después del éxodo de Egipto. Llamado Ije-abarim en Reina-Valera (1 Cr 33.44; en BJ, Iyyim; en RVA, Iyim).

2. Ciudad al extremo sur de Judá (Jos 15.29).

IJAR Ijada (cualquiera de las dos cavidades simétricamente colocadas entre las costillas falsas y los huesos de la cadera) del hombre y de algunos mamíferos (Job 15.27).

IJÓN Pueblo situado en el extremo norte de Israel. Conquistado por Ben-adad de Damasco y Asa de Judá durante el reinado de Baasa de Israel (1 R 15.20; 2 Cr 16.4). En tiempo de Peka (733 a.C.), Tiglat-pileser II de Asiria conquistó la ciudad y deportó a los habitantes (2 R 15.29).

ILAI (*elevado*). Uno de los valientes de David (1 Cr 11.29), también llamado Salmón (2 S 23.28).

ILÍRICO Tierra montañosa, al este del mar Adriático y al norte de Macedonia, que actualmente forma parte de Yugoslavia.

Antiguamente estaba dividida en Liburnia y → Dalmacia. La parte sur todavía conserva este último nombre. De acuerdo con 2 Ti 4.10, Tito tenía un ministerio en esa región. En su única mención en el Nuevo Testamento (Ro 15.19) Ilírico aparece como límite occidental de la actividad misionera hasta entonces realizada por Pablo.

IMAGEN Término usado en la Biblia en varios sentidos. A veces significa la realidad manifiesta, el carácter esencial y auténtico de algo visible (→ Revelación). Otras veces significa «la figura y sombra de las realidades» invisibles (Heb 8.5; 9.23) que no es la esencia «misma de las cosas» (Heb 10.1). En algunos pasajes significa también «semejanza» (Gn 1.26,27) y abarca desde una simple similitud o parecido, hasta una relación íntima y la posesión de características comunes. En el Nuevo Testamento estos sentidos corresponden a tres términos griegos diferentes: *eikon, typos, omoiosis*. Una de las acepciones más obvias y generalizadas de imagen es la de → ídolos (Is 40.20). La Biblia se opone a ellos inexorablemente, y afirma que no responden a ninguna realidad (Is 40.25). Rendirles homenaje es traicionar a Dios (Sal 78.58) y los profetas lo comparan repetidamente con el → adulterio (Jer 9.2,14; cf. Dt 4.15-19), muestra del rigor de la aversión del Antiguo Testamento en cuanto a representar a Dios materialmente. La prohibición del decálogo (Éx 20.4) se basa en el hecho de que Dios no es representable: es el Dios invisible, y de ahí que en el Antiguo Testamento su presencia se exprese con el arca que no contiene más que los símbolos del poder de Dios (cf. Is 40.18).

«Imagen» no solo significa la materialización de la divinidad, sino también la representación falsa que no cuadra con la realidad de Dios, como lo indican las expresiones «imaginación de su corazón» o «imaginación de hombres» (Lc 1.51; Hch 17.29). Este rechazo bíblico de la idolatría incluye todo intento de divinización del hombre (Ro 1.23). Está vívidamente presente en la actitud de Pablo y Bernabé cuando la multitud los tomó por dioses venidos en «semejanza de hombres» (Hch 14.11-15). Está asimismo en la base de la posición cristiana, en su conflicto con la adoración del estado (Ap 13.14,15; 14.9-11).

El Dios invisible se hizo visible en Jesucristo (Jn 14.9). Él es la imagen misma de Dios (2 Co 4.4; Col 1.15; Heb 1.3). Esta idea está encerrada en → «Hijo» y → «Verbo», términos cargados de sentido teológico. En Gn 1.26,27, reflejado en Stg 3.19, hallamos el concepto de que el hombre fue creado a imagen y semejanza de Dios. No se justifica hacer distinción entre ambos vocablos, pues se trata de paralelismo hebraico en el que una misma idea se repite con leve modificación. Lo que sorprende es que el resto del Antiguo Testamento no se haga eco de este concepto, como cuadraría a su importancia. Pero la explicación sin duda es que la caída desfiguró, si no eliminó, la imagen original de Dios en el hombre. En su estado prístino, → Adán era imagen del que había de venir (Ro 5.14). En el Nuevo Testamento la idea subyace en mucho del pensamiento apostólico.

Con el propósito de restaurar en el hombre la dignidad original, Dios se hace presente en la vida humana (Ro 8.3; → Encarnación). El pasaje cristológico capital de Flp 2.5-11, muestra la culminación del concepto del Siervo sufriente expuesto en Isaías, especialmente en el capítulo 53. Esta humanización de Dios se estima necesaria a la redención del hombre (Heb 2.17). Con todo, se subraya una diferencia esencial: este Verbo hecho carne no cae en pecado (Heb 4.15). Por eso puede asumirlo vicariamente (2 Co 5.21).

La intención divina de restaurar la imagen original del hombre y rehacerlo a semejanza de Dios integra el concepto de → redención (Ro 8.29,30; Col 3.10). Se trata de una completa transformación (2 Co 3.18) cuya meta es que lleguemos a ser semejantes a Cristo (Flp 3.10; 1 Jn 3.2). Tal es la promesa cuyo cabal cumplimiento veremos más allá de la muerte (1 Co 15.49).

IMER (*prominente*). Nombre de dos hombres y un lugar en el Antiguo Testamento.

1. Descendiente de Aarón y uno de los «jefes de las casas paternas» en el tiempo del reinado de David (1 Cr 24.14). La familia era la decimosexta de los veinticuatro turnos en el ministerio del tabernáculo. Algunos miembros de estas familias regresaron de la cautividad (Esd 2.37) y vivieron en Jerusalén (Neh 11.13).

2. Un lugar en Babilonia de donde regresaron a Palestina judíos del cautiverio (Neh 7.61). Estos no pudieron mostrar su genealogía como israelitas.

IMLA Padre del profeta Micaías (1 R 22.8-9; 2 Cr 18.7-8).

IMNA (*buena fortuna*). Nombre de dos hombres en el Antiguo Testamento.

1. El hijo mayor de Aser (Gn 46.17; 1 Cr 7.30).

2. Descendiente de Aser, hijo de Helem (1 Cr 7.35).

3. Padre de Coré, un levita durante el reinado de Ezequías de Judá (2 Cr 31.14).

IMPERIO ROMANO → ROMA.

IMPIEDAD Falta de → TEMOR a Dios de parte del hombre que le conduce a asumir actitudes contrarias a la buena voluntad divina. Así hay personas que se caracterizan como impíos (1 S 24.13; Gn 18.23; Jer 5.26, etc.) y tal característica se denomina impiedad.

La mentalidad hebrea no mantenía, por lo general, una distinción muy estricta entre el móvil y la obra procedente del mismo, de manera que las actividades motivadas por la impiedad en el hombre también se llaman colectivamente impiedad (Mal 3.15; Ro 1.18; Sal 7.14, etc.). El concepto de la impiedad guarda relación estrecha con el de → PECADO, dando lugar a que «impío» signifique a veces sencillamente «pecador» (Ro 4.5; 5.6), o bien uno que se opone al justo, como es notable en el libro de los Salmos.

IMPOSICIÓN DE MANOS Símbolo en el Antiguo Testamento de la transmisión de una → BENDICIÓN (Gn 48.14ss; Nm 27.18,23; Dt 34.9), la carga de la culpa (Lv 1.4; 4.3s) o el nombramiento para un oficio (Nm 27.18,23).

En el Nuevo Testamento Jesús solía imponer las manos al hacer un milagro de sanidad (Mc 6.5; 8.23; Lc 4.40; 13.13) y, de acuerdo con la costumbre de la época, cuando bendecía a los niños (Mc 10.13-16).

En la iglesia apostólica la imposición de manos se practicaba al efectuar milagros de sanidad (Hch 9.12,17; 18.18,19; 19.6; Heb 6.2). Hay cuatro pasajes donde la imposición de manos corresponde al nombramiento de alguien para un oficio o una nueva responsabilidad (Hch 6.6; 13.3; 1 Ti 4.14; 2 Ti 1.6).

La costumbre actual de la imposición de manos en la ordenación de pastores y diáconos tiene poca base bíblica. El mandamiento «no impongas con ligereza las manos a ninguno» (1 Ti 5.22), aplicado corrientemente a la → ORDENACIÓN, pareciera aconsejarnos proceder con cuidado en la restauración a la congregación de uno que haya sido disciplinado (→ CONFIRMACIÓN).

IMPUESTO, IMPUESTOS Un cargo obligatorio o contribución financiera para mantener al gobierno. Los impuestos pudieron haber surgido con la costumbre de dar presentes para protegerse del daño (Gn 32.13-21; 33.10; 43.11). Cuando José le reveló al faraón en Egipto que habrían siete años de hambre tras siete años de abundancia, el faraón le encargó recaudar fondos. Durante el tiempo de hambre así como en abundancia, recogió un impuesto de veinte por ciento para guardar alimentos y entonces comprar tierra para el faraón (Gn 47.20-26).

Durante el tiempo del éxodo, Moisés pidió fondos voluntarios para la construcción del tabernáculo (Ex 25.2; 35.5,21). La Ley de Moisés prescribía que cada varón mayor de veinte años daría medio siclo por el servicio del tabernáculo (Ex 30.11-16).

Al establecerse el reino unido bajo David y Salomón, se instituyeron varios medios contributivos: un impuesto de diez por ciento sobre el producto de la tierra y el ganado (1 S 8.15,17); servicio militar obligatorio por un mes cada año (1 Cr 27.1); y derechos de importación (1 R 10.15). Los pueblos sujetos también pagaban tributo (2 S 8.6; 2 R 3.4). El impuesto opresivo de Salomón fue una de las causas de la división del reino después de su muerte (1 R 12.4).

Cuando los persas asumieron el poder y gobernaron toda Palestina, establecieron un nuevo sistema de impuesto. En lugar de pagar tributo a un amo extranjero, se requería que cada provincia del Imperio Persa recaudara sus impuestos. Cada → SÁTRAPA persa recaudaría para su provincia. El decreto de Darío Histapis declara que los sátrapas pagaron una cantidad fija al tesoro real. El rédito recogido se derivaba del tributo, aduanas y peaje (Esd 4.13). Los sacerdotes, y otros involucrados en el servicio religioso, estaban exentos de estos impuestos (Esd 7.24). Aparte del impuesto central gubernamental, también se recogía uno para mantener el hogar del gobernante. Los impuestos eran tan pesados que muchos se veían forzados a hipotecar sus campos y viñedos. Algunos hasta vendían a sus hijos a esclavitud (Neh 5.1-5).

Durante el período entre el Antiguo y el Nuevo Testamento, los judíos estuvieron inicialmente bajo el dominio egipcio tolomeo (301–198 a.C.) y luego bajo el dominio sirio seléucida (198–63 a.C.). Bajo los tolomeos los impuestos no los recogía un representante egipcio. En lugar de eso, se otorgaban los privilegios de recaudar impuestos al mejor postor. Desde las distintas provincias las personas venían a Alejandría para negociar el privilegio de recoger impuestos de su propio pueblo. Aquel que ganaba el contrato le recogía al pueblo el doble de la cantidad de impuesto prescrito por la ley para obtener una cuantiosa ganancia. A estos recaudadores de impuestos bajo contrato se les daba ayuda militar para capacitarlos a implementar sus demandas.

Este mismo tipo de sistema de impuestos probablemente continuó en Palestina bajo el dominio sirio. Durante este tiempo se implementaron derechos de peaje, sobre la sal y un impuesto real. Los sirios pedían hasta un tercio del grano, la mitad de las frutas y una porción de los diezmos que los judíos pagaban para apoyar al templo.

Cuando los romanos bajo Pompeyo capturaron a Jerusalén en 63 a.C., se le impuso temporalmente a los judíos un impuesto de diez mil talentos. El sistema de contrato para recaudar impuestos fue reformado por Julio César, quien redujo los impuestos y no exigía impuestos en los años sabáticos. Pero poco después los Herodes llegaron al poder en Palestina, ellos demandaron impuestos más pesados.

Los Herodes instituyeron un impuesto de peaje y un impuesto sobre derechos de pesca en ríos y lagos. La aduana se recogía en las rutas comerciales por hombres como Leví, quien recaudaba en Capernaum (Mt 9.9; Mc 2.14; Lc 5.27). Esta ciudad también pudo ser un lugar para derechos portuarios y peajes pesqueros. A raíz de los impuestos, algunos de los artículos se vendían a un mil por ciento sobre sus precios originales. Pudo haber impuestos de venta sobre esclavos, aceite, vestidos, cueros y pieles. Sobre estos impuestos estaban los débitos religiosos. Estos generalmente oscilaban entre diez y veinte por ciento de la ganancia de una persona antes del impuesto gubernamental.

Durante los tiempos de Jesús, los judíos probablemente pagaban entre un treinta a un cuarenta por ciento de sus ganancias en impuestos y débitos religiosos.

IMPUESTOS, RECAUDADOR DE Un agente u obrero por contrato que recaudaba impuestos para el gobierno durante los tiempos bíblicos. La palabra griega recaudador de impuestos se traduce indebidamente como publicano. Los publicanos eran hombres adinerados, quienes casi nunca eran judíos, que pactaban con el gobierno romano para encargarse de los impuestos de un distrito en particular del estado imperial romano. A estos publicanos muchas veces los respaldaba la fuerza militar.

En contraste con esto, los recaudadores de impuestos a los que hace referencia el Nuevo Testamento (con la posible excepción de → ZAQUEO) eran empleados por publicanos para recoger el dinero en las áreas restringidas donde vivían. Estos hombres eran judíos, comúnmente no muy adinerados, que podían ser vistos en el templo (Lc 18.13). Tal vez estaban familiarizados con el pueblo al que le recogían los impuestos.

Estos recaudadores de impuestos recogían varios tipos de impuestos. Roma le exigía a los judíos un impuesto por la tierra, uno de peaje y hasta uno para la operación del templo. Las distinciones entre el tipo de dominio, que una provincia determinada recibía, dictaba los tipos de impuestos que su pueblo tenía que pagar. Por ejemplo, debido a que algunas provincias, como Galilea, no estaban bajo un gobernador imperial, los impuestos se quedaban en la provincia en lugar de ir al tesoro imperial en Roma. Estas diferencias dentro del sistema de impuestos motivó a los fariseos en Judea (una provincia imperial) a preguntarle a Jesús: «Dinos, pues, qué te parece: ¿Es lícito dar tributo a César, o no?» (Mt 22.17).

Como clase, los recaudadores de impuestos eran despreciados por sus compañeros judíos. Eran generalmente clasificados como «pecadores» (Mt 9.10-11; Mc 2.15), quizás porque se les permitía recaudar más de lo que requería el gobierno y entonces quedarse con el restante. Juan el Bautista se ocupó de esto cuando urgió a los recaudadores de impuestos a que no recaudaran más dinero del necesario (Lc 3.12-13). Pero aun así, se odiaba a los recaudadores de impuestos porque sus conciudadanos los percibían como mercenarios que trabajaban para un opresor extranjero del pueblo judío.

Sin embargo, Jesús estableció un nuevo precedente entre los judíos al aceptar y asociarse con los recaudadores de impuestos. Comió con ellos (Mc 2.16), les concedió su gracia salvadora (Lc 19.9) y hasta eligió a un recaudador de impuestos (Mateo) como uno de sus doce discípulos (Mt 9.9). Mediante su actitud hacia los recaudadores de impuestos, Jesús mostró que el pacto de gracia de Dios se extiende a todas las personas, no solo a los justos que observaban la Ley del Antiguo Testamento. En verdad, su mensaje era que Dios acogería al arrepentido y humilde recaudador de impuestos, mientras desdeñaba a los arrogantes fariseos (Lc 18.9-14). Su misión era llevar pecadores, personas como los recaudadores de impuestos de su tiempo, hasta la presencia de Dios (Mt 9.11-13).

IMRA Descendiente de Zofa, de la tribu de Aser (1 Cr 7.36).

IMRI Nombre de dos hombres en el Antiguo Testamento.
1. Un hijo de Bani (1 Cr 9.4).
2. Padre de Zacur que ayudó en la reconstrucción del muro (Neh 3.2).

INSECTO Artrópodo antenado de respiración traqueal, cuerpo cubierto de quitina y dividido en cabeza, tórax y abdomen, y provistos de tres pares de patas. Se cree que existen de dos a cuatro millones de especies. Los insectos juegan un papel muy importante en la vida. Algunos, como la abeja, cuando buscan alimentos nos los proporcionan a nosotros. También tenemos otros como la araña que devora gran cantidad de insectos dañinos. Algunos insectos como el orín y la polilla son destructivos. Otros como la mosca, el piojo y la pulga, son dañinos y propagan enfermedades.

La langosta es el nombre que se da a varios géneros de insectos ortópteros. Algunas son emigrantes y se trasladan en grandes bandadas que devoran los vegetales que hallan a su paso (Neh 3.17). Constituyen terribles plagas en las regiones templadas, de ahí que se le temiera tanto. Otras especies son sedentarias y se multiplican extraordinariamente. Una de las plagas que Dios envió a Egipto fue de langostas (Éx 10). Hay cierto tipo de langosta comestible. Juan el Bautista se alimentaba de ella (Mt 3.4) y en la actualidad muchos pobres del Oriente las comen también.

Para su cocción se les arranca la cabeza, las patas y las alas y se cuecen u hornean. Una vez que se cocen, se comen con mantequilla o miel.

INCENSARIO Vasija en la que se colocaba el fuego y el incienso para el culto hebreo. El que se usaba diariamente era de bronce (Nm 16.39) y el que se usaba en el gran Día de Expiación era de oro (1 R 7.50).

Cada día en el culto el incensario se llenaba con carbones tomados del fuego perpetuo. Sobre los carbones se echaba el incienso y así se difundía su fragancia (Éx 30.1,7-10). En el Día de Expiación el incensario se llevaba al Lugar Santísimo (Lv 16.12).

INCIENSO Sustancia aromática que se quemaba en el tabernáculo y en el templo (Éx 30.1ss; 1 Cr 28.18).

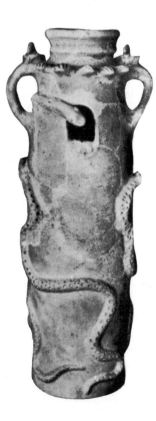

Este incensario, decorado con serpientes sagradas, se descubrió en una excavación del templo cananeo de Bet-sán.

El incienso preparado según la fórmula de Éx 30.34-36 y exclusivamente para el uso sagrado (Éx 30.37,38), se quemaba cada día y cada noche (Éx 30.7,8) como ofrenda. También se añadía a las ofrendas de harina y → PRIMICIAS (Lv 2.1,2,15), y a los panes de la proposición (Lv 24.7).

Una vez al año, en el Día de Expiación, se ofrecía incienso en el Lugar Santísimo (Lv 16.12,13; cf. Nm 16.46-48).

Jehová castigaba a los que no ofrecían el incienso según las ordenanzas: solo Aarón y su descendencia podían quemarlo. Coré y sus seguidores murieron y el rey Uzías quedó lleno de lepra al intentar ofrecer incienso por su cuenta (1 Cr 23.13; Nm 16.1-40; 2 Cr 26.16-19); → NADAB y → ABIÚ murieron por ofrecer incienso que Jehová no había mandado (Lv 10.1,2); Judá provocó la ira de Dios por haber dejado de ofrecer incienso (2 Cr 29.6-8). Jehová se enojaba cuando su pueblo ofrecía incienso a otros dioses (1 R 12.32-13.5; Jer 11.12-17; 19.13; 44.15-26; Ez 6.13; Os 2.13), muchas veces en los → LUGARES ALTOS (1 R 11.7-9; 2 R 17.11; 22.17; 23.5; Is 65.7); Dios rechazaba el incienso si el corazón no era recto delante de Él (Is 1.13-17; 66.2,3; Jer 6.19,20).

El incienso es símbolo de la oración en ambos testamentos (Sal 141.2; Ap 5.8; 8.3,4; cf. Lc 1.10).

El incienso puro era una sustancia costosa (Is 60.6; Mt 2.11), obtenida de árboles (Cnt 4.14) de Arabia y de África (→ SABÁ, Jer 6.20), que se usaba también como perfume (Cnt 3.6).

INDIA La región a la que se da este nombre en Est 1.1 y 8.9 no es la India moderna, sino la provincia que se encontraba en el extremo oriental del Imperio Persa, al noroeste de lo que hoy es la India.

En 1 Mac 6.34-37; 8.6 se hace referencia a elefantes procedentes de la India y utilizados como instrumentos de guerra.

Resulta imposible saber cómo el cristianismo llegó a la India. Según algunas antiguas tradiciones, el apóstol Tomás fue el que lo llevó allí, pero esto carece de comprobación histórica. Se dice también que en el siglo II Panteno de Alejandría visitó la India pero, puesto que en esa época se daba ese nombre a Arabia, esta tradición también es dudosa. En todo caso, en el siglo IV ya existía en la India una fuerte comunidad cristiana.

INFIERNO Término de origen latino (*infernus* que significa *la parte de abajo*) con que se traduce la voz hebrea *Seol*, y las griegas *Hades, Gehenna* y *Tártaros* (→ INMORTALIDAD).

Seol aparece en el texto hebreo del Antiguo Testamento sesenta y cinco veces. Se traduce en la RV por «sepulcro», «sepultura», «infierno», «profundo», «sima» y otras palabras. En la LXX se traduce por → HADES, nombre que los griegos aplicaron primero al rey del mundo invisible y posteriormente al lugar de los espíritus. El uso de *Hades* en vez de una transcripción de → SEOL demuestra que las dos palabras se consideraban como sinónimos, aunque siempre había una diferencia: para los griegos, al *Hades* lo gobernaba un dios independiente de los dioses del cielo y de la tierra; los hebreos creían que el *Seol* era parte del reino de Jehová (Sal 139.8; Pr 15.11). Los griegos pensaban que no existía salida del *Hades*, pero los piadosos hebreos, si bien contemplaban el *Seol* con cierto temor, esperaban salir de allí pues creían en la resurrección del cuerpo (Dn 12.2; Hch 26.6-8). Sin embargo, las ideas hebreas acerca del estado futuro siempre eran vagas; Pablo afirma que fue Cristo el que «sacó a luz la vida y la inmortalidad» (2 Ti 1.10).

Hades aparece once veces en el Nuevo Testamento. Cristo librará a su Iglesia del *Hades* (Mt 16.18). La doctrina del Nuevo Testamento en cuanto a la morada después de la muerte difiere mucho de la del Antiguo Testamento. El Nuevo Testamento afirma repetidas veces que los espíritus de los muertos redimidos se separan del cuerpo para estar con Cristo (Jn 14.2,3; 17.24; 2 Co 5.8; Flp 1.23).

Para explicar esta diferencia entre los testamentos, algunos han sostenido que Cristo al bajar al *Hades* (Hch 2.27,31) o a «las partes más bajas de la tierra» (Ef 4.9), proclamó allí las buenas nuevas de la redención efectuada en la cruz (1 P 3.18-20, → DESCENSO AL INFIERNO). Habiendo preparado un lugar en la casa de su Padre, «llevó cautiva la cautividad» (Ef 4.8), es decir, llevó al mismo cielo los santos redimidos que se hallaban en el *Hades*. Estos no habían ido antes al cielo porque si bien habían sido redimidos mediante el sacrificio de animales según la Ley del Antiguo Testamento, lo habían sido solo por promesa porque «la sangre de los toros y de los machos cabríos no puede quitar los pecados» (Heb 10.4). No hubo salvación completa sino hasta que Cristo derramó su propia sangre en la cruz. Desde entonces no hay redimidos en el *Hades*, sino solamente injustos en tormento.

Gehenna aparece unas doce veces en el Nuevo Testamento. Es la transcripción griega de → HINNOM, adoptada por los judíos después de la cautividad, y posteriormente por Jesús, para designar el lugar de tormento donde serán arrojados las personas reprobadas y los espíritus malignos. El Señor habla del *Gehenna* en términos solemnes y terribles (Mt 5.22,29,30; 10.28; 18.9; 23.15, 33; Mc 9.43-48; Lc 12.5; Stg 3.6). El *Gehenna* de los Evangelios y de Santiago se asemeja en mucho al *Seol* del Antiguo Testamento (Job 26.6), y parece ser sinónimo del «horno de fuego» de Mt 13.42; del «lago de fuego» de Ap 19.20; 20.10,14,15 y de la «perdición» de Ap 17.8,11.

El «*tártaros*» que se traduce por incienso en 2 P 2.4, era el lugar de castigo según la mitología griega.

Bajo el gobierno de un Dios infinitamente santo, justo, sabio y amoroso, obligado por su propia naturaleza y por el cuidado que tiene del bienestar de su universo a expresar su aborrecimiento hacia el pecado, la existencia del infierno es una necesidad (Ro 6.23; 2 Ts 1.6-11; Ap 20.11-15). Los que son castigados en el infierno son criaturas libres, responsables, pecadoras e impenitentes, que han empleado mal el tiempo de prueba que se les ha concedido y rechazado la gracia que Dios les ha ofrecido. El gran deseo divino de librar a los hombres del infierno se manifiesta en la muerte de Cristo y en las amonestaciones dirigidas a los pecadores en la Biblia. Ninguna exégesis concienzuda de la Biblia puede hacer caso omiso del infierno.

Las penas del infierno consistirán en la privación de la presencia y del amor de Dios, la ausencia de toda felicidad, la perpetuidad del pecado, el remordimiento de conciencia por las culpas pasadas, la convicción íntima de ser objeto de la justa ira de Dios, y todos los demás sufrimientos del cuerpo y el alma que son los resultados naturales del pecado o los castigos estipulados en la Ley de Dios (Mt 7.21,23; 22.13; 25.41; 2 Ts 1.9). Parece que el grado de los tormentos se medirá según el grado de la culpa (Mt 10.15; 23.14; Lc 12.47,48). Este castigo será eterno, como lo será también la felicidad en el cielo. La →IRA DE DIOS nunca dejará de existir sobre las almas perdidas (Mt 25.46). Nada en todo el universo debe temerse tanto como una eternidad en el infierno.

INIQUIDAD Término empleado en la Biblia como sinónimo de → PECADO. En el Antiguo Testamento corresponde con frecuencia a una voz hebrea cuyo matiz particular tiende a subrayar la culpabilidad personal (Éx 34.7; Nm 14.34; Sal 32.2; Hab 2.12, etc.; cf. Mt 23.28).

Por otra parte, como los hebreos no distinguían estrictamente entre la condición interior del hombre y los actos ocasionados por ella, las obras producidas por la iniquidad también se llaman así. En los Salmos es particularmente común la expresión «hacer iniquidad» (cf. Mt 13.41). La iniquidad siempre es producto de una determinación voluntaria tomada en contra de las normas divinas, por lo cual implica culpabilidad.

En los escritos de Pablo la palabra iniquidad aparece exclusivamente en forma singular, y designa el pecado en toda su extensión.

Es el poder espiritual activamente opuesto a Dios y al evangelio de su amor.

INMORTALIDAD (en griego, *athanasía*). Término usado en la literatura y mitología griegas y hecho popular en tiempos de Sócrates (470–399 a.C.) y Platón (427–347 a.C.). Se aplicó a los dioses griegos, a quienes se atribuía la cualidad de ser inmortales. Para los griegos este concepto no solamente tenía una connotación temporal, sino implicaba especialmente la participación del individuo en la gloria de los dioses. Por tal razón todo griego buscaba la divinización como meta de su vida.

Originalmente este término nunca se refirió a lo que ahora se entiende por la inmortalidad del → ALMA. Fue con el surgimiento de la escuela platónica que este concepto se convirtió en dogma.

En el Antiguo Testamento no encontramos un término equivalente a inmortalidad; sin embargo, el concepto de la supervivencia después de la → MUERTE es claro. La idea de inmortalidad en el pensamiento hebreo surge a partir del conocimiento de Jehová, el Dios viviente de los hebreos, y de su relación con los hombres y por ende con la muerte. El hombre afirma su supervivencia *post mortem* por la garantía de la eternidad de Dios. El Antiguo Testamento no cesa de recalcar esta cualidad de Dios frente a los otros dioses (Sal 18.46; 42.2; 84.2; 96.5s; 106.28ss; 115.3-8; Jer 10.11; 23.36; Os 1.10). El señorío de Dios sobre la muerte se muestra claramente en la vida de Enoc (Gn 5.24) y Elías (2 R 2.10,11), a quienes Dios los arrebató sin experimentar la muerte. Según todo lo anterior, es evidente que el Antiguo Testamento manifiesta un desarrollo paulatino, dentro del pensamiento hebreo, del concepto de la inmortalidad. En los períodos intertestamentario y novotestamentario, existían tres corrientes:

En la literatura más antigua (Gn 15.15; 25.8; 37.35; 49.29) aparece la idea de una supervivencia parcial (una proyección o sombra vaga). La personalidad humana no perecía del todo sino que continuaba existiendo en forma pasiva en una región tenebrosa denominada → SEOL. Carecía del «aliento de vida» (Gn 2.7) y permanecía en una soledad existencial sin relación con Dios y los demás hombres (Job 3.13; 10.21s; 17.11-16; 26.5s; Sal 88.11s; 94.17; 115.17). Todavía no había surgido la idea de una retribución en ultratumba; los premios y castigos se reciben en esta vida (Dt 7.12,13).

En la literatura sapiencial (Job, Salmos, Eclesiastés) surge el clamor de justicia de los justos que sentían cerca la muerte y no habían experimentado la alegría de la bendición divina. Se pone de manifiesto que la vida terrena es insuficiente para premiar al justo y castigar al malo, y entonces aparece la idea de una interrelación Dios-justo. El justo no se preocupa por lo que le sucederá después de la muerte, sino por su comunión con Dios; está seguro de que la muerte no podrá destruirlo. Más aun, se origina la idea de un regreso a la vida, de una → RESURRECCIÓN (Job 19.26; Sal 17.15; 36.8ss; 73.24). El injusto, por otra parte, está condenado a una muerte eterna (Sal 49 y 73).

Estas ideas se agudizaron más después de la catástrofe política del pueblo judío durante el cautiverio, cuando el concepto individualista de retribuciones y castigos se hizo más popular y los conceptos de inmortalidad y resurrección llegaron a su madurez (Is 24.21; 25.8; 26.19; 27.13; 53.8,10; Ez 37; Dn 12.2; Os 6.1ss). Este nuevo énfasis se encuentra más extendido en los libros extracanónicos (cf. 2 Mac 7.9ss; *Las parábolas de Enoc*; *Baruc* y el *Testamento de los doce patriarcas*). En esta línea continuaron los que permanecieron en el pensamiento tradicional judaico, según el cual no era posible dividir la personalidad humana en cuerpo y alma. Nunca → ALMA (*néfes*) ni → ESPÍRITU (*rúah*) significaron entidades capaces de existir aisladas del cuerpo después de la muerte. El Antiguo Testamento resistió la influencia de la religión cananea que celebraba ritualmente la constante vuelta a la vida de un dios que simbolizaba la naturaleza. Con todo,

recientes estudios en la literatura de → UGARIT revelan fascinantes similitudes lingüísticas y literarias con nuestros Salmos, sobre todo en torno a los conceptos de inmortalidad, paraíso, resurrección y ascensión (cf. Sal 1; 17; 23; 30; 49; 73; 91).

Por otro lado, aparece el pensamiento judaico-alejandrino, cargado de la filosofía greco-platónica, y el concepto de inmortalidad se desarrolla permeado de la idea dualista de la persona (cuerpo y alma). Por ser el alma inmaterial, invisible y eterna (ya que existe antes del cuerpo), no puede experimentar la destrucción. El cuerpo, por ser visible, material y finito, está destinado a la destrucción. Esta línea de pensamiento se manifiesta sobre todo en la literatura apócrifa (*Sabiduría de Salomón* 3.1ss; 9.15; y 4 Mac), donde el concepto de la inmortalidad del alma aparece como dogma.

La otra línea de pensamiento, sustentada por los → SADUCEOS, fue más radical y terminante: no existe la inmortalidad por cuanto el hombre no sobrevive más allá de la muerte (Mc 12.18//).

El Nuevo Testamento reafirma la inmortalidad de Dios (1 Ti 6.16). En cuanto al hombre, tanto la enseñanza de Jesús (Mt 7.14; 18.8s; 19.17; 22.23ss; Lc 16.24; Jn 11.23ss) como la de Pablo (Ro 6.22; 2 Co 5.4) recalcan la → VIDA de ultratumba, en especial para los que creen en Cristo. Sin embargo, esta vida no se atribuye a la inmortalidad del hombre sino a la → RESURRECCIÓN del cuerpo, la cual Dios operará en virtud de la resurrección de Jesucristo (1 Co 15, *passim*). La palabra *athanasía* aparece dos veces en 1 Co 15.53s, pero solo como sinónimo de incorruptibilidad (→ MUERTE).

Bibliografía:

M. García Cordero, *Teología de la Biblia* I, BAC, Madrid, 1970, pp. 288s, 479, 510-524, 528. P. van Imschoot, *Teología del Antiguo Testamento*, Fax, Madrid, 1969, pp. 386-424.

INMUNDO Persona, animal o cosa contaminada por impurezas físicas, rituales o morales, cuya condición la condenan leyes específicas. Era inmundo lo que desagradaba a las deidades o lo que pertenecía a la esfera de lo demoníaco.

En las leyes del Antiguo Testamento, se consideran inmundos:

1. Las personas que han tenido contacto con un cadáver (Nm 19.11-22); con algún flujo del cuerpo humano (sangre, semen, flujos de menstruación y parto, Lv 12.1-5); con personas leprosas o sus pertenencias (Lv 13 y 14); o que han comido carne o alimentos prohibidos.

2. Algunos animales (Gn 9.4; Éx 22.31; Lv 11.1-47; 17.15; Dt 14.3-21; Hch 15.20,29).

3. Algunos lugares, por causa de opresión (Ez 22.24), por prácticas religiosas prohibidas (Jos 22.17,19), por idolatría (Jer 13.27), por la sangre de los muertos en las calles (Lm 4.15).

4. Algunos objetos expuestos al contacto con personas o animales impuros (Lv 13; 14; 15).

Los defectos físicos se consideraban una causa de inmundicia (Lv 21.16-24) porque deformaban la imagen de Dios. La idolatría era práctica inmunda (Os 6.10) porque violaba la adoración que solo a Dios le corresponde.

Los procesos de purificación incluían: una espera de uno, siete o más días (Lv 15.28), un ritual que empleaba agua (Lv 15.5), fuego (Nm 31.23), sangre (Lv 14.25) u otro agente purificador; y muy a menudo un sacrificio como ofrenda de expiación según el tipo de pecado.

La tradición sacerdotal hebrea consideraba las leyes de la purificación como parte del pacto mosaico y esenciales para la supervivencia de la nación; la violación de estas era ofensa a la santidad de Dios.

En los profetas y los salmos se tiende a subrayar la limpieza moral y no solo la ceremonial. Esta última se recalca de nuevo en el período intertestamentario.

En días de Jesús, los judíos tenían un rígido y complicado sistema ceremonial para la purificación y la determinación de lo inmundo. Era evidente que no todas sus enseñanzas provenían del Antiguo Testamento. El evangelio presenta una perspectiva totalmente distinta frente a la ley ritual y sus diferentes concepciones de inmundicia (Hch 10.9-16; Heb 9.9-14).

La impureza por causa de la lepra y la posesión demoníaca son temas del Nuevo Testamento, pero predomina el énfasis en la pureza moral. Se insiste en abrogar las leyes ceremoniales, para hacer posible que los gentiles lleguen a ser parte de la Iglesia.

En la comunidad primitiva, particularmente en los escritos paulinos (Gálatas en especial), se insiste en diferenciar el cristianismo de las prácticas judías. El cristianismo que nace en contextos no judíos tuvo la posibilidad de crear su propia identidad en lugar de tomar el judaísmo como mediación religiosa necesaria para llegar a Cristo.

Jesús en sus enseñanzas hizo hincapié en la limpieza y pureza moral y no ceremonial (Mc 7.1-23). Su ataque se dirigió a quienes elevaron lo ritual y externo sobre lo moral y ético interno. Pablo proclama que nada es inmundo en sí mismo (Ro 14.14,20; Tit 1.15); sin embargo, nadie debe violar los escrúpulos de su conciencia o los de su hermano (1 Co 8.9-13). El amor y no el ceremonialismo es la Ley suprema del cristiano (Ro 14.15; → Pureza).

I.N.R.I. Siglas del letrero que Pilato (Jn 19.19-22) puso en la cruz de Jesús: *Iesus nazarenus, rex iudaeorum* (Mt 27.37).

INSPIRACIÓN (del verbo latino *inspirare* que significa *respirar en, insuflar*). Influjo especial del → Espíritu Santo que impulsa (2 P 1.21) y enseña a los autores bíblicos (1 Co 2.13), de tal forma que lo que escriben es la autorizada → Palabra de Dios, con plena cualidad de → revelación divina (2 Ti 3.16).

Antecedentes lingüísticos

El concepto metafórico de «soplo divino» tiene en las Escrituras una amplia aplicación. Dios sopló la vida en las narices de

Adán (Gn 2.7) y por su soplo también creó los cielos (Sal 33.6). La inspiración del omnipotente da entendimiento a la persona (Job 32.8 Vul.; cf. *Sabiduría* 15.11). Una suave brisa o un huracán puede llamarse «el viento de Jehová» (Is 40.7) o «el soplo del aliento de su nariz» (Éx 15.8,10; 2 S 22.16; Sal 18.15). El nuevo nacimiento viene por el soplo del Espíritu (Jn 3.3-8; cf. Ez 37.5-10), así también los dones (Hch 2.2; cf. Jn 20.22) y toda la vida de la Iglesia como cuerpo de Cristo (Ez 11.19; 36.26s; 37.14; cf. Jer 31.33ss; Jn 6.45; 2 Co 3.3). En resumen, el «soplar» de Dios se refiere en las Escrituras a su actividad directa y especial, al dar vida y manifestar su poder divino en la naturaleza, en los hombres y en la historia.

Expresiones bíblicas que denuncian el origen de las Escrituras

Dios «inspiró» o «insufló» las Escrituras

Toda la Escritura es inspirada por Dios [*theópneustos*] y útil (2 Ti 3.16). Este es el único pasaje bíblico que usa el término *theópneustos* para la inspiración de las Escrituras. La inspiración de los profetas y sus escritos nunca se describe en la Biblia como un «soplar» de Dios sobre ellos, ni hay otros pasajes que aclaren directa y explícitamente el sentido del adjetivo «inspirado» que utiliza 2 Ti 3.16. Sin embargo, muchos pasajes atribuyen el origen de las Escrituras al Espíritu (*Pneuma*) de Dios que significa también «soplo» y es raíz de *theópneustos*. Este hecho, y el uso de *theópneustos* en 2 Ti 3.16, han provocado que el término inspiración se use casi exclusivamente con referencia a la producción literaria («inscripturación») de la Biblia. El antecedente bíblico del concepto parece sugerir que el término implica que:

1. Las Escrituras han venido por la operación directa y especial del Espíritu Santo.

2. Como inspiradas por el «soplo» que imparte vida, son vivas y vivificadoras (Jn 5.39; Heb 4.12; 1 P 1.25).

3. Como inspiradas y vivas, son dinámicas con el poder de la palabra activa y creadora de Dios (Heb 4.12b; cf. Ro 1.16; 1 Co 1.25).

Mediante el nuevo nacimiento, esta palabra vivificadora crea una nueva humanidad, restaurada a la imagen divina que perdió el primer Adán (Ef 4.24; Col 3.10; 1 P 1.23-25).

Aunque algunas versiones traducen la primera frase de 2 Ti 3.16 restrictivamente («toda escritura inspirada es útil»), preponderantes argumentos gramaticales favorecen la construcción predicativa («toda escritura es inspirada y útil»). Así, el pasaje implica la inspiración plenaria del Antiguo Testamento; es decir, toda la Escritura que Timoteo conocía desde su niñez, la cual ha venido por la operación directa y especial de Dios mediante el «soplo» de su Espíritu. No obstante, la expresión de este concepto es breve, casi parentética; el pasaje insiste más bien en la eficacia salvadora y la utilidad práctica del Antiguo Testamento (2 Ti 3.14-17).

El Espíritu Santo «llevó» a los autores bíblicos

«Porque nunca la profecía fue traída por voluntad humana sino, siendo llevados por el Espíritu Santo, personas santas hablaban de parte de Dios» (2 P 1.21, original griego). El adjetivo «llevados» (traducido inexactamente por «inspirados» en RV) viene del verbo griego *fero* (llevar, traer), que por lo general se aplicaba a los impulsos o influjos del Espíritu Santo o de otros espíritus (1 Co 12.2). En Hch 2.2 este mismo participio griego describe el «recio viento arrastrador» de Pentecostés, haciendo eco de una expresión en que la LXX alude a un torbellino o remolino violento de agua (Éx 14.21; Job 17.1; Is 17.13, LXX). Paralelamente, el «viento huracanado» de Hch 27.14-17 arrebata y arrastraba (*fero*) la nave en que viajaba Pablo.

En todos estos pasajes resulta claro el sentido del lenguaje figurado en 2 P 1.21: el adjetivo «llevados» señala claramente la poderosa iniciativa y dirección del Espíritu Santo en la labor de los profetas.

En el Antiguo Testamento solo el falso profeta hablaba por su propia voluntad (Jer 28.15; 29.9). Al verdadero profeta, Dios siempre lo

I

impulsaba (→ PROFETA). Los rabinos insistían en esta verdad y consideraban como blasfemia atribuir un solo versículo a la voluntad o sabiduría del autor y no a Dios. En este sentido, aun Caifás, el sumo sacerdote, proclamó inspiradamente el sacrificio de Cristo (Jn 11.51). Dios llamó a los profetas, los preparó desde su nacimiento (Is 49.1,5; Jer 1.5-9; Am 7.14,15; Gl 1.15) y les mandó proclamar y escribir sus palabras (Éx 17.14; 34.27; Is 8.1; 30.8; Jer 27–32; 36.1-4, etc.). A menudo este impulso profético se siente como una carga que excede las fuerzas del profeta, pero ante la que no se puede resistir (Jer 23.33-38 RV 1909), o «la mano del Señor» puesta sobre el profeta (Ez 1.3).

Aun cuando 2 P 1.21 afirma categóricamente que las Escrituras son de origen divino, no pretende explicar cómo el Espíritu llevó a los autores inspirados. Reconoce, sin embargo, una activa participación humana. El versículo comienza negando que la profecía haya venido por voluntad humana, pero termina subrayando la plena e integral humanidad de los autores en el proceso inspirador: «hablaban, llevados por el Espíritu Santo, de parte de Dios, *hombres*» (orden del griego). Aunque la inspiración no fue primordialmente por voluntad humana, tampoco era sin la voluntad consciente de los autores, como si fuera un escribir involuntario o dictado mecánico. El éxtasis, el frenesí o el «entusiasmo mántico», típicos de la inspiración pagana, no caracterizan el proceso de inspiración bíblica (Calvino, sobre 2 P 1.21). El espíritu profético mueve y guía a personas santas, quienes averiguan (Lc 1.1-4), analizan y escudriñan (1 P 1.10s), consultan y comparan fuentes, luchan por comunicarse (Ec 12.10; 1 Co 2.4; 7.8) y se expresan cada una con su propio estilo literario. Este proceso vivo de confluencia dinámica se refleja en 1 P 1.10-12.

El Espíritu Santo «enseñó» a los autores bíblicos

En 1 Pedro 1.10-12 se describen ministerios pedagógicos del «Espíritu de Cristo» en los profetas veterotestamentarios, mediante la búsqueda y la investigación hecha por autores humanos. El Espíritu enseñaba e indicaba y señalaba hacia Cristo, los profetas inquirían e indagaban, «escudriñando qué persona y qué tiempo indicaba el Espíritu de Cristo que estaba en ellos». Jesús también prometió que el Espíritu Santo enseñaba a los discípulos, haciéndoles recordar las enseñanzas de Cristo y guiándoles a toda verdad (Jn 14.26; 16.13; cf. Lc 12.12).

Toda la predicación de la cruz, afirma Pablo, sobrepasa enteramente la sabiduría de este siglo (1 Co 1.18–2.16), porque es sabiduría de Dios revelada por el Espíritu Santo que escudriña lo profundo de Dios (1 Co 2.6-11). Pablo emplea las palabras que enseña el Espíritu, «acomodando lo espiritual a lo espiritual» (2.13; cf. vv. 1,4), por eso los espirituales entenderán su mensaje con discernimiento carismático (2.14-16). Todo el proceso comunicativo, desde la inspiración del mensaje apostólico hasta su expresión verbal y su interpretación personal, es obra del Espíritu Santo, quien por sus intervenciones secretas y misteriosas enseña a quienes viven del Espíritu.

El Espíritu Santo «habló» por los autores bíblicos

«El Espíritu de Jehová ha hablado por mí», atestigua David, «y su palabra ha estado en mi lengua» (2 S 23.2). El Antiguo Testamento afirma lo mismo unas cuatro mil veces mediante variadas formas de la fórmula, «dice el Señor». La palabra sale de la boca de Jehová (Dt 8.3; Is 55.11) y va al profeta (Jer 1.2s; 11.1), Dios la pone en la boca de este (Nm 22.38; Dt 18.18s; Is 59.21; Jer 1.9). El → PROFETA «habla de la boca de Jehová» (2 Cr 36.12) y «en nombre de Jehová» (Dt 18.19), de modo que sus palabras son lo que «la boca del Señor ha dicho» (Is 1.20; 40.5). «La boca de Jehová» se refiere también a la proclamación oral profética como promesa (Is 40.5; 55.11s), amonestación (Dt 8.3; 2 Cr 35.22; Is 1.18-20), exposición de la voluntad decretiva de Dios en la historia (Lm 3.38), o a su revelación general en la naturaleza (2 Cr 22.9; Sal 18.8 y quizás Is 34.15-17).

El Nuevo Testamento reitera el concepto de inspiración. Según Hch 3.18 «Dios ha cumplido así (en la muerte de Cristo) lo que había antes anunciado por boca de todos sus profetas, que su Cristo había de padecer». Pedro afirma que «el Espíritu Santo habló antes por boca de David» (Hch 1.16), y según Lucas esta fue también la convicción de la congregación primitiva (Hch 4.25) y de Pablo (28.25) en cuanto a Isaías. El autor de Hebreos atribuye también al Espíritu Santo las palabras del Antiguo Testamento (3.7; cf. 9.8; 10.15). Los profetas «hablaron en el Espíritu Santo» (Mt 22.43; Mc 12.36; cf. Lc 20.42) para proclamar Señor a Cristo. Por tanto, sus escritos son «lo que os fue dicho por Dios» (Mt 22.29-31; cf. 2.15; Mc 12.24-27).

En resumen, el concepto bíblico de inspiración incluye:

1. Dios (Espíritu Santo) es el que habla en las Escrituras.

2. Los autores humanos son los agentes de que se vale Dios, y hablan en su auténtica humanidad.

3. Como inspirados, los escritos proféticos son verdaderamente la Palabra de Dios.

4. El tema central del mensaje es la persona y la obra redentora de Jesucristo.

INSENSATO → Necio.

INTERÉS → Usura.

INTERCESIÓN Acción de presentar súplicas o peticiones a Dios generalmente a favor de otros. Tanto el verbo hebreo *paga* como el griego *entygjano* quieren decir «encontrarse con una persona», y su significado deriva de «buscar su auxilio».

En los ejemplos veterotestamentarios la intercesión depende de:

1. Un sentido de solidaridad entre los hombres que induce a buscar el bien del otro.

2. La convicción del intercesor de que Dios puede salvar o bendecir a la persona necesitada por quien se intercede.

Se destaca la intercesión insistente de Abraham a favor de Sodoma, pensando en Lot (Gn 18.23-33); de Moisés a favor de Israel (Éx 32.11-14,21-24; 33.12ss, etc.). Samuel muestra el mismo espíritu de abnegada súplica a favor del pueblo (1 S 7.5,8,9). Elías suplica primero en contra del pueblo rebelde y después a favor de él; su súplica quedó como ejemplo de la potencia de la → oración (1 R 17.1; 18.36-46; Ro 11.2; Stg 5.17,18). Isaías y Ezequiel se destacan como intercesores frente a la amenaza asiria (Is 37.5-38), y la oración de Josafat es un modelo de la intercesión (2 Cr 20.5-13). Daniel es el gran intercesor durante el destierro (Dn 9.1-19), como lo son Esdras y Nehemías en la restauración (Esd 9.6-15; Neh 1.5-11).

Los milagros que realizó el Señor en el Nuevo Testamento, gracias a la intercesión (explícita o implícita) de alguien, ponen de relieve el valor de este ministerio; por ejemplo, los amigos que llevan al paralítico al Señor (Mc 2.1-12), los ancianos de los judíos que interceden a favor del siervo del centurión (Lc 7.1-10), los amigos que presentan al sordomudo (Mc 7.32). En la parábola del amigo que busca pan para su visitante, Jesús subraya la intercesión como parte integrante de la enseñanza sobre la oración (Lc 11.5-8). Con razón la oración del Señor en la víspera de su pasión se llama «de intercesión», pues señala su actitud constante frente a su Padre en relación con los suyos (Jn 17; cf. Lc 22.32). Esteban se hace eco de la intercesión de su Señor a favor de sus enemigos (Hch 7.60; cf. Lc 23.34 y Mt 5.44).

Pablo suele asegurar a los destinatarios de sus cartas (sean iglesias o individuos) que hace mención de ellos en sus oraciones (por ejemplo, Ro 1.9; 2 Co 13.7; Ef 1.15-19; 3.14-21; Flp 1.3-7, etc.). Al mismo tiempo, pide la intercesión de sus hijos en la fe y de los hermanos en general (Ro 15.30-32; Ef 6.18-20). La intercesión es obligación fundamental del creyente según 1 Ti 2.1,2, donde «peticiones» debe entenderse como intercesión y con referencia especial a toda autoridad civil. El Espíritu Santo ayuda la flaqueza del creyente que no sabe orar como conviene, intercediendo con «gemidos indecibles» (Ro 8.26,27), y esto se ha de entender como una obra subjetiva, que vivifica los hondos anhelos en el corazón del suplicante.

La oración de Juan 17 ilustra la obra de intercesión de Cristo, ya que → «ABOGADO tenemos con el Padre, a Jesucristo el justo» (1 Jn 2.1). Hebreos atribuye a Cristo la obra intermediaria e intercesora del → SUMO SACERDOTE del Antiguo Testamento, y basa la intercesión sobre la comprensión de nuestra condición de parte de nuestro interceptor, gracias a su encarnación (2.14-18; 4.14-16; 5.1-10; 7.22-28). Esta intercesión no busca alterar las decisiones divinas, sino hacer valer la eficacia y la suficiencia de la obra de Cristo, de la cual el creyente se aprovecha.

INTERPRETACIÓN BÍBLICA O HERMENÉUTICA (*ciencia y arte de la interpretación bíblica*). La buena interpretación bíblica debe responder a la pregunta: «¿Cómo puedo entender lo que significa este pasaje en particular?» Como hay reglas que gobiernan su uso, es una ciencia. Puesto que no basta con solo conocer las reglas, también es un arte. Asimismo hace falta práctica para aprender a usar las reglas.

El asunto de cómo interpretar la Biblia no es de poca monta. Es, en cierto sentido, uno de los campos de batalla de nuestras almas. Si Satanás tuviera una lista de cosas que no desea que hagamos, el estudio de la Biblia estaría al máximo, junto con la oración y la adoración. Mediante el estudio de la Escritura aprendemos quién es Jesús y se nos capacita para llegar a ser como Él. ¿Cómo podemos llegar a ser como Él sin saber quién es? Los estudios devocionales son importantes, pero deben proceder de un serio estudio de la Escritura. El apóstol Pablo oró que los colosenses pudieran ser «llenos del conocimiento de su voluntad en toda sabiduría e inteligencia espiritual» (Col 1.9).

Conocer la Escritura, así como obedecerla, son los fundamentos mellizos de una vida consagrada. Esa que produce el deseo adicional de estudiar la Palabra de Dios. De ahí que, la interpretación apropiada de la Biblia lleva al educando del estudio a la aplicación, de esta lo lleva de nuevo al estudio y a la aplicación más profunda en una espiral ascendente hacia Dios. El intento de Satanás de quitarnos nuestro deseo de estudiar la Escritura no es nada menos que el de eliminar el fundamento de nuestra estabilidad y nuestro crecimiento espiritual.

Los principios básicos del estudio bíblico

En el corazón de un método sólido de interpretación bíblica hay seis principios básicos.

Oración

Puesto que la Escritura es un Libro divino, y debido a nuestra limitación como humanos, la oración es absolutamente necesaria al estudiar la Biblia. Pablo enseña que los que no son cristianos y los cristianos espiritualmente inmaduros tienen una habilidad limitada para conocer las cosas cristianas (1 Co 2.14–3.3). Por lo tanto, debemos orar para que Dios cierre la brecha que nos separa del entendimiento de las cosas espirituales, haciendo que el Espíritu Santo nos enseñe (Jn 14.26; 16.13). Sin esta iluminación o conocimiento del Espíritu de Dios, no podemos aprender. Esta necesidad de conocimiento fue el concepto al que Pablo se refirió cuando le dijo a Timoteo: «Considera lo que digo, y el Señor te dé entendimiento en todo» (2 Ti 2.7).

Sentido común

La Biblia también es un libro humano y, hasta cierto punto, debe interpretarse como cualquier otro libro. Esto nos lleva al principio del sentido común. Por ejemplo, el método histórico-gramatical de estudiar la Biblia nos instruye a examinar con cuidado el pasaje para ver qué dice literalmente, y para entender una declaración bíblica a la luz de su marco histórico. Entendemos una declaración histórica como franca y no cambiamos su sentido gramático literal. Esto es «sentido común».

Otro ejemplo del principio del sentido común se ilustra cuando Jesús dice que los cristianos pueden obtener todo lo que pidan (Jn 15.7). El sentido común nos dice que en esta declaración debe haber alguna limitación porque nos percatamos de que los cristianos realmente no tienen todo lo que quisieran. (En 1 Jn 5.14 se confirma que la limitación es la voluntad de Dios.) Usando el principio del sentido común de esta manera puede ser peligroso porque podría convertirse en una excusa para cortar cualquier porción de la Escritura que no nos agrade. Pero si Dios controla nuestro sentido común, es un principio válido de interpretar la Biblia.

Preguntas adecuadas al texto

Interpretamos la Biblia apropiadamente cuando aprendemos a hacerle las debidas preguntas al texto. Aquí el problema es que muchas personas no saben cuáles son las preguntas correctas, o son demasiado haraganes como para aprender. La interpretación bíblica es una ciencia, y las reglas que usa requieren tiempo, energía y un compromiso serio con el aprendizaje. Pero al aprenderse, hay mucha más satisfacción al hacer las preguntas indicadas que en solamente adivinar.

Contexto

La regla principal de la interpretación bíblica es «contexto». No puede exagerarse la importancia de esto. Si el estudiante de la Biblia permite que un pasaje hable por sí mismo dentro del contexto del párrafo, capítulo o libro, se evitarían la mayoría de los errores en la interpretación.

El problema es nuestro prejuicio o nuestra subjetividad. Muchas veces llegamos a un pasaje creyendo entenderlo ya. Así que lo analizamos incorporando nuestro significado al mismo. Esto se llama eiségesis. (*Eis* es una preposición griega que significa «hacia el interior de».) Pero interpretar la Biblia debidamente demanda que escuchemos lo que el texto mismo nos dice de manera que le saquemos el significado al pasaje. Esto se llama exégesis. (*Ex* es una preposición griega que significa «fuera de».) Si dejamos que un pasaje se defina por lo que los versículos circundantes dicen, hemos dado un gran paso hacia la interpretación apropiada de la Biblia. Solo vigilando el contexto cuidadosamente y dejando que el pasaje hable por sí mismo le ofrecemos a la Escritura su merecido respeto.

Por supuesto, es imposible eliminar por completo nuestras inclinaciones y subjetividad. Nuestra interpretación siempre será coloreada por nuestra cultura y nuestras opiniones sobre el pasaje, o quizás por nuestras creencias teológicas que están parcialmente basadas en el pasaje. Pero esto no debe desalentar nuestro intento de dejar que el pasaje hable por sí mismo tan libremente como sea posible, sin empantanarlo con nuestras opiniones y nuestros puntos de vista.

Observación, interpretación, evaluación y aplicación

Estas cuatro palabras clave son la médula de todos los métodos para averiguar lo que la Biblia significa. Brindan la estructura de las preguntas que se le hacen al texto y cuándo.

Observación: ¿Entiendo los hechos básicos del pasaje como el significado de todas las palabras? *Interpretación*: ¿Qué indicó el autor en su contexto histórico? *Evaluación*: ¿Qué significa este pasaje en la cultura contemporánea? *Aplicación*: ¿Cómo puedo aplicar lo aprendido a la manera en que vivo?

Descubrir y entender el significado del pasaje

La debida interpretación de la Biblia es un proceso de dos pasos. Primero debemos descubrir lo que el pasaje significa en el día y la era del autor. Entonces debemos descubrir su mensaje para nosotros en la cultura actual. La *observación* y la *interpretación* se ajustan al primer paso; la *evaluación* y la *aplicación* se ajustan al segundo.

¿Por qué son importantes estos dos pasos? Primero, la Biblia no se escribió directamente a nosotros, y es razonable ponernos en el lugar de la audiencia original si hemos de entender su mensaje apropiauamente. Segundo, estos pasos nos obligan a *entender* el significado de los pasajes antes de *aplicarlos* a nuestras vidas. Sorprendentemente, este paso muchas veces se pasa por alto. Tercero, los dos pasos nos separan del texto, ayudándonos así a prevenir la eiségesis, ya que separa lo que dice el texto de cómo nos afecta hoy en día.

Las cuatro etapas de la interpretación bíblica

Usando las cuatro palabras clave en su secuencia lógica, estamos listos para interpretar la Biblia como es debido.

Primera etapa: observación

El asunto en esta etapa es el siguiente: ¿Entiendo todos los hechos en este pasaje? ¿Conozco el contexto de este pasaje? ¿Conozco el significado de todas las palabras? ¿Entiendo el flujo general de la discusión? ¿Entiendo el antecedente cultural? Es necesario aclarar todos los problemas actuales antes de moverse al significado teológico del pasaje.

Por ejemplo, en 1 Corintios 8 el apóstol Pablo discute la ingestión de carne que se había ofrecido a los ídolos. ¿Cuál es el antecedente? Cuando se sacrificaba la carne a un ídolo, se vendía en el mercado lo que los sacerdotes no consumían. Algunos cristianos corintios dijeron que se podía comer la carne ya que los ídolos no eran otra cosa sino madera y piedra. Otros pensaban que aún estaban involucrados en la adoración pagana. Solo después que entendamos estos hechos podemos avanzar a la próxima etapa de interpretación.

Segunda etapa: interpretación

El asunto básico en esta etapa es: ¿Qué quiso decir el autor en su contexto histórico? Debemos ponernos en el lugar de la audiencia original de la Escritura. Para responder a esta pregunta, podríamos hacer otras dos. La primera es: ¿Qué dice realmente el pasaje?

Muchas veces olvidamos examinar con cuidado lo que dice un pasaje. Algunos citan Mateo 5.21-22 como prueba de que pensar mal es tan malo como hacerlo. ¿Es la ira tan mala como el asesinato? Por supuesto que no. (El sentido común, aparte de cualquier otra cosa, nos lo dicta.) Pero el texto no dice que son lo mismo. Dice que la ley contra el asesinato no se obedece solo a través de la obediencia externa, sino manteniendo la actitud apropiada de no estar enojados, que a su vez prohíbe el acto externo del asesinato.

La segunda pregunta es: ¿Ayuda el contexto a definir el significado del pasaje? Por ejemplo, ¿qué quiere decir la Escritura cuando dice: «No hay Dios» (Sal 53.1)? El contexto muestra que esta es una declaración hecha por un necio. ¿Qué quiere expresar Pablo cuando dice que Jesús regresará como «ladrón en la noche» (1 Ts 5.2)? El contexto muestra que indica que la Segunda Venida será súbita (v. 3). ¿Acaso las mujeres deben quedarse completamente calladas en la iglesia (1 Co 14.34)? No, ya que el contexto de 1 Corintios 11.5 muestra que las mujeres pueden orar y profetizar.

¿Acaso la declaración de Jesús: «Cuando ayunéis, no seáis como los hipócritas» (Mt 6.16), demanda que sus discípulos ayunen? No, porque Mateo 9.14 muestra que los discípulos de Jesús no ayunaban mientras estaba vivo. (La belleza de utilizar la Escritura para interpretar la Escritura es que cuando la Biblia responde a sus propias preguntas, sabemos que la respuesta es correcta.) Los asuntos gemelos de lo que el texto realmente dice y el contexto del pasaje ayudan a completar la segunda etapa de la interpretación.

Hay momentos cuando inclusive estas dos preguntas no nos ayudan a entender el significado de un pasaje. Algunas veces tenemos que leer entre líneas y adivinar educadamente lo que indica el pasaje. Esto es bueno cuando hace falta. Pero debemos recordar que estamos adivinando y debemos mantener una mente abierta a otras posibles interpretaciones.

La integridad también es un elemento necesario en toda la interpretación bíblica. Si le decimos a alguien lo que dijo un amigo, debemos tratar de ser tan precisos como sea posible. De no estar seguros sobre cierto punto, debemos decir: «Creo que esto fue lo que dijo». Todos lo hacemos con nuestras amistades. Entonces, ¿por qué al interpretar la Escritura muchos perdemos esa integridad? ¿Por qué no leemos el texto cuidadosamente? ¿Por qué leemos entre líneas, realizamos interpretaciones caprichosas que son más producto de nuestra imaginación que del estudio reverente, y entonces insistimos que esto es lo que el texto en verdad dice?

Al interpretar la Biblia, jamás debemos olvidar de quiénes son las cartas que leemos. Vienen de la boca misma de Dios y demandan respeto. Exigen hablar por sí mismas. Desean que seamos sinceros e íntegros. No debemos poner nuestras adivinanzas al mismo nivel que las palabras de Dios.

¿Cómo interpretamos 1 Corintios 8? Una vez que entendamos los hechos y el antecedente del pasaje, una vez que nos preguntamos lo que el pasaje realmente dice y cuál es su contexto, estonces comprenderemos que Pablo está enseñando el principio de limitarse voluntariamente de hacer algo que, aunque no es malo en sí mismo, podría ser dañino a un compañero cristiano. Hemos completado el primer paso de la interpretación. Hemos visto lo que el pasaje significaba en el día y la era del autor.

Tercera etapa: evaluación

La etapa de la evaluación pregunta: ¿Qué significa el pasaje en la cultura actual? Es el asunto de si un pasaje de la Escritura tiene aplicación hoy, o si se limita a la cultura en la que se escribió originalmente.

La pregunta que surge por el proceso de la evaluación se responde de dos maneras. O el pasaje se ajusta directamente a nuestra cultura, o debe reajustarse a raíz de las diferencias culturales. La vasta mayoría de la enseñanza del Nuevo Testamento puede aplicarse directamente a la cultura del siglo veinte. Si amamos a Dios, independientemente de dónde ni de cuándo vivimos, debemos obedecer sus mandamientos (Jn 14.15). Esta enseñanza se adapta a cualquier cultura en todos los tiempos.

Sin embargo, algunas veces una enseñanza bíblica se dirige tan específicamente a la cultura del mundo antiguo que otra cultura no puede entenderla. Por ejemplo, la cultura occidental de hoy en día generalmente no sacrifica carne a los ídolos, por lo tanto el significado de 1 Corintios 8 podría perderse. Entonces, ¿cómo evaluamos su significado para nosotros?

En este punto es útil definir dos términos. Una «expresión cultural» es una declaración que puede entenderse solo dentro de cierto contexto cultural. Un «principio eterno» es uno que Dios usa para gobernar al mundo independientemente de la cultura. «Por lo cual, si la comida le es a mi hermano ocasión de caer, no comeré carne jamás, para no poner tropiezo a mi hermano» (1 Co 8.13), es una expresión cultural porque solo puede comprenderse dentro de aquellas culturas que ofrecen carne a los ídolos. «Dios es amor» (1 Jn 4.8) es un principio eterno porque se entiende en todas las culturas.

Pero debemos entender claramente que cada expresión cultural en la Biblia es resultado de algún principio eterno. Y aunque una expresión cultural no puede llevarse directamente a otra cultura, sí puede llevarse el principio eterno tras la misma. Simplemente porque es cultural no significa que pueda pasarse por alto.

Un buen ejemplo de este importante principio podría ser la enseñanza de que siempre debemos ser corteses cuando nos invitan a una cena. En Estados Unidos, este principio podría expresarse así: «Cómase toda la comida en la mesa porque de otra forma insultará la manera de cocinar del anfitrión». Sin embargo, en Uganda es importante que se deje comida en los platos servidos para que no parezca que el anfitrión no le sirvió suficiente comida.

I

Por lo tanto, a pesar de que el principio se muestra en Estados Unidos de esta manera: «Cómase toda la comida», el mismo principio se manifiesta en Uganda como: «Deje un poco de comida en los platos servidos». La tarea del intérprete bíblico es buscar a través de cualquier expresión cultural el principio eterno que le diera origen, y reaplicarlo al principio en su propia cultura. Este es el proceso de evaluación. ¿Es cultural? De serlo, ¿cómo puede reaplicarse el principio eterno que diera origen a la expresión cultural en una nueva cultura?

Se pueden derivar dos implicaciones de esto. Primera, si una declaración es cultural, debe haber un principio que diera origen a esa declaración cultural. De no poder encontrarse algún principio, lo que se creía ser cultural debe sin duda ser un principio eterno. Segundo, si el intérprete no está seguro si una declaración es cultural, ¿acaso no sería mejor ir a la segura y percibirlo como una declaración eterna, a menos que se desconozca un mandamiento de Dios?

También debemos recordar que así como un pasaje bíblico puede establecerse en su cultura, también al intérprete lo controla en cierta medida su cultura. Muchas personas hoy en día no creen que los relatos bíblicos de los milagros son ciertos. Por ejemplo, algunos eruditos proponen que los milagros eran parte de la cultura del primer siglo y creídos por las personas en tiempos de Jesús. Así que estamos en el siglo veinte y las personas no creen en los milagros en esta cultura. Sin embargo, el punto de vista de estos eruditos sobre la imposibilidad de lo sobrenatural a su vez está bajo la influencia de la cultura materialista, orientada hacia la ciencia, en la cual viven. Debemos ser precavidos y no dejar que nuestra cultura influya en nuestra manera de ver la Escritura.

Cuarta etapa: aplicación

Hasta este punto, el proceso de interpretar la Biblia ha sido académico. Pero es absolutamente esencial reconocer que el propósito y la meta del estudio de la Biblia es una vida consagrada. El estudio no está completo hasta que practiquemos lo aprendido.

En esta etapa de la interpretación, la pregunta es: «¿Cómo puedo aplicar lo aprendido a la manera en que vivo?» Así se fusionan lo académico y lo práctico en un método significativo al mensaje de la Biblia. Algunas personas rechazan lo académico como aburrido y trivial. Otros rechazan la aplicación como innecesaria. Ambos extremos están igualmente equivocados. El intérprete de la Biblia debe caminar sobre la cuerda floja entre estos métodos. Un drama de tres partes sin el acto final es insatisfactorio. El último acto, sin los primeros dos, no tiene sentido. Algunas veces en el estudio de la Biblia hace falta enfatizar lo académico cuando el pasaje es difícil de entender, o enfatizar la aplicación cuando la relevancia práctica del pasaje es confusa. Pero uno de estos métodos jamás debe usarse excluyendo al otro.

Problemas especiales en la interpretación de la Biblia

La Escritura, como cualquier otro libro, usa figuras lingüísticas y diferentes tipos de literatura que pueden ser difíciles de entender. Estos requieren reglas especiales para el intérprete bíblico.

Hipérbole

Una hipérbole es una exageración usada para un efecto, un exceso. «Estoy tan hambriento que podría comerme un caballo», obviamente no es literalmente cierto. Es una exageración usada para expresar la idea de hambre extrema. La mayoría de las hipérboles se reconocen con facilidad porque las usamos a menudo. Pero algunas veces no. Por ejemplo, el apóstol Juan hizo una declaración parecida a esto en su libro: Si se escribiera todo lo que Jesús hizo, en el mundo no habría espacio para todos los libros (Jn 21.25). Seguramente Juan esperaba que viéramos que exageraba su punto. Es una imagen gráfica de cuánto hizo Jesús, pero pintada de forma hiperbólica.

Metáfora

Un símil que compara mediante el uso, por ejemplo, de la palabra «como»: «La vida es como un circo». Una metáfora es una comparación similar, excepto que omite la palabra «como»: «El mundo es una tarima». Las metáforas como: «Yo soy la puerta» (Jn 10.9), se reconocen con facilidad. Pero, ¿y qué de las palabras durante la última cena: «Este es mi cuerpo» (Lc 22.19)?» Jesús quizás deseaba que esta declaración se entendiera metafóricamente en lugar de literal o físicamente.

Antropomorfismo

¿Acaso los ríos tienen manos y aplauden (Sal 98.8)? ¿Acaso Dios tiene ojos (Sal 33.18), a pesar de ser espíritu (Jn 4.24)? Los antropomorfismos en la Biblia describen objetos que no son humanos como si tuvieran características humanas. Pero, ¿cómo entendemos aquellos versículos que dicen que Dios se «arrepiente» (Ex 32.12; Jer 18.8)? ¿Acaso Dios cambia de parecer? ¿O acaso estos versículos describen a Dios desde un punto de vista humano?

Parábola

«Había una vez, en una tierra muy lejana vivía una princesa encantada». No entendemos esta oración en un sentido científico ni literal. Reconocemos que proviene de cierto tipo de literatura y, por lo tanto, no lo interpretamos históricamente. Los diferentes tipos de literatura caen en diferentes categorías, cada una tiene sus propias reglas de interpretación.

Las parábolas son un tipo de literatura en la Biblia. Las interpretamos apropiadamente imaginando el relato en nuestras mentes como si viviéramos en los tiempos de Jesús, buscando el punto principal y no dándole significado a todos los detalles. Es importante entender la diferencia entre alegoría y parábola. Una alegoría es un relato totalmente inventado. Hasta los detalles de una alegoría podrían ser significativos. *El progreso del peregrino* es el ejemplo clásico de una alegoría en la que hasta los detalles más minúsculos hacen referencia a otras cosas. Pero una parábola es un relato tomado de la vida diaria. En una parábola la persona que habla podría restarle importancia a los detalles. Podrían ofrecerse para ayudar al lector a imaginar la situación más claramente.

Aunque unas cuantas parábolas tienen elementos alegóricos, la mayoría de las parábolas enseñan solo un punto principal. «La parábola del sembrador» (Mt 13.3-23) es parcialmente alegórica porque el sembrador, la semilla, el suelo, los pájaros, el sol y la mala hierba representan algo más: Jesús, la Palabra, la audiencia de Jesús, Satanás, persecución y los cuidados del mundo. Pero, ¿qué de «La parábola del juez» (Lc 18.1-14)?

Si la mujer representa al discípulo, ¿acaso Dios es el juez injusto? ¿Acaso el propósito de la parábola del hombre rico y Lázaro (Lc 16.19-31) es enseñar que uno no puede viajar entre el cielo y el infierno? El procedimiento común y corriente para interpretar parábolas es descubrir un punto central y ver los detalles del relato simplemente como ilustraciones, pero no como la enseñanza directa de la parábola.

Profecía

Hay dos cosas que se deben recordar al interpretar la profecía. La primera es que lo que el profeta vaticinó como un hecho podrían ser dos o más. El Antiguo Testamento concebía el «Día del Señor» (Is 2.12) como un acontecimiento. Pero los últimos días realmente comenzaron en Pentecostés (Hch 2.20) y concluirán con el regreso de Cristo (2 Ts 2.2).

El segundo punto que hay que recordar es que aunque gran parte de la profecía veterotestamentaria se cumple en el Nuevo Testamento, gran parte se cumplió en el Antiguo Testamento y otra vez en el Nuevo. La profecía de Isaías en 7.14 se cumplió en días de Isaías, y de nuevo en el nacimiento de Jesús (Mt 1.23). La profecía de Isaías tuvo un significado más completo en el sentido de que volvería a cumplirse en un tiempo más distante en el futuro.

Poesía

La poesía hebrea no se concentra en el ritmo ni la rima. Se expresa mediante el paralelismo. Se unen dos frases para que la segunda repita la primera con diferentes palabras (Sal 95.2), o la segunda declara lo opuesto a la primera (Pr 15.5), o la segunda añade un nuevo pensamiento a la primera (Pr 15.3). Algunas veces la copla se organiza con la segunda frase trastocando el orden de la primera (Pr 15.21). Por lo tanto, cuando se interpreta la poesía, el estudiante de la Biblia debe reconocer el tipo de paralelismo que se está usando, ya que las frases se interpretan entre sí.

Apocalíptica

Este tipo de literatura en la Biblia es una de las más malinterpretadas por los exégetas contemporáneos porque ya no se utiliza. Tiene reglas específicas de interpretación. Su característica más distintiva es su uso de figuras extrañas y simbólicas, como las del Apocalipsis.

La clave para interpretar estas figuras yace en el Apocalipsis mismo. En 1.20 las siete estrellas se interpretan como la representación de siete ángeles, y las siete lámparas representan las siete iglesias. En 17.9-10 la bestia con siete cabezas representa las siete colinas, y en 17.18 la mujer se identifica como la ciudad que gobierna la tierra. Por lo tanto, para entender la literatura apocalíptica (→ APOCALÍPTICA, LITERATURA), y el Apocalipsis en particular, debemos interpretar la imagen como algo muy figurativo. Las imágenes describen cosas y realidades espirituales en lenguaje figurativo.

Algunos podrían objetar que esto no es entender la Biblia literalmente. Pero ya que el Apocalipsis interpreta sus imágenes en términos figurados, las imágenes deben servir como descripciones figuradas de cosas reales. Por lo tanto, para entender el libro literalmente debemos entenderlo en sentido figurado.

Al interpretar la Biblia, debemos recordar de Quien viene. Estamos manejando el mensaje del Señor. Esto demanda una actitud de respeto y nuestra disposición a sujetarnos a su autoridad.

INVIERNO La Tierra Santa se caracteriza por dos estaciones: la lluviosa o invierno que es moderada y su duración es desde noviembre hasta abril, y la seca o → VERANO, que es cálida y sin lluvias y abarca desde mayo hasta octubre (Gn 8.22; Sal 74.17; Zac. 14.8). El invierno también se conoce como tiempo de frío (Jer 36.22; Am 3.15).

Las lluvias del invierno comienzan en los últimos días del mes de octubre y favorecen el cultivo del trigo y la cebada. La lluvia fría y fuerte cae en diciembre y enero, y continúa en menor escala hasta abril. Desde tiempos antiguos Israel ha construido cisternas para recoger y conservar agua para el verano (Jer 2.13). El frío de invierno no es severo. Pocas veces se acumula en las partes altas una capa de nieve de 30 cm o más por un breve tiempo. Frecuentes tempestades de granizo, con una que otra helada, acompañan a los vientos que soplan del norte y los que proceden del desierto, los cuales son intensos (Job 1.19; Jer 18.17; Ez 17.10). La temperatura mínima se da en enero, con una media de 11º en la costa, 8º en el macizo central y 12º en el valle del Jordán. La temperatura extrema de Jerusalén en invierno es de 3,9 grados centígrados.

INVOCAR Acción de clamar a Dios reconociendo sus atributos de perfección. La primera vez que aparece este término en la Biblia es en Gn 4.26, y significa que las personas buscaron la protección divina porque conocían el nombre, es decir, el carácter de Dios. En el Nuevo Testamento se invoca a Jesucristo, reconociéndolo como Salvador y Señor (Ro 10.13).

IQUES Un hombre de Tecoa e hijo de Ira, uno de los valientes de David (2 S 23.26).

IRA Nombre de dos o tres hombres asociados con David.

1. Sacerdote en el tiempo de David (2 S 20.26).

2. Uno de los valientes de David (2 S 23.26).

3. Uno de los valientes de David (2 S 23.38). Quizás se trate de la misma persona del No. 1.

IRA DE DIOS El Antiguo Testamento designa con un vocabulario variado y antropomórfico la ira de Dios y destaca el carácter personal de la misma. Es una «emoción» divina, pero Jehová no es en sí un Dios de ira; mas bien su enojo es su «extraña obra» (Is 28.21). Siempre resulta de alguna provocación externa. (Su → AMOR, al contrario, es inmanente.)

Jehová manifiesta su ira primeramente contra su pueblo Israel, castigándolo por despreciar su amor y quebrantar su Ley, notablemente por la idolatría, la violencia y la injusticia (2 Cr 36.11-17). Asimismo, su ira se enciende contra los gentiles por el maltrato de estos a Israel, su idolatría, orgullo y crueldad (Is 13.3-13). La finalidad de la ira es la gloria de Jehová, el castigo del pecado y el arrebatamiento de Israel (Is 59.15-19). Se manifiesta tanto en catástrofes «naturales» como en la guerra, mediante la cual las naciones son instrumentos de la ira de Dios (Is 10.5). El Antiguo Testamento espera la manifestación final de la ira de Dios en el «día grande y espantoso de Jehová», cuando el juicio abarcará toda la tierra (Jl 2.31; 3.12-15).

En el Nuevo Testamento, de igual manera, la ira de Dios incluye tanto la indignación frente al mal como sus actos de juicio. Al igual que Juan el Bautista, Jesucristo advierte de «la ira venidera» (Mt 3.7; 18.34,35), la demuestra en su propio enojo y severidad (Mc 3.5), y experimenta la maldición de esta ira en la cruz (Mt 27.46).

Según Pablo la ira de Dios es tanto del futuro (Ro 2.5,8) como del presente, y se revela en la misma ignorancia e inmundicia de este mundo, cuyo pecado, motivo de la ira, es también su efecto (Ro 1.18-28).

Provocan la ira divina toda impiedad, injusticia e inmoralidad (Ef 5.6), pero Pablo señala que la causa decisiva es el menosprecio del amor de Dios (Ro 2.5). Todos los hombres son por naturaleza «hijos de ira» (Ef 2.3), pero la ira vino sobre los judíos «hasta el extremo» por oponerse al evangelio (1 Ts 2.16). Por Cristo serán «salvos de la ira» los creyentes, vasos, no de ira sino de misericordia, preparados «de antemano para gloria» (Ro 5.9; 9.22,23).

En Apocalipsis la ira de Dios es también la del Cordero victorioso (Ap 6.16), quien para manifestarla se vale de los ángeles y la fuerza de la naturaleza (15.1; 16.1-4). Babilonia, la bestia y los demonios se unen a los ejércitos humanos como instrumentos de la ira; pero todos estos, como su jefe Satanás, vienen a ser también objetos de ella. Las provocaciones características son la apostasía tras la bestia y la persecución del pueblo de Dios (14.9-11; 16.5,6). La vindicación de los santos y la retribución y la destrucción del mal figuran como propósitos de la ira final (11.17,18). (→ INFIERNO.)

IRA, ENOJO Reacción que comienza con el desagrado, generalmente provocado por injurias o restricciones reales o imaginarias, que se manifiesta muchas veces con violencia. La ira motivada por la envidia conduce ordinariamente al → HOMICIDIO (Gn 4.5), al agravio (Gn 27.44s) o a la venganza (Gn 49.55ss; cf. 34.7-26); Jesús la equiparó, por tanto, con un crimen explícito (Mt 5.22). Los sapienciales censuran, a su vez, la necedad del enojo (Pr 29.11); el impaciente no sabe dominar «el soplo de las narices», según la figura original (Pr 14.29; 15.18). La ira engendra también la injusticia (Pr 14.17; 29.22; cf. Stg 1.19s); por tanto, Pablo la juzga incompatible con el amor (1 Co 13.5) y un mal que deben evitar los que viven cerca de Dios (Ef 4.31; Col 3.8; 1 Ti 2.8; Tit 1.7).

Como sugiere Ef 4.26s, sin embargo, hay iras humanas que no son pecaminosas. Son «iras santas» que expresan concretamente la reacción de Dios contra la rebelión humana

(→ Ira de Dios). Algunos piadosos son alabados por el enojo que sienten motivado por el → CELO (Éx 16.20; Lv 10.16; Nm 25.11; 31.14). Frente a los ídolos (Hch 17.16) y frente al pecado (2 R 1.10-12), se llenaron «de la ira de Jehová» (Jer 6.11), con lo que anunciaban imperfectamente la ira de Jesús (Mc 3.5; cf. Mt 23.1-36; Mc 11.15-19).

IRAD Un nieto de Caín e hijo de Enoc (Gn 4.17-18).

IRAM Un jefe de la familia de Esaú, padre de los edomitas (Gn 36.43).

IRI Un hijo de Bela, benjamita (1 Cr 7.7).

IRÍAS Militar que arrestó al profeta Jeremías mientras Jerusalén estaba bajo el sitio del ejército de Babilonia (Jer 37.11-14).

IRÓN (*lugar de terror*). Ciudad fortificada en el territorio de Neftalí (Jos 19.38).

IRPEEL Una ciudad de la tribu de Benjamín (Jos 18.27), cerca de Jerusalén.

IR-SEMES (*ciudad del sol*). Una ciudad de la tribu de Dan, cercana a las fronteras de Judá (Jos 19.41).

IRU Hijo mayor de Caleb (1 Cr 4.15).

ISAAC (*risa o uno que ríe*). Segundo de los patriarcas, hijo de Abraham y Sara y padre de Esaú y Jacob. Su historia se encuentra en Gn 21.3-8; 35.27-29. Nació en la ancianidad de sus padres y por la aparente imposibilidad de que esto pudiera ocurrir, ambos rieron ante la noticia (Gn 17.17; 18.12-15; 21.6). Impulsada por su propia esterilidad, Sara dio su esclava → AGAR a Abraham (Gn 16.1,2) y de esta unión nació → ISMAEL. Después del nacimiento de Isaac, los celos entre Sara y Agar motivaron la despedida de Agar e Ismael de la casa de Abraham. Años después, Dios pidió a Abraham que sacrificara a Isaac, su único hijo, y así probó su fe mientras la devoción, humildad y sumisión de Isaac se destacaron. Abraham obedeció, y entonces Dios reiteró su promesa de que su descendencia sería innumerable (Gn 22.1-18).

A los cuarenta años, Isaac se casó con su prima → REBECA y por medio de esta unión la promesa se cumplió. Rebeca fue estéril durante veinte años, pero Dios intervino en respuesta a las plegarias de Isaac y nacieron Esaú y Jacob (Gn 25.21ss). La preferencia que la madre sentía por Jacob, y la del padre por Esaú, provocó antagonismo, discordia y largas separaciones entre los hermanos. Cuando Isaac tenía ciento treinta años, Jacob, valiéndose de un engaño, arrebató a Esaú la bendición paterna y los derechos de primogenitura. Antes de su muerte, Isaac reconoció que las promesas divinas se cumplirían a través de Jacob (Gn 28.4). Murió a los ciento ochenta años y sus dos hijos lo sepultaron en Hebrón.

Según el Nuevo Testamento, Isaac fue el primer circuncidado al octavo día (Hch 7.8); la descendencia de los elegidos se cuenta a partir de él (Ro 9.7). Por ser hijo unigénito, nacido milagrosamente, heredero de la promesa a Abraham y destinado a ser padre de multitudes (Heb 11.9,12) es mucho más significativa su restauración después del sacrificio «en sentido figurado» (Heb 11.17-19). Pablo se vale de Sara e Isaac como representaciones alegóricas de los cristianos justificados por la fe y libres herederos de todos los beneficios espirituales (Gl 4.21-31).

ISACAR (*mi recompensa*). Nombre de dos hombres, una tribu y una región.

1. Hijo de Jacob y Lea (Gn 30.18) que entró en Egipto con sus cuatro hijos y la familia de Jacob (Gn 46.13). Antes de morir, Jacob profetizó la esclavitud de la tribu descendiente de Isacar (Gn 49.14,15).

2. Un levita portero en tiempos de David (1 Cr 26.5).

3. Tribu formada por la descendencia de Isacar (Gn 49.28), con cuatro familias principales (Nm 26.23-25; 1 Cr 7.15). Participó en los sucesos del desierto con las demás tribus (Nm 1.8; 2.5,6; 7.18; 13.7, etc.) y recibió la bendición de Moisés (Dt 33.18,19).

Débora y Barac elogiaron a esta tribu por su ayuda en la batalla contra Sísara (Jue 5.15), que se efectuó en el territorio de Isacar (Jue 4.6-16). Más tarde Isacar también ayudó a David (1 Cr 12.32,40). De esta tribu eran Tola, uno de los jueces (Jue 10.1,2) y Baasa y Ela, reyes de Israel (1 R 15.16–16.14). Algunos de Isacar comieron la Pascua en días de Ezequías sin purificarse, pero Dios los perdonó (2 Cr 30.18-20).

4. Territorio entre Zabulón y Neftalí (al norte), y Manasés (al sur) que Josué destinó a la tribu de Isacar (Jos 19.17-23). Se extendía desde el río Jordán hasta la tierra de Aser en el oeste, ocupando la parte central del valle de Jezreel, donde se encuentra el monte Tabor (Dt 33.19). A los hijos de Gersón, levitas, se les asignaron cuatro de las ciudades de Isacar (Jos 21.28,29; 1 Cr 6.72,73).

ISAÍ Nieto de Booz y Rut la moabita, padre del rey David y nativo de la ciudad de Belén (Rt 4.17). Tuvo ocho hijos, de los cuales David fue el menor (1 S 17.12). Las posesiones de Isaí consistían principalmente en rebaños que cuidaban David y sus demás hijos. Desde el punto de vista humano no fue una persona de mucho renombre. Saúl lo menospreció al referirse a David como «el hijo de Isaí» (1 S 20.31; 22.7; 25.10). Sin embargo, el gran profeta Isaías llama al Mesías «una vara del tronco de Isaí» y «la raíz de Isaí» (Is 11.1,10). Mientras David huía de Saúl, buscó un refugio para su padre Isaí en tierra de Moab (1 S 22.3,4). Esta es la última mención de Isaí en el Antiguo Testamento.

ISAÍAS, LIBRO DE Primer libro de los «profetas mayores», llamado por los Padres «el Evangelio según San Isaías», ya que su autor fue considerado «el profeta evangélico». Predice detalladamente el nacimiento de Emanuel (*Dios con nosotros*), su vida benéfica, su muerte propiciatoria, su resurrección y su reino triunfante y eterno (9.6,7; 11.1-10; 52.13–53.12). Su pureza, la belleza de su estilo y el maravilloso cumplimiento de sus profecías relativas al Mesías, le dan la preeminencia entre los escritos de los profetas y poetas hebreos.

Estructura del libro

Los descubrimientos de → QUMRÁN (donde se han encontrado manuscritos de Isaías que se remontan a *ca.* 100 a.C.) permiten comprender mejor la estructura del libro. En el texto más completo del Isaías hallado en Qumrán se encuentra una división principal entre los caps. 33 y 34. Esto sugiere un libro dividido en dos partes principales (al estilo de Lc, Hch). Algunos eruditos proponen ahora un análisis de los dos tomos en secciones paralelas, de la siguiente manera:

Ruina y restauración, 1–5, 34 y 35
Material biográfico, 6–8, 36–39
Bendición y juicio, 9–12, 40–45
Profecías contra poderes extranjeros,
13–23, 46–48

Pintura de Miguel Ángel del profeta Isaías en la Capilla Sixtina en Roma.

Foto de Howard Vos

ISAÍAS: Un bosquejo para el estudio y la enseñanza

Primera parte:
Profecías de condenación
(1.1—35.10)

I. Profecías contra Judá . . . . 1.1—12.6
II. Profecías contra otras naciones . . . . . 13.1—23.18
III. Profecías del Día del Señor . . . . 24.1—27.13
IV. Profecías de juicio y bendicón . . . . . . 28.1—35.10

Segunda parte:
Material histórico
(36.1—39.8)

I. Ezequías es librado de Asiria . . . . 36.1—37.38
II. Ezequías es librado de la enfermedad 38.1-22
III. Pecado de Ezequías 39.1-8

Tercera parte:
Profecías de consuelo
(40.1—66.24)

I. Profecías sobre la liberación de Israel. . . . 40.1—48.22
II. Profecías sobre el liberador de Israel . . . . 49.1—57.21
III. Profecías del glorioso futuro de Israel . . . 58.1—66.24

Juicio universal y la salvación de Israel, 24–27, 49–55

Sermones éticos, 28–31, 56–59

Restauración de la nación, 32 y 33, 60–66

Según Harrison, este orden no es obra del profeta mismo, sino que representa la labor de ciertos redactores de una antología de materia isaínica.

Autor y fecha

Historia reciente de los estudios sobre Isaías

Hasta 1775 la iglesia cristiana aceptó la tradición judía según la cual el libro lo escribió totalmente el profeta → ISAÍAS, quién ministró del 740–760 a.C. El primero que pensó en la posibilidad de más de un autor parece haber sido un judío español, Moisés Ibn Chiquitilla, cordobés del siglo II d.C. Él sugirió que Isaías 40–66 lo escribió un profeta que vivió al final del cautiverio en Babilonia (es decir, *ca.* 550 a.C.). Después, empezando con el comentario de Doederlein (l775) y la introducción de Eichhorn (l780-83), un creciente número de eruditos postuló como autor de los caps. 40–66, y de ciertas porciones en los caps. 13–39, a un «segundo Isaías» que viviera en el cautiverio *ca.* 550 a.C.

A través del siglo XIX la hipótesis del Deuteroisaías se vio impulsada por el desarrollo de las ciencias literarias e históricas, pero generalmente los eruditos conservadores seguían defendiendo la teoría tradicional. Sin embargo, en l889 Franz Delitzsch, uno de los eruditos conservadores más prestigiosos del siglo, anunció su aceptación de la nueva teoría en la cuarta y última edición de su gran comentario sobre Isaías (Tomo I, pp. 36-41; Tomo II, pp. 120-133, en inglés).

Bernard L. Duhm en l892 propuso un tercero o Tritoisaías como autor de los caps. 56—66. Hoy muchos exégetas, incluso algunos conservadores, opinan que el libro no solo lo escribió el gran profeta del siglo VIII, sino también algunos de sus discípulos (8.16) que vivían durante el cautiverio (caps. 40—55, etc.) y después de él (caps. 56—66, en gran parte).

Argumentos a favor de un solo autor

1. Empezando con el libro apócrifo *Eclesiástico* (escrito *ca.* l80 a.C; cf. 48.22-25), la tradición judaica ha sostenido que el Isaías del siglo VIII escribió todo el libro. Sin embargo, la tradición judaica no puede considerarse como más autoritativa para el cristiano (Mc 7.8,9) que las pruebas internas del estudio científico del libro mismo. El valor de la tradición disminuye especialmente cuando se remonta a documentos escritos siglos después del controvertido libro.

2. Los escritos del Nuevo Testamento (y aun Cristo mismo) introducen sus citas de varias partes de Isaías con frases como «Isaías dijo» (Jn 12.38-41; Ro 9.27-29; 10.20s, etc.), sin sugerir nunca una diversidad de autores para Isaías. Sin duda este hecho ha influido más que otros en los que han querido defender la veracidad de la Biblia. No obstante, debemos notar los siguientes factores:

(a) En las veintiuna veces que los autores del Nuevo Testamento citan a Isaías, solamente utilizan once versículos de Isaías 40–66 con frases como «Isaías dijo». Es decir, estos versículos representan un pequeño núcleo de un mismo profeta y, por tanto, no muestran necesariamente que todo el contenido de los veintiséis capítulos viniera de él.

(b) La manera de concebir los estudios de carácter histórico-literario en la época moderna. Ya en el siglo XIX Delitzsch reconoció que estos estudios habían alcanzado «la eminencia de una ciencia» (I, 38) y por eso los trató con todo respeto. Sin embargo, no aceptaba muchas de sus conclusiones como irrevocables, ya que se basaban más en presuposiciones no cristianas que en pruebas sólidas y bien interpretadas.

(c) Otro factor básico es el concepto que se tenga de la inspiración bíblica. La inerrancia de las Escrituras, según las teologías ortodoxas, se refiere a la plena veracidad de la *enseñanza* del texto, es decir, a lo que el autor quiere comunicar y patentizar. Es obvio que ningún pasaje del Nuevo Testamento se dedica al problema de la paternidad literaria de Isaías. Por eso no podemos esperar resolver este problema (que surgió en 1775 d.C.) ateniéndonos tan solo a la manera popular y no científica en que el Nuevo Testamento se refiere al libro de Isaías. Muchos estudiosos conservadores reconocen que la Biblia emplea un lenguaje popular, carente de precisión científica, cuando habla de problemas geográficos, astronómicos, etc.

3. La teoría de la diversidad de autores la impulsó el pensamiento racionalista del siglo XVIII d.C., el cual no aceptaba (dadas sus presuposiciones filosóficas anticristianas) la posibilidad de milagros y profecías del futuro lejano. Sin embargo, Isaías recalca precisamente el poder de Dios de profetizar el futuro lejano (41.21-23, 26ss; 44.7,8,25ss; 46.10,11; 48.3-8). Un ejemplo sobresaliente de este tipo de profecía, según los que propugnan la unidad del libro, es la mención de Ciro (44.28; 45.1) unos ciento cincuenta años antes de su nacimiento. Sin embargo, este ejemplo no es único en la Biblia: un profeta nombró a Josías más de trescientos años antes del nacimiento de este (1 R 13.2; y cf. Is 9.6,7).

La Biblia contiene muchas profecías respecto al futuro lejano, pero el nombramiento de Ciro no es el milagro profético que el autor de Isaías 40–55 tenía en mente al subrayar el poder profético de Dios. Parece referirse más bien a la profecía del cautiverio (586 a.C.) que Moisés pronunció en el siglo XIII a.C. (Is 48.3-8; cf. Dt 4.25-31; 28; 31.27-29, etc.). Recuérdese también que mientras el racionalismo niega completamente el elemento milagroso y profético, la tradición religiosa tiende a exagerarlo (→ MARÍA). El cristiano debe aceptar todo milagro genuinamente bíblico, pero no cualquier milagro inventado por la tradición religiosa.

4. Los manuscritos de → QUMRÁN, donde se encontraron textos de Isaías, que se remontan a *ca.* 100 a.C., incluyen todo el libro en un solo rollo (como también era la práctica en el tiempo de Jesús, Lc 4.17), sin ninguna división entre Isaías 39 y 40. No obstante, según la nueva hipótesis, mucho de Isaías 13–39 también lo escribieron discípulos de Isaías. Específicamente Isaías 34 y 35 se atribuyen a un Deuteroisaías, y sí existe una división en los manuscritos de Qumrán entre Isaías 33 y 34.

5. Existen otros argumentos que apenas podemos mencionar: (a) que profetas como → SOFONÍAS y → JEREMÍAS (que vivieron antes del cautiverio) utilizaron materiales de Isaías 40–66; (b) es improbable que los nombres de los autores de las partes posteriores a

Isaías se perdieran (sobre todo el gran genio que escribió Isaías 40–55); (c) los argumentos que le niegan al profeta 40–66 también tendrían que negarle 13 y 14 que incluso tienen su nombre; etc.

*Argumentos a favor de la división
del libro*

1. En la actualidad, el punto de partida del nuevo entendimiento de Isaías es el enfoque histórico de los caps. 40–55; Jerusalén y su templo han sido destruidos (44.26-28; 51.3; 52.9) y el pueblo está cautivo en Babilonia (43.14); Babilonia, y no Asiria, está amenazada con la destrucción (47.1-7; 48.14). Ciro de Persia ha iniciado ya su campaña victoriosa (41.2,3,25; 45.1-3). Defensores de la teoría tradicional suelen insistir en que el profeta del siglo VIII dirigió esta porción del libro a la generación en cautiverio, ciento cincuenta años después. Por supuesto que esto es teóricamente posible, pero una recta comprensión de la inerrancia (véase arriba) no exige que insistamos en tal divorcio entre la literatura y la historia.

2. El segundo tipo de pruebas es lingüístico: las porciones de Isaías con un enfoque histórico del siglo VI a.C. utilizan un vocabulario y estilo notablemente distintos. Por lo general, se reconoce que a través del libro también hay varios elementos de unidad estilística y gramatical, pero esto se espera de autores de una tradición y escuela común. La nueva teoría explica mejor la diversidad. Sin embargo, un estudio reciente y profundo hecho por Judith Reinken, mediante una metodología estadística moderna (en una tesis inédita de la Universidad de Chicago), concluye que no puede determinarse nada en cuanto a la unidad o diversidad de autores basándose en el vocabulario de Isaías.

3. El tercer tipo de pruebas es teológico. No hay contradicciones, como afirman algunos que niegan la inerrancia de las Escrituras, aunque sí existen énfasis distintos y enfoques variados, que corresponden a los diversos fondos históricos representados en Isaías (véase sección *Aporte a la teología*). Quienes sostienen que Isaías escribió todo el libro afirman que Isaías 40–66 corresponde

---

El famoso rollo de Isaías es uno de los manuscritos mejor preservados descubiertos entre los rollos del mar Muerto. Contiene todo el texto del libro de Isaías.

Foto de John C. Trever

a los últimos años de la vida del profeta, y que en esta sección este se dedicó a resolver para las generaciones futuras los problemas provocados por sus profecías anteriores.

Conclusión

En vista de las consideraciones anteriores, no se puede afirmar con absoluta certeza que este libro sea la obra de un solo profeta, ni tampoco que sea el producto conjunto de Isaías y un grupo de sus discípulos. Todos los eruditos protestantes liberales han aceptado la nueva hipótesis desde hace muchos años, y ahora casi todos los estudios católicos también la aceptan. Los eruditos evangélicos que sostienen la inerrancia de las Escrituras generalmente la han rechazado, pero actualmente hay una nueva tendencia a volver sobre las huellas de Delitzsch para ver si en alguna forma es posible aceptar la nueva hipótesis sin rechazar la plena veracidad y autoridad de las Escrituras. Como sea, Isaías es obra del Espíritu Santo a través de su inspirado portavoz o portavoces humanos, y como libro se incluye en la generalización del apóstol Pablo cuando dijo: «Toda la Escritura es inspirada por Dios» (2 Ti 3.16).

Marco histórico

Isaías profetizó durante un tiempo de grandes trastornos morales y políticos. En la primera parte de su ministerio, cerca del año 722 a.C., el reino del norte, Israel, sucumbió ante los invasores asirios. Por un momento todo parecía indicar que Judá correría la misma suerte. Pero Isaías aconsejó que, en vez de aliarse con otras naciones para enfrentar la amenaza asiria, confiaran en Dios. El Señor era el único que podía de veras salvarlos y brindarles protección en tiempos peligrosos.

Aporte a la teología

De Isaías 1–39 (especialmente 1–12 y 28–33)

Muchos de los temas predilectos de Isaías se encuentran ya en su visión inaugural (6.1-13), sobre todo en su énfasis en Jehová como «Santo de Israel», título que aparece unas veinticinco veces en todo el libro, pero solo cinco veces en los demás libros del Antiguo Testamento.

La preocupación por la realidad de un Dios santo condujo a una conciencia del pecado, tanto en el culto (1.10-17) como en la vida social y política de la nación (3; 5; 7).

El profeta desarrolló las tradiciones de la elección de Jerusalén (10.27-34; 14.28-32; 17.12-14; 29.1-8; 30.27-33; 31.1-8) y de David (9.1-7; 11.1-8; 32.2; 33.17). Profetizó el nacimiento milagroso del Mesías (7.14), quien sería verdaderamente humano (9.6; 11.1), y a la vez «Dios fuerte» (9.6), cuyo reinado universal de perfecta justicia y paz (9.7; 11.2-9) se cumpliría solamente en Cristo.

Isaías insistió repetidamente en la necesidad absoluta de una fe en Dios, tanto en la vida personal como en la vida pública y política de la nación (7.9; 28.16; 30.15). Por eso se le llama «el evangelista del Antiguo Testamento».

De Isaías 40–55

Esta sección se caracteriza por una viva esperanza de la salvación inminente, un nuevo éxodo, esta vez del cautiverio babilónico (40.3ss; 43.16-21; 48.20s; 51.10; 52.12, etc.). Domina también en estos capítulos la esperanza de un nuevo → Moisés, el verdadero siervo de Jehová (42.1-4; 49.1-6; 50.4-11a; 52.13–53.12), cuyo sufrimiento propiciatorio, resurrección y exaltación harían posible la justificación de muchos (52.13–53.12) y solo en Cristo se cumplirían plenamente (Jn 12.41).

Sin embargo, la salvación inminente no es un fin en sí; en estos capítulos se renueva y profundiza, como en ninguna otra parte del Antiguo Testamento, el llamado de Israel para cumplir la misión de Dios en el mundo. Una teología de misión domina Isaías 40–55 como fin supremo de la salvación (40.9; 41.8,9,27; 42.1-4,6,7,10,11; 43.10-12,21; 44.8; 45.5,6,14,22,23; 48.6,20; 49.6-8,22,23; 51.2,5; 52.10,15; 55.1-13). Solamente en el contexto de esta teología de misión podemos entender otros temas predilectos de Is 40.55.

Por ejemplo, encontramos en Isaías 40–55 un desarrollo asombroso de la doctrina de la creación como base de su teología de misión (40.12-26; 42.5ss; 45.11,12,18; 48.12, 13), un marcado monoteísmo evangelístico (45.14,20-22, etc.) y una filosofía de la historia jamás superada en el pensamiento humano (41.1-4,25,26; 43.14; 44.24-28; 45.1-7,8-13; 46.8-11; 48.14,15; 53.10; 54.15-17). El profeta proclama que la historia del mundo tiene significado solamente a la luz de la misión del pueblo y del siervo de Jehová.

De Isaías 56–66

En esta sección muchos de los poemas se dirigen al pueblo que está otra vez en la Tierra Santa (56.8); el templo se ha reedificado y se ofrecen sacrificios (56.5-7); los días de ayuno son comunes. Sin embargo, los pecados anteriores han empezado a manifestarse otra vez; el sincretismo y la superficialidad en el culto (58.1-12), la injusticia social (59) y un liderazgo impío (56.9-12). Isaías 56–66 se caracteriza por el conflicto entre el Israel genuino (los pobres; 57.15; 61.1-3; 66.2) y el Israel falso (los ricos y poderosos; 56.9-12; 57.1-4; 59.14,15; 65.13-16).

Se insiste en la observancia del sábado (58.13-14), la humildad (57.15; 61.2ss, etc.) y la misericordia hacia los pobres (58.6,7,9,10). Dios se presenta como santo y justo tanto en la restauración de su pueblo como en el castigo eterno de los impíos (57.15; 60.9,14; 66.24).

La vívida esperanza de una intervención inminente de Dios, para la redención de su pueblo, no domina en estos oráculos, como en 40–55. Se procura explicar el atraso del cumplimiento de las profecías (59.1s), pero persiste una firme confianza en el triunfo final del Santo de Israel y la glorificación de Sion (57.15ss; 60.10, etc.). En los caps. 65 y 66, una sección de carácter apocalíptico, encontramos la esperanza de un nuevo cielo y una nueva tierra. Después de la salvación y el juicio, Dios promete renovar el universo que el pecado ha corrompido.

Otros puntos importantes

Un pasaje poco común de Isaías nos da una idea en cuanto a cómo el Señor considera el juicio y la salvación que imparte. El profeta describe el juicio de Dios como «su extraña operación» (28.21). Si para Dios el castigo que imparte es una extraña operación, ¿no quiere esto decir que la salvación es una operación típica de Él, el Dios de amor?

Bibliografía:

Francisco, Clyde, *Introducción al Antiguo Testamento*, Casa Bautista, El Paso, 1969. C.T. Manley, *Nuevo auxiliar bíblico*, Editorial Caribe, San José, 1958. Arnold B. Rhodes, *Los actos portentosos de Dios*. Richmond, C.L.C. Press, 1964. Robert Feuillet, *Introducción a la Biblia*, Editorial Herder, Barcelona, 1965. Edward J. Young, *Introdução ao Antigo Testamento*, Edições Vida Nova Soc., Ltda., Sao Paulo, 1964. Christopher R. North, Isaías 40–55 (Antorcha), Editorial La Aurora, Buenos Aires, 1960.

ISAÍAS, PROFETA (*Jehová es salvación*). Uno de los grandes profetas de Israel del siglo VIII a.C., que profetizó durante la crisis causada por la expansión del Imperio Asirio. Nació probablemente en Jerusalén *ca.* 770-760 a.C. y estaba emparentado con la familia real, según la tradición judaica talmúdica. Su padre fue Amoz (Is 1.1), a quien no se debe confundir con el profeta Amós.

Dios llamó a Isaías a profetizar (cap. 6) mientras estaba en el templo. Ejerció su ministerio en Jerusalén (7.1-3; 37.2) desde el año de la muerte del gran rey Uzías (*ca.* 740), y a lo largo de los reinados de Acaz y Ezequías (1.1; 6.1; cf. 2 R 15–20; 2 Cr 26–32). Se casó con una profetisa (Is 8.3) y tuvo por lo menos dos hijos cuyos nombres simbólicos recalcaron aspectos de su mensaje (7.3; 8.1-4). También tuvo discípulos (8.16), lo cual puede indicar que fundó una escuela de profetas.

El ministerio de Isaías puede dividirse en cuatro épocas:

1. Primeros años (742–734 a.C.). Profetizó durante la invasión de Judá por Siria y Efraín en 734 a.C. (Is 7; 2 R 16.10-18). Aconsejó confiar en Jehová (Is 7.9) en vez de la alianza con Asiria propuesta por Acaz.

2. Su retiro de la vida pública (734–715 a.C.). Cuando Acaz celebró la alianza con Asiria, Isaías decidió guardar silencio, y se dedicó a la enseñanza (Is 8.16,17).

3. Los años intermedios (715–705 a.C.). Con la muerte de Acaz y la sucesión de Ezequías, Isaías volvió a profetizar libremente (14.28-32). En 711, después de la captura de Asdod por los asirios, Dios le ordenó andar desnudo y descalzo en señal del juicio venidero sobre Egipto y Etiopía (Is 20.1-6). Anduvo así por tres años, probablemente para disuadir a Ezequías de aliarse con Egipto.

4. Últimos años (705–701). Isaías 36–39 cuenta del papel que jugó Isaías durante la invasión de Senaquerib (701 a.C.), la enfermedad de Ezequías y la visita de los enviados de Babilonia. Los capítulos 40–66 (después del llamamiento en 40.1-11) carecen de detalles biográficos. El nombre de Isaías no aparece en esta parte del libro (→ Isaías).

Según tradiciones judaicas, Isaías sufrió el martirio de ser aserrado durante el reinado de Manasés (693–639 a.C.). Quizás Heb 11.37 aluda a este martirio. Por haber pronunciado profecías mesiánicas tan claras, San Jerónimo lo llamó «el evangelista del Antiguo Testamento».

ISBA Padre de Estemoa de la tribu de Judá (1 Cr 4.17).

ISBAC Hijo de Abraham y Cetura (Gn 25.2). Probablemente Isbac fue el antepasado de la tribu de los árabes del norte.

ISBI-BENOB Descendiente de los gigantes filisteos de Gat. Abisai, uno de los valientes de David, mata a Isbi-benob para impedir que este matara a David (→ Gigantes; 2 S 21.16).

IS-BOSET (*varón de vergüenza*). Hijo y sucesor de Saúl por dos años (2 S 2.10). Su nombre original era Es-baal (*varón de Baal*, 1 Cr 8.33; 9.39). Abner, general de Saúl, lo nombró rey de Israel en Manahim mientras David reinaba en Hebrón sobre Judá. Debilitado por el pacto de Abner y David, Is-boset fue asesinado por dos de sus oficiales, después de lo cual David reinó sobre todo Israel (2 S 2–4).

ISCA Hija de Harán, hermano menor de Abraham. Isca fue hermana de Milca, la esposa de Nacor (Gn 11.29).

ISCARIOTE Término que se aplica al nombre de Judas (→ Judas Iscariote) en los Evangelios Sinópticos y en Jn 12.4. El significado es incierto. Entre otras cosas se ha dicho que se trata de una forma helenizada de una frase hebrea que quiere decir «hombre de Queriot», población ubicada en Moab (Jer 48.24,41; Am 2.2). Pero se ha dicho también que pudiera provenir de una palabra hebrea que quiere decir «bolsa de cuero», o una adaptación semítica del latín *sicarius* (asesino asalariado; cf. Hch 21.38). Probablemente la primera explicación es la mejor.

ISHI (*mi marido*). Nombre simbólico de Dios que denota la relación que debía existir entre Dios e Israel (Os 2.16).

ISI Nombre de cuatro hombres en el Antiguo Testamento.

1. Hijo de Apaim y miembro de la familia de Jerameel (1 Cr 2.31).

2. Descendiente de Judá a través de Caleb (1 Cr 4.20).

3. Padre de cuatro hombres, capitanes de la tribu de Simeón (1 Cr 4.42).

4. Uno de los jefes de la media tribu de Manasés, al este del Jordán (1 Cr 5.24).

ISÍAS Nombre de dos hombres en el Antiguo Testamento.

1. Levita, cabeza de familia de la casa de Rehabías (1 Cr 24.21).

2. Levita de la casa de Uziel (1 Cr 24.25).

Foto de Willem A. VanGemeren

Varios árabes completan una transacción con un mercader judío. Los árabes del Medio Oriente trazan su linaje desde Ismael, hijo de Abraham con Agar.

ISMA Hermano de Jezreel e Ibdas, de la tribu de Judá (1 Cr 4.3).

ISMAEL Siguiendo una costumbre antigua, Sara consintió en que → AGAR, su sierva egipcia, concibiera un hijo de Abraham, el cual se llamó Ismael, que significa «Dios oye» (Gn 16.1-4). Sara se quejó más tarde, sin embargo, de que Agar, viéndose embarazada, la miraba con desprecio. Entonces Agar huyó, evidentemente con la intención de volverse a su patria, Egipto. Pero, habiéndola encontrado el ángel de Jehová en el desierto, le ordenó que se volviera a su señora y le prometió multiplicar su linaje. Le predijo además cómo habría de ser el hijo que iba a tener: «Y él será varón fiero; su mano será contra todos, y la mano de todos contra él, y delante de todos sus hermanos habitará» (Gn 16.11,12). Estas características se han conservado en los descendientes de Ismael, los beduinos del desierto y los árabes. Agar volvió a su señora y cuando Ismael nació, Abraham era de ochenta y seis años de edad. Trece años después Ismael fue circuncidado (17.23,25).

Posiblemente Abraham consideró durante algunos años a Ismael como hijo de la promesa y le mostró un afecto especial. Sin embargo, con ocasión de la fiesta con que Abraham celebró el día en que Isaac fue destetado, Sara vio que Ismael se burlaba de Isaac, su primogénito, y esto la hizo enojarse mucho. Detrás de todo estaba la competencia por establecer quién sería el heredero de las promesas de Dios. El nacimiento de → ISAAC, sin embargo, y las indicaciones de Dios, dejaron bien claro que este y no Ismael era el heredero de las promesas de bendición universal (Gn 18.1-19). Abraham cedió a las instancias de Sara y despidió a Agar con su Ismael, quienes casi perecieron de sed en el desierto, pero fueron milagrosamente atendidos por el ángel de Jehová (Gn 21.1-21).

Ismael creció e hizo del desierto el lugar de su habitación; su oficio fue la cacería. Se casó con una mujer egipcia (Gn 21.20,21) y fue padre de doce hijos, todos príncipes (25.12-16). Tuvo además una hija, Mahalat, quien llegó a ser mujer de Esaú (28.9). Acompañó a Isaac en el entierro de su padre Abraham (25.9).

La Biblia también menciona a otros cinco personas de nombre Ismael. Entre estos se destaca un judío rebelde, hijo de Netanías, quien asesinó al gobernador → GEDALÍAS y a otros pocos después de la conquista de Jerusalén por Nabucodonosor, rey de Babilonia (Jer 41.1-18).

ISMAÍAS Nombre de dos hombres en los tiempos de David.

1. Gabaonita que fuera uno de los valientes de David (1 Cr 12.4).

2. Hijo de Abdías y jefe de la tribu de Zabulón en tiempos de David (1 Cr 27.19).

ISMAQUÍAS Mayordomo del templo en tiempos de Ezequías (2 Cr 31.13).

ISRAEL (HOMBRE) → JACOB.

ISRAEL, NACIÓN Desde muy temprano la anfictionía de las doce tribus se llamó indistintamente «hijos de Israel», «el pueblo de Israel» y «tribus de Israel». Pero también desde los comienzos existieron tradiciones separadas tanto del sur como del norte. En el sur, desde el mar Muerto hasta el límite con el territorio de los filisteos, quedaban las tribus de Judá y Simeón, que incluían clanes como los calebitas, otonielitas, jeramelitas y los ceneos. El resto de las tribus quedaron al norte a uno y otro lado del Jordán. Rubén estaba al este del mar Muerto sobre el límite norte de Moab, frente a Judá, pero formaba parte del norte. Al oeste del Jordán, y como un eslabón entre las tribus del sur y las del norte, quedaron Daniel y Benjamín. Los danitas decidieron emigrar al extremo norte y cedieron su territorio a los filisteos. Finalmente, Benjamín quedó asimilado en parte

por el norte y en parte por el sur. Los moabitas, a la larga, conquistaron el territorio de Rubén.

Saúl, el primer rey, oriundo de Gabaa, de Benjamín, hizo un supremo esfuerzo por unir a todas las tribus bajo su gobierno central. Benjamín, tribu central, favorecía este propósito; pero circunstancias especiales echaron por tierra sus ambiciones. Sin embargo, David, del sur, lo logró. Durante los primeros siete años, David tuvo que limitarse a reinar únicamente en el sur. Las tribus del norte permanecieron fieles (más por sentimentalismo que por convicción) al heredero de Saúl. Pero al morir este, los del norte se sintieron peligrosamente huérfanos de autoridad y se sometieron gustosos al dominio davídico. Fue así, entonces, como por primera vez «los hijos de Israel» estuvieron todos bajo un solo gobierno central, cuya capital era Jerusalén. Es lamentable, pero esta unidad política solo se mantuvo durante los reinados de → DAVID y → SALOMÓN. De ahí en adelante dos naciones iniciarían su historia independiente aunque paralela: al norte, Israel, con su capital Samaria; al sur, Judá, con Jerusalén por capital.

La nación de Israel inicia su historia independiente con la rebelión de Jeroboam en el 931 a.C. La idea de ser gobernados indefinidamente por una dinastía sureña y desde una capital también del sur, no era nada atractiva para el núcleo norteño. Pasada la férrea dictadura salomónica, Jeroboam, que huyó de Salomón y se refugió en Egipto, regresó rápidamente y, apoyado por Egipto, organizó la rebelión de las tribus del norte contra Roboam, que ya gobernaba en lugar de Salomón, su padre. La falta de tacto de Roboam y la superioridad numérica del norte inclinaron la balanza en favor de los insurgentes. Ya en el trono, Jeroboam I estableció su capital en Siquem, ciudad central y religiosa pero indefensa. Luego se trasladó a Tirsa y esta fue la capital hasta la fundación de Samaria. Jeroboam I tomó todas las medidas políticas y religiosas necesarias para mantener la separación, se consagró al fortalecimiento de su reino como entidad permanente e independiente de toda influencia, e intentó la reconquista del sur. Puede decirse que esta fue la primera etapa, muy inestable por cierto, en la vida de la nueva nación. Durante los primeros cincuenta años tres dinastías fueron arrasadas por completo: Nadab, hijo de Jeroboam I, que pretendió sucederlo, fue asesinado por Baasa, un oficial, que reinó cuarenta y dos años. Más tarde cuando Ela, hijo de Baasa, quiso suceder a este, también fue asesinado con toda su familia por Zimri, uno de sus oficiales. Este último pereció pocos días después de haber ascendido al trono a manos del general Omri.

Una nueva etapa muy próspera y distinguida comienza para la nación israelita con el ascenso de → OMRI al trono. En adelante, las referencias a esta nación quedarían consignadas en los anales de los asirios mencionándola no como el «reino de Israel», sino como la «casa de Omri». Omri fundó la ciudad de Samaria y estableció allí su capital. Samaria sería luego tan famosa para Israel como lo fue Jerusalén para Judá. La dinastía de Omri duró apenas cuarenta y tres años (884–831 a.C.), pero hubo en ella cuatro reyes, tres de ellos fueron mundialmente famosos por sus actividades y valentía: Omri, Acab y Joram. Fueron días en que los reinos de Judá e Israel mantuvieron una estrecha amistad; celebraron alianzas y pelearon juntos guerras victoriosas. Fueron también los días en que profetas de la talla de Micaías, Elías y Eliseo ejercieron su ministerio.

Durante este período menudearon los triunfos de Israel sobre sus vecinos inmediatos, pero al mismo tiempo empezó a cernirse sobre la vida de la nación la fatídica sombra de los → ASIRIOS. Estos habían arreglado sus problemas intestinos, y se sentían capaces de conquistar las naciones del Occidente. Entonces, → ACAB reunió una coalición de reyes vecinos, a la que él mismo contribuyó con mil carros de guerra y diez mil soldados de infantería (muestra indudable de su poderío), y salió al paso de los asirios. Logró apagar los ímpetus conquistadores de estos en la famosa batalla de Qarqar (853).

Con la sangrienta revolución de → JEHÚ, a quien Eliseo ungió en secreto como rey de Israel, terminó la dinastía de Omri y comenzó para Israel un nuevo período que va del 842 al 745, todo bajo la nueva dinastía iniciada por Jehú. Este período se caracterizó, en su primera parte (842–786), por lo siguiente:

Turistas por el río Jaboc, en donde Jacob luchó con un ángel en la época de los patriarcas (Gn 32.22-32).

Foto de Howard Vos

Foto de Werner Braum

La fortaleza de Masada en la cumbre de una montaña, en donde un grupo de rebeldes judíos resistió hasta la muerte contra el ejército romano en 73 d.C. Cuando los romanos escalaron finalmente la montaña y traspasaron las defensas, los judíos se suicidaron para que no los capturaran.

1. La aniquilación de toda la descendencia de Omri, la cual se extendería hasta el reino de Judá.

Ramsés II de Egipto se postra ante sus dioses con una ofrenda. Muchos eruditos creen que este Ramsés fue el faraón gobernante en el tiempo del éxodo.

Foto de Howard Vos

2. La abolición del sistema de alianzas que había logrado conseguir la dinastía de Omri, y con el que dicha dinastía estuvo a punto de aunar nuevamente a las dos naciones.

3. La subordinación de Asiria bajo Salmanasar III.

Toda esta decadencia sucede bajo Jehú, quien estaba más interesado en la venganza que en la estabilidad y el fortalecimiento del reino.

Los siguientes dos reyes, Joacaz (814–798) y Joás (798–782), poco pudieron hacer dentro de las condiciones que heredaron de Jehú. No obstante, la nación de Israel resurgió vigorosamente bajo la próspera, pacífica y larga administración de Jeroboam II (782–753) y bajo el corto reinado de su hizo Zacarías (753–752), con quien terminó la dinastía de Jehú y comenzó el trágico fin de la nación. Las profecías de Amós y Oseas muestran claramente la gran administración de Jeroboam II.

Después de esto, lo que restaba a Israel como nación eran escasos treinta años. Una serie de crímenes palaciegos (Salum mató a Zacarías, Manahem a Salum y Peka a Pekaía, el hijo de Manahem) y la deposición de Peka por Tiglat-pileser III de Asiria, para colocar en su lugar a su favorito Oseas (732–723), condujo a Israel rápidamente a su fin. A la muerte de Tiglat-pileser III, Oseas creyó poder independizarse de Asiria, y esto solo provocó la ira de Salmanasar V. Este sitió a Samaria, la cual finalmente cayó en manos de Senaquerib en el 722 a.C. Los israelitas fueron llevados al cautiverio y la nación desapareció definitivamente.

ISRAEL, HISTORIA POSBÍBLICA

Bajo Roma y Bizancio

Durante la vida de Jesús y los apóstoles, Palestina estuvo anexada a la provincia romana de Siria. Los emperadores romanos (→ ROMA, IMPERIO) pusieron a Palestina en manos de procuradores, pero la injusticia y rapacidad de estos, unida al fanatismo de los → ZELOTES sicarios y al estado de exaltación mesiánica, provocaron una franca rebelión contra Roma. Al estallar la violencia, en los años 67 y 68 d.C., el emperador Nerón encargó al general Vespasiano dominar la situación y erradicar el nacionalismo judío. Vespasiano comenzó las operaciones militares

pero, una vez elegido emperador (año 69), encomendó la tarea a su hijo Tito, quien en 70 culminó la conquista del país con la toma y arrasamiento de → JERUSALÉN, la destrucción de la vida nacional de los judíos y su → DISPERSIÓN por todo el mundo entonces conocido.

El país reconquistado se convirtió en la provincia romana de Judea, gobernada por un legado senatorial residente en Siria. Las ciudades y los pueblos fueron reconstruidos lentamente y la vida comercial e intelectual recomenzó mientras en Jerusalén la Legión X *Fretensis* mantenía la *Pax Romana*. En Jamnia, localidad vecina a Gaza, desde el 68 d.C. y con permiso del emperador Vespasiano, funcionaba una academia de doctores y escribas judíos, fundada por el rabí Yojanán Ben Zakai, la cual trabajó ininterrumpidamente hasta el 425, cuando el emperador Teodosio II la suprimió. Disuelto el sanedrín desde el año 70 d.C., la academia de Jamnia constituyó durante tres siglos y medio la máxima autoridad del judaísmo; su labor fundamental fue la definición de cuáles libros se consideraban autoritativos (→ CANON

El muro de las lamentaciones, forma parte de los restos de los edificios del templo de Herodes en Jerusalén. Los judíos modernos vienen aquí para lamentar la pérdida del templo y para orar.

Foto de Ben Chapman

DEL ANTIGUO TESTAMENTO), y la recopilación de la tradición que se fijó en la Mishnah y el → TALMUD, roca espiritual del judaísmo posterior.

A partir del año 116 d.C. hubo numerosos levantamientos contra el poder imperial en las comunidades judías mediterráneas, especialmente en Alejandría, Cirene y Chipre, y estos encontraron eco en Palestina. Un decreto del emperador Adriano prohibió la circuncisión en todo el imperio y provocó una insurrección palestina capitaneada por el héroe judío Bar-Kojba (*hijo de la estrella*; cf. Nm 24.17), aceptado como mesías por el rabí Aqiba, el gran doctor talmúdico. El nuevo levantamiento judío duró del 132 al 135 y fue cruelmente sofocado por Adriano, quien después de la matanza del pueblo hebreo y de arrasar nuevamente a Jerusalén, la hizo reedificar con el nombre de *Aelia Capitolina* y prohibió a los judíos residir en ella. En el lugar del antiguo → TEMPLO se edificó un templo a Júpiter capitolino y, sobre el sepulcro identificado como el de Jesús, otro templo a Venus. Hasta el nombre de Judea quedó proscrito. El país quedó

El arco de Tito en la ciudad de Roma, recordando la victoria de los emperadores romanos Vespasiano y Tito sobre la rebelión judía en el 70 d.C.

---

semidesierto y durante siglos predominaron en Jerusalén y en toda Palestina las poblaciones romana, griega, árabe, siria o cualquier otra menos la judía.

Con la conversión al cristianismo del emperador Constantino, Palestina se fortaleció religiosamente. Santa Helena, madre del emperador, visitó en 326 los lugares tradicionalmente asociados con la vida de Jesucristo e hizo construir suntuosas basílicas en muchos de ellos. Por aquella época las peregrinaciones de cristianos a la Tierra Santa se multiplicaron. Tal situación se eclipsó bajo Juliano el Apóstata, anticristiano que incluso ordenó la reconstrucción del templo de Jerusalén (obra inconclusa desde sus fases iniciales) para desmentir la profecía de Cristo sobre la destrucción del templo (Lc 19.43s).

En el reparto del Imperio Romano en 395, a la muerte de Teodosio, Palestina tocó al Imperio de Oriente (Bizancio). Se intensificaron las peregrinaciones y se difundió ampliamente el monarquismo cristiano en su territorio. El emperador Justiniano embelleció y restauró las basílicas cristianas.

Período persa

En el año 614 el rey persa Cosroes II, en lucha contra los bizantinos, se apoderó de Palestina ayudado por los judíos locales, adversos al cristianismo. Los persas devastaron el país y destruyeròn o dañaron las edificaciones cristianas. Pero su poder fue fugaz: el emperador bizantino Heraclio, en sus campañas de 628 y 629, liberó el Imperio de Oriente de los invasores y reconquistó Palestina. Tal situación fue también efímera, pues un nuevo poder nacía en Oriente.

Bajo los árabes

En el año 635 Palestina sucumbió ante la avasalladora política imperialista de los árabes mahometanos, que un siglo más tarde gobernarían desde Córdoba hasta el río Indo. En 637 el califa Omar tomó a Jerusalén con la aquiescencia de los naturales, tanto judíos como cristianos, que hartos del yugo

I

bizantino esperaban un mejor trato de los nuevos amos. La toma de Jerusalén, cuyo asedio duró dos años, solo pudo realizarse luego de un acuerdo entre Omar y el patriarca Sofronio, en el que se garantizaban las vidas y los bienes de los palestinos así como su libertad de culto.

Jerusalén, ciudad santa para los musulmanes debido al fantástico viaje nocturno de Mahoma (Corán, XVII,1), dependía directamente del califa. En el área del antiguo templo se edificaron dos mezquitas sacratísimas para los creyentes mahometanos, la llamada «de Omar» (la Cúpula de la Roca) y la del al-Aksa, cuya ubicación impide, aun en nuestros días, la reedificación del templo.

El dominio árabe en Palestina fue pacífico durante unos tres siglos; la libertad religiosa se respetó tanto para cristianos como para judíos, continuaron las peregrinaciones cristianas y los lugares santos se reconstruyeron. Con la irrupción de los fatimitas de Egipto (929), el país se sumió en guerras y persecuciones que se prolongarían tres siglos. A Palestina la ocuparon y dominaron los califas del Cairo (969), quienes alternaban entre períodos de tolerancia y épocas destructivas de persecución.

Bajo los selyúcidas

La situación se agravó con la ocupación del país (1071–1076) por parte de la dinastía turcomana o selyúcida, fanáticos recién convertidos al islamismo. Sus violencias y crueldades motivaron la reacción de la cristiandad medieval y condujeron a las Cruzadas.

Un paréntesis: el reino latino de Jerusalén (1099–1187)

Enormes ejércitos de cristianos se reunieron ante el llamado de los papas y desorganizadamente se lanzaron a la empresa de reconquistar la Tierra Santa. Tras un intento abortivo en la primera cruzada, Jerusalén fue sitiada y tomada por el ejército cruzado en 1099. Durante cuatro días los cristianos realizaron una horrible matanza de árabes y judíos, al punto de dejar la ciudad santa sin un solo habitante judío por mucho tiempo. Los franceses, fundamentalmente, constituyeron

---

Detalle del arco de Tito, mostrando a los romanos cargando objetos del templo en Jerusalén después que el ejército romano destruyera la ciudad en el 70 d.C.

Moneda acuñada por el emperador romano Vespasiano, mostrando un soldado romano con una mujer judía, que llora por la destrucción de Jerusalén en el 70 d.C.

una monarquía feudal de corte europeo enclavada en pleno mundo musulmán. Se sucedieron tres monarcas principales, pero el reino cayó en 1187, en la batalla de Hattin, frente al sultán Saladino de El Cairo.

De nuevo bajo los árabes

Saladino, en efecto, se había proclamado sultán independiente de Egipto desde 1174. Predicó la guerra santa contra los infieles cristianos y reconquistó poco a poco el país, hasta tomar Jerusalén (1187). Las guerras entre los caballeros cruzados y los árabes, unidos a los turcos, culminaron con la victoria de los aliados musulmanes en 1291. Palestina gozó de una casi completa paz externa durante los dos siglos y medio que la gobernaron los musulmanes mamelucos de Egipto, pero esta paz se vio turbada en 1400 con la caída de Damasco en manos de los mongoles y la subsiguiente invasión de Palestina, la más terrible que haya conocido el país. Internamente, a los cristianos se les trató con mucha dureza durante este período; no así los judíos que, a raíz de las persecuciones de que eran objeto en Europa, pudieron emigrar de Francia, Inglaterra y España y construir libremente sus sinagogas.

El Imperio Otomano

En 1517 el sultán turco otomano Selim I conquistó a Egipto y al mismo tiempo se adueñó de Palestina, Siria e Irak. La cruel *Pax Turca*, uno de los sistemas imperiales más deplorables que ha conocido Occidente, sumió al país en un profundo atraso durante los cuatro siglos (1517–1917) de dominio otomano.

En 1799 Napoleón, quien había conquistado a Egipto, partió de allí con ánimo de conquistar Palestina. Se apoderó de Haifa y se enfrentó al ejército turco en la batalla del monte Tabor, pero se retiró sin lograr su fin. De 1832 a 1840 la *Pax Turca* se interrumpió en Palestina cuando el gobernador de Egipto Mohamed Alí la ocupó, en rebeldía contra su señor el sultán otomano. La aventura terminó con la intervención de las potencias europeas (Inglaterra, Prusia, Austria, Francia y Rusia), quienes para proteger sus intereses constriñeron a Mohamed a devolver lo ocupado a Turquía. El sultán, a raíz del incidente, otorgó ciertas concesiones en suelo palestino a los países europeos y estos abrieron consulados en diversas ciudades y se declararon preceptores de las comunidades cristianas nativas, católicas, protestantes u ortodoxas.

El sionismo

La explosión del antisemitismo en Europa, especialmente en Rusia, originó dentro del pueblo judío un fuerte movimiento de regreso a la tierra de Israel. Desde 1885 se había fundado el movimiento «Amor a Sion», y en 1897 el visionario del estado judío, Teodoro Herzl, fundó la Organización Sionista Mundial en el primer congreso sionista celebrado en Basilea. La corriente migratoria judía tomó cuerpo: en 1850 no había en toda Palestina sino unos doce mil judíos; hacia 1882 ya había treinta y cinco mil. Las aldeas agrícolas comenzaron a multiplicarse; renació la vieja lengua hebrea y se fundó en Jerusalén la Universidad Hebrea. Al estallar la primera guerra mundial en 1914, la comunidad judía de Palestina sumaba ochenta y cinco mil personas. Esta guerra modificó la situación del país, pues Turquía (la potencia ocupante), en su calidad de aliada en Prusia, hizo de Palestina su centro de operaciones contra Egipto, ocupado este por los ingleses. Las guerras árabes animadas por el coronel Lawrence (Lawrence de Arabia) desalojaron a los otomanos de amplios territorios; entre otros, de la región Siria Palestina, que quedó en manos de los ingleses a partir de 1917.

El mandato británico

El 2 de noviembre de 1917 el gobierno británico formuló la Declaración de Balfour, en la que expresaba sus simpatías por las aspiraciones sionistas y se comprometía a apoyar la creación en Palestina de un hogar nacional para el pueblo judío. El mandato sobre Palestina, que la Liga de Naciones confió a los ingleses (1922), incorporó la declaración de Balfour y admitió explícitamente los fundamentos para la reconstrucción de un estado judío en Palestina. Bajo la égida de la Organización Sionista (creación de Herzl) y de la remozada Agencia Judía, el regreso del pueblo y la construcción del nuevo estado adquirieron un ritmo acelerado; el pueblo judío volvió a la agricultura y a la ganadería y se multiplicaron los nuevos centros de población. Sin embargo, la administración británica, requerida por sus intereses en los territorios árabes, fue obstruyendo cada vez más estos esfuerzos y dificultó la inmigración judía. El surgimiento del nazismo en Alemania, y la consiguiente carnicería de seis millones de judíos europeos, tornaron más apremiante la restauración de la independencia judía.

En Palestina, la población hebrea organizó diversos métodos de resistencia contra el ocupante inglés. El resultado fue una mayor tensión y constantes choques entre la administración mandataria y la comunidad judía (el *Ishuv*). En 1947 Gran Bretaña planteó la cuestión de Palestina ante las Naciones Unidas. Una comisión especial recomendó la partición de Palestina en dos estados independientes, judíos y árabes, ligados por un acuerdo económico con Jerusalén bajo control internacional. El 29 de noviembre de ese año la Asamblea General de la ONU aprobó la recomendación por amplia mayoría y el *Ishuv* se lanzó entonces a la empresa de preparar la independencia de un estado que contaría con solo veinte mil kilómetros cuadrados de territorio, y que debería inaugurarse el 15 de mayo de 1948, fecha de finalización del mandato británico.

Israel

La noche del 14 de mayo de 1948, David Ben Gurión, en su calidad de jefe del consejo provisional del estado, leyó en Tel Aviv la declaración de independencia, mediante la cual se fundaba el estado de Israel. Pocas horas después, los ejércitos de Egipto, Jordania, Siria, Líbano e Irak, acompañados por un contingente de Arabia Saudita, invadieron el país, e Israel se vio abocado a una guerra de independencia que se prolongó siete meses. El armisticio de 1949 fue efímero y la tensión armada que se produjo con los países árabes, que se negaban y aún se niegan a reconocer el derecho de existencia del estado de Israel, ha producido desde entonces innumerables actos de sabotaje, asaltos y muertes, incluyendo guerras.

Numerosos han sido los conflictos desde entonces. Los principales son:

1956: Israel invade Egipto, lo que entre otras cosas trae como consecuencia que los egipcios inutilicen el canal de Suez.

1967: Estalla la «Guerra de los Seis Días», que resulta en la derrota humillante de las fuerzas árabes. Egipto pierde Gaza y el Sinaí. Siria pierde las alturas de Golán. Jordania pierde la parte vieja de Jerusalén y la Cisjordania.

1973: Se desata la Guerra del Yom Kippur. Egipto ataca por el sur y Siria por el norte. Israel gana territorio y los árabes piden el cese al fuego a las tres semanas del primer ataque.

1977: Anuar el-Sadat, presidente de Egipto, viaja a Israel. Las negociaciones que esto da origen concluyen en 1979 con el Acuerdo de Camp David (Estados Unidos) en el cual se restablecen las relaciones de Israel con Egipto, e Israel les devuelve la península de Sinaí.

1982: Irael invade el Líbano para detener los ataques que desde allí lanza la Organización para la Liberación de Palestina (OLP).

1987: Comienzan las revueltas palestinas que se conocen como *intifada*.

1991: Irak invade Kuwait y se desata la Guerra del Golfo, durante la cual Israel se ve atacada con proyectiles teledirigidos. La guerra concluye con las conferencias de paz de Madrid.

Surge la esperanza de paz al reiniciarse negociaciones con la OLP en Oslo, Noruega. En 1993 se firma en Washington una Declaración de Principios (Oslo I), tras lo cual se tranfiere a la OLP el control de Jericó y Gaza.

A continuación, en 1994, se firma un tratado de paz con Jordania.

1994: El 29 de agosto Israel cede el control de parte de la Ribera Occidental a la OLP.

1995: El año 1995 es trascendental, pues tras el acuerdo interino (Oslo II) que se firma con la OLP, Israel pone Belén, Hebrón y cuatrocientas otras poblaciones bajo el control de los palestinos. Pero ese mismo año se produce el asesinato del primer ministro Isaac Rabin, que da inicio a un período de inestabilidad y peligro para la paz que aún no ha terminado.

1996: En este año Benjamín Netanyahu gana la primera elección de primer ministro. Comienzan las conversaciones respecto a la situación final que decidirán el destino de Jerusalén. Sin embargo, la violencia continúa.

1997: Israel inicia construcción de hogares en el Jerusalén oriental árabe. La tensión y la violencia aumentan.

Israel es en la actualidad, pese al virtual estado de guerra en que ha vivido por casi cincuenta años, un país próspero y moderno que ofrece el espectáculo de una nación que aúna milenios de historia y de tradición con los recursos de la más avanzada tecnología. Cuenta con una población de más de tres millones de habitantes y con importantes centros de enseñanza y de investigación, incluyendo los laboratorios atómicos de Dimona. Su economía es fuerte y sus leyes garantizan la tolerancia religiosa y un amplio marco de libertades, dentro de un estado de corte socializante. Pero la situación política externa es incierta, como es de esperar de un país que solo ha podido sobrevivir a fuerza de devolver golpe por golpe.

ITAI Nombre de dos hombres que apoyaron al rey David.

1. Natural de Gat que juntamente con otros seiscientos hombres de esta ciudad acompañó a David cuando este huyó de Absalón. Aunque era filisteo, no quiso abandonar a David. Por tanto, lo nombraron jefe de la tercera parte del ejército (2 S 15.19-22; 18.2,5,12).

2. Benjamita, hijo de Ribai, uno de los treinta valientes de la guardia de David (2 S 23.29; 1 Cr 11.31).

ITALIA Nombre que se aplica en Hch 18.2; 27.1,6; y Heb 13.24 con el mismo sentido que tuvo desde Julio César y Octavio César: Península italiana, de delimitaciones aproximadas a las actuales. Era uno de los lugares predilectos de los emigrantes judíos, los cuales se establecían principalmente en → Roma, en el Trastevere. La compañía a la que pertenecía Cornelio (Hch 10.1) se llamaba la → Italiana, probablemente por estar compuesta de itálicos, ciudadanos romanos.

ITALIANA, COMPAÑÍA LA Unidad del ejército romano estacionada en Cesarea (Hch 10.1), de la que → Cornelio era centurión. El término griego traducido como compañía se refiere a la cohorte, que contaba con aproximadamente seiscientos hombres bajo la dirección de un tribuno.

ITAMAR Cuarto hijo de Aarón (Éx 6.23; Nm 26.60), consagrado sacerdote al mismo tiempo que su padre y sus tres hermanos, Nadab, Abiú y Eleazar (Éx 28.1). Su posteridad tuvo a su cargo la construcción del tabernáculo en el desierto (Éx 38.21). Después de la muerte de Nadab y Abiú, castigados por su desobediencia (Lv 10.1), Itamar y Eleazar, su hermano, se encargaron de todas las funciones sacerdotales (Nm 3.4). Durante el éxodo, Itamar fue el jefe de los gersonitas y meraritas, encargados del transporte de ciertas partes del tabernáculo (Nm 4.21-33).

Por algún tiempo varios miembros de la familia de Itamar desempeñaron el sumo sacerdocio (1 R 2.27; cf. 1 Cr 24.1-4).

ITIEL Nombre de dos hombres del Antiguo Testamento.

1. Un benjamita que regresó de Babilonia a Jerusalén después de la cautividad (Neh 11.7).

2. Una persona a la que → Agur dirigió sus profecías (Pr 30.1).

ITMA (*huérfano*). Uno de los valientes de David (1 Cr 11.46).

ITNÁN (*constante*). Ciudad al sur de Judá cerca de Hazor (Jos 15.23).

ITREAM (*resto del pueblo*). Sexto hijo de David y su esposa Egla en Hebrón (2 S 3.5).

ITUREA Parte de la tetrarquía de Felipe que siempre se asocia con → Traconite (Lc 3.1). Quedaba al extremo noroeste de Palestina, poblada probablemente por árabes nómadas y belicosos. Su nombre recuerda a Jetur, hijo de Ismael (Gn 25.15s; 1 Cr 1.31; 5.19). Los itureos eran arqueros hábiles y diestros ladrones; vivían en una tierra escabrosa, con excepción de la región sur.

Alrededor del año 20 d.C. Iturea pasó a poder de los romanos, quienes a su vez la dieron a Herodes. Con la muerte de este, una parte se le otorgó a → Herodes Felipe. Otras regiones de Iturea eran Abilene, Soemus y Calquis (→ Agripa II).

IVA Ciudad-estado de Samaria capturada por los asirios. Iva es una de las ciudades que mencionan los enviados de Senaquerib en un intento de romper la resistencia de Ezequías a los asirios durante el sitio de Jerusalén (2 R 18.34). Iva quizás sea la misma ciudad mencionada en 2 R 17.24 con el nombre de Ava.

IZRI Levita y jefe del cuarto grupo de músicos en el servicio del santuario (1 Cr 25.11). También se le llama *Zeri* (1 Cr 25.3), un hijo de Jedutún.

JAACÁN Descendiente de Esaú (1 Cr 1.42). En los tiempos del éxodo vivieron en los límites de Edom cerca del monte de Hor.

JAASIEL Nombre de dos personas en el Antiguo Testamento.

1. Uno de los valientes de David (1 Cr 11.47).

2. Hijo de Abner y jefe de la tribu de Benjamín durante el reinado de David (1 Cr 27.21), posiblemente sea el mismo Jaasiel del No. 1.

JAAZANÍAS «Hijo de un maacateo» y uno de los príncipes que llegaron a Mizpa para jurar fidelidad a Gedalías, gobernador de Judá nombrado por Nabucodonosor (2 R 25.23; «Jezanías» en Jer 40.8). Después que Ismael mató a Gedalías, probablemente Jaazanías ayudó a pelear contra Ismael (Jer 41.11ss). El «Azarías» de Jer 43.2 puede que sea el mismo Jaazanías o un hermano suyo. En Jer 35.3 y Ez 8.11; 11.1 se mencionan otros personajes de nombre Jaazanías.

Un wadi, o cauce seco, en el camino a Jabes de Galaad, una ciudad en Palestina central al este del río Jordán (Nm 32.33).

Foto: *Servicio fotográfico Levant*

JAAZÍAS Levita descendiente de Merari (1 Cr 24.26-27).

JABES-GALAAD Ciudad de Galaad, situada a 2 km al este del Jordán y unos 32 km al sur del mar de Galilea. El heroísmo y la generosidad eran cualidades sobresalientes de sus moradores. No participaron en la destrucción de Benjamín (Jue 20.1–21.11), por lo cual fueron severamente castigados (Jue 21.10). Cuatrocientas doncellas sobrevivientes de Jabes-Galaad se dieron por esposas a los sobrevivientes de Benjamín (Jue 21.14). Más tarde, cuando los amonitas los atacaron, Saúl los defendió (1 S 11). Por tanto, algunos valientes de Jabes-Galaad rescataron los cadáveres de Saúl y sus acompañantes y los sepultaron en su tierra (1 S 31.1-13; 1 Cr 10.11-13). David bendijo y ofreció su ayuda a los de Jabes-Galaad en gratitud por este acto (2 S 2.4-7).

JABÍN (*discernidor*). Probablemente título real de los reyes de Hazor, ciudad principal en Palestina del norte.

1. Rey de → Hazor que formó una alianza con los reyes de las tribus de Palestina del norte para pelear contra Josué, quien los sorprendió «junto a las aguas de Merom» y los derrotó. Josué conquistó a Hazor y mató a Jabín (Jos 11.1-14).

2. Otro rey de Hazor quizás descendiente del anterior, jefe de una confederación cananea. Era rey poderoso que «había oprimido con crueldad a los hijos de Israel por veinte años» (Jue 4.2,3); pero su ejército, capitaneado por → Sísara, fue derrotado por Barac y los israelitas. La guerra continuó hasta el derrocamiento de Jabín (Jue 4–5; Sal 83.9).

JABOC Uno de los afluentes orientales más importantes del río Jordán. Nace en el altiplano oriental de las montañas de Galaad, se dirige al nordeste y después al sudoeste hasta desembocar en el río Jordán, unos 37 km al norte del mar Muerto. El profundo valle del Jaboc era una frontera natural entre el territorio de Sehón, rey de los amorreos, y el de Og, rey de Basán (Nm 21.24; Jos 12.2-5; Jue 11.22), territorios estos que más tarde se asignaron a Gad y a la media tribu de Manasés. Fue el sitio del encuentro y la lucha de Jacob con el ángel, y de la reunión de Jacob con Esaú (Gn 32.22; 33.1-20). Hoy se llama Nahr es-zerga.

JABÓN Pasta que se obtiene de la combinación de un álcali con algún aceite o grasa. Antiguamente también lo había de procedencia mineral. Según Jer 2.22, la capacidad limpiadora del jabón contra toda suciedad es tan grande, que solo las manchas del pecado escapan a su acción. Contra estas impurezas es indispensable el poder de Dios (Is 1.25; Mal 3.2,3), mediante el sacrificio de Cristo (1 Jn 1.17). Los antiguos utilizaban también la lejía como elemento limpiador (Jer 2.22).

JACÁN (*afligido*). Un jefe de la tribu de Gad (1 Cr 5.13).

JACINTO Es una variedad del mineral circón que se usa como piedra preciosa. Es de color rojo, aunque puede ser también amarillenta. Aparece en el pectoral del sumo sacerdote (Éx 28.19) y en los cimientos del muro de la Nueva Jerusalén (Ap 21.10). Es

Una región montañosa por la que fluye el arroyo Jaboc. En este lugar luchó Jacob con un ángel toda la noche (Gn 32.22-32).

además el nombre de un color (Ap 9.17, RV-1909).

JACOB (*el que toma por el calcañar o el que suplanta*). Padre del pueblo hebreo, cuya vida transcurrió, probablemente, en el siglo XVIII a.C. Fue hijo de → Isaac y → Rebeca y hermano gemelo de → Esaú. Nació como respuesta a la oración de fe de su padre (Gn 25.21). Su historia aparece en Gn 25.21–50.14. Desde antes de nacer, su madre supo, por revelación divina, que en su seno se originarían dos grandes naciones ya divididas entre sí. Esaú nació primero, pero Jacob le siguió asido de su talón (Gn 25.22-26). Según la Ley antigua, la primogenitura le correspondía a Esaú, pero Jacob, con notable astucia, la consiguió de su hermano a cambio de un guisado (Gn 25.29-34; Heb 12.16).

Aconsejado por su madre, Jacob obtuvo con engaño la bendición paterna (Gn 27.1-29), y Esaú, indignado, prometió matarlo (Gn 27.41). Como consecuencia, Rebeca misma se vio obligada a procurar que Isaac enviara a Jacob a Harán, con el pretexto de elegir esposa allí (Gn 27.42–28.5; Os 12.12). Durante su viaje Jacob tuvo una visión que le afectó profundamente: veía una escalera que llegaba hasta el cielo y ángeles de Dios que subían y bajaban. En aquel lugar Dios confirmó a Jacob el pacto con Abraham. Jacob erigió un altar, llamó a aquel lugar → Bet-el (*casa de Dios*) e hizo voto ante Dios (Gn 28.11-22).

Una vez en Harán Jacob permaneció con su tío Labán, a quien sirvió siete años para poder recibir a Raquel como esposa. Sin embargo, debió trabajar siete años más, Labán le entregó primero a Lea, su hija mayor (Gn 29.9-28). De Lea, Jacob tuvo seis hijos varones: Rubén, Simeón, Leví, Judá, Isacar y Zabulón, y una hija, Dina; de la esclava de Lea tuvo a Gad y Aser. De la esclava de Raquel tuvo a Dan y Neftalí. Como respuesta divina a los ruegos de Raquel también tuvo con ella dos hijos, José y Benjamín, quienes llegaron a ser los favoritos de Jacob. Todos,

excepto Benjamín que nació en el camino de Efrata (Belén) y costó la vida de su madre (Gn 35.16-19), nacieron en Padan-aram (Gn 35.23-26).

Gracias a su astucia, Jacob prosperó tanto que provocó la envidia de los hijos de Labán. Como consecuencia, para zanjar las desavenencias y por indicación divina, se volvió a Canaán, pero Labán lo persiguió y alcanzó. Este le propuso celebrar un pacto (Gn 31), se separaron amistosamente y Jacob pudo proseguir su viaje. Al pasar por Mahanaim le salieron al encuentro ángeles de Dios (Gn 32.1,2). Por temor de su hermano Esaú, planeó hábilmente el encuentro con él. La noche anterior luchó con el ángel de Jehová y, en consecuencia, obtuvo una bendición. Fue entonces cuando recibió el nombre de Israel, «el que lucha con Dios» (Gn 24.32; Os 12.3,4), nombre que se perpetuó en «los hijos de Israel» (Gn 42.5; 45.21), y llegó a abarcar a todo el pueblo elegido de Dios. Jacob llamó a aquel lugar Peniel (*el rostro de Dios*).

Después de su reconciliación con Esaú, Jacob se instaló en Siquem (Gn 33.18), pero debido al ultraje de que fue objeto su hija Dina, y a la consecuente venganza de Simeón y Leví contra la ciudad, tuvo que dejar Siquem. Marchó a Bet-el, donde Dios le confirmó sus promesas (Gn 35.1-15). Después llegó a Hebrón, a tiempo para sepultar a su padre (Gn 35.27-29).

La predilección de Jacob por José y los sueños de este le crearon serios problemas de celos entre sus hijos. Una día los propios hermanos vendieron a José y le hicieron creer a Jacob que había muerto (Gn 37). No sería sino años después, cuando fueron a Egipto debido a una escasez de alimentos, que Jacob y el resto de sus hijos descubrirían que el gobernador de aquella tierra era José (Gn 42–45). Jacob y sus demás hijos se instalaron en la tierra de Gosén, donde vivió diecisiete años más (Gn 46–47.28). Murió cuando tenía más de ciento treinta años, rodeado de sus hijos y después de otorgar a cada uno su bendición (Gn 48 y 49). Lo llevaron a Canaán para sepultarlo en la cueva de Macpela, como siempre deseó (Gn 50.1-14).

El nombre de Jacob aparece en las genealogías de Jesús (Mt 1.2; Lc 3.34). Es muy significativo que se mencione con Abraham e Isaac ocupando un lugar predominante en el Reino (Mt 8.11; Lc 13.28). Los Evangelios Sinópticos registran la mención que Jesús hace de Éx 3.6 (Mt 22.32; Mc 12.26; Lc 20.37). Esteban menciona a Jacob en su discurso (Hch 7.12-15,46), y Pablo en Ro 9.11-13; 11.26. Finalmente el patriarca aparece en Heb 11.21 como uno de los héroes de la fe.

Otro Jacob, padre de José, aparece en la genealogía de Jesús según Mt 1.16.

JACOB, POZO DE Pozo donde Jesús habló con la samaritana (Jn 4.1-26). Esta es la primera referencia al pozo de Jacob; no se menciona en el Antiguo Testamento.

JACOBO (*Iakôbos* en griego, *Ya'akob* en hebreo, y *Iacobus* en latín). Nombre propio masculino muy popular en tiempos bíblicos, equivalente a Santiago. El nombre Santiago es una contracción castellanizada de dos palabras latinas, *sanctus Iacobus*, que quiere decir *San Jacobo*. Ciertos exégetas identifican a algunos o a todos los Jacobos de 3 a 5 abajo como una sola persona.

1. Hijo de Matán y padre de José el esposo de María (Mt 1.15s; → Genealogía de Jesus).

2. Hijo de Zebedeo y pescador galileo, a quien Jesús llamó (Mt 4.21), junto con su hermano menor Juan para ser uno de los doce apóstoles (Mt 10.2; Mc 3.17; Lc 6.14; Hch 1.13). Con Pedro y Juan, Jacobo integraba un núcleo singular de discípulos presentes en la resurrección de la hija de Jairo (Mc 5.37//), en la transfiguración (Mc 9.2//) y en la oración en Getsemaní (Mc 14.33). Juntamente con Juan se le apellidó → Boanerges (Mc 3.17) y ambos también recibieron una represión de Jesús por su impetuosidad (Lc 9.54). Los dos pidieron un lugar de preferencia en el Reino y Jesús les profetizó que beberían la copa de Él (Mc 10.39), anuncio que se cumplió con la muerte de Jacobo, degollado por Herodes Agripa I, *ca.* 44 d.C. (Hch 12.2).

Algunos intérpretes, basándose en una comparación de las listas de Mateo 27.56; Marcos 15.40 y Juan 19.25, creen que Jacobo era primo de Jesús; pero esta identificación depende de dos hipótesis dudosas (→ Hermanos de Jesús). La tradición del siglo II le llamó «Jacobo (o Santiago) el Mayor».

3. Hijo de → Alfeo y también uno de los doce apóstoles (Mt 10.3; Mc 3.18//; Lc 6.15; Hch 1.13). Aunque Leví es también llamado «hijo de Alfeo», es probable que su padre sea otro Alfeo y que Leví y Jacobo no fueran hermanos.

A este Jacobo comúnmente se le identifica como Jacobo «el menor», hijo de → María (Mc 15.40). Es evidente que lleva el apodo para distinguirlo (por su estatura o su juventud) de Jacobo el hijo de Zebedeo.

4. Padre (según HA, NVI, pero «hermano» según RV y VM) de Judas (no Iscariote). Excepto su mención en Lucas 6.16 y Hechos 1.13, no se sabe nada de él.

5. Hermano de Jesús, mencionado con sus hermanos (¿menores?) José, Simón y Judas (Mc 6.3//, → Hermanos de Jesús). A juzgar por Mt 12.46-50; Mc 3.31-35; Lc 8.19-21 y Jn 7.5, Jacobo no aceptaba la autoridad de Jesús durante el ministerio de este, pero después de que se le apareció resucitado (1 Co 15.7), llegó a ser un líder importante de la iglesia judeocristiana de Jerusalén (Hch 12.17; Gl 1.19; 2.9).

Evidentemente se le considera apóstol (Gl 1.19) cuyo campo misionero fueron los judíos (Gl 2.9), en especial los de Jerusalén. En esta iglesia madre, Jacobo es la primera de tres «columnas» con quienes Pablo dialogó al principio de su ministerio, y de quienes recibió reconocimiento por su mensaje (Gl 2.7-10). Más tarde ciertos emisarios que reclamaban la autoridad de Jacobo, pero que probablemente exageraban su postura, sugirieron que en la iglesia de → Antioquía los gentiles y los judíos comieran en mesas separadas. Pablo rechazó con vehemencia esta idea (Gl 2.11s).

Hechos 15.1-29 describe el primer → CON-CILIO de la iglesia (cuya relación con los encuentros de Gl 1 y 2 es difícil de precisar). Este concilio se celebró en Jerusalén, y Jacobo lo presidió. En esta ocasión se acordó recomendar a los gentiles recién convertidos ciertas prácticas que facilitaran el compañerismo de mesa con los judeocristianos. Más tarde, Jacobo también sirvió de mediador entre un grupo de judeocristianos que deseaban imponer la Ley Mosaica a todos los cristianos, y el grupo de gentiles conversos, que desde luego no querían aceptar esta obligación. Las simpatías judías de Jacobo se ponen de relieve en la sugerencia que hace a Pablo cuando este visita a Jerusalén por última vez (Hch 21.17-26).

La tradición posterior (Hegesipo, primitivo historiador cristiano *ca.* 180 d.C.; y el *Evangelio según los hebreos*, → EVANGELIOS APÓCRIFOS) exalta el papel de Jacobo, llamándolo «el justo» y presentándolo como muy reverenciado por su piedad y apego a la Ley. Hegesipo y Josefo (*Guerra* XX.ix.1) relatan su martirio (*ca.* 62), lapidado a instigación de los saduceos.

Eusebio de Cesarea cita a Josefo en el sentido de que las miserias y horrores del sitio de Jerusalén se debieron al castigo divino por el asesinato de Jacobo. Escritores posteriores describen a Jacobo como obispo e incluso como obispo de obispos. Según Eusebio, la silla episcopal todavía estaba en exhibición en Jerusalén en el tiempo en que escribía su *Historia eclesiástica* (en el año 324).

La tradición asigna a Jacobo la paternidad de la carta de → SANTIAGO (Stg 1.1; cf. Jud 1).

Bibliografía:
EBDM IV, col. 473-478. William Barclay, *NTC*, pp. 16-19. C. Leslie Mitton, *The Epistle of James*, pp. 219-222.

JAEL Mujer cenea que mató a Sísara, capitán de las fuerzas cananeas derrotadas por → BARAC y Débora (Jue 4.17-22). Cuando Sísara pidió asilo en la tienda de Jael, ella le socorrió para después matarlo mientras dormía, cumpliéndose así la profecía de Débora (Jue 4.9). Aunque la traición a un huésped era un crimen contra la ética de la → HOSPITALIDAD, Jael fue alabada en el cántico de Débora por haber dado el golpe de gracia a las fuerzas que oprimían a los israelitas (Jue 5.24-27).

JAFET (*ensanchamiento*). Hijo de Noé que entró en el arca y se salvó del diluvio juntamente con su esposa. Según Gn 10.21 era menor que Sem, pero de acuerdo con otras citas debía ser el menor de los tres hermanos (Gn 6.10; 7.13; 9.18; 1 Cr 1.4).

Jafet fue padre de las naciones europeas (Gn 10.2-5): los cimeraneos (Gomer), los escitas (Askenaz), los medos (Madai), los moscovitas o eslavos (Mesec), los jonios (Javán), los de Chipre (Quitim) y los de Rodas (Dodanim), entre los mejor identificados. Es notable que el padre de la figura mitológica Prometeo se llamara Iapetos y que los filisteos fueran de raza micena.

La profecía de Noé: «Habite Jafet en las tiendas de Sem» (Gn 9.27), puede entenderse relacionada con los filisteos que invadieron Palestina y ocuparon territorios que Dios concedió a Abraham (→ SEM).

JAH Uno de los nombres de Dios, usado veintitrés veces en el Antiguo Testamento (RV). Posiblemente fuera abreviatura de Jehová (Yahveh). Se halla solo en los Salmos e Isaías. También forma parte de la jaculatoria que tan a menudo se usa en los Salmos: «Aleluya»; constituye la última sílaba.

JAHAT Nombre de cinco hombres en el Antiguo Testamento.

1. Hijo de Reaía descendiente de Judá (1 Cr 4.2).

2. Hijo de Libni (1 Cr 6.20,43).

3. Hijo de Simei (1 Cr 23.10,11).

4. Levita de la familia de Coat (1 Cr 24.22).

5. Levita que ayudó a reparar el templo durante el reinado de Josías (2 Cr 34.12).

JAHAZA Ciudad al este del Jordán, posiblemente al norte del río Arnón, donde los israelitas derrotaron a Sehón rey amorreo, cuando este le negó el paso por sus tierras (Nm 21.23,24; Dt 2.32; Jue 11.20). Fue poblada por la tribu de Rubén (Jos 13.18), pero dada a los levitas de la familia de Merari (21.34,36).

Posteriormente, Moab la tomó, hasta que Omri la reconquistó para volverla a perder a manos de Mesa, rey moabita, quien la añadió a sus dominios. En tiempos de Isaías y Jeremías era una ciudad moabita y como tal se menciona en las profecías contra Moab (Is 15.4; Jer 48.21,34).

JAHAZIEL Nombre de cinco hombres en el Antiguo Testamento.
1. Soldado benjamita que se unió al ejército de David en Siclag (1 Cr 12.1-4).
2. Sacerdote que tocaba la trompeta delante del → ARCA DEL PACTO cuando se transportaba a Jerusalén (1 Cr 16.6).
3. Levita, tercer hijo de Hebrón (1 Cr 23.19; 24.23).
4. Levita que alentó a Josafat y a su ejército a luchar contra los invasores amonitas, edomitas y moabitas (2 Cr 20.14-17).
5. Jefe de casa paterna que regresó con Esdras de la cautividad (Esd 8.5).

JAHDAI Hombre de Judá. Al parecer, de la familia de Caleb (1 Cr 2.47).

JAHDIEL Jefe de la media tribu de Manasés que vivió en la Transjordania (1 Cr 5.24).

JAIR Nombre de dos personajes del Antiguo Testamento:
1. Hijo de Segub (1 Cr 2.22) y descendiente de Manasés (Nm 32.41; Dt 3.14; 1 R 4.13) que tomó parte en la conquista de la Transjordania. Su heredad estuvo a este lado del Jordán, en la región de Galaad y en la provincia de Argob donde tenía muchas ciudades.

2. Uno de los jueces de Israel, galaadita, que «juzgó a Israel veintidós años» (Jue 10.3). Tuvo treinta hijos y otras tantas ciudades. Murió en Camón (Jue 10.4,5). No hay información ni valoración de lo que hizo cuando juzgó a Israel.

En 1 Crónica 20.5 y Ester 2.5 se mencionan otros personajes que llevan este nombre.

JAIRO (en hebreo, *Jaír*). Padre de la niña de doce años a la que el Señor resucitó en Capernaum (una de las tres resurrecciones que Jesús realizó). Según Lc 8.41, Jairo era «principal de la sinagoga» (cf. Mt 9.18,23; Mc 5.22). Entre los ancianos tenía la responsabilidad del orden del culto de los sábados. Pertenecía a una clase que generalmente rechazaba el ministerio de Jesús, pero la grave enfermedad de su hija le impulsó a buscar su ayuda. Aunque la niña murió mientras Jairo buscaba la ayuda de Jesús, este la volvió a la vida.

JANES Y JAMBRES Nombres que se dan en 2 Timoteo 3.8 a los magos que se opusieron a Moisés y Aarón en Egipto (Éx 7.11s,22). Sus nombres no se mencionan en el Antiguo Testamento, pero aparecen en la literatura judía y samaritana del período intertestamentario y en algunas obras no judías como protagonistas de una leyenda (por ejemplo, en el *Documento de Damasco*). Los nombres asumen la forma de «Yojané y Mamre (o Mambres)» en ciertas versiones.

Algunas tradiciones tienen a Janes y Jambres por hermanos, hijos de Balaam. Para Pablo los nombres de estos evocan metafóricamente las religiones hostiles al evangelio, ilustrado por los falsos maestros del primer siglo.

JAQUÉ Padre de Agur, el sabio que escribió el capítulo 30 de Proverbios (Pr 30.1).

JAQUÍN (*ÉL* [Dios] *establece*). Nombre de tres personajes del Antiguo Testamento:
1. Cuarto hijo de Simeón (Gn 46.10; Éx 6.15). No se sabe por qué en Nm 26.12

ocupa el tercer lugar entre los hijos del citado patriarca. En 1 Cr 4.24 sucede lo mismo, e incluso se le llama Jarib en vez de Jaquín; posiblemente sea un error de copista.

2. Sacerdote contemporáneo de David, cuyo nombre se registra en 1 Cr 9.10; 24.7. Su nombre lo escribió Semaías, escriba, en presencia del rey y de los príncipes. Era miembro de la vigesimoprimera división de sacerdotes que servían al templo.

3. Uno de los sacerdotes que regresaron del cautiverio a Jerusalén (Neh 11.10).

JAQUÍN Y BOAZ Dos columnas erigidas por Hiram de Tiro en el pórtico del → TEMPLO de Salomón. La columna derecha era Jaquín y la izquierda Boaz (1 R 7.15-22,41,42). En la cabeza de estas dos columnas había un tallado en forma de lirio.

JAREB Descripción simbólica, quizás un apodo, de un rey asirio que recibió tributo de Israel (Os 5.13; 10.6).

JARIB Nombre de tres hombres en el Antiguo Testamento.

1. Hijo de Simeón (1 Cr 4.24), también llamado *Jaquín* (Gn 46.10; Éx 6.15).

2. Jefe de casa paterna en tiempos de Esdras (Esd 8.15-20).

3. Sacerdote que se divorció de su esposa pagana después de la cautividad (Esd 10.18).

JARMUT Nombre de dos ciudades.

1. Ciudad levítica de Isacar (Jos 21.29), también llamada Ramet y Ramot en Jos 19.21; 1 Cr 6.73.

2. Ciudad de los cananeos, cuyo rey se unió a una liga de cinco reyes en contra de Josué (Jos 10.3-5). Lo derrotaron en Gabaón y lo mataron en Maceda (Jos 10.23). Jarmut se identifica con la moderna Khirbet Yarmuk, ubicada 25 km al sudoeste de Jerusalén.

JASÉN Padre de varios de los valientes de David (2 S 23.32). Al parecer es el mismo que en 1 Cr 11.34 se le llama *Hasem*.

JASER, LIBRO DE Obra citada dos veces en el Antiguo Testamento (Jos 10.13; 2 S 1.17,18). Parece haber sido una colección de cantos nacionales, histórico-épicos. Sus personajes principales son los héroes de la teocracia y sus temas, las hazañas históricas de estos. El original hebreo del libro desapareció y el que se publicó en el siglo XVIII no debe considerarse auténtico.

JASOBEAM Nombre de dos militares durante el tiempo de David.

1. Uno de los valientes de David, que en una batalla hirió a 300 enemigos (1 Cr 11.11). Fue capitán de «la primera división del primer mes», según el orden de las divisiones que servían al rey (1 Cr 27.2). Aunque el texto presenta dificultades, el Adino de 2 S 23.8, que hirió a ochocientos, parece ser el mismo Jasobeam.

2. Uno de los guerreros benjamitas que se unieron con David en Siclag (1 Cr 12.6).

JASÓN (en griego, *portador de salud*). Dos personajes del Nuevo Testamento.

1. Judío de Tesalónica, convertido en la primera visita que Pablo hizo a aquel lugar (Hch 17.1-10). Hospedó a Pablo y a Silas y, como consecuencia, cuando los judíos crearon un alboroto, llevaron a Jasón y algunos otros cristianos ante los magistrados. Los acusados quedaron en libertad después de pagar una fianza.

2. Judío cristiano que se hallaba con Pablo en Corinto y saludó a los romanos (Ro 16.21). Probablemente puede identificársele con el primero.

JASPE Piedra preciosa (Éx 28.20; 39.13; Ez 28.13; «ónice» en la Septuaginta; Ap 4.3), variedad del cuarzo, de color, café, amarillo, verde o gris, siempre opaca. El jaspe mencionado en Ap 21.11,18s parece ser una modalidad del jaspe verde o de la calcedonia.

JASUB Nombre de dos personajes del Antiguo Testamento.

1. Hijo de Isacar y padre de los jasubitas (Nm 26.24). También se le llama Job en Génesis 46.13.

2. Hijo de Bani que se había casado con extranjera (Esd 10.29).

JAVÁN Hijo de Jafet y padre de Elisa, Tarsis, Quitim y Dodanim (Gn 10.2,4). El nombre Javán corresponde etimológicamente a Jonia, y se utiliza en el Antiguo Testamento para referirse no solo a esa región, sino a toda Grecia. Por esa razón algunas versiones traducen «Grecia» en vez de Javán (por ejemplo, Dn 8.21; Zac 9.13).

JAZER Ciudad de los amorreos conquistada por Israel (Nm 21.32) y asignada a la tribu de Gad (Nm 32.1,3,35). Más tarde se constituyó una ciudad levítica para los hijos de Merari (Jos 21.39). Se menciona en el censo de David (2 S 24.5), y de ella vinieron algunos de los «varones fuertes y vigorosos» de David (1 Cr 26.31). Los profetas pronunciaron juicio contra ella como ciudad de Moab (Is 16.8,9; Jer 48.32).

JEBÚS Nombre de Jerusalén cuando era la ciudad principal de los jebuseos (Jos 18.28; Jue 19.10,11; 1 Cr 11.4,5), aunque desde tiempos antiguos la llamaron Usuralim, como muestran las tablas de → EL AMARNA, 1400 a.C. (*Salem*; Gn 14.18; → JERUSALÉN). «El jebuseo» (siempre en singular en el hebreo) descendía del tercer hijo de Canaán entre los heteos y los amorreos (Nm 13.29; Jos 11.3; 15.8; 18.16).

En el tiempo de la conquista, Adonisedec, rey de Jebús, encabezó una confederación contra Gabaón, pero Josué lo derrotó (Jos 10.1ss). Aunque los de Judá quemaron Jebús, los jebuseos volvieron a convertirla en fortaleza (en la colina oriental) y permaneció como tal hasta el tiempo de David (2 S 5.6-9; 1 Cr 11.4-8); este compró la era de Arauna, rey jebuseo (2 S 24.16,18,23,24).

Aunque Jebús fue conquistada, sus habitantes continuaron viviendo en ella. Más tarde se hicieron siervos de Salomón (1 R 9.20,21). Todavía algunos vivían allí después del cautiverio (Esd 9.1,2; Zac 9.7; Neh 7.57).

JEDAÍAS Nombre de siete hombres en el Antiguo Testamento.

1. Hijo de Simri (1 Cr 4.37).

2. Sacerdote en Jerusalén (1 Cr 9.10; 24.7).

3. Sacerdote cuyos descendientes regresaron de la cautividad (Neh 7.39).

4. Israelita que ayudó en la reconstrucción de los muros de Jerusalén (Neh 3.10).

5. Sacerdote que regresó de la cautividad con Zorobabel (Neh 11.10).

6. Otro sacerdote que volvió de la cautividad con Zorobabel (Neh 12.7,21).

7. Uno de los cautivos que regresaron con oro y plata de Babilonia para el templo de Jerusalén (Zac 6.10,14).

JEDIDÍAS (*amado de Dios*). Nombre que el profeta Natán le dio a Salomón al nacer (2 S 12.25), como un testimonio de la constante gracia de Dios.

JEDUTÚN Levita, descendiente de Merari, y uno de los directores de música en el tabernáculo durante el reinado de David (1 Cr 25.1). Fue padre de una familia de músicos (1 Cr 25.3,6) que «profetizaban con arpa, para aclamar y alabar a Jehová» y «con címbalos y salterios ... para el ministerio del templo». Jedutún o sus hijos tuvieron algo que ver con los salmos 39, 62 y 77, de acuerdo con los títulos de estos; quizás con la música.

Aparentemente a Jedutún también lo llamaban → ETÁN (1 Cr 15.17; cf. 25.1).

JEFE → CAPITÁN.

JEFTÉ Noveno juez de Israel (Jue 12.7), hijo de → GALAAD y una concubina (Jue 11.1). Rechazado por los hijos legítimos de Galaad, Jefté huyó a la tierra de → TOB donde reunió una banda. Habiendo sido atacados por los amonitas, los israelitas fueron a pedirle que los comandara en la lucha. Jefté aceptó con la condición de que se le mantuviera como caudillo si derrotaba a Amón (11.7-11). Bajo Jefté los israelitas ganaron la victoria.

Antes de la batalla, Jefté había hecho el → VOTO de sacrificar al primero de su casa que saliera a recibirle al regresar (11.30, 31). Grande fue su tristeza cuando su hija única salió a recibirle con panderos y danzas (11.34). Hay diferencia de opiniones respecto de si Jefté realmente cumplió su voto o no, pero el relato bíblico parece indicar que sí lo cumplió. De igual manera, no es unánime la comprensión de la naturaleza del voto. Cuando su hija volvió después de haber «llorado su virginidad» por dos meses con sus compañeras, Jefté «hizo de ella conforme al voto que había hecho» (11.39). Sin embargo, la Escritura no dice si Dios aprobó o no tal sacrificio.

Los efrateos, encolerizados porque los excluyeron del triunfo sobre Amón, amenazaron de muerte a Jefté. Este los derrotó, y a los que procuraban escapar huyendo por los lados del Jordán, los de Galaad los identificaban obligándolos a decir *Shibolet*, palabra cuya pronunciación correcta les resultaba casi imposible a los efrateos (Jue 12.1-6).

Jefté juzgó a Israel por seis años y lo sepultaron «en una de las ciudades de Galaad» (Jue 12.7).

JEHIEL Nombre de diez u once hombres del Antiguo Testamento.

1. Levita que ayudó a David a transportar el → ARCA DEL PACTO a Jerusalén (1 Cr 15.18, 20; 16.5).

2. Levita de la familia de Gersón. Jehiel supervisó el tesoro del templo (1 Cr 23.8; 29.8).

3. Compañero de los hijos de David (1 Cr 27.32).

4. Hijo del rey Josafat (2 Cr 21.2).

5. Hijo de Hemán, cantor en los tiempos del rey Ezequías de Judá (2 Cr 29.14).

6. Levita en tiempos de Ezequías y uno de los mayordomos en el templo (2 Cr 31.13).

7. Oficial de la casa de Dios durante la reforma del rey Josías (2 Cr 35.8).

8. Padre de Obadías (Esd 8.9).

9. Padre de Secanías (Esd 10.2).

10. Sacerdote que se divorció de su esposa pagana después de la cautividad (Esd 10.21).

11. Hombre de la familia de Elam que se divorció de su esposa pagana después de la cautividad (Esd 10.26). Quizás sea el mismo Jehiel del No. 8.

JEHOVÁ Forma en que ha llegado hasta nosotros el nombre propio que los israelitas dieron a Dios. Por reverencia y para no pronunciar el sagrado nombre, los israelitas leían *Adonai* (→ SEÑOR) o *Elohim* (→ DIOS) donde figuraba el nombre de Jehová. Como las vocales del nombre «Jehová» no se escribían, se perdió la pronunciación propia, y poco a poco se sustituyeron por las vocales de Adonai (a/e-o-a). Así se acuñó la ortografía *JeHoVaH*, que quedó establecida desde el siglo VI d.C. Hay fundamentos para concluir que la pronunciación original haya sido Yahveh, como escriben algunas traducciones modernas (BC, NC, Str, BJ).

La palabra Jehová deriva probablemente de la raíz *hwh* o *hyh* (*ser*). Se ha traducido como «el que es», haciendo referencia a la eternidad y autonomía del ser de Dios, o «el que da el ser», aludiendo a su calidad de creador. Pero más exactamente debe entenderse como «el que está (presente)», que coincide mejor con la idea bíblica del Dios vivo, que se manifiesta sensiblemente cómo y cuándo lo desea. Esta interpretación coincide, además, con el pasaje de Éx 3.11-15, en el que Dios declara su nombre a Moisés como «Yo Soy» (o «seré» o, según sugerimos: «Yo estoy [o "estaré"] presente»).

Tal vez Éx 6.3 no debe interpretarse en el sentido de que Israel desconocía el nombre de Jehová hasta entonces (lo cual no cuadraría con Génesis 15.7 y 28.13), sino como que todavía no se había revelado su verdadero significado y poder. Dios no se manifiesta aquí como un Dios nuevo o extraño, sino como «Jehová, el Dios de vuestros padres» (Éx 3.15). También se ha especulado sobre si Jehová sería una variante ampliada de formas más breves como → JAH (Gn 15.2;

Sal 68.4, etc.), *Hallelu-jah*, de donde deriva nuestro «aleluya» (*alabad a Jah*) o *Jahu* (aparece en nombres compuestos como *Jesha-Jahu* que significa *Isaías, Jehová salva*). Pero también es posible que estas sean abreviaciones de Jehová.

El término «Jehová de los ejércitos» (*Jehová Tsebaoth*) figura 279 veces en el Antiguo Testamento, especialmente en los profetas. Se han propuesto tres interpretaciones para la expresión «los ejércitos»:

1. Los ejércitos de Israel (1 S 17.45; 2 S 6.2).

2. Los ejércitos de estrellas, las huestes de los cielos (Jue 5.20).

3. Las legiones de ángeles y espíritus (Gn 32.1,2).

En vista de pasajes como 1 S 17.45 muchos se inclinan a creer que la primera alternativa es la más antigua y que las otras fueron aplicaciones del significado del término.

Otras combinaciones del nombre Jehová ayudan a comprender la doctrina bíblica de Dios:

Jehová-melek (*Jehová es rey*, Is 6.5 y numerosos salmos): Afirma la soberanía y el poder de Dios y la total dependencia de su protección.

Jehová-nisi (*Jehová mi bandera*, Éx 17.15; cf. Sal 60.4; Is 11.10): Indica que Jehová es la señal de victoria, el poder o el refugio (Septuaginta) de su pueblo en los conflictos.

Jehová-salom (*Jehová es paz*, Jue 6.24).

Jehová-tsidqenu (*Jehová justicia nuestra*, Jer 23.6; 33.16).

Todos estos términos señalan a Dios por la actividad redentora y restauradora que lo caracteriza en la relación con su pueblo.

En el griego de la Septuaginta, Jehová se traduce por *Kyrios* (*Señor*), término que el Nuevo Testamento adopta generalmente al citar el Antiguo Testamento. Es por eso tanto más significativo que el Nuevo Testamento adscriba a Jesucristo este título en pasajes en que el Antiguo Testamento se refiere a Jehová.

JEHÚ Nombre de cinco personas del Antiguo Testamento.

1. Hijo de Josafat, hijo de Nimsi, y décimo rey de Israel (842–815 a.C.). Durante el reinado de Acab, Jehú fue instrumento de juicio divino sobre la nación. Era comandante del ejército de Joram (hijo de Acab), cuando Eliseo envió a uno de los hijos de los profetas para ungirlo como rey con el mandato de aniquilar la casa de Acab (2 R 9.1-13).

Al llegar a Jezreel, Jehú mató a Joram y a Ocozías, rey de Judá. También mandó echar a Jezabel desde una ventana, y esta murió

El rey Jehú de Israel se postra ante Salmanasar III de Asiria, en este obelisco, o monumento de piedra, descubierto en la antigua Asiria.

Foto de Howard Vos

como lo profetizó Elías (2 R 9.14-37). Exterminó la casa de Acab como Dios le ordenó, pero su celo fue excesivo al matar a todos los siervos de Baal (2 R 10.18-28; Os 1.4).

El celo de Jehú fue más por sí mismo que por Jehová. Continuó el culto a los becerros de oro y, como consecuencia Hazael, rey de Siria, invadió a Israel (2 R 10.31-36). Cierto obelisco negro indica que Jehú pagó tributo a Salmanasar de Asiria para que lo apoyara contra Hazael. La dinastía de Jehú duró cuatro generaciones.

2. Descendiente del patriarca Judá (1 Cr 2.38).

3. Benjamita de Anatot que se unió a David en Siclag (1 Cr 12.3).

4. Profeta, hijo del vidente Hanani. Pronunció juicio sobre Baasa y treinta años después sobre Josafat (1 R 16.1-4; 2 Cr 19.2; 20.34).

5. Distinguido simeonita durante el reinado de Ezequías (1 Cr 4.35).

JEMIMA Primera de las tres hijas de Job que le nacieron después de la serie de sufrimientos que padeció y luego de que se le restaurara su prosperidad (Job 42.14).

JERA Tercero de los trece hijos de Joctán (Gn 10.26; 1 Cr 1.20). Su nombre se escribe igual que la palabra hebrea que significa mes (*yerah*). Posiblemente algunos de los descendientes de Jera se establecieron en el sur de Arabia.

JERAMEEL (*Dios es compasivo*). Nombre de tres hombres en el Antiguo Testamento.

1. Progenitor de una tribu de Neguev en el sur de Palestina, relacionada con los calebitas y cerca de los ceneos (1 S 27.10; 30.29). Algunos conjeturan que los jerameelitas eran una tribu ajena que más tarde se incorporó a la tribu de Judá. Su genealogía (¿adoptiva?) se encuentra en 1 Cr 2.9,25-27,33,42.

2. Levita, hijo Cis (1 Cr 24.29).

3. Oficial bajo Joacim, contemporáneo de Jeremías (Jer 36.26).

JEREMÍAS (*Jehová eleva* o *Jehová lanza*). Nombre de siete personajes bíblicos, de los cuales el más importante es el profeta. Los otros seis se mencionan en 2 R 24.18; 1 Cr 5.24; 12.4,10,13; Neh 10.2; 12.1, 34; Jer 35.3.

El profeta Jeremías, uno de los profetas mayores, ejerció su ministerio durante la decadencia y caída del reino del sur, Judá. Profetizó durante el reinado de los últimos cinco reyes de Judá.

Natural de Anatot, población al norte de Jerusalén (Jer 1.1-2), el Señor lo llamó a su servicio allá por el año 627 a.C., en el decimotercer año del reinado de Josías. Seguramente era muy joven, pues su labor duró como cuarenta años, hasta la destrucción de Jerusalén en el año 586 a.C.

El llamamiento de Jeremías es uno de los pasajes más instructivos de su libro. Dios le dijo que desde antes de nacer lo había dado por profeta a las naciones (Jer 1.5). El joven se excusó diciendo que era casi un niño (Jer 1.6), pero Dios le respondió que no lo llamaba ni por su edad ni por sus capacidades sino porque lo había escogido. El Señor entonces lo tocó en la boca (Jer 1.9). Desde ese momento, las palabras del profeta fueron palabras de Dios.

Dada la naturaleza negativa del ministerio de Jeremías, en su libro abundan los mensajes de castigo. Desde el mismo principio fue un mensajero de condenación. Hasta se le prohibió casarse para que pudiera dedicarse de lleno a la tarea de anunciar los juicios de Dios (Jer 16.1-13). No podía experimentar felicidad, porque todo lo opacaba el conocimiento de que Dios estaba a punto de acabar con la ciudad santa y sacar de su tierra al Pueblo del Pacto.

A Jeremías a menudo se le llama «el profeta llorón», pues lloraba mucho por los pecados de su pueblo (Jer 9.1) y lo infructuosa que era su labor. Con el correr de los años y la demora en cumplirse sus profecías, el profeta se quejó amargamente: «Me sedujiste, oh Jehová, y fui seducido; más fuerte fuiste que yo, y me venciste; cada día he sido escarnecido, cada cual se burla de mí» (Jer 20.7). Por mucho que a veces lo deseaba, no podía

IEREMIA

En la iglesia de San Vitale en Ravena, Italia, se encuentra este tapiz que representa al profeta Jeremías.

dejar de proclamar el mensaje de Dios porque «había en mi corazón como un fuego ardiente metido en mis huesos» (Jer 20.9)

Tal como lo anunció tantas veces, Judá recibió castigo por sus pecados y desobediencia. En 586 a.C. Jerusalén cayó y fue destruida, y sus principales ciudadanos fueron deportados a Babilonia. El profeta permaneció en Jerusalén, ya gobernada por un funcionario nombrado por Babilonia.

Más tarde se marchó a Egipto, donde continuó su ministerio (Jer 43–44). Pero no se sabe nada de lo que sucedió durante esos años. (→ JEREMÍAS, LIBRO DE.)

JEREMÍAS, LIBRO DE Libro del Antiguo Testamento que se clasifica entre los profetas mayores y que lleva el nombre de su autor, el profeta → JEREMÍAS, quien ejerció su ministerio en Judá.

Estructura del libro

Jeremías tiene 52 capítulos, lo que lo hace uno de los libros más grandes de la Biblia.

Básicamente, la primera mitad (caps. 1–25) contiene las profecías de Jeremías en cuanto al castigo que en breve enviará Dios contra Judá por causa de su pecado e idolatría. La segunda mitad (caps. 26–52) contiene algunas profecías, pero el principal énfasis es en Jeremías y sus conflictos con los reyes que gobernaron Judá durante su ministerio. También incluye cerca del final del libro un informe sobre la caída de Jerusalén y los últimos días de Judá como nación (caps. 39–41; 52), además de mencionar la huida a Egipto con otros ciudadanos después de la caída (caps. 42–44).

Por lo que respecta al orden cronológico de sus varias predicciones, el libro de Jeremías es sumamente difícil de ordenar. Aproximadamente la mitad del libro es poesía que consiste en oráculos sobre la calamidad que se avecina, y los lamentos del profeta por ser portador de malas nuevas. Las secciones en prosa, por otra parte, son pasajes narrativos, principalmente de tipo biográfico, aunque también aparecen en ellos algunos discursos proféticos.

JEREMÍAS:
Un bosquejo para el estudio y la enseñanza

Primera parte:
El llamado de Jeremías
(1.1-19)

I. Llamado de Jeremías 1.1-10
II. Señales de Jeremías 1.11-16
III. Certeza de Jeremías 1.17-19

Segunda parte:
Las profecías a Judá
(2.1—45.5)

I. La condenación de Judá . . . . 2.1—25.38
II. Los conflictos de Jeremías. . . . . 26.1—29.32
III. La futura restauración de Jerusalén . . . 30.1—33.26
IV. La presente caída de Jerusalén . . . . 34.1—45.5

Tercera parte:
Las profecías a los gentiles
(46.1—51.64)

I. Profecías contra Egipto 46.1-28
II. Profecías contra Filistea 47.1-7
III. Profecías contra Moab 48.1-47
IV. Profecías contra Amón 49.1-6
V. Profecías contra Edom 49.7-22
VI. Profecías contra Damasco. 49.23-27
VII. Profecías contra Cedar y Hazor 49.28-33
VIII. Profecías contra Elam. 49.34-39
IX. Profecías contra Babilonia. . . . . 50.1—51.64

Cuarta parte:
La caída de Jerusalén
(52.1-34)

I. La captura de Jerusalén 52.1-11
II. La destrucción de Jerusalén 52.12-23
III. El cautiverio a Babilonia 52.24-30
IV. Se libera a Joaquín. 52.31-34

El → TEXTO MASORÉTICO de Jeremías es mucho más largo que el de la → SEPTUAGINTA. Esta omite como la octava parte del contenido que aparece en el texto masorético; a veces omite palabras aisladas, pero en ocasiones omite frases, oraciones y hasta pasajes extensos (por ejemplo, 33.14-26; 39.44-13; 51.44b-49a; y 52.27b-30). También hay variantes en cuanto al orden del material. Merece especial atención la posición relativa de los oráculos contra las naciones. En el texto masorético estos aparecen al final del libro, mientras que en la Septuaginta se han intercalado entre 25.13 y 25.15, y se omite por completo el v. 14.

No hay al presente consenso respecto a la razón de estas divergencias. Unos opinan que tienen su origen en ediciones sucesivas de las obras debidas al propio Jeremías; otros, que el traductor omitió algunos pasajes, especialmente cuando estos estaban repetidos en el original hebreo; otros, que los materiales adicionales que aparecen en el texto masorético son glosas secundarias; todavía otros, que la Septuaginta es traducción de otro texto distinto del texto masorético. Estas opiniones y otras por el estilo manifiestan que en el estado actual de la investigación no tenemos evidencia que nos permita hallar una solución.

Autor y fecha

La historia del profeta Jeremías cubre un lapso de casi cincuenta años, desde su llamado en 627 a.C. (1.1; 25.3, «el año trece de Josías») hasta sus oráculos en Egipto poco después de la tercera deportación a Babilonia en 582 a.C. (43.8-13; 44).

Jeremías es el profeta de cuya vida e intimidad más se conoce. Era hijo del sacerdote Hilcías y descendiente de Abiatar (cf. 1 R 2.26s), quien a su vez era descendiente de

Elí, el sacerdote de Silo en tiempos premonárquicos. Su llamado, a temprana edad (1.4-10), confirma en él una profunda vocación.

Con él, la conciencia profética alcanzó su nivel más alto, y se expresó como un constante estar «en la presencia de Dios». Con un temperamento profundamente emotivo como el suyo, y en las condiciones trágicas de su pueblo, la comunión con Dios es una lucha. Jeremías es tierno y sensible por naturaleza, pero su vocación profética lo obliga a una constante denuncia de la desobediencia, idolatría y rebeldía de su pueblo. Declara la destrucción de Judá frente a la fallida reforma deuteronómica bajo Josías. La agonía del ministerio del profeta se refleja en varios pasajes autobiográficos (8.18, 21; 9.1; 15.10; 20.14-18). (→ JEREMÍAS.)

Marco histórico

Jeremías profetizó bajo cinco reyes, principalmente en Jerusalén, comenzando con → JOSÍAS (640–609 a.C.), quien a partir de 627 repudió la política de sumisión a Asiria introducida por su abuelo → MANASÉS (687–642 a.C.). Seis años después, a raíz del descubrimiento del → LIBRO DE LA LEY durante las reparaciones del Templo de Jerusalén, Josías lanzó la → REFORMA DEUTERONÓMICA (612 a.C.), que resultó en la purificación del culto y el repudio de las costumbres cananeas (2 R 23). Al principio Jeremías apoyó la reforma (11.1-8), pero la hipocresía de los líderes religiosos y del pueblo le llevó a repudiarla (8.8-12), y a anunciar finalmente el advenimiento de un Nuevo Pacto basado en una ley escrita no en un libro, sino el corazón del pueblo (31.31-34).

Al morir Josías en la batalla de → MEGUIDO, le sucedió su hijo → JOACAZ, también llamado Salum (22.11), quien reinó apenas tres meses hasta que le depuso el faraón → NECAO II (2 R 23.31-33). Este puso en el trono a otro hijo de Josías, Eliaquim (también llamado → JOACIM, 2 R 23.34; 2 Cr 36.3, 5).

Durante el reinado de Joacim (607–597 a.C.), → NABUCODONOSOR, príncipe heredero de Babilonia, derrotó a Egipto en la batalla de → CARQUEMIS (605 a.C., cf. Jer 46). Ese mismo año ascendió al trono, y dominó prontamente toda la región (25.15ss), inclusive la ciudad filistea de → ASCALÓN (47.5-7; Sof 2.4-7), que capturó en 604 a.C. Por tres años Judá pagó tributo a Babilonia, pero cuando Nabucodonosor fracasó en su intento de invadir Egipto en 601 y las tropas babilónicas regresaron a Mesopotamia, Joacim creyó que era el momento oportuno para revelarse contra el Imperio y se negó a pagar tributo (2 R 24.1ss). Tres años después Nabucodonosor, habiendo restaurado su ejército, marchó a Judá para poner fin a la rebeldía.

Jerusalén cayó el 16 de marzo de 597. Para entonces ya Joacim había muerto (22.18; cf. 2 R 24.1ss) y le había sucedido su hijo → JOAQUÍN (también llamado Conías, 22.24 o Jeconías, 24.1), un joven de dieciocho años que solo reinó tres meses (2 R 24.8), aunque según 2 Crónicas 36.9 tenía ocho años y reinó tres meses y diez días. Joaquín tuvo que rendirse y fue llevado cautivo a Babilonia junto con la reina madre, el harén, los cortesanos, la aristocracia, el ejército y la artesanía. Nabucodonosor saqueó tanto el templo como el palacio real y se llevó el botín a Babilonia (2 R 24.10-16).

En lugar de Joaquín, Nabucodonosor colocó en el trono de Judá a Matanías, el hijo menor de Josías, hermano de Joacaz y medio hermano de Josías, a quien se puso por nombre → SEDEQUÍAS, y quien gobernó por once años del 597 al 587 a.C. (37.1; 2 R 24.17s). Durante su gobierno se dividió la opinión popular. Unos, como el profetas Hananías Ben Azur, favorecían al rey cautivo. Otros, como Jeremías, rechazaban a Joaquín y aconsejaban someterse a Babilonia (22.24-30). A lo largo de su reinado, Sedequías vaciló entre ambas posiciones, situación que se agravó porque el cuerpo diplomático y los oficiales del gobierno habían sido llevados al cautiverio.

Cuando en 591 Sedequías dejó de pagar tributo a Babilonia, los ejércitos de Babilonia pusieron sitio a Jerusalén. El asedio duró dos años. En julio de 587 los caldeos abrieron brecha en los muros e irrumpieron en la ciudad. Sedequías fue capturado mientras trataba de escapar. Lo llevaron prisionero al cuartel general de Nabucodonosor, quien pasó sentencia sobre el infortunado monarca: degollar a sus hijos en su presencia, sacarle los ojos y llevarlo encadenado a Babilonia, donde murió (2 R 25.1-7).

Al mes siguiente, en agosto de 587, por órdenes de Nabucodonosor, los caldeos quemaron Jerusalén, incluso el templo y el palacio real, y arrasaron los muros de la ciudad. A los que habían sobrevivido el sitio y la conquista se los llevaron a Babilonia (2 R 25.18-11), con excepción de los líderes religiosos, militares y civiles, a quienes ejecutaron por órdenes de Nabucodonosor (2 R 25.18-21). Solamente quedaron en Jerusalén «los pobres de la tierra», a quienes se les distribuyeron las tierras (2 R 25.12; Ez 11.15). Nabucodonosor nombró a → GEDALÍAS Ben Ahicam Ben Safán (sobre la tierra), pero no se sabe cuál era su título oficial (40.7; 2 R 25.22). RVR le llamaba gobernador, pero esta designación no tiene base en el texto hebreo.

El monarca babilonio trató bondadosamente a Jeremías, pero el profeta rehusó la oferta de ir a Babilonia. Prefirió quedarse con los que permanecieron en Judá bajo el gobernador Gedalías (40.1-6). Poco tiempo después, Ismael Ben Netanías Ben Elisama, un descendiente de David, pero no de la línea de los reyes de Judá, encabezó un pequeño grupo de conspiradores quienes tras de cenar con Gedalías lo asesinaron así como a la guarnición caldea que le servía (40.13—41.9). Entonces, temerosos de las represalias de Nabucodonosor, muchos de los judíos que quedaban en Judá huyeron a Egipto, donde hallaron refugio entre los judíos que desde hacía mucho tiempo vivían en las riberas del Nilo (43.4-7).

No tardó Judá en sentir el furor de la ira de Nabucodonosor. En 582 un tercer grupo de judíos fue deportado a Babilonia.

Jeremías estuvo entre los que huyeron a Egipto tras el asesinato de Gedalías (42.1—43.7). Allí se pierde su historia. Lo último que sabemos de él es que ministraba a los refugiados, anunciaba que Egipto caería (43.8-13) y reprendía a su pueblo por su persistencia en la idolatría (44.1ss).

Aporte a la teología

El mayor aporte teológico de Jeremías fue su concepto del nuevo → PACTO (31.31-34). Era necesario un nuevo pacto entre Dios y su pueblo porque este último había violado el anterior. Se necesitaba un pacto nuevo, un pacto de gracia y perdón escrito en el corazón humano, más que un pacto legal grabado en piedra.

Jeremías veía en lontananza el amanecer de una era de gracia en la persona de Jesucristo. Desde ese día «no enseñará más ninguno a su prójimo, ni ninguno a su hermano, diciendo: Conoce a Jehová; porque todos me conocerán, desde el más pequeño de ellos hasta el más grande, dice Jehová; porque perdonaré la maldad de ellos, y no me acordaré más de su pecado» (31.34). Tan importante es Jeremías 31.31-34 en la teología bíblica que es el pasaje más largo del Antiguo Testamento que se cita en el Nuevo Testamento (Heb 8.8-12).

Otros puntos importantes

Jeremías fue un maestro en el arte de utilizar figuras de dicción y lecciones objetivas para hacerse entender. En una ocasión se puso un yugo en el cuello para decir al pueblo de Judá que debían someterse a la inevitable dominación babilónica pagana (27.1-12). Observó a un alfarero rehacer una vasija que se le había dañado y convertirla en una pieza perfecta. Aplicó esta lección a Judá, nación que necesitaba someterse a la voluntad del Divino Alfarero mientras tuviera tiempo de hacerlo, para evitar que Dios la castigara (18.1-11).

Pero quizás la más singular lección objetiva que les dio fue comprar una heredad en Anatot, como cinco kilómetros al nordeste

El monte de la antigua Jericó. Muchos arqueólogos la consideran el asentamiento más antiguo en Palestina y posiblemente la ciudad más antigua del mundo antiguo.

de Jerusalén. Sabía que esa heredad no valdría nada cuando los babilonios se apoderaran de Jerusalén. Con la compra expresaba su esperanza futura. Un día Dios restauraría la nación y volverían a adorar en el templo. Dios le pidió al profeta que pusiera la carta de venta en una vasija de barro para que se conservara, pues un día volverían a comprarse casas, heredades y viñas en aquella tierra (32.15). (→ Jeremías.)

JEREMÍAS, CARTA DE → Apócrifos del Antiguo Testamento

JEREMOT Nombre de ocho hombres en el Antiguo Testamento.

1. Hijo de Bequer, de la tribu de Benjamín (1 Cr 7.8).

2. Hijo de Bería, de la tribu de Benjamín (1 Cr 8.14). Quizás sea la misma persona llamada Jeroham en 1 Cr 8.27.

3. Levita de la familia de Merari y casa de Musi (1 Cr 23.23), también llamado Jerimot (1 Cr 24.30).

4. Descendiente de Hemán. Fue el jefe del decimoquinto turno de músicos durante el reinado de David (1 Cr 25.22).

5. Hijo de Azriel y jefe de la tribu de Neftalí durante el reinado de David (1 Cr 27.19).

6, 7, 8. Tres judíos que, después de la cautividad, se divorciaron de sus esposas paganas (Esd 10.26,27,29). En Esdras 10.29 se le dice Ramot en lugar de Jeremot.

JERICÓ (en hebreo, *ciudad de la luna*). Ciudad situada en una llanura fértil, 250 m bajo el nivel del mar y 7 km al oeste del Jordán, quizás la más antigua del mundo. La han destruido varias veces y edificado de nuevo.

Aunque los episodios bíblicos en que aparece Jericó son pocos, son importantes; no se menciona en fuentes extrabíblicas antiguas, de modo que es necesario depender mucho de los arqueólogos para obtener información.

La ciudad ya existía antes del año 5000 a.C., en tiempos prehistóricos, y cuando más tarde la destruyeron, sobre sus ruinas se construyó *ca.* 2500 a.C. una nueva ciudad que los arqueólogos han llamado la ciudad A, para distinguir los diferentes estratos. A esta siguió en los 2000–1800 a.C. (Edad de Bronce) la ciudad B, que luego (1800–1750) conquistaran los hicsos, quienes la fortificaron y la agrandaron. Esta fue la ciudad C, la que no obstante, sucumbió en 1550 a.C. frente a los embates de un enemigo, probablemente un faraón de Egipto.

Cuarenta años más tarde se comenzó la reconstrucción y se estableció la ciudad D, que los arqueólogos la han considerado como la Jericó de Jos 6. Sin embargo, las conclusiones referentes al tiempo de la destrucción por Josué no concuerdan entre sí. La fecha de esta hazaña que describe la Biblia es en realidad una de las más discutidas. Watzinger y Sellin, cuyas excavaciones datan de 1907–1909, fecharon la conquista de esta ciudad D en el año 1600 a.C., afirmando que en el tiempo de la invasión israelita Jericó era un montón de ruinas. Según la opinión de Garstang, que en 1930 continuó las excavaciones, la destrucción de Jericó debe haberse producido entre 1400–1375 a.C. En 1952–1957 las nuevas investigaciones realizadas por Kathleen Kenyon parecen confirmar que Jericó era muy pequeña en los siglos XIV y XIII a.C.

No obstante la maldición de Josué (Jos 6.26), Jericó, conocida como «la ciudad de las palmeras», todavía estaba habitada en el tiempo de los jueces y Eglón, rey de los moabitas, la conquistó (Jue 3.13). También en el tiempo de David existía allí una pequeña población (2 S 10.5), aunque ya no era más que un centro de comercio para las caravanas. Durante el reinado de Acab (874–854 a.C.), Hiel de Bet-el emprendió una nueva fundación de la ciudad y continuó con la obra aunque al echar el cimiento perdió a su primogénito y, al poner las puertas, a su hijo menor (1 R 16.34; cf. Jos 6.26).

En tiempos de Elías y de Eliseo, Jericó era un centro de actividad profética (2 R 2.5); y en la época macabea fue de nuevo fortificada por Báquides.

Cuando en el siglo I a.C. Herodes el Grande levantó a 2 km más al sudeste de las colinas → Tell Es-sultán (niveles A-F) la nueva ciudad, y la embelleció con palacios, teatros, hipódromos, parques y acueductos, la llanura de Jericó ya era famosa por sus palmeras de dátiles, sus productos de miel, aceite y especias aromáticas. Gracias a su clima benigno en invierno, Herodes eligió este valle para su residencia invernal.

De las repetidas visitas que sin duda Jesús hizo a esta ciudad de renombre mundial, los evangelistas registran especialmente el encuentro con el publicano → Zaqueo (Lc 19.1-10) y la curación del ciego → Bartimeo (Mc 10.46-52//).

Los arqueólogos han excavado a Jericó en varias ocasiones. La primera excavación grande la realizó una expedición conjunta austro-alemana bajo la dirección de Ernst Sellín y Carl Watzinger en 1907–1909 y otra vez en 1911. El británico John Garstang excavó también de 1930 a 1936 y creyó hallar evidencia de la destrucción de Jericó tras el ataque de Josué. Sin embargo, la también británica Kathleen Kenyon (1952–58), quien uso los métodos más avanzados de su época, halló evidencias que parecen contradecir las opiniones de Garstang. Sus hallazgos parecen indicar que quedó muy poco de la ciudad que conoció Josué. Pero quizás el hallazgo más espectacular de la Kenyon fue un sistema de defensa que incluye una torre construida allá por el 7000 a.C.

JERJES → Asuero.

JEROBAAL → Gedeón.

JEROBOAM (*el pueblo aumenta*). Nombre de dos reyes del reino del norte de Israel.

1. Primer rey de Israel después de la separación de Judá (931–910 a.C.). Era efrateo, hijo de Nabat y la viuda Zerúa. Se destacó en la construcción de → Milo y llegó a ser superintendente de la obra. Se rebeló contra Salomón por las injusticias y la opresión económica y tuvo que huir a Egipto. Camino a Jerusalén el profeta Ahías le reveló que Dios le quitaría diez tribus a Salomón por su pecado y se las entregaría a él (1 R

11.29-35). Una vez que muere Salomón, regresa de Egipto y estuvo entre los que pidieron a Roboam que aliviara las cargas que su padre impuso. Cuando Roboam rechazó la petición, las diez tribus se rebelaron y proclamaron a Jeroboam rey en Siquem (1 R 12.12-20). Solamente Judá permaneció con «la casa de David» (1 R 12.20).

Jeroboam fue agente del juicio de Jehová contra Judá, pero fue presa de la ambición personal. Tuvo éxito en la revolución, pero su fracaso en el establecimiento de una dinastía, señala que dependía más de su personalidad que de principios.

Los dos pueblos que surgieron de la división a menudo estaban en guerra entre sí. Tal fue el odio que surgió entre ambos que la nación del norte no tenía acceso al templo y su culto. Por tanto, para que el pueblo no regresara a Judá por razones religiosas, Jeroboam hizo → BECERROS de oro y los colocó en Dan y Bet-el. Estos becerros, hechos como símbolos de la presencia y poder de Jehová, llegaron a ser ídolos en la mente del pueblo. Para mantener la religión independiente de Jerusalén, Jeroboam nombró sacerdotes que no eran de la tribu de Leví. Así Jeroboam «hizo pecar a Israel» y aun otros reyes anduvieron en «el pecado de Jeroboam». Por haber imitado a los pueblos fronterizos en sus prácticas idolátricas, Jeroboam fue amonestado (1 R 13.1,2; 14.7-12).

2. Jeroboam II. Decimotercer rey de Israel, hijo y sucesor de Joás (*ca.* 793–753). Aprovechó las victorias de su padre, el estado débil de Siria y la preocupación de Asiria con Armenia, y extendió las fronteras del reino hasta Hamat y Damasco. Así cumplió la profecía de → JONÁS (2 R 14.23-29).

El hecho de que los israelitas cobraran tributo, en vez de pagarlo como antes, trajo gran prosperidad a la nación. Pronto se dieron los extremos de lujo y de pobreza. Los ritos en los santuarios de los becerros de oro ocuparon el lugar de la justicia y la misericordia. El pueblo confiaba en su éxito material y se olvidaba de Dios. Por todos estos pecados Amós profetizó contra los poderosos que vivían en las ciudades y en particular contra los gobernantes (Am 2.6,7; 5.21-24; 6.1-8; 7.10-17).

JEROHAM Nombre de varios hombres en el Antiguo Testamento.

1. Levita, abuelo del profeta Samuel (1 S 1.1).

2. Benjamita jefe de familia (1 Cr 8.27).

Restos de una casa en Tirsa, la ciudad que sirviera como capital del reino del norte de Israel bajo Jeroboam (1 R 14.17,18).

Foto de Howard Vos

La Cúpula de la Roca en Jerusalén, una estructura islámica construida en el siglo VII d.C. Algunos eruditos consideran que su ubicación es la misma a la del templo original de Salomón.

3. Benjamita (1 Cr 9.8). Quizás sea el mismo del No. 2.

4. Sacerdote de Jerusalén (1 Cr 9.12).

5. Benjamita de Gedor (1 Cr 12.7).

6. Padre de Azareel (1 Cr 27.22).

7. Padre de Azarías (2 Cr 23.1).

8. Padre del sacerdote Adaías (Neh 11.12). Quizás sea la misma persona del No. 4.

JERUSALÉN Ciudad principal de la Tierra Santa, sagrada para cristianos, judíos y mahometanos. Aunque su importancia en la historia de Israel data desde el tiempo de David (*ca.* 1000 a.C.), Jerusalén existió desde muchos siglos antes, pues se menciona en los textos egipcios del siglo XIX a.C. En ella Abraham dio los diezmos a Melquisedec (Gn 14.18-20) y allí pasó la gran prueba de su fe (Gn 22; 2 Cr 3.1).

Nombres

Jerusalén ha tenido varios nombres durante su larga historia. El más antiguo que se conoce es «Urushalim», que significa «fundación de Shalem». Shalem era el dios de la paz y la prosperidad para los amorreos. Esta relación con los amorreos se refleja en Ez 16.3, además de que las consonantes de Shalem componen también la palabra hebrea *shalom* (paz). Jerusalén era «la ciudad de paz» (Heb 7.2). En el Antiguo Testamento Jerusalén se llama primeramente Salem (Gn 14.18), y luego, en la época de los jueces, Jebús (Jue 19.10s). Desde que David la conquistó su nombre principal ha sido Jerusalén, aunque se conoce también por «Sion», «Moriah», → «Ciudad de David», «Ariel», «la ciudad del Gran Rey», y «la Ciudad Santa».

Descripción general

Situada sobre una serie de colinas en la cordillera central de Palestina, Jerusalén tiene una altura de 700 m sobre el nivel del mar Mediterráneo (50 km al oeste) y 1.145 m sobre el mar Muerto (32 km al este). Domina los antiguos caminos desde Siquem hasta Hebrón y desde el valle del Jordán hasta el Mediterráneo.

El valle de → Hinom al sudoeste y el valle del → Cedrón al este circundaban y defendían naturalmente a Jerusalén. Solamente por el norte se unía con la región montañosa y por tanto era más vulnerable en este lado. El valle del Tiropeón, que atraviesa la ciudad desde el norte (cerca de la puerta de Damasco), hasta el sudeste donde se une con los otros dos valles, dividía la ciudad en dos colinas. Ambas colinas tenían cortes transversales, pero a lo largo de tantos siglos de ocupación la topografía ha cambiado y estos cortes y el valle del Tiropeón están casi rellenados ahora.

La colina del sudeste, la más baja, era el sitio de la antigua fortaleza de los jebuseos, llamada Sion. La ciudad se extendía hacia el norte y el oeste. La colina del nordeste es el Monte del Templo. Hasta el fin del siglo XIX d.C. se creía que la colina del sudoeste, la más alta de Jerusalén, era la Sion de David, pero las investigaciones arqueológicas indican que no tuvo murallas sino hasta mucho más tarde, probablemente hasta el tiempo de los macabeos.

Al este del Cedrón está el monte de los Olivos. Frente al monte Moriah queda el huerto de Getsemaní, y al sudeste de la ciudad, donde se unen los valles, se encuentra el lugar llamado «el huerto del rey» (Neh 3.15). Todavía más abajo se halla la fuente de → ROGEL, y en la boca del Tiropeón, entre Sion y la colina del sudoeste, está el estanque de → SILOÉ. A los lados de los valles del Cedrón y del Hinom hay muchas cuevas y tumbas subterráneas.

Excavaciones arqueológicas

Desde 1967–70, cuando Carlos Warren, inglés, excavó en las orillas del Monte del Templo, se han realizado varias excavaciones en Jerusalén, pero numerosas dificultades han impedido que estas brinden mucha información. La ocupación actual limita los sitios disponibles, y las muchas destrucciones y el reempleo de las piedras de construcción reducen el material obtenible. Recientes excavaciones, en las que se han aplicado las mejores técnicas arqueológicas, han proporcionado más datos fidedignos.

Jerusalén en la Edad de Bronce

Los primeros habitantes de Jerusalén vivían en la colina sudeste de la ciudad, debido a la cercanía de la fuente de Gihón. Se ha encontrado cerámica que comprueba que la ciudad estaba habitada durante los milenios tercero y cuarto a.C.

Los acontecimientos de Génesis 14 indican que había una población en Jerusalén en el tiempo de Abraham. El valle de Save (Gn 14.17) puede ser «el huerto del rey» al sudeste de la ciudad. El sitio del templo se identifica con el lugar en que Abraham iba a sacrificar a Isaac (2 Cr 3.1), que en aquel entonces quedaría en las afueras de la ciudad. Más tarde, en la Edad de Bronce Reciente (*ca.* 1500 a.C.), los hurritas entraron en Palestina. Las cartas de → AMARNA indican que la Jerusalén hurrita era vasalla de Egipto.

Según Josué y Jueces, Jerusalén era una fortaleza jebusea cuando los israelitas entraron en la tierra prometida. En el lado este de la colina del sudeste los arqueólogos han encontrado restos de murallas que datan de

Una estrecha y tortuosa calle en la sección de la ciudad antigua de Jerusalén, un lugar que sorprende a los turistas modernos que visitan el área.

1800 a.C. La muralla de entonces y la de los jebuseos encerraban solamente la colina del sudeste (unas cuatro hectáreas); sus enormes rellenos y una serie de terrazas hasta la cumbre hacían posible el acceso a la fuente de Gihón (la única además de Rogel que quedaba más abajo) aun en tiempos de sitio. Se ha encontrado una serie de túneles hechos en la roca con este fin (cf. 2 S 5.6ss).

Adonisedec, rey de Jerusalén, dirigió una confederación contra Josué (Jos 10.1-5), pero murió en su intento. Según Jue 1.8, Judá y Simeón capturaron a Jerusalén, pero los jebuseos la ocuparon de nuevo y habitaron junto con los israelitas (Jos 15.63; Jue 1.21). Es probable que los israelitas ocuparan una parte fuera de las murallas.

Desde David hasta el cautiverio

Cuando lo coronaron rey de todo Israel, David trasladó la capital del reino de Hebrón a Jerusalén e hizo de esta el centro político y religioso de la nación. Fue un astuto acto estratégico porque Jerusalén controlaba la ruta central de Palestina, y su ubicación en la frontera entre Benjamín y Judá evitó celos entre los dos y ayudó a unificar el país.

La Jerusalén del tiempo de David no era grande. Habiendo dedicado tanto tiempo a sus conquistas, David no pudo hacer muchas construcciones; sin embargo, hizo más fuerte la ciudad. No se sabe qué haya sido el → MILO de 2 S 5.9 pero, puesto que Milo significa «relleno», quizás se refiera al gran relleno al lado este donde la muralla se acercaba a la fuente de Gihón. David construyó su palacio, probablemente cerca del extremo sur de la colina (Neh 12.37), con la ayuda de artesanos enviados por Hiram, rey de Tiro (2 S 5.11). Muchos de los sucesos relatados en 2 Samuel ocurrieron aquí. Los sepulcros de David probablemente se hallaban al lado sudeste de la colina (1 R 2.10; Neh 3.16).

Aunque David había llevado el arca a Jerusalén y la había puesto en una tienda, le tocó a Salomón construir el → TEMPLO, el cual fue su obra más importante (1 R 6). Lo construyó en la colina del nordeste y al sur del templo construyó su palacio (1 R 7.1). Además, hizo «la casa del bosque del Líbano» y otras construcciones (1 R 7.2-12).

Con la división del reino, Jerusalén quedó más vulnerable, pues estaba casi en la frontera de Judá con Israel. En los años siguientes sufrió continuos ataques de afuera. Los egipcios saquearon el palacio y el templo (1 R 14.25s) durante el reinado de Roboam (925 a.C.); bajo Amasías, el reino del norte invadió y derrumbó parte de las murallas (2 R 14.11-14; 2 Cr 25.21-24), las cuales Uzías reparó más tarde (2 Cr 26.9). Durante el reinado de Ezequías los asirios conquistaron casi toda Judá menos Jerusalén (701 a.C.), que se salvó por intervención divina (2 R 18.13–19.37; 2 Cr 32.1-22; Is 36s).

Antes del sitio de los asirios, Ezequías había hecho un túnel para llevar agua desde la fuente de Gihón, a través de la colina, unos 600 m, hasta el estanque de Siloé situado al lado sudeste de la colina del sudeste (2 R 20.20; 2 Cr 32.30). Fue una gran hazaña de ingeniería antigua. En 1880 se encontró en el túnel una inscripción contando cómo los dos equipos de obreros, trabajando uno de cada lado, se encontraron en el centro.

En 609 a.C., Necao, faraón egipcio, se posesionó de Jerusalén y puso a Eliaquim en el trono (2 R 23.33-35), pero en 605, Nabucodonosor, rey de Babilonia, la conquistó de nuevo (2 Cr 36.10; Dn 1.1s). Al fin, en 586 a.C., los babilonios quemaron el templo, destruyeron la ciudad y llevaron cautiva a toda la población excepto algunos agricultores (2 R 25; 2 Cr 36.17-21). Durante el cautiverio babilónico Jerusalén quedó muy abandonada. Aun el centro del gobierno provincial se trasladó a Mizpa (2 R 25.23; Jer 40.5,6).

Es difícil determinar la extensión de Jerusalén durante la monarquía, pues el texto bíblico no la define. Las murallas en el tiempo de Salomón seguramente encerraban solo las colinas del sudeste y del nordeste. En los tiempos de Ezequías había un nuevo barrio al oeste del templo encerrado por la llamada «primera muralla» (2 R 14.13).

El período del segundo templo

Los escritores judíos llaman período del segundo templo al tiempo desde el regreso del cautiverio (536 a.C.) hasta la destrucción del templo en 70 d.C. Con el edicto de Ciro muchos judíos regresaron a Jerusalén y empezaron a reconstruir la ciudad y el templo; Hageo y Zacarías animaron a la gente y el templo se terminó en 520 a.C.

A mediados del siguiente siglo → NEHEMÍAS dirigió la reconstrucción de las murallas. Aunque los detalles topográficos que da Nehemías (2.12ss; 3.1-32) son los más específicos del Antiguo Testamento, los eruditos difieren mucho en sus esquemas de las murallas y sus puertas. La ciudad era muy pequeña y la colina del sudeste se redujo porque la muralla del este se construyó en la cresta de la colina en vez de al lado. Puesto que el túnel de Ezequías llevaba agua al estanque de Siloé, no era necesario acercarse a Gihón. Los arqueólogos han encontrado restos de esta muralla que medía 2,75 m de grueso.

La conquista de → ALEJANDRO MAGNO en 332 a.C. y el dominio de los tolomeos no cambiaron notablemente la vida de Jerusalén. El punto decisivo fue el dominio de los seléucidas de Siria en 193 a.C. Estos influyeron culturalmente hasta el grado de dar a Jerusalén un carácter helenista y causaron divisiones entre los judíos.

Antíoco IV, Epífanes, se aprovechó de las facciones judías para saquear y profanar el templo y convertirlo en un santuario de Zeus. La persecución que siguió provocó la rebelión de los macabeos, quienes de nuevo establecieron el culto a Jehová (167 a.C.) y echaron a los sirios de su fortaleza (Aora) situada al sur o sudoeste del templo.

En la época de los macabeos y asmoneos hubo tiempos de conflicto y gran crueldad, pero también fue un período de expansión para Jerusalén, especialmente en el valle del Tiropeón y la colina del sudoeste. Los asmoneos edificaron un palacio, un puente sobre Tiropeón y varios muros. Ya en este tiempo la colina del sudoeste formaba parte de la ciudad.

Jerusalén cayó en manos de los romanos en 63 a.C. y → HERODES, nombrado rey en 37 a.C., inició grandes construcciones. Su

---

La moderna ciudad de Jerusalén, mostrando la Cúpula de la Roca y el monte donde se construyó el templo de Salomón. La elevación observada en la distancia es el lugar del monte de los Olivos.

Foto de Ben Chapman

primer proyecto fue la fortaleza → Antonia al noroeste del templo. Después reparó los muros y construyó en la colina del sudoeste un palacio fortificado con tres torres, el *xystus* o plaza abierta para acontecimientos atléticos, un gran puente sobre el Tiropeón, un anfiteatro y un teatro. Sobre todo, reedificó el templo y extendió su plataforma al sur y al este por medio de grandes rellenos y construcciones sobre un complejo de arcos y pilares. El nivel debajo del pavimento se llama hoy día «los establos de Salomón».

Cuando dedicaron al niño Jesús en el templo (Lc 2.22s), lo llevaron a la Jerusalén construida y gobernada por Herodes, pero cuando la sagrada familia regresó de Egipto, el rey era Arquelao, hijo de Herodes (Mt 2.22). Desde 6 d.C. Judea quedó directamente bajo procuradores romanos, entre los cuales figuró Pilato. Los Evangelios Sinópticos mencionan solo una visita de Jesús a Jerusalén, Jesús lloró por ella y predijo su destrucción (Lc 19.41-44; cf. el discurso escatológico, Mc 13.1ss//). El Evangelio de Juan, por su parte, relata varias visitas de Jesús a la capital en ocasión de fiestas religiosas.

Algunos de los lugares mencionados en los Evangelios, como el templo, el estanque de → Betesda, el estanque de Siloé y el tribunal de Pilato (en la Antonia), se pueden identificar con certeza, pero para los demás es necesario depender de la tradición eclesiástica. El hecho de que la actual Vía Dolorosa quede hasta 6 m sobre el nivel de las calles del tiempo de Cristo indica la dificultad de ubicar los lugares con exactitud. La validez de la Basílica del Santo Sepulcro como lugar de la crucifixión y sepultura de Cristo se ha discutido porque está dentro de la ciudad actual. Sin embargo, es probable que este lugar quedara fuera del muro en el tiempo de Cristo. Algunos prefieren ver el lugar de la crucifixión y de la sepultura en un sitio más al nordeste donde están la tumba del huerto y el llamado → Calvario de Gordon. No obstante, el sitio tradicional todavía es el más aceptado.

Por un tiempo después de la ascensión de Jesús, los discípulos se reunían y predicaban en los recintos del templo. Varios sucesos del libro de los Hechos tuvieron lugar en Jerusalén, y durante los años 30–70 hubo bastante agitación política en la ciudad. Algunos procuradores, como Agripa I, quien construyó la llamada tercera muralla, favorecieron a los judíos, pero otros los provocaron. Bajo el liderazgo de los zelotes, los judíos declararon la guerra a Roma (66 d.C.) y los sitiaron en Jerusalén. Finalmente en 70 d.C. las tropas romanas, bajo Tito, destruyeron a Jerusalén junto con su templo y mataron millares de judíos.

Jerusalén desde 70 d.C.

Desde entonces Jerusalén ha tenido una historia variada y la han disputado muchas veces. Después de aplastar la última rebelión judía en 132–135, Adrián convirtió a Jerusalén en una colonia romana, le cambió el nombre a *Aelia Capitolina* y redujo su tamaño, especialmente al lado sur. Bajo Constantino, el nombre de Jerusalén se restauró y llegó a ser importante para los cristianos. La ciudad cayó en manos de los mahometanos en 636 d.C. y en 691 se construyó sobre el sitio del templo la Cúpula de la Roca o Mezquita de Omar que permanece hasta hoy. Los cruzados reconquistaron Jerusalén por un tiempo en los siglos XII y XIII, pero la perdieron en 1291. Los turcos construyeron las murallas actuales en 1542.

La Jerusalén moderna consiste de la vieja ciudad (dentro de las murallas turcas) y las partes nuevas al norte y oeste. Abundan las iglesias (católicas y ortodoxas) edificadas sobre los lugares santos. El establecimiento de Israel como nación independiente y la unificación de Jerusalén bajo el dominio judío en 1967 cobran gran importancia a la luz del papel que esta ha de desempeñar, según las profecías, durante los últimos días y el reino mesiánico.

La nueva Jerusalén

Parece enigmático el hecho de que la ciudad que el Dios de paz escogió sea un lugar

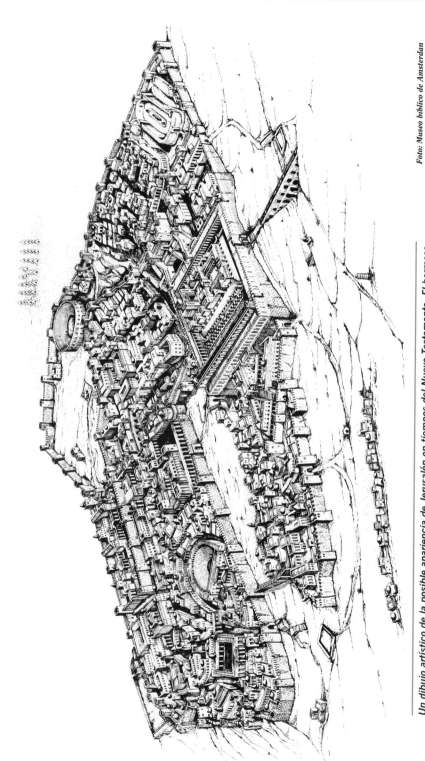

Un dibujo artístico de la posible apariencia de Jerusalén en tiempos del Nuevo Testamento. El hermoso templo que Herodes construyó aparece dentro de la estructura amurallada en primer plano.

tan disputado. El Nuevo Testamento distingue entre la Jerusalén terrenal y la que desciende de Dios, una Jerusalén nueva que es figura de la Iglesia triunfante (Gl 4.26; Heb 12.22s; Ap 3.12; 21.1–22.5). Esta nueva Jerusalén es figura de la Iglesia gloriosa y del Reino perfecto de Dios.

JESÚA Forma tardía de → Josué. Son varios los personajes bíblicos de ese nombre.

1. Levita contemporáneo del rey Ezequías (2 Cr 31.15).

2. Miembro del grupo de levitas que regresó del cautiverio y supervisó la construcción del templo (Esd 2.40; Neh 7.43). Tomó parte en la explicación de la Torá (Neh 8.7), en la dirección del culto (Neh 9.4) y en la confirmación del pacto (Neh 10.9).

3. Sumo sacerdote («Josué» de Hag 1.1) en el tiempo de Esdras y Nehemías (Esd 2.2; 3.2,8; Neh 12.1).

4. Varón de Pahat-moab cuyos descendientes regresaron de Babilonia con Zorobabel (Esd 2.6; Neh 7.11).

5. Padre de Jozabad (Esd 8.33).

6. Padre de Ezer, uno que ayudó en la reparación de los muros de Jerusalén (Neh 3.19).

7. Nombre del jefe de la novena compañía de sacerdotes en el tiempo de David (1 Cr 24.11; Esd 2.36; Neh 7.39).

8. También hay referencias a uno o más levitas de este nombre en Nehemías 8.7; 9.5; 10.9; 12.8,24.

Jesúa es también el nombre de una población en el sur de Judá, habitada por los hijos de Judá al regresar del cautiverio (Neh 11.26). Quizás corresponde a la «Sema» de Josué 15.26.

JESUCRISTO Nombre personal y título (cf. el orden inverso frecuente en los escritos paulinos) dado al Salvador. De sus dos elementos, el nombre «Jesús» (transcripción griega del hebreo *Yeshuá*, que significa *Jehová es ayuda* o *salvación*; cf. Mt 1.21) era uno de los más populares entre los israelitas. Entre los personajes bíblicos que lo llevaron también están: → Josué; Jesúa; Jesús Ben-Sirá (Eclesiástico 50.29); Jesús → Barrabás

---

Una vista de la moderna Jerusalén, mostrando la mezquita al- Aqsa (derecha) y excavaciones del tiempo de Herodes en primer plano.

Foto de Ben Chapman

(Mt 27.16s en muchos manuscritos); y Jesús llamado Justo (Col 4.11). El título «Cristo», que significa «ungido» (lo mismo que la palabra hebrea «Mesías»), señala que este Jesucristo en particular es el ungido de Dios.

Fuente de información

Aunque Jesús de Nazaret no dejó escrito alguno, mucho se sabe de su vida y enseñanza. De fuentes no cristianas obtenemos muy pocos datos, debido a que los escritores gentiles (griegos y romanos) tenían poco interés por los acontecimientos de Palestina y hacia los judíos solo sentían desprecio. Por su parte, los judíos del siglo I d.C. parecen haber callado a propósito su conocimiento del cristianismo naciente y de su fundador. Sin embargo, los escasos testimonios que nos han llegado bastan para confirmar la indudablemente existencia histórica de Jesucristo.

Los historiadores romanos Suetonio y Tácito se refieren a los seguidores de Cristo (o «Cresto», como algunos suponían); y Plinio *el Joven*, gobernador de Bitinia, escribió una carta al emperador para consultarle con respecto a cómo tratar a los cristianos (*ca.* 112 d.C.). Entre los testimonios de origen judío, hay ciertas tradiciones aceptables acerca de Jesús y sus seguidores, pero es evidente en muchas de ellas un barniz anticristiano que las desfigura. Los escritos de Flavio Josefo mencionan a Juan el Bautista y al sumo sacerdote Anás, nieto del Anás de los Evangelios, quien «hizo comparecer ante el sanedrín a unos cuantos, entre ellos a una persona llamada Santiago, hermano de aquel Jesús que se llamó Cristo». «A Santiago», continúa, «el sanedrín le condenó a morir apedreado» (*Antigüedades* XX.ix.1. *ca.* 93 d.C.). Otros pasajes en Josefo que mencionan a Jesucristo parecen ser espurios (XVIII,iii.3).

Las fuentes cristianas más antiguas son las cartas de Pablo (51–67), quien, sin conocer personalmente a Jesucristo, se familiarizó con sus actividades y sus dichos, de acuerdo con la → TRADICIÓN ORAL. Los datos acerca de Jesucristo que nos proporcionan sus cartas son muy escasos y se concentran en la pasión y resurrección, pero revelan la estabilidad de la tradición aun antes de consignarse por escrito. Las fuentes más completas son los cuatro → EVANGELIOS (publicados entre 68–96), que se fundamentan en el testimonio de los discípulos inmediatos a Jesucristo y en la primitiva catequesis cristiana. Aunque el propósito de los evangelistas no fue en primer término biográfico, nos proporcionan relatos históricamente fidedignos (Lc 1.1-4), no desfigurados por la evidente intención teológica de cada autor.

En otros libros del Nuevo Testamento, fuera de los Evangelios canónicos, se han conservado también ciertas palabras auténticas de Jesús (por ejemplo, Hch 20.35), pero la autenticidad de otros dichos (Ágrafa) consignados en los Evangelios Apócrifos o en otros escritos poscanónicos, como algunos papiros gnósticos, es cuando menos discutible.

Cronología

Puesto que Jesús nació antes de la muerte de → HERODES el Grande (4 a.C.) y por el tiempo del censo de → CIRENIO, de fecha discutida (entre 9–4 a.C.), la fecha asignada al nacimiento oscila entre 7 y 4 a.C. Por consiguiente, la era cristiana, fijada por cálculos hechos en el siglo VI, debe adelantarse indudablemente algunos años.

El inicio del ministerio de Juan el Bautista, según Lucas 3.1, se fecha en el año 15 del imperio de Tiberio. Esto nos lleva a los años 26–29 d.C. (debiéndose la variación a la forma de hacer el cómputo que Lucas usara). Meses después de la aparición de este precursor, Jesucristo comenzó su ministerio. Al informarnos el evangelista que «tenía, al comenzar, unos treinta años» (Lc 3.23), nos está dando una edad aproximada (esta edad representa la madurez [*Testamento de Leví* 2], sobre todo la del Rey davídico, 2 S 5.4). Sin embargo, no andaba muy lejos de la edad exacta. Si se toma el fin del año 27 como inicio de la obra pública, encontramos apoyo en el dato de Jn 2.20, según el cual habían

Foto: Servicio fotográfico Levant

*Sembrados en terrazas en la falda de una colina en las afueras de Belén, la aldea judía
en donde nació Jesús, en cumplimiento de las profecías del Antiguo Testamento.*

transcurrido, cuando la primera Pascua del ministerio público de Jesucristo, 46 años desde el comienzo de la edificación del templo herodiano (20/19 a.C.).

Hay diversas opiniones acerca de la duración de la actividad pública del Señor. La teoría de un solo año es insostenible si se basa en Lc 4.19 («un año de gracia del Señor»), además de que Marcos, el primero de los Evangelios, no relata sucesos que no cabrían en el marco de doce meses. En cambio, Lc 13.1-5 parece describir hechos ocurridos en una Pascua anterior a la de la Pasión con lo que nos da a entender que el ministerio duró por lo menos dos años. Del Evangelio de Juan, que da cuenta de tres Pascuas descritas durante la actividad pública de Jesucristo, se deduce con seguridad que duró al menos dos años y algunos meses. Si la fiesta indeterminada de Jn 5.1 es también de la Pascua, podríamos añadir un año más a la duración, pero esta hipótesis tropieza con varias dificultades exegéticas. De todos modos, el género literario de los Evangelios no nos permite esperar que los datos cronológicos sean exactos; solo podemos concluir que es posible que el ministerio

haya durado dos años (o bien tres años) y unos meses.

La fecha de la muerte de Jesucristo depende, no tanto de los factores anteriores, como de otros de carácter técnico. En resumen, el viernes de la crucifixión (en esto concuerdan los cuatro Evangelios), que sería el 14 de nisán (según el Evangelio de Juan: la preparación de la Pascua) o el 15 de nisán (según los Sinópticos: la Pascua misma), podría caer en el 7 de abril del año 30, o bien el 3 de abril del 33. Es mucho más probable la fecha del 30.

Épocas principales en su vida

Aunque los Evangelios no permiten reconstruir una biografía detallada o estrictamente cronológica de Jesucristo, sí nos dan el perfil definido de una persona única, las etapas de cuya vida están más o menos bien delineadas.

Nacimiento e infancia

Lucas relata la concepción milagrosa desde el punto de vista de → MARÍA, madre de Jesús, mientras que Mateo usa tradiciones que enfocan más bien a José, el prometido de esta. Ambos evangelistas ofrecen genealogías (→ GENEALOGÍA DE JESÚS) que trazan el linaje mesiánico a través del padrastro. Después de un breve viaje a Egipto en su infancia, Jesucristo pasó el resto de sus días en la Tierra Santa o muy cerca de ella. Así pues, humanamente hablando, el Señor se educó dentro de un ambiente judío. Es más, con la excepción de su nacimiento en Belén y las visitas a Jerusalén para las fiestas, pasó los días anteriores a su ministerio como simple aldeano de la Galilea tan despreciada por los fariseos.

De Lc 2.40,52 se deduce que la niñez y juventud de Jesucristo fueron normales, pero a la vez perfectas. Se realizó el ideal divino en cada fase de su vida (cf. el encomio divino en el bautismo: «en ti tengo complacencia», Mc 1.11). Aunque estos son los años de silencio, que solo Lucas entre los evangelistas apenas traza, entrevemos que Jesucristo desde temprana edad estaba consciente de su relación filial con Dios. Quizás por la muerte prematura de José, a Jesús se le conocía entre los nazarenos como «el carpintero» (Mc 6.3). No habían

visto en Él nada sobrenatural antes del comienzo de su obra pública.

Principio de su ministerio

En medio de una Palestina conmocionada por la exhortación al arrepentimiento hecha por → JUAN EL BAUTISTA, Jesucristo percibió alguna señal divina, salió de Nazaret y fue bautizado en el Jordán. Aquí, descendió sobre Él el Espíritu Santo, y oyó la voz del Padre aprobándolo en términos que también advertían del gran sufrimiento que se le avecinaba. Fue fortalecido por el Espíritu Santo, pero a la vez fue impelido al desierto de Judea, donde Satanás le sometió a una serie de tentaciones (→ TENTACIÓN DE JESÚS).

Después de escoger a sus primeros → DISCÍPULOS (Jn 1.35-51) y hacer varios milagros en Galilea y Jerusalén (Jn 2.1-11,23ss), fue a trabajar a Jerusalén (Jn 2 y 3) y aun entre los samaritanos (Jn 4.1-42).

Su obra en Galilea

Cuando encarcelaron a Juan el Bautista, el Salvador comenzó en Galilea el período de

---

La moderna Nazaret, el pueblo en la provincia de Galilea donde creció Jesús (Lc 4.14-16,33,34).

Foto de E. B. Trovillion

enseñanza intensiva y actividad mesiánica que le cosecharon fama en seguida. Anunció que el momento señalado había llegado y que el Reino de Dios estaba cerca (Mc 1.14s). Sin embargo, su mensaje de arrepentimiento no les parecía «buenas nuevas» a todos. En la sinagoga de Nazaret sus vecinos le rechazaron definitivamente (Lc 4.16ss) y le obligaron a trasladarse a Capernaum. En esta ciudad y otras partes de Galilea trabajó durante más de un año (Mc 1.14–6.34; Jn 4.46-54), revelando su poder sobre la naturaleza (por ejemplo, Mc 4.35-41; 6.34-51), sobre los espíritus malignos (por ejemplo, Lc 8.26-39; 9.37-45), sobre el cuerpo y las enfermedades (por ejemplo, Mt 8.1-17; 9.1-8), y aun sobre la muerte (por ejemplo, Mt 9.18-26; Lc 7.11-17). En el tipo de enseñanzas referidas en el Sermón del Monte (Mt 5–7), afirmó poseer autoridad suprema en la interpretación del Antiguo Testamento y aun en ejercer el juicio escatológico.

Al mismo tiempo, reveló su amor y compasión por los acongojados y oprimidos (por ejemplo, Mt 9.1-8,18-22; Lc 8.43-48). Una y otra vez declaró que había venido a buscar y a salvar a los perdidos, y ejerció la prerrogativa divina de perdonar pecados (Lc 5.20-26; 7.48ss). Del grupo numeroso de sus seguidores escogió a doce discípulos (Mt 10.1-4//) a los que enseñaba con esmero y preparaba para ser sus apóstoles.

La autoridad con que Jesucristo enseñaba, su superioridad en las polémicas con los líderes judíos y sus milagros de sanidad le ganaron una marcada popularidad entre las masas galileas (por ejemplo, Lc 4.40ss; 5.15,26; 6.17ss). Esta fama llegó a su clímax en la alimentación de los cinco mil (Mc 6.30-44//), prueba de su mesiazgo que alentó al populacho a intentar coronarle rey (Jn 6.15).

La preparación de los doce

Cuando Jesucristo rehusó ser coronado rey, muchos admiradores y aun discípulos dejaron de seguirle (Jn 6.26ss,66s). Entonces se retiró, siempre rodeado de los doce,

al territorio no judío del norte: Tiro, Sidón y Cesarea de Filipo. Pero aun así no pudo escaparse completamente de las multitudes. Cuando lanzó en privado la pregunta: «Y vosotros, ¿quién decís que soy?», Pedro confesó: «Tú eres el Cristo, el Hijo del Dios viviente». En base a esta revelación, Jesucristo dio la primera de tres predicciones de su aparente derrota a cumplirse en Jerusalén y de la victoria siguiente (Mc 8.31//). Esta autorrevelación a sus discípulos culminó con la → TRANSFIGURACIÓN ante el núcleo de los tres más íntimos (Mc 9.2-10//) y la voz del cielo reconoció una vez más la obediencia filial del Salvador: «Este es mi Hijo, el Amado: a Él oíd».

Una vez que los doce comprendieron mejor quién era su Maestro, este intensificó la preparación que les daba para ser luego miembros fundadores de la nueva comunidad. Por medio de → PARÁBOLAS, controversias, enseñanzas directas, y su continuo ejemplo personal, el Maestro les aclaró la naturaleza del Reino, el papel del Hijo del Hombre y las cualidades que Dios busca en los seguidores de este.

Hostilidad creciente

Entretanto, la oposición de los gobernantes y maestros religiosos de los judíos crecía rápidamente (Lc 14.1). Ellos buscaban atraparle, contrarrestar su influencia sobre las masas y entregarle a las autoridades romanas para ser ejecutado (Mt 19.1-3//). Ni las advertencias que Jesucristo dirigía a sus enemigos, ni su doctrina impartida con miras a cambiar la actitud de ellos, ni la resurrección de Lázaro junto con otras obras de benevolencia, lograron convencerles de su error. Más bien, su odio se intensificó; la mayoría de los escribas, fariseos y saduceos prefirieron sacrificar la vida de Jesús y no aguantar en su medio esa presencia crítica (Jn 11.46-53).

La semana final en Jerusalén

Después de entrar como Mesías en Jerusalén, vitoreado por las multitudes (Mc 11.1-10//),

Jesucristo expulsó del templo a los cambistas y traficantes de animales sacrificiales, en señal de su autoridad mesiánica. Enseñando en el templo durante los días siguientes, enfocó el significado de su muerte y resurrección. Se refirió al futuro triste del templo y de la ciudad santa, y mencionó algunas señales de su propio regreso en majestad (Mc 13//).

En la víspera de su pasión, Jesucristo celebró la cena pascual con sus discípulos. Después de lavarles los pies (Jn 13.1-17) y anunciar veladamente que Judas sería el traidor (Mc 14.18-21//), instituyó la Cena del Señor (Mc 14.22-25//), e instruyó a sus discípulos presentes y futuros (Jn 13–17). Luego, el grupo se trasladó a Getsemaní y, tras una lucha agónica en oración, el Salvador se entregó sin reservas a la voluntad de su Padre. Entonces se dejó arrestar y voluntariamente sufrió el maltrato, la condena injusta ante los tribunales religioso y político, y la crucifixión. Este sufrimiento vicario culminó en la cruz, cuando al cabo de tres horas de tinieblas Jesucristo gritó: «Dios mío, Dios mío, ¿por qué me has desamparado?» (Mc 15.34). Pero como su muerte era un «dar su vida en rescate por muchos» (Mc 10.45) y el sacrificio del Cordero por excelencia (Jn 1.29; 19.14a,36), Jesucristo pudo encomendarse victoriosamente al Padre, sabiendo que su obra terrenal había terminado (Lc 23.46; Jn 19.30).

Su sepultura, resurrección y ascensión

Amigos bajaron el cuerpo desde la cruz y lo sepultaron rápidamente para evitar trabajar después del atardecer del viernes. Dejaron el cadáver en una tumba nueva situada en un huerto, pero no quedó allí muchas horas; el Señor vio cumplida su profecía de resucitar de entre los muertos (→ RESURRECCIÓN DE CRISTO). Muy temprano, el domingo, algunas seguidoras descubrieron desierta la tumba (Mc 16.1-8//), y en el transcurso del día el Señor viviente se apareció a varios individuos y grupos de creyentes, disipando sus dudas (Mt 28.9ss; Lc 24.13ss; Jn 20.11-21.22).

Durante cuarenta días se sucedieron las apariciones del Señor resucitado y las nuevas enseñanzas (la recta comprensión del Antiguo Testamento, la venida del Espíritu Santo y la misión mundial de la iglesia) prepararon a los creyentes para la nueva era iniciada por la → ASCENSIÓN (Lc 24.51; Hch 1.9ss). A los diez días de esta, el Señor Jesucristo, ya glorificado y «sentado a la diestra del Padre» (Heb 8.1; cf. Hch 2.33), envió su → ESPÍRITU (→ PENTECOSTÉS), que también procede del Padre, como su vicario en este mundo. Excepcionales fueron las apariciones a Esteban (Hch 7.55-59) y a Saulo de Tarso (Hch 9.33ss//; 1 Co 15.8) y la visión apocalíptica de Juan, en Patmos (Ap 1.10ss). El Nuevo Testamento vislumbra como próxima aparición de Jesucristo su → SEGUNDA VENIDA para juzgar al mundo (Hch 1.11). Entonces «todo ojo le verá» (Ap 1.7).

Interpretación apostólica

Los datos de esta vida única se utilizaron en la proclamación primitiva con miras a la evangelización y la catequesis. En este proceso, lo simplemente histórico se interpretó como era debido. Por ejemplo, en el evangelio que Pablo aprendió después de su conversión (1 Co 15.3-7), la frase «Cristo murió» es descripción histórica, mientras las frases siguientes, «por nuestros pecados, conforme a las Escrituras», son interpretaciones teológicas del dato histórico. Por cierto, estas se fundamentan en las enseñanzas del mismo Señor Jesucristo, pero aclaradas por la resurrección, el don del Espíritu y la experiencia de la iglesia primitiva. Tanto los Evangelios como las Epístolas son el producto de este proceso, protegido divinamente de toda tergiversación o herejía.

La interpretación apostólica de la persona de Jesucristo conserva en una tensión fructífera dos aspectos complementarios de su vida: su humanidad y su deidad.

Jesucristo, hombre

Aunque los Evangelios no se interesan en el aspecto exterior de Jesucristo, sin duda fue impresionante, de personalidad atrayente (cf. el grito de una mujer, Lc 11.27). Sufrió hambre, sed y cansancio (Mc 4.38) en medio de una actividad tan intensa que, en ocasiones, no le dejaba tiempo ni para comer (Mc 3.20; 6.31). Pero este cuerpo, sujeto a las vejaciones de la angustia (Lc 22.44), respondió siempre a las demandas de una voluntad férrea. Desde el comienzo de su actividad renunció a usar de su poder para fines egoístas, porque «no vino para ser servido, sino para servir» (Mc 10.45). Ni su familia (Mc 3.31ss) ni Pedro (Mc 8.32s) pudieron desviarlo de la misión de sacrificio y abnegación que su Padre le había encomendado. Puso por obra la misma resolución consciente que exigía de sus discípulos (Lc 9.62; 14.28ss).

A pesar de su compasión y espíritu perdonador (Mt 11.28s), de ninguna manera fue una personalidad pasiva. Era capaz de pasiones fuertes: enojo (Mc 3.5; 10.14), celo reformador (Mt 10.34; Jn 2.15) o polémica (Mt 23.4-33; Mc 8.33; Jn 8.34-58), pero estas estaban al servicio de los demás, particularmente de los desgraciados. Tal fue su preocupación por la suerte de los desvalidos, que declaró que todo bien que a ellos se hiciera sería como hacérselo a Él (Mt 25.40; cf. Mc 2.15; Lc 6.20). Sin hacerse ilusiones acerca de los hombres (Mt 7.11; Jn 2.24s), predicó, como nadie más, el amor al prójimo y a los enemigos (por ejemplo, Mt 5.22-26).

Viviendo como hombre entre los hombres, experimentó todas nuestras limitaciones humanas, sin cometer pecado (Heb 4.15). Conoció la tentación (Heb 2.18), la angustia en la oración (Heb 5.7), la disciplina en la obediencia (Heb 5.8) y el desconocimiento de los acontecimientos futuros (Mc 13.32). Aun cuando el Padre se dignó revelarle, como lo había hecho con los

Lugar tradicional del bautismo de Jesús, en el río Jordán, al comienzo de su ministerio público (Mt 3.13-17).

Foto de Howard Vos

Foto de Gustav Jeeninga

El mar, o lago, de Galilea, escena de muchos de los milagros y enseñanzas de Jesús (Mt 14.13-33).

profetas veterotestamentarios, ciertos datos del porvenir (por ejemplo, Mc 9.1; 13.5-37; Lc 22.31-34), no le eximió de vivir por la fe, a fin de que fuera ejemplo para nosotros (1 P 2.21). Aun sus milagros, signos del amanecer de la era mesiánica, fluyeron de su humanidad perfecta que vivía en absoluta comunión con el Padre (Jn 5.19; 14.10), llena del poder del Espíritu Santo (Hch 10.38; cf. 2.22).

A la solidaridad de Jesucristo con el resto del género humano se refiere el Nuevo Testamento en varios pasajes. Cristo nos llama «hermanos» (Heb 2.11-14) y aun en su gloria celestial es «Jesucristo hombre» (1 Ti 2.5) y por tanto el único mediador ante Dios. Es el nuevo → ADÁN, representante del género redimido (Ro 5.14-21; 1 Co 15.21ss). En contraste con todo salvador de tipo → GNÓS-TICO, a Jesucristo se le presenta en los primeros sermones apostólicos como «varón acreditado por Dios ante vosotros» (Hch 2.22), y «a este Jesucristo [es decir, no algún

personaje imaginario o irreal que] resucitó Dios» (Hch 2.32). Es el «nacido de mujer, nacido bajo la Ley» (Gl 4.4), que participó a plenitud en nuestra historia, no solo en el sentido de existir auténticamente, sino en el de recapitular y revelar en su experiencia el significado trágico-glorioso de nuestra historia humana.

Aun la más primitiva de las confesiones, «Jesucristo es → SEÑOR» (1 Co 12.3), hace hincapié en la historicidad de Cristo, quien reina ahora y es el mismo que vivió, sufrió y murió por la salvación del mundo. El núcleo de la esperanza cristiana es igualmente «este Jesús, que ha sido tomado de vosotros al cielo» (Hch 1.11).

Jesucristo, Dios encarnado

Para afirmar que Jesucristo era un simple ser humano los críticos negativos han tenido que mutilar el Nuevo Testamento, pues el testimonio unánime de los apóstoles asegura que es mucho más que un hombre. Con base en sus obras milagrosas (→ SEÑALES) y en la conciencia mesiánica del mismo Señor, quien se consideraba el → HIJO DEL HOMBRE, el → SIERVO DE JEHOVÁ por excelencia, el → PROFETA escatológico, el → JUEZ y el → HIJO DE DIOS en sentido único, los escritores bíblicos evaluaron la persona de Jesucristo, mediante su experiencia de Él como resucitado y como fuente del Espíritu Santo. Pasajes como Sal 110.1 (el v. más citado en el Nuevo Testamento) se interpretaron a la luz de la ascensión y exaltación de Cristo. En los cultos y fórmulas bautismales se aplicaron a Jesucristo expresiones veterotestamentarias reservadas para Jehová, tales como Señor, → SALVADOR, → REY y → DIOS (Jn 1.1,18, HA; Heb 1.8s; 1 Jn 5.20). Le rindieron culto (Jn 20.29) y se les reveló que, sin dejar de ser monoteístas, podían atribuir a Jesucristo la misma majestad y gloria del Padre (por ejemplo, en Ap 22.1 el trono divino es «de Dios y del Cordero»).

Inspirados en ciertos dichos de Jesucristo (por ejemplo, Jn 8.58), los escritores sagrados mencionan también su preexistencia. El → VERBO, aun antes de encarnarse (Jn 1.14), y esto sin la intervención de un padre humano, tuvo su existencia eterna junto al Padre (Jn 1.1s; 17.5) y fue mediador de la creación (Jn 1.3s; 1 Co 8.6; Col 1.15ss; Heb 1.10ss).

Este Jesucristo entonces, que era y es Dios venido en carne, es el único capaz de salvar del pecado (Mt 1.21; Hch 4.12). Vino a su pueblo con las prerrogativas de Mesías e Hijo de David, y trajo la redención, aunque esta no se ajustaba a la esperanza judía. Más que caudillo militar, asumió el papel de → CORDERO, de propiciador; por ende, gracias a su obediencia, el Padre le ha constituido → SUMO SACERDOTE de su nuevo pueblo, cabeza de la Iglesia y Señor del universo.

Bibliografía:

K. Adam, *Cristo nuestro hermano*, Barcelona, 1958. S. Barbieri, *Las enseñanzas de Jesús*, Buenos Aires, 1949. J. Blinzler, *El proceso de Jesús*, Barcelona, 1960. L. Cerfaux, *Jesucristo en San Pablo*, Bilbao, 1955. O. Cullmann, *La cristología del Nuevo Testamento*, Buenos Aires, 1965. A. Graham, *VD*, III, pp. 112-153. M.J.

Una área excavada en la antigua Jerusalén conocida como el Enlosado, identificada por algunos eruditos como el lugar en donde Pilato emitió juicio contra Jesús (Jn 19.13).

Foto de Howard Vos

Lagrange, *El evangelio de nuestro Señor Jesucristo*, Barcelona, 1942. X. León-Dufour, *Los Evangelios y la historia de Jesús*, Barcelona, 1966. *Idem., IB* II, pp. 150-315. A. Nisin, *Historia de Jesús*, Madrid, 1966. G. Ricciotti, *Vida de Jesucristo*, Barcelona, 1960. J. Stalker, *Vida de Jesucristo*, 1879, ed. inglés. P. Von Imschoot, *DBH*, pp. 962-981.

JESURÚN (*el justo*). Forma poética del nombre de Israel, empleada por Moisés en su cántico recitado al pueblo poco antes de su muerte (Dt 32.15; 33.5,26). Jehová Dios llama Jesurún al pueblo de Israel, para recordarle que le ha escogido para ser un pueblo recto y santo (Is 44.2).

JETRO Sacerdote de Madián, conocido también como → Reuel (Éx 2.16,18). Hospedó y dio trabajo a Moisés cuando este huía de Faraón y luego le dio su hija Séfora por esposa. Después de cuarenta años, cuando Moisés le avisó que se volvería a sus hermanos en Egipto, Jetro le despidió amistosamente (Éx 4.18).

Posteriormente Jetro y Moisés se encontraron en el desierto y estuvieron presentes también Séfora y sus dos hijos (18.1-7). Al escuchar Jetro el relato de las cosas portentosas que Jehová había hecho a favor del pueblo de Israel, no solo reconoció que «Jehová es más grande que todos los dioses», sino que ofreció a Dios holocaustos y sacrificios (18.8-12). Jetro aconsejó a Moisés establecer ayudantes para administrar justicia al pueblo (Éx 18.13ss).

JEZABEL Hija de Et-baal, rey de Tiro y Sidón, y esposa de → Acab, rey de Samaria (1 R 16.31). Tanto en el Antiguo como en el Nuevo Testamento (Ap 2.20) se la tiene por símbolo de la idolatría y la perfidia. Fue Jezabel la que luchó contra Abdías y Elías cuando estos se oponían al culto a → Baal y → Astoret. El episodio de la viña de → Nabot (1 R 21.1-16) muestra que el modo en que Jezabel entendía el carácter y la autoridad de un rey era distinto a cómo lo concebían los hebreos. Jezabel no podía posesionarse de la viña de Nabot. Jezabel fue una mujer con un fuerte liderazgo, mucho mayor que el de su esposo, como se deduce de los relatos bíblicos.

Jezabel murió cuando unos eunucos a las órdenes de → Jehú la tiraron desde una ventana a la calle, donde su cuerpo fue comido por los perros (2 R 9.30-37).

JEZANÍAS → Jaazanías.

El valle de Jezreel, que separa a la provincia de Galilea del distrito de Samaria. Región rica agrícolamente y que fue escenario de muchas batallas en el mundo antiguo.

JEZREEL (*Dios siembra*). Nombre de tres lugares y dos personajes del Antiguo Testamento.

1. Valle que separa a Galilea de Samaria. Se divide en dos partes. La occidental, ancha, de figura triangular, se extiende entre el Carmelo, Gilboa y los montes de Galilea. Con frecuencia se le llama Esdraelón (corrupción griega del nombre hebreo), nombre que no aparece en la Biblia. Al norte de la llanura corre el Cisón que desemboca en el Mediterráneo. La parte oriental, mucho más estrecha, comienza en el paso entre Gilboa y More y llega al valle del Jordán. Como Jezreel sirve de paso a través de las montañas septentrionales, lo cruzan los caminos que van del Mediterráneo al Jordán, y de Egipto y Samaria a Galilea, Siria y Fenicia. Debido a esta posición estratégica Jezreel ha sido escenario de muchas batallas decisivas a lo largo de la historia. Por ejemplo, Débora contra Sísara (Jue 4 y 5), Gedeón contra los madianitas (Jue 7), Saúl contra los filisteos (1 S 31); Josías contra Necao (2 Cr 35.20-22).

2. Ciudad fronteriza de la tribu de Isacar (Jos 19.18). Todavía no se ha excavado, pero la han identificado con el caserío árabe de Zerín, al pie del monte Gilboa. Fue parte del quinto distrito fiscal de Salomón (1 R 4.12). Acab la hizo su capital de invierno (1 R 21.1) y en ella ocurrió el funesto incidente de Nabot (1 R 21). Fue aquí donde Jehú mató a Joram, a Jezabel y a toda la casa de Acab (2 R 9 y 10). De esta ciudad se deriva el nombre del valle de Jezreel.

3. Población del territorio de Judá (Jos 15.56). Posiblemente se trate de Khirbet Tarrama, unas ruinas a 10 km al sudoeste de Hebrón, pero esta identificación no es definitiva. Una de las esposas de David, Ahinoam, era oriunda de esta Jezreel (1 S 25.43).

4. Descendiente de Judá (1 Cr 4.3), o quizás una de las familias de la tribu de Judá.

5. Hijo del profeta Oseas (Os 1.4), cuyo nombre era un constante mensaje de condenación del profeta contra la dinastía de Jehú. Recordaba la matanza de los descendientes de Omri ocurrida en Jezreel.

JOAB Hijo de Sarvia (2 S 2.13), la hermana de David, hermano de Abisai y Asael (2 S 2.18), y general del ejército de David (2 Cr 27.34). En Gabaón venció a → ABNER, general de Isboset (2 S 2.16,17) y Abner huyó, pero lo persiguió Asael, hermano de Joab. No queriendo matarlo, por respeto a su hermano, Abner previno a Asael que dejara de perseguirle. Pero Asael no desistió y Abner lo mató (2 S 2.19-23). Joab y Abisai, «siguieron a Abner», pero posteriormente se volvieron de perseguirlo; así terminó la lucha luego de la costosa pérdida de vidas (2 S 2.28).

Más tarde, cuando Abner y David se pusieron de acuerdo (2 S 3.6-21), Joab, persona maliciosa y vengativa, reprochó al rey su actitud y por cuenta propia vengó la muerte de su hermano Asael (2 S 3.26). Inocente David de aquella muerte, responsabilizó a Joab pidiendo la justicia divina sobre él y su descendencia (2 S 3.28,29,39).

Joab se distinguió como general de los ejércitos de David frente a los amonitas, a quienes derrotó (2 S 10.1-14). Estuvo en el frente de batalla mientras David caía en pecado con Betsabé, y a instancias de aquel, Joab envió a Urías, marido de Betsabé, a una muerte segura (2 S 11.1-27). Fue Joab el que propició y obtuvo un acercamiento de Absalón con David (2 S 14.1-33). Más tarde desobedeció al rey matando con saña a Absalón, un hijo del rey (2 S 19.1-7). Finalmente → BENAÍA mató a Joab junto al altar del tabernáculo (1 R 2.28-34).

JOACAZ (*Jehová ha asido*). Nombre de dos reyes en el Antiguo Testamento.

1. Hijo y sucesor de Jehú en el trono de Israel (*ca.* 815–800). Fue castigado juntamente con el pueblo por las invasiones de Hazael y Ben-adad, debido al culto a los becerros de oro y otras formas de idolatría (2 R 13.3-7). Joacaz se arrepintió y pidió ayuda a Dios y la salvación se dio durante los reinados de su hijo Joás (2 R 13.25) y su nieto Jeroboam II (2 R 14.27).

2. Decimoséptimo rey de Judá (608) e hijo menor de Josías, cuyo nombre originalmente fue Salum (Jer 22.11). Al morir Josías en la batalla de Meguido, lo coronaron rey en lugar de su hermano mayor Joacim que era menos popular. El faraón Necao lo destronó después de tres meses y lo envió a Egipto, donde murió (2 R 23.31-34; 2 Cr 36.2,3).

JOACIM (*Jehová levanta*). Segundo hijo de Josías y decimoctavo rey de Judá (*ca.* 609–598 a.C.). Su nombre era Eliaquim, pero el faraón Necao se lo cambió al proclamarlo rey en lugar de Joacaz, hermano menor de aquel. Permaneció sujeto a Egipto hasta que Nabucodonosor conquistó la tierra. Tres años después, Joacim se rebeló contra Nabucodonosor, quien lo llevó encadenado a Babilonia (2 R 23.34–24.6).

El profeta Jeremías, contemporáneo de Joacim, dictó a Baruc las palabras de Dios contra el pueblo y este las transcribió en un rollo. Luego, cuando Jehudí leyó a Joacim aquellas palabras, este sacó su cortaplumas, despedazó el rollo y lo echó al fuego (Jer 36.21-23). Jeremías lo denunció por sus pecados e injusticias y anunció su violenta e ignominiosa muerte (Jer 22.13-19).

JOAQUÍN (*Jehová establecerá*). Hijo y sucesor de Joacim. También se llamaba Jeconías (1 Cr 3.16; Jer 27.20) y Conías (Jer 22.24,28; 37.1). Reinó tres meses y diez días en Jerusalén antes de que Nabucodonosor lo llevara cautivo a Babilonia, juntamente con los de su casa y los tesoros del templo y de la casa real. En Jerusalén le sucedió Sedequías, último rey de Judá. Permaneció preso en Babilonia treinta y seis años, hasta que Evil-merodac, sucesor de Nabucodonosor, lo libertó y le dio un lugar en la mesa del emperador (2 R 24.6-17; 25.27-30; 2 Cr 36.7-10).

JOÁS (*Jehová ha dado*). Nombre de ocho personas del Antiguo Testamento.

1. Padre de Gedeón, de la familia de Abiezer y la tribu de Manasés (Jue 6.11ss). Era rico (v. 27), pero de espíritu bondadoso y sabio (vv. 29-31). Era dueño de la encina sagrada (v. 11) y del altar de Baal en Ofra (v. 25). Gedeón destruyó el altar de Baal y derribó la imagen de Asera que eran propiedad de Joás su padre, pero este lo defendió ante el pueblo (vv. 25,28-30).

2. Descendiente de Sela, hijo de Judá (1 Cr 4.22).

3. Hijo de Semaa de Gebaa de la tribu de Benjamín. Uno de los valientes, diestros en el manejo de la honda y el arco, que se unieron a David en Siclag (1 Cr 12.3).

4. Hijo del rey Acab. Juntamente con Amón, gobernador de Samaria, se le encargó de encarcelar al profeta Micaías, cuando este profetizó la derrota de Acab (1 R 22.26s; 2 Cr 18.25).

5. Jefe de una familia benjamita durante el reinado de David (1 Cr 7.8).

6. Oficial de David (1 Cr 27.28).

7. Hijo de Joacaz y decimosegundo rey de Israel (798–782). Visitó al profeta Eliseo cuando este estaba a punto de morir, y le expresó su gratitud por el servicio prestado al reino (2 R 13.14). Con el simbólico disparo de flechas se profetizaron tres victorias sobre los sirios, la primera de ellas sería en Afec. La acción simultánea de Asiria contra los sirios facilitó las victorias. Junto con Jeroboam II (2 R 14.27), a Joás se le considera el salvador prometido a Joacaz (2 R 13.5). Cuando Amasías, rey de Judá, provocó a Joás, este lo derrotó y saqueó a Jerusalén (2 R 14.8-14). En medio de sus victorias, Joás permitió la adoración de los becerros de oro y por tanto su conducta no fue aprobada (2 R 13.11). Le sucedió su hijo Jeroboam II.

8. Rey de Judá (*ca.* 835–796 a.C.) que ascendió al trono después de una subversión planeada por el sacerdote Joiada.

Durante la dominación de la casa de Omri en Israel, este influyó notoriamente sobre Judá. Atalía, hermana de Acab, rey de Israel, contrajo matrimonio con Joram, rey de Judá. Ocozías, hijo de esta unión, reinó solamente un año, pues Jehú lo asesinó. Esto hizo que Atalía, como reina madre, reinara sola en Judá y pusiera en peligro la dinastía davídica. Su primer acto como reina fue mandar matar a todos los posibles herederos al trono de

Foto de Amikam Shoob

J

El libro de Job se burla del avestruz, que una vez viviera en el Cercano Oriente, por su manera de anidar (Job 39.13-18).

Judá. Pero Josaba, hermana de Ocozías y esposa de Joiada, escondió a Joás, hijo de Ocozías, quien tenía solo un año. Cuando el niño cumplió siete años, Joiada lo hizo coronar en el templo. Al enterarse Atalía de la coronación de Joás, se dirigió al templo donde murió trágicamente. Joás dedicó la primera parte de su largo reinado a luchar contra la idolatría; pero una vez que Joiada murió la estableció de nuevo, y él mismo se corrompió al grado de asesinar a Zacarías, hijo y sucesor de Joiada (2 R 11.1–12.21; 2 Cr 24.15-22).

JOB Nombre de dos personajes del Antiguo Testamento.

1. Hijo de Isacar y padre de los jasubitas (Nm 26.24). También se le llama Jasub en Números 26.24 y 1 Crónicas 7.1.

2. Personaje central del libro de Job. Todo cuanto sabemos de él nos llega de ese libro y otras dos referencias que de su persona encontramos en la Biblia: Ezequiel 14.14, donde se le menciona con Noé y Daniel, y Santiago 5.11, donde se alude a su paciencia. Si el Daniel de la cita coincide con el de la literatura de Ugarit, los tres personajes podrían situarse en una fecha bastante antigua.

De Uz, su lugar de procedencia, tampoco podemos decir nada con precisión. Lo que sí es claro acerca de Job es que su nombre es proverbial y legendario entre los pueblos del Oriente y especialmente entre los árabes. (→ JOB, LIBRO DE.)

JOB, LIBRO DE Libro del Antiguo Testamento, escrito casi todo en forma poética. Su tema principal es el sufrimiento del justo.

El libro toma el nombre del personaje principal, Job.

Estructura del libro

Job comienza con dos capítulos de introducción. Los capítulos 3 al 37 constituyen el

JOB:
Un bosquejo para el estudio y la enseñanza

Primera parte:
El dilema de Job
(1.1—2.13)

I. Las circunstancias de Job 1.1-5
II. El primer asalto de Satanás 1.6-22
III. El segundo asalto de Satanás 2.1-10
IV. La llegada de los amigos de Job 2.11-13

Segunda parte:
Los debates de Job
(3.1—37.24)

I. El primer ciclo de debate . . . . 3.1—14.22
  A. Primer discurso de Job 3.1-26
  B. Primer discurso de Elifaz . . . . 4.1—5.27
  C. Respuesta de Job a Elifaz . . . . 6.1—7.21
  D. Primer discurso de Bildad 8.1-22
  E. Respuesta de Job a Bildad . . . . 9.1—10.22
  F. Primer discurso de Zofar 11.1-20
  G. Respuesta de Job a Zofar . . . . 12.1—14.22
II. El segundo ciclo de debate . . . . 15.1—21.34
  A. Segundo discurso de Elifaz 15.1-35
  B. Respuesta de Job a Elifaz . . . . . . 16.1—17.16
  C. Segundo discurso de Bildad 18.1-21
  D. Respuesta de Job a Bildad 19.1-29
  E. Segundo discurso de Zofar 20.1-29
  F. Respuesta de Job a Zofar 21.1-34
III. El tercer ciclo de debate . . . . 22.1—26.14
  A. Tercer discurso de Elifaz 22.1-30
  B. Respuesta de Job a Elifaz . . . . 23.1—24.25
  C. Tercer discurso de Bildad 25.1-6
  D. Respuesta de Job a Bildad 26.1-14
IV. La defensa final de Job . . . . 27.1—31.40
  A. Primer monólogo de Job . . . . 27.1—28.28
  B. Segundo monólogo de Job . . . . 29.1—31.40
V. La solución de Eliú . . . . 32.1—37.24
  A. Eliú interviene en el debate 32.1-22
  B. Primera refutación de Eliú 33.1-3
  C. Segunda refutación de Eliú 34.1-37
  D. Tercera refutación de Eliú 35.1-16
  E. Conclusión de Eliú . . . . 36.1—37.24

Tercera parte:
La liberación de Job
(38.1—42.17)

I. La primera controversia de Dios con Job . . . 38.1—40.5
  A. Primer reto a Job . . . . 38.1—40.2
  B. Primera respuesta de Job a Dios 40.3-5
II. La segunda controversia de Dios con Job . . 40.6—42.6
  A. Segundo reto de Dios a Job . . . . 40.6—41.34
  B. Segunda respuesta de Job a Dios 42.1-6
III. La liberación de Job y sus amigos 42.7-17

núcleo del libro y pueden dividirse en cuatro partes bien definidas. La primera contiene el diálogo con Job que entablan Elifaz, Bildad y Zofar. Este diálogo a su vez tiene tres ciclos de discursos en que hay una intervención de cada amigo y la respuesta de Job. El primer ciclo va del capítulo 3 al 14, el segundo del 15 al 21 y el último del 22 al 26.

La segunda parte de la sección poética la constituyen los capítulos 27—31, de los cuales el 28 es un bello elogio de la sabiduría. Los capítulos 29–31 son un resumen que Job hace de todo el debate anterior.

La tercera está formada por el largo discurso de Eliú en los capítulos 32–37. Este personaje no se ha mencionado antes en el libro. Parece ser un joven sabio que ha llegado cuando el debate estaba ya en marcha y que, después que los tres amigos de Job no tienen ya nada que añadir, resuelve también intervenir. Su discurso repite en gran parte lo que ya se ha dicho, pero con la novedad de que su intervención establece un giro distintamente teológico.

La última palabra en el asunto la tiene Jehová (38.1–42.6), y esta constituye la cuarta y última parte de la sección poética. Es la parte culminante de todo el poema.

El ambiente y la terminología del poema sugieren un tribunal en el cual Job ocupa el banquillo de los acusados. Nótese que aunque la magnitud de los sufrimientos y de la paciencia en el caso de Job se han vuelto

Mosaico del profeta Joel, que profetizó acerca del derramamiento del Espíritu de Dios en los últimos días (Jl 2.28).

proverbiales, no es esto lo que constituye el meollo del poema. A Job le preocupan intensamente sus relaciones directas y personales con Dios. Su gran querella consiste en saber por qué Dios lo ha abandonado.

Las respuestas de sus amigos fatigan e impacientan a Job porque representan las impugnaciones prefabricadas de personas que, a base de un concepto individualista de Dios, juzgan por igual todas las circunstancias y a todas las personas. Él los oye con atención pero, aunque entiende la lógica de sus argumentos, sospecha que las bases de su razonamiento no son firmes; que la explicación de su problema no puede ser tan simple, tan automática ni tan final. Poco a poco va impacientándose con sus interlocutores porque ve en su actitud y en sus conceptos un enorme muro que se interpone entre él y su Dios. En varias ocasiones expresa el deseo de ir directamente a Dios para que sea Él quien lo juzgue. Expresa la certeza de que su Vindicador vive y de que en algún momento le responderá en forma adecuada.

Job aboga insistentemente por un acceso personal y directo a Dios, y en sus interlocutores solo ve a intermediarios que le impiden este acceso y que le ofrecen conceptos estereotipados imposibles de aceptar. Por eso ninguno, ni siquiera Eliú, que se jacta de su sabiduría y de tener en su haber todas las respuestas, puede responder satisfactoriamente a la querella de Job. No obstante, la paz y la alegría regresan al alma de Job cuando directamente oye la voz de Jehová (38–42).

El poema llega a su clímax en 42.5 con las palabras de Job: «De oídas te había oído; mas ahora mis ojos te ven», y en el repudio que Dios hace de los interlocutores de Job y el respaldo que da a este en 42.7. Nótese que, cuando Job pronuncia sus palabras de satisfacción en 42.5, su enfermedad había llegado a extremos espantosos. Esto no preocupa a Job ante el gozo de haber podido, al final, pasar por encima de sus intermediarios y haber llegado al tribunal divino. Por eso el libro de Job va más allá del problema que se toca de paso en el diálogo; llega hondamente al problema de cómo entendemos la relación entre el hombre y Dios.

Autor y fecha

El libro no da indicaciones ni del autor ni de la fecha de su escritura. Por no mencionar la historia de Israel ni sus ritos religiosos, algunos lo han fechado en el tiempo de Moisés o los patriarcas. Sin embargo, aunque la base histórica de la narración pudiera ser tan antigua, probablemente el libro fue escrito posteriormente. Se han sugerido muchas fechas entre el tiempo de Salomón (950 a.C.) y 250 a.C. Muchos prefieren la última parte de este período, pero ciertos paralelos con la poesía de → Ugarit sugieren una fecha entre 950 y 500 a.C.

Marco histórico

Los hechos que se describen en Job pueden haber ocurrido siglos antes de que se escribiera el libro. Job bien puede haber vivido en tiempos de Abraham, allá por el 2000 a.C.

Como Abraham, la fortuna de Job se medía en términos de rebaños y ganado. Conforme a la costumbre patriarcal, los hijos casados de Job eran parte de su casa. Vivían en tiendas apartes, pero se sometían a la autoridad del jefe de la familia.

Aporte a la teología

Job parece abrir la puerta al concepto neotestamentario de la gracia, al plantear que Dios está más allá de la misma Ley y de las interpretaciones que los hombres hicieron de ella en momentos específicos. Ese concepto nos lleva a confiar en Dios en cualquier circunstancia. No ganamos nada con tratar de entender el porqué de la dificultad. A veces el justo sufre sin saber por qué, de ahí que sea importante aprender a dejarlo todo en las manos de Dios.

Por otro lado, este magistral libro, nos deja ver que Dios no está amarrado ni a este mundo, ni a su pueblo, ni al concepto que tengamos de la naturaleza divina. Dios es libre y soberano. Ante su grandeza nos sentimos empequeñecidos. Como Job, no hallamos más remedio que rendirnos a Él con humildad.

El libro no termina sin recalcar que Dios es bueno y justo en todos sus tratos. Al final restauró a Job y hasta le dio más de lo que antes tenía. Si permanecemos fieles, a la postre Dios siempre disipa las tinieblas de nuestra existencia con la luz de su presencia.

Otros puntos importantes

Lo primero que llama la atención al intentar analizar el libro de Job es que los dos primeros capítulos y el último, a partir del v. 7, están escritos en prosa y parecen servir únicamente de punto de partida y de conclusión, respectivamente, al cuerpo mismo del libro (3.1–42.6), que está todo escrito en verso. Este fenómeno se trata ampliamente en los comentarios. Muchos lo ven como indicación de diferentes autores. Sin embargo, se debe tomar en cuenta que este estilo, A. B. A., es conocido en otras literaturas antiguas. Un ejemplo es el código de Hammurabi, que tiene un prólogo en poesía, las leyes en prosa y un epílogo en poesía.

Job es un joya de la literatura universal. Por ello, y por el contundente impacto de su contenido, tenemos que leerlo y releerlo con detenimiento.

JOCTÁN Hijo menor de Heber y hermano de Peleg, de la familia de Sem (Gn 10.25,26; 1 Cr 1.19,20,23). Su nombre se desconoce fuera de la Biblia, pero con base en sus descendientes se conjetura que representa a numerosos grupos de tribus habitantes de la Arabia del sur.

JOEL (*Jehová es Dios*). Nombre de once o doce personajes del Antiguo Testamento (1 Cr 4.35; 5.4,8,12; 6.36; 1 S 8.2; cf. 1 Cr 6.28-33; 7.3; 11.38; 1 Cr 15.7,11; cf. 1 Cr 23.8; 27.20; 2 Cr 29.12; Esd 10.43). Entre estos se destaca el autor del libro profético que lleva ese nombre, de quien nada sabemos sino que fue hijo de Petuel (Jl 1.1). (→ Joel, libro de.)

JOEL, LIBRO DE Breve libro profético del Antiguo Testamento que predice el derramamiento del Espíritu de Dios, profecía que se cumplió varios siglos después en el Día de Pentecostés (Jl 2.28-32; Hechos 2.14-21). El libro tiene como título el nombre de su autor.

Estructura del libro

El libro de Joel se divide en dos partes bien definidas. El criterio básico de la división es la mención de «el Día de Jehová». En la primera parte se toma a este día como algo que ya ocurrió, mientras que en la segunda parte se trata de algo futuro. La primera parte (1.1—2.27) describe una plaga de langostas e interpreta su significado. La imagen de las langostas parece referirse a un ejército extranjero invasor. Luego describe con realismo la manga que avanza primero sobre el campo (1.2-12) y después contra la ciudad (2.1-11), destruyéndolo todo, hasta que no queda ni con qué hacer las ofrendas rituales (1.8-10). Joel interpreta esta señal como un llamado al arrepentimiento (1.13,14) en vista del → Día de Jehová que se aproxima (1.15; 2.12-17) y que será terrible (2.16-20). Si el pueblo se arrepiente, ayuna y ora, Dios no desoirá su clamor, «se arrepentirá» (es decir, no persistirá en destruir) y hará volver la prosperidad (2.18-25).

La segunda parte (2.28—3.21) tiene un profundo contenido escatológico y apunta al futuro con un encendido lenguaje apocalíptico. Es una visión del porvenir, que describe: (1) un derramamiento intenso del Espíritu sobre todo el pueblo (2.28-32; cf. 3 en el texto masorético), y (2) la destrucción de los enemigos de Israel que es descrita en colores apocalípticos, y la restauración del pueblo de Dios 3.1-21; capítulo 4 en el texto masorético. En vista de que la primera parte parece describir un hecho histórico concreto y la segunda es una profecía del fin, algunos críticos han concluido que se trata de dos porciones, correspondientes a distintos autores y épocas. Pero eruditos más recientes han afirmado la unidad del libro.

Autor y fecha

El autor fue Joel (1.1), un profeta de Judá, que predicó en Jerusalén y que al parecer era versado en la literatura profética precedente y contaba con un notable discernimiento espiritual.

El libro es difícil de fechar porque refleja algunas condiciones que corresponden a épocas de antes del cautiverio, y otras propias de un período posterior. La tradición lo consideraba como la más antigua obra profética escrita que se haya conservado, y lo ubicaba durante la infancia de Joás, en el

J

JOEL: Un bosquejo para el estudio y la enseñanza	
I. El Día del Señor en el pasado	1.1-20
A. El pasado día de la langosta	1.1-12
B. El pasado día de la sequía	1.13-20
II. El Día del Señor en el futuro	2.1—3.21
A. El Día venidero del Señor	2.1-27
1. Profecía sobre la invasión venidera de Judá	2.1-11
2. Promesa condicional de la salvación de Judá	2.12-27
B. El Día definitivo del Señor	2.28—3.21
1. Sucesos finales antes del terrible Día del Señor	2.28-32
2. Suceso del terrible Día del Señor	3.1-21
a. Juicio sobre los gentiles	3.1-17
b. Restauración de Judá	3.18-21

siglo IX a.C. Sin embargo, hay que considerar seriamente la similitud del concepto de Joel del «Día de Jehová» con el vocabulario del profeta Sofonías (Jl 2.2; Sof 1.14-16). Sofonías profetizó durante el reinado de Josías de Judá (640–609 a.C.). Por lo tanto, esta también parece ser la fecha más probable del libro de Joel.

Marco histórico

Si Joel escribió su libro allá por el 600 a.C., tiene que haber vivido en los frenéticos postreros años de Judá. Quizás ya el ejército de Babilonia había destruido a Jerusalén y se había llevado cautivos a los ciudadanos más importantes. De todos modos, su contenido indica un tiempo de crisis nacional total, especialmente en lo espiritual. La comunidad había pasado por un tiempo de destrucción y humillación generalizada. A la pobreza material se agregaba la indigencia espiritual y moral. La situación religiosa era crítica. Joel no ve otra posibilidad que una renovación profunda en la relación del pueblo con Jehová.

El tono de Joel es pastoral y conciliador. El eje de su profecía consiste en una liturgia de lamento, una expresión de confianza en que el resultado final de la situación de crisis está en las manos de Dios, que es compasivo y fiel.

Aporte a la teología

El libro de Joel es importante porque muestra que un mensaje de Dios muchas veces puede venir empaquetado en la forma de un desastre natural. La verdad del libro tiene sus raíces en la desastrosa plaga de langostas que Joel describe con vívido lenguaje. El profeta nos enseña que el Señor puede valerse de un desastre natural para llevar a su pueblo a una renovada percepción de su voluntad. Cualquier desastre natural (inundación, fuego, huracanes, terremotos) puede llevar a la persona sensible a prestar de nuevo atención a las palabras del Señor.

Otros puntos importantes

Los valores de este pequeño libro son notables en distintos sentidos. La precisión de las descripciones y lo vívido de las figuras, la cualidad poética y la habilidad artística del autor (como al ilustrar con el fenómeno dramático de la langosta los hechos sobrenaturales del «Día de Jehová») han llamado profundamente la atención de los estudiosos.

Pero su importancia principal es la de ser precursor de la literatura apocalíptica. Los hechos históricos son proyectados sobre una pantalla final: las langostas son una representación de los poderes que oprimen al pueblo de Dios. Joel no condena al pueblo por su pecado ni afirma que su situación de opresión presente es el resultado de su maldad. En la mente de Joel, el problema no está en los pecados de Judá sino en la crueldad y maldad de otras naciones en contra de Judá. La restauración de los campos arrasados es una imagen de la recuperación de la original armonía de la creación y de su perfección en el reino venidero (3.17,18; cf. Jn 4.14; Ap 22.1,2). El futuro traerá la reivindicación del pueblo de Dios y la destrucción de sus enemigos (3.9-17; cf. Ap 14.4-20). Considerados aisladamente, estos pasajes pueden sugerir un estrecho nacionalismo, pero en la totalidad de la revelación, atestiguan el triunfo final de la justicia divina y la derrota de las fuerzas del mal: esta es la confianza que sostiene a la fe.

Pero es la promesa del derramamiento del Espíritu la porción más apreciada de Joel. El «Día de Jehová» no se caracterizará simplemente por hechos espectaculares, sino por la efusión del Espíritu de Dios sobre todo su pueblo.

El Nuevo Testamento se apropia esta promesa: la iglesia primitiva ve con razón en → Pentecostés el cumplimiento de ella (2.28,29,32; cf. Hch 2.16-21,32,33). El Espíritu es, a su vez, la señal y confirmación de esa otra promesa que Joel vio: el Día del Señor, Día de Juicio y restauración, que la Iglesia heredera del Antiguo Testamento espera.

Bibliografía:

David Allan Hubbard, *Joel and Amos: An Introduction and Commentary.* Arvid S. Kapelrud, *Joel Studies.* Graham S. Ogden y Richard R. Deutsch, *A Promise of Hope–A Call to Obedience.* Luis Alonso Schökel y José Luis Sicre Díaz, *Profetas: introducción y comentario,* vol. 2. H.W. Wolff, *Joel and Amos.*

JOHANÁN (*don de Jehová,* raíz hebrea del nombre «Juan» del Nuevo Testamento).

1. Príncipe del ejército judío que junto con otros jefes, estaba en el campo después de la caída de Jerusalén, 587 a.C. Según parece, se trataba de un grupo guerrillero refugiado al este del Jordán. Johanan se unió con Gedalías en Mizpa, y en vano le advirtió respecto de la trama de Ismael. Después, vengó su asesinato. Contra las advertencias de Jeremías, Johanán y los otros jefes guiaron la fuga hacia Egipto, «por temor de los caldeos» (2 R 25.23-26; Jer 40-44).

2. Levita de los hijos de Coré, uno de los porteros del tabernáculo en tiempo de David (1 Cr 26.3).

3. Jefe bajo el rey Josafat, al mando de doscientos ochenta mil soldados (2 Cr 17.13, 15,19).

4. Levita de la familia de Sadoc (1 Cr 6.9).

5. Hijo mayor de Josías rey de Judá (1 Cr 3.15).

Otros personajes con este nombre se mencionan en los siguientes pasajes: 1 Cr 3.24; 12.4; 12.12; 2 Cr 28.12; Esd 8.12; 10.28; Neh 12.13,22; 12.42).

JOIADA (*Jehová sabe*). Nombre de siete personas en el Antiguo Testamento.

1. Padre de Benaía, capitán de los cereteos y peleteos del rey David (2 S 8.18) y persona valiente (23.20).

2. Sacerdote en tiempos de → OCOZÍAS, → ATALÍA y → JOÁS, reyes de Judá. En 2 R 12.10 se le llama sumo sacerdote, y es el primero en recibir este título. Su esposa Josabet, hija del rey Joram (2 Cr 22.11), salvó al niño Joás, hijo de Ocozías, cuando Atalía, la reina madre, intentó asesinar a todos los posibles herederos del trono. Joiada lo mantuvo escondido en el templo durante seis años, después de los cuales lo proclamó rey. Mientras Joás era menor de edad, Joiada desempeñó el cargo de regente (2 Cr 22.10–23.15). Inició un avivamiento religioso, destruyendo los altares de Baal (23.16ss) y restauró el templo (2 R 11.21–12.16; cf. 2 Cr 24.8-14).

3. Príncipe del linaje de Aarón (1 Cr 12.27), posiblemente el mismo que el No. 1 arriba.

4. Consejero de David después de Ahitofel (1 Cr 27.34).

5. Uno que ayudó en la reconstrucción del muro de Jerusalén (Neh 3.6).

6. Sumo sacerdote, hijo de Eliasib (Neh 12.10,11,22).

7. Sacerdote en tiempo de Jeremías en lugar del cual, y por medio de una carta, Senaías declaró sacerdote a Sofonías (Jer 29.26).

JONADAB (*Jehová es generoso*). Nombre de dos personajes del Antiguo Testamento.

1. Hijo de Simea, sobrino de David y falso amigo de Amnón. Persona astuta y malvada que explicó a Amnón cómo violar a Tamar, su prima hermana (2 S 13).

2. Hijo de Recab, ceneo y jefe de los → RECABITAS, tribu nómada que vivía en tiendas y se abstenía del vino (Jer 35.6-19). Cuando Jehú avanzó sobre Samaria confió a Jonadab su anhelo secreto de destruir a los servidores de Baal (2 R 10.15-23).

JONÁS (*paloma*). Nombre de dos personajes en la Biblia.

1. Hijo de Amitai que fue profeta de Israel. En 2 R 14.25 se habla por única vez en el Antiguo Testamento de un profeta Jonás hijo de Amitai, oriundo de → GAT-HEFER, que profetizó bajo Jeroboam II (783–743) «que Jehová restituirá los términos antiguos de Israel». A él tradicionalmente se ha atribuido el libro de Jonás. (→ JONÁS, LIBRO DE.)

2. Padre del apóstol Pedro (Mt 16.17).

JONÁS, LIBRO DE Dentro del conjunto llamado profetas menores está el libro de Jonás.

JONÁS:
Un bosquejo para el estudio y la enseñanza

I. **La primera comisión de Jonás** . . . . **1.1—2.10**
   A. La desobediencia al primer llamado 1.1-3
   B. El juicio sobre Jonás 1.4-17
      1. La gran tormenta 1.4-16
      2. El gran pez y la gran salvación de Jonás . . . 1.17
   C. La oración de Jonás 2.1-9
   D. La liberación de Jonás 2.10
II. **La segunda comisión de Jonás** . . . . **3.1—4.11**
   A. La obediencia al segundo llamado 3.1-4
   B. El arrepentimiento de Nínive 3.5-10
      1. El gran ayuno 3.5-9
      2. La gran salvación de Dios en Nínive 3.10
   C. La oración de Jonás 4.1-3
   D. Dios reprende a Jonás 4.4-11

Este, sin embargo, difiere totalmente de los escritos proféticos. No es profético en el sentido en que se suele hablar de los demás libros de este género, que son una colección de oráculos proféticos.

Estructura del libro

El libro de Jonás se presenta más bien como una sencilla narración de la comisión de Dios al profeta. Para eludir el encargo de ir a predicar a Nínive, capital de Asiria, Jonás se embarca en Jope rumbo a Tarsis. Una vez en camino a esta ciudad, convencidos los tripulantes (por las suertes echadas y la confesión del propio Jonás) de que Jonás es la causa de la súbita tempestad que los asalta, arrojan al mar al profeta y el mar se calma inmediatamente (1.1-15). Un gran pez se lo traga y pasa en el vientre del animal tres días (2.1-10), tras los cuales lo vomita en tierra firme (2.10).

Después de una segunda comisión divina, → JONÁS va a Nínive y predica (único oráculo profético). La conversión de la ciudad es total (3.1-10).

Enojado por la conversión de Nínive, Jonás llega hasta desear la muerte. Para enseñarle una lección, Jehová preparó una calabacera que protegiera del sol al profeta, pero después envió un gusano que la destruyera. Un viento cálido del este se sumó a la agonía del profeta, quien gimió y deseó aun más la muerte. Dios entonces le recordó que Él era un Dios de compasión y que tenía derecho a amar y perdonar a los asirios (4.1-11).

El libro ha recibido las más variadas interpretaciones en cuanto a su carácter. Dos corrientes permanecen frente a frente: la literal (histórica) y la parabólica (didáctica). Tradicionalmente el libro se ha interpretado en el primer sentido, al pie de la letra, como la historia de la misión de Jonás y sus resultados. Jonás sería el mismo que profetizó en tiempos de Jeroboam II (siglo VIII a.C.), el cual es mencionado en el encabezamiento del libro (1.1). Para decir esto se basan en (1) la tradición judía y patrística; (2) las alusiones que Jesús hizo de la vida de Jonás (Mt 12.40 y Lc 11.30); (3) el hecho de que el libro se escribe como una historia, incluyendo muchos detalles geográficos, topográficos e históricos; (4) si no es histórico no hay razón para atribuir los sucesos al profeta Jonás; (5) si es una parábola, es extraño que sea tan larga y que no incluya más indicación o explicación de su moraleja.

Hoy, sin embargo, muchos han abandonado la interpretación histórica, lo cual no significa negar la inspiración del libro, ni el elemento sobrenatural en las Escrituras. Es una cuestión literaria. Entre las razones de esta interpretación no histórica se dan: (1) el extraño matiz de los milagros (la tempestad repentina, la calma renacida después de caer Jonás al mar, el gran pez, el retorno a la playa, la súbita conversión de aquella gran ciudad, la calabacera que crece en una noche y en otra se seca); (2) aunque se ven ciertos paralelos con la misión de Elías y Eliseo (1 R 17.9ss; 2 R 5.1ss), el relato no se incluye en los libros históricos; más bien parece una parábola dramatizada, al estilo del rico Epulón y el mendigo Lázaro (Lc 16.19-31); (3) es cuestionable el gran tamaño de la ciudad que se refleja en 3.3; y (4) la falta de indicios o pruebas de una conversión masiva en Nínive.

Hay que reconocer que las alusiones de Jesús, aunque significativas, no comprueban la historicidad de Jonás, pues Jesús no se pronunció al respecto. Pero los argumentos contra la interpretación histórica tampoco son determinantes. En cuanto a los milagros, se ven muchos en la Biblia, especialmente en el tiempo de Elías y Eliseo, los profetas más cercanos a Jonás en trasfondo, misión y tiempo.

La cuestión del pez se ha discutido mucho. Han circulado varios relatos de sucesos modernos semejantes (con varios grados de confiabilidad). Quizás el más importante se encuentra en *Princeton Theological Review XXV* (1927), p. 636, donde se relata la experiencia de una persona rescatada tres días después de ser tragado por un mamífero marítimo.

En cuanto a la conversión masiva, algunos la ven relacionada con las reformas religiosas de Adad-Nirari III.

Respecto al tamaño de la ciudad, los arqueólogos indican que la ciudad (destruida en 612) pudo tener una población hasta de ciento setenta y cinco mil personas.

Autor y fecha

El relato no indica quién sea el autor. Jonás es mencionado siempre en tercera persona. Hoy día es frecuente considerar inválida la teoría que afirma que el mismo profeta mencionado en 2 R 14.25 escribió el libro que lleva su nombre. Se dan para ello las siguientes razones: (1) los arameísmos, (2) las señales de hebreo tardío y (3) el mensaje central del libro. Sin embargo, ninguno de los argumentos es

conclusivo. Se reconoce cada vez más que muchos arameísmos ya se estaban introduciendo en el hebreo del norte desde el tiempo de David. Además, hay un énfasis universalista incluso en el siglo VIII a.C. (Is 2.2s).

Muchos eruditos se inclinan por una fecha tardía, en la época posterior al cautiverio (587), probablemente en el transcurso del siglo V a.C. Pero muchos lo fechan antes del cautiverio, *ca.* 760 a.C.

Marco histórico

El profeta Jonás probablemente visitó Nínive durante los días gloriosos del Imperio Asirio. Como del 885 al 665 a.C., los asirios dominaron el mundo antiguo. Numerosos pasajes del Antiguo Testamento hablan de hostigamiento de fuerzas asirias contra Judá e Israel durante esos años. Allá por el año 841 a.C., Jehú, rey de Israel, se vio obligado a pagar tributo a Salmanasar III de Asiria. Este tipo de acoso continuó por más de un siglo, hasta que Israel por fin sucumbió ante las fuerzas asirias cerca del año 722 a.C. Jonás no quería ir a Nínive, capital del cruel enemigo asirio, y mucho menos que se arrepintieran y recibieran el perdón de Dios.

Cuando Jonás por fin obedeció, los de Nínive se arrepintieron, tal como lo temía el profeta. Algunos eruditos relacionan la conversión masiva de Nínive con las reformas religiosas de Adad-Nirari III (rey asirio, 811–783).

Aporte a la teología

La enseñanza del libro de Jonás es una de las más elevadas del Antiguo Testamento. El tema central es la universalidad de la salvación de Dios, su amor y providencia generosa, la cual no es patrimonio exclusivo de ningún pueblo, ni siquiera el israelita. Este designio universal de la salvación divina se opone al exclusivismo en que cayó la comunidad judía. En este sentido, el libro de Jonás se suma a Isaías 19.23-25 y al libro de Rut. La resistencia de Jonás primero y después su tristeza por la conversión de Nínive, que impidió temporalmente el cumplimiento del juicio de Dios, representan claramente la idea del particularismo judío.

Por otra parte, el libro nos enseña que aun los más categóricos vaticinios de Dios contra los pueblos que no son judíos manifiestan la voluntad misericordiosa de Dios. Él solo espera alguna muestra de arrepentimiento para dar su perdón, porque también a los gentiles les es concedida la posibilidad de la conversación. Con Jonás estamos a un paso del evangelio.

Otros puntos importantes

Demasiada atención se le ha dado al «gran pez» (1.17) que se tragó a Jonás y lo vomitó después en la costa. No resolvemos nada discutiendo si un pez puede tragarse a un hombre ni si una persona puede permanecer viva tres días en el vientre de tal criatura. El asunto de esta parte de la historia es que Dios obró un milagro para preservar la vida de su profeta de manera que este pudiera lograr que Nínive cumpliera las órdenes de Dios. El pasaje establece que Dios «tenía preparado» específicamente este pez para tal propósito (1.17). Otros milagros que Dios «tenía preparado[s]» para enseñar a Jonás su propósito para la ciudad de Nínive fueron la calabacera (4.6), la enfermedad y sequía de la planta (4.7) y el viento solano que añadió miseria a Jonás.

Algunos lectores de la Biblia insisten en interpretar este libro como una alegoría o una parábola. Sin embargo, esos enfoques pasan por alto la propia interpretación literal de Jesús acerca de Jonás. Hablando de su muerte y resurrección, Jesús declaró: «Porque como estuvo Jonás en el vientre del gran pez tres días y tres noches, así estará el Hijo del Hombre en el corazón de la tierra tres días y tres noches» (Mt 12.40; también Lc 11.29-32). Por tanto, el libro de Jonás es mucho más que una historia de un pez. Es un recuento maravilloso de la gracia de Dios que eleva nuestra mirada a la más grandiosa historia de amor de todas: la muerte de su Hijo Jesucristo por los pecados del mundo. (→ JONÁS.)

Bibliografía:

EBDM, «Jonás». J. Alonso Díaz, *Estudios bíblicos*, 18, 1959, pp. 357-74. *SE* VI, pp. 258-67.

JONATÁN (*Jehová ha dado*). Nombre dado a muchos personajes del Antiguo Testamento, de entre los mismos se destacan los siguientes:

1. Hijo de Gersón, descendiente de Moisés, a quien contrató → MICAÍAS para el sacerdocio dedicado a un ídolo en Efraín. Llegó a ser progenitor de una línea de sacerdotes en la tribu de Dan, la cual continuó «hasta el día del cautiverio de la tierra» (Jue 17; 18.30s).

2. Hijo mayor de → SAÚL y uno de los personajes más renombrados y amorosos del Antiguo Testamento. Amó intensamente a → DAVID, rey de Israel después de Saúl (1 S 14.49,50; 18.1). Su fe y valentía se manifiestan en 1 S 13.3; 14. David elogió el carácter guerrero y la fidelidad de Jonatán (2 S 1.22). Sin embargo, esa fidelidad para con David reñía con la lealtad que debía a su padre Saúl (1 S 18.1-4). Cuando Saúl, movido por los celos, intentó matar a David, Jonatán se presentó como pacificador y expuso su vida para proteger a David (1 S 19.1-7; 20). El relato del último encuentro de los dos amigos pinta uno de los cuadros más elocuentes de fidelidad y amor en medio de la oposición e intriga (1 S 23.16-18). Jonatán pereció con su padre combatiendo a los filisteos en la batalla de → GILBOA (1 S 31.2). Después de la muerte de Jonatán el recién coronado rey de Israel, David, tomó a su cuidado al huérfano → MEFI-BOSET, hijo de Jonatán (2 S 9). La amistad entre David y Jonatán prefigura la amistad con Cristo en la experiencia del creyente.

3. Tío de David (1 Cr 27.32).

4. Hijo del sumo sacerdote → ABIATAR, comprometido en el atentado contra David tramado por Absalón y Adonías (2 S 15.36; 17.15-22; 1 R 1.41-49).

5. Uno de los «poderosos varones de David» (2 S 23.32; 1 Cr 11.34).

6. Sacerdote, hijo de Joiada (Neh 12.11).

7. Hijo de Carea asociado con el asesinato de Gedalías durante la dominación de Jerusalén por Nabucodonosor (Jer 40.8).

8. Escriba en cuya casa estuvo prisionero el profeta Jeremías (Jer 37.20).

JOPE (en hebreo, *Yafó*, que significa *belleza*). Puerto situado en el territorio que correspondió a Dan (Jos 19.46), en la costa del Mediterráneo, 45 km al sur de Cesarea y 50 km al noroeste de Jerusalén.

Como durante siglos fue casi el único puerto de Palestina, Jope cobró gran importancia a pesar de su poca profundidad y protección del viento. Aparece mencionado en inscripciones que datan del siglo XV a.C. Durante el período del Antiguo Testamento, aunque estaba en poder de los filisteos o los cananeos, lo utilizaban los israelitas. A Jope llegó la madera del Líbano y de Tiro destinada para la construcción del templo (1 R 5.9; 2 Cr 2.16; Esd 3.7), y desde allí Jonás trató de escapar de la presencia del Señor (Jon 1.3).

Al principio del período intertestamentario Jope estaba bajo la administración de Sidón. Quedó libre cuando Artajerjes III (358–338 a.C.) destruyó a Sidón, pero permaneció como parte del Imperio Persa. Alejandro el Grande helenizó el nombre de Yafó y surgió Jope.

Después de pasar por manos de los tolomeos y seléucidas, Simón Macabeo conquistó a Jope en 143 a.C. y le implantó costumbres judías (1 Mac 13.11; 14.5; Josefo, *Antigüedades* XIII.vi.4).

El control de la ciudad de Jope se disputaba hasta llegar Pompeyo en 66 a.C., y esta la hizo parte de la provincia romana de Siria. Julio César la devolvió a los judíos en 47 a.C. Herodes el Grande la conquistó en 37 (Josefo, *Antigüedades* XIV.xv.1) y luego construyó el puerto rival de Cesarea.

Pronto el cristianismo llegó a Jope (Hch 9.36–10.23; → DORCAS, SIMÓN No. 8). La convirtieron en una sede episcopal después del reinado de Constantino, y llegó a ser ciudad muy disputada entre los cristianos y los mahometanos durante las cruzadas. En 1950 Jope se incorporó a la moderna ciudad de *Tel Aviv*, que en 1970 tenía una población de 384.700 habitantes, la ciudad más grande de la República de Israel.

JORAM (*Jehová es exaltado*). Nombre de cinco personajes del Antiguo Testamento.

J

La moderna Jaffa en la costa mediterránea es la sucesora de la ciudad bíblica de Jope (Hch 10.5-9). Hoy la ciudad es parte del municipio de Tel Aviv.

Foto de Howard Vos

El río Jordán al sur de Palestina, cerca de Jericó.

1. Hijo de Toi, rey de Hamat, llamado «Adoram» en 1 Cr 18.10 (2 S 8.10).

2. Uno de los levitas del tiempo de David que tenía a su cargo las cosas consagradas por el rey (1 Cr 26.25-27).

3. Sacerdote en el tiempo de Josafat que, en compañía de otros, recorrió las ciudades de Judá, llevando el libro de la Ley y enseñando al pueblo (2 Cr 17.8,9).

4. Rey de Israel y segundo hijo de Acab y Jezabel. Sucedió a su hermano Ocozías y reinó *ca.* 851–842. Aunque quitó las estatuas de Baal es probable que lo adorara en secreto (2 S 3.2,13a). Siguió el pecado de Jeroboam. El matrimonio de su hermana Atalía con Joram, rey de Judá, hijo de Josafat, estrechó las relaciones entre las dos naciones. Durante su reinado se rebeló Moab que anteriormente lo había conquistado Omri. Joram subió con Josafat y el rey de Edom para pelear contra Mesa, rey de Moab, pero la victoria fue dudosa (2 R 3.4-27).

Más tarde, Joram también peleó contra Ben-adad y Hazael de Siria y, como consecuencia, Ben-adad puso un cruel sitio a Samaria que solo terminó con la intervención de Dios. A su muerte, a Joram le sucedió Jehú, general del ejército. Las narraciones acerca de Eliseo están incluidas en las del reinado de Joram, pero la cronología es incierta (2 R 1.17–9.28).

5. Rey de Judá (*ca.* 850–843), hijo y sucesor de Josafat. Gobernó bajo la influencia de su esposa Atalía, hija de Acab. Mató a sus seis hermanos e introdujo el culto a Baal (2 R 8.17,18; 2 Cr 21.6). Durante su reinado hizo «que fornicara Judá y los moradores de Jerusalén». Por tanto, Elías pronunció juicio contra él a través de una carta (2 Cr 21.12-15). Como consecuencia de su desordenado gobierno, Edom y Libna se libraron de su dominio (2 Cr 21.8-10). A Judá la invadieron filisteos y árabes que incluso saquearon la casa del rey y raptaron a todos sus hijos, excepto Joacaz el menor (2 Cr 21.16,17). Joram murió de una enfermedad repulsiva y no se le rindieron los honores dados a otros reyes (2 Cr 21.18-20).

JORDÁN El río más largo de Palestina, que atraviesa todo el país. Nace cerca de la frontera del norte y desemboca en el mar Muerto.

Etimología

Algunos opinan que el nombre hebreo *Yarden* es semítico derivado del verbo *yarad* (*descender*), es decir, «el río que desciende rápidamente». Otros, observando que el nombre tiene la misma raíz que los nombres de otros ríos de la cuenca mediterránea, han postulado un origen indoario, de *yor* (*año*) y *don* (*río*), es decir, «el río perenne».

Descripción

El Jordán nace al sur de la cordillera del Hermón por la confluencia de cuatro riachuelos: el Nahr Banyas al este, que nace en una cueva cerca de la antigua Cesarea de Filipos; el Nahr el-Leddan, que nace al oeste, junto al Tell el-qadi, cerca de la

Vista aérea del torcido río Jordán en la región cerca del mar Muerto. Note la vegetación de aspecto tropical en las riberas del río en este fértil valle.

ciudad israelita de Dan, y corre 6 km antes de juntarse con el Nahr Banyas; el Nahr el-Jasbani, que es el más largo de los cuatro, corre 40 km y se junta con los dos anteriores; y el Nahr Bareighit, el más corto, que nace al oeste y desemboca en el Nahr el-Hasbani. Luego el Jordán continúa su curso 12 km hacia el sur, a lo largo de una fértil llanura, y atraviesa lo que antiguamente era un lago pantanoso llamado → MEROM (Jos 11.5,7). El nombre actual del lugar es Hule, pero el lago lo desecaron y lo convirtieron en tierra cultivable que el Jordán aún riega.

Desde Hule, el Jordán avanza hacia el sur unos 4 km de cauce lento y entonces inicia un violento descenso de 11 km por entre rocas basálticas. Se normaliza en una planicie de 1 km formada por sus propios depósitos arenosos y luego desemboca en el mar de → GALILEA o lago de Genesaret. La agricultura prospera en la región alrededor de este lago.

La parte más importante del Jordán y la que se menciona más en la Biblia es la que se extiende desde el sur de Galilea hasta el mar Muerto, una recta de 110 km, que debido a sus innumerables meandros, el Jordán alarga hasta casi 320 km. De ahí el río desciende hasta 390 m bajo el nivel del mar y forma así la depresión más baja del mundo. En esta región recoge el agua de unos pocos afluentes perennes del lado oeste. Del lado este hay nueve ríos perennes, de los cuales los más importantes son el Jarmuk y el → JABOC. En la antigüedad se establecieron ciudades en los deltas fértiles que formaban estos ríos al desembocar en el Jordán.

Esta parte del valle del Jordán, que en algunos lugares se ensancha hasta 20 km, se divide en tres niveles. El más bajo es llamado el Zor y está cubierto de densos matorrales de tamariscos, zarzas, cardos y espinas, y frondosos álamos y sauces. Se inunda cada año en los meses de la siega (Jos 3.15). Jeremías llamó a esta zona «la espesura del Jordán», y en sus tiempos la habitaban leones (Jer 12.5; 49.19).

J

En el nivel de en medio de cada lado del Zor hay montes áridos por la erosión. Esta zona llamada Qattara, no es cultivable.

En el nivel más alto, llamado el Gor, asciende gradualmente desde el Qattara hasta las regiones montañosas de uno y otro lado. Esta zona, especialmente a lo largo de 40 km al sur del mar de Galilea, es una pradera fértil. En los últimos kilómetros antes de llegar al mar Muerto todo el valle se vuelve desértico.

Importancia histórica

Al lado oeste del Jordán se han encontrado esqueletos de elefantes y rinocerontes, y flechas y hachas de personas primitivas. En el séptimo milenio a.C. empezó a florecer la agricultura y desde esa época empezaron a sucederse períodos de desarrollo y emigración. Entre los siglos XX y XIV a.C., en un tiempo de emigración de los habitantes locales, vivieron aquí los patriarcas; Lot el sobrino de Abraham escogió vivir en la «llanura del Jordán» (Gn 13.10s).

En lugar de ser vía de comunicación, como otros ríos, el Jordán siempre fue barrera geográfica y cultural. Durante los cuarenta años en el desierto, Moisés esperaba el día en que los israelitas pudieran cruzar el Jordán, el último obstáculo para el cumplimiento de la promesa de Dios de introducirlos en la tierra prometida. Al fin, por una intervención divina, se venció este obstáculo y los israelitas cruzaron mientras las aguas se detenían (Jos 3.16). Sin embargo, el hecho de que las tribus de Rubén y Gad y la media tribu de Manasés colonizaran el lado este del Jordán significó que vivieron separados del resto de Israel (Jos 22.9-34). Esto preocupó a Moisés (Nm 32.1-33) y a Josué (Jos 22.1-8). En campañas militares la barrera geográfica del Jordán servía tanto de obstáculo como de protección (2 S 17.22). La posesión de sus vados aseguraba la victoria (Jue 3.28; 7.24s).

Tres importantes épocas en la historia de Israel se iniciaron alrededor del Jordán:

1. Israel inició su vida como pueblo sedentario y gozó de la «tierra que fluía leche y miel» después de cruzar al lado oeste del río.

2. Elías, en el siglo IX y después de cruzar el Jordán, fue arrebatado al cielo y Eliseo ocupó su lugar como profeta (2 R 2.7s,13s). Estos dos iniciaron el profetismo (→ PROFECÍA, PROFETAS) de Israel. Eliseo ordenó a Naamán, general del ejército sirio, que se lavara siete veces en el Jordán para limpiarse de su lepra (2 R 5.1-14) y más tarde hizo flotar un hacha sobre las aguas del río (2 R 6.1-7).

3. Junto al Jordán, → JUAN EL BAUTISTA proclamó su mensaje de arrepentimiento, y así preparó el camino para el Mesías (Lc 3.3). Allí inició Jesús su ministerio público después de su bautizo (Mt 3.13-17; Mc 1.9-11; Lc 3.21s).

JORNALERO Desde la época bíblica el jornalero fue un peón u obrero al que se contrataba por jornadas de uno, dos, tres o más días (Job 14.6). Su salario era el «jornal», que se pagaba en monedas de plata o en géneros (Mt 20.2-13). Tanto en el Antiguo Testamento como en el Nuevo Testamento se alude a la formalidad y respeto en los pagos al jornalero (Lv 19.13; Dt 24.14,15; Lc 10.7; Stg 5.4).

Los profetas proclamaban la certeza del cumplimiento de las sentencias de Dios con la expresión «tiempo de jornalero». El evangelista Juan contrasta al jornalero encargado de cuidar las ovejas con el dueño del rebaño, el pastor (Jn 10.12,13). El pasaje tiene profundo significado espiritual: el jornalero tiene interés en su salario en tanto que el interés del pastor está en el rebaño mismo.

El profeta Hageo usa la figura del jornalero con «saco roto» para convencer al pueblo de lo infructuoso que son sus caminos cuando se aleja de Dios (Hag 1.5,6). Con frecuencia en la Biblia los términos «criado» y «asalariado» se usan como sinónimos de «jornalero».

JOSABA Hija del rey Joram de Judá y esposa del sumo sacerdote Joiada. Valiente mujer que rescató su sobrino Joás de la muerte cierta a manos de Atalía, la malvada reina de Judá (2 R 11.1-3. En 2 Cr 22.10-12, Josabet). Josaba era medio hermana de Ocozías. Cuando Ocozías murió en batalla, su madre, Atalía, intentó matar a todos sus nietos y usurpar el trono. Sin embargo, Josaba rescató a un hijo pequeño de Ocozías (2 R 11.2) y lo escondió seis años en el templo hasta que tuvo la suficiente edad para proclamarlo rey.

El valor de la acción de Josaba preservó «la casa y familia de David» (Lc 2.4), de la que Jesús descendió.

JOSAFAT Rey de Judá (*ca.* 870–848 a.C.), hijo y sucesor de Asa. Durante su reinado se inició una época de amistad entre Israel y Judá que no habían cesado de pelear entre sí desde la muerte de Salomón. Josafat y Acab celebraron una alianza que culminó con el matrimonio de Atalía, hija de Acab, con Joram, hijo de Josafat. Al principio el arreglo pareció muy promisorio, pero el resultado no lo fue. A pesar de la advertencia de Micaías, Josafat salió juntamente con Acab contra Ramot de Galaad. Los cuatrocientos profetas de Josafat habían predicho la victoria, pero Micaías profetizó la muerte de Acab, la cual en efecto sucedió (1 R 22.13-40).

Desde el punto de vista político y religioso, Josafat fue un buen rey. Conquistó Edom, lo cual le proporcionó una fuente de ingresos fruto del comercio con los árabes. Segundo de Crónicas dedica cuatro capítulos (17–20) a su reinado y destaca que fortificó ciudades, colocó tropas en las ciudades efrateas que su padre había conquistado y lo temieron todos sus vecinos. Tanto filisteos como árabes le traían tributos y regalos, y logró formar un gran ejército. Gracias a este ejército, derrotó a una coalición moabita, amonita y edomita, después de lo cual convocó a una asamblea popular para buscar el favor de Dios. Josafat se preocupó porque se instruyera al pueblo en la Ley, y envió levitas y sacerdotes a los campos para impartirla. A él se atribuye también el mejoramiento del

sistema de justicia, pues estableció jueces en todas las ciudades fortificadas de Judá y una corte de apelación en Jerusalén (1 R 22.1-50; 2 R 3.1-27).

JOSAFAT, VALLE DE Nombre que Joel dio al lugar del juicio final (Jl 3.2,12). No hay fundamento para aplicarlo a alguna localidad conocida, aunque el uso del término geográfico «valle», ha dado lugar a alguna especulación al respecto. En los versículos citados de Joel, «Josafat» (*Jehová ha juzgado*) hace referencia a «juicio» y, por consiguiente, pareciera más probable que tanto «el valle de Josafat» como «el valle de la decisión» (Jl 3.14), sean nombres que simbolizan el juicio. La tradición tanto cristiana como judía y musulmana ha identificado el lugar del juicio final con el valle del Cedrón, entre el monte de los Olivos y Jerusalén.

JOSÉ (*Él añade*). Nombre de varios hombres en la Biblia.

1. Nombre étnico que designaba las tribus de → EFRAÍN y → MANASÉS, llamadas también «casa de José» (Jos 17.17), «tribu de José» (Nm 13.11) o «hijos de José» (Nm 1.10,32). Y ya que Efraín era la más fuerte de las tribus del norte, el pueblo mismo de Israel llevaba este nombre (Ez 37.16,19) o, en alguna ocasión, todo el pueblo escogido (Abd 18).

2. Tres varones en la genealogía de Jesús (Lc 3.24,26,30).

3. El «llamado Barsabás, que tenía por sobrenombre Justo», uno de los dos que los apóstoles nominaron para ocupar el lugar de Judas Iscariote (Hch 1.21s).

4. Hermano de Jesús (Mc 6.3//).

5. Compañero de Pablo de sobrenombre → BERNABÉ (Hch 4.36).

6. Miembro de la familia macabea (1 Mac 5.18,55-62).

7. Otras personas del mismo nombre se mencionan en Nm 13.7; 1 Cr 25.2; Esd 10.42; Neh 12.14.

JOSÉ, HIJO DE JACOB Patriarca israelita, hijo decimoprimero de Jacob y su primero

Tumba tradicional de José en Siquem (Éx 13.19).

con Raquel. Nació en Padan-aram, lugar de la antigua Mesopotamia, hoy Irak (Gn 29.4; 30.22-24). Niño aún, se trasladó con sus padres y hermanos a Palestina donde vivió hasta los 17 años de edad, dedicado a pastorear los rebaños de su padre, de quien era hijo predilecto (Gn 31.17,18; 37.2). Más tarde, debido a esta predilección que Jacob sentía por José y al hecho de que este contaba a su padre los malos caminos de sus hermanos mayores, estos le aborrecieron en tal forma que un día lo vendieron como esclavo a unos mercaderes → MADIANITAS por veinte piezas de plata. Dijeron a su padre que lo había matado algún animal (Gn 37.3-36). Los mercaderes lo llevaron a Egipto donde lo vendieron a → POTIFAR, capitán de la guardia del faraón.

En Egipto, gracias a su inteligencia y honradez, José fue puesto de mayordomo en la casa de Potifar, su amo (Gn 39.1-4), pero debido a una calumnia de la esposa de este, lo encarcelaron por largo tiempo (Gn 39.1-20). Dios lo bendijo, sin embargo, dándole «gracia en los ojos del jefe de la cárcel», el cual le nombró guardián de todos los presos (Gn 39.21-23).

En la cárcel José tuvo oportunidad de interpretar los sueños de dos oficiales del faraón, también prisioneros, lo que después le proporcionó igual oportunidad de interpretar un sueño misterioso del faraón. Como recompensa, y en bien de la economía del país, a José lo sacaron de la prisión para ocupar el cargo de primer ministro en el gobierno de la nación (Gn 41.1-44). En esta forma llegó a ser el segundo personaje en la nación. El país prosperó extraordinariamente bajo su dirección (Gn 41.49).

Mientras ocupaba tan alta posición, José contrajo matrimonio con → ASENAT, joven egipcia de familia distinguida (Gn 41.45,46). De esta unión nacieron dos hijos: → MANASÉS, el primogénito, a quien José llamó así «porque dijo: Dios me ha hecho olvidar todo mi trabajo, y toda la casa de mi padre»; al segundo lo llamó → EFRAÍN «porque dijo: Dios me ha hecho fructificar en la tierra de mi aflicción» (Gn 41.51,52).

Efraín y Manasés fueron adoptados por Jacob como hijos suyos (Gn 48.8-20) y encabezaron dos tribus de Israel. Una vez conquistada la tierra prometida, recibieron porciones al igual que sus tíos (Jos 14.4), privilegio otorgado por herencia de tan ilustre padre.

Es probable que uno de los hicsos (→ FARAÓN; EGIPTO) nombrara a José para tan importante puesto, *ca.* 1720–1570 a.C. Estos semitas infiltraron a Egipto desde Canaán, y observando escrupulosamente todas las costumbres egipcias, llegaron a dominar el país por muchos años. José fue simplemente uno de los muchos esclavos semitas en Egipto durante esa época. Por ejemplo, en una lista recién descubierta de los 79 sirvientes de una casa egipcia de ese período, por lo menos 45 tenían nombres asiáticos, es decir, eran semitas cual José, probablemente esclavos.

En los días en que José gobernaba en Egipto hubo escasez de alimentos en las tierras circunvecinas. Jacob envió a sus hijos para comprar alimentos en el referido país, pues allá había abundancia gracias a la buena administración de José (Gn 42.1ss). Tal era la necesidad en los alrededores, que José adquirió para el faraón casi toda la tierra de Egipto (Gn 41.46-49,53-57; 47.13-26). Cuando sus hermanos llegaron, José los reconoció, pero para probarlos y saber de sus intenciones «hizo como que no los conoció y les habló ásperamente» (Gn 42.6,7). Después de una serie de exigencias, entre las que manifestó su deseo de ver a → BENJAMÍN, el menor de la familia que había quedado con el padre, José se despidió de ellos sin haberse dado a conocer. Los surtió de trigo y comida para el camino (Gn 42.25,26), y les dio testimonio de su fe en Dios (Gn 42.18). Al actuar de esta forma tan severa y fingida, José sentía arder su corazón en amor hacia sus hermanos; por tanto, se retiró de ellos y desahogó su corazón llorando (Gn 42.24).

En una nueva visita de sus hermanos a Egipto en busca de pan, José se reveló a ellos sincera y emocionalmente (Gn 45.1-14). Después de esta entrevista hizo venir a su padre y a sus hermanos, para que residieran en Egipto; destinó para ellos la región más rica del país (Gn 46.1-12).

Cuando Jacob enfermó de muerte, José, junto con sus dos hijos, fue a visitarlo. Y una vez ocurrido el fallecimiento de Jacob, José dispuso un largo viaje de toda la familia hasta la Tierra Santa, para dar a su padre honrosa sepultura en la tierra de sus antepasados. Así José obedeció la disposición testamentaria de su progenitor (Gn 50.1-14).

Después de la muerte de Jacob, los hermanos de José recelaron de que este cambiaría de actitud hacia ellos y los tratara con dureza. Conocedor de este sentimiento, José les dio muestras de su sincero amor hacia ellos (Gn 50.15-23). José murió en Egipto a los ciento diez años de edad, una duración de vida que los egipcios consideraban ideal, y por tanto una señal de la bendición divina. Lo embalsamaron y pusieron en un ataúd que conservaron en Egipto (Gn 50.24-26). Años después, cuando los israelitas ganaron su libertad y partieron rumbo a Palestina, llevaron consigo los huesos de José (Éx 13.19). Tan venerables restos viajaron con los israelitas por el desierto; y una vez conquistada la tierra prometida, los enterraron en la población de → SIQUEM (Jos 24.32).

La historia de José se encuentra en Gn 30.22-25; 37–50, y es una de las más emocionantes de la Biblia. José se nos presenta como el hijo más amado de su padre, el hermano más odiado por sus hermanos y como el mejor hermano de todos los siglos. Tanto amó a sus hermanos que les perdonó el haberlo vendido como esclavo, les salvó la vida y los colmó de bienes, llorando al verlos, después de larguísima ausencia. José se convirtió en guardián y amigo de todos los prisioneros. Fue distinguido estadista, esposo fiel y padre ejemplar, guiado en todo por el Espíritu de Dios. Mereció mención entre los héroes de la fe en Heb 11.22 por haber previsto el éxodo de Egipto de su pueblo y por haber dado «mandamiento acerca de sus huesos».

JOSÉ DE ARIMATEA Personaje que todos los evangelistas mencionan como el que sepultó el cuerpo de Jesucristo. Era rico, natural de → ARIMATEA y probablemente miembro del → SANEDRÍN (Mt 27.57; Mc 15.43). Era israelita «justo y bueno», que esperaba el Reino de Dios, y discípulo secreto de Jesús (Lc 23.50s; Jn 19.38).

Como consejero, José de Arimatea no había votado en la condenatoria de Jesús (Lc 23.51), y la crisis de la crucifixión le dio valor para entrar «osadamente a Pilato» y pedir el cuerpo del Señor (Mc 15.43). Junto con → NICODEMO, su colega en el consejo, bajó el cuerpo de la cruz, lo envolvió en una sábana, lo ungió con especias y lo colocó en un sepulcro nuevo «abierto en una peña» (Mt 27.58-60; Lc 63.53). Juan 19.41s añade que el sepulcro se hallaba en un huerto en el lugar de la crucifixión.

Las leyendas sobre las actividades posteriores de José de Arimatea no tienen base histórica, pero fue el instrumento de Dios para cumplir la profecía de Is 53.9.

JOSÉ, MARIDO DE MARÍA Descendiente de David, desposado con → MARÍA. Como su → GENEALOGÍA se hallaba registrada en Belén, tuvo que viajar hasta allá desde su ciudad, Nazaret, con motivo del empadronamiento ordenado por Augusto César (Mt 1.16; Lc 2.4). Según Mt 1.19, era «justo», lo que señala su piedad y sumisión a la Ley, y a juzgar por Lc 2.24 también era pobre. La amarga experiencia descrita en Mt 1.18s sin duda correspondió al momento en que María regresó de su visita a Elisabet (Lc 1.39-56), José determinó romper el compromiso con ella, pero por compasión quiso hacerlo en secreto, sin tomar las medidas públicas acostumbradas. Sorprendido por una revelación (Mt 1.20s), aceptó con fe la concepción milagrosa del niño y se apercibió para cumplir su importantísimo cometido como guardián del Mesías. Se casó legalmente con María (Mt 1.24), aunque sin unirse todavía con ella (v. 25), de modo que el niño nació como si fuera «hijo de José» (Mt 13.55; Jn 1.45; 6.42).

Junto con María, y por orden del edicto de Augusto César, José fue a Belén muy cerca del tiempo en que habría de nacer el niño (Lc 2.1-7), y al nacer le puso por nombre Jesús (Mt 1.25; Lc 2.21). Después de los acontecimientos descritos en Lc 2.22-39 y Mt 2.1-12, huyó con María y el niño a Egipto (Mt 2.13ss). Volvió a Palestina, aparentemente con la intención de radicar en Judea, después de la muerte de Herodes, pero una nueva revelación divina lo llevó hasta Nazaret (Mt 2.19-23). En este lugar ejerció el oficio de *tekton*, es decir, obrero de la construcción, carpintero, ebanista (cf. Mc 6.3; donde a Jesús también se le llama *tekton*).

Después José solo aparece como protector del niño Jesús. Participa de la incomprensión de María frente a la declaración de Jesús respecto a su misión especial (Lc 2.41-52). La interpretación natural de varios textos implica que era padre de varios hijos e hijas con María (Mt 1.25; 13.55; Mc 3.31-35; Jn 7.5; → HERMANOS DE JESÚS). No se le nombra más con María y los hermanos de Jesús, y la entrega que Jesús hace de su madre al cuidado de Juan, al pie de la cruz, hace pensar que José ya había muerto entonces (Jn 19.26,27).

JOSÍAS Rey de Judá (*ca.* 639–609 a.C.), coronado por el pueblo a la edad de ocho años, después que su padre, Amón, fue asesinado. Los relatos de los libros de Reyes y Crónicas concuerdan en señalar a Josías como el más recto de los reyes de Judá. Debido sin duda a los serios problemas que Asiria tenía con sus enemigos en el Oriente, Josías pudo conquistar rápidamente las antiguas provincias del reino del norte y librarse en gran parte del tutelaje de los asirios. Josías extendió las fronteras de su reino hasta alcanzar los límites que el reino unido había tenido en tiempos de David, con quien lo comparan sus cronistas.

Paralelamente con sus conquistas territoriales, Josías emprendió una reforma religiosa de grandes alcances e implicaciones políticas notables. Esta reforma tuvo como principal objetivo extirpar del pueblo de Judá las prácticas cananeas y la adoración de las diversas divinidades extranjeras. El hecho de que abarcara también a las provincias del norte, muestra que ya Josías había conquistado dicho territorio.

No obstante lo anterior, el reinado de Josías significó un esplendor efímero para el reino de Judá. Toda su gloria, el resurgimiento de la adoración a Jehová y las conquistas territoriales fueron apenas destellos finales en la historia del reino del sur. Josías había visto desplomarse en pocos años el gran Imperio Asirio y la destrucción de Nínive en el año 612 a.C., y además sabía que aunque los asirios luchaban por sobrevivir, sus días como imperio y como pueblo estaban contados. Esto también lo sabían Sofonías, Jeremías, Nahum y Habacuc. Pero no por ello dejaban de anunciar con insistencia la destrucción de Judá y de Jerusalén.

A cambio de los asirios, empezaba a levantarse el nuevo e inmisericorde Imperio Babilónico, y este hecho aterraba a Josías. Tantos fueron los temores de este, que cuando faraón Necao salió con sus tropas para combatir contra los asirios, aunque el mismo Necao trató de disuadirlo, Josías se le enfrentó en Meguido. Allí hirieron gravemente a Josías y murió. Su muerte echó por tierra las esperanzas, sobre todo de quienes lo habían comenzado a ver como el esperado restaurador del reino davídico (2 R 21.24–23.30; 2 Cr 33.25–35.27). Aparte de la posible defensa de Sofonías (si se le sitúa en su época), hay una crítica muy severa de Jeremías a su reinado. En 3.6-11 expresa que su reforma fue hipócrita y, en su famoso «sermón del templo» (7.25), denuncia la opresión, la injusticia, la inmoralidad y el culto idólatra. Otras condenas en 6.16-21; 7.1-15; 8.4-9.

JOSUÉ (en hebreo, *Jehová salva*). Nombre de cuatro hombres en el Antiguo Testamento.

1. Hijo de Nun, ayudante y sucesor de Moisés. Cuando joven (Éx 33.11), Moisés lo escogió como su ayudante personal y le dio autoridad para escoger a los que le acompañarían en su contienda con → AMALEC (Éx 17). Fue Moisés también el que le llamó Josué, pues antes se llamaba Oseas (Nm 13.16). Josué representó a su tribu en el grupo que nombraron para reconocer la

Excavación de un lugar alto cananeo, o altar de adoración pagana, en Et Tell, identificada por muchos arqueólogos como la bíblica Hai. La ciudad de Hai fue derrotada en el segundo intento de Josué y los invasores israelitas (Jos 7—8).

Foto de Howard Vos

tierra prometida (Nm 13.8). Luego, junto con → CALEB, animó al pueblo y habló en favor de tomar posesión de la tierra (Nm 14).

Mientras Moisés estaba en la presencia de Dios en el monte Sinaí, Josué permaneció en el tabernáculo; allí seguramente aprendió el secreto de la paciencia de Moisés, paciencia que más tarde debía hacer suya (Éx 24.13; 33.11; Nm 11.28). Dios lo seleccionó como sucesor de Moisés y este lo reconoció como tal (Nm 27.18-23; Dt 31). Además, Josué fue el encargado de repartir la tierra juntamente con Eleazar (Nm 34.17).

Josué tomó la dirección del pueblo de Dios inmediatamente después de la muerte de Moisés. Como preparativo para su labor, envió espías a → JERICÓ, quienes le trajeron informes alentadores para invadir la tierra. El primer paso fue atravesar el Jordán, encabezados por los sacerdotes que llevaban el arca del pacto; cuando estos mojaron las plantas de sus pies en la orilla del Jordán, las aguas se detuvieron. Los sacerdotes permanecieron en medio del cauce seco, y todo el pueblo de Israel cruzó antes que el río reanudara su curso normal (Jos 3).

Después de entrar en la tierra de Canaán, Dios ordenó a Josué circuncidar a los hijos de Israel que no se habían circuncidado después de la salida de Egipto (cap. 5). La ciudad de Jericó cayó en manos de Josué y su pueblo (cap. 6). Luego capturaron la ciudad de Hai, donde Josué mostró gran astucia militar, al emboscarse y tomar la ciudad (cap. 8). Después de conquistar toda la tierra prometida, Josué y Eleazar efectuaron la repartición (caps. 13–21). Para culminar su labor, Josué invitó al pueblo a temer y servir a Dios con integridad y verdad.

La vida de este gran líder del pueblo de Dios no revela falla alguna en las labores que se le encomendaron. En su juventud aprendió a designar responsabilidades como hombre; como ciudadano, buscó lo mejor para su patria; como militar, fue honorable e imparcial. A lo largo de sus días, Josué mostró obediencia al trabajo que Dios le asignó y lo desempeñó orgullosamente. Las palabras «yo y mi casa serviremos a Jehová» expresan el lema de su vida (Jos 24.15).

2. Josué de Bet-semes. Varón a cuyo campo llegó el carro que traía de vuelta a Israel el arca de Jehová (1 S 6.14-18), procedente de la tierra de los filisteos.

3. Sumo sacerdote, que también se llama Jesúa (Esd 3.2), hijo de Josadac. Con su ayuda se restauraron el altar y el culto (Esd 3.1-7). La visión del sumo sacerdote se encuentra en Zac 3, y su simbólica coronación en Zac 6.9-15.

4. Gobernador de Jerusalén en los días de la reforma de → JOSÍAS (2 R 23.8).

JOSUÉ, LIBRO DE Libro del Antiguo Testamento que describe vivamente la conquista de la tierra de Canaán por los israelitas, las tácticas usadas y la distribución geográfica de la tierra. Destaca la intervención divina en circunstancias tales como el cruce del río Jordán, la conquista de Jericó y Hai, y la derrota de los amorreos. Narra el período histórico cuando el pueblo de Israel volvió a Jehová, dirigido por Josué, y muestra la fidelidad de Dios en cumplir su promesa a Israel (Gn 15.18; Jos 1.2-6; 21.43-45).

Estructura del libro

Josué tiene una fluidez en su estructura que lo hace fácil de leer. En un breve prólogo, presenta al guerrero Josué como el líder capaz que Dios selecciona para conducir a su pueblo a la tierra prometida. Inmediatamente comienza a narrar las victorias militares de los hebreo al arrojar a los cananeos de la tierra que Dios les dio. Atacaron primero por el centro de Canaán y se apoderaron de la ciudad de Jericó y las regiones adyacentes. Después lanzaron ataques rápidos hacia el sur y hacia el norte. Esta estrategia les permitió consolidar posiciones. Después de debilitar a sus enemigos, realizaron diversos ataques de menor envergadura durante varios años.

Tras las crónicas de las campañas militares de Josué, se describe la división del territorio entre las doce tribus de Israel.

El libro termina con la muerte de Josué, después de exhortar este al pueblo a renovar el pacto y permanecer fieles a Dios.

Autor y fecha

El libro es tan específico en su narración que si el autor no fue Josué mismo, él contribuyó en gran manera el contenido total. Esto se puede apreciar en lo siguiente:

1. El envío de los espías (cap. 2).
2. El paso del Jordán (cap. 3).
3. Detalles precisos de la circuncisión (cap. 5).
4. La toma de Jericó y Hai (caps. 6–8).
5. La derrota de los amorreos (cap. 10).

Evidentemente el autor debió ser testigo ocular de los acontecimientos del libro.

Ciertas secciones del libro se atribuyen directamente a Josué (18.9; 24.26). De igual manera, hay otras secciones que no pudieron haber sido escritas por él, tales como el relato de su muerte (24.29-31). El libro debe haberse completado poco después de la muerte de Josué (1375 a.C.).

Marco histórico

El libro de Josué abarca como veinticinco años de uno de los períodos más importantes de la historia de Israel: la conquista y colonización de la tierra que Dios había prometido a Abraham y sus descendientes siglos antes. La conquista debe haberse producido entre 1400 y 1375 a.C.

Aporte a la teología

Josué contiene elementos de gran importancia para los cristianos. Los principales

JOSUÉ:
Un bosquejo para el estudio y la enseñanza

Primera parte:
La conquista de Canaán
(1.1—13.7)

I. Israel está preparado para la conquista .... 1.1—5.15
  A. Josué reemplaza a Moisés 1.1-18
  B. Josué prepara militarmente a Israel .... 2.1—5.1
  C. Josué prepara espiritualmente a Israel 5.2-12
  D. Aparece el comandante del Señor. 5.13-15
II. Israel conquista a Canaán . . . . 6.1—13.7
  A. Conquista del centro de Canaán . . . . . . 6.1—8.35
  B. Conquista del sur de Canaán . . . . 9.1—10.43
  C. Conquista del norte de Canaán 11.1-15
  D. Resumen de la conquista
    de Canaán. . . . . 11.16—12.24
  E. Partes de Canaán que no fueron
    conquistadas 13.1-7

Segunda parte:
Colonización en Canaán
(13.8—24.33)

I. La colonización al este del Jordán 13.8-33
  A. Fronteras geográficas 13.8-13
  B. Fronteras de las tribus 13.14-33
II. La colonización al oeste del Jordán . . . 14.1—19.51
  A. La primera colonia en Gilgal . . . . . . 14.1—17.18
  B. La segunda colonia en Silo . . . . 18.1—19.51
III. El establecimiento de la comunidad
  religiosa. . . . . 20.1—21.45
  A. Seis ciudades de refugio 20.1-9
  B. Selección de las ciudades levíticas 21.1-42
  C. Se completa la colonización en Israel 21.43-45
IV. Las condiciones para la continua
  colonización. . . . . 22.1—24.33
  A. El altar del testimonio. 22.1-34
  B. Las bendiciones de Dios solo llegan
    mediante la obediencia . . . . 23.1—24.28
  C. Josué y Eleazar mueren 24.29-33

Foto de Howard Vos

El valle de Ajalón, en donde el sol se detuvo durante una batalla entre Josué y los reyes amorreos (Jos 10.1-15).

son la demostración inequívoca de la fidelidad de Dios con su pueblo al darle la tierra prometida, los detalles en cuanto al propósito de Dios con Israel, la obediencia y las bendiciones de Dios para aquellos que le escuchan y obedecen con fidelidad.

Pero lo más importante e interesante es ver el propósito de Dios al preparar el camino para la venida de Cristo por medio de Israel. Las varias referencias hechas a Josué en el Nuevo Testamento demuestran su importancia para los creyentes de la iglesia naciente y desde luego para los creyentes de hoy día (Hch 7.45; Heb 4.8; 11.30; Stg 2.25).

Otros puntos importantes

A muchas personas les llama mucho la atención que Dios haya ordenado a Josué destruir a los cananeos. Pero esta orden se debió a que Dios quería arrancar de raíz las idolátricas prácticas religiosas paganas, para que no fueran una tentación para los israelitas. Además, el Señor deseaba castigar su pecado e inmoralidad. Dios utilizó a Josué para enviar castigo a aquellas naciones paganas.

JOTA y TILDE (en griego, *iota*). La letra *yod* era la más pequeña del alfabeto hebreo usado en los tiempos del Nuevo Testamento. En castellano, la figura de Mt 5.18 pierde su sentido puesto que la jota no es la letra más pequeña. En este mismo caso está el ápice o tilde, que es la representación gráfica de cualquiera de los cuernecillos que distinguen una letra hebrea de otra. Jesús aplica en forma figurada estos detalles de la grafía hebrea a la vida espiritual. Aun los mandamientos aparentemente más insignificantes participan de la trascendencia de toda la Ley y deben ser plenamente obedecidos y cumplidos.

JOTAM (*Jehová es perfecto*). Nombre de dos personajes del Antiguo Testamento.

1. El menor de los setenta hijos legítimos de Gedeón (Jerobaal), y el único que escapó de la matanza que su hermano ilegítimo, Abimelec, en su afán de hacerse rey, llevó a cabo entre todos los descendientes de Gedeón. A este Jotam se atribuye la única narración similar a una fábula moderna que encontramos en el Antiguo Testamento (Jue

9.8-16); en ella la zarza decide reinar sobre los árboles, puesto que el olivo, la higuera y la vid rehusaron hacerlo. El trozo poético termina con una advertencia que finalmente se cumple en el v. 57.

2. Rey de Judá, hijo de Uzías (Azarías) y de Jerusa, hija de Sadoc. Reinó primero como regente de su padre (750–740 a.C.) por estar este imposibilitado, debido a la impureza ritual que le ocasionaba la lepra que padecía; luego asumió el reinado como sucesor legítimo (740–732). Con Jotam continuó la era de prosperidad iniciada por su padre, aunque ya en el norte se advertía de nuevo el presagio fatal de la presencia de los sirios. Se atribuye a Jotam la edificación de algunas obras importantes y el feliz éxito de algunas campañas militares (2 R 15.32-38; 2 Cr 27.1-9).

JOYAS → Diamantes; Piedras preciosas.

JUAN (*regalo de Dios, gracia*). Nombre de cuatro personas del Nuevo Testamento.

1. Familiar del sumo sacerdote que estuvo entre los que interrogaron a Pedro y a Juan (Hch 4.6)

2. Precursor de Jesús. (→ Juan EL Bautista.)

3. Uno de los doce apóstoles de Jesucristo. (→ Juan, EL apóstol.)

4. Juan Marcos, compañero de Pablo y Bernabé en el primer viaje de Pablo. (→ Marcos.)

JUAN, EL APÓSTOL Hijo de → Zebedeo y hermano de Jacobo. Los datos acerca de Juan proceden de cuatro fuentes:

Los Evangelios Sinópticos

Juan, junto con su padre y hermano, era pescador en el mar de Galilea cuando Jesús lo halló (Mc 1.19s), apenas iniciado su ministerio. Si, como opinan muchos, la madre de Juan se llamaba → Salomé y era hermana de María, madre de Jesús, Juan sería primo hermano del Señor. Por una referencia a «los jornaleros» en Mc 1.20, se supone que la familia era acomodada. Tal idea se refuerza también con el dato de que Salomé pertenecía al grupo de mujeres que apoyó a Jesús con sus propios recursos económicos (Mc 15.40-41 y Lc 8.3). Marcos 1.21 sugiere que vivían en Capernaum.

Cuando se nombra a los hijos de Zebedeo, Juan aparece en segundo lugar, por lo que se cree que era menor que Jacobo. Jesús escogió a Juan como uno de los doce (Mc 3.17), y lo admitió en el círculo íntimo que estuvo presente cuando resucitó a la hija de Jairo (Mc 5.37), en la Transfiguración (Mc 9.2) y en la oración agónica en Getsemaní (Mc 14.33). Varios pasajes sugieren que el carácter severo y agresivo de Jacobo y Juan les valió el apodo de → Boanerges que les dio Jesús (Mc 3.17; 9.38; 10.35-41; Lc 9.54s).

Hechos y Gálatas

Las tres veces que en Hechos se menciona a Juan, este se halla íntimamente relacionado con Pedro. La lista de los once en el aposento alto comienza así: «Pedro, Juan» (Hch 1.13, HA). Según los capítulos 3 y 4, los dos fueron al templo donde, después de un milagro de sanidad y de un sermón, los detuvieron. Tras una noche de prisión y la advertencia que les hicieron las autoridades judías, se les puso en libertad. Más tarde fueron a Samaria como emisarios de la iglesia de Jerusalén para asesorar el ministerio de → Felipe. Después de impartir el don del Espíritu, volvieron a Jerusalén (Hch 8.14-25). En ambas narraciones Pedro es portavoz y adalid, y Juan ocupa un lugar secundario (cf. Lc 22.8, donde los dos hacen preparativos para la última Pascua). Aunque se le menciona como hermano del Jacobo a quien ejecutó Herodes Agripa I (Hch 12.2), esta persecución no afectó directamente a Juan; más bien, Hechos lo supone presente en el concilio citado en el capítulo 15.

Pablo menciona a Juan solamente en su enumeración de las tres «columnas» de la iglesia en Jerusalén con quienes conferenció (Gl 2.9). Una vez más Juan aparece asociado con Pedro, ahora como miembro prominente

J

de la misión cristiana a los judíos más bien que a los gentiles. Así terminan las referencias explícitas a Juan en el Antiguo Testamento.

La literatura juanina

La tradición eclesiástica atribuye al apóstol Juan la paternidad literaria del Evangelio de Juan, de 1, 2 y 3 Juan y de Apocalipsis. Solo el último da el nombre de su autor (aunque no lo identifica como apóstol), y esta anonimia ha dado lugar en los últimos ciento sesenta años a muchas conjeturas respecto a los verdaderos autores o redactores de estos cinco escritos. Sin embargo, las pruebas internas apoyan la teoría tradicional. Sobre todo, si Juan confió a diferentes secretarios o discípulos la redacción final, es probable que haya sido el autor de todos. Si es así, bien merece la designación de «Juan el teólogo» que le otorgó la iglesia de los primeros siglos. Puesto que no era versado en la erudición rabínica en el año *ca.* 31 (Hch 4.13), el merecer semejante reputación a fines del siglo era algo extraordinario.

El único Juan mencionado en el cuarto Evangelio es el Bautista, pero es probable que «el discípulo a quien Jesús amaba» sea el apóstol. De ahí, pues, tenemos nuevos datos sobre Juan, en este caso autobiográficos. (Los «hijos de Zebedeo» figuran en 21.2, pero en este capítulo se emplea un vocabulario un poco distinto del usado en el resto del Evangelio de Juan, lo cual le resta valor como prueba.)

El discípulo amado solo aparece a partir de la última cena. «Estaba reclinado en el seno de Jesús» y le preguntó, a petición de Pedro, quién era el traidor (Jn 13.23-26). Al pie de la cruz, el discípulo amado oyó las palabras con las que Jesús le encargó el cuidado de María su madre. En seguida Juan la recibió en su casa (19.26s).

En la carrera hacia la tumba vacía, Juan llegó antes que Pedro, y al ver las pruebas fue el primero en comprenderlas (20.2-10). También fue el primero en reconocer al Señor resucitado al verlo en la playa (21.7). De él hablaba Jesús cuando dijo a Pedro: «Si quiero que él quede hasta que yo venga ¿qué

Tumba tradicional del apóstol Juan en la Iglesia de San Juan en Éfeso.

Foto de Howard Vos

a ti?», dicho que causó perplejidad en la iglesia cuando el discípulo amado murió (o estaba para morir) sin que el Señor hubiese venido (21.20-23). En 21.24 se atribuye a este discípulo tanto el testimonio que fundamentaba este Evangelio como su composición literaria.

De 1 Juan no se desprenden datos precisos respecto a su autor, pero las otras dos epístolas hablan de un «anciano» o «presbítero» (2 Jn 1; 3 Jn 1) muy activo en el gobierno y supervisión de iglesias (evidentemente en Asia Menor), pero cuya autoridad era discutida. Apocalipsis también revela un autor interesado en las congregaciones de Asia Menor. Este Juan, que se identifica como «siervo» (1.1) y «profeta» (1.3; 10.11; 22.7, 10,18s), desterrado en la isla de Patmos por su testimonio cristiano (1.9).

La tradición posterior

La tradición que predominaba en la iglesia afirmaba que Juan, después de muchos años de liderazgo en Jerusalén, se trasladó a Éfeso donde permaneció hasta su muerte (por causa natural) a edad avanzada, en la época del emperador romano Trajano (98–117). Otros hilos de tradición no armonizan fácilmente con estos. Por ejemplo, Eusebio afirma que existían dos Juanes: el apóstol, y un anciano de Éfeso que otros habían confundido. Aunque es difícil desenredar estas informaciones, la teoría más aceptable es la que coloca al hijo de Zebedeo en Éfeso a fines del primer siglo y lo supone autor original de los cinco escritos llamados juaninos.

JUAN EL BAUTISTA Precursor de Jesús que recibió el apodo de «Bautista» o «el que bautiza» debido a su ministerio característico (→ BAUTISMO).

Su vida

Nació seis meses antes de Jesús (Lc 1.26) y bajo circunstancias sobrenaturales (Lc 1.7, 18-25). Era de linaje sacerdotal y sus padres fueron → ZACARÍAS y → ELISABET. Apareció

en la historia como profeta del Señor, cumpliendo las profecías tocantes al precursor del Mesías (Is 40.3-5; Mal 3.1) y las de Gabriel a Zacarías (Lc 1.5-25). Jesús lo comparó con → ELÍAS (Mt 11.14; Mc 9.10-13) y lo destacó como el más grande profeta (Mt 11.7-13; Lc 7.24-36) y como el testigo verdadero del Mesías (Jn 5.30-36).

Según los Evangelios Sinópticos (Mt 14.1-12; Mc 6.14-29; Lc 3.19,20), Juan el Bautista cayó preso debido a sus denuncias contra el mismo → HERODES Antipas, quien se había casado con su cuñada, Herodías. Instigada por esta, su hija Salomé pidió que Juan el Bautista fuera decapitado. Josefo anota que esto sucedió en la fortaleza de Maqueronte, en Perea (*Antigüedades* XVIII.v.2), antes de una fiesta, evidentemente la mencionada en Jn 5.1 (cf. 3.24).

Su ministerio

Apareció a la usanza de los profetas del Antiguo Testamento (Lc 3.1ss), predicando el arrepentimiento para perdón de pecados. La severidad de su mensaje y su apariencia recordaron al pueblo a Elías (Mt 17.11-13; Jn 1.21) tal como el ángel lo había prometido (Lc 1.17). Su vida ascética, como una especie de voto → NAZAREO, hace de Juan el Bautista una persona del desierto (Mt 3.4; Mc 1.6; Lc 1.15), y la iglesia primitiva interpretó esto también como el cumplimiento de las profecías (Mt 3.3; Mc 1.3; Lc 3.4-8; Jn 1.23).

Los Evangelios ubican la actividad de Juan el Bautista en una amplia zona despoblada de Samaria y Judea (→ BETANIA; ENÓN; Mt 3.1; Mc 1.4; Lc 1.80; 3.2ss). Su ministerio repercutió entre el pueblo y los líderes religiosos, y su autoridad fue tan evidente (Lc 3.10ss) que causó gran preocupación entre los fariseos (Jn 1.19-28).

Después de los descubrimientos de → QUMRÁN, ha tomado nueva fuerza la teoría de que Juan el Bautista era esenio, y han surgido nuevas tesis que se apoyan en varias similitudes entre él y la comunidad del mar Muerto. Es posible que él supiera de la existencia de dicha comunidad; sin embargo, su ministerio y bautismo tienen una originalidad y creatividad propias.

Sus enseñanzas

Con su mensaje matizado con elementos apocalípticos, Juan el Bautista impulsaba al pueblo a buscar a Dios. Mateo y Lucas nos narran partes de su exhortación radical dirigida a diferentes capas sociales: líderes religiosos, publicanos, soldados y el pueblo en general atienden la voz autoritativa de su ética (Mt 3.7-12; Lc 3.7-20). Advirtió de un juicio inminente valiéndose de las figuras de un fuego inextinguible y de árboles a punto de ser cortados por el hacha; contrastó su propio bautismo en agua con el del Mesías en Espíritu y fuego. Respaldado con su propia vida austera, enseñó la necesidad de orar y ayunar (Lc 5.33; 11.1). Tal fue su influencia que, después de su muerte, Herodes, al saber del ministerio de Jesús, temió que Juan el Bautista hubiese resucitado (Mt 14.1-12; Mc 6.14-29; Lc 9.7-9); y el mismo Jesús defendió su propia autoridad comparando su ministerio con el de su predecesor (Mt 21.25ss; Mc 11.30ss; Lc 20.5ss).

El lavamiento practicado por Juan el Bautista se confirma plenamente cuando él, en el acto culminante de su ministerio, bautiza a Jesús (Mt 3.13-17; Mc 1.9-11; Lc 3.21,22). Consciente de su indignidad, accede a la petición del Señor a fin de que ambos «cumplan toda justicia».

Según el cuarto Evangelio, el Bautista habló de Jesús como el «Cordero de Dios que quita el pecado del mundo» (Jn 1.29,35) y profetizó el curso que habría de tomar su ministerio.

Sus discípulos

Los seguidores de Juan el Bautista, fieles a su maestro, miraban con preocupación la creciente popularidad de Jesús (Jn 3.25,26). Con impresionante sinceridad, Juan les profetizó que él menguaría mientras Jesús había de surgir en su ministerio (Jn 3.26-30). Dos de ellos sirvieron de mensajeros cuando Juan sintió dudas acerca de Jesús (Mt 11.1-5). Fueron los discípulos los que enterraron los restos de Juan el Bautista (Mc 6.29). Años después, en el transcurso de su misión, los cristianos primitivos encontraron en Asia Menor algunos seguidores de las enseñanzas de Juan el Bautista (Hch 18.25; 19.1-7), a quienes fue necesario enseñarles con exactitud el camino de Cristo.

Bibliografía:

DBH, col. 1025-1027. *EBDM* IV, col. 658-666. *SE, Nuevo Testamento* I, pp. 534-543, 564-569, 590-594. J. Schmid, *El Evangelio según San Marcos*, Herder, Barcelona, 1967, pp. 33-41. M.E. Boissnard Boismard, *El prólogo de San Juan*, Fax, Madrid, 1970, pp. 183-190. H. Schlier, *Problemas exegéticos fundamentales en el Nuevo Testamento*, Fax, 1970, pp. 275-283.

Restos de la Maqueronte, fortaleza del rey Herodes, en donde Juan el Bautista fue decapitado, según el historiador judío Josefo.

JUAN, EPÍSTOLAS DE Tres epístolas que tradicionalmente se atribuyen al apóstol Juan. Son cartas amorosas escritas por un anciano que escribía basado en sus largos años de experiencia con Cristo y su mensaje. Las tres se escribieron para refutar los argumentos de la oposición que había surgido en las iglesias de Asia Menor contra la autoridad y enseñanza del autor. Aunque estas epístolas son pastorales más que polémicas, dejan entrever de qué tipo de oposición se trataba.

Estructura de las epístolas

En la primera carta, Juan previene contra quienes pretendían eximirse de los requisitos impuestos por la ética cristiana, en virtud de su conocimiento de Dios y su íntima relación con él (1.6,8; 2.4,6; cf. 4.20). Además, estos negaban la verdadera encarnación de Cristo (2.22; 4.2), basándose evidentemente en oráculos procedentes de una falsa «unción» divina (cf. 2.20,27 y la exhortación a «probar los espíritus», 4.1). Los herejes en cuestión habían sido miembros de la iglesia, pero la habían dejado (2.19) para buscar en el mundo una aceptación que el verdadero evangelio no les ofrecía (4.5).

La segunda carta informa a una iglesia en particular sobre la existencia de un movimiento misionero hereje que negaba la realidad de la encarnación. Exhorta a no animar a tales misioneros ni siquiera con la hospitalidad.

En la tercera carta se alude a la oposición de un tal → DIÓTREFES, quien rehusaba reconocer la autoridad del apóstol. Se había ganado tanto apoyo entre la congregación de su iglesia que esta ya no quería recibir a los emisarios del apóstol. Es improbable, sin embargo, que Diótrefes tuviera que ver con el partido cismático mencionado en las otras dos cartas. Dicho partido propugnaba una religión entusiasta carente de preocupación moral, la salvación por conocimientos esotéricos y una espiritualidad que menospreciaba todo lo material. Era, pues, una etapa primitiva del movimiento que posteriormente se llamó → GNOSTICISMO.

Otra herejía naciente que se vislumbra aquí es el docetismo, que negaba la naturaleza humana de Jesús o la consideraba como mero disfraz (1 Jn 5.1). Es difícil precisar si

PRIMERA DE JUAN:
Un bosquejo para el estudio y la enseñanza

Primera parte:
La base de la comunión
(1.1—2.27)

Segunda parte:
El comportamiento de la comunión
(2.28—5.21)

I. Introducción	1.1-4
II. Las condiciones de la comunión.	1.5—2.14
A. Andad en la luz	1.5-7
B. Confesión de pecado.	1.8—2.2
C. Obediencia a Sus mandamientos	2.3-6
D. Amaos los unos a los otros	2.7-14
III. Las precauciones para con la comunión	2.15-27
A. Amor al mundo	2.15-17
B. Espíritu del Anticristo	2.18-27
I. Características de la comunión	2.28—5.3
A. Pureza de vida	2.28—3.3
B. Práctica de la justicia	3.4-12
C. Amor en la obra y la verdad	3.13-24
D. Probad los espíritus	4.1-6
E. Amen como Cristo amó.	4.7—5.3
II. Consecuencias de la comunión	5.4-21
A. Victoria sobre el mundo	5.4-5
B. Certeza de la salvación	5.6-13
C. Dirección en la oración	5.14-17
D. Libertad del pecado habitual	5.18-21

el gnóstico Cerinto (activo en Asia a fines del primer siglo) y sus discípulos son los opositores específicos que Juan combate aquí.

Autor y fecha

Muchos escritos patrísticos del siglo II atribuyen 1 Jn, una carta anónima, al apóstol Juan. Como 2 y 3 de Juan eran más cortas, tardaron más en incluirse en el canon. El autor de ambas no se identifica sino como «el presbítero» (anciano), pero la mayoría de los comentaristas hoy aceptan que las tres cartas son de un mismo autor. Aunque muchos niegan que este haya sido el apóstol, la teoría tradicional (según la cual el hijo de Zebedeo escribió las tres Epístolas y el Evangelio que se llaman juaninos) parece más probable.

El autor explota mucho los contrastes extremos («luz» y «tinieblas», «vida» y «muerte», etc.) sin matices intermedios; lo mismo encontramos también en los → ROLLOS DEL MAR MUERTO. Su manera de tratarlos, no obstante, sugiere no solo una mentalidad formada en el judaísmo palestinense, sino también una familiaridad con los moldes del pensamiento helenista. Esta perspectiva se explicaría si, como afirma la tradición, el apóstol Juan, un galileo, pasó las últimas décadas de su vida en Éfeso y escribió las cartas allí. De hecho, la procedencia efesia de estas epístolas es clara, y se pueden fechar entre 85 y 90 d.C. Con todo, es concebible que el autor haya sido un «anciano» desconocido; en este caso, un discípulo del apóstol Juan.

Marco histórico

Primera de Juan no tiene las características comunes de una epístola (no tiene saludos ni identificación del autor, y no menciona personas, lugares ni acontecimientos), pero su tono cálido y personal sugiere que fue escrita para una audiencia que el autor amaba y conocía bien, quizás de Éfeso.

Las tres tienen el propósito de fortalecer la vida espiritual de las iglesias, a la vez que guardarlas de los falsos maestros. Estos estaban surgiendo en la iglesias, aunque sus enseñanzas sugerían que no eran parte de la iglesia (1 Jn 2.19; 4.4). Juan temía que ese grupo disidente desorientara a los verdaderos creyentes (1 Jn 2.26-27; 3.7; 2 Jn 7). Los llama «anticristos» *(1 Jn 2.18,22; 4.3; 2 Jn 7) porque negaban que Jesús hubiera venido en carne (1 Jn 4.1-13; 2 Jn 7; también 1 Jn

SEGUNDA DE JUAN:
Un bosquejo para el estudio y la enseñanza

I. Permaneced en los mandamientos de Dios 1-6
   A. Saludo. 1-3
   B. Andad en la verdad 4
   C. Andad en amor. 5-6
II. No se queden con los falsos maestros 7-13
   A. Doctrina de los falsos maestros. 7-9
   B. Eviten los falsos maestros 10-11
   C. Bendición 12-13

TERCERA DE JUAN:
Un bosquejo para el estudio y la enseñanza

I. La recomendación de Gayo 1-8
   A. Saludo. 1
   B. Consagración de Gayo. 2-4
   C. Generosidad de Gayo. 5-8
II. Condenación de Diótrefes 9-14
   A. Orgullo de Diótrefes. 9-11
   B. Alabanza por Diótrefes. 12
   C. Bendición 13-14

2.18-25; 4.15). Al hacerlo demostraban que, aunque decían tener el Espíritu de Dios, no eran más que falsos profetas (1 Jn 4.1-6).

Aporte a la teología

Las epístolas de Juan se basan en palabras clave como amor, verdad, pecado, mundo, vida, luz y Paracleto. Enfatizan los conceptos de conocer, creer, caminar y permanecer. Estas son palabras simples al parecer, pero en labios de quien ha conocido el misterio y el significado de la existencia de Cristo en forma de hombre expresan muchas verdades profundas.

Para Juan, lo fundamental del evangelio es que Dios tomó forma de hombre (1 Jn 1.1-4). La → ENCARNACIÓN es vida (1 Jn 1.2); por consiguiente, «el que tiene al Hijo tiene la vida; el que no tiene al Hijo de Dios no tiene la vida» (1 Jn 5.12). Jesucristo nos ha llevado de muerte a vida (1 Jn 3.14) al destruir las obras del diablo (1 Jn 3.8), y es nuestro abogado ante el Padre (1 Jn 2.28; 4.17). Jesucristo es la eterna demostración del amor de Dios.

Según Juan, el amor no es un sentimiento ni una actitud hacia los demás. Dios es amor (1 Jn 4.8,16). Amor es guardar los mandamientos (1 Jn .2-5; 5.3). Tenemos que amar a los demás (1 Jn 2.9-11; 3.10). Es hipocresía decir que amamos a Dios mientras odiamos a otra persona (1 Jn 4.20).

La comunión con Dios se logra conociendo a Dios y permaneciendo en Él. Conocer a Dios no es saber de Él, sino ser como Él en cuanto a justicia (1 Jn 2.29), verdad (1 Jn 3.19) y amor (1 Jn 4.7-8). Permanecer en Él es experimentar las características de Dios: luz (1 Jn 2.10), amor (1 Jn 3.17; 4.12) y vida eterna (1 Jn 3.15).

Otros puntos importantes

Muchos cristianos se asombran de que 1 Juan diga que todo aquel que permanece en Jesucristo no peca (1 Jn 3.6). Esto no quiere decir que si alguien peca no es cristiano. En la misma epístola se nos dice que Cristo vino a perdonar pecados, y se nos exhorta a confesárselos a Él (1 Jn 1.6–2.2). Lo que Juan quiso decir fue que Cristo nos ha transferido de muerte a vida y nos ha hecho partícipes de la naturaleza de Dios. Consecuentemente, ya no estamos confinados a la oscuridad porque Cristo quebrantó el poder del pecado en nuestra vida (1 Jn 3.8).

Juan dice que los creyentes pueden orar a Dios a favor de otros (1 Jn 5.16-17), si no han cometido pecados que sean «de muerte». El significado de esto es incierto, aunque probablemente se refiera al pecado de rechazar a Cristo como Salvador (1 Jn 2.22; 4.3; 5.12).

JUAN, EVANGELIO DE Cuarto de los Evangelios canónicos, y el último en escribirse. Como el «evangelio espiritual» (Clemente de Alejandría), fue el libro más influyente en la elaboración del dogma cristiano.

Según Jn 20.30s, este Evangelio intenta evangelizar por medio de la presentación de las obras y palabras de Jesús, permitiendo que el lector perciba la naturaleza de su persona.

Estructura del libro

El cuarto Evangelio pudiera bien dividirse en dos partes: un libro de «señales» y un libro de «gloria». Las señales revelan la persona de Jesús (caps. 1–12), y la gloria resulta de la pasión del Señor (13–20). Un prólogo (1.1-18) y un epílogo (cap. 21) sirven como introducción y conclusión. Dentro de esta estructura de dos partes, el Evangelio sigue el patrón que se presenta en el prólogo: revelación (1.1-5), rechazo (1.6-11) y recepción (1.12-18). Las correspondientes divisiones del libro son: revelación (1.19–6.71), rechazo (caps. 7–12) y recepción (caps. 13–21).

Autor y fecha

El Evangelio de Juan existió en Egipto *ca.* 135 d.C. (cf. el descubrimiento del Papiro Rylands 457) y se aceptó como autoritativo al lado de los Sinópticos (cf. Papiro Egerton 2, *ca.* 140 d.C.; Diatessaron; → CANON DEL NUEVO TESTAMENTO). Sin embargo, permaneció relativamente desconocido (entre cristianos

Foto de Howard Vos

Este antiquísimo fragmento de papiro, escrito en el idioma griego, contiene los vv. 1-14 del primer capítulo del Evangelio de Juan. Data del 200 d.C.

ortodoxos, pues los gnósticos sí lo usaban) hasta fines del siglo II. Las tradiciones que atribuyeron este Evangelio anónimo a → JUAN EL APÓSTOL se repiten en Ireneo (*ca.* 190), el Canón Muratoriano (*ca.* 195) y Clemente de Alejandría (*ca.* 200). Lo sitúan en Éfeso. Pero el silencio de Papías y Policarpo al respecto (un «asociado de Juan» que sí cita las Epístolas de Juan) es difícil de explicar. Papías parece distinguir entre el apóstol y un tal «Juan el Anciano». A este último muchos exégetas quieren atribuir el Evangelio; otros abogan por Lázaro de Betania.

Es digna de todo crédito la tradición predominante (hasta el siglo XIX) que tiene por autor del Evangelio de Juan al hijo de Zebedeo. Como fuente originaria de la tradición, Juan pudo (1) haber dictado el Evangelio a un amanuense para luego retocarlo, quizá repetidas veces, o (2) haber dejado memorias a las que un discípulo suyo diera forma definitiva. Las hipótesis de múltiples redactores, no obstante, no son convincentes. La identificación del autor con «el discípulo amado» parece segura (19.35; 21.24; cf. 18.15s).

La fecha más probable de este Evangelio cae a finales del siglo I d.C.

Marco histórico

Es difícil determinar a quién el autor dirigió este Evangelio, pero es bien fácil saber por qué lo escribió: «Estas cosas se han escrito para que creáis que Jesús es el Cristo, el Hijo de Dios, y para que creyendo, tengáis vida en su nombre» (20.31). De todos modos, para Juan, Jesucristo va más allá del judaísmo: es para el mundo entero. Por eso es que el Evangelio de Juan ha tocado profundamente la vida de todos los cristianos de todas las edades y en todas partes del mundo.

En cuanto al lugar donde se escribió, Éfeso es el más probable, aunque hay quienes abogan por Alejandría y Antioquía. Hubo un largo período en que el Evangelio de Juan se interpretaba como un libro helenístico, cuyos paralelos más instructivos se hallaban en el judaísmo helenizado, las religiones de misterio y aun en la filosofía griega. Actualmente, sin embargo, se redescubre el fondo esencialmente judaico del Evangelio. No solo es semítico el estilo (→ ARAMEO; HEBREO), sino también lo es el pensamiento mismo. Aunque cita el Antiguo Testamento solo diecisiete veces, las alusiones a él son un sinnúmero, y las más de las palabras clave (por ejemplo, Verbo, vida, luz, pastor, Espíritu, pan, viña, amor, testigo) proceden de allí. Juan se muestra conocedor de muchos conceptos rabínicos y otras tradiciones palestinenses (→ QUMRÁN). Si bien utiliza un vocabulario parecido al del → GNOSTICISMO, no es menos cierto que combate muchas de sus ideas.

Aporte a la teología

Está claro que, sin desentenderse por completo de la historia, Juan escribe con un

JUAN:
Un bosquejo para el estudio y la enseñanza

Primera parte:
La encarnación del Hijo de Dios (1.1-18)

I. La divinidad de Cristo 1.1-2
II. La obra pre-encarnada de Cristo 1.3-5
III. El precursor de Cristo 1.6-8
IV. El rechazo de Cristo 1.9-11
V. La aceptación de Cristo. 1.12-13
VI. La encarnación de Cristo. 1.14-18

Segunda parte:
La presentación del Hijo de Dios (1.19—4.54)

I. La presentación de Cristo
   por Juan el Bautista 1.19-34
II. La presentación de Cristo a los discípulos
   de Juan. 1.35-51
III. La presentación de Cristo en Galilea. 2.1-12
IV. La presentación de Cristo en Judea . . . . 2.13—3.36
V. La presentación de Cristo en Samaria. 4.1-42
VI. La presentación de Cristo en Galilea. 4.43-54

Tercera parte:
La oposición al Hijo de Dios (5.1—12.50)

I. La oposición a la Fiesta en Jerusalén 5.1-47
II. La oposición durante la Pascua en Galilea. 6.1-71
III. La oposición en la Fiesta de los Tabernáculos
   en Jerusalén . . . . 7.1—10.21
IV. La oposición en la Fiesta de la Dedicación
   en Jerusalén 10.22-42
V. La oposición en Betania . . . . 11.1—12.11
VI. La oposición en Jerusalén 12.12-50

Cuarta parte:
La preparación de los discípulos (13.1—17.26)

I. La preparación en el aposento alto. . . . 13.1—14.31
II. La preparación en el camino
   al huerto . . . . 15.1—17.26

Quinta parte:
La crucifixión y la resurrección (18.1—21.25)

I. El rechazo de Cristo . . . . 18.1—19.16
II. La crucifixión de Cristo 19.17-37
III. La sepultura de Cristo. 19.38-42
IV. La resurrección de Cristo. 20.1-10
V. La aparición de Cristo. . . . . 20.11—21.25

J

interés más teológico que histórico. Los demás Evangelios se esfuerzan en presentar a Cristo como el cumplimiento de las promesas de salvación veterotestamentarias. Juan comienza con la preexistencia de Jesucristo (1.1). Jesús es divino (1.1), pero también es humano, porque «aquel Verbo fue hecho carne (1.14). Solo así podía ser el que nos revelara al Padre.

En el mismo comienzo, Juan nos presenta a Jesucristo con siete títulos clave: Verbo, Cordero de Dios, Rabí, Mesías, Rey de Israel, Hijo de Dios e Hijo del Hombre. Solo en Juan encontramos el «Yo soy» que afirma ser el pan de vida (6.35), la luz del mundo (8.12), predecesor de Abraham (8.58), la puerta de las ovejas (10.7), etc. También lo hallamos diciendo: «Yo y el Padre uno somos» (10.30) y «Yo soy el camino, la verdad y la vida; nadie viene al Padre sino por mí» (14.6). En cada una de estas afirmaciones, el «Yo» es enfático. Nos recuerda el nombre de Dios: «YO SOY» (Éx 3.14).

En el Antiguo Testamento las palabras de Dios había que aceptarlas reverentemente. Lo mismo con Jesús. En Juan Él comienza sus mensajes diciendo: «De cierto, de cierto te digo», Así como en el Antiguo Testamento a Dios es al único al que se debe adorar, Jesús es el único en quien se debe creer. Para

Juan, la fe que salva es un verbo que expresa acción: la acción de creer en Jesús.

En Juan Jesús no entra en cuestiones de orar, ayunar, matrimonio, riquezas, como lo hace en otros Evangelios. En vez de eso, las relaciones de uno con Dios, los demás y el mundo se resumen en la palabra amor. El amor que Dios siente por su Hijo (3.35; 15.9) pasa a través de su Hijo a los que son suyos (13.1). Como recipientes del amor de Dios, los cristianos deben amar a Dios amándose unos a otros (13.34). Este amor que une a los creyentes es también un testimonio al mundo. Juan 3.16 expresa la verdad teológica básica del evangelio: «De tal manera amó Dios al mundo, que ha dado a su Hijo unigénito, para que todo aquel que en Él cree, no se pierda, mas tenga vida eterna».

Otros puntos importantes

La mayoría de los eruditos opinan que el Evangelio de Juan contiene un relato que probablemente Juan no escribió: el relato de la mujer sorprendida en adulterio (7.53–8.11). Este relato tiene un estilo diferente al del resto de Juan, y no aparece en los más antiguos y mejores manuscritos. Probablemente alguien lo añadió por inspiración divina para expresar una verdad importante sobre Jesús y su actitud hacia el que peca.

Bibliografía:

INT, pp. 211-238. IB II, pp. 556-612. CNSJ IV, 63.1-185. J. Leal, El Evangelio de San Juan, Madrid, 1944. R. Brown, El Evangelio según Juan, 2 tomos, Madrid, 1979. R. Brown, La comunidad del discípulo amado, Salamanca, 1983. D. Carson, The Gospel According to John, Grand Rapids, 1991.

JUANA Esposa de un oficial de la corte de → HERODES, a quien Jesús sanó. Cooperó con otras mujeres en el sostén económico de la compañía itinerante de Jesús (Lc 8.1-3). También fue una de las que anunciaron la resurrección a los discípulos (24.1-10).

JUBAL Descendiente de Caín, llamado el «padre de todos los que tocan arpa y flauta» (Gn 4.21).

JUBILEO, AÑO DEL JUBILEO (*Toque de trompeta*). Celebración judía que debía efectuarse cada cincuenta años según la legislación sacerdotal (Lv 25.8ss). Se habría de anunciar el día diez del mes séptimo (*Tisri*, septiembre/octubre), que era el «día de las expiaciones» (antiguo año nuevo), por medio de un toque de trompeta o de cuerno. De aquí probablemente se derivó el nombre de este año, consagrado como fecha de celebración solemne (*yobel*, que significa carnero o cuerno de carnero).

El año del Jubileo se caracterizaba por lo siguiente:

1. Prohibición de sembrar y cosechar. Solo se comería lo que la tierra produjera espontáneamente (Lv 25,11,12).

2. Devolución de las tierras a sus primeros propietarios o a sus herederos (Lv 25.13-17,23,23; 27.16-24). Los bienes raíces se consideraban inalienables, y tan solo su usufructo podía cederse durante algún tiempo: el valor de una tierra estaba determinado por el número de años que mediaran entre la venta y el Año del Jubileo, porque al llegar este último, el propietario recobraba sus bienes, sin indemnización.

3. Liberación de todos los esclavos israelitas (Lv 25.39-55), los cuales regresaban «a su familia, y a la posesión de sus padres», con sus mujeres e hijos.

En parte Dios estableció el año del Jubileo para evitar que los israelitas oprimieran a sus hermanos (Lv 25.17). Un efecto de esto sería prevenir la formación de un sistema de clases sociales permanentes. En Año del Jubileo daba a cualquier israelita la oportunidad de reconstruir su vida económica y socialmente.

Fuera de Jeremías 34.8-22 y Nehemías 5.1-13, la Biblia no ofrece ninguna confirmación de la puesta en práctica del año del Jubileo. Según la tradición rabínica, no se observó después del destierro. Tampoco parece haberse observado estrictamente antes del destierro, pues de lo contrario no se explicarían las quejas de los profetas contra los acaparadores.

Bibliografía:

F. Belo, *Lectura materialista del Evangelio de Marcos.* F.R. Kinsler, *The Biblical Jubilee and the Struggle for Life.* J.H. Yoder, *La política de Jesús.* N.K. Gottwald, *Las tribus de Jahvé*, R.B. Sloan, *The Favorable Year of the Lord: A Study of Jubilary Theology in the Gospel of Luke*, Schola, Austin, 1977. S.H. Ringe, *Jesús, liberación y el jubileo bíblico*, SBL y DEI, San José, 1995.

JUDÁ (*célebre*). Nombre de al menos cinco personajes del Antiguo Testamento.

1. Cuarto hijo de Jacob y Lea (Gn 29.35), patriarca y progenitor de la tribu que lleva su nombre (véase abajo).

2. Levita, antepasado de Cadmiel (Esd 3.9), que ayudó en la reconstrucción del templo.

3. Levita que subió con Zorobabel (Neh 12.8). Quizás fuera el mismo casado con una esposa extranjera (Esd 10.23), y el músico que participó en la dedicación del muro en Jerusalén (Neh 12.36).

4. Benjamita, hijo de Senúa, que fue segundo en Jerusalén en los días de Nehemías (Neh 11.9).

5. Uno de los principales en Judá (tribu) que participó en la dedicación del muro de Jerusalén (Neh 12.34).

El patriarca

Nació en Padan-aram (Gn 29.35), pero poco se sabe de su vida. Ocupa un honroso lugar en la historia de su hermano José (Gn 37.26,27; 43.3-10; 44.16-34; 46.28), pero fue causa de deshonra para Tamar, su nuera (Gn 38). La bendición que le otorgó el moribundo Jacob fue un anuncio del poder especial y la prosperidad de su familia, así como de su continuación personal como jefe de la raza judía hasta el tiempo de Cristo (Gn 49.8-12). Habiendo perdido Rubén su primogenitura, Judá llegó a considerarse como el jefe de los hijos de Jacob. Fue progenitor de David y su descendencia real, a la que perteneció el Salvador.

La tribu

De Judá surgió la tribu hebrea más poderosa. Sin embargo, esta tribu no desempeñó un papel importante en el éxodo de Egipto, ni tampoco en el desierto, donde acampaba al este del tabernáculo. Se puso a la cabeza de la conquista de Canaán (Jue 1.1-19), pero algunos opinan que esta iniciativa independiente causó la derrota de Israel ante Hai, porque la dirigió Acán, de la tribu de Judá.

Fue la tribu más numerosa (Nm 1.26s) y la primera en las marchas (Nm 7.12-17), y en la división de la tierra prometida (Jos 14.6-15; 15.1-63). Caleb, uno de los héroes entre los espías y los que ocuparon a Canaán, pertenecía a esta tribu (Nm 13.6; 34.19). Cuando murió Josué, las tribus de Judá y Simeón ya se encontraban en el sur de Palestina, y fueron las primeras en ocupar el territorio asignado. Jerusalén quedó bajo su dominio por un tiempo durante este período, aunque correspondía propiamente a Benjamín. Su territorio era de los más grandes entre las doce tribus. Medía unos 60 km de este a oeste y 80 km de norte a sur. Si se incluye la región del → Neguev, el largo era de 160 km, aunque es difícil determinar hasta qué punto esta se consideró como parte del territorio de Judá.

El territorio asignado a Judá abarcaba toda la llanura costera del Mediterráneo, pero pronto se posesionaron de él los filisteos, eliminando a los hebreos (Jue 1.19; 3.3; cf. Jos 11.22; 13.2,3). Judá cedió la mejor parte de su tierra a Simeón, y se supone que lo hizo para que este le sirviera de protección contra los filisteos que habitaban la llanura costera.

Siempre había existido una barrera sicológica entre Judá y las tribus del norte. Lo montañoso de su terreno, la presencia de seis pueblos no judíos entre Judá y las tribus del norte (Jos 9.1s), y el haber perdido su dominio sobre la ciudad de Jerusalén (Jue 1.8,21), eran factores poderosos que contribuían a esta separación. La tribu de Judá con la de Simeón y la parte sur de la tribu de Benjamín, siempre miraban hacia Hebrón en lugar de ver hacia el santuario del norte como su centro. Por tanto, las tribus del norte no esperaron la ayuda de Judá cuando pelearon contra Sísara (Jue 5). Tampoco Judá acudió a las otras tribus cuando la atacaron los filisteos.

Judá no se menciona en el cántico de Débora. La división entre Judá y las tribus del norte parece haber sido un hecho aceptado, pues aun en el tiempo de Saúl ya se hacía diferencia entre Judá e → ISRAEL (1 S 11.8; 15.4; 17.52; 18.16). Durante el tiempo de los jueces, Otoniel, quien libró a su pueblo y restauró el orden (Jue 3.9-11), era el único que procedía de la tribu de Judá.

El reino

Saúl, el primer rey una vez establecida la monarquía, era de la tribu de Benjamín (1 S 8). Pero después de la derrota y muerte de Saúl ante los filisteos, Judá se agrupó en torno a David y lo coronó rey en Hebrón (2 S 2.4), hecho que según el criterio de algunos, perpetuó la división entre Judá y las tribus del norte. Más tarde, David fue nombrado rey sobre todo Israel (2 S 5.1-5), pero Judá siempre mantuvo su identidad aparte. A pesar de que Judá no quiso solidarizarse inicialmente con las otras tribus, David y Salomón, su hijo, lograron unificar a todas las tribus, establecer la dinastía davídica y hacer de los → HEBREOS una nación grande.

Cuando murió Salomón la unión se desintegró y la mayor parte de las tribus se separaron de Judá y formaron el reino del norte, o sea, de Israel. El remanente que quedó bajo la dinastía davídica fue llamado el reino de Judá.

En el principio Judá se quedó con las riquezas que Salomón juntó, pero luego Sisac de Egipto se las quitó (925 a.C., 1 R 14.25,26). En sus luchas contra los amonitas, moabitas y edomitas (2 Cr 20), Judá a veces dominaba a los edomitas y entonces tenía acceso al puerto de Ezión-geber (por ejemplo, Josafat 870–848), pero a veces perdía ese territorio (por ejemplo, Joram, 848–841). También las relaciones con Israel variaban. En el principio hubo guerras; después, por largo tiempo, hubo paz. Hacia el final del siglo VIII Siria amenazaba y más tarde el Imperio Asirio dominó toda el área. Ezequías (716–687) participó en una rebelión contra → ASIRIA en 701. Jerusalén se salvó, pero el resto de Judá cayó ante → SENAQUERIB. Durante el reinado de → MANASÉS, Judá era vasallo de Asiria y el paganismo inundó al pueblo (2 R 21).

Durante el reinado de → JOSÍAS, Asiria ya estaba débil y esto le permitió extender su reforma religiosa y su influencia política a los israelitas que quedaban en el norte (2 R 23.19). Josías murió tratando de impedir que Egipto ayudara a Asiria contra Babilonia (609).

Por causa de su infidelidad a Jehová, Judá fue llevada al cautiverio en Babilonia bajo → NABUCODONOSOR (2 Cr 36.15-17). Con el edicto de → CIRO (538) muchos judíos volvieron a Judá y quedaron bajo el Imperio Persa hasta el tiempo de Alejandro Magno.

JUDAIZANTES Nombre dado a los judíos convertidos al evangelio que querían imponer a los creyentes gentiles la → CIRCUNCISIÓN, la fidelidad a la Ley y otras prácticas judías como medio de salvación (Hch 15.5).

El término no aparece en el Nuevo Testamento, pero los judaizantes constituyeron un verdadero peligro para la naciente iglesia porque estaban dentro de ella misma. Además, constituían una negación del genuino evangelio, que rompe las barreras raciales y es poder de salvación tanto para el judío como para el gentil (Ro 1.16). El problema era delicado por cuanto los primeros cristianos provenían del judaísmo (→ PENTECOSTÉS) y no les era fácil un cambio radical de criterios. Para resolverlo se convocó el → CONCILIO DE JERUSALÉN (Hch 15). El gran defensor del evangelio frente a los judaizantes fue Pablo (cf. 1 y 2 Co, Ro, Flp, y sobre todo Gl), y por tanto constituyeron para él encarnizados enemigos; siempre procurando contrarrestar la obra misionera.

JUDÁS, APÓSTOL → TADEO.

JUDAS EL GALILEO Líder que, según Hch 5.37, promovió una rebelión entre los judíos. Según Josefo, nació en Gamala cerca del lago de Tiberias y se alzó en contra de las autoridades romanas durante un censo en 6 d.C. Fue → CIRENIO, en ese tiempo procónsul de Siria y de Judea, quien aplacó la rebelión y Judas perdió la vida.

JUDAS ISCARIOTE (posiblemente Iscariote se deriva del hebreo, *ish queriyot* que significa *varón de Queriot*).

Su vida

Judas se distingue del otro discípulo del mismo nombre por la referencia a su origen, Queriot (Jos 15.25; *Queriyyot Jesrón*, en BJ), ciudad situada 19 km al sur de Hebrón; era, pues, el único apóstol oriundo de Judea. Fue hijo de Simón Iscariote (Jn 6.71), y, al mencionarse en la lista oficial de los apóstoles (Mc 3.16-19//), siempre es el último, no sin algún calificativo como «el que entregó (a Jesús)». Es de suponer que participara en la labor y misiones de los discípulos, ya que se dice que era «uno de los doce» (Mc 14.10-20; Jn 6.71; 12.4), y además el tesoro del grupo, quizás a causa de su capacidad administrativa (Jn 12.6).

El evangelista Juan revela que Jesús distinguía a Judas de los demás discípulos. Estos caían en muchas equivocaciones, pero nunca se cuestionó su amor; en cambio, con referencia a Judas, Jesús comenta: «¿No os he escogido yo a vosotros los doce, y uno de vosotros es diablo?» (Jn 6.70s).

Para entender la acción de Judas en la víspera de la pasión (véase también «Sus móviles», a continuación) es necesario recordar que el sanedrín había determinado la muerte de Jesús, pero que, por temor de un alboroto de la multitud, buscaba la manera de prenderle secretamente (Mc 14.1s; Lc 22.2; Jn 12.10s,17ss). La costumbre de Jesús de retirarse al monte de los Olivos proporcionó a Judas la oportunidad de hacer a los principales sacerdotes una oferta que estos no rechazarían (Mc 14.10s). En la escena de la unción de Jesús en Betania se revela el hecho de que Judas era ladrón y no podía comprender la devoción de María por Jesús (cf. Jn 12.1-8 con Mc 14.1-9).

Cada evangelista trata de manera diferente el tema del traidor que ensombrecía la cena, excepto Lucas que lo omite. El Señor predice tres veces el hecho en términos generales, pero la entrega del «pan mojado» que Jesús hace a Judas (señal de distinción especial, entendida solo por Juan y posiblemente Pedro), suele interpretarse como una última apelación a la conciencia del traidor (Mt 26.21-25; Mc 14.18-21; Jn 13.21-30). Cuando falla esto, Jesús aconseja rapidez en la ejecución del plan funesto (Jn 13.27). Con gran tropel de gente (cohorte romana, guardia del templo, alguaciles y miembros del sanedrín), Judas va al huerto de Getsemaní y besa a Jesús (Mc 14.43ss//; Jn 18.2-9). Entre los evangelistas, solo Mateo menciona el remordimiento y suicidio de Judas, pero Lucas intercala en el discurso de Pedro una referencia posterior a la tragedia (Hch 1.18s). Según Mateo, Judas devolvió arrepentido las treinta piezas de plata (cf. Zac 11.12) a los sacerdotes, pero estos se lavaron las manos del asunto, aunque determinaron emplear «el precio de sangre» en comprar el campo del alfarero para sepultar allí a los extranjeros. Judas salió y se ahorcó (Mt 27.3-10). La nota parentética de Hch 1.18s atribuye la compra del campo a Judas, y su nombre → ACÉLDAMA (*campo de sangre*) al hecho de que Judas cayó allí y se reventó. Las dos explicaciones armonizan.

Sus móviles

La sicología y trayectoria de Judas ofrecen uno de los misterios más profundos de la Biblia. No menos difícil de determinar el porqué de su elección como apóstol, los propósitos divinos y la intervención de Satanás, ya que no puede haber una solución simplista. He aquí algunas observaciones al respecto:

1. Es de suponer que Jesús atrajo a Judas y este le confesó con los demás como Mesías.

2. Parece difícil creer que se hubiera rendido personalmente al Señor, ya que Cristo lo llama (instrumento del) → DIABLO (Jn 6.70; cf. 17.12; véanse también Lc 22.3; Jn 13.2,27; Hch 1.25).

3. La participación en el ministerio de los doce corresponde a un acto soberano de Dios (cf. el caso de → BALAAM). Judas es el apóstata que profesa la verdad que traiciona deliberadamente, y Jesús no lo ignora (Jn 6.64).

4. El idealismo mesiánico de Judas podía ser real, pero, al ver que el Maestro excitaba el antagonismo de los líderes de la nación, su mente sin regenerar no veía solución. Por fin Judas, satánicamente inspirado, codicia hasta el dinero.

5. Su «arrepentimiento» fue *metaméleia*, «cambio de parecer», y no *metánoia*, «cambio de mente (o corazón)», y el remordimiento le mostró que lo había perdido todo sin recompensa alguna. La elección de Judas como instrumento predeterminado en el plan divino (Hch 2.23) no le excusa de su delito, ya que, si se hubiera humillado ante Dios, se habría salvado y Dios habría utilizado otros medios.

JUDAS, HERMANO DEL SEÑOR → HERMANOS DEL SEÑOR.

JUDAS, EPÍSTOLA DE Carta dirigida a un grupo de creyentes judíos cristianos de la diáspora, radicados posiblemente en Siria. Estos creyentes quizás conocían la enseñanza de Pablo y de los apóstoles, pero tenían la tendencia a descuidar la enseñanza de la realidad de los juicios divinos, a causa de un énfasis desmedido sobre la gracia divina.

Estructura de la epístola

La Epístola de Judas es una carta breve y, como tal, se presenta como una obra unificada y coherente. Su redacción es retórica y consta de tres componentes: una situación crítica, una audiencia que es constreñida a la decisión y la acción, y las obligaciones o demandas que se plantean. Parece un sermón epistolar, una obra cuyo contenido hubiese sido presentado como una homilía si Judas y sus lectores hubiesen podido encontrarse.

Tras una salutación (vv. 1s) y una explicación del móvil de la epístola (vv. 3s), está la primera sección principal (versículos 5-16) en la que se encuentra una amonestación contra la doctrina falsa. La situación crítica es la infiltración repentina y perturbadora (versículo 4) en la iglesia o iglesias de un grupo divergente en doctrina y ética. Este grupo había intentado con algún éxito ganar adeptos (versículos 19, 22-23) para su propio provecho (versículos 11, 16). Judas anuncia el juicio sobre «estos» que provocan desórdenes típicos de los rebeldes que, al igual que los israelitas en el desierto y «los ángeles que no guardaron su dignidad», sobreestiman la seguridad de su salvación. No respetan el juicio de Dios, rechazan autoridades y normas, e invocan sus experiencias con el espíritu para actuar irresponsablemente en lo sensual.

En la segunda sección principal (vv. 17-23) se presenta la manera en que el creyente debe enfrentarse a los falsos maestros. La mejor defensa es recordar las palabras de los apóstoles y luchar por la salvación de los que han caído en semejantes errores.

La epístola concluye con una de las más hermosas alabanzas cristológicas de la Biblia (vv. 24-25).

Autor y fecha

Judas (una forma del nombre Judá) era un nombre muy común entre los judíos del tiempo de Jesús. Por lo menos siete individuos diferentes aparecen con ese nombre en el Nuevo Testamento (véanse Lc 3.30; Mt 13.55 y Mc 6.3; Mc 3.19, 14.10 y Hch 1.16, 25; Lc 6.16 y Hch 1.13; Hch 5.37; Hch 9.11; Hch 15.22-34). El libro afirma haber sido escrito por Judas, el hermano de Jacobo.

JUDAS:
Un bosquejo para el estudio y la enseñanza

I. Propósito de Judas 1-4
II. Descripción de los falsos maestros 5-16
  A. Juicio pasado de los falsos maestros 5-7
  B. Características actuales de los falsos maestros 8-13
  C. Juicio futuro de los falsos maestros 14-16
III. Defensa contra los falsos maestros 17-23
IV. Doxología de Judas 24-25

Pero esto no es de gran ayuda, ya que Jacobo o Santiago era un nombre tan común como el de Judas.

Si el autor se refiere a Jacobo, el hermano de Jesús y cabeza de la iglesia de Jerusalén, esto significaría que se trata del hermano carnal de Jesús (Gl 1.19; 2.9; 1 Co 15.7). En tal caso, uno esperaría que el autor se titulara «hermano de Jesús». Sin embargo, cabe recordar que Santiago en su epístola tampoco hace explícita su condición de hermano de Jesús. De todos modos, Judas parece haber pertenecido al círculo apostólico.

Puesto que, según la tradición, Judas murió antes del año 81 d.C., el tiempo de la redacción de su carta puede fijarse por conjeturas hacia el año 75 d.C.

Marco histórico

Es probable que Judas no haya fundado las comunidades a las que escribe, pero que sí las haya visitado en sus viajes misioneros. Sea donde fuere que estas iglesias estaban ubicadas, parece evidente que eran predominantemente comunidades judeo-cristianas en un contexto helenista en el Mediterráneo oriental.

El lugar de composición de la carta es desconocido. Se han sugerido diversos lugares, como Alejandría y Jerusalén. Probablemente fue algún lugar en Palestina o Siria.

Aporte a la teología

Judas escribe como un defensor de la fe (versículo 3). Los impíos no son los paganos fuera de la iglesia, sino los falsos profetas que están dentro (12). El que se relacionen con la fe no quiere decir que vivan en la fe. Los impíos no tienen al Espíritu (versículo 19) como los justos (20). El impío permanecerá eternamente en la oscuridad de las tinieblas (13), pero el justo vivirá eternamente (21). Al describir a sus oponentes, Judas utiliza alegorías hirientes, y exhorta a los creyentes a afirmarse en las enseñanzas de los apóstoles (17) y en el amor de Dios (21), y a luchar por rescatar de una destrucción cierta los que están engañados (22-23).

Otros puntos importantes

Las coincidencias con → 2 PEDRO (véanse las similitudes entre 3-18 y 2 P 2.1-18) suelen explicarse suponiendo que Judas se escribió primero. Según algunos eruditos, fue precisamente por su inclusión en 2 Pedro que Judas ejerció una influencia fuera de proporción a su tamaño. Es evidente que la epístola ofrece una visión singular dentro de aquellos círculos cristianos originales, quizás palestinos, en los que los propios parientes carnales de Jesús, como Jacobo, eran líderes.

La Epístola de Judas fue aceptada en el canon entre los años 170 y 367 d.C. a pesar de varias objeciones que en parte tenían que ver con dos citas de libros → APÓCRIFOS (el v. 9 alude a *La asunción de Moisés* y el v. 14 a *Enoc*). En el siglo XVI, eruditos como Erasmo y Calvino dudaban de su autenticidad. Lutero no la tenía en buena estima, si bien la incluyó en el canon del Nuevo Testamento.

Bibliografía:

José Alonso, SE, *Nuevo Testamento* III, pp. 559-570. José Salguero, *BC* VII, pp. 277-292.

Barclay, *NTC*, vol. 15. R.J. Bauckham, *Word Biblical Commentary*, vol. 50.

JUDEA Parte meridional de Palestina situada entre Samaria al norte y el desierto nabateo-árabe al sur. Corresponde en gran parte a la región que se asignó a la tribu de Judá (Jos 15) y a la del reino de → Judá (922–587 a.C.).

El nombre Judea aparece por primera vez en Esd 5.8 donde se refiere a una provincia persa (en efecto, una pequeña región alrededor de → Jerusalén) poblada por judíos que habían vuelto allí del cautiverio. Bajo los → macabeos Judea se independizó (*ca.* 164 a.C.) y terminada la expansión macabea, el reino de Judea incluía Samaria, Galilea, Idumea y Perea. Cuando los romanos pusieron a → Herodes como rey sobre estos territorios, lo nombraron rey de Judea (Lc 1.5, → Arquelao; Gobernador). En aquel entonces, las circunstancias políticas determinaban los límites de Judea, pero, propia-

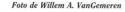

La desolada y escarpada región desértica al sur de Judea.

Foto de Willem A. VanGemeren

mente dicha, esta era un área de solo unos 490 km^2, de la que Jerusalén era la ciudad principal. En el tiempo de Jesús Judea era una de las tres divisiones principales de Palestina: Judea, Samaria y Galilea (Jn 4.3s).

Judea es principalmente montañosa. Se divide en tres partes: la occidental, cubierta de colinas bajas, que se llama la → Sefela; la central sembrada de altas montañas que alcanzan hasta 1020 m, y la oriental que es tierra desértica. Las vías internacionales de comercio desde antaño han evitado el área montañosa de Judea. Solo los que tenían negocios en Jerusalén o en las aldeas circunvecinas subían los pocos caminos que llevaban al corazón de la provincia (→ Palestina).

Durante toda su historia la vida de Judea ha sido pastoril. El suelo pedregoso y poco profundo solo produce olivas, uvas e higos. Sin embargo, se cultivan algunos granos en los valles de la Sefela.

JUDÍOS, JUDAÍSMO Originalmente, un judío (en hebreo, *Yehudí*) era un habitante del reino de → Judá (2 R 16.6) o de la provincia de Judea (Esd 5.8). Luego, gracias a la prominencia del reino del sur, judío fue el nombre dado (especialmente por los extranjeros) a cualquiera que perteneciera al pueblo de Israel.

El pueblo hebreo como tal (reino de Judá o reino de Israel) deja de existir con el cautiverio. El reino del norte va al cautiverio bajo Asiria en 721 a.C., y el del sur en 587 a.C. bajo Babilonia. No resurgiría como pueblo geográfico y políticamente organizado sino hasta 1947, cuando las Naciones Unidas propiciaron este tipo de organización. Es cierto que nunca perdió su identidad como raza y que siempre se aferró a la tierra y a sus tradiciones como su especial herencia, pero más que un pueblo era una comunidad religiosa, pequeña y tradicionalista en medio de una Palestina grande y progresista (→ Dispersión).

Es difícil seguir el paso de lo que sucedió con el reino del norte, el cual fue transportado casi totalmente a las regiones montañosas del norte de Mesopotamia y a Media, al tiempo que su propia tierra la ocupaba gente traída también desde muy lejos. Solo es posible seguir de cerca a los habitantes del reino del sur que → NABUCODONOSOR transportó a Babilonia. De ellos se sabe que fueron reducidos a la esclavitud durante los cincuenta años que permanecieron en el poder los babilonios o caldeos. Por eso cuando → CIRO el Grande, rey persa, llegó triunfante a Babilonia, los judíos lo recibieron como el Mesías esperado y no simplemente como un libertador (Is 44.28–45.25).

Con la dominación persa, que va del 538 al 330 a.C., se estableció un trato justo y menos despótico, que permitió a cada pueblo conquistado conservar sus tradiciones y creencias y practicar su propia religión. Ciro y sus sucesores permitieron la reconstrucción tanto del templo como de Jerusalén y el regreso de todos los judíos que desearan repoblar sus tierras. La dominación persa, fuera de la intransigencia y hasta crueldad con que exigía el pago de los tributos por medio de los famosos sátrapas, vino a establecer la equidad y la justicia dentro de un clima de libertad y orden.

Hay que reconocer que fueron más bien pocos los judíos que aprovecharon la oportunidad de regresar con Esdras y Nehemías a vivir en su propia tierra. La mayoría estaban ya establecidos en Babilonia, siguiendo el consejo de Jer 29.4-7, y les era muy difícil regresar. Los pocos que regresaron lo hicieron más que todo por sentimientos religiosos, y de ahí que establecieran una comunidad en extremo estricta en la observancia de sus tradiciones y costumbres.

Dirigidos por Esdras y Nehemías, fundaron la Gran Sinagoga, se dieron a la tarea de recopilar y poner en orden toda la Escritura que andaba fragmentada y dispersa (de donde nació la institución de los → ESCRIBAS, quienes se encargarían de la conservación de la pureza del texto de las Escrituras), se completó todo lo que a juicio de Esdras hacía falta en la historia y en las leyes del pueblo y se confirmó, con extrema severidad y bajo

pena de graves castigos, hasta el más mínimo inciso de la Ley. Apareció la sinagoga como escuela de instrucción popular en las Escrituras, y la observancia del sábado (por mucho tiempo descuidada) cobró una importancia extraordinaria. También en este período aparecen y proliferan las → SECTAS que se encuentran en plena actividad en la época novotestamentaria.

El Imperio Persa, que se extendía por el norte desde Tracia en Europa hasta Bactria en el extremo oriental, y por el sur desde lo que es hoy Argelia hasta el extremo oriental del golfo pérsico, no soportó el empuje incontenible de → ALEJANDRO MAGNO. Este derrotó a Darío III y penetró hasta los lejanos límites orientales del territorio antes conquistado por los persas.

A la muerte de Alejandro, su imperio se dividió entre sus generales. De Egipto y Palestina se apoderó → TOLOMEO, y fijó su capital en Alejandría, ciudad fundad por el mismo Alejandro. De Siria y Mesopotamia se apoderó → SELEUCO, y fijó dos capitales, una en Antioquía de Siria y la otra en Seleucia en el Tigris. Por más de un siglo (311–198 a.C.) los judíos gozaron de la magnanimidad de los tolomeos; de ahí que las colonias judías de Egipto y Alejandría fueran tan grandes y prósperas.

El bienestar de los judíos nunca agradó a los seléucidas de Siria, quienes intentaron por todos los medios anexar Palestina a su imperio, cosa que por fin consiguió → ANTÍOCO III (223–187 a.C.). Este estableció el régimen de mayor humillación en toda la historia judía, lo que más tarde provocó la revolución encabezada por Judas → MACABEO y sus hijos. Ya para el año 160 a.C. este movimiento había logrado una completa independencia de la tiranía seléucida, pero la falta de preparación para una organización política de tipo civil echó por tierra los logros. Las mismas familias sacerdotales que antes se disputaban la hegemonía religiosa, reñían por el gobierno civil. Se estableció una serie de luchas internas que frustró este corto período de independencia. En medio de este ambiente, apareció Pompeyo, general romano, en el año 60 a.C. y estableció, en nombre de Roma, una dominación que había de durar siglos.

Si bien el gobierno griego fue fugaz, su influencia y cultura, llamadas helenismo, fueron largas y muy provechosas. La actividad literaria de los judíos de la Diáspora fue sorprendente. Las Escrituras se tradujeron al griego y se produjo una gran cantidad de literatura, alguna de ella entró a formar parte de las Escrituras como libros deuterocanónicos o → APÓCRIFOS en el → CANON alejandrino. Se produjo la → MISHNAH, que es la codificación de la esencia de la Ley oral del judaísmo, de donde salieron los → TALMUDES palestiniano y babilónico. De este tiempo datan también los → TÁRGUMES o traducciones arameas de las Escrituras.

Muchos esfuerzos se han hecho por revivir los nombres de → HEBREO e → ISRAELITA, pero judío y judaísmo siguen siendo los más apropiados, a pesar de originarse en un epíteto un tanto peyorativo dado por los gentiles para definir la comunidad étnica y religiosa que se encuentra diseminada hoy por todo el mundo.

En el Nuevo Testamento el término judío cobra diferentes matices según el autor. En los Sinópticos solo aparece en la frase «rey de los judíos», en boca de gentiles (Mt 27.11// cf. v. 42). En Juan, a la par de esta misma acepción (Jn 18.33; cf. 4.9) aparecen dos más: la gente con la que trató Jesús (2.6) y, en sentido peyorativo, los incrédulos de Palestina (y en particular sus líderes) hostiles a Jesús. Para Apocalipsis los verdaderos judíos son la Iglesia de Jesucristo (Ap 2.9; 3.9). Hechos usa, sobre todo en su segunda parte, las tres acepciones juaninas. Pablo prefiere usar la palabra judaísmo en singular y sin artículo; añade a las acepciones vistas un concepto religioso: judío es el que está ligado por la Ley de Moisés (1 Co 9.20; Gl 2.14).

Bibliografía:

John, Riches, *The World Of Jesus: First-Century Judaism in Crisis.* Cambridge University Press, 1990.

Una menorah, o candelabro de siete brazos, simboliza el judaísmo y al antiguo estado de Israel.

Foto de Ben Chapman

JUECES, LIBRO DE LOS Libro histórico del Antiguo Testamento que abarca los casi trescientos años del caótico período entre la muerte de Josué y el comienzo de la monarquía. Los «jueces» eran caudillos militares que Dios levantaba para librar a Israel de sus enemigos.

Estructura del libro

El libro de Jueces puede dividirse en tres partes. La primera nos habla del deterioro de Israel y el error de no completar la conquista de Canaán (1.1–3.6). Presenta un breve relato de dos expediciones de las tribus del sur para ocupar el territorio adjudicado a ellas por sorteo. En estas expediciones, sin embargo, no se logró expulsar por completo a los cananeos de las ciudades y los valles. Se señala particularmente la descomposición religiosa del pueblo, que hizo necesaria la intervención divina, la consecuente miseria como castigo por la apostasía, el arrepentimiento y el levantamiento de jueces como salvadores.

La segunda parte (3.7–16.31) contiene la historia de los jueces. Se describen largamente las hazañas de seis jueces mayores: Otoniel, Aod, Débora-Barac, Gedeón, Jefté y Sansón; y más brevemente las de los restantes seis jueces: Samgar, Tola, Jair, Ibzán, Elón y Abdón. Abimelec no debe considerarse Juez.

La parte final (17–21) describe la depravación de Israel, incluso la instalación de un santuario en Dan (17 y 18) y el hecho abominable de los benjamitas en Gabaa y su castigo (19–21). Se señala la descomposición política de aquel tiempo, con una frase típica: «En aquellos días no había rey en Israel; cada uno hacía lo que bien le parecía» (17.6; 18.1; 19.1; 21.25).

Autor y fecha

La frase típica que acabamos de citar, que por cierto destaca la bendición que fue el reino, es muy significativa para poder resolver el problema de la fecha en que el libro pudo haber sido escrito. La manifiesta estructura literaria del libro no conduce sino a aceptar la existencia de un solo autor, quien se sirvió de documentos y fuentes provenientes de tiempos anteriores, como se vislumbra en el canto de Débora. Es obvio que este autor no pudo haber sido contemporáneo de los jueces, porque los textos arriba mencionados señalan la prosperidad propia del tiempo de los reyes. Por otra parte, en Jueces 13.1 se establece que el tiempo total de la opresión filistea fueron cuarenta años, lo cual solamente tiene sentido después de la victoria decisiva sobre los filisteos obtenida por Samuel en Mizpa (1 S 7.13). Por consiguiente, el autor del libro debió vivir en los inicios de la monarquía en Israel, pero no después de David y Salomón (cf. Jue 1.21 con 2 S 5.6-9 y Jue 1.19 con 1 R 9.9,16) entre 1050–970 a.C. El Talmud considera a Samuel como el autor.

Marco histórico

La entrada de Israel a la tierra prometida bajo el mando de Josué no fue tanto una conquista total como una ocupación. Con el transcurso del tiempo, los israelitas tuvieron que enfrentarse a la posibilidad de caer bajo el yugo de los cananeos que no expulsaron de la tierra que Dios había dado a Israel. Israel se vio en esa situación repetidas veces durante el período de los jueces, desde cerca del 1380 al 1050 a.C.

La amenaza cananea se hacía más intensa dada la poco cohesiva organización tribal de Israel. Los israelitas eran blanco fácil de un enemigo bien organizado como los cananeos. La primera monumental tarea de los jueces que Dios levantaba como libertadores era unir a las tribus para luchar contra el enemigo común.

Aporte a la teología

Jueces señala el problema de Israel cuando no tenía rey. Pero el establecimiento de un reino no los llevó a un estado de perfección. Solo cuando David ascendió al trono pudo Israel soltarse de sus trágicos ciclos de desesperación y deterioro. David, el escogido

JUECES:
Un bosquejo para el estudio y la enseñanza

Primera parte:
La deterioración de Israel y el fracaso al conquistar completamente a Canaán (1.1—3.6)

I. Israel fracasa al no completar la conquista 1.1-36
II. El juicio de Dios por no completar la conquista . . . . 2.1—3.6

Segunda parte:
La liberación de Israel (3.7—16.31)

I. La campaña sureña 3.7-31
  A. El juez Otoniel 3.7-11
  B. El juez Aod. 3.12-30
  C. El juez Samgar 3.31
II. La campaña norteña: Los jueces Débora y Barac . . . . 4.1—5.31
  A. El llamado de Débora y Barac. 4.1-10
  B. La derrota de los cananeos. 4.11-24
  C. Canto de Débora y Barac 5.1-31
III. La campaña central. . . . . 6.1—10.5
  A. El juez Gedeón . . . . 6.1—8.32
    1. Israel peca. 6.1-10
    2. Llamado de Gedeón 6.11-40
    3. Derrota de los madianitas . . . . 7.1—8.21
    4. Gedeón juzga. 8.22-32
  B. Abimelec . . . . 8.33—9.57
  C. El juez Tola 10.1-2
  D. El juez Jair. 10.3-5
IV. La campaña oriental: El juez Jefté . . . . 10.6—12.7
  A. Israel peca 10.6-18
  B. Salvación: Jefté . . . . 11.1—12.7
V. La segunda campaña norteña. 12.8-15
  A. El juez Ibzán 12.8-10
  B. El juez Elón 12.11-12
  C. El juez Abdón 12.13-15
VI. La campaña occidental: El juez Sansón . . . . 13.1—16.31
  A. Nacimiento milagroso de Sansón 13.1-25
  B. Matrimonio pecaminoso de Sansón. 14.1-20
  C. Magistratura de Sansón 15.1-20
  D. Fracaso de Sansón 16.1-31

Tercera parte:
La depravación de Israel (17.1—21.25)

I. El fracaso de Israel mediante la idolatría . . . . 17.1—18.31
  A. Ejemplo de idolatría personal 17.1-13
  B. Ejemplo de la idolatría de las tribus. 18.1-31
II. El fracaso de Israel mediante la inmoralidad 19.1-30
  A. Ejemplo de inmoralidad personal 19.1-10
  B. Ejemplo de inmoralidad de toda una tribu 19.11-30
III. El fracaso de Israel en la guerra entre las tribus . . . . 20.1—21.25
  A. Guerra entre Israel y Benjamín 20.1-48
  B. Fracaso de Israel después de la guerra. . . 21.1-25

de Dios, fue tipo del Rey que un día llegaría: Jesucristo.

Jueces habla también de la necesidad de un libertador o salvador. La liberación que lograban aquellos jueces humanos era siempre temporal, parcial e imperfecta. El libro apunta a Jesucristo, el eterno gran Juez (Sal 110.6), Rey y Salvador de su pueblo.

Otros puntos importantes

Muchos lectores se turban al leer sobre el voto del juez Jefté. Este le prometió a Dios que si salía victorioso en batalla, le ofrecería en sacrificio al primero que saliera de su casa a recibirle. El Señor le concedió la victoria. Cuando regresaba, la hija salió a recibirlo, y Jefté se vio obligado a pagar el voto (11.29-40). Este pasaje es tan desconcertante que algunos tratan de suavizarlo diciendo que Jefté no mató a su hija, sino que la hizo permanecer virgen. Se basan en el versículo 11.39 que dice que «ella nunca conoció varón». Pero el pasaje dice bien claro que Jefté «hizo de ella conforme al voto que había hecho» (11.39).

Los sacrificios humanos nunca estuvieron permitidos en Israel. Es más, Dios los condenaba como la iniquidad de las naciones vecinas. La intención del autor de Jueces al relatar lo que hizo Jefté fue la misma que tuvo al contar los pecados terribles de Sansón. El período de los jueces fue un tiempo de tanto caos político y religioso que aun los mejores siervos de Dios hacían cosas terribles.

El canto de victoria de Débora (capítulo 5) y lo que Dios hizo con ella habla de la participación de las mujeres en la obra de Dios a través de todos los tiempos. Y nos dice que Dios merece la alabanza de su pueblo cuando este triunfa en batalla.

JUEGOS Como elemento recreativo el juego es tan antiguo como el hombre, pero la Biblia advierte del peligro de ocuparse en él mientras se descuidan otros deberes (1 Co 10.7), o cuando se lesiona con el juego mismo la dignidad humana (Jue 16.25).

Las Escrituras aplauden el juego, especialmente de los niños. Según Zac 8.5, una de las manifestaciones de la restauración de Jerusalén serían las calles llenas de muchachos y muchachas dedicados a jugar. Jeremías siente tristeza al ver cómo el castigo que vendría sobre la ciudad caería también sobre estos grupos de niños (Jer 6.11; 9.20s).

Cristo también hizo referencia al juego de los niños en las plazas públicas (Mt 11.16s; Lc 7.32). Después de la purificación del templo, un grupo de niños que posiblemente dejaron sus diversiones para acompañar al Señor, repitieron las palabras que habían escuchado a la multitud en la entrada triunfal: «¡Hosanna al Hijo de David!» Esto causó la indignación de los sacerdotes, pero el Señor defendió a los pequeños haciendo referencia al Sal 8.2 (Mt 21.15s).

JUEGOS DEPORTIVOS Los griegos y los romanos eran amantes de los deportes. Por tanto, dondequiera que se extendiera el dominio cultural de los griegos y el control político de los romanos, se levantaban → ESTADIOS y → GIMNASIOS. De ahí que los autores del Nuevo Testamento empleen figuras del mundo deportivo en sus ilustraciones, sin aprobar en absoluto los aspectos religiosos del gimnasio (cf. 1 Mac 1.15; 2 Mac 4.7-17).

El término griego *agon* se utiliza para referirse al atletismo en general. Pablo lo empleó a menudo para referirse a la vida cristiana o a un aspecto de ella. Para el apóstol el cristiano libra una lucha, combate o pelea semejante a la del atleta (Flp 1.30; Col 2.1; 1 Ts 2.2). Al menos una vez esta palabra se usa en sentido de «carrera» (Heb 12.1), pero el término corriente traducido «carrera» es *dromos* (Hch 20.24; 2 Ti 4.7). El corredor no corre a lo loco (1 Co 9.24), ni en vano (Flp 2.16), sino más bien hacia una meta (Flp 3.14). El cristiano debe hacerlo en igual forma pues su meta es Jesús, en quien debe tener fijos los ojos (Heb 12.2).

Pablo afirma que nosotros sostenemos una lucha tenaz con las fuerzas del mal, la que compara con la lucha grecorromana (*pale*, de donde se origina el vocablo *palestra*), pero nuestro adversario no es sangre ni carne sino los poderes espirituales (Ef 6.11s).

Para Pablo hay un «boxeo espiritual» (1 Co 9.26). El cristiano no golpea al aire sino su → CUERPO, pero no el cuerpo físico (Pablo no era masoquista ni → GNÓSTICO), sino el «cuerpo del pecado» (Ro 6.6) que tiene que ser destruido.

El que ganaba la carrera o la lucha recibía un premio (1 Co 9.24), una → CORONA (*stefanon*) de hojas de olivo, pino o laurel que, aunque era de alta estima, pronto se marchitaba. En cambio la corona del cristiano es incorruptible (1 Co 9.25).

Pablo comparó la disciplina necesaria para el cristiano con aquella a la que debía someterse el buen atleta (1 Co 9.25). El corredor se despojaba de todo peso que pudiera embarazarle y retardar su paso (Heb 12.1), y el atleta tenía que jugar de acuerdo con las reglas establecidas (2 Ti 2.5). Las lecciones espirituales eran obvias.

Los juegos olímpicos se realizaban en un estadio lleno de espectadores, de los cuales algunos eran ilustres. De manera similar, el corredor cristiano corre delante de muchos héroes de la fe (Heb 12.1; cf. 11.1-40). En el estadio había heraldos que llamaban a los atletas a que comparecieran en la pista o en la palestra, y los animaban en la carrera o en la lucha. El cristiano es tanto atleta como heraldo y sufre la vergüenza cuando al llegar su turno pierde la carrera después de haber alentado a otros (1 Co 9.27).

JUEZ Gobernante que en Israel administraba la justicia y tenía autoridad para condenar y castigar al malvado, así como para liberar y vindicar al oprimido.

Siguiendo el consejo de su suegro, Moisés instituyó el oficio de juez cuando ya le resultaba imposible atender todos los casos (Éx 18.13-27; Dt 1.9-18; cf. Éx 2.14). Deuteronomio insiste en que cada ciudad tenga sus propios jueces junto con algunos ayudantes (16.18; cf. Nm 11.16,17). Además,

hace hincapié en la necesidad de una → JUSTICIA estricta que rechace todo soborno y trate por igual a cada hombre (Dt 1.16,17; 16.19,20; 24.17,18; 25.13-16). Los sacerdotes, como guardianes e intérpretes de la Ley, asesoraban a los jueces en su trabajo (Dt 17.8-13).

Durante la época que siguió a la conquista de Canaán (→ JUECES, LIBRO DE LOS), y debido a la opresión que Israel sufría en manos de naciones extranjeras, Dios tuvo que levantar jueces (salvadores, libertadores, caudillos militares) para liberar al pueblo del poder de sus enemigos (Jue 2.16; 3.9,15, etc.). Algunos de estos jueces probablemente fueron puestos sobre todo el pueblo a la vez que ejercían su oficio sobre las tribus respectivas (→ CRONOLOGÍA).

Durante la época del ministerio de → SAMUEL, tuvo lugar la transición que culminó con el establecimiento de la monarquía en Israel (1 S 4.18; 7.15–8.11). El rey se convirtió en el juez supremo en esa época (2 S 15.2,3). No obstante, el oficio del juez continuó bajo los reyes (1 Cr 26.29; 2 Cr 19.5-10), y aun después del cautiverio (Esd 7.25).

En el Nuevo Testamento Jesús se llama «juez» (Jn 8.16; 2 Ti 4.1; Stg 5.9; 1 P 4.5). Pablo enseñó que los cristianos colaborarán con Cristo en el → JUICIO final (1 Co 6.2,3), y que desde ahora es su deber juzgar «las cosas de esta vida» (v. 5; cf. Mt 18.15-17).

JUICIO Ejercicio del entendimiento en virtud del cual se puede discernir la realidad, inclusive el bien y el mal, y así formar una opinión en cuanto a la naturaleza real de alguna cosa o hecho, o el verdadero carácter moral de alguna persona. Por lo general, cuando la Biblia habla de juicio, se da por sentado que el juez es Dios. El juicio de Dios es, desde luego, infalible. Él juzga al mundo en dos dimensiones, la histórica y la escatológica.

Especialmente en el Antiguo Testamento hay varias referencias al juicio de Dios sobre la humanidad en ciertas situaciones históricas. A veces Dios juzga a individuos como dán y Eva (Gn 3), y Ananías y Safira (Hch 1-11). Pero asimismo juzga a las naciones, sobre todo a Israel y las naciones circunvecinas (Os 5.1; Is 16.6,7). Destruye a los dioses falsos (Sof 2.11).

La mayor parte de la enseñanza bíblica sobre el juicio, sin embargo, se refiere al futuro, o sea a la dimensión escatológica. De la manera que está establecido para los hombres que mueran una sola vez, y después de esto el juicio» (Heb 9.27). El juicio definitivo es el del gran trono blanco (Ap 20.11), cuando todos aquellos cuyo nombre no esté escrito en el libro de la vida serán lanzados al lago de fuego (Ap 20.15). Este juicio establece la terrible y eterna diferencia entre el cielo y el infierno. Los que pasarán la eternidad en el infierno serán condenados por su propio pecado (Ro 6.23; Ap 20.12). Los que van al cielo no van por sus propias buenas obras (Ef 2.8-9), sino por su → FE en Cristo, que es la base de la → SALVACIÓN y el corazón del → EVANGELIO (Ro 3.21-24; 1 Co 5.3; 1 Jn 1.7).

De manera que el juicio de Dios se llevó a cabo sobre la cruz de Cristo. En ella Él fue hecho pecado» (2 Co 5.21). Aunque Cristo nunca pecó, el juicio de todos los pecados del mundo cayó sobre Él (Mt 27.46). Así pues, el juicio final de quienes se identifican con Cristo y tienen fe en su sangre, ya se ha verificado en el Calvario. Como consecuencia, el creyente se considera justo (Ro 5.18), y no tiene ningún temor del juicio final (Ro 8.1).

No obstante, queda todavía un juicio escatológico que se llama «el tribunal de Cristo» (2 Co 5.10). Ya no se trata de la salvación y la condenación eternas, sino de un juicio sobre la eficacia de nuestra vida como hijos de Dios en la tierra. Este juicio será de «fuego» y las obras buenas que el cristiano ha hecho perdurarán (como «oro, plata, piedras preciosas»), pero las malas perecerán (como «madera, heno, hojarasca») (1 Co 3.12-15). Con todo, «en el amor no hay temor» y tenemos «confianza en el día del juicio» (1 Jn 4.17,18).

Por haberse interpretado superficialmente el texto «No juzguéis, para que no seáis juzgados» (Mt 7.1), se ha creído que el hombre no debe juzgar. Sin embargo, la Biblia enseña que aunque el juicio del hombre es falible, es también importante y debe emplearse en muchos casos.

Por ejemplo, en el Antiguo Testamento Dios llamó a Moisés para juzgar a su pueblo (Éx 18.13), en ciertos casos el pueblo mismo tenía que juzgar (Nm 35.24), y Dios levantó jueces con el mismo fin (Jue 2.16). Asimismo, el Nuevo Testamento enseña que el juicio del creyente debe comenzar consigo mismo (1 Co 11.31). «El espiritual juzga todas las cosas» (1 Co 2.15). Cuando hay pecado en la iglesia, los miembros deben juzgarlo (1 Co 5.1-3), y cuando surgen problemas entre creyentes, los demás miembros de la iglesia deben resolverlos y no los incrédulos (1 Co 6.1-8). Para el buen orden del mundo secular, Dios ha provisto gobernantes que deben juzgar en las esferas sociales seculares (Ro 13.1-5).

JULIO (nombre latino de una famosa familia romana). Centurión de la cohorte de Augusto, a quien → FESTO confió la conducción de Pablo y otros prisioneros de Cesarea a Roma (Hch 27.3,11,31,43). Julio tuvo grandes consideraciones para Pablo: le permitió desembarcar en Sidón y visitar a sus amigos; y en Malta, a fin de salvarle la vida, se opuso a la decisión de los soldados de matar a todos los prisioneros.

Pintura representando una escena del juicio egipcio. El corazón del muerto se pesa en una balanza del más allá, mientras el dios egipcio Tot anota el veredicto.

Foto de Howard Vos

JUNCO Traducción en la RV de dos palabras hebreas.

1. *Gome'*, que es el *cyperus papyrus*, o papiro; planta de dos a tres metros de alto y diez centímetros de grueso, lisa, cilíndrica y desnuda, terminada en un penacho de espigas y flores muy pequeñas. Es planta tropical que se encuentra desde la Palestina hasta el Sudán, pero que ha desaparecido de las márgenes del Bajo Nilo, donde antiguamente abundaba. Los juncos se entretejían y se usaban para esteras, arquillas (Éx 2.3,5) y embarcaciones (Is 18.2). De la corteza interior se preparaban los rollos de → PAPIRO.

2. *'agmon*, nombre derivado de *'agam* (lago) que designa a cualquier planta acuática del género *scirpus* sin precisar la especie. Sus tallos flexibles se usan en cestería y para hacer sogas. En Job 41.2 RV se lee «soga», y en Jer 51.32 «baluarte», pero el hebreo reza «junco» en ambos textos (→ ALGA; CAÑA).

JUNIAS → ANDRÓNICO.

JÚPITER Nombre latino del Dios supremo del panteón grecorromano, llamado Zeus por los griegos. Con ocasión del proyecto de helenización que impulsó Antíoco Epífanes, el templo en Jerusalén se dedicó a Júpiter Olímpico (2 Mac 6.2). La erección de la imagen de Júpiter allí puede ser la → ABOMINACIÓN desoladora de la que habla Dn 9.27; 11.31; 12.11.

Júpiter se menciona solamente una vez en el Nuevo Testamento. Cuando Pablo y Bernabé sanaron al paralítico en Listra, la muchedumbre supersticiosa intentó rendirles culto, creyéndolos Júpiter y Mercurio (Hch 14.11-13, → HERMES). En la leyenda de Filemón y Baucis, estos dos dioses andan por la tierra disfrazados de caminantes que les brindan hospitalidad. Los habitantes de Listra no querían perderse estos favores.

En Éfeso, la gente creía que la imagen de → DIANA había venido de Júpiter (o «del cielo» según algunas versiones) (Hch 19.35).

JURAMENTO En general, es una forma d → MALDICIÓN. La persona que presta jurame to en el santuario pide a Dios que la aniquil si no dice la verdad. La fórmula: «Tan cier como que Dios vive» (1 S 20.12 heb.) supor una conclusión como esta: «Me castigarán digo una mentira». No eran palabras vana Se sabía que, una vez pronunciado el jurame to, si el que juraba lo hacía en vano se dese cadenaba sobre él un misterioso y grand poder cuya acción no podía detenerse.

La ley deuterocanónica recomienda jura por el nombre de Dios (Dt 6.13). Se tomab a Dios como testigo (Gn 21.23; 2 Co 1.23; 1.20; Flp 1.8), pero a la vez el código sace dotal condenaba los juramentos en falso (L 19.12; Mal 3.5). No eran raros los perjurio pero los condenaba severamente la Ley (É 20.7; Lv 19.12; Dt 5.11) y los profetas (E 16.59; 17.13ss). Los → ESENIOS del tiempo d Jesús condenaban como ilícito el juramento Los rabinos se preocupaban por los abuso Y los fariseos se las ingeniaron para mant ner sutilmente la validez del juramento.

Jesús declara tajantemente: «No juréis e ninguna manera ... Pero sea vuestro habla Sí, sí; no, no» (5.12). Puesto que el jurament supone mala fe en un persona o falta d confianza en ella, todo lo que se añade a un sencilla afirmación o negación, «viene d Maligno» (Mt 5.37 BJ), que es padre de l mentira y hace embustero al hombre (J 8.44). Jesús exige a sus discípulos total sir ceridad. Por eso, en una sociedad en que s obedece la voluntad de Jesús, el jurament es superfluo. No obstante, lo que Jesús exig es un fruto del Espíritu que habita por la f en los creyentes, y no algo que correspond a la realidad de la vida según la carne. L exigencia de Jesús es una norma, pero n absoluta. Hay circunstancias en que la le humana puede exigir un juramento. Jesú mismo no rehusó prestar juramento ante e sanedrín (Mt 26.63ss).

JUSTICIA Rectitud de conducta que se ajus ta a las condiciones de una relación determi nada. Así, la justicia de Dios manifiesta su fidelidad consecuente consigo mismo y con su pacto.

Según Dt 34.2, Dios es justo (*tsaddiq*) y recto (*yashar*); todos sus caminos son justos (*mishpat*), y no hay iniquidad en Él. Es la Roca (Dt 32.4; Sal 92.12-15), y «la justicia (*tsedeq*) y el derecho (*mishpat*) son la base de su trono» (Sal 97.2; cf. 36.5s; 71.16s; 89.14). Dios es el autor de toda justicia; es quien autoriza al rey (Sal 72.1-4) y al juez (Sal 82).

Nótese que en el Antiguo Testamento la justicia de Dios se asocia constantemente con su obra salvadora y con su amparo de los pobres, los huérfanos, las viudas y los forasteros (Sal 10.12-18; 31.1s; 36.5-7; 140.12s; 146.7-10; Is 1.17; Jer 22.16; cf. Lc 1.46-56). Tanto el rey como el juez están llamados a rescatar al oprimido y «aplastar al opresor» (Sal 72.1-4; 82.1-18). Por eso *tsedeq* (*tsedeqah*) también puede traducirse por «los triunfos de Jehová» (Jue 5.11; cf. Sal 48.10; Is 45.24), «salvación» (Is 54.17) o «hechos de salvación» (1 S 12.7-12), y aparece a menudo en paralelismo con la palabra «salvación» (Sal 40.10; 51.14; 65.5; cf. 22.31; 71.24; Is 46.12s; 51.5-8; 61.10; 62.1), con «vindicación» (Jer 11.20), con «bondad y misericordia» (Sal 145.7; Os 2.19) y con los «hechos poderosos» y «estupendos» de Dios (Sal 145.4-7). «Y no hay más que yo; Dios justo y Salvador» (Is 45.21).

En el Antiguo Testamento la justicia suele tomar una expresión social, como indican los textos citados. Gran parte de la legislación del Pentateuco se dedica a la justicia social, hasta en los detalles más mínimos de la vida económica, política, militar y judicial. Los profetas, especialmente, condenan la flagrante injusticia social de su tiempo, tanto en Israel como en las naciones vecinas (por ejemplo, Am 1 y 2). Llaman al pueblo al arrepentimiento y a la restauración de la justicia para que «corra el juicio como las aguas, y la justicia como impetuoso arroyo» (Am 5.24; Miq 6.8). Reprueban especialmente la hipocresía que racionaliza la injusticia con una piedad ceremonial.

Jehová es el juez de toda la tierra (Sal 9.4,8; 50.6; 96.13; 98.4; Jer 11.20). Cuando los hombres y los pueblos infringen las condiciones del pacto y de su relación con Dios, la justicia de Dios los condena y castiga. El «Dios de las venganzas» (Sal 94.1), aunque «perdona la iniquidad, la rebelión y el pecado», no tiene «por inocente al malvado» (Éx 34.7), sino juzga a sus siervos, condena al impío y justifica al justo para darle conforme a su justicia (1 R 8.31s; cf. Jer 50.15; 51.56; Am 1 y 2).

El Antiguo Testamento afirma que ningún nombre es justo ante Dios (Job 25.4; Sal 143.2; Is 57.12; 64.6), pero en algunos pasajes se vislumbra aquella justicia imputada por Dios en virtud de la fe, justicia que habría de revelarse plenamente en el Nuevo Testamento (→ JUSTIFICACIÓN).

Entre los muchos sentidos que tiene «justo» en el Antiguo Testamento figuran:

1. La perfección de Dios en virtud de la cual Él es fiel a sí mismo y a su pacto (Jn 17.25; Ro 3.26), especialmente como juez (2 Ti 4.8; Ap 16.5) sobre los hombres y las naciones.

2. El término «justo» tiene un sentido mesiánico y escatológico. En algunos pasajes rabínicos y apocalípticos se describe al Mesías como «el Justo» o «el Mesías, nuestra Justicia»; cf. Jer 23.5s; 33.15; Zac 9.9. A Cristo se le llama «el justo» en Hch 3.14; 7.52; 22.14 y el reino escatológico se describe frecuentemente como «justicia» (véase abajo). De igual manera, a los redimidos del reino escatológico, que constituyen el pueblo del Mesías, también se les llama «los justos» (Mt 10.41; 13.43,49; Heb 12.23; 1 P 4.18).

3. A veces «justicia» significa misericordia, generosidad (2 Co 9.9s) o limosna (Mt 6.1; 23.23; el uso más común de *tsedaqah* entre los rabinos). En algunos pasajes se emplea el término en su sentido más helenístico de virtud moral («honorable», «respetable»; cf. Flp 4.8; 1 Ti 1.9s; «inocente» en Mt 27.19,24) o «meritorio» ante los hombres o ante Dios (Lc 1.6; Ro 2.13; «no hay justo», 3.10). En otros pasajes, se alude a la seudojusticia de los fariseos (Mt 9.13; 23.28; Lc 20.20).

J

4. Generalmente en el Nuevo Testamento la justicia no se concibe como la virtud abstracta del pensamiento griego, sino como una relación personal con Dios, como en el Antiguo Testamento (el «justo» es aquel a quien el rey acepta), e implica fidelidad (Ro 5.1s; 8.1-4; 9.30–10.5; 1 Jn 3.6-10). Este parece ser el sentido de la frecuente asociación entre el «reino de Dios» y «su justicia» (Mt 5.6,10; 6.33; 13.43; Ro 14.17; 1 Co 6.9; cf. «camino de justicia», Mt 21.32; 2 P 2.21). En muchos pasajes esta justicia equivale al nuevo modo de vivir que nace de la fe en Cristo (Stg 3.18; 1 P 2.24; 1 Jn 2.29), esta «vida cristiana», es verdadera justicia.

5. En muchos pasajes, los mismos términos griegos significan justificación vicaria (Gl 2.21; Flp 4.8; Ro 6.6).

JUSTIFICACIÓN Acto soberano de Dios por el que, por pura gracia y a base de su pacto, declara aceptos ante Él a quienes creen en su Hijo (Ro 4.2-5).

En el Antiguo Testamento

La palabra hebreo *tsadaq* (aparte de algunas pocas veces en que significa «ser → JUSTO» [Gn 38.26; Job 4.17, etc.]) significa comúnmente «declarar (o pronunciar) justo». A veces el contexto es jurídico o forense (hallar inocente, declarar justo), y a veces es personal (declararle a uno aprobado y aceptado ante el soberano). Normalmente se refiere al veredicto del → JUEZ, quien decide pleitos (Dt 25.1; 2 S 15.4), defiende al pobre (Sal 82.3; pero cf. Lv 19.15), vindica al inocente y condena al culpable (1 R 8.32; Pr 17.15).

Por lo general, la expresión «declarar justo» se usa en voz pasiva: en el sentido más profundo y teológico; el hombre es justificado por Dios (cf. Is 45.25; 53.11). El Antiguo Testamento desaprueba la soberbia de los que pretenden «justificarse» a sí mismos (Job 9.20; 32.2; cf. Is 43.9,26). Dios, el juez justo por excelencia, «no justificará al impío» (Éx 23.7) ni «de ningún modo absolverá al culpable» (Éx 34.7; cf. Nm 14.18s; Dt 25.1). «El que justifica al impío [pero cf. Ro 4.5] y el

que condena al justo, ambos son igualmente abominación» (Pr 17.15). Medido con la norma de la perfecta justicia de Dios, según el Antiguo Testamento, nadie es justo (Sal 143.2; Is 57.12; 64.6).

Sin embargo, en el Antiguo Testamento la → JUSTICIA de Dios es un concepto característicamente salvífico. Los mismos pasajes, que afirman la inviolable justicia de Dios, proclaman también muchas veces su → MISERICORDIA perdonadora (Éx 34.6-9; Nm 14.18s; Dt 7.9; 32.35s). En algunos pasajes, el → PERDÓN divino se describe en términos que anticipan el concepto novotestamentario de la justificación. Abraham creyó la promesa de gracia divina, y Dios se lo contó por justicia (Gn 15.6; cf. Dt 24.13). Ante la frecuente pregunta: «¿qué necesita un hombre para ser aceptado ante Dios?» (por ejemplo, Ez 18.5-9), el autor bíblico responde en efecto: la fe. Siglos después, Pablo vería en Gn 15.6 un testimonio de la justificación por la fe, como también en Gn 12.1ss (Gl 3.8,16) y Gn 17.5-10 (Ro 4.9-18; Gl 3.16), y aun interpretaría la circuncisión como «sello de la justicia de la fe que (Abraham) tuvo estando aún incircunciso» (Ro 4.11).

También algunos salmos anticipan el concepto novotestamentario de la justificación. Según Sal 32.1s, perdonar equivale a no imputar el pecado (cf. Is 50.8; Ro 8.33s), en Sal 130.3s, y 7s se reconoce que nadie puede «mantenerse» como justo ante Dios, pero a la vez afirma su «abundante redención» y «perdón de todos los pecados» (cf. Sal 24.5; 51.1-6).

En los libros proféticos la doctrina de la justificación se desarrolla aun más; sobre todo en Is 40–66. El → SIERVO sufriente, como abogado defensor (cf. Is 50.8; Ro 8.33s), «por su conocimiento justificará a muchos, y llevará las iniquidades de ellos» (53.11). La justificación de Israel vendría de Dios (Is 45.21-25; 54.17; cf. 1.18), quien los vestirá de justicia (Is 61.10). Según Jeremías, Jerusalén volvería a ser morada de justicia (Jer 31.23) y se llamará «Jehová, justicia nuestra» (Jer 23.6; 33.16). Se anuncia al Mesías como «el Justo», y a los suyos como «los justos» con la justicia escatológica del reino venidero (*Odas de Salomón* 25.10; *2 Esdras* 8.36).

Según Hab 2.4, «el justo, por su fidelidad vivirá» (BJ). Y el contexto parece señalar que el justo Judá escapará al fin de la muerte, mientras los caldeos perecerán (Hab 1.5-17). La LXX, cuya versión cita el Nuevo Testamento, lo modifica: «Mas mi justo-por-fe vivirá», con lo cual recalca la fe del justo. Más tarde Pablo aplica el texto, entendido a la luz de la LXX y de Qumrán, a la fe personal en Cristo (Ro 1.17; Gl 3.11), mientras Heb 10.38 lo aplica a la paciencia de los santos en medio de la tribulación.

En los Evangelios y Hechos

El verbo «justificar» (*dikaióo*) aparece en varios contextos:

1. Los judíos «justificaban a Dios» cuando Juan los bautizaba (Lc 7.29). Con el mismo sentido de «vindicación», se dice que «la sabiduría es justificada por todos sus hijos» (Mt 11.19; Lc 7.35).

2. Los hombres pretenden autojustificarse por sus méritos propios, pero apelan a pretextos evasivos (Lc 10.29) o a la hipocresía (Lc 16.15).

3. En el juicio final, los hombres serán justificados o condenados por sus palabras (Mt 12.37). Este sentido jurídico-escatológico del término es el antecedente del pensamiento paulino (aunque Pablo hace hincapié en que este juicio y esta justificación se realizan ahora mismo, y por fe, Ro 3.21-26). Aunque los Evangelios no usan el sustantivo → «JUSTICIA» en el sentido paulino forense de la justificación, sí ven «la justicia» como un don de Dios (Mt 5.6,10) y la refieren a la vida del Reino de Dios, traído por Jesús (Mt 6.33).

Además, en dos pasajes Lucas emplea el verbo «justificar» en el sentido paulino. El publicano penitente, en contraste con el fariseo que confiaba en su propia justicia, «descendió a su casa justificado» (Lc 18.14). Este mismo sentido aparece en Hch 13.38s en un sermón de Pablo; el perdón de pecados mediante Jesús significa que «en Él es justificado aquel que cree».

En Pablo

El concepto de la justificación se elabora y profundiza, especialmente en Romanos y Gálatas, y llega a ser el meollo de la soteriología paulina. La justicia de Dios es «de la fe» (Ro 4.11,13; cf. Gl 2.16; 3.8), «la justicia de Dios por medio de la fe en Jesucristo» (Ro 3.22; Flp 3.9). Pablo contrasta constantemente esta justificación evangélica con «la justicia por las obras de la ley» (Ro 9.31s; cf. 10.5) y con «mi propia justicia» (Ro 10.3; Flp 3.9).

El principio de la justicia legal es «haced esto, y viviréis» (Ro 10.5; Gl 3.10-12); el principio de la justificación evangélica es «creed, confesad, y seréis salvos» (Ro 10.9s; Gl 3.6-9).

En su misión a los gentiles y su polémica contra el legalismo judaizante, Pablo proclama que el creyente recibe la justificación de Dios gratuitamente y ahora, puesto que es impartida por Dios en Cristo y recibida por la → FE (Ro 5.1,17). Según Ro 3.21-31, no depende de las buenas → OBRAS, ni de nuestra obediencia a la → LEY (en particular, a la demanda de la → CIRCUNCISIÓN); depende más bien de la → GRACIA divina para evitar toda jactancia humana. Lejos de fluir de algún merecimiento humano (Ro 4.4s; Flp 3.9), la salvación es de pura gracia, y no puede derivarse de una mezcla de gracia y obras (Ro 3.28; 11.6; Gl 2.14-21; 5.4; → CONCILIO DE JERUSALÉN).

Pablo expresa esta verdad quizás en los términos más drásticos en Ro 4.2-7: «al que no obra, sino cree en aquel que justifica al impío, la fe le es contada por justicia». En un nivel literal, esta atrevida expresión contradice textualmente las muchas expresiones veterotestamentarias de que Dios no justificará nunca al impío (Éx 23.7; Dt 25.1; Is 5.23). Pero en un nivel mucho más profundo esto corresponde rotundamente a la realidad veterotestamentaria (Dt 7.7s; 9.6; 26.5; Jos 24.2; cf. Gn 18.23). Aunque la expresión también chocara con la piedad judía del tiempo de Pablo, sigue con toda fidelidad el ejemplo y el espíritu de Jesús, quien vino a llamar a pecadores, comía con publicanos, los declaraba justificados y «murió por los impíos» (Ro 5.6; cf. 1.18).

La frase, quizás con cierta paradoja intencionalmente chocante, subraya el carácter netamente gratuito de la justificación y también su carácter vicario; al impío le es atribuida la «justicia ajena» de Cristo (2 Co 5.21). Sin embargo, la justificación no consiste en que Dios haga piadosos a los impíos y luego los acepte («justificación analítica»), sino en que declara «aceptos» ante Él a los impíos e injustos, por la justicia imputada e impartida de Cristo, y así comienza a transformar toda la vida. La justificación nunca debe confundirse con la → SANTIFICACIÓN ni divorciarse de ella.

La fe y la imputación

Si la gracia de Dios es la fuente de la justificación, la fe es el medio que Dios usa para impartirla (Ro 4.16 BJ; Ef 2.8-10), en radical antítesis con las obras de la Ley o los méritos de la justicia propia. En el evangelio, potencia de Dios para todo aquel que cree, «la justicia de Dios se revela por fe y para fe» (Ro 1.17). Esta fe se describe como creer en Jesucristo (Ro 3.22,26) y confesarlo como Señor (Ro 10.9s); es «someterse a la justicia de Dios» (Ro 10.3). Esta clase de fe viva actúa por el → AMOR (Gl 5.6; 1 Ts 1.3) y, como la de Abraham, fructifica en «la obediencia a la fe» (Ro 1.5; cf. 6.17). La fe une al creyente con Cristo (Ef 3.17) mediante el Espíritu Santo (Gl 3.1-5) y le conduce a una nueva esfera (Ro 5.21).

Para Pablo, Abraham es el prototipo incontrovertible de la justificación por la fe (Ro 4.3-11,22s; Gl 3.6), pero su fe no tiene el carácter de una obra meritoria en sí misma, como creían muchos rabinos. Contra la interpretación judaica de Gn 15.6 como «imputación por deuda» (Ro 4.4, donde esta expresión refleja tal interpretación, en el sentido helenístico de inscribir en el cielo los logros y virtudes de Abraham) Pablo insiste en el sentido original del texto como una imputación por gracia.

Por medio de diversos verbos, Pablo muestra una elaborada teología de la imputación. Aunque «donde no hay ley, no se inculpa (cf. Flp 18) de pecado» (Ro 5.13; cf. 4.15); sin embargo, la muerte reinó desde → ADÁN hasta Moisés (Ro 5.14) porque «por la transgresión de uno vino la condenación a todos los hombres» (Ro 5.18) y «por la desobediencia de un hombre los muchos fueron constituidos pecadores» (Ro 5.19s). Por tanto Cristo, nuestro representante, ha asumido la maldición del pecado por nosotros (2 Co 5.21; Gl 3.13); es decir, Dios identificó jurídicamente a Jesús con el pecado. Dicho con otras palabras, «Dios estaba en Cristo, reconciliando consigo al mundo, no imputándoles (cf. Hch 7.60; Ro 3.25) a los hombres de sus pecados» (2 Co 5.19). Cristo «nos es hecho ... justificación» (1 Co 1.30), «para que fuésemos hechos justicia de Dios en Él» (2 Co 5.21). Así que a nosotros también «la fe nos es contada por justicia» (Ro 4.24s), y recibimos «la justicia que es por la fe de Cristo, la justicia que es de Dios por la fe» (Flp 3.9).

Cabe aclarar en cuanto a la «imputación» que esta no es una simple transacción extrínseca, y que precisamente ese concepto de «contabilidad celestial» es el que Pablo rechaza en Ro 4.3-5. Quizás por eso Pablo no dice que la idéntica justicia de Cristo se pone a nuestra cuenta, sino más bien que Dios nos imparte «la justicia que es por la fe de Cristo», cuando el contraste lógico a «mi propia justicia» hubiera sido «la justicia de Cristo». Identificados vitalmente con Cristo, nos sujetamos a la justicia de Dios, de modo que «Cristo nos ha sido hecho por Dios sabiduría, justificación, santificación y redención» (1 Co 1.30; cf. 6.11).

El sacrificio de Jesús

Todo pensamiento de Pablo gira en torno a «Jesucristo, y a este crucificado» (1 Co 2.2), y esta perspectiva transforma también su visión de la justificación. La obra vicaria de Jesús es la base indispensable de la salvación, pues estamos «justificados en su sangre» (Ro 3.24ss; 5.9). Como Segundo Adán,

Él ha realizado el acto de obediencia (Ro 5.19) y justicia (Ro 5.18) que constituye nuestra justificación. Hecho maldición por nosotros en la cruz, nos ha justificado y en esa forma la bendición abrahámica de Gn 12.3 se ha cumplido y extendido a los gentiles (Gl 3.14).

El lenguaje acerca de la cruz en Ro 3.24ss es sacrificial y tiene por antecedente la liturgia del → Día de la Expiación según Lv 16, con su triple confesión de pecado (cf. Ro 3.23) y el derramamiento de sangre sobre el propiciatorio. Este era a la vez lugar de expiación y de revelación de Dios (Éx 25.22). De igual manera, ahora la persona de Cristo en su muerte es el lugar donde el juicio de Dios se ejecuta expiatoriamente y donde a la vez se manifiesta la justicia de Dios. La tensión mencionada en Ro 3.26 entre la justicia de Dios y la justificación del pecador, reconciliadas ambas en el sacrificio de Cristo, se describe en dos fases histórico-salvíficas: (1) Dios «pasó por alto en su paciencia los pecados pasados» en la época del Antiguo Testamento, pero solo con miras a (2) «manifestar en este tiempo su justicia», ahora, en el tiempo de cumplimiento.

Pablo recalca también la relación entre la → resurrección de Cristo y nuestra justificación. La resurrección señala contundentemente la eficacia redentora del sacrificio de Cristo aceptado y sellado por el Padre, y confirma también su triunfo cabal sobre el poder del → pecado (1 Co 15.17). «¿Quién nos puede acusar?», pregunta Pablo (Ro 8.33s), puesto que Dios es nuestro abogado defensor (cf. Is 50.8) y, puesto que el único juez es el mismo que habiendo muerto por nosotros, resucitó triunfante e intercede por nosotros a la diestra del Padre (cf. Ro 6.4ss) en la semejanza de su resurrección, de modo que la justicia de la Ley se cumple ahora en nosotros los que andamos conforme al Espíritu del que levantó a Cristo de los muertos (Ro 8.1-11).

Fe y justificación en Santiago

La Epístola de → Santiago llama a una vida de «fe en acción» «sin acepción de personas» (2.1) y fructífera en amor (2.8) y obras (2.14-26). Desde esta perspectiva, el autor discute la justificación y la fe en términos que a primera vista parecen incompatibles con todo lo que para Pablo era el evangelio. En cuanto a provecho o utilidad, Santiago cuestiona el que la fe pueda salvar (2.14). Concluye que la fe sin obras es muerta (2.17,26) y estéril (2.20); la fe coactúa en las obras que de ella nacen, y llega a su plenitud en ellas (2.22). Santiago aun afirma tres veces que el hombre es justificado por las obras y no solo por la fe (2.21,24,25). Apoya su conclusión en tres argumentos:

1. Un argumento práctico basado en la futilidad de una caridad puramente verbal, sin expresión tangible (2.14-17).

2. Un argumento teológico que insinúa lo demoníaco de una abstracta ortodoxia monoteísta, aunque sea adherencia teórico-verbal al credo más indispensable, el *shemá* (2.18s; → judaísmo).

3. Un argumento histórico, basado en Abraham y Rahab (2.20-26).

Es evidente que Santiago vive una situación distinta a la de Pablo y que ataca a un error diferente. Santiago no conoce la antítesis paulina de gracia y ley, fe y obras, sino se enfrenta a una religiosidad teórica, e insiste en la unidad integral de fe y acción (1.18,22). Curiosamente, apoya su conclusión respecto a Abraham en el mismo texto que cita Pablo (Gn 15.6), pero lo transfiere de su contexto original del nacimiento de Isaac al momento posterior cuando la fe de Abraham «se perfeccionó» con el sacrificio del hijo prometido (Gn 22). Pablo, en cambio, coloca la justificación de Abraham por fe en su contexto original, en donde se acentúa precisamente la importancia y la pasividad de Abraham (Ro 4.16-22), e insiste en que la promesa vino mucho antes del nacimiento y la circuncisión de Isaac (Ro 4.9-12). Además, aunque ambos autores citan Gn 15.6, Santiago no parece descubrir en esas palabras ningún concepto de imputación vicaria por representación. En general, Santiago no elabora una soteriología de la justificación en este pasaje, sino más bien una ética de la fe puesta en acción. Sin embargo, todo su pensamiento, igual que el de Pablo, está totalmente ajeno al consejo de mérito y «justicia propia» del legalismo judío.

Algunos han pretendido ver en Santiago una polémica contra Pablo, o contra un «paulinismo distorsionado», pero otros, creyendo que Santiago se escribió antes de Gálatas y Romanos, han sospechado que en algunos pasajes de estas otras dos epístolas Pablo corrige tácitamente a Santiago. Es más probable que los dos autores hayan escrito de manera independiente bajo circunstancias muy diversas, contra el antecedente común del judaísmo.

Con toda su diversidad de énfasis, Santiago y Pablo convergen en lo esencial como dos testigos de un mismo mensaje. Gran parte de la discrepancia es más bien semántica. Pablo también nos insta a ser hacedores y no solo oidores de la Ley (Ro 2.13), señala que hemos sido llamados a buenas obras (Ef 2.10, y otras quince veces), y entiende «la fe que obra por el amor» (Gl 5.6) como muestra de obediencia al evangelio (Ro 1.5). De ninguna manera sirve la gracia como licencia al pecado (Ro 6.1,12,15-22). Tito 1.6 y 3.7-9, en el mismo espíritu de Stg 2.18s, rechazan la profesión vacía, sin los hechos correspondientes, como abominación. Así pues, la fe por la que según Pablo el hombre es justificado, es también la fe que se realiza en acción, según Stg 2.22. Y las obras que rechaza Pablo por insuficientes son «las obras de la ley», mientras que las obras, que Santiago afirma son indispensables para que el hombre pueda ser justificado, son de hecho «las obras de fe», en las que también insiste Pablo.

Bibliografía:

P. Van Inschoot, *Teología del Antiguo Testamento*, Fax, Madrid, 1969, pp. 108-117, 701-709, 722-733. G. Von Rad, *Teología del Antiguo Testamento* I, Sígueme, Salamanca, 1972, pp. 453-489. Fries (ed.), *Conceptos fundamentales de la teología* II, Cristiandad, Madrid, 66, pp. 463-475. *DTB*, col. 557-566. M. Meinertz, *Teología del Nuevo Testamento*, Fax, Madrid, 1966, pp. 262ss, 393-411. J.M. Bover, *Teología de San Pablo*, B.A.C., Madrid, 1961, pp. 74-133, 642-758. J. Jeremías, *El mensaje central del Nuevo Testamento*, Sígueme, Salamanca, 1966, pp. 61-82.

JUDIT Una de las dos esposas heteas de Esaú (Gn 24.34). Aunque fue hetea, su nombre es puramente hebreo, el femenino de Judá.

JUDIT, LIBRO DE → APÓCRIFOS DEL ANTIGUO TESTAMENTO, LIBROS.

JUSTO Adjetivo aplicado al que practica la → JUSTICIA (Gn 6.9; 1 S 24.17; Mc 6.20; Lc 23.47,50; Tit 1.8). A menudo se emplea como sustantivo (Gn 18.23; Sal 1.6; Hch 3.14; Ro 3.10). Entre los romanos se usaba como nombre propio, y era común tanto entre judíos como prosélitos.

1. Sobrenombre de José Barsabás, uno de los candidatos para llenar la vacante de Judas en el apostolado (Hch 1.23).

2. Varón «temeroso de Dios» (→ PROSÉLITO) de Corinto que facilitó su casa a Pablo para la predicación del evangelio (Hch 18.7). Según algunos manuscritos, llevaba también el nombre de Ticio, lo que indicaría que era romano; otros manuscritos rezan «Tito Justo».

3. Sobrenombre de un tal Jesús, colaborador judío de Pablo, que mandó saludos a los colosenses (Col 4.11).

JUTA Ciudad en Judá, reservada para los levitas (Jos 15.55; 21.16). Hoy existe 8 km al sur de Hebrón un pueblo con el nombre de Yuttá.

En el original griego de Lc 1.39, la falta del artículo antes de «Judá» ha provocado conjeturar que el versículo debiera decir: «María fue de prisa ... a la ciudad de Juta». En este caso Juta sería la ciudad natal del Bautista.

KEILA Ciudad amurallada de Judá, ubicada en la → Sefela e identificada hoy con Khirbet Quila, a 14 km al nordeste de Hebrón. David la defendió contra el ataque de los filisteos y «les causó una gran derrota» (1 S 23.5).

El rey Saúl se enteró de lo sucedido en Keila mientras perseguía a David, y se encaminó hacia allá a fin de arrestarlo. Dios le reveló a David que la gratitud de la ciudad no bastaría para protegerlo de su perseguidor y, por tanto, este huyó de allí al desierto de → Zif (1 S 23.13,14).

A Keila la habitaron después del cautiverio (Neh 3.17,18). Algunos han alegado que aquí sepultaron a Habacuc.

KELAÍA Levita que se divorció de su esposa pagana después de la cautividad (Esd 10.23). Llamado Kelita en Esd 10.23.

KEMUEL (*ayudador de Dios*). Nombre de tres hombres en el Antiguo Testamento.

1. Hijo de Nacor y padre de Aram (Gn 22.21). Tío de Labán y Rebeca.

2. Príncipe de la tribu de Efraín (Nm 34.24).

3. Levita padre de Hasabías (1 Cr 27.17).

KENOSIS (*vaciamiento*). Término teológico usado en relación a la naturaleza dual de Jesucristo de totalmente humano y totalmente divino. La palabra procede de un verbo griego que denota el acto en que Cristo «se despojó a sí mismo» para tomar forma de siervo en su encarnación (Flp 2.7).

Durante años, los teólogos han tenido grandes problemas para explicar este misterio. La Biblia enseña que nuestro Salvador fue todo divino y todo humano en su vida terrenal. Sin embargo, en ninguna parte las Escrituras explican cómo coexistían las dos naturalezas en Jesús. En el siglo dieciocho, basándose en Filipenses 2.7, ciertos eruditos formularon la teoría de la kenosis, en la que afirmaron que cuando el Hijo de Dios se humanó, apartó (o «se despojó a sí mismo» de) ciertos atributos divinos. Por lo general, tales puntos de vistas se reducen a la declaración de que cuando Él se convirtió en hombre, Jesús dejó de ser Dios, o que Él primero fue Dios, luego hombre y finalmente volvió a ser Dios después de su resurrección.

Los eruditos bíblicos ortodoxos rechazan esas teorías de la → Encarnación de Jesús. Gramaticalmente, dicen, Pablo explicó el «vaciamiento» de Jesús en la siguiente oración: «Tomando forma de siervo, hecho semejante a los hombres». Pablo no dice que Jesús dejó de ser Dios ni que renunció a algún atributo divino. Si bien Juan 17.5 da muestras de que la gloria de Jesús como Hijo eterno de Dios se veló durante su encarnación (Éx 33.18,20; 1 Ti 6.16), la frase *se despojó a sí mismo* pudiera tomarse en sentido figurado como una referencia a la humildad y buena voluntad suya a ser parte «de carne y sangre» (Heb 2.14). Aunque no dejó de ser el Hijo de Dios, Cristo también se convirtió en el Siervo de Dios.

KEREN-HAPUC La menor de las tres hijas de Job, al parecer nacida después de su restauración a la prosperidad y salud (Job 42.14). (→ Jemima.)

KHIRBET Vocablo árabe que significa «ruina» o «lugar asolado». Se usa a menudo en los nombres toponímicos de ruinas en el Cercano Oriente, por ejemplo, Khirbet-Qumrán, «la ruina de Qumrán».

KIBROT-HATAAVA (*tumbas de la codicia*). Sitio desconocido, situado a un día del desierto de Sinaí (Nm 33.16). Aquí los israelitas provocaron la ira de Jehová (Dt 9.22) y «vino sobre ellos el furor de Dios» (cf. Sal 78.31). Se acordaron de la alimentación de Egipto y se sintieron hastiados del maná (Nm 11.5,6). Jehová les envió codornices, pero la codicia del pueblo fue tal que comieron desmedidamente. Jehová mandó una plaga que causó tantos muertos que al lugar lo llamaron Kibrot-Hataava (Nm 11.31-34).

KIBSAIM Ciudad de Efraín asignada a los levitas de los hijos de Coat y convertida en una de las → ciudades de refugio (Jos 21.22).

KIR Nombre de dos localidades en el Antiguo Testamento.

1. Ciudad moabita, mencionada junto con Ar en la profecía de Isaías contra Moab (Is 15.1). Kir parece ser la misma ciudad de Kir-hareset (16.11), antigua capital de Moab, a unos 25 km al sur del río Arnón y 15 al este del mar Muerto. Probablemente el rey moabita Mesa había levantado en Kir un centro de culto al dios Quemos.

2. Ciudad asiria, en Mesopotamia, que servía como un centro para los asirios deportados (2 R 16.9; Am 1.5). Aproximadamente por el tiempo en que los israelitas salían de Egipto, también salían de Kir algunas tribus arameas según Am 9.7. Este versículo parece ser estrofa de una canción o fragmento de una leyenda acerca del éxodo de Kir a Damasco, muy parecido al de Israel de Egipto. El profeta lo menciona para ilustrar el horror de los hebreos a un nuevo cautiverio en Egipto.

Otra ciudad de nombre Kir se menciona también en Is 22.6, pero junto con Elam. Se desconoce su ubicación exacta.

LAADÁN Nombre de dos hombres en el Antiguo Testamento.

1. Descendiente de Efraín y antecesor de Josué (1 Cr 7.26).

2. Levita de la familia de Gersón (1 Cr 23.7-9), también llamado *Libni* (Éx 6.17; 1 Cr 6.17).

LABÁN Nombre de un hombre y un lugar en el Antiguo Testamento.

1. Hijo de Betuel (hijo de Nacor, el hermano de Abraham) y hermano de → Rebeca, la esposa de Isaac. Recibió al siervo de Abraham, le brindó su hogar y accedió a la petición respecto al matrimonio de su hermana Rebeca con Isaac (Gn 24.29-51).

Años más tarde, Labán recibió también a → Jacob, hijo de Rebeca (Gn 29.13,14). Le dio posada y trabajo y, valiéndose de un engaño explicable dentro de las normas tribales de su tiempo, también le cedió sus dos hijas (Gn 29.19-30). Dios prosperaba y enriquecía a Jacob, pero esto provocó la envidia en el corazón de Labán y la amistad desapareció entre ambos. Dios, entonces, ordenó a Jacob salir y volver a la tierra de su nacimiento (Gn 31.13). Labán lo persiguió pero, debido a la amonestación de Dios, no le hizo daño alguno (Gn 31.24,29).

Parece que Labán reconocía a Jehová, pero no como Dios suyo (Gn 31.29), antes bien era idólatra (Gn 31.30).

2. Lugar en la península de Sinaí (Dt 1.1).

LABIOS Término que en hebreo se usa figuradamente para referirse a la orilla o borde del mar o del río (Gn 22.17; 41.3; Heb 11.12).

De acuerdo con el modo de pensar hebreo los órganos humanos sienten y actúan por sí mismos. Los labios hablan y se regocijan (Job 27.4; Sal 71.23). Conservan el conocimiento y ofrecen alabanzas (Sal 63.3; Pr 5.2). En Pr 16.23 los labios se encuentran en íntima relación con el → corazón.

LADRILLO Material de construcción muy antiguo. Hasta donde sabemos, se utilizaba en Babilonia, Asiria, Egipto y Palestina. Se fabricaba con barro pisado (Nah 3.14). En su producción también se empleaba la paja y el rastrojo (Éx 5.10-19). Se le llama ladrillo cuando está cocido al horno (Gn 11.3), pero adobe cuando solamente se seca al sol (Ez 4.1).

En los tiempos bíblicos el ladrillo se utilizó en la construcción de la torre de → Babel (Gn 11.3), de ciudades (Éx 5.8,14; 2 S 12.26-31), altares (Is 65.3), pisos (Jer 43.9) y como material de escritura y dibujo (Ez 4.1). A pesar de que los constructores de la torre de Babel lo utilizaron por ser material resistente, con el correr del tiempo se sustituyó por otros materiales de mayor duración como la cantería (Is 9.10).

LADRÓN Persona que mediante la violencia, la astucia o el engaño se adueña de los

Foto de Gustav Jeeninga

Un ladrillo de la antigua Babilonia con el nombre impreso del rey Nabucodonosor.

bienes de otro. En Palestina, y en general en todo el ambiente bíblico, el ladrón se consideraba un grave pecador (Éx 20.15; Lv 19.11; Dt 5.19; → ROBO). Moralmente, ni el hecho de robar por necesidad le eximía de culpa (Pr 6.30). Jeremías considera el robo tan vil como el asesinato, el adulterio o la blasfemia (7.9).

El Nuevo Testamento confirma las prohibiciones del Antiguo Testamento y desprecia igualmente al ladrón (Mc 10.19; Lc 18.20; Ro 13.9; 1 Co 6.10; Ef 4.28; 1 P 4.15). Sin embargo, la figura del ladrón adquiere notables matices metafóricos. Se dice que el Hijo del Hombre (Mt 24.43s), el día del Señor (1 Ts 5.2,4) y el Señor (2 P 3.10; Ap 3.3; 16.15) vendrán como ladrón en la noche.

Pilato comparó a Jesús con un ladrón (Mt 27.17). A Jesús lo crucificaron entre dos ladrones, cumpliendo una profecía (Mc 15.27; cf. Is 53.12), y de ellos uno se arrepintió (Lc 23.39-43).

LAGAR Traducción de *gat*, palabra hebrea que técnicamente describe la parte superior de la plataforma donde se pisan las uvas con los pies descalzos (Is 63.1-3; Jue 6.11). *Yekeb* (Nm 18.27) era la parte inferior en donde caía el zumo exprimido, pero también se traduce por «lagar». A veces el jugo se colocaba o filtraba a través de tres o cuatro lagares antes de almacenarlo en cántaros.

Los lagares se construían en la falda de algún cerro, o se excavaban en la roca (Is 5.2). También se construían en la tierra usando una mezcla semejante al cemento. Variaban de tamaño, pero siempre era más grande la parte superior. Eran cuadrados o circulares y de 40 a 60 cm de profundidad. Un tubo o canal unía las dos partes, y por él pasaba el zumo. A veces se obtenía la primera fermentación en la parte inferior, y después guardaban el mosto en cántaros (Hag 2.16).

La vendimia siempre era época de regocijo. Cuando las uvas estaban maduras los hombres dejaban sus casas y vivían en tiendas y chozas entre las viñas para poder trabajar sin interrupción. Solían gritar y cantar mientras pisaban las uvas en los lagares (Is 6.10;

Jer 25.30; 48.33). Se manchaban la ropa y la piel pisando el lagar (Is 63.1-3; cf. Ap 19.13-15). Probablemente Isaías 27.2 y 65.8 sean trozos de canciones típicas de aquella época.

A veces usaban vigas de madera para exprimir las uvas. Más tarde se hizo mediante un sistema mecánico, pero siempre se prefería el vino de uvas pisadas por pies humanos.

Puesto que la recolección de aceitunas no coincidía con la de las uvas, solían usar el mismo lagar para hacer aceite de olivas (Miq 6.15).

LAGARTO, LAGARTIJA Pequeño reptil de sangre fría (Lv 11.30), muy semejante a la serpiente, aunque tiene cuatro patas y puede identificarse fácilmente por la cabeza y la cola. Su cuerpo es de color verdoso salpicado con marrón. En la Tierra Santa se conocen más de cuarenta especies, y la más común es la *lacerta viridis* y sus variedades. Viven entre las piedras del desierto o entre las ruinas. Aunque a los israelitas se les prohibía comerlas, parece que los beduinos consumían algunas variedades en tiempo de necesidad.

Por ser animal inmundo, la persona o cosa que tocara un lagarto muerto sería inmunda hasta la tarde (Lv 11.31).

LAMEC Nombre de etimología incierta, posiblemente derivado de una palabra árabe que significa «un joven fornido». Lamec aparece en la genealogía de Gn 4.18-24, como hijo de Metusael, de la línea de Caín, y en la de Gn 5.25-28,30,31, como hijo de Matusalén, de la línea de Set. De este hecho algunos eruditos han deducido que hubo dos tradiciones sobre un mismo Lamec, pero en contra de esto está la profunda diferencia en el carácter de ambos.

En la genealogía de Gn 4.18-24, los tres hijos de Lamec figuran como padres de tres tribus nómadas: una de pastores, otra de músicos y otra de trabajadores metalúrgicos. Parece que con esto se ha querido explicar el surgimiento de tales grupos dentro de la sociedad humana, y el aumento de la maldad a medida que crecía la civilización, cuyo ejemplo es el canto de Lamec (Gn 4.23,24).

LAMENTACIONES, LIBRO DE Libro que se leía en las sinagogas el Día de Luto por la destrucción del templo (el 9 de abril, o sea, julio/agosto). El nombre en las versiones cristianas se deriva del que se halla en la Septuaginta: *threnoi* (endechas o lamentos), que fue traducido *Lamentaciones* en la Vulgata. El título hebreo es *eka* (¡cómo!), clásica exclamación de lamento hebreo (1.1; 2.1; 4.1).

Estructura del libro

Consta de cinco poemas en forma de endechas o lamentos fúnebres, de los cuales los cuatro primeros forman un acróstico; cada línea empieza con letras sucesivas del alfabeto hebreo (cf. Sal 119). Esto sirvió no solo para facilitar la memorización, sino para expresar más plenamente la totalidad del dolor, a lo cual contribuye también el ritmo de las líneas breves y plañideras del capítulo 3 y el constante contraste entre la brillante situación anterior y aquella humillante en que la desgracia lamentada ha sumido a la ciudad (1.1; 4.1,2).

Autor y fecha

Lamentaciones en sí mismo es anónimo, pero generalmente ha sido atribuido a Jeremías. Así lo hacen la Septuaginta y la Vulgata, siguiendo una tradición judía, tal vez basada en 2 Cr 35.25. Pero este pasaje se refiere a la muerte de Josías y no da base para atribuir Lamentaciones a Jeremías. Los eruditos han debatido la posibilidad aduciendo razones de estilo, ideas dominantes y las circunstancias de la vida de Jeremías, pero han llegado a conclusiones opuestas (cf. NBD e IDB, *Lamentaciones*). En todo caso, se trata de un testigo (o varios) de la caída de Jerusalén y no puede ser posterior al regreso en 538 a.C.

Marco histórico

La ocasión histórica de los poemas es la toma y destrucción de Jerusalén por los

LAMENTACIONES:
Un bosquejo para el estudio y la enseñanza

I. **La destrucción de Jerusalén** **1.1-22**
   A. El lamento del profeta Jeremías 1.1-11
   B. El lamento de la ciudad de Jerusalén. . . . 1.12-22
II. **La ira de Dios** **2.1-22**
   A. La ira de Dios. 2.1-9
   B. La agonía de Jerusalén 2.10-17
   C. El clamor de Jerusalén. 2.18-22
III. **La oración por misericordia** **3.1-66**
   A. Grito desesperado de Jeremías 3.1-18
   B. Confesión de fe de Jeremías. 3.19-39
   C. Condición necesitada de Jeremías. 3.40-54
   D. Confianza en Dios de Jeremías. 3.55-66
IV. **El sitio de Jerusalén** **4.1-22**
   A. Las circunstancias durante el sitio. 4.1-10
   B. La causa del sitio 4.11-20
   C. Las consecuencias del sitio 4.21-22
V. **La oración por restauración** **5.1-22**
   A. Repaso de la necesidad de restauración. . . 5.1-15
   B. El arrepentimiento del pecado 5.16-18
   C. La súplica de restauración 5.19-22

caldeos (586 a.C.). Aunque no se ofrece prueba histórica directa (excepto 4.22), la coincidencia con las descripciones de los últimos días de Judá son inconfundibles (sitio: 2 R 25.1,2; Lm 2.22; 3.5,7; hambre: 2 R 25.3; Jer 37.21; Lm 1.11,19; 2.11,12,19,20; 4.4,5,9,10; fuga del rey: 2 R 25.4-7; Lm 1.3,6; 2.2; 4.19,20; saqueo del templo: 2 R 25.13-15; Lm 1.10; 2.6,7; incendio del templo, palacio, etc.: 2 R 25.8,9; Lm 2.3-5; 4.11; 5.18; matanza de los líderes: 2 R 25.18-21; Jer 39.6; Lm 1.15; 2.2,20; cautiverio de los habitantes: 2 R 25.11,12; Lm 1.1,4,5; 2.9,14; 3.2,19 y muchas otras. Aunque el tercer poema es individual, se trata de una personificación de Judá (cf. 1.13-16). Por tanto, son lamentos nacionales, probablemente utilizados en el culto durante los días de ayuno y arrepentimiento (cf. Zac 7.1-5).

Aporte a la teología

Junto con los demás libros de sabiduría, Lamentaciones escudriña el misterio del sufrimiento y la voluntad de Dios. El mensaje combina el elemento sacerdotal, el profético y el de la sabiduría (NDB). La angustia del pueblo desolado es presentada a Dios en oración. Pero junto a esta oración intercesora, está el reconocimiento profético: el desastre es un juicio de Dios, Judá ha caído a causa de su pecado. Dios, sin embargo, castiga para llamar al arrepentimiento (3.25-30) y no dejará de confirmar su pacto (3.19-24).

Otros puntos importantes

Lamentaciones tiene muchas expresiones extrañas como «hija de Sion» (2.1), «hija de Judá» (2.5) e «hija de Jerusalén» (2.15). Estas expresiones se refieren a los lugares mismos, y en su debido contexto expresan el supremo dolor que el Padre siente por el castigo que tuvieron que recibir. Esto nos habla del dolor de Dios al tener que castigar a su pueblo pecador; mas el hecho de que se les siga llamando hijas expresa que hay gran esperanza en medio de su situación tan desesperada. En Dios siempre hay esperanza.

LÁMPARA Utensilio que en la remota antigüedad no era más que una vasija de barro cocido o metal con una mecha impregnada de aceite. Las había de múltiples formas, sencillas en su mayoría; otras eran obras de arte por su forma, inscripciones y grabados.

Se utilizaban para iluminar la casa (Job 18.6), buscar alguna cosa en la oscuridad (Sof 1.12; Lc 15.8-10), en acciones bélicas (Jue 7.16,20), para asistir a bodas y otras festividades (Mt 25.1-13), y para alumbrarse en el camino (Jn 18.3).

Según algunas versiones, las palabras antorcha, tea, luz, etc. son sinónimos de lámpara (Jue 15.4; Mc 4.21; Jn 5.35). Posiblemente había diferencia entre lámpara y antorcha, pero el uso de estos utensilios era uno mismo. De aquí que algunas versiones antiguas de la Biblia incluso traducen candela o vela en vez de lámpara (RV-1909: Pr 20.27; 24.20; 31.18). Esto se ha corregido en las versiones nuevas porque las candelas o velas no se conocían en aquella época. Los siete «candeleros» que representan las siete iglesias de Apocalipsis probablemente deben entenderse como lámparas (1.12ss), asimismo los que representan a los dos testigos (11.4; cf. Heb 9.2).

La lámpara que ardía era emblema de prosperidad (1 R 11.36; 15.4; Job 21.17), y debía permanecer encendida toda la noche, como en el tabernáculo (Éx 27.20; Lv 24.1-4). La lámpara apagada indicaba muerte, ruina y maldición (Job 18.5,6; Pr 13.9; Jer 25.10,11). Además, la lámpara se utilizó como símbolo del culto (Éx 30.8), de perpetuidad (1 R 11.36), y de las Sagradas Escrituras (Sal 119.105; 2 P 1.19).

LANA Pelo fino de la oveja o cabra. Los hebreos la empleaban preferentemente para tejer sus géneros, pero también como pago de deudas o como tributo (2 R 3.4). En el Oriente era artículo precioso (Job 31.20; Pr 31.13; Os 2.5). Se daba a los sacerdotes como ofrenda de primicias (Dt 18.4).

El profeta Isaías encuentra en la blancura de la lana un símbolo del cambio que Dios opera en los pecadores (Is 1.18). Era también símbolo de pureza (Ap 1.14). En Jue 6.37 se habla de un milagro hecho a → GEDEÓN con un «vellón de lana».

LANGOSTA Insecto del que más se ocupa la Biblia por su importancia como elemento destructor. Pertenece al orden de los ortópteros llamados saltadores, y constituyen verdaderas plagas invasoras. Se designa con nueve distintas palabras hebreas, pero no siempre es posible decir si todas señalan diferentes especies o los diversos estados de la metamorfosis de una misma. Su presencia en la Biblia se destaca por haber constituido una de las diez → PLAGAS de Egipto (Éx 10.4-6).

En Lv 11.21-23 se señalan dos tipos de langosta: uno que era permitido comer y otro prohibido. En el tipo comestible (Mt 3.4) se incluyen: la langosta incontable o langosta que llega; el langostín, que devora; el *argol* que galopa; y el *argal*, que salta. Estos nombres, dos de ellos aparecen en el texto castellano sin traducción, más bien corresponden a los distintos estados de desarrollo de la langosta: la adulta que pone el huevo; la larva que sale del huevo; la saltona con

L

Fotos de lámparas de aceite que muestran cómo evolucionó la lámpara en un instrumento más eficiente para emitir luz desde más o menos el 2000 a.C. hasta traspasar los tiempos neotestamentarios.

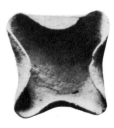
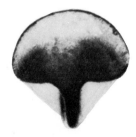

Ruinas de la puerta de la ciudad en el muro de la antigua Laodicea. Juan reprendió la iglesia de Laodicea por su espíritu tibio (Ap 3.14-22).

alas en crecimiento y la adulta lista para volar de nuevo. Joel da también una detallada descripción de estos cuatro estados de desarrollo: «oruga», en lenguaje técnico larva, primera fase del desarrollo; «saltón» que corresponde a la ninfa con las alas más desarrolladas; el «revoltón» con alas más crecidas y la «langosta», el insecto adulto (Jl 1.4; 2.25).

En Jl 2.1-7 se compara admirablemente una nube de langosta con una invasión guerrera. Sus características son la voracidad, devastación, destrucción, hambre y pestilencia. Es como un ejército de caballería que arrasa con todo a su paso.

Las menciones principales de la langosta en cuanto a número son: Jue 6.5; 7.12; Jer 46.23; 51.14; como motivo de oración: 1 R 8.37; como castigo: Am 4.9; en sentido figurado: Nm 13.33; Job 39.20; Ec 12.5; Is 33.4; 40.22; Jer 46.23; Nah 3.15; Ap 9.3-7; y como ejemplo de sabiduría: Pr 30.27.

LANZA Arma arrojadiza y de cacería, hecha de una vara larga, con punta de piedra, bronce o hierro. Los líderes militares portaban lanza y levantarlas era señal de ataque. Josué levantó su lanza cuando los israelitas atacaron a Hai (Jos 8.18-26). El gigante → Goliat llevaba una cuando peleó contra David (1 S 17.7,45).

Los egipcios usaban lanza en tiempos de los profetas (Jer 46.4), y durante la era intertestamentaria constituía el arma principal de los griegos. Un soldado romano abrió el costado de Jesús con una lanza (Jn 19.34).

El soldado que llevaba lanza se llamaba lancero. Doscientos lanceros romanos acompañaron a Pablo en su viaje a Cesarea (Hch 23.23). Tito llevó miles de lanceros para subyugar a Jerusalén (70 d.C.).

En el reino mesiánico las lanzas se convertirán en hoces (Is 2.4).

LAODICEA Ciudad en Asia Menor, situada en Frigia, en el valle del Lico. La fundó el seléucida Antíoco II (siglo III a.C.) y la nombró en honor de su esposa Laodice. Era una ciudad tan próspera en su comercio, que después de un terremoto desastroso en 60 d.C. se dio el lujo de rehusar el subsidio imperial ofrecido para su reconstrucción (cf. Ap 3.17). Su situación sobre una transitada carretera hizo de ella un centro bancario (cf. Ap 3.18a); sus productos distintivos eran ropas de una brillosa lana negra y polvos medicinales (cf. Ap 3.18b,c). Sin embargo, tenía la desventaja de que su ubicación la obligaba a abastecerse de agua desde las termas de Hierápolis por una red de tubería; el agua llegaba tibia y provocaba vómitos en muchos casos (cf. Ap 3.15s).

Es probable que el evangelio llegara temprano a Laodicea (Hch 19.10) por agencia de Epafras (Col 4.12s). Pablo menciona a la iglesia de allí (Col 2.1; 4.13-16), pero no sabemos que la haya visitado. Lo cierto es que mantuvo buena relación con las comunidades vecinas en → Hierápolis y → Colosas. Pablo también menciona (Col 4.16) una carta dirigida a Laodicea que algunos identifican con Efesios o Filemón, pero posiblemente fuera una carta paulina que se perdió. La mención originó (siglo IV) una espuria *Epístola a los laodicenses*. La séptima de las cartas de Ap 2,3 se dirige en tono represivo al «ángel de la iglesia en Laodicea».

LAPIDACIÓN → Apedreamiento.

LAQUIS Ciudad de Judá entre Jerusalén y Gaza, en la ladera occidental de la Sefela. Por su situación al lado del camino principal entre Egipto y las tierras del norte fue un punto estratégico desde los tiempos más antiguos.

Los arqueólogos afirman que los alrededores de Laquis estuvieron poblados desde el milenio VIII a.C. Los primeros pobladores vivieron en cuevas y después de 2800 a.C., en el sitio que se identifica con Laquis. Durante 1550–1200 Laquis era cabecera de una provincia de Egipto y gozaba de un alto nivel de vida. Aunque la ciudad estaba bajo el dominio egipcio, la religión era la de los cananeos de la región, y las ruinas del templo proporcionan valiosa información acerca de la religión cananea.

La ciudad fue destruida por fuego *ca.* 1200 a.C., incendiada probablemente por los israelitas cuando entraron en la región y derrotaron a Jafía rey de Laquis (Jos 10.3). Por iniciativa de David o Salomón se reedificó. Roboam la fortificó (2 Cr 11.5-12), y durante 900–700 fue una de las ciudades más grandes e importantes de Judá.

En 701 Senaquerib rey de Asiria subió contra las ciudades fortificadas de Judá (2 R 18.13ss). Aunque Laquis resistió valientemente, al fin sucumbió y hay todavía muchas señales de su destrucción. Senaquerib mandó construir para su palacio en Nínive una serie de murales de piedra con escenas de esa batalla.

Durante el avance de Nabucodonosor contra Judá, un militar colocado en una avanzada de Laquis le mandó al comandante del ejército de Judá informes sobre los movimientos del enemigo, escritos sobre pedazos de alfarería. Hoy día se conocen como «las

L

Dibujo de Laquis, una ciudad amurallada en el reino sureño de Judá, que destruyera Nabucodonosor de Babilonia en el 586 a.C.

cartas de Laquis». Son testimonios elocuentes de los últimos años de Judá. Constituyen, además, documentos importantes para el estudio del idioma → HEBREO, tal como se escribía durante el tiempo de Jeremías.

Laquis renació de nuevo *ca.* 450 a.C., y por tres siglos floreció bajo los reyes persas y helenos (cf. Neh 11.30).

LASA Ciudad fronteriza de los cananeos (Gn 10.19). Se desconoce el sitio exacto, pero se ha comparado con «Lesem» de Jos 19.47; «Lais» según Jue 18.29. Jerónimo la identificaba con Callirhoe, un valle al lado este del mar Muerto.

LASCIVIA Propensión a los deleites carnales (2 Co 12.21).

LASEA Ciudad de Creta situada en la costa sur a 8 km al este de → BUENOS PUERTOS, visitada probablemente por Pablo durante su viaje a Roma (Hch 27.8).

LATÍN Dialecto de los latinos, grupo que habitaba el valle del Tíber, hablado principalmente en la Roma antigua. Llegó a ser el idioma del mundo alrededor del Mediterráneo gracias a las conquistas políticas del Imperio Romano, y más adelante se conoció mejor por la obra literaria de autores tales como Cicerón, Lucrecio, Virgilio y otros. Es miembro de la subfamilia itálica de las lenguas indoeuropeas, y se menciona una vez en el Nuevo Testamento (Jn 19.20; los mejores manuscritos de Lc 23.38 lo omiten).

Posiblemente Pablo hablara latín, dado que en la época apostólica se encuentran muchos indicios de este dialecto. Es difícil percibir la influencia del latín en la sintaxis del Nuevo Testamento; pero hay muchas palabras latinas, en particular los nombres propios, y veintisiete términos comerciales, militares y jurídicos que aparecen transcritos al griego. Durante la Edad Media, el latín mantuvo su prestigio literario y fue el vehículo de casi toda la literatura y de la ciencia. (→ IDIOMAS DE LA BIBLIA; LENGUA, LENGUAS.)

LAUREL Árbol que aunque abunda en Palestina no se menciona en la Biblia. La palabra que RV traduce por «laurel» en Sal 37.35 significa simplemente «nativo». El pasaje compara al impío con un «árbol vigoroso en su suelo nativo», VM. La Biblia de Jerusalén y otras enmiendan el texto siguiendo la Septuaginta y rezan «cedro del Líbano».

LAVADOR Persona dedicada a lavar y blanquear ropa. Como en los tiempos bíblicos los vestidos eran costosos, el lavador era persona importante y muy buscada. El lavado se hacía machacando o majando la ropa, pero hay indicios de que se usaban sustancias vegetales o minerales: un «jabón de lavador» (Mal 3.2c). En Jerusalén, fuera de los muros del oeste de la ciudad y cerca de un acueducto, había un amplio espacio apartado para los lavadores (2 R 18.17; Is 7.3; 36.2).

Al referirse Marcos a la transfiguración, habla de la blancura de los vestidos de Jesús como de una pureza tal que «ningún lavador en la tierra los puede hacer tan blancos» (Mc 9.2,3). (→ LAVAMIENTO.)

LAVAMIENTO Pese a la escasez de agua en las tierras bíblicas, toda persona respetable procuraba la limpieza del cuerpo. Era norma lavarse las manos antes y después de comer. Como los caminos eran polvorientos, los caminantes debían lavarse los pies antes de entrar en una casa. Este era trabajo de esclavos o de siervos inferiores (Jn 2.6; 13.5). El descuido de esta atención constituía una grave descortesía por parte del anfitrión (Lc 7.44).

Uso ritual y simbólico en el Antiguo Testamento

Pasajes como Lv 15 muestran lo imperioso que era para un israelita el lavamiento de todo el cuerpo, cuando se veía involucrado en algún acto o circunstancia que lo hacía ceremonialmente inmundo. Sin esta limpieza no podía participar en actividades de carácter religioso (Éx 19.10; cf. Heb 9.13). El lavamiento tenía especial importancia en la consagración y el servicio de los sacerdotes (→ SACERDOTE; Lv 8.6). El lavacro (o fuente) de bronce (Éx 30.17-21) se colocaba entre el altar de holocaustos y la puerta del → TABERNÁCULO, y era indispensable para el lavamiento de los sacerdotes antes y después de sus actos rituales.

Aparte de la higiene, en el Antiguo Testamento el lavamiento contrastaba lo inmundo de las personas con lo consagrado al servicio a Dios. El agua borraba las impurezas físicas y, a la vez, representaba la purificación de la persona. Así lo entendían David (Sal 26.6; 51.7) e Isaías (Is 1.16), sin dejar de comprender que el lavamiento era obra de la gracia de Dios a favor del pecador arrepentido.

El uso figurado en el Nuevo Testamento

El Antiguo Testamento nos prepara para comprender el uso de los verbos griegos *louo* (bañarse) y *nipto* (lavar, por ejemplo, manos y pies) en el Nuevo Testamento. El Maestro desechó la actitud de los fariseos, para quienes el lavamiento externo era esencial y la pureza del corazón carecía de importancia (Mt 7.1-23; Lc 11.39-41).

Este lavacro (→ LAVAMIENTO) sobre un estante con ruedas data más o menos del siglo XII a.C. Se descubrió en una excavación de una tumba en la isla de Chipre.

Inevitablemente el lavamiento se asocia con los conceptos de limpieza y de santificación (→ BAUTISMO). Pablo describe la vida viciosa de los gentiles en Corinto y añade: «Y esto erais algunos; mas ya habéis sido lavados, ya habéis sido santificados ... en el nombre del Señor Jesús y por el Espíritu de nuestro Dios» (1 Co 6.11). El nombre del Señor Jesús (su persona, autoridad y obra), la potencia del Espíritu Santo, la verdad de Dios en su Palabra (Jn 17.17), el lavamiento «del agua por la Palabra» (Ef 5.26), la regeneración y la renovación en el Espíritu Santo (Tit 3.5) conducen a la verdadera limpieza. Los redimidos de Ap 7.13,14 emblanquecieron sus ropas «en la sangre del Cordero».

La conversación entre el Señor y Pedro, en la ocasión del lavado de los pies (Jn 13.6-10), muestra que el creyente «bañado» (verbo, en griego *louo*) «no necesita sino lavarse (verbo, *nipto*) los pies», o sea, limpiar frecuentemente las manchas pecaminosas por los medios ya notados. El Señor en esta ocasión no instituía una ordenanza, sino que señalaba el camino del servicio humilde para todos.

L

LÁZARO (abreviatura griega de Eleazar, *Dios ha ayudado*).

Lázaro de Betania

Discípulo de Jesús que residía con sus hermanas → MARTA y → MARÍA en → BETANIA. Como no se nos dice que haya tenido esposa, y puesto que Marta se presenta como ama de casa, es probable que fuera soltero o viudo. La amistad especial que unía a Jesús y la familia de Lázaro sugiere que aquel hogar de Betania constituía la base del Maestro durante sus visitas a Jerusalén (Lc 10.38-42; Jn 11.1-5; cf. Lc 21.37; aunque Lázaro se menciona solamente en Juan).

Poco se sabe de la personalidad de Lázaro, pero el relieve que da Juan 11 al amor que Jesús le tenía (vv. 3,5,11,36) destaca su comunión especial con el Maestro. En la casa de Simón está con Jesús a la mesa (Jn 12.1s). La presencia de los muchos judíos que acudieron desde Jerusalén a Betania para consolar a las

Foto de Howard Vos

Tumba tradicional de Lázaro, a quien Jesús levantó de entre los muertos (Jn 11.1-44).

mención de los cuatro días (Jn 11.17,39) prueba lo extraordinario del milagro.

Frente a los que niegan la historicidad de este milagro, se debe observar lo siguiente:

1. La sencillez y verosimilitud de la narración del capítulo 11 de Juan contrasta fuertemente con los relatos de milagros que hallamos en los → EVANGELIOS Apócrifos.

2. Las conversaciones anexas (vv. 6-16,20-27) carecerían de sentido si el relato fuese inventado.

3. El relato ocupa su debido lugar en el Evangelio, y este destaca la creciente tensión entre el Maestro y los jefes de la nación; el autor veía en el milagro un factor que había ayudado a precipitar la crisis final.

4. El milagro no se hizo para asombrar a los curiosos, sino para presentar a Jesús como resurrección y vida, antes de entregarse Él mismo a la muerte. Fue elemento muy importante en la iluminación de la mente de los discípulos (v. 15), y para confirmar su fe al acercarse al enigma del Calvario.

hermanas Marta y María denota que la familia de Lázaro era conocida y apreciada (Jn 11.31,45).

Por la resurrección de Lázaro muchos judíos creyeron en Jesús (Jn 11.45; 12.9). Esto bastó para que luego los líderes del judaísmo tramaran la muerte, no solo de quien había operado el milagro, sino también de aquel que había vuelto a la vida (Jn 11.47-53; 12.9-11).

Lázaro es el protagonista del milagro más llamativo de los Evangelios. Tras una enfermedad, a causa de la cual las hermanas pidieron ayuda a Jesús, aparentemente en vano (Jn 11.1-6), Lázaro murió. Jesús, consciente del peligro de acercarse a Jerusalén, llegó sin embargo a Betania y llamó a Lázaro de la tumba (cf. Jn 5.21-29). Puesto que algunos rabinos creían que el alma de un difunto quedaba vagando en las inmediaciones durante tres días (cf. Lc 24.21), pero que la resucitación era imposible después, la

Lázaro de la parábola de Lucas 16.19-31

A pesar de que el rico Epulón permanece anónimo (aunque un papiro primitivo lo llama Neve o Nínive), el relato declara el nombre del mendigo que vivía echado a su puerta. La mención de su hambre, de las llagas y de los perros recalca el desamparo de Lázaro, quien comía las migajas del rico sin que este se condoliera. Los versículos anteriores (16.13-15) nos dan la clave para la interpretación de la parábola: la muerte y el consecuente juicio revelan el significado de la conducta mantenida durante el tiempo de la vida humana. Lázaro no llegó al «seno de → ABRAHAM» (el paraíso) porque fuera pobre, ni el egoísta fue a parar al lugar de tormento porque fuera rico; sin embargo, su condición de ultratumba trastorna todos los conceptos generalmente aceptados en la sociedad humana (cf. Mt 5.3; 6.20-26).

Bibliografía:

SE, Nuevo Testamento I, pp. 959-970. A. Wikenhauser, *San Juan*, Herder, Barcelona, 1967, pp. 321-331. J.M. Bover, «La resurrección de Lázaro», *Est. Eclesiásticos 28*, 1944, pp. 57-72. J. Jeremías, *Las parábolas de Jesús*, Verbo Divino, Estella, 1970, pp. 222-227.

LAZO Instrumento de cacería, utilizado especialmente contra las aves (Os 9.8; Am 3.5). Se extendía en forma muy disimulada sobre el nido de la presa o en los caminos por donde esta acostumbraba pasar (Job 18.8-10).

En la Biblia también se habla figuradamente de poner lazo (trampas) a los hombres (Éx 10.7; Jos 23.13; Sal 69.22; 140.5; Pr 1.18; Jer 5.26; etc.). Estos lazos siempre representan la ruina del individuo (Pr 7.23). En el Nuevo Testamento es el diablo el que extiende los lazos de maldad al hombre (1 Ti 3.7; 6.9; 2 Ti 2.26). Para librarse de tales lazos solo es posible acudir al abrigo de Dios y guardar su Palabra (Sal 91.1-3; 119.110; 124.7).

LEA Hija mayor de → Labán y hermana de Raquel. Fue dada por esposa a → Jacob, aun cuando este había acordado servir a Labán a cambio de Raquel, su hija más bella. Puesto que las costumbres del lugar prohibían casar la hija menor antes que a la mayor, Labán engañó a Jacob entregándole a Lea en lugar de Raquel.

Aunque menospreciada por su marido, Lea fue honrada en Israel como madre de seis tribus (Gn 29.31-35). La sepultaron en la cueva de Macpela (49.31).

LEBEO → Tadeo.

LECHE Alimento natural conocido desde tiempos antiguos. Los patriarcas utilizaban la leche de vaca, camella, oveja y cabra (Gn 18.8; 49.12), costumbre que se perpetuó entre sus descendientes (Dt 14.21; 32.14; Jos 5.6; Pr 27.27). En Dt 14.21 se prohíbe cocer el cabrito en la leche de su madre, por tratarse de una costumbre pagana e idolátrica. A Palestina se le llama «tierra que fluye leche y miel» (Éx 3.8; 13.5; Nm 13.27; etc.).

En Cantares, la leche es símbolo de hermosura y deleite (4.11; 5.12).

Debido al uso de la leche como alimento para niños, Pablo la menciona en sentido figurado (1 Co 3.2), para representar el alimento espiritual. En igual sentido se emplea en Heb 5.13 y 1 P 2.2. Esto parece venir de los tiempos del profeta Isaías (Is 55.1).

LECHUZA Ave nocturna común en Palestina que en el Antiguo Testamento se designa con varios vocablos hebreos distintos. Moisés la calificó de inmunda (Lv 11.16; Dt 14.15; cf. Is 34.11,14). El nombre más común en hebreo indica voracidad, y muchos creen por tanto que designa más bien al búho blanco de Siria, ave más dañina que la lechuza, sumamente voraz y que a veces ataca a los niños dormidos. La lechuza vive entre los olivos y los bosques, o hace su nido en las piedras o en las ruinas.

LEGIÓN División mayor de soldados en el → ejército romano. Se componía nominalmente de seis mil infantes en tiempos del Nuevo Testamento, sin contar entre estos las tropas auxiliares. Se dividía en diez cohortes (→ Compañía) y cada cohorte en seis grupos de cien que se llamaban «centurias». En tiempos de Jesús había veinticinco legiones romanas, cada cual con su caballería. Con el tiempo la palabra llegó a significar numeroso grupo indefinido.

Las cuatro veces que se usa la palabra «legión» en el Nuevo Testamento es en sentido figurado. En Mt 26.53 Jesús afirma poder llamar a doce legiones de ángeles; es decir, una hueste sin número.

Cuando Jesús preguntó el nombre al gadareno endemoniado, (→ Gadara), este respondió: «Legión me llamo». Con esto quiso decir que estaba poseído de una gran multitud de → demonios (Mc 5.9,15; Lc 8.30).

LEGUMBRES Traducción de dos palabras hebreas:

1. *Zeroim* (Dn 1.12,16), literalmente «cosa sembrada», término impreciso que incluye muchos otros vegetales aparte de legumbres.

2. *Yereq* (Gn 9.3), que significa «verde» y que por lo general se traduce por → HIERBA.

LEHI Sitio de Judea donde → SANSÓN ganó una de sus primeras batallas contra los filisteos. Aquí se enfrentó con ellos y, aunque estaba solo, mató a mil de ellos con una quijada de asno (Jue 15.9-16). Para conmemorar ese hecho el propio Sansón cambió el nombre de Lehi por Ramat-lehi (*colina de la quijada*). Aquí también Dios hizo brotar agua para calmar la sed de Sansón (15.17-20).

LEMUEL (*consagrado a Dios*). Rey de Massa (cf. Gn 25.14; 1 Cr 1.30), a quien su madre dirigió los sabios consejos sobre cómo debía conducirse el rey, contenidos en Pr 31.1-9 (cf. BJ). Generalmente no se acepta la tradición rabínica que afirma que Lemuel y los nombres de Pr 30.1 son atributos de Salomón que, dicen, fue también autor de Pr 30 y 31.

LENGUA, LENGUAS Con el término «lengua» la Biblia designa al órgano muscular del habla, y por extensión a los idiomas con que los hombres se comunican entre sí. La lengua, según su uso como órgano del habla, puede ser buena o mala (Sal 120.2; Pr 6.17; 10.20), sabia (Is 50.4), etc. Se le compara a veces con una espada afilada (Sal 64.3; Heb 4.12; Ap 1.16), y se le atribuye poder debido a la influencia, para bien o para mal, de las palabras habladas (Pr 18.21; Stg 3.5,6). «Lengua» aparece como sinónimo de «labio» y «boca».

La variedad de lenguas que hoy existen en el mundo se debe, según nos explica la Biblia, al castigo de Dios al hombre, por haber intentado construir una torre que llegase hasta el cielo (Gn 11.1-9, → BABEL).

El don de lenguas es la facultad que concede el → ESPÍRITU SANTO a un creyente de hablar en idioma desconocido. Cristo prometió este don como una de las señales que

seguirían a la predicación del evangelio (Mc 16.17). Hay tres (posiblemente cuatro) ocasiones históricas en el Nuevo Testamento cuando los creyentes hablaron en lenguas: en el día de → PENTECOSTÉS (Hch 2.1-11); en la casa de → CORNELIO (Hch 10.44-46); y en el caso de los discípulos de Juan el Bautista en Éfeso (Hch 19.1-6). Es posible también que los creyentes en Samaria tuvieran esta experiencia (Hch 8.14-18), aunque el texto no lo dice explícitamente.

Para cada uno de estos casos hay razones específicas por las que el Espíritu Santo dio el don de lenguas. En el día de Pentecostés era necesario que los apóstoles supieran, sin lugar a dudas, que el Espíritu en verdad había venido. Por eso les dio la señal de las lenguas, y también para que los moradores de Jerusalén, que procedían «de todas las naciones bajo el cielo» (2.5), oyeran en sus propias lenguas «las maravillas de Dios» (2.11). En el caso de Cornelio, los judíos no creían que el evangelio pudiera pertenecer también a los gentiles. Por eso, cuando los gentiles recibieron a Cristo, hacía falta una señal que confirmara, ante los judíos, la capacidad de los gentiles de recibir al mismo Espíritu (Hch 11.1-18). Otro tanto sucedió con los efesios, que ni habían oído hablar del Espíritu Santo (Hch 19.1-6). La señal de las lenguas se dio para confirmar que habían recibido al Espíritu.

El don de lenguas concedido en el día de Pentecostés fue algo excepcional y distinto del don del que Pablo habla en 1 Co 12 y 14. Mientras Pedro y los apóstoles predicaban, todos oían en su propio idioma. Por otro lado, Pablo habla de un don continuado en forma de una expresión extática e ininteligible (1 Co 14.2,14-17). Evidentemente no es una lengua humana (quizás «las lenguas angélicas» de 1 Co 13.1), y requiere un intérprete. El don de lenguas puede tener varios propósitos. Sirve para adorar a Dios (1 Co 14.2), para edificar al individuo que habla (14.4), y para edificar a la iglesia cuando se interpretan las lenguas (14.27,28). También las lenguas son una señal a los incrédulos (14.22).

Normas referentes al don de lenguas

La Biblia menciona varias normas en cuanto al uso del don de lenguas:

Primera

Es evidente que este don no es para todo creyente (1 Co 12.10,30). Como los demás dones, el Espíritu reparte a cada uno «como Él quiere» (12.11). Es uno de los dones del Cuerpo de Cristo que complementa a los demás y que debe usarse para los propósitos arriba mencionados.

Segunda

El que posee este don debe practicarlo públicamente en la iglesia solamente cuando esté presente un intérprete (14.27,28). Sin intérprete, debe practicarlo en privado.

Tercera

Las lenguas siempre deben hablarse por turno para evitar confusión (14.27) ya que «Dios no es Dios de confusión sino de Paz» (14.33). Todo debe hacerse «decentemente y con orden» (14.40).

Cuarta

Satanás es capaz de imitar los dones del Espíritu (Mt 7.21-23; 24.24). Por eso, es necesario el don de discernimiento de espíritus (1 Co 12.10), para discernir si una manifestación de lenguas procede verdaderamente de Dios.

Quinta

El individuo puede controlar el don de lenguas porque «los espíritus de los profetas están sujetos a los profetas» (1 Co 14.32). Por eso, si las lenguas no se practican de acuerdo con las normas bíblicas, es dudoso que sean de Dios.

Sexta

Finalmente, no hay ningún mandamiento en el Nuevo Testamento de buscar activamente este don. Por otro lado, sí hay mandamiento de no impedir el hablar en lenguas (14.39). Así, se puede decir en resumen que el Nuevo Testamento enseña que «no busquéis pero tampoco impidáis el hablar en lenguas» (→ DONES ESPIRITUALES).

LENTEJAS Planta herbácea (*lens esculenta*) que produce guisantes comestibles. Por un plato de potaje de lentejas vendió Esaú su primogenitura (Gn 25.29-34). Cuando David huía de Absalón, unos amigos le enviaron alimentos, entre ellos había sabrosas lentejas (2 S 17.27-29). Parece que se cultivaban con esmero en la Tierra Santa (2 S 23.11). Se utilizaban para hacer pan (Ez 4.9). Por su acción, Esaú ha llegado a considerarse como símbolo de los que menosprecian las riquezas espirituales (Heb 12.16).

LEÓN Mamífero carnívoro, félido, común en las tierras secas bíblicas, que se menciona por lo menos ciento treinta veces en la Biblia. Con diferentes motivos, se destacan sus cachorros y las hembras (Nah 2.11), su rugido (Ap 10.3), sus dientes (Jl 1.6) y sus garras (Sal 10.10). No mata por gusto, como el lobo, sino solo cuando tiene hambre.

Tanto Sansón como David, y los valientes de este último, se distinguen por haber matado leones (Jue 14.6; 1 S 17.36; 2 S 23.20). Los leones aparecen también en acontecimientos milagrosos; por ejemplo, el león que mató al profeta desobediente según 1 R 13 y los del foso donde arrojaron a Daniel (Dn 6.16).

En sentido figurado, todas las características salvajes del león sirven para referirse a los malos. El diablo mismo es visto como un león (1 P 5.8), así como los enemigos (Sal 22.21), el rey (Pr 19.12) y el príncipe. Por otra parte, el justo también se retrata como león (Pr 28.1). En la escatología el cuadro más dramático presenta al león amansado y comiendo paja (Is 11.6ss). La figura del león también forma parte de la literatura apocalíptica (Ez 10.14) y aun al Cristo victorioso se le llama el «León de la tribu de Judá» (Ap 5.5; cf. Gn 49.9).

LEOPARDO Felino grande, manchado (Jer 13.23), veloz (Hab 1.8) y más feroz que el león. En el ambiente bíblico habitaba las montañas, como el Hermón (Cnt 4.8). Cuando amenazaba los lugares poblados era indicación de que reinaban condiciones anárquicas (Jer 5.6). En contraste y para puntualizar las condiciones pacíficas del futuro tiempo mesiánico, el profeta escribe que el cabrito y el leopardo se echarán juntos sin miedo (Is 11.6). Para indicar la severidad de la retribución divina, Oseas la compara con el ataque del leopardo (Os 13.7). La única mención del leopardo que encontramos en el Nuevo Testamento proviene de Dn 7.6 (Ap 13.2), porque el leopardo desapareció de las tierras bíblicas antes de la época romana.

LEPRA Enfermedad infecciosa producida por el bacilo de Hansen. No obstante haber sido una enfermedad endémica en el Oriente, es muy dudoso que las diversas enfermedades que la Biblia menciona como lepra sean la misma y específica enfermedad que hoy conocemos con este nombre. La enfermedad bíblica que causa el enblanquecimiento y deterioro de la piel, por ejemplo, es la que hoy conocemos como soriasis. Además, desde el punto de vista médico, en la Biblia se torna más confuso el concepto sobre la enfermedad de la lepra, por cuanto el término hebreo *Tsará' ath*, que se traduce lepra, significa igualmente «castigo de Dios». Por otra parte, con este término hebreo se designan diversas manchas de moho, o manchas en las paredes de las habitaciones (Lv 14.33-45), seguramente de salitre.

Los pasajes de Lv 13 y 14 se dedican a la lepra: la descripción de sus síntomas y señales, el procedimiento para diagnosticarla, el diagnóstico diferencial, los preceptos y las leyes para los enfermos y, por último, la descripción del complicado ceremonial para la purificación y limpieza. El ceremonial purificador se especifica con todo detalle y se señala que lo realizaba el sacerdote, quien combinaba las funciones de médico y legislador.

Muchos son los personajes bíblicos que aparecen como víctimas de la lepra. La primera referencia es el episodio cuando Dios ordenó a → Moisés que metiera la mano en su seno para mostrarle su poder. Al sacarla, estaba «leprosa como la nieve» (Éx 4.6). Otras víctimas de la lepra lo fueron → María, hermana de Moisés (Nm 12.10), y el general sirio → Naamán (2 R 5.1), pero todos estos sufrieron transitoriamente. Un caso en el que se hace hincapié, por el contrario, que «fue leproso hasta el día de su muerte» es el del rey → Uzías, cuya lepra comenzó como una lesión localizada en la frente (2 Cr 26.20,21).

En el Nuevo Testamento también se describen casos de lepra y su posterior curación por Jesús. En algunas oportunidades la curación fue individual (Mc 1.40,41), y en otros colectiva (Lc 17.12-18). Los Evangelios narran que Jesús cenó en Betania en casa de Simón el leproso (Mt 26.6; Mc 14.3).

Si se tiene en cuenta la descripción de la lepra como enfermedad que afecta por igual a personas, vestidos y paredes, y por otra parte, el curso de la dolencia, algunas veces transitoria y otras permanentes, es evidente que no siempre se trató de una misma enfermedad. De cualquier manera, en el pensamiento bíblico la enfermedad de la lepra (signifique esta enfermedad u otra alteración de la piel) está siempre asociada con la idea del pecado y es la figura por excelencia para referirse a sus efectos corruptores y la prueba objetiva del mal.

LETRA → Alfabeto.

LEVADURA Sustancia agria que se agrega a la masa del pan para leudarla. Su uso es tan antiguo que Abraham ofreció panes sin levadura a unos viajeros apresurados (Gn 19.3). En los días de la liberación de Egipto se prohibió a los israelitas el uso de la levadura durante los siete días de la → Pascua (Éx 12.8-20; 13.7; 23.15). Los judíos guardaron esta instrucción con toda fidelidad (Lv 2.4, 5,11; Dt 16.4), y su práctica representa la rapidez que exigen ciertas obligaciones (Gn 19.3; Jue 6.19-22). Todo indica actividad acelerada, premura para cumplir algún deber;

por eso es necesario evitar lo que, como la levadura, puede causar demoras.

También se prohíbe la levadura en las ofrendas (Lv 2.2,4,5,11), puesto que esta simbolizaba la corrupción. Basados en esta enseñanza los escritores del Nuevo Testamento piden a los cristianos limpiarse de toda levadura de maldad (Mt 16.5-12; Lc 12.1; 1 Co 5.6-8; Gl 5.9). Este uso figurado se extiende aun a las ideas que pueden menoscabar la vitalidad espiritual del creyente. Para muchos estudiosos la parábola de la levadura (Mt 13.33) es el único pasaje bíblico donde la levadura tiene un significado honroso; sin embargo, otros opinan que aun aquí significa corrupción.

LEVÍ, LEVITAS Tercer hijo de Jacob y Lea y su descendencia. Nació en Padan-aram, lugar del destierro de Jacob cuando este huyó de su hermano Esaú (Gn 27.41ss). Junto con su hermano Simeón, Leví llevó a cabo la matanza a traición de los habitantes de Siquem, en venganza por la deshonra de su hermana, Dina. Esta había sido violada por Siquem, hijo de Hamor heveo (Gn 34). Por eso, en su profecía final Jacob censuró a estos dos hijos suyos y con dolor les negó la unidad tribal (Gn 49.5,6). En cuanto a Leví este castigo se modificó más tarde por el celo

de sus descendientes manifestado en la destrucción de tres mil de los idólatras culpables de la orgía alrededor del becerro de oro (Éx 32.25-29).

Los nombres de los tres hijos de Leví nacidos en Egipto corresponden con las divisiones principales de los levitas: Gersón, Coat y Merari (Gn 46.11; Éx 6.16ss; Nm 3.17ss; 1 Cr 6.16-48). Moisés y Aarón eran de la familia de Coat por parte de su padre, Amram. Su madre, Jocabed, también era de linaje levita (Éx 6.18ss).

Por herencia el sacerdocio pertenecía a la familia de Aarón. Los levitas representaban el tercer grado en la jerarquía eclesiástica compuesta también del sumo sacerdote y los sacerdotes. Ocuparon el lugar de los primogénitos de las otras tribus que por derecho pertenecían a Dios (cf. la muerte de los primogénitos egipcios en la lucha con Faraón antes del éxodo). En el censo había 22.273 primogénitos de los hijos de Israel y solo 22.000 levitas que iban a ser dedicados a Jehová en vez de aquellos. Para redimir a los 273 restantes fue necesario pagar cinco siclos por cada uno (Nm 3.9,11-13,40,41; 8.16-18).

Como oficiales encargados del culto, los levitas cuidaban del santuario y ayudaban a los sacerdotes (Nm 1.50; 3.6,8; 18.2; 1 Cr

L

El monte de Gabaón (izquierda), una ciudad asignada a los levitas y sacerdotes durante el tiempo de la conquista de Josué de Canaán (Jos 21.17). La moderna villa de el-Jib está a la derecha.

Foto de Howard Vos

23.28; Esd 3.8,9). En el cuadro del campamento ideal de Israel los levitas levantaban sus tiendas alrededor del tabernáculo, eran los guardianes y lo conducían de lugar en lugar; cada una de las tres familias cargaba una parte (Nm 1.50; 2.1–3.39). Más tarde, al construirse el templo, se encargaban de cuidarlo y velar por las actividades que se llevaban a cabo en él. Ayudaban a los sacerdotes a preparar los sacrificios y a recaudar y distribuir las contribuciones del pueblo (2 Cr 30.16,17; 35.1ss). Se hicieron cargo del canto y los instrumentos de música (2 Cr 30.22; Neh 8.7).

Servían en el santuario desde los 25 ó 30 años de edad hasta los 50 (Nm 4.3; 8.24,25), aunque parece que David estableció la edad de 20 años como requisito para ingresar al servicio (1 Cr 23.24-27). Después de cumplir los 50 años el levita podía servir en la guardia, pero no para ministrar dentro del santuario (Nm 8.25).

Los levitas moraban en cuarenta y ocho ciudades, con sus ejidos, esparcidos entre las otras tribus (Lv 25.32ss; Nm 35.1-8; Jos 21.1-4). De estas ciudades, trece pertenecían a los sacerdotes y seis estaban designadas como ciudades de refugio (Nm 35.1-8; Jos 20 y 21). Se mantenían por las ofrendas del templo y los diezmos del grano, fruto y ganado (Nm 18.18-24). Ellos a su vez entregaban a los sacerdotes la décima parte de sus diezmos (Neh 10.37,38), pues como no eran dueños de ninguna tierra estos diezmos se consideraban las primicias que debían ofrecer al Señor.

Como los sacerdotes, los levitas ministraban en el santuario por turnos según su orden (1 Cr 24.31; 28.13,21; 2 Cr 8.14; Neh 13.30). Los ritos dedicatorios de purificación propiciaban su santidad simbólica (Nm 8.5-13). La Biblia no habla de una vestimenta especial para los levitas, pero según Josefo los cantores levíticos recibieron del rey Agripa II el privilegio de vestir túnicas sacerdotales de lino.

En el Nuevo Testamento hay referencias a los levitas en Lc 10.32; Jn 1.19 y Hch 4.36.

LEVIATÁN Término perteneciente a una familia de palabras hiperbólicas y de significado siniestro, juntamente con behemot, Rahab y dragón. Entre los seres vivos de la Biblia, el leviatán es el más grande y behemot el que le sigue en tamaño. Según la mitología, el behemot es macho y el leviatán es hembra. Solo aparecen en el Antiguo Testamento. Dios hizo el leviatán (Sal 104.26) y solo Él lo puede dominar.

Los leviatanes son seres marítimos y la palabra connota básicamente algo «enrollado» o «tortuoso». Job 41 expresa en forma poética lo horrible y enorme del leviatán. Lo describe muy a menudo así: estima como paja el hierro, hace hervir como olla el mar profundo, y es rey sobre todos los soberbios. Otros pasajes importantes son Sal 74.13s e Is 27.1, que revelan al leviatán como serpiente tortuosa y veloz, que tiene muchas cabezas. En Ras → Samra también se habla del lotán que tenía siete cabezas. Parece que esta característica del leviatán se ha fundido con la figura del dragón en Ap 12.3, etc.

El consuelo del creyente es que, por espantoso que sea el leviatán, Dios lo puede vencer (Sal 74.14; cf. Ap 19.20).

LEVIRATO → Matrimonio.

LEVÍTICO, LIBRO DE Libro del Antiguo Testamento lleno de instrucciones en cuanto a la adoración del pueblo escogido, Israel. Los hebreos lo llaman *wa-yiqra* («y llamó») por su palabra inicial, o a veces *torat-qohanim* («ley o manual de los sacerdotes») por su contenido. La Septuaginta le dio el nombre «Levítico» porque el sacerdocio se había reservado para Aarón y sus hijos, descendientes de la tribu de Leví. La Vulgata lo denomina *Liber Leviticus*, literalmente «libro de los levitas», es decir, del personal que labora en el templo. Lo curioso es que los levitas se mencionan solo incidentalmente en el libro (25.32ss).

Estructura del libro

Para la mayoría de los estudiantes de la Biblia, Levítico es un libro difícil de leer. Es

LEVÍTICO: Un bosquejo para el estudio y la enseñanza

Primera parte: Las leyes sobre cómo acercarse de manera aceptable a Dios: *Sacrificio* (1.1—17.16)

I. Las leyes del sacrificio . . . . 1.1—7.38
II. Las leyes sobre los sacerdotes . . . . 8.1—10.20
III. Las leyes sobre la pureza . . . . 11.1—15.33
IV. Las leyes de la expiación nacional . . . . 16.1—17.16

Segunda parte: Las leyes de un andar aceptable con Dios: *Santificación* (18.1—27.34)

I. Las leyes de la santificación del pueblo . . . . 18.1—20.27
II. Las leyes de la santificación para el sacerdocio . . . . 21.1—22.33
III. Las leyes de la santificación en la adoración . . . . 23.1—24.23
IV. Las leyes de la santificación en la tierra de Canaán. . . . . 25.1—26.46
V. Las leyes de la santificación mediante los votos 27.1-34

una página tras otra de instrucciones detalladas en cuanto a rituales extraños que parecían carecer de organización. Pero si se analiza con cuidado, el libro puede dividirse en dos partes importantes.

La primera parte, que se extiende desde el capítulo 1 al 17, contiene instrucciones sobre el ritual de los sacrificios, incluso el sacrificio de animales u ofrenda encendida, que son ingredientes clave en la adoración del Antiguo Testamento. La segunda parte enfoca lo referente a la consagración de los sacerdotes, y presenta las leyes para caminar con Dios correcta y santamente.

Autor y fecha

La mayoría de los eruditos bíblicos conservadores reconocen a Moisés como el autor de Levítico. Pero muchos insisten que se trata de una compilación de tradiciones transmitidas oralmente hasta formar lo que tenemos hoy.

Esta última teoría pasa por alto las docenas de veces en Levítico en que Dios habló directamente a Moisés y este puso por escrito las instrucciones recibidas para trasmitirlas al pueblo. Además, nada era más importante

para Israel en sus primeros años que el desarrollo del sistema de adoración. Por eso, había que establecer las reglas al mismo principio de Israel. Eso es lo que hace pensar que Moisés fue el autor, probablemente cerca del 1400 a.C.

Algunos piensan que Levítico alcanzó su forma actual durante los tiempo de → Esdras, cuando Judá regresó del → cautiverio en Babilonia (siglo V a.C.).

Marco histórico

No cabe duda de que el origen de las leyes y las narrativas que presenta Levítico se remonta al tiempo de → Moisés y de la conquista de → Canaán. En el Sinaí, Moisés recibió directamente de Dios los Diez Mandamientos y otras partes de la Ley. También construyó y equipó el tabernáculo como lugar en que el pueblo pudiera adorar a Dios (Éx 40).

Después de que el tabernáculo se llenó de la gloria de Dios, Moisés recibió instrucciones para el pueblo en cuanto a la adoración a Dios en aquel santo lugar. Son estas instrucciones las que hallamos en el libro de Levítico.

Aporte a la teología

Levítico es importante por sus claras enseñanzas en cuanto a tres verdades espirituales fundamentales: → EXPIACIÓN, → SACRIFICIO y → SANTIDAD

Expiación

El capítulo 16 de Levítico contiene las instrucciones de Dios para la observación del Día de Expiación. En ese día el sumo sacerdote de Israel entraba al Lugar Santísimo y ofrecía un sacrificio animal en expiación por sus propios pecados. Después mataba otro animal y rociaba la sangre sobre el altar para expiar el pecado del pueblo. El Nuevo Testamento compararía después estos sacrificios al sacrificio de Cristo al morir en nuestro lugar. Pero a diferencia de los sacerdotes humanos, Cristo no tuvo que ofrecer primero un sacrificio por sus propios pecados y luego por los del pueblo, porque esto lo hizo cuando se presentó a sí mismo como sacrificio (Heb 7.27).

Sacrificio

Levítico enseñó a Israel a preparar diferentes tipos de sacrificios: ofrenda encendida, ofrendas de grano, ofrendas de paz, ofrendas por el pecado y ofrendas por culpa y transgresión. Eran presentes por medio de los cuales un adorador expresaba su lealtad y devoción a Dios. Pero un sacrificio cruento en el que se presentaba a Dios la sangre de un animal era más que un regalo. Simbolizaba que el adorador ofrecía su vida a Dios, pues los hebreos creían que «la vida de la carne en la sangre está» (Lv 17.11). Esto también adquiere mayor significado en el Nuevo Testamento cuando se aplica a Cristo. Él dio su vida a nuestro favor cuando derramó su sangre para quitar nuestro pecado.

Santidad

El significado esencial de esta palabra en Levítico es que Dios demanda absoluta obediencia de su pueblo. La palabra en esencia quiere decir «separación». El pueblo de Dios tenía que separarse y ser diferente de los pueblos paganos que los rodeaban, y de ahí la razón por la que Dios instruyó a su pueblo que no comiera ciertos alimentos que no consideraba limpios. Solo un pueblo limpio e incontaminado podría Él usar para cumplir su propósito de redención del mundo. Levítico deja también bien claro que la santidad que Dios demandaba incluía la conducta diaria de su pueblo. De estos se esperaba que practicaran la bondad, la honradez y la justicia, y que se mostrara compasión hacia el pobre (Lv 19.9-18).

Otros puntos importantes

La sangre de toros y corderos que tan importante son en Levítico no tiene poder para quitar el pecado. Cada uno de estos rituales son «sombra de los bienes venideros» (Heb 10.1). Señalaban proféticamente el supremo sacrificio de Dios que habría de presentarse a nuestro favor: «Cristo fue ofrecido una sola vez, para llevar los pecados de muchos» (Heb 9.28).

LEY Traducción de *torah* (en hebreo, *instrucción, enseñanza, revelación*) y de *nomos* (en griego, *lo válido* y *lo que está en vigencia*).

Aunque en el Nuevo Testamento «Ley» tiene diversos significados, en el Antiguo Testamento se refiere simplemente a la *Torá*, compilación de las «instrucciones» o «sabiduría» dada por Dios, mediante los líderes y autoridades religiosas, para gobernar la vida en comunidad de Israel. La *Torá* bíblica es una unidad inseparable, legal, moral y cúltica, en contraposición a los antiguos códigos orientales que se limitaban a lo legal, y dejaban lo moral y religioso para otra literatura. Estos anticipaban la tendencia moderna de divorciar lo espiritual y lo secular, pero no así la *Torá*.

Toda ley válida expresa la voluntad de Jehová. Por su obediencia y confianza en la promesa de Dios, a Abraham se le acredita el cumplimiento de la Ley aun antes de que se codificara (Gn 26.5). Pero la relación entre Dios y su pueblo es una relación histórica, y por tanto toda la Ley del Antiguo Testamento, dada por los sacerdotes (Hag 2.11-13; Mal 2.6,7) y los profetas (Is 1.10; 8.16,20; 30.9, 10), se desprende de la revelación de Dios a Moisés en el → SINAÍ y de las revelaciones posteriores (Éx 25.22; Nm 7.89).

El → PACTO de Jehová con su pueblo se basa en la Ley. La obediencia, fe y amor que esta demanda confirman la fe del individuo redimido, su conducta y el culto en comunidad (Éx 19; 20.24). Al mismo tiempo la Ley revela lo que desagrada a Dios, lo que debe evitarse para no interrumpir las relaciones dentro del pacto. En el → DÍA DE EXPIACIÓN el pueblo hebreo renovaba los votos del pacto, cortando un animal en dos partes y pasando toda la congregación entre los dos pedazos separados (Gn 15.8-10,17; Éx 24.3-11; Jos 24; cf. Éx 23.14-17 y Lv 16; Jer 34.18). Simbólicamente, el pueblo propiciaba así (→ PROPICIACIÓN) a Dios y su inalterable Ley, mediante el arrepentimiento personal y la muerte de un sustituto (→ EXPIACIÓN).

Con el cumplimiento del juicio divino en el destierro, juicio pronosticado por los profetas

Pastor con sus ovejas en Jebel Musa (en árabe para «Monte de Moisés»), monte tradicionalmente identificado como el Sinaí, en donde Moisés recibió la Ley de Dios.

Foto: Colección de fotos Matson

debido a la violación de la Ley del pacto (Is 1.27ss), Israel aprendió a no idolatrar más. Y con la desaparición del reinado, el sacerdocio, los sacrificios y el culto en Jerusalén, la observación de la Ley tomó otras dimensiones:

1. Bajo Esdras, llegó a ser la base de la sociedad judaica, y determinaba los detalles más básicos de la vida religiosa, cultural y moral de cada judío. Se hacía tanto hincapié en las partes de la Ley que distinguían entre judíos y no judíos (por ejemplo, el sábado, la circuncisión, la reglamentación dietética, etc.), que llegó a prevalecer la idea de que el objeto principal de la Ley era la separación de los judíos de los demás pueblos (cf. Dt 4.20; 7.6-11; 14.2).

2. Después de Esdras, surgió un nuevo grupo de líderes espirituales: los → ESCRIBAS. El centro de la vida religiosa pasó del templo a la → SINAGOGA. De esta manera la Ley perdió su función original de gobernar la vida comunitaria del pueblo redimido para transformarse en un aparente medio de vida, pues quien cumplía cabalmente la Ley vivía. Este concepto tergiversado de la Ley dio lugar a exageraciones en la interpretación y aplicación de sus detalles. Como resultado surgieron diferentes escuelas de interpretación rabínica (→ TALMUD) que gozaban de mucha influencia aun en los días de Jesús.

Jesucristo jamás admitió que la Ley pudiera dar vida ni establecer alguna relación salvadora entre Dios y el hombre por medio de su cumplimiento, como había formulado el judaísmo. Más bien, Jesús mismo y su palabra ocupan esa posición decisiva. Esto es la esencia del nuevo orden prometido desde Gn 3.15 (Mc 2.21ss; Lc 16.16). El hombre determina su relación con Dios, por su arrepentimiento y adoración, confesando a Jesús como Señor (Mt 10.28-42), y no por cumplir la Ley.

Jesús no niega que toda infracción de la Ley es pecado que separa de Dios, pero insiste en la posibilidad de remediar la transgresión y la ilustra con las parábolas de Lucas 15:

Foto de Gustav Jeeninga

Impresión hecha con un sello cilíndrico de la antigua Babilonia. En tiempos bíblicos muchas veces se usaban dichos sellos para poner decretos en vigor o legalizar contratos.

1. La oveja y la moneda extraviadas son encontradas.

2. El hijo pródigo es recibido de nuevo en casa, pero, en cambio, el hermano mayor que quedó en casa, confiando en su pura obediencia a la Ley, no aprovecha sus méritos tan dudosamente acumulados.

3. Del publicano que se humilló arrepentido delante de Dios se afirma que «descendió a su casa justificado» antes que el fariseo que se jactaba de su cumplimiento de la Ley (Lc 18.10-14).

Sin embargo, Jesús no abrogaba la Ley al negar que podría dar vida (Mt 5.17). Él mismo la observó (Lc 2.22ss,27,39) y reconoció la validez de su juicio; por eso llamó a los pecadores al arrepentimiento (Mc 1.15). Incluso cuando censuró el legalismo (Mt 23.23), Jesús insistió en que la Ley de Dios era la única norma para la vida (Lc 10.26-28); levantó la carga externa de «las obras de la Ley» e impuso su propio yugo de obediencia por amor sobre sus discípulos. Exigió de ellos → JUSTICIA mayor que la de los fariseos (Mt 11.29).

Siguiendo la actitud de Cristo, la comunidad primitiva de la iglesia observó la Ley y vivió sustancialmente de acuerdo con ella. Eran los judaizantes los que fomentaban el legalismo: sostenían que los gentiles debían circuncidarse y observar la Ley para alcanzar la salvación e incorporarse a la comunidad de los cristianos (Hch 15; Gl 2). El conflicto sobre la Ley surgió cuando la comunidad aceptó incluir a los gentiles prosélitos y al mundo gentil. En Hch 15.29 y 21.25 se especifican los requisitos mínimos que la iglesia impuso a los gentiles cristianos para que pudiesen participar en el culto y compañerismo hebreo sin ofensa.

El uso paulino de *nomos* no es uniforme, pero el estudio de los contextos específicos en que aparece permite clasificarlo de la siguiente manera, como referido a:

1. El canon del Antiguo Testamento, en Ro 2.12-14,17,18,23,25-27; 3.19-21; 7.1,2.

2. El decálogo promulgado en Sinaí (o sea, la Ley que Dios revela específicamente para los redimidos), en Ro 3.31; 7.3-9,12,14,16; 8.3,4; 9.4; 10.5; 13.8,10; Gl 3.10,12,13,17, 19,21,24; 4.21b; 5.3,14.

3. La Ley de Dios revelada en forma general, en Ro 4.15,16; 5.13,20; 7.22,25; 8.7.

4. La Ley de Dios escrita en los hombres (→ CONCIENCIA), en Ro 2.14b,15.

5. Un principio que gobierna positivamente, en Ro 3.27a («ley de la fe»); 7.2 («ley de la esposa»); 7.21 («ley del mal que está en mí»);

El valle de Lebona, situado entre Silo y Siquem (Jue 21.19).

L

7.23,25b («ley en mis miembros», «de mi mente», «del pecado»); Gl 5.23 («no hay ley en contra»); 6.2 («ley de Cristo»).

6. Un principio que gobierna negativamente, o sea, el uso del legalismo o las obras de la Ley para justificarse delante de Dios, en Ro 3.20a,21,27,28; 4.13,14; 6.14; 9.31,32; 10.4; Gl 2.16,19,21; 3.2,5,10a,11,18, 21b,23; 4.4,5,21a; 5.4,18; 6.13.

Lo exigido por la Ley y «lo bueno» es lo mismo para Pablo, pero no es el ser hacedor de la Ley lo que distingue entre judíos y gentiles; con Ley o sin ella, todos somos pecadores (Ro 2.12). Por tanto, el juicio divino contra todos los transgresores es justo, enseña Pablo, y quienes se rebelan contra Dios son dignos de muerte (cf. Ro 1.28-32 y 3.23). Ninguno puede justificarse por la Ley pues tanto para los sin Ley como para los de la Ley solo en Jesucristo está la justificación y la unidad (cf. Gl 3.28ss y Ro 3.29ss).

La Ley afecta a la sociedad, y particularmente a la relación entre esta y Dios. Prohíbe y restringe el pecado, conservando cierta disciplina externa en la sociedad rebelde (Ro

7.7ss), y según Ro 5.13ss y Gl 3.19, revela que el pecado es rebelión contra Dios.

La Ley condena y sentencia por el pecado cometido, sirve como ayo al pecador, lo descubre como transgresor y lo confina bajo el juicio de Dios (Ro 3.20; 7.1ss). La única esperanza del pecador, pues, es la fe en Cristo; al identificarse con la muerte del Salvador, satisface la pena de la Ley y recibe perdón y nueva vida (cf. 2 Co 5.21 y Gl 3.13 con Gn 15.6 donde → ABRAHAM «creyó a Jehová y le fue contado por justicia»).

Por lo que respecta a los redimidos, aunque todavía están sujetos a la → CARNE, la Ley los guía en una vida comunitaria que le agrada al Redentor (1 Co 14.21,34); la Ley es maestra y guía que confirma lo conocido por revelación general (Ro 2.14b,15). Para el cristiano la Ley es autoritativa y requiere que se obedezca a Cristo en fe y amor, conforme a la medida de fe que Dios le dé a cada uno (Ro 12.3). Para el creyente todo lo que no provenga de la fe es pecado (Ro 14.23; Stg 4.11,17), y su obediencia es una respuesta de amor y sumisión a la voluntad de quien le ha salvado (cf. 1 Co 9.21 y Gl 5.14; 6.2).

LIBACIÓN Derramamiento de vino, aceite, agua, etc. Se menciona primero en relación con dos visitas de Jacob a Bet-el (Gn 28.18; 35.14), y luego se establece para acompañar los sacrificios del tabernáculo (Éx 29.40s; Lv 23.37; Nm 28.7; etc.; cf. 1 Cr 29.21; 2 Cr 29.35). Fue uno de los símbolos de la gratitud de Israel por las provisiones materiales de Dios, pero también parece símbolo del gozo de la adoración verdadera (nótese la relación entre la tristeza y la ausencia de la Ley en Os 9.4; Jl 1.9,13, y el paralelismo con «bendición» en Jl 2.14).

LÍBANO (*blanco*). Cadena de montañas situada a lo largo de la costa de Siria (al norte de Palestina), cuyo nombre probablemente hace alusión a la nieve que la cubre durante unos seis meses al año (cf. Jer 18.14). Siguiendo la dirección sur-sudoeste a norte-nordeste alcanza una extensión de 170 km, y forma dos cadenas paralelas: el Líbano propiamente dicho, más próximo al mar, y el Antilíbano en el interior, en el que se destaca el monte Hermón (2.760 m). La depresión entre ambas cadenas se llama en el Antiguo Testamento «la llanura del Líbano» (Jos 11.17; 12.7).

En la antigüedad el Líbano fue célebre por su enorme riqueza forestal. Sus finos cedros, cuya madera se empleaba en múltiples trabajos, se explotaron sistemáticamente para comerciar con Egipto, Asiria, los seléucidas y los romanos.

En el marco del Antiguo Testamento encontramos numerosas referencias al monte Líbano. Unas veces se le designa como la frontera noroeste de Israel (Dt 1.7). Más frecuentemente se le menciona por sus bosques ricos en cedros (cf. 2 R 19.23) de los cuales incluso salieron los troncos que se usaron para la construcción del gran templo de Salomón (1 R 5.6-10). Una parte del palacio real de Salomón se conocía como «casa del bosque del Líbano» (1 R 7.1-5), precisamente por los muchos cedros del Líbano utilizados para su construcción.

También se alude muchas veces al Líbano en tono de alabanza (Cnt 4.8). En los Salmos

---

Cedros del Líbano en las laderas del Líbano. Por haber cortado indiscriminadamente a estos magníficos árboles a través de los siglos, casi han desaparecido del paisaje.

se le menciona varias veces ya sea por su nombre explícito o por sus cedros (29.5,6; 72.16; 80.10; 92.12; 104.16). Con el mismo fin lo mencionan repetidas veces los profetas, en relación con la casa real de Judá (Jer 22.6). Por otra parte, se dice que el Mesías tendrá la gloria y la hermosura del Líbano (Is 35.2) y que Israel se convertirá en plantación con raíces como los cedros del Líbano (Os 14.5,6). La belleza natural del Líbano adquirió dentro de la literatura de Israel un rico y significativo valor simbólico y metafórico.

LIBERTAD Concepto que en la Biblia tiene aspectos positivos y negativos. Por un lado, significa la liberación de algo que esclaviza e impide que el hombre goce plenamente de su Creador. El aspecto positivo puntualiza la capacidad del hombre libre para encontrar el gozo de vivir en comunión con Dios y recibir las bendiciones divinas.

En el Antiguo Testamento, el éxodo es el ejemplo primordial de la libertad. Dios libertó a los israelitas de la esclavitud de Egipto para que pudieran servirle como nación y recibir sus bendiciones (Éx 19.3-7). La libertad de Israel no fue consecuencia del esfuerzo humano, sino de la obediencia a Dios (Dt 28.1-14). Por su desobediencia, Israel perdió su libertad en más de una ocasión (Dt 28.15-68; cf. Jue 2.14ss; 3.7ss; 2 R 17.6-23; Am 5).

La esclavitud, tanto nacional como personal, se consideraba como condición transitoria, un castigo o una pena temporal, de la que Dios ofrecía la libertad. A los israelitas que, por razones económicas, se habían vendido al servicio doméstico, no debía tratárseles como simples → ESCLAVOS o como propiedad exclusiva de su amo (Lv 25.44ss). Debían ser liberados cada séptimo año, en conmemoración del rescate de Israel de la esclavitud egipcia (Dt 15.12ss). (→ JUBILEO.)

La libertad bíblica es paradójica, puesto que se obtiene únicamente estando esclavizado a Dios y a Cristo. «Mas ahora habéis sido libertados del pecado y hechos siervos [en griego, *siervos*] de Dios» (Ro 6.22). La libertad en modo alguno implica independencia de Dios, sino aceptación voluntaria de la servidumbre a Él. La única opción para el que no quiere servir a Dios es servir a las fuerzas del mal.

El poder de Cristo puede libertar al hombre de «pecado para muerte» (Ro 6.16), de la → LEY (1 Co 15.56), de la «esclavitud de corrupción» (Ro 8.21), del «presente siglo malo» (Gl 1.4), de «toda obra mala» (2 Ti 4.18), de → TENTACIÓN (2 P 2.9), de «la potestad de las tinieblas» (Col 1.13), y de «hombres perversos» (2 Ts 3.2).

El cristiano liberado de todas las fuerzas del mal, acepta gustoso ser siervo de Dios (1 P 2.16), siervo de la justicia (Ro 6.18), siervo de Jesucristo (2 P 1.1) y siervo de la humanidad (1 Co 9.19). Su libertad de la Ley (Ro 6.14) no significa que tenga licencia para convertir su libertad en libertinaje (Ro 6.15). Más bien está «bajo la ley de Cristo» (1 Co 9.21). Los cristianos deben emplear la libertad responsablemente para servir «por amor los unos a los otros» (Gl 5.13), porque la ley de amor es la ley de Cristo y la respuesta al evangelio de libertad.

En 1 Co 8—10 se nos enseña que el cristiano goza de libertad en cuanto a cosas prácticas que intrínseca o esencialmente no tienen carácter moral o inmoral, pero debe evitar que esta libertad venga a ser «tropezadero para los débiles» (1 Co 8.9). Pablo afirma que todas las cosas le son lícitas, mas no todas convienen (1 Co 6.21). Para el cristiano maduro, todas las cosas son puras (Tit 1.15), pero aquel que ha entrado plenamente en esta libertad ha de usarla con responsabilidad para el bienestar de todos los miembros del cuerpo de Cristo. Entre estos hay quienes todavía no pueden usar esta libertad, porque «su conciencia, siendo débil, se contamina» (1 Co 8.7). Si un cristiano, por el uso imprudente de su libertad, hiere la conciencia débil de un hermano, comete un pecado contra Cristo (1 Co 8.12).

Implícito en el ministerio de Cristo, desde su primera autodeclaración en Nazaret (Lc 4.16ss) hasta su victoria sobre la muerte,

Ruinas de la biblioteca de Celso, en Éfeso, del siglo II d.C.

está el concepto de la total liberación del hombre de todo lo que esclaviza, deshumaniza y limita la realización de su potencial como hombre y cristiano. Es así como el evangelio, en el grado en que logra liberarse de su bagaje tradicional y cultural, siempre abre brecha en las condiciones sociales que esclavizan a la humanidad y proporciona al cristiano redimido una perspectiva auténticamente libre. «Así que, si el Hijo os libertare, seréis verdaderamente libres» (Jn 8.36).

LIBERTOS Grupo de judíos mencionado en Hch 6.9, que tenía su propia sinagoga en Jerusalén. Debido a que el sentido de ese texto no es totalmente claro, no es posible saber si se refiere a cinco sinagogas distintas o a un número menor. Los libertos parecen haber sido judíos esclavizados, posiblemente en Roma, que habían recibido su libertad. Puesto que muchos de ellos habían nacido lejos de Palestina, no hablaban arameo sino griego, y por ello necesitaban su propia sinagoga.

LIBIA Región al oeste de Egipto, en África del norte, que recibió su nombre de los Lehabim (Gn 10.13). En el siglo XII a.C., los libios, aliados con los Pueblos del Mar, intentaron entrar en el delta de Egipto, pero Merneptah y Ramsés III los rechazaron. Más tarde se infiltraron en Egipto e incluso un príncipe de descendencia libia (Sisac) se hizo faraón y fundó la dinastía libia (la XX). Los libios se mencionan como tropas auxiliares de Sisac contra Roboam (2 Cr 12.3), de los etíopes contra Asa (2 Cr 14.9; 16.8) y como aliados de Tebas (Nah 3.9).

Libia cayó sucesivamente bajo el poder de Cartago, de los griegos y de los romanos. En tiempo de Cristo, muchos judíos vivían en Libia y acudían a Jerusalén para celebrar la Pascua (Hch 2.10; cf. Jer 46.9; Ez 30.5; Dn 11.43). (→ Fut.)

LIBNA (*blancura*). Nombre de un lugar y una ciudad en la Biblia.

1. Campamento de los israelitas, entre Sinaí y Cades (Nm 33.20,21). Se desconoce su sitio exacto.

2. Ciudad cananea entre Maceda y Laquis, conquistada por Josué (Jos 10.29,30) y dada primero a Judá y después a los hijos de Aarón (Jos 21.13; 1 Cr 6.57). Se rebeló durante el reinado de Joram (2 Cr 8.22; 2 Cr 21.10). En Libna murieron ciento ochenta y cinco mil soldados del ejército de Senaquerib (2 R 19.8). Libna fue el pueblo de Hamutal, esposa de Josías y madre de Joacaz y Sedequías, reyes de Judá (2 R 23.31; 24.18).

LIBRA Término usado en la RV para traducir tres palabras:

1. *Mane* (1 R 10.17; Esd 2.69; Neh 7.71), pesa oriental que equivalía *ca.* 570 gramos.

2. *Litran* (Jn 12.3; 19.39), la libra romana que pesaba *ca.* 327 gramos.

3. *Joinix* (Ap 6.6), no un peso, propiamente hablando, sino una medida de áridos usada para granos. La Biblia de Jerusalén la traduce «litro», pero contenía un poco menos que un litro. Una *joinix* de grano se consideraba como la ración diaria de un soldado.

LIBRO (en hebreo, *meguilá*, que significa *rollo*; *sefer,* que significa *carta, documento*; en griego, *biblos* o *biblíon*). Nombre con que la Biblia designa a cualquier documento, sin tomar en cuenta la extensión. Se trata por lo general de un manuscrito enrollado, y frecuentemente sellado (cf. Dn 12.4; Ap 5.1).

Originalmente, los libros estaban hechos de piel, de cuero o → PERGAMINO, o bien de → PAPIRO (→ ESCRITURA). El rollo estaba formado por varias piezas de estos materiales, cosidas una a continuación de la otra. Al fijar sus dos extremos en palos o cilindros, la tira larga (alcanzaba *ca.* de 10 m y 25 cm de ancho) se enrollaba sobre los extremos (cf. Is 34.4; Zac 5.1s). Tal rollo podía contener. por ejemplo, el libro de Isaías o un Evangelio. El lector empezaba a leer el texto, escrito en columnas (Jer 36.23), desenrollando a partir de la derecha (Lc 4.20,21). Excepcionalmente se escribía en ambas caras del rollo (Ez 2.9,10; Ap 5.1).

El plural del término griego *to biblíon* (*documento, rollo*), *ta biblía*, llegó a usarse para las colecciones de escrituras sagradas. De aquí surge el término → BIBLIA.

El término castellano «libro» viene del latín *liber*, que es la corteza interior de los árboles. Pero ya en la época de Cristo, debido a la costumbre de utilizar esa corteza para escribir, *liber* llegó a tener nuestra acepción moderna.

El antepasado del formato que ahora llamamos libro se origina en la costumbre antigua de amarrar varias tabletas, normalmente de madera, sobre las que se escribía algo. A veces las tabletas estaban cubiertas de cera, y se escribía en ellas con un estilete. El uso de este tipo de tabletas llevó a la costumbre de coserlas de tal modo que se pudieran cerrar una sobre la otra, pues así se protegía lo escrito. Cuando estos primitivos libros constaban de dos tabletas, se les llamaba «dípticos». En los primeros siglos de la iglesia, se acostumbraba escribir en tales

L

Una de las vasijas en que se guardaron los rollos del mar Muerto en las cuevas de Qumrán.

Foto de Howard Vos

dípticos los nombres de personas por las que se oraba al celebrar la comunión.

Los documentos escritos comenzaron a tomar la forma de nuestros libros actuales cuando se comenzó a utilizar el mismo principio de las tablas cosidas, pero empleando hojas de papiro o de pergamino. Naturalmente, esto permitía coser, no ya dos o tres hojas, sino muchas más. El nuevo formato se llamaba «códice» (del latín, *codex*, que significa *tronco del árbol*) término empleado también para referirse a las antiguas tabletas antes mencionadas.

Como es sabido, la Biblia en el → CANON que utilizan los protestantes, consta de 66 libros: 39 en el Antiguo Testamento y 27 en el Nuevo Testamento. La Biblia católica, debido a la inclusión de los libros llamados → «APÓCRIFOS», tiene 46 libros en el Antiguo Testamento y los mismos 27 en el Nuevo Testamento.

La Biblia alude a ciertos libros perdidos, de los cuales algunos fragmentos se han incorporado en el canon: el libro de las batallas de Jehová (Nm 21.14), el libro de Jaser (Jos 10.13; 2 S 1.18), el libro de los hechos de Salomón (1 R 11.41), el libro de las historias de los reyes de Israel (1 R 14.19), y el «midrás del libro de los reyes [de Judá]» (2 Cr 24.27 BJ). Además, se menciona un libro de memorias (por ejemplo, Éx 17.14; Esd 4.15), que pareciera ser el origen de la idea de un → LIBRO DE VIDA.

LIBRO DE VIDA Libro celestial en el que se escribe el nombre de los justos, es decir, de aquellos a quienes Dios predetermina. La vida a que se alude con el nombre de este libro puede ser: natural (Sal 32.32s) y, entonces, ser borrado del libro es morir; o bien espiritual, como ocurre en el judaísmo posterior y en el Nuevo Testamento (cf. Dn 12.1). En este segundo caso el sentido oscila entre las dos. Así, el libro de vida constituye el registro de creyentes destinados a la vida eterna (Flp 4.3; Ap 3.5; 22.19).

En el juicio final todos los que no se hallen inscritos en el libro de vida serán consigna-

dos al lago de fuego (Ap 20.12,15), porque este libro es del → CORDERO DE DIOS inmolado (Ap 13.8; 21.27) que ha hecho su elección desde la fundación del mundo (Ap 17.8; cf. Lc 10.20).

LICAONIA Distrito en la planicie central de Asia Menor visitada por el apóstol Pablo (Hch 14.6). En los tiempos apostólicos, parte de esta (la visitada por Pablo) era una región de la provincia romana de Galacia. Licaonia limitaba al sur con Cilicia, al oeste con Frigia, al norte con Galacia y al este con Capadocia. Debido a su lejanía, Licaonia disfrutó de independencia política durante gran parte de su historia. Pero cayó bajo la influencia y el control griego en el período posterior a la conquista de Alejandro Magno.

El apóstol Pablo visitó tres ciudades de Licaonia: Iconio, Listra y Derbe, en sus tres viajes al Asia Menor (Hch 13.51–14.6; 2 Ti 3.11). Timoteo era de Licaonia; al parecer, su ciudad natal fue Listra (Hch 16.1).

LICIA Región montañosa del sudoeste de Asia Menor, asiento de ciudades importantes: Pátara (Hch 21.1) y Mira (Hch 27.5). Conquistada por los romanos (188 a.C.) y entregada a Rodas, Licia obtuvo su autonomía en el 168 a.C., pero por luchas internas entre las ciudades Claudio la hizo provincia (43 d.C.). Según 1 Mac 15.23 en Licia había judíos durante la época intertestamentaria.

LIDA (*Lod* en hebreo y *Lydda* en griego). Ciudad situada en la Sefela a 15 km al sudeste de Jope, construida por Semed de la tribu de Benjamín (1 Cr 8.12). Prosperó debido a su ubicación sobre el camino principal entre Jope y Jerusalén y entre Egipto y Babilonia. De los que regresaron del cautiverio babilónico, 725 eran de Lod, Hadid y Ono (Esd 2.33; Neh 7.37; 11.35). En el período macabeo fue capital de una toparquía (1 Mac 11.34).

En Lida fue sanado Eneas el paralítico y como resultado surgió una numerosa comunidad cristiana (Hch 9.32-35,38). Los romanos la incendiaron en 66 d.C., mientras los habitantes celebraban la Fiesta de los Tabernáculos. La reedificaron y llegó a ser obispado y ciudad importante durante las cruzadas. En 1970 contaba con 27.100 habitantes y era base del aeropuerto internacional israelí.

LIDIA Mujer convertida por la predicación de Pablo en → FILIPOS, donde ella se encontraba con otras mujeres en un culto judío. Probablemente era de origen gentil. «Adoraba a Dios» según Hch 16.14, expresión que suele referirse a un → PROSÉLITO. Era comerciante de púrpura, producto renombrado de su ciudad → TIATIRA en Lidia (Asia).

Es probable que Lidia haya sido mujer acomodada; después de su bautismo hospedó gustosamente a Pablo, Silas y Lucas (Hch 16.11-40). Su hospitalidad caracterizaría después a la iglesia de Filipos, aunque Pablo no menciona a Lidia en la carta que escribió a esta congregación. Posiblemente Lidia había muerto para entonces o había vuelto a Tiatira.

LIEBRE → CONEJO.

LÍMITES, LINDEROS La costumbre de deslindar los campos era bien conocida por los pueblos antiguos. Los griegos y los romanos confiaban la protección de los límites a algunas divinidades a las que honraban con culto especial (Hermes, que significa *término*). En Israel había decretada una maldición divina sobre quien violase la propiedad (Dt 25.17), y el mismo Señor velaba por los límites de la viuda y de los huérfanos indefensos (Pr 15.25; 23.10). Estaba prohibido alterar o suprimir los límites establecidos (Dt 19.14). Y la heredad de los padres debía respetarse en toda su integridad: «No desplaces el lindero antiguo que tus padres hicieron» (Pr 22.28 BJ).

LIMOSNA (en griego, *eleemosyne* que significa *compasión*). Las leyes israelitas recomendaban la piedad para con los → POBRES

(Dt 15.7-11). La generosidad era una de las virtudes predilectas de los orientales y en particular entre los judíos (por ejemplo, Pr 3.3,27s). Testigo de lo común de esta práctica es la multitud de mendigos, ciegos y enfermos que aparecen en las escenas evangélicas (por ejemplo, Lc 14.21; Hch 3.2s,10). La limosna era el complemento necesario de la piedad y el temor a Dios (Pr 17.5; Hch 10.2) y caracterizaba al «justo» (Sal 112.9; 2 Co 9.9s). Se creía, asimismo, que la limosna era meritoria a los ojos de Dios (Pr 19.17; Lc 19.8; cf. Tobías 4.7-12), sobre todo si permanecía en el anonimato: «El que da limosna en secreto es mayor que Moisés, nuestro maestro» (Talmud).

Jesús también recomendó la limosna como un aspecto del desasimiento de los bienes terrenos que Él predicaba (Mt 19.21; Lc 11.41). Instruyó al respecto que la limosna debía ser discreta (Mt 6.2-4) e inspirada por el espíritu de sacrificio (Lc 12.33), como Él mismo la practicaba en unión de sus discípulos (Jn 13.29). El apóstol Pablo afirma que Dios ama a quien da con alegría (2 Co 9.7) y los primeros cristianos se distinguieron por sus buenas obras incluso la limosna (Hch 9.36) y la ayuda a las viudas (Hch 6.1). Pablo se empeñó en organizar la → COLECTA para los pobres de Jerusalén (Ro 15.26-31; 1 Co 16.1; 2 Co 8.9; Gl 2.10).

LIMPIO → INMUNDO.

LINO Amigo de Pablo en Roma que permaneció fiel al apóstol durante la encarcelación de este, mientras otros le abandonaron. Mandó saludos a Timoteo (2 Ti 4.21). Según Ireneo, Pablo y Pedro nombraron a Lino primer obispo de la iglesia en Roma (*Contra herejías* III.iii.3).

LINO Material textil que se extrae del tallo de la planta del mismo nombre. Entre los hebreos se le designaba con varios nombres, según se aludiera a la tela fabricada, al hilo o la fibra, o al acto de majar el cáñamo del lino.

L

Egipto es reconocido como el productor del lino más fino, pero la historia señala a la India y a Mesopotamia como los lugares donde por primera vez se procesó la planta del lino. También se reconoce a Egipto como el mayor productor entre los más antiguos. El volumen de producción de la planta era extraordinario, y en Egipto las plantaciones eran enormes como resultado natural de las inundaciones anuales del río Nilo. El lino de Egipto era de tan excelente calidad que también se empleaba para fabricar colchas delicadas y cortinas (cf. Pr 7.16 donde el «cordoncillo» de que se habla es hecho de lino fino). Lo mismo se menciona en Ez 27.7.

En la fabricación del → EFOD, prenda ornamental en la vestidura de los sacerdotes hebreos, siempre se prefería el lino. Había dos clases de efods: uno sencillo (1 S 22.18) y otro recamado con broches de oro y anillos para sujetar el racional que tenía las piedras preciosas grabadas con los nombres de los hijos de Israel. Este segundo tipo de efod se fabricaba para el sumo sacerdote (Éx 28.4-8). Muchas de las túnicas tan populares entre los hebreos se tejían con el lino más fino, asimismo las mitras, los cinturones, las tiaras y los calzoncillos (Éx 39.27-29).

La finura y delicadeza del lino elaborado en Egipto hizo de este material textil el favorito para los ropajes de los aristócratas. A José se le honró sobremanera con la orden que dio el faraón de vestirlo «con ropas de lino finísimo» (Gn 41.42). Cosa semejante se hizo con Mardoqueo allá en Persia (Est 8.15). Jesús, al exponer su parábola del rico y Lázaro emplea la frase «lino fino» para destacar la extrema riqueza del primer personaje (Lc 16.19; cf. Ap 19.8,14).

LIRIO Una sola variedad de lirio, el *lillium candidum*, es natural de Palestina. Pero este ni se da en los valles ni crece entre espinos (Cnt 2.1s), sino en lugares sombreados y de espesos bosques que no son apropiados para la agricultura ni la ganadería (Cnt 6.2s; 7.2).

Las palabras hebreas traducidas «lirio» en RV (*shosham, shushan, shoshannah*) pueden referirse a cualquier planta con flores de vistosos colores, por ejemplo, jacintos, anémonas, narcisos o ranúnculos, todos crecen abundantemente en Palestina. La flor de lis (1 R 7.26; 2 Cr 4.5) y el lirio (1 R 7.19,22), usado como motivos artísticos en el templo de Salomón a la manera egipcia y cananea, era una representación de algunas variedades de ninfa, posiblemente la *ninfea alba* o la *ninfea lotus*. El lirio del encabezamiento de los Salmos 45; 60; 69 y 80 se refiere al nombre de la melodía con que estos salmos se cantaban en el templo de Zorobabel.

En el Nuevo Testamento la palabra *krinon* (Mt 6.28; Lc 12.27) se refiere a la multitud de florecillas silvestres que se dan en Palestina de enero a mayo, por ejemplo, anémonas, amapolas y ranúnculos.

LISANIAS Tetrarca de → ABILINIA «en el año decimoquinto del imperio de Tiberio César» (Lc 3.1), es decir, 27–28 d.C. Josefo habla de «Ábila que fue la tetrarquía de Lisanias» (*Antigüedades* XIX.V.I;XX.vii.1). Su nombre aparece también en dos inscripciones de Ábila que se remontan a la época de Tiberio y que recuerdan una ofrenda hecha por un esclavo libertado de «Lisanias el tetrarca». No debe confundirse con otro Lisanias, hijo del rey Ptolomeo de Calcis, quien fue ejecutado por Antonio en el 34 a.C. a solicitud de Cleopatra (Josefo, *Antigüedades* XV.iv.1). La tetrarquía de Lisanias se le otorgó posteriormente a → HERODES Agripa I (37 d.C.) y después a Herodes Agripa II (53 d.C.).

LISTRA Pequeña ciudad de la parte central de Asia Menor, ubicada en la altiplanicie de Licaonia, a 29 km al sudoeste de Iconio. Además de nativos licaónicos (Hch 14.11), en Listra había residentes griegos y judíos (16.1). César → AUGUSTO estableció aquí una colonia militar.

Pablo conoció a Listra durante su primer viaje misionero (Hch 14.6-20). Puesto que sanó milagrosamente a un cojo de nacimiento, los nativos querían rendirle culto como a un Dios (→ JÚPITER; HERMES). No obstante, poco después estos mismos lo apedreaban, incitados por los judíos de Antioquía e Iconio (Hch 14.19; cf. 2 Co 11.25 y 2 Ti 3.11). En su segundo viaje Pablo volvió a Listra, donde halló a → TIMOTEO y lo eligió como colaborador (Hch 16.1-3). No se sabe si regresó en el tercer viaje también (Hch 18.23).

LLAMAR, LLAMAMIENTO Término cuyo significado teológico implica una invitación a servir a Dios con algún propósito específico (1 S 3.4; Is 49.1). En otro sentido, describe una relación directa entre Dios y el sujeto llamado (Is 43). Dios llama a Israel y lo separa de entre los otros pueblos, a fin de que le sirva y goce de su especial protección. Dios es el que siempre toma la iniciativa en el llamamiento, aunque casi siempre es una minoría o «remanente» el que responde (Jl 2.32).

En el Nuevo Testamento es frecuente el uso del término en Lucas, Hechos y las cartas de Pablo. Sorprende su ausencia casi total en la literatura juanina. En algunos pasajes de los Evangelios y en los escritos de Pablo, la base para el significado teológico del llamamiento es el hecho de que Dios llama al hombre en Cristo para un propósito que Él mismo determina. En general, este es el punto de vista del Nuevo Testamento (Flp 3.14). La respuesta del hombre llamado puede ser para creer, y en este sentido el llamamiento es un término técnico para designar el proceso de la → SALVACIÓN (Hch 2.39; 1 Co 7.17; Gl 5.13; 1 P 5.10).

Las epístolas paulinas clarifican el concepto teológico del llamamiento cristiano. Este viene de Dios, a través del evangelio, para la salvación, → SANTIFICACIÓN y servicio (2 Ts 2.14); permite entrar al Reino de Dios y formar parte de la «familia de Dios» en compañerismo y amor fraternal (1 Co 1.9; Gl 1.15; Ef 2.19). Para Pablo, quienes responden al evangelio son «llamados» en oposición a quienes lo rechazan (1 Co 1.24). Esta idea está tomada de la misma enseñanza de Jesús (Mt 22.14).

El llamamiento de 1 Co 7.20 parece señalar, más que una ocupación particular, el carácter histórico del acto divino. La respuesta del hombre «llamado» incluye todas sus circunstancias históricas. De aquí que en algunos pasajes del Nuevo Testamento el llamamiento sea un imperativo a vivir conforme a la vocación cristiana (Ef 4.1; Col 1.10; 2 Ts 1.11).

Sin embargo, el sentido más pleno del llamamiento cristiano destaca la posición que el creyente asume en una relación más profunda con Dios. Ser «llamado hijo de Dios» es el propósito eterno de la salvación (1 Jn 3.1; cf. Jn 1.12; Ro 8.28,30; 9.26).

LLAVE Trozo de madera bastante grande, pues se llevaba al hombro, con que antiguamente se corría hacia atrás el cerrojo de una puerta. Pocas veces las puertas se aseguraban con cerraduras o cerrojos, pero cuando los hubo eran normalmente de madera, insertados en el marco de la puerta y sostenidos por algunas clavijas o nudos (Neh 3.3). Para levantar el cerrojo había también una manecilla especial (Cnt 5.5), llamada en hebreo «abridor» y en griego «cierre». El → PORTERO era un servidor que recibía solemnemente su dignidad. En Is 22.21s, la potestad del mayordomo-tesorero Sebna pasa a las manos de Eliaquim: «Pondré la llave de la casa de David sobre su hombro» (cf. Is 9.6 «el principado sobre su hombro»).

En el Nuevo Testamento, las llaves del → REINO se le confían a → PEDRO (Mt 16.19; cf. 18.18, donde la autoridad de → ATAR y desatar se otorga a todos los discípulos). La figura simboliza responsabilidad y autorización para proclamar la apertura del Reino. En Jn 20.23 una expresión análoga se aplica al anuncio del perdón de los pecados. En Mt 23.13, Jesús critica a los escribas y fariseos por su falsedad, ya que cierran el Reino y no entran ni dejan entrar. Asimismo en Lc 11.52 los critica por haber «quitado la llave [que es] el conocimiento [práctico de la voluntad de Dios]». En Jn 10.3 el oficio del portero es abrir la puerta solamente al pastor. En Ap 1.18 es uno semejante al Hijo del Hombre quien tiene el poder de las llaves para abrir la cárcel de los muertos y darles vida. Él dispone de los tesoros de Dios para la iglesia en Filadelfia, le abre la puerta del templo de Dios y le da la corona (cf. Is 22.15ss). En Ap 9.1 y 20.1 un ángel recibe las llaves del pozo del → ABISMO y el poder para encerrar o bien soltar a Satanás (20.3,7).

LLUVIA Debido a la geografía que se destaca en el ambiente bíblico, la lluvia se presenta como un elemento especialmente vital. De ella dependía la existencia de los manantiales, el pastoreo de los animales, la agricultura, etc. (Dt 11.11; Is 55.10). Una sequía prolongada producía efectos desastrosos (1 R 17.7; 18.1,2; Jl 1.10-12).

La época de lluvia en la Tierra Santa dura por lo general de octubre a abril o mayo, y es la estación fría del año (Cnt 2.11). La Biblia menciona repetidas veces «las lluvias tempranas y las tardías» (Dt 11.14; Jer 5.24; Stg 5.7). Las «lluvias tempranas» son las que duran unos pocos días o hasta una semana, y caen alrededor de los meses de octubre o noviembre, aunque nunca son regulares y pueden retardarse hasta los primeros días de diciembre y aun más. Son ligeras y preparan el terreno para la siembra. Invariablemente las preceden días de fuertes vientos y descenso de la temperatura. En abril o en los primeros días de mayo se precipitan las «lluvias tardías» que cierran la estación lluviosa y sirven para completar la maduración de las cosechas. Son, pues, leves y alternan con días de sol. Cuando faltan, sobreviene el desastre agrícola (→ HAMBRE).

Las lluvias frías y copiosas caen en diciembre y enero. El terreno las absorbe y se mantienen en el subsuelo como reservas para luego fluir en forma de manantiales (→ FUENTE). Parte de esta lluvia se guardaba en → CISTERNAS y pequeños depósitos. Según la creencia de los antiguos, las fuertes lluvias procedían de enormes depósitos de los cielos (Gn 7.11; Sal 65.9; 148.4).

La falta de lluvia en la estación seca se compensaba, en parte, con el rocío que cae en las noches y que es suficiente para madurar ciertos granos, las uvas y otros frutos (Dt 33.28; Zac 8.12).

Las lluvias representan adecuadamente las bendiciones divinas (Dt 32.2; Is 44.3; 55.10, 11) o a veces las perturbaciones enviadas por Dios (Gn 7.4,10-12; Sal 11.6; Ez 38.22), pues su finalidad es producir efectos benéficos o desastrosos entre los hombres (→ GRANIZO; DILUVIO). Por eso, la lluvia en los desiertos era un misterio para los antiguos (Job 38.26).

La lluvia se consideraba como una bendición y un don de Dios al hombre (Mt 5.45) y específicamente a su pueblo (Gn 27.28; Dt 28.12). Se establece, en contraposición a los dioses extranjeros, como en el caso de → ELÍAS (1 R 18.17-40, cf. Stg 5.17,18), que Jehová es el «dador» de la lluvia (Sal 65.9; Jer 5.24; 14.22).

LLORO, LLANTO → DUELO.

LO-AMMI (*no pueblo mío*). Nombre simbólico que el profeta Oseas dio a su segundo hijo varón (Os 1.9,10; 2.23) para denotar el rechazo de Dios hacia la nación de Israel (Ro 9.25,26). (→ OSEAS.)

LO-RUHAMA (*no compadecida*). Hija nacida a Gomer, la esposa del profeta Oseas (Os 1.6,8). El nombre simboliza la ira de Dios y su rechazo hacia la nación de Israel. Al remanente fiel se le llama Ruhama, que significa «compadecida» (Os 2.1,23).

LOBO Mamífero carnívoro, cánido, semejante al perro mastín, hoy casi extinto en las tierras bíblicas. Durante el día suele permanecer escondido entre las rocas. Por la noche sale a buscar presa (Sof 3.3), solo o en manadas.

La palabra «lobo» se usa en la Biblia solamente en sentido figurado. La tribu de Benjamín es como lobo (Gn 49.27), los enemigos, los jueces y los príncipes son como lobos nocturnos (Hab 1.8; Sof 3.3; Ez 22.17). La prueba del reino mesiánico será que el lobo y el cordero coman juntos (Is 11.6; 65.25).

Según el Nuevo Testamento, el creyente sale a testificar al mundo como una oveja «en medio de lobos» (Mt 10.16). Los engañadores, cual lobos rapaces, se cubren con pieles de oveja para engañar a los fieles (Mt 7.15). El apóstol Pablo advierte a la iglesia para que se cuide de estos lobos que entran a destruir (Hch 20.29).

LOD → LIDA.

LODEBAR Pueblo en Galaad donde vivía Maquir, hijo de Amiel. Maquir protegió a Mefiboset, hijo de Saúl, hasta que David lo invitó a vivir en Jerusalén (2 S 9.4,5; 17.27). Otras posibles variantes del nombre son → DEBIR (Jos 13.26) y Lidebir.

LODO → BARRO.

LOG La medida para líquidos más pequeña entre los hebreos (Lv 14.10). Equivalía a 1/12 parte de un → HIN, 1/3 de un litro o a una medida que contuviera seis huevos de gallina, según los rabinos.

LOGOS → VERBO.

LOIDA → EUNICE.

LOMOS Parte del cuerpo que se relaciona con la capacidad reproductora del hombre (Gn 35.11; 46.26; 1 R 8.19; Heb 7.5). También se conceptuaba como el asiento de la fuerza. «Ceñir los lomos» significaba prepararse para una tarea difícil (1 R 18.46; Pr 31.17; Ef 6.14; 1 P 1.13).

LOT Hijo de Harán y sobrino de Abraham. Al morir su padre, Lot emigró con su tío a Canaán (Gn 11.31; 12.45), puesto que este no tenía hijos propios. El apóstol Pedro lo califica como persona de fe, pese a su incapacidad de alcanzar una fe abrahámica (2 P 2.7ss). La historia de Lot es una parábola acerca de un hombre secularizado.

L

Abraham y Lot tenían tan numerosos rebaños, que los escasos pastos de los montes de Judá no bastaban para ambos. Les fue preciso separarse, y Lot escogió la llanura al este del Jordán (Gn 13.6-11). Pero no se quedó en la llanura, sino extendió sus tiendas hasta entrar a vivir en la misma → SODOMA (Gn 13.12s). Allí compartió la suerte de sus nuevos vecinos y juntamente con su familia fue llevado cautivo por los cuatro reyes que atacaron a las cinco ciudades de la región. Abraham acudió a rescatarlo (Gn 14), pero Lot continuó viviendo en Sodoma.

Cuando Abraham supo que Dios pensaba destruir las ciudades corruptas, creyó que entre los parientes de Lot, con sus mozos y amigos, habría por lo menos nueve personas fieles a Dios (Gn 18.16-33). Pero la fe de Lot no era evangelizadora, sino muy pasiva (2 P 2.8), y los visitadores celestiales no pudieron detener el juicio solo por él. Más bien, fueron testigos de la terrible perversión sexual de los sodomitas y del dilema moral de Lot (Gn 19.1-11).

Una formación de sal en piedra, cerca del mar Muerto, asociada durante siglos con la esposa de Lot (Gn 19.26).

Como el cataclismo era inminente y la familia de Lot demoraba, los ángeles los obligaron a escapar. No obstante, la esposa de Lot murió, pues le resultó imposible romper del todo sus lazos con la ciudad (Gn 19.16,17,26). A Lot se le permitió refugiarse en → Zoar (Gn 19.18-23), en donde luego fue embriagado y seducido por sus propias hijas. A estas les nacieron dos hijos a los cuales llamaron Moab y Ben-ammi, y fueron progenitores de los → moabitas y → amonitas respectivamente (Gn 19.30-38).

LUCAS (diminutivo de → Lucio o de Lucanos, pueblo al sur de Italia). Autor del Evangelio que lleva su nombre y de los Hechos de los apóstoles. Se supone que era gentil, y único escritor no judío entre los autores del Nuevo Testamento, porque Pablo lo distingue de «los de la circuncisión» en Col 4.11-14. Fue → médico y compañero íntimo de Pablo (v. 14). La tradición lo identifica como sirio de Antioquía y, en efecto, Hechos está repleto de datos acerca de la congregación antioqueña.

La fecha y el lugar de su conversión al evangelio se desconocen, pero sí es auténtica la variante personal en Hechos 11.28 («Y mientras nosotros nos hallábamos reunidos, uno de ellos») prueba que Lucas se identificó muy pronto como cristiano. Si no es auténtica, en Hch 16.10 el narrador usa por primera vez el pronombre «nosotros», lo cual

indicaría que Lucas se juntó con Pablo en Troas (*ca.* 51 d.C.) y le acompañó hasta Filipos. Pero no sufrió la persecución allí ni salió cuando Pablo continuó su viaje. El «nosotros» del relato desaparece cuando Pablo vuelve a Filipos al final de su tercer viaje (20.5), de lo que se infiere que Lucas permaneció en la ciudad o cerca de ella durante los seis años que intervienen, pero más tarde acompañó a Pablo a Jerusalén (20.5–21.18) y Roma (27.1–28.16). Las referencias en Col y Flm 24 manifiestan que siguió colaborando con el apóstol durante el primer encarcelamiento de este. Y en 2 Ti 4.11, durante el segundo encarcelamiento, poco antes de su martirio, Pablo escribió: «solo Lucas está conmigo». El médico amado fue su compañero fiel hasta el fin.

Su estilo literario y el carácter del contenido de su obra indican que Lucas fue un griego culto. Sin ser testigo ocular «desde el principio», Lucas afirma en su prefacio (Lc 1.1-4) haber indagado cuidadosamente todos los datos disponibles. Su contacto íntimo durante muchos años con Pablo y otros como Felipe, Timoteo, Silas, Marcos, Bernabé y Santiago, y su presencia en Jerusalén y Cesarea le dieron oportunidad de conseguir amplia información de la vida del Señor y de la iglesia primitiva. La mayoría de los eruditos imparciales lo reconocen como uno de los mejores historiadores de la antigüedad.

Las vainas del algarrobo, una fruta que comían los animales y los pobres. En la parábola del hijo pródigo, en el Evangelio de Lucas, Jesús narra que el hijo perdido anhelaba comer las algarrobas que le daban a los cerdos (Lc 15.16).

Foto de E. B. Trovillion

LUCAS:
Un bosquejo para el estudio y la enseñanza

Primera parte:
La introducción al Hijo del hombre (1.1—4.13)

I. El propósito y el método del Evangelio de Lucas 1.1-4
II. Los acontecimientos precedentes al nacimiento de Cristo 1.5-56
III. Los acontecimientos que acompañaron al nacimiento de Cristo . . . . 1.57—2.38
IV. Los acontecimientos durante la niñez de Cristo 2.39-52
V. Los acontecimientos que precedieron la presentación de Cristo . . . . 3.1—4.13

Segunda parte:
El ministerio del Hijo del hombre (4.14—9.50)

I. La presentación de Cristo 4.14-30
II. La demostración de los poderes de Cristo . . . . 4.31—5.28
III. La explicación del programa de Cristo . . . . 5.29—6.49
IV. La expansión del programa de Cristo . . . . 7.1—9.50

Tercera parte:
El rechazo del Hijo del hombre (9.51—19.27)

I. El aumento en la oposición a Cristo . . . . 9.51—11.54
II. La instrucción en vista del rechazo de Cristo . . . . 12.1—19.27

Cuarta parte: La crucifixión y la resurrección del Hijo del hombre (19.28—24.53)

I. La última semana de Cristo . . . . 19.28—23.56
II. La victoria de Cristo 24.1-53

L

Además, de su obra se desprende que Lucas tenía un espíritu amplio y bondadoso, caracterizado por gozo y piedad genuinos, humildad y cortesía. Según la tradición posterior, trabajó en Acaya después de la muerte de Pablo y murió en Bitinia (o Beocia) a los 74 años sin haber contraído matrimonio. Una leyenda del siglo VI lo llama pintor.

Bibliografía:
J. Schmid, *San Lucas*, Herder, Barcelona, 1968, pp. 11-14,23-41.

LUCAS, EVANGELIO DE Primer tomo de la obra escrita por → LUCAS en dos volúmenes; el segundo (→ HECHOS DE LOS APÓSTOLES) continúa el relato de este (cf. Lc 1.1-4 con Hch 1.1s).

En su Evangelio, Lucas está más interesado en las personas, especialmente las que están en problemas, que en las ideas. Como Lucas es un diestro escritor, la calidad literaria de su Evangelio es superior a la de los otros tres.

Pero Lucas es también historiador, y coloca a Jesús dentro del contexto de la historia universal. Además, Lucas presenta a Jesús y la Iglesia como la culminación de la historia de la salvación.

Estructura del libro

La estructura del Evangelio de Lucas gira principalmente alrededor del ministerio de Cristo en Galilea y Jerusalén.

Los primeros dos capítulos pudieran muy bien titularse «Introducción e infancia». Aquí Lucas declara cuál es su propósito al escribir su Evangelio (1.1-4), y nos presenta los inmortales relatos del nacimiento de Juan el Bautista y Jesús. En el capítulo 3 Lucas comienza nombrando a los gobernantes romanos de aquel tiempo. Después, relata la predicación de Juan el Bautista y el bautismo, la genealogía y la tentación de Jesús (3.1–4.13).

Entre su tentación y su transfiguración (4.14–9.28), Jesús tiene su ministerio en Galilea. Convencido de la proximidad de su muerte (9.21-27,43-45), se dirigió sin vacilaciones a Jerusalén (9.51) donde, como los profetas antes que Él, aceptaría lo que le estaba deparado (9.51–19.27). El lector se mantiene en dramática tensión a medida que Jesús se acerca a Jerusalén y la sombra de la cruz oscurece su camino. Pero «el Hijo del Hombre va según lo que está determinado» (22.22) a cumplir el plan divino.

Como Moisés, Jesús logró la liberación de su pueblo: lo libró de las consecuencias definitivas del pecado. Los hechos de la postrer semana en Jerusalén (19.28–24.53) constituyen la última parte de este Evangelio, y la Ascensión sirve como transición entre la última parte de Lucas y el comienzo de Hechos.

Autor y fecha

Es evidente que Lucas y Hechos tuvieron un mismo autor porque (1) ambos se dirigen a → Teófilo; (2) el segundo tomo hace referencia al primero (Hch 1.1), y (3) entre los dos existen notables semejanzas de lenguaje, estilo y teología, y paralelos estructurales. Aunque los escritores mismos son anónimos, el autor se refiere a sí mismo (por ejemplo, Lc 1.3; Hch 1.1). Era un personaje conocido tanto para el destinatario como para la iglesia primitiva. Una misma prueba interna demuestra que Lucas fue autor tanto del Evangelio que lleva su nombre como de los Hechos.

La prueba externa que atribuye sin vacilación este primer tomo a Lucas se remonta a la segunda mitad del siglo II: tanto el Canon de Muratori (→ Canon del Nuevo Testamento) como Ireneo hacen tal afirmación.

La fecha del Evangelio tampoco puede determinarse sin recurrir a la de Hechos. Algunos, siguiendo una conjetura que se halla en Eusebio y Jerónimo y que se deduce del final de Hechos, fechan este segundo tomo *ca.* 63 y el primero, por tanto, *ca.* 58-61. Otros, basándose en tradiciones que se remontan a Ireneo y el *Prólogo a Lucas* contra los marcionitas, afirman que Lucas no compuso su obra sino hasta después de la muerte de Pablo (ca. 65–67) y proponen una fecha entre 67 y 72. Esta opinión se apoya en el hecho de que Lucas utilizó el texto de Mc como una de sus fuentes (→ Evangelios). Algunos estudiosos opinan que Lc 19.43s; 21.20-24 y 23.28-30 indican una fecha posterior a la caída de Jerusalén (70), pero existen otras explicaciones para estos textos.

Marco histórico

Según 1.4 el propósito inmediato del Evangelio fue confirmar la fe de Teófilo, cristiano representativo de muchos gentiles que vivían fuera de Palestina (cf. el uso de «Judea» que significa toda Palestina en 1.5; 7.17, etc.). Además, Lucas se propuso escribir un Evangelio ordenado basado en una cuidadosa investigación y dirigido especialmente a la mentalidad griega (1.1-4). No quiso insinuar (v. 3) que los demás Evangelios no fueran ordenados, sino que su propio plan era presentar los datos en un orden generalmente cronológico y dentro de un marco geográfico preciso, en vez de seguir un plan doctrinal o didáctico.

El método del historiador se ve en su deseo de relacionar la historia redentora con la historia secular (2.1). Lucas se interesa más en la biografía del Salvador que los demás evangelistas (por ejemplo, los detalles en los capítulos 1 y 2 que solo se encuentran en Lucas), aunque se vale de estos datos para aclarar la obra redentora más que para satisfacer la curiosidad histórica. Con todo, su insistencia en la investigación esmerada (1.3), en base a testimonios orales y escritos, nos inspira confianza en la historicidad de su obra.

Aporte a la teología

Lucas presenta a Cristo como el Hijo del Hombre (19.10), es decir, el Mesías de Dios y el Hombre ideal que vino a identificarse con la humanidad y a ser Salvador de ella (2.32; 3.6). Se traza la experiencia de Jesús a través de toda una vida normal, desde su genealogía, la cual Lucas remonta hasta Adán (3.23-28), su nacimiento (2.1-20), infancia (2.21-39) y niñez (2.40-52) hasta su madurez. Jesús participa plenamente de la vida humana. Es Salvador de toda clase de personas: judíos, samaritanos (9.52-56; 10.30-37; 17.11-19) y quienes tenían otras religiones (2.32; 3.6,8; 4.25-27; 7.9); hombres y mujeres; publicanos (3.12; 5.27-32; 7.37-50; 19.2-10), y fariseos (7.36; 11.37; 14.1); ricos (19.2; 23.50), y pobres (1.53; 2.7; 6.20; 7.22). Es a la vez Salvador universal e individual.

Lucas da prominencia a la oración. Relata nueve oraciones de Jesús, de las cuales solo dos se encuentran en los otros Evangelios. Dos de sus parábolas particulares tratan de la oración (11.1-13; 18.1-8). Solo Lucas nos informa que Jesús intercedió por Pedro (22.31,32), que exhortó a los discípulos a orar en Getsemaní (22.40), y que oró por sus enemigos (23.34).

El Espíritu Santo es otro tema importante (4.1,14; 10.21; 11.13; 24.49). La humanidad del Señor se revela en su dependencia del Padre en la oración, y del Espíritu Santo. El gozo y la alabanza ocupan un lugar especial (1.14,44,47; 6.21,23; 10.21; 15.23,32; 24.52s); solo en Lucas figuran los cuatro himnos: el *Magníficat* (1.46-55), el *Benedictus* (1.68-79), el *Gloria in Excelsis Deo* (2.14) y el *Nunc Dimittis* (2.29-32).

Otros puntos importantes

Los escritos de Lucas revelan destreza literaria, tanto en su estructura como en su redacción. Puede componer períodos griegos de sabor clásico (1.1-4), pero generalmente escribe con sencillez y pureza de estilo y pinta fascinantes cuadros de personas y circunstancias. Muestra simpatía, cultura, amor a la poesía y un interés de médico en las aflicciones físicas. Incluye dieciocho parábolas que no se encuentran en los otros Evangelios.

Destaca la pobreza y la riqueza en relación con la vida espiritual (6.20,24). Muchas de las parábolas tratan de asuntos financieros, y aun Juan Bautista se nos presenta predicando sobre los pecados al respecto (3.13ss).

Las mujeres figuran con frecuencia en Lucas. Se mencionan trece que no aparecen en los otros Evangelios. Son prominentes sobre todo en los relatos del nacimiento y de la resurrección. Lucas conocía la degradación de la mujer y quiso hacer hincapié en la actitud del Señor hacia ella.

Este Evangelio se dirige al griego culto como Teófilo. Lucas fue compañero de Pablo, quien fundó la iglesia en el mundo helénico, y seguramente los dos vieron la necesidad de un Evangelio con carácter cosmopolita y cierta pretensión literaria. Por eso contiene menos citas del Antiguo Testamento y menos referencias a la profecía; evita el uso de palabras hebreas como *rabino* y *amén*.

Lucas se interesa en los niños. Solo él se refiere a la niñez de Juan y de Jesús. En 7.12; 8.42; y 9.38 menciona hijos (o hijas) únicos. Finalmente Lucas destaca más al carácter repentino de la Segunda Venida que la cercanía del fin (17.20ss) y la consecuente necesidad de la vigilancia (21.34).

Bibliografía:

J. Schmid, *San Lucas*, Herder, Barcelona, 1968, pp. 11-41 y passim. *INT*, pp. 161-176. *SE*, Nuevo Testamento I, pp. 491-763. *IB* II, pp. 225-249.

LUCERO (*el brillante* o *portador de luz*). Nombre usado en Is 14.12-14 para describir al rey de Babilonia que, engreído por su esplendor y progreso, intentó colocarse entre los dioses. Tipológicamente es posible que este pasaje describa la caída de Satanás, un ángel brillante, de su posición en el cielo, debido a su arrogancia y deseo de reemplazar a Dios (cf. Lc 10.18; Ap 9.1; 12.9). El verdadero poseedor de este título es Cristo (Ap 22.16).

LUCIO (en latín, *nacido de día*). Nombre cuyo diminutivo es Lucas. Nombre de dos personajes en el Nuevo Testamento.

1. Profeta y maestro de Cirene, que trabajaba en la iglesia de Antioquía (Hch 13.1). Posiblemente fue uno de los primeros misioneros que llegó a la iglesia.

2. Judío creyente, pariente de Pablo, que vivía en Corinto y envió saludos a los romanos (Ro 16.21). No se puede identificar a ninguno de estos judíos con Lucas, el médico, ya que este evidentemente era gentil (Col 4.11,14).

LUCHA → Juegos deportivos.

LUD, LUDIM Dos formas de un mismo nombre:

1. Lud es aplicado a un hijo de Sem (Gn 10.22; 1 Cr 1.17), mencionado antes de Aram, padre de los arameos. También se denomina así a los arqueros de Egipto y de Tiro, mencionados junto con los valientes de Put, Etiopía, Fut y Libia (Jer 46.8,9; Ez 27.10; 30.5).

2. Ludim es dado a un hijo de Mizraim (Egipto), descendiente de Cam (Gn 10.13; 1 Cr 1.11), cuya identificación es incierta.

LUGARES ALTOS En la mayoría de los pueblos antiguos que circundaban a Israel, se tenía la idea de que las divinidades moraban en el cielo. Por tanto, el lugar más adecuado para adorarlas era una elevación cualquiera. A veces estas elevaciones eran montes o cerros naturales, y otras veces, sobre todo en regiones llanas, se trataba de «torres» o montículos artificiales sobre los que se colocaba el altar. La adoración a los dioses en lugares altos era tan común que la encontramos hasta en las antiguas civilizaciones americanas (en las pirámides mayas y aztecas, y en los montículos artificiales que construían algunos indios de Norteamérica).

En las tierras bíblicas, esta costumbre también era común. Pero la forma en que la encontramos más frecuentemente en el Antiguo Testamento es la que los hebreos encontraron en Canaán al entrar en la tierra prometida. Por lo general, se escogían elevaciones para adorar a los → BAALES y otros dioses. La altura siempre ha sido señal de respeto y de autoridad, como en el caso de los tronos de los reyes, que se colocan por encima de la altura común de la gente.

Por estas razones, cuando el Antiguo Testamento habla de lugares altos no se refiere sencillamente a un accidente geográfico. El término se emplea, por el contrario, para designar un lugar de culto. Por lo general, sobre la elevación, natural o artificial, se colocaba un altar. Varios de estos altares se han conservado, y por medio de ellos podemos imaginar cómo eran la mayoría de ellos. Algunos tenían techo, pero otros estaban al aire libre. Frecuentemente en el lugar alto también había un árbol sagrado. Había además, una plataforma de piedra, sobre la cual estaba el altar. Otra marca característica eran los pilares sagrados, comúnmente de piedra o de madera.

A estos lugares acudía el pueblo de Canaán en peregrinaciones, y en ellos y a su alrededor se celebraban las grandes festividades religiosas de los baales.

Cuando los israelitas conquistaron la tierra, comenzaron a destruir los lugares altos de los cananeos. Pero esta destrucción no fue completa, y uno de los temas que aparecen constantemente en el Antiguo Testamento es la tentación de acudir a tales lugares. Además, los israelitas comenzaron a adorar a Jehová en lugares altos, construidos en forma semejante a los de los cananeos. Durante los primeros años del pueblo en la tierra prometida, la lucha no fue contra los lugares altos en sí, sino contra los baales que se adoraban en muchos de ellos. La costumbre de adorar a Jehová en estos lugares era aceptada.

Pero con el proceso de centralización, que puede verse en el establecimiento del reino y la construcción del templo, los lugares altos empezaron a rivalizar con el verdadero culto a Jehová en el templo, y el ataque contra ellos se hizo más general. Ya no se trataba solo de lugares altos consagrados a los baales, sino también de los consagrados a Jehová. Esto llegó a su fin con la reforma de → JOSÍAS, después de la cual parecen haber desaparecido todos los lugares altos dedicados a Jehová. Sin embargo, los profetas tuvieron que atacar repetidamente la idolatría del pueblo, que en varias ocasiones restableció los lugares altos dedicados a los baales.

LUGAR SANTÍSIMO → SANTUARIO.

LUNA Astro creado como «lumbrera menor para que señorease en la noche» (Gn 1.16; Sal 136.9) y para que juntamente con el → SOL sirviera de señal «para las estaciones, para días y años» (Gn 1.14). Luna es traducción de varias palabras hebreas en el Antiguo Testamento, la más común de ellas es *yareaj* de la misma raíz que *yeraj* («mes»). Casi todas las naciones vecinas de Israel la consideraban como objeto de culto. Los antiguos dependían de la luna para fijar los meses y los días festivos (Sal 104.19; *Eclesiástico* 43.6,7; Josefo, *Antigüedades* III.x.5).

La luna nueva era ocasión de alegría. Se celebraba con sonido de trompeta y sacrificios especiales (Nm 10.10; 28.11-15; Sal 81.3). El estudiante de religiones advierte gran semejanza entre esto y las festividades de fertilidad de otros pueblos. Según Dt 33.14 se creía que la luna influía en la agricultura. También se le atribuye una influencia maligna (Sal 121.6). Esto se nota asimismo en la palabra «lunático» (Mt 4.24; 17.15).

Lejos de acomodarse a las fiestas paganas de la fertilidad, y a otras formas de culto a la luna, el Antiguo Testamento advierte contra ello. Abraham huyó del culto a la luna en Ur y en Harán (cf. Jos 24.2). Job lo reconoció como malo (31.26-28) y Moisés lo prohibió (Dt 4.19; 17.3). A pesar de esto, los reyes Manasés y Amón lo introdujeron en Jerusalén (2 R 23.5).

La Biblia enseña que Dios, quien hizo la luna (Gn 1.16), tiene el poder de detenerla

(Hab 3.11). La luna es símbolo de su fidelidad (Sal 72.5) y cuando aparezcan señales en ella será indicio de que el fin de todo se aproxima (Mt 24.29; Ap 6.12).

LUNÁTICO Término popular con que Mateo (4.24; 17.15) designa a la persona «afectada por [bajo la influencia de] la → LUNA», enferma física y mentalmente. Aunque 4.24 distingue entre los lunáticos y los endemoniados (→ DEMONIOS), en 17.15 la enfermedad se cura cuando sale el demonio. Si hemos de ver en 4.24 un catálogo popular y no técnico, médicamente hablando, podemos identificar a los lunáticos como poseídos, especialmente a la luz de los paralelos de 17.15 (Mc 9.17; Lc 9.39) que atribuyen la enfermedad a un «espíritu (mudo)». En efecto, la descripción es análoga a la de una típica crisis de epilepsia: el joven padece muchísimo, cae en el fuego y en el agua, y el espíritu le toma, le sacude de manera que «echa espumarajos, cruje los dientes, y se va secando». Curaciones (exorcismos) de este tipo de enfermedad lograron para el ministerio de Jesús un gran efecto.

LUTO → DUELO.

LUZ Para los hebreos, la luz es el resplandor de la presencia de Dios (Éx 24.10; Sal 27.1; 104.2; Is 9.2; cf. Co 4.6), y el principio de su actividad creadora (Gn 1.3-5). Es energía divina que existe para el bien del hombre, y fuente de la vida (Ec 11.7) y de la felicidad (Sal 97.11; Is 60.19). Trae sabiduría (Sal 139.11ss) y salvación (Sal 43.3). Es vehículo de la revelación (Is 60.1-3; cf. Jn 8.12; 9.5; 12.46). La luz se simboliza por el día, y las tinieblas a su vez por la noche (Gn 1.5).

En el Nuevo Testamento la verdadera luz ha venido y va extendiéndose cada vez más (Jn 1.5; Ap 22.5). Cristo es luz (Jn 8.12), la luz que nos capacita para conocer la salvación (2 Co 4.4-6) y al aceptarlo somos hechos hijos de luz (Ef 5.14; 1 Ts 5.5). La luz se identifica, además, con la santidad de Dios (1 Ti 6.16) y, por tanto, constituye una

L

norma ética, pues un hijo de luz no puede andar en tinieblas (Ef 5.28ss).

La luz es por consiguiente instrumento de juicio (Miq 7.8s; Jn 3.17-21). Y finalmente incluye un concepto escatológico (1 P 2.9s; Ap 21.24); vislumbramos el triunfo final de la luz, cuando ya jamás se podrá extinguir (Ap 22.5).

LUZ Nombre de un lugar y una ciudad en la Biblia.

1. Nombre primitivo de un sitio al norte de Jerusalén. Abraham lo visitó en su primer peregrinaje por esta región y allí edificó un altar (Gn 12.8; 13.3). Más tarde Jacob llamó Bet-el a este lugar (Gn 28.19; 35.6). Después que se establecieron los límites del territorio de Benjamín, la línea divisoria pasaba por Luz, la cual se identificó con Bet-el (Jos 18.13; Jue 1.23).

Josué 16.2 dice: «De Bet-el sale a Luz», lo cual indica que eran lugares distintos. Por esto algunos sitúan a Luz en el-Tell cerca de Bet-el. Otros opinan que Bet-el era nombre de la ciudad y Luz un lugar específico, posiblemente donde Abraham edificó el altar (Gn 12.8).

2. Ciudad en la tierra de los hititas (Jue 1.22-26), fundada por una persona de Bet-el. Este entregó Bet-el a los israelitas por lo que le perdonaron la vida a él y su familia. Se desconoce el sitio, pero se ha sugerido un lugar a 7 km al nordeste de → CESAREA de Filipos.

MAACA Nombre de dos mujeres y una región en el Antiguo Testamento.

1. Región de Aram al sudoeste del monte Hermón, que se entregó a Jair, hijo de Manasés (Dt 3.14; Jos 12.5; 13.11,13). En la conquista no se aniquilaron a los habitantes y por lo tanto vivían entre los israelitas. Se aliaron con los amonitas en contra de David (2 S 10.6-8; 1 Cr 19.6-9), pero fueron derrotados y quedaron como tributarios durante los reinados de David, Salomón y Jeroboam II.

2. Esposa de David y madre de Absalón. Era hija de Talmai, rey de Gesur en Siria (2 S 3.3; 1 Cr 3.2).

3. Esposa de Roboam y madre de Abiam, rey de Judá (1 R 15.2). En 1 R 15.10,13 la madre de Asa también se llama Maaca, pero posiblemente se trataba más bien de la abuela de este. Asa privó a Maaca «de ser reina» por promover la idolatría (2 Cr 15.16).

Otras personas que llevaban este nombre, tanto hombres como mujeres, se mencionan en 1 Cr 2.48; 7.16; 8.29; 9.35; 11.43; 27.16.

MAASÍAS (*Jehová es refugio*). Nombre de varios hombres en el Antiguo Testamento.

1. Levita del segundo orden de sacerdotes durante el reinado de David (1 Cr 15.18,20).

2. Uno de los jefes de centenas que ayudó a Joiada a derrocar a la reina Atalía y a coronar a → Joás como rey de Judá (2 Cr 23.1).

3. Gobernador bajo el rey Uzías de Judá (2 Cr 26.11).

4. Un hijo de la línea real de Judá (2 Cr 28.7). Maasías probablemente fue hijo de Jotam.

5. Gobernador de Jerusalén durante el reinado de Josías de Judá (2 Cr 34.8).

6. Sacerdote que se divorció de su esposa pagana después del cautiverio (Esd 10.18).

7. Otro sacerdote de la familia de Harim que se divorció de su esposa pagana (Esd 10.21).

8. Sacerdote de la familia de Pasur que se divorció de su esposa pagana después del cautiverio (Esd 10.22).

9. Un hijo de Pahat-moab (Esd 10.30).

10. Padre de Azarías (Neh 3.23).

11. Sacerdote que ayudó a Esdras a leer la Ley al pueblo (Neh 8.4).

12. Uno de los levitas que explicó la Ley al pueblo después que Esdras la leyó (Neh 8.7). Quizás sea el mismo del No. 11.

13. Cabeza de familia que firmó el pacto después de la cautividad (Neh 10.25).

14. Hijo de Baruc descendiente de Fares (Neh 11.5).

15. Hombre de la tribu de Benjamín, cuyos descendientes vivían en Jerusalén después de la cautividad (Neh 11.7).

16. Sacerdote que participó en la dedicación de los muros de Jerusalén (Neh 12.42).

17. Sacerdote y padre de Sofonías (Jer 21.1).

M

Foto de Gleason Archer

Moneda antigua con la imagen de Antíoco IV Epífanes, cuya profanación del templo judío en Jerusalén inició la revuelta de los macabeos.

18. Padre de Sedequías (Jer 29.21).

19. Abuelo de Baruc (Jer 32.12), escriba de Jeremías.

20. Guarda de la puerta durante el reinado de Joacim de Judá (Jer 35.4).

MACABEOS (quizás del hebreo, *cabeza de martillo*). Sobrenombre dado a la familia de los asmoneos que dirigieron el movimiento independentista judío durante los dos últimos siglos a.C.

La revuelta de Matatías

Después de la muerte de → ALEJANDRO MAGNO, su imperio se repartió entre sus generales. Palestina quedó entre la dinastía de los → SELÉUCIDAS, cuya base estaba en Siria, y el de los → TOLOMEOS, que reinaban en Egipto. Durante varios siglos, Egipto y Siria se disputaron el territorio de Judea, aunque por lo general fue Siria la que lo gobernó. Cuando uno de los seléucidas (→ ANTÍOCO) trató de imponer una cultura uniforme sobre todas sus posesiones, los judíos se rebelaron, pues se intentó destruir varios de los fundamentos de su religión. El jefe de esta rebelión fue el sacerdote Matatías, padre de Judas Macabeo. Aquel mató a un oficial del rey y después huyó a las montañas con sus cinco hijos. Allí organizó la resistencia al poder de los seléucidas, y pronto reunió numerosos seguidores que periódicamente bajaban a los lugares poblados a matar a quienes apoyaban la política siria, destruir altares y circuncidar por la fuerza a quienes permanecían incircuncisos por temor a las autoridades.

Judas Macabeo

A Matatías, luego de su muerte, le sucedió su hijo Judas, hábil general que repetidamente derrotó a enemigos mucho más numerosos que sus propias fuerzas. Gracias a varias dificultades que las autoridades de Siria tuvieron que enfrentar, la guerra civil, Judas logró cierta independencia para su país, recuperó y purificó el templo de Jerusalén e hizo un pacto con el creciente poder de Roma. Pero por fin Siria logró derrotarlo y matarlo en 162 a.C. (→ CRONOLOGÍA DEL PERÍODO INTERTESTAMENTARIO).

Jonatán Macabeo

Cuando murió Judas, le sucedió su hermano Jonatán. Al principio, parecía que la rebelión había terminado y que solo un puñado de fieles seguirían a Jonatán. Pero poco a poco este mostró su habilidad, no solo militar, sino política. En una nueva guerra civil que sacudió a Siria, usó sus fuerzas de tal modo que pronto los judíos volvieron a ser un sector respetado. En el año 142 a.C. lo capturaron y asesinaron mediante una artimaña.

Simeón Macabeo

Simeón, sucesor y hermano de Jonatán y de Judas, se mostró tan hábil como ellos. Los judíos por fin tomaron las riendas de su propio destino y dieron a Simeón y a sus sucesores el gobierno hereditario de la región. Simeón organizó el país y pactó con Roma y con Esparta, a fin de garantizar su independencia frente a las ambiciones de los reyes de Siria. Con todo, los sirios invadieron sus territorios y los derrotaron, dándole muerte a él y a dos de sus hijos.

Los asmoneos posteriores

Juan Hircano, hijo de Simeón, logró escapar y por fin llegó a ser gobernador de Judea y sumo sacerdote, aunque bajo la tutela del rey de Siria. En ese momento comenzó a cambiar la tónica del movimiento, hasta ahora religioso, que los macabeos dirigían. Si los judíos se habían rebelado era porque habían visto amenazada su religión y no por ambiciones políticas. Los líderes contaban con el apoyo de las clases bajas, cuya más preciada posesión era la fe de sus antepasados, mientras que muchos de los aristócratas estaban dispuestos a amoldarse a las nuevas tendencias helenistas.

Juan Hircano y sus sucesores se apartaron cada vez más de la tradición judía, y trataron de gobernar el país al estilo de otros reyes de la época; contaron para esto con la aristocracia ambiciosa. Juan Hircano cambió incluso los nombres judíos de sus hijos por nombres griegos, y sus sucesores se amoldaron cada vez más al helenismo. Se desató la persecución contra quienes insistían en regresar a la vieja fe por la que habían muerto los primeros macabeos. Esto dio origen a dos

LA FAMILIA MACABEA

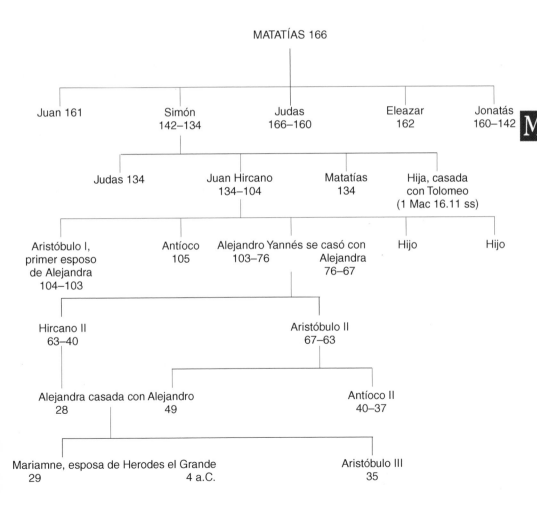

partidos entre los judíos: los → FARISEOS y los → SADUCEOS. El primero insistía en la antigua fe, y sospechaba de las ambiciones políticas como una negación de esa fe; el último era más bien aristócrata y mucho menos estricto en cuanto a las innovaciones que paulatinamente se introducían en el judaísmo.

Pompeyo conquistó a Siria y Palestina (63 a.C.) y depuso al último rey de los macabeos, Aristóbulo II, para llevarle cautivo a Roma. Sin embargo, Pompeyo y otras autoridades romanas respetaron en cierta medida la religión judía y la autoridad de los macabeos. Por tanto, a los descendientes de los macabeos se les concedieron los títulos de sumo sacerdote y etnarca (gobernador) hasta que en 40 a.C. Roma nombró a → HERODES rey de Judea.

Aunque Herodes estaba casado con una descendiente de los macabeos, y por tanto sus dos hijos pertenecían a ese ilustre linaje, él mismo le puso fin al matar primero a su mujer y luego a sus dos hijos.

Bibliografía:

IB I, pp. 256-270. G. Ricciotti, *Historia de Israel* II, Miracle, Barcelona, 1945.

MACEDA Una de las principales ciudades de los cananeos, situada en la Sefela. Josué la tomó cuando emprendió su arrasadora campaña de conquista en Judá, de norte a sur. Después de derrotar una coalición de cinco reyes, Josué tomó a Maceda y mató a su rey (Jos 10.28,29).

MACEDONIA Tierra al norte de la península helénica (Acaya, Hch 19.21) que se extendía desde el mar Adriático hasta el Egeo. Sus habitantes primitivos no eran helénicos, pero con el tiempo llegaron allí inmigrantes griegos y romanos.

Macedonia no tuvo importancia histórica sino hasta el reinado de Felipe II (359–336 a.C.), quien logró establecer la supremacía macedonia sobre casi toda Grecia. Su hijo → ALEJANDRO MAGNO (336–323) fundó un imperio que se extendió desde el Nilo en el sur hasta Macedonia en el norte, y hasta la India en el este. Macedonia no se menciona por nombre en el Antiguo Testamento pero se alude al Imperio Alejandrino en Dn 8.5-8. En 168 a.C. fue conquistada por los romanos y en 142 convertida en provincia romana. Así era el estado político de la tierra en el tiempo de Pablo.

Macedonia fue la primera tierra europea que Pablo evangelizó. Después de recibir la visión del «varón macedonio», Pablo visitó las ciudades macedonias de Neápolis, → FILIPOS, → ANFÍPOLIS, → APOLONIA, → TESALÓNICA y BEREA en su segundo viaje misionero (Hch 16.9–17.13) y volvió a visitar la región en el tercero (Hch 19.21s; 20.1-12; cf. 2 Co 2.13; 7.5; 1 Ti 1.3).

Entre los compañeros de Pablo había varios macedonios: Gayo, Sópater, Aristarco y Segundo (Hch 19.29; 20.4). En Macedonia se levantaron florecientes iglesias que después ayudaron liberalmente a los santos pobres en Jerusalén (Ro 15.26) y contribuyeron al sostenimiento de Pablo (Flp 4.15-18). El apóstol las ponía por ejemplo a las demás iglesias (2 Co 8.1-7).

MACPELA Nombre del campo que compró Abraham para dar sepultura a los miembros de su familia. Era famoso por la cueva que poseía. Se encontraba en Hebrón o cerca de allí y originalmente perteneció al hitita Efrón. Este lo vendió a Abraham por cuatrocientos siclos de plata. La narración de la venta de la cueva de Macpela refleja varios aspectos de las leyes hititas que perdieron su vigencia antes de 1200 a.C., lo cual a su vez indica la antigüedad de la tradición conservada en Gn 23.

La venta se efectuó cuando Sara, la esposa de Abraham, murió, y por tanto ella fue la primera persona sepultada en la cueva de Macpela (Gn 23.19). Más tarde, también fueron sepultados allí Abraham, Rebeca, Isaac, Lea y Jacob (Gn 25.9; 50.13; cf. Hch 7.16).

Actualmente el lugar está rodeado de muros que se cree que Herodes erigió. La cueva ha sido sagrada para los judíos, cristianos y musulmanes.

MACTES (*mortero*). Sitio de Jerusalén donde, durante el reinado de Josías, los mercaderes hacían sus negocios (Sof 1.11). Se menciona en relación con el área llamada *Mishne* y la puerta llamada «del Pescado», por lo que se cree que se hallaba en la parte superior del valle del Tiropeón.

MACHO CABRÍO → Azazel.

MADAI Pueblo descendiente de → Jafet (Gn 10.2; 1 Cr 1.5), progenitor a su vez de los habitantes de → Media.

MADIANITAS Pueblo establecido en la costa oriental del golfo de Aqaba, al nordeste del desierto de Arabia y al sur de las tierras de Moab y Edom. Según Éx 3.1, los dominios de los madianitas comprendían también la costa occidental del golfo de Aqaba. Fue una raza trabajadora, rica y preponderante en el comercio (Nm 31; Jue 8; Is 60.6). Al parecer, fueron los primeros que domesticaron y usaron → camellos. Su progenitor fue Madián, que en la genealogía hebrea es hijo de Abraham y Cetura (Gn 25.1,2; 1 Cr 1.32).

A los madianitas se les llamó también «ismaelitas» (Jue 8.22,24; cf. Gn 37.25). Se referían a ellos como ismaelitas o como madianitas indistintamente (Gn 37.28). Sin embargo, algunos opinan que se trataba de dos pueblos distintos pero íntimamente asociados (Jue 7.12; 8.22,24).

Los madianitas se hicieron idólatras y ejercieron una meléfica influencia sobre Israel. En ocasiones se aliaban con los moabitas o con los amalecitas con el propósito de destruir a Israel. Hubo batallas cruentas, asaltos a los campos ya cultivados de los hebreos e intentos de convertir a estos a los cultos idolátricos (Nm 22.4,7; 25.1-6; 31.1-16). Durante siete años los madianitas oprimieron a Israel, y fue tal la crueldad de aquellos que obligó a muchos hebreos a refugiarse en cuevas y cavernas (Jue 6.1,2). Gedeón liberó a Israel en uno de estos períodos de opresión (Jue 6.7–8.35).

MADMANA (*estercolero*). Nombre de un hombre y una ciudad en el Antiguo Testamento.

1. Ciudad del sur de Judá, cerca de Siclag (Jos 15.20,31) y al sur de Quiriat-sefer.

2. Hijo de Saaf y nieto de Caleb, de la tribu de Judá (1 Cr 2.49).

MADRE Apelativo que aparece en la Biblia no solo en su sentido propio y estricto, sino también en sentido amplio y metafórico. En un mismo parentesco se llama madre también a la abuela (1 R 15.10), probablemente a la suegra (Rt 1.11,13; 2.2) o a alguna antecesora remota (Gn 3.20). Para la mujer hebrea la maternidad era tal bendición, felicidad y dignidad social (Gn 24.60; 30.1; 1 S 1.6ss; Sal 113.9), que la esterilidad se tenía como una desgracia.

En sentido figurado, el apelativo madre también se emplea para designar una ciudad principal en relación con las ciudades menores (2 S 20.19). Se llama madre a algunas comunidades o pueblos personificados en Sion (Is 50.1), Samaria (Os 4.5) y Babilonia (Jer 50.12). Jerusalén es la ciudad madre por excelencia (2 S 20.19). En el Nuevo Testamento Pablo llama a la Jerusalén espiritual «la madre de los cristianos» (Gl 4.26). En Apocalipsis se denomina a Babilonia como la «madre de las prostitutas y de las abominaciones» (17.5). Metafóricamente se alude al sepulcro como la madre de los muertos (Job 1.21; 17.14).

A veces se alude al amor materno y se le asigna carácter proverbial, como símbolo de la generosidad. El amor que Dios tiene por su pueblo se le compara con el amor de la madre (Is 49.15; 66.13), aunque la figura no es frecuente. Dios consuela a los suyos como una madre (Is 66.13).

En el Nuevo Testamento la unión entre Jesús y los creyentes llega a ser tan íntima que el creyente es «madre y hermano y hermana» de Cristo (Mc 3.31, → María). Sin

Foto de Gustav Jeeninga

Estos escarabajos, según la imagen de los escarabajos sagrados, los usaban como amuletos los antiguos egipcios en su supersticiosa forma de religión.

embargo, para el creyente las exigencias de Cristo van mucho más allá del amor que el hijo siente hacia su madre (Mt 10.35; 19.29). Para ser digno de Él hay que amarle más que a los propios padres (Lc 14.26).

MAESTRO En el Antiguo Testamento el término maestro puede referirse a menudo a un artesano, experto en su especialidad (por ejemplo, Éx 36.4; 2 Cr 2.7), pero en el Nuevo Testamento es un título que por lo general indica uno que enseña, o sea, un instructor. En tiempos del poscautiverio las → ESCUELAS solían reunirse en las → SINA-GOGAS, y los maestros eran frecuentemente → ESCRIBAS o «doctores de la Ley» (cf. Lc 2.42;

Modelo de barro del hígado de una oveja que data más o menos del 1700 a.C., descubierto en la antigua Babilonia. Los sacerdotes paganos del mundo antiguo utilizaban a menudo dichos hígados de animales para tratar de predecir el futuro.

Foto: Museo Británico

Hch 5.34). Tanto los discípulos de → JESU-CRISTO como sus enemigos casi siempre le llamaban «Maestro» o → «RABÍ», que significa lo mismo (por ejemplo, Mt 12.38; Mc 5.35; etc.). De ahí se considera como maestro uno que sirva de guía, inclusive Pablo llama la → LEY el «ayo», o maestro, que conduce al conocimiento de Cristo (Gl 3.24).

MAGDALA Magdala o la región de Magadán (Mt 15.39) se sitúa al borde del lago de Galilea, al norte de Tiberias y al sur de Capernaum. De allí era María, la mujer libe-rada de siete demonios, que luego formó parte del grupo de mujeres agradecidas que sirvieron a Jesús durante su ministerio itine-rante en Galilea (Lc 8.1-3) y presenció la crucifixión (Mt 27.55.56; Mc 15.40; Jn 19.25). Ella fue testigo también de la resurrección (Lc 24.1-10; Jn 20.1-18) y la primera persona a la que se le apareció el Señor resucitado (→ MARÍA).

MAGIA Término que aparece como tal sola-mente en Hechos 8.9 y Hechos 19.19. Bíbli-camente, incluye toda ceremonia supersti-ciosa de magos, hechiceros, encantadores, astrólogos, adivinos, intérpretes de sueños, decidores de la buenaventura, echadores de suertes, etc., todo lo cual es propio de siste-mas politeístas. Por tanto, toda forma de magia era absolutamente prohibida por la Ley y vigorosamente condenada por los pro-fetas y apóstoles. Los que la practicaban sufrían la pena de muerte (Éx 22.18; Lv 19.26,31; 20.2,27).

Foto de Howard Vos

El oráculo de Delfos, un rito pagano utilizado para predecir el futuro, se practicaba en este altar del templo de Apolo en Delfos. Pueden verse las ruinas del templo al lado del anfiteatro.

M

A Israel se le amonestaba a abstenerse tanto de la magia como de toda abominación de las naciones paganas (Dt 18.9-11; cf. 2 R 17.17; 2 Cr 33.6). Las consultas a los encantadores eran tan abominables como el sacrificio de niños, y los magos eran considerados embusteros (Is 44.25; Jer 27.9,10; Ez 22.28; Zac 10.2). Isaías condena a los idólatras de Israel llamándoles «hijos de la hechicera, generación adúltera y fornicaria» (57.3). Malaquías los tilda de la misma manera (3.5).

Los apóstoles condenaban la magia tan fuertemente como los profetas. Pablo coloca la hechicería en la lista de las obras de la carne, junto con el adulterio, los homicidios, etc. (Gl 5.17-21; cf. Hch 13.10). La Biblia asigna a los hechiceros el mismo destino que a los idólatras fornicarios y asesinos (Ap 9.21; 18.23; 21.8; 22.15).

MAGISTRADO Jefe superior en el orden civil o ministro de justicia. En Daniel la palabra se refiere a oficiales del Imperio Neobabilónico (3.2s; 6.7). En Lc 12.11,58 y Ro 13.3 magistrado es traducción de términos griegos que indican en forma general a los que ejercen el poder, es decir, «autoridades gobernantes» capaces incluso de dictaminar sobre la vida y la muerte. En Hechos 16.20,22,35,36,38 magistrado designa a los más altos jefes (*strategói*) de la ciudad de Filipos, llamados *duumviri* o *praetores* en latín, ya que Filipos era colonia romana. Lucas emplea aquí un vocablo griego aplicable tanto a los administradores de una ciudad como a generales y gobernadores de provincias.

MAGNIFICAT Cántico que dirigió María al Señor después que recibió la salutación de su prima Elisabet, antes del nacimiento de Cristo (Lc 1.46-55). En latín el cántico comienza con la palabra *magnificat*. El modelo de este poema lírico fueron salmos veterotestamentarios y tiene especial afinidad con el cántico de Ana (1 S 2.1-10). Como María, Ana fue una mujer piadosa que milagrosamente tuvo un hijo gracias a la intervención de Dios. Samuel, el hijo de Ana, ungió a David como rey de Israel (1 S 16). El Hijo de María es el Rey davídico que no tendrá fin y reinará para siempre (Lc 1.32-33).

El *Magníficat* consta de dos secciones importantes. La primera que se encuentra (46–49) es muy personal y exalta la benevolencia que tuvo Dios hacia ella al escogerla como madre del Mesías. La segunda (50–55) se relaciona con la actividad de Dios con la venida de Jesús y todo lo que esto representa. Estas dos secciones abarcan cuatro estrofas que describen lo siguiente:

1. La gozosa alabanza y gratitud de María por la bendición recibida.

2. El carácter y la misericordiosa disposición de Dios hacia todos los que lo honran.

3. La soberanía y el amor especial de Dios hacia los humildes en el mundo.

4. La excepcional misericordia de Dios hacia Israel.

MAGO Término con que más frecuentemente se designa en la RV a quienes practican el ocultismo (Gn 41.8,24; Dt 18.11; Dn 1.20; 2.2,10,27; 4.7,9; 5.7,11; Mt 2.1,7,16; Hch 13.6,8). Sin embargo, no se usa en forma técnica y consecuente, sino como traducción de diferentes palabras hebreas; por ejemplo, el vocablo traducido por mago en Gn 41 también aparece en Éx 7.11,22; 8.7,19 y 9.11, pero aquí se traduce por «sabios» o «hechiceros».

Originalmente los magos eran una tribu de Media que ejercía en la religión persa la función sacerdotal. Puesto que estos sacerdotes se interesaban en la astronomía y la astrología, los griegos llamaban magos a los → ASTRÓLOGOS. En tiempos de Daniel, el nombre de mago se aplicaba a una tribu sacerdotal o bien a un grupo de sabios de los que Daniel llegó a ser jefe (Dn 4.9). La habilidad de Daniel procedía de Dios aunque los paganos le consideraban como mago.

La Biblia prohíbe toda práctica de → MAGIA (Éx 22.18; Lv 19.26,31; 20.6,27).

En el Nuevo Testamento mago se refiere tanto a los que tienen sabiduría especial (Mt 2), como a los hechiceros (Hch 8.9; 13.6,8). Los magos de Mt 2 debieron ser naturales de algún país como Persia, Arabia o Babilonia donde habían vivido judíos desde hacía muchos siglos (cf. 2 R 17.6), y donde se conocería la profecía de la «estrella de Jacob» (Nm 24.17), que formaba parte de la esperanza mesiánica del siglo I (→ ESTRELLA DE BELÉN).

MAGOG → GOG.

MAGOR-MISABIB (*terror por todas partes*). Nombre simbólico que dio el profeta Jeremías a Pasur, quien presidía en el templo (Jer 20.3). Jeremías profetizó que a Pasur y su familia los llevarían cautivos a Babilonia (Jer 20.1-6).

MAHALAT (en hebreo, *enfermedad*). Nombre de dos mujeres y un término musical en el Antiguo Testamento.

1. Palabra que aparece en los títulos de los Sal 53 y 88. Algunos conjeturan que se refiere al acompañamiento para el canto de estos salmos. Otros suponen que estos salmos se usaban en los rituales de purificación después de una enfermedad. Para otros, mahalat alude a la enfermedad espiritual que en ellos se lamenta.

2. Esposa de Esaú e hija de Ismael (Gn 28.9).

3. Esposa y prima de Roboam, nieta de David (2 Cr 11.18).

MAHANAIM (*dos campamentos*). Ciudad de → GALAAD cuya ubicación es discutida. Probablemente se hallaba al norte del → JABOC, arroyo que fue la línea limítrofe entre las tierras de Manasés y Gad (Jos 13.26-30). Aquí tuvo lugar el encuentro de Jacob con unos ángeles, antes de llegar a Peniel (Gn 32.1,2).

Mahanaim fue designada ciudad levítica (Jos 21.38). Fue la capital israelita durante los dos años del reinado de Isboset (2 S 2.8,12-29), refugio para David cuando Absalón usurpó el reino (2 S 12.24,27; 19.32; 1 R 2.8), y luego cabecera de uno de los distritos del reino de Salomón (1 R 4.14).

MAHER-SALAL-HASBAZ (*el despojo se apresura, la presa de precipita*). Nombre simbólico del segundo hijo del profeta Isaías (Is 8.1,3) para anunciar la condenación de Damasco y Samaria y la destrucción de Siria e Israel, quienes habían formado una alianza militar contra Jerusalén (Is 7.1).

MALAQUÍAS, LIBRO DE (*mi mensajero* o *mensajero de Jehová*). Duodécimo y último de los Profetas Menores, escrito para condenar la baja condición moral y religiosa entre los judíos, condición que era parecida a las situaciones que Esdras y Nehemías atacaron.

Estructura del libro

El libro se puede dividir en tres partes. La primera (1.1-5) es una reprensión a Israel por la falta de gratitud a Dios por haberlo escogido como pueblo (1.1-5; cf. Ro 9.13).

La segunda parte (1.6—3.15) habla de contaminación religiosa en Israel. Se ha deshonrado el nombre de Dios con ofrendas inaceptables (1.6-9,13,14) y al conceptuar el culto como carga pesada (1.10-12). Los que tienen mayor responsabilidad son los líderes espirituales (2.1,7). La advertencia del castigo como resultado de estas condiciones es clara (2.2-9). Los matrimonios mixtos con los que no son judíos profanan el pacto con Dios, puesto que Israel es pueblo apartado (2.10-14). Dios aborrece la infidelidad conyugal que había llegado a ser común (2.15-17).

En la tercera parte el profeta presenta promesas a Israel (3.16—4.6). El profeta prevé las dos venidas del Mesías. Con relación a la primera, anuncia la venida del precursor Juan Bautista (3.1), y con relación a la segunda anuncia el juicio venidero (3.2-5). Luego hace un llamado al arrepentimiento y condena el robo que cometen los judíos al no dar los diezmos y ofrendas (3.6-12). Pero siempre hay un remanente de fieles y Dios los reconoce. Para ellos hay promesas especiales (3.13—4.3).

Al final, Malaquías anuncia que el profeta → Elías aparecerá «antes que venga el día de Jehová» y habrá un verdadero avivamiento (4.4-6). Según Mt 17.10-13, «Elías ya vino» (Juan el Bautista).

Autor y fecha

La Biblia no consigna datos personales en cuanto al autor, ni siquiera en su propia profecía. Ni aun se puede asegurar con certeza que hubiera un profeta de este nombre, ya que «Malaquías» bien podría ser el título (3.1) del profeta, como lo indica la Septuaginta.

En cuanto a la fecha de la escritura de la profecía de Malaquías, el texto indica que el

M

MALAQUÍAS:
Un bosquejo para el estudio y la enseñanza

I. El privilegio de la nación 1.1-5
II. La contaminación de la nación . . . . 1.6—3.15
  A. El pecado de los sacerdotes de Israel . . . 1.6—2.9
    1. Los sacerdotes desprecian el nombre
      del Señor 1.6-14
    2. El Señor maldice a los sacerdotes 2.1-9
  B. El pecado del pueblo de Israel . . . . . . 2.10—3.15
    1. El pueblo practica idolatría 2.10-12
    2. El pueblo se divorcia 2.13-16
    3. El Señor juzgará en Su venida . . . . . 2.17—3.7
    4. El pueblo le roba a Dios 3.8-12
    5. El pueblo duda del carácter de Dios . . . 3.13-15
III. Las promesas a la nación . . . . 3.16—4.6
  A. Las recompensas del Libro
    de memoria 3.16-18
  B. Las recompensas de la venida de Cristo 4.1-3
  C. La profecía de la venida de Elías 4.4-6

templo ya había sido reconstruido y se ofrecían sacrificios (1.7,10; 3.1). Además, había un gobernador persa (1.8 TM). Así que Malaquías pudo haber escrito durante el tiempo en que Nehemías salió de Jerusalén y estuvo nuevamente con Artajerjes (Neh 13.6), cerca del 435 a.C. Sin embargo, es más común sugerir una fecha anterior a → ESDRAS y Nehemías, como el 450 a.C.

Marco histórico

El libro de Malaquías está dirigido a la nación de Judá casi cien años después de su regreso del cautiverio en Babilonia. Al principio la gente había tenido entusiasmo en cuanto a la reconstrucción de Jerusalén y el templo y la restauración del culto. Pero ese entusiasmo había comenzado a desvanecerse. Empezaron a dudar del amor de Dios hacia el pueblo escogido. Este ya no vacilaba en sacrificar animales con defectos ni en retener sus diezmos y ofrendas. Malaquías es un llamado a una adoración genuina y sincera.

Aporte a la teología

La profecía de Malaquías se caracteriza por la manera vívida en que expresa el amor y el poder de Dios. Israel necesitaba que se le recordaran estas verdades en momentos como aquellos en que la duda generalizada había causado desánimo en cuanto a la expectativa de la llegada del Mesías.

Otros puntos importantes

Malaquías nos deja con la impresión de que la historia no ha terminado, que la promesa de Dios se cumplirá un día. Es bien interesante que el Antiguo Testamento concluya con la profecía del Mesías y su mensajero, y que después de cuatrocientos largos años de silencio, el Nuevo Testamento comience con el cumplimiento de esa profecía.

MALCO Siervo de Caifás, a quien Pedro le cortó la oreja derecha cuando arrestaron a Jesús en el huerto de Getsemaní (Jn 18.10, 26; cf. Mc 14.47//). Solo Juan menciona el nombre del siervo, sin duda porque conocía la casa del sumo sacerdote (18.15). Si Malc representaba oficialmente a Caifás, el golp dirigido a la oreja derecha tuvo por fin l incapacitación simbólica del pontífice (cf. É 29.20; Lv 8.23s). Solo el médico Lucas info ma que Jesús sanó al herido (22.51).

MALDAD Sinónimo de → PECADO cuyo ser tido más se asemeja al concepto de un ma radical, demoníaco e insensato arraigado e el corazón del hombre. Describe la corrup ción general difundida a todo el géner humano, en medio de la cual las excepcione son notables; por ejemplo, Noé y su famili durante la época del diluvio (Gn 6.5; cf. I 1.4; 13.11; Mt 7.23; Stg 3.6, etc.).

En particular, «maldad» designa la perver sidad especial de toda una nación, como e Gn 15.16; Is 1.4; Os 13.12; o bien señala un acción individual moralmente repugnante como la sodomía (Gn 19.5ss), el incesto (L 18.17) o la simonía (Hch 8.22). En la mayoría de los casos señala cualquier → TRANSGRESIÓ contra Dios o los hombres, pero siempre implica mala voluntad. En ese sentido se asemeja mucho al concepto de → INIQUIDAD

De acuerdo con la particularidad del pensa hebreo, el concepto de maldad puede referirse o a una disposición interna del hombre, o a la: acciones que resultan de esta. Por extensión significa asimismo el castigo que el pecado amerita (Dt 5.9; 2 S 14.9).

El salmista reconoce que, a pesar de su fe en Dios su redentor, el pecado habita en é todavía como poder efectivo. Por tanto, pide a Dios que lo lave cada vez más de su maldac (51.2), y recuerda que Dios le ha perdonado en el pasado (32.5).

Pablo tilda de «huestes espirituales de mal dad» (Ef 6.12) a los poderes espirituales que se oponen maliciosa y metódicamente a Dios y al evangelio de su amor en Cristo. Exhorta a los corintios a dejar atrás la maldad y a celebrar el amor de Cristo (1 Co 5.8).

MALDICIÓN En sentido oriental, «maldi ción» es la palabra o expresión que desea el mal para alguna persona u objeto. Se espera que la maldición suelte una fuerza negativa y maligna que actúe en contra de la felicidad y propicie el fracaso del maldecido. Incluso, los malos efectos pueden pasar a otros (Jos 6.26; 7.24s). A veces echar maldición era casi el oficio de algunas personas (Nm 22). Pero Dios puede tornar la maldición en → BENDICIÓN (Nm 23; 24). Las maldiciones sirven como termómetro moral en el Antiguo Testamento (Dt 21.23; 27.16-26; 28.16-19).

Para anular las maldiciones humanas la víctima podía imprecar a su enemigo (Sal 9.18; 59.13ss; 109.6-20). Para evitar las maldiciones religiosas el único camino era obedecer «los mandamientos de Jehová» (Dt 11.26s).

En el Nuevo Testamento encontramos rasgos del espíritu veterotestamentario (Mc 11.12ss; Hch 5.1ss), pero en general el clima ha cambiado. La maldición se elimina con la bendición (Lc 6.28; Ro 12.14). La maldición de la Ley se ha deshecho con el sacrificio de Cristo (Gl 3.10-14). La última palabra del Antiguo Testamento es «maldición», pero el Nuevo Testamento se cierra con una bendición.

MALEDICENCIA Acción de maldecir o hablar mal de una persona (Mc 7.22).

MALICIA Vocablo bíblico empleado para calificar al carácter pecaminoso arraigado e inherente en los hombres (1 S 17.28; Job 22.5).

Jesús reconoció la propensión de los → FARISEOS a la malicia (Mt 22.18). Era ciertamente una especie de → MALDAD con fines de engañar, y de hecho la malicia y el engaño son afines (1 P 2.1). En la literatura apostólica del Nuevo Testamento la malicia aparece casi siempre entre los pecados contra los cuales se exhorta a los creyentes (Col 3.8).

MALQUÍAS (*Jehová es Rey*). Nombre de varios hombres en el Antiguo Testamento.

1. Antepasado de Asaf cantor del santuario (1 Cr 6.40).

2. Antepasado de Adaía (1 Cr 9.12).

3. Sacerdote (1 Cr 24.9).

4. Nombre de tres israelitas que se divorciaron de sus esposas paganas después de la cautividad (Esd 10.25,31).

5. Nombre de tres israelitas que ayudaron en la reconstrucción de los muros de Jerusalén (Neh 3.11,14,31).

6. Ayudante de Esdras en la lectura de la Ley (Neh 8.4).

7. Uno de los que firmó el pacto de guardar la Ley (Neh 10.3).

8. Sacerdote (Neh 12.42). Quizás se trate de la misma persona del anterior.

9. Padre de Pasur el que ayudó a arrestar a Jeremías (Jer 38.1). El rey Sedequías envió a Pasur hasta donde estaba Jeremías para que este consultara con Dios respecto a la situación militar con Nabucodonosor, rey de Babilonia.

10. Dueño de la cisterna en que metieron a Jeremías (Jer 38.6), en tiempos de Sedequías, rey de Judá.

M

MALTA (árabe; en griego, *Melite*). Isla situada en el centro del mar Mediterráneo unos 100 km al sur de Sicilia. Mide 29 km de largo y 13 de ancho. En la costa de esta isla naufragó el barco en que llevaban a Pablo prisionero (Hch 28.1), y aquí invernó antes de continuar rumbo a Roma vía Regio y Puteoli (28.11-13). La bahía tradicional donde Pablo naufragó se encuentra en la costa norte hacia el extremo noroeste de la isla. Conserva hasta hoy el nombre de «Bahía de San Pablo».

En el siglo X a.C. ocuparon la isla los → FENICIOS y, como consecuencia, por siglos la lengua de los isleños fue la púnica. En 218 a.C. los romanos dominaron a Malta y la incorporaron al Imperio; en la época paulina el «principal de la isla» era un tal → PUBLIO. Aunque llegaron a hablarse extensamente el griego y el latín en la isla, perduró el dialecto púnico y por tanto los habitantes recibieron la designación de → BÁRBAROS (Hch 28.2,4 RV 1909, NC).

Después de la caída del Imperio Occidental (476 d.C.), Malta pasó sucesivamente al

Bahía de San Pablo en Malta. La costa donde naufragó la nave de Pablo (Hch 27.39—28.10) se ha erosionado a través de los siglos dejando esta orilla rocosa.

dominio de árabes, normandos, Caballeros de Malta, Francia e Inglaterra. En 1964 se formó la nación independiente, pero miembro de la Comunidad Británica. Declarada república en diciembre de 1974, el Reino Unido retiró definitivamente su gran base aérea y naval en 1979. En 1990 Malta solicitó su ingreso en la Comunidad Europea. Es miembro de la O.N.U. y del Consejo de Europa.

MALUC (*consejero*). Nombre de seis hombres en el Antiguo Testamento.

1. Levita de la familia de Merari, antepasado de Etán el cantor (1 Cr 6.44).

2, 3. Un hijo de Bani (Esd 10.29) y uno de Harim (Esd 10.32) que se divorciaron de sus esposas paganas después de la cautividad.

4, 5. Un sacerdote (Neh 10.4) y uno de los líderes del pueblo (Neh 10.27) que firmaron el pacto, junto con Nehemías, de guardar la Ley.

6. Sacerdote que volvió a Jerusalén después de la cautividad (Neh 12.1-2). También llamado Melicú (Neh 12.14).

MAMMÓN (*riquezas*). Palabra griega que significa *riqueza* (Mt 6.24; Lc 16.11,13), especialmente la que se usa en oposición a Dios.

Mammón es una transliteración de la palabra aramea *mamon*. La versión Reina-Valera de 1960 la traduce al castellano. En estos pasajes, Jesús dice que ninguno puede servir a dos señores (Dios y a las riquezas) a la vez. Y que las riquezas (mammón) no puede comprar la seguridad (véase la parábola de Jesús sobre el rico insensato en Lc 12.13-21). «Qué aprovechará al hombre, si ganare todo el mundo, y perdiere su alma? (Mt 16.26; Mc 8.36; Lc 9.35).

MAMRE (*firmeza*). Nombre de un hombre y un lugar en el Antiguo Testamento.

1. Príncipe amorreo, hermano de Escol y Aner (Gn 14.13,24), posiblemente el propietario de los frondosos árboles bajo los que Abraham fijó su campamento (Gn 23.10-20). Se unió con Abraham en la lucha por rescatar a → Lot, quien había sido secuestrado tras una cruenta batalla con cuatro reyes (Gn 14).

2. Valle y ciudad cercanos a → Hebrón, donde Abraham y sus descendientes plantaron sus tiendas. Allí, en un declive del valle, estaba la cueva de → Macpela que Abraham compró para sepulcro «a perpetuidad» para él y los suyos (Gn 23.17,19; 25.9; 49.30). Fue en Mamre donde el Señor se le apareció a Abraham y le prometió un hijo de Sara (Gn 18.1,10).

MANÁ Nombre basado en la pregunta hecha por los israelitas en hebreo, *¿Man ju?* («¿qué es esto?», Éx 16.15), cuando vieron por primera vez el «pan del cielo» (Éx 16.4) que Jehová les dio durante toda la peregrinación en el desierto (v. 35; cf. Jos 5.12). El salmista lo llama «trigo de los cielos» (Sal 78.24) y «pan de nobles» (v. 25) o, quizás, «pan de ángeles» (conforme a la LXX), porque la palabra hebrea aquí se basa en el verbo «volar». En señal de desprecio, los mismos israelitas llamaron al maná «pan liviano» (Nm 21.5). El apóstol Pablo lo llamó «alimento espiritual» (1 Co 10.3) por su origen divino y por su significado como tipo de Cristo. Jesús se identificó como «el verdadero pan del cielo ... el pan de vida» (Jn 6.25-69). También prometió que «el que venciere» se alimentará de este «maná escondido», la misma vida espiritual del Redentor (cf. Ap 2.17).

La Biblia da la siguiente descripción del maná:

1. Forma: «una cosa menuda, redonda, menuda como una escarcha sobre la tierra» (Éx 16.14); «como semilla de culantro» (v. 31).

2. Color: «blanco» (Éx 16.31); «como color de bedelio» (Nm 11.7).

3. Sabor: «como de hojuelas con miel» (Éx 16.31); «como de aceite nuevo» (Nm 11.8).

4. Características: criaba gusanos y hedía al guardarse para otro día (Éx 16.20). El hecho de que esto no sucedía con lo que se guardaba para el día de reposo señala un acto milagroso de Dios.

5. Preparación: molido o mojado y luego cocido en caldera o servido en tortas (Nm 11.8).

Se ha tratado de identificar el maná con varias sustancias naturales que se observan hasta hoy en la península de Sinaí. Estas sustancias las excretan insectos que se alimentan de la savia del tamarisco: los carbohidratos de la savia se transforman en tres tipos de azúcar, que resultan en una materia dulce y pegajosa como miel. Este producto se ha identificado con el maná de la Biblia a lo menos desde el tiempo de los monjes griegos del Sinaí, en los primeros siglos de nuestra época. Sin embargo, tal identificación es dudosa por varias razones:

1. Pasa por alto el hecho de que estas sustancias no se conforman suficientemente a la descripción del maná de la Biblia.

2. No explica cómo tales procesos naturales pudieran brindar las enormes cantidades que se necesitaban para toda la multitud de los israelitas durante tantos años.

3. No explica cómo un → GOMER de estas sustancias podría sostener a un hombre por un día (Éx 16.16).

4. Aun más importante, no toma en cuenta los factores milagrosos de la historia bíblica.

A toda luz, es preferible aceptar que el maná fue una provisión especial milagrosamente hecha para una necesidad particular. Las posibles semejanzas, sin embargo, no dejan de indicar algo del elemento físico que Dios utilizó en la provisión milagrosa.

En memoria del milagro en el desierto, se guardó un gomer de maná en el arca del pacto (Éx 16.33; Heb 9.4), pero luego seguramente se perdió (cf. 1 R 8.9). Por esto, es dudoso el testimonio del historiador Josefo, según el cual todavía en la era romana seguía descendiendo maná en la península del Sinaí (*Antigüedades* III,6.6).

MANAÉN (en hebreo, *consolador*). Uno de los cinco profetas y maestros de la iglesia de Antioquía que participaron en la selección de Bernabé y Pablo para la obra misionera (Hch 13.1s). Había sido «criado junto» con → HERODES Antipas, estando este desterrado, pero era persona muy diferente de este su «hermano de leche» (HA).

MANAHEM (*consolador*). Hijo de Gadí y gobernador militar de Tirsa. Cuando Salum asesinó a Zacarías, Manahem lo mató y lo sucedió como el decimosexto rey de Israel (*ca.* 752–742). Con el saqueo cruel de la

M

ciudad de Tifsa, Manahem consolidó su reinado (2 R 15.13-16), pero para evitar la invasión por los asirios bajo Pul (→ TIGLAT-PILESER) tuvo que pagar tributo. Los ricos del reino pagaban este impuesto que, no obstante, solo postergaba la anexión de Israel a Asiria.

Manahem siguió la mala conducta religiosa de Jeroboam. Oseas 7 describe las condiciones de su reino. Murió naturalmente y lo sucedió en el trono su hijo Pekaía (1 R 15.17-22). Fue el último de los reyes de Israel que fueron sucedidos por un hijo propio.

MANAHAT (*última morada*). Nombre de una ciudad y un hombre en el Antiguo Testamento.

1. Ciudad hasta hoy desconocida. Se cree que estuvo en las fronteras de Judá y Benjamín. Se habla de ella como el sitio al que transportaron a los benjamitas (1 Cr 8.6).

2. Nombre de uno de los descendientes de Esaú (Gn 36.23; 1 Cr 1.40).

MANASÉS (*que olvida* o *que hace olvidar*).

1. Hijo mayor de José con su esposa egipcia Asenat. Nació en Egipto cuando su padre ocupaba el puesto de primer ministro de la nación (Gn 41.45,51). Su nombre quiere decir «hacer olvidar», lo cual probablemente signifique que → JOSÉ, al dar este nombre a su hijo, quiso olvidar todos los sufrimientos del pasado.

Antes de su muerte, Jacob adoptó como hijos suyos a los hijos de José (Gn 48.5), por lo que Efraín y Manasés llegaron a ser cabezas de tribus, a la par de Judá y Benjamín (Jos 16.4,5). Sin embargo, en la bendición impartida por Jacob, Manasés ocupó un puesto inferior a Efraín, su hermano menor (Gn 48.19). Esto disgustó a José, pero Jacob no quiso rectificar su acción (Gn 48.13-20).

2. Tribu que después de la conquista de Palestina ocupó dos porciones de tierra. Una de ellas estaba en las ricas regiones de Galaad y Basán. La otra se extendía entre el Jordán y el Mediterráneo, y tenía a Efraín y a Dan al sur. Al norte limitaba con Aser, Zabulón e Isacar (Jos 16 y 17). Gedeón y Jair,

jueces de Israel, pertenecían a la tribu de Manasés (Nm 26.29,30; Jue 6.11; 10.3). Además, esta tribu dio muy valiosos soldados para los ejércitos de David (1 Cr 12.20-22,37) y tomó parte activa en algunas reformas religiosas (2 Cr 15.9; 30.1,10,11,18). Años después fue conducida al destierro (1 Cr 5.26).

3. Rey de Judá, hijo y sucesor de Ezequías; su madre se llamó Hefzibá. Ascendió al trono cuando solo tenía doce años y reinó cincuenta y cinco. El reinado más largo en la historia de la nación de Judá, aunque puede muy bien haber sido que los diez primeros años haya actuado como regente de su padre, ya que la → CRONOLOGÍA lo sitúa como rey entre los años 687 y 642 a.C.

Se le señala en el relato bíblico como uno de los reyes más perversos en la historia, tanto de Israel como de Judá. Su largo reinado fue uno de idolatría y de abierta rebelión contra Jehová. Sacrificó en el fuego a su primogénito como ofrenda a los dioses y se dedicó a establecer y apoyar en Judá toda suerte de religiones paganas. En su tiempo hubo un verdadero sincretismo de religiones cananeas, asirias y babilónicas; practicó el espiritismo, la adivinación y la astrología, con la religión nacional o jehovismo. Son especialmente notorios los altares paganos que mandó a construir en los atrios del templo. Su largo reinado se caracterizó especialmente por la tiranía y la crueldad. Pronto todo el país estuvo lleno de «lugares altos» en los que cada uno adoraba lo que bien le parecía.

Sin embargo, 2 Cr 33.11-17 nos habla de una invasión asiria a Judá, en la que llevaron a Manasés prisionero a Babilonia. Allá sufrió tan grande humillación, que se sintió movido a sincero arrepentimiento y oró a Jehová, quien lo liberó y lo hizo traer nuevamente como rey a su patria. Con todo, parece ser que este arrepentimiento le duró bien poco. Es posible que *La oración de Manasés*, obra apócrifa atribuida a este rey mientras estuvo en prisión, esté basada en la afirmación de este arrepentimiento por el cronista. El nombre de Manasés se menciona en las crónicas de varios reyes asirios. Por las obras de carácter militar a que se dedicó a su regreso de Babilonia, parece ser que planeaba una rebelión contra Asiria (2 R 21.1-18; 2 Cr 33.1-20).

MANDRÁGORAS La *mandrágora officinarum* es una herbácea perenne, sin tallo, con muchas hojas grandes de color verde oscuro, flores fértiles agrupadas al centro de las hojas, y frutos en baya a manera de manzanas pequeñas y de olor penetrante. Se da en lugares yermos de la Palestina. Sus raíces, que semejan curiosas formas humanas, dieron origen a la creencia de que poseía cualidades afrodisíacas o que aseguraba la concepción (Gn 30.14-16; Cnt 7.13). En realidad la planta es narcótica, purgante y emética.

MANIFESTACIÓN → SEGUNDA VENIDA.

MANUSCRITO → TEXTO.

MANO Parte del cuerpo humano que comprende desde la muñeca hasta la extremidad de los dedos, cuyas funciones son esenciales para el bienestar físico (1 Co 12.21). Entre los israelitas era común el ambidextrismo, y se consideraba una ventaja para la pelea. Hay referencias bíblicas a los zurdos (Jue 3.15-21; 20.15,16) y a los mancos (Lc 14.13, 21). Cortar una mano era severo castigo (Dt 25.12). Lavarse las manos era una costumbre a la que se le daba mucha importancia higiénica y ritual (Lv 15.11; Mt 15.1ss; Mc 7.1-4; Lc 11.38) y se utilizaba también en sentido simbólico, como muestra de inocencia (Dt 21.6; Sal 26.6; Mt 27.24). La mano también se utilizaba como elemento de medida; el ancho de una mano equivalía aproximadamente a nueve centímetros (Éx 25.25; 1 R 7.26).

En sentido figurado la mano simboliza el poder (Jos 8.19; Jue 6.13; Jer 12.7). Por estar ubicadas en ambos lados del cuerpo, las manos son en ocasiones sinónimo de «lado» (Gn 13.9). «Echar mano» de alguien significa

apoderarse de él (Lc 20.19; Jn 7.30,44), «estar bajo la mano» de alguien es estar sometido (Jue 2.16,18) y la expresión «obra de las manos» equivale a trabajo o esfuerzo agobiador (Gn 5.29; 31.42).

Con diversos gestos de las manos se indican deseos o expresan sentimientos; por ejemplo, poner la mano sobre la boca indica silencio (Job 21.5; Pr 30.32); llevarla sobre la cabeza es un signo de dolor (2 S 13.19; Jer 2.37); aplaudir es muestra de alegría (Sal 47.1); estrechar la mano es prueba de amistad (2 R 10.15; Gl 2.9). Como expresión espiritual, se elevan las manos para invocar y orar (Éx 17.11; Dt 32.40; 1 R 8.22ss; Sal 28.2; 141.2). La imposición de manos significa consagración y concesión de bendiciones (Gn 48.14; Nm 8.10; Mc 10.16; Hch 6.6; 19.6; 1 Ti 4.14; Heb 6.2).

En sentido antropomórfico, la Biblia se refiere frecuentemente a «la mano de Dios». De ella se afirma que es poderosa cuando ayuda y beneficia (Dt 9.26; Jos 4.24; 1 P 5.6), que es pesada cuando castiga (Éx 7.4; Dt 2.15; 1 S 5.6); o que descansa sobre los hombres para comunicarles espíritu profético (2 R 3.15; Is 8.11; Ez 1.3).

M

MANOA (*descanso*). Padre de → SANSÓN, de la tribu de Dan. El ángel del Señor se le apareció para anunciarle el nacimiento de su hijo y que este sería → NAZAREO, consagrado a Dios, para salvar a Israel de mano de los filisteos (Jue 13). Evidentemente Manoa era un hombre de oración y temeroso de Dios. Aunque infructuosamente, junto con su esposa se opuso al matrimonio de Sansón con una mujer de Timnat (Jue 14.1-4). Es probable que muriera antes que Sansón (Jue 16.31).

MANSEDUMBRE En el Antiguo Testamento la mansedumbre se destaca como virtud de quienes sufren opresión, estrechez, acusación o privación. Llegó a significar la actitud de sumisión a Dios del hombre o del pueblo que está en tales circunstancias (Nm 12.1-3; Sal 34.2). El rey mesiánico se presenta en esta perspectiva (Sal 45.4; Zac 9.9; cf. Mt 21.5). Dios vindicará a los mansos (Sal 25.9; 37.11; 76.9; Is 11.4).

Jesús personifica la mansedumbre (Mt 11.29; 2 Co 10.1). En el Nuevo Testamento se mantiene la promesa veterotestamentaria para los mansos (Mt 5.5; cf. Sal 37.11), pero se subraya la disposición de aceptar a los demás con amor, y la búsqueda de la mansedumbre (1 Co 4.11; 2 Co 10.1; Ef 4.1; 1 Ti 6.11). Se debe dar testimonio de paz y longanimidad ante los de afuera (Tit 3.2; Stg 3.13; 1 P 3.15). Esta mansedumbre es imitación de Jesucristo y don de Dios; es fruto del Espíritu (Gl 5.23; 6.1), del amor (1 Co 4.21), de la elección (Col 3.12) y del llamado (Ef 4.1,2).

MANTECA → Mantequilla.

MANTEQUILLA Alimento hecho de leche batida. Abraham ofreció mantequilla y leche y el becerro recién cocinado a los tres visitantes celestiales (Gn 18.8). En algunas referencias, «mantequilla» se traduce «cuajada de vacas» (Dt 32.14 BJ), «manteca» (2 S 17.29 RV) y «crema» (Jue 5.25 RV).

La mantequilla se preparaba llenando de leche (sin desnatar) una piel de cabra y se batía hasta que la leche se espesara (Pr 30.33). La leche usada se extraía de camella, vaca, cabra u oveja. Luego se colocaba la piel entre dos palos y se presionaba de un lado al otro hasta que la mantequilla quedaba lista.

MANTO En la Biblia las palabras manto y túnica se usan indistintamente. Era una especie de capa confeccionada con lino o algodón. Los profetas usaban mantos hechos de piel de oveja (Zac 13.4). En ocasiones el manto adquiría carácter simbólico y sagrado; por ejemplo, en las relaciones de Elías y Eliseo (1 R 19.19; 2 R 2.13,14).

Cuando Jesús entró en Jerusalén, la multitud de los discípulos extendieron sus mantos por donde Él pasaba (Lc 19.36). A los pocos días, en un gesto de burla, los soldados de Pilato le pusieron un manto de púrpura real (Jn 19.2,5).

MANZANA La manzana del Antiguo Testamento (en hebreo, *tappuah*) no es el fruto que hoy conocemos por ese nombre y que no se da bien en la Palestina. Se han sugerido otros frutos: la cidra, *citrus medica*; la naranja china, *citrus sinensis*; y el albaricoque, *prunus armeniaca*, todos ellos se han importado de Oriente en tiempos relativamente recientes. Sin embargo, la manzana se menciona en *La leyenda de Aqht* (121.II:11), lo cual la sitúa en Siria en el siglo XIV a.C., y se usa como nombre de algunas ciudades bíblicas (Jos 15.34,53; 17.8). De ahí que se identifique preferiblemente con el membrillo, *cydonia oblonga*, que sí es oriundo de las tierras bíblicas.

Una tradición popular habla de la manzana del paraíso, pero el texto solo dice «árbol» y «fruto» (Gn 3.1-19). El error se basa en la identificación falsa del árbol del Cnt 8.5 con el del huerto del Edén.

La RV traduce el vocablo hebreo *kaftor* por manzana en Éx 25.33-36; 37.17-22. Se trata de un detalle decorativo del candelero del tabernáculo. Según parece, estas manzanas sostenían las flores que adornaban el candelero, pero se desconoce su forma exacta. (Josefo, *Antigüedades* III,vi.7).

MAÓN Nombre de un hombre y una ciudad en el Antiguo Testamento.

1. Descendiente de Caleb (1 Cr 2.45).

2. Ciudad de la heredad de Judá (Jos 15.55), que se encontraba en la altiplanicie al oeste del mar Muerto y al sur de Hebrón. Fue en el «desierto de Maón» donde David se ocultó cuando huía de Saúl (1 S 23.24,25). Nabal, el rico cuya mujer, Abigail, vino a ser esposa de David, vivía en Maón.

MAQUIR (*vendido*). Nombre de dos hombres en el Antiguo Testamento.

1. Hijo mayor de Manasés (Gn 50.23; Jos 17.1), fundador de la familia de los maquiritas, quienes se establecieron en Galaad, la tierra que arrebataron a los amorreos (Nm 26.29; 32.39,40; Dt 3.15; Jos 13.31; 1 Cr 2.23).

2. Hijo de Amiel, habitante de Lo-debar y jefe de los galaaditas. Protegió a Mefi-boset, el hijo cojo de Jonatán, hasta que David lo tomó a su cuidado (2 S 9.4,5). En Mahanaim abasteció a David y su ejército de todo lo necesario para soportar la persecución de Absalón (2 R 17.27-29).

MAR Término usado en la historia de la creación para referirse a todas las aguas y diferenciarlas de la tierra seca (Gn 1.10; 1.22). También se aplica a extensiones específicas de agua, tanto dulce como salada.

El principal mar de la Biblia es el Mediterráneo, llamado el «gran mar» (Jos 1.4), «mar occidental» (Dt 11.24) y «mar de los filisteos» (Éx 23.31). Otros mares mencionados son: el mar Muerto, llamado «mar oriental» (Ez 47.18), el «mar Salado» (Gn 14.3), el «mar del Arabá» (Dt 3.17); el mar Rojo, llamado «mar de las Cañas» (Éx 15.4 BJ) y «mar de Egipto» (Is 11.15); el mar de Galilea, llamado también «mar de Cineret» (Nm 34.11), «lago de Gene-saret» (Lc 5.1) y «mar de Tiberias» (Jn 21.1).

Los hebreos no eran amantes del mar. Temían a sus profundidades (el «abismo»), si bien estas estaban bajo el control de Dios (Sal 104.6-9). El mar es inquieto como los impíos (Is 57.20), el hombre sin fe (Stg 1.6) y los falsos profetas (Jud 13). En él se esconde gran peligro (Jon 1.4; Mt 18.6). Del mar suben las terribles «cuatro bestias grandes» de Dn 7.3 y la «bestia» de Ap 13.1.

Por otro lado, con la abundancia del mar se ilustra el día glorioso en que «la tierra será llena del conocimiento de Jehová» (Is 11.9).

MAR DE BRONCE Enorme recipiente para agua, fundido de bronce por Hiram de Tiro y colocado al sudeste del templo de Salomón (1 R 7.23-46; 2 Cr 4.1-16). Aquí los sacerdotes se lavaban para purificarse (2 Cr 4.6). Para su hechura Salomón usó el bronce que David había tomado como botín en la guerra contra el rey arameo Hadad-ezer (1 Cr 18.8).

Posiblemente tenía forma circular, con diez codos de diámetro y cinco de «altura» o profundidad (1 R 7.23). Estaba adornado con flores por fuera y descansaba sobre las

El mar, o lago, de Galilea, en donde el río Jordán fluye en la parte norte del lago.

Foto de Willem A. VanGemeren

Hermosa vista del mar Mediterráneo cerca de Pátara al sudoeste de Asia Menor.

ancas de doce bueyes de metal. Según 2 Cr 4.5 contenía ciento once mil litros de agua (tres mil batos). En 739 a.C., el rey → Acaz lo mutiló para pagar tributo a Tiglat-pileser, ordenando que cambiasen los bueyes de bronce por una base de piedra (2 R 16.17). Finalmente, los caldeos lo despedazaron y llevaron el metal a Babilonia (2 R 25.13,16).

MAR DE GALILEA Lago en la tierra de → GA-LILEA. En el Antiguo Testamento se llama → CINERET (Nm 34.11; Jos 12.3), nombre derivado de la raíz hebrea *kinnor* (*arpa*), porque a los judíos antiguos les parecía que el lago teñia forma de arpa. En el Nuevo Testamento se dice mar de Galilea (Mt 4.18; 15.29; Jn 6.1, etc.), aunque también se llama lago de Genesaret (Lc 5.1), y mar de Tiberias (Jn 6.1; 21.1; así también en la literatura rabínica).

El mar de Galilea tiene 21 km de largo, de norte a sur, y una anchura que varía de 6 a 12 km. Yace a 208 m bajo el nivel del mar y su profundidad llega a 48 m. Debido a que el río Jordán fluye de norte a sur a través del lago, el agua de este es dulce y no salada como la del → MAR MUERTO.

Al mar de Galilea lo circundan colinas y algunos despeñaderos (Mc 5.13), excepto donde el Jordán desemboca y donde vuelve a salir. Alrededor también hay llanuras, y debido a toda esta configuración del terreno colindante, se producen vendavales repentinos que descienden sobre el lago (cf. Mt 8.24; Mc 4.37ss).

El agua era dulce y abundaba en peces (→ PEZ), por lo que en tiempo de Cristo la pesca era ocupación lucrativa (Mc 1.16-20). En esa época había por las orillas ciudades prósperas (→ CAPERNAUM; BETSAIDA, etc.), en las que Jesús llevó a cabo gran parte de su ministerio público. El lago gozaba de una situación estratégica para el comercio del Oriente, puesto que por allí pasaban importantes rutas comerciales. Hoy, debido a los cambios que ha habido en el comercio, la región ha perdido su prominencia y la única ciudad influyente en sus riberas es → TIBERIAS.

MAR GRANDE Nombre con que se designa al mar Mediterráneo (Nm 34.6), además de «el mar» (Jos 16.3), «el gran mar donde se pone el sol», «el mar occidental» (Dt 11.24; 34.2; Jos 1.4) y «el mar de los filisteos» (Éx 23.31). Este mar, que forma el límite occidental de Palestina, ha sido testigo de la mayoría de las civilizaciones antiguas que han influido en el mundo moderno, con excepción de las que se desarrollaron en los valles del Tigris y el Éufrates.

Al mar Grande lo afectan poco las mareas, pero a menudo se agita por vientos violentos (Jon 1.4; Hch 27). Los vientos del sudeste y del sudoeste predominan en la primavera, y los del nordeste y noroeste durante el resto del año. Su agua es más caliente y salada que la del Atlántico.

En su orilla oriental las principales poblaciones mencionadas en las Escrituras eran Sidón, Tiro, Tolemaida, Cesarea y Jope. Solo una vez en su ministerio Jesús se acercó a este mar: cuando pasó por la región de Tiro y Sidón y efectuó el milagro de liberación en la hija de la mujer sirofenicia (Mc 7.24ss).

Durante su ministerio, → PABLO navegó varias veces por el mar Grande. Fue en este mar donde naufragó mientras lo llevaban prisionero de Cesarea a Roma, pero salió con vida en la isla de → MALTA (Hch 28.1). Del relato de este viaje aprendemos muchos detalles de la navegación practicada en aquella época, cuando no había brújulas ni mapas detallados.

MAR MUERTO Nombre con que el mundo occidental designa al mar en donde desemboca el río Jordán. En el Antiguo Testamento se llama «mar Salado» (Gn 14.3), «mar del Arabá» (Dt 4.49) y «mar oriental» (Jl 2.20; Zac 14.8). Josefo lo denominó «lago asfáltico» por la cantidad de asfalto que se halla en su extremo sur. Los árabes lo denominan *Bahr Lut* («mar de Lot») por relación directa con este personaje (Gn 13.10,11; 19.1-30).

El mar Muerto se halla en la parte más baja de la profunda depresión geológica que se extiende desde el pie del monte Hermón hasta el golfo de Aqaba. Tiene *ca.* 64 km de largo (de norte a sur) y su anchura varía entre 10 y 15. Queda a 22 km de Jerusalén y es visible desde el monte de los Olivos.

Sus afluentes principales son: por el norte, el Jordán, por el este el Zerka Main, el Arnón, el Kerak y el Zered; por el sur, el Kurahy; y por el oeste, algunas fuentes como Ain Fashka y Ain Gadi (1 S 23.29), y torrentes invernales como el Cedrón.

Alrededor del mar Muerto se hallan restos arqueológicos de sumo interés histórico; por ejemplo, al oeste, tres km al norte de Ain

M

El mar Muerto, situado en el lugar más bajo de la tierra, tiene un alto contenido salino y ninguna salida natural.

Fashka, se halla → Qumrán; unos 16 km al sur de Ain Gadi, se levanta la inmensa roca en forma de mesa, llamada Masada, en la que → Herodes el Grande construyó una fortaleza que más tarde fue el último punto de resistencia de los judíos en la guerra con los romanos (66–73 d.C.). Josefo describe vívidamente esta resistencia (*Guerras* VII.viii.ix). Al lado este, situada un poco al norte del río Arnón, se hallaba la fortaleza de Maqueronte, también construida por Herodes. La entregó a su hijo, → Herodes Antipas, quien mandó encarcelar y ejecutar aquí a Juan Bautista, según Josefo (*Antigüedades* XVIII, v. 2; cf. Mc 6.14-29).

En cuanto al discutido sitio de → Sodoma y Gomorra, algunos creen que «el valle de Sidim», que «estaba lleno de pozos de asfalto» (Gn 14.3,10), es terreno cubierto ahora por la parte sur del mar Muerto. En este valle se hallaban las «ciudades de la llanura» y entre ellas Sodoma y Gomorra (Gn 13.10; 19.24-29). Al extremo sudoeste del mar hay una montaña de sal que ahora se llama Jebel Usdum (monte de Sodoma). En una esquina de ella se halla un pilar de sal que los árabes llaman la «esposa de Lot». Josefo, describiendo esta área, dice: «La esposa de Lot ... fue convertida en un pilar de sal, pues yo mismo lo he visto» (*Antigüedades* I.xi.4).

Hay algunos fenómenos notables en el mar Muerto. Su superficie está a *ca.* 400 m bajo el nivel del Mediterráneo y 1.100 bajo el nivel de Jerusalén. Su agua es clara y transparente, pero está densamente cargada de sal. Tiene un peso específico que excede al de cualquier otra agua conocida. Una cuarta parte de su peso consiste en sustancias minerales, y en total es cuatro veces más pesada que el agua del océano. Tan densa es el agua, que una persona no puede hundirse en ella. El clima del área alrededor del mar es semitropical debido a su bajo nivel.

El mar Muerto era el límite oriental del territorio asignado a Judá (Nm 34.12; Ez 47.18). En «los fuertes de *En Gadi*» se refugió David, huyendo de Saúl (1 S 23.29). Al sur del mar Muerto se hallaba el «valle de Sal», escenario sobre los edomitas (1 Cr 18.12; 2 R 14.7). Ezequiel profetiza la sanidad de las aguas del mar Muerto por un afluente de agua pura que nacerá en el templo, correrá por el arroyo de Cedrón y descenderá al mar (Ez 47.8).

MAR ROJO Traducción del nombre griego (*erythrá thalassán*) del mar que cruzaron los israelitas cuando huyeron de Egipto (Éx 15.4). Es el nombre usado en la LXX y en el texto griego del Nuevo Testamento (Hch 7.36; Heb 11.29). El nombre hebreo es *yam suf* que quiere decir «mar de juncos» o «mar de cañas». El último es el nombre usado en la BJ. El nombre hebreo se debe a la abundancia de juncos en el extremo norte del brazo occidental del mar, como también en el delta del Nilo (Éx 2.3,5). El nombre griego es de origen incierto.

En su salida de Egipto los israelitas cruzaron el extremo norte del brazo occidental del mar Rojo, o sea, el golfo de Suez. La opinión más generalizada es que el suceso tuvo lugar en las cercanías de lo que ahora se llama «los lagos Amargos». Los argumentos aducidos para sostener esta opinión son: (1) la entrada al desierto de Sur, a donde llegaron los israelitas después de cruzar el mar, se encuentra precisamente por este lugar; (2) en esta región hay vientos recios como los descritos en el relato bíblico (Éx 14.21); (3) aquí abundan los juncos (*suf*) y estos son aludidos en el nombre hebreo dado al mar; (4) esta parte del mar limitaba con Gosén, donde habían vivido los israelitas; (5) si hubieran cruzado lo que comúnmente se llama el mar Rojo, no habrían tenido tiempo suficiente para hacer el recorrido que el texto registra. Esta explicación no disminuye el aspecto milagroso del acto divino a favor de Israel, ni tampoco quita la fuerza del juicio de Dios sobre los ejércitos de Faraón.

Hay indicaciones de que el término *yam suf* se refiere tanto al golfo de Aqaba como al de Suez. Dios ordenó que los israelitas fueran al desierto por el *yam suf* (Nm 14.25; Dt 1.40; 2.1); es decir, por la vía del golfo de

Aqaba. Más tarde Israel fue por el camino de *yam suf* para «rodear la tierra de Edom» (Nm 21.4; Jue 11.16).

También se emplea *yam suf* para referirse al puerto de Ezión-geber en el golfo de Aqaba, donde → SALOMÓN construyó y mantuvo su flota marítima con la colaboración de los fenicios (1 R 9.26; 10.22; 2 Cr 8.17). Los arqueólogos han descubierto en este lugar minas de cobre pertenecientes al período salomónico, con la refinería más grande hasta ahora descubierta en el Cercano Oriente.

MARA (*amargo*). Nombre de una mujer y un lugar en la Biblia.

1. Nombre adoptado por Noemí, «porque en grande amargura me ha puesto el todopoderoso» (Rt 1.20).

2. Nombre dado al primer oasis que hallaron los israelitas, después de cruzar el mar Rojo (Éx 15.22-26). Las aguas eran amargas, pero se endulzaron cuando Moisés echó en ellas un árbol que señaló Jehová.

El sitio de Mara se identifica generalmente con el actual «Ain Hawara», unos 75 km al norte de la moderna ciudad de Suez. Algunos lo han identificado con → CADES, pero no hay adecuada razón para ello.

MARANATA Forma compuesta de dos palabras arameas, que aparece solamente en 1 Co 16.22 y *Didajé* 10.6. Puede traducirse: (1) «¡Señor nuestro, ven!»; (2) «Nuestro Señor ha venido», o (3) «Nuestro Señor está presente». No obstante, los contextos en que se usa la palabra hacen improbable la segunda posibilidad.

Seguramente Maranata era una oración jaculatoria de esperanza y ánimo con que se pedía la pronta venida del Señor (cf. Ap 22.20) o una afirmación de su presencia en medio del culto. El uso del arameo indica que la expresión era familiar a la iglesia primitiva en Palestina.

MARCA La Biblia prohíbe el tatuaje porque este se relaciona con prácticas idolátricas en las que los individuos se marcaban con la imagen del dios o del animal sagrado (Lv 19.28).

Algunas marcas del Antiguo Testamento son de un simbolismo difícil de comprender; por ejemplo, la de → CAÍN (Gn 4.15), la de Is 44.5; 49.16 y la que con forma de cruz el profeta Ezequiel pone sobre la frente de los elegidos (9.4-6 BJ).

En el Nuevo Testamento las marcas de Jesús son las huellas dejadas en Pablo por los azotes, apedreamientos y lapidaciones (Gl 6.17); son marcas que contrastan con las de la circuncisión. La marcas de Ap 13.16s, puede entenderse a la luz del relato de 3

M

Una orilla rocosa del mar Rojo, en un punto al norte del lugar en que los israelitas cruzaron durante el éxodo (Éx 14).

Macabeos (2.29) según el cual → TOLOMEO FILOPÁTOR marcó con fuego a los judíos la hoja de hiedra del dios Dionisos, como señal de violencia idolátrica.

MARCOS Judío de Jerusalén mencionado en Hechos, en las cartas de Pablo y 1 Pedro, e identificado tradicionalmente con el autor del segundo Evangelio (→ MARCOS, EVANGELIO DE).

Llevaba dos nombres: «Juan», nombre hebreo, y Marcos, sobrenombre romano (Hch 12.12,25; 13.5,13; 15.37,39). Era hijo de una viuda rica llamada María, cuya casa era centro de reunión para los primeros cristianos en Jerusalén (Hch 12.12-17), pero no se sabe cuándo Marcos abrazó el cristianismo. Llevado a Antioquía por Bernabé y Pablo (12.25), Marcos los acompañó también en el primer viaje misionero en calidad de ayudante (13.5), encargado probablemente de los arreglos del viaje (comida, hospedaje, etc.). Por razones que se desconocen (¿disensiones en algunos puntos de vista?), se separó de Bernabé y Pablo y volvió solo a Jerusalén (13.13), lo cual dio lugar a una desavenencia entre Pablo y Bernabé cuando estaban a punto de salir para el segundo viaje (15.36-41).

El Marcos de Hechos y el que se menciona en Col 4.10; Flm 24 y 2 Ti 4.11 son una misma persona, como lo demuestra el hecho de que Pablo en Col 4.10 transmita a los colosenses el saludo de «Marcos, el primo de Bernabé». Este parentesco explica que Bernabé haya intervenido a favor de Marcos y lo haya acompañado a Chipre (Hch 15.39). A pesar de las divergencias relatadas en Hch 15, Marcos debía haberse reconciliado ya con Pablo cuando este escribió a los colosenses, puesto que se encontraba a su lado. La petición de 2 Ti 4.11 confirma la utilidad de Marcos en el ministerio de Pablo.

En 1 P 5.13 leemos: «La iglesia que está en Babilonia ... y Marcos, mi hijo, os saludan». Si admitimos que se trata de un mismo Marcos y que el autor de 1 Pedro es Pedro o un secretario allegado a él, Marcos debe haber trabajado con este apóstol en Roma, además de colaborar con Pablo. Hechos 12.12 y Papías, quien lo llama «intérprete de Pedro», evidentemente confirman esto. La expresión «mi hijo» es una muestra del cariño que unían al apóstol y su discípulo. Se ha conjeturado que el joven que «huyó desnudo» (mencionado solo en Mc 14.51s), fue Marcos. Según la tradición, Marcos fue el fundador y el primer obispo de la iglesia de → ALEJANDRÍA y, años después, los venecianos se apoderaron de sus restos y los llevaron a Venecia, ciudad que ahora lo tiene como su santo patrono.

Bibliografía:
EBDM IV, cols. 1285-1287.

MARCOS, EVANGELIO DE Segundo libro del Nuevo Testamento y el más antiguo de los cuatro Evangelios. El Evangelio de Marcos describe más a la persona de Jesús por lo que hace que por lo que dice. Se caracteriza por un estilo vívido y directo.

Estructura del libro

El libro puede dividirse en dos secciones. En la primera sección el eje geográfico es Galilea, región que despreciaban los judíos por estar poblada en parte por gentiles. Allí es donde Jesús predica y hace milagros públicamente. Pero sus enseñanzas y actos siguen siendo incomprensibles aun para los discípulos. El período de la predicación en Galilea termina con la confesión de Pedro y la Transfiguración, donde se revelan la identidad de Jesús y el misterio de su destino.

En la segunda sección, Jesús va camino de Jerusalén, y cuando llega concentra allí su ministerio por varios días. La hostilidad contra Jesús culmina con su crucifixión en la capital misma de la religión judía.

Autor y fecha

Aunque el Evangelio es anónimo, a su autor se le llama → MARCOS; y desde el siglo IV se le ha identificado con el Marcos mencionado en el Nuevo Testamento, que por

MARCOS:
Un bosquejo para el estudio y la enseñanza

Primera parte:
La presentación del Siervo
(1.1—2.12)

I. El precursor del Siervo 1.1-8
II. El bautismo del Siervo 1.9-11
III. La tentación del Siervo 1.12-13
IV. La misión del Siervo . . . . 1.14—2.12

Segunda parte:
La oposición al Siervo
(2.13—8.26)

I. La oposición inicial al Siervo . . . . 2.13—3.35
II. Las parábolas del Siervo 4.1-34
III. Los milagros del Siervo . . . . 4.35—5.43
IV. La creciente oposición al Siervo . . . . 6.1—8.26

Tercera parte:
La instrucción del Siervo
(8.27—10.52)

I. Pedro confiesa a Cristo 8.27-33
II. El costo del discipulado . . . . 8.34—9.1
III. La transfiguración. 9.2-13
IV. Se libera a un hijo poseído del demonio . . . 9.14-29
V. Jesús predice su muerte 9.30-32
VI. Jesús enseña para preparar
a los discípulos . . . . 9.33—10.45
VII. La sanidad del ciego Bartimeo 10.46-52

Cuarta parte:
El rechazo del Siervo
(11.1—15.47)

I. La presentación formal del Siervo 11.1-19
II. La instrucción sobre la oración 11.20-26
III. La oposición de los líderes. . . . . 11.27—12.44
IV. La instrucción sobre el futuro 13.1-37
V. La pasión del Siervo . . . . 14.1—15.47

Quinta parte:
La resurrección del Siervo
(16.1-20)

I. La resurrección de Jesús. 16.1-8
II. Las apariciones de Jesús. 16.9-18
III. La ascensión de Jesús 16.19-20

M

cierto no era apóstol como Mateo o Juan. Varios cristianos antiguos se refieren a este Evangelio y a las circunstancias en que este fue escrito. El testimonio más antiguo (Papías, *ca.* 110 d.C.) dice así: «Marcos, quien fue intérprete de Pedro, escribió exactamente, aunque sin orden, todo lo que recordaba, tanto las palabras como las acciones del Señor». De este y otros documentos se desprenden varios datos que concuerdan con los estudios modernos. En una época cuando la tradición cristiana tendía a atribuir la redacción de los Evangelios a los apóstoles, es improbable que Marcos haya sido designado como autor sin razones históricas fehacientes.

Si bien Marcos no siguió a Jesús en su vida terrestre, como «intérprete de Pedro» pudo transcribir con fidelidad las enseñanzas del Maestro. Su dependencia de Pedro se recalcó tanto en la tradición eclesiástica que el segundo Evangelio llegó a considerarse una simple transcripción de las memorias de Pedro. La realidad es más compleja, como veremos.

Desde fecha muy temprana, el Evangelio recibió críticas por su falta de orden y por incompleto (posiblemente por los círculos en que se escribieron Mateo y Juan). Sufrió en particular la comparación con Mateo, ya que este Evangelio se atribuía a un apóstol, era más extenso y ordenado, y retrataba a

Cristo en forma más comprensible y atractiva. De ahí el escaso interés de los comentaristas en Marcos hasta el siglo pasado.

Para determinar cuándo se redactó este Evangelio, existen varios testimonios antiguos. Los mejores (por ejemplo, Papías, allá por el 110 d.C. e Ireneo, allá por el 180) afirman que Marcos escribió después de la muerte de → PEDRO, ocurrida entre 64–68 d.C. Además, el discurso escatológico de Marcos 13 refleja probablemente una situación anterior a la destrucción de Jerusalén por los romanos en el 70 (Mc 13.14; cf. Lc 21.20). Así que podemos fechar la composición de Marcos entre el 65 y el 70 d.C. Otros lo datan diez años antes.

Marco histórico

La tradición antigua según la cual Marcos escribió en Italia se confirma por indicios como la traducción al latín de algunas expresiones griegas (12.42; 15.16) y la alusión al romano → RUFO (15.21). No obstante, los latinismos (5.9; 6.27,37, etc.) no constituyen un argumento decisivo ya que casi todos son palabras técnicas de uso común en todo el imperio. La rápida difusión y aceptación de un Evangelio bastante deslucido comparado con los otros, y sin patrocinio apostólico directo, se entendería mejor de haberse editado en una iglesia de gran prestigio como la de Roma. Además, parece estar dirigido a un público de cristianos procedentes de otras tradiciones religiosas (y no del judaísmo) por la explicación de las palabras arameas (3.17; 5.41; 7.11,34; 14.36; 15.22) y de ciertas costumbres judías (7.3,4; 14.12; 15.42). Así que es muy probable que Roma haya sido el lugar de origen al menos en cuanto a la redacción final. Con todo, no se puede descartar la posibilidad de que una primera versión de este Evangelio (o parte de sus elementos) provenga de otro medio (como Palestina).

Aporte a la teología

El Evangelio de Marcos es una obra literaria original y obedece a un propósito determinado. Este propósito no es en primer término biográfico, aunque sí hubo curiosidad en la iglesia sobre la vida de Jesús, sino teológico. Se ha llegado a llamar el Evangelio de Marcos un tratado de capacitación para equipos misioneros. Marcos quiere edificar a la comunidad cristiana ofreciéndole una serie de enseñanzas puestas en el molde de un relato de la vida terrenal de Jesús. No siendo un historiador moderno, le interesa menos la precisión cronológica y geográfica de su relato que la significación que tiene. Para él, el pasado y el presente se confunden; el Jesús que predicaba y curaba a los enfermos en Palestina se identifica totalmente con el Señor resucitado que habla y actúa en la iglesia contemporánea de Marcos.

Un rasgo muy original del retrato de Jesús en Marcos es el llamado «secreto mesiánico». Jesús rehuye la publicidad y procura ocultar su identidad de Mesías o de Hijo de Dios (1.24s; 34,44; 5.43; 7.36, etc.); prefiere enseñar privadamente a sus discípulos (4.10-12; 7.17-30, etc.), quienes, sin embargo, no entienden el verdadero sentido de sus dichos y milagros (6.52; 8.17ss). Algunos autores ven en el secreto mesiánico una invención de Marcos o de su comunidad, pero este aspecto del Evangelio tiene bases históricas. Jesús impulsó el silencio para evitar un entusiasmo popular de tipo revolucionario, o porque la naturaleza misma de su misión se lo exigía. No quería discípulos que le siguieran únicamente por los milagros que Él hacía. Se puede aceptar perfectamente que el secreto mesiánico sea una formulación teológica de la comunidad primitiva y afirmar a la vez que se apoya en una realidad histórica. Jesús, al vincular la predicación de la inminencia del reino de Dios con su propia persona, dio a su vida un significado implícitamente mesiánico.

Con la sistematización del secreto, Marcos quiso destacar el carácter misterioso de Jesús, y especialmente de la necesidad de su pasión y muerte (cf. 10.45). Para él, ningún título ni ninguna confesión de fe abarcaba totalmente la significación de la vida, cruz y resurrección del Señor. Más importante aún que la creencia recta es la acción recta, el seguimiento de Jesús: «Si alguno quiere venir en pos de mí, niéguese a sí mismo, y tome su cruz, y sígame» (8.34).

Esta tendencia antidogmática y activista de Marcos se expresa también en su concepción de la iglesia y en el entusiasmo misionero que llena su obra. Su Evangelio es la historia del compañerismo de Jesús con los suyos (cf. 3.14) que perdura en la iglesia contemporánea del evangelista. El Resucitado es el único jefe de la Iglesia, y nadie puede arrogarse una autoridad universal en la comunidad. De ahí la marcada reserva de Marcos hacia los discípulos, cuya incomprensión, ambición y exclusivismo señala varias veces (8.33; 9.38-41, etc.), y sobre todo hacia la familia de Jesús. Algunos han concluido que los pasajes 3.20s, 31-35 constituyen una censura indirecta de la hegemonía de → JACOBO, hermano de Jesús, sobre la iglesia de Jerusalén.

El evangelista enfatiza a lo menos cinco «contradicciones» en la vida y misión de Jesucristo: (1) entre su divinidad y humanidad, (2) entre el Jesús victorioso y el Cristo de la cruz, (3) entre la levadura de muerte y el pan de vida, (4) entre la docencia ortodoxa y el discipulado vivencial y (5) entre la religiosidad eclesiocéntrica y una visión hacia el mundo. A partir de estos rasgos polémicos, se puede vislumbrar el tipo de iglesia que Marcos encomia: abierta, sin límites rígidos, popular, sin preocupación intelectual y apologética exagerada, y movida totalmente por la exigencia dinámica de la conquista misionera.

La división del Evangelio en dos períodos y en dos zonas geográficas no obedece tanto a un desarrollo sicológico en la personalidad de Jesús, ni a una sucesión cronológica de acontecimientos, como a la expresión de una verdad teológica: el misterio de la salvación en Jesús no se entiende sino después de la resurrección.

¿Quién es Jesús para Marcos? ¿Cómo ve su persona y su obra? Comparado con los otros Evangelios, Marcos es moderado en el uso de los títulos relativos a Jesús. En ochenta y un casos lo llama sencillamente «Jesús». El término «Cristo» aparece solo siete veces, y nunca dicho por Jesús. En Marcos, Jesús suele designarse «Hijo del hombre», mientras que Marcos prefiere el título de «Hijo de Dios» que aparece en momentos clave del relato: al principio, en el relato del bautismo de Jesús (1.11), en el centro, dicho por la voz divina que se escucha en la transfiguración (9.7) y al final, en la confesión del centurión gentil al pie de la cruz (15.39). Según algunos más antiguos, Marcos lo incluyó también en el título de su libro (1.1).

Otros puntos importantes

Las distintas escuelas de crítica bíblica llegan a una misma conclusión: el Evangelio de Marcos no es una obra enteramente original, nacida toda de la mente del evangelista, sino que este se valió de tradiciones orales o escritas que no se han conservado.

El léxico y el estilo de Marcos son típicos del habla popular. Su vocabulario contiene más diminutivos, más palabras arameas o hebreas y más transcripciones de palabras latinas que cualquier otro libro del Nuevo Testamento. La sintáxis es sencilla: las oraciones se coordinan solo mediante la yuxtaposición o la conjunción «y» y los adverbios «después», «entonces», «en seguida» y frases similares. El análisis textual más reciente reconoce que lo que antes se consideraba como señal de un estilo poco refinado y artístico (como las frecuentes expresiones redundantes y parentéticas que interrumpen la narración) son artificios editoriales que Marcos usa en forma genial para destacar hechos o palabras con aplicación teológica (por ejemplo, 3.20-35 5.21-43). Lo mismo ocurre con las anticipaciones (*analepsis*, cf. 3.9 y 4.1; 11.11 y 15-19; 14.54 y 66-72), repeticiones (*prolepsis*, cf. 1.32,35; 4.2,39; 5.39; 14.61; 15.25; 16.2) frecuentes paralelismos y estructuras concéntricas (*quiamos*, cf. 1.16-20 [21/28] 29-31; 14. 53-54 [55-65] 66-72). Marcos, además, usa palabras («pan»,

M

«levadura») y espacios físicos («camino», «mar», «monte», «desierto», «ciudad», «casa», «templo») en forma simbólica y con intención teológica. Lejos de ser un narrador ingenuo, a Marcos se le considera hoy un teólogo profundo.

Una teoría muy antigua afirma que Marcos se inspiró en otro Evangelio anterior. Desde San Agustín, prevalecía la opinión de que Marcos no era sino una imitación y abreviación de Mateo, pero se dejó de subestimarlo en el siglo XIX al reconocerse que en realidad Marcos no solo era anterior a Mateo y Lucas, sino que les había servido de fuente a los dos (→ EVANGELIOS). El evangelista Marcos creó el género literario «evangelio», combinando por primera vez los dos aspectos de la tradición anterior relativa a Jesús: los dichos y las narraciones.

Para descubrir las fuentes de Marcos, es indispensable estudiar la tradición evangélica que le precede en su estado oral. A continuación se dan algunos ejemplos de la agrupación de las unidades, aisladas en un principio.

Marcos 2.1–3.6 contiene cinco narraciones breves que enmarcan y ponen de relieve ciertas sentencias de Jesús (2.10,17,19,27, 28; 3.4). Esas historias carecen de detalles realistas y de indicaciones temporales y geográficas. No fueron agrupadas para contar una serie de acontecimientos, sino para dar a conocer la opinión de Jesús sobre problemas de importancia vital para la comunidad cristiana (el perdón de los pecados, el ayuno, la actitud respecto al sábado, etc.).

Marcos 4.35–5.43 es de un carácter muy distinto. Contiene cuatro narraciones de milagros donde el interés principal es el relato del acontecimiento mismo. En contraste con 2.1–3.6, están vinculadas por anotaciones de lugar y de tiempo, y ofrecen detalles concretos. Las narraciones de milagros, construidas según un mismo esquema, ocupan un lugar importante en Marcos (1/5 de la totalidad del Evangelio), y recalcan el poder de Jesús sobre los demonios y la naturaleza, o bien para manifestar su misericordia para con los desdichados.

Una tercera clase de material utilizado por Marcos son los dichos y parábolas de Jesús. En 8.34–9.1 y en 9.33-50, por ejemplo, tenemos dos colecciones de sentencias primitivamente aisladas y luego recopiladas en relación con un tema para facilitar su aprendizaje.

Por último, Marcos incluye un cuerpo de tradición independiente, el relato de la Pasión. El enfoque principal del evangelista es la muerte y resurrección de Jesús como fundamento de la vida y misión de la Iglesia. Por eso algunos dicen que Marcos es un relato de la Pasión de Jesús (14.1–16.8a) con una larga introducción (1.11–3.37).

Bibliografía:

José Cárdenas Pallares, *Un pobre llamado Jesús: Relectura del Evangelio de Marcos*, Casa Unida de Publicaciones, México, 1982. Robert H. Gundry, *Mark: A Commentary on His Apology for the Cross*, Eerdmans, Grand Rapids, 1993. A.M. Hunter, *San Marcos*, Aurora, Buenos Aires, 1960. *INT*, pp. 132-143. *JB* II, pp. 198-224. William L. Lane, *The Gospel of Mark: New International Commentary on the New Testament*, William B. Eerdmans, Grand Rapids, 1974. R.C.H. Lenski, *San Marcos*, Escudo, México, 1962.

MARDOQUEO Nombre de dos hombres en el Antiguo Testamento.

1. Nombre de uno de los que regresaron del cautiverio con Zorobabel (Esd 2.2; Neh 7.7).

2. Personaje central del libro de Ester y gran patriota judío. En los días de → ASUERO, rey de Persia, vivía en Susa, capital del reino (Est 2.5). Adoptó como hija a su prima → ESTER (2.7), a quien después el rey escogió para ser reina. Los hechos de Mardoqueo revelan un corazón dividido entre Persia y Judea: como persa salvó la vida del rey (2.19-23), como judío se negó a rendir homenaje a un gobernante (3.1,2). Esto último trajo sobre los suyos una época de persecución (3.8,9).

Ante el peligro, Mardoqueo acudió a Ester, entonces reina del país, y le ordenó intervenir en defensa de su pueblo (4.1-16). Hombre inteligente y sagaz, imponía su voluntad sobre la reina a la vez que era su siervo (4.17). Mardoqueo hacía los planes y Ester los ejecutaba. Una vez alcanzado el bienestar de los judíos, Mardoqueo llegó a ocupar el puesto de primer ministro del reino (10.1-3).

MARESA Ciudad situada al pie de las colinas del sur de Gaza, a la vera del viejo camino a Hebrón. Fue fortificada por Roboam juntamente con otras ciudades que estratégicamente resguardaban a Jerusalén (2 Cr 11.5-12). Fue el escenario de la gran batalla entre el rey Asa y el etíope Zera. Los invasores etíopes fueron derrotados (2 Cr 14).

En Maresa nació Eliezer, el profeta (2 Cr 20.37). Miqueas la cita y amonesta a sus habitantes por el pecado de idolatría (Miq 1.15).

Durante la época intertestamentaria, Maresa llegó a ser una próspera colonia sidonia y después una fortaleza edomita. Fue saqueada por los macabeos (1 Mac 5.66; 2 Mac 12.35).

Maresa es también el nombre de dos personas: el primogénito de Caleb (1 Cr 2.42) y un descendiente de Judá (1 Cr 4.21).

MARFIL Traducción de la voz hebrea *shen* (*diente* [de elefante]). Se menciona por primera vez en la Biblia en relación con los viajes que las naves de Salomón hacían una vez cada tres años a la India (1 R 10.22; 2 Cr 9.21). Con marfil Salomón se hizo construir para sí un trono que además estaba cubierto de oro (1 R 10.18).

El marfil se usaba también para decorar las paredes de los palacios, muebles, tronos, mesas, vasijas y estatuas (Am 3.15; Ap 18.12). Era signo de riqueza y lujo. Ezequiel 27.6,15 habla de la ciudad de Tiro y del comercio que mantenía con ébano y marfil. En Cnt 5.14 el cuerpo del amado se compara con «claro marfil cubierto de zafiros» y en 7.4 el cuello de la esposa se figura como «torre de marfil».

MARI Ciudad que modernamente corresponde a Tell Hariri, en la parte sudeste de Siria cerca del río → ÉUFRATES. Las excavaciones de Mari, iniciadas en 1933 por A. Parrot, la destacan como uno de los mayores centros de civilización en tiempos antiguos. Mari existía en el milenio IV a.C. En varias épocas fue destruida y reconstruida. En ella había templos dedicados a varios dioses: Ninhursag, Samas y Dagán. En un sitio se descubrieron restos de una serie de cuatro templos de Ishtar, uno sobre el otro.

La importancia de Mari en el siglo XVIII a.C. gira alrededor de un gigantesco palacio de 300 cámaras descubierto en ella. En este palacio se encontraron unas 23.000 tablillas que iluminan la geografía, historia y cultura de la Mesopotamia de aquella época. Son en su mayoría textos administrativos y correspondencia diplomática. Destacan la rivalidad de las ciudades-estado en Mesopotamia, y de ellas se deduce que se formaron varias coaliciones hasta que Hammurabi dominó toda la región y destruyó a Mari.

Por los textos de Mari comprendemos mejor los antecedentes culturales de los patriarcas. Están escritos en acádico, pero los nombres y el vocabulario indican por lo menos que los líderes eran semitas del oeste. Los pueblos de Nahur, Til-turahi y Sarug, cerca de → HARÁN, tienen nombres casi iguales a los de los padres de Abraham (Serug, Nacor y Taré; Gn 11.23, 24). Se mencionan varios ataques de los *habiru*. Algunos nombres personales son semejantes a los de los personajes bíblicos, por ejemplo, Aruiko (cf. Arioc, Gn 14.1), Abraham, Jacob, etc. Se habla de un grupo o tribu de benjamitas. Aunque no son los mismos personajes de Génesis, es notable que tales nombres hayan sido comunes.

Varias costumbres descritas también sugieren paralelos con Génesis. Era costumbre matar a un asno para confirmar un pacto (cf. Gn 33.19; 34.1-3). La herencia de tierras no debía venderse fuera de la familia, al igual que entre los patriarcas.

A pesar de los paralelos, existen también notables diferencias. Muchos textos de Mari

M

se ocupan de la adivinación basada en la astrología o la inspección del hígado. En cambio, la Biblia prohíbe la adivinación y magia. Se han encontrado paralelos entre el profetismo en Israel y en Mari. Por cierto, Mari es el único lugar fuera de la Biblia donde hay indicaciones de un profeta «enviado» por un dios a entregar un mensaje. Pero en Mari se trata de un mensaje al rey tocante a su falla en ciertos ritos. Las características de los mensajes proféticos bíblicos y el mandato de dar el mensaje a todos, la preocupación ética y la responsabilidad de todo el pueblo por la justicia social no se encuentran en los profetas de Mari.

MARÍA Nombre que se ha interpretado de diversas maneras, según la raíz semítica de la que se trace su derivación. Las varias posibilidades son: «rolliza», «niña deseada», «la que ama o es amada de Yahveh», y «la amada».

1. Profetisa y hermana de → Moisés y → Aarón, hija de Amram y Jocabed (Nm 26.59). Éxodo 2.4,7,8 relata que una hermana del niño Moisés vigilaba la arquilla de juncos en que este fue echado al río; probablemente se tratara de María. Ella dirigió a las mujeres israelitas en el canto y danza de alabanza después que cruzaron el mar Rojo (Éx 15.20, 21), y junto con Aarón se rebeló contra Moisés cuando este se casó con una cusita. Como el motivo fueron los celos contra Moisés, Jehová castigó a María con la lepra. Moisés intercedió por ella, y fue limpia (Nm 12). Cuando María murió, la sepultaron en Cades (Nm 20.1). En tiempos posteriores se recordaba a María como líder junto con sus hermanos (Miq 6.4), y también como ejemplo del castigo divino (Dt 24.9).

2. Hija de Esdras según la genealogía de 1 Cr 4.17.

3. Madre de Jesús. Según las narraciones de la infancia de Jesús en Mateo y Lucas, María, una doncella joven de → Nazaret y desposada con → José, recibe el anuncio angelical del nacimiento de Jesús. La anunciación (Lc 1.26-38) es precisamente la notificación a María de que Dios le ha conferido gracia y bendición al escogerla como madre del Mesías.

La pregunta con que María respondió al ángel («¿cómo será esto? pues no conozco varón») la han interpretado algunos exégetas católicos como indicio de que había hecho un voto de virginidad. Sin embargo, otros exégetas católicos y la interpretación protestante presentan fuertes argumentos en contra de esta idea: el concepto judío del matrimonio no admite la posibilidad de un voto de tal naturaleza (→ Hermanos de Jesús). Tampoco su condición de prometida, para la cual María habría dado su consentimiento según la costumbre, permite pensar que ella no contemplara la consumación del matrimonio. Se concluye que María puso la objeción de que no conocía varón simplemente porque no entendía cómo la promesa de una maternidad inmediata podría realizarse, dada su condición de virgen desposada solamente. Al enterarse de que sería una concepción virginal, María expresa su conformidad con la voluntad divina (Lc 1.38), actitud típica de profetas y siervos de Dios a través de la historia de Israel. En ninguna manera pueden entenderse sus palabras como un *fiat* de colaboración humana en la consecución de la salvación.

El parentesco de María con → Elisabet (Lc 1.36; cf. 1.5) podría indicar que María era de linaje aarónico (levítico). Su canto de alabanza a Dios revela que María conocía bien las Escrituras del Antiguo Testamento (Lc 1.46-55). Después de otra intervención angelical, José quedó convencido de que se debía casar con María (Mt 1.18-25), y fueron juntos a Belén en obediencia al edicto romano del empadronamiento (Lc 2.1-7). Por falta de alojamiento en la aldea, María dio a luz a su primogénito en un establo, pero más tarde cuando llegaron los magos a Belén, estos visitaron al niño en una casa (Mt 2.11).

María y José cumplieron los ritos judíos de circuncisión y presentación del niño y la purificación de la madre (Lc 2.21-24). Según Mt 2.20-23, los tres huyeron a Egipto para escapar de la ira de → HERODES. A su regreso establecieron su hogar en → NAZARET. El único relato de la niñez de Jesús (Lc 2.41-52) revela que «sus padres» solían asistir a la Fiesta de la Pascua en Jerusalén. Cuando María reprochó a Jesús por haberse quedado atrás en el templo, Jesús respondió que Él debía atender las cosas de su Padre, contestación que dejó perplejos a María y a José.

Evidentemente María no acompañó a Jesús en su ministerio público, aunque asistieron juntos a una celebración social en → CANÁ. En esta ocasión parece que María creyó que su Hijo podría suplir la falta de vino, pero la ligera reprimenda de Jesús muestra que ella todavía no comprendía bien ni la naturaleza ni las condiciones de su ministerio (Jn 2.1-11).

Cuando María y los hermanos de Jesús querían apartarlo de un ministerio agotador, Jesús hizo valer su independencia de la relación familiar (Mc 3.21-35). Esta prioridad de relación espiritual sobre la que es solamente física se subraya también en la respuesta que Jesús dio a la mujer que quiso elogiar a su madre (Lc 11.27,28). A pesar de que los hermanos de Jesús no creían en Él (Jn 7.5), María se unió al grupo de fieles creyentes en el momento de la crucifixión. Jesús la encomendó al cuidado del discípulo amado (Jn 19.25-27). Solo una vez más se menciona a María en el Nuevo Testamento: en Hch 1.14, donde se indica que tanto ella como los hermanos de Jesús se contaban entre los discípulos después de la resurrección.

El carácter de María que se percibe en los Evangelios es el de una mujer judía espiritualmente sensible, fiel y obediente a la voluntad divina. Sin duda, de ella Jesús recibió su primera instrucción en las Escrituras. Aunque luego se desconcertó por la forma en que Jesús desempeñaba su oficio de Mesías, hay que reconocer que este dejó perplejos también a sus propios discípulos. Solamente a la luz de la resurrección podían discernir el misterio divino en el ministerio y muerte de Jesús.

4. María Magdalena. Mujer probablemente oriunda de → MAGDALA. Se menciona solamente una vez durante el ministerio de Jesús, como persona liberada de siete demonios, que luego figuró entre las mujeres agradecidas que servían al grupo itinerante de discípulos (Lc 8.1-3; cf. Mc 15.40,41). Aunque la tradición ha identificado a María Magdalena con la mujer pecadora de Lc 7.37-50, es dudoso que sean una misma persona, puesto que Lucas la presenta en el cap. 8 como una figura nueva en la historia. Además, no es muy probable que → JUANA, mujer de Chuza, intendente de Herodes, se hubiera asociado con una mujer de mala reputación.

Estas mujeres acompañaron a Jesús hasta Jerusalén y presenciaron la crucifixión (Mt 27.55,56; Mc 15.40,41; Jn 19.25). Con el propósito de ungir el cuerpo de Jesús, María Magdalena, acompañada de otras, llegó a la tumba (Mt 28.1;//). Luego relataron el anuncio del ángel a los incrédulos discípulos (Lc 24.1-11). Juan 20.1-18 narra, además, que el Señor resucitado se le apareció a María Magdalena mientras esta lloraba junto al sepulcro.

5. María de → BETANIA, hermana de → MARTA y → LÁZARO. Era sin duda discípula de Jesús, y cuando este llegó a su casa, dejó a su hermana las preocupaciones domésticas para sentarse a los pies del Maestro. Jesús elogió la acción de María cuando Marta reclamó la ayuda de esta (Lc 10.38-42). Aparece especialmente en la narración de la enfermedad y muerte de Lázaro su hermano, lo cual ocasionó otra visita de Jesús a Betania, y dio a María la oportunidad de mostrar otra vez su devoción (Jn 11.1-44) y su fe en Jesús (v. 32). Más tarde también mostró esa devoción ungiendo los pies del Señor (Lc 7.36-50), acto ocurrido casi en el inicio del ministerio de Jesús en Galilea, en casa de un fariseo. Por otro lado, parece que Mateo (26.6-13) y Marcos (14.3-9) sí se refieren a María sin nombrarla y con la diferencia de que el ungimiento es en la cabeza. Jesús interpretó este acto a la luz de su muerte inminente.

M

6. Madre de → Jacobo el menor y → José, discípulo que servía a Jesús y su compañía (Mc 15.40,41; cf. Lc 8.1-3). Acompañó a Jesús a Jerusalén y allí presenció la crucifixión (Mt 27.55,56; Mc 15.40,41; Lc 23.49) y también su sepultura (Mt 27.61; Mc 15.47; Lc 23.55). Asimismo participó con otras en procurar algunas especias para ungir el cuerpo (Mc 16.1; Lc 23.56). Vio la tumba vacía, y oyó el anuncio angelical de la resurrección (Mt 28.1-7; Mc 16.2-7; Lc 24.1-7). Al salir a dar la noticia a los discípulos (Mt 28.8; Lc 24.9-11), ella y las demás vieron al Señor resucitado (Mt 28.9, 10).

Algunos intérpretes han identificado a esta María con → María mujer de Cleofas.

7. Mujer de → Cleofas, una de las mujeres presentes en la crucifixión (Jn 19.25). Aunque algunos la han identificado con «la hermana de su madre» (de Jesús) que se menciona en el mismo versículo, no es muy probable que hubiera dos hermanas con un mismo nombre. Así que no son tres, sino cuatro las mujeres nombradas.

Una antigua tradición que identifica a Cleofas como hermano de José, el padrastro de Jesús, concluye que esta María de Cleofas era la cuñada de María la madre de Jesús. Si los nombres Cleofas y → Alfeo se refieren a un mismo individuo, esta María también sería madre de Jacobo el discípulo (Mc 3.18), de Leví (Mc 2.14) y de José (Mc 15.40).

8. Madre de Juan → Marcos, residente en Jerusalén, cuya casa servía de lugar de reunión para los primeros cristianos (Hch 12.12).

9. Mujer a la que Pablo saluda y alude como trabajadora en la congregación de Roma (Ro 16.6).

Bibliografía:

Pau Gaechter, *María en el evangelio*, Descleé de Brouwer, Bilbao 1959. Giovanni Miegge, *La virgen María*, Methopress, Buenos Aires, 1964. Publicado originalmente en 1959.

MÁRMOL Piedra caliza de textura compacta y cristalina, susceptible de buen pulimento. Sus variedades son casi innumerables. Se usó para construir columnas y el losado en el palacio de Asuero (Est 1.6) y en la construcción del templo de Salomón (1 Cr 29.2). El mármol amarillo y rojo se extraía del Líbano (1 R 5.14-18) y parte de Arabia.

Una variedad de mármol, la malaquita, se encontraba en Jerusalén. Fue explotada por Salomón y más tarde también por Herodes para sus múltiples construcciones. (→ Alabastro.)

MARTA (*dama*). Hermana de María y de → Lázaro; amigos amados de Jesús. Los tres vivían en → Betania. Durante una visita de Jesús, el excesivo afán por los detalles prácticos de la hospitalidad acongojó tanto a Marta, que llegó a quejarse ante el Señor por la negligencia de su hermana María. Como respuesta, Él trató de que Marta comprendiera que el valor de su palabra sobrepasaba el de esas preocupaciones (Lc 10.38-42). Algún tiempo después, Marta mostró tal percepción espiritual que Jesús le reveló más claramente que a nadie lo indispensable de la fe en Él para participar en la resurrección (Jn 11.17-27).

Marta servía en la cena en que María ungió los pies de Jesús (Jn 12.1-8). En Mt 26.6-13 y Mc 14.3-9 se relata también una cena celebrada en la casa de Simón el leproso, en la que se unge a Jesús. Si esto se refiere a un mismo acontecimiento, posiblemente María fuera la hija, la esposa o la viuda de Simón.

MARTILLO Traducción de varias palabras hebreas.

1. *Maccaba* designa tanto el instrumento del herrero (Is 44.12) como el del picapedrero (1 R 6.7). De esta palabra viene el nombre → «Macabeo».

2. *Pattish* es un sinónimo (Is 41.7) y se usa en sentido figurado. La palabra de Jehová se compara al «martillo que quebranta la piedra» (Jer 23.29).

Babilonia se tilda como «el martillo de toda la tierra» (Jer 50.23).

MASAH → MERIBA.

MASQUIL Término hebreo que aparece en los títulos de trece salmos: 32, 42, 44, 45, 52–55, 74, 78, 88, 89 y 142. Su significado es incierto. Según algunos, significa «instrucción»; en este caso sería un poema contemplativo, meditativo o didáctico, una composición que expone intuiciones divinas.

MATÁN (*regalo* [de Dios]). Nombre de tres hombres mencionados en la Biblia.
1. Sacerdote de Baal (2 R 11.18; 2 Cr 23.17).
2. Padre del Sefatías que echó a Jeremías en la cisterna (Jer 38.1-28).
3. Abuelo de José, esposo de María, que aparece en la genealogía de Jesucristo (Mt 1.15).

MATANÍAS (*regalo*). Nombre de once hombres en el Antiguo Testamento.
1. Hijo del rey Josías de Judá (2 R 24.17). Después que el rey de Babilonia puso por rey a Matanías, le cambió el nombre a Sedequías.
2. Fundador de una familia y director del coro en tiempos de Zorobabel (Neh 11.17).
3. Levita coreíta que regresó del cautiverio (1 Cr 9.31).
4. Cantor del santuario durante el reinado de David (1 Cr 25.4,16).
5. Un descendiente de Asaf que ayudó al rey Ezequías de Jerusalén en limpiar la casa de Jehová (2 Cr 29.13).
6. Descendiente de Elam (Esd 10.26). Después de la cautividad, Matanías se divorció de su esposa pagana.
7. Hijo de Zatu que se divorció de su esposa pagana (Esd 10.27).
8. Hijo de Pahat-moab que se divorció de su esposa pagana (Esd 10.30).
9. Hijo de Bani que se divorció de su esposa pagana (Esd 10.37).
10. Portero en tiempos de Nehemías (Neh 12.25).
11. Levita abuelo de Hanán que sirvió en tiempos de Nehemías en los tesoros del templo (Neh 13.13).

MATENAI (*regalo de Jehová*). Nombre de tres hombres en el Antiguo Testamento.
1. Hijo de Hasum que se divorció de su esposa pagana después de la cautividad (Esd 10.33).
2. Hijo de Bani que se divorció de su esposa pagana después de la cautividad (Esd 10.37).
3. Sacerdote en los días del sumo sacerdote Joiacim (Esd 12.19).

MATEO (griego, del hebreo *Mattai*, abreviatura de *Mattanya*, que significa *regalo de Dios*). Uno de los doce apóstoles de Jesús, aunque su nombre no aparece en todas las listas de estos (Mt 10.3; Mc 3.18; Lc 6.15; Hch 1.13). Solo Mateo 10.3 informa que era → PUBLICANO. Según Mt 9.9, Mateo se encontraba sentado en el puesto del cobrador en Capernaum cuando el Señor lo llamó. En los pasajes paralelos, sin embargo, a este apóstol se le llama → LEVÍ, y Marcos añade la frase «hijo de Alfeo» (Mc 2.14; Lc 5.29). Sin duda se ha de ver en Mateo/Leví un nombre doble.

La cena ofrecida después del llamamiento de Mateo parece haber tenido lugar en la propia casa de este (Mt 9.10 indica sencillamente «en la casa»; Mc 2.15 y Lc 5.29 rezan: «en su casa», que difícilmente podría referirse a la de Jesús). Cabe notar que como aduanero sabría escribir y que además del arameo, conocía también el griego.

Fuera de los textos mencionados no hay otra referencia personal a Mateo en el Nuevo Testamento. Papías (siglo II d.C.) dice que Mateo «compiló los oráculos [del Señor] en lengua hebrea [o sea, arameo], y cada uno los traducía [o interpretaba] luego como podía». Por tanto, la iglesia primitiva creía que Mateo era el autor del Evangelio que lleva su nombre, a pesar de que este Evangelio se escribió en griego.

Hoy muchos eruditos no creen que Mateo haya sido el autor del Evangelio, si bien algunos admiten que posiblemente fuera compilador de los dichos de Jesús, o de las numerosas citas del Antiguo Testamento, y

M

que por eso lleva su nombre. Otros suponen que Mateo fue secretario del grupo de discípulos que registró los dichos de Jesús, y así se constituiría en el autor. Sin embargo, en el Evangelio mismo no se identifica al autor. (→ MATEO, EVANGELIO DE.)

MATEO, EVANGELIO DE En los primeros siglos de nuestra era, Mateo se distinguía como el más leído e influyente de los cuatro Evangelios. En la mayoría de las listas de los libros del Nuevo Testamento Mateo aparece en primer lugar. De esto hay tres posibles explicaciones: (1) fue el primer Evangelio escrito; (2) lo escribió un apóstol y esto se creía firmemente en aquel entonces y (3) fue muy apreciado en la iglesia debido a su forma literaria y didáctica.

Estructura del libro

Una de las razones de la inmensa popularidad de Mateo es la forma ordenada, concisa y cuidadosa en que fue escrito. El evangelista procede según un plan bien trazado a recopilar su materia según temas, aunque no siempre en forma cronológica.

Reúne en cinco grandes discursos didácticos mucha materia que se encuentra dispersa a través de los otros sinópticos (aunque véase el Sermón del Llano en Lucas 6.17-49).

Los cinco discursos presentan diversas facetas del tema central del Evangelio, que es el Reino de los cielos: (1) Mt 5–7, el → SERMÓN DEL MONTE; (2) Mt 10, el discurso misionero; (3) Mt 13, las parábolas del Reino; (4) Mt 18, el discurso sobre los pequeños y sobre los disgustos entre hermanos; (5) Mt 24 y 25, el discurso escatológico. Estos discursos forman la espina dorsal del Evangelio. Señala su importancia la fórmula concluyente: «Y cuando terminó Jesús estas palabras» u otra frase semejante (7.28; 11.1; 13.53; 19.1; 26.1). Aunque algunos eruditos consideran como otro discurso la diatriba contra los escribas y fariseos (Mt 23), esta omite la fórmula concluyente y no trata de una enseñanza específica sobre el reino como los otros discursos. Entre un discurso y otro,

Mateo ha intercalado muchas narraciones del ministerio de Jesús. Esta manera de presentar el mensaje integral de Jesús demuestra la relación íntima que debe haber entre los hechos de la vida de Jesús y la enseñanza del reino con su ética correspondiente.

Otra manera de bosquejar el Evangelio es a partir de la frase «desde entonces», que se halla en 4.17 (al principio del ministerio de Jesús, cuando va creciendo su popularidad) y en 16.21 (en la declinación de su ministerio que culmina en su muerte).

Autor y fecha

Hasta hace relativamente pocos años era unánime la creencia de que → MATEO-LEVÍ había escrito el primer Evangelio, pero actualmente la mayoría de los eruditos ponen en tela de juicio tal paternidad. El problema gira alrededor de dos factores: (1) Mateo contiene casi todo el material contenido por el → EVANGELIO DE MARCOS, escritor no apostólico, de lo cual es posible deducir que Mateo dependía de Marcos. Sería inconcebible que un apóstol y testigo ocular del ministerio de Jesús se apoyara en uno que no lo era (→ EVANGELIOS). (2) No se sabe a ciencia cierta cuál fue la lengua original del Evangelio: según Papías (Eusebio, *Hist. Eccl.* III,39,16), «Mateo ordenó los logia del Señor en el dialecto de los hebreos [que significa arameo] y cada uno los interpretaba [o traducía] como podía». Se discute arduamente si *logia* quiere decir «los dichos del Señor» (que significa, su enseñanza) o «los escritos acerca del Señor» (quizás el Evangelio completo). Según algunos eruditos, el texto actual de Mateo parece haberse escrito originalmente en griego. De ser así, dicen, el apóstol Mateo no pudo haberlo escrito. Desde luego, el apóstol era de Galilea, región bilingüe, por lo que es muy posible que haya dominado ambos idiomas.

De todos modos, el testimonio de los Padres de la Iglesia en los primeros siglos sostiene la tesis de la paternidad de Mateo, aunque todos los Evangelios son anónimos

MATEO:
Un bosquejo para el estudio y la enseñanza

Primera parte:
La presentación del rey
(1.1—4.11)

I. La llegada del Rey .... 1.1—2.23
II. El anunciante del Rey.................. 3.1-12
III. La aprobación del Rey .... 3.13—4.11

Segunda parte:
La proclamación del rey
(4.12—7.29)

I. El trasfondo del sermón 4.12-25
II. El Sermón del Monte .... 5.1—7.29

Tercera parte:
El poder del rey
(8.1—11.1)

I. La demostración del poder del Rey ..... 8.1—9.34
II. La delegación del poder del Rey ...... 9.35—11.1

Cuarta parte:
El rechazo progresivo del rey
(11.2—16.12)

I. El comienzo del rechazo 11.2-30
II. El rechazo de los fariseos 12.1-50
III. Las consecuencias del rechazo 13.1-53
IV. El rechazo continuo .... 13.54—16.12

Quinta parte:
La preparación de los
discípulos del rey
(16.13—20.28)

I. La revelación de grandes verdades... 16.13—17.13
II. La instrucción en vista del rechazo... 17.14—20.28

Sexta parte:
La presentación y el
rechazo del rey
(20.29—27.66)

I. Los ciegos reconocen al Rey 20.29-34
II. La presentación pública del Rey 21.1-17
III. La nación respeta al Rey........... 21.18—22.46
IV. El rey rechaza a la nación 23.1-39
V. Las predicciones de la Segunda
Venida del Rey................. 24.1—25.46
VI. La pasión del Rey................. 26.1—27.66

Séptima parte:
La prueba del rey
(28.1-20)

I. La tumba vacía 28.1-8
II. La aparición de Jesús a las mujeres 28.9-10
III. Los soldados son sobornados.......... 28.11-15
IV. La aparición de Jesús a los discípulos ... 28.16-17
V. La Gran Comisión................. 28.18-20

M

y nada nos obliga a creer como artículo de fe la atribución tradicional (→ SEUDONIMIA).

Dos detalles nos inclinan a creer que Mateo tuvo algo que ver con la composición: (1) en 10.3 se llama a Mateo «el → PUBLICANO», cosa que Mateo mismo hubiera podido hacer, pero no otros (cp Mc 3.18 y Lc 6.15, donde falta este epíteto); (2) en Mateo 9.10 se localiza la fiesta de Mateo sencillamente «en la casa» como si fuera su propia casa, mientras los otros sinópticos (Mc 2.15; Lc 5.29) usan «en su casa», refiriéndose directamente a la de Mateo (Leví).

La composición de Mateo tiene sus raíces en el mismo universalismo del mensaje de Jesús, porque desde el principio fue necesario explicar a los judíos que su fe, tradicionalmente limitada a Israel, iba a ser compartida con los gentiles. Al comienzo los judíos no comprendieron las implicaciones de esto, y aún después de iniciada la misión a los gentiles, pensaron que estos tendrían que satisfacer todos los requisitos del judaísmo para entrar en el Reino. Así que el problema de Mateo es el de explicar cómo el → REINO DE LOS CIELOS, claramente profetizado en el Antiguo Testamento, se da, no a los que rechazan al Mesías, sino a todos los que reciben a Jesús como Señor y producen los frutos del Reino (21.43).

Además, puesto que Jesús se constituyó en Señor del cielo y de la tierra (28.18), era preciso proclamar su señorío universal a todo el mundo (28.19). Aunque la necesidad de escribir este Evangelio existía desde el tiempo de Jesús, no fue sino hasta poco después de iniciada la misión a los gentiles y aun hasta más tarde en el siglo I, al agudizarse la oposición judía hacia el cristianismo, cuando se halló verdadera ocasión para su composición. Por eso se han sugerido fechas que se extienden desde la quinta década hasta la novena; no hay consenso al respecto.

Algunos aseguran que 22.7 se refiere a la destrucción de Jerusalén ya acaecida, lo cual favorecería una fecha posterior a 70 d.C. Pero como no hay referencia clara a esta destrucción se podría admitir una fecha de la sexta o séptima década (en todo caso, después de la publicación de Marcos).

Marco histórico

Es creencia casi universal que Mateo se escribió para los judíos. Esto se basa en los siguientes hechos: (1) La genealogía de Mateo 1.1-17 comprende únicamente la historia de Israel, desde su fundador Abraham, hasta Jesús (la genealogía de Lucas 3.23-38 se remonta hasta Adán). (2) Las muchas citas del Antiguo Testamento tienen por objeto mostrar que en Jesús se cumplen las esperanzas mesiánicas; de especial interés son las once citas precedidas por la frase «para que se cumpliese lo dicho por el profeta» (1.22s; 2.17s, 23; 4.14ss; 8.17; 12.17ss; 13.35; 21.4s; 26.56; 27.9s; cf. 26.54). (3) La Ley Mosaica y otras ideas del judaísmo se contrastan con

la palabra de Jesús, que evidentemente es superior. (4) Algunos ven en los cinco grandes discursos del Evangelio (cf. los cinco libros de Moisés) un indicio de que Mateo ve a Jesús como el nuevo legislador, el nuevo Moisés que da sus leyes desde otro monte. (5) También hay referencias a los judíos en sus relaciones con los gentiles (8.11s; 21.33-45, especialmente el versículo 43). Estos detalles, y otros más, parecen indicar que el autor escribía para judíos, o judeocristianos de habla griega (sin excluir a los gentiles), y trataba de explicar cómo el reino prometido a los judíos les fue quitado a estos y dado a los gentiles.

El objetivo básico del Evangelio ha sido muy discutido: algunos recalcan su propósito catequístico; otros, su carácter litúrgico, y otros, su finalidad apologética o misionera. La verdad seguramente se halla en una combinación de varias de estas sugerencias. Sin embargo, el tema central y preponderante es sin duda el Reino de los cielos.

Aporte a la teología

La estructura literaria de Mateo encierra también una estructura teológica, porque en los cinco discursos enseña lo fundamental acerca del «reino de los cielos»: (1) en el Sermón del Monte, versículos 5-7, nos da las leyes básicas del Reino; (2) el discurso misionero, versículo 10, presenta la imperiosa necesidad de proclamar el mensaje del Reino a los demás; (3) las parábolas del Reino, versículos 13, declaran el desarrollo del Reino y su concepto total desde el punto de vista cronológico; (4) el discurso de Mateo 18 enseña las relaciones personales y la comunión que deben prevalecer dentro del Reino; y (5) el discurso escatológico, versículos 24 y 25, destaca el desenlace de todo el proceso del Reino en la → SEGUNDA VENIDA DE CRISTO.

Otros puntos importantes

Mateo es el único Evangelio que usa la palabra «iglesia» (16.18; 18.17), y por eso se le llama el «Evangelio eclesial». Sin embargo, la frase «pueblo de Dios» describe mejor la iglesia en nuestros días, y este concepto se encuentra repetidamente en los Evangelios.

Unicamente Mateo usa la frase → «REINO DE LOS CIELOS», aunque también emplea cuatro veces el sinónimo «reino de Dios».

Se caracteriza por algunas tensiones y paralelismos interesantes: (a) entre el señorío del Padre (11.25) y el de Jesús (28.18); (b) entre el cielo (o *Dios*) y la tierra (o *el hombre*) (6.1-20; 7.11; 10.32s; 16.17,19; 18.18s; 21.2ss); (c) entre la presencia física de Jesús (1.23) y su presencia espiritual durante su ausencia física (18.20; 28.20); (d) entre el castigo de los judíos por su rechazamiento del Mesías (8.11s; 21.43; 24.3-13, destrucción de Jerusalén) y el castigo de los gentiles que no fueran fieles a la voluntad de Jesús (25.31-46).

Bibliografía:

J. Schmid, *San Mateo*, Herder, Barcelona, 1967. *BC* V, pp. 5-610. SE, *Nuevo Testamento* I, pp. 3-315. J.A. Broadus, *Mateo*, Hale, Monterrey, s.f. *IB* II, pp. 171-197.

MATÍAS (forma abreviada de *Matatías*, nombre común entre los → MACABEOS; en hebreo, *don de Dios*).

Cristiano elegido como sucesor de Judas Iscariote después de la ascensión del Señor (Hch 1.15-26). Lo seleccionaron mediante un sorteo (cf. Lv 16.8), método que se ha criticado como poco espiritual (pero cf. 1 S 14.41). Sin lugar a dudas Matías fue considerado → APÓSTOL de Jesucristo según Hch 1.24s; solo él y José Barsabás llenaban los requisitos del oficio, pues habían acompañado al Señor desde su bautismo por Juan Bautista hasta su ascensión.

MATRIMONIO Relación humana, instituida por Dios y aprobada por la sociedad, en la que el → HOMBRE y la → MUJER cohabitan en amor y ayuda mutua. Cada sociedad define las normas del matrimonio, y determina también lo que constituye la → FORNICACIÓN y el → ADULTERIO, es decir, las relaciones sexuales ilícitas, con miras a salvaguardar la → FAMILIA (también → SODOMITA; SEXUALIDAD).

Costumbres de los tiempos bíblicos

Como otros aspectos esenciales de la vida de Israel, el matrimonio estaba reglamentado por leyes, y los conceptos involucrados en él aparecen con frecuencia en el lenguaje figurado de la Biblia.

Según la voluntad expresa del Creador (Gn 1.28; 2.18,22), el matrimonio había de ser en Israel una práctica general. Existían → VIUDAS, pero no solteros o solteras mayores de la edad de casarse. El celibato se daba solo entre los → EUNUCOS, quienes, como consecuencia de un defecto congénito, accidente o la castración, habían perdido su función sexual. El caso de Jeremías (Jer 16.2) fue una excepción notable (→ VIRGEN), y aun la continencia de los → NAZAREOS era temporal.

El ideal de la fecundidad (cf. Jue 8.30; 2 R 10.1) conducía naturalmente a la poligamia, costumbre aceptada dentro de las normas sociales de los tiempos veterotestamentarios (Dt 21.15; 1 S 1.2), pero que fue blanco de crítica de parte de algunos autores bíblicos (Gn 4.19-24; 29.31–30.24). Los reyes contraían gran número de uniones, por amor (2 S 11.2ss) o por interés político (1 R 3.1). En estos harenes (1 R 11.3; 2 Cr 13.21), el verdadero amor era imposible (Est 2.12-17). Sin embargo, también existía en los días del Antiguo Testamento el afecto exclusivo (Gn 25.19-28; 41.50; Pr 5.15-20; Cantares *passim*; Ez 24.15-18) que prevalecía ya en el judaísmo del siglo apostólico. La frase «marido de una sola mujer» (1 Ti 3.2) parece referirse a los cristianos que, al separarse por permiso (1 Co 7.17-21, → DIVORCIO) de una consorte inconversa, no habían contraído segundas nupcias.

En el grupo social específico de Israel se prohibían ciertos matrimonios dentro de una misma parentela (Lv 18.6-19), o con extranjeros (Dt 7.1-3; Esd 9.1-15; Neh 13.23-28). La desobediencia de Salomón a este principio de la endogamia ocasionó su caída (1 R 11.1-8). El Nuevo Testamento redefine el principio en términos de casarse únicamente con otro cristiano (1 Co 7.39).

M

La institución del desposorio fue común entre los judíos y muchas veces duraba hasta un año. Puesto que los judíos solían casarse muy jóvenes, el compromiso matrimonial lo arreglaban a menudo los padres, y este contrato tenía igual valor jurídico que el matrimonio mismo (Dt 22.23s). De ahí la perplejidad de José al descubrir el embarazo de → María (Mt 1.18s). Sabiendo que no era padre del niño engendrado en ella, pensó darle carta de divorcio.

El novio pagaba a los padres de la novia una compensación (Gn 29.15s; 34.12), y llegaba a ser «señor» de ella, pero nunca la consideraba como simple mercancía.

La boda, ceremonia civil que carecía de carácter cúltico, comprendía varios elementos: las vestimentas especiales (Is 61.10), las compañeras de la novia llamadas «vírgenes» (Sal 45.14), los amigos del novio (Jn 3.29; cf. 1 Mac 9.39), la procesión a la casa de la novia y luego a la del esposo, la costumbre de extender la capa del esposo sobre la novia (Rt 3.9), y finalmente la fiesta de bodas (Gn 29.22; Jue 14.10; Mt 22.1-10) que por lo general duraba siete días.

En Israel existía, además, una ley matrimonial singular: el matrimonio por → LEVIRATO (término derivado del latín *levir*, que significa *el hermano del esposo*). Tan importante era dejar un heredero, que si una persona moría antes de tener hijos, uno de sus hermanos debía casarse con la viuda; al primogénito de este nuevo matrimonio se le consideraba legalmente como hijo del difunto (Dt 25.5-10). Este fue el problema de → ONAM (Gn 38.1-10), quien, no queriendo compartir la herencia de su padre con un hijo de su cuñada, no consumó la unión con ella.

En el caso de → RUT, que no tenía cuñados (Rt 1.11s), el levirato se extendió para abarcar al pariente más cercano (Rt 2.20; 3.12), quien debió rescatar los bienes de ella.

Principios éticos

El matrimonio en el plan de Dios

La sexualidad es parte de la excelencia que Dios vio en toda la creación (Gn 1.27s, 31;

2.18-25; → ADÁN; EVA). Antes de la caída en pecado, la misma naturaleza del hombre demandaba el compañerismo de la mujer, deseo que el Creador vio y satisfizo (1 Co 6.16 confirma que la frase «serán una sola carne» se refiere al acto sexual). Aunque Pablo advierte que es preferible casarse que incurrir en relaciones ilícitas (1 Co 7.2,8s), reconoce el don del celibato, por medio del cual ciertos cristianos pueden servir mejor a Dios (1 Co 7.7, 32ss; → VIRGEN). Sin embargo, carece de fundamento bíblico la imposición del celibato a los obreros religiosos; más bien de 1 Ti 3.2,12; 5.9 y Tit 1.6 se deduce que los obispos y diáconos eran casados, y 1 Ti 4.2,3 describe como apostasía al ascetismo que denigra el matrimonio.

La esencia del matrimonio

El aspecto personal está en la raíz misma del matrimonio. Cuando un hombre y una mujer resuelven unirse en todo sentido para su satisfacción mutua, establecer un hogar, criar una familia y respetar sus votos hasta la muerte (Ro 7.2), han contraído matrimonio. Su amor se expresa en el sentimiento mutuo (Ef 5.21-33), el marido es la → CABEZA de su cónyuge y ella es la gloria del marido. Pero existe también un aspecto sociolegal imprescindible. Desde que el matrimonio se formalizó mediante un contrato escrito (*berit*, → PACTO) se ha reconocido el derecho de la sociedad de regir el matrimonio. Por otra parte, a pesar de todo lo secular que es el matrimonio en el Antiguo Testamento, el creyente reconoce que Dios le guía en la elección de esposa (Gn 24.42-52) y que Él sanciona en nombre de la alianza los preceptos que regulan el matrimonio (por ejemplo, Éx 20.14; Lv 18.1-30). El contraer nupcias «en el Señor» (1 Co 7.39) entraña el regocijo y apoyo de la comunidad cristiana, de manera que goza de cierto carácter eclesiástico que, sin merecer el nombre de sacramento, glorifica al que nos creó y nos redimió en un solo cuerpo (Mt 26.28).

El aspecto sexual desempeña un papel fundamental en el matrimonio, puesto que este transfigura la sexualidad humana, y le da realidad concreta, pero no constituye la esencia del matrimonio. Al margen de la ética bíblica, puede haber relaciones físicas sin que los participantes contraigan matrimonio (→ Prostitución; Fornicación). Y a la inversa, puede haber matrimonio genuino aun cuando, debido a circunstancias extraordinarias (por ejemplo, accidente o enfermedad), los casados no tengan contacto sexual. Una de estas circunstancias puede ser el acuerdo mutuo de dedicarse a la oración (1 Co 7.5), pero aun así se recomienda limitar la duración de la abstinencia. En general, la expresión sexual del amor (Mc 10.8; Heb 13.4) es un deber mutuo (1 Co 7.3-5).

Si en la voluntad de Dios y de acuerdo con los planes de los casados se engendran hijos (→ Hijo; Hija), esta etapa familiar del matrimonio también se emprende «en el Señor» (Ef 5.21; 6.1-4; 1 Ti 2.15; 3.4s; 5.8).

Implicaciones para la fe

La Ley Mosaica permitía al hombre repudiar a su esposa, costumbre que fomentaba el egoísmo y el «machismo». Pero sabios (Pr 5.15-19; Eclesiástico 36.25ss) y profetas (Os passim; Mal 2.14ss) elogian la estabilidad conyugal, porque Jehová es como un marido que demanda la fidelidad de su «esposa», el pueblo escogido, y sabe perdonarla. Jesús lleva a su clímax esta enseñanza (Mc 10.1-12 y //) y ofrece la redención que quita «la dureza de corazón» (v. 5) de los hombres.

Luego Pablo da un nuevo matiz a la metáfora del Antiguo Testamento: Cristo es el esposo de la Iglesia, de modo que el matrimonio es «un gran → misterio» (Ef 5.32). La sumisión de la Iglesia a Cristo y el amor de Cristo a la Iglesia, a la que salvó entregándose por ella, son así la regla viva que deben imitar los esposos, por la gracia (vv. 21-33).

Bibliografía:

VTB, pp. 450-453. *DTB*, cols. 616-623. *DBH*, cols. 1198-1203. *IB* II, pp. 305-316. P. van Imschoot, *Teología del Antiguo Testamento*, Fax, Madrid, 1969, pp. 641-660. J.J. von Allmen,

El matrimonio según San Pablo, Junta de Publicaciones de las Iglesias Reformadas, Buenos Aires, 1970.

MATUSALÉN (*hombre de la jabalina*). Hijo de Enoc, padre de Lamec y abuelo de Noé (Gn 5.21-29). Tenía 300 años cuando su padre «desapareció». Se le reconoce como el hombre que más ha vivido sobre la tierra. Le faltaban 31 años para completar un milenio y es posible que muriese a causa del diluvio, pues precisamente en ese año murió. Esto, si se calcula que no hubo lagunas cronológicas en las → genealogías que conocemos. Compárense 1 Cr 1.3 y Lc 3.37.

MAYORDOMO Encargado de la administración de los bienes o empresa de otro, descrito por varias palabras en hebreo. Según el Antiguo Testamento tenían mayordomo Abraham (Gn 15.2), José (Gn 43.6), Booz (Rt 2.5), David (1 Cr 28.1), Acab (1 R 18.3) y Ezequías (2 R 18.18).

En el Nuevo Testamento los vocablos griegos *epítropos* y *oikonómos* encierran una misma idea de administración y superintendencia, control de asuntos domésticos y servicio en bien del amo. *Epítropos* en Gl 4.2 se traduce «tutor», pero en Mt 20.8// es un sinónimo exacto de *oikonómos*. La parábola de Lc 16.1-14 destaca los deberes de los mayordomos, el pecado de emplear lo del dueño en los intereses propios, y lo importante de «aprovechar el momento» (cf. Lc 12.42-48). Pablo recoge la misma figura en relación con su ministerio, el de sus compañeros y el de los obispos, subrayando que la virtud primordial del mayordomo ha de ser la fidelidad ante su propio Señor, en el uso del tiempo, talentos y posesiones (1 Co 4.1s; Ef 3.2; Tit 1.7; cf. 1 P 4.10).

MEBUNAI Husatita, uno de los valientes de David (2 S 23.27), llamado también Sibecai (2 S 21.18).

MEDÁN Tercer hijo de Abraham y de Cetura (Gn 25.2; 1 Cr 1.32). Con su hermano

→ Madián se estableció en Arabia. Se supone que después las dos tribus se unieron en una sola.

MEDEBA Ciudad ubicada unos 24 km al sudeste de la desembocadura del Jordán en el mar Muerto. Sus habitantes moabitas fueron capturados por el rey amorreo Sehón, antes de la llegada de los israelitas (Nm 21.30). La ciudad, junto con sus llanuras, fue dada a Rubén (Jos 13.9,16). En días de David parece haber formado parte del territorio amonita, porque allí acamparon los sirios antes de que Joab los venciera (1 Cr 19.7). Isaías la incluye como ciudad moabita en su profecía contra Moab (15.2). Fue un importante centro cristiano entre los siglos II–VIII.

MEDIA Comarca del Asia Antigua cuyos habitantes (los medos) figuran entre los descendientes de Jafet (Gn 10.2). Pertenecen a la rama indoaria de los indoeuropeos que entraron en Irán durante varios siglos entre 1500 y 1000 a.C. La primera mención de ellos en escritos históricos se encuentra en el texto de Salmanasar III (859–824) de Asiria.

Media estaba situada al noroeste de la mesa iránica, entre el Araxes, el Caspio, los límites de Persia y de Susiana (Elam) y los montes Zagros. Los medos, que en el fondo eran un pueblo de pastores, estuvieron divididos primeramente en pequeños principados. Más tarde se unificaron bajo la autoridad del rey Ciáxares (625–584 a.C.) y Media se convirtió en un poderoso imperio. La capital fue Ecbatana.

Media siempre representó una amenaza para Asiria durante el período de los sargónidas, pero no se impuso sino hasta en tiempo de Chasar II, cuando los medos aliados con el Imperio Neobabilónico conquistaron la ciudad de Nínive (612 a.C.). Los medos se apoderaron también de la región nórdica del Imperio Asirio y llevaron su dominación a Armenia y a la región montañosa del Asia hasta Halys. Sin embargo, el Imperio Medo tuvo poca duración. En el 550 a.C. Astiages, último rey de Media, fue derrotado por el persa → Ciro, y Media quedó incorporada al reino de Persia como una primera satrapía. Luego cayó ante el poder de Alejandro Magno y más tarde bajo los romanos.

La Biblia alude a Media en relación con la deportación que Sargón II hizo, hacia el 722, de los habitantes del reino de Israel, de Samaria hacia Media (en su época asiria) (2 R 17.6; 18.11). En Is 13.17; 21.2; Jer 51.11, 28 se alude a la guerra contra Babilonia. Daniel menciona al rey → «Darío de Media» (5.31) y «la Ley de Media y Persia» (6.8,12, 15). En Esdras se menciona a Media como provincia del reino persa (6.2).

MEDIADOR Intermediario entre un hombre y otro (2 S 14.1-23) o entre Dios y el hombre, por quien el uno y el otro se comunican. En la Biblia, donde se acentúa la santidad de Dios y la pecaminosidad del hombre, la idea de mediación involucra → EXPIACIÓN de los pecados, → PROPICIACIÓN de la justicia divina y → RECONCILIACIÓN de las dos partes. Aunque el término mediador aparece con poca frecuencia, todas las Escrituras están saturadas del concepto del Dios que busca a sus criaturas, valiéndose de una mediación adecuada a la madurez de su pueblo.

En el Antiguo Testamento

Aunque el Antiguo Testamento concibe a Dios de manera concreta y antropomórfica, y le atribuye una intervención personal en la vida de la naturaleza y de los hombres, reconoce también otros mediadores entre Dios y la humanidad. (Solo en un pasaje, Job 9.33, aparece el término.)

Hay mediadores que pertenecen al mundo celestial. Los → ÁNGELES son mensajeros de Dios, sobre todo el → ÁNGEL DEL SEÑOR. Sin embargo, la idea de esta mediación con un sentido salvífico aparece en una época muy tardía (Job 5.1; Dn 6.22; 10.13; 12.1s; Zac 1.12s) y en forma bien delimitada. En esta época, gracias a un nuevo énfasis sobre la trascendencia divina, adquirieron cualidades divinizadas la → SABIDURÍA, la → PALABRA y el → ESPÍRITU DE DIOS.

Algunas hombres ejercían una mediación descendente (es decir, de Dios al pueblo), como los profetas y patriarcas. Así, sobre todo según la concepción posterior, Moisés transmitió las leyes divinas y hablaba con Jehová íntimamente. Como mediador, también pedía gracia para el pueblo culpable y calmaba la ira divina. El sistema sacrificial era capital en la mediación, y los → SACERDOTES y el → REY, ungidos de Dios, podían actuar como mediadores. El → SIERVO DE JEHOVÁ es mediador por excelencia no solo entre Dios e Israel, sino entre Dios y todos los pueblos (Is 49.6; 52.13-15; 53.11).

En el Nuevo Testamento

En la persona divino-humana de Jesucristo la mediación alcanza su cumplimiento pleno (Hch 4.12; 1 Ti 2.5s). En los Sinópticos, a Jesús se le presenta como el → HIJO por excelencia, único revelador del Padre (Mt 11.27), poseído de su propia autoridad y enviado para dar su vida en rescate (Mc 10.45 → HIJO DEL HOMBRE). Predica y realiza el → REINO DE DIOS, y sella con sangre el nuevo → PACTO; por eso exige una entrega y seguimiento incondicionales. Según el Evangelio de Juan, Cristo era mediador aun desde la eternidad (1.3s). El → VERBO encarnado media el conocimiento de Dios (1.18; 14.9), la gracia (1.14,16) y la vida eterna (3.16ss), porque es el único camino hacia el Padre (14.6).

Pablo elabora más sistemáticamente estos conceptos, y es seguido en esto por otros escritores (cf. frases como «por medio de Cristo», «en Cristo», Ro 2.16; 5.9; 2 Co 5.18; Col 1.20). Cristo medió en la creación del universo (1 Co 8.6; Col 1.16; Heb 1.2), pero lo hizo especialmente en el establecimiento del nuevo pacto (Heb 6.17; 8.6; 9.15; 12.24). En su función de nuevo Sumo Sacerdote es superior a Moisés (Gl 3.19s; Heb 7), y su sacrificio expiatorio es perfecto (Heb 9.11-14).

MEDICINA, MÉDICO Para el pueblo judío Jehová es el único Dios, fuente de toda vida, de salud y de enfermedad; por lo anterior tiene poca importancia la medicina empírica, como tampoco la medicina mágica o la → HECHICERÍA. En la teocracia judía, la medicina estaba en manos de los sacerdotes, y por ello los médicos casi no existían.

Los conocimientos anatómicos eran rudimentarios porque los cadáveres se consideraban religiosamente impuros y por tanto intocables, lo cual impedía la disección (Nm 19.13-16). Existen, a pesar de todo, unas pocas referencias bíblicas a la medicina. Se acostumbraba aplicar vino, aceite, cataplasmas y vendas a las heridas y llagas (Is 1.6; 38.21; Lc 10.34); hasta se conocía una forma primitiva de curar los huesos fracturados (Ez 30.21); las → PARTERAS hebreas eran empíricas (Gn 38.27-30; Éx 1.15-21; Ez 16.4, 5). No se tienen datos acerca de médicos profesionales.

Por otra parte, el sentido de «pueblo elegido», con una misión que cumplir, supedita por primera vez en la historia lo individual a los intereses de la colectividad, y da origen a una legislación sanitaria para defensa de la comunidad. Esta es la mayor contribución hebrea a la historia de la medicina.

En el Antiguo Testamento, pues, hay poco lugar para los médicos. Dios es el supremo sanador de su pueblo, el que envía el dolor y la enfermedad como castigo por los pecados. Él exhorta: «Si oyeres atentamente la voz de Jehová tu Dios, e hicieres lo recto delante de sus ojos ... ninguna enfermedad de las que envié a los egipcios te enviaré a ti; porque yo soy Jehová tu sanador» (Éx 15.26). Si había médicos entre los judíos, brillan por su ausencia en las páginas del Antiguo Testamento (cf. 2 Cr 16.12).

En el Nuevo Testamento no se tiene muy buen concepto de los médicos. Se les consideraba ineficaces (Mc 5.25,26; Lc 8.43) lo cual engendraba cierto escepticismo entre la gente (Lc 4.23). Sin embargo, se reconoce su actividad positiva y benéfica (Mt 9.12) y → LUCAS, el único médico cuyo nombre perpetúa la

M

Biblia, es llamado «el médico amado» por San Pablo (Col 4.14). (→ ENFERMEDADES.)

MEDIDAS → PESAS Y MEDIDAS.

MEFI-BOSET (*el que quita la vergüenza*). Nombre de dos hombres en el Antiguo Testamento.

1. Hijo del rey Saúl y de Rizpa (2 S 21.1-14). Murió en la horca, junto con su hermano Armoni y cinco nietos de Saúl, para expiar el crimen de su padre al matar a los → GABAONITAS (2 S 21.2).

2. Hijo de Jonatán y nieto de Saúl. Cuando Mefi-boset tenía cinco años, → JONATÁN y Saúl perecieron en la batalla de Gilboa. Al recibir la mala noticia, la nodriza huyó apresuradamente con él. En la fuga, el niño se le cayó y quedó lisiado de los pies y cojo el resto de su vida (2 S 4.4). Después, Mefi-boset se refugió con → MAQUIR de Galaad, pero pasados algunos años David lo llevó a Jerusalén para cumplir el juramento que había hecho a Jonatán (1 S 20.15,42). Se le devolvieron los bienes de Saúl, → SIBA fue nombrado su administrador y se le concedió el privilegio de comer a la mesa de David (2 S 9.7-13).

Durante la rebelión de Absalón, David huyó a Jerusalén y Siba, el siervo de Mefi-boset, salió a encontrarlo con dos asnos cargados de víveres. Mintió a David, diciéndole que Mefi-boset se había identificado con Absalón, y David le entregó las posesiones de Mefi-boset (2 S 16.1-4). Después de la muerte de Absalón, David regresó a Jerusalén y encontró a Mefi-boset, quien le explicó que Siba lo había calumniado. David ordenó que se dividieran las posesiones entre Siba y Mefi-boset (2 S 19.24-30).

MEGUIDO Plaza fuerte y ciudad real cananea identificada certeramente con Tell-el-Mutesellim. Se levanta sobre la ladera norte del Carmelo y domina la llanura de → JEZREEL y el paso que lleva de Sarón a Fenicia. Por su posición estratégica ha sido escenario de batallas decisivas a través de los siglos.

La excavación de Meguido por el Instituto Oriental de la Universidad de Chicago mostró que el lugar fue ocupado por primera vez hace más de seis mil años. Durante la Edad de Bronce Antiguo se construyeron sus primeros templos y murallas. Desde entonces Meguido fue ocupada casi continuamente hasta su abandono *ca.* 350 a.C.

Maqueta de la antigua ciudad de Meguido, mostrando su impresionante muro defensivo construido por el rey Salomón (1 R 9.15).

A pesar de que Josué derrotó al rey de Meguido (Jos 12.21) y de que la ciudad se consideraba territorio de Manasés (Jos 17.11), los israelitas no pudieron tomarla en los primeros años de la conquista (Jue 1.27). Salomón hizo de Meguido la capital de uno de sus distritos fiscales (1 R 4.12) y principal plaza fuerte (1 R 9.15-19). Con la división del reino, Meguido pasó a ser parte de Israel. Durante la campaña del faraón Sisac *ca.* 918 a.C., Meguido cayó en manos de Egipto. La Biblia solo menciona el ataque a Judá, pero las inscripciones del templo de Karnak atestiguan su conquista. Poco después Acab de Israel construyó en Meguido establos para unos 450 caballos y carros y fortificó la ciudad. En ella murió Ocozías, rey de Judá, a causa de las heridas recibidas en la batalla contra Jehú (2 R 9.27). Y en 609 a.C. aquí también derrotaron y mataron a Josías de Jerusalén, en una batalla contra el faraón Necao (2 R 23.29,30).

El Armagedón (*monte de Meguido*) de Ap 16.16 es este Meguido que ha sido escenario de tantas batallas decisivas.

MELÓN Es el melón de agua o sandía, *citrullus vulgaris*, oriundo del África tropical, y se ha cultivado en el Cercano Oriente desde tiempo inmemorial (Nm 11.5). Es herbácea anual, de tallo rastrero de 3 a 4 m de largo, hojas grandes, flores amarillas y fruto grande de corteza verde y pulpa encarnada, acuosa y dulce.

MELQUISEDEC (en hebreo, *Sedec es* [mi] *rey*» o, como en Heb 7.2, *Rey de justicia*). Personaje misterioso del que poco habla la Biblia y mucho la tradición.

Hay diversas opiniones acerca de quién era Melquisedec. Aparece de repente en Gn 14.18-20 como el rey de Salem (probablemente → JERUSALÉN) y el → SACERDOTE del Dios Altísimo que saludó a → Abraham cuando este regresaba de la batalla con → QUEDORLAOMER y otros reyes. Melquisedec salió para recibir al patriarca con pan y vino, le bendijo y recibió sus diezmos (en este último punto

el texto hebreo no aclara si Melquisedec dio los diezmos a Abraham o si este lo dio a aquel). Años después, un salmista aclama a un rey davídico como un sacerdote perpetuo según el orden de Melquisedec (Sal 110.4), recordando así que David había conquistado a Jerusalén (*ca.* 1000 a.C.) y, por tanto, heredado la dinastía de reyes-sacerdotes iniciada por Melquisdec.

Jesús identifica a este rey aclamado como el Mesías (Mc 12.35-37), y por tanto la carta a los hebreos desarrolla el tema del sacerdocio de Jesucristo (5.6-10; 6.20–7.28) a la luz de estos pasajes. En 7.1-19 la figura de Melquisedec es prominente; de su brusca aparición y desaparición. En Génesis se concluye que su sacerdocio es «viviente» o eterno. Es un tipo de Jesucristo, por consiguiente su sacerdocio es superior al de Aarón y el levítico, cuyos sacerdotes son mortales.

Algunos rollos del mar Muerto (→ QUMRÁN) elaboraron teorías sobre el simbolismo de Melquisedec.

Bibliografía:
O. Cullman, *Cristología del Nuevo Testamento*, p. 83ss.

MELSAR Funcionario de Nabucodonosor a cargo de Daniel y sus amigos (Dn 1.11,16). En la versión Reina-Valera, Melsar aparece como nombre propio. Sin embargo, otras versiones lo consideran un nombre común y lo traducen como «cortesano». La función exacta de Melsar o del «melsar» se desconoce.

MEMUCÁN (*hechicero*). Sabio de la corte de Persia en Susa, uno de los «siete príncipes de Persia y de Media que veían la cara al rey» (Est 1.14). El «rey» era → ASUERO, generalmente identificado como Jerjes I (485–464 a.C.). Este fue uno de los que aconsejó a Asuero que castigara a la reina Vasti (Est 1.13-22).

MENE, TEKEL, UPARSÍN Palabras escritas en la pared del palacio real de Belsasar, cuando este profanó los vasos del templo de

Moderna aldea de ladrillos de barro en el lugar de la antigua Menfis en Egipto. Esta ciudad se llamaba Zoán en la Biblia (Is 19.13).

Jerusalén durante su famosa fiesta (Dn 5.25-28). El misterio en cuanto a ellas se hizo mayor por cuanto podían interpretarse de diferentes maneras. Según la vocalización (que probablemente faltó), las palabras podían entenderse como verbos o como nombres de medidas. Por ejemplo, *Mene* podría significar el talento de Babilonia; *Tekel* el siclo de los hebreos; *Uparsín*, una medida de los asirios equivalente a medio talento babilónico. En ambos casos, la «U» de *Uparsín* indica la conjunción «y». Daniel interpretó las palabras con sentido de participio pasivo, y leyó así: «Dios ha contado el reino; el rey ha sido pesado; y el reino ha sido roto».

MENFIS Famosa ciudad de Egipto al lado oeste del Nilo, cerca del Cairo moderno. Fue capital de Egipto durante el Imperio Antiguo (siglos XXVI–XXII a.C.) y más tarde en tiempos de los hicsos (1720–1560 a.C.). El nombre Menfis, como se llamó originalmente la pirámide de Pepi I, se aplicó a la ciudad durante la dinastía VI.

Según una tradición egipcia, Menfis fue fundada por Menes, el faraón que unió a los dos Egiptos (Alto y Bajo) y fundó la primera dinastía. Su época de oro fue el período clásico de cultura egipcia (dinastía III–V), pero continuó siendo importante hasta la conquista de Alejandro Magno (331 a.C.). Cerca de Menfis queda la pirámide escalonada de Zoser (la más antigua) y el famoso trío de grandes pirámides, la de Keops (la más grande), Kefrén y Micerino, todas de la dinastía IV (siglos XXVI y XXV a.C.).

Menfis era un centro importante de la religión egipcia. Fue conocida como sitio principal del culto al dios Ptah, por su gran templo dedicado a él, por el toro sagrado de Ptah y por el buey Apis. Más tarde, con la presencia de Asiáticos, se adoró también a Astarté, Baal y Cades.

Los etíopes conquistaron la ciudad en 730 a.C. (bajo Pianji), los asirios en 761 y 666 (bajo Esarhadón y Asurbanipal) y los persas en 525 (bajo Cambises). Después de la destrucción de Jerusalén en 586 a.C., algunos judíos vivieron en Menfis juntamente con otros extranjeros (Jer 44.1). En los escritos proféticos, Menfis se menciona en Is 19.13; Jer 2.16; 46.14,19; Ez 30.13,16 y Os 9.6.

MENI Deidad pagana que adoraron los israelitas (Is 65.11). En la RV-1960 se traduce *Destino*.

MENTA Hubo tres variedades de menta en la Palestina, pero ninguna de ellas se cultiva hoy. Crecían silvestres, en lugares húmedos, especialmente a la orilla de riachuelos. Antiguamente se cultivaban por sus hojas y flores aromáticas (Mt 23.23; Lc 11.42). Según el Talmud (Pes 2.6) la menta era una de las → HIERBAS amargas de la cena pascual.

MENTIRA Manifestación contraria a la → VERDAD, cuya esencia es el engaño y cuya gravedad se mide según el egoísmo o la maldad que encierre. El decálogo divino la prohíbe (Éx 20.16) y uno de los efectos de la conversión al cristianismo es el dejar de mentir (Ef 4.25).

La mentira directa, como la de → ANANÍAS y SAFIRA (Hch 5.4), no es la única forma de mentir. En ocasiones se trata de una media verdad, como cuando Abraham dijo de su esposa a Abimelec: «Sara es mi hermana» (Gn 20.2; cf. 20.12). El propósito siempre es engañar. Puede ser también una respuesta evasiva, como la que Caín dio a Dios (Gn 4.9); un silencio, como el de Judas cuando el Señor lo acusó indirectamente en la última cena (Jn 13.21-30), o toda una vida engañosa: «si decimos que tenemos comunión con Él, y andamos en tinieblas, mentimos y no practicamos la verdad» (1 Jn 1.6). Los mentirosos irán al lago de fuego (Ap 21.8).

El padre de mentira es → SATANÁS (Jn 8.44) y, según 2 Ts, en los últimos días Dios le permitirá promulgar su mentira en forma universal. El «hombre de pecado, el hijo de perdición» (2.3) vendrá por «obra de Satanás» (2.9), y Dios enviará a la gente rebelde e inconversa «un poder engañoso» que les haga creer la mentira del anticristo (2.11).

MERAB Hija mayor de Saúl que fue prometida en matrimonio a David pero luego dada a Adriel el meholatita (1 S 18.17-19). Según algunos manuscritos, los cinco hijos de Adriel entregados a los → GABAONITAS para ser ahorcados en expiación por el pecado de Saúl (2 S 21.8,9) eran hijos de Merab.

MERAIOT (*revelaciones*). Nombre de tres hombres en el Antiguo Testamento.

1. Sumo sacerdote hijo de Zeraías y padres de Amarías (1 Cr 6.6-7).

2. Antepasado de Hilcías (1 Cr 9.11). Hijo de Ahitob y sacerdote en Jerusalén (Neh 11.11).

3. Uno de la casa sacerdotal en tiempos del sumo sacerdote Joiacim (Neh 12.15)

MERARI Hijo menor de Leví, que llegó a ser cabeza de una de las tres familias de levitas (Éx 6.16-19). Acompañó a su abuelo, el patriarca Jacob, a Egipto (Gn 46.11). Sus descendientes, «los meraritas», estaban encargados, durante la peregrinación por el desierto, de llevar las pertenencias del tabernáculo de un sitio a otro y armarlo cuando los israelitas hacían escalas (Nm 4.29-33).

Cuando se repartió la tierra prometida entre las doce tribus, a los meraritas se les asignaron doce ciudades en las tribus de Rubén, Gad y Zabulón más allá del Jordán (Jos 21.7). Durante el reinado de David algunos miembros de esta familia cantaban en el templo (→ JEDUTÚN; ETÁN) y otros eran porteros (1 Cr 6.31-47; 25.3; 26.10-19). Se mencionan durante los reinados de Ezequías y Josías, épocas en que se efectuaron limpiezas del templo (2 Cr 29.12-15; 34.12).

MERATAIM (*doble rebelión*). Nombre simbólico de Babilonia quizás por sus rebeliones contra Dios o por el trato dado a Israel (Jer 50.21). La traducción «tierra de la doble rebelión» se debe a que se transcribió al hebreo (usando la raíz *marah*, que significa *rebelarse*), el término babilónico, *marratin*, que designa la región lacustre *naru marratu* (*río amargo*), al sur de Babilonia.

M

MERCADER Uno que comercia en géneros o artículos vendibles, oficio importante entre los pueblos antiguos. En la ley hebrea, desde tiempos remotos, existieron normas éticas para el mercader detallista (Lv 19.35-37; Dt 25.13-16; Miq 6.10), aunque el comercio internacional alcanzó mayor desarrollo entre los fenicios, egipcios, ismaelitas y, en la época neotestamentaria, entre los romanos.

Mucho del tráfico comercial entre Asia, Europa y África tenía que pasar por territorio israelita en grandes caravanas. En los días de David y Salomón los hebreos también participaron eficientemente en el comercio internacional (1 R 9 y 10). Después del cautiverio en Babilonia, desarrollaron una gran actividad comercial y financiera, habiendo aprendido de los babilonios los secretos del comercio y la banca. Por ello el mercader llegó a ser una figura muy familiar (Neh 3.32; 13.20; Pr 31.24).

Según el relato bíblico, los mercaderes iban de paraje en paraje, aunque preferían las transacciones comerciales de país a país, y llevaban la mercancía en cuadrillas o caravanas (2 Cr 9.14) o por mar (Is 23.2; Ez 27.27,28). Se supone que al principio se ocupaban del cambio o permuta de productos alimenticios, telas, objetos ornamentales, enseres de cocina, etc., aunque desde el Génesis se mencionan casos en que interviene alguna moneda (Gn 23.16). Los hermanos de José lo vendieron por veinte piezas de plata a unos mercaderes ismaelitas (→ MADIANITAS) que traficaban con aromas, bálsamo y mirra (37.25-28).

En sus parábolas Jesús hizo referencia a los mercaderes y negocios relacionados (por ejemplo, la perla de gran precio, Mt 13.45) y en Apocalipsis hay varias referencias despectivas a los mercaderes, sin duda por su avaricia y egoísmo (Ap 18.3,11,15,23).

MERCURIO (del latín *merces* que significa *comercio*). Dios de los antiguos romanos, equivalente al → HERMES de los griegos. Hermes, según la mitología griega, era el mensajero de los dioses y se adoraba como el dios de la elocuencia. Los romanos llamaron Mercurio al que traía noticias de los dioses y lo consideraban el patrón del comercio, la elocuencia y la literatura. Existía una leyenda conocida entre los griegos, y mencionada por Ovidio, acerca de una visita que Júpiter y Hermes hicieron a sus paisanos Baucis y Filemón. Quizás la gente de Listra tenía esto en mente cuando oyeron predicar a Pablo y a Bernabé, pues después de verles sanar a un cojo, identificaron a Pablo como Mercurio, mensajero divino, y a Bernabé como a → JÚPITER (Hch 14.11s).

MEREMOT Nombre de varios hombres en el Antiguo Testamento.

1. Sacerdote hijo de Urías, a quien se le encomendó la tarea de pesar el oro, la plata y los utensilios que trajo Esdras de Babilonia (Esd 8.33).

2. Uno de «los hijos de Bani» (Esd 10.34, 36) que se divorció de su esposa pagana después de la cautividad.

3. Sacerdote que, junto con Nehemías, firmó el pacto de guardar la Ley (Neh 10.5). Quizás sea el mismo del No. 1.

4. Sacerdote que regresó con Zorobabel de la cautividad (Neh 12.3).

MERIBA (*rencilla*, traducida a veces literalmente en la RV; por ejemplo, Nm 20.13,24; 27.14).

1. Nombre dado al lugar (sitio desconocido) en → REFIDIM donde los israelitas murmuraron por falta de agua (Éx 17.1-7). También se llamó Masah (*prueba*), porque aquí «tentaron a Jehová», negando su presencia con ellos (v. 7). (Sin embargo, en realidad era una prueba para Israel de parte de Jehová, Sal 81.7). Parece que la tribu de Leví desempeñó un papel prominente en este caso (Dt 33.8).

2. Nombre dado a → CADES-BARNEA (Dt 32.51) porque aquí los israelitas murmuraron de nuevo por falta de agua (Nm 20.1-13). Esta vez, Moisés y Aarón se sumaron a la rebeldía (v. 12).

MERODAC Nombre hebreo del dios principal de Babilonia. Aparece solamente en Jer 50.2. Sin embargo, forma parte del nombre de varios reyes de Babilonia, por ejemplo, → MERODAC-BALADÁN (2 R 20.12; Is 39.1), y → EVIL-MERODAC (2 R 25.27; Jer 52.31). Compárense, → BEL, → BAAL y el → DRAGÓN.

MERODAC-BALADÁN Rey de una tribu caldea que, durante el período de la hegemonía asiria, logró ocupar el trono de Babilonia por once años. Su principal aliado fue Elam, que tenía interés en destruir el poderío asirio. Echado de Babilonia por Sargón II, Merodac-baladán logró reconquistar la ciudad con el apoyo de los elamitas, e intentó debilitar a Asiria haciendo alianza con otros reyes subyugados por el vasto imperio del norte. Entre estos reyes se encontraba Ezequías, rey de Judá, y a él envió Merodac-baladán una embajada que Ezequías recibió cordialmente (2 R 20.12,13; 2 Cr 32.31; Is 39.1,2). Aquella embajada sirvió a Isaías para profetizar contra Babilonia (2 R 20.14-19; Is 39.3-8). Merodac-baladán no pudo llevar a cabo su política, pues los asirios lo arrojaron de su trono y tuvo que refugiarse en Elam.

MEROM, AGUA DE «Las aguas de Merom» se mencionan solo en Jos 11.5,7. En su vecindad Josué derrotó a los reyes cananeos confederados bajo el rey Jabín de Hazor. La ubicación exacta es motivo de discusión entre los peritos en la geografía bíblica. Tradicionalmente, sin embargo, Merom se ha identificado con el lago de Huleh que antes quedaba 15 km al norte del mar de Galilea y era alimentado por el río Jordán. Pero por sus características pantanosas ese sitio no llena los requisitos topográficos para una acción militar tal como la descrita en Jos 11.5.

El sitio más probable de Merom es cerca de la moderna aldea de Meiron entre Huleh y el mar de Tiberias a 16 km al oeste del río Jordán. Aquí hay copiosas fuentes de agua que fluyen por Meiron y siguen su cauce hacia el sur por un valle que desemboca en el mar de Galilea. Otros eruditos afirman que el sitio es Marum er-Ros; así las aguas serían las fuentes perpetuas de Wadi-Auba.

MES El mes hebreo era un mes lunar. El cálculo se hacía en base a veintinueve días y medio, pero se ajustaban treinta días para un mes y veintinueve para el siguiente. Los primeros meses se llamaban «completos» y los de veintinueve días «incompletos». Cada uno comenzaba en el momento en que se vislumbraba la primera creciente de la nueva luna al atardecer. Muy antiguamente, se apostaban observadores para vigilar la aparición, y luego la anunciación formaba parte del rito del templo. Al pasar los años se utilizaron métodos de cálculo más seguros. El primer día de cada mes se consideraba día santo. Fue necesario ajustar este calendario al año solar, pero se desconocen los detalles precisos del ajuste. Posiblemente se intercaló un decimotercer mes a la mitad o al fin del año.

En el éxodo de Egipto, Dios mandó que el año comenzara con → ABIB (nisán), séptimo mes del año civil. Desde ese entonces el año sagrado comenzó con nisán, pero tanto el sistema antiguo como este se usaban simultáneamente. La nomenclatura de algunos meses se origina en la cultura fenicio-palestina, y se les llamó generalmente 1o., 2o., 3.er mes, etc. En los tiempos del poscautiverio se adoptaron los nombres del calendario babilónico.

MESA Mueble plano sostenido por pies, de diferentes estilos y formas. La mesa oriental más primitiva consistía simplemente en una piel tendida sobre el suelo.

La Biblia habla de la mesa del → PAN DE LA PROPOSICIÓN (Éx 25.23,27,28,30; 26.35; 1 R 7.48); mesa de reyes (1 S 20.34; 1 R 4.27); mesa familiar (Jue 1.7; 2 R 4.10; Neh 5.17; Mt 15.27; Jn 12.2); mesa del Señor (Sal 23.5; Lc 22.21,30; 1 Co 10.21) y la mesa de los demonios (1 Co 10.21). En lenguaje figurado, «mesa» significa honor, amistad, comunión, etc. (→ CENA DEL SEÑOR).

M

MESA (*libertad*). Nombre de tres hombres y un lugar de la Biblia.

1. Lugar limítrofe (Gn 10.30), en el norte de Arabia, que determinaba la tierra poblada por los trece hijos de Joctán, bisnieto de Sem. Se cree, por sus numerosas menciones en la literatura cuneiforme, que Mesa (o Mash) era un lugar simbólico del lejano desierto.

2. Rey de Moab en el tiempo de Acab y Joram en Israel y de Josafat en Judá. Tuvo que pagar un tributo de doscientas mil ovejas a Acab (2 R 3.4), pero muerto este, Mesa se rebeló. Una coalición formada por Israel, Judá y Edom atacó a → Moab por el sur (2 R 3.5-24) y lo derrotaron, pero los israelitas no se apoderaron del territorio, sino que «volvieron a su tierra» (2 R 3.27). La Estela Moabita narra esta historia (y otra información adicional interesantísima) desde el punto de vista del enemigo y corrobora la autenticidad de la crónica bíblica. La Estela reza literalmente:

«Yo [soy] Mesa, hijo de Quemos ... rey de Moab, de Dibón —mi padre reinó sobre Moab por treinta años, y yo reiné después de mi padre, quien hizo este lugar alto para Quemos en Kirhareset ... porque él me salvó de todos los reyes y me hizo triunfar sobre todos mis adversarios. En cuanto a Omri, rey de Israel, él humilló a Moab por muchos años, porque Quemos estaba enojado contra su tierra. Y su hijo reinó en su lugar y él dijo también: "Humillaré a Moab". Durante mi reinado habló [así], sin embargo, yo le vencí y a su casa, mientras que Israel ha perecido para siempre. [Pues] Omri había invadido la tierra de Medeba e [Israel] había vivido allí durante su reinado y la mitad del reinado de su hijo [Acab], cuarenta años; pero Quemos vivía allá en mi tiempo.

»Y yo edifiqué Baal-meon, haciendo allí un estanque y yo edifiqué Karyatan. Pues los de Gad siempre habían vivido en la tierra de Atarot, y el rey de Israel había construido Atarot para ellos; pero yo ataqué el pueblo y lo tomé y maté a todos los habitantes del pueblo como satisfacción a Quemos y a Moab. Y traje de allí a Oriel su capitán, arrastrándolo delante de Quemos en Keriot, y yo colonicé el lugar con gente de Sarón y gente de Maharit. Y Quemos me dijo: "Ve, quita Nebo de Israel". Luego me fui de noche y luché contra él desde el amanecer hasta el mediodía, tomándolo y matando a todos, siete mil hombres, adultos, niños, mujeres, niñas y criadas, porque los había dedicado al [dios] Astar-Quemos para destrucción. Y llevé de allí los ... de Yahveh, arrastrándolos delante de Quemos. Y el rey de Israel había edificado Yahaz, y él permanecía allí durante la guerra conmigo, pero Quemos lo expulsó delante de mí. Y yo tomé doscientos soldados de Moab, todos buenos [guerreros] y los mandé contra Yahaz y lo tomé para agregarlo al [distrito de] Dibón.

»Fui yo quien edificó Kir-hareset, el muro de la selva y el muro de la guarnición; también construí sus portales; yo construí sus torres y yo edifiqué el palacio real; y yo hice los dos estanques para agua adentro del pueblo. Y no había cisterna adentro del pueblo de Kir-hareset; por tanto dije a toda la gente: «Haga cada uno una cisterna en su casa». Y yo corté las vigas para Kir-hareset por medio de cautivos israelitas. Yo construí Aroer e hice la calzada al lado del Arnón; yo construí Bet-bamot porque había sido destruido; yo construí Bezer porque yacía en ruinas, por medio de cincuenta varones de Dibón, porque todo Dibón es [mi] territorio leal.

»Y yo reinaba [en paz] sobre los cien pueblos que yo había agregado al país. Y yo edifiqué [30] ... en Medeba, y Bet-diblathen y Bet-baal-meon, y allí yo puse el ... de la tierra. Y en cuanto a Hauronen, allí vivía ... [y] Quemos me dijo: "Baje y ataque Hauronen". Y yo bajé [y yo ataqué al pueblo y lo tomé] y Quemos vivía allí en mi tiempo» (Pritchard, *Ancient Near Eastern Text*, pp. 320,321).

3. Hijo de un Caleb que era hijo de Hesbón y nieto de Judá (1 Cr 2.42). Fue el fundador del pueblo de → Zif.

4. Benjamita, hijo de Saharim, nacido en Moab (1 Cr 8.8s).

MESAC → ABED-NEGO.

MESEC (*alto*). Nombre de dos hombres y un pueblo en la Biblia.

1. Sexto hijo de Jafet (Gn 10.2; 1 Cr 1.5), llamado Mosoc en la LXX.

2. Pueblo descendiente de Mesec; según algunos, los *moschoi* de los escritores antiguos. Con la excepción de Sal 120.5, siempre se menciona este pueblo con el de Tubal. Herodoto señaló la región del Ponto, al sur del mar Negro, como la tierra sede de Mesec (*Historia* III, 94; VII, 78). Probablemente era un pueblo de idioma europeo, que entró al Medio Oriente por las llanuras del norte y se impuso sobre la población de la Anatolia oriental. Mesec se menciona en las inscripciones cuneiformes en los escritos de Josefo. La Biblia describe el pueblo como bélico, salvaje y de costumbres bárbaras (Ez 32.26; 39.1-3). Comerciaba con esclavos y utensilios de bronce (Ez 27.13). Mantenía relaciones comerciales con Tiro y era aliado de Gog (Ez 38.2,3).

3. Descendiente de Sem por la línea de Aram (1 Cr 1.17), el mismo Mas de Gn 10.23.

MESÍAS Título dado a Jesús y transliteración del vocablo hebreo *mashiakh* (o sea, *ungido*) que en la LXX se traduce *jristós* (en griego, *ungido*, por ejemplo, Lv 4.5; 1 S 24.11; Is 45.1). En tiempos bíblicos se ungía al rey, al sacerdote y al profeta, y de ahí el término «ungido» se llegó a usar para mostrar que Dios había designado a una persona para algún trabajo especial (por ejemplo: Saúl, 1 S 10.1; David, 1 S 16.13; Eliseo, 1 R 19.15s; y Ciro, Is 45.1). La designación destacaba el hecho de que Dios actuaba a través del electo para la → UNCIÓN.

El Mesías en el Antiguo Testamento

Si bien al principio se solía ungir a los sacerdotes, profetas y reyes, pronto la palabra Mesías fue adquiriendo otras dimensiones que trascendían la misión de dichos personajes. Con base en 2 S 7.12-16 y habiéndose visto el próspero reinado de David,

y luego la decadencia bajo el gobierno de sus hijos, se esperaba la venida de un rey que tuviese su trono «para siempre», el cual volvería a traer paz y prosperidad al pueblo.

Durante la época inmediata después de David (900–700 a.C.), el pueblo hebreo esperaba que cada nuevo rey mostrara las características de un «ungido de Dios». Pero con el fracaso sucesivo de los distintos reyes, se comenzó a proyectar esa esperanza más hacia el futuro. Ante cada calamidad de Israel, se esperaba un pronto auxilio de Dios mediante su Mesías. La «esperanza mesiánica» consistía en esperar que Dios, con su Mesías como instrumento, establecería para siempre a su pueblo. Se clamaba por un futuro glorioso donde el Mesías sería figura prominente.

Para los profetas escritores, desde Amós (siglo VIII), el Mesías esperado era un personaje con un poder sin límite que establecería definitivamente la paz y la justicia sobre el mundo (Is 9.7; 11.4; Os 14.2-9; Am 9.11-15). Con base en la profecía de Natán (2 S 7.12-16), y alentado por los profetas escritores, el pueblo hebreo esperaba durante cada crisis política a un hombre («el ungido»); alguien que traería la liberación y ante quien cualquier resistencia, por parte de sus enemigos, sería anulada por ser el Mesías invencible.

La esperanza de que Dios levantaría a un Mesías para liberar a Judá de sus enemigos, especialmente de los babilonios, mengua cuando las tropas de → NABUCODONOSOR destruyen a Jerusalén en 586 a.C., y la esperanza se proyecta cada vez más al futuro. Se piensa en un futuro remoto cuando el Mesías vendrá al fin de los tiempos. Así, pues, se comienza a dar un matiz escatológico al significado del título Mesías, matiz que va en aumento hasta llegar a la época de Jesús.

La segunda parte de Isaías hace hincapié en una figura que recibe el nombre de → «SIERVO DE JEHOVÁ», que en lugar de dominar es oprimido y angustiado, y en vez de vengarse de sus enemigos humildemente acepta el injusto castigo que estos le dan (Is

M

53.1-9). Por otra parte, para Jeremías el Mesías tiene más bien una función sacerdotal; es un personaje que representa a Dios dentro del pueblo escogido, y que también representa al pueblo ante Dios. Tiene el derecho de perdonar pecados y su misión es ayudar al pueblo (Jer 23.5,6; 33.8,15-18). Zacarías muestra al Mesías como «justo, salvador y humilde» (Zac 9.9).

El Mesías esperado en el Antiguo Testamento es, de una forma u otra, una figura de → SALVACIÓN para el pueblo, ya sea de sus enemigos políticos o de sus pecados contra Dios.

El Mesías en la época intertestamentaria

La literatura intertestamentaria (→ APÓCRIFA) demuestra una difusa expectación en cuanto al Mesías. Se habla del Mesías de David, del Mesías de Leví, del Mesías de José y del Mesías de Efraín. Los → ROLLOS DEL MAR MUERTO añaden un poco de confusión al difícil problema cuando hablan del Mesías de Aarón y del Mesías de Israel.

Se puede decir que la esperanza sobre el Mesías en aquel entonces estaba dividida en dos conceptos principales. El primero mostraba un Mesías político, idea que se difundió mucho por los Salmos de Salomón (17.12ss). Estos hablan de un rey que viene a aniquilar a los tiranos, a destruir los imperios y a castigar a los paganos. Este rey fundará un reino que será el prototipo del Reino que Dios establecerá al fin de los tiempos. En los Apocalipsis de Esdras y de Baruc (4 Esdras 7.26ss; Baruc 29, 30 y 40) el rey destruye a sus enemigos y establece un reino perfecto. El segundo concepto presentaba un Mesías en parte humano y en parte divino que podría por lo tanto establecer el Reino de Dios sobre la tierra (Enoc 48.10 y 52.4).

La tendencia en el tiempo de Jesús fue de esperar un Mesías político que vendría a liberar a su pueblo. De tal modo que la persona del Mesías y su obra habían adquirido para ese entonces en la mentalidad judía, oscurecida por prejuicios raciales y religiosos, un carácter totalmente erróneo.

El Mesías en el Nuevo Testamento

Los diversos conceptos en cuanto al Mesías estuvieron en continua interacción; cuando Jesús aparece y comienzan a llamarlo Mesías, tiene ante sí el resultado de una mezcla de conceptos en la que predomina el del Mesías político.

Repetidas veces se ha afirmado que Jesús no tenía conciencia de que Él fuese el Mesías y que este título se lo adjudicaron sus discípulos después de su muerte. Esta afirmación se debe a la reserva con que Jesús recibe el título de Mesías. A través de los Evangelios Sinópticos solo hay tres ocasiones en las que conscientemente se le da el título de Mesías (Mc 8.29; 14.61; 15.2), y en los tres pasajes se ve que, si bien no lo rechaza, tampoco lo adopta para su uso común. No lo hace, sin embargo, por no tener el derecho de usarlo, sino debido a la connotación política y vengativa que encerraba dicha distinción. Jesús prefiere llamarse el → HIJO DEL HOMBRE, que es también un título mesiánico, ya que Él es el → SIERVO sufriente (Mc 8.31; y 10.43-45). Tenía plena conciencia de su mesianismo, y por ello toma el nombre de una de las figuras esperadas por los judíos que se adaptaba más al papel que representaría en la pasión.

Lo paradójico fue que Jesús, quien durante su ministerio manifiesta bastante reserva para usar el título de Mesías, legalmente es condenado por ser el Mesías (Jn 19.19).

Los apóstoles comenzaron a dar el título de Mesías a Jesús para mostrar a los judíos que el Mesías esperado ya había venido. En Hch 2.36, por ejemplo, no se menciona la resurrección, sino más bien se acepta que el hombre de Nazaret fue declarado Mesías por sus obras y por la profecía cumplida por Él en su ministerio.

Para los cristianos primitivos lo que más destacaba a Jesús como el Mesías no era su actuación como rey (Mt 21.1-11), sino su actuación como persona poseída por el Espíritu Santo (Lc 4.18). Entre el Espíritu Santo y el Mesías hay una íntima comunión. Después de la resurrección, los discípulos entendieron la verdadera dimensión de la

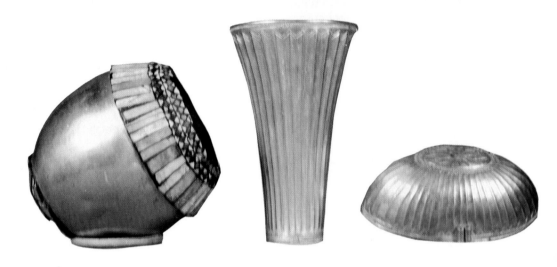

Foto de Howard Vos

Tazones de oro de la ciudad mesopotámica de Ur, que datan más o menos del 2500 a.C.

obra de Jesús, y solo entonces todas las palabras divinas les resultaron comprensibles (Lc 24.25-31).

La afirmación de que Jesús es el Mesías llega a ser una fórmula de declaración de fe (1 Jn 5.1).

Cuando el título Mesías se saca del ambiente judío, pierde en parte su significado específico de Ungido de Dios y llega a ser un nombre propio de Jesús de Nazaret. Este nombre trasciende los siglos, y hoy el mundo entero conoce a su iglesia como la Iglesia de Cristo.

Bibliografía:

Oscar Cullman, *Cristología del Nuevo Testamento*, Buenos Aires, 1965.

MESILEMOT Nombre de dos hombres del Antiguo Testamento.

1. Un hombre de la tribu de Efraín (2 Cr 28.12).

2. Sacerdote antepasado del sacerdote Amasai y de la familia de Imer (Neh 11.13), también llamado *Mesilemit* (1 Cr 9.12).

MESÓN Casa donde se da posada a los viajeros. En tiempos antiguos eran lugares donde las caravanas pasaban la noche, y casi siempre estaban cerca de manantiales (Gn 42.27; Éx 4.24; Jos 4.3). Se utilizaban también como sitios de meditación y descanso (Jer 9.2; cf. Hch 10.6). Este tipo de posada también existía en las ciudades (Hch 28.23).

Había mesones de buena calidad, con casas y cuartos para los viajeros y establos para los animales. En uno de estos lugares en Belén nació Jesús (Lc 2.7). El mesón de la parábola del Buen Samaritano era aun más confortable (Lc 10.34).

MESOPOTAMIA (en griego, *tierra entre dos ríos*). Expresión tomada de la LXX como equivalente del hebreo, *Aram-naharayim*. (Compárese la introducción al Sal 60.) En el Antiguo Testamento se refiere a la porción de tierra fértil al este del río Orontes, que comprendía la parte superior media del Éufrates y las tierras bañadas por los ríos Habur y Tigris. Hoy corresponde al este de Siria y al norte de Irak.

Foto de Howard Vos

El rey Sargón de Acad estableció el primer gran imperio en Mesopotamia, más o menos en el 3000 a.C.

Los hebreos estuvieron vinculados con Mesopotamia a lo largo de toda su historia. Los patriarcas provinieron de Harán, parte de Padan-aram, al norte (Gn 11.31–12.4; 24.10-28; cf. v. 6ss). Mesopotamia fue la tierra de Balaam (Dt 23.4). En tiempo de los jueces, un rey de Mesopotamia, Cusanrisataim, dominó a Israel (Jue 3.8-10). Los amonitas alquilaron carros y jinetes de Mesopotamia en su guerra contra David (1 Cr 19.6; que corresponde a la introducción del Sal 60).

Durante la monarquía dividida, Asiria transportó mucha gente de Israel y de Judá a las regiones de Mesopotamia, y Nabucodonosor, rey de Babilonia, hizo otro tanto. Durante el cautiverio, el centro de las actividades judías fue Babilonia en Mesopotamia. Allí se escribió parte del Antiguo Testamento (→ EZEQUIEL) y se produjo el Talmud Babilónico y muchas otras obras relacionadas con la interpretación y la lectura del Antiguo Testamento.

Durante el período intertestamentario y novotestamentario el territorio denominado Mesopotamia incluía hasta Ur en Sumeria (Hch 7.2); así se explica que los visitantes el día de Pentecostés, llamados partos, medos y elamitas (Hch 2.9), vinieran de Mesopotamia.

MESULAM Nombre de muchos hombres del Antiguo Testamento.

1. Abuelo de Safán (2 R 22.3).

2. Hijo de Zorobabel y descendiente del hijo del rey Jeconías (1 Cr 3.19).

3. Líder de la tribu de Gad durante el reinado de Jotam de Judá (1 Cr 5.13).

4. Jefe benjamita que aparece en la genealogía del rey Saúl (1 Cr 8.17).

5. Padre de Salú de la tribu de Benjamín (Neh 11.7).

6. Hijo de Sefatías, de la tribu de Benjamín (1 Cr 9.8).

7. Sacerdote y miembro de una importante familia sacerdotal (1 Cr 9.11; Neh 11.11).

8. Antepasado del sacerdote Adaía y de la familia de Imer (1 Cr 9.12).

9. Levita de la familia de Coat que ayudó a supervisar las reparaciones del templo bajo el reinado de Josías de Judá (2 Cr 34.12).

10. Uno de los israelitas que Esdras envió a buscar levitas que voluntariamente sirviesen en el templo de Jerusalén, después de la cautividad (Esd 8.16).

11. Uno de los que se opusieron a Esdras para que no se disolvieran los matrimonios contraídos con mujeres paganas durante la cautividad (Esd 10.15).

12. Descendiente de Bani que se divorció de su esposa pagana después de la cautividad (Esd 10.29).

13. Hijo de Berequías que ayudó a reparar dos secciones de los muros de Jerusalén (Neh 3.4,30).

14. Hijo de Besodías que ayudó a reparar los muros de Jersualén (Neh 3.6).

15. Líder del pueblo que ayudó a Esdras a leer la Ley de Moisés (Neh 8.4).

16. Sacerdote que, junto a Nehemías, firmó el pacto de guardar la Ley (Neh 10.7).

17. Líder del pueblo que firmó el pacto junto con Nehemías (Neh 10.20).

18. Sacerdote de la familia de Esdras en el tiempo del sumo sacerdote Joiacim (Neh 12.13).

19. Otro sacerdote en el tiempo de Joiacim (Neh 12.16).

20. Levita portero en tiempos de Joiacim (Neh 12.25).

METAL → BRONCE.

METEG-AMA (*brida de la ciudad madre o autoridad de la capital*). Nombre de una ciudad filistea (2 S 8.1) que posiblemente se refiere a Gat (1 Cr 18.1). Algunos opinan que en 2 S 8.1 el nombre es una corrupción del nombre de esta ciudad principal de los filisteos. También podría ser el nombre figurado de Gat, o una aldea cercana.

MEUNIM «Padre» de uno de los grupos de hombres que se llaman «sirvientes del templo» (Esd 2.43,50; Neh 7.46,52, «hijos de Mehumim»). El término probablemente se deriva de → MAÓN y se refiere a sus descendientes (1 Cr 2.45; 1 S 23.24,25). Algunos eruditos identifican a estos «sirvientes» con una tribu pagana que se menciona en Jue 10.12 y 2 Cr 26.7 BC y que vivía en el sudeste de → PETRA. Si esta identificación es correcta, hay que suponer que un grupo de ellos se convirtió a la fe hebrea y después llegaron a ser «sirvientes del templo».

MICAÍA (*¿quién es como Jehová?*). Nombre hebreo de varios personajes del Antiguo Testamento.

1. Efrateo del tiempo de los jueces. La extraña historia del establecimiento de un culto casi pagano en su casa se relata en Jue 17 y 18, presumiblemente con el propósito de explicar la ocupación del territorio de la tribu de → DAN.

2. Hijo de Mefi-boset (o Meri-baal) y nieto de Jonatán. Era padre de cuatro hijos (2 S 9.12; 1 Cr 8.34,35; 9.40,41).

3. Descendiente de Rubén (1 Cr 5.5).

4. Levita de la casa de Asaf; padre de Matanías e hijo de Zicri (1 Cr 9.15). Se le llama Micaías en Neh 12.35.

5. Levita que vivió en los últimos días de David; padre de Samir (1 Cr 23.20; 24.24,25).

6. Padre de Abdón (2 Cr 34.20). Se le lla0 ma Micaías en el pasaje paralelo de 2 R 22.12.

7. Levita, firmante del pacto de Nehemías (Neh 10.11).

MICAEL (*¿quién es como Dios?*). Nombre de diez hombres del Antiguo Testamento.

1. Padre de Setur (Nm 13.13). Setur fue un representante de la tribu de Aser entre los doce espías que envió Moisés a explorar la tierra de Canaán.

2. Descendiente de Gad que habitó en la tierra de Basán (1 Cr 5.11-13).

3. Otro descendiente de Gad (1 Cr 5.14).

4. Levita de la familia de Gersón (1 Cr 6.40). Fue un antepasado de Asaf el cantor.

5. Príncipe de la tribu de Isacar, de la familia de Tola , de la casa de Uzi (1 Cr 7.3).

6. Uno de los hijos de Bería (1 Cr 8.16). Micael se menciona en la genealogía del rey Saúl de Benjamín.

7. Guerrero de la tribu de Manasés que se unió a David en Siclag (1 Cr 12.20).

8. Padre de Omri de Isacar (1 Cr 27.18).

9. Hijo de Josafat, rey de Judá (2 Cr 21.2), y hermano de Joram, rey de Judá.

10. Padre de Zebadías, de la familia de Sefatías (Esd 8.8).

MICAÍAS Nombre de siete personajes del Antiguo Testamento (RV).

1. Profeta que desarrolló su ministerio durante el reinado del malvado → ACAB, rey de Israel por los años 940–918 a.C. (1 R 22.8-29; 2 Cr 18.7-27). Micaías, hijo de Imla, aparece en el escenario bíblico cuando Acab se alía con → JOSAFAT, rey de Judá, para salir en batalla contra los sirios que en aquellos días tenían en su poder a Ramot de Galaad (1 R 22.3,4). Se opuso a la falsa profecía de los cuatrocientos profetas convocados por Acab, quienes le aseguraban a este que triunfaría en la batalla contra los sirios.

Micaías levantó su voz y previno al rey aun cuando sabía muy bien las consecuencias que le traería su franqueza. Micaías fue abofeteado y encarcelado (1 R 22.24,27).

2. Padre de Acbor (2 R 22.12).

3. Madre de Abías rey de Judá (2 Cr 13.2).

4. Príncipe, enviado del rey Josafat (2 Cr 17.7).

5. Ascendiente de Zacarías (Neh 12.35).

6. Sacerdote en tiempo de Nehemías (Neh 12.41).

7. Contemporáneo del profeta Jeremías (Jer 36.11).

MICAL Hija menor de Saúl, quien la ofreció a David a cambio de cien prepucios de filisteos. El celoso rey pensó que David moriría en la batalla que la empresa requería (1 S 18.20-27). Después de casada con David, la astuta Mical lo salvó de un atentado de parte de Saúl (1 S 19.11-17). Durante el cautiverio de David, Saúl la dio en matrimonio a Paltiel (1 S 25.44).

Después de la muerte de Saúl, David reclamó que Mical le fuera devuelta, y así fortaleció su derecho al trono (2 S 3.14-16). Como consecuencia de su menosprecio a David cuando este danzó frenéticamente delante del arca, Mical no tuvo hijos (2 S 6.16-23). Los hijos mencionados en 2 S 21.8 probablemente eran los de su hermana Merab (1 S 18.19). Así rezan algunos manuscritos hebreos y las versiones modernas.

MICMAS Ciudad situada a 11 km al nordeste de Jerusalén y dentro del territorio de la tribu de Benjamín. Se hallaba a una altura aproximada de 650 m sobre el nivel del mar. Fue célebre en la historia de Israel por hechos como el episodio militar que culminó con la expulsión de los filisteos. La peculiar topografía de Micmas y sus alrededores con sus cañadas, cerros encrespados, «el paso del Micmas», sus cuevas, etc., ofreció recursos estratégicos a ambos ejércitos (1 S 13 y 14). Al fin del cautiverio los que eran de la comunidad judía de Micmas regresaron a su sitio (Esd 2.27; Neh 7.31).

Micmas fue la residencia de Jonatán macabeo (1 Mac 9.73).

MICTAM Término que aparece en los títulos de los Salmos 16, 56–60 (cf. Is 38.9 BJ), el significado de cuya raíz es incierto. La LXX lo traduce *stelografía*, en lugar de lo cual, en la antigua versión latina se encuentra *tituli inscriptio*. Todo ello sugiere, posiblemente, la idea de una grabación en tablas o de una inscripción. Otros sugieren la raíz hebrea de «tapar» para dar el sentido de «salmo de cubrir el pecado, o de expiación». En la poesía hebrea moderna, mictam corresponde al epigrama. En los salmos mencionados, una frase o un pensamiento significativo e importante ocupa un lugar prominente y en algunos casos repetido como un estribillo (Sal 56.4,10s; 57.5,11; 59.9b y 10a,17b).

MIEL Sustancia dulce elaborada por las abejas con elementos que absorben de las flores. Abundaba tanto en la Tierra Santa que llegó a ser artículo de exportación (Ez 27.17). Jacob la envió a José como presente (Gn 43.11); Sansón la halló en el cadáver de un león (Jue 14.8,9); Jonatán se alimentó con ella (1 S 14.25-27) e igual hizo Juan el Bautista (Mt 3.4).

Aunque era artículo prohibido en el culto de ofrenda quemada, la miel podría traerse como ofrenda de primicias (Lv 2.11,12). Era muy apreciada por su sabor (2 S 17.29; Sal 19.10; Pr 27.7). Se producía en forma silvestre (Éx 3.17; Mc 1.6), y también se cuidaba de cultivarla metódicamente (Cnt 5.1; Jer 41.8). Palestina fue bautizada como «tierra que fluye leche y miel» por su abundancia de este elemento (Éx 3.8). En forma figurada la miel es símbolo de la riqueza espiritual de las Sagradas Escrituras (Sal 19.9; 119.103; cf. Ez 3.3) y de las palabras de la mujer seductora (Pr 5.3; cf. Cnt 4.11).

MIES → Cosecha.

MIGDOL (*migdal*). Término semítico que quiere decir «torre» o «fortaleza». Aparece en el Antiguo Testamento con referencia a tres lugares.

1. Migdol. Ciudad egipcia cerca de la que acamparon los hebreos después del éxodo (Éx 14.2; Nm 33.7). Se le utiliza en Ez 29.10 y 30.6 para señalar el extremo norte de Egipto. Jeremías (44.1 y 46.14) afirma que había judíos que vivían en Migdol.

2. Migdal-gad (*torre de Gad*). Ciudad adjudicada a la tribu de Judá (Jos 15.37).

3. Migdal-el (*torre de Dios*). Una de las ciudades que tocaron en suerte a la tribu de Neftalí (Jos 19.38).

No se conoce el lugar exacto donde estaba ubicada ninguna de estas ciudades.

MIGUEL (*¿quién como Dios?*). Nombre del → ARCÁNGEL que también se llama «vuestro príncipe» en Dn 10.21 y «principal príncipe» en Dn 10.13. Posiblemente sea el mismo «príncipe» de Dn 8.11. En la literatura extracanónica del Antiguo Testamento se le representa como mediador y dador de la Ley. En el Nuevo Testamento se le menciona dos veces. Judas 9 lo presenta como protector del cuerpo de Moisés y Ap 12.7-9 como el defensor de Israel contra el dragón, o Satanás, en los últimos días.

MILAGRO Cualquier acto del poder divino, superior al orden natural y a las fuerzas humanas. Existen diferentes palabras en hebreo, arameo y griego para expresar el concepto de milagro.

Sentido de «milagro»

Los términos empleados en el Antiguo Testamento para designar los milagros de Dios son muy variados. Expresan el carácter de sus obras extraordinarias, tales como los portentos del → ÉXODO, o se refieren a los fenómenos naturales que son obra de su mano creadora (Éx 7.3; Sal 136.4). La intervención de Dios en la naturaleza y en la historia de Israel revelan su gloria y santidad. Los milagros sirven en ciertos casos para acreditar al profeta ante sus contemporáneos (Is 7.11; 38.7ss). Sin embargo, los

magos o encantadores pueden a veces producir milagros semejantes a los de los profetas de Dios (Éx 7.12,22).

En el Nuevo Testamento se emplean tres palabras distintivas para referirse a los milagros:

Maravilla

Palabra que indica el asombro que el milagro produce en los espectadores. Se repite muchas veces por su profundidad de significado en cada hecho milagroso (Mc 2.12; 4.41; 6.51; 7.37; cf. Hch 3.10,11). Además, «maravilla» siempre aparece unida con la palabra «señal» (otro vocablo empleado para expresar milagro, por ejemplo, Mt 24.24; Hch 14.3; Ro 15.19; Heb 2.4).

Señal

Esta palabra indica una prueba de la cercanía de Dios y de su obra (Jn 3.2; 7.31; 10.41). Los milagros son «señales» de algo más importante oculto detrás de ellos mismos (Is 7.11; cf. Mt 16.3). Testifican del poder dado a la persona que los realiza (Mc 6.20; Hch 14.3). Los judíos demandaron señal de Jesús (Jn 2.18; cf. Mt 12.38). Pero una «señal» no es necesariamente un milagro; por ejemplo, el anuncio de los ángeles a los pastores tocante al nacimiento de Jesús incluyó una señal no milagrosa (Lc 2.12; cf. Éx 3.12). Otra característica de esta palabra es su unión frecuente con la palabra «prodigio», tanto en el Antiguo Testamento como en Nuevo Testamento (Éx 7.3; 11.9; Dt 4.34; Neh 9.10; Sal 78.43; Jn 4.48; Hch 2.22; 4.30; 2 Co 12.12).

«Poderes» u «obras portentosas»

El «poder» reside originalmente en el mensajero divino que Dios faculta directamente (Hch 6.8; 10.38; Ro 15.19). En Mt 7.22 los milagros son «obras poderosas» (cf. Mc 6.14; Lc 10.13).

Naturaleza de los milagros

Cuando se dice que los milagros alteran el orden de los fenómenos naturales, no significa la ruptura de las leyes que rigen la naturaleza. Cada milagro tiene un propósito e interrumpe la regularidad superficial de una Ley en obediencia a otra más alta y más sutil. No hay razón para afirmar que los milagros rompen la ley natural y la unidad orgánica por la que Dios actúa.

Para entender los milagros es necesario distinguir entre la constante providencia soberana de Dios y sus actos extraordinarios. La fe en los milagros debe armonizarse con el contexto de un mundo completo, en el que toda la creación continuamente depende de la actividad sustentadora de Dios y está sujeta a su voluntad soberana (Col 1.16,17). Las «leyes naturales» derivan del conocimiento del universo en el que Dios siempre trabaja.

Algunos filósofos y teólogos sostienen que los milagros son incompatibles con la naturaleza y los propósitos de Dios. Razonan que Dios es el alfa y la omega, conocedor de todas las cosas desde el principio hasta el fin de las mismas. Él es el inmutable por excelencia, y su inmutabilidad misma chocaría con una intervención eventual en el orden de la naturaleza. Esta objeción, fundada en el carácter de Dios, proviene de la incomprensión de su existencia como un ser viviente y personal. Su inmutabilidad no es la de una fuerza impersonal, sino la fidelidad de una persona. Su voluntad soberana creó criaturas responsables con las que se relaciona fielmente.

Los milagros están íntimamente relacionados con la fe de los espectadores, los afectados directamente (Éx 14.31) y la de quienes habrán de oírlos o leerlos posteriormente (Jn 20.30,31).

La frecuencia de las curaciones milagrosas es mucho más notable en la época del Nuevo Testamento que en cualquier período del Antiguo Testamento. Los milagros que Jesús realizó están en íntima relación con su función mesiánica. Los milagros que realizaron los apóstoles y líderes de la iglesia primitiva se hicieron en el nombre de Cristo. Eran la continuación de todo lo que Jesús comenzó a hacer y enseñar, en el poder del Espíritu Santo que Él envió de su Padre. Los milagros son una parte de la proclamación del Reino de Dios, pero no un fin en sí mismos.

Clasificación de los milagros

Hay muchas clases de milagros, y si hay que hacer una clasificación se recomienda la siguiente:

1. La encarnación de Cristo: el milagro central del cristianismo.

2. Milagro de fertilidad: por ejemplo, la conversión del agua en vino en las bodas de Caná de Galilea. Este milagro proclama que el Dios de la naturaleza está presente. Hace caer la lluvia, produce las uvas y hace el vino todos los años como parte del proceso normal de la fertilidad; pero Cristo, el Dios encarnado, en una sola ocasión acorta el proceso natural y hace el vino en un instante (Jn 2.1-12).

3. Milagro de sanidad: estos revelan que en Cristo se personifica el poder que estaba siempre detrás de todas las curaciones (véase arriba).

4. Milagro de destrucción: de esta clase solo se registra uno entre los milagros de Jesús: la maldición de la higuera.

5. Milagro de dominio sobre las fuerzas naturales: por ejemplo, la tempestad calmada (Mt 8.24-26).

6. Milagro de transformación total: revelan el poder de Dios sobre la muerte. La resurrección de Lázaro y especialmente la de Jesús corresponden a este grupo (Jn 11.44; Mt 28.6,9; Lc 24.34). El milagro de la → RESURRECCIÓN corporal es medular en la fe y esperanza cristianas (1 Co 15.12ss).

MILANO (en hebreo, *aya*, que significa *gritador*). Especie de halcón (Dt 14.13) y ave de rapiña con pico encorvado y puntiagudo, alas largas y cola ordinariamente corta. Se incluye entre las aves inmundas (Lv 11.14) y habita en Galilea superior. En invierno, emigra hacia las regiones cálidas.

MILCA Nombre de dos mujeres en el Antiguo Testamento.

1. Hija de Harán (hermano de Abraham), esposa de Nacor y abuela de Rebeca (Gn 11.29; 22.20-23).

2. Una de las cinco hijas de Zelofehad que recibieron la heredad de su padre porque no tenían hermanos (Nm 26.33; 27.1-7; 36.1-12).

MILENIO (*mil años*). Período del Reino de Dios sobre la tierra, que sigue a la Segunda Venida de Cristo y precede al estado final, en el que el Señor establecerá un reino de justicia y paz, y regirá junto con los santos con una vara de hierro. Como otras cifras de Apocalipsis, «mil» tiene valor simbólico, sin ser equivalente de la eternidad. «Mil años» es una época muy larga que se contrasta con los tres años y medio de hegemonía satánica (11.2; 12.6) y con los diez días de tribulación (2.10). Muchos exégetas no aceptan este período intermedio porque:

1. Reviste un carácter muy judaico, es decir, contiene ideas propagadas por la literatura judía llamada «apocalíptica» (200 a.C.–200 d.C. → APOCALIPSIS)

2. Se basa en un solo pasaje (Ap 20.1-10). Pero hay otras indicaciones de tal período en el Antiguo Testamento y en el resto del Nuevo Testamento.

El concepto de un reino de Dios establecido en la tierra viene del Antiguo Testamento, especialmente de la enseñanza profética (Is 2.11; Jl 3.18; Am 9.11-15; Miq 4.1-5) y de Dn 2.37-45; 7.2-27. Estos pasajes no señalan un período intermedio diferente del estado final, sino ven el reino como un todo (cf. Is 65.17-25); definitivamente enseñan que Jehová reinará políticamente sobre todas las naciones, y que establecerá la verdadera justicia y prosperidad. Daniel aclara que los «santos» reinarán con el Hijo del hombre (7.13s,18,22).

En la literatura apocalíptica judía (hasta 100 d.C.) se ve claramente el desarrollo del concepto de un período intermedio, que oscila, según los escritos, entre cuarenta años y siete mil; solo un rabino habla de mil años, y este es contemporáneo de Apocalipsis.

Muchos eruditos concluyen que esta literatura es la fuente de Ap 20, pero no es posible afirmarlo categóricamente puesto que no se ha podido determinar con certeza la fecha de estos escritos; algunos son más recientes que Apocalipsis. Otros sostienen que el autor de Apocalipsis creía, como muchos judíos, que el plan divino de la historia tenía una estructura de siete actos; esto formaría una semana en la que cada día representa mil años, y el séptimo sería el «sábado» del mundo (cf. Sal 90.4; citado en 2 P 3.8). De todos modos, la idea básica de un reino terrenal de Dios no proviene de esta literatura, sino del Antiguo Testamento.

Los Evangelios no mencionan un período intermedio, pero manifiestan que Jesús enseñó que muchos vendrían de lejos para sentarse con los patriarcas en el reino de Dios (Mt 8.11). Aun más claro es Mt 19.28, donde Jesús dice que en la regeneración sus discípulos se sentarán sobre doce tronos, para juzgar a las doce tribus de Israel. El escenario parece ser la tierra y una vez más se nota que los seguidores de Jesús participan en la administración del reino (cf. 1 Co 6.2s; 2 Ti 2.12).

Pablo tampoco menciona este período específicamente, pero es notable que 1 Co 15.23-28 da el orden de la resurrección así: 1) Cristo, las primicias; 2) los de Cristo en su parusía; 3) el fin, cuando Cristo entregue el reino al Padre, no sin antes suprimir toda oposición a su voluntad. Los adverbios de tiempo (traducidos «luego») parecen indicar etapas sucesivas en este proceso: desde la resurrección de Jesús hasta la parusía, y desde la parusía hasta el fin. Durante este último período Cristo sujeta todo el poder del mundo.

Los pasajes bíblicos señalados arriba enseñan: 1) la presencia literal y política del reino de Dios en la tierra; 2) la participación de los santos en la administración de ese reino. Aunque no dan claro apoyo a la idea de un reinado intermedio, dichos pasajes presentan estos dos elementos que a su vez son la base del milenio de Ap 20, donde se repite la frase «mil años» seis veces en los vv. 1-7. Además, la derrota de Satanás (Ap 20.2) no

M

es una idea nueva (cf. Jn 12.31; 16.11); tampoco lo es la resurrección, llamada aquí «la primera», reservada a los creyentes (1 Co 15.23,51s; 1 Ts 4.13-17). Compárese también la derrota de → Gog y Magog (Ap 20.8s), en Ez 38 y 39, después de la visión de la resurrección de Israel (Ez 37). Así, pues, Ap 20 recoge muchos asuntos tocados en el Antiguo Testamento, los Evangelios y Pablo, y, de acuerdo con el principio de la revelación progresiva en las Escrituras, les da su explicación final.

La interpretación del milenio ha sido un campo de batalla a través de los siglos. Los intérpretes de los siglos II y III entendieron los «mil años» literalmente. Orígenes y Agustín fueron los primeros que lo espiritualizaron, y enseñaron que el milenio empezó con la resurrección de Cristo y que se prolonga a toda la época de la Iglesia. Siguiendo esta línea, la iglesia romana ha rechazado la interpretación literal, tildándola de «quiliasmo» (del griego, *jilías* que significa mil).

En nuestros tiempos ha habido tres posiciones básicas y en torno a esta giran otras posiciones:

Premilenarista

Arguye que el milenio es un período iniciado por la parusía, en el que Cristo establece un reino de justicia en la tierra. Los programas de la Iglesia e Israel están separados. La gran tribulación y el milenio son períodos de siete y mil años respectivamente.

Veamos algunas subdivisiones de esta posición:

Posición pretribulacionista premilenarista

La Iglesia será raptada antes de la gran tribulación. El Rapto y la gran tribulación son actos separados.

Posición postribulacionista premilenarista

El Rapto de los creyentes será después de la gran tribulación. El Rapto y la Segunda Venida son el mismo acontecimiento.

Posición mesotribulacionista premilenarista

La Iglesia será raptada tras 42 meses (1.260 días) de la gran tribulación de 7 años.

Posición del Rapto parcial premilenarista

Solo algunos creyentes serán «raptados» antes de la gran tribulación. Los que «no estén preparados» deben pasar por el martirio para probar su fe.

Amilenarista

Niega que haya un milenio literal, pues la parusía y el juicio final vienen más o menos a un mismo tiempo para iniciar el estado final.

Esta posición se puede subdividir en dos:

Posición amilenarista de San Agustín

Apocalipsis trata simbólicamente del triunfo del Reino de Dios a través de la Iglesia. La gran tribulación y el milenio no son períodos de siete y mil años, sino que son cifras simbólicas que designan la larga lucha del mal contra la iglesia.

Una segunda posición amilenarista

Coincide con San Agustín, excepto en que no se ve al Reino de Dios obrando a través de la Iglesia en esta era.

Posmilenarista

Enseña que el milenio vendrá antes de la parusía, pero no antes de que el reino esté preparado, gracias a los esfuerzos humanos, para recibir a Cristo.

Posición evangélica posmilenarista

Israel y la Iglesia equivalen a un solo pueblo de Dios. La tribulación es prolongada, no dura solamente siete años. El milenio es el período de mil años en que Cristo reina, a través del ministerio de la Iglesia del Reino de Dios.

Como vemos, estos sistemas de pensamiento procuran explicar el plan del procedimiento divino para el futuro. Sin embargo, a

Foto de Howard Vos

Monumento en un muelle en el lugar de la antigua Mileto, una ciudad que visitó el apóstol Pablo (Hch 20.13-16).

pesar de los mejores propósitos que han guiado a muchos en la interpretación de la Palabra de Dios, no podemos afirmar que representan a plenitud la enseñanza bíblica pues son obvias sus diferencias. Por ejemplo, los partidarios de (2) alegan contra (1) que el premilenarismo trata demasiado literalmente un pasaje profético (Ap 20), haciendo así caso omiso del género literario; también objetan las condiciones mixtas que involucraría un milenio literal; por ejemplo, los resurrectos que viven junto a los mortales. Por su parte, los partidarios de (1) señalan que la expresión «volvieron a vivir» no debe entenderse en sentido espiritual en Ap 20.4 y en sentido literal en 20.5. Además, alegan que solo un reino literal de Cristo en un mundo donde existe la posibilidad del pecado demostrará que puede haber justicia en la presencia del mal. Les parece también que la expresión «regirá las naciones con vara de hierro» (Ap 2.27; 12.5; 19.15) no sería consecuente con el estado final, cuando todo se someterá a la voluntad de Dios y todo mal se eliminará (Ap 21.8,27; 22.3,15).

Bibliografía:

DTB, col. 655-658. EBDM, col. 160-162. J. Comblin, *Cristo en el Apocalipsis*, Herder, Barcelona, 1969, pp. 291-306. R. Schnackenburg, *Reino y reinado de Dios*, Fax, Madrid, 1970, pp. 3.15-322. A. Wikenhauser, *Apocalipsis*, Herder, Barcelona, 1969, pp. 240-249. Robert P. Lightneh, *Manual de los postreros días*, Editorial Caribe, Miami, 1995.

MILETO Ciudad en la costa sudoeste de Asia Menor donde Pablo se reunió con los ancianos de Éfeso, rumbo a Jerusalén durante su tercer viaje misionero (Hch 20.15-38). Unos ocho años después, el apóstol volvió a pasar por aquí y dejó enfermo a su compañero Trófimo (2 Ti 4.20).

Era una destacada ciudad jónica durante los siglos VIII a VI a.C. Tenía puerto marítimo y era floreciente centro comercial y colonizador. Allí residían los primeros filósofos griegos: Tales, Anaximandro y Anaxímenes. Durante las guerras persas, en el siglo V, Mileto sufrió un descenso, pero revivió durante los imperios alejandrino y romano.

M

Mileto se hallaba 60 km al sur de Éfeso. Cuando Pablo hizo escala allí, la ciudad tenía fama por su arquitectura. Todavía pueden verse sus ruinas.

MILO (en hebreo, *relleno*). Nombre de dos lugares del Antiguo Testamento.

1. Nombre de una parte de las fortificaciones de Sion (la colina del sudeste de Jerusalén). Ya existía en el tiempo de David (2 S 5.9; 1 Cr 11.8) y Salomón y Ezequías la reconstruyeron (1 R 9.15,24; 11.27; 2 Cr 32.5; cf. 2 R 12.20). Hay muchas conjeturas en cuanto al sitio y la forma de Milo. Puede haber sido una torre o el gran relleno terrazado en el lado nordeste donde la muralla se acercaba a la fuente Gihón.

2. Sitio cerca de Siquem (Jue 9.6,20).

MILLA Medida de distancia común en tiempos de Cristo. Es parte del sistema romano de medidas y su equivalente original fueron «mil pasos» (equivalente a 1.478.5 m). Se calculaba a base de un «paso» bastante grande, de 1.478 m aproximadamente (Mt 5.41).

MILLO Cereal mencionado en Ez 4.9. Es el *panicum miliaceum*, gramínea de *ca.* 1 m de alto, de hojas planas, alargadas y puntiagudas. Probablemente es oriundo de las Indias Orientales. La semilla, pequeña y redonda, se usa para hacer harina y pan, y la paja para forraje.

MIRTO → Arrayán.

MINA (en griego, *mna*). Moneda mencionada en una de las parábolas sobre el Reino de Dios (Lc 19.13-25; cf. Mt 25.14-30 talentos). Posiblemente fuera una referencia a la libra griega, y en tal caso habría sesenta minas en cada talento. Puesto que la mina tenía un valor de cien dracmas, equivalía a más o menos dieciséis dólares.

MINI Reino ubicado en lo que después se llamó Armenia. Muchos creen que la palabra Armenia viene de *har-mini*. Se encontraba en el área sur del lago Urmia y al este de las montañas Zagros, en lo que es actualmente Irán. Mini se menciona una sola vez en la Biblia. El profeta Jeremías lo llama a hacerle la guerra a Babilonia (Jer 51.27).

MINISTERIO Servicio que rinde una persona a otra, que en sentido bíblico generalmente es relación personal no un simple trabajo manual. Josué es el «servidor» o ministro de Moisés (Éx 24.13). Eliseo «servía» a Elías (1 R 19.21). Los ángeles o «ejércitos» son ministros de Jehová (Sal 103.21).

En el Nuevo Testamento, Cristo es ejemplo de uno que ministra a la humanidad. Él mismo afirmó: «El Hijo del Hombre no vino para ser servido, sino para servir» (Mt 20.28). La raíz griega del vocablo traducido «servir» o «ministrar» es *diákonos*, del que viene la palabra → DIÁCONO. Cuando Cristo lavó los pies de los discípulos los ministró como el gran diácono.

El ministerio cristiano al prójimo tiene varios aspectos. De acuerdo con Hch 6.1-7, por ejemplo, existe una responsabilidad social de ministrar para mitigar las necesidades físicas de los necesitados. Si se proporciona alimentos y ropa a los pobres, se visita a los encarcelados o se participa en cualquier servicio social, Jesús declara que «en cuanto lo hicisteis a uno de estos mis hermanos más pequeños, a mí lo hicisteis» (Mt 25.40). Pero después de reconocer el ministerio social del cristiano fuera de la iglesia, la Biblia enfoca el ministerio principalmente a los de dentro de la misma (1 Co 16.15; 2 Co 8.1-6; Heb 6.10). Pablo exhorta: «Hagamos bien a todos, y mayormente a los de la familia de la fe» (Gl 6.10).

Más que cumplir el ministerio social, el cristiano tiene el deber ante el mundo de cumplir «el ministerio de la → RECONCILIACIÓN» (2 Co 5.18). La reconciliación del Nuevo Testamento es vertical, entre el hombre pecador y un Dios de justicia que «hizo pecado» a Cristo (2 Co 5.21) para que el hombre pudiera ser reconciliado. Si falta el ministerio espiritual de reconciliación (2 Co 5.21),

MIQUEAS:
Un bosquejo para el estudio y la enseñanza

I. La predicción del juicio . . . . **1.1—3.12**
  A. Introducción al Libro de Miqueas 1.1
  B. El juicio sobre el pueblo . . . . 1.1—2.13
    1. Juicio sobre Samaria 1.2-7
    2. Juicio sobre Judá. 1.8-16
    3. Causa del juicio. 2.1-11
    4. Promesa de restauración futura 2.12-13
  C. El juicio sobre el liderazgo. 3.1-12
    1. Juicio sobre los príncipes 3.1-4
    2. Juicio sobre los profetas 3.5-8
    3. Promesa de juicio futuro. 3.9-12
II. La predicción de la restauración . . . . . . **4.1—5.15**
  A. La promesa del reino venidero 4.1-5
  B. La promesa de los cautiverios venideros . 4.6—5.1
  C. La promesa del Rey venidero. 5.2-15
    1. Nacimiento del Mesías. 5.2
    2. Rechazo del Mesías. 5.3
    3. Obra del Mesías 5.4-15
III. El ruego al arrepentimiento . . . . **6.1—7.20**
  A. El primer ruego de Dios. 6.1-8
    1. Dios ruega 6.1-5
    2. Miqueas replica. 6.6-8
  B. El segundo ruego de Dios . . . . 6.9—7.6
    1. Dios ruega 6.9-16
    2. Miqueas replica. 7.1-6
  C. La promesa de salvación final 7.7-20

M

cualquier ministerio social tiene poco valor. El ministerio de la evangelización tiene prioridad entre todos los ministerios al mundo.

El ministerio dentro de la iglesia se conceptúa en el Nuevo Testamento sobre la base de los → DONES ESPIRITUALES (1 Co 12.4-11). Cada creyente tiene la responsabilidad de ministrar o servir a sus hermanos conforme al don o dones que el → ESPÍRITU SANTO le ha dado (1 P 4.10). No hay cristiano que no tenga por lo menos un don espiritual (1 Co 12.7), pero es posible pasar por alto el don personal (1 Co 12.1) o descuidarlo (1 Ti 4.14).

Las listas clave de los diferentes ministerios o *carismata* que reparte el Espíritu Santo se encuentran en Ro 12.6-8; 1 Co 12.8-10,28-30; Ef 4.11. Según Pablo, la «obra del ministerio» es para «la edificación del cuerpo de Cristo» (Ef 4.12; cp 1 Co 12.7).

MINIT Una de las ciudades que Josué arrebató a los moabitas (Jue 11.29-33). Debió estar ubicada en la Palestina del este, al sudoeste de la actual Ammán. En Ez 27.17 es nombrada por el trigo que vendía a Tiro.

MIQUEAS, LIBRO DE (*quién como Jehová*). Libro del Antiguo Testamento clasificado entre los profetas menores. Se caracteriza por la forma en que condena a los ricos por explotar a los pobres. Contiene una clara predicción del nacimiento del Mesías en Belén. Toma su nombre de su autor, Miqueas.

Estructura del libro

En Miqueas se distinguen partes bien definidas. La primera (1–3) contiene predicciones de juicio contra Judá e Israel. La segunda (4–5) habla de esperanzas de restauración mesiánica. La tercera (6–7) contiene invitaciones de Dios al arrepentimiento con la consiguiente promesa de salvación.

Este ordenamiento del contenido del libro ha hecho pensar a algunos que el libro le da unidad a algunos discursos pronunciados en épocas y circunstancias diversas.

Autor y fecha

Miqueas era oriundo de → Moreset, Gat (1.14), al oeste de Hebrón y unos cuarenta y cinco kilómetros al sudoeste de Jerusalén. Compartía con sus paisanos de Moreset cierta antipatía hacia la capital y su decadencia. En cuanto a su posición socio-económica, los eruditos debaten si pertenecía a la clase pudiente de los terratenientes o a la clase oprimida a la que defiende tan vehementemente. No sabemos las circunstancias en que recibió su llamamiento.

Efectuó su tarea profética en una época particularmente dramática por causa de las invasiones de Asiria. Actuó bajo los reinados de Jotam, Acaz y Ezequías (1.1), o sea durante los períodos (750–687 a.C.) antes y después de la toma de Samaria por los asirios (721).

Muchos eruditos contemporáneos le han negado al profeta Miqueas la autoría de varias partes de la obra. Algunos comentaristas conservadores, por su parte, imponen al texto una unidad artificial que ignora algunos cambios bruscos en la temática del libro. Los más liberales niegan la autoría de Miqueas aduciendo que ciertas perspectivas no son propias del siglo VIII. Sin embargo, esta posición es tan subjetiva como la conservadora y responde a presupuestos teológicos e ideológicos que deben ser debatidos explícitamente. Una perspectiva que respete el texto completo de la obra, que reconozca su historia editorial y hermenéutica y que respete la cultura oriental en la que se originó parece más propicia.

Marco histórico

Miqueas fue contemporáneo de Amós, Oseas e Isaías, aunque nada sabemos de sus posibles relaciones. Su vigorosa personalidad (3.8) se asemeja a la de Amós. Como otros profetas, condenó la injusticia social en Samaria y en Jerusalén. Estos abusos indignaban intensamente al profeta, posiblemente

por descender él de una humilde familia campesina.

Miqueas es sobre todo un profeta de juicio. Dios aparece como el juez universal. Sus sermones fueron dirigidos principalmente contra Jerusalén, por lo que probablemente predicó poco tiempo contra Samaria.

Aporte a la teología

En Miqueas solo se acentúan atributos divinos que constituyen el fundamento de su predicación profética: la grandeza de Dios, su santidad, su ira y su gran misericordia. Miqueas, como los otros profetas, abunda en grandes enseñanzas morales. Solo concede valor a la religión en cuanto ella es capaz de producir la justicia en el individuo y en la sociedad. En 6.8 resume admirablemente todo el contenido de la predicación de sus predecesores o contemporáneos: «practicar la justicia [Amós], amar la misericordia [Oseas] y caminar humildemente con tu Dios [Isaías]».

Otros puntos importantes

El libro es particularmente interesante por su profecía sobre el origen del Mesías, una de las más concretas del Antiguo Testamento, y con la cual Miqueas culmina sus ideas escatológicas: «Mas tú, Belén Efrata, aunque menor entre las familias de Judá, de ti ha de salir aquel que ha de dominar en Israel» (5.1-5). En el Nuevo Testamento los evangelistas reconocen en Belén Efrata la designación del lugar de nacimiento del Mesías.

La profecía se cumple en Jesús, nacido en Belén de Judea en tiempo del rey Herodes (Mt 2.1-6; Jn 7.42).

Bibliografía:

David J. Clark, «Micah», *International Bible Commentary*, F.F. Bruce (editor), Marshall Morgan & Scott Publications Ltd., Inglaterra, 1986. John Drane, *Old Testament Faith: An llustrated Documentary*, Harper and Row Publishers, New York, 1986. Roland DeVaux, *Ancient Israel*, 1965. O. García de la Fuente, «Notas al texto de

Miqueas», *Augustinianum VII*, 1967, pp. 145-154. Alonso Schokel, *Los Profetas*, Ediciones Cristiandad.

MIRRA Traducción (RV) de tres vocablos hebreos y dos griegos.

1. *Lot* (hebreo, solo en Gn 37.25; 43.11). No es mirra sino ládano (BJ), la gomorresina fragante de la estepa, *cistus creticus*, planta que abunda en Palestina y cuyo producto era muy apreciado en el Oriente.

2. *Qiddha* (hebreo, solamente en Ez 27.19). No es mirra sino → CASIA.

3. *Mron* (griego, solamente en Ap 18.13). Propiamente debiera decir «ungüento» (VM).

4. *Mor* (hebreo) y *smyrna* (griego) que son la mirra propiamente dicha. Es la gomorresina fragante de la *commiphora myrrha*, planta que abunda en el sur de Arabia, Etiopía y Somolilandia.

La mirra puede ser líquida, cuando se extrae de árboles nuevos (Est 2.12; Cnt 5.5,13), o sólida, en cuyo caso es cristalina, roja, semitransparente y frágil. Se usaba en perfumería y medicina y para embalsamar cadáveres (Herodoto, *Historia* II:86). Era ingrediente importante del aceite sagrado de la unción (Éx 30.23ss). Se contó entre los dones presentados al niño Jesús (Mt 2.11). Gracias a sus cualidades soporíferas la mirra se mezclaba con las bebidas ofrecidas a los torturados. Jesús rehusó el vino mirrado (Mc 15.23).

MISAEL (*¿quién es como Jehová?*). Nombre de tres hombres en el Antiguo Testamento.

1. Hijo de Uziel y nieto de Coat, de la tribu de Leví (Lv 10.4).

2. Israelita que ayudó a Esdras a leer el libro de la Ley de Moisés al pueblo (Neh 8.4).

3. Príncipe de Judá y uno de los tres amigos de Daniel que echaron en el horno de fuego ardiendo. Los babilonios cambiaron su nombre a Mesac (Dn 1.6-7; → ABED-NEGO).

MISERICORDIA Aspecto compasivo del → AMOR hacia el ser que está en desgracia o que por su condición espiritual no merece ningún favor. La misericordia y la → GRACIA son actitudes y disposiciones muy semejantes en Dios; mientras que la primera trata al hombre como un ser miserable, la segunda lo toma como culpable.

En la Biblia se destaca la misericordia de Dios como una disposición suya que beneficia al hombre pecador (Gn 32.10; Éx 34.6; Esd 3.11; Sal 57.10). Somos salvos por la misericordia de Dios (Ef 2.4; Tit 3.5). Por eso a Él se le llama «Padre de misericordia y Dios de toda consolación» (2 Co 1.3). El tratamiento que Dios da a su pueblo Israel es considerado en la Biblia como una manifestación de su misericordia (Éx 15.13; Jue 2.18).

En su ministerio público Jesucristo mostró misericordia para con los enfermos, los necesitados y los desprovistos de atención espiritual (Mt 9.36; 14.14; Mc 1.41; 8.2). También nosotros los seguidores de Cristo debemos ser misericordiosos, para «alcanzar misericordia» (Mt 5.7). La misericordia es más agradable a Dios que los sacrificios (Os 6.6), aun cuando estos fuesen necesarios por causa del pecado (1 S 15.22; Miq 6.6-8).

La Biblia da algunos ejemplos de individuos que practicaron la misericordia en su trato hacia el prójimo (Mt 18.27; Lc 10.33), y esta es una gracia que todos debemos imitar (Mt 23.23; Stg 3.17). La misericordia debe ejercerse con alegría (Ro 12.8). El → PERDÓN es una consecuencia hermosa de la misericordia, tanto de parte de Dios como en las relaciones de los cristianos entre sí (Lc 6.36).

MISHNAH Ley oral que fue recopilada por el rabí Judá el Príncipe. La conforman las prescripciones rituales y jurídicas, éticas y religiosas de los judíos que dieron origen al → TALMUD. Nació de la necesidad de concordar las prescripciones bíblicas con las exigencias de la época, a partir del regreso del cautiverio. Finalmente se añadió a todo esto la defensa de la tradición contra la amenaza constante del politeísmo, originando una legislación nueva que se transmitía oralmente.

Esta ley oral comenzó a codificarse en el siglo I a.C. (Hillel). El rabí Akiba (*ca.* 110–35 d.C.), o un erudito anterior, hizo una colección completa de las leyes tradicionales, material que Judá el Príncipe usó, junto a otras secciones, para su edición de la Mishnah. El texto se presenta como las actas o resúmenes de una serie de discusiones en que cada rabino emite su opinión, sin que aparezca ninguna sentencia.

La Mishnah ha sido objeto de dos series de comentarios importantes llamados Guemará; han sido reunidos a la Mishnah en el Talmud jerosolimitano y el Talmud babilónico.

Principios y códigos de la Mishnah

Los principios que rigen la Mishnah son tres: tema, orden bíblico y elementos artificiales, tales como los números. A su vez tiene seis códigos principales:

1. *Agricultura* (*Zera'im*): Se ocupa de las leyes agrícolas y los deberes religiosos en cuanto al cultivo de la tierra, así como el tributo de productos que debe entregarse a los sacerdotes, a los levitas y a los pobres.

2. *Festividades* (*Mo'ed*): Establece las diferentes festividades del calendario religioso, la observancia del día de reposo, así como las ceremonias y sacrificios que debían llevarse a cabo en esos días.

3. *Matrimonio* (*Našim*): Regula el matrimonio, el → DIVORCIO, el levirato (→ MATRIMONIO), el → ADULTERIO y el nazareato (→NAZAREO).

4. *Derecho civil y penal* (*Neziqin*): Comprende la legislación civil, diversas transacciones comerciales, los procedimientos legales y máximas éticas de los rabinos.

5. *Derecho religioso* (*Kodašim*): Decreta lo referente a los sacrificios, los primogénitos, los animales limpios e inmundos y una descripción del templo de Herodes.

6. *Purificaciones* (*Tohorot*): Establece las leyes referentes a la pureza e impureza levíticas, a las personas y objetos limpios o inmundos, y a las purificaciones.

MISIA Provincia de Asia Menor en la parte noroeste de la península, limitada al norte por la Propontide, al oeste por el mar Egeo, al sur por Lidia y al este por Bitinia y Frigia. Pablo pasó por Misia en su primer viaje misionero y partió de su puerto principal, → TROAS (Hch 16.7s,11). Otras ciudades importantes de esta provincia eran: → ASÓN, Adramicio (Hch 27.2) y → PÉRGAMO.

MISTERIO (en hebreo, *sod raz*; en griego, *mystérion*). El sentido etimológico expresa «algo escondido, secreto», y no lleva significado religioso. En las Escrituras aparece principalmente en la literatura apocalíptica y en los escritos paulinos, aunque también en los Evangelios Sinópticos (Mt 13.11//), y tiene connotación escatológica.

Daniel usa misterio en el sentido de un sueño olvidado (2.17,28ss,47) que queda escondido para los hombres, pero que Dios conoce y lo puede revelar. Nabucodonosor atribuye a → DANIEL el poder de revelar misterios (4.9), pero es Dios que lo hace. Daniel tiene misterios que se revelan (5.24-29) y misterios que permanecen cerrados hasta el fin (12.9ss).

En la literatura apócrifa (→ APÓCRIFA DEL ANTIGUO TESTAMENTO) del período intertestamentario usan esta palabra *Tobías, Sabiduría, Eclesiástico* y *2 Macabeos* en la acepción de «secreto» humano, militar o de estado. Es notable el uso que hace el libro de *Enoc* de la palabra misterio, pues es muy similar al sentido paulino del término, esto es, el plan de Dios para la salvación de los hombres que ya existe, pero que solo ahora se va a revelar.

Cristo promete a sus discípulos que a ellos les «es dado saber los misterios del reino» (Mt 13.11; cf. Mc 4.11; Lc 8.10). Y Pablo hace del misterio un concepto básico de su teología. En los escritos paulinos el misterio es un aspecto de la verdad «que había estado oculto desde los siglos y edades, pero que ahora ha sido manifestado» (Col 1.26) a los que son ya hijos de Dios y en los cuales el → ESPÍRITU SANTO mora y les ilumina (cf. 1 Co 2.10). La → SABIDURÍA de Dios, desconocida y no perceptible al hombre pecador (2.14), la habla Pablo «en misterio» (2.7). Y esta «sabiduría oculta, la cual Dios predestinó antes de los siglos para nuestra gloria» (2.7), por la operación del Espíritu, se torna en → REVELACIÓN, comprensible y fehaciente para el creyente en Cristo.

Los cristianos somos, pues, recipientes y «administradores» (4.1) de los misterios de Dios, entre los que están la → RESURRECCIÓN (15.51), la → VOLUNTAD divina (Ef 1.9), la → GRACIA de Dios en Cristo (3.2ss), la relación de Cristo con su → IGLESIA (5.32; → CUERPO DE CRISTO), la presencia de Cristo en los creyentes (Col 1.27), la persona de Dios Padre y de Cristo (2.2), la → INIQUIDAD (2 Ts 2.7), de la → FE (1 Ti 3.9) y la → PIEDAD (3.16). Todas estas y otras verdades, anticipadas pero no del todo evidentes en la antigua dispensación, en el Nuevo Testamento se revelan a la plena comprensión y aprovechamiento de los cristianos.

En Apocalipsis, «misterio» es principalmente un símbolo que encierra la clave para conocer el mensaje de Dios (1.20; 17.5,7) y que Él revela en forma inmediata. Sin embargo, en 10.7 se usa misterio en el sentido paulino del plan de Dios, con la variación de que ahora se va a dar a conocer, no por la revelación del Espíritu, sino por su cumplimiento.

MITILENE Ciudad famosa y de historia accidentada, ubicada en la costa sudoriental de la isla de Lesbos (hoy llamada Mitilene, como la capital), isla del mar Egeo a 11 km de la costa occidental de Asia Menor. Era lugar popular de veraneo y recreo para los oficiales romanos. Tenía un puerto espacioso donde pernoctó el barco en que navegaba Pablo, rumbo a Jerusalén, al final de su tercer viaje misionero (Hch 20.14).

MITRA Probablemente un turbante sagrado (Éx 28.4) usado por el sumo sacerdote. Se desconoce su forma exacta, pero sí se sabe que se hacía de una pieza de lino fino de varios metros de largo, y asegurado con una cinta azul. En la mitra había una placa de oro puro con la inscripción «Santidad a Jehová» (Éx 28.4,36-49).

MITRÍDATES Nombre de dos hombres en el libro de Esdras.

1. Tesorero de Ciro, rey persa. Por orden del rey entregó a los judíos los tesoros sagrados que Nabucodonosor había sacado de Jerusalén (Esd 1.7,8).

2. Enemigo de Esdras y de la reedificación de Jerusalén. Con otros, firmó una carta enviada a Artajerjes, en la que se quejaban de la reconstrucción de la ciudad (Esd 4.7).

MIZAR Pico del monte → HERMÓN, al que David contrasta con el monte Sion (Sal 42.6). Se supone que aquel se divisaba desde este. De ser así, Mizar debe haber estado en la región de Galilea, especialmente si se tiene en cuenta la referencia al río Jordán.

MIZPA (en hebreo, *atalaya* o *torre de vigía*). Nombre de varias ciudades y lugares de Palestina.

1. Sitio en las altiplanicies al este del Jordán frente al río Jaboc, donde Labán y Jacob hicieron un pacto solemne, erigieron un majano y pronunciaron las palabras conocidas hoy como «la bendición de Mizpa» (Gn 31.45-52). Actualmente se desconoce la ubicación exacta.

2. Valle situado al pie del monte Hermón, cerca de Banías. Allí vivía la tribu de los heveos (Jos 11.3). Josué derrotó en ese valle a los reyes confederados que pelearon contra él (Jos 11.5-8).

3. Aldea situada en la → SEFELA de Judá, posiblemente la moderna Khirbet-Safiyeh (Jos 15.38).

4. Importante ciudad moabita, a donde David llevó a sus padres después que huyó de Saúl. Quizás sea la llamada Ker-Moab (1 S 22.3).

5. El sitio más importante y célebre con el nombre «Mizpa» es el que se hallaba en el territorio de Benjamín cerca de → GEBA y → RAMÁ. Durante el período de los jueces allí se reunían las tribus. Fue también en Mizpa donde Samuel enjuició duramente a todo Israel, el pueblo se arrepintió y finalmente ganó la batalla iniciada por los

M

El antiguo Egipto, llamado Mizraim en la Biblia hebrea, es famoso por sus gigantescas pirámides como esta en El Giza.

filisteos (1 S 7). Samuel ungió y declaró rey a Saúl en este mismo lugar (1 S 10.17-25).

Más tarde, Mizpa fue fortificada para protegerla de los ataques de los ejércitos israelitas. Fue escenario de luchas entre Israel y Judá durante los reinados de Baasa y Asa (1 R 15.16-22; 2 Cr 16.1-10).

Figuró como centro de los hebreos no deportados a Babilonia. El propio rey Nabucodonosor los dejó allí pero bajo el mando de un gobernador impuesto por él, → GEDALÍAS (2 R 25.22-26; Jer 40.1–41.3).

MIZRAIM (significado desconocido). Nombre de un hombre y diversos lugares en el Antiguo Testamento.

1. Uno de los hijos de Cam (Gn 10.6), y padre de varios de los pueblos africanos (10.13,14).

2. Nombre hebreo que generalmente se emplea en el Antiguo Testamento para designar a → EGIPTO.

3. Nombre con que en algunos pocos casos se hace referencia a alguna otra tierra en Asia Menor (cf. 1 R 10.28s; 2 Cr 9.28 BJ).

MNASÓN «Discípulo antiguo», oriundo de Chipre al igual que → BERNABÉ. Pablo se alojó con él en su última visita a Jerusalén (Hch 21.16). Lo de «antiguo» quizás sea una alusión a que su conversión databa cuando menos del Pentecostés. Posiblemente Lucas consiguió de Mnason valiosa información histórica respecto de la iglesia en Jerusalén.

MOAB, MOABITAS Nombre de un hombre y un pueblo en la Biblia.

1. Hijo mayor de Lot, nacido de la unión incestuosa con su hija mayor (Gn 19.37).

2. País y descendientes de Lot.

Geografía

Las fronteras de Moab al sudeste y oeste eran siempre fijas: el río Zared, el desierto y el mar Muerto. Al norte la frontera variaba desde el Arnón hasta la terminación abrupta de la meseta un poco al norte de Hesbón. Su extensión al norte del Arnón dependía de su suerte política. Por siglos incluyó a Dibón y Medeba, pero luego se redujo a la tierra situada al sur del Arnón.

Moab era una meseta con una altura promedio de unos 900 m sobre el nivel del mar. Gran parte de su superficie era casi desértica. Sus ciclos de población se alternaban con períodos de despoblación. Durante el tiempo de los profetas era una pequeña nación bastante estable con un alto grado de civilización.

Historia

En tiempos prebíblicos

Por los restos arqueológicos se sabe que la tierra de Moab estuvo poblada desde 6000 a.C. Su época más civilizada corresponde a los años 2300–2000 cuando los pobladores eran los emitas, gente de grande estatura (Dt 2.10s).

Antes de la invasión israelita

En tiempo de Abraham, en esta región hubo ciudades con reyes (Gn 14.5-12), pero hasta 1400–1300 no se nota mucha actividad en la Transjordania. Entonces surge Moab como nación. Se extendía del Zared hasta el Jaboc, y había desplazado a los gigantes → EMITAS. Sin embargo, más tarde una invasión amorrea ocupó la tierra desde el Jaboc hasta el Arnón (Nm 21.26-30).

Desde Moisés hasta Salomón

Según Dt 2.28s (donde Ar es Moab), los moabitas permitieron a Israel pasar por su territorio y aun les ayudaron con comida; pero, según Nm 21.11-15 y Jue 11.17s, no les permitieron transitar por la «carretera del rey» que atravesaba el territorio de sur a norte. Israel luego atacó y venció a los amorreos, entrando por el norte. Cuando Israel descansó en la llanura de Moab, el rey Balac procuró debilitarlo (Nm 22–25 → BALAAM, BAAL-PEOR). Por fin la mayor parte de los israelitas cruzaron el Jordán y dejaron en territorio moabita solamente a la tribu de Rubén.

En el tiempo de los jueces, Jefté dice que Israel habitó pacíficamente en la parte norte de Moab durante trescientos años (Jue 11.25s). El libro de Jueces, no obstante, relata una invasión al oeste del Jordán por el rey → EGLÓN. Como resultado, los moabitas dominaron a Israel durante dieciocho años hasta que Aod los sacó del oeste, aunque parece haberlos dejado en el territorio de Rubén (Jue 3.12-30). El libro de Rut declara que hubo tiempos de tranquilidad.

El primer rey de Israel realizó una victoriosa campaña contra Moab (1 S 14.47). Más tarde, tanto David como Moab eran enemigos de Saúl y, como David tenía sangre moabita, pidió asilo para su familia en Moab (1 S 22.3-5). Parece que después Moab quiso librarse del yugo israelita pero David lo subyugó (2 S 8.2). Salomón tuvo en su harén por lo menos a una moabita, e hizo un templo para → QUEMOS cerca de Jerusalén (1 R 11.7).

La famosa piedra moabita, que celebra la revuelta del rey Mesa de Moab contra el dominio de los israelitas.

Foto de Gustav Jeeninga

M

Durante la época del reino dividido

Al dividirse Israel parece que Moab quedó bajo el poder de lo que llegó a ser el reino del norte (Israel) (1 R 12.25). Luego hubo una sublevación que Omri aplastó (→ Mesa). La coalición de Joram, Josafat y Edom (2 R 3.4-25) hizo tantos estragos que Moab nunca pudo reconstituirse especialmente en el sur. Parece haber estado bajo la sombra de sus vecinos más poderosos como Amón y Judá (2 R 14.7,22,25; 2 Cr 27.5).

El fin de Moab

Al extenderse el poder de Asiria, Moab quedó como vasallo de ella. En los últimos días de Israel y Judá, Transjordania sufrió varios ataques árabes. El rey de Moab, como fiel colaborador de Asurbanipal, capturó al rey árabe, Ammuladi, y lo mandó encadenado a Nínive. Los árabes, en represalia, castigaron a Moab, y debido a ello jamás recobró su carácter de nación. Las condiciones de estos tiempos se reflejan fielmente en la literatura profética (Is 15; 16; Jer 48; Sof 2.8-11) y en la escasez de pruebas arqueológicas posteriores a 600 a.C.

Arqueología

La Estela Moabita es el hallazgo más importante de Transjordania (→ Mesa, donde se cita textualmente, Dibón). Se ha descubierto otra estela más antigua acerca de Kirhare-set, pero la inscripción está demasiado desgastada para poder descifrarla. De los largos siglos de escasa población, o de vida nómada, no quedan artefactos arqueológicos. Por tanto, los años 1300 a 600 a.C. encierran el poderío de más interés. Se han identificado todos los pueblos más grandes de Moab y se sabe que sus fronteras al sur y al este estaban protegidas por una cadena de torres y fortalezas. Debido a su reducida extensión geográfica y a los accidentes de clima y terreno, Moab nunca pudo desarrollarse como una nación imponente.

MODESTIA → Dominio propio.

MOISÉS Caudillo y legislador que sacó de Egipto a los hebreos, los organizó como nación y los condujo a la tierra prometida. La princesa egipcia le puso por nombre *Mosheh* (Éx 2.10), término cuyo origen quizás sea egipcio. Los egiptólogos lo consideran una derivación de *mesu* (*hijo*) vocablo que más tarde se hebraizó (*mashah* que significa, *sacar*).

Su niñez y preparación

Como padres de Moisés la Biblia menciona a Amram y Jocabed, ambos de la tribu de Leví (Éx 6.20), y como sus hermanos mayores a Aarón y María. Su madre, que se opuso a la orden del faraón de arrojar el niño al Nilo, lo escondió primeramente por tres meses en su casa, pero luego se vio obligada a deshacerse de él. Lo puso en el Nilo, y allí lo descubrió la hija del faraón cuando descendió a bañarse. Ella le brindó un hogar en su residencia.

Para el desarrollo de Moisés, fue de mucha importancia lo particular de su salvación, pues la princesa que lo adoptó procuró que le enseñaran y educaran en la corte egipcia (Hch 7.22). La afirmación de Filón de que a Moisés lo instruyeron en toda la sabiduría helenística y oriental que se acumuló en Alejandría, no corresponde en este sentido a la realidad de los hechos. El helenismo y Alejandría son de tiempos bastante posteriores. Aun más fantástica resulta la teoría mencionada por Josefo de que Moisés haya sido un sacerdote de Osiris en Heliópolis y que solo más tarde adoptó el nombre de Moisés, o la otra de que él haya intervenido militarmente y con éxito en una guerra contra Etiopía. De todo esto la Biblia no dice nada.

Con respecto a la juventud de Moisés, las Escrituras se limitan a informar que no obstante su posición social en la corte, no se avergonzó de su origen (Heb 11.24) y que huyó de la ira del faraón a Madián, por causa de un incidente violento (Éx 2.11ss) que un compatriota le descubrió y recriminó. Madián se encuentra en la parte sudeste de la península de Sinaí. Aquí se casó con Séfora, la hija del sacerdote → Jetro (Éx 2.21), que según 2.18 se llamaba Reuel. En su destierro le nacieron a Moisés dos hijos, Gersón y Eliezer. Este período le fue de no menor importancia que el tiempo de su educación en la corte del faraón.

Su llamamiento

Moisés fue llamado, mientras pastoreaba las ovejas de su suegro, a ser el salvador de su pueblo. Habían pasado cuarenta años desde su huida (Éx 7.10; cf. Hch 7.30), y ya tenía ochenta años cuando se le apareció el Señor en la zarza ardiendo (Éx 3 y 6). Como paso inicial debía exigir que el faraón dejara salir a Israel al desierto por tres días para celebrar allá una fiesta a su Dios. Todos los argumentos que Moisés presentó para rebatir su llamado, Dios los rechazó, aunque por fin se le otorgó la ayuda de su hermano Aarón (Éx 4).

El éxodo

La situación de Israel en Egipto no había mejorado entretanto Moisés se presentaba ante el faraón. No obstante, no encontró en el pueblo una acogida favorable. Es evidente que la liberación no tuvo su punto de partida en el pueblo, sino en los designios de Dios.

Una vez de vuelta en Egipto, la transformación de la vara de Aarón frente al faraón fue el preludio de los milagros que, por mano de Moisés, Dios haría en medio del pueblo opresor. El juicio contra las costumbres egipcias tenía como propósito demostrar que Jehová era Señor también en Egipto (Éx 8.10). Las diez → plagas confirmaron el inmenso poder del Señor de Israel, aunque una vez pasado el efecto de cada una el faraón volvía a endurecer su corazón (→ Elección).

Cuando murieron los primogénitos y el lamento inundó todas las casas de los egipcios, Israel salió apresuradamente. En lo sucesivo la Fiesta de la → Pascua recordaría esta salvación del ángel de la muerte y la salida apresurada; los primogénitos se dedicarían a Jehová también en recuerdo de la salvación de los primogénitos israelitas en Egipto.

Al éxodo siguió pronto un hecho salvador aun más impresionante: la liberación definitiva del pueblo en el mar Rojo. Este acontecimiento fue de carácter tan trascendental que tanto en la literatura profética como la poética del Antiguo Testamento se menciona repetidamente. Basándose en esta intervención, Dios reclama a Israel como propiedad suya (Sal 77; 78; 105; 135; 136; Is 11.15s; 63.11; Miq 7.15, etc.).

En el monte Sinaí

El «monte de Dios» o «monte de la manifestación divina» fue la meta inmediata después del éxodo. En el camino se manifestaron la poca fe, la impaciencia y la desconfianza de la muchedumbre. A cada una de estas manifestaciones, no obstante, correspondieron demostraciones de la omnipotencia y benignidad de Dios, las señales de la columna de fuego y de humo, el don del maná, de las codornices, del agua que brotaba de la peña, de la derrota de los amalecitas por el poder de la oración de Moisés y la manifestación divina en el Sinaí (→ Peregrinación por el desierto).

Por intermedio de Moisés se realizó en el Sinaí la conclusión del pacto, y fue esta una ocasión más para demostrar su grandeza como jefe. Cuando el pueblo se entregó a la idolatría, Moisés se ofreció a sí mismo como ofrenda de inmolación en lugar de los rebeldes (Éx 32.31s; cf. Ro 9.3) y no descansó hasta que el Señor prometió de nuevo ir con el pueblo. Después de haber acampado frente al Sinaí casi un año, partieron de este lugar guiados por el cuñado de Moisés y se dirigieron al norte. Sin embargo, las sublevaciones del pueblo se repetían, y cuando su falta de fe llegó a tal extremo que se negaron a ir a Canaán, ni aun Moisés con su acceso a la presencia de Dios pudo cambiar el fallo del Señor de que la generación presente no vería la tierra prometida.

Muchos puntos de la peregrinación de cuarenta años a través del desierto permanecen

Foto de Ben Chapman

Estatua hecha por Miguel Ángel del gran legislador y líder del pueblo hebreo, Moisés.

oscuros, porque no siempre es posible determinar con certeza las diferentes jornadas. Además, no siempre el pueblo estaba en marcha. Se menciona una larga permanencia en Cades. Al final, cuando llegó el momento en que debieran haber entrado en Canaán, y cuando por causa de los moabitas y edomitas debieron hacer un largo rodeo hacia el sur y después al este del monte Seir, siguiendo en dirección de Transjordania, de nuevo el pueblo se rebeló y tuvo que ser castigado. Por cuanto en un acto de rebelión aun Moisés y Aarón perdieron su fe, tampoco ellos podrían entrar en Canaán.

En otra oportunidad, las murmuraciones se castigaron con serpientes venenosas, pero Dios mismo facilitó el remedio mediante la serpiente de bronce. Después de ganar dos batallas en el Arnón contra los amorreos, quedó abierto el camino para ocupar el país al este del Jordán. Los moabitas trataron de corromper a Israel mediante el hechicero Balaam sin medirse en una batalla campal. Cuando se malogró esto, consiguieron despertar en ellos los deseos carnales a través del culto sensual del dios Baal, lo cual provocó el juicio divino tanto sobre Israel como sobre Madián.

En el río Jordán

Al terminar los cuarenta años de peregrinación, también llegó a su fin la vida de Moisés. El territorio ocupado al este del Jordán, Moisés se lo adjudicó a las tribus de Rubén y Gad y a la media tribu de Manasés, pero con la condición de que al tomar el país prestaran ayuda a sus hermanos. En las llanuras de Moab, según nos informa Deuteronomio, Moisés repitió la Ley con las modificaciones que se hacían necesarias porque los hijos de Israel estaban a punto de radicarse definitivamente en el país y porque era inminente el fin de la peregrinación.

Con un himno profético Moisés predijo los caminos del pueblo y de Dios, y fue un profeta del agrado divino (Dt 32). Bendijo a las tribus individualmente como antaño lo hiciera Jacob antes de morir (Dt 33). Desde el monte Nebo contempló el país prometido que fuera la meta de su esperanza y de su conducción del pueblo. Después murió en la comunión con Dios, tal como había vivido, a los 120 años de edad (Dt 34.7). Su sepulcro nunca se descubrió. Israel lamentó su muerte durante treinta días.

La persona de Moisés

A lo largo de toda una vida con Dios, Moisés, que originalmente tenía un temperamento violento, llegó a ser el «varón de Dios» y aun el «siervo del Señor». No hay ningún otro en el antiguo pacto que se haya subordinado tan completamente a la voluntad de Dios (Nm 14.11ss). Aprendió a dominarse y humillarse, de modo que con razón pudo llamársele «muy manso más que todos los hombres» (Nm 12.3). Comprendió toda la carga de su vocación, y fue como un «padre» del pueblo, aunque esta carga se le hizo siempre más pesada por cuanto el pueblo era de dura cerviz. Siempre estuvo dispuesto a cargar de nuevo con las faltas del pueblo como sacerdote frente a Dios, a defenderlo con intercesión y a cubrirlo atrayendo sobre sí mismo la ira justa de Dios.

Con todo esto, ni el pueblo ni sus parientes más cercanos comprendieron y ayudaron a Moisés. Hasta sus hermanos se confabularon contra él. Nada pudo amargarlo permanentemente, sin embargo, porque su humildad no era debilidad. Donde se trataba del honor de Dios, podía ser inexorablemente severo (Éx 32.27). Cristo le llamó «profeta». De Moisés se afirma con más frecuencia que de otros hombres de Dios, que Dios le haya hablado. Más a menudo que a otros se le llama «siervo del Señor», o incluso «siervo de Dios». De este modo era el profeta sin igual (Nm 12.6s) que hablaba con Dios «cara a cara» (Dt 34.10), que podía ver al Señor sin verlo. Por eso su rostro irradiaba la gloria de Dios de modo que debía cubrirlo delante del pueblo (Éx 34.29).

Como «mediador del pacto», que imprimió a Israel su sello teocrático e hizo que fuera llamado el pueblo de Yahveh, Moisés estableció el arca del pacto en el santo tabernáculo. Instituyó la tribu de Leví como la tribu sacerdotal, y en medio de esta distinguió particularmente a la casa de Aarón. A ellos entregó el oficio del sumo sacerdocio y estipuló lo esencial para los sacrificios y ofrendas, según las indicaciones divinas.

Con bastante frecuencia se destaca la intervención personal de Moisés al comunicar las disposiciones divinas (Éx 24.3; 34.27; Dt 31.9), ya se tratara de escribir las leyes (Éx 24.4-7), de datos históricos, como la batalla contra los amalecitas (Éx 17.14) o de referencias a los jornadas (Nm 33.2). Con razón se le atribuye en el Nuevo Testamento una posición singular como mediador del antiguo pacto. Cristo y los apóstoles lo consideran el autor del → PENTATEUCO (Mc 12.26; Lc 24.44), o el mediador de la Ley, pero también se presenta junto con los profetas como dador de la Ley, especialmente junto con Elías (Mt 17.3). A los profetas correspondía inculcar de nuevo la Ley recibida en tiempos anteriores. En este sentido el Nuevo Testamento concluye que «la ley fue dada por Moisés, pero la gracia y la verdad llegaron por Jesucristo» (Jn 1.17).

MOLADA Pequeña población en el territorio de Judá, asignada a la tribu de Simeón (Jos 15.26; 19.2; cf. 1 Cr 4.28). Se hallaba más o menos 19 km al sudeste de Beerseba, ya en el límite meridional de la Palestina.

M

Antiguos molinos de grano en Pompeya. En los agujeros de los molinos se insertaban varas que se hacían girar para moler el grano.

Cuando «los hijos de Judá» regresaron del cautiverio, algunos de ellos ocuparon poblaciones alrededor de Jerusalén y una de ellas fue Molada (Neh 11.26).

MOLINO Máquina para moler cereales de los que se obtiene harina y se hace pan y otros comestibles. En la antigüedad el molino constaba de dos piedras colocadas en tal forma que una giraba encima de la otra.

Moler era un oficio familiar, pero generalmente el molino lo utilizaban las mujeres (Job 31.10; Mt 24.41). Los de gran tamaño los movían los esclavos (Éx 11.5) o los prisioneros de guerra (Jue 16.21; Lm 5.13). Quizás por esto trabajar en el molino a veces se veía como oficio degradante (Is 47.2). Sin embargo, el ruido del molino era demostración de vida, gozo y prosperidad (Jer 25.10; Ap 18.22).

En la Biblia el peso de las piedras de molino simboliza la perdición (Mt 18.6; Mc 9.42; Lc 17.2). En Job 41.24 se toma como símbolo de fortaleza. Moisés prohibió tomar las piedras del molino como prenda (Dt 24.6). En los días de los jueces una mujer mató a → ABIMELEC con un pedazo de piedra de molino (Jue 9.53; 2 S 11.21).

MOLOC Deidad nacional de los → AMONITAS («Milcom» en 1 R 11.5; 2 R 23.13 y Jer 49.1,3), cuyo culto tal vez se basaba en el sacrificio de hombres, especialmente de niños. Las víctimas se colocaban vivas en los brazos enrojecidos por el fuego de la estatua hueca, de bronce, y con cabeza de becerro que representaba a Moloc. La víctima caía en el hoyo ardiente del ídolo al sonido de flautas y tambores.

En vista de lo anterior, no es extraño que en Lv 18.21 y 20.2-5 se prohíba terminantemente participar en los ritos de Moloc. En 1 R 11.31-33 se da a entender que la división del reino se debió en parte a la introducción de esta forma de culto por Salomón. La frase «pasar a su hijo por fuego» alude al horrible culto de Moloc (2 R 16.3; 21.6; 23.10). Los profetas condenaron severamente esta abo-

minación (Is 30.33; 57.5; Jer 32.35; Ez 16.20; 20.26; 23.37; Miq 6.6,7).

El centro cultural de Moloc estaba en el valle de Hinom, al sudoeste de Jerusalén. El sitio también se llamaba «Tofet» y fue allí donde Salomón erigió lugares altos a Moloc (1 R 11.7) y donde → ACAZ y → MANASÉS hicieron «pasar a sus hijos por fuego» (2 R 16.3; 2 Cr 28.3; 33.6; Jer 32.35). Josías destruyó el lugar (2 R 23.10), pero después se reconstruyó y sirvió como centro de adoración pagana hasta la cautividad. Más tarde el valle llegó a ser el albañal de las inmundicias de la ciudad y los judíos lo llamaron «Gehenna», el → INFIERNO o lugar de eterno sufrimiento (cf. Mt 5.22,29,30; 10.28).

MONARQUÍA Gobierno en que el poder supremo lo ejerce con carácter vitalicio un príncipe o rey.

En el Antiguo Testamento hay una ideología promonárquica muy fuerte articulada alrededor de David, pero también hay otra línea antimonárquica que se refleja en el apólogo de Jotam en Jueces 9.8-15 y en 1 Samuel 8 y 12, donde Samuel advierte al pueblo las consecuencias que devienen del régimen monárquico.

Según Samuel, con la llegada de un rey se introduciría en Israel la sociedad de clases. Ya no sería más una «confederación tribal» dirigida por un *naguid* (*caudillo*) que garantizaba la justicia para todos, sino un dirigente aclamado como *meleck* (*rey*) en remedo de los estados cananeos, con su correspondiente ejército y leva, y un sacerdocio y una administración civil que dependería directamente del rey.

MONO Nombre genérico de los mamíferos cuadrumanos. Los monos se desconocían en Palestina hasta que Salomón los importó de Tarsis (1 R 10.22; 2 Cr 9.21). Es probable que algunos fueran monos *rhesus* de la India, pero el mono sin cola también se conocía en Egipto y Arabia y seguramente se encontraba entre los simios del jardín zoológico de Salomón.

MONTE Elevación natural de terreno, y término con que la Biblia denomina tanto a cerros de poca altura, como a elevadas montañas y cordilleras. Los montes constituyen los testigos más perdurables de los grandes acontecimientos humanos. Algunos de ellos son célebres a partir de su mención bíblica y sus nombres evocan dramáticos episodios de la historia universal, por ejemplo el → ARARAT, que recuerda el → DILUVIO, el pecado del hombre, y la justicia y misericordia de Dios. Asimismo el → SINAÍ recuerda lo terrible de la presencia de Jehová y las drásticas exigencias de la Ley divina. El → CARMELO evoca el triunfo del verdadero Dios sobre los ídolos (→ ELÍAS), y el monte de la → TRANSFIGURACIÓN habla de la vida de oración del Señor Jesús, de la aparición de Moisés y Elías acompañando a Cristo y de la voz de Dios desde el cielo.

Estos magníficos cedros cubrieron una vez los montes del Líbano. Pero solo quedan unas cuantas arboledas aisladas por su tala a través de los siglos.

Foto: Colección fotográfica Matson

Aun cuando Palestina es una tierra de terreno accidentado en su mayor parte, sus montes apenas alcanzan la altura de cerros, colinas o montañas de mediana altura. Se usaban como sepulcros (Dt 34.1,5; 2 R 23.16), escondrijos (Gn 14.10; Mt 24.16), lugares de habitación (Gn 36.8), puntos limítrofes (Nm 34.7), fortalezas (Sal 125.2), lugares de pastoreo para distintos animales (Éx 3.1; Sal 50.10; Lc 8.32), promontorios para la construcción de altares (Jos 8.30), plataformas para hablar al pueblo (Jue 9.7; 2 Cr 13.4), trincheras militares (1 S 17.3), minas de piedra (2 Cr 2.18), santuarios de revelación divina (Éx 3.1,2; 19.16,18; Mc 9.2) y lugares de oración (Éx 34.28,29; Lc 6.12; 9.28; 22.39).

Los judíos consideraban los montes como lugares santos y propicios para la adoración, y estos constituyeron durante muchos siglos un factor determinante en el adulterio espiritual de Israel para con Jehová. En los «lugares altos» el pueblo ofrecía sacrificios y quemaba incienso a los ídolos (2 R 12.3), levantó estatuas paganas (2 R 17.10; 23.13), construyó templos, para los que estableció un sacerdocio prohibido (2 R 17.32), y quemó a fuego a sus hijos (Jer 31). Ningún mensaje profético ni exhortación divina pudo convencer a los judíos de que abandonaran estas prácticas paganas, y Jehová tuvo que determinar la severa disciplina de la → CAUTIVIDAD para curar al pueblo de su prostitución espiritual.

En las Escrituras, los montes son símbolo de estabilidad (Sal 30.7; 65.6), dificultades (Is 40.4; Zac 4.7; Mt 17.20) o abundancia (Am 9.13) y del reino del Mesías (Is 2.2; Dn 2.35). Son testigos de las obras de Dios (Sal 114.1-4), de su juicio (Sal 98.8) y de su constante socorro (Sal 121.1). Una montaña estéril es símbolo de desolación y juicio (Is 42.15), o habla del juicio divino sobre una nación, por ejemplo, Babilonia (Jer 51.25). Varios atributos de Dios se comparan o ilustran con los montes: su justicia (Sal 36.6), su amor (Sal 125.2), su santidad (Sal 24.3), su bondad (Sal 30.7) y su eternidad (Sal 68.16).

M

MORADA Habitación o lugar de residencia, y término con que en Jn 14.2 se nos asegura que Dios, el Padre, ha preparado lugar amplio para los que confían en su Hijo. En Jn 14.23 lo emplea Jesús al afirmar que su Padre y Él habitarán en quienes obedecen sus mandamientos.

MORE (*adivinador*). Nombre de dos lugares en el Antiguo Testamento.

1. Encinar que fue lugar sagrado de los cananeos, cerca de Siquem y de los montes de Gerizim y Ebal (Dt 11.29,30), convertido más tarde en «santuario de Jehová». Josué edificó un monumento allí (Jos 24.26). En More descansó Abraham, se entrevistó con Dios y edificó un altar (Gn 12.6s). Jacob compró allí un terreno, edificó su tienda y levantó un altar (Gn 33.18-20); allí también escondió unos tesoros (Gn 35.4). En este lugar había un árbol llamado «encina de los adivinos», quizás por haber sido centro de culto cananeo (Jue 9.37). Después de la conquista de Canaán, More quedó en el territorio asignado a Efraín.

2. Colina en tierra de Isacar, donde acamparon las huestes de Gedeón (Jue 7.1), situada entre los montes Tabor al norte y Gilboa al sur.

MORESET-GAT Pequeño poblado al sur del territorio de Judá, donde nació y vivió durante su niñez el profeta Miqueas (Jer 26.18; Miq 1.1,13-15). Probablemente pueda identificarse con la moderna Tel Eyyedede, entre Maresa, Laquis y Aczib, unos 30 km al sudoeste de Jerusalén.

MORIAH (*Jehová provee*). Nombre de dos lugares en el Antiguo Testamento.

1. Lugar en que Abraham había de ofrecer a su hijo Isaac (Gn 22.2).

2. Monte en el que Salomón edificó el templo de Jerusalén (2 Cr 3.1), y donde David intercedió por su pueblo junto a la era de Arauna (2 S 24.16-25; 1 Cr 21.15-26).

Tradicionalmente se han identificado los dos sitios. Pero algunos eruditos han objetado, en relación con el sacrificio de Isaac, que Jerusalén no estaba lo suficientemente lejos de la región de los filisteos (donde vivía Abraham) como para precisar tres días de camino (Gn 22.3,4). Sin embargo, la distancia desde el sur de Filistea hasta Jerusalén es como de 75 km, lo cual bien puede necesitar tres días de viaje. Además, el lugar mencionado en Génesis no es el monte Moriah, sino la «tierra de Moriah», en la que había varios montes. Probablemente el nombre se usaba también para referirse al monte en particular, y en una forma más amplia, a la región en general.

MOSCA Insecto díptero, de unos 6 mm de largo, con las alas transparentes y provisto de una trompa para chupar las sustancias jugosas de que se alimenta. En la Biblia el término puede incluir varias especies, desde la mosca doméstica hasta el tábano que pica y succiona la sangre.

En hebreo se designa con el sustantivo coletivo *arob*. Así se le llama en la cuarta → PLAGA de Egipto: «toda clase de moscas molestísimas» (Éx 8.21,24; cf. Sal 78.45; 105.31). Para compararla o aludirla con sentido figurado se usa el término *zebub* (Ec 10.1; Is 7.18). Es causa de molestias. Provoca la descomposición de la materia y transmite tal cantidad de enfermedades, que los fenicios crearon un dios para protegerse de ella: → «BEELZEBUB». Este nombre se usa en el Nuevo Testamento para llamar al príncipe de los demonios (Mt 12.24).

MOSQUITO Insecto díptero que pone sus huevos en el agua. Posee una larga trompa con la que perfora la piel y succiona la sangre. Los machos no pican porque son vegetarianos.

Se menciona solo una vez en Mt 23.24, donde Jesús compara la pequeñez del mosquito al lado del camello. Sin embargo, en «toda clase de → MOSCAS» de Éx 8.21, durante las plagas de Egipto, muy bien podría estar incluido el mosquito. Este texto emplea la palabra coletiva *arob*.

MOSTAZA (*Sinapi nigra* o *brassica nigra*). Planta anual que se cultivaba en Palestina para obtener aceite de sus semillas. Actualmente es una planta común y crece silvestre. Alcanza hasta 3 m de altura. Es de hojas grandes, flores amarillas y vainas pequeñas que contienen las semillas casi microscópicas. Solamente se menciona en la parábola en que su semilla se compara con el reino de Dios (Mt 13.31; Mc 4.31; Lc 13.19), y en el símil de la fe, donde esta y sus posibilidades también se comparan con la diminuta semilla (Mt 17.20; Lc 17.6).

MUERTE (→ Vida). Fenómeno universal que marca la terminación de la vida, generalmente muy lamentado. En el orden de la naturaleza, lo experimentan tanto las plantas como los animales. No obstante, los primeros seres humanos, → Adán y Eva, no fueron creados para morir, sino con una capacidad que no tenían las plantas ni los animales: debían escoger entre la inmortalidad y la muerte. Todo dependía de su obediencia a Dios (Gn 2.17). Tanto Adán como Eva desobedecieron al comer del fruto prohibido y murieron (Gn 3.6). La muerte humana, sin embargo, fue distinta de la de los animales, en que Adán no dejó del todo de existir. Su muerte tenía dimensiones físicas, morales y espirituales, y por causa de su desobediencia la misma clase de muerte pasó a todos sus descendientes y a todo el género humano (Ro 5.12, → Pacto).

La muerte humana no implica dejar de existir; más bien consiste básicamente en una separación. La muerte física es la separación entre lo físico y lo inmaterial, o sea, entre el → cuerpo y el → alma. La muerte espiritual es la separación del ser humano de su Dios.

La muerte física fue resultado del pecado original, pero Adán no perdió la vida el día que comió del fruto prohibido, sino vivió 930 años (Gn 5.5). Su muerte consistió en dejar de ser inmortal: comenzó a envejecer desde aquel momento y la muerte le fue inevitable. Se supone que si no hubiera desobedecido a Dios, hubiera sido inmortal, tanto física como espiritualmente.

Normalmente la muerte física sigue siendo inevitable para todo ser humano. Sin embargo, ha habido y habrá excepciones. Enoc (Heb 11.5) y Elías (2 R 2.1-11) fueron trasladados al cielo sin sufrir la muerte física, y en los últimos días cuando el Señor arrebate a su Iglesia, todos los creyentes que aún vivan en aquel día serán trasladados directamente al cielo (1 Ts 4.13-18 → Segunda Venida). Por eso Pablo dice: «No todos dormiremos; pero todos seremos transformados» (1 Co 15.51). Esto es motivo de gran esperanza y consolación para el pueblo de Dios (1 Ts 4.18).

La doctrina de la → resurreccion del cuerpo nos indica que la separación del cuerpo y el alma no se considera como un estado permanente. A su debido tiempo los cuerpos tanto de los creyentes como de los inconversos serán resucitados y unidos nuevamente con sus almas (Jn 5.28,29).

Con todo, la muerte física es poca cosa comparada con la muerte espiritual, o sea, la separación del hombre de su Dios y la consecuente incapacidad moral. Adán representó al género humano en la prueba de obediencia en → Edén, y como resultado de su pecado original, todos los hombres vivimos desde entonces en un estado de muerte espiritual (Col 2.13). El evangelio anuncia la manera de pasar de muerte a vida (Jn 5.24) y cómo obtener la vida eterna (Jn 3.16). La fe salvadora en Cristo vence a la muerte espiritual y quita el temor de la muerte. Pablo considera a la muerte física como una victoria nefasta del mal (1 Co 15.55), pero para el creyente Cristo ha anulado esta victoria mediante su propia muerte (Heb 2.14). A través de su resurrección ha vencido a este postrer enemigo, es decir, la muerte (1 Co 15.25,26). En el último juicio, la muerte misma será lanzada al lago de fuego (Ap 20.14).

Solamente durante su vida sobre la tierra tiene el hombre libertad de poner su fe en Cristo y ser librado de la muerte espiritual. La muerte física pone fin a esta oportunidad (Heb 9.27). Si en esta vida el hombre no participa por la fe en la victoria de Cristo sobre la muerte, solamente le espera la «segunda muerte», o aquella horrenda separación eterna de su Creador (Ap 20.15; 21.8).

MUJER En el Antiguo Testamento, la sociedad israelita manifiesta una organización patriarcal en que los hombres de más rango dominaban sobre los demás hombres y todas las mujeres. La organización religiosa seguía la misma pauta. Como resultado, la mujer no ocupaba puestos en las instituciones políticas o religiosas. Solamente en la época premonárquica, cuando Israel existía como una federación de tribus, pudo surgir un personaje como Débora, líder de tipo caudillo (Jue 4–5). Después de que el poder se concentró en la monarquía y el templo, la mujer solo entraba a la historia oficial como reina madre o esposa del rey o del sacerdote. Así como los profetas surgían al margen de estas instituciones, algunas mujeres, como Hulda, aparecían también en ese contexto de carisma personal (2 R 22.14-20).

La subordinación de las mujeres en la sociedad israelita se refleja en un sistema legal que no les otorgaba derechos como persona civil. Las propiedades pasaban del padre a los hijos varones. La hija heredaba solamente en el caso excepcional donde faltaban hijos varones y había que asegurar el traspaso de una propiedad a través de ella a futuros descendientes varones (Nm 27.1-11). El decálogo exige igualdad en el trato de mujeres y hombres en cuanto al descanso semanal y también en relación con el deber de honrar a ambos progenitores (Éx 20.9-12); sin embargo, el «no codiciarás» enumera como propiedades inalienables del prójimo «su mujer, su siervo, su criada, su buey, su asno o cualquier cosa» (Éx 20.17). En muchos asuntos se aplican normas distintas a la mujer que al hombre. El derecho al divorcio se otorga solo al hombre (Dt 24.1).

Las leyes de pureza e impureza definen a la mujer como impura durante los siete días de su ciclo menstrual y debía mantenerse fuera del contacto con otras personas (Lv

Escultura en yeso de Nefertiti, la reina del faraón Amenofis IV de Egipto. Se consideraba una de las mujeres más hermosas e influyentes de su tiempo.

15.19). Se establece un período de cuarenta días de impureza después del alumbramiento de un hijo varón, u ochenta días en el caso de una hija (Lv 12). El efecto de esta legislación era que la mujer quedaba alejada de la vida social y cúltica durante gran parte de su vida. Este sistema erigió una barrera insuperable para la mujer; era imposible considerarla apta para roles públicos.

Dentro de la estructura económica y social, sin embargo, la mujer israelita tenía funciones importantes. Se resumen en dos tipos de trabajo: el productivo y el reproductivo. La mujer manejaba la producción casera del proyecto familiar, con todo lo que esto involucraba de atención a huertas y animales domésticos, de procesamiento de alimentos y de lana para hilo y tejidos. Se dedicaba también a la confección de ropa y de utensilios para uso doméstico. En empresas familiares de más envergadura, la mujer era toda una gerente de personal y producción (Pr 31.10-31). El trabajo reproductivo abarcaba la gestación y crianza de los hijos. En una sociedad amenzada por las fuerzas de la naturaleza, como también por las de los enemigos, la reproducción de la población se definía como la tarea prioritaria de la mujer. Por eso la mujer estéril se consideraba afligida por Dios (1 S 1.5,11). En cambio, una abundancia de hijos era signo del favor divino y también una garantía para la vejez. La sociedad hebrea apreciaba el rol de la madre como maestra y orientadora de sus hijos (Pr 1.8).

La mujer jugaba un papel clave en conservar y perpetuar la fe en Jehová, al trasmitir las creencias y costumbres a las nuevas generaciones. Este papel de la mujer revestía tanta importancia que se rechazaba la posibilidad de que se incorporaran esposas extranjeras a las familias israelitas (Éx 34.14-16). En la época del regreso del cautiverio, Nehemías denunció el matrimonio con mujeres de pueblos vecinos y la grave consecuencia vista en el hecho de que los hijos no conocían el idioma hebreo (Neh 13.23-24).

Por la influencia que tenía dentro de la familia y también por la importancia de su papel económico, la mujer israelita gozaba de una autoridad informal pero real. En medio de la cultura patriarcal del Antiguo Testamento, la figura de la mujer fue tomada como símbolo en varios sentidos. La alianza de Dios con su pueblo fue simbolizada con la imagen del pueblo como la novia escogida (Ez 16.8). A raíz de la infidelidad del pueblo a Jehová, la imagen de esposa se convierte en la de una prostituta (Os 1-2; Ez 16.15), que sin embargo será restaurada (Is 54.6).

Aparecen también en el Antiguo Testamento algunas alusiones a la mujer como ejemplo de alguna cualidad de Dios, como el amor entrañable de una madre por sus hijos (Jer 31.20), o el tierno consuelo de una madre (Is 66.13). La sabiduría de Dios se personifica como mujer (Pr 8).

La mujer en el Nuevo Testamento

Los primeros documentos del Antiguo Testamento dan testimonio de la integración de la mujer en las comunidades cristianas, no solo en el plano de la praxis sino también en la reflexión teológica: «Ya no hay judío ni griego, esclavo ni libre, varón ni mujer, porque todos vosotros sois uno en Cristo Jesús» (Gl 3.28). Con esta fórmula bautismal, Pablo insiste en que la Ley está superada; el rito de iniciación en la iglesia ya no es la circuncisión (en que sí hay distinción entre hombre y mujer). Esta libertad de acceso continúa la práctica histórica de Jesús conservada en los Evangelios, que dibujan un cuadro de plena amistad con toda clase de mujer, inclusive con prostitutas (Lc 7.36-50).

Con una conducta poco usual para un rabino, Jesús se hace acompañar de mujeres en su ministerio itinerante, y cuenta con su apoyo (Lc 8.1-3). En las historias acerca de Jesús, se presentan mujeres que necesitan sanidad (Mc 1.30-31; 5.22-43; Lc 13.10-17), y otras que reciben a Jesús en su casa y dialogan con Él (Lc 10.38-42). Se destacan las discípulas galileas que acompañan a Jesús hasta Jerusalén, donde presencian la crucifixión y se convierten en primeros testigos de la resurrección (Mc 15.40-41; Lc 24.1-10; Mt 28.1-10).

En el Evangelio de Juan persiste la presencia y el protagonismo de la mujer. Un largo diálogo teológico toma lugar entre Jesús y una mujer samaritana, quien emprende al final una exitosa tarea misionera (Jn 4.1-42). La confesión cristológica fundante de la iglesia: «Tú eres el Cristo, el Hijo de Dios», la pronuncia Marta de Betania. Esta misma confiesa además la preexistencia de Jesús: «He creído que tú eres el Cristo, el Hijo de Dios, que has venido al mundo» (Jn 11.27). El evangelista Juan pone de relieve a una de las mujeres presentes en la crucifixión, María la madre de Jesús, para señalar la incorporación de ella a su comunidad (Jn 19.25-27).

El libro de los Hechos presenta una comunidad cristiana en que mujeres y hombres son activos por igual; tanto unas como otros son tocados por la persecución (Hch 8.3; 9.2). La mujer culpable de mentir ante Dios

M

recibe el castigo al igual que su marido (Hch 5.1-10).

Las cartas paulinas revelan una participación activa de las mujeres en la obra misionera y la vida cúltica de las primeras iglesias. Esto se refleja en la larga lista de saludos que Pablo incluye en Ro 16.1-15. De la veintena de personas que menciona, diez son mujeres, y entre ellas se destacan varias que «han trabajado mucho» en el Señor, expresión que Pablo emplea para describir también sus propias labores apostólicas (1 Co 15.10; Gl 4.11). En la lista aparecen → Febe y → Priscila. En 1 Corintios 9.5, Pablo revela que los otros apóstoles viajan y trabajan junto con su pareja.

En el mundo grecorromano las sinagogas y otras agrupaciones religiosas de distinto tipo incluían a mujeres, y en algunas de estas las mujeres ocupaban puestos importantes. En la iglesia de Corinto las mujeres profetizaban y oraban en el culto (1 Co 11.5), y a ellas Pablo pide solamente que guarden las costumbres en cuanto a cubrirse la → cabeza. Aparece luego en la misma carta un párrafo en que se pide a ciertas mujeres que interrumpen la reunión con sus preguntas, que las reserven más bien para la casa y que guarden silencio en la reunión (1 Co 14.34-35). En una iglesia como la de Corinto participaban mujeres solteras, casadas, separadas, viudas (1 Co 7).

En algunos de los matrimonios, uno de los cónyuges no era cristiano. Ahí Pablo dice que la mujer cristiana, al igual que el hombre cristiano, «santifica» a su cónyuge (1 Co 7.14). En Efesios 5.21-30 se recomienda que las parejas adopten una relación de sumisión mutua (v. 21). En el contexto social del siglo I, con sus grandes desigualdades entre el hombre y la mujer, el autor de esta carta desafía al marido a manifestar el carácter de Cristo en un amor y entrega para el bien de la mujer. Este trato preferencial del marido hacia la esposa lo convierte en fuente de vida para ella. Esta relación se plasma en la figura del marido como → cabeza de la mujer (v. 23), ex- presión que en el griego no significa autoridad ni mando, sino fuente u origen. La mujer corresponde a este comportamiento del marido con su propia entrega (vv. 22-24).

Esta mutualidad cristiana contrasta con los códigos de conducta doméstica promulgados por los filósofos de la época, que exigían un orden jerárquico entre marido y mujer, así como entre amo y esclavos, y padre e hijos. En el ambiente de las ciudades del imperio crecían las sospechas sobre las iglesias: su conducta igualitaria podía subvertir el orden imperante. Por cierto, 1 Pedro 3.1-6 recomienda a la mujer con esposo no creyente que sea recatada y sujeta, con el fin de evitar sus amenazas y posiblemente ganarlo para la fe cristiana. En 1 Pedro 3.7, se pide al esposo cristiano que trate a su mujer con consideración y honor, como coheredera de la gracia.

Cuando las iglesias comenzaban a institucionalizarse, se restringía la participación de la mujer. El modelo de la casa patriarcal recomendada a las iglesias en 1 Timoteo 3.3-4 conlleva la marginación de la mujer. Específicamente, las cartas pastorales limitan la actividad de las viudas (1 Ti 5.2-16) y prohíben que la mujer enseñe en la iglesia (1 Ti 2.12). Las cartas indican que esta disposición respondía a una situación particular en que algunas mujeres seguían a ciertos falsos maestros y propagaban sus enseñanzas entre la membresía de la iglesia (1 Ti 4.1-3; 2 Ti 3.2-7).

MULADAR → Estiércol.

MULO Hijo del asno y la yegua, o del caballo y el asna. Según Lv 19.19, para los hebreos se prohibía la cría de mulo, pero, al igual que el caballo, más tarde este animal se aclimató en Israel. No consta que se haya usado antes del tiempo de David (2 S 13.29). Seguramente los primeros se importaban y por su rareza destacaban la nobleza de sus dueños (2 S 18.9; 1 R 1.33; 10.25). Más tarde se utilizaron como acémilas (2 R 5.17). Cuando los judíos regresaron del cautiverio, trajeron consigo 245 mulos (Neh 7.68).

En lenguaje figurado el hombre testarudo se asemeja al mulo (Sal 32.9).

MUNDO Término con que se traducen cuatro palabras hebreas y tres griegas que se refieren a una realidad existente en el espacio y en el tiempo.

Según el Antiguo Testamento, el mundo se distingue claramente de su Creador y en esto el concepto riñe con los sistemas míticos de los babilonios, egipcios, etc., en los que el mundo es una emanación de lo divino. La cosmología hebrea (→ CREACIÓN), ajena a todas las preocupaciones científicas y especulaciones filosóficas, sitúa al mundo en relación con el hombre: Dios crea al hombre del polvo de la tierra para dominar el mundo (Gn 1.26-28), y en este sentido lo arrastra a su propio destino. Dicha concepción queda comprendida en los siguientes postulados:

1. El mundo que Dios creó continúa manifestando la bondad divina. Dios en su sabiduría lo organizó como una verdadera obra de arte, una y armónica (Job 28.25ss; Pr 8.22-31 → TIERRA). La contemplación del universo agota las facultades de admiración del hombre (Sal 8.1-9; 104).

2. Para el hombre pecador, el mundo significa también el instrumento de la ira de Dios (Gn 3.17ss). El que hizo las cosas para la felicidad del hombre, también las utiliza para castigarlo.

3. De estas dos maneras el mundo se asocia activamente con la historia de la salvación, en función de la cual adquiere su verdadero sentido religioso. Aparece un nexo misterioso entre el mundo y el hombre, ya que los dos viven una misma historia (Gn 1.1-2.4).

4. El hombre, a quien incumbe llevar el mundo a la perfección con su trabajo, le imprime más bien un sello teñido de su propio pecado. Por eso los profetas advierten de un → JUICIO final que no solo afectará a la humanidad sino que trastornará el orden de lo creado (Jer 4.23-26) y traerá de nuevo el caos (Is 13.10; 24.19ss; Jl 2.10; 3.15). Más allá del juicio, sin embargo, se prepara para el mundo una renovación profunda (Is 65.17; 66.22). En el judaísmo posterior se concebía el fin de la historia humana como un paso del mundo (o del → SIGLO) presente al mundo (o al siglo) venidero, que tendrá lugar cuando Dios venga a establecer su → REINO.

La aparente ambigüedad veterotestamentaria continúa en el Nuevo Testamento: el mundo es la creación excelente de Dios (Hch 17.24), hecha por la actividad de su → VERBO para dar testimonio de Él (Hch 14.17; Ro 1.19ss). Sin embargo, sería insensato ensalzarlo demasiado, porque el individuo vale más intrínsecamente (Mt 16.26). Es más, este mundo identificado con el género humano caído y pecaminoso, está realmente en poder de → SATANÁS, su príncipe (Jn 12.31; 14.30; 16.11; 1 Jn 5.19; cf. Lc 4.6) y «dios» (2 Co 4.4). Es un mundo de tinieblas regido por los espíritus malignos (Ef 6.12); engañador que esclaviza (Gl 4.3,9; Col 2.8,10); su espíritu se opone al de Dios (1 Co 2.12; 1 Jn 4.3), y finge dar sabiduría (1 Co 1.20) y paz (Jn 14.27), pero solo logra una tristeza mortífera (2 Co 7.10). En eso se revela su pecado (Jn 1.29) e incredulidad que resultan un obstáculo para quien quiere entrar en el Reino (Mt 18.7). Por tanto, el mundo está condenado a ser inseguro y pasajero (1 Co 7.31; 1 Jn 2.16).

Paradójicamente, Dios ama a este mundo (Jn 3.16), y envió a Jesús para salvarlo (12.47). El Hijo no es del mundo (8.23; 17.14; 18.36; cf. 14.30); por eso el mundo lo odia (15.18) y lo condena a muerte. Pero en ese momento se invierte la situación: en la crucifixión y resurrección se efectúa el juicio del mundo (12.31) y la victoria de Cristo sobre él (16.33). Jesús acepta la voluntad del Padre, abandona el mundo (16.28) y regresa al Padre para sentarse en gloria extraterrestre (17.1,5) y dirigir la historia (Ap 5.9). Esta victoria rescató al mundo de su esclavitud; Dios puso todo bajo los pies de Cristo (Ef 1.20ss; Col 1.20). Sin embargo, el mundo presente no ha llegado todavía a su fin (1 Co 15.25-28; Ap 21.4ss) y sigue en espera de su redención (Ro 8.19ss).

M

Los cristianos se hallan, por ende, en el mundo (Jn 11.11) sin ser de Él (15.19; 17.14, 16). Su tarea es separarse del mundo contaminador, o sea, del sistema que se opone a Dios (Ro 12.2; 1 Co 7.29ss; Gl 6.14; 2 Ti 4.10; Stg 1.27; 4.4; 1 Jn 2.15s). Pero no pueden retirarse del mundo; más bien, han de llevar en el mismo una vida que testifique de su Señor (Mc 16.15; Jn 17.18,21,23; Flp 2.15; 1 Jn 4.17). Inevitablemente tropezarán con la hostilidad (2 P 2.19ss; Jn 15.18ss; → PERSECUCIÓN) pues hasta el final la fe y la incredulidad convivirán en el mundo (Mt 13.38ss; Jn 3.18-21), pero entonces el juicio iniciado llegará a su culminación (Ro 3.6; 1 Co 6.2).

Bibliografía:
DTB, col. 695-700. *VTB*, pp. 503-508. H. Schlier, *Problemas exegéticos fundamentales en el Nuevo Testamento*, Fax, Madrid, 1970, pp. 319-333.

MURCIÉLAGO Quiróptero insectívoro, parecido al ratón, del cual se han identificado ocho diferentes especies en Palestina. La Biblia lo clasifica entre las aves inmundas (Lv 11.13,19; Dt 14.11,12,18). Isaías considera las cuevas donde se cuelgan los murciélagos como los lugares más inmundos y, por tanto, sitios apropiados para arrojar los ídolos (Is 2.19ss).

MURO Pared o tapia, muy común en tiempos bíblicos, levantado para proteger las viñas y los campos cultivados (Gn 49.22), o para rodear las → CASAS (Is 5.5,9) y las → CIUDADES (Dt 3.5; 1 R 4.13).

Jericó tenía un muro doble de ladrillo con viviendas construidas como «puentes» entre los dos muros (Jos 2.15). El espacio entre los muros constituía una «segunda línea de defensa», pero la gente lo aprovechaba para actividades comerciales y para viviendas. En la época del Antiguo Testamento, los muros de Jerusalén tenían treinta y cuatro → TORRES y ocho → PUERTAS. En tiempo de guerra los arqueros disparaban desde las torres y desde los muros echaban piedras sobre los atacantes (2 S 11.20-24). La monarquía hebrea

terminó cuando los babilonios destruyeron los muros de Jerusalén (2 Cr 36.17-19). La misión más urgente de Nehemías fue reconstruirlos (Neh 1.3; 2.8-20; 3.4; 6.15), pues los muros representaban protección.

La ciudad celestial descrita en Apocalipsis tiene muros (Ap 21.12-14). Y la profecía de Zacarías es aun más maravillosa por cuanto dice que no habrá necesidad de muro en la nueva Jerusalén, puesto que Dios mismo será un «muro de fuego» para proteger a su pueblo (Zac 2.4,5).

El lugar más sagrado para los judíos en la Jerusalén moderna es «El muro de las lamentaciones». Creen que formaba parte de los cimientos del templo de Salomón y que encerraba el → LUGAR SANTÍSIMO.

MÚSICA A través del Antiguo Testamento se encuentran numerosas y variadas referencias a la música y los instrumentos musicales del pueblo hebreo. El arte de la música, cantada o ejecutada, permeaba la vida nacional y personal. Lo vemos particularmente en los servicios religiosos (Lv 23.24; 25.9; Nm 10.2,3; 1 Cr 23.5), en las victorias guerreras (Éx 15.19-21; 2 Cr 20.27,28) y en las ocasiones sociales (Gn 31.27; Is 5.12; Am 6.5). Abundan en las Escrituras cánticos de regocijo, de acción de gracias, de alabanza, de duelo y de victoria. El libro de los → SALMOS, por ejemplo, constituye una admirable variedad de poesías o piezas inspiradas para ser cantadas o recitadas, acompañadas generalmente con instrumentos.

La primera alusión a la música antes del diluvio se encuentra en Gn 4.21, en donde se habla de Jubal, «el cual fue padre de todos los que tocan arpa y flauta». Después de aquel cataclismo se menciona a Labán lamentando no haber podido despedir a su yerno Jacob «con alegría y con cantares, con tamboril y arpa» (Gn 31.27). En oportunidades de gran regocijo la ejecución de instrumentos musicales solía ir acompañada de → DANZAS. Moisés, después de haber cruzado el mar Rojo al frente del pueblo hebreo, compuso un cántico y lo cantó con los israelitas, en tanto que las mujeres, dirigidas por su hermana María, celebraban la victoria sobre Faraón y sus jinetes «con panderos y danzas» (Éx 15.20). Es de suponer que la relación de los judíos con los diferentes pueblos, pero de manera especial la convivencia con los egipcios por cuatro siglos, influyera en el arte musical hebreo y en la evolución o incorporación de otros instrumentos a los suyos propios.

Los historiadores del reinado de → David proporcionan datos más concretos sobre la práctica musical y la organización de los ejecutantes para las ceremonias religiosas. David poseía un gran don musical que le sirvió para calmar el conturbado espíritu de → Saúl, el rey que le precedió (1 S 16.16,23). A él se atribuye no solo el crear y cantar los salmos, sino también la invención de instrumentos musicales (2 Cr 7.6). Cuando llevó el arca a Jerusalén, lo hizo al frente de todo el pueblo con cánticos, → arpas, → salterios, → tamboriles, (→ Panderos), → címbalos y → trompetas (1 Cr 13.8). Eligió exclusivamente levitas como músicos y cantores para el tabernáculo (1 Cr 15.16-24) y organizó con esmero el coro y la orquesta. No es posible determinar con certeza el uso de la música en los servicios religiosos, dado que, aparte de las citas ya mencionadas y alguna otra como 1 Cr 23.5 que se refiere a «cuatro mil para alabar a Jehová», las referencias al respecto son escasas e indirectas.

David y los jefes del ejército eligieron como directores de la música del tabernáculo a → Asaf, → Hemán y Jedutún, levitas (1 Cr 25.1,6), quienes después ejercieron esta misma función en el templo que Salomón construyó (2 Cr 5.12ss). Asaf tenía cuatro hijos, Hemán catorce y Jedutún seis. Estos veinticuatro levitas, hijos de los tres grandes directores, estaban a la cabeza de veinticuatro bandas de música que se colocaban en orden alrededor del altar de los holocaustos y servían en el templo por turno. Se dedicaban únicamente a aprender y a practicar la música, ya fuese vocal o instrumental (2 Cr 29.25). Cuando el rey Salomón dedicó el templo, los músicos eran prominentes (2 Cr 5.12ss; 7.6). Los dos mil que componían el coro del templo tenían departamentos reservados y recibían salario.

En las ceremonias del segundo templo se redujo el personal de la orquesta y el coro. La orquesta constaba de dos salterios como mínimo y de seis como máximo, nueve arpas como mínimo y su máximo sin límites, dos oboes (→ Flauta) como mínimo y doce como máximo, y un címbalo. El coro estaba compuesto por doce hombres como mínimo y su máximo sin límite. Los miembros, todos varones, debían tener como requisito entre treinta y cincuenta años de edad y cinco años de preparación musical.

En tiempo de Cristo el servicio musical del templo era esencialmente el mismo que se practicaba en la época de Salomón. Había dos servicios diarios: el sacrificio matinal y el vespertino. Cada día de la semana se cantaba un salmo específico. El primer día el Sal 24, conmemorando el primer día de la creación, el segundo día el 48, el tercero el 82, el cuarto el 94, el quinto el 81, el sexto el 93 y el séptimo el 92.

No existen datos concretos que permitan conocer la naturaleza de la música hebrea. Tampoco se sabe, a ciencia cierta, si poseían algún sistema de notación. Se han realizado algunos intentos para interpretar los acentos del texto hebreo de los masoretas (→ Texto del Antiguo Testamento) como un sistema de signos o símbolos musicales, pero sin resultado positivo. Los acentos constituían una guía más bien para la recitación que para el canto litúrgico y, además, se originaron posteriormente. No existen datos concretos sobre la música instrumental del templo, pero, según la forma en que los salmos se compusieron, puede deducirse que algunos debían cantarse antifonalmente por dos coros (Sal 13; 20; 38) o por un coro y la congregación (Sal 136; 118.1-4).

Pareciera que después del cautiverio los coros estaban constituidos por igual número de voces masculinas y femeninas (Esd 2.65). Sin embargo, no está comprobado si cada coro era mixto, o si uno de ellos era netamente de voces masculinas y el otro de femeninas. Es muy probable que en vez de cantar se recitara, aunque no se sabe a ciencia cierta en qué forma. Seguramente era muy diferente de la recitación eclesiástica moderna.

En las Escrituras se mencionan muchos instrumentos musicales, aunque no existen datos concretos sobre su forma y construcción. Ha sido imposible clasificarlos acertadamente, pero, dado el intercambio → CULTURAL tan amplio entre los pueblos vecinos de la antigüedad, es probable que los restos arqueológicos y dibujos de los instrumentos griegos, romanos y egipcios nos den cierta aproximación a la realidad hebrea. Hubo tres clases de instrumentos: de cuerda, de viento (→ CUERNO; BOCINA) y de percusión.

En el Nuevo Testamento hay quizás menos apreciación por la música instrumental en sí (cf. 1 Co 13.1), pero se nota un gran apego a los → HIMNOS. No solo el Señor Jesús y los discípulos en el aposento alto (Mc 14.26//, una referencia al canto litúrgico de los Sal 113–118), sino todos los cristianos apostólicos cantaban como expresión natural de su fe, y muchos himnos se hallan intercalados en el texto del Nuevo Testamento.

Bibliografía:
«Música», *EBDM* V, col. 364-379.

MUSLO Parte de la pierna desde la juntura de la cadera hasta la rodilla.

Las referencias bíblicas al muslo con sentido anatómico y médico son muy pocas. La más significativa se refiere al caso de → JACOB cuando este, en su lucha con un varón en Peniel, se descoyuntó el muslo de su encaje, por lo cual se prohibió a los israelitas comer del tendón femoral (Gn 32.25-32).

Poner la mano debajo del muslo de otra persona al hacer un → JURAMENTO significaba un mayor deber de cumplir con una obligación (Gn 24.2,9). En sentido figurado el muslo es símbolo de poder y fortaleza: tal es la expresión «la espada sobre su muslo» (Sal 45.3; Cnt 3.8); por el contrario, estar herido en «cadera y muslo» parece referirse a una incapacidad total (Jue 15.8).

Como eufemismo, «muslo» también se utiliza para referirse a los órganos genitales, tanto masculinos como femeninos: «y todas las almas que salieron del muslo de Jacob, fueron setenta» (Éx 1.5, RV-1909); «y tuvo Gedeón setenta hijos que salieron de su muslo» (Jue 8.30 RV-1909). Además, la expresión «caer el muslo» (Nm 5.21,22,27), refiriéndose a la mujer denotaba esterilidad.

MUTILADOR Traducción de la voz griega, *katatomé* (Flp 3.2) que expresa un contraste sarcástico con la palabra *peritomé*. Esta significa «circuncisión»; aquella, «cortadura» o «mutilación» (NC). Pablo emplea el término para demostrar el enojo y desdén que siente hacia los judaizantes que insistían en que la circuncisión era necesaria para la salvación. Para Pablo este rito ahora, lejos de tener valor religioso, más bien es comparable a la mutilación pagana. En Gl 5.12 su sarcasmo es aun más agudo. Emplea una palabra que puede entenderse «castrarse» o «cortarse todo el miembro».

MUT-LABÉN (en hebreo, *al mut labbén*). Expresión de significado incierto que aparece en el título del Salmo 9. Algunos autores pretenden explicarla como referida al contenido del salmo, pero otros consideran que mut-labén hace mención a las palabras de una canción conocida. Indica la melodía popular con que se cantaba el salmo citado.

NAANA (*hermoso, bello*). Nombre de dos mujeres y una ciudad en el Antiguo Testamento.

1. Hermana de Tubal-caín e hija de Lamec y Zila (Gn 4.22). Una de las cuatro mujeres cuyos nombres se preservan y que vivieron antes del diluvio.

2. Una aldea en la parte baja de Judá (Jos 15.41). Se desconoce su ubicación exacta.

3. Madre de Roboam, rey de Judá e hijo de Salomón (2 Cr 12.13).

NAAMÁN (*placentero*). Nombre de dos hombres en la Biblia.

1. Hijo de Bela y probablemente nieto de Benjamín (Gn 46.21; Nm 26.40; 1 Cr 8.3,4).

2. General valeroso y apreciado del ejército de → BEN-ADAD II, rey de Siria, durante el reinado de Joram en Israel (2 R 5). En esta época Israel era tributario de Siria. Naamán era leproso, pero no se había separado de la sociedad (cf. Lv 13.45,46). Durante una invasión a Israel había tomado cautiva a una muchacha israelita, a quien puso por sirvienta de su esposa. La muchacha contó a su ama acerca de un profeta en Israel que podía curar la lepra. Enterado de esto, el rey de Siria hizo que Naamán fuera a Joram, rey de

El río Abana en el centro de la ciudad de Damasco, Siria, conocido hoy como Barada. Naamán el leproso juzgaba las aguas de este río superiores a «todas las aguas de Israel» (2 R 5.1-19).

Foto de Howard Vos

Israel, con una carta en la que pedía la curación de su general.

Joram se alarmó ante semejante petición, y pensó que Ben-adad buscaba motivo para pelear, pero el profeta → ELISEO le pidió que remitiera a Naamán ante él. Luego, el profeta envió a su siervo → GIEZI para aconsejar a Naamán que se lavara siete veces en el río Jordán. Ante esta solución Naamán se enojó y se fue, pero luego se arrepintió, obedeció y recibió sanidad. Según 2 R 5.15-17, Naamán se convirtió a Jehová, pero explicó al profeta que, a pesar de su nueva fe, tendría que acompañar a su jefe en el culto a su dios. Evidentemente Eliseo no se opuso (5.18,19).

Jesús se refirió a la curación de Naaman al reprochar la incredulidad de Nazaret (Lc 4.27).

NAASÓN Nombre posiblemente derivado de *nahash* (*serpiente* o *augurio*). Corresponde al hijo de → AMINADAB, que figura entre los ascendientes de David (Rt 4.20) y de Jesús (Mt 1.4; Lc 3.32). Fue jefe de la tribu de Judá en el desierto (Nm 1.7; 2.3; etc.) y cuñado de Aarón (Éx 6.23).

NABAL (*necio*). Hacendado rico y propietario de grandes rebaños, que vivía en Maón, en el sur de Judá. Era del linaje de Caleb. De él solicitó David provisiones para su ejército cuando estaba desterrado durante el reinado de Saúl, pero su petición se le denegó. En vez de ayuda Nabal envió insultos, lo cual enojó grandemente a David, pues él protegía la región y quizás esperaba cierta gratitud.

Cuando David decidió subir con cuatrocientos soldados armados para castigar la insolencia de Nabal, intervino → ABIGAIL, la mujer de este último. Era bella e inteligente y con discreción convenció a David de que la venganza no era propia de él. Así salvó a su esposo. Sin embargo, cuando Nabal se dio cuenta de lo ocurrido, su corazón desmayó y diez días después falleció (1 S 25).

NABAT Padre de Jeroboam I (1 R 11.26), primer rey del reino del norte y el que hizo pecar a Israel (1 R 14.16).

NABOT Natural de Jezreel que poseía una viña cerca del palacio del rey → ACAB, de Samaria (1 R 21), la cual este deseaba para poder ampliar su huerto. Nabot se negó a entregar su viña, pero → JEZABEL, la esposa de Acab, levantó contra él falsos testigos que lo acusaron de blasfemia, e hizo finalmente que lo lapidaran y mataran. Acab se apoderó de la viña, pues los herederos de un convicto de blasfemia no tenían derecho. La intervención que el profeta Elías tuvo en este caso fue recordada después como un ejemplo de la justa retribución divina (2 R 9.21-26).

NABOTEOS Descendientes de → NEBAIOT, hijo de Ismael (Gn 25.13), llamados también nabateos. No se les menciona en la Biblia con el patronímico, pero el libro de Abdías se hace referencia a ellos implícitamente. Se habla de Nebaiot (o Nabatea) como región o ciudad (Is 60.7).

Se trata de un verdadero reino arábigo con gente notable en la guerra, en el comercio y las construcciones. Comenzó a extenderse por el siglo VII a.C. y llegó a abarcar casi toda la Arabia de Petra, la península sinaítica y las fronteras del desierto de Arabia. Durante el siglo VI los naboteos llegaron hasta Edom y Moab y las conquistaron. Alcanzaron su apogeo entre los siglos II a.C. y II d.C. Fue en Edom donde los naboteos fundaron el reino de Arabia de Petra, y varios de sus reyes se reconocieron con el nombre de → ARETAS (2 Co 11.32; cf. Abd 1). En 106 d.C. Roma hizo provincia suya a Nabatea y la llamó Arabia.

En los días de Cristo los naboteos se extendieron hasta el Mediterráneo, al sur de Gaza; por el norte subieron por Traconite y dominaron hasta Damasco en Siria.

La madre de Herodes el Grande fue nabatea. Aunque posiblemente Cristo nunca visitó a Nabatea, ejerció su ministerio en las fronteras de Perea y Decápolis cuando los nabateos estaban allí en pleno apogeo. Quizás fueran naboteos los árabes que se mencionan como presentes en Jerusalén el día de Pentecostés (Hch 2.11).

El rey Aretas IV (9 a.C.–40 d.C.) nombró a un gobernador (etnarca) para Damasco. Este fue el que tramó el arresto de Pablo y de quien el apóstol escapó según 2 Co 11.32ss. Una hija de Aretas IV fue mujer de → HERODES Antipas del que pronto se divorció.

Los naboteos permanecieron nómadas hasta el siglo III a.C., y señoreaban en la península sinaítica. Eran famosos como astutos mercaderes y lograron la supremacía en las transacciones comerciales de las rutas de caravanas que iban y venían de la India, China, Arabia y Siria. También fueron expertos constructores de presas, acueductos, cisternas, receptores cónicos de agua, etc., sobre todo en la ciudad rocosa de → SELA (o sea, Petra), su virtualmente impenetrable capital.

NABUCODONOSOR Nombre que el Antiguo Testamento da al que fue rey de Babilonia desde 605 hasta 562 a.C. Es Nabucodonosor II y no debe confundírsele con Nabucodonosor I, quien fue rey de la cuarta dinastía babilónica y gobernó en esa ciudad en el siglo XII.

El padre de Nabucodonosor, Nabopolasar, fue el primer rey del Imperio Neobabilónico o Caldeo (→ CALDEA). Aun antes de ascender al trono, Nabucodonosor se distinguió por su actividad militar. Poco antes de morir su padre, Nabucodonosor marchó a la cabeza de un ejército para enfrentarse con las tropas de → NECAO, rey de Egipto. Josías, rey de Judá, fiel a su alianza con Babilonia, se opuso a Necao en Meguido, y murió a consecuencia de las heridas recibidas. Le sucedió su hijo Joacaz. Sin embargo, Necao no aceptó esta sucesión y colocó en su lugar a Joacim, otro hijo de Josías y hermano de Joacaz. A este último lo llevaron cautivo a Egipto (2 R 23.28-35; 2 Cr 35.20–36.4). Mas las victorias de Necao fueron efímeras, pues Nabucodonosor le derrotó en → CARQUEMIS (605 a.C.). Joacim y su reino quedaron sujetos al Imperio Babilonio.

Las noticias de la muerte de Nabopolasar obligaron a Nabucodonosor a regresar a Babilonia. Sin embargo, después de algunos años Joacim, alentado por el aparente resurgimiento de la potencia de Egipto, se rebeló contra Nabucodonosor, y este envió sus tropas

N

Ruinas de un templo de la antigua civilización nabatea al sur de Palestina.

Foto de Gustav Jeeninga

para que atacasen a Judá. Joacim murió en la campaña y le sucedió su hijo Joaquín. Cuando los babilonios tenían sitiada a Jerusalén, el propio Nabucodonosor vino a dirigir la campaña. En el año 597 Jerusalén cayó, y Nabucodonosor se apoderó de los tesoros del templo y del palacio. Además, a Babilonia llevaron en calidad de prisioneros al rey Joaquín, sus familiares y algunos personajes del reino. Junto con ellos, Nabucodonosor llevó varios millares de obreros y soldados que desde entonces habrían de servirle. En lugar de Joaquín, Nabucodonosor colocó sobre el trono de Jerusalén a Sedequías, tío de Joaquín (2 R 24.1-17; 2 Cr 36.5-10). Resulta difícil compaginar los detalles de estas dos narraciones, y por ello hemos seguido aquí la primera de ellas. Se han encontrado textos babilónicos en los que se habla del rey Joaquín, que vivía en cautiverio en esa ciudad.

El nuevo rey, Sedequías, a pesar de ser criatura de Nabucodonosor, no tardó en rebelarse en su contra. Fue entonces cuando Nabucodonosor «vino con todo su ejército contra Jerusalén, y la sitió, y levantó torres contra ella alrededor» (2 R 25.1). Tras un período de sitio, el rey y su ejército huyeron de la ciudad, pero los caldeos dieron con ellos, dispersaron al ejército judío y capturaron a Sedequías. A este lo llevaron ante Nabucodonosor. Allí degollaron a sus hijos en presencia suya, y a él le sacaron los ojos, después de lo cual lo llevaron cautivo a Babilonia.

La ciudad de Jerusalén fue destruida. Todos los principales edificios fueron incendiados, y los caldeos echaron abajo las murallas de la ciudad. Dejando solo a los labradores para que trabajaran en la tierra, → NABUZARADÁN, capitán de la guardia de Nabucodonosor, llevó cautivos a Babilonia al resto de la población. Junto con este gran número de esclavos, los caldeos llevaron consigo todo cuanto pudieron tomar del templo y los palacios de Jerusalén (2 R 24.18—25.21; 2 Cr 36.11-21). Fue durante esta época, y en torno a estos acontecimientos, que profetizó → JEREMÍAS y a causa de ello se le acusó de traición. Debido a estos aciagos acontecimientos de la caída y destrucción de Jerusalén y del cautiverio del pueblo, el año 587 a.C. es de importancia capital para la historia de Israel.

Aparte de las campañas mencionadas, algunos textos babilónicos describen muchas otras que Nabucodonosor dirigió. Entre sus aliados se contaban los → MEDOS, que en tiempos de → BELSASAR contribuirían a poner fin al Imperio Neobabilónico. Además, durante el reinado de Nabucodonosor se erigieron en Babilonia algunas de sus más grandes obras arquitectónicas, construidas en gran parte con materiales y artesanos procedentes de tierras conquistadas, como los judíos. Entre estas obras se destacaban los «jardines colgantes de Babilonia», de los cuales hoy solo quedan algunos rastros difícilmente reconocibles.

Según Daniel 4, Nabucodonosor pasó por un período de locura, tras el que una vez restablecido alabó a Dios como Rey y Señor. Los textos babilónicos y el resto de la literatura veterotestamentaria, nada dicen al respecto.

El período de más de medio siglo durante el que Nabucodonosor reinó en Babilonia fue la época de oro del Imperio Caldeo. En tiempo de su hijo → EVIL-MERODAC comenzó la decadencia, que culminaría poco después con la caída de Babilonia mientras → BELSASAR celebraba su famoso banquete.

NABUZARADÁN Oficial de la corte del rey Nabucodonosor, al que este le confió el manejo de los asuntos de Jerusalén cuando esta cayó en poder de los babilonios (2 R 25.8-21; Jer 39.8-10). Cuatro o cinco años después regresó a Jerusalén y llevó 475 cautivos más (Jer 52.12-30).

NACIMIENTO DE JESÚS → JESUCRISTO, MARÍA, VIRGEN.

NACOR Nombre de dos hombres y una ciudad en el Antiguo Testamento.

1. Hijo de Serug (Gn 11.22) y padre de Taré (Gn 11.24), quien a su vez fue padre de Abraham. Se menciona en la genealogía de Jesús (Lc 3.34).

2. Hijo de Taré (Gn 11.26,27) y hermano de Abraham (Gn 22.20,23). Nació en Ur de los caldeos, pero parece que después residió en → HARÁN, «ciudad de Nacor» (Gn 24.10). Se casó con Milca, hija de Harán (Gn 11.29), quien le dio ocho hijos. De su concubina → REÚMA tuvo cuatro (Gn 22.20-24). De entre sus hijos sobresale Betuel, padre de Rebeca (Gn 22.23), esposa de Isaac. Parece haber sido adorador del Dios verdadero (Gn 31.53).

3. Una ciudad mencionada en Gn 24.10. Existen algunas confusiones con la frase: «ciudad de Nacor». Esta quizás haga referencia a la ciudad llamada Nacor o a la ciudad donde Nacor vivía. Cuando Abraham y Lot emigraron a Canaán, Nacor se quedó en Harán.

NADAB (en hebreo, *generoso, noble*). Nombre de cuatro personajes del Antiguo Testamento.

1. Hijo de Aarón (Éx 6.23), quien con su hermano ofreció «fuego extraño» delante de Jehová, por lo que ambos sufrieron el castigo de muerte (Lv 10.1-7; cf. v. 12).

2. Segundo rey de Israel, hijo y sucesor de Jeroboam I. Continuó el culto de los becerros de oro que su padre había iniciado. Reinó apenas dos años (*ca.* 915, 914 a.C.). Baasa lo asesinó y sucedió, y aniquiló toda la casa de Jeroboam (1 R 14.20; 15.25-31).

3. Descendiente del patriarca Judá (1 Cr 2.28,30).

4. Hijo de Gabaón y tío del rey Saúl de la tribu de Benjamín (1 Cr 8.30; 9.36).

NAFTUHIM Hijo de Mizraim, descendiente de Cam (Gn 10.13; 1 Cr 1.11). Formó un grupo humano, posiblemente situado en el Bajo Egipto porque Naftuhim llegó a significar «los del delta». Se ha sugerido que Naftuhim significa *ptahitas*, pues *Ptah* era el dios de Menfis.

NAHAS (en hebreo, *serpiente*). Nombre de dos personajes y una localidad del Antiguo Testamento.

1. Rey amonita, contemporáneo de Saúl. Su derrota por Saúl fue un factor en la coronación de este último como rey de Israel (1 S 11).

2. Padre de Abigail y Sarvia (2 S 17.25). Aunque hay cierta ambigüedad en el texto hebreo de 2 S 17.25, esta parece ser la mejor interpretación (cf. 1 Cr 2.16).

3. Ciudad fundada por Tehina, de la tribu de Judá (1 Cr 4.12).

NAHAT (*tranquilidad*). Nombre de tres hombres en el Antiguo Testamento.

1. Jefe edomita (Gn 36.13,17).

2. Descendiente de Elcana, de la tribu de Leví (1 Cr 6.26).

3. Mayordomo del templo durante el reinado de Ezequías (2 Cr 31.13).

NAHBI (*apocado*). Uno de los doce espías que Moisés envió a la tierra de Canaán (Nm 13.14).

NAHUM (probablemente forma abreviada de la voz hebrea *nahumyah* que significa *Jehová ha consolado*). Nombre de dos personajes de la Biblia.

1. Autor del séptimo libro de los profetas menores. (→ NAHUM, LIBRO DE.)

2. Antepasado de Jesucristo (Lucas 3.25).

NAHUM, LIBRO DE Breve libro profético del Antiguo Testamento que predice la destrucción de Asiria y su capital, Nínive.

Estructura del libro

La obra comienza con lo que probablemente sea la interpretación más antigua del libro. Este primer versículo refleja la percepción de generaciones subsiguientes quienes entendieron al escrito como oráculo (*massa*) o «carga» referente a Nínive, un libro (o rollo: *sepher*) y una visión perteneciente a Nahum de Elcos. El libro continua con un poema acróstico (1.2-8), tal vez un himno (lo que ha

N

NAHUM:
Un bosquejo para el
estudio y la enseñanza

I. **Se decreta la destrucción de Nínive** 1.1-15
  A. Los principios generales del juicio divino . . . 1.1-8
    1. Venganza de Dios en el juicio 1.1-2
    2. Poder de Dios en el juicio 1.3-8
  B. La destrucción de Nínive y la liberación
    de Judá 1.9-15
II. **Se describe la destrucción de Nínive** 2.1-13
  A. El llamado a la batalla 2.1-2
  B. La destrucción de Nínive 2.3-13
III. **La destrucción de Nínive es merecida** 3.1-19
  A. Las razones para la destrucción de Nínive . . . 3.1-11
    1. La gran impiedad de Nínive 3.1-7
    2. La comparación de Nínive
      con Tebas 3.8-11
  B. La destrucción de Nínive es inevitable . . . 3.12-19
    1. Las fortalezas de Nínive son débiles . . . 3.12-15
    2. Los líderes de Nínive son débiles 3.16-19

hecho a algunos estudiosos suponer que es una unidad independiente, que quizás se utilizaba como himno de alabanza por la caída del opresor), en el que se celebra la venida poderosa de Yahveh para castigar a sus enemigos y salvar a su pueblo. El origen, la función y el significado de este acróstico incompleto (que solo contiene once de las veintidós letras hebreas) se han debatido extensamente dando origen a mucha especulación. Lo importante del pasaje es que parece estar asociado con la tradición litúrgica de Jerusalén (cf. Salmos y Lamentaciones). El 1.9-11 es un pasaje de difícil traducción (cf. varias traducciones) que bien podría estar dirigido a la comunidad de fe. El 1.12-15 contiene un mensaje de promesa para Judá que presenta un contraste marcado con el 1.10,11,14 donde se anuncian *juicio y amenaza contra Nínive* (cf. 2.4-13).

Preocupados por este contraste entre promesa y juicio algunos traductores optan por alterar el orden de estos versículos, medida que no parece necesaria cuando se considera el contexto literario global. El 2.1-2 compara las experiencias de Jacob e Israel con la de Nínive: es inútil hacer preparativos ante el inevitable juicio de Dios (cf. Jer 51). El 2.3-13 presenta un buen ejemplo de un poema que celebra la derrota del enemigo. La descripción de la derrota de Asiria es particularmente vívida (2.3-7). El juicio de Dios se representa por las fuerzas desatadas de la naturaleza, que cumplen su propósito (1.3-5; 2.6). Dios ha utilizado a Asiria para disciplinar a su pueblo, pero ahora el castigo se ha cumplido y Dios castiga la soberbia de Asiria (Nínive es su capital) (1.12-14) y quiebra su yugo de sobre su pueblo (v. 13). Ahora Judá puede celebrar sus festivales y cumplir sus votos (1.15b). El anuncio de la liberación se introduce con el hermoso pasaje de 1.15, que halla un eco en Is 52.7 (cf. Ro 10.15; Ef 6.15).

Jenofonte narra que Nínive fue destruida en una inundación del Tigris. Nahum en 2.6,8 lo indica vívidamente, y en 2.9-13 describe a los vencedores arrojándose sobre los despojos. El que fue gran imperio es ahora una ruina (3.7). Nahum rememora la caída del otro poderoso imperio, el de Egipto (3.8-15). Inútilmente tratarán de reconstruirlo (3.14,15).

Este último capítulo de Nahum toma la forma de un «ay», una forma literaria utilizada para lamentar la caída de Nínive. Con gran ironía el profeta lamenta la caída de una ciudad representante del poder imperial arrogante y arrasador. El juicio es definitivo (3.19).

Autor y fecha

De Nahum solo sabemos que era oriundo de la localidad de Elcos (1.1), posiblemente al sur de Judá. También se han sugerido como probables localidades Galilea y las proximidades de Nínive.

No es fácil fechar sus profecías. Una posibilidad es la de ubicarlas entre la caída de Tebas (663 a.C., Nah 3.8) y la de Nínive (612 a.C.).

Marco histórico

En 625 a.C., el rey Nabopolasar funda en el Imperio Neobabilónico (→ BABILONIA), que domina la escena por tres cuartos de siglo. El último enemigo que somete es la decadente → ASIRIA, a la que Egipto se había aliado. La caída de → NÍNIVE sella la derrota final del Imperio Asirio, que había ejercido su brutal dominación en toda la región, y es por ello celebrada en todo el Medio Oriente como una liberación. El libro de Nahum describe y celebra esa caída, interpretándola para el pueblo de Judá.

Aporte a la teología

Es notable que tanto Jonás como Nahum, los únicos libros bíblicos que terminan con una interrogante, exploran el tema de un archienemigo de gran magnitud y los posibles destinos de tales encmigos. Ambos aseveran la soberanía de Dios ante un enemigo de la talante de Nínive, símbolo de todo lo que se yergue en oposición a Dios.

No inspira a Nahum, como algunos críticos han pretendido, un simple celo nacionalista, sino la convicción de que Dios gobierna la historia de todos los pueblos, y que es un Dios justo, cuya justicia no pueden desviar ni retardar con su poder los imperios (3.1). La perspectiva de Nahum plantea el desafío de caminar sabiendo que la violencia (física o estructural), la opresión, la explotación y la promesa de bienestar propias de Nínive tienen el tiempo contado.

Otros puntos importantes

Se han encontrado entre los rollos del mar Muerto en Qumrán, fragmentos de Nahum (específicamente 2.11-13 denominado 4Qp-Nah) y sus correspondientes interpretaciones. Curiosamente, Flavio Josefo cita casi el mismo pasaje (2.8-13) y ofrece su propia interpretación. Este pasaje es la única cita extensa de un pasaje veterotestamentario en la obra de Flavio Josefo. Estas antiguas citas e interpretaciones indican que Nahum no ha sido tan ignorado como a veces se sugiere.

Bibliografía:

Richard J. Coggins y S. Paul Reemi, *Nahum, Obadiah, Esther: Israel Among the Nations*, Eerdmans, Grand Rapids, MI, 1985. Andrew Hill y John Walton, *A Survey of the Old Testament*, Zondervan, Grand Rapids, MI, 1991. Alonso Schokel, *Los profetas*, Editorial Cristiandad.

NAÍN (en hebreo, *placentero*). Aldea de Galilea en donde Jesús resucitó al hijo unigénito de una viuda (Lc 7.11-17). Su ubicación se establece con bastante seguridad en el pequeño pueblo moderno de Neín que se halla 8 km al sudeste de Nazaret y 3 al sudoeste de Endor, en una suave pendiente desde la que la población nunca fue fortificada. Puesto que la población nunca la fortificó con muros, la referencia a «la puerta de la ciudad» (v. 12) debe entenderse como alusión a la entrada principal.

NAIOT Pequeño poblado o barrio de la ciudad de → RAMOT. Se cree que allí se estableció una de las antiguas «escuelas de los profetas» organizada por Samuel y sus discípulos. Saúl tuvo allí su extraña experiencia de profetizar (1 S 19.18-24). David se refugió en Naiot cuando Saúl lo perseguía (1 S 20.1).

NARCISO Amigo de Pablo de origen romano, y jefe de una casa a cuyos miembros, que también eran cristianos, el apóstol saluda en Ro 16.11.

No puede ser el Narciso que planeó la muerte de Mesalina por infidelidad a su esposo, el emperador Claudio, ya que este

N

Narciso, amigo de confianza del emperador, se suicidó antes que el apóstol escribiera la carta.

NARDO El espicanardo (*nardostachys iatamansi*), hierba de la familia de las valerináceas, oriunda de los montes del Himalaya. De la raíz y tallos vellosos de la planta se prepara un ungüento fragante y costoso, muy apreciado como perfume tanto en la India como en otros países asiáticos (Cnt 1.12; 4.13ss).

De nardo era el perfume con que una mujer (según Jn 12.3, María de Betania) ungió a Jesús en casa de Simón el leproso (Mc 14.3-9//). Su aroma era tan intenso que llenó toda la casa (Jn 12.3), y su precio se calculó en trescientos denarios o más. El adjetivo *pistikós* que usan Marcos y Juan para describir el nardo es de significado discutido: «genuino, no adulterado», «del pistacho», o «espica(-nardo)».

NARIZ Órgano de la respiración y el olfato. En la mentalidad hebrea no existía la idea del proceso respiratorio. La presencia del aliento en las fosas nasales estaba relacionada con la → VIDA (Gn 2.7; Job 27.3 → ALMA; ESPÍRITU, etc.). Cuando el aliento se exhalaba visiblemente se llamaba «humo» (Sal 18.8), y se relacionaba con la expresión de las emociones, principalmente de la ira (Gn 27.45; Job 4.9; Is 30.28). En el Antiguo Testamento «nariz» se emplea a menudo en sentido figurado: un viento tempestuoso se describe como «el soplo de tus narices» (Éx 15.8 RV-1909).

Los asirios solían poner argollas en las narices de sus cautivos para conducirlos a manera de animales (2 R 19.28; Job 41.2). Entre las mujeres orientales era costumbre colgarse sortijas de metales preciosos del cartígalo de las narices (Gn 24.22,47; Is 3.21).

NATÁN (*Él ha dado*). Nombre de nueve personas en el Antiguo Testamento.

1. Hijo de David y ascendiente de Jesucristo (2 S 5.14; Lc 3.31).

2. Padre de Igal (2 S 23.36).
3. Padre de Azarías (1 R 4.5).
4. Padre de Zabud (1 R 4.5).
5. Descendiente de Judá (1 Cr 2.36).
6. Hermano de Joel (1 Cr 11.38).
7. Enviado de Esdras (Esd 8.16).
8. Uno de los que se casaron con extranjeras en tiempos de Esdras (Esd 10.39).
9. Profeta amigo del rey David, notable por sus decisivas intervenciones durante el reinado davídico (2 S 7.2-17; 12.1-5). Cuando David comunicó a Natán su deseo de edificar una casa o templo para Dios (2 S 7), el profeta contestó con la revelación de Jehová: No sería David, sino uno de sus descendientes, quien construiría el templo (→ SALOMÓN).

Cuando David pecó (2 S 11), Dios envió a Natán para amonestarlo. El profeta utilizó una parábola como acercamiento logrando que David mismo declarara su propio castigo (2 S 12.1-12). Cuando por la muerte de David la casa de este se dividió y → ADONÍAS quiso usurpar el trono, de nuevo apareció Natán en acción. Aconsejó a → BETSABÉ en cuanto a la manera en que debía actuar frente a la crisis (1 R 1.11-14). Es Natán el que unge a Salomón como rey sucesor de David (1 R 1.39-45).

La institución de los levitas y de los músicos en la casa de Jehová emanó tanto de Natán como del rey David (2 Cr 29.25).

NATANAEL (en hebreo, *don de Dios*). Discípulo de Jesús, probablemente uno de los doce. Se menciona solo en Jn 1.45-51 y 21.2 y se le ha identificado con Bartolomé, nombre patronímico que aparece en la lista de los apóstoles después de Felipe (Mt 10.3; Mc 3.18; Lc 6.14). Era oriundo de Caná de Galilea y Felipe lo condujo a Jesús. Los dos compartían la esperanza mesiánica, pero al principio Natanael se mostró escéptico porque Jesús era de Nazaret. Al darse cuenta, sin embargo, del conocimiento profético que Jesús tenía de él, Natanael le exaltó con títulos de magnificencia. En respuesta, Jesús le prometió una visión, cual la de Jacob, en la que «el → Hijo del Hombre» sería el mediador entre el cielo y la humanidad. Más tarde Natanael vio a Jesús resucitado junto al mar de Tiberias (Jn 21.2).

NATURALEZA Término que generalmente traduce el vocablo griego *fysis*, que en su más amplio sentido designa la peculiaridad propia y nativa de cada ser. Cuando se habla de la naturaleza del hombre se alude a lo que el hombre tiene de por sí, en contraposición a lo que recibe de afuera, por educación o costumbre.

A menudo en el Nuevo Testamento el término se usa en este sentido general. En Gl 2.15 HA se habla de personas que son judíos por naturaleza y en Ro 11.24 de la planta que es olivo silvestre por naturaleza. Santiago 3.7 afirma que toda naturaleza de animales la ha domado la «naturaleza humana». Romanos 1.26,27 habla de prácticas sexuales que están en contra de la naturaleza humana (cf. 1 Co 11.14).

Sin embargo, naturaleza también se usa en sentido peyorativo en relación con el hecho de la maldad en el hombre. El pecado ha entrado al mundo y pervertido mortalmente la naturaleza de los hombres; por tanto, ahora son «por naturaleza hijos de ira» (Ef 2.3).

El Nuevo Testamento denomina «hombre natural» al hombre sin Cristo (1 Co 2.14), frase que transcrita sería «hombre síquico». Esta es la descripción del hombre en el nivel de los recursos exclusivos de su propia naturaleza, que no comprende ni acepta la revelación del evangelio. En contraste con el «hombre natural», deformado por el pecado, el Nuevo Testamento habla de un hombre nuevo que es ante todo Cristo en persona (Ef 2.15). Todo el que cree en Cristo es continuamente invadido por la imagen de Él, y es conformado a una nueva naturaleza restaurada (Ro 8.29; 2 P 1.4).

NAVES, BARCOS Embarcaciones que en los tiempos bíblicos se usaban para transportar cargamentos. Los judíos nunca fueron marineros. Para ellos, el mar era una peligrosa y temida barrera. Sin embargo, el Antiguo y el Nuevo Testamento contienen muchas referencias a los barcos y la navegación.

La primitiva navegación fluvial

Por haberse desarrollado las antiguas civilizaciones bíblicas en las cuencas del Tigris, el Éufrates y el Nilo, es natural que los primeros intentos de navegación conocidos se hicieran en estos caudalosos ríos, antiguos medios de comunicación. La población aprovechaba los papiros, cañas y juncos que crecían en las riberas; enlazaban los juncos fuertemente entre sí y los calafateaban con betún o asfalto para hacer botes (Éx 2.3). Los monumentos egipcios y los sellos y monedas de Mesopotamia dan una idea de las antiguas embarcaciones, especialmente barcazas para transportar personas (Is 18.2). Al mejorarse las rutas fluviales, las naves, pese a los materiales de construcción, llegaron a tener dimensiones considerables, e incluso se usaron como barcos de guerra entre Asiria y Babilonia.

La época de la navegación fenicia

A los egipcios no les gustaba el mar abierto, pero se atrevían a navegar por la costa de Palestina hasta llegar a → Fenicia, en busca de madera y otros materiales. Los fenicios, limitados a sus sierras y puertos, se

N

Modelo de navío mercante de la flota del rey Salomón (1 R 9.26).

Foto: Museo marítimo, Haifa

Modelo de una nave egipcia con un mástil doble descubierto en la tumba del faraón Sahure. Los egipcios usaron estas naves aproximadamente en el 2550 a.C.

vieron obligados a buscarse la vida en el Mediterráneo. Ezequiel conserva una magnífica descripción de las naves fenicias que llegaron a ser símbolo de → Tiro, tanto en su prosperidad como en su ruina. El profeta destaca la vasta extensión del comercio fenicio (Ez 27.12-29; cf. 3-9). Las frecuentes referencias a las «naves de Tarsis» en el Antiguo Testamento recuerdan el poderío marítimo de otros lugares, como → Quitim (Chipre) y → Tarsis (o bien de una región al sur de Cilicia, o de la región gaditana de España). Isaías consideraba estas flotas como símbolo del orgulloso poderío de los gentiles (Is 2.16; cf. Nm 24.24; Dt 28.68).

Las naves típicas de Tarsis solían tener la proa redonda y la popa adaptada a la acción de los dos grandes remos del timonel. Llevaban un mástil central, con vela cuadrada, dos bancos para los remeros, una superestructura de defensa contra las olas y la insignia de la divinidad protectora en la proa. Eran relativamente anchas para dar cabida a la carga y los pasajeros (Jon 1.3-5). Los barcos de guerra tenían proa aguda, con mayor eslora para hacerlos más veloces.

Los hebreos y la navegación

La costa de Palestina (hasta llegar al Carmelo en dirección norte) carece de puertos naturales, pues Jope solo fue habilitado artificialmente bajo los asmoneos, y Cesarea fue creación de Herodes.

Durante siglos esta costa la ocuparon los fenicios al norte y los filisteos al sur, ya que los israelitas habitaban las montañas del interior. En tiempos de los jueces, Aser y Dan apenas ya se asomaban a la costa (Jue 5.17). Para Israel, el mar solo llegó a tener importancia al consolidarse la monarquía, y entonces solo gracias a la alianza con Tiro y Sidón. Salomón había buscado riquezas en los mares del sur a través de su puerto en el mar Rojo. También → Ezión-geber (Elat, Aqaba) y, años después, Josafat quiso imitarle, pero fracasó (1 R 9.26ss; 10.22; 22.48ss).

Posiblemente los escritores del Antiguo Testamento conocieron el → mar solamente de lejos, generalmente como símbolo de intranquilidad y de dominio extranjero (Is 33.20-23); cf. la poética descripción de unos marineros en una tempestad del Sal

Modelo de una nave de transportar grano que los romanos usaron en el comercio.

107.23-32. «El rastro de la nave en medio del mar» evoca para el sabio proverbista la finitud del conocimiento humano frente a las cosas inexplicables, pero también le era símbolo de previsión y de abundancia (Pr 30.19; 31.14).

La navegación en el Nuevo Testamento

En los Evangelios hallamos frecuentes referencias a las barcas de pesca del → MAR DE GALILEA. Eran suficientemente grandes para acomodar al Maestro y sus doce discípulos a la vez, pero una carga excesiva de peces podía ponerlas en peligro de hundirse (Lc 5.7). Los pescadores impulsaban a remo sus barcas (Jn 6.19), pero en ocasiones utilizaban también la vela.

Viajando en los barcos costeros del este del Mediterráneo, el apóstol Pablo sufrió naufragio por lo menos cuatro veces (2 Co 11.25; Hch 27.39-44), lo cual subraya los riesgos de las rutas marítimas. El segundo barco de su viaje a Roma, cuando lo llevaban prisionero, era una «nave alejandrina» (Hch 27.6), dedicada a transportar trigo desde Egipto a Roma. De la gráfica narración de Lucas se deducen detalles de estas grandes naves; el número de personas, 276 entre tripulantes y pasajeros, indica un tamaño mediano, pues había mayores. Tal nave sería un tipo perfeccionado de la fenicia de hacía siglos, ya descrita, pero dispondría de trinquete y vela de foque para facilitar las maniobras.

N

Uso figurado de «nave»

Por no ser marítimo el pueblo hebreo, sus escritores hacen poco uso de las figuras relacionadas con el mar y las naves. Además de las figuras incluidas en la sección *Los hebreos y la navegación*, la inestabilidad del borracho también se compara con la de las personas embarcadas (Pr 23.31-34). En Heb 6.18ss la esperanza cristiana es como «ancla del alma» y en Stg 3.4 la lengua resulta ser más ingobernable que las grandes naves, pues estas obedecen al timón. Apocalipsis 18.12-18 hace eco de Ezequiel 27, pero en este pasaje los mercaderes y marineros lamentan el fin de Babilonia.

Bibliografía:
EBDM, «Navegación», col. 456-463.

NAVIDAD Natividad de Jesucristo. Aunque la fecha exacta del nacimiento del Señor se desconoce, la mayoría de los protestantes y católicos romanos celebran la Navidad el 25 de diciembre. Sin embargo, las iglesias ortodoxas orientales la celebran el 6 de enero, y la iglesia armeniana el 19 de enero. Se desconoce si la iglesia primitiva celebraba la Navidad e, incluso, en la actualidad hay grupos de cristianos que consideran que no debe celebrarse. La primera mención con que contamos de que se celebró la Navidad el 25 de diciembre data de los tiempos de Constantino, aproximadamente el 325 d.C.

NAZARENO Nativo de → NAZARET o perteneciente a esta ciudad. En Mateo, Juan y Hechos, a Jesús se le llama *nadzoraios*, mientras Marcos prefiere *nadzarenos* y Lucas vacila entre las dos formas, que son entonces equivalentes. El que le llamaran así se interpreta como un cumplimiento profético (Mt 2.23), ya que los hombres despreciarían al Mesías (en Is 11.1 se le llama «el vástago *neser* que retoñará de las raíces de Isaí», término hebreo que Mateo relaciona con *nazerat* que significa nazareno). Los jerosolimitanos menospreciaban a los nazarenos.

No solo el pueblo (Mt 21.11; Mc 10.47) y los demonios (Mc 1.24) reconocieron a Jesús como nazareno, sino también el ángel que anunció su resurrección (Mc 16.6). Inclusive, después de su resurrección, Jesús mismo se presentó a Saulo como «Jesús de Nazaret» (Hch 22.28). Después de la ascensión, a los cristianos también se les conocieron como nazarenos (Hch 24.5), principalmente en Siria. Algunos creen con Epifanio, padre eclesiástico, que el nombre nazareno se aplicó a una secta bautista precristiana que rechazaba los sacrificios, la Ley y la carne como alimento, pero la existencia de tal secta es hipotética.

Bibliografía:

J. Schmid, *San Mateo*, Herder, Barcelona, 1967, pp. 78-80.

NAZAREO (en hebreo, *separado* o *consagrado*. También se transcribe «Nazireo»). Persona (por lo general laica), que hacía un voto de dedicación especial a Jehová. Según Nm 6.1-21 el voto era temporal, pero parece que para algunos tenía carácter casi permanente. No se especifica el trabajo ni los deberes del nazareo, pero se entiende que debía dedicar su vida al servicio de Jehová.

El nazareo era asceta hasta cierto grado, pero no recluso ni célibe; vivía entre la gente y podía ser casado. Debía cumplir con tres requisitos:

1. Abstenerse de bebidas embriagantes y del vino o de cualquier producto derivado de la uva (Nm 6.4). Era carismático, pero debía recibir su inspiración del Espíritu Santo y no del estímulo artificial del vino (cf. Ef 5.18).

2. Dejarse crecer el pelo, señal principal de su consagración (Nm 6.5).

3. No tocar ningún cadáver, ni aun el de su ser más querido. No es evidente la razón de esta severa restricción, pero también se exigía al sumo sacerdote (Lv 21.11).

Se ha dicho que el nazareato existía en tiempos premosaicos, pero no hay pruebas claras (se alega que José era nazareo señalando Gn 49.26 y Dt 33.16 como indicio de ello). El primer ejemplo claro es el de Sansón (Jue 13.2-5; 16.17). Evidentemente Samuel también era nazareo (1 S 1.11; un manuscrito de 1 S 1.22 descubierto en Qumrán afirma que Samuel era «nazareo por todos los días de su vida»). Se ha conjeturado que el pelo largo de Absalón indicaba que había tomado el voto, pero la afirmación de que se cortaba periódicamente la cabellera (2 S 14.26) contradice esta conjetura.

Parece que había muchos nazareos en tiempos de Amós. El profeta acusa a los israelitas apóstatas de procurar hacerles apartarse de su voto sagrado (2.11ss). Después del cautiverio también había muchos según 1 Mac 3.49ss; Josefo: *Guerras* II xv. 1 y *Antigüedades* XIX. vi. 1.

El más famoso nazareo de la época novotestamentaria fue Juan el Bautista (Lc 1.15).

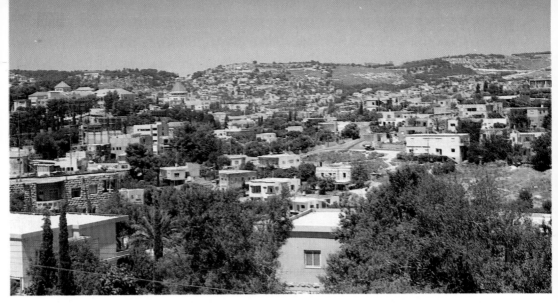

Foto de Howard Vos

La moderna Nazaret, sucesora de la aldea en la parte baja de Galilea en donde creció Jesús (Lc 2.39; 4.16,31-34).

Se ha conjeturado que el voto que hizo Pablo, relatado en Hch 18.18, fue el de nazareato. Era costoso el rito para liberarse del voto. Para ganarse el favor de los judíos en Jerusalén Pablo sufragó los gastos de cuatro personas que querían liberarse de un voto, que seguramente también fue el nazareato (Hch 21.23ss).

NAZARET (en hebreo quizás signifique, *torre de atalaya* o *retoño*; cf. Mt 2.23 e Is 11.1). Pequeña aldea donde Jesús se crió, conocida solo por los sucesos del Nuevo Testamento (Lc 2.4). Está situada en un bello valle en las estribaciones extremas del sur de la sierra del Líbano, donde estas descienden abruptamente a la llanura de Jezreel, o Esdraelón, a la mitad de la distancia entre el puerto de Haifa (al pie del Carmelo) y al extremo sur del mar de Galilea.

El hallazgo de tumbas encima del emplazamiento actual de Nazaret hace suponer que el pueblo antiguo estaba ubicado más arriba del pueblo moderno, a una altura de *ca.* 400 m. Hay fuentes en los dos emplazamientos. Las principales rutas que unían los grandes centros de Mesopotamia y Egipto pasaban por la llanura de Esdraelón, y de-sembocaban por el puerto de Meguido en la costa mediterránea cerca de Cesarea. Otras rutas hacia Fenicia y Damasco pasaban cerca, pero Nazaret no se hallaba en ninguna de ellas. De allí quizás surgió la idea de que Nazaret era un lugar atrasado, y sus habitantes eran conocidos por su espíritu independiente (cf. Jn 1.46). Se hallaban cerca del gran movimiento comercial de la región, pero no participaban en él.

Debido a la abundancia de rocas calíferas, el pueblo de Nazaret se destaca hasta hoy por la blancura de sus casas. Es posible divisarlo desde los peñascos circundantes y dominar toda la llanura, en un panorama que se extiende desde los montes de Basán hasta el Mediterráneo. El monte tradicionalmente llamado «de la precipitación» no corresponde al de Lc 4.29, y el único rasgo físico identificable hoy es la llamada Fuente de María.

Nazaret fue el pueblo de María (Lc 1.26-38, la anunciación) y probablemente de José. Después de la huida a Egipto, este llevó a María y al niño Jesús a Nazaret, lejos de los peligros de Judea (Mt 2.19-23). De la subsiguiente residencia de casi treinta años en Nazaret (Lc 2.39,51ss; Mt 2.23) surgió la

N

costumbre de llamar nazareno a Jesús. Desde allí comenzó su vida pública (Mt 4.13; Mc 1.9), aunque sus coterráneos sintieron desagrado (Mc 6.1-6//) y hasta hostilidad (Lc 4.16-30) por su ministerio.

La historia siguiente de Nazaret, su forma actual y la composición de la población, las han definido notablemente las Cruzadas, la ocupación musulmana y el afán de apropiarse «lugares sagrados».

NEÁPOLIS Pueblo de Macedonia que servía de puerto a la ciudad de → FILIPOS, la cual estaba ubicada 16 km al norte. Puesto que Neápolis se hallaba en una península angosta, con una bahía a cada lado, realmente tenía dos puertos. Pablo llegó a Neápolis en su segundo viaje misionero (Hch 16.11). Es posible que lo visitara de nuevo en su tercer viaje (Hch 20.1-6).

NEARÍAS (*siervo de Jehová*). Nombre de dos hombres en el Antiguo Testamento.

1. Hijo de Semaías, descendiente de David (1 Cr 3.22-23).

2. Hijo de Isi, de la tribu de Simeón, que sirvió como militar en tiempos del rey Ezequías de Judá (1 Cr 4.42).

NEBAIOT Primogénito de Ismael (Gn 25.13; 1 Cr 1.29), y hermano de Mahalat y Basemat, mujeres de Esaú (Gn 28.9; 36.3). Unos descendientes suyos se establecieron en Arabia y se dedicaron a la crianza de carneros (Is 60.7). Posiblemente se les pueda identificar con los → NABATEOS de que habla la historia profana posterior.

NEBO (*elevación*). Nombre de dos ciudades, una montaña, un hombre y un dios pagano en el Antiguo Testamento.

1. Dios de los babilonios (Is 46.1), considerado el dios del conocimiento. Lo adoraban también los antiguos árabes, y su culto estaba muy generalizado entre los caldeos y los asirios. Prueba de ello es que su nombre forma parte de muchos nombres propios en la Biblia; por ejemplo, Nabucodonosor,

Nabuzaradán, Nabusarbán (Jer 39.9,13; 48.1), Naboned, Nabonasar, Nabopolasar, etc.

2. Montaña de Moab desde donde Moisés vio a lo lejos la tierra prometida y en donde también murió. Está en la cordillera de → ABARIM, frente a Jericó (Nm 27.12; Dt 32.49; 34.1). Jebel Neba, monte de poca prominencia 10 ó 12 km al este de la desembocadura del Jordán en el mar Muerto, es el punto reconocido por la tradición cristiana como el monte Nebo. Sin embargo, Jebel Osa, un monte más alto que está frente a Jericó, se ajusta mejor a los datos bíblicos (Dt 34.1,2).

3. Ciudad de Judá (Esd 2.29; 10.43; Neh 7.33).

4. Antepasado de siete israelitas que se divorciaron de sus esposas paganas después de la cautividad (Esd 10.43).

5. Ciudad de Rubén (Nm 32.3,38), tomada por los moabitas, quienes todavía la poseían en tiempo de Jeremías (Is 15.2; Jer 48.1,22).

NECAO Segundo Faraón de la dinastía XXVI de Egipto, hijo de Sammético, fundador de esa dinastía. Necao se distinguió por su interés en el comercio y la navegación. Sus marinos circunnavegaron el África, y sus ingenieros intentaron abrir un canal que fuera desde el mar Rojo hasta → PIBESET en el Nilo. La importancia de Necao en la historia bíblica está en la campaña militar con la que trató de socorrer a los asirios contra los babilonios y a la vez restablecer el poderío egipcio sobre Palestina y Siria.

Tras tomar a Gaza (Jer 47.1) y a Ascalón (Jer 47.5), Necao se dirigió a → CARQUEMIS, pero en el camino se le interpuso el rey → JOSÍAS con sus ejércitos. Derrotado y herido en la batalla de → MEGUIDO, Josías fue llevado a Jerusalén, donde murió. El pueblo entonces tomó por rey a Joacaz, pero Necao lo depuso y colocó en su lugar a Eliaquim, a quien dio el nombre de → JOACIM. Este sirvió a Necao pagándole los tributos que el faraón requería (2 R 23.29-35; 2 Cr 35.20–36.4). Sin embargo, la aventura de Necao en el Asia no duró mucho, pues poco después → NABUCODONOSOR lo derrotó en Carquemis (Jer 46.2).

NECIO Persona que no ordena su vida en el temor del Señor (Pr 1.7). Sus características son opuestas a las del sabio (→ SABIDURÍA). Los vocablos hebreo y griego indican, más que un bajo nivel de inteligencia, unas actitudes contrarias a la sabiduría que emana de Dios y que se revela por su Palabra. El necio manifiesta perversidad moral (Sal 107.17; Pr 13.19; 14.9), confía en sí mismo (Pr 14.16; 28.26), desdeña la revelación divina y finge ser «ateo» para echar a un lado a Dios (Sal 14.1; Ro 1.21,22), multiplica palabras sin sentido (Pr 15.2,14) y acumula riquezas sin calcular la brevedad de la vida (Jer 17.11; Lc 12.20).

Frente a los hermanos en Corintio que querían subordinar el evangelio a la sabiduría de este mundo, Pablo exhorta: «Si alguno ... se cree sabio según este mundo, hágase necio para llegar a ser sabio» (1 Co 3.18 BJ). La solemne advertencia del Señor contra el pecado de llamar «necio» al hermano (Mt 5.22) apunta al desprecio del hombre hecho a imagen de Dios.

NEFISESIM Ascendiente de una familia de sirvientes del templo, que volvieron de la cautividad con Zorobabel (Neh 7.52). Esta familia quizás sea la misma llamada Nefusim en Esd 2.50.

NEFTALÍ (*mi lucha*). Nombre de un hombre, una tribu y un territorio en la Biblia.

1. El sexto hijo de Jacob y el segundo con Bilha (sierva de Raquel; Gn 30.7,8). Con sus cuatro hijos entró en Egipto con el resto de la familia de Jacob (Gn 46.24), quien antes de su muerte lo comparó a una «cierva suelta» (Gn 49.21).

2. Tribu formada por la descendencia de Neftlí (Gn 49.28), con cuatro familias principales (Nm 26.48-50; 1 Cr 7.13). Tuvo su parte entre las otras tribus, participó en los sucesos del desierto (Nm 1.15; 2.29,30; 7.78; 13.14, etc.), y Moisés la llamó «llena de la bendición de Jehová» (Dt 33.23). Después de la entrada a Canaán, la tribu de Neftalí no expulsó a los cananeos de su tierra (Jue 1.33).

Entre sus personajes destacados figuran: Barac (Jue 4.6), quien participó juntamente con sus paisanos en la batalla contra → SÍSARA (Jue 5.18); Ahimaas, gobernador, yerno de Salomón (1 R 4.15); e Hiram, quien hizo los artículos de bronce para el templo de Salomón (2 R 7.13-45; 2 Cr 4.11-16). Entre los de Neftalí también había partidarios de David y lo apoyaron durante su reinado en Hebrón (1 Cr 12.23,34; cf. Sal 68.27).

3. Territorio fértil al oeste del mar de Galilea y del río Jordán, y al este de las tierras de Zabulón y Aser. Josué lo cedió a la tribu de Neftalí (Jos 19.32-39).

En la tierra de Nefatlí se encontraban una ciudad de refugio (Cedes, ciudad de Barac, Jos 20.7; Jue 4.6), y tres ciudades levitas de los hijos de Gersón (Jos 21.32; 1 Cr 6.76), además de la gran ciudad de Hazor (Jos 11.10; Jue 4.2) y otras muchas menos importantes.

El territorio de Neftalí lo conquistó (*ca.* 885 a.C.) → BEN-ADAD I, rey de Siria (1 R 15.20; 2 Cr 16.4). Isaías hace referencia (9.1) a la captura de Neftalí y sus habitantes (734 a.C.) por → TIGLAT-PILESER, rey de los asirios (cf. 2 R 15.29), y profetiza un futuro glorioso para la región. Jesús habría de iniciar en ella, siglos más tarde, su ministerio público (Mt 4.12-17).

NEFTOA Manantial que corría cerca de la frontera de los territorios de las tribus de Benjamín y Judá (Jos 15.8,9; 18.14-16). Punto de referencia muy importante para la demarcación de los límites ordenados por Josué al dividir Palestina entre las doce tribus.

NEFUSIM Padre de una familia de sirvientes del templo (Esd 2.50; → NEFISESIM).

NEGINOT (en hebreo, *música de instrumentos de cuerda*).

Término que aparece en los títulos de los salmos 4, 6, 54, 55, 61, 66, 67, 76, y en el texto de Hab 3.19. Al parecer, indicaba un acompañamiento de → ARPA.

N

Foto de Howard Vos

Familia beduina con sus rebaños se mueve lentamente a través del Neguev, el área desértica del sur de Palestina.

NEGUEV (en hebreo, *seco*). Región árida al sur de Judea. Por encontrarse el Neguev al sur donde vivían la mayoría de los judíos, esta palabra llegó a ser sinónimo de «sur».

El límite norte del Neguev era más o menos una línea tirada desde Gaza hasta el extremo sur del mar Muerto pasando por Beerseba. Se extiende hacia el sur en forma de triángulo con su punta en el extremo norte del golfo de Aqaba.

El agua escasea en el Neguev, pues la lluvia anual varía de 18 cm en el norte hasta 2 cm en el sur. Por tanto, solamente algunas zonas son cultivables, y esto solo a base de complejos sistemas para conservar el agua.

Las investigaciones arqueológicas revelan que en ciertas épocas el Neguev sostenía una considerable población, en parte sedentaria. Los patriarcas vivieron en una de tales épocas. Se cree que Abraham y sus acompañantes atravesaban el Neguev con caravanas de asnos por las rutas comerciales que conducían a Egipto. Quizás cultivaban cebada temporalmente. Es evidente que Isaac se dedicaba al cultivo de granos (Gn 26.12-14).

Entre los siglos XIX y XIII a.C. había poca población en el Neguev, y esta era principalmente nómada. El Antiguo Testamento menciona varias tribus nómadas habitantes de la región: amalecitas, ceneos, madianitas, ismaelitas, etc. Cuando los peregrinos israelitas pasaron por el Neguev rumbo a la tierra prometida se enfrentaron con algunas de ellas.

David se valió de lo accidentado del terreno del Neguev para planear los asaltos que le dieron cierto prestigio delante de → AQUIS en el tiempo en que huía de Saúl (1 S 27.5-10). En el Neguev se han encontrado restos de aldeas y fortalezas construidas por → SALOMÓN y otros reyes de Judá para desarrollar y proteger los recursos minerales del área y para mantener las rutas de comercio. Salomón mantenía mucho comercio marítimo por el puerto de → EZIÓN-GEBER (1 R 9.26-28) y minas de cobre en el → ARABÁ.

En el siglo VI a.C., los idumeos (→ EDOM) ocuparon parte del Neguev; así comenzó la historia de *Idumeán*, término griego que significa «Nueva Edom». Y desde el siglo II a.C. el Neguev fue escenario de la civilización nabatea.

Los ascetas de varias épocas hallaron en el Neguev los sitios propicios para sus retiros temporales y permanentes. Allí se refugiaron hasta que cayeron sobre el Neguev las invasiones musulmanas. Desde estas invasiones del siglo VII d.C. el Neguev ha sido un desierto. Sin embargo, uno de los mayores logros del Israel moderno ha sido el aprovechamiento de zonas desérticas, como las del Neguev, gracias al empleo de ingeniosos sistemas de riego. De ahí que lograran convertir en vergeles muchas de esas tierras.

En excavaciones hechas en el Neguev se han descubierto importantes documentos escritos en papiro: fragmentos del Antiguo Testamento, leyendas cristianas, contratos comerciales, etc.; se conservaron debido a lo seco del terreno.

NEHEMÍAS (*el Señor es consolación*). Nombre de tres personajes del Antiguo Testamento:
1. Líder judío que regresó de la cautividad con Zorobabel (Esd 2.2; 7.7).

2. Hijo de Azbuc que fue gobernador de la ciudad de Bet-sur (Neh 3.16). Al regresar de la cautividad ayudó en la reparación de las murallas de Jerusalén.
3. Gobernador de Jerusalén que dirigió la reconstrucción de las murallas de la ciudad y reorganizó la comunidad en los días que siguieron al cautiverio (Neh 1.1; 8.9; 10.1; 12.26, 47; → ESDRAS-NEHEMÍAS, LIBRO DE; NEHEMÍAS, LIBRO DE).

NEHEMÍAS, LIBRO DE Libro histórico del Antiguo Testamento que describe la reconstrucción de las murallas de Jerusalén. Toma el nombre de su personaje principal, un judío, funcionario de un rey persa, que organizó y dirigió el proyecto de reconstrucción.

Estructura del libro

Mientras servía como copero del rey de los persas (→ ARTAJERJES I, 465–424 a.C.; Neh 1.11), recibió noticias del estado lamentable en que se hallaba Jerusalén, la ciudad de sus antepasados, y resolvió poner fin a dicha situación. Pidió la dirección de Dios (Neh

Sección excavada del muro que Nehemías construyó en Jerusalén después que el pueblo judío regresara del cautiverio en Babilonia.

Foto: Servicio fotográfico Levant

NEHEMÍAS:
Un bosquejo para el
estudio y la enseñanza

**Primera parte: La
reconstrucción de la
muralla (1.1—7.73)**

**Segunda parte: La
restauración del pueblo
(8.1—13.31)**

I. **Preparación para reconstruir la muralla . . . . 1.1—2.20**
   A. Descubrimiento de la muralla derrumbada . . . 1.1-3
   B. Intercesión de Nehemías . . . . 1.4—2.8
   C. Llegada de Nehemías a Jerusalén 2.9-11
   D. Preparación para reconstruir la muralla . . . 2.12-20
II. **Reconstrucción de la muralla . . . . 3.1—7.73**
   A. Registro de los constructores 3.1-32
   B. Oposición a la reconstrucción . . . . 4.1—6.14
   C. Se termina la reconstrucción 6.15-19
   D. Organización de Jerusalén 7.1-4
   E. Registración de Jerusalén. 7.5-73

I. **Renovación del pacto . . . . 8.1—10.39**
   A. Interpretación de la Ley 8.1-18
   B. Reafirmación del pacto . . . . 9.1—10.39
II. **Obediencia al pacto. . . . . 11.1—13.31**
   A. Restablecimiento del pueblo. 11.1-36
   B. Registro de los sacerdotes y los levitas 12.1-26
   C. Dedicación de la muralla de Jerusalén . . . 12.27-47
   D. Restauración del pueblo. 13.1-31

1.4-11) y el permiso del rey (2.1-4) antes de iniciar la empresa. Después de llegar a la ciudad, allá por el 444 a.C., recorrió las murallas bajo las sombras de la noche, a fin de planear el inicio de la reconstrucción (2.11-16). En seguida presentó el problema a los habitantes de la ciudad, y los invitó a colaborar en la obra (2.17,18).

El pueblo participó gozosamente en tan importante labor. El trabajo del muro se dividió en tal forma que cada familia debía edificar una parte en un tiempo determinado (Neh 3.1-23). A pesar de ser el líder supremo de la obra, Nehemías reconstruyó la parte que le correspondió (Neh 5.16).

Los enemigos no tardaron en hacer sentir su oposición (Neh 4.1-3). Entre las precauciones que Nehemías tomó contra los adversarios estuvo la organización de un ejército para la defensa de los trabajadores (4.16). Como la oposición fue tan intensa, se dispuso que los trabajadores llevaran en una mano los materiales de construcción y en la otra la espada para la defensa (4.17). Además, se les instó a permanecer alerta para cualquier ataque sorpresivo, por lo cual dormían vestidos con sus ropas de trabajo (Neh 4.23).

Con la ayuda de Esdras, se leyó públicamente el libro de la Ley (Neh 8.1-18), se hizo confesión de pecados y se firmó un pacto prometiendo guardar celosamente la Ley del Señor (9.1–10.39). La dedicación del muro fue un acontecimiento jubiloso (12.27-43), y después de reedificar también algunas casas (7.4), Nehemías regresó a Babilonia, en 433 a.C. (13.6). Posteriormente volvió a Jerusalén, donde introdujo reformas sociales y religiosas.

Autor y fecha

Al aparecer originalmente en hebreo, Nehemías estaba conectado con los dos libros de Crónicas y Esdras. Todo era un solo libro (→ CRÓNICAS, LIBROS DE; ESDRAS-NEHEMÍAS, LIBRO DE). Su propósito era mostrar cómo la bendición de Dios sostuvo al su pueblo al regresar de la cautividad.

La mayoría de los eruditos conservadores, sin embargo, creen que Nehemías escribió algo del material que aparece en el libro que lleva su nombre. Es la única explicación lógica a los capítulos 1–7 y 11–13, que están escritos en primera persona como un informe de Nehemías. Pero Esdras pudo bien haber tomado esto del diario personal de Nehemías.

Nehemías debe figurar en la lista de los grandes reformadores sociales. Al darse cuenta de las injusticias cometidas por los explotadores de los pobres, se enojó en gran manera (Neh 5.6) y reprendió severamente a los ricos. Convocó una asamblea (5.7) e hizo devolver a sus legítimos dueños las posesiones mal adquiridas (5.11,12). En todo esto, Nehemías actuó sin violencia y procuró convencer a unos y a otros por medio de explicaciones claras y súplicas sinceras (5.11). Además, fue un hombre sumamente desinteresado; renunció al salario que le correspondía como gobernante y jefe (5.14). Con frecuencia suspendía sus labores para dedicarse a la oración (1.5-11; 2.4; 4.4,9, etc.).

En cuanto a la fecha en que se escribió, lo más probable es que fuera alrededor del año 445 a.C. (→ ESDRAS-NEHEMÍAS, LIBRO DE).

Marco histórico

El libro de Nehemías se desarrolla en el importante período de la historia de Israel que siguió al regreso a Palestina en 538 a.C. tras setenta años de cautividad en Babilonia y Persia. Al principio había todo el entusiasmo del regreso y la posibilidad de restaurar parte del pasado y comenzar de nuevo. Pero el trabajo había sido arduo y lento, y las condiciones de vida no eran las mejores. Los enemigos a veces se aprovechaban de los aprietos que sobrevenían. Estas fueron las desesperadas circunstancias que movieron a Nehemías a regresar a Jerusalén para animar a sus compatriotas.

Aporte a la teología

Nehemías es un ejemplo vivo de un líder valiente e ingenioso. A pesar de miles de dificultades, alentó al pueblo a ponerse a trabajar (2.18). Lo rápido que terminaron la reconstrucción de los muros ha sido una inspiración para los creyentes a través de los siglos que han tenido que emprender tareas de titanes para la gloria de Dios.

Nehemías también nos enseña que la oración es de vital importancia para los seguidores de Dios. En momentos de gran dificultad, Nehemías oró en busca de dirección divina (1.5-11; 2.1-20; 4.1-14; 6.9-14), como debemos hacerlo nosotros cada vez que estemos frente a una decisión importante o una encrucijada.

Otros puntos importantes

Los eruditos han debatido quién regresó primero a Jerusalén, si Nehemías o Esdras. Pero la Biblia dice claro que Esdras llegó como trece años antes que Nehemías. Esdras regresó a Jerusalén en el séptimo año del rey Artajerjes (Esd 7.8), mientras que Nehemías regresó en el vigésimo año de ese rey (Neh 2.1). El debate surge porque el relato del avivamiento que presidió Esdras aparece como los capítulo 8–10 de Nehemías.

Quizás hay una explicación simple. Se incluyó allí para enfatizar la verdad de que la reconstrucción de la Ley de Dios en el corazón del pueblo era aun más importante que reconstruir las paredes de piedra que rodeaban la capital judía.

N

NEHILOT Término que aparece únicamente en el título del Salmo 5. La LXX, la Vulgata y Lutero lo traducen «herencia», relacionándolo con cierta raíz hebrea y con el contenido del salmo mencionado. Pero Nehilot parece más bien significar «perforado» y referirse así a flautas o a ciertos instrumentos de viento que acompañaban el canto del salmo (→ MÚSICA).

NEHUSTA Esposa de Joacim rey de Judá, y madre de Joaquín. Nabucodonosor la llevó cautiva a Babilonia en 597 a.C. Jeremías la llama «la reina» (2 R 24.8,12,15; Jer 13.18; 29.2).

NEHUSTÁN (en hebreo, *pedazo de bronce*). Nombre dado a la serpiente de bronce que hizo Moisés (Nm 21.4-9) y que más tarde la convirtieron en ídolo (2 R 18.4). Si Ezequías le dio este nombre (como se traduce en la LXX y en la RV), fue un término de desprecio. Pero si el pueblo la llamaba comúnmente Nehustán (el texto masorético puede traducirse así), es posible que fuera el nombre de un dios-serpiente de Canaán con el que los israelitas idólatras identificaban la serpiente de bronce: en tal caso Nehustán significaría «la gran serpiente». Tal vez → NEHUSTA, madre del inicuo rey Joaquín (2 R 24.8), llevaba ese nombre en honor a su dios.

NEÓFITO Persona recién convertida (1 Ti 3.6).

NER Miembro de la tribu de Benjamín, padre de Abner el comandante del ejército de Saúl (1 S 26.5,14). Algunos lo han considerado tío o abuelo de Saúl, basándose en 1 S 14.50. Parece haber tenido alguna relación familiar con Saúl.

NEREO Cristiano saludado, juntamente con su hermana, en Ro 16.15. El orden de los nombres en el versículo parece indicar que → FILÓLOGO y Julia eran padres de los dos y también de Olimpas. El saludo («todos los santos con ellos») da a entender que había una iglesia que se reunía en la casa de Filólogo. Nereo era uno de los muchos cristianos que retenían nombres paganos después de su conversión (cf. → FEBE, v. 1, y → HERMES, v. 14).

NERGAL Dios sumerio y babilónico cuyo centro de adoración era la ciudad de Cuta. Esta la construyeron, según 2 R 17.30, los colonos de Cuta que fueron trasladados a las ciudades de Samaria. Nergal se asociaba originalmente con el sol en su aspecto quemante, y era el dios de la guerra, la caza y las plagas e importante como dios temible del reino de los muertos.

NERGAL-SAREZER Príncipe de Nabucodonosor que participó junto con Nabuzaradán en la administración de la Jerusalén conquistada (Jer 39.3,13). Probablemente el v. 3 indica dos personas con el nombre Nergalsarezer. Una inscripción babilónica de altos

Busto de Nerón, cruel emperador del Imperio Romano, cuya administración se distinguió por la persecución de los cristianos.

oficiales en la corte menciona a Nergal-sarezer (cuyo puesto es) *Samgar*; Nebo-sarsequim (cuyo puesto es) *Rabsaris*; y Nergal-sarezer (cuyo puesto es) *Rabmag*. El texto de Jer 39.3 puede leerse así también. El primer Nergal-sarezer bien puede ser el mismo al que la historia conoce como Neriglisar, quien se casó con la hija de Nabucodonosor y, tras asesinar a su cuñado Evil-merodac, se convirtió en rey de Babilonia.

NERÓN Quinto emperador de Roma (54-68 d.C.). Nació en 37 d.C. y su madre Agripina, que se había casado con el emperador Claudio (49 d.C.), logró persuadir a este de que adoptara a Nerón como hijo. Cuatro años más tarde murió Claudio, sin duda envenenado por Agripina, y Nerón subió al poder.

Empezó su reinado cuando tenía apenas diecisiete años, bajo la tutela de su madre, el filósofo Séneca y el pretor Burrus, y gobernó bien durante los primeros años. Nerón es el emperador al que Pablo se refiere en Hch 25.8,12; 28.19; Ro 13.1-7; Flp 4.22.

Por el año 59, cansado de su vida protegida, y animado por su amante Popea, Nerón mandó asesinar a su propia madre e inició una vida de desenfreno, disolución y locuras que lo convirtieron en el monstruo que pinta la historia. Se suicidó en 68 d.C., en medio de una rebelión popular, y así terminó su dinastía.

Adquirió fama por el incendio de Roma en 64 d.C., acto del que Nerón mismo fue culpable aunque culpó a los cristianos, por sugerencias de su amante Popea, quien era projudía. Nerón inició una cruenta persecución que el historiador Tácito ha descrito. A algunos cristianos los envolvían en pieles de animales y los arrojaban a los perros, y otros a las fieras en el anfiteatro, para diversión de los miles de espectadores. Otros fueron crucificados. Y en el colmo de la crueldad, Nerón empapó a algunos cristianos con materiales inflamables, los ató en postes y luego los encendió para alumbrar sus jardines, mientras él paseaba en su carro triunfal entre estas antorchas humanas.

Esta fue la primera persecución imperial contra los cristianos. Hay referencias a ella en 1 P y 2 Ti. La tradición enseña que → Pedro y → Pablo sufrieron el martirio durante esta persecución, cuyo terror ha dejado huellas también en → Apocalipsis. Después de muerto Nerón surgió la leyenda de que él volvería a vivir (cf. Ap 13.3,12,14) y Juan en Patmos ve en tal seudorresurrección las marcas del → Anticristo. Posiblemente el número de la → bestia (Ap 13.17ss) sea otra alusión a Nerón.

Hacia el fin del reinado de Nerón (66 d.C.), los judíos en Palestina se rebelaron. Entonces él procuró sofocar la rebelión, pero no pudo. No obstante, dos años después de su muerte, Roma triunfó cuando Tito, hijo del emperador Vespasiano (70 d.C.), destruyó Jerusalén.

Bibliografía:
Comblin, *Cristo en el Apocalipsis*, Herder, Barcelona, 1969, pp. 137-155.

NETANÍAS Nombre de cuatro hombres en el Antiguo Testamento.

1. Hijo de Elisama y padre de Ismael, de la familia real de David (2 R 25.25).

2. Cantor principal durante el reinado de David (1 Cr 25.2,12).

3 Levita que el rey Josafat envió a las ciudades de Judá a enseñar la Ley (2 Cr 17.8,9).

4. Padre de Jehudi (Jer 36.14).

NICANOR (en griego, *vencedor de hombres*). Nombre de dos personajes.

1. General sirio enviado a pelear contra los judíos en la época macabea (1 Mac 3.38).

2. Judío helenizado, escogido como uno de los siete → DIÁCONOS para ayudar en la asistencia caritativa de la iglesia en Jerusalén (Hch 6.1-6).

NICODEMO (nombre griego que significa *conquistador del pueblo*). Judío de la secta de los fariseos que solo se menciona en Juan. A pesar de ser «jerarca de los judíos» (miembro del → SANEDRÍN) y «maestro de Israel», Nicodemo fue a hablar con Jesús (Jn 3.1-21) intrigado por las señales que este hacía. El hecho de llegar de «noche» sugiere su temor de la opinión pública y la oscuridad espiritual de muchos líderes judíos. La repetición de «¿Cómo?» en su diálogo con Jesús subraya su incomprensión de las metáforas espirituales de Jesús. La sinceridad de Nicodemo, sin embargo, como representante de los inquisitivos, no se pone en tela de juicio (cf. Jn 2.23ss), y provocó que Jesús pronunciara algunas de las más bellas palabras acerca del evangelio.

Posteriormente Nerón (Jn 7.50ss) aparece como simpatizante cauteloso de Jesús cuando llevaron a este ante el tribunal. La última referencia a este maestro de la Ley aparece en Jn 19.39ss, donde Juan afirma que en la sepultura de Jesús, Nicodemo se adelantó con su provisión generosa de más de 30 kg de mirra y áloes. Ayudado por → JOSÉ DE ARIMATEA, envolvió el cuerpo de Jesús con la cantidad citada de especias y luego con lienzos perfumados.

N

Muchas leyendas han surgido en torno a Nicodemo (→ Apócrifos del Nuevo Testamento). Algunos comentaristas conjeturan que es el Nacdimón ben Gorión mencionado en el → Talmud.

NICOLAÍTAS Seguidores de un tal Nicolás, cuyas obras y enseñanzas en las iglesias de Éfeso (Ap 2.6) y de Pérgamo (Ap 2.15ss) fueron condenadas. Puesto que la misma inmoralidad e idolatría aparecen en la iglesia de → Tiatira (Ap 2.20-25), es probable que esta secta herética existiera allí también (→ Jezabel). Sus enseñanzas (componendas con las prácticas paganas, que permitían a los cristianos participar en algunas actividades inmorales) parecen paralelas a las de → Balaam, con cuyo nombre algunos tratan de emparentar a Nicolás (en griego, *conquistador del pueblo*). Algunas referencias en Ireneo, Tertuliano y Clemente sugieren que los nicolaítas continuaron como secta gnóstica hasta el 200 d.C.; los primeros dos identifican al fundador como → Nicolás de Antioquía (Hch 6.5), pero sin base adecuada.

NICOLÁS (en griego, *conquistador del pueblo*). Uno de los siete (→ Diácono) que la iglesia de Jerusalén eligió·para supervisar la distribución de alimentos y bienes comunes (Hch 6.5). Como prosélito de Antioquía, es ejemplo de cómo había prosperado el evangelio entre los de la periferia del judaísmo. Es improbable que Nicolás apostatara y fundara la secta de los → nicolaítas.

NICÓPOLIS (en griego, *ciudad de la victoria*). Lugar donde Pablo invernó (Tit 3.12). Por lo menos tres ciudades llevaban este nombre en aquella época: una en Cilicia, otra en Tracia y otra que era capital de Épiro, región en la costa occidental de la península de Grecia. Pablo seguramente se refiere a la última, ciudad que se hallaba cerca de la boca del golfo de Ambraciano. Esta fue fundada por César en recuerdo de su victoria decisiva sobre Marco Antonio (31 a.C.) en Accio, ciudad situada cerca de allí.

Sus extensas ruinas testifican de su antigua magnificencia.

NIDO Lecho que forman las aves para criar sus polluelos (Dt 22.6,7). En la Biblia «nido» se emplea para simbolizar seguridad y consuelo. Los altares de Dios son para el hombre un refugio, como el nido para la paloma y la golondrina (Sal 84.3,4). De los orgullosos se dice que ponen en alto su nido, como las águilas (cf. Is 34.15). El hombre desterrado es como pájaro sin nido (Pr 27.8).

Jesús expresó gráficamente su pobreza de predicador ambulante al contrastar su falta de lecho con la provisión de nidos que tienen los pájaros (Lc 9.58).

NIEVE Es rara en la Tierra Santa. Cae en las regiones montañosas (Sal 68.14) unas tres veces en el año como promedio, y a veces alcanza parte de las tierras bajas (2 S 23.20). Se desconoce a lo largo de la costa y en el valle del Jordán. La Biblia solo registra una nevada (2 S 23.20), y otra se menciona en los libros apócrifos (1 Mac 13.22). Por su altura, las cumbres del Líbano y del Hermón están permanentemente cubiertas de nieve (Jer 18.14) y son visibles desde lejos. En Pr 25.13 posiblemente se alude al uso de bebidas frías para los segadores, hechas con nieve traída de las montañas.

Se suponía que la nieve tenía efectos limpiadores (Job 9.30) y, por su blancura, se usaba como símbolo de pureza (Dn 7.9; Mt 28.3; Ap 1.14) y aceptación del pecador arrepentido (Sal 51.7; Is 1.18).

La nieve, como todos los fenómenos naturales en el pensamiento bíblico, es dada y controlada por Dios (Job 37.6; 38.22; Sal 147.16).

NILO Uno de los ríos más largos del mundo, con 6.966 km de longitud desde sus fuentes en la zona ecuatorial de África hasta su desembocadura en el mar Mediterráneo. Forma una cuenca de 2.800.000^2.

El Nilo, en sentido exacto, empieza con la confluencia en Jartum o Kartum (la actual capital de la República de Sudán) de dos grandes corrientes: el Nilo Blanco y el Nilo Azul. El Nilo Blanco nace en las fuentes del río Kagera en Burundi. El Kagera desemboca en el lago Victoria, que a su vez da nacimiento al Nilo Victoria, que entra en el lago Alberto. De allí pasa por los vastos pantanos de Sudd, al sur de Sudán, donde recibe varios afluentes. Luego, el río recibe el nombre de Nilo Blanco hasta unirse en Kartum con el Nilo Azul, que nace cerca del lago Tana en Etiopía.

Desde aquel punto el Nilo corre siempre al norte, con excepción de una inmensa curva hacia el oeste. Recibe su último afluente, el río Atbara, unos 320 km al norte de Kartum, y corre desde Kartum hasta Asuán (→ Sevene) encerrado en un valle que atraviesa la región de Nubia, en donde forma seis cataratas profundas. Continúa hacia el norte a todo lo largo de Egipto, trayecto de unos 800 km, hasta El Cairo. Allí se divide en varios brazos para formar el célebre delta antes de desembocar en el mar Mediterráneo. En tiempos antiguos el Nilo tenía siete bocas, pero ahora los únicos canales navegables son Rosetta y Damieta.

Este antiguo nilómetro, usado para medir la altura alcanzada por la crecida del río Nilo, se encontró en la isla Elefantina en Asuán, Egipto.

Foto de Howard Vos

Desde tiempos antiguos el Nilo ha sido factor determinante para la economía, cultura y política de → Egipto. El angosto valle (de 5 a 25 km de ancho), bordeado por desiertos, mantuvo a los egipcios en cierto aislamiento, lo que les permitió desarrollar su propia cultura. A la vez el Nilo ha servido como arteria de navegación y suministrador de pesca para el pueblo.

Una vez al año el Nilo se desborda y deposita sobre la tierra el fértil limo negro que hace posibles las cosechas y forma los pantanos donde crece el papiro. Además, ha influido mucho sobre el calendario y la religión. En realidad, la existencia de Egipto depende del Nilo, pues sin este río y sus inundaciones anuales, no sería más que un desierto.

Las grandes lluvias que caen en marzo y abril en la zona ecuatorial alimentan los manantiales del Nilo e inician su crecimiento. El Nilo comienza a crecer en Egipto como a mediados de junio y continúa aumentando por todo el mes de julio. En agosto se desborda, y llega a su más alto nivel a principios de septiembre en Asuán y a principios de octubre en El Cairo. La inundación continúa durante octubre y no es sino hasta el fin del mes cuando el Nilo vuelve a sus márgenes normales. Al retirarse las aguas, dejan una capa de tierra de aluvión muy fértil; de este modo no solo riegan las tierras de Egipto, sino también las fertilizan con el mejor de los abonos. Cuando bajan las aguas, el labrador solo tiene que sembrar.

Sin embargo, la agricultura de Egipto no puede depender por completo del fenómeno natural puesto que el crecimiento es variable en diferentes partes de su curso y aun del año. Si el Nilo sube demasiado destruye los diques y terraplenes. Si crece poco, una parte de la tierra queda sin inundarse y sobreviene el hambre. Por eso, el Nilo desde tiempos antiguos ha sido dominado y dirigido por los hombres mediante sistemas de presas, irrigación y conservación. La inmensa presa de Asuán, la mayor del mundo, regula hoy día la inundación y su provecho.

N

Las inundaciones del Nilo (Is 23.3; Jer 46.7,8; Am 8.8; 9.5), y su importancia como suministrador de pesca (Nm 11.5; Is 19.8) y como arteria de navegación (Is 18.2) eran bien conocidas por los escritores bíblicos. El Nilo es célebre por la historia de los 7 años de abundancia y 7 de hambre que José predijo (Gn 41); por el niño Moisés (Éx 2.1-10), y por las plagas de sangre (Éx 7.14-25; cf. Sal 78.44) y ranas (Éx 8.1-15). Para los profetas el Nilo a veces representa a Egipto y varios de ellos predicen una sequía como juicio sobre el país del Nilo (Is 11.15; Ez 30.12; cf. Ez 29.10; Zac 10.11).

NIMROD Hijo de Cus (Gn 10.8-12), famoso por su reinado sobre Mesopotamia. Aparece estrechamente relacionado con Asiria (vv. 11,12) que es llamada «tierra de Nimrod» (Miq 5.6) y posiblemente con los acadios, quienes conquistaron a Babilonia en el tercer milenio a.C. Fue uno de los primeros «poderosos sobre la tierra» (1 Cr 1.10).

La etimología del nombre Nimrod es incierta, pero parece ser de origen mesopotámico. Quizás fuera un personaje legendario, cuya historia fue ampliamente conocida en todo el Cercano Oriente y adaptada por muchas culturas. Ilustra el uso frecuente, por parte de los escritores sagrados, de materiales de culturas paganas para explicar el origen de la poderosa Babilonia.

Algunos eruditos han insinuado que Nimrod se refiere al dios babilónico Ninurta, llamado «el arquero». Otros han visto la posibilidad de identificarlo con el rey asirio Tukulti-ninurta I (*ca.* 1244 a.C.) o con el faraón Amenofis III (*ca.* 1405–1367 a.C.).

NÍNIVE Una de las más grandes y antiguas ciudades de Mesopotamia. En su esplendor fue capital de Asiria, pero desde su destrucción en 612 a.C. se convirtió en el trágico símbolo del derrumbamiento total del gran Imperio Asirio. A pesar de la gran influencia y dominio que ejerció Asiria sobre los reinos de Israel y Judá, relaciones estas que se extendieron por más de 250 años, es sorprendente que solo se le mencione dieciocho veces en la Biblia. Sin embargo, dos libros, aunque cortos, tienen como centro de su tema principal a esta ciudad: el libro de Jonás y el de Nahum.

La ciudad estaba situada en la ribera este del Tigris, frente a la moderna ciudad de Mosul. Sus ruinas se encuentran enmarcadas entre dos grandes montículos: el de Cuyunjic y el de Nebi-Yunus, y están circundadas por una muralla cuyo perímetro mide casi 13 km. Debió, pues, haber sido una ciudad muy grande, con mucho más de los 120.000 habitantes que Jonás le atribuyó; muy posiblemente en sus mejores días pudo haber tenido unos 175.000 habitantes. Parte de lo que fue la antigua Nínive, el montículo

El monte de Kuyunjik, uno de los principales de la magnífica ciudad de Nínive en la antigua Asiria.

Foto de Howard Vos

de Nebi-Yunus, se encuentra hoy completamente habitada, lo que hace imposible todo intento de excavación; mientras el otro montículo, que es el doble en tamaño, ha sido sometido desde 1842 a excavaciones arqueológicas. Los hallazgos arqueológicos de Nínive han contribuido más que los de cualquier otro sitio de Asiria a descifrar la historia de ese gran imperio. Las cartas y los textos épicos, históricos, científicos y lingüísticos que se han encontrado allí constituyen un verdadero tesoro en el esfuerzo del hombre por descubrir el pasado.

El nombre de *Ninua*, originado de una forma anterior, *Ninuwa*, que se ha encontrado en los textos de Mari, parece ser la base de las citas hebreas del Antiguo Testamento. El nombre mismo parece ser de origen hurrita, y se refiere a una manifestación especial de la diosa Istar representada con un pez en el vientre. La relación que esto pueda tener con el caso de Jonás, libro cuyo relato está íntegramente centrado en Nínive, no ha sido estudiada con detenimiento hasta la fecha, y pudiera ser simple coincidencia. La más antigua ocupación del sitio de Nínive data de remotos tiempos prehistóricos. Entre los más antiguos documentos se encuentra una inscripción del célebre Naram-Sin, de la dinastía acadiana. Nínive se menciona también en el prólogo del famoso Código de Hammurabi como sede del templo de Istar. Constantes y extensos relatos de importantes edificaciones en Nínive se encuentran en las crónicas de los reyes del período medio en la historia de Asiria. La ciudad alcanzó la cúspide de su gloria en el siglo VIII a.C., cuando Senaquerib la hizo capital del imperio más rico, extenso y famoso de la época. Cuando Asiria penetró arrolladoramente en Egipto en tiempos de Esar-hadón y Asurbanipal, Nínive no tenía rival en ninguna parte del mundo. Sin embargo, para esta época ya su fin era inminente: en el año 612 a.C., bajo un esfuerzo combinado de medos y babilonios, la ciudad fue reducida a ruinas. Nahum describe este acontecimiento con verdadera sensibilidad poética.

La más antigua mención de Nínive en la Biblia se encuentra en Gn 10.11,12, donde se incluye en la lista de ciudades fundadas por → NIMROD. Ya aquí se describe como: «la cual es ciudad grande». En los pasajes paralelos de 2 R 19.36,37 e Is 37.37,38, tenemos una referencia histórica mucho más precisa en que se habla del trágico fin que en Nínive encontró Senaquerib. El súbito fin de esta ciudad se halla incidentalmente mencionado en Sofonías, y en una forma más extensa y lírica en Nahum. Por esta descripción nos damos cuenta de que la destrucción de Nínive debió haber sido un hecho verdaderamente impresionante en la historia universal de la época. En el Nuevo Testamento (Mt 12.41; Lc 11.30,32) el Señor menciona a la gente de Nínive en los tiempos relatados por Jonás.

NINFAS Cristiano en cuya casa se reunía una iglesia y a quien Pablo saluda en Col 4.15. Las formas del nombre y del pronombre posesivo, en el texto griego, podrían referirse a un hombre o a una mujer.

NISÁN Nombre, de origen acádico, dado al mes hebreo → ABID después del cautiverio babilónico. Es el séptimo mes del → CALENDARIO civil hebreo, y el primero del → AÑO eclesiástico (Éx 12.2; Neh 2.1; Est 3.7). Durante Nisán, que corresponde a marzo abril, se celebran importantes fiestas religiosas: el día 14, la Pascua (Éx 12.18), los días 15 al 21, los ázimos (Lv 23.6), y el día 16, la ofrenda de las primicias de la cebada (Lv 23.10ss). (→ MES.)

NISROC Dios de los asirios en cuyo templo Senaquerib fue asesinado por sus propios hijos (2 R 19.37; Is 37.38). Puesto que no se ha identificado ningún dios Nisroc, se cree que este era adulteración del nombre de algún otro dios: quizás Nusku, dios del fuego, conocido en Mesopotamia, o Assur, dios mencionado a menudo en las inscripciones de Senaquerib.

NOA Hija de Zelofehad (Nm 26.33; 27.1). Junto con sus cuatro hermanas, se presentó ante Moisés y Eleazar a pedir heredad puesto que su padre no había tenido hijo varón. Al Dios concederles la heredad, se sentó el precedente a la ley del casamiento de las herederas (Nm 36.11).

NOADÍAS Nombre de un hombre y una mujer en el Antiguo Testamento.

1. Levita, hijo de Binúi (Esd 8.33). Noadías fue uno de los responsables de traer a Jerusalén, desde Babilonia, «la plata, el oro y los utensilios» del templo, después de la cautividad.

2. Falsa profetisa que trató de entorpecer los esfuerzos de Nehemías durante la reconstrucción de los muros de Jerusalén (Neh 6.14).

NOB «Ciudad de los sacerdotes» (1 S 22.19), edificada sobre una colina, a un lado de Betfagé y en las proximidades de Jerusalén, en terreno de la tribu de Benjamín. Fue prácticamente arrasada por órdenes de Saúl tras la disputa que tuvo con David; sus habitantes fueron pasados a cuchillo (1 S 21.1; 22.9-23).

Se cree que en Nob se refugiaron los sacerdotes cuando huyeron con el → EFOD, después que los filisteos robaron el → ARCA. Nob figura en la lista de las ciudades que volvieron a ser habitadas después de la cautividad, esta vez por «hijos de Benjamín» (Neh 11.32). Isaías la menciona en sus profecías (10.32).

NOBA Nombre de un hombre y una ciudad en la Biblia.

1. Jefe de la tribu de Manasés, que ayudó en la ocupación de Galaad y conquistó la ciudad de Kenat a la que puso su propio nombre (Nm 32.39-42).

2. Pueblo al este de Galaad, donde Gedeón hizo un rodeo para sorprender a los madianitas en Carcor (Jue 8.10,11).

NOCHE Tiempo oscuro del → DÍA que alterna regularmente con el tiempo de luz. Como parte de la creación es invitada a alabar a Dios (Gn 1.5,16; Sal 19.2). Para los antiguos hebreos el día comenzaba a la puesta del sol y terminaba a la misma hora del día siguiente; la noche, pues, precedía al día (Gn 1.5,8, 13; Lv 23.32). Asignaban doce horas a la noche y doce al día aunque no eran iguales, excepto en los equinoccios (Gn 31.40). Para los israelitas y los babilonios la noche se dividía en tres → VIGILIAS. En el Nuevo Testamento predomina la división romana de cuatro vigilias.

La noche simboliza tiempo de peligro, desgracia, adversidad, ignorancia, muerte y pecado; los pecadores son hijos de la noche (Jue 7.19; Job 24.14; Sal 91.5; Pr 7.9; Is 21.12; Miq 3.6; Jn 9.4; Ro 13.12; 1 Ts 5.5-7). En el cielo no existirán estos males (Ap 22.5).

NOD Región desconocida, al este del Jordán (Gn 4.16). *Nod* es la forma infinitiva del verbo hebreo «vagar», usado por → CAÍN en 4.14. Algunos creen, por tanto, que el nombre es simbólico y no designa un lugar conocido, sino que sugiere una región en donde se podía llevar una vida nómada, cosa común en el Oriente.

La moderna aldea de Nob, pueblo donde Saúl mató ochenta y cinco sacerdotes por ser leales a David (1 S 22.17-19).

Foto de Howard Vos

NODRIZA Mujer empleada para dar de mamar a un niño; por ejemplo, la madre de Moisés (Éx 2.7-9) y el ama de Joás (2 R 11.2), aunque generalmente la madre hebrea daba de mamar a su propio niño. La nodriza solía permanecer en la familia en calidad de criada, como Débora, la que quedó con Rebeca aun después del matrimonio de esta (Gn 24.59; 35.8).

La nodriza o aya podía ser nada más que la persona que cuidaba a un niño, como → NOEMÍ, abuela (por levirato) de Obed (Rt 4.16), o la nodriza de Mefi-boset, cuando este contaba cinco años (2 S 4.4). En sentido figurado, Pablo se refiere a sí mismo como la nodriza de los cristianos tiernos (1 Ts 2.7).

NOÉ Último de los diez descendientes de Set que se nombran en Gn 5, hijo de → LAMEC. Nació en días cuando la corrupción moral del mundo antediluviano había llegado a su colmo. Su nombre, no obstante las dificultades etimológicas, encierra la profecía del «alivio» o «descanso» que Jehová había de conceder por su medio en vista de la maldición de la tierra, cuyos efectos ya se destacaban (Gn 5.28,29). Noé se describe como «varón justo, perfecto en sus generaciones» (es decir, maduro delante de sus contemporáneos), que «caminó con Dios» (Gn 6.9; cf. Heb 11.7).

Dios escogió a Noé para comunicarle sus designios, en vista de que los hombres se habían pervertido hasta el punto que solo el juicio del → DILUVIO podía ofrecer esperanza de un nuevo principio de vida (Gn 6.11-13). Noé «halló gracia ante los ojos de Jehová» (Gn 6.8), y su fe y sumisión hicieron posible que fuese escogido como instrumento de salvación. Cuando recibió la comunicación divina, que incluyó los detalles sobre la construcción del arca (→ ARCA DE NOÉ), «hizo conforme a todo lo que Dios le mandó» (Gn 6.22). Era una persona de fe, y también un siervo obediente y activo.

La declaración divina de Gn 6.3 señaló un período de gracia para la humanidad, el cual duraría 120 años, y es de suponer que corresponde al tiempo necesario para construir el arca y a la época de la predicación (2 P 2.5). Evidentemente, hicieron caso omiso al llamado al arrepentimiento, con excepción de la familia inmediata de Noé, pues solo ocho personas se salvaron (1 P 3.20), además de los animales. El mundo fue «condenado» por el ejemplo de Noé (Heb 11.7); y una vez que los que habrían de salvarse estuvieron en el arca, «Jehová cerró la puerta» (Gn 7.16). Seiscientos años tenía Noé cuando vino el diluvio, y permaneció 371 días en el arca: 40 días de lluvia, 110 del aumento de las aguas, 74 de mengua, y los demás durante las distintas pruebas hasta recibir la orden de salir (Gn 8.15-19).

Al salir a la tierra, limpia por el juicio de Dios, Noé ofreció holocaustos (Gn 8.20-22), acto que brindó el marco para el → PACTO descrito en Gn 8.20-9.17. Dios garantizó las condiciones necesarias para la renovada multiplicación de la vida humana en la tierra, la alternación normal de las estaciones, la promesa de que no habría más destrucción del género humano por agua, y un principio de gobierno humano. El → ARCO IRIS había de ser la señal de este pacto de gracia (9.15-17). Noé renovó el cultivo de la tierra y se embriagó, quizás por ignorar la naturaleza del jugo fermentado de la uva. No obstante, este hecho propició la situación que culminó con la maldición de Canaán.

La maldición y las bendiciones de Noé, detalladas en Gn 9.24-27, revisten carácter profético, y se cumplen en distintas épocas históricas al extenderse por el mundo los descendientes de → SEM; → CAM y → JAFET (Gn 10). Noé murió a la edad de 950 años, y fue el último de los patriarcas longevos. El mismo Jesucristo confirmó la historicidad de Noé (Mt 24.37,38) y de sus tiempos.

NOEMÍ (*placentera*). Originaria de Belén, esposa de Elimelec, madre de Mahlón y Quelión y suegra de → RUT y → ORFA.

Como consecuencia de una gran hambre que azotó a Judá durante el período de los jueces, se vio obligada a viajar con su esposo y sus dos hijos a Moab. Luego de la muerte de su esposo, sus hijos se casaron con moabitas, Orfa y Rut. Diez años después, sus hijos también mueren. Noemí escucha que su pueblo en Belén ya tiene la «bendición» de Jehová en forma de alimentos. De modo que resuelve regresar sola, no sin antes cumplir con su formación patriarcal de buscar hogares para sus nueras. Había seguido a tres hombres en un peregrinaje, pero no estaba dispuesta a dejar que dos mujeres le siguieran en su nuevo peregrinaje de regreso a casa. Una de estas mujeres, Rut, resolvió acompañarla muy a pesar de la objeción de Noemí.

Posteriormente Noemí concertó el → MATRIMONIO por levirato de su nuera viuda Rut, y el hijo de esta unión se contó como suyo. Así conservó Noemí la línea de Elimelec y de sus hijos (Rt 1–4), pero sobre todo encontró palabras liberadoras en el comentario de sus vecinas acerca de una mujer como Rut, cuando dijeron: «y ella es de más valor para ti que siete hijos». Aun cuando somos resultado de nuestro medio, siempre hay espacio para aprender de los «extranjeros» y «pobres».

NOMBRE Concepto sumamente común en la Biblia. Entre los hebreos, el nombre estaba estrechamente ligado con la existencia. Lo que no tenía nombre no existía (Ec 6.10a). De allí que la creación estuviera incompleta hasta tanto no recibiera nombre (Gn 2.18-23). Dar un nombre era privilegio del padre, la madre o de un ser superior. Por eso, Adán ejerce su señorío al dar nombre a los animales, y al colocarlos en cierta relación, posición y función (Gn 2.19).

En la literatura más antigua del Antiguo Testamento el nombre se usa en relación con una manifestación temporal de Jehová (Éx 23.20,21; 33.13). La construcción de altares o monumentos conmemorativos indicaba una especial presencia de Dios porque en ellos se recordaba su nombre (Gn 12.7; 22.9; 26.24,25). En este sentido reconocer el nombre de Dios implica un acto de fe en Él; el nombre de Dios es Dios mismo (Lv 24.11-16) e indica su naturaleza y carácter trascendente a todo sitio terrenal (Dt 12.5; 2 Cr 20.8). El Dios de la Biblia revela su nombre, los dioses paganos los ocultaban (Gn 32.29,30; Jue 13.6). El nombre de Dios proporciona refugio y protección (Sal 124.8; Jer 10.6). Pero la invocación del nombre de Jehová no tiene en la Biblia sentido mágico, nadie puede forzar a Dios (Job 23.13).

El nombre de un hombre era la expresión de su personalidad, por tanto, un cambio de nombre indicaba un cambio de carácter (Gn 27.36; 32.28) o de posición (2 R 23.34). Como expresión de la personalidad, el nombre también denotaba atributos como justicia (Sal 89.15,16), fidelidad (89.24), santidad (99.3), fama, gloria (Gn 11.4), etc. Tener varios nombres indicaba importancia (Job 30.8).

El Nuevo Testamento continúa el mismo orden de ideas del Antiguo Testamento en cuanto al nombre, pero la característica distintiva de su uso es la manera en que el nombre de Dios se sustituye por el de Jesús en pasajes provenientes del Antiguo Testamento (Mt 7.22; Hch 4.17,18; 5.40; 9.29; cf. Dt 18.22; 1 Cr 21.19; Jer 20.9; Dn 9.6). Aquí tampoco hay razón para creer que el nombre de Jesús se usara como «fórmula mágica». Quienes así piensan ignoran que fue el Antiguo Testamento, y no las supersticiones griegas, lo que ejerció la más fuerte influencia sobre los autores del Nuevo Testamento.

Algunas de las ideas sobre el nombre, típicamente hebreas, que se repiten en el Nuevo Testamento son: la santificación del nombre de Dios (cf. el «Padre nuestro» Mt 6.9), el nombre de Dios como protección (Jn 17.11), la relación del nombre con la personalidad (Mt 1.22,23; 16.17,18; Mc 3.17; Lc 1.13,59,63; Hch 13.6,9), su relación con la fama, reputación o gloria (Mc 6.14; Lc 6.22; Flp 2.9).

Respecto al nombre de Cristo, encontramos cuatro ideas centrales:

1. Creer en su nombre implica aceptar a Jesús como Mesías, Salvador y Señor (tema central de los escritos de Juan).

2. Es posible ser bautizados en su nombre (Mt 28.19; Hch 2.38; 8.16; 10.48; 19.5).

3. Actuar en su nombre es participar de la autoridad de Jesús (Mc 9.38; 16.17; Lc 10.17).

4. Sufrir por su nombre es la porción del cristiano fiel (Hch 9.16; 21.13; Tit 3.12).

Es el nombre de Jesús el que debe ser predicado (Hch 8.12; Ro 1.5).

NORTE Punto cardinal que en la Biblia se tiene como el *locus* de la divinidad (Ez 1.4). Cuando Lucifer quiso tomar el lugar de Dios se fue al norte (Is 14.13). Los sacrificios se degollaban al lado norte del altar (Lv 1.11; Sal 48.2). También se conceptúa al norte como fuente de peligro y desastre (Is 14.31; Jl 2.20) y es símbolo de la tribulación (Jer 1.14; 4.6). Los asirios y los babilonios venían del norte (Jer 6.22; 10.22; 13.20; Sof 2.13) aunque vivían al este de Palestina.

NUBE Desde los tiempos bíblicos las nubes han sido reconocidas como indicadoras de lluvia (1 R 18.44,45; Lc 12.54), aunque también se mencionan «nube sin agua», que aparecen en el verano y cuya imagen se usa como ejemplo de algo engañoso (Pr 25.14; Is 25.5; Jud 12). También, y especialmente por las mañanas, hay nubes ligeras traídas por las brisas del mar que, al chocar con el aire caliente, se desvanecen rápidamente sin dejar rastro. A este fenómeno hacen referencia los escritos sagrados para señalar la transitoriedad de la vida y de las cosas (Job 7.9; 30.15), la falsedad de un sentimiento o un acto (Os 6.4) y, en sentido positivo, la acción del perdón de Dios que deshace el pecado (Is 44.22).

A través de toda la Biblia, las nubes acompañan a las → TEOFANÍAS. Aparecen en el pacto con Noé (Gn 9.13-16), en el monte Sinaí (Éx 19.16; 24.15) y, como muestra visible de la presencia divina, en la peregrinación israelita (Éx 13.21,22), sobre el tabernáculo (Éx 40.34,35) y en el templo terminado (1 R 8.10). En el Nuevo Testamento vuelven a aparecer con igual significado en la transfiguración del Señor Jesucristo (Mt 17.5), su ascensión (Hch 1.9) y su Segunda Venida (Ap 1.7). Además de ser símbolos de la gloria y majestad de Dios (Éx 16.10; Sal 97.2; Ap 14.14-16), las nubes representan también el juicio divino (Jl 2.2).

NÚMEROS Los números en la Biblia han de entenderse literalmente, a no ser que haya buenas razones para pensar en números aproximados o de uso simbólico. Los métodos rudimentarios de representar cantidades en los idiomas bíblicos han dado lugar a variantes y a dudas, especialmente cuando parecen ser demasiado grandes.

El número *uno* se asocia naturalmente con la idea de unidad, y el *dos* denota dualidad o ayuda mutua (Gn 1.16; 2.20; Ec 4.9,11,12). El *tres* ilustra la doctrina de la Trinidad en pasajes como 1 Co 13.13; 2 Co 13.14; 1 Jn 5.8, etc., y en ocasiones indica el período en el que se debe cumplir un propósito o una misión (Os 6.2; Mt 12.40). *Cuatro* son las rectas de un cuadrilátero, y este número da la idea de lo completo en la realización de los propósitos de Dios (Gn 2.10; Éx 27.16; 37.9; Zac 1.18-21; 6.1-8; Ap 9.14, etc.). Hay *cuatro* Evangelios como base de la fe. *Cinco* y *diez* derivan su importancia de los dedos de la mano que dieron origen al sistema decimal. De nuevo predomina la idea de lo completo en ciertas esferas: Hay diez patriarcas antes del diluvio, diez plagas en Egipto, diez mandamientos, etc. (Éx 34.28; Lc 15.8; 19.11-27; Jn 6.9-10).

El *seis* denota compás de espera antes de llegar a lo completo de *siete*, como en los días de la creación y del trabajo normal antes del sábado. De igual manera *ocho*, que resulta de siete más uno, indica el resultado de una obra completa; por ejemplo: las ocho personas salvadas del diluvio, el día de la circuncisión, la señal del pacto (1 P 3.20; Gn 17.12; cf. Ez 43.27). *Nueve*, que es tres por tres, es la suma de perfección en el fruto del Espíritu (Gl 5.22,23). *Doce* (tres por cuatro) señala el orden, o la organización, en los propósitos de Dios: doce meses del año, doce tribus de Israel, doce apóstoles.

N

Cuarenta a veces redondea una «generación», pero se usa mucho en períodos de prueba (Gn 7.17; Éx 24.18; Nm 13.25; 14.33; 1 R 19.8; Mc 1.13). *Setenta* señala la administración de Dios en el mundo, como en las → «SETENTA SEMANAS de Daniel» (Dn 9.24; cf. Gn 46.27; Nm 11.16; Jer 25.11).

El misterioso número de la bestia, *666*, se lee en algunos manuscritos como 616 (Ap 13.18). Algunos se han esforzado por darle sentido mediante la equivalencia de números con letras, pero las conclusiones no son seguras.

NÚMEROS, LIBRO DE Libro del Antiguo Testamento que los hebreos llaman *wa-ye-dabber* (y habló), según la palabra inicial del libro, o *ba-midbar* (en el desierto), según la quinta palabra. La Septuaginta le puso el título de «Números» (*arithmói*) debido al doble censo del pueblo de Israel que se describe en los capítulos 1–3 y 26.

En realidad el título «En el desierto» habla más del contenido del libro, que describe los hechos y experiencias significativas que vivió el pueblo de Israel en la travesía por el desierto de Sinaí (1.1; 10.12; 22.1; 36.13) hasta llegar a la frontera oriental con la antigua Canaán.

Estructura del libro

Este relato de la segunda etapa del viaje de Egipto a Canaán, desde el Sinaí hasta la tierra de promisión, puede dividirse en tres grandes partes. La primera relata los preparativos para la partida desde el Sinaí (1.1–10.10). Comprende un censo del pueblo, la purificación del campamento, los últimos acontecimientos en el Sinaí y los reglamentos para marchar y acampar, determinados por la nube de la presencia de Dios y los toques de clarín que daban la señal de partida.

La segunda parte nos presenta los fallos que impidieron que la generación que salió de Egipto entrara en la tierra prometida (10.11–25.15). En el camino entre Sinaí y Moab ocurrieron cosas trascendentales como el envío de los doce exploradores; la rebelión del pueblo en Cades, castigada con treinta y ocho años de peregrinación; la fabricación de la serpiente de bronce; el envío de Balaam y su vaticinio favorable a Israel, y la idolatría de los israelitas seducidos por los madianitas.

En la última parte se relata la preparación de una nueva generación para entrar a la tierra prometida. Se les ofrece prescripciones para la conquista y repartición de Canaán (26–36). Antes de tomar Transjordania se realizó un nuevo censo y Josué quedó nombrado como sucesor de Moisés. Luego se repartió la Transjordania entre las tribus de Rubén, Gad y la media tribu de Manasés y se establecieron los reglamentos que los israelitas debían observar cuando conquistaran y se repartieran la tierra de Canaán, al otro lado del Jordán.

Autor y fecha

Números es uno de los primeros cinco libros del Antiguo Testamento que tradicionalmente se atribuyen a Moisés. Él es el personaje central, y no es extraño que dejara por escrito el relato de esos acontecimientos en los que jugó un papel principal. Un pasaje de Números dice: «Moisés escribió sus salidas conforme a sus jornadas por mandato de Jehová» (33.2). Hay muchas referencias como esta en todo Números, lo que apoya la convicción de que él escribió el libro.

Moisés debe haber escrito Números un poco antes de su muerte, cuando los hebreos se preparaban para entrar a Palestina. Si es así, debe haberlo escrito en 1404 a.C.

Marco histórico

Los hechos que cubre Números abarcan de treinta nueve a cuarenta años de la historia de Israel: de 1445 a.C., cuando levantaron el campamento del monte Sinaí, a 1405 a.C., cuando cruzaron el Jordán para entrar en Canaán. Fueron años de dura preparación y castigo.

Números enseña claramente por qué los israelitas no entraron a poseer la tierra al

NÚMEROS:
Un bosquejo para el estudio y la enseñanza

Primera parte:
La preparación de la antigua generación para heredar la tierra prometida (1.1—10.10)

Segunda parte:
El fracaso de la antigua generación por no heredar la tierra prometida (10.11—25.18)

I. La organización de Israel . . . . 1.1—4.49
  A. Organización del pueblo . . . . 1.1—2.34
  B. Organización de los sacerdotes . . . . . . 3.1—4.49
II. La santificación de Israel . . . . 5.1—10.10
  A. Santificación mediante la separación 5.1-31
  B. Santificación mediante el voto nazareo 6.1-27
  C. Santificación mediante la adoración . . . . 7.1—9.14
  D. Santificación mediante la dirección divina . . . . 9.15—10.10

I. El fracaso de Israel en camino hacia Cades . . . . 10.11—12.16
  A. Israel sale del Monte Sinaí 10.11-36
  B. Fracaso del pueblo 11.1-9
  C. Fracaso de Moisés 11.10-15
  D. Dios le provee a Moisés 11.16-30
  E. Dios le provee al pueblo 11.31-35
  F. Fracaso de María y Aarón 12.1-16
II. El fracaso culminante de Israel en Cades . . . . 13.1—14.45
  A. Investigación de la tierra prometida 13.1-33
  B. Israel se rebela contra Dios 14.1-10
  C. Moisés intercede 14.11-19
  D. Dios juzga Israel 14.20-38
  E. Israel se rebela contra el juicio de Dios 14.39-45
III. El fracaso de Israel en el desierto . . . . 15.1—19.22
  A. Repaso de las ofrendas 15.1-41
  B. Rebelión de Coré 16.1-40
  C. Rebelión de Israel contra Moisés y Aarón 16.41-50
  D. Función del sacerdocio . . . . 17.1—19.22
IV. El fracaso de Israel en camino a Moab . . . . 20.1—25.18
  A. María muere 20.1
  B. Moisés y Aarón fracasan 20.2-13
  C. Edom les rehúsa el paso 20.14-21
  D. Aarón muere 20.22-29
  E. Victoria de Israel sobre los cananeos 21.1-3
  F. El fracaso de Israel 21.4-9
  G. Viaje a Moab 21.10-20
  H. Victoria de Israel sobre Sehón 21.21-32
  I. Victoria de Israel sobre Basán 21.33-35
  J. Fracaso con los moabitas . . . . 22.1—25.18

N

**Tercera parte:
La preparación de la
nueva generación
(26.1—36.13)**

I. **La reorganización de Israel. . . . .   26.1—27.23**
  A. El segundo censo 26.1-51
  B. Método para dividir la tierra 26.52-56
  C. Excepciones en la división
     de la tierra . . . .   26.57—27.11
  D. Señalamiento del nuevo líder
     de Israel 27.12-23

II. **Los reglamentos de los sacrificios
y los votos . . . .   28.1—30.16**
  A. Los reglamentos de los
     sacrificios. . . . .   28.1—29.40
  B. Los reglamentos de los votos 30.1-16

III. **La conquista y la división de Israel . . .   31.1—36.13**
  A. Victoria sobre Madián 31.1-54
  B. División de la tierra al este
     del Jordán 32.1-42
  C. El resumen de los viajes de Israel 33.1-49
  D. División de la tierra al oeste
     del Jordán . . . .   33.50—34.29
  E. Ciudades especiales en Canaán 35.1-34
  F. Problemas especiales de la herencia
     en Canaán 36.1-13

salir del monte Sinaí. Como dudaron de Dios al atemorizarse ante los informes de los espías que inspeccionaron Canaán, Dios determinó: «Todos los que vieron mi gloria y mis señales que he hecho en Egipto y en el desierto, y me han tentado ya diez veces, y no han oído mi voz, no verán la tierra de la cual juré a sus padres; no, ninguno de los que me han irritado la verá» (Nm 14.22-23).

Aporte a la teología

Números presenta el concepto de la ira correctiva de Dios aplicada a su pueblo desobediente. Con sus rebeliones, los hebreos habían quebrantado el pacto. Ni siquiera Moisés se libró de la ira de Dios cuando fue desobediente.

Pero Dios no se dio por vencido con su pueblo. Aunque de momento los castigó, seguía determinado a bendecirlos y a conducirlos a la tierra que les había prometido. Hasta el falso profeta Balaam reconoció esta verdad en cuanto al propósito soberano de Dios (23.19).

En Números se destacan la soberanía de Dios, su santidad y su demanda de obediencia, pero también su misericordia y su fidelidad a la alianza. También se ve un significado tipológico en varios sucesos, personas y leyes (1 Co 10.5ss; Heb 3.7ss; 9.13).

El Nuevo Testamento se refiere en varias ocasiones a diversos pasajes de Números. Compárense 21.8ss con Jn 3.14ss; 28.9ss con Mt 12.5; 16.5 con 2 Ti 2.19; 22.21ss con 2 P 2.15ss y Ap 2.14.

Otros puntos importantes

El término «allende el Jordán» en el texto original (22.1; 32.19; 34.15) puede significar «de esta parte del Jordán» o «al otro lado del Jordán». Si se acepta como correcta solamente la segunda, la descripción de los llanos de Moab en lo que hoy es Transjordania, situados «al otro lado del Jordán», ubicaría al autor de este término en la ribera occidental del río, y este no podría ser Moisés, que nunca estuvo en esa región, sino un personaje diferente y probablemente posterior.

Pero de la comparación de Nm 32.19 con 34.15 resulta que el término en cuestión puede significar también «de esta parte del Jordán», y ciertos detalles demuestran claramente que el autor conocía la situación exacta en cada caso.

Números 4.3 y 8.24 establecen de un modo aparentemente contradictorio la edad con que los levitas podían entrar al servicio del tabernáculo: el primer pasaje establece treinta años mientras que el segundo permite servir a la edad de veinticinco años. Según Esd 3.8 tal condición se redujo después del cautiverio a veinte años. La diferencia, entonces, entre Números 4.3 y 8.24 se debe probablemente al cambio de situación; el primer pasaje ha de referirse al tiempo de la peregrinación en el desierto, y el segundo al tiempo posterior cuando el tabernáculo había sido colocado en un lugar permanente. Moisés mismo pudo haber introducido la modificación.

La escasez de agua, repetida varias veces, no debe extrañar en un desierto, como tampoco la respectiva intervención divina que en varias ocasiones puso término a tal situación. Ambos elementos hablan de un solo hecho, y no deben tomarse como variantes. De una manera análoga Jesús repetía a veces un mismo milagro (alimentación milagrosa de los 5.000 y luego de los 4.000). Mateo establece en 16.9,10 los dos casos semejantes como hechos concretos.

NUZI (o Nuzu). Montículo, Yorgan Tepe, ubicado 13 km al sudeste de Kirkuk, Irak, en la Alta Mesopotamia. En 1925–1931 algunos arqueólogos descubrieron allí doce estratos de ocupación que datan desde 4500 hasta 1300 a.C. El hallazgo más importante consistió en más de cuatro mil tablillas del siglo XV a.C. escritas en cuneiforme. Estas tablillas, que son contratos, registros y decisiones jurídicas, representan archivos privados y públicos de cuatro generaciones de hurritas que dominaban el área, y han brindado abundante información sobre la política, la economía y las costumbres sociales de aquel entonces.

Son notables los muchos paralelos entre las costumbres sociales de Nuzi y las de los patriarcas narradas en Génesis. Por ejemplo, parece raro que Abraham pensara en Eliezer, un esclavo, como su heredero (Gn 15.2,3); pero los textos de Nuzi demuestran que esto era la costumbre en parejas sin niños que hubieran adoptado a un hijo. Este hijo adoptivo tenía que servirles mientras vivieran y lamentarles en su muerte. Su parte era ser designado heredero. Pero, si después les nacía un hijo a los padres adoptivos, este debía ser el heredero principal. Así sucedió con Isaac.

La importancia de tener herederos se ve asimismo en la siguiente explicación escrita en una tablilla: «Si Gilimninu [la esposa] tiene hijo, Senima [el esposo] no tomará otra esposa; pero si Gilimninu no tiene hijo, Gilimninu tomará una mujer de las Lullu [esclavas] como esposa para Senima». Esta costumbre explica lo que hizo Sarai en Gn 16.2 (cf. Raquel en Gn 30.1-4 y Lea en 30.9). También en forma muy paralela al caso de Isaac, la misma tablilla citada arriba sigue: «Cualesquiera hijos engendrados de Senima de la matriz de Gilimninu, todas las tierras y propiedades se darán a estos hijos». Pero los textos de Nuzi indican que en tal caso el hijo de la esclava no debía expulsarse de la casa. Probablemente esta costumbre explica por qué Abraham no quiso echar a → Ismael y → Agar (Gn 21.9-14).

Gran número de las tablillas de Nuzi tratan de heredades. Como en el Pentateuco (Dt 21.17), el primogénito debía recibir doble porción de la heredad. Como Esaú en tiempo de necesidad vendió su primogenitura a Jacob (Gn 25.29-34), así también uno en Nuzi vendió su derecho de heredad por tres ovejas. En algunos casos las hijas podían heredar propiedades en Nuzi, como en el caso bíblico de las hijas de → Zelofehad (Nm 27.8). Un texto de Nuzi indica que el testamento oral que hacía el padre en su lecho de muerte tenía validez legal, lo cual nos ayuda a entender la seriedad dada en

N

la Biblia a las bendiciones orales, como en el caso de Isaac a Jacob (Gn 27.35-37).

Toda joven en Nuzi necesitaba un guardián que se encargara de arreglarle matrimonio y darle protección legal. A menudo el propio hermano era este guardián. Semejante costumbre parecía regir según el relato de Gn 24, donde Labán juega el papel principal en el matrimonio de Rebeca. En la relación posterior entre Jacob y Labán y Raquel y Lea se nota gran número de paralelos con las costumbres sociales de Nuzi. Allí un hombre podía conseguir esposa por ser adoptado por el suegro y trabajar para él. Es muy posible que así fuera el caso de Jacob ya que Gn 29.19 puede sugerir adopción; quizás los hijos propios de Labán nacieron más tarde, pues no se mencionan sino hasta 31.1. Los dioses que Raquel escondió también tienen su paralelo en Nuzi donde el primogénito debía recibirlos.

Se han encontrado muchos otros paralelos con la Biblia. Éxodo 21.7-11 suena casi como una tablilla de Nuzi, ya que allí uno podía conseguir (¿comprar?) una mujer para casarse con ella o para darla a un hijo. En Nuzi también se practicaba el matrimonio por → LEVIRATO. En los textos de Nuzi se ve que los habiru no eran un grupo étnico, sino un estrato social.

¿Cómo se explica la presencia de costumbres tan semejantes? Por un lado, los hurritas habían absorbido en gran manera la cultura sumero-acádica que influyó en todo el Cercano Oriente desde Persia hasta Siria Palestina. Por eso los patriarcas y los hurritas reflejan mucho de una misma cultura.

Por otro lado, las costumbres de los patriarcas se asemejan más a las de Nuzi que a las de otros pueblos conocidos porque los patriarcas habían vivido en el área de Harán (Gn 11.31). Mantenían contactos con sus parientes que vivían allí donde los hurritas (horitas de la Biblia) dominaban culturalmente.

Además de ayudarnos a entender las costumbres de los patriarcas, los textos de Nuzi subrayan la autenticidad de los relatos bíblicos y reflejan fielmente la sociedad de aquella época.

ODADÍAS (*siervo de Jehová*). Nombre de siete hombres en el Antiguo Testamento.

1. Príncipe de la tribu de Isacar e hijo de Israhías (1 Cr 7.3).

2. Benjamita de la descendencia del rey Saúl (1 Cr 8.38).

3. Levita hijo de Semaías, que regresó del cautiverio (1 Cr 9.16). En Neh 11.17 se le llama *Abda*.

4. Soldado gadita que se unió a David en Siclag (1 Cr 12.9).

5. Hijo de Jehiel, un descendiente de Joab (Esd 8.9). Sacerdote que regresó con Esdras del cautiverio.

6. Uno de los que firmó el pacto de guardar la Ley, junto con Nehemías (Neh 10.5).

7. Portero del templo en tiempos del sumo sacerdote Joiacim (Neh 12.25).

OBED (*siervo*). Nombre de siete hombres en el Antiguo Testamento.

1. Hijo de Rut y Booz, padre de Isaí y abuelo de David (Rt 4.14ss; 1 Cr 2.12). Fue también uno de los ascendientes de Jesús (Mt 1.1-5).

2. Judaíta (1 Cr 2.37,38).

3. Uno de los valientes de David (1 Cr 11.47).

4. Levita en el tiempo de David (1 Cr 26.7).

5. Padre del profeta Azarías (2 Cr 15.1).

6. Padre de Azarías, el jefe militar (2 Cr 23.1).

7. Profeta (2 Cr 28.9).

OBED-EDOM (*siervo de Edom*). Nombre de varias personas en el Antiguo Testamento, difíciles de distinguir.

1. Filisteo de Gat en cuya casa David dejó el arca después de la muerte de Uza. Dios bendijo a Obed-edom durante ese tiempo (2 S 6.10-12; 1 Cr 13.13,14; 15.25).

2. Jefe o fundador de una familia de porteros que cuidaban las entradas meridionales del templo. Quizás era descendiente de Coré (1 Cr 26.4-8,15). La frase «Dios había bendecido a Obed-edom», puede indicar que este Obed-edom sea el mismo No. 1, quien se hizo levita para servir en el templo.

3. Levita que era portero y músico (1 Cr 15.18,21,24; 16.5,38). El Obed-edom, hijo del jefe de los músicos, Jedutún, en v. 38, tal vez sea otra persona.

4. Guardián del oro, la plata y los objetos sagrados del templo de Jerusalén en tiempos de Amasías, rey de Judá (2 Cr 25.24). Tuvo que entregar el depósito que cuidaba, cuando Joás de Israel derrotó a Amasías y entró en la capital.

OBEDIENCIA Los términos traducidos por obediencia tanto en el Antiguo Testamento (*shama*) como en el Nuevo Testamento (*hypakoúo* y *eisakoúo*) denotan la acción de escuchar o prestar atención (otros términos en el Nuevo Testamento son *peítho* «ser persuadido»: Hch 5.36,37; Ro 2.8; Gl 5.7, etc., y *peitharjéo* «someterse a la autoridad»: Hch

5.29,32; Tit 3.1). Aunque obediencia se utiliza también en sentido secular, el significado central deriva de la relación con Dios. Él da a conocer su voluntad mediante su voz o su palabra escrita, y frente a ella no hay neutralidad posible: prestar atención humilde es obedecer, mientras desestimar la Palabra de Dios es rebelarse o desobedecer (Sal 81.11; Jer 7.24-28). La obediencia a Dios es una entrega total a su voluntad y, por consiguiente, obediencia y → FE están íntimamente relacionadas (Gn 15.6; 22.18; 26.5; Ro 10.17-21).

La práctica de la desobediencia a Dios (Zac 7.11ss; Ro 5.19; 11.32) llega a hacer del hombre un incapaz aun para oírle (Jer 6.10). Pero Dios envía a Jesucristo, quien cumple plena y filialmente la obediencia debida (Jn 6.38; Flp 2.8; Heb 5.8). Su obediencia es imputada a los hombres (Ro 5.18s; 1 Co 1.30). Por la fe participamos de esa obediencia (Hch 6.7; Ro 1.5; Heb 5.9), en tanto que la incredulidad es desobediencia (Ro 10.16; 2 Ts 1.8; 1 P 2.8). En esta relación de agradecida obediencia (Ro 12.1ss), que excluye toda idea de mérito propio (Ro 9.31—10.3), el cristiano imita a Cristo en humildad y amor (Jn 13.14ss; Flp 2.5ss; Ef 4.32—5.2) y se somete «en el Señor» a quienes corresponde (Ro 13.1ss; Ef 5.22; 6.1ss; Flp 2.12; Heb 13.17). No obstante, la obediencia a Dios tiene absoluta prioridad (Hch 5.29).

OBISPO Transcripción corrupta del vocablo griego *epískopos* (que significa *vigilante, inspector* o *superintendente*). Se usaba en sentido secular muchos años a.C., y se adoptó en el vocabulario cristiano. En el transcurso de los años llegó a significar el puesto de un alto jerarca eclesiástico, aunque muy distinto del sentido del Nuevo Testamento.

Según el Nuevo Testamento, el obispo era un hombre llamado y dotado por Dios para cuidar de la iglesia local (Hch 20.28). Ser obispo se consideraba como «buena obra» (1 Ti 3.1). Sus cualidades de maestro, pastor y administrador se detallan en 1 Ti 3.2-7 y Tit

1.5-9. Si Flp 1.1 describe un caso típico, en cada iglesia había varios obispos; cf. la pluralidad de → MINISTROS en Hch 13.1.

La responsabilidad del obispo es «apacentar la Iglesia del Señor» (Hch 20.28). No difiere de la responsabilidad de un pastor (*poimén*) ni de un → ANCIANO (*presbíteros*). En Hch 20 leemos que Pablo convoca a los «ancianos» de Éfeso (v. 17), los llama «obispos» (v. 28) y les encomienda la obra pastoral con el rebaño (v. 28). Asimismo, escribiendo a Tito, Pablo lo instruye para «establecer ancianos en cada ciudad» (1.5) que sean irreprensibles, porque «es necesario que el obispo sea irreprensible» (1.7). Para Pablo, obispo y anciano eran sinónimos, con la excepción de que el obispo había de ser «apto para enseñar» (1 Ti 3.2), mientras que no todos los ancianos trabajan en la palabra y en la enseñanza (1 Ti 5.17). No obstante, el Nuevo Testamento nunca supedita al anciano al obispo jerárquicamente. Cada congregación la gobernaba un conjunto de líderes llamados indistintamente ancianos u obispos.

La costumbre del episcopado monárquico, o sea, el gobierno de una iglesia por un solo obispo, incluyendo sus ancianos y diáconos, es muy antigua. En las cartas de Ignacio de Antioquía al comienzo del siglo II, y en las de Hipólito a fines del mismo siglo, se nota que el episcopado monárquico ya se había establecido. Pero aun ellos no procuraban justificar sus ideas por mandamientos del Señor ni por autoridad bíblica. Como admite Jerónimo, el episcopado jerárquico es el resultado de la costumbre, no de revelación.

OBRAS Término usado en las Escrituras por lo menos en tres diferentes sentidos: las obras de Dios, las de Jesucristo y las del hombre.

1. En el Antiguo Testamento la frase «las obras de Dios» denota a) las cosas que Él hizo o creó (→ CREACIÓN, Gn 2.2; Sal 8.3,6; 19.1; 139.14), y b) los hechos maravillosos que realizó (Jos 24.31; Jue 2.7; Sal 46.8; 66.3; 77.11). Estas obras revelan la persona de → DIOS: su poder, grandeza, maravillas, sabiduría y bondad. Tenemos el llamado, pues, a recordar sus obras, a meditar en ellas (Sal 77.11,12; 143.5) y a estar agradecidos por ellas (Sal 105.21,22).

2. Por sus obras Jesucristo se reveló y comprobó que era el Mesías y el → HIJO DE DIOS (Mt 11.2-5; Jn 5.36; 10.25). Al vincular sus obras con las del Padre e identificarse así con Él, lo acusaron de blasfemia (Jn 5.17-23). Sus obras pueden producir fe en Él (Jn 10.38; 14.10,11; 20.30,31).

3. Las obras del hombre no son capaces de salvarlo, puesto que es Dios el que otorga la salvación, no como recompensa, sino por pura gracia (Ro 41-5; Ef 2.8,9; Tit 3.5). Sin embargo, las buenas obras son el resultado normal de la redención como lo es el fruto en un árbol. Revelan la actividad divina en el hombre regenerado (Mt 5.16; 7.16-20; Jn 14.12; Gl 5.22,23; Stg 2.18; 1 P 2.12). Dios ordena que el creyente se ocupe en las buenas obras (Ef 2.10; Tit 3.14; Heb 10.24).

Por otro lado, el hombre incrédulo revela su condición depravada mediante sus malas obras (Jn 3.19; Gl 5.19-21; Ef 5.11).

OCOZÍAS (*Jehová sustenta*). Nombre de dos reyes en el Antiguo Testamento.

1. Rey de Israel, sucesor de Acab. Su reinado duró escasamente dos años (853–852 a.C.; 1 R 22.51). Ofreció poner a la disposición de Josafat, rey de Judá, una flota que tenía en Ezión-geber, oferta que Josafat rechazó. Durante el reinado de Ocozías los moabitas se rebelaron, pero fueron apaciguados, quizás por Joram, su hermano. Accidentalmente Ocozías cayó por una ventana del palacio y quedó mortalmente herido. Durante su postración envió a consultar a Baal-zebub, dios de Ecrón, por ser el dios sirio de la vida. Esta acción muestra la directa influencia de su madre Jezabel (1 R 22.51–2 R 1.18; 2 Cr 20.35-37).

2. Rey de Judá en el año 481 a.C., hijo y sucesor de Joram. Según 2 Cr 21.16,17; 22.1, una coalición de filisteos y árabes atacó a Judá durante el reinado de Joram, y estos se llevaron un gran botín, incluyendo a los hijos y a las mujeres del rey. Al morir su padre, el pueblo lo coronó rey y gobernó con el nombre de Ocozías. Según 2 R 8.26 Ocozías tenía 22 años cuando comenzó a reinar. La cifra 42 en 2 Cr 22.2 puede ser error del copista, pues el mismo libro dice que su padre tenía apenas 40 cuando dejó de reinar (2 Cr 21.5). Su madre fue la famosa Atalía.

Ocozías tomó parte con Joram, rey de Israel, en una campaña contra Hazael, rey de Siria, en Ramot de Galaad. Fue allí donde Joram resultó seriamente herido y tuvo que retirarse a Jezreel. Mientras tanto, había estallado la revolución en Israel bajo la dirección de Jehú. Este se dirigió a Jezreel donde Joram estaba en su lecho de enfermo. Allí lo encontró con Ocozías, que había ido a visitarlo, y aprovechó para matar a ambos reyes a un mismo tiempo (2 R 8.25-29; 9.27-29; 2 Cr 22.1-9).

ODIO → ABORRECIMIENTO.

ODRE Recipiente hecho generalmente de cuero de cabra u oveja, y algunas veces con cuero de buey o camello. Se hacía curtiendo y cosiendo la piel y cerrándole las partes que cubrían las patas; solo se dejaba abierto el extremo del pescuezo, para introducir o vaciar el líquido. Se llevaba al hombro, para facilitar vaciarlo y tomar o vender el contenido del odre (Gn 21.14; Jos 9.4,13).

Los odres se dañaban con el calor y el humo, y se estiraban con el peso del líquido (Sal 119.83). El vino fermentado, especialmente, hacía que el odre se estirara. De ahí las palabras de Jesús en Mt 9.17 y Lc 5.38. Job 32.19 indica que los odres tenían respiradores para no reventarse.

OFEL (en hebreo, *eminencia, hinchazón*). Término usado para referirse a una loma fortificada (traducida «torres» en Is 32.14, «fortaleza» en Miq 48 y «colina» en 2 R 5.24, VM) y también como nombre propio. Así se llamaba un barrio de Jerusalén, probablemente situado sobre una proyección que daba al Cedrón, entre el templo y la colina del sudeste. Los últimos reyes se preocuparon por su fortificación (2 Cr 27.3 «fortaleza»; cf. 33.14), y, después del cautiverio, allí vivían los siervos del templo (Neh 3.26s; 11.21). A veces la literatura moderna usa Ofel para designar toda la colina del sudeste (→ Jerusalén).

OFENSA Cualquier acto que quebrante las normas que deben regir las relaciones humanas, o bien entre Dios y el hombre, y que dañe o perjudique al otro en su honor o bienestar. Al nivel jurídico, en el Antiguo Testamento la ofensa podía ser causa para un litigio (Dn 19.15; 21.5). Ofender a un príncipe u «hombre fuerte» traía graves consecuencias (1 S 25.28; Ec 10.4).

En el Nuevo Testamento la ofensa constituye siempre una falta contra Dios. Es vital perdonar al hermano (Mt 6.14s; cf. 18.35 y Mc 11.25s), como también confesar las ofensas propias (Stg 5.16), para que se restablezca la comunión entre los hombres a base del perdón divino (→ Pecado; Perdón.)

OFIR Nombre de una tribu y un territorio en la Biblia.

1. Tribu descendiente de Sem y, directamente, de Joctán (Gn 10.26-29; 1 Cr 1.23). Según Ryckmans, *nombres propios sudsemitas*, este pueblo se conoce por inscripciones preislámicas y vivía en el área comprendida entre Sabá en Yemen y Hávila. Algunas tradiciones islámicas identifican a Joctán con Qahtán, hijo de Ismael el padre de todos los árabes.

2. Lugar famoso por la alta calidad del oro que producía, su sándalo, su plata y su marfil. David hizo traer de Ofir 3.000 talentos de oro para la construcción del templo. Salomón construyó en Ezión-geber una flota para traer de Ofir 420 talentos de oro, además de plata, sándalo, piedras preciosas y dos clases de monos. Más tarde Josafat, rey de Judá, intentó repetir la misma hazaña en una empresa mancomunada con → Ocozías, rey de Israel, pero los barcos se rompieron en Ezión-geber antes de zarpar.

Ofir se menciona en una inscripción hecha en arcilla cocida que dice: «Oro de Ofir para Betorón, 30 siclos». Esta inscripción que se encontró en Afec, es la primera mención extrabíblica de Ofir.

En cuanto a la situación geográfica de Ofir, hay varias teorías: en el Sudoeste de Arabia; en el sudeste de Arabia; en Omán, no lejos de Ezión-geber; en Somalilandia, en la costa nordeste de África, donde también abundan los tipos de riquezas que caracterizan a Ofir; y cerca de Bombay, India. Jerónimo y la LXX interpretan Ofir como la India. En favor de esta última posibilidad están el hecho de que todas las mercancías mencionadas son conocidas desde la antigüedad en la India, y que desde el segundo milenio a.C. existía un activo comercio marítimo entre el golfo Pérsico y la India (1 R 9.28; 10.11; 22.49; 1 Cr 29.4; 2 Cr 9.10; Job 22.24; 28.16; Sal 45.9; Is 13.12).

OFNI (*lugar alto*). Nombre de un hombre y una ciudad en el Antiguo Testamento.

1. Población de Benjamín en el noroeste del territorio de esta tribu, cerca de la frontera (Jos 18.24). Se le identifica con la actual Cifra situada 21 km al norte de Jerusalén. El Talmud la nombra entre las ciudades sacerdotales.

2. Uno de los dos hijos del sumo sacerdote Elí. Murió juntamente con su hermano Finees acompañando el arca en la batalla contra los filisteos (1 S 4.4,11-17). Su muerte se interpretó como castigo divino por su sacrilegio, inmoralidad, codicia y violencia (1 S 2.12-17,22-25; 3.14).

OFRA Nombre de un hombre y dos ciudades de la Biblia.

1. Hijo de Meonotai de la tribu de Judá (1 Cr 4.14).

2. Ciudad de la tribu de Benjamín (Jos 18.23) ubicada probablemente al norte de Micmas (1 S 13.17). Es quizás la misma Efraín de 2 S 13.23; 2 Cr 13.19; Jn 11.54. Generalmente Ofra se identifica con el sitio donde está ahora et-Taiyibe, aproximadamente 6,5 km al nordeste de Bet-el y 8 km al norte de la antigua Micmas.

3. Ciudad de la tribu de Manasés al oeste del río Jordán, centro de la familia de los abiezeritas. Gedeón, que era de Ofra, edificó allí un altar y lo llamó Jehová-salom. Fue allí donde todo Israel se prostituyó tras un efod que el mismo Gedeón fabricó con el botín obtenido en la derrota de los madianitas (Jue 6.11,15,24; 8.27). La identificación exacta de la Ofra de los abiezeritas permanece incierta.

OG Rey de Basán, tierra al este del río Jordán, conquistada por los israelitas (Nm 21.33-35), y dada a la media tribu de Manasés (Dt 3.13). Esta conquista fue notable porque por ella Israel ganó un reino de 60 ciudades fortificadas, más «otras muchas ciudades sin muro» (Dt 3.4,5), y sobre todo porque Og era «del resto de los refaítas» (Jos 13.12), pueblo de → GIGANTES que los israelitas temían. Según Dt 3.11 la cama de Og (posiblemente un sarcófago o sepulcro en forma de dolmen) medía 9 x 4 codos (*ca.* 4 x 1.8 m).

La derrota de Og se debió al poder de Jehová (Nm 21.34; Dt 3.2) y se grabó tanto en la memoria de Israel que se celebró perpetuamente (Neh 9.22; Sal 135.11; 136.20).

OÍDO Órgano auditivo del hombre y de los animales (1 S 3.11; Is 35.5; Hch 7.57). El intelecto y la obediencia operan en función del oído (Job 12.11; Is 55.3). El hablar «en los oídos» de otro significa hablar enérgicamente y en voz alta (Gn 20.8), pero descubrir algo «al oído» es revelar un secreto importante (1 S 22.8). Es digno de elogio el que tapa su oído ante las palabras o propuestas necias (Is 33.15).

Oreja y oído son inseparables en el contexto del Antiguo Testamento. Como un antropomorfismo, se dice que Dios tiene oído diferente del de los ídolos (Sal 135.17; Is 59.1).

Dos costumbres se destacaban en el Oriente en relación con la oreja. Una de ellas consistía en clavar la oreja del esclavo a la puerta de la casa del amo, en señal de servidumbre perpetua y voluntaria. La otra consistía en poner la sangre del sacrificio en el lóbulo de la oreja derecha del sacerdote (Lv 8.23,24).

El mejor empleo del oído es oír el verdadero significado de la Palabra de Dios (Mt 11.15).

OJO Órgano de la visión, cuyo nombre se utiliza con sentido figurado (Ez 1.18; cf. Mc 10.25 y Ap 4.6) y antropomórfico (Sal 33.18). En sentido figurado, los ojos poseen cualidades morales: son «altivos» (Pr 6.17), experimentan deleite (Ez 24.16), desean (1 Jn 2.16) y «escarnecen» (Pr 30.17). La expresión «ojo por ojo» denota venganza (Lv 24.20). Hay «ojo sincero» y «ojo maligno» (Mt 6.22,23).

En el Oriente Antiguo los vencedores solían sacarle los ojos a los enemigos vencidos (Jue 16.21; 2 R 25.7). Las mujeres paganas acostumbraban pintarse los ojos (2 R 9.30).

El apóstol Pablo menciona el ojo cuando recalca la interdependencia de los órganos del → CUERPO (1 Co 12.16ss). El cuidado de Dios para con sus hijos se destaca en la expresión «el ojo de Jehová está sobre los que le temen» (Sal 33.18).

OJO DE AGUJA Expresión que Jesús usó en Mt 19.24 (véanse también Mc 10.25; Lc 18.25): «Es más fácil pasar un camello por el ojo de una aguja, que entrar un rico en el reino de Dios». Este tipo de lenguaje es muy peculiar en los escritos rabínicos, para denotar algo muy inusual como muy difícil. Por ejemplo, en el Talmud aparece dos veces la expresión usando un elefante en lugar de un camello, para algo que es imposible. Con ese mismo objetivo se representa también a un camello bailando en una medida para granos muy pequeña. Algunos eruditos interpretan «ojo de una aguja» como una referencia a la angosta puerta para peatones, pero no hay pruebas históricas que apoyen esta interpretación. Como vemos, son diversas las interpretaciones para esta expresión, pero tal vez Jesús usó a propósito una comparación humorística para sugerir lo imposible: que un camello pueda en efecto pasar por el ojo de una aguja.

Cuando los discípulos oyeron cuán «dura es esta palabra», le preguntaron: «¿Quién, pues, podrá ser salvo?» A lo que Jesús contestó: «Para los hombres esto es imposible; mas para Dios todo es posible» (Mt 19.25-26). Incluso, el mejor hombre del mundo no puede obtener la salvación pues solo la puede recibir como un regalo de Dios.

OLIMPAS (en griego, *perteneciente al Olimpo*). Cristiano influyente, a quien Pablo manda saludos en Ro 16.15. Posiblemente era hermano de → Nereo e hijo de → Filólogo.

OLIVO, OLIVA Uno de los árboles más valiosos para los hebreos de la antigüedad. Hay cuatro tipos de olivos en el Cercano Oriente. El más común en la Tierra Santa era el *olea europea*. El olivo crece lentamente pero dura por siglos (se cree que algunos en las faldas del monte de los Olivos son de la época del Nuevo Testamento). Alcanzan una altura de solo unos 6 u 8 m. El tronco es grueso, corto, nudoso y retorcido, y de él se desprenden numerosas ramas. De las raíces nacen retoños alrededor del tronco; de ahí la comparación con el olivo del hombre rodeado de su familia (Sal 128.3).

La importancia del olivo se debe a su fruto, que son las → aceitunas, semejantes a una cereza grande o a una ciruela pequeña, y muy oleaginosa (30%). Maduran en otoño y se cosechan en noviembre. Antiguamente las hacían caer golpeando las ramas. Se recogían y se llevaban en canastas, a lomo de asnos, al lagar (→ Getsemaní significa «lagar de aceite»), donde se molían (→ Molino) para obtener el aceite.

Una de las industrias mayores en Israel era la producción del aceite de olivas, que tenía muchos usos. Servía para elaborar comestibles, como combustible para lámparas (Lv 24.2; Mt 25.3), como medicina (Lc 10.34; Stg 5.14) y para el ungimiento (1 S 16.13; Sal 23.5). El árbol mismo también era apreciado;

de su madera, bastante dura, se construían muebles finos (1 R 6.23). Su sombra era deseada en las tierras calurosas (cf. Lc 22.39) y sus ramas se usaban en la construcción de cabañas para la Fiesta de los Tabernáculos (Neh 8.15).

En vista del valor del olivo, en la literatura hebrea se usa mucho en sentido simbólico. Es el rey de los árboles (Jue 9.8). Su aceite es emblema de soberanía. Representa al hombre justo y recto (Sal 52.8; Os 14.6). Para Moisés, es símbolo de la abundancia de la tierra prometida (Dt 6.11; 8.8) y para Jeremías, habla de la gloria futura de Israel (11.16). Sus hojas son señal de paz y amistad aún hasta hoy.

Un fenómeno curioso en el cultivo del olivo es el injerto. Hay olivos silvestres que son de poco valor, pero la rama de un olivo valioso puede injertarse en el tronco de uno silvestre y producir fruto bueno. Pablo emplea irónicamente y como ilustración en Ro 11 lo inverso de esta costumbre en la horticultura.

OLIVOS, MONTE DE LOS Elevación que forma parte de la cadena de montañas que corre de norte a sur a través del centro y el sur de Palestina. Por el oeste mira hacia Jerusalén y está separado de ella por el torrente del Cedrón. Tiene unos 800 m de alto y consta de tres cimas. La primera, al nordeste de Jerusalén, es la más alta y la ocupa actualmente la Universidad Hebrea. La segunda puede identificarse con el monte → Nob (1 S 21.1) del Antiguo Testamento. La tercera es el monte de los Olivos propiamente dicho, ocupado hoy por la basílica de la Eleona; aunque la mera erección de un templo no demuestra que tal monte sea el mismo mencionado en los Evangelios.

El nombre de monte de los Olivos se debe a la existencia de grandes plantaciones de olivos y los que hasta hoy se conservan son de gran antigüedad. Se menciona dos veces en el Antiguo Testamento, aunque hay además varias referencias indirectas. En 2 S 15.30; 1 R 11.7; 2 R 23.13; Neh 8.15 y Ez

11.23 se sugiere que el monte era un lugar de culto pagano; la existencia de altares a Moloc y a otros dioses introducidos por Salomón hizo que el monte se llamara «monte de la corrupción». El monte guardaba estrecha relación con algunas ceremonias religiosas de los judíos, especialmente con la fiesta de la luna llena. Según una leyenda, la paloma que envió Noé tomó la rama de olivo de este monte. Una tradición afirma que cuando la gloria de Dios abandonó el templo, permaneció tres años y medio sobre el monte de los Olivos.

El monte de los Olivos fue escenario de algunas de las actividades de Jesús durante la última semana de su ministerio. Se menciona en una serie de textos relativos a su entrada a Jerusalén. Al parecer, según Lc 19.41, desde un punto del monte Jesús lloró sobre la ciudad. Su discurso sobre la destrucción de Jerusalén y sobre los últimos días (Mc 13.3-37//) se pronunció desde allí; es una evidente referencia a las palabras de Zac 14.1-5. En este monte Jesús también pasó la noche antes del incidente con la mujer sorprendida en adulterio (Jn 8.1).

Los Evangelios acentúan el hecho de que, durante la semana que precedió a su arresto, Jesús visitaba el templo durante el día y por la noche regresaba al monte (Lc 21.37). En el monte de los Olivos comenzó la historia de la pasión, en el huerto de → GETSEMANÍ, donde Jesús solía reunirse con los discípulos (Lc 22.39; Jn 18.2). Sobre este monte, o en sus cercanías, tuvo lugar el episodio de la ascensión de Jesús (Lc 24.50; Hch 1.12).

En 325 d.C. Elena, madre del emperador Constantino, mandó construir una basílica sobre una gruta en la que se creía que Jesús enseñaba a sus discípulos antes de la crucifixión y donde se encontró con ellos la mañana de la ascensión. En este punto actualmente se halla un monasterio carmelita (Eleona). Quedan algunas ruinas de la antigua basílica.

Bibliografía:
EBDM V, col. 619-623.

OLMO Traducción incorrecta en la RV de la palabra *ela* en Os 4.13. Debe ser «terebinto». Aunque la RV usualmente traduce «encina», las palabras *ela* y *elon*, Os 4.13 e Is 6.13 hacen distinción entre ellas.

OLLA Término genérico para referirse a una diversidad de vasijas de barro, hierro, latón y oro, utilizadas para preparar los alimentos y servirlos. Durante su peregrinación por el desierto los israelitas se quejaban de haber perdido las olla de carne que comían en Egipto (Éx 16.3). Durante la celebración de la Pascua en los días de Josías, la carne no santificada se cocía en olla (2 Cr 35.13).

Los libros poéticos mencionan la olla que hierve (Job 41.20) y utilizan este utensilio en expresivas figuras (Sal 58.9). Se refieren al mar como una olla a la que Dios hace hervir (Job 41.31); al estrépito de los espinos debajo de la olla (Ec 7.6), etc. Es dramática la narración del guisado que enfermó a un grupo de discípulos de Eliseo, cuando comieron de la olla que, accidentalmente, uno de ellos envenenó con calabazas silvestres (2 R 4.38-41).

En los profetas también hay numerosas referencias a la olla (1 S 2.14; Is 65.4; Jer 1.13; 52.19; Ez 24.3; Miq 3.3; Zac 14.21; etc.). Todo indica que, tanto en la antigüedad como en nuestros días, las ollas han sido artículo doméstico muy apreciado.

OMBLIGO Cicatriz dejada por el corte del cordón umbilical. Desde el punto de vista médico, en la Biblia encontramos dos referencias al ombligo: Pr 3.8 TM y RV 1909 y Ez 16.4; esta última, como referencia al cuidado que se debe tener con el recién nacido.

En sentido figurado, el ombligo significa centro: de la tierra (Ez 38.12 TM y RV 1909); de la fortaleza (Job 40.11). En sentido anatómico al ombligo femenino se le compara con un recipiente pleno de bebida (Cnt 7.2).

OMEGA → ALFA.

OMNIPOTENTE → Todopoderoso.

OMRI Nombre de cuatro personajes del Antiguo Testamento.

1. General del ejército de Ela, último rey de la dinastía de Jeroboam. Cuando llegaron las noticias de que Zimri había matado a Ela y usurpado el trono, «todo Israel» eligió a Omri como rey (1 R 16.16). Este avanzó contra Tirsa, la capital, pero Zimri incendió el palacio y pereció en las llamas. Después de cuatro años de guerra civil, la oposición, encabezada por Tibni, también fue derrotada. Omri reinó doce años (*ca.* 885–874), incluyendo los cuatro años de lucha civil.

Omri mostró su capacidad militar al escoger a Samaria como capital de su reino (1 R 16.24). El monte sube unos 120 m sobre el llano que domina. La ciudad, por tanto, resistió los sitios de los sirios y asirios hasta que al fin Sargón la tomó en el año 722, después de un sitio de tres años (2 R 17.5,6).

Omri fue el primer rey de Israel que pagó tributo a los sirios y se menciona en unas inscripciones de ellos. Para consolidar su posición y estimular el comercio, se alió con los fenicios mediante el matrimonio de su hijo Acab con Jezabel, hija del rey de Tiro (1 R 16.31). Omri subyugó completamente a Moab.

Omri fue el primero de una dinastía de cuatro reyes. Permitió la idolatría y fue reprobado por ello (1 R 16.25,26; Miq 6.16). Sin embargo, dejó un reino de paz y prosperidad para su hijo Acab. Su importancia política fue tal que, aun en el tiempo de Sargón, las inscripciones asirias se refieren a Israel como «la tierra de Omri».

2. Benjamita, hijo de Bequer (1 Cr 7.8).

3. Descendiente de Fares de la tribu de Judá, uno de los primeros moradores de Jerusalén después del cautiverio babilónico (1 Cr 9.2,4).

4. Hijo de Micael y jefe de la tribu de Isacar durante el reinado de David (1 Cr 27.18).

ON (*fuerza*). Nombre de un hombre y una ciudad en el Antiguo Testamento.

1. Nombre hebreo de la famosa ciudad del Bajo Egipto llamada en griego Heliópolis (*ciudad del sol*) porque era el centro principal del culto al sol. La LXX la identifica expresamente en Éx 1.11. En la RV, On se menciona directamente solo en Gn 41.45,50 y 46.20, donde se alude al sacerdote de On como el suegro de José. Se le denomina Bet-semes en Jer 43.13; Avén en Ez 30.17; y Herez en Is 19.18. En On, según una leyenda, descansó la sagrada familia durante su huida a Egipto. Sus ruinas se hallan en la ribera oriental del Nilo, casi 10 km al norte de El Cairo, junto al actual El-matariye.

Aunque en tiempos prehistóricos On era la capital política de Egipto, en tiempos históricos su importancia fue más de carácter religioso y cultural. Era centro del culto al dios Amón, que más tarde se relacionó con el culto a otros dioses solares. Allí los sacerdotes desarrollaron uno de los sistemas teológicos de Egipto que predominó durante la V dinastía (*ca.* 2700 a.C.) y muchos siglos después. Como el obelisco era el símbolo específico del sol, varios se erigieron en la ciudad. Además, había una escuela para sacerdotes y médicos relacionada con el templo, muy conocida entre los griegos en la época de Herodoto (*ca.* 450 a.C.). Desde *ca.* 100 d.C. los habitantes fueron abandonando poco a poco la ciudad.

2. Hijo de Pelet, de la tribu de Rubén, que tomó parte en la rebelión de Coré contra Moisés (Nm 16.1ss).

ONÁN Segundo hijo de Judá (Gn 38.4). Contrajo → MATRIMONIO, según la ley del levirato (Dt 25.5-10), con → TAMAR, viuda de su hermano Er. Onán se negó a cumplir con la práctica ya tradicional, y no quiso darle a su hermano descendencia que heredara sus bienes. Jehová castigó con la muerte esta transgresión de la Ley (Gn 38.8-10). De Onán se originó el término «onanismo», usado en el vocabulario técnico para referirse al método anticonceptivo de coito incompleto.

ONESÍFORO (*el que trae provecho*). Cristiano que cooperó con Pablo en Éfeso, y después lo visitó en la prisión en Roma, cuando muchos otros de Asia abandonaron al apóstol. Lejos de avergonzarse de Pablo en cadenas, lo confortó y le sirvió. Pablo pide misericordia divina para la casa de Onesíforo y le envía saludos a través de Timoteo (2 Ti 1.15-18; 4.19).

ONÉSIMO (en griego, *útil, provechoso*). Esclavo obrero en el establecimiento de → FILEMÓN, en Colosas, que huyó de su amo. Conoció a Pablo en la prisión, se convirtió al Señor y sirvió al apóstol. Para reintegrarlo a su propietario sin que fuera castigado, Pablo y Timoteo escriben a Filemón, devuelven a Onésimo acompañado por Tíquico y lo recomiendan como «amado y fiel hermano» (Col 49) ante Filemón mismo, Apia, Arquipo y la iglesia local (→ SIERVO).

ÓNICE (en griego, *uña*, traducción de la palabra hebrea *shoham*). No se sabe con certeza a qué clase de piedra corresponda esta denominación. Algunos la clasifican entre los ónices sardónices o ágatas, otros la identifican con el berilo o crisopacio (Éx 25.7; 35.9; Job 28.16). Abundaba en Hávila (Gn 2.12) y era ornamento preferido del rey de Tiro (Ez 28.13). Se engasta en anillos y sellos o se usa para tallar camafeos. Según Ap 21.10 es el quinto cimiento del muro de la nueva Jerusalén.

ONO Pueblo de Benjamín situado en el extremo sur de los llanos de Sarón, unos 12 km al sudeste de Jope. Se le menciona junto con Lod (Lida) en 1 Cr 8.12. Era la sede de unos 720 desterrados que regresaron del cautiverio babilónico (Esd 2.33; Neh 7.37; 11.35). Se describe en la Mishnah como ciudad amurallada desde los días de Josué.

ORACIÓN Diálogo del hombre con Dios. Es un acto de → ADORACIÓN y comunicación, e incluye la presentación de nuestros deseos a Dios, en el nombre de Jesucristo y con la asistencia del Espíritu Santo (Jn 14.13,14; Ro 8.26,27; Flp 4.6). Algunos consideran Gn 4.26 como el primer registro de una oración pública. La oración, juntamente con el → AYUNO, era una de las prácticas del judío piadoso.

En el Antiguo Testamento la oración estaba relacionada con el → SACRIFICIO en el templo y, después del año 70 d.C., los rabinos llegaron a sostener que la oración era «mejor que el sacrificio». En la sinagoga, aquella ocupó el lugar de este. Aunque no existe en la Biblia un orden al respecto, el judío acostumbraba orar al menos tres veces al día (Sal 55.17; Dn 6.10). Las horas de oración eran: la tercera, o sea las 9.00 (Hch 2.15), la sexta, las 12.00 (Hch 10.9) y la novena, 15.00 (Hch 3.1). Al orar, se acostumbraba mirar hacia Jerusalén (2 Cr 6.34; Dn 6.10). Cuando la oración se hacía en los atrios del templo, el rostro se tornaba hacia el templo mismo. Ambas costumbres, las de las horas fijas de oración y la de mirar hacia Jerusalén, las practicaron también los primeros cristianos.

La oración no solo se practicaba en el templo, sino también en las casas o en los lugares apartados (Dn 6.10; Lc 1.10). Cuando se hacía en la casa, generalmente se usaba una habitación en la planta alta, denominada → APOSENTO ALTO, una especie de azotea (Hch 10.9). La posición usual para orar era de pie (Mt 6.5), aunque también se hacía inclinándose o de rodillas (Hch 21.5).

El Nuevo Testamento manda orar en todo tiempo (Lc 18.1.; Ef 6.18; 1 Ts 5.17) y en todo lugar (1 Ti 2.8). De acuerdo con las Sagradas Escrituras, la actitud del espíritu del que ora es más importante que la hora, el lugar, la posición del cuerpo o las fórmulas. Se debe orar con intensidad espiritual (Lc 22.44; Ef 6.18; 1 Ts 3.10).

Con excepción de la oración dedicatoria de diezmos y primicias en el Antiguo Testamento (Dt 26.1-15) y del Padrenuestro en el Nuevo Testamento (Mt 6.9-13), la Biblia no ordena la repetición de fórmulas fijas de oración. Aun en el Padrenuestro la intención es establecer los elementos principales que deben incluirse en toda oración cristiana y el orden de importancia en que deben presentarse.

En ocasiones ni las palabras son necesarias para que una oración sea eficaz (Neh 2.4,5). Puede ser un acto de contemplación, o un diálogo entre el orante y Dios en el lenguaje del espíritu. En el más puro sentido cristiano, una lágrima, un gemido o el silencio pueden convertirse delante de Dios en oración del más alto nivel espiritual (1 S 1.10, 12,13; Ro 8.26). La Biblia dice que Cristo pasó noches enteras en oración. Probablemente no hablaba en voz alta, sino oraba en su fuero interno sin palabras siquiera. Eso es lo que hace practicable el mandamiento de 1 Ts 5.17. La mucha palabrería y no la falta de palabras fue lo que Cristo censuró (Mt 6.7).

La oración no debe usarse tampoco para ostentar religiosidad. En Mt 6.5 Cristo no condena el hecho de la oración pública, sino la motivación orgullosa con que esta se hacía.

La historia bíblica revela un proceso evolutivo en la oración. En el Antiguo Testamento, con algunas bellas excepciones, la oración es un recurso para conseguir bienes materiales y protección temporal. No muchos encontraban en ella un medio de comunión verdadera con Dios. En el Nuevo Testamento la oración se convierte, en forma más general, en una experiencia del espíritu. Disfrutar de la presencia de Dios y la unión con Cristo son los fines principales.

La oración ha involucrado generalmente → ADORACIÓN, por la que expresamos nuestro sentimiento de la bondad y grandeza de Dios (Dn 4.34,35); → CONFESIÓN, por la que reconocemos nuestra iniquidad (1 Jn 1.9); súplica, por la que pedimos perdón, gracia o cualquier otra bendición (Mt 7.7; Flp 4.6); → INTERCESIÓN, con la que rogamos por otros (Stg 5.16); y → ACCIÓN DE GRACIAS, con la que expresamos nuestra gratitud a Dios (Flp 5.6).

Las Sagradas Escrituras contienen pasajes en los que pareciera que la oración pone al arbitrio indiscriminado del hombre los poderes ilimitados de Dios. Sin embargo, a esos pasajes los complementan otros que establecen condiciones claras para la eficacia de la oración, a saber: relación de hijo (Mt 6.9. 26,32; 7.11; 15.26), fe (Mt 17.20; Lc 11.24; Stg 1.6), limpieza de vida (1 Ti 2.8; 1 P 3.7), armonía con la voluntad de Dios (1 Jn 5.14), corazón perdonador (Mc 11.22-26), persistencia (Gn 32.22-31; Lc 11.5ss; Hch 1.14; 12.5; Ro 12.12; Col 4.2) y buenos motivos (Stg 4.3).

Es responsabilidad cristiana orar por los enemigos (Mt 5.44), por los gobernantes (1 Ti 2.1-3), los unos por los otros (Stg 5.16), la obra de Dios y para que esta se lleve a cabo (Mt 9.36-38) y para que su reino se establezca (Mt 6.10). En Jud 20 se ordena orar en el → ESPÍRITU SANTO, y según Jesucristo, lo mejor que Dios puede dar en respuesta a la oración es el Espíritu Santo (Lc 11.11-13).

Entre los interrogantes con relación a la oración, algunos se preguntan: ¿Por qué orar si Dios sabe lo que sus hijos necesitan antes de que se lo pidan y si ya Él tiene un plan para cada uno? ¿Por qué no se producen estas cosas espontáneamente? La Biblia enseña que se debe orar porque, aun cuando Dios sabe todas las cosas, Él ha establecido intervenir en ellas generalmente en respuesta a la oración. Además, de esta manera se le impone al hombre cierto grado de responsabilidad y se le permite desarrollarse y establecer un orden de prioridades.

La oración no tiene como finalidad decirle a Dios lo que debe hacer ni cómo debe hacerlo. El Altísimo es árbitro de sus planes pero, siendo el hombre un ser moral, Dios no le impone su plan, sino que se lo ofrece. A través de la oración el hombre conoce la voluntad divina, la acata y se capacita para llevarla a cabo en su vida (Ro 8.26,27).

¿Por qué algunas oraciones no son contestadas? En realidad, Dios contesta todas las oraciones. Lo que sucede es que a veces su respuesta es negativa. A veces Dios explica el porqué de su negativa (Dt 3.23-26; 2 Co 17.7-9).

Si el que ora tiene absoluta fe en el amor (Jn 3.16; Ro 8.32), la justicia (Gn 18.25), la sabiduría (Jud 25) y la omnipotencia de Dios (Ap 1.8), estará capacitado no solo para aceptar las negativas o el silencio de Dios, sino aun las circunstancias que parezcan negar la eficacia de la oración. Saldrá triunfante aun frente a los casos más desconcertantes (Mt 11.11; 14.1-12).

El que ora enfrenta en ocasiones grandes obstáculos, no todos naturales: personalidad, preocupaciones, limitación de tiempo, ambiente, desconocimiento de lo que conviene (Ro 8.26), etc. Para que la oración llegue a Dios tiene que enfrentarse a las fuerzas espirituales de maldad (Dn 10.12-14; Lc 4.13; Ef 6.10-20). En esta lucha la única garantía de triunfo en la oración viene del auxilio del Espíritu Santo (Ro 8.26-28; Ef 6.18).

ORADOR Persona hábil en el discurso público (→ APOLOS). Entre los hebreos el → PROFETA era orador dramático, aunque a veces la oratoria se entendía como magia (Is 3.3). Al orador hábil lo solicitaban como abogado (Hch 24.1, → TÉRTULO). Pablo previene contra la falsa oratoria (1 Co 2.4; Col 2.4).

ORDENACIÓN Acto solemne mediante el cual se separa a un hombre para el ministerio cristiano. Tomando en cuenta la generalización de la ordenación entre los cristianos modernos, es notable la escasez de apoyo bíblico para la misma. Con la excepción de pocos grupos tales como los cuáqueros, los hermanos libres, y los discípulos de Cristo, la ordenación como rito eclesiástico hoy se practica comúnmente en todas las ramas del cristianismo. Su significado, no obstante, es diferente para cada grupo. Para las iglesias católica romana y griega, la ordenación es el sacramento por el que el candidato es investido con el carácter sacerdotal para siempre.

Los anglicanos no consideran la ordenación como sacramento, es decir, como medio de gracia. Pero tanto para ellos como para los católicos romanos y los ortodoxos griegos solamente el obispo puede ordenar. Las iglesias luteranas, reformadas y bautistas practican la ordenación de sus ministros, pero históricamente ponen como requisito el llamamiento divino del ministerio. La ordenación se considera como el reconocimiento eclesiástico de este llamamiento y de los dones necesarios para ser pastor. En algunas denominaciones, inclusive se ordenan a los ancianos y diáconos.

En la Biblia la palabra ordenación aparece solamente dos veces (Sal 119.91; Jer 5.22), pero no con el sentido de un rito, sino como mandar o disponer; tal es el caso del verbo «ordenar» que a menudo encontramos en la Biblia. En el Nuevo Testamento no se nos da información en cuanto al principio del rito eclesiástico. Sin embargo, hay varias ocasiones donde podría suponerse tal descripción; por ejemplo, en la selección de los doce apóstoles (Mc 3.14), o de los siete diáconos (Hch 6.1-7), o en el nombramiento de los ancianos para las iglesias (Hch 14.23; Tit 1.5). Ni la palabra ordenación aparece en este sentido, ni encontramos nada semejante a un rito eclesiástico. A Pablo nunca se le ocurrió la idea de que la iglesia lo pudiera constituir como apóstol (Gl 1.1).

La → IMPOSICIÓN DE MANOS en el caso de Timoteo (1 Ti 4.14; 2 Ti 1.6) quizás sea evidencia de una ceremonia de ordenación, pero es dudoso que fuera algo más que una bendición y símbolo de identificación con Cristo, realizado por la asamblea de ancianos según la antigua práctica judía, continuada por los cristianos. Lo dicho en Heb 6.2 no puede referirse al rito de ordenación, sino a todas las ocasiones en que se impusieron las manos. Lo anterior no quiere decir que una congregación cristiana no deba reconocer públicamente, mediante la imposición de manos y la oración pública, a los que tienen la responsabilidad del liderazgo. Sin embargo, la práctica que limita el reconocimiento a unos pocos tales como los pastores y diáconos tiene poca base bíblica, y la creencia de que este rito es indispensable antes de ejercer dones pastorales, evangelizadores o misioneros no tiene ninguna base neotestamentaria.

OREB Y ZEEB (*cuervo y lobo*). Dos príncipes de los madianitas, capturados por los efrateos cuando → GEDEÓN puso en fuga a los madianitas. Los efrateos mataron a Oreb en la peña de Oreb y Zeeb en el lagar de Zeeb (Jue 7.25; 8.3) y llevaron las cabezas a Gedeón. En Sal 83.11 e Is 10.26 se refieren a la muerte de Oreb y Zeeb como parte de una gran matanza.

ORFA Moabita, nuera de → NOEMÍ y concuñada de → RUT. Al quedar viuda las tres, emprendieron viaje de regreso desde Moab hasta Judá. Orfa accedió a los ruegos de Noemí y se volvió a su pueblo mientras Rut se apegó a su suegra, y fue incorporada así a la historia del pueblo escogido (Rt 1.4-14).

ORGULLO Varias raíces hebreas expresan la idea de orgullo, y las versiones castellanas las traducen «arrogancia», «jactancia», «soberbia», «altivez», → «GLORIA» y ocasionalmente «orgullo» (Job 38.11; Dn 5.20). Todas estas raíces significan originalmente «exaltado», «alto», «elevado» y encierran la idea de gloria y majestad. Algunas veces se traducen con sentido positivo (Sal 47.4, «la hermosura de Jacob»; Éx 15.7, «la grandeza de tu poder»; cf. Pr 16.31). En este mismo sentido se entiende «el rostro erguido» (Lv 26.13; cf. Job 22.26) del pueblo o del hombre que Dios reivindica.

La actitud dominante en la Biblia hacia el orgullo del hombre es, sin embargo, irónica y crítica. Quien se atribuye grandeza a sí mismo es culpable de orgullo. Este es la esencia del → PECADO, pues asume para el hombre (o para un pueblo) la gloria que solo a Dios corresponde. Por eso los soberbios y orgullosos serán abatidos (Is 2.6-22, esp. vv. 11,17; 10.9-12; Jer 50.29-32; Dn 5.20; Abd 2-4). En los Salmos, el hombre orgulloso es el prototipo del malvado (Sal 12.3; 49.6,7; 75.4; cf. 2 Cr 26.16; 32.25; Job 35.12; Pr 8.13). Dios restablece la justicia, depone al soberbio y exalta al humilde (1 S 2.1-10; Job 5.11; Sal 138.6; 147.6; 149.4; Pr 3.34).

El Nuevo Testamento extiende y profundiza la enseñanza del Antiguo Testamento sobre el orgullo; utiliza varios términos que se traducen en diferentes maneras, pero que significan esencialmente «jactancia» (1 Co 5.6; Stg 4.16; 1 Jn 2.16); «reputación» (Flp 3.19; 1 Ts 2.6; 2 Co 6.8); «gloriarse» o «base para gloriarse» (Ro 4.2; 1 Co 1.31; 2 Co 10.13,17; Gl 6.4, etc.) y «altanería» o «arrogancia» (Mc 7.22).

El cántico de María (Lc 1.46-55) destaca el motivo de la caída de los soberbios y el levantamiento de los humildes (cf. Flp 2.8-11; Stg 4.13–5.6). La raíz del mal es el orgullo espiritual (Lc 18.9; Ro 2.23; 11.20; Ef 2.9) de creerse justo o merecedor de la salvación. En Cristo todo orgullo ha sido anulado (1 Co 1.25-30) pues todo lo hemos recibido de gracia. Solo podemos gloriarnos en Cristo (1 Co 1.29ss; Gl 6.14; Flp 3.3) y por ende gozarnos en nuestra debilidad (2 Co 12.9) y en lo que Dios realiza en nosotros (1 Co 15.10; 2 Co 6.3-10).

ORIENTE El sistema de orientación hebrea era una combinación de elementos geográficos y solares. Los hebreos dividían el mundo en cuatro partes, descritas como «los cuatro confines» (Is 11.12; Ap 7.1; 20.8) o «los cuatro vientos» (Ez 37.9).

Al igual que para muchos pueblos semitas, el punto del aparecimiento de las luminarias daba a los hebreos sus direcciones básicas. El Oriente se designa con la frase «donde nace el sol» (Nm 21.11; Jue 20.43) o, más comúnmente, «donde sale el sol» (Jos 13.5).

En el Nuevo Testamento la palabra *anatolés* aparece con este mismo uso («levantamiento», Mt 2.9; 8.11, etc., en griego). También los semitas designaban al Oriente con «el frente», palabra que figura en documentos egipcios y ugaríticos.

ORIÓN Importante constelación de estrellas mencionada juntamente con las Pléyades (Job 9.9; 38.31; Am 5.8). En Is 13.10 la forma plural significa «constelaciones». La mención de sus ligaduras en Job parece aludir a la mitología antigua, en la cual Orión era un gigante guerrero y cazador que por su rebeldía fue atado en los cielos en forma de constelación. Además, quizás Job alude a la torpeza de oponerse a Dios, puesto que Orión en hebreo es *kesil*, que también significa «insensato» (Sal 49.10; 92.6). Aun antes de 1500 a.C., el Orión y las Pléyades aparecen juntas en la poesía babilónica.

ORNAMENTO Los pueblos orientales eran muy dados al ornamento personal. Hombres y mujeres vestían trajes costosos, ricamente bordados de telas finas y vistosas como el → LINO (Gn 41.42). Se adornaban con → ANILLOS, cadenas de oro y plata, argollas en las orejas, en la nariz y en los tobillos, adornos en el → PELO, etc. (Éx 3.22; 11.2; 33.4; Jue 8.26; Gn 24.22,53).

Los sacerdotes se ornamentaban profusamente (Éx 28). Los pectorales eran engastados con oro, piedras preciosas y lino fino (Éx 28.13-30; 39.8-12). Este ornamento lo usaba, de preferencia, el sumo sacerdote al entrar al Lugar Santísimo una vez al año (Lv 21.10).

Era común entre los hebreos el uso del anillo, que también se usaba como sello y símbolo de gran dignidad (Gn 41.42). Las novias se esmeraban en su adorno y atavíos personales (Cnt 1.10,11; Jer 2.32). Muchos de los vestidos, tanto de hombres como de mujeres, se ostentaban como lujosos ornamentos; su precio era elevado (Jos 7.21; Jue 14.12). Naamán, el general de Siria, ofreció entre otros valores «dos vestidos» al criado de Eliseo (2 R 5.23).

ORNÁN → ARAUNA.

ORO Metal precioso designado por varias palabras hebreas, probablemente según su grado de pureza: *zahah, harus, kétem, paz.* Muy antiguamente se obtenía de Hávila (Gn 2.11s) y Sabá (1 R 10.2; Sal 72.15); en tiempos de Salomón, de Ofir (1 R 22.48), de Sabá y Raama (Ez 27.22). Job lo menciona en significativas comparaciones (22.24; 28.6, 15-19). Abraham era rico en plata y oro; en su tiempo ya se usaba este metal para hacer alhajas y adornos (Gn 13.2; 24.22,35).

Los hebreos lo usaron en la construcción del tabernáculo y en el templo. El arca de la

O

Estas joyas sumerias descubiertas en Ur, que datan más o menos del 2500 a.C., están hechas de oro así como lapislázuli (zafiro) y cornalina.

Foto de Howard Vos

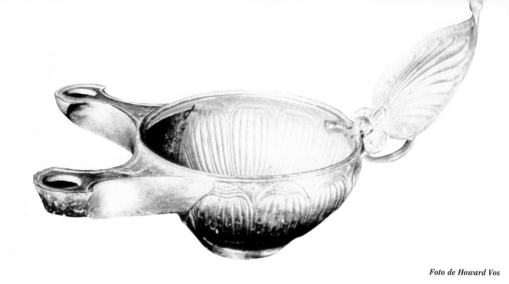

Esta lámpara artística de oro, excavada en Pompeya, data del siglo I d.C.

alianza estaba cubierta de oro puro; el propiciatorio, los vasos y utensilios eran todos de oro (Éx 38.24; 1 Cr 22.14; 29.4,7).

Debido a su escasez en Palestina, no se acuñó entre los judíos sino hasta el tiempo de Judas Macabeo (→ Dinero), pero se pesaba en lingotes para efectuar transacciones comerciales (Jos 7.21). En sentido figurado se toma como símbolo de auténtica dignidad y de gran valor (Lm 4.2; 1 P 1.7; Ap 3.18) y de solidez en la obra del creyente (1 Co 3.12).

ORTIGA → Cardos.

ORUGA → Gusano.

OSAÍAS (*Jehová ha salvado*). Nombre de dos hombres del Antiguo Testamento.

1. Israelita que participó en la dedicación de los muros reconstruidos de Jerusalén (Neh 12.32).

2. Padre de Jezanías (Jer 42.1). Se le llama también *Azarías* (Jer 43.2).

OSEAS (*Dios es salvación*). Además del profeta de Israel, llevaban este nombre:

1. El hijo de Ela y decimonoveno rey de Israel (730–722). Subió al trono poco después de que Tiglat-pileser, rey de Asiria, había llevado cautivas algunas tribus, y solo quedaban Efraín, Isacar y la media tribu de Manasés. Oseas asesinó y sucedió a Peka (2 R 15.30). Para esto contó con el apoyo de Tiglat-pileser, quien luego afirmó haberlo puesto sobre Israel. Después de la muerte de Tiglat-pileser, y con la esperanza de recibir ayuda de Egipto, Oseas dejó de pagar tributo a Asiria. Por tanto fue apresado por Salmanasar y desapareció de la historia. El hermano y sucesor de Salmanasar, Sargón II, tomó la ciudad de → Samaria después de un sitio de tres años y deportó a Israel a Asiria. Se dice que Oseas fue el menos malvado de los reyes de Israel, probablemente por no haber aprobado la idolatría de sus predecesores (2 R 17.2).

2. Nombre original de Josué (Nm 13.8,16; Dt 32.44).

3. Hijo de Azarías y jefe de la tribu de Efraín en tiempos de David (1 Cr 27.20).

4. Uno que firmó la renovación de la alianza en tiempo de Esdras (Neh 10.23).

OSEAS, LIBRO DE Libro profético del Antiguo Testamento que enfatiza el fiel amor de Dios hacia su pueblo, a pesar de su continua rebelión y pecado. Lleva el nombre de su autor, el profeta Oseas, quién predicó el firme amor de Dios ilustrado dramáticamente con el amor que sentía hacia su esposa infiel.

OSEAS:
Un bosquejo para el estudio y la enseñanza

I. **La esposa adúltera y el esposo fiel** . . . . . . **1.1—3.5**
   A. La introducción al Libro de Oseas 1.1
   B. El matrimonio profético de Oseas
      y Gomer . . . . 1.2—2.1
      1. Matrimonio de Oseas con Gomer 1.2
      2. Los niños de Oseas y Gomer 1.3-9
      3. La aplicación de la futura
         restauración . . . . 1.10—2.1
   C. La aplicación del adulterio de Gomer 2.2-23
      1. El pecado del adulterio espiritual
         de Israel 2.2-5
      2. Juicio de Dios 2.6-13
      3. Restauración de Israel 2.14-23
   D. La restauración de Gomer a Oseas 3.1-5
II. **El adúltero Israel y el Señor fiel** . . . . **4.1—14.9**
   A. El adulterio espiritual de Israel . . . . 4.1—6.3
      1. Los pecados de Israel 4.1-19
         a. Rechazo del conocimiento
            de Dios 4.1-10
         b. Idolatría de Israel 4.11-19
      2. Juicio sobre Israel 5.1-14
      3. Restauración de Israel . . . . 5.15—6.3
   B. Israel rehúsa arrepentirse
      de su adulterio . . . . 6.4—8.14
      1. Transgresión voluntaria del pacto 6.4-11
      2. No quieren volver voluntariamente
         al Señor 7.1-16
      3. Idolatría voluntaria 8.1-14
   C. Dios enjuicia a Israel . . . . 9.1—10.15
      1. Juicio de dispersión 9.1-9
      2. Juicio de infertilidad 9.10-17
   D. La restauración de Israel al Señor . . . . 11.1—14.9
      1. El amor de Dios por Israel 11.1-11
      2. El continuo pecado de Israel . . . 11.12—13.16
      3. La promesa de Dios de restaurar
         a Israel 14.1-9

O

Estructura del libro

El libro de Oseas tiene dos partes bien diferenciadas en su forma y extensión. Los capítulos 1–3, escritos en parte en prosa, se centran en la experiencia personal del profeta, con aplicaciones a la realidad moral y religiosa de Israel. De estos tres, los capítulos 1 y 3 contienen la narración y el capítulo 2 constituye un sermón que se basa en los hechos, y los aplica a la relación de Jehová con Israel.

Los capítulos 4–14, en la forma de oráculos y profecías, contienen principalmente reproches y anuncios de juicios por la entrega de Israel a otros dioses y cultos no judíos, y por la traición de los príncipes y sacerdotes. El capítulo final es un llamado al arrepentimiento y un anuncio de esperanza para el pueblo en crisis.

Autor y fecha

El autor de este libro es el profeta Oseas, quien se identifica como hijo de Beeri (1.1). También dice que vivió y profetizó durante el gobierno del rey Jeroboam II de Israel y cuatro consecutivos reyes de Judá: Uzías, Jotam, Acaz y Ezequías. Esto quiere decir que su ministerio profético abarcó un período de unos cuarenta años, como del 755 a.C. al 715 a.C. Su libro lo escribió entre esos años.

En realidad, muy poco se sabe del profeta mismo aparte de la historia de su tragedia conyugal, narrada en los capítulos 1–3. Sin embargo, es posible deducir que era del reino del norte y, por su lenguaje y conocimiento histórico, que se trataba de una persona culta. Oseas fue el primer y único profeta literario oriundo del reino del norte. Ejerció su ministerio en Israel.

Marco histórico

El ministerio de Oseas se sitúa en el período entre el final del reinado de Jeroboam II (752–753 a.C.) y la caída de Samaria (725–722 a.C.), tiempo de marcada corrupción religiosa («baalización») y descomposición política en Israel (sucesión de varios golpes de estado y reyes; 2 R 15), a la vez que de desarrollo del poderío de → Asiria (Os 5.13; 7.11s; 8.9; etc.).

Aporte a la teología

La historia del → pacto de Dios y la infidelidad del pueblo, desde la salida de Egipto, se presenta en Oseas con la figura del matrimonio (2.2ss; 11.1). Dios no puede pasar por alto la infidelidad, cuyo fruto es desorden y caos (4.4-6; 8.7; 10.13). La caída de Israel será el resultado final de ese proceso, pero en medio de esta situación, Oseas afirma lo que es el centro mismo de su mensaje: la gracia de Dios disciplina pero no abandona a su pueblo (11.3,4,8). En esa fidelidad inquebrantable descansa la esperanza de la restauración (11.9-11). Solo el amor de Dios puede inducir al arrepentimiento y a la conversión (2.14-23; 6.1-3). El reconocimiento de la misericordia divina hará posible un nuevo trato entre los israelitas (6.6).

Oseas habla frecuentemente de un juicio o litigio de Dios con su pueblo (2.2ss; 4.1,4; 7.10; 12.2), de clamor (8.2) o de sentencia (2.6,9,10-16), recursos literarios que señalan el quebrantamiento del pacto. Pero a menudo el profeta (cuya conciencia de hablar en nombre de Dios es muy clara, como se deduce de su estilo) introduce quejas en las que se expresa la piedad de Dios y del profeta por el pueblo (7.13ss; 8.8ss) y en que Oseas intercede por Israel (9.14).

Lo fundamental del mensaje de Oseas es la relación de Dios con Israel. Oseas ve los mismos males morales y religiosos que su contemporáneo Amós, pero halla la raíz de los mismos en la infidelidad de Israel al pacto. La nación ha abandonado a su esposo y se ha entregado a los dioses cananeos (baales), confiando en ellos, o en su propio poder militar y en alianzas extranjeras (5.13; 7.11; 12.1). Como consecuencia, toda su vida privada y pública se ha corrompido (4.11). Israel no tiene conocimiento de Dios, ha quebrado la relación con Él y no discierne ni sigue su voluntad. En Oseas, más que en ningún otro profeta del Antiguo Testamento, se ve la relación que existe entre su mensaje, su persona, y las experiencias de vida personales y de su pueblo.

Otros puntos importantes

La historia de su matrimonio con Gomer (1–3) ha constituido siempre un problema de interpretación. Escandalizados por la crudeza de los relatos, algunos comentaristas judíos y cristianos han explicado el matrimonio como una alegoría, como una visión del profeta o como un símbolo, negándole con ello carácter histórico.

Sin embargo, el relato es demasiado vívido para entenderlo así. Es necesario reconocer que se trata de un relato autobiográfico, aunque no sea posible reconstruir los detalles, particularmente con respecto a la relación entre el capítulo 1 (¿es ya Gomer prostituta cuando Oseas se casa con ella o llega a serlo después?) y el 3 (¿se trata de otro relato del mismo hecho del capítulo 1 o de una separación y nuevo casamiento posterior?). El hecho de que el texto de Oseas nos haya llegado con bastantes variantes y dificultades complica la interpretación, aunque el mensaje es claro e inconfundible.

Foto de Gustav Jeeninga

En todos los períodos de la historia bíblica las ovejas eran importantes porque eran fuente de lana, leche, carne y cuero para el pueblo.

OSO Animal que en los tiempos bíblicos debió ser bastante común en Palestina, a juzgar por las alusiones que a él hace el Antiguo Testamento. Actualmente solo el oso pardo (*arctos syriacus*) habita las regiones boscosas del Líbano y del Antilíbano.

La Biblia se refiere al oso como gran enemigo para el ganado (1 S 17.34), y peligroso y feroz para los hombres, especialmente cuando la hembra está criando (2 S 17.8; 2 R 2.24; Pr 17.12; Is 11.7; Os 13.8). Es temible cuando acecha (Lm 3.10), cuando está hambriento (Pr 28.15) y cuando gruñe (Is 59.11). Amós lo compara con la serpiente y el león en cuanto al peligro que representa (Am 5.19).

En las visiones apocalípticas el oso figura como símbolo de poderes maléficos (Dn 7.5; Ap 13.2).

OTONIEL Hijo de Cenaz, hermano menor de → CALEB (Jue 1.13). Conquistó Quiriat-sefer, ciudad que después se llamó Debir (Jos 15.15), y en recompensa por su hazaña recibió por esposa a Acsa, hija de Caleb (Jue 1.11-13).

Liberó a los israelitas de la mano de Cusan-risataim, rey de Mesopotamia, quien los había esclavizado por ocho años. Luego «el Espíritu de Jehová vino sobre él, y juzgó a Israel ... y reposó la tierra cuarenta años» (Jue 3.7-11).

O

OVEJA Animal que desde los antiguos tiempos del nomadismo fue una de las principales fuentes de riqueza y sustento para el pueblo hebreo (Gn 4.2; 12.16; 13.2-5; 24.35; etc.). Prueba de esto es la cantidad de nombres con que se definen el sexo, la edad y partes de las reses ovinas. Incluyendo → «CARNERO» y «cordero», en la Biblia hay más de 500 referencias a la oveja.

Por sus cualidades de ganado sobrio y sufrido se adaptaba fácilmente al pasto raquítico de los páramos de Palestina y era muy útil por su carne, leche, lana y cuero.

Las ovejas se cuentan entre los animales limpios y comestibles, según la Ley Mosaica (Lv 11.2s; Dt 12.20s; 14.4). La oveja de raza *ovis laticaudata*, de cuerpo blanco, cabeza negra, cola ancha, larga y sebosa, es la que más frecuentemente se menciona en la Biblia

(Lv 3.6-9). Su carne se comía en las festividades o banquetes especiales (1 S 25.18; 2 S 12.4; 17.29; etc.).

El cordero macho era el animal especialmente dedicado para los sacrificios (Lv 3.7; 12.6; 14.10ss; Nm 28.2ss, etc.), y era la víctima pascual acostumbrada (Éx 12.3ss). Rara vez se presentaban las hembras como ofrenda (Lv 4.32ss; 5.6).

La → LECHE de oveja era tan apreciada como la de vaca (Dt 32.14; Is 7.21,22). De su → LANA se hacían los mejores vestidos, y por tanto el esquileo era una fiesta especial, de singular alegría (Gn 38.12; 1 S 25.2ss). Indudablemente la oveja servía también como objeto de cambio (2 R 3.4; Ez 27.18s).

Debido a su mansedumbre (2 S 12.3) y a su relativa falta de defensa (las hembras carecen de cuernos), la oveja se utilizó como símbolo literario de la persona sufrida y carente de cuidado y dirección (Nm 27.17; Sal 23.1-4; Mt 9.36; 26.31). Su uso en los sacrificios del culto facilitó la comparación del → SIERVO DE JEHOVÁ con la oveja que calla ante los que la trasquilan y sacrifican (Is 53.7).

En el Antiguo Testamento se destaca constantemente la relación entre el → PASTOR y la oveja. Se le compara con la relación de Dios con su pueblo (Sal 23.1ss; Ez 37.24). En el Nuevo Testamento la figura del pastor se aplica más profundamente a Cristo (Mt 10.6; 15.24; Jn 10.1-16,26-30, etc.). El último acto del drama de la redención es la boda del → CORDERO DE DIOS (Ap 19.9; 21.9-14).

OZEM (*irritable*). Nombre de dos hombres en 1 Crónicas.

1. Sexto hijo de Isaí y hermano de David (1 Cr 2.15).

2. Hijo de Jerameel (1 Cr 2.25).

PAARAI (*revelación de Jehová*). Uno de los valientes de David (2 S 23.35), también llamado *Naarai* (1 Cr 11.37).

PÁBILO Mecha de algodón u otro material, que va al centro de → ANTORCHAS, → LÁMPARAS y velas para que, encendida, alumbre. La expresión «pábilo que humea» (Is 42.3; Mt 12.20) puede indicar esperanza de vida; «pábilo apagado», en cambio, indica muerte (Is 43.17).

PABLO (en griego, *Paulos*, cf. en latín, *pequeño*). «Apóstol a los gentiles» (Ro 11.13) llamado también Saulo (en hebreo, *pedido*; → SAÚL). Probablemente llevaba ambos nombres desde la niñez, pero comenzó a usar el nombre grecorromano al iniciar su ministerio entre los gentiles. Su conversión al evangelio fue una prueba contundente de la veracidad del mensaje cristiano. Sus enseñanzas han contribuido grandemente a la formación del pensamiento cristiano. Como autor, solamente lo supera Lucas en la extensión de su contribución al Nuevo Testamento. Fundó iglesias en Asia Menor, Macedonia y Grecia durante tres viajes misioneros. Trabajó ministrando en Roma y posiblemente viajó hasta España predicando el evangelio.

Fuentes

Nuestra información sobre la vida y el pensamiento de Pablo viene de Hechos y de las trece epístolas paulinas. En Hechos, Lucas no ofrece una biografía de Pablo, pero ha dejado mucha más información biográfica de la que se halla en las cartas de Pablo. Además de mencionarlo varias veces en la primera sección de su libro, Lucas dedica por completo los últimos dieciséis capítulos a Pablo. Aunque trece epístolas del Nuevo Testamento se atribuyen al apóstol, quizás haya escrito muchas más (cf. 1 Co 5.9; 2 Co 2.4; Col 4.16).

Aquí damos por aceptado que → HEBREOS no es de Pablo. Pero la crítica liberal pone en tela de juicio que las → EPÍSTOLAS PASTORALES sean suyas basándose en lo siguiente:

1. Diferencias de estilo y vocabulario.

2. Un argumento histórico apoyado en que las Pastorales no encajan la vida de Pablo tal como esta se relata en Hechos.

Sin embargo, no podemos olvidar que Pablo tuvo uno o más secretarios que colaboraron en la redacción de cartas auténticamente paulinas como Gálatas. Además, no debemos dar por sentado que Hechos nos lleva hasta el fin de la vida de Pablo, cuando en realidad lo deja en Roma, *ca.* 63, y es muy posible suponer otros años más de ministerio y otra prisión antes de su muerte.

Pablo siguió el estilo epistolar de los griegos: comienza con el nombre del autor, el nombre del destinatario y un saludo. A menudo agrega a los nombres una descripción de la condición cristiana, tal como «siervo de

Jesucristo», «apóstol», «amados de Dios» (Ro 1.1,7). A veces menciona a otros con él en la salutación, sin insinuar que sean coautores, lo cual es evidente por el carácter personal de las cartas. Los griegos acostumbraban expresar también acciones de gracias, adulaciones y peticiones por la salud de los destinatarios. Tan característica es esta norma de las cartas de Pablo que su omisión en Gálatas sugiere inmediatamente la honda preocupación que motiva esta carta.

Posiblemente el apóstol haya dictado sus cartas a un amanuense (Ro 16.22), pues incluye una referencia especial cuando escribe una frase de su propia mano (Gl 6.11; Col 4.18; 2 Ts 3.17). El vigor de su estilo manifiesta lo improvisado de su manera de escribir, aunque muchos pasajes presentan una redacción más cuidadosa (por ejemplo, 1 Co 13; Flp 2.5-11) y sugieren el uso de pasajes compuestos previamente.

Las epístolas de Pablo pueden clasificarse en cuatro grupos:

1. Primera y Segunda de Tesalonicenses, escritas en su segundo viaje misionero, desde Corinto.

2. Primera y Segunda de Corintios, Gálatas y Romanos, escritas en su tercer viaje. (Reconocemos la imposibilidad de fijar con exactitud la fecha en que se escribió → Gála-tas.)

3. Efesios, Colosenses, Filemón y Filipenses, llamadas Epístolas de la prisión, escritas durante el primer encarcelamiento en Roma.

4. Primera y Segunda de Timoteo y Tito, llamadas las Pastorales, la primera y la última escritas después de ser liberado de la primera prisión, y 2 Timoteo poco antes de su muerte en la segunda prisión romana.

Vida

Antecedentes

Pablo fue producto de la civilización grecorromana y del judaísmo de sus padres. Nació en la ciudad romana de → Tarso, capital de Cilicia (Hch 22.3), y aún en años posteriores se le relacionaba con esta ciudad típica de las ciudades romanas que

heredaron la civilización helénica, y un notable centro de cultura (Hch 9.11,30; 11.25). No sabemos por cuánto tiempo ni en qué grado influyó este ambiente en el joven Pablo. En Hch 22.3 se nos indica que se crió en Jerusalén, pero no aclara desde qué año. El hecho de que sus padres fueran ciudadanos de Tarso indica que había residido allí por algún tiempo e identifica a la familia con una colonia judía permanente en aquel lugar. Esto explica en parte la facilidad, dignidad y pasión de poeta que Pablo manifiesta en su manejo del idioma griego. También puede explicar su familiaridad, aunque rudimentaria y popular, con el pensamiento y la filosofía gentil.

Muchos han notado en el apóstol la universalidad y el amor a la verdad y a la investigación, que eran cualidades del griego. No solo su procedencia de una ciudad grande y culta, sino también su ciudadanía romana era motivo de orgullo para Pablo (Hch 16.37; 21.39; 22.25ss). Esta última lo libró de la

Estatua de Diana de los efesios, una diosa pagana de los antiguos griegos. Durante uno de sus viajes misioneros, un grupo de plateros que hacían templecillos de Diana casi atropellan al apóstol Pablo (Hch 19.1,21-41).

Foto de Gustav Jeeninga

injusticia y facilitó su entrada a la aristocracia del imperio. En efecto, Pablo desempeñó el papel de un caballero romano por su compostura ante gobernadores y reyes y por el respeto que estos le mostraron. Es evidente que las instituciones romanas le impresionaron hondamente (Ef 2.19; Flp 3.20), y que se había instruido en las leyes y el vocabulario forense.

Más que sus raíces farisaicas y romanas, en Pablo influyó el judaísmo. En Flp 3.5,6 no solo se atestigua de la pureza de su linaje, sino también de su crianza en el conocimiento del Antiguo Testamento y en un hogar de habla aramea (cf. Hch 22.2). Se jacta de las estrictas normas de su vida farisaica y de su fidelidad a la Ley. Su amor a su nación y su orgullo de ser judío, aun después de ser cristiano, se ven en Ro 9.1-5 y 10.1. (→ FARISEOS.)

Según la costumbre judía, debió de ingresar en la «casa de interpretación» a los quince años de edad para que le instruyeran los escribas. Su maestro fue → GAMALIEL, hombre piadoso, pacífico y franco, con quien estudió a fondo el Antiguo Testamento, el griego (→ VERSIONES), el hebreo y los métodos exegéticos rabínicos (Hch 22.3; cf. 5.34ss). Antes de su conversión a Cristo, los líderes judíos en Jerusalén respetaban a Pablo (cf. Gl 1.14) como infatigable defensor de su fe y enemigo acérrimo del cristianismo (Hch 9.1s). Según la costumbre judía, aprendió también un oficio, la fabricación de tiendas, que ejerció a lo largo de su ministerio (Hch 18.3; 1 Co 4.12; 9.14,15; 1 Ts 2.9).

Cronología

Son pocas las fechas relativas a Pablo que pueden determinarse con exactitud; pero ciertos datos nos proporcionan una cronología aproximada de su ministerio. La fecha más segura es la del inicio del proconsulado de → GALIÓN de Acaya en julio de 51 d.C. (algunos opinan 52). Así pues, Pablo tiene que haber salido de Corinto antes del fin del 52. Otras fechas confirmadas son la de la muerte de → HERODES Agripa I, en 44 (Hch

Entrada a la calle llamada Derecha en la antigua ciudad de Damasco, Siria. Luego de su conversión, el apóstol Pablo visitó a un hombre en esta calle (Hch 9.1-19).¶

12.20-25) y la de la ascensión de → FESTO (Hch 24.27), en 50 ó 60. Eusebio afirma que Pablo murió durante los últimos años de Nerón, *ca.* 67 (→ CRONOLOGÍA DEL NUEVO TESTAMENTO).

Conversión

A pesar de la esmerada preparación cultural y religiosa de que Dios había provisto a Pablo, le faltaba todavía la experiencia transformadora que haría de él un discípulo dedicado y apóstol fiel de Jesucristo. La importancia que para Lucas tuvo la conversión de este apóstol se ve en las tres veces que la menciona en Hechos (9.1-19; 22.5-16; 26.12-20). Pablo mismo comenta su conversión varias veces en las epístolas: iba camino a → DAMASCO en persecución de los creyentes, cuando Jesús se le apareció (Hch 9.1; 1 Co 15.8s). ¿Hubo antecedentes que le prepararan para tal experiencia? Posiblemente sus parientes cristianos (Ro 16.7) le testificaran de Cristo; y sin duda el valor, mensaje y martirio de Esteban le causaron

P

honda impresión (Hch 7.1–8.1). Además, las palabras del Señor: «Dura cosa te es dar coces contra el aguijón» (Hch 26.14), sugieren que Pablo libraba una lucha interna. Que se rindió a Cristo instantánea y completamente se ve en su pregunta: «¿Qué quieres que yo haga?» (Hch 9.6). A partir de ese momento su corazón se le iluminó y aunque físicamente quedó ciego por un tiempo, lo guiaron a Damasco; dejó en el camino su orgullo y su odio.

Ministerio

Después de pasar algunos días con los discípulos damascenos, Pablo se dirigió a → ARABIA (Hch 9.19; Gl 1.17s). Al regresar a Damasco, predicó con tanta eficacia que los judíos se levantaron en su contra y los creyentes tuvieron que ayudarle a escapar de la ciudad (Hch 9.20-25; 2 Co 11.32s).

A los tres años de su conversión, fue a Jerusalén para entrevistarse con Pedro y Jacobo (Gl 1.18s). Aquí los creyentes desconfiaron de Pablo, y para que lo aceptaran fue necesario que → BERNABÉ les confirmara la autenticidad de su conversión (Hch 9.26ss). Predicó con poder, pero volvió a surgir la oposición y los discípulos le encaminaron a Cesarea y Tarso, donde quizás estableciera iglesias (9.29ss; Hch 15.23,41; Gl 1.21-24).

Al cabo de varios años, Bernabé, enviado a ministrar en → ANTIOQUÍA de Siria, fue a Tarso en busca de Pablo y juntos regresaron para realizar después un fructífero ministerio en Siria (Hch 11.19-26). Con ocasión de una gran hambre en Judea, viajaron a Jerusalén (44 d.C.) llevando limosnas de la iglesia de Antioquía (Hch 11.27-30).

A continuación distinguimos tres viajes misioneros de Pablo, además de los encarcelamientos en Cesarea y Roma y un período de libertad y ministerio entre estos encarcelamientos. La iglesia en Antioquía separó a Pablo y a Bernabé para un nuevo ministerio. Acompañados de Juan → MARCOS, salieron en el primer viaje misionero (ca. 47–48) del puerto de Seleucia hacia → CHIPRE, patria de Bernabé, donde ya se

habían fundado iglesias (4.36; 13.4). Luego navegaron a → PERGE de Panfilia y de allí Marcos regresó a Jerusalén (13.13; 15.36-41). Haciendo una gira por → GALACIA del sur, establecieron iglesias en → ANTIOQUÍA de Pisidia, → ICONIO, → LISTRA y → DERBE (13.14–14.20). Regresaron por las ciudades de Asia y volvieron a Antioquía de Siria, donde informaron a la iglesia (14.21-28). Su estrategia durante esta misión en Asia fue predicar primero en la sinagoga de cada ciudad. Los judíos que aceptaban el evangelio iniciaban una iglesia. Cuando los judíos inconversos se oponían con violencia, anunciaba el evangelio a los gentiles, y así se añadían a la iglesia muchos miembros más (13.42-52).

Por esta misma época se planteó la cuestión de la actitud que debían adoptar los creyentes gentiles respecto de las leyes y costumbres judías. Algunos creyentes judíos opinaban que los gentiles tenían que circuncidarse y guardar la Ley Mosaica para ser salvos (→ JUDAIZANTES). Viendo que esta doctrina contrariaba el evangelio de gracia, Pablo se opuso a los judaizantes e incluso le reprochó públicamente a Pedro el haberse separado del compañerismo de mesa con los cristianos incircuncisos (15.1,2; Gl 2.11-14). (Algunos piensan que fue entonces cuando Pablo escribió → GÁLATAS, a las iglesias recién establecidas en la provincia política de → GALACIA.)

Para resolver esta cuestión que hacía peligrar la unidad de la iglesia, un grupo de los apóstoles y ancianos se reunió en Jerusalén (49 d.C.; → CONCILIO DE JERUSALÉN). Según Hch 15.23-29 en dicho concilio se decidió apoyar la doctrina paulina que eximía a los gentiles de observar la Ley de Moisés.

En el segundo viaje misionero (ca. 49–51) Pablo se hizo acompañar de Silas, y visitó de nuevo las iglesias de Asia; en Listra invitaron a Timoteo a unirse a ellos (15.36–16.5). Después de predicar en → FRIGIA y Galacia del norte llegaron a → TROAS, donde Pablo tuvo la visión del varón macedonio y donde se les juntó Lucas el médico

(16.6-10). Atravesaron Macedonia y fundaron iglesias en → Filipos, → Tesalónica, → Berea, → Atenas y → Corinto (16.11-18.17). Desde Corinto Pablo escribió 1 y 2 Ts (*ca.* 51) a la joven iglesia donde había tenido un breve pero eficaz ministerio hacía pocos meses (1 Ts 1.2-2.20). Después de un año y medio en Corinto, regresó a Antioquía de Siria pasando por Éfeso y Cesarea (18.18-22).

Habiendo permanecido un tiempo en Antioquía, Pablo comenzó su tercer viaje volviendo a las regiones de Galacia y Frigia, donde confirmó a los discípulos y les instruyó respecto de la ofrenda (18.23; 1 Co 16.1). Este tercer viaje misionero (*ca.* 53-58) tiene especial interés por el prolongado ministerio del apóstol en → Éfeso: «Todos los que habitaban en Asia, judíos y griegos, oyeron la palabra del Señor Jesús» (19.1-41; 20.31). Seguramente el alcance del ministerio de Pablo se extendió a través de los que se convirtieron en este importante centro comercial y cultural de la provincia de Asia. (Aunque en Hechos no se consta que Pablo haya estado preso en Éfeso, hay quienes opinan que sí lo estuvo [basándose en 1 Co 15.32; 2 Co 1.8; 6.5; 11.23 y otros textos] y que allí se escribió → Filipenses y tal vez otras Epístolas de la prisión [pero cf. más abajo]). No cabe duda que, durante su ministerio en Éfeso, Pablo se escribió con los cristianos en Corinto, comenzando con una carta que se ha perdido (1 Co 5.9; → Corinto, Epístolas a los). Cuando llegó a Éfeso la noticia de la discordia entre la congregación de Corinto, escribió 1 Co para tratar este problema y contestar las preguntas que una comisión de Corinto le había traído por carta (1 Co 7.1). Según 1 Co 16.5, Pablo pensaba pasar por Macedonia rumbo a Corinto y dirigirse después a Jerusalén. Sin embargo, parece haber cambiado de idea (2 Co 1.15ss; cf. Hch 19.21). Optó por hacer un viaje directo y breve a Corinto movido por los problemas que aquejaban a la iglesia de dicha ciudad (2 Co 5.9; 13.1). Esta visita fue infructuosa (2 Co 2.1; 12.13-13.2), por lo

que, al regresar a Éfeso, envió con Tito una carta fogosa que no se conserva (2 Co 2.3s,9; 7.8-12).

Pablo esperaba encontrarse con Tito en Troas para saber de la reacción de los corintios, pero continuó a Macedonia donde probablemente se reunió con Tito en Filipos (2 Co 2.12s). Una vez que Pablo recibió el informe de Tito, escribió 2 Co y la envió con él y otros dos hermanos (2 Co 8.16-24). Después se dirigió a Corinto, donde ministró durante tres meses (Hch 20.1-3). Gálatas quizás se escribiera en Corinto; por lo menos el énfasis que en esta epístola se pone en la salvación por gracia hace creer a muchos que se escribió poco antes de Romanos, epístola que trata de temas similares. La epístola que sí se escribió en Corinto fue → Romanos (Ro 16.1,23; 1 Co 1.14). Luego Pablo volvió a Macedonia donde se reunió con Lucas, quien evidentemente se había quedado en Filipos en el segundo viaje (Hch 20.5 «nos»). Pasaron por Troas, → Mileto, → Tiro, → Tolemaida y → Cesarea, antes de llegar a Jerusalén (20.6-21.8).

Arresto y prisión

En Jerusalén Pablo quiso identificarse con los judíos (Hch 21.21-27); algunos judíos de Asia alborotaron a los de Jerusalén, quienes, acto seguido, procuraron matarlo (21.28-31). Las tropas romanas intervinieron para salvarlo, y Pablo se exculpó ante la multitud y ante el concilio judío (21.37-23.10). Al descubrirse que se tramaba una conspiración contra Pablo, se le trasladó a Cesarea (*ca.* 58). Allí presentó dos veces su defensa ante el gobernador → Félix, ante su sucesor, Festo, y ante el rey Agripa (24.2-26.32). Al fin apeló al emperador romano (25.10-12) (*ca.* 58-60).

Después de un viaje azaroso en el que naufragó la nave en que viajaba, llegó a la capital del imperio y permaneció prisionero durante dos años en una casa alquilada (*ca.* 61-63; Hch 27.1-28.31). Durante esta reclusión recibió visitas, pudiendo así continuar su ministerio; en este lapso es probable que escribiera → Efesios, → Colosenses, → Filemón y → Filipenses.

El Nuevo Testamento revela muy poco sobre el resto de la vida de Pablo, pero las escasas referencias que se encuentran en sus cartas armonizan bien con las noticias extrabíblicas. Según estas, lo pusieron en libertad y emprendió otra gira misionera (*ca.* 63–66). En Flp 1.25 y 2.24 reitera su deseo de visitar a Filipos. En Flm 22 declara su intención de visitar Colosas. En Ro 15.28 expresa su propósito de predicar en España. Las → Epístolas Pastorales, especialmente 2 Ti, sugieren un ministerio adicional en el Oriente. Clemente de Roma, el fragmento de Muratori y otros escritos patrísticos hablan del viaje de Pablo a España. Durante este período de libertad se escribieron 1 Ti y Tit, época en que sin duda visitó Creta (Tit 1.5), Macedonia y Asia (2 Ti 1.3; 4.13s). En 2 Ti se da a entender que lo encarcelaron de nuevo, pero esta vez por autoridades romanas hostiles al cristianismo (1.15s; 4.16s). Durante esta reclusión escribió 2 Ti en medio de circunstancias adversas (4.9-13,21). Para entonces presentía ya la muerte (4.5-8) y no la liberación como durante la primera

reclusión. Según una tradición fidedigna, → Nerón lo hizo decapitar, *ca.* 67.

Características personales

Las cartas de Pablo no son discursos impersonales, sino llevan la impronta de las muchas y ricas facetas de su personalidad. Por otro lado, en cuanto a su apariencia física hay poca información en el Nuevo Testamento. De 2 Co 10.10 quizás se pueda deducir que su presencia personal no era muy imponente. *Los actos de Pablo* (obra apócrifa del siglo II) lo describen como pequeño de estatura, calvo y gordo, con cejas espesas, nariz aguileña y constitución física vigorosa, rebosante de «gracia y atractivo». En 2 Co 12.7ss Pablo insinúa que padecía de una enfermedad debilitante (cf. Gl 4.13ss), y los sufrimientos físicos que experimentó (2 Co 11.24-29) nos llevan a conceptuarlo como un hombre de enorme resistencia. No era solo teólogo teórico, sino también misionero experimentado y probado en peligros y persecución.

En lo que respecta a su personalidad, era un hombre acostumbrado al conflicto que conocía, tanto antes como después de su

---

La moderna Antalya, puerto de la ciudad de Perge. Pablo y Bernabé se detuvieron en Perge durante el primer viaje misionero del apóstol (Hch 13.13-15).

Foto de Gustav Jeeninga

conversión, una vida de lucha y tensión entre principios opuestos. En Ro 7, Gl 5 y Ef 4.17–5.20 se nos demuestra cómo ponía de relieve el contraste entre carne y espíritu, ley y gracia, fe y obras, nuevo y viejo hombre, luz y tinieblas, Dios y mundo, justicia y pecado, espíritu y letra, primer y último hombre. En todas las cartas lo vemos oponerse al legalismo, al libertinaje, a la vana filosofía y a la apostasía. No entra en el conflicto por motivos personales ni por rivalidad, sino porque las tensiones involucradas afectaban la naturaleza misma del → EVANGELIO. Su humildad se ve en su manera de tratar el problema de las divisiones entre hermanos (1 Co 1.12s; 3.4-6).

No obstante lo anterior, no se puede decir de Pablo que, por estar en continuo conflicto, fuera un hombre confundido e inseguro. Percibía con claridad las antítesis de la doctrina y de la vida, ya que había encontrado la paz con Dios. Manifestó la tranquilidad de corazón propia de quien está completamente integrado en su personalidad, confiado en su relación «en Cristo» y contento en cualquier circunstancia (Ro 8.28,35-39; Flp 4.4-13). Su descripción desalentadora de la criatura y la creación bajo el pecado (Ro 1.18–3.20; 8.18-22) no es la última escena del drama que narra. Pablo ve al hombre y a toda la creación como reconciliados por Cristo Jesús, sometidos a Él y unidos en Él (Ef 1.7-10; Flp 2.9ss). El individuo incorporado «en Cristo» forma parte de un plan eterno, y su vida en esta tierra la transforma el Espíritu Santo que vive en él (Col 1.26-29).

Otra faceta de su personalidad es su capacidad para crear la amistad y para prodigar su amor y cuidado al pueblo de Dios. Manda, reprocha y exhorta solo por su afecto hacia el creyente. La lista de veintisiete nombres en Ro 16 revela una pequeña parte de su círculo de amigos íntimos. En 1 Ts 2.1-12 Pablo abre su corazón para hablar de cómo había tratado con la iglesia con la ternura propia de un padre o una madre (cf. 2 Co 11.28s).

Foto de Howard Vos

Gran túmulo conocido como la tumba de Cecilia Metela (esposa de un oficial romano), estaba en la vía Apia cuando Pablo fue a Roma para presentarse ante Nerón (Hch 28.15,16).

Todo lector atento de las cartas de Pablo se maravilla de la autoridad y convicción de sus palabras, aun cuando muchos de los destinatarios no lo conocen. No obstante, Pablo no nos parece presuntuoso. Manda en forma tan natural porque ejerce una vocación indubitable. El incidente en el camino de Damasco yace en el fondo de todos sus escritos. Sabe que Dios lo ha llamado (Ro 1.1-6) y que ha recibido la revelación divina (Gl 1.12). Siente la necesidad de predicar y enseñar lo que el Señor le ha impuesto (1 Co 9.16), y esto confiere a sus escritos una certidumbre singular.

Digno de mención es también el estilo literario muy particular de Pablo. A veces retórico como en Romanos, otras poético como en 1 Corintios 13 o muy lacónico en las instrucciones éticas; lo domina el afán de satisfacer las necesidades de los lectores. Emplea vocablos y figuras retóricas tomados de la vida militar, cortesana, deportiva y comercial que muestran que ni él ni sus lectores vivían apartados de las realidades de su cultura. No buscaba una dicción pulida y

P

a ello se deben sus frecuentes desvíos de pensamiento y su sintaxis irregular. Le gustaba relacionarse lo antes posible con sus lectores; los interpela; les hace preguntas; pone objeciones; da respuestas. Sin embargo, no es raro que se exprese con verdadera elocuencia (Ro 8.28-39).

En el apóstol se halla una persona especialmente dotada y preparada para extender el evangelio e interpretar el cristianismo en el mundo multicultural del primer siglo. Es evidente que su iniciativa, su constancia, su férrea voluntad, su capacidad de trabajo, su tierno amor y firme esperanza provienen de su experiencia vital con Jesucristo (Gl 2.20).

Teología

Las revelaciones que Pablo recibió y las epístolas que escribió moldearon la doctrina cristiana para todos los siglos. Muchos se han esforzado por señalar la doctrina central de la enseñanza paulina. Se han sugerido:

1. La justificación por la fe, que sin duda es una doctrina básica en Pablo.

2. Su escatología, que como esperanza y móvil de su ética, también se destaca.

3. La identificación con Cristo («en Cristo») que enriquece tanto su doctrina de la iglesia.

Todos estos son conceptos clave en sus escritos, pero la misma diferencia de opinión entre los expertos atestigua que su enseñanza es tan amplia y equilibrada que la respuesta debe buscarse en una doctrina más fundamental: la doctrina de Dios. Pablo arraigó todas sus enseñanzas en la persona de Dios, el Dios viviente, soberano, revelador, iniciador y consumador de los grandes propósitos eternos que Pablo describe.

Doctrina de Dios

Pablo hace hincapié en la soberanía divina, y para ello emplea una variedad de vocablos tales como «predestinar», «escoger», «llamar», «propósito», «voluntad», «beneplácito». Esta doctrina no se basa pues, tan solo en una palabra, un concepto o un versículo. En tres pasajes extensos lo expone. Romanos 8.28s enseña que la posición y el futuro del creyente están asegurados porque este es objeto del propósito eterno de Dios. Romanos 9–11 demuestra que el futuro de → Israel no depende de su mérito ni de la generación natural, sino del ejercicio de la misericordia soberana. Aparte de este principio, ninguno recibirá bendición ni salvación. Efesios 1.1-11 revela que la elección data desde antes de la fundación del mundo, está basada en el propósito y el beneplácito de Dios y tiene como fin la gloria de Él. Dios hace sus propósitos en conformidad con sus atributos y, por tanto, su plan le glorificará más que ningún otro plan.

Hombre y pecado

Romanos comienza por comprobar la necesidad de la vida de Dios que tiene el hombre, sea gentil (→ Gentiles) que no tiene excusa porque ha sabido de Dios mediante la creación (1.18-23) y la conciencia (2.12-16), o sea → judío que ha sido instruido en la → Ley de Dios (2.17-20) sin conformarse a sus normas (2.21-29). Cuando Adán pecó, toda la humanidad se rebeló contra Dios (5.12) y esta condición universal provocó que el hombre esté «muerto» en sus «delitos y → pecados», «siguiendo la corriente de este mundo, conforme al príncipe de la potestad del aire» y «haciendo la voluntad de la → carne y de los pensamientos» (Ef 2.1ss). La condenación de Dios incluye la entrega del hombre a la inmundicia, a las pasiones vergonzosas y a una mente reprobada para que se manifieste su rebelión y su culpabilidad (Ro 1.24, 26,28).

Justificación

Como la rebelión es absoluta y universal, y la pérdida es humanamente irreparable, la solución tiene que ser divina e infinita. El evangelio que Pablo anuncia y que revela la → justicia divina es «poder de Dios para salvación a todo aquel que cree» (Ro 1.16, 17), y su fundamento es la muerte y la resurrección (1 Co 15.3s) de Jesucristo (Ro 1.3s), cuyo sacrificio es una sustitución y nos imputa justicia (2 Co 5.21). La muerte de

Ruinas del tribunal en la plaza de Corinto, en donde Pablo se presentó ante el oficial romano Gayo (Hch 18.12-17).

Cristo, entonces, es el precio de la redención que satisface y manifiesta la justicia de Dios (Ro 3.24ss).

La → JUSTIFICACIÓN es un término legal que significa emitir un veredicto favorable, vindicar, declarar justo. Se hace posible, no porque el hombre sea justo, sino porque se le atribuye la justicia de Cristo. Pablo no se cansa de oponer la justicia propia del hombre a la justicia divina que hemos de poseer para ser aceptos a Dios (Ro 10.3; 1 Co 1.26-31; Gl 2.16; Ef 2.8ss; Flp 3.3-9; Tit 3.4-7). Por eso, solo mediante un acto de fe puede el hombre apropiarse de la obra de salvación que Dios inició y consumará.

Identificación y santificación

La vital unión del creyente con Jesucristo es un concepto central para Pablo, como vemos en la repetición de la frase «en Cristo» y otras frases equivalentes como «en Él» (por ejemplo, Ef 1.1,3,4,6). Aunque esta unión se relaciona con la justificación (Ro 8.1; 2 Co 5.21; Gl 2.17), Pablo insiste en que es el motivo y la clave de una transformación creciente y completa en la vida del creyente. La unión se efectúa por el → BAUTISMO del Espíritu Santo, mediante el cual cada creyente es unido con Cristo y con todos los suyos (1 Co 12.13). Entonces somos identificados con Cristo en su muerte, su resurrección y su exaltación (Ro 6.1-5; Ef 2.5ss). Morimos con respecto al pecado (Ro 6.2), al mundo (Gl 6.14) y a la Ley (Ro 7.4). Resucitamos a una nueva vida, aun antes de participar físicamente de la → RESURRECCIÓN (Ro 6.4s; 2 Co 5.17; Ef 2.10), y a una posición de privilegio y bendición (Col 3.1-4). La unión es tan real que «ya no vivo yo, mas vive Cristo en mí; y lo que ahora vivo en la carne, lo vivo en la fe del Hijo de Dios» (Gl 2.20).

El ser identificado con Cristo no permite seguir las mismas corrientes de antes (Ro 6.2); hemos de despojarnos del «viejo hombre» y vestirnos del «nuevo» (Ef 4.22,24). El habernos identificado con Cristo y por tanto el haber muerto al pecado nos libera del dominio que antes ejercía el pecado sobre nuestra vida. La puerta al dominio divino está abierta. Aun así, cabe recomendar a los creyentes ciertas normas específicas de la ética tocante a la mentira, el enojo, la honestidad, el lenguaje y la pureza (por ejemplo, Ef 4.17–5.21; Col 3.5-17). El marido y la esposa, el hijo y los padres, el siervo y su

P

amo reciben instrucción clara (Ef 5.21–6.9; Col 3.18-25), y Flp añade a la lista de virtudes la humildad, el gozo, la oración y el contentamiento. Según Romanos, la ética abarca también la sumisión al gobierno y el repudio de la venganza (Ro 12.17-21; 13.1-7).

Evidentemente hay fuerzas que militan contra el cumplimiento de estas exhortaciones. Pablo habla de dos clases de creyentes, el «carnal» y el «espiritual» (1 Co 2.15–3.4). Describe en detalle las obras de «la → CARNE», la cual es la naturaleza pecaminosa del hombre (Gl 5.19ss), y contrasta con ellas el fruto del → ESPÍRITU (vv. 22s). El cumplir con la ética cristiana no es un logro humano; tanto la salvación como la realización de la norma divina vienen por gracia y fe. La santidad no viene de solo luchar por obedecer una ley externa, sino de llevar el fruto de la justicia que brota de dentro del ser. El Espíritu Santo no solo nos une con Cristo, sino también mora en nuestra vida para ordenarla. La parte humana consiste en someterse a su gobierno (Ro 6.13; 12.1s) y andar en Él (Gl 5.16; Ef 5.18).

Iglesia

El mismo bautismo por el Espíritu Santo que nos identifica con Cristo también nos une con todos los creyentes en un solo cuerpo espiritual (1 Co 12.13). Pablo ilustra esta unión con varias figuras: el cuerpo del cual Cristo es la cabeza (Ef 1.22s; Col 2.19), el templo en el cual Cristo es la principal piedra angular (Ef 2.20ss), la esposa y Cristo, el esposo (Ef 5.22-33). Cada miembro del cuerpo tiene su ministerio o don espiritual para la edificación del cuerpo (Ro 12.3-8; 1 Co 12.4-31; Ef 4.11ss). Esta diversidad de funciones dentro de la unidad corporal y bajo la dirección de la cabeza produce crecimiento, madurez, conformidad a la imagen de Cristo y gloria para Dios (Ef 4.12-16). Pablo fue comisionado para anunciar el misterio de la iglesia, que une al judío y al gentil en un solo cuerpo, de modo que aun los ángeles aprenden la sabiduría de Dios (Ef 3.1-12).

Esperanza

Como el Espíritu Santo participa eficazmente en la regeneración, la santificación y la formación de la Iglesia, también su presencia es la promesa y garantía de la futura herencia del creyente. Su presencia constituye «las primicias», o sea, la muestra actual de la gloria y bendición futuras en la presencia de Dios (Ro 8.23). Su presencia es el «sello» que autentica y conserva al redimido. Es «las arras» o pago inicial que promete la finalización de la obra redentora (2 Co 1.22; 5.5; Ef 1.13s; 4.30).

¿Cuál es la herencia y la esperanza del hijo de Dios? En primer lugar es la inminente venida de su Señor (1 Ts 4.16s; → SEGUNDA VENIDA). En el tribunal de Cristo se juzgarán las obras del creyente previo a la entrega de galardones (1 Co 3.11-15; 2 Co 5.10), pero el aspecto de la esperanza que Pablo más destaca es la resurrección y transformación del → CUERPO (Ro 8.23; 1 Co 15.51s).

La extensa discusión de esta doctrina en 1 Co 15 fundamenta la esperanza de nuestra resurrección en la resurrección corporal e histórica de Jesucristo (vv. 1-28). Al hablar de las cosas finales, Pablo hace hincapié en que durante los últimos días la cristiandad se apartará de la verdad y negará aun estas doctrinas que él ha anunciado a la Iglesia (1 Ti 4.1ss; 2 Ti 3.1-5). Pero aun así, los que efectivamente hayan sido redimidos por Cristo tendrán una confianza inquebrantable ante su juez (Ro 8.31-39).

Bibliografía:

IB, pp. 354-367. *DBH*, col. 1383-1401. *CBSJ* V, 46.1-45; 79.1-166. *BC* VI, pp. 227-250. A.T. Robertson, *Épocas en la vida de Pablo*, Casa Bautista, El Paso, 1937. F.B. Meyer, *Pablo, siervo de Jesucristo*, Casa Bautista, El Paso, 1935. H. Metzger, *Las rutas de San Pablo en el Oriente griego*, Barcelona, 1962. A. Brunot, *El genio literario de San Pablo*, Taurus, Madrid, 1959. C.H. Dodd, *¿Qué significa Pablo hoy?*, La Aurora, Buenos Aires, 1963. L. Cerfaux, *Jesucristo en San Pablo y la iglesia* en *San Pablo*, Desclée de Brouwer, Bilbao, 1959 y 1960. W.K. Grossouw, *Breve introducción a la teología de San Pablo*, Paulinas, Buenos Aires, 1963. J. Maritaim, *Pensamiento vivo de San Pablo*, Losada, Buenos Aires, 1959.

PACIENCIA (en hebreo, *erek*). En el Antiguo Testamento es la capacidad de soportar el sufrimiento y el mal (Job; Pr 25.15; cf. 15.18; 16.32), pero, más profundamente, designa la naturaleza del gobierno divino (Éx 34.6; Nm 14.18; Sal 86.15; 103.8; Jl 2.13). Dios es paciente incluso con quienes merecen castigo (Os 11.8; 2 P 3.9), y les ofrece una nueva oportunidad (Ro 9.22; Lc 13.1-9,34) y tiempo para arrepentirse (Ro 2.14ss; 2 P 3.9).

Los cristianos deben reflejar la paciencia divina (Mt 18.26,29; 1 Co 13.4,7; Gl 5.22; Ef 4.2).

En la relación con los demás (*makrothymía*) deben poseer la firmeza para no dejarse provocar ni reaccionar con ira. Con respecto a las circunstancias adversas o de prueba, la paciencia (*hypomoné*) consiste en esperar persistentemente y mantener la fidelidad (Ro 5.3; 1 Co 13.7; Stg 1.3; Ap 13.10). No es simple resignación, sino firmeza varonil (1 Ts 1.3; Heb 12.1-3). Cristo es modelo de paciencia, y esta, finalmente, es un don de Dios (Ro 15.5; 2 Ts 3.5) garantizado por la victoria de la cruz.

PACTO Convenio que expresa la relación especial de Jehová con su pueblo y resume la forma y estructura de la religión bíblica en ambos testamentos. La palabra hebrea (*berit*) aparece 285 veces en el Antiguo Testamento y la palabra griega (*diatheke*) 33 veces en el Nuevo Testamento; ambas se traducen «pacto».

Pactos humanos

El pacto siempre es un acuerdo mutuo entre dos o más socios que los vincula y obliga a una reciprocidad de beneficios y obligaciones. No solo lo vemos en pactos bilaterales, sino también concertados entre grupos (Jos 9.15; Abd 7). El Antiguo Testamento da varios ejemplos de pactos humanos:

Compromiso matrimonial
El matrimonio es un pacto (Mal 2.14; Ez 16.8).

Relaciones familiares
A través de un pacto, Jacob y Labán entran en relaciones familiares (Gn 31.44-54).

Relaciones de amistad y compromiso de unión para la vida
En un pacto, Jonatán sella con un regalo la dádiva de su propia vida a su amigo David (1 S 18.1-4; 20.4-17).

Promesa de buenas relaciones y obligaciones sociales mutuas
Abimelec e Isaac hicieron un pacto de no agresión (Gn 26.23-33).

Reconocimiento de una propiedad
Abimelec y Abraham hacen un pacto en el que se asegura que Abraham es dueño de un pozo (Gn 21.22-34).

Compromiso de apoyo político
Abner se compromete con David para luchar por hacerlo rey de todo Israel (2 S 3.12-21).

Compromiso de liberación de esclavos
Sedequías se compromete con los ricos de Judá a liberar a sus esclavos (Jer 34.8-22).

Tratado de un rey vasallo con un rey soberano
El rey de Judá se sometió al rey de Babilonia (Ez 17.11-21).

Concepto teológico en el Antiguo Testamento
Adán
Aunque la palabra no se usa en Gn 1–3 ni aparecen todos los elementos tradicionales, el Antiguo Testamento se refiere una vez a

la relación establecida entre Dios y → Adán como a un pacto (Os 6.7). Se estableció con Adán no solo como individuo, sino como representante de todos los hombres (Ro 5.12ss). El sábado fue la señal de este pacto (Éx 31.12-17).

Muchos teólogos suelen hablar del pacto adámico como «un pacto de obras». Sin embargo, sería más exacto calificar el pacto adámico como pacto de «obediencia», puesto que Dios, como el «Dios de toda gracia» (1 P 5.10), manifiesta su gracia en todas sus obras (Sal 145.13b,17, BJ), pero exige obediencia de Adán (Gn 1.29-31; 2.9,16). La obediencia que Dios espera del hombre debe ser consecuencia de la confianza (fe) en Él y su Palabra (Heb 11.6; cf. Gn 3.1ss), y debe expresarse en la obediencia (Gn 1.28; 2.15-17; 3.11,17). El pacto con Adán incluyó también su ubicación en un lugar escogido (→ Edén, Gn 1.27; 2.8) y poder creador para producir una descendencia santa (Gn 1.26-28; 2.18-25; 3.15; 5.1-3; cf. 4.1ss).

Noé

El primer uso de la palabra pacto (*berit*) aparece en relación con → Noé en Gn 6.18 e implica beneficios para toda su familia. Este pacto se desarrolla en Gn 9.1-17 donde se aplica a toda la descendencia de Noé y a todo ser viviente. En este caso la gracia prometida no depende de una buena comprensión o respuesta positiva por parte de todos los beneficiados. Es un pacto eterno cuya señal es el arco iris (Gn 9.12,13). Está arraigado en la gracia divina (Gn 6.8; 9.1-3); requiere una fe que se exprese en obediencia (Gn 9.4-6; Heb 11.7) y la responsabilidad de producir una descendencia santa (Gn 9.1,7); es eterno (Gn 9.12,16) e implica una bendición universal (Gn 9.1,11,16s). Se puede considerar como una renovación del pacto con Adán y un avance del pacto salvífico con Abraham (Is 54.9,10; 1 P 3.20,21).

Abraham

En el pacto con → Abraham, renovado con → Isaac y → Jacob, tenemos la expresión clásica del pacto divino (Gn 3.16-18), y se transmitió por dos tradiciones (Gn 15; 17). Las bendiciones prometidas incluyen: (1) Una descendencia santa y numerosa; (2) la posesión de la tierra de → Canaán; y (3) la reconciliación con Dios.

La tercera promesa se expresa en Gn 17.7: «Yo seré tu Dios y el de tu descendencia después de ti», y muestra que, como en los casos de Adán y Noé, el pacto divino no se limita a la relación entre Dios y el individuo que originalmente recibe las promesas. Sin embargo, la exclusión de Ismael (Gn 17.18-21) y Esaú (Ro 9.6-13) muestra que aun en el Antiguo Testamento la descendencia física no garantiza el cumplimiento automático de todas las bendiciones prometidas en el pacto. Las promesas se cumplen para «los hijos de los hijos», pero con la condición de que posean una actitud de fe hacia Dios y estén calificados como «los que guardan su pacto, y los que se acuerdan de sus mandamientos para ponerlos por obra» (Gn 17.9; Sal 103.17,18; Ro 4.13).

Génesis 17 acentúa el hecho de que el pacto con Abraham es eterno (vv. 7-9,13,19; cf. Gl 3.16-18; Heb 13.20), y establece la → circuncisión como señal del mismo. Aunque en el pacto con Abraham resalta el requisito de la fe, permanece vigente la necesidad de la obediencia como expresión ineludible de una fe sincera (Gn 12.4; 17.1; 18.19, BJ; Heb 11.8,17-19). Aunque el pacto con Abraham es particular y limitado, el contexto muestra que (cf. Adán y Noé) Dios tenía propuesta una bendición universal (Gn 12.3; Hch 3.25).

Israel

El mediador del pacto que Dios hizo con el pueblo de Israel en Sinaí fue → Moisés. Este pacto constituía una renovación y desarrollo del pacto con Abraham (Gn 15.13-21; Éx 2.23,24; 3.15-17; 6.4-8; 32.13; Lv 26.40-45; Dt 4.29-31; Sal 105.8-11,41-45; 106.45). La continuidad esencial de este pacto con el anterior se destaca en los siguientes elementos:

1. Es un pacto arraigado en la gracia divina (Dt 9.4-6; Ez 16.1-14; 20.4-8).

2. Insiste en una actitud de fe por parte del hombre (Éx 30.4,31; 14.31; Nm 14.11; 21.9; Dt 1.31; 9.23; Heb 11.23-29).

3. Requiere que la fe se exprese en una obediencia radical y de todo corazón (Éx 19.5,6; 20.2ss; 24.7; Dt 6.4,5; 10.16).

4. Siempre incluye la reconciliación espiritual con Dios como promesa fundamental del pacto (Éx 6.7; Dt 29.12,13).

5. Espera como cosa normal una descendencia santa (Dt 6.7; 29.29; 30.6), aunque esto nunca es automático (Dt 32.5,6,15ss; etc.).

6. Mantiene como meta final la bendición universal (Éx 19.5,6; cf. 1 P 2.9; Nm 14.21).

Los principales elementos nuevos (de «caducidad» o «desarrollo») en el pacto con Israel se encuentran en que: (1) por primera vez Dios establece su pacto con una nación (descendiente de Abraham, Éx 1.1-7); (2) se multiplican y desarrollan las estipulaciones del pacto en la → LEY (Éx 20; Dt 32) hasta convertirse en la constitución de la nueva nación.

David

El pacto que hizo con → DAVID desarrolla la antigua promesa de una descendencia santa (Gn 3.15; 17.7, etc.). Se anuncia en 2 S 7.12-17; 1 Cr 17.10-15 y se recuerda con júbilo en Sal 89.3,4,26-37; 132.11-18; cf. 2 S 23.5. En última instancia es mesiánico (Is 42.1,6; 49.8; 55.3,4; Mal 3.1; Lc 1.32s; Hch 2.30-36). El → SIERVO de Jehová se llama «pacto» en Is 42.6, puesto que incorpora todas las bendiciones y cumple todas las estipulaciones. El pacto davídico marca un desarrollo particular dentro del contexto general del pacto mosaico y no se debe considerar totalmente paralelo con aquel.

El «nuevo pacto»

El nuevo pacto prometido en Jer 31.31-34 es otra renovación del pacto con Abraham e Israel. Su continuidad con los pactos anteriores se muestra en los siguientes hechos:

1. Es un mismo Dios que establece el pacto (vv. 31-33).

2. Se hace con un mismo pueblo (vv. 31-33).

3. Las estipulaciones abarcan esencialmente la misma Ley antigua (v. 33).

4. La promesa fundamental es una misma: «Yo seré tu Dios y tú serás mi pueblo».

Los nuevos elementos en la renovación del pacto recalcan:

1. Una interiorización más profunda de la Ley (cf. Dt 6.6,7; Sal 37.31).

2. Una nueva fuerza moral e interior que resulta del nuevo pacto (cf. Ez 36.27; Ro 8.38s).

3. Un nuevo concepto sobre la universalidad del conocimiento de Dios entre su pueblo (Jer 31.34, → SACERDOTE).

Concepto teológico en el Nuevo Testamento

La promesa de un nuevo pacto (o sea, una renovación decisiva y final del pacto eterno) se cumplió en → JESUCRISTO (2 Co 1.19,20). Como el segundo Adán (1 Co 15.45ss) e imagen de Dios (Col 1.15), Cristo cumple con los requisitos del pacto por parte de todos los hombres y así renueva la imagen divina en el hombre (Ro 5.12-21; 2 Co 3.18). Cristo forma su Iglesia en la que nada puede prevalecer (Mt 16.18), y nos somete a un lavamiento con agua vivificadora e inmortal, como en el caso de Noé (1 P 3.20s).

En Cristo se cumplen las promesas del pacto hecho con Abraham (Lc 1.54,55,72-75) y con David (Lc 1.68-71) y las estipulaciones del pacto mosaico con Israel (Mt 5.17,18). El nuevo pacto se funda en la sangre de Cristo, su → MEDIADOR (Heb 12.24), quien identificó este pacto (Lc 22.20; 1 Co 11.25) con el pacto eterno (Mt 26.28; Mc 14.24, BJ).

Puesto que el nuevo pacto representa una confirmación del pacto eterno, las promesas y provisiones fundamentales de los pactos anteriores permanecen vigentes ((Ef 2.12; 2 Ti 3.15-17). El → PUEBLO de Dios todavía se llama «Israel» (Gl 6.16), y se desarrolla a partir del núcleo de judíos creyentes (Ro 11.1-6). Sin embargo, del → OLIVO se desgajan a los judíos incrédulos y se injertan (Ro

P

11.7-24) y hacen miembros de la familia de Dios (Ef 2.11-22) a los gentiles creyentes. Sigue en efecto el deber de levantar una descendencia santa (Tit 2.14; 1 P 2.9), y ahora este deber incluye la labor evangelizadora (Mt 28.19,20; 1 Co 4.15; etc.; cf. Dt 6.7-9).

El nuevo pacto se destaca sobre todo por el gran desarrollo del ministerio del → Espíritu Santo (Hch 2; 2 Co 3.4-18; etc.). Hebreos explica la superioridad del nuevo pacto (9.16,17), y tanto allí como en Gl 3.15-17 la garantía del pacto es la muerte de Cristo, «porque el testamento con la muerte se confirma». Su finalidad también se acentúa por el uso del concepto de un → «testamento», que es otro significado del griego *diatheke* (→ Circuncisión; Bautismo).

Bibliografía:

L. Alonso-Schokel, «Motivos sapienciales y de alianza en Génesis 2–3», *Bíblica*, 43, 1962, pp. 305-309. J. Schildenberger, «Alianza»; *Diccionario de teología bíblica*, Herder, Barcelona, 1967. Edmund Jacob, *Teología del Antiguo Testamento*, Ediciones Marova, Madrid, 1969, pp. 198-204.

PADAN-ARAM (en hebreo, *llanura de Aram*). Nombre dado a la Mesopotamia superior en la región de Harán, al norte de la confluencia de los ríos Habur y Éufrates. Abraham habitó en esta región antes de pasar a Canaán. Estando en Canaán ordenó que le buscaran esposa a Isaac en Padan-aram. Jacob también habitó allí cuando huyó de Esaú (Gn 25.20; 28.2; 31.18; Dt 23.4; Jue 3.8).

PADÓN (*redención*). Padre de una familia de sirvientes del templo que volvieron con Zorobabel después de la cautividad (Esd 2.44).

PADRE Apelativo que aparece en la Biblia no solo en su sentido propio y estricto, sino también en sentido más amplio, como sinónimo de antepasado, fundador o causa. En el padre se encarna y centra la unidad de la familia, y por tanto muchas veces se alude con él a la «casa paterna» (Gn 34.19). También se da el nombre de padre al abuelo (Gn 28.13), a los antepasados o al que inicia una estirpe genealógica (Éx 12.3; Mt 3.9; 23.30). En sentido metafórico se habla del padre de la lluvia (Job 38.28) o se le llama «padre» a un bienhechor (29.16). También puede referirse a un sabio (Pr 1.8; cf. Is 19.11), a un maestro o consejero. Se usa además como título para personas a las que se desea honrar (por ejemplo, 2 R 6.21; Mt 23.9). En el Nuevo Testamento a los miembros más viejos de la comunidad cristiana se les llama padres (1 Jn 2.13,14).

Tanto en el Antiguo Testamento como en el Nuevo Testamento Dios se revela como padre de Israel. Dios mismo se proclama padre del pueblo (Éx 4.22; Os 11.1-4), por ello Israel se dirige a Dios como a su padre (Is 63.16; 64.8).

En el Nuevo Testamento se destaca la paternidad de Dios respecto de Jesús, quien cumple o realiza lo mejor de la reflexión judía acerca de la paternidad de Dios. Por ello el Nuevo Testamento nos habla de Dios como «padre de nuestro Señor Jesucristo» (Ro 15.6; 2 Co 1.3; 1 P 1.3). Mediante Jesucristo el creyente puede dirigirse a Dios como «Padre nuestro» (→ Abba).

PAFOS Ciudad en el límite occidental de Chipre, cuyo gobernador romano → Sergio Paulo, se convirtió durante la visita que hicieran Pablo, Bernabé y Marcos en su primer viaje misionero (Hch 13.6-13). La antigua Pafos (fundada por los fenicios *ca.* 1184 a.C.) estaba a 3 km de la playa. Era el sitio de un famoso templo de Venus, deidad llamada a menudo «la diosa de Pafos» porque, según la tradición, este era el sitio donde había salido del mar. La nueva Pafos, que fue la que visitó Pablo, se hallaba en la costa, a unos 16 km de la antigua ciudad. Era le sede del procónsul romano.

PAGANO Seguidor de un falso dios o una religión ocultista; uno que se deleita en los placeres sensuales y bienes materiales. Después de regresar de la cautividad, Esdras y Nehemías llevaron a cabo una fuerte campaña contra la práctica del matrimonio entre israelitas y mujeres paganas (Esd 10.2,10-18,44; Neh 13.26-27,30). Por lo general, en la Biblia este término se aplica a los que no son judíos. El interés de Dios en los paganos se pone de manifiesto en el libro de Jonás y en el Antiguo Testamento (→ GENTILES).

PAGIEL (*Dios interviene*). Príncipe de la tribu de Aser durante la peregrinación por el desierto (Nm 7.72; 10.26). Pagiel ayudó a realizar el primer censo de Israel.

PAJA Caña de trigo, cebada y otros cereales, después de seca y despojada del grano. Los hebreos la utilizaban como pasto para sus ganados (Gn 24.25,32; Jue 19.19; 1 R 4.28; Is 11.7; 65.25), y los egipcios para hacer adobes, mezclándola con el → BARRO (Éx 5.7,10-13,16,18). En la Biblia el término también se usa en forma figurada para significar inconsistencia y poco valor de las cosas (Job 21.18,19; cf. 1 Co 3.12 BJ, HA). En ese mismo sentido se utilizan los términos → «TAMO» (Is 29.5; Os 13.3; 17.13, etc.), «hojarasca» y «estopa» (Abd 18).

PAJARILLO → GORRIÓN.

PÁJARO → AVE.

PALABRA DE DIOS Frase que aparece en el Antiguo Testamento 394 veces (NBD) y se refiere a la comunicación de Dios con el hombre. Por ser la palabra el vehículo con que se expresan los pensamientos, es el medio más común con el que Dios revela y realiza sus propósitos. De ahí que frases como «la Palabra de Jehová vino a mí» (Jer 1.11), «vino la Palabra de Jehová a ... Ezequiel» (1.3), «Palabra de Jehová que vino a Oseas» (1.1), etc., sean características de los libros proféticos.

La Palabra de Dios es una extensión de su personalidad. Luego, está investida de autoridad divina y deben respetarla y obedecerla

tanto los ángeles como los hombres (Dt 12.32; Sal 103.20). La Palabra de Dios es permanente (Is 40.8) y tiene que cumplirse (Is 55.11).

En el Sal 119 la frase se usa como sinónimo de «la ley», por tanto se refiere a la palabra escrita, aunque en casi todos los otros casos la «palabra de Dios» se refiere a una comunicación hablada. Este doble uso se explica en Éx 24.4 donde se dice que Moisés puso por escrito las palabras que había oído de Jehová. Además, en algunas ocasiones la Palabra de Jehová venía mediante → VISIONES. Por ejemplo: «la Palabra de Jehová ... lo que vio sobre Samaria y Jerusalén» (Miq 1.1; cf. Abd 1.1; Nah 1.1).

En el Nuevo Testamento la frase «palabra de Dios» solo en pocas ocasiones denota algo escrito. Por ejemplo, en Mc 7.13 se refiere a la Ley que los judíos anulaban por su tradición y en Jn 10.35 al Sal 82.6. Pero la frase nunca se usa para referirse al conjunto de los libros del Antiguo Testamento, ni mucho menos a toda nuestra Biblia. Los libros del Antiguo Testamento se identifican más bien con el término «las → ESCRITURAS».

En el Nuevo Testamento la frase «palabra de Dios» (*logos tou theóu*) generalmente denota un mensaje predicado, sobre todo el del evangelio o el cristiano en general, predicado por Cristo y sus apóstoles (Lc 5.1; 8.11,21; Hch 6.2; Ef 6.17; Heb 6.5; 13.7; 1 P 1.23). En este sentido a veces se emplean las frases «la palabra del Señor» (1 Ts 1.8; 2.13; 2 Ts 3.1) y «la palabra de Cristo» (Col 3.16; Heb 6.1; cf. «las palabras del Señor Jesús» en Hch 20.35; 1 Ti 6.3). Ocasionalmente la Palabra de Dios parece comprender toda la voluntad o el propósito de Dios (Lc 11.28; Ro 9.6; Col 1.25; Heb 4.12).

En los escritos de Juan se halla un uso distinto de «palabra» o más bien del vocablo griego *logos*. Se emplea como título del Hijo de Dios, y se traduce → «VERBO» en la mayoría de las versiones (RV, NC, Str., HA, BC). Si Dios se reveló mediante la palabra hablada, ¿cuánto más no habría de revelarse mediante la Palabra encarnada? Este es el argumento de Heb

Excavaciones del castillo, o fortaleza, de Herodes el Grande, mostrando en primer plano el lugar de los jardines reales.

1.1,2 y corrobora lo dicho en Jn 1.18. «A Dios nadie le vio jamás; el unigénito Hijo ... Él le ha dado a conocer» o, siguiendo literalmente el griego: «Él ha hecho una exégesis de Él».

PALACIO Residencia de un rey u otro personaje importante. Consistía por lo general de un grupo de edificios fortificados alrededor de un patio cerrado. Reyes, gobernadores y sumos sacerdotes vivían en palacios que, a la vez, servían como centros de administración.

La casa del rey David en Jerusalén era lujosa y tenía paredes de cedro (2 S 7.2; 5.11,12), pero fue Salomón el que construyó el primer palacio oriental propiamente dicho. Empleó artesanos del rey Hiram de Tiro, e hizo de la «casa del bosque del Líbano» su palacio (1 R 7.2). En alas distintas construyó una vivienda privada para él y otra para la hija del faraón con la que se había casado. Este palacio era la residencia oficial de los reyes de Judá y sobrevivió a la destrucción de la ciudad por los babilonios en 581 a.C.

Omri, rey del reino del norte, comenzó la construcción de su palacio en el monte de Samaria. Su hijo Acab lo agrandó para Jezabel, su reina extranjera, y lo embelleció con adornos de marfil (1 R 22.39; Am 3.15; 6.4). Los asirios lo destruyeron en 722 a.C. y los arqueólogos han descubierto sus ruinas.

Herodes el Grande, rey vasallo de los romanos en tiempo del nacimiento de Jesús, construyó un magnífico palacio en Jerusalén, otro como casa de invierno en Jericó y un refugio en Masada cerca del mar Muerto.

PALAL (*Dios juzga*). Hijo de Uzai (Neh 3.25). Ayudó a Nehemías a reparar los muros de Jerusalén después de la cautividad.

PALESTINA Nombre derivado de la palabra «filisteo», que los comerciantes griegos (unos siglos a.C.) dieron a la faja de tierra entre la costa oriental del mar Mediterráneo y el desierto arábigo.

Geografía general
Accidentes geográficos

Empezando por el oeste, hay cuatro accidentes geográficos principales que atraviesan Palestina de norte a sur:

1. La llanura marítima que interrumpe el monte Carmelo, la cual es estrecha en el norte, pero amplia en la llanura de Sarón y más aun en Filistea hacia el sur. En el sur, las colinas de menor elevación que se hallan entre las llanuras marítimas y las montañas se conocen como la Sefela.

2. La cordillera central (hasta 1.400 m en la Alta Galilea y 700 m en la Baja Galilea), que se interrumpe con el valle de Esdraelón (Jezreel), va desde la llanura marítima hasta el valle del Jordán. De allí sigue la cordillera con las montañas de Samaria y Judea hasta el Neguev al sur.

3. La hendidura del Jordán, que empieza al pie del monte Hermón, pasa por Merom (68 m sobre el nivel del mar), desciende al mar de Galilea (208 m bajo el nivel del mar), y sigue por el valle del Jordán hasta el mar Muerto (392 m bajo el nivel del mar). Esta misma depresión geológica, llamada el Arabá, continúa hacia el sur hasta el golfo de Aqaba.

4. La Transjordania, que es una meseta alta y llega hasta el desierto sirio-arábigo, la atraviezan varios valles que corren del este hasta el Jordán.

Palestina formaba el puente entre la civilización de Egipto y las de Mesopotamia y Asia Menor. Servía como encrucijada internacional, y fue el lugar propicio para Israel con su misión reveladora del mensaje de Dios.

Rutas

Cinco rutas principales cruzaban de norte a sur esta pequeña tierra:

1. La de los emperadores, que partía de Damasco, pasaba por el lado sur de Merom, tocaba la orilla occidental del mar de Galilea, atravesaba la llanura de Esdraelón para luego seguir la costa hasta Egipto. Fue la ruta más usada por los ejércitos de los grandes imperios.

2. La «carretera del rey» que partía también de Damasco y corría por la meseta de Transjordania hasta llegar al golfo de Aqaba.

3. La de las alturas de Judá que unía los pueblos principales de Judá e Israel.

4. La del «Peregrino» que servía a las caravanas arábigas, bordeando el desierto al extremo oriental de Transjordania.

5. La del Arabá, que servía de enlace entre → Elat y Judá subiendo por el → Acrabim.

La cordillera central brindaba una protección natural para la parte central y oriental del país. Solo por el valle de → Jezreel (Esdraelón) había una carretera por donde podía atravesar un ejército enemigo.

P

El desierto de Judea cerca de Jerusalén, mostrando la tosca topografía de esta región al sur de Palestina.

Clima y vegetación

Aunque es pequeña, Palestina cuenta con gran variedad de climas. Las partes desérticas se encuentran en Transjordania, el sur de Judea y el Neguev. Hay solo dos estaciones: el verano de mayo a septiembre, cuando cae muy poca lluvia, y el invierno de octubre a abril. En el norte (y a veces hasta en Jerusalén) cae nieve en el invierno. Las diferencias de altura causan grandes cambios de temperatura, pero predominan los vientos del oeste (del mar Mediterráneo) y dan un clima templado y saludable al país. Durante los cambios de estaciones pueden soplar vientos tórridos del sudeste.

Las diferencias de relieve y temperatura también provocan que la flora de Palestina sea variada. Debido a la escasez de agua, antiguamente la cebada era un producto más importante que el trigo. En tiempos antiguos la región estaba sembrada de extensos bosques, pero el paso de las muchas poblaciones ha provocado la erosión y la pérdida de fertilidad por la tala de árboles. Los propios israelitas ayudaron a talar los bosques (Jos 17.18). En las áreas semidesérticas la agricultura exigía una cuidadosa conservación del agua y, no obstante esto, siempre estaba amenazada por el descuido o las incursiones de pueblos nómadas.

Historia

La época preisraelita

Cerca del monte Carmelo se han encontrado restos humanos antiquísimos y aún es posible descubrir en varias partes de Palestina huellas de poblaciones de los períodos paleolítico, mesolítico y neolítico. En Jericó hubo un pueblo *ca.* 7000 a.C.

Durante el tercer milenio, a.C., Egipto tuvo cierta influencia sobre Palestina. Desde *ca.* 2300 a.C. se hicieron presentes los amorreos y empezando por el año 1900 entraron los cananeos. Llegaron también otros como los horitas, jebuseos e hititas. Políticamente Palestina estaba formada por muchas ciudades-estado. De 1730 a 1580 los hicsos (una aristocracia guerrera) controlaron Palestina

Foto de Werner Braun

La estéril y montañosa región del oriente de Palestina conocida como el desierto de Judá, con el mar Muerto en el fondo.

y aun Egipto. En XVI y XV de nuevo dominaron los egipcios, después de echar a los hicsos; sus ejércitos llegaron hasta el Éufrates, pero desde el siglo XVI su hegemonía sobre Palestina disminuyó excepto por períodos breves. En los siglos XIII y XII por la costa entraron los pueblos del mar (→ FILIS-TEOS), y por el sur y el este los israelitas.

La época de Josué a Salomón

Los muchos estados pequeños que integraban Palestina le dificultaron la conquista a Josué. Al terminar los israelitas sus campañas, aún quedaban sin conquistar Jebús, Ajalón, Saalbim y Gezer en el sur, las ciudades amuralladas a los lados de Esdraelón, así como Dor, Aco y Aczib en la costa septentrional y Bet-anat en la Alta Galilea (Jue 1.31-33).

Mientras el ejército se mantenía unido, Israel estaba seguro, pero al irse cada división a su patrimonio los enemigos que no habían sido aniquilados se levantaban nuevamente. Simeón y Rubén casi desaparecieron. Manasés y Gad continuaron su vida

El arroyo de Hasbani al norte de Palestina, uno de los tributarios del río Jordán, con el monte Hermón en el fondo.

pastoril. Dan emigró al norte (Jue 18) y, por una guerra civil (Jue 19–21), Benjamín quedó casi exterminado. Poco antes del establecimiento de la monarquía los filisteos se extendían hasta tal grado en Palestina que Israel apenas mantenía independientes las tribus de la cordillera (1 S 7.11-14; 13.16-23; 1 Cr 11.16).

Poco antes de iniciarse la Edad de Oro parecía que Israel iba a desaparecer. Los enemigos asediaban por todos lados. Los filisteos tenían avanzadas en los pueblos israelitas. Saúl, como caudillo libertador, salvó a Jabes de Galaad de los amonitas, triunfó sobre los filisteos en Micmas y encabezó campañas contra los moabitas, los edomitas y contra Soba en el norte (1 S 14.47). Desgraciadamente la guerra civil (con su yerno David) lo debilitó mucho. Los filisteos se reconstituyeron y, subiendo por la costa, entraron por Esdraelón, atacaron y vencieron a Saúl (1 S 28.1; 31).

David como conquistador y estadista reconoció que había un antagonismo persistente entre Judá y las tribus del norte. Escogió a Jebús como capital (la cual no pertenecía a ninguno de los dos grupos) y allí fundó Jerusalén, la ciudad de David (2 S 5.6-10).

Después de unificar a Judá e Israel, David subyugó a los filisteos y ensanchó el territorio hasta que por fin la nación tuvo la extensión que Dios había prometido a Abraham (Gn 15.18): desde las orillas del río Éufrates en el norte, hasta el golfo de Aqaba en el sur. Edom, Moab, Amón y Soba fueron conquistados, y Filistea, Gesur y Hamat avasallados por David (2 S 8).

Salomón mantuvo las fronteras durante la primera parte de su reino. Dividió el país en doce distritos para poder controlar su gobierno y tener suficientes obreros, pero eximió de ciertas obligaciones a su propia tribu, Judá. Naturalmente, esto despertó los viejos celos.

La época del reino dividido

Apenas murió Salomón las tribus del norte se separaron de Judá. Luego las dos pequeñas naciones perdieron los territorios anexos. Su extensión geográfica cambiaba de año en año. Primero, vino Sisac de Egipto y les quitó 156 lugares; luego también Israel peleó contra Judá. Como consecuencia se establecieron dos nuevos «lugares santos», uno en Bet-el y otro en Dan. Más tarde, Siria, que estaba en su apogeo, casi extermina a ambas naciones.

En el tiempo de Jeroboam II el poder de Siria decayó e Israel se fortaleció desde Hamat hasta el Golfo de Aqaba. Uzías levantó en Judá una cadena de fortalezas. Por primera vez en la historia, la costa filistea quedó firmemente en manos hebreas.

Sin embargo, en el norte ya se levantaba Asiria, país cruel y poderosísimo. Entre 732 y 722 a.C., Asiria acabó con Siria e Israel, y solo Judá se salvó haciéndose su vasallo. Judá quedó tan reducida que en un mapa general apenas se ve. Jerusalén y los pueblos en derredor parecían granos de trigo entre dos piedras de moler: Egipto y Babilonia. Por fin, 586, los babilonios açabaron con Jerusalén.

Desde el cautiverio hasta Cristo

Desde el cautiverio hasta la época del Nuevo Testamento muchos colonos paganos fueron a Palestina. Se mezclaron con los paganos circunvecinos y con los israelitas de menor importancia que no fueron deportados (→ SAMARITANOS). Otros judíos fundaron colonias en Egipto. Cuando, durante la dominación persa, Nehemías y Esdras volvieron a reedificar Jerusalén, el territorio que ocuparon era apenas 50 km².

Desde este pequeño → REMANENTE, los judíos se extendieron por el sur y por el norte. Pero en la época de la dominación griega Palestina se tornó en un campo de batalla entre los tolomeos de Egipto y los seleucos de Siria. Los → MACABEOS lograron restablecer la configuración política y religiosa judía, pero desafortunadamente perdieron el mando como consecuencia de luchas intestinas. Llegaron los romanos y ocuparon el territorio.

Época novotestamentaria

Cuando nació Jesús, Palestina era conocida nuevamente como entidad geográfica. La gobernaba el aborrecible idumeo → HERODES el Grande, quien se había hecho «judío», pero era rey solamente por consentimiento de los emperadores romanos. Al morir este el territorio se dividió entre tres de sus hijos. En todo este tiempo una alianza de diez ciudades griegas (→ DECÁPOLIS) se mantenía aparte de la política de Palestina, → ARQUELAO no pudo gobernar en Judá y esta parte, junto con Samaria, se puso en manos de gobernadores romanos. Galilea y Perea correspondieron a → HERODES Antipas. Traconite e Iturea, al norte de Decápolis, las gobernó → HERODES Felipe.

Las planicies y el exuberante oasis de Jericó en la región de las llanuras al norte del mar Muerto.

Foto de Howard Vos

Ya en el tiempo de Pablo, los romanos concedieron a → HERODES Agripa I gobernar como rey sobre todos los territorios desde Iturea hasta Judá. Sería el ocaso de Palestina hasta que el nuevo Estado de Israel se fundara en 1948 d.C. Al morir inesperadamente Agripa I, los romanos despojaron a Agripa II, su hijo, de todo el territorio menos Traconite. Los nacionalistas judíos se levantaron entonces contra los romanos y Tito se vio obligado a asolar Jerusalén en 70 d.C. Sin embargo, no cesó la rebeldía. En 135 d.C., después de la rebelión de Bar-Kochbá, los romanos arrasaron nuevamente a → JERUSALÉN y sobre las ruinas levantaron una ciudad pagana.

Bibliografía:

IB, pp. 225ss. Bright, *Historia de Israel*, pp. 27-31,35,45s. Ricciotti, *Historia de Israel. VD* I, pp. 189-206.

PALMERA El único tipo de palmera que se conoce en el mundo bíblico es la *phoenix dactilifera*, conocida comúnmente como palma datilera (en hebreo, *tamar*; en griego, *foenix*). Es una planta delgada y alta cuyas flores masculinas y femeninas nacen en diferentes árboles. Crece en los oasis del desierto de Sinaí (Éx 15.27; Nm 33.9), en la zona costera al sur de Gaza y en el «redondel del Jordán» (depresión jordánica cerca del mar Muerto) en las inmediaciones de Jericó, a esto se debió que a este lugar se le llamara «ciudad de las palmeras» (Dt 34.3,4; Jue 1.16; 3.13; 2 Cr 28.15). Otras ciudades (Gn 14.7; Jue 20.33; 1 R 9.18; Ez 47.19; 48.28; Hch 27.12) recibieron este nombre por la abundancia de palmeras y por el culto que se le daba a esta planta.

La palmera es una planta cuyos usos han participado del desarrollo de los pueblos antiguos. Sus frutos y ramas se utilizaban en las fiestas religiosas, sobre todo en la Fiesta de los Tabernáculos, por el énfasis campestre de esta fiesta (Lv 23.40; Neh 8.15; Jn 12.13; Ap 7.9). Con los dátiles se hacían tortas y las hojas servían para elaborar cierto material sobre el cual escribir.

La palmera se utilizó también en la ornamentación del templo (Ez 40.22,31,34). Su figura se usó en la decoración arquitectónica (1 R 6.29,32). Asimismo, apareció en las monedas de la época helenística. Su nombre se utilizó como nombre propio femenino

Una costa estéril en la isla de Chipre cerca de Pafos, una ciudad que el apóstol Pablo visitó (Hch 13.6-13).

Foto de Howard Vos

(2 S 13.1). Es símbolo de victoria y regocijo (Jn 12.13; Ap 7.9), de abundancia y longevidad, debido a que vive hasta 200 años (Sal 92.12-14). Se empleó en la poesía hebrea para cantar la belleza de la esposa (Cnt 7.7,8) y para adornar los relatos bíblicos (Jue 4.5).

PALMO (en hebreo, *zeret*). Medida equivalente a la distancia entre los extremos del dedo pulgar y el meñique con la mano extendida, o sea *ca.* 22.5 cm o medio codo (Éx 28.16; 1 S 17.4). El «palmo menor» (en hebreo, *topakh*; Éx 25.25; 1 R 7.26) era igual al ancho de la base de los cuatro dedos, *ca.* 7,5 cm.

PALOMA Ave doméstica común en Palestina. Se menciona por primera vez en Gn 8.8-12. Se usaba en los sacrificios prelevíticos (Gn 15.9) y se incluyó en la legislación mosaica como víctima aceptable; se prescribía directamente (Lv 1.14; 12.6; Nm 6.10) o se aceptaba en sustitución de otras víctimas (Lv 5.7; 12.8; 14.21,22; Lc 2.24). El uso cultural motivó que se criara en grandes palomares e incluso se comerciara con ella en el templo (Mt 21.12).

En la poesía se menciona frecuentemente el plumaje de la paloma (Sal 68.13; Cnt 1.15; 4.1), su extenso vuelo (Sal 55.6; Os 11.11) y su arrullo lastimero (Is 38.14; 59.11; Ez 7.16; Nah 2.7). Las palomas silvestres se mencionan en Jer 48.28 y Cnt 2.14. Proverbialmente «ser como paloma» significa sencillez y falta de malicia (Os 7.11; Mt 10.16). El relato de Mt 3.16 ha hecho de la paloma un símbolo del Espíritu Santo.

PALOMA, ESTIÉRCOL DE En 2 R 6.25 aparece este término aplicado a uno de los alimentos que se consumía en tiempos de hambre. Se trata de un tipo de lenteja común semejante al estiércol de paloma.

PALTI Nombre de dos hombres en el Antiguo Testamento.
1. Uno de los doce hombres que envió Moisés a espiar en la tierra de Canaán (Nm 13.9).
2. Hijo de Lais, de la tribu de Benjamín, a quien Saúl le dio a su hija Mical, que amaba a David (1 S 25.44). También se le llama *Paltiel* (2 S 3.15).

PALTIEL Nombre de dos hombres en el Antiguo Testamento.

Palmeras al sur de Palestina. Las hojas de las palmeras se usaban como símbolo de paz y victoria (Jn 12.12-13; Ap 7.9).

Foto de Ben Chapman

1. Hijo de Azán, de la tribu de Isacar (Nm 34.26). Paltiel ayudó a Josué a dividir la tierra al oeste del Jordán.

2. Hijo de Lais, de la tribu de Benjamín (2 S 3.15). Se trata del *Palti* No. 2.

PÁMPANO Sarmiento o rama de la → VID. Término que en la RV traduce el vocablo griego *klema* de Jn 15.1-6, donde se emplea como figura del cristiano y su relación con Cristo. El pámpano deriva de la cepa de la vid la savia que hace posible que produzca uvas; así el cristiano deriva de Cristo, con quien está unido orgánicamente y de quien viene la vida y la fuerza que le capacitan para llevar fruto.

PAN La palabra pan se registra por primera vez en las Sagradas Escrituras para indicar la totalidad del alimento necesario para el hombre (Gn 3.19). En un sentido más específico, el pan preparado a base de flor de harina se menciona en el banquete que → ABRAHAM ofreció a los tres viajeros que pasaron frente a su tienda (Gn 18.1-8).

Desde épocas remotas el pan se ha considerado como artículo indispensable en la vida del hombre. Los hebreos utilizaban especialmente el pan de → CEBADA (2 R 4.42), y pareciera que el pan de → TRIGO se considerara un lujo, puesto que se enviaba como un presente muy especial (Gn 45.23). También era frecuente la preparación de pan a base de harina de varios cereales (Éx 4.9). La búsqueda del pan material como alimento básico y general ha servido para elaborar expresivas figuras en cuanto a la búsqueda de los valores espirituales (cf. Gn 25.34; Éx 16.3). Llegó a ser proverbial afirmar que «no solo de pan vivirá el hombre» (Dt 8.3; Mt 4.4). Cristo alimentó a una inmensa multitud con los panes que un niño tenía (Jn 6.9), milagro que parece haberse repetido ante algo más de cuatro mil personas (Mt 15.32-39; Mc 8.1-10).

En los días del Antiguo Testamento el pan se elaboraba en casa (Gn 18.6; 1 S 8.13; Jer 7.18), pero con el tiempo esta industria se desarrolló tanto que hubo necesidad de panaderos profesionales (Gn 40.2; Jer 37.21; Os 7.4). El obsequio de pan a los viajeros era un símbolo de hospitalidad entre los hebreos (Gn 18.5). También eran frecuentes los banquetes de amistad, donde no podía faltar el pan (Gn 31.54). La costumbre de dar pan a los pobres era también común en aquellos días (Pr 22.9; Is 58.7; etc.).

El → MANÁ que alimentó a los israelitas en el desierto fue llamado «pan del cielo» (Éx 16.4). Se ofrecían panes como ofrenda (Éx 23.14-18), y también se empleaban algunos en el santuario como un arreglo especial llamado los «panes de la proposición» (→ PAN DE LA PROPOSICIÓN; Nm 4.7; 1 S 21.6, etc.). Cristo habló del pan, lo presentó como representativo del alimento espiritual (Jn 6.22-72) y lo dio como símbolo de su cuerpo al instituir la Santa Cena (Mt 26.17-29). En la oración del Padrenuestro se nos enseña a pedir a Dios «el pan de cada día» (Mt 6.11).

PAN DE LA PROPOSICIÓN En el Lugar Santo del → TABERNÁCULO, y posteriormente del → TEMPLO, había una mesa hecha de acacia, cubierta de oro, sobre la que se hallaban doce panes «de la proposición» ordenados en dos hileras de a seis (Éx 25.23-30; Lv 24.5-7). La traducción literal del hebreo de esta frase es «panes de la cara» (es decir, «cara» de Dios). Para los hebreos este pan estaba en la presencia de Dios en el tabernáculo. También se le llamaba «pan continuo» (Nm 4.7) y «pan sagrado» (1 S 21.6).

Preparados de flor de harina con sal e incienso, pero sin levadura, debían comerlos solamente los sacerdotes que tenían que renovarlos cada sábado (Lv 24.8; 1 S 21.6). Su significado simbólico es algo incierto por la falta de indicaciones precisas. Sin embargo, puede afirmarse que representan típicamente, como señal del pacto, la comunión del pueblo con Dios.

Jesús en su discusión con los fariseos aprueba la conducta del sacerdote Ahimelec, quien en un caso de necesidad entregó una parte de estos panes al hambriento David (Mt 12.4ss).

El rito de los panes de la proposición continuó hasta la destrucción del segundo templo.

PAN SIN LEVADURA → Pascua.

PANAG Palabra que solo aparece en Ez 27.17. Para algunos significa bálsamo, perfume, mijos, dulces o algún producto desconocido que los judíos exportaban. Otros la consideran el nombre de una región y traducen la frase «trigos de Minit y de Panag».

PANDERO Muchas naciones antiguas parecen haber poseído diversos instrumentos musicales de percusión de tamaño reducido, fáciles de portar. De estos seguramente derivan los panderos y tambores actuales, de forma redonda; los antiguos eran rectangulares y cuadrados, especialmente entre los egipcios, quienes los usaban para acompañar las lamentaciones en los funerales. Los asirios quizás los usaran suspendidos del cuello a través de una cuerda, y golpeaban solamente la superficie superior. Probablemente algunos panderos antiguos tenían pequeñas campanillas, platillos de metal o castañuelas insertadas en el marco. No eran desconocidos para los árabes y griegos.

Entre los hebreos, el pandero o tamborín era un pequeño tambor hecho de un aro de madera y probablemente dos pieles. Su antigüedad es evidente por la mención en Gn 31.27 y en Job 21.12. Por lo general, era ejecutado por mujeres, y marcaba el ritmo usado para el canto y las danzas. Siempre aparece asociado con manifestaciones de alegría (Is 24.8), o los momentos de júbilo por victorias nacionales (Éx 15.20; Jue 11.34; 1 S 18.6); en conmemoraciones o acontecimientos religiosos (2 S 6.5) y en banquetes (Is 5.12). No se menciona entre los instrumentos del primero ni del segundo templo, a pesar de aparecer en los Salmos (68.25; 81.2; 149.3; 150.4).

PANFILIA Distrito en la costa sur de Asia Menor, limitado al norte por el monte Tauro, al oeste por Licia, al este por Cilicia y al sur por el mar Mediterráneo. Su capital era → Perge y su puerto principal → Atalia. Estrictamente, consistía en un valle de 128 km de largo y 32 de ancho, que yacía entre el Tauro y el mar. Después del 74 d.C., Panfilia designaba a una provincia romana que incluía parte de la región montañosa, área perteneciente a Pisidia. Allí residía una colonia judía (1 Mac 15.23; Hch 2.10).

En su primer viaje misionero, Pablo y Bernabé pasaron por Perge de Panfilia, donde los abandonó Juan Marcos (Hch 13.13). De regreso predicaron en Perge y se embarcaron en Atalia en viaje hacia Antioquía (Hch 14.24ss).

PAÑAL Lienzo cuadrado que, doblado cuidadosamente, se usa para cubrir al niño recién nacido (Lc 2.7,12). Entre los hebreos, cuando un niño nacía, era costumbre bañarlo, frotarlo con sal y luego acostarlo sobre un pañal. Se cambiaba varias veces al día para asear al niño y frotarlo con aceite.

PAÑO → Sudario.

PAPEL → Papiro.

PAPIRO Arbusto acuático, cultivado en pantanos y estanques en todo el Antiguo Egipto, pero especialmente en el delta del Nilo (Is 35.7). Hoy día se halla a orillas del Nilo Azul y del Blanco, en el valle del → Jordán, y en los pantanos de Hule al norte del mar de Galilea. Tiene sus raíces en el lodo (cf. Job 8.11); su caña, gruesa y triangular de 6 cm de lado, se eleva entre 3 y 6 m y produce flores largas, abiertas en umbela. Las raíces eran comida de pobres. De la fibra de la caña se confeccionaban sandalias, vestidos, arquillas (Éx 2.3) y hasta barcos (Is 18.2).

Desde *ca.* 3000 a.C. se escribía en Egipto sobre una especie de papel producido del papiro por un proceso especial. Desprendida la corteza, se cortaban las fibras interiores en tiras de 32 a 36 cm de largo y estas se ponían lado a lado, sobre una base de madera dura. Otras tiras se superponían transversalmente y mediante presión, a veces con la ayuda de agua o almidón, se pegaban. Una vez pulidas y ablandadas, estas hojas de papiro blanco duraban bastante tiempo. Tratadas con aceite se van poniendo amarillas con el tiempo.

Unas veinte hojas de papiro pegadas entre sí formaban una tira larga que podía enrollarse. Su ancho variaba, pero el promedio era de 25 cm. El costo del material era elevado y su venta era monopolio del rey en la época grecorromana. Para escribir sobre el papiro había reglas definidas. En Egipto se escribía sobre las fibras horizontales y la escritura en columnas se orientaba de la derecha hacia la izquierda, comenzando por la parte inferior. Los espacios se aprovechaban para agregar otros textos. A veces se lavaba un rollo para usarlo de nuevo; este proceso era llamado *palimpsesto* (*raspado de nuevo*). Un gremio de escribientes profesionales producía copias de los decretos gubernamentales, correspondencia diplomática, textos judiciales, documentos de impuestos y censos, contratos matrimoniales, partidas de nacimiento, defunción y divorcio, negocios, cartas oficiales y privadas, literatura en prosa y poesía, etc. Este gremio se ponía al servicio del público, que en general no sabía leer ni escribir.

Muchos libros bíblicos se escribieron sobre papiro, pero son pocos los documentos que se conservaron así. Del siglo VIII a.C. existe un *palimpsesto* en hebreo con una lista de nombres, y del siglo II a.C. un fragmento de Dt 5 y 6. Entre los documentos extrabíblicos en hebreo nos han llegado del siglo II d.C. unas cartas del jefe guerrero Bar-Kochbá. Se han conservado también varias cartas en arameo de militares judíos de Elefantina (Egipto, siglo V a.C.). De la LXX han sobrevivido muchos fragmentos, algunos de ellos se remontan hasta el siglo II a.C. El Nuevo Testamento se escribió en rollos y hojas sueltas hasta el siglo III d.C. (cf. 2 Ti 4.13).

Foto de Willem A. VanGemeren

Varios tallos de papiro, planta semejante a la cañas usada para hacer un tipo primitivo de papel en tiempos bíblicos.

Las cartas breves como Flm, 2 Jn y 3 Jn cabían en una sola hoja, mientras otros libros necesitaban rollos de diferente largo: para Romanos, 3,95 m; para Marcos, 5,70; y para Hebreos, 9,60. Las copias se escribían con todo esmero, bajo dictado. Aunque han desaparecido los originales, quedan copias fragmentarias a partir del siglo II d.C., y copias completas que datan solo a partir del Concilio de Nicea (325 d.C.) cuando Eusebio de Cesarea recibió orden de facilitar a las iglesias un texto oficial del Nuevo Testamento. Parece que el centro de tal trabajo editorial fue Egipto hasta el siglo IV.

De los 241 manuscritos sobre papiro del Nuevo Testamento, el fragmento más antiguo hallado hasta ahora es el P 52 (llamado John Rylands), nota escrita entre 100 y 120 d.C. en Egipto, con Jn 18.31-33 en el anverso y vv. 37,38 en el reverso (→ JUAN, EVANGELIO DE). Después hay restos que datan de *ca.* 200–220 d.C.: El Papiro Bodmer II, que contiene Jn 1–14 en 108 hojas; el Papiro Chester Beatty con los Evangelios y Hch en 30 hojas; y el Papiro Chester Beatty con Ro, Heb, 1 y 2 Co, Gl, Ef, Flp y Col en 86 hojas. Posteriormente se conoció otra forma de encuadernación, más barata y cómoda: el códice, con sus hojas fijadas en un lomo. Este formato permitía abrir el libro en vez de desenrollar el rollo, y facilitaba reunir en una unidad los cuatro Evangelios y Hechos, en otra las cartas de Pablo, y en otra lo demás.

Desde tiempos muy remotos, pues, existían colecciones bíblicas (→ CANON DEL NUEVO TESTAMENTO) e interés misionero en la producción y difusión de estas, y se andaba en busca de un texto común para todas las iglesias (→ TEXTO DEL NUEVO TESTAMENTO). El estudio sistemático de los papiros bíblicos que han aparecido y su comparación con papiros seculares comenzó en 1896 con los trabajos de Grenfell y Hunt en Egipto. La papirología ha arrojado mucha luz sobre el idioma → GRIEGO y el sentido de ciertos términos difíciles.

Bibliografía:
    DBH, col. 1428-1432. *EBDM* V, col. 854-870. *INT,* pp. 68-72. *CBSJ* V.

PARÁBOLA (en griego, *comparación*). Traducción en la LXX del término hebreo *mashal,* que comprende desde los dichos cortos, sentenciosos y enigmáticos, llamados → PROVERBIOS o máximas (1 S 10.12; 24.13; Mc 7.14-17; Lc 4.23) hasta la → ALEGORÍA elaborada (Jue 9.7-15; Mt 13.3-9; Jn 15.1-9), el símil (Mt 23.27; Mc 4.30-32) y el cuento corto o largo (2 S 12.1-4; 14.6; 1 R 20.39; Is 5.1-6; Mt 13.33; 21.33-41). En muchos de los dichos de Jesús es obvio que se asoma una parábola (por ejemplo, Mt 11.27). La parábola, pues, es un símil elaborado donde el relato, aunque ficticio, es verosímil, en contraste con la fábula.

La isla Elefantina en el río Nilo cerca de Asuán, Egipto. Una serie de papiros arameos y ostracones escritos por una colonia de judíos que estuvieron asignados allí durante la era Persa, se encontró en este lugar.

Foto de Gustav Jeeninga

LAS PARÁBOLAS DE JESÚS:

Parábolas que solamente aparecen en el Evangelio de Mateo

El trigo y la cizaña . . . . (13.24-30)
El tesoro escondido . . . . (13.44)
La perla de gran precio . . . . (13.45-46)
La red . . . . (13.47-50)
El siervo inmisericorde . . . . (18.21-35)
Los obreros en la viña . . . . (20.1-16)
Los dos hijos . . . . (21.28-32)
Las bodas . . . . (22.1-14)
Las vírgenes prudentes y las insensatas . . . (25.1-13)
Los talentos . . . . (25.14-30)

Parábolas que solamente aparecen en el Evangelio de Marcos

La semilla que crece . . . . (4.26-29)
El portero vigilante . . . . (13.32-37)

Parábolas que solamente aparecen en el Evangelio de Lucas

Los deudores y el acreedor . . . . (7.40-47)
El buen samaritano . . . . (10.25-37)
El amigo que vino a medianoche . . . . (11.5-8)
El rico necio . . . . (12.13-21)
El siervo fiel y el siervo malvado . . . . . . (12.35-48)
La higuera estéril . . . . (13.6-9)
La torre incompleta . . . . (14.25-34)
La moneda perdida . . . . (15.8-10)
El hijo perdido . . . . (15.11-32)
El mayordomo injusto . . . . (16.1-13)
El amo condescendiente . . . . (17.7-10)
La viuda persistente . . . . (18.1-8)
El fariseo y el publicano . . . . (18.9-14)
Las minas . . . . (19.11-27)

Parábolas que aparecen en Mateo y Lucas

Los dos constructores . . . (Mt 7.24-27; Lc 6.47-49)
La levadura . . . . (Mt 13.33; Lc 13.20-21)
La oveja perdida . . . . . . (Mt 18.10-14; Lc 15.1-7)

Parábolas que aparecen en Mateo, Marcos y Lucas

La lámpara y el almud . . . . (Mt 5.15-16;
. . . . Mc 4.21; Lc 8.16)
Remiendo nuevo en vestidos viejos . . . . . (Mt 9.16;
. . . . Mc 2.21; Lc 5.36)
Vino nuevo en odres viejos . . (Mt 9.17; Mc 2.22;
. . . . Lc 5.37-39)
Una casa dividida contra sí misma . . (Mt 12.25-29;
. . . . Mc 3.23-27; Lc 11.17-22)
El sembrador . . . . (Mt 13.1-23;
. . . . Mc 4.1-20; Lc 8.4-15)
La semilla de mostaza . (Mt 13.31-32; Mc 4.30-32;
. . . . Lc 13.18-19)
Los labradores malvados . . . . (Mt 21.33-41;
. . . . Mc 12.1-12; Lc 20.9-18)
La higuera . . . . (Mt 24.32-35; Mc 13.28-31;
. . . . Lc 21.29-33)

Parábolas que aparecen solamente en el Evangelio de Juan

El pan de vida . . . . (Jn 6.32-58)
El pastor y las ovejas . . . . (Jn 10.1-18)
La vid y las ramas . . . . (Jn 15.1-8)

P

Ovejas en la ladera de una colina. Muchas veces Jesús usó tales escenas de la vida diaria para ilustrar verdades espirituales, como en su parábola de la oveja perdida (Mt 18.10-14).

Su uso

La parábola es un método llamativo de enseñanza indirecta que provoca el pensamiento; es de fácil asimilación y las aplicaciones que el oyente hace resultan inolvidables. La discusión entre Jesús y los discípulos en Mt 13.10ss revela el propósito del método. El fin de Jesús no es esconder sino revelar (Mc 4.33s), pero los misterios solo pueden percibirse cuando la mente está abierta hacia Dios (Mt 11.25s). David comprendió su falta cuando Natán le contó un *mashal* (2 S 12.1-13). Siempre en la parábola hay un elemento sorpresivo y novedoso que llama a la reflexión e inspira la decisión. Muchas parábolas se proponen entablar la discusión.

Su interpretación

Cada parábola contiene un mensaje central, que se toma de la vida cotidiana y se replantea de tal manera que nos permite entender una experiencia humana básica más allá de la comprensión intelectual. Por ejemplo, ¡cuánta alegría nos causa encontrar algo valioso que se nos ha perdido! Volver a ver a una persona amada después de una ausencia nos mueve a celebrar, en especial si esa persona estuvo durante tal ausencia en peligro de muerte o enferma. Esto es lo que pasa cuando Lucas 15.1ss nos cuenta tres parábolas en donde, en un orden que va cambiando la cantidad en cualidad, pasa de la perdida de una oveja (1 de 100), a la de una moneda (1 de 10), y al fin, a la de un hijo (1 de 2).

Esta experiencia de encontrar lo perdido cobra valor teológico en Lucas 15. Según la narración de Lucas, Dios es como un padre que celebra la vida de sus hijos, pero que sufre y se angustia cuando estos se alejan para andar quizás en malos pasos. Cuando el hijo regresa, el padre se alegra, como se alegra Dios por cada pecador que regresa a su familia.

Si vamos a ver, Lucas no tiene que explicarnos lo que se siente cuando perdemos algo que consideramos importante. Eso lo sabemos, tenemos la experiencia acumulada de años de pérdidas y encuentros. Tampoco nos tiene que explicar cuánta alegría nos da encontrar lo que perdimos, pues lo hemos vivido muchas veces. Lo que Lucas nos dice, y que probablemente no sabíamos o nunca lo hubiésemos pensado así, es que los mismos sentimientos cruzan el corazón de Dios.

No debemos caer en la trampa de alegorizar (→ ALEGORÍA) las parábolas, es decir, tratar de encontrar un mensaje oculto detrás de cada palabra del relato. Al estudiarlas, debemos buscar el punto central y comprender a partir de allí la totalidad del relato.

Su mensaje

Como parte integral de la proclamación de Jesús, las parábolas enfocan en general el → REINO DE DIOS, con cierto énfasis en el aspecto escatológico (Mc 1.15). Hay por lo menos tres aspectos en el desarrollo de este tema:

1. La inminencia del Reino provoca una crisis en la vida del pueblo de Dios: el destino eterno de los hombres va a decidirse y Jesús, conocedor de lo ineludible del inminente juicio, previene sobre el momento crucial que vive su nación (Lc 12.16-20; 12.57-59; 14.16-24; 16.1-8; 16.19-31, etc.).

2. Sin minimizar la suerte de los que rehúsan ser participantes del Reino, Jesús subraya el gozo escatológico que la venida del Reino trae para los tristes y oprimidos (por ejemplo Lc 15.1-32). Claramente explica que la misericordia de Dios en favor de los hombres no descansa en las buenas acciones de estos (Lc 17.7-10), sino en la gracia (Mt 20.1-16).

3. La inminencia del Reino demanda que los hombres se arrepientan para entrar en él (Lc 15.17ss; 18.9-14) y manifiesten fe (Mt 7.9-11), amor y obediencia (Mt 21.28-30; Lc 19.12-27). La sinceridad de estas actitudes se expresa en actos concretos (Mt 7.15-20) que muestran una devoción indivisible (Mt 6.24) y una debida disposición con el prójimo (Mt 5.38-42; 18.23-35; Lc 10.30-37).

Las parábolas de Jesús no solo muestran su extraordinaria creatividad en la enseñanza, sino que constituyen un permanente desafío a los deberes éticos y cristianos para los hombres de todos los tiempos.

Bibliografía:
J. Jeremías, *Interpretación de las parábolas.* Estella Navarra, Editorial Verbo Divino, España, 1971. L. Cerfaux, *Mensaje de las parábolas,* Madrid, Fax, 1969. J.A. Mackay, *Mas yo os digo,* México, Casa Unida, 1964. T.W. Manson, *O ensino de Jesús,* Aste, São Paulo, 1965. R.C. McQuilkin. *Explícanos...* Editorial Caribe, San José, 1964.

PARACLETO (en griego, *el llamado, el auxiliador*). Descripción de Jesucristo y del Espíritu Santo en los escritos juaninos. Aunque Paracleto tuvo originalmente un sentido pasivo (cf. latín *advocatus* que significa → ABOGADO), Juan lo usa en sentido activo, como «el protector», «el que fortalece» o, si traducimos con menos exactitud, «el consolador».

En 1 Jn 2.1 «Paracleto» describe a Jesucristo y lleva la acepción particular de «intercesor». Como justo (cf. la descripción del → SIERVO DE JEHOVÁ en Is 53.11), Cristo establece una nueva relación entre su pueblo y Dios, rogando por él y representándolo ante el trono divino (cf. Heb 7.25-28).

Aun durante su ministerio terrenal, Jesús defendía a los que creían en Él (por ejemplo, al ciego de nacimiento en Jn 9.35-39). Por consiguiente, Jesús mismo era un Paracleto, y al prometer el socorro del → ESPÍRITU SANTO le llama «otro Paracleto» (Jn 14.16). Este auxiliador, identificado en Jn 14.16,26 y 15.26 con «el Espíritu de verdad» o «el Espíritu Santo», es una persona (nótense los pronombres y adjetivos masculinos en el griego de 14.16,16 y 16.13, a pesar de que el vocablo «Espíritu» es neutro en griego). Su presencia en el creyente, hecha posible por la glorificación de Jesucristo (16.7), es reveladora del Salvador. Además, el Paracleto actúa entre los incrédulos; ante el actual tribunal de Dios realiza un proceso misterioso de acusación y convicción (16.8-11).

Bibliografía:
DBH, col. 1436-1439.

PARAÍSO Palabra de origen persa (que significa *parque, jardín, huerto*), cuyo equivalente hebreo es *pardes* y griego es *parádeisos.*

A veces *pardes* aparece traducida «bosque» (Neh 2.8) o «huerto» en RV (Ec 2.5), pero en Cnt 4.13 se traduce paraíso. Por otra parte, en pasajes como Is 51.3 paraíso es traducción del hebreo *gan* (jardín). En Gn 2.8 de la LXX este término, *gan*, que se refiere al → EDÉN, se traduce *parádeisos*. En el Antiguo Testamento paraíso no adquiere todavía el significado escatológico que tiene en la teología judaica posterior y en el Nuevo Testamento.

Los judíos asociaban la palabra paraíso con el huerto del Edén. Luego llegaron a creer que los justos al morir iban a un lugar similar al paraíso. Ya en el rabinismo desarrollado el paraíso podría significar: (1) el huerto original del Edén; (2) la morada temporal de los justos muertos entretanto llega la resurrección, o 3) el huerto, morada eterna de los justos. Por otro lado, los rabinos creían que la *gehenna* era la morada de los injustos (→ SEOL).

La palabra paraíso aparece solamente tres veces en el Nuevo Testamento. En Lc 23.43, Jesús promete al ladrón arrepentido que irá al paraíso ese mismo día, indicando así que es el lugar al que iban provisionalmente los justos al morir. El mismo concepto se halla en la parábola del rico y Lázaro, pero se vale de la figura del → «SENO DE ABRAHAM» (Lc 16.23). En 2 Co 12.2ss, Pablo identifica el tercer → CIELO con el paraíso. Luego, en los últimos capítulos de Apocalipsis es prominente la idea de un hermoso huerto eterno para los justos, pero no se usa la palabra paraíso.

Bibliografía:
DBH, col. 1439-1444.

PARALÍTICO Enfermo de carácter neurológico de diverso origen que adolece de falta de sensibilidad o de movimiento en su cuerpo. En la Biblia se mencionan distintos tipos de parálisis:

1. Parálisis de evolución crónica, por ejemplo, la del paralítico de Capernaum que sus amigos bajan desde el techo (Mc 2.1-5).

2. Parálisis de evolución aguda, por ejemplo, el caso del mozo del centurión de quien Mateo dice «que yacía en casa paralítico, gravemente atormentado» (8.6) y Lucas refiere que «estaba a punto de morir» (7.2). Se supone que en este caso podía tratarse de una infección tetánica. Un episodio de parálisis pasajera, atribuida a un castigo divino, es el caso del rey → JEROBOAM que fue fulminado súbitamente por una parálisis del brazo por haber amenazado a un profeta, pero fue restablecido tan pronto como se arrepintió de su acción (1 R 13.4-6). Es probable que se tratara de una neurosis orgánica, hoy bien estudiada (cf. Zac 11.17).

PARÁN Desierto adonde llegaron los israelitas al abandonar el Sinaí, guiados por la columna de nube (Nm 10.12).

Allí estaba → CADES-BARNEA (Nm 13.26). Números 33.36 parece identificar Parán con el desierto de Zin, pero en la LXX este versículo reza: «Salieron del desierto de Zin y acamparon en el desierto de Parán, que es Cades». Compárese con Gn 14.6,7 que menciona «la llanura de Parán» (El-parán, BJ) en la región de Seir y Cades, «junto al desierto», aunque algunos identifican El-parán con Elat.

A Parán llegaron Agar e Ismael, luego que fueron echados de la casa de Abraham (Gn 21.21). Hadad, huyendo de Salomón, pasó por Parán en camino a Egipto (1 R 11.17,18). En cuanto a 1 S 25.1, algunos prefieren el texto de la LXX que reza «Maon» en vez de Parán, lo cual cuadra mejor con lo que sigue en el v. 2. No se ha podido identificar el monte de Parán mencionado en Dt 33.2 y Hab 3.3, si es que se refieren a un monte particular y no a la región en general.

PARED INTERMEDIA Barrera en el templo de Jerusalén que se levantaba entre el atrio de los judíos y el atrio de los gentiles. A los gentiles se les prohibía cruzarla. De hacerlo, la pena era de muerte. Pablo usa la «pared intermedia» como símbolo de lo que distinguía legalmente a los judíos de los gentiles. Cristo eliminó tal distinción (Ef 2.14).

PARENTELA Conjunto de todo género de parientes. En la Biblia parentela se refiere comúnmente a los parentescos por consanguinidad (por ejemplo, Gn 12.1; Jos 6.23; Hch 7.14), reservando → «CASA» para las relaciones más amplias (por ejemplo, Ez 2.5) y figurativas (por ejemplo, Heb 3.6).

PARMENAS (*fiel*). Uno de los siete diáconos que escogió la iglesia de Jerusalén para que ayudarán a los apóstoles en la distribución de los alimentos a los necesitados (Hch 6.5).

PAROS Nombre de dos hombres en el Antiguo Testamento.
1. Israelita cuyos descendientes regresaron con Zorobabel de la cautividad (Esd 2.3; Neh 7.8).
2. Uno de los que firmó el pacto con Nehemías de guardar la Ley (Neh 10.14).

PARTERA Mujer que ayudaba en el parto. La más extensa referencia bíblica a las parteras señala a dos, → SIFRA y → FÚA (Éx 1.15-21). Ambas, por temor a Dios, desacataron el mandato del rey de Egipto de que destruyesen a los hijos de las hebreas. Por su actuación, Dios los recompensó (Gn 35.17; 38.28).

PARTIA, PARTOS Región al sur del mar Caspio que formó parte del Imperio Persa, y luego del de Alejandro y sus sucesores, los seléucidas (→ CRONOLOGÍA INTERTESTAMENTARIA). A mediados del siglo III a.C., los partos se rebelaron bajo la dirección de Arsaces I y fundaron un imperio que llegó a tener límites semejantes a los del viejo Imperio Persa. Por esta razón, los romanos, y tras ellos la historiografía occidental en general, le dieron el nombre de «Imperio Persa», aunque sería más exacto llamarlo «Imperio Parto». Los descendientes de Arsaces reinaron hasta mediados del siglo III d.C.
El único lugar en que la Biblia menciona a los partos es Hch 2.9. Se trata probablemente de judíos de la → DISPERSIÓN que vivían en el Imperio Parto, y que habían regresado a Jerusalén para las fiestas. Desde sus primeros años, el cristianismo se difundió entre los partos. Cuando Constantino abrazó el cristianismo, esta expansión se detuvo, pues los partos, enemigos acérrimos de los romanos, comenzaron a perseguir a los cristianos e hicieron todo lo posible por detener la expansión de la fe.

PARUSÍA → SEGUNDA VENIDA.

PARVAIM Lugar de donde se importó oro para la ornamentación del templo de Salomón (2 Cr 3.6). Su situación geográfica aún es incierta. Algunos sugieren Farva en Yemen.

PASAS Uvas secas. Se utilizaban mucho en la Tierra Santa, especialmente en los viajes (1 S 25.18; 30.12; 2 S 16.1). Con → UVAS pasas se hacían tortas muy apetecidas (2 S 6.19; Os 3.1). Era manjar prohibido para los → NAZAREOS (Nm 6.3).

PASCUA Principal → FIESTA de los judíos. Se celebraba juntamente con la Fiesta de los Panes sin Levadura, y se prolongaba siete días. El nombre viene del vocablo hebreo *pesakh*, que literalmente significa «pasar por alto» o «encima», y figuradamente «preservar», «mostrar misericordia». Los principales pasajes bíblicos en los que se narran la institución y el mandato de la Pascua son Éx 12.1-28; Lv 23.1,2,4-8 y Dt 16.1-8.
La Pascua conmemora para los israelitas su propia liberación (→ LIBERTAD) realizada por la intervención divina, y el día en que Jehová Dios los sacó de la esclavitud en Egipto, por mano de Moisés, para introducirlos en Canaán, la tierra de promisión. Sin embargo, la Pascua no recordaba solo la liberación en sí, sino también al cordero o víctima del sacrificio, cuya sangre, untada en los postes y en el dintel de la puerta de los hogares israelitas, evitó que el ángel de la muerte matara al primogénito de cada familia del pueblo de Dios. Así que la Pascua es también el acto redentor más grande de Dios, en cuanto a su antiguo pueblo.

P

Moisés instituyó la Pascua por orden de Dios, la misma noche en que el pueblo de Israel salió de Egipto, después de ser esclavos por más de 400 años. Debían celebrarla todos los israelitas, incluyendo los extranjeros circuncidados que vivieran entre ellos, por estatuto perpetuo (Éx 12.24). En la primera Pascua hubo algunos detalles que no se practicaron después sino solo simbólicamente, tales como las instrucciones que se dan en Éx 12.11, y la sangre que se untó en los postes y en el dintel de la puerta (Éx 12.7); en tiempos posteriores esta se rociaba en el tabernáculo o en el templo, como símbolo de expiación.

La Pascua se celebraba a la puesta del sol el día 14 del mes de abib o nisán (Éx 13.4; 34.18; Est 3.7), el cual corresponde más o menos a abril. Este era el primer mes del calendario sagrado judío y el día 14 coincidía con la noche de luna llena. El día 10 de ese mes cada familia debía apartar un cordero o un cabrito, macho, de un año, sin defecto alguno. Si la familia era pequeña, se podían juntar varias familias para las que un cordero fuera suficiente. El cordero debía inmolarse y con su sangre untarse los postes y el dintel de las casas en recuerdo de que un día así se había evitado la muerte del primogénito de la familia.

El cordero debía asarse, y su carne comerse con hierbas amargas y panes sin levadura. El padre de familia era el que presidía la celebración, y Moisés dio órdenes precisas para que al preguntar los hijos qué era la Pascua el padre les explicara su significado. Debía recalcarse la intervención amorosa y poderosa de Dios al dar libertad a su pueblo. Lo que sobrara del cordero, al que no se le debía quebrar los huesos, debía quemarse aquella misma noche (Éx 12.46; Nm 9.12; Dt 6.20-23).

Si alguien por alguna razón justificada no podía celebrar la Pascua en la fecha establecida, tenía permiso para celebrarla en el segundo mes; pero si el descuido era voluntario, al infractor se le castigaba con la muerte (Nm 9.6-14). A las mujeres se les permitía participar en la celebración, pero no estaban en la obligación de hacerlo (1 S 1.3,7; cf. Lc 2.41).

Aunque la Pascua debía celebrarse todos los años, en el Antiguo Testamento solo tenemos registradas algunas de estas celebraciones: la que se celebró en Egipto (Éx 12.28); una en el desierto de Sinaí (Nm 9.1-5); otra, la primera en Canaán (Jos 5.10,11); la del rey Salomón (2 Cr 8.13); la del rey Ezequías (2 Cr 30.1-22); la del rey Josías (2 R 23.21-23); y otra que se celebró después de la cautividad, en tiempos de Esdras (6.19-22).

En el Nuevo Testamento se mencionan varias Pascuas a las que Jesús asistió (Lc 2.42,43; Jn 2.13), y especialmente la que para Él fue la última, en el aposento alto, la noche de la víspera de su muerte (Mt 26.17-30; Mc 14.12-16; Lc 22.7-23; Jn 13).

En la actualidad los judíos todavía celebran la Pascua, pero solamente con panes sin levadura, hierbas amargas y otras cosas, sin sacrificio de cordero.

Pablo dice: «nuestra pascua, que es Cristo, ya fue sacrificada por nosotros» (1 Co 5.7b). Según el Nuevo Testamento Cristo reúne las condiciones del cordero pascual: Él es el Cordero de Dios (Jn 1.29), inmolado por nuestra libertad espiritual «desde antes de la fundación del mundo» (1 P 1.18-20); en Él no hubo mancha alguna (Heb 9.14; 1 P 1.19b.); se ofreció voluntariamente (Jn 10.17,18; Hch 8.32-35); no le fueron quebrados los huesos (Jn 19.36). Los panes sin levadura simbolizan la limpieza moral con que los cristianos debemos acercarnos a la mesa del Señor (1 Co 5.8). Después de participar con sus discípulos en la celebración de su última Pascua, Jesús, usando los elementos del pan y del vino, estableció para los cristianos la → CENA DEL SEÑOR, que es la fiesta correspondiente a la Pascua judía. Esta cena conmemora hoy la muerte vicaria de Cristo en la cruz, mediante la cual nosotros somos libres y salvos por la fe.

PASDAMIN (*frontera de sangre*). Lugar del territorio de Judá, escena de la victoria de David sobre los filisteos (1 Cr 11.13).

Este fresco de una catacumba en Roma representa a Jesús como el Buen Pastor que cuida sus ovejas (Jn 10.14).

PASEAH Nombre de dos o tres hombres en el Antiguo Testamento.

1. Hijo de Estón, de la tribu de Judá (1 Cr 4.12).

2. Cabeza de familia de sirvientes del templo que regresaron de la cautividad con Zorobabel (Neh 7.51).

3. Padre de Joiada (Neh 3.6). Quizás sea la misma persona del No. 2.

PASIÓN Traducción de la palabra griega *páthos*, que se halla en plural en Ro 1.26 y Col 3.5, y que denota las emociones o sentimientos desordenados de la naturaleza humana no redimida que deben ser sometidos al gobierno del Espíritu. Muy parecido es el vocablo *páthema* (Ro 7.5; Gl 5.24), que igualmente puede implicar deseos sexuales. En cambio, la expresión «de pasiones semejantes» (Hch 14.15; Stg 5.17) denota la debilidad y limitación del hombre, sin referencia a su corrupción. En 2 Ti 2.22 RV emplea pasión como el equivalente del griego *epithymía*, que significa «deseo intenso» que puede corromperse cuando es desordenado o excesivo (→ CONCUPISCENCIA). También RV usa pasión para traducir *hedoné* (*placer, codicia*) en Stg 4.1.

El verbo que se deriva de la misma raíz de *páthos* significa «sufrir» y se aplica juntamente con *páthema* a los sufrimientos de Cristo (Hch 1.3; 1 P 3.18) y de los cristianos (2 Co 1.6, etc.). De allí se origina la frase «pasión de Cristo», la cual, sin embargo, no aparece en las versiones castellanas.

PASTOR (en hebreo, *ra'ah*; en griego, *pimén*). Encargado de atender y cuidar ovejas, o en sentido figurado, que atiende, cuida, acompaña y se asocia como un amigo a otras personas.

El pastor de → OVEJAS se menciona por primera vez en Génesis 4.2, y el oficio ha continuado en muchas culturas hasta hoy. Las ovejas necesitan constante vigilancia y protección. Deben dormir en un corral cerrado, llamado → REDIL (Jn 10.1), y de día el pastor debe llevarlas al campo en busca de pasto y agua (Sal 23.2s; Ez 34.14). Como son poco agresivas (Is 53.7) e indefensas (Miq 5.8), el pastor tiene que defenderlas de las fieras (1 S 17.34s, → VARA; HONDA), protegerlas del mal tiempo, buscar a las descarriadas y sanar a las enfermas (Ez 34.4). Sin pastor, las ovejas generalmente perecen (Nm 27.17).

P

Aunque los pequeños propietarios de ganado a veces lo cuidaban personalmente o lo confiaban a sus hijos (Gn 29.9; 31.38ss; 1 S 16.11), cuando el rebaño pasaba de cierto número lo confiaban a un empleado (Lc 15.15; Jn 10.12). Este recibía su paga en dinero (Zac 11.12) o con una parte del rebaño (Gn 30.28-43; 1 Co 9.7). Tenía que restituir los animales perdidos (Gn 31.39), y sus responsabilidades ante el dueño eran detalladas (Éx 22.9-13).

Obviamente el cuadro del pastor con su rebaño se prestaba para el uso figurado, puesto que la Biblia en parte procede de una cultura rural, pastoril y campestre. En este sentido Dios es por excelencia el «Pastor de Israel» (Sal 80.1; cf. 23.1; Jer 31.10). Durante su ministerio, Jesús cumple esta tarea (Mc 6.34//) y sobre todo en su muerte vicaria (Jn 10.11) que lo distingue de ladrones y salteadores (10.1,8) y del asalariado despreocupado (10.12s). Por tanto, Jesucristo sigue siendo «el pastor de ... almas» de los cristianos (1 P 2.25; cf. Heb 13.20), «el gran pastor» (Heb 13.20) y «el Principe de los pastores» (1 P 5.41).

En el Antiguo Testamento, también a los reyes, gobernadores y líderes religiosos de Israel se les consideraban pastores que se responsabilizaban por el bienestar de su pueblo. Los profetas en muchas ocasiones censuraron a los tales por su falta de cumplimiento (Jer 2.8; 25.32-38; 49.19; 50.6,44; 51.23; Ez 34.2,10; Zac 13.7), pero dos al menos recibieron encomios: Moisés (Is 63.11) y el pagano → Ciro ejecutor de las decisiones de Dios (Is 44.28). Sobresale la esperanza del pastor que vendrá al fin de los tiempos para apacentar a su pueblo, reemplazando a aquellos que se mostraron infieles a su llamado (Is 40.10ss; Jer 23.1-4; Ez 34.2-10; Miq 4.6ss). Sin duda esto se cumple en Jesucristo (Mt 25.31ss; Jn 10; Ap 7.17).

El Nuevo Testamento menciona una sola vez al pastor en sentido literal y fuera de las parábolas (Lc 2.8-10). Su mención responde a los propósitos teológicos de Lucas, quien resalta la preocupación de Dios por los desamparados y olvidados de la sociedad. Es curioso que en la literatura rabínica del siglo II el oficio de pastor estaba en las listas de oficios que un padre no debe enseñar a sus hijos, pues los pastores no gozaban de buena reputación y, al igual que los publicanos, estaban privados de los derechos de un ciudadano. La enseñanza de Jesús era, entonces, una enseñanza aislada que rompía el esquema mental judío tradicional.

Es característico de las iglesias protestantes el llamar «pastor» a sus ministros e incluso algunos católicos lo hacen así. Dios proporciona a su pueblo hombres con los dones necesarios para apacentar el rebaño de sus hijos, según la promesa de Jer 3.15: «Os daré pastores según mi corazón, que os apacienten con ciencia y con inteligencia». En el Nuevo Testamento la palabra pastor se usa una sola vez (Ef 4.11), para señalar al ministro de una congregación, pero la palabra «apacentar» comunica el mismo concepto, pues es sinónimo de «pastorear» (Jn 21.15ss; Hch 20.28; 1 P 5.2,4).

De acuerdo con el uso neotestamentario del término pastor, este tiene la misma función en la iglesia que el → ANCIANO (es decir, presbítero) o el → OBISPO. Las tres palabras se refieren a un mismo ministerio. Sin embargo, hay algunas iglesias que hacen distinción entre cada uno de estos términos con el propósito de establecer diferencias particulares en lo administrativo.

Bibliografía:
EBDM V, col. 906-911. J.M. Bover, «El símil del buen pastor», *Estudios Bíblicos* 14, 1955, pp. 197-208.

PASUR Nombre de cinco personas en el Antiguo Testamento.

1. Hijo de Imer y sacerdote y oficial importante en el templo. Persiguió al profeta Jeremías por profetizar males contra Jerusalén (Jer 20.1-6).

2. Hijo de Malquías y sacerdote enviado por el rey Sedequías para consultar con Jeremías acerca de Nabucodonosor (Neh 11.12; Jer 21.1). Tuvo que ver con el encarcelamiento de Jeremías en la cisterna de cieno (Jer 38.1-13).

3. Padre de una familia de sacerdotes que regresaron del cautiverio con Zorobabel (Esd 2.38; Neh 7.41).

4. Uno de los sacerdotes que firmaron el pacto de obediencia a Dios, después de reconocer y confesar el pecado del pueblo (Neh 10.3).

5. Padre de → GEDALÍAS, otro enemigo de Jeremías (Jer 38.1).

PÁTARA Ciudad marítima situada en la costa sudoeste de Licia, a unos 11 km al este de la desembocadura del río Xantos y frente a Rodas. Debido a los vientos, es probable que Pátara fuera el puerto más adecuado para cambiar de nave si se quería navegar a Fenicia. Así lo hizo Pablo en su viaje a Jerusalén (Hch 2.1s). Era célebre por su oráculo de Apolos. A Apolos se le tenía por padre del fundador de Pátara, Pátarus. En Pátara se estableció una iglesia cristiana.

PATIO Espacio descubierto que se deja en la parte posterior, al frente o a los lados de una → CASA (2 S 17.18). El → TEMPLO de Jerusalén contaba con el patio de los gentiles (Ez 46.21; Ap 11.2). El palacio de Asuero en Susa, tenía el patio del huerto (Est 1.5), el patio de la casa de las mujeres (2.11), el patio interior (4.11; 5.1) y el patio exterior (6.4,5). Las cárceles también tenían sus patios (Neh 3.25; Jer 32.2). En Is 34.13 patio significa lugar desolado.

Muchos hechos históricos ocurrieron en los patios de edificios mencionados en la Biblia. La negación de Pedro tuvo lugar en un patio (Mt 26.69). Pedro tocó a la puerta del patio al ser liberado de la cárcel (Hch 12.13).

PATMOS Isla rocosa y volcánica del mar Egeo, 60 km al sudoeste de Mileto, Asia Menor. Mide 16 km de norte a sur y 9 km en lo más ancho. Los romanos la usaban como lugar de destierro político. De acuerdo con la referencia en Ap 1.9, → JUAN estaba desterrado en esta isla (tal vez para trabajos forzados) «por causa de la palabra de Dios y el testimonio de Jesucristo» (cf. Ap 6.9; 20.4, donde estas expresiones se refieren a la

---

Un arco erigido en honor del emperador romano Adriano en Pátara, una ciudad portuaria que el apóstol Pablo visitó (Hch 21.1).

P

Foto de Howard Vos

La rocosa y estéril isla de Patmos en el mar Mediterráneo. Aquí Juan recibió el mensaje de Dios que incluyera en el libro de Apocalipsis (Ap 1.9-11).

persecución) cuando recibió su revelación apocalíptica. Según la tradición eclesiástica, Domiciano deportó a Juan a Patmos en el 95 d.C. y su liberación ocurrió dieciocho meses después.

PATRIARCA Jefe paterno de una familia o tribu, y nombre comúnmente aplicado a las personas cuyos nombres aparecen en las genealogías de los períodos anteriores a Moisés (Gn 5.11). En el Nuevo Testamento se aplica a Abraham (Heb 7.4), a los hijos de Jacob (Hch 7.8,9) y a David (Hch 2.29). En Israel prevaleció el sistema patriarcal dentro de la familia. El padre ejercía autoridad durante toda su vida y a su muerte el hijo mayor heredaba las atribuciones paternas. Cuando no había heredero, el padre nombraba en su lugar a un esclavo nacido en su casa (Gn 15.2s) o al hijo de una concubina o esclava concedida por su esposa (Gn 16.1s), en cuyo caso el niño se consideraba hijo de la legítima esposa (Gn 16.2 → NUZI). La bendición patriarcal se consideraba tan solemne que una vez dada no podía revocarse (Gn 48).

En cuanto a las prácticas religiosas de los patriarcas, se sabe que depositaron su fe en un Dios que sabía cumplir sus promesas (Gn 12.1-3). Su culto consistía en la oración y el ofrecimiento de sacrificios a Dios. La → CIR-CUNCISIÓN se practicaba en los hijos del pacto como rito religioso. Sobresalían en los patriarcas su relación personal con Dios, el conocimiento de sus promesas y su conciencia de que la esencia de la fe es obediencia. Las últimas investigaciones históricas y arqueológicas indican que las fechas más probables de la época de los patriarcas (Abraham, Isaac y Jacob) oscilan entre 1900 y 1600 a.C.

PATROS Región del Alto Egipto, alrededor de la ciudad de → TEBAS, que corresponde aproximadamente a la Tebaida de los griegos y la Saida de los árabes. Es posible que el nombre Patros se derive de un término egipcio, y que quiera decir «tierra del sur». Según Gn 10.13,14 y 1 Cr 1.11,12, Mizraim engendró a Patrusim, personaje cuyo nombre quizás era derivado de Patros. Patros también se menciona en Is 11.11; Jer 44.1, 15; Ez 29.14; 30.14.

PAU Ciudad de Idumea, o Edom, donde el rey Hadar de Edom nació o reinó (Gn 36.39). En 1 Cr 1.50 a este rey se le llama Hadad y a la ciudad *Pai*. Se desconoce la ubicación exacta de la ciudad.

PAVO REAL Ave gallinácea de hermoso plumaje, oriunda de la India, según parece sugerir el término hebreo. Se menciona en 1 R 10.22 y 2 Cr 9.21 entre las exóticas mercancías que la flota de Salomón llevaba al rey cada tres años.

PAZ Tranquilidad y sosiego, lo opuesto de turbación. Puede referirse a relaciones entre hombres (Mt 10.34), entre naciones (Lc 14.32), o entre Dios y el hombre (Ro 5.1). También se usa como sinónimo de amistad (Hch 15.33), liberación de molestias (Lc 11.21), orden nacional (Hch 24.2) u orden eclesiástico (1 Co 14.33).

En muchos de los libros del Antiguo Testamento Dios promete a su pueblo cesación de la guerra, que es causa de tanto sufrimiento, como premio por guardar su pacto y sus enseñanzas (Lv 26.6). Y a la luz de esto no podemos sino creer que la falta de paz en nuestra época, al igual que en el Antiguo Testamento, se debe a la desobediencia a Dios. El hombre no puede estar en conflicto con Dios y en paz con su prójimo. En la bendición sacerdotal de Nm 6.22s se afirma que la verdadera paz es interior y viene de Dios (cf. Is 48.18).

En las profecías del Mesías se destaca vivamente la paz: su nombre sería «príncipe de paz» (Is 9.6) y traería una paz perdurable (Is 9.7). Cristo no solo es el cumplimiento de Is 9.6, sino también de Nah 1.15 porque anuncia el evangelio de paz. El coro angelical anunció paz en la tierra por medio de Jesús (Lc 2.14).

En plática íntima con sus discípulos, la noche antes de su muerte, el Señor Jesús prometió su propia paz a ellos y a todos los suyos. Esta tranquilidad interior no es pasajera como la paz del mundo, ni depende de las circunstancias externas (Jn 14.27).

El evangelio anuncia que hay paz con Dios y entre los hombres por medio de Jesús (Hch 10.36). Dios es el Dios de paz (1 Ts 5.23) y ofrece una paz que sobrepasa todo entendimiento humano (Flp 4.7). La paz del alma es fruto del Espíritu Santo (Gl 5.22).

PECADO Junto con el concepto de la → SAL-VACIÓN, el concepto de pecado se manifiesta a través de toda la Biblia, y constituye la antítesis del amor redentor de Dios, el cual las Escrituras proponen como tesis principal. Pecado es aquel poder misterioso primordial que se opone por naturaleza a Dios y a su buena voluntad para con el hombre, así como también todo el conjunto de manifestaciones y cosecuencias trágicas del mismo. Por consiguiente, existe un amplio vocabulario relacionado con el pecado. Además, como la naturaleza pecaminosa se manifiesta claramente en la historia, es elocuente el valor y la actualidad constantes de las porciones narrativas de la Biblia al respecto (cf. Ro 15.4 y 1 Co 10.1-11).

Términos descriptivos

Para hablar sobre el pecado los hebreos emplearon palabras tomadas de las relaciones humanas: por ejemplo, falta, iniquidad, rebelión, injusticia, etc. El judaísmo intertestamentario agregó otro del cual el Nuevo Testamento había de hacer mucho uso: «deuda». Los principales aspectos destacados de acuerdo con los diferentes vocablos de los idiomas bíblicos son los siguientes:

1. La realidad objetiva del pecado sin miras o con miras a sus consecuencias, motivaciones, etc. Inclusive se toma en cuenta la posibilidad de pecar sin saberlo («por yerro», cf. Lv 4.2; Nm 15.27; etc.).

2. La rebelión como acto consciente de la voluntad. La manifestación más extrema de esta voluntad rebelde es el pecado cometido «con → SOBERBIA» (RV; el hebreo dice «con mano alzada», Nm 15.30; etc.).

3. Culpabilidad (→ INIQUIDAD; MALDAD).

4. Errar, salir del camino. Aparece con frecuencia como verbo: «errar», «desviarse», «andar perdido» o «ciego» y «divagar».

P

5. El concepto que en el Nuevo Testamento se traduce «deuda» u «ofensa».

Como la mentalidad hebrea no distinguía rígidamente entre la acción y sus consecuencias o motivaciones, el mismo vocablo podía significar el acto de pecar, la culpabilidad consecuente o el castigo merecido. Debido a este fenómeno, por ejemplo, la expresión «visitar la maldad» (Éx 20.5, etc.) significa «castigar por su maldad».

Naturaleza del pecado

El pecado consiste en cualquier infracción de las normas que salvaguardan la vida normal, o sea, la comunión entre Dios y el hombre o entre los hombres. El pecado (como → Justicia) se interpreta en términos de relaciones personales: pecar contra alguien, sea Dios u otro hombre. Y como es Dios el que ha establecido las normas que se infringen, cada pecado es, al final de cuentas, rebelión contra Él (2 S 12.13; Sal 51.4). Esta actitud no solo es la característica más distintiva del concepto bíblico del pecado, sino también la medida de su funesta naturaleza. De ahí que para el pueblo hebreo cualquier infracción del sistema jurídico o cultural también representaba pecado y traía como consecuencia culpa delante de Dios. Es evidente que cada acto pecaminoso de la voluntad es fruto de la condición del alma pervertida de la humanidad (cf. Pr 4.23; 23.7; Mc 7.20-23; Ro 8.15-25). Esta condición se conoce como depravación. Es la incapacidad de evitar el pecado y hacer el bien sin la ayuda de Dios. Esto culminaría, si no fuera por la → REDENCIÓN que ofrece Cristo, en la → MUERTE (Stg 1.15, cf. Jn 3.14).

El relato de Gn 3, a pesar de que no aparece en él ninguno de los vocablos clásicos para señalar el pecado, nos muestra gráficamente las características primordiales de este. Es un acto de desobediencia motivado por el deseo del ser humano de autoestablecer las normas y ser el dueño de su propio destino. Rompe la comunión íntima que antes existía entre Dios y el hombre, y también la que existía entre los hombres (→ ADÁN; EVA).

Trae como consecuencia la → MUERTE y el sufrimiento, y desata fuerzas contrarias al hombre y su felicidad; produce el estado en el que el género humano se encuentra desde entonces. El pecado de Adán implicaba un significado único para toda la especie humana (Ro 5.12,14-19; 1 Co 15.22), pues en alguna manera él representaba a sus descendientes en un → PACTO con Dios (Os 6.7), y su pecado se le imputó a ellos (Ro 5.19). Sin embargo, Dios no castiga a la especie humana por el pecado de Adán, sino que cada uno incurre en su propia culpabilidad. En relación con el tema, los pasajes clásicos son Ez 18 y Ro 3.9-20 entre otros.

Pecado y redención

Tras el primer pecado se nos dio la primera palabra de → ESPERANZA (Gn 3.15), y se señaló el camino que Dios seguiría en el desenvolvimiento de la «historia de la salvación». Tras siglos de trato con su pueblo hebreo a base de una → ALIANZA en la que les ofrecía → PERDÓN y redención (→ REDENTOR, REDENCIÓN), pero a la que repetidamente respondían con rebelión e infidelidad, Dios mandó a su Hijo en la persona de Jesús de Nazaret para que destruyera a los poderes de maldad definitivamente y en nombre de toda la humanidad Jesús encarnaba el amor de Dios que se opone al pecado y a sus consecuencias.

Jesús buscaba la compañía de pecadores, y vio su misión como la de perdonar pecados (Mt 9.6; Jn 8.34-36, etc.). Sus discípulos predicaron en su nombre el perdón de los pecados en todas las naciones (Lc 24.47; cf. Hch 2.38; 3.19; 5.31, etc.).

El pecado y el cristiano

Las enseñanzas y obras de Jesucristo y los apóstoles dan un nuevo enfoque al concepto del pecado. En vez de medir las acciones de las personas de acuerdo con el legalismo de las «interpretaciones oficiales» de una serie de → MANDAMIENTOS, Jesús partió siempre de la motivación (Mt 15.19s; cf. 7.17s). Vio el → AMOR como la única fuerza capaz de derrotar al pecado (Mc 12.28ss; Lc 7.47). La misma victoria suya sobre el pecado es motivada por el amor divino (Jn 3.16; 13.1), y tal amor de Dios había de motivar y capacitar asimismo a los suyos para vencer el pecado (Ro 12.8-10; 1 Jn 4.7-11; cf. Ro 14.23, la fe actúa siempre por el amor).

Es a la luz de esta manera de ver el pecado que se puede comprender también otra novedad del Nuevo Testamento: la relación entre la culpabilidad y el nivel de desarrollo de la → CONCIENCIA de los fieles (Ro 14; 1 Co 8.7-13; etc.).

Es notable que Pablo, siguiendo la LXX, hable del pecado casi exclusivamente en singular, viéndolo como un todo, como una potencia espiritual enemiga de Dios y del hombre al cual Cristo ha derrotado. Sin embargo, el Nuevo Testamento advierte a los creyentes sobre una serie de pecados individuales, y reconoce que la historia de Cristo está para realizarse por la fe en la vida de cada uno de los suyos (1 Jn 5.4).

La Biblia atribuye al → DIABLO el haber introducido y perpetuado el pecado en el mundo, pero deja sin resolver el enigma del origen del mal. (→ IMPIEDAD; TRANSGRESIÓN.)

PECOD (*visitado para juicio*). Tribu aramea poco importante al este de Babilonia. El profeta Jeremías aplicó simbólicamente el nombre a toda la tierra de Babilonia (Jer 50.21), indicando que Dios la juzgaría.

PECTORAL Prenda que el sumo sacerdote llevaba sobre el pecho cuando entraba en el santuario o tenía que decidir cuestiones de gran importancia. Consistía en una pieza de bordado doble, cuadrada y de 25 cm, de tela muy fina como la del → EFOD (Éx 28.16). Estaba engarzado con doce → PIEDRAS PRECIOSAS, cada una de estas tenía grabado uno de los nombres de las doce tribus y estaban colocadas en el mismo orden que correspondía a las tribus en su campamento en el desierto (Nm 10.14-27). Así, el sumo sacerdote llevaba simbólicamente los nombres de las doce tribus sobre su corazón cuando estaba delante de Dios.

En cada esquina del pectoral había un anillo (Éx 28.23,26) con su correspondiente cadenilla y, una vez puesto el pectoral, las cadenillas se ensartaban por la parte superior de las hebillas del efod. La parte inferior se aseguraba con cintas de jacinto. En el centro, en la parte interior y en un doblez que formaba una especie de bolsa, el sumo sacerdote llevaba el → URIM Y TUMIM (Éx 28.30) con los que juzgaba los casos difíciles y de gran monta. Por esta razón el pectoral se llamaba también el «pectoral del juicio». Simbolizaba al sacerdote mediador, juez y anunciador de la voluntad de Dios al hombre (cf. Mal 2.6,7).

PEDAÍAS Nombre de siete hombres en el Antiguo Testamento.

1. Padre de Zebuda, madre del rey Joacim de Judá (2 R 23.36).

2. Descendiente de Jeconías y padre de Zorobabel (1 Cr 3.18,19).

3. Padre de Joel el funcionario del rey David (1 Cr 27.20).

4. Hijo de Faros (Neh 3.25) que ayudó en la reconstrucción de las murallas de Jerusalén.

5. Levita que estuvo junto a Esdras mientras se leyó el libro de la Ley al pueblo (Neh 8.4).

6. Hijo de Colaías, de la tribu de Benjamín (Neh 11.7).

7. Levita que fue uno de los mayordomos del templo en tiempo de Nehemías (Neh 13.13).

PEDASUR Príncipe de Manasés y padre de Gamaliel a quien Moisés nombró entre los que realizarían el censo (Nm 1.10; 2.20).

PEDRO (forma masculina de *petra*, traducción griega del arameo *kefa* que significa *piedra, roca*). Apóstol de Jesucristo que fue uno de los pilares de la iglesia primitiva.

Personaje y origen del nombre

El Nuevo Testamento lo llama dos veces por el antiguo nombre hebreo «Simeón»

P

(Hch 15.14; 2 P 1.1 *Biblia de Jerusalén*), cuarenta y ocho veces por el griego → «SI-MÓN», veinte veces (casi todas en Juan) por el compuesto «Simón Pedro», y ciento cincuenta y tres veces lo llama «Pedro» (equivalente al arameo *Cefas*, que aparece nueve veces).

Era hijo de Jonás (Mt 16.17; cf. Jn 1.42), casado (Mt 8.14; Mc 1.30; Lc 4.38; su esposa lo acompañaba aún en la época apostólica (1 Co 9.5), hermano de Andrés y, probablemente como este, afectado por el ministerio de Juan el Bautista (Jn 1.39s; Hch 1.22). Los Evangelios lo consideran oriundo de una ciudad a la orilla del mar de Galilea (→ CAPERNAUM, Mc 1.21-29 y/o → BETSAIDA, Jn 1.44), donde ejercía con su hermano y algunos socios el oficio de pescador (Mc 1.29; Lc 5.10). Quizás había tenido contactos con la cultura helénica y había aprendido el griego, pero conservaba el acento galileo de su arameo materno (Mc 14.70). Se le consideraba un hombre sin instrucción especial (Hch

Jaffa, la bíblica Jope, donde Pedro recibió la visión celestial sobre la aceptación divina de los gentiles (Hch 10.1-23).

Foto de Willem A. VanGemeren

4.13), aunque no hay por qué dudar de que supiera leer y escribir.

Su llamamiento

Posiblemente Pedro conoció a Jesús a través de Andrés (Jn 1.41), antes de su llamado personal, casi al comienzo del ministerio en Galilea (Mc 1.16s). Después fue agregado al grupo íntimo de los doce (Mc 3.16ss), en cuya lista siempre ocupa el primer lugar (Mt 10.2; Mc 3.16; Lc 6.14). Jesús le llamó Cefas (que significa *Pedro*) desde el comienzo, con miras al cambio de su carácter (Jn 1.42); Marcos lo llama siempre Pedro a partir de 3.16 y no hay razón para pensar que este nombre se originara en Cesarea (Mt 16.18).

Pedro entre los discípulos

Los evangelistas insisten en el lugar destacado de Pedro entre los discípulos. Forma parte del grupo de los tres más íntimos de Jesús (Mc 5.37; 9.2; 14.33). A menudo actúa en nombre de los doce (Mt 15.15; 18.21; Mc 1.36s; 8.29; 10.28; 11.21; 14.29ss; Lc 5.5; 12.41). Su confesión en Cesarea es representativa (Mc 8.27,29) pues la pregunta se dirigió a todos. Fue testigo de la transfiguración (Mc 9.1; cf. 1 P 5.1; 2 P 1.16ss). Su jactancia en Mc 14.29ss quizás sea también representativa. Su debilidad es tan evidente como sus promesas de lealtad (Mc 14.66ss) y los Evangelios no la soslayan.

El mensaje de la resurrección señala especialmente a Pedro (Mc 16.7) y él es el que recibe una manifestación especial del resucitado (Lc 24.34; 1 Co 15.5). Aunque su papel en el cuarto Evangelio sea más atenuado y el discípulo amado juegue un papel más importante, la intervención de Pedro siempre aparece decisiva (por ejemplo, Jn 6.68s; 21.15-19).

La confesión de Cesarea

Mateo 16.17ss ha sido uno de los pasajes más debatidos, particularmente la sentencia del Señor: «Tú eres Pedro, y sobre esta piedra edificaré mi iglesia». No hay razón suficiente para dudar de la autenticidad de este pasaje, como algunos han pretendido, ni para ubicarlo en otro contexto, como han hecho otros (por ejemplo, Cullmann). Dos interpretaciones, ambas muy antiguas, se nos ofrecen como verosímiles:

1. La roca es lo que Pedro ha dicho: su fe o, más propiamente, la confesión de fe (Orígenes, Agustín, *et al*). La iglesia será constituida sobre esta confesión apostólica (cf. Ef 2.20).

2. La roca es el mismo Pedro (Tertuliano, *et al*).

La segunda interpretación es más simple y adecuada a la letra del pasaje (Mt 16.19 aparece en singular y tiene que haber sido dirigida al mismo Pedro). Debe quedar absolutamente claro, sin embargo, que esta interpretación (y el pasaje en cuestión) no tiene ninguna relación con la idea de una sucesión apostólica (la función que Pedro recibe es en pro de la fundación de la iglesia y por tanto irrepetible), ni con una autoridad absoluta («el poder de las → LLAVES» se le atribuye a los doce, Mt 18.18) y reside en el anuncio de Jesucristo como el Hijo de Dios; no en una autoridad jurisdiccional (cf. Is 22.22; Mt 23.13; Ap 1.18; 3–7; 21.25). Pero no hay duda de un cierto primado de Pedro entre los apóstoles.

Pedro en la iglesia apostólica

Según Hechos, Pedro toma un papel directivo en la comunidad naciente (1.15-22). Su predicación, centrada en la → RESURRECCIÓN, es el testimonio de todo el grupo apostólico (2.14-36; 3.12-26). Es el vocero ante las autoridades (4.8-12) y agente de juicio en algunas ocasiones (5.3-11). En la primera misión de extensión también ejerce el liderazgo (8.14-25). El Espíritu Santo abre a través de él la misión a los gentiles (10.1-48) aunque esto le acarrea críticas de los propios cristianos (11.2-18). Pese a su falla cuando dejó de comer con los cristianos gentiles de Antioquía, para agradar a los judíos (Gl 2.11-14), Pedro es un defensor de la apertura a los gentiles (Hch 15.7-21).

Después de la muerte de Esteban, se desconoce la carrera de Pedro. Hay alusiones a su presencia en distintos lugares luego de su prisión en Jerusalén (Hch 12.17): Antioquía (Gl 2.11ss), Corinto (1 Co 1.12) y el norte de Asia Menor (1 P 1.1). Jacobo, hermano del Señor, tomó la dirección de la comunidad de Jerusalén.

Aunque sin mucha razón, se ha discutido la antigua tradición de la estadía de Pedro en Roma. Casi no cabe dudas que 1 P se escribió desde allí (1 P 5.13, → PEDRO, EPÍSTOLAS DE). Es fuerte la tradición que afirma que Pedro ofreció información para el Evangelio de → MARCOS, publicado allí, 1 Clemente (*ca*. 96 d.C.) lo da por muerto bajo la persecución de Nerón y aunque las tradiciones del siglo II sobre la forma de su martirio no sean del todo confiables, no hay razón para dudar que sea verdadera la tradición de su estadía y posible martirio en Roma. En tal caso, habría ido allí hacia el final de su carrera (no estaba cuando Pablo escribe a Roma o llega allí) y habría estado poco tiempo. Quizás pronto hallara allí el martirio.

Bibliografía:

O. Cullmann, *Pedro: Discípulo, Apóstolo e Mártir*, Aste, Sao Paulo, 1964. *DBH*, col. 1479-1482. J.M. Bover, «El nombre de Simón Pedro», *Estudios Eclesiásticos* 24, 1950, pp. 479-497. A.T. Robertson, *Épocas en la vida de San Pedro*, Casa Bautista, El Paso, 1937. *INT*, pp. 355-359.

PEDRO, PRIMERA EPÍSTOLA DE   Carta circular que Pedro envía a los cristianos que residen en «Ponto, Galacia, Capadocia, Asia y Bitinia» (1.1). Estos lugares son cinco provincias de Asia Menor (territorio que hoy pertenece a la Turquía moderna) que formaban parte del vasto Imperio Romano. No es una «epístola general» dirigida a cualquier congregación cristiana.

Estructura de la epístola

Tras el saludo (1.1-2), 1 Pedro comienza con una nota positiva, alabando a Dios por la bendición de una «esperanza viva» que tiene reservada para los creyentes (1.3-12).

Esta doxología establece una nota triunfante para el resto de la carta, que puede dividirse en tres partes: bendiciones, deberes y pruebas.

Las bendiciones van del 1.3 al 2.10. Como tenemos «una herencia incorruptible, incontaminada e inmarcesible» reservada en el cielo (1.4), Pedro exhorta a los creyentes a vivir santa e irreprensiblemente porque somos «nación santa», pueblo de Dios (2.9).

La segunda parte de esta epístola (2.11–3.22) consiste en instrucciones para cumplir con los deberes sociales. La vida del cristiano debe ser un buen testimonio a los incrédulos (2.11-17); los esclavos deben obedecer a sus amos (aun a los que son injustos) y soportar las humillaciones como Cristo las soportó (2.18-25); el callado ejemplo de una esposa cristiana tendrá gran efecto sobre el esposo que no es cristiano (3.1-6); los esposos cristianos han de tratar a sus esposas como «coherederas de la gracia de la vida» (3.7). En todas las cosas, que la vida irreprochable que vivan avergüence a los que se oponen al evangelio (3.8-22).

La última parte de 1 Pedro aborda la cuestión de las tribulaciones (4.1–5.11). En vista de la cercanía del fin, los cristianos deben ser «buenos administradores de la multiforme gracia de Dios» (4.1-11). Pueden regocijarse en participar de los sufrimientos de Cristo en vista de la gloria que los espera (4.12-19). En sus deberes pastorales, los líderes de las iglesias deben seguir el ejemplo de Cristo, quien perfecciona, afirma, fortalece y establece el rebaño (5.1-11).

La epístola concluye con la mención de Silvano, el secretario que escribió la carta, y con saludos de parte de la iglesia que está en «Babilonia» (5.12-14).

Autor y fecha

Según 1 Pedro 1.1, el autor de la epístola es Pedro, quien se identifica como «apóstol de Jesucristo». En 5.1, donde se dirige a los ancianos de las congregaciones cristianas, declara que es «anciano también con ellos, y testigo de los padecimientos de Cristo».

Aparte de estas indicaciones, no hay otros detalles explícitos autobiográficos en la epístola. Sin embargo, Pedro ha dejado muchas de sus huellas en este escrito. Notablemente, la enseñanza de Jesús empapa el pensamiento del apóstol y forma la base de mucho de su instrucción. Por ejemplo, el eco de la enseñanza de Jesús en el Sermón del Monte: «Bienaventurados los que padecen persecución por causa de la justicia» (Mt 5.10), se oye en 1 P 3.14: «Mas también si alguna cosa padecéis por causa de la justicia, bienaventurados sois».

En la iglesia antigua 1 Pedro se aceptaba como un escrito auténtico del apóstol Pedro. Eusebio (270–340 d.C.) dividía los libros existentes en tres grupos; los aceptados (genuinos), los controvertidos y los falsos. Incluye 1 Pedro entre el primer grupo y dice que, «los presbíteros antiguos la usaron frecuentemente en sus obras como indudablemente genuino».

A pesar del argumento fuerte que viene de la iglesia antigua a favor de la autenticidad de la epístola, en la iglesia moderna varias voces se han levantado voces contra su autenticidad. Los argumentos básicos contra la autenticidad son: (1) el elevado estilo griego del escrito (no parece que Pedro, el pescador galileo, pudiera producir un documento con este estilo), (2) la naturaleza de las persecuciones que los destinatarios de la epístola sufrían (parece que refleja la situación de la iglesia a fines del siglo primero o a principios del segundo), (3) la ausencia de referencias a la vida de Jesús (hecho extraño si el autor fuera uno de sus principales apóstoles), (4) la relación de la enseñanza del documento con las epístolas de Pablo (parece que el autor no era uno de los discípulos originales sino que tenía que depender del pensamiento teológico de otro) y (5) el uso de material tradicional en la composición (lo cual parece indicar que «la carta no está en los orígenes de la tradición cristiana primitiva, sino que presupone tales orígenes» (Lohse, *Introducción al Nuevo Testamento*, p 221).

PRIMERA DE PEDRO:
Un bosquejo para el estudio y la enseñanza

Primera parte:
La salvación del creyente
(1.1—2.12)

Segunda parte:
La sumisión del creyente
(2.13—3.12)

Tercera parte:
El sufrimiento del creyente
(3.13—5.14)

I. Saludos 1.1-2
II. Salvación del creyente 1.3-12
  A. Esperanza para el futuro 1.3-4
  B. Pruebas para el presente. 1.5-9
  C. Expectativa en el pasado. 1.10-12
III. Santificación del creyente . . . . 1.13—2.12
  A. «Sed santos» 1.13-21
  B. «Amaos los unos a los otros». 1.22-25
  C. «Desead la leche pura de la Palabra» 2.1-3
  D. «Ofreced sacrificios espirituales» 2.4-10
  E. «Absteneos de la lujuria carnal». 2.11-12

I. Sumisión al gobierno 2.13-17
II. Sumisión en los negocios 2.18-25
III. Sumisión en el matrimonio 3.1-8
IV. Sumisión en toda la vida 3.9-12

I. Conducta en el sufrimiento 3.13-17
II. Ejemplo de Cristo en el sufrimiento . . . . . 3.18—4.6
III. Mandamientos en el sufrimiento 4.7-19
IV. Ministerio en el sufrimiento. 5.1-9
  A. Ancianos, pastoreen el rebaño 5.1-4
  B. Santos, humíllense. 5.5-9
V. Bendición 5.10-14

SEGUNDA DE PEDRO:
Un bosquejo para el estudio y la enseñanza

I. Cultivo del carácter cristiano 1.1-21
  A. Saludo 1.1-2
  B. Crecimiento en Cristo 1.3-14
  C. Base para la creencia 1.15-21
    1. Experiencia de la transfiguración 1.15-18
    2. Certeza de las Escrituras 1.19-21
II. Condenación de los falsos maestros 2.1-22
  A. Peligro de los falsos maestros 2.1-3
  B. Destrucción de los falsos maestros 2.4-9
  C. Descripción de los falsos maestros 2.10-22

III. Confianza en el retorno de Cristo 3.1-18
  A. Burlas en los últimos días 3.1-7
  B. Manifestación del Día del Señor 3.8-10
  C. Madurez en vista del Día del Señor 3.11-18

P

Sin embargo, en respuesta a estas objeciones contra la autenticidad de la epístola se ha observado que: (1) Silvano era el amanuense de Pedro (5.12) y bien puede ser la persona que dio a la epístola su distintivo estilo griego, (2) la persecución que se refleja en 1 Pedro es el resultado del rechazo social que los cristianos normalmente tenían que enfrentar y no parte de un programa del estado contra ellos (2.12; 3.16; 4.4,14), (3) hay repetidas alusiones a la enseñanza del Señor en la epístola (cf. por ejemplo, 3.14 y Mt 5.10; 4.13,14 y Mt 5.11,12; 2.12 y Mt 5.16), (4) podemos explicar muchos de los paralelos entre la enseñanza de Pedro y Pablo con referencia a la enseñanza básica común de la iglesia de aquel entonces (cf. por ejemplo 1 P 2.13-17 y Ro 13.1-7; 1 P 2.18-20 y Ef 6.5-8; 1 P 3.1-6 y Ef 5.22-24) y (5) Pedro era uno de los apóstoles y bien puede ser que tuvo parte en el desarrollo de esa enseñanza básica. Y aun si dependía de material originalmente desarrollado por otros, esto en sí no es argumento contra el origen apostólico del escrito. El apóstol Pablo también hizo uso de dicho material.

Pedro escribió la carta desde «la iglesia que está en Babilonia» (5.13). «Babilonia» es la ciudad de Roma (Ap 14.8; 16.19; 17.5, 9,18; 18.2,10,21). La literatura judía hace la misma identificación de Roma con Babilonia. La confirmación de esta posición procede de Eusebio, quien además relata que Pedro sufrió martirio en Roma durante la persecución de Nerón. De ser todo así, la fecha de composición de esta carta sería entre los años 62 y 63 d.C.

Marco histórico

Pedro llama a los destinatarios «los expatriados de la dispersión» (1.1). Durante esa época, «dispersión» se refería a los judíos que vivían fuera de Palestina entre los gentiles (Jn 7.35; Stg 1.1) y por lo tanto varios opinan que los destinatarios de la epístola eran judíos convertidos al Mesías Jesús. Pero Pedro critica la vieja manera de vivir de sus lectores, denominándola «vana» (1.18), término conectado con la crítica de la práctica de la idolatría en la Septuaginta. Esta manera de vivir la recibieron de sus antepasados (1.18). La vida anterior de los destinatarios giraba alrededor del culto a los ídolos según 4.3, donde Pedro describe sus pecados pasados: «Basta ya el tiempo pasado para haber hecho lo que agrada a los gentiles, andando en lascivias, concupiscencias, embriagueces, orgías, disipación y abominables idolatrías». Después del cautiverio, la comunidad judía abandonó por completo la práctica de la idolatría. La sorpresa de sus vecinos a su falta de participación en las fiestas tradicionales y en el culto de los templos solamente se puede explicar si los convertidos eran gentiles (4.4).

El problema que los cristianos en Asia Menor tenían que enfrentar era la persecución, pero no una persecución formal y programada sino diferentes formas de discriminación social. Ellos, que antes participaban completamente en la vida social y religiosa de sus comunidades, se mantenían apartados de tales actividades (4.3,4). Habían abandonado por completo la religión ancestral (1.18) para creer en un Dios invisible (1.21) y seguidores de un judío del Oriente que había sido crucificado (2.24). Desde luego, habían creado una nueva alianza o «hermandad» entre sí (2.17).

Los incrédulos los rechazaban a causa de su conversión a la nueva religión y murmuraban contra ellos como de malhechores (2.12; 3.16), los maldecían (3.9), los calumniaban (3.16), los vituperaban (4.14) y denunciaban su fe en Dios (4.13). En el momento menos pensado los cristianos tenían que dar cuentas de su fe y de su conducta (3.15,16).

La tensión era especialmente aguda donde existían relaciones sociales y legales muy estrechas, como entre la esposa y su marido o entre el esclavo y su amo (2.18–3.6). Siempre existía la posibilidad de encontrarse en apuros con las autoridades (2.13-17; 4.15). Aunque la persecución se manifestaba principalmente como rechazo social y abuso verbal (2.15), en ciertos casos existía la posibilidad de que la hostilidad llegara a ser física (2.20; 3.6; 4.1).

Al escudriñar el efecto de la persecución en las congregaciones, descubrimos que los cristianos estaban afligidos (1.6; 2.19) y tenían profundo temor (3.6,14). El rechazo que padecían les causaba perplejidad (4.12) y los llenaba de ansiedad (5.7).

Pero el problema que Pedro trataba de corregir no tenía que ver simplemente con su estado emocional. Habían comenzado a avergonzarse de su fe (4.16). En sus padecimientos sentían la tentación de vengarse (3.9; cf. 2.23) y de conformarse a un estilo de vida más aceptable a sus vecinos inconversos (4.2, 3; 1.14). No solamente experimentaban la tentación de volver a los pecados que habían dejado cuando se convirtieron, sino también tenían que enfrentar la tentación máxima, la de la apostasía (5.8,9). Por eso, el problema que Pedro enfrenta en esas congregaciones no era solamente el desánimo. La lucha era por su fe y ética evangélicas que estaban a punto de abandonar. Pedro les dice: «Os he escrito brevemente, exhortándoos y atestiguándoos que esta es la verdadera gracia de Dios; perseverad en ella» (5.12 BJ).

Aporte a la teología

A pesar de la adversidad que sus lectores enfrentan, Pedro no los exhorta a separarse de los demás. Mas bien, los llama a empeñarse en la sociedad, haciendo el bien en medio de los incrédulos que los han rechazado (por ejemplo 2.11–3.7). En esto, les enseña a acudir a la gracia de Dios y a todo lo que esta implica (5.12). El mensaje de la epístola es la conducta cristiana en medio de una sociedad hostil.

Otros puntos importantes

En la lucha contra el retroceso de los cristianos a su vieja manera de vivir, Pedro los exhorta no solamente a mantenerse santos delante de Dios (1.14-16) sino a que mantengan su buena manera de vivir para hacer callar las calumnias de sus contemporáneos (2.15). Pedro cree que si mantienen buena conducta bajo presión, sus perseguidores llegarán a avergonzarse de su trato hacia ellos (3.16). Él espera que tal conducta gane a los inconversos (3.1) y que sea el medio por el cual estos gentiles lleguen a ser glorificadores de Dios (2.12). Su mensaje es práctico y moral, pero al mismo tiempo ligado íntimamente con las grandes verdades de la fe cristiana.

Bibliografía:

William Barclay, *Santiago, I y II Pedro*, Aurora, Buenos Aires, 1974. Edouard Cothenet, *Las cartas de Pedro*, Verbo Divino, Estella Navarra, 1984. Joseph A. Fitzmyer, «Primera Epístola de San Pedro», en *Comentario bíblico* «San Jerónimo», ed. por Raymond E. Brown, Joseph A. Fitzmyer y Roland E. Murphy, Cristiandad, Madrid, 1972, 4.273-289. R. Franco, «Cartas de San Pedro», en *La Sagrada Escritura, Nuevo Testamento*, ed. por los Profesores de la Compañía de Jesús, BAC, Madrid, 1962, 3.221-297. Eugenio Green, *1 Pedro y 2 Pedro*, Caribe, Miami, 1993. José Salguero, «Epístolas católicas, Apocalipsis», *Biblia comentada, tomo 7*, ed. por los Profesores de Salamanca, BAC, Madrid, 1965.

PEDRO, SEGUNDA EPÍSTOLA DE Según 2 Pedro 3.1, esta es la segunda carta que Pedro dirigió a las comunidades cristianas en las provincias romanas de Asia Menor (1 P 1.1).

Estructura de la epístola

Esta epístola comienza con un saludo (1.1-2), después del cual se exhorta a los cristianos a desarrollar un carácter noble como escogidos de Dios (1.3-14). Pedro sabe que la hora de su muerte se aproxima, y como fue testigo de la transfiguración de Cristo y las palabras que allí se pronunciaron, puede afirmar categóricamente que Cristo volverá (1.15-21). El capítulo 2 es una condensación de parte de la Epístola de Judas, y condena a los falsos maestros y profetas. El capítulo final habla de la futura venida del Señor y de por qué no ha regresado todavía (3.1-18).

Autor y fecha

El autor de 2 Pedro se presenta en 1.1 como Pedro, apóstol de Jesucristo: «Simón Pedro, siervo y apóstol de Jesucristo». En diferentes puntos en la epístola refuerza esta identificación por medio de alusiones a su vida. En 1.17,18 recuerda su experiencia de estar con el Señor Jesús en el monte de la transfiguración (Mt 17.1-5 y //). Luego declara a sus lectores que morirá dentro de poco conforme a la profecía que recibió del Señor (1.14; cf. Jn 21.18,19).

La identificación con Pedro se subraya en 3.1, donde el autor declara que esta es su «segunda carta». La declaración clara del documento mismo es que esta es una obra auténtica del principal de los apóstoles, Pedro.

Aunque no pocos en la iglesia antigua y moderna han cuestionado la autenticidad de esta epístola (los autores cristianos del siglo II hacían poco uso del libro) la evidencia demuestra que se conocía y se aceptaba como autoritativo durante ese siglo, y por eso se incluyó en el canon. En el tercer siglo, Orígenes (185–254 d.C.) aceptó el libro como una obra genuina de Pedro, pero dijo que había dudas respecto a su autenticidad. En el siglo IV, Eusebio nota que la mayoría de las personas de sus días aceptaba el libro como auténtico, si bien es cierto que él mismo tenía dudas.

En la iglesia moderna no pocas voces se han levantado en contra de esta identificación tradicional de la autoría de 2 Pedro. Los argumentos contra su autenticidad son los siguientes: (1) la dependencia literaria de la Epístola de Judas, supuestamente un documento tardío; (2) las diferencias de estilo gramatical entre 2 Pedro y 1 Pedro; (3) las afirmaciones en 3.4 («desde el día en que los padres durmieron»), que sugieren un tiempo después de la muerte de la primera generación de cristianos, y en 3.2 («vuestros apóstoles») que concibe a los apóstoles como de un grupo del pasado lejano al que el autor no pertenece; (4) la herejía que 2 Pedro combate parece ser el gnosticismo, que fue principalmente un fenómeno del segundo siglo; (5) la mención de la tardanza de la venida del Señor, situación que implica una fecha tardía de composición, y (6) el hecho de que el autor de 2 Pedro presenta su carta como el último testamento del apóstol Pedro (1.13-15).

Se puede defender su apostolicidad tomando en cuenta los siguientes criterios: (1) el hecho de que el autor usó Judas en la preparación de su escrito no es argumento en contra de la autenticidad de la epístola; (2) la diferencia de estilo entre 1 Pedro y 2 Pedro se puede explicar si se reconoce que

Pedro utilizó los servicios de dos secretarios diferentes cuando escribió estas cartas, (3) «los padres» que durmieron no son los cristianos de la primera generación, sino los antepasados gentiles de los lectores que ya habían muerto, y «vuestros apóstoles» simplemente implica que no él sino otros eran los fundadores de las congregaciones a las que escribía; (4) el error que el autor combate no es el gnosticismo sino la inserción de perspectivas epicúreas en las iglesias (5) la tardanza de la venida del Señor era una preocupación que surgió durante el primer siglo (Mt 25.1-13; Lc 12.35-48; Heb 10.36,37; Stg 5.7,8) y (6) aunque es cierto que muchos de los testamentos son obras seudónimas, hay que cuestionar la conclusión de que todos estos libros son espúreos (véase, por ejemplo, el testamento de Moisés en Dt, de Jesús en los Evangelios y de Pablo en 2 Ti).

Marco histórico

El problema que los lectores de 2 Pedro enfrentaban era distinto a la persecución que llevó al apóstol a escribir su primera carta. En esta epístola Pedro corrige un error doctrinal que ciertos «falsos maestros» introducían en las congregaciones y que amenazaba la estabilidad espiritual de los neófitos y la fe hasta de los más maduros. Pedro escribió la carta con un sentido de urgencia (1.5,10,15), sabiendo que los «falsos maestros» pretendían atraer a los cristianos a la apostasía.

Los que trastornaban la fe de los cristianos habían rechazado al Señor que los había rescatado (2.1). En 2.15 Pedro habla de los herejes que «han dejado el camino recto, y se han extraviado»; y en 2.20-22 explica que se han vuelto atrás, dejando el «santo mandamiento». Habían experimentado la salvación del Señor (2.20a, 21a), pero se habían enredado de nuevo con «las contaminaciones del mundo» (2.20). En 1.9 Pedro los denuncia como «ciegos» que «han olvidado la purificación de sus antiguos pecados».

Pedro detalla los pecados de los adversarios de la verdad. Habiendo abandonado la moralidad cristiana, abrazaron la inmoralidad sexual (2.2,10,14,18) y se entregaron a la satisfacción inmoderada de sus deseos, incluyendo la borrachera y la glotonería (2.13). Hablaban de la «libertad» (2.19), pero Pedro los clasifica como los que viven sin la Ley (3.17; 2.21) y «esclavos de la corrupción» (2.19). Una de sus motivaciones fundamentales era la avaricia (2.3,14), y veían a otros como medio de ganancia. Eran sumamente arrogantes en su crítica contra los seres celestiales y aun contra Dios mismo (2.2, 10,12,18), lo cual era especialmente evidente en su escepticismo (3.3-4).

El error de los «falsos maestros» era doctrinal y no solo moral. Pedro titula a los cismáticos «falsos maestros» que trataban de introducir en las congregaciones «herejías destructoras» (2.1) que ellos mismos habían fabricado (2.3). Su principal error era un nivel alto de escepticismo respecto a la venida del Señor y el juicio divino en el día del Señor (3.3-10). Pensaban que el juicio futuro nunca sucedería, y basaban su argumento en el aparente retraso de la venida del Señor (3.4,9; compare 2.3). Criticaban la predicación apostólica al respecto como un invento de los predicadores mismos y la clasificaban como un «mito» (1.16). Los falsos maestros ponían en duda la veracidad de la inspiración profética, diciendo que los profetas habían interpretado mal sus propias visiones (1.20-21). La negación del juicio venidero se traducía en una afirmación de la libertad de toda restricción moral (2.19). También buscaban apoyo a su libertinaje en las epístolas paulinas, cuyo mensaje desvirtuaban (3.15, 16).

Los falsos maestros eran miembros de las comunidades cristianas entre las cuales promulgaban sus errores. Participaban en los banquetes o «cenas de amor» de las iglesias (2.13). Pedro avisa a las congregaciones que tales personas están «entre vosotros» (2.1). Pero su postura en las congregaciones no era pasiva porque buscaban ganar discípulos a su causa, especialmente entre los que eran neófitos en la fe (2.18).

Pedro lamenta que no pocos «seguirán sus disoluciones» (2.2).

Se ha argumentado que los adversarios eran «gnósticos», pero en 2 Pedro no aparecen elementos clave de esa herejía como el dualismo cósmico.

Otros observan los paralelos entre el error que Pedro combate y la filosofía de los epicúreos. Los epicúreos, por ejemplo, negaban la certeza del futuro juicio divino, y basaban su creencia al respecto en el atraso del juicio sobre los malvados (cf. 3.9). Argumentaban que Dios no gobernaba el mundo ni la historia, sino que los sucesos en el mundo sucedían por suerte. Por eso, negaban la posibilidad de la profecía (cf. 3.3,4). Enfatizaban la libertad del hombre en las decisiones respecto a su vida moral (cf. 2.19).

Aporte a la teología

Pedro escribió esta epístola con cierta urgencia. En 1.15 dice: «También yo procuraré con diligencia que después de mi partida vosotros podáis en todo momento tener memoria de estas cosas». En parte, su urgencia se debe a la entrada de conceptos heréticos en las congregaciones. La apostasía era un peligro real y por eso pide que los lectores sean diligentes en su crecimiento moral (1.5) para «hacer firme» su llamado y su elección (1.10). Pero la urgencia nace también del conocimiento de su muerte inminente (1.13-15). Este es su último testamento a las congregaciones y Pedro desea fuertemente que los cristianos continúen en la verdad después de su partida. Su mensaje tiene el propósito de evitar que sus lectores cayeran en el error (1.8, 10,12; 3.17).

Otros puntos importantes

Esta epístola contiene la única referencia a otros escritos apostólicos (3.15,16). Aparte de ratificar la autoridad de Pablo, habla de lo bien conocidas que eran sus cartas. Quizás el propósito de mencionar a Pablo haya sido refutar a los judaizantes en cuanto a que él y Pablo eran antagonistas en lo personal y también teológicamente.

P

A algunos ha inquietado la posible alusión de 2 Pedro al libro *Asunción de Moisés*. Pero esto es probablemente una referencia a los conceptos literarios de la época y al mal uso que hacían los falsos maestros de la literatura apócrifa.

Bibliografía:

William Barclay, *Santiago, I y II Pedro*, Aurora, Buenos Aires, 1974. Edouard Cothenet, *Las cartas de Pedro*, Verbo Divino, Estella Navarra, 1984. R. Franco, «Cartas de San Pedro», en *La Sagrada Escritura, Nuevo Testamento*, ed. por los Profesores de la Compañía de Jesús, BAC, Madrid, 1962. 3.221-297. Eugenio Green, *1 Pedro y 2 Pedro*, Caribe, Miami, 1993. Thomas W. Leahy, «Segunda Epístola de San Pedro», en *Comentario Bíblico «San Jerónimo»*, ed. por Raymond E. Brown. Joseph A. Fitzmyer y Roland E. Murphy, Cristiandad, Madrid, 1972, 4.593-603. José Salguero, «Epístolas católicas. Apocalípsis», *Biblia comentada, tomo 7*, ed por los Profesores de Salamanca, BAC, Madrid, 1965. Karl Herman Schelkle, *Cartas de Pedro, Carta de Judas*, Ediciones FAX, Madrid, 1974. Alois Stöger, *Carta de San Judas, Segunda carta de San Pedro*, Herder, Barcelona, 1975.

PEINADO → Pelo.

PEKA Hijo de Remalías y capitán del ejército de Pekaía. Con la ayuda de los galaaditas mató a Pekaía en Samaria y lo sucedió en el trono. Reinó en Israel desde *ca.* 740 hasta 732 (los veinte años de 2 R 15.27 deben incluir una corregencia con Pekaía o más probablemente una regencia rival en Galaad). Ayudó a formar una liga para detener el avance de los asirios bajo Tiglat-pileser y se unió con Rezín de Siria para forzar a Jotam de Judá a unirse con ellos, pero Isaías aconsejó a Jotam y a su sucesor Acaz que permanecieran neutrales. Peka fracasó en su sitio a Jerusalén (2 R 16.5; Is 7.1), pero mató a muchos hombres en Judá y llevó gran cantidad de cautivos. Por la intercesión del profeta Obed los prisioneros fueron liberados (2 Cr 28.6-15). Mientras tanto, Acaz había pedido la ayuda de Tiglat-pileser quien conquistó a Damasco y subyugó dos terceras partes del reino del norte (2 R 15.29).

Oseas, hijo de Ela, conspiró contra Peka lo mató, y lo sucedió como rey de Israel. Esta acción fue aprobada, si no incitada, por los asirios. Peka hizo lo malo siguiendo el pecado de Jeroboam. Fue el último de los cuatro reyes de Israel asesinados en los tiempos del profeta Oseas (Os 1.1; 8.4; 10.7,15).

PEKAÍA Hijo y sucesor de Manahem, rey de Israel (742 a.C.). Murió en el segundo año de su reino a manos de → Peka, probablemente por haber seguido la política de su padre de pagar tributo a Asiria (2 R 15.23-26).

PELAÍAS (*Jehová es maravilloso*). Nombre de dos hombres en el Antiguo Testamento.

1. Hijo de Elioenai, descendiente de David a través de Secanías (1 Cr 3.24).

2. Levita que, junto con Nehemías, firmó el pacto de guardar la Ley (Neh 10.10).

PELATÍAS (*Jehová nos liberta*). Nombre de tres o cuatro hombres en el Antiguo Testamento.

1. Descendiente de David y nieto de Zorobabel (1 Cr 3.21).

2. Capitán de la tribu de Simeón que destruyó a los amalecitas que vivían en el monte de Seir durante el reinado de Ezequías (1 Cr 4.42).

3. Levita que firmó el pacto de guardar la Ley de Jehová después de la cautividad (Neh 10.22).

4. Hijo de Benaía y príncipe del pueblo de Israel contra quien Ezequiel profetizó (Ez 11.1-13).

PELEA → Juegos deportivos.

PELEG (en hebreo, *división, canal*). Hijo de Heber, de la línea de Sem (Gn 10.25; 11.16-19). La repartición de la tierra en Gn

10.25 puede ser alusión a las divisiones lingüísticas de los hombres (→ BABEL) o a la construcción de canales de riego donde vivió Peleg. De la descendencia de Peleg proviene Abraham.

PELET (*liberación*). Nombre de dos hombres en el Antiguo Testamento.

1. Padre de On, quien conspiró contra Moisés y Aarón (Nm 16.1).

2. Descendiente de Jerameel e hijo de Jonatán (1 Cr 2.33).

3. Hijo de Jahdai, descendiente de Caleb (1 Cr 2.47).

4. Hijo de Azmavet, de la tribu de Benjamín, que se unió a David en Siclag (1 Cr 12.3).

PELETEOS Un grupo selecto de soldados que junto con los cereteos, formaban la guardia personal del rey David (2 S 8.18; 15.18). Algunos eruditos creen que los peleteos y cereteos se referían a los filisteos y cretenses respetivamente. (→ CERETEOS.)

PELÍCANO Ave acuática palmípeda, de pico largo y ancho, cuya mandíbula inferior posee una membrana dilatable, en forma de bolsa, donde guarda alimentos que da a su cría. Abundaba en el delta del → NILO y aparece en pinturas y relieves de las tumbas egipcias. En la Biblia se le considera como ave inmunda (Lv 11.18; Dt 14.17). Su vida en las soledades del desierto o quizás su aspecto melancólico con su pico apoyado en el pecho, sugiere la queja del Sal 102.6. La desolación de Edom (Is 34.11) y de Nínive (Sof 2.14) se hace patente en la presencia del pelicano.

PELO La longitud, color y aspecto del pelo varía entre las difentes razas. Su función es proteger, embellecer e identificar a las personas. La gente de los países bíblicos era generalmente de pelo negro. Según la costumbre israelita, el hombre y la mujer se dejaban crecer el pelo (2 S 14.26). En el caso de → ABSALÓN, se envaneció a causa de su cabellera, la que más tarde fue parte del motivo de su muerte cuando se le enredó en las ramas de un árbol (2 S 14.26; 18.9). El trabajo de los barberos en Israel era más adornar que cortar el pelo (cf. Ez 5.1). Cuando estaban de duelo, los hombres se cortaban el pelo; se lo rasuraban o arrancaban (Esd 9.3; Am 8.10), o se lo dejaban sin aliño (Lv 10.6).

El ligero emblanquecimiento del pelo era un síntoma de la → LEPRA (Lv 13.3,10,11). En Israel, la calvicie era motivo de vergüenza quizás por su posible relación con esta enfermedad. Pero en Egipto los hombres se rasuraban la cabeza y la → BARBA, → JOSÉ tuvo que cumplir con esa costumbre (Gn 41.14). El pelo oscuro era admirado en ambos sexos. El pelo gris era signo de respeto (Lv 19.32) e inclusive a Dios se le describe como un anciano de cabellera gris o blanca (Dn 7.9; Ap 1.14).

El secreto de la extraordinaria fuerza de → SANSÓN residía en su cabellera (Jue 16.17). Los → NAZAREOS no se cortaban el pelo en señal de humillación y consagración al servicio de Dios (Nm 6.5,9; Jue 13.5). Para el invitado, → UNGIR el pelo era signo de hospitalidad (Lc 7.46), y especialmente se practicaba durante las fiestas (cf. Sal 45.7). El jurar por el pelo (o cabeza) era una costumbre que Jesús no aprobó (Mt 5.36).

En la época apostólica el pelo largo era vergonzoso para el hombre, por lo menos en el mundo helénico (1 Co 11.14). Las mujeres, por el contrario, llevaban largas cabelleras con diversos adornos; los apóstoles tuvieron que amonestar en cuanto a esta práctica entre las cristianas (1 Ti 2.9; 1 P 3.3).

PENIEL (en hebreo, *rostro de Dios*). Nombre que Jacob puso al lugar donde luchó con «un varón» cuando caminaba hacia el encuentro con Esaú (Gn 32.25-32). Se sitúa en Gad (Transjordania) cerca de → MAHANAIM y al este de → SUCOT, por un camino que sigue el valle de Jaboc. Cuando Gedeón y su ejército de trescientos hombres perseguían a los madianitas, los de Sucot y Peniel afrentaron a Gedeón negándose a darles provisiones para su ejército. Más tarde Gedeón mató a los hombres de la ciudad y derribó una torre que en la época de los jueces había allí (Jue 8.8,9,17). Jeroboam reedificó la ciudad (1 R 12.25, → «PENUEL»), probablemente para defender Transjordania de los invasores del Oriente.

PENINA (*perla*). Una de las esposas de Elcana (1 S 1.2,4). Penina menospreciaba a Ana, la otra esposa de Elcana, porque había tenido hijos e hijas, mientras que Ana permanecía estéril. Cuando Ana oró por un hijo, Dios contestó su oración concediéndole a Samuel.

PENTATEUCO Nombre con que se conocen los primeros cinco libros del Antiguo Testamento (Génesis, Éxodo, Levítico, Números y Deuteronomio) que constituyen la primera parte del → CANON. En hebreo se les llama *Torá*, que quiere decir «enseñanza» o «instrucción». Su nombre y su contenido muestran que *Torá* es un término más amplio que nuestro concepto de «ley», puesto que incluye mucha historia de la salvación (por ejemplo, Gn 1–Éx 19) o «evangelio» (Gl 3.8). La íntima relación entre historia de la salvación y ley o mandamiento en la *Torá* se explica por las características del → PACTO. La *Torá* en griego se llama *Pentateuco* (que quiere decir «libro dividido en cinco estuches», «rollos» o «volúmenes». Se dividió así por razón de sus temas distintos y también por razones prácticas, puesto que un rollo antiguo solamente podía contener la quinta parte de la *Torá*.

Paternidad literaria: historia del estudio
Antes de 1753
Según la tradición judía, Moisés escribió todo el Pentateuco, y en esta opinión concordaron: Ben Sira (*Eclesiástico* 24.23), Filón (*Vida de Moisés*, 3.39), Josefo (*Antigüedades* IV, viii,48), la Mishnah (*Pirque Aboth* i.I), y el Talmud (*Baba Bathra* 14b). La única pregunta que se planteaba era si el relato de

la muerte de Moisés (Dt 34.5-12) la había escrito Josué como dice el Talmud. La iglesia cristiana aceptaba esta tradición judaica, con pocas excepciones, hasta la aparición de la *Introducción* de J.G. Eichhorn (*Einleitung*, 1780-83).

La teoría documentaria
La época moderna de estudios literarios comenzó con el libro del médico J. Astruc (1783), quien estudió sistemáticamente el uso de los nombres de Dios (*Yahveh* y *Elohim*) en Génesis y atribuyó la variación literaria a las fuentes que Moisés había utilizado. Poco después, Eichhorn rechazaba la tradición que consideraba a Moisés como autor del Pentateuco.

Por más de un siglo los eruditos propusieron una serie de teorías para explicar la variedad de rasgos estilísticos y datos teológicos e históricos del Pentateuco. Estas teorías culminaron en una hipótesis documentaria que afirmaba que había cuatro fuentes básicas. En 1876 Julio Wellhausen, profesor en varias universidades alemanas, dio a la hipótesis su exposición clásica. Esta hipótesis proponía que el Pentateuco estaba compuesto de cuatro documentos principales de fechas posteriores a Moisés: J (yahvista, *ca.* 850 a.C.), E (elohista, *ca.* 750 a.C.), D (deuteronomista, *ca.* 621 a.C.), y P (sacerdotista, *ca.* 500–450 a.C.). Esta interpretación histórica negaba la veracidad de grandes partes del Pentateuco y provocó una reacción conservadora contra la hipótesis.

Historia de la crítica de las formas
La crítica de las formas, iniciadas por H. Gunkel (a principios del siglo XX), ha influido notablemente sobre el estudio del Pentateuco. El método de Gunkel busca el género literario de cada pasaje y la situación vital (*Sitz im Leben*) en que se originó. Algunos seguidores de Gunkel rechazan la hipótesis documentaria de Wellhausen; otros combinan la crítica de las formas con esa teoría. Gunkel mismo rechazó lo sobrenatural y exageró lo mítico.

Habló mucho de las sagas en el Pentateuco, las cuales se transmitieron oralmente durante largo tiempo antes de escribirse.

Otros han usado este mismo método de una manera más positiva. El análisis de géneros tales como leyes, máximas jurídicas, lamentos, narraciones históricas, dichos de los sabios, diferentes tipos de poesía y formulaciones de pactos dio nuevo impulso al estudio del Pentateuco. La comparación de estos géneros literarios con géneros semejantes en culturas contemporáneas de los mismos, utilizando los nuevos datos de la arqueología, ha provocado un mejor entendimiento del Pentateuco.

Situación contemporánea

Muchos eruditos todavía sostienen la hipótesis documentaria, pero con modificaciones. Estas modificaciones resultan de:

1. La confirmación arqueológica de la antigüedad de muchos elementos del Pentateuco, que Wellhausen había señalado como posteriores, y la refutación de la interpretación evolucionista de la historia de Israel.

2. La conclusión de muchos críticos en cuanto a que las fuentes del Pentateuco no se extienden a otros libros posteriores a Moisés (contra algunos que habían propuesto un → HEXATEUCO, incluyendo el libro de Josué).

3. La crítica de las formas que ha mostrado la complejidad de las fuentes (J, E, D, P, etc.) y que cada una contiene elementos muy antiguos.

Por tanto, las fuentes se consideran estratos de materia antigua con largas historias de redacción, en vez de obras literarias con fechas precisas.

Los que mantienen la hipótesis documentaria generalmente encuentran más de cuatro estratos, pues tienen que proponer otros adicionales como L o G. Las razones aducidas para dividir el Pentateuco en estratos son:

1. Las narraciones repetidas (por ejemplo, Gn 12; 20; 26).

2. Las contradicciones entre pasajes paralelos (por ejemplo, Gn 1.1–2.4a y Gn 2.4b-25).

3. Los diferentes nombres que se dan a Dios.

4. Las diferencias lingüísticas entre los estratos.

5. Las diferencias de punto de vista.

Muchos eruditos se han opuesto a la hipótesis documentaria, y han mostrado que:

a. Generalmente las narraciones repetidas se pueden explicar mejor de otra manera (por ejemplo, diferentes sucesos, énfasis especial, la literatura hebrea se caracteriza por la repetición).

b. Las aparentes contradicciones entre pasajes paralelos se han exagerado, pues cualquier literatura puede describir un mismo acontecimiento en forma sumaria y luego más detallada, o con diferente enfoque.

c. Los nombres divinos no sirven para dividir estratos, pues a menudo se usan con propósito específico.

d. Los argumentos basados en diferencias lengüísticas e ideológicas entre los estratos son demasiado subjetivos. Además, tienden a ser argumentos cerrados.

e. Hay demasiados datos que no explican en el esquema (comúnmente se atribuyen a los redactores).

Algunos eruditos destacados, que antes aceptaban la hipótesis documentaria, la han rechazado a la luz de los nuevos datos arqueológicos e históricos. Al estudiar otras literaturas antiguas encontramos que las características que más se usan como base para la división del Pentateuco en estratos (J, E, D, P, etc.) son precisamente las mismas que caracterizan a las literaturas → UGARÍTICA, → BABILÓNICA y → EGIPCIA (por ejemplo, repeticiones con variantes lingüísticas, intercambio de nombres divinos y nombres divinos compuestos). Quienes rechazan la teoría documentaria afirman que sería absurdo proponer para estas otras literaturas semejantes divisiones.

Por otro lado, es necesario reconocer que la mayoría de los escritores en el campo veterotestamentario aceptan cierta forma de hipótesis documentaria. Algunos insisten en que se puede aceptar la hipótesis, siempre

P

que no perjudique la inspiración divina del Pentateuco y asigne a Moisés un panel básico en su producción.

Moisés y la paternidad literaria

El Pentateuco mismo indica algunas de las fuentes usadas en su composición. Se mencionan «el libro de las batallas de Jehová» (Nm 21.14) y «el libro de las generaciones de Adán» (Gn 5.1). Es posible que las secciones de Génesis que terminan (o empiezan) con «Estas son las generaciones de» representen tablas históricas escritas por Abraham y sus descendientes. Además, se encuentran varios paralelos entre las leyes y costumbres del Pentateuco y las de Mesopotamia y Egipto.

También en el Pentateuco hay ciertos indicios de material posmosaico. En Gn 14.14 se menciona Dan, pero esta ciudad solo recibió tal nombre posteriormente (Jos 19.47; Jue 18.29). Como es lógico, Dt 34 fue adición posmosaica. Otros posibles posmosaicismos son Gn 36.31; Éx 11.3; 16.35 y Nm 12.3.

Por otro lado, cada vez hay más pruebas de que el origen del Pentateuco cabe mejor en la época mosaica que posteriormente. El libro de → Deuteronomio tiene la estructura de pactos celebrados (o renovados) en aquella época. Se cuenta ahora con textos ugaríticos (siglos XV–XII a.C.) que usan muchas palabras antes fechadas como posteriores. Además, en el Pentateuco hay muchos detalles que hacen difícil proponer una composición posterior (por ejemplo, en Gn no aparecen ni el nombre → Baal ni nombres de lugares compuestos con «Baal». La frase «Jehová, Dios de los ejércitos» no se usa en el Pentateuco, pero es común más tarde. Asimismo, los lugares altos de idolatría, → «bamot», tan prominentes más tarde, solo se mencionan dos veces en el Pentateuco y ninguna vez en Deuteronomio. El nombre de Jerusalén no se encuentra en el Pentateuco).

El mismo Pentateuco no indica el papel literario de Moisés, pero afirma que él escribió por lo menos algunas partes (Éx 17.8-14; 24.4,7; Nm 33.2) y que Dt tuvo su origen en su predicación (Dt 1.5; 4.45; 31.9,24-26). No sabemos si Moisés reunió los materiales; si los sacerdotes los guardaron y juntaron o si el material se transmitió en partes (o estratos) por un tiempo. Sin embargo, se puede concluir:

1. Que hay algunos posmosaicismos en el Pentateuco. Estos se pueden atribuir a aclaraciones editoriales de escribas posteriores, como hacían los escribas en el Cercano Oriente antiguo (por ejemplo, en Egipto). Aun el erudito conservador E.J. Young reconoce que «cuando afirmamos que Moisés escribió el Pentateuco, o que es su autor, no queremos decir que él necesariamente haya escrito cada palabra. No sería razonable insistir en ello ... Por otra parte, bajo la inspiración puede haber habido adiciones y aun revisiones posteriores».

2. Que hay muy pocas partes del Pentateuco que requieren una fecha posterior a la época mosaica.

3. Que Moisés es el personaje clave tanto en el origen del Pentateuco como en la historia de Israel. Si él no fuera su arquitecto principal, sería necesario proponer otro personaje semejante. Con razón el Pentateuco se conoce a través de las demás escrituras como «la Ley de Moisés».

El Pentateuco como un todo muestra una unidad extraordinaria. La mayoría de las teorías acerca de su origen no hacen justicia ni a la unidad de las narraciones individuales ni a la unidad del total.

Contenido y estructura

El Pentateuco incluye materiales de gran extensión cronológica y geográfica: empieza con la creación del mundo y termina con la muerte de Moisés; abarca desde → Mesopotamia hasta Egipto. Los primeros 36 capítulos de Génesis revelan una considerable influencia de Mesopotamia y caben bien en el ambiente del segundo milenio a.C. Muchas costumbres descubiertas en el pueblo de → Nuzi son idénticas y nos ayudan a entender las costumbres de → adopción,

→ HERENCIA y → MATRIMONIO en las narraciones de los patriarcas.

Por otro lado, Gn 37–50 y Éxodo revelan un profundo conocimiento de → EGIPTO. Se usan muchas palabras prestadas, nombres, títulos y costumbres egipcias. Los arqueólogos han encontrado antiguos documentos egipcios que mencionan el uso de paja en los ladrillos y la escasez de ella. Además, se ha comprobado la exactitud de los datos geográficos en las narraciones de la peregrinación en Sinaí.

A pesar de esta diversidad de fondo, el Pentateuco revela una unidad de propósito y punto de vista. Jehová Dios es el creador de todo. Es soberano en la naturaleza y en la historia. Es el Dios personal que escogió al pueblo de Israel, lo desarrolló, lo sacó de Egipto, lo llevó hacia la tierra prometida y hacia un futuro más glorioso. Es el Dios que hace su → PACTO con Israel. El Pentateuco subraya la gracia divina. Insiste en la fidelidad de Dios y muestra la infidelidad del pueblo elegido.

El Pentateuco se puede bosquejar de la siguiente manera:

A. *Preparación y promesa* (Génesis)

1. Los principios: la historia universal primitiva (Gn 1–11)

2. Los patriarcas: la época de promesa y fe (Gn 12–50).

B. *El éxodo* (Éx 1–18)

C. *La revelación sinaítica* (Éx 19–40; Lv 1–27; Nm 1.1–10.10)

D. *Las peregrinaciones en el desierto* (Nm 10.11–36.13)

E. *Los últimos sermones y la muerte de Moisés* (Deuteronomio)

Realmente la historia de Israel empieza con Abraham. La historia anterior es importante, pero se toca muy ligeramente. En las narraciones de los patriarcas se hace hincapié en las promesas que Dios hizo al pueblo. El → ÉXODO influyó decisivamente sobre Israel. Dios reveló su poder en los grandes hechos con que sacó a su pueblo de la servidumbre y lo convirtió en una nación unida y separada de las demás. A través de la historia de Israel el éxodo de Egipto es como una columna sólida para su fe; es una demostración de que Dios cumple sus promesas, una prueba tangible de la providencia y la gracia de Dios.

La revelación sinaítica constituye el tema central del Pentateuco. Dios hace su pacto con Israel, pero esto implica obligaciones de parte del pueblo. Se establece cierta tensión entre las promesas irrevocables y la amenaza de destrucción por infidelidad. Se dan explicaciones detalladas sobre leyes morales, leyes civiles, sacerdotes, sacrificios, ofrendas, fiestas y el tabernáculo. Toda la vida del pueblo escogido está involucrada en las responsabilidades del pacto.

En sus últimos discursos, Moisés resume el éxodo, la revelación, sinaítica y las peregrinaciones. Da un carácter más personal a la Ley. Destaca las obligaciones del pacto, pero también el amor de Dios.

El Pentateuco tuvo un efecto profundo en la historia subsiguiente. Forma la base de la religión de Israel. Contiene bases para las doctrinas del cristianismo. La revelación de Dios, sus promesas y la historia de la redención que se inician en el Pentateuco llegan a su culminación y cumplimiento en Cristo, el redentor divino. Él, hablando de Moisés, dijo: «Porque de mí escribió él» (Jn 5.46).

PENTATEUCO SAMARITANO → TEXTO Y VERSIONES ANTIGUAS DEL ANTIGUO TESTAMENTO.

PENTECOSTÉS (en griego, *quincuagésima*). Segunda de las tres grandes → FIESTAS anuales de los hebreos (las otras eran la → PASCUA y la Fiesta de los → TABERNÁCULOS, Éx 23.14-16; Lv 23.15-21; Nm 28.26-31; Dt 16.9-12).

Nombres en el Antiguo Testamento

Se le conoce por tres nombres en el Antiguo Testamento:

1. Fiesta de las Semanas (Éx 34.22; Dt 16.10,16; 2 Cr 8.13), porque fue celebrada exactamente siete semanas o cincuenta días después de la Pascua (Lv 23.15,16). De ahí su nombre «pentecostés».

2. Fiesta de la → Cosecha (Éx 23.16), porque tenía lugar al final de esta, a la salida del año.

3. Día de las → Primicias (Nm 28.26), porque en esa fecha se ofrecían los primeros panes del nuevo trigo (Lv 23.17).

Todo varón israelita tenía que comparecer delante de Jehová en el día de Pentecostés para presentar una ofrenda de gratitud por la cosecha y para acordarse de su liberación de Egipto (Dt 16.16,17). Era una santa convocación en la que ninguno trabajaba (Lv 23.21). Esta fiesta se celebró durante las épocas veterotestamentaria e intertestamentaria, y aún se celebra entre los judíos ortodoxos.

Su mención en el Nuevo Testamento

En el Nuevo Testamento se menciona esta fiesta tres veces:

1. El día de Pentecostés, en Hch 2, cuando el → Espíritu Santo descendió sobre los discípulos y los llenó con el poder necesario para proclamar el evangelio por todo el mundo. A esta unción la acompañó «un estruendo como de un viento recio» y la aparición de → lenguas «como de fuego», que se asentaron sobre cada uno de ellos. Comenzaron a testificar en «otras lenguas» y los extranjeros presentes les oyeron hablar «cada uno ... en su propia lengua». Se considera que esta ocasión fue el verdadero comienzo de la → iglesia cristiana. Es digno de notar que «las primicias» de los tres mil convertidos se presentaron al Señor en ese día.

2. En Hch 20.16 donde se relata la prisa de Pablo para estar en Jerusalén el día de Pentecostés y celebrar esta fiesta en el templo.

3. En 1 Co 16.8 donde Pablo declara que permanecería en Éfeso hasta Pentecostés.

PENUEL (*rostro de Dios*). Nombre de un lugar y dos hombres en el Antiguo Testamento.

1. Lugar al norte del río Jaboc donde Jacob luchó contra «un varón hasta que rayaba el alba». Oseas 12.4 llama «ángel» al «varón». Posteriormente se construyó allí una ciudad, no lejos de Sucot. También se le llama → Peniel (Gn 32.30).

2. Hijo de Hur y nieto de Judá (1 Cr 4.4).

3. Hijo de Sasac, de la tribu de Benjamín (1 Cr 8.25).

PEÑA → Roca.

PEOR Montaña que se levanta desde la llanura de Moab, al este del Jordán y al norte del mar Muerto. El rey → Balac juntamente con el vidente → Balaam, y acompañados por los personajes principales de Moab, subieron a la cumbre para maldecir a Israel. Desde allí se veía claramente el campamento que cubría la llanura (Nm 23.27,28). Allí edificaron siete altares y sacrificaron siete becerros y siete carneros (Nm 23.29s), pero Balaam no pudo cumplir con las instrucciones de Balac; más bien bendijo a los invasores (Nm 24).

«La maldad de Peor» (Jos 22.17) se refiere al pecado que los israelitas cometieron frente a este monte, seducidos por las moabitas y las madianitas (Nm 25). (→ Baal-peor; Bet-peor.)

PEPINO Hortaliza de la familia de las cucurbitáceas y propia del África tropical, en especial de Egipto (Nm 11.5).

Es difícil precisar a qué tipo de planta se refiere Nm 11.5. Podría ser el *cucumis chate* conocido como una variedad del melón; o el *cucumis sativus*, nombre técnico del pepino común, originario del área mediterránea. El campo desolado (quizás de pepino) al que se refiere Isaías simboliza la desolación de la ciudad de Sion (1.8).

PERDICIÓN (en griego, *apóleia*, que significa *destrucción*, *ruina*, → Apolión). Los conceptos de → muerte, → Seol y perdición aparecen juntos en el Antiguo Testamento; a menudo se les personifica como el peor enemigo del hombre (Job 26.6; 28.22; 30.12; Sal 55.23). En el Nuevo Testamento «perdición» se refiere principalmente a la suerte fatal de los malos (→ INFIERNO). La puerta que conduce a la destrucción eterna es ancha, y el camino espacioso y poblado (Mt 7.13s; aquí lo contrario de la perdición es la vida). En Ro 9.22s el contraste es entre la perdición y la gloria; en Flp 1.28, entre la perdición y la salvación.

Las obras funestas de los que rechazan a Cristo serán castigadas en el día del juicio (Flp 3.19; 1 Ti 6.9; 2 Ti 2.14; Heb 10.39). El tema se recalca en 2 P (2.1,3,12; 3.7,16), donde también se usa el sinónimo *fthorá* (cf. Gl 6.8, *corrupción*).

La expresión semítica «hijo de perdición» denota a un individuo marcado para la destrucción, pero que aún no ha sido destruido. Se aplica a Judas Iscariote en Jn 17.12 y al «hombre de pecado» (→ ANTICRISTO) en 2 Ts 2.3. En Ap 17.8,11 se refiere a esta misma realidad al afirmar que la bestia «va a la perdición». Aquí el término no se refiere a una simple extinción de la existencia, sino a un estado permanente de tormento y muerte.

PERDIZ Nombre vulgar de diversos géneros de gallináceas. En la Tierra Santa la perdiz abunda en el desierto de Judá. En los tiempos bíblicos era objeto de una caza despiadada (1 S 26.20). En Jer 17.11 se hace referencia a la creencia popular de que la perdiz roba huevos ajenos para empollarlos; los polluelos una vez crecidos abandonan a la supuesta madre.

PERDÓN Doctrina distintiva del cristianismo y expresión de una experiencia espiritual. Presupone tres cosas: (1) que el hombre ha pecado; es decir, ha infringido la → LEY divina (→ PECADO); (2) que ha reconocido su falta y está arrepentido (Mc 1.4 → ARREPENTIMIENTO) y (3) que Dios, en su amor y en su gracia, ha remitido la culpa y ha puesto el medio para que el hombre reciba el perdón. El perdón viene a ser, entonces, la fuerza poderosa que remueve el obstáculo espiritual y hace posible que la criatura humana se reconcilie y restablezca su amistad con Dios.

La idea básica del perdón, cuando se usa en relación con el pecado, es la de cancelar una deuda; quitar la barrera y efectuar la → RECONCILIACIÓN; erradicar el pecado. Sin el perdón, que solo Dios puede conceder, el hombre está irremisiblemente condenado a la perdición eterna. Por eso, el mensaje del perdón es una maravillosa esperanza de vida.

En la Biblia el perdón aparece asociado con la doctrina de la → EXPIACIÓN; esto es, la necesidad del sacrificio para vindicar la → JUSTICIA ofendida de Dios (por ejemplo, Lv 17.11). En el Nuevo Testamento la muerte de Cristo en la cruz es la garantía divina del perdón. «En quien tenemos redención por su sangre, el perdón de pecados según las riquezas de su gracia» (Ef 1.7).

La Biblia afirma ampliamente que es Dios el que perdona (Neh 9.17; Dn 9.9). El rey David se arrepintió de su pecado, lo confesó a Dios y fue perdonado (Sal 32 y 51). El perdón de Dios incluye el no acordarse más del pecado (Jer 31.34), y el sepultarlo «en lo profundo del mar» (Miq 7.19). El Nuevo Testamento declara la autoridad de Cristo para perdonar: «Pues para que sepáis que el Hijo del hombre tiene potestad en la tierra para perdonar pecados...» (Mc 2.10; cf. Hch 13.38).

Los cristianos deben imitar a Dios, perdonándose unos a otros (Ef 4.32). Por eso también se deben confesar las faltas entre sí (Stg 5.16). Todos los pecados pueden ser perdonados menos uno: la blasfemia contra el → ESPÍRITU SANTO (Mt 12.31,32 //). Pero no se nos dice cuál sea esta blasfemia. Es de entenderse, sin embargo, que el pecado imperdonable es el de la incredulidad, cuando el hombre obstinadamente rechaza el testimonio que el Espíritu Santo le da de Jesucristo como el Salvador del alma. La incredulidad cierra la puerta del perdón.

PEREA (en griego, *tierra de más allá [del Jordán]*). Término que Josefo usa para referirse a la región llamada en el Nuevo Testamento «al otro lado del Jordán» (Mt 4.15,25;

19.1; Mc 3.8; 10.1; Jn 1.28; 3.26; 10.40). Era una franja de tierra de unos 16 km o más de ancho que se extendía desde el río → Arnón, en el sur, hasta un punto en el norte, un poco al sur del Jarmuk. Antes de la época macabea, Perea estaba habitada principalmente por gentiles, pero los macabeos la judaizaron paulatinamente. Su capital era → Gadara.

Perea formó parte del reino de Herodes el Grande y, después de la muerte de este en 4 a.C., del de Herodes Antipas, su hijo. Juan bautizaba (Jn 1.28), y a menudo Jesús ministraba y enseñaba en Perea (Mc 3.8; 10.1). De allí partió el Señor en su último viaje a Jerusalén (Jn 10.40; 11.54).

PEREGRINACIÓN POR EL DESIERTO

Límites de la región

El territorio por donde peregrinó Israel, desde su salida de Egipto hasta las cercanías del Jordán, está limitado al oeste por los lagos Amargos y el golfo de Suez; al este por el golfo de Aqaba y el valle del Arabá, que se extiende hasta el mar Muerto; y al norte por la costa del mar Mediterráneo. Tiene una extensión de *ca.* 52.320 km².

Características topográficas

En la parte noroeste, junto a la costa del Mediterráneo, hay una ancha faja arenosa, que es el desierto de Shur o Etam (Éx 13.20; 15.22). Se extiende desde el → «RÍO DE EGIPTO» al norte, hasta el actual canal de Suez. Por esta área corría desde Egipto el «camino de la tierra de los filisteos» (Éx 13.17); y a una distancia de 30–60 km, al sur, corría paralelamente el «camino del desierto de Shur» (Gn 16.7). Este pasaba por Cades y Beer-seba y subía por la región montañosa de Palestina central. Sin embargo, por ninguno de los dos caminos mencionados anduvieron los israelitas.

Al sur del «camino del desierto de Shur» hay una región de bajas colinas pedregosas que constituye propiamente «el desierto de la peregrinación». Hay en esa región varios

→ wadis, que en su mayoría convergen en el wadi el-Arish (río de Egipto). Esta meseta la atravesaba una antigua ruta comercial que ligaba a Egipto con Arabia, y pasaba por el extremo norte del golfo de Aqaba.

La parte sur de la península es montañosa y en ella se yergue el tradicional monte Sinaí. Esta parte, de forma más o menos triangular, es la más alta de la península, con picos que alcanzan más de 2.000 m de altura. Por cuanto solo llueve un mes al año, la península es muy árida. No obstante, en algunos lugares se hallan manantiales y en otros se puede obtener agua cavando pozos. La vegetación se encuentra por lo general en los wadis, entre ellos se destaca el wadi Feirán, ancho valle de abundante vegetación gracias a una corriente perenne.

Ruta del viaje

Existen algunos problemas que impiden determinar la ruta exacta del viaje de los israelitas por el desierto. Muchos de los lugares se nominaron según los acontecimientos ocurridos en ellos (por ejemplo, en Nm 11.34), pero nada ha quedado en los sitios que pudiera perpetuar sus nombres. En la nomenclatura descriptiva árabe de la península muy pocos nombres originales sobrevivieron. Por tanto, la identificación de varios lugares carece de certeza.

Mara y Elim se localizan en Ain Hawarah y Wadi Gharandel, respectivamente, a lo largo de la costa occidental de la península. Dofca (Nm 33.12), cuyo nombre significa «fundición», se localiza más al sur y se identifica con Serabit el-Khadim, antiguo centro minero, dedicado a la extracción de cobre y de turquesas. A Refidim se le identifica con Wadi Refayid, aunque otros prefieren Wadi Feirán. Cades-barnea, en el desierto de Parán (Nm 13.26; Dt 1.2), está en Ain Qudeis, en los límites de los desiertos de Zin y Parán, y abarca toda una región de manantiales. En Nm 33.18-34 aparece una lista de lugares que, así como otros en la última etapa de la peregrinación, presentan mucha dificultad para identificarlos. Daremos la lista de las escalas mencionadas en la Biblia (RV). Para mayores detalles véanse los artículos dedicados a cada lugar.

Número de israelitas

En Éx 1, especialmente los vv. 7,9 y 12, se enfatiza en la fecundidad de los hebreos en Egipto, cualidad que trajo como consecuencia que cuando salieron de Egipto eran «como seiscientos mil soldados de a pie, sin contar los niños» (Éx 12.37). En el censo que hubo en el desierto de Sinaí había 603.550 varones (Nm 1.19,46). Junto al Jordán, antes de la conquista, hubo otro censo y se contaron 601.730 hombres aptos para la guerra (Nm 26.51). Agregando mujeres y niños a ese número, tendríamos una multitud de dos a tres millones de israelitas, según cálculos estadísticos.

Varios autores consideran inconcebible esa cifra, y afirman que los → NÚMEROS no deben tomarse literalmente, pues los israelitas no pasarían de algunos miles. Creen que difícilmente setenta personas podrían multiplicarse tanto en tan poco tiempo. Sin embargo, en vista de lo dicho en Éx 1.7,9,12, no es del todo imposible. El crítico Bright afirma que un pueblo servido por *dos* parteras (Éx 1.15-22), que cruza el mar Rojo en *una* noche, y que se acobarda ante un enemigo más numeroso, no podía ser tan grande. Además, una multitud de tres millones ocuparía más de dos veces la extensión entre Egipto y Sinaí. Otros alegan que el desierto no podría acomodar una multitud tan grande.

Reconocemos en verdad que en el desierto, aunque hubiera abastecimiento de agua en muchos lugares y tal vez el clima fuera mejor antiguamente, antes de los devastamientos de las matas de acacia, habría insuficiencia de agua y alimentos. Wright se refiere a un escritor del siglo I a.C. para quien la población de Egipto en esa época era de siete millones, y añade que en la batalla de Cades (1286 a.C.), en Siria, contra los hititas, Ramsés II tenía un ejército de *ca.* 20.000 soldados. Israel, entonces, con 600.000 guerreros, sería muy superior a los egipcios y no les hubiera temido. Por otro lado, debemos considerar que el ejército egipcio era fuerte, adiestrado, equipado con carros y caballos, mientras los israelitas no tenían preparación bélica y estaban acostumbrados a la sedentaria servidumbre. Harrison sostiene, basado en las excavaciones hechas en las ciudades cananeas del siglo XII a.C. y por las cartas de Tell el-Amarna, que toda la población de la tierra prometida sería muy inferior a los tres millones, mientras en los textos de Éx 23.29 y Dt 7.7,17,22 nos permiten entender que los israelitas eran menos numerosos que los habitantes de Canaán.

Varias tentativas se han hecho hacia una comprensión racional de las cifras bíblicas. Sir Flinders Petrie sugirió que la palabra hebrea *Elef* debe corresponder a «familia» (cf. Jue 6.15) o «tienda» y no a «mil». Así, la tribu de Manasés tendría 32 tiendas de 200 personas, y no 32.200 personas (Nm 1.35). El número total de israelitas bajaría a cinco o seis mil. Clark toma también esta palabra y prefiere hacer una revocalización de *Alluf*, cuyo parónimo en ugarítico significa «capitán», «líder» o «jefe», y afirma que en el proceso de transmisión *Elef* quizás ocupó el lugar de *Alluf*. Si es así, Dan tuvo 60 capitanes y 2.700 guerreros, y no 62.700 varones (Nm 1.39).

Otra posibilidad que presentan los críticos es que las cifras del libro de Números sean tomadas de una época posterior en la historia de Israel, como por ejemplo, del censo hecho en los días de David. Otros creen que los números expresan una realidad comprensible para los antiguos. Harrison sugiere que las cifras de Éxodo y Números se usan simbólicamente para expresar poder relativo, triunfo, importancia o algo semejante.

Por tanto, aunque el valor literal de las cifras sea admisible, por no poder refutarlo completamente, las sugerencias hechas buscando una comprensión más racional de los números merecen consideración y un amplio estudio.

Participantes en la peregrinación

Sabemos que el nacimiento de la nación de Israel no fue resultado de un proceso

LISTA DE ESCALAS DE LA PEREGRINACIÓN

A. *De Ramesés a Sinaí*	Éxodo	Números
1. Salida de Ramesés	12.37	33.3
2. Sucot	37	5
3. Etam	13.20	6
4. Pi-hahirot	14.2	7
5. Paso por el mar Rojo	22	8
6. Tres días por el desierto de Shur	15.22	8
7. Mara	23	8
8. Elim	27	9
9. Junto al mar Rojo		10
10. Desierto de Sin	16.1	11
11. Dofca		12
12. Alús		13
13. Refidim	17.1	14
14. Desierto de Sinaí	19.1	15

B. *De Sinaí a Cades*	Números	
15. Salida de Sinaí	10.12	16
16. Tabera	11.3	
17. Kibrot-hataava	11.34	16
18. Hazerot	35	17
19. Ritma		18
20. Cades (desierto de Parán)	12.16; 13.26	

C. *De Cades a Ezión-geber y regreso*		
21. Rimón-peres		19
22. Libna		20
23. Rissa		21
24. Ceelata		22
25. Monte de Sefer		23
26. Harada		24
27. Macelot		25
28. Tahat		26
29. Tara		27
30. Mitca		28
31. Hasmona		29
32. Moserot		30
33. Bene-jaacán		31
34. Mte. de Gidgad		32
35. Jotbata		33
36. Abrona		34
37. Ezión-geber		35
38. Cades (desierto de Zin)	20.1	36

D. *De Cades al Jordán*	Números	Números
39. Salida de Cades	20.22	33.37
40. Mte. de Hor	22	37
41. Zalmona		41
42. Punón		42
43. Obot	21.10	43
44. Ije-abarim	11	44
45. Valle de Zered	12	
46. Desierto, otro lado de Arnón	13	
47. Beer	16	
48. Matana	18	
49. Dibón-gad hacia Nahaliel	19	45
50. Almón-diblataim y hacia Bamot	19	46
51. Montes de Abarim, delante de Nebo (hacia a la cumbre de Pisga)	20	47
52. Campos de Moab, junto al Jordán		48
53. Sitim	25.1	49

genealógico solamente, sino más bien de un proceso complicado que integró una considerable variedad étnica. Tanto más si aceptamos una de las interpretaciones que buscan restar las cifras de los censos de Números.

Cuando los hijos de Israel salieron de Egipto «también subió con ellos grande multitud de toda clase de gentes» (Éx 12.38), compuesta posiblemente por otros esclavos de distintas razas y aun por egipcios mismos que quizás hubieran aceptado al Dios de Israel. Sin duda muchos israelitas se mezclaron con egipcios y con otros extranjeros durante los 400 años (Lv 24.10), pues el mismo José se había casado con la hija de un sacerdote egipcio (Gn 41.45). El propio Moisés también se casó con una madianita (Éx 2.15,21) y más tarde con una cusita (Nm 12.1). La Biblia menciona en Nm 10.29-33 la unión de una familia madianita con Israel en el desierto (cf. Jue 1.16). Los antepasados de Caleb (Jos 14.14) y Otoniel (Jos 15.17) no eran judíos y recibieron herencia entre los hijos de Israel. A la luz de todo eso, Israel peregrinó por el desierto no como una unidad étnica pura, sino como reunión de grupos de diverso origen, que se juntaron tanto antes como después del éxodo (cf. Nm 11.4).

Bibliografía:

EBDM, «Éxodo, Itenerario del». R.K. Harrison, *Introduction to the Old Testament*, Grand Rapids, MI, 1969. G. Ernest Wright, *Biblical Archeology*, Westminster Press, Filadelfia, 1957. John Bright, *La historia de Israel*, Editorial Methopress, Buenos Aires, 1966. E.J. Young, *Introdução ão Antigo Testamento*, Edições Vida Nova, São Paulo, Brasil, 1964.

PEREGRINO Término que se aplica al que anda de paso, y habita solo temporalmente en un lugar. En el Nuevo Testamento se hace referencia a los cristianos como peregrinos, a fin de recordarles que su vida actual no es su destino definitivo, sino que su hogar permanente está junto al Padre (1 P 1.17; Heb 11.13).

Esto no significa, por supuesto, que el Nuevo Testamento insinúe que la vida presente y el mundo actual carezcan de sentido o sean malos. Pero sí significa que los valores de la edad presente no son finales. Por tanto, el término «peregrino» aparece en un contexto de fe en Dios como creador de todo cuanto existe.

El uso del término en el Nuevo Testamento tiene profundas raíces en el Antiguo Testamento, y particularmente en el episodio del éxodo (Heb 11.13). Por tanto, cuando en el Nuevo Testamento se nos dice que somos peregrinos, esto quiere decir que somos semejantes al pueblo de Israel en el desierto; nuestro socorro no es fruto de nuestros esfuerzos ni de nuestra capacidad, y la meta final no es este camino que atravesamos. La condición de peregrino no eximió al Israel del Antiguo Testamento de su obligación de ser fiel a Dios en el desierto y, por tanto, ser peregrino en el Nuevo Testamento no significa que el nuevo Israel deba desentenderse del mundo de su peregrinación. Lo que sí quiere decir es que este mundo no es ni puede llegar a ser la tierra prometida (→ PERE-GRINACIÓN).

PÉREZ-UZA (*el quebrantamiento de Uza*). Nombre del lugar donde Dios hirió de muerte a Uza por tocar el → ARCA DEL PACTO de Dios (2 S 6.7). Entristecido «por haber herido Jehová a Uza» (2 S 6.8), David llamó al lugar «Pérez-uza».

PERFECTO Término bíblico que significa «completo», «cabal», «maduro», o «que ha alcanzado su máximo desarrollo». En algunos casos denota el estado en que ya no falta nada. Aplicado a una persona en el Antiguo Testamento, tiene el significado de «íntegro». Asa, el rey, fue llamado «perfecto» (1 R 15.14). Sin embargo, no debe interpretarse en un sentido absoluto, sino como expresión de integridad.

En el Nuevo Testamento encontramos un amplio uso del término, que en griego es *teleios*, y su significado especial es «completo», «maduro», «que llena su propósito». Se traduce al castellano en varias formas. Pablo habla de los hermanos que son perfectos, pero por el contexto sabemos que no se refiere a una perfección totalmente exenta de pecado, ni a un desarrollo tal que no puedan crecer más, sino a madurez espiritual (cf. Flp 3.13,14). En Ef 4.13,14 Pablo mismo contrasta a un «varón perfecto» o maduro espiritualmente, con el «niño fluctuante» falto de estabilidad. Jesús emplea el término en un sentido ético, pero siempre relativo, en Mt 19.21 al indicar al joven rico lo que le hace falta para alcanzar una bondad completa, cabal.

Perfecto puede aplicarse con sentido absoluto, tal como nosotros solemos hacerlo para señalar la perfección moral absoluta, solamente cuando nos referimos a Dios. Nadie más es bueno en este sentido. Mateo 5.48 reta al creyente a ser perfecto como Dios es perfecto, y este reto destruye cualquier orgullo o autosatisfacción que hubiera en el hombre. Por esta razón Pablo dice que no se considera como ya perfecto, sino que prosigue «a la meta del premio del supremo llamamiento de Dios en Cristo Jesús» (Flp 3.12).

Por provenir de Dios, muchos de los atributos, obras y dones se llaman perfectos. Romanos 12.12 habla de la perfecta voluntad de Dios que la persona de mente transformada puede conocer. Asimismo se destaca el amor perfecto que echa fuera el temor (1 Jn 4.18). Santiago afirma que todo don perfecto viene de Dios (1.17). El mandato de Dios nos obliga a esforzarnos mediante el poder del Espíritu Santo a seguir adelante hacia la meta de la perfección moral y espiritual, aun cuando sabemos que en esta vida no la alcanzaremos (Flp 3.12).

PERFUMES Desde siglos antes de Cristo, los pueblos orientales mostraron gran interés y preferencia por la elaboración y uso de los perfumes. Se aplicaban en el cuerpo (Gn 37.25; Est 2.12; Pr 27.9; Is 57.9; Cnt 1.3; 4.10; Jn 12.3), en los vestidos (Sal 45.8) y en las camas (Pr 7.17). Además se destinaban a usos solemnes, rituales y simbólicos: para las literas de los príncipes (Cnt 3.6,7), para → EMBALSAMAR los cadáveres (2 Cr 16.14; Mc 16.1; Lc 23.56; Jn 19.39,40) y para el servicio del tabernáculo (Éx 30.23-38).

Fueron los egipcios los que históricamente crearon el uso de perfumes. En sus grandes banquetes acostumbraban derramar gotas de perfume en la cabeza de los

Foto de Howard Vos

La moderna ciudad de Pérgamo, con las ruinas de la basílica de San Juan en el centro.

comensales. Los hebreos siguieron esa costumbre (Sal 133.2), y en tiempo de Cristo la practicaban con aceite (Sal 92.10; Lc 7.46; → Ungüentos).

PERGAMINO (nombre derivado de → Pérgamo, antigua ciudad cuyos reyes fomentaron la fabricación de este material en el que se escribían textos). Era un material más duradero y caro que el → papiro, y es sabido que ya desde 300 a.C. se preferían para su elaboración pieles de ternera, oveja o cabra, aunque se usaban también de vaca o cerdo. Estas últimas producían un pergamino de inferior calidad. Las pieles se sometían a un baño en cal que facilitaba descarnarlas, luego se lavaban y raspaban, y por último se estiraban y se cubrían con capas de albayalde. Su color final era blanco, pero podían teñirse con azafrán o tintura púrpura.

Según 2 Ti 4.13, Pablo dejó en Troas, por razones desconocidas, algunos pergaminos que formaban parte de la colección que solía llevar consigo. Sin duda se trataba de → rollos escritos sobre pieles de animales, puesto que los grandes códices bíblicos no existían en la época de 2 Timoteo.

PÉRGAMO Ciudad famosa de Misia en Asia Menor. Ocupaba un promontorio entre dos tributarios del río Caicus, donde ha habido una población desde tiempos prehistóricos. Capital de reinos desde 282 a.C., siguió bajo los romanos como capital administrativa de la provincia de Asia.

Fue un centro de cultura cuya biblioteca (doscientos mil tomos, → Pergamino) y escultura que todo el mundo admiró.

Se destacó especialmente en cuestiones de religión. El templo de Esculapio, cuyo símbolo era la serpiente (cf. Ap 2.13) y cuyo título era «Esculapio Salvador», hizo de Pérgamo el «Lourdes del mundo antiguo», centro de sanidad milagrosa. Otros dioses griegos (Zeus, Atenea y Dionisos) tenían sus altares, muy frecuentados, en un alto promontorio. Estos cultos quizá tengan relación con «la doctrina de Balaam» (Ap 2.14), o sea «la doctrina de los → nicolaítas» (Ap 2.15).

El primero, y por años el único, templo dedicado al culto imperial se construyó en Pérgamo en 29 a.C., para honrar a César Augusto y a Roma. Pérgamo, por tanto, era sede en Asia de la religión oficial del estado. Dicha religión era satánica. Asociaba el poder real concedido por Dios con el estado civil, y practicaba la adoración blasfema de una persona. Posiblemente a → ANTIPAS (Ap 2.13) lo juzgaron y martirizaron al negarse a ofrendar a César la pulgada reglamentaria de incienso.

En la tercera de las siete cartas de Apocalipsis 2–3, la iglesia de Pérgamo recibe encomios y advertencias del Señor. Él posee la autoridad de la espada (cf. Ro 13.3ss), y al que vence galardona con el «maná escondido» y con una «piedrecita blanca».

PERGE Ciudad de → PANFILIA (región en la costa sur de Asia Menor) levantada a orillas del río Cestro, a unos 11 km de su desembocadura para protección contra los piratas. En el siglo II a.C. fue construida la ciudad de → ATALIA, que le sirvió de puerto principal; pero esta absorbió mucho de la prosperidad de Perge.

Perge fue la capital religiosa de Panfilia, como atestigua un templo de Diana situado cerca de la ciudad. En ella desembarcaron Pablo y Bernabé en su primer viaje misional, y en ella también los abandonó Juan Marcos, su común ayudante (Hch 13.13). Pablo volvió a visitar a Perge en su viaje de regreso (Hch 14.25).

PERLA Joya formada por una secreción de nácar dentro de la concha de algunos moluscos.

En los tiempos del Antiguo Testamento las perlas se estimaban como gemas de muy alto precio, aunque las referencias a ellas no son muy precisas. Posiblemente se conocían en los días de Salomón (Job 28.18).

En el Nuevo Testamento hay referencias más claras a las perlas (Mt 7.6; 13.45). Como adorno femenino se les menciona en 1 Timoteo 2.9 y Apocalipsis 17.4. Por su valor y belleza, la perla prefigura la salvación que el hombre logra mediante el gran sacrificio de Cristo; nosotros la adquirimos a muy alto costo (Mt 13.45,46).

Se cree que en Apocalipsis 21.21 se alude a la madreperla, la cual los artesanos de Belén actualmente tallan para confeccionar estrellas, cruces y otras curiosidades muy apreciadas por los lugareños y los visitantes de la Tierra Santa.

PERRO (vocablo hebreo *keleb* y griego *kuon*). Animal doméstico conocido desde tiempos remotos en Egipto y Mesopotamia, donde llegó a ser objeto de culto.

Ruinas del muro y la puerta de la ciudad en Perge, una ciudad que Pablo y Bernabé visitaron en su primer viaje misionero (Hch 13.13,14).

Foto de Howard Vos

En tiempos bíblicos, el perro no era tan apreciado como ahora. Se le consideraba un animal vagabundo que se alimentaba de desperdicios y cadáveres (Éx 11.7; 22.31; Sal 59.14,15). No obstante, se le usaba para defender los → REBAÑOS y cuidar de las casas (Job 30.1; Is 56.10).

El perro se usa como figura casi siempre de connotación peyorativa. Representa la miseria y la ruina (1 R 14.11; 16.4; 21.19ss), el hombre despreciable (1 S 17.43), la humildad excesiva y la insignificancia (2 R 8.13). La expresión «perro muerto» o «cabeza de perro» indicaba un objeto indigno (1 S 24.14; 2 S 3.8; 9.8; 16.9). El salmista tilda de perros a sus enemigos (22.16,20), e Isaías a los dirigentes religiosos irresponsables (56.10, 11).

Para los judíos, los gentiles eran perros (Mt 15.26; Mc 7.27); pero para Pablo los perros son los judaizantes o quizás los judeo-cristianos → GNÓSTICOS (Flp 3.2). Jesús considera perros a los que no saben distinguir entre lo santo y lo impuro (Mt 7.6). En Apocalipsis 22.15 el perro es símbolo de la prostitución religiosa (cf. Dt 23.18).

PERSECUCIÓN Hostigamiento, agresión, discriminación o represión que las instituciones oficiales o grupos poderosos de un país, raza o región ejercen contra determinados grupos que son descalificados por su fe religiosa, raza, sexo o prácticas sociales. La persecución es una manera de ejercer el poder con el propósito de desmovilizar o eliminar a grupos específicos, que hoy es tipificada dentro de los derechos humanos, las leyes internacionales y los códigos jurídicos nacionales de muchos países. Este esfuerzo indica que es una práctica común y por ende una tarea permanente de las sociedades defender a quienes la sufren.

Los judíos, debido a sus prácticas aparentemente antisociales (su solidaridad como grupo, su falta de cooperación con el gobierno y su notable éxito financiero), cosecharon mucha antipatía entre sus vecinos gentiles. Desde la segunda sección de Isaías (por ejemplo 50.5s), el Antiguo Testamento asocia el → TESTIMONIO fiel con la necesidad del sufrimiento y aun del martirio. Particularmente en la lucha contra los seléucidas (→ CRONOLOGÍA INTERTESTAMENTARIA), los judíos sufrieron mucha persecución, al resistir la helenización forzada (cf. 4 Mac 17.7–18.24). Bajo el Imperio Romano hubo brotes de persecución, especialmente fuera de Palestina (→ DISPERSIÓN), a pesar de la tolerancia oficial del judaísmo.

Los cristianos heredaron esta suerte y la aceptaron, animados por las enseñanzas de Jesús sobre la necesidad de la persecución (Mt 5.11s; 10.16-25; Jn 15.18-27) y sobre la paciencia frente a esta señal de los últimos tiempos (Mc 13.7-13; Lc 9.53-56; Jn 18.36). Irónicamente, los primeros en perseguirlos fueron los mismos judíos. La predicación de un Mesías crucificado, de cuya muerte los líderes judíos eran culpables, suscitó gran oposición, sobre todo entre los saduceos (Hch 4.1,6).

Aunque en un principio la iglesia gozó de buen nombre en Jerusalén (Hch 2.46s; 5.14; cf. 5.34-40), la prédica de → ESTEBAN cambió esta situación en parte, y la persecución se extendió hasta Damasco (Hch 8.1; 9.1s). En 44 d.C. Jacobo fue víctima de esta hostilidad (Hch 12.1ss), la cual después también perseguía a Pablo en todas sus actividades (→ JUDAIZANTES). Todo esto condujo a la ruptura oficial entre la sinagoga y la iglesia en el sínodo judío de Jamnia, *ca.* 90 d.C.

El Imperio Romano, tras una tolerancia inicial del cristianismo, como si este fuera nada más que una secta del judaísmo, cambió a una actitud cada vez más hostil. Cuando Nerón buscó en 64 d.C. alguien a quien culpar por el incendio de Roma, decidió acusar a los cristianos, quienes, según el historiador Tácito, eran malqueridos, y declaró religión ilícita en Roma al cristianismo. En esta cruel persecución, limitada a la capital, muchos perdieron la vida (cf. 1 P 2.12; 4.14-17). Pero hasta los días de Domiciano (81-96), cuando en Roma y en Asia Menor se renovó la persecución imperial (→ APOCALIPSIS),

P

los procesos contra los cristianos dependían de los gobernadores de provincias y del curso que estos quisieran dar a las quejas particulares. Esta condición continuó hasta los días de Decio (249–251), quien inició una persecución total.

Los cristianos incurrieron en mayores problemas al negar al César el culto que desde el siglo I este demandaba (→ Señor).

Bibliografía:
 VTB, pp. 612-615.

PERSIA Los persas y los → medos constituían el grupo iránico, los más orientales de los indoeuropeos que en el segundo milenio a.C. se establecieron en las mesetas iranias.

La historia antigua de Persia es poco conocida. En los anales del rey asirio → Salmanasar III (mediados del siglo IX a.C.) se registra a los parsua al oeste y sudoeste del lago Urmia. En su migración hacia el sudoeste, las tribus persas llegaron a la zona que denominaron parsumas cerca del 700 a.C..

Después de una breve dominación por los elamitas y medos, el pequeño reino de Parsumas, fundado por Aquemenes, comenzó a expandirse, sobre todo con Teispes (675–640), quien incorpora a su dominio las provincias de Ansan y de Parsa, más al sudeste. Sus hijos se dividen el país: Ariaramnes (*ca.* 640–590) recibe Parsa, y Ciro I (*ca.* 640–600) se queda con Parsumas.

En el 556 a.C. → Ciro II se rebela contra el soberano medo Astiages y lo depone. Nace así el Imperio Persa, más unificado y poderoso que el medo, y uno de los más importantes de la antigüedad. Dominó el Cercano Oriente desde el 539 hasta el 333 a.C. y se extendió desde la India hasta Egipto. Finalmente sucumbió ante el imperio de Alejandro Magno, después de la batalla de Isos.

El cambio marcado en la historia por la instauración de la dinastía persa de los aqueménidas fue altamente favorable para los judíos, gracias a la política de tolerancia de los persas. Con este período persa está enlazada la restauración de Israel: el regreso de la cautividad, la reorganización de Jerusalén y la reconstrucción del templo y las murallas. Los persas fueron siempre sumamente condescendientes con los judíos (→ Darío I; Artajerjes I). Las fuentes históricas de este período del Imperio Persa son las antiguas

Restos de la majestuosa sala de audiencias en la ciudad persa de Persépolis, una estructura iniciada por el rey Darío I y terminada por Jerjes.

Foto de Howard Vos

Foto de Gustav Jeeninga

Tumba en un risco del rey persa Jerjes I, el gobernante que por lo general se identifica con el rey Asuero en el libro de Ester (Est 1.1).

inscripciones persas, las ruinas de los palacios de Persépolis y Susa, y los historiadores griegos (Herodoto, Plutarco, Estrabón).

En la historia bíblica el nombre de Persia aparece por primera vez en Ezequiel 27.10; 38.5), y se encuentra sobre todo, lógicamente, en la literatura poscautiverio (Ester, Daniel, Esdras y Nehemías).

La cultura persa incorporó elementos tomados de los pueblos conquistados, especialmente de Mesopotamia (Asiria y Babilonia) y Egipto. El aspecto más original e influyente de esta cultura lo fue su particular vivencia religiosa.

La religión persa fue el mazdeísmo (de Mazda, el Sabio) cuya fundación se atribuye a Zaratustra (Zoroastro), allá por el siglo VII o VI a.C., aunque el tiempo de la actividad de este es muy discutido. El mazdeísmo se caracteriza por su monoteísmo dualista: se reconoce una sola divinidad, Ahura-mazda («el sabio Señor»), Dios supremo, creador y conservador del mundo, principio del bien, la verdad y la justicia, al cual se opone Angra-mainyu («el espíritu destructor») que preside las fuerzas del mal.

El *Zend-avesta* (libro sagrado del mazdeísmo) presenta a estos dioses eternamente en lucha; de ahí proviene la pugna entre el bien y el mal, que durará hasta el fin del mundo, cuando el bien triunfará. Del hecho de que el hombre puede y debe participar en esta lucha con su vida virtuosa surge la noción de la responsabilidad moral. El hombre es responsable ante la divinidad y por tanto debe cumplir sus mandamientos; con esto fortalece el poder del bien, disminuye el poder del mal y se hace merecedor a una recompensa en esta vida o en la venidera. Los tres mandamientos de Zaratustra son: buenos pensamientos, buenas palabras y buenas obras.

El mazdeísmo evolucionó como una «religión de salvación». En esta fe «militante» la persona virtuosa aspira a alcanzar una recompensa, especialmente más allá de la muerte; cada uno rendirá cuentas de sus actos mediante un juicio. El otro mundo será establecido después de ese juicio, una vez que los hombres hayan sido lanzados a las tinieblas (castigo eterno), o bien conducidos a la inmortalidad y bienaventuranza en

P

eterna comunión con Ahura-mazda. Por ello el mazdeísmo puede definirse como un racionalismo ético con rasgos marcadamente escatológicos.

Notable fue la influencia de la religión persa. La hegemonía persa desde mediados del primer milenio a.C., la estancia de los judíos en Babilonia y el internacionalismo de la lengua → ARAMEA, explican múltiples rasgos del judaísmo poscautiverio. Cabe también destacar la repercusión que el mazdeísmo tuvo sobre el dualismo de los maniqueos, que, a su vez, tan negativamente repercutió sobre la iglesia (especialmente la patrística) en la definición y evolución del pensamiento cristiano.

PESAS Y MEDIDAS   El sistema hebreo antiguo de pesas y medidas tiene su origen en las civilizaciones babilónicas y egipcias. Es notable la influencia de Babilonia sobre la Palestina antigua que se destaca en las famosas tablillas de → AMARNA. Dichas tablillas pretenden ser la correspondencia de ciertos reyes palestinos con el faraón de Egipto, y están escritas en el idioma de Babilonia, aunque datan de muchos años después de que dicha nación perdiera su dominio ante Egipto. Babilonia fue, entonces, la fuente de la metrología (ciencia de las pesas y medidas), pero hubo en el Medio Oriente y en tiempos antiguos una gran variedad de normas. En el Cercano Oriente en tiempos bíblicos las normas variaban según distritos y ciudades. Inclusive Israel mismo no tenía un sistema completamente reglamentado. David (2 S 14.26) y Ezequiel (45.10) establecieron ciertas normas.

La tradición rabínica de que hubo normas de pesas y medidas depositadas en el templo no se ha podido verificar todavía. Sin embargo, la ley hebrea demandaba pesas y medidas justas (Lv 19.35,36). Los profetas condenaron a los comerciantes injustos en este respecto (Pr 11.1; Miq 6.11). Se entiende mejor la importancia de las exhortaciones a la luz de las pruebas arqueológicas que muestran cierta diferencia entre las pesas hebreas encontradas.

En tiempos antiguos las pesas fueron piedras labradas, generalmente con una base plana para facilitar su manejo. Tenían formas distintas para poder distinguirlas (tortugas, patos, leones, etc.). Muchas veces llevaban una inscripción del valor y la norma a la cual pertenecían.

Medidas lineales

Era muy natural que el hombre encontrara en su propio cuerpo una norma para las medidas lineales. Originalmente el → «CODO» representaba el largo antebrazo y fue aceptado como una de las medidas generales. A eso se agregó el → «PALMO», el «dedo», etc. No parece haberse usado «el pie» en el Antiguo Testamento. Como puede verse, todo esto representa un sistema simple, pero resultaba adecuado para una etapa de desarrollo relativamente sencillo. Para las complicaciones de las civilizaciones más avanzadas, el sistema resultó inadecuado.

En el Nuevo Testamento, el sistema de valores también es tomado de otras civilizaciones. Las → «BRAZAS» de Hch 27.28 (literalmente el largo de los brazos abiertos) son una medida de 2 metros cada una. En Lucas 24.13 se hace referencia a «estadios» (100 brazas), un término tomado de los griegos.

Esta moneda persa de oro conocida como darico muestra al rey Artajerjes arrodillado con arco y flecha.

Foto de Gleason Archer

PESAS Y MEDIDAS

EN EL ANTIGUO TESTAMENTO

Pesas y monedas

Gera	1/20 siclo	0.57 gramos de plata
Siclo	unidad básica	11.4 gramos de plata
Libra (mina)	50 siclos	570 gramos de plata
Talento	.... *ca.*	34 kilogramos

Medidas lineales

Palmo menor	ancho de la base de los dedos	7.5 centímetros
Palmo	del pulgar al meñique	22.5 centímetros
Codo	del codo al dedo cordial	45 centímetros
Caña	seis codos (Ez. 40:5) ...... *ca.*	3 metros

Medidas de capacidad (para áridos)

Gomer	1/10 de un efa (Éx. 16:36)	2.2 litros
Seah	1/3 de un efa	7.3 litros
Efa	unidad básica	22 litros
Homer	10 efas	220 litros

Medidas de capacidad (para líquidos)

Log	1/12 de un hin	0.3 litros
Hin	1/6 de un bato	3.7 litros
Bato	igual al efa	22 litros
Coro	10 batos	220 litros

EN EL NUEVO TESTAMENTO

Pesas y monedas

Blanca (gr. *lepton*)		1/8 *assarion* (.031 gr.)
Cuadrante		1/4 *assarion* (.063 gr.)
Cuarto (gr. *assarion*)		1/16 *denario* (.25 gr.)
Denario	sueldo diario de un jornalero ... *ca.*	4 gramos de plata
Dracma	aproximadamente = un denario	3.6 gramos de plata
Estatero	cuatro dracmas (Mt. 17:27),	
Talento	6.000 dracmas	21.600 gramos de plata
Libra	(Jn. 1.23)	327 gramos de plata

Medidas lineales

Codo		45 centímetros
Braza	4 codos	1.80 metros
Estadio	400 codos	180 metros
Milla		1.480 metros

Medidas de capacidad

Almud (gr. *modio*, Mt. 5:15)		8.7 litros
Medida (gr. *saton*, Mt. 13:33//)	*1 1/2 modio*	13 litros
Barril (gr. *batos*, Lc. 16:6)		37 litros
Medida (gr. *coros*, Le. 16:7)		370 litros
Cántaro (gr. *metretes*, Jn. 2:6)		40 litros

Medidas de capacidad

Debido a la escasez de pruebas arqueológicas acerca de esta clase de medidas, son menos conocidas que las medidas lineales. Sin embargo, se conoce su valor relativo. En cuanto al origen de ellas, se especula que derivan de las medidas lineales (por ejemplo, haciendo un cubo de la medida de un codo, y estableciendo cuánto de granos cabría en semejante cubo).

El → «HOMER» era una medida común para cereales (más o menos 220 litros). El → «EFA» es otra y representa la décima parte del homer.

Medidas de peso

No cabe duda de que se basan en los granos (trigo, cebada, etc.). Habiendo establecido el volumen de un cubo según las medidas lineales, hicieron la comparación entre la cantidad de granos y la cantidad de agua que dicho cubo contendría. Así que determinaron las pesas según cierto número de granos.

Medidas de área

En muchos casos las áreas de terreno se medían en términos completamente empíricos. Se establecía el tamaño, por ejemplo, según la cantidad de terreno que una yunta de bueyes podía arar en un día (1 S 14.14). A veces se tomaba la medida según la cantidad de semilla necesaria para sembrar cierta área (Lv 27.16).

Bibliografía:

IB II, 533-35. R. de Vaux, *Instituciones de Israel*, 271-288.

PESCADOR → Pez.

PESEBRE Cajón hecho a veces de barro mezclado con paja o piedras cementadas con barro y colocado en los establos para echar el pasto para los animales. El vocablo griego *fátne* podía indicar también el establo mismo (en Lc 2.7,12,16). En el primer siglo las casas humildes se dividían en dos partes: la parte junto a la entrada servía de establo en donde dar de comer a los animales y protegerlos del frío y la lluvia, y en la parte interior, un poco más elevada, vivía la familia.

Algunas excavaciones indican que a veces el ganado se guardaba en una cueva aparte de la casa, o debajo de ella. De ahí que en los primeros siglos la tradición afirmara que Jesús había nacido en una cueva.

PESTILENCIA Los procesos infecciosos se encuentran en la Biblia englobados en los fenómenos de la peste y la pestilencia. Por su rápida propagación y por sus incontenibles efectos destructores, ambas parecen generalmente como el medio más apropiado para el castigo divino. Con ellos Dios extermina al pueblo rebelde y al enemigo (Éx 5.3; 9.15; 2 S 24.15; Jer 14.12). En este aspecto, con un correcto sentido médico, se asocian con otras dos calamidades y constituyen los tres clásicos azotes de la humanidad: → GUERRA, → HAMBRE y pestilencia (Dt 32.23,24; Ap 6.4-8).

Peste y pestilencia son términos imprecisos, no obstante, y se refieren a enfermedades transmisibles de personas, animales y vegetales; muchas veces se presentan asociadas entre sí, para consumar la destrucción (1 R 8.37).

Las pestilencias mencionadas en la Biblia son difíciles de identificar con las que hoy conocemos. El pasaje que describe la → PLAGA de los ganados podría referirse al carbunco o al tétano, según las características de la epizootía (Éx 9.3). La pestilencia registrada en Deuteronomio 28.28 permite deducir encefalitis. La plaga que azotó a los filisteos (1 S 6.2-5) y la que mató en una noche a 185.000 asirios del ejército del rey → SENAQUERIB (2 R 19.35) seguramente fueron casos de peste bubónica.

Una manera de combatir la propagación de las pestilencias parece haber sido la cremación de los cadáveres, de acuerdo con lo que permite deducir el consejo de Amós (6.9,10a).

PETAÍAS (*Jehová abre*). Nombre de tres o cuatro hombres en el Antiguo Testamento.

1. Cabeza de familia del décimonoveno grupo de sacerdotes en tiempos de David (1 Cr 24.16).

2. Levita que después de la cautividad se divorció de su esposa pagana (Esd 10.23).

3. Uno de los levitas que reglamentó la adoración a Dios (Neh 9.5). Este quizás sea la misma persona del No. 2.

4. Funcionario judío del rey Artajerjes que regresó de la cautividad (Neh 11.24).

PETOR Sitio donde vivía el vidente → Ba-LAAM (Nm 22.5; Dt 23.4), situado en la Alta Mesopotamia. Los hititas lo conquistaron, pero, según las inscripciones egipcias, el faraón Tutmosis se los arrebató (*ca.* 1450 a.C.). Más tarde Salmanasar III lo tomó (cerca de 1015 a.C.).

Petor ha sido identificado con Tel Ahmar, unos 19 km al sur de Carquemis.

PETRA → Sela.

PEZ, PESCADO Bíblicamente, los peces aparecen en numerosas ocasiones desde el principio de la humanidad. Forman parte de la creación que el hombre debía sojuzgar (Gn 1.26,28). En el transcurso de la historia sin duda muy pronto los peces llegaron a constituir un alimento común en muchos de los pueblos del mundo bíblico.

Los israelitas sentían nostalgia por los peces que comían «de balde» allá en Egipto, país donde abunda este alimento (Nm 11.5; cf. Éx 7.18-21). En Jerusalén abundaba tanto la venta de pescado que hubo necesidad de establecer un lugar especial para los vendedores (2 Cr 33.14; Neh 3.3). Al parecer, el pescado era llevado a Jerusalén desde los mares de → Tiro por los comerciantes extranjeros (Neh 13.16).

Las leyes de Moisés permitían comer toda clase de pescado que tuviera escamas y aletas (Lv 11.9-12; Dt 14.9,10). Seguramente en Mateo 13.48, al mencionar a los pescadores seleccionando su pesca, se hace referencia a esta Ley.

A los judíos les estaba prohibido rendir adoración a los pescados, costumbre muy practicada en otros pueblos idólatras (Dt 4.18; → Dagón). Los profetas hacen frecuentes referencias al oficio de la pesca (Is 19.8; Jer 16.16; Ez 26.5,14; 32.3-5; Am 4.2; Hab 1.15; Sof 1.10).

En los Evangelios también hay continuas referencias a la pesca, el pescado y los pescadores (Mt 7.10; 13.47; Mc 1.16; Lc 5.1-11; Jn 21.6-11). El uso frecuente de estas escenas en los Evangelios se debe a que algunos de los discípulos del Señor eran pescadores antes de ser llamados al ministerio de Cristo. Los primeros seguidores del Señor recibieron el título de «pescadores de hombres» (Mt 4.18-22), muestra de que el Señor hablaba a la gente en términos conocidos.

P

Pescadores con su pesca en el mar de Galilea.

Foto de Howard Vos

PIBESET (en egipcio, *casa de Bastet*). Ciudad antiquísima del Bajo Egipto, ubicada a orillas del brazo oriental del Nilo, unos 72 km al nordeste de El Cairo moderno. Se menciona una sola vez en la Biblia (Ez 30.17). Los antiguos escritores griegos la llamaban Boubastis, y Herodoto (II, 60) conservó una descripción de ella. Fue importante durante la dinastía XIX (siglo XII a.C.) y la dinastía XXII (la del faraón → Sisac, 945 a.C.).

En Pibeset se adoraba a Bastet, diosa que tenía cabeza de león o de gato.

PIE Pocas veces la Biblia se refiere al pie en estricto sentido corporal y médico, aunque se menciona la quebradura de pie (Lv 21.19) y la hinchazón de pie (Dt 8.4). Sin embargo, en ocasiones se utiliza la palabra pie a manera de eufemismo; tal es el sentido de la expresión «cubrir los pies» que se usa probablemente para referirse al acto de defecar (Jue 3.24; 1 S 24.3).

Son numerosas y variadas las referencias al pie en sentido figurado. Poner los pies sobre la nuca del enemigo es signo de victoria y sometimiento (Jos 10.24; 2 S 22.39; Sal 58.10; Mt 22.44; Heb 1.13); caminar descalzo significa humillación (Dt 25.9; Job 12.17,19; Is 20.2-4).

Descalzarse el pie tenía un especial significado legal en el antiguo Israel: que el pariente más próximo de una viuda renunciaba a los derechos establecidos por la ley del → levirato (Dt 25.9; Rt 4.7). Echarse a los pies de una persona significaba reconocer su supremacía (Rt 3.8; 1 S 25.24; Mt 18.29; Mc 5.22; Lc 8.41); sentarse a los pies indicaba relación de alumno a maestro (Lc 8.35; Hch 22.3); besar los pies (Is 49.23; Lc 7.38-45) o abrazarlos (2 R 4.27) era muestra de humillación y sumisión; lavar los pies era expresión de humildad y de servicio; enseñanza simbólica y sublime que Jesús personificó cuando lavó los pies de sus discípulos (Jn 13.5).

PIEDAD Palabra que por lo general se define como devoción religiosa y reverencia a Dios. Sin embargo, denota además la fidelidad en cumplir las responsabilidades con la familia, especialmente con los padres (1 Ti 5.4).

1. Término que se usa varias veces en la versión Reina Valera para traducir las raíces hebreas *rhm* (Sal 25.6; Is 14.1; 26.10; 30.18; Zac 7.9) y *hnn* (Sal 51.1; Am 5.15; Jn 4.11), que en otros casos se traducen → «compasión» o → «misericordia».

2. En el Nuevo Testamento el término «piedad» es equivalente del griego *eusebeía* y otros relacionados, que significan «religiosidad», entendida esta como reverencia o temor ante lo divino y respeto por las ordenanzas religiosas. Entre los griegos, no se concebía la piedad como una relación personal con Dios sino como un deber hacia lo divino, y una virtud. Ello explica por qué, con excepción de las epístolas pastorales y 2 Pedro, el Nuevo Testamento no utiliza ese término en relación con los cristianos (cf. Hch 3.12; 8.2; 13.50) y prefiere describir la conducta de estos con otras expresiones: «obediencia al evangelio» o «a la verdad» (Ro 10.16; 1 P 1.22), «santidad» (1 Ts 4.3; Heb 12.14; etc.), «hacer las obras de Dios» (Jn 6.28s), etc.

En las pastorales y 2 Pedro, frente a enseñanzas erróneas y corruptoras, se utiliza la palabra piedad, pero se redefine para referirse a la calidad de vida que corresponde a la verdad del → evangelio (2 Ti 3.15). La piedad cristiana brota del don divino de poder y vida (2 P 1.3) que Dios ha provisto en su revelación salvadora (1 Ti 3.16). La doctrina de Cristo es «conforme a la piedad» (1 Ti 6.3; Tit 1.1); es decir, produce piedad naturalmente y quienes carecen de esta manifiestan no haber escuchado el evangelio (2 Ti 3.2-8; Tit 1.16; 2 P 2.19-22).

En cuanto al contenido de la piedad, NBD lo describe bien como «la expresión práctica de la fe en una vida de arrepentimiento, lucha contra la tentación y mortificación del pecado; en hábitos de oración, gratitud y reverente observancia de la Cena del Señor; en el cultivo de la esperanza, el amor, la generosidad, el gozo, la disciplina; en la búsqueda de la honestidad, la justicia y el bien en las relaciones humanas; en el respeto a la autoridad divinamente ordenada de la iglesia, el estado, la familia y el trabajo».

Bibliografía:
VTB, pp. 615ss.

PIEDRA Fragmento de roca (en hebreo, *eben*; en griego, *litos*. Compárese → ROCA, en hebreo, *sur* o *sela*; en griego, *petra*, que supone mayor volumen y firmeza).

La Tierra Santa era pedregosa en extremo y era necesario despedregarla para hacerla cultivable (Is 5.2). Los israelitas bien podían vengarse de los de Moab cubriéndoles de piedra los campos de siembra (2 R 3.19,25).

La piedra se empleaba en la construcción de viviendas particulares, edificios públicos, fortalezas y muros de las ciudades. El → TEMPLO de Salomón se construyó así (1 R 5.17). Los altares, según Moisés, tenían que ser hechos de piedra sin labrar (Éx 20.25; Jos 8.31). La piedra también se usaba para pisos (2 R 16.17; cf. Est 1.6).

Las piedras grandes servían para cerrar la boca de los pozos, cisternas, cuevas y sepulcros; estos últimos generalmente eran cavados en la misma roca (Gn 29.2; Jos 10.18; Mt 27.60; Jn 11.38). También servían como señales y majanos para señalar los linderos de heredades, términos y fronteras (Dt 19.14; Jer 31.21); y para conmemorar sucesos importantes, para lo cual a veces las consagraban ungiéndolas (Gn 28.18; 31.45; Jos 4.9).

Actos como los referidos dieron un significado teológico a la piedra. Se afirmaba la presencia de Dios y se le adoraba con aceite sobre una piedra, como vemos en el pacto de Jacob con → LABÁN (Éx 31.45ss), el paso del río Jordán (Dt 27.2-8), o en la acción de gracias por una victoria (1 S 7.12). Los Diez Mandamientos Dios los entregó en dos tablas de piedra. En dos piedras que llevaba el sumo sacerdote se hallaban los nombres de las tribus de Israel (Éx 24.12; 28.9).

Metafóricamente y con sentido peyorativo, la piedra denota insensibilidad de corazón

En tiempos bíblicos, se usaron piedras grandes y pequeñas en la construcción de muros, fortalezas, residencias y edificios públicos.

(1 S 25.37; Ez 11.19). Simboliza opresión y destrucción (Is 17.11; Lm 3.53; cf. Mt 24.1, 2), o ilustra, por contraste, una situación extrema (Lc 19.40).

Encomiásticamente, la piedra denota firmeza o fuerza (Is 50.7). En comparación con un templo, al conjunto de miembros de la iglesia de Dios se le llama «piedras vivas», y Cristo es la «piedra del ángulo» (Ef 2.20-22; 1 P 2.4-8).

PIEDRA DEL ÁNGULO Piedra que en el fundamento de una casa era colocada para unir dos paredes en ángulo. Generalmente era maciza y pesada, y un poco distinta de las demás que se empleaban en los cimientos. En dos pasajes del Antiguo Testamento se habla de la piedra del ángulo (Sal 118.22; Is 28.16), y en el Nuevo Testamento el simbolismo mesiánico de ella es aplicado a Jesucristo, primeramente por Él mismo (Mt 21.42; Mc 12.10; Lc 20.17) y luego por Pablo (Ef 2.20; 1 Co 3.11) y por Pedro (Hch 4.11; 1 P 2.7).

Jesucristo es la piedra del ángulo porque Él, y la doctrina de su divina intervención salvadora en la historia humana, es el fundamento de nuestra fe (Mt 16.16,18), y porque Él es, asimismo, piedra de → TROPIEZO, desechada

P

por los edificadores incrédulos (Mt 21.42). Dios lo hizo ser piedra del ángulo por su obediencia; y los cristianos somos piedras vivas en virtud de nuestra unión con Cristo mediante la fe (1 P 1.5).

PIEDRA DE MOLINO → Molino.

PIEDRA DE TROPIEZO → Tropiezo.

PIEDRAS PRECIOSAS En la Biblia hay dos tipos de piedras preciosas: una empleada en joyería para sellos, sortijas, pendientes, brazaletes, collares y adornos (→ Ornamento); y otra empleada en construcción como material de alta calidad, como el → Mármol. Generalmente se designan como piedras preciosas (2 S 12.30), pero también se les llama «piedras de deseo» o «deseables» y «piedras de gracia» o «bellas».

La mayoría de las piedras preciosas descubiertas en la Tierra Santa estaban en los estratos de la Edad de Hierro de las colonizaciones meridionales; por eso se cree que fueron importadas de → Arabia (Ez 27.22), → Ofir (1 R 10.2; 10.11), → Havila (Gn 2.12), Edom (Ez 27.16), además de Egipto, África, Siria y la India. En la Tierra Santa no hay indicios de que se extrajeran piedras preciosas. Sin embargo, entre los israelitas hubo célebres orfebres y joyeros, como → Bezaleel, quien diseñó el → Tabernáculo (Éx 35.30-33).

La identificación de las especies de algunas piedras preciosas es oscura por las diversas traducciones de sus nombres; estos cambiaron durante los períodos bíblicos y los sistemas petrográficos y químicos actuales son distintos.

Hay tres lugares donde se mencionan varios grupos de piedras preciosas:

1. En Ezequiel 28.12,13 donde se describe el tesoro del rey de Tiro y se mencionan nueve clases.

2. En Éxodo 28.17-20; 39.10-13, donde se mencionan las doce piedras preciosas incrustadas en el → Pectoral del sumo sacerdote y que simbolizaban las doce tribus de Israel. En la Septuaginta y la Vulgata algunas reciben otro nombre. El orden sería así, siguiendo la característica hebrea de escribir de derecha a izquierda:

Sardio	Topacio	Esmeralda
Carbunclo	Zafiro	Berilo
Jacinto	Ágata	Amatista
Crisólito	Ónice	Jaspe

3. En Apocalipsis 21.18-20, se describen como fundamento simbólico de la nueva Jerusalén las siguientes: jaspe, esmeralda, crisólito, crisopraso, zafiro, ónice, berilo, jacinto, ágata, cornalina, topacio, amatista.

En sentido figurado las piedras preciosas generalmente significan dureza, solidez, firmeza, valor, brillantez.

PI-HAHIROT Último campamento de los israelitas antes de cruzar el mar Rojo. Se encontraba «entre Migdol y el mar hacia Baal-zefón» (Éx 14.2,9; Nm 33.7,8). No se ha podido identificar el sitio. Solo se sabe que se hallaba en la frontera de Egipto y cerca del mar Rojo.

PILATO, PONCIO Procurador romano de Judea, 26–36 d.C.

Nada se sabe de su vida anterior a su nombramiento como procurador. Sucedió a Valerio Grato como quinto gobernador de Judea en el año 26. Por diez años gobernó con relativo éxito, gracias a las presiones de Vitelio, gobernador de Siria, amigo de los judíos y de los samaritanos, quien vigilaba constantemente a Pilato y abogaba a favor de un gobierno más suave. La sofocación sangrienta que Pilato realizó de la rebelión de los galileos y de los samaritanos dio a Vitelio la ocasión de acusarlo de mala administración (36–37 d.C.). Pilato viajó a Roma para rendir cuentas a Tiberio, pero este falleció antes de atender al ex gobernador. La vida posterior de Pilato y su muerte es materia de leyendas. Se ignoran los datos históricos.

En su régimen de diez años Pilato demostró ser un funcionario bastante capaz. Sus críticos (Filón en *Legatio ad Caium* XXXVIII, y Josefo en *Guerra de los Judíos* II.ix.3 y *Antigüedades* XVIII,iii.4) lo acusan de crueldad, injusticia y maltrato. Pero estas críticas, aplicadas comúnmente a muchos gobernadores romanos, carecen de imparcialidad y están bajo la influencia de cierto fanatismo nacionalista. Es cierto que la actuación de Pilato era enérgica, pero las circunstancias históricas lo forzaban a mantener el orden a toda costa. Aun sus crueldades más despiadadas obedecieron a este propósito; lo que le faltó fue sensibilidad a los escrúpulos judíos.

Pilato es conocido ante todo como cojuez de Jesús. Marcos 14.53-65 señala el juicio del sanedrín que luego debía ser ratificado por Pilato. Marcos 15.1-5 da cuenta de que este segundo proceso ocurrió muy de mañana. Y todos los Evangelios dan a entender que Pilato consideró inocente a Jesús (Mt 27.18; Mc 15.10; Lc 23.13-25; Jn 19.12) y trató de soltarle (→ BARRABÁS). Pilato casi se constituye en un mediador entre los judíos y Jesús, ya que la función legal del gobernador era mantener el orden. Con todo, el tumulto presionaba a Pilato prometiendo no provocar desorden si Jesús era sentenciado y amenazando al procurador políticamente (Jn 19.12). Finalmente Pilato cedió a favor del orden y de su propio puesto. El diálogo entre Pilato y Jesús acerca de la autoridad es uno de los pasajes más importantes que existen sobre el poder político (Jn 18.28–19.16).

La causa de la enemistad entre Pilato y → HERODES Antipas se desconoce. Jesús calló frente a este (Lc 23.9), pero habló mucho con Pilato (Jn 18.37s). Pilato manifiesta escepticismo, tal vez debido a su cultura griega. El conflicto que plantea el juicio de Jesús es entre la convicción (inocencia de una persona) y la conveniencia (la conservación del puesto y los privilegios de funcionamiento romano). En un gesto dramático, el procurador se lava las manos públicamente y condena a Jesús a ser crucificado; el credo apostólico recuerda esta entrega mencionando a Pilato aun cuando olvida otros nombres. Por el título que Pilato hizo fijar sobre la cruz («Rey de los judíos») reconocemos su resentimiento contra el sanedrín (Jn 19.19-22//).

Al conceder a → JOSÉ DE ARIMATEA el cuerpo de Jesús, Pilato quedó asombrado de que Jesús hubiese muerto tan pronto (Mt 15.43ss). Al día siguiente permitió que los miembros del sanedrín pusieran guardia ante la tumba (Mt 27.62-66).

La leyenda del suicidio de Pilato durante el reinado de Calígula data del tercer siglo.

P

Esta inscripción de un teatro en Cesarea menciona a Poncio Pilato, procurador de Judea, quien sentenciara a muerte a Jesús (Mc 15).

Foto de Gustav Jeeninga

Coptos y etíopes consideran a Pilato un santo. La iglesia ortodoxa griega considera a su esposa una santa (cf. Mt 27.19). En el siglo IV decayó la estimación de Pilato en la iglesia occidental, y desde entonces se ha querido ver en él a una persona atemorizada que por propia conveniencia incurrió en un crimen judicial culpando a un inocente.

Bibliografía:

EBDM, V., col. 1110-1117. H. Schlier, *Problemas exegéticos fundamentales en el Nuevo Testamento*, Fax, Madrid, 1970, pp. 249-258.

PINÁCULO (en griego, *pterygion* que significa *alero, torrecilla*). Parte del templo adonde la tradición dice que Satanás llevó a Jesús para tentarlo (Mt 4.5; Lc 4.9); en la Reina Valera 1909 se traduce «almena». Podría ser la punta de un tejado del templo mismo o de otra parte de sus edificios adyacentes. El vocablo parece tener relación con alguna parte del caballete del techo; el artículo definido hace pensar en una parte sobresaliente. Se cree también que era el pórtico de Herodes, en el ángulo sudeste de la explanada, que daba al valle de Josafat y estaba a 400 codos sobre el nivel del valle.

PINO Árbol de la familia de las abietáceas, siempre verde. Es una de las plantas más bellas, conocida en casi todo el mundo, pero especialmente propia del hemisferio norte.

En la Biblia se conocen dos especies de pino: el pino *brutia* y el *pinus halepensis*, que nace en los montes de Palestina y del Líbano. Se utilizó para la edificación del templo de Salomón (1 R 5.8,10 donde se le llama «ciprés») y para la cubierta de los barcos (Ez 27.5,6). Debido a su flexibilidad, la madera de pino también se usaba para la construcción de instrumentos musicales (cf. 2 S 6.5). Por su constante verdor y vitalidad, Isaías lo utiliza como símbolo de la fertilidad futura del desierto (Is 41.19; 55.13).

PINTURA Todos los pueblos del Oriente cultivaron formas de expresión artística, pero la mezcla de pueblos en Palestina dificulta llegar a conclusiones sobre las características nativas del arte hebreo. En Palestina se ha hallado cerámica pintada y frescos con figuras de dragones estilizados y de pájaros que datan del año 3100 a.C. Estas pinturas adornan una variedad de monumentos y objetos durante los siglos posteriores. Los artistas se aprovechaban de substancias naturales, como el óxido rojo y la antimonita para producir tonos grises azulados.

En vista del segundo mandamiento, los hebreos tenían recelo en cuanto a la pintura, ya que los que practicaban otras religiones solían pintar sus templos, pero el establecimiento de la monarquía abrió horizontes más amplios y dio lugar a un arte hebreo, aunque muy influido por el de los fenicios. El → TEMPLO de Salomón fue una obra de arte hecha con colaboración fenicia.

En los libros históricos y proféticos la pintura suele relacionarse con el adorno de las mujeres, sean estas meretrices o mujeres frívolas que imitan a aquellas en su apariencia (→ JEZABEL). El mismo sentido prevalece en los gustos y adornos de las mujeres simbólicas de Ezequiel 23.11ss,40ss que representan a Samaria y a Jerusalén en su apostasía.

PIOJO Insecto áptero, sin alas, que vive como parásito de las aves, los mamíferos y el hombre. Se le cita en la Biblia en ocasión de la tercera de las → PLAGAS de Egipto (Éx 8.16,17). La gravedad de esta plaga es evidente en la expresión «hubo piojo tanto en los humanos como en las bestias». Sus hábitos hacen del piojo un irritante y molestoso insecto. La cita de Salmo 105.31 es una mención del hecho del éxodo.

PIRATÓN Pueblo de Efraín situado en medio de los amalecitas (Jos 21.30). El juez Abdón hijo de Hilel fue sepultado allí (Jue 12.13,15). Dos héroes de David, Abdón y Benaía, eran de Piratón (2 S 23.30; 1 Cr 11.31; 27.l4). Aunque algunos la buscan en Benjamín, usualmente Piratón se identifica con Ferata ubicada 8 km al sudoeste de Siquem.

PISGA Montaña de Moab y última cumbre de la cordillera → ABARIM que corre de sur a norte, paralela con la costa del mar Muerto. El monte Nebo y la cima del Pisga, con un valle entre los dos, forman la figura de una gran montura. La cima del Pisga es la más baja de las dos montañas, pero se extiende más al oeste y desde ella es posible contemplar todo el territorio israelita. Tiene casi 823 m de altura y en un día despejado se puede ver desde el monte Hermón en el norte hasta Engadi en el sur. Si no fuese por las montañas de Judá se podría divisar el Mediterráneo. A su pie está el Jordán, y, muy visible al otro lado, Jericó.

Balac y → BALAAM subieron el Pisga para maldecir el campamento de Israel. Ofrecieron en la cumbre sacrificios sobre siete altares (Nm 23.14), pero Balaam bendijo en vez de maldecir (Dt 23.15-25).

Dios dijo a Moisés que subiera al Pisga para ver desde allí la tierra de promisión, ya que no le sería permitido entrar a ella (Dt 3.27; 34.1-4). Luego Moisés murió en este mismo lugar (Dt 34.5).

Siendo Pisga un pico tan singular en el valle del Jordán, sirvió para marcar el sur de Galaad (Dt 3.17), la tierra que antes pertenecía a los amorreos (Dt 4.49; Jos 12.3), y el patrimonio cedido a Rubén (Jos 13.20).

PISIDIA Comarca del Asia Menor, que constituía una altiplanicie en la cordillera del Tauro, al norte de Panfilia, y que se extendía entre → FRIGIA y → LICAONIA, su ciudad principal. Los pisidios, como la mayoría de los habitantes del Tauro, eran una raza indómita y sin leyes. Por los profundos desfiladeros de las montañas de Pisidia corrían torrentes impetuosos, y esto hace pensar que posiblemente Pablo haya estado «en peligros de ríos» y «peligros de ladrones» (2 Co 11.26) en sus dos viajes a través de esta región (Hch 13.14; 14.24).

En 2 Timoteo 3.11 Pablo se refiere a la persecución que sufrió en Antioquía de Pisidia

(Hch 13.44-50). Varias iglesias cristianas existieron allí por siete u ocho siglos.

PISÓN Río que salía del Edén y regaba la tierra de Havila (Gn 2.11). Muchas y diversas identificaciones se han sugerido para el Pisón, incluyendo el río Fasis (Riono) que nace en el monte Ararat. Josefo sugirió, según la concepción del mundo de sus días, el río Karun de Persia y el Indo. Sin embargo, el Pisón no se ha identificado con certeza.

PITÓN (en egipcio, *casa de Atum*, nombre del dios del sol). Nombre de un hombre y una ciudad en el Antiguo Testamento.

1. Ciudad de almacenamiento construida por los israelitas esclavizados en Egipto (Éx 1.11). Se le ha identificado con uno de dos sitios excavados en el Wadi Tumilat, al este del delta del río Nilo. En uno, Tell el-Retaba, se encontró un templo del tiempo de Ramsés II. En el otro, Tell el-Mashuta, las construcciones muestran una variación en la hechura de los ladrillos: los del nivel más bajo están hechos con paja, los de más arriba con caña, y los del nivel más alto sin ningún material de ligamento (cf. la escasez de paja en Éx 5.10-21). Las provisiones almacenadas aquí servían a los ejércitos egipcios que cruzaban el desierto, y sus muros aún muestran que Pitón también era fortaleza que guardaba la frontera oriental de Egipto.

2. Nieto de Mefi-boset (Meri-baal), hijo de Jonatán (1 Cr 8.35; 9.41).

PLAGAS, LAS Las diez manifestaciones del poder de Jehová en Egipto (Éx 7–12) se dirigieron, en primer término, contra «todos los dioses de Egipto» (12.2). Según Jehová mismo, las mandó para que su nombre «sea anunciado en toda la tierra» (9.16). Fueron llamadas «plagas» y «maravillas» (7.3; 11.9), hechas por «la mano poderosa y el brazo extendido» de Jehová (Dt 7.19, etc.).

Estos → MILAGROS, aun cuando eran de orden sobrenatural, correspondían hasta cierto punto a fenómenos naturales de la región que por la oportunidad de su ocurrencia y

P

por la magnitud que alcanzaron pudieron haber estado bajo el control de Dios para presionar al faraón.

La última plaga sucedió en el mes de → ABIB (Éx 13.4), o sea, marzo/abril. Si la primera coincidió con la inundación del río Nilo en julio/agosto del año anterior, la serie entera abarcó unos ocho meses. Las plagas fueron:

La conversión de las aguas en sangre

«Todas las aguas que había en el río se convirtieron en sangre ... hubo sangre por toda la tierra de Egipto» (7.20,21). Si estas palabras no han de entenderse literalmente, tal vez se refieren al color del agua, mezclada con mucha tierra roja por causa de una inundación del Nilo de extraordinarias proporciones. Tal circunstancia podría provocar, además, la presencia en el agua de enormes cantidades de contaminación y de materia o vida microscópica que a su vez causara la muerte de los peces (7.21). Los

Estatua de Ramsés II de Egipto. Muchos eruditos creen que era el faraón gobernante en el tiempo del éxodo.

hechiceros egipcios produjeron un efecto igual con sus prácticas mágicas, pero no en la cantidad representada por el río mismo y todos los pozos de Egipto.

Las ranas

Forzadas a abandonar los pantanos cercanos del río por la contaminación de los peces muertos, fueron tan numerosas que entraron aun en los hornos y las artesas (8.3).

Los piojos

Algunos opinan que fueron mosquitos producidos de huevos puestos en el polvo, o zancudos que podían multiplicarse grandemente después de una inundación especial del Nilo. Esta vez los hechiceros no pudieron inventar ninguna imitación del fenómeno (8.16,17).

Las moscas

La mosca era insecto común en Egipto (Is 7.18), portadora de muchas enfermedades. Sin embargo, el factor más milagroso aquí es que «la tierra de Gosén, en la cual habita mi pueblo» (Éx 8.22), quedó libre de esta plaga.

La enfermedad del ganado

Si esta «plaga gravísima» se limitó solo al ganado que estaba en el campo (9.3), quizá los animales de los israelitas se salvaron porque sus dueños no les permitieron salir al campo. Esto implicaría la fe en la palabra de Jehová por medio de Moisés y Aarón, diferencia fundamental entre israelitas y egipcios (cf. 9.19-21). Se ha sugerido que esta plaga fuera el ántrax, acentuado por la contaminación de los campos debido a la putrefacción de las ranas muertas y otros factores.

Las úlceras

Con la presencia de tantas moscas y restos putrefactos de ranas y ganados, no era de extrañarse que se multiplicaran las enfermedades eruptivas (cf. Dt 28.27). El malestar de los hechiceros (9.11) hace que parezca ridícula su lucha anterior contra el poder divino.

El río Nilo cerca de Luxor, Egipto. Dios convirtió las aguas de este río en sangre para castigar a los egipcios por no liberar a su pueblo (Éx 7.14-25).

El granizo

La condición de las cosechas (9.31,32) hace pensar que esta plaga se presentó en febrero. Nótese la oportunidad dada a la fe (9.19-21).

Las langostas

Nótese el temor que las plagas anteriores había hecho sentir entre los egipcios (10.7). En este caso, la plaga de → LANGOSTAS, los vientos se presentan como instrumentos de Jehová (10.13,19; cf. Mt 8.27).

Las tinieblas

Las tinieblas que se podían palpar (10.21) pueden haber sido consecuencia del mucho polvo, dejado después de la inundación del Nilo, el cual fue removido por los vientos que aún soplan en Egipto durante el mes de marzo. Este fenómeno seguramente se consideraría afrenta contra el dios del sol, Ra, dios principal de los egipcios.

La muerte de los primogénitos

La última plaga, o sea la muerte del primogénito de cada hogar no protegido por la sangre del → CORDERO pascual, es el clímax contemplado desde el principio (Éx 4.23). Subraya el hecho de que Israel es el «primogénito» de Jehová (4.22). Las explicaciones que indudablemente los egipcios habían pretendido dar a las plagas anteriores no bastaban para comprender este golpe rotundo. Tuvieron que reconocer la supremacía de Jehová (a lo menos en aquella situación) y dejar salir a los israelitas (Sal 105.38).

Igual temor se reflejó siglos después en los filisteos cuando robaron el arca de Israel (1 S 4.8).

PLANTAS DE LA BIBLIA La tierra que Dios prometió a Abraham y a su descendencia era extremadamente fértil. Debido a su clima diverso, el mundo de la Biblia disponía de muchas variedades de plantas. Los botánicos han identificado tres mil quinientas especies de vida vegetal en Palestina y Siria. En casi cada uno de los libros de la Biblia se mencionan plantas o productos derivados de estas.

La flora de la Biblia ha sido objeto de mucha discusión e investigación. La identificación exacta de muchas de estas plantas ha requerido varios años de investigación científica. Los escritores bíblicos no eran botánicos y pocas veces se molestaron en describir o identificar las plantas que mencionaron.

En el siglo XVI, Levinus Lemmens escribió el primer libro de plantas de la Biblia. Sin embargo, no fue sino hasta mediados del siglo XVIII que un botánico viajó hasta Palestina para conocer personalmente su vegetación. Desde entonces se ha llegado a obtener mucha información valiosa sobre las plantas de la Biblia.

Varios de los escritores a menudo utilizan términos generales al referirse a las plantas. A veces una referencia no es más específica que «árbol», «hierba» o «grano». Incluso si se menciona un grano individual tal como «maíz» o «trigo», se refiere a todos los granos en general.

Aunque en Palestina y otras tierras bíblicas crecían muchas clases de flores, muy pocas se mencionan por nombre en la Biblia. Algunas de las flores encontradas en la Tierra Santa son rosas, anémonas, lirios, tulipanes, jacintos y narcisos.

Otros de los términos generales que se refieren a las plantas incluyen zarza, hierba, pasto, cizaña, fruta y verdura.

Los hebreos estaban seguros de que Dios les había dado la tierra prometida para trabajarla, pero no fueron cuidadosos en darle buen uso. La tierra se cultivó sin descanso continuamente por miles de años hasta que una gran parte del suelo se agotó y muchas áreas se convirtieron en desiertos devastados. A la larga, los grandes bosques del Líbano y Hermón se destruyeron y el suelo se desgastó. La gente de ese tiempo no sabía cómo manejar su medio con inteligencia. Por consiguiente, la tierra que una vez fluía «leche y miel» se volvió estéril. En la actualidad varias de las regiones estériles de la Tierra Santa están volviendo a convertirse en fértiles tierras de cultivo. Se están haciendo esfuerzos para restaurar la riqueza de la tierra como Dios lo quiso.

Las siguientes son algunas de las plantas que se mencionan en la Biblia:

Acacia

Árbol espinoso grande con corteza nudosa y áspera. La madera café-anaranjada tenía vetas estrechas y repelía insectos. El árbol producía grandes vainas en forma de langostas con semillas adentro, así como racimos redondos y fragantes de flores amarillas. Varios tipos de acacias crecían en el desierto de Sinaí, al sur de Canaán y en Egipto.

Para construir el arca del pacto y el primer tabernáculo se utilizó madera de acacia (Éx 36:20; 37.1).

Ajenjo

Arbusto cubierto de pequeñas hojas verdes y racimos de flores amarillo-grisáceas. El ajenjo se da en las regiones desérticas de Palestina y Siria. Esta planta se menciona varias veces en la Biblia. Posee un sabor amargo y un aroma fuerte (Jer 9.15).

El ajenjo se utilizaba simbólicamente para referirse a alguna calamidad o experiencia amarga (Dt 29.18; Pr 5.4; Am 5.7, 6.12; Ap 8.10,11). De esta planta se preparaba también una bebida embriagante (Lm 3.15).

Ajo

Planta de flores pequeñas cuyo bulbo se emplea como condimento. El ajo se comía con pan aparte de utilizarse para condimentar las comidas, tiene gran aceptación hasta hoy día. El ajo era de gran estima en Egipto y se cree que había sido usado como salario para los trabajadores que edificaron las pirámides. Los hebreos extrañaban el ajo luego de que dejaron Egipto (Nm 11.5).

Álamo

Árbol que crecía de nueve a dieciocho metros de alto y que tenía ramas anchas y extensas. Las hojas eran verdes por encima y blancas por debajo. Jacob cortaba a lo largo la corteza de las ramas de álamo para descubrir la madera blanca. Supuestamente esto controlaba el color de su ganado (Gn 30.37).

Oseas se refiere a los israelitas que adoraban ídolos y dice que lo hacían a la sombra de los álamos. Esto trajo la condena de Dios por sus pecados (Os 4.13).

Algarrobo

Un árbol de hoja perenne que crece de seis a nueve metros de altura y que tiene pequeñas hojas lustrosas. Nativo de Siria y Palestina, este árbol tiene vainas largas llamadas algarrobas (Lc 15.16). En circunstancias deplorables de hambruna las algarrobas pudieron haberse usado como alimento.

Algum, almug

Para esta planta, véase *sándalo*.

Alheña

Planta utilizada para producir un valioso colorante naranja-rojizo. Alcanzaba de dos a tres metros de altura y daba fragantes flores blancas. Salomón comparaba a su amada con racimos de alheña (Cnt 1.14; 4.13).

Almendro

Un gran árbol parecido al árbol de durazno tanto en el tamaño como en el fruto. Ante todo este árbol era apreciado en gran manera por los frutos que producía y que se utilizaban para fabricar aceite de uso doméstico y medicinal. La palabra hebrea que se traduce almendro significa «despertar», una alusión a la flor del almendro que en primavera es la primera en salir. Las flores rosado-blanquecinas siempre aparecen antes que sus hojas.

El almendro desempeñó un importante papel en la historia de Israel. Jacob incluyó almendras en los regalos para José en Egipto (Génesis 43.11). La decoración en los candeleros se diseñaban según el florecimiento del almendro (Éxodo 25.33), y la vara de Aarón era una rama de almendro (Números 17.8). El almendro también simbolizaba la dependencia de Dios (Jeremías 1:11-12). Muchos eruditos opinan que el avellano de Génesis 30.37 es un almendro.

Áloes

Dos plantas, el uno un árbol y el otro una flor.

1. Los áloes mencionados en Salmos 45.8, Proverbios 7.17 y en Cantares 4.14 vienen de un gran árbol oriundo de India. La madera del árbol de áloe es fragante, valorada en gran manera por su perfume e incienso. Números 24.6 habla de áloes que el mismo Jehová plantó.

2. Flor producida por una planta de la familia de los lirios. El compuesto cristalino derivado de la pulpa de la hoja del áloe era un producto costoso utilizado para embalsamar. Nicodemo llevó un compuesto de áloe para embalsamar el cuerpo de Jesús (Juan 19.39).

Azafrán

Planta cuya flor, de color azul pálido, crecía de un bulbo.

Los azafranes se recogían, se secaban y se molían en pasteles. También se usaban como colorante en curris y estofados. Además se utilizaban como perfume en pisos de teatros y para matrimonios.

Salomón fue el único escritor bíblico que se refirió al azafrán (Cnt 4.14).

Bálsamo

Árbol espinoso que crece de tres a cinco metros de alto y tiene racimos de flores verdosas, también conocido como bálsamo de Jericó. Algunos creen que se trata del almácigo, árbol frondoso de hojas perennes que crece de uno a tres metros.

El bálsamo se valoraba en gran manera durante los tiempos bíblicos (Gn 37.25, 43.11; Jer 8.22, 46.11; 51.8). Producía una goma resinosa fragante.

Era un artículo de exportación (Gn 37.25) y Jacob la dio como regalo (Gn 43.11). En Jeremías 8.22 se usa como un símbolo de sanidad espiritual.

Boj

Árbol de madera muy dura y hojas brillantes, que crece alrededor de los seis metros de altura. Oriundo del norte de Canaán y de los montes del Líbano, el boj era muy adecuado para decorar el templo (Is 60.13). Desde tiempos romanos el boj se usaba para tallados en madera e instrumentos musicales. Simbólicamente Isaías mencionó este árbol, junto con otros, para recordar a Israel la perpetua presencia de Dios (Is 41.17-20).

Algunos eruditos han sugerido que el boje de las Escrituras puede mas bien ser el ciprés o plátano. Ver también castaño.

Calabacera

Planta que crece rápidamente hasta una altura de tres a cuatro metros. Uno de los sirvientes de Eliseo puso calabazas en una olla de potaje (2 R 4.39).

La calabacera se identifica como la planta bajo la cual Jonás encontró sombra. Algunos eruditos bíblicos sugieren esta que pudo haber sido la calabaza, el calabacín o la hiedra.

Muchas clases de calabazas florecían en la región del Mediterráneo. Algunas eran venenosas. Las entalladuras utilizadas en el templo (1 R 6.18; 7.24) eran un tipo de calabazas silvestres.

Canelo

Miembro de la familia del laurel, el árbol de canela crecía a más de nueve metros de altura y tenía flores blancas y ramas extensas. Oriundo de Ceilán, el árbol de la canela producía corteza y aceite que se usaba para el aceite de unción (Éx 30.23) y como perfume (Pr 7.17; Ap 18.13).

Caña aromática

Hierba fragante en forma de caña que crece junto a las corrientes y en las riberas de los ríos (Cnt 4.14), llamada también caña olorosa (Jeremías 6.20). Las hojas de la caña aromática son fragantes y tienen sabor a jengibre cuando se las muele. Se cree que procede de la India (Jer 6.20).

Caña, Junco

Pasto gigante con troncos ahuecados que crecían a la orilla de los ríos y en las áreas húmedas de Egipto y Palestina. Varias palabras hebreas diferentes se refieren a las plantas pantanosas de la Biblia. Forman un orden largo de plantas tales como el lino, el lirio, la totora, la caña, el cálamo y el papiro.

Cañas y juncos crecían en cualquier lado desde uno a seis metros de alto y tenían hojas largas y delgadas. Un racimo de flores blancas se formaba en el tope de cada tallo. Los junquillos se usaban de diversas formas, incluyendo los bastones para apoyarse, cañas de pescar, instrumentos musicales y lapiceros. La gente también los utilizaba para tejer canastos, alfombras y para otros propósitos domésticos. La canasta de Moisés se tejió con juncos. El papiro, un junco particular, se usaba para hacer papel.

Las cañas eran símbolo de debilidad (Is 36.6). Jesús se refería a ellas como sacudidas por el viento (Mt 11.7). Cuando se burlaron de Jesús los romanos le pusieron una caña en la mano (Mt 27.29).

Cardos, espinas

Términos generales para cualquier planta espinosa. Tales plantas son características de las regiones áridas y desiertas. Algunas de ellas eran zarzas, matas espinosas, pequeños árboles, yerbajos y hierbas punzantes. Crecían abundantemente en Palestina y en otras tierras bíblicas.

El uso de espinas más conocido en la Biblia fue en la corona de espinas que se le puso a Jesús en la cabeza cuando estuvo en la cruz «Y pusieron sobre su cabeza una corona tejida de espinas» (Mt 27.29).

Algunos de los cardos y espinas eran anuales, esparcían su semilla en otoño. El labrador diligente los destruía antes de despepitar. Muchos de estos cardos y espinas se usaban como combustible para hogueras (Sal 58.9; Ec 7.6; Is 33.12).

Las matas espinosas se utilizaban como seto para resguardar campos y viñas (Pr 15.19). El profeta Miqueas declaró que la persona más recta es destructiva «como el espino y como el zarzal» (Mi 7.4).

Casia

Planta con sabor y aroma similares a la canela, pero considerado inferior. Algunos creen que puede ser el perfume hindú llamado orris. Moisés incluyó casia en el aceite de unción (Éx 30.24).

Castaño

Un árbol de Siria y Líbano que crecía hasta una altura de veintiún a veintisiete metros de alto y tenía un tronco macizo. Se menciona en Génesis 30.37 y Ezequiel 31.8.

Cebada

Grano conocido desde tiempos remotos. Se adapta bien a diferentes climas, madura con rapidez y resiste el calor. Usualmente se cosechaba antes que el trigo. Debido a que se lo consideraba comida para los esclavos y para los muy pobres, se le tenía baja estima como grano.

En la Biblia, la cebada se asociaba al principio con Egipto (Éx 9.31). Se usaba como ofrenda de celos (Nm 5.15), como forraje (1 R 4.28) y como alimento (Jue 7.13; Jn 6.13).

Cebolla

Planta con un bulbo largo y comestible. La cebolla era uno de los alimentos que los hebreos anhelaban cuando andaban errantes en el desierto (Nm 11.5). La cebolla se conocía en Egipto desde tiempos remotos y se encuentra dibujada en las paredes de las tumbas egipcias).

Cedro

Un árbol de hojas perennes que en ocasiones crece hasta treinta metros de altura, con una circunferencia de tronco de doce a quince metros. Se da en el occidente de Asia, los montes Himalayas y Chipre así como en Líbano.

La fragante madera del cedro era anticorrosiva y estaba exenta de nudos, lo que la hacía ideal para fines de construcción (2 S 5.11; 1 R 6.9), fabricación de naves (Ez 27.5), y para esculpir ídolos (Is 44.13-14).

La referencia al cedro que se hace en Levítico 14.6 y Números 19.6 generalmente se entiende como el enebro que crece en Sinaí. También véanse *abeto* y *pino*.

Foto de Howard Vos

Un turista examina una planta de mostaza en Palestina. La minúscula semilla negra de este arbusto sirvió de una buena lección objetiva para la enseñanza de Jesús sobre el Reino de Dios (Mt 13.31-32).¶

Ciprés

Árbol alto de hojas perennes y madera fuerte y durable. La madera de ciprés era apropiada en construcciones y se utilizaba para fabricar ídolos (Is 44.13, 14; 55.13). Se cree que la palabra interpretada como «madera de gofer» en Génesis 6.14 se refiere al ciprés. Esta fue la madera que Noé utilizó para construir el arca. En algunas versiones al ciprés se lo llama encina (Is 44.14).

Cizaña

Un pasto venenoso que se parece al trigo, pero con semillas más pequeñas. Por lo general la cizaña se dejaba en los campos hasta el tiempo de la cosecha, luego se separaba del trigo durante el escudriñamiento. Jesús se refirió a la cizaña que crecía con el trigo como una parábola para ilustrar al maligno en el mundo (Mt 13.25-30,36-40). A veces se la traduce como mala hierba.

Comino

Una hierba anual que produce semillas con flores rosado-blanquecinas. El comino es nativo de las tierras del oriente mediterráneo. Una vez cosechado, el comino era triturado con ristras (Is 28.25, 27), un método aun utilizado en la actualidad. El comino servía

P

Un granado florecido. En tiempos bíblicos se cultivaban mucho las granadas en Palestina (Nm 13-23; Dt 8.7-8). Del jugo de su fruta se hacía una agradable bebida (Cnt 8.2).

para sazonar las comidas y en medicina. Estaba sujeto al diezmo (Mt 23.23). En algunas versiones se menciona como comino negro, eneldo, alcaravea o encina casera.

Encina

Para esta planta, véase *ciprés*.

Enebro

Arbusto denso, casi sin hojas, de alrededor de cuatro metros y medio. Posee pequeñas flores blancas. Común en regiones desérticas de Palestina, Arabia y Egipto, se utilizaba como carbón (Sal 120.4) y proveyó sombra al profeta Elías (1 R 19.4,5). Las raíces que Job comió no fueron de enebro, pues no son comestibles, pero pudo haberse debido a un parásito comible que infectó el arbusto (Job 30.4). Algunos eruditos opinan que esta es la mata o brezal al que se refiere Jeremías 17.6 y 48.6.

Eneldo

Hierba de medio metro de alto con hojas de corte delicado y flores azules, que produce semillas de amapola que se usan en curris y se salpican sobre alimentos (Is 28.25, 27).

Espelta

Una clase inferior de trigo. Aunque el pan que se hacía de este grano era de menor calidad que el que se hacía de trigo, en tiempos antiguos la espelta se prefería por sobre la cebada. Se traduce como centeno en Éxodo 9.32 e Isaías 28.25 y como avena en Ezequiel 4.9. La espelta se sembraba después que el trigo. Se daba en suelos pobres y bajo condiciones adversas.

Estacte

Resina que se cree que es un extracto de los tallos y ramas del árbol de *styrax*. El estacte tenía gran manera como perfume e incienso. Era uno de los ingredientes del aceite de unción (Éx 30.34).

El *styrax* era un arbusto pequeño y fuerte que crecía de tres a seis metros de alto, se daba en abundancia en Líbano y a lo largo de Palestina. Sus hojas eran oscuras por encima y blanco-grisáceas por debajo. En primavera el styrax florecía profusamente y daba flores blancas fragantísimas que se parecían a las del naranjo.

Estiércol de palomas

Una planta bulbosa que era comestible después de cocerla o asarla. El estiércol de paloma se menciona como comida durante la hambruna de Samaria (2 R 6.25). Algunos creen que de veras se trataba de excremento de pichones o palomas (véase *algarrobo*).

Gálbano

Pegamento de una hierba que crece de un metro a metro y medio de alto y que tiene flores blanco-verdosas. El gálbano era una sustancia lechosa extraída de los tallos que se endurecían de inmediato. Se utilizaba para perfume y para el aceite de la unción (Éx 30.34).

Granado

Árbol que produce una fruta redonda y dulce como de diez centímetros al través, que tiene una cáscara dura. Es verde cuando está tierna y se vuelve roja cuando está madura. Hay muchas semillas comestibles dentro de la granada.

El granado se ha cultivado en Palestina y Egipto desde tiempos remotos (Nm 13.23; Dt 8.8). Crecía como arbusto o como árbol pequeño, y a veces alcanzaba una altura de nueve metros. Sus hojas eran pequeñas y en forma de lanza y las flores de un rojo brillante. Por lo general el fruto maduraba en agosto o septiembre.

El borde de la túnica de Aarón estaba decorada con granadas de azul, púrpura y carmesí (Éx 28.33,34; 39.24-26). Se enumeraba entre las frutas agradables de Egipto (Nm 20.5). Salomón decoró el templo con figuras de granada (1 R 7.18,20). Del jugo de esta fruta se preparaba un vino picante (Cnt 8.2).

Haba

Una planta como de un metro de alto, con flores fragantes en forma de guisantes, grandes vainas y habas negras o cafés, que se comían solas o se cocinaban con carne. Las habas se han conocido desde tiempos antiguos y constituyeron siempre una parte importante en la dieta hebrea, especialmente entre los pobres. Cuando se desgranaban y limpiaban, frecuentemente se mezclaban con granos para hacer pan (Ez 4.9).

Haya

Árbol de hojas perennes de identidad incierta. Aunque en la Biblia este árbol se menciona varias veces, las autoridades bíblicas se cuestionan si este era realmente el haya o algún otro árbol de hoja perenne de Palestina. Muchos sugieren que el pino de Aleppo cumple esta descripción, aunque otros piensan que puede tratarse del ciprés, el enebro o el cedro.

Los israelitas valoraban la madera de haya para fabricación de naves (Ez 27.5) y para elaborar instrumentos musicales (2 Samuel 6.5).

Hierba amarga

Para esta planta, véase *ajenjo*.

Higuera

Planta que produce frutos, pudiendo tratarse de un árbol alto o de un arbusto que se extiende a baja altura. El tamaño del árbol depende de su localización y suelo. En primavera las flores de la higuera aparecen siempre antes que las hojas. Cuando Jesús observó hojas en una higuera, esperaba su fruto (Mc 11.12-14,20,21). Usualmente había dos cosechas anuales de higos.

Los higos se comen frescos (2 R 18.31), molidos en pasteles (1 S 25.18) y se usan como cataplasma (Is 38.21). Jeremías usó a la higuera como símbolo de desolación (Jer 8.13). También significó seguridad y esperanza para Adán y Eva (Gn 3.7), para los doce espías (Nm 13.23) y para los poetas y profetas. Los higos de sicómoro o silvestres eran similares a los higos comunes pero más pequeños y de menor calidad (Am 7.14). Los consumían los pobres que no tenían acceso a las variedades superiores.

Hiel

Hierba amarga y venenosa. Pudo haber sido la amapola o cualquier otra planta venenosa silvestre. La hiel se usa figuradamente para referirse a un castigo penoso (Jer 8.14; 9.15: 23.15) o cualquier otra amarga experiencia (Hch 8.23). Hiel y vinagre se ofrecieron a Jesús en la cruz (Mt 27.34), pero rechazó la bebida.

Hisopo

Una especie de la mejorana y miembro de la familia de la menta. El hisopo era un arbusto aromático de racimos de flores amarillas, menor a un metro de altura. Crecía en las grietas de las rocas y se cultivaba en terraplenes de pared: «Desde el cedro del Líbano hasta el hisopo que nace en la pared» (1 R 4.33). En Egipto se usaron manojos de hisopo para rociar las paredes con gotas de sangre (Éx 12.22), y en ceremonias de purificación (Lv 14.4; 6.51,52). David lo menciona como un instrumento de limpieza interior (Sal 51.7). Se usó en la crucifixión para calmar la sed de Jesús (Jn 19.29).

P

El loto, un tipo de lirio acuático, era símbolo del Alto Egipto.

Incienso

Resina gomosa aromática que se obtiene del árbol de Boswellia. Estos son grandes árboles que tienen pequeñas flores blancas en forma de estrella y hojas que se parecen al fresno de monte. La goma se obtiene cortando dentro de la corteza y recogiendo la resina del árbol. Cuando la sustancia se endurece, se amasa y se utiliza como incienso.

El incienso era parte del aceite sagrado para la unción (Éx 30.34). Se usaba en la ofrenda de sacrificio (Lv 2.1), durante los sacrificios animales (Éx 30.7) y como perfume (Cnt 4.6). Fue un regalo que recibió el niño Jesús (Mt 2.11).

Los árboles son oriundos de India, Arabia y África. Probablemente Palestina obtuvo este producto mediante comercio exterior. «Dromedarios de Madián y de Efa; vendrán todos de Sabá; traerán oro e incienso» (Is 60.6).

Laurel

El laurel, árbol originario de Canaán, crecía hasta doce y dieciocho metros, y producía florecillas blanco-verdosas y bayas negras. Partes del árbol se utilizaban en medicina, mientras que sus hojas servían como condimento. La palabra hebrea significa «árbol en su suelo nativo»; fue una manera adecuada que utilizó David para describir la prosperidad natural de los perversos (Sal 37.35).

Lenteja

Una pequeña planta anual con flores de franjas violetas. Las semillas de lentejas crecían en vainas similares a la arveja. En tiempos bíblicos la lenteja se molía como el trigo y se hacía hervir hasta formar un potaje café-rojizo. Este fue el plato con el que Esaú compró su primogenitura (Gn 25.34). Las lentejas podían también utilizarse como un ingrediente en la elaboración de pan (Ez 4.9).

Lino

Planta que crece hasta un metro de alto y tiene flores de color azul pálido. Se utiliza para elaborar la tela de lino. Cuando maduraba, se sacaba la planta entera y se ponía en agua para separar las fibras de los tallos. Después se colocaban en los tejados para que se secaran (Jos 2.6) y luego se tejían para hacer el lino.

Lirio

Arbusto con flores de color blanco o rosado-púrpura que miden hasta treinta centímetros al través. Muchos eruditos creen que el lirio a veces es un término que se aplica a cualquier flor en general. Otros creen que se refiere a tipos específicos de variedades de lirios o a la flor de loto.

El lirio se usaba como ornamento del templo (1 R 7.22). El amado y la sulamita utilizaron lirios para describir su amor (Cnt 2.1; 2.16; 4.5; 5.13; 6.3).

Malva

Planta que crece de un metro y medio a tres metros de alto, y que tiene hojas gruesas y suculentas y pequeñas flores púrpuras. La palabra hebrea significa «planta salada». Florece en regiones secas y saladas, especialmente alrededor del mar Muerto. A pesar de que las hojas eran amargas y poseían bajo valor nutritivo, en circunstancias de hambruna los pobres se las comían hervidas.

La malva se menciona una sola vez en la Biblia (Job 30.4). En algunas versiones se traduce como hierba salada o barilla.

Mandrágora

Planta que produce frutos y que tiene hojas de color verde oscuro y pequeñas flores de color azul-púrpura. La mandrágora se daba abundantemente a lo largo de Palestina y en la región del Mediterráneo.

La fruta amarilla de la mandrágora era pequeña, fragante y de sabor dulce. Poseía cualidades narcóticas y pudo haberse utilizado con propósitos medicinales. A la fruta de la mandrágora también se la llamaba «manzana del amor». Se consideraba una poción de amor (Génesis 30.16).

Manzano

Árbol que crece hasta nueve metros de alto y tiene una corteza áspera y flores rosadas. Muchas autoridades creen que la manzana de la Biblia es en realidad el albaricoque, nativo de Armenia. Otras autoridades sugieren el membrillo, el durazno, la cidra, la naranja o cualquier otro fruto; algunos creen que se trataba de la manzana.

La manzana se describía como dulce y fragante (Cnt 7.8), a veces dorada (Pr 25.11) y apropiada para dar sombra (Cnt 2.3). Este fruto se usaba figuradamente para mostrar cuán preciosos somos para Dios y cuán sensible es Él a nuestras necesidades.

Melón

Un tipo de calabaza que tiene frutos dulces. Tanto los cantalupos como las sandías pudieron haber crecido a lo largo de las riberas del río Nilo en Egipto. Los melones se usaban como fruta y como medicina. De su jugo se preparaba una bebida embriagante.

En Egipto los hebreos se acostumbraron a comer melones y otros alimentos sabrosos; cuando estuvieron errantes en el desierto recordaban y extrañaban esta fruta (Nm 1.5).

Menta

Hierba de olor agradable que crece hasta un metro de alto y produce espigas de flores liláceas. La menta se usaba en medicina y para condimentar los alimentos. Jesús la mencionó (Mt 23.23; Lc 11.42).

Mijo

Un pasto productor de gramínea, como de un metro de alto y que producía varias semillas. Las semillas de mijo eran más pequeñas que otros granos de cereal. El mijo se conocía desde tiempos antiguos en Palestina y Egipto. Se lo utilizaba para hacer pan y lo comían crudo, especialmente los pobres.

En Ezequiel 27.17 al mijo se lo llama Panag, aunque en otras versiones utilizan otros nombres.

Mirra

Un extracto que se sacaba de un árbol de ramas fuertes con flores blancas y frutas parecidas al ciruelo. La mirra se endurecía rápidamente después de extraerse del árbol, se la valoraba como un artículo de comercio. Era un ingrediente que se usaba en el aceite para la unción (Éx 30.23), como perfume (Sal 45.8; Pr 7.17; Cnt 3.6), en ritos de purificación de mujeres (Est 2.12), como regalo para el niño Jesús (Mt 2.11) y para embalsamar (Jn 19.39).

Según el Evangelio de Marcos (15.23), la bebida que se ofreció a Jesús antes de su crucifixión fue «vino mezclado con mirra».

Se cree que la referencia hecha a la mirra en Génesis 37.25 y 43.11 era una aromática (véase lo referente a esta planta).

Mirto

Árbol de hojas perennes oscuras y brillantes y flores blancas. Las hojas, las flores y las bayas del mirto se usaban para perfume y para condimento alimenticio. El árbol de mirto tenía un significado religioso para los judíos (Zac 1.8-11) y era un símbolo de paz y gozo. El nombre hebreo de la reina Ester, Hadassah (Est 2.7), significaba «mirto».

Mostaza

Planta que crece silvestre al borde de los caminos y en campos. Alcanza una altura de algo más de cuatro metros y medio. Parece que la especie a la que Jesús se refirió era la mostaza negra de Palestina (Mt 13.31,32; Mr 4.31,32; Lc 13.19). Se cultivaba por semillas que se usaban para condimento y para aceite.

La semilla de mostaza era la semilla más pequeña que se conocía en tiempos de Jesús (Mt 13.32). Sin embargo, Jesús dijo que si alguien tiene fe como un grano de mostaza podrá mover montañas (Mt 17.20) y traspasar un sicómoro al mar (Lc 17.6).

Nuez

Es casi seguro que se refiera al producto del pistacho. Tenía como nueve metros de alto y ramas anchas y extensas. La nuez de pistacho es de alrededor de dos centímetros y medio de largo, tiene una cáscara exterior dura y delgada y una suave corteza roja que resguarda la semilla verde.

Estas nueces eran agradables y se consideraban un lujo. Jacob las incluyó en los regalos que mandó a Egipto. «Llevad a aquel varón un presente, un poco de bálsamo, un poco de miel, aromas y mirra, nueces y almendras» (Gn 43.11).

Olivo

Un árbol de aproximadamente seis metros de alto. Tiene un tronco nudoso y enroscado, flores blancas y bayas que maduran hasta un color negro. El olivo crecía lentamente y continuaba llevando fruto hasta después de una edad avanzada. Antes de morir, nuevas ramas germinaban de sus raíces.

Los frutos se cosechaban golpeando las ramas del árbol con una vara (Dt 24.20) o sacudiendo el árbol (Is 17.6). El fruto maduro se disfrutaba fresco, y el fruto verde se encurtía o se preparaba como entremés.

El mejor aceite se obtenía del fruto del olivo verde. Se usaba como aceite para lámparas (Éx 27.20), como aceite de unción (Lv 2.1), como un artículo de comercio (1 R 5.11) y para vendar las heridas (Lc 10.34).

Los olivos se cultivaban en arboledas o huertos (Éx 23.11; Josué 24.13). El huerto de olivos más famoso que se menciona en la Biblia es el de Getsemaní, que quiere decir «prensa de aceite» (Mt 26.36).

El olivo de Isaías 41.19 en algunas versiones se traduce como olivo u olivo silvestre.

Ortiga

Varias plantas distintas se mencionan en la Biblia con este nombre. Se cree que las ortigas mencionadas en Isaías 34.13 y Oseas 9.6 son las ortigas verdaderas, una planta de hojas espinosas que a veces crece hasta una altura de dos metros.

Pepino

Una enredadera trepadora que produce vegetales. El pepino era uno de los vegetales que los israelitas extrañaban después de haber dejado Egipto (Nm 11.5).

Puerro

Planta bulbosa parecida a la cebolla que crece a quince centímetros de alto. Los tallos y bulbos de los puerros se comían crudos y se utilizaban para sazonar las comidas. Era un alimento que los hebreos comían en Egipto (Nm 11.5).

Roble

Un gran árbol de tronco macizo que crece abundantemente en Palestina y las tierras aledañas (Is 6.13). Muchas palabras hebreas se refieren al roble. Algunos eruditos piensan que estas palabras pudieron haberse referido a cualquier árbol grande tal como la encina o el olmo.

Con el roble o la encina se marcaron hechos y lugares importantes en la historia de Israel. Con el nombre de encina, en la Biblia se mencionan algunos árboles que son robles. Estos incluyen las encinas de Basán (Is 2.13; Zac 11.2), la encina de Bet-el (Gn 35.8) y el encinar de Mamre (Gn 13.18).

Rosa

Muchas autoridades opinan que la rosa nombrada en Cantares 2.1 e Isaías 35.1 no era lo que nosotros conocemos hoy como rosa, sino una planta bulbosa de crecimiento lento que produce de dos a cuatro flores amarillas en cada pedúnculo. Esta flor es conocida por su fragancia. Otros eruditos han sugerido que la flor en cuestión es el tulipán de monte, la anémona o el azafrán. Todas estas flores crecían silvestres en Palestina. Esta flor particular se traduce como azafrán o gamón en algunas versiones. La flor que llamamos «Rosa de Sarón» es originaria de China y no es la misma que Salomón menciona en Cantares 2.1).

Ruda

Planta de hortaliza que crece de cincuenta centímetros a un metro de alto, de follaje verde grisáceo y racimos de pequeñas flores amarillas. La ruda tiene un olor fuerte. Se valoraba debido a sus cualidades antisépticas y desinfectantes. También se usaba para condimentar comidas.

Sándalo

Nombre con que se traduce al castellano los términos *algum* y *almug*, que corresponden a un árbol oriundo de India y Ceilán. Muchos consideran que se trata del sándalo rojo. Sus flores simulaban guisantes y su madera tenía vetas estrechas, oscura por fuera y roja por dentro. Su madera era muy fragante, lo que la hacía repelente a los insectos.

P

Una escena clásica de la cosecha en Palestina es aventar o separar el grano del tamo. Esta era para trillar está en Samaria.

Foto de Howard Vos

Foto de Gustav Jeeninga

Trigo, el principal cultivo de los tiempos bíblicos, era un alimento importante así como un artículo de comercio para los israelitas (1 R 5.10,11).

Salomón importó madera de sándalo de Ofir y Líbano (1 R 10.11-12; 2 Cr 9.10-11). Esta era muy adecuada para la fabricación de instrumentos musicales, trabajos de carpintería y para los pilares del templo.

Sauce

Árbol que crecía de nueve a doce metros, de corteza café-rojiza, hojas delgadas y puntiagudas y flores o candelillas colgantes. Las ramas del sauce se usaron en la construcción de las cabinas para la Fiesta de los Tabernáculos (Lv 23.40). Mientras estuvieron en Babilonia, los judíos colgaban sus arpas en los sauces.

Algunos eruditos bíblicos piensan que el sauce nombrado en la Biblia era en realidad el álamo común o el álamo del Éufrates. El sauce constantemente se traduce con la palabra álamo. En Isaías 44.4 se traduce como sauce, pero en otras versiones a veces aparece álamo (véase también esta planta).

Sicómoro

Un árbol grande de hojas perennes que crece a una altura de doce a quince metros. El tronco tiene una circunferencia mayor a los seis metros y medio. Este se bifurca cerca del suelo y las ramas se desplazan hacia afuera.

Las hojas del sicómoro, a veces llamadas higos de sicómoro, tenían forma de corazón y se parecían a las hojas de la mora. El fruto era similar al higo verdadero pero inferior en calidad (Am 7.14). Estos higos amarillos crecían en racimos cerca de las ramas.

El sicómoro era el árbol al que Zaqueo se subió para poder ver a Jesús (Lc 19.4).

Tamarisco

Árbol pequeño con follaje espeso y espigas de flores rosadas. Proporcionaba sombra amplia a los viajeros del desierto (1 S 22.6). A veces se traduce árbol, arboleda o roble.

Uña aromática

Una resina pegajosa café oscura que se obtenía del tallo y las hojas de una especie de la jara. La uña aromática era un ingrediente utilizado en el aceite de unción (Éx 30.34). Tenía gran valor debido a su fragancia y cualidades medicinales.

La jara era un arbusto que crecía hasta un metro de alto y que tenía grandes flores blancas que medían ocho centímetros al través. Algunos eruditos creen que la sustancia llamada mirra en Génesis 37.25 y 43.11 era la uña aromática.

Uvas

Fruta deliciosa cultivada en viñedos. Los espías israelitas encontraron en Palestina grandes racimos de uvas que pesaban cerca de cinco kilos (Nm 13.23).

Las uvas se usaban de muchas maneras. Se las comía frescas o secas y se hacía con ellas vino o vinagre. Las uvas secas se llamaban pasas.

El suelo y el clima de Palestina era muy apto para las uvas. Se las cultivaba mucho antes de que los israelitas ocuparan la tierra (Gn 14.18). Los viñedos se cercaban para protegerlos de animales salvajes (Cnt 2.15). En cada viña se levantaba una torre y se ponía un guardia para protegerlas de ladrones (Mt 21.33).

Se contrataban labradores que cuidaban y podaban los viñedos anualmente (Lv 25.3; Is 61.5). Con gran festividad se colectaban las uvas en canastos durante septiembre y octubre (Jue 9.27, Is 16.10).

Las uvas escogidas se secaban o se comían frescas y el resto se ponía en prensas para extraer el jugo (Is 61.5; Os 9.2-4). Se tomaba fresco o fermentado.

Jesús aludía su relación con sus seguidores refiriéndose a sí mismo como la vid y a ellos como los pámpanos (Jn 15.5). El fruto de la vid simbolizaba el derramamiento de la sangre de Jesús (Mt 26.27-29). También hizo uso de la viña en muchas de sus parábolas (Mt 9.17; 20.1-6; 21.28-32; Lc 13.6-9).

PLATA Metal brillante y maleable que se menciona mucho con el oro pero que es considerado inferior. Algunas veces se encuentra casi puro, pero frecuentemente está entre las rocas o en combinación con otros metales (Job 28.1). El único país que se nombra en la Biblia como productor de plata es → Tarsis (Jer 10.9; Ez 27.12), aunque los israelitas la importaban de Tiro (1 R 10.22, 27). El proceso de extracción y refinamiento se relata en Sal 12.6; Zac 13.9; Mal 3.3.

La plata se empleaba para hacer copas (Gn 44.2), en joyería, en ornamentación (Gn 24.53; Éx 3.22) y en la fabricación de ídolos (Éx 20.23; Dt 29.17). Se usó en la construcción del tabernáculo, del templo y todos sus utensilios (Nm 10.2; 1 R 7.51).

Literalmente la palabra de Dios, la lengua del justo, la sabiduría y el buen consejo se comparan con la plata (Sal 12.6; Pr 8.10; 10.20; 16.16). El proceso de su refinamiento en el crisol es figura de la → PURIFICACIÓN mediante tribulación. Varios escritores bíblicos mencionan la plata en lenguaje figurado (por ejemplo Sal 66.10; Mal 3.3; 1 Co 3.12, 13).

PLAZA Área grande y abierta que, tanto en las ciudades antiguas como en las modernas, ocupa el centro de la vida activa de una población. Antiguamente se solía construir a los lados de las plazas templos, mercados, teatros, portales, tribunales de justicia, baños y otros edificios públicos. En conjunto a veces presentaba un magnífico espectáculo.

En las plazas se celebraban reuniones populares o bien los filósofos discutían sus

Flores silvestres cerca de Jerusalén, en el valle de Cedrón. El salmista probablemente tenía flores como estas en mente al hablar sobre lo efímera que es la vida (Sal 103.15,16).

P

Foto de Gustav Jeeninga

doctrinas (Hch 17.17s); los estadistas deliberaban allí, se publicaban los decretos, se anunciaban las noticias y acudían personas en general por negocios o distracción (Mc 7.4). A las plazas acudían los obreros en busca de trabajo (Mt 20.3-7) y los muchachos a jugar (Lc 7.32). Juntamente con la → PUERTA de la ciudad, era el lugar más frecuentado.

A las plazas también iban los fariseos y los escribas porque amaban «las salutaciones en las plazas» (Mt 23.7; Mc 12.38). Se las arreglaban para que las horas fijas de oración les «sorprendieran» en tales lugares públicos (Mt 6.5).

PLENITUD Traducción del término griego, *pléroma*, el cual tiene tres significados: «lo que llena», «lo que está lleno», y «lo que cumple o completa». En el Nuevo Testamento aparece 17 veces y se usa tanto en sentido teológico como general.

En sentido general puede referirse a un remiendo puesto para «llenar» el vestido viejo (Mt 9.16; Mc 2.21); a unos pedazos que llenaban los cestos (Mc 6.43; 8.20); o a lo que llena la tierra (1 Co 10.26,28, cita del Sal 24.1).

El sentido teológico de plenitud incluye:

1. La plenitud (el número completo) de Israel y de los gentiles (Ro 11.12,25).

2. La plenitud (cumplimiento) de la → LEY, que se halla en el amor (Ro 13.10).

3. La plenitud (cumplimiento) de los → TIEMPOS en el plan de Dios, cuando llega el momento de realizar su voluntad (Gl 4.4; Ef 1.10).

4. «Toda la plenitud de Dios» que puede llenar al creyente, según la oración de Pablo (Ef 3.19).

La plenitud de Cristo en sus diferentes aspectos, sin embargo, encierra el máximo valor teológico del término: la plenitud (abundancia), llevada por Pablo, de la bendición del evangelio de Cristo (Ro 15.29); la plenitud de la iglesia que es el cuerpo de Cristo (Ef 1.23); la madurez a la cual el creyente puede llegar (Ef 4.13) y la plenitud

de Dios que habita corporalmente en Cristo (Col 1.19; 2.9).

En la época de Pablo, los estoicos usaban el término *pléroma* para describir el universo lleno de la presencia de Dios. Puede ser que el apóstol combatiera estas ideas, u otra del → GNOSTICISMO primitivo, con su doctrina de «Cristo la plenitud». Más probable es, sin embargo, que tuviera en mente las afirmaciones bíblicas y apócrifas sobre la → SABIDURÍA de Dios (*Sabiduría* 1.7; *Eclesiástico* 24.8-12,25-31; Pr 8.12–9.6, → LOGOS) que corre caudalosamente y lo llena todo. (→ ESPÍRITU SANTO.)

Bibliografía:
DTB, Col 821-828. *VTB*, pp. 619ss.

PLENITUD DEL ESPÍRITU → ESPÍRITU SANTO.

PLÉYADES Siete estrellas que forman una subconstelación de Tauro. Se mencionan tres veces en la Biblia: Job 9.9; 38.31 y Am 5.8. Simbolizan unión firme y constante. Y como en la Tierra Santa las pléyades aparecen durante la primavera, son augurio de esperanza y alegría, especialmente para pastores como Job y Amós.

PLINIO, EL JOVEN Cayo Cecilio Secundo, llamado «El Joven». Miembro de una familia rica, del orden ecuestre. Quedó huérfano muy joven y lo adoptó su tío Plinio «el Viejo». Estudió retórica y adquirió fama como abogado. Fue senador, tribuno militar en Siria, tribuno de la plebe y pretor. Alcanzó el consulado y llegó a ser augur. Trajano le nombró propretor de Bitinia (111–112). De su obra, la correspondencia es la más apreciada.

Sus *Epístolas* se agrupan en diez libros. A pesar del estilo un poco afectado, sus cartas tienen gran valor documental, sobre todo las dirigidas a Trajano durante su estancia en Bitinia. Tratan de problemas de la época, sobre todo de la administración de las provincias y de la suerte de los cristianos para los que Plinio «el Joven» recomienda tolerancia. Esta carta, junto con la respuesta de Trajano, son importantes evidencias de la actitud oficial que se asumía con relación a los cristianos. No se menciona en la Biblia

PLOMO Metal pesado, considerado como escoria de la → PLATA. Es el último en la lista de Nm 31.22. Los hebreos conocían el procedimiento para separarlo de la plata (Jer 6.29; cf. Sal 12.6). Se obtenía de la península de → SINAÍ y se importaba de → TARSIS (Ez 27.12).

En relación con su uso solo se habla de su pesadez (Éx 15.10; Am 7.7). El significado de Job 19.24 es oscuro. Su depuración prefigura la disciplina de Dios para su pueblo (Jer 6.29,30).

PLUMA Para escribir sobre materiales blandos, tales como el papiro, algunas pieles, el género y el pergamino, antiguamente se usaba un pincel fino de pelo, el cual se mojaba en → TINTA. Posteriormente se usó una caña, preparada con una especie particular de cuchillo (Jer 36.18,23; cf. 3 Jn 13), la cual al principio no tenía una punta dividida. El uso de pluma de aves es desconocido en la Biblia.

Para inscripciones en piedras (Éx 24.12; Job 19.24) o en láminas metálicas se usaba a manera de borrador cuando se escribía en tablillas cubiertas de cera (Lc 1.63; → ESCRITURA).

POBREZA La miseria preocupa tanto a Dios (Sal 146.7-9) como a la persona sensible (Job 24.1-12; Ec 4.1-3) y al Mesías (Is 11.4). La pobreza no es ni el propósito divino (Gn 1 y 2) ni el destino del hombre (Ap 21 y 22). Nuestro Creador es un Dios rico (Sal 24.1; 50.10,11), capaz de suplir las necesidades de sus hijos (Mt 6.33; Flp 4.19) y está determinado a lograr → JUSTICIA para los pobres (1 S 2.5-8; Lc 1.51-53).

Originalmente, la pobreza fue el resultado de la caída del hombre (Gn 3.17-19). El pecado y el consecuente juicio divino en sus

múltiples formas siguen causando la pobreza, según la teología del → PACTO (Lv 26.14-45; Dt 28.15-68).

Sobre muchos de los factores mencionados en la Biblia como productores de la pobreza, el individuo tiene poco o ningún control. Se mencionan, por ejemplo, la explosión demográfica (Éx 1.7); la opresión de las minorías (Éx 1.8-14); la opresión económica por naciones extranjeras (Jue 6.1-5; 5.8-10; Am 2.6,7; 5.10-13; Miq 2.1-11); las guerras y el hambre (2 R 6.24–7.20); la sequía (1 R 17.1-16); la enfermedad (Mc 5.25,26); el mal gobierno (1 S 8.10-18; Ez 22.23-31,34; Miq 3.1-4,9-12); la burocracia (Ec 5.8); la muerte prematura (2 R 4.1-7); la emigración (Rt 1.1-6), etc.

Sin embargo, a veces la persona en particular es culpable de la pobreza. Por ejemplo, oprime y extorsiona a los pobres (Is 58.1-12); se olvida de los diezmos y el cuidado del templo establecido por Dios como garantía de bienestar (Hag 1.1-11; 2.6-9,18,19; Mal 3.6-12); profana el sábado (Is 58.13,14) y es perezoso (Pr 6.6-11; 10.4). Además, la situación se agrava por la ignorancia (Pr 13.18; 21.5), los vicios, la extravagancia (Pr 21.17; 23.19-21), etc.

Dios, que es veraz y justo, se compromete en las promesas de su pacto a restaurar a la persona redimida y a volverla a la prosperidad (Gn 12.2; 13.2; 15.2,14; 26.12-14; Lv 26.3-13; Dt 8; 28.1-14; 2 Co 9.8-11; Heb 11.6; Ap 3.21). Por eso, aun en medio de la pobreza, Dios es digno de adoración, alabanza, confianza y esperanza (Sal 103.6; 112; 2 Co 9.9; cf. Jn 12.1-8).

Para la resolución del problema de la pobreza la Biblia enseña:

1. La identificación del cristiano con los pobres tanto en actos (Lc 2.7; 9.58; 2 Co 8.9; Flp 2.5-8) como en actitud (Mt 5.3; 1 Ti 6.17; Stg 1.9-11; Ap 3.17).

2. La evangelización sin distinciones (Is 61.1,2; Lc 4.18; Stg 2.1-7; cf. Éx 6.6-9).

3. Cambios sociales, políticos, etc. (Gn 47.20-26; Éx 22.25-27; 23.6-13; Lv 14.21; 19.9,10,13-18; 23.22; 25; Dt 14.22-29; 15.1-18;

P

24.6,10-15,19-22; 26.12-15; Is 58.6; Am 5.15; Lc 4.18).

4. La práctica de la caridad individual (Mt 6.2-4; 25.31-46; Lc 6.30; 14.12-14; 18.22; 19.8). En esta labor, la → RIQUEZA es uno de los dones del Espíritu (Ro 12.8; 1 Ti 6.17-19); pero implica el peligro del engreimiento (Dt 32.9-18; Lc 18.24; 1 Ti 6.9,10). La responsabilidad cristiana empieza con la familia (Mc 7.9-13; 1 Ti 5.8) y con los hermanos en la fe (Ro 15.26; 2 Co 8-9; Gl 2.10; 6.10; Stg 2.14-17). La ayuda se administra a través de la → IGLESIA local (Hch 2.44-47; 4.32–5.11; 6.1-6; 1 Ti 5.3-16).

5. La oración (Éx 2.23-25; 3.7-10; Lc 11.3).

6. La alfabetización e instrucción bíblica universal (Dt 6.4-9,20-25; Pr 3.13-18; 8.1-4,18; Miq 4.1-4).

PODER DE DIOS La poesía hebrea celebra con singular sentimiento el poder de Dios. El verdadero poder o capacidad de ejercer verdadera → AUTORIDAD corresponde solamente a Dios (Sal 62.11). El poder de Dios se manifiesta en la creación y Dios mantiene a esta con su poder (Sal 65.5-8; 148.5). Dios concede parte de su autoridad al género humano (Gn 1.26ss; Sal 8.5-8), pero en muchas ocasiones interviene activamente en los asuntos de su pueblo Israel, por ejemplo, y lo redime mediante su acción directa (Éx 15.6; Dt 5.15ss).

Los antiguos nombres hebreos aplicados al Dios de Israel, tales como «el Fuerte de Jacob» (Gn 49.24), «el Fuerte de Israel» (Is 1.24), «El Shadai» (Éx 6.3) y «Él» (Gn 33.20), revelan un alto concepto del poder de Dios.

En el Nuevo Testamento las palabras griegas *dynamis y exousía* expresan el poder de Dios, y las doxologías celebran este poder manifestado en Cristo (por ejemplo, 1 Co 1.24). *Exousía* significa autoridad derivada o conferida, garantía o derecho de hacer algo (Mt 21.23-27), y en este sentido Jesús es portador de la autoridad de Dios. *Dynamis* expresa habilidad o energía en el creyente (Ef 3.16), acción poderosa (Hch 2.22) o espíritu poderoso (Ro 8.38; cf. Mt 28.18). Cristo

actúa por el poder que recibió de su Padre para perdonar pecados y para echar fuera demonios o espíritus malignos, y a su vez confiere este poder a sus discípulos (Mt 9.6; 10.1). A ellos dio potestad de ser hechos hijos de Dios (Jn 1.12) y cooperar en la tarea evangelizadora (Mc 3.15).

Jesús inició su ministerio en el poder (*dynamis*) del Espíritu (Lc 4.14; 5.17). En el Nuevo Testamento el poder de Dios se manifiesta armoniosamente en las acciones de la Trinidad (Mt 11.25; Jn 5.17). En el mensaje del apóstol Pablo la resurrección de Cristo es la prueba más sobresaliente del poder de Dios (Ro 1.4; Ef 1.19ss; Flp 3.10).

Bibliografía:
VTB, pp. 623-628. *DTB*, col. 831-835.

POESÍA HEBREA La contribución más significativa que el pueblo hebreo ha hecho a la literatura universal es su poesía. Una tercera parte del Antiguo Testamento es poesía. Salmos, Proverbios, Cantares, Lamentaciones, Abdías, Miqueas, Nahum, Habacuc y Sofonías son libros enteramente poéticos, lo mismo que gran parte de Job, Isaías, Oseas, Joel y Amós.

La poesía de la Biblia tiene carácter eminentemente religioso pero hay también algunos trozos de poesía secular; por ejemplo, la canción del pozo (Nm 21.17,18), la del matrimonio de Rebeca (Gn 24.60), la endecha de David (2 S 1.17-27), la canción de victoria (Jue 5) y la de la viña (Is 5.1-7).

Poesía religiosa

La poesía religiosa se divide en cuatro clases generales:

1. La lírica, cuya forma más hermosa son los Salmos, pero que también se muestra en los libros históricos.

2. La gnómica o proverbial que se halla en los Proverbios, parte de Eclesiastés y en muchos aforismos esparcidos por el Antiguo Testamento.

3. La dramática que se encuentra especialmente en Job, uno de los más hermosos poemas de la literatura universal, y posiblemente en → CANTARES que ha sido interpretado como un drama poético que ensalza el amor humano.

4. La elegíaca que se ve en Lamentaciones y en otras endechas y cantos fúnebres contenidos en los libros históricos y proféticos.

Más que por su rima, que raras veces aparece en el Antiguo Testamento, la poesía hebrea se distingue por otras dos características de forma: el acento rítmico y el paralelismo. Los versos de la poesía hebrea se caracterizan por su énfasis acentual y entre estos el verso corriente puede tener dos, tres o cuatro acentos. El acento rítmico hebreo se determina según el número de palabras significativas que tenga el verso. Normalmente cada palabra encierra una idea y se cuenta como una unidad acentuada del verso, pero a veces dos palabras cortas se consideran como una sola o una palabra larga se puede contar como dos unidades. Los poetas hebreos diferían de los modernos en que al componer un verso solamente consideraban las sílabas acentuadas, y a veces introducían entre estas tres o cuatro sílabas no acentuadas. El ritmo más común era de dos versos con tres acentos en cada uno, o con tres en el primer miembro y dos en el segundo. Los versos individuales se unían por lo que se conoce con el nombre de paralelismo. Este es una «rima de sentido» (no de sonido), y se puede apreciar aun en las traducciones.

Clases comunes de paralelismo

Hay tres clases comunes de paralelismo:

1. El *paralelismo sinónimo*, en el que el segundo miembro simplemente repite con diferentes palabras el pensamiento del primero. Ejemplos:

«El que mora en los cielos se reirá;
El Señor se burlará de ellos» (Sal 2.4).

«Él no ha hecho con nosotros conforme a nuestras iniquidades,
Ni nos ha pagado conforme a nuestros pecados» (Sal 103.10).

2. El *paralelismo antitético*, en el que el segundo miembro establece un contraste con el primero. A veces se repite en forma negativa el pensamiento del primero.

«Los leoncillos necesitan, y tienen hambre;
Pero los que buscan a Jehová no tendrán falta de ningún bien»
(Sal 34.10).

«La gloria de los jóvenes es su fuerza,
Y la hermosura de los ancianos es su vejez» (Pr 20.29).

La mayoría de los versos pareados en Proverbios 10.1 a 22.16 son paralelismos antitéticos.

3. El *paralelismo sintético* o progresivo. El segundo verso completa el pensamiento del primero, extendiéndolo o explicándolo más.

«Oh Israel, confía en Jehová;
Él es tu ayuda y tu escudo» (Sal 115.9).

«A ti alcé mis ojos,
A ti que habitas en los cielos» (Sal 123.1).

Se han clasificado otros tipos de paralelismo, pero casi todos son variaciones o combinaciones de las clases básicas. El paralelismo emblemático emplea una metáfora o símil en el segundo miembro para ilustrar el pensamiento del primero (por ejemplo, Sal 103.11-13; 129.5,6; Pr 26.20,21). El paralelismo ascendente emplea en el segundo verso palabras del primero para completar el pensamiento (por ejemplo, Sal 29.1,2; 96.7).

P

El acróstico en la poesía hebrea

Un acróstico es una composición poética en que las líneas se ordenan conforme a la letra con que comienza la primera palabra con el propósito de formar una palabra, frase o secuencias de letras de un alfabeto.

El mejor ejemplo de un acróstico lo hallamos en el Salmo 119, basado en el alfabeto hebreo de 22 letras. Ese Salmo tiene ciento setenta y seis versículos, divididos en veintidós secciones de ocho versículos. Cada sección corresponde a una letra del alfabeto hebreo, y cada línea dentro de una sección comienza con una palabra cuya letra inicial es la letra del alfabeto correspondiente.

Partes de los salmos 9, 10, 25, 37, 111, 112 y 145 son acrósticos. También lo son

Lamentaciones 1–4 y los últimos veintidós versículos del libro de Proverbios, que contiene una descripción de la esposa virtuosa (Pr 31.10-21).

El propósito del acróstico es ayudar en la memorización del texto.

Otras características de la poesía hebrea

El hecho de que la poesía hebrea contenga poca rima no significa que le falte fuerza y hermosura. Los autores empleaban muchas veces una aliteración que es imposible comprender a través de una traducción. Muchas veces empleaban juegos de palabras tales como la paronomasia para crear un efecto dramático en sus conclusiones. Isaías (5.7 VM) termina su parábola de la viña diciendo que Dios esperaba, *mishpat* (justicia) y halló *mishpah* (derramamiento de sangre), esperaba *tsedhacá* (rectitud) y halló *tseacá* (un grito de terror). La poesía hebrea es vigorosa porque describe las ideas en función de los cinco sentidos. El autor exclama: «Mi garganta se ha secado», o «Han desfallecido mis ojos», o «Se envejecieron mis huesos».

Todo esto enseña al lector que hay que interpretar los poemas de la Biblia según las normas de la poesía hebrea y no como prosa literal. Especialmente en el caso del paralelismo sinónimo, es importante que el lector entienda la forma literaria y no imagine que los versos representan ideas distintas. También hay que tomar en cuenta las figuras y las metáforas, no buscando un significado exacto y literal para cada expresión. Cuando se lee en Jueces 5.20: «Desde los cielos pelearon las estrellas; desde sus órbitas pelearon contra Sísara», se sabe que estas afirmaciones no deben entenderse literalmente sino como figura para indicar que los hechos de Sísara eran tan perversos que repugnaban hasta a la naturaleza. El Salmo 114 describe la liberación de los hebreos de la esclavitud de Egipto y su entrada en Canaán en los siguientes términos:

«El mar lo vio, y huyó,
El Jordán se volvió atrás.
Los montes saltaron como carneros,
Los collados como corderitos».

Los salmos son poesías sublime y sería grave error interpretarlos como prosa. Se les llama adecuadamente *El himnario del pueblo hebreo*, y por su poesía sublime ha traído consuelo e inspiración a multitudes a través de los siglos.

POLILLA Insecto lepidóptero semejante a una pequeña mariposa nocturna que, en estado de larva, corrientemente se llama → GUSANO. En casi todas las ocasiones se le menciona en la Biblia por sus cualidades destructivas, especialmente de las telas («como ropa de vestir, serán comidos por la polilla», Is 50.9; 51.8; cf. Job 13.28). Su acción es símbolo de destrucción y aniquilación (Job 4.19; 27.18; Os 5.12; Mt 6.19).

POLVO El polvo y la → CENIZA puestos sobre la cabeza eran señal de duelo; sentarse en el polvo lo era de aflicción; morderlo era expresión de derrota o vergüenza (Gn 3.14; Sal 72.9; Is 3.26; Lm 3.29). El polvo prefigura el sepulcro (Gn 3.19; Job 7.21). Su abundancia es imagen de multitud (Gn 13.16).

Sacudirse el polvo de los pies contra alguien en aquellos tiempos era señal de protesta terminante (Mt 10.14; etc.).

POLLINO → ASNO.

PONTO Porción oriental de la franja de territorio al norte de Asia Menor que colinda con el mar Negro. La dinastía de los Mitrídates reinó en el Ponto desde 302 hasta 63 a.C., cuando Pompeyo derrotó a Mitrídates VI. Roma dividió el Ponto y formó, con la parte occidental, la provincia de Bitinia y el Ponto propiamente dicho; el resto lo distribuyó entre los reyes de Galacia (Pontus Galacticus) y otros gobernadores locales.

En 1 Pedro 1.1, Ponto se refiere a la provincia romana. Se dice de → AQUILA que era oriundo de la provincia romana de Ponto (Hch 18.2). En Hechos 2.9, Ponto puede designar la provincia o el antiguo reino.

PORTERO Persona encargada de cuidar una puerta para evitar que entraran personas no autorizadas (1 Cr 15.23,24; allí se encontraba el arca).

En los días de David había cuatro mil porteros en la casa de Jehová (1 Cr 23.5). Además de cuidar o trabajar en la puerta, se les confiaban otras responsabilidades, tales como cuidar las cámaras y los tesoros de la casa de Dios (1 Cr 9.17-29). Algunos de ellos eran → LEVITAS y cuidaban los utensilios del santuario.

Como permitía o negaba la entrada de visitas, el portero en la casa de los ricos se consideraba una persona importante. En ocasiones este trabajo lo desempeñaban mujeres (Jn 18.16).

PÓRTICO Lugar cubierto delante de una fachada, cuya bóveda se sostiene con columnas generalmente decoradas. En el Antiguo Testamento se habla del «pórtico de Jehová», la parte delantera del templo de Salomón. Delante de este pórtico había un altar, el cual el rey Asa reparó después de haber oído al profeta Azarías y como parte de una reforma religiosa (2 Cr 15.8). Algo parecido sucedió en los días de Ezequías (2 Cr 29.17).

El Nuevo Testamento habla del «pórtico de Salomón» como parte del templo de Jerusalén. Fue allí donde Cristo discutió con algunos judíos (Jn 10.23). En este pórtico la gente se congregó, algún tiempo después, para ver el milagro de Pedro y Juan al curar a un cojo (Hch 3.11). Allí también los apóstoles hicieron otras maravillas y prodigios en presencia y a favor del pueblo (Hch 5.12). Este pórtico tenía dos hileras de columnas y protegía el lado oriental del santuario del inclemente viento que llegaba del desierto.

POSTES (traducción de la voz hebrea, *mezuzá* [«jambas» en BC y BJ]). Largueros a los que iban aseguradas las puertas mediante bisagras giratorias. Fueron rociados con la sangre del cordero pascual (Éx 12.7). En ellos y sobre el dintel de las puertas se escribían textos de la Ley, que el israelita piadoso tocaba al salir de casa, para luego besarse los dedos de la mano. Esto daba un sentido religioso a la antigua superstición de escribir textos mágicos sobre los postes y dinteles de las puertas para ahuyentar a los demonios. En el judaísmo posbíblico, la palabra mezuzá llegó a designar el pergamino que contenía los versículos de Deuteronomio 6.4-9; 11.13-21, el cual se fijaba en los postes y dinteles de la casa del judío fiel.

POTESTAD → AUTORIDAD.

POTIFAR Oficial del faraón, capitán de la guardia y amo de José, a quien compró de los madianitas como esclavo y lo hizo mayordomo de su casa. La esposa de Potifar trató de seducir a José, pero al no lograr su propósito, incitó a Potifar a que lo encarcelara, alegando que había tratado de violarla (Gn 37.36; 39.1-20).

POTIFERA Sacerdote de → ON cuya hija, → ASENAT, fue esposa de José (Gn 41.45,50) y madre de Manasés y Efraín (Gn 46.20). El nombre Potifera se halla en varias formas en los antiguos monumentos egipcios.

POZO Perforación hecha en el suelo hasta llegar a una vena de agua, o al nivel que permite recoger el agua que se filtra por sus paredes. En tiempos bíblicos, era una manera de obtener agua y no debe confundirse con una → FUENTE (cf. Jn 4.14).

Para los pueblos habitantes de las tierras bíblicas, y especialmente para los que vivían de la ganadería o el pastoreo, la existencia de un pozo era vital (Gn 26.14-33; Éx 2.16-19). Abraham, Isaac y los descendientes de estos vivieron en el → NEGUEV, región desértica en el sur de Palestina, y dependían del agua de pozo para vivir. Por esta razón los enemigos de Isaac cegaron los pozos que había perforado Abraham.

Los nombres como «Beerseba» (*Beer* que significa pozo) eran topónimos típicos de las regiones desiertas, en las cuales era necesario hacer perforaciones profundas (Jn 4.11).

El agua se extraía con cántaros atados con cuerdas y, a veces, con la ayuda de poleas. Ir a buscar agua al pozo era trabajo exclusivo de las mujeres (Gn 29.10; 1 S 9.11; Jn 4.5ss; pero cf. Lc 22.10). Ellas, especialmente, se reunían a la orilla de los pozos, pues estos eran también una especie de plaza pública en la sociedad seminómada (Gn 24.11).

El término «pozo» se utiliza también en sentido figurado (Cnt 4.15; Pr 5.15; 23.27; Is 36.16). (→ AGUA; ESTANQUE; CISTERNA.)

PREDESTINACIÓN → ELECCIÓN.

PREDICACIÓN Proclamación pública y abierta de la actividad redentora de Dios en Jesucristo y por medio de Jesucristo. Los verbos que la señalan en el Nuevo Testamento destacan el sentido original del término. El más característico, y que ocurre más de 60 veces, es *kérysso*: «proclamar como heraldo». Antiguamente el heraldo era una figura de considerable importancia, pues era una persona de carácter íntegro a quien el rey o el estado empleaba para hacer sus proclamas públicas. Predicar es proclamar como heraldo el mensaje de las buenas noticias de la → SALVACIÓN.

Euangelízomai (traer buenas nuevas) es un verbo usado más de cincuenta veces en el Nuevo Testamento; recalca la cualidad del mensaje, en contraste con *kérysso* que subraya la actividad de la predicación.

Estos conceptos ni se originan en el Nuevo Testamento ni se limitan a él. Los → PROFETAS del Antiguo Testamento, al proclamar el mensaje de Dios bajo el impulso divino, fueron precursores de los heraldos apostólicos. Jonás fue enviado a «predicar» (*kérysso* en la Septuaginta) y aun Noé fue designado «predicador [*kéryx*] de justicia» (2 P 2.5).

Los distintivos sobresalientes de la predicación del Nuevo Testamento son dos. El primero es su sentido de compulsión divina. Marcos 1.38 registra que Jesús no quiso volver a los que le buscaban por su poder sanador, sino que se esforzó en ir a las aldeas vecinas para «predicar» allí, «porque para esto he venido». Pedro y Juan respondieron a las restricciones del → SANEDRÍN con la declaración: «No podemos dejar de decir las cosas que hemos visto y oído» (Hch 4.20). «¡Ay de mí si no predicare el evangelio!», clama San Pablo en 1 Corintios 9.16. Este sentido de compulsión es la condición esencial de la verdadera predicación, pues esta no es la mera recitación de verdades neutrales, por interesantes y morales que sean; es más bien Dios irrumpiendo en los asuntos vitales del hombre y confrontándolo con la demanda de una decisión. Esta clase de predicación provoca oposición y Pablo nos ha legado una lista de sus sufrimientos por causa de ella (2 Co 11.23-28).

El otro distintivo sobresaliente de la predicación apostólica es lo diáfano de su mensaje y motivación. Puesto que la predicación de-

A veces se construían larguísimas escaleras para facilitar acceso conveniente a pozos, como este en la antigua ciudad de Saretán.

Foto de Gustav Jeeninga

manda fe, es de vital importancia que sus elementos no sean oscurecidos por la «elocuencia de humana sabiduría» (1 Co 1.17; 2.1-4). Pablo rehusó proceder con astucia o engaño, «adulterando la Palabra de Dios»; antes bien procuró recomendarse ante la conciencia de cada persona mediante la clara presentación de la verdad (2 Co 4.2). La conmoción interna del corazón y la conciencia del hombre (que es el nuevo nacimiento) no resulta de la influencia persuasiva de la retórica sino de la clara y franca presentación del evangelio con toda su simplicidad y poder.

El contenido de la predicación en el Antiguo Testamento apunta a la venida del Mesías, Rey de Israel. Igualmente, en los Evangelios Jesús se presenta como el que «proclama el → Reino de Dios». En Lucas 4.16-21, interpreta su propio ministerio como el cumplimiento de la profecía de Isaías. Él es el Mesías-Siervo en quien por fin el Reino de Dios se realiza. En el resto del Nuevo Testamento, Cristo es el contenido del mensaje de las predicaciones y Pablo lo sintetiza en 1 Corintios 15.1-4 (cf. el «crucificado», 1 Co 1.23; el «resucitado», 1 Co 15.12; el «Hijo de Dios, Jesucristo», 2 Co 1.19; y «Cristo Jesús ... Señor», 2 Co 4.5). Pablo también se refirió a los efesios como a quienes había predicado «todo el consejo de Dios» (Hch 20.27).

PREMIO → Recompensa.

PRENDA Objeto que entre los israelitas se daba como garantía por una deuda o un préstamo (Gn 38.17,18; Pr 20.16; 27.13). La práctica de tomar prenda degeneró en abuso y fue necesario dictar leyes más humanitarias al respecto. Por ejemplo, el acreedor no podía penetrar en la casa del vecino a tomar algo en prenda, sino que debía esperar afuera que aquel se la entregara (Dt 24.10,11). No se podían tomar en prenda las muelas de un molino, «porque sería tomar en prenda la vida del hombre» (Dt 24.6). No se podía tomar en prenda el vestido de la viuda (Dt 24.17), y si se tomaba en prenda el vestido

del prójimo, había que devolverlo antes de la puesta del sol (Éx 22.26,27).

Sin embargo, estas leyes humanitarias no siempre se respetaron. Los profetas tuvieron que defender a los agraviados y clamar contra los abusos (Job 22.6; 24.3; Ez 18.7,12,16; 33.15). En tiempos de Nehemías, los israelitas se quejaban de que tenían que dar en prenda a sus propios hijos e hijas para recibir trigo, y de que tenían que empeñar sus campos, sus viñedos e incluso sus hogares (Neh 5.2,3).

PREPARACIÓN Nombre que se daba al día antes del → sábado, en el cual los judíos acostumbraban hacer sus preparativos para el día de reposo (Mc 15.42). Es el día mencionado en relación con la muerte y la sepultura de nuestro Señor (Mt 27.62; Lc 23.54; Jn 19.42). Fue crucificado un viernes que Juan identifica como el 14 de Nisán, la «víspera de la Pascua» (Jn 19.14,31), o «preparación de la Pascua» (Jn 19.42). Así que el → Cordero de Dios dio su vida en la hora precisa en que se sacrificaban en el templo los corderos pascuales.

PRESBITERIO Transcripción del vocablo griego *presbytérion*, que se refiere al conjunto de presbíteros (o ancianos) y que aparece en Lucas 22.66; Hechos 22.5 y 1 Timoteo 4.14.

En las primeras dos citas se refiere al cuerpo de ancianos judíos, y en la última al de los ancianos cristianos. En 1 Timoteo 4.14 casi todas las versiones omiten la traducción y solo transcriben el griego.

El trabajo del presbítero es gobernar la iglesia (1 P 5.2s), visitar a los enfermos (Stg 5.14), y predicar y enseñar la Palabra de Dios (1 Ti 5.17). (→ Obispo; Pastor; Ministerio; Anciano.)

PRESCIENCIA Término que describe la omnisciencia de Dios, y en especial el hecho de que Él sabe todas las cosas de antemano (Sal 139.1-6; Is 46.9s). Todo es un eterno «ahora» para Dios, pues el → tiempo es una propiedad de la creación finita y Dios no está sujeto a ella (Sal 90.4; Is 57.15; cf. 2 P 3.8).

La Biblia enseña que Dios es soberano (Dn 4.35), que actúa según un plan perfecto (Sal 33.11) y que por su presciencia predice lo que va a pasar según su voluntad (Hch 2.23; Ro 8.29; 1 P 1.2). Esto provee la base de la → PROFECÍA; pero, a la vez, suscita un difícil problema: ¿cómo armonizar el libre albedrío y la responsabilidad moral del hombre con la presciencia de Dios? La Biblia no trata de resolver este problema, solo reconoce la responsabilidad humana (Ro 1.18–2.6) y registra las palabras de Dios: «Anuncio lo por venir desde el principio, y desde la antigüedad lo que aún no era hecho» (Is 46.10, → ELECCIÓN).

PRESENTE De manera muy diferente a la costumbre occidental moderna, dar un presente era y es en el Oriente una expresión común de respeto y reconocimiento a un personaje de alto rango o posición. No se acostumbraba, ni se acostumbra, intercambiarlos solamente entre iguales o para demostrar superioridad sobre un subordinado. Mas bien los superiores del Oriente esperaban presentes de sus gobernados o inferiores, y de ninguna manera esta costumbre era considerada señal de corrupción, aunque su propósito, generalmente, era obtener un favor (Gn 32.13; 43.11) o asegurarse una recepción favorable (1 S 16.20; 1 R 14.3).

Los presentes podían consistir en dinero (1 S 9.8; 2 S 18.11), vestidos preciosos, armas y alhajas (Jue 14.12,13; 1 R 10.25), también de animales y comestibles. Por ejemplo, el rey Jeroboam I mandó al profeta Ahías diez panes y tortas y una vasija de miel para consultarle con respecto a la enfermedad de su hijo Abías (1 R 14.2,3). Se daba presentes a los soberanos y a las autoridades (todo Judá daba presentes a Josafat, 2 Cr 17.5), de modo que estos formaban parte de los ingresos regulares de los reyes; aun los tributos exigidos de los pueblos conquistados o más débiles solían llamarse presentes (2 R 16.8; 20.12).

Por otra parte, se condenaba fuertemente la costumbre de ofrecer regalos a los jueces, pues esto se tildaba de cohecho (1 S 12.3; Sal 15.5; Is 33.15) o soborno (Pr 17.23). No se erradicó completamente el soborno ni la corrupción en este sentido, y más bien hubo épocas en que la práctica de este mal se generalizó; pero los profetas supieron denunciarla y condenarla (Is 10.1,2; Jer 22.3; Am 5.12; 6.12; Miq 7.3).

PRÉSTAMO En Israel los préstamos no tenían una dimensión comercial; eran una manifestación caritativa de ayuda al necesitado (Neh 5.1-13). No se permitían los préstamo con fines de lucro (→ USURA). Jehová, como único propietario de la tierra ocupada por los israelitas, exigía de ellos, como condición de su uso, que concediesen préstamo sin intereses a sus hermanos pobres. El Antiguo Testamento prescribía que solo a los → EXTRANJEROS se les podía exigir intereses (Dt 23.20). En estos casos el acreedor recibía una → PRENDA como garantía, pero debía aceptarla bajo ciertas restricciones rigurosas (Éx 22.25,27; Dt 15.1-11; 23.19,20; 24.6,10-13,17). Si lo prestado se perdía, el prestatario estaba obligado a resarcir por ello al prestador (Éx 22.12,13). En general, el préstamo solo era aprobado cuando se hacía por amor al pobre, con temor a Dios y sin fines de usura (Éx 22.25; Pr 19.17).

En el Nuevo Testamento se sigue el mismo espíritu: prestar algo sin exigir intereses, lo cual es una expresión de amor al → PRÓJIMO (Mt 5.42; Lc 6.34,35; 11.5ss). No hay, pues, lugar para durezas ni usuras del acreedor despiadado donde todo debe ser ambiente de hermandad. No se escapa a la Sagrada Escritura esta realidad económica, sino que la ilumina con su ideal de → JUSTICIA social, que no es sino el reflejo de la justicia de Jehová.

PRETORIO (en latín, *lugar del pretor, del que preside*). Inicialmente se denominaba así a la tienda del general en jefe de un campamento militar, pero después también se aplicó a la residencia o el palacio del pretor de una provincia, o de otro gobernador. En Hechos 23.35 pretorio se refiere al palacio de Herodes en Cesarea. El significado que tiene en Filipenses 1.13 es tema de discusión; si → Filipenses se escribió desde Roma, el pretorio es el campamento o cuartel de la guardia pretoriana y los soldados encargados de custodiar el palacio del emperador; pero si Éfeso es el lugar de origen de esta carta, el pretorio es la guardia senatorial acuartelada en esa capital de la provincia de Asia.

En los Evangelios se llama pretorio el edificio donde Pilato sentenció a Jesús (Mc 15.16; Jn 18.28,33; 19.9). Aunque el pretorio de Pilato se hallaba en la ciudad de Cesarea (→ Gobernador), el procurador se trasladaba a Jerusalén durante las fiestas judías de mayor concurrencia, e instalaba también allí su pretorio. En este caso, consistía en un entarimado alto, sobre el cual se colocaba la silla curul, especie de sillón con brazos y sin respaldar (cf. Mt 27.19; Jn 19.13; → Gábata).

Algunos autores creen que el palacio de Herodes Antipas fue el escenario de la condena de Jesús, pero la mayoría de los arqueólogos creen que el pretorio se instaló en la Torre de → Antonia.

Bibliografía:

M. Revuelta, «La localización del pretorio», *Estudios Bíblicos 20*, 1962, pp. 261-317.

PRIMICIAS Clase especial de sacrificios incruentos, que comprendía también los primogénitos del ganado, y cuya presentación ya se conocía en los tiempos más remotos (Gn 4.3ss). Al ofrendar a Dios las primicias y lo mejor de los frutos, se le reconocía como el Señor, dueño y dador de los frutos del campo; todo se debe a su bendición. Habiendo consagrado las primicias a Dios, el hombre podía disfrutar con limpia conciencia del resto de los bienes.

El ofrecimiento de las primicias fue regulado por la Ley Mosaica. Esta hizo de la ofrenda espontánea una obligación religiosa que debía cumplirse frente al santuario y sus ministros, y distinguió entre las primicias solemnes, traídas por la nación como un todo, y las que cada individuo debía dedicar al Señor. Había dos formas y oportunidades para la ofrenda solemne. La primera consistía en presentar delante del Señor una gavilla de cebada, mecida y acompañada por una ofrenda de dos décimas de efa de flor de harina amasada con aceite, y una libación de vino. Se ofrecía el 16 de → nisán, el segundo día de la Fiesta de los Panes sin Levadura, para iniciar la siega (Éx 23.19; Lv 23.9-14; Nm 28.16s).

Siete semanas después se celebraba la verdadera y suprema Fiesta de las Primicias, el → Pentecostés israelita, llamada también la Fiesta de las Semanas. Con ella se terminaba la primera cosecha del año y la recolección de los frutos. Juntamente con dos «panes de las primicias», «mecidos delante de Jehová», se ofrecían siete corderos, un becerro, dos carneros y un macho cabrío (Lv 23.15-20).

Además de estas primicias oficiales al principio y al fin de la primera cosecha, cada israelita debía llevar individualmente una canasta de todos los frutos (Dt 26.2s), aceite, mosto y trigo, todo de lo más escogido (Nm 18.12-19). Se incluían los primogénitos de los animales, para recordar que el Señor los había librado de la esclavitud en Egipto y les había regalado un rico país. Tales primicias, como también los diezmos, constituían las entradas más considerabas de los → sacerdotes y → levitas.

En sentido figurado, Israel debía considerarse las primicias de Dios entre los pueblos, calidad que después habrían de heredar los cristianos como el nuevo pueblo de Dios. San Pablo afirma que Cristo ha resucitado como «primicias de los que durmieron», porque Él es el primero que ha vencido la muerte, y porque será la causa de la resurrección universal al fin de los tiempos (1 Co 15.20).

PRIMOGÉNITO, PRIMOGENITURA La Ley de Israel contenía diversas disposiciones sobre el primogénito. En una sociedad en que se toleraba la poligamia, había que distinguir entre el primogénito del padre (principio de su vigor: Gn 49.3; Dt 21.17) y el primogénito de la madre, es decir, el hijo varón que abría el seno materno (Éx 13.2). En todo caso, la primogenitura representaba una posición privilegiada en relación con otros hermanos reales o posibles.

En ausencia del padre, el primogénito tenía autoridad sobre sus hermanos (por ejemplo, Rubén entre los hijos de Jacob) y hermanas (Gn 24.55,60). En la familia, ocupaba el lugar más alto después del padre. El derecho de primogenitura era muy apreciado (Gn 25.29-34; 27). En casos de mal comportamiento, este derecho podía cederse a otros hermanos (Gn 49.3,4; 1 Cr 5.1,2). En caso de repartición de bienes, el primogénito heredaba el doble de lo que heredaba cada uno de los otros hermanos (cf. 2 R 2.9). Dt 21.15-17 prohíbe despojar al primogénito de su derecho para beneficiar al hijo de la mujer favorita, pero si el primogénito era hijo de una concubina tenía que ceder su derecho si más tarde nacía un hijo de la esposa legítima (Gn 21.9-13; Jue 21.1,2). Esta costumbre se nota en las leyes de → HAMMURABI y en las tablillas de → NUZI.

En el caso de los reyes, la primogenitura implicaba el derecho de sucesión (2 Cr 21.1-3), pero el favoritismo era a menudo un gran riesgo para la elección del sucesor (1 R 1–2; 2 R 11.12,13; 1 Cr 26.10). La Escritura muestra cierta predilección hacia el hijo menor, quizá por ser el menos privilegiado (Jacob, Efraín, David). La palabra primogénito, no obstante, evoca siempre un cariño especial. Por eso se dice que Israel es el primogénito de Dios (Éx 4.22; Sal 89.27; Jer 31.9).

La noche de la Pascua, el Señor había perdonado a los primogénitos de Israel. Por eso, al primogénito de la madre se le tenía como santificado (consagrado) para el Señor (Éx 13.2; Nm 3.13). Los primogénitos de la generación contemporánea del éxodo fueron redimidos mediante la consagración de los levitas (Nm 3.40,41). Posteriormente, cada primogénito era redimido a la edad de un mes, mediante el pago de cinco siclos al sacerdote (Nm 18.16).

Las excavaciones en la Tierra Santa han demostrado que los cananeos acostumbraban sacrificar sus primogénitos y los israelitas lamentablemente imitaron algunas veces (Ez 20.25,26; Miq 6.7). Los primogénitos machos de los animales puros debían ser sacrificados (Nm 18.17,18; Dt 12.6,7), y los de los animales impuros debían ser redimidos (Nm 18.15); en el caso de un asno, había que redimirlo mediante un cordero o quebrarle el cuello (Éx 13.13; 34.20).

Jesús fue el primogénito de su madre (*protótokos*, Lc 2.7; cf. Mt 1.25 → MARÍA), pero nunca se le llama primogénito del padre celestial (Jn 3.16). Sí se nos dice que sus padres hicieron «por él conforme al rito de la Ley» (Lc 2.27).

El concepto de la primogenitura tiene honda repercusión teológica en los escritos bíblicos, principalmente del Nuevo Testamento. Cristo es el primogénito entre muchos hermanos (Ro 8.29), es decir, tiene autoridad sobre todos los hombres, y es el primogénito de entre los muertos (Col 1.18): es el primero en quien se ha cumplido la promesa de resurrección. Él es «el primogénito de toda creación» (Col 1.15 → PRINCIPIO): tiene autoridad sobre todo lo creado (sin que Él mismo haya sido creado). A los creyentes se les llama también primogénitos (Heb 12.23), porque son los más privilegiados entre los hombres.

PRINCIPADOS (en griego, *arjái*, que significa *principios, gobernantes, autoridades*). Una de las categorías de espíritus reconocidas por el judaísmo del siglo I (→ ÁNGEL; DEMONIOS). Para Pablo hay principados cuya acción guarda armonía en el plan de Dios (Ef 3.10; Col 1.16), y los hay opuestos a este plan eterno, pero estos un día serán subyugados por Cristo (Ro 8.38; 1 Co 15.24; Ef 1.21; 6.12; Col 2.10,15).

PRÍNCIPE, PRINCIPAL En el Antiguo Testamento, se trata de una persona de alto rango o autoridad, colocada en eminencia generalmente por selección divina: rey de una nación (1 R 14.7), cabeza de una tribu (Nm 1.16 VM) o dignatario de un reino (Dn 5.1). En Gn 23.6, se habla de Abraham como de «un príncipe de Dios», y la denominación denota tanto a un «gran príncipe» como a un «representante de Dios».

Siete príncipes de Media y de Persia tenían acceso al rey y ocupaban la más alta posición oficial después del mismo rey (Est 1.14). Posiblemente estos eran sus consejeros (Esd 7.14).

El profeta Isaías habla del «Príncipe de paz» (9.6) refiriéndose al Mesías que había de venir.

En el Nuevo Testamento el príncipe era una persona de mucha influencia entre los judíos; por ejemplo, el «príncipe de la → SINAGOGA» (Mc 5.35-38; Lc 8.49; Hch 18.8), o el que dirigía el culto y designaba el lector o predicador (Lc 13.14; Hch 13.5). Aunque no siempre es fácil precisar el papel de un «príncipe» (por ejemplo, Lc 18.18), a veces se refiere a un miembro del → SANEDRÍN (Jn 3.1). Los «príncipes → SACERDOTES» del siglo I d.C. ejercían gran poder religioso y político.

A → SATANÁS a veces se le llama «príncipe de los demonios» (Mc 3.22//) o «príncipe de este mundo» (Jn 12.31; 14.30; 16.11).

PRINCIPIO Traducción más común en el Nuevo Testamento de la palabra griega *arjé*, palabra que generalmente se usaba con sentido de temporal (Mt 24.8; Mc 1.1; Jn 1.1; Heb 1.10), pero no siempre.

Los autores del Nuevo Testamento y los de otras obras griegas contemporáneas a veces usaban *arjé* para aludir a una posición más bien que al tiempo, por ejemplo, en Tito 3.1 (gobernante) y en Lucas 12.11 (magistrado). Es importante notar que aun en español «príncipio» (relativo al tiempo) y → «PRÍNCIPE» (posición) vienen de la misma raíz latina; cf. también → «PRINCIPADOS».

Josefo (*Contra Apión* 2.190) afirma que Dios es el *arjé* de todas las cosas y el Evangelio de Nicodemo (capítulo 23) declara que el diablo es el *arjé* de la muerte. En estos casos la palabra tampoco se refiere a tiempo sino más bien a origen o causa.

La importancia teológica de todo lo anterior es notable. Apocalipsis 3.14 afirma que Jesucristo es «el principio [*arjé*] de la creación de Dios». Si esta voz griega solo tuviera sentido de tiempo, entonces los arrianos y los «testigos de Jehová» tendrían aquí una prueba incontrovertible a favor de su cristología antitrinitaria. Pero hemos visto que se usa por lo menos con otros dos sentidos. La frase bien podría interpretarse como que Cristo es el «príncipe de la creación» o el «principiador [originador] de la creación». Y cualquiera de estos conceptos concuerda mejor con el cuadro neotestamentario de Cristo, que el de considerarlo la «primera cosa creada» (→ MESÍAS; JESUCRISTO).

Es de notarse también que Apocalipsis 21.6 afirma que el Padre eterno también es «principio y fin», descripción que se aplica por igual al Hijo (22.13; cf. 1.8,11).

PRISCILA → AQUILA.

PRISIÓN → CÁRCEL.

PROCÓNSUL Título del gobernador de una provincia romana subordinada al senado (→ PROVINCIA). El cargo duraba un año, pero incluía toda autoridad civil y militar. El Nuevo Testamento menciona a dos procónsules: → SERGIO PAULO (Hch 13.7), procónsul de Chipre cuando Pablo visitó esa isla, *ca.* 47 d.C.; y → GALIÓN (Hch 18.12), quien inició su régimen en Acaya, en 51 d.C., mientras Pablo estaba en Corinto. Lucas usa correctamente el título de procónsul en relación con la provincia de Asia (Hch 19.38), lo cual es un indicio del conocimiento exacto que tenía de las condiciones políticas fluctuantes de la época.

PROFECÍA, PROFETAS Entendido como «la interpretación de la historia que halla el significado de la misma solo en términos del interés, el propósito y la participación divina» (*IDB*), puede decirse que el profetismo comienza con Moisés y que se refleja en la mayoría de los escritos bíblicos. Aunque hallamos en otros pueblos ciertos fenómenos emparentados, en ninguno se halla la profundidad e influencia del profetismo bíblico. La razón es evidente: todo el Antiguo Testamento mira hacia el porvenir. Basado en lo que Dios ha hecho y dicho en el pasado, proclama la espera del cumplimiento pleno de esas promesas. El «día de Jehová» anima no solo los libros proféticos sino también los históricos y los poéticos. El mismo Pentateuco,

Esta inscripción en la ciudad de Tiro contiene los nombres de nueve generales griegos que acompañaron a Alejandro Magno cuando destruyó la ciudad aproximadamente en 333 a.C. Más de doscientos años antes, Ezequiel profetizó la destrucción de Tiro (Ez 26.1-5).

Foto de Howard Vos

basado en el éxodo y el pacto del Sinaí, entrevé el tiempo en que Israel, libre de toda esclavitud, será la nación santa del Dios santo. El Nuevo Testamento, a su vez, ve en Jesucristo y su iglesia el cumplimiento de aquella promesa y por ello valora altamente la profecía del Antiguo Testamento; se extiende hacia la plena realización del Reino, la parusía del Señor, y afirma así una dimensión profética propia.

Terminología

El término hebreo, *nabi*, traducido «profeta», probablemente se deriva de una raíz que significa «anunciar» o «proclamar». El Antiguo Testamento lo aplica a una variedad de personas (Gn 20.7; Éx 7.1; 1 R 17–19; Mal 4.5).

Orígenes

Es sumamente discutido el origen del profetismo en Israel y su posible relación con otros fenómenos semejantes. Varios pasajes hablan de «videntes» y 1 Samuel 9.9 sugiere que así se le llamaba originalmente al profeta. Además, había un profetismo «extático» (en trance o posesión) en las religiones cananeas (cf. 1 R 18.20-40), y es posible que hubiera alguna relación entre este fenómeno y algunas manifestaciones en Israel (1 S 19.18-24). Por otra parte, los grandes profetas (Isaías, Amós, Jeremías) tenían experiencias extáticas (extraordinarias tanto para su tiempo como para nosotros), en las que hallaban un acceso especial a la «palabra de Jehová» y esta llevaba en sí misma una singular señal de autenticidad divina. Indudablemente no se trataba de un trance de absorción, sino de una concentración próxima a la oración, en la que la «palabra» recibida era meditada y articulada por el profeta en un mensaje (Is 10.6ss).

También se ha discutido mucho la relación de los profetas con el culto. Aunque había «bandas» proféticas en los lugares de culto (como en los santuarios no jehovistas), los profetas del Antiguo Testamento no parecen pertenecer a ellas y en algunos casos evidentemente repudiaron esta dudosa institución (Jer 29.26-30). Entre estos profetas de santuario, ocupados de los detalles y pequeños problemas políticos, y el profeta bíblico, con su visión de la acción de Dios en la historia, había una enorme diferencia. Sin embargo, es erróneo pensar, basándonos en unos pocos pasajes tomados aisladamente (Am 5.21-24; Is 1.11,12,14-17), que los grandes profetas se oponían al culto del templo y al sacerdocio, o a toda religión institucionalizada. Se trataba, más bien, de la crítica a la corrupción del culto, ya fuera por la idolatría o por la injusticia: «No puedo aguantar iniquidad y día solemne» (Is 1.13, VM ofrece la traducción más correcta). Los profetas conocen el culto y a menudo citan su ritual, himnos y oraciones. Algunos (Jeremías, Ezequiel) vienen de un trasfondo sacerdotal y otros (Habacuc, Nahum, Joel) muy probablemente participaban en el culto.

En los libros proféticos de la Biblia tenemos la obra directa de los propios profetas (Is 30.8; Jer 29.1s, entre otros pasajes, muestran que los profetas escribían y no solo anunciaban verbalmente sus oráculos). También hay casos de un testimonio indirecto, como el de Baruc, secretario de Jeremías (Jer 36).

Y finalmente, existían escuelas de discípulos de un profetas (por ejemplo, Is 8.16; cf. 50.4) los cuales compilaban sus mensajes.

Características e historia

Aunque el mensaje de la profecía bíblica se halla principalmente en los libros conocidos como «proféticos», no debemos olvidar el profetismo anterior a Amós, ilustrado por figuras como Natán, Elías, Miqueas (1 R 22.8-38) y Eliseo, cuya función fue anunciar el juicio y la voluntad de Dios principalmente a los reyes. El nombre «profeta» se aplica también a Abraham (Gn 20.7), Aarón (Éx 7.1), María y Débora (Éx 15.20; Jue 4.4) y Moisés (Dt 18.18; 34.10). El profeta bíblico reúne algunas características que el NBD resume bien como «un llamado específico y personal de Dios» (Is 6; Jer 1.4-19; Ez 1–3; Os 1.2; Am 7.14,15, etc.); la conciencia de la acción de Dios en la historia; la valiente confrontación de reyes, sacerdotes o pueblos con las demandas y el juicio divinos; el uso de medios simbólicos de expresión y el ejercicio de una función intercesora o sacerdotal ante Dios.

La función primordial del profeta es la proclamación de la «palabra de Dios» que ha

P

Un almendro completamente florecido en Palestina. El profeta Jeremías tuvo una visión de un almendro florecido, simbolizando el juicio venidero de Dios contra su pueblo en pecado (Jer 1.11-12).

Foto de Howard Vos

Profecías del Mesías en Zacarías

Pasaje	Profecía	Cumplimiento
2.10-13	El gobernante en el trono	Ap 5.13; 6.9; 21.24; 22.1-5
3.8	Un sacerdocio santo	Jn 2.19-21; Ef 2.20-21; 1 P 2.5
6.12-13	Un sumo sacerdote celestial	Heb 4.4; 8.1-2
9.9-10	El gobernante sobre un pollino	Mt 21.4-5; Jn 12.15
11.12-13	El precio de 30 monedas de plata	Mt 26.14-15
11.13	La plata usada para comprar el campo de un alfarero	Mt 27.9
12.10	Se traspasa el cuerpo del Mesías	Jn 19.34, 37
13.1, 6, 7	Herida del Pastor Salvador y la diseminación de las ovejas	Mt 26.31; Jn 16.32

recibido. El propósito es llamar al pueblo al arrepentimiento y la conversión a Jehová y a su pacto. Su mensaje se relaciona constantemente con sucesos y circunstancias presentes, de orden político, social o religioso. Pero como estas circunstancias son vistas como parte de la acción de Dios en la historia, el profeta no puede dejar de referirse al futuro para anunciar lo que Dios hará, para inducir a la acción y para certificar su mensaje. No hay duda alguna de que la predicación es parte esencial de la función profética, y muchos profetas manifiestan dones especiales de clarividencia y percepción del futuro. Pero, por otra parte, también existen falsos profetas, que apelan a los mismos dones y pretenden tener palabra de Dios. Pasajes como Deuteronomio 13; 18.9-22; Jeremías 23.9-40; Ez 12.21–14.11 sugieren algunos criterios de distinción. El problema es complejo y el Nuevo Testamento tampoco lo desconoce.

El mensaje de los profetas

Ubicados en el horizonte de la decadencia de los reinos (a partir del siglo VIII a.C.), en medio de las amenazas políticas de los grandes imperios (Egipto, Asiria, Babilonia, Persia) y mientras acompañan a su pueblo en el cautiverio, los profetas anuncian, de diversas maneras pero con fundamental unidad, el propósito de Dios que se cumple en la convulsionada historia del Medio Oriente. IDB

resume el mensaje profético con frases clave de los mismos profetas:

1. «Así dice el Señor». El profeta está consciente de que está al servicio de la palabra de Jehová, que no es un mero anuncio sino la expresión de la voluntad del Dios soberano en acción (Is 55.11; Am 3.8). El profeta no tiene control sobre esta palabra sino que está a su servicio (Jer 20.8b,9; Am 3.8). Toda su vida, hasta sus gestos y acciones simbólicas, dependen de ella (Is 7 y 8; Os 1).

2. «De Egipto llamé a mi hijo». La misericordiosa y divina elección de Israel para un propósito determinado, y las obligaciones que esa elección impone, están siempre presentes en los profetas. Se expresan con las figuras de padre/hijo (Is 1.2; Os 11); propietario/viña (Is 5.1-7), pastor/rebaño (Is 40.11), alfarero/vasija (Is 29.16; Jer 18) y principalmente esposo/esposa (Is 50.1; 54.5; 62.4,5; Jer 2.1-7; 3.11-22; Ez 16.23; Os 1-3). La ética social que admiramos en los profetas tiene su raíz en la justicia del pacto.

3. «Se alejaron de mí». La rebelión que denuncian los profetas no es solo de Israel, sino de todas las naciones (Is 10.5ss; Jer 46–51; Ez 25–32; Am 1 y 2). Dios tiene cuidado de todos los pueblos (Is 19.24; Am 9.7), pero Israel tiene un llamado y por tanto una responsabilidad y una culpa especial (Am 3.2). Su rebelión ha sido total muestra

La moderna villa de Anata está situada cerca del lugar de la antigua Anatot, hogar del profeta Jeremías (Jer 1.1; 11.21).

de infidelidad (Is 1.4,5; 2.6-17; 59.1-15; Jer 2.4-13; 5.20-31; Ez 16), y se manifiesta en la corrupción religiosa, en la injusticia social y sobre todo en el vano orgullo y jactancia que conduce a la ruina.

4. «Regresarán a Egipto». Dios ejecutará su juicio, es decir, corregirá el mal castigando al culpable, vindicando al justo y estableciendo justicia. Los profetas de los siglos VIII–VI a.C. ven como juicio divino la catástrofe nacional que se avecina (Is 22.14; 30.12-14; Jer 5.3,12,14; Os 4.1; Am 3.1; Miq 6.1ss). No es un acto arbitrario de Jehová, pero Israel es conducido de nuevo al cautiverio (de allí la idea del regreso a Egipto) para restaurar la justa relación con Dios.

5. «¿Cómo te he de abandonar?» Para el profeta, aun el juicio inexorable es expresión de la compasión divina (Am 4.6-11). La misericordia (compasión, piedad, → GRACIA) es, más que una calidad del pacto, la naturaleza misma de Dios (Is 54.7,8,10; Jer 3.12; 31.3; Os 11.8ss).

6. «Haré regresar sus cautivos». El juicio es instrumental y disciplinario (Is 1.25; Os 2.14-23; 5.15; Am 4.6-11). Más allá de su ejecución, Dios se propone mantener un → REMANENTE fiel que retoñará para cumplir el propósito divino (Is 7.1ss; Ez 27; Am 9.8bss). La segunda parte de Isaías lo anuncia como una segunda creación, un segundo éxodo (51.9-11). Jeremías discierne un nuevo pacto (Jer 31.31-34).

7. «Luz para los gentiles». La restauración no puede limitarse a la historia de Israel. Los profetas miran más allá a una consumación, un Día del Señor que abarcará en juicio y gracia a todos los pueblos (Zac 14.5-9). En esta expectación se inserta el anuncio del «Siervo del Señor», quien inaugurará un nuevo día para las naciones (Is 49.5,6; 53.4, 5). Esta es la fe final y el mensaje de los profetas (Is 2.2-4; Miq 4.1-3).

Profecías y profetas en el Nuevo Testamento

El mensaje de los profetas halla su cumplimiento en la vida, muerte y resurrección de Jesucristo (Hch 3.24); particularmente en los hechos de la pasión (Lc 24.25-27; Hch 3.18; 1 Co 15.3). La predicación a los judíos partía de esa correlación (Hch 18.28). El Evangelio de Mateo está construido sobre esa base (por ejemplo, 1.22s; 2.5s), pero, más que predicciones en detalle, se trata del propósito redentor de Dios anunciado en los profetas y cumplido en Jesucristo (Jn 6.14; 1 P 2.9s). La promesa del nuevo pacto y del siervo sufriente son los puntos culminantes de esa continuidad.

En el Nuevo Testamento se conoce y tiene en alta estima el don de profecía y la figura del profeta (1 Co 12.10; Ef 4.11; cf. Hch 11.27 y Ef 2.20). Su función parece haber sido anunciar alguna revelación particular recibida de Dios (Hch 19.6; 21.9; 1 Co 11.4s; etc.), edificar o consolar con ese conocimiento de la voluntad de Dios (1 Co 14.1,3,5) o predecir un acontecimiento futuro (Mt 11.13; 15.7; 1 P 1.10).

P

PROFETISA Título o distinción que en el Antiguo Testamento se confiere a cinco mujeres. María la hermana de Moisés (Éx 15.20) y Débora la juez (Jue 4.4), quienes cantaron las victorias de Jehová. Hulda, la profetisa a quien el rey Josías mandó consultar cuando halló el libro de la Ley y quien profetizó el juicio de Jehová sobre el pueblo (2 R 22.14-20; 2 Cr 34.22-28). Noadías la profetisa que se menciona entre los adversarios de Nehemías (Neh 6.14). Isaías se refiere a su esposa como profetisa (Is 8.3). Además, también se habla de profetisas falsas (Ez 13.17).

En el Nuevo Testamento el término se aplica a Ana (Lc 2.36). Las cuatro hijas de Felipe profetizaban (Hch 21.9). Apocalipsis 2.20 habla de una seudo profetisa, Jezabel.

PRÓJIMO Cualquier ser humano respecto a uno mismo. Se le aplica más particularmente a un semejante, es decir, a quien posee características iguales.

Entre las leyes de santidad y justicia que Dios dio por medio de Moisés figura el amor al prójimo (Lv 19.18; Mt 22.39). La práctica del amor implicaba no oprimirlo, no robarle, no codiciar ninguno de sus bienes, no juzgarle injustamente ni atentar contra su vida, no vengarse de él, ni guardarle rencor, etc. (Éx 20.16ss). Era un mandato estimar al prójimo, considerarlo, protegerlo y satisfacerlo en la misma medida y sentido que uno lo hace con uno mismo (Pr 12.26; Jer 22.13).

Los → FARISEOS, en especial, habían circunscrito el significado de «prójimo» a los de su propia nación, a sus amigos y a quienes les favorecieran en alguna forma. Cristo les dio mejor enseñanza. Con la parábola del buen samaritano (Lc 10.25-37), el Maestro explicó la genuina significación del término. El espíritu misericordioso no considera prejuicios ni barreras de ninguna índole para ofrecer ayuda oportuna e incondicional a quien la requiere.

Por excelencia, nuestro protoprójimo es Dios mismo. A pesar de nuestra enemistad, nos socorrió. Ahora nos exhorta a imitarle.

PROMESA La lengua hebrea no conoce ninguna palabra que corresponda al término promesa, o al verbo «prometer». Sin embargo, la noción es común. Ciertos verbos ordinarios, como «deducir» y «hablar», hacen comprender que una palabra pronunciada por Dios tiene el valor de una promesa solemne. La palabra de Dios, una vez pronunciada, es verdad. Y Dios mantiene su palabra. Dos ejemplos clásicos son:

1. El → PACTO de Dios con Abraham (Gn 13.14-17): el anuncio de una posteridad numerosa y el don de la tierra de Canaán.

2. La promesa hecha a David de conservar el reino para sus descendientes (2 S 7.12, 28,29), y la cual se repite a lo largo de la historia del pueblo de Israel.

El recuerdo de estas promesas permanece vivo en la tradición de Israel: el reinado de Dios será el don perfecto de la promesa hecha a Israel (Jer 32.37,38; Ez 28.25,26; 37.25-28). Y el rey eterno que gobernará al pueblo será un nuevo David (Jer 23.5; Ez 34.24; 37.24,25).

La promesa ocupa un lugar central en el Nuevo Testamento, pues este proclama que las promesas que Dios hizo en otro tiempo a los patriarcas y al pueblo de Israel se cumplen en Jesucristo. «Todas las promesas de Dios son «sí» en Él» (2 Co 1.20). El evangelio consiste en proclamar que las promesas se cumplen en la persona de Jesús (Ro 1.2,3). En el Nuevo Testamento las promesas apuntan a la dignidad de hijos de Dios (Ro 9.8), a la herencia (Gl 3.18,29), al Reino (Stg 2.5) y a la vida eterna (Tit 1.2). ¿Quiénes se beneficiarán de la promesa divina? Primeramente el pueblo de Israel (Ro 4.13; 9.4), pero el nuevo pacto no excluye a ninguna persona. La verdadera posteridad de Abraham no son sus descendientes según la carne, sino los que viven la misma fe que él, cualquiera que sea su origen (Ro 4.16).

Dudar del poder de Dios para ejecutar lo que ha prometido es atentar contra su gloria (Ro 4.20-21). Por esto, la herencia está reservada a los que se apropian por la fe de la palabra del evangelio (Heb 4.12). El cumplimiento de la promesa depende solo de Dios y no de los esfuerzos del hombre (Ro 4.16). Todo el que intenta obtener la herencia mediante la observancia de la Ley, anula la promesa, porque se comporta como si la promesa no tuviera valor (Ro 4.13,14; Gl 3.18).

PROPICIACIÓN Satisfacción de la → JUSTICIA de Dios mediante un → SACRIFICIO. Dios es santo y su reacción vindicadora (Sal 7.11; → IRA DE DIOS) solo se aplaca al quitar el pecado que la causó.

En el Nuevo Testamento, la muerte expiatoria de Cristo es la promesa por excelencia (Ro 3.25). Hizo posible que Dios fuera propicio hacia los creyentes y el mundo entero (1 Jn 2.2; cf. Heb 8.12). La promesa destaca la gravedad del pecado, lo grande de la obra redentora de Cristo y la invitación al pecador de apropiarse esa obra perfecta (→ EXPIACIÓN).

PROPICIATORIO (En hebreo, *caporet*) término con el que se designa la plancha de oro que sostenía los → QUERUBINES sobre el arca del pacto (Éx 25.17-22). Los dos querubines, que también eran de oro, estaban frente a frente en los extremos del propiciatorio, lo cubrían con sus alas y formaban con él una sola pieza. Encima del propiciatorio y entre los querubines, Jehová hablaba con Moisés comunicándole sus órdenes (Éx 25.22; Nm 7.89; cf. Lv 16.2 «en la nube sobre el propiciatorio»).

El ritual del gran → DÍA DE EXPIACIÓN prescribía que Aarón pusiera perfume sobre el fuego delante de Jehová; la nube del perfume cubriría el propiciatorio que estaba sobre el testimonio. Esto evitaba que Aarón muriera y probaba la presencia de Dios sobre el propiciatorio. Luego Aarón debía tomar sangre del becerro y rociar siete veces el propiciatorio, para purificar el santuario de las impurezas de Israel (Lv 16.14).

El propiciatorio era prototipo de Cristo. Por eso Pablo declara enfáticamente que Dios ha puesto a Cristo como → PROPICIACIÓN por medio de la fe en su sangre (Ro 3.25).

PROSÉLITO (en griego, *agregado, el que se acerca*). Término que llegó a denominar al convertido de una religión a otra. En la Septuaginta se usa en el sentido de «forastero» o → «EXTRANJERO»; aquel que sin ser judío moraba en Israel y merecía un trato bondadoso (por ejemplo, Lv 19.33; Jer 22.3). A pesar de sus muchos privilegios, inclusive religiosos, el forastero no podía celebrar la Pascua sin ser previamente circuncidado (Éx 12.48). Esta legislación representaba los primeros pasos hacia una actitud más abierta con los que no eran israelitas de nacimiento.

Hasta el tiempo del cautiverio y de la → DISPERSIÓN, parece que los judíos toleraban a los extranjeros, pero no hacían ningún esfuerzo por incorporarlos al judaísmo. Pero para fines del siglo IV a.C. la actitud había cambiado, quizá porque en su dispersión los judíos convivieron con pueblos gentiles desconformes con su propia religión. Algunos manifestaban el deseo de saber más de la religión hebrea, la cual les parecía superior. Poco a poco los judíos comenzaron a fraternizar con estos interesados y a indicarles cómo seguir las pautas morales y participar en la adoración de Jehová. El término «prosélito» comenzó, entonces, a aplicarse a una persona de otra religión y raza que había adoptado la moral y la fe de los judíos.

No todos los líderes israelitas estaban contentos con la admisión de los gentiles; algunos se burlaban de los prosélitos que se judaizaban por motivos sentimentales, económicos, políticos o supersticiosos. Sin embargo, el proselitismo crecía, aun a veces por la fuerza, como en el caso de Juan Hircano, quien forzó a los idumeos a aceptar la religión hebrea (→ MACABEOS).

Antes de la era cristiana había dos clases de prosélitos. Unos eran los «de la puerta» (Éx 20.10), es decir, los simpatizantes que guardaban la moral hebrea y adoraban a Jehová pero sin circuncidarse ni adoptar todo el ritual judío. A esta clase pertenecían probablemente los griegos mencionados en Juan 12.20, Cornelio (Hch 10) y otras personas llamadas «devotas» y «temerosas de Dios»

(Hch 13.16; 18.7). La otra clase de prosélitos eran los «de la justicia», o sea, los que aceptaban todo el «yugo» de la religión hebrea y se habían sometido a la → CIRCUNCISIÓN, la inmersión en agua, y luego la presentación de un sacrificio.

Teóricamente, cuando el prosélito cumplía con estos requisitos era considerado como judío de nacimiento, pero en la práctica triunfaba muchas veces el exclusivismo de los «circuncidados al octavo día» (cf. Flp 3.5) que se creían el pueblo escogido por la sola razón de haber nacido israelitas. Por ejemplo, los prosélitos podían asistir a los cultos en el templo, pero no debían entrar más allá de los atrios destinados para ellos.

Jesucristo reprochó el tipo de proselitismo practicado por algunos → FARISEOS (Mt 23.15), cuyo afán de hacer adeptos produjo «convertidos» más fanáticos e intolerantes que los mismos judíos. Lejos de ser una misión evangelizadora, esta actividad reclutaba a las personas por medio de la propaganda religiosa. Las palabras de Jesús posiblemente indican que estos prosélitos no eran numerosos.

No obstante, muchos prosélitos menos rigurosos y muchos temerosos de Dios se agregaron al número de la iglesia cristiana gentil, porque los primeros misioneros hallaron en ellos un terreno preparado para el evangelio (Hch 13.16,43; 16.14s; 17.4; 18.7).

Bibliografía:
EBDM V, col. 1295-1297. A. Wikenhauser, *Hechos*, Herder, Barcelona, 1967, pp. 76-80.

PROSTITUCIÓN Entrega del cuerpo para fines eróticos por una remuneración o dádiva. Se distingue de la → FORNICACIÓN por su carácter comercializado. En la Reina Valera 1960, La palabra aparece como sustantivo tres veces y como verbo, trece (p. ej., Jue 8.27; 2 R 23.7). Pero la idea y el concepto se aplican figurativamente también a la profanación de valores (Sal 106.39) y a la entrega de uno mismo a otros poderes o dioses, y no a Jehová (Lv 20.5,6).

En su sentido literal, la prostitución puede referirse a cualquiera de los sexos (cf. Gn 19.1-11), aunque la práctica de la → RAMERA dedicada comercialmente al placer de sus amantes masculinos es la forma más ordinaria de la misma (cf. Jos 2.1). Algunos consideran que esta, «la más antigua profesión», comenzó como deber religioso en que la mujer entregaba su cuerpo al sacerdote en sacrificio. Según el historiador Herodoto, toda mujer babilonia debía trasladarse una vez en su vida al Templo de Venus, allí venerada como Hellita, para entregarse a un extraño.

También existía una forma de prostitución que constituía un gesto máximo de hospitalidad: por una noche se entregaba al huésped la propia esposa, el hijo, la hija o la sirvienta. Probablemente → LOT se basó en dicha costumbre pagana para ofrecer sus hijas a los hombres violentos de su pueblo (Gn 19.8), pueblo que dio nombre a la → SODOMÍA.

Las tres rameras más famosas de la Biblia son → RAHAB, quien defendió la vida de los espías de Israel y se salvó por su fe (Heb 11.31); Gomer, esposa del profeta → OSEAS (Os 1.1ss); y, según la creencia común, → MARÍA MAGDALENA, abnegada seguidora de Jesús (Mt 27.56). De estas, la segunda es escogida por Dios, por su infidelidad y mala relación con su esposo, para representar simbólicamente la infidelidad y prostitución espiritual del pueblo de Israel para con su Dios. En este drama se subraya la paciencia y misericordia de Dios para con su pueblo electo.

PROVERBIO Breve y sustanciosa declaración sobre la naturaleza humana y la vida. Dice la Biblia que Salomón se destacó por los tres mil proverbios que compuso (1 R 4.32). La palabra hebrea que más se traduce «proverbios» literalmente quiere decir «comparación», «similitud». Cuando Dios declaró que Israel sería «por proverbio... a todos los pueblos», estaba diciendo que el nombre Israel sería sinónimo de desobediencia. Los proverbios se componen de manera que la verdad de Dios sea comprensible a todos los pueblos, para que puedan vivir dentro de su voluntad.

PROVERBIOS, LIBRO DE Uno de los libros sapienciales, que forma parte de la tercera sección de libros de la Biblia hebrea conocidos como Escritos. La palabra hebrea *mashal*, comúnmente traducida «proverbio», puede también traducirse «comparación», «máxima», «refrán», «dicho», o «parábola». Proverbios contiene sentencias breves de carácter ético; la mayoría de los dísticos que conforman este libro pertenecen al género literario conocido como paralelismo antitético o comparativo, e iluminan verdades nacidas de la experiencia misma.

Estructura del libro

El libro de Proverbios tiene el título más largo de todos los libros de la Biblia, pues se extiende por los primeros seis versículos del capítulo uno. Indica que es una compilación cuya unidad debe hallarse en la naturaleza general de su contenido. La declaración que sigue, «El principio de la sabiduría es el temor de Jehová» (1.7), resume el tema de Proverbios, tema que resalta a través del libro.

Después de los primeros siete versículos, el libro se desarrolla como una típica compilación:

Proverbios para la juventud, 1.8–9.18

El padre señala a su hijo (o el maestro a su discípulo) las ventajas de buscar la sabiduría y evitar la necedad. Elabora sus ideas en poemas o discursos que son extensiones del proverbio. Digna de mención es la personificación de la sabiduría en 1.20-23; 8; 9.1-16.

Proverbios de Salomón, 10.1–22.16

Esta colección recoge dichos sueltos que, por lo general, no abarcan más de un versículo, lo cual caracteriza también a la otra colección atribuida a Salomón (25–29).

Proverbios sobre diferentes asuntos, 22.17–24.34

Esta sección incluye dos colecciones de instrucciones prácticas, en las que son notables los paralelos entre 22.17–23.11 y los proverbios de Amenemope de Egipto. Tales paralelos no son de extrañar, ya que este tipo de literatura circulaba en Egipto, Canaán y Mesopotamia desde el segundo milenio a.C. (→ Sabiduría). Es posible que Israel haya hecho uso del lenguaje y de las expresiones comunes al mundo antiguo. Sin embargo, la singularidad de la fe israelita, aunada a la inspiración divina, evidentemente dio nueva expresión a estas preocupaciones de su ambiente cultural, conforme a un propósito especial.

Otros proverbios de Salomón, 25.1–29.27

Estos proverbios los compilaron los empleados de Ezequías allá por el año 700 a.C. Son semejantes a los de la segunda sección, aunque abundan los proverbios comparativos y es menor el número de los proverbios antitéticos.

Las palabras de Agur, 30.1-33

No hay datos precisos en cuanto a este personaje, ni tampoco acerca de las otras personas mencionadas (→ Ucal). Los proverbios numéricos en los versículos 15-33 pueden constituir otra colección.

Palabras del rey Lemuel, 31.1-9

La frase introductoria de esta breve colección puede traducirse lo mismo «Lemuel, rey de Masa» que «Lemuel, la profecía». Contiene consejos para un rey.

Poema sobre la mujer virtuosa, 31.10-31

Poema acróstico independiente en honor de la *'eshet jayil*, giro insólito que apunta a la mujer, más valiente o decidida que virtuosa.

Autor y fecha

El nombre de Salomón como autor aparece en el primer versículo del libro. Sabemos, sin embargo, que hay porciones de Proverbios que se atribuyen claramente a otros

PROVERBIOS:
Un bosquejo para el estudio y la enseñanza

I. **El propósito de Proverbios** **1.1-7**
II. **Proverbios para la juventud** . . . . **1.8—9.18**
   A. Obedecer a los padres 1.8-9
   B. Evitar la mala compañía 1.10-19
   C. Buscar la sabiduría . . . . 1.20—2.22
   D. Beneficios de la sabiduría 3.1-26
   E. Ser bondadosos para con otros 3.27-35
   F. Seguridad en la sabiduría 4.1-13
   G. Evitar a los malvados 4.14-22
   H. Guarden su corazón 4.23-27
   I. No adulterar 5.1-14
   J. Ser leales a su cónyuge 5.15-23
   K. Evitar ser fiador 6.1-5
   L. No ser perezosos 6.6-19
   M. No cometer adulterio . . . . 6.20—7.27
   N. Alabanza a la sabiduría . . . . 8.1—9.12
   O. Evitar la necedad 9.13-18
III. **Proverbios de Salomón** . . . . **10.1—22.16**
   A. Proverbios que contrastan a los
      consagrados con los malvados . . . . . 10.1—15.33
   B. Proverbios que promueven vidas
      consagradas . . . . 16.1—22.16
IV. **Proverbios sobre diferentes asuntos** . . . . **22.17—24.34**
V. **Proverbios de Salomón copiados
   por los hombres de Ezequías** . . . . **25.1—29.27**
   A. Proverbios que regulan las relaciones
      con el prójimo . . . . 25.1—26.28
      1. Relaciones con los reyes 25.1-7
      2. Relaciones con el prójimo 25.8-20
      3. Relaciones con los enemigos 25.21-24
      4. Relaciones con uno mismo 25.25-28
      5. Relaciones con los necios 26.1-12
      6. Relaciones con los perezosos 26.13-16
      7. Relaciones con los chismosos 26.17-18
   B. Proverbios de reglamentos
      misceláneos . . . . 27.1—29.27
VI. **Las palabras de Agur** **30.1-33**
VII. **Las palabras del rey Lemuel** **31.1-9**
VIII. **El poema sobre la mujer virtuosa** **31.10-31**

escritores como «los sabios» (22.17), Agur (30.1) y el rey Lemuel (31.1).

Indudablemente, la tradición sapiencial se cultivó en Israel durante el reinado de Salomón (1 R 5.12; 10.1-13,23s) y floreció durante la monarquía. Los estudios comparativos de la literatura hebrea con la literatura del Medio Oriente han permitido establecer que buena parte de los proverbios corresponden a la época de Salomón. Muchos opinan que Salomón escribió lo principal de Proverbios, y que después se añadieron otros escritos de otras fuentes.

Es interesante que la segunda colección de Proverbios que se atribuye a Salomón (capítulos 25—29) no se añadió sino hasta doscientos años después de la muerte del rey, cuando los hombres de Ezequías aparentemente la encontraron (25.1).

Marco histórico

El libro de Proverbios es un ejemplo clásico del tipo de literatura conocida como sapiencial o de sabiduría. Otros libros del Antiguo Testamento que así se categorizan son Job, Eclesiastés y Cantares. Se les llama así porque expresan conceptos relativos a las cuestiones eternas de la vida. Este tipo de literatura floreció durante el gobierno de Salomón, a quien se considera el más sabio de todos los sabios del mundo antiguo (1 R 4.30,31).

Aporte a la teología

Proverbios ofrece consejos de carácter práctico en cuanto a cómo conducirse sabiamente en la vida diaria. La sabiduría en él expuesta la destilan maestros conocedores de la Ley de Dios que aplican sus principios incluso a los pequeños detalles de la vida, de los que no parecen ocuparse la Ley ni los profetas, pero que, no obstante, merecen la atención de las Escrituras. Todo aspecto de la experiencia humana queda sujeto a la voluntad de Dios. Por eso Proverbios claramente indica que «el principio de la sabiduría es el temor de Jehová» (1.7; 9.10).

Otros puntos importantes

En los diferentes capítulos del libro se entrelazan varias colecciones de proverbios (1.1; 10.1; 22.17; 24.23; 25.1; 30.1; 31.1), cuyo orden es diferente en la Septuaginta a partir de 24.22. Es posible que algunas de estas colecciones hayan circulado oralmente antes de que las pusieran por escrito.

El Nuevo Testamento reconoce en Proverbios *un libro inspirado*, y lo cita en varias ocasiones (Col 2.3; 3.7; Ro 12.16; 13.11,12 Heb 12.5s; Ap 3.14; 3.19; 3.34; 11.31; Stg 4.6; 1 P 4.18). Cristo mismo es la revelación y la fuente de la sabiduría en la vida cristiana (Mt 12.42; 1 Co 1.24,30; Col 2.3).

Bibliografía:

Alonso Schökel, L. y Vilchez, J., *Proverbios*, Ediciones Cristiandad, Madrid, 1984. Robert Michaud, *La literatura sapiencial, Proverbios y Job*, Editorial Verbo Divino, Estella Navarra, 1985. Gerhard von Rad, *La sabiduría en Israel, Los sapienciales, Lo sapiencial*, Ediciones Fax, Madrid, 1973.

PROVINCIA Término político que en ambos Testamentos generalmente se refiere a una gran división territorial perteneciente a un imperio o estado.

En los libros posteriores del Antiguo Testamento, provincia denota las divisiones políticas del Imperio Caldeo (Dn 2.48, etc.), y del Imperio Persa (Esd, Neh y Est). Este último estaba dividido en veinte grandes provincias o → «SATRAPÍAS», cuyas subdivisiones también eran llamadas provincias por los judíos (Est 1.1). Bajo Asuero había ciento veintisiete de estas provincias menores, cada una con su gobernador, y este se mantenía

P

El escritor de uno de los Proverbios elogió al damán (Pr 30.26, BJ; conejo en RV-1960) por anidar en lugares que les servía para esconderse de sus enemigos.

Foto de Amikam Shoob

en comunicación con el rey por un sistema de correo real (Esd 4 y 5).

En el Nuevo Testamento el término griego que denota la provincia política aparece en Hechos 23.24 (Cilicia) y 25.1 (Judea). El Imperio Romano del primer siglo estaba dividido en más de veinte provincias, las cuales eran de dos clases. Unas eran las provincias senatoriales, generalmente pacificadas y sin necesidad de ejército, y las subordinadas al senado romano. Eran gobernadas por un → PROCÓNSUL. Y había también las provincias imperiales, que estaban bajo el control del emperador porque requerían la presencia de fuerza militar. Las principales provincias imperiales (por ejemplo, Siria) eran gobernadas por «legados del emperador» y las de menor importancia como Judea (una subprovincia de Siria), por «procuradores» (→ GOBERNADOR) que los auxiliaban los «consejos» en sus funciones (Hch 25.12).

PRUDENCIA → DOMINIO PROPIO.

PRUEBA → TENTACIÓN.

PTOLOMEO → TOLOMEO.

PUBLICANO Cobrador de impuestos y derechos aduaneros. Primeramente como república y después como imperio, Roma extendía su dominio sobre los estados conquistados, los cuales pasaban a ser gobernados por procuradores romanos, o por medio de dinastías indígenas, imponiendo obligaciones fiscales que debían ser administradas por oficiales designados para tal efecto. Al principio, por tanto, publicano fue un título honroso, aplicado a estos oficiales que atendían el «interés público» al administrar el cobro de impuestos y derechos aduaneros.

Los jefes de los publicanos solían nombrarse entre los caballeros de la sociedad romana, y para el nombramiento el estado vendía a subasta el derecho oficial. Este quedaba obligado a entregar al gobierno de Roma una cantidad estipulada, pero el sistema se prestaba a abusos; el publicano podía obtener más de lo acordado y embolsarse el saldo. Naturalmente, los jefes necesitaban subordinados para poder dividir su región en distritos más pequeños, y a su vez estos subordinados buscaban empleados para la tarea ingrata de sacar el dinero directamente de los súbditos. Autores como Livio y Cicerón señalan que los publicanos habían adquirido mala fama en sus días, a causa de los referidos abusos.

Los subordinados inferiores en la jerarquía de los recaudadores de impuestos solían ser nativos del lugar donde trabajaban y, por tanto, en Palestina la mala fama general de los publicanos fue más aguda. Los judíos que se prestaban para este trabajo tenían que alternar mucho con los gentiles y, lo que era peor, con los conquistadores; por eso se les tenía por inmundos ceremonialmente (Mt 18.17). Estaban excomulgados de las sinagogas y excluidos del trato normal con sus compatriotas; como consecuencia, se veían obligados a buscar la compañía de personas de vida depravada, los «pecadores». Su tendencia a cobrar más de lo debido, y su exclusión de la sociedad religiosa, se destacan en pasajes como Mateo 9.10-13; 21.31; Lucas 3.12s; 15.1.

Sin duda → ZAQUEO era «jefe de los publicanos» en el distrito de Jericó, y aun siendo rico participaba de la ignominia de su profesión. Por eso resultaba del todo «revolucionaria» el que Jesús fuera a hospedarse en la casa de aquel (Lc 19.1-10). → MATEO, en cambio, era del rango inferior de publicanos (Lc 5.27ss//) antes de recibir su vocación como apóstol. Quizá fue uno de los modelos para la parábola del publicano arrepentido y el fariseo engreído (Lc 18.9-14) (→ TRIBUTO).

Bibliografía:
EBDM, V, col. 1331s.

PUBLIO «Varón principal de la isla» de Malta, lo cual puede referirse a un funcionario nativo o al principal funcionario romano en la isla (Hch 28.7s). La tradición afirma que se convirtió al evangelio y fue el primer obispo. Los términos con que se describe la enfermedad del padre de Publio, sanado por Pablo, es una de las pruebas de que el autor de Hechos era médico.

PUDENTE Romano creyente que se unió con otros para enviar saludos a su amigo Timoteo (2 Ti 4.21). Inscripciones de la época neotestamentaria revelan que varios varones llevaron este apellido (*cognomen*), pero no es posible identificar a ciencia cierta a ninguno de ellos con el amigo de Pablo. Según una tradición, era senador.

PUEBLO El concepto bíblico de pueblo se basa tanto en la relación histórica de Dios con la nación hebrea, como también en su pacto con ella (→ Judíos) y la aplicación de este a la comunidad cristiana. Por la selección precisa de sus palabras, los autores del Antiguo Testamento, los traductores de la Septuaginta y los escritores del Nuevo Testamento han procurado distinguir entre la población o las gentes en general, y el pueblo que Dios escogió para hacerlo suyo, su instrumento para la bendición de todos los demás habitantes de la tierra (Gn 12.3; → Elección). El vocablo griego *laós* se emplea en la Septuaginta para traducir los equivalentes hebreos, y en el Nuevo Testamento se usa con el sentido de pueblo en la mayoría de los casos. Era un término poético antiguo muy poco usado en el griego contemporáneo; sin embargo, los escritores bíblicos lo prefirieron al vocablo más corriente, *éthnos*, por cuanto este significaba originalmente «vulgo».

Toda la tierra pertenece a Jehová, pero a Él le plugo tomar para sí a los hijos de → Israel (Éx 19.4ss; Dt 4.19, etc.), para hacer de ellos un pueblo santo (Dt 7.6, etc.). De ahí que Dios espera que su pueblo le ame, obedezca y adore (Lv 19.2; Nm 15.14; Dt 7.9; etc.) y lo llama también su esposa (Is 62.4,5; Os 2.19). Cuando el pueblo no corresponde al amor elector de Dios, lo castiga y hasta lo repudia (Os 1.9), pero sin olvidarse del → remanente (Ro 9.6s) al cual dará nuevo corazón para que vuelva a ser su auténtico pueblo (Jer 31.31-34).

Aunque en el Antiguo Testamento el pueblo del Señor lo constituye una nación, en el Nuevo Testamento el concepto se traspasa paulatinamente a la comunidad cristiana, o sea la → Iglesia. Ya no es cuestión de nacionalidad, sino de tener fe en Cristo Jesús. Juan el Bautista (Lc 1.17) prevé este nuevo pueblo que aparece más ampliamente con la conversión de → Cornelio (Hch 15.14) y cuya doctrina se desarrolla en las cartas de Pablo (Tit 2.14) y de Pedro (1 P 2.9s). El pueblo cristiano es heredero de las promesas de Israel (Gl 4.28) como también de sus responsabilidades ante los → «gentiles» o extraños a la fe en Cristo.

Bibliografía:
VTB, pp. 657-664. *DTB*, col. 861-870. *EBDM* V, col. 1333-1335. P. Van Imschoot, *Teología del Antiguo Testamento*, Fax, Madrid, 1969, pp. 319-330.

PUEBLO DE LA TIERRA (en hebreo, *am ha'arez*). Término técnico en el Antiguo Testamento que designa una clase social o un grupo político determinado. Aparece por primera vez en la coronación de Joás (2 R 11.18-20). Luego se menciona en 2 Reyes 21.24; 23.30, 35. En los profetas se menciona en Jeremías 1.18; 34.19; 37.2; 44.21; Ezequiel 7.27; 22.25-29. Las opiniones de los especialistas están divididas en cuanto a su identidad social y política, pero parece referirse a los habitantes autóctonos, o también a los campesinos provincianos que respaldaban a la dinastía davídica. En el reino del norte nunca aparece. Siempre interviene en tiempos de crisis dinástica.

En la literatura rabínica posterior se refiere a los ignorantes de la Ley, irreligiosos. Según los evangelios, Jesucristo los recibió. En el Nuevo Testamento el término griego es *ojlos*: «masa», «multitud», la gente pobre, los «condenados de la tierra».

PUERCO Los antiguos habitantes de Canaán comían carne de puerco y los griegos la usaban en sus sacrificios religiosos. Pero para el judío era comida impura (Lv 11.7; Dt 14.8). Comerla era censurado como una odiosa abominación idólatra (Is 65.4; 66.3, 17). La manada de puercos que fue destruida en → GADARA (Mt 8.32ss) seguramente pertenecía a judíos helénicos que los criaban para vender a los gentiles. La carne de puerco o cerdo simbolizaba suciedad y corrupción para los judíos, lo contrario a lo puro y santo (Pr 11.22; Mt 7.6). Cuidar puercos, pues, era una ocupación degradante e indigna (Lc 15.14-16).

En Salmos 80.13,14 el puerco connota destrucción y en 2 Pedro 2.22 es figura de suciedad, bajeza e impureza; representa la herejía y la profesión religiosa sin regeneración.

PUERTA Abertura hecha a propósito para entrar y salir. En las fortificaciones, murallas, casas, etc. las puertas eran puntos vitales.

Las ciudades pequeñas solo tenían una puerta (Gn 19.1; 34.20; Rt 4.1; etc.). En Jerusalén había muchas, y conocemos los nombres de algunas (Jer 19.2; 31.38; 38.7; Neh 2–3). A veces eran flanqueadas por poderosas torres. Las puertas ordinarias constaban de dos postes de madera (Pr 8.34) reforzados por piezas metálicas (Sal 107.16; Is 45.2). Se aseguraban con cerrojos de hierro y barras de madera y metal (Dt 3.5; Jue 16.3; Neh 3.3; Sal 147.13). Ante las puertas de la ciudad, fuera del recinto amurallado, se ubicaban los mercados, se proclamaban los edictos y se administraba justicia.

En las viviendas las puertas de madera giraban sobre quicios (1 R 7.50; Pr 26.14). Se solía escribir pasajes de la Ley sobre el dintel (Dt 6.9) para dar un sentido religioso auténtico a la antigua superstición de escribir textos mágicos (→ POSTE). Había cierta clase de → LLAVE para mover el cerrojo.

En sentido metafórico, puerta puede designar una casa, una ciudad, etc. (Éx 20.10; Zac 8.16), un punto vulnerable (Gn 24.60), la inminencia de un acontecimiento o de un peligro (Gn 4.7; Stg 5.9) o el lugar en donde se forman las buenas o las malas tradiciones. Esto último alude a que las puertas de las ciudades eran sitios de mercado, de tertulia y de administración de justicia.

La puerta sugiere en algunos casos la idea de lo terrible e inminente: «las puertas de la muerte» (Sal 107.16,18; Is 38.10); «las puertas del Hades» (que significa el terrible poder de la muerte: Mt 16.18), la «puerta del cielo» que para Jacob es un lugar «terrible» (Gn 28.17). La apertura de las puertas (de los cielos, del Eterno, del Lugar Santo) simboliza la generosa difusión de los dones divinos (Sal 78.23; Mal 3.10), y también la entrada del rey en su reino (Sal 24.7-10).

La apertura de las puertas de Jerusalén o del templo simboliza el libre acceso a la gracia de Dios (Is 60.11; 62.10; cf. Ez 43.1-11). La expresión «puerta abierta», empleada frecuentemente en el Nuevo Testamento, designa las posibilidades que se ofrecen a la predicación apostólica (Hch 14.27; 1 Co 16.9; 2 Co 2.12; Col 4.3). Inversamente la «puerta cerrada» indica la ejecución del juicio inapelable de Dios: por ejemplo, la puerta del arca que Jehová cerró inmediatamente antes del diluvio (Gn 7.16), o la puerta de la sala del banquete de bodas, que se cierra una vez que ha entrado el esposo (Mt 25.10).

Sobre este antecedente se comprende el empleo que Jesús hace de la metáfora de la «puerta estrecha» (Mt 7.13) que es la única que da acceso a la justicia. Jesús mismo es la puerta del redil (Jn 10.1-10). Él es «el que tiene la llave de David, el que abre y ninguno cierra, y cierra y ninguno abre» (Ap 3.7). Al mismo tiempo, y en un expresivo contraste, Jesús es el que está a la puerta y llama, y espera que se le abra (Ap 3.20).

PUERTAS DE JERUSALÉN Y EL TEMPLO
A estas puertas se les ha dado diferentes nombres por distintas traducciones. La siguiente lista es según aparece en la Reina Valera 1960.

1. Aguas, de las (Neh 3.26; 8.1,3,16; 12.37).
2. Ángulo, del (Zac 14.10).

3. Benjamín, de (Jer 38.7; Zac 14.10).

4. Caballos, de los (2 Cr 23.15; Neh 3.28; Jer 31.40). Una de las puertas de Jerusalén.

5. Cárcel, de la (Neh 12.39).

6. Cimiento, del (2 Cr 23.5).

7. Efraín, de (2 R 14.13; 2 Cr 25.23; Neh 8.16; 12.39).

8. Esquina, de la (2 R 14.13; 2 Cr 25.23; 26.9; Jer 31.38; Zac 14.10).

9. Fuente, de la (Neh 3.15; 12.37).

10. Hermosa, la (Hch 3.10). Puerta del templo donde Pedro y Juan sanaron a un cojo de nacimiento.

11. Josué, de (2 R 23.8).

12. Juicio, del (Neh 3.31).

13. Mayor (23.20; 27.3). Puerta que construyó Jotam de Judá en el templo. En sus tiempos era la más alta de la casa de Dios (2 R 15.35).

14. Medio, de en (Jer 39.3).

15. Muladar, del (Neh 2.13; 3.13; 12.31).

16. Norte, del (1 Cr 26.14).

17. Nueva (Jer 36.10).

18. Occidente, del (1 Cr 26.16).

19. Oriental (1 Cr 26.14; 2 Cr 31.14; Jer 19.2). Puerta del muro de Jerusalén.

20. Ovejas, de las (Neh 3.1,32; 12.39; Jn 5.2). Esta es una de las puertas de los muros de Jerusalén (Jn 5.2).

21. Pescado, del (2 Cr 33.14; Neh 3.3; 12.39; Sof 1.10). Puerta del lado este del muro de Jerusalén, cerca de Gihón, donde los tirios vendían pescados (Neh 13.16).

22. Rey, del (1 Cr 9.18).

23. Salequet, de (1 Cr 26.16). Puerta oeste del templo de Salomón (1 Cr 26.13-16; 26.16).

24. Sur, del (1 Cr 26.15).

25. Valle, del (2 Cr 26.9; Neh 2.13,15; 3.13). Se sabe que era una de las puertas del muro de Jerusalén, pero su ubicación es incierta.

26. Vieja (Neh 3.6; 12.39).

PUL Nombre bajo el cual → Tiglat-pileser III, rey de Asiria (745–727 a.C.), gobernó Babilonia (729–727 a.C.) y, según 2 R 15.19 y 1 Cr 5.26, invadió a Israel en tiempos de Manahem, quien tuvo que pagarle un tributo considerable. El significado de este nombre asirio no se menciona en los documentos de dicho imperio; solo aparece en las listas babilónicas de Josefo y el canon tolemaico.

PUREZA, PURIFICACIÓN Término cuyo significado bíblico original fue el de un acto o estado de limpieza ceremonial. Este se obtenía por → lavamientos o rociamientos acompañados de ceremonias religiosas prescritas por la Ley mosaica. En la enseñanza de los profetas el mero sentido ceremonial se transforma en sentido ético.

El concepto de pureza en el Antiguo Testamento posee en general un sentido figurado y se aplica al pecado, la inmundicia (→ inmundo), la → idolatría, etc. Por ejemplo, «limpiar» la idolatría de Judá (2 Cr 34.3,8), «ofrecer ofrenda por el pecado» (Sal 51.7,12), «cubrir, perdonar o expiar» la culpa (Sal 65.3; 79.9; Ez 43.20,26), «refinar» (Is 1.25), «lavar» o «enjuagar» (Is 4.4).

En el Nuevo Testamento la idea central es «limpieza». En la enseñanza de Jesús, y con la venida del Espíritu Santo, el significado de la pureza se eleva a lo moral y espiritual. Pureza llega a ser el estado del corazón en completa devoción a Dios, sin otros intereses, mezcla de motivos ni hipocresías (Mt 5.8; Mc 7.14-23).

En otro sentido pureza llegó a significar libertad de la contaminación sensual, aunque el Nuevo Testamento hace claro que la conducta sexual correcta no es contaminadora (Heb 13.4). El Nuevo Testamento enseña la → santidad del cuerpo como templo del Espíritu Santo (1 Co 6.19ss) e inculca el deber del dominio propio. Pureza es, espíritu de renuncia y de obediencia que sujeta todo pensamiento y acción a Jesucristo.

PURIM (asirio que significa, piedras pequeñas, las cuales se usaban para echar suertes). Festividad anual de los judíos, que conmemoraba la providencial liberación de su pueblo en tiempos de la reina → Ester y → Mardoqueo en Persia; durante el reinado de → Asuero, probablemente Jerjes (486–465). Purim

P

llegó a significar «suertes», y se le llamó así a esta fiesta por razón de que se había echado la suerte (*pur*) para señalar el día propicio para la matanza de todos los judíos, según el plan perverso de Amán (Est 3.7). Ese día cayó en el mes duodécimo, el mes de Adar, lo cual dio tiempo suficiente para que Mardoqueo y Ester, guiados por Dios, trastornaran el proyecto de Amán, el favorito del rey. Mardoqueo exhortó a la reina Ester inclusive a que expusiera su vida por causa de su pueblo (4.14).

Mardoqueo, por medio de cartas que envió «a todos los judíos que estaban en todas las provincias del rey Asuero», ordenó que se celebrase esta fiesta los días 14 y 15 de Adar, y que fueran días «de banquete y gozo, y para enviar porciones cada uno a su vecino, y dádivas a los pobres» (9.20-24).

En el Nuevo Testamento no se menciona esta fiesta, aunque hay algunos que creen que Juan 5.1 alude a ella. En su celebración moderna, se lee el libro de Ester en la sinagoga, y después la congregación exclama: «Sea maldito Amán, y sea bendito Mardoqueo».

PÚRPURA Tinte que antiguamente los → FENICIOS obtenían del marisco murex. Extraían una glándula que al exprimirla segregaba un líquido lechoso, y este, expuesto al aire, adquiría los tintes del púrpura por un proceso de oxidación. Naturalmente, el costo de producción era muy elevado, y esto limitaba el uso de las prendas de púrpura a reyes, magnates y ricos. Tanto era así que «púrpura» llegó a ser sinónimo de realeza o de imperio. «Asumir la púrpura» significaba ocupar el trono del Imperio Romano. Los matices de la púrpura podían variar, según predominara el color rojo o azul, lo cual resultaba en violáceo o morado.

El uso de la púrpura por magnates se señala en las Escrituras en Jueces 8.26 y Ester 8.15, y de este uso derivó la burla de los soldados romanos al vestir de púrpura al «Rey de los judíos» (Mc 15.17,20; Jn 19.2,5). Su empleo por los ricos y personas acomodadas se ilustra en Proverbios 31.22 y Lucas 16.19.

Como adorno sagrado se hallaba tanto en el tabernáculo como en el templo (Éx 25.4; 2 Cr 2.14; 3.14, etc.). Su riqueza sugiere la poética descripción del cabello de la esposa en Cantares 7.5. Su valor como mercancía se destaca en Apocalipsis 18.12, y aquí es fácil concluir que Lidia, comerciante de púrpura, era una persona acomodada (Hch 16.14).

La simbólica → «BABILONIA» fue vestida de púrpura antes de su destrucción (Ap 18.16). (→ COLORES; GRANA; ESCARLATA; CARMESÍ.)

PUT → FUT.

PUTEOLI Puerto en la orilla de una pequeña bahía que se extendía hacia el noroeste de la bahía mayor de Nápoles. Antiguamente daba su nombre a toda la bahía, incluyendo a Nápoles. Era un balneario favorito entre los romanos, porque sus manantiales termales proveían la curación de varias enfermedades. Se conocía especialmente por ser el puerto principal de Roma, aunque distaba de ella unos 240 km al sudoeste. Los buques alejandrinos que transportaban granos descargaban allí, y gozaban del privilegio especial de entrar al puerto con todas sus velas izadas. Allí desembarcó Pablo en su viaje a Roma y halló «hermanos» con quienes pasó una semana (Hch 28.13s). Hoy la ciudad se llama Pozzuoli.

QUEBAR Río de Babilonia, cerca del cual Nabucodonosor ubicó a un grupo de judíos durante la cautividad (Ez 3.15). Junto al Quebar, Ezequiel recibió sus visiones proféticas (1.3). No se sabe exactamente cuál río sea. Algunos lo identifican con el *nari kabari* (*río grande*), nombre que un texto babilónico de Nippur da al canal Shatt-em-Nil, que corre al este de la ciudad.

QUEBRANTAHUESOS Traducción del vocablo hebreo *peres* (que significa, *el que quebranta*), que designa a un ave de presa de gran tamaño y de la familia de las falcónidas, la cual mata a sus víctimas dejándolas caer desde gran altura sobre las piedras. Quizás se tratara del *gypaetus barbatus*, ave inmunda según la Ley (Lv 11.13; Dt 14.12).

QUEDORLAOMER Rey de Elam que hizo alianza con Amrafel, rey de Sinar, y otros reyes, para guerrear contra Sodoma, Gomorra y otras ciudades. En la batalla de Sidim, Quedorlaomer y sus soldados resultaron vencedores y Lot fue hecho prisionero. Enterado Abram de lo que sucedía, atacó por sorpresa a Quedorlaomer, y rescató a Lot (Gn 14.1-16).

Aunque han habido varios intentos por relacionar a Quedorlaomer y a los otros reyes conocidos de Mesopotamia, ninguna identificación es segura. No obstante, el relato debe considerarse verídico ya que los lugares, las costumbres y los nombres cuadran bien con lo que se conoce de la primera parte del segundo milenio a.C.

QUELIÓN Hijo de Elimelec y Noemí, se casó con Orfa y murió en tierra de Moab (Rt 1.2-5; 4.9,10).

QUEMOS Dios de los → MOABITAS (Nm 21.29.), a quien los israelitas tildaban de «abominable». Hacia el fin de su reinado, Salomón edificó un santuario dedicado a Quemos cerca de Jerusalén (1 R 11.7), que fue derrumbado durante la reforma de Josías (2 R 23.13).

Jeremías en su profecía sobre Moab se burló de la impotencia de Quemos, y dijo que los moabitas se avergonzarían del ídolo del mismo modo que Israel se había avergonzado del → BECERRO de oro en Bet-el (Jer 48.7, 13,46; cf. 1 R 12.28.ss). En la piedra moabita, encontrada en 1868, el rey → MESA da crédito a Quemos por su victoria sobre Israel (cf. 2 R 3.4,5).

QUERIOT Nombre de dos ciudades en Palestina.

1. Ciudad situada al sur de Judá, aproximadamente 19 km al sur de Hebrón (Jos 15.25).

2. Ciudad fortificada en las tierras de Moab, que Babilonia tomó (Jer 48.1,24,41; Am 2.2). Su sitio preciso es incierto, pero se le ha identificado con Ar, la vieja capital de Moab.

QUERIT Pequeño arroyo cuyo nacimiento se creía ubicado en el monte Galaad, en la Transjordania. El escabroso desfiladero por donde corría ofrecía refugio a los fugitivos, pero el arroyo se menciona especialmente porque en sus alrededores se escondió el profeta Elías (1 R 17.3-5). La cañada es agreste y profunda, sus paredes están llenas de cuevas.

La ubicación de Querit ha sido difícil de fijar. Algunos opinan que se trataba de un vado en alguna parte del río Jabes, al sudeste de Pela.

QUERUBÍN Forma plural del vocablo hebreo *querub* (posiblemente originado del acádico *karabu* [*bendecir* u *orar*]), usada para referirse a ciertos dioses menores a veces representados con un animal alado con cabeza de hombre.

Los querubines de la Biblia no son dioses ni reciben adoración; son seres celestiales que sirven a Dios. En Edén guardan «el camino del árbol de la vida» (Gn 3.24). Simbólicamente, guardaban los objetos sagrados en el tabernáculo, pues sobre la cubierta del arca del pacto se colocaron dos figuras de querubines cubiertas con oro. Las alas de estos querubines cubrían el propiciatorio, que era el trono al que Dios descendía en una nube de gloria (Éx 25.22; Lv 16.2).

En la poesía israelita los querubines rodean o sostienen el trono de Dios (1 S 4.4; 2 S 6.2; 2 R 19.15; Sal 80.1; 99.1; Is 37.16). En Ez 10 el trono de Dios es llevado por querubines. En otra figura poética, Jehová cabalga sobre un querubín (2 S 22.11; Sal 18.10).

El templo de Salomón se decoró con muchas lujosas representaciones de querubines (1 R 7.29,36). Dos de ellos, hechos de olivo y cubiertos de oro, tenían 5 m de altura.

El Antiguo Testamento no describe claramente a los querubines, pero Ezequiel los vio en sus visiones con cuatro caras y cuatro alas cada uno, acompañados por muchas ruedas (Ez 10.3-22; cf. 1.4-28.).

Los arqueólogos han descubierto varios artefactos que pueden tener semejanza con los querubines, pues en el Cercano Oriente antiguo las representaciones de seres alados eran comunes. En Samaria se encontró un grabado en marfil que tenía cuerpo de un animal cuadrúpedo, cara humana y alas. En Gebal (1200 a.C.) se encontró una escultura en la que dos figuras aladas sostienen el trono del rey.

Los querubines, pues, nos presentan otro caso donde la revelación bíblica usa imágenes y figuras comunes, y hasta elementos usados en la mitología, pero los usa con otro sentido y en una manera completamente desmitologizada.

QUÍO Isla del mar Egeo, situada ante la costa occidental de Asia Menor y opuesta a Esmirna. Tiene 48 km de largo y 16 de ancho. Ha sido famosa por su belleza y fertilidad y por ser uno de los siete lugares que decían ser el suelo nativo de Sócrates. La nave que llevaba a Pablo de Troas a Mileto pasó la noche cerca de esta isla (Hch 20.15).

QUIRIATAIM (*ciudades dobles*). Nombre de dos ciudades en el Antiguo Testamento.

1. Ciudad moabita situada al norte del río Arnón, que fue dada a Rubén (Jos 13.19). Es posible que sea la misma Save-quiriataim de Gn 14.5. Posteriormente fue recapturada por el rey moabita Mesa, según una inscripción del siglo IX a.C. que concuerda con lo que indican Jer 48.1,23; Ez 25.9.

2. Poblado en el territorio de Neftalí dado a los levitas (1 Cr 6.76). Es posible que sea la misma Cartán de Jos 21.32. El lugar no se conoce exactamente.

QUIRIAT-ARBA (*ciudad de cuatro*). Nombre original de la famosa ciudad de Hebrón (Gn 23.2; Jos 14.15; 15.13). Fue una de las ciudades ocupadas por los «hijos de Judá», cuando estos volvieron del cautiverio (Neh 11.25). Los libros de Josué y Jueces, al aludir a esta ciudad, citan juntos sus dos nombres.

QUIRIAT-JEARIM (*ciudad del bosque*). Ciudad principal de los gabaonitas, situada 15 km al oeste de Jerusalén en el camino hacia Jope, cerca de la aldea moderna de Abu Ghosh. Se llamaba también Baala (Jos 15.9.) y Quiriat-baal (15.60). Era miembro de la confederación gabaonita que engañó a Josué (9.3-17). A Quiriat-jearim se llevó el arca cuando los filisteos la devolvieron, y allí permaneció por más de una generación (1 S 6.21–7.2; 2 S 6.2-5). Era la ciudad del malaventurado profeta Urías (Jer 26.20ss), y fue refugio para algunos después del cautiverio (Esd 2.25).

Durante la época bizantina se construyó sobre las minas de Quiriat-jearim una basílica para conmemorar la permanencia del arca allí. Todavía pueden verse los cimientos de dicha iglesia.

QUIRIAT-SANA (*ciudad de instrucción*). Ciudad en la zona montañosa de Judá asignada a los levitas (Jos 15.49). También llamada → Debir (Jos 21.15).

QUIRIAT-SEFER (*ciudad de los libros*). → Debir.

QUIRINIO → Cirenio.

QUISLEU Mes hebreo, tercer año civil y noveno del eclesiástico (Zac 7.1). Corresponde a noviembre-diciembre, y era el tiempo de la siembra general. El 25 de quisleu se celebraba el festival de la → dedicación (1 Mac 4.52ss; Jn 10.22; → Mes).

QUITIM Uno de los hijos de Javán (Gn 10.4; 1 Cr 1.7), cuyos descendientes poblaron la isla de Chipre, llamada Quitim por los hebreos (Is 23.1,12). Posiblemente designaba también a la costa oriental del Mediterráneo (Jer 2.10; Ez 27.6).

En los rollos del mar Muerto, Quitim parece referirse a Roma, lo cual concuerda con Dn 11.30. En este pasaje la expresión «naves de Quitim» se refiere sin duda a Roma, puesto que fue ella la que conquistó a Egipto.

QUIÚN Dios de Mesopotamia, mencionado por este nombre solamente en Am 5.26, en donde el profeta afirma que los israelitas adoraban a Quiún en el desierto.

Hechos 7.43 se refiere al mismo dios, pero por el nombre de → Renfán. A Quiún y Renfán se les asocia con la adoración del planeta Saturno, que practicaban las naciones orientales.

QUMRÁN Nombre de un → wadi, al noroeste del mar Muerto y de unas antiguas ruinas cercanas. En esta región se han descubierto desde 1947 once cuevas con importantes depósitos de documentación precristianos que iluminan varios aspectos de los estudios bíblicos.

El sitio

Las excavaciones (1951–1956) en → Khirbet Qumrán indican que este grupo de edificios constituía la sede de la comunidad monástica que produjo los rollos del mar Muerto. El sitio estuvo ocupado durante la monarquía de Judá (siglos VIII–VI a.C., cf. Jos 15.62; «ciudad de la sal»), cuando se hizo una cisterna circular. Pero las fases más interesantes de la ocupación son las que se asocian con la secta que produjo los rollos:

Fase	Fechas aproximadas	Acontecimientos principales
Ia	130—110 a.C.	Limpieza de la cisterna antigua. Construcción de dos nuevas, varios cuartos y un horno de alfarero.
Ib	110—31 a.C.	Reconstrucción de la sede, con miras a acomodar más miembros. Terremoto que devastó los edificios.
II	4 a.C.—68. d.C.	Reparación de los edificios (sala de asamblea, aula de copiar escrituras, cocina, lavadero, instalación de cerámica, molinos de cereales, etc.) y del complicado sistema hidráulico. Gran auge y vitalidad. Destrucción del monasterio por los soldados romanos al mando de Vespasiano; los sectarios habían escondido previamente sus manuscritos en las cuevas cercanas.

En una fase posterior (III) los romanos reconstruyeron ciertos cuartos y mantuvieron allí una guarnición por algún tiempo. Posteriormente dejaron allí sus huellas los insurrectos de Bar-Kochbá (pretendiente mesiánico, 132–135 a.C.), así como también monjes bizantinos y pastores árabes. Dos kilómetros al sur de Khirbet Qumrán, en Ain Fesjáh, yacen ruinas de otras instalaciones accesorias y dependientes del centro principal; su historia parece paralela a la de Qumrán.

Los rollos

La biblioteca de la secta, prudentemente escondida en once cuevas, constaba de rollos bíblicos y extrabíblicos. Se han identificado unos 500 documentos, en su mayoría fragmentarios. Un centenar son libros del Antiguo Testamento en hebreo, incluso cuando menos un ejemplar de todos nuestros libros canónicos menos Ester. Estos manuscritos datan de *ca.* 200 a.C.–68 d.C. y son de capital importancia para el estudio del → TEXTO DEL ANTIGUO TESTAMENTO. Se han hallado también fragmentos de la LXX y algunos → TÁRGUMES; es de especial importancia uno de Job en arameo. Además, se han identificado unos pocos libros de la apócrifa, entre ellos *Tobías* (en arameo y hebreo), *Eclesiástico* (en hebreo), *La Epístola de Jeremías* (en griego), *I Enoc* (en arameo) y *Jubileos* (en hebreo).

Los manuscritos extrabíblicos tienen que ver principalmente con la comunidad; estos y las ruinas muestran un cuadro bastante exacto de las prácticas y creencias de la secta (cf. III abajo). Los comentarios bíblicos, especialmente el relativo a Habacuc, arrojan mucha luz sobre la historia de la secta, pues interpretan a los profetas como prediciendo los últimos tiempos, en que los sectarios creían vivir. El *Rollo de la guerra* es un curioso documento que da normas de conducta para la futura guerra escatológica entre los hijos de la luz (los sectarios) y los hijos de las tinieblas. El midrash (→ TALMUD) del Génesis, que se conserva solo en parte, da una versión fantástica de este libro. Más importante para conocer la comunidad es un rollo compuesto, el *Manual de disciplina*. Contiene las condiciones de ingreso al

La cueva cuatro de Qumrán, en donde se descubrieron cientos de rollos del mar Muerto, se ve en la esquina superior derecha. El mar Muerto aparece en el fondo.

Foto de Gustav Jeeninga

Foto de John Trever

La comunidad de Qumrán estaba situada en esta altiplanicie (centro) y separada del territorio circundante por un profundo barranco.

noviciado; el ceremonial para la admisión solemne de nuevos miembros y para la revisión anual; un tratado sobre el conflicto en el alma entre la luz y las tinieblas, una sección sobre la vida y disciplina de la comunidad, con una lista de penitencias y un himno de alabanza. No son más amenos los *Himnos*, que revelan muchas creencias teológicas de la secta, y su devoción personal. Finalmente, cabe mencionar el *Documento de Damasco*. Este documento se conocía desde antes, pero a juzgar por los fragmentos descubiertos en Qumrán, también pertenecía a la misma secta. La primera parte es una exhortación; la segunda, un código de normas para una sociedad de casados.

De menos importancia para el estudio bíblico, porque proceden de otras comunidades, son: *El rollo de cobre*, que describe tesoros enterrados en Jerusalén y cerca de ella; *Textos de Murabbaat* (al sur de Qum-

rán) referentes a la guerra de Bar-Kochbá; y *Textos de Khirbet Mird* (al norte del Valle de Cedrón) que datan de los siglos V–VIII d.C.

La comunidad

Q

Estos sectarios eran probablemente una rama de los → ESENIOS. Surgieron de los judíos piadosos (*jasidim*) que resistieron la apostasía durante la persecución de Antíoco Epífanes (175–163 a.C.). Después de años de indecisión, se retiraron al desierto de Judá dirigidos por un líder carismático conocido como el Maestro de justicia (o Maestro autorizado) para organizarse como el justo «remanente de Israel». Aunque los primeros miembros debían ser casados, pues el celibato era poco usual en Israel, la secta fue adoptando poco a poco la vida célibe. En un cementerio cerca de las ruinas se han encontrado más de mil esqueletos, casi todos de varones. Estos monjes esperaban que la pronta llegada de la nueva era pondría fin a la presente «era de maldad». Buscaban, mediante el estudio diligente y la práctica de la Ley, merecer el favor divino y expiar los errores de los demás israelitas; pensaban que serían los ejecutantes del juicio divino en el momento final.

Como señal de los tiempos postreros, creían que surgirían tres figuras profetizadas en el Antiguo Testamento: el profeta semejante a Moisés (Dt 18.15ss), el Mesías davídico y un gran sacerdote del linaje de Aarón. Este sacerdote sería jefe de estado, superior al Mesías. El Mesías davídico sería un príncipe guerrero que conduciría las huestes fieles de Israel a una victoria aplastante sobre los «hijos de las tinieblas»; entre estos los principales serían las fuerzas gentiles de los → QUITIM (¿romanos?) El profeta comunicaría al pueblo de Dios la voluntad divina al fin de la era, como Moisés lo había hecho al comienzo de su historia.

Los sectarios rehusaron reconocer a los sumos sacerdotes de Jerusalén por dos razones:

1. Estos no pertenecían a la legítima casa de Sadoc (depuesta por Antíoco Epífanes).

2. Eran moralmente ineptos para su oficio sagrado.

A uno de ellos, un sacerdote real de los asmoneos, se le describe como el «sacerdote malvado» por excelencia, debido a la hostilidad que mostró al Maestro de justicia y sus seguidores. La secta conservó entre sus rangos las categorías de sacerdotes sadocitas y de levitas, para el futuro restablecimiento de un culto digno en el templo purificado. Su calendario religioso discrepaba también del usado en Jerusalén.

La comunidad practicaba una disciplina rigurosa e interpretaba la Ley aun más severamente que los fariseos. Sus abluciones ceremoniales y comidas comunales, a las cuales la entrada se reglamentaba estrictamente, eran símbolos de su esperanza. Toda

interpretación bíblica la recibían del Maestro de justicia, para ellos el último de los grandes iluminados, porque él sabía lo que otros profetas ignoraban: el momento final de la historia humana, el de la comunidad. Cuando esta expectación resultó frustrada, los sectarios se dispersaron.

Algunos pueden haberse aliado con la iglesia de Jerusalén, que huía también de las tropas romanas (*ca.* 70 d.C.), pero la secta como tal desapareció.

Su importancia

Los posibles puntos de contacto con el movimiento cristiano se han estudiado con esmero. Las semejanzas respecto a la escatología, la doctrina del remanente, la exégesis del Antiguo Testamento y las prácticas religiosas no deben cegarnos a las diferencias esenciales: el evangelio no es esotérico ni asceta; en él, Jesucristo es proclamado como profeta, sacerdote y rey davídico en una sola persona. Nuestro Redentor murió (violentamente, a diferencia del Maestro de justicia) y resucitó (los sectarios nunca afirmaron esto de su fundador) de una manera salvífica. Si los rollos arrojan luz sobre los orígenes de Juan el Bautista, el dualismo ético de las epístolas, la organización de la iglesia en Jerusalén o los destinatarios de la Epístola a los hebreos, estaremos agradecidos a sus autores, sin llamarlos protocristianos.

Bibliografía:

CBSJ V, 68:66-110. M. Burrows, *Los rollos del mar Muerto*, 1958 y *Más luz sobre los rollos*, 1964, Fondo de Cultura Económica, México. J.T. Milik, *Diez años de descubrimientos en el desierto de Judá*, Madrid, 1961. A. González Lamadrid, *Los descubrimientos del mar Muerto*, Madrid, BAC, 1972. R. Schubert, *La comunidad del mar Muerto*, Uteha, México, 1961. Y Yadin, *Los rollos del mar Muerto*, Editorial Israel, Buenos Aires, 1959.

RAAMA Hijo de Cus, el primogénito de Cam (Gn 10.7; 1 Cr 1.9). Raama fue padre de Dedán y Sabá y los tres se destacaron hasta en los tiempos proféticos como progenitores de tribus árabes que traficaban con oro y piedras preciosas (Ez 27.22). Se cree que la Raama que hoy está cerca de Main en el sudoeste de Arabia sea la misma antigua población de este nombre.

RABÁ (*grande*). Nombre de dos ciudades en el Antiguo Testamento.

1. Capital de Amón que ocupaba ambos lados del río Jaboc, 35 km al este del río Jordán (Jer 49.4). También se llamaba «ciudad de las aguas».

En Rabá guardaban la enorme cama de hierro del rey Og (Dt 3.11). David tenía relaciones amistosas con Nahás, rey de Rabá, pero Hanún, su hijo, avergonzó a una embajada israelita y como resultado estalló una larga guerra durante la cual murió Urías (2 S 10—12) y Rabá fue conquistada y agregada al reino de Israel. En tiempos de Jeroboam II, Rabá era nuevamente independiente (Am 1.13,15); Nabucodonosor hizo una parada allí (Ez 21.19) y seguramente fue allí donde se tramó el complot contra Gedalías (Jer 41.1-4). Amós (1.13ss), Jeremías (49.3-6) y Ezequiel (25.1-7) profetizan contra Rabá.

El rey → Tolomeo Filadelfo tomó Rabá cambió su nombre a → Filadelfia, y esta llegó a ser una de las ciudades de → Decá-polis. Hoy es la capital de Jordania y se llama Ammán.

2. Lugar por el noroeste de Jerusalén, cerca del límite entre Judá y Benjamín (Jos 15.60). Algunas la identifican con Khirbet Bir el-Hilu, 8 km al este de Gezer en el camino a Jerusalén.

RABÍ (en hebreo *rab* o *rabbí*, que significa *maestro*). Título honorífico surgido en el siglo I a.C. derivado del verbo *Rabab* que significa, ser grande. Se aplicaba a jefes o maestros, pero luego llegó a ser el término técnico aplicado a los *tana'im* (doctores palestinenses de la Ley, *ca.* 20—220 d.C.) y sus sucesores, los *amora'im* (*ca.* 220-415 d.C.), cuya interpretación casuística, llamada rabinismo, se ejemplifica abundantemente en el → Talmud y en los escritos midrásicos.

En un nivel más sencillo, los discípulos de Juan el Bautista llamaron rabí a su maestro (Jn 3.26). A Jesús también sus discípulos le aplicaron el título; en ocasiones también lo hicieron sus enemigos. Los Evangelios lo reflejan frecuentemente con las palabras *didáskalos y kathergetés*, y ambas significan → «maestro». Sin embargo, quizá la mejor traducción sea la de «maestro y señor» (Jn 13.13; cf. el uso en Lucas de *epistates* [señor] en 5.5; 8.24s, etc.). Algunas veces los evangelistas simplemente transcriben el título en su forma hebrea o bien aramea (Mt 23.7s, etc.).

Jesús aceptaba ser reconocido como rabí (Jn 13.13), pero desaconsejaba a sus discípulos aceptar el título, «porque uno es vuestro Maestro, el Cristo» (Mt 23.8). El clérigo judío, actualmente, se denomina «rabino», pero no es solo pastor espiritual sino también «abogado» y «juez».

RAB-MAG Título que se daba a un oficial de la corte de Babilonia. Quizás fuera el jefe de los médicos (Jer 39.3,13).

RABONI Variante de Rabí (Jn 20.16).

RABSACES Título del oficial asirio a quien, junto con el Tartán y el Rabsaris, Senaquerib, rey de Asiria, envió desde Laquis a Jerusalén para pedir la rendición del rey Ezequías. El rabsaces actuaba como el portavoz de la delegación, y tal parece que este oficial seguía en grado al comandante militar cuyo título era Tartán.

«Rab» significaba «jefe», y «saces» que antes se creía que significaba «copero», ahora se sabe que viene de Saqú, que significa «ser grande». El título equivaldría, entonces, a un jefe supremo, probablemente «jefe de los nobles» (2 R 18.17,19,26-28,37; 19.4-8; Is 36.2,4,11-13,22; 37.4,8).

RABSARIS Término que los hebreos tomaron de los asirios, quienes lo empleaban para designar al jefe de los eunucos. Tanto las atribuciones de este jefe como las labores asignadas a los eunucos se han llegado a conocer en detalle gracias a los textos asirios. En el Antiguo Testamento tres personas llevan este título.

1. Un miembro de la delegación enviada por Senaquerib a Ezequías (2 R 18.17; cf. Is 36.3).

2. Sarsequín, uno de los jueces babilonios establecidos en Jerusalén después de la toma de la ciudad (Jer 39.3).

3. Nabusazbán, uno de los babilonios que liberaron a Jeremías (Jer 39.13).

RACA (*estúpido*). Expresión de desprecio (Mt 5.22). La palabra aparece a menudo en los escritos de los rabinos con el sentido de «ignorante». Llamarle raca a una persona era decirle: «¡Idiota!»

RACAT Ciudad forticada de Neftalí, en la costa occidental del mar de Galilea, aparentemente situada entre Hamat y Cineret (Jos 19.35). Es probable que Tiberias hubiera sido construida sobre sus ruinas.

RAFA Nombre de dos personas del Antiguo Testamento.

1. Quinto hijo de Benjamín (1 Cr 8.2).

2. Benjamita descendiente del rey Saúl (1 Cr 8.37). En 1 Cr 9.43 se le llama Refaías.

RAFÁ En la Biblia de Jerusalén, antepasado de cuatro filisteos de Gat que David derrotó (2 S 21.15-22). La Reina Valera Actualizada lo llama Harafa. Pero la Reina Valera 1960 traduce «descendiente de los gigantes».

RAHAB Nombre de una mujer y de Egipto en forma simbólica.

1. *Rakahab* (en hebreo, *amplia, ancha*). Mujer que vivía en Jericó cuando Israel preparaba la conquista de Canaán. Desde Sitim, donde acamparon antes de entrar en Canaán, Josué envió dos espías a Jericó para explorar el territorio enemigo. Rahab había oído de las victorias israelitas y por tanto resolvió ampararlos. Cuando el rey de Jericó se enteró de la presencia de los espías, mandó a capturarlos, pero Rahab los escondió bajo manojos de lino en su terraza. Después, les facilitó la huida.

En la conquista de Jericó, Rahab y sus familiares fueron sacados de la ciudad antes de su destrucción (Jos 2.1-21; 6.17-23). En el Nuevo Testamento se alaba a Rahab por su fe (Heb 11.31) y por sus obras (Stg 2.25). Mateo 1.5 la llama esposa de Salmón y madre de Booz, esposo de Rut, en la genealogía de Jesucristo.

Algunos exégetas han procurado librar a Rahab del estigma de ser prostituta. Han alegado que la palabra hebrea (*zonah*), traducida «ramera» (Jos 2.1), viene del verbo *zun* (que significa *alimentar*), y no de *zanah* (que quiere decir *fornicar*), y por tanto podría

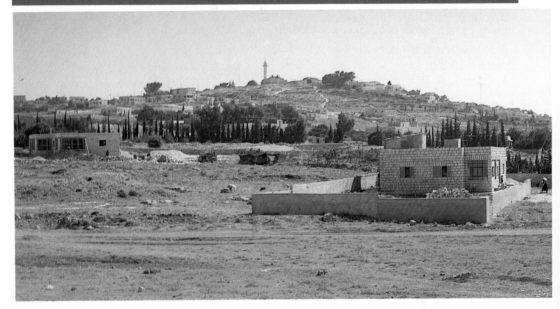

Foto de Howard Vos

La moderna aldea de Ramá, sucesora de la ciudad veterotestamentaria
en donde nació y fue sepultado el profeta Samuel.

traducirse «hospedadora» o «mesonera». Pero esta traducción es muy improbable, ya que en ningún otro caso se traduce *zonah* de esta manera, sino siempre «ramera» (por ejemplo, Gn 38.15; Lv 21.14; Jue 16.1). Sin embargo, Rahab seguramente cambió de manera de vivir.

Aparentemente, Rahab ya tenía conocimiento del Jehová de Israel (Jos 2.9-11) y puede que su conversión se debiera al testimonio de los espías que posaron allí (Jos 2.1b).

2. *Rajab* (en hebreo, *orgullo, insolencia*). Nombre poético o simbólico de un dragón o monstruo que se aplica a Egipto (Sal 74.13; 87.4; 89.10; Is 51.9,10; Ez 29.3; 32.2).

RAMA Parte del árbol que brota del tronco y que por sus frutos y bello aspecto frondoso simboliza prosperidad (Gn 49.22; Pr 11.28; cf. Sal 1.3). Las ramas significaron honor y gloria para Jesús, cuando entró en Jerusalén (Mt 21.8//).

Israel se presenta como rama de → VID (Sal 80.8-11), de → CEDRO (Ez 17.23; cf. 31.2-6) y de → OLIVO (Ro 11.16ss).

RAMÁ (*lugar alto*). Nombre de cuatro ciudades en el Antiguo Testamento.

1. Una de las principales ciudades de Benjamín, situada en la frontera con Israel (Jos 18.25; 1 R 15.17), probablemente 8 km al norte de Jerusalén, dentro del reino de Judá. Según Jueces 4.5, Débora vivió entre Ramá y Bet-el.

Poco después de la división de Israel en dos reinos, el rey Baasa de Israel, la tomó y la fortificó contra Asa, rey de Judá, aliado del rey de Siria. Cuando Asa descubrió que Baasa fortificaba la ciudad, sobornó a los sirios para que invadieran el norte de Palestina (1 R 15.16-22), de modo que la atención de Baasa dejara de estar en Ramá. Entretanto, Asa reconquistó a Ramá, la desmanteló y usó las piedras y la madera para construir a Geba y a Mizpa.

Por su posición estratégica, Ramá servía de atalaya. A ella llevaron a los judíos cautivos antes de enviarlos a Babilonia tras la caída de Jerusalén (Jer 40.1). Después de la cautividad, Ramá fue habitada nuevamente (Neh 11.33; Esd 2.26).

R

2. Ciudad natal del profeta Samuel (1 S 1.19; 2.11, etc., → RAMATAIM DE ZOFIM).

3. Pueblo en la frontera de Aser, cerca de Tiro (Jos 19.29).

4. Ciudad amurallada de Neftalí (Jos 19.36).

RAMATAIM DE ZOFIM Nombre completo del lugar de nacimiento, residencia y sepultura del profeta Samuel (1 S 1.1), sitio que por lo general se llama sencillamente → «RAMÁ» (1 S 1.19; 8.4; 19.18; 25.1).

La ubicación de Ramataim de Zofim es asunto discutido. De acuerdo con el nombre, tal como se halla en la RV, debiera haberse hallado en la tierra de los «zofim», o sea la del pueblo de Zuf; y según el contexto, estaba en la serranía de Efraín (1 S 1.1; 9.5,6,18). Es probable que Elcana fuera descendiente de Zuf (1 Cr 6.33-35), quien a su vez era descendiente de Leví.

RAMERA → PROSTITUCIÓN.

RAMESÉS Ciudad del nordeste de Egipto, reconstruida por el faraón Ramsés II, y en la cual trabajaron los israelitas durante su esclavitud (Éx 1.11). Al parecer, la ciudad se encontraba en el territorio de Gosén (cf. 47.11 con 47.4,6). Fue de Ramesés que los israelitas partieron en el éxodo (Éx 12.37). Su identificación con Tanis es casi segura. (Se llamaba Avaris bajo los hicsos, y Zoan en Nm 13.22).

En Ramesés los arqueólogos han encontrado un templo con más de 300 m de largo y una gigantesca estatua de Ramsés II que mide 30 metros de altura.

RAMOT Ciudad levítica en el territorio de Ísacar (1 Cr 6.73) llamada Jarmut en Jos 21.29 y Remet en Jos 19.21. La identificación de la ciudad es incierta. Se ha mencionado a Jelame, 5 km al norte de Engannim, o Kokab el-Hawa, 10 km al norte de Bet-san.

RAMOT DE GALAAD Ciudad fuerte e importante al este del Jordán en el territorio de Gad, prominente en las guerras de Israel.

Fue designada ciudad de refugio (Dt 4.43; Jos 20.8; 21.38).

Fue hecha residencia de uno de los comisarios de Salomón (1 R 4.13); pero, después de la división del reino, la región pasó a posesión de Siria en las guerras con Ben-adad I (1 R 15.20). Acab hizo un esfuerzo por recobrar la ciudad con la ayuda de Josafat de Judá, pero murió en la batalla (1 R 22.3-37; 2 Cr 18). Doce años después → JORAM, hijo de Acab, hizo otra tentativa de recobrar a Ramot de Galaad con la ayuda de Ocozías de Judá (2 R 8.28–9.28; 2 Cr 22.5,6). Conquistó la ciudad pero fue herido. En el siglo VIII la ciudad cayó en manos de los asirios.

La ciudad también se llamaba Ramá. Se ha sugerido que Ramot de Galaad debe identificarse con Tell-er-Ramith en el Wadi-Shomer cuyo nombre es derivado de Ramot.

RAMSÉS Nombre que ostentaron once faraones de la XIX y XX dinastías. El más famoso de ellos fue Ramsés II, quien reinó como del 1301 al 1234 a.C. Se le conoce, entre otras cosas, como gran constructor de estatuas colosales, así como palacios y templos extraordinarios. Dejó numerosos monumentos e inscripciones, sobre todo en el Delta, donde fundó su capital, Pi-Ramsés. Muchos historiadores creen que se valió de la mano de obra de sus esclavos israelitas para llevar adelante su ambicioso plan de construcciones, y que el éxodo se produjo durante su reinado.

RANA Batracio que se menciona en ocasión de la segunda → PLAGA de Egipto (Éx 8.1-9; cf. Sal 78.45; 105.30).

Sin nombrarla, el código de pureza (Lv 11.10-12,29) la cataloga entre los animales impuros, pues «no tienen aletas ni escamas». En Apocalipsis 16.13 se presenta como símbolo de impureza.

RAQUEL Hija menor de → LABÁN y esposa preferida de → JACOB. Fue madre de José y Benjamín. Jacob encontró a su prima Raquel junto a un pozo en la tierra de Harán y,

Antigua tumba cerca de Belén, identificada tradicionalmente como el sepulcro de Raquel (Gn 48.2,7).

enamorado de la joven, accedió a servir a Labán siete años por ella. Irónicamente, Jacob, el engañador de su padre, fue víctima del engaño de Labán. Este le entregó primero a su hija mayor Lea. Para casarse también con Raquel pocos días después, Jacob tuvo que prometer otros siete años de servicio (Gn 29.1-30).

Por muchos años Raquel fue estéril, mientras que su hermana, Lea, tuvo cuatro hijos. Afligida por esto, Raquel entregó su sierva Bilha a Jacob para que los hijos de esta fueran contados como descendencia suya, práctica común de la época. Más tarde Dios se acordó de Raquel y ella dio a luz a José (Gn 29.31–30.24).

Cuando Jacob decidió volver a Canaán, tanto Raquel como Lea lo apoyaron. Sin embargo, Raquel provocó la ira de su padre al hurtar los ídolos de este (→ TERAFÍN). Labán salió a perseguir a Jacob, pero, cuando lo alcanzó, Raquel usó una estratagema para esconder los ídolos y así se escapó del anatema que Jacob mismo había pronunciado sobre aquel en cuyo poder fuesen hallados (Gn 31). Al llegar a Bet-el, en la tierra prometida, Jacob extirpó de su familia el paganismo (Gn 35.2-4).

Por ser la favorita de Jacob, Raquel fue especialmente protegida cuando el grupo se enfrentó a Esaú (Gn 33.1,2). Al nacer su segundo hijo, Benjamín, Raquel murió y fue sepultada entre Bet-el y Efrata, lugar identificado en Gn 33.19 y 48.7 como → BELÉN. Desde el siglo IV d.C. existe un monumento sobre la supuesta tumba de Raquel en el camino de Belén a Jerusalén.

Como madre de la tribu de Benjamín y abuela de las medias tribus de Efraín y Manasés, Raquel fue una de las que «edificaron la casa de Israel» (Rt 4.11). Mateo (2.17,18) afirma que la matanza de los inocentes perpetrada por Herodes fue el cumplimiento de la profecía de Jeremías 31.15 acerca del «lloro» de Raquel por sus hijos perecidos.

RAS SAMRA → UGARIT.

RATÓN Mamífero roedor pequeño que era inmundo para los hebreos (Lv 11.29; Is 66.17) pero que servía de alimento a algunos árabes y cuya imagen tenía valor mágico en el Medio Oriente. Seguramente, los ratones fueron portadores de la epidemia de → «TUMORES» que sufrieron los filisteos durante la

R

permanencia del arca en su tierra (1 S 5.6; 6.4ss). Se ha conjeturado que la plaga que sufrieron fue la peste bubónica.

REAÍA (*Jehová mira*). Nombre de tres personas del Antiguo Testamento.

1. Hijo de Sobal (1 Cr 4.2), también llamado Haref (1 Cr 2.52).

2. Rubenita, hijo de Micaía (1 Cr 5.5).

3. Fundador de una familia de siervos del templo cuyos descendientes regresaron del cautiverio con Zorobabel (Esd 2.47; Neh 7.50).

REBECA Hija de Betuel, hermana de → LA-BÁN, y esposa de → ISAAC. Génesis 24, una joya de la literatura antigua, relata cómo Abraham comisionó a su siervo la búsqueda de esposa para su hijo, no en Canaán, sino en su tierra nativa. Dios prosperó el viaje del siervo y le guió hasta Rebeca, sobrina de Abraham. Esta accedió a la propuesta de matrimonio, y sus parientes, reconociendo la mano de Dios, la enviaron al lejano país del Neguev (Gn 24.62).

Por veinte años Rebeca fue estéril, pero luego, como contestación a las oraciones de Isaac, dio a luz gemelos: → ESAÚ y → JACOB. Como estaba profetizado desde antes de su nacimiento, los hermanos fueron rivales, y Rebeca se inclinaba por Jacob (Gn 25.20-28). Tal como en una ocasión anterior habían hecho Abraham y Sara, Isaac y Rebeca fingieron ser hermanos por temor a los filisteos en cuyo territorio moraban (Gn 26.6-11). Rebeca e Isaac se entristecieron por las esposas paganas de su hijo Esaú (Gn 26.34ss).

El favoritismo maternal produjo resultados funestos en el hogar cuando Rebeca ayudó a Jacob a conseguir con engaño la bendición destinada al primogénito. Rebeca instó a Jacob a huir de Esaú y nunca lo volvió a ver (Gn 27). Fue sepultada en la cueva de → MACPELA (Gn 49.31).

REBUSCO Restos de la cosecha que los segadores dejaban en el campo (Jue 8.2; Rt 2; Is 17.6). El Antiguo Testamento demandaba de los labradores que lo hicieran para provecho de «los pobres y los extranjeros» (Lv 19.9,10; 23.22).

RECAB (*auriga*). Nombre de tres personas del Antiguo Testamento.

1. Benjamita oriundo de Beerot que junto a su hermano Baana mató a → IS-BOSET el hijo de Saúl (2 S 4.2,5,9). David los condenó a muerte por ese hecho.

2. Padre de → JONADAB, el que colaboró con Jehú en la sangrienta purga de la casa de Acab (2 R 10.15,23). Fue el antepasado epónimo de los → RECABITAS.

RECABITAS Descendientes de Recab, cuyos antecesores posiblemente fuesen ceneos (1 Cr 2.55). Jonadab, hijo de Recab, se asoció con Jehú en la matanza de los profetas de Baal (2 R 10.15-31), con lo cual mostró gran celo por la causa de Jehová. Y sin duda impuso este celo en su familia, pues dos siglos después sus descendientes eran todavía fieles a los principios religiosos que él había enseñado.

El profeta Jeremías, por instrucción de Jehová, llevó a los recabitas al templo para ofrecerles vino, pero ellos lo rechazaron por respeto al mandamiento de su antepasado Jonadab (Jer 35.1-11). Por tanto, Dios mismo los puso como ejemplo de fidelidad al reprocharle a Judá su desobediencia a los preceptos divinos (Jer 35.12-16).

Además de abstenerse del vino, los recabitas rehusaban la vida sedentaria y la agricultura (Jer 35.7). Por eso algunos creen que eran nómadas. Sobre esto y el pasaje de Jeremías se ha construido la hipótesis de que los profetas predicaban un ideal nomádico y veían toda vida sedentaria con malos ojos. Sin embargo, no es seguro que los recabitas fueran nómadas. Su ascendencia cenea puede indicar que eran artesanos. Además, la relación del vocablo *recab* con «carroza» sugiere que Jonadab era un cochero o fabricante de carrozas. Vale notar que cada vez que se menciona a los recabitas, están en ciudades principales o bien cerca de ellas.

RECOMPENSA Lo que se recibe como justo pago por algún acto o servicio positivo (→ GALARDÓN). Su sentido es semejante al de → RETRIBUCIÓN, pero esta generalmente corresponde solo a un acto negativo. Sin embargo, la recompensa puede tener un sentido negativo y otro positivo; por ejemplo, en Salmo 91.8; Mateo 6.5, y en 1 Corintios 9.17 y Colosenses 3.24.

Dios ofrece recompensa o galardón solamente a los redimidos. A los perdidos ofrece en primer lugar salvación. Esta es un don gratuito (Ro 6.23), mientras la recompensa es algo merecido por obras (Mt 10.42; 1 Co 3.14). A veces a la recompensa se le llama «premio» (1 Co 9.24) o → «CORONA» (1 Co 9.25; 2 Ti 4.7,8). La salvación es una posición que ya se tiene (Jn 5.24), mientras que la recompensa se recibirá en la vida venidera (Mt 16.27; 2 Ti 4.8).

Ante el «tribunal de Cristo» (2 Co 5.10), cada hijo de Dios un día será juzgado de acuerdo con las obras que haya hecho desde su conversión hasta su muerte. No debe confundirse este tribunal con el juicio del pecado (Ro 5.1). Es más bien una evaluación del servicio que cada creyente haya prestado a la causa de Cristo. El uso de los dones espirituales que Dios ha dado a cada uno será juzgado de acuerdo con los principios establecidos en la parábola de los talentos (Mt 25.14-30). Por tanto, el anhelo de cada creyente debe ser llegar a escuchar las palabras: «Bien, buen siervo y fiel; sobre poco has sido fiel, sobre mucho te pondré» Mt 25.21). Para el servicio pobre, simbolizado por «madera, heno, y hojarasca», no hay recompensa; pero para el que es tan valioso como «oro, plata y piedras preciosas» hay amplia recompensa en el tribunal de Cristo (1 Co 3.12-15).

El que resiste la tentación recibirá corona (Stg 1.12), como también los pastores fieles (1 P 5.4), y los que permanecen firmes hasta la muerte (Ap 2.10). Es posible perder la recompensa (2 Jn 8), o por lo menos no recibir tanta recompensa en el caso de faltar en esta vida el fiel ejercicio de la mayordomía cristiana (→ MAYORDOMO).

RECONCILIACIÓN Restablecimiento de la amistad del hombre con Dios, pues entre ambos reinaba la enemistad; y, más que el establecimiento de buenas relaciones en general, es la eliminación de un profundo desacuerdo. El hombre por su pecado se encontraba alejado de Dios; pero en la persona de su Hijo, Dios mismo ofreció el camino hacia la reconciliación.

Según la enseñanza paulina, la reconciliación es una muestra del amor de Dios y un estado presente (Ro 5.10); se recibe a través del Señor Jesucristo (v. 11). La exclusión temporal de los judíos del plan de Dios provocó la reconciliación del mundo gentil (Ro 11.15; 2 Co 5.18); Dios, estando en Cristo, reconcilió al mundo consigo mismo (v. 19). La acción espontánea de Dios anula la enemistad que mantiene al hombre separado de su Creador, y la creación de una naturaleza redimida dentro del hombre capacita a este para llevar una vida de comunión y amor con Dios (Ro 5.11).

Pablo resume el plan redentor de Dios en «la palabra de la reconciliación» (2 Co 5.19), la cual ha sido encomendada a los cristianos para su proclamación a todas las personas.

«Dios estaba en Cristo reconciliando consigo al mundo, no tomándoles en cuenta a los hombres sus pecados».

RECTITUD → JUSTICIA.

REDENTOR, REDENCIÓN Los israelitas llamaban «redención» al acto de vengar la sangre de un pariente; al que lo hacía llamaban «redentor» (Nm 35.12,19,21,27; Dt 19.6,12, 13). Pagar para que dejaran en libertad a uno que estaba vendido era también redimir o rescatar (Lv 25.48). Redentor era asimismo el que compraba las tierras de un pariente difunto, para que no se perdieran (Rt 4.1-7). Entre los israelitas se podía redimir la vida de una persona o de un animal, como en el caso de los primogénitos (que a Dios había que entregar). Para ello era necesario pagar un precio, el cual se debía entregar al sacerdote (Éx 13.13,15; Lv 27.27; Nm 18.15,16).

R

En su obra a favor de los hombres, Dios es redentor por excelencia. La liberación de los israelitas de la esclavitud en Egipto es un acto de redención (Éx 6.6) de parte de Jehová Dios. La idea principal en la redención es soltar o liberar. El → PECADO mantiene al hombre en servidumbre y, por tanto, la salvación incluye el librarlo de esa esclavitud. En Cristo Jesús, Dios pagó el precio completo de la redención del género humano (Col 1.13). Redención es liberación del poder de las tinieblas, a fin de vivir bajo la soberanía o el reino del amor de Dios. En el Antiguo Testamento, la esperanza de Job está puesta en Dios su redentor (Sal 19.25). Asimismo, David considera a Dios su redentor (Sal 19.14), y el profeta Isaías destaca este concepto; trece veces aparece el término en ese libro profético (por ejemplo, 41.14; 43.14; 44.6).

En el Nuevo Testamento la doctrina de la redención es cardinal. Todos las personas están esclavizadas por el pecado, y son «hijos de ira» (Ef 2.1-3; 2 Ti 2.26); necesitan, por tanto, ser redimidos. Entre los del pueblo de Dios eran muchos los que esperaban la redención divina. Ana, la viuda profetisa, confió y declaró que el niño Jesús, a quien logró conocer en el templo, era quien satisfaría esa esperanza (Lc 2.36-38).

Jesucristo realiza esta redención (Ro 3.24; Gl 3.13) por medio de su → SANGRE vertida en la cruz (Ef 1.7; Col 1.14). El mismo habló de «dar su vida en rescate por muchos» (Mt 20.28//); y Pablo dice que Cristo «se dio a sí mismo en rescate por todos» (1 Ti 2.6) para una redención que es eterna (Heb 9.12). Él, pues, tomó nuestro lugar, y recibió el castigo que nosotros merecíamos por nuestros pecados. Por tanto, un efecto justo y lógico de esta obra redentora en nosotros debe ser glorificar a Dios mediante una vida pura y fructífera, tanto en lo material como en lo espiritual. La redención abarca al hombre como un todo y como tal lo transforma (1 Co 6.20). La redención culminará gloriosamente en la → RESURRECCIÓN (Hch 26.18; Ro 8.15-23; 1 Co 15.55-57).

RED Aparejo de cuerdas o hilos utilizado en la caza de aves (Pr 1.17), peces (Is 19.8), cuadrúpedos (Is 51.20) y personas (Job 18.8; 19.6; Sal 140.5; Ec 7.26; Miq 7.2; Hab 1.15, etc.). En muchas ocasiones, especialmente tratándose de personas, la palabra red se usa con sentido figurado (por ejemplo, Sal 9.15; Pr 12.12).

Cristo llamó a sus discípulos mientras estos echaban sus redes en el mar (Mt 4.11ss), y en una ocasión les ordenó utilizarlas cuando parecía imposible obtener pesca alguna (Lc 5.1-11). Tanto gustaba a Jesús el trabajo de la pesca, que la utilizó como figura de la evangelización y llamó a los primeros discípulos «pescadores de hombres» (Mt 4.19). Asimismo, el Señor comparó el Reino de los cielos con una red (Mt 13.47,48). Después de resucitado y durante su tercera manifestación a los discípulos, el Señor les preparó alimentos mientras echaban la redes (Jn 21.5-11). (→ PEZ.)

REDIL Término sinónimo de aprisco y majada que designa el lugar donde los pastores guardan sus ganados. Por haber sido el pastoreo una de las principales ocupaciones del pueblo hebreo, en la Biblia hay varias referencias a estos lugares.

Una perdiz atrapada en una red. Esta ave probablemente se parece a las que se les ofreció milagrosamente a los israelitas para sustentarlos en el desierto (Nm 11.31-32).

Foto de Amikan Shoob

Los descendientes de Rubén, Gad y parte de Manasés establecieron sus rediles en tierras de Galaad, donde dejaron sus familias para ir a la guerra (Nm 32.16s). En una cueva que era usada como redil, David demostró su bondad al perdonar la vida a Saúl (1 S 24.3). Y recordando su vida de → PASTOR (1 S 17.15,20), David escribió uno de sus más hermosos salmos, el 23. Jehová es el pastor, y «la casa del Señor» es el redil de los creyentes. En Ezequiel 25.4 se ofrece la tierra de Amón como campo para redil.

Siguiendo el símil del Salmo 23, Cristo se declara pastor de sus seguidores, a quienes da el título de ovejas de su redil (Jn 10.16).

REDOMA Vasija ancha en la base que por lo general se angostaba en la boca. Se utilizaba para guardar aceite, ungüento o perfume. Samuel utilizó una redoma de aceite para ungir a Saúl como rey de Israel (1 S 10.1).

REFAÍAS Nombre de cinco hombres del Antiguo Testamento.

1. Descendiente de David y antepasado de Jesucristo (1 Cr 3.21). Se le llama Resa en Lucas 3.27.

2. Simeonita (1 Cr 4.42,43).

3. Nieto de Isacar (1 Cr 7.2).

4. Descendiente de Jonatán (1 Cr 9.40,43).

5. Hijo de Hur que ayudó en la reconstrucción del muro de Jerusalén (Neh 3.9)

REFAIM, REFAÍTAS Término descriptivo y nombre de una raza de gigantes y de un valle en el Antiguo Testamento.

1. Nombre dado a ciertos habitantes de la región al oeste del Jordán (cf. Gn 14.5; 15.20). Al producirse la conquista de Palestina, los refaítas ocupaban una extensa zona y según su distribución recibían distintos nombres locales. En Moab eran llamados → EMITAS (Dt 2.10,11) y en Amón → ZOMZOMEOS (Dt 2.20,21).

Fuera del Antiguo Testamento, el término refaítas no se usa en sentido racial, aunque en algunos textos babilónicos se aplica a los héroes llenos de vitalidad y poder. Los israelitas atribuyeron a los refaítas una extraordinaria estatura (Dt 2.10). Esta tradición quizá se basara, en primer lugar, en la terminología babilónica y, en segundo lugar, en las grandes construcciones de piedra, de épocas prehistóricas, que los israelitas hallaron al llegar a Palestina (cf. Dt 3.11). De aquí la frecuente traducción del término hebreo como «gigantes» (Gn 6.4; Dt 2.11,20; 3.11,13).

En las leyendas cananeas preisraelitas, los refaítas aparecen relacionados con los cultos religiosos de la fertilidad, sentido que puede estar implicado en la tradición que atribuía a estos gigantes un origen medio humano y medio divino (Gn 6.1-4), aunque en una forma muy diferente.

2. El «valle de los refaítas» era un lugar citado al referirse a la frontera de las tribus de Judá y Benjamín (Jos 15.8; 18.16), situada bastante cerca de Jerusalén. Allí David se enfrentó a los filisteos (2 S 5.18,22; 23.13).

3. Refaim también era el término que describía las sombras, los muertos y los habitantes del Seol (Job 26.5; Sal 88.10,11; Pr 2.18; Is 26.14,19 BJ). La etimología de la palabra es muy oscura y es probable que se derive de algún rito del culto a los muertos con alguna referencia a la mitología vegetativa cananea, en donde el término refaíta se usa para designar a los muertos o a las sombras.

Posteriormente, los israelitas lo aplicaron, por extensión, a todas las sombras (cf. Is 14.9 BJ).

REFIDIM (*llanuras*). Sitio donde los israelitas acamparon después de partir del desierto de Sin y antes de llegar al monte Sinaí (Éx 17.1), cuya ubicación no se ha podido precisar. Aquí el pueblo murmuró contra Moisés por la falta de agua y Jehová se la proveyó de «la peña en Horeb» (vv. 2-6). Por la rencilla de los israelitas, el lugar pasó a llamarse «Masah y → MERIBA» (v. 7).

El ejército israelita dirigido por Josué venció a los amalecitas en Refidim, en respuesta a la oración representada por las manos alzadas de Moisés (vv. 8-16). En Refidim,

Moisés acató el consejo de su suegro, Jetro, y nombró jueces que le ayudaron en el cargo (Éx 18).

REFINADOR El refinamiento de los metales preciosos ya se practicaba entre los mesopotámicos, egipcios, heteos, cananeos, fenicios, filisteos, árabes y hebreos desde la antigüedad. Era una metalurgia sencilla que requería solo un horno a manera de crisol y un fuelle. La escoria se separaba del metal por medio del calor y la acción de disolventes como el álcali (Zac 13.9). También era común el empleo del plomo, el cual se amalgamaba con la escoria y dejaba libre el metal deseado (Jer 6.29).

El acto de refinar es figura común en las Escrituras para presentar a Dios como el que prueba y refina al hombre, purificándolo y apartándolo de la escoria del mal (Pr 17.3; 27.21; Is 1.25; 48.10; Zac 13.9; Mal 3.2,3). Pablo usa la figura para aludir a las pruebas de la fe en el cristiano (1 Co 3.12-15).

REFUGIO → Ciudades de refugio.

REGENERACIÓN Cambio radical que el Espíritu Santo realiza en el hombre cuando este, habiendo oído y creído la palabra de Dios, recibe a Jesucristo como Salvador. La persona pasa del dominio del pecado al dominio del Espíritu, e inicia el crecimiento y el progreso espirituales cuya meta es la perfección, el llegar a ser semejante a Cristo (Mt 13.23; Jn 3.5; Ro 8.29; 2 Co 5.17; 1 P 1.21-23).

El término «regeneración» aparece solo dos veces en el Nuevo Testamento (RV). Una es en Mateo 19.28, donde nuestro Señor lo emplea en un sentido escatológico, refiriéndose a la restauración de todas las cosas, cuando los apóstoles participarán con Él en gloria, autoridad y juicio. La otra es en Tito 3.5, donde el apóstol Pablo compara nuestra salvación con un lavamiento o limpieza que purifica la naturaleza pecaminosa del hombre.

Pero la doctrina de la regeneración está implícita en muchísimos pasajes. Quizás el principal de todos sea el de Juan 3.1-12, en el cual se relata la conversación de Jesús y → Nicodemo. Allí nuestro Señor habló del nuevo nacimiento como la condición indispensable no solo para ver o comprender el → Reino de Dios, sino para entrar y pertenecer a él. La figura de un segundo nacimiento da a entender que el cambio debe ser tan radical que en la práctica sea un nuevo nacimiento. La idea de que el hombre está muerto en el pecado, pero que en el Espíritu nace y vive, es prominente en el Nuevo Testamento (Jn 5.24; Ef 2.1; Col 2.13).

La iniciativa en la regeneración pertenece a Dios y se efectúa por el Espíritu Santo (Jn 1.13; 3.5,8); los efectos de ella son duraderos (Ro 8.2; 2 Co 5.17). No es posible entender ni explicar racionalmente este cambio, pero sus resultados son evidentes (Lc 3.8; Jn 3.7,8).

En el Antiguo Testamento la enseñanza de la regeneración se aplica más bien al pueblo escogido, y se habla de la restauración de Israel como tal. Sin embargo, la base de esta transformación nacional es el cambio moral del individuo mismo; de ahí que los profetas hicieran hincapié en la necesidad de un nuevo corazón. La salvación que Dios prometió abarca eso: darles un corazón nuevo (Jer 24.7; 31.31-33; Ez 11.19). El rey David entendió que la solución del problema espiritual de su naturaleza pecaminosa (Sal 51.5) era que Dios lo volviera una nueva criatura con un corazón limpio (51.10). Este es el «nuevo hombre» de que Pablo habla varias veces (Ef 2.51; 4.24).

La regeneración se diferencia de la → justificación en que esta es un cambio en nuestra relación con Dios, mientras que aquella es un cambio en nuestra naturaleza moral. Ambas, sin embargo, son experiencias simultáneas provenientes de la gracia divina. Asimismo, también la regeneración es diferente de la → santificación: la primera es el comienzo de la vida nueva; la segunda es el desarrollo de esta vida hacia la perfección. La regeneración es el nacer, y la santificación el crecer de la nueva vida en Cristo.

REGIO Ciudad en la costa cerca del extremo sudoeste de Italia frente a la isla Sicilia y separada de ella por el famoso estrecho de Escilia y Caribdis, de unos 8 km de ancho. Debido a los peligros del estrecho, los navegantes acostumbraban esperar condiciones ideales (viento del sur) antes de salir de Regio rumbo al norte (Hch 28.13). Por su posición llegó a ser ciudad de gran importancia comercial, y por su relación con el problema de la navegación era muy conocida.

REGLA En la época del Antiguo Testamento, los constructores medían con un cordel corriente (2 S 8.2; Zac 2.1), un hilo (1 R 7.15) o un cordel de lino (Ez 40.3) marcado en codos (1 R 7.15,23). Los carpinteros también usaban cierta clase de regla (Is 44.13), pero en la época helenista la vara recta sustituyó a las demás reglas (Ap 11.1; 21.15).

La medición del constructor sugirió la actividad divina en el juicio (Ez 43.11) y, por ende, la noción de una «norma fija». Las iglesias tenían sus reglas transmitidas por la → TRADICIÓN apostólica (2 Co 10.13,15; Gl 6.16; Flp 3.16) que delimitaban la acción o el deber; era una regla de conducta o doctrina.

El término adquirió un significado aún más preciso en el período postapostólico. Como la autoridad a la cual apelaban los Padres de la iglesia eran las Escrituras del Antiguo Testamento y Nuevo Testamento, acabaron por aplicar este término a la colección de dichos escritos, y hablaban de ellos como del → CANON o regla. Así, pues, canon pasó a significar la lista o catálogo de todos los libros que contienen la regla inspirada por la cual ha de medirse toda materia de fe y práctica (→ CANON DEL ANTIGUO TESTAMENTO; CANON DEL NUEVO TESTAMENTO).

REHOB (*anchura, plaza*). Nombre de dos hombres, una ciudad y una región en el Antiguo Testamento.

1. Extremo norte de la tierra prometida, adonde llegaron los doce espías de Moisés (Nm 13.21). No se conoce su sitio exacto, pero la frase «entrando en Hamat» parece colocarlo en el valle entre las dos cordilleras del Líbano (cf. Jue 18.28). Los sirios de Rehob fueron tomados a sueldo por los amonitas para guerrear contra David (2 S 10.6,8). Nótese que Rehob se llama Bet-rehob en el versículo 6 y en Jueces 18.28.

2. Ciudad fronteriza del territorio de Aser (Jos 19.28,30), dada a los levitas (Jos 21.31; 1 Cr 6.75). Una de las ciudades de donde Aser no pudo arrojar a los cananeos (Jue 1.31). El sitio sugerido como el de su ubicación está unos 11 km al este de → ACO

3. Padre de Hadad-ezer, rey de Soba, derrotado por David (2 S 8.3).

4. Uno de los firmantes del pacto inspirado por la lectura pública de la Ley por parte de Esdras (Neh 10.11).

REHOBOT Nombre de dos ciudades y un pozo en el Antiguo Testamento.

1. Ciudad de Asiria, entre Nínive y Cala, que Nimrod construyó (Gn 10.11). Quizá fuera un suburbio de Nínive o su sección periférica. Ha sido relacionada con la Rebitnina de las inscripciones asirias.

2. Ciudad natal del rey edomita llamado Saúl (Gn 36.37; 1 Cr 1.48). La indicación de que estaba situada «junto al Éufrates» parece fuera de lugar ya que se trataba de una ciudad de Edom y no de Mesopotamia. La confusión se ha originado en que «el río», en los textos antiguos, siempre se refiere al Éufrates. Pero en los pasajes citados debe referirse al río El-hesa, que separa a Moab de Edom.

3. Nombre de un pozo que Isaac abrió en el valle de Gerar (Gn 26.17-22) para no causar querellas con los pastores de las tierras vecinas.

REHUM Nombre de cuatro hombres en el Antiguo Testamento.

1. Gobernante de «Samaria y las demás provincias del otro lado del río» (Esd 4.10), es decir, de la satrapía persa en el lado este del río Éufrates, bajo Artajerjes I (464–424

R

a.C.). Consiguió un edicto real para que se suspendiera la reedificación de Jerusalén (Esd 4.8-24).

2. Uno que regresó de Babilonia con Zorobabel (Esd 2.2; Neh 12.3).

3. Levita que ayudó en la reedificación del muro de Jerusalén en el tiempo de Nehemías (Neh 3.17).

4. Uno que firmó el pacto de Esdras (Neh 10.25).

REINA Los hebreos consideraban fuera de orden que una mujer reinase en lugar de un rey (Is 3.12), pero había reinas notables en otras naciones. Por ejemplo, la de Sabá (1 R 10.1), y Candace de los etíopes (Hch 8.27).

Algunas reinas ejercieron mucha influencia por medio de sus esposos (por ejemplo, Jezabel de Israel) y una, Atalía, aun usurpó el trono de Judá (2 R 11). Pero es notable que la influencia de estas fuera malévola.

En la corte del rey, usualmente la esposa tenía poca influencia aun entre los gentiles (por ejemplo, los casos de Vasti y Ester); pero la madre del rey tenía mucho poder, por ejemplo, las relaciones entre Betsabé y Salomón (1 R 2.19). Las relaciones entre David y Mical (2 S 6.20-23) fueron excepcionales, pero nos enseñan más sobre el carácter de David que sobre las costumbres de ese entonces.

REINA DE SABÁ → SABÁ.

REINA DEL CIELO Objeto de culto solamente mencionado en Jeremías (7.18 y 44.17-29), quien condena este acto de idolatría. La «reina» probablemente se refiera a Istar o Astarté, deidad del amor y la fertilidad que era adorada bajo varios nombres y considerada patrona de muchos pueblos babilonios, asirios y fenicios. La diosa era identificada con la luna, cuya adoración Moisés condenó (Dt 4.19; 17.3). Los ritos del culto consistían en actos groseramente inmorales.

Es evidente, por la denuncia de Jeremías, que los israelitas practicaban esta aberración religiosa en Judá antes de la cautividad y aun durante el destierro en Egipto. Las tortas mencionadas en los pasajes posiblemente fueran figurillas o imágenes adornadas y ofrecidas con libaciones en los ritos a la diosa (→ ASTORET).

REINO DE DIOS, REINO DE LOS CIELOS Dios es «Rey de los siglos» (1 Ti 1.17), o sea de toda la historia, pero hay que distinguir entre esta soberanía eterna y la manifestación dinámica del Reino de Dios que se establecerá con la venida de Jesucristo.

En el Antiguo Testamento

La frase «reino de Dios» no aparece en el Antiguo Testamento, pero Dios sí se presenta como Rey: es rey de Israel (Nm 23.21; Is 43.15), y también de todo el mundo (Sal 24; 47.8; 103.19); Él reina para siempre (Sal 29.10). Estas expresiones indican no tanto un reino político o terrenal como el derecho de Dios de reinar sobre su propia creación.

Dios dijo a Abraham que de sus lomos saldrían reyes (Gn 17.6), pero no fue sino hasta el tiempo de Samuel que los israelitas pidieron un rey (1 S 8). Sin embargo, la monarquía fracasó completamente después de cuatro siglos (→ ISRAEL, NACIÓN: JUDÁ). Los profetas posteriores que vivieron durante el tiempo de la monarquía pronosticaron el gran futuro en que el → MESÍAS reinaría sobre todo el mundo (Is 2.1-4; Miq 4.1-3). Este reino se establecería en el → DÍA DE JEHOVÁ (Jl 2.28–3.21; Am 9.11-15), cuando Dios juzgaría a las naciones y salvaría a su pueblo universal. Al final crearía nuevos cielos y nueva tierra (Is 65.17; 66.22). Todo esto señala la victoria final de Dios en la historia.

En la literatura intertestamentaria

Entre los dos testamentos surgió un marcado mesianismo que proclamaba la restauración del reinado de Israel. Esta esperanza renovada tomó muchas formas, pero la más común era la del libro seudoepigráfico *Salmos de Salomón* (17.23-51): el hijo de David, el Mesías, derrotaría a los enemigos gentiles.

Como regidor de Israel, capitanearía las fuerzas que dominarían a todas las naciones; estas subirían a Jerusalén para glorificar a Jehová. En otras palabras, se presenta un reino político de justicia en el cual el Mesías e Israel encabezan a todo el mundo. Los → ZELOTES en el tiempo de Jesús tenían esperanzas mesiánicas parecidas, con la diferencia de que ellos mismos establecerían el reino por medio de la sublevación armada.

Otra corriente de este período (200 a.C. a 100 d.C.) era la perspectiva mesiánica de la literatura apocalíptica, cuya idea central era la repentina introducción del Reino de Dios en forma cataclísmica sobre la tierra, empezando con un juicio inesperado en que los justos serían premiados y los malos castigados. Con estas ideas quizá Jesús estaba de acuerdo, pero rechazó otros conceptos extremistas de esta literatura tales como los cálculos del tiempo del fin, juegos de números, viajes celestiales y revelaciones acerca del cielo y del infierno.

Se discute intensamente la pauta doctrinal que Jesús siguió: ¿Enunció sus ideas respecto al reino conforme el mensaje profético del Antiguo Testamento, o las concibió siguiendo el rumbo de la literatura apocalíptica? Un repaso de la enseñanza de Jesús mostraría ampliamente lo primero.

En el Nuevo Testamento

En la predicación de Juan el Bautista

Juan vino predicando el arrepentimiento porque el Reino de Dios se había acercado (Mt 3.2). El ser israelita no aseguraba la entrada al Reino. Además, las obras apropiadas debían acompañar al arrepentimiento (Lc 3.8). El juicio estaba cerca, el hacha ya estaba puesta a la raíz de los árboles (Lc 3.9). A pesar de la aparente semejanza entre este mensaje y el que Jesús presentaría un poco después, todavía Juan imaginaba un reino político y terrenal. Cuando vio que no surgía tal Reino, Juan envió mensajeros para preguntar a Jesús (Mt 11.2s//). Jesús contestó en efecto que la presencia del Reino de Dios se verificaba en la curación de los enfermos, en la resurrección de los muertos y en la predicación del evangelio a los pobres (Mt 11.4s//). El carácter del Reino traído por Jesús no era político, literal ni terrenal, pero se demostraba en obras que apuntaban hacia una restauración total.

En la enseñanza de Jesús

En los cuatro Evangelios el título más común es el «reino de Dios». Solo Mateo usa la frase «reino de los cielos» (33 veces), aunque también usa «reino de Dios» cuatro veces (12.28; 19.24; 21.31,43). Esencialmente estos dos términos expresan una misma realidad, como se ve mediante un cuidadoso examen de los Evangelios (cf. Mt 5.3 con Lc 6.20; y Mt 19.23s con Mc 10.24s y Lc 18.24s) y de muchos otros pasajes donde Mateo usa la expresión «reino de los cielos» y los otros sinópticos «reino de Dios». Al escribir a los judíos, Mateo demuestra su reserva judía en el uso del nombre sagrado de → DIOS; es decir, utiliza sinónimos para referirse a Jehová (cf. Lc 15.18,21 donde «el cielo» significa Dios). Además de estos dos términos, se halla la frase «reino del Padre» (Mt 13.43), y escuetamente «el reino» (Mt 6.13). Mateo 13.41 indica que el reino es del Hijo del Hombre.

Al examinar los datos de los Evangelios, se ve cuán difícil es definir el Reino de Dios. El concepto aparece en cuatro diferentes contextos: a) Unos pocos pasajes que presentan el reino con el significado abstracto de autoridad real o el poder de reinar. b) Un buen grupo de pasajes que aluden al reino como algo presente, como un poder dinámico que actúa entre los hombres. c) Otro grupo semejante al anterior indica que el reino es una esfera en la cual las personas entran. d) Además, hay un grupo final que presenta al reino como completamente futuro, escatológico y apocalíptico. A continuación trataremos de coordinar estos cuatro aspectos en una concepción total.

1. Respecto al concepto básico del término «Reino» (griego, *basileía*). Jesús anunció al principio de su ministerio que el Reino se había acercado (Mc 1.15//), pero en Mateo 12.28 dijo que el Reino había llegado cuando Él echaba fuera los demonios. Puesto que Jesús practicó la expulsión de → DEMONIOS casi desde el principio de su ministerio (Mt 4.23s), queda claro por qué al anunciar el Reino habló de su misma presencia y autoridad. A esas alturas no importaban los demás elementos de un reino, tales como súbditos, leyes, o territorio, sino solo el rey y su autoridad real. Como dijo Orígenes: «Jesús es la *autobasileía*», es decir, el Reino mismo. En la parábola de las diez minas (Lc 19.11-27), el «hombre noble» tenía un territorio en el cual gobernaba, tenía siervos a quienes mandaba y había leyes que regían en ese pequeño país, pero al noble le faltaba la autoridad de proclamarse «rey». El «Reino» que él se fue a recibir era el poder o la autoridad real («investidura real», HA). Esta acepción de «Reino» se ve también en Jn 18.36. La gran mayoría de los eruditos creen hoy que el sentido básico de *basileía* es la autoridad y poder reales de Dios, su derecho de reinar en este mundo.

2. El segundo grupo de versículos habla del aspecto presente y dinámico del Reino. Ya indicamos que la presencia del Reino era manifiesta en las obras poderosas que Jesús hacía a favor de los necesitados. Pero el propósito del Reino era mucho más que la satisfacción de necesidades físicas; involucraba también una lucha sin cuartel contra Satanás. Jesús explica que el Reino de Dios tiene como fin contrarrestar la autoridad y poder del reino de → SATANÁS. El hecho de que Él mismo puede amarrar al fuerte (Satanás) y saquear sus alhajas (quitarle sus súbditos), trasladándolos a su propio Reino, demuestra la poderosa presencia de este (Mt 12.28s//). En otras palabras, ahí está la salvación. Este propósito se ve delineado en las palabras del ángel a José: «Llamarás su nombre Jesús, porque Él salvará a su pueblo de sus pecados» (Mt 1.21). Más tarde Jesús mismo dijo que no «vino para ser servido, sino para servir, y para dar su vida en rescate por muchos» (Mc 10.45//).

En el establecimiento del Reino la muerte de Jesús era imprescindible para rescatar a las personas de sus pecados. Por eso, el hombre debe buscar el Reino sobre todas las cosas (Mt 6.33) y recibirlo como un niño (Mc 10.15), ya que el Reino no está lejos, sino entre los hombres (Lc 17.21).

3. Un tercer grupo de pasajes indica que el Reino es una esfera en la cual el hombre entra. Aquí se toma en cuenta el aspecto humano del Reino. Uno entra en el Reino al aceptar la autoridad de Jesús en su vida personal (cf. Mt 7.21ss; donde implica llamar a Jesús Señor y hacer la voluntad del Padre). Juan lo explica en términos del nuevo nacimiento (3.3,5; cf. Lc 16.16; Mt 21.31; 23.13; Lc 11.52). Ciertos pasajes que hablan de entrar en el Reino tienen tinte escatológico, y pertenecen a la categoría de abajo (cf. las Bienaventuranzas que hablan del Reino como galardón futuro, Mt 5.3-12 //; cf. Mc 9.47; 10.23ss //).

4. El último grupo tiene que ver con el aspecto escatológico del Reino, relacionado con la venida de Cristo (→ SEGUNDA VENIDA). Será el momento de la reunión de todos los hijos de Dios del mundo entero (Mt 8.11); será el tiempo del → JUICIO (Mt 16.27) cuando el Hijo del Hombre se sentará en su trono (Mt 25.31-46); será el tiempo de la regeneración cuando los discípulos participarán en la administración del Reino (Mt 19.28; cf. Lc 18.29s). Las «ovejas» entrarán en el Reino preparado desde la fundación del mundo (Mt 25.34). Los Evangelios no especifican la naturaleza de ese reino, pero será el cumplimiento de las esperanzas proféticas porque se establecerá el reino literal, terrenal, político y moral que Dios quiere imponer (→ MILENIO).

Hay cierta tensión entre el aspecto presente y el aspecto futuro del Reino. Tanto Juan el Bautista (Lc 7.19) como los mismos discípulos (Hch 1.6) estaban perplejos porque el Reino no apareció en forma literal en el tiempo de Jesús. Para una explicación de la aparente promesa de una pronta venida del Reino (Mt 10.23; 16.28), → SEGUNDA VENIDA.

En efecto, el triunfo de Jesús en la cruz los cristianos lo ven como un hecho escatológico, porque su sacrificio, confirmado y aprobado por el acto divino de la → RESURRECCIÓN, nos logró la vida eterna. Jesús, entonces, inauguró el Reino, sin llevarlo a su consumación. Como ha dicho Cullmann, «se ganó la batalla decisiva, solo se espera la terminación de la guerra». Por eso, Pedro indicó en el día de Pentecostés que los postreros días habían llegado (Hch 2.16-21). Ya se podía gozar de las bendiciones y poderes del siglo venidero (1 Co 10.11; Heb 6.5).

En resumen, el Reino de Dios es el mismo poder dinámico de Dios encarnado en el mundo en la persona de Jesús, con el fin de devolver a su dueño a los que estaban bajo la autoridad de Satanás y del pecado. Aunque el poder del Reino se ve en las obras maravillosas de Jesús, la máxima manifestación se encuentra en su muerte y resurrección; por tanto, es proclamado Señor de todo el universo. El Reino no solo es un poder dinámico que actúa entre las personas, sino también una esfera en la cual los hombres entran al recibir a Jesús como su Señor y al hacer la voluntad del Padre (Mt 7.21ss). Durante el actual período intermedio, los discípulos proclaman el señorío de Jesús en todo el mundo, y cuando esta tarea se termine, se manifestará gloriosa y públicamente el Reino de Dios en la parusía del Señor Jesucristo.

Aunque la cabeza de un reino debe ser un rey, los Evangelios, especialmente Mateo y Juan, presentan a Dios como → PADRE. Así que el Reino tiene el carácter de una gran familia en la cual los hijos (Jn 1.12) llaman a Dios → ABBA (Mt 6.9; cf. Ro 8.15; Gl 4.6). Los hijos, siendo responsables, se preocupan por los asuntos de su Padre: llevan una verdadera vida de discipulado (Mt 16.24) y son portadores del evangelio del Reino, compartiendo en esta responsabilidad la misma autoridad de su Señor (cf. Mt 10.1,5-15,40ss).

Frente al hecho de que el Reino de Dios siempre es Reino de → JUSTICIA, se discute intensamente si los hijos del Reino tienen la responsabilidad en la época presente de implantar la justicia en este mundo de maldad. Aunque el Nuevo Testamento no respalda la imposición de sistemas políticos por la fuerza, esto no quiere decir que los hijos del Reino justo de Dios no deban luchar por todos los medios legítimos, según los principios básicos del Reino, para lograr la máxima justicia posible dentro del contexto contemporáneo. Cada hijo del Reino tiene la responsabilidad de ministrar a los necesitados y desvalidos a su alrededor (Mt 25.31-46). Los que no hayan cumplido con su responsabilidad serán separados del resto del Reino por el Hijo del Hombre en el juicio final (Mt 25.41-46), enseñanza claramente presentada por Jesús en las parábolas del Reino (Mt 13.24-30,36-43,47-50; 24.45-51; 25.1-13,14-30).

En el resto del Nuevo Testamento

De concepto central en el mensaje de Jesús, el Reino de Dios pasa a ser un tema marginal en el resto del Nuevo Testamento. Más bien se recalca la → IGLESIA. Este cambio se debe, no a la poca importancia del reino, sino a la labor de traducción realizada por los predicadores, una vez que el mensaje evangélico alcanzara a las masas de habla griega. Expresiones como «Hijo del Hombre» y «Reino de Dios», muy comprensibles en el ambiente palestinense, causaban malos entendidos entre los gentiles (→ ROMA, IMPERIO) y tuvieron que ser reemplazadas.

En los Hechos la iglesia predica el Reino de Dios (8.12; 20.25; 28.23,31) como realidad presente y futura (14.22). Pablo habla del aspecto presente del Reino (Ro 14.17; 1 Co 4.20; Col 1.13), pero recalca el aspecto futuro: los malos no heredarán el Reino (1 Co 6.9s; Gl 5.21; Ef 5.5); el Reino vendrá con la manifestación de Jesús en su Segunda Venida (2 Ti 4.1,18); después de dominar a todos sus enemigos, el Señor Jesús entregará el Reino al Padre para que Dios sea todo en todos (1 Co 15.23-28). La palabra final del Reino se encuentra en el Apocalipsis que relata cómo los reinos de este mundo llegan

R

a ser el Reino de nuestro Señor (11.15; 12.10), a quien se llama Señor de señores y Rey de reyes (17.14; 19.16). Pero Él no reina solo, sino junto con los suyos durante mil años (20.1-10). Después del juicio del gran trono blanco sigue el aspecto eterno del Reino, cuando aparece un cielo nuevo y una tierra nueva (21.1); una existencia en la cual no cabe el mal de ninguna especie (21.27). Este Reino eterno representa la victoria final de la justicia.

El Reino y la Iglesia

Aunque generalmente el magisterio de la iglesia católica romana define como idénticos estos dos conceptos, algunos eruditos católicos los distinguen. El sentido abstracto del Reino, o sea la autoridad soberana de Dios y de Cristo, nunca puede identificarse con la Iglesia. Cuando una persona se somete a la autoridad de Dios en el Reino, llega a ser hijo del Reino y forma parte del pueblo de Dios. Los súbditos del Reino forman la Iglesia, pero no pueden ser identificados con el Reino en su totalidad. El Reino crea la Iglesia, la cual a su vez predica el evangelio del Reino; de tal modo que la Iglesia es el instrumento y custodio del Reino de la tierra. El Reino es la esfera de la salvación; la Iglesia es la esfera de la comunión, del testimonio y del goce de las bendiciones del Reino. Aunque los dos están inseparablemente ligados, no pueden ser identificados.

Bibliografía:
DTB, col. 888-907. *VTB*, pp. 675-680. R. Schnackenburg, *Reino y reinado de Dios*, Fax, Madrid, 1970. *DBH*, col. 1668-1675. M. Meinertz, *Teología del Nuevo Testamento*, Fax, Madrid, 1963, pp. 25-146. O. Cullmann, *Cristo y el tiempo*, Estela, Barcelona, 1968.

REJA Parte metálica del arado que se hunde en la tierra para abrir surcos. Los filisteos contaban desde la antigüedad con herrerías donde fabricaban y afilaban rejas de arado, cosa que no sucedía en Israel. Los israelitas tenían que acudir a los filisteos para afilar sus rejas de → ARADO, azadones, hachas u hoces (1 S 13.19,20). Isaías hace referencia a una época de paz en la cual los hombres convertirán sus armas de guerra en rejas de arado, símbolo de trabajo y prosperidad (Is 2.2-5).

Reja es también el conjunto de barras que se pone en las ventanas o puertas. Algunas versiones de la Biblia en español traducen rejas, otras celosías (por ejemplo, Cnt 2.9).

RELÁMPAGO Fenómeno luminoso celeste que por su brillantez (Sal 77.18; Lc 17.24), su extensión luminosa (Mt 24.27) y su velocidad (Ez 1.14; Lc 10.18) impresionaba vivamente a los antiguos. En muchos pasajes, el «fuego» asociado con truenos, lluvia o granizo evidentemente se refiere a los relámpagos (Éx 9.23; 1 R 18.38; Job 1.16; Ap 8.7). El relámpago se usa figurativamente para destacar el resplandor de ropas o de rostros (Dn 10.5; Mt 28.3; Lc 17.24). Los relámpagos se asocian con las teofanías, como la del monte Sinaí (Éx 19.16; 20.18), la de la visión de Ezequiel (1.13,14) y muchas otras del Apocalipsis (4.5; 11.19; 16.18). Los relámpagos están en las manos de Dios (Sal 135.7; Hab 3.4) y son considerados instrumentos de su juicio (2 S 22.15; Sal 144.6; Zac 9.14).

RELOJ DE SOL Los principales textos que usan esta frase (2 R 20.1-11 e Is 38.8) se refieren a un mismo milagro. Parece que Acaz, después de su viaje a Damasco, había edificado una columna cuya sombra caía sobre unas gradaciones hechas en un ángulo que permitía marcar la marcha de las horas (2 R 20.11). Dios trastornó el funcionamiento de este invento asirio para garantizar a Ezequías su promesa de victoria sobre los asirios (2 R 20.6). Algunos comentaristas traducen la expresión reloj de sol simplemente con «gradas», creyendo que se trataba de la sombra de un edificio, la cual se proyectaba sobre unas gradas que no habían sido construidas con este fin. Se han encontrado relojes de sol en Egipto, en Gezer y en el mismo Ofel.

REMALIAS → PEKA.

REMANENTE Parte de una comunidad que sobrevive después de una gran destrucción, y que, a su vez, forma el núcleo de la posible nueva comunidad. Especialmente en sentido teológico, la palabra está cargada de significado. Se emplea para contrastar la misericordia de Dios con su castigo, porque el remanente es señal de la ira y a la vez de la gracia divina (Is 7.3; 10.20s; 28.5). El remanente, una vez que experimenta la salvación, reconoce que no es por sí mismo que ha sido rescatado, sino para bien de otros.

La historia de la salvación hasta la muerte de Jesucristo corre en un sentido de reducción progresiva: humanidad, pueblo de Israel, remanente de Israel, Jesucristo. Pero con la resurrección, el remanente tiende rápidamente a la multiplicación y a la extensión geográfica. Pablo formula la teología de este doble movimiento (Ro 9–11; Gl 3.6–4.7) para mostrar que Cristo es el remanente por excelencia.

Bibliografía:
EBDM VI, pp. 164-166. *VTB*, pp. 683-685.

REMISIÓN → PERDÓN.

RENACIMIENTO → REGENERACIÓN.

RENFÁN Esteban en su sermón (Hch 7.43) hace referencia a Amós 5.26, pero en vez del nombre → QUIÚN usa el nombre «Renfán». La diferencia obedece a que Esteban no citaba de la Biblia hebrea sino de la → SEPTUAGINTA, donde Renfán o más precisamente, Raifán, es una transcripción corrupta (o quizás una interpretación) de la palabra hebrea. Probablemente Renfán o Quiún era un ídolo que representaba al dios Saturno, uno de los dioses ajenos que los israelitas rebeldes adoraban en Egipto y en el desierto, según Josué 24.14 y Ez 20.7s,10-18.

RENUEVO Término con que la versión Reina Valera 1960 traduce varios vocablos hebreos que se refieren al vástago o retoño que nace en la raíz de un árbol después de ser talado. Se emplea en el sentido figurado de revivir o resurgir.

En las profecías posteriores a la caída del reino de Judá, la dinastía davídica se compara con un árbol cortado del que no queda más que el tronco. Pero de ese tronco, y en medio de «tierra seca», subirá un renuevo (Is 11.1; 53.2). Será el rey por excelencia, llevará el nombre de «Jehová justicia nuestra» y traerá salvación a Judá (Jer 23.5,6; cf. 33.15,16). Pero para ello primero tiene que presentarse como un «cordero» expiatorio que lleva el pecado de su pueblo, como el «siervo» que sufre de Isaías 52.2ss (cf. Zac 3.8,9). Después levantará un reino en el cual reinará la justicia y toda la «tierra será llena del conocimiento de Jehová» (Is 11.4-10).

REPOSO, DÍA DE → SÁBADO.

RESEF (*piedra reluciente*). Ciudad que los asirios destruyeron por orden de Senaquerib, quien se solazaba de su decisión (2 R 19.12; Is 37.12). Es la actual Rusafa, la Rasapa de las inscripciones cuneiformes, situada unos 25 km al oeste del Éufrates superior y unos 125 km al noroeste de Palmira. En 1 Crónicas 7.25 se menciona a un efrateo con este nombre.

RESÉN Ciudad asiria muy antigua, de identificación muy incierta, entre Nínive y Cala. Se menciona en la Biblia únicamente en Génesis 10.12 como «ciudad grande» que → NIMROD construyó.

RESTITUCIÓN Compensación por daños causados. El código de la alianza (Éx 20.22–23.19) determinaba que el ladrón de ganado debía restituir cinco veces lo robado (Éx 22.1); pero, en general, lo que se ordenaba restituir era el doble (Éx 22.7). Se señalaban multas por negligencias (por ejemplo, por no cubrir un pozo o cisterna: Éx 21.33, 34; o por ocasionar golpes y heridas: Éx 21.18,19,22).

Según Deuteronomio, había que pagar cien siclos por algunas calumnias (Dt 22.13ss) y cincuenta por seducir a una joven (Dt 22.28, 29). Otros textos señalan multas para quien mentía para robar (Lv 6.2ss; Nm 5.6s).

RESURRECCIÓN DE CRISTO Uno de los momentos esenciales en la historia de la salvación durante el cual Jesús, pocos días después de haber muerto en la cruz y de haber sido puesto en el sepulcro en la tarde del Viernes Santo, fue levantado corporalmente para iniciar un nuevo orden de vida. Este tremendo acto del poder creador de Dios (Ro 4.24s; 2 Co 4.14; Ef 1.20) no se produjo ante testigos ni es descrito en el Nuevo Testamento (cf. el relato fantástico del Evangelio de Pedro 6-12, → EVANGELIOS APÓCRIFOS), pero a lo largo de todo el Nuevo Testamento se proclama como un hecho indubitable (Hch 1.3) o se propone como base innegable de muchas bendiciones actuales y futuras.

Aunque la resurrección de Cristo garantiza la de quienes creen en Él (→ RESURRECCIÓN DE LOS MUERTOS), no deja de ser única en su género, ya que es por definición la resurrección del → MESÍAS e Hijo de Dios (Ro 1.4). Aun los milagros de Jesús al volver a la vida a la hija de Jairo (Mc 5.21-43//), al joven de Naín (Lc 7.11-17), a Lázaro (Jn 11.17-44) y a otros (Mt 11.5 //) no se describen estrictamente como «resurrecciones», porque las personas resucitadas volvieron a morir (cf. Hch 9.36-42; 20.7-12; → MUERTE). En cambio, Jesucristo inició por su resurrección una etapa decisiva y final en la historia humana (Ro 6.9).

Enseñanza de Jesucristo

El Señor habló a menudo de su sufrimiento y pasión venidera, pero no dejó de incluir la nota de triunfo final. Aun el lenguaje figurado tomado del Antiguo Testamento y del judaísmo posterior (→ HIJO DEL HOMBRE; SIERVO DE JEHOVÁ; HIJO DE DIOS) implica que Dios a la larga iba a reivindicar públicamente al justo sufriente. Basándose sin duda en pasajes como Isaías 52.13–53.12 y Os 6.2 (en el tercer día nos resucitará), Jesús predijo su propia resurrección (Mc 8.31s; 9.31; 10.33s //; Lc 13.32s) y reivindicación en → GLORIA (Mt 12.40; Mc 9.1; 10.35-40; 14.62; Lc 22.15-18). Pero los discípulos no comprendieron la predicción (Mc 9.9s; Jn 20.9) porque la doctrina popular colocaba la → RESURRECCIÓN de los muertos al final de

Tumba excavada en la roca caliza, parecida a la tumba en la que enterraron a Jesús. Para sellar la tumba se rodaba una enorme piedra sobre la entrada (Mc 15.46).

los tiempos, junto con el → JUICIO, y no dentro de la historia.

Pruebas del hecho histórico

Con todo, Dios hizo lo inesperado. Después de ser sepultado honorablemente y poco antes del atardecer del viernes, el cuerpo de Jesús permaneció en el sepulcro durante tres días (→ DESCENSO AL INFIERNO). Según la costumbre judía de contar como día entero cualquier fracción del mismo, el primer día sería un par de horas del viernes (el sábado comenzaba *ca.* de las seis de la tarde de nuestro viernes), el segundo día correría desde las seis de la tarde del viernes hasta las seis de la tarde del sábado y el tercer día comprendería las horas restantes hasta el momento, para nosotros desconocido, cuando el Señor salió vivo de la tumba (en todo caso, antes de que llegaran las mujeres a la tumba, en la madrugada del domingo). Esta explicación satisface las demandas aun de la expresión hebraica «después de tres días» (Mt 8.31).

La tumba vacía

Hay muchas pruebas de que Jesús realmente fue sepultado (en la predicación primitiva, Hch 13.29; Ro 6.4; 1 Co 15.4; y en los relatos evangélicos, Mc 15.42-47; Jn 19.38-42) en un sitio reconocible poco después (Mc 15.47) para contrarrestar los rumores de que las mujeres se equivocaron de tumba. Y, por tanto, el hecho de hallar vacía la tumba el domingo (→ DÍA DEL SEÑOR) es de gran valor como prueba; sobre este punto los Evangelios dan testimonio unánime (Mc 16.1-8; Jn 20.1-10). Sobre los nombres y el número de las mujeres que fueron a la tumba hay menos acuerdo, como también respecto a las figuras angelicales que aparecen cerca del lugar donde yacía el cuerpo. Pero tales diferencias se deben a puntos de vista y propósitos divergentes de los evangelistas.

Las mujeres hallaron rodada a un lado la enorme piedra que tapaba la entrada de la tumba y temieron que alguien hubiera robado el cuerpo (Jn 20.2,15). Lejos de ser resultado imaginario de los fervientes deseos de los cristianos, la tumba vacía sorprendió a todos. La teoría de que los mismos discípulos robaron el cuerpo, sostenida por los judíos en la época de los evangelistas (Mt 28.13ss), es sicológicamente imposible. La mera existencia de tal teoría prueba que los opositores del evangelio no pudieron negar la realidad del sepulcro vacío ni reponer ellos mismos el cadáver. Además, uno de los evangelistas relata que durante el sábado una guardia romana fue apostada en la tumba y esta fue sellada por parte del sanedrín (Mt 27.62–28.15), precaución que hace inverosímil toda hipótesis de un robo (cf. también Jn 20.3-8). El énfasis de los Evangelios, pues, en la tumba vacía indica que los primeros cristianos entendían la resurrección en términos corporales; como judíos, no concebían una resurrección «espiritual» que dejara el cadáver en los lazos de la muerte.

Las apariciones del Resucitado

Todavía más decisivas para la fe de los discípulos fueron las apariciones de Jesucristo, variadas y convincentes. He aquí una lista:

En Judea:

1. A las mujeres (Mt 28.9s).

2. A María Magdalena (Jn 20.11-18)

3. A Pedro (Lc 24.34; 1 Co 15.5; cf. Mc 16.7).

4. A los caminantes de Emaús (Lc 24.13-31).

5. A diez apóstoles (Lc 24.36-49; Jn 20.19-23; tal vez = 1 Co 15.5).

6. A once apóstoles (Jn 20.24-29).

7. A «los que se habían reunido» (Hch 1.6-9; cf. los «apóstoles» de 1.2; quizás 1 Co 15.7; Lc 24.50s; cf. v. 33).

Probablemente en Galilea:

8. A once apóstoles (Mt 28.16-20; cf. Mc 16.7).

9. A más de quinientos hermanos (1 Co 15.6).

10. A Jacobo (1 Co 15.7).

11. A siete discípulos (Jn 21.1-14).

Según Lucas, el período de las apariciones duró cuarenta días (Hch 1.3) y terminó con

R

la → ASCENSIÓN. Pero Pablo afirmó ser también parte de la misma serie de testigos (1 Co 15.8), gracias a la aparición que le fue concedida unos tres años después (Hch 9.3-8; 22.6-11; 26.12-18). En este caso, él fue el único testigo (con posible excepción de Jacobo) que no había creído en Jesucristo antes; generalmente las apariciones no tuvieron el propósito de incitar a la fe, sino el de confirmar la de los que ya eran cristianos.

Los evangelistas se esfuerzan por mostrar que el Cristo resucitado es idéntico al Jesús terrenal, a pesar de las diferencias que embargan al principio los ojos de los discípulos para no reconocerle (Lc 24.16; Jn 21.4). El Señor come y bebe con ellos (Lc 24.41ss; Hch 10.41) y permite que lo palpen (Jn 20.27; cf. Mt 28.9 y Jn 20.17); en su cuerpo aún conservaba las marcas de su pasión (Lc 24.39s; Jn 20.20). Con todo, el Resucitado tiene nuevas condiciones que antes solamente habían sido presagiadas en la → TRANSFIGURACIÓN (Mc 9.9): Jesús desaparece de la vista de sus discípulos (Lc 24.31) y pasa a través de puertas cerradas (Jn 20.19,26). Tales condiciones solo podían pertenecer a un → CUERPO «espiritual» (1 Co 15.44) o «glorificado» (cf. 1 Co 15.43; Flp 3.21), tipo del cuerpo que el cristiano recibirá en la resurrección de los justos.

La experiencia del Cristo viviente

Para fundamentar la fe, era más importante la seguridad de que Jesucristo vivía y reinaba en la → IGLESIA y en el cosmos que un acontecimiento en el pasado. La certeza de que Cristo vive en uno (Gl 2.20) y en su pueblo por el poder de su resurrección (Flp 3.10) y la convicción de las señales de su señorío (Hch 2.33; 3.15s; 4.30, etc. → ESPÍRITU SANTO) eran parte del testimonio apostólico de la resurrección de Cristo (Hch 4.33). Si bien es cierto que los → TESTIGOS oculares eran indispensables en la predicación del evangelio (Hch 1.21s; 10.41; 13.31), la bienaventuranza es aun para quienes no vieron con sus propios ojos (Jn 20.29; cf. 17.20),

porque el Espíritu Santo es también «testigo de estas cosas» (Hch 5.32). La fundación y existencia continua de la iglesia de Cristo es, por tanto, una de las pruebas más fehacientes de la realidad de la resurrección (Mt 28.18ss).

Significado de la resurrección

Gran parte de la doctrina del Nuevo Testamento se basa en las implicaciones de la Resurrección. Con base en textos tales como Salmo 110.1 («Jehová dijo a mi Señor: siéntate a mi diestra»), los cristianos primitivos contemplaban la Resurrección como un acto de → CREACIÓN con el cual Dios Padre puso su sello de aprobación sobre el ministerio de Jesús, y en especial sobre su obra expiatoria (Ro 4.25; 8.34; Heb 2.9, → EXPIACIÓN; JUSTIFICACIÓN; REDENCIÓN; SALVACIÓN). La conquista del último enemigo, la → muerte (1 Co 15.26) fue garantizada con la Resurrección (1 Co 15.54s); por tanto, Jesucristo es declarado → SEÑOR, → SALVADOR y → JUEZ victorioso sobre todas las autoridades malignas (1 P 3.21s; cf. Ef 1.21; Flp 2.9ss; Heb 2.5). Esta entronización de Jesucristo tiene grandes implicaciones para los creyentes en Él, ya que Él abrió «el camino nuevo y vivo» de acceso a Dios (Heb 10.20). Vive e imparte su vida a los que se unen a Él por la fe (Jn 14.19s; Ef 2.5s), lo cual es una bendición que tendrá repercusiones en el futuro (Ro 6.8,13; 1 Co 6.14; → RESURRECCIÓN DE LOS MUERTOS).

Bibliografía:

EBDM VII, col. 166-175. J. Schmid, *San Mateo*, Herder, Barcelona, 1967, pp. 550-559. P. Benoit, *Pasión y resurrección del Señor*, Fax, Madrid, 1971, pp. 254-377. J. Comblin, *La resurrección de Jesucristo*, Lohlé, Buenos Aires, 1962. F.X. Durwell, *La resurrección de Jesús, misterio de salvación*, Herder, Barcelona, 1962. *VTB*, pp. 687-691. *DTB*, col. 915-922.

RESURRECCIÓN DE LOS MUERTOS El concepto de la resurrección aparece en diversas maneras en la historia de las religiones. A veces se concibe como el despertar del alma del sueño de la muerte poco, a veces como la esperanza de que los muertos serán resucitados al final del mundo presente y, en ocasiones, como una resurrección colectiva de los justos luego del juicio. Hay ideas semejantes a estos conceptos de la Biblia, pero la resurrección tiene en ella un contenido y significado propios de la revelación que le son dados principalmente por la → RESURRECCIÓN de Jesucristo.

La idea de la resurrección no es prominente en el Antiguo Testamento. Se le encuentra principalmente en los escritos posteriores, y tanto la medida en que se afirma en el Antiguo Testamento como la influencia que otras religiones (babilónicas, zoroastrianismo) puedan haber ejercido son temas de discusión para los eruditos. Es posible afirmar, sin embargo, que lo primero que aparece en el Antiguo Testamento es la esperanza de una resurrección (en sentido figurado, una reconstitución) del pueblo de Israel después del cautiverio (Is 26.19; Ez 37.1-14; Os 6.1s). Y, aun más, el profeta Isaías prevé una resurrección de los muertos para participar en la restauración del pueblo.

No hay duda de que el Antiguo Testamento afirma que el poder del Señor se extiende también a la morada de los muertos (1 S 2.6; Job 26.6; → SEOL). Por ello, aunque algunos pasajes discutidos pueden referirse a la liberación de un peligro inminente de muerte (Sal 16.10s; 49.15; 86.13; Os 13.14), está ya presente en ellos la esperanza de la resurrección que en Daniel 12.2 se afirma con toda claridad. Aunque el Antiguo Testamento no presenta una doctrina sistemática de la resurrección, afirma sin dudas el poder del Señor, cuya justicia y misericordia no pueden ser detenidas por la muerte.

En los libros → APÓCRIFOS y seudoepigráficos la afirmación de la resurrección es casi universal. Se le espera con la restauración de Israel como un fenómeno corporal, aunque las ideas griegas de la → INMORTALIDAD del alma también influyen en algunas sectas judías (→ ESENIOS; ROLLOS DEL MAR MUERTO).

Solo los saduceos niegan totalmente la resurrección (Mc 12.18; Hch 23.8; cf. 26.8).

Según los Evangelios, el Maestro afirma la resurrección y la fundamenta en el poder y la voluntad de Dios (Mt 22.31s); por tanto, rechaza los conceptos burdos y materialistas al respecto (Mc 12.18-27). Las resurrecciones que Jesús mismo realiza (Mc 5.35-42; Lc 7.11-17; Jn 11.1-44) no son aún la resurrección definitiva, sino una señal de la presencia del Reino de Dios (Lc 7.16) en la persona de Jesucristo; manifiestan su poder sobre todas las fuerzas enemigas, incluso la muerte. En el cuarto Evangelio se destaca que el que cree en Jesucristo ya tiene una vida nueva, «resucitada», que se revelará en la resurrección final (Jn 6.39s,44,54; 11.17-27, etc.).

La resurrección del Señor es la manifestación cumbre del triunfo sobre la muerte (1 Co 15.25ss). Con ella comienza una nueva era, «los tiempos del fin», y el creyente, que por la fe se incorpora a Cristo, participa del poder de esa nueva vida, el poder de la resurrección y por tanto comparte la vida del Resucitado y su triunfo sobre la → MUERTE (Jn 14.19s; Hch 26.23; Ef 2.5s; Col 1.18). El cristiano vive en la seguridad de la resurrección (1 Co 15.20-36; 2 Co 4.14; Col 1.18), ya que el Espíritu Santo es agente de la misma (Ro 8.11).

En el Nuevo Testamento es realmente poca la especulación acerca del modo y características de la resurrección. Frecuentemente se ilustra con símbolos y figuras corrientes en el ambiente: vestiduras blancas, o fragancia y luminosidad que representan lo nuevo, puro y glorioso de la nueva vida (1 Co 15.41s,53s; 2 Co 2.15s; Ap 3.5; 6.11; etc.), la semilla que brota o el despertar del sueño (Jn 12.24; 1 Co 15.6,20,43s,51; Ef 5.14; 1 Ts 4.13-17). Es notable que el Nuevo Testamento acepta las doctrinas del judaísmo sobre un → JUICIO final y las vincula a la parusía del Señor (Hch 24.15; 1 Ts 4.13ss → SEGUNDA VENIDA). En Apocalipsis encontramos también la idea de dos resurrecciones (20.4s), pero en otros escritos se habla de una sola y un juicio (Jn 5.28s). Lo que se destaca es, en todo caso, la participación de los creyentes

R

en la victoria de Cristo (Ro 5.17; 2 Ts 1.10; Ap 20.4).

San Pablo habla de un → «CUERPO DE RESU-RRECCIÓN» y en contraste con una doctrina cruda de continuidad, señala la diferencia entre la vida futura y la vida actual (incorrup-tibilidad, gloria, etc.). Destaca el carácter personal, concreto y comunitario de la vida resucitada, en oposición a las ideas de una → INMORTALIDAD puramente incorpórea y ais-lada, individualista (Ro 8.11; 1 Co 15.35ss; Flp 3.21; 1 Jn 3.2). Y como en otros aspectos del tema, Jesucristo es el modelo y señal de la nueva vida: seremos semejantes a Él; veremos a Dios cara a cara; permanecerá el amor; esto es lo más importante acerca de la nueva vida. Dios dispone un cuerpo espiri-tual porque es el que mejor conviene a la expresión del Espíritu.

Con respecto a un «estado intermedio», entre la muerte y la resurrección, Pablo utiliza la imagen del sueño. No se describe la naturaleza de ese estado, pero sí se afirma que el creyente está con Cristo, y por tanto, es una experiencia positiva y gozosa (Flp 1.22s). Finalmente, hay que señalar que en el Nuevo Testamento la esperanza de la resurrección, lejos de conducir a un descui-do de las tareas y responsabilidades de esta vida, les da sentido y estímulo. El creyente anticipa en esta vida, en fe, esperanza y amor, la calidad de vida que aguarda plena-mente en la resurrección.

Bibliografía:

VTB, pp. 685-691. *DTB*, col. 909-922. *VB*, pp. 281-283. P. van Imschoot, *Teología del Anti-guo Testamento,* Fax, Madrid, 1969, pp. 410-424. S. Lyonnet. «El valor soteriológico de la resurrección», *Selecciones de Teología 3*, 1964, pp. 3-12. A. Feuillet, «Morir y resucitar con Cristo», *(Ibid)*, pp. 19-31. J. Moltmann, *Teolo-gía de la Esperanza*, Sígueme, Salamanca, 1969, pp. 181-298. *Esperanza y planificación del futuro*, Sígueme, Salamanca, 1971, pp. 67-69. F.X. Durwell, *La resurrección de Jesús, misterio de salvación*, Herder, Barcelona, 1962, pp. 169-368.

RETRIBUCIÓN La Biblia considera que la vida presente es una prueba, y que en la futura todos los hombres serán premiados o castigados eternamente conforme a su vida y fe sobre la tierra. No obstante, la bendición eterna de los redimidos no es resultado de sus buenas obras, sino el don de un Dios amante (Ef 2.8-9) que Cristo concede a los pecadores arrepentidos. Para Dios la maldi-ción de una eternidad en el → INFIERNO es una retribución justa e inevitable como «paga del pecado» (Ro 6.23). Dios siempre ha sido un Dios de retribución (Dt 32.35), y cada ser humano recibirá exactamente lo que merece porque la retribución de Dios es justa y correcta. Algunos erróneamente prolongan el amor de Dios hasta el punto en que diluyen su → JUSTICIA y eliminan la posibili-dad de que pueda imponer una sentencia de → CASTIGO eterno a los que no se arrepienten. Varios grupos de pasajes bíblicos subrayan el amor divino, pero en ellos está latente una justicia eterna:

1. Pasajes que «clasifican» a ciertos peca-dores que no entrarán al Reino de los cielos: Mt 5.20; 7.13,21-23; 18.13; Mc 10.23-25; Lc 13.24-28; Jn 3.3-5; 1 Co 6.9,10; Gl 5.19-21; Ef 5.5; Heb 3.19;4.1-3.

2. Pasajes que describen el estado final de los hombres buenos y el de los malos, po-niendo en contraste los unos con los otros: Pr 10.28; Dn 12.2; Mt 3.12; 7.13,14,21; 8.11, 12; 13.30-43,47-50; 24.46-51; 25.23-46; Mc 16.16; Lc 6.23,24,47-49; Jn 5.29; Ro 6.21-23; Gl 6.7,8; Flp 3.17-21; 2 Ts 1.5-21; Heb 6.8,9; 1 P 4.18.

3. Pasajes que califican el estado futuro en términos como «perdurable», «eterno», Mc 3.29; 2 Co 4.18; 2 Ts 1.9; 2 P 2.17; Jud 6,7,13; Ap 14.10,11; 19.3; 20.10.

4. Pasajes que se refieren al castigo futuro con frases que implican su eterna duración: Mt 10.28; 12.31,32; Mc 3.29; 9.43-48; Jn 3.36; Heb 6.2, 10.26,27; Stg 2.13; 1 Jn 5.16.

5. Pasajes que enseñan que el cambio de corazón y la preparación para el cielo tienen que verificarse en esta vida: Pr 1.24-28; Is 55.6,7; Mt 25.5-13; Lc 13.24-29;

Jn12.35,36; 2 Co 6.1,2; Heb 3.1-10; 12.15-25; Ap 22.11.

6. Pasajes que predicen las consecuencias de rechazar el evangelio: Sal 2.12; Pr 29.1; Hch 13.40-46; 20.26; 28.26,27; 1 Co 1.18; 2 Co 2.15,16; 4.3; 1 Ts 5.3; 2 Ts 1.8; 2.10-12; Heb 2.1-3; 4.1-11; 10.26-31,38,39; 12.25-29; 1 P 4.17,18; 2 P 2.1-21; 3.7 (→ Pecado; Arrepentimiento; Perdón; Expiación; etc.).

REUEL → Jetro.

REÚMA (*coral*). Concubina de Nacor, hermano de Abraham (Gn 22.20-24).

REVELACIÓN (en griego, *apocalypsis*, o sea, *acción y efecto de correr el velo que encubría lo desconocido*). En la Biblia se usa casi exclusivamente en relación con Dios, de modo que se convierte en un término teológico. Solo Dios mismo puede revelarnos los → misterios de su ser y de sus obras (Dt 29.29; Am 3.7; Jn 1.18; 1 Ti 6.16), y toda búsqueda independiente de conocimiento acerca de Él está destinada al fracaso (Jer 23.28; 1 Co 1.21). Por tanto, es menester que Dios tome la iniciativa en su diálogo con el hombre (Gn 1.28ss; 3.8ss).

En el Antiguo Testamento
Cómo revela Dios

Dada la capacidad limitada del hombre, la revelación le llega paulatina y progresivamente. Pero en ninguna otra parte se nota tan categóricamente como en la Biblia la realidad de la revelación, no tanto en la forma de impartimiento de conocimientos sobrenaturales o predicción detallada del futuro (aunque aparecen estos fenómenos), como en la forma de hechos históricos. Este concepto de una revelación histórica sitúa a la fe bíblica en un lugar singular entre las religiones. La revelación es un hecho perceptible; sus intermediarios (que son muchos y no un prócer único, como es el caso del Corán) son conocidos y sus palabras se han conservado, ora directamente, ora en una → tradición bien fundamentada. Durante cerca de veinte siglos se desarrolló la revelación antes de alcanzar su plenitud en la persona de Jesucristo, revelador por excelencia.

Antes de tratar la revelación histórica, consideremos dos cuestiones preliminares:

1. ¿Habla Dios mediante la naturaleza? Los filósofos → estoicos creían que sí, opinión que comparten el judío alejandrino Filón y el capítulo 13 de Sabiduría (→ Apócrifos del Antiguo Testamento). Pero los autores bíblicos, imbuidos del concepto de la → creación, contemplan la naturaleza con admiración sin sentirse objeto de la revelación divina, salvo en un sentido limitado. Las señales de Dios que nos rodean (la nube, el fuego, la tormenta, la brisa apacible y suave) pueden también ser leídos equivocadamente (*Sabiduría* 13.1ss). En el contexto de la fe judeocristiana, los pasajes que parecen enseñar una «revelación natural» (Sal 19,29,104; Ro 1.19ss) solo afirman su posibilidad subjetiva; el hombre ya no tiene condición subjetiva para recibirla claramente (→ Pecado), de modo que aun el creyente necesita la «revelación especial».

2. ¿Habla Dios mediante técnicas arcaicas de consultas a la deidad? Los pueblos del Oriente Medio usaban → adivinación, astrología (→ Astrólogo), presagios, suertes y otras técnicas para tratar de penetrar los secretos de su existencia. Creían que los → sueños revelaban misteriosamente el futuro. El pueblo escogido también conservó por mucho tiempo algo de estas creencias, aunque purificadas de sus implicaciones politeístas y mágicas (→ Magia, Lv 19.26; Dt 18.10s; 1 S 15.23; 28.3). En efecto, Dios condescendió con la inmadurez de su pueblo y por estos canales tradicionales reveló en muchas ocasiones su voluntad (por ejemplo, → Urim y Tumin). Pero esencialmente la revelación se realiza en los hechos de Dios en la historia. El dato fundamental de la fe del Antiguo Testamento es la liberación de Israel de su esclavitud en Egipto (Éx 19.4; 20.2; Sal 81.10; Am 2.10; Os 11.1); por este hecho Dios se dio a conocer (Éx 6.7). Asimismo todas sus obras lo revelan (Dt 3.24; 11.2-7),

R

y el credo de Israel consiste en un resumen de sus actos portentosos más sobresalientes. De ahí que los libros del Antiguo Testamento que nosotros llamamos «históricos» fueran llamados por los rabinos «los profetas anteriores».

Sin embargo, los actos divinos no alcanzaron a menudo su propósito revelador, debido a la ceguera del pueblo escogido (Is 1.2s). Por consiguiente, Dios levantó a los → PROFETAS para ser sus portavoces y para interpretar sus obras, tanto antes como después de un suceso específico (2 R 17.13; Jer 7.25; Am 3.7; Os 6.5; 12.10). La → PALABRA DE DIOS que comunicaron, sin embargo, no es una verdad abstracta; es el aspecto lingüístico de la obra divina, una transacción muy personal. Sea por → VISIONES o sea por la audición de la palabra divina, la revelación que reciben los profetas se expresa en símbolos, a veces bastante enigmáticos.

Las teofanías, esas grandes manifestaciones de la majestad divina (Éx 19.16; 33.12-23), y las angelofanías (→ ÁNGEL DEL SEÑOR) no ocupan un lugar muy prominente o independiente. Son acompañantes de la revelación, que en sí es un diálogo. Es decir, Dios habla al entendimiento humano y procura provocar una respuesta comprensiva (Is 6.1-13). En su gracia, elige dirigirse a los hombres, no como uno que es radicalmente diferente del hombre sino por medio de uno «de tus hermanos, como yo [Moisés]» (Dt 18.15; cf. 30.14; Ro 10.8). A la par de los profetas actúan los sabios (→ SABIDURÍA), cuya reflexión humana es al mismo tiempo una revelación (Pr 2.1-5; 8.12-21,32-36; 9.1-6), y los autores apocalípticos (→ APOCALIPSIS), quienes dicen ser herederos de la tradición tanto sapiencial (Dn 2.23; 5.11,14) como profética (Dn 4.5s,15; 5.11,14). La consagración por escrito de estas tradiciones (Pentateuco, profetas anteriores y posteriores, literatura sapiencial y apocalíptica) condujo al → CANON DEL ANTIGUO TESTAMENTO. De modo que el que hoy busca la revelación divina está obligado a buscarla en la → BIBLIA.

Lo que Dios revela

El propósito de la revelación no es satisfacer la curiosidad humana acerca de la cosmología, la metafísica o el futuro, sino comunicar los designios divinos y hasta el carácter de Dios mismo. Los designios incluyen normas de conducta (→ LEY), y ciertas instituciones sociales (Nm 11.16s), políticas (1 S 9.17) y religiosas (Éx 25.40). Además, Dios revela el significado de los acontecimientos vividos por su pueblo, interpretándolos como oportunidades de salvación dentro de un plan establecido. Según este plan, se revela progresivamente el secreto de los «últimos tiempos», el cumplimiento de la promesa divina. Dios comunica ciertas verdades acerca de su persona. La creación nos rodea de señales de su poder; los hechos históricos también enseñan que Dios es temible pero que a la vez consuela, libera y cura (Éx 34.6s). A estas pruebas el hombre ha de responder con fe, temor y amor. Pero, ¿revela Dios en el Antiguo Testamento el secreto íntimo de su ser? Su → ROSTRO no se ve nunca (Éx 33.20) y su → GLORIA solamente se prefigura con símbolos (1 R 22.19; Is 6.1ss). Aun las apariciones del ángel del Señor y la revelación del nombre divino solo apuntan hacia una futura revelación suprema.

En el Nuevo Testamento

La consumación de la revelación se concentra en → JESUCRISTO, quien es a la vez su autor y su objeto (Heb 1.1s; 12.2).

Las figuras y la → TIPOLOGÍA del Antiguo Testamento hallan su cumplimiento en los acontecimientos de la vida de Jesús, y sobre todo en su muerte y resurrección. Esta manifestación del → CORDERO, de una vez por todas (Heb 9.26; 1 P 1.20), revela la gracia de Dios (2 Ti 1.9,10) en un → MISTERIO, porque Él es el → VERBO cuya encarnación inicia los «últimos tiempos».

Sin embargo, los hechos de la vida de Jesús, incluso sus → MILAGROS, resultarían incomprensibles si el Maestro no definiera con palabras el sentido exacto que encierran.

Su doctrina, tal como la hallamos por ejemplo en el Sermón del Monte y en las parábolas, es una revelación acerca del → Reino de los cielos. También revela mucho acerca de su persona: Él es → Hijo de Dios e → Hijo del Hombre, → Mesías y → Siervo de Jehová. Los discípulos, algunos de los cuales fueron comisionados como apóstoles, presenciaron esta revelación para luego servir de testigos.

Los predicadores del evangelio, autenticados por Jesucristo (Lc 10.16; Jn 20.21) y fortalecidos por el Espíritu Santo, llevan la revelación al mundo entero. Así lo hará la iglesia hasta el fin de los tiempos. Al hacerlo, la generación apostólica fue descubriendo el significado total de las → Escrituras y de la vida y palabras de Jesucristo, y finalmente escribió Epístolas y Evangelios para dar forma fija a esta → tradición. Aunque lo esencial de la revelación estuvo completo con el cierre del canon, la dirección del → Paracleto es prometida para siempre (Jn 14.16) y los dones espirituales siguen en pie (→ Lenguas; Profeta), lo cual asegura una revelación continua. Al mismo tiempo, toda «nueva revelación» que no quiera incurrir en la herejía se conformará necesariamente a las Escrituras y solo las suplementará en forma secundaria (cf. 1 Jn 4.1ss).

Esta época en que nos relacionamos con Dios mediante Cristo por fe es solamente provisional. Apunta hacia una consumación final cuya naturaleza nos es difícil concebir (1 Co 13.12): la → Segunda Venida de Cristo (Col 3.4). Cuando el Nuevo Testamento habla de la revelación o la «aparición de Jesucristo», es a ese acontecimiento futuro a que se refiere (2 Ts 1.7; 1 P 1.7,13). Y el título del último libro de la Biblia, Apocalipsis, sugiere lo dramático de los conflictos que acompañan esa última revelación y lo magnífico de la Jerusalén que desciende de Dios.

Bibliografía:

VTB, pp. 695-702. *EBDM*, VI. col. 199-216. P. van Imschoot, *Teología del Antiguo Testamento*, Fax, Madrid, 1969, pp. 189-293.

REY Lo diferente de la posición del rey en Israel y la de los reyes de otras naciones del mundo antiguo se debía a la relación entre el rey israelita y Jehová. Algunas naciones (por ejemplo Egipto) creían que su rey era la encarnación de un dios y otras lo exaltaban como sacerdote por excelencia. En Israel los profetas no permitían al pueblo creer en la deidad del rey (nótese el significado pertinente de las palabras de Natán a David: «Tú eres aquel hombre», 2 S 12.7); y los sacerdotes limitaban las funciones religiosas del rey (por ejemplo el caso de Uzías, 2 Cr 26.16-21, y el de Saúl, 1 S 13.9-14), aunque este era el encargado de proveer los sacrificios, etc. (Ez 45.17). Así que la prioridad histórica de Moisés y Aarón moldeó la forma de la monarquía en Israel, y limitó su papel a lo político y guerrero.

Sin embargo, el rey no podía considerarse funcionario meramente secular, porque reinaba como intermediario de Jehová, el verdadero Rey de Israel (no solo antes del establecimiento de la monarquía, Jue 8.23; 1 S 12.12, sino también después, 1 Cr 28.5; cf. Sal 74.12). El rey entraba en una relación especial con Dios por ser ungido, y recibía poder divino para el desempeño de su papel en la historia del pueblo teocrático (Saúl siguió siendo respetado como «el ungido de Jehová» a pesar de sus pecados, 1 S 24.6; cf. 2 S 1.16).

Si es cierto que la palabra hebrea *melec* (que se traduce «rey» en el Antiguo Testamento) literalmente significa «el que aconseja», el empleo de la palabra en Israel refleja que primitivamente se refería a los ancianos sobrios de la tribu, debido a la creencia de que el rey recibía sabiduría sobrenatural por medio de la unción divina, como en el caso de los líderes carismáticos llamados → «Jueces» (en 2 R 15.5, «gobernando» equivale a «actuando como juez»). Pero que había distinción entre juez y rey se ve por la historia de Gedeón (Jue 8.22,23) y → Abimelec («rey es mi padre», Jue 9), y la distinción parece concretarse en el derecho de transmitir el trono a los descendientes.

El plan de Dios siempre fue hacer sentir su soberanía sobre Israel por intermedio de reyes humanos, en preparación para la venida del Mesías. Con este fin escogió el linaje de David (1 Cr 28.4; Sal 89.3,4). Pero el concepto de la monarquía teocrática tuvo que militar contra el concepto conocido de la función del rey (cf. «como tienen todas las naciones», 1 S 8.5, concepto que, en efecto, rechazaba a Jehová como el verdadero Rey de Israel, 1 S 8.7). Por tanto, antes de establecer el trono de David, Dios se propuso demostrar, por medio del reinado de Saúl, los peligros del concepto común. Previendo que los israelitas pedirían un rey (1 S 8.20), Dios había declarado de antemano las condiciones para aceptarlo (Dt 17.14-20): (1) Dios mismo lo escogería. (2) No debería ser extranjero. (3) Poseería riquezas limitadas. (4) Se sometería a la Ley de Jehová. La ruina

---

Máscara funeraria del faraón Tutankamen de Egipto, más o menos en el 1350 a.C., ilustrando la riqueza de su reino.

Foto de Howard Vos

de la nación se debió a que Israel no quiso rechazar el concepto monárquico de los demás pueblos a pesar del fracaso de su primer rey.

Los dos propósitos de Dios referentes a la monarquía (el negativo manifestado por medio de Saúl y el positivo por medio de David) explican la confusión que se nota en 1 Samuel 8 al referirse a las actitudes en pro y en contra de la monarquía. La continua visión de la monarquía teocrática, a pesar de tantos reyes que la negaban, la mantenían los profetas al proclamar la época mesiánica.

Todo el peso que la monarquía significó para Israel se refleja en la queja ante Roboam y en la respuesta de este (1 R 12.4,14). Esta situación provocó la división de la nación. Los reyes mantenían comitivas numerosas que exigían impuestos y tributos. Entre otros, la Biblia menciona los siguientes casos: general del ejército, cronista, escriba (2 S 8.16,17), secretario, canciller, ministro principal, amigo del rey y mayordomo (1 R 4.2-6). Estos, y otros nobles, tratando de emular la opulencia real, se sostenían por medio de la injusticia social, creando situaciones tales como la que → Amós denunció durante el reinado de Jeroboam II. Pero cabe notar que tal explotación no formará parte del reino mesiánico (cf. Heb 1.8b, etc.).

Aunque el gobierno de todas las naciones no se manifiesta todavía como teocracia, los reyes de las naciones ya están, sin saberlo, bajo la soberanía divina (Ro 13.1); Jesucristo es ya «el soberano de los reyes de la tierra» (Ap 1.5). Por tanto, el creyente debe someterse al dominio de ellos (Ro 13.2; 1 P 2.13,17), cuando no exijan la desobediencia a Dios (cf. Hch 5.29), y debe interceder por ellos (1 Ti 2.2). Pero también el cristiano vive esperando el día en que «los reinos del mundo han venido a ser de nuestro Señor y de su Cristo» (Ap 11.15).

REYES, LIBROS 1 y 2 Dos libros del Antiguo Testamento que registran la historia del pueblo de Dios durante cuatro turbulentos siglos, desde 970 a 586 a.C. La narración en

PRIMERO DE REYES:
Un bosquejo para el estudio y la enseñanza

Primera parte:
El reino unido
(1.1—11.43)

  I. Se proclama a Salomón como rey ...... 1.1—2.46
 II. La prosperidad de Salomón como rey .... 3.1—8.66
III. La decadencia de Salomón
     como rey .... 9.1—11.43

Segunda parte:
El reino dividido
(12.1—22.53)

   I. La división del reino .... 12.1—14.31
  II. El reinado de dos reyes en Judá 15.1-24
 III. El reinado de cinco reyes
     en Israel .... 15.25—16.28
 IV. El reinado de Acab en Israel .... 16.29—22.40
  V. El reinado de Josafat en Judá 22.41-50
 VI. El reinado de Ocozías en Israel 22.51-53

estos libros de historia está organizada alrededor de los varios reyes que gobernaron durante ese período, y de ahí el nombre por el que se conocen.

En el canon hebreo estos libros son uno solo y se les llama *Melaquim* (Reyes). En la Septuaginta, donde se hizo la división en dos, se les llamó 3 y 4 Reyes (en la Septuaginta 1 y 2 S se llamaban 1 y 2 R). Una buena parte de los especialistas del Antiguo Testamento sostienen que estos libros forman parte de un conjunto que incluye Josué, Jueces y 1 y 2 Samuel, y que proceden de un autor o escuela de autores que se han designado con el nombre de «deuteronomista/ deuteronomistas» o la «historia deuteronomista», debido a que su principal influencia procede del libro del Deuteronomio (que se supone generalmente haya sido el libro que encontró Josías, 2 R 22). Esta hipótesis fue formulada primeramente por Martín Noth (1902–1968) por la década de los cuarenta y ha sufrido ulteriores elaboraciones.

Estructura de los libros

Aunque el bosquejo que presentamos de cada uno de estos libros es algo diferente, los dos en conjunto pueden dividirse en tres partes: (1) la muerte de David y los tiempos de Salomón (1 R 1–11); (2) Los dos reinos hasta la caída de Israel en 722 a.C. (1 R 12–2 R 17) y (3) Judá hasta la caída de Jerusalén en 586 a.C. (2 R 18–25).

Durante el período de los dos reinos, la historia de cada rey tiene, con algunas variaciones, la siguiente estructura: (1) una sincronización del momento de ascenso al trono de los respectivos reyes en ambos reinos, (2) la duración de cada reinado, (3) un juicio sobre el rey; (4) una alusión a la fuente de información y (5) una mención de la muerte del rey y del nombre del sucesor. Se pueden ver tres distintos períodos con respecto a las relaciones entre los dos reinos: (1) hostilidad, desde Jeroboam hasta Omri (1 R 12–16); (2) amistad, desde Asa y Omri hasta Ocozías y Joram (1 R 16–2 R 8), y (3) relaciones tirantes, desde Atalía y Jehú hasta la caída de Samaria, 722 a.C.

El autor de Reyes usa varias fuentes: «el libro de los hechos de Salomón» (1 R 11.41), «las crónicas de los reyes de Israel» (14.19), «las crónicas de los reyes de Judá» (1 R 14.29), y otras más que aparecen implícitas.

SEGUNDO DE REYES:

Un bosquejo para el estudio y la enseñanza

Primera parte:
El reino dividido
(1.1—17.41)

I. El reinado de Ocozías en Israel	1.1-18
II. El reinado de Joram en Israel	2.1—8.15
III. El reinado de Joram en Judá	8.16-24
IV. El reinado de Ocozías en Judá	8.25—9.29
V. El reinado de Jehú en Israel	9.30—10.36
VI. El reinado de Atalía en Judá	11.1-16
VII. El reinado de Joás en Judá	11.17—12.21
VIII. El reinado de Joacaz en Israel	13.1-9
IX. El reinado de Joás en Israel	13.10-25
X. El reinado de Amasías en Judá	14.1-22
XI. El reinado de Jeroboam II en Israel	14.23-29
XII. El reinado de Azarías en Judá	15.1-7
XIII. El reinado de Zacarías en Israel	15.8-12
XIV. El reinado de Salum en Israel	15.13-15
XV. El reinado de Manahem en Israel	15.16-22
XVI. El reinado de Pekaía en Israel	15.23-26
XVII. El reinado de Peka en Israel	15.27-31
XVIII. El reinado de Jotam en Judá	15.32-38
XIX. El reinado de Acaz en Judá	16.1-20
XX. El reinado de Oseas en Israel	17.1-41

Segunda parte:
La supervivencia
del reino de Judá
(18.1—25.30)

I. El reinado de Ezequías en Judá	18.1—20.21
II. El reinado de Manasés en Judá	21.1-18
III. El reinado de Amón en Judá	21.19-26
IV. El reinado de Josías en Judá	22.1—23.30
V. El reinado de Joacaz en Judá	23.31-34
VI. El reinado de Joacim en Judá	23.35—24.7
VII. El reinado de Joaquín en Judá	24.8-16
VIII. El reinado de Sedequías en Judá	24.17—25.21
IX. La administración de Gedalías	25.22-26
X. Liberan a Joaquín en Babilonia	25.27-30

Algunas eran registros o anales oficiales de los reyes, pero el juicio negativo sobre muchos reyes, el énfasis profético y la posición de Reyes entre los «Profetas Anteriores» en la Biblia hebrea sugieren que la recolección de datos y la selección de fuentes eran obra de → PROFETAS (→ INSPIRACIÓN; cf Lc 1.1-4).

Otras posibles fuentes serían: (1) una «narración de sucesión», que es la base de 2 S 9—20 y que se prosigue en 1 R 1—2; (2) entre las fuentes proféticas, el «ciclo de Elías» (1 R 17.19, 21 y 2 R 1.2-17), el «ciclo de Eliseo» (2 R 2.10.36 y 13.14-21, la tradición sobre «Ahías silonita» (1 R 11.29-39; 12.15; 14.1-18; 15.29), la tradición sobre Micaías (1 R 22) y la tradición sobre Isaías (2 R 18—20.19, cf. Is 36—39).

Autor y fecha

No hay indicios de la paternidad literaria de Reyes. Referencias como 1 Reyes 8.8; 9.21; 12.19; 2 Reyes 8.22; 16.6 indican una fecha anterior a la destrucción del templo (586 a.C.), pero el relato de la libertad de Joaquín (562 a.C., 2 R 25.27-30), y los comentarios sobre la destrucción de Jerusalén indican el tiempo del cautiverio. Por eso muchos postulan dos o más ediciones de Reyes; una por un autor deuteronomista allá por el año 621 a.C., otra cerca del 562, y otro retoque posterior. Una tradición judía atribuye Reyes a Jeremías, basada en las semejanzas que hay entre Reyes y la profecía de Jeremías. Véase, por ejemplo, la frecuencia de la frase: «La palabra de Jehová». Y aunque la mayoría de las tradiciones judías afirman que Jeremías murió en Egipto, hay una tradición rabínica que asegura que cuando Nabucodonosor conquistó a Egipto (568), llevó al profeta a Babilonia. En tal caso, Jeremías habría tenido casi cien años de edad al escribir Reyes. El autor del libro, tal como lo tenemos hoy, podría haber sido un contemporáneo de Jeremías, quien tenía la misma preocupación por la desobediencia de Israel.

Marco histórico

La historia de Reyes abarca unos cuatrocientos años, desde los últimos días de David (971 a.C.) hasta el año 37 del cautiverio babilónico (561 a.C.). Fueron años turbulentos debido a la inestabilidad política provocada por la pugna por la hegemonía sobre la región de las naciones más poderosas. Entre las naciones vecinas que en diferentes ocasiones habían constituido una amenaza para Israel y Judá se encontraban Siria, Asiria y Babilonia.

La amenaza asiria fue particularmente fuerte durante los últimos cincuenta años de Israel. Bajo Tiglat-pileser III, esta agresiva nación lanzó tres devastadoras campañas contra Israel en 734, 733 y 732 a.C. Fueron golpes de los que Israel jamás se recobró, y la nación sucumbió antes los ejércitos asirios diez años más tarde, en 722 a.C.

Si bien Siria y Asiria fueron amenazas para Judá en varias ocasiones, su peor enemigo resultó ser Babilonia. Los babilonios se llevaron cautivos y bienes de Jerusalén en tres campañas (en 605 y 597 a.C. y en un sitio de dos años que comenzó en 588 a.C.). Jerusalén por fin cayó en 586 a.C. El templo fue destruido y miles de los más prominentes ciudadanos fueron llevados cautivos a Babilonia.

Aporte a la teología

En Reyes se ve un fenómeno extraordinario: una preocupación por los datos históricos exactos, que hace que esta obra sea quizá la mejor historiografía de aquellos remotos tiempos. Los datos tienen un propósito didáctico: demostrar la acción de Dios

en la historia y la relación que Dios tiene con su pueblo. El autor demuestra que el destino de la nación hebrea depende de su fidelidad a Dios y que todos los males que han venido sobre Israel y Judá son efecto de su infidelidad (2 R 23.27). Con un enfoque semejante al de Deuteronomio, enseña que el camino de la prosperidad y la bendición es la obediencia a la Ley de Jehová. Juzga a cada rey según su fidelidad a la Ley Mosaica y al culto en Jerusalén.

El libro de Reyes es una interpretación teológica de la historia de Israel y Judá. El autor no intenta tocar las actividades políticas como tales, sino la función de la palabra de Dios en la historia. La historia del pueblo escogido consiste en una serie de profecías y su respectivo cumplimiento. La palabra de Dios es palabra de juicio y de salvación. Israel y Judá sufrieron castigo por su infidelidad al pacto de Jehová con Israel. Pero Dios no permitirá su aniquilación completa. Según el pacto davídico, la línea real seguirá (→ MESÍAS). Habrá una salvación gloriosa, aunque en algunos pasajes esta esperanza reside en un remanente. (Esto se ve aun en las narraciones de Elías y Eliseo). Para disfrutar de esta salvación, Israel tiene que volver a Jehová.

En la teología de Reyes hay la tensión dialéctica entre el juicio y la salvación, entre una visión pesimista y otra esperanzada de la historia. La única vía de salvación consistía en la aceptación de lo justo del castigo divino mediante el arrepentimiento de la nación. En definitiva, el énfasis sobre el arrepentimiento, como lo señala G. von Rad, es un índice para la esperanza del pueblo, al describirse cuarenta y cinco ejemplos de profecías cumplidas, basadas en promesas hechas a David y su descendencia.

Otros puntos importantes

En Reyes abundan los datos cronológicos. El autor se preocupa especialmente por sincronizar la historia de los dos reinos. Aparecen muchas discrepancias, como la suma de los años de Atalía al año seis del reinado de

Foto de Denis Baly

Turistas a la sombra de una gigantesca urna en Petra, una ciudad que los nabateos construyeron al sur de Palestina. Los nabateos habitaron la tierra de los antiguos edomitas, un pueblo muy mencionado en los libros 1 y 2 Reyes.

Ezequías es ciento sesenta y cinco años, pero la suma de los años indicados para el mismo período en Israel es ciento cuarenta y tres años. Anteriormente muchos críticos las señalaban como indicación del carácter ficticio de Reyes. Otros más cautelosos han sugerido que, si se conocieran los sistemas de cómputo usados, podrían resolverse muchas de las discrepancias.

Los estudios que se han efectuado indican los diferentes sistemas de cálculos y sincronizaciones que se emplearon. Había dos sistemas para calcular el año; uno partía desde el mes de *tishri* (septiembre), y el otro desde *nisán* (marzo). Además, había dos sistemas para contar los años de un reinado:

uno llamaba primer año del rey al año de su ascensión al trono, y el otro empezaba a contar los años desde el segundo año nuevo. Si se toma en cuenta que los que llevaban los registros (probablemente círculos proféticos) en Israel y en Judá usaban diferentes sistemas y aun cambiaban sistemas durante su historia, y que hubo varios casos de corregencias, se puede ver cuán difícil es sincronizar los datos. Hoy día se reconoce, más bien, que lo sorprendente no es el desorden de los datos sino la gran exactitud con que se han conservado.

Todavía falta la solución de unos pocos problemas cronológicos, pero cada vez existe más ayuda de parte de la arqueología. Los anales de Asiria, Babilonia y Egipto mencionan muchos de los nombres y sucesos de Reyes y establecen sincronizaciones exactas con la historia secular (→ CRONOLOGÍA; ARQUEOLOGÍA).

REZÍN Último de los reyes sirios que reinaron en Damasco (2 R 15.37; 16.5-10; Is 7.1; 8.4-7), contemporáneo de Peka, rey de Israel, y de Jotam y Acaz, reyes de Judá. Aliado con Peka (*ca.* 741 a.C.), Rezín sitió a Jerusalén pero sin éxito (2 R 16.5; Is 7.1). Isaías se refirió a Rezín y Peka como «estos dos cabos de tizón que humean» (Is 7.4), destinados a fracasar. En esta ocasión fue profetizada la concepción de la virgen (Is 7.14). Después de su campaña en el sur en contra de Judá, Rezín recobró Elat para Edom (2 R 16.6). Pero Acaz acudió a Tiglat-pileser, rey de Asiria, y este conquistó a Damasco y mató a Rezín (2 R 16.9). Con la muerte de Rezín, el reino de Damasco llegó a su fin.

REZÓN Hijo de Eliada y adversario de Salomón, que había huido del servicio de Hadad-ezer, rey de Soba. Reunió un grupo de bandoleros con el fin de debilitar el reino de Salomón. Conquistó a Damasco y estableció un reino independiente al norte de Palestina (1 R 11.23-25). Muchos piensan que debe identificarse con Hezión rey de Siria, abuelo de Ben-adad I, con quien Asa de Judá se alió (1 R 15.18).

RIBLA Ciudad en el límite nordeste de Israel, situada en el camino entre Palestina y Babilonia, donde en 609 a.C. el faraón Necao depuso y encarceló a Joacaz, rey de Jerusalén (1 R 23.33).

En 586 a.C., Nabucodonosor tomó la ciudad de Jerusalén y se llevó preso al rey Sedequías. Nabucodonosor se estableció en Ribla y allí mandó degollar a los hijos de Sedequías delante de este; después le sacó los ojos y lo llevó encadenado a Babilonia (2 R 25.5-7).

Ribla desapareció de la historia, pero su sitio existe hoy como Ribleh, unos 50 km al nordeste de Baalbec. Quince kilómetros al sur de Ribla está el río Orontes, que suplía agua en abundancia. Por su posición en medio de una llanura grande y fértil y muy cerca del Líbano, donde abundaban animales salvajes y madera, Ribla fue sede de grandes reyes. Desde allí era fácil atacar a Fenicia, Damasco o Palestina. En Nm 34.11 hay una referencia a Ribla pero quizá se trate de otra ciudad, tal vez cerca de Hermón.

RIMÓN Nombre de un dios, de una persona y de cuatro lugares.

1. Dios acadio-sirio de la tempestad adorado en Damasco, capital de Siria (2 R 5.18).

2. Nombre del padre de Baana y Recab, capitanes de las bandas merodeadoras del rey Saúl y asesinos de Is-boset, hijo del mismo rey (2 S 4.2ss).

3. Una de las veintinueve ciudades que heredó la tribu de Judá (Jos 15.21-32). Se hallaba en el → NEGUEV y por tanto más tarde fue traspasada a la tribu de Simeón (Jos 19.7; Zac 14.10). Quizás debe identificársele con En-rimón de Neh 11.29 cerca de Beerseba.

4. Ciudad fronteriza de Zabulón (Jos 19.13; 1 Cr 6.77).

5. Peña cerca de Gabaa donde se refugiaron los sobrevivientes del ejército de Benjamín, cuando huían derrotados por las demás tribus de Israel (Jue 20.45; 21.13).

6. Rimón-peres, cuarto campamento de los israelitas después de dejar el monte Sinaí (Nm 33.19). A veces se le identifica con la No. 3.

RIÑONES Con un sentido puramente anatómico hay muy pocas referencias a los riñones y estas se dan con relación a los animales utilizados para los sacrificios (Éx 21.11-13; Lv 3.15,16). Cuando se trata de establecer el asiento de las sensaciones y emociones, se piensa frecuentemente en el → CORAZÓN o en el → HÍGADO. Por eso a este último se le señala en muchas ocasiones como el asiento de las funciones vitales o intelectuales, pero por sobre todo se le relaciona con la esfera emocional. Esta creencia era común entre los pueblos de la antigüedad.

A los riñones se atribuía una función preponderante: «Aun en la noche me enseñan mis riñones» (Sal 16.7 RV 1909); «Pruébame, oh Jehová, sondéame; examina mis riñones y mi corazón» (Sal 26.2, RV 1909); «Pues el Dios justo prueba los corazones y los riñones» (Sal 7.9 RV 1909). Es de notarse que en la Reina Valera 1960 no aparece la palabra «riñones» en las citas arriba mencionadas. Los revisores optaron por parafrasear o interpretar la palabra hebrea *quilya* en vez de traducirla.

RÍO En el Antiguo Testamento varias voces hebreas se traducen río, pero no todas ellas tienen la connotación que generalmente aplicamos al término. Por eso en algunas ocasiones se prefieren «torrentera», «valle», «corriente», «arroyo», «quebrada», etc. Para lo que con propiedad llamaríamos río, con agua más o menos abundante y permanente, se utilizan en el Antiguo Testamento principalmente dos palabras: *nahar y ye'or*. La primera es una palabra propiamente hebrea y se aplica a los ríos que salían del Edén, al Jordán, al Éufrates, al Leontes, etc. La segunda es una palabra tomada del egipcio y se refiere únicamente al Nilo.

Existen también otras palabras hebreas, pero con ellas se designa más bien el lecho, a veces seco, por donde en tiempos de

R

Vista del río Jordán cerca del lugar tradicional del bautismo de Jesús (Mt 3). Es el único río en el mundo que fluye durante la mayoría de su curso bajo el nivel del mar.

lluvia corren torrentes de agua. En el Nuevo Testamento el término griego usado es siempre *potamós*. En sentido figurado, el río puede significar prosperidad (Nm 24.6; Sal 65.9; Is 66.12) y su sequedad puede figurar tragedia (Job 14.11; Is 19.5). La justicia se compara con un río permanente (Am 5.24), y las bendiciones de Dios con el río de la vida (Ap 22.1).

RÍO DE EGIPTO Designación que se usa en la Reina Valera 1960 para traducir tres términos distintos en hebreo.

1. *Ye'or Mizraim* (Is 7.18; Am 8.8), que alude siempre al propio Nilo.

2. *Nahar Mizraim* (Gn 15.18), que probablemente sea el brazo pelusiano del Nilo, o el límite occidental de la tierra prometida a Abraham y a su descendencia.

3. *Nahal Mizraim*, que se usa en los demás pasajes que aluden al río (torrente, arroyo) de Egipto, y se refiere al → WADI EL-ARISH, wadi que nace en el desierto de Sinaí, recibe muchos tributarios y desemboca en el mar Mediterráneo. Está unos 80 km al sudoeste de → GAZA y en la estación lluviosa es un río caudaloso, pero en el verano es un arroyo seco. Los antiguos registros asirios lo distinguen del Nilo. Demarca los antiguos límites entre Egipto e Israel (Nm 34.5; 1 R 8.65; 2 R 24.7; 2 Cr 7.8; Is 27.12; Ez 47.19; 48.28) y la frontera sudoeste de la tribu de Judá (Jos 15.4,47). Sirve como una división natural y práctica por su topografía. En otros pasajes se dice que el límite sudoeste de Israel es → SIHOR (Jos 13.3; 1 Cr 13.5), nombre que en otros pasajes (Is 23.3; Jer 2.18) se aplica directamente al Nilo. Un pueblo del mismo nombre, el-Arish, está ubicado cerca de la boca del wadi.

RIQUEZA En el Antiguo Testamento se concibe la posesión de riqueza como signo de la bendición de Dios. La riqueza es vista como un don deseable y como recompensa a la virtud y el temor a Dios (Pr 3.16, etc.). Pero los profetas lucharon valientemente contra los graves abusos cometidos por los ricos (por ejemplo, Is 3.14; 5.8; Am 2.6; 4.1; cf. la actitud de Stg 5.1ss en el Nuevo Testamento). Los problemas de las riquezas se analizan especialmente en Job, Salmos y Proverbios.

En el Nuevo Testamento hay una concepción muy diferente. Lucas parece ser fuertemente contrario a las riquezas y simpatiza con los pobres (Lc 1.53; 12.13-21; 18.18-30, etc., → Pobreza). En los otros Sinópticos Jesús se manifiesta en el mismo sentido, pero no condena las riquezas en sí; solo señala sus peligros (Mt 6.19; 13.22) y la imposibilidad de servir a Dios porque el rico se olvida de que es tan solo administrador de sus bienes (Lc 16.12; cf. 12.16-21).

El término *mamón*, usado como sinónimo de riqueza aparece más en los libros apócrifos del Antiguo Testamento y frecuentemente en el Talmud, siempre con sentido despreciativo. En Mt 6.24 (cf. RV 1909) y Lc 16.9,11 aparece personificando a un poder demoníaco al cual se somete el hombre codicioso. Lucas califica de «injusto» e «inicuo» el modo egoísta de adquirir y emplear las riquezas, y sobre todo el influjo despótico que ejerce sobre el hombre.

San Pablo habla muy poco de la posesión de riqueza, en contraste con sus muchos discursos sobre los bienes espirituales (Ro 3.8; Ef 1.18; 3.8; 1 Ti 6.9,17ss). Los apóstoles son pobres pero enriquecen a muchos (2 Co 6.10) y, frente al supremo conocimiento de Cristo, las riquezas son insignificantes.

Bibliografía:
VTB, 708-711. *DTB*, 930-936.

RIZPA Hija de Aja y concubina de → Saúl que a la muerte de este fue tomada por → Abner (2 S 3.7,8). Cuando los gabaonitas ahorcaron a sus dos hijos, Rizpa vigiló los cadáveres hasta que David los hizo llevar a tierra de Benjamín, junto con los huesos de Saúl y Jonatán que los de Jabes habían hurtado (2 S 21.8-13).

ROBLE → Plantas de la Biblia.

ROBO La legislación israelita en cuanto al robo y el hurto distaba de la severidad de los códigos babilónico, asirio y principalmente heteo. Exigía simplemente la devolución de lo robado o hurtado, aunque con una indemnización por daños (→ Restitución). Había una especie de multa que llegaba hasta el doble si se trataba de dinero (Éx 22.7); y hasta el cuádruple y quíntuple, si se trataba de animales (Éx 22.1-4). Si el ladrón no podía restituir lo robado, podía ser vendido como esclavo para asegurar la reparación (Éx 22.3). En Mesopotamia y en otras partes la compensación se elevaba a diez, treinta o incluso hasta sesenta veces el valor de la cosa robada, y en algunos casos se señalaba la pena de muerte.

Junto con la descripción de los distintos robos y sus respectivos castigos, el llamado «código de la alianza» o del pacto, determina en muchos de sus artículos la responsabilidad por diversos daños a la propiedad ajena ocasionados accidental o voluntariamente o por negligencia; por ejemplo, dejar un pozo o cisterna (Éx 21.33), daños causados por un buey corneador (Éx 21.29,35,36), daños y perjuicios en un campo o viñedo (Éx 22.5), descuido en guardar una bestia (Éx 22.10, 13), incendio (Éx 22.6), robo de ganado (Éx 22.14) o de bienes en depósito (Éx 22.7). El desplazamiento de los límites y los pesos y las medidas adulteradas son condenados formalmente (Lv 19.35; Dt 19.14; 25.13-16). La apropiación de bienes confiados en custodia es considerada un robo (Nm 5.5-10).

R

ROBOAM Hijo y sucesor de Salomón (931–913 a.C.), durante cuyo reinado se dividió el reino. Llegó a ser, por tanto, el primer rey del reino del sur o de Judá. Tenía cuarenta y un años cuando comenzó a reinar, pero el cronista lo califica de «joven e irresoluto». Su madre fue una amonita llamada Naama.

Hay que reconocer que junto con un gran imperio, Roboam heredó los profundos resentimientos que el gobierno dictatorial y despótico de su padre había producido especialmente entre las tribus del norte. La institución de «trabajos forzados» que su padre había impuesto reñía abiertamente con el innato amor a la libertad de los israelitas. Los gravámenes e impuestos se habían tornado insoportables y, en consecuencia, era natural que los conatos de rebelión, que Salomón había logrado sofocar a tiempo debido a la estricta vigilancia y organización de que disponía, surgieran con mayor fuerza una vez muerto él. El mismo → JEROBOAM, quien durante el ascenso de Roboam capitaneó a Israel hacia la rebelión, se había levantado antes contra Salomón y se había salvado refugiándose en Egipto. Además, ya para fines del reinado de Salomón el imperio había empezado a desmembrarse: Damasco en el norte y Edom en el sur habían reconquistado su libertad antes de la muerte de Salomón.

Cuando Roboam ascendió al trono ya imperaba un ambiente de desintegración. Y todo esto hubiera podido enderezarse si Roboam hubiera querido hacer honor a su nombre, que significaba «sea el pueblo ensanchado», pero optó por manifestarse con carácter juvenil e irresoluto como lo describe el cronista. La prueba máxima de ese carácter de Roboam y de su habilidad para gobernar no se hizo esperar: apenas había sido coronado en Jerusalén como sucesor de Salomón, cuando «todo Israel» (posiblemente las tribus del norte) se reunió en Siquem para coronarlo también, pero después de hacerle ciertas demandas. La respuesta de Roboam mostró su falta de responsabilidad y su actuación posterior su falta de carácter. El cronista describe dramáticamente la obvia decadencia en que había entrado el reino cuando dice que «en lugar de los escudos de oro, hizo Roboam escudos de bronce». Los estragos que causó la invasión del faraón → SISAC durante este tiempo fueron lamentables (1 R 12.1–14.31; 2 Cr 10.1–12.16).

ROCA Aunque es la traducción de varias palabras hebreas con distintos significados (por ejemplo, *sela*, gran piedra, acantilado, o *tsur*, despeñadero, risco) y de la voz griega *petra* (cualquiera piedra), la palabra roca en la Biblia generalmente denota una peña o piedra grande, inmovible, no labrada de manos humanas, en contradistinción de la → PIEDRA que es móvil, labrada, preciosa o útil como utensilio.

Las rocas se usaban como → SEPULCROS (Is 22.16; Mc 15.46), viviendas (Job 24.8; 30.6; Jue 15.8; Dt 2.12), altares (Jue 6.20; 13.19), monumentos (Is 7.12), refugio (Jue 20.47; 1 S 13.6), defensas (Sal 31.12; Is 33.16) y sitio de ejecución de malhechores (2 Cr 25.12; Lc 4.28). Las rocas más célebres son: → HOREB (Éx 17.6), Etam (Jue 15.8), Rimmon (Jue 20.45; 21.13), Boses y → SENE (1 S 14.4).

En las rocas, las abejas construyen sus panales (Sal 81.16; Is 7.19), fructifican los olivos (Job 29.6), hacen sus nidos las águilas (Job 39.27,28), habitan los conejos (Sal 104.18; Pr 30.26) y no dejan rastro las culebras (Pr 30.19). Son imposibles de arar y no pueden cabalgar por ellas los caballos (Amós 6.12).

Dos individuos se encuentran relacionados con la roca en las Escrituras: Abraham, a quien se compara con una roca de la cual salió Israel (Is 51.1,2), y Pedro, cuyo nombre en griego, *petros*, significa «pequeña piedra» (Mt 16.18ss). En este controversial pasaje parece que Cristo estableció una distinción entre esta «piedra pequeña» refiriéndose a Simón → PEDRO, y la gloriosa verdad revelada a Pedro por el Padre mismo de que Cristo era «el Hijo del Dios viviente». Esta declaración era la «piedra» (*petra*) sobre la que Cristo se propuso edificar su → IGLESIA.

En las Escrituras, roca es a menudo símbolo de desolación y esterilidad (Ez 26.4; Mt 13.5,6), dureza de corazón (Jer 5.3), seguridad (Sal 27.5; 40.2; 61.2), firmeza (Is 50.7), poder de Dios (Sal 105.41; 114.8), → FUNDAMENTO (Is 28.16; Heb 3.13; Sal 61.2; Mt 16.18; Lc 6.48), obstáculo (Is 8.14; Ro 9.33; 1 P 2.18). También se emplea como una figura literaria que se aplica a Dios como Creador (Dt 32.4,18), → FORTALEZA (2 S 22.2,3; Sal 18.1,2; 31.2,3), refugio (Sal 62.7; 71.3; 94.22), salvación (Sal 62.2,6; 89.26; 95.1), ayudador (Sal 28.1; 31.3; 42.9) y apoyo (Sal 19.15; 73.26; 144.1).

Foto de Howard Vos

Puerto de San Pablo en Rodas. En este lugar la nave en que Pablo viajaba desembarcó de vuelta hacia Palestina después de su tercer viaje misionero (Hch 21.1).

Es símbolo también de la persona de Jesucristo, quien es el fundamento de la Iglesia (Mt 16.18); la «principal piedra del ángulo» para la edificación de los creyentes (Ef 2.20); la → «PIEDRA DE TROPIEZO» para los judíos (Ro 9.32), la piedra de juicio para los incrédulos (Mt 21.44) y la roca de Horeb de donde fluyeron aguas para que bebiera el pueblo de Israel en el desierto (Éx 17.6). Cristo fue también azotado para que de Él fluyera el agua de la salvación para que todos pudieran beber de ella (Jn 4.13,14; 7.37-39; 1 Co 10.1-4).

ROCÍO Los vientos cargados de humedad del Mediterráneo se condensan en forma de rocío al entrar en contacto con la superficie fría de la Tierra Santa. Esto sucede especialmente en las noches frías y despejadas, y hace que la tierra amanezca húmeda. En algunas regiones la humedad es semejante a la que queda después de un aguacero (Jue 6.37-40; Cnt 5.2). La máxima caída de rocío ocurre en los meses del verano, precisamente cuando ciertas plantas necesitan humedad para madurar sus frutos (Gn 27.28; Dt 33.28; Zac 8.12). Su ausencia es causa de aprieto.

La Biblia hace mucha alusión a este fenómeno y lo considera un símbolo de la bondad y sabiduría de Dios (Pr 3.20; 19.12; Os 14.5) y una bendición para su pueblo (Gn 27.39; Dt 33.13). Por el contrario, su falta era considerada signo de enojo divino (2 S 1.21; 1 R 17.1). En sentido figurado denota juventud, frescura y renovación (Sal 110.3; Is 18.4; 26.19); su rápida evaporación evoca transitoriedad (Os 6.4; 13.3; cf. Stg 4.14) y su caída, casi imperceptible, el silencio y la cautela (2 S 17.12).

RODAS Isla situada unos 20 km al sudoeste de Asia Menor. Se hallaba en la principal ruta marítima entre Fenicia y los puertos del mar Egeo. Tiene forma triangular con un área aproximada de 640 km². Su suelo es sumamente fértil y su clima agradable. La ciudad del mismo nombre fue fundada por los dorios *ca.* 400 a.C. y llegó a ser notable por su comercio, su literatura y sus artes. Era famosa por su coloso, una de las «siete maravillas del mundo», que era una estatua

R

Foto de Ben Chapman

Una sección del camino romano en Siria entre Alepo y Antioquía. Este camino está pavimentado con bloques de piedra caliza cuidadosamente cortados.

de Apolo hecha de bronce, de unos 35 m de altura, y que estaba colocada a la derecha de la entrada del puerto (y no con un pie a la derecha y otro a la izquierda de ella como a menudo se presenta). La estatua fue erigida en 300 a.C. pero un terremoto la derribó sesenta y seis años más tarde.

Pablo llegó a Rodas cuando regresaba de su tercer viaje misionero en 58 d.C. (Hch 21.1). El pueblo de la isla disfrutaba entonces de una independencia considerable bajo los romanos, ya que no fue hecha provincia sino hasta el tiempo de Vespasiano (69–79 d.C.).

RODE Joven que anunció la llegada de Pedro, recién liberado de la cárcel, a la casa de María la madre de Juan Marcos, donde estaban congregados los creyentes. Probablemente era sirvienta o esclava (Hch 12.13).

RODILLA Unión del muslo con la pierna cuyo nombre se emplea en la Biblia en expresiones de gran simbolismo.

1. «Dar a luz sobre las rodillas» denotaba adopción o reconocimiento como propio a un recién nacido (Gn 30.3; Job 3.12).

2. «Tener entre las rodillas» denotaba acogimiento. Jacob abrigó entre sus rodillas a sus nietos cuando José los llevó para que su padre los besara y bendijera (Gn 48.10-12). José crió a sus nietos entre sus rodillas (Gn 50.23). Y Dalila acunó a Sansón entre sus rodillas para adormecerlo (Jue 16.19).

3. «Rodillas vacilantes» (Is 35.3), «rodillas debilitadas» (Sal 109.24), «batir las rodillas una contra otra» (Dn 5.6), «temblor de rodillas» (Nah 2.10) y «rodillas paralizadas» (Heb 12.12) denotaban desfallecimiento y miedo.

4. «Doblar las rodillas» era gesto de sujeción y adoración (Gn 42.6; 1 R 19.18; 2 Cr 6.13; Lc 22.41; Hch 7.60; Ef 3.14).

ROGEL O EN-ROGEL (*fuente del batanero*). Fuente situada al sudeste de Jerusalén, en un sitio hermoso y fértil del valle del Cedrón, algo debajo de la unión de este con el valle de

Hinom. Rogel marcaba la frontera entre Benjamín y Judá (Jos 15.7; 18.16). Se menciona en relación con la rebelión de Absalón (2 S 17.17) y como sitio donde fue coronado Adonías en su intento de usurpar el trono (1 R 1.9ss). Hoy se llama Bir Ayub («pozo de Job»).

ROLLOS DEL MAR MUERTO → QUMRÁN.

ROMA, IMPERIO Entidad política que dominaba el mundo mediterráneo durante la época inicial del cristianismo. Cuando Jesús nació en Belén, Roma dominaba el territorio comprendido entre el Atlántico y el Éufrates y desde Bretaña en el norte hasta el Sahara en el sur. Tal imperio fue producto de un largo proceso histórico.

Su origen
La historia de Roma puede dividirse en tres períodos:
  1. La Monarquía, 753–509 a.C.
  2. La República, 509–27 a.C.
  3. El Imperio, 27 a.C.–476 d.C. (1453 en el Oriente).
  El año 753 a.C. es la fecha tradicional que se asigna a la fundación de la ciudad de → ROMA por Rómulo y Remo. Rómulo fue el primer rey. Al principio el reino era un territorio pequeño alrededor de la ciudad, pero en el siglo VI a.C. empezó a extenderse, anexando las tierras vecinas.

En 509 la Monarquía fue derrocada; tomó su lugar la República y la nación empezó a crecer rápidamente. Por el año 275 dominaba toda la península. Mediante las Guerras Púnicas (264–146 a.C.), Roma comenzó a extenderse hacia el oeste, y por las Guerras Macedónicas (214–190 a.C.), hacia el este.

Un poco antes de la formación del primer triunvirato (→ Julio → CÉSAR, Craso y Pompeyo) en 60 a.C., Pompeyo dominó a Palestina (63 a.C.), con lo cual completó su conquista del Oriente, e hizo parte del imperio los territorios comprendidos entre el Helesponto y el Éufrates. En 47 a.C. Julio nombró procurador a → HERODES (el Grande), y siete años después Octavio y Antonio le dieron el título de «rey de los judíos» (Mt 2.1). En la batalla de Accio (31 a.C.). Octavio derrotó a Antonio y Cleopatra, y convirtió a Egipto en provincia romana, con lo cual el mar Mediterráneo casi se convirtió en un lago romano.

Modelo de una nave de guerra romana, usada por los romanos en sus campañas de conquista a través del mundo antiguo.

R

Foto de Gustav Jeeninga

Ruinas del Foro en la ciudad de Roma. El Foro era el lugar de las asambleas, el comercio y el centro religioso y político de la ciudad capital del Imperio Romano.

En 48 a.C. Julio César inició una dictadura, presagio del establecimiento del imperio, pero murió cuatro años después. Surgió otro triunvirato formado por Lépido, Antonio y Octavio, pero Lépido se retiró y se entabló una lucha entre los dos miembros restantes. Sin embargo, como en la antedicha batalla de Accio había derrotado a Antonio, Octavio pronto puso fin a este segundo triunvirato y quedó como caudillo único en Roma. El pueblo lo proclamó *Imperator*.

En 27 a.C. Octavio estableció un nuevo gobierno. Se declaró «príncipe» y asumió el título de → «Augusto». Con el título de «Pontífice Máximo» encabezó la religión del estado, y en todas las provincias se le rindió culto. Además, controló todas las fuerzas militares del país. Reinó de esta manera desde 27 a.C. hasta 14 d.C., y así nació la tercera y última época de la historia de Roma, el imperio que duró hasta 476 d.C. Cerca del año 22 de su reinado nació Jesucristo (Lc 2.1ss).

Aspecto preparatorio para el cristianismo

El imperio contribuyó grandemente a la preparación del mundo para la venida de Cristo y la extensión del evangelio (Gl 4.4). En primer lugar, produjo un sentimiento cosmopolita. La unión de tantas razas y pueblos bajo un imperio ayudó a derribar las barreras raciales y culturales y a unificar la raza humana. En estas condiciones el mundo habría de escuchar la predicación de la doctrina de que en Cristo «no hay griego ni judío ... bárbaro ni escita, siervo ni libre», sino que más bien todos los creyentes son «uno en Cristo» (Gl 3.28; Col 3.11). Además, como ciudadano de este gran imperio que abarcaba la tercera parte de la raza humana, Pablo pudo viajar por todas partes sin dificultades diplomáticas.

Aun más, el surgimiento del imperio contribuyó a extender el → griego como idioma universal, proceso que ya había iniciado → Alejandro Magno. «El griego», dijo Cicerón, «se lee en casi todas las naciones». Este fenómeno facilitó la extensión del evangelio, ya que los apóstoles lo hablaban y escribían.

En segundo lugar, el imperio trajo orden y paz al mundo (la *Pax romana*). Antes había habido guerras por doquier, caos político, etc., pero la mano de hierro y la jurisprudencia romanas acabaron con mucho de esto.

Por ejemplo, Pompeyo eliminó la piratería en el mar Mediterráneo e hizo posible viajar con relativa seguridad, lo cual facilitaría posteriormente la actividad misional de Pablo y otros.

En tercer lugar, los romanos construyeron una extensa red de carreteras, mejor que la de cualquier época hasta el siglo XIX. Aunque principalmente la hicieron para facilitar el movimiento rápido de tropas, los soldados de la cruz también caminaron por ella. Ireneo (siglo II) escribió refiriéndose al imperio: «Por su instrumentalidad el mundo está en paz y podemos caminar por las carreteras sin temor, y navegar donde queramos» (*Contra Herejías* IV.xxx.3).

Sin embargo, Roma proporcionó también una preparación negativa. A pesar de su prosperidad, la sociedad romana estaba corrompida. Por un lado había opulencia exagerada y por otro miseria masiva. Entre el 30 y el 50% de la población se componía de → ESCLAVOS. Había un sinfín de pobres y vagos a quienes el gobierno apaciguaba con «pan y circos». Séneca, el maestro estoico de Nerón, se lamentaba en su época: «El mundo está lleno de crímenes y vicios ... más de lo que se puede curar con la fuerza ... Los crímenes ya no se cometen a escondidas sino ante nuestros ojos. La inocencia no solo es rara sino más bien no existe». Las diversiones eran groseras y brutales. En los combates de gladiadores y con las fieras cada mes morían miles de personas.

Religiosamente Roma estaba en bancarrota. Su primitiva religión politeísta, regida por un código moral bastante alto, desapareció cuando por las conquistas del Oriente los romanos entraron en contacto con la filosofía escéptica de Grecia y con las religiones de misterio y sensuales de Asia. Los ricos y los intelectuales abrazaron aquella y las masas, estas. Como resultado, Roma llegó a ser una Babel religiosa.

En la época en que nació Jesús, la indiferencia religiosa se había apoderado de la gente. Augusto, deseando avivar el interés en la religión, fomentó el culto del emperador. Por supuesto, este culto fue más arma política que otra cosa. Se cuenta que el emperador Vespasiano (69–79 d.C.) en su lecho de muerte se reía de la idea de que él fuera Dios.

El imperio y el cristianismo

El imperio tenía una política religiosa muy liberal. Generalmente permitía que los pueblos conquistados continuaran sus prácticas

---

Una inscripción en un teatro en Corinto que menciona el nombre Erasto. Quizás se trataba del mismo Erasto, el «tesorero de la ciudad» (Ro 16.23), que enviara saludos a los cristianos en Roma.

R

Foto de Gustav Jeeninga

Foto de Howard Vos

El Foro romano mirando hacia el este, con el famoso Coliseo de la ciudad en la distancia.

religiosas, en tanto que no estorbaran la paz política ni corrompieran la moral pública. Las religiones que cumplían estos requisitos se llamaban «lícitas» y las que no, «ilícitas».

El judaísmo era religión lícita y, puesto que el cristianismo parecía una secta dentro del judaísmo, al principio gozó de la misma libertad. No fue sino hasta el final del reinado de Nerón (54–68 d.C.) que el imperio asumió una actitud hostil hacia el cristianismo (→ Persecución).

El emperador → Augusto (27 a.C.–14 d.C.) se menciona una vez en la Biblia (Lc 2.1), en relación con el censo imperial que motivó el viaje de José y María a su tierra natal. Jesús tenía unos 20 años cuando murió este ilustre emperador.

El emperador → Tiberio (14–37 d.C.) se menciona también una vez, cuando Lucas describe la situación política existente en los días en que Juan el Bautista inició su ministerio (Lc 3.1s). Reinaba durante los años del ministerio público de Jesucristo y los primeros años de la historia apostólica. Y era emperador cuando Jesús pronunció la memorable frase: «Dad a César lo que es de César» (Mc 12.17); y cuando los judíos gritaron: «No tenemos más rey que César» (Jn 19.15).

El monstruo Calígula (37–41 d.C.) no se menciona en el Nuevo Testamento, sin embargo → Claudio (41–54) aparece dos veces: en relación con la severa hambre que sobrevendría en Palestina (Hch 11.28) y con la expulsión de los judíos de la capital romana. Esto último motivó el traslado de Aquila y Priscila a Corinto, donde Pablo los encontró durante su primera visita a dicha ciudad (Hch 18.1s).

En el Nuevo Testamento, no se menciona por nombre a → Nerón (54–68 d.C.), pero hay varias referencias a él. Fue durante la primera parte del reinado de este que Pablo exhortó a los cristianos a ser respetuosos y obedientes al estado (Ro 13.1-7; cf. las instrucciones posteriores en 1 Ti 2.1s; Tit 3.1). También Pedro hizo las mismas recomendaciones durante la última parte del reinado neroniano (1 P 2.13-17). A este emperador apeló Pablo ante la injusticia del gobernador de Cesarea (Hch 25.12). Era emperador durante los dos años de la primera prisión de Pablo en Roma (Hch 28.30; Flp 4.22). Evidentemente Nerón permitió que el apóstol fuera puesto en libertad esta vez (Flp 1.25; 2.24), pero no en la segunda (2 Ti 4.6s). Compárese el caso de Pedro (2 P 1.13-15).

En tiempo de Nerón ocurrió la primera persecución imperial (64 d.C.), a la que posiblemente hace alusión Pedro en su primera carta (2.12; 3.17s; 4.12ss).

Vespasiano (69-79) tampoco se menciona en el Nuevo Testamento, pero durante su reinado Jerusalén fue destruida (70) por un ejército cuyo general fue su hijo Tito, quien le sucedió en el trono imperial (79–81).

En tiempo de Domiciano (81–96) brotó la segunda persecución imperial que motivó el destierro de Juan a la isla de Patmos (Ap 1.9).

Bibliografía:

IB II, pp. 35-54, 100-117. H.J. Schultz (ed.), *Jesús y su tiempo*, Sígueme, Salamanca, 1968, pp. 11-56.

ROMA, CIUDAD Capital y eje de la Roma monárquica, republicana e imperial (→ ROMA, IMPERIO). Se hallaba en la costa occidental de Italia, unos 16 km al nordeste de la desembocadura del río Tíber.

Tuvo un principio humilde como centro del pequeño reino romano, pero se fue engrandeciendo a medida que crecían el poder y la extensión de la nación. Llegó a ser una ciudad magnífica con un conjunto de edificios públicos quizá nunca igualado en la historia: el espléndido Foro, el Teatro de Pompeyo, que daba cabida a 40.000 personas; el Circo Máximo, que Nerón completó, donde cabían 150.000; el Coliseo, construido por Vespasiano, con lugar para 50.000, etc.

Los ricos vivían en casas suntuosas en las colinas de la ciudad o en las áreas suburbanas. Pero la gran mayoría de los habitantes vivían apretados en los *insulae* (grandes edificios multifamiliares) rodeados de calles angostas, sucias y bulliciosas. En la época de Augusto, la ciudad contaba con casi un millón de habitantes. De estos, unos 400.000 eran esclavos y 300.000 eran ociosos que el gobierno sustentaba con «pan y circos». Huelga decir que la condición social de Roma era anormal y lamentable.

Naturalmente, una ciudad como Roma atraía a gentes de todo el mundo, y entre ellas había muchos judíos (Hch 18.2; 28.17). En tiempo de los macabeos ya había judíos allí y el número aumentó cuando Pompeyo conquistó a Palestina, pues llevó a Roma muchos cautivos judíos. El número siguió aumentando hasta alcanzar la cifra de cerca de 30.000. Vivían en cuatro barrios y tenían trece sinagogas: su religión era «lícita» ante los ojos del gobierno. Algunos eran celosos en propagar su fe y ganaron → PROSÉLITOS de entre los romanos. Los judíos gozaban del favor de Julio César y Augusto, pero tuvieron dificultades con Tiberio y Claudio (Hch 18.1).

Cuando Pablo llegó a Roma en 61 d.C., ya existía allí una comunidad cristiana (Hch 28.14s), a la cual tres años antes él había enviado una carta (→ ROMANOS). El Nuevo Testamento no informa sobre el origen de esta comunidad. Antiguamente, los católicos romanos aceptaban la tradición (atribuida a Jerónimo, 340–420) que afirmaba que → PEDRO llegó a Roma en 42 d.C., fundó la iglesia allí y fue obispo de ella hasta 67. Hoy en día, después del notable avance en los estudios bíblicos y arqueológicos, esta tradición ha sido casi totalmente abandonada.

Se ha conjeturado que, de los judíos romanos que asistieron a la fiesta de Pentecostés según Hechos 2.10, algunos se convirtieron y llevaron el mensaje a Roma. Pero quizás la iglesia la fundaron los diversos creyentes que llegaron a la capital desde otras partes del mundo. Los numerosos saludos de Romanos 16, enviados antes de que Pablo conociera la ciudad, indican la movilidad de los creyentes; el versículo 5 sugiere que al menos uno de los creyentes de Roma había hallado a Cristo en una provincia del imperio.

Por siglos se ha discutido la cuestión de la estadía de → PEDRO en Roma. El Nuevo Testamento solo proporciona datos indirectos al respecto. La frase «la que está en Babilonia», en 1 P 5.13, se ha interpretado en ocasiones como indicio de que Pedro escribió esta carta desde Roma. Pero otros alegan que no había razón para emplear términos místicos o crípticos al referirse a Roma en los saludos, y suponen que «Babilonia» debe entenderse literalmente.

Hechos 12.17 afirma que en 44 d.C. Pedro que había estado desde el 30 en Jerusalén, «se fue a otro lugar» desconocido. Con todo, Hch 15.6s lo coloca de nuevo en Jerusalén (*ca.* 49); sus actividades posteriores nos son desconocidas. En 58, al escribir su carta a Roma, Pablo no menciona nada respecto a Pedro. En 61 Pablo llega a Roma, pero en el relato (Hch 28) no hay referencia a Pedro (cosa muy extraña si este hubiera sido obispo de la ciudad). Pablo estuvo en Roma dos años (Hch 28.30), durante los cuales escribió cuatro epístolas (Ef, Col, Flm, y Flp), en las que no figura Pedro en absoluto. De ahí concluimos que es sumamente dudoso que Pedro haya llegado a Roma antes de 63 d.C.

Sin embargo, los escritos patrísticos del siglo II son casi unánimes en afirmar que Pedro sí llegó a Roma y allí sufrió el martirio. De modo que, si bien tenemos que rechazar la → TRADICIÓN de Jerónimo, también debemos aceptar esta otra como fidedigna, respaldada por convincentes pruebas arqueológicas. Es muy probable que tanto Pedro (¿en 64?) como → PABLO (¿en 67?) fueran martirizados en Roma.

Bibliografía:
EBDM VI, col. 257-261. *DBH,* col. 1726-1728. *IB* II, p. 418s.

ROMANOS, EPÍSTOLA A LOS Carta que Pablo escribió a los creyentes de Roma. Como en nuestro → CANON las Epístolas paulinas dirigidas a iglesias están ordenadas según su tamaño, esta, la más larga del Nuevo Testamento, encabeza a las demás. Expone casi formalmente la doctrina paulina de la salvación.

Estructura de la Epístola

La Epístola a los Romanos consiste en dos mitades, una doctrinal (1–8) y otra práctica (12–16), separadas por tres capítulos sobre la posición de Israel en la historia de la salvación (9–11).

Pablo revela su tema principal en el primer capítulo. El evangelio es poder para salvación del que cree (1.16-17). Esta declaración entonces se guarda en suspenso hasta el versículo 3.21, mientras Pablo se aparta un tanto del tema para mostrar que todas las personas necesitan la salvación: los gentiles porque quebrantaron la ley de la conciencia y los judíos porque quebrantaron la Ley de Moisés (1.18–3.20).

Pablo vuelve entonces al tema inicial. En una declaración clásica del evangelio de Cristo, explica que la justicia se obtiene solo por la gracia de Dios cuando uno deposita su fe en la obra redentora de Jesucristo (3.21-31). El caso de Abraham es testimonio de que la promesa de Dios se alcanza por la fe (4.1-25). Los beneficios de la → JUSTIFICACIÓN son paz y confianza ante Dios (5.1-11). La capacidad de Cristo para salvar es superior a la capacidad de Adán para corromper (5.12-21).

Pablo aborda entonces el problema del → PECADO en la vida cristiana. Más que como un incentivo para que pequemos, la → GRACIA nos acerca a una unión leal con Cristo (6.1-14). Cristo nos ha libertado de la esclavitud del pecado para que seamos esclavos de la justicia (6.15–7.6). Pablo reconoce que la Ley saca el pecado a la luz, pero el pecado nos convence de que necesitamos un Salvador (7.7-25). Pablo concluye la parte doctrinal con uno de los más triunfantes capítulos de la Biblia. Los creyentes no están bajo la condenación de Dios, sino que el poder del

ROMANOS:
Un bosquejo para el estudio y la enseñanza

Primera parte:
La revelación de la justicia de Dios (1.1—8.39)

I. Introducción 1.1-17
II. Condenación: La necesidad de la justicia
   de Dios .... 1.18—3.20
   A. Culpa del gentil 1.18-32
   B. Culpa del judío. .... 2.1—3.8
   C. Conclusión: Todos son culpables
      ante Dios 3.9-20
III. Justificación: La justicia de Dios ...... 3.21—5.21
   A. Descripción de la justicia. 3.21-31
   B. Ilustración de la justicia 4.1-25
   C. Beneficios de la justicia. 5.1-11
   D. Contraste entre la justicia
      y la condenación 5.12-21
IV. Santificación: La demostración
    de la justicia de Dios .... 6.1—8.39
   A. Santificación y pecado 6.1-23
   B. Santificación y la Ley 7.1-25
   C. Santificación y el Espíritu 8.1-39

Segunda parte:
La vindicación de la justicia de Dios (9.1—11.36)

I. Pasado de Israel: La elección de Dios. 9.1-29
   A. Pena de Pablo 9.1-5
   B. Soberanía de Dios 9.6-29
II. Presente de Israel:
    El rechazo de Dios .... 9.30—10.21
   A. Israel busca la justicia mediante las obras. 9.30-33
   B. Israel rechaza a Cristo. 10.1-15
   C. Israel rechaza a los profetas. 10.16-21
III. Futuro de Israel: La restauración de Dios 11.1-36
   A. El rechazo de Israel no es total. 11.1-10
   B. El rechazo de Israel no es final. 11.11-32
   C. La restauración de Israel:
      La ocasión para glorificar a Dios. 11.33-36

Tercera parte:
La aplicación de la justicia de Dios (12.1—16.27)

I. Justicia de Dios demostrada
   en los deberes cristianos .... 12.1—13.14
   A. Obligaciones para con Dios 12.1-2
   B. Obligaciones para con la sociedad 12.3-21
   C. Obligaciones para con el gobierno 13.1-7
   D. Obligaciones para con el prójimo 13.8-14
II. Justicia de Dios demostrada
    en las libertades cristianas .... 14.1—15.13
   A. Principios de la libertad cristiana 14.1-23
   B. Prácticas de la libertad cristiana. 15.1-13
III. Conclusión. .... 15.14—16.27
   A. Objetivos de la obra escrita de Pablo ... 15.14-21
   B. Planes de viaje de Pablo 15.22-33
   C. Alabanzas y saludos de Pablo 16.1-27

R

Espíritu Santo los levanta para enfrentar la adversidad a través del amor redentor de Dios (8.1-39).

En los caps. 9—11, Pablo discute la cuestión de por qué Israel rechazó al Salvador que se les envió. Luego presenta una serie de consecuencias prácticas del evangelio. Una adecuada respuesta nuestra sería el sacrificio de nuestra vida entera a la causa del evangelio (12.1,2). Los dones de gracia a la iglesia son complementarios, no competitivos ni uniformes (12.3-8). Presenta una lista de recomendaciones para la conducta cristiana (12.9-21). A los cristianos se les instruye en cuanto a la actitud que deben tener ante los gobernantes (13.1-7), el prójimo (13.8-10), la Segunda Venida (13.11-14) y el juicio a que a veces se somete a los demás (14.13—15.13).

El apóstol concluye hablando de sus planes de viaje (15.14-33) y una larga lista de saludos (16.1-27).

Autor y fecha

No hay dudas razonables hoy día en cuanto a la autenticidad de Romanos. Aun los críticos más escépticos la incluyen entre las cuatro «epístolas columnares» (con Gl y 1 y 2 Co) escritas indiscutiblemente por Pablo. Hay pruebas de que otros autores cristianos dentro del mismo siglo I la citaron en sus obras, e Ireneo (siglo II) la cita como paulina. Todas las listas canónicas la incluyen. Además, esta fuerte prueba externa está corroborada por el testimonio interno de la carta misma.

Al escribir, → PABLO considera terminado su quehacer en el Oriente (15.23-27) y quiere continuarlo entre los gentiles de Occidente; pero antes proyecta un viaje a Jerusalén, para llevar la colecta hecha en Macedonia y Acaya (15.25ss; cf. 1 Co 16.1-14; 2 Co 8.1—9.15; Hch 19.21). De esto se deduce que Romanos fue escrito durante el tercer viaje misional; y decir que data de a principios del año 58 concuerda bastante con los documentos.

Marco histórico

Aunque ciertos manuscritos posteriores omiten la frase «en Roma» (1.7,15), los mejores unciales respaldan aquí la tradición externa: Pablo escribió a los cristianos, en su mayoría todavía desconocidos por él, que vivían en la ciudad más importante del mundo (→ ROMA, CIUDAD). No se sabe quién llevó el evangelio a Roma en 15.20. Es probable que ningún apóstol la había visitado en el momento del despacho de la carta. Pablo mismo no la visitaría sino tres años después (61, Hch 28.14ss).

Es evidente que la comunidad cristiana adolecía de desunión. La sección ética de la carta (12.1—15.13), que exhorta a guardar la caridad y la paz, y la sección doctrinal (1.8—11.36) señalan los antídotos para este mal. Tal parece que los cristianos gentiles, que constituían la mayoría de la comunidad, se sentían superiores a los de origen judío; por tanto, las secciones sobre la pecaminosidad universal (1.18—5.21) y el significado de la vocación de Israel (9.1—11.36) les servirían de correctivo.

Dos factores favorecen a Corinto como ciudad de origen: 16.1ss recomienda a Febe, diaconisa al servicio de la iglesia en Cencrea; y 16.23 menciona a Gayo, hospedador de Pablo, probablemente el mismo de 1 Co 1.14.

Aporte a la teología

Pablo tenía la intención de ir pronto a España pasando por Roma y respaldado económicamente por los romanos (15.24, 28s; cf. 1.9-15). Así que esta carta pretendía disponerlos para acoger su evangelio; o sea, su manera cristocéntrica de presentar las buenas nuevas. La carta anterior a los → GÁLATAS había sido un ensayo sobre el mismo tema, pero en el tono polémico que le imponían las actividades de los → JUDAIZANTES. El tono de Romanos es más tranquilo y noble, aunque siempre enérgico y vivaz.

Esta epístola, que parece ser una presentación casi sistemática, no es un simple tratado de teología. Como las demás epístolas, se origina en las necesidades de sus destinatarios. En este caso Aquila y Priscila pueden haber sido fuente de la información precisa que parece traslucirse en ciertas alusiones. Pablo, siempre fascinado en los últimos años de su apostolado por la significancia del Imperio Romano, intuyó quizá la importancia de la comunidad cristiana de la ciudad capital y quiso dejar con ella esta comprensible exposición de la predicación primitiva.

Su tema es: «la salvación divina, aportada por el esparcimiento del evangelio, primero a los judíos y después a los gentiles», el poder de Dios apropiado por la fe (1.1s,16s).

Otros puntos importantes

Con los últimos capítulos de Romanos se presentan pequeños problemas. Marción eliminó 15 y 16 en su → CANON particular, pero todos los manuscritos existentes los incluyen. Sí es discutible la doxología final (16.25ss), que en algunos manuscritos se halla al final del cap. 14.

Algunos comentaristas consideran que 16.1-24 (que consta en su mayor parte de saludos a conocidos y Pablo no había estado aún en Roma) es un fragmento de una supuesta carta dirigida a Éfeso. Señalan también como dudosa la inclusión en esta lista (v. 3) de Aquila y Priscila, expulsados de Roma en 49 d.C. por el emperador → CLAUDIO. En defensa de la autenticidad del capítulo 16, sin embargo, se puede responder que el evangelio había alcanzado a las clases extraordinariamente móviles (→ ROMA, IMPERIO, [*Aspecto preparatorio para el cristianismo*]), y no es improbable que Pablo conociera en otra parte más de veinte cristianos que después fueron a radicarse en la capital.

Y respecto a → AQUILA Y PRISCILA, es probable que volvieran a Roma después de la muerte de Claudio en 54.

Bibliografía:

C.J. Allen, *Romanos: el evangelio según Pablo*, Casa Bautista, El Paso, 1958. A.M. Hunter, *La Epístola a los romanos*, La Aurora, Buenos Aires, 1955. A. Nygren, *La Epístola a los romanos*, La Aurora, Buenos Aires, 1969. E.H. Trenchard, *Una exposición de la epístosla a los romanos*, Madrid, 1969, *SE*, NT II, pp. 174-327. *BC* VI, pp. 251-368. *IB* II, pp. 418-437.

ROSTRO Término usado de diversas maneras, pero especialmente para referirse, por alguna razón extraordinaria, a la cara del hombre y, metafóricamente, a la cara de Dios. En ocasiones es sinónimo de presencia personal y alude a la vida síquica, o a determinado estado de ánimo (Gn 4.5; 31.2; Éx 33.20; 2 S 19.5; Sal 42.2b; Is 6.5). La modestia y la reverencia se demostraban cubriéndose el rostro con un → VELO, como Rebeca frente a Isaac. Poner el rostro contra alguien siempre era gesto de desagrado (Lv 20.5; 1 P 3.12). Inclinar el rostro a tierra es signo de humillación. Por esta razón el hombre inclina su rostro delante del Dios santo.

Al hecho de que el sacerdote oficiara en el templo o visitara el santuario se le llama «aparecer ante el rostro de Dios» (Dt 10.8; 18.7; Éx 34.23; Sal 86.9). «Ver el rostro de Dios» tiene un sentido puramente espiritual (cf. 1 Co 13.12). Dios muestra su rostro cuando presta ayuda (Sal 46.7; 31.16). Los que miran el rostro de Dios mueren, a menos que obtengan una gracia muy especial y entren en una relación muy íntima con Dios, como Jacob y Moisés (Gn 32.30; Éx 33.11,20; cf. Job 33.26).

RUBÉN Hijo de Jacob, su primogénito, nacido de → LEA. Su historia sería digna de elogio si no estuviera manchada por el pecado de cohabitar con la concubina de su padre (Gn 35.22,23). Por esta razón perdió la → PRIMOGENITURA (Gn 49.3s), dictamen que siglos después aún se recordaba (1 Cr 5.1s). A pesar de esto, parece que Rubén siempre gozó de cierto honor por ser el hijo mayor de → JACOB (1 Cr 5.3; Nm 1.20; 26.5) e hijo obediente (Gn 30.14).

Cuando sus demás hermanos quisieron matar a José, primogénito de Raquel, Rubén trató de salvarle la vida (Gn 37.20ss; 42.22), y actuó en forma responsable como hermano mayor (Gn 37.29s). Por esta razón José no retuvo a Rubén como rehén en Egipto sino a Simeón. Cuando habló con su padre por sus hermanos, Rubén ofreció sus dos hijos como garantía del feliz regreso de Benjamín (Gn 42.37).

Como subdivisión de Israel, Rubén ocupa su lugar y cumple con sus deberes a la par de las otras tribus. Pero su historia se ve

R

manchada por dos incidentes: (1) su participación con Datán y Abiram en la rebelión de Coré (Nm 16.1,12-14,24ss; 26.9-11; Dt 11.6) y (2) su falta de resolución frente al reto de Débora cuando esta emprendió guerra contra Sísara (Jue 5.15).

Moisés como profeta vio que Rubén no jugaría un papel importante en la historia de Israel (Dt 33.6), pero el profeta Ezequiel toma nota de la futura recuperación de Rubén (48.31), al igual que el vidente de Apocalipsis (7.5). Sin embargo, siempre Rubén ocupa el segundo lugar después de → JUDÁ.

El resto de la historia de Rubén es interesante a pesar de carecer de brillantez. Al salir de Egipto, contaba con 46.500 guerreros (Nm 1.20) y después de la peregrinación tenía 43.730 (Nm 26.7). Durante los cuarenta años Rubén ocupó el primer lugar en los campamentos, al lado sur (Nm 2.10). Cuando estaban en marcha, ocupaba el lugar más cercano delante de Leví, la tribu que siempre llevaba el tabernáculo (Nm 2.16,17).

Al llegar a Transjordania, Rubén y Gad quedaron encantados de la tierra porque se prestaba muy bien para apacentar sus numerosos ganados (Nm 32.1), y pidieron la región como su patrimonio (Nm 32.2ss). Moisés accedió cuando prometieron ayudar con la conquista del otro lado del Jordán (Nm 32.6-32; Jos 4.12). A su regreso edificaron el altar del testimonio (Jos 22). El territorio que Moisés dio a Rubén había sido moabita, pero los amorreos se lo habían quitado a Moab.

En la época de los jueces, Rubén tomaba parte en la vida casi anárquica de su pueblo. Sus límites eran el río Arnón por el sur, el mar Muerto por el oeste, el desierto por el este y una línea no muy estable por el norte que hoy se podría fijar en el *Wadi Hashban* (Jos 13.15-23). Rubén tenía su ciudad de refugio (Jos 20.8) y sus ejidos para los levitas (Jos 21.7,36; 1 Cr 6.63,78s). Los rubenitas dieron soldados para el ejército de David (2 R 10.32,33) y finalmente fueron llevados cautivos por Tiglat-pileser (1 Cr 5.6,25s).

RUDIMENTOS Término que se aplica a los primeros y más sencillos principios de una ciencia, literatura o doctrina religiosa. Se habla, por ejemplo, de los elementos básicos o rudimentos del lenguaje. En Gl 4.3,9 y Col 2.20 se refiere a los principios rudimentarios de la religión, cualquiera que esta sea, los cuales esclavizan a la persona. Colosenses 2.8 lo aplica a las especulaciones filosóficas de los maestros gentiles y judíos que procuraban engañar a los creyentes por medio de filosofías y huecas sutilezas basadas en tradiciones humanas. Y en Heb 5.12 y 6.1 se alude al infantilismo espiritual que resulta de permanecer en los rudimentos o principios iniciales de la revelación de Dios y de la doctrina cristiana, contra lo cual se nos exhorta. La misma palabra griega se traduce «elementos» en 2 P 3.10,12 refiriéndose a los componentes básicos del universo físico.

RUFO Nombre del hijo de → SIMÓN de Cirene, el que fue obligado a llevar la cruz de Jesús (dato que solo aparece en Marcos 15.21), y de una persona a la cual Pablo saluda cariñosamente en su carta a los Romanos (16.13). Ya que es muy probable que el Evangelio de → MARCOS (al menos en su edición definitiva) fuera escrito en Roma y para la iglesia de Roma, debe tratarse en ambos casos de una misma persona, miembro destacado de esa iglesia y conocido por los lectores del Evangelio.

RUHAMA (*Compadecida*) Nombre simbólico que el profeta Oseas dio a Israel para expresarle que la compasión de Dios volvería a manifestarse (Os 2.1).

RUMA Ciudad natal del abuelo de Joacim (2 R 23.36), a la cual algunos identifican con Aruma, 10 km al sudeste de Siquem (Jue 9.41). Otros prefieren identificarla con → DUMA de Jos 15.52, ya que los antepasados de Joacim tenían que ser de Judá.

RUT Moabita, heroína del libro que lleva su nombre. En su primer matrimonio fue la esposa de Mahlón, hijo de Elimelec y → Noe-mí, israelitas que habitaban en → Moab. Cuando murió Elimelec y sus dos hijos, Mahlón y Quelión, Noemí insiste en volver sola a su tierra, pero Rut también insiste en acompañarle. Sus palabras: «Tu pueblo será mi pueblo, y tu Dios mi Dios», confirmaron su decisión. Así llegó a → Belén.

Durante la siega de la cebada, Rut llega a espigar en los campos de → Booz, pariente de Elimelec, pero no sin antes tener el consentimiento de Noemí. Logra la atención de Booz por lo bien que otros hablan de ella, pero también por su condición de buena trabajadora. Siguiendo las instrucciones de Noemí, Rut entró a la era donde Booz dormía después de haber comido y bebido, para apelar al pariente de su esposo difunto, «descubriéndole los pies». Cuando el pariente más cercano renunció a sus derechos y responsabilidades ante la viuda, Booz la tomó por esposa según la ley de → levirato (cf. Lv 25.5-10). Su primogénito se llamó Obed, abuelo de David, y de esta manera, aunque era gentil, Rut mereció un lugar en la → genealogía del Mesías (Mt 1.5,6).

RUT, LIBRO DE Pequeño libro del Antiguo Testamento cuya protagonista es → Rut la moabita, quien llegó a ser antepasada del rey David de Israel y de Jesucristo.

Estructura del libro

El libro de Rut narra la historia de una moabita que se unió por casamiento a una familia israelita. Pero su esposo y los demás hombres de la familia murieron, dejando a Rut, a su suegra Noemí y a Orfa, la esposa del segundo hijo de la familia, en una situación desesperada. Noemí decidió regresar a su país, y exhortó a las dos jóvenes viudas a regresar con los suyos. Orfa lo hizo, pero Rut quiso permanecer con Noemí y viajar con ella a Judá.

Así lo hicieron. Al principio apenas podían ganar el sustento recogiendo el grano que quedaba en el campo después de la recogida diaria. Pero esto condujo a Rut a conocer

Booz, israelita acaudalado y pariente lejano de Noemí. Rut y Booz se casaron. Su hijo fue el abuelo de David, lo que quiere decir que Rut fue bisabuela del más famoso rey de Israel y antepasada de Jesucristo.

Autor y fecha

Se desconoce quién fue el autor de este libro, aunque algunos se lo atribuyen al profeta Samuel. El libro tuvo que haberse escrito poco después de la ascensión de David al trono, pues hay referencias a su gobierno. Esto permitiría fechar el libro en los alrededores de 900 a.C.

Marco histórico

Una vez establecido en Canaán, Israel, bajo la dirección de los → jueces, tuvo que luchar por consolidar su territorio, a la vez que se esforzaba por mantener la alianza de sus tribus. Junto con esta situación política inestable, las frecuentes sequías azotaban los cultivos y presentaban calamidades nacionales que obligaban a muchos a emigrar. Los familiares del esposo de Rut vivieron esta época.

Tanto la fecha como el autor de este libro son inciertos. Sin embargo, es evidente que fue escrito en una época posterior a los jueces porque incluye a David en su genealogía (4.17-22) y porque se refiere a los jueces como un hecho del pasado (1.1). Por otra parte, no puede ser posterior a David, porque en tal caso Salomón habría sido incluido en dicha genealogía. Se concluye, por tanto, que fue escrito en la primera parte del reino unido y que su autor, por la misma causa, pertenecía a esta época.

R

Aporte a la teología

El autor de este libro nos narra y describe con precisión los hechos, las personas y los lugares. El drama de fondo se presta para que la pieza literaria sea singular. Uno de los propósitos del libro es brindarnos una genealogía precisa de David, tendiente a establecer la → genealogía del Mesías que nació de la simiente davídica.

Otros puntos importantes

Rut forma una unidad histórica con el libro de los Jueces, y así ha sido reconocido desde el origen del canon hebreo. Es una historia objetiva y real, escrita en una forma literaria llena de interés humano, tragedia, humor y amor. Su desenlace feliz es de tal naturaleza que ha motivado a muchos críticos a calificar el libro como una simple ficción folklórica. No obstante, contra esta crítica se pueden presentar varios argumentos a favor de su veracidad histórica:

1. Todos los detalles concuerdan perfectamente con la época y región descritas.

2. Si este libro fuera una fábula, los judíos lo habrían rechazado desde el comienzo, ya que afirma que David es descendiente de una gentil.

3. Los inspirados autores de los Evangelios no estarían de acuerdo con la genealogía de este libro si no fuera historia real.

RUT:
Un bosquejo para el estudio y la enseñanza

Primera parte:
Rut demuestra su amor (1.1—2.23)

I. Rut decide quedarse con Noemí **1.1-18**
  A. Rut necesita quedarse con Noemí 1.1-5
  B. Oportunidad de Rut de quedarse con Noemí 1.6-15
  C. Decisión de Rut de quedarse con Noemí 1.16-18

II. Devoción de Rut al cuidar a Noemí . . . . **1.19—2.23**
  A. Rut y Noemí regresan a Belén 1.19-22
  B. Rut espiga para alimentarse 2.1-23
    1. Booz conoce a Rut 2.1-7
    2. Booz protege a Rut 2.8-16
    3. Booz provee para Rut 2.17-23

Segunda parte:
Se recompensa el amor de Rut (3.1—4.22)

I. Booz redime a Rut **3.1-18**
  A. Noemí busca redimir a Rut 3.1-5
  B. Rut obedece a Noemí 3.6-9
  C. Booz desea redimir a Rut 3.10-18

II. Recompensa por la redención de Rut **4.1-22**
  A. Booz se casa con Rut 4.1-12
  B. Rut tiene un hijo, Obed 4.13-15
  C. Noemí recibe una nueva familia 4.16
  D. Rut es la tatarabuela de David 4.17-22

SAAF Nombre de dos personas del Antiguo Testamento.

1. Hijo de Jahdai, descendiente de Caleb (1 Cr 2.47).

2. Hijo de Caleb con su concubina Maaca (1 Cr 2.49).

SAALABÍN Ciudad de los amorreos asignada a la tribu de Dan (Jos 19.42), la cual ellos no pudieron conquistar. Más tarde fue subyugada por «la casa de José» (Jue 1.35; «Saalbim»). Durante el reinado de Salomón, Saalabín formó parte de su segundo distrito administrativo (1 R 4.9). Se encontraba probablemente donde hoy se halla Selbit, 5 km al noroeste de Ajalón y doce al norte de Bet-semes.

SAARAIM Nombre de dos poblaciones mencionadas en el Antiguo Testamento:

1. Villa del valle de Judá, cercana a Ecrón y Gat (Jos 15.36). Por ella pasaron los ejércitos de Goliat, derrotados y perseguidos por los israelitas (1 S 17.52).

2. Ciudad de la tribu de Simeón que se menciona en 1 Cr 4.31, y que se llama Saruhén en Jos 19.6.

SABÁ Probablemente la tierra de los sabeos en el sudoeste de → Arabia y que corresponde más o menos al actual territorio de Yemen. El origen de este pueblo es incierto, pero hay razones para creer que eran descendientes de Cam, hijo de Noé (→ Seba), y que estaban relacionados con → Etiopía, al otro lado del mar Rojo. Los sabeos saquearon la tierra de Job (1.15) y en la época del Antiguo Testamento eran conocidos como comerciantes astutos. Eran de elevada estatura (Is 45.14; Ez 23.42; Jl 3.8).

SABÁ, REINA DE Reina que visitó la corte de → Salomón. Aunque anónima en la Biblia, se conoció también como reina del sur (Mt 12.42). Intrigada por los relatos sobre la sabiduría del rey israelita, fue «a probarle con preguntas difíciles», llevando a la vez toda una caravana de obsequios costosos. Tanto la sabiduría como la riqueza de Salomón le asombró, y volvió a su país colmada de ricos presentes (1 R 10.1-13).

Los regalos que llevó a Salomón parecen indicar que la reina de Sabá vivía en el sur de Arabia, centro de un activo intercambio comercial en esa época. Su visita debe haber tenido que ver con las relaciones comerciales entre Israel y los reinos del sur. El camello había sido domesticado más o menos un siglo antes de Salomón, lo cual hizo posible tan largos viajes por el desierto arábigo. Las leyendas etíopes identifican a la reina de Sabá y a Salomón como los progenitores de su línea real, aunque no existe base histórica para tal aseveración. Las únicas colonias de origen árabe están en el África oriental.

S

Jesús se refiere a la Reina de Sabá y su búsqueda de la sabiduría de Salomón para condenar la incredulidad de los judíos hacia el que era «más que Salomón» (Mt 12.42).

SABACTANI Una de las últimas palabras de Cristo en la cruz (Mt 27.46; Mc 15.34). Quiere decir «me has abandonado».

SÁBADO Fiesta religiosa israelita del séptimo día al parecer íntimamente relacionada con el origen de la semana como período concreto de tiempo. En Gn 8.22; Job 5.12, etc., el verbo cognado, *shabat*, tiene el sentido de «cesar» o «parar» cualquier actividad, sin ninguna conexión religiosa, en tanto que en Éx 16.23ss; 23.12; y 31.17 significa descansar del trabajo en consagración a Jehová. Parece posible afirmar que la celebración del sábado se remonta entre los israelitas a los tiempos premosaicos; el mandamiento del decálogo de santificar el sábado (Éx 20.8-11) presupone que los israelitas del tiempo de Moisés ya lo conocían.

El sábado en el Antiguo Testamento

Todos los documentos legales incorporados a la ley prescriben la observancia del sábado, por medio del cese de trabajo realizado en los seis días de la semana. Así lo dicen el libro del pacto (Éx 23.12), el decálogo (Éx 20.8-11), donde se halla el concepto de que el sábado es en memoria de la creación; cf. Dt. 5.12-16), las prescripciones en cuanto al culto (Éx 34.12ss), la ley de santidad (Lv 23.3; 26.2) y el código sacerdotal (Éx 31.12-17; 35.1ss; Nm 28.9s).

La más antigua de estas leyes, Éx 31.12ss, basa la prohibición de trabajar en razones humanitarias: el reposo de todo trabajo cada siete días es bueno tanto para el hombre como para el animal. Encontramos lo mismo en Dt 5.12-14. Y el versículo 15 agrega que los esclavos de los israelitas debían descansar el sábado porque, como los israelitas mismos habían sido esclavos en Egipto y Dios los había liberado, en gratitud debían ser considerados con los esclavos.

En cuanto a la clase de trabajo que no era permitido hacer en sábado, la ley era bastante general (Éx 20.8-10; Dt 5.14; etc.). Era más explícita al referirse a las grandes fiestas como la Pascua (Lv 23.7s; Nm 28.18), el → PENTECOSTÉS (Lv 23.21; Nm 28.26), el año nuevo (Lv 23.25; Nm 29.1), el Día de Expiación (Nm 29.7) y las fiestas de convocación (Lv 23.35; Nm 29.12).

Durante el cautiverio, cuando a los judíos no les era permitida la práctica pública de su fe, la observancia del sábado y la → CIRCUNCISIÓN fueron la «señal» que los distinguió de los gentiles (Éx 31.13-17; Ez 20.12,20). Sea cual fuera la razón, el carácter del sábado se transforma, según se ve en los escritos del cautiverio y del poscautiverio. La obligación del descanso se convierte, de un acompañamiento necesario para los actos del culto, en un fin en sí mismo. Se convierte en una forma de autonegación agradable a la Deidad, como acto de obediencia implícita a su mandato positivo. Toda legislación posterior nace de esta idea. En Ezequiel y la ley de santidad, el sábado es señal arbitraria del pacto entre Dios e Israel, y de la fidelidad individual a dicho pacto. El código sacerdotal exalta el sábado, y basa su sanción en el ejemplo del Creador (Gn 2.2ss; Éx 31.17); trata de forzar su observancia con la imposición de la pena de muerte (Éx 31.14; Nm 15.32-36).

Otra modificación después del cautiverio en la observancia del sábado se advierte en la pérdida del carácter alegre y festivo del sábado que existía anterior al cautiverio (Is 1.13; Os 2.11). En aquel entonces no se compraba ni vendía (Am 8.5), el trabajo del campo se suspendía incluso en tiempo de cosecha (Éx 34.21), se visitaba el santuario (cf. Is 1.12s) y se consultaba a los videntes (1 S 9.9), mientras que en las profecías después del cautiverio se alude a la observancia del sábado como supremo deber religioso y como condición para la realización de las esperanzas mesiánicas (Is 56.2ss; 58.13s; 66.23; Jer 17.19ss).

Como un correctivo al excesivo legalismo que está implícito en las prácticas sabáticas,

Isaías condena el ayuno ritual y lo reubica en el contexto de la justicia hacia los oprimidos, de compartir lo que se come con los hambrientos (Is 58.3-13s).

El sábado en el judaísmo rabínico

La experiencia de la diáspora incidió profundamente en el pensamiento judío sobre el sábado. Los escritos rabínicos fomentaron una interpretación sumamente estricta del descanso del sábado, y esto condujo a una complicada casuística que convirtió en carga insoportable el «deleite» de la observancia del sábado.

Encontramos abundantes evidencias de este hecho en los Evangelios y en los profetas después del cautiverio (cf. Is 58.13). Los rabinos reconocían que el sábado debía servir de ayuda al hombre en la consecución de la finaliad de la vida. Jesús enunció este principio claramente: el sábado se había establecido para el hombre y no viceversa (Mc 2.27). Pero Jesús fue más lejos al insistir en que el sábado nunca puede ser un fin en sí mismo, otorgando así a los hombres mayor libertad para hacer el bien a los demás y para ocuparse de sus necesidades personales (Mc 2.23ss; 3.4; Lc 13.15; etc.). Jesús declara que como la ley del reposo es para el bien del hombre, como Hijo del Hombre tiene autoridad para cambiar la Ley o abrogarla (Mc 2.28). La iglesia primitiva se sirvió de esta afirmación de Jesús cuando decidió abandonar la observancia del sábado para adorar al Señor resucitado en domingo.

Aunque ningún pasaje del Nuevo Testamento lo diga, se puede deducir de Mt 24.20 que la primera comunidad cristiana de Jerusalén siguió observando el sábado al igual que las demás costumbres religiosas judías (Hch 2.1,46; 3.1; 10.9). Pero no parece que Pablo obligara a las comunidades cristianas fuera de Palestina a observar el sábado. En Hch 15.29 se ve que en el decreto del concilio de Jerusalén no se impuso el sábado a las iglesias gentiles. Pablo escribe a los colosenses que nadie debía juzgarlos «en cuanto a días de fiesta, luna nueva o días de reposo» (Col 2.16).

La iglesia cristiana primitiva, sin dejar de observar el sistema tradicional de la semana de siete días, hizo del domingo el primer día de la misma, día especial en que los cristianos celebran sus servicios religiosos. Se basaban en la resurrección. El Señor resucitó de entre los muertos el primer día de la semana, y los cristianos comenzaron a reunirse ese día para rendir culto al Cristo resucitado. Para ellos el domingo llegó a llamarse el → DÍA DEL SEÑOR.

Bibliografía:
   IB II, 511-514. *EBDM* VI, col. 288-295. *DBH*, col. 1735-1740.

SABAOT Nombre de Dios que literalmente quiere decir «Dios de los ejércitos» (Ro 9.29; Stg 5.4). Este nombre expresa específicamente que Dios domina la creación entera.

SABÁTICO, AÑO → AÑO SABÁTICO.

SABEOS → SABA, SEBA.

SABIDURÍA Término que en el Antiguo Testamento es traducción usual de la voz hebrea, *khama*, que tiene varios significados pero siempre, como todo el pensamiento hebreo, un sentido intensamente práctico. Significa destreza técnica (Éx 31.3,6; Ez 27.8), aptitud en artes o sagacidad en los negocios (Job 12.2,12), ciencia mágica (Gn 41.8), habilidad en asuntos seculares (Ez 27.8,9), discernimiento para aconsejar (2 S 13.3), prudencia para gobernar (1 R 3.28; 4.29-34), cordura en la vida diaria y decisiones éticas. Consiste básicamente en aplicar bien lo que uno sabe a lo que uno hace, a fin de lograr un buen vivir. Deriva en ocasiones de la tradición de los padres y se desarrolla por la enseñanza (especialmente de la ley de Dios) o por la experiencia. También puede obtenerse como un don especial de Dios. No solo los gobernantes como Josué (Dt 34.9), David (2 S 14.20) y Salomón (1 R 3.9,12) necesitan la sabiduría, sino todos en general (Pr 1.1-6).

La sabiduría tiene aspectos morales y religiosos, y se presenta como lo opuesto a la maldad (Pr 1.7; 9.10) y se extiende a toda actividad, pues el Antiguo Testamento nunca separa lo religioso de lo secular. A veces la sabiduría se relaciona estrechamente con el Espíritu de Dios, como una ciencia sobrenatural que Dios da al hombre (Gn 41.8,38; Dt 34.9; Is 11.2-6; Dn 4.6ss).

En su sentido más amplio la sabiduría pertenece a Dios (Job 12.13; Is 31.2; Dn 2.20-23) quien la manifiesta en la creación (Pr 3.19s; Jer 10.12) y en los procesos naturales (Is 28.23-29) e históricos (Is 31.2). Es Dios el que otorga la sabiduría al ser humano (Job 28.20-28).

El rey → SALOMÓN promovió la sabiduría en Israel (1 R 4.32) de manera que durante la monarquía surgió un grupo de sabios. Ciertos pasajes como Is 29.14; Jer 8.8s; 18.18; 2 Cr 25.16s dan la impresión de que eran consejeros en la corte real y asociados (o aun identificados) con los → ESCRIBAS. Los sabios, juntamente con los profetas y sacerdotes, ayudaron a moldear la vida cultural de los hebreos.

La influencia de los sabios se ve en los libros sapienciales del Antiguo Testamento (Pr, Job, Ec, y algunos salmos). También los libros → APÓCRIFOS de *Sabiduría y Eclesiástico* son productos posteriores del mismo movimiento. Esta literatura toma la forma de máximas o dichos cortos que cautivan la atención (Proverbios), o de monólogos (Eclesiastés) y diálogos (Job) que enfocan el significado de la existencia o la relación entre Dios y el hombre. Varios pasajes del Nuevo Testamento muestran influencia de este género literario sapiencial.

En Pr 8, algunos ven una hipóstasis de la sabiduría. En Pr 1.20-33 y 9.1-16 se personifica. Esto no era raro en el mundo antiguo, pues hay ejemplos en Egipto y Mesopotamia, que datan desde el tercer milenio a.C., en que se solía personificar cualidades como la verdad, la justicia y la inteligencia. La resistencia de los hebreos a la especulación abstracta produjo a veces que trataran ideales o cosas inanimadas como si tuvieran personalidad. Sin embargo, también es cierto que varias frases de Proverbios 8 se prestan para describir a Cristo y se usan así en el Nuevo Testamento (cf. 1 Co 1.24; Heb 1.2,10).

El movimiento sapiencial no era un fenómeno aislado en el mundo antiguo. Israel conocía la sabiduría de sus vecinos. Partes de la Sabiduría de Amenémope (de Egipto) son muy parecidas a Pr 22.17–23.11, y la verdad es que no se sabe cuál fuera la original y cuál la derivada o si las dos dependen de una tradición cananea más antigua. Aunque los israelitas usaron formas de expresión comunes con otros pueblos, su énfasis en la sabiduría como una guía práctica basada en la revelación de Dios y en la relación personal con Él es distintamente hebreo. El énfasis en la justicia, lo opuesto de perversidad, y en el temor de Dios, solamente se explica por la ley revelada y la religión profética.

En el Nuevo Testamento, la palabra sabiduría usualmente es traducción de la voz griega *sofía* y tiene el mismo significado que tiene en el Antiguo Testamento, con la excepción del uso especializado que de ella hace Pablo. Se usa para describir la prudencia práctica en la vida (Lc 2.40,52; Stg 1.5), la ciencia de los egipcios (Hch 7.22), la habilidad administrativa (Hch 6.3) o de interpretar sueños (Hch 7.10), y la habilidad para enseñar (Col 1.28; 3.16). Una vez más, la sabiduría es un don de Dios (Mt 12.42; Lc 21.15; 2 P 3.15), necesaria para los líderes de la iglesia (Hch 6.3) y para todos los creyentes (Ef 1.8s; Col 1.9; Stg 1.5; 3.13-17).

Pablo contrapone la sabiduría del mundo con la sabiduría de Dios en Cristo. Critica aquella sabiduría por su orgullo, su prejuicio contra Dios y su oposición a la revelación divina (1 Cr 3.18ss). Los que basan su vida en esta supuesta sabiduría fracasan en la esfera espiritual (Ro 1.22; 1 Co 1.19-22) pues la mera especulación no da base firme para la fe. Solo el Espíritu y el poder de Dios pueden dar tal base (1 Co 2.1-5).

La sabiduría de Dios, en cambio (1 Co 1.25), proveyó una salvación gloriosa (Ro 11.33; 1 Co 1.21; Ef 3.10). Esta, que parece a los hombres locura, es realmente la cumbre de la sabiduría de Dios. Así que Cristo es la sabiduría de Dios y llega a ser la fuente de sabiduría verdadera para el creyente (1 Co 1.24,30), a fin de que este entienda la voluntad de Dios (Col 1.9), alcance la madurez espiritual (1 Co 2.6s) y consiga la dirección práctica para la vida (Ef 5.15; cf. 2 Co 1.21).

Bibliografía:
DBH, col. 1742-1747. *VTB*, pp. 716-721. *DTB*, col. 937-946. A. Colunga en *Los géneros literarios de la Sagrada Escritura*, Flors, Madrid, 1957, pp. 191-218.

SACERDOTE Las responsabilidades sacerdotales en todas las sociedades son básicamente dos: la ejecución de los ritos religiosos y la comunicación con la deidad. El sacerdote cuida del santuario y comunica las decisiones divinas. Representa al pueblo delante de Dios y a Dios delante del pueblo.

Los estudiosos del Antiguo Testamento reconocen ahora que el sistema ritual de la religión de Israel comparte con los pueblos vecinos varias prácticas que antes se consideraban exclusivamente hebreas. Hay semejanzas notables con otros pueblos en la forma exterior de los ritos, pero esto no solamente no destruye el aspecto singular de la fe hebrea, sino que tampoco disminuye la importancia de esta fe como vehículo de la revelación divina. El sacerdocio en sus inicios respondió a las necesidades más profundas del corazón del hombre y, posteriormente, en la misión de la iglesia, proveyó un punto de contacto con las religiones no bíblicas.

El desarrollo del sacerdocio en Israel

En el período patriarcal
Aunque el sacerdocio es el más antiguo de los oficios sagrados de Israel, el conocimiento de su historia es limitado. En cuanto al aspecto ritual, el jefe del clan era el llamado a construir un altar, levantar un pilar o plantar un árbol para señalar el lugar de una manifestación sagrada, como también a efectuar el oficio del → SACRIFICIO (Gn 8.20; 1 R 18.31,33). Sin embargo, aun en tiempos patriarcales no se desconocía la necesidad de utilizar a una persona especialmente dotada para consultar a Dios.

El cuadro bíblico de la vida religiosa de Israel durante este período no revela un sistema muy desarrollado. Los altares, numerosos pero sencillos, reflejaban las exigencias de la vida nómada.

En el período pospatriarcal
Desde Moisés el sacerdocio experimentó gran desarrollo. Ya no era solo el jefe patriarcal quien desempeñaba el papel sacerdotal, sino ciertas personas encargadas expresamente de un oficio hereditario, como la familia levita de Aarón (Éx 28), y en vez de ofrecer sacrificios sobre varios altares se disponía de un → SANTUARIO ambulante que por su santidad exigía un cuidado especial.

La jerarquía levítica abarcaba al → SUMO SACERDOTE (Aarón, Eleazar, etc.), distinguido por un ungimiento especial y vestimenta singular, a los sacerdotes encargados del culto y a los → LEVITAS encargados de los deberes del culto comunes. Aunque al principio el sacerdocio no se limitaba a la tribu de Leví, el relato de Micaía (Jue 17) sugiere que el sacerdocio levítico era preferido. Es posible que otras personas no levíticas se incorporaran al sacerdocio levítico (Dt 33.8, 9).

Las relaciones entre Dios y su pueblo dependían en gran parte del oficio sacerdotal. Era el sacerdote quien comunicaba la palabra de Dios y aseguraba la precisión ritual en los actos de adoración. Solo el sacerdote podía manipular el → URIM Y TUMIN (Dt 33.8; 1 S 28.6), y dar dirección en momentos de crisis, sobre todo con relación a la guerra santa.

S

Como guardador de las revelaciones pasadas y las experiencias del pueblo, el sacerdote era capaz de enseñar al pueblo la ley, distinguir entre lo limpio y lo inmundo, pronunciar con precisión las fórmulas de bendición y maldición, y hacer las decisiones finales con respecto a ciertas enfermedades y problemas físicos (Lv 11—15).

Las responsabilidades sacerdotales aumentaron cuando menguó la participación del laico en las ceremonias (Lv 1—6). El sacerdote esparcía la sangre, quemaba el sacrificio y participaba en la comida sagrada.

El mantenimiento de los sacerdotes dependía de las ofrendas del pueblo, como la de las primicias del campo y los rebaños (Éx 13.12,13; Nm 18.12-19), de cierta parte de los sacrificios, del pan de la proposición, y de una porción de los diezmos (Nm 18.26-28).

A pesar de la importancia del sacerdocio en Israel, durante el culto el sacerdote tenía ciertos límites desconocidos por otros pueblos. La prohibición de las imágenes no permitía la manipulación humana de la deidad, pues, según el concepto arcaico, una representación compartía la esencia de la realidad cósmica o terrenal que representara. Moisés, en oposición a los cultos de la fertilidad, tampoco permitió la construcción de altares hechos de piedras labradas (Éx 20.24,25).

En el período monárquico

Al terminar el período de los jueces, en Israel había dos familias sacerdotales de origen levita: la de Dan (Jue 18.1-4; 1 Cr 23.14,15) y la de Silo, más tarde de Nob (1 S 1—4; 21.1-9). Saúl, en un momento de locura, mandó matar a todos los sacerdotes de Nob. Abiatar escapó y se refugió con los proscritos de David en el desierto. Al establecerse en Jerusalén la capital del reino, Abiatar compartió con Sadoc el sumo sacerdocio de Israel.

Con la división del reino, Jeroboam, «hizo sacerdotes de entre el pueblo, que no eran de los hijos de Leví» (1 R 12.31). Había, sin embargo, muchos levitas en el reino del norte y la mayoría de los sacerdotes debían haber sido de ellos. Desde la conquista, los levitas habían habitado ciertas ciudades esparcidas por todo el territorio de las tribus hebreas (Jos 21).

Sacerdote ofreciendo un sacrificio en el tabernáculo en el desierto.

Algunos de los reyes ejercían (o por lo menos auspiciaban) funciones sacerdotales, aunque Saúl fue rechazado por haberlo hecho (1 S 13.8-13; cf. 2 S 6.12-19; 1 R 8.22ss). Acaz ofreció sacrificios sobre el altar pagano que mandó construir en Jerusalén como gesto de sumisión al rey de Asiria (2 R 16.12). El rey Uzías, no obstante, se volvió leproso por haber tratado de ejecutar funciones sacerdotales (2 Cr 26.16-20).

Bajo el rey → JOSÍAS el sacerdocio rural de la familia de Abiatar, desterrada en el tiempo de Salomón (1 R 2.26), sufrió una crisis debida a la reforma (→ DEUTERONOMIO). Ya no les era permitido sacrificar fuera de Jerusalén y, por la limitación impuesta por los sacerdotes de la familia de Sadoc, perdieron su fuente de ingresos (2 R 23.4ss; cf. 1 R 2.26). La clausura de los santuarios locales (los lugares altos), en un esfuerzo por erradicar el sincretismo religioso, probablemente provocó e impulsó el desarrollo de la → SINAGOGA.

Durante el cautiverio

A pesar de la destrucción del templo en 586 a.C. y el destierro de las personas más hábiles, el culto sacerdotal continuó en el sitio del santuario destruido, aunque no sin el peligro del sincretismo (Jer 41.4ss). Con el surgimiento de la sinagoga, y sin rechazar el sacerdocio, el judaísmo desarrolló una expresión religiosa capaz de sobrevivir el destierro y la destrucción del templo.

En la restauración

Una vez que Ciro les permitió volver a Palestina, los judíos que regresaron a Jerusalén establecieron el culto tradicional. Como no había rey en Jerusalén, los sacerdotes asumieron funciones políticas, especialmente después del fracaso relacionado con la coronación de Zorobabel (Hag 2.23; Zac 6.9ss).

Los profetas atribuían la destrucción de Jerusalén y el sufrimiento de Israel a la rebelión contra la Ley de Jehová. En parte por esta interpretación, la → LEY llegó a ser céntrica para el judaísmo. Los judíos dispersos,

que rara vez llegarían al templo ya reedificado, podían estudiar la ley. Surge una nueva clase de maestros, los → ESCRIBAS o doctores de la ley, que no eran sacerdotes. El sacerdote se limitaba cada vez más a las tareas ceremoniales y se convertía en un funcionario eclesiástico con poder político.

El sacerdocio en el Nuevo Testamento

Para comprender la teología neotestamentaria del sacerdocio es necesario entender antes la relación del sacerdote hebreo con el → PACTO. Como pueblo de Dios, Israel era idealmente un reino de sacerdotes (Éx 19.5, 6). Para guardar el pacto, la conservación de la santidad era fundamental. El sacerdote velaba por la santidad de la nación. Representaba vicariamente a la nación delante de Dios, pues ella por sí misma era incapaz de ser santa. Los levitas, por ejemplo, se aceptaban como substitutos por los primogénitos pertenecientes a Jehová (Nm 3.12,13). Los hijos de Aarón representaban a la nación delante del altar y el sumo sacerdote llevaba los nombres de las doce tribus cuando entraba en el santuario para hacer expiación en el Lugar Santísimo (Éx 28.29).

En el Nuevo Testamento, Cristo se presenta como el cumplimiento del sistema sacerdotal del Antiguo Testamento y el mediador del nuevo pacto (Jer 31.31; Mt 26.28). Efectúa un sacrificio eternamente eficaz (Heb 9.11-28) que permite al creyente tener acceso directo a Dios (Heb 10.19-25).

Los cristianos primitivos se opusieron, como los judíos, al sacerdocio de otras religiones. La oposición al sacerdocio judío provocó la persecución de Jesús y sus discípulos por parte de los saduceos, el partido sacerdotal. Jesús, sin embargo, nunca repudió la institución sacerdotal. Envió a los sanados al sacerdote para el cumplimiento de los ritos de la purificación (Mc 1.44; Lc 17.14; etc.). Algunos sacerdotes hebreos se convirtieron y fueron agregados a la iglesia primitiva (Hch 6.7).

En la teología cristiana, Cristo es el cumplimiento del sistema sacerdotal por haber dado su vida «en rescate por muchos» (Mc 10.45).

Su obra sacerdotal se subraya en todas partes del Nuevo Testamento (Mt 26.26-28; Jn 1.29; 2 Co 3.18; Gl 3.20; 1 Jn 1.7; Ap 1.5; etc.).

El sacerdocio universal de los creyentes

La doctrina del sacerdocio de los creyentes comprende la verdadera meta del sacerdocio bíblico, es decir, la responsabilidad de cada uno para con los demás. El creyente se identifica con Cristo y con el pecador, siendo «un Cristo para el prójimo».

Ya no es una sola persona o una clase los llamados a mantener la santidad representativa delante de Dios por el pueblo pecador no santificado. El Nuevo Testamento exige que cada creyente sea santo y, a la vez, responsable de su hermano creyente o no creyente. La iglesia como el cuerpo de Cristo comparte el sacerdocio de Jesucristo (1 P 2.5,9; Ap 1.6; 5.10; 20.8) y es responsable delante de Dios por el mundo. Heb 13.15,16 y especialmente Ro 12.1 especifican algunos → SACRIFICIOS espirituales del sacerdote del Nuevo Testamento.

Cabe notar que el Nuevo Testamento jamás usa el título de sacerdote para el ministro de la iglesia. Esta costumbre, aunque empezó temprano en la historia de la iglesia (1 Clemente, La didajé, etc.), carece de base puesto que todo creyente es sacerdote.

SACRAMENTO → Bautismo; Cena del Señor.

SACRIFICIOS En hebreo el término general que se refiere a las distintas clases de sacrificios era *minja* (Gn 4.3,4; 1 S 26.19; Sal 96.8). Posteriormente, *minja* significó solamente la ofrenda vegetal, y el término *korbán* se impuso para la designación general.

Tipos de sacrificios

Al sancionarse por legislación oficial el ritual de los sacrificios, se distinguió entre los sacrificios cruentos y los incruentos.

Los sacrificios cruentos

1. El holocausto (*ola*). Según su significado etimológico («lo que sube al altar» o «lo

que sube al cielo en forma de humo»), *ola* es la especie de sacrificios más citado en el Antiguo Testamento. Era presentado como sacrificio entero (1 S 7.9), es decir, quemado totalmente, menos la sangre. Siempre ocupó un lugar preeminente en el culto de Israel, como el sacrificio diario de la mañana y de la tarde (Nm 28.3; 2 R 16.15), como sacrificio solemne en grandes fiestas (Nm 8; 1 R 9.25), o por otros motivos de gozo (1 S 6.14), pero también en relación con el ayuno en un acto de lamentación del pueblo (Jue 20.26; 21.4). Estos últimos textos, sin embargo, evidencian también su función expiatoria, porque lo central de tal ayuno oficial era la confesión de pecados.

Puesto que al holocausto se le atribuía gran importancia por considerársele homenaje al Señor, el animal que se sacrificaba debía ser íntegro, macho y sin defecto.

2. El sacrificio de paz (*seba selamin*). Era posiblemente la forma más antigua de sacrificio y se celebraba juntamente con una comida fraternal. El animal del sacrificio era ofrecido con un ritual idéntico al que iniciaba el holocausto. Los que oficiaban el culto ponían las manos sobre la víctima antes de degollarla, y llevaban la sangre al altar. Luego el oferente tomaba la grosura de la víctima y la llevaba al altar donde la quemaban como ofrenda encendida, juntamente con el holocausto que ya debía estar dispuesto. Finalmente, los oferentes celebraban la fiesta de comunión, no sin antes haberse purificado ellos y sus huéspedes para poder comer y regocijarse delante del Señor.

Si se trataba de una ofrenda en acción de gracias, esta debía consumirse el mismo día; si el motivo era un voto, el tiempo del sacrificio podía extenderse hasta el día siguiente, para que un mayor número de amigos pudiera participar. Su propósito era expresar la paz, en su sentido máximo: comunión con Dios en su servicio, y comunión de unos con los otros. Generalmente el sacrificio de paz no se ajustaba a tiempos fijos y se distinguía por su carácter festivo y alegre.

3. El sacrificio propiciatorio o por el pecado. Sacrificio que desempeñaba la función más importante, en la expiación de todos los pecados de Israel. Se combinaba con el holocausto, por ejemplo en las fiestas (Nm 28s) pero tenía su propio significado. La parte más importante del rito (después de quemada la grosura) era la ceremonia propiciatoria con la sangre, con la cual eran ungidos los cuernos del altar y rociado siete veces el velo del tabernáculo o del templo (Lv 4).

4. Sacrificio por la culpa o de reparación (*asam*). Estaba tan relacionado con el sacrificio por el pecado que no se distinguen claramente entre sí. Según la distinción más común, el sacrificio por el pecado se presentaba por el mal cometido por ignorancia, mientras que el sacrificio por la culpa correspondía a una falta cometida a sabiendas.

La palabra *asam* con que se denomina a estos sacrifios se usa en varios sentidos. Cuando los filisteos devolvieron a Israel el arca del pacto, la acompañaron con un *asam* que entonces consistió de objetos de oro, y seguidamente ofrecieron en holocausto las vacas que habían tirado del carro (1 S 6.3-5). Aquí el *asam* fue acompañado por un sacrificio. En Is 53.10 el siervo de Jehová pone su alma como *asam*, sacrificio de propiciación o de reparación para su pueblo.

La víctima prescrita para el sacrificio por la culpa variaba según la ofensa cometida y la fortuna del ofensor. A veces era un cordero o un carnero, pero estos podían ser sustituidos por palomas o tórtolas o, en caso de extrema pobreza, por la décima parte de un → EFA de flor de harina (Lv 5.7-13). Nadie, pues, podía considerarse capaz de presentar su correspondiente sacrificio por la culpa o reparación.

Los sacrificios incruentos

1. La ofrenda vegetal (*minja*). La palabra hebrea significa «ofrenda», «oferta» o «donación», y se usa no solamente en cuanto a lo sagrado sino también en cuanto a ofertas y donaciones o regalos en la vida común (por ejemplo, los tributos pagados a un rey, Jue 3.15; 2 S 8.6). En Gn 4, la palabra se usa en un sentido más amplio, porque ambos sacrificios, el de animales presentado por Abel y el de los frutos del campo, ofrecido por Caín, son llamados *minja*. Si se usa en un sentido estricto, el término se refiere solamente a una ofrenda vegetal, mayormente de granos, como en efecto se impuso en los tiempos posteriores.

El modo de ofrecer la ofrenda vegetal se describe detalladamente en Lv 2. Generalmente este sacrificio acompañaba al holocausto, pero se ofrecía también como sacrificio independiente. Las primicias de la cosecha constituían una clase especial de este sacrificio. Con ellas, Israel reconocía que el Señor es dueño y dador de los frutos del campo, y que todo se debe a la bendición del Altísimo.

2. El incienso (*lebona*). Sacrificio que debía ofrecerse en el tabernáculo frente al velo del Lugar Santísimo (Éx 30.1-6), donde estaba el altar del incienso, un incensario hecho de madera de acacia y cubierto de oro. Dos veces al día debían encenderse y mantenerse ardiendo continuamente las especias aromáticas de una fórmula exclusiva para este uso (Éx 30.34-38). Solamente los sacerdotes tenían el privilegio de ofrecer el incienso. Éxodo 30.9 prohíbe ofrecer incienso «extraño», prohibición difícil de explicar, pero que muy bien puede referirse a lo ritual o éticamente impuro, o que tenga relación con la idolatría.

En el → DÍA DE LA EXPIACIÓN y antes de rociar la sangre del becerro hacia el → PROPICIATORIO, el sumo sacerdote ponía el perfume aromático molido detrás del velo, de modo que la nube del perfume cubriera el propiciatorio (Lv 16.12-14). Según Éx 30.10, el altar del incienso también estaba relacionado con la expiación. Cuando después de la muerte de Coré el pueblo se rebeló contra Moisés, Dios envió mortandad entre ellos, la cual solo cesó cuando Moisés puso el incensario con el incienso encendido para «hacer expiación por ellos» (Nm 16.46ss).

El incienso frecuentemente está asociado con la oración. El propósito del simbolismo era recordar a Israel que las oraciones del

S

pueblo ascienden a Dios, al igual que el humo del incienso sube a su presencia (Sal 141.1,2; Ap 8.4). El hecho de que el incienso sea puesto en paralelo con el cordero sacrificado a la caída de la tarde y llamado «olor grato» (Éx 29.41) demuestra su gran valor.

Ritos de sacrificio

Los sacrificios cruentos se realizaban según ritos prescritos. Después de que el oferente llevaba el animal destinado para el sacrificio al santuario, debía imponer sus manos sobre la cabeza de la víctima. Con esto la dedicaba en sacrificio, ofrecido como una expresión simbólica de su propia entrega y sometimiento a Dios, de su gratitud, arrepentimiento y oración.

Seguía la inmolación del animal, la cual ejecutaba el oferente si se trataba de un sacrificio individual, o el sacerdote ayudado por un levita, si era sacrificio por la congregación. En tal acto de inmolación, el ofrecimiento de la sangre pura (en que aún estaba el alma de la víctima) expresaba que el oferente renunciaba a su propiedad para entregarla totalmente a Dios. La inmolación era el medio de obtener la sangre que era presentada como ofrenda más preciosa para Dios, como medio de expiación y para cubrir la vida manchada del oferente.

Había diferentes usos de la carne de los sacrificios. En el caso de los holocaustos, los sacerdotes quemaban toda la carne; pero si se trataba de otros sacrificios solo se quemaban ciertas porciones de la grosura (la que estaba sobre los intestinos o sobre los ijares, los riñones, la cola, etc.), y el resto de la carne la comían los sacerdotes. En otros sacrificios Dios concedía que se tomara la carne para celebrar una comida sacrificial o de comunión, con la cual se expresaba la relación de paz entre Dios y el oferente. En el día del perdón, la carne se quemaba fuera del santuario. El sacrificio incruento o vegetal servía generalmente como aditamento en los sacrificios de animales. En tal caso el sacerdote tomaba una parte de las espigas, la harina, los panes o tortas ofrecidas y la

quemaba sobre el incensario juntamente con el incienso.

Sentido teológico del sacrificio

El sacrificio como propiciación

En el Antiguo Testamento la explicación directa con respecto al significado del culto sacrificial se encuentra en Nm 1.53; 16.46 y 18.5, donde se le relaciona con la → IRA DE DIOS. Los sacrificios tenían un significado básicamente propiciatorio.

El sacrificio como oferta

El oferente busca con su donación la bendición de la divinidad, prosperidad, etc. Pero la ofrenda puede servir también como acción de gracias u homenaje, y ante todo como apaciguamiento y reconciliación.

El sacrificio como comunión

El sacrificio establece una comunión sacramental entre el oferente y Dios, y también entre los oferentes mismos. Tal es principalmente la función de la comida sacrificial.

El sacrificio como fuente de gracia y nuevas fuerzas

La acción sacrificial promovía, una vez purificado el oferente, la acción de nuevas fuerzas en la lucha contra el pecado y las malas influencias (Lv 17.11).

Según Éx 24ss, el culto sacrificial fue instituido al establecerse el → PACTO entre Dios y su pueblo. El culto debe considerarse bajo tal relación con el pacto divino y la → GRACIA del pacto. Este culto sirve como camino de doble vía: Dios llega por medio de él al hombre y a su vez el hombre se acerca a Dios mediante el culto; en esta relación Dios es quien da la oportunidad de purificarse de los pecados.

El significado de los sacrificios puede resumirse, entonces, de la manera siguiente:

1. La reconciliación la instituye Dios y como tal es obra suya.

2. El sacerdote realiza esta obra como sacramento.

3. El sacerdote es el mediador para proveer al pecador la propiciación. Por eso hay que interpretar como lenguaje sacramental la afirmación de Lv 17.11: «La misma sangre hará expiación de la persona». El sacerdote no es más que un funcionario de Dios, y la sangre no es sino el medio que Dios proporciona.

4. El oferente es activo al presentar el sacrificio que expresa su deseo de purificación y al poner las manos sobre la cabeza de la víctima, pero es pasivo en el acto mismo de la expiación. Esto lo realiza el sacerdote como mediador entre Dios y el hombre, de modo que, a través de lo que el sacerdote es en sí, el sacrificio promueve una acción doble mediante la cual Dios y el hombre se encuentran por el camino sacramental. Es Dios quien concede al oferente perdón y propiciación. Toda posibilidad de redimirse a sí mismo queda excluida.

Los profetas y los sacrificios

Los profetas demuestran que en sus días los requisitos del culto se cumplían con el mayor esplendor posible. Sin embargo, creció la creencia en el poder mágico de la acción cultual. Se generalizó la opinión de que la acción cultual prescrita por la Ley debía cumplirse al pie de la letra, sin que indispensablemente fuera acompañada por contrición de corazón, gratitud y una vida obediente a los verdaderos postulados de Dios. Esto provocó la reacción de los profetas, quienes señalaron en forma determinante que el culto puramente exterior, aunque tuviera un máximo de sacrificio, era desagradable a Dios (Is 1.11s, Jer 6.10s, 7.21s, 14.12; Os 6.6; Am 4.4s, 5.21s; Miq 6.6s). El pueblo, entregado en su gran mayoría a la idolatría, había demeritado los sacrificios negándose a ofrecerlos o contentándose con la mera presentación exterior como un *opus operatum*. Dios se complace en los sacrificios, holocaustos y ofrendas, pero solamente cuando estos son motivados por un «corazón contrito y humillado» (Sal 51.19).

Lo provisorio de los sacrificios

En el hecho del sacrificio, la purificación se le concede al hombre porque la culpa del hombre es imputada al animal sacrificado. En otras palabras, sacrificar es realizar una sustitución, una satisfacción vicaria. La sangre sirve para la expiación por ser portadora de la vida (Lv 17.11), pues es la vida de la víctima la que es ofrecida para conservar la vida del alma humana delante de Dios. Sin embargo, la sangre de la víctima es capaz de expiar no por su naturaleza, sino porque Dios en su misericordia lo establece así. La sangre y la vida del animal no son sustituto perfecto y completo para la vida humana. La total sustitución, satisfacción, propiciación y purificación se obtienen solo por la sangre de Cristo (Heb 9.12; 1 Jn 1.7; Ap 1.5).

El Nuevo Testamento señala más detalladamente lo provisorio e imperfecto de la institución del Antiguo Testamento. Cada año debía presentarse un nuevo sacrificio en el día del perdón (Heb 9.25), pues la sangre de machos cabríos o de becerros no podía purificar perfectamente. Por estos sacrificios más bien se hacía memoria de los pecados (Heb 9.12; 10.3). Además, tal institución era imperfecta por cuanto el sumo sacerdote mismo era una persona que necesitaba presentar sacrificios por sus propios pecados antes de hacerlo por los pecados del pueblo (Heb 7.27). Mediante el hecho de que el sumo sacerdote solamente podía entrar una vez al año en el Lugar Santísimo, «el Espíritu Santo daba a entender que aún no se había manifestado el camino al Lugar Santísimo» (Heb 9.8).

El oficio sacerdotal de Cristo puso fin a todas las imperfecciones sacrificiales antiguas. Con su muerte, los sacrificios sangrientos pasaron a ser innecesarios, porque «somos santificados mediante la ofrenda del cuerpo de Jesucristo hecha una vez para siempre» (Heb 10.10). A este sustituto «Dios puso como propiciación por medio de la fe en su sangre» (Ro 3.25). (→ IRA DE DIOS; PROPICIACIÓN; MUERTE; SACRAMENTO; SANTA CENA.)

S

Bibliografía:

P. van Imschoot, *Teología del Antiguo Testamento*, Ediciones Fax, Madrid, 1969, pp. 488-520, 709-721. Roland De Vaux, *Instituciones del Antiguo Testamento*, Editorial Herder, Barcelona, 1964, pp. 528-577. Edmond Jacob, *Teología del Antiguo Testamento*, Ediciones Marova, Madrid, 1969. F. Lange, *Introducción al Antiguo Testamento*, Casa Publicadora Concordia, St. Louis, 1962. Maximiliano García Cordero, *Teología de la Biblia, I, Antiguo Testamento*, Biblioteca de Autores Cristianos, Madrid, 1970, pp. 608-613,621.

SADOC Nombre de por lo menos seis personajes del Antiguo Testamento y uno del Nuevo Testamento.

1. Sacerdote durante el reinado de David (2 S 8.17), miembro de la casa de Eleazar (1 Cr 24.3). Era vidente (2 S 15.27), hizo alianza con David y después de la muerte de Saúl permaneció fiel a su rey (1 Cr 27.17). Huyó con David durante la rebelión de Absalón (2 S 15.23-29) y, una vez derrotada esta, David lo envió con Abiatar para invitar al pueblo a regresar a su reino (2 S 19.11).

2. Suegro del rey Uzías y abuelo del rey Jotam (2 R 15.33; 2 Cr 27.1).

3. Hijo de Baama y firmante del pacto de Nehemías, en el que Israel renovó la alianza con Dios (Neh 10.21). Ayudó en la reparación de los muros de Jerusalén (Neh 3.4).

4. Sacerdote, hijo de Imer, que reparó los muros de Jerusalén frente a su casa (Neh 3.29).

5. Escriba en los tiempos de Nehemías, encargado con otros de la custodia del lugar donde guardaban los diezmos (Neh 13.13).

6. Antepasado de Jesucristo (Mt 1.14).

SADRAC → Ananías (No. 1 del primer *Ananías*, Antiguo Testamento).

SADUCEOS, LOS Partido sacerdotal y aristocrático del judaísmo cuyas doctrinas y prácticas eran opuestas a las de los → Fariseos.

Su origen e historia

Josefo se refiere por primera vez a los saduceos en *Antigüedades* XIII.x.5-7, donde describe la decisión de Hircano I (rey macabeo de los judíos, 135–105 a.C.) de aliarse con ellos. De allí se ve que la secta existía antes de dicho reinado.

Antes se pensaba que el nombre se había derivado del sacerdote Sadoc, contemporáneo de David y Salomón (2 S 15.27; 19.11; 1 R 1.8), cuyos descendientes eran considerados como la línea pura (cf. Ez 44.15ss; 48.11) y los conservadores del sacerdocio hasta la rebelión de los macabeos. Sin embargo, varias dificultades filológicas e históricas obligan a buscar otra explicación. T.W. Manson propone que la derivación del nombre debería encontrarse en la palabra griega, *syndikoi*, que significaba «autoridades fiscales» en el estado de Atenas desde el siglo IV a.C. En Israel también los saduceos controlaban los impuestos (→ Sanedrín).

Al principio los saduceos no eran un grupo religioso, pero con el tiempo, para defender sus intereses, apoyaron al → *sumo sacerdote*. Hasta la mitad del siglo I d.C. controlaban el sanedrín. Después, al serles quitado el poder secular, primero por los → Zelotes y después por los romanos, desaparecieron del judaísmo.

Su enseñanza

La mayoría de los → Sacerdotes de los primeros siglos (a.C. y d.C.) pertenecían a esta secta, aunque no todos los saduceos eran sacerdotes. Por lo general constituían un núcleo de personas altamente privilegiadas, por ejemplo, comerciantes ricos y funcionarios gubernamentales. Su actitud hacia las → Tradiciones de los padres se centró en el mantenimiento del culto en el templo. Su interpretación de la Ley (aceptaban solo el Pentateuco como autoritativo) giraba alrededor de la ley ritual. Su actitud negativa hacia ciertas doctrinas del Antiguo Testamento se debía, en parte, a la tensión entre ellos y los fariseos, quienes las afirmaban.

Acerca de su doctrina, Josefo (*Antigüedades* XVIII.i,4) afirma que «los saduceos enseñan que el alma perece con el cuerpo»; «niegan la continuidad del alma después de la muerte». El Nuevo Testamento es más preciso: señala que los saduceos negaban la resurrección del cuerpo (Mc 12.18,26; Hch 23.8), y también la existencia de mediadores espirituales entre Dios y el hombre (Hch 23.8). Además, para los saduceos, Dios era casi un «dios ausente» dado que «no puede ni hacer ni prevenir el mal». En cambio el hombre ejerce su libre albedrío para hacer el bien y el mal (*Guerras* II.xi.14).

Su ideal político era el estado teocrático encabezado por el sumo sacerdote. Por eso veían con sospecha la esperanza mesiánica que amenazaba con derrotar el orden social y político existente. La mayoría del pueblo común los odiaba porque colaboraban con los romanos y sus reyes títeres, porque introdujeron y permitieron algunas costumbres que no eran judías y porque se comportaban entre el pueblo con arrogancia (*Antigüedades* XX.x.1; *Salmos de Salomón* 4.2ss).

En el Nuevo Testamento

Varias veces los saduceos se aliaron con los fariseos en oposición a Jesucristo (Mc 11.18,27; 14.43; 15.1; Lc 9.22). Sin embargo, el conflicto de Jesús con los saduceos se agudizó mayormente en la última semana de su ministerio, cuando su popularidad entre el pueblo (Mc 12.12) parecía amenazar la paz de Jerusalén. En cambio el conflicto entre Jesús y los fariseos, debido a la influencia de estos entre el pueblo común, se advierte desde el principio de su ministerio.

Los cristianos culparon a los saduceos y a los fariseos de la muerte de Jesús (Jn 11.49ss; 18.3,19ss). Fueron ellos los que más intentaron detener el creciente movimiento de la iglesia primitiva (Hch 4 y 5; 22.5).

Bibliografía:

EBDM VI, col. 345-350. H.J. Schultz, *Jesús y su tiempo*, Sígueme, Salamanca, 1968, pp. 95-109.

SAETA → Arco.

SAFÁN Nombre de tres personajes del Antiguo Testamento.

1. Hijo de Azalía y nieto de Mesulán, escriba del rey Josías (2 R 22.3-14).

2. Padre de Jaazanías (Ez 8.11), quizás el mismo del No. 1.

3. Varón de la tribu de Gad que habitó en Basán y fue el segundo jefe de los gaditas (1 Cr 5.11,12).

SAFAT Nombre de cinco individuos del Antiguo Testamento.

1. Representante de Simeón entre los espías que Moisés envió a explorar Canaán (Nm 13.2,5).

2. Padre del profeta Eliseo (1 R 19.16).

3. Hijo de Semaías de la familia de Jeconías y descendiente de David (1 Cr 3.22).

4. Jefe gadita en los días de Jotam de Judá (1 Cr 5.12).

5. Encargado del ganado de David (1 Cr 27.29).

SAFIRA → Ananías (No. 1 del segundo *Ananías* del Nuevo Testamento).

SAJARSE Herirse uno mismo durante la adoración para captar la atención de los dioses. Esta práctica estaba estrictamente prohibida en el antiguo Israel (Lv 19.28; 21.5; Dt 14.1).

Se practicaba durante el ministerio de Elías. Los sacerdotes de Baal se hirieron con espadas y lanzas (1 R 18.28), pero sus dioses paganos no respondieron.

La tontería de esta práctica es que el cuerpo de Jesucristo ya fue ofrecido en sacrificio por nosotros. Cualquier cosa que añadamos sería un insulto a la redención que Él ya logró a nuestro favor.

SAL Mineral cristalino (cloruro de sodio) de vital importancia para la alimentación humana y para la industria a través de toda la historia. La sal se sacaba de las rocas al sudoeste del → mar Muerto y del mismo mar Muerto, llamado así por la ausencia de vida animal y vegetal causada por su alto grado de salinidad (aproximadamente 62%). Este mar ha sido fuente de sal desde tiempos remotos.

La sal se usaba como condimento en la comida (Job 6.6), en los sacrificios consumados en el altar de Dios (Lv 2.13; Esd 6.9; Mc 9.49), como ingrediente del incienso sagrado (Éx 30.35), para hacer estéril el campo de los enemigos (Dt 19.23; Job 39.6; Sof 2.9).

La sal también es símbolo de subsistencia y hospitalidad. Por ser preservativa, es emblema de incorrupción y perpetuidad. Denota la validez y la duración de un pacto (Nm 18.19; 2 Cr 13.5). La sabiduría es la sal del carácter y la sazón en el lenguaje del creyente (Mc 9.50; Col 4.6). La expresión de Jesús «sois la sal de la tierra» (Mt 5.13 //) debe entenderse en el contexto de cada pasaje. La sal hace estéril la tierra y en este sentido es emblema de miseria y desolación (Dt 29.23; Jer 17.6). Cuando un ejército tomaba una ciudad, la asolaba y la sembraba de sal. Tal fue el caso de → SIQUEM (Jue 9.45). La mujer de → LOT, por dar una mirada codiciosa hacia Sodoma y Gomorra, se volvió estatua de sal (Gn 19.26).

SAL, CIUDAD DE Situada en la ribera occidental del → MAR MUERTO y cerca de → EN-GADI (Jos 15.62). Sin duda su nombre lo debía a los bancos de → SAL que eran comunes en el litoral del → MAR MUERTO.

SAL, PACTO DE Frase del Antiguo Testamento que expresa que un pacto es duradero (Nm 18.19). La sal era un artículo importante en el mundo antiguo. Se utilizaba para sazonar alimentos y también para purificar y preservar ciertas sustancias. Un pacto de sal indicaba fidelidad y durabilidad. Los nómadas del Medio Oriente todavía comen pan con sal juntos en señal de un pacto fraterno.

SAL, VALLE DE LA Sitio de dos victorias sobre los edomitas: la de David (2 S 8.13; 1 Cr 18.12; Sal 60 título), y más tarde la de Amazías (2 R 14.7; 2 Cr 25.11). Comúnmente ha sido identificado con la ancha llanura que se extiende unos 14 km hacia el sur desde los peñascos calizos del Acrabim. Limitaba al noroeste con la montaña de sal Jebel Usdum, y terminaba hacia el sudeste en pantanos salados e intransitables.

Las circunstancias relacionadas con la victoria de Amazías parecen indicar un lugar como el wadi el-Milh (Sal) al este de Beerseba, donde está la loma rocosa, tell el-Milh, que domina el sitio.

SALAI Nombre de dos personas del Antiguo Testamento.

1. Líder benjamita que vivió en Jerusalén después de la cautividad (Neh 11.8).

2. Sacerdote que regresó a Jerusalén después de la cautividad (Neh 12.20). Se le llama Salú en Neh 13.7.

SALAMINA Ciudad mayor de Chipre, situada en la llanura costera oriental de la isla. Era rival de → PAFOS, capital romana de la isla, y al fin llegó a tener más importancia que ella. En el siglo I d.C. había en Salamina suficientes judíos para sostener más de una sinagoga. Quizás habían sido atraídos por el floreciente comercio de la ciudad. Bernabé y Pablo predicaron la Palabra de Dios en las varias sinagogas (Hch 13.5).

SALATIEL Padre de Zorobabel (1 Cr 3.17; Esd 3.2; Neh 12.1; Hag 1.1). Su nombre figura en la → GENEALOGÍA DE JESÚS (Mt 1.12; Lc 3.27). Según los textos anotados, Salamina nació en Babilonia. Bajo su nombre no se registra acción alguna digna de la historia. Su ilustre hijo Zorobabel fue uno de las más esclarecidas personas de Israel, y su nombre da brillo al de su padre.

SALCA Ciudad de Gad situada en el extremo oriental de Basán. Se menciona por primera vez en Dt 3.10 como parte del reino de Og. Cayó ante los israelitas cuando estos conquistaron a Basán (Jos 12.5).

Se conoce hoy como Salkhad, que se halla en un cerro ubicado en el extremo meridional de los montes Hauron.

SALEM (*paz*). Antigua ciudad real de → Mel-quisedec (Gn 14.18; Heb 7.1ss), cerca del valle de Save (Gn 14.17). Según Josefo (*Antigüedades* I.x.2), Salem denota el sitio antiguo de Jerusalén. En Sal 76.2 Salem se menciona en paralelismo con Sion como abreviatura poética de Jerusalén. La identificación tradicional concuerda bien con la ruta que Abraham probablemente siguió al regresar a Hebrón desde Damasco, cuando se encontró con Melquisedec.

Otras tradiciones han ubicado a Salem en las cercanías de Escitópolis o en la región de Siquem, con lo cual la identifican con → Salim de Jn 3.23 (→ Enón).

SALIM Lugar junto a → Enón, cerca del río Jordán, donde bautizaba Juan el Bautista porque «había allí muchas aguas», quizás fuentes (Jn 3.23).

El sitio tradicional de Salim (según Eusebio y Jerónimo) se halla 13 km al Salim de Bet-sán. Algunos eruditos modernos abogan a favor de un lugar 6 km al este de Siquem.

SALISA Región del monte de Efraín, visitada por Saúl durante la búsqueda de las asnas de su padre (1 S 9.4). Algunos eruditos creen que se trata de Baal-salisa, sitio de donde procedía la persona que llevó panes de cebada a Eliseo, el día en que se realizó un milagro parecido al de la multiplicación de los panes por Jesús (2 R 4.42-44).

SALIVA → Escupir.

SALMÁN Soberano, hasta ahora no identificado, que saqueó Bet-arbel (Os 10.14) en tal forma que el profeta usa el incidente como una advertencia para Israel. Algunos han considerado que se trata de un apócope del nombre real asirio Salmanasar, o que se trate del Salamanu, rey de Moab, mencionado en los anales de Tiglat-pileser.

SALMANASAR Nombre de origen acadio (Sulmano-asarid, *el dios de Sulmano es jefe*) que ostentaron varios reyes asirios.

1. Salmanasar I (1265–1236 a.C.). Primer rey asirio que dejó un relato de sus campañas. Con él se inició el regreso de Asiria al poder después de varios siglos de silencio.

2. Salmanasar II (1032–1021 a.C.). Rey de poca importancia histórica.

3. Salmanasar III (859–824 a.C.). Rey cuyas hazañas se consideran fundamentales en la constitución del nuevo gran Imperio Asirio. Fue también el primer rey asirio que entró en contacto con Israel. Hasta entonces los asirios habían pasado varias veces al norte de Israel en sus fugaces campañas del Éufrates al Mediterráneo adonde, según ellos, iban a «lavar sus armas»; pero, o no habían tenido interés en establecerse en forma permanente en esas regiones occidentales, o no estaban todavía listos para ello. Este rey sí parecía determinado a hacerlo.

Salmanasar III luchó primero durante tres años contra Damasco (858–856) sin conseguir tomar la ciudad. Tuvo que retirarse debido a que otros menesteres reclamaban su presencia en el este, y fue entonces cuando Ben-adad, rey de Siria, seguro de que Salmanasar regresaría, se apresuró a formar una coalición con sus vecinos. Según los registros asirios → Acab, rey de Israel, contribuyó con 10.000 soldados de infantería y 2.000 carros de guerra. Salmanasar se enfrentó a esta coalición en la famosa batalla de Qarqar en 853 a.C. Aunque Salmanasar alega en sus crónicas haber vencido, lo cierto es que tuvo que retirarse sin el triunfo. La contribución de Acab a la coalición da una idea del poderío de Israel en esa época. Los 125.000 soldados que Salmanasar había preparado para esta ocasión no fueron suficientes para doblegar a sus enemigos, entre ellos Israel.

4. Salmanasar IV (783–774 a.C.). Hijo de Adadnirari III. Tuvo que mantenerse mayormente a la defensiva para conservar intacto su imperio.

5. Salmanasar V (727–722). Hijo de → Tiglat-pileser III. Aunque su reinado fue muy corto, los hebreos, y especialmente los israelitas no iban a olvidarlo muy pronto.

Determinado a romper definitivamente la resistencia del reino del norte, sitió durante tres años a Samaria, la capital (2 R 17.1-6; 18.9,10). Posiblemente fue asesinado cuando ya Samaria había caído o estaba próxima a caer. Su hermano, → Sargón II, quien lo sucedió en el trono, se atribuyó la rendición de la ciudad.

SALMÓN Nombre de dos lugares y una persona mencionados en la Biblia.

1. Cabo de la costa oriental de Creta que se identifica comúnmente con el cabo Sidero, promontorio en el extremo nordeste de la isla. Algunos señalan otro promontorio 24 km más al sur; los nativos lo llaman Plaka, pero los marineros lo llaman cabo Salmone. Pablo pasó «frente a Salmón» en su viaje a Roma (Hch 27.7).

2. Descendiente de Judá (Mt 1.4,5; Lc 3.32). Fue hijo de Naasón, padre de Booz, el marido de Rut y bisabuelo de David (Rt 4.20; 1 Cr 2.11). Según Mt 1.5 se casó con Rahab, de Jericó.

3. Monte cubierto de vegetación, cerca de Siquem (Jue 9.48). Probablemente se trate del actual Yebel el-kebir. En su ladera está la aldea de → Salim, cerca de la cual Juan bautizaba (Jn 3.23). En el Sal 68.14 se alude a un monte Salmón cubierto de nieve. Quizás sea el mismo monte, pero la identificación no es segura. Muchos creen que se hallaba en Basán.

SALMOS, LIBRO DE LOS El título más común de este libro viene del que se halla en la mayoría de los manuscritos de la Septuaginta, *psalmoi*, que es traducción griega del título hebreo de 57 de los Salmos, *mizmor* (o sea, *himno, canto*), por ejemplo, 3, 4, 5, 6, 15. Otros manuscritos de la LXX usan el apelativo *psalterion* (de donde viene nuestra palabra «salterio»).

En la sinagoga los judíos usan el nombre *tehillim* («himnos») o *tefilot* («oraciones»). Ambos nombres sirven como título apropiado, aunque no encajan, según su carácter, con todos los peomas coleccionados en el salterio.

Estructura del libro

El salterio consta actualmente de ciento cincuenta salmos, pero debe reconocerse que tal número no refleja precisamente la realidad. Es evidente que el Sal 14, con muy pequeñas variantes, es idéntico al 53; que el 70 es una repetición literal de 40.13-17, y que el 108 se compone de 57.8-12 y 60.7-14. La ordenación numérica en el texto masorético no concuerda con la de la Septuaginta, porque esta une los Sal 9 y 10 en uno e igualmente 114 y 115. Por otra parte, la Septuaginta, también subdivide 116 y 147, cada uno en dos himnos independientes. Esto explica la diferente numeración de algunas versiones. La Vulgata y también versiones modernas de la iglesia católica siguen en este aspecto a la Septuaginta. Hay casos, sin embargo, donde ni la tradición del texto masorético ni la de la Septuaginta parecieran ser correctas; p. ej., el hecho de que en ambas los Sal 42 y 43 aparecen como independientes cuando originalmente deben haber sido uno solo, como lo comprueba el refrán de 42.5 que se repite en 42.11 y 43.5.

Los Salmos se dividen actualmente en cinco libros, probablemente por analogía con el Pentateuco, y cada libro termina con una doxología. El primer libro contiene los Sal 1–41, el segundo 42–72, el tercero 73–89, el cuarto 90–106 y el quinto 107–150. En este último libro todo el Sal 150 representa la doxología final. Esta agrupación no es cronológica y su importancia es más bien secundaria. Observamos, por ejemplo, que en el centro hay un grupo, el de los Sal 42–83, que por el uso constante del nombre divino *Elohim* puede figurar como el «salterio elohístico». En los primeros libros predominan los salmos de David, pero los hay dispersos también en los restantes libros, por ejemplo, el Sal 110, citado por Jesús como salmo de David.

Algunos salmos forman pares por la semejanza de su contenido, como 3 y 4; 9 y 10. Los Sal 111 y 112 fueron juntados por ser ambos alfabéticos. Por otra parte, se agruparon los compuestos por un mismo autor,

SALMOS:
Un bosquejo para el
estudio y la enseñanza

I. Himnos de alabanza y liturgias

Salmo 8: La gloria del Señor está en toda la tierra

Salmos 14, 53: Para vergüenza de los impíos,
el Señor restaura a su pueblo

Salmo 15: Solamente los piadosos podrán habitar
con el Señor

Salmo 19: El Señor se revela en su mundo y en
su Palabra

Salmo 24: El Señor es el Rey de Gloria

Salmo 29: La voz del Señor es poderosa y majestuosa

Salmo 33: El Señor es soberano en la creación y en la
historia

Salmo 46: Dios es la poderosa fortaleza de su pueblo

Salmo 47: Dios es el gran Rey sobre toda la tierra

Salmo 48: Dios es el gran Rey en Sion

Salmo 50: Dios es el juez justo de su pueblo

Salmo 65: Dios salva y sostiene a su pueblo

Salmo 67: Que todos los pueblos alaben a Dios

Salmo 68: Dios es la fortaleza y el poder de
su pueblo

Salmo 75: Canten alabanza a Dios por su juicio justo

Salmo 76: Dios es majestuoso cuando juzga

Salmo 78: Dios guía a su pueblo aun cuando se
extravía

Salmo 81: Dios quiere que su pueblo lo alabe y lo
obedezca

Salmo 82: Dios heredará todas las naciones

Salmo 84: Los que habitan en la casa de Dios son
bendecidos

Salmo 85: La salvación de Dios está cerca de los
que le temen

Salmo 87: La ciudad de Dios es gloriosa

Salmo 93: El Señor nuestro Rey está vestido de majestad

Salmo 95: El Señor es el gran Rey sobre todos
los dioses

Salmo 96: El Señor nuestro Rey es grande y se
le debe mucha alabanza

Salmo 97: El Señor nuestro Rey está exaltado sobre
todos los dioses

Salmo 98: El Señor nuestro Rey salva y juzga

Salmo 99: El Señor nuestro Rey es santo

Salmo 100: Agradézcanle al Señor y alaben su nombre

Salmo 101: Caminen delante de Dios con corazón
perfecto

Salmo 103: Alaben al Señor por todos sus beneficios

Salmo 104: El Señor provee todo lo que sus criaturas
necesitan

Salmo 105: El Señor siempre es fiel a su pueblo

Salmo 106: El Señor salvó a su pueblo una y otra vez

Salmo 111: El Señor siempre es fiel a su pacto

Salmo 113: Alaben el nombre del Señor

Salmo 114: Dios sacó a Israel de Egipto mediante
su milagroso poder

Salmo 115: Los ídolos no son nada pero el Señor
lo es todo

S

Salmo 117: Que todos los pueblos alaben al Señor

Salmo 118: Alaben al Señor por su maravillosa salvación

Salmo 119: Alaben al Señor por su maravillosa Palabra

Salmo 121: Nuestra ayuda viene solamente del Señor

Salmo 122: Alegraos cuando vayáis a la casa del Señor

Salmo 123: Buscad la misericordia del Señor

Salmo 124: El Señor está de parte de su pueblo

Salmo 125: El Señor rodea a su pueblo con su protección

Salmo 126: El Señor saca a su pueblo del cautiverio

Salmo 129: El Señor vence a los enemigos de su pueblo

Salmo 134: Que todos los siervos del Señor lo alaben

Salmo 135: El Señor hace lo que quiere

Salmo 136: La misericordia del Señor dura para siempre

Salmo 145: Alaben el nombre del Señor para siempre

Salmo 147: Alaben al Señor por su Palabra sustentadora

Salmo 148: Alaben al Señor desde los cielos y desde la tierra

Salmo 149: Que el pueblo del Señor le cante alabanzas

Salmo 150: Que todo lo que tiene aliento alabe al Señor

II. Lamentos individuales y colectivos

Salmo 3: Señor, levántate y sálvame

Salmo 4: Dios, apiádate de mí y escucha mi oración

Salmo 5: Señor, escucha la voz de mi lamento

Salmo 6: Sáname, Señor

Salmo 7: Señor, sálvame de todos los que me persiguen

Salmo 9: Levántate, Señor, no permitas que prevalezca el ser humano

Salmo 10: Señor, ¿por qué estás tan lejos?

Salmo 11: El Señor prueba a los justos

Salmo 12: Que el Señor destruya la lengua jactanciosa

Salmo 13: Señor, ¿por cuánto tiempo esconderás tu rostro de mí?

Salmo 17: Señor, libra mi vida de los malvados

Salmo 22: Dios mío, Dios mío, ¿por qué me has desamparado?

Salmo 25: Dios mío, no dejes que los enemigos triunfen sobre mí

Salmo 26: Vindícame, Señor

Salmo 27: No me dejes ni me abandones, Dios de mi salvación

Salmo 28: Señor mi roca, no te quedes callado

Salmo 31: Señor, que jamás sea avergonzado

Salmo 35: Señor, lucha contra los que luchan contra mí

Salmo 36: No hay temor de Dios ante la vista
de los malvados

Salmo 38: Señor, no me reprendas en tu furor

Salmo 39: Señor, no te quedes callado ante
mis lágrimas

Salmo 41: Señor, ten misericordia de mí
y levántame

Salmo 42: Alma mía, ¿por qué estás abatida?

Salmo 43: Dios, defiende mi causa contra una nación
impía

Salmo 44: Dios, redímenos por tus misericordias

Salmo 51: Dios, borra mis transgresiones

Salmo 52: Hombre poderoso, ¿por qué te glorías
en el mal?

Salmo 54: Dios, sálvame por tu nombre

Salmo 55: Dios, no te escondas de mi súplica

Salmo 56: Dios, derriba en tu furor a los pueblos

Salmo 57: Apiádate de mí, Dios, apiádate de mí

Salmo 58: El veneno de los malvados es como el
veneno de una serpiente

Salmo 59: Líbrame de mis enemigos, Dios mío

Salmo 60: Dios, Tú nos has desechado

Salmo 62: Mi alma, solamente espera en silencio
por ti

Salmo 64: Dios, te buscaré temprano

Salmo 69: Sálvame, Dios, porque la aguas me
han llegado hasta el cuello

Salmo 70: Apresúrate, Dios, a socorrerme

Salmo 71: Señor, que jamás sea avergonzado

Salmo 74: Dios, ¿por qué nos has echado para
siempre?

Salmo 77: ¿Acaso Dios se ha olvidado de ejercer
gracia?

Salmo 79: Dios, las naciones han arruinado
a Jerusalén

Salmo 80: Restáuranos, Señor Dios de las huestes

Salmo 83: Dios, no guardes silencio

Salmo 86: Escúchame, Señor, porque estoy
necesitado y soy pobre

Salmo 88: Señor, he llorado ante ti de día y
de noche

Salmo 90: Señor, hemos sido consumidos por tu ira

Salmo 94: Señor, ¿por cuánto tiempo triunfarán
los malvados?

Salmo 102: Señor, respóndeme rápidamente

Salmo 108: Dios, ¿acaso no eres tú el que nos
desechó?

Salmo 109: No te quedes callado, Dios de mi
alabanza

Salmo 120: En mi aflicción clamé al Señor

Salmo 130: Señor, de lo profundo te he llamado

Salmo 137: Lloramos, en las orillas de los ríos
de Babilonia, al recordar a Sion

Salmo 140: Líbrame, Señor, de los malvados

Salmo 141: Señor, guarda mi boca

S

Salmo 142: Con mi voz clamo al Señor

Salmo 143: Revíveme, Señor, por amor a tu nombre

III. Cánticos individuales de agradecimiento

Salmo 23: El Señor es mi pastor

Salmo 30: Te exaltaré, Señor, porque me has levantado

Salmo 32: Bendito aquel cuya transgresión es perdonada

Salmo 34: Bendeciré al Señor en todo momento

Salmo 40: El Señor ha puesto un nuevo cántico en mi boca

Salmo 66: Toda la tierra, aclame a Dios con alegría

Salmo 92: Es bueno darle gracias al Señor

Salmo 107: Que lo digan los redimidos del Señor

Salmo 116: Amo al Señor porque ha escuchado mi voz

Salmo 138: Te alabaré con todo mi corazón

Salmo 139: Pruébame, Dios, y conoce mi corazón

Salmo 146: Cantaré alabanzas a mi Dios mientras viva

IV. Salmos reales

Salmo 2: Él me ha dicho: «Eres mi hijo»

Salmo 18: El Señor da mucha liberación a su rey

Salmo 20: Ahora sé que el Señor salva a su ungido

Salmo 21: Señor, el rey se deleitará en tu fortaleza

Salmo 45: Tu trono, Dios, es para siempre

Salmo 61: Dios prolongará la vida del rey

Salmo 63: El rey se regocijará en Dios

Salmo 72: Dios, dale tus juicios al rey

Salmo 89: Nuestro rey le pertenece al Santo de Israel

Salmo 110: El Señor le dijo a mi Señor: «Siéntate a mi diestra»

Salmo 132: Señor, recuerda a David y todas sus aflicciones

Salmo 144: Bendito sea el Señor roca mía, que adiestra mis manos para la guerra

V. Salmos de confianza y sabiduría

Salmo 1: El deleite de los justos es la Ley del Señor

Salmo 16: Bendeciré al Señor que me ha dado consejo

Salmo 37: Confía en el Señor y haz el bien

Salmo 49: Mi boca hablará sabiduría

Salmo 73: He puesto mi esperanza en el Señor

Salmo 91: El Señor es mi refugio y mi fortaleza

Salmo 112: Bendito aquel que teme al Señor

Salmo 127: Los niños son la herencia del Señor

Salmo 128: Bendito aquel que anda en sus caminos

Salmo 131: Espera, oh Israel, en Dios

Salmo 133: Cuán bueno es que los hermanos habiten juntos en armonía como los salmos de los hijos de Coré (42–49), y los de Asaf (73–83). Con Sal 56 comienza un grupo de cinco que se titulan → *Mictam,* término técnico todavía no esclarecido, y como «canciones de subidas» figura el grupo de los Sal 120–134, que los peregrinos cantaban al dirigirse a Jerusalén para asistir a las grandes fiestas culturales. Tanto en el cuarto como en el quinto libro predomina el nombre Jehová; en el primero de estos aparece ciento tres veces y nunca aparece Elohim. El final del salterio lo forman los cinco salmos de «Aleluya». De todo esto resulta que la agrupación de los salmos y su distribución obedece a distintos criterios, pero es indudable que la formación de este himnario se comenzó en los tiempos de David. Según 2 Cr 23.18, durante el reinado de Josías había una colección de los salmos de David.

El siguiente paso para comprender mejor el proceso de la agrupación de los Salmos puede ser este: el primer libro (1–41) se presenta como una colección escrita por David, con excepción de 1 y 2 que son anónimos y forman la introducción. El segundo libro se inicia con ocho salmos de David, y en él son anónimos el 66, 67 y 71, el 50 se le atribuye a → Asaf y el 72, según el título, se le atribuye a Salomón. Las palabras finales de este último, «Aquí terminan las oraciones de David, hijo de Isaí», indican que, según la opinión del redactor final, lo precedente es el himnario compuesto y arreglado por David, y los siguientes son suplementos confeccionados por otros autores y en otras épocas.

El tercer libro, que es el primero de estos suplementos (73–89) contiene composiciones de poetas levíticos. Estas son: once salmos de Asaf, contemporáneo de David (y bajo su nombre podemos incluir también a sus descendientes), cuatro de los hijos de Coré, uno de Etán y uno (86) de David.

Si los primeros dos libros pueden llamarse «el salterio de David» y el tercero, es decir el primer suplemento, «el salterio de Asaf» (aunque varios de sus autores hayan vivido después de Asaf), estos podrían ser los libros a que se refiere el cronista (2 Cr 29.30): «Entonces el rey Ezequías y los príncipes dijeron a los levitas que alabasen a Jehová con las palabras de David y Asaf vidente».

Queda un problema difícil de explicar: ¿Por qué David no incluyó en su propio salterio sus dieciocho salmos repartidos ahora en los últimos dos suplementos. Sin embargo, no es posible negar la paternidad davídica de estos salmos sencillamente porque no figuran en el salterio propio de David. Solo se sabe que redactores posteriores lo incluyeron en estos suplementos finales. El segundo de los tres suplementos (90–106) consiste (además del Sal 90) de catorce himnos relativamente cortos, que son los himnos para la mañana y la tarde de una semana, y tres más largos, en su mayoría anónimos, que probablemente datan de la época de Jeremías (*ca* 600 a.C.).

El último suplemento, que quizá se redactó después del cautiverio (107–150), se agrupa alrededor del salmo alfabético 119, el cual contiene veintidós estrofas de ocho versículos cada una, las cuales comienzan con una letra respectiva del alfabeto hebreo, que a su vez tiene veintidós letras. Este salmo va precedido por seis de alabanzas (113–118) para fiestas litúrgicas, los cuales todavía los judíos ortodoxos repiten en la tarde de la Pascua, y seguido por quince canciones de subidas (120–134) destinadas para las peregrinaciones anuales a Jerusalén. Estos tres grupos están enmarcados por los salmos alfabéticos (111 y 112) y los levíticos (135–137), pero el marco se completa primero por los salmos de David (108–110; 138–145) y finalmente por el salmo del regreso (107) y los cinco de Aleluya (146–150). Los Sal 126 y 137, que son del cautiverio, demuestran que este tercer suplemento (el quinto libro del salterio) fue el último en componerse.

Autor y fecha

Según los epígrafes del texto hebreo, setenta y tres salmos se atribuyen a David, dos a Salomón (72 y 127), doce a Asaf (ya se mencionó que en este nombre deben incluirse también sus descendientes), once a los hijos de → Coré, y uno a cada uno de los siguientes: Moisés, Etán, → Hemán y → Jedutún. De los restantes cuarenta y nueve salmos anónimos, la Septuaginta atribuye doce más a David y otros a Jeremías, Hageo y Zacarías. Según 1 Cr 16, también los salmos anónimos 96 y 105 son de David, y lo mismo considera el Nuevo Testamento (Hch 4.25 y Heb 4.7) respecto de los salmos anónimos 2 y 95.

La mayoría de los críticos tendían hasta hace poco a restar crédito a los títulos que se han conservado en los salmos y atribuían la mayoría de los salmos al tiempo de los macabeos. Wellhausen dudaba que hubiera un solo salmo escrito antes del cautiverio. Pero su tesis de que cada himno del salterio es posterior al cautiverio, porque Salmos fue el himnario de la congregación israelita posterior al cautiverio, ya es considerada insostenible. Se ha hecho general considerar que la mayoría de los salmos, especialmente los individuales, existían ya antes del cautiverio. Por lo menos, se admite la probabilidad de que *ca.* 300 a.C. el libro ya estaba terminado.

También el argumento de que los salmos con términos como «santuario», «casa de Jehová», «templo de Jehová» no podrían ser de David, porque el templo se construyó después de David, ha resultado inválido. Se sabe que los términos mencionados no solamente se refieren al templo sino también al tabernáculo, de modo que en estos salmos puede tratarse de tales referencias. Nada obstaculiza, entonces, la aceptación de los títulos que atribuyen estos salmos a David. Es innegable que este era poeta y músico (1 S 16.18; 2 S 1.17ss; 3.33ss; 6.15; 23.1ss; Am 6.5) y que según la tradición histórica tuvo una destacada actuación en el arreglo musical del culto (1 Cr 13.8; 15.16-24; 16.4; 23.5; 25.2; 2 Cr 23.18; 29.15-30; Esd 3.10; Neh 12.24).

Una prueba más son los epígrafes mismos de muchos de los salmos. Algunos de ellos apuntan a la circunstancia histórica que motivó la escritura de algunos salmos y los detalles al respecto los confirman los libros de Samuel. En muchos casos la descripción corresponde a una circunstancia concreta en la vida de David, la cual armoniza ampliamente con el contenido de los respectivos salmos.

Marco histórico

Algunos de los salmos que David escribió son fruto de experiencias reales. Por ejemplo, al Salmo 3 se le llama «Salmo de David, cuando huía de delante de Absalón su hijo» (véanse también 51, 52, 54, 56, 57, 59).

Pero otros parecen ser salmos generales que no surgieron necesariamente de un hecho determinado (53, 55, 58). Conocer el marco histórico de un salmo puede ayudar al estudiante a interpretarlo correctamente y aplicarlo a la vida diaria.

Aporte a la teología

Pudiéramos decir que los salmos son una descripción de la manera en que respondemos a Dios. A veces se presenta a Dios en plena majestad y gloria. Nuestra respuesta entonces es de asombro, sobrecogimiento y temor: «Reinos de la tierra, cantad a Dios» (68.32). Pero otros salmos pintan a Dios como Señor amante que participa en nuestra vida. Nuestra tendencia en ese caso es acercarnos a su solaz y amparo: «No temeré mal alguno, porque tú estarás conmigo» (23.4).

Dios es el mismo en ambos salmos. Pero nuestra reacción ante Él se ajusta a nuestras circunstancias.

Otros salmos pudieran catalogarse mejor como clamores contra Dios y las circunstancias que como respuesta a la percepción de su gloria y presencia. El salmista reconoce que a veces siente que Dios y sus amigos lo han abandonado (88). Sufre por las calumnias que lanzan contra él sus acusadores (109). Entonces invoca a Dios para que los arrase con su ira (59). No importa lo que digamos sobre los salmos, hay que reconocer que presentan la realidad del corazón humano, la manera en que a veces reaccionamos ante los problemas y las injusticias de la vida.

Pero aun en estos fuertes salmos de lamentación, el salmista nunca se entrega a la desesperación. El hecho de que lancemos protestas a Dios es demostración de esperanza en Dios y su sentido de la justicia. Esto tiene un importante mensaje para todos los creyentes. Podemos expresarle a Dios todos nuestros sentimientos, por negativos o llenos que reproches que sean. Y podemos estar totalmente seguros de que nos oirá y nos comprenderá. El salmista nos enseña que la oración más profunda es el grito que lanzamos cuando nos encontramos abatidos por los problemas de la vida.

Los salmos hablan mucho de la persona y obra de Jesucristo. El Salmo 22 contiene una extraordinaria profecía de la crucifixión del Señor. Jesús citó este salmo al morir en la cruz (Sal 22.1; Mt 27.46; Mc 15.34). Otras profecías mesiánicas de los salmos que se cumplieron en la vida de Cristo son: sería un sacerdote del tipo de Melquisedec (Sal 110.4; Heb 5.6), oraría por sus enemigos (Sal 109.4; Lc 23.34), y su trono sería eterno (Sal 45.6; Heb 1.8).

Otros puntos importantes

Partiendo de los tipos de salmos conocidos en otras religiones, algunos eruditos, empezando con Hermann Gunkel, han identificado géneros parecidos en el Antiguo Testamento. Hoy es común reconocer los siguientes géneros:

Lamentaciones o súplicas

Este (y no los himnos de alabanza) es el género que domina el libro de Salmos (a pesar del título del libro). En este género un individuo o la comunidad expone su sufrimiento ante Dios, y se refiere a enfermedad, opresión de enemigos, guerras, peste, hambre, sequía, destierro, pérdida de la presencia de Dios y muerte: todo lo que puede indicar la ira de Dios sobre el pecador. Pero también a veces hay apelaciones por inocencia e insistencia en que el sufrimiento no siempre es por causa del pecado humano y la ira divina (Sal 44; 69; 73). La estructura de los salmos de este género no es invariable, pero sus partes ordinarias son la queja, la petición y la conclusión. A veces se empieza

o se termina con una nota de alabanza o acción de gracias. Las súplicas individuales son: Sal 5; 6; 7; 9; 10; 13; 17; 22; 25; 26; 28; 31; 35; 36; 38; 39; 42; 43; 51; 54; 55; 56; 57; 59; 61; 63; 64; 69; 70; 71; 86; 88; 102; 109; 130; 140; 141; 142; 143. Las súplicas colectivas son Sal 12; 44; 58; 60; 74; 77; 79; 80; 83; 85; 90; 94; 106; 108; 123; 126.

Himnos

Este es el género que le dio al libro su nombre, tal vez porque aun en las lamentaciones y súplicas la gloria y alabanza a Dios representan el fin de la oración (nótese cuántas súplicas terminan con alabanza o incluyen un voto de sacrificio y acción de gracias) o por la estructura misma del libro (con seis himnos al final, 145–150).

Los himnos son fáciles de identificar, pues cantan gozosamente la alabanza a Jehová. Además, tienen una estructura que usualmente consiste de introducción (una invitación a la alabanza), cuerpo (los motivos de la alabanza) y conclusión (invitación a la alabanza repetida). El gozo del salmista en su Dios es tal que tiene que expresarse, animando a otros a participar con él en la plenitud de vida. La alabanza es, pues, la expresión más alta de vida y amor, mientras que la ausencia de alabanza es característica de la muerte y del Seol (6.5; 30.9; 88.10-12; 115.17).

Los salmos acerca de la realeza de Jehová representan un tipo particular de himno (47; 93; 96–99), caracterizado por la expresión «Jehová reina», que recalca el → REINO DE DIOS sobre el mundo y la historia.

Otro tipo particular de himno son los «cánticos de Sion» (Sal 46; 48; 76; 84; 87; 122; 137), que hacen hincapié en la elección y la hermosura de Jerusalén.

Los demás himnos son: Sal 8; 19; 29; 33; 100; 103; 104; 105; 111; 113; 114; 117; 135; 136; 145; 146; 147; 148; 149; 150.

Acciones de gracias

Las acciones de gracias puede ser individual (18; 30; 32; 34; 40; 41; 92; 107; 116; 138) o

S

colectivas (65; 66; 67; 68; 118; 124), pero siempre celebran las misericordias recibidas de Jehová. No siguen una estructura definida, pero incluyen una narración que cuenta las penas sufridas y la acción salvadora de Dios.

Salmos de confianza

Estos pueden ser individuales (3; 4; 11; 16; 23; 27; 62; 121; 131) o colectivos (115; 125; 129) e incluyen algunos de los salmos más apreciados. Es el único género que no encuentra paralelo en las religiones de los pueblos vecinos de Israel. Este hecho seguramente se debe a la revelación singular de Dios atestada en su → PACTO. Así que la fe o confianza viene (como testifica Pablo) por la palabra revelada (Ro 10.17). La Reforma empezó cuando Lutero en su estudio de los Salmos (1513–15 d.C.) aprendió el significado bíblico de la fe y de la → JUSTICIA, y comprendió la enseñanza del Nuevo Testamento sobre la → JUSTIFICACIÓN por la fe.

Salmos reales

Estos son 2; 20; 21; 45; 72; 89; 110; 132; 144. Todos tienen en común el motivo del rey y representan varias circunstancias en la vida de los reyes que gobernaron en Judá (o, en el caso del Sal 45, en Israel). Hablan de su coronación (2; 72), sus guerras (20; 21; 144), sus derrotas (89), sus bodas (45) y sus funciones cultuales (110; 132). Junto con el Sal 22, muchos de estos salmos reales cultivaron la esperanza mesiánica en Israel, puesto que ningún rey histórico pudo cumplir todas las descripciones y aspiraciones expresadas en estos salmos (especialmente 2; 45; 72; 110). Es por ello que (con tanta razón) muchos son citados en el Nuevo Testamento y en la interpretación tradicional de la iglesia como salmos mesiánicos. El lenguaje de estos salmos refleja muchas veces el estilo hiperbólico de las cortes en los grandes imperios paganos. El Espíritu Santo guió a los autores humanos a utilizar este lenguaje en el contexto de la vida israelita, para demostrar que las afirmaciones sobre la deidad del rey (Sal 45.6) y el logro de un reino

universal y eterno (Sal 2; 72) solo podrían cumplirse literalmente en la venida del Mesías.

Por supuesto, después de la promesa de Dios a David (2 S 7), los israelitas no sabían cuál hijo de David sería el rey que cumpliría las promesas mesiánicas.

Salmos didácticos o sapienciales

Este género (Sal 1; 37; 49; 73; 78; 91; 101; 112; 119; 127; 128; 133; 139) es muy semejante al de los libros sapienciales del Antiguo Testamento, tanto en sus temas predilectos (la ley, la felicidad verdadera, la retribución) como en su estilo. Representan más instrucción que oración y nos hacen recordar que la Palabra de Dios es la base de la oración eficaz (Jn 15.7).

Enseñanzas proféticas

Estas incluyen Sal 14(// 53); 50; 52; 75; 81; 82; 95; y, como los sapienciales, representan más enseñanza que oración. Pero en estos casos los énfasis y los estilos son más parecidos a los oráculos de los → PROFETAS.

Salmos litúrgicos

Los Salmos 15; 24; 134 tienen un carácter dialogal y se limitan obviamente al → CULTO.

Salmos imprecatorios

Para muchos lectores modernos el problema más agudo en los Salmos lo constituyen los textos donde el autor pide que Dios castigue a sus enemigos, pues pareciera que Cristo supera esta actitud cuando pide perdón para sus enemigos (Lc 23.34) y enseña que sus discípulos hagan lo mismo (Mt 5.44; Lc 6.28; cf. Hch 7.60). Sin embargo, es importante notar que Cristo y sus apóstoles también insistieron en el carácter santo, justo y veraz de Dios (Jn 1.5; cf. 4.8,16). El hombre que rechaza el perdón y persiste en el pecado, inevitablemente sufre el juicio de Dios (Ro 2.5-11; Gl 6.7), y aun el cristiano que ora «santificado sea tu nombre, venga tu reino», también está pidiendo (en forma general) que Dios juzgue a los que persisten en el pecado (Mt 13.40-43,47-49; Ap 11.15-19). Solo a la luz del cumplimiento escatológico del juicio divino sobre los enemigos de Dios el cristiano no reclama la retribución en esta vida (2 Ti 4.14).

Es importante notar también que los salmos imprecatorios representan un avance muy marcado sobre la práctica de la → VENGANZA personal e injusta (Gn 4.23,24) o aun sobre el castigo legal y justo (Éx 21.24). Son oraciones elevadas por verdaderos hombres que, acosados por enemigos implacables (Sal 56.57), resisten la tentación de la venganza personal por expresar en la presencia en la presencia del Dios justo la hostilidad personal (Lc 18.6-8).

Los salmos mismos muestran la excelencia de la oración por los enemigos (109.4,5), y que la imprecación debe dirigirse particularmente contra el pecado y no contra los hombres (7.9). Por lo general, los salmistas solamente pedían que Dios cumpliera lo que había prometido en su → PACTO (Gn 12.3; Sal 89.22,23) y por medio de sus profetas (Sal 137.7-9; Is 13.16). La imprecación más ferviente y asombrosa probablemente sea la maldición que implora el salmista sobre los enemigos (109.6-20), y en el Nuevo Testamento se cita como escritura inspirada que se cumplió en la muerte de Judas (69.25; 109.8; Hch 1.15-20).

El cristiano no puede negar ni la → INSPI-RACIÓN divina ni la utilidad práctica de los salmos imprecatorios (Hch 1.16; 2 Ti 3.15-17). Sin embargo, esta conclusión no implica necesariamente que estos salmos deban aceptarse como la norma más alta de la oración. Dios inspiró los salmos para el uso de todo su pueblo en todo lugar y en toda época, y no sola para algunos pocos santos que siempre pueden superar los sentimientos de venganza con un amor perfecto (Ro 12.19-21). Además aun para el santo, los salmos imprecatorios pueden servir como estímulo para una vida más apegada a la justicia (2 Ti 3.16) y la evangelización agresiva (las cuales a menudo desatan persecución; Mt 5.10-12; 2 Ti 3.10-12).

Bibliografía:

Ángel González, *El libro de los salmos*, Editorial Herder, Barcelona, 1966. Helmer Ringgren, *La fe de los salmistas*, Editorial La Aurora, Buenos Aires, 1960.

SALOMÉ Forma femenina de «Salomón».
1. Galilea seguidora de Jesús. Evidentemente era esposa de Zebedeo y madre de los apóstoles Juan y Jacobo (Mt 27.56; cf. Mt 20.20-23; Mc 15.40 y 16.1). Sin duda formaba parte del grupo de mujeres que servían a Jesús en Galilea (Lc 8.1-3) y que presenciaron su muerte en la cruz (Mt 27.56).

2. Hija de → HERODÍAS por parte de su primer marido Herodes Felipe. Danzó ante → HERODES Antipas (Mt 14.6; Mc 6.22). Su nombre no se menciona en el Nuevo Testamento pero Josefo la identifica (*Antigüedades* XVIII.v.4).

SALOMÓN (*el pacífico*). Tercer rey de Israel (*ca.* 971–931 a.C.) y segundo de los cinco hijos que David tuvo de Betsabé (1 Cr 3.5; 14.4; 2 S 5.14; 12.24). No figura en la historia bíblica sino hasta los últimos días de David (1 R 1.10ss), a pesar de haber nacido en Jerusalén en el inicio del reinado de David (2 S 5.14), bajo un pacto eterno de Dios (2 S 7.12-15). Antes de su nacimiento Dios lo había designado sucesor de David (1 Cr 22.9,10).

Aunque David prometió a Betsabé que Salomón sería su sucesor (1 R 1.13,17), la sucesión no se anunció oficialmente sino hasta después del intento de Adonías de proclamarse rey, por ser el mayor de los hijos sobrevivientes (2 S 3.4; 1 R 1.5-10,24-27). En respuesta a las instancias de Natán y Betsabé, David pronto intervino y mandó que Salomón fuese ungido y puesto en el trono (1 R 1.32-52). Salomón fue de nuevo proclamado y ungido rey por David, formal y públicamente, poco antes de la muerte de este; tenía entonces apenas veinte años (1 Cr 28.1; 29.22; 1 R 2.1-12; 3.7). David le dio instrucciones solemnes en cuanto a su trabajo como sucesor y edificador del → TEMPLO.

S

Aunque Salomón subió al trono como primer rey de una dinastía sin el «carisma» de sus antecesores (por ejemplo, los jueces, Saúl y David), Dios le dio sabiduría especial por haber pedido «un corazón entendido para juzgar y gobernar a este pueblo tan grande» (1 R 3.3-28).

Por haber sobrepasado en sabiduría a sus contemporáneos de Egipto, Arabia, Canaán y Edom, Salomón fue reconocido como el gran impulsor de la literatura de sabiduría israelita. En ningún otro tiempo de la monarquía hubo tanta oportunidad de contactos internacionales, ni tanta abundancia y paz como para inspirar obras literarias. Salomón tomó la iniciativa en este movimiento, coleccionando y componiendo miles de proverbios y cánticos (1 R 4.29-34). Además de sabiduría, Dios le dio honores y riquezas; a su corte llegaban representantes de otras naciones, entre los cuales figuró la reina de Sabá (1 R 10.1-15; 2 Cr 9.1-12,23).

Con la caída del monopolio egipcio en el comercio con Etiopía y Somalia, Salomón pudo controlar las caravanas comerciales desde → TIFSA y → TADMOR en el norte hasta Gaza y Ezión-geber en el sur, donde hacían conexiones con sus naves. Contaba con marineros de Hiram de Fenicia e importaba madera de sándalo para los balaustres de la casa de Jehová y las casas reales. Es probable que Salomón se haya dedicado a este comercio lucrativo en el curso del desarrollo de su propio ejército.

Comenzó la construcción del templo en el cuarto año de su reinado (966 a.C.). Para ello consiguió cedro y personas hábiles de Hiram de Fenicia y terminó la obra en el décimo primer año de sus funciones. En esta ocasión Dios se le apareció por segunda vez, y le prometió poner su nombre en el templo para siempre y afirmarlo en el trono de Israel perpetuamente si guardaba los mandamientos de Jehová, de acuerdo con el pacto hecho anteriormente con David. Si no, Israel sería maldito y esparcido sobre la faz de la tierra y el templo destruido, aunque el pacto con David siempre quedaría en pie y se cumpliría en Jesucristo.

Al construir el templo, Salomón siguió la política de David, quien había traído el arca a Jerusalén para ligar el estado con el orden anfictiónico, y había unido la comunidad secular con la religiosa bajo la corona. Samuel había rechazado a Saúl y había roto con él; Salomón rompió con Abiatar.

Después de terminar el templo, Salomón erigió en trece años un palacio espléndido con otras tres construcciones que formaban parte de este (1 R 7.1-8). Para la construcción de estos edificios, Salomón se aprovechó de su alianza con Hiram, rey de Tiro (ca. 969–936 a.C.), a quien le daba trigo y aceite de olivo a cambio de piedras, madera y obreros capaces (1 R 5.1-12; 2 Cr 2.3-16).

Salomón aseguró la defensa nacional construyendo ciudades clave fortificadas, las cuales convirtió en bases militares (1 R 9.15-19; 10.26; 2 Cr 9.25). En ellas mantuvo en pie un ejército de 12.000 hombres y 1.400 carros para defenderse ante cualquier invasión y para sofocar levantamientos internos o combatir vasallos rebeldes.

Salomón terminó con la independencia de las tribus israelitas y unió a la nación bajo un gobierno central por medio de una reorganización del país en doce distritos administrativos bajo doce gobernadores (1 R 4.7-19). Esto le permitió conseguir mayores ingresos y poder cubrir los crecientes gastos que no se cubrían con los tributos regulares. Cada distrito debía proporcionar provisiones para la corte durante un mes al año (1 R 4.27). Y para solucionar la falta de fondos y obreros para sus numerosos proyectos, Salomón continuó la política de David: sometió a trabajos forzados a los pueblos conquistados (1 R 9.20-22; 2 Cr 8.1-18). Los esclavos trabajaban en la fundición de Ezión-geber y en las minas de Arabá bajo condiciones inhumanas. La situación financiera llegó a ser tan desesperada después de los primeros veinte años que Salomón tuvo que ceder veinte ciudades de Galilea a Hiram, rey de Tiro, por no haber podido pagar los ciento veinte talentos de oro que este le había prestado (1 R 9.10-14).

Al tomar para sí mismo caballos, mujeres y oro en abundancia, cosa que Dios prohibió en Dt 17.16,17 y que posteriormente los profetas del siglo VIII censuraron, Salomón cedió a las tentaciones que resulta de la excesiva prosperidad.

No obedeció la segunda amonestación de Dios (1 R 9.1-9; 2 Cr 7.11-22), se volvió orgulloso, se entregó a los placeres carnales y se olvidó del Dios a quien tanto amó al principio (1 R 3.3). Por sus abominables idolatrías y por complacer a sus numerosas esposas extranjeras (1 R 11.1-8; Neh 13.26), Dios le anunció que lo castigaría dividiendo el reino entre su hijo Roboam y Jeroboam I (1 R 11.9-40).

Los cuarenta años de reinado de Salomón (971–931 a.C.) fueron en su mayor parte pacíficos con la excepción de algunos disturbios promovidos por Adad, Rezón y Jeroboam I (1 R 11.14-43). (→ Proverbios; Cantar de los cantares; Eclesiastés.)

SALTEADOR → Ladrón.

SALTERIO Palabra con dos significados en la terminología bíblica y religiosa.

1. Traducción más frecuente de la palabra hebrea *nebel* (Sal 33.2; 57.8; 144.9) que se aplica a un instrumento de cuerdas cuya descripción exacta resulta aún muy incierta por la falta de material arqueológico (→ Música). Se piensa que era una especie de arpa triangular de madera, o un laúd semejante al *nefer* de los egipcios o al *santir* de los persas y árabes, el cual se ejecutaba con los dedos, sin utilizar púas (cf. 1 S 16.23). Precisamente el verbo griego *psallo* significa «pulsar». Aunque el nombre delata el origen extranjero del instrumento, su empleo en toda el área del Mediterráneo oriental durante el primer milenio a.C. es evidente.

La palabra también suele ser traducción del arameo *psanterin* (Dn 3.5,7,10,15), nombre de uno de los instrumentos de la orquesta de Nabucodonosor. En unas 25 referencias aparece asociado con el → arpa (Sal 108.2; 150.3), lo cual pareciera implicar que eran instrumentos complementarios y que probablemente el salterio hacía las veces de bajo. Es evidente que David ejecutaba ambos instrumentos, y que el salterio se empleaba tanto en celebraciones religiosas (1 R 10.12; 1 Cr 15.16) como seculares (cf. Is 5.12).

Puerto en la ciudad neotestamentaria de Salamina, donde Pablo y Bernabé desembarcaron en su primer viaje misionero (Hch 13.4-5).

Foto de Howard Vos

S

2. Nombre que también se da al libro de los Salmos.

SALTÓN → Langosta.

SALUDO, SALUTACIÓN Saludar es traducción del verbo hebreo *barak* (*bendecir*) y del griego *aspadzesthai (*acoger con gozo, abrazar). También lo es del substantivo hebreo *shalom* (paz, bienestar) y las formas verbales griegas *jaíre* y *jaírein* (regocijar). Para los hebreos, el saludo tenía efectos bienhechores sobre la persona saludada (por tanto, era indispensable en las → Epístolas), pero solo si esa persona era digna del saludo (cf. Mt 10.13). Negarle a alguien el saludo equivalía a maldecirlo (2 Jn 10).

Las formas de saludo tenían calor y encanto humanos. Los saludos que los caminantes se cruzaban, sobre todo entre personas conocidas que hacía mucho tiempo que no se veían, iban acompañados de → bendiciones (Gn 43.29; Jue 6.12; 19.20; Rt 2.4; 1 S 25.6; 2 R 10.15), gestos significativos, → besos y largas conversaciones en que mutuamente se informaban de las últimas noticias (Gn 29.11,13; Éx 4.27; 18.7; 2 S 20.9; 2 R 4.26,29; Lc 10.4).

A las personas consideradas como de mayor rango o dignidad, se les daba muestras de deferencia: el saludador se apeaba de su montura y hacía una y hasta siete inclinaciones, o se postraba ante el saludado (2 S 9.6; 2 R 4.27; Mt 28.9), llamándole señor y padre, y calificándose a sí mismo de siervo, esclavo o perro (Gn 18.3; 24.18; 33.5; 42.11; 1 S 26.18; 2 S 24.21; 2 R 2.12 etc.). Con los ancianos se tenían consideraciones especiales (Lv 19.32). Las ceremonias de salutación en las visitas consistían en diversas atenciones mutuas: lavar los pies, ungir, perfumar, agasajar. El anfitrión corría al encuentro de los huéspedes (Gn 18.2; 19.1; 29.13; Éx 18.7), y luego al despedirlos los acompañaba un buen trecho del camino (2 S 19.31; → Hospitalidad).

Las fórmulas corrientes de saludos eran: «Paz sea contigo» (Jue 19.20); «Paz sea a esta casa» (Lc 10.5); «Jehová está contigo» (Jue 6.12). Pero también se usaban fórmulas más extensas. Aunque Jesús recomienda a sus discípulos que saluden al entrar en una casa (Mt 10.12; Lc 10.5), critica la vanidad de los fariseos, que deseaban que se les saludara pomposamente y en público (Mt 23.7).

Bibliografía:
EBDM VI, col. 404ss. DBH, col. 1779s.

SALUM Nombre, en varias formas, de quince personajes del Antiguo Testamento de los cuales los principales son:

1. Decimoquinto rey de Israel y sucesor de Zacarías, a quien mató *ca.* 745 (2 R 15.10-15). Reinó solamente un mes, pues Manahem lo mató para arrebatarle el trono.

2. Otro nombre de → Joacaz, hijo y sucesor de Josías en el trono de Judá *ca.* 609 (1 Cr 3.15; Jer 22.11).

3. Levita de la familia de Coré y jefe de los porteros del santuario en tiempos de David (1 Cr 9.17,19).

4. Sumo sacerdote durante el período medio de la monarquía (1 Cr 6.12,13), antepasado de Esdras (Esd 7.2).

5. Esposo de la profetisa Hulda (2 R 22.14; 2 Cr 34.22) y tal vez tío de Jeremías.

SALVACIÓN La idea básica del término «salvación» es rescatar y preservar de un peligro inminente; implica dar salud y seguridad. En su sentido más profundo, sin embargo, es un término cuyo significado está limitado cada vez más a la expresión del milagro divino de la emancipación espiritual del hombre del dominio y culpa del → pecado y la → muerte, y al goce de una → vida eterna de comunión renovada con Dios. En las Sagradas Escrituras el tema se desarrolla desde el concepto puramente físico, hasta el plano moral y espiritual.

Según el Antiguo Testamento, el peligro y la calamidad física persiguen al hombre hasta la muerte por a causa del pecado (Gn 4.12ss). Su situación es la de un huérfano. Dios es el único que lo puede socorrer y salvar y, cuando la salvación divina se manifiesta, tanto el individuo como la comunidad quedan liberados íntegra y vitalmente. El individuo queda libre de peligros físicos, injusticias y necesidades. La comunidad queda libre de guerras, trastornos políticos, hambres, etc.

Dios tiene en sus manos todos los medios para la salvación del hombre, y es Señor de todos los instrumentos salvadores. Salva en ocasiones por medio de una persona que usa momentáneamente y que al parecer actúa por móviles personales y humanos (1 S 25.26-33; cf. Jue 14.1-4). Pero otras veces actúa por medio de instrumentos exclusivamente seleccionados y también en forma directa. Dios salva (Éx 14.13) y Él es la salvación (15.12). El → ÉXODO es el gran paradigma de la salvación, y su significado teológico se celebra en las grandes → FIESTAS de los israelitas (por ejemplo, la → PASCUA).

La esperanza y doctrina de la salvación se desarrolla progresivamente. En un principio son los desvalidos y los pobres los que tienen particular motivo para esperar la salvación de Dios. El libro de los Salmos es elocuente en este sentido. Y en varias partes del Antiguo Testamento hay destellos de una salvación más allá de lo finito (por ejemplo, Job 19.26s). Pero, puesto que personal y nacionalmente el hombre trata de escapar de manos de sus enemigos, la salvación generalmente adquiere un concepto político y religioso que llega a su cenit en la presentación del sufrimiento del Siervo en Is 53. En este aspecto el Antiguo Testamento prepara la escena de la salvación en el Nuevo Testamento.

El Nuevo Testamento toma el amplio concepto del Antiguo Testamento y lo liga a la persona de Jesucristo, el → SALVADOR que trae salvación a todos los hombres (1 Ti 1.15; 2.4ss). Jesús es la respuesta definitiva a las esperanzas de salvación del Antiguo Testamento, como se ilustra en la profecía de Simeón en Lc 2.29-32, y en la explicación del significado del nombre de Jesús (Mt 1.21).

Jesús enfoca la salvación desde la perspectiva del deber del hombre (Mt 10.22; Mc 8.35; Lc 7.50) y el significado del ministerio del → HIJO DEL HOMBRE. Proclamó que su tarea era servir y dar su vida para la salvación de muchos (Mt 18.11; 20.28; Mc 10.45; Lc 4.18).

El concepto de la salvación en el Evangelio de Juan tiene aspectos aun más significativos. Aquí se pone énfasis en el nuevo nacimiento como requisito esencial para entrar al Reino (Jn 3.5), pero a la vez la vida no es posible sin poner la confianza definitivamente en Cristo (Jn 3.14,16). El hombre que no cree «ya ha sido condenado» (Jn 3.18; → JUICIO; INFIERNO). La salvación se presenta en un plano cristológico y Jesucristo es el agente de la misma. Para ser salvo es necesario volverse a Él, por la fe, en esperanza y confesión.

Pablo da al tema su máximo desarrollo en sus cartas, haciendo destacar que la salvación es gratuita y no la puede merecer ningún hombre por sus buenas → OBRAS ni por el cumplimiento de la Ley (Gl 2.21; 3.11), sino que estos más bien son la manifestación externa de una salvación interna (Ef 2.10). Todo es de → GRACIA (2.5); la → CONVERSIÓN que produce la salvación en el individuo la opera el → ESPÍRITU SANTO de Dios (Ro 8.1ss); y es un cambio de vida tan radical como de la noche al día (2 Ti 1.10; 1 P 2.9; → RENACIMIENTO). El hombre pecador puede valerse de la salvación únicamente identificándose por la → FE con Cristo, el → CORDERO DE DIOS, quien expió la culpa del mundo (→ EXPIACIÓN; SACRIFICIO) y quien por su muerte y → RESURRECCIÓN se califica como único salvador y mediador del → PACTO entre Dios y la humanidad (1 Ti 2.5).

Un elemento enteramente específico de la salvación neotestamentaria es su carácter escatológico. La salvación constituye el objeto de la herencia cristiana, la posesión de la gloria divina (2 Ti 2.10), sin que esto quiera decir que esa vida no sea ya posesión actual nuestra (escatología anticipada, Ef 2.5-8) porque no estamos plenamente salvados más que en esperanza (Mt 10.22; Mc

S

13.13; Ro 8.24). (→ ELECCIÓN; JUSTIFICACIÓN; SANTIFICACIÓN.)

SALVADOR Título asignado a Jesucristo, fuera del cual no hay salvación (Hch 4.12).

En el Antiguo Testamento el título «salvador» posee enorme sentido. La traducción latina *salvator* proviene de la palabra hebrea *Yehoshua*, Josué (*Jehová es Salvación*). A su vez, corresponde también al término griego la dignidad de la soberanía.

El término se aplicaba como título a los capitanes y reyes que tenían éxito, y en forma muy general a los libertadores de un pueblo (Jue 3.9; 2 R 13.5; Neh 9.27). Fue Dios quien siempre levantó un libertador para su pueblo en tiempo de necesidad y en las muchas crisis históricas. Él era el Salvador de Israel (Sal 106.21; Is 43.3-11; 60.16) y comparado a Él nadie más podría con justicia llamarse «salvador».

En la Septuaginta la palabra se usa como título divino unas treinta veces. El nombre se repite especialmente en el vocabulario de Isaías (43.3-11; 45; 49.26; 60.16; 63.8), pero también aparece en muchos otros pasajes (Sal 24.5; Jer 14.8; Os 13.4; Miq 7.7).

El término «salvador» se aplica comúnmente a Jesucristo en la teología de la iglesia cristiana. Sorprende, por tanto, que aparezca relativamente poco en el Nuevo Testamento como título cristológico (solamente 16 veces: por ejemplo, Lc 2.11; Jn 4.42; Hch 5.31; 13.23; Ef 5.23; Flp 3.20; 2 Ti 1.10; etc.).

Se ha dicho que este escaso uso del título se debe a que el mismo se usaba extensamente en los medios del mundo helénico, y por tanto los cristianos lo tenían como sospechoso. Prefirieron emplear otros títulos para expresar el mismo sentido (por ejemplo, «Señor» en Ro 10.9s). Cabe mencionar que el término se usa principalmente en la literatura del Nuevo Testamento escrita con posterioridad al año 60.

Como ha sido anotado, «Salvador» aparece en la Septuaginta como un título de Dios y pasó a formar parte de la herencia bíblica de la iglesia. En Lc 1.47 y 2.11 se sigue el estilo del Antiguo Testamento, con expresiones puramente hebraicas. Y en las epístolas pastorales es a Dios a quien se llama con preferencia Salvador (1 Ti 1.1; 2.3; 4.10; Tit 1.3; 2.10; 3.4), lo cual corresponde al uso legítimo del Antiguo Testamento. También la doxología de Jud 25 llama Salvador a Dios Padre.

Cuando a Jesús se le dio el título de Salvador en forma ocasional no fue para referirse solamente a una de sus funciones (por ejemplo, sanar el cuerpo), sino a toda su obra, vista a la luz de su resurrección y glorificación. En este sentido el título «Salvador» se vincula íntimamente con el título *Kyrios* (→ SEÑOR). Inclusive puede considerársele como una variante de este. *Kyrios* expresa una idea que aparece en escala menor, pues recalca la obra expiatoria de Cristo, la cual es condición esencial para su elevación al rango de Salvador divino (Flp 2.9).

Aunque la palabra «Salvador» muchas veces no se encuentra explícitamente asociada con el título de «Señor», sí está asociada con el concepto cósmico del señorío; 2 P 1.11; 2.20; 3.18; Lc 2.11 («un salvador, que es Cristo el Señor»); Flp 3.20 («el salvador, el Señor Jesucristo»); Hch 5.31 (Dios exaltó a Jesús a su mano derecha como Jefe y Salvador para arrepentimiento a Israel y perdón de pecados); Jn 4.42; 1 Jn 4.14 (el «Salvador del mundo» con sentido netamente cósmico).

El alcance teológico del título «Salvador» llegó a su plena expresión al final de la época apostólica, cuando puede asociarse con otros atributos importantes del nombre Jesús. Posiblemente los alcances especulativos y cosmológicos de «Señor» obligaron a los escritores a preferir cada vez más el título «Salvador».

Bibliografía:

EBDM VI, col. 407-418. *DBH*, col. 1880-1885. *CBSJ* V 77.140-163, 79.35-51, 75-79. *VTB*, pp. 733-738. *DTB*, col. 961-964. O. Cullman, *La cristología del Nuevo Testamento*, Methopress, Buenos Aires, 1965, pp. 275-282. P. Grelot, *Biblia y Teología*, Herder, Barcelona, 969, pp. 45-69.

SAMA Nombre de cinco personas del Antiguo Testamento.

1. Tercer hijo de Reuel y jefe de una familia descendiente de Esaú y por lo tanto edomita (Gn 36.13,17; 1 Cr 1.37).

2. Tercer hijo de Isaí y hermano de David. Sirvió en el ejército de Saúl (1 S 16.9; 17.13). A veces se le llama Simea (2 S 13.3; 21.21; 1 Cr 2.13).

3. Uno de los tres más bravos guerreros de David e hijo de Age, el ararita (2 S 23.11,12).

4. Nombre de tres de los treinta valientes de David (2 S 23.25,33; 1 Cr 11.44).

5. Descendiente de Aser (1 Cr 7.37).

SAMAI Nombre de tres personas del Antiguo Testamento.

1. Hijo de Onam y bisnieto de Judá (1 Cr 2.28,32).

2. Hijo de Requem, de la tribu de Judá (1 Cr 2.44,45).

3. Descendiente de Judá (1 Cr 4.17).

SAMARIA Capital del reino de Israel entre 870–721 a.C. y, después, centro administrativo de las potencias extranjeras que una tras otra dominaron la región. Más tarde el nombre de la ciudad fue dado también a toda la región central de Palestina al oeste del Jordán entre Judea al sur y Galilea al norte.

La ciudad

Samaria estaba sobre un monte situado 70 km al norte de Jerusalén y 45 al este del Mediterráneo, en el camino principal entre Jerusalén y el valle de Jezreel. Por tres lados del cerro se extendían valles fértiles. Era punto fácil de defender y esto explica por qué Omri lo escogió como sitio donde construir la nueva capital del reino de Israel.

Cerca del 870 a.C., → OMRI compró a Semer el monte (1 R 16.24) y trasladó allí la capital que estaba en → TIRSA. Aunque Omri empezó a edificar la ciudad, la construcción se terminó durante el reinado de su hijo Acab. Los descubrimientos arqueológicos revelan que esta ciudad fue planeada y construida con un estilo digno de un rey fuerte

e influyente. La casa del rey la construyeron en el punto más alto, y cerca de ella Acab edificó para su esposa Jezabel un templo dedicado a Baal. Se han desenterrado quinientos pedazos de marfil, que probablemente pertenecieron a la casa de marfil que Acab también construyó (1 R 22.39). Samaria vivió toda la furia de la guerra contra la idolatría que declararon Elías y Eliseo y la cual Jehú consumó cuando exterminó la casa de Acab (2 R 10). Bajo Jeroboam II (786–746), Samaria gozó del período de mayor prosperidad (2 R 14.23-29).

Samaria estaba bien fortificada y por lo tanto pudo rechazar todos los ataques del enemigo hasta que Salmanasar rey de Asiria la sitió *ca.* 724 a.C. Antes de rendirse, la ciudad resistió por tres años al ejército más poderoso de aquel entonces. Una parte de la ciudad fue quemada. Los profetas Isaías (10.9-11) y Miqueas (1.1-7) señalaron esta destrucción como advertencia para Judá.

Después de la caída de Samaria, y según los archivos de los asirios, Sargón rey de Asiria llevó cautivos a 27.290 israelitas y repobló la ciudad con gente de otros países que había conquistado. Samaria se convirtió entonces en el centro administrativo de una provincia del Imperio Asirio.

Después de la caída del Imperio Asirio, se restableció la organización provincial y se colocó a Samaria como centro. Otras potencias extranjeras se apoderaron de la región: los caldeos, los persas, los macedonios, los ptolomeos y los seléucidas. El rey macabeo Juan Hircano, después de haberla sitiado por más de un año, la tomó en 107 a.C. y al entrar la destruyó casi por completo.

Con el avance de los romanos, Samaria cayó bajo el poder de estos (63 a.C.) y el emperador romano, Augusto, dio la ciudad a Herodes el Grande. Este empezó inmediatamente un gran programa de construcción y la llamó Sebaste, equivalente griego de la palabra latina «augusto». Herodes mandó construir un templo dedicado al César Augusto, una plaza al estilo romano y un estadio. Esta fue la Samaria del tiempo de Jesús.

Foto de Willem A. VanGemeren

Laderas de montes en terrazas en la región de Samaria, un territorio conocido por sus tierras de siembra ricas y fértiles.

Durante la rebelión judía (66–70 d.C.), los rebeldes tomaron Sebaste y la quemaron. La ciudad quedó abandonada hasta que el emperador Severo la reedificó a fines del siglo II. Durante este período, Samaria gozó de su última época de prosperidad. Reedificaron el templo, el estadio y la plaza, y construyeron un teatro al aire libre. Son estas ruinas las que el turista ve hoy día.

La región

Se extiende aproximadamente 60 km de norte a sur y 50 km del este al oeste, desde la orilla meridional del valle de Jezreel hasta una línea entre Jericó por el Jordán y Ajalón en el llano marítimo.

La parte meridional tiene elevaciones relativamente altas y por eso quedaba algo aislada. El suelo fértil y la lluvia abundante hacen que la tierra sea fructífera. La parte septentrional consiste en un valle central del cual se elevan varios montes, y de estos el Ebal y el Gerizim son los más conspicuos. El valle produce buenas cosechas de grano, y en las laderas de los montes hay olivas y uvas en abundancia (Jer 31.5). Se puede entrar al valle por varios lados sin dificultad, pero esta accesibilidad, si bien ha facilitado

el comercio, también ha facilitado las invasiones que la región ha sufrido frecuentemente a través de los siglos.

Fue solo después de que Omri edificó la ciudad de Samaria que la región se conoció por este nombre. Como provincia asiria se llamó Samerena. Samaria ha sido el centro de la secta religiosa de los → SAMARITANOS que ha perdurado desde el cisma en los días de Esdras y Nehemías hasta hoy.

Al parecer, Jesús y sus discípulos seguían la costumbre judía de no pasar por Samaria. No obstante, según el Evangelio de Juan, por lo menos una vez atravesaron la región (Jn 4.4ss).

Después de la resurrección de Jesucristo, los discípulos obedecieron el mandamiento que dio de ser testigos en Samaria. La predicación de Felipe, Pedro y Juan dio por resultado la fundación de iglesias en la región (Hch 8.1-25; 9.31; 15.3).

SAMARITANOS Término que en el Nuevo Testamento señala a los habitantes de → SAMARIA, raza mixta que resultó de la fusión del remanente israelita con los gentiles que los asirios llevaron a la región después de la caída de Israel (722 a.C.). Hoy se refiere a la pequeña comunidad religiosa que vive en la misma región.

La historia de los samaritanos no se conoce en su totalidad. Hay pocas referencias históricas a ellos y su propia literatura es de fecha reciente.

Según el punto de vista judío, los samaritanos son descendientes de los gentiles que los asirios llevaron a Israel después de la conquista y la deportación de los israelitas (2 R 17–18). Su religión es sincretista, como lo indica 2 R 17.32,33. donde se mezclan tradiciones cananeas con la religión hebrea.

Según el punto de vista samaritano, ellos son los verdaderos descendientes de los israelitas. No todos los israelitas fueron llevados cautivos, y muchos de los que fueron al cautiverio pudieron regresar.

La verdad probablemente está entre estos dos puntos de vista. Según los archivos de los asirios, → SARGÓN llevó cautivos solo a 27.290 israelitas. Evidentemente muchos quedaron en su tierra. Y también hay que recordar que la influencia de las religiones extranjeras era mucho más fuerte en Israel que en Judá. Es, pues, posible considerar la relación entre los judíos y los samaritanos como una continuación de la antigua hostilidad entre la fe pura de Judá y la diluida fe de Israel. Esta hostilidad llegó a su punto culminante cuando los samaritanos edificaron un templo rival en la cumbre del monte Gerizim, probablemente a finales del siglo IV a.C. El rey → MACABEO Juan Hircano destruyó este templo, pero los samaritanos continuaron venerando su monte sagrado y celebrando en él sus cultos. En el tiempo de Jesús, el ser samaritano era motivo de amargo desprecio (Jn 8.48), y los judíos trataban de evitar todo contacto con ellos (Jn 4.9). Jesús, sin embargo, varias veces puso como ejemplo a un samaritano para mostrar que ante Dios no hay acepción de personas (Lc 10.33-37; Jn 4).

Los romanos, incluso bajo los emperadores cristianos, persiguieron a los samaritanos hasta el 636 d.C., cuando el pueblo cayó bajo el poder de los musulmanes. Hoy día existen dos pequeños grupos de samaritanos, uno en la ciudad de Nablus (antigua Siquem), cerca del monte → GERIZIM, y otro cerca de Tel Aviv.

Los cinco puntos cardinales de la fe samaritana son:

1. La fe en Jehová como el único Dios.

2. La creencia que Moisés es el apóstol supremo de Dios.

3. La convicción de que la *Torá* es el único libro sagrado.

Monte donde el rey Omri, del reino del norte, edificó la ciudad de Samaria. Hasta la caída de la nación en 722 a.C., continuó siendo la ciudad capital de Israel.

Foto de Howard Vos

S

4. El reconocimiento del monte Gerizim como el lugar que Dios escogió.

5. La esperanza de que habrá un día de recompensa y de castigo.

Junto con el tema del día final está la idea de un restaurador quien en aquel tiempo aparecerá para anunciar la nueva era. No será Mesías en el sentido judío, sino más bien será el profeta de Dt 18.18 que los judíos identificaban con Elías. Él convertirá el mundo a la fe verdadera.

Los samaritanos son una comunidad religiosa gobernada por un sumo sacerdote. Observan la Pascua y la Fiesta de los Panes sin Levadura, el Pentecostés y la Fiesta de los Tabernáculos. En la cumbre del Gerizim matan el cordero pascual en vísperas de la Pascua y lo comen según las leyes de la *Torá*. Cumplen escrupulosamente con las leyes tocantes al sábado. El día más sagrado del año es el Día de la Expiación en que todo samaritano tiene que observar un ayuno total.

Sacerdote samaritano despliega un rollo de los cinco libros de Moisés, los únicos libros del Antiguo Testamento que aceptan como autoridad.

Foto de Howard Vos

SAMGAR Hijo de Anat (Jue 3.31; 5.6), tercer juez de Israel, sucesor de Aod y predecesor de Barac y Débora. No se sabe cuánto tiempo juzgó a Israel. Antes de que Samgar entrara en acción, Israel anduvo en gran incertidumbre y aflicción, subyugado por castigo de Dios (Jue 5.6).

Samgar fue uno de los valerosos «salvadores» de Israel, y dio muerte a «seiscientos hombres de los filisteos con una aguijada de bueyes» (Jue 3.31). Poco o nada se dice sobre su actuación como juez.

SAMIR Nombre de dos lugares y una persona del Antiguo Testamento.

1. Ciudad de los altiplanos de Judá (Jos 15.48) mencionada en las Escrituras junto con Jatir y Soco.

2. Ciudad donde Tola, juez de Israel, nació, vivió y fue sepultado (Jue 10.1,2). Estaba enclavada en el monte Efraín.

3. Descendiente de los levitas, probablemente de la rama de Coat (1 Cr 24.24).

SAMOS Isla importante situada en el mar Egeo, cerca de la costa de Lidia en Asia Menor; la separa de esta un estrecho que en su parte más angosta tiene menos de 2 km de ancho. Cuando Pablo la visitó en su tercer viaje misionero, Samos era una ciudad libre perteneciente a la provincia de Asia (Hch 20.15). Se conocía como tierra natal de Pitágoras y estaba consagrada al culto a Juno.

SAMOTRACIA Pequeña isla montañosa situada al norte del mar Egeo, unos 32 km al sur de la costa de Tracia. Debido a la altura (1.693 m) de uno de sus picos, Samotracia servía de guía a los marineros. Pero su renombre se debía especialmente a la celebración de los misterios de Ceres y Proserpina y de las deidades llamadas Los Cabiri. Por eso se consideraba sagrada y a ella acudían muchos peregrinos; los fugitivos llegaban a ella en busca de asilo.

La ciudad de Samotracia estaba en el lado norte de la isla, y durante la noche proporcionaba abrigo contra el viento sudoriental.

Por esta razón Pablo se apresuró a navegar de Troas a Neápolis en su primer viaje misional (Hch 16.1).

SAMÚA Nombre de cuatro personas del Antiguo Testamento.

1. Representante de la tribu de Benjamín entre los doce espías que exploraron Canaán (Nm 13.4).

2. Hijo de David y Betsabé (2 S 5.14). Se le conoce también como Simea en 1 Cr 3.5.

3. Padre de Abda (Neh 11.17), también llamado Semaías en 1 Cr 9.16.

4. Sacerdote en tiempo de Nehemías (Neh 12.18) llamado también Bilgai en Neh 10.8.

SAMUEL Líder de Israel durante el crítico período de transición entre los jueces y la monarquía, y primer reformador religioso después de Moisés. Se le llama el último de los jueces (1 S 7.15; Hch 13.20) y el primero de los profetas (Hch 3.24). Fue hijo de Elcana, levita (1 Cr 6.23ss) que vivía en el monte de Efraín (nordeste de Jerusalén), y de Ana, quien había pedido fervientemente a Dios un hijo. A tierna edad fue llevado al tabernáculo en Silo y presentado al sacerdote Elí, quien lo crió (1 S 1 y 2).

Samuel vivió durante un período de dura crisis en Israel. Los jueces eran cada vez más incapaces de unir a la nación. Cuando Elí y sus perversos hijos murieron, Samuel todavía era demasiado joven para dirigir al pueblo. Los filisteos capturaron el arca, destruyeron Silo y dominaron la parte sur de Israel. No fue sino veinte años más tarde que Dios levantó a Samuel para encabezar un gran avivamiento religioso (1 S 7.2-6). Dios le concedió la victoria sobre los filisteos (1 S 7.5-14) y desde entonces fue líder del pueblo (1 S 7.15-17).

Samuel desempeñó un papel importante en el establecimiento de la monarquía. Ya estaba viejo, sus hijos andaban mal y el pueblo clamaba por un gobierno más fuerte. Aunque la petición no agradó al principio a

PRIMERO DE SAMUEL:
Un bosquejo para el estudio y la enseñanza

Primera parte: Samuel, el último Juez (1.1—7.17)

Segunda parte: Saúl, el primer rey (8.1—31.13)

I. **La primera transición de liderazgo nacional: Elí-Samuel** . . . . **1.1—3.21**
  A. El nacimiento del nuevo líder . . . . 1.1—2.11
  B. La necesidad del nuevo líder . . . . 2.12—2.36
  C. La transición de Elí a Samuel 3.1-18
  D. Se reconoce a Samuel como el nuevo líder de Israel 3.19-21

II. **La magistratura de Samuel** . . . . **4.1—7.17**
  A. La necesidad del liderazgo de Samuel . . . 4.1—6.21
  B. Las victorias bajo el liderazgo de Samuel. . . 7.1-17

I. **La segunda transición del liderazgo nacional: Samuel-Saúl** . . . . **8.1—12.25**
  A. Las causas de la transición 8.1-9
  B. La transición de Samuel a Saúl . . . . 8.10—12.25

II. **El reinado del rey Saúl** . . . . **13.1—16.13**
  A. Los éxitos iniciales del Rey Saúl 13.1-4
  B. Los fracasos del rey Saúl . . . . 13.5—16.13

III. **La tercera transición del liderazgo nacional: Saúl-David** . . . . **16.14—31.13**
  A. La transición de la monarquía de Saúl a David . . . . 16.14—18.9
  B. Saúl intenta asesinar a David . . . . . 18.10—20.42
  C. El engrandecimiento de David . . . . . . 21.1—28.2
  D. La decaída final de Saúl . . . . 28.3—31.13

S

Samuel (1 S 8.6ss), Dios le pidió que ungiera a → Saúl como «príncipe» (1 S 9.17ss). Se ha sugerido al respecto que el uso de *nagid* (príncipe) en vez de *melec* (rey) indica que Samuel no miraba en Saúl a un rey al estilo de las demás naciones, sino a un líder militar que habría de unir al pueblo y salvarlo de los filisteos. Samuel entristeció, por tanto, cuando Dios rechazó a Saúl a causa de su desobediencia. El respeto del pueblo por Samuel se puso de manifiesto cuando todo Israel lamentó su muerte (1 S 28.3).

También fue Samuel el que estableció el movimiento profético. De acuerdo con 1 S 19.20-22, presidía un grupo de profetas. Fue fundador de las escuelas de → PROFETAS que ejercieron mucha influencia religiosa y educativa durante la monarquía. Su énfasis en la obediencia de corazón en vez de en los ritos exteriores (1 S 15.22ss) presagia el mensaje de los grandes profetas que surgirían más tarde.

La importancia de Samuel se reconoce en Sal 99.6, donde se le compara con Moisés y Aarón; en Jer 15.1, donde se le reconoce como intercesor y en Heb 11.32 donde se elogia por su fe.

SAMUEL, LIBROS 1 y 2 Dos libros del Antiguo Testamento que en el canon hebreo eran uno solo y formaba parte de los «Profetas Anteriores». La → SEPTUAGINTA lo dividió en dos libros que en la Biblia hebrea y en nuestras versiones se llaman 1 y 2 Samuel por la importancia que este profeta tiene en la narración histórica.

SEGUNDO DE SAMUEL:
Un bosquejo para el estudio y la enseñanza

Primera parte:
Los triunfos de David
(1.1—10.19)

I. Los triunfos políticos de David . . . . 1.1—5.25
  A. El reinado de David en Hebrón
    sobre Judá . . . . 1.1—4.12
  B. El reinado de David en Jerusalén
    sobre todo Israel 5.1-25
II. Los triunfos espirituales de David . . . . . . 6.1—7.29
  A. La transportación del arca 6.1-23
  B. La institución del pacto davídico 7.1-29
III. Los triunfos militares de David . . . . 8.1—10.19
  A. Los triunfos de David sobre sus enemigos . . . 8.1-12
  B. El gobierno justo de David . . . . 8.13—9.13
  C. Los triunfos de David sobre Amón y Siria . . . 10.1-19

Segunda parte:
Los transgresiones de David
(11.1-27)

I. El pecado del adulterio 11.1-5
II. El pecado del asesinato 11.6-27
  A. Urías no duerme con Betsabé 11.6-13
  B. David ordena el asesinato de Urías 11.14-25
  C. David y Betsabé se casan 11.26-27

Tercera parte:
Los problemas de David
(12.1—24.25)

I. Los problemas en la casa de David . . . 12.1—13.36
  A. Profecía de Natán 12.1-14
  B. El hijo de David muere 12.15-25
  C. Joab es leal a David 12.26-31
  D. Incesto en la casa de David 13.1-20
  E. Asesinato de Amón 13.21-36
II. Los problemas del reinado de David . . . 13.37—24.25
  A. Rebelión de Absalón . . . . 13.37—17.29
  B. Asesinato de Absalón . . . . 18.1—33
  C. David es restaurado como rey . . . . . . 19.1—20.26
  D. El comentario sobre el reinado
    de David . . . . 21.1—24.25

Estructura del libro

Samuel contiene la historia de Israel desde el fin de la época de los jueces hasta los últimos años del rey David. Consigna el desarrollo histórico desde la opresión bajo los filisteos hasta el establecimiento del imperio conquistado y organizado por David. En la historia de Samuel se destacan tres grandes personajes: Samuel, Saúl y David (véase el resumen de cada uno en 1 S 7.13-15; 14.47-52; 2 S 8). Según estos personajes, Samuel en conjunto se puede bosquejar de la manera siguiente:

A. Samuel, 1 S 1–7

B. Samuel y Saúl, 1 S 8–15

C. Saúl y David, 1 S 16–2 S 1

D. David hecho rey de Judá e Israel, 2 S 2–8

E. Acontecimientos en la familia e intrigas por el trono de David, 2 S 9–20

F. Apéndices, 2 S 21–24.

Un fragmento de 1 Samuel 23.9-16 descubierto en Qumrán. Data del siglo III a.C.

Foto de Howard Vos

Autor y fecha

Según la tradición judía, Samuel escribió la parte del libro que termina con su muerte y el resto lo escribieron Natán y Gad. Sin embargo, el libro parece obra de un solo autor. Según 1 S 9.9, fue escrito mucho después de los sucesos relatados (a menos que 9.9 sea una interpolación). El uso de «Israel» y «Judá» indica que había transcurrido un tiempo después de la división del reino en 931 a.C. (1 S 27.6).

Ciertamente el autor usó varias fuentes de información. Samuel escribió las leyes del reino (1 S 10.25). Se menciona el libro de Jaser (2 S 1.18). Se sabe que David tenía un cronista y un escriba particulares (2 S 8.16, 17). En 1 Cr 29.29 se mencionan escritos de Samuel, Natán y Gad.

Varios otros personajes se han sugerido como autores de Samuel, pero no se ha determinado uno con certeza. Probablemente fuera un profeta que vivió poco después de la división del reino y que se valió de los escritos antedichos. Si era uno de los «hijos de los profetas», sin duda tenía acceso a los datos que tenían guardados los profetas. Puesto que Samuel fundó la escuela de profetas, este autor en realidad estaba continuando la obra que Samuel empezó.

Marco histórico

Los libros de 1 y 2 S describen un viraje en la historia de Israel. Fue el tiempo cuando el pueblo se sintió insatisfecho con la poco cohesiva organización tribal que tenían e insistieron en una reino unido bajo la autoridad de un rey. Por cientos de años, habían existido como una sociedad tribal en la que cada tribu vivía en su territorio y se ocupaba de sus propios asuntos. Si un enemigo importante amenazaba, dependían en la liberación que les brindara un juez, quien organizaba un ejército de voluntarios para defender las fronteras.

El sistema de defensa, sin embargo, demostró ser terriblemente inadeacuado cuando los filisteos volvieron a intensificar sus actividades contra la nación allá por el año 1100

S

a.C. Este pueblo guerrero contaba con carros de hierro, un ejército bien organizado y armas superiores que utilizaban con gran precisión contra los muy mal organizados israelitas. La amenaza de estas fuerzas superiores llevó al pueblo a pedir un rey que uniera a todas las tribus contra el enemigo común.

Samuel ungió a Saúl como el primer rey de la nación allá por el 1050 a.C. Joven de muchas posibilidades, reinó por cuarenta años (Hch 13.21) antes de quitarse la vida arrojándose contra su espada cuando los filisteos lo derrotaron en una batalla decisiva (1 S 31.1-7). David, su sucesor, también gobernó cuarenta años (2 S 5.4; 1 Cr 29.27), de 1010 a 970 a.C. David logró arrojar a los filisteos, unificar al pueblo y conquistar o establecer relaciones pacíficas con las naciones vecinas.

Aporte a la teología

Destacados historiadores modernos han considerado los libros de Samuel una de las mejores historias antiguas. La mención de libros escritos por profetas (1 Cr 29.29; 2 Cr 9.29), el hecho de pertenecer a los «Profetas Anteriores» en la Biblia hebrea, la actividad cultual de los círculos proféticos y la interpretación dada a la historia de Israel indican en estos libros una estrecha relación entre el profetismo y la historia bíblica. Israel veía la historia como el desarrollo del plan de Dios, quien actúa y se revela en la historia. Moisés era profeta y en él se ve este sentir profético de la historia.

El libro de Samuel desempeña un papel importante en la historia del Antiguo Testamento. Explica el tiempo crucial en el principio de la monarquía. Muestra la importancia de un rey fiel y obediente a Dios, que a la vez señala al Rey perfecto que ha de venir. El capítulo 7 de 2 Samuel es un capítulo clave para el resto del Antiguo Testamento, puesto que da la promesa a la línea davídica. En Samuel se ven, por los actos de Dios en su tratamiento con su pueblo escogido, las grandes doctrinas de la elección, la revelación,

la providencia de Dios, la justicia divina, el perdón de Dios y el Reino de Dios.

Otros puntos importantes

Aunque Samuel revela una unidad de propósitos, muchos críticos lo consideran una amalgama de varios documentos que corren como dos hilos paralelos por todo el contenido. Sugieren que en sí se trata de dos o tres documentos que son la continuación de los documentos del Pentateuco. Tal teoría se basa en los relatos repetidos o «dobles», de los cuales los más señalados son: dos anuncios de la caída de la casa de Elí (1 S 2.21ss; 3.11ss), dos relatos del rechazo de Saúl (1 S 13.14; 15.23), dos explicaciones del dicho «¿Saúl también entre los profetas?» (1 S 10.10-12; 19.18-24), dos menciones de la presentación de David a Saúl (1 S 16.21; 17.58), dos menciones de la fuga de David de la corte de Saúl (1 S 19.12; 20.42), y dos versiones opuestas de la institución de la monarquía (desfavorable, 1 S 8; 10.17-24; 12; favorable, 1 S 9.1–10.16; 11). Otra teoría muy popular es que no son documentos que corren paralelamente, sino documentos de diferentes fases de la historia. Durante un largo proceso los profetas los fundieron en una sola historia. Aunque las pruebas indican que Samuel no fue escrito por el mismo autor de → REYES (nótese la ausencia de datos cronológicos, la falta de referencias a «la Ley de Moisés» y el uso del título «Jehová de los ejércitos»), el libro de Reyes se debe también mayormente a la recopilación de datos y a la interpretación de ellos en los círculos de los profetas.

No se puede negar que existen ciertos problemas al considerar a Samuel como una unidad. Es demasiado superficial, sin embargo, considerar narraciones paralelas como los propuestos documentos J y E (→ CRÍTICA BÍBLICA). Samuel no afirma ser una historia completa, pues hay largos lapsos sin detalles en las historias de Samuel y Saúl (por ejemplo, en 1 S 9.2, Saúl es joven, y en 1 S 13 ya tiene un hijo guerrero, Jonatán). Esto se debe a que el autor se apresura en llevar la historia al reinado de David. Muchos supuestos relatos dobles son resultado de una manera de leer el texto y se pueden explicar como dos acontecimientos en vez de relatos dobles y contradictorios de un mismo suceso. Los dos anuncios de la caída de Elí son complementarios. En el caso del repudio de Saúl, la primera vez se puede aplicar a su dinastía, pero la segunda vez el repudio es más duro porque Saúl cometió una nueva desobediencia. De la misma manera los «dobles» que tocan la relación entre Saúl y David se explican mejor como diferentes sucesos.

El caso de las dos versiones de la institución de la monarquía es más complejo. Es posible que hubiera dos corrientes de opinión entre el pueblo. Además, se usan dos diferentes palabras para nombrar al elegido: el pueblo pidió un «rey» (1 S 8.5), pero Samuel ungió a Saúl como «príncipe» o «jefe» para salvar al pueblo de los filisteos (1 S 9.16). Fue el plan de Dios que Israel tuviera rey, pero fueron censurables la manera y el propósito con que lo pidieron. El relato refleja también la tristeza que esto causó a Samuel.

Otra discrepancia es el relato de Goliat (1 S 17; 2 S 21.19). ¿Quién lo mató, David o Elhanán? En este caso, es mejor aceptar el texto paralelo de 1 Cr 20.5, donde se dice que → ELHANÁN mató al hermano de Goliat. Parece que en 2 Samuel el texto sufrió alteración.

El texto hebreo de lo que hoy es 1 y 2 S no se ha conservado tan bien como el de muchos otros libros del Antiguo Testamento, pues algunas versiones como la Septuaginta difieren mucho del original. Recientemente se han encontrado en las cuevas de Qumrán (4Q) fragmentos de los actuales 1 y 2 Samuel que datan del siglo I a.C. Puesto que estos también varían, se concluye que originalmente circulaban varios textos de Samuel. Es muy posible que nuestro texto refleje algunos errores de copista.

Bibliografía:

F. Lange, *Introducción al Antiguo Testamento,* Concordia, St. Louis, 1962.

Foto de Howard Vos

Sandalias ornamentales descubiertas en la tumba del faraón Tutankamen de Egipto.

SANBALAT Personaje poderoso, cruel enemigo de los judíos durante la reconstrucción de Jerusalén después del → CAUTIVERIO. Seguramente era jefe de un grupo de personas que residían en Samaria y se oponían fuertemente a la reconstrucción. En este grupo se hallaban Sanbalat, Tobías, Gesem, Noadías la profetisa y otros llamados profetas que procuraban infundir miedo a → NEHEMÍAS. Este siempre respondía con energía, oración y trabajo (Neh 4.4,22,23; 6.2,3). Sanbalat figura como escarnecedor de los judíos (2.10,19) y jefe de un asalto a Jerusalén (6.1-7,12,14). Nehemías aplicó la ley contra los cónyuges extranjeros (13.28) a uno de los hijos de Joiada, hijo del sumo sacerdote Eliasib, quien estaba casado con una hija de Sanbalat.

SANDALIA Tipo de calzado sencillo que solo consiste de una suela atada al pie por medio de correas, algunas de las cuales pasan por entre los dedos, por la parte posterior del talón y sobre el empeine. Es la sandalia, según opiniones autorizadas, lo que en la Biblia se denomina «calzado» o «zapato» (Gn 14.23; Mc 1.7). La sandalia hebrea era confeccionada con paño, cuero, fieltro o madera. Durante el período romano lo mismo usaban sandalias los soldados que las personas de clase elevada. Las mujeres usaban sandalias de piel de tejón (Ez 16.10).

Los hebreos, para demostrar respeto o reverencia tanto a los hogares como a sitios sagrados, acostumbraban dejar sus sandalias en el umbral de esos sitios y entraban descalzos (Éx 3.5; Jos 5.15). Cuando un hebreo vendía una propiedad se quitaba una sandalia y la entregaba al comprador para expresar simbólicamente el acto de transferencia y de confirmación del trato (Rt 4.6-9).

SANGRE Sinónimo de vida y de alma en el Antiguo Testamento, Gn 9.4 (BJ) dice: «Dejaréis de comer la carne con su alma [en hebreo, *nefes*], es decir con su sangre» (cf. Lv 17.11; Dt 12.23).

En toda la Biblia la sangre es símbolo de la vida y de allí la prohibición de comer la sangre de los animales, de derramar la sangre humana y el uso cultual de la sangre.

La prohibición de comer sangre es anterior a la Ley (Gn 9.4,5). El homicidio es considerado un crimen desde el principio (Gn 4.11) y la sangre derramada clama venganza (Gn 4.10). El sacrificio de animales es igualmente primitivo y está directamente relacionado con el pecado del hombre (Gn 4.4).

Es necesario destacar la diferencia fundamental entre el pensamiento griego y el hebreo. En el primero la sangre está asociada a la reproducción y representa el centro emocional del hombre. En la religión hebrea, es la sangre derramada la que adquiere significado ritual y como tal es medio de → EXPIACIÓN; adoración, consagración y aun llega a simbolizar la concertación de un → PACTO (Éx 24.6-8).

La expresión «carne y sangre» (cf. Mt 16.17) se refiere a la debilidad, limitación y contingencia del hombre, además de su condición mortal y perecedera. Es la idea opuesta a lo que será la naturaleza incorruptible y de gloria que recibirán los creyentes en la resurrección (1 Co 15.35-54).

Todo el simbolismo cultual de la sangre del Antiguo Testamento halla su cumplimiento en la sangre de Cristo, expresión que en el Nuevo Testamento equivale a la muerte del Señor Jesucristo. La sangre de Cristo, es decir su muerte en la cruz, es el símbolo del precio de nuestro rescate (Ef 1.7); nos reconcilia con Dios (Ro 3.25 y 2 Co 5.19); nos redime de nuestros pecados (Ap 1.5); nos purifica (Heb 9.14); nos santifica (1 P 1.2); establece una nueva alianza (Heb 9.11-22). Por la sangre de Cristo somos justificados ante Dios (Ro 5.9), tenemos un vestido limpio (Ap 7.14), y podemos entrar con confianza en el santuario de Dios (Heb 10.19).

La «comunión con la sangre de Cristo» ilustrada por la participación de la copa en la → CENA DEL SEÑOR, expresa la identificación del creyente con la muerte de Cristo.

SANGUIJUELA Gusano anélido con una ventosa en cada extremo. Vive en ríos y lagos y se alimenta de la sangre de diversos animales, la cual chupa metiéndoseles en las narices y en la boca cuando están bebiendo (cf. Pr 30.15).

SANEDRÍN → CONCILIO.

SANIDAD, SANIDADES Acontecimiento o proceso de devolver la salud a una persona o animal. Tiene que ver con la curación de la enfermedad y la restauración a la vida plena.

La sanidad en el Antiguo Testamento

La interpretación de la salud y la enfermedad en el Antiguo Testamento se desprende de la revelación de Dios a los judíos en cuanto a la naturaleza del bien y del mal y su significado para la vida.

En el Antiguo Testamento existen varias palabras que significan «salud» o «saludable». «Salud» es un estado de existencia expresado en términos que indican vigor y vida plena.

El término *shalom* expresa la plenitud de vida e integra los conceptos de «paz», «bienestar», «salud», «salvación», «justicia» y «comunidad». La enfermedad, por el otro lado, se describe con palabras que se derivan de la raíz hebrea *hlh*, que significa «debilidad», «cansancio», «falta de vitalidad», etc.

En la antropología del Antiguo Testamento, la experiencia de la enfermedad está íntimamente relacionada con la experiencia del pecado. La manera más común de expresar la recuperación de la salud es con la raíz hebrea *hyh*, que significa «vida». Estar enfermo es acercarse a un estado de debilidad absoluta que conduce a la muerte, mientras que la recuperación de la salud significa recobrar la vida. Desde esta perspectiva se puede entender cómo la «muerte» de Adán y la muerte que se desató en el mundo como consecuencia del pecado están relacionadas con la enfermedad en la mente hebrea. Todo es consecuencia del pecado y de apartarse de la voluntad de Dios.

A raíz de lo anterior, las oraciones por la sanidad o por la liberación de la enfermedad incluyen la confesión del pecado (Sal 38.2-5; 32.1-11; 103.3, *et al.*). La relación entre la enfermedad, la muerte y el pecado se expresa en la más antigua tradición jehovista que se encuentra en Génesis 2 y 3, al inicio del Torá, y demuestra el juicio de Dios sobre la raza humana. Sin embargo, no es que el Antiguo Testamento enseñe una relación directa entre cada enfermedad y el pecado personal, sino que cada enfermo era una expresión física de la debilidad espiritual de un pueblo que se había visto separado de Dios por su pecado. Solo Dios sabe el grado de culpabilidad personal. En la misma línea, los profetas anticipaban la presencia de un pueblo restaurado y purificado en Sion: «No dirá el morador, Estoy enfermo; al pueblo que more en ella le sera perdonada la iniquidad» (Is 33.24).

La sanidad, o la restauración a la vida, siempre es la obra de Jehová. Asa es condenado porque «en su enfermedad no buscó a Jehová, sino a los médicos» (2 Cr 16.12). No se prohibía, sin embargo, el recurso de las personas especializadas en la curación de las heridas o de los huesos quebrados, según indican los profetas (Is 1.6; Ez 30.21, *et al.*). El uso de las hierbas y otros medios de curación fueron prácticas comunes (2 R 20.7; Is 38.21), y considerados como parte de la sabiduría hebrea (1 R 5.9-14).

A través de la historia de Israel hay también casos de personas que, con el poder de Dios, tienen la habilidad de restaurar la vida a los enfermos y afligidos. Pero aun fuera del mundo judío los pueblos buscaban a Dios como fuente de sanidad y restauración.

La sanidad en el Nuevo Testamento

La sanidad ocupa un lugar central En el ministerio de Jesús. Jesús responde a los enviados de Juan el Bautista con la apelación a su propia experiencia en cuanto a sanidades y milagros (Mt 11.4-6; Lc 7.22,23). En casi todos los textos de los evangelios sinópticos donde se resume el ministerio de Jesús, la sanidad figura como una de las actividades calificadoras.

Antes de su relato del Sermón del Monte, Mateo establece un marco referencial en cuanto al ministerio de Jesús cuando da la noticia de que «recorrió Jesús toda Galilea, enseñando en las sinagogas de ellos, y predicando el evangelio del Reino, y sanando toda enfermedad y toda dolencia en el pueblo» (Mt 4.23; véase 9.35). Esta misma clase de declaración en cuanto al ministerio de Jesús se repite con frecuencia (Mt 4.24–5.2; 8.16,17; 12.15,16; 15.29-31; Mc 1.32-34; 3.7-13; Lc 4.40,41; 6.17-19, *et al.*). Por su predicación, su manera de vivir en solidaridad con los pobres de la tierra, y por sus sanidades y exorcismos, Jesús manifestó el hecho que «el Reino de Dios ha llegado» (Mc 1.14 par.). La Palabra del Señor había hablado de un siervo, ungido de Jehová, que predicaría buenas nuevas a los pobres, sanaría a los quebrantados de corazón y liberaría a los cautivos (Is 61.1,2).

En Lc 4.17-21, Jesús hizo suya esta promesa y así anunció que en su propia persona el

Reino de Dios irrumpía. Con su dominio sobre las enfermedades y sobre los demonios, Jesús inaugura el Reino de Dios y lo encarna (Mt 12.28; Lc 11.20). A través de las sanidades, Jesús evidenciaba el poder y la compasión de Dios para liberar a los hombres de toda clase de mal. El ministerio sanador de la Iglesia está fundamentado sobre la comisión apostólica dada a los discípulos durante la vida y ministerio de Jesús: «Llamando a sus doce discípulos les dio autoridad sobre los espíritus inmundos, para que echasen fuera, y para sanar toda enfermedad y toda dolencia ... y yendo, predicad, diciendo: el Reino de Dios se ha acercado. Sanad enfermos, limpiad leprosos, resucitad muertos, echad fuera demonios» (Mt 10.1, 7,8; Mc 6.7-12; Lc 9.1-6). Es obvio, entonces, que las sanidades son partes integrales de la evangelización.

Vemos el mismo principio en Hechos de los Apóstoles, donde Lucas toma el cuidado de narrar las muchas instancias de sanidades hechas por los siervos del Señor. Tales acciones dan testimonio de la resurrección del Señor Jesús (4.33), y del hecho de que «en ningún otro hay salvación/sanidad (*soteria*); porque no hay otro nombre bajo el cielo, dado a los hombres, en que podemos ser salvos/sanados (*sothenai*)» (4.12).

El don de sanidad

Al inicio y al final de su discurso sobre las manifestaciones del espíritu en 1 Co 12, Pablo menciona los «dones de sanidades» (*charimata iamaton*: 1 Co 12.9,28,30). Esta es la única mención explícita del don de sanidad en el Nuevo Testamento, y ambos términos (don, sanidad) aparecen en plural. Esta frase, juntamente con la expresión afín «milagros» (vv. 10,29) se dan en plural para dar a entender un sentido de abundancia y variedad en los dones que se desprenden de la fe. Los dones de milagros y sanidades se destacan por su poder simbólico que evidencia la acción de Dios para liberar de la esclavitud del mal y de los resultados del pecado en todos los niveles de la vida.

En Stg 5.13-16, se describe una función establecida en la comunidad en la cual un enfermo llama a los ancianos para orar, ungiéndolo con aceite en el nombre del Señor. La oración de fe salva/sana (*sosei*) al enfermo, y el Señor lo levanta; y si hubiere cometido pecados, le son perdonados. En este pasaje no se habla explícitamente de un don de sanidad, sino de un poder sanador dentro de la comunidad de fe, expresado a través de sus líderes.

A la luz del concepto de sanidad en el Nuevo Testamento, podemos llegar a cuatro conclusiones. Primero, la predicación del evangelio es suficiente en sí para efectuar sanidad. Segundo, los que son enviados a proclamar el evangelio frecuentemente son dotados de poder sanador con el objetivo de llevar las personas a la salvación. Tercero, Dios obra sanidades a través del ministerio de los ancianos y de la oración de fe. Finalmente, existe un don específico que hace posible la sanidad dentro y fuera de la comunidad de fe, como testimonio al poder de la resurrección, y que trata las consecuencias morales y físicas del pecado individual, comunal y estructural.

SANSÓN Juez de Israel famoso por su fuerza física fenomenal. Hijo de Manoa, de la tribu de → DAN, juzgó a Israel por veinte años, siendo el último de los jueces antes de Samuel. Al igual que Isaac, Samuel y Juan el Bautista, el nacimiento de Sansón fue anunciado (Jue 13.1-25).

En Timnat, Sansón tomó a una mujer de los filisteos por esposa. En la fiesta de bodas, propuso un enigma a los filisteos relacionado con un panal de miel hallado en el cuerpo de un león al que había dado muerte. Como los filisteos no pudieron adivinarlo, la mujer de Sansón le presionó para que se lo revelara, y luego se lo contó a los filisteos. Enojado, Sansón bajó a → ASCALÓN, donde mató a treinta filisteos y tomó sus vestidos para darlos a los que habían declarado el enigma. Luego su mujer fue dada a su compañero (14.1-20). Cuando Sansón supo esto, soltó en los sembrados trescientas zorras con teas encendidas atadas a sus colas y quemó los sembrados. Entonces los filisteos quemaron a la mujer y al suegro de Sansón, y en venganza Sansón los hirió «con gran mortandad» (15.1-8).

Los filisteos por su parte se vengaron atacando a los israelitas. Los israelitas ataron a Sansón con dos cuerdas, y con su consentimiento lo entregaron a los filisteos en Lehi. Pero Sansón rompió las cuerdas, tomó una quijada de asno y mató a mil hombres. Luego, para saciar su gran sed, Dios abrió una fuente de agua en la peña (15.9-19).

En otra ocasión, cuando Sansón visitó a una ramera en → GAZA, los filisteos rodearon la ciudad para vigilar las puertas y capturarlo. Sin embargo, a la medianoche se levantó Sansón, sacó las puertas con sus dos pilares, y se las llevó «a la cumbre del monte que está delante de Hebrón» (16.1-3).

Después Sansón se enamoró de una mujer de Sorec llamada → DALILA, la que lo traicionó al hacer que revelara el secreto de su poder. Dalila le cortó el cabello y el Espíritu se apartó de él. Entonces los filisteos lo tomaron preso, le sacaron los ojos y lo pusieron a moler encadenado en la cárcel (16.1-22). Posteriormente en una fiesta en el templo de → DAGÓN, llamaron a Sansón para que les divirtiese. El pelo le había crecido otra vez y, habiéndose arrepentido, clamó a Dios, quien le devolvió la fuerza. Tomando las dos columnas principales, tumbó la casa y murieron tres mil filisteos con él (16.23-31).

Por cuanto el Espíritu de Jehová se apoderaba de Sansón (13.25; 14.6; 19; 15.14), aunque esporádicamente, el autor de Hebreos lo incluye en la lista de los héroes de la fe (11.32).

SANTA CENA → CENA DEL SEÑOR.

SANTIAGO → JACOBO.

SANTIAGO, EPÍSTOLA DE Primera de las siete epístolas generales, así clasificada por estar dirigida a «las doce tribus que están en la dispersión», probablemente en referencia a las congregaciones cristianas dispersas en todo el mundo.

Estructura del libro

La carta parece ser una colección de aforismos y homilías prácticas sobre la necesidad de asociar la fe con las buenas obras, organizados según la costumbre judía de asociar palabras clave. En este sentido, el libro debe ser estudiado como un sermón más o menos representativo de su período. Esto hace difícil tratar de confeccionar un bosquejo lógico, pero a continuación se ofrece una lista de los temas que aborda:

A. *Salutación, 1.1*
B. *El problema de las pruebas, 1.2-18*
C. *La naturaleza de la religión verdadera, 1.19–2.26*
D. *El poder de la lengua, 3.1-12*
E. *Los males de este mundo, 3.13–5.6*
F. *El valor de las virtudes cristianas, 5.7-20*

Santiago utiliza el término «fue justificado» en 2.21 con referencia al relato de Gn 22 (donde Abraham se dispuso a sacrificar a Isaac) y afirma que así «demostró públicamente su fe», mientras Pablo, refiriéndose a la relación íntima entre Abraham y Dios (Gn 15.6), define la → JUSTICIA atribuida en términos no de → OBRAS, sino exclusivamente de → FE (Ro 4.1-5; Gl 3.6-9).

Santiago hace hincapié en el Dios que no cambia, el Creador (1.17s), el Padre (1.27; 3.9), el Soberano (4.15) exento de toda influencia maligna (1.13), el Legislador, Juez, Salvador y destructor (4.11s) que no tolera rivales (4.4s), el Dador de sabiduría (1.5), gracia (4.6) y galardones (1.12). La justicia que Dios requiere del creyente (1.20) es una piedad no fingida, síntesis de la perseverancia (1.2-18), la obediencia (1.19-27), la imparcialidad (2.1-13), la integridad (2.14-26), la disciplina (3.1–4.10), la humildad (4.11–5.6), la paciencia (5.7-11), la persistencia en oración (5.12-18) y el amor (5.19s).

SANTIAGO:
Un bosquejo para el
estudio y la enseñanza

I. **La prueba de la fe** **1.1-18**
   A. El propósito de las pruebas 1.1-12
   B. La fuente de las tentaciones 1.13-18
II. **Las características de la fe** .... **1.19—5.6**
   A. La fe obedece a la Palabra 1.19-27
   B. La fe elimina la discriminación 2.1-13
   C. La fe se prueba a sí misma mediante
      las obras 2.14-26
   D. La fe controla la lengua 3.1-12
   E. La fe produce sabiduría 3.13-18
   F. La fe produce humildad 4.1-12
   G. La fe produce dependencia en Dios .... 4.13—5.6
III. **El triunfo de la fe** **5.7-20**
   A. La fe soporta, esperando el retorno
      de Cristo 5.7-12
   B. La fe lleva a orar por los afligidos 5.13-18
   C. La fe confronta al creyente errado 5.19-20

Autor y fecha

Esta carta no recibió la aceptación de las iglesias sino hasta el siglo IV. La reserva se debía a la incertidumbre acerca de la identidad de su autor, que se describe (Stg 1.1) meramente como «Santiago, siervo de Dios y del Señor Jesucristo». Reconociendo que → JACOBO, hijo de Zebedeo, murió prematuramente para ser autor de epístola alguna, la iglesia atribuyó la Epístola de Santiago a → JACOBO de Jerusalén, el hermano del Señor. Aparentemente llevaba el título de → APÓSTOL (Gl 1.19) y así se satisfizo el requisito de paternidad apostólica que era imprescindible para la aceptación de cualquier escrito en el → CANON.

Hay varios factores que apoyan a Jacobo de Jerusalén como autor. Uno es la sencillez con que el autor se designa a sí mismo (1.1), lo que hace pensar que sus lectores lo conocían muy bien. No hay en el Nuevo Testamento un Jacobo (o Santiago) mejor conocido ni más prominente que el hermano de Jesús y líder de la congregación en Jerusalén. Otro factor que nos inclina a aceptar a Jacobo como autor es el tono de autoridad con que escribe, el carácter homilético de la epístola, su sabor judeocristiano y sus ecos de la literatura sapiencial (sobre la palabra clave «sabiduría», cf 1.5; 3.17) y de los dichos

de Jesús consagrados en el → SERMÓN DEL MONTE (por ejemplo, cf. 2.13 con Mt 5.7; 3.12 con Mt 7.16; 3.18 con Mt 7.20; 5.2 con Mt 6.19), señalan a la persona que tuvo una relación singular con Jesús, especialmente después de su resurrección, con Pablo y los demás apóstoles como líder de la iglesia en Jerusalén, y que jugó un papel protagónico en el concilio de Jerusalén.

Un tercer factor que apoya a Jacobo de Jerusalén es que a pesar de ciertas frases de corte helenista (cf 1.17,23; 3.6), la epístola muestra rasgos hebraicos y usa preguntas retóricas, símiles vívidos, diálogos imaginarios y aforismos didácticos que tienden a señalar como autor a Jacobo, judío cristiano bilingüe. Además, hay ciertas semejanzas lingüísticas entre el discurso de Jacobo en el → CONCILIO DE JERUSALÉN (cf. 1.1 con Hch 15.23; 1.27 con Hch 15.14; 2.5 con Hch 15.13; 2.7 con Hch 15.17)., la carta que contenía sus resoluciones y la carta de Santiago (Hch 15.23 y Stg 1.1; Hch 15.14 y Stg 1.27; Hch 15.13 y Stg 2.5). El autor residió continuamente (se supone) en Jerusalén, desde el día de Pentecostés hasta su martirio treinta y dos años después, según lo relata el historiador Josefo. Jacobo tuvo contactos, gracias a su posición de liderazgo, con judíos y cristianos de todas partes del mundo.

Por otra parte, hay varios factores que han convencido a algunos eruditos para que le atribuyan una paternidad diferente: la falta casi completa de doctrinas específicamente cristianas y del nombre de Jesucristo (aparece únicamente en 1.1; 2.1), el lenguaje elegante que indicaría un autor cuyo idioma materno quizá fuese el griego, y la demora en la aceptación de la epístola en el canon. Según esta teoría, «Santiago» es un Jacobo desconocido o un escritor que procura dar autoridad a su carta (una homilía judía cristianizada por ciertos retoques) utilizando el nombre del primer obispo de Jerusalén. En tal caso, la fecha de composición no sería 40–60, sino 70–110.

A pesar de estos criterios, la paternidad literaria tradicional de Jacobo el hermano de Jesús sigue en pie como la más probable.

Marco histórico

Santiago dirige su carta a «las doce tribus que están en la dispersión (1.1). Esto implica lectores judeocristianos que vivían fuera de Palestina. En otras partes, sin embargo, Santiago se refiere a jornaleros (5.4), y esto sitúa a sus lectores dentro de Palestina. En aquellos tiempos, solo en Palestina los granjeros empleaban personas que recibían paga en vez de esclavos.

Aporte a la teología

El mensaje de Santiago desafía al pueblo de Dios a una fe relevante. El evangelio cristiano no es estrecho, sino que hace sus demandas sobre la totalidad de la vida humana.

En la enseñanza de Pablo, vemos que la acción de Dios en Cristo (para la salvación de los hombres) resulta en la acción del creyente en Cristo en respuesta a la acción de Dios. Pero el método de Santiago es diferente. Su carta está llena de mandatos que dan por sentado que ha habido una experiencia. Santiago presenta al lector las demandas prácticas del evangelio. Por eso su escrito tiene tanto que ver con la vida diaria, y no deja lugar al escapismo moral ni a las especulaciones teológicas. Frente a las afirmaciones del autor, solo nos queda actuar o no conforme a las demandas del evangelio. De allí que el centro del mensaje de Santiago se encuentra en su llamado a una vida ética basada en el evangelio cristiano.

Otros puntos importantes

Algunos sugieren que Santiago y Pablo no están de acuerdo en sus puntos de vista sobre el valor salvífico de la fe y las obras. Pablo dice: «El hombre es justificado por la fe sin las obras de la ley» (Ro 3.28), mientras que Santiago dice: «El hombre es justificado por las obras, y no solamente por la fe (Stg 2.24). Pero si nos fijamos bien, vemos que difieren más en la definición de fe que en su esencia. Santiago escribe a personas que están inclinadas a interpretar la fe como un simple conocimiento intelectual (Stg 2.29). Como consecuencia, enfatiza que una fe que no transforma al creyente no es una fe que salva; de ahí que enfatice las obras. En realidad no está lejos de la posición de Pablo. Para este, la fe es confiar a Dios nuestra vida a través de Cristo, con el resultado de que nuestra vida se renueva con el «fruto del Espíritu» (Gl 5.22).

SANTIDAD, SANTO La santidad es básica en casi todas las religiones. Dos cualidades comunes se destacan: la de separación o distinción (lo que es reservado o separado para los dioses) y la de poder. Lo santo despierta reverencia y temor, a la vez que acatamiento y dependencia.

El Antiguo Testamento relaciona el concepto con el Dios verdadero y utiliza la palabra hebreo *qadash*, cuya etimología es incierta (según algunos, relacionada con «separar», según otros, con «brillo»). De los varios términos griegos, la Septuaginta y el Nuevo Testamento prefieren uno poco usado en el griego clásico (*hagios*), aunque a veces se emplean otros (*hosios* y *hierós*).

Encontramos la idea de Santiago en todo el Antiguo Testamento, pero no hay duda de que los profetas la profundizaron, y le dieron un carácter más personal y ético. En el Nuevo Testamento este aspecto predomina, ya que en el Dios santo se manifiesta en la persona de Jesucristo, quien personifica en sí mismo el significado de la santidad.

En el Antiguo Testamento Dios es santo (Sal 99.9) o santo es su nombre (99.3; 111.9). La santidad de todas las demás cosas o personas que puedan ser llamadas santas deriva de Él y dependen de su voluntad. La santidad de Dios significa que Él es distinto y trascendente con relación a todo lo creado, incomprensible e inaccesible al hombre (desde los textos más antiguos: Gn 28.16ss; 1 S 6.19ss y culminando en los profetas: Is 6; 57.15; Os 11.9; Ez 1; 36.22,23). Al mismo tiempo, su santidad se expresa manifestándose, dándose a conocer, llamando al hombre a participar en lo que Él hace (Dt 7.6; Lv 11.44; Nm 15.40). La santidad de Dios no es simplemente lo misterioso, sino su perfección moral (Hab 1.3), que se manifiesta plenamente en su misericordia (Os 11.9). Isaías destaca su soberanía y su oposición al pecado (1.4; 5.19,24; 10.17,20; 12.6). Aunque el Nuevo Testamento no se ocupa tanto de la santidad de Dios, no hay duda alguna que mantiene la afirmación del Antiguo Testamento (Ap 4.8; Jn 17.11; Mt 6.9).

Las cosas no son santas en sí mismas, ni primordialmente por su uso en el culto, sino por estar colocadas al servicio de Dios o en relación con Él. Santos son el lugar donde Dios se da a conocer (Éx 3.5; Jos 5.15), el arca del pacto (2 Cr 35.3), el día de reposo (Éx 20.8,11; 35.2), las vestimentas y utensilios relacionados con el culto de Dios (Éx 28.2; 1 R 8.4), las fiestas consagradas a Él (Is 30.29) y por supuesto el templo. Tanto los profetas como el Señor Jesús enseñan que estas cosas son profanadas cuando se les considera aparte del propósito y la voluntad de Dios.

Dios congrega un → PUEBLO que, por estar separado para Él, es santo (Lv 21.6-8; Ez 37.28, etc.). Por serlo, debe santificar a Dios en el culto, la observancia de la Ley y el ejercicio de la justicia y la misericordia. La santidad requerida del pueblo tiene así un contenido religioso y ético, individual y social. El Nuevo Testamento ve en el nuevo pueblo de Dios la continuidad del pueblo santo (Jn 17.19; 1 Co 1.2; Ro 15.16; 1 P 2.5,9). Los miembros de este pueblo deben consagrar la totalidad de su vida en ofrenda a Dios (Ro 12.1; Flp 2.17). La santidad no es privilegio de algunos, ya que todos los creyentes son llamados santos. A su vez, esto significa que son llamados a vivir en santidad, según el modelo de Cristo (Ef 1.4; Heb 2.11; 1 P 1.16) hasta la plena realización de esa santidad en el Reino (2 P 3.13). (→ SANTIFICAR.)

SANTIFICAR Término que traduce en nuestras Biblias el hebreo *qadash* y el griego *hagiazo*. El significado se vincula a las dos ideas dominantes del concepto de lo santo: lo que es apartado, separado o consagrado a Dios y la transformación ética y religiosa que corresponde a quienes entran en esa relación con Él.

Dios es santo en majestad, trascendencia, misterio, separado del hombre y del pecado. Santificar a Dios es reconocerlo en su → SANTIDAD (Is 8.13; 29.23). Se le santifica reconociendo y usando adecuadamente las cosas que Él ha señalado (por ejemplo, día de reposo, Gn 2.3; altar, Éx 29.37; tabernáculo, Éx 29.44; etc.), y honrando las personas o pueblo que Él ha elegido (por ejemplo, → PUEBLO, Éx 19.14; → SACERDOTES, Éx 28.41). A menudo la idea dominante es de limpieza o → PURIFICACIÓN ritual. Pero santificar a Dios requiere una actitud interior y una conducta que corresponde a la santidad de Dios (Is 1.4,11; 8.13). Dios santifica su propio nombre al cumplir ante los pueblos su propósito (Ez 36.23; Is 29.23).

En el Nuevo Testamento hallamos un uso doble y complementario del concepto de santificar y santificación. La idea de consagrar enteramente a Dios sigue empleándose (Mt 23.17,19). Pero el sumo sacrificio es Jesucristo (Jn 17.19) que se santifica a sí mismo y a los suyos (Heb 13.2; Jn 17.17). En Hebreo leemos que Jesucristo a su vez santifica a los suyos, separándolos y adquiriéndolos para Dios por su muerte y capacitándolos para un culto nuevo y espiritual por medio de Él y para una nueva vida de santidad (Heb 2.17; 9.13ss; 13.12-16). La → SANTIFICACIÓN es a la vez algo que Jesucristo adquirió para siempre para el creyente y un llamado a la santidad (Heb 10.10,14; 12.14).

El mismo carácter doble advertimos en los escritos de Pablo. Jesucristo ha santificado a los creyentes por su obra y son por lo tanto santos (1 Co 1.2; 1 P 1.2; 1 Co 7.14). Por otra parte, la voluntad de Dios es nuestra santificación (1 Ts 4.3), es decir, que seamos conformados a la imagen de Cristo (2 Co 3.17, 18). Esto demanda un esfuerzo del creyente (2 Co 7.1; Heb 12.13; 1 Jn 3.3) en una lucha permanente (Ro 7; Gl 5.16-26); pero debe ser reconocida como obra de Dios (1 Ts 5.23,24), quien la perfeccionará.

SANTUARIO Lugar en la tierra donde mora la presencia de Dios, aunque el verdadero santuario según la Biblia es el cielo mismo (2 Cr 30.27; Heb 9.24). Dios lo estableció en la época del Antiguo Testamento, pues tanto el → TABERNÁCULO (Éx 25.8; cf. 40.34) como el → TEMPLO (1 R 8.10) albergaban la manifestación visible de la presencia de Dios. El Lugar Santísimo era el santuario estrictamente hablando (Lv 16.16), pero la palabra se aplicaba en sentido general a todo el edificio.

En sentido figurado, se le llama santuario al pueblo de Dios (Sal 114.2), ya que Él mora entre ellos. Pero santuario puede significar también refugio (cf. 1 R 2.28, → CIUDADES DE REFUGIO). En este sentido, Dios es el santuario de su pueblo (Is 8.14; Ez 11.16).

Las religiones paganas también tenían santuario para sus dioses. La participación del pueblo escogido en los ritos de aquellas (Am 7.9,13) fue una de las causas de su caída.

Generalmente las versiones bíblicas usan «santuario» para traducir el griego, *naós*, que también se traduce «templo». Otro término afín es *háguia* (Lugar Santo o Santísimo) que se halla en la Epístola a los Hebreos. Sin embargo, según el Nuevo Testamento, el santuario terrenal de Dios ya no es un edificio, sino su pueblo. Dios mora en la iglesia universal (Ef 2.21), en la iglesia local (1 Co 3.16) y en el creyente (1 Co 6.19). Así como los judíos debían guardar la santidad del tabernáculo, evitando que se profanara (Lv 21.23), el creyente tiene la responsabilidad de guardar la integridad y santidad de la iglesia (1 Co 3.17) y de su propio cuerpo (1 Co 6.18ss).

SARA (*princesa*; forma antigua: *Saraî*). Esposa de → ABRAHAM y madre de Isaac. Según Gn 20.12, era también hermanastra de Abraham. Acompañó a este desde Ur de los caldeos hasta la tierra prometida. Cuando se refugiaron en Egipto a causa del hambre en Canaán, Abraham temió que la belleza de Sara pusiera en peligro su propia vida y dijo que era su hermana. Precisamente por esto, llevaron a Sara al harén real. Dios libró milagrosamente a la que sería la madre del pueblo escogido, tanto en esa ocasión como en otra parecida en Gerar (Gn 12 y 21).

Sara escuchó la conversación de tres visitantes celestiales que reiteraron a Abraham la promesa de un hijo. Al reírse ella de tal posibilidad para una pareja de más de 90 años de edad, Jehová la reprendió y anunció que daría a luz el año siguiente (Gn 18). Sara murió a los 127 años y la sepultaron en la cueva de → MACPELA (Gn 23).

El Nuevo Testamento pone a Sara como ejemplo de fe (Ro 4.19; Heb 11.11) y de sumisión (1 P 3.6). En la alegoría de Gl 4.21-31 Sara, la mujer libre, representa el nuevo → PACTO de libertad, en contraste con la antigua esclavitud.

SARDIO (en hebreos, *odem*; en griego, *sárdion*). Piedra preciosa que adornaba el → PECTORAL del sumo sacerdote (Éx 28.17; 39.10).

Es evidente que el *odem* tiene un color rojo sangre, pero es difícil precisar más. Algunos lo traducen como sardio, piedra de un rojo transparente que, según Plinio, se

Ruinas del templo de Artemisa en Sardis. Los romanos llamaban Diana a esta diosa (Hch 19.24-35).

encontraba cerca de Sardis, ciudad de la que deriva su nombre. Otros, con más probabilidad, la identifican con una especie muy cristalina de cornalina, o con el jaspe rojo de la India o Arabia.

SARDIS Ciudad muy antigua del Asia Menor, cuya situación dominaba todo el valle del río Lico. Fue la antigua capital del reino de → LIDIA, que alcanzó una riqueza legendaria bajo Creso (siglo VI a.C.). Todavía en la época apostólica prosperaba, gracias al oro tomado del río Pactolo que la atravesaba, y al comercio que le proporcionaban cinco carreteras principales.

En sus primeros tiempos era una ciudad fortificada casi inexpugnable gracias a los acantilados que la rodeaban. Pero cuando en 549 a.C. el rey persa → CIRO asediaba a Sardis, un soldado observó la ruta por la cual descendía un defensor de la muralla para rescatar su yelmo caído, y esa noche Sardis cayó. La misma táctica permitió la captura de Sardis en 214 a.C., bajo Antíoco el Grande (cf. Ap 3.2s, «sé vigilante ... vendré sobre ti como ladrón»).

El terremoto de 17 d.C. devastó la ciudad, pero gracias a la generosidad del emperador Tiberio, el historiador Estrabón (26 d.C.) pudo describirla de nuevo como una «gran ciudad». Las referencias a vestiduras (Ap 3.4s) aluden a la industria principal de Sardis: la confección y tintura de vestidos de lana.

La iglesia de Sardis, destinataria de la quinta de las siete cartas de Ap 2–3, parece haberse llenado de altivez. Confiada en su gran reputación, carecía de indicios de vida. Sin enemigos visibles, gozaba de paz, pero la paz de la muerte. Las advertencias del Señor, sin embargo, parecen haber surtido efecto. Sardis surgió después del primer siglo como centro cristiano. Cuenta entre sus hijos ilustres al obispo Melitón, comentarista y predicador.

SAREPTA Antiquísimo puerto fenicio, situado entre Tiro y Sidón, adonde Elías fue a vivir por mandato de Dios. Allí el profeta recibió la hospitalidad de una viuda y Dios la recompensó con creces (1 R 17.8-24; cf. Lc 4.26).

Alternadamente, Tiro y Sidón ejercían el dominio de Sarepta. Sus principales productos parecen haber sido el vidrio y la púrpura. Aparte de los textos mencionados arriba, Sarepta se menciona en Abdías 20.

SARETÁN Ciudad histórica del valle del Jordán, situada al lado oriental del río. No lejos de ella las aguas del río Jordán se dividieron para dar paso a las huestes de Josué, rumbo a Jericó (Jos 3.16). En un lugar situado entre Sucot y Saretán estaban las fundiciones a donde Salomón mandó elaborar muchos de los objetos de bronce que formaron el mobiliario y los utensilios del templo (1 R 7.46).

Se desconoce el lugar exacto de Saretán pero estaba cerca de → Bet-seán y → Taanac. Allí residía uno de los doce gobernadores que Salomón nombró (1 R 4.12). En 2 Cr 4.17 se le denomina Seredata.

SAREZER Nombre de dos individuos del Antiguo Testamento.

1. Hijo de Senaquerib, quien en compañía de su hermano Adramelec asesinó a su padre (2 R 19.37; Is 37.38) cuando este oraba en el templo de Nínive tras regresar precipitadamente de Jerusalén (681 a.C.). El nombre de este hijo de Senaquerib no se consigna en ninguna fuente extrabíblica. Su significado, «ha protegido», hace suponer que debía ir precedido del nombre de una divinidad. Algunos han propuesto Nergal-Zarezer.

2. Contemporáneo del profeta Zacarías (7.2), quien preguntó si todavía debía observarse el ayuno puesto que el templo había sido destruido.

SARGÓN La historia universal se ocupa de dos reyes con este nombre.

1. Sargón I, quien fundó en Mesopotamia el primer imperio que se conoció en el mundo, el Imperio Acadio, en el año 2360 a.C.

2. Sargón II, hermano y sucesor de Salmanasar V, quien reinó del 722 al 706 a.C. en el trono de Asiria. Las hazañas de este Sargón son ampliamente conocidas por las inscripciones de su palacio en Khorsabad, por los textos que se han encontrado en Nínive y Nimrod, y por los relatos del Antiguo Testamento correspondiente a este período en la historia de Israel y de Judá.

Sargón II solo se menciona una vez en el Antiguo Testamento (Is 20.1), pero sus intervenciones en Siria y Palestina constituyen el trasfondo histórico de las profecías de Isaías. Sargón alega haber sido él quien consumó la caída de → Samaria, poco antes de la muerte de su hermano Salmanasar V.

Después de asegurar su dominio entre los asirios y vecinos más próximos, y de acuerdo con la costumbre de cada nuevo soberano oriental, se dedicó a combatir una coalición que se había organizado contra él en el oeste, desde Hamat, y que incluía a Damasco, Samaria y otras tres importantes capitales. Sargón se enfrentó con la coalición en Qarqar y la dominó fácilmente. Luego se ocupó en cortar toda posible ayuda desde Egipto a Palestina. A su regreso de la frontera de Egipto, deportó una gran parte de la población de Samaria y la reemplazó con una mezcla de sus vencidos para formar allí la provincia asiria de Samaria.

A pesar de este fuerte dominio asirio, el príncipe de Asdod tuvo cierto éxito en organizar una coalición siro-palestina contra Sargón, confiando posiblemente en la ayuda que pudiera prestarles Egipto en el momento preciso. Isaías se opuso siempre a esto y aconsejó a Judá que no pusiera su confianza en Egipto. Sargón destruyó fácilmente la

S

Sargón II de Asiria mandó a grabar este prisma. Presenta sus victorias, incluyendo su afirmación de haber destruido la ciudad de Samaria.

Foto de Howard Vos

coalición, y a no ser porque Azeca y Laquis, en la frontera de Judá, se rindieron a tiempo, también Judá hubiera sufrido la opresión de Sargón (Is 20.1-6; cf. 10.1-11; 39; 2 R 17.4,24; 18.34; 19.13; 20.12-19).

SARNA → Sarpullido.

SARÓN Nombre de dos regiones de Palestina.

1. Llanura costera de Palestina que se extiende paralela al mar Mediterráneo, entre Jope y el monte Carmelo. En tiempos anteriores a Josué tenía su propio rey (Jos 12.18), pero en la repartición de la tierra prometida pasó a ser posesión de la media tribu de Manasés (Jos 16.3). Su abundancia de flores era proverbial; la amada de Cnt 2.1 es comparada con una → rosa de Sarón.

Debido a la fertilidad de sus pastos y a su abundante ganadería, Sarón fue atendida por un funcionario especial durante el reinado de David (1 Cr 27.29). Era una segura fuente de riqueza. Isaías anunció que sería destruida (33.9) pero también profetizó su restauración (35.2); sería habitación de ovejas y de un remanente de fieles (Is 65.10).

En el Nuevo Testamento Sarón es escenario de numerosas conversiones al evangelio y de milagros realizados por Pedro (Hch 9.32-35). En → Jope, ciudad situada al sur de Sarón, se realizó la resurrección de Dorcas (Hch 9.36-43); allí Pedro recibió el llamado para predicar en Cesarea (Hch 10.1-22).

2. Región al este del Jordán asignada a la tribu de Gad (1 Cr 5.16).

SARPULLIDO Las enfermedades cutáneas representan, sin duda, el grupo más numeroso entre las descritas en la Biblia. Eran muy visibles y muchas veces de aspecto repulsivo y por tanto no se necesitaban conocimientos anatómicos para reconocerlas. Entre ellas se menciona el sarpullido, que apareció como la sexta plaga que Dios mandó a Faraón. De Éx 9.9-11, que es la única mención bíblica específica de esta enfermedad, se deduce que provocaba una intensa picazón. Existieron, empero, otras enfermedades de la piel que aparecen mencionadas en el Antiguo Testamento (Reina Valera 1960): la erupción, el divieso, el empeine, la tiña (Lv 13.2,18,37,39) y la sarna (Job 2.7), las cuales sin duda provocaban sarpullido y picazón.

SARUHÉN Ciudad dentro del territorio de Judá asignada a la tribu de Simeón (Jos 19.6). Saruhén es la Silhim de Jos 15.32 y la Saaraim de 1 Cr 4.41.

SARVIA Madre de Joab, Abisai y Asael (2 S 2.18), famosos soldados de David. Sarvia era hermana de David según 1 Cr 2.16, aunque en 2 S 17.25 Nahas, y no Isaí, aparece como su padre. Seguramente David y Sarvia eran primos o parientes cercanos. De acuerdo con 2 S 2.32, al esposo de Sarvia lo sepultaron en Belén. Parece que era una mujer de poderosa personalidad.

SATANÁS (del hebreo, *satan*, que significa *enemigo, adversario*). Acusador del pueblo escogido y enemigo de Dios por excelencia. Genéricamente, puede aplicarse a todo opositor ante un tribunal (Sal 71.13; 109.6; 1 S 29.4), pero como nombre propio se refiere al → diablo.

Según el monoteísmo riguroso de la Biblia, este ser sobrehumano fue creado por Dios y está sujeto a su voluntad soberana. Satanás, por ejemplo, aparece como uno de los «hijos de Dios» que rinden informes ante el trono, y necesita el permiso divino para tocar al piadoso Job (Job 1.6–2.7, cf. Lc 22.31). En Zac 3.1ss no se había desarrollado todavía el concepto pleno de Satanás como un ser maligno, pero en 1 Cr 21.1 (cf. //; 2 S 24.1), donde el sujeto es «Jehová» (→ demonios), es evidente la hostilidad implacable de Satanás. Asimismo, aparentemente Jehová manda un espíritu mentiroso como instrumento de su voluntad (1 R 22.19ss) que, sin embargo, pertenece al «ejército del cielo». La noción del acusador no aparece con frecuencia en el Antiguo Testamento; pero, ya sea que aparezca como abogado acusador o como principio demoníaco y destructivo, siempre está dentro del plan redentor.

En el período intertestamentario varios conceptos originalmente independientes fueron combinados con la noción de Satanás: el ángel de la muerte, el principio del mal, la tentación interna del hombre, → AZAZEL, el capitán de los demonios, etc. Se le identifica con la → SERPIENTE de Gn 3.1ss (cf. Ap 12.9) y por consiguiente como fuente de la muerte (Sabiduría 2.24). Se le llama → BELIAL, → BAAL-ZEBUB y Sammael. Es esencial recordar que en estos desarrollos Satanás sigue como una figura celestial, ya que una «caída del cielo» haría imposible su obra acusadora. Su identificación como príncipe de los → ÁNGELES caídos aparece muy tarde y no influye en el Nuevo Testamento, ya que Lc 10.18 describe una visión profética del Señor Jesús, y los otros pasajes aducidos (Is 14.12-17; Ez 28.11-19; Jud 6; Ap *passim*) son también de tinte apocalíptico y describen el triunfo final de Dios.

Los rabinos asimismo daban poca importancia a Satanás. Solían asociarlo con el impulso maligno interno del hombre y lo llamaban el tentador (cf. Mt 4.3; 1 Ts 3.5).

Dos ideas sobresalen en el Nuevo Testamento: la antítesis absoluta entre Dios y Satanás y la victoria del Reino de Dios sobre él. Satanás es el príncipe o dios de este mundo que dispone de sus reinos (Jn 12.31; 2 Co 4.4; Lc 4.6) y mantiene dominio sobre la mayoría de sus habitantes (Mt 6.13). «Guárdanos del maligno»; Hch 26.18; Col 1.13). Es el fuerte que, armado, vigila sus bienes (Mc 3.27). El hombre no puede, sin la gracia divina, escapar de su esclavitud. Por tanto, con el consentimiento humano, la hegemonía de Satanás produce un → MUNDO cuyas obras son malas (1 Jn 3.8; 2.15,16), y Satanás mismo es padre de todo lo funesto (Hch 13.10; Jn 6.70; 8.44).

Desde el nacimiento de Cristo, Satanás hizo todo lo posible por destruirlo y estorbarle en su ministerio (Mt 2.16; cf. Ap 12.3, 4). La tentación en el desierto (Mt 4; Lc 4) fue una tentativa satánica de arruinar el ministerio de Cristo. El hecho de que, después de la tentación, Satanás «se apartó de él por un tiempo» (Lc 4.13) significa que volvió a tentarle en otras ocasiones (cf. Heb 2.18; 4.15). Cristo vino precisamente «para deshacer las obras del diablo» (1 Jn 3.8; Heb 2.14), y por eso Satanás se opone a toda su obra. Cuando Pedro protestó por la idea de la muerte de Cristo, este le dijo: «¡Quítate de delante de mí, Satanás! Me eres tropiezo» (Mt 16.23). La traición de Judas fue instigada por Satanás. (Lc 22.3; Jn 13.2,27).

La destrucción que Satanás ha efectuado abarca procesos nefastos de toda índole (Mc 3.23ss; Lc 13.11,16; 1 Co 5.5; 2 Co 12.7; 1 Ti 1.20) que a menudo son efectuados por sus súbditos, los demonios. En este sentido Satanás tiene «el imperio de la muerte» (Heb 2.14 HA). Tras el paganismo están los demonios y, en fin de cuentas, su capitán (Hch 13.10; 1 Co 10.20). Satanás no deja jamás de ser el acusador (Ap 12.10). Contra este reino satánico, Cristo alza el estandarte de Dios. Él ha atado al fuerte y saqueado sus bienes; por Él el adversario es echado del cielo (Ap 12.10-13; Jn 12.31; Lc 10.18). Aun así, a Satanás le queda algo de tiempo en la tierra (Ap 12.12).

En los primeros días de la iglesia, Satanás aparece como protagonista hostil (Hch 5.3; Ro 16.20; 1 Co 7.5; 2 Co 2.11, etc.) que arrebata la semilla del evangelio (Mc 4.15) y siembra otra que es espuria (Mt 13.25). Aunque los cristianos son salvaguardados de Satanás (2 Ts 3.3) y le han vencido (1 Jn 2.13), se les exhorta a combatirle con todas sus fuerzas (Ef 6.10ss).

En los últimos días, Satanás llama al → ANTICRISTO y al falso profeta para que estos le sirvan (Ap 13.2,11; 2 Ts 2.9s). Su éxito inicial es evidente, pero la → SEGUNDA VENIDA de Cristo resulta en la derrota del triunvirato satánico, y Satanás es echado en cadenas al → ABISMO. Después del → MILENIO, queda suelto brevemente, pero de nuevo Dios lo derrota y finalmente lo arroja al tormento eterno en el lago de fuego (Ap 20.1-10).

S

Bibliografía:

«Diablo» y «Satán» en *DBH, EBDM, DTB y VTB.* P. van Imschoot, *Teología del Antiguo Testamento,* Fax, 1969, pp. 175-188. R. Schnackenbrug, *Reino y reinado de Dios,* Fax, Madrid, 1970, pp. 110-114, 285-291, 308-321.

SÁTRAPA (*protector de la tierra*). Título que se menciona trece veces en el Antiguo Testamento (Esd, Est y Dn) y que se aplica a los gobernadores de las provincias del Imperio Persa. → DARÍO I dividió su imperio en veinte provincias o satrapías. Los sátrapas tenían mucho poder, y algunos de ellos eran en realidad reyes independientes. El sistema continuó aun después de Darío I; Alejandro Magno lo conservó.

SAÚL (*deseado*). Nombre de cuatro personajes del Antiguo Testamento y nombre hebreo del apóstol → PABLO (Hch 13.9).

1. Sexto rey de Edom, natural de Rehobot (Gn 36.37; 1 Cr 1.48).

2. Hijo de Simeón y una cananea (Gn 46.10; Éx 6.15; Nm 26.13; 1 Cr 4.24).

3. Levita de la familia de Coat e hijo de Uzías (1 Cr 6.24).

4. Primer rey de Israel, hijo de Cis, de la tribu de Benjamín, cuyo reinado (*ca.* 1045–1010) se narra en 1 S 9–15. Era de origen humilde, pero de apariencia impresionante y gran valor. Su temor al ser nombrado rey y su generosidad con sus enemigos revelan el aspecto positivo de su carácter. Fue la persona que Dios escogió para iniciar la monarquía y representar el Reino de Jehová sobre su pueblo.

Cuando lo ungieron rey, Gabaa, su tierra natal (1 S 10.26), se hallaba dominada por los filisteos, enemigos de Israel. Con el monopolio del hierro, el dominio de estos se hacía cada vez más fuerte. Por tanto, en su angustia, los israelitas llegaron a rechazar el gobierno teocrático de los jueces, y desearon tener un rey que encabezara un gobierno central capaz de liberarlos del dominio filisteo. Samuel, después de advertirles de los males de tal gobierno, ungió a Saúl secretamente, según las instrucciones de Dios (1 S 10.1). Después los jefes de familias en Mizpa lo eligieron (1 S 10.17-24) y, ya nombrado, permaneció en su casa hasta los de Jabes de Galaad lo llamaron. Ganó una victoria decisiva sobre los amonitas, y en Gilgal lo confirmaron como rey mediante una ceremonia religiosa (11.1-15).

El nuevo rey debería crear la unidad política entre las tribus, y en esto Saúl no tuvo éxito. A su muerte, las tribus del sur eligieron por rey a David, que era de la tribu de Judá. Saúl triunfó en la guerra contra los amalecitas, pero nunca venció a los filisteos; más bien sufrió la muerte en manos de ellos.

Además de sus problemas políticos, Saúl tenía debilidades personales: su melancolía y sus celos lo impulsaron a perseguir a David y a vengarse cruelmente de los sacerdotes de Nob (1 S 18.6-12ss; 22.6-19). La personalidad de → SAMUEL por una parte y la de → DAVID por otra lo eclipsaban. Samuel apareció tres veces para reprenderlo por su desobediencia. La primera fue cuando Saúl, impaciente, ofreció sacrificio en Gilgal (1 S 13.7-10), sacrilegio por el cual Samuel profetizó que su reino le sería quitado y dado a otro. La segunda vez fue cuando le advirtió que «obedecer es mejor que los sacrificios» (15.22). En la tercera ocasión Dios permitió una entrevista sobrenatural. Samuel apareció después de muerto y confirmó un juicio definitivo contra Saúl (28.3-19).

Saúl contrasta con David en cuanto a poderes naturales y espirituales. No hay excusa por su desobediencia porque tenía acceso a la Palabra de Dios por medio de Samuel. Su caída explica lo erróneo de confiar más en las dotes personales que en las indicaciones divinas.

SAVE, VALLE DE Valle cerca de Salem donde Abraham se encontró con el rey de Sodoma y con Melquisedec después de derrotar a Quedorlaomer (Gn 14.17,18). Este valle fue el lugar donde Absalom erigió un monumento a sí mismo llamado «Columna de Absalom» (2 S 18.18).

SAVE-QUIRIATAIM Llanura de la Transjordania donde Quedorlaomer hirió a los emitas en los días de Abraham y Lot (Gn 14.5).

SEAR-JASUB Nombre simbólico del hijo mayor del profeta Isaías en los días de Acaz de Judá (Is 7.3). El nombre expresaba la profecía de Isaías de que un remanente regresaría de la cautividad en tierras extrañas.

SEBA Nombre de varios personajes, lugares y ciudades en el Antiguo Testamento.

1. Hijo de Cus (Gn 10.7; 1 Cr 1.9).

2. Hijo de Raama y nieto de Cus (Gn 10.7b). Sin embargo, parece haber una diferencia entre ambos. En Is 43.3 y 45.14 al hijo de Cus se le relaciona con Egipto y Etiopía, mientras que en Sal 72.10 se menciona junto a Sabá y Tarsis. Sabá era nieto de Cus.

3. Hijo de Joctán (Gn 10.28; 1 Cr 1.22).

4. Hijo de Jocsán y nieto de Abraham (Gn 25.3; 1 Cr 1.32).

5. Pozo que cavaron los siervos de Isaac (Gn 26.33).

6. Ciudad de Simeón (Jos 19.2; *Sema* en 15.26).

7. Hijo de Bicri, de la tribu de Benjamín, que se rebeló contra David después del fracaso de la rebelión de Absalón (2 S 20.1-21).

8. Padre de una familia de Gad, descendiente de Abihail, que habitó en Galaad (1 Cr 5.13).

9. Región, posiblemente del África (Sal 72.10; Is 43.3).

Seba es el nombre que le da (Reina Valera 1960) al reino de → SABÁ, un estado del Yemen Antiguo o Arabia Feliz, cuyos habitantes se llaman «sabeos» en el Antiguo Testamento. Los textos bíblicos hacen referencia a sus riquezas (Job 1.15; 6.19; Is 60.6). Su reina visitó a Salomón (1 R 10.1-13), hecho que es completamente posible pues se ha descubierto que los sabeos hablaban un idioma semítico.

SEBANÍAS Nombre de cuatro personas en el Antiguo Testamento.

1. Sacerdote que tocó la trompeta delante del arca cuando la trasladaban a Jerusalén (1 Cr 15.24).

2. Levita que ayudó en la Fiesta de los Tabernáculos después del cautiverio (Neh 9.4,5).

3. Jefe de una familia sacerdotal que vivió una generación después del cautiverio (Neh 12.14). Un representante de esta familia firmó el pacto con Nehemías (Neh 10.4).

4. Sacerdote que firmó el pacto con Nehemías (Neh 10.12).

SEBAT Mes hebreo, el quinto del año civil y el undécimo del año sagrado. Corresponde a nuestro enero-febrero. El almendro florecía en este mes. Las diez visiones del profeta Zacarías comenzaron en sebat (Zac 1.7). (→ MES.)

SEBNA Alto oficial de la casa del rey Ezequías, que sirvió de tesorero y mayordomo (Is 22.15) y luego de escriba (2 R 18.18; 19.2; Is 36.3; 37.2).

Usó su alta posición para su propio provecho y construyó para sí un sepulcro de lujo, por lo cual Isaías lo reprendió fuertemente (22.15-19).

SEBUEL Nombre de dos hombres del Antiguo Testamento.

1. Descendiente de Moisés (1 Cr 23.14-16). Fue tesorero del templo en tiempos de David; se le llama Subael en 1 Cr 24.20.

2. Uno de los hijos de Hemán, de la tribu de Leví (1 Cr 25.4). Se le llama *Subael* en 1 Cr 25.20. Fue músico del santuario en tiempos de David.

SECANÍAS Nombre de siete personas del Antiguo Testamento.

1. Sacerdote cuyos descendientes constituían la décima suerte de sacerdotes en días de David (1 Cr. 24.11).

2. Levita que ayudaba en la recolección y distribución de las ofrendas en tiempos del rey Ezequías (2 Cr 31.15).

3. Descendiente de David (1 Cr 3.21,22).

S

4. Hombre que propuso a Esdras que se despidieran a las esposas extranjeras (Esd 10.2-4).

5. Padre del guarda de la puerta oriental de Jerusalén en los días de Nehemías (Neh 3.29).

6. Suegro de Tobías el enemigo de Nehemías (Neh 6.18).

7. Sacerdote que volvió con Zorobabel (Neh 12.3).

SECTA Término que se usa cinco veces en la Reina Valera 1960 para traducir la palabra griega *haíresis*, que en ocasiones también se traduce «herejía». Originalmente la voz griega significaba secta, escuela o partido, pero en la época helenística llegó a denotar una escuela o doctrina filosófica de enseñanzas particulares. No tenía todavía el sentido especial de desviación u oposición a la ortodoxia que le da el Nuevo Testamento. Significaba más bien una dirección o tendencia dentro de la ortodoxia, y por tanto los «sectarios» no merecían reprobación. Este sentido se mantuvo dentro del judaísmo, el cual estaba dividido en varias sectas.

Lucas, quien escribió bajo la influencia de la terminología helenística y judía, usa *haíresis* particularmente en el contexto de la iglesia naciente. En Hch 5.17 se refiere a los saduceos; en 15.5 y 26.5 a los fariseos. En forma análoga en 24.5 habla de la «secta de los nazarenos», al referirse a los cristianos. En un principio los enemigos del cristianismo, tanto judíos como gentiles (y aun algunos cristianos sobre todo al principio en Jerusalén), vieron en este una secta más dentro de la ortodoxia judía, y el término adquirió así los primeros sobretonos peyorativos (cf. Hch 28.22) que advierten la pronta ruptura entre iglesia y sinagoga.

Más allá del uso explícito de secta o *haíresis*, el Nuevo Testamento refleja la tensión que aún existe en el cristianismo como movimiento centrífugo y centrípeto. Los Evangelios y las Epístolas advierten contra el sectarismo excluyente (Mc 9.5,7; 38–41; Mt 17.4-7; Lc 9.33,34;49.5; 1 Co 3.1-9; 3 Jn 9-10), al mismo tiempo que reclaman una lealtad incondicional hacia el Señor hasta el punto de excluir a los que se apartan de la verdad apostólica (Mt 12.30; 11.23; 1 Ti 1.20; 2 Ti 1.17-19). Cuando la integridad de la fe cristiana es amenazada seriamente por movimientos sectarios, durante los siglos I y II de nuestra era, la misma dinámica se hace evidente en el intenso debate y análisis textual sobre la autenticidad de los numerosos evangelios y epístolas que circulaban, hasta llegar a un consenso sobre el canon. Posteriormente, cuando el cristianismo se proclamó la religión oficial del Imperio Romano, abundaron los movimientos disidentes hasta desembocar en la Reforma Protestante. La iglesia oficial los excomulgó por sectarios y herejes. Si lo fueron no se sabe, porque lo poco que conocemos acerca de la mayoría de estas sectas fue escrito por representantes de la iglesia dominante y mucho de lo que se dice de ellos es tendencioso. Resulta evidente, sin embargo, que la mayoría de los disidentes rechazaron a una iglesia rica y poderosa que se había apartado de la experiencia religiosa a la que ellos aspiraban. En el mundo de habla castellana, hasta no hace mucho, los protestantes eran considerados herejes. Aún hoy, algunas personas mal informadas siguen llamando sectas a las iglesias de mayor crecimiento.

En términos sociológicos, una secta es un grupo minoritario que se aparta de una institución reconocida con el fin de preservar la pureza de sus creencias fundamentales. La secta suele ser una primera etapa en el proceso de institucionalización de un movimiento eclesial, como ha ocurrido desde el Nuevo Testamento hasta hoy.

Bibliografía:

Grant, Robert M., *Heresy and Criticism: The Search for Authenticity in Early Christian Literature*, Westminster/John Knox Press, Louisville, KY, 1993. Leff, Gordon, Lerner, Robert, *The Heresy of the Free Spirit in the Later Middle Ages*, University of California Press, 1972. Wilson, Bryan R., *The Social*

Dimensions of Sectarianism. Clarendon Press, Oxford, 1990.

SEDAD → ZEDAD.

SEDEQUÍAS (*Jehová es mi justicia*). Nombre de seis personas del Antiguo Testamento.

1. Falso profeta de la corte de Acab. Hirió y vituperó al profeta Micaías porque este había profetizado la derrota de Acab (1 R 22.11-28; 2 Cr 18.10-27).

2. Decimonoveno y último rey de Judá, hijo de Josías, hermano de Joacaz y tío de Joaquín su predecesor. Después de la primera deportación a Babilonia, Nabucodonosor puso a Sedequías en el trono de Jerusalén, y le cambió de nombre pues antes era Matanías (2 R 24.17–25.7; 2 Cr 36.10-21; Jer 39.1-10; 52.1-11). Tenía 21 años cuando comenzó a reinar, y reinó once años. Hizo lo malo ante los ojos de Jehová.

En el noveno año de su reinado se rebeló contra Nabucodonosor, quien sitió a Jerusalén hasta el undécimo año de Sedequías, cuando al fin cayó la ciudad. Sedequías intentó fugarse de noche, pero lo capturaron en las llanuras de Jericó y lo condujeron ante Nabucodonosor en Ribla. Allí el rey de Babilonia mató a sus hijos en presencia suya, le sacó a él los ojos y le mandó encadenado a Babilonia, donde murió. Los profetas Jeremías y Ezequiel, por ser contemporáneos de Sedequías, arrojan mucha luz adicional sobre el carácter de este y las circunstancias de su reinado (Jer 21–22; 24; 27–29; 32–34; 37; 38; Ez 8–12; 21; 22).

3. Firmante del pacto de Nehemías (Neh 10.1).

4. Hijo de Jeconías y nieto de Joacim, rey de Judá (1 Cr 3.16).

5. Falso profeta entre los cautivos en Babilonia, hijo de Maasías. Jeremías lo denunció por haber entusiasmado al pueblo con vanas esperanzas (Jer 29.21-23).

6. Príncipe de Judá e hijo de Ananías, que estaba presente en el palacio cuando fue recibido el anuncio de que Baruc había entregado las palabras de Jeremías al pueblo (Jer 36.12).

SEDIMENTOS Sustancia que se asienta en el fondo de una tinaja de vino recién hecho. La palabra se usa en sentido figurado. Cuando el profeta habla de beber «de Jehová el cáliz de su ira ... hasta los sedimentos» quiere decir sufrir la ira completa y total de Dios (Is 51.17,22; cf. Sal 75.8). En otro sentido, «estar reposado sobre sedimentos» (Jer 48.11; cf. Sof 1.12) significa estar contento consigo mismo o las circunstancias, o descansar en una seguridad carnal.

SEFAR Región que se menciona en relación con → MESA. Era límite meridional del territorio que habitaron los descendientes de Joctán (Gn 10.30). Puesto que Mesa estaba en el norte de Arabia, Sefar debía estar ubicada en el sur de la península. El problema de su identificación exacta estriba en que Sefar en el hebreo posbíblico significa «región fronteriza» y no una localidad particular o una ciudad determinada.

SEFARAD Ciudad mencionada solo en Abd 20, probablemente identificable con la ciudad de Sardis, Asia Menor. La tradición (*Talmud de Jonatán*) de que Sefarad sea España carece de fundamento histórico. Sin embargo, es por razón de esa tradición que se llama sefarditas a los judíos españoles.

SEFARVAIM Ciudad que Salmanasar V había atacado en 727 a.C. y cuyos moradores, que adoraban a las deidades Adramelec y Anamelec, Sargón II transportó a → SAMARIA con el fin de poblar las ciudades vacías y formar allí una colonia asiria en honor de sus dioses. El lugar permanece aún sin identificar, aunque Halévy sugiere identificarlo con → SIBRAIM, cerca de Damasco (Ez 47.16), lo cual es posible. El contexto hace suponer que Sefarvaim se encontraba situada en Siria o en las cercanías de esta. Sin embargo, toda identificación es hasta ahora mera suposición (2 R 17.24,31; 18.32; 19.13; Is 36.19; 37.13).

S

SEFATA Gran valle cercano a Maresa, al nordeste de Hebrón, donde se libró la tremenda batalla de los israelitas contra los etíopes (2 Cr 14.9-15), durante el reinado de Asa, hijo del rey Abías.

SEFATÍAS Nombre de diez personas en el Antiguo Testamento.

1. Quinto hijo que le nació a David en Hebrón. Su madre se llamaba Abital (2 S 3.4).

2. Benjamita hijo de Reuel y padre de Mesulam (1 Cr 9.8).

3. Guerrero que se unió a David en Siclag (1 Cr 12.5).

4. Príncipe simeonita en tiempos de David (1 Cr 27.16).

5. Hijo del rey Josafat (2 Cr 21.2).

6. Fundador de una familia de siervos del templo que regresó con Zorobabel (Esd 2.4).

7. Padre de una familia de siervos de Salomón cuyos descendientes volvieron con Zorobabel (Esd 2.57).

8. Padre de otra familia que regresó con Esdras (Esd 8.8). Pudiera tratarse del mismo del punto anterior.

9. Hijo de Mahalaleer, de la tribu de Judá (Neh 11.4).

10. Príncipe que quiso que mataran a Jeremías por haber profetizado (Jer 38.1).

SEFELA Llanuras y valles de la parte meridional de Palestina, entre el Mediterráneo y las montañas del centro. Allí se encuentran los valles de Ajalón, Sorec, Ela y Sefata. A su extremo sur se encuentran las ciudades de Gat, Laquis, Eglón y Debir.

En el Antiguo Testamento hebreo el nombre Sefela se usa con toda claridad, pero en las traducciones se ha preferido «el llano», «la llanura», «el valle», «las campiñas», etc. (Dt 1.7; Jos 10.40; Jue 1.9; 2 Cr 1.15; Jer 33.13; Zac 7.7).

La Sefela se extendía desde el valle de Sarón, al sur del monte Carmelo, hasta el río de Egipto (sudoeste de Gaza), en un territorio donde, según Jos 15.33-47, se habían establecido cuarenta y tres ciudades. También

se conoce por «llanura marítima» debido a que en todo su extremo poniente está bañada por el Mediterráneo. Se caracteriza por su fertilidad, sus numerosos pozos y sus arboledas.

SÉFORA Una de las siete hijas de Reuel (Éx 2.16ss, también llamado → JETRO, Éx 4.18s, 18.2s), madianita, primera esposa de Moisés y madre de Gersón y Eliezer (Éx 2.15-22). En camino a Egipto, cuando Jehová quiso matar a Moisés, Séfora practicó la → CIRCUNCISIÓN de Gersón, y llamó a Moisés «esposo de sangre» (Éx 4.24-26). El padre de Séfora, se hizo cargo de Séfora y sus hijos, pero más tarde los llevó nuevamente a Moisés.

SEGUNDA VENIDA Término que se usa para referirse a la futura manifestación gloriosa de Jesucristo, cuando vuelva para iniciar los últimos actos de redención y juicio. No aparece en la Biblia, pero está implícito en pasajes como Heb 9.28 («aparecerá por segunda vez»).

Este segundo advenimiento de Jesús se describe con las siguientes palabras griegas:

1. *Parusía* (*presencia*, 2 Co 10.10; o llegada). Se usaba en el mundo helénico para describir la llegada aparatosa de un emperador o rey, pero en el Nuevo Testamento únicamente describe la Segunda Venida.

2. *Apocálypsis* (*descubrimiento*, → REVELACIÓN), término que alude al momento cuando el señorío que Jesucristo goza ahora a la diestra del Padre se hará patente en el mundo; habrá un *apocálypsis* de su gloria y poder, es decir, el descubrimiento de su exaltación al mundo (1 Co 1.7; 2 Ts 1.7; 1 P 1.7,13; 4.13).

3. *Epifanía* (*aparición, manifestación visible*), término que figura en 2 Ts 2.8; 1 Ti 6.14; 2 Ti 4.1,8; Tit 2.13; y también se usa en 2 Ti 1.10 para referirse a la primera venida de Jesús.

La Segunda Venida en el Antiguo Testamento

A través del Antiguo Testamento, es Dios quien siempre viene al hombre. A partir del

Edén y por toda la historia de Israel, Dios se revela a su pueblo en muchas formas: por ángeles o teofanías, por los acontecimientos sobresalientes (por ejemplo el éxodo) y por la palabra profética. La expresión «el → DÍA de Jehová» significaba una visitación especial de Dios a su pueblo, y se aplicaba no solo a juicios transitorios sobre Israel y sus vecinos, sino también al gran día terrible y final en que habría salvación para los que invocaron el nombre del Señor, y castigo para los altivos y soberbios (cf. Is 2.12; Jl 2.28-32).

El concepto del → MESÍAS en el Antiguo Testamento abarca títulos como profeta, rey eterno, sacerdote, siervo sufriente (→ SIERVO DE JEHOVÁ) e → HIJO DEL HOMBRE. Esta última figura es la más intrigante de todas, especialmente para nuestro propósito aquí. El Hijo del Hombre ha de venir sobre las nubes para imponer sobre la tierra un reino de justicia, el cual compartirá con sus santos, su pueblo (Dn 7.18,22). La combinación de todos estos conceptos del Mesías resultaba incomprensible para los profetas del Antiguo Testamento, como también para los contemporáneos de Jesús. ¿Cómo podrían combinarse todas esas características en un solo personaje? Este misterio no se aclara sino hasta la enseñanza de Jesús en los Evangelios. Lo que se conceptuaba en el Antiguo Testamento como una sola venida del Mesías llegaba a convertirse en dos venidas, según la enseñanza de Jesús.

La Segunda Venida en el Nuevo Testamento

El Nuevo Testamento se refiere a la Segunda Venida como «la esperanza bienaventurada» (Tit 2.13), tema que aparece unas trescientas veces repartidas en casi todos los veintisiete libros.

En la enseñanza de Jesús

Aunque muchos eruditos estudiosos de la escatología (la doctrina de los tiempos futuros) ponen en tela de juicio la Segunda Venida como acontecimiento histórico, es claro que Jesús la anunció. Al principio del siglo XX, J. Weiss y A. Schweitzer abogaron por una interpretación completamente escatológica de la enseñanza de Jesús y afirmaron que este esperaba que el → REINO DE DIOS y el Hijo del Hombre (un tercero) viniera durante su estancia terrenal (cf. Mt 10.23), postura que impugna la veracidad de los evangelistas. C.H. Dodd, en cambio, formuló la postura de la «escatología realizada», que afirma que las bienaventuranzas «finales» se experimentan ahora mismo y que no hay una consumación literal del proceso humano. (Dodd modificó luego este último detalle). Pero la enseñanza neotestamentaria no sostiene ninguno de estos dos extremos, aunque pudiera haber algo de verdad en los dos.

La base de la Segunda Venida se encuentra en muchos pasajes de los Evangelios, especialmente en el discurso escatológico de Jesús (Mc 13 //). Jesús se refiere a sí mismo como el Hijo del Hombre que vendrá en la → GLORIA de su Padre con los → ÁNGELES (Mc 8.38; 13.24-27; 14.62 //; Jn 14.3,28).

Aunque algunos eruditos tergiversan estos pasajes, no es posible eliminar de los → EVANGELIOS todo vestigio de una Segunda Venida. La misma abundancia de referencias al tema hace improbable que los apóstoles crearan esta doctrina. Es obvio que existe una dificultad en los dos dichos de Jesús que indican una venida muy pronta: antes que los discípulos recorrieran las ciudades de Israel (Mt 10.23) o antes de que algunos de sus oyentes murieran (Mc 9.1 //; → GENERACIÓN), pero es factible explicar que estas profecías se cumplieron en la muerte y resurrección de Jesús; porque estos hechos fueron una manifestación sobresaliente del Reino, por los cuales Jesús triunfó sobre Satanás y sobre la muerte. Además, por esos hechos Jesús fue proclamado el → SEÑOR del cielo y la tierra (Mt 28.18). En otras palabras, el acontecimiento fundamental del Reino es la muerte y la resurrección de Jesús, no su *parusía*.

Si Jesús enseñaba una Segunda Venida, surge la pregunta: ¿esperaba Él un período

S

entre su → ASCENSIÓN y su *parusía*? Algunos eruditos insisten en que no, en vista de que Mt 10.23; Mc 9.1; 13.30 // hablan de un regreso inmediato. Su argumento es así: Jesús esperaba regresar casi inmediatamente y cuando no apareció, la iglesia cambió la idea de un regreso inmediato por la de una tarea misionera, con el resultado de que la *parusía* fue postergada. Pero es inaceptable este concepto de la iglesia y la formulación de sus doctrinas en vista de los siguientes hechos:

1. Jesús sí enseñaba que habría un período entre el fin de su ministerio y la *parusía* (Mc 13.10; cf. Mt 24.14). Tal espera está implícita en las parábolas del Reino, especialmente en aquellas que hablan de la ausencia de la figura central del relato (Mt 24.45-51; 25.1-13,14-30). Sin el regreso del Señor, la parábola quedaría trunca, porque la entrega de responsabilidades al principio demanda el desenlace de los galardones al final. Así también lo que Jesús empezó a hacer quedaría trunco si no volviera a completar el proceso.

2. Jesús fue proclamado Señor del cielo y de la tierra (Mt 28.18), lo que significa que con su exaltación el evangelio rompe los límites nacionales de Israel y asume características universales. Resulta lógico entonces que el señorío de Jesús se proclamase en todo el mundo para que la oferta de perdón y vida eterna fuera conocida de todos. Por ende, precisa programar un período de tiempo para la evangelización del mundo.

3. La enseñanza de Jesús acerca del Reino de Dios refleja una tensión grande entre el aspecto presente (visto en la vida y obra de Jesús) y el aspecto futuro. Si interpretamos el Reino de Dios, o en términos puramente futuristas sin aspecto presente y período intermedio (Schweitzer), o en términos de una escatología realizada en este tiempo sin futuro alguno (Dodd), no hacemos justicia a la enseñanza de Jesús. Él dejó inaugurado el Reino en las obras maravillosas de su ministerio y especialmente en su muerte y resurrección. Por tanto, se puede decir con

Cullmann que la batalla decisiva se ha ganado, y solo se espera la terminación de la guerra y la proclamación del gran día de victoria. Durante el actual período intermedio se experimentan muchas de las bendiciones del futuro, e.d. hay escatología realizada (1 Co 10.11; Heb 6.5). Además, los creyentes ya tienen la vida eterna (Jn 3.16), característica del siglo venidero (Mc 10.30 //), pero eso no significa que se omita la consumación final. La victoria sin par de la muerte y resurrección de Jesús quedaría inconclusa si no llega a abatir visiblemente el reino del mal aquí en la tierra.

En resumen, la enseñanza de los Evangelios es clara: al final del proceso de evangelización del mundo, en un momento que solo el Padre conoce (Mc 13.32 //), Jesús vendrá personalmente sobre las → NUBES en la misma forma corporal en que se fue (Hch 1.11). Su *parusía* será acompañada con → TROMPETAS, voces, gloria, y poder; los ángeles estarán presentes para recoger a los escogidos de los cuatro ángulos de la tierra. Entonces el Señor se sentará sobre su trono para juzgar a todos los que tienen alguna relación con el Reino, según sus obras (→ JUICIO). De acuerdo con el sermón escatológico, la *parusía* es precedida por un tiempo de horrible persecución (Mc 13.25s //) y seguida por el establecimiento del reino de justicia del Hijo del Hombre (Mt 25.34; → MILENIO).

En la enseñanza de Pablo

La orientación paulina sigue la pauta de Jesús, aunque agrega varios énfasis nuevos. El más notable quizás es la relación estrecha establecida entre la *parusía* y la → RESURRECCIÓN (o transformación) de los creyentes (1 Co 15.23,51s; Flp 3.21; 1 Ts 4.13-17). Aunque hay intérpretes que distinguen una etapa previa a la Segunda Venida, a la cual llaman «el arrebatamiento secreto de la iglesia», parece militar contra tal postura la publicidad mundial de la venida que insinúa 1 Ts 4.16: «El Señor mismo con voz de mando, con voz de arcángel, y con trompeta de Dios descenderá del cielo». Los muertos en Cristo resucitarán primero, y ocurrirá entonces la transformación de los creyentes vivos. Pero esto no sucederá sino hasta que haya venido la apostasía y aparezca el hombre de pecado (2 Ts 2.1-8, → ANTICRISTO), a quien el Señor destruirá «con el espíritu de su boca y con el resplandor de su venida». No es solamente un momento de distribuir recompensas a los fieles (2 Ts 1.7-10) sino la ocasión en que todos los hombres han de rendir cuentas de sus acciones (1 Co 3.13ss; 4.5; 2 Co 5.10).

En el resto del Nuevo Testamento

Por lo general, la enseñanza sobre la Segunda Venida en el resto del Nuevo Testamento sigue de cerca la norma que Jesús estableció. Solo en Segunda de Pedro y en Apocalipsis se describen los resultados cósmicos de la Segunda Venida. Aunque a los «burladores» les parece que el Señor retarda su promesa, realmente Él está esperando que los hombres «procedan al arrepentimiento» (2 P 3.9). Pero el día del Señor vendrá como «ladrón en la noche», e.d., inesperadamente, y el cielo y la tierra serán quemados. Tanto en Pedro como en Pablo el día del Señor es el día de la *parusía*.

Como libro de consolación escrito durante la persecución, → APOCALIPSIS aporta datos importantes sobre la Segunda Venida de Cristo. Todo ojo lo verá llegar y todas las naciones de la tierra lo lamentarán (1.7; cf. Mt 24.30). En la final trompeta (11.15-19), el reino de este mundo pasa a ser de Dios y de su Cristo, quien reinará para siempre jamás (11.15). Apocalipsis concuerda con lo escrito por Pablo al describirse la lucha feroz entre las fuerzas del mal y del bien, guerra que causa tremenda → TRIBULACIÓN y termina en el castigo de los líderes del reino satánico (19.20; 20.10, → DEMONIOS). Entonces Cristo y los justos empiezan un reino de mil años en la tierra (→ MILENIO, 20.1-10) durante el cual Él suprime todo dominio, autoridad, y potencia enemiga (1 Co 15.23-28). Así que la *parusía* desata una serie de sucesos cósmicos que cumplen todo lo que escribieron los

profetas, sobre todo en el libro de Daniel (7.13ss).

El significado de la Segunda Venida

La Segunda Venida del Señor Jesucristo ha tenido un valor permanente para el cristianismo, y a través de los siglos ha sido una fuente de inspiración y confianza. Sobre ella se basan todas las exhortaciones a la pureza, fidelidad, santidad, vigilancia (→ NOCHE; → DÍA) y responsabilidad. El juicio de Mt 25.31-46 enseña que quienes esperan de veras el regreso de su Señor son los que muestran compasión hacia los desvalidos y necesitados.

Toda la creación gime hasta la liberación final, tanto de los hijos de Dios como el universo entero (Ro 8.18-23).

«Amén; sí, ven, Señor Jesús» (Ap 22.20 → MARANATA).

Bibliografía:

CBSJ V, 78.6-92. *EBDM V*, col. 891-895. *DBH*, col. 1451-1457; *DTB*, pp. 760-765; *VD* III, pp. 292-313. O. Cullmann, *La cristología del Nuevo Testamento*, Methopress, Buenos Aires, 1965, pp. 109-190. Varios, *Mysterium liberationis, La Biblia y el futuro*.

SEGUNDO (nombre latino). Creyente de Tesalónica y miembro del grupo que acompañó a Pablo al regreso de su tercer viaje misional (Hch 20.4s). La frase «hasta Asia» no aparece en los mejores manuscritos. Probablemente Segundo fuera uno de los delegados de las iglesias de Macedonia que contribuían para la ayuda de los creyentes en Jerusalén (cf. 1 Co 16.1ss).

S

SEHÓN Rey de → HESBÓN, la ciudad de los → AMORREOS. Su reino se extendió hacia el sur hasta el río → ARNÓN, gracias a su victoria sobre Moab (Nm 21.26-30; cf. Dt 2.24; Jer 48.45). Era tan poderoso que Moisés le envió embajadores solicitando permiso para pasar por su tierra (Nm 21.22-25). Sehón se obstinó en no conceder el permiso y fue necesaria una batalla en la que las fuerzas de Sehón

Foto de Gustav Jeeninga

El Jazna visto a través de Siq, la estrecha entrada rocosa a la ciudad de Petra.

1. Ciudad fortificada unos 5 km al oeste de Temán, capital de Edom, a la cual debía proteger. Fue tomada por Amasías rey de Judá, quien le dio el nombre de Jocteel (2 R 14.7). La derrota de Sela quizá fue la ocasión histórica de las profecías de Jer 49.16 y Abd 3, ya que Sela se encontraba en las peñas y su nombre mismo significaba «peña».

Muchos identifican a Sela con Petra, la notable ciudad edificada por los nabateos en aquella región en el siglo IV a.C. Petra llegó a ser centro comercial entre el Oriente y Roma, y residencia de una serie de reyes llamados → ARETAS. La primera mujer de → HERODES Antipas era hija de uno de estos reyes, el que se menciona en 2 Co 11.32. Trajano subyugó la ciudad de Petra bajo Roma en 105 d.C. El cristianismo se extendió allí rápidamente y la tradición afirma que Pablo visitó a Petra mientras estaba en Arabia (Gl 1.17). Fue hecha sede episcopal. Declinó con el Imperio Romano, y los mahometanos la conquistaron en 629–632 d.C.

2. Lugar que indicaba los límites de los amorreos en el tiempo de los jueces (Jue 1.36). Se desconoce el sitio, pero probablemente estaba en Judá.

fueron derrotadas y su reino fue destruido hasta el Jaboc. Esta victoria se recordaba siempre en Israel como ejemplo sobresaliente del poder de Jehová ejercido a su favor (Neh 9.22; Sal 135.11; 136.19). El territorio de Sehón llegó a formar parte de la herencia de Gad y Rubén (Nm 32.33-38; Jos 13.10).

SEIR Nombre de una región y un monte mencionados en el Antiguo Testamento.

1. Región montañosa al sur del mar Muerto habitada primero por los → HOREOS (Gn 14.6; 36.20), a quienes los edomitas desalojaron para establecerse allí (Gn 32.3; 33.14, 16; 38.6; Dt 2.12; Jos 24.4).

2. Monte al norte de los límites de Judá (Jos 15.10). Se ha identificado con Saris cerca de Chesalon, el cual está ubicado 14 km al oeste de Jerusalén. Es el lugar por el cual los israelitas intentaron entrar en Canaán y fueron derrotados por los amorreos (Dt 1.44s). Es posible que este Seir sea el monte adonde emigraron los quinientos varones hijos de Simeón (1 Cr 4.42,43).

SELA (*peña*). Nombre de tres lugares mencionados en el Antiguo Testamento.

Templo funerario llamado el Jazna y construido por el emperador romano Adriano en honor a la diosa Isis. Este es uno de los muchos edificios en Petra esculpidos en los riscos rocosos.

3. Lugar en Moab mencionado en Is 16.1 como objeto de destrucción. No se ha fijado su ubicación, pero algunos identifican a esta Sela con la de Edom, alegando que fue conquistada por Moab en el siglo de Isaías.

Sela es mencionada junto con las aldeas de Cedar en una invitación a cantar la victoria de Jehová (Is 42.11). Es un cántico de júbilo por la victoria de Dios sobre los enemigos.

SELAH Término hebreo que aparece en los Salmos (71 veces) y en Habacuc (3 veces) cuyo origen y significado son inciertos. Hay quienes derivan la palabra de cierta raíz aramea que denota el momento en que la congregación debía arrodillarse o postrarse. La versión griega de Aquila y la Vulgata la traducen con el sentido de «siempre», lo que implica una exclamación, como si fuera un amén, un aleluya o una bendición pronunciada por el sacerdote.

Solo parece haber una raíz hebrea con la cual *selah* puede relacionarse con relativa certeza, y esta tiene la connotación de «alzar» o «elevar». En consecuencia, algunos creen que era una señal litúrgica para elevar la voz, o alzar las manos en actitud de oración. Otros consideran que se trataba de una notación musical para que los instrumentos tocaran fuerte. Generalmente puede hallarse colocada al final de una estrofa o en la mitad.

La Septuaginta emplea el griego *diápsalma*, que parece significar «intervalo» o «interludio musical» para traducir *Selah*. Habría sido, entonces, una indicación aclaratoria relacionada con la ejecución de la música instrumental del templo. Probablemente comenzara a usarse en la época del cautiverio.

SELEMÍAS Nombre de ocho personas del Antiguo Testamento.

1. Portero del tabernáculo en tiempos del rey David (1 Cr 26.14). Se le llama también Meselemías (1 Cr 26.1-2).

2. Antepasado de Jehudí (Jer 36.14).

3. Uno de los que fueron a arrestar a Jeremías y no pudieron (Jer 36.26).

4. Padre del hombre que Sedequías envió a Jeremías a pedir oraciones (Jer 37.3).

5. Padre del militar que arrestó a Jeremías (Jer 37.13).

6. Nombre de dos israelitas que se habían casado con extranjeras (Esd 10.39,41).

7. Padre del Ananías que ayudó a reparar los muros (Neh 3.30).

8. Sacerdote que Nehemías nombró mayordomo del templo (Neh 13.13).

SELOMI Príncipe de Aser que colaboró en la repartición del territorio de Canaán al oeste del Jordán (Nm 34.27).

SELOMIT Nombre de siete personas del Antiguo Testamento.

1. Mujer de la tribu de Dan, madre del que fue condenado a muerte por blasfemia en tiempos de Moisés (Lv 24.10-12,23).

2. Primo de Moisés (1 Cr 23.18).

3. Importante levita en tiempos de David (1 Cr 23.9).

4. Descendiente de Moisés que fue tesorero del tabernáculo en días de David (1 Cr 26.25).

5. Nieta de Absalom (2 Cr 11.20).

6. Hija de Zorobabel (1 Cr 3.19).

7. Antepasado de una familia que volvió con Esdrás (Esd 8.10)

SELEUCIA Ciudad fortificada de Siria situada a orillas del Mediterráneo, 8 km al norte de la desembocadura del río Orontes y 25 al oeste de la ciudad de Antioquía a la cual servía como puerto (1 Mac 11.8). Pablo y Bernabé se embarcaron allí en su primer viaje misionero (Hch 13.4) y probablemente desembarcaron allí mismo a su regreso. Inferimos de Hch 15.30,39 que Seleucia era el puerto aludido.

El fundador de Seleucia (301 a.C.) fue → SELEUCO Nicátor, uno de los sucesores de Alejandro Magno. Tolomeo Euergetes tomó la ciudad en 246 a.C., pero Antíoco Epífanes la recobró setenta años después. Mantuvo su importancia bajo los romanos y en tiempo de Pablo era ciudad libre. Seleucia tenía un buen puerto con una bahía exterior, y un fondeadero interior bastante grande. Todavía quedan algunos vestigios de los muelles antiguos y del muro de la ciudad.

SELEUCO Nombre de varios reyes sirios durante la época intertestamentaria.

1. Seleuco I Nicátor. Uno de los generales de Alejandro que tras derrotar a Antígono en la batalla de Gaza en el año 312 a.C., logró posesionarse de buena parte del imperio que Alejandro había conquistado. Fundó la dinastía de los seléucidas, quienes reinaron en Siria hasta que en el año 64 a.C. Roma conquistó la región. Seleuco fue rey durante 312–282 a.C., pero originalmente estuvo supeditado a Egipto; a este hecho se refiere Dn 11.5 al decir que uno de los príncipes del rey del sur sería más fuerte que él.

2. Seleuco II. Bisnieto de Seleuco I y también rey de Siria, 246–226 a.C. Durante su reinado, los egipcios invadieron el territorio sirio y tomaron a Babilonia y Seleucia. A esto se refiere Dn 11.7-9.

3. Seleuco III. Hermano de → Antíoco III el Grande. Uno de «los hijos de aquel» de Dn 11.10. El reinado de Seleuco III fue muy breve, 226–223.

4. Seleuco IV. Hijo de Antíoco III el Grande. Durante su reinado (187–176), escasearon los fondos y, por tanto, decidió posesionarse del tesoro del templo de Jerusalén (Dn 11.20; 2 Mac 3.7; 5.18). Se le menciona repetidamente en los libros de los macabeos.

SELÉUCIDA Dícese de una dinastía fundada por → Seleuco, general de → Alejandro Magno. Los seléucidas reinaron de 312 a 64 a.C. y establecieron un vasto imperio que se expandió por Bactriana, Persia, Babilonia, Siria y parte de Asia Menor. Su poder decreció tanto, que se concretó en Siria. Fue entonces que en 64 a.C. Pompeyo la convirtió en provincia romana.

SELLO Grabado cortado en distintos materiales duros tales como piedra corriente, metales o piedras preciosas, empleado para grabar un dibujo o marca específica sobre otra sustancia blanda, como barro o cera.

El uso de los sello data de la más remota antigüedad histórica en las tierras bíblicas, pues servían como firma personal cuando pocas personas sabían escribir. En Mesopotamia, donde tanto se utilizaba el barro como material para escribir, los sellos solían tener forma de rodillos; los grabados, más o menos complicados, al imprimirse sobre el barro, quedaban en forma rectangular. Más tarde prevalecieron las formas cónicas. Un agujero, practicado en el sello, permitía atravesarlo con una cuerda, para llevarlo colgado al cuello, o atado al brazo o a la cintura (Gn 38.18; Cnt 8.6). Los egipcios preferían los escarabeos, o piedras cortadas en forma de escarabajos estilizados, y esta moda influyó en el contorno de los sellos en Palestina. Se prestaba para fabricar sellos en forma de anillo, fáciles de llevar en el dedo.

Los dibujos variaban muchísimo según el siglo y la región, y esto ha proporcionado datos muy valiosos a los arqueólogos modernos. Pero por lo general el sello llevaba el nombre de su dueño, con una señal distintiva que le caracterizaba.

La primera mención bíblica del sello se halla en el triste incidente de Judá y Tamar (Gn 38.18), el cual indica su uso corriente entre personas de alguna distinción ya en la época patriarcal.

Los usos más comunes del sello eran los siguientes:

1. Como firma para ratificar un documento, por ejemplo, el documento de compraventa de Hanameel y Jeremías (Jer 32.10-14,44).

2. Como prueba de la autenticidad de una orden real, sobre todo si intermediaba una segunda persona, por ejemplo, la acción de Jezabel en nombre de Acab (1 R 21.8); o los poderes que dio Asuero a Mardoqueo (Est 8.8).

3. Para conservar un rollo escrito, y garantizar que no se abriera sino hasta que llegara el momento señalado y, entonces, solo por la persona autorizada (Ap 5.1).

4. Para asegurar una puerta, o entrada similar, contra la intrusión de personas no autorizadas (por ejemplo, el sello sobre la tumba del Señor, Mt 27.66; cf. el sello sobre el foso de los leones puesto por el rey Darío, Dn 6.17; y el sello por el cual el ángel asegura la puerta del abismo para evitar la salida de Satanás, Ap 20.3). Una de las muchas formas de realizar esto consistía en extender una cuerda cubierta con barro y cera de un lado al otro de la abertura, para que una vez impreso el sello nadie pudiera pasar sin romperlo.

El sello se empleaba metafóricamente para indicar posesión, autenticidad, garantía o seguridad. Un libro sellado era un secreto hasta el momento de romper el sello (Dn 12.4,9; Ap 10.4). El que recibe el testimonio del evangelio «atestigua» (en griego, *esfráguisen*, que significa *puso su sello*) que Dios es veraz (Jn 3.33), y el mismo verbo se emplea para indicar que el Padre «selló» al Hijo del Hombre como su mensajero auténtico (Jn 6.27). La → CIRCUNCISIÓN de Abraham fue «el sello» de la justicia que había recibido anteriormente por la fe (Ro 4.11), y los creyentes en Corinto constituían el sello del apostolado de Pablo (1 Co 9.2); ambos garantizaban autenticidad. Los creyentes efesios fueron «sellados con el Espíritu Santo de la promesa» (Ef 1.13; cf. 2 Co 1.21s; Ef 4.30). En todos estos casos el contexto del término señala que el Espíritu Santo aseguraba cuanto habían recibido ya los fieles (en el siglo II, el → BAUTISMO era considerado como un sello). El Espíritu constituye las → ARRAS de cuanto habían de recibir al ser introducidos en la herencia eterna.

En el Apocalipsis el sello en la frente (por ejemplo, 7.3-8; 9.4) es señal de pertenecer a Dios.

Bibliografía:
DTB, col. 982ss. *VTB*, pp. 748s *DBH*, col. 1815ss.

SEM, SEMITA (*fama*). El mayor de los hijos de Noé y, según Gn 10.1; 21–31, progenitor de una familia de naciones. Para la solución de los problemas que presenta este capítulo,

el estudiante debe consultar los comentarios. Por ejemplo, parece que Seba fue nieto de Cam (10.7), y también hay otro en la lista de Sem (10.28). Nimrod fue nieto de Cam (v. 8) y está íntimamente relacionado con Asur (según la Septuaginta Asiria en v. 11 es Assour); también Asur (en la Septuaginta, *Assour*) aparece como hijo de Sem (v. 22).

Problemas de esta índole tal vez se deban a la gran antigüedad de la «Tabla de Naciones» de Gn 10, al parentesco estrecho entre los fundadores de las naciones, a la posibilidad de poner el mismo nombre a dos distintas personas, y al hecho de que las agrupaciones de la antigüedad se trasladaban muchas veces en masa de lugar en lugar. Los arqueólogos, por ejemplo, en algunos lugares de baja Mesopotamia han encontrado primero artefactos arameos (o semitas) y, en capa inferior, artefactos acadios (o camitas).

Los hebreos son descendientes de Heber, nieto de Arfaxad, hijo de Sem. Génesis 11 traza la línea genealógica hasta Abraham, y Lc 3.23-36 la lleva hasta Cristo. En la bendición de Jafet se dice: «Ensanche Dios a Jafet y habite él en las tiendas de Sem» (Gn 9.27). Esto puede interpretarse como que «Él» se refiere a Dios, y entonces estas palabras son una de las primeras profecías mesiánicas (→ JAFET).

Sem forma el eslabón entre el mundo antediluviano y el posdiluviano. Durante el primer siglo de su edad, Sem fue contemporáneo de Matusalén, el que a su vez fue contemporáneo de Adán durante 243 años; y cuando Sem murió, Abraham tenía 148 años de edad.

Los semitas ejercieron una influencia marcada a través de la historia. El desarrollo del idioma semítico es un estudio que comienza con el acádico; luego el cananeo que incluye el ugarítico, el arameo y el árabe, que, en sus distintos dialectos, hoy es el idioma de millones de personas.

SEMA Nombre de cuatro personas y una ciudad en el Antiguo Testamento.

1. Población del sur de Judá, cerca de las fronteras de Edom (Jos 15.26).

2. Judaíta descendiente de Caleb (1 Cr 2.43-44).

3. Hijo de Joel (1 Cr 5.8). Quizás sea el *Sema* de 1 Crónicas 5.4.

4. Hijo de Elpaal y jefe de una de las familias de Ajalón (1 Cr 8.13).

5. Uno de los sacerdotes que colaboraron con Esdras en la lectura de la Ley (Neh 8.4).

SEMAÍAS Nombre de unas veintiocho personas del Antiguo Testamento.

1. Profeta que dijo al rey Roboam de Judá que no debía seguir combatiendo a las diez tribus separatistas (1 R 12.22).

2. Hijo de Secanías que fundó una familia aparentemente del linaje de David (1 Cr 3.22).

3. Jefe de una familia de la tribu de Simeón (1 Cr 4.37).

4. Hijo de Joel (1 Cr 5.4). Quizás sea el Sema de 1 Crónicas 5.8.

5. Levita que supervisaba los trabajos del templo en días de Nehemías (Neh 11.15).

6. Levita y padre de Obadías (1 Cr 9.16).

7. Levita que ayudó en el traslado del arca a Jerusalén (1 Cr 15.8-11).

8. Levita hijo de Natanael (1 Cr 24.6).

9. Portero del tabernáculo en tiempos de David (1 Cr 26.6-7).

10. Levita que Josafat envió para que enseñara la Ley al pueblo de Judá (2 Cr 17.8).

11. Levita descendiente de Jedutún que ayudó en la purificación del templo en tiempos de Ezequías (2 Cr 29.14).

12. Levita que distribuía las primicias, los diezmos y los otros regalos a los sacerdotes en tiempos de Ezequías (2 Cr 31.15).

13. Jefe levita durante el reinado de Josías en Judá (2 Cr 35.9).

14. Cabeza de una familia que regresó del cautiverio con Esdras (Esd 8.13).

15. Mensajero de Esdras después del cautiverio (Esd 8.16).

16. Israelita que se divorció de su esposa extranjera (Esd 10.21).

17. Israelita que se divorció de su esposa extranjera (Esd 10.31)

18. Levita que ayudó en la reparación de los muros de Jerusalén bajo Nehemías (Neh 3.29).

19. Falso profeta contratado por Tobías y Sanbalat para asustar a Nehemías (Neh 6.10).

20. Sacerdote que firmó el pacto con Nehemías (Neh 10.8).

21. Importante sacerdote que regresó del cautiverio con Zorobabel (Neh 12.6).

22. Príncipe de Judá que ayudó en la dedicación de los muros reconstruidos de Jerusalén (Neh 12.34).

23. Levita descendiente de Asaf (Neh 12.35).

24. Músico levita en la dedicación de los muros de Jerusalén (Neh 12.36).

25. Sacerdote que ayudó en la dedicación de los muros de Jerusalén (Neh 12.42).

26. Padre del profeta Urías (Jer 26.20).

27. Profeta falso en los días de Jeremías (Jer 29.24-32).

28. Padre de Delaía (Jer 36.12).

SEMANA Ciclo de siete días. En la Biblia comienza después del → SÁBADO, independientemente del calendario lunar o solar.

La semana de siete días se menciona por primera vez en Gn 29.27, aunque la creación se presenta como efectuada en siete días, incluyendo el descanso del Todopoderoso. Hay también períodos de siete días en la historia del diluvio (Gn 7.4,10; 8.10,12).

Hay dos palabras hebreas que se traducen semana: una se deriva del número siete, y la otra es igual a «sábado», el día que completa la semana judía. El Nuevo Testamento emplea la última palabra y la convierte en sustantivo griego (Mc 16.2,9).

En Israel existió desde muy antiguo la observancia de la semana de siete días como unidad fija de tiempo, e independiente de las fases de la luna. Tiene su base en el sábado, el séptimo día de la semana. En el período helénico, el día antes del reposo se llamó «día de preparación» (Mt 27.62). Los otros días iban solo numerados; p. ej. el día siguiente del sábado se llamaba «primer día de la semana» (Mt 28.1; Mc 16.2,9; Lc 24.1; Jn 20.1,19; Hch 20.7; 1 Co 16.2).

En Lv 23.15; 25.8, el término *sabbatot* (literalmente «sábados») se aplica al período de tiempo desde un sábado al otro, por lo que equivale a «semanas»; de ahí que en el Nuevo Testamento la transcripción griega *sabbaton* se use también con el significado de semana (Mc 16.9). La fiesta nupcial en el antiguo Israel duraba una semana (Gn 29.27s).

Se usa «siete días» en vez de semana en Hch 20.6; 21.4,27; 28.14 (→ Calendario; Día del Señor).

SEMANAS, FIESTA DE LAS → Pentecostés.

SEMEJANZA → Imagen.

SEMILLA Grano que cuando germina reproduce la planta que lo produjo (Gn 1.11-13,29). Su sinónimo «simiente» se aplica a descendencia humana o animal (Gn 3.15), con especial referencia a Cristo (Gl 3.16).

La ley prohibía sembrar en un solo campo diversas especies (Lv 19.19). Hay semillas inmundas y limpias (Lv 11.37,38), y épocas en que resultan vanas las semillas (Lv 16.26).

La palabra semilla se utiliza en lenguaje figurado. En este sentido se aplica a la simiente espiritual (Gn 22.17,18; Gl 3.16; 1 P 1.23; 1 Jn 3.9). El salmista habla de la semilla de la proclamación de la verdad (Sal 126.5,6). Esta última enseñanza se amplía en la parábola del sembrador (Mt 13.1-23; cf. 1 Co 3.6).

Pablo utiliza la figura de la semilla y la siembra para explicar la doctrina de la → RESURRECCIÓN mediante la similitud que ofrecen la siembra y el cuerpo que se sepulta y resucita (1 Co 15.35-38), doctrina que refleja la enseñanza de Cristo respecto a la muerte del grano de trigo para que este produzca abundantemente (Jn 12.24).

SENAA Cabeza de una familia o pueblo israelita que regresó a Babilonia con Zorobabel 537 a.C. (Esd 2.35; Neh 7.38). Los hijos de Senaa edificaron la puerta del Pescado (Neh 3.3) y colaboraron en la edificación del muro. Eusebio y Jerónimo identificaban la ciudad de Senaa con Magdala-senna, situada 10 km al norte de Jericó.

SENAQUERIB Rey asirio que sucedió en el trono a Sargón II y dirigió con buen éxito los destinos del imperio durante 24 años (705–681 a.C.). Cuando asesinaron a su padre, Senaquerib, que ya gobernaba en la frontera del norte como príncipe heredero, se movilizó rápidamente hacia el sur, pues Merodac-baladán se había sublevado en Babilonia. Se supone que fue en esa ocasión que → Merodac-baladán envió mensajeros a → Ezequías, rey de Judá (2 R 20.12-19; Is 39). Tres años demoró Senaquerib en hacer reconocer su autoridad en Fenicia y Palestina, donde los súbditos de su padre se negaban a seguir pagando los tributos. Pero una vez arreglada su situación con babilonios, elamitas y árabes, pudo disponer del tiempo necesario para imponer también su autoridad en el oeste, donde las condiciones le eran conocidas.

Este monumento de piedra, conocido como el prisma de Senaquerib, ofrece el relato asirio de la invasión de Senaquerib a Jerusalén (Is 36—37).

Foto de Howard Vos

Ezequías, rey de Judá, confiando quizás en la ayuda de Egipto, se apoderó de Padi, príncipe filisteo proasirio que gobernaba en Ecrón, fortaleció sus baluartes, mejoró el abastecimiento de agua en Jerusalén y notificó secretamente sus planes a Egipto. Senaquerib se movió con cautela pero con grandes fuerzas militares en el año 701 a enfrentarse con los planes de Ezequías. Primero atacó al norte las ciudades costeras de Fenicia. Allí capturó con relativa facilidad ciudades importantes y secundarias. En una segunda arremetida se rindieron Moab y Edom, pero como Ascalón opusiera resistencia, Senaquerib la sometió a un bárbaro saqueo junto con sus ciudades vecinas. En sus crónicas afirma haber derrotado a Egipto, matado a los príncipes de Ecrón y sometido y saqueado cuarenta y seis ciudades de Judá. También afirma que llevó de Judá 200.150 cautivos, entre los que menciona a unas jóvenes cantantes judías (de ahí vemos que los judíos eran famosos por sus cantos).

Personalmente se ocupó de la toma de Laquis, desde donde envió mensajeros a Ezequías exigiendo la rendición de Jerusalén. Los anales asirios y hebreos coinciden en que Ezequías tuvo que pagar cara su osadía. Desde entonces Asiria le cobró fuertes tributos. Padi fue restituido y premiado con varias ciudades de Judá.

Como era de esperarse, los anales asirios no mencionan la sorpresiva retirada de Senaquerib que se relata en 2 R 19.35,36, cuando inesperadamente abandonó el sitio a que tenía sometida a Jerusalén. Algunos eruditos atribuyen esta repentina retirada al hecho de que las tropas egipcias se acercaban conducidas por → TIRHACA (2 R 19.9; Is 37.9). No podemos esperar que los anales lo mencionen todo; generalmente los anales asirios no relatan los fracasos. Además existe el problema de si fue uno o fueron dos los sitios que Senaquerib impuso a Jerusalén, y si fue únicamente en uno de ellos o en ambos que Senaquerib tuvo que retirarse en forma súbita. En 2 R 19.37 se nos dice que Senaquerib fue asesinado después de regresar de Nínive, pero no dice cuánto tiempo después. Sabemos que fue asesinado en 681.

Aunque todavía no podamos definir todos los sucesos con precisión, no existe razón alguna para dudar del relato del Antiguo Testamento. Dios intervino milagrosamente y Senaquerib, para sorpresa de todos, se retiró en forma inesperada con sus tropas. Un estudio cuidadoso de los pasajes bíblicos en que se toman muy en cuenta las obligaciones que sobrevinieron a Ezequías y las condiciones a que quedó sometido Judá nos ayuda a entender los mensajes proféticos de aquella época (→ ISAÍAS; OSEAS; 2 R 18.13–19.36; 2 Cr 32.1-23; Is 36.1,37; 37.37).

Senaquerib hizo grandes construcciones en Asiria. Su palacio en → NÍNIVE era una verdadera galería de arte y una maravilla de arquitectura. Las miles de tablillas encontradas en su templo dedicado a Nabu indican también su interés en la literatura.

SENCILLEZ Reina Valera 1960 traduce «sencillez» y «sencillo» varios vocablos hebreo y griego que en otros casos y versiones se traducen «simple», «sincero», «limpio», «verdadero», o «ingenuo». La sencillez denota en la Biblia una actitud franca, libre de duplicidad o ambigüedad (2 S 15.11; Hch 2.46), integridad y rectitud (Gn 20.5; 1 R 9.4), pureza y lealtad en la relación con el prójimo y con Dios (2 Co 11.3; Ef 6.5-8; Flp 2.15), generosidad que se da sin reservas (Ro 12.8; 2 Co 8.2). En los Salmos la sencillez caracteriza a los humildes y sin experiencia (19.7) a quienes Dios protege y enseña (116.6; 119.130; cf. Mt 19.13s). En Pr 1.22; 9.6; 14.15-18 y 1 Co 14.20 «sencillez» se usa con sentido negativo, como sinónimo de ingenuidad o ignorancia.

SENE (*roca aguda*). El más meridional de los dos peñascos agudos (el otro es Boses) que están a los lados de un desfiladero en el camino entre Gabaa al sur y → MICMÁS al norte. Por este desfiladero, Jonatán y su paje de armas entraron a la guarnición de los filisteos (1 S 14.4,5).

SENIR Nombre amorreo del monte → Her-món (Dt 3.9; Ez 27.5), aunque quizá se refiera solo a una parte del mismo (1 Cr 5.23; Cnt 4.8). Hermón es el pico sur del Antilíbano y Senir probablemente se refiera a una parte separada de la cadena. A veces el nombre se usa para hacer referencia a toda la región. En la primera parte del segundo milenio a.C. parece que fue un lugar de culto de los amorreos. Los tirios usaron madera del monte Senir para construir sus barcos (Ez 27.5).

SENO Término que en sentido anatómico se refiere al útero femenino o claustro materno (Lc 1.31; → Vientre). En sentido figurado, debido a que la matriz brinda protección maternal durante el desarrollo del feto, y por motivaciones sicológicas, se ha extendido el uso del vocablo «seno» para expresar intimidad, cobijamiento o amor (Nm 11.12; 2 S 12.3; Job 31.33; Is 40.11; Jn 1.18; 13.23). (→ Seno de Abraham.)

SENO DE ABRAHAM Término figurado que Jesús emplea en la parábola de Lázaro y el rico (Lc 16.22) para referirse al lugar adonde van los justos al morir. Es un sitio que se contrasta con el → Hades, lugar donde se encontraba el rico injusto (Lc 16.23). El seno de Abraham es también sinónimo del → «Paraíso» que Jesús prometió al ladrón arrepentido (Lc 23.43; cf. → Seol).

En la parábola, Jesús describe un banquete en el paraíso a la usanza judía, donde los invitados se reclinaban ante la mesa y apoyaban el brazo izquierdo en almohadones. De esta manera, el que se hallaba a la derecha de otro, prácticamente estaba reclinado «en el → seno» de este (cf Jn 13.23).

SEÑAL Significa prenda o prueba de algo que se promete cumplir, como en Jos 2.12 e Is 7.11. Es también un recordatorio (Dt 6.8). Pero es principalmente un hecho portentoso, un hecho sobrenatural. Las obras de Dios en Egipto, para la liberación de su pueblo, son llamadas en el Antiguo Testamento «señal y milagros» (Dt 6.22; Neh 9.10). Asimismo, la peregrinación en el desierto y las luchas y victorias en Canaán, fueron «grandes señales» (Jos 24.17).

Los milagros de Jesús fueron interpretados como señales, especialmente en el Evangelio de Juan, es decir, evidencias, manifestaciones de su naturaleza, de su carácter y de su misión (Jn 2.11,23; 3.2; 4.54; 7.31; 20.30). La experiencia del profeta → Jonás, de haber estado en el vientre del pez tres días y tres noches y haber sido después vomitado vivo, fue una señal de la resurrección del Señor (Mt 12.39; Lc 11.29).

La Segunda Venida del Señor en gloria será una señal poderosa de Dios (Mt 24.30), y se verá precedida y acompañada de señales (Mt 24.3). También habrá señal de falsos profetas, con el propósito de engañar (Mt 24.24; Mc 13.22). Una de las bestias apocalípticas haría en lo futuro «grandes señales», como hacer descender «fuego del cielo a la tierra» (Ap 13.13).

SEÑOR Término que traduce varias voces hebreas y griegas que expresan la idea de una persona que merece respeto o ejerce autoridad. Como designación de Dios, Señor traduce 'Adon, título de cortesía para superiores (amo o rey; Sal 97.5), empleado usualmente en la forma adonay (mi Señor). Cuando dejó de pronunciarse el nombre de → «Jehová», Adonay se adoptó también en el culto (→ Dios). Nombres como Baal, jefe o cuidador (Nm 21.28; Is 16.8) se aplicaron a veces a Dios, pero no prevalecieron porque se asociaban con los cultos paganos (Os 2.16).

La Septuaginta traduce *Adon* con *kyrios (Señor), pero la mayor parte de las veces kyrios* es traducción de «Yahveh». En el arameo (Dn 2.47; 4.19,24) se utiliza la expresión *maran* (elevado, exaltado, señor) y fue esta la que los primeros cristianos aplicaron a Jesús en la oración → Maranata («Señor, ven»; 1 Co 16.22; Ap 22.20). Aplicado a Dios, Señor expresa la afirmación fundamental de la Biblia: Dios es soberano en la naturaleza y en la historia.

S

Señor se utiliza en el Nuevo Testamento como un título común (p. ej., Mt 8.6) para dirigirse cortésmente a alguien. Pero tiene también el significado de una invocación (Jn 20.28).

Lo más probable es la aplicación de este nombre sagrado a Jesucristo («el Señor» o «el Señor Jesús» en Lc y Hch.; «el Señor Jesucristo» a menudo en Pablo). Constituye la primera confesión de fe cristiana (1 Co 12.3; Flp 2.5-11), y por tanto los cristianos rehusaron llamar «Señor» al César (→ Roma, Imperio).

Más que ver un trasfondo griego (no del todo ausente; cf. 1 Co 8.5ss), nos inclinamos a ver en la nominación de Señor el nombre divino (Adonay-Yaveh) y por tanto, la afirmación de la deidad de nuestro Señor.

Bibliografía:

DTB, col. 985-988. *VTB*, pp. 753s *DBH*, col. 1824-1828. O. Cullmann, *La cristología del Nuevo Testamento*, Methopress, Buenos Aires.

SEOL Palabra hebrea que designa el lugar adonde van los muertos (Dt 32.22; Is 14.9, 11,15). No es el destino solamente de los perdidos, sino el estado intermedio de todos los muertos. La muerte en el Antiguo Testamento lleva consigo el sentido de entrar en un lugar de sombra (Job 38.17), donde el hombre ya no tiene fuerza (Sal 88.3,4), y donde está olvidado (Sal 88.5). No obstante, los habitantes del Seol tienen conciencia y reciben a los nuevos muertos que entran en el lugar (Is 14.9). El equivalente griego es Hades, palabra con que se traduce Seol en la Septuaginta.

En algunos pasajes bíblicos parece que el Seol es el lugar adonde van los condenados, en contraste con el cielo. Amós 9.2 dice: «Aunque cavasen hasta el Seol ... y aunque subieren hasta el cielo». Job 11.8 y Sal 139.8 repiten la misma idea. Sin embargo, estos pasajes no hacen una distinción escatológica de los distintos destinos de los muertos, sino que indican los puntos geográficos opuestos en la dimensión vertical que imaginaba la

mentalidad humana de la época (en aquel entonces se conceptuaba la ubicación del Seol como la parte baja de la tierra). Equivale a la oposición horizontal de «oriente y occidente» (Sal 103.12).

Ciertamente algunos textos indican que los malos van al Seol como castigo (Sal 9.17; 55.15; Pr 23.14), pero esto tal vez se explica por la doctrina bíblica de que la muerte es resultado del pecado (Ro 6.23). Parece que el castigo en sí no es ir al Seol sino morir y entrar en el Seol prematuramente.

Se debe distinguir el uso figurado del Seol en muchos pasajes como Sal 116.3 («Me encontraron las angustias del Seol») y Jonás 2.2 (donde el Seol equivale al vientre del pez).

Hay varios sinónimos de Seol en el Antiguo Testamento: «abismo» (Is 14.15), «sepulcro» (Sal 88.4), «Abadón» (Job 26.6), «lugar de corrupción» (Sal 16.10). Ninguno de estos pasajes requiere la interpretación de que sea lugar de castigo.

Es de notar que el Antiguo Testamento no da enseñanza clara sobre las condiciones en el Seol, tampoco acerca de castigo ni de corona. Sin embargo, Dahoad (*Psalms III*, *Anchor Bible*, pp. 304-305) sugiere que se encuentra los inicios de la doctrina del infierno en textos como Sal 140.10; Job 15.30; 20.26.

En la literatura judaica posterior al Antiguo Testamento, vemos el desarrollo de la idea de que el Seol está dividido en dos partes, una para los justos y otra para los injustos, dentro del mismo estado preliminar al destino final (Enoc 22.1-14). Es posible que Dn 12.2 refleje este mismo concepto, puesto que los muertos que «duermen en el polvo de la tierra» posteriormente «serán despertados, unos para vida eterna, y otros para vergüenza y confusión perpetua».

Nunca se usa la palabra Seol en el Antiguo Testamento como la morada de Satanás y de los ángeles caídos.

SEPTUAGINTA → Texto y versiones antiguas del Antiguo Testamento.

Foto de Ben Chapman

La tumba de Bene Hezir, sobre un risco, este era miembro de una influyente familia sacerdotal en Palestina más o menos en el 150 a.C.

SEPULCRO Construcción levantada para dar en ella sepultura al cadáver de una persona y honrar su memoria. En la época preisraelita hubo monumentos funerarios como los dólmenes y los crematorios neolíticos de Gezer y Jerusalén. Hubo también sepulcros formados de dos partes: una rampa o pozo de acceso y una cámara funeraria, cerrada a veces por un pequeño muro.

Los israelitas recién llegados a Canaán imitaron las costumbres funerarias de sus antecesores. Pero, durante la monarquía, el pozo de acceso lateral se suprimió, y lo reemplazaron con un simple agujero perforado sobre una de las extremidades del techo, y por el cual se entraba de un salto en el sepulcro.

Para no depositar en tierra los cadáveres, se preparaba un lecho de piedra, que se fue transformando en banqueta y más tarde en nicho profundo en el cual podía introducirse un sarcófago. A veces se situaban varias tumbas (consistentes en cuevas naturales o ampliadas) muy cerca las unas de las otras. Todas tenían acceso a un patio común. Cuando la costumbre de depositar los cadáveres en banquetas se generalizó, las adosaban alrededor de todo el recinto funerario. Los muertos se depositaban generalmente echados sobre el costado izquierdo, y con las rodillas encogidas y cerca del mentón.

Con el tiempo, las → SEPULTURAS israelitas se fueron haciendo cada vez más suntuosas. Interiormente, los lechos fúnebres estaban coronados por arcadas talladas en la misma roca. Para entonces, los cadáveres no se depositaban ya echados sobre un costado, sino en forma supina y rostro arriba, con la cabeza apoyada en un almohadón de piedra. Más adelante se buscó economizar espacio, excavando en las paredes nichos estrechos y profundos, perpendiculares a las paredes, y cerrados con una lápida. La entrada al patio que daba acceso a las diversas cámaras mortuorias se cerraba sencillamente con una piedra enorme, en forma de piedra de molino. Esto explica la pregunta que se hacía María Magdalena al llegar al sepulcro de Jesús: «¿Quién nos retirará la piedra de la entrada del sepulcro?» (Mc 16.3 BJ).

En tiempo de los romanos se construyeron en Jerusalén dos sepulcros famosos: la tumba de los jueces, y la de los reyes. Indudablemente la primera no se trata de los jueces de la Biblia, sino que debió de enterrarse allí a magistrados del tribunal judío. La otra tumba no tiene nada que ver con los reyes de Israel. Se trata probablemente del mausoleo de la reina Elena de Adiabene (Asiria) y de su familia, convertida al judaísmo en el siglo I de nuestra era.

De esta misma época datan las tumbas de Absalón y de Santiago, y el monumento de Zacarías en Jerusalén.

Según los relatos evangélicos, el cadáver de Jesús lo depositaron en un sepulcro nuevo que → JOSÉ DE ARIMATEA había hecho excavar para sí mismo en una roca, y cuya entrada se cerró con una gran piedra (Mt 27.60; Jn 19.41) la que un ángel quitó en el amanecer glorioso de la → RESURRECCIÓN DEL SEÑOR (Mt 28.2).

SEPULTURA Acción de poner a los muertos en el sepulcro y tributarles los últimos honores. Era un deber sagrado para los israelitas. Ningún cadáver, ni siquiera el del condenado a muerte (Dt 21.23), debía quedar sin sepultura (Ez 39.14).

S

Inmediatamente después de la muerte, le cerraban los ojos al difunto (Gn 46.4), lo besaban (Gn 50.1) y se procedía a preparar el cadáver. Antiguamente, se amortajaba al difunto con sus vestidos habituales: al rey, con su diadema; al guerrero con su espada; y al profeta, con su manto (1 S 28.14; Ez 32.27). En la época romana, después de haber lavado (Hch 9.37) y perfumado el cadáver con aromas (Mc 16.1; Lc 24.1; Jn 12.7; 19.40), se le envolvía en una sábana (Mt 27.59; Mc 15.46; Lc 23.53; Jn 19.40). Sobre la cabeza le ponían un sudario (Jn 11.44; 20.7) y los pies y manos se los envolvían en vendas (Jn 11.44). Esta especie de → EMBALSAMAMIENTO era muy distinto del que practicaban los egipcios. Pero había algunas personas que invertían grandes cantidades en la compra de perfumes funerarios (Jn 19.39).

Para el velatorio, se colocaba al muerto en una especie de litera, situada en medio de la única habitación de la casa o en la sala de arriba (Hch 9.37). Y allá se reunían los parientes y amigos del difunto para manifestar ruidosamente su dolor. Los visitantes, sin embargo, se limitaban a saludar; tomaban asiento y permanecían mucho tiempo allí en completo silencio. Solo hablaban si alguien de la casa les dirigía la palabra.

Unas ocho horas después de la defunción (el clima caluroso no permitía una dilación mayor), se daba sepultura al cadáver. Los amigos del difunto llevaban en hombros la litera. Formaban cortejo todos los que querían obsequiarle con ruidosos lamentos (2 S 3.31; 2 R 13.21; Lc 7.12; Hch 5.6). Había plañideras de profesión y flautistas que acompañaban el cortejo fúnebre. Y su número era mayor o menor según la posición social del difunto. Para honrar a las personas notables, se quemaba gran cantidad de aromas junto a su tumba (2 Cr 16.14; 21.19; Jer 34.5).

Se acostaba al cadáver, con las piernas extendidas, o bien encogidas (con las rodillas cerca del mentón) en el → SEPULCRO familiar. Se consideraba una desgracia el que a uno no lo enterraran junto a sus padres. Únicamente a los pobres, a los extranjeros y a los malhechores se les enterraba en fosas comunes (Is 53.9; Jer 26.23; Mt 27.7). Cerca del muerto se colocaban objetos suyos predilectos. Este rito, en Israel, solo tenía carácter simbólico (no como en Egipto).

Los israelitas no practicaban la incineración. Al contrario, quemar los cuerpos se consideraba un ultraje que se infligía solamente a malhechores (Gn 38.24; Lv 20.14; 21.9) o a enemigos (Am 2.1). No obstante, los habitantes de Jabes de Galaad quemaron los cuerpos de Saúl y de sus hijos antes de enterrarlos (1 S 31.12). Esto se presenta como una variación de la práctica corriente y el hecho no se menciona en el pasaje paralelo de 1 Cr 10.12.

El entierro no iba acompañado de ninguna ceremonia religiosa. Los parientes íntimos ayunaban hasta la puesta del sol. Y entonces los amigos y vecinos les llevaban alimentos, ya que todos los alimentos de la casa mortuoria eran considerados impuros (Nm 19.4; Os 9.4). Aquel mismo atardecer, las personas enlutadas y los amigos del difunto se reunían ceremonialmente para una comida en común. Así finalizaban las ceremonias.

SERAFÍN (en hebreo *saraf*, que significa *los ardientes*). Seres celestiales de seis alas mencionados en Is 6 que se hicieron presentes en la visión de este profeta de Israel. El Señor estaba en el templo y los serafines andaban en constante vuelo por encima de su trono. Además del par de alas con que volaban, se cubrían el rostro con otras dos y el cuerpo con dos más. Se les llama los «ardientes», no tan solo por su ardor consumidor, sino por la brillantez que tienen al rodear a Dios.

El trisagio que cantaron fue tan estrepitoso que los quiciales de las puertas del templo se estremecieron. Isaías, al encontrarse en presencia de la santidad de Dios, reconoció su pecaminosidad y confesó que era digno de muerte. Dios lo perdonó y uno de los serafines tomó una brasa del altar y, tocando la boca de Isaías, lo purificó dejándolo apto para su trabajo profético.

El mismo término hebreo se traduce «serpientes ardientes» en Nm 21.6; y Dt 8.15 y «serpiente voladora» en Is 14.29 y 30.4. Algunos han pretendido identificar los serafines con Serapis del culto egipcio y con Sharrapu de los babilonios.

Sin embargo, es solo una semejanza de nombres. La palabra serafín se traduce con el sentido de «brillar» y «noble». Se trata simplemente de una realidad divina (2 R 2.11; 6.17; Ez 1.13).

Hemos de observar la diferencia entre los serafines y los → QUERUBINES. Los querubines están sobre el propiciatorio y en Ezequiel están representados con cuatro alas. En cambio, los serafines están parados alrededor del trono en la visión, como siervos que constantemente alaban a Dios.

SERAÍAS Nombre de diez personajes del Antiguo Testamento.

1. Secretario de David durante la época de esplendor de su reinado (2 S 8.17). En otros pasajes se le llama Seva (2 S 20.25), Sisa (1 R 4.3) y Savsa (1 Cr 18.16).

2. Sumo sacerdote en el momento de la toma de Jerusalén por Nabucodonosor (2 R 25.18; 1 Cr 6.10-15).

3. Hijo de Tanhumet el netofatita (2 R 25.22-26).

4. Hijo de Nerías y hermano de Baruc y a quien Jeremías le confió una profecía sobre Babilonia (Jer 51.59-64). Tal vez sea el mismo del No. 3.

5. Hijo de Cenaz y hermano de Otoniel, de la tribu de Judá (1 Cr 4.13).

6. Jefe de la tribu de Simeón y padre de Josibías (1 Cr 4.35).

7. Uno de los que regresaron de Babilonia con Zorobabel, quizás el Azarías de Neh 7.7 (Esd 2.2).

8. Varón que firmó el pacto de renovación de la alianza con Jehová en tiempos de Nehemías (Neh 10.2).

9. Jefe de sacerdotes que volvió del cautiverio con Zorobabel y residió en Jerusalén (Neh 11.11; cf. 12.1,12). Es también llamado Azarías en 1 Cr 9.11.

10. Hijo de Azriel, funcionario del rey Joacim, de Judá. Este lo comisionó para encarcelar al profeta Jeremías y a su secretario Baruc (Jer 36.26).

SEREBÍAS Nombre de cuatro personas en el Antiguo Testamento.

1. Levita promiente en tiempos de Esdras (Esd 8.18,24).

2. Uno de los que firmaron el pacto con Nehemías (Neh 10.12).

3. Levita que regresó con Zorobabel (Neh 12.8).

4. Prominente levita en días de Eliasib (Neh 12.24).

SERES VIVIENTES Criaturas misteriosas que aparecen en visiones. Ezequiel vio cuatro (Ez 1.5,13ss,19s,22; 3.13; cf. 10.2-22) que tenían forma casi humana, pero cada una con cuatro caras: de persona, león, toro y águila. Formaban una base alada para el trono divino; simbolizaban posiblemente el dominio de Dios sobre el hombre, que a su vez es señor del mundo animal. Estos animales son los más nobles, fuertes, sabios y ágiles de la fauna terrestre; el número cuatro sugiere la totalidad del mundo físico.

En forma simplificada, reaparecen en la visión de Juan como adoradores, junto con los veinticuatro ancianos, alrededor del trono divino.

Postrados cantan sin cesar al Creador (cf. Is 6.2s) y repiten «Amén, aleluya» al Cordero. En la apertura de los cuatro primeros sellos invitan por turno con un «ven y mira»; y uno de ellos entrega las copas a los siete ángeles que castigan la tierra (Ap 4.6-9; 5.6-14; 6.1; 7.11; 14.3; 15.7; 19.4).

S

SERGIO PAULO Procónsul romano, gobernante de Chipre, de quien Lucas afirma que era varón prudente y abierto. Se convirtió al cristianismo bajo el ministerio de Pablo y Bernabé (Hch 13.6-12), y el hecho de que Lucas incluya en el relato el título griego de → PROCÓNSUL es un ejemplo de la exactitud de este evangelista aun en los detalles.

El Imperio Romano tenía dos clases de provincias: las que estaban sujetas al emperador, gobernadas por procuradores, y las que respondían al senado, gobernadas por procónsules. En el caso de Chipre, esta pasó en el 22 a.C. del mando del emperador al del senado. En las monedas de Chipre acuñadas en tiempos del emperador Claudio (41-54 d.C.) se da el título de procónsul al gobernador de la isla, y se ha descubierto, también en Chipre, una inscripción que se refiere específicamente al procónsul Paulo.

SERMÓN DEL MONTE Título que tradicionalmente se da a las enseñanzas de Jesús consignadas en Mt 5–7. El pasaje paralelo es el «Sermón del Llano» (Lc 6.20-49), cuya relación literaria con el Sermón del Monte se discute aún.

Formas y circunstancias

Antes se daba por sentado que el Sermón del Monte era un solo discurso pronunciado por Jesús en una ocasión precisa; indudablemente el texto de Mt da esta impresión (cf. 5.1; 7.28). Pero la → CRÍTICA de las formas ha establecido la probabilidad de que el Sermón sea una recopilación de dichos del Señor emitidos en diferentes ocasiones; un resumen de muchos sermones p. ej., 34 de los 110 vv. de Mt se hallan insertados en otros contextos en Lc (el padrenuestro, Mt 6.9-15; Lc 11.2ss) en los que cuadran bien.

Además, la densidad y falta de unidad lógica del Sermón indican una reelaboración de parte de Mt, de acuerdo con el propósito especial que le inspira. Así que en esta, la más larga de cinco secciones didácticas, el evangelista reúne, como de costumbre, sentencias, proverbios, parábolas, etc., que Jesús pronunció en diferentes ocasiones sobre un tema determinado. Sin embargo, no hay necesidad de exagerar la arbitrariedad de la composición. Tanto Mt como Lc se basaron en informes sólidos de un sermón histórico de Jesús, expandiéndolo o reduciéndolo cada cual según su propósito (→ EVANGELIOS).

Mateo y Lucas ubican el Sermón del Monte en el primer año del ministerio público de Jesús, aunque Mateo un poco más temprano que Lucas. Este lo sitúa inmediatamente después de la elección de los doce e implica que es una especie de sermón de ordenación (6.12-19; cf. Mt 10.1-4). El Sermón del Monte supone una evolución en el contenido del mensaje desde los primeros días de la predicación en las sinagogas («Arrepentíos, porque el Reino de los cielos se ha acercado», Mt 4.17); trata de una exposición al aire libre sobre la naturaleza del → REINO. Aunque es imposible precisar en cuál monte se pronunció el Sermón, es común optar por una de las colinas que rodean el llano septentrional de Galilea. Según Mt 8.5, Jesús entró después en → CAPERNAUM; el monte no dista mucho de allí, según parece.

El Sermón se dirige primordialmente a los discípulos. La ética exaltada y las estrictas demandas del Sermón, suponen un auditorio que ha dejado la religión en boga para aceptar las normas delineadas por Jesús (cf. Mt 5.13, como también el uso de «vosotros» en Lc 6.20-23). Sin embargo, al final del Sermón (Mt 7.28s; Lc 7.1) aprendemos que la asistencia es grande (cf. Mt 5.1s) y no consta solamente de discípulos (cf. Lc 6.24ss). La muchedumbre oye el mensaje pero solo puede poner por obra sus enseñanzas si se adhiere al Maestro mismo.

Contenido

El tema general del Sermón, notorio desde las Bienaventuranzas, es «la vida en el reino, su naturaleza y su conducta». Jesús pone de relieve su autoridad absoluta como intérprete de la voluntad divina, Señor y juez escatológico; de manera que habla no solo como súbdito y ejemplo del reino, sino como Rey. El Sermón carece de una lógica estricta en su desarrollo, y pasa a veces de un pensamiento a otro por medio de palabras clave o de aliteración (en el arameo original, reconstruido). Pero damos a continuación un análisis descriptivo del contenido:

Foto: Servicio fotográfico Levant

Capilla en el monte de las Bienaventuranzas. Según muchos eruditos,
Jesús presentó su Sermón del Monte en este lugar.

La bienaventuranza de los súbditos
del reino (5.3-16)
1. Las bienaventuranzas (5.3-10).
2. Expresión de la última bienaventuranza;
el papel del discípulo en un mundo incrédulo
(5.11-16).

La relación entre el mensaje de Jesús
y la antigua dispensación, 5.17-48
1. La tesis: el evangelio «cumple» la Ley
aclarando sus principios subyacentes, 5.17.
2. Expansión de la tesis, 5.18-20.
3. Ilustraciones de la tesis, 5.21-48.
(a) El mandamiento contra el → HOMICIDIO:
el elemento culpable es la ira, 5.21-26.
(b) El → ADULTERIO es fruto de un corazón
maligno, alimentado por la lascivia, 5.27-
30.
(c) El divorcio conduce al adulterio, 5.31s
(d) La → JUSTICIA del reino exige una sinceridad de tal calibre que haga innecesario el
→ JURAMENTO, 5.33-37.
(e) La ley del talión tiene que ceder al
espíritu que no se venga, 5.38-42.
(f) El amor se debe extender tanto a enemigos como a amigos, 5.43-48.

Instrucciones prácticas para la
conducta digna del reino, 6.1–7.12
1. La piedad falsa y la auténtica: la → LI-
MOSNA, la → ORACIÓN, el → AYUNO, 6.1-18.
2. Los tesoros y la solicitud terrena, 6.19-
34.
3. Prohibición de juzgar, 7.1-6.
4. Exhortación a la oración confiada, 7.7-12.

Exhortación a vivir para Dios, 7.13-29.
1. Los dos caminos, 7.13s.
2. Los falsos profetas y los frutos buenos,
7.15-20.
3. La necesidad de oír y practicar, 7.21-27.

Interpretación
En el transcurso de los siglos el Sermón
del Monte se ha interpretado de muchas
maneras. Para Agustín, obispo de Hipona
(395–430), era «el reglamento perfecto de la
vida cristiana», una nueva ley que contrastaba con la antigua. Las órdenes monásticas
lo interpretaban como un «consejo de perfección», elaborado no para las masas de cristianos sino para los religiosos. Los reformadores lo vieron como expresión inexorable

S

de la justicia divina dirigida hacia todos y preludio a la aceptación de la gracia divina. Weiss y Schweitzer (a fines del siglo XIX y a principios del XX) consideraban demasiado radicales las demandas del Sermón para aplicarse a todos los tiempos; las suponían como una «ética interina» para los cristianos primitivos que esperaban el pronto fin de la época. Otros, haciendo hincapié en el lenguaje figurado, tratan el Sermón como una forma noble de pensar, como una enseñanza sobre qué debe ser el hombre, en vez de qué debe hacer.

Los estudios sobre el arameo que hablaba Jesús y sobre la forma poética de los dichos del Sermón nos advierten contra un literalismo excesivo en su interpretación. El sacar un ojo o cortar una mano en la lucha contra la lujuria (5.29s) sería sin sentido. Hay que dejar campo a la expresión proverbial, a veces paradójica e hiperbólica. Pero siempre quedan demandas que el hombre, sin el auxilio divino, no puede cumplir; la ética propuesta es de dimensiones inauditas. Sin embargo, no es de índole legalista, sino consta de principios fundamentales iluminados por ejemplos concretos. No es un ideal para el que no es cristiano, ni mucho menos un programa para mejorar el mundo, sino una moral dirigida al hombre regenerado. Su ética pertenece a ese orden trascendental que irrumpió en la historia con la persona de Jesucristo, y que continúa su existencia en la iglesia, pero que espera su realización plena después de la venida gloriosa del Salvador.

SERPIENTE Traducción de siete palabras hebreas, de las cuales *najash* es la principal, y de tres griegas: *ofis, aspís,* y *herpetón.* Todas son difíciles de identificar en la terminología zoológica moderna.

La Biblia menciona con frecuencia las características comunes de la serpiente: su veneno (Nm 21.6; Dt 32.24; Sal 58.4; Pr 23.32), la posibilidad de encantarla (Ec 10.11), su vivienda y sus hábitos (Gn 49.17; Pr 30.19; Ec 10.8; Is 59.5; Am 5.19; 9.3) y su inmundicia (Lv 11.10,41s). Al hombre le atrae y le repugna a la vez. Se le atribuye especial prudencia (cf. Mt 10.16) y algunos poderes curativos (cf. Nm 21.4-9, aunque aquí se aclara que el poder provenía de Dios).

La serpiente y algunas de sus características también se usan como figuras de distintas realidades: las naciones se presentan como serpiente lamiendo el polvo ante el Dios de Israel (Miq 7.17) y Egipto como serpientes ante los leñadores (Jer 46.22; cf. Sal 140.3; Ec 10.8,11; Am 5.19; Mt 7.10; Lc 11.11). La mordida de serpiente se presenta como elemento de juicio divino (Nm 21.4ss; Jer 8.17; Am 9.3). La serpiente representa a los malvados (Sal 58.4), a los asirios (Is 14.29), a los babilonios (Jer 8.17), a los enemigos de Israel en general (Dt 32.33), los efectos del vino (Pr 23.31,32) y el peligro (Sal 91.13). Jesús comparó con serpientes a los escribas y fariseos (Mt 23.33).

En Gn 3, la serpiente aparece como el más astuto de los animales (3.1-3) y como el instrumento que Satanás utilizó para tentar al hombre (2 Co 11.3; Ap 12.9). Como consecuencia, Dios maldijo a la serpiente y para siempre la condenó a arrastrarse sobre su pecho (Gn 3.14). Junto con el ser humano, la serpiente sufriría las consecuencias de una mutua enemistad (Gn 3.15). Pero la victoria definitiva sobre la maldad llegaría en Cristo.

En Éx 4.2-5,28-30; 7.8-12, la serpiente aparece como señal de Moisés ante Israel y el faraón. Su vara se convierte en una serpiente y después vuelve a su forma original. En Egipto, la serpiente llamada cobra se consideraba como emblema de la inmortalidad y del dios benéfico Knef, aunque otras serpientes representaban la maldad. Los modernos encantadores egipcios saben hacer que la *haje* (cobra) permanezca rígida y en posición horizontal, de manera que asemeje una vara, apretándole el cuello de un modo especial. Pero de todos modos, Dios actuó de tal manera que su superioridad quedó claramente demostrada (7.12).

En el desierto, Israel fue castigado con «serpientes ardientes» (najash saraf) por su rebeldía (Nm 21.4-9; Dt 8.15). A estas probablemente se les llamó «ardientes» debido a la fiebre que causaba la mordedura o el ardor de la misma. (Se sabe de casos en que personas mordidas por serpientes de aquella región han muerto en pocos minutos.) Dios salvó de la muerte al pueblo (Nm 21.7-9) por medio de una → «SERPIENTE DE METAL», la cual no tenía poder curativo en sí, sino que era un medio de poner a prueba la fe en el poder de Dios (cf. Is 45.22; y con Sabiduría 16.6s). En Is 14.29 y 30.6 se repite el vocablo *saraf* y se alude a una «serpiente voladora», frase que quizás indica la velocidad con que la serpiente ataca.

Se cree que la «serpiente tortuosa» o «rolliza» de Job 26.13 alude a la constelación llamada el Dragón, la cual pasa entre la Osa Mayor y la Osa Menor.

Probablemente algunas menciones de serpientes se refieran a animales mitológicos o a monstruos que infunden terror (p. ej., Am 9.3; cf. Gn 1.21).

En Is 27.1 se llama «serpiente veloz» y «tortuosa» al → «LEVIATÁN», aquel «dragón que está en el mar». Pero no es claro si el profeta se refiere a la destrucción de tres monstruos, Asiria, Egipto y Babilonia, o si solo a la de uno de ellos (Asiria probablemente). En la mitología cananea se han encontrado relatos de la lucha victoriosa de Baal contra el «lotar» o «leviatán». El uso bíblico de la figura demuestra el dominio de Jehová sobre toda creación; pero también revela algo del concepto ambiguo de la serpiente.

Jesús amonestó a sus discípulos a no provocar persecución innecesaria y a ser «prudentes como serpientes» (Mt 10.16). En su explicación a Nicodemo, se comparó a sí mismo con la serpiente que había sido levantada en el desierto (Jn 3.14).

Mediante la identificación de «la serpiente antigua» como → SATANÁS, Apocalipsis (12.9; 20.2) afirma la victoria final de Dios sobre toda maldad (20.10).

Bibliografía:
DBH, col. 1832-1839.

SERPIENTE DE METAL Mientras rodeaba la tierra de Edom, durante la peregrinación por el desierto, Israel se vio castigado con una plaga de «serpientes ardientes» por causa de su rebelión contra Dios y Moisés (Nm 21.6-9). Por mandato de Dios, Moisés preparó una serpiente de bronce y la alzó sobre un asta en medio del campamento a la vista de todos, para que viviera cualquiera que la mirara con fe (cf. 1 Co 10.9,11).

Siglos después, el rey Ezequías de Judá, un reformador religioso, «hizo pedazos la serpiente de bronce que había hecho Moisés porque hasta entonces le quemaban incienso ... y la llamó Nehustán» (2 R 18.4). Esta última frase es ambigua y puede interpretarse como el nombre popular de la serpiente de metal, o puede traducirse «y la llamó cosa de bronce». De cualquier manera se presenta un juego de palabras entre «serpiente» (*najash)* y «bronce» (*nejósheth*). Las supersticiones acerca de los poderes benéficos de las serpientes inspiraron esta medida enérgica de Ezequías.

Según Jn 3.14s, la serpientes de metal es tipo del «levantamiento» sobre la cruz del Hijo del Hombre (cf. Jn 8.28; 12.32s). Todo aquel que le mira con fe tendrá la vida eterna (cf. Is 45.22).

SERUG Hijo de Reu y antepasado de Abraham (Gn 11.20-33).

SESBASAR Príncipe de Judá. Recibió de manos de Mitrídates, por orden de Ciro, rey de los persas, los tesoros del templo que Nabucodonosor había llevado a Babilonia (Esd 1.7,8) y los condujo a Jerusalén (Esd 1.11). Posteriormente se le nombró gobernador de Jerusalén; como tal, inició la reconstrucción del templo (Esd 5.14-16). Es, con Esdras y Nehemías, uno de los grandes caudillos judíos de la época posterior al cautiverio. Algunos lo identifican con → ZOROBABEL.

S

SET (*sustitución*). Nombre con dos significados en la Biblia:

1. Hijo de Adán que nació como sustituto de su finado hermano Abel, y progenitor de una línea santa en contraste con la de Caín (Gn 4.25,26; 5.3-18; 1 Cr 1.1; y Lc 3.38). A los ciento cinco años de edad (la Septuaginta dice doscientos cinco) le nació su primogénito y lo llamó Enós. Como respuesta de Dios al primer duelo del mundo, es símbolo del fiel amor de Dios quien es «Padre de consolaciones» (2 Co 1.3s).

2. Sinónimo de Moab (Nm 24.17). Hay una inscripción egipcia también donde Moab es designado con el signo *S-t.*

SETENTA Número de gran importancia en la Biblia porque es múltiplo de siete, número sagrado para los hebreos (Éx 1.1-5). Setenta es el número de personas de la casa de Jacob que entraron en Egipto (Gn 46.27). Y cuando Jacob (Israel) murió, lo lloraron setenta días (Gn 50.3). Setenta ancianos de Israel acompañaron a Moisés al Sinaí (Éx 24.1). Dice Salmos 90.10 que los días de nuestra vida son setenta. Jesús enfatizó que debíamos perdonar hasta setenta veces siete (Mt 18.22). (→ Siete.)

SETENTA SEMANAS Término que el profeta Daniel empleó en sus profecías (Dn 9.24-27). En la visión de Daniel, Dios reveló que el cautiverio de su pueblo en Babilonia cesaría y que serían restaurados como nación dentro de un período de setenta semanas de siete años cada una, o un total de cuatrocientos noventa años.

Los expertos interpretan estas setenta semanas de diferentes maneras. Algunos insisten que Daniel no es un libro de profecía sino que se refiere a acontecimientos ya sucedidos. Otros creen que los cuatrocientos noventa años se cumplieron con la muerte de Cristo en la cruz. Y otros opinan que esta profecía está todavía por cumplirse. (→ Daniel, Libro de.)

SETENTA, VERSIÓN DE LOS → Texto y versiones antiguas del antiguo Testamento.

SEUDONIMIA Práctica de escribir una obra literaria bajo el nombre de otro, a la cual se recurría con frecuencia en el judaísmo rabínico. Se le denominaba también seudoepigrafía. Con ella se pretendía atribuir la obra de uno a la pluma de un personaje célebre de antaño.

Así floreció el género → apocalíptico, con visiones y viajes celestiales atribuidos a Enoc, Moisés, Esdras, etc., ya muertos desde hacía siglos; y el género de los «testamentos» (→ Apócrifos) de tipo sapiencial. Esta ficción literaria era un engaño para los contemporáneos; como prácticamente estaba cerrado el → canon, los autores intentaban mostrar autoridad.

También existía la costumbre de aprovechar la reputación de un maestro o profeta para dar a conocer obras escritas por sus discípulos u otros herederos de su → tradición. En la antigüedad, muchas veces la tradición oral se propagaba anónimamente (→ Evangelios), de manera que su atribución al personaje que la inspiraba, que sería una especie de seudominia, puede considerarse un término medio entre el anonimato y la propiedad literaria. Esta última, por supuesto, es un concepto reciente; el término «autor» no se comprendía siempre en el sentido estricto en que lo entendemos hoy.

Antes de considerar seudónima una obra, conviene preguntar qué grado de participación tuvo en ella la persona bajo cuyo nombre se ha conservado, y si fue directa, como en el caso de las grandes epístolas paulinas; si dejó bastante campo a la iniciativa de un secretario-redactor, como se podría pensar de → 1 Pedro o incluso de las → Cartas Pastorales; o si su participación fue todavía menos notable, como algunos sugieren sea el caso de → Mateo o de → 2 Pedro.

Todos reconocen que la seudonimia es un fenómeno común en los escritos extracanónicos como *La ascensión de Isaías*, *Testamentos de los patriarcas*, y los numerosos evangelios, hechos, cartas y apocalipsis apócrifos (→ Apócrifos del Nuevo Testamento, Libros). Muchos de estos tienen un fin propagandista, como la divulgación de doctrinas gnósticas, o el fomento de prácticas nuevas (por ejemplo, la práctica de permitir que las mujeres bauticen citada en los *Hechos de Pablo*), y es evidente que sin el patrocinio de una figura famosa nadie les hubiera prestado mucha atención, porque, en todo caso, carecen más o menos obviamente de → INSPIRACIÓN.

La cuestión más controvertida, sin embargo, es si existe o no la seudonimia dentro del canon. ¿Escribió → ISAÍAS todos los oráculos que aparecen en su profecía? ¿Fue → JUAN mismo o algún discípulo suyo que se identificó como el discípulo amado el que agregó el capítulo 21 a su Evangelio (vv. 20-24)? ¿Escribió en realidad Salomón las obras sapienciales que la tradición le atribuye? (→ PROVERBIOS; ECLESIASTÉS; CANTARES). ¿Cuál fue la relación entre el → DANIEL histórico, o Santiago de Jerusalén, y el libro que lleva su nombre? ¿Es Efesios una carta seudopaulina?

La respuesta a estas preguntas y a otras parecidas es muy discutida. Dependerá en parte de nuestra evaluación de la → TRADICIÓN rabínica o eclesiástica y en parte de nuestra apreciación de los datos internos de los libros en cuestión. También está involucrado el aspecto moral: ¿aceptó a sabiendas la iglesia un «fraude piadoso» como una obra autoritativa? En todas estas cuestiones de definir la paternidad literaria, el género literario y la situación vital de la producción del libro, conviene no juzgar meramente según los criterios del siglo XX. De una cosa podemos tener seguridad: que Dios no ha usado un engaño intencional en la comunicación de su verdad.

Bibliografía:

IB, pp. 152,162,668. *II*, pp. 515s, 539-542, 546-549. *INT*, pp. 323-328 y 372s.

SEVENE Ciudad fronteriza (ahora llamada Asuán) entre Egipto y Etiopía, ubicada en la ribera oriental del Nilo inmediatamente al norte de la primera catarata, sitio actual de la inmensa presa de Asuán. En la cercana isla de Elefantina, una colonia de judíos se refugió después de la caída de Jerusalén en 587 a.C. Tanto en Ez 29.10; 30.6 como en los papiros de Elefantina se menciona la frase «desde Migdol hasta Sevene», que denota la extensión de Egipto de norte a sur. A la luz de los → ROLLOS DEL MAR MUERTO, en Is 49.12 la frase «la tierra de → SINIM» debe leerse «la tierra de Sevene». De allí Jehová vuelve a llamar a los desterrados.

SEXUALIDAD Don de Dios (Gn 1.27; 2.18-25) que participa de la bondad y perfección de todo cuanto el Señor creó originalmente (Gn 1.27 cf. Gn 1.31).

El israelita aceptaba la naturalidad y la legitimidad de la sexualidad con tal franqueza que no tenía reparo en hablar de ella abiertamente, sin eufemismos y mencionando cada cosa por su nombre (cf. Gn 9.22s; Éx 20.26; 28.42; Lv 18.6; Dt 25.11; Is 3.17; Hab 2.15; para las partes genitales y Gn 18.11; 31.35; Lv 15.19-24; 18.19; 20.18, para la menstruación: «la costumbre de las mujeres»).

La sexualidad se tenía en alta estima en Israel por dos razones:

1. Por el empleo que la Escritura hace del → MATRIMONIO como símbolo del trato espiritual de Dios (Esposo) y su pueblo Israel (esposa) (Is 54.5s y sobre todo Os 1–3).

2. Por la estrecha colaboración con Dios que implica el que haya señalado la sexualidad para la propagación de la vida (Gn 3.16,20; 4.1; Os 4.10).

La imagen de la Iglesia como «esposa» y de Cristo como «esposo» en el Nuevo Testamento (Ef 5.22-32; Ap 19.7; 21.2,9; 22.17) sigue la línea del Antiguo Testamento, confirmándola. Asimismo, el Nuevo Testamento reconoce la excelencia de la sexualidad (1 Co 7.3ss; 1 Ts 4.4 y 1 Ti 5.14), su naturaleza y los deberes que entraña.

La literatura sapiencial alaba el recto uso de la sexualidad en el matrimonio y exalta sus ventajas. El lenguaje inspirado suele ser claramente erótico en estos textos (Pr 5.18-20;

Cnt 4.5,12,15; 6.4; 7). De igual sentir son los profetas (Ez 24.16, en donde la mujer del profeta constituía «el deleite de sus ojos»; Mal 2.15), que en esto siguen el ejemplo patriarcal (Gn 26.8). La Biblia, pues, no condena lo erótico sino las perversiones a que puede ser arrastrada la sexualidad como consecuencia del pecado.

Dios mismo se encarga de proteger la sexualidad al limitar el ámbito donde puede hallar su cauce legítimo: el matrimonio. Así el Antiguo Testamento condena severamente:

1. El → ADULTERIO (Gn 38.24; Dt 22.21-24; Lv 18.6-18).

2. La → PROSTITUCIÓN (Dt 23.17s; Pr 5).

3. La → SODOMÍA (Dt 23.17; 1 R 15.12).

4. La bestialidad (Éx 22.19; Lv 18.23; Dt 27.21).

El Nuevo Testamento interioriza este concepto y condena la → CONCUPISCENCIA, el deseo desordenado o salido de cauce legítimo (Mt 5.28; Ro 1.24-32; 1 Co 6.13-20; Gl 5.19; 1 Jn 2.16-17).

En resumen, la Biblia alaba el recto uso de la sexualidad, pero condena la pretensión de relaciones sexuales en condiciones pecaminosas que rebajan, degradan y esclavizan (Pr 5.9; 6.26; 23.27s; 29.3) al consumir energías tanto síquicas y espirituales como físicas que Dios ha confiado al hombre para alcanzar su plenitud humana. (→ CANTARES, en especial.)

SHEKINÁ (*habitación*). La palabra en sí no se encuentra en la Biblia. Se usa en el Tárgum y en los escritos cristianos primitivos para referirse a la presencia de Dios. Sin embargo, la idea que expresa esta palabra, «Dios que habita, que mora entre los hombres», es un concepto básico tanto en el Antiguo Testamento como en el Nuevo Testamento. Debe leerse junto con la palabra → «GLORIA», presencia de Jehová. En Nm 16.42, la nube oculta y revela la presencia de Dios. Dios habita entre los hombres por su sola voluntad, y permanece siempre Señor de su presencia (Éx 19.9,16,18). No se puede disponer

de ella. Hay que confiar en ella y obedecerle (Éx 13.21,22; Éx 40.34-38). Así desciende sobre el templo (1 R 8.10) y habita allí entre querubines (Sal 80.1; Is 6.1-9).

Sin embargo, la tradición profética no da por sentada la permanencia de esa presencia, independientemente de la conducta del pueblo y la voluntad divina (Jer 7.4ss; Ez 8.6). En el Antiguo Testamento se afirma que en los tiempos mesiánicos volverá la *Shekiná* (Ez 43.7,9; Hag 1.8; Zac 2.10; Is 60.2). En el Nuevo Testamento el pasaje central sobre la encarnación (Jn 1.14: «habitó entre nosotros») es una clara referencia a la tradición veterotestamentaria de la *Shekiná*. En Lc 2.9; Mt 17.5; 2 P 1.17 encontramos manifestaciones alusivas directamente a fenómenos visibles o audibles que acompañaban esa presencia divina.

SHEMÁ, LA Confesión de fe judía que comienza diciendo: «Oye, Israel: Jehová nuestro Dios, Jehová uno es» (Dt 6.4). La *shemá* completa se encuentra en tres pasajes del Antiguo Testamento: Números 15.37-41, Deuteronomio 6.4-9 y 11.13-21.

Esta colección de versículos constituye una de las más antiguas piezas en la adoración del pueblo judío. Según el Evangelio de Marcos, Jesús citó la *shemá* durante una discusión con los escribas (Mc 12.28-30).

SHIBOLET Palabra que quiere decir «corriente de agua» (Sal 69.2,15; Is 27.12) o «espiga de grano» (Gn 41.5), cuya pronunciación correcta era difícil para algunas personas. Después de que los galaaditas bajo Jefté derrotaron a los efrateos, guardaban los vados del Jordán para que estos no pasaran. Al llegar alguien al río, los galaaditas le exigían que pronunciara la palabra «shibolet», la cual los efrateos pronunciaban «sibolet». De esta manera los galaaditas pudieron identificar y matar a muchos efrateos (Jue 12.1-6).

SHUR (*muralla*). Zona estéril y desértica entre Palestina y el nordeste de Egipto. Debe su nombre a la existencia de una muralla fronteriza construida por los egipcios. Las referencias bíblicas indican que el lugar era muy conocido. El ángel de Dios halló a Agar cerca de Shur (Gn 16.7). Abraham vivía entre Cades y Shur (20.1). Los ismaelitas vivían entre Shur y Havila (25.18). Al cruzar el mar Rojo, los israelitas se encontraron en el «desierto de Shur» (Éx 15.22). Saúl persiguió a los amalecitas hasta Shur (1 S 15.7). Tanto los viajeros como los fugitivos tenían que atravesar esta zona fronteriza, con sus dificultades de sequía y de vigilancia militar.

SIBA Siervo del rey Saúl y luego, por orden de David, mayordomo de → MEFIBOSET, nieto de Saúl, a quien David quiso demostrar misericordia por amor de su padre → JONATÁN. El rey entregó a Mefiboset los bienes de Saúl y encargó a Siba la administración de ellos (2 S 9.2-13).

Durante la rebelión de Absalón, en un encuentro con David fuera de Jerusalén, Siba mentirosamente le dijo que Mefiboset se había unido con Absalón. David entonces transfirió a Siba las posesiones de Mefiboset. Al morir Absalón, David supo que Siba había calumniado a su amo, pero este, contento por la victoria del rey David, perdonó a Siba, quien quedó con la mitad de las tierras de Saúl (2 S 16.1-4; 19.24-30).

SIBMA Ciudad amorrea situada en la Palestina del este, llamada también Sebam. Debe haber sido un lugar muy importante entre Hesbón y Nebo a juzgar por los restos arqueológicos hallados allí y que pertenecen a los milenios III y II a.C. Después de la derrota del rey amorreo Sehón, pasó a ser posesión de la tribu de Rubén (Nm 32.3,38; Jos 13.19). En la época de la división del reino, estaba bajo la jurisdicción moabita y era muy famosa por sus viñedos y buen vino (Is 16.8,9; Jer 48.32).

SIBRAIM Lugar al norte de Israel, entre Damasco y Hamat. En una visión de la restauración de Israel, Ezequiel coloca a Sibraim como límite septentrional del país (47.13-17).

SICAR Pueblo de Samaria ubicado cerca del pozo de Jacob, donde Jesús conversó con la mujer samaritana (Jn 4.5s). Juan precisa que Sicar estaba «cerca de la posesión que dio Jacob a su hijo José» (cf. Gn 33.19; 48.22). Quedaba en la ruta principal entre Jerusalén y Galilea, la cual atravesaba a Samaria. Antes se identificaba a Sicar con → SIQUEM, pero recientes excavaciones arqueológicas revelan que esta última dejó de existir 128 años a.C. Es más probable que el sitio de Sicar sea Askar, pueblo actual, situado sobre la ladera oriental del monte Ebal, 1 km al nordeste del pozo de Jacob.

SICARIO Persona que llevaba una sica (latín, puñal corto y curvo), Hch. 21.38. En las versiones bíblicas españolas por lo general se transcribe el término (cf. la VM donde se traduce «asesinos»). Se usaba especialmente para referirse a los grupos guerrilleros, judíos nacionalistas del siglo I, que por medio del terrorismo querían liberar su tierra del yugo del Imperio Romano (→ ZELOTES).

SICLAG Ciudad del sur de Judá correspondiente a la tribu de Simeón (Jos 15.31; 19.5). El rey filisteo Aquis la cedió a David, quien vivió allí durante un año y cuatro meses (1 S 27.6,7). Tomada por los amalecitas en una ocasión, David la recapturó (1 S 30.1,2). En Siglag, David recibió la noticia de la muerte de Saúl (2 S 1.1; 4.10). Los judíos la habitaron después del cautiverio (Neh 11.28).

SICLO Unidad de peso entre los hebreos, babilonios y otros. Después fue el nombre de una moneda. Los judíos conocieron la moneda acuñada en las tierras de su cautiverio y, después de su regreso, Esdras y Nehemías mencionan la moneda persa de oro «darico» o → DRACMA (Esd 2.69; Neh 7.7-72). Por el año 139 a.C., Simón Macabeo recibió permiso del rey para acuñar moneda con su propio sello que decía «El siclo de

Israel». Equivalía a unos 60 centavos de dólar o cuatro dracmas griegas. Según el historiador Josefo, los judíos pagaban medio siclo de impuesto anual al templo (cf. Mt 17.24-27).

SIFRA Una de las parteras de las hebreas en Egipto. Las parteras se enfrentaron con valor al faraón, pues este ordenó matar a los niños varones cuando asistieran a las hebreas (Éx 1.15).

SIDIM, VALLE DE (del hebreo *siddim*, quizás derivado del vocablo hitita *siyantas*, «sal»). Se le nombra en el Génesis como escenario de la derrota de los reyes de Sodoma, Gomorra, Adma, Zeboim y Zoar, a manos de Quedorlaomer, rey de Elam y sus aliados del este, los reyes de Goim, Sinar y Elasar (Gn 14.3-10).

Se le identifica como el mar Salado (v. 3) y se enfatiza que «estaba lleno de pozos de asfalto» (v. 10). Se supone que este valle era una larga hondonada muy fértil e irrigada, situada al sur de la península de Lisán y que después se hundió bajo las aguas de la parte meridional del mar Muerto.

SIDÓN Una de las principales ciudades de Fenicia, aproximadamente a la mitad de la distancia entre Berito y Tiro. Se alzaba junto a un promontorio sobre la costa del Mediterráneo, con dos bahías, una al norte, y otra al sur. Como las demás ciudades de Fenicia, Sidón vivía del comercio, la navegación, la pesca y la industria de la púrpura. (Esta última fue tan próspera que aún en el día de hoy se encuentran montones de restos de los moluscos que se utilizaban en la elaboración de la púrpura.)

La historia de Sidón se remonta hasta mediados del segundo milenio a.C., cuando aparece por primera vez en inscripciones egipcias. Según los sidonios, ellos fundaron a → TIRO, poco más al sur, y a Hipona en la costa norte de África. Tiro, Sidón y el resto de → FENICIA estaban destinados a someterse a los grandes imperios que por siglos se sucederían unos a otros en el Cercano Oriente.

En el año 877 a.C., Sidón se sometió a Asiria. Dos siglos después de haber quedado sometida al poderío asirio, Esarhadón, rey de Asiria, la destruyó como castigo por su rebelión. Babilonia sucedió a Asiria como

Puerto moderno de Sidón. La antigua ciudad fenicia de Sidón era uno de los puertos marítimos más importantes en la costa mediterránea.

Foto de Gustav Jeeninga

señora del Cercano Oriente. Entonces Sidón y las demás ciudades de Fenicia, bajo la dirección de Tiro, hicieron una alianza para luchar junto a los egipcios contra los babilonios. Aunque Judá fue invitada a formar parte de esa alianza, el rey Josías no quiso, y algún tiempo después murió tratando de detener al faraón Necao, que invadía los territorios del Imperio Caldeo (2 Cr 35.20-24).

En el año 598 a.C., hubo una rebelión general en Fenicia y Judá, y el rey Nabucodonosor la aplastó sangrientamente. Puesto que Sidón se rindió, no sufrió tanto como Tiro, que decidió resistir hasta el final. En consecuencia, Tiro fue destruida y Sidón recobró su hegemonía sobre Fenicia, aunque siempre bajo la tutela de Babilonia.

Cuando Babilonia cayó y Persia surgió en su lugar, Sidón quedó supeditada al nuevo imperio. En el año 351 se rebeló y cuando los persas la incendiaron murieron en ella más de 40.000 habitantes.

A pesar de esta tragedia, en el año 333 a.C., cuando Alejandro invadió la región y derrotó a los persas en Iso, ya Sidón estaba reconstruida. Quizá por razón de la experiencia de unos pocos años antes, Sidón no resistió a Alejandro, sino que, por el contrario, le suplió naves para atacar a Tiro, que resistía aún.

Tras la muerte de Alejandro, hubo un largo período durante el cual Egipto y los seléucidas se disputaron el dominio sobre Sidón y toda la zona circundante. Por fin los seléucidas resultaron vencedores, y Sidón vino a formar parte de su reino. Durante ese período fue fuerte en ella la influencia helenizante, y se fundó allí una escuela de filosofía que logró cierto renombre.

Tomada por Pompeyo en el año 65 a.C., Sidón pasó a ser parte del Imperio Romano.

La importancia de Sidón en la historia bíblica es incalculable. Se le menciona ya en Gn 10.15,19. Más tarde, sus habitantes contribuyeron a la construcción del templo (1 R 5.6; 1 Cr 22.4), y a su reconstrucción en tiempos de Esdras (Esd 3.7). Durante los gobiernos de David y Salomón, las relaciones entre Sidón e Israel eran cordiales (2 S 24.2,6).

Sin embargo, aparte de estos pocos casos, Sidón es tenida en el Antiguo Testamento por ciudad perversa a la que Dios ha de castigar. Repetidamente, los profetas claman contra ella. Jezabel, oriunda de Sidón, llegó a ser símbolo de perfidia e idolatría. Todo esto se debe a que Sidón era un centro de la adoración a Baal y que, precisamente debido a las relaciones comerciales que sostuvo con los hebreos, la religión de sus habitantes era una constante tentación para el pueblo del Antiguo Testamento. Además, a Sidón se le reprochaba por haber profanado los vasos sagrados de Jerusalén llevándolos a sus templos, y por haber vendido a los hijos de Judá como esclavos (Jl 3.5,6).

Debido a la importancia de Sidón entre las ciudades fenicias, a menudo se utiliza el término «sidonios» cuando en realidad se quiere decir «fenicio». Luego, el estudiante de la Biblia ha de estar alerta para evitar la posible confusión.

En el Nuevo Testamento se menciona repetidamente a Sidón (Mt 11.21,22; 15.21-28; Mc 3.8; 7.24-31; Lc 10.13,14). En Mc 7.31 se afirma que Jesús pasó por Sidón y en Hch 27.3 se nos dice que San Pablo pasó por allí, camino a Roma.

SIEGA → Cosecha.

SIERRA Herramienta con dientes para cortar madera y piedra, usada desde tiempos muy remotos. David, después de haber conquistado a → Rabá, ciudad principal de los amonitas (Dt 3.11), castigó a la gente sacándolas de la ciudad y obligándolas a trabajar con sierras y otras herramientas (2 S 12.31; 1 Cr 20.3). Los obreros de Salomón cortaban con sierras, en forma acabada, las piedras que se iban a utilizar en la construcción del templo (1 R 7.9). El profeta Isaías empleó una sierra para ilustrar sus enseñanzas (10.15).

El autor de Hebreos afirma que algunos de los mártires del Antiguo Testamento murieron aserrados (11.37). Una tradición judía afirma que el profeta Isaías sufrió esta clase de martirio.

SIERVO La institución social de la esclavitud autoriza a una persona a disponer incondicionalmente de la vida y los servicios de otra persona. En la esfera religiosa, el concepto de ser siervo expresa la obediencia absoluta del hombre a Dios y la aceptación incondicional de la voluntad divina. Ejemplo notable de esto es el apóstol Pablo, persona libre que se presenta como «esclavo de Cristo» (Ro 1.1).

En el Antiguo Testamento hay siervos sin salario y siervos asalariados: Abraham posee 318 siervos nacidos en su casa (Gn 14.14) y los 42.360 judíos que regresan del cautiverio son acompañados por 7.337 siervos (Esd 2.64s). Hay leyes establecidas (Lv 19.13; cf. Job 7.1ss; Mal 3.5) que amparan a los jornaleros contra arbitrariedades de sus patronos, porque Israel fue esclavo en Egipto, pero Dios lo sacó a → LIBERTAD (Éx 20.2; Lv 25.42; Dt 15.15). Por esta razón, en Israel se legisla respecto a la condición humana del siervo mucho más que en otros pueblos (Job 31.13ss). Dios es el Redentor (Is 41.14; 59.20; Jer 50.34). Pero por ciertos motivos se distingue entre los siervos extranjeros y los siervos israelitas.

El esclavo extranjero podía ser capturado en una guerra (Dt 21.10), comprado de mercaderes (Gn 17.12; 37.36; Lv 25.44ss; Éx 27.13) por el precio usual de 30 siclos de plata (*ca.* 19 dólares, Éx 21.32) o bien podía nacer en la casa de su patrón de un siervo de la gleba. El patrón podía hacer con él lo que quisiera, incluso herirlo con palo, «porque es de su propiedad» (Gn 16.6; Éx 21.21). Sin embargo, la ley otorgaba al siervo algunos privilegios: el patrón que lo maltrataba excesivamente podía ser castigado (Éx 21.20) o el siervo podía ser liberado (Éx 21.26,27). Debía permitírsele disfrutar del descanso sabático (Éx 20.10; 23.12), participar en las fiestas (Dt 12.12; 16.11,14) y tener parte en el pacto con Israel por la circuncisión (Gn 17.12,23; Éx 12.44). Eliezer de Damasco,

Foto de Howard Vos

Relieve en piedra de un siervo del rey Tiglat-pileser III de Asiria, en el palacio del rey en Cala.

siervo extranjero de Abraham (Gn 15.2), goza de toda la confianza de su patrón. Saúl habla con su siervo como un hermano (1 S 9.5,10) y Sesán casa a su hija con el siervo egipcio Jarha (1 Cr 2.34s). Por otra parte, hay muchos siervos, como Agar, que huyen de sus amos por circunstancias especiales (Gn 16.6; 1 S 25.10; 1 R 2.39); pero, con excepción de 1 R 2.40 y Flm 12, también se respetaba la ley que prohibía devolver al patrón el siervo que había huido (Dt 23.15).

El siervo israelita lo era siempre por pobreza; en un momento dado se veía obligado a venderse (Lv 25.39; Am 1.6; 8.6), quizás por la deuda de un par de zapatos, o para rescatar al padre o esposo entregado a un prestamista como prenda viviente (2 R 4.1; Neh 5.5; Is 50.1; Job 24.9). En ocasiones se trataba de un ladrón que no tenía con qué hacer completa restitución (Éx 22.3). La ley prescribía que ningún israelita debía ser humillado por ser esclavo (Lv 25.39-43); y cada siete años los siervos israelitas debían ser liberados y recuperar sus bienes (Éx 21.2; Dt 15.13ss). Si alguien quería renunciar voluntariamente a su emancipación, por amor de su esposa o los hijos, podía optar por la servidumbre perpetua (Éx 21.5). La sierva casada con el patrón no podía ser enajenada (Éx 21.7-11; Dt 21.14). Contra la esclavitud causada por la desigualdad económica protestó el profeta Amós (1.6; 8.6) y se indignó el gobernador Nehemías (5.5). El rescate del siervo por uno de sus hermanos (Lv 25.48) llegó a ser expresión de la acción redentora del Dios de Israel (Éx 6.6; 2 S 7.23; cf. Gl 4.4s).

En los tiempos de Jesús todavía subsistía la institución israelita de la esclavitud, independientemente del sistema romano. Se menciona al siervo (griego, *dúloi*, de una raíz que significa, atados) del sumo sacerdote (Mt 26.51; Jn 18.18), del centurión de Capernaum (Mt 8.9) y de un oficial del rey (Jn 4.51). Jesús se refiere a menudo a los siervos, mayormente en sus parábolas: proclama la identificación del siervo con su patrón (Mt 10.24), advierte contra servicios inconsiderados (Mt 13.28), compara el perdón de los pecados con la condonación de la deuda de un siervo (Mt 18.23,34), elogia la lealtad y prudencia de un siervo que administra sabiamente (Mt 24.45-51), señala la responsabilidad por los bienes recibidos en custodia (Mt 25.14-30) y destaca el valor de prestar servicios desinteresados (Lc 17.7-10). Efectivamente Jesús no desprecia ninguna persona por su condición social o económica.

Afirma que quien desee ser el primero deberá estar al servicio de todos (Mc 10.44), porque aun el Hijo del Hombre da su vida en rescate por muchos, como precio por la redención y la libertad (Mc 10.45). Decide no llamar siervos a sus discípulos, porque el siervo no sabe lo que hace su patrón; los llama amigos porque les ha comunicado todo lo que el Padre le ha dicho (Jn 15.15).

Los apóstoles se consideran «esclavos de Dios y de Jesucristo» (Gl 1.10; Flp 1.1; Stg 1.1; Ap 1.1), y aúnan en un servicio espontáneo (Gl 5.13; 1 P 2.16) la libertad cristiana y la obediencia a Dios.

En las primeras iglesias había muchísimos siervos creyentes e incluso siervos de patronos cristianos (1 Ti 6.2). Pablo predica sobre la base de la igualdad espiritual de siervos y libres (1 Co 12.13; Col 3.11), pero notablemente no piensa en un cambio de la estructura social (1 Co 7.22ss). Sin embargo, en Flm 16, el apóstol recomienda ante su patrono a un siervo que se había fugado y le ruega que lo trate «no ya tan solo como siervo sino como más que siervo, como hermano amado». Muchos ven esto como una exhortación indirecta a concederle la libertad a Onésimo (→ FILEMÓN). En otros pasajes neotestamentarios se exhorta a los siervos a servir lealmente a sus amos (Ef 6.5; 1 Ti 6.1; Tit 2.9; 1 P 2.18), para dar un testimonio de laboriosidad por Cristo; pero también se exhorta a los patronos a ser responsables en su tratamiento de los siervos (Ef 6.9). La explotación del hombre por el ser humano es superada por el ejemplo servicial de Cristo mismo (Flp 2.7) y por la igualdad de todos en Cristo (1 Co 12.13; Gl 3.28; Col 3.11; Flm 16). El hombre no es una cosa ni un instrumento simple de trabajo privado de su humanidad. Y el creyente es un hijo de Dios, en espera de la redención de su cuerpo (Ro 8.21ss). No es ya esclavo sino → «DIÁCONO» (Jn 12.26).

El término griego *diákonos*, que se traduce también «siervo» o «ministro», presenta un enfoque muy distinto. El esclavo es una persona dependiente, mientras el diácono es una persona que hace un trabajo, sea libre o dependiente, y presta especialmente un servicio social: sirve mesas, atiende al prójimo, da de comer y beber, hospeda, viste, cuida enfermos, hace algo por los más pequeños (Mt 23.11; 25.42ss; Mc 9.35; Lc 12.37; Jn 12.26; Hch 6.2). La insistencia de Jesús en el servicio voluntario y abnegado inspira a la iglesia primitiva. En Jerusalén se eligen siete griegos para la distribución diaria (Hch

6.5), y Tabita en Jope y → FEBE en Cencreas viven para servir a otros (Hch 9.36; Ro 16.1); en Filipos y en Asia Menor los hermanos prestan ayuda (Flp 1.1; 1 Ti 3.8-13; 2 Ti 1.18). La *diakonía* era un ministerio carismático, y no meramente una institución (Ro 12.7s; 1 Co 12.28; 1 Ti 4.6; 1 P 4.11). Arquipo había recibido un don para ayudar en Colosas (Col 4.17), y Tíquico es recomendado a los efesios (Ef 6.21) porque como fiel ayudante consuela sus corazones.

Pablo describe su propia vida y labor apostólica de reconciliación como un servicio prestado a Dios voluntariamente (2 Co 6.4; Col 1.23); va a Jerusalén para entregar una colecta de solidaridad a los necesitados (Ro 15.25). Está tan interesado en el concepto de servicio que lo extiende a los magistrados y considera la aplicación de las leyes una real *diakonía* (Ro 13.4). El espíritu de esclavitud y temor ha sido desplazado por el espíritu de adopción; se ha manifestado la gloriosa libertad de los hijos de Dios (Ro 8.15,21; Gl 4.5ss) y ellos son emancipados del pecado y hechos siervos de Dios (Ro 6.22).

Bibliografía:
EBDM III, col. 99-110. *IB* II, pp. 347-354. R. de Vaux, *Instituciones del Antiguo Testamento*, Herder, Barcelona, pp. 120-135. *VTB*, pp. 754 ss.

SIERVO DE JEHOVÁ Título que se da a la persona descrita principalmente en Is 52.13–53.12. La expresión misma no se usa en los pasajes clásicos en que se alude a esta persona, pero Jehová la llama «mi siervo» (Is 42.1; 49.3,6; 52.13; 53.11); y a veces Israel, hablando de sí mismo y en relación con Jehová, se llama «su siervo» (p. ej., Is 49.5). La palabra hebrea que se traduce aquí → «SIERVO», *ebed* (al igual que el vocablo griego, *dulos*), es la misma que se usa para designar a un esclavo; pero en el caso de las relaciones con la deidad, expresa una sumisión obediente más que una condición social.

Ser siervo de Jesús representa un privilegio; expresa una relación de íntima comunión con el Señor, establecida esta por los lazos de una alianza mutua (→ PACTO). Es estar dispuesto a la obediencia total, consciente de que tal obediencia conduce al sufrimiento y quizás a la muerte; pero el Señor, en virtud de la misma alianza, exalta hasta lo sumo. Por tanto, la relación entre sumisión y exaltación nace de una alianza eterna: Señor y siervo que actúan juntos, impulsados por el amor, para consumar el plan de redención.

Todo el que adora y sirve a Jehová puede llamarse su siervo, como en efecto sucede en multitud de pasajes del Antiguo Testamento. Inclusive a → NABUCODONOSOR, rey de Babilonia, se le llama de esta manera (Jer 25.9; 27.6; 43.10), y a → CIRO el persa se le llama «ungido» (Is 45.1), porque ambos sirvieron, aunque sin saberlo, para los propósitos redentores de Jehová. Pero en el caso específico que nos ocupa aquí, nos referimos al siervo de Jesús mencionado en los llamados «cánticos del siervo de Jesús» que se encuentran en Isaías, y a su correspondiente interpretación en el Nuevo Testamento. Estos cánticos son cuatro (posiblemente cinco) y se distribuyen así: Is 42.1-4; 49.1-6; 50.4-9; y 52.13–53.12. No es de extrañar que desde la consignación de estos cánticos en la profecía de Isaías, *ca.* 550 a.C. (→ ISAÍAS, LIBRO DE), se iniciara lo que ha venido a constituir una verdadera ciencia exegética encaminada a tratar de interpretar a quién o a quiénes se aplica este título.

Los primeros cánticos parecen definir al siervo de Jesús como colectividad (e.d. la nación de Israel); después de un estrechamiento paulatino notorio a través de los cánticos, el cuarto cántico parece definirlo como un individuo (cf. la reseña en DBH). El consenso actual es que los cánticos son profecías predictivas del Mesías (→ CRISTO).

En cuanto a la interpretación que el Nuevo Testamento ofrece, no cabe duda de que el siervo de Jesús de los cánticos de Isaías es Jesucristo. Después de desdoblar el rollo de Isaías en la sinagoga de Nazaret y leer en 61.1,2a (pasaje que algunos consideran el quinto cántico del siervo de Jesús) Jesús enrolla el volumen (BC) y dice: «Hoy se ha cumplido esta Escritura delante de vosotros» (Lc 4.21). El Señor mencionó con insistencia que sus sufrimientos se habían anunciado con anterioridad (Mt 26.24,54,56; Mc 9.12; 10.45; Lc 18.31; 24.25ss,46), y resultaría temerario no reconocer la temática de Is 53 en sus muchas expresiones relacionadas con su misión. Para los primeros misioneros convencidos de la resurrección de Jesús esta conexión era elemental y clara: cuando el etíope formula la pregunta «¿de quién dice el profeta esto; de sí mismo o de algún otro?», Felipe no vacila en aplicar el pasaje a Jesucristo (Hch 8.31-35).

Pablo se hace eco de Is 53 en su magistral pasaje de Flp 2.5-11. La Epístola a los Hebreos con su tema de humillación y exaltación de Cristo, sugiere un intento de exégesis de este mismo cap. de Isaías. Y, finalmente, el tema vuelve a ser presentado en el último libro de la Biblia

Bibliografía:
DBH, col. 1848-1858. *DTB*, col. 988-995. *VTB*, pp. 758ss. R. Martín-Achand, *Israel y las naciones,* pp. 13-30.

SIETE Número de alto sentido simbólico. El siete había adquirido significación sagrada en Babilonia en la más remota antigüedad. Descuella en la Biblia por ser la suma de 3 y 4, y simboliza «lo completo» por excelencia en las esferas divinas, humanas y aun satánicas. Se observa el carácter sagrado del siete en el ritual por el número de altares que tuvo que levantar Balac (Nm 23.1,14, etc.) y en la religión israelita por ser muy repetido en el número de víctimas, el número de veces que la sangre había de ser esparcida, etc., señalando la «expiación perfecta» en el día grande del calendario religioso (Lv 16.19; cf. 4.16; 14.7; Nm 28.11, etc.). Naamán tuvo que zambullirse siete veces para ser limpio (2 R 5.10).

El siete representa períodos significativos de «tiempo completo», como la semana, que termina con el sábado, y el año sabático (Éx 20.10; Lv 25.2-6). El jubileo caía después de cumplirse siete «semanas» de años (Lv 25.8) y el Día de Expiación se celebraba en el mes séptimo (Lv 16.29). Los períodos de abundancia y de hambre en Egipto fueron de siete años (Gn 41.26-31). En otros contextos de vida familiar, de oración, etc., sobresale el concepto de «lo completo» (Rt 4.15; Jos 6.4; 1 R 18.43; Sal 119.164).

Sobre todo, en el simbolismo del Apocalipsis se emplea el siete para representar grupos homogéneos o sucesiones completas de acontecimientos (Ap 1.4,13,16; 4.5; 5.1; 12.3; 13.1), y se usó mucho en la apocalíptica extracanónica.

La influencia del siete se ve también en construcciones literarias, como las siete abominaciones de Pr 26.25; las siete parábolas de Mt 13, los siete «ayes» sobre los fariseos de Mt 23, y en varias agrupaciones de temas en las epístolas (→ NÚMEROS).

SIGLO (en hebreo *olam*; en griego *aión*). Término que en la Biblia no significa estrictamente cien años sino un período largo e indefinido. Se utiliza en varios sentidos diferentes, todos relacionados, pero especialmente para indicar un → TIEMPO futuro infinito. En este sentido aparece en plural o en forma repetida, por ejemplo, «los siglos de los siglos» (Sal 41.13; cf. Gn 9.12; 1 Cr 29.10; Dn 6.26; Mt 6.13; etc.). Esta acepción se relaciona casi siempre con Dios, cuyo carácter eterno se describe así: «desde el siglo y hasta el siglo, tú eres Dios» (Sal 90.12).

La expresión «el siglo venidero» o «los siglos venideros» se refiere a la época futura en la cual Dios ha de revelar su gloria y ha de culminar la historia humana (Ef 2.7; Heb 6.5; → SEGUNDA VENIDA; REINO DE LOS CIELOS). Es la época en que la justicia de Dios será reivindicada en la tierra y reinará la santidad.

Por otro lado, «este siglo» representa la época contemporánea, que corre desde la creación hasta la Segunda Venida de Cristo. A veces denota temporalidad, sin implicar conceptos éticos o morales (Mt 13.22; Lc 16.8; 20.34; 1 Ti 6.17; Tit 2.12). Más a menudo, sin embargo, la expresión puntualiza también el espíritu esencial de la sociedad contemporánea con su carácter maligno y pecaminoso (Ro 12.2; 1 Co 2.6,8; 3.18; 2 Co 4.4; Gl 1.4; Ef 6.12; → GENERACIÓN). En este sentido, de acuerdo con el concepto paulino, siglo es casi sinónimo de → «MUNDO» en sentido peyorativo.

Bibliografía:
VTB, pp. 782-789. *EBDM* VI, col. 673s.

SIHOR Cuerpo de agua que no se ha identificado definitivamente. Según algunos, era una laguna en la parte nordeste de Egipto, que forma parte del brazo pelusiano del Nilo. Otros lo identifican con el → RÍO DE EGIPTO, o sea el wadi el-Arish, límite sudoeste de la tierra prometida.

La palabra Sihor aparece 4 veces en el TM. En Jos 13.3 y en 1 Cr 13.5, aparentemente se refiere al límite sudoeste de la tierra santa. Pero en Is 23.3 y Jer 2.18 de la RV ha traducido correctamente «Nilo».

SIHOR-LIBNAT Riachuelo que corre al sur del Monte Carmelo.

Formaba parte del límite sur de la tierra de Aser (Jos 19.26). Se le ha identificado con el Nahr-ez-Zerka, que desemboca en el Mediterráneo 10 km al sur de Dor.

SILAS, SILVANO «Varón principal» de la iglesia en Jerusalén (Hch 15.22) y compañero de Pablo en su segundo viaje misional (15.40). Era judío y a la vez ciudadano romano, al igual que Pablo (16.37); tenía el don de profecía (15.32). Al Silas de Hch generalmente se le identifica con el Silvano de las Epístolas (2 Co 1.19; 1 Ts 1.1; etc.).

Silas fue comisionado con Judas Barsabás para acompañar a Pablo y Bernabé hasta Antioquía y junto con ellos llevó el decreto del → CONCILIO de Jerusalén para su confirmación. Permaneció un tiempo en Antioquía a fin de consolar y edificar a los creyentes (Hch 15.22-35). Puesto que el v. 34 falta en los principales manuscritos, probablemente Silas regresó con Judas a Jerusalén.

Después del desacuerdo con Bernabé, Pablo escogió a Silas como compañero, elección que probablemente se debió a tres cualidades de Silas: era ciudadano romano, miembro de la iglesia en Jerusalén y dirigente aprobado en su ministerio en Antioquía. Seguramente manifestó simpatía y tacto en su labor entre los gentiles. Acompañó al apóstol por Siria, Asia Menor y Macedonia hasta Berea (15.40–17.14), donde se quedó con Timoteo. Después Pablo llamó a los dos desde Atenas (17.15), pero el relato implica que él ya se hallaba en Corinto cuando lo alcanzaron (18.5). Evidentemente, 2 Co 11.9 se refiere a la llegada de Silas y Timoteo y a la ayuda económica que llevaron a Pablo. Segunda de Corintios 1.19 alude al misterio de Silas en Corinto.

Silas (Silvano) aparece mencionado con Pablo y Timoteo en las cartas escritas desde Corinto a Tesalónica (1 Ts 1.1; 2 Ts 1.1). Después se le menciona solo en 1 P 5.12, donde parece explicarse que Silas colaboró también con Pedro en la escritura de las cartas de este.

SILO Ciudad que se hallaba en el territorio de la tribu de Efraín, unos 15 km al norte de la ciudad de Bet-el y 2 km al este de la carretera que comunicaba a Jerusalén con Siquem. Corresponde a la actual ciudad de Khirbet Seilum.

Era una ciudad cananea primitiva, cuyo origen se remonta a la tercera edad de bronce, siglo XX a.C. Alcanzó su esplendor a partir de la invasión hebrea. No hay datos de la forma en que Israel se apoderó de Silo, pero esta ciudad llegó a desempeñar un papel muy importante en la historia de Israel. Fue el centro religioso en tiempos de Josué y de los jueces (Jue 18.31); en la época de los jueces, fue la capital de las doce tribus aliadas. El arca del pacto moraba en Silo bajo la custodia de los sacerdotes y, posteriormente, bajo el cuidado de Elí y sus hijos. En Silo estuvo el tabernáculo hasta que se construyó el templo de Salomón (1 S 1.9). Ana, esposa de Elcana, suplicó a Dios en este

Foto de Howard Vos

Restos de un santuario primitivo en la ciudad veterotestamentaria de Siloé (1 S 1.3,9).

lugar que le concediera un hijo. Samuel pasó en Silo su juventud. Fue el centro de reuniones de los ancianos y príncipes de Israel para decidir la repartición del territorio, determinar las ciudades de refugio, las ciudades sacerdotales, casos de disciplina, etc. En Silo se celebraba una fiesta anual de Jehová con danzas de muchachas (Jue 21.19). El profeta Ahías, que vivió en la época de Salomón y Jeroboam, era de Silo (1 R 11.29; 14.2).

A fines del siglo XI a.C., Silo decayó por tres razones básicas: (1) los cananeos la destruyeron y no pudo surgir de nuevo; (2) se instaló la monarquía hebrea y otras ciudades tomaron su importancia política; (3) finalmente se construyó el templo de Salomón en Jerusalén, y esta ciudad tomó el lugar de Silo como capital religiosa y política de los hebreos.

Silo volvió a florecer en las épocas griega y romana, y posteriormente en la bizantina. De esta última época se han encontrado ruinas de templos cristianos. La ciudad era habitada siempre por sus invasores debido a su ubicación; no perdió importancia comercial debido a la comunicación con otras ciudades importantes. También por su ubicación estratégica, los hebreos y los cananeos pugnaron por poseerla.

SILOÉ, ESTANQUE DE Estanque al que Jesús mandó al ciego de nacimiento (Jn 9.7,11).

Desde tiempos muy antiguos, Jerusalén se surtía de agua del manantial de → GIHÓN (1 R 1.33), que está situado al pie de la colina de → OFEL en el valle de Tiropeón, y que hoy en día se conoce como «Fuente de la Virgen».

Como este manantial se encontraba fuera de las murallas antiguas de Jerusalén, sus habitantes tenían serias dificultades para abastecerse de agua. Para facilitar el aprovisionamiento, y aun para disponer de agua en el riego de los jardines del palacio, Salomón (970–930 a.C.) hizo construir un estanque que los arqueólogos posteriormente llamaron «Estanque Viejo» (o «Inferior»).

Dos siglos más tarde, el rey Acaz (736–721 a.C.) vio que el estanque de Salomón tenía una gran desventaja: en tiempos de guerra fácilmente podía caer en manos de los enemigos con la grave consecuencia de dejar a la ciudad sin agua. Por eso hizo construir un acueducto que bordeaba la colina de

S

Ofel y se comunicaba con otro estanque que construyó dentro de la ciudad probablemente el mismo Acaz. Hoy se conoce con el nombre árabe de Birket Silwan (Estanque de Siloé).

Este acueducto, dada la posibilidad de guerras, tenía las mismas desventajas que el Estanque Viejo de Salomón. Por tanto, el rey Ezequías (716–687 a.C.), con miras a una posible invasión de Asiria o Egipto, construyó un acueducto subterráneo (llamado también «Siloé») excavándolo a través de la colina de Ofel para unir el manantial de Gihón con el estanque del mismo nombre (2 R 20.20; 2 Cr 32.30; Neh 3.15; cf. Eclesiástico 48.17). Este acueducto corre tortuosamente; tiene una extensión de 533 m de largo, alrededor de 0.5 m de ancho, y entre 1.5 y 4.5 m de alto.

Dos equipos de trabajadores lo excavaron, cada uno de los cuales inició su trabajo a extremo opuesto. En 1880 se halló cerca de la salida del túnel una inscripción de seis líneas que describe el encuentro de los equipos en las entrañas de la colina.

El Estanque de Siloé mide 24 m de largo por 5.5 m de ancho. Está situado en la parte sur del área que se llama → «CIUDAD DE DAVID» y 65 m al norte del Estanque Viejo de Salomón.

El túnel de Siloé se excavó a través de la roca sólida a fin de asegurar el abastecimiento de agua en Jerusalén en caso de un ataque sirio.

El evangelista Juan, en su relato (9.1-7), toma el término «Siloé» y lo traduce «el que ha sido enviado», para asociar con Jesús, el Enviado por excelencia (Jn 3.17,34; 5.36,38, etc.), la iluminación completa realizada en el milagro. La literatura rabínica revela que se usaban aguas del mismo Estanque de Siloé (mencionadas en Is 8.6) en las ceremonias de la Fiesta de los Tabernáculos, porque era un lugar de purificación. Juan 7.37s, sin embargo, insinúa que Jesús mismo sustituyó de allí en adelante todas las fuentes anteriores.

Bibliografía:

EBDM, I, col. 250s; IV col. 386-390; VI, col. 687-692; A. Wikenhauser, *San Juan*, Herder, Barcelona, 1967, pp. 282-286.

SILOÉ, TORRE Edificio que, según la afirmación de Jesucristo en Lc 13.4, cayó sobre dieciocho personas y las mató. Posiblemente se tratara de una torre unida a la muralla de la ciudad de Jerusalén, cerca del estanque de Siloé, la cual se derrumbó por el agrietamiento y la acción del tiempo. Las circunstancias del desastre indudablemente eran conocidas de los oyentes de Jesús. De esta tragedia proverbial algunos maestros concluyeron que las dieciocho víctimas habían sido objeto de un juicio divino por su vida pecaminosa. Jesús rechazó esta conclusión.

En 1914, unos arqueólogos descubrieron los cimientos de una torre, que probablemente fueran la Torre de Siloé.

SILOH (*descanso, tranquilidad, paz*). Palabra clave en la bendición profética de Jacob para Judá (Gn 49.10). Su sentido no es claro. Se sugieren tres interpretaciones: (1) que es un título mesiánico que debe traducirse «pacificador» (Is 9.6); (2) que la palabra se refiere a la ciudad de este nombre y por lo tanto la frase entera debe entenderse «hasta que Judá venga a Siloh» o (3) que el vocablo es una contracción de dos palabras que quieren decir «de quién es» y que la frase debe entenderse «hasta que venga aquel a quien le pertenece [el cetro]». La tercera sugerencia exige una pequeña enmienda del texto, pero parece apoyada por Ez 21.27.

SILVANO → Silas.

SILLA Los israelitas no usaban la silla comúnmente, sino que se sentaban en el suelo. La silla se reservaba como sitio de honor, y cuando el Antiguo Testamento quiere sugerir este uso, emplea el término hebreo que también se traduce → «TRONOS». En otros casos, el Antiguo Testamento usa palabras que significan simplemente «asiento», pero que no se refieren necesariamente a un mueble (1 S 20.18,25; 1 R 10.19; Job 29.7; Sal 1.1; Am 6.3). Una de estas palabras se traduce «habitación» en la RV en Ez 8.3 y «trono» en Ez 28.2. «Silla» en Job 23.3 se refiere a un lugar o sitio.

En el Nuevo Testamento, el vocablo griego que nosotros transcribiríamos «cátedra» se traduce «silla» (Mt 21.12; Mc 11.15); pero se traduce «cátedra» en Mt 23.2. «La cátedra de Moisés» representa la autoridad de los intérpretes oficiales de la Ley de Moisés. El término surgió de la costumbre de las escuelas rabínicas, donde solo el maestro ocupaba una silla, mientras los alumnos permanecían en el suelo.

El Nuevo Testamento usa expresiones como los «primeros asientos» y las «primeras sillas» para referirse a los lugares preferidos por los hipócritas (Mt 23.6; Mc 12.39; Lc 11.43; 20.26). La primera se refiere a los reclinatorios reservados para los huéspedes de honor en las fiestas, y la segunda a sitios ofrecidos en las sinagogas a personas honradas por su erudición.

SIMA Cavidad profunda en un terreno. Este término solo se encuentra en la parábola de Lázaro y el rico (Lc 16.26), y expresa la distancia infranqueable entre el → «SENO DE ABRAHAM» donde se encuentran los justos, y el → HADES, donde se encuentran los injustos después de la muerte. Indica que el destino eterno del hombre queda definido al concluir la existencia terrena.

SÍMBOLO Objeto o señal que por analogía expresa una idea o representa algo.

En la Biblia encontramos tres principales tipos de símbolos. El primero, el símbolo poético, lo hallamos a través de la Biblia, pero especialmente en Salmos y Cantar de los cantares. Estos símbolos ayudan a definir la manera en que el escritor se percibe a sí mismo y al mundo. Por ejemplo, David, al reconocer que el hombre es vulnerable a los ataques del pecado, ve a Dios como «fortaleza» (Sal 31.2).

El segundo tipo de símbolo, el de la ceremonia religiosa, lo vemos a menudo en el → PENTATEUCO, particularmente en Éxodo. Estos símbolos los estableció Dios directamente para beneficio de los israelitas en la adoración. Les servía como cotidianos recordatorios de la invisible presencia de Dios y el plan divino. Los querubines que había en el → ARCA DEL PACTO (Éx 25.18,19) eran símbolos de su presencia en medio de su pueblo. Los sacrificios diarios prescritos en Éx 30 eran actos simbólicos del plan divino para la redención.

El tercer tipo de símbolo, el símbolo de la visión profética, lo hallamos en los libros de profecía, sobre todo en los libros de Ezequiel, Daniel, Zacarías y Apocalipsis. Como los símbolos ceremoniales, servían para revelar el plan de Dios para con la humanidad; pero su énfasis es el futuro, más que el presente. Son por lo general imágenes muy vívidas que evocan el misterio del futuro que aun no se ve.

SIMEI Nombre de diecinueve personas en el Antiguo Testamento (Éx 6.17; 2 S 16.5; 1 R 1.8; 4.18; 1 Cr 3.19; 4.26; 5.4; 6.29; 8.21; 23.9; 25.17; 27.27; 2 Cr 29.14; 31.12; Esd 10.23; 10.33; 10.38; Est 2.5; Zac 12.13).

El más importante de todos fue Simei, hijo de Gera, benjamita, de la casa de Saúl. Cuando David huyó de Absalón, Simei salió contra el rey, lo insultó, lo maldijo y le tiró piedras. Abisai, siervo de David, pidió permiso para matarlo, pero el rey no se lo permitió (2 S 16.5-13). Al regresar David a Jerusalén, Simei se humilló y le pidió perdón. De nuevo

Abisai quiso matarlo, pero David le perdonó la vida (2 S 19.16-23). En su lecho de muerte David insinuó a Salomón que castigara a Simei por sus maldiciones. Este le advirtió a Simei que no saliera de Jerusalén so pena de muerte. Simei dio su palabra, pero no la cumplió, saliendo en persecución de sus siervos fugitivos hasta Gat. A su regreso lo condenaron a muerte y Benaía lo ejecutó (1 R 2.8,9,36-46).

SIMEÓN Nombre de cinco personas y una tribu que se mencionan en la Biblia.

1. Segundo hijo de Jacob y Lea (Gn 29.33); uno de los doce patriarcas hebreos (Hch 7.8). Juntamente con Leví, castigó severamente a los habitantes de Siquem por la violación de Dina su hermana (Gn 34). José lo retuvo como rehén en Egipto cuando ordenó a sus otros hermanos a ir en busca de Benjamín (Gn 42 y 43). Simeón tuvo seis hijos; todos, excepto Ohad, fueron cabeza de una tribu (Gn 46.10; Nm 26.12-14). Jacob, al morir y despedirse de sus hijos, expresó un reproche a Simeón y Leví por el crimen que cometieron con los siquemitas (Gn 49.5-7).

2. Tribu formada por los descendientes de Simeón. Se estableció en el sur de la tierra prometida. No se le menciona ya en el canto de Débora (Jue 5). Se nombra en el grupo que debía dar las bendiciones desde el monte Gerizim (Dt 27.12).

Según el censo tomado en el Sinaí, esta tribu contaba con 59.300 hombres (Nm 1.1-3,22,23; cf. 22.000 «familias» en Nm 26.14). La tribu se vio probablemente absorbida por la de Judá, si se toma en cuenta que la parte que se le dio era solo una comarca tomada del territorio asignado a Judá (Jos 19.1-9). Se cree que al fin la tribu se extinguió. Sin embargo, ese territorio fue una conquista unida de las dos tribus: Judá y Simeón (Jue 1.3,17).

Según los datos de 2 Cr 15.9-13 y 34.6-9, los simeonitas hicieron alianza con las tribus separatistas del norte pues sus nombres se asocian entre los «forasteros» independientes de Judá y Benjamín. De acuerdo con estos pasajes, Simeón estuvo comprendido en las reformas de Asa y Josías.

Las ciudades ocupadas por la tribu de Simeón se mencionan conjuntamente con las que pertenecían a las tribus de Manasés, Neftalí y Efraín. Durante el reinado de Ezequías, años 726 a 797 a.C., los simeonitas libraron guerras de conquista territorial al sur y al este de su comarca primitiva (1 Cr 4.34-43). Esa tribu, junto con la de Benjamín y la de Isacar, estuvieron en la visión del profeta Ezequiel (Ez 48.24,33). El visionario Juan la menciona también como seleccionada con los doce mil siervos del Señor «sellados en sus frentes» (Ap 7.7).

3. Varón piadoso que recibió al niño Jesús en sus brazos cuando José y María lo llevaron para presentarlo en el templo (Lc 2.21-35). Inspirado por el Espíritu Santo, bendijo a José y a María y predijo las excelencias de la venida del Salvador.

4. Antepasado de Jesús del que se hace breve referencia en Lc 3.30.

5. Nombre con el que se conoció primero a → PEDRO, el apóstol (2 P 1.1 BJ; Hch 15.14 BJ). «Simón» es una contracción de Simeón; es un nombre probablemente tomado de los griegos. Por lo que parece, era un nombre muy gustado y popular.

6. Cristiano de Antioquía que entre los profetas y maestros se menciona luego de Bernabé (Hch 13.1). Llevaba por segundo nombre «Níger».

SIMIENTE → SEMILLA.

SIMÓN Forma helenizada del nombre hebreo → SIMEÓN (cf. Hch 15.14 VM, donde Santiago emplea la forma antigua). Es nombre de varios personajes del Nuevo Testamento (y de un descendiente de Judá en 1 Cr 4.20):

1. El principal de los discípulos, hijo de Jonás (Mt 16.17) o Juan (Jn 1.42), a quien Jesús llamó → PEDRO.

2. Simón el → ZELOTE, otro discípulo (Lc 6.15). Marcos (3.18) y Mateo (10.4) lo llaman «el cananista», pero esto no quiere decir que fuera de Caná o Canaán, sino que es el término arameo que significa «celoso» o «entusiasta». Probablemente pertenecía o simpatizaba con el movimiento judío nacionalista apodado «zelotes». No aparece más en el Nuevo Testamento, aunque una tradición posterior lo identifica con Simón, hijo de Cleofas, a quien menciona Hegesipo.

3. Uno de los hermanos del Señor (Mc 6.3; Mt 13.55), a quien algunos identifican con el hijo de Cleofas que mencionan Hegesipo y Eusebio (Historia Eclesiástica III.11.32).

4. Padre de → JUDAS ISCARIOTE (Jn 6.71; 13.2,26), llamado «Simón Iscariote».

5. Fariseo en cuya casa una pecadora ungió a Jesús (Lc 7.36-50). El incidente se ubica en Galilea, probablemente en Capernaum. Lucas relata que aunque Simón invita a Jesús, no le ofrece una generosa acogida (vv. 44ss). La protesta de Simón por la acción de la mujer ocasiona una reprensión y enseñanza que el Señor da en forma de parábola.

6. Simón el (¿ex?) leproso, en cuya casa en Betania María ungió a Jesús (Mc 14.3-9; cf. Jn 12.1-8). Algunos lo identifican con el No. 5 y consideran estos pasajes como una duplicación, aunque las circunstancias parecen muy distintas.

7. Simón de Cirene, a quien se obligó a llevar la cruz de Cristo al lugar de la ejecución (Mt 27.32; Mc 15.21; Lc 23.26). Probablemente fuera un judío de la dispersión que asistía a la Pascua. Marcos 15.21 lo identifica como padre de Alejandro y de Rufo, probablemente el mismo que se menciona en Ro 16.13.

8. Simón Curtidor, en cuya casa en Jope Pedro «se quedó muchos días» (Hch 9.43; 10.6,17,32). Probablemente se trataba de un cristiano de origen gentil, ya que el oficio era poco aceptado entre los judíos.

9. Simón el → MAGO. Probablemente uno de los muchos engañadores que practicaban la → MAGIA en Samaria, aprovechándose del clima de superstición de la zona (cf. Hch 13.6-12). Lucas lo presenta como convertido (Hch 8.9-24) y no hay razón para dudar de la sinceridad de Simón. La tentación de utilizar la nueva fe para su propia gloria y su antiguo oficio quizá lo dominara (8.18s) y esto origina la reprensión de Pedro. Luego Lucas lo presenta como arrepentido (v. 24). Nada más sabemos de él por el Nuevo Testamento, pero la tradición posterior lo presenta como el primer gran heresiarca, fundador del → GNOSTICISMO. Justino e Ireneo lo consideraron originador de una secta libertina que lo tenía por profeta y divinidad. La literatura seudoepigráfica relata su muerte y desenmascaramiento, pero nada preciso podemos deducir de esta literatura.

10. Simón Niger (latín, negro). Uno de los cinco profetas-maestros de la iglesia de Antioquía (Hch 13.1).

SIMPLE, SIMPLEZA → SENCILLO.

SIMRÓN Nombre de una persona y un lugar mencionados en el Antiguo Testamento.

1. Cuarto hijo de Isacar y progenitor de los simronitas (Gn 46.13; Nm 26.24; 1 Cr 7.1).

2. Antigua ciudad de Canaán, cuyo rey, Jabín, resistió a Josué y fue derrotado (Jos 11.1-12). Posiblemente sea el mismo lugar que se llama Simron-Merón, cuyo rey fue uno de los treinta y un aliados a quienes Josué derrotó (Jos 12.20). Pertenecía al territorio dado a Zabulón (Jos 19.15). La identificación segura no se puede establecer, pero puede ser el Tel-es Semuniyeh, ubicado unos 5 km al sudeste de Nazaret.

SIN Ciudad de Egipto cuyo nombre griego era *Pelusion* (*ciudad de barro*). Por encontrarse en «el camino de la tierra de los filisteos» en la frontera de Egipto, Sin era de suma importancia para la defensa de Egipto contra los reinos orientales. La ruina de Sin, proclamada por Ezequiel, representaba la derrota de Egipto (Ez 30.15,16).

SIN, DESIERTO DE No se debe confundir con el desierto de → ZIN. Reina Valera, conforme al texto hebreo, distingue entre los dos, pero la Vulgata, siguiendo a la Septuaginta, utiliza «Sin» para ambos. El desierto

Una sinagoga en Masada. Para el pueblo judío, la sinagoga era un lugar de adoración, instrucción, enseñanza de la Escritura y oración (Hch 13.13-15).

de Sin se hallaba entre → Elim y → Sinaí (es posible que «Sinaí» se derive de la palabra «sin»). Aquí los israelitas llegaron de Elim, y luego pasaron por Dofca y Alús rumbo a → Refidim (Éx 17.1; Nm 33.11-14). Probaron por primera vez el maná en Sin (Éx 16), juntamente con la primera provisión de codornices (v. 13).

SINAGOGA (en griego, *concurrencia, asamblea*). Término que se aplica tanto al lugar en que se reunían los judíos para leer y estudiar las Escrituras, como a la asamblea misma de los allí reunidos (cf. la gravedad de ser excluido de la sinagoga, Jn 9.22; 12.42; 16.2), tal como nuestro término «iglesia» se refiere tanto al edificio como a la congregación. Fuera de la Tierra Santa se empleaba otro término, que quería decir «oración». Pero, puesto que en Roma el término sinagoga era el más común, se adoptó en los diversos idiomas europeos.

Acerca de los orígenes de la sinagoga, los eruditos no están de acuerdo. Naturalmente, en el judaísmo antiguo se centraba la vida religiosa en el templo, y no había necesidad de la sinagoga. Más tarde, especialmente debido a la → dispersión, surgió la sinagoga en forma paralela con el templo. Después de la destrucción del templo (70 d.C.), la sinagoga pasó a ocupar el centro de la vida religiosa judía. Hasta aquí todos están de acuerdo.

Donde difieren las opiniones es en lo que se refiere al momento y el lugar exactos en que apareció la sinagoga. En términos generales, hay cuatro teorías acerca del origen de la sinagoga:

1. Puede haber surgido durante el cautiverio en Babilonia, cuando los judíos, desprovistos de la oportunidad de adorar en el templo y de ofrecer los sacrificios, se reunían para estudiar sus tradiciones y las Escrituras.

2. Es posible que la sinagoga haya surgido durante el período persa, cuando las actividades de → escribas como → Esdras proveyeron un ambiente propicio para el estudio de las Escrituras, actividad característica de la sinagoga.

3. Otra posibilidad es que se haya originado en → Alejandría, donde los judíos llegaron a contarse en número considerable.

4. Otros eruditos han sugerido que la sinagoga haya surgido en la misma Palestina, como supervivencia de los antiguos centros regionales que cumplían funciones religiosas a la vez que cívicas.

Sea cual fuere su origen, es importante notar la diferencia entre el culto de ella y el del templo. En la sinagoga no se ofrecían sacrificios, como en el templo. Su culto consistía en la lectura y el estudio de las Escrituras y en la oración. Mientras existía el templo, este se consideraba siempre el centro religioso de los judíos, y las sinagogas como lugares secundarios de estudio. Sin embargo, en la misma Jerusalén había varias sinagogas (Hch 6.9), y por tanto no ha de pensarse que la sinagoga existía solo donde les era imposible a los judíos asistir al culto en el templo. Por el contrario, su función específica como lugar de enseñanza y estudio era requerida dondequiera que hubiera una comunidad judía.

Era importante, no solo para los mayores, sino también para la juventud. Al parecer, los niños más pequeños comenzaban el aprendizaje en casa de los maestros, leyendo pequeñas porciones de las Escrituras. Pero tan pronto como estaban listos para leer los textos más extensos, pasaban a estudiar en la sinagoga, quizás en una habitación contigua. Allí aprendían a leer las Escrituras en voz alta, para poder participar individualmente como lectores públicos en los cultos, y aprendían además la interpretación esencial de los pasajes.

En cuanto al lugar de las mujeres en el culto de la sinagoga, aunque esto no está probado, al principio al parecer estaban excluidas. Sin una asistencia mínima de diez hombres, el núcleo de adoradores judíos tenía que reunirse a la orilla de un río (Hch 16.13). Más tarde se introdujeron divisiones dentro de los edificios, para que las mujeres asistieran sin mezclarse con los hombres. En esto se reflejaba quizás el deseo de imitar al templo, fenómeno que fue apareciendo según la institución de la sinagoga cobró fuerza, y el partido de los → FARISEOS fue imponiéndose por encima del de los → SADUCEOS. Frente a esta tendencia visible tanto en la arquitectura como en la liturgia, los elementos más conservadores de Jerusalén respondieron con una oposición decidida. Esto dio origen a reglas sobre la construcción de las sinagogas, que, por ejemplo, prohibían imitar la arquitectura del templo. Pero la posición de los conservadores estaba destinada al fracaso, pues con la destrucción del templo la sinagoga quedó como único centro

Restos de una sinagoga en Capernaum. Probablemente se construyó durante el siglo III o IV d.C.

Foto de Gustav Jeeninga

S

religioso de un judaísmo cada vez más disperso. En los grandes centros de población (por ejemplo, Jerusalén, Hch 6.9, y Roma, donde los arqueólogos han hallado 13 sinagogas) varias agrupaciones de judíos montaron independientemente sus sinagogas.

La sinagoga era una institución laica. Ni los jefes (Hch 13.15), ni su presidente el → PRINCIPAL (en griego, *arjisynagogos*), eran sacerdotes o fariseos necesariamente. Tampoco lo era el → MINISTRO (en griego, *hypéretes*), que velaba por el orden del culto (Lc 4.20). La lectura y la explicación de las porciones asignadas de la Ley y de los profetas (cf. Lc 4.16-20; Hch 13.14-48) no eran prerrogativa de ningún partido religioso. Cuando los cristianos primitivos celebraban sus cultos, una de las mayores influencias fue la liturgia de la sinagoga.

Como centro de propaganda monoteísta, la sinagoga difundía las ideas del Antiguo Testamento y creó un grupo de → PROSÉLITOS y semiprosélitos (→ TEMOR de Dios) que resultó ser un campo fértil para la evangelización.

Pablo y otros misioneros solían dirigirse primero a la sinagoga de la ciudad donde querían establecer la iglesia de Cristo (por ejemplo, Hch 13.5).

Bibliografía:

DBH, col. 1866-1868; *EBDM* VI, col. 718-722; J. Schmid, *San Lucas*, Herder, Barcelona, 1968, pp. 165-168.

SINAÍ Palabra que se refiere a tres lugares mencionados en la Biblia.

1. La Península de Sinaí. Hoy se conoce con este nombre al gran triángulo que separa a Egipto de Palestina. Según se le tome, mide de 25.000 a 35.000 km cuadrados, limita con el Mediterráneo y con la Tierra Santa en su lado superior, formado por una recta imaginaria que une los puertos de Said en el Mediterráneo y el de Tamar en la punta sur del mar Muerto. El lado occidental del triángulo lo forma el golfo de Suez y su prolongación hasta el Mediterráneo; y el lado oriental, el golfo de Acaba y su prolongación hasta el mar Muerto. Esta península es famosa porque en ella deambuló el pueblo hebreo cuando salió de Egipto en el éxodo, primero hacia el extremo sur, luego hacia el extremo norte durante los dos primeros años, convirtiéndola finalmente en su morada durante otros 38 años.

Solo la parte meridional es fértil, montañosa y habitable. El resto de la península es completamente desértica, inhóspita e inhabitable. Desde tiempos inmemoriales ha constituido el paso obligado de peregrinos y viajeros que en caravanas comerciales o religiosas se ven forzados a someterse a su inclemencia y aridez. La parte meridional en cambio, por el intenso verdor de su vegetación, por el variado matiz de su suelo, por lo fantástico de sus macizos de granito y por la abundancia de agua que producen sus picos nevados, es en extremo bella y fascinante.

2. El desierto de Sinaí. Con este nombre se denomina en la Biblia la llanura en que acampó el pueblo hebreo alrededor del «monte Sinaí» (Éx 19.1,2; Lv 7.38; Nm 1.1,19; 3.4,14; 9.1,5; 10.12; 26.64; 33.15,16). Debe notarse la gran similitud que existe en el hebreo entre los vocablos Sinaí y → SENE. Este último se refiere a la zarza ardiente que Moisés vio en Madián cuando, huyendo de Egipto, fue a refugiarse en casa de Jetro, quien se convirtió más adelante en su suegro. La palabra *sene* se menciona en la Biblia seis veces, cinco de ellas en relación con la visión de Moisés (Éx 3.2-4). Ahora bien, a Moisés se le dice que, como señal de que se cumplirá lo que Dios le está diciendo, «cuando hayas sacado de Egipto al pueblo, servirás a Dios sobre este monte» (Éx 3.12). Esto explica que, una vez pasado el mar Rojo, Moisés se dirigiera al lugar donde la *sene* se le había aparecido. La sexta ocasión en que se menciona *sene* en la Biblia es en Dt 33.16, y dice: «y la gracia del que habitó en la zarza [*sene*] venga sobre la cabeza de José». Al comienzo de ese mismo capítulo, Dt 33.2 ha dicho que: «Jehová vino de *sene*». Sabemos por el texto bíblico que el nombre de Jehová, dado a la deidad que iba a reunir a las doce tribus, se inició en Sene, adonde debían regresar cuando salieran de Egipto. Parece ser que las dos teofanías, la de Éx 3 y la de Éx 19, se llevaron a cabo en el mismo sitio, en el llamado «desierto de Sene».

3. Monte Sinaí. Aunque se denomina así toda la parte granítica y montañosa de la zona meridional, en particular con este nombre y con el de Horeb se denomina a uno de los más importantes macizos de la región. Probablemente debe ser identificado con el monte que los árabes llaman Gebel Musa (monte de Moisés). Precisamente de este monte tomó su nombre no solamente la zona sino toda la península. Su consistencia granítica nos hace pensar en la «roca Horeb» (Compárense: Éx 3.12; 16.1; 19.11,18,20,23; 24.16; 31.18; 34.2,4,29,32; Lv 7.38; 25.1; 26.46; 27.34; Nm 3.1; 28.6; Neh 9.13, en que al lugar se le llama Sinaí; y Éx 3.1; 17.6; 33.6; Dt 1.2,6,19; 4.10,15; 5.2; 9.8; 18.16; 28.69; 1 R 8.9; Mal 4.4; Sal 106.19; 2 Cr 5.10 en que se llama «Horeb»).

SINAR Región que gobernó Nimrod (Gn 10.10) en la que edificaron la torre de Babel (Gn 11.2). Su rey, no identificado aún, → AMRAFEL, se menciona como enemigo de Abraham (Gn 14.1,9). Situada entre Babilonia y Bagdad, la tierra de Sinar debe haber comprendido los territorios conocidos como Sumer y Acad, posteriormente llamados Babilonia. En Is 11.11, Sinar se menciona como uno de los lugares del cual Dios hará regresar un remanente del pueblo de Israel. Según Dn 1.2, Nabucodonosor había transportado a Sinar los tesoros del templo. En la visión de Zac 5.5-11 la mujer «Maldad» es transportada en un efa a la tierra de Sinar.

SINIM Palabra que aparece solo una vez en la Biblia (Is 49.12). Es difícil averiguar si el profeta tenía en mente una ciudad o región específica, o si simplemente hace referencia general a tierras lejanas.

Anteriormente se creía que era una referencia a la China. Tsin era el nombre rabínico de China. Para los árabes, «Sin» era China.

El desierto de Sinaí. Tres meses después de salir de Egipto, los israelitas llegaron a esta región estéril y escabrosa (Éx 19.1-2).

S

Foto de Ben Chapman

El geógrafo Tolomeo (140 d.C.) usó la palabra Sinoe o Thinoe para referirse a la China.

Aunque no sea probable que los judíos hayan llegado a la China, es cierto que había comercio con el Lejano Oriente por medio de Arabia y el Golfo de Persia. Otros eruditos han sugerido lugares más cercanos como Sin (Ez 30.15) y → Sevene (Ez 29.10) o el norte de Arabia. Sevene se refiere a Asuán al este del Nilo y en la parte sur de Egipto. Como se halla en los límites más remotos de Egipto, podría ser la Sinim de Isaías. El manuscrito de Isaías en los → Rollos del mar Muerto sostiene este punto de vista, y sugiere que Sinim es el plural de Sevene.

SINÓPTICOS → Evangelios.

SÍNTIQUE y EVODIA Cristianas muy activas en Filipos (Flp 4.2s), tal vez diaconisas (cf. 1.1). Entre ellas había divergencias peligrosas sobre su posición en la iglesia, y carecían de humildad. Pablo les ruega que se reconcilien para bien de la evangelización en la cual sobresalían.

SION Nombre de dos lugares mencionados en la Biblia.

1. Fortaleza de los jebuseos que David conquistó (2 S 5.7), situada sobre la colina del sudeste de la vieja Jerusalén y llamada también la Ciudad de David. Durante casi toda la era cristiana primitiva, el nombre Sion se aplicó a la colina del sudoeste de Jerusalén. Se cree que al principio el nombre se debió a que allí se encontraba la casa donde se reunieron los discípulos el día de Pentecostés. Según la tradición, era el lugar del aposento alto donde se celebró la última cena y el sitio donde María falleció. En el siglo IV, allí se construyó una basílica.

Debido a estas tradiciones, los historiadores creían erróneamente que la fortaleza de los jebuseos que David tomó estaba situada en la colina del sudoeste. Pero las excavaciones arqueológicas del siglo XX comprueban que la Sion de David era la colina del sudeste.

David hizo de Sion la capital política y religiosa de Israel y llevó el → Arca allí. Pronto se extendió su fama religiosa como el centro de la adoración a Jehová. Después que Salomón construyó el templo y llevó el arca a la colina situada al norte de la ciudad de David (→ Jerusalén), el nombre de Sion quedó asociado también con el monte del templo.

Puesto que Sion tiene cierto significado religioso, la palabra se usa de diversas maneras en los escritos proféticos y poéticos. A veces se refiere al monte del templo o a toda Jerusalén como la habitación de Dios (Sal 74.2; Is 8.18; Jl 3.17; Am 1.2), y otras veces se refiere a la ciudad de Jerusalén en sentido literal y político (Sal 2.6; 9.11; 48.2; Jl 2.1). También denota a los habitantes de Jerusalén (Sal 97.8; Is 1.27; 33.5; cf. «hijos» e «hijas» de Sion, Sal 149.2; Zac 9.9).

Sion se usa frecuentemente en paralelismos como sinónimo de Jerusalén, la capital religiosa del pueblo de Dios. Sion es el nombre de la ciudad santa y del pueblo de Dios, según las profecías del futuro glorioso (Is 4.3; 60.14; Zac 8.3). También se identifica en el Nuevo Testamento con la nueva Jerusalén y el reino futuro de Dios (Heb 12.22; Ap 14.1).

2. Sinónimo del monte Hermón (Dt 4.48; cf. 3.9).

SIQUEM Nombre de tres personas y un lugar en el Antiguo Testamento.

1. Hijo de Hamor (heveo y príncipe de la ciudad de Siquem), que violó a Dina, la hija de Jacob (Gn 34.2).

2. Descendiente de Manasés y fundador de una de las familias de esta tribu (Nm 26.31; Jos 17.2).

3. Otro miembro de la tribu de Manasés (1 Cr 7.19).

4. Ciudad importante, con una larga historia, que se hallaba en el centro de Palestina, en la serranía de Efraín (Jos 20.7) y en la ladera del monte → Gerizim (Jue 9.7), o sea en el extremo este del valle entre este monte

Foto de Gustav Jeeninga

Ruinas de una puerta y la entrada a un templo en la porción noroeste de la ciudad de Siquem. Esta puerta se construyó durante el período de los hicsos más o menos entre el 1650 al 1550 a.C.

y Ebal, unos 50 km al norte de Jerusalén y 9 km al sudeste de Samaria. Su nombre no se deriva del hijo de Hamor, sino de la configuración de la tierra en donde yace («Siquem» es la transliteración de la voz hebrea *shequem*, que quiere decir «hombro» o «ladera»).

Siquem se menciona por primera vez en Gn 12.6 como la primera escala de Abraham al llegar a la tierra prometida. Allí se estableció Jacob en su regreso a esa tierra después de una larga permanencia en → PADÁN-ARAM. Compró terreno a Hamor (Gn 33.18-20); luego tuvo lugar el triste episodio ocasionado por la violación de su hija (Gn 34). Aquí apacentaban ovejas los hijos de Jacob cuando José los visitó y estos lo vendieron a los madianitas (Gn 37.12-14). Años más tarde, en Siquem enterraron los huesos de José (Jos 24.32).

Después de la conquista de Canaán, Siquem se menciona como punto limítrofe entre Efraín y Manasés (Jos 17.7), pero siempre quedó dentro de aquella tribu (1 Cr 7.28). La declararon ciudad de refugio (Jos 20.7) y levítica, y la concedieron a los hijos de Coat (21.20,21).

No obstante, nunca se desarraigaron de Siquem los cultos paganos como el baalismo. En tiempo de los jueces, Siquem era un centro del culto de → BAAL-BERIT (Jue 9.1-4). Además, fue escenario del vergonzoso pleito entre Abimelec, hijo de la concubina de Gedeón (la cual era de Siquem, Jue 8.31), y Jotam, su hermano por parte de padre (Jue 9).

Siquem fue la primera capital del reino cismático del norte (1 R 12.1,16,17,25). Pero pronto transladaron la sede a otro sitio. Luego declinó su importancia en la historia sagrada.

Según Josefo *(Antigüedades* XI. viii,6), después del cautiverio Siquem llegó a ser el centro de la raza mestiza de los → SAMARITANOS. Juan Hircano la conquistó para los judíos durante el reinado de los macabeos y destruyó el templo samaritano *ca.* 109 a.C. (XIII.ix,1). Durante la era del dominio romano, Siquem fue reconstruida y nombrada Flavia Neápolis en honor del emperador Flavius Vespacianus. El nombre actual de la ciudad, Nablus, es una corrupción de «Flavius». Todavía hoy en esta ciudad se halla un pequeño remanente de samaritanos y su sinagoga.

S

Es probable que el → Sɪᴄᴀʀ de Juan 4.5 deba identificarse con el Siquem del Antiguo Testamento. El contexto permite la identificación.

SIRA Pozo o cisterna que se menciona en el caso de la muerte de Abner a manos de Joab y Abisai. De ese pozo Joab le hizo volver para matarlo (2 S 3.22-30). Parece que el pozo estaba a poca distancia de → Hᴇʙʀóɴ.

SIRACUSA Ciudad que Pablo visitó en su viaje a Roma (Hch 28.12), ubicada en la costa oriental de la isla de Sicilia. Fue fundada en 734 a.C. cuando un grupo de colonos corintios se estableció allí. En el siglo V a.C. ya era la ciudad más importante de la isla, tanto política como comercialmente. Fue ciudad natal del famoso matemático e inventor, Arquímedes (287–212 a.C.). A pesar de las ingeniosas invenciones mecánicas con que se protegía a la ciudad, los romanos la tomaron en 212. La convirtieron en colonia y capital de la provincia de Sicilia.

Siracusa gozó de mucha prosperidad bajo los romanos. Tenía un espacioso puerto en donde atracó el barco alejandrino que transportó a Pablo desde Malta. La embarcación permaneció allí tres días para descargar (quizá trigo egipcio) o para esperar el viento favorable que los llevaría hacia el norte de Roma (Hch 28.12).

SIRIA Importante país al nordeste de Palestina que constituyó una amenaza política para Judá e Israel durante la mayor parte de su historia. No constituyó una unidad política hasta el arribo de los persas, quienes la hicieron parte de la quinta satrapía. Los griegos extendieron el nombre de Siria a toda la satrapía y distinguían dos partes: *Syria Mesopotamia* (que significa Siria entre ríos), que era el territorio comprendido entre el Tigris y el Éufrates, y *Celesyria* (que significa Siria cóncava), la costa oriental del Mediterráneo. Cuando las dos partes de la satrapía se separaron, el nombre de Siria se reservó para la franja mediterránea.

Durante el reino de los seléucidas, Siria fue la principal provincia del reino. A fines del siglo II a.C., el Imperio de los seléucidas se vio reducido a Siria. Pompeyo conquistó Siria en 64 a.C. y la constituyó en una provincia imperial de Roma que se extendía hasta el Éufrates, desde los montes Tauro hasta la frontera con Egipto. En el año 70 d.C., Judea, en el extremo sur de Siria, fue separada y hecha provincia bajo el mando de un legado imperial. En el Nuevo Testamento, Siria es la provincia romana al norte de Judea y sobre la costa.

La Reina Valera 1960 impropiamente traduce Siria la voz *Aram*, aunque los dos términos no son intercambiables, puesto que Siria no surgió como realidad política sino en el período persa. En el Antiguo Testamento *Aram* es el nombre del territorio de los → ᴀʀᴀᴍᴇᴏs. Estos aparecieron a orillas del Éufrates *ca.* 2000 a.C. y se extendieron por todo el Creciente Fértil ocupando el norte de Mesopotamia, zona que llamaron Aram-Naharim (Aram de los ríos) y la costa del Mediterráneo. Por toda esta comarca establecieron numerosas ciudades-estado tales como Damasco, Gesur, Maaca, etc. El término Siria que se usa en el Antiguo Testamento designa los territorios de estos varios centros arameos, especialmente el de Damasco, que fue en tiempos de la monarquía israelita el más importante de todos ellos (→ Dᴀᴍᴀsᴄᴏ).

SIRIÓN (*coraza*). Nombre que los sidonios daban al monte → Hᴇʀᴍóɴ (Dt 3.9; Sal 29.6) quizá por la configuración de la montaña.

SIROFENICIA Gentilicio que se aplica a la mujer que con insistencia y humildad logró que Jesús sanara a su hija poseída por un demonio (Mt 15.22; Mc 7.26). Marcos la llama «griega» además de sirofenicia para indicar que no era de religión judía.

SIRTE (en griego, *banco de arena*). Nombre de dos golfos arenosos y de poca profundidad en la costa norte de África: Sirte

Menor (ahora golfo de Cabes al este de Tunisia) y Sirte Mayor (golfo de Sidra al oeste de Cirenicia). Ambos eran muy peligrosos para la navegación. Por eso los marineros del barco en que navegaba Pablo (Hch 27.17) querían esquivar a Sirte (seguramente el «Mayor») a toda costa, pues inclusive le llamaban popularmente «cementerio de los barcos»; esta apreciación ha sido confirmada por los descubrimientos arqueológicos.

SIS Cuesta por la que, según la profecía de Jahaziel, los moabitas y amonitas habrían de invadir a Israel en tiempos de Josafat, rey de Judá (2 Cr 20.16-22). Seguramente la cuesta debe identificarse con el cauce del Wadi Hassasa que desciende hacia el mar Muerto, unos 10 km al norte de En-gadi.

SISAC Faraón que fundó la vigésima segunda dinastía de → EGIPTO, y reinó del año 945 al 924 a.C. Su capital era → PIBISET. Es posible que haya sido suegro de Salomón (1 R 3.1), pero hay razones para dudar de esta identificación. En todo caso, Sisac ofreció refugio a Jeroboam cuando este se rebeló contra Salomón (1 R 11.40).

Años más tarde, después de la muerte de Salomón, Sisac invadió a Palestina y saqueó a Jerusalén (1 R 14.25,26; 2 Cr 12.2-9). Las razones que llevaron a Sisac a esta campaña no están claras. En esa época, Roboam gobernaba en Judá y Jeroboam en Israel. Luego, si solo se tratase de una campaña contra Jerusalén, podría pensarse que Sisac continuaba su antigua alianza con Jeroboam. Pero una inscripción que se conserva en Karnak nos dice que Sisac no invadió solo a Judá, sino también a Israel. Parece entonces que Sisac había dejado de ser protector de Jeroboam para convertirse en su enemigo.

SÍSARA Nombre de dos personas mencionadas en el Antiguo Testamento.

1. General del ejército de Jabín, rey de Canaán. En una batalla con Israel fue derrotado por → DÉBORA y → BARAC. Al huir de la batalla, Sísara se escondió en la tienda de Jael, mujer de Heber, quien le mató con una estaca que le metió por las sienes mientras dormía (Jue 4).

2. Antepasado de unos netineos que volvieron de la cautividad (Esd 2.53; Neh 7.55).

SITIM Forma abreviada de → ABEL-SITIM, último campamento de Israel antes de cruzar el Jordán. Era la pradera que estaba al pie del monte Peor, a unos 11 km del Jordán. Es el mismo lugar donde los varones israelitas pecaron con las moabitas y las madianitas a instancia de Balaam (Nm 25; Miq 6.5), por lo que es el lugar donde murieron 24.000 de ellos. Fue símbolo de la infructuosidad que solo Jehová puede sanar (Jl 3.18).

En este llano hay dos colinas, ambas propuestas como la altura desde donde Moisés habló por última vez a Israel. La primera, redonda y más pequeña, queda a 2.5 km del extremo norte del llano y hoy se llama Tel el-Kefrein. La segunda es una colina grande que señala el extremo nordeste de la pradera. Se cree que Moisés usó la altura más pequeña como plataforma porque ocupaba un lugar más accesible y céntrico.

En Sitim, Josué fue escogido líder de Israel en lugar de Moisés (Dt 31.7s). Desde Sitim, Josué envió a los dos espías que reconocieron Jericó y regresaron (Jos 2). Luego, los invasores hebreos partieron de Sitim para cruzar el Jordán; era la primera marcha que hacían sin Moisés y sin la columna de nube; en su lugar iba la Ley escrita de Moisés, en el arca (Dt 31.15s,26)

SIVÁN Tercer mes en el calendario religioso hebreo, y noveno del año civil. Corresponde a mayo-junio. En sivan se maduraban los primeros higos, y se celebraba el día de → PENTECOSTÉS (Est 8.9; → MES; AÑO).

SOBA Fértil valle ubicado entre el Líbano y el Antilíbano, y entre Hamot y Damasco al norte y al sur, que perteneció primero a los amorreos y después a los asirios. Con sus reyes peleó Saúl (1 S 14.47) y David (2 S 8.3-9).

S

Cuando David más tarde peleaba con los amonitas, Soba ayudó al enemigo, lo que le costó caro porque en una batalla murió su general Sobac y el país fue subyugado (2 S 10.6-19). No obstante, Israel siguió sufriendo molestias de Soba. Durante el reino de Salomón, un tal Rezón, que había huido de su amo Hadad-ezer, rey de Soba, levantó un reinecillo y peleó en contra de Salomón (1 R 11.23-25). Parece que la región de Soba era rica en viñas y árboles frutales, y su conquista añadió mucho a la riqueza y poder de Israel.

SOBERBIA → ORGULLO.

SOBI Jefe amonita, hijo de Nahas, amigo de David. Cuando David huía de Absalón, Sobi le llevó comestibles a Mahanaim (2 S 17.27-29; cf. 2 S 10.1,2).

SOBRIEDAD → DOMINIO PROPIO.

SOCO Nombre de dos poblaciones que se mencionan en el Antiguo Testamento.

1. Ciudad de Judá (Jos 15.35), muy cercana a Azeca y al sudoeste de Jerusalén. Fue allí donde se concentraron los ejércitos filisteos para luchar contra Israel teniendo al frente el famoso gigante → GOLIAT (1 S 17). Soco se menciona como parte del territorio gobernado por uno de los doce gobernadores de Salomón (1 R 4.10). Más tarde Roboam convirtió a Soco en fortaleza (2 Cr 11.5-7), pero los filisteos, en otra guerra contra Israel, durante el reinado de Acaz, la tomaron juntamente con otras ciudades (2 Cr 28.18).

2. Otra población asignada a Judá (Jos 15.48), situada en las montañas de Judá 16 km al sudoeste de Hebrón, casi en la frontera del territorio de Simeón.

SODOMA Y GOMORRA Nombres de las dos ciudades más importantes de la «llanura» que Jehová destruyó con «azufre y fuego» (Gn 19.24). Las otras que la Biblia menciona eran Adma y Zeboim (Gn 14.2).

Sodoma y Gomarra eran habitadas por cananeos. Según Gn 10.19, estaban ubicadas en el extremo sudeste del territorio cananeo. Génesis 14 narra los escasos sucesos que tenemos de su historia política. Sus reyes, después de pagar tributos por doce años a Quedorlaomer, rey de Elam, se rebelaron. Volvió Quedorlaomer con otros tres reyes en el decimocuarto año y los derrotó en el valle de Sidim. Entre los cautivos se llevaron a → LOT, que entonces vivía en Sodoma, y → ABRAHAM corrió a rescatarlo.

La ubicación de Sodoma y Gomorra ha sido asunto muy discutido. Una teoría aboga por situarlas al norte, y la otra al sur del mar Muerto. La mayoría de los críticos modernos se deciden por el lado meridional. Mientras la pequeña Zoar se ubicaba entre la actual orilla del mar y las montañas de Moab, las otras ciudades seguramente estaban situadas en el área hoy sumergida en la parte sur del → MAR MUERTO. Las últimas investigaciones submarinas efectuadas en dicha zona parecen haber hallado restos de ciudades.

En esa región, que está al sur de la península el-Lisan, se extendía indudablemente el fértil valle de Sidim, regado por las cinco corrientes que hoy fluyen del este y sudeste hacia ese lugar. Génesis 14.3 hace un paréntesis para mostrar que el antiguo valle de Sidim fue más tarde cubierto por el mar Salado (mar Muerto). Por cierto, la máxima profundidad en ese sitio es de *ca.* 6 m, mientras que al norte del mar ya se ha encontrado una profundidad superior a 160 m. En la época de los romanos, el sur del mar Muerto era todavía menos profundo, y era posible cruzar a pie de el-Lisan a la orilla opuesta.

El texto de Ez 16.46 confirma también el sitio meridional de Sodoma y Gomorra. Sodoma estaba al sur de lo que después se conoció como Jerusalén. Es al sur donde hay mayores probabilidades de hallar vestigios de un gran fuego, como por ejemplo, en la zona sur de Hebrón. La montaña Gebel Usdum, o sea «montaña de Sodoma», que posiblemente preserva el nombre de la antigua ciudad destruida, se halla al sur. Las columnas similares roídas por la erosión en sus estratos de roca de sal recuerdan el relato de la mujer de Lot (Gn 19.26). A propósito de Gn 14.10, ciertas investigaciones realizadas en la zona alrededor de Gebel Usdum revelaron abundantes indicios de petróleo, inclusive gas y exudaciones de betún.

La Biblia registra en Gn 19 el fin catastrófico de las ciudades del valle de Sidim. Tanto la Biblia como los escritores antiguos dan a entender que el fuego jugó un papel más importante que el azufre en la destrucción de las ciudades. Ya que la región del mar Muerto ha sido escena de frecuentes movimientos sísmicos, a través de la historia, se acostumbra explicar que la tremenda catástrofe se dio como resultado de fuertes terremotos acompañados de explosiones e incendios de gas, petróleo y asfalto o betún. Abraham, desde lejos, podía contemplar la gran columna de humo que subía al cielo. Aunque se trate de un concurso de fenómenos naturales, según la Biblia fue un juicio de Dios que estuvo anunciado (19.13).

¿Es posible saber la fecha de la destrucción de Sodoma y Gomorra? Se cree que Bab edh-Dhra, unos 8 km al sudeste de el-Lisan, desde la orilla del mar, había sido frecuentado desde *ca.* 2300 a *ca.* 1900 a.C. Esa interrupción puede, quizás, indicar la fecha aproximada. De todos modos, se dio en la época de Abraham que, según la opinión general, vivió en el primer tercio del segundo milenio a.C.

Génesis 18.20 revela la razón del castigo tan severo infligido por Dios a Sodoma y Gomorra. Mientras Gn 19 enfatiza la perversión sexual, particularmente la homosexualidad, Ez 16.49 menciona la soberbia, la opulencia y la negligencia ante el afligido y el pobre. Los textos de Sodoma y Gomorra a través de la Biblia o describen su completa devastación o subrayan su maldad (por ejemplo, Sof 2.9 y Ez 16.46). Sodoma y Gomorra sirven de constante advertencia: Dios es Juez y castiga cuando su justicia lo exige. Sin embargo, en su ira se acuerda de la misericordia, y libra a los suyos del mal (Gn 19.16,19).

SODOMITA Estrictamente, la sodomía es la relación sexual entre hombres por medio del ano. Este nombre se debe al relato de Gn 19. Era práctica común entre los cananeos (Lv 18.22-26). En las religiones de estos pueblos, la sodomía, tanto como la fornicación, formaba parte del culto. El prostituto religioso masculino se llamaba *kadesh* (palabra hebrea traducida sodomía en 1 R 14.24; 15.12; Job 36.14). En ocasiones, los israelitas se contaminaron con tales prácticas. La Ley Mosaica las condenaba severamente (Dt 23.17; Lv 20.13) y durante las épocas de reforma fueron eliminadas. El término aparece el Nuevo Testamento solo una vez según la RV (1 Ti 1.10), pero esta aberración sexual se menciona varias veces con otros términos y se le condena con igual severidad (Ro 1.27; 1 Co 6.9; Jud 7). Es probable que la palabra «perro» en Dt 23.18 (cf. Ap 22.15) se refiera al sodomita religioso.

SOFONÍAS, LIBRO DE Breve libro profético del Antiguo Testamento que enfatiza la certidumbre del castigo divino y la preservación de un remanente que seguiría sirviendo a Dios fielmente. Lleva como título el nombre de su autor, el profeta Sofonías.

Estructura del libro

Sofonías contiene solo tres breves capítulos, pero estos están repletos de las imágenes más vívidas del castigo de Dios que podemos hallar en la Biblia. Tras una breve presentación de sí mismo como vocero de Dios, el profeta se lanza inmediatamente a describir el castigo de Dios que se aproxima. Describe ese «día grande de Jehová» como «días de angustia y de aprieto... de trompeta y de algazara» (1.14,15).

La profecía de Sofonías deja bien claro que Judá y sus países circunvecinos sentirán el ardor de la ira de Dios. La capital de Judá, Jerusalén, será castigada por su perversiad, rebelión e injusticia. El profeta aun presenta a Dios que con una linterna escudriña a Judá para poner al descubierto la corrupción de la ciudad y señalar el castigo (1.12).

S

SOFONÍAS:
Un bosquejo para el estudio y la enseñanza

I. **El juicios en el Día del Señor** . . . . **1.1—3.8**
   A. El juicio sobre toda la tierra 1.1-3
   B. El juicio sobre la nación de Judá. . . . . . 1.4—2.3
      1. Causas del juicio 1.4-13
      2. Descripción del juicio 1.14-18
      3. Llamado al arrepentimiento 2.1-3
   C. El juicio sobre las naciones circundantes
      a Judá 2.4-15
      1. Juicio contra Gaza (oeste) 2.4-7
      2. Juicio contra Moab y Amón (este) 2.8-11
      3. Juicio contra Etiopía (sur) 2.12
      4. Juicio contra Asiria (norte). 2.13-15
   D. El juicio de Jerusalén. 3.1-7
      1. Maldad de Jerusalén. 3.1-4
      2. La justicia del Señor 3.5-7
   E. El juicio sobre toda la tierra 3.8
II. **La salvación en el Día del Señor** **3.9-20**
   A. La promesa de la conversión 3.9-13
   B. La promesa de la restauración 3.14-20

A pesar de la temática de juicio y castigo, Sofonías termina con una nota positiva. Después del castigo, anuncia el profeta, Dios levantará un remanente de fieles que continuarán sirviéndole como pueblo suyo. El libro termina con la gloriosa promesa de que «Dios se regocijará sobre ti con cánticos» (3.17).

Autor y fecha

Los eruditos están de acuerdo en que el profeta Sofonías escribió este libro. Todo lo que se sabe de este Sofonías se halla en su profecía. Era bisnieto de un Ezequías (Sof 1.1), tal vez del que fue rey de Judá (2 R 18-20; 2 Cr 29-32). Profetizó en Judá durante el tiempo del rey → JOSÍAS (2 R 22–23; 2 Cr 34–35) *ca.* 630 a.C., cuando ya había caído el reino del norte (2 R 18.11,12). Era contemporáneo de Jeremías, quien también profetizó durante el reinado de Josías (Jer 1.2; 3.6, etc.). La mayoría de los eruditos creen que el libro se escribió *ca.* 627 a.C.

Marco histórico

El marco histórico se encuentra en 2 R 21–23. La nación había sufrido un gran decaimiento espiritual después del reinado de Ezequías y del ministerio del profeta Isaías. El rey → MANASÉS volvió a levantar los alta- res de Baal (2 R 21.3), derramó mucha sangre inocente (21.16) y Amón dio el mismo ejemplo y orientación al pueblo (21.21-23). Este período duró cincuenta y dos años. Entonces comenzó el reinado de Josías, cuando este tenía apenas ocho años de edad. Dieciocho años más tarde se encontró el libro de la Ley y comenzó la gran reforma. Pero ni siquiera aquel breve período de avivamiento pudo detener la ola de paganismo y adoración falsa que condujo a Judá a la destrucción. El castigo llegó en 586 a.C. cuando los ejércitos de Babilonia destruyeron a Jerusalén y se llevaron cautivos a sus principales ciudadanos.

Aporte a la teología

El castigo divino que describe Sofonías surge de la santidad de Dios. Como Dios demanda santidad y justicia de su pueblo, castiga a los que permanecen en el pecado y la rebeldía (1.17). Pero el Señor también es misericordioso y fiel a su promesa. Para el remanente fiel habría protección y consuelo cuando llegaran los días negros que se aproximaban (2.1-3). Y a los justo ratifica las promesas del pacto que hizo con Abraham cientos de años atrás. Gente de todas las naciones se reunirán para adorar al Señor (2.11; 3.9). Su propio pueblo se renovará en su fidelidad (3.11-13), y el Rey de reyes reinará en medio de ellos.

Otros puntos importantes

El profeta Sofonías demuestra que conoce bien la ciudad de Jerusalén (1.10,11). Como era descendiente de reyes, probablemente vivía en Jerusalén. Tiene que haberle sido en extremo doloroso anunciar el castigo de Dios contra su amada ciudad.

Uno de los pasajes más bellos del libro es la descripción del gozo del Señor (3.8-20). Su cántico de gozo se unirá al canto de su pueblo. El día negro de castigo no será largo. Habrá un día feliz para los que, como Sofonías, han de ser «guardados en el día del enojo de Jehová» (2.3).

SOL Astro que Dios creó para alumbrar la tierra y para marcar la marcha del tiempo (Gn 1.16-18; Sal 50.1). El sol nos habla de las cosas permanentes (Sal 74.17) y de la constancia de Dios (Sal 89.36). El sol causa el crecimiento de las plantas (Dt 33.14; 2 S 23.4; Job 8.16), pero su calor también las marchita (Jon 4.8; Mt 3.16; Stg 1.11). Fatiga a los hombres (Sal 121.6; Is 49.10) y los puede destruir (Ap 16.8).

El resplandor del sol es símil de la → GLORIA de Dios (Sal 84.11). Su trayectoria es figura del dominio de Dios y de su omnipresencia (Sal 19.4c-6; 113.3; Is 18.4; Ez 4.15). Los justos, los que aman a Dios, serán como el sol (Jue 5.31; Mt 13.43). Pero la gloria de Dios (Is 24.23) y de Cristo (Ap 21.23) son mayores que la del sol.

La potencia y la regularidad del sol se prestan en sentido negativo para expresar en la escatología los horrores del → DÍA DE JEHOVÁ. El sol se convertirá en tinieblas (Jl 2.31), detendrá su marcha (Hab 3.11; cf. Jos 10.12; Is 38.8) y se pondrá negro (Ap 6.12; Hch 2.20) y al final ya no habrá necesidad de él porque la luz del Cordero lo sustituirá efectivamente (Ap 22.5).

Entre los paganos la adoración del sol estaba muy difundida. Bet-semes (casa del sol) es un topónimo que celebra esto. Los dioses Mitra, Aurora, Marduc, Baal, Ra, Osiris y Samas representaban al sol. Hubo veces en que los israelitas se entregaron a este culto (Lv 26.30; Job 31.26-28; Jer 8.2).

Manasés hizo oficial el culto al sol (2 R 21.3; 23.5,11) y Ezequiel vio esto como una causa de la derrota de Judá (6.4,6; 8.16s; Is 17.8).

SOMBRA Producida por árboles, nubes, rocas, etc. (Jon 4.6; Is 25.4,5; 32.3), la sombra era agradable refugio del sol ardiente de la Tierra Santa (Sal 121.6). De ahí que se use como metáfora de abrigo, amparo o protección proporcionado por una persona, una ciudad o un reino (Gn 19.8; Jue 9.15; Cnt 2.3; Is 30.2; Jer 48.45). Esta figura se aplica especialmente a Dios al hablar de su protección soberana (Sal 91.1; Lm 4.20; Os 14.7) en términos de la sombra de su mano (Is 49.2; 51.16) y de sus alas (Sal 36.7; 57.1; 63.7). Por cuanto una sombra está continuamente cambiando y no tiene permanencia en sí, es símbolo también de la transitoriedad de la vida humana (1 Cr 29.15; Job 8.9; Sal 102.11; Ec 6.12) en contraste con la inmutabilidad de Dios (Stg 1.17). Las ceremonias del Antiguo Testamento se dice que son sombra de las cosas que se cumplen en el Nuevo Testamento (Col 2.17; Heb 8.5; 10.1).

SOMORMUJO (en hebreo, *shalac*, que significa *zambullidora*). Una ave inmunda (Lv 11.17; Dt 14.17). La identificación del *shalac* con «somormujo» (nombre de raíz latina) se basa en que las raíces de ambas palabras quieren decir «zambullir». Otros lo identifican con el mergo o con alguna especie de pelícano.

SÓPATER Creyente de → BEREA, hijo de Pirro (según los mejores mss) y miembro del grupo que acompañó a Pablo en el regreso de su tercer viaje misional (Hch 20.4s). Muchos comentaristas lo identifican con Sosípater (otra forma del mismo nombre), judío pariente del apóstol, que se menciona en Ro 16.21. Estos compañeros de Pablo eran delegados de las iglesias que habían contribuido al fondo de socorro para la iglesia «madre» y acompañaron a Pablo hasta Jerusalén.

SOREC Valle ancho que se halla entre Jerusalén y el Mediterráneo. En él vivía Dalila, la que sedujo a Sansón (Jue 16.4). Por este valle pasaba el camino real entre el territorio de los filisteos y Judá. Bien puede haber sido el camino que siguieron las vacas de los filisteos que llevaron el arca de Dios de Ecrón a Bet-semes (1 S 6).

SORTILEGIO → Hechicería.

SOSÍPATER → Sópater.

SÓSTENES Principal de la sinagoga de Corinto (Hch 18.17), probablemente sucesor de → Crispo después de la conversión de este (Hch 18.8). Ante el procónsul Galión, perdió el pleito que había entablado contra los cristianos, y el populacho lo golpeó (18.17). Algún tiempo después parece haberse convertido al evangelio, porque Pablo, al dirigirse a los corintios (1 Co 1.1), menciona a un Sóstenes como «hermano» que está con él en Éfeso (1 Co 16.8). Bien puede ser el mismo Sóstenes de Corinto.

SÚA Nombre de varias personas del Antiguo Testamento.
1. Hijo de Abraham y Cetura (Gn 25.2; 1 Cr 1.32), posible fundador de la tribu de los suhitas (Job 2.11; 8.1).
2. Cananeo, padre de la esposa de Judá que fue madre de Onán, Er y Sela (Gn 38.1-12; 1 Cr 2.3).
3. Nombre de otros personajes mencionados en 1 Cr 4.11; 7.32,36.

SUAL Nombre de un lugar y un clan que se menciona en el Antiguo Testamento.
1. Distrito en la tierra de Benjamín ubicado aparentemente entre Micmas y Ofra, hacia donde marchaban merodeadores filisteos en su guerra con los israelitas (1 S 13.17).
2. División del clan de Zofa de la tribu de Aser (1 Cr 7.36).

SUCOT Nombre de dos lugares que se mencionan en el Antiguo Testamento.
1. Lugar en el valle del Jordán, unos 3 km al norte del río Jaboc, donde Jacob construyó

El monte de Tell Deir Alla, identificado como Sucot, una ciudad donde estuvo Jacob (Gn 33.17).

casa para sí y cabañas para su ganado al separarse de Esaú (Gn 33.17). Josué lo asignó a la tribu de Gad (Jos 13.27). Cuando Gedeón persiguió a los madianitas, los de Sucot no quisieron ayudarle con alimentos. Por eso, al regresar, Gedeón castigó a los setenta y siete ancianos de la ciudad con espinos y abrojos del desierto (Jue 8.4-16). El bronce para el gran templo de Salomón fue fundido en este lugar (1 R 7.46; 2 Cr 4.17).

2. Primera escala de los israelitas después de su salida de Egipto (Éx 12.37; 13.20; Nm 33.5,6), ubicado unos 50 km al sudeste de → RAMESÉS (lugar donde se inició la peregrinación), probablemente donde actualmente se halla Tell-el-Maskuta. El arqueólogo suizo Naville hizo excavaciones allí e identificó el lugar con el → PITÓN de Éx 1.11.

SUDARIO Lienzo con el que se envolvía el rostro de una persona muerta. El cuerpo del difunto era cubierto con sábanas o vendas y rociado con especias (→ EMBALSAMAMIENTO). No así la cabeza, que apenas era envuelta en un sudario seco (Jn 11.44). Esto mismo se hizo con Jesús después de que lo bajaron de la cruz; sin embargo, cuando Pedro y Juan vinieron al sepulcro, vieron el sudario enrollado (¿por Jesús mismo?) y puesto en un lugar aparte (Jn 20.5-8), evidencia de que la tumba no había sido profanada.

SUDOR Indicio de una vida de trabajo (Gn 3.19; cf. Ez 44.18). El sudor «como de sangre» que Cristo vertió en el huerto del → GETSEMANÍ es un fenómeno que suele ocurrir bajo una extremada tensión nerviosa y es una prueba evidente de su terrible sufrimiento (Lc 22.44).

SUEÑO La primera mención del sueño en la Biblia es el de Adán (Gn 2.21). La legislación mosaica, al reconocer que el sueño es necesario para reponer las fuerzas, establecía que no se podía privar de su ropa al pobre para que se cobijara durante el mismo (Éx 22.27; Dt 24.10-13).

Dormir, en sentido fisiológico, equivale al sueño (1 R 18.5; 19.6; Lc 22.46), pero en sentido figurado puede significar: (1) relaciones sexuales (Gn 19.32ss; 30.15,16), (2) la muerte (Dt 31.16; 1 R 11.43; Jn 11.11; 1 Ts 4.13) y (3) la pereza espiritual (Mc 13.35ss; Ro 13.11; Ef 5.14; 1 Ts 5.6).

SUEÑOS Fantasías que se experimentan mientras uno está dormido.

Los sueños han llamado poderosamente la atención de todos los pueblos desde la antigüedad. Los hebreos los consideraban como medio de manifestación de la voluntad divina con respecto a los hombres y como predicción de hechos futuros, siendo así una vía de comunicación entre Dios y su pueblo. No obstante, dentro del plan de la revelación divina, los sueños no se emplean en la Biblia para manifestar verdades de la fe o teológicas fundamentales, sino que más bien tienen el carácter de advertencias personales o de anuncios de sucesos de significación política o económica.

Algunos sueños importantes en la Biblia son:

1. Los de Jacob, como el de la escalera que unía al cielo con la tierra (Gn 28.12) y el de los carneros listados y manchados (Gn 31.10);

2. El de Labán cuando perseguía a Jacob (Gn 31.24);

3. Los de José en que las gavillas y los astros se inclinaban ante él (Gn 37.5-9);

4. Los del copero y del panadero del faraón de Egipto (Gn 40.5-20);

5. Los del faraón acerca de las vacas gordas y flacas, y las espigas llenas y vacías (Gn 41.1-7);

6. El del amigo de Gedeón en que se predijo la victoria de este (Jue 7.13);

7. Los de Nabucodonosor de la gran estatua (Dn 2.31-35) y del árbol frondoso (Dn 4.10-18).

En el Nuevo Testamento se nota el mismo fenómeno, como en el caso de los sueños de José (Mt 1.20; 2.13,19s). Es de notar, sin embargo, que la → ADIVINACIÓN, la → HECHICERÍA

S

y la → MAGIA estaban proscritas del pueblo judío (Lv 19.31; Dt 18.9-12; Hch 13.6-12; 16.16-19).

Bibliografía:
Paul Tournier, *Biblia y Medicina*, Editorial Gómez, Pamplona, 1960.

SUERTES Sorteo mediante el cual se buscaba la solución de un asunto. Se esperaba que Dios los guiase de esa manera en casos dudosos, y así saber el partido que habían de tomar (Jue 20.9; 1 S 10.20,21; 1 Cr 26.14; Sal 22.18; Pr 16.33; 18.19). El territorio de las doce tribus fueron asignadas por suerte (Jos 13.6).

El chivo emisario (→ AZAZEL) había que escogerlo echando suertes, y del mismo modo se determinaba el orden de servicio de los sacerdotes (Lv 16.8; 1 Cr 24.5; 25.8). Mediante esta práctica se descubrieron los pecados de Acán, Jonatán, y Jonás (Jos 7.14; 1 S 14.41,42; Jon 1.7). Por suerte fueron repartidas las vestiduras de Cristo (Mt 27.35). De esta manera designaron apóstol en lugar de Judas a Matías (Hch 1.26).

El modo más común de echar suertes era emplear piedrecitas, una de las cuales iba marcada (Pr 16.33; Jn 19.24). Como el uso de suertes por uno que cree en la providencia particular de Dios envuelve una solemne apelación al Dispensador de todos los acontecimientos, nunca debían emplearse en ocasiones triviales (→ PURIM).

Es notable que después de Pentecostés no hallamos el uso de suertes para resolver problemas en la Iglesia. El Espíritu Santo ahora ofrece la dirección que la Iglesia o el cristiano necesita por medios directos y personales (Ro 8.14).

SULAMITA Figura principal en Cantares (Cnt 6.13). Hay varias teorías respecto al significado de este nombre y de a quién se refiere. Si es una forma femenina de «Salomón», podría significar «princesa». O también podría ser que se haya cambiado la «l» por «n» y realmente debiera decir → SUNAMITA (oriun-

da de Sunem), como reza la Septuaginta. Sabemos que Abisag, la hermosa señorita que cuidaba a David en su vejez, era de Sunem (1 R 1.1-4,15; 2.17-22). Posiblemente era ella.

Gran parte del libro le canta a ella y, si de alguna manera se refiere a Cristo y la Iglesia, la sulamita puede dar importantes lecciones a los creyentes.

SUMERIOS → CALDEA; BABILONIA.

SUMO SACERDOTE, SUMO SACERDOCIO (en hebreo, *kohen nagadol*; en griego, *arjiereus*). Cargo hereditario que quedó en manos de los descendientes de → AARÓN quien fue el primer sumo sacerdote que Dios designó como jefe espiritual de su pueblo y que Moisés consagró (Lv 8).

El sumo sacerdote tenía la misión de velar por la recta administración del culto. El acto cumbre de su oficio era la celebración anual del gran → DIA DE EXPIACIÓN en que ofrecía primero un holocausto por sí mismo y luego una ofrenda expiatoria por el pueblo (Lv 16). El sumo sacerdote entraba al Lugar Santísimo, asiento de la presencia de Jehová en medio de su pueblo (→ TABERNÁCULO), con la sangre expiatoria y rociaba la sangre sobre el → PROPICIATORIO. Era la única persona que tenía ese privilegio, y esto solo una vez al año y con la sangre de la expiación.

Otra función del sumo sacerdote era la de juez, en la que contaba con la ayuda del → URIM Y TUMIM, aparato de uso exclusivo del sumo sacerdote que le daba cualidades especiales para decidir cuestiones difíciles (Nm 27.20,21).

Además de las → VESTIDURAS ordinarias del → SACERDOTE, el sumo sacerdote contaba con algunas de tal gloria y hermosura que lo distinguían en sus funciones oficiales. Incluía el → EFOD (Éx 28.5-12), prenda que se ponía sobre el → MANTO del efod (Éx 28.31-35), el → PECTORAL (Éx 28.15-29) y la → MITRA o turbante con una placa de oro fino con la inscripción: «Santidad a Jehová» (28.36-38; cf. 29.6).

El Señor dio instrucciones detalladas acerca de la ceremonia de investidura (Éx 29), las que se ejecutaron solemnemente en la consagración de Aarón (Lv 8). Las primeras ceremonias en que Aarón como sumo sacerdote tuvo que realizar con el profundo dolor causado por la muerte de sus hijos → NADAB y → ABIÚ por no haberse ajustado a las instrucciones divinas. No pudo expresar su dolor ni usar luto porque le fue prohibido expresamente (Lv 9; 10; 16).

Como el sumo sacerdocio era hereditario, el sucesor de Aarón fue Eleazar. También lo ejerció Itamar, lo que dio origen a dos líneas de sumo sacerdotes (1 Cr 24.2,3). Durante la conquista Eleazar ejerció sus funciones en Silo, que fue la capital religiosa de Israel hasta los días de Elí cuando los filisteos se apoderaron del → ARCA DEL PACTO (Jos 14.1; 19.51; 1 S 4.11).

En la época de los jueces solo se menciona una vez al sumo sacerdote, cuando el sumo sacerdote Finees tuvo que decidir sobre un asunto grave ocurrido con los benjamitas (Jue 20.28). El sumo sacerdote Elí era de la línea de Itamar. Su sucesor fue su nieto Ahitob, hermano de Icabod, por cuanto los hijos de Elí murieron el mismo día que Elí. Durante el reinado de Saúl «llevaba el efod» (1 S 14.3), indicio de que era el sumo sacerdote. En otros pasajes se le llama «Ahimelec» (22.11,20).

Los sumos sacerdotes tuvieron una influencia vital en la religión del pueblo. Si el sumo sacerdote era fiel y estaba consciente de su papel delante de Dios y del pueblo, había un avivamiento en el rey y en el pueblo. De lo contrario, si el sumo sacerdote descuidaba su deber, el rey y el pueblo decaían.

Cuando David trasladó el arca a Jerusalén, los sumos sacerdotes que vivían en Silo se fueron también a Jerusalén. Allí nuevamente se tiene noticias de la reiniciación de las actividades de las dos líneas de sumo sacerdocio (2 S 8.17; cf. 1 Cr 24.3). Debido a la deslealtad de Abiatar en la rebelión de Adonías, Salomón lo destituyó del cargo (1 R 2.26,27).

La tabla de la página siguiente muestra la sucesión de sumos sacerdotes en ambas líneas. Esta no puede ser completa porque, como era costumbre entre los israelitas, hay saltos de una o más generaciones (1 Cr 6.3-15; → CRONOLOGÍA DEL ANTIGUO TESTAMENTO).

Joiada fue sumo sacerdote durante la infancia de Joás. No aparece en las genealogías de la línea de Eleazar, como tampoco su hijo Zacarías, que murió lapidado por orden del mismo Joás, que tantos beneficios recibiera de → JOIADA (2 R 12.2,7).

El cautiverio no cortó la línea de los sumos sacerdotes. Al regreso, varios de ellos tuvieron una actuación destacada, entre ellos Josué hijo de Josadac (Hag 1.1,12,14; 2.2,4; Zac 3) y Eliasib. Aunque era hijo (¿o nieto?) del sumo sacerdote Seraías, → ESDRAS no fue sumo sacerdote, pero tuvo una autoridad muy especial como escriba y reorganizador de la religión del Israel después del cautiverio. Poco se sabe de los aaronitas después de Jadúa (Neh 12.11,12), último sumo sacerdote mencionado en el Antiguo Testamento. Pertenecieron al Sanedrín (→ CONCILIO) y muchas veces lo presidieron.

En el período intertestamentario surgió el linaje de los sumos sacerdotes → ASMONEOS implantado por los → MACABEOS. Estos fueron reyes y sumos sacerdotes a la vez, factor que revistió el oficio de sumo sacerdote más adelante en el Nuevo Testamento con bastante autoridad política.

Son:

Jonatán (152–142 a.C.)

Simón (143–134, hermano de Jonatán)

Juan Hircano (134–104, hijo de Simón)

Aristóbulo I (104–103, hijo de Juan Hircano)

Alejandro Janeo (103–76, hijo de J. Hircano)

Hircano II (76–67 y 63–40, nieto de A. Janeo)

Aristóbulo II (67–63, hermano de Hircano II)

Antígono (40–37)

Aristóbulo III (36–35)

S

SUCESIÓN DEL SUMO SACERDOCIO

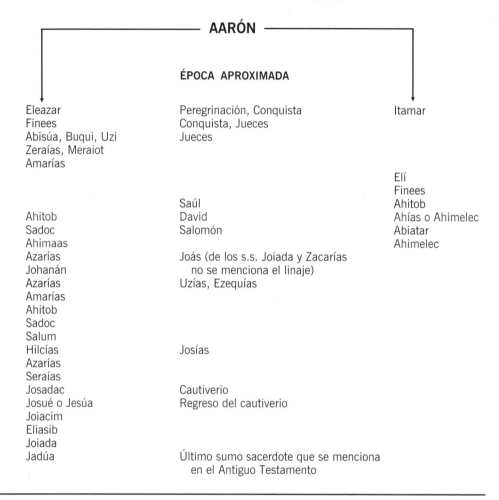

AARÓN

ÉPOCA APROXIMADA

Eleazar	Peregrinación, Conquista	Itamar
Finees	Conquista, Jueces	
Abisúa, Buqui, Uzi	Jueces	
Zeraías, Meraiot		
Amarías		
		Elí
		Finees
	Saúl	Ahitob
Ahitob	David	Ahías o Ahimelec
Sadoc	Salomón	Abiatar
Ahimaas		Ahimelec
Azarías	Joás (de los s.s. Joiada y Zacarías	
Johanán	no se menciona el linaje)	
Azarías	Uzías, Ezequías	
Amarías		
Ahitob		
Sadoc		
Salum		
Hilcías	Josías	
Azarías		
Seraías		
Josadac	Cautiverio	
Josué o Jesúa	Regreso del cautiverio	
Joiacim		
Eliasib		
Joiada		
Jadúa	Último sumo sacerdote que se menciona	
	en el Antiguo Testamento	

En el Nuevo Testamento se mencionan tres sumos sacerdotes, todos ellos contrarios a Cristo y al cristianismo. En el año 18 d.C., Valerio Grato nombró a → CAIFÁS como sumo sacerdote y Vitelio lo depuso en el año 36. Caifás participó en las intrigas contra Jesús y fue uno de los primeros en proponer abiertamente su ejecución (Jn 11.49,50). La afirmación de que era sumo sacerdote «aquel año» sugiere que alternaba con → ANÁS (y posiblemente con otros) la presidencia del sanedrín y las demás funciones del sumo sacerdocio.

Anás comenzó su pontificado el año 26 d.C., poco antes del comienzo del ministerio de Juan el Bautista. Su nombramiento lo debió al favor de Publio Sulpicio Quirino. Anás era suegro de Caifás. A Cristo lo juzgaron en su casa, aunque el sanedrín lo presidía Caifás. En la persecución de los discípulos ambos actúan juntos, pero el presidente era Anás (Hch 4.6).

El tercer sumo sacerdote mencionado en el Nuevo Testamento es Ananías, a quien Agripa II designó en el año 48. Es el encargado de juzgar a Pablo (Hch 23.2-5; 24.1).

En su defensa, Pablo pone por testigo al sumo sacerdote. Esto parece indicar que acababa de asumir el cargo y Pablo no lo sabía (Hch 22.5; cf. 9.1; 23.5). Es muy posible que estos sumos sacerdotes no fueran de la línea de Aarón. Si es así, tendríamos que el linaje de los sumos sacerdotes aaronitas había llegado a su fin, lo que demostraría la fragilidad de su institución.

Cristo es el Sumo Sacerdote definitivo, del cual Aarón y su linaje eran un tipo, y se caracteriza por ser un Sumo Sacerdote misericordioso hacia su pueblo, fiel hacia Dios y hacia los suyos al punto de expiar en su propio cuerpo los pecados (Heb 2.17; 3.2). Es de mayor gloria que Moisés (Heb 3.3) que fue el que consagró al primer sumo sacerdote, compasivo hacia las debilidades humanas por cuanto Él fue tentado también (Heb 2.18; 4.15). En consecuencia, mantiene una invitación permanente a que el débil acuda a Él en demanda de socorro (Heb 4.16; cf. 2.18).

El contraste entre Cristo y los sacerdotes es notable. Coinciden en que a ambos los constituyó Dios en favor de los seres humanos, han de ofrecer sacrificios por los pecados, y han de tener paciencia con los débiles. Pero difieren en varios aspectos importantes.

1. Las ofrendas y sacrificios de los sumos sacerdotes aaronitas eran muchos y continuos, mientras Cristo ofreció un solo sacrificio de una vez y para siempre (Heb 5.1; cf. 7.27).

2. La paciencia del sumo sacerdote estaba basada en su debilidad, mientras que la de Cristo proviene de la misericordia como una virtud propia (Heb 5.2; cf. 4.15; 7.28).

3. El sumo sacerdote debía ofrecer sacrificios por sí mismo antes de ofrecer el de los pecadores, mientras que Cristo no necesita sacrificio a su favor (5.3; 7.27).

4. El sumo sacerdote aaronita ofrecía animales y entraba al santuario con sangre ajena, mientras que Cristo se ofreció a sí mismo y derramó su propia sangre (Heb 9.12; cf. 9.13,14).

5. El sumo sacerdote entraba una vez al año a un santuario hecho con manos (Heb 9.7), mientras que Cristo entró al santuario celestial y una vez y para siempre (Heb 9.11,24; cf. 9.8).

6. El sumo sacerdote tenía que salir del Lugar Santísimo, pero Cristo entró más allá del velo y ha permanecido en él (6.19,20; cf. 10.12) dejando abierto el camino para que los suyos entren a la presencia de Dios (Heb 10.19,20; cf. 9.7,8, y Mt 27.51).

7. Los aaronitas fueron muchos, por cuanto por la muerte no podían perdurar, pero Cristo es uno solo eternamente (7.23) y su sacerdocio es inmutable.

8. Su sacerdocio no es según el orden de Aarón, sino según el orden de Melquisedec (Heb 9.20; esto implica que también Melquisedec era sumo sacerdote).

9. La intercesión del sumo sacerdote era temporal, pero la de Cristo es eterna (7.25).

10. El sumo sacerdote era un ministerio imperfecto, porque correspondía a un pacto que caducó, mientras que el de Cristo es un ministerio perfecto que permanece para siempre (Heb 8.16-13).

En suma, Cristo no solo fue Sumo Sacerdote, sino también ofrenda; no solo murió por su pueblo escogido, sino que resucitó y vive eternamente para interceder por él. Al de Sumo Sacerdote unió otros oficios, como el de Rey y Profeta, con lo que se identifica con → Melquisedec, único sumo sacerdote que al parecer reunía los tres oficios. Por su obra, Cristo nos ha hecho reyes y sacerdotes que debemos ofrecer sacrificios espirituales y reinar con Él (Ap 1.5s; cf. 1 P 2.9). La culminación del Sumo Sacerdote de Cristo ocurrirá cuando aparezca la segunda vez para introducir a los suyos al santuario celestial (Heb 9.28; cf. 6.19,20).

SUNAMITA → Sunem.

SUNEM Pueblo cerca de Jezreel en el territorio de Isacar (Jos 19.18). Los filisteos acamparon allí antes de pelear con Saúl en la batalla de Gilboa (1 S 28.4). Abisag, la joven que cuidaba a David en su vejez, era de Sunem (1 R 1.3,15; 2.17). Eliseo visitaba la casa de una mujer de Sunem cuyo esposo construyó un aposento para él (2 R 4.8ss). Hoy Sunem se identifica con Solem, aldea ubicada 9 km al sur de Tabor y 8 al norte de Gilboa. Era lugar ideal para los acontecimientos relatados en 1 S 28 (→ Sulamita).

SUQUIENOS Aliados de Sisac en la invasión de Palestina (2 Cr 12.3). De ello solo se sabe lo que dice este texto. Se ha insinuado la posibilidad de que se trate de una clase especial de soldados libios y no de una nación.

SUSA Capital de Elam y ciudad real de los persas. Data desde el cuarto milenio a.C. Era ya grande al final del cuarto milenio a.C. (el cementerio tenía dos mil sepulturas). Sus habitantes usaban utensilios de bronce y cerámica hecha con rueda. *Ca.* 2000 a.C., el estado de Elam, con su capital en Susa, se levantó poderosamente. Los elamitas, seguramente después de una de sus victorias sobre los babilonios, *ca.* 1200 se llevaron la famosa estela de Hammurabi a Susa, donde los arqueólogos la encontraron en 1901 d.C. En 640 a.C. los asirios, bajo el rey Asurbanipal, conquistaron la ciudad y deportaron los hombres de Susa a Samaria (Esd 4.9,10). En tiempos del Imperio Babilónico (612–539),

Susa era controlada por los babilonios. En el tercer año de Belsasar, rey de este imperio, Daniel estuvo en Susa en negocios del rey, y tuvo la visión del carnero y del macho cabrío (Dn 8.1,2,27). A consecuencia de la conquista de Babilonia por Ciro II, Susa llegó a formar parte del Imperio Persa y fue hecha una de las ciudades reales (Neh 1.1). Darío I, rey persa, construyó en Susa el gran palacio a que se hace referencia en Est 1.2,5; 2.3.

Nehemías estaba en Susa cuando recibió de Jerusalén las noticias que lo indujeron a solicitar permiso a Artajerjes I para reedificar los muros de la ciudad santa (Neh 1.1–2.8).

En 331 a.C. Alejandro Magno tomó la ciudad. *Ca.* 638 d.C. los musulmanes la tomaron. Desde entonces comenzó la decadencia de la ciudad, y hoy día quedan de ella nada más que ruinas. Susa ha sido identificada con las ruinas de Sus o Shus, al lado del río Karún, Irán. Las muchas exploraciones arqueológicas en Susa han revelado los rasgos generales de su historia.

SUSANA (*lirio*). Una de las mujeres que servía a Jesús (Lc 8.13).

SUR → Shur.

Esfinges aladas en ladrillo esmaltado de un palacio en Susa.

Foto de Howard Vos

TAANAC Ciudad cananea y después israelita y levítica. Se hallaba al lado sur del valle de Jezreel 8 km al sudeste de Meguido. Ocupaba un punto estratégico porque yacía en un paso de la cordillera Carmelo que une la llanura de Sarón con el valle de Jezreel y el de Acre.

La conquista de Taanac la realizó Josué (12.21), se le asignó a Manasés (17.11) y se declaró ciudad levítica (21.25). Sin embargo, Manasés no pudo tomar posesión de ella (Jue 1.27). Cerca de Taanac se libró la batalla de Barac y Débora con Sísara (Jue 5.19). Durante el reinado de Salomón (1 R 4.12) fue una ciudad importante.

TABERA (*incendio*). Sitio no determinado en el desierto de Parán. Uno de los lugares donde los israelitas provocaron a ira a Jehová con sus quejas (Dt 9.22). Vino fuego

---

Restos de los muros de la ciudad en el monte de Taanac. Aquí Débora derrotó a los cananeos (Jue 5.1,19).

Foto de Howard Vos

T

milagroso que consumió parte del campamento hasta que Moisés intercedió a favor del pueblo (Nm 11.1-3).

TABERNÁCULO (en hebreo, *ojel* que significa *tienda*; y *miscan* que significa *morada*). Tienda de campaña, santuario portátil que cobijaba el arca del pacto. Sirvió a Israel desde su construcción en el Sinaí (Éx 19.1), hasta la construcción del templo de Salomón.

Se le conoce por los siguientes nombres:

1. «Tabernáculo» (en hebreo, *morada*), Éx 40.34,35.

2. «Tabernáculo del testimonio», tal vez como referencia al arca que guardaba las tablas de la ley.

3. «Tabernáculo de reunión» (Éx 40.34-35), para indicar que era el punto en torno al que se debía congregar Israel.

4. «Casa de Jehová» (Éx 34.26).

5. «Tabernáculo (en hebreo, *tienda*) de Jehová (1 R 2.28).

Simbolizaba esencialmente la presencia de Jehová en medio del pueblo. Cuando Israel adoró el becerro de oro y despertó así la ira de Jehová, Moisés sacó el tabernáculo fuera del campamento (Éx 33.7), simbolizando así el alejamiento de Dios. Cuando se reanudó la marcha del pueblo nuevamente consagrado a Jehová, el tabernáculo se instaló en medio, con seis tribus delante y seis tribus detrás (Nm 2.17).

A este simbolismo de la morada de Dios en medio de su pueblo (Éx 25.8) se hace referencia al hablarse de la encarnación del Verbo que «habitó (en griego, *puso tabernáculo*) entre nosotros» (Jn 1.14).

El libro de Éxodo, especialmente en los caps. 25–31, describe con lujo de detalles los materiales empleados y las dimensiones básicas. El tiempo y las guerras destrozaron el tabernáculo original. De ahí que hubo necesidad de un segundo tabernáculo en tiempos de David (2 S 6.17). En el pacto de Dios con David, Dios le recuerda que ha andado en tienda y en tabernáculo (2 S 7.6; 1 Cr 17.5).

El tabernáculo se construyó principalmente con materiales que se encontraban en el desierto, complementados con el producto

Modelo del tabernáculo según su probable aspecto después de construido en el desierto.

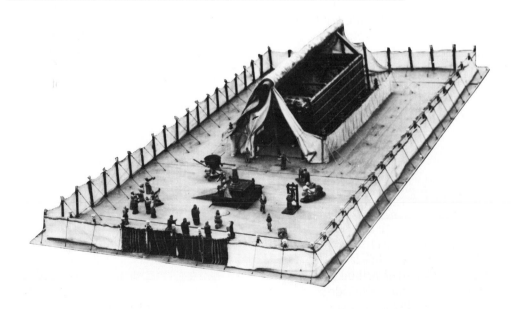

del despojo de los egipcios al efectuarse el éxodo. Lo cubrían tres cortinas (Éx 26). La primera se componía de once piezas tejidas de pelos de cabras, cada una medía trece metros y medio de largo por un metro ochenta de ancho. Con ella se formaban dos grandes paños de cinco y seis cortinas, respectivamente, que se unió con lazadas y corchetes. La segunda cortina estaba formada con pieles de carnero teñidas de rojo. La tercera estaba hecha de pieles de tejones (*halicore dulong*), mamífero marino que abunda en el mar Rojo. Estas dos últimas cubiertas medían dieciocho por trece metros y medio cada una. La primera cortina, pues, era un metro ochenta más extensa que las dos últimas.

El recinto del tabernáculo tenía trece metros y medio de norte a sur. Las paredes de cuarenta y ocho tablas estaban recubiertas por láminas de oro y las sostenían cuarenta basas de plata en los costados y dieciséis en los otros dos lados. Exteriormente la cubrían diez cortinas de lino torcido, azul, púrpura y carmesí y con adornos de querubines bordados. Estaban unidas entre sí en dos paños de cinco cortinas cada uno.

El recinto estaba dividido en dos partes (Éx 26.31-33), separadas entre sí por un velo de cuatro colores artísticamente tejido y adornado con querubines. El velo, por medio de anillos de oro, colgaba de cuatro columnas de acacia cubiertas de oro. A un lado del velo estaba el Lugar Santo. En él estaban el altar del incienso en el que se ofrecía el incienso cada mañana y tarde (Éx 30.6-10; 40.26,27; 30.7,8), la → MESA de los panes de la proposición y el → CANDELERO de oro. Al Lugar Santo solo podían entrar los sacerdotes (Heb 9.6).

Detrás del velo estaba el Lugar Santísimo donde solo el sumo sacerdote podía entrar, y eso solo una vez al año (Heb 9.7). Allí estaba el arca (→ ARCA DEL PACTO) cubierta con el propiciatorio sobre la que había dos → QUERUBINES de oro en actitud de adoración.

El tabernáculo estaba diseñado para desarmarlo y transportarlo cuando las circunstancias lo requirieran. Esto era indispensable en la marcha por el desierto y aun en Canaán.

El tabernáculo lo armaban en un patio o → ATRIO cuadrangular de unos 45 m por 22.50 y se orientaba de este a oeste (Éx 27.18). El atrio no tenía techo, estaba limitado por 60 columnas de metal con capiteles de plata fundados sobre basas de cobre (Éx 38.10,17,20). Estas columnas servían para colgar las cortinas que cercaban el atrio y que eran de lino blanco torcido (Éx 27.9; 38.9,16), salvo la parte oriental que era de lino torcido de colores azul, púrpura, carmesí y blanco (Éx 27.16; 38.18).

En este patio estaba el → ALTAR del holocausto delante de la entrada del tabernáculo (Éx 40.6). Entre el altar y el tabernáculo estaba la → FUENTE de las abluciones. El sacerdote ofrecía el sacrificio sobre el altar, se purificaba en la fuente y luego podía entrar en el Lugar Santo (Éx 40.7).

Se estableció un orden para que las tribus acamparan en torno al tabernáculo. Tres tribus acampaban a cada lado. La tribu del centro de cada trío servía para dominar su lado: Judá al este, Efraín al oeste, Rubén al sur y Dan al norte. Este orden sugiere una disminución de santidad desde el centro hacia el exterior. En el centro espiritual del tabernáculo, el Lugar Santísimo, sobre el arca, estaba la silla de la misericordia (propiciatorio); después, fuera del velo, el Lugar Santo; después, el patio. Luego, fuera del patio estaban primero los sacerdotes y los levitas, y finalmente el campamento principal.

El mismo simbolismo se ve en el uso de los metales. En el Lugar Santísimo se usó oro fino para simbolizar santidad. De allí hacia el exterior, a medida que se aleja del centro de la presencia de Jehová, se disminuye la santidad, la que está simbolizada por el uso de metales de calidad decreciente: oro fino, oro ordinario, plata y finalmente bronce. También hay cierto simbolismo numérico como: el 3, divinidad; el 4, humanidad, el 7 y el 10, perfección, calidad de completo. Esta perfección y santidad gradual explica por qué el pueblo pudo llegar solamente hasta el patio, los sacerdotes hasta el Lugar Santo y solo el sumo sacerdote al Lugar Santísimo.

La columna de fuego en la noche o de → NUBE en el día era lo que dirigía los movimientos del tabernáculo. Si el tabernáculo debía permanecer estacionado, la nube se ubicaba sobre él. Si había que marchar, la nube se elevaba y marcaba el rumbo a seguir hasta cuando su detención señalaba la llegada a una nueva estación. Al tener que levantar el campamento, los sacerdotes desarmaban el tabernáculo y lo cubrían cuidadosamente, y los levitas lo transportaban según un orden establecido (Nm 3.25-37).

La Epístola a los Hebreos da una interpretación inspirada del tabernáculo y su simbolismo (Heb 8—10). Juan alude al simbolismo de la presencia de Dios en medio de su pueblo cuando dice literalmente que el Verbo «puso tabernáculo entre nosotros» (Jn 1.14).

En la visión final de Ap 21.3, aparece nuevamente la idea de Dios morando definitivamente con los hombres. La suprema realidad de su presencia supera la necesidad de descripción de su morada (Ap 21.22).

TABERNÁCULOS, FIESTA DE LOS Una de las tres grandes fiestas que se celebraban anualmente en Jerusalén. A ella debían concurrir todos los israelitas varones (Éx 23.14, 17; Dt 16.13-16). Se le llamaba así porque las familias debían habitar durante siete días en tabernáculos o cabañas de ramas y hojas de árboles. Se construían en los techos de las casas, en los patios, en el atrio del templo y aun en las calles. De ese modo recordaban que habían habitado en tabernáculos durante los años de peregrinación en el desierto (Lv 23.43). Todos debían regocijarse delante de Jehová por la protección sobre su pueblo y por la cosecha de los frutos de la tierra.

La Fiesta de los Tabernáculos se celebraba desde el día 15 al 22 del séptimo → MES, fin del año agrícola, cuando se recogían las cosechas de los cereales: el trigo y la cebada. El primer día y el octavo se declararon días de reposo: nadie debía trabajar en ellos. En los sacrificios públicos se ofrecían dos carneros y catorce corderos, en cada uno de los siete primeros días, juntamente con trece novillos el primero, doce el segundo, once el tercero, diez el cuarto, nueve el quinto, ocho el sexto y siete el séptimo. El octavo día se ofrecía un novillo, un carnero y siete corderos, con los presentes y libaciones correspondientes (Lv 23.33-43). Se tenía la costumbre de leer la Ley cada séptimo año durante el primer día de la fiesta (Dt 31.10-13).

Después del cautiverio, se añadió la ceremonia de derramar agua mezclada con vino, en el sacrificio preparado, sobre el altar, como símbolo de gratitud por la provisión de agua en el desierto (Is 12.3). A esta ceremonia parece que aludió nuestro Señor, cuando en el último día de la fiesta dijo: «Si alguno tiene sed, venga a mí y beba» (Jn 7.2,37,38). En la época de Jesús el atrio del templo se iluminaba en el primer día de la fiesta (Jn 8.12), y aun los venerables rabinos ejecutaban allí una danza de antorchas.

TABITA → DORCAS.

TABLA, TABLILLA Superficie plana de piedra, metal o madera en que se escribía con ayuda de cinceles adecuados. Moisés trajo del monte Sinaí el Decálogo escrito en «tabla de piedra» (Éx 31.18). Los profetas escribieron las profecías en tablas (Hab 2.12) probablemente hechas de madera con una capa de cera en que se escribía con un punzón como los otros pueblos alrededor (desde el siglo VIII a.C.). La tablilla en Lc 1.63 probablemente se refiere a una de madera cubierta con cera. En sentido figurado la tablilla se menciona en pasajes como Pr 7.3; Jer 17.1; Job 19.23,24; 2 Co 3.3.

TABOR (*altura, colina*). Monte situado en Galilea al nordeste de la llanura de Jezreel en el límite de Isacar con Zabulón y Neftalí (Jos 19.17-22). Altitud: 553 m sobre el nivel del mar. El territorio circundante fue escenario de la batalla de Barac contra Sísara

(Jue 4 y 5). El Tabor se consideraba desde la antigüedad como una montaña sagrada (Dt 33.19; Os 5.1; Sal 89.12 combaten este culto).

Estuvo también muy relacionado con la historia intertestamentaria del pueblo judío. En el año 218 a.C., Antíoco II conquistó una ciudad que había en la cumbre y la fortificó. En el año 53 a.C. esta ciudad y sus aledaños fueron escenario de una batalla entre el macabeo Alejandro, hijo de Aristóbulo, y los romanos. Josefo, como general judío, fortificó esa ciudad en el año 66 d.C. Aún pueden verse restos de esa muralla.

En el Nuevo Testamento no se menciona expresamente el Tabor. Pero una antigua tradición sitúa allí la → TRANSFIGURACIÓN de Jesús: «Al instante mi madre, el Espíritu Santo, me arrebató por los cabellos y me condujo al monte Tabor» (*Evangelio de los Hebreos*). La resonancia de la transfiguración se describe en 2 P 1.16ss donde Pedro menciona «el monte santo» como algo muy conocido para los primeros cristianos. Algunos piensan que el Tabor es el monte de Galilea donde Jesús citó a sus discípulos después de la resurrección (Mt 28.16).

Los israelíes han devuelto al Tabor su nombre bíblico: *har-Tabor*.

TADEO (probablemente del arameo *tad*, que significa *pecho femenino*; o del hebreo *taddai*, que significa *valiente*). Uno de los doce apóstoles, según las listas de Mt 10.2ss y Mc 3.16-19. El apóstol correspondiente en la lista de Lucas se identifica como → «JUDAS hermano de Jacobo» (6.16; cf. Hch 1.13), pero a la luz de la traición a Jesús, por parte de Judas Iscariote, es fácil ver por qué este nombre cayó en desuso. Si seguimos esta identificación, Judas Tadeo será el Judas distinguido por la frase «no el Iscariote», quien tomó parte en las conversaciones del cenáculo (Jn 14.22). Algunos eruditos intentan atribuirle a Tadeo la paternidad de Judas (→ JUDAS, EPÍSTOLA DE), pero no es muy probable dicha hipótesis.

En Mt 10.3 los manuscritos vacilan entre la lección «T» y «Lebeo» (del hebreo *lev*, que significa *corazón*), que son casi sinónimos. Acerca de la vida posterior de Tadeo solo tenemos datos poco seguros, provenientes de las leyendas surgidas en épocas posteriores.

El valle de Jezreel, como se ve desde el monte Tabor. El valle separa a Samaria de Galilea (Jue 6.3; Os 1.5).

Foto de Willem A. VanGemeren

T

Foto de Howard Vos

Ruinas del templo de Bel en Palmira, o la antigua Tadmor (2 Cr 8.4).

TADMOR (*palma*). Ciudad que edificó Salomón en el desierto de Siria (2 Cr 8.4), 180 km al noroeste de Damasco en un oasis por donde pasaban las caravanas del Oriente hacia el Occidente y viceversa.

Era un lugar muy estratégico. La prosperidad de Salomón se debió en parte al control que tenía de esta importante ruta comercial.

Los griegos y romanos llamaban a Tadmor «Palmira» debido a las palmas que había en este oasis. Continuó siendo ciudad importante hasta los tiempos de los romanos que tomaron posesión de ella en 130 d.C. Fue la sede de la famosa reina Zenobia (255–273 d.C.). En 273 d.C. fue destruida por el emperador romano Aureliano.

En 1 R 9.18 (RV) encontramos una mención de Tadmor. Pero aquí tropezamos con un problema textual. En algunos manuscritos hebreos no aparece la palabra «Tadmor», sino «Tamar». Muchos creen que este nombre debe entenderse Tadmor, pero otros creen que aquí se refiere a un lugar en el sudeste de Judá.

TAFNES Ciudad del norte de Egipto que se encontraba al oeste del brazo pelusiano del Nilo. El nombre hebreo Tafnes se deriva del egipcio, que quiere decir «fortaleza de Pineas». La Septuaginta tradujo Tafnes por «Tafnas», y los griegos la llamaron «Dafne». El nombre árabe actual del lugar es «Tel Defne». Al parecer, esta ciudad comenzó a cobrar importancia a partir del siglo VII a.C. Los profetas Jeremías (2.16; 43.7,9; 46.14) y Ezequiel (30.18) dan testimonio de que era una ciudad de cierta importancia. Allí fue que se refugió Johanán con el remanente que quedó después de la caída de Jerusalén (Jer 40.8; 43.7). Puesto que esto se realizó en contra de la voluntad de Dios, Jeremías profetizó contra los judíos que se encontraban en Tafnes y en otros lugares de Egipto (43.8-11; 44.1-30).

TAHAT Nombre de un lugar y tres hombres en el Antiguo Testamento.

1. Campamento de los israelitas en el desierto al salir de Egipto (Nm 33.26,27).

2. Levita de los hijos de Coat (1 Cr 6.24, 37).

3. Descendiente de Efraín (1 Crónicas 7.20).

4. Descendiente de Efraín, probablemente nieto del anterior (1 Cr 7.20).

TAHPENES Reina egipcia contemporánea de David y Salomón (1 R 11.19,20). El faraón entregó a la hermana de Tahpenes en matrimonio a → Hadad, el edomita adversario de Salomón (1 R 11.19,20), pero esta murió al poco tiempo de dar a luz a Genubat. Tahpenes crió al niño en el palacio del faraón.

TALENTO (en hebreo *kikhar*, que significa *redondo*; en griego *talanton*, que significa *una romana*). Medida de peso mayor entre los judíos, griegos y babilonios. Probablemente tomó su nombre hebreo de la forma característica que tenían las grandes pesas de metal. Se usaba para pesar oro (2 S 12.30), plata (1 R 20.29), hierro (1 Cr 29.7) y bronce (Éx 38.29). En las rentas anuales de Salomón se incluyeron 666 talentos de oro (1 R 10.14).

Es difícil determinar si el talento de los hebreos tenía un peso uniforme. De Éx 38.24-29 se deduce que los talentos de oro, plata y bronce eran de un mismo peso. Además, los 30 talentos de oro que Ezequías pagó (2 R 18.14) corresponden a la cantidad que → Senaquerib pretende haber recibido, con la implicación de que se usaban talentos del mismo peso en Judá y Asiria durante esa época. Puede ser que ese fuera el talento liviano (más o menos 30 kg). Parece que en Babilonia se usaba además otro talento de aproximadamente 60 kg. En el Nuevo Testamento la palabra talento no se refiere a dinero acuñado, sino a una unidad de referencia general, siempre de valor bastante alto, pero casi nunca uniforme.

La palabra talento se usa figuradamente con frecuencia (Mt 25.14-30; Lc 19.11-27). En tal caso la palabra no se refiere tanto a las aptitudes naturales que una persona puede tener, sino a algo que una persona encomienda a otra (→ Mayordomo). Así que los talentos se deben entender mayormente como dones sobrenaturales conferidos por el Espíritu Santo.

TALMAI Nombre de dos personajes del Antiguo Testamento.

1. Hijo de Anac, el gigante, nombrado junto con Sesai y Ahimán, a quienes expulsó Caleb al conquistar Hebrón (Nm 13.22; Jos 15.14; Jue 1.10).

2. Rey de Gesur, pequeño reino arameo al nordeste del mar de Galilea. Fue padre de Maaca, mujer de David y madre de Absalón (2 S 3.3; 13.37; 1 Cr 3.2). Cuando Absalón, después de asesinar a Ammón, se vio obligado a huir de la corte de su padre, se refugió en Gesur, en la corte de su abuelo Talmai, donde estuvo tres años.

TALMUD (en hebreo, *enseña*). Tradición judaica que representa casi un milenio de actividad rabínica. Consiste de una enorme masa de interpretación bíblica, explicación de leyes y de sabiduría práctica que originalmente se transmitía verbalmente y que a través de los siglos paulatinamente adquirió forma escrita antes de 550 d.C.

Sus comienzos orales

Al proceso de comentar y explicar el texto bíblico le siguió de inmediato la divulgación de un determinado libro inspirado. Cuando en los días de Esdras el canon del Antiguo Testamento estaba casi completo, los eruditos judíos sentían vergüenza de que Dios no hablara como antes a su pueblo. Con el fin de llenar este vacío, se propusieron estudiar los libros bíblicos y crear escuelas de interpretación que actualizaran la antigua *Torá*. Esto daría la impresión de que Dios hablaba todavía. Como no todos los rabinos estaban de acuerdo con el significado de un pasaje dado, el estudiante tenía que aprender de memoria las opiniones, a veces contradictorias, de generaciones de rabinos.

Sus bases escritas: Midras y Mishnah

Con los años, la cantidad de material alcanzó tales proporciones que los eruditos decidieron escribirlo.

El método más antiguo de enseñar la Ley era comentar la Biblia según el orden del texto; esta forma de exponer las Escrituras se denominó *Midras* (*exponer*). Desde que

Esdras entronizó la Ley en 444 y hasta 270 a.C., los escribas prefirieron esta forma de enseñar.

Con la sucesión de cinco «pares» de rabinos, entre quienes los más famosos fueron Shamai e Hillel (a fines del siglo I a.C.), surgió un nuevo método: → MISHNAH (*repetición*). Este método permitía desarrollar un tema sin atenerse al orden bíblico. Ya antes de 50 d.C. se escribieron las primeras compilaciones míshnicas y midrásicas. Cada erudito matizaba las opiniones ya escritas, glosando el comentario de sus predecesores, y la discusión libre continuaba en las escuelas bíblicas de varias localidades. La *Mishnah* del rabí Judá (*ca.* 135–217 d.C.) codificó gran parte de la enseñanza corriente de su época. La actividad posterior de los escribas (hasta 550 d.C.) produjo la *Guemará* (*aprender*). La *Mishnah* y la *Guemará* juntas constituyeron el Talmud.

Su contenido

El Talmud se compone de seis tipos de leyes referentes a:

1. La agricultura.
2. El reposo, las fiestas, los ayunos.
3. El matrimonio y el divorcio.
4. Los asuntos civiles y delictuosos.
5. La liturgia.
6. La pureza levítica.

Junto al material legal (*jalacá*) aparece el material ético y religioso (*jagadá*) que incluye homilías, proverbios, leyendas, predicciones, etc. Las docenas de tomos gruesos acusan una enorme variedad de contenido que desafía a toda sistematización. Como producto de dos centros de erudición, aparecieron dos versiones del Talmud, la palestinense (o *Yerusalmi*) y la babilónica, más completa y de más autoridad. Ambas se escribieron parte en hebreo, parte en arameo.

Su utilidad

Algunos de los conceptos del Talmud estaban presentes en el «clima espiritual» que rodeó al Señor Jesús y a los apóstoles, y que

ellos o rechazaron hasta con violencia (por ejemplo, Mt 23) o aceptaron como consonante con la revelación bíblica (por ejemplo, la Fiesta de la Dedicación, Jn 10.22-42).

La evolución posterior del judaísmo, reflejado en el Talmud, tiene asimismo unos aspectos criticables y otros buenos; en todo caso su estudio arroja mucha luz sobre el Nuevo Testamento y la historia de la iglesia primitiva. La gran dificultad para el estudiante del desarrollo de las ideas es llegar a fechar la aparición de tal o cual tradición. (→ TRADICIÓN.)

TAMAR (*palmera*). Nombre de cuatro mujeres y una ciudad en la Biblia.

1. Esposa de Er y luego de → ONÁN, hijos de Judá. Onán por egoísmo no quiso cumplir con la ley del → LEVIRATO (Dt 25.5-10) y se negó a completar el deber conyugal con Tamar, por lo que Dios le quitó la vida (Gn 38.8-10). Luego, cuando Tamar se dio cuenta que Sela, el tercer hijo, había crecido y Judá no se lo daba por esposo, ella, fingiendo ser ramera, tuvo relaciones con su suegro, ya viudo también, y de él tuvo hijos gemelos, Fares y Zara (Gn 38.27-30). De estos el primero aparece con ella en las genealogías de David y de Jesús (Rt 4.12, 18-22; 1 Cr 2.4; Mt 1.3; cf. Lc 3.33).

2. Hija de David y Maaca, y hermana de Absalón. Su hermano por la línea de su padre, Amnón, se enamoró de ella y la violó, por lo que Absalón lo aborreció y se vengó matándolo (2 S 13, cf. 1 Cr 3.9).

3. Hija de Absalón (2 S 14.27).

4. Ciudad de la parte sudeste de Judá (Ez 47.19; 48.28).

TAMARISCO Árbol pequeño de ramas muy tupidas. Sus hojas son de color verde azulado y su fruto se asemeja a una cápsula pequeña. La semilla, en la superficie, es muy carnosa. Hay más de doce especies.

Una especie, la *manna tamarix*, tiene el tronco y las ramas cubiertas por una sustancia resinosa comestible y algunos creen en la posibilidad de que sea el maná del Éxodo.

En los tiempos antiguos, el tamarisco se consideraba un árbol sagrado; por ejemplo, en Egipto, el tamarisco se dedicó al dios Osiris.

Dentro de la literatura bíblica el nombre de tamarisco se menciona tres veces: en Gn 21.33 nos dice que Abraham plantó un árbol tamarisco en Beerseba. En 1 S 22.6 se dice que el rey Saúl estaba debajo de un tamarisco hablando de la conspiración hecha en torno suyo. Y en 1 S 31.13 (BJ) relata que los huesos de Saúl se enterraron debajo de un tamarisco en Jabes.

TAMBORIL → PANDERO.

TAMO Pelusa o paja muy menuda que se desprende del grano en la trilla. En la Biblia casi siempre se utiliza en lenguaje figurado, como símbolo de lo efímero (Sof 2.2), sin valor (Sal 1.4), débil (Os 13.3), sin resistencia contra las pruebas (Is 48.14) y ruina (Is 41.15). Con el tamo se compara a las muchedumbres enemigas (Is 29.5), que serán echadas lejos (Is 17.13). En muchas ocasiones se refiere a los impíos (Job 21.18; Sal 35.5). En Dn 2.35 es símbolo de la breve duración de las cosas consideradas muy fuertes, como el hierro y el bronce.

TAMUZ Dios de origen babilónico, adorado también en Siria, Asiria, Canaán y Fenicia (en donde se le llamaba Adonis debido a la influencia griega).

Según la leyenda, Tamuz era el dios del sol y la vegetación. La diosa Istar era su amante pero le fue infiel. Murió Tamuz, pero Istar descendió a los infiernos y logró resucitarlo en el mes cuarto del calendario hebreo (junio/julio), lo cual explica por qué este mes llevaba el nombre de Tamuz durante la época posterior al cautiverio.

En el culto de este dios, la muerte y la resurrección de Tamuz simbolizaban la muerte anual de la vegetación y su reaparición en la primavera. Había fiestas en el mes cuarto para celebrar estos acontecimientos: primero endechas y plañidos debido a la muerte

de Tamuz, y después canciones y alegría por su resurrección. Las fiestas culminaban en bacanales y orgías repulsivas.

El nombre de Tamuz aparece solo una vez en la Biblia, cuando Ezequiel (8.14) relata que entre las «abominaciones mayores» que encontró en el templo de Jerusalén había la de «mujeres que estaban endechando a Tamuz». En Jer 9.17-21 y 16.4-6 aparentemente tenemos referencias al mismo culto pagano.

Es posible que la toma de Babilonia por Darío de Media haya ocurrido mientras Belsasar y sus amigos celebraban una fiesta orgiástica en honor de Tamuz.

TAPÚA (*manzana*). Nombre de dos ciudades y un hombre en el Antiguo Testamento.

1. Ciudad situada en alguna parte de la → SEFELA de Judá (Jos 15.33,34). La han identificado con Beit Nettif, 19 km al oeste de Hebrón. Bet-tapúa, «en las montañas», también se entregó a Judá (Jos 15.48,53), lugar que se ha identificado con la moderna Taffuh, 9 km al oeste de Hebrón.

2. Ciudad cananea situada en la frontera de los territorios de Manasés y Efraín (Jos 16.8; 17.7-9). Josué derrotó a su rey (Jos 12.17).

3. Uno de los hijos de Hebrón (1 Cr 2.43).

TARÉ Noveno descendiente de Noé; hijo de Nacor, padre de Abraham, Harán y Nacor y de Sara (Gn 11.24-32). Con toda su familia inmediata emigró de Ur para habitar en Harán. Es notable que el dios de ambas ciudades fuera la luna, *Nanna*, y que en Jos 24.2 se califique a Taré de idólatra. Sus hijos le nacieron a los 70 años en Ur. Taré murió en Harán a los 205 años.

TÁRGUMES (en hebreo, *interpretación, traducción*). Paráfrasis en arameo de una porción del Antiguo Testamento. Puesto que después del cautiverio babilónico el arameo llegó paulatinamente a reemplazar al hebreo como la lengua materna del pueblo judío, las Escrituras no eran comprensibles en su idioma original. Para que el hombre común tuviera acceso a la Palabra escrita, se inició en la sinagoga (en una fecha difícil de precisar) la costumbre de leer la Ley en hebreo y dar luego la traducción al arameo. Posiblemente el inicio se relata en Neh 8.8, donde «claramente» puede significar «con la interpretación». Sin duda, la costumbre estaba bien arraigada en las sinagogas antes del nacimiento de Cristo; Él y los apóstoles habrán oído siempre en esta forma la lectura bíblica.

De ser netamente orales, para que el asistente al culto pudiera distinguir entre la Escritura misma con su absoluta autoridad y la mera paráfrasis, los tárgumes adquirieron formas tradicionales que aprendía el traductor (llamado *meturgueman*). Finalmente se escribieron extraoficialmente. Por una ironía, sin embargo, el hecho de consignarlas por escrito condujo a su abolición en la sinagoga, ya que el arameo, como el hebreo anteriormente, evolucionó tanto que el dialecto targúmico se volvió muchas veces arcaico y difícil.

Algunos tárgumes escritos son de gran antigüedad; se ha descubierto uno de Job en la cueva 11 de → Qumrán. Otros datan del siglo II o III d.C. y abarcan todo el Antiguo Testamento menos Daniel, Esdras y Nehemías. Los más importantes son los del Pentateuco, aunque no están completos: el tárgum Onquelos y dos tárgumes palestinenses (Seudo-Jonatán y Códice Neófiti). Sobre los profetas existe el tárgum Jonatán ben-Uziel. Hay varios tárgumes anónimos sobre las distintas secciones de los Hagiógrafos. Mientras Onquelos es bastante literal y se atiene al original, Jonatán parafrasea mucho más, y Seudo-Jonatán solo usa el original como vehículo para los relatos populares que se aglomeraron alrededor de los personajes y acontecimientos bíblicos (→ Talmud). Todos los tárgumes tienden a:

1. Evitar el empleo del nombre inefable de Dios, sustituyéndolo a menudo por el vocablo Memra (el Verbo).

2. Evitar en pasajes referentes a Dios el uso de los antropomorfismos y antropopatismos del original, para lo que se altera la estructura de la narración.

3. Armonizar los relatos paralelos y completar los que parecen escuetos.

Son útiles para el estudio de la hermenéutica judía y del arameo. Es posible, por ejemplo, que Neófiti refleje el dialecto preciso que hablaba el Señor Jesús.

TARSIS (*jaspe amarillo*). Nombre de tres hombres, una piedra preciosa y una ciudad en el Antiguo Testamento.

1. Hijo de Javán (Gn 10.4).

2. Hijo de Bilhán (1 Cr 7.10).

3. Uno de los siete príncipes de Persia y Media que gozaban de privilegios especiales ante el rey Asuero (Est 1.14).

4. Piedra preciosa difícil de identificar. La RV traduce este término unas veces «berilo» (Éx 28.20; 39.13; Dn 10.6), otras «crisólito» (Ez 1.16; 10.9; 28.13), y otras «zafiro» (Cnt 5.14).

5. Ciudad que resulta imposible identificar a ciencia cierta, y que vino a ser símbolo de tierra distante e ideal. En → Jonás 1.3 se nos dice que el profeta se embarcó hacia Tarsis con el propósito de «huir de la presencia de Jehová». Puesto que embarcó en Jope, es de suponerse que Tarsis era un puerto que se encontraba en el Mediterráneo, a gran distancia de Palestina.

La relación entre Tarsis y Tiro parece haber sido estrecha, según lo indica Is 23.6. Por tanto, es de suponer que Tarsis era una lejana colonia de Tiro. También sabemos que Tarsis exportaba plata, hierro, estaño y plomo (Jer 10.9; Ez 27.12), lo cual nos hace suponer que estaba situada en una región del Mediterráneo.

La Septuaginta la colocaba al norte de África, y en algunos casos traducía Tarsis por «Cártago». En Ez 27.12, la Vulgata sigue la misma traducción. En algunos → Tárgumes también se supone que Tarsis estaba en el norte de África. Sin embargo, tal identificación no puede sostenerse.

El antiguo historiador judío Josefo identifica a Tarsis con Tarso, Cilicia. Aunque los

Foto de Gustav Jeeninga

Puerta de San Pablo en Tarso. Esta fue la principal ciudad de Cilicia al oriente de Asia Menor y lugar de nacimiento del apóstol Pablo (Hch 21.39).

eruditos no han rechazado totalmente esta identificación, otros piensan que Tarsis se encontraba en Italia y otros en España. Esta última hipótesis parece ser la más adecuada, pues existe en griego el nombre de Tartessos, que se aplica a una vaga región en el sur de España. La semejanza entre los nombres de Tartessos y Tarsis es grande. Además, desde muy temprano los fenicios comerciaban con el sur de España, de donde importaban metales.

La distancia que separaba a Palestina y Fenicia de Tarsis hacía que se requiriesen para el viaje los mejores barcos disponibles. Por esta razón, se llegó a llamar a las grandes naves mercantes «barcos de Tarsis». Cuando tal expresión se encuentra en el Antiguo Testamento no ha de pensarse que se refiere a barcos procedentes de la ciudad de Tarsis, sino que se trata más bien de un modo de señalar el tamaño de la nave, cualquiera que sea su procedencia (1 R 22.48; Is 60.9; Ez 27.25).

También se llegó a usar el término Tarsis para referirse a lugares distantes, como en 2 Cr 9.21; 20.36. Estos dos textos no han de entenderse necesariamente en el sentido de que los barcos iban a Tarsis, lo cual no tendría sentido en vista de que todo el resto del Antiguo Testamento nos da a entender que Tarsis se encontraba al oeste de Palestina, y no al sur ni al este. Este uso de la palabra Tarsis evolucionó a tal punto que en el siglo IV d.C., según el testimonio de Jerónimo, los propios judíos entendían que Tarsis quería decir sencillamente «mar».

TARSO Ciudad principal de Cilicia, la parte sudeste de Asia Menor, sobre ambas riberas del río Tarso (antiguo Cidno) en un fértil valle y a 15 km de la costa del Mediterráneo. Existen varias tradiciones sobre su fundación. Una de ellas afirma que Sardanápalo, rey asirio, la construyó en un día. Una crónica recogida por Eusebio afirma que Senaquerib, rey de Nínive (*ca.* 705–681 a.C.), fue su fundador. También los griegos reclaman un origen heleno para Tarso. Es imposible llegar a una conclusión cierta. La identificación por Josefo de → Tarsis con Tarso, basada en Gn 10.4 presenta dificultades.

La primera población de Tarsis data del período neolítico y durante el tercer milenio a.C. fue un pueblo amurallado. Las excavaciones revelan evidencias de arquitectura propia del Imperio Hitita entre 1400–1200

T

a.C. La arqueología confirma que hubo un proceso continuo de colonización griega desde el siglo VII hasta el V a.C. Durante este siglo estuvo bajo dominio persa. En el arte del siglo IV Baal, dios de Tarso, aparece como tipo del Zeus grecopersa.

En el 333 a.C. Alejandro salvó a Tarso de ser destruida por los persas y la influencia griega disminuyó a su muerte. De este período data la formación de una colonia judía en Tarso. El Imperio Romano comenzó a penetrar en Cilicia en el 104 a.C. y cuando la convirtieron en provincia romana, Tarso fue la capital (64–63 a.C.). De este tiempo data la ciudadanía romana de los judíos residentes allí.

Una reseña de la atractiva vida intelectual de Tarso la da Filostrato en su biografía de Apolonio de Tyana. El filósofo Estrabo, *ca.* 19 a.C., habla del entusiasmo de sus habitantes por la filosofía. Tal era Tarso cuando Pablo nació: una síntesis de influencias orientales y grecorromanas. Es muy difícil establecer las influencias de Tarso en la vida y escritos de Pablo pero esta ciudad, amante del estudio, tuvo que ejercer un fuerte impacto sobre quien fue un gran intérprete de la cultura del mundo grecorromano.

TARTAC Ídolo que los aveos introdujeron en Samaria cuando el rey de Asiria, Sargón, los llevó allá en 722 a.C. (2 R 17.31). Según el → TALMUD de Babilonia, Tartac se representaba en la forma de un asno. Se cree que Tarso es idéntico con el ídolo acadiano Turtak, protector del Tigris.

TARTÁN Grado del comandante en jefe de una de las secciones del ejército asirio. El cargo se menciona por primera vez en los textos históricos del tiempo de Adad-nirari II (911–891 a.C.); pero por el Antiguo Testamento (2 R 18.17; Is 20.1) y por los textos asirios sabemos que este grado militar se usó constantemente durante los reinados de Salmanasar III, Tiglat-pileser III, Sargón II y Senaquerib.

TATNAI Gobernador persa de «Samaria y las demás provincias del otro lado del río» (Esd 5.3,6; 6.6,13), es decir, de la satrapía que estaba al oeste del río Éufrates, durante el tiempo de Darío I (521–485 a.C.) y Zorobabel. Fue sucesor de → REHUM (Esd 4.8ss). Su administración se caracterizó por la equidad con que trató a los judíos.

TEA → ANTORCHA.

TEATRO Edificio dedicado a representaciones dramáticas: arte literario que, según algunos, es de origen griego. La palabra teatro no se encuentra en el Antiguo Testamento, pero si tomamos Job y Cantares como obras dramáticas, tenemos que reconocer que este género era conocido entre los hebreos.

Pablo predicó el evangelio en el teatro de Éfeso (Hch 19.28,31). Es posible que haya sido en el teatro de Cesarea donde Herodes Agripa murió comido de gusanos después de haber arengado a las multitudes (Hch 12.21ss). Se hace referencia al teatro y al estadio en Heb 10.33; 12.1 y en 1 Co 4.9.

Los arqueólogos han encontrado numerosos teatros en Palestina, construidos bajo la influencia de la cultura grecorromana. Flavio Josefo, historiador judío, los mencionaba en sus escritos. Herodes el Grande construyó varios teatros. Aprovechando los desniveles del terreno, los teatros se construían en forma de semicírculo y en declive.

TEBAS Nombre griego de la ciudad egipcia que en hebreo se llama *No*, o *No-amón* (que significa, *ciudad de Amón*). Antigua ciudad principal del alto (sur) Egipto que era centro del culto al dios egipcio Amón y capital de Egipto durante la mayor parte de la época de unidad política de aquella nación desde el Imperio Medio (*ca.* 2050 a.C.) hasta la invasión asiria bajo Asurbanipal (*ca.* 661 a.C.). Aun después conservaba algo de su importancia anterior hasta que los romanos la destruyeron (29–30 d.C.) cuando se rebeló debido al exceso de impuestos. En el

Restos de un espectacular teatro romano en Pérgamo. Construido en la escarpada ladera de una colina, tenía 78 filas de asientos.

primer milenio a.C., Tebas fue importante sobre todo en el aspecto religioso.

Estaba ubicada a orillas del Nilo, unos 530 km al sur de El Cairo. En las ruinas de Tebas y sus alrededores, que abarcan una extensión de unos 90 km², se encuentra el mayor conjunto de monumentos arqueológicos de todo Egipto. Entre ellos sobresalen los grandiosos templos de Luxor y Karnak en la margen oriental, y numerosas tumbas de faraones, como la de Tutankamen, en la ribera occidental. Abundan no solamente templos, sino también palacios destruidos, enormes estatuas, obeliscos y avenidas de esfinges. Aunque mayormente religiosos en naturaleza, los monumentos contienen también numerosas esculturas e inscripciones en jeroglíficos de mucho valor histórico.

Cuando anunció la destrucción de Nínive, el profeta Nahum mencionó el saqueo de Tebas que realizó Asurbanipal (Nah 3.8-10). En Jer 46.25 y Ez 30.14-16 encontramos profecías en contra de Tebas.

TEBET (en acadio, *mojado, lodoso*). Mes hebreo, el cuarto del año civil y décimo del año eclesiástico. Corresponde a diciembre-enero. Era → MES de invierno cuando caía lluvia en los llanos y nieve en las altas montañas. Los días 8-10 eran de ayuno (Est 2.16).

TEBES Ciudad de Efraín al nordeste de Siquem, escenario de la muerte del usurpador → ABIMELEC. Durante el sitio de la ciudad, una mujer le tiró desde la torre fortificada un pedazo de rueda de molino que lo golpeó en la cabeza. Mortalmente herido, Abimelec pidió a su escudero que lo matara (Jue 9.50-57; 2 S 11.21).

TECOA Pueblo ubicado sobre una pequeña meseta en las alturas áridas de Judea, 16 km al sur de Jerusalén. Joab mandó a buscar a una «mujer astuta» de Tecoa para aplacar a David y lograr su anuencia para el regreso de Absalón (2 S 14.1ss). Roboam mandó reedificar Tecoa (2 Cr 11.6). El profeta → AMÓS era de Tecoa (Am 1.1). En tiempo de Nehemías algunos de sus más humildes habitantes ayudaron

Foto: Servicio fotográfico Levant

El monte de Tecoa al sur de Jerusalén, hogar del profeta Amós (Am 1.1).

a reconstruir los muros de Jerusalén *ca.* 444 a.C. (Neh 3.5,27). Sobre la meseta de Tecoa se encuentran ruinas apenas excavadas.

TEJADO Techo plano construido con ramas, barro arcilloso y piedras. Sobre una enramada tendida en las vigas que unían los muros opuestos, se echaba una espesa mezcla de barro arcilloso y piedras pequeñas, a la que luego se pasaba un rodillo. La hierba (Is 37.27 BJ; Sal 129.6) que nacía sobre el tejado, en la época de las lluvias, contribuía con sus raíces a hacer más compacta la techumbre. Sin embargo, el tejado resultaba débil y había que repararlo después de cada invierno. Este probablemente era el tipo de construcción del episodio del paralítico y sus cuatro amigos (Mc 2.4; Lc 5.19). El orificio que había para la salida del humo se amplió para bajar al paralítico.

Sobre el tejado se realizaban diversas tareas domésticas; por ejemplo, se secaba el lino (Jos 2.6; → Casa). Allí David se paseaba al fresco de la tarde (2 S 11.12). Desde el tejado se notificaba a los vecinos los acontecimientos tristes o alegres (Is 22.1; Jer 48.38). Se entablaban las conversaciones serias (1 S 9.25 y probablemente Jn 3.2).

Al tejado se subía por una escalera exterior o simplemente por una escala de madera. Por lo general, lo rodeaba una baranda (Dt 22.8). En las casas ricas, la escalera era interior y el tejado una lujosa terraza. Las familias acomodadas construían sobre el tejado una habitación lujosa, llamada → APO-SENTO ALTO (Lc 22.19). En uno de ellos celebró Jesús la Cena con sus discípulos.

TEJER Arte de las más antiguas. Es el proceso básico en la manufactura de telas para vestir, para tiendas de campaña, cortinaje, etc. Los materiales más comúnmente usados para tejer en la época bíblica eran la lana de borrego, el pelo de cabra, la fibra de lino, el algodón, el cáñamo, la fibra del ramio y el pelo de camello. Las telas del tabernáculo las tejieron hombres y mujeres (Éx 26.1-13; 33.35).

En la importante ciudad de → TIATIRA, de la cual era oriunda → LIDIA (Hch 16.14), se organizaron verdaderos gremios de tejedores que establecieron centros comerciales de hilados y tejidos. Las excavaciones de Tell Beit Mirsira y Laquesis han proporcionado evidencias del auge de la industria del tejido en Tierra Santa. Sin embargo, esos centros eran pequeños comparados con los de Egipto y Babilonia, donde los hebreos adquirieron preparación para el tejido.

En las Escrituras se habla de la estaca, el enjullo, la lanzadera y el huso del tejedor (Job 7.6; Pr 31.19; Jue 16.14; 2 S 21.19; 1 S 17.7; Is 38.12).

TEL-ABIB Ciudad de Babilonia, posiblemente pequeña, construida junto al río → QUEBAR, en la que se estableció un grupo de judíos cautivos. Se menciona solo en Ez 3.15. No es posible determinar su ubicación exacta.

TELAIM Sitio ubicado al sudeste de Beerseba, probablemente llano, donde Saúl reunió a sus ejércitos para presentar batalla a Amalec. Allí mismo Saúl derrotó a los amalecitas (1 S 15.4). Algunos identifican Telaim con Telem de Jos 15.24.

TELASAR Lugar arameo al norte de Mesopotamia que Senaquerib cita como uno de los muchos sitios conquistados por sus antecesores (2 R 19.12; Is 37.12). Los mensajeros aquí la identifican como la habitación de la gente de Edén.

TELL Palabra que los árabes modernos usan para designar un montículo formado por ruinas de ciudades antiguas. El vocablo hebreo *tel* se traduce «colina» en Jos 11.13 y «montón de ruinas» en Dt 13.16. Los antiguos construían las ciudades sobre ruinas de ciudades ya desaparecidas. De esta manera la sucesión de ciudades en un mismo lugar produjo colinas artificiales de una altura considerable.

Por ejemplo, Tell el-Husn, que fue el sitio de → BET-SÁN de la época del Antiguo Testamento, y Escitópolis, ciudad principal de la → DECÁPOLIS de la época del Nuevo Testamento. Los arqueólogos han descubierto en este tell 19 capas o estratos de escombros que revelan que un número igual de ciudades se habían levantado una sobre otra. Como resultado hay una colina de 25 m de altura desde el suelo original hasta la capa superior (→ ARQUEOLOGÍA, KHIRBET).

TELL-EL-AMARNA → EL AMARNA.

Un tell en Palestina. Un tell es una colina artificial constituida por las ruinas superpuestas de una antigua ciudad.

Foto de Ben Chapman

TEMA Hijo de Ismael (Gn 25.15; 1 Cr 1.30) y nombre del lugar en que moraban sus descendientes (Job 6.19; Is 21.14). Tema se hallaba en un oasis 300 km al nordeste de Medina de Arabia, en la ruta de las caravanas entre los golfos de Persia y de Aqaba.

Jeremías presenta a Tema como objeto de la ira de Dios, la que administró Nabucodonosor (Jer 25.23; 49.28-33).

Nabonido la conquistó en 552 a.C. y residió allí durante diez años. En 540 a.C. fue tomada por Ciro y pasó a formar parte del Imperio Medo-Persa.

TEMÁN (*el derecho* o *el sur*). Hijo mayor de Elifaz y nieto de Esaú (Gn 36.11; 1 Cr 1.36). Fue príncipe de los edomitas (Gn 36.15,42) y prestó su nombre a la región ocupada por su tribu (Gn 36.34). Sus descendientes fueron famosos por su sabiduría (Jer 49.7; Abd 8-9). Elifaz, uno de los amigos de Job, era temanita (Job 2.11).

TEMOR Puede significar terror, miedo, o sencillamente reverencia y respeto. El temor que resulta del antagonismo de los hombres o de algún peligro que se acerca, es una emoción humana que puede tener sus beneficios, por ejemplo, tener conciencia de lo malo o del peligro, pero puede ser también una fuerza negativa y destructiva. A veces echa fuera el amor sobrenatural de Cristo (1 Jn 4.18). Asimismo, el temor puede dominar y acobardar al hombre que ignora el perdón y el amor que infunde el Espíritu Santo. La misma conciencia manchada causa miedo aun cuando nadie le persiga (Pr 28.1; cf. Adán y Eva en Gn 3.10). Gedeón no quiso incluir miedosos entre sus tropas para no poner en peligro la moral y el ánimo de los valientes (Jue 7.3).

Repetidas veces la Biblia insta a los hijos de Dios a no temer. En Gn 15.1 Dios le dice a Abraham que no tema porque «soy tu escudo, y tu galardón». El salmista dice: «No temeré mal alguno porque tú estarás conmigo» (Sal 23.4). El Nuevo Testamento empieza con el mensaje angelical de no temer (Lc 1.13). Jesús en múltiples ocasiones invita a sus discípulos a no temer (Mt 10.31; Lc 5.10; 12.32).

El «temor de Dios» puede calificarse como reverencia y reconocimiento de la majestad, el poder y la santidad de Dios; o sea, respeto filial. Es este temor el que Dios pide en Sal 33.8; 34.9; 112.1. En el Antiguo Testamento, por la importancia dada a la Ley en la vida de los israelitas, a menudo se consideraba la verdadera religión como sinónimo del temor de Dios (cf. Sal 34.11; Jer 2.19; etc.).

El énfasis del Nuevo Testamento destaca más el amor y el perdón de Dios, basados en la relación filial entre el cristiano y su Padre celestial. Permanece, no obstante, un temor reverente como parte del deber humano. El temor ayuda a andar rectamente (Hch 9.31; 2 Co 7.1). El temor a Dios da al creyente el valor de dominar el temor que viene de los contratiempos, inclusive de la muerte misma (Heb 2.15; Ap 2.10; cf. 2 Ti 1.6,7).

Los que temen a Dios son el pueblo de Dios. A los gentiles que adoraban al Dios judío se les distingue como aquellos temerosos de Dios (véase Hch 10.2,22,35).

TEMPLANZA → DOMINIO PROPIO.

TEMPLO Aunque los israelitas no tuvieron un templo fijo hasta el reinado de Salomón, a veces se usa este vocablo para referirse al → TABERNÁCULO situado en Silo (1 S 1.9; 3.3). Durante el período de los jueces Elí y sus hijos guardaban allí el arca del pacto. Este fue el templo que los filisteos destruyeron después de la batalla de Ebenezer en la que capturaron el arca. En tiempos de Jeremías era cosa proverbial que la destrucción del santuario de Silo se debiera a la iniquidad del pueblo (Jer 7.12-14). Cuando el rey David conquistó la ciudad de Jerusalén y recuperó el arca del pacto capturada por los filisteos, trajo triunfalmente el arca a la ciudad. Así estableció un nuevo lugar de culto y veneración para el pueblo de Israel. De esta manera Jerusalén quedó consagrada como ciudad sagrada de Israel y allí, en el mismo lugar,

Foto de Ben Chapman

Maqueta del templo de Herodes en Jerusalén. Comenzado en el 19 a.C., no se completó el conjunto hasta el 64 d.C., mucho después de la muerte de Herodes.

se alzaron sucesivamente tres templos dedicados al culto divino que se conocen por los nombres de templo de Salomón, templo de Zorobabel y templo de Herodes.

El «primer templo» o templo de Salomón

Según 2 S 24.16-25 el rey David compró la era de → ARAUNA el jebuseo y construyó allí un altar. En este lugar consagrado fue donde su hijo Salomón edificó el templo en el año 957 a.C. El sitio preciso se ha identificado con la extensa explanada que está al nordeste de Jerusalén y que se conoce como *Haram esh-Sharif* o «noble santuario», y donde hoy se alza la mezquita de Omar o «Cúpula de la Roca», uno de los más importantes centros de veneración musulmana.

El templo se dividía en tres partes. El vestíbulo (*'ulam*) medía 5,5 m de profundidad por 11 m de ancho y 16,5 m de altura. El «Lugar Santo» (*hekal*) era del mismo ancho y altura, pero era de 22 m de largo. Por último el «Lugar Santísimo» (*debir*) era un cubo de 11 m por lado.

A lo largo de los costados norte, sur y oeste del templo, pero sin llegar a las paredes del vestíbulo, había adosada una estructura de tres pisos en la que estaban las habitaciones

de los sacerdotes y donde se guardaban los utensilios del culto. Por encima de la tercera planta una serie de ventanas daban luz al vestíbulo y al Lugar Santo, pero el «Santísimo» permanecía en perfecta oscuridad. Las tres secciones del templo estaban revestidas interiormente de madera de cedro con excepción del piso que era de madera de ciprés. Las paredes interiores estaban colmadas de tallados de querubines, flores, palmas y otros motivos decorativos.

Para llegar al templo había que pasar por un extenso patio exterior donde se alzaba el → ALTAR de los holocaustos, en forma de torre de tres pisos y emplazado sobre la roca sagrada que hoy ocupa el lugar principal en la mezquita de Omar. En el mismo patio se encontraba el → MAR DE BRONCE, enorme vasija de 787 hectolitros de capacidad que descansaba sobre los lomos de doce bueyes de bronce (2 Cr 4.2-5). A cada lado de la entrada al vestíbulo se alzaban sendas columnas de bronce de 10 m de altura y 2 m de diámetro, cada una con un capitel adornado de lirios y granadas. La columna sur se llamaba → JAQUÍN y la del norte Boaz. Estos nombres son la primera palabra de los oráculos reales que aparecían labrados en las columnas, a saber: «Yahveh establecerá [*jaquín*] tu trono para siempre», y «En la fortaleza [*bo'az*] de Yahveh se gozará el rey».

En el «Lugar Santo» se encontraba el → ALTAR del incienso hecho de oro, la mesa de los → PANES DE LA PROPOSICIÓN, hecha de cedro, y diez candelabros de oro. En el «Lugar Santísimo», envuelta en misteriosa penumbra, estaba el → ARCA DEL PACTO que los israelitas llevaron consigo a lo largo del peregrinaje a la tierra prometida. A cada extremo del arca había sendos → QUERUBINES recubiertos de oro, de unos 5 m de altura. Tenían forma de leones alados con cabeza humana (1 R 6.23-28).

La estructura misma del templo con sus tres salones, así como el simbolismo de los querubines, lirios, granadas, el mar de bronce y las columnas, etc., son características de la arquitectura religiosa de Fenicia. Tal cosa era de esperarse ya que el arquitecto del templo de Salomón fue el fenicio Hiram. Es más, arquitectónicamente, tenemos un templo cananeo dedicado al culto del Dios de Israel.

Originalmente este templo era la capilla real del palacio de Salomón y no estaba dedicado al culto público, sino solo para uso de la corte. De manera simultánea se adoraba legítimamente al Dios de Israel en otros templos, como en el templo de Arad descubierto por Yohanan Aharoni. En el año 621 a.C. el rey Josías instituyó sus reformas religiosas y como pare de este movimiento unificó el culto en el templo de Salomón, y a partir de entonces se prohibió adorar a Dios en otro lugar que no fuese Jerusalén. Poco después, en el año 587 a.C., con ocasión de la segunda deportación a Babilonia, los ejércitos babilónicos, al mando del mismo emperador Nabucodonosor, destruyeron y arrasaron el templo de Salomón.

El segundo templo, o templo de Zorobabel

Cuando los cautivos regresaron de Babilonia, construyeron, tras muchas dificultades y demoras, un nuevo templo que quedó terminado en el año 516 a.C. La empresa la dirigió → ZOROBABEL, príncipe de la casa real de David, a quien las autoridades persas encomendaron la tarea. La distribución de este segundo templo era fundamentalmente la misma que la del templo de Salomón, con el vestíbulo, el Lugar Santo y el Lugar

---

Gigantescas ruinas romanas en Baalbek, una extensa y próspera ciudad del siglo I d.C.

Foto de Ben Chapman

Santísimo, pero no había comparación posible en cuanto a lujo y calidad arquitectónica.

En este segundo templo el Lugar Santísimo estaba vacío. El arca del pacto, según nos cuenta el historiador Flavio Josefo, la habían destruido los ejércitos babilonios. Y en el Lugar Santo, donde antes el templo de Salomón tenía diez candelabros, tenía solamente un candelabro de oro de siete brazos.

Este templo fue el que el rey seléucida → Antíoco IV Epífanes saqueó y profanó con la «abominación desoladora», una estatua de Zeus ante la cual ordenó ofrecer sacrificios de cerdos (Dn 8.12-14; 9.27; 10.31). Fue este también el que los príncipes macabeos reconquistaron de sus opresores sirios y lo reconsagraron al culto del Dios de Israel.

El templo de Herodes

Según la tradición judía transmitida por Flavio Josefo, no había distinción entre el templo de Zorobabel y el de Herodes, llamándose ambos «el segundo templo». Es cierto que la obra de → Herodes el Grande consistió en un enriquecimiento y embellecimiento del templo de Zorobabel, pero el contraste entre las dos etapas es tan grande que hacemos bien en referirnos a tres templos en lugar de a dos.

Los trabajos ordenados por Herodes comenzaron en el año 19 a.C. y, aunque el trabajo principal duró nueve años y medio, las obras de terminado y retoque se prolongaron hasta el año 62 d.C. (Jn 2.20). Ocho años más tarde los ejércitos de Roma, al mando de Tito, despojaron y destruyeron el templo.

Como era de esperarse, el templo de Herodes seguía la estructura básica de Salomón, pero era mucho más grande, además de que las explanadas en torno al templo se extendieron de manera que las terrazas del templo incluían tres atrios. El primero, accesible a todos, se llamaba «atrio de los gentiles» y quedaba separado del atrio anterior por un borde de piedra en el que aparecían inscripciones en griego y latín que anunciaban la pena de muerte para el gentil incircunciso que se atreviese a traspasar este límite. Al este y al sur el atrio de los gentiles contaba con hermosos pórticos que se llamaban «Pórtico de Salomón» y «Pórtico Real» (Jn 10.23; Hch 3.11). El atrio interior estaba reservado para los judíos y se dividía en dos partes, el «atrio de las mujeres» y el «atrio de los

---

Templo de Baco en Baalbek. Baco, también llamado Dionisio, era el dios griego del vino.

Foto de Ben Chapman

T

israelitas». Más adentro quedaba el «atrio de los sacerdotes» con el altar de los holocaustos. Por fin, en la parte más recóndita de esta inmensa estructura, estaba el templo con las tres partes tradicionales del vestíbulo, el Lugar Santo y el Lugar Santísimo.

En la esquina noroeste de estos recintos sagrados Herodes construyó la famosa fortaleza → ANTONIA.

El templo de Ezequiel

Los capítulos 40 al 43 de Ezequiel contienen descripciones detalladas del templo de Jerusalén, pero este templo solo existió en la visión del profeta. Ezequiel en el cautiverio, destruido ya el templo de Jerusalén por los babilonios, describe lo que ha de ser el templo restaurado, pero su sueño del futuro guarda reminiscencias del pasado. Ezequiel recuerda el templo de Salomón y esto influye en su concepción del futuro. De ahí que las descripciones de Ezequiel le sirvan a los eruditos en el trabajo de reconstruir el templo de Salomón.

Bibliografía:

André Parrot, *El templo de Jerusalén*, Barcelona, 1960.

TENTACIÓN (en hebreo, *masa, bahan*; en griego, *[ek] peirazo, dokimazo*). En su uso bíblico no solo significa «inducir a pecar», sino también «someter a prueba» a una persona, que es el sentido básico de los verbos en los idiomas originales. A menudo se expresa con la metáfora de la purificación de metales preciosos en el crisol.

Dios pone a prueba a los hombres, tratándose a menudo de la fe de los suyos. Dios «tentó» (es decir, «probó») a Abraham al mandarle que ofreciera a Isaac en holocausto, y la fe del patriarca salió robustecida (Gn 22.1; Heb 11.17) según la norma subrayada en 1 P 1.6,7. Hay numerosas referencias a estas tentaciones (pruebas) en la historia del pueblo de Israel (por ejemplo, Is 48.10; Zac 13.9; cf. Stg 1.12). Los creyentes debieran también probarse a sí mismos,

especialmente en su estado espiritual al participar en la → CENA DEL SEÑOR (1 Co 11.28) y en la calidad de su servicio (Gl 6.4).

Los hombres rebeldes se atreven a «tentar a Dios». Así los israelitas en el desierto, como recuerda el nombre de *masah* (Éx 17.2,7, etc.). Quiere decir, que los hombres, en lugar de «esperar en Dios» con humildad y fe, intentan ver «hasta dónde pueden llegar» frente a Él con sus críticas, demandas o atrevimientos, exponiéndose a juicios ejemplares (Mt 4.7; Sal 106.14; 1 Co 10.9; Hch 5.9 y contexto). Dentro de esta categoría se halla la malicia de los fariseos, que tantas veces «tentaban» al Señor, con el fin de enredarle en sus palabras (Mc 12.15, etc.), pese a que les manifestaba la gloria de Dios.

Satanás tienta a los hombres. Este aspecto de la tentación roza con el misterio del reino providencial de Dios en un mundo del maldad donde permite que el → DIABLO sea «príncipe» y el «espíritu que ahora opera en los hijos de desobediencia» (Jn 12.31; Ef 2.2,3). Dios no puede inducir a nadie a hacer lo malo, sino que el enemigo despierta la concupiscencia, que llega, en quien cede, al pecado y la muerte (Stg 1.13,14). Sin embargo, el caso de → JOB enseña claramente que Dios a veces permite que Satanás someta a prueba a los siervos de Dios para conseguir los efectos benéficos arriba notados en la primera faceta (Job 1.6-12; 2.3-7).

Debido al éxito satánico de la primera tentación del hombre, el diablo ahora dispone del → MUNDO y de la → CARNE (en el sentido peyorativo de estos vocablos) como aliados constantes, además de la ayuda de huestes de demonios. Entre otros métodos se vale de los siguientes: (1) Siembra dudas e ideas equivocadas en cuanto a Dios y su obra (Gn 3.1-5; Mt 4.3,7); una de sus obras maestras es la idolatría, asociada con las obras de los demonios (Ro 1.21-32; 1 Co 10.20). (2) Procura inducir al hombre al orgullo y a la confianza en sí mismo (1 Cr 21.1; Ef 4.27; Gl 6.1). (3) Intenta convertir los deseos naturales del cuerpo y de la mente humanos en concupiscencia y desvaríos (1 Jn 2.14-17; 1

El templo de Hefestos (Vulcano) en Atenas es uno de los templos griegos mejor preservados de los tiempos antiguos.

Co 7.5). (4) A veces aparece como «ángel de luz», pero otras veces se presenta como «león» que levanta fiera oposición en contra del pueblo de Dios con el objeto de quebrantar su fe (2 Co 11.14; 1 P 5.8 y 9).

La tentación no se ha de confundir con el → PECADO, pues la sugerencia del mal no se convierte en pecado si no se acepta. En la tentación de Cristo, su cabal humanidad le permitió apreciar toda la fuerza de los embates del maligno, que pusieron a prueba la perfección de su persona, pero no pecó (Heb 4.15). El creyente, reconociendo la debilidad de la carne, ha de pedir a su Padre: «No nos metas en tentación mas líbranos del mal» (Mt 6.13); pero si Dios permite la prueba, el creyente no caerá si se vale de los recursos del Dios fiel, quien «no os dejará ser tentados más allá de lo que podéis sufrir ... sino que dará la salida» (1 Co 10.13).

TENTACIÓN DE JESÚS Triple prueba de la que → JESUCRISTO salió triunfante antes de iniciar su ministerio público (Mt 4.1-11; Mc 1.12s; Lc 4.1-13). Como → HIJO DE DIOS y → MESÍAS, Jesús fue a la vez probado y tentado

(→ TENTACIÓN). Lleno del → ESPÍRITU, el cual descendió sobre Él en su bautismo, Jesús confrontó y venció a su adversario en el desierto, terreno propio de este (cf. Lc 11.24). En las situaciones en que → ADÁN y el pueblo escogido sucumbieron, Jesús, como nuevo Adán y primogénito del nuevo pueblo, obtuvo para sí mismo y para los suyos la victoria. Por tanto, es capaz de «compadecerse de nuestras debilidades», habiendo sido tentado en todo sentido, pero sin pecado (Heb 2.18; 4.15).

El Evangelio de Juan omite la tentación (pero cf. Jn 6.70s y los paralelos de Mc 8.33 y Mt 16.23), mientras que los Sinópticos afirman cinco veces que Jesús, dirigido por el Espíritu, encaró en el desierto tentaciones del diablo durante 40 días. En su escueto relato, Marcos es el único que menciona la presencia de las fieras (cf. Gn 1.28; 2.19s) y omite el ayuno. Mateo y Lucas presentan un diálogo dramático entre Jesús y el → DIABLO sobre el significado de «Hijo de Dios» en el que Jesús rechaza decisivamente tres proposiciones razonables mediante citas de Deuteronomio (6.13,16; 8.3):

T

Primera: que Jesús, hambriento y siendo el Hijo de Dios, transforme milagrosamente algunas piedras en pan. La negativa subraya que Jesús, como hombre, depende de la dirección del Padre para alimentarse.

Segunda (tercera en Lucas): que Jesús se arroje espectacularmente del pináculo del templo para que Dios le haga flotar en el aire. La negativa insiste en que sería ilícito poner a prueba al Padre.

Tercera (segunda en Lucas): que Jesús se postre ante el tentador, para así recibir la hegemonía del mundo. La negativa, que despacha al diablo temporalmente, recalca que lealtad se le debe únicamente a Dios.

TEOFANÍA → ÁNGEL DEL SEÑOR.

TEÓFILO (*amigo de Dios*). Personaje ilustre a quien Lucas dedicó el Evangelio y los Hechos de los Apóstoles (Lc 1.3; Hch 1.1). Algunos han pensado que denomina en for-

---

Corte a través del monte del veterotestamentario Jericó, con el lugar tradicional del monte de la tentación en la distancia (Mt 4.1-11).

Foto de Howard Vos

ma general al lector cristiano, pero el título de «excelentísimo» que se le da en Lucas implica una persona definida y sugiere que era un hombre de elevada posición (funcionario romano) a quien Lucas tenía en alto respeto. Otros intentos de identificarlo con personas conocidas en la historia carecen de base. Teófilo tenía información sobre el cristianismo, pero Lucas decidió proporcionarle un relato más ordenado y confiable (Lc 1.1-4). Probablemente se haya convertido del paganismo por el testimonio de Pablo o de Lucas en Roma.

TERAFÍN Transcripción de una palabra hebrea de derivación incierta. El uso dado a la misma hace que se traduzca genéricamente para denominar objetos de culto, de oráculos y amuletos para alejar a los malos espíritus, mayormente de uso doméstico. Había terafines grandes y pequeños (Gn 31.19; 1 S 19.13-16 BJ); tenían la forma de imágenes, estatuas, animales y formas caprichosas (Ro 1.23); se adoraban en templos, aunque por lo general los terafines eran dioses domésticos (1 R 16.31-33; Gn 31.19,30; Zac 10.2; Ez 21.21; Ez 21.26 BJ).

A medida que el género humano se olvidaba de Jehová, iba sustituyéndolo por terafines o dioses falsos. Desde Caldea, la cuna del hombre, las hordas de cazadores, de pastores y emigrantes llevaron a otras tierras la costumbre de hacer y adorar terafines. Los parientes de Abraham adoraban terafines (la palabra hebrea *terafim* se traduce «ídolos» en Gn 31.19 RV y «dioses» en 31.34). Israel acentuó su idolatría desde su estancia en Egipto; en Canaán intensificó la adoración a los terafines, pese a las prohibiciones divinas (Jue 17.5; 18.14-20 cf. Lv 19.4; 26.1), por lo cual fue llevado en cautiverio (Ez 8.9-12; 11.17,18).

TERCIO (en latín, *tercero*). Amanuense o secretario de origen romano que Pablo empleó al dictar su carta a los romanos. Esto es indicio de que el apóstol usualmente dictaba sus cartas en vez de escribirlas él mismo (cf. Gl 6.11).

Tercio aprovecha la oportunidad para mandar saludos a los hermanos en Roma (Ro 16.22). Nada más conocemos de él.

TÉRTULO (en latín, diminutivo de Tercio). Orador, posiblemente judío, empleado por el sumo sacerdote para acusar a Pablo ante el gobernador romano en Cesarea. Es probable que los líderes judíos lo hayan contratado porque ellos mismos no podían expresarse en latín y por desconocer el procedimiento en los tribunales romanos (Hch 24.1ss). Tértulo comenzó el discurso con adulaciones y calumnias. En contraste, Pablo hace un relato sencillo y veraz (24.10-21), tal como Lisias en su carta a Félix (23.26-30).

TERREMOTO Temblor fuerte de tierra producido por asentamientos de la superficie terrestre. En Tierra Santa es un fenómeno frecuente.

La Biblia, en el Antiguo Testamento, registra terremotos en el monte Sinaí (Éx 19.18) y en los días de Saúl (1 S 14.15), Elías (1 R 19.11) y Uzías (Am 1.1; Zac 14.5); y en el Nuevo Testamento, como manifestaciones milagrosas, con ocasión de la muerte y resurrección del Señor Jesucristo (Mt 27.51; 28.2) y de la liberación de Pablo y Silas de la cárcel en Filipos (Hch 16.26).

Probablemente un terremoto con grietas en la superficie destruyó a Coré y su séquito (Nm 16.31), y un hecho similar pudo haber terminado con Sodoma y Gomorra (cf. Am 4.11) al hundir la costa sur del mar Muerto.

Ciertos pasajes proféticos usan la imagen del terremoto para referirse a la aparición de Dios para juicio (Sal 18.7; Is 13.13; 29.6; Ez 38.19). Además, es uno de los horrores del fin del mundo (Mt 27.7; Ap 6.12; 8.5; 11.13ss; 16.18).

TESALÓNICA Ciudad principal de Macedonia en tiempos del Nuevo Testamento, ubicada en la costa del golfo de Salónica y en la vía Egnatia (la carretera que unía Roma con Bizancio). Por haber jugado un papel importante en la política romana, Tesalónica ganó los privilegios de una ciudad libre. En la metrópoli de Macedonia en donde había una base militar y naval de los romanos.

La arqueología no ha logrado descubrir mucho porque una ciudad moderna (Salónica) ocupa el mismo lugar. Algunos críticos creían hallar un error histórico en Hechos 17.6, donde Lucas llama «politarcos» a las autoridades de la ciudad, pero se han descubierto cinco inscripciones en Tesalónica que usan esta misma palabra.

Por tener una sinagoga y por ser el centro más importante de la región, la visita a Tesalónica concordaba muy bien con la táctica de Pablo. En tres semanas de su segundo viaje misionero logró la conversión de algunos judíos, muchos prosélitos griegos y de «mujeres nobles no pocas» (Hch 17.4). Luego acusaron a Pablo de revolucionario y tuvo que abandonar la ciudad (Hch 17.5-10). Pero no olvidó a los cristianos. Mandó a su representante personal y al poco tiempo les escribió dos cartas, → 1 y 2 TESALONICENSES. Pablo admira la constancia ante la persecución de los tesalonicenses y los elogia. Para él los creyentes macedonios (de → FILIPOS, → BEREA y Tesalónica) eran su corona. Contaba entre sus compañeros de viaje a los tesalonicenses → ARISTARCO y → SEGUNDO.

TESALONICENSES, EPÍSTOLAS A LOS Dos cartas que Pablo escribió y que están entre las primeras de Pablo y del Nuevo Testamento. El mayor tema teológico de estas cartas es el regreso de Cristo, aunque ambas dejan al lector pensando en las responsabilidades del presente.

Estructura de las Epístolas

Estas epístolas de un padre espiritual a sus hijos en la fe se entienden solamente a la luz de la historia de la llegada del evangelio a Tesalónica (Hch 17.1-9). Por ser niños en la fe, necesitaban contacto personal y enseñanzas morales específicas. La persecución tan inesperada fue amarga hasta que Pablo los consoló contándoles sus pruebas y explicándoles por qué sufrían (1 Ts 1.6; 3.4s; 2 Ts 1.4ss).

Foto de Howard Vos

Los antiguos muros de Tesalónica, una ciudad de Macedonia en donde Pablo fundó una iglesia (Hch 17.1-4; 1 Ts 1.1).

Para salir de la confusión acerca de la pronta venida del Señor, los cristianos tesalonicenses necesitaban una enseñanza más detallada (2 Ts 2). La muerte de sus seres queridos antes de la *parusía* había inquietado a algunos. Otros ya no trabajaban porque les parecía inútil, ya que Cristo vendría pronto (1 Ts 4.13-16, 2 Ts 3.6-12). Es necesario, dice Pablo, que primero se manifieste el hombre de pecado, por lo tanto, los santos perezosos debían comenzar a trabajar (2 Ts 2; 1 Ts 5.14).

A grandes rasgos, el contenido de estas epístolas es el siguiente:

1 Tesalonicenses

1.1–3.13. Expresión de solidaridad personal. Calurosamente recuerda su ministerio entre ellos, y la acogida que dieron al evangelio. Los felicita por su entusiasmo en la prolongación de la nueva fe por todos lados. Les recuerda cuánto trabajó cuando estuvo entre ellos y las tribulaciones actuales. Su deseo es verles pero, por no poder ir personalmente, se conforma con escribirles y enviarles a Timoteo.

4.1–5.24. Les insta a la vida santa. Para ellos la pronta venida del Señor es un aliciente; es más, como su preceptor les amonesta con frases directas y claras.

5.25-28. Salutación final.

2 Tesalonicenses

1.1-12. Se nota menos calor y más seriedad en esta carta. Las persecuciones que sufren son evidencia del juicio de Dios, prueba de la salvación de ellos y la perdición de los perseguidores.

2.1–3.5. La segunda venida del Señor será acompañada de ciertas manifestaciones. El efecto de estos conocimientos es confirmar a los fieles en su fe. Ellos participan en la obra del apóstol por medio de su interés y sus oraciones.

3.6-15. Es esta una amonestación especial para los que usaban las enseñanzas escatológias como excusa para vivir desordenadamente.

3.16-18. Conclusión.

Autor y fecha

No hay duda seria en cuanto a la paternidad paulina entre los eruditos modernos. La carta cuadra bien con el relato de la fundación de la iglesia en Hechos y con el resto de la literatura paulina.

En cuanto a 2 Ts sí ha habido dudas, a pesar de que el apoyo extrabíblico es más fuerte para 2 Ts que para 1 Ts. Algunos críticos hallan dificultades en que, según su parecer, (1) la doctrina de la *parusía* es diferente en las dos cartas, y que (2) el vocabulario y el estilo de 2 Ts son demasiado parecidos a 1 Ts. Argumentan que un seudo Pablo con mucha artimaña usó expresiones paulinas para dar la impresión de genuinidad.

Los muchos que afirman que Pablo escribió las dos cartas muestran que aunque hay diferencia de énfasis en la escatología de las dos cartas, no hay contradicción. En cuanto al estilo, las dificultades desaparecen cuando

PRIMERA DE TESALONICENSES:
Un bosquejo para el estudio y la enseñanza

I. Reflexiones personales sobre los tesalonisenses.................. 1.1—3.13
   A. Pablo alaba su crecimiento 1.1-10
   B. Pablo funda la iglesia 2.1-16
   C. Timoteo fortalece a la iglesia .... 2.17—3.13
      1. Satanás obstaculiza a Pablo 2.17-20
      2. Visita de Timoteo 3.1-5
      3. Reporte animador de Timoteo........ 3.6-10
      4. Pablo desea visitarlos............. 3.11-13
II. Instrucciones de Pablo a los tesalonisenses .... 4.1—5.28
   A. Direcciones para el crecimiento 4.1-12
   B. Revelación sobre los muertos en Cristo ... 4.13-18
   C. Descripción del Día del Señor 5.1-11
   D. Instrucción sobre la vida santa........ 5.12-22
   E. Conclusión 5.23-28

SEGUNDA DE TESALONICENSES:
Un bosquejo para el estudio y la enseñanza

I. La palabra de ánimo de Pablo en la persecución.................. 1.1-12
   A. Agradecimiento por su crecimiento........ 1.1-4
   B. Ánimo en su persecución 1.5-10
   C. Oración por la bendición de Dios 1.11-12
II. Pablo explica el Día del Señor 2.1-17
   A. Los acontecimientos que preceden al Día del Señor.................... 2.1-12
      1. Primero una apostasía 2.1-3
      2. Se revela el hombre de pecado 2.4-5
      3. Se saca lo que lo restringe 2.6-7
      4. La segunda venida de Cristo 2.8-12
   B. El consuelo del creyente en el Día del Señor................ 2.13-17
III. La exhortación de Pablo para la iglesia..... 3.1-18
   A. Esperen pacientemente por Cristo 3.1-5
   B. Apártense de los desordenados 3.6-15
   C. Conclusión 3.16-18

se entienden las circunstancias que unen estrechamente las dos cartas, la presencia de diferentes grupos étnicos en Tesalónica y los diferentes secretarios que Pablo utilizó.

Es casi seguro que 1 y 2 Ts se escribieran a finales del año 50 y en los primeros meses del 51 porque se sabe que → GALIÓN fue procónsul de Acaya a partir de junio del 51 (→ CRONOLOGÍA DEL NUEVO TESTAMENTO). En cuanto Galión asumió su puesto, los judíos se quejaron de Pablo. El fallo del procónsul favoreció la predicación del evangelio, y Pablo continuó «aún muchos días» en Corinto antes de viajar a Jerusalén. Ya había trabajado en Corinto dieciocho meses antes de su cita con Galión y se sabe que sus cartas a los tesalonicenses se redactaron en los primeros meses de su visita.

Marco histórico

Pablo fundó la iglesia en Tesalónica en el año 49 ó 50 d. C., durante su segundo viaje misionero (Hch 17.1-9). La iglesia consistía en unos pocos judíos que se habían convertido y un grupo mayor de antiguos paganos (1 Ts 1.9; Hch 17.4). Aunque representaba un gran sacrificio, Pablo se ganaba la vida como fabricante de tiendas para no ser carga a la naciente iglesia (1 Ts 2.7-12), y más de una vez recibió ayuda de los fieles filipenses (Flp 4.16).

La estancia de Pablo en Tesalónica se vio interrumpida, sin embargo, cuando los judíos se buscaron algunos agitadores locales y lo acusaron ante las autoridades de trastornar el mundo diciendo que había otro rey: Jesús (Hch 17.1-7). No era una acusación sin importancia, sino una cuestión de traición, que en el Imperio Romano se castigaba con la muerte. Inmediatamente Pablo salió de allí.

Ya a salvo en Atenas, Pablo envió a Timoteo a Tesalónica a fortalecer y a animar a los creyentes (1 Ts 3.2). Cuando Timoteo volvió a encontrarse con Pablo en Corinto (Hch 18.1-5), le llevó noticias del amor y la fe de los tesalonicenses. Pablo se sintió muy confortado por las noticias.

En respuesta al alentador informe de Timoteo, Pablo escribió la primera epístola. Evidentemente los tesalonicenses estaban inquietos en cuanto a la segunda venida de Cristo, porque Pablo aborda el tema en las dos cartas. En la primera les dice que cuando Cristo vuelva, los muertos en Cristo resucitarán primero, y luego los que estén vivos serán arrebatados (1 Ts 4.13-18). Como la venida de Cristo sería tan repentina como la de un ladrón en la noche, los creyentes debían estar alertas (1 Ts 5.1-11).

Pero algunos parecen que estaban demasiado vigilantes, dando por sentado que Cristo vendría en cualquier momento. En la segunda carta Pablo les recuerda que antes que Cristo volviera tenían que ocurrir varias cosas, como una rebelión contra la fe y la aparición del «inicuo» anticristo (2 Ts 2.8-9). Mientras tanto, Pablo les pide que vuelvan a trabajar. «Si alguno no quiere trabajar, tampoco coma» (2 Ts 3.10).

Aporte a la teología

Tres temas aparecen en estas cartas: acción de gracias por la fe y buen testimonio de los destinatarios; ánimo para los que están pasando persecución; y exhortación a seguir sirviendo y creciendo en el Señor.

Pablo escribió como un verdadero pastor. Tiene gran gozo por la forma en que habían recibido el evangelio (1 Ts 1). Anhela el día en que todos comparecerán ante la presencia del Señor Jesucristo (1 Ts 2.19-20). A la vez, a Pablo le duelen las acusaciones injustas de que su evangelio es más palabras que acción (1 Ts 1.5; 2.1-8). Alejado como estaba de su rebaño, anhela su bienestar (1 Ts 2.17–3.5).

Pablo se compara a una nodriza que cuida con ternura sus propios hijos (1 Ts 2.7), y a un padre que trabaja por su familia (1 Ts 2.9-12). Se había entregado de alma y cuerpo a los tesalonicenses (1 Ts 2.8) y se atreve a esperar que de igual manera ellos se entreguen a Dios (1 Ts 5.23). Es la preocupación de todo buen pastor.

Otros puntos importantes

En ninguna de estas dos epístolas se habla de un → MILENIO seguido por una batalla entre Cristo y Satanás (Ap 20.1-10). Pablo simplemente declara que cuando el Señor venga destruirá al «inicuo» y castigará al injusto (2 Ts 2.8-12). Antes del final, sin embargo, habrá rebelión total y apostasía. Pablo los exhorta a mantenerse firmes durante esos días de tribulación y no desesperarse cuando vean al anticristo haciéndose pasar por Dios (2 Ts 2.4). El Señor destruirá a ese inicuo (1 Ts 2.8). La mejor manera de estar preparados para esos días es vivir en fidelidad y obediencia.

TESORO Puede llamarse tesoro a cualquier acumulación de riquezas, por ejemplo, tesoro de granos, de vino o de aceite, aunque se refiere generalmente en la Biblia al almacenamiento de oro o plata. Durante su permanencia en Egipto, los israelitas fueron obligados por los faraones a construir ciudades o almacenes (Éx 1.11), y más tarde los reyes de Judá mantuvieron guardias especiales para sus tesoros (1 Cr 27.26; 2 Cr 32.27) ya que el tesoro real se constituía en factor indispensable de la monarquía. El templo mismo contaba con un lugar especial para guardar sus tesoros que eran suficientes como para despertar la codicia de sus enemigos (1 R 14.26; 2 R 24.13, etc.). Había en el templo unas trece urnas o cajas para recibir las ofrendas de los adoradores.

Quizás de mayor importancia es el uso metafórico de la palabra tesoro en las Escrituras. Dios llama a su → PUEBLO su tesoro (Éx 19.5), dispensa las bendiciones de la naturaleza de su tesoro (Dt 28.12; 33.19) y almacena como tesoro el castigo del impío (Sal 17.14). Jesucristo llama tesoro al galardón que se acumula en los cielos mediante el servicio rendido en la tierra, y comenta que donde está el tesoro del hombre, allí estará también su corazón (Mt 6.21; Lc 12.34). En este sentido Moisés contó el «vituperio de Cristo» como mayor riqueza que los tesoros de Egipto (Heb 11.25). La frase paulina de «tesoros en vasos de barro» se refiere a la gloria del evangelio divino que recibimos y manifestamos en nuestra débil y humana existencia (2 Co 4.7).

TESTAMENTO En Heb 9.16s la RV traduce la voz griega *diathéke* por testamento, en vez de → PACTO (cf. también Gl 3.15ss).

Como Pablo designaba la Ley Mosaica como la antigua *diathéke* (2 Co 3.14) que, en la Vulgata se traduce *vetus testamentum*, muchos padres latinos de la iglesia aplicaron esta denominación (Antiguo Testamento) a todos los libros que tratan del antiguo pacto, y llamaron Nuevo Testamento a los libros que tratan del nuevo pacto.

TESTIGO, TESTIMONIO El que ofrece pruebas para confirmar algún hecho, acontecimiento, proeza o pacto es testigo; las pruebas constituyen sus testimonios y estas pueden ser concretas u orales. Por ejemplo, las siete corderas que recibió Abimelec de mano de Abraham (Gn 21.30) sirvieron de testimonio de que el último había cavado el pozo en Beerseba. Asimismo, las piedras del majano de Labán (Gn 31.52), el altar de Josué (Jos 22.27), las tablas del decálogo (Éx 31.18) y el tabernáculo mismo (Nm 17.7,8 y Hch 7.44) son testigos de pactos y acontecimientos. La palabra escrita de Dios, según el salmista, es su testimonio, la heredad del hombre y el gozo de su corazón (Sal 119.111).

En sentido forense, es más común el testimonio oral. Según la Ley Mosaica, para condenar a una persona acusada de un crimen era preciso tener las declaraciones acordes de dos testigos (Nm 35.30; Jn 8.17; 1 Ti 5.19). Si apedreaban al criminal, los testigos tenían la obligación de confirmar su testimonio arrojándole las primeras piedras (Dt 17.6,7; Hch 7.58). El testigo falso debía sufrir la misma pena que hubiera correspondido al acusado. Uno de los diez mandamientos prohíbe el testimonio falso (Éx 20.16). No obstante, esto era una práctica algo común, como se nota en el proceso del Señor Jesucristo (Mt 26.59ss) y también en el apóstol Pablo (Hch 25.7).

El testimonio va más allá del simple sentido forense e incluye una aprobación o respaldo personal. Tal es el testimonio de Dios el Padre (Jn 5.36,37) o del Espíritu Santo (1 Jn 5.6) acerca del Hijo. Así también el testimonio de Juan el Bautista es una expresión de lealtad y devoción (Jn 1.6ss,19-37). Los discípulos se convirtieron en testigos no tan solo de los hechos históricos de la encarnación, muerte y resurrección de Cristo, sino también de su propia fe en Él, de la realidad de su presencia y del cumplimiento de sus promesas (Lc 24.48; Hch 1.8). Dispuestos a testificar hasta la muerte si era necesario, los apóstoles aportaron un nuevo sentido al significado de la palabra testigo (cuyo equivalente en griego era *mártys*, de donde viene nuestra palabra «mártir»). El primer mártir del cristianismo fue → ESTEBAN, quien selló con su sangre el testimonio de su vida y de sus labios, el prototipo de todos los que estiman la verdad de Cristo por sobre todas las cosas.

Bibliografía:
DTB, col. 1013-1025. *VTB*, pp. 779-782,448ss.

TETRARCA (en griego, *uno que reina sobre la cuarta parte de una región*). Felipe de → MACEDONIA dividió Tesalia en cuatro partes y las llamó «tetrarquías». Pero «tetrarca» perdió su sentido original y llegó a significar sencillamente un reyecillo, pues los romanos se lo daban a cualquier gobernante de alguna parte de una provincia oriental.

Marco Antonio nombró primero a → HERODES el Grande como tetrarca (Josefo, *Antigüedades* XIV.xiii. *Guerras* I.xii.5), y después rey. Cuando murió, sus dominios se divieron entre tres de sus hijos. A Arquelao (Mt 2.22) lo titularon «etnarca», a Herodes Antipas y Felipe, tetrarcas (Mt 14.1; Lc 3.1, 19; 9.7; Hch 13.1). A veces al tetrarca se le llamaba rey también (Mt 14.9; Mc 6.14). Por alguna razón Lucas llamó tetrarca a Lisanias, jefe del pequeño territorio de → ABILINIA (Lc 3.1).

TEUDAS Rebelde, probablemente nacionalista judío, que menciona Gamaliel, junto con el galileo Judas, en Hch 5.35s. Reunió algunos partidarios, pero perdió la vida y sus seguidores fueron dispersados y aniquilados. No poseemos datos más amplios sobre su persona ni su movimiento. En *Antigüedades* Josefo habla de un Teudas (XX.v.1) que era mago y que durante el gobierno de Cuspio Fado (44–46 d.C.) encabezó una rebelión. Pero ya que de quien habla Gamaliel fue anterior a Judas y al censo (6 a.C.), no puede ser el mismo que mencionó Josefo.

El Teudas de Hch 5 probablemente era un nacionalista de avanzada, que valiéndose de un ejército particular quiso liberar a su pueblo (→ ZELOTE), pero que los romanos aniquilaron. El argumento de Gamaliel era que «el consejo de esa obra era de los hombres y se desvaneció» (Hch 5.38). Así que Teudas es presentado quizás como un «mesías» cuya falsedad se puso de manifiesto por el fracaso.

TEXTO Y VERSIONES ANTIGUAS DEL AT
El texto hebreo del Antiguo Testamento consta de veinticuatro libros agrupados en tres secciones: La Ley, Los Profetas y Los Escritos. Todos se escribieron en hebreo, excepto los siguientes pasajes escritos en arameo: Gn 31.47 (dos palabras); Jer 10.11; Esd 4.8–6.18; 7.12-26; Dn 2.4b–7.28. Las versiones cristianas varían el orden de los libros y la manera de contarlos, separando algunos (como Esdras y Nehemías) de donde resulta que nuestro Antiguo Testamento tiene treinta y nueve libros.

El texto masorético

Los originales de todos los libros del Antiguo Testamento se han perdido. La crítica textual (→ CRÍTICA BÍBLICA) es una ciencia que trata de reproducir el texto original en todo lo que sea posible. La fuente principal en la restauración del original hebreo es el texto masorético (TM).

El texto masorético se llama así porque se debe a las labores de los masoretas, eruditos judíos que fijaron el texto *ca.* 750–1000 d.C. Estos establecieron la *Masora* (en hebreo, *massoret*, que significa *tradición*), complejo sistema de puntos vocálicos, signos diacríticos, conteo de palabras y notas marginales que perpetuaron los detalles de ortografía, acento y pronunciación del texto bíblico. Una vez terminado su trabajo, los masoretas destruyeron las otras copias que tenían para evitar que se reprodujesen variantes que no coincidieran con el TM.

Entre más de un millar de manuscritos del TM se destacan el Códice de El Cairo (895 d.C.), el más antiguo de los manuscritos fechados, que incluye solo los Profetas; el Códice de Alepo (*ca.* 930 d.C.), publicado por la Universidad Hebrea; y el Códice B 19A, de la biblioteca pública de Leningrado (1008 d.C.), que sirve de base para la *Biblia Hebraica* de Kittel a partir de la tercera edición. N.H. Snaith señaló la importancia de las recensiones españolas del TM y en 1960 publicó una edición del texto hebreo basado en manuscritos ibéricos bajo los auspicios de la Sociedad Bíblica Británica y Extranjera.

El texto premasorético

Como las copias más antiguas del TM datan del siglo IX d.C., se plantea el problema de si los siglos que los separan de los originales han corrompido el texto en el proceso de transmisión. Por otra parte hay que ver si los masoretas no hicieron más daño que bien al destruir las copias anteriores negándonos así la oportunidad de estudiarlas. De ahí la importancia de los textos premasoréticos.

La historia del texto hebreo

Entre la composición de los originales del Antiguo Testamento y las copias hechas a fines del siglo I d.C. el texto hebreo sufrió ciertas variaciones textuales. Poco después de la destrucción del templo (*ca.* 70 d.C.), los judíos hicieron frente a la proliferación de textos y variantes estableciendo un texto único y destruyendo los demás como siglos más tarde lo harían los masoretas. Este texto «oficial» constituye la base del TM. De ahí que, para remontarnos a un texto verdaderamente premasorético, tenemos que ir a manuscritos anteriores al siglo I d.C.

Los manuscritos del mar Muerto

La importancia de los rollos del mar Muerto (→ QUMRÁN) para los estudios del Antiguo Testamento yace precisamente en su antigüedad. Entre ellos hay un manuscrito de Isaías (I Q Is *a*) que data del siglo II a.C., es decir, antes de la sistematización del texto ocurrido tres siglos después. Las lecturas de este manuscrito se han incorporado como notas marginales en la *Biblia Hebraica* de Kittel a partir de la séptima edición. Además se han recuperado fragmentos de todos los libros del Antiguo Testamento excepto Ester. Con los manuscritos del mar Muerto tenemos acceso, por vez primera, a un texto hebreo verdaderamente premasorético. Al comparar los rollos del mar Muerto con el TM se notan solo ligeras variaciones que no afectan el sentido del texto que sirvió de base a nuestras versiones de la Biblia. A veces estas variaciones concuerdan con las de la Septuaginta. Si se considera el cuidado exagerado de los escribas para hacer las copias del Antiguo Testamento, podemos estar seguros que las versiones castellanas directas del hebreo son básicamente fieles a lo escrito originalmente.

El Pentateuco samaritano

Entre los → SAMARITANOS de Nabulus se conserva un Pentateuco hebreo escrito en caracteres samaritanos semejantes a la antigua escritura hebrea. Aunque el manuscrito data de tiempos mucho más recientes, es de gran valor pues representa una tradición bíblica independiente del TM que se remonta al siglo IV a.C.

Algunos fragmentos del Pentateuco samaritano aparecieron entre los rollos del mar Muerto.

Las versiones antiguas

Las versiones del Antiguo Testamento nos son de sumo valor para tratar de descubrir indirectamente el texto premasorético. Desde este punto de vista la más importante de las versiones es la Septuaginta o versión de los Setenta (LXX), la más antigua de las versiones griegas.

La Septuaginta (LXX)

El nombre de esta versión proviene de la leyenda de Aristeas, según la cual setenta y dos judíos prepararon la traducción en setenta y dos días. Pero la Septuaginta es resultado de un proceso mucho más lento. El Pentateuco se tradujo *ca.* 250 a.C. y poco a poco los demás libros hasta quedar terminada *ca.* 150 a.C. El Antiguo Testamento de la Septuaginta incluye un número de libros que no son parte del canon hebreo y que hoy llamamos → «APÓCRIFOS» o «deuterocanónicos» (→ CANON DEL ANTIGUO TESTAMENTO). Con el arribo del cristianismo, la Septuaginta pasó a ser la Biblia de la Iglesia. Por lo general, Jesús y los autores del Nuevo Testamento citaban el Antiguo Testamento de la Septuaginta.

La Septuaginta es versión excelente en el Pentateuco, pero muy defectuosa en Isaías y los profetas menores. Difiere en muchos aspectos del TM, pero es muy valiosa porque data de antes de la uniformación del texto hebreo en el siglo I d.C. Para utilizarla en la crítica textual es necesario hacer tres cosas:

1. Establecer el texto original de la Septuaginta (hay muchas variantes).

2. Determinar la forma del texto hebreo del que se hizo la versión griega.

3. Cuando este texto hebreo difiere del TM, determinar cuál de los dos goza de mayor autoridad.

Otras versiones del Antiguo Testamento

Aparte de las versiones de la Biblia completa, tales como la Vulgata, la *Vetus Latina*, la Peshitto y otras (→ Versiones), se produjeron otras traducciones del Antiguo Testamento solamente. Entre ellas las más importantes son las versiones arameas (→ Tárgumes).

Las demás versiones hechas después de la unificación del texto hebreo en el siglo I d.C., no alcanzan la importancia de la Septuaginta. Merecen mencionarse las versiones griegas de Aquila, Teodoción y Símaco, de los cuales se conservan solo fragmentos. Estas versiones las prepararon judíos para contrarrestar el uso de la Septuaginta por los cristianos.

Las versiones coptas, etiópicas y armenias del Antiguo Testamento se basan en la Septuaginta y otras versiones y solo sirven indirectamente para la reconstrucción del original hebreo. Excepción a esta norma es la versión árabe de Saadia Gaon que se hizo sobre el TM y que hoy se conserva solo en parte.

El texto masorético y las versiones

En general muchas de las copias más antiguas de las versiones anteceden en varios siglos al TM. El escriturista que trabaja en asuntos textuales tiene, por lo tanto, que decidir qué es mejor: un manuscrito del TM, en la lengua original, pero separado de este por varios siglos de trasmisión textual, o un manuscrito hecho seis o siete siglos antes, pero que es traducción. El problema así planteado solo se puede resolver con referencia a cada caso en particular.

Bibliografía:

«Versiones de la Biblia», *DBH*. «Texto de la Biblia», *DBH*. «Masorético, Texto», *EBDM*. «Septuaginta», *EBDM*. Tuya-Salguero, *Introducción a la Biblia I*, BAC, Madrid, 1967, pp. 408-575.

TEXTO DEL NUEVO TESTAMENTO El Nuevo Testamento se escribió en un período de cien años. El lenguaje original en el que se escribió fue el griego. Esta parte de la Biblia nos habla de la venida de Cristo, su vida y ministerio, y el crecimiento de la iglesia primitiva.

El problema

La finalidad de todo estudio del Nuevo Testamento debe ser proporcionarnos un conocimiento cada vez más profundo de la Palabra de Dios y de los métodos que permitan presentar eficazmente su mensaje. Para realizar tal finalidad es imprescindible la tarea de reconstruir, en la forma más exacta posible, el texto del Nuevo Testamento. Esta ciencia textual se ha llamado «crítica baja» para distinguirla de la «crítica alta», que tiene que ver más bien con las presuposiciones de los autores bíblicos. (→ Crítica bíblica.)

Lamentablemente, las copias originales, o autógrafas, del Nuevo Testamento se perdieron en fecha bastante remota, pues estaban hechas en frágil → papiro. De los siglos I al III d.C. solo conservamos fragmentos, algunos de inmenso valor crítico, del texto del Nuevo Testamento. Los manuscritos completos del Nuevo Testamento solo se remontan a la segunda mitad del siglo IV, época en que se comenzó a usar el → pergamino para copiar los textos bíblicos.

Una clasificación hecha en 1963 cuenta 76 papiros, 250 códices mayúsculos o unciales, 2.646 códices minúsculos o cursivos y 1.997 leccionarios o textos empleados en las lecturas de los cultos cristianos durante los primeros siglos. Ninguna otra obra literaria de la antigüedad se ha copiado tanto como el Nuevo Testamento. Es natural entonces que encontremos en esta inmensa masa de manuscritos un número impresionante de variantes, más de 250.000. Además, solo una pequeña porción de esos miles de manuscritos, por cierto los más antiguos, se han estudiado y coleccionado cuidadosamente. Falta mucho para que algunos pasajes textuales inciertos sean del todo esclarecidos. Estos sin embargo, constituyen solo una milésima parte de la totalidad del Nuevo Testamento y en ningún caso afecta una doctrina básica.

La crítica textual intenta reconstruir el estado primitivo de un texto del que solo se poseen copias que pueden contener variaciones. Las alteraciones del texto se pueden reducir a cuatro categorías: las omisiones, las añadiduras, las alteraciones y las inversiones.

Una omisión puede afectar a una letra, una sílaba, una palabra o todo un grupo de palabras. El problema inverso, la añadidura, puede producirse por la semejanza de una letra, o por la incorporación en el texto de alguna nota marginal, sílaba o palabra con otra. Las inversiones producen cambios en palabras, frases o versículos (por ejemplo, «Cristo Jesús» por «Jesucristo»).

Algunas alteraciones son involuntarias y otras intencionales. Las primeras pueden producirse por defectos visuales, acústicos o de memoria. Un copista, conociendo de memoria un texto determinado, podía sustituir involuntariamente otro pasaje paralelo por el que tenía delante. Los cambios intencionales pueden ser debido a preocupaciones de orden literario-gramatical o de estilo, deseos de armonizar textos paralelos o citas con los del Antiguo Testamento, o debido a prejuicios o posiciones doctrinales, ya para evitar alguna dificultad ya para evitar afirmaciones doctrinalmente comprometedoras para el copista o sus lectores.

Las dificultades con las que se enfrenta la crítica textual son enormes. No sabemos cuántas copias se hicieron de un texto entre la redacción original y los manuscritos que hoy poseemos; ni qué era lo que pensaban el autor del texto o los copistas. Hay factores históricos y sicológicos que actuaron en el proceso y a los que conviene atender.

A veces descubrimos la mano de uno o más correctores que alteraron el manuscrito y reconocemos en algunas correcciones la intención de armonizar un manuscrito con otros. Este proceso aplicado a muchos manuscritos se llama «recensión» y trata de eliminar las divergencias.

Cuando una de estas recensiones llegaba a adquirir cierta autoridad, ya sea por prestigio de quienes la habían realizado o por la oficialización eclesiástica, de ella se derivaba toda una serie de copias sucesivas. Estas formaban una «familia» de manuscritos con las mismas características. Cada una de las familias que discernimos hoy presupone la existencia de un manuscrito básico, ya desaparecido.

Y para complicar el problema del investigador moderno, un copista pudo haber trabajado con más de un texto. Al comparar un manuscrito con otro, tomaba lo que le parecía mejor. Esto dio origen a las «contaminaciones».

Se comprende cuán difícil es establecer las interrelaciones entre los diferentes manuscritos. ¿Cómo distinguir los textos de la familia A contaminados por los de la familia B de los que se derivan exclusivamente de B? ¿Cómo descubrir el texto básico del cual se derivan los demás?

Para hacer frente a este problema es necesario conocer bien la crítica textual y la historia del texto griego del Nuevo Testamento. Un mejor conocimiento de las culturas del antiguo Oriente y de sus lenguas nos ha ayudado en tal tarea.

Historia del texto griego

La historia del texto del Nuevo Testamento puede dividirse en dos períodos: desde el siglo I hasta la invención de la imprenta en el siglo XV; y desde el siglo XV hasta el día de hoy. El primer período se caracterizó por una serie de ensayos de revisión para depurar el texto de las alteraciones que ya en el siglo II habían aparecido. El segundo se caracteriza por la publicación de ediciones cada vez más perfeccionadas en virtud de la aplicación de la ciencia de la crítica textual.

Las principales fuentes del texto se clasifican en:

Ostracon

Pequeñas piezas de barro cocido usadas como material de escritura (se empleaban frecuentemente para emitir el voto en sentencia de destierro, de aquí se deriva la palabra ostracismo). Contienen menos fragmentos del Nuevo Testamento y por lo mismo carecen de valor para la reconstrucción del texto.

Papiros

Aunque no son muy numerosos, son de inmenso valor para la historia del texto del Nuevo Testamento debido a su gran antigüedad. En conjunto datan del siglo II al VIII, si bien más de la mitad provienen de los siglos III y IV. Los más importantes son:

La colección Chester Beatty, compuesta por los papiros p45, p46, p47. Se escribieron en el siglo III y contienen respectivamente: epístolas paulinas, fragmentos de los Evangelios y Hch, y Ap 9.10–17.2. El p46 tiene la particularidad de colocar a Heb entre Ro y 1 Co.

El p52, es un fragmento del Evangelio de Juan encontrado en Egipto. Es el papiro más antiguo encontrado hasta la fecha, data de *ca.* 140 d.C., contiene Jn 18.31ss,37s. Es propiedad de la Biblioteca John Rylands, de Manchester, Inglaterra, por eso se llama Papiro Rylands.

Los p66 y p67, llamados también Bodmer II y Bodmer III, datan del año 200 d.C., y aunque son un texto muy corregido por el copista son de suma importancia para el estudio del Evangelio de Juan pues lo contienen casi íntegro.

Los grandes códices

Encuadernados en forma de → LIBRO, forman la serie más numerosa de testimonios del texto del Nuevo Testamento. Son de inmenso valor por ser testimonios directos del texto original al cual reproducen más o menos fielmente. Se conservaron bien porque están hechos en pergamino. Los códices se dividen en unciales (escritos en letras mayúsculas gruesas, no ligadas, sin espacios entre las palabras y sin puntuación) y minúsculos (escritos cursivamente en letras minúsculas). Los unciales prevalecían entre los siglos III y VIII; los minúsculos a partir del siglo IX. Hay más de doscientos unciales o fragmentos de ellos; esto es significativo si se toma en cuenta que ni de la Ilíada ni de la Odisea de Homero hay ningún uncial, y que el manuscrito más antiguo es un minúsculo del siglo X; de Platón hay dos o tres manuscritos del siglo X. Muchos de los códices reciben el nombre del lugar en que aparecieron o del lugar en donde están actualmente. Se designan con una combinación de letras o de números, según sea el sistema que se use para clasificarlos.

Los códices más apreciados son:

1. Vaticano = B: Compuesto en la mitad del siglo IV, probablemente en Alejandría o en Cesarea de Palestina. Contiene ambos Testamentos y los apócrifos excepto Macabeos; lamentablemente perdió las epístolas pastorales, parte de Hebreos y Apocalipsis. Los críticos lo consideran como esencial para la crítica textual. Lleva tal nombre porque apareció en la biblioteca del Vaticano.

2. Sinaítico = álef: De extraordinario valor por contener el Nuevo Testamento en su totalidad. Se escribió a principios del siglo IV probablemente en Alejandría, como el Vaticano, con quien comparte muchas particularidades. La historia de su descubrimiento en Sinaí por Von Tischendorf es fascinante.

3. Alejandrino = A: Del siglo V, escrito en Egipto. Contiene ambos Testamentos pero con muchas lagunas. Incluye las cartas 1 y 2 de Clemente de Roma. Su texto de los Evangelios es la etapa más antigua del llamado «Texto Koiné», base de la versión RV.

4. *Ephraemi Rescriptus* = C: Se escribió en el siglo V en Egipto. En el siglo XII borraron este pergamino para copiar sobre él los escritos de San Efrén (de ahí su nombre). El texto bíblico fue restaurado por Tischendorf mediante métodos químicos. Contiene fragmentos del Antiguo Testamento y la mitad del Nuevo Testamento.

5. Beza (también llamado Cantabrigense) = D: Es el códice bilingüe más antiguo que se conoce (siglo VI). Contiene los textos griego y latino de los sinópticos, fragmentos de Juan y Hechos. Su característica bilingüe afecta al texto por la tendencia a armonizar el griego con el latín o viceversa.

En cuanto a los códices cursivos podemos decir que existen más de 2.000 bien catalogados. Los que provienen de una buena copia son de mucho valor para la crítica textual, pues presentan un texto mucho más antiguo y mejor conservado que el de muchos unciales. Unos 50 cursivos contienen el Nuevo Testamento íntegramente. Datan del siglo VIII en adelante.

Las versiones o traducciones

Son testigos indirectos del texto original, pero no por ello menos importantes. A veces representan un texto más antiguo que el de los códices; pero para que tengan valor crítico debe haber la seguridad de que conservan el texto tal como salió de las manos del autor; solo así es fiel reflejo del texto original. Las versiones más importantes son:

1. Del siglo II, la Siríaca y la Latina Africana.

2. Del siglo III, la Latina Itálica y la Copta Saídica.

3. Del siglo IV, la Vulgata y la Gótica.

4. Del siglo V, la Siríaca Peshita, la Etiópica y Armenia.

Las citas de los escritores eclesiásticos o Padres de la Iglesia

Actualmente los críticos conceden gran importancia a estas citas que datan de los siglos II y III (de Ireneo, Clemente de Alejandría, Orígenes, Tertuliano y Cipriano), no solo por la abundancia sino por la antigüedad que presuponen. Sin embargo, su valor crítico disminuye bastante por el hecho de que casi siempre citan el Nuevo Testamento de memoria, y esto introduce cierta inseguridad en la transmisión del texto.

Uno de los aportes más impresionantes de la crítica textual moderna ha sido la clasificación de la enorme masa de manuscritos del Nuevo Testamento en las llamadas «familias» textuales. J.A. Bengel fue el primero en distinguir dos familias de códices: la asiática y la africana. Posteriormente, J.J. Griesbach estableció tres familias distintas: la alejandrina, la occidental y la bizantina. Luego, B.F. Westcott y F.J.A. Hort distinguieron cuatro familias: la alejandrina, la siríaca, la occidental y la neutral. Hoy día, la mayoría de los críticos distinguen las siguientes cuatro familias textuales: La occidental, representada por el códice D; la Neutral representada por el códice B; la Cesariense representada por el códice C; y la Antioqueña, representada por el códice A.

En los siglos II y III, el texto de la familia occidental estaba muy difundido por todas partes. Lo utilizaron Justino Mártir, Ireneo y Clemente de Alejandría; aparece en p[37] y p[38], y sirvió de base para la versión Antigua Latina. Para el siglo IV había ya desaparecido. A comienzos del siglo III apareció en Egipto, posiblemente en Alejandría, la familia Neutral. Los principales códices de esta familia son el Vaticano y el Sinaítico. Al parecer es la que representa el texto más libre de impurezas y manipulaciones, aunque no está libre de cierta tendencia armonística.

En la lucha por imponerse entre la familia D y la B, apareció en Cesarea de Palestina un texto conciliatorio. La familia Cesariense la utilizó Orígenes en sus últimas obras; sus principales notas derivan de las familias D y B, a las cuales trata de armonizar. Por último, a principios del siglo IV apareció en Antioquía otra forma que desplazó a la Neutral. En esencia era el texto de la familia B pero retocado estilísticamente con el propósito de alcanzar al mundillo literario de la época.

Principios elementales de crítica textual

La tarea fundamental de la crítica textual es doble. Por un lado se dedica a coleccionar, clasificar y estudiar los miles de manuscritos griegos, versiones y citas del Nuevo Testamento existentes hasta ahora. Por el otro, pretende desarrollar una teoría y métodos de investigación que permitan juzgar correctamente entre las múltiples variantes de un determinado texto.

Para realizar esta doble tarea no basta el empleo de técnicas aplicables en la investigación de cualquier documento de literatura antigua. El investigador cristiano trabaja con documentos estrechamente ligados a hechos históricos que configuran las grandes expresiones doctrinales del Nuevo Testamento. El investigador del Nuevo Testamento se convierte, en realidad, en un historiador del pensamiento cristiano. La actitud del crítico hacia la Escritura se condiciona por su formación religiosa, por el lugar y el tiempo en el cual vive, pero a la vez el crítico trata de emplear criterios científicos y objetivos. El crítico textual no debe pedir a la dogmática, por ejemplo, que le oriente en su juicio sobre determinado texto. En consecuencia, no debe apoyarse ni rechazarse ninguna variante solo por razones doctrinales.

La crítica textual aplica a una determinada variante los criterios externos e internos que están en favor o en contra. Por criterios externos se entienden los relacionados con los manuscritos griegos, versiones o citas que apoyen la variante. La variante mejor apoyada debe ser la más fiel al original. Además, se debe tomar en cuenta la relación que pudiera existir entre un manuscrito y otro. Los manuscritos deben ser confrontados entre sí para poder reconocer cualquier influencia, ya sea de citas paralelas o del Antiguo Testamento. Por último, es importante establecer las relaciones entre las variantes mismas.

Los criterios internos complementan el juicio basado en criterios externos. Por ejemplo, es comprensible que una lección difícil se haya reemplazado con una más fácil. Por esto, la lección difícil se debe tener por más fiel al original. También, la lección más corta es el original, puesto que un texto originalmente corto es más lógico que se amplíe y no lo contrario. El contexto es importantísimo como criterio interno. Una determinada variante debe armonizar perfectamente con él; y aún más, las demás variantes deben explicarse a base de la lección que se ha escogido como original.

Tenemos que reconocer, pues, que no se podrá nunca tener una solución para todos los problemas de la crítica textual del Nuevo Testamento. No obstante, la existencia de tan vasta cantidad de mss, y la seriedad científica que ha habido en su estudio, fortalecen nuestra plena confianza en el texto del Nuevo Testamento tal como lo poseemos hoy.

Las versiones castellanas más leídas (con excepción de la RV y, en parte las dos primeras ediciones de la VP) se han aprovechado de estos avances científicos. Los traductores de la VM y la HA, y los traductores católicos de las versiones BJ, NC, BC y otras, han transmitido en general los resultados de tal estudio, igualmente las versiones producidas por la cooperación interconfesional (la de Taizé y la tercera edición de VP).

Bibliografía:

H. Zimmerman, *Los métodos histórico-críticos en el Nuevo Testamento*, BAC, Madrid, 1969, pp. 20-79. *Int. B.*, I, pp. 431-466, 602-615. *IB* I, pp. 116-133. S. Neil, *La interpretación del Nuevo Testamento*, Península, Barcelona, 1967, pp. 79-103. *INT*, pp. 67-126. *CBSJ* V, par. 69.106-150.

TIARA Gorro alto de lino fino y forma cónica, usado por los sacerdotes como signo de su dignidad sacerdotal (Éx 28.40; 29.9; 39.28; Lv 8.13). En Éx 21.26 se usa tiara para traducir otra palabra que generalmente se refiere a la → MITRA del sumo sacerdote. En este caso se usó en un paralelismo con la corona del príncipe de Israel.

La moderna Tiberias, situada en el margen occidental del mar de Galilea.

TIATIRA Ciudad de Asia Menor fundada (siglo IV a.C.) por Seleuco I de Siria. Fue una guarnición fronteriza antes de pasar (133 a.C.) al Imperio Romano, bajo cuyo régimen conservó su importancia en la industria y en la red de carreteras. Se destacaban sus artesanos en tintorería, confección de ropa, alfarería y fundición de bronce. La «vendedora de púrpura» que Pablo conoció en Filipos, → Lidia de Tiatira, debe haber sido agente de un manufacturero de Tiatira. Ella «adoraba a Dios», según Hch 16.14, lo que da a entender que era prosélita hebrea que quizás se había convertido mediante sus relaciones con los judíos en Tiatira.

La iglesia de Tiatira era la cuarta de «las siete iglesias de Asia» que reciben carta (Ap 1.11; 2.18-29). La carta dirigida a Tiatira está repleta de alusiones a las circunstancias de la ciudad. Por ejemplo, a Cristo se le describe en términos comprensibles a un obrero del bronce, y los detalles de la promesa (2.26s) reflejan la larga historia militar de Tiatira. Bajo el nombre simbólico de Jezabel, se presenta una mujer, aceptada en la comunión de la iglesia, que pretendía introducir ciertos aspectos de la vida pagana, esenciales quizás para la admisión a los clubes o gremios en que organizaban los artesanos. Dichos gremios, aunque cumplían ciertas fun-

ciones admirables, sin duda incluían en sus reuniones algunos actos de culto pagano y de inmoralidad. La reprensión de tal libertinaje es tajante (Ap 2.20-23).

TIBERIAS Nombre que se da al mar de Galilea, y a una ciudad en la costa de este, en honor de → Tiberio, el segundo emperador de Roma (14–37 d.C.).

La ciudad de Tiberias la construyó → Herodes Antipas (*ca.* 20 d.C.) unos 8 km al nordeste del extremo sur del mar de Galilea. Por estar edificada una parte de la ciudad sobre un antiguo cementerio, los judíos sentían repugnancia hacia la ciudad.

Herodes la convirtió en capital de la tetrarquía de Galilea. Construyó allí su palacio y un estadio, de modo que la ciudad llegó a ser un centro grecorromano importante donde confluían varias carreteras. Se menciona solo una vez en la Biblia (Jn 6.23).

Después de la destrucción de Jerusalén (70 d.C.), y después de ser declarada legalmente pura, Tiberias llegó a ser el centro más importante de la vida nacional, espiritual e intelectual de los judíos. Allí fueron compuestos la *Mishnah* (siglo III), el → Talmud palestinense (siglo V) y el sistema de puntos vocales del texto hebreo del Antiguo Testamento (→ en Texto y versiones antiguas del

T

ANTIGUO TESTAMENTO: *La historia del texto hebreo*).

Debido a la importancia de la ciudad su nombre se extendió al mar de Galilea. Se la menciona con este nombre solo en Jn 6.1 y 21.1, libro que se escribió cuando (*ca.* 90 d.C.) el mar ya era muy conocido por este nombre.

TIBERIO Segundo emperador de Roma (14–37 d.C.). Tiberio Claudio César fue hijastro e hijo adoptivo de Augusto César, pero ascendió al trono imperial no por preferencia de este sino por la muerte de los demás herederos. Tiberio siguió la política del gran Augusto pero, debido a su carácter difícil y desconfiado y a su avanzada edad (n. en 42 a.C.), perdió la confianza del pueblo, renunció al imperio y pasó sus últimos años asilado en Capri.

Tiberio fue emperador durante la última mitad de la vida de Jesús. Lucas 3.1ss dice que Juan el Bautista empezó a predicar «en el año decimoquinto del imperio de Tiberio César», lo que indica que Jesús inició su ministerio *ca.* 28 d.C. Esta es la única vez que el nombre de Tiberio aparece en la Biblia. Sin embargo el → «CÉSAR» de los Evangelios (menos Lc 2.1) es él.

TIDAL Rey de Goim, uno de los cuatro aliados de Quedorlaomer, rey de Elam (Gn 14.1,9). Suele identificársele con el rey hitita Tudalía I (*ca.* 1740 a.C.). Sin embargo, puede tratarse de un gobernante anterior (del siglo XIX a.C.) de una confederación de pueblos indoeuropeos (posiblemente hititas) en la frontera sudeste de Asia Menor.

TIEMPO Palabra que se emplea para indicar:

1. Simple secuencia cronológica (Gn 4.3).

2. Duración correspondiente a determinado estado de cosas (por ejemplo, el tiempo del nazareato, el tiempo del reinado de Ciro, etc.).

3. Época o período común de varios acontecimientos (Dt 32.7).

4. Ocasión oportuna o momento decisivo histórico en que se cumplirá la voluntad de Dios (2 Co 6.2).

Es notable que la Biblia ponga énfasis no en la continuidad del tiempo (falta, por cierto, vocablo hebreo para tal concepto) sino en la importancia que presta Dios a determinados momentos de la historia. El tiempo así considerado es más una oportunidad (en griego, *kairós*) que una sucesión de lapsos cronológicos (en griego, *jronos*), por ejemplo el poema de los tiempos de Ec 3.1-8 (→ HORA).

Jesucristo vino predicando que el «tiempo se ha cumplido» (Mc 1.15; cf. Gl 4.4), pues su vida y obra señalan la crisis decisiva en los propósitos de Dios (Ef 1.10) y marcan tanto el fin de una época como el comienzo de los «postreros → DÍAS» (Hch 2.11; cf. Jl 2.28; → SIGLO). El hecho de haber pasado a la historia el tiempo de Jesús es precisamente lo que define la diferencia entre las esperanzas de los judíos y las de los cristianos. El judío aguarda la intervención decisiva de Dios en un futuro, mientras el cristiano tiene una expectativa más segura y gloriosa de la consumación de los tiempos por cuanto sabe que el momento decisivo ha pasado, de una vez y para siempre. Estamos viviendo ya los últimos tiempos (Heb 1.2; 1 Jn 2.18; 1 P 1.20; → SEGUNDA VENIDA).

Dios mismo, desde luego, no está limitado por el tiempo ya que la creación temporal es

Un hermoso atardecer en el mar de Galilea. En su sistema de medir el tiempo, el pueblo hebreo comenzaba un nuevo día al atardecer.

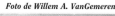

Foto de Willem A. VanGemeren

Foto de Gustav Jeeninga

Tiendas de campaña utilizadas por el pueblo beduino. Hechas muchas veces de tela negra tejida de pelo de cabra, las tiendas de campaña las usaban nómadas, pastores y soldados (Gn 4.20; Jue 8.11).

obra de sus manos (Sal 90.2). La misma ausencia de límite temporal se aplica a todos sus atributos y a la gracia hacia su pueblo (cf. Jer 31.3; 32.40; Os 2.19; etc., → Principio).

Cuando Dios se llama → «Alfa y Omega» no quiere indicar que su existencia es más larga sino más bien que está por sobre el tiempo. La eternidad es una dimensión distinta, diferente en calidad del tiempo, sin pasado ni futuro; o sea es un eterno presente. Esto explica el nombre con que Dios se revela a Moisés: «Yo soy el que soy» (Éx 3.14; cf. Jn 8.58; → Jehová). Para Dios es lo mismo mil años que un día (2 P 3.8). Su existencia no se mide por el tiempo finito. Es el Rey de las edades (1 Ti 1.17).

Bibliografía:

VTB, pp. 782-789. Oscar Cullmann, *Cristo y el tiempo*, Estela, Barcelona, 1968. *VB*, pp. 321 ss.

TIENDA Vivienda propia de los pueblos nómadas o seminómadas y alojamiento de los ejércitos en campaña. En tiendas vivió normalmente el pueblo hebreo desde Abraham hasta Jacob, y desde el éxodo hasta la conquista de Palestina (→ Tabernáculo).

Etimológicamente, el vocablo hebreo significa «ser claro», «brillar», «verse a la distancia».

En el desierto desde lejos podían discernirse los campamentos nómadas. Las pieles de cabra negra o de camellos se destacaban en contraste con la blancura del suelo. Las tiendas se estiraban por medio de cordeles atados a estacas clavadas en el suelo (Is 54.2; Jer 10.20).

Para dar cabida a más de una familia o alojar también animales, la tienda se dividía con cortinas de caña o de lana de cabra. El suelo se cubría con mantas de calidad variable según la situación económica de la familia. Las tiendas se prestaban magníficamente para la vida pastoril (Gn 13.12; Is 38.12; Sal 78.55; Heb 11.9).

La construcción de tiendas fue la profesión de Pablo y Aquila (Hch 18.3).

La tienda se usa mucho en el lenguaje figurado religioso y secular. Is 40.22 nos pinta el cielo como la gran tienda de Dios. En 2 Co 5.1 Pablo describe nuestra vida corporal como una tienda (tabernáculo) que pasa, se deshace, en contraste con la morada permanente en Dios. En la figura de Is 54.2, ensanchar la tienda es sinónimo de confianza en las promesas de Dios.

En general la tienda es figura del hogar, de la protección. Su desaparición es penosa, equivale a la muerte (Is 38.12). Es figura del carácter peregrino del pueblo de Dios que

T

busca una morada permanente en los cielos (Heb 11.9-16).

TIERRA Término que en la Biblia se emplea por lo menos en cinco diferentes sentidos.

1. Planeta o mundo físico en que habita el hombre (Gn 1.1; Dt 31.28; Sal 68.8; Mt 6.10). La tierra, en forma figurada, era como alfombra que se extiende (Is 42.5; 44.24), cimentada sobre el océano (Sal 24.2;136.6) y colgada de la nada (Job 26.7), sostenida por columnas (Job 9.6; Sal 75.3), sobre cimientos irremovibles, aunque tiemble (Sal 104.5; Pr 8.29; Is 24.18; Jer 31.37).

Se habla de los «cuatro confines de la tierra» o «cuatro extremos» (Is 11.12; Ez 7.2) en el sentido en que hoy se habla de los «cuatro puntos cardinales».

2. Parte del planeta no ocupada por los mares (Gn 1.10,28; Mt 23.15).

3. Suelo o superficie cultivable de la tierra (Gn 1.29; Gn 3.23; 27.28; Sal 104.14; Mt 13.5,8).

4. Totalidad de los habitantes de la tierra o de una parte de ella (Gn 11.1-9; Sal 98.9; Lm 2.15; Lc 2.1; 4.5; 21.26).

5. Territorio: «La tierra de los filisteos (Gn 21.32), «la tierra de Canaán» (Gn 23.2), «la tierra de Judea» (Jn 3.22). Hay casos en que no está claro si la palabra se usa en sentido restringido o universal, como sucede en la historia del → DILUVIO (Gn 7 y 8).

De las afirmaciones que se hacen sobre la tierra, se desprende una implicación sociológica. Como la tierra es de Jehová, no pesan títulos de propiedad sobre ella. Esta afirmación equivale a decir que la tierra es de todos.

TIERRA SANTA → PALESTINA, ISRAEL POSBÍBLICO.

TIFSA Nombre de dos ciudades en el Antiguo Testamento.

1. Ciudad situada en el extremo occidental del Éufrates, donde el río, que baja hacia el sur, vira hacia el este (1 R 4.24). Era el límite nordeste del reino de Salomón. Situada unos 160 km al nordeste de Tadmor (Palmira), Tifsa fue una importante ruta de caravanas.

2. Ciudad situada cerca de Tirsa en Samaria, unos 48 km al norte de Jerusalén (2 R 15.16). Fue víctima de la despiadada venganza de Manahem. Este, por encontrar las puertas cerradas, abrió las entrañas de las mujeres que estaban encinta.

TIGLAT-PILESER III Nombre del gran monarca asirio que también aparece en algunas versiones como Teglat-falasar (BJ). También se le conoce como → PUL, rey de Babilonia (1 Cr 5.26). Fue hijo de Adad-nirari III y padre de Salmanasar V. Su reinado duró solamente 18 años (745–729 a.C.), pero fue de fatales consecuencias para Israel y Judá. Su ascenso al trono puso fin a un período de debilidad política y militar que había comenzado en Asiria durante el reinado de su antecesor.

Con el sistema que inició de trasladar poblaciones de un lugar a otro, y al cambiar la táctica de tener reyes tributarios por la de anexarlos al imperio, dotó a Asiria de una sólida fórmula para sostenerse económicamente y para defenderse y extenderse al mismo tiempo. Venció con facilidad a todos sus enemigos e hizo hábiles alianzas con pueblos importantes que llegaría a dominar totalmente.

Al ascender al trono de Babilonia en 729 a. C., adoptó el nombre de Pulu, con lo cual hacía más aceptable su imposición. En el norte penetró hasta tocar con los medos y muy pronto terminó con la influencia que los ururtanos ejercían sobre Siria. Todas estas campañas tuvieron gran alcance y resonancia (2 R 19.13; Is 37.13), incluyendo la caída de Damasco en el 732 a.C. Las inscripciones asirias de esta época mencionan que recibió tributo del rey Manahem (2 R 15.19). También menciona a Tiro, Damasco, Cilicia, Carquemis y aun a Zabibi, reina de los árabes, como tributarios permanentes del imperio. La región de Hamat quedó totalmente pacificada con la deportación de 30,000 de sus habitantes a otras regiones. En una sola

Foto de Howard Vos

Relieve en piedra de Tiglat-pileser III de Asiria, de su palacio excavado en Nimrod.

campaña se le rindieron las ciudades de Fenicia y conquistó Gaza.

El rey Acaz, de Judá, acudió a Tiglat en busca de ayuda contra la coalición que Peka de Israel y Rezín de Siria habían formado contra él (2 R 16.7). Peka se rindió a tiempo para salvar a Samaria, aunque ya había perdido gran parte de su territorio (2 R 15.29). Acaz, protegido de Tiglat en este caso, no iba a quedarse sin pagar un alto precio material y espiritual por sus servicios (2 R 16.8-16). El rey asirio lo hizo ir a rendirle homenaje a Damasco, y llevarle cuanta plata y oro pudo recoger en el templo de Jerusalén; además, Acaz recibió órdenes de Tiglat de construir un altar al dios de Asiria en el mismo templo de Jerusalén. Acaz acató la orden con tal obediencia que inmediatamente envió el diseño del altar al sacerdote Urías para que procediera a cumplirla. Cuando Acaz regresó a Jerusalén pudo ya adorar en el nuevo altar que Tiglat le hizo construir. Desde esa fecha hasta el año 612 a.C., en que cayó definitivamente el Imperio Asirio, Judá pagó con fuertes tributos su precaria libertad.

TIGRIS → Hidekel.

TILDE → Jota.

TIMNA Tres personajes y dos lugares llevan este nombre.

1. Concubina de Elifaz, hijo de Esaú; madre de Amalec (Gn 36.12).

2. Hija de Seir y hermana de Lotán (Gn 36.22). Es posible que esta sea la misma persona de Gn 36.12.

3. Jefe edomita (Gn 36.40; 1 Cr 1.51).

4. Lugar al sur de Hebrón (Jos 15.57), llamado → «Timnat» en Gn 38.12.

5. Pueblo en la frontera norte de Judá (Jos 15.10; 2 Cr 28.18), llamado → «Timnat» en Jue 14.1.

TIMNAT Nombre de dos pueblos en el Antiguo Testamento.

1. Pueblo situado al norte de Judá, entre → Bet-semes y → Ecrón (Jos 15.10), en la frontera con → Filistea. Fue asignado a la tribu de Dan. Sin embargo, perteneció alternativamente a Israel y a Filistea (Jue 19.43; 2 Cr 28.18).

Fue escenario de las actividades de Sansón. Este se casó con una mujer de Timnat, pero la dejó cuando ella lo traicionó (Jue 14.1-20).

2. Aldea asignada a Judá (Jos 15.57). Allí Judá tomó por ramera a su nuera Tamar (Gn 38.12-14). Hoy día es Khirbet Tibneh en el camino de Lida a Jerusalén, 14 km al noroeste de Bet-el.

TIMOTEO (en griego, *temeroso de Dios*). Hijo espiritual (2 Ti 2.1), compañero y ayudante (Flp 2.19-22) de Pablo. Nació en Listra de madre judía (→ Eunice) y padre griego (Hch 16.1; 2 Ti 1.5). Fue altamente estimado por los hermanos en Listra e Iconio (Hch 16.2). No se sabe cuándo se convirtió pero se supone que fue durante el primer viaje de Pablo, cuando pudo presenciar los sufrimientos del apóstol (2 Ti 3.11).

Al separarse Bernabé y Pablo, este tomó a Timoteo para reemplazar a Juan Marcos (Hch 15.36ss). Pablo lo circuncidó (Hch 16.3). Cuando Pablo tuvo problemas en

T

PRIMERA DE TIMOTEO:
Un bosquejo para el estudio y la enseñanza

I. **Encargo de Pablo sobre la doctrina** **1.1-20**
   A. Encargo final a Timoteo 1.1-11
   B. Encargo pasado de Cristo a Pablo 1.12-17
   C. Primer encargo: «Pelea la buena batalla». 1.18-20
II. **Encargo de Pablo sobre la adoración pública** . . . . **2.1—3.16**
   A. Oración en la adoración pública 2.1-8
   B. Las mujeres en la adoración pública 2.9-15
   C. Calificaciones de los obispos 3.1-7
   D. Calificaciones de los diáconos 3.8-13
   E. Segundo encargo: Aprende a conducirte
      en la casa de Dios 3.14-16
III. **Encargo de Pablo sobre los maestros falsos** . . . **4.1-16**
   A. Descripción de los falsos maestros 4.1-5
   B. Instrucción para el maestro verdadero 4.6-10
   C. Tercer encargo:
      «No menosprecies el don» 4.11-16
IV. **Encargo de Pablo sobre la disciplina
    en la iglesia** **5.1-25**
   A. Cómo tratar a todos 5.1-2
   B. Cómo tratar a las viudas 5.3-16
   C. Cómo tratar a los ancianos 5.17-20
   D. Cuarto encargo: «Guarda estas
      cosas sin prejuicio» 5.21-25
V. **Encargo de Pablo sobre las motivaciones
   pastorales** **6.1-21**
   A. Exhortación a los siervos 6.1-2
   B. Exhortación a la santidad
      con contentamiento 6.3-16
   C. Exhortación a los ricos 6.17-19
   D. Quinto encargo: «Obedece lo que
      se te ha encomendado» 6.20-21

Tesalónica y en → BEREA, Timoteo se quedó allí con → SILAS mientras Pablo se trasladaba a Atenas (Hch 17.14). Se reunieron en Corinto (18.5) y siguieron juntos hasta Éfeso, desde donde lo enviaron con Erasto a Macedonia (Hch 19.22). Por último, aparece entre los que acompañaron a Pablo en el viaje a Jerusalén (20.4).

Pablo lo menciona como coautor de varias de sus cartas y le escribió dos cartas personales. Lo enviaron a Tesalónica a confirmar a los creyentes (1 Ts 3.1-5). Pablo lo describe como un siervo de Dios en el evangelio con algún prestigio entre los apóstoles (1 Ts 2.6; 3.2). Fue emisario personal de Pablo a Corinto con una misión delicada y lo recomienda cariñosamente (1 Co 4.17; 16.10). Pablo exhorta a los corintios a enviarlo de regreso en paz. En 2 Co es Tito el emisario, lo que insinúa que Timoteo dejó algunos problemas sin resolver en Corinto y que no tuvo éxito.

Las cartas de la cautividad de Pablo presentan a Timoteo como fiel compañero y colaborador. Pablo lo envió a fortalecer las iglesias gentiles (Flp 1; Col 1; Flm 1). En Flp 2.19 aparece llevando un informe directo del estado de la iglesia filipense. Fue uno de los que más trabajó para levantar las iglesias gentiles. Pablo destaca el genuino interés que Timoteo tiene en los creyentes (Flp 2.20-23).

Cuando Pablo salió de la prisión y reanudó la actividad misionera en el este, dejó a

SEGUNDA DE TIMOTEO:
Un bosquejo para el estudio y la enseñanza

I. **Persevera en las pruebas actuales** ...... 1.1—2.26
   A. Agradecimiento por la fe de Timoteo....... 1.1-5
   B. Recordatorio de la responsabilidad
      de Timoteo 1.6-18
   C. Características de un ministro fiel....... 2.1-26
      1. Maestro que discipula 2.1-2
      2. Soldado decidido................ 2.3-5
      3. El labrador resistente 2.6-13
      4. El obrero diligente 2.14-19
      5. Vaso santificado 2.20-23
      6. Siervo gentil 2.24-26
II. **Soporta las pruebas futuras**.......... 3.1—4.22
   A. El día venidero de la negación 3.1-17
      1. La llegada de la negación 3.1-9
      2. Cómo confrontar la negación........ 3.10-17
   B. Encargo de predicar la Palabra........ 4.1-5
   C. La cercanía de la muerte de Pablo 4.6-22
      1. La esperanza de Pablo en la muerte 4.6-8
      2. La situación de Pablo en la prisión 4.9-18
      3. Saludos finales de Pablo.......... 4.19-22

Timoteo en Éfeso (1 Ti 1.3) y le encargó la reorganización de la iglesia. Más tarde, cuando Pablo volvió a caer preso, Timoteo acudió prestamente a Roma, pero es imposible fijar la fecha de su llegada. Solo sabemos que Timoteo mismo estuvo prisionero en Roma (Heb 13.23).

Las epístolas pastorales presentan a Timoteo como pastor y dan un cuadro más completo de su personalidad que las vagas referencias de 1 y 2 Co. Era muy afectivo pero tímido (2 Ti 1.4,7). Necesitaba las amonestaciones personales de Pablo. Ninguno de los compañeros de Pablo recibió de este tan ardientes elogios por su lealtad (Flp 2.21s).

Es fácil inferir que Pablo veía en él a su natural sucesor, dados sus esfuerzos y virtudes.

TIMOTEO, EPÍSTOLA A → Epístolas pastorales.

TINAJA → Cántaro.

TINIEBLAS La revelación bíblica no acepta el dualismo → luz y tinieblas, día y noche, que caracteriza a muchas religiones. Dios hizo la noche y las tinieblas (Is 45.7) y no hay oscuridad tan profunda como para sobrepujar a Dios (Sal 139.7-12). Las tinieblas no son meramente ausencia de luz sino la matriz del caos (Gn 1.2) y la esfera del maligno (Jn 12.31; Hch 26.18). Las tinieblas luego representan el pecado (Jer 32.12) y la muerte (Sal 107.14). El Seol es un lugar tenebroso (Job 10.21s). Además, las tinieblas simbolizan la aflicción (Sal 88.6), el peligro (Sal 23.4) y el horror (Am 5.18ss).

Concluimos que en la Biblia hay dos esferas distintas de tinieblas: la ética y la que es dominio de los poderes satánicos. Los rollos del mar Muerto (→ Qumrán) hablan de las tinieblas como si fuesen un estilo de vida: los caminos de las tinieblas, los hijos de las tinieblas y el espíritu de tinieblas. Pablo y Juan enseñan lo mismo (Ef 5.11; 1 Jn 2.9).

El poder demoníaco es real (Ef 6.12). Causa ceguera espiritual (2 Co 4.3s; 1 Jn 2.11) y si esta continúa sin rectificarse, resulta en perdición (1 P 2.17). La pugna es muy dura (Lc 22.53) pero finalmente las tinieblas serán vencidas por Dios (Ro 13.12s; 1 Jn 2.8; Is 60.18-20).

TINTA Para escribir sobre → PAPIRO O CUERO (→ PERGAMINO; ESCRITURA), se diluía hollín en una solución de goma y se licuaba con aceite. Era fácil de borrar (Nm 5.23). El secretario llevaba el tintero atado a la cintura (Ez 9.2-11). Baruc escribía con tinta lo que le dictaba Jeremías (Jer 36.18). Pablo compara la iglesia en Corinto con una carta, escrita no con tinta sino con el Espíritu del Dios viviente (2 Co 3.3). El anciano de 2 Jn 12 y 3 Jn 13 prefiere hablar cara a cara, considerando impersonal la comunicación por tinta y pluma.

TIPO, TIPOLOGÍA Sombra que proyecta una verdad de la historia del Antiguo Testamento a la realidad o cumplimiento («antitipo») en la revelación del Nuevo Testamento. Tipología es el estudio de los tipos. Comprende términos como «ejemplo» (Ro 5.14; 1 Co 10.6,11), «sombra» (Col 2.17; Heb 8.5; 10.1), «figura» (He 8.5; 9.23,24), «señal» (Mt 12.39), «símbolo» (Heb 9.9; 11.19) y «antitipo» (Heb 9.24; 1 P 3.21). Todos estos están relaciones con la tipología bíblica

Los tipos del Antiguo Testamento incluyen personas, funcionarios, objetos, acontecimientos, ritos, lugares e instituciones que, además de su propio valor significativo, prefiguraban a alguien o a algo por venir. Por ejemplo: → ADÁN, → MELQUISEDEC; la función profética y sacerdotal; el → MANÁ; la → SERPIENTE DE BRONCE; la roca herida, el paso del Jordán; la → PASCUA; el → DÍA DE EXPIACIÓN y las ciudades de refugio son todos tipos de Cristo.

Hay una variedad de posiciones por parte de los expositores en cuanto al alcance o extensión de la tipología. Algunos han adornado de tal manera la historia del Antiguo Testamento con tantos tipo que la historia simple prácticamente se pasa por alto. Al otro extremo se hallan los que del todo rehúsan ver en la historia veterotestamentaria significado tipológico alguno. La interpretación correcta se halla sin duda entre los dos extremos.

Para salvaguardar al estudiante de !a tipología, debe distinguirse entre el tipólogo respaldado por la autoridad del Nuevo Testamento y el tipólogo basado en la especulación del intérprete inescrupuloso. La sobria exégesis debe prevalecer sobre la imaginación fantástica. Asimismo, debe distinguirse el tipo que corrobora definitivamente una doctrina de uno que no tiene ninguna contribución para alguna supuesta doctrina. La expulsión de Jonás del vientre del gran pez, por ejemplo, tipifica, en el pensamiento de Mateo, la resurrección de Cristo (Mt 12.40); pero la devolución de Jonás a tierra firme no tipifica necesariamente la restauración de Israel a la Tierra Santa.

También hay que distinguir entre lo que en un tipólogo es esencial y lo que es superfluo. Muchos tipologistas se dejan llevar por los detalles a tal grado que la verdad esencial se les escapa entre lo absurdo y lo pueril.

TÍQUICO Un amigo y compañero de Pablo oriundo del Asia Menor. Se menciona cinco veces en el Nuevo Testamento. Acompañó a Pablo a Jerusalén, quizá como delegado de su iglesia a la entrega de la colecta (Hch 20.4s). Fue representante personal de Pablo ante los colosenses (Col 4.7s) y los efesios (Ef 6.21s). Pablo parece haberle considerado como posible relevo de Tito en Creta (Tit 3.12) y lo envió a Éfeso cuando necesitó a Timoteo (2 Ti 4.12).

El tipo de trabajo que Pablo le encomendaba se refleja en Ef 6.21 y Col 4.7. La designación como «ministro» en estos pasajes implica su completa dedicación a la obra. Muestra un carácter lleno de afecto y fe, y digno de la gran confianza depositada en él por Pablo. Aparece como un hombre de mucha capacidad y experiencia en la obra.

TIRANO Residente de Éfeso en cuya «escuela» Pablo presentó durante dos años las doctrinas del evangelio (Hch 19.9; el texto occidental añade que el horario se extendía de las once de la mañana hasta las cuatro de la tarde). Desde allí como centro, sus discípulos llevaron el evangelio a toda la provincia de Asia. Algunos creen que Tirano fue un sofista griego, maestro de retórica y filosofía que abrió su aula para la discusión de la nueva doctrina y que probablemente se convirtió.

TIRHACA Tercer faraón de la vigesimoquinta dinastía de Egipto. Puesto que esa dinastía era oriunda de Etiopía, el Antiguo Testamento se refiere a Tirhaca como «rey de Etiopía» (2 R 19.9; Is 37.9). Fue este el faraón que salió a hacerle guerra a → SENAQUERIB cuando se aprestaba a tomar a Jerusalén en tiempos del rey Ezequías. Por una intervención divina, las tropas de Senaquerib fueron diezmadas y se vio obligado a regresar a Nínive (2 R 19.35,36; Is 37.36,37). Herodoto menciona una campaña de Senaquerib en la que el ejército se vio atacado por una plaga de ratones que devoraron las cuerdas de los arcos y los arneses de los caballos. Es casi seguro que este historiador se refería a los mismos acontecimientos de la historia bíblica.

El estudio de la vida de Tirhaca a partir de los monumentos egipcios plantea una dificultad. Al parecer Tirhaca llegó a ser faraón después de la campaña de Senaquerib. Hay dos hipótesis para resolver la dificultad:

1. Aunque Tirhaca no era todavía faraón, ya tenía cierta autoridad en Egipto. El título de «rey de Etiopía» que le da el Antiguo Testamento era precisamente el que tenía en época de la campaña como título honorífico por ser gobernador de una de las provincias del norte de Egipto o general del ejército.

2. Otra posibilidad sería suponer que Senaquerib llevó a cabo dos campañas hacia el oeste. Sin embargo, ni los textos asirios, ni los egipcios, ni los veterotestamentarios dan testimonio de dos campañas distintas.

TIRAS Hijo de Jafet (Gn 10.2; 1 Cr 1.5). No se menciona más en el Antiguo Testamento ni en inscripciones fuera de la Biblia. Se le ha comparado con los tursas, mencionados por Ramsés III, que invadieron Egipto desde el norte en el siglo XIII a.C. Los tursas son los tirsenos de las canciones griegas, que a su vez se han identificado con los etruscos.

TIRO Ciudad fenicia situada 40 km al sur de Sidón y 56 km al norte del monte Carmelo. Recibió el nombre de Tiro por estar construida sobre una isla rocosa a 800 m de tierra firme. Frente a ella en tierra firme se encontraba la ciudad de Uchu, la que en documentos antiguos es conocida como «la vieja Tiro». Uchu estaba fortificada. En ella habitaba buena parte de la población de Tiro, pues en la isla misma no había espacio para la agricultura.

A medida que Tiro fue ganando importancia marítima y comercial, la agricultura quedó relegada a segundo plano, y la vieja ciudad perdió importancia al mismo tiempo que la ganaba la población de la isla. Tiro tenía la ventaja de ser casi inexpugnable por estar separada de tierra firme. En tiempos del rey → HIRAM, se construyó un rompeolas al sur de la isla, con lo cual esta quedó provista de una magnífica bahía. La isla es actualmente una península, porque → ALEJANDRO MAGNO construyó un camino firme desde la costa para conquistarla. Ese camino se ha ensanchado con los sedimentos de la erosión. Al sur de Tiro pueden verse todavía los restos del rompeolas bajo el agua.

Los orígenes de Tiro se pierden en la penumbra de la prehistoria. Puesto que Isaías (23.12) la llama «hija de Sidón», es de suponerse que fue fundada por esa ciudad. Herodoto da a entender que ese acontecimiento tuvo lugar en el siglo XXVII a.C. Sin embargo, Tiro aparece en los documentos históricos solo a mediados del segundo milenio a.C. como una próspera ciudad que competía con Sidón y otras por la hegemonía comercial.

Tiro fue famosa por sus navegantes. Su comercio unía al oriente con el occidente. Tiro fue un gran centro comercial y marítimo a través de casi toda la historia del Antiguo Testamento. Por esa razón Isaías la llama «emporio de las naciones» (23.3), y Ezequiel se refiere a ella como «la que trafica con los pueblos de muchas costas» (27.3). Milenios antes que Vasco de Gama, los marinos de Tiro circunnavegaron el continente africano y fundaron la ciudad de Cártago en el norte

T

de África en el siglo IX a.C. Aunque Tiro existía ya en la época de la conquista y de los jueces, solo aparece en la historia de Israel durante los reinados de David y Salomón. En esa época, el reino de Israel llegaba hasta los confines de Tiro (2 S 24.7).

Las relaciones entre Tiro y David primero, y Salomón después, fueron cordiales y productivas para ambas partes. En esa época gobernaba en Tiro el rey Hiram, uno de sus más notables soberanos. Luego, la época de máximo esplendor de Israel coincidió con la época semejante de Tiro. Sin embargo, en lugar de disputarse la hegemonía de la región, ambos reinos colaboraron, tanto en el comercio interior como en el exterior. En el comercio interior, el rey Hiram ayudó a David en sus construcciones, proveyéndole maderas y artesanos (2 S 5.11; 1 Cr 14.1). Para construir su templo, Salomón hizo un pacto con Hiram, según el cual este le enviaba maderas y artesanos a cambio de trigo, cebada, aceite y vino (1 R 5.1-11; 2 Cr 2). Además, después de terminado el templo

Salomón dio a Hiram veinte ciudades que Hiram recibió con desagrado (1 R 9.10-13).

Oriundo también de Tiro fue Hiram, hijo de una viuda de Neftalí, principal constructor del templo, que no ha de confundirse con el rey de Tiro. En el comercio exterior, Tiro también colaboró con Salomón cuando este construyó naves en → EZIÓN-GEBER para enviarlas a Ofir, pues en esa ocasión fue Hiram quien le proveyó de marineros para tripularlas (1 R 9.26-28).

Esta amistad hizo que la idolatría se introdujera en el pueblo hebreo bajo los reinados de → JEZABEL y → ACAB en Israel, y → ATALÍA y → JORAM en Judá. La riqueza de Tiro la hacía una ciudad orgullosa, y por eso los profetas clamaron repetidamente contra ella y predijeron su destrucción (por ejemplo, Is 23.1-17; Jer 27.3-6; Ez 26–29; Jl 3.4-8). Uno de los peores agravios que Tiro cometió contra Israel fue vender sus ciudadanos como esclavos (Am 1.9-10).

Durante la época de la hegemonía asiria, Salmanasar intentó tomar a Tiro, y para ello

---

Ruinas romanas en la antigua ciudad de Tiro, con edificios de la ciudad moderna en el fondo.

Foto de Bernice Johnson

la atacó con sesenta naves, pero los habitantes de Tiro, con solo doce naves, lo derrotaron. Tras sitiar la ciudad por cinco años, Salmanasar murió. Senaquerib la atacó de nuevo y no obtuvo mejores resultados. Por fin, en el año 664 a.C., Asurbanipal logró conquistarla. Cuando Babilonia sucedió a Asiria, Tiro volvió a establecer relaciones estrechas con Egipto, pero en el 605 → Nabucodonosor derrotó al faraón → Necao en Carquemis y cercó a Tiro durante trece años. Al parecer, Nabucodonosor logró establecer su autoridad, pues a partir de ello Tiro quedó dentro de la esfera de influencia de Babilonia.

Cuando el Imperio Babilónico pasó a la historia, la condición de Tiro bajo el dominio persa fue holgada. Durante años Tiro pudo comerciar en paz, aunque siempre haciendo a los persas partícipes de sus ganancias. Los soberanos persas, sin embargo, fueron haciéndose más exigentes, hasta que por fin las ciudades de Fenicia se rebelaron. En esa ocasión Sidón fue destruida y Tiro, aprendiendo por la experiencia ajena, se rindió a los persas.

Cuando → Alejandro Magno invadió la región, se vio obligado a sitiar Tiro por espacio de varios meses debido a la resistencia opuesta. A fin de evitar las demoras de un sitio prolongado, Alejandro hizo construir una amplia carretera que unía a Tiro con la tierra firme, y por ella atacó y tomó la ciudad. Ocho mil de sus habitantes murieron, y treinta mil fueron vendidos como esclavos. A pesar de esto, Tiro no perdió su importancia, y pocos años después de la muerte de Alejandro, cuando sus generales se disputaban los restos de su imperio, Tiro era ya de nuevo una ciudad fortificada. Tras quedar en manos de los egipcios, pasó al poder de los seléucidas, luego al de los armenios, luego otra vez a los seléucidas. Finalmente, en el año 65 a.C., quedó incorporada al Imperio Romano. Este dio a sus habitantes libertades que les permitieron continuar tranquilamente sus viejas actividades comerciales. Hoy no queda allí más que una pequeña aldea. La isla sigue unida a la tierra firme por el camino que Alejandro construyó para sus falanges.

En el Nuevo Testamento se menciona a Tiro repetidamente. Algunos de sus habitantes pudieron escuchar al Señor (Mc 3.8; Lc 6.17). Jesús estuvo en sus territorios (Mt 15.21; Mc 7.24), e hizo referencia a ella (Mt 11.21,22; Lc 10.13,14). El apóstol Pablo hizo también una breve visita a la ciudad (Hch 21.3,7).

TIRSA Nombre de una mujer y una ciudad en el Antiguo Testamento.

1. La menor de las cinco hijas de Zelofehad (Nm 26.33; 27.1; Jos 17.3).

2. Ciudad cananea (Jos 12.24), asignada a la tribu de Manasés, famosa por su belleza (Cnt 6.4). Fue capital de Israel durante los reinados de Baasa (1 R 15.21; 33; 16.6), Ela y Zimri (1 R 16.7-10). Cuando Omri sitió la ciudad, Zimri quemó el palacio y se suicidó (1 R 16.17,18). Seis años después, Omri trasladó la capital a Samaria. Tirsa reaparece en 2 R 15.14-16 como el lugar en donde Manahem conspiró en contra de Salum. La identificación exacta del sitio no se ha establecido. Roland de Vaux sugiere un montículo unos 11 km al noroeste de Nabulus.

TISBITA Natural de Tisbe, pueblo de Neftalí. A Elías se le llama «tisbita» (1 R 17.1; 21.17,28; 2 R 1.3,8; 9.36).

Tisbe no se ha podido localizar. Algunos la identifican con Teitaba, 18 km al noroeste del mar de Galilea; con Listib en la parte oriental de los montes de Galaad, y con otros lugares.

T

TITO Hijo espiritual, compañero y colaborador de Pablo (Tit 1.4; 2 Co 8.23). Sorprendentemente, no se menciona por nombre en el libro de los Hechos, aunque acompañó a Pablo y Bernabé en su viaje a Jerusalén (Gl 2.1), viaje que probablemente sea el mismo que se narra en Hch 15 (→ Concilio de Jerusalén). Como era griego, no lo obligaron a circuncidarse (Gl 2.3). Se ha conjeturado que Tito era hermano de Lucas y que este

Foto de Willem A. VanGemeren

La moderna Tirsa, sucesora de la antigua ciudad cananea que sirvió por un tiempo de capital del reino del norte de Israel.

sea «el hermano» mencionado en 2 Co 8.18, 22; así se explicaría por qué Lucas modestamente calla el nombre de Tito en Hechos. Sin embargo, este tipo de explicación no deja de ser solo una ligera conjetura.

Aparentemente sirvió como representante de Pablo en Corinto (2 Co 8.6; 12.18) y posiblemente llevó la epístola que Pablo escribió a esa iglesia (la segunda de las tres) que no se ha conservado (cf. 2 Co 2.1-4; 7.6-12). En uno de sus viajes, Pablo lo esperaba en Troas para tener noticias de Corinto. Cuando Tito no llegó, se llenó de angustia (2 Co 2.12). Al fin se reunió con Pablo en Macedonia, donde le informó acerca del progreso de los → CORINTIOS. Esto causó gran gozo y consuelo al apóstol (2 Co 7.5ss, 13ss) y motivó la escritura de su tercera carta a los corintios (conocida como 2 Co), la que mandó con Tito (2 Co 8.16s).

Pablo llevó a Tito a la isla de → CRETA, donde lo dejó para consolidar la obra y organizar la iglesia (Tit 1.5). El apóstol le escribió la epístola que lleva su nombre (→ EPÍSTOLAS PASTORALES) con el fin de instruirle y animarle en sus responsabilidades eclesiásticas. Pablo lo llamó a reunirse de nuevo con él en Nicópolis (Tit 3.12).

TITO:
Un bosquejo para el estudio y la enseñanza

I. **Señalamiento de ancianos** **1.1-16**
  A. Introducción 1.1-4
  B. La ordenación de ancianos calificados 1.5-9
  C. Se reprende a los maestros falsos 1.10-16
II. **Ordena las cosas** . . . . **2.1—3.15**
  A. Predica la sana doctrina 2.1-15
  B. Practica las buenas obras 3.1-11
  C. Conclusión 3.12-15

De acuerdo con 2 Ti 4.10 es posible que lo mandara en otra gira de evangelización a Dalmacia.

Según la tradición, Tito volvió a Creta y sirvió allí muchos años como obispo, y murió a una edad avanzada.

TITO, EPÍSTOLA A → EPÍSTOLAS PASTORALES.

TOALLA Traducción (RV) de la voz griega *léntion* que aparece solo en Jn 13.4s y que se refiere a un lienzo que se usaba como «toalla» o delantal y que se ponían los sirvientes cuando se disponían a trabajar.

TOB Ciudad y región en el sur de Haurán y al noroeste de Galaad. Jefté se refugió allí cuando sus hermanastros lo echaron para no compartir con él la herencia. Estando en Tob, Jefté recibió el llamamiento a guiar a las tribus orientales de Israel en su lucha contra los amonitas (Jue 11.3-5).

Algunos judíos se establecieron en Tob después del cautiverio. Judas Macabeo los libró del ataque de sus vecinos griegos (1 Mac 5.13; 2 Mac 12.17).

En 2 S 10.6-8 se le llama Is-tob.

Es probable que Tob haya estado ubicada donde hoy se halla la aldea de Taiyibe, 16 km al sur de Gadara, entre Bozra y Edrei.

TOBÍAS Enemigo de → NEHEMÍAS (Neh 2.10) que en unión de Sanbalat y Gesem se opuso a la reconstrucción de las murallas de Jerusalén (2.19; 6.16-19). A pesar de ser «siervo amonita» (2.10,19), logró ocupar posiciones de importancia. Se unió por matrimonio a una distinguida familia de Judá (6.17,18) y por causa de su parentesco con el sacerdote Eliasib, llegó a disponer de una habitación en los atrios del templo, y de allí lo sacó Nehemías (13.4-9).

También llevaron este nombre un levita distinguido (2 Cr 17.7-9), el tronco de una familia que había perdido sus comprobantes de ascendencia israelita (Esd 2.59,60), y un cautivo escogido para desempeñar una misión importante (Zac 6.9-15).

TODOPODEROSO (en hebreo, *Shaddai*, que significa *Omnipotente*). Palabra que se usa cuarenta y ocho veces en el Antiguo Testamento para caracterizar o nombrar a Dios (especialmente en Job). En el Nuevo Testamento solo se encuentra en Apocalipsis (en griego, *pantókrator*) además de una cita del Antiguo Testamento en 2 Co 6.18. La omnipotencia no se refiere a un atributo abstracto, sino más bien a la obra de Dios, «el que obra con todo poder». Si bien la Biblia no utiliza mucho la expresión, afirma claramente el pleno poder de Dios para llevar a cabo su propósito (Sal 115.3; 135.6). No se trata de una potencia arbitraria, sino de su propósito santo en la → CREACIÓN y la → REDENCIÓN.

Cristo participa en el poder del padre, y aunque su omnipotencia permanece oculta a los incrédulos, se manifiesta en sus obras, y sus discípulos la atestiguan (Mt 9.6; 11.27; 28.18; Jn 17.2; Ap 1.8).

Frente a la omnipotencia divina, el hombre no ha de sentir solo temor y temblor (Job 37.23,24; 40.2) sino confianza, seguridad y valor (Gn 17.1ss). La humilde súplica y la fe obediente corresponden al encuentro con el Dios todopoderoso cuya voluntad y obra son nuestra salvación.

TOFEL Lugar en el Arabá cerca de donde los israelitas terminaron sus peregrinaciones (Dt 1.1). Se ha identificado con el moderno Tafile, ubicado 25 km al sudeste del mar Muerto.

TOFET (*lugar de fuego* [?]). Lugar en el valle de → HINOM al sur de Jerusalén, cerca de la unión de este valle con el de Cedrón. Aquí, bajo Acaz y Manasés, los israelitas sacrificaban sus hijos a → MOLOC pasándolos por fuego (2 R 16.3; 21.6), hecho que quizás explique el nombre dado a este lugar.

Josías lo profanó (2 R 23.10). Jeremías profetizó que Tofet se llamaría «Valle de la Matanza» y que se convertiría en un cementerio (Jer 7.31,32; 19.6,11-14).

TOGARMA Hijo de Gomer (Gn 10.3) que formó uno de los muchos pueblos que habitaban «los confines del norte» de Ez 38.6. Sostenía relaciones comerciales con Tiro, a la que vendía caballos y animales de carga (Ez 27.14). Se ha identificado con Til-garimu o Tegarama, lugar en Asia Menor, entre Carquemis y Harrán. Los asirios la destruyeron en el año 695 a.C.

TOLEMAIDA   Puerto ubicado en la bahía de Acre, 13 km al norte del monte Carmelo. Su nombre primitivo fue Aco (Jue 1.31). Era el único puerto natural al sur de Fenicia. Aser no logró conquistarlo cuando le fue asignado. Durante el Antiguo Testamento había varias rutas de Aco a Galilea y al valle del Jordán. Los escritos extrabíblicos hacen muchas referencias a Aco. A fines del siglo III o a principios del II a.C. pasó a llamarse Tolemaida en honor a → TOLOMEO Filadelfo (285–246 a.C.). Tuvo un papel bastante importante en la historia de los judíos en la época de los macabeos (1 Mac 5.15; 12.45-48). Creció en importancia cuando menguaron → TIRO y → SIDÓN (a partir del siglo IV a.C.).

Pablo visitó Tolemaida en el viaje a Jerusalén, después de pasar por Tiro. Allí había un grupo de creyentes y Pablo estuvo un día con ellos. Es la única mención de Tolemaida en el Nuevo Testamento (Hch 21.7).

TOLOMEO   Nombre de los reyes que gobernaron a Egipto después de la muerte de → ALEJANDRO MAGNO.

1. Tolomeo I, Soter (304–285 a.C.). Uno de los principales generales de Alejandro, que a la muerte del gran conquistador lo nombraron sátrapa de Egipto, pero poco después tomó el título de rey. Abdicó en el año 285 a.C. en favor de uno de sus hijos menores, pero continuó viviendo y participando de los asuntos del estado hasta su muerte en el año 283. Una de sus principales contribuciones a la historia de la cultura fue la fundación de la famosa biblioteca de → ALEJANDRÍA. Es posible que Dn 11.5 se refiera a él.

2. Tolomeo II, Filadelfo (285–246 a.C.). Hijo y sucesor de Tolomeo I. El título de «Filadelfo» le fue aplicado primero a su hermana, que se casó con él, y después, por extensión, a él. Según la leyenda, fue durante su reinado que se produjo la traducción del Antiguo Testamento al griego conocida como la → SEPTUAGINTA. Reclamó para sí y para su hermana y esposa el título de dioses que antiguamente tenían los → FARAONES egipcios. Posiblemente Dn 11.6 se refiere al hecho de que Tolomeo II casó a su hija Berenice con Antíoco II de Siria, lo cual le aseguró la paz con su antiguo rival. Bajo Tolomeo II la dinastía llegó a su máximo esplendor.

3. Tolomeo III, Evergetes (246–221 a.C.). Hijo y sucesor de Tolomeo II. Al recibir noticias del repudio y asesinato de su hermana Berenice, invadió a Siria. Aunque salió derrotado, logró retener el territorio de Judea (Dn 11.7ss). Fue durante su reinado que el sumo sacerdote Onías II, que se inclinaba hacia los → SELEUCOS y estaba en contra de los tolomeos, se negó a pagarle tributo. A consecuencia de esto, el sacerdocio perdió buena parte de su poder temporal. La integridad de Judea se salvó solo mediante la intervención de José ben Tobías (Josefo, Antigüedades, XII.vi.1).

4. Tolomeo IV, Filopátor (221–205 a.C.). Hijo y sucesor de Tolomeo III. Cuando → ANTÍOCO el Grande invadió a Egipto, este Tolomeo lo derrotó (Dn 11.10ss). Según 3 Macabeos, Tolomeo IV intentó entrar en el templo de Jerusalén, pero fuerzas misteriosas se lo impidieron. De regreso a Egipto, desató una persecución contra los judíos, de la cual muchos se salvaron por otra intervención milagrosa.

5. Tolomeo V, Epífanes (205–180 a.C.). Hijo de Tolomeo IV, a quien sucedió cuando tenía solo cinco años de edad. Aprovechando esta circunstancia, → ANTÍOCO III de Siria invadió los territorios de Tolomeo, y Judea pasó de nuevo a manos de Siria. La reconciliación entre Siria y Egipto se logró mediante un matrimonio político que a la postre fue infeliz (Dn 11.13-17). Durante esta época, las rivalidades entre Siria y Egipto provocaron una división entre los judíos: unos abogaban por un bando y otros por el otro.

6. Tolomeo VI, Filométor (180–145 a.C.). Hijo y sucesor de Tolomeo V. Cayó prisionero de los sirios, y al regresar encontró a su hermano ocupando el trono. Tras compartir el poder por algún tiempo, se dividieron el reino. Tolomeo VI se distinguió por sus hábiles maniobras que le permitieron intervenir en la política interior de Siria. Puesto que Roma comenzaba a surgir como una gran potencia, Tolomeo VI se alió con ella (Dn 11.25-30). Durante su reinado se edificó en Leontópolis un templo en el que los judíos de Egipto podían adorar.

7. Tolomeo VIII, Evergetes II (145–116 a.C.). Era hermano de Tolomeo VI, con quien había compartido el trono, y derrocó a su sobrino Tolomeo VII. Persiguió a los judíos, a quienes creía partidarios de Siria (2 Macabeos 1), pero parece que al final de su reinado cambió la política hacia ellos. (→ CRONOLOGÍA; PERÍODO INTERTESTAMENTARIO.)

TOMÁS (en hebreo y arameo, *mellizo*). Uno de los doce apóstoles. Se le nombra en el segundo grupo de cuatro en todas las listas junto a Mateo en Mt 10.3 y Lc 6.15, a Jacobo hijo de Alfeo en Mc 3.18, y a Felipe en Hch 1.13. Tomás es un apodo cuyo equivalente griego, Dídimo, aparece solo en Juan (Jn 11.16; 20.24; 21.2). No se sabe su verdadero nombre (algunas traducciones siríacas lo identifican como «Judas Tomás»), ni quién era su hermano gemelo.

Solo Juan proporciona detalles sobre el carácter de Tomás. Se destaca como leal y valiente, dispuesto a morir con el Señor si este iba a Judea (Jn 11.16). En Jn 14.5 vemos a una persona que pregunta porque quiere aclaraciones, y este rasgo se confirma en el conocido incidente de Jn 20.24-29, en el que, por no haber visto personalmente al Señor resucitado en su primera manifestación a los discípulos, rehúsa creer si no recibe pruebas visuales y de tacto. Es verdad que el Señor reprendió su incredulidad, pero Juan incluye el incidente para que por boca de Tomás tengamos la declaración de fe más clara y contundente de todos los discípulos después de la resurrección de Jesús: «¡Señor mío y Dios mío!» Fue uno de los siete pescadores que vieron al Resucitado a orillas del lago de Galilea (Jn 21.2).

Su nombre se destaca en la literatura apócrifa de carácter → GNÓSTICO del siglo II, donde figura como gemelo del mismo Señor Jesús (!) y como evangelista en la India.

TOPACIO Piedra preciosa de color amarillo vinoso o anaranjado con sombras de verde o rojo, parecida al moderno crisólito, que procedía de la costa del mar Rojo. En el pectoral del sumo sacerdote correspondía a la tribu de Simeón (Éx 28.17; 39.10). El rey de Tiro la tenía como adorno y símbolo de riqueza y poder (Ez 28.13). El topacio adornaba la novena base del muro de la nueva Jerusalén (Ap 21.20). Aunque es una piedra de gran precio, el topacio de Etiopía es de menor valor que la sabiduría (Job 28.19).

TORBELLINO Las palabras hebreas que se traducen torbellino designan cualquier tipo de ventarrón violento (Job 21.18; Is 17.13; Nah 1.3; Cnt 3.6). De allí que se traduzcan también en forma apropiada como tempestad (Sal 107.29; Jer 23.19; Dn 11.40; Am 1.14).

Los torbellinos ocurren principalmente cerca de la costa y antes de la estación lluviosa, cuando la atmósfera es muy inestable. Aunque tengan una corta trayectoria son muy destructivos (Pr 10.25; Is 28.2). Elías subió en un torbellino (2 R 2.1,11) semejante a aquellos en que se manifestaba Jehová (Job 38.1; Ez 1.4 VM).

Este sustantivo se usa en sentido figurado para denotar un ataque enemigo repentino (Is 5.28; Jer 4.13), una calamidad (Pr 1.27) o el castigo divino del pecado (Is 66.15; Pr 10.25; Os 8.7).

TORO El hebreo no distingue entre el toro (semental del ganado vacuno) y el → BUEY,

Estas figuras de madera, que data más o menos del 2000 a.C., muestran un agricultor egipcio guiando un arado de dos mangos arrastrado por un par de bueyes.

el mismo animal pero emasculado y usado generalmente en la labranza.

Hallamos el término en Jue 6.25-28; Sal 50.13; 68.30; Is 34.7; Hch 14.13; Heb 9.13. Los famosos toros de → Basán, criados en una región muy fértil, eran libres, fuertes y feroces, y llegaron a constituirse en un símbolo de los enemigos fieros y numerosos (Sal 22.12).

TORRE Edificio más alto que ancho construido de ladrillos o de piedras. La Biblia habla de tres clases de torre.

1. La torre militar, desde donde los atalayas vigilaban la posible presencia de enemigos (2 Cr 14.7; Is 32.14) y en donde podía refugiarse la gente en tiempos de ataque. Había torres en los muros de Jerusalén (2 R 17.9; 2 Cr 26.9; 32.5) y también en las fronteras. La versión RV traduce la misma palabra hebrea a veces «torre» y otras veces «fortaleza».

2. La torre religiosa en la que se ofrecían sacrificios en un altar construido encima como símbolo de acercamiento al dios correspondiente. Los zigurat (por ejemplo, la torre de → Babel) tenían ese propósito (Gn 11.4).

3. La torre de campo. Los agricultores construían torres rústicas en medio de sus campos para vigilar las cosechas. Eran de piedra con una pieza cerrada en el fondo en la que guardaban las herramientas y donde la familia podía vivir durante la época de la cosecha. La parte superior ofrecía una vista panorámica de los campos (Mt 21.33; Mc 12.1; Is 5.2).

La palabra torre se usa en sentido figurado para referirse a la protección de Dios (Sal 61.3; 18.2; 2 S 22.51; Pr 18.10), a la fuerza humana (Cnt 4.4) y a la belleza femenina (Cnt 7.4; 8.10).

TORRENTE → Arroyo.

TÓRTOLA Ave del orden de las palomas pero más pequeña, de la que hay tres variedades en la Tierra Santa. La tórtola es ave migratoria (Jer 8.7). Deja su tierra y hace un viaje corto al sur, de donde regresa al comienzo de la primavera (Cnt 2.12). La Ley permitía que los pobres presentaran tórtolas como holocausto por el pecado (Lv 1.14; 5.7,11) y en varios ritos de purificación (Lv 12.6-8; 14.22; 15.14,19; Nm 6.10). En el acto de la circuncisión de Jesús, el hecho de que

Foto de Howard Vos

Fabricando ladrillos cerca de Menfis, Egipto, según el antiguo método de endurecer ladrillos al sol.

María y José presentaran dos tórtolas (Lc 2.24) es prueba de su pobreza. La primera mención de la tórtola se encuentra en Gn 15.9, de donde se puede concluir que era costumbre de presentarla en sacrificio desde antes de la ley levítica. En una bella imagen se habla del pueblo de Dios como su «tórtola» (Sal 74.19).

TRABAJO La Biblia es, en un sentido, un libro que registra la vida de un pueblo trabajador. El trabajo entre los hebreos era parte de una perspectiva teológica. En el Génesis se exalta el trabajo creativo. Es el mismo Dios que continúa laborando (Sal 104.22-24; Is 28.29; 40.28). La obra de Dios en favor del hombre fue fundamento de la dignidad del trabajo.

Los Diez Mandamientos no solo subrayan el día del → DESCANSO, sino el trabajo de los otros seis días (Éx 23.12). Nehemías señala el bien que se recibe del trabajo hecho y cumplido (Neh 4.6). El apóstol Pablo exalta por igual el trabajo (1 Ts 4.11).

Jesús alaba a la persona laboriosa y lamenta la desocupación (Mt 20.1-16), y habla del

Alfarero en Hebrón, moldea una enorme tinaja de barro.

Foto de Gustav Jeeninga

T

Antigua panadería en Pompeya, mostrando un horno (izquierda) y molinos para moler trigo (derecha).

salario del trabajador (Lc 10.7). Él mismo fue trabajador esmerado e infatigable (Jn 5.17). Los discípulos de Jesús eran personas industriosas. Cristo los llamó a su servicio estando ocupados en laborioso trabajo.

La Biblia se refiere, entre otros trabajos comunes entre los hebreos, a cuatro tipos principales:

1. El de pastores y agricultores (Gn 13.2; 33.17; Rt 2.3; 1 S 9.3; 16.11; 1 R 19.19).

2. El de obrero artesano.

3. El de trabajador asalariado.

4. El del criado o esclavo trabajador.

El trabajo del esclavo fue valiosísimo en las grandes construcciones (Éx 20.10,17; 21.2-6). Salomón implantó el trabajo forzado al construir el templo (1 R 5.13-18).

La mujer hebrea desempeñaba una variedad de trabajos no solo domésticos, sino también del campo (Pr 31.10-31). La vemos ocupada en la cotidiana tarea de moler los granos y elaborar harinas (Éx 11.5; Mt 24.41), en amasar y cocer pan (Gn 18.6), en la confección de las vestiduras (1 S 2.19), en el aseo y cuidado de la casa (Lc 15.8), en la diaria y fatigosa tarea de aprovisionamiento de agua (Gn 24.15), en el cuidado de las ovejas (Gn 29.6), en la recolección de las cosechas (Rt 2.3) y a veces en negocios como el de Lidia (Hch 16.4). En las Escrituras el concepto del trabajo tiene un elevado sentido espiritual.

Trabajar u obrar son términos comunes para significar todo lo que un persona hace y la forma como da expresión a la vida. Jesús apremia a las personas a trabajar (Jn 9.4); llama a los «trabajados y cargados» (Mt 11.28-30); Pablo alude a las «buenas obras» (Ef 2.10); se habla del reino de los cielos como conquista del que trabaja (Mt 20.1-16); y se enaltece la justa paga del obrero (Lc 10.7).

Foto de Howard Vos

La hermosa obra de albañilería en la maciza escalera de un templo en la antigua Persépolis.

TRACONITE Área rocosa y estéril situada al nordeste de Galilea y al sur de Damasco. Formó parte del reino de → HERODES el Grande y después, de la tetrarquía de → HERODES Felipe su hijo (Lc 3.1). Debido al carácter quebrado de sus depósitos de lava basáltica, Traconite era ideal para los bandoleros. Josefo, escribiendo en el siglo I d.C., habla de la naturaleza rapaz de sus habitantes, a quienes Herodes el Grande puso a raya.

TRADICIÓN Traducción de la voz griega, *parádosis*, que significa «cosa entregada». Se refiere a la enseñanza que el maestro transmite oralmente al discípulo. En el Nuevo Testamento tiene un sentido bueno (1 Co 11.2; 2 Ts 2.15; 3.6) y un sentido malo (Mt 15.6; Mc 7.8; Col 2.8).

Tradición judía

La transmisión de un patrimonio religioso a través de una serie de intermediarios era muy común en el Antiguo Testamento. Gran parte del → CANON tomó forma escrita solo tras una larga historia oral. Aun cuando un escrito ya había alcanzado su forma definitiva, la tradición siguió afectándolo, al menos en la comprensión popular. Los sacerdotes y escribas transmitieron a los fieles, como un depósito sagrado, la *Torá* (doctrina y práctica; 1 S 1.3; Jue 17.7,13; Dt 17.18; cf. el caso de → ESDRAS en Neh 8.7ss). Con los años surgieron tradiciones rabínicas (*Mishnah*, → TALMUD), repetidas con exactitud casi mecánica, que a veces reflejaban fielmente la intención divina, pero muchas veces no.

Ya en el siglo I d.C., estos comentarios gozaban en los círculos de enseñanza de igual respeto que las Escrituras, aberración que Jesucristo criticó aunque Él mismo no desechó toda tradición judía (Mc 1.44; 11.16). Muchos religiosos, aferrándose a «la tradición de los ancianos», quebrantaban e invalidaban el mandamiento de Dios (Mt 15.1-14; Mc 7.1-13). A tal tradición, por contradecir las más elementales exigencias morales (→ CORBÁN), Jesús la llama «vuestra tradición que habéis transmitido» y «mandamientos de hombres» (citando Is 29.13). En el Sermón del Monte, la frase «oísteis que fue dicho a los antiguos» (Mt 5.21,23; cf. vv. 27,31,38,43) parece referirse a la mezcla popular de enseñanza veterotestamentaria y tradición rabínica a la cual Jesús opone su «pero yo os digo».

Tradición cristiana

Todos los Evangelios (→ EVANGELIOS SINÓPTICOS; EVANGELIO DE JUAN; CRÍTICA BÍBLICA) dependen de la transmisión oral, de la tradición predicada. Muchas comunidades continuaron la práctica judía de conservar preciosos dichos, relatos e instrucciones, puestos al día y aplicados a sus necesidades locales; pero, para los cristianos, la persona de Jesucristo era el enfoque nuevo y último de la revelación divina.

Pablo, quien conocía los métodos judíos de enseñanza (Hch 22.1ss; 26.3ss), entregó exactamente lo que otros le transmitieron cuando él se convirtió (1 Co 11.23; 15.3). La expresión «recibí del Señor» se refiere, no a una visión particular, sino a una tradición cuyo origen se remonta directamente a Jesucristo. En 1 Co 15.1-12 se recalca que la tradición cristiana es el evangelio, generalmente predicado, cuya historicidad la garantizan testigos oculares. Todo este capítulo ilustra, sin embargo, que la tradición no consta solo de datos históricos sino también de la interpretación teológica de estos datos. Los verbos que se emplean para hablar de la recepción de la tradición implican «retener firmemente» (por ejemplo, 2 Ts 2.15; cf. 1 Ti 6.20; 2 Ti 1.14). Filipenses 4.9 añade el principio de la imitación personal del maestro, pues la tradición siempre compromete al receptor a una nueva cualidad de vida (1 Co 11.2; 2 Ts 3.6s; Ro 6.17; Jud 3). Otros escritores del Nuevo Testamento se refieren similarmente a la tradición (Lc 1.2; Hch 7.38; 16.4; Jud 5, etc.).

En la época apostólica la combinación del testimonio fundado en la observación ocular (Lc 24.48; Hch 1.8,21-16) y la interpretación que daba el Espíritu Santo a través de personas comisionados (Jn 15.26s; 16.13; Ef 4.20s) produjo una tradición verdadera que continuaba la revelación del Antiguo Testamento (1 Ti 5.18; 2 P 3.16). Sin embargo, el surgimiento paralelo de tradiciones falsas (Col 2.8), junto con otros factores, hizo necesario definir la tradición autoritativa y ponerla por escrito. Cualquier tradición supuestamente apostólica, pero extracanónica, tiene que medirse e interpretarse por el Nuevo Testamento.

TRANSFIGURACIÓN (del griego, *metamórfosis* que significa *cambio de forma*). A diferencia de las metamorfosis paganas (aparición de dioses en figura terrena, o bien, transformación de hombres en seres divinos por tomar forma celestial), Jesucristo se transfiguró ante tres de sus discípulos, solo seis días después del primer anuncio de su pasión (Mc 9.2-9//). La tradición ha fijado en el → TABOR la ubicación del monte (cf. 2 P 1.16ss) en cuya cima se realizó la transfiguración.

La clave de la interpretación se halla en la voz divina. Esta no se dirige a Jesús (cf. la voz del bautismo, Mc 1.11), sino a Pedro, Jacobo y Juan. Contra el trasfondo de Sal 2.7, la voz les presenta a Jesús como el Hijo amado de Dios (→ HIJO DE DIOS), como el → MESÍAS, y al hacerlo confirmaba la reciente confesión de Pedro (Mc 8.29; cf. 9.1). Luego, con las palabras «a Él oíd», la voz divina alude al → PROFETA escatológico al que, según la promesa de Dt 18.15, el pueblo prestará atención y obediencia. En otras palabras, el hecho de emprender Jesús el camino de la pasión (cf. Mc 8.31s), en vez del camino dictado por la expectativa popular, (Mc 8.32s) no impide que Él sea el Mesías, el → HIJO DEL HOMBRE glorioso (Dn 7.13; para el «secreto mesiánico» implicado en Mc 9.9, → MARCOS, EVANGELIO DE).

La aparición de Moisés y Elías puede simbolizar el respaldo de la Ley y los profetas al mesiazgo de Jesús (cf. Lc 9.31 «hablaban de su partida [literalmente, éxodo], que iba Jesús a cumplir en Jerusalén»), pero más probablemente es como precursores del Mesías que figuran aquí brevemente. Son removidos, y Jesús queda solo, cuando Pedro urge una prolongación del goce celestial que sugiere la igualdad entre Moisés, Elías y Jesús. La blancura y brillo, que son propios de los seres del cielo, afectan a Jesús en su persona y en sus vestidos (cf. Dn 7.9; 10.5; Hch 1.10; Ap 3.4s, etc.); Lc 9.32 lo identifica como «la → GLORIA de Jesús».

Bibliografía:

DTB, col. 1033-1036. *VTB*, pp. 805s. *VB*, pp. 329s. *EBDM* VI, col. 1082-1088. León-Dufour, *Estudios de Evangelio*, Estela, Barcelona, 1969, pp. 79-117.

TRANSGRESIÓN Infracción de la Ley o de un mandamiento específico de Dios. El → PE-CADO en este sentido es transgresión (1 Jn 3.4, RV-1909). En un caso excepcional la transgresión se refiere a un delito contra las normas aceptadas de la justicia humana (Gn 31.36). La imagen sugerida es de una persona que se sale del camino para andar por donde no le corresponde. Pablo emplea la palabra, sobre todo en Romanos, para señalar toda infracción de los mandamientos de Dios (4.15), ya sea la desobediencia de → ADÁN (5.12-21), la de Israel (11.15-24) o la de todo el género humano (4.25) por el cual Cristo murió.

TRANSJORDANIA Región a este del río Jordán, el mar Muerto y el Arabá. Aunque el término no se usa en las versiones más conocidas de la Biblia, se le llama «al otro lado del Jordán» (Gn 50.10; Dt 3.20; Mt 4.15).

Antes de los tiempos de Josué, en la Transjordania estaban los reinos de → AMÓN, → BA-SÁN, → EDOM, → GALAAD y → MOAB. Después de la conquista, la región quedó ocupada por las tribus de → RUBÉN, → GAD y → MANASÉS. (→ DECÁPOLIS; → PEREA.)

TRES TABERNAS Estación o lugar de descanso, 49 km al sudeste de Roma, hasta donde salieron los cristianos al encuentro del apóstol al saber que se dirigía a Roma. Otro grupo ya se había reunido con él en el Foro de Apio, un poco al sudeste de Tres Tabernas (Hch 28.15).

TRIBU Organización social de pueblos primitivos que obedecen a un jefe y tienen un tronco familiar común. Este sistema de gobierno existe todavía entre algunos grupos étnicos indígenas en Asia, África y América.

El pueblo de Israel, desde los días de Jacob, y aun después de comenzar la monarquía, vivió bajo este sistema de gobierno. La nación estaba formada por doce (o trece, véase abajo) tribus, descendiente cada una de uno de los hijos de → JACOB, y que unidas llegaron a formar una gran nación, especialmente

bajo la dirección de Moisés, Josué, los jueces y los reyes Saúl, David y Salomón. Después de la muerte de Salomón el país se dividió en dos reinos: el del norte (→ ISRAEL), formado por diez tribus, y el del sur (→ JUDÁ), formado por las tribus de Judá y Benjamín (1 R 12.1-33). Leví quedó fuera. Según vemos en los libros de Esdras y Nehemías, el reconocimiento de las tribus existió hasta el cautiverio en Babilonia.

El origen de las doce tribus de Israel parte del nacimiento de los hijos de Jacob (Gn 29.31; 30.23; 35.16-21). En Gn 49 las tribus son las siguiente: Rubén, Simeón, Leví, Judá, Zabulón, Isacar, Dan, Gad, Aser, Neftalí, José y Benjamín. Ya en su lecho de muerte, Jacob adoptó a los dos hijos de → JOSÉ, Manasés y Efraín, como hijos suyos, lo cual da un número de trece tribus (Gn 48.5). En la división de la tierra prometida se asignó a cada una de las tribus su porción de territorio, con la única excepción de la tribu de Leví. Esta, por haber sido consagrada al sacerdocio, tendría que vivir de los diezmos y las primicias (Jos 21.1-40).

Cada tribu tenía su propio gobierno, pero de la unión de todas ellas surgiría la nación, con una especie de gobierno federal parecido al de algunas naciones modernas.

TRIBULACIÓN Congoja, aflicción o tormento que inquieta y turba el ánimo. La palabra española se deriva del latín *tribulum*, nombre del trillo que se empleaba para separar la paja del grano. El proceso se llamaba tribulación e ilustra gráficamente la experiencia humana. La historia de la salvación bien podría resumirse como la acción de Dios en medio de la tribulación de la humanidad.

Los seguidores de Cristo a veces pasan por la tribulación (Mt 13.21; 24.9; Hch 11.19; 20.23; Ro 12.12, etc.). En ocasiones, la tribulación es el medio que Dios usa para corregir a su pueblo (Neh 9.26ss). Pero esta no es comparable al → GOZO de la gloria de Dios (Ro 5.3; 2 Co 4.17s). La tribulación produce gozo porque en ella el poder divino se hace más real (2 Co 8.1s; cf. Ap 2.9s). Dios consuela en la tribulación y, cada cristiano está llamado a consolar a otros (2 Co 1.3s).

TRIBULACIÓN, LA GRAN Singular período de angustia (→ Tribulación) al final de los tiempos.

Naturaleza

Hay muchas opiniones sobre este período, pero dos líneas de pensamiento tienen prominencia. Una afirma que la gran tribulación será la manifestación de la → ira de Dios contra el pueblo judío por el rechazo de Cristo. La otra, que será la ira de Satanás contra los santos por el rechazo del anticristo y la adhesión a Cristo.

Sin embargo, la Biblia contempla ambos aspectos. La gran tribulación manifestará la ira de Satanás contra Israel (Ap 12.12-17) y contra los santos (Ap 13.7), aun cuando esta manifestación no agota el derramamiento de la ira de este período. La Biblia afirma también que por sobre la ira de los hombres o de Satanás está la ira de Dios (Is 24.1; Jl 1.15; Ap 14.7,19; 16.7; etc.).

Después de prevenir a los discípulos de que huyan prontamente cuando vean «la abominación desoladora en el Lugar Santo», Jesús describió un período más drástico, aunque breve, de gran tribulación sin paralelo en la historia. Si no fueran acortados estos días, nadie se salvaría (Mc 13.19s).

Posiciones ante la gran tribulación

Mateo y Marcos registran las palabras de Jesús como predicción de una conmoción cósmica, que ocurrirá «inmediatamente después de la tribulación de aquellos días» (Mt 24.29; Mc 13.24s; cf. Lc 21.25s). Entre la gran tribulación y la venida del Hijo del Hombre aparecerán señales y portentos que podrían identificarse con el derramamiento de las copas de la ira de Dios (cf. Ap 16.1-21). Este terrible tiempo de angustia pues, debe distinguirse del día de la ira de Dios.

Acerca de la gran tribulación hay tres posiciones bien definidas: La posición pretribulacionista sostiene que la Iglesia será arrebatada antes de la gran tribulación, la cual antecederá a la ira de Dios, y la Iglesia no la sufrirá (Ap 3.10). Es inconcebible para esta posición que Dios permita que los redimidos pasen por la gran tribulación que culminará con el derramamiento de la ira santa sobre la civilización pecadora (Ap 15.1).

La segunda posición, la mesotribulacionista, enseña que la iglesia será raptada a mediados de la tribulación, exactamente antes de que los vasos de la ira de Dios sean derramados sobre los incrédulos, y que la iglesia sufrirá la ira del hombre, pero no la ira de Dios. Así se explicaría la repetición de los «tres [años] y medio» (Dn 7.25; 11.9; Ap 12.14; 13.5, etc.) que son la mitad de una semana apocalíptica. Tal punto de vista, no obstante, destruye el conocido punto de la incertidumbre en cuanto a la → parusía. El Señor no regresará, según esta interpretación, hasta que el → anticristo y la gran tribulación vengan sobre el mundo y la Iglesia, inmediatamente antes del día de la ira de Dios (2 Ts 2.1-12).

La otra posición clásica es la postribulacionista. Identifica la gran tribulación con el día de la ira de Dios y afirma que la iglesia continuará en la tierra hasta la *parusía*, exactamente al final de la última era. En ese instante la Iglesia será arrebatada en las nubes para encontrar al Señor en el aire. La iglesia sufrirá hasta el final la aflicción bajo el anticristo y será diezmada. En esta posición no hay distinción entre → Israel y la → Iglesia. Además, desaparece también el aspecto sorpresivo de la Segunda Venida. Cristo no vendrá sino hasta que toda una serie de señales se hayan cumplido.

El tiempo

La constante tribulación de Israel en el Antiguo Testamento sirve de modelo para la necesaria tribulación de la Iglesia en el Nuevo Testamento. No solo Jesús habla de la tribulación presente (Jn 16.33); San Pablo también comprende la brevedad del tiempo y ve la aflicción final irrumpiendo en el presente.

Apocalipsis 1.9, escrito al final del primer siglo, manifiesta la convicción de que la tribulación ya ha comenzado. El sufrimiento del apóstol Juan y de las iglesias, el trabajo de Satanás y el sufrimiento que aun vendrá en breve son pasos hacia la gran tribulación (Ap 3.10; 7.14).

La distinción básica entre la comprensión judía y la cristiana de la tribulación escatológica es, entonces, el hecho de que esta es aún futura para el judaísmo, mientras que ya ha comenzado para los cristianos. Esta constante de más de diecinueve siglos irá en aumento, hasta que la tribulación final sea una demostración del «justo juicio de Dios» (2 Ts 1.5s).

Propósito

Según la mayoría, dos elementos que no deben confundirse conforman la gran tribulación: tribulación de manos del anticristo y la manifestación de la ira de Dios. A la luz de esto, dos propósitos se ponen de relieve:

1. Preparar a Israel para recibir a su Mesías. La profecía de Jeremías 30.7 aclara que la llegada de este tiempo tiene particular referencia a Israel, porque es «tiempo de angustia para Jacob» (cf. Mal 4.5s).

2. Derramar → JUICIO sobre los hombres y naciones incrédulos (Ap 3.10; 14.8), aunque todavía no es el juicio final. (→ SEGUNDA VENIDA.)

TRIBUNO En un principio (471 a.C.), magistrado que las tribus de Roma habían elegido para que defendieran los intereses de la plebe. Después pasó a denotar al jefe militar romano (en griego, *jilíarjos*) al mando de una cohorte o ejército cuyo tamaño variaba entre quinientos y mil soldados.

La palabra aparece veintiuna veces en el Nuevo Testamento y RV siempre la traduce tribuno, excepto en Apocalipsis 6.15 y 19.18, donde traduce «capitán». Varios tribunos estaban presentes en el cumpleaños de Herodes Antipas. Otro arrestó a Jesús en el jardín (Jn 18.12). El tribuno Claudio Lisias rescató a Pablo de la turba judía en Jerusalén (Hch 21.31; 23.26ss).

TRIBUTOS Lo que el vasallo entrega al señor en reconocimiento de su señorío, o el ciudadano al estado para sufragar las cargas y atenciones públicas.

Antiguo Testamento

Desde que surgieron los imperios en Mesopotamia y en Egipto (Gn 10.10), llegó a ser costumbre que el país dominante exigiera tributos de cualquier estado subordinado. Estos podían consistir de metales preciosos o productos característicos del país tributario, y su entrega suponía el reconocimiento de la soberanía del país imperialista.

La suspensión del envío de tributos equivalía al intento de romper el yugo. Es probable que la invasión del valle bajo del Jordán por los reyes de Mesopotamia, según Gn 14, fuese ocasionada por la falta de pago de los tributos de parte de los reyes de Sodoma y Gomorra. Varios descubrimientos arqueológicos dan luz sobre los tributos, desde el auge del Imperio Sumerio en adelante. En la historia del Antiguo Testamento tanto el reino de Israel como el de Judá se vieron obligados a pagar tributo a los reyes de Asiria y de Babilonia, y es notable la escena grabada en el «obelisco negro» del año 841 a.C. que muestra una embajada que lleva tributo de parte del rey Jehú de Israel a Salmanasar III, rey de Asiria.

Ezequías, rey de Judá, en vano quiso alejar el peligro de una invasión asiria por medio de cuantiosos tributos (2 R 18.14ss). Así fue también en el caso de Acaz (2 R 16.7ss).

Los tributos no deben confundirse con intercambios de regalos reales entre países amigos, como los de Salomón e Hiram de Fenicia (2 R 5.10s).

Nuevo Testamento

La extensión y organización del Imperio Romano cambiaron la entrega de tributos de variada cuantía por un sistema de impuestos organizados en base al empadronamiento de los súbditos de Roma, tanto en las provincias bajo el gobierno directo de Roma como en los reinos subordinados al senado o al emperador. De ahí el odio engendrado por empadronamientos como el que se describe en Lc 2.1s. (Sobre el cobro de impuestos, → Censo; Publicano; Impuestos; Impuestos, recaudador de.)

TRIFENA Y TRIFOSA Discípulas de Pablo, notables por su celo en el servicio a la causa de Cristo, según lo afirma el apóstol cuando les envía saludos y las llama «colaboradoras en el Señor» (Ro 16.12). Probablemente eran hermanas, compañeras de catequesis o diaconisas.

TRILLO Instrumento que separa el grano de la paja. Desde antaño, y hasta la mecanización moderna, se han utilizado el pisoteo de las bestias y otros sistemas sencillos para tal propósito. Para trillar una pequeña cantidad de espigas, se utilizaba un palo o incluso se frotaban las espigas con la mano (Mt 12.1,2). Pero, para mayores cantidades, se esparcía en la era una espesa capa de espigas. Y se pasaba sobre ellas el trillo, en interminables vueltas. El trillo era una sólida plancha de madera, cuya superficie inferior estaba erizada de duras piedras con aristas cortantes o de piezas de metal. Y uno o dos bueyes tiraba pacientemente de aquel artefacto, que giraba lentamente sobre la era, de sol a sol.

Los profetas aluden a la trilla con imágenes cautivadoras (Is 28.27; 41.15; Am 1.3; Job 41.22 BJ). En muchas partes se pone bozal a las bestias que tiran del trillo. Pero en las leyes israelitas aparece un detalle humanitario: «No pondrás bozal al buey cuando trillare» (Dt 25.4, citado por Pablo en 1 Co 9.9 y 1 Ti 5.18).

TRINIDAD Coexistencia del Padre, el Hijo y el Espíritu Santo en la unidad de la Divinidad (*divina naturaleza* o *esencia*). La doctrina de la Trinidad expresa que dentro del ser y las actividades del único Dios hay tres personas distintas: Padre, Hijo y Espíritu Santo. Aunque la palabra Trinidad no aparece en la Biblia, la «fórmula trinitaria» se menciona en la Gran Comisión (Mt 28.19) y en la bendición de la segunda carta de Pablo a los corintios (2 Co 13.14).

Dios se reveló como uno a los israelitas: «Oye, Israel: Jehová nuestro Dios, Jehová uno es» (Dt 6.4). Esta era una significativa verdad religiosa porque las naciones que rodeaban a Israel habían caído en la idolatría, y eran muchos los dioses que adoraban (Ro 1.18-25). Pero en el Nuevo Testamento Dios reveló que aunque es uno, esa unidad está compuesta de tres personas (Padre, Hijo y Espíritu Santo) que son uno en voluntad y propósito, amor y justicia.

La relación del Padre con el Hijo es prominente en los evangelios porque Jesús, el Hijo eterno que tomó forma humana, se hizo más visible a nosotros al expresarse en términos de una relación Padre-Hijo. El Espíritu Santo se mantenía en el trasfondo ayudando a nuestros ojos de la fe. La unidad del Padre, el Hijo y el Espíritu Santo se ve claramente en las enseñanzas trinitarias de Jesús (Jn 14—16). Se expresa en el ministerio total de Jesucristo registrado en los cuatro evangelios y en el resto del Nuevo Testamento. La familia trinitaria coopera como una unidad en hacer regresar a los perdidos a la familia de creyentes.

La más distintiva característica de la familia trinitaria es el desinteresado amor de cada uno de ellos hacia los otros dos. El Padre da toda autoridad al Hijo y confirma su testimonio (Jn 8.18). Pero el Hijo no busca nada para sí mismo. Da toda gloria al Padre que lo envió (Jn 12.49-50). La clave para descifrar el misterio de la Trinidad es observar cómo las personas de la familia trinitaria se entregan unas a otras en desprendido amor. Cada uno está siempre a la disposición del otro.

El Padre sirve al Hijo; el Hijo sirve al Padre; el Padre y el Hijo acatan lo que hace el Espíritu Santo, quien a la vez sirve y acata al Padre y al Hijo en una unidad eternamente dinámica e inagotable. El amor mutuo de las tres personas de la Trinidad afecta favorablemente a la creación y se manifiesta en la cooperación sin límites entre ellos en la salvación del perdido (Jn 14.15-17,25,26).

La Trinidad estuvo en acción en la encarnación de Jesús, el Hijo del Altísimo, al ser concebido este en el vientre de María por el poder de Espíritu Santo (Lc 1.30-35). En su bautismo, Jesús el Hijo recibió aprobación del Padre en la presencia del Espíritu Santo (Lc 3.21,22), cumpliendo así dos profecías del Antiguo Testamento (Salmo 2.7; Is 42.1). La Trinidad estuvo presente en la tentación de Jesús, cuando este, lleno del Espíritu Santo, fue llevado por el Espíritu a pasar cuarenta días en el desierto. El diablo reconoció a Jesús como el Hijo de Dios (Lc 4.3), pero trató de destruir la fiel relación que siempre ha existido dentro de la divina familia.

En su predicación de la sinagoga de Nazaret, Jesús cumplió Isaías 61.1,2, al afirmar: «El Espíritu del Señor está sobre mí» (Lc 4.18), e indicar que la Trinidad estaba actuando en Él como el Hijo siervo. En la transfiguración, la voz del padre se escuchó de nuevo aprobando a Jesús el Hijo ante el grupo más íntimo de discípulos (Lc 9.35).

Cristo se regocijó en el Espíritu Santo y en el Padre que había entregado todas las cosas al Hijo (Lc 10.21,22). Afirmó que estaba actuando en nombre de Dios y a través del poder del Espíritu Santo, quien es el «dedo de Dios» (Lc 11.20). Cuando limpió el templo, se indentificó con la casa de Dios, su Padre (Lc 19.45,46).

Jesús expresó aun más su autoridad al enviar a sus discípulos, después de la Resurrección con las palabras: «yo enviaré la promesa de mi Padre» (Lc 24.49). También les dijo que esperaran hasta que recibieran poder del Espíritu Santo (Hechos 1.5,8).

Después de la Resurrección, Jesús envió a los discípulos a bautizar «en el nombre del Padre, y del Hijo, y del Espíritu Santo» (Mt 28.19). El cumplimiento de la profecía de Jesús como vocero del Padre y el Espíritu Santo (Hch 1.4-8) ocurrió en Pentecostés. Esto continuó a través de Hechos cuando el Espíritu Santo inspiró a Pedro y a los apóstoles a predicar un evangelio trinitario del Padre, Hijo y Espíritu Santo (Hch 2.32,33; 5.29-32; 10.38).

Pablo empleó un lenguaje trinitario en Gálatas, al hablar a menudo del Padre, el Hijo y el Espíritu Santo (Gl 3.13,14; 4.6; 5.5-6,22-24). En Romanos empleó un modelo de tres partes para describir el plan de la salvación (Ro 1.18–3.20; 3.21–8.1; 8.2-30). Los demás libros del Nuevo Testamento contienen enseñanzas trinitarias, excepto Santiago y 3 Juan. (→ ESPÍRITU SANTO; DIOS; JESUCRISTO.)

TROAS Ciudad marítima de Misia en la costa del mar Egeo en la parte noroeste del Asia Menor, 16 km al sur del lugar donde se supone estuvo la antigua Troya. Hallábase frente a la isla de Tenedos. La región circunvecina, incluyendo toda la costa al sur del Helesponto, se llamaba también Troas o Tróade.

La ciudad era una colonia macedónica y romana que prometía mucho y era llamada la Alejandría Troyana. Gracias a su buen puerto, Julio César, César Augusto y especialmente Constantino pensaron seriamente establecer allí la capital del Imperio. El apóstol Pablo visitó Troas el año 52 d.C. por primera vez sin hacer aparentemente obra alguna. De allí se embarcó para Macedonia (Hch 16.8-11). Durante la segunda visita (57 d.C.) trabajó con buen éxito (2 Co 2.12s). En la tercera de las visitas de que tenemos noticia, solamente pasó allí una semana. En esta ocasión obró el milagro de resucitar a Eutico (Hch 20.5-14). 2 Ti 4.13 da a entender que Pablo hizo otra visita a Troas después de su primer encarcelamiento en Roma.

T

TRÓFIMO (en griego, *nutritivo*). Creyente gentil de Éfeso, compañero de Pablo en su tercer viaje misional (Hch 20.4). Subió a Jerusalén con Pablo donde fue la causa inocente de un motín en el templo. Los judíos acusaron a Pablo injustamente de profanar el templo por haber llevado un gentil al santo lugar. El resultado fue un alboroto en el que Pablo fue golpeado y tuvo

Ruinas de los baños en Troas, la ciudad donde Pablo recibió una visión para evangelizar a Macedonia (Hch 16.6-10).

que ser rescatado por los soldados romanos (Hch 21.27-32). En un viaje posterior, seguramente cuando era llevado a Roma para su segunda prisión, Pablo dejó a Troas enfermo en Mileto (2 Ti 4.20).

TROGILIO Pueblo situado sobre un promontorio que se desprende del monte Micale en la costa oeste de Asia Menor, entre Éfeso y Mileto. Está frente a la isla de Samos, a 1.5 km de ella. En su tercer viaje misionero Pablo pernoctó allí según ciertos manuscritos no muy primitivos de Hch 20.15. Hoy hay allí un ancladero que se llama «Puerto de San Pablo».

TROMPETA Las frecuentes menciones a este instrumento musical en el Antiguo Testamento constituyen una traducción de dos palabras hebreas: *shofar* y *hatsotserá*. La Septuaginta las traduce uniformemente *sálpinx*, término griego que se utiliza también en el Nuevo Testamento. El shofar, cuerno con un extremo curvado, era como una enseña patria para los judíos y era tocada en los acontecimientos religiosos y militares para reunir al pueblo (→ Bocina).

La *hatsotserá* aparece nombrada por primera vez en Nm 10; Dios ordenó a Moisés que hiciera dos trompetas de plata labrada a martillo para convocar al pueblo a la puerta del tabernáculo, levantar el campamento, anunciar la proximidad de la batalla, y usarse en fiestas y ceremonias religiosas. De acuerdo con las instrucciones divinas, debían ser empleadas únicamente por los sacerdotes. Según el historiador Josefo, era un tubo recto de longitud algo menor que un codo, ensanchado brevemente en el extremo que se aplicaba a la boca, que se expandía hasta terminar en el otro extremo de campana o embudo.

En el relato bíblico la trompeta ocupa un lugar destacado en momentos significativos de la historia de Israel. En la guerra contra Madián, Finees fue a la batalla con las trompeta en la mano (Neh 31.6). Cuando Salomón dedicó el templo, 120 sacerdotes tocaron la trompeta acompañados por otros instrumentos musicales (2 Cr 5.12). En la coronación de Joás, resonaron en medio del regocijo del pueblo (2 R 11.14). Y así también cuando Ezequías restableció el culto del templo (2 Cr 29.26ss), en la colocación de los cimientos del segundo templo (Esd 3.10) y en la dedicación del muro reconstruido de Jerusalén (Neh 12.35,41).

En el Nuevo Testamento la trompeta aparece citada en relación con la Segunda Venida de Cristo (Mt 24.31; 1 Co 15.52; 1 Ts 4.16), con el timbre de su voz (Ap 1.10; 4.1), y con la serie de siete acontecimientos escatológicos (Ap 8.2–11.19).

TRONO Traducción (RV) de la voz hebrea *kisse* que quiere decir «silla cubierta». Se refiere a una silla endoselada donde se sentaban personas honorables, especialmente los reyes (Gn 41.40; 2 S 3.10; 1 R 10.18-20).

La soberanía de Dios se representa por su trono (Sal 45.6; 47.8; 93.1,2) en el cielo (Sal 11.4; 103.19; Is 66.1,2; Mt 5.34; 23.22), centro de justicia y juicio (Sal 9.4,7; 97.2) que a la vez es trono de gracia (Heb 4.16). Esta soberanía estaba representada en la tierra por la teocracia en Israel: el trono de David fue «el trono del reino de Jehová sobre Israel» (1 Cr 28.5; cf. 29.23). Esto se restablecerá en el juicio en que los doce apóstoles, sentados sobre doce tronos, tomarán parte (Mt 19.28; Ap 20.4). «Llamarán a Jerusalén trono de Jehová» (Jer 3.17), cuando «el Hijo del Hombre se siente en el trono de su gloria» (Mt 19.28; 25.31), «el trono de David su padre» (Lc 1.32). Al fin de ese reino milenial, el juicio del gran trono blanco (Ap 20.11ss) asegurará la manifestación perfecta y final de la soberanía divina.

TROPIEZO, PIEDRA DE Cualquier cosa que constituya un obstáculo para nuestra fidelidad al Señor y a su doctrina y por lo tanto nos hace tropezar o caer en el sentido espiritual. La Ley prohibía poner tropiezo delante del ciego (Lv 19.14), y el amor al hermano nos impide ser tropiezo para otros (1 Jn 2.10; Ro 14.15). La alianza con otros pueblos sería tropiezo para el pueblo de Dios, el cual se vería tentado a servir a otros dioses (Éx 23.33; Dt 7.16). Cristo llamó a Pedro tropiezo por haberle insinuado este al Señor que no muriera en la cruz (Mt 16.22,

23). Los cristianos no debemos ser tropiezo para nadie (1 Co 10.32).

TRUENO Estruendo producido en las nubes por una descarga eléctrica, fenómeno común en la estación lluviosa, pero raro en el verano en la Tierra Santa (1 S 12.17). Casi siempre está acompañado de → RELÁMPAGOS, vientos, lluvia o granizo (Job 38.25; 1 S 12.18; Éx 9.33). Aunque era bien conocido, el trueno inspiraba miedo y reverencia por estar bajo el control de Dios (Job 28.26), y asociado con la divinidad (1 S 2.10; 2 S 22.14; Job 37.4; Sal 18.13), siendo interpretado como una manifestación del poder y la majestad de Dios (Job 37.1-13; 26.14; Sal 104.7). Asimismo, con mucha frecuencia, el trueno se asocia con la voz de Dios, sea en el sentido literal o metafórico (Dt 5.22; cf. Éx 19.16; Sal 29.3,4; 77.18; Am 1.2). La voz que venía del cielo confirmando a Cristo en la → TRANSFIGURACIÓN, fue identificada por los presentes como el ruido de un trueno (Jn 12.28s; cf. Ap 6.1; 10.3,4; 14.2; 19.6).

Los truenos son parte de la descripción de las → TEOFANÍAS (Éx 19.16; 20.18; Sal 77.18, 19; Is 29.6) y del trono celestial (Ap 4.5; cf. Ez 1.4-28).

TRUENO, HIJOS DEL Nombre que Jesucristo puso a Jacobo y Juan, los hijos de Zebedeo (Mc 3.17). Probablemente tenía en mente el fiero y a menudo tempestuoso temperamento de ambos hermanos.

TUBAL Nombre de un hombre y una nación en el Antiguo Testamento.

1. Hijo de Jafet (Gn 10.2).

2. Nación situada probablemente en el nordeste del Asia Menor (Is 66.19). Comerciaba con Tiro, a la que exportaba esclavos y vasos de cobre (Ez 27.13). Las crónicas de Sargón se refieren a los vasos preciosos de Tubal. Arqueológicamente se ha confirmado que, para la época, la industria metalúrgica estaba bien desarrollada en esa zona. El enemigo del pueblo de Dios, → GOG, era príncipe de Tubal (Ez 38.2,3; 39.1).

TUBAL-CAÍN Hijo de Lamec (Gn 4.22), primer trabajador metalúrgico mencionado en la Biblia. El texto de Gn 4.22 presenta la idea que es el tema general de Gn 1–11: con el avance cultural de la humanidad crecía también el pecado.

TUMBA → Sepulcro.

TUMORES Plaga con que Jehová hirió a los filisteos en la ciudad de Asdod mientras retenían el arca en su poder (1 S 5.9–6.5).

Es indudable que estos tumores eran bubones de la peste, puesto que el precio de expiación los asocia directamente con los ratones que al mismo tiempo invadieron la ciudad y corrompieron la tierra. Este pasaje bíblico tiene una doble importancia histórica de la medicina por ser probablemente la primera referencia a las ratas como propagadoras de la peste bubónica y también la primera noticia de la presentación de exvotos para recuperar la salud (Dt 28.27; 2 R 19.35; 1 S 6.7).

UCAL Nombre de una persona en Pr 30.1, según RV. Esta traducción, sin embargo, es dudosa. Las letras hebreas de toda la frase pueden entenderse de otra manera. La LXX las traduce: «Así dice el hombre a los que creen en Dios, y yo me detengo». Otros las traducen: «Me he cansado, oh Dios, me he cansado; estoy agotado».

UFAZ Lugar principalmente conocido como productor de oro (Jer 10.9; Dn 10.5). Todavía no se sabe su ubicación. Algunos piensan que se trata de una confusión con → OFIR, renombrado también por su oro de alta calidad. Así lo entendieron el Tárgum, la Siríaca y la Hexapla, que en Jer 10.9 dicen Ofir (→ VERSIONES). Otros sugieren que no es un lugar, sino el nombre técnico del oro «refinado».

UGARIT (nombre moderno, Ras Shamra). Importante puerto fenicio de la Edad de Bronce mencionado en varios textos antiguos como los del → EL AMARNA y → MARI. Está ubicado en la costa de Siria frente a Chipre. Las excavaciones en Ugarit indican que el lugar estuvo ocupado desde el siglo VI hasta 1200 a.C., cuando los Pueblos del Mar (→ FILISTEOS) la destruyeron. Desde antes de 2000 a.C. la población era mayormente semita.

La cultura de Ugarit alcanzó su máximo florecimiento entre los siglos XVI y XIII a.C.

Mansiones bien construidas y avanzados sistemas de alcantarillado, entre otros hallazgos, indican la riqueza que Ugarit gozaba gracias a su posición como centro de comercio internacional. El cobre de Chipre pasaba por Ugarit hacia Mesopotamia. Además, Ugarit servía de encrucijada entre la cultura mediterránea y el mundo acádico. En Ugarit había contingentes de hurritas e → HITITAS (comerciantes) además de la población semita.

El carácter cosmopolita de la cultura se revela en los escritos encontrados. Las lenguas representadas son el ugarítico, el sumerio, el acadio, el egipcio, el hurrita, el chipriota y el hitita. Las tablillas incluyen léxicos en varios idiomas, cartas (entre ellos correspondencia entre Nikmad, rey de Ugarit y Suppiluliuma, rey hitita), documentos de negocios, tablillas legales, listas de sacrificios, listas de ciudades, inventarios y mitologías.

Los textos ugaríticos (lenguaje semejante al hebreo) de leyendas constituyen uno de los hallazgos arqueológicos más importantes para el estudio bíblico. Estas leyendas aportan gran cantidad de conocimientos sobre las costumbres, la poesía y la religión cananeas. Se escribieron en el siglo XIV a.C., pero existían mucho antes, al menos en forma oral.

Entre las varias epopeyas está la de Baal, dios de la fertilidad. Este no tenía morada, mientras Yam (el dios marino) sí tenía. Hubo rivalidad entre los dos. Kotar-y-hasis, dios de las artes, ayuda a Baal a ganar la victoria y le construye una casa. Después Mot (dios de la muerte, de la aridez y del mundo inferior) disputa la soberanía con Baal y lo derrota, llevándolo al mundo subterráneo. Anat, hermana de Baal, logra traerlo de nuevo a la vida. De esta manera se refleja aquí el conflicto constante entre la abundancia y la sequía, entre la fertilidad y la esterilidad, entre la vida y la muerte.

El estudio de los textos ugaríticos ha hecho grandes aportes a los estudios bíblicos y las contribuciones seguirán aumentando. Quizás ha influido más en el estudio de los libros poéticos. Muchas frases de la poesía ugarítica son iguales a ciertas frases de los salmos. Se ve el mismo estilo, el mismo tipo de paralelismo, etc. Se han identificado más de cien pares de palabras usadas paralelamente o en contrastes tanto en la Biblia como en textos ugaríticos. Un resultado de estos estudios es que algunos de los críticos, que daban fechas recientes a los salmos, ahora los fechan casi todos antes del destierro.

Los textos de Ugarit nos ayudan a aclarar dificultades en la gramática hebrea. Ahora se reconoce que el afán de enmendar el texto hebreo se exageró en el último siglo.

Otra contribución es el entendimiento de ciertas figuras literarias. En la poesía bíblica hallamos figuras y referencias que parecen indicar que la gente conocía bien la literatura cananea. Por ejemplo, el leviatán de Is 27.1 y Sal 74.14 es el lotán de Ugarit, enemigo de Baal. Asimismo el Daniel mencionado en Ez 14.14-20; 28.3 es probablemente el Daniel de Ugarit, que representa un personaje justo, sabio y piadoso.

La literatura de Ugarit ayuda a aclarar ciertas expresiones de la Biblia. Bamot a menudo significa «lugares altos» en la Biblia. Pero en ugarítico designa el lomo de animales. En Dt 33.29 este significado cabría bien: «Y tú hollarás sobre sus lomos [espaldas]». En el Cercano Oriente antiguo, al vencedor se le representa con el pie sobre la espalda de la víctima. En los textos de Ugarit Baal «cabalga sobre nubes», frase que se aplica a Jehová en Sal 68.5.

La cultura hebrea revela varias influencias de la cultura cananea. En la literatura de Ugarit los nombres de muchos sacrificios son iguales a los de Levítico. Se ve también

Entrada a Ras Samra, la antigua ciudad de Ugarit, al oeste de Siria. Las tablillas de barro descubiertas en Ugarit han ayudado a los eruditos a entender las prácticas religiosas de los antiguos cananeos.

Foto de Gustav Jeeninga

la similitud de la arquitectura religiosa, la música del templo y el simbolismo del culto. Sin embargo, las diferencias son aun más notables. Los hebreos ofrecían sacrificios a un Dios, no a muchos. La moral de los escritos bíblicos es mucho más alta. Además, algunas leyes hebreas se entienden como reacciones contra costumbres cananeas. Una leyenda de Ugarit indica cierto rito de cocer un cabrito en la leche de su madre para procurar lluvia, costumbre prohibida en Éx 23.1; 34.26; Lv 23.19. En la epopeya de Baal, este tiene cópula con una ternera; sin duda esta costumbre explica por qué la Biblia prohíbe expresamente el bestialismo (Lv 18.23,24).

La comparación de los textos de Ugarit con la Biblia nos indica que:

1. Los autores bíblicos usaban lenguaje contemporáneo, modismos y aun figuras literarias de la mitología cananea para expresar la revelación de Dios, que era muy distinta al pensamiento y la religión politeísta de los cananeos.

2. La religión y costumbres de los cananeos siempre atraían a los israelitas (los profetas constantemente señalaban los peligros de esa religión tan ligada con las ideas contemporáneas de la naturaleza).

3. La gran importancia del énfasis bíblico en la creación, en el Dios único, todopoderoso, justo, santo que ama y se interesa en el hombre.

ULAI Río de Elam en cuya orilla, cerca de la ciudad de Susa, tuvo Daniel la visión del carnero y el macho cabrío (Dn 8.2,16). Es posible que en tiempos pasados los actuales río Karún y río Karkhe de Irán hayan sido uno solo y conocidos con este nombre bíblico.

ÚLCERA Afección cutánea causada por algunas enfermedades infecciosas o debida a trastornos circulatorios. La sexta plaga enviada a los egipcios se caracterizó por la aparición de úlceras, indudablemente de carácter infeccioso y contagioso (Éx 9.10). De análoga inspiración es la primera copa de la ira de Dios, que produce «una úlcera maligna y pestilente» sobre quienes llevan la marca satánica (Ap 16.2,11). Isaías curó al rey Ezequías de úlcera mediante una masa preparada con higos (2 R 20.7).

UNCIÓN En el mundo antiguo los aceites de la unción se consideraban artículos de tocador y, debido al clima, se usaban diariamente en Israel (Ec 9.8), al menos en la época posterior a la conquista (Rt 3.3; 2 S 12.20; Am 6.6; Miq 6.15). A los huéspedes se les ungía como símbolo de honor (Lc 7.46; cf. 2 Cr 28.15). No ungirse era señal de duelo (2 S 14.2) o de búsqueda espiritual (Dn 10.3; cf. 2 S 12.20). Para evitar las tentaciones de la hipocresía, el Señor Jesús enseñó a sus discípulos que no debían dejar de ungirse en tiempos de ayuno (Mt 6.17).

Desde tiempos muy antiguos se usó la unción con significado espiritual. En Israel esta costumbre se distinguía por el uso de un aceite especial prohibido para otras aplicaciones (Éx 30.22ss, → UNGÜENTOS). Con este aceite se ungían todos los objetos relacionados con el culto (Éx 30.26-29; cf. lo que Jacob hizo en Gn 28.18), a los sacerdotes (Éx 28.41), a los reyes (1 S 9.16; en Jue 9.8,15 «elegir» corresponde a un verbo hebreo que quiere decir «ungir») y a los profetas (1 R 19.16b).

Sobre todo, la unción simbolizaba la consagración del ungido a Dios para una función particular dentro de los propósitos divinos. Esta consagración impartía algo de la santidad de Dios al ungido, condición que afectaba todo lo que él posteriormente tocara (por ejemplo, Éx 30.29). Esto se ve en la insistencia de David en no extender su mano contra Saúl, el «ungido de Jehová» (1 S 24.6), aunque el caso de Saúl enseña que los beneficios simbolizados por la unción no existen si la condición espiritual del ungido es mala. Estos beneficios, en el caso de personas ungidas, incluían el investirlas de poder suficiente para el desempeño de sus deberes (Sal 89.20ss), a través del Espíritu Santo (1 S 10.1,6,7; 16.13).

U

El uso figurado de la palabra unción se desarrolló poco a poco a partir de los días de David (1 Cr 16.22, donde «mis ungidos» son los patriarcas; Sal 23.5; 92.10) y a través de los profetas (Is 10.27; 61.1). En el Nuevo Testamento Jesús es el ungido por excelencia (Lc 4.18; Hch 4.27; 10.38), el → Mesías, ungido por el Espíritu Santo el día de su bautismo con agua (Mt 3.16). Desde entonces todo lo hizo en su calidad de Ungido o Cristo (Lc 4.1,14,18; Mt 12.28; Heb 9.14; Hch 1.2) y no en su calidad de Segunda Persona de la Trinidad. El mismo Espíritu Santo unge a los creyentes (1 Jn 2.20,27).

Dios también sana físicamente por el poder del Espíritu Santo en respuesta a la oración de fe. Para la ayuda de la fe en tales casos se recomienda la unción con aceite (Stg 5.14ss; cf. Mc 6.13).

UNGÜENTOS Esta palabra abarca los perfumes y cosméticos. Los ungüentos son de vital importancia en el estudio del antiguo oriente porque forman parte esencial en la vida de los pueblos mediterráneos en el mismo plano que el agua y la comida.

En la Biblia existen varios términos para referirse a los ungüentos, que se traducen también «óleo», «aceite» y «perfume» (Éx 30.25; 2 R 20.13; Sal 133.2; Pr 27.16; Ec 7.1; 10.1; Am 6.6). Estos compuestos se preparaban con diversas sustancias oleosas y aromáticas: aceite de olivo (Dt 28.40; Miq 6.15), mirra, nardo (Cnt 1.12,13), canela aromática, cálamo aromático y acacia (Éx 30.22-38; Est 2.12). La mayor parte de estas sustancias se importaban de diferentes países del Oriente por intermedio de los fenicios que las transportaban en pequeños alabastros fabricados especialmente para conservar los ungüentos (Mc 14.3 //). La fabricación de los ungüentos requería la pericia de personas dedicadas exclusivamente a esa labor (Éx 30.25,35; Neh 3.8; 1 S 5.13; Ec 10.1). De ahí que muchos de esos perfumes duraban cientos de años sin perder su aroma.

Se conocen dos tipos de ungüentos: los que sirven para recrear la vista (2 R 9.30) y los que sirven para recrear el olfato (Cnt 1.3,12). Los perfumes se usaban sobre todo para la unción y la higiene. En un clima desértico, donde el agua escasea, los ungüentos sirven para evitar los malos olores producidos por la transpiración (2 Cr 28.15). Los semitas acostumbraban ungirse el cuerpo y la ropa. Se utilizaban para → ungir a los reyes y a los príncipes (1 S 10.1; 16.12,13) y para la unción de personas consagradas al servicio divino (Éx 30.30,33; 29.7; 40.15; 1 S 16.12; Is 61.1; en estos dos últimos casos se operó al mismo tiempo la unción del Espíritu de Dios). Por costumbres se ungían la cabeza (Sal 23.5), la barba (Sal 133.2) y los pies (Lc 7.38,46). Se ungían también los utensilios consagrados al servicio divino (Éx 30.22ss; 40.9).

Por sus cualidades curativas, los ungüentos se usaban para ungir enfermos (Is 1.6; 8.22; Stg 5.14); también se ungían los cadáveres y los vestidos con que se cubrían (2 Cr 16.14; Mt 26.12 //s).

UNICORNIO → Búfalo.

UNIGÉNITO Traducción de la voz griega *monogenés* (que significa *único de su género*), usada comúnmente para designar a un hijo único. En la LXX esta voz a menudo traduce el término hebreo *yahid* (Jue 11.34), término que otras veces la LXX traduce *agapetós* (o sea *amado*: Gn 22.2,12,16; Jer 6.26; etc.) porque el hijo único era objeto de especial amor. En Lc 7.12 tiene este doble matiz de «único» y «amado».

El Nuevo Testamento reconoce claramente que Jesús tiene una relación única con el Padre (cf. Mc 1.11//s, 9.7//s): es Hijo de Dios y preexistente (Heb 1.2). Pero solo Juan le da expresamente el título de unigénito (1.14,18; 3.16,18; 1 Jn 4.9), siempre con el doble sentido de «hijo único» e «hijo amado». Jesús es el único que puede revelar plenamente al Padre. «Nadie ha visto jamás a Dios, sino el unigénito, que es Dios», tal es la interpretación del texto original de Jn 1.18 (véase O. Cullman, *Cristología*, p. 354), «que está en el seno del Padre». En los textos en que la misión del Hijo de Dios se pone en relación con su muerte, el título de unigénito conserva su sentido fundamental de «único», pero tiene un gran matiz afectivo (Jn 3.16). El unigénito ha salido de Dios (1 Jn 4.9), pero de manera singularísima y distinta de como nacen de Dios los creyentes (Jn 1.13). Sin embargo, Juan no explica en conceptos, sino que deja en el misterio esa manera única en que el unigénito ha procedido del Padre.

Ruinas de la antigua Ur en el río Éufrates en Mesopotamia, la ciudad de la cual emigró Abraham (Gn 11.31).

Bibliografía:
DBH, col. 1985 a.

UÑA AROMÁTICA Ingrediente del incienso quemado en el altar de oro (Éx 30.34). Se preparaba quemando las válvulas de la concha de ciertos moluscos. La LXX lo llama ónice, es decir, uña porque las válvulas tienen la forma de uña de animal; sin embargo no tienen relación con la joya llamada ónice.

UPARSIN → Mene.

UR Padre de Elifal, uno de los valientes de David (1 Cr 11.35).

UR DE LOS CALDEOS Antiquísima ciudad de Sumeria. Puede ser la «Ur de los caldeos», cuna de → Taré y Abraham (Gn 11.28,31; 15.7; Neh 9.7), aunque esta quizás sea otra Ur en el norte de Mesopotamia. Aun siendo así, la cultura de Ur de Sumeria habría influido fuertemente en el ambiente del que salió Abraham.

Se hallaba a orillas del Éufrates, a unos 260 km del golfo Pérsico. Una serie de excavaciones a partir de mediados del siglo XIX ha arrojado mucha luz sobre la historia, las costumbres y la religión de la ciudad. La fundó antes del año 4000 a.C. una población de la que quedan pocos rastros y a la que los arqueólogos llaman «ubaidiana». Durante buena parte de su historia la gobernaron reyes hereditarios aunque es probable que tuvieran otra forma de gobierno al principio. Desde *ca.* 300 a.C. se encuentra deshabitada.

La época más importante para Ur fue la de la civilización sumeria (3100–2000 a.C.), durante la cual era puerto y centro de esta civilización. El descubrimiento de las tumbas reales (2500 a.C.) por los arqueólogos revela riquezas asombrosas y una elevada cultura: piedras preciosas, adornos de oro (encontraron uno para la cabeza con una banda de oro que medía 8,5 m), armas y arpas adornadas con oro y plata, y grabados en oro.

Durante la tercera dinastía de Ur (2070–1960 a.C.) la población sobrepasó los quinientos mil habitantes. Su influencia se extendió por toda Mesopotamia y hasta el Líbano. En esta época se construyó el gran zigurat de Ur-Nammu (→ Babel; Abraham).

Los habitantes de Ur eran politeístas. Los principales dioses eran el agua, el cielo, la tierra y el aire. Estos cuatro crearon el universo, que consiste en una vasta expansión formada dentro de las aguas, separando las aguas que están sobre la expansión de las que están debajo de ella. Dentro de este espacio está todo nuestro mundo. Los hombres se hicieron y colocaron aquí sencillamente para servir a los dioses a fin de que estos pudieran dedicarse por entero a los placeres divinos. Es importante notar que la cultura de los habitantes de Ur en particular, y de Sumer en general, influyó en todo el antiguo Cercano Oriente. Por lo mismo se encuentran en el Antiguo Testamento muchos paralelos de costumbres culturales, concepciones acerca del mundo y figuras literarias.

U

URBANO (en latín, *cortés, refinado*; nombre dado en Roma comúnmente a los esclavos). Amigo de Pablo y fiel colaborador en el ministerio de Cristo, a quien el apóstol le manda saludos (Ro 16.9). Probablemente llegó a ser obispo de Macedonia, donde murió como mártir cristiano.

URI Nombre de tres personas del Antiguo Testamento.

1. Hijo de Hur y padre de Bezaleel, el principal arquitecto del tabernáculo (Éx 31.2).

2. Padre de Geber (1 R 4.19). Este fue uno de los doce funcionarios encargados de llevar alimentos a Salomón y a toda su casa.

3. Portero del templo que, a instancias de Esdras, despidió a su esposa extranjera (Esd 10.24).

URÍAS (*Jehová es mi luz*). Nombre de cuatro personas del Antiguo Testamento.

1. Heteo, uno de los valientes de David (2 S 23.39; 1 Cr 11.41), esposo de Betsabé. Cuando David adulteró con Betsabé, llamó a Urías para que pasara la noche con su esposa. Sin embargo, por disciplina militar Urías rehusó dormir en su casa mientras sus compañeros estuvieran en la batalla. David ordenó entonces a Joab que lo colocara en la parte más peligrosa de la batalla. Muerto Urías, David tomó a Betsabé (2 S 11).

2. Sumo sacerdote contemporáneo de Isaías que sirvió de testigo de la profecía relacionada con Maher-salal-hasbaz (Is 8.2). Durante el reinado de Acaz, Urías construyó un altar según el modelo que el rey había visto en un templo pagano de Damasco (2 R 16.10-16).

3. Profeta contemporáneo de Jeremías que proclamó fielmente la Palabra de Dios durante el reinado de Joacim. Huyó a Egipto, pero el rey lo mandó buscar y lo mató en Jerusalén (Jer 26.20-23).

4. Sacerdote que después de la cautividad sirvió con Esdras (Neh 8.4). Probablemente sea el mismo mencionado en Esd 8.33.

URIEL (*Dios es mi luz*). Nombre de tres personas del Antiguo Testamento.

1. Levita, de la familia de Coat (1 Cr 6.24).

2. Principal entre los ciento veinte hermanos que, juntamente con otros y por orden del rey David, llevaron el arca de Jehová a su lugar (1 Cr 15.3,5,11).

3. Padre de la esposa favorita de Roboam, nieta de Absalón (2 Cr 11.20, «Maaca»), y madre de Abías (2 Cr 13.2, «Micaías»).

URIM Y TUMIM Parte de la indumentaria del sumo sacerdote por medio de la cual averiguaba la voluntad de Dios en casos dudosos. El Urim y Tumim se colocaba en una bolsa dentro o encima del pectoral de juicio (Lv 8.8) y es probable que el sumo sacerdote se lo pusiera cada vez que llevara el efod, por cuanto se usaba encima de este (Nm 27.21; 1 S 14.3; 23.9,11; 30.7,8), y siempre que fueron a pedir la dirección de Dios (Jue 1.1; 20.18,28; 1 S 14.18,19). No se menciona desde los primeros días de la monarquía hasta después del cautiverio. Parece que mientras Dios se valió de la inspiración profética no hubo necesidad del Urim y Tumim. Cuando Moisés legisló para el período después de su muerte, mencionó la necesidad de utilizar el Urim y Tumim (Nm 27.21); y cuando la época de profecía pasó definitivamente, los líderes pidieron otra vez este tipo de dirección (Esd 2.63; Neh 7.65).

El Urim y Tumim no se empleaba para averiguar la voluntad divina en asuntos privados, sino en asuntos nacionales (Nm 27.21) y por consiguiente estaba en el pectoral el juicio que tenía las doce piedras con los nombres de las doce tribus de Israel. El sumo sacerdote usaba el Urim y Tumim no tan solo en el santuario donde estaba el arca, sino en cualquier parte donde estuviera con el efod (Jue 20.27,28; 1 S 22.10). En la mayoría de los casos las respuestas eran simplemente «sí» o «no»; pero David lo consultó dos veces (1 S 23.11,12; cf. también el caso de Acán en Jos 7.16-18 donde echaron suertes cuatro veces hasta que se aprehendió al culpable).

Numerosas descripciones del Urim y Tumim han surgido, aunque en realidad no se sabe de qué material era, ni cuál era su forma, ni de qué manera revelaba el Señor su voluntad por medio de ellos. La teoría más común es que el Urim y Tumim eran dos piedras prendidas de alguna forma al efod y que se empleaban para echar suertes (cf. 1 S 10.9-22; 14.37-42).

USURA En castellano hoy en día usura quiere decir intereses excesivos sobre préstamos, pero en el Antiguo Testamento, en relación con Israel, significaba intereses normales. No debían cobrarse de los «hermanos» de la comunidad judía (Éx 22.25; Lv 25.35ss; Dt 23.19ss). Era cosa muy común contraer deudas, y el deudor podía hasta vender su persona con el fin de quitarse el peso de encima (Éx 21.1-11), pero el acreedor no podía aumentar la carga por medio del logro. Estas limitaciones no se aplicaban al negocio con extranjeros (Dt 23.20; → PRÉSTAMOS). Sin embargo, a juzgar por Ez 18.8,13,17 y Sal 15.5, surgieron grandes abusos de estas leyes.

La influencia de los grandes imperios de Persia, Grecia y Roma en Tierra Santa introdujo costumbres comerciales (por ejemplo, el cobro de entre doce y cincuenta por ciento del capital prestado que estaban vigentes en la época del Nuevo Testamento y que antes se desconocían en esa región tan eminentemente agrícola). Las palabras del Señor en Mt 25.27 y Lc 19.23 no significan condenación, sino más bien aceptación de la costumbre de lograr intereses en operaciones bancarias (→ BANCO). Entre las naciones de Mesopotamia el código de Hammurabi fijaba normas para préstamos e intereses, reflejando costumbres anteriores a la vida de Abraham.

UTAI Nombre de dos personas del Antiguo Testamento.

1. Hijo de Amiud de la tribu de Judá (1 Cr 9.4). Vivió en Jerusalén después de la cautividad.

2. Israelita que con sus dos hermanos y otros setenta varones regresó a Jerusalén con Esdras (Esd 8.14).

UVAS Juntamente con el higo y la oliva, uno de los frutos más abundantes en las tierras y tiempos bíblicos. La uva, fruto de la → VID, era alimento de primera necesidad. Por lo tanto, en muchas ocasiones se utiliza la figura de la viña para indicar la abundancia y riqueza de todo un país (Is 5.1-7; Miq 4.3,4).

La vid se conoce desde el tiempo de → NOÉ (Gn 9.20) y probablemente mucho antes. La mayor cosecha de uvas en la Tierra Santa alcanzaba su cumbre en agosto y septiembre, aunque algo se cosechaba también en julio y octubre. Gran parte de la cosecha se convertía en vino, aunque había otros productos que se elaboraban a base de la uva. Las uvas nuevas eran agrias, como indica Jer 31.29,30. De las maduras los hebreos hacían pasas secas, las comían frescas y fabricaban una miel de uvas. Tan importante era la vid y sus productos, que varios artículos de la Ley de Moisés controlaban su producción (Dt 23.24; Lv 25.5; Dt 22.9).

UZ Nombre de un lugar, una tribu y una persona del Antiguo Testamento.

1. Territorio mencionado varias veces en el Antiguo Testamento y que adquiere mayor importancia al mencionarse como el lugar de origen del patriarca → JOB. Probablemente estaba situado en el desierto sirio al este de Palestina, entre Damasco y Edom. En Lm 4.21 se nos dice que la hija de Edom habita en Uz. En Job 1.1 se habla de «la tierra de Uz» como el lugar de donde el patriarca procedía, expresión que en lugar de definirlo añade vaguedad al lugar.

2. De acuerdo con Gn 10.23, Uz también era una tribu aramea que, según 22.21, descendía de Nacor. En Job 1.3 se enfatiza su condición oriental; en el v. 19 se establece su relación con el desierto y en el v. 14 se alude a sus tierras de cultivo y, más adelante (Job 29.7), se hace referencia a sus aldeas y ciudades.

3. Hijo de Disán y nieto de Seir, el horita (Gn 36.28).

U

UZA Nombre de cinco personas en el Antiguo Testamento.

1. Dueño del huerto cerca del palacio real donde se sepultaron a Manasés y Amón, reyes de Judá (2 R 21.18,26).

2. Antepasado de una familia de sirvientes del templo llamados netineos que regresaron de Babilonia con Zorobabel (Esd 2.49; Neh 7.51).

3. Hijo o descendiente de Aod, de la tribu de Benjamín (1 Cr 8.7).

4. Levita, descendiente de Merari (1 Cr 6.29).

5. Levita, descendiente de Merari e hijo de Abinadab (1 S 7.1). Cuando guiaba el carro que llevaba el arca desde Quiriat-jearim a Jerusalén, la tocó irreverentemente y como consecuencia murió (2 S 6.1-7). David, entristecido por su muerte, interrumpió el viaje, dejó el arca en la casa de Obed-edom y llamó el lugar «Pérez-uza» (que significa *quebrantamiento de Uza*, 2 S 6.8).

UZAL Hijo de Joctán y, probablemente, nombre de una población de Arabia (Gn 10.27; 1 Cr 1.21). Según la tradición árabe, Uzal fue el nombre primitivo de Sanoa, capital del Yemen. Ez 27.19 (BJ), aunque con problemas textuales, afirma que comerciaba con Tiro en hierro y especias. Se ha querido identificarla con la ciudad de Izala, al nordeste de Siria, en donde se producía excelente vino.

UZEN-SEERA Población edificada por Seera, hija de Efraín (1 Cr 7.24). Todavía es incierta su localización, pero algunos opinan que es lo que hoy se conoce como Beit Sira, como a 21 km al noroeste de Jerusalén.

UZI Nombre de siete personas del Antiguo Testamento.

1. Sumo sacerdote descendiente de Aarón (1 Cr 6.5-6,51) y antepasado de Esdras (Esd 7.4).

2. Nieto de Isacar (1 Cr 7.2,3).

3. Hijo de Bela de la tribu de Benjamín (1 Cr 7.7).

4. Padre de Ela de la tribu de Benjamín (1 Cr 9.8).

5. Supervisor de los levitas en Jerusalén después del cautiverio (Neh 11.22).

6. Sacerdote jefe de la casa de Jedaías en los día del sumo sacerdote Joiacim (Neh 12.19).

7. Sacerdote que ayudó en la dedicación de los muros reconstruidos de Jerusalén (Neh 12.42). Quizás se trate del mismo Uzi No. 6.

UZÍAS → Azarías.

UZIEL Nombre de seis personas del Antiguo Testamento.

1. Levita descendiente de Coat (Éx 6.18; Lv 10.4). De él surgieron los uzielitas (Nm 3.27).

2. Capitán de Simeón en tiempos de Ezequías (1 Cr 4.42).

3. Hijo de Bela y nieto de Benjamín (1 Cr 7.7).

4. Uno de los hijos de Hemán que fueron músicos en tiempos de David (1 Cr 25.4).

5. Levita hijo de Jedutún que ayudó a limpiar el templo durante la reforma religiosa de Ezequías (2 Cr 29.14).

6. Platero hijo de Harhaía que colaboró en la restauración del muro de Jerusalén (Neh 3.8).

V

VALLE Traducción de varias palabras hebreas. *Emec* designa valles anchos como el de Ajalón (Jos 10.12), de Beraca (2 Cr 20.26) y Jezreel (Jue 6.33). *Bica* denota una llanura plana y ancha, rodeada de terrenos más elevados (Gn 11.2; Ez 37.1; Dt 34.3). *Gai* denota un valle profundo, por ejemplo, el de Hinom (Jos 15.8), de → SAL (2 S 8.13) y «el valle de sombra de muerte» (Sal 23.4). Comúnmente, → ARABÁ se refiere al gran valle que se halla al sur del mar Muerto.

En Palestina, tierra semiárida, el terreno está surcado por muchos valles angostos, hechos por «arroyos» (o «torrentes», en hebreo, *nahal*; en árabe, → WADI), por los que corre agua solo en invierno.

VALLE DE JOSAFAT → JOSAFAT.

VALLE DEL REY (o valle de → SAVE). Lugar cercano a Jerusalén. Fue en este valle donde Melquisedec salió a recibir a Abraham (Gn 14.17) y donde Absalón erigió un obelisco en su memoria (2 S 18.18).

VALLE DE SAL → SAL, VALLE DE.

VANIDAD En el Antiguo Testamento vanidad es la traducción de una palabra que da la idea de vacío insustancial y transitorio (Sal 144.4,8,11). Eclesiastés resume con este concepto el sentido de vacío de ciertos tipos de existencia, en particular el mundo en que este vivió (Ec 1.2; 12.8). Vanos son también los → ÍDOLOS (Is 41.29; Zac 10.2); en este caso el sentido de la palabra hebrea es de mal moral, iniquidad (Job 15.35; Sal 10.7).

El fértil valle de Esdraelón visto desde el lugar de la antigua ciudad de Meguido.

Foto de Howard Vos

V

Con más frecuencia se traduce «vanidad» por la palabra hebrea que denota «lo que no es», lo falso, lo irreal (Sal 41.6). En Sal 4.2 y Hab 2.13 tiene el sentido de lo que ha de acabar en fracaso. Finalmente, en Is 40.17, 23; 44.9 equivale a confusión, como la que caracteriza a los hacedores de ídolos.

En el Nuevo Testamento «vano» (en griego, *kenós*) tiene el sentido de «vacío», como en 1 Co 15.10,14,58, haciendo hincapié en la ausencia de una cualidad esencial, o en lo que es «sin valor» o «sin resultado» (en griego, *mátaios*) como en 1 Co 3.20; Tit 3.9; 1 P 1.18, por lo que las cosas vanas tienen que rechazarse. El adjetivo denota lo que merece el repudio más absoluto.

El sustantivo vanidad (en griego, *mataiotes*) solo aparece tres veces en el Nuevo Testamento:

1. Romanos 8.20: la creación no ha dado el resultado que se espera a causa del pecado.

2. Efesios 4.17: los gentiles andan en «la vanidad de su mente», es decir, sin resultado en sus esfuerzos intelectuales y morales.

3. Segunda de Pedro 2.18: no hay resultados en el hablar grandilocuente de los falsos maestros porque son «esclavos de corrupción».

Todo lo que se opone al primer mandamiento es vanidad, ya sean las especulaciones humanas (1 Co 3.20; Ro 1.21; Tit 3.19; → SABIDURÍA), ya los dioses del paganismo, ya la conducta a la que arrastran (Hch 14.15; 1 P 1.18). Tanto el individuo como la comunidad son vanos en cuanto dejan de adherirse a la revelación de Dios en forma exclusiva. La fe (1 Co 15.17) y la religión pueden llegar a ser vanas (Stg 1.26).

VAPSI Padre de Nahbi, quien representó a Neftalí entre los doce espías que fueron a Canaán (Nm 13.14).

VAU Sexta letra del alfabeto hebreo que en el acróstico del Salmo 119 encabeza la sección comprendida entre los vv. 41–48. En el hebreo original, cada línea de estos ocho versículos comienzan con la letra *vau*. (→ POESÍA HEBREA, *El acróstico*.)

VARA Rama delgada y larga (Gn 30.37; Jer 1.11; Ez 7.10). Se utilizaba como apoyo en el camino (Gn 32.10); simbolizaba autoridad (Éx 10.13; Ap 2.27; Nm 17.5-6). Era señal de distinción (Nm 17.1-10), vida (Nm 17.8; Heb 9.4) y linaje (Is 11.1; Jer 10.16). Además se utilizaba como instrumento de castigo (Job 9.34; Pr 23.13; Is 10.5; 14.29), elemento educativo (Pr 29.15), arma de guerra (Is 10.24), utensilio para llevar el arca (Éx 25.13-14) y medida (Ez 40.3; Ap 11.1). Los → PASTORES la usaban para guiar, proteger, estimular y contar sus rebaños (Miq 7.14; Sal 23.4; Lv 27.32); los agricultores la empleaban como instrumento para apalear los cereales (Is 28.27). Dios utilizó la vara de Moisés, convirtiéndola en serpiente, para convencer a su siervo de su capacidad para llevar a cabo la liberación del pueblo hebreo (Éx 4.1-5) e hizo florecer la → VARA de Aarón (Nm 17.8).

VARA DE AARÓN La → VARA de → AARÓN, hermano de Moisés, llegó a ser símbolo de autoridad después de convertirse en culebra delante del faraón de Egipto (Éx 7.8-13). Cuando las varas de los jefes de las doce tribus se colocaron delante de Dios en el tabernáculo, la vara de Aarón floreció (Nm 17.1-11). Esto fue señal de la elección de Aarón al sacerdocio. Después de la muerte de Aarón su vara se guardó como cosa sagrada en el arca del pacto en el templo según una tradición hebrea (Heb 9.4; cf. 1 R 8.9).

VASIJA Recipiente de arcilla o de material más noble que los israelitas usaban para líquidos y áridos. Durante su época de nómadas los israelitas utilizaron, como todos los nómadas, recipientes de cuero, ya que las vasijas de → BARRO habrían sido demasiado frágiles y pesadas. Después de su entrada a Canaán, utilizaron ampliamente las vasijas de alfarería. La cerámica es una de las artes más antiguas, por lo que ha sido de mucha utilidad para identificar fechas y culturas de antaño. Casi en todas las excavaciones arqueológicas se recuperan esta clase de objetos, que difieren mucho entre sí por la calidad del barro empleado, por el acierto al cocer el mismo, por la destreza y arte en la forma y decoración de los diversos recipientes (→ OLLAS). Entre los israelitas, la profesión de → ALFARERO se hallaba muy difundida (Jer 18.2; 19.1). Entre las mismas vasijas de arcilla había gran variedad, según los fines a que se destinaban. Aunque también hubo vasijas preciosas, hechas de alabastro, bronce, plata y oro.

VASO → COPA.

VÁSTAGO → RENUEVO.

VASTI Esposa del rey → ASUERO. La depusieron cuando rehusó presentarse al banquete del rey para ostentar su belleza. De esta manera se inició la búsqueda de una nueva reina que culminó en la selección de → ESTER (Est 1.1-22).

VEJEZ Los judíos, como los orientales en general, tenían en alta estima la vejez (Pr 16.31). Exigían que se respetara a los ancianos (Lv 19.32) y la falta de respeto hacia ellos se consideraba como grave impiedad (Dt 28.50; Lm 5.12; Is 3.5). Alcanzar una edad avanzada se conceptuaba como señal del favor divino (Gn 15.15; Éx 20.12).

En los tiempos bíblicos se creía que los ancianos tenían más sabiduría que los jóvenes debido a sus años de experiencia (1 R 12.6-8; Job 12.12; 32.7). Por lo mismo se nombraba → ANCIANOS para dirigir el pueblo de Israel (Éx 12.21; Lv 9.1; 1 S 8.4; Ez 14.1; Lc 7.3) y para gobernar la iglesia cristiana (Hch 14.23; 20.17; 1 Ti 3.6). El consejo principal en el Imperio Romano era el «senado» (término derivado de la raíz latina *senex*, que significa *anciano*).

Sin embargo, la Biblia no enseña una reverencia ciega ni indiscriminada hacia la vejez.

La ancianidad tiene gloria solo si se «halla en el camino de justicia» (Pr 16.31). El «predicador» reconoce que «mejor es el muchacho pobre y sabio que el rey viejo y necio» (Ec 4.13). Pablo da consejos no solo a los jóvenes, sino también a los ancianos (Tit 2.2,3) y advierte contra los «cuentos de viejas» (1 Ti 4.7 BJ).

Se reconocen las debilidades de la vejez (Ec 12.6-7). El salmista expresa la ansiedad del anciano (71.9,18), pero Isaías asegura que Dios se preocupa por él (46.4).

VELO Prenda de vestir que las mujeres orientales usaban especialmente para salir a la calle o viajar. El velo les cubría el rostro con la excepción de un solo ojo (Cnt 4.9). En ocasiones cubría todo el cuerpo a manera de manto (Gn 24.65; Rt 3.15; Ez 13.18), y era generalmente de seda negra y lino. El velo no era un simple ornamento, sino que tenía significado ético: la mujer lo usaba para ocultarse de las miradas de los hombres, menos de las del marido o parientes cercanos (Gn 24.65). Era una desgracia que un hombre sorprendiese a una mujer sin el velo sobre el rostro o que alguien intencionalmente se lo levantase (Cnt 5.7; 1 Co 11.5,10).

También lo usaban los pastores, los viajeros y los campesinos para protegerse la nuca o la espalda del calor del sol (Rt 3.15).

Pablo pide que las mujeres de Corinto, al orar o profetizar en los cultos públicos, se cubran con un velo. En cuanto al hombre, opinaba todo lo contrario (1 Co 11.4-16). Se opina que la palabra → AUTORIDAD en el v. 10 significa «señal de autoridad», o sea, velo.

Con todo, parece que no todas las mujeres hebreas usaban habitualmente el velo (Tamar no quiso que su suegro la reconociera, Gn 38.14s). Probablemente se reservaba para alguna circunstancia especial como una boda.

En el rico vocabulario hebreo figura la voz *masveh* que describe el velo con que Moisés tapó su rostro de las miradas sensibles del pueblo (Éx 34.33ss).

Pablo pide que las mujeres de Corinto, al orar o profetizar en los cultos públicos, se

V

cubran con un velo. En cuanto al hombre, opinaba justamente lo contrario (1 Co 11.4-16).

Bibliografía:
  SE, NT II, pp. 418-422.

VELO DEL TEMPLO El tabernáculo tenía dos velos o cortinas: uno grueso y hermoso entre el Lugar Santo y el Santísimo (Éx 40.33) y otro a la entrada del atrio (Éx 40.33). Aunque con frecuencia se usa la misma palabra para designar a ambos (en hebreo, *masak;* en griego, *katapétasma*), solo el primero tiene valor litúrgico porque demarcaba el lugar más sagrado del → SANTUARIO y se rociaba con sangre en algunas ceremonias. El templo de Salomón y los dos templos posteriores retuvieron estos velos. Los Evangelios cuentan que, a la muerte de Jesús, el velo del templo se rasgó (Mc 15.38//). Unos suponen que se trata del velo interior (cf. Heb 6.19; 9.3; 10.20 donde su ruptura es símbolo del acceso del cristiano directamente a Dios mediante el sacrificio de Cristo). Otros aducen que se refiere al velo exterior, ya que el interior no era visible al pueblo.

VENGADOR DE SANGRE (en hebreo, *goel haddam,* que significa, *redentor* [vengador] *de sangre*). Pariente más cercano de un asesinado, única persona que podía vengar su muerte (Nm 35.11ss). Los miembros de la familia y de la tribu se consideraban solidarios ante todo → HOMICIDIO de un hombre libre. Ya sea que se hubiese perpetrado voluntaria o involuntariamente, debía vengarse y exigía represalias contra el culpable y contra los suyos (Gn 4.14; Jue 8.18-21; 2 S 3.27; 14.7; 21.1ss; 2 R 9.26; etc.).

Para los israelitas la → VENGANZA era un derecho y un deber sagrado. No ejecutarla era atentado grave contra el honor de la familia. Para regularla se hizo distinción entre homicidio involuntario y asesinato (Éx 21.12,13; Dt 19.4-6; Nm 35.16ss), se dio el derecho de ejecución de la venganza únicamente al vengador de sangre y se establecieron → CIUDADES DE REFUGIO (Dt 4.41-43; 19.1-4; Nm 35.22-29; Jos 20), en las que el homicida podía permanecer hasta ser convicto de asesinato intencional. Además, Deuteronomio prescribe claramente que la venganza solo puede alcanzar al culpable, con exclusión de los miembros de la familia (Dt 24.16; 2 R 14.6).

VENGANZA La Ley del Antiguo Testamento refrendó la represalia, la ley del talión (Lv 24.17-21). Hay venganzas justas (Jue 15.7; 16.28; 1 R 18.25; Jos 10.13; Pr 6.34), mientras otras son excesivas e incluso totalmente injustas (Gn 34.27; 2 R 3.27; Jer 20.10; Ez 25.12; Est 8.3). Por otra parte, Dios reclama para sí el derecho de venganza (Dt 32.35; Ro 12.19; Heb 10.30), y el justo pone en manos de Dios su «causa», y espera y pide la venganza divina sobre sus enemigos (Jer 11.20; → en SALMOS, *Salmos imprecatorios*). Si bien Dios puede dilatar el castigo, el día de la venganza del Señor llegará (Is 34.8; 61.2; 63.4; Jer 46.10; 51.6), no solo para los enemigos de su pueblo, sino también para los pecadores de su pueblo (→ IRA DE DIOS). Los maestros de la Ley, basándose en Dt 32.35, prohibían la venganza personal entre israelitas, pero no así con los no israelitas (Lv 19.18).

En el Nuevo Testamento la palabra venganza tiene dos sentidos: uno punitivo, como en el Antiguo Testamento, con referencia a la → RETRIBUCIÓN divina (2 Ts 1.8; Heb 7.24); y otro judicial (2 Co 7.11), es decir, el ejercicio jurídico de la → JUSTICIA, la acción legal. Este sentido judicial se halla sobre todo en el helenista Lucas. Jesús abolió la ley del talión y mandó a sus discípulos que perdonaran a sus enemigos, que soportaran las injusticias, que no se vengaran (Mt 5.38-48; Lc 6.27-36). Los cristianos, por tanto, no solo deben abstenerse de la venganza, sino que deben devolver bien por mal (Ro 12.19ss). El juicio divino hace las veces de la venganza (Lc 18.7s), si bien se dilata a veces hasta el último día (Ap 6.10; 19.2).

Bibliografía:
VTB, pp. 817ss. *EBDM* VI, col. 1164ss.

VERBO (en griego, *logos*, que significa, *palabra, mensaje*, etc.). Como revelador y salvador divino, y habiéndose manifestado en muchas formas en el pasado, Dios el Padre ha pronunciado su → PALABRA final y definitiva en → JESUCRISTO su Hijo (Heb 1.1s). Toda la revelación del Antiguo Testamento apuntaba hacia esta palabra (Jn 5.39) y halló en ella su cumplimiento (Col 1.25ss). Sin embargo, esta palabra no comienza a oírse solamente con las obras y palabras de Jesús; Él mismo habló misteriosamente de su preexistencia (Jn 8.58; 17.5; cf. Flp 2.6) y de su acción en el mundo antes de nacer. Más tarde los autores del Nuevo Testamento llegan a esta convicción, tras un fiel estudio del Antiguo Testamento (Hch 8.35; 17.2s,11). Así que inclusive la mención de la palabra o de la → SABIDURÍA divinas delata la acción del Verbo preexistente. Por el Hijo, resplandor de la gloria de Dios (2 Co 4.4; Col 1.15; Heb 1.3), se creó el mundo (Heb 1.2; cf. Sal 33.6ss) y en Él subsiste el universo (Col 1.17). Aun en los detalles de la historia de Israel (1 Co 10.1-4) o en la visión de un profeta (Is 6.1-13) Cristo estaba activo.

Cuando Juan el evangelista escribe su prólogo a fines del primer siglo, resume esta convicción al usar el título «Verbo» para describir al Hijo (Jn 1.1s,14; cf. 1 Jn 1.1ss y Ap 19.13). Lo llama «Dios» (sin artículo en el griego), tanto en 1.1 como en 1.18 (los mejores textos rezan «[el] único Dios que está en el Seno del Padre»), y subraya su papel en la creación (1.3,10). Insiste en que la paradoja de la → ENCARNACIÓN del Verbo, quien trajo por su entrada a nuestra condición humana la gracia y la verdad (1.14,16s), constituye una «exégesis» del Padre (1.18). Aun frente a este gesto de gracia, los hombres se muestran hostiles y rechazan la → LUZ (1.4s,9s), y en esto el pueblo mismo del Verbo es un ejemplo (1.11). Pero excepcionalmente hay personas que reciben al Verbo, creyendo en su poder regenerador (1.12).

Así que el drama que comenzó cuando Dios habló por primera vez a los hombres se cristaliza en el Verbo encarnado; quienes lo rechazan ya son condenados (Jn 3.16-21).

Se discute por qué Juan escogió el término Verbo como título cristológico (→ MESÍAS). Quizás fuera porque «la palabra» describía comúnmente las buenas nuevas que predicaban los apóstoles (Mc 4.14s; Hch 8.25; → EVANGELIO) en una extensión del ministerio de Jesús. Pero, ¿pensaba Juan también en los conceptos helenísticos del *logos*: el principio que establece el orden en el universo, la mente de Dios que lo controla todo o el intermediario (creado) entre Dios y sus criaturas? Más consecuente con el pensamiento juanino sería pensar que fue un ambiente semítico el que produjo el término. Verosímilmente se han sugerido una o más de las siguientes fuentes: el uso veterotestamentario de «la palabra de Yahveh», la personificación de la sabiduría (Pr 1.20-33; 8.1–9.18), la especulación judía sobre la → LEY y el uso en los → TÁRGUMES de *memra* (en arameo, *palabra*).

Bibliografía:
VTB, pp. 559-565. H. Schlier, *Problemas exegéticos fundamentales en el Nuevo Testamento*, Fax, Madrid, 1970, pp. 337-348. A. Wikenhauser, *El Evangelio según San Juan*, Herder, Barcelona, 1967, pp. 81-88. M.E. Boismard, *El prólogo de San Juan*, Fax, Madrid, 1970. *CBSJ* IV, 63.39-46. V, 80.21-24.

VERDAD Término que frecuentemente se halla en la Biblia pero que es difícil de definir (Jn 18.39). Se usa poco en sentido intelectual, es a saber, la concordancia entre una afirmación y el hecho a que se refiere. En la Biblia se emplea principalmente en sentido existencial y moral, como atributo de una persona. En el Antiguo Testamento verdad es traducción de varios vocablos hebreos, especialmente de *emet*, derivado del verbo *aman*, de donde viene también la bien conocida palabra → AMÉN. Significa «sostener», «estar bien fundado, firme y estable». De allí que *emet* es una realidad firme, fiel, segura, digna de confianza.

La verdad es una cualidad que se atribuye a Dios (Dt 32.4; Sal 31.5; Jer 10.10; Is 65.16). La idea tras las afirmaciones bíblicas no es tanto que Jehová es el Dios verdadero (en contraste con las deidades impostoras), sino que es un Dios veraz y fidedigno, en quien puede confiar o apoyarse el creyente. A menudo se une con esta cualidad de Dios la → «MISERICORDIA» (Sal 25.10; 40.11; 57.3).

También la verdad es característica de algunas personas (Gn 42.16; Pr 20.6; 28.20). Aquí empieza a destacarse más la idea de veracidad (Sal 51.6; Is 59.14,15).

En los salmos la «palabra» de Dios se llama «verdad», como asimismo sus «mandamientos» y su «Ley» (119.142,151,160). De ahí se ve que la verdad puede tener forma escrita.

La Septuaginta generalmente traduce la voz hebrea *emet* por la griega *alétheia*, palabra que se traduce «verdad» en el Nuevo Testamento. Por lo tanto, es común encontrar en el Nuevo Testamento que verdad se usa más en el sentido hebreo que en el griego. Se afirma que Dios es verdadero (Jn 7.28; 17.3; 1 Jn 5.20). Asimismo, Jesús osadamente afirma ser la verdad (Jn 14.6). El Espíritu Santo se llama «el Espíritu de verdad» (Jn 14.17; 15.13).

Juan, Pablo y Santiago afirman que la verdad es a la vez algo que Cristo personifica y algo que trajo. «La gracia y la verdad vinieron por medio de Jesucristo», dice Juan (1.17). Pablo habla de la «verdad que está en Cristo» (Ef 4.21; cf. Jn 8.32,44; 1 Jn 4.6; 2 Jn 1; Stg 1.18). Algunos de los versículos anteriores podrían entenderse como la verdad en sentido conceptual, o sea, un cuerpo de doctrina entregada. En Ef 1.13; 2 Ti. 2.15,18 (cf. 1.14; 4.3,4) se refieren claramente a la verdad en este sentido.

A veces el vocablo se usa también en sentido de veracidad, lo opuesto a afirmaciones falsas hechas consciente y maliciosamente (por ejemplo, Ef 4.25; Ro 3.7; 9.1; 1 Co 5.8; 1 Ti 2.7).

En Juan y Hebreos a veces la palabra «verdadero» parece emplearse en un sentido platónico, llamando la atención a que cierta cosa es real o auténtica, y no copia ni imitación. De Jesús se dice que es «pan verdadero» y «comida verdadera» (Jn 6.35,55), «la vid verdadera» (15.1) y «la luz verdadera» (1.9). Según Heb 8.2 y 9.24, el «verdadero tabernáculo» está en los cielos.

Como hijo de Dios el creyente debe reflejar en su vida la verdad que caracteriza a Dios, quien sobre todo busca «verdaderos adoradores» (Jn 4.23).

VERGÜENZA Perturbación del ánimo que se manifiesta por primera vez en las Escrituras en relación con la desnudez física. En su inocencia Adán y Eva «no se avergonzaban», pese a no estar vestidos; ya pecadores, se escondieron de Dios. «Tuve miedo porque estaba desnudo, y me escondí», se excusó Adán (Gn 2.25; 3.10,11). La vergüenza solo se conoce en el estado de pecado. Los hombres y las mujeres se sentían lastimados en su honor o pudor por la falta del vestido que indicaba, especialmente entre los orientales, su posición social de honor. Los ejércitos triunfantes solían despojar a los cautivos de su vestimenta, de modo que la vergüenza del estado físico se sumaba a la de la derrota y la pérdida de su honra (2 S 10.4,5; Is 20.4; 47.3).

Delante de Dios lo que avergüenza al hombre es el no estar vestido de → JUSTICIA, o sea, el ser pecador en sus múltiples formas. La vergüenza de las naciones consistía principalmente en la locura de la idolatría, bien que las variadas traducciones de la RV («ignominia», «afrenta», «oprobio», etc.) oscurecen el sentido de los vocablos básicos hebreos (Ez 36.6,7; Jer 11.13). Cuando Israel iba en pos de los ídolos, participaba en la vergüenza moral que desemboca en la vergüenza de la derrota (Os 4.7; 9.10). Toda suerte de malicia, orgullo y locura avergüenza, según los vocablos hebreos de Pr 3.35; 11.2; 13.5.

En el Nuevo Testamento continúa el uso figurativo de la vergüenza de la desnudez (Ap 3.18; 16.6). La pérdida de prestigio social se destaca en Lc 16.3. El vocablo *aidós* señala la modestia de la mujer virtuosa en 1 Ti 2.9, mientras que *aisjyne* y sus derivados señalan la vergüenza que surge de una mala conciencia o de la pérdida de dignidad (Jud 13, Flp 1.20). Nadie debe avergonzarse de ser cristiano (1 P 4.16; cf. Ro 1.16). El peor estado del hombre es el de haber perdido todo sentido de vergüenza a causa de una conciencia cauterizada (Flp 3.19; 1 Ti 4.2).

VERSIONES DE LA BIBLIA

Versiones antiguas

Latina Antigua

Se le da el nombre de Latina Antigua a la primera versión conocida de toda la Biblia al latín. Parece que se hizo en el norte de África durante la segunda mitad del siglo II d.C. Esta versión se basó en el texto griego tanto del Antiguo Testamento (Septuaginta) como del Nuevo Testamento. De ahí su importancia, pues nos ayuda a determinar el estado del texto de la Septuaginta en esa época. La Latina Antigua circuló profusamente en todo el imperio y sufrió revisiones que, en lugar de reflejar el latín literario y pulido de la época, reflejaban más bien las formas de hablar del pueblo común.

Vulgata Latina

Se conoce con este nombre la Biblia preparada en latín por Jerónimo a fines del siglo IV. Es la versión de la Biblia que más amplia y profunda influencia ha ejercido en el mundo cristiano occidental. Vino a ser la «Versión Autorizada» de la iglesia catolicorromana, de ahí que su vocabulario influyera definitivamente en toda la obra teológica de la Edad Media y aun en la de nuestros días. De tal manera dominó también la obra literaria secular hasta el siglo XV, que las lenguas romances no pueden negar su deuda a los giros latinos de la Vulgata.

El origen de esta Biblia se debe al Papa Dámaso (366–384), quien ante el descrédito de la llamada Latina Antigua por las muchas revisiones y debido a lo común e iliterario de sus expresiones, designó en el año 382 al más estudioso y capaz de los eruditos bíblicos de su tiempo, a Eusebio Jerónimo, conocido simplemente como Jerónimo, para emprender una revisión completa del texto latino. Cuando Jerónimo entregó a Dámaso la primera parte de su trabajo, los cuatro Evangelios, explicaba que había cotejado cuidadosamente la versión existente con los manuscritos griegos, cambiando solo lo que había creído absolutamente necesario, reteniendo de la antigua versión latina toda la fraseología que ya se había vuelto muy familiar. Tal vez este principio general explica la falta de uniformidad al traducir las mismas expresiones del original mediante diferentes expresiones latinas, como en el caso de la palabra griega *arjieréus*, que en Mateo se traduce *princeps sacerdotum*, mientras en Marcos es *summus sacerdos* y en Juan *pontifex*. Parece ser que este principio general caracterizó la revisión de todo el Nuevo Testamento y desde entonces se ha discutido entre los eruditos la participación que realmente tuvo Jerónimo en esta obra, llegando algunos a afirmar que ninguna.

En cuanto al Antiguo Testamento, después de intentar la revisión de varios libros con base en la Septuaginta, Jerónimo llegó a la conclusión de que el único camino a seguir era volver al hebreo verdadero. Para este trabajo Jerónimo viajó a la Tierra Santa; se estableció en un monasterio de Belén, estudió el hebreo y consultó con frecuencia a los rabinos judíos, lo cual explica la semejanza entre algunos pasajes de la Vulgata con los → Tárgumes.

Por muchos años la gente rechazó el trabajo de Jerónimo por no entender la razón crítica de muchos de los cambios que realizó a la Antigua Latina. Aun Agustín criticaba la obra de Jerónimo porque al seleccionar el texto hebreo arrojaba dudas sobre la inspiración de la Septuaginta. No obstante, con el pasar de los siglos el cristianismo occidental la aceptó sin reservas, convirtiéndose en la *Vulgata Versio*, es decir, la «Versión Común».

Versiones siríacas

El dialecto arameo usado en Edesa y la Mesopotamia occidental se llamaba siríaco, que era similar pero no idéntico al arameo usado en Palestina en tiempos de nuestro Señor. La traducción más antigua del Nuevo Testamento al siríaco data del siglo II. De esta versión, aparte de algunas citas en la literatura patrística, solo quedan dos manuscritos. Ambos son copias fragmentarias de los Evangelios. A uno se le designa generalmente con el nombre de Siríaco Sinaítico de *ca.* del siglo IV y al otro se le conoce con el nombre de Siríaco Curetoniano de *ca.* siglo V.

El documento conocido con el nombre de «Diatesarón de Taciano» corresponde a una armonía de los cuatro Evangelios arreglada *ca.* 170 d.C. y que circuló ampliamente en el Cercano Oriente hasta que declararon hereje a Taciano. Las llamas devoraron este valioso documento del cual se conservan muy pequeños fragmentos en griego.

Una traducción árabe del Diatesarón se ajustó posteriormente a la versión siríaca llamada *Peshita*. La versión *Peshita* (en siríaco, *simple*) del Nuevo Testamento parece haberse producido en el siglo IV. Para esta fecha las antiguas versiones siríacas necesitaban una revisión y alguien se encargó de unificarlas en una sola versión sencilla que se convirtió en la Versión Común *Peshita* de las iglesias sirias. Esta forma revisada y cotejada con los originales griegos fue aceptada por ambas iglesias sirias, la nestoriana y la jacobita, y ha sido desde entonces transmitida con mucha fidelidad hasta nuestros días. Como la iglesia siria no aceptaba como canónicos los libros de 2 Pedro, 2 y 3 Juan, Judas y Apocalipsis, la *Peshita* no los incluye.

Entre los jacobitas se hicieron varios intentos de restar popularidad a la *Peshita*, y a comienzos del siglo VI el obispo de Mabburg, llamado Filoxenus, comisionó a su coadjutor Policarpo que preparara una traducción del texto griego de toda la Biblia al siríaco, donde se incluyó por primera vez todas las epístolas de Pedro y de Juan junto con las de Judas y el Apocalipsis. De esta versión quedan muy pocos fragmentos.

La versión del Nuevo Testamento al siríaco palestino o, para llamarlo con más propiedad, arameo palestino, se hizo en el siglo IV.

Esta cueva en Qumrán, que los arqueólogos han designado con el número 4, tenía miles de fragmentos de manuscritos.

Interior de la cueva 4 de Qumrán. El arqueólogo está en un pasillo que va a un cuarto inferior, en donde se guardaban miles de fragmentos de manuscritos.

Foto de John Trever

Solo quedan algunas porciones extensas de los Evangelios. Esta versión, aunque muestra la influencia de la *Peshita*, refleja una forma especial de texto griego existente en Palestina durante los siglos IV y V (→ Texto del Nuevo Testamento).

Versiones coptas

La última forma que tomó la antigua lengua egipcia se llamó copta y, hasta los comienzos del cristianismo, se escribió en jeroglíficos. Posteriormente se utilizó el alfabeto griego con la ayuda de unos pocos caracteres especiales. Del copto se conocen seis dialectos, y toda la Biblia o el Nuevo Testamento se tradujo especialmente a cinco de ellos. Porciones del Nuevo Testamento se tradujeron al sahídico que se hablaba en el alto Nilo, alrededor de Tebas, *ca.* del comienzo del siglo III. Un siglo más tarde ya todo el Nuevo Testamento estaba traducido.

Hubo numerosas versiones en bohaírico, que se hablaba en el bajo Nilo, alrededor de Menfis, que se conservaron más completas y en mejor estado. Excepto por un importante manuscrito del Evangelio de Juan en subajmímico, dialecto que se hablaba al sur de Asyut y que data del siglo IV, tan solo unos pocos fragmentos se conservan en otros dialectos. Todos estos testimonios coptos del Nuevo Testamento se hallan hoy en pleno estudio y se consideran de mucha importancia para la crítica textual de los diferentes textos griegos que se usaron en las traducciones.

La versión gótica

Son varias las razones que han habido para dar importancia a esta versión hecha en el siglo IV por el obispo Ulfilas, apóstol de los godos de las provincias del Danubio: Es la más antigua de cuyo autor tenemos plena identidad y es una de las pocas versiones de esa época para la cual se dice que el autor inventó un alfabeto, constituyendo así el más antiguo documento literario teutónico. Esta versión se conoce hoy, en forma fragmentaria, en seis diferentes manuscritos. El más completo es una lujosa copia que data del siglo V y contiene partes de los Evangelios. Está escrito en letras plateadas sobre vellón púrpura, de ahí que se le conozca con el nombre de *Codex Argenteus*: «códice plateado».

Versión armenia

Durante la primera parte del siglo V, Mesrop, inventor del alfabeto armenio, y Sahak, el Patriarca, comenzaron una traducción de la Biblia a la lengua nacional armenia como reacción a la influencia de las versiones siríacas. Con todo, es probable que el texto base fuera en parte una versión siríaca. En general la versión armenia es de una belleza insuperable por su dicción y precisión. Con razón se le ha llamado: «La reina de las versiones».

Versión georgiana

La lengua georgiana la hablaba un pueblo dinámico y fuerte que habitaba en el Cáucaso, entre el mar Negro y el Caspio. Parece no haber tenido relación con otras lenguas. El cristianismo llegó a los georgianos en el siglo IV y, de acuerdo con una tradición armenia, Mesrop inventó e introdujo un alfabeto entre los georgianos. No se sabe quién hizo la primera versión de las Escrituras ni qué base textual se utilizó para la misma, si el griego, el siríaco o el armenio. Lo que sí parece ser cierto es que las primeras porciones traducidas, posiblemente los Evangelios y los Salmos, datan del siglo V. En cuanto a la versión del Nuevo Testamento hay bastantes probabilidades de que se haya basado en el siríaco o en el armenio. Muchas revisiones parecen haberse llevado a cabo antes de que Eutimio hiciera una completa revisión en el siglo X, que ha servido de base a varias ediciones impresas.

Versión etiópica

La presencia del cristianismo en Etiopía, según la historia, comienza en el siglo IV con la presencia de Frumentino, a quien Atanasio, Patriarca de Alejandría, consagró obispo de Acsum. Posiblemente Frumentino inició la traducción de las Escrituras al etiópico. Lo cierto es que existe un buen número de versiones en esta lengua que acusan obviamente orígenes variados y que sin duda son copias de versiones muy antiguas.

Versiones arábicas

Es posible que no se hayan producido versiones árabes de las Escrituras antes de la muerte de Mahoma que, con el Corán, hizo del árabe una lengua literaria. Desde entonces y hasta el siglo XIII hubo varias versiones en las que se advierte claramente el texto que sirvió de base. Unas se hicieron directamente del griego mientras otras se hicieron del siríaco, del copto y del latín.

Versiones en español

La Biblia alfonsina

Es probable que los valdenses y albigenses, en su celo evangelizador, hicieran llegar a España por lo menos partes de las Sagradas Escrituras a fines del siglo XII y principios del XIII, puesto que en 1233 el rey Jaime de Aragón se vio obligado a publicar un real edicto en el Concilio de Tarragona prohibiendo la lectura de las Sagradas Escrituras en otras lenguas que no fueran las lenguas muertas. Quizás este decreto haya sido eco de un edicto similar del Concilio de Tolosa de 1229. No obstante, en 1260, en la *General Estoria* de Alfonso el Sabio aparecieron los libros de la Biblia, pero en forma resumida y parafraseada. Por el número de manuscritos encontrados en las bibliotecas españolas del texto sagrado en lengua vernácula, se supone que hubo muchos intentos anteriores y posteriores a Alfonso el Sabio de traducir la Biblia o partes de ella al español.

El Nuevo Testamento de Enzinas

La reforma religiosa del siglo XVI logró que todos los pueblos de Europa quisieran tener las Sagradas Escrituras como la fuente única de su fe y práctica religiosa. España no fue una excepción, y pronto aparecieron españoles dedicados a traducirlas directamente de los originales. Debido a la persecución inquisitorial, este trabajo debió hacerse fuera de las fronteras nacionales. A Francisco de Enzinas debemos la traducción y publicación del primer Nuevo Testamento completo que se conoció en español (1543).

El Nuevo Testamento de Juan Pérez

Juan Pérez, erudito español, distinguido y honrado por el emperador Carlos V, fue el autor de una nueva publicación del Nuevo Testamento al castellano en 1556, al que agregó una traducción de los Salmos. El valiente Julianillo Hernández introdujo y distribuyó profusamente en suelo español este Nuevo Testamento a costa de su propia vida.

La Biblia del Oso

La primera Biblia completa en castellano apareció en 1569 en Basilea, traducida por el erudito español Casiodoro de Reina. Hoy, después de varias revisiones (la última de ellas se hizo en 1995), sigue circulando ampliamente en el mundo de habla hispana bajo el nombre de la Biblia Reina-Valera. La primera edición contó con 2603 ejemplares. La segunda salió en 1602 y la tercera en 1622. Apareció con una «Amonestación», con notas al margen de la pluma del traductor y con los libros apócrifos dispersos en el Antiguo Testamento. Un ejemplar de cada una de las tres primeras ediciones de esta monumental obra se encuentran en la Biblioteca López del Instituto Superior Evangélico de Estudios Teológicos de Buenos Aires.

Agotada la primera edición de la Biblia del Oso, Cipriano de Valera emprendió la tarea de revisarla cuidadosamente, cotejándola con los originales, como él mismo afirma. Eliminó las notas marginales, actualizó la ortografía y acortó los encabezados y los títulos. Los libros apócrifos, que en la Biblia del Oso aparecían dispersos en el Antiguo Testamento, en la revisión de Valera aparecen reunidos y colocados entre los dos testamentos. La revisión (Amsterdan, 1602), apareció con una «Exhortación al cristiano lector» escrita

El desolado desierto de la región de Qumrán, con el mar Muerto en el fondo. Varias de las cuevas donde se encontraron los manuscritos están en los riscos al centro de la foto.

por el mismo Valera al lado de la «Amonestación» de Reina.

Felipe Scío de San Miguel

En 1793, doscientos veinticuatro años después de la versión de Reina, apareció la primera traducción católica de la Biblia al castellano hecha directamente de la Vulgata. Dos ediciones más aparecieron en 1797 y en 1808.

Félix Torres Amat

En 1823 apareció en Barcelona otra versión católica hecha de la Vulgata y que se conoce con el nombre de su autor. Con el fin de hacerse más accesible al lector popular, Torres Amat apeló en su traducción a frases y expresiones parafrásticas, que le han acarreado no poca crítica y sí mucho desprestigio.

Rivera

En México, en 1833, se produjo en veinticinco tomos la primera traducción de la Biblia hecha en la América española. Es obra de un tal Rivera, quien se basó en una traducción al francés de la Vulgata que había realizado el Abad Vence, pero tuvo buen cuidado de cotejarla con los originales.

Nuevo Pacto

En 1858 se publicó en Edimburgo una versión bastante literal del Nuevo Testamento firmada con las iniciales G.N. y que, al parecer, corresponde al protestante Guillermo Norton. Se llamó «Escrituras del Nuevo Pacto»; su propósito fue «verter al castellano puro el significado del original griego, de una manera tan aproximada, tan clara, tan completa y tan uniforme como es posible». Se han hecho varias ediciones.

Versión Moderna

En 1893 se publicó una traducción de toda la Biblia hecha por H.B. Pratt, misionero de la Iglesia Presbiteriana en Colombia. Una revisión apareció en 1923. Aunque al principio esta versión la aceptaron con bastante entusiasmo, posteriormente ha caído en desuso ya que el pueblo evangélico sigue prefiriendo la versión de Casiodoro de Reina.

Juan Robles

En 1906 se imprimió un Nuevo Testamento traducido en el siglo XVI por Juan Robles. Esta versión se conoce como la «Traducción clásica de los Evangelios», y había permanecido olvidada en los archivos de El Escorial. El interés y cuidado de publicarla se debió a fray Maximino Llaneza. La ventaja y particularidad de esta traducción fue que no se hizo de la Vulgata, sino directamente de los originales. Es interesante ver la libertad con que el autor discute en su introducción y notas temas tan controvertidos en aquella época. De haberse conocido entonces hubiera sin duda ido a parar a manos de la Inquisición.

Versión Hispanoamericana

En 1916 apareció la primera edición (Nuevo Testamento solamente) de la Versión Hispanoamericana, llevada a cabo por una comisión mixta de seis traductores protestantes que incluía personas oriundas de España e Hispanoamérica, así como algunos misioneros anglosajones. La novedad de esta versión es la adopción de los códices alejandrinos representados en la recensión de Eberardo Nestlé, apartándose de los códices bizantinos de que se sirvió Erasmo y el editor del «Texto Recibido» y que sirvieron de base a la traducción de Casiodoro de Reina (→ TEXTO DEL NUEVO TESTAMENTO).

Pablo Besson

Se debe a Pablo Besson, pastor bautista, una traducción del Nuevo Testamento que se publicó en Buenos Aires en 1919. Como crítico y erudito de altos vuelos en materia de Nuevo Testamento, Besson produjo una traducción más bien para estudiosos que para el lector común.

Nácar-Colunga

La primera traducción completa de las Sagradas Escrituras al español, hecha directamente de los originales por eruditos catolicorromanos, apareció en 1944. Se debe a la erudición de dos profesores de la Universidad de Salamanca: el canónigo Eloíno Nácar Fuster (Antiguo Testamento) y Alberto Colunga (Nuevo Testamento). Esta Biblia ha recibido una amplia aceptación por la limpieza, claridad y pureza de su estilo y por tanto ha tenido muchas ediciones.

José Straubinger

Para la misma fecha apareció en Argentina la primera Biblia completa traducida en Hispanoamérica directamente de los originales. La tradujo el obispo J. Straubinger, profesor de Sagrada Escritura en el Seminario Mayor de San José de la Plata (Buenos Aires). Esta Biblia ha tenido muy buena acogida entre el pueblo catolicorromano.

Bover-Cantera

En 1947 apareció en España una nueva versión de la Biblia traducida por los sacerdotes J.M. Bover (Nuevo Testamento) y F. Cantera (Antiguo Testamento). Hecha con un espíritu crítico, se puede decir que hasta la aparición de la llamada «Biblia de Jerusalén», esta era la única Biblia de estudio que existía en lengua castellana.

Varias versiones hechas entre 1947-1967

Estos años han sido particularmente fecundos en traducciones catolicorromanas hechas directamente de los originales. Aunque han aparecido muchas traducciones de los cuatro Evangelios y de otras porciones de la Biblia, mencionamos solo las traducciones completas del Nuevo Testamento, o de la Biblia, salvo la «Sinopsis concordada de los cuatro Evangelios» hecha por Juan Leal, profesor de Sagrada Escritura en la facultad teológica de Granada, y que se publicó en 1954. Esta obra se esfuerza en armonizar el texto de los cuatro Evangelios con un criterio científico. Obras como esta se conocen varias desde hace muchos años en el campo protestante.

1. En Toluca, México, apareció en 1962, en una edición de cuarenta mil ejemplares, una traducción del Nuevo Testamento auspiciada por CEBIHA (Centro Bíblico Hispano Americano).

2. En 1964 apareció en Madrid, España, una Biblia publicada por Ediciones Paulinas y traducida por un equipo dirigido por Evaristo Martín Nieto; que es una verdadera joya por su estilo y por su fidelidad a los originales.

3. Ese mismo año la Editorial Herder publicó una Biblia que llamó «Edición popular de las Sagradas Escrituras» y que Serafín Ausejo revisó y cotejó cuidadosamente con los originales, añadiendo el propósito: «Hombres doctos en la materia han procurado incorporar a esta edición los mejores resultados de otras versiones nacionales y extranjeras».

4. En 1964, la Editorial Verbo Divino publicó la traducción del Nuevo Testamento hecha por Felipe Fuenterrabía, es una obra de grandes méritos por su estilo y fidelidad, de la cual se han hecho ya muchas ediciones.

5. El año de 1967 fue especialmente rico en estas publicaciones. Apareció *El Libro de la Nueva Alianza*, traducción del Nuevo Testamento conducida por Alfredo B. Trusso, de Argentina, y dirigida especialmente a la mayoría del pueblo que carece de los conocimientos críticos y de los recursos del idioma para entender traducciones más refinadas.

La Biblia de Jerusalén

También en 1967 se publicó, después de cinco años de ardua labor llevada a cabo por un equipo de competentes traductores, la llamada «Biblia de Jerusalén». Con ese mismo título apareció primero en francés, luego en inglés y finalmente se publicó en castellano simultáneamente en España y Buenos

Ruinas de un gimnasio griego en la ciudad de Salamina en la isla de Chipre. El apóstol Pablo visitó Salamina en su primer viaje misionero (Hch 13.4-5).

Foto de Howard Vos

V

Aires. De ella dijo Germán Arciniegas que es «una obra en español que flotará por sobre todo lo demás que se ha publicado en muchos años». El equipo de traductores españoles estuvo dirigido por Pedro Franquesa y José María Solé, misioneros clarentinos.

Nuevo Testamento «Ecuménico»

Todavía en el mismo campo catolicorromano, pero hecha con «espíritu ecuménico», la Editorial Herder de Barcelona publicó también en 1967 la traducción de un Nuevo Testamento. Esta edición la costeó la Comunidad Protestante de Taizé, Francia. La traducción misma la realizaron tres eruditos católicos y revisó un equipo interconfesional, ya que en algunas de sus sesiones estuvieron presentes algunas personalidades protestantes como Gonzalo Báez-Camargo, de México; Luis Fidel Mercado, de Puerto Rico, e Ignacio Mendoza, de España, los que también tuvieron la oportunidad de revisar y anotar las pruebas de galera antes de su publicación.

Versión Popular: Dios llega al hombre

La primera traducción que se hace al castellano en el campo protestante desde la aparición de la versión de Besson (1919). El propósito y el alcance de esta versión, que apareció en 1966 y de la cual ya se han vendido muchos millones de ejemplares, están expuestos muy claramente en la introducción del volumen: «Como es una traducción distinta y no una revisión de las otras versiones, su vocabulario y estilo es, por tanto, diferente. Se ha tratado de expresar el significado del original griego en el castellano de hoy día. Se ha dado preferencia a los vocablos y formas gramaticales castizos que son propiedad común del habla popular de todos los niveles de la cultura. Como la Versión Popular evita ciertos giros literarios y algunas expresiones poco usadas, no es tan literal como otras versiones de la Biblia. Su propósito es comunicar el mensaje del original en términos bien conocidos, siguiendo el ejemplo de los autores del Nuevo Testamen-

to, que escribieron en el lenguaje común y corriente de su época».

La Biblia para Latinoamérica

Típica de una nueva serie católica de Biblias cuyas notas y fraseología reflejan una honda preocupación pastoral es «la Biblia en su texto íntegro, traducida, presentada y comentada para las comunidades cristianas de Latinoamérica y para los que buscan a Dios, por un equipo pastoral bajo la dirección de Ramón Ricciardi» (con base en Chile). Vio la luz en 1971 en Madrid, Ediciones Castilla.

La Biblia al día

Esta versión, que apareció por primera vez en 1973, se trata de una paráfrasis de las Sagradas Escrituras. Se preparó siguiendo el estilo de la famosa *Living Bible* estadounidense. Sin embargo, ha sido ampliamente revisada y cotejada con otras versiones.

Biblias en preparación

Actualmente la *International Bible Society* está trabajando en la versión que se conocerá con el nombre de *Nueva Versión Internacional*. Además, las Sociedades Bíblicas están preparando otra versión en lenguaje bien sencillo.

VERSIONES EN OTRAS LENGUAS IBÉRICAS

En España se han hecho varias versiones a idiomas ibéricos como fruto del resurgimiento de los idiomas regionales y del intenso interés por la Biblia.

Versiones catalanas

L'Evangeli segons sant Marc

Fundació bíblica evangèlica, Barcelona 1970. Es parte de una nueva versión evangélica en preparación. El lenguaje es sencillo y digno. Esta traducción incorpora a los evangélicos al movimiento bíblico en lengua catalana.

La Bíblia

Versió dels textos originals i notes pels monjos de Monserrat. Casal i Vall, Andorra

1969–1970. Esta versión erudita es la culminación de cincuenta años de movimiento bíblico en Cataluña. Como traducción se apega a los textos originales, pero se expresa en catalán literario. Las notas ofrecen un comentario extenso, muy útil para los cristianos de todas las tendencias.

Bíblia
Fundació Bíblica Catalana, Alpha, Barcelona, 1968. Es la versión que se prefiere en Cataluña y un modelo de entusiasmo bíblico y trabajo de equipo. La traducción es libre y está expresada en un catalán hermoso. Los comentarios bíblico-teológicos se hallan en la línea más renovadora del catolicismo romano actual.

Versión gallega
A Palabra de Deus, Do Adro, Santiago 1965ss. Esta novísima traducción al gallego cuenta hasta ahora con los Evangelios y los Salmos. La traducción es fiel y dulce. Las notas representan una postura catolicorromana tradicional.

Versiones vascuences
Los evangélicos fueron pioneros en esta tarea, pero en épocas pasadas. El pastor calvinista Juan de Lizárraga publicó ya en el año 1567 su traducción del Nuevo Testamento: *Iesus Christ Gure Iaunaren Testamentu Berria*. En nuestros días el jesuita Olabide tradujo toda la Biblia al moderno éuscaro (o vascuence) literario: *Itum Za eta Beia*. Editorial Mensajero, Bilbao 1958. Traducción que trata de superar las grandes diferencias dialectales del vascuence hablado. Es de gran valor lingüístico.

VESTIDOS En el pueblo hebreo la forma y estilo de vestir se conservó igual a través de los siglos desde los tiempos del Antiguo Testamento hasta los del Nuevo Testamento. Las principales prendas eran: la túnica interior, muy ajustada al cuerpo, y un → MANTO exterior; los usaban igualmente hombres y mujeres (Job 30.18; Cnt 5.3; Gn 37.3). A esas dos prendas a veces se agregaba un → CINTO, una capa (para la lluvia) y unas → SANDALIAS (Is 3.24; Mt 5.40). Las mujeres usaban, además, un → VELO, la prenda que más distinguía a la mujer del hombre en lo referente a vestuario. Era prohibido que la mujer usase prendas de hombre y viceversa (Dt 22.5).

La túnica era de lino o de algodón, y se llevaba directamente sobre el cuerpo. Tenía agujeros para los brazos (y algunas veces mangas anchas y abiertas) y llegaba hasta abajo de las rodillas. La de las mujeres llegaba hasta los tobillos. La túnica se ataba al cuerpo con un ceñidor. Algunas veces era tejida sin costura alguna, como la de Jesús (Jn 19.23). La vestidura de encima, o sea el manto, era una pieza de tela más gruesa, de 1,30 X 1,2 m aproximadamente, con la cual se arropaban el cuerpo. Se ataba sobre los hombros o se dejaba suelta. El que deseaba tener libres los brazos podía quitársela fácilmente (Mt 24.18; Hch 7.58; 22.23). A veces, cuando un hombre no llevaba puesto su manto se decía que estaba «desnudo» (1 S 19.24; Is 20.2ss; Jn 21.7). Podía arreglarse de manera que fuese fácil llevar algunas cosas en el → SENO (Sal 79.12; Is 65.6; Lc 6.38). De noche, los pobres podían usar el manto para cobijarse en la → CAMA (Éx 22.26a; Job 22.6).

Otro vestido exterior es el *meil* (traducido igualmente *manto*) generalmente de tela fina (1 Cr 15.27). Lo llevaban personas distinguidas (1 S 2.19; Esd 9.3,5; Job 1.20).

La cabeza se llevaba generalmente descubierta. A veces, para resguardarla del sol quemante o de la lluvia, se tapaba con un doblez del manto exterior (2 S 15.30; 1 R 19.13; Est 6.12). Los → SACERDOTES usaban una mitra, bonete o turbante sagrado; y después del cautiverio todos los judíos adoptaron hasta cierto punto el turbante. Las mujeres usaban diversas clases de abrigo de cabeza, sencillos o adornados.

La piel de los animales sirvió como primer material para vestir y cubrir el cuerpo de los nómadas. En la Palestina el vestido era similar al usado en el resto del Cercano Oriente.

Foto de Gustav Jeeninga

Beduino con un tocado para protegerse del sol. El sumo sacerdote de la nación de Israel también usaba un tocado, que algunos traducen como tiara (Éx 28.40).

En Egipto la piel de leopardo se usaba para el atuendo de los sacerdotes. La → LANA fue tanto para los hebreos como para los sirios el material preferido para vestir al pueblo. Los vestidos de → SEDA probablemente importados de Persia o China, se consideraban de lujo (Ez 16.10). La Ley prohibía la mezcla de lino con lana (Lv 19.19).

El atuendo de los sacerdotes era tan complicado como simbólico. En Éx 28 se expone detalladamente parte por parte tales vestiduras.

Las vestiduras reales eran igualmente simbólicas, elegantes y artísticas. Es de notarse que el → EFOD era una prenda de vestir que daba al portador, sacerdote, levita o rey, una dignidad especial. Pero también el efod se veía con superstición o se le relacionaba con algún culto idolátrico (Jue 8.24-27; 17.5; 18.17).

Un rey como David vestía «de lino fino» incluyendo el efod (1 Cr 15.27). Los reyes de Judá e Israel, como Acab y Josafat, se ataviaban espléndidamente cada vez que salían a las plazas públicas o cruzaban las puertas de la ciudad donde estaba el trono. Un turbante

cónico (→ CORONA) y una capa «cubretodo» eran prendas esenciales del rey (cf. Hch 12.21). Las princesas reales, como Tamar hija de David, portaban como símbolo de su virginidad una «túnica con mangas» (2 S 13.18, BJ). La misma «túnica con mangas» expresa la parcialidad con que Jacob amó a José (Gn 37.3, BJ). Las mangas largas anunciaban que su portador no tenía que hacer trabajos manuales.

La preferencia de brillante colorido fue característica de los pueblos, como el hebreo, que vivían en regiones áridas y lóbregas. Los términos «resplandecientes» y «espléndido» parecen aludir a este tipo de vestiduras (Stg 2.2s; Hch 10.30). Especialmente en las fiestas, la ropa era de telas más caras (Mt 22.11s; Lc 15.21), preferentemente de color → BLANCO, → PÚRPURA O → ESCARLATA. Las mujeres se adornaban de joyas (→ PIEDRAS PRECIOSAS).

No obstante lo monótono y reducido del vestir hebreo de todos los días, debido a lo limitado del material textil, la gente mostró siempre mucho interés en su apariencia externa. Un hombre valoraba más su vestido que su cabalgadura. Cuando pasaba la noche en algún mesón extraño, dormía con todas sus prendas puestas, inclusive sandalias, para no exponerlas a un robo. El valor que se daba al vestido era casi comparable con el de la moneda. Dar «una muda de vestir» era pagar un alto precio o dar un premio. Nótese esto en los incidentes relacionados con Sansón (Jue 14.13,14), Naamán y Giezi (2 R 5.22s,26), y Sísara (Jue 5.30). Los soldados romanos repartieron los vestidos de Jesús y echaron suertes sobre su manto (Jn 19.23s).

A través de vestidos de luto (→ DUELO) y de → ARREPENTIMIENTO se expresaba visiblemente la pena interior. El desgarrar los vestidos era una señal especial de luto (Gn 37.24; 2 S 3.31; Job 1.20) provocado por una desgracia (2 S 13.19), una blasfemia oída (Jer 36.24; Mc 14.63 //), etc. En otros sentidos también el vestido participa en las cualidades de la persona que lo lleva; por ejemplo, cortar los vestidos por la mitad de unos emisarios es una afrenta (1 Cr 19.4); los vestidos de Jesús resplandecen en la → TRANSFIGURACIÓN (Mc 9.3). Como parte de las → RIQUEZAS que posee el hombre, los vestidos no han de preocuparle demasiado (Mt 6.25-34) ni usarse para ostentación (Mt 23.5), sino deben distribuirse equitativamente (Mt 25.36; Lc 3.11).

Desde el momento en que se originan los vestidos en el paraíso (Gn 3.7), la ropa y la desnudez son signos de la condición espiritual del hombre (Gn 3.21). La muda de vestido simboliza el cambio espiritual (Col 3.10; Ef 4.24) y aun la → RESURRECCIÓN se describe como un revestir al hombre de un vestido incorruptible (1 Co 15.37,42; 2 Co 5.3ss). Tal como el pueblo de Dios actuó en el pasado como una → ESPOSA infiel, vestida de → PROSTITUTA (Ez 16.15ss; Os 2.9ss), el pueblo triunfante lavará sus túnicas y las blanqueará «en la sangre del Cordero» (Ap 7.14; 22.14), y la esposa se ataviará para las nupcias (Ap 19.7; 21.2).

Bibliografía:
DBH, cols. 2025-2029. *EBDM* VI, cols. 1169-1177. *VTB*, pp. 827-830.

VÍA DOLOROSA Ruta que, según la tradición, Jesucristo recorrió con la cruz a cuesta desde el lugar en que Pilato lo juzgó hasta el → CALVARIO, lugar de la crucifixión.

Aunque la tradición señala catorce estaciones en esa vía, o los hechos que ocurrieron durante aquella agotadora jornada, es casi imposible determinar cuál fue exactamente la ruta, pues el ejército romano destruyó por completo a Jerusalén varios años después.

La Vía Dolorosa no se menciona por nombre en la Biblia.

VÍBORA Traducción de la voz hebrea *efeh* y la griega *éjidna* que aparentemente designan una clase de culebra muy venenosa. El significado de la voz hebrea no es del todo claro, aunque aparece en construcciones paralelas con → SERPIENTE.

Existen hoy la víbora del desierto (*echis colorata*), la de Palestina (*vipera palaestinae*) y una especie cornuda (*cerastes ceraste cornutus*) que son peligrosas. La víbora en cierto sentido simboliza lo que es malo y destructor (Dt 32.33; Is 30.6; 59.5), que no afectará a los justos en los tiempos mesiánicos (Is 11.8; Sal 91.13). Jesús y Juan el Bautista describen con el término cierta clase de personas (Mt 3.7//; 12.34; 23.33). Pablo salió ileso de la mordedura de una víbora en Malta (Hch 28.3-6) lo que produjo gran admiración entre los nativos.

VID En la época bíblica, y aun antes de su ocupación por los israelitas, la Tierra Santa era un próspero viñedo (cf. la ofrenda de → MELQUISEDEC en Gn 14.18, y el informe de los espías en Nm 13.20,24). Los principales productos de su suelo eran los cereales y el mosto (Gn 27.28), y la vid y la higuera su principal característica vegetación (1 R 5.5). Se destacaban varias regiones por la alta calidad de sus vides, tales como → ESCOL, → EN-GADI (Cnt 1.14), Sibma (Jer 48.32), etc., y el sueño dorado del israelita nómada era sentarse bajo su propia vid o bajo su propia higuera (1 R 4.25).

Es por eso que la vid tiene un papel importante en el lenguaje figurado. Con la vid se comparan al pueblo de Israel (Jer 2.21; Ez 15.6; 19.10-14; Os 10.1; Sal 80.9-17), al impío (Job 15.32s), a la mujer del justo (Sal 128.3), a Moab (Jer 48.32) y al rey Sedequías (Ez 17, donde la primera águila, Nabucodonosor, designó o «plantó» a Sedequías como rey en Jerusalén). El cultivo de la vid demandaba cierta pericia y mucha mano de obra para la siembra, cercado, labranza, cosecha, etc. (cf. Mc 1.12). Había que podar la vid cada año (Lv 25.3; Jn 15.2).

Jesús se llama a sí mismo la vid verdadera (Jn 15.1-8), cuyos → PÁMPANOS son los discípulos, figura que pone de manifiesto la íntima unión que existe entre Él y ellos.

Lo que Israel no pudo dar a Dios, Jesús se lo da. Él es la vid que produce, la cepa auténtica digna de su nombre. Él es el verdadero Israel. Su Padre lo plantó, lo rodeó de cuidados y lo podó a fin de que llevara fruto abundante (Mt 21.22; Jn 15.1ss). En efecto, produce fruto dando su vida, derramando su sangre, prueba suprema de amor (Jn 15.13; 10.11,17); el → VINO, fruto de la vid, es la señal sacramental de esta sangre derramada para sellar el nuevo pacto; es el medio de participar del amor de Jesús, de permanecer en Él (Mt 26.27ss; Jn 6.56; 15.4,9).

Cristo, el auténtico tronco de la vid invita, llama a todos los hombres, por el amor del Padre y del Hijo, a ser miembros de la vid verdadera, aunque Jesús mismo elige a los que han de ser sus miembros; no son ellos los que eligen (15.16). Por esta comunión se convierte el hombre en pámpano de la verdadera cepa. Vivificado por el amor que une a Jesús y a su Padre, lleva fruto, lo cual glorifica al Padre. El creyente así participa en el gozo de Jesús que está en glorificar a su Padre (15.8-11). Tal es el verdadero misterio de la vid: expresa la unión fecunda de Cristo y la Iglesia, así como su gozo permanente, perfecto y eterno (cf. 17.23).

VIDA Conjunto de las propiedades características a los seres humanos, los animales y las plantas. En términos físicos, la vida comprende el período entre el nacimiento y la muerte. Puesto que Dios es la fuente de la vida, es un don de Él. El salmista canta a Dios: «Porque contigo está el manantial de la vida» (Sal 36.9). El concepto de la vida se despliega a través de toda la Biblia:

En el Antiguo Testamento

Tres vocablos hebreo determinan el concepto de la vida.

1. *Khayyim* tiene sentido de movimiento o acción. La vida es un poder que se manifiesta (Gn 7.21ss; 26.19; Job 33.20; Sal 69.34; 143.3). También es una manifestación de la → LUZ y la alegría (Sal 27.1; Job 33.25ss; Pr 3.16), en contraste con las tinieblas, la tristeza y el caos que caracterizan lo inanimado (Sal 135.17).

2. *Néfes*, cuya raíz significa «respirar» o «soplar». Génesis 2.7 dice: «Y Dios formó al hombre del polvo de la tierra, y sopló en su nariz aliento de vida, y fue el hombre un ser [*néfes*] viviente». A menudo se traduce → ALMA en el sentido amplio de lo que vive y se mueve (Gn 12.13; Nm 11.6; Dt 4.19; etc.). Desde cierto punto de vista, esta vida radica en la → SANGRE (Lv 12.11).

3. *Ruaj*, es similar en significado a los anteriores términos. Significa → ESPÍRITU como principio que distingue a la vida de la → MUERTE. Es el espíritu vivificador (Job 27.3s).

En términos generales, vida en el Antiguo Testamento tiene significados y referencias concretas; no aparece como una idea abstracta. Nunca se habla de la vida del → HOMBRE teóricamente, sino existencialmente en medio de situaciones particulares. Por ejemplo, no existe en el Antiguo Testamento referencias independientes a la vida física, intelectual o espiritual; los autores parten del concepto de que la vida humana es un todo.

La vida es una unidad que no se puede dividir. Cada parte del → CUERPO (→ CARNE; CORAZÓN; SANGRE, etc.) tiene una función total tanto física como espiritual.

Por otro lado, el Antiguo Testamento da a entender que la vida no es la simple existencia.

Al contrario, le da un sentido de plenitud e intensidad vital. Por eso el hombre puede revivir, puede sobrevivir. Quien estaba muerto de hambre puede «vivir» cuando encuentra alimento (Gn 43.8; 2 R 7.4; cf. 1 S 30.12). También se da el caso de que el que está enfermo «vive» cuando recupera la salud (Nm 21.8s; Is 38.9).

El Antiguo Testamento considera la vida como un don supremo que es muestra de felicidad. El que tiene felicidad siente la realidad de la vida (Sal 34.12,13; Pr 4.10).

En resumen, la idea central de vida en el Antiguo Testamento es que Dios es su fuente única. Aunque la creación entera goza en cierto grado del don de la vida, el hombre es en particular su beneficiario (Nm 14.28; 2 R 2.2; Ez 20.31; 33.11). Pero este no puede vivir solo de pan, sino de toda Palabra de Dios (Dt 8.3). La plenitud de vida del hombre depende de la actitud que asume hacia esta palabra de su → OBEDIENCIA o desobediencia (Dt 30.15-20; Pr 3.1-10).

En el Nuevo Testamento

Tres términos griegos designan el concepto de la vida.

1. *Zoé*, que aparece de 151 a 200 veces y tiene varios significados. Abarca la vida física (Lc 16.25; Ro 8.38) y la sobrenatural, la de Dios y de Cristo (Jn 5.26), que se le comunica a los creyentes (1 P 3.7). No solo se refiere a la vida futura (a menudo en la expresión «vida eterna», Mc 10.30), sino también a la posesión actual de una gran bienaventuranza e íntima comunión con Dios (Jn 5.24). Nuestras decisiones diarias impactan esta vida; el hombre puede vivir «según la carne» o «según el espíritu» (Ro 8.12).

2. *Psyjé*, que por lo general se traduce → ALMA. En la Septuaginta traduce el vocablo hebreo *néfes* como «aliento, principio de vida». El Nuevo Testamento usa el término para indicar el principio de vida física (Hch 20.10; Ap 8.9), la vida terrenal en sí (Mt 2.20; Ro 11.3), la sede de la vida interior (Lc 12.19; 1 Ts 2.8; Stg 1.21) y el objeto de una decisión esencial (Mc 8.35; 10.39).

3. *Bíos*, que es menos común y significa existencia terrenal (Lc 8.14; 1 Ti 2.2; 2 Ti 2.4) o recursos necesarios para subsistir (1 Jn 2.16; 3.17).

En ciertos pasajes el Nuevo Testamento conceptúa la vida únicamente como la existencia que termina con la muerte (Flp 1.20), como algo provisional (1 Co 15.19), pasajera (Stg 4.14) y limitada (Ro 7.1ss). Con todo, Mc 8.36s nos recuerda que la vida es uno de los bienes mayores.

Como en el Antiguo Testamento, Dios es el origen de la vida (Lc 5.21). Él posee → INMORTALIDAD (1 Ti 6.16) y solo Él puede resucitar a los muertos (Ro 4.12). La novedad neotestamentaria es que recibimos este gran don de Dios a través de Jesucristo. Puesto que Cristo resucitó de entre los muertos, queda como garantía de que en Él tendremos vida (Ef 2.1-7) a través de nuestra fe (Ro 1.17; Gl 3.11; 1 Jn 5.12).

El acontecimiento de la → RESURRECCIÓN y la consecuente llegada del Espíritu Santo rompieron las limitaciones de la vida. Antes → «VIDA ETERNA» evocaba solamente una realidad escatológica (así en Mateo, Marcos y Lucas), pero ahora se comprende que en Cristo la vida tiene una nueva cualidad eterna y que comienza en el momento de creer en Él (Jn 17.3), o sea, de renacer (1 Jn 2.29; cf. Jn 3.3-8). La literatura juanina enfatiza que la vida libera del dominio del príncipe de este siglo (→ SATANÁS) y conduce a la abolición del → PECADO (1 Jn 3.8ss). Como Jesucristo es el verdadero Dios, Él es también la vida eterna (1 Jn 5.20).

Por su parte el apóstol Pablo afirma que la vida es un bien no solo presente, sino también venidero (Ro 6.1-11; 8.2-10), y que la verdadera vida ya no está sujeta a los límites de «este mundo» (Ro 7.1-13).

Bibliografía:

DTB, cols. 1048-1054. *VTB*, pp. 832-836. M. García-Cordero, *Teología de la Biblia I*, BAC, Madrid, 1970, pp. 406ss, 492-497, 627-630. P. van Imschoot, *Teología del Antiguo Testamento*, Fax, Madrid, 1969, pp. 379-383. J.M. Casabó, *La*

Teología moral en San Juan, Fax, Madrid, 1970, pp. 241-246. M. Meinertz, *Teología del Nuevo Testamento*, Fax, Madrid, 1963, pp. 44ss, 540-543.

VIDA ETERNA Nueva y redimida existencia que Dios concede gratuitamente a todos los creyentes en Cristo Jesús. La vida eterna se refiere a cierta calidad o carácter de nuestra nueva existencia en Cristo, así como al carácter perpetuo de esta vida. En el Antiguo Testamento, esta frase solo aparece en Dn 12.2. Sin embargo, el concepto de la vida eterna está implícito en el mensaje de los profetas cuando describen el glorioso futuro que Dios ha prometido a su pueblo.

La mayoría de las referencias a la vida eterna en el Nuevo Testamento están orientadas hacia el futuro. Enfatizan el bendito carácter de la vida que se disfrutará para siempre en el futuro. Jesucristo aclaró que la vida eterna se le concede solo a los que se entregan por entero a Él (Mt 19.16-21; Lc 18.18-22). Las cartas de Pablo no hablan mucho de la vida eterna, y cuando lo hacen se refieren principalmente al futuro (Ro 5.21; 6.22; Gl 6.8).

La frase aparece más a menudo en el Evangelio de Juan y en 1 Juan. El apóstol enfatiza la vida eterna como una realidad y una posesión presentes en el cristiano (Jn 3.36; 5.24; 1 Jn 5.13). Juan declara que el creyente ya ha comenzado a experimentar las bendiciones del futuro aun cuando no sea en su plena expresión: «Y esta es la vida eterna: que te conozcan a ti, el único Dios verdadero, y a Jesucristo, a quien has enviado» (Jn 17.3).

VIDENTE Dos términos hebreos se traducen videntes, términos que se usan también paralelamente con → PROFETA (2 R 17.13; Is 29.10) y «adivino» (Miq 3.7). Parece ser el título más generalmente usado para designar personas que podían interpretar «señales» (acontecimientos extraordinarios, Gn 25.22s; u ordinarios pero inquietantes, 1 S 10.2s) o sueños (Gn 40.8) o que tenían ellos mismos sueños significativos (Dt 13.1ss). El sacerdote cumplía a veces esta tarea y tal vez por eso hay más menciones del vidente en el Antiguo Testamento. En 1 S 9.9 se supone que el vidente sea como un precursor del profeta, aunque la diferencia entre ambos no es muy clara.

VIDRIO Sustancia frágil, dura, de brillo especial, por lo general transparente. Según la tradición griega, la industria del vidrio tuvo su origen en Fenicia, aunque los egipcios la conocieron mucho tiempo antes del éxodo. La muestra más antigua es una botella que lleva grabado el nombre de Sargón II, 700 a.C.

Los hebreos sin duda conocían el arte de elaborar, pulir y cortar el vidrio aunque en forma rudimentaria. En los tiempos bíblicos se tenía por artículo de lujo (Ap 4.6; 15.2). Se usaba en copas, botellas, vasos, ornamentos, emblemas sagrados, etc. En Ap 21.18,21 se usa el vidrio como expresión simbólica de lisura, brillantez y transparencia (cf. Ez 1.22).

VIENTO La mayor parte del año la Tierra Santa se ve afectada por vientos de los cuatro puntos cardinales que pueden ser una fuente de bendición o de maldición según de donde procedan. Se suceden en las diversas estaciones, de ahí que los hebreos creían que el clima era el resultado de estos (Jer 49.36; Dn 8.8; Mt 24.31; Ap 7.1).

Los vientos del oeste, húmedos y refrescantes, traen las lluvias en el invierno y el rocío en el verano. Soplan la mayor parte del año y modifican el clima, haciéndolo templado. Los vientos del norte son fríos y ahuyentan las lluvias (Job 37.9; Pr 25.23). Los del sur pueden ser tempestuosos (Is 21.1; Zac 9.14), o benévolos para la navegación (Hch 27.13) y generalmente están asociados con el calor (Job 37.17; Jer 4.11; Lc 12.55). El viento del este o solano está identificado como el «viento de los desiertos» (Job 1.19; Jer 13.24; Jon 4.8). Llega en fuertes ráfagas (Éx 14.21; Sal 48.7) con polvillo de arena y calor abrasador (Os 13.15; Am 4.9) que agosta la vegetación

(Gn 41.6,23,27; Ez 17.10; 19.12). Los puntos cardinales se combinan a menudo para indicar una gran variedad de vientos derivados de estos principales.

Dios usaba los vientos para propósitos especiales (Gn 8.1; Sal 104.3c,4; Ez 37.9; Am 4.13). Su fuerza y poder hacían pensar en el soplo de Dios (Is 40.7) y, con mucha frecuencia, son simbólicamente instrumento de juicio (Jer 49.36; Ez 13.13; Os 13.15). Aparecen en las teofanías (Ez 1.4).

El viento es símbolo de libertad y ligereza (Pr 27.16; 30.4; Ec 1.6; Ef 4.14), de fuerza y poder (Is 41.16; Jer 51.1; Dn 2.35; Stg 3.4), del vacío y la nada (Is 41.29; Pr 11.29), de la transitoriedad de la vida (Job 7.7; Sal 78.39), etc. En algunos casos, se le puede identificar con el → ESPÍRITU SANTO de Dios (1 R 18.12; 2 R 2.16; Ez 8.3; 11.1; Jn 3.8; Hch 2.2).

VIENTRE En sentido anatómico es sinónimo de:

Este mosaico de tiempos antiguos, personificando los cuatro vientos, se descubrió en la ciudad romana de Ostia.

Foto de Howard Vos

1. Matriz y esta es la aceptación más común y numerosa en la Biblia (Gn 25.24; Dt 28.4; Rt 1.11; Job 19.17; Ec 11.8; Jer 1.5; Os 12.4; Lc 1.41; Jn 3.4).

2. Abdomen (Jue 3.21; Cnt 5.14; Dn 2.32).

3. Aparato digestivo (Job 20.23; Jon 2.1-2; Mt 15.17; Lc 15.16; 1 Co 6.13).

En sentido figurado es sinónimo de ideas y sentimientos (Job 15.2; 32.18-19 RV-1909; Sal 17.14; Pr 18.8; 20.27 RV-1909).

VIGILIA Palabra que designa una medida hebrea y también al guarda.

1. Medida hebrea de tiempo para dividir la noche. En el Antiguo Testamento se dividía en tres vigilias de cuatro horas: la primera se contaba desde la puesta de sol, la segunda se llamaba vigilia de medianoche y la tercera hasta la salida del sol (Jue 7.19; Éx 14.24; 1 S 11.11). En el Nuevo Testamento usaban la división romana de cuatro vigilias de tres horas, las que se enumeran en Mc 13.35 (cf. Mt 14.25; Hch 12.4).

2. En sentido figurado, traducido «guarda» en la RV (Sal 141.3) y «vigilia» en la RV-1909.

VINAGRE Producto agrio que resulta de la segunda fermentación del vino, la sidra u otra bebida alcohólica.

Se usaba como condimento (Rt 2.14), y también como ingrediente principal de la *posca* de los soldados romanos (mezclado con agua y huevo). La *posca* fue probablemente la bebida ofrecida como refrigerio a nuestro Señor crucificado (Mc 15.36; Lc 23.36; Jn 19.29s). Era distinta de la droga «vinagre con hiel» (Mt 27.34 o «con mirra», Mc 15.23) que le ofrecieron los soldados y que Jesús rechazó. El vinagre, tanto como el vino, se le prohibía a los nazarenos debido al voto voluntario que tomaban (Nm 6.1-4).

V

VINO Bebida común en Palestina, producto de la fermentación del jugo de uva. En Palestina la vendimia se hacía en agosto y septiembre. En la vinicultura, se echaban las → UVAS en → LAGARES donde hombres descalzos las pisaban para exprimir el jugo. La primera fase de la fermentación comenzaba unas seis horas después de exprimir las uvas. El zumo se echaba en tinajas (Jer 13.12) o en odres (Mt 9.17) para su fermentación y almacenaje.

Vino en la Biblia es la traducción de varias palabras griegas y hebreas. Las más comunes son *yayin* (en hebreo) y *oinos* (en griego). También se usan *tirosh* y *shekar* (en hebreo) bebida fuerte en general que puede incluir el vino, pero que a menudo se contrasta con él (Lv 10.9), y *síkera* y *gleukos* (en griego).

Algunos comentaristas han procurado sostener la hipótesis de que *tirosh*, traducido «mosto» o «vino nuevo», no era una bebida embriagante. Sin embargo, Os 4.11 afirma que el *tirosh* «quita el juicio». Además, el equivalente griego, *gléukos*, es la palabra que usaron los incrédulos en el día de Pentecostés cuando tildaron de borrachos a los apóstoles (Hch 2.13). El consenso hoy es que toda referencia al vino en la Biblia indica una bebida fermentada, y cuando se menciona el simple jugo de uva, nunca se usa la palabra vino (Gn 40.11).

El hecho de que la Biblia apruebe el uso del vino fermentado no debe inquietar a los cristianos. El problema radica en el uso desenfrenado del vino que resulta en la → EM-BRIAGUEZ. La Biblia condena rotundamente la borrachera, pero no ordena la abstinencia total, excepto bajo ciertas circunstancias religiosas y culturales (algunos traen a colación aquí la preocupación por el hermano débil, Ro 14.21). En fin, la ética escritural reconoce que el vino (como también las relaciones sexuales, la comida, las emociones, el dinero y otras cosas) se presta tanto para el uso legítimo como para el abuso pecaminoso.

Convencidos de que el vino es un don de Dios, los autores sagrados describen la prosperidad en términos de abundancia de «trigo y mosto» (Gn 27.28), requieren el diezmo del vino (Dt 12.17), prescriben para ciertas ofrendas una libación de vino (Nm 15.7), y afirman acerca de la vid alegórica que su «mosto alegra a Dios y a los hombres» (Jue 9.13). El salmista enumera entre las bendiciones de Dios «el vino que alegra el corazón del hombre» (Sal 104.15). Jesús suministró ciento veinte galones de vino en las bodas de Caná (Jn 2.9s) y usó vino en su última cena con los discípulos (→ CENA DEL SEÑOR). Pablo recetó a Timoteo «un poco de vino por causa de tu estómago y también de tus frecuentes enfermedades» (1 Ti 5.23).

Viñedo moderno al pie del monte de la antigua Laquis. Al igual que en los tiempos bíblicos, la fabricación de vinos sigue siendo una importante industria en Israel.

Foto de Willem A. VanGemeren

Sin embargo, los peligros del vino también se señalan en los pasajes que cuentan las vergonzosas historias de Noé (Gn 9.20-27), de Lot (Gn 19.32-38) y de David (2 S 11.13); en las advertencias de los Proverbios contra la forma en que el alcohol se burla del bebedor (20.1), prometiendo grandes experiencias pero sin proporcionarlas (23.29-35); y en las proscripciones del vino y de la sidra para los obreros religiosos (Is 28.7).

Se practicaba la abstinencia del vino en casos excepcionales como el voto de los → NAZAREOS (Nm 6.3), la obediencia de los → RECABITAS (Jer 35) y el ascetismo de Juan el Bautista (Lc 1.15). Sin embargo, los ejemplos que nos da el Nuevo Testamento son de usar libremente el vino, pero siempre con la moderación que dicta el → DOMINIO PROPIO (cf. 1 Co 10.31). Nuestro Señor, lejos de ser un abstemio como Juan el Bautista, causó escándalo entre sus opositores que lo tildaban, con una dosis de hipérbole, de «glotón y bebedor de vino» (Mt 11.16-19). El principio paulino se enuncia con claridad: nadie ha de imponer la abstinencia a otro ni juzgarle al respecto (Col 2.16); no obstante, a los oficiales de las iglesias los exhorta a ser moderados en el uso del vino y a dar un buen testimonio (1 Ti 3.3,8; Tit 1.7; 2.3).

La Biblia usa el vino en sentido figurado. La ira de Dios se expresa en términos de pisar el lagar (Ap 14.19s) y hacer beber a los injustos el vino del furor de Dios (Jer 25.15). Jesús relaciona sus enseñanzas con el vino nuevo que no se puede echar en odres viejos (Mt 9.17), indicando que el cristianismo no podría expresarse dentro de los moldes antiguos del judaísmo. El vino simboliza la → SANGRE de Cristo (Mt 26.28), elevando la figura a su cumbre. Por otro lado, estar llenos de vino se presenta como opuesto a estar llenos del Espíritu Santo (Ef 5.18; cf. Hch 2.13-16).

Bibliografía:

EBDM VI, cols. 1212-1221. *DBH*, cols. 2040-2043. *DTB*, cols. 1056-1059. *VTB*, pp. 836ss. *VB*, p. 307.

VIÑA → VID.

VIOLENCIA Uno de los resultados del pecado de los hombres. Desde los albores de la humanidad, se manifiesta en el hijo de la primera pareja, → CAÍN (Gn 4.8), quien reconoce su culpa (4.13-15). Sin embargo, los descendientes de Caín se glorían de su impía violencia (4.23,24). El → DILUVIO constituye el castigo de Dios a un mundo que «había corrompido su camino sobre la tierra» y que manifestaba dicha corrupción mediante la violencia (6.11-13).

Dios equipara, e identifica a veces, «al malo y al que ama la violencia» y a ambos aborrece (Sal 11.15; 71.4; Is 29.20; Jer 6.6; Ez 7.11,23; Am 3.9ss). La → INIQUIDAD suele expresarse a través de la violencia (Sal 25.19; 54.3; 58.2; 86.14; 140.1; Ez 22.7,10,12,29; 34.4; Mal 3.13).

Dios aconseja no confiar en la violencia (Sal 62.10; Is 62.10; Is 3.12ss; 33.15). El Señor mismo librará a los justos de la violencia (Sal 72.14; 103.6; 119.134; 2 S 22.49; Is 25.4; Ro 12.19). Por tanto, el creyente se guarda de la senda de los violentos (Sal 17.4) y es guardado de varón violento (18.48). Los impíos, en cambio, «se cubren de vestidos de violencia» (73.6) y, al igual que → LAMEC (cf. Gn 4.23,24), se mofan y se vanaglorian de su violencia (Sal 73.8) la cual llena la tierra (74.20; Ec 4.1). A la larga, no obstante, los violentos mismos serán víctimas de la violencia (Pr 10.6,11; 19.19). Por otra parte, el Nuevo Testamento enseña la fuerza y el valor del amor para vencer con el bien el mal (Ro 12.14-21).

Sin embargo, Dios usa la violencia como una medida de emergencia temporal. Utiliza la violencia humana como instrumento de su justo juicio contra el pecado (Hab 1.2,3,9; cf. Is 10.55ss, → IRA). En el mundo caído la violencia a veces parece necesaria, tanto para establecer (→ JOSUÉ) como para consumar (Ap 19.11-21) el → REINO DE DIOS. Así es que Dios disciplina a Israel (Is 10.5ss; Jer 25.1-9; Ez 21.8-23; Hab 1.6) y ejecuta sus juicios divinos, bien sea sobre Israel y sobre otros pueblos durante el Antiguo Testamento (Is 10.33; 63.1-6; Jer 20.8; 51.35,46ss), o bien en los últimos días antes del fin y del juicio (Ap 14.20; 19.13-15; cf. Dt 29.23; Sal 90.7; Ro 1.18; 2.5).

Dios no solo corrige sino que protege a Israel (protagonista de la historia de la salvación) de la violencia de los impíos a la que responde con su propia violencia, ordenando el exterminio de ellos (Nm 31; Dt 20.13; 31.1-5ss; Jos 8). Mas esta orden solo se dio cuando la maldad de aquellos pueblos había llegado a su colmo (Gn 15.13,16). Independientemente del juicio que Dios ejercía sobre esos pueblos, la destrucción de los → CANANEOS fue necesaria para salvar la misma existencia del pueblo del pacto, de quien tenía que nacer el Mesías prometido. La singularidad de esta manifestación especial de violencia viene de que no hay, ni hubo jamás, ningún otro pueblo como el Israel de antaño, cuya supervivencia fuera tan vital para la historia de la humanidad y muy particularmente para la historia de la salvación, ya que a los judíos se les había confiado la Palabra de Dios (Ro 3.1,2) y la simiente mesiánica (Gn 49.8,10).

No existe ninguna justificación exegética válida para aplicar estos textos a otras circunstancias y pueblos. Solo Dios puede dar esta clase de órdenes (Is 13.3; cf. Jer 51.27) y solo las dio para preservar al pueblo de la promesa en tanto se iba desarrollando la historia de la salvación. Entonces, y solo en sentido militar estricto, el Señor fue escudo y espada de Israel (Dt 33.29; 1 Cr 5.22; 2 Cr 20.17). De ahí que estas luchas fueran guerras de Dios (Éx 15.3; 17.16; Nm 21.1ss; 1 S 25.28; Jl 3.9), porque los enemigos de Israel eran los enemigos de Dios (Jue 5.23-31). Claro, el botín no se consideraba botín de guerra sino «anatema» («consagrado al Señor», Jos 6.17,24).

No obstante, el Reino de Dios es ámbito de paz en el que nunca más se oirá violencia (Is 60.18ss; 65.17-25; 66.12) ya que esta y la rapiña se oponen al juicio y la justicia (Ez 45.9). El Mesías se llamaría «Príncipe de Paz» (Is 9.6), mas no podrá inaugurar su reino

universalmente sin antes derrotar para siempre a los enemigos de Dios (Dn 7.10s; Sal 110). El día del juicio será el de la «ira de Dios y el Cordero» (Ap 6.17). Sin embargo, el siervo sufriente de Isaías 53.7 se caracteriza por no ser violento (Mt 12.19-21), y la época novotestamentaria es primordialmente el tiempo de proclamar las buenas nuevas y no de ejecutar venganza divina (Lc 4.19; cf. Is 61.1-2; Ro 12.19-21).

La violencia no puede adelantar el Reino de Dios (Mt 26.52-54; Jn 18.36). Las batallas que tiene que librar el cristiano son espirituales (2 Co 10.3,4; Ef 6.10-20; 1 Ti 1.18; 2 Ti 2.3,4; 4.7); en Cristo hemos vencido ya (Jn 16.33; 1 Co 15.57) si bien aún tenemos que esperar la consumación final y universal de la victoria de Cristo.

El dinamismo y el valor de la fe que salva todos los obstáculos para acercarse a Cristo se describe metafóricamente en términos de violencia espiritual: «Desde los días de Juan el Bautista hasta ahora, el reino de los cielos sufre violencia y los violentos lo arrebatan» (Mt 11.12; cf. Lc 16.16). El reino lo toman con violencia publicanos y rameras (Mt 21.31, 32), por cuanto se acogen a la gracia, no rechazan la verdad del evangelio y se entregan a él sin condiciones (10.34-39).

VIRGEN Dos vocablos traducen virgen en el Antiguo Testamento: *betulá* (Dt 22.14) que se aplica a la mujer que no ha conocido varón y *almá* (Gn 24.43) que se refiere a una mujer soltera en edad de casarse.

La sociedad hebrea tenía en alta estima a la mujer virgen por cuanto estaba destinada a engendrar hijos que continuarían la estirpe familiar. El padre protegía a su hija, entonces, para poder entregarla virgen al hombre que se casara con ella. Varias leyes se dictaron para compensar al padre si violaban o difamaban a su hija, o bien para compensar al novio si la joven que se le entregó como esposa no era hallada virgen (Éx 22.16s; Dt 22.13-21).

En sentido figurado, el término virgen puede designar una ciudad o una nación (2

R 19.21; Jer 46.11), así como la comunidad creyente (2 Co 11.2).

La palabra hebrea *almá* en Is 7.14 («El Señor mismo os dará señal: He aquí que la virgen concebirá y dará a luz un hijo») se tradujo en la Septuaginta (250 a.C.) con el vocablo griego *parthenos*. Puesto que este término griego señala exclusivamente una mujer que no ha conocido varón, y debido a que el «hijo» llevaría el nombre «Dios con nosotros», este texto se ha considerado desde antes del comienzo de la era cristiana como una profecía de la concepción virginal del Salvador (Mt 1.23; → MARÍA).

En el Nuevo Testamento se mencionan varias vírgenes: María (Lc 1.27) y las cuatro hijas de → FELIPE (Hch 21.9). Aunque la sociedad hebrea no consideraba posible ni apetecible la vida de soltero, Pablo la recomienda a los cristianos vírgenes (tanto mujeres como hombres) a causa de la premura del tiempo y para facilitar la dedicación al servicio cristiano (1 Co 7.24-40). Los ciento cuarenta y cuatro mil redimidos que adoran al «Cordero» son varones vírgenes (Ap 14.1-5). En este contexto cultual los redimidos participan de la pureza del Cordero ofrecido en favor de ellos, congregación «sin mancha» que amerita la expresión figurada de vírgenes.

VIRTUD Término que esencialmente denota el conjunto de cualidades tales como la moralidad, la bondad, el valor, que caracterizan a una persona o cosa y por lo cual adquiere renombre, excelencia o alabanza (Éx 18.21,25; Flp 4.8; 1 P 2.9; 2 P 1.5). En Flp y 2 P la virtud parece ser una energía esencial en el ejercicio de la fe. Nótese que en la RV-1909 hay muchos pasajes donde se usa la palabra virtud (en griego, *dynamis*) que se han traducido de otra manera en la RV-1960.

El adjetivo «virtuosa» que aparece en Rt 3.11; Pr 12.4; 31.10 significa hacendosa, capaz, digna.

El cristiano tiene el llamado a anunciar las virtudes de Cristo, no las propias (1 P 2.9).

Esto es posible, pues Cristo vive en el creyente y le ha dado el Espíritu Santo para que le imparta la capacidad de mostrarlas. En 1 Co 13.13 se enumeran las tres virtudes teologales: fe, esperanza y amor. En Ap 2.19 se mencionan cuatro virtudes y en 2 Co 6.4ss, seis. En 1 Ti 6.11, 2 P 1.5ss y Gl 5.22s hay otras listas.

VISIÓN Palabra que comúnmente traduce vocablos hebreos y griegos que se refieren a experiencias extáticas o de trances, principalmente de los profetas. Ezequiel y Daniel descuellan en este sentido, pero parece haber sido un medio normal por el que los profetas recibían los oráculos divinos (Is 1.1; 21.2; Abd 1; Nah 1.1; Am 1.1; 2 S 7.4,17; 2 Cr 9.29; Nm 24.4,16; 12.6). Su ausencia deja a la comunidad sin dirección (1 S 3.1; Pr 29.18).

En el Nuevo Testamento los términos los utiliza principalmente Lucas (1.22; 24.23; Hch 2.17; 9.10; 10.3,10ss; 12.9; 16.9; 18.9). Pablo, aunque se le considera un profeta, no da demasiada importancia a las visiones (1 Co 13.2; 2 Co 12.1ss). Las circunstancias son diversas (Dn 10.7; Hch 10.3; Gn 46.12), pero se reciben especialmente en → SUEÑOS (Nm 12.6; Job 4.13). La visión bíblica no es un simple trance místico, sino que va acompañada por la palabra que anuncia la voluntad de Dios, sea para las circunstancias del momento (Gn 15.1s; Hch 7.7) o su propósito final (Isaías, Juan).

VIUDA Mujer a la que se le ha muerto el esposo. Las numerosas referencias a las viudas indican que en la época bíblica había muchas mujeres en este estado y que su condición era triste (Rt 1.20s; Is 4.1; 54.4). La viuda llevaba un vestido especial (Gn 38.14,19; *Judit* 10.3s; 16.7). Podía volverse a casar de acuerdo con la ley del → LEVIRATO, pero este era un asunto algo complicado. Las viudas de los reyes llegaban a ser propiedad de los sucesores. No es de extrañarse, pues, que la viudez se usaba como figura de tristeza y desolación (Lm 1.1; Is 47.8s; Ap 18.7).

La legislación hebrea defendía a las viudas (Éx 22.12s; Dt 14.29; 16.11,14; 24.17). Los profetas pronunciaban juicio contra los que las oprimían (Job 24.3; Is 1.23; 10.2). Además, el Antiguo Testamento presenta a las viudas como objeto especial del cuidado y la misericordia de Dios (Sal 68.5; 146.9; Pr 15.25; Jer 49.11). Preocuparse por ellas es una característica de la verdadera religión (Job 29.13; Is 1.17; Jer 7.6; 22.3; Zac 7.10; Stg 1.27).

La iglesia cristiana heredó del judaísmo la misma preocupación por las viudas. Jesús condenó duramente a los fariseos por abusar de ellas (Mc 12.40). Una de las primeras obras sociales de la iglesia primitiva fue el hacer provisión para las viudas (Hch 6.1-4) y hacia el fin de la edad apostólica vemos la misma preocupación (1 Ti 5.9-16).

Respecto a segundas nupcias para las viudas, Pablo aconseja en 1 Co 7.8,9,39 que no lo hagan, aunque en 1 Ti 5.14 exhorta a las viudas jóvenes a que vuelvan a casarse.

VOCACIÓN Llamado o invitación a una profesión o estilo de vida. Pero en términos teológicos, la palabra vocación no se usa en referencia a una profesión que uno pueda ejercer. Vocación es la invitación que Dios extiende a todas las personas a ser hijos suyos a través de la obra de Cristo. Esta vocación o llamado no llega a las personas porque lo merezcan, sino que es estrictamente un resultado de la → GRACIA de Dios (2 Ti 1.9). Es cuestión del individuo el aceptar o rechazar ese llamado. (→ LLAMAMIENTO.)

VOLUNTAD En su principal connotación en la Biblia, voluntad es la determinación, el deseo, el consentimiento, el asentimiento o la aquiescencia de Dios en cuanto a todo lo que existe en el universo. A veces se habla de la «voluntad permisiva» de Dios para referirse a las ocasiones en que Dios permite o tolera que se hagan algunas cosas a pesar de que no las aprueba, como en el caso de Job (Job 2.1-6), Balaam (Nm 22–25) o el divorcio (Mc 10.2-9).

En los Evangelios, principalmente en Juan, se dice de Jesús que actuaba no conforme a su voluntad, sino a la del Padre (Jn 5.30; 6.38). Es más, Jesús se nutría de hacer la voluntad del Padre (Jn 4.34), y Jesús no hacía nada que no estuviera dentro de la voluntad del Padre (Jn 5.19). Lucas lo confirma al citar la oración del Señor en Getsemaní (Lc. 22.42).

VOTO Promesa hecha verbalmente a un dios de hacer o dar algo que le complazca, o de abstenerse de algo como señal de devoción. Su aspecto voluntario en Israel se ve en que no era pecado no hacer voto (Dt 23.22). Lo que se abarcaba bajo las obligaciones de la Ley no podía ser objeto de un voto, por ejemplo, los primogénitos (Lv 27.26), aunque se podía hacer voto de no redimir a uno que por la Ley gozaba del privilegio de redención (el voto de Ana referente a Samuel es ejemplo de esto).

La Biblia no aprueba los voto hechos con el propósito de comprar el favor de Dios: por ejemplo, Jacob, cuando todavía demostraba una consagración defectuosa (Gn 28.20ss), Jefté (Jue 11.30s), Saúl (1 S 14.24), Absalón (2 S 15.8). En los casos que parecen excepcionales, el deseo de honrar la voluntad divina es superior al propio provecho del que hacía el voto (Nm 21.2; 1 S 1.11; Sal 132.1-5).

La alabanza y la gratitud son el contexto aceptable de los votos (Sal 22.25; 50.14; 61.8; 65.1; etc.). Por tanto, no pueden ser ocasión para no cumplir con otras obligaciones justas (cf. Mt 15.3-6; Mc 7.9-13).

En Israel se desarrollaron muchas leyes referentes a los votos y se juntaron en el tratado de la Mishnah titulado *Nedarím* (votos). Pero la legislación bíblica se halla principalmente en Lv 7.16-17; 22.17-25; 27; Nm 15.1-10,30; Dt 12.11; 23.18,21-23. Estas leyes enfatizan la justicia de Dios y su santidad, además de su gracia testificada por el sistema de sacrificios. (→ NAZAREO.)

VULGATA → VERSIONES.

WADI (en hebreo, *nakhal*). Voz arábiga usada para designar el cauce de un río que está seco excepto durante la estación lluviosa, fenómeno común en las tierras áridas del Cercano Oriente (Dt 2.13; 1 S 17.40; 2 S 15.23; cf. Jn 18.1; 1 R. 17.3,7).

YAHVEH → JEHOVÁ.

YELMO Casco que en los tiempos bíblicos usaban comúnmente los → SOLDADOS para protegerse la cabeza. Antiguamente se hacían de cuero, pero más tarde de hierro y bronce (1 S 17.5,38; Jer 46.4; Ez 23.23,24; 27.10; 1 Mac 6.35; Ef 6.17). Isaías usa el yelmo en sentido figurado (59.17). Pablo también usa esta figura (Ef 6.17; 1 Ts 5.8) al hacer su parangón entre el cristiano y el soldado.

YUGO Madero que une dos animales, generalmente → BUEYES, para el desarrollo de faenas especiales. En la Biblia el yelmo es símbolo de esclavitud (Dt 28.48; Gn 27.40; 1 Ti 6.1) y de sometimiento voluntario y permanente a una disciplina justa (Lm 3.27).

El wadi Zered, que marca la frontera entre Moab y Edom. Los israelitas cruzaron este wadi rumbo a la tierra prometida (Nm 21.12).

Foto de Gustav Jeeninga

Moisés prohibió la unión bajo yugo de animales de diferentes especies (Lv 19.19; Dt 22.10). Pensando en el yugo como símbolo de la unión, Pablo aconseja a los creyentes evitar el yugo nupcial, y por ende toda unión íntima, con incrédulos (2 Co 6.14; cf. Dt 22.10).

Cristo establece que su yugo es fácil (Mt 11.28-30), en comparación con el yugo de la Ley (Gl 5.1) y el pecado (Ro 7.23-25), de los cuales Él nos liberta.

ZAANAIM Valle donde Heber plantó sus tiendas (Jue 4.11). Sísara, huyendo de Barac, se refugió en la tienda de Heber y aquí encontró la muerte. Este valle se hallaba cerca de Tabor o Cedes, tal vez en la frontera sur de Neftalí.

ZABULÓN Patriarca israelita hijo de → Jacob y → Lea (Gn 30.20). Nació en Mesopotamia (Gn 31.17,18). Su nombre casi siempre aparece junto al de Isacar su hermano (Gn 25.23; 46.13; Éx 1.3; etc.). Como hecho cumbre de su vida solo se registra que fue tronco de la tribu que lleva su nombre (Gn 46.14; Nm 1.30).

A la tribu de Zabulón correspondió un productivo territorio en la región de → Galilea (Jos 19.10-16). En la bendición de Jacob (Gn 49.13) y en la de Moisés (Dt 33.18-19) se dice que la tribu de Zabulón se extendería hasta los mares y que sus gentes se nutrirían con alimentos extraídos del fondo del mar. Posiblemente esta profecía se refiere al mar de Galilea, o bien a algunos zabulonitas que vivían lejos de la heredad, trabajando en puertos del Mediterráneo.

La tribu de Zabulón desempeñó un papel muy importante en la historia de Israel (Jue 4.6,10). Débora los elogia como capitanes del ejército (Jue 5.4) y porque expusieron sus vidas en los campos de batalla (Jue 5.18). En los ejércitos de Gedeón también fue notable el concurso de los hijos de Zabulón (Jue 6.35). Entre los caudillos de Israel, de la tribu de Zabulón se cuenta Elón, juez del pueblo durante diez años (Jue 12.11-12). En

Pintura de Miguel Ángel del profeta Zacarías, en la Capilla Sixtina en Roma.

los ejércitos de David hubo cincuenta mil zabulonitas (1 Cr 12.33).

Isaías menciona la tribu de Zabulón al anunciar la venida del Mesías (Is 9.1,2; Mt 4.16), pero es curioso que esta importante tribu no figure en las reseñas históricas de 1 Cr 2—9.

ZACARÍAS (*Jehová se acordó*). Además del rey y del profeta, unas veintiocho personas llevan este nombre en la Biblia y solo se mencionan una o dos veces. (→ Zacarías, profeta; Zacarías, rey.)

1. Abuelo del rey Ezequías (2 R 18.2; 2 Cr 29.1).

2. Jefe de una familia de rubenitas (1 Cr 5.6,7).

3. Hijo de Meselenías. Portero del tabernáculo en tiempo de David, entre doscientos doce del mismo oficio (1 Cr 9.21; 26.2,4). Se le llama «consejero entendido» (1 Cr 26.14).

4. Tío abuelo del rey Saúl (1 Cr 9.37,39); llamado también Zequer (1 Cr 8.31).

5. Músico y levita en tiempo de David (1 Cr 15.18,20; 16.5). Tocaba el salterio.

6. Sacerdote y músico en tiempo de David (1 Cr 15.24). Tocaba trompeta y participó en el regreso del arca del pacto a Jerusalén.

7. Levita y portero descendiente de Uziel e hijo de Isaías (1 Cr 24.24,25).

8. Levita y portero descendiente de Merari (1 Cr 26.11).

9. Descendiente de Manasés; padre de Iddo, jefe de su tribu (1 Cr 27.21).

10. Uno de varios príncipes de Judá que el rey Josafat envió para enseñar la Ley en su tribu (2 Cr 17.7).

11. Levita y descendiente de Asaf en tiempos del rey Josafat. Dios lo usó para dar victoria a la tribu (2 Cr 20.14).

12. Hijo del rey Josafat que Joram, su hermano mayor, asesinó junto con sus hermanos (2 Cr 21.2).

13. Hijo del sacerdote Joiada. Murió apedreado por mandato del rey Joás (2 Cr 24.20ss).

14. Profeta que instruyó al rey Uzías en el temor de Dios y actuó como su consejero (2 Cr 26.5).

15. Levita, descendiente de Asaf que ayudó en la limpieza del templo en días del rey Ezequías (2 Cr 29.13).

16. Levita y mayordomo encargado de vigilar los trabajos de reparación del templo en días del rey Josías (2 Cr 34.12).

17. Sacerdote y oficial del templo en días del rey Josías (2 Cr 35.8).

18. Sacerdote en tiempo del profeta Isaías (Is 8.2).

19. Jefe de ciento cincuenta personas que regresaron de Babilonia (Esd 8.3).

20. «Hombre principal» que regresó de Babilonia con Esdras (Esd 8.11,16).

21. Uno de los varios hijos de los sacerdotes que se casaron con mujeres extranjeras, en tiempos de Esdras (Esd 10.26).

22. Uno que ayudó a Esdras en la lectura de la Ley (Neh 8.4).

23. Descendiente de Judá (Neh 11.4).

24. Otro descendiente de Judá, de la familia de Fares (Neh 11.5).

25. Sacerdote en tiempos de Nehemías (Neh 11.12).

26. Sacerdote en tiempos del sumo sacerdote Joiacim (Neh 12.16).

27. Sacerdote y músico. Ayudó en la dedicación del muro de Jerusalén (Neh 12.35, 41).

28. Padre de Juan el Bautista y esposo de Elisabet. Cuando el ángel Gabriel le anunció el nacimiento de su hijo, vaciló en creer (dada su avanzada edad) y enmudeció. Recobró el habla milagrosamente y entonó un sublime y profético cántico de alabanza (Lc 1.5ss).

ZACARÍAS, LIBRO DE Libro del Antiguo Testamento que describe la futura gloria del → MESÍAS. Muchos eruditos describen a Zacarías como el más mesiánico de todos los libros del Antiguo Testamento porque contiene ocho referencias claras al Mesías en sus breves catorce capítulos.

Estructura del libro

Los catorce capítulos de Zacarías pueden dividirse en dos grandes partes. En la primera, caps. 1–8, el profeta alienta al pueblo a terminar los trabajos de reconstrucción del templo. En la segunda, caps. 9–14, Zacarías pinta el futuro glorioso de Israel y la venida del Mesías.

En la primera sección, Zacarías se presenta como profeta de Dios y llama al pueblo a arrepentirse y apartarse de sus malos caminos. Parte de su pecado era no haber terminado la reconstrucción del templo. En una serie de ocho simbólicas visiones nocturna que tuvo el profeta (1.7–6.8), Zacarías alienta al pueblo a terminar su importante tarea. A estas visiones sigue la escena de una coronación (6.9-15), en la cual un sumo sacerdote llamado Josué es coronado sacerdote y rey, símbolo del Mesías que habrá de venir. Esta es considerada una de las profecías mesiánicas clásicas del Antiguo Testamento.

Los caps. 7–8 continúan otro importante elemento de la esperanza mesiánica: Aquel que ha de venir reinará con justicia en Sion, la ciudad de Jerusalén (8.3,15-16).

ZACARÍAS:
Un bosquejo para el
estudio y la enseñanza

I. El llamado al arrepentimiento. 1.1-6
II. Las ocho visiones de Zacarías. . . . . 1.7—6.8
   A. Los caballos entre los mirtos 1.7-17
   B. Los cuatro cuernos
      y los cuatro carpinteros 1.18-21
   C. El hombre con el cordel de medir 2.1-13
   D. La limpieza de Josué, el sumo sacerdote . . . 3.1-10
   E. La lámpara dorada y los olivos 4.1-14
   F. El rollo volador 5.1-4
   G. La mujer en la cesta 5.5-11
   H. Las cuatro carrozas 6.1-8
III. La coronación de Josué 6.9-15
IV. El asunto del ayuno. 7.1-3
V. Los cuatro mensajes de Zacarías . . . . . . 7.4—8.23
   A. Se reprende la hipocresía. 7.4-7
   B. Arrepentimiento por la desobediencia 7.8-14
   C. Restauración de Israel 8.1-17
   D. Regocijaos en el futuro de Israel 8.18-23
VI. Las dos cargas de Zacarías . . . . 9.1—14.21
   A. La primera carga:
      El rechazo del Mesías . . . . 9.1—11.17
      1. Juicio sobre las naciones circundantes . . . 9.1-8
      2. Llegada del Mesías. . . . . 9.9—10.12
      3. Rechazo del Mesías 11.1-17
   B. La segunda carga:
      El reinado del Mesías . . . . 12.1—14.21
      1. Liberación de Israel . . . . 12.1—13.9
      2. Reinado del Mesías 14.1-21

La segunda parte importante del libro de Zacarías, que abarca los caps. 9–14, contiene las promesas de Dios para la nueva era que vendrá. El cap. 9 tiene una sorprendente descripción de la forma en que el Mesías entrará en Jerusalén: «Tu rey vendrá a ti, justo y cabalgando sobre un pollino hijo de asna» (9.9). Fueron las palabras que utilizaron Mateo y Juan para describir la entrada triunfal de Jesucristo a Jerusalén más de quinientos años después de que Zacarías hizo esta sorprendente predicción (Mt 21.5; Jn 12.15).

Otra promesa para el futuro que hallamos en esta sección incluye la restauración de Israel (cap. 10) y la liberación de Jerusalén de sus enemigos (cap. 12), así como su purificación como ciudad santa (cap. 13). Como el libro de Apocalipsis, Zacarías cierra con el tema del reino universal de Dios. Todas las naciones irán a adorarlo cuando Él extienda su dominio sobre todo el mundo (cap. 14)

Autor y fecha

La mayoría de los eruditos conservadores concuerdan en que el libro entero lo escribió un profeta de ese nombre, quien se identifica como hijo de Berequías (1.1). Pero algunos eruditos insisten que la segunda parte debe haber sido escrita por un autor desconocido. Opinan que esta sección fue añadida treinta o cuarenta años después de que el profeta Zacarías escribió los primeros ocho capítulos.

Es cierto que estas dos secciones del libro tienen sus propias características. En la primera sección Zacarías exhorta al pueblo a terminar el templo, mientras que en la segunda sección está más interesado en el glorioso futuro. El vocabulario y el estilo de las dos secciones también son bastante diferentes.

Y las profecías en estas dos secciones parecen basarse en épocas diferentes.

Los caps. 1–8, nos dice Zacarías, fueron profecías recibidas en el octavo mes del segundo año de Darío (1.1), y en el cuarto año del rey Darío (7.1). Estas referencias a Darío I de Persia (que gobernó del 522 al 486 a.C.) sitúan las profecías del 520 al 518 a.C. Pero los caps. 9–14 contienen una referencia a Grecia (9.13), lo que quizás indique que se escribieron después de 480 a.C., cuando el balance de poder en el mundo se inclinaba ya a favor de los griegos.

Una posible explicación es que Zacarías era muy joven cuando presentó sus profecías de la primera sección del libro. El libro mismo contiene una pista que puede indicarlo. En una de sus visiones, dos ángeles hablan entre sí sobre el profeta, y se refieren a él como «este joven» (2.4). Así que es muy posible que Zacarías haya alentado a los judíos de Jerusalén en la primera parte de su ministerio y que haya entregado sus mensajes sobre el futuro, contenidos en la segunda parte, durante sus últimos años como profeta.

En cuanto al profeta mismo, poco se sabe aparte de lo poco que dice en su libro. Quizás era descendiente del sacerdote Iddo (1.1) que regresó de Babilonia (Neh 12.16). Esto quiere decir que Zacarías probablemente era sacerdote además de profeta, circunstancia poco común porque la mayoría de los profetas hablaban contra la clase sacerdotal. Como era joven cuando comenzó a profetizar en 520 a.C., Zacarías puede haber nacido en Babilonia.

Marco histórico

Todo iba bien, aun en la reconstrucción del templo, hasta que los adversarios lograron detener la obra (Esd 4.4). Durante unos quince años, los judíos cayeron en el desaliento y el desinterés (Esd 4.24). Zacarías y Hageo, ambos profetas, animaron a Zorobabel y Josué (llamado «Jesúa» en Esd 2.2 y Neh 7.7), y a todo el pueblo. Una vez animados, en unos cuatro años (sexto año de Darío, 516 a.C.) fue dedicada la casa de Dios (Esd 6.15).

El fondo histórico de la segunda parte (caps. 9–14) no se conoce con exactitud, ya que el profeta no da fechas. El contenido menciona condiciones distintas a las de la primera parte. Como existe una marcada diferencia entre las dos partes del libro se han presentado muchas teorías y argumentos en cuanto a fecha o fechas, autor o autores, y sobre la unidad del libro. Bien puede ser que el profeta Zacarías haya profetizado por muchos años y que la diferencia en el contenido revele los cambios en la condición del pueblo.

Aporte a la teología

Una de las grandes contribuciones del libro de Zacarías es la fusión de los mejores elementos sacerdotales y proféticos de la historia de Israel. Zacarías comprendió que estos elementos eran necesarios en una fe genuina. Exhortó al pueblo a apartarse del pecado. Comprendió también que el templo y los ritos religiosos jugaban un papel importante en mantener al pueblo cerca de Dios. Como conjugó estos elementos en su propio ministerio, Zacarías contribuyó a preparar el camino para que la comunidad cristiana pudiera entender a Cristo como sacerdote y profeta.

Zacarías llama la atención por su desarrollo de un estilo apocalíptico profético cargado de simbolismos y lenguaje visionario relacionado con los días postreros. En esto, sus escritos se parecen a Daniel y a Apocalipsis. La visión de candelabros y olivos, jinetes y carrozas, cordeles de medir y cuernos coloca el libro y los otros dos mencionados en una clase aparte.

Zacarías también dijo mucho en cuanto al concepto de Dios como guerrero. Si bien esta era una imagen utilizada a menudo por los escritores bíblicos, Zacarías unió esta idea al concepto del Día del Señor (Jl 2). Su descripción del regreso de Cristo a la tierra como guerrero poderoso en el → DÍA DE JEHOVÁ (14.1-9) es una de las conmovedoras profecías del Antiguo Testamento.

En ese día, según Zacarías, Cristo asentará sus pies sobre el Monte de los Olivos, y causará cambios violentos por toda la tierra (14.3-4). El día se cambiará en tinieblas y las tinieblas en luz (14.5-8). El mundo entero lo adorará cuando el Señor extienda su reino por «sobre toda la tierra» (14.9).

Otros puntos importantes

Zacarías 12.10 es un versículo interesante que habla del reconocimiento por parte de Israel de Jesucristo como Salvador y Señor. Describe el día futuro en que el pueblo judío (la casa de David y los habitantes de Jerusalén) reconocerán la importancia de la muerte de Cristo. Esto los llevará a lamentarse, arrepentirse y salvarse (cf. Ro 11.25-27).

Pero la frase más sorprendente en este versículo es: «Mirarán a mí, a quien traspasaron». Hablando a través del profeta, el Señor se identifica como el que será traspasado. Junto con el Sal 22 e Is 53, estas palabras son una maravilla de inspiración al describir los resultados de la muerte de Cristo y también la manera en que murió para librarnos de nuestros pecados.

ZACARÍAS, REY Hijo de Jeroboam II y decimocuarto rey de Israel (*ca.* 745). Reinó seis meses como el cuarto y último rey de la dinastía de Jehú. Tenía una posición de riqueza y poder no solamente entre las diez tribus, sino también sobre Damasco, que su padre había dominado. Sin embargo, vivió bajo la sombra de la profecía de que la casa de Jehú duraría hasta la cuarta generación (2 R 10.30; Am 7.8,9).

ZAFNAT-PANEA Transcripción hebrea del nombre egipcio que Faraón le dio a → José al nombrarle primer ministro, luego que José interpretara los sueños (Gn 41.45). Se han hecho muchos intentos de averiguar el significado del egipcio original. Los más aceptables son: «Dios habla y él [José] vive» y «José, que se llama Ip-Ankh».

ZAFIRO Piedra de valor apreciable (Job 28.6, 16), mencionada once veces en el Antiguo Testamento. Era una de las piedras en el pectoral del sumo sacerdote. Estaba grabada con el nombre de Isacar (Éx 28.18). El zafiro adorna el segundo cimiento de la Nueva Jerusalén (Ap 21.19). El zafiro de la Biblia no corresponde a la piedra transparente que nosotros conocemos por este nombre; más bien hay que identificarla con el *lapislázuli* moderno, piedra opaca, de color azul oscuro, que admite un bello pulimento (Lm 4.7).

ZALMUNA → Zeba.

ZAMPOÑA (arameo, del griego *symfonía*). Término que aparece únicamente en la lista de instrumentos que componían la orquesta de Nabucodonosor, rey de Babilonia (Dn 3.5,7,10,15). Parece ser un instrumento de viento semejante a la gaita o cornamusa. Algunos creen que los judíos cautivos en Babilonia no lo apreciaron como para adoptarlo. Existió en gran variedad tanto en Asia como en Europa.

ZANOA (*pantano*). Nombre de una ciudad y un lugar en el Antiguo Testamento.

1. Ciudad de Judá situada en la Sefela en los linderos de Zora y Jarmut (Jos 15.34). Los habitantes de Zanoa cooperaron con Nehemías en los trabajos de reedificación de Jerusalén bajo la dirección de Hanún. Ellos se encargaron de la reparación del sector del muro llamado «Puerta del valle» (Neh 3.13).

2. Lugar en los cerros de Judá (Jos 15.16 cf. 1 Cr 4.18).

ZAPATOS Los zapatos en tiempo de Moisés eran rústicos, simples piezas de cuero que se ataban a los pies con largas correas del mismo cuero (Gn 14.23; Mc 1.7; → Sandalias). El zapato romano (*calceus*) cubría todo el pie, excepto los dedos.

En lugares considerados sagrados, como la sinagoga o el templo, los asistentes se quitaban los zapatos (Éx 3.5; Hch 7.33; Jos 5.15).

Amós habla figuradamente del zapato al referirse al inhumano comercio que se hacía con los pobres (2.6). Juan el Bautista exalta la grandeza de Cristo confesándose indigno de desatarle la correa de su calzado (Mc 1.7; Lc 3.16; Jn 1.27; Mt 3.11).

El apóstol Pablo habla también en sentido figurado llamando a los zapatos «el apresto del evangelio de la paz» (Ef 6.15). Recordaba, sin duda, una antigua frase de Isaías (Is 52.7).

ZAQUEO (en hebreo, *puro*). Forma abreviada de Zacarías. Nombre de un judío rico, jefe de los publicanos o recaudadores de impuestos para Roma en Jericó (Lc 19.1-10). Por servir a los romanos y por aprovechar su posición para hacerse rico a costa de sus paisanos, los → PUBLICANOS eran objeto del odio de los demás judíos. El interés de Zaqueo en Jesús indica su hambre espiritual. Le conmovió la atención que el Salvador le mostró. Se convirtió y la sinceridad de su cambio se manifestó cuando declaró su intención de hacer restitución. Se nota el contraste entre el arrepentimiento del «desechado social» y la crítica hacia Jesús de los judíos que se consideraban justos. (→ IMPUESTOS; RECAUDADOR DE IMPUESTOS.)

ZARA Hijo de Judá y Tamar (Gn 38.30; 46.12; Mt 1.3). También se le llama *Zera* y fundador de la familia de los zeraítas (Nm 26.20).

ZARCILLO Anillo prendido en la nariz (Gn 24.47; Pr 11.22) o en la oreja (Gn 35.4; Ez 16.12). Por el relato de Gn 35.1-4, se infiere que los zarcillos eran más que simples ornamentos, pues era también objetos revestidos de poder supersticioso. Jacob pidió a su familia acabar con estos amuletos y con los ídolos.

Los zarcillos, juntamente con otras alhajas, se entregaron como ofrenda para la construcción del tabernáculo en los días de Moisés (Éx 35.20-24). Los zarcillos, por lo regular, se elaboraban con oro (Jue 8.24-26).

El primer zarcillo mencionado en el Antiguo Testamento fue aquel que obsequió el criado de Abraham a la futura esposa de Isaac (Gn 24.22).

ZARED Arroyo (→ WADI) que constituía el límite meridional de la región de Moab (Dt 2.13), llamado Zered en Nm 21.12. Sus aguas

---

El monte del Jericó neotestamentario, el hogar de Zaqueo el publicano que se convirtió en discípulo de Jesús (Lc 19.1-10).

W-Z

desembocan en el mar Muerto por el sudeste. En ese arroyo terminó la peregrinación de los israelitas.

Zared era la frontera natural entre Moab y Edom. Algunos opinan que en Is 15.7,8 se alude a este arroyo cuando se dice «torrente de los sauces».

ZARZA → CARDOS.

ZEBA Y ZALMUNA Reyes de → MADIÁN. Acompañado de trescientos soldados, → GEDEÓN logró vencerlos y luego les dio muerte porque habían matado a los hermanos de Gedeón. Como Jeter, primogénito de Gedeón, no los quiso matar porque era aún muchacho y sintió temor, Zeba y Zalmuna retaron con altivez a Gedeón que él mismo los matara, cosa que hizo, tomando después los adornos que los camellos de esos reyes traían al cuello (Jue 8.4-21).

ZEBEDEO (del hebreo *Zibdí*, que significa, *don de Jehová*). Fue el padre de los apóstoles → JUAN y → JACOBO (Mc 1.9), y esposo de → SALOMÉ (Mt 27.56; cf. Mc 15.40). Era un pescador galileo, probablemente pudiente (Mc 1.20; 15.41), que vivía en Capernaum o cerca de allí, donde tenía por socios a Simón y Andrés.

ZEBOIM Nombre de dos poblaciones y un valle mencionados en el Antiguo Testamento.

1. Una de las cuatro ciudades destruidas por su prevaricación contra Jehová. Situada como aquellas en la llanura del Jordán, también llamada valle de Sidim o mar Salado (Gn 14.3). Se nombra como ciudad castigada junto a Adma (Dt 29.23; Os 11.8) y cuyo rey Semeber fue derrotado por Quedorlaomer, rey de Elam (Gn 14.8-10).

2. Valle que separaba a Micmas de Jericó. En la actualidad se llama Wadi Abu Daba. Hacia este valle marchó uno de los tres escuadrones filisteos acampados en Micmas, en sus luchas contra Saúl y su pueblo (1 S 13.16-18).

3. Pueblo cerca de → LIDA donde habitaron algunos hijos de Benjamín a su regreso con Zorobabel (Neh 11.34).

ZEBUL Gobernador de la ciudad de → SIQUEM en tiempos de los jueces, y subordinado de Abimelec. Cuando los siquemitas bajo el liderazgo de Gaal se rebelaron contra Abimelec, Zebul trabajó sagazmente y ayudó a Abimelec a derrotar a sus enemigos (Jue 9.28-41).

ZEDAD Lugar en la frontera septentrional de Canaán (Nm 34.8 y Ez 47.15). Las referencias a Zedad tienen que ver con el establecimiento de los límites de la Tierra Santa. Algunos la han identificado con la Sadad moderna que está entre Palmira y Ribla.

ZEEB → OREB.

ZELOFEHAD Descendiente de José, por la línea de Manasés, que murió sin haber dejado hijos varones (Nm 27.1; 1 Cr 7.15). Las cinco hijas de Zelofehad (Nm 26.33; 27.1-11) pidieron a Moisés que se les permitiese recibir la heredad, costumbre no practicada en aquellos días. Moisés les concedió su petición y ordenó que las hijas cuyos padres muriesen sin haber dejado hijos recibieran la heredad correspondiente (Nm 27.8,11).

ZELOTE (en griego, *celoso*, también transcrito *zelota* o *celotefa*). Miembro de un movimiento político religioso entre los judíos.

En las listas de apóstoles, Lucas (Lc 6.15; Hch 1.13) distingue al segundo → SIMÓN con el apelativo de «Zelote», mientras que Mateo (10.4) y Marcos (3.18) le llaman «el cananista». Este último término es una voz hebrea o aramea que es sinónima de zelote.

El movimiento, no mencionado como tal en el Nuevo Testamento, comenzó cuando → JUDAS el galileo encabezó una sublevación contra los romanos en el año 6 d.C. (Hch 5.37), considerándose el sucesor espiritual de los macabeos. Cuando aplastaron la sublevación, los zelotes quedaron como el ala

Foto de William White, Jr.

Restos de un importante campamento romano en Masada. Desde este lugar los romanos sitiaron a una banda de celotes que estaban atrincherados en la altiplanicie superior.

extremista de los fariseos, dispuestos a recurrir a las armas (→ SICARIO) antes que pagar tributo.

Los zelotes tomaron parte activa en la gran rebelión de 66–73 d.C. en contra de los romanos, siendo los últimos en ser reducidos en su fortaleza de Masada, cerca del mar Muerto, recientemente investigada por los arqueólogos. Simón debe de haber sido miembro del partido antes de acudir a Jesús.

Bibliografía:
O. Cullmann, *Jesús y los revolucionarios de su tiempo*, Studium, Madrid, 1971.

ZEMARAIM Nombre de un pueblo y una montaña mencionados en el Antiguo Testamento.

1. Antiguo pueblo de Canaán asignado a la tribu de Benjamín (Jos 18.22). Se desconoce su ubicación exacta, pero el lugar más probable es el actual Ras al-zaimara ubicado 8 km al nordeste de Bet-el.

2. Pequeña montaña entre los «montes de Efraín» (2 Cr 13.4), quizás relacionada con el pueblo del mismo nombre.

ZEMAREOS Pueblo cananeo mencionado en Gn 10.18 y 1 Cr 1.16. En ambos pasajes los zemareos aparecen entre los arvadeos y los hamateos. Parece que habitaban la costa mediterránea, al norte de Trípoli, en el lugar que las tablillas de Tell → EL-AMARNA denominan Sumur, y que en los textos asirios se llama Simirra.

ZENAS (forma abreviada de Zenodoro II, que significa *don de Zeus*). Abogado creyente que viajaba con Apolos por la isla de Creta donde estaba radicado Tito (1.5). Al escribir a Tito, Pablo le exhorta a «encaminar» a Zenas y Apolos en el viaje que hacían. Seguramente Zenas era perito en leyes romanas o griegas (Tit 3.13).

ZERA, ZERAÍTAS Nombre de unas seis personas del Antiguo Testamento. Dos de ellas originaron grupos tribales israelitas con el nombre de zeraítas. Uno de ellos pertenecía a la tribu de Simeón, y otro a la tribu de Judá. Ambos se mencionan en el segundo censo que Moisés ordenó durante el éxodo (Nm 26.13,20; Jos 7.1,17; 1 Cr 27.11,13).

W-Z

1. Descendiente de Esaú. Hijo de Reuel y jefe de una tribu edomita (Gn 36.13,17).

2. Padre de Jobab. Uno de los primeros reyes de Edom (Gn 36.33).

3. Hijo de Judá y Tamar, hermano gemelo de Fares (Gn 38.29,30) y fundador de una de las tribus de los zeraítas (1 Cr 2.6; 9.6; Nm 26.20). Un grupo de sus descendientes se estableció en Jerusalén después de la conquista israelita (Neh 11.24). Antepasado de Acán (Jos 7.1,17,18,24; 22.20).

4. Hijo de Simeón (Nm 26.13; 1 Cr 4.24). Fundador de la otra familia llamada también zera. En Gn 46.10 y Éx 6.15 se le llama Zohar.

5. Levita, hijo de Iddo, de la familia de Gersón (1 Cr 6.21,62).

6. Natural de Etiopía (Cus) y jefe de una poderosa fuerza que venció Asa, rey de Judá (2 Cr 14.8-14).

ZICRI Poderoso guerrero de Efraín, quien cuando estuvo peleando bajo el mando de → Peka, «mató a Maasías, hijo del rey, a Azricam su mayordomo y a Elcana, segundo después del rey» (2 Cr 28.7). Tal vez sea la persona llamada «hijo de Tabeel» en Is 7.6, a quien Rezín y Peka intentaban hacer rey de Judá.

Se mencionan otros hombres con este mismo nombre en Éx 6.21; 1 Cr 8.19,23,27; 9.15; 26.25; 27.16; 23.1; Neh 11.9; 12.17.

ZIF Nombre de dos hombres, un pueblo y un mes en la Biblia.

1. Segundo → mes del año eclesiástico judío (1 R 6.1,37). Corresponde aproximadamente a la segunda quincena de abril y la primera de mayo. En zif comienza el verano.

2. Nombre de un pueblo en la tierra montañosa de Judá (6 km al sudeste de Hebrón). En sus alrededores, David corrió peligros debido a la persecución de Saúl (1 S 23.15,19,24). El rey Roboam lo fortificó (2 Cr 11.8).

3. Descendiente de Caleb (1 Cr 2.42).

4. Descendiente de Judá (1 Cr 4.16).

ZIMRI Nombre de cuatro personajes y de un pueblo del Antiguo Testamento.

1. Príncipe de la tribu de Simeón que Finees, nieto de Aarón, mató en medio de un tiempo de penitencia nacional por seguir a Baal-peor. Zimri descaradamente llevó una madianita (prostituta cúltica) a la congregación (Nm 25.6-8,14).

2. Nieto de Judá (1 Cr 2.6).

3. Descendiente de Saúl (1 Cr 8.36; 9.42).

4. Quinto rey de Israel *ca.* 876. Asesinó al rey Ela y después reinó en Tirsa siete días (1 R 16.9-20). El general Omri de inmediato puso sitio a la ciudad y, cuando cayó, Zimri incendió el palacio y pereció en las llamas.

5. Pueblo cuya ubicación se desconoce y que se menciona entre los que beberán del → vino del furor de Jehová (Jer 25.25).

ZIN Desierto por donde pasaron los israelitas en su peregrinación. Se halla al sudoeste del mar Muerto, al norte del desierto de → Parán, en la frontera sur de la tierra prometida (Nm 34.3; Jos 15.1; cf. Nm 13.21). Parece que la región llamada Cades-barnea abarcaba parte de estos dos desiertos (cf. Nm 13.21,26). Allí murió María, y Moisés y Aarón mostraron cierta rebeldía (Nm 20.1-13; 27.14). En Nm 34.4 y Jos 15.3 se refieren a Zin sin la designación «desierto». Es posible, entonces, que Zin fuera un lugar específico, del que recibiera su nombre el desierto. No debe confundirse con el desierto de → Sin.

ZOÁN Nombre hebreo de una ciudad muy antigua en la parte nordeste de Egipto. Ha tenido varios nombres durante su historia. Los faraones hicsos la hicieron su capital con el nombre de Avaris. Fue capital también durante el reinado de → Ramsés y es probable que el nombre de la ciudad se cambiara en su honor y que por lo tanto la ciudad de → Ramesés de Éx 1.11 sea la misma Zoán. Las gentes de habla griega la llamaban «Tanis» y este nombre se le da a Zoán en la Septuaginta.

Se menciona en la Biblia por primera vez en Nm 13.22 para fijar la fecha en que se fundó Hebrón. El salmista alaba las maravillas que Dios hizo en los «campos de Zoán» (78.12,43), es decir, en la tierra de Gosén. Todavía en la época de los profetas Isaías (19.11,13; 30.4) y Ezequiel (30.14) Zoán era ciudad importante.

Los arqueólogos han fijado el sitio de Zoán en San el-Hagar, cerca del lago Menzaleh.

ZOAR (*pequeña*). Conocida en los tiempos de Abraham como Bela. Integraba la Pentápolis del Jordán, junto a → SODOMA Y GOMORRA, Adma y Zeboim (Gn 14.2). Adoptó este nombre cuando a petición de → LOT fue librada de la lluvia de azufre y fuego, expresión del juicio de Dios, que asolaría a las ciudades de Sodoma y Gomorra, a fin de que Lot y su familia se refugiaran en ella (Gn 19.17-30).

Según descubrimientos arqueológicos, estaba situada en la llanura o planicie del Jordán, al sur del mar Muerto. En el relato bíblico encontramos evidencia de ello, pues a Lot no le atrajo el esplendor urbano de la región, sino las condiciones excelentes que esta ofrecía para cuidar su ganado. También Moisés, al contemplar la tierra prometida, ubicó a Zoar separada de Jericó por una extensa llanura (Dt 34.3).

Cuando en la Biblia se profetiza contra Moab, se menciona a Zoar como ciudad de refugio (Is 15.5) y más usualmente como punto de referencia inmediato de esta vasta zona (Jer 48.34).

ZOFAR Uno de los tres amigos de → JOB que fueron a consolarle (2.11) y que entablaron con él un largo diálogo sobre las razones de su desgracia. Zofar, tercia tan solo dos veces en el diálogo (11.1 y 20.1). Es probable que haya procedido de Naama, localidad situada quizás al este del río Jordán.

ZOHELET Nombre de una «peña» cerca de la fuente de → ROGEL, ubicada al sudeste de Jerusalén (1 R 1.9). Se desconoce el significado de este extraño nombre, aunque algunos lo entienden como «la piedra de la serpiente». Aquí Adonías celebró una fiesta para celebrar su autonombramiento como rey de Israel, intento que pronto frustró Betsabé, la reina y madre de Salomón (1 R 1.5-53).

ZOMZOMEOS → ZUZITAS.

ZORA (*avispón*). Ciudad de la tribu de Dan (Jos 19.41). Fue residencia de Manoa y por tanto lugar de nacimiento y sepultura de → SANSÓN (Jue 13.2,25; 16.31). De Zora salieron los danitas contra Lais en busca de más tierra (Jue 18.2,8,11). La fortificó el rey Roboam (2 Cr 11.10).

También se menciona como uno de los lugares habitados en el período del poscautiverio (Neh 11.29).

ZOROBABEL (en acadio, *engendrado en Babilonia*). Hijo de Pedaías, nieto del rey Jeconías y por tanto descendiente de David (1 Cr 3.18,19). Gobernador de Jerusalén después del destierro. Se llama también «hijo de Salatiel» el hermano de Pedaías. Probablemente Salatiel no tuvo hijos y lo adoptó como heredero legítimo (Esd 3.2,8; 5.2; Neh 12.1; Hag 1.1,12,14; 2.2,23; Mt. 1.12; Lc 3.27).

A Zorobabel lo nombraron jefe del primer grupo de cautivos que regresó de Babilonia. Llevó a Jerusalén los vasos sagrados del templo, presentes valiosos, efectos variados y animales. Lo acompañaban Jesúa el sumo sacerdote, sacerdotes, levitas y tal vez los profetas → HAGEO y → ZACARÍAS (Esd 1.11; 2.2; 3.2; Neh 7.7).

Puso los cimientos para la reconstrucción del templo (Esd 3.8; Zac 4.9); pero surgieron problemas y después de varios años de interrupción, en el año segundo del reinado de Darío, hijo de Histaspes, reinició la reconstrucción debido a las enérgicas exhortaciones de Hageo y Zacarías (Hag 1.2ss; 2.1ss; Zac 4.6-10; 8.3-9,18-23; Esd 6.14ss). Restableció los sacrificios y las órdenes, y la manutención de los sacerdotes y levitas de acuerdo con la Ley de Moisés (Esd 6.18; Neh

W-Z

12.47). Organizó un registro genealógico de los que regresaron con él del destierro (Neh 7.5). Y en el año séptimo de Darío (Esd 6.19-22), restableció la observancia de la Pascua.

ZORRA Mamífero carnicero, de cola peluda, hocico puntiagudo y largas orejas erectas. Se alimenta de pequeños animales, insectos y frutos. Los distintos folklores usan el argumento de su gran astucia. Es probable que la zorra bíblica pertenezca a la especie *vulpes niloticus*, común en la Tierra Santa.

Sin embargo, no todos los autores y traductores coinciden. La misma palabra hebrea designa al → CHACAL (*canis aureus*), de figura y hábitos similares. Las zorras de Jue 15.4-5 y las de Sal 63.10 serían chacales.

La Escritura destaca su andar ligero (Neh 4.3), las madrigueras en que vive (Mt 8.20; Lc 9.58) y su astucia (Lc 13.32). En Cnt 2.15 las zorras tipifican los sutiles pecados que destruyen los frutos del Espíritu.

ZUZITAS Pueblo camita que vivía al este del Jordán. Fue conquistado por Quedorlaomer (Gn 14.5). Algunos identifican a los zuzitas con los zomzoneos de Dt 2.20. Los → ROLLOS DEL MAR MUERTO hacen esta identificación en una exposición de Gn 14. De acuerdo a Dt 2.20, los amonitas exterminaron y reemplazaron a los zuzitas al ocupar su tierra hasta la conquista de los israelitas.

Índice de mapas

MAPA 1. Las naciones según Génesis 10

MAPA 2. El éxodo de Egipto

MAPA 3. La conquista de Canaán

MAPA 4. Reinos de Israel y Judá

MAPA 5. Jerusalén : Desde el tiempo de David hasta el de Jesucristo

MAPA 6. Palestina en los tiempos de Cristo

MAPA 7. Primer y segundo viajes de Pablo

MAPA 8. Tercer y cuarto viajes de Pablo

MAPA 9. La Ciudad Santa en tiempos modernos

	MAPA	ÁREA		MAPA	ÁREA		MAPA	ÁREA
Acaya	7	B2	Ascalón	3	A4		8	C1
	8	B2		4	A4	Bosra	4	B5
Aco	3	B2		6	A4	Buenos Puertos	8	C2
	4	B3		9	B4	Cades-Barnea	2	C1
	9	C3	Asdod	3	A4		4	A5
Adriático, Mar	7	B1		9	B4	Camino del		
	8	B1	Asiria	1	D1	desierto de Shur	2	A2,C1
Adulam	3	A4	Askenaz	1	D1	Caná	6	B2
	4	A4	Assos	8	C2	Canaán	1	C2
Afec	3	A3	Astarot	3	D2	Capadocia	7	D2
	4	A3		4	C3		8	D2
Afula	9	C3	Asur	1	D1	Capernaum	6	C2
Ajalón	3	A4	Atalia	7	C2	Carmelo, Monte	3	B2
Aqaba	9	C6	Atenas	7	B2		4	B3
Aqaba, Golfo de	2	C2		8	B2		6	B2
Amón	2	D1	Avaris	2	A1	Caspio, Mar	1	E1
	3	D3	Azeca	3	A4	Cedes	3	C1
	4	C3	Azoto	6	A4		4	B2
	9	C4	Baal-zefón	2	B1	Cesarea	6	A3
Amorreos	1	C2	Basán	3	C2		7	D2
Anfípolis	7	B1	Beerseba	2	C1		8	D2
	8	B1		3	A5	Cesarea		
Antilíbano,				4	A4	de Filipo	6	C1
Montes	9	D2		6	A5	Chipre	1	B2
Antioquía	7	C2		9	B4		7	D2
(de Pisidia)	8	C2	Beirut	9	C2		8	D2
Antioquía	7	D2	Beka, Valle de	9	C2	Cilicia	7	D2
(de Asiria)	8	D2	Belén	3	B4		8	D2
Antípatris	6	A3		4	B4	Cineret, Mar de	3	C2
	8	D2		6	B4	*(véase Mar de Galilea)*		
Apolonia	7	B1		9	C4		4	B3
	8	B1	Berea	7	B1	Cnido	8	C2
Arabá	2	C1		8	B1	Corazín	6	C2
	9	C5	Beser	3	C4	Corinto	7	B2
Arabia	1	C3	Bet-el	3	B4		8	B2
Arad	2	C1		4	B4	Cos	8	C2
	4	B4	Bet-haquerem	6	B4	Creta	7	C2
Aram	1	C2	Bet-sán	3	C2		8	C2
Arfaxed	1	E2		9	C3	Damasco	3	D1
Arimatea	6	A4	Bet-semes	3	A4		4	C2
Arnón, Río	2	C,D1		4	A4		6	D1
	3	C,D5	Bet-togarma	1	C1		9	D2
	4	B4;	Betábara	6	C4	Dan	3	C1
		C4,5	Betania	6	B4		4	B2
	6	C5	Betsaida	6	C2		9	C2
Aroer	3	C5	Biblos	4	B2	Debir	3	B5
	4	B4	Bitinia	7	C1		4	B4

ÍNDICE DE MAPAS

	MAPA	ÁREA
Decápolis	6	C3
Dera	9	D3
Derbe	7	D2
	8	D2
Diban	9	C4
Dibón	3	C5
	4	B4
	9	C4
Dor	3	A2
	4	A3
Dotán	4	B3
Ebal, Monte	3	B3
Ecrón	3	A4
Edom	2	C1
	4	B5
Edrei	3	D2
	9	D3
Éfeso	7	C2
	8	C2
Efraín	6	B4
Egeo, Mar	7	C2
Egipto, Río de	4	5A
Egipto, Ruta		
entre Arabia y	2	B2
Egipto	1	B3
	9	A5
Eglón	4	A4
El-Arish	9	A4
Elam	1	E2
Elat	4	B6
	9	B6
Elim	2	B2
Emaús	6	B4
En-gadi	3	B5
	9	C4
Endor	3	B2
Escitópolis	6	B3
Esdraelón	6	B2
Éufrates, Río	1	D1,E2
Ezión-geber	2	C2
	4	A6
Fenicia	4	B2
	6	B1
Filadelfia	6	C4
Filipos	7	C1
	8	C1
Filistea	1	B2
	3	A4
	4	A4
Filisteos,		
Camino de los	2	B1
Foro de Apio	8	A1
Frigia	8	C2
Fut	1	A2
Gabaa	3	B4
Gabaón	3	B4
Gadara	6	C2
Galaad	3	C3
Galacia	7	D2
	8	D2
Galilea	3	B2
	6	B2
Galilea, Mar de	6	C2
(véase Mar de Cineret)		
	9	C3
Gat	3	A4
Gaza	2	C1
	3	A4
	4	A4
	6	A4
	9	B4
Gerás	9	C3
Gerasa	6	C3
Gerizín, Monte	3	B3
	6	B3
Gergesa	6	C2
Gezer	3	A4
	4	A4
Gilboa, Monte	3	B3
	4	B3
	6	B3
Gilgal	3	B4
Golán,		
Alturas de	9	C3 ??
Golán	3	C2
	4	B3
Golfo Pérsico	1	E3
Gomer	1	B1
Gosén, Tierra de	2	A1
Grande, El Mar	1	B2
	2	B1
	3	A3
	4	A3
	6	A3
	7	C2
	8	C2
	9	B3
Hadera	9	B3
Hai	3	B4
Haifa	9	B3
Harod,		
Fuente de	3	B2
Hazor	3	C1
	4	B2
Hebrón	2	C1
	3	B4
	4	B4
	6	B4
	9	C4
Hermón, Monte	3	C1
	4	B2
	6	C1
Herodium	6	B4
Herzliya	9	B3
Hesbón	3	C4
	4	B4
Heteos	1	B1
Horeb	2	B2
Ibleam	3	B3
Iconio	7	D2
	8	D2
Idumea	6	A5
Ilírico	7	B1
	8	B1
Israel	4	B3
	9	B5
Italia	7	A1
	8	A1
Iturea	6	C1
Jabes de Galaad	4	B3
Jabneel	3	A4
Jabnia	4	A4
Jaboc, Río	3	C3,4
	4	B,C3
	6	C3,4
Jarmut	3	A4
Javán (Griegos)	1	A4
Jericó	3	B4
	6	B4
	9	C4
Jerusalén	3	B4
	4	B4
	6	B4
	7	D2
	8	D2
	9	C4
Jezreel, Río	3	B,C2
Jezreel	4	B3
Jocneam	3	B2
	4	B3
Joctán	1	C3
Jope	3	A3
	4	A3
	6	A3
Jordán	9	D4
Jordán, Río	3	C1,4
	4	B2,4
	6	C1,4
	9	C2,4
Judá	4	B5
Judea	6	B4
Kir-hareset	4	B4
Kuneitra	9	C2
Lagos Amargos	2	B1
Laquis	3	A4
Líbano	9	C1
Líbano, Monte	3	C1
	4	B2
	6	C1
	9	C2
Licia	7	C2

	MAPA	ÁREA		MAPA	ÁREA		MAPA	ÁREA
	8	C2	Panias	6	C1	Sidón	3	B1
Lida	6	A4	Parán,				4	B2
Lidia	1	A1	Llanura de	2	C1		6	B1
Listra	7	D2	Pátara	8	C2		8	D2
	8	D2	Perea	6	C3		9	C2
Lod	9	B4	Perge	7	C2	Silo	3	B3
Lud	1	A1	Persa	1	E2		4	B3
Macarios	6	C4	Petah Tikva	9	B3	Sinaí	9	B5
Maceda	3	A4	Pisidia	7	C2	Sinaí, Monte	2	B2
Macedonia	8	B1		8	C2	Siquem	3	B3
	7	B1	Pitón	2	A1		4	B3
Madai	1	E1	Ponto	7	D1	Siracusa	8	A2
Magdala	6	C2		8	D1	Siria	4	C2
Mara	2	B2	Punón	2	C1		7	D2
Maresa	3	A4	Puteoli	8	A1		8	D2
Margen Occidental			Qantir	2	A1		9	D2
	9	C3	Querac	9	C4	Soba	4	C1
Masada	6	B5	Quío	8	C2	Sucot	2	B1
Medeba	3	C4	Quiriat Shmona	9	C2		3	C3
	4	B4	Quiriat Gat	9	B4		4	B3
	6	C4	Quiriat-jearim	3	B4	Sunem	3	B2
	9	C4		6	B4	Taanac	4	B3
Media	1	E1	Quisón, Río	3	B2	Tabor, Monte	3	B2
Meguido	3	B2		6	B2		6	B2
	4	B3	Quitim	1	B2	Tapúa	3	B3
Melita	8	A2	Qumrán	6	B4	Tarso	7	D2
Menfis	2	A2	Rabá	3	C4		8	D2
Mileto	8	C2		4	B3	Tecoa	4	B4
Mira	8	C2	Ramá	4	B4	Tel Aviv	9	B3
Mitilene	8	C2	Ramala	9	C4	Temán	4	B5
Mizpa	4	B4	Ramla	9	B4	Tesalónica	7	B1
Mizraim *(Egipto)*	1	B3	Ramot de Galaad	4	C3		8	B1
Moab	2	C1	Ramot	3	D2	Tiberias	6	C2
	3	C5	Ramtha	9	D3		9	C3
	4	B4	Regio	8	A2	Tigris, Río	1	C1,E2
More, Colina de	3	B2	Ribla	4	C1	Timnat	3	A4
Muerto, Mar	6	B5	Rishón le-Zión	9	B4	Tiro	3	B1
(véase Mar Salado)			Rodas	8	C2		4	B2
	9	C4	Rojo, Mar	1	B3		6	B1
Nablus	9	C3		2	B1,2		8	D2
Nahariya	9	C2	Roma	8	A1		9	C2
Naín	6	B2	Safad	9	C3	Tirsa	3	B3
Natanya	9	B3	Salado, Mar	2	C1		4	B3
Nazaret	6	B2	*(Mar Muerto)*	3	B5	Tolemaida	6	B2
	9	C3		4	B4		8	D2
Neápolis	7	C1		6	B5	Tracia	7	C1
Nebo, Monte	2	C1	Salamina	7	D2		8	C1
	3	C4	Samaria	4	B3	Traconite	6	C1
Negev	9	B5		6	B3	Tres Tabernas	8	A1
Negro, Mar	7	D1	Samos	8	C2	Trípoli	9	C1
	8	D1	Sarepta	4	B2	Troas	7	C2
Nilo, Río	1	B2,3		6	B1		8	C2
	2	A1	Seleucia	7	D2	Tulkam	9	C3
Pafos	7	D2	Sicar	6	B3	Yafo	9	B3
Palestina	7	D2	Sicilia	7	A2	Yarmuk, Río	3	C2;
Panfilia	7	C2		8	A2			D1,2,3
	8	C2	Siclag	4	A4		4	B,C3

MAPA	ÁREA		MAPA	ÁREA			MAPA	ÁREA
	6	C2;	Zered,			Zoar	2	C1
		D1,2,3	Arroyo de	2	C,D1		4	B4
Zafón	3	C3		4	B4,C5			
	4	B3	Zin, Desierto de	2	C1			

MAPA 5. Jerusalén: desde el tiempo de David hasta el de Jesucristo

Benjamín, Puerta de	C2	Gordon, El Calvario de	B1	Puerta de la Fuente	C4
Betesda, Estanque de	C1	Manantial de Cedrón	D3	Puerta de las Ovejas	C1
Calavera, Lugar de la	B1;B2	Manantial de Gihón	C3	Puerta de los Caballos	C2
Calvario	B1;B2	Muladar, Puerta del	C4	Puerta del Valle	B4
Casa de Caifás	B3;B4	Ofel	C3	Puerta de Efraín	C2
Ciudad de David	C3	Palacio Real	C2	Templo	C2
Estanque de Siloé	C4	Palacio de Herodes	B2	Torrente de Cedrón	D3
Ezequías, Túnel de	C3	Pretorio	C1	Tumba de Cristo	B1;B2
Getsemaní	D2	Puerta del Muladar	C4	Valle de Hinom	B4

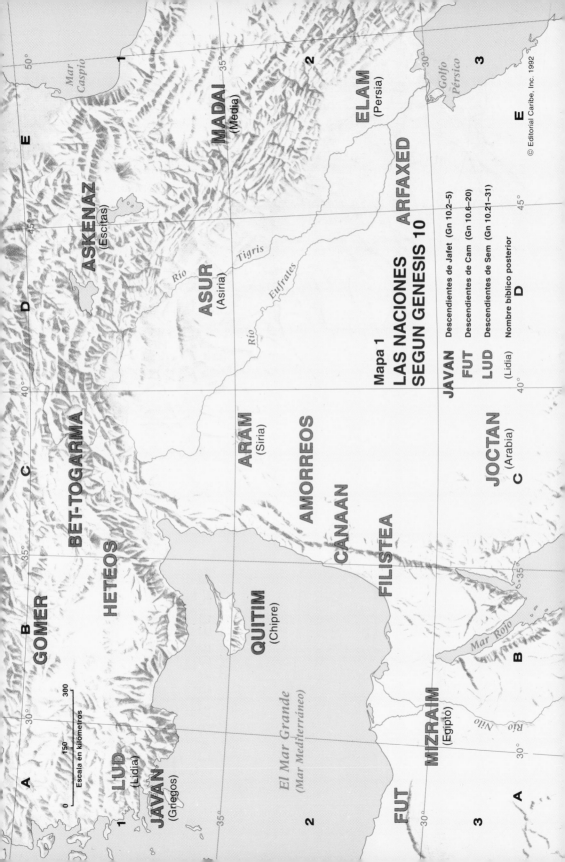

Mapa 1

LAS NACIONES SEGÚN GÉNESIS 10

JAVAN — Descendientes de Jafet (Gn 10.2–5)
FUT — Descendientes de Cam (Gn 10.6–20)
LUD — Descendientes de Sem (Gn 10.21–31)
(Lidia) — Nombre bíblico posterior

GOMER

BET-TOGARMA

HETEOS

ASKENAZ
(Escitas)

MADAI
(Media)

ASUR
(Asiria)

ELAM
(Persia)

ARFAXED

ARAM
(Siria)

AMORREOS

CANAAN

FILISTEA

QUITIM
(Chipre)

JOCTAN
(Arabia)

MIZRAIM
(Egipto)

FUT

LUD
(Lidia)

JAVAN
(Griegos)

Mar Caspio

Río Tigris

Río Eufrates

El Mar Grande
(Mar Mediterráneo)

Mar Rojo

Río Nilo

Golfo Pérsico

Escala en kilómetros
0   150   300

© Editorial Caribe, Inc. 1992

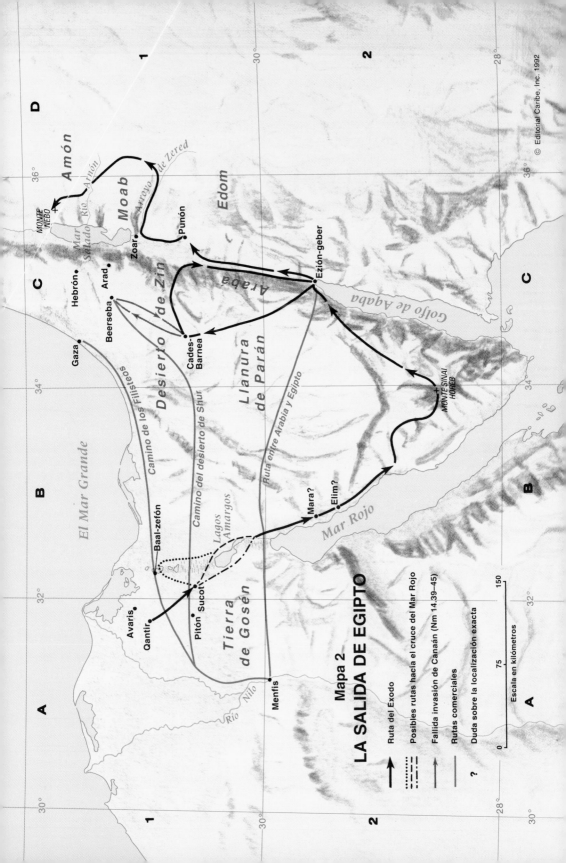

Mapa 2
LA SALIDA DE EGIPTO

Ruta del Éxodo
Posibles rutas hacia el cruce del Mar Rojo (Nm 14.39-45)
Fallida invasión de Canaán
Rutas comerciales
? Duda sobre la localización exacta

Escala en kilómetros
0   75   150

© Editorial Caribe, Inc. 1992

El Mar Grande

Gaza
Hebrón
Arad
Beerseba
Cades-Barnea
Baal-zefón
Pitón
Sucot
Avaris
Qantir
Menfis

Tierra de Gosén
Río Nilo
Lagos Amargos

Camino de los Filisteos
Camino del desierto de Shur
Ruta entre Arabia y Egipto

Desierto de Zin
Llanura de Parán

Mara?
Elim?
Mar Rojo

MONTE SINAÍ HOREB

Golfo de Aqaba

Ezión-geber

Arabá

Punón
Zoar
Mar Salado
Río Arnón
MONTE NEBO
Arroyo de Zered

Amón
Moab
Edom

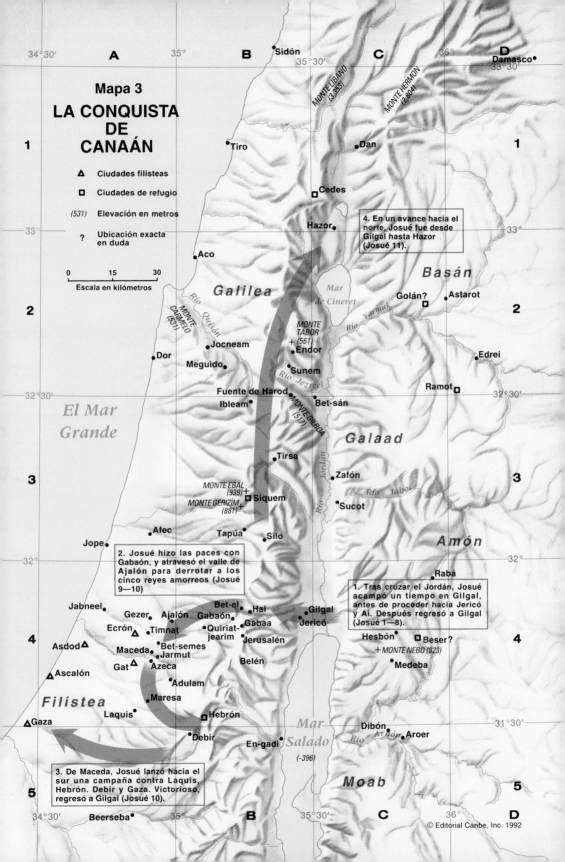

Mapa 3
LA CONQUISTA DE CANAÁN

△ Ciudades filisteas

☐ Ciudades de refugio

(531) Elevación en metros

? Ubicación exacta en duda

Escala en kilómetros
0 — 15 — 30

4. En un avance hacia el norte, Josué fue desde Gilgal hasta Hazor (Josué 11).

2. Josué hizo las paces con Gabaón, y atravesó el valle de Ajalón para derrotar a los cinco reyes amorreos (Josué 9—10)

1. Tras cruzar el Jordán, Josué acampó un tiempo en Gilgal, antes de proceder hacia Jericó y Ai. Después regresó a Gilgal (Josué 1—8).

3. De Maceda, Josué lanzó hacia el sur una campaña contra Laquís, Hebrón. Debir y Gaza. Victorioso, regresó a Gilgal (Josué 10).

Sidón
Damasco

MONTE LÍBANO (3,353)
MONTE HERMÓN (2,804)

Tiro
Dan

☐ Cedes

Hazor

Basán

Aco

Golán? ☐   Astarot

Galilea

Río Quisón

Mar de Cineret

MONTE CARMELO (531)

MONTE TABOR (561)
+ Endor

Río Yarmuk

Jocneam

Sunem

Edrei

Dor

Meguido

Río Jezreel

El Mar Grande

Fuente de Harod

Bet-sán

Ramot

Ibleam

MONTE GILBOA (517)

Galaad

Tirsa

Zafón

Río Jaboc

MONTE EBAL (939) +

MONTE GERIZIM (881) +   ☐ Siquem

Sucot

Río Jordán

Afec

Tapúa

Silo

Amón

Jope

Rabá

Jabneel

Bet-el   Hai   Gilgal
Gezer   Ajalón   Gabaón.   Jericó
Ecrón   Timnat   • Quiriat-   Gabaa
Asdod △   jearim   Jerusalén

Hesbón

☐ Beser?

+ MONTE NEBO (823)

Maceda   Bet-semes   Belén
Gat △   Jarmut
Ascalón △   Azeca

Medeba

Adulam

Filistea   Maresa

Laquis   ☐ Hebrón

△ Gaza

Debir

Mar Salado (-396)

Dibón
Río Arnón   Aroer

En-gadi

Moab

Beerseba

© Editorial Caribe, Inc. 1992

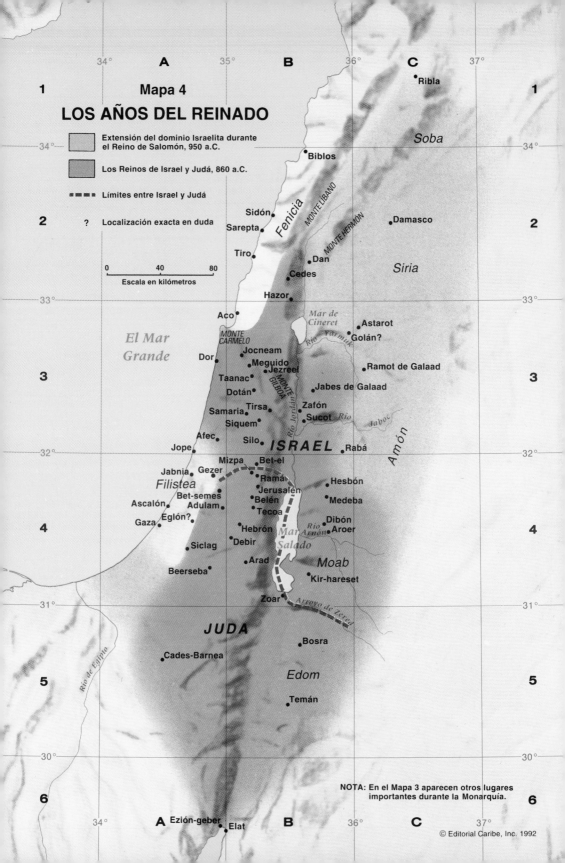

Mapa 4
LOS AÑOS DEL REINADO

Extensión del dominio Israelita durante
el Reino de Salomón, 950 a.C.

Los Reinos de Israel y Judá, 860 a.C.

Límites entre Israel y Judá

? Localización exacta en duda

0 40 80
Escala en kilómetros

Ribla

Soba

Biblos

Fenicia

MONTE LÍBANO

Sidón
Sarepta

Damasco

Tiro

MONTE HERMÓN

Dan
Cedes

Siria

Hazor

*El Mar
Grande*

Aco

*MONTE
CARMELO*

*Mar de
Cineret*

Astarot

Río Yarmuk

Golán?

Dor

Jocneam
Meguido
Jezreel

Ramot de Galaad

Taanac
Dotán

*MONTE
GILBOA*

Jabes de Galaad

Samaria
Tirsa

Zafón
Sucot

Río Jaboc

Siquem

Amón

Afec

Silo

ISRAEL

Rabá

Jope

Mizpa
Bet-el

Jabnia
Gezer

Ramá

Filistea

Bet-semes
Adulam

Jerusalén
Belén
Tecoa

Hesbón

Ascalón

Medeba

Eglón?
Gaza

Hebrón
Debir

*Río
Armón*

Dibón
Aroer

Siclag

*Mar
Salado*

Arad

Moab

Beerseba

Kir-hareset

Zoar

Arroyo de Zered

JUDA

Bosra

Cades-Barnea

Edom

Temán

Río de Egipto

NOTA: En el Mapa 3 aparecen otros lugares
importantes durante la Monarquía.

Ezión-geber
Elat

© Editorial Caribe, Inc. 1992

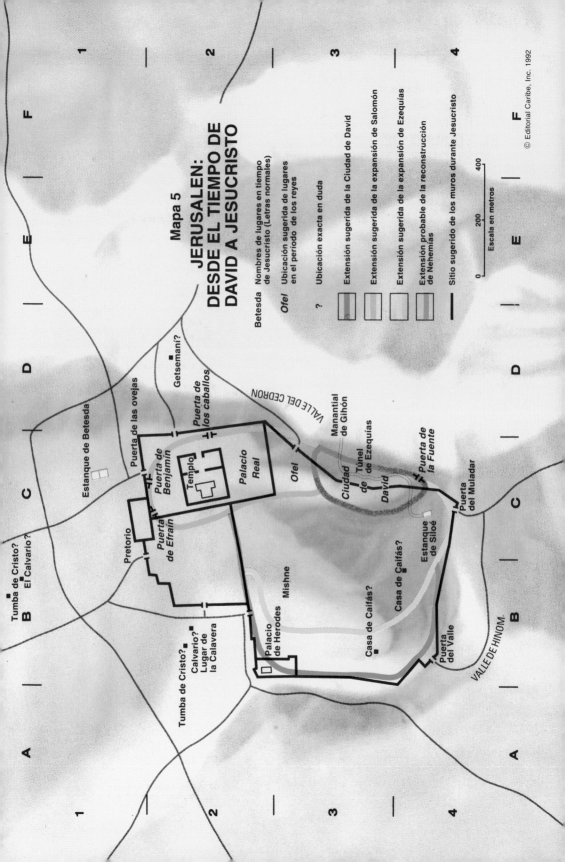

Mapa 5

JERUSALEN: DESDE EL TIEMPO DE DAVID A JESUCRISTO

Betesda — Nombres de lugares en tiempo de Jesucristo (Letras normales)

Ofel — Ubicación sugerida de lugares en el período de los reyes

? — Ubicación exacta en duda

Extensión sugerida de la Ciudad de David

Extensión sugerida de la expansión de Salomón

Extensión sugerida de la expansión de Ezequías

Extensión probable de la reconstrucción de Nehemías

Sitio sugerido de los muros durante Jesucristo

Escala en metros

0   200   400

© Editorial Caribe, Inc. 1992

Tumba de Cristo?
El Calvario?

Estanque de Betesda

Puerta de las ovejas

Getsemaní?

Puerta de los caballos

VALLE DEL CEDRON

Puerta de Benjamín

Templo

Palacio Real

Ofel

Manantial de Gihón

Puerta de Efraín

Pretorio

Túnel de Ezequías

Ciudad de David

Puerta de la Fuente

Tumba de Cristo?
Calvario?
Lugar de la Calavera

Mishne

Casa de Caifás?

Casa de Caifás?

Estanque de Siloé

Puerta del Muladar

Palacio de Herodes

Puerta del Valle

VALLE DE HINOM.

Mapa 6
PALESTINA DURANTE EL TIEMPO DE JESUCRISTO

(531) Elevación en metros

? Ubicación exacta en duda

0 — 15 — 30
Escala en kilómetros

Sidón

34°30' A 35° B 35°30' C 36° D 33°30'

Damasco

Sarepta

Fenicia

MONTE LÍBANO (3.353)

MONTE HERMÓN (2.804)

Iturea

Tiro

Panias (Cesarea de Filipo)

Traconite

Galilea

33°

Tolemaida

Corazín · Betsaida?
Capernaum
Magdala · *Mar de Galilea* · Gergesa
Caná
Tiberias

MONTE CARMELO (531)

Río Quisón

Río Yarmuk

Nazaret
Naín

+ MONTE TABOR (561)

Gadara?

Esdraelón

32°30'

Cesarea

MONTE GILBOA (517)

Escitópolis

Decápolis

El Mar Grande

Samaria

Samaria

Gerasa

Río Jaboc

Sicar

MONTE GERIZIM + (881)

Río Jordán

Antípatris

Perea

Jope

Arimatea

Efraín

Gadara?
Filadelfia

Lida

Emaús
Quiriat-jearim
Bet-haquerem

Jericó
Jerusalén
Betania
Belén
Herodium

Betábara
Qumrán

Medeba

Azoto

Ascalón

Judea

Macarios

Gaza

Hebrón

Mar Salado (-396)

Río Arnón

Idumea

Masada

Beerseba

34°30' 35° B 35°30' C 36° D

© Editorial Caribe, Inc. 1992

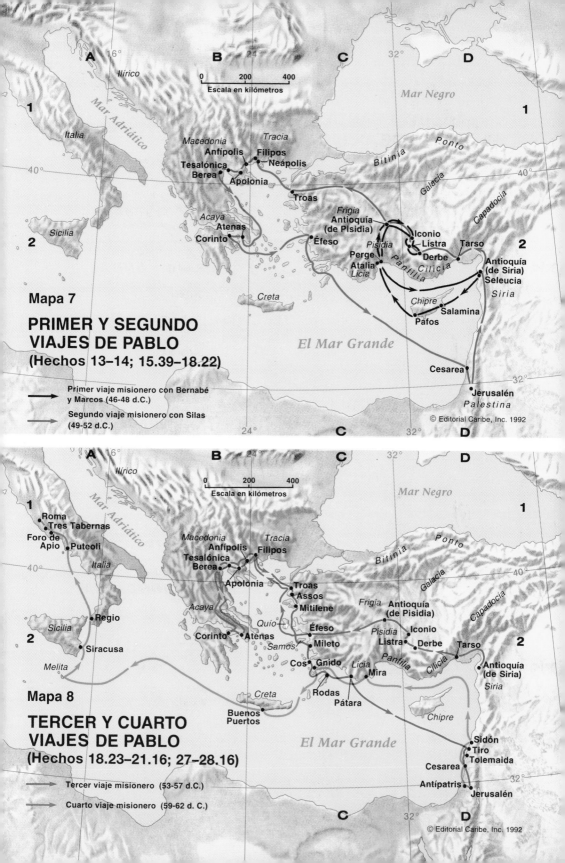

Mapa 7

PRIMER Y SEGUNDO VIAJES DE PABLO
(Hechos 13–14; 15.39–18.22)

Primer viaje misionero con Bernabé y Marcos (46-48 d.C.)

Segundo viaje misionero con Silas (49-52 d.C.)

© Editorial Caribe, Inc. 1992

Escala en kilómetros
0   200   400

Mar Negro

Ilírico
Mar Adriático
Italia
Tracia
Macedonia
Anfípolis
Filipos
Neápolis
Tesalónica
Berea
Apolonia
Troas
Acaya
Atenas
Corinto
Éfeso
Frigia
Antioquía (de Pisidia)
Iconio
Listra
Tarso
Pisidia
Perge
Derbe
Atalia
Panfilia
Antioquía (de Siria)
Licia
Cilicia
Seleucia
Siria
Chipre
Salamina
Pafos
Creta
El Mar Grande
Cesarea
Jerusalén
Palestina
Bitinia
Ponto
Galacia
Capadocia
Sicilia

Mapa 8

TERCER Y CUARTO VIAJES DE PABLO
(Hechos 18.23–21.16; 27–28.16)

Tercer viaje misionero (53-57 d.C.)

Cuarto viaje misionero (59-62 d. C.)

© Editorial Caribe, Inc. 1992

Escala en kilómetros
0   200   400

Mar Negro

Ilírico
Mar Adriático
Roma
Tres Tabernas
Foro de Apio
Puteoli
Italia
Macedonia
Anfípolis
Filipos
Tracia
Tesalónica
Berea
Apolonia
Troas
Assos
Mitilene
Acaya
Regio
Quío
Frigia
Antioquía (de Pisidia)
Sicilia
Corinto
Atenas
Éfeso
Iconio
Samos
Mileto
Listra
Derbe
Tarso
Siracusa
Cos
Gnido
Pisidia
Melita
Creta
Rodas
Pátara
Mira
Panfilia
Cilicia
Antioquía (de Siria)
Licia
Siria
Buenos Puertos
Chipre
El Mar Grande
Sidón
Tiro
Tolemaida
Cesarea
Antípatris
Jerusalén
Bitinia
Ponto
Galacia
Capadocia

Mapa 9·

LA TIERRA SANTA
EN TIEMPOS MODERNOS

Zona ocupada por Israel
desde junio de 1967

0   40   80
Escala en kilómetros

LIBANO

Trípoli

Beirut

VALLE DE BEKAA

Sidón

MONTE LÍBANO

Damasco

Tiro

Dan

Zona neutral de la ONU

Quiriat
Shemona

Línea del 1973

SIRIA

Kuneitra

Nahariya

Línea del cese del fuego

Safad

Aco

Mar de
Galilea

Golán

Haifa

Tiberias

Der'aa

Nazaret

Ramtha

Mar Mediterráneo

Afula

Bet-sán

Hadera

Río Jordán

Natanya

Tulkarm

Gerás

Herzliya

Nablus

Tel Aviv

Margen
Occidental

Yafo

Petah
Tikva

Rishón le-Zión

Lod

Amán

Ramla

Ramala

Asdod

Jericó

Medeba

Ascalón

Jerusalén

Belén

Gaza

Quiriat
Gat

Hebrón

Mar
Muerto

Dibón

En-gadi

El-Arish

Beerseba

Karak

JORDANIA

ISRAEL

EGIPTO

Negev

Araba

Sinaí

Elat   Aqaba